左傳集評

三

The Collection of Comments and Punctuation on *Zuozhuan*

李衛軍 編著

成公（元年至十八年）

◇成公元年

【經】元年春王正月，公即位。二月辛酉，葬我君宣公。無冰。（《評林》眉）啖助：＂二月，今之十二月，而舉此無冰，則一時無冰可見矣。若待終時乃書，則今之正月，豈可更言無冰乎？《穀梁》之說非也。＂三月，作丘甲。（《評林》眉）胡寧：＂成公以前，甸賦車一乘，每乘七十二人，甲士三人，凡二十五人爲一甲，是四丘共出三甲爾。今作丘甲，即一丘出一甲，其於賦增三分之一也。＂夏，臧孫許及晉侯盟於赤棘。（《評林》眉）孫復：＂臧孫許，臧孫辰之子。＂高閌：＂許曷爲及晉侯盟？齊怨成矣，晉援不可緩也，故汲汲焉求爲此盟。＂秋，王師敗績于茅戎。（《評林》眉）家鉉翁：＂《穀梁》：'爲尊者諱敵不諱敵【編者按：當作"敗"】。'此義正矣，但公、穀皆以爲晉敗王師，則無是也。＂冬十月。

【傳】元年春，晉侯使瑕嘉平戎于王，單襄公如晉拜成。劉康公徼戎，將遂伐之。（《補義》眉）平戎拜成，何等鄭重。忽生一策，悖謬得奇。（《評林》眉）陳傅良：＂劉康公徼戎，傳見言王師不斥劉子。＂王元美：＂王之於戎也，嘗平以瑕嘉，拜成以單襄公，何可復伐之乎？固宜其敗也。＂叔服曰：＂背盟而欺大國，此必敗。背盟，不祥；欺大國，不義；神人弗助，將何以勝？＂（韓范夾）觀襄公辭氣，周亦幾幾乎以鄭、魯自處矣，至於俠累之盜，致醉于韓，便自稱小國。蓋此時已有其端，而後特加甚也。（《補義》眉）論極明快，透出＂將何以勝＂，襯起敗績。不聽，遂伐茅戎。三月癸未，敗績于徐吾氏。（《分國》尾）王室也，而大國晉，將小邦周矣。唐末于藩鎮，猶不至此。(《左繡》眉) 一使人平戎，一使人拜成，起手寫得鄭重，便見盟不可背，而大國不可欺矣。叔服語，言簡而理足。三層都用雙承順接，不作倒換筆法，左氏又無不可也。(美中尾) 胡康侯曰："桓王伐鄭，不書戰與敗，所以存君臣之分。康公邀戎，書敗不書戰，所以大中外之防。"(《補義》眉) 敍經結，反應一平一拜。(《評林》眉)《增補合注》："王師敗於春，至秋來告，所以經書秋。"(王系尾) 戎何物也？王何物也？晉不能敵王所愾，而平戎于王，則已視王與戎如列國，而己以霸主自處也。唯叔服亦謂背盟而欺大國，則王之爲王，尚可問哉？雖然，王御戎御晉皆不以信，周室日衰，王自爲之，于人何尤？看他閒閒敍一事，而無窮之感慨係之，遂爲全部生色。若單就本文發付過去，亦無以見其波瀾之壯闊矣。(閭生夾) "欺大國，不義"云者，傷王室之微，痛詞也。

爲齊難故，作丘甲。(《左繡》眉) 此等處，殊恨太簡。其簡之故，則故有在也。詳見會首止條。(王系尾) 此是部中大結構處。履畝之稅，季孫行父爲之，至是遂成家法矣。魯君之無民，有由然哉！一篇二句，而左縈右拂，有萬里之勢。

聞齊將出楚師，夏，盟於赤棘。(《左繡》眉) 提筆陡然點齊、楚，偏不點晉字，留于宣叔口中敍出，而齊、楚同伐，便見晉盟無益，小小處皆有筆意也。(美中尾) 趙木訥曰："魯固齊之與，歸父聘晉，叛齊也，被逐而奔齊。文子憾齊納歸父，又懼其見討也，故結晉而盟赤棘。明年齊伐我北鄙，於是四卿會晉師爲鞍之戰，其謀蓋定於此。"(《補義》眉) 歸父聘而晉人謀逐三桓，欲得魯也。歸父逐而晉人又盟臧孫，亦欲得魯也。惟欲得魯耳，餘不足計也。彭孔攻左何爲？(王系尾) 此篇與前篇所敍，皆備齊也。丘甲以實內，盟晉以固外，豈非詳于謀國者？而不知其弱公而強私也。史豈易作，抑豈易讀哉？

秋，王人來告敗。(《左繡》眉) 前後三節，本一串事，中間夾入此節，亦見王且告敗，正使宗周人人自危。

冬，臧宣叔令修賦、繕完、具守備，曰："齊、楚結好，我新與晉盟，晉、楚爭盟，齊師必至。雖晉人伐齊，楚必救之，是齊、楚同我也。知難而有備，乃可以逞。"(魏禧尾) 魏禧曰："文止四十一字，而三國情勢燎然，何等筆力！此爲戰國諸策之祖，然《國策》遜其高簡。"(《左繡》眉) 一行中，"我"字說兩番，"晉"字說三番，齊、楚説四番，不知費幾許葛藤注腳，卻只用一"同"字，簡雋極矣。以我爲主，齊、楚爲賓，晉乃扯來伴説，不重也。齊、楚又重在齊，跟上"爲齊""聞齊"説來，故中間兩對，著一"雖"字作側勢，煞甚細心。（《左傳翼》尾）最可慮者，齊、楚結好，二國同心，必致毒於我，此老成憂國，所以拊髀而歎也。不識三思後行人何以絶不置念耶？既知齊、楚同我，分明陽橋之役勢所必至，何爲如晉乞師以挑楚釁乎？豈亦赤棘之盟，晉不可背耶？（《評林》眉）高士奇："《天禄識餘》：繕、完於義爲複，'完'乃'宇'字之誤。"陳明卿："宣叔名爲備齊，而實爲洩行父之私怨，故云可以逞。"（闈生夾）爲鞌戰攝影，蓋郤克之忿，列國皆洞見之也。

◇成公二年

【經】二年春，齊侯伐我北鄙。（《評林》眉）李簾："齊懿公之後，齊兵不至魯者二十年，於是再見。"夏四月丙戌，衛孫良夫帥師及齊師戰於新築，衛師敗績。（《評林》眉）劉敞："戰而言及之者，主之者也。猶曰孫良夫爲志乎爲此戰也云爾。"六月癸酉，季孫行父、臧孫許、叔孫僑如、公孫嬰齊帥師會晉郤克、衛孫良夫、曹公子首及齊侯戰于鞌，齊師敗績。（《測義》夾）林堯叟氏曰："自文之季年而無使介，至是而無將佐，魯三家之勢成矣。"（《評林》眉）趙匡云："《公羊》云：'曹無大夫，書公子首，憂內也。'《穀梁》云：'以吾四大夫在焉，舉其貴也。'此尤鄙近。《春秋》豈黨內而專輕重於外乎？"秋七月，齊侯使國佐如師。己酉，及國佐盟于袁婁。（《測義》夾）家鉉翁氏曰："召陵之師，兵力甚衆，而桓公乃能以不戰服楚，退師而禮與之盟。鞌之戰，郤克既敗齊師，復進兵，及其城而強與之盟。退而盟，盟之以其禮也。進而盟，盟之以其力也。《春秋》書來盟與及盟二字，襃貶著明矣。"（《評林》眉）吳徵："齊師既敗於鞌，使國佐來納賂以求成，故書如師。晉之義既不足以服齊之心，故國佐徑去，四國進師，追及國佐，近偪齊都，而與盟袁婁，此晉之無義又無禮也。"八月壬午。宋公鮑卒。庚寅，衛侯速卒。取汶陽田。（《評林》眉）石介："汶陽田，魯地也，齊人以歸於我，當曰歸，今而曰取者，蓋因晉力而取之也。歸者，其意也。取者，我也，非其意也。"冬，楚師、鄭師侵衛。十有一月，公會楚公子嬰齊于蜀。丙申，公及楚人、秦人、宋人、陳人、衛人、鄭人、齊人、曹人、邾人、薛人、鄫人盟於蜀。(《測義》夾)項安世氏曰："棐林之師，難以趙盾將諸侯也，故先書趙盾出師，而後書諸侯會晉師。蜀之盟，難以嬰齊主中國也，故先書嬰齊之會，而後書諸侯微者盟。"(《評林》眉)季本："成公以周公之裔、諸侯之望，下與楚大夫會，辱已甚矣，何以善其後哉？"李堯俞："前此楚與諸國盟，皆序諸國之下，此序諸國之上，欲見楚之主盟也。"

【傳】二年春，齊侯伐我北鄙，圍龍。頃公之嬖人盧蒲就魁門焉，龍人囚之。齊侯曰："勿殺！吾與而盟，無入而封。"弗聽，殺而膊諸城上。齊侯親鼓，士陵城，三日，取龍，遂南侵，及巢丘。(韓范夾)以小城抗伯國，勢已危矣，況彼有解釋之言，何不藉端求成哉？而故欲逆之，是速亡也。(《分國》尾)有備足矣，何必曰逞？龍人逞矣，殺嬖人而膊諸城，親鼓陵城，三日而拔，龍自取耳。(《左繡》眉)此平齊之機也，龍人失之，豈恃備而思逞耶？無端著一"嬖"字，以下筆筆出色寫一"嬖"字，搏兔亦全力。(《左傳翼》尾)不殺嬖人，和好可成，君相亦不旰食矣。龍人不知慮此，而逞志於就魁，豈天未厭亂，故以此為戰鞌起釁耶？(《補義》眉)此二段是戰鞌緊脈。不見楚師，龍人膽壯，殺其嬖人，姑為快意，而不知已貽陵城之禍。(《評林》眉)《增補合注》："盧蒲、就魁，二嬖人姓名。"按：盧蒲複姓，齊有盧蒲癸、盧蒲嫳等，皆桓公後，姜姓。《合注》非是。《補注》："取龍，傳見外取邑，雖取諸我不書，經書伐書取，與但書取不同。陳氏：'龍人致寇，自違其例。'"胡彥遠："魯方怒齊，齊不能修詞謝過，而復恣陵城取邑之威，可乎？無惑未幾而其師敗，其身奔，遑遑紀甗玉磬將也。"

衛侯使孫良夫、石稷、甯相、向禽將侵齊，與齊師遇。石子欲還，孫子曰："不可。以師伐人，遇其師而還，將謂君何？若知不能，則如無出。今既遇矣，不如戰也。"(《補義》眉)齊頃為一嬖人而親冒矢石，已伏敗根。魯屢受齊師，危如朝露，而衛有唇亡齒寒之懼，桓子乘其伐魯以搗其虛，而齊侯伐魯之師還，遇於新築，元帥僅以身免，兩段寫得魯、衛之亡無日，見郤子之救自不可已。(《評林》

眉）聞子將："此與邲之戰蒍子云'非夫也'意同，喜功之臣，往往僨事如此。"

夏，有……（《左繡》眉）夏五，經闕文。夏有，傳闕文。郭公，經訛字。閏月，傳訛字。無獨必有對也。（《評林》眉）《經世鈔》："經書中盡有不可強通者，闕之爲當。彭士望曰：'讀古人書有三要：曰論世，曰逆志，曰闕疑。'"

石成子曰："師敗矣。子不少須，衆懼盡。子喪師徒，何以復命？"皆不對。又曰："子，國卿也。隕子，辱矣。子以衆退，我此乃止。"且告車來甚衆。齊師乃止，次於鞫居。新築人仲叔于奚救孫桓子，桓子是以免。（孫鑛眉）先但言車來，至此乃點出人名，是逆敘法。然亦以先見車而後辦人，與"隕石于宋五"法同。（《左繡》眉）點清上事，領起下文，以結筆爲提筆，又一起法。據此句，則仲叔于奚，上文未曾明敘。"且告車來甚衆"，蓋只作虛寫之筆，留於下截點出也。須知。詳文意，不但"夏有"下有闕文，即"我此乃止"，"乃止"二字，與下"齊師乃止"對，"我此"下亦有闕文；"且告車來甚衆"句，係在齊一邊語，故下接曰"齊師乃止"，是此句上亦有闕文也。舊注俱欠明。（《評林》眉）《經世鈔》："初，石成子欲還，及敗而身禦齊師，賢者舉動每如此，稷可謂不愧其祖矣。"

既，衛人賞之以邑，辭。請曲縣、繁纓以朝，許之。（《補義》眉）于奚微功，許以曲縣繁纓，亦見危急須才，褒賞逾分。（《評林》眉）《補注》："鄭氏曰：'樂縣謂鐘磬之屬縣於筍簴者。軒縣去南面，辟王也。'王肅云：'軒縣開一面，故謂之曲縣。'"仲尼聞之曰："惜也，不如多與之邑。唯器與名，不可以假人，君之所司也。名以出信，信以守器，器以藏禮，禮以行義，義以生利，利以平民，政之大節也。若以假人，與人政也。政亡，則國家從之，弗可止也已。"（《正論》眉）仲尼云："惟器與名不可以假人。"《春秋》，天子之事也，獨可以自假哉？亂賊之害道，甚於洪水。夷狄猛獸，不得已作之，而聽知我罪我於天下，若曰："華可假耳。"（《左繡》眉）此亦敘議各自成文，與斲道篇同。孫良夫前言"將謂君何"，猶知有君也。故夫子亦即以吾之所司，論其名器假人之失，首尾相應。蓋事截而文自聯矣。一"國家從之"，亦與前國卿三句應，而用筆自有賓主輕重之別。（《淵鑒》眉）諸侯請隧，大夫請曲縣繁纓，僭越之端，上下一轍，記孔子之言，所以立萬世之防也。水心葉適曰："惟器與名不可以假人，周不許晉隧而與之田，豈非此義！然地盡則禮亦不能守，故卒爲至弱之國，其要在於無失君道而已。"（《左傳雋》眉）朱魯齋曰："此俱左氏引仲尼語，此時孔子未生。"楊素庵曰："'名以出信'以下，見君之所司。"羅文恭曰："語聯絡如貫珠，此左氏文最巧處。"（《左傳雋》尾）司馬溫公曰："人君之職，莫大於禮，禮莫大於分，分莫大於名。名分不易，然後上下相保，而國家治安。然禮非名不著，非器不形。名以命之，器以別之，然後上下燦然有倫。名、器既亡，則禮安得獨有哉？是故繁纓小物也，而夫子惜之；正名細務也，而夫子先之。蓋事未有不始于微而成于著，聖人之慮遠，故能謹其微而治之；衆人之識近，故必待其著而後救之。治其微則用力少，而成功多；捄其著，雖竭力弗能及矣。（韓范夾）四聖人作《易》，全部大義，只是謹之於微。故特【編者按：疑當爲"持"】國是者，無謂小賞可忽也，無謂情面可循也。（《文歸》尾）夫子惓惓正名之言，多發之于衛，則知衛之名實紊舛多矣，但繁纓已哉！建白。（《分國》尾）以桓叔雄傑，七衣之請，猶須王命。新築何人，妄有此請？仲尼追論之，垂戒嚴矣。（昆崖尾）鄧章夫曰："繁纓微物，而名分所關，夫子惜深辨切，純乎杜漸防微之意。"預插"車來"句，爲下段之根，埋伏聯絡最爲巧密。史傳敘事，每用此法。以論戰起，以論禮收，局勢變幻不測，此左氏長技。（《左傳翼》尾）此與前圍龍俱爲戰韐張本，後文以救魯、衛，蓋指此也。"惟名與器，不可以假人"，一部《春秋》大義所爭只此一句，人君知此則不至於下替，人臣知此則不至於上凌矣。俞寧世謂溫公以分晉首《通鑒》爲此，良然。（高嵣尾）俞桐川曰："'車來甚衆'，不知何人，以下方點明仲叔于奚，此文章出没之妙。論繁纓一段，窮原竟委，周衰唐末，大勢瞭然。"繁纓微物，而名分所關，夫子惜深辨切，純乎杜漸防微之意。（閭生夾）仲尼此論極爲痛切，譏晉侯失權、強臣恣橫也。借新築辭賞事以發之。

孫桓子還於新築，不入，遂如晉乞師。（孫鑛眉）精細筆意，與戰韐篇略同。**臧宣叔亦如晉乞師。皆主郤獻子。**（《補義》眉）提皆主郤子，爲一篇之綱。（《評林》眉）陳傳良："主郤獻子，傳見內外乞師皆不書見，僖二十六年特書之，杜氏不知此義。"今案：外相乞師不告不入例。（閭生夾）此文氣湊泊處，如四達之衢，車馬湊集一處，長篇文中節奏也。晉侯許之七百乘。郤子曰："此城濮之賦也。有先君之明與先大夫之肅，故捷。克于先大夫，無能爲役，（孫鑛眉）"無能爲役"在今時已陳。請八百乘。"（方宗誠眉）郤子有戰懼之心，即伏下得勝之根。凡文字無論記事議論，開首即要振起全神。許之。郤克將中軍，士燮佐上軍，欒書將下軍，韓厥爲司馬，以救魯、衛。臧宣叔逆晉師，且道之。季文子帥師會之。及衛地，（《補義》眉）周云："寫魯師而不及衛師者，以衛師原在新築也。'及衛地'三字是神針暗度。"又云："齊師在衛，晉師至始歸，故晉師從之於莘。屢提師之所至，見請成無人，又復請戰，安得退師？"韓獻子將斬人，郤獻子馳，將救之，至則既斬之矣。郤子使速以徇，告其僕曰："吾以分謗也。"（《左繡》眉）此篇在"予之石窌"截，上半以救魯、衛而戰，下半以聽魯、衛而盟，皆以晉爲主。而上半處處寫齊君意氣之不弱，下半句句見齊臣詞氣之不撓。讀之使人神王，覺死灰中有生氣。此全篇章法一線之妙也。以晉爲主，何故上半敘事、下半議論都注意在齊？蓋鞌戰爲郤克慎兵，雖勝亦倖。但以霸國故，不用明刺，只將齊一邊理直氣壯描寫十分精彩，以爲反映，而起手謙光，收稍榮耀，不過替他裝點門面，以成一篇主腦，而神理則別有在已。左氏最是暗藏手法處，使人玩味不窮，以爲故意瞞人，則失之矣。韓、濮、郊、鄢四大戰都有斷語，此獨無斷語者，蓋既不便貶他，又不當贊他，則即以國佐之對爲斷矣。脫換之妙，神變無方耳。上半寫齊君意氣不弱，而前有高固，後有丑父，則又夾寫齊臣。下半寫齊臣辭氣不撓，而前曰齊侯使，後曰齊疾我，則仍歸重齊君。總以頃公敵郤克，而郤克終不得而敵頃公也。（《約編》眉）師克在和，先敘此閒事，已見勝齊之本。（高嵣眉）第一段敘晉起師，未出師前曰"無能爲役"，只是一片慎心。既出師後，曰"吾以分謗"，全是一團和氣，已伏勝兆。（《評林》眉）彭士望："克鑒邲不利而敗，故力求和，以期必勝。"穆文熙："斬人若當，何恤於謗？若其不當，分之何益？郤子之論詭矣。"《經世鈔》："須看其罪何如，若罪可殺，則救爲奸法；不可殺，則厥之斬爲非。知其非，以爲無及，而使重之，是人之枉死者，一屈不可復申矣。後世士大夫同聲相和，至有逢迎貴幸，先事殺人以徼其旨，則皆分謗之說啓之也。然遇事勢亦間有可行者。"（方宗誠眉）師克在和，敘郤子與韓厥之和，又已伏下文必勝之根。

師從齊師於莘。六月壬申，師至於靡笄之下。（高嵣眉）第二段敘齊約戰。齊侯請戰則曰"詰朝"，詞意輕率。齊臣狥壘則曰"賈餘"，情狀鹵莽，已伏敗徵。此合上段看，郤克請乘必八百，預存自危之心。齊侯請戰則詰朝，明是輕敵之詞。前夾敘狥師一事，曰"吾以分謗"，早知師克在和。後拖敘狥壘一事，曰欲勇賈餘，益見氣矜為隆。兩兩相形，不必交綏，勝負攸分。齊侯使請戰，曰："子以君師辱於敝邑，不腆敝賦，詰朝請見。"對曰："晉與魯、衛，兄弟也。來告曰：'大國朝夕釋憾於敝邑之地。'寡君不忍，使群臣請於大國，無令輿師淹於君地。能進不能退，君無所辱命。"（孫鑛眉）六句作一氣下，甚勁有力。齊侯曰："大夫之許，寡人之願也；若其不許，亦將見也。"齊高固入晉師，桀石以投人，禽之而乘其車，繫桑本焉，以徇齊壘，曰："欲勇者賈余餘勇。"（《左傳雋》眉）李于麟曰："'欲勇者，賈余餘勇'。君曰'姑滅此而朝食'，君臣輕敵若此，如之何不敗？"（文熙眉）汪道昆曰："序事辭令能品，'賈余餘勇'、'一人殿之'字法。"穆文熙曰："鞌之戰，郤克有報齊之志，而佐之以韓獻子、范文子，將帥和睦，所以能勝。若邲之戰，有先縠輩以撓亂其間，欲不敗得乎？"分謗最同事者所宜，不睦之嫌，每生於此。其臣賈勇，其君輕敵，以臨強晉，安得不敗？（《彙鈔》眉）描寫高固勇態如生，亦見齊人恃勇而驕，有取敗之道。（《約編》眉）齊之君臣俱輕敵如此，焉得不敗？（《補義》眉）兩軍決戰，忽插高固桀石，使人震駭，正與君不介馬相映。（《評林》眉）按："詰朝"二字，傳中凡四出，皆謂明早也，或誤為今日，高士奇能辨之，既詳僖二十八年。王百穀："高固勇氣可想見，然恐不宜輕敵如是。"按：注："賈，賣也。"孔疏本亦同于此。或作"賈，買也"，不知孰是。桓十年傳"吾焉用此以賈害"，杜注：賈，買也。（方宗誠眉）以上敘齊君臣之驕而輕，伏必敗之根。

癸酉，師陳於鞌。邴夏御齊侯，逢丑父為右。（《正論》眉）逢丑父忠矣，晉師未入之先，曷不勸其君修德防微而免於難乎？蓋忠而不足于智也。晉解張御郤克，鄭丘緩為右。齊侯曰："余姑翦滅此而朝食。"（韓范夾）敗軍之談，往往如此。故行軍者，觀其言而知其勝負，不必其對壘也。不介馬而馳之。（閫生夾）此篇寫齊侯殊有英氣，所以抑晉也。郤克傷於矢，流血及屨，未絕鼓音，（孫鑛眉）

適值此奇增色，然亦有意詳敘，不然，則只"未絶鼓音"四字已足。（《補義》眉）勝負關頭，忽接元帥病傷，亦奇。曰："余病矣！"張侯曰："自始合，而矢貫余手及肘，余折以御，左輪朱殷，豈敢言病。吾子忍之！"緩曰："自始合，苟有險，余必下推車，子豈識之？然子病矣！"張侯曰："師之耳目，在吾旗鼓，進退從之。此車一人殿之，可以集事，若之何其以病敗君之大事也？擐甲執兵，固即死也。病未及死，吾子勉之！"（《測義》夾）孫應鰲氏曰："解張一言而濟公家之事，成郤克之名。"〖編者按：奧田元繼作張天如語。〗（孫鑛眉）"勉之"下竟不重出"郤克"字，文法甚古。**左並轡，右援枹而鼓，馬逸不能止，師從之。**（文熙眉）穆文熙曰："張侯數語，能令創者復起，得兵家作氣之法。"子輿見夢，遂令韓厥中御得免，豈非命與？（韓范夾）此戰全屬幸勝。晉師之進，由於馬逸也；齊侯之敗，由於驂絓也。想齊侯驕暴，故天以此警之。不然，以臨淄之富實，籍兵十萬，晉師深入，未見其必利也。（《古文斫》夾）已上數"病"字，總以襯出齊師之精悍。至於並轡援枹，馬逸不止，以半死半生之張侯，投湯赴火，而始得轉敗爲勝，跂君亦危矣哉！（《彙鈔》眉）于諸人口中敘出戰時事，以省鋪綴之煩，是實事虛寫法。（《約編》眉）就"病"字生出議論，見晉師並力以禦齊，所以能勝。（《補義》眉）師從之，有轟雷掣電之勢。（《評林》眉）《經世鈔》："晉師和銳如此，以當驕狂之齊，安得不勝？"王錫爵："齊之君臣恃勇輕敵，不免於敗；晉之將佐忍傷致死，率能勝之。所謂兩敵相當，貴於忍也。"《附見》："殷、烟音近義通，烟色黑暗，血色似之，故赤黑爲烟色。"《經世鈔》："此戰全以勇銳勝，別無兵法着數，邲之戰，楚亦如是。"（方宗誠眉）敘張侯之勇，乃真勇也。與高固客氣之勇相對照。**齊師敗績。逐之，三周華不注。**（高嵣眉）第三段敘晉敗齊師。齊侯"滅此而朝食"，何等氣概！"三周華不注"，何等窘迫！郤克傷矢流血，何其疲病！並轡援枹，何其銳勇！齊轉勝爲敗，晉轉敗爲勝，俱用加一倍描寫。俄頃變幻，妙筆不測。不介馬而馳，卻是徒勇。馬逸不能止，實能沖敵。絶妙關映。（《左繡》眉）上截又分五截讀。首節"請八百乘"至"吾以分謗"，寫晉師之和，爲戰勝張本。次節"齊侯請戰"至"賈余餘勇"，敘齊師之強，爲戰敗惋惜，此皆未戰前事。三節"陳師於鞌"至"三周華不注"，正寫晉勝齊事。四節

"韓厥中御"至"自徐關入"，分寫齊敗事。末節"見保者"至"予石窌"，帶寫齊侯敗後事，與下截"入自丘輿""擊馬陘"重寫晉師勝後事，一邊收，一邊起，恰好中間榜連作轉榫，章法奇絕人也。首節、次節，一請賦，一請戰。請賦則八百，分明不免自危。請戰則詰朝，分明不消量敵。一狥師，一狥壘，狥師則曰分謗，狥壘則曰賈勇，直將與人共功。只此兩節，便有綿針泥刺筆法在也。三節、四節，一是晉幾敗而倖勝，卻從齊侯奮勇敘入；一是齊幾獲而得免，卻從韓厥徵夢敘入。前以不介馬而馳、馬逸不能止相映成趣，見並轡者之馬首是瞻，全虧驂緳者之愛喪其馬。後以中御而從、與公易位相映成趣，見左右之避之賴有死父，不若華泉之下之賴有生臣。此兩節詞極參差，意極整齊，比類而觀，文情絕世。至末節已成拖尾，而見保者而免之，自反無愧，居然雖敗猶榮。辟女子而禮之，婦人知兵，從此同仇可作。以此束上落下，譬如連山復嶺若斷若續中，有靈氣往來也。豈不爲之拍案叫絕也哉？起手一行，兩賓一主，便將通篇線索領清，此提筆之妙。魯衛雙起，爲一篇以救魯衛、爲魯衛請等句作提筆。而宣叔、文子，卻又獨詳于魯，爲結處歸田賜服作地也。"及衛地"句，暗寫衛師，留于中間"帥退"文中明點，真無一浪筆。"陳師於鞌"，將齊侯、郤克兩邊御右一總對提，下先詳郤克一邊，晉主也；次詳齊侯一邊，即從上敗績中抽出另寫。妙于寫郤克段，倒插齊侯一筆，便令驂緳於木，即伏於不介而馳內。兩番分敘，自然聯絡爲一矣。（閭生夾）左氏諸大戰皆精心結撰而爲之，聲勢采色無不曲盡其妙，古今之至文也。宗羲按："此寫晉臣之堅忍，與齊侯反對。"

　　韓厥夢子輿謂己，曰："且（或作旦）辟左右。"故中御而從齊侯。邴夏曰："射其御者，君子也。"公曰："謂之君子而射之，非禮也。"射其左，越于車下。射其右，斃于車中。綦毋張喪車，從韓厥，曰："請寓乘。"從左右，皆肘之，使立於後。韓厥俛，定其右。（孫鑛眉）瑣細無不備，而醇氣嚴整。（高嵣眉）第四段敘晉追齊侯。韓厥中御，得避左右之射，賴有死父。齊侯易位，幸從華泉以免，賴有生臣。御者君子，齊人卻知韓厥；奉殤加璧，晉人不識丑父，皆絕妙關映。此合上段看，晉幾敗而轉勝，齊幾獲而得脫。不介馬而馳，可想其踴躍之氣。與丑父易位，可想其衰怯之狀。援枹而鼓，聲勢何其迅疾？奉觴而進，詞致何其從容？郤克病，張侯亦病，皆爲勝勢墊襯。齊侯免，丑父亦免，皆爲敗形添毫。兩兩相配，亦絕妙關映。

（閩生夾）此又其涉筆成趣，以寓其詼諧之致，所謂浮誇者也。（《古文斫》夾）敘此一段，見齊師不惟敗績，而齊侯亦幾不免。所以得免，卻由韓厥一夢。但厥父有靈，豈預知齊侯之欲射不射耶？抑正爲齊侯地也？數有前定，真不可解。（《統箋》尾）愚按：敘事之文，過詳則有煩冗之譏，過略則有脫漏之患，非有化裁之巧，不能使人意解而神會也。此節欲敘韓厥追齊君，不知丑父易位之事，先下射右斃于車中一語，繼下韓厥俛定其右一語，則不見易位不煩申說已自曉然。自後韓厥執縶再拜等語，皆向丑父而言，以爲此齊侯也。丑父見其如是，乃使公下車取飲，如君之使其臣者，而君乃得逸。其事甚巧，而左氏文筆之隱括，亦可擬於化工矣。（《補義》眉）射其左右，而置厥度外，亦因其爲御，無能爲耳，而孰知受困專在此人。（《評林》眉）按：據孔氏說，唯元帥之車將在中，御車在左。非元帥，餘軍之諸將御車在中，將在左，此乃軍之常法也。（閩生夾）此見韓厥雖倖獲丑父，而己亦危甚，皆所以伸齊而抑晉也。**逢丑父與公易位。**（《彙鈔》眉）毋張偕乘，韓厥定右，丑父乘其忙亂時與君易位，使晉人一時無辨。後紀信誑楚，即師此智也。**將及華泉，驂絓於木而止。丑父寢于轏中，蛇出於其下，以肱擊之，傷而匿之，故不能推車而及。**（閩生夾）敘此，言齊非不能戰也。左氏敘敗軍，必特見其長處，此篇尤極顯明。**韓厥執縶馬前，再拜稽首，奉觴加璧以進，曰："寡君使群臣爲魯、衛請，曰：'無令輿師陷入君地。'下臣不幸，屬當戎行，無所逃隱。且懼奔辟而忝兩君，臣辱戎士，敢告不敏，攝官承乏。"**（《左傳雋》眉）李九我曰："模寫韓厥謙敬飾詞殆盡。"（孫鑛眉）故爲遜辭，而實無狀之甚，意態絕妙。（《彙鈔》眉）辭雖卑遜，而實簡傲。（《補義》眉）陳錫元曰："丑父逃公而己爲公，子期逃王而己爲王，較宗典之以鞭拂元帝，李穆之以策擊宇文泰，事殊而以智脫主則一也。"（《評林》眉）王荊石："此韓厥迎處臣僕謙敬之飾辭。"（閩生夾）"忝兩君臣"爲句，"辱戎士"爲句，今讀誤。**丑父使公下，如華泉取飲。鄭周父御佐車，宛茷爲右，載齊侯以免。**（《約編》眉）敘韓厥追及齊侯，並丑父代君，一一詳細。（《評林》眉）彭士望："厥亦疏，此時豈容人下車耶？"楊升菴："紀信之誑楚，與本朝韓成之誑漢，皆祖此，不能如丑父之免耳。"（方宗誠眉）前敘韓厥以辟左右而得免，此敘齊侯以易位而得免，兩相對照。**韓厥獻**

丑父，郤獻子將戮之。呼曰："自今無有代其君任患者，有一於此，將爲戮乎！"（韓范夾）其意以求生也，而其言甚豪。（《彙鈔》眉）丑父可稱忠而且智，着着高人。郤子曰："人不難以死免其君。我戮之，不祥，赦之以勸事君者。"乃免之。（《左傳雋》眉）袁了凡曰："一呼一免，敘語俱奇警。"（文熙眉）紀信誑楚之事乃祖此，惜不得嗣晉人之免耳。汪氏曰："序事神品。"（《左繡》眉）中御易位，大家更換。攝官取飲，大家詭譎。韓厥、丑父，一對空頭。而御者君子，齊人卻認得出；奉觴加璧，晉人卻認不出，又晉之不若齊也。寫來絕妙。並轡援枹，此不是寫張侯，正是寫郤克，非此人則事未可知。在患免君，亦不是寫丑父，正是寫齊侯，有此人故敗而不辱。此皆旁襯之妙，粘煞不得。（方宗誠眉）前敘晉張侯之勇，此敘齊丑父之從容，兩相對照，皆形容得神。前敘齊侯不肯射韓厥，此敘郤子不肯殺丑父，亦兩相對照。

齊侯免，求丑父，三入三出。每出，齊師以帥退。（孫鑛眉）入師易，退師難，恐爲人所尾，當是沖入晉師求丑父，卻不敢旋車退，乃斜奔入狄，卒穿衛師出，蓋衛外更無晉師也。入于狄卒，狄卒皆抽戈楯冒之。以入于衛師，衛師免之。（《補義》眉）不是補點衛、狄，二師卻亦不是伏卒，乃近徐關而使阻其逸也。（《評林》眉）《經世鈔》："報前屬後，在此一舉，然喪敗之餘，爲此最難，足見齊侯之義而且勇。出齊師者，謂挺身出齊師之前，則將士爭護齊侯，而不敢退。"（閩生夾）齊侯實有威嚴，左公敘述尤凜凜生動，有生龍活虎之致，所謂敗而不撓者也。遂自徐關入。齊侯見保者，曰："勉之！齊師敗矣。"辟女子，女子曰："君免乎？"曰："免矣。"曰："銳司徒免乎？"曰："免矣。"曰："苟君與吾父免矣，可若何！"乃奔。齊侯以爲有禮，既而問之，辟司徒之妻也。（高塙眉）第五段敘齊敗後事。此跟上"免"字，又疊用數"免"字，作齊侯歸後餘波。忙中插敘閒致，趣韻悠然。（《評林》眉）《經世鈔》："按：可若何，正恐夫不得免，意在言外。婦人羞於問夫故爾，如楊氏言，竟不及夫而乃惜餘人，尚得爲賢耶？"（閩生夾）此乃閒文曲致，文情旁溢之處，所以寄其逸韻也。千古以來，紀事之文，此種境界邈絕久矣。言辟司徒妻者，見其有夫而不暇及也。予之石窌。（文熙眉）司徒妻問君父之難，先君後父，又不及其夫，何其賢而有禮乎？（《左傳雋》眉）插入此段，波瀾蕩漾，今讀左氏者，每截去之，絕不知趣。（《彙鈔》眉）司徒妻問君父之難，先君後父，不及其夫，誠爲知禮。閑敘此正與蕭同叔子映襯。（《賞音》尾）郤子合三國之師，皆挾怨以來，齊侯傲不知戒，可謂知兵乎？郤子馳救斬者，既斬而使速狗，其帥乘和矣。傷矢不絕鼓音，有沉船破釜之志，故獲大勝。視城濮及郊之役，皆不若此日之鏖戰也。然魯、衛以屢伐喪師，其欲報齊宜耳，而郤子以一笑之故，使萬人暴骨，不亦甚哉！其後齊侯朝晉，將授玉，郤子趨進曰：「此行也，君爲婦人之笑辱也。寡君未之敢任。」猶不忘□至此乎？郤子之不終，此其徵矣。（《左繡》眉）前敘鞌之戰，後敘袁妻之盟，此段似乎無著。卻不知正兩截夾縫中，結上起下著精神處。蓋以一女子而居然有親上死長之意，此齊之所以雖敗而意氣不屈不撓也。數「免」字承上作波，而以女子爲君母作引，以「君與吾父」云云，爲魯、衛死亡親暱作伏筆。史家往往於閑處著精神，而正意因以益明，此其一矣。（昆崖尾）俞寧世曰：「敘齊君臣，前段如此恃勇，後段如此喪氣。晉轉敗爲勝，齊轉勝爲敗，俄頃變幻，非神品不能繪畫。」（《約編》眉）敘辟女子事，亦是忙中閒筆，最有波致。（《補義》眉）何義門曰：「婦入内夫家，何以反不問辟司徒？」（高嶹眉）數句開出後半，峰迴路轉。前是鞌之戰，後是袁妻之盟，分兩大截看。（《自怡軒》尾）齊素強，晉人勝之匪易，故齊雖敗後，猶有勁勢。文於敘事中一一傳出，令人玩味不厭。許穆堂。（《才子》夾）文帶喜色者，須徹底帶喜色。文帶怒色者，須徹底帶怒色。此文徹頭徹尾皆帶怒色，讀之使人戰慄。（《淵鑒》眉）鞌之戰，齊之君臣以驕而致敗，晉之將帥以和而有功。環谷汪克寬曰：「齊桓末年，公孫敖帥師及諸侯之大夫救徐，征伐自大夫出矣，而未嘗盟會也。晉文末年，翟泉之盟，以諸侯之大夫上盟王子虎，禮樂自大夫出矣，而非征伐也。今此魯以四卿帥師，會霸國之上卿，與衛、曹之卿大夫敗齊侯于鞌，又盟齊國佐于袁婁，而禮樂征伐皆自大夫出矣。厥後晉悼以復伯之賢，首以諸侯之大夫圍彭城、城虎牢、盟陳袁僑，征伐盟會悉付之大夫，而蕭魚之後，凡役皆以大夫矣。翟泉之大夫貶稱人，此不勝貶，則從同也。」臣正治曰：「敘事瑣屑而不蕪，辟女子一段寫出倉皇擾攘之際，情景宛然。」臣廷敬曰：「『東其畝』，范寧註《穀梁》，以爲利於戎車之驅侵也；何休註《公羊》，以爲晉地宜東畝者多，使齊亦如之也。觀『戎車是利』二語，以范說爲長。」臣岳頌曰：「原本孝德，仁也。稱述先王，義也。正論嶽嶽，能詘無禮之請，尊賢尚功之報遠矣。"

晉師從齊師，入自丘輿，擊馬陘。齊侯使賓媚人賂以紀甗、玉磬與地，不可，則聽客之所爲。（《左繡》眉）下半篇又須另用提挈，甗、磬與地，伏得寶、得地藉口兩節文字。"不可"一轉，先領媚人後半段文字。晉人語，開出前半段文字。起三句，則照後愛妻，又承上"自徐關入"。"入"字，以起結對寫作聯絡也，妙極！（韓范夾）齊未可滅也，此言殊爲生色。（《約編》眉）敘國佐如師，見齊侯敗衂之後，猶有成算，不得不與之盟。（《評林》眉）《經世鈔》："輕勇人一敗塗地，不能自主如此。"賓媚人致賂，晉人不可，曰："必以蕭同叔子爲質，而使齊之封内盡東其畝。"（方宗誠眉）晉不言以齊侯之母爲質，而曰："必以蕭同叔子爲質。"若不知其爲齊君之母也。其詞近於輕薄，賓媚人之對莊重典則。對曰："蕭同叔子非他，寡君之母也。若以匹敵，則亦晉君之母也。（孫鑛眉）對語工絶，鍊而勁。（韓范夾）晉之臣子，何以爲辭？詞令之不可少如是。（《補義》眉）若以匹敵，則亦晉君之母，何以帷堂笑客取怒鄰？先自處於不孝也。吾子布大命于諸侯，而曰：'必質其母以爲信。'其若王命何？（閭生夾）藉口以誚晉之失政，且見齊之未嘗示弱也。且是以不孝令也。（《文歸》眉）戴文光曰："先說王命，後說不孝，極是，而轉落婉宕。"《詩》曰：'孝子不匱，永錫爾類。'若以不孝令于諸侯，其無乃非德類也乎？先王疆理天下，物土之宜，而布其利，故《詩》曰：'我疆我理，南東其畝。'今吾子疆理諸侯，而曰'盡東其畝'而已，唯吾子戎車是利，無顧土宜，其無乃非先王之命也乎？反先王則不義，何以爲盟主？（《文歸》眉）戴文光曰："上分此合，對而不對，祇重王命。"（《補義》眉）先王封國，自有疆理，何以侵奪魯、衛，不奪不厭，豈非責人則明？（《評林》眉）《經世鈔》："晉不説君母，他偏説君母。漢高吾翁若翁之言祖此，而漢高語全市井氣，故不可訓。漢高之對，論者紛紜，授禮者全非之，策事者皆是之，皆未得其平。蓋其得在吾翁若翁，而失在分一杯羹。若曰'吾翁即若翁，汝欲烹若翁，吾其如汝何？'則善矣。皆以王命、先王壓之，而引《詩》以爲證。"（方宗誠眉）責晉人不孝不義，義正辭嚴而又和婉。其晉實有闕。四王之王也，樹德而濟同欲焉。五伯之霸也，勤而撫之，以役王命。今吾子求合諸侯，以逞無疆之欲。(《文歸》眉）戴文光曰："三重王命，三呼吾子，如山壓卵，已令氣折。"《詩》曰：'布政優優，百祿是遒。'子實不優，而棄百祿，諸侯何害焉？不然，寡君之命使臣，則有辭矣，(孫鑛眉）此後更濃、更精、更緊。曰：'子以君師辱於敝邑，不腆敝賦，以犒從者。畏君之震，師徒橈敗，吾子惠徼齊國之福，不泯其社稷，使繼舊好，唯是先君之敝器、土地不敢愛。子又不許，請收合餘燼，背城借一。(鍾惺眉）"借一"兩字，似歇後語。敝邑之幸，亦云從也。況其不幸，敢不唯命是聽。'"(《正論》眉）國佐之辭甚直，意若曰："辱君之母，勢不俱生。"存斯志也，何志〖編者按：疑當爲"至"〗舉族北轅，君父爲虜，而猶稽首稱臣，置之不問乎？(高塘眉）第六段敘齊致晉之詞，前就晉言披剝，拒之以理，鋒芒甚利；後就齊辭敷陳，要之以勢，抗直不屈。善處敗者不亂，國佐一段辭令，已足闔其口而奪之氣矣。(《測義》夾）孫應鰲氏曰："齊國喪敗之餘，國佐猶能直辭抗敵，卒以安全。'母亦晉君之母'之言動其同類之心，而'非先王之命'與'收餘燼'，足以懾其氣耶！"〖編者按：奧田元繼作王元美語。〗(《左傳雋》眉）孫應鰲曰："詞嚴義正，慷慨論列，可謂善於專對矣。"李九我曰："温柔中有嚴毅，妙妙。"(韓范夾）齊雖敗而有氣，故其國不亡。(《彙鈔》眉）先駁晉人二語，屢稱王命以折之。後總結，又再翻起，章法整鍊，又極頓宕。(《析義》尾）一笑細故也，戰敗行賂，又責以必不可從之事，晉人已甚，不待言矣。國佐侃侃置對，兩提出王命來，且責其不足爲盟主，詞嚴義正，已足以奪其魄。復以君命有辭，請背城一戰，毫不躲閃，覺死灰中大有生氣。若此時晉人不聽魯、衛之諫，上得罪于天倫，下結怨于民生，此怠彼奮，非齊敵矣。則袁婁之盟，晉之幸也。《公》《穀》傳内有一戰、再戰、三戰、四戰、五戰等語，反覺畫添。但齊致寇之由，以帷婦人笑客之故，雖當此有國佐之詞，難免前此覆軍之辱。所以郭汾陽屏諸姬而見盧杞，慮患於微，其識誠不可及也。(《集解》尾）制敵莫如伏義，而强有力不與焉。晉人以一笑細故，至於殺人盈野，猶思逞其無疆之欲，不義甚矣。篇中兩提王命，總以不義蔽之，詞氣嚴正之中，更復極婉極冷，熟讀而摹仿之，行文自無徑直之病。(《彙編》尾）提出王命，詞嚴義正，固足壓倒晉人。然其欲質母也有由，前此晉郤克聘于齊，頃公之母躍於棓以窺客，則客或跛或眇，於是使跛者逆跛者，使眇者逆眇者，此一役也，實笑客之怒未平耳。夫婦人窺客，已是失體，況侮客以取快乎？出爾反爾，自屬宜然。苟非國佐之詞，豈能免覆軍之辱？故曰郭汾陽屏諸姬而見盧杞，慮患於微，其識誠不可及也。（《左繡》眉）開口蕭同叔子，便寫出此戰單爲婦人一笑而來，在郤子真一時逞志，卻不料左氏即借作千載奇書也。武人刀何似文人筆耶？明是齊侯之母，卻自覺言重，暗暗使乖弄巧。媚人偏一直揭破，偏再找一筆晉君之母，便使他開口放肆不得。辣甚快甚！三段都引《詩》，極談言微中之致。前後兩詩，引在"吾子"云云之後，中一詩引在"今吾子"云云之前，必要倒換，不作印板章法。兩對後，總一筆作束，即從此又生出一段文字。與上兩段，兩分一合，兩實一虛，前偶後奇，作三扇文格，化板爲活，以散作整，絕妙局法。末段忽然一轉，文情動宕，全在反掉得機，應"不可則聽客"一層，卻併"齊侯使賂"一番辭令都倒補出來。"畏君威""不敢愛"，故意寫作十分低頭伏小，以反跌"子又不許"之裝腔太過，而今之不復能耐也。是爲空靈恣肆之文。寫到後半篇，忽將前半篇請戰兩番文字，都照應轉來。可見天孫雲錦，只是一氣織成也。三寸鏤管，其麗密乃至於此。已說到背城借一矣，忽用幸、不幸，歸到賂晉上，只作好看周旋語，掉弄筆頭，並非認真搖尾乞憐，辭氣到底不軟弱。（《補義》眉）郤克至此，舍正義而專以私意侮人，反爲正義所屈。即使不幸再敗，豈可聽其質母之命？雖一時憤激之辭，然國佐失言矣，故晉人述其言復之，蓋隱譏之也。借魯、衛口中點出齊之死亡，與辟女子段相關照。（《評林》眉）鍾伯敬："上言爲質、東畝之非，晉之氣奪矣。而此復舉其闕，自棄百祿，凡三引《詩》，辭典而嚴。"《補注》："霸，把也。把持王者之政教。今案：傳以五伯對四王，則通三代伯者言之是也。宋襄、秦穆不成伯，楚莊吞噬中國，豈有所謂'勤而撫之，以役王命'之事？"按：五霸之稱初見於此。然楚莊以魯宣十八年卒，至今既三年；宋襄被執于楚，戰死於泓，焉有霸之數乎？《補注》是。呂東萊："言晉必欲質母、東畝，則齊必有一戰，而晉之勝負亦未可必，蓋激其必許平也。"（方宗誠眉）前既責以大義，此又感以至情，不亢不卑，辭命之美，於斯爲極。（閭生夾）勁屬而婉曲，最爲可愛，誦之如聞其聲。宗堯按："此敘晉雖勝齊，而失討罪之實。"（文熙眉）穀梁子曰："季孫行父禿，晉郤克眇，衛孫良夫跛，曹公子僂,同時而聘于齊。齊使禿者御禿者,使眇者御眇者,使跛者御跛者,使僂者御僂者。蕭同叔子處臺上而笑之,聞於客,客不悅而去。相與立胥間而語,移日不解。齊人有知之者,曰齊之患必自此始矣。"(《正集》尾)辭令之妙,如環無端,文之最能發揮者耳。葛端調。(《文歸》尾)此篇在《公》《穀》各有妙處,不能不遜此宏暢。(《古文斫》夾)本說背城借一,然後唯命是聽耳,著此二語,鱗甲奮張,江東將相,非久下人者也,千載猶有生氣。(《晨書》總評)徐衷侯曰:"郤克跛登,齊頃公使跛者迎之,帷婦人以笑于房。克怒,是以有鞌之戰,齊自取之也。齊既以賂求和,晉又不許,責以質母東畝,克言過矣。國佐連稱先王,頻呼吾子,名正言順,真足氣凌滄州,筆搖五嶽。郤克當面赤不遑,又何說之辭?晉既受辱而更受舌鋒,齊亦覆軍而兼失重寶。一則喪實,一則喪名,孰優孰劣乎?夫戰于鞌也,晉之勝,以馬逸不能止;齊之敗,以驂絓於木而止。此戰真屬幸勝,使果然背城借一,勝負正未可知。國佐抗言君命,再戰而後圖之,晉自氣奪而止矣。雖然,貌陋心險者難與作緣,'善戲謔兮,不爲虐兮',戒之哉!"(《觀止》尾)先駁晉人質母、東畝二語,屢稱王命以折之,如山壓卵,已令氣沮。後總結之,又再翻起,將寡君之命從使臣口中婉轉發揮,既不欲唐突,復不肯乞哀,即無魯、衛之請,晉能悍然不應乎?(《約編》尾)合三國之師,以洩一笑之怨,此憤兵也。前半敘得出色,齊侯始雖輕敵,敗後卻有戒心。使國佐如師,著"聽客之所爲"一語,胸有定見,原非屈意求和,兼之國佐有辭,理正言順,足以折晉人亢戾之氣,爰婁之盟,所以定也。

魯、衛諫曰:"齊疾我矣!(韓范夾)此必然之勢,特國子意中事耳。國子豈無所恃而爲大言以欺人者乎?**其死亡者,皆親昵也。子若不許,仇我必甚。唯子,則又何求?子得其國寶,我亦得地,而紓於難,其榮多矣!齊、晉亦唯天所授,豈必晉?"晉人許之,對曰:"群臣帥賦輿,以爲魯、衛請,若苟有以藉口而復於寡君,君之惠也。敢不唯命是聽。"**(彙鈔》眉)因魯、衛乞師而來,仍因魯、衛勸和而止。郤克特假公以濟私耳。(《左繡》眉)齊疾我矣,不但爲媚人一篇議論添毫,直併爲前半篇許多敘事點睛。《必讀》評:"文帶喜色者,須徹底帶喜色。文帶怒色者,須徹底帶怒色。"良爲妙解矣。然只說得國佐妙文,于左氏尚遺卻一半也。兩爲魯、衛請,繳應救魯、衛。賜路、受服,並暗應城濮句設色。無一筆不照顧,精細絕人。前半敘許多事,後半只國佐一篇文字,如何配搭得來?文于分對兩項後,又總説一遍。正説後,又反説一遍。于本文前則特寫齊侯發怒,于後又併詳魯衛之請、晉人之對,皆加意寫作濃至之筆,以與前半適稱也。其不奉爲謀篇之蓍蔡矣乎?俞選連修賦、取龍及新築爲一篇,云:"先敘魯、衛被兵之故,再敘晉救魯、衛,方有頭緒。若刪去前半,令讀者不知所謂。"此言足以正諸家之失矣。(儲欣尾)大戰一直敘,而煙波無際。(高塘眉)第七段敘晉許齊之盟。前魯、衛代齊爲請,詞意周詳。後晉藉魯、衛爲詞,對語婉曲。首從魯衛乞師起句,末從魯、衛請盟收場。前從救魯、衛興師,後從聽魯、衛許盟,章法完密。(《評林》眉)毛晉:"'借一'兩字,似歇後語。"陳傅良:"唯命是聽,傳言鞌之戰晉師無名,以怒出師,以貪成之。"王荊石:"魯、衛急於得地,且其忿已快,故請之郤克。"(方宗誠眉)前敘齊侯請戰之辭命,矜驕而無禮,而晉帥所對之辭命,甚有禮。此敘晉人不許請和之辭命,輕慢無禮,而齊使所答之辭命,極有禮,亦兩相反照。(《學餘》尾)笑客,齊無禮也,是以屈于晉,曰"敢不唯命是聽"。既勝而驕,晉無禮也,是以屈于齊使,亦曰"敢不唯命是聽"。嗚呼!師直爲壯,曲爲老,豈以投人、逸馬爲霸國之餘烈哉?

　　禽鄭自師逆公。(《評林》眉)陳傅良:"禽鄭自師逆公,傳言四卿要公勞師,故不書上鄍之會,杜云史闕,非。"

　　秋七月,晉師及齊國佐盟于爰婁,使齊人歸我汶陽之田。(《補義》眉)歸田應救魯、衛,以正意作結。(武億尾)此篇分四段讀,齊伐魯一段,齊敗衛一段,兩段爲下半篇緣起。救魯、衛而戰一段,聽魯、衛而盟一段,兩段與上半篇神回氣合。全篇章法一線,而戰一段,處處寫齊君意氣之不弱;盟一段,句句見齊臣詞氣之不撓。讀之使人精神健旺,覺死灰中有生氣也。俞寧世曰:"他篇敘戰,於交兵處寫得出色。此篇敘戰,於逐北處寫得出色。'車來甚衆',不知何人,以下方點出仲叔于奚,文章出没之妙。'不可,則聽客之所爲',語略;'寡君之命使臣'下,語詳,文章虛實之妙。"**公會晉師於上鄍,賜三帥先路三命之服,司馬、司空、輿帥、候正、亞旅,皆受一命之服。**(《快評》尾)五大戰中,此篇最爲古陗。主賓、反正、虛實、順逆之法,無一不備。熟讀之而心知其故,難題到手,自然會得擒縱駕御矣。宣公十七年，晉侯使郤克徵會于齊，齊頃公帷婦人使觀之。郤子登，婦人笑于房，以郤子之跛也。獻子怒，出而誓曰："所不此報，無能涉河。"獻子先歸，使欒京廬待命于齊，曰："不得齊事，無復命矣。"郤子至，請伐齊，晉侯弗許。請以其私屬，又弗許。齊罪無所，不可以一笑之故而興師動衆也。范武子將老，使郤獻子爲政，以逞其志于齊。而魯、衛又來乞師，此正郤獻子釋憾于齊之時也。此文通篇不露此意，而略示其意于蕭同叔子之一言，郤子於此亦暢滿其志矣。此古人爲文，以知大體爲第一要事。未戰之前，既戰之後，以兩番辭命爲起結，皆盡情盡致之文。晉師出，魯逆之，且道之。晉師歸，公會之，而賜之服。前後以魯爲關鎖。邲之戰，讀未終篇，而知晉師之必敗。鞌之戰，讀未終篇，而知齊師之必敗。以晉視楚過重，而齊之自處太驕也。三軍之事，固不可驕，而視敵尤不可過重。敵不可長，而尤不可太驕。左氏最善寫戰陣之事，八門五花，縱橫筆端，萬馬千車，奔走腕下。五大戰，其選也。即太史公之雄奇俊偉，猶在下風，千古更無有人能望其藩籬也。題目之難，更無過於戰陣者。左氏每寫一戰，必有一大番陣法，更無一筆相同。如以我三軍當彼三軍，三軍之將爲誰，三軍之佐爲誰，某軍先奔，某軍不敗，此則定例矣。獨此篇，更不詳列三軍，彼此各寫一戎車，總挈一筆在前，而後次第分寫。未戰之先，齊只影一高固；既戰之時，晉只見一韓厥。其餘更不照顧一筆，而靈山一會，儼然如見。吾不知左氏爲此文時，其意匠之經營何以至此也。更有奇者，獻子、張侯皆被重傷，丘緩曰："自始合，苟有險，余必下推車。"則苦戰已久可知矣，乃左氏寫最後致勝之一刻，一軍只一車，一車只一刻，而終之以"三周華不注"，全軍前後皆震動矣。作文能扼其要，譬如六轡在手，自然馳騁如意。郤獻子之車，二人皆爲矢傷；齊頃公之車，發二矢而皆傷人。然齊終爲晉敗者，齊驕而晉愼也。漢紀信之誑楚，亦猶丑父之誑晉耳。丑父免，而紀信燒，畢竟三代人寬厚，可以大義動得。郤獻子勝而已傷，齊頃公敗而猶厲。每出齊師以帥退，三入三出，以求丑父，何其勇也！不但未戰之前輕晉，乃既敗而猶輕晉，此其所以敗也。寫頃公輕揚矯健，如三河少年，翩翩可喜。一篇血戰文字，乃有"自徐關入"一段娟媚之結。所謂我爲法王，于位自在，不可以尋常矩矱律之也。頃公以辟司徒之妻爲有禮於己而賞之石窌，當無怨于鞌之戰矣。以辟司徒之妻作結者，正爲與蕭同叔子作絢染也。古之爲使者，受命不受辭，命固一定不易，辭則隨機應變，不可以爲典要也。"不可，則聽客之所爲"，此齊授賓媚人之命，而後之一篇刀劍斧鉞之文，則賓媚人之辭也。郤獻子之言，皆必不能行者。然只"蕭同叔子"一句是郤子胸中本旨，"盡東其畝"一句只算陪說耳。郤子亦明知其不能行，特以此來本爲蕭同叔子之一笑，而借題于魯、衛，恐齊人猶在夢中，故以此言點明之。而嫌其著跡，又陪以齊之封內盡東其畝也。郤子當此時已得暢其情懷，即無魯、衛之諫，吾知其亦許齊成矣。郤獻子不便斥言其母，而言蕭同叔子，令齊人自想此人之爲誰也。賓媚人介面將蕭同叔子一頓，以此四字觸目駭心之至，不得不一佇思也。"蕭同叔子"四字作句讀斷，則當時之精神顧盼如或見之。今人看句讀之事甚輕，嗟乎！句讀豈易言哉？能通其句讀，則古人之書更無餘蘊矣。先既斥其言之不孝、不義，以禮折之。後又以收合餘燼，背城借一，以戰恐之。賓媚人之詞鋒利於齊之三軍矣。鞌之戰，晉亦僅勝耳。背城借一，正晉人之所深懼也。郤獻子借魯、衛之諫以脫手，而許齊成。郤子本非必欲行其言也，特令齊人知之耳。（孫琮總評）郤克以一笑之辱而興師，又因魯、衛以爲名，故能用衆而致勝。至欲質其君之母，則不免已甚矣。且齊有丑父之危身以衛君，有國佐之正辭以卻敵，即魯、衛亦不得不懼而爲之請。要之齊敗固所自取，而獻子實非兵以義動，所以其氣雖盛，而究不能不與之平也。兩下情事，篇中無不曲曲摹出。紀夢一段，見韓厥所以得免；紀蛇一段，見齊君所以見止；紀傷矢一段，見晉之致勇有人；紀女子一段，見齊之禮教不絕，點綴俱有情致。（《古文斫》尾）此傳敘晉救魯、衛，自當以晉爲主。篇中顧極寫齊君臣之英武，而郤克殊非其敵者，蓋郤克以憤兵徼倖，固傳之所甚惡也。通篇寫郤克雖勝，無半點便宜；寫齊侯雖敗，無半點出醜。並轡援桴，取勝者賴有張侯，而元帥之負傷告病，何其屢也！好奇失敵，易位者賴有丑父，而齊侯之三出三入，又何雄也！以至長驅入國，器地請盟，克之志已得、意已滿矣，又以蕭同叔子、齊畝盡東二語，博得國佐許多奚落。背城借一，毛髮悚然，而始之盛氣無前者，卒之巽辭收拾。前倨後恭，亦足哂已。余謂此戰，固天所以挫齊卿之驕，而實所以長郤氏之禍。能見及此者，其唯范文子乎？（《覺斯》尾）過商侯曰："齊國喪敗之餘，國佐猶能直辭抗敵，賴以安全。'母亦晉君之母'，即漢高祖'吾翁即若翁'之意。是知發論透切，即鷙猛之人未嘗不可感動也。"（《賞音》尾）國武子可謂專對不辱命矣，晉人之言太亢，使非武子有辭，將如何收拾乎？《公羊》謂武子言畢將去，郤克眛魯、衞之使，使以其辭而爲之請，良然。（美中尾）荆楚侵軼中原，晉不能問，而聽郤獻子以私憤伐齊，是避夷而殘夏也。雖頃有敗道，而克亦倖勝。卒也，制命不臧，反爲國佐正議所屈。齊伐人還自伐，晉侮人還自侮，均可鑒也。（《左傳翼》尾）《春秋》數大戰，獨鞌戰前半敘次稍略，或庵疑有闕文，不知左氏行文不過據事直書，事有煩簡，文亦因有詳略，未嘗於事外增添閒文以見手法也。韓原、城濮、邲與鄢陵，前番許多佈置，曲折寫來，自有層巒疊嶂之奇。此則以蕭同叔子一笑起釁，郤克懷憤，前文已詳言之。項因魯、衞之請興師，齊君臣恃其剛勇，造次請戰，無許多閒話，故亦無許多閒文。文章須認定主人翁，此戰以齊侯、郤克爲主，故單就兩軍描寫，此亦文字單微一線理解也。斬人分謗，桀石賈勇，皆未戰時事。兩軍對壘，旗鼓相當，一不介馬而馳，一馬逸不能止，而傷矢流血，未絕鼓音，賴張侯勉力而援桴並轡，郤克遂轉敗爲勝。驂絓蛇出，不能推車，得丑父易位而下車取飲，齊侯遂將獲得免。以至獻丑父、戮丑父、赦丑父、求丑父、入狄卒、入衞師、見保者、辟女子、爲戰後景象，曲折詳盡，與鄢、邲同，較韓原、城濮殆將過之也。末後詳載賓媚人致賂、魯衞之諫、晉人之對，收拾全文，點水不露，詞命雅令，更爲諸篇所無，而以謂有闕文，何耶？左氏敘戰皆前有緣起，後有結案，未嘗直起直收。如此戰以徵會始，以獻捷終，必須通前後觀之而事之本末始備。左氏以編年紀事，故間斷錯置，合之仍一篇綿密文字。若只就一篇推論，則不見來蹤去跡血脈矣。馮氏謂他篇皆有斷結，此獨無斷結，蓋既不便貶他，又不當贊他，即以國佐之對爲斷，說來雖好聽，究亦未得作者□□也。（《日知》尾）心啣舊恨，口爲魯、衞，序事亂令，處處雙管齊下，奇絕。獵獵有風雲之氣。（高塘眉）俞桐川曰："'不可則聽客之所爲'，語略。'寡君之命使臣'，語詳。文章虛實之妙。敘韓厥追齊侯，兩路夾寫與邲之戰敘致師，同一文境。"（高塘尾）程時叔曰："齊侯自恃其强以伐人，及其窮蹙，則使重臣求免。四國大夫專兵雪忿，偶得一勝，則逞無窮之欲。二者足爲永鑒。"《傳説》曰："四國戰齊于鞌，諸大夫興大衆以雪一笑之恥，故説者多以爲忿兵，固已。然是時楚氛孔熾，齊以東方之大國，亦與楚通矣。晉將復修霸業，若不得齊，則魯、衞、曹、邾，皆有依違觀望之意。故盟於斷道，謀楚即以謀齊。及袁婁既盟，而齊不背晉者二十餘年，楚亦少斂其鋒，晉人世霸之緒賴以不墜。則鞌戰亦安可少哉？"前半戰以敘次爲描寫，晉勝齊敗俱用反侷。後半盟以議論爲辭令，齊直晉曲，全用正鋒。帶敘魯、衛，不雜不漏。（《自怡軒》尾）晉人之言太亢，武子逐層以理折之，無一弱句。許穆堂。（王系尾）篇首魯、衛並提，篇終單結歸魯者，衛侯疾革，實未會晉師，故於後篇敘三子之吊以補足之，所謂隔篇補，補法之最奇者。此篇是大結構處。胡傳曰："成公初立，主幼國危。爲季孫一怒，掃境內興師，而四卿並出，肆其憤欲。雖無人乎成公之側，有不恤也。然後政自季氏出矣。"家則堂曰："群下知有季孫而不知有公室，三家自是愈專而公室微矣。此一部中之大結構也。自翟泉之後，齊不與晉之會盟者踰四十年，至是乃與晉合，又三十餘年而始貳。此數十年中之大結構也。"按：左氏敘戰，自晉楚三大戰之外，唯此尤詳，有以也夫！（林紓尾）紓曰：文字最難於整片中夾敘瑣細之事，妙能順帶，便不吃力，亦不見填砌痕跡。篇中最要人物，不是郤克，晉則韓厥，齊則賓媚人也。寫韓厥即穿插入無數瑣事，寫賓媚人則斬釘截鐵，作全篇之大結束。觀入手寫韓厥將斬人，斬人，軍律也，救之無謂，已將韓厥一晃，遂即伏下。其餘在百忙中插入子輿示夢，實意想之所不到。寫駿之絓木，爲韓厥禽敵之張本。丑父擊蛇傷肱，又韓厥成功之張本。且示夢而中御，是寫韓厥之命根，左右死而韓厥不死，是寫韓厥之佳運。肘縶毋張而挽其死右，是寫韓厥之定力。執摯奉觴，是寫韓厥之雅量。丑父代君，而韓厥不覺，則又寫韓厥之疏略。中間錯錯雜雜，敘齊軍情況，均是爲韓厥寫照。故善於文者，用一人爲貫穿，則穿插提頓，皆有所憑依。如郤克之欲戮丑父，齊公之屢求丑父，皆屬餘波，其根株皆出自韓厥。不有韓厥，丑父何以就禽？至於賓媚人吐一篇光明偉壯之詞，不是左袒齊君，是左氏寫此以遏郤克之驕恣。郤克之猾衷狹量，經婦人一笑，乃至以六萬之師出發。觀所謂收合餘燼，所謂死亡皆親暱，可見郤克復一笑之仇，殺人不少，且荒謬無倫，欲質同盟之母，非賓媚人當頭一棒，則倫理斁而人心亦不快。凡有功世道之文，必有此一種之筆墨，爲人提醒。蓋兩國各有人物，彼此銖兩均耳。然晉、齊勝敗之由，亦有關鍵。齊人步步冒失，晉人則步步耐苦。高固之桀石投人，舉動冒失也；齊侯之不介馬而馳，冒失同之。高固之出賈餘勇，言語冒失也；齊侯之滅此朝食，冒失又同之。至於齊侯三入三出，入狄入衛，皆可以死。幸狄、衛畏異日之禍，幸而獲免，直冒失到底矣。若晉人者，郤克流血及屨，張侯左輪朱殷，鄭丘緩遇險推車，節節皆耐勞苦，安得不勝？郤、解之傷，亦正由不介馬而馳之齊侯，箭如飛蝗，二子所以被創。自外觀之，似齊侯氣勇堂堂，而郤克荏弱不勝，乃不知其正以耐苦勝冒失也。彼此仍是對針文字。妙在中間忽攙入辟司徒之妻問齊侯，復問其夫。兒女英雄，于戎馬倥傯中，寫出溫柔態度。左氏之神閒氣定，瑣事必攄，又安置極有方法。此段情事，非插入齊侯入徐關時，萬萬無可著手。吾故曰最難於整片文字中夾敘瑣細之事，正謂此也。（《菁華》尾）戰鞌出自郤子之意，與晉侯無與。故知齊之敗，由其自取。"主郤獻子"句，是一篇之綱。將帥不和，未有不敗，郲之役是也。郤子鑒於前事，故特曲意求全。郲之戰，楚人之言，何等謙下；鞌之戰，齊人之言，何等倔強，而勝敗之機，已決於此。左氏敘次之文，每於百忙中插入一細事，如敘高固桀石是也。蓋文字最忌枯寂，故不嫌點綴取致。兵機未決，而大帥受傷，晉之勝亦屬天幸。然命在須臾，而神志不亂，固自難得。丑父譎智可愛，然亦是春秋之世，風氣尚古，雖在兵革之中，遇國君不敢無禮，觀于鄢陵之役晉、鄭相遇可見。否則盡俘以來，正易易耳。欲質其母，此語何以示天下？郤子亦知此事決不可行，姑以洩見笑之憤耳。賓媚人之對，義正詞嚴，使晉人無可置喙。"借一"二字，語意未足，似後人用殆庶、盍各之類。齊未可滅，歷久相持，且懼楚人之乘其後，晉之必許齊盟乃勢所必然。姑借魯、衛之諫，以爲轉圜，其實許平之由，並不係乎此。

八月，宋文公卒。始厚葬，用蜃炭，益車馬，始用殉。重器備，槨有四阿，棺有翰檜。（《左繡》眉）厚葬總提，分寫六句，都爲"惑"字、"侈"字伏案。斷語兩"君"字，兩"臣"字，與"不臣"呼應，法簡而理嚴。（《補義》眉）秦穆殉喪罪其君，責備賢者也。宋文則罪其臣，弒君之賊不足責也。

君子謂華元、樂舉於是乎不臣。臣，治煩去惑者也，是以伏死而爭。今二子者，君生則縱其惑，死又益其侈，是棄君於惡也。何臣之爲？（《分國》尾）宋文之厚葬，而用王禮，甚無謂也。豈以其厚施之故而德之，不然，通于王姬，宜用王禮？妄甚矣。（《左繡》眉）厚葬、用殉等，自是宋公遺言，文不責君而責臣，又不專責之死後，而重責其生前，爲其不能生解其惑，而死又從其亂命也，重一"惑"字可見。注以殺母弟須爲惑，非是。（《左傳翼》尾）陳善閉邪，不止治煩去惑，而二者究亦閉邪內事，要緊止是伏死而爭，折檻補牘所以著美千古也。不然或長或逢，總是棄君於惡耳。"惑"字是君心不善根本，因死後益侈，追到生前縱惑，嚴峭之筆，凜若秋霜。(《補義》眉) 縱惑益侈，統計其自生至死，無非爲惡不止一事也。(王系尾) 此篇所敘皆葬時事，不敘之於葬，而敘之於卒者，省筆也。樂舉、華元之不臣，足爲後世之大戒，必不可不敘。既傳其葬，不得不傳其卒。於其卒也，併其葬而傳之，則不復傳其葬矣。敘其所必敘，省其所可省，史家裁補之妙也。(閻生夾) 文公以叛逆得國，而華元贊之，左氏無一語斥責，至此始借厚葬以痛斥之，其深曲如此。左氏全書用意大率如是也。

九月，衛穆公卒，晉三子自役吊焉，哭於大門之外。衛人逆之，婦人哭於門內，送亦如之。遂常以葬。(《測義》夾) 邵寶氏曰："三子者自役至焉，而未復命，衛人以變禮處之可也。凡吊者，豈皆自役，遂常以葬，謂之何哉？"〖編者按：奧田元繼作王陽明語〗(《左繡》眉) 內外、送逆，相間對說，"常"字亦與起"自役"相對，無一字浪用也。(《補義》眉) 衛喪從禮，反照宋喪之侈；門內之哭，遙映帷堂之笑。(《評林》眉) 《附見》："婦人在堂，賓客在門內，禮也。然今三子哭于門外，故婦人亦下堂移在門內。"(王系尾) 此篇敘三子之吊，非爲三子也，亦非以衛人之變禮也，特以明衛侯不會晉師之故也。隔篇補足，其法似奇，然隨時以敘事，因事以成文，亦行其所無事耳。

楚之討陳夏氏也，莊王欲納夏姬，(孫鑛眉) 奇，本自申公出，敘得頓挫有節奏，節節相映發，攢簇熱鬧，此則左公妙手。(《彙鈔》眉) 正言說論，出之私昧之口，亦自動人。(《左繡》眉) 一篇極寫巫臣惑夏姬，色色寫絕，而都不用正筆。前兩段，講道學，中一段，料事機，竟是一極有學識人。其段段夾寫，使道、聘鄭情事，只用輕點。及盡室以行，卻用一旁人冷眼覷破，冷語說破。讀之使人失笑，真傳神之筆也。末段斷語，直作不以人廢言注腳，與起處假道學相映成趣。而曲終奏雅，是一篇有風有刺之文。(《補義》眉) 汪云："筆筆寫巫臣，一副全神，總爲夏姬，覺輔晉通吳，猶是餘事，色迷至此，可爲千古才人永鑒。"(高嶼眉) 上半追敘前事，首段止王納，二段止子反，三段自謀娶。平平敘來，筆筆入神。首段純用莊議，二段參用諧語，意同文變。於事爲自己留地步，于文爲下段作反勢。三段則機情盡漏，林巒忽改。以人之謔，成文之奇。**申公巫臣曰："不可。**(韓范夾) 此時申公意中，爲君乎？爲夏姬乎？**君召諸侯，以討罪也。今納夏姬，貪其色也。貪色爲**

淫，淫爲大罰。《周書》曰：'明德愼罰。'文王所以造周也。明德，務崇之之謂也；愼罰，務去之之謂也。若興諸侯，以取大罰，非愼之也。君其圖之！"王乃止。（《彙鈔》眉）爲楚子謀，亦情眞理切，能使之樂從，其言巧甚。子反欲取之，巫臣曰："是不祥人也！是夭子蠻，殺御叔，弒靈侯，戮夏南，出孔、儀，喪陳國，何不祥如是？（韓范夾）深婉沉痛之言，令人聞之自止，爲己爲人，兩得之矣。人生實難，其有不獲死乎？天下多美婦人，何必是？"子反乃止。（《補義》眉）兩次獻忠，卻有"自爲謀"三字在內。（方宗誠眉）以上敘巫臣之諫王、規子反勿納夏姬，詞意正大親切，令人動聽。（闓生夾）前半敘申公竊妻，詞旨特爲敏妙，史公《相如傳》略取其意。王以予連尹襄老。襄老死於邲，不獲其尸，其子黑要烝焉。巫臣使道焉，曰："歸！吾聘女。"又使自鄭召之，曰："尸可得也，必來逆之。"姬以告王，王問諸屈巫。對曰："其信！知罃之父，成公之嬖也，而中行伯之季弟也，新佐中軍，而善鄭皇戌，甚愛此子。其必因鄭歸王子與襄老之尸以求之。鄭人懼於邲之役，而欲求媚于晉，其必許之。"王遣夏姬歸。將行，謂送者曰："不得尸，吾不反矣。"（《評林》眉）《增補合注》："巫臣以正諫君、止子反，而竟自欲娶之，使人開導夏姬，謂汝歸鄭國，吾將就鄭聘汝以爲妻。"陳臥子："揣知罃之父及鄭人肝膈如見。"

巫臣聘諸鄭，鄭伯許之。（高嶠眉）下半正敘令事，四段巫臣偕奔晉，是遂其謀。五段共王不肯請錮，是斷其事。三段是定良緣，四段是成佳期。巫臣費盡機關，好事已成，不知如何心喜，卻從申叔跪眼中覷出、口中點破，只一兩筆，巫臣鬚眉俱現。不寫正面，而以旁面照之，傳神妙手。末段子反請錮，意中大有憤懣在。共王卻心氣和平，識見洞達，將巫臣前後奸邪行徑，善於出脫而收拾之。以論之正，成局之變。末段繳應前文，收拾全篇。合首二段看，議論端正，局勢相配。合前四段看，墨筆變幻，局勢不測。及共王即位，將爲陽橋之役，使屈巫聘于齊，且告師期。巫臣盡室以行。申叔跪從其父將適郢，遇之，曰："異哉！夫子有三軍之懼，而又有桑中之喜，宜將竊妻以逃者也。"（韓范夾）申公費多少心思，獲一夏姬，自不覺喜形於色。

(《補義》眉）舉朝不知，而道旁人覷破。（《評林》眉）《經世鈔》："聘而盡室以行，國中無譏察者，何耶？"《評苑》："巫臣出奔他國，楚君必用兵討之，是有三軍之可懼也。又巫臣將私取夏姬，則是衞詩所謂'期我乎桑中'者，又有此喜也。一則以喜，宜其盡室以逃奔也。"（閭生夾）葩豔動人，此筆墨流珠處也。及鄭，使介反幣，而以夏姬行。將奔齊，齊師新敗，曰："吾不處不勝之國。"遂奔晉，而因郤至，以臣于晉。（方宗誠眉）以上敘巫臣之自娶夏姬，情辭詭譎巧曲。晉人使爲邢大夫。子反請以重幣錮之。（韓范夾）悔前之誤信其言也。王曰："止！其自爲謀也，則過矣。其爲吾先君謀也，則忠。（韓范夾）假使先君而在，必聽子反之言。（《補義》眉）點出自爲謀作結，楚子時十二歲，稱之以忠，可謂加人一等。忠，社稷之固也，所蓋多矣。且彼若能利國家，雖重幣，晉將可乎？若無益于晉，晉將棄之，何勞錮焉。"（文熙眉）汪道昆曰："敘事議論能品。明德、務崇、是不祥人，俱句法。"穆文熙曰："巫臣賢者，所言皆是。然竟自取夏姬，若能以正言教人，而不能以正自處，則罪猶可言。若以正言左人，而預爲己取之地，則罪又重矣。好色迷人，果賢者所不能免也。"孫應鼇曰："共王于巫臣，可謂責己重以周，而待人輕以約者。"（鍾惺眉）數語大可爲聽言用人之法。（孫琮總評）夏姬妖冶之尤，雖已破滅陳國，楚之君臣，爭豔心焉。巫臣之諫莊王也，議論正大，得諫諍體。其止子反，則以死懼之，"天下多美婦人"，可謂達人通識。要之，諫莊王、止子反，其意只在自爲。故道使歸鄭，又自鄭召之，及言屍可得，料度情事，一連七層，歷歷如繪。老奸秘計，卻被稚子慧眼看破。作僞心勞，行徑敗露，亦復何益？至楚子不錮屈巫，事理明悉，足稱霸主英略。作者處處刻畫，真覺一波未平、一波又起，是左史得意之筆。（《彙鈔》眉）先論理，次論事，語簡意盡。（魏禧尾）呂祖謙曰："考之共王，年才十有三耳，其言可爲萬代納諫之法。然雖知巫臣之無罪，而坐視子反之屠戮其族，召敵生患，又未嘗不深憾之矣。"魏禧曰："人之納諫，求有益於己而已，安問其人之賢否哉？吾見朋友中有聞直言者，曰：'汝身行何如，而以責我也。'其失人失事不可勝數矣。夫有己而求人，無己而非人者，此進言者所自盡，而非聽言者之代爲盡也。共王之量與識，爲不可及矣。"丘維屏曰："巫臣一片佞智，用在淫冶處，看似一色人，一樣事體便有一段論說，中情中理。忽有一個申叔跪曉人，於閑處看破。歸結共王'社稷之固也'極鄭重莊語去看《左傳》點次作一篇文字處，是何等手段！"彭家屏曰："夏姬一婦人耳，殺御叔、弒靈侯、戮夏南、出孔儀、喪陳國、殺黑要、滅巫臣之族、致吳叛楚有入郢鞭屍之事，真人妖也。《詩》曰：'哲婦傾城，懿厥哲婦，爲梟爲鴟。'不信然哉？"（《分國》尾）巫臣明知夏姬不祥，又自納之。究之夏姬歸巫臣不終，又歸羊舌氏，巫臣愚矣。所難者，楚莊、楚共父子兩人耳。隨廣入建康，令留張麗華，高熲曰："昔太公蒙面以斬妲己，此豈可留也？"斬之。廣變色曰："吾必有以報高公矣。"欒盈出奔，晉人錮之，至會於商任，使諸侯不得受。楚莊納巫臣言，以夏姬與襄老。共王卻子反請，不使晉人錮巫臣。人之度量，相越何如哉？（《左繡》眉）文作四段讀，首段兩沮娶夏姬，單爲自己留地步。次段聘夏姬，三段以夏姬行，末段總斷其事。大都前兩段敘巫臣之言，後兩段則旁人論巫臣之言，段段各成章法。首節純用直筆，一論是非，一論利害，寫得夏姬毫無可取。次節純用輕筆，一揣晉情，一揆鄭勢，又寫得夏姬全無交涉。不知左氏當日何等設分處地來。聘鄭極是易事，但如何騙得夏姬回去？看他轉轉灣灣，從鄭一邊打算出逆屍一著。逆屍又與鄭何與？看他又轉轉灣灣，說出許多緣故來。一"其信"作頭，下以兩"其必"申說。既說得活落，又說得的確，曲折明透，妙舌無雙。一"其必"在句首，一"其必"在句尾，只兩筆而無不換者。巫臣費盡心機，弄得機會到手，不知何等歡喜，所謂如春蕩蕩，如賊嘿嘿者，莫可言語形容。妙在不用正寫，只就旁觀口中一筆點睛，便已令一眉開眼笑巫臣活見紙上，豈非千載第一寫生手？語語風致，所謂善戲謔兮。敘事首尾呼應，作者之經緯也。此文不必別尋結構，只引楚共語作斷結，而通局無不照應收拾，天造地設，有此現成耳。"自爲謀"結中二段，"爲先君謀"結首段，末數句即結本段，無一筆落空。（昆崖尾）俞寧世曰："巫臣奇士，因慕夏姬，費盡機關。十年夢想，千里馳驅，專爲此事。反覺輔晉通吳，猶屬緒餘弩末。盲史將關目曲折摹寫，又於聲音笑貌間活畫風流情態，乃哂長卿、衛公逸事，終是敘得直率無味也。"俞評趣矣，然單摘中段賞其風情，祇成豔詞綺語，是《香奩》百首，《會真》一記，俱可廁作者之堂也，豈窺盡左氏佳境？余謂此傳必合首尾細看，方見古人文章變換照應之妙。蓋娶夏姬者，巫臣也。卻以莊王、子反欲娶影起，即從巫臣幻出奇峰。兩段條陳，洪聲厲色，如端人正士，峨冠博帶，使人對而改容。又如嚴冬大雪，松柏盡枯，使人望之色慄，心灰氣盡，豈復作絲毫夜月春風之想乎？乃陡然一變，洗翻前文，將巫姬兩下關情，私約密定，逐節細摹。讀之者忽如遊迷魂之洞，墜珥脫簪；如入天臺之山，夭桃艷李，覺嫵媚嬌柔，千情萬趣，而峨冠博帶之容，嚴冬大雪之況頓消歸無何有之鄉矣。胸藏鱗甲，固巫臣之謀之詭；而筆幻風雲，已成左氏之文之變。噫，觀止矣！作者至此，幾疑鼓衰力盡矣。誰知俄頃指揮，局陣又改。以共王不錮巫臣作收，字字真，層層透，如老吏平反，婉至周詳；如白日當空，光明正大。於奸巧詭詐之後，轉出這副心胸；於曖昧苟且之餘，換出這番識議。真覺旌旗變色，壁壘一新。而其局勢，又隱與起處兩段相應，蓋橫敘風趣於中，而起勢端嚴，則結局亦須正大。雖詞意迥殊，而規模拱照。此余所謂以局相稱爲照應者也。（美中尾）浦二田曰："妖冶當前，人人意亂，巫臣使心機在閒冷處，左公傳神亦在閒冷處。"（《左傳翼》尾）世傳巫臣取夏姬，與少伯載西施，同一佳語，而巫臣實難。止莊王、止子反，已是萬難中闢開一條活路矣。以與襄老，阻擋不得，襄老死鄁，即用襄老之屍作良媒，但不知如何使道，便令他心肯竟舍黑要而去，此中機關費盡幾許心血，不止相如使侍者通殷勤于卓文君矣。得手在"自鄭召之"一着，掣得夏姬離楚，乃可爲所欲爲。王問、王使，都有做作，未必盡是機緣湊合。至盡室以行，楚之君臣仍然不覺，其老謀深算，一何巧也？後面幾許正論作結，與前恰好相配。鄙媟事而以莊雅出之，所以異於稗官野史也。講義理居然道學先生，講利害雖蘇、張之舌無以過之。看來巫臣不取夏姬，子反輩必不積怒蓄怨而盡殺其族，巫臣亦不通吳于晉，教吳叛楚，使諸臣奔命以死，致後有入郢鞭屍之事。則所謂不祥人者，流毒孔長，豈止如所云云已哉？是以古之滅國者，不留其嬖妾美女，而君子清心寡欲，亦遠之而不敢近，蓋誠知色之迷人深，而淫之爲禍烈也。（《日知》尾）鼻端生贅，腦後下針，末路借王語斷結，更爲全文包裹。（高嵣尾）巫臣本奇士，看後來輔晉通吳伐楚，使子重、子反一歲七奔命，其智謀不在人下也。只因慕一夏姬，層層佈署，費盡苦心。左氏將前後關目，曲折摹繪，節節入神。左氏文章，文脈極細，文境極變。如此篇娶夏姬者，巫臣也，卻以莊王、子反欲娶影起，即從巫臣幻出奇境。首段端容莊論，如正笏垂紳，使人對而心折。二段悚語危言，如寒雪嚴冰，令人聽之心冷。乃陡然一變，頓翻前勢。看三段私約密定，藉襄屍爲月老，由楚聘鄭，已費十年夢想。看四段乘機構會，藉聘齊爲親迎，從鄭奔晉，不惜千里馳驅。其心機曲折，行蹤詭秘，視前兩段，固已蹊徑別開，局陣不測矣。入五段子反請錮，此固人人意中事。卻有共王一段卓識名言作收結，於奸巧譎詐之後，轉出這幅正大心胸；於曖昧苟且之餘，換出這番光明議論，又覺旌旗一變，壁壘一新。尤妙在將前文層層繳應，即以收拾通篇，此所謂文境極佳，文脈極細也。（《評林》眉）王荊石：「此與燭滅絕纓事相類。」陳傅良：「勞錮焉，傳因陽橋之役，備載巫臣事。」王元美：「共王雖不錮，而坐視子重、子反盡滅其族，則比之錮尤慘，安得不益其怨而爲國憂也！」《經世鈔》：「晉錮欒氏，而齊侯不服，雖聽於會，而陰保之，且公然伐晉矣。於此益知楚共之賢。」（武億尾）此篇寫巫臣惑夏姬，作四段讀。首段兩沮取夏姬，單爲自己留地步。次段聘夏姬，三段以夏姬行，末段總斷其事。大抵前兩段是敘巫臣之言，後兩段是旁人論巫臣之言，色色寫絕，而都不用正筆。看他講道學，料事機，竟是一極有學識人。至使道、聘鄭情事只用輕點。及盡室以行，卻用一旁人冷眼覷破，冷語説破。讀之使人失笑，真傳神之筆也。末段斷語，與起處假道學相映成趣，曲終奏雅，是一篇有風有刺之文。（王系尾）此篇雖爲陽橋作案，寔是部中大關鍵處。楚自武、文以來，世積其強，至莊王而極盛。共王之初，靈王之篡，威行諸夏，猶其餘烈也。平王而後，漸以衰矣。楚之所以衰，則吳通于晉而世與楚爲仇故也。吳之所以通晉而仇楚，則巫臣之故也。巫臣之所以逃楚而奔晉，則夏姬之故也。可畏哉！莊王納巫臣之言而棄夏姬，如流之美也，而不能與夏南同戮也。共王不納子反之言而錮巫臣，明恕之論也，而不能禁子重、子反之滅其族也。幾微未盡，流禍無已。亂世之末流，豈易涉哉？左氏之詳其顛末，有以也。（方宗誠眉）自爲謀則過，回應段中，爲先君謀則忠，回應首段，文法整齊，精神團聚。（林紓尾）紓曰：千古婦人之奇淫者，至夏姬而奇。千古男子之好色，乃不惜家族而取半老之蕩婦，至申公巫臣而極。此種事蹟，非得左氏以傳之，鮮有不墜入稗官惡道者。然巫臣竭其全副精神及其數年區畫，全注夏姬身上。觀其對莊王、對子反、對共王言，在在咸有條理。莊王新霸而好名，巫臣悚以大罰，得大罰即所以失霸而墜名，此以利害動之也。子反沈緬之徒，耽於酒色，然必貪生而畏死，巫臣悚以不祥，子反恐失富貴，不能舍此得彼，此以禍福動之也。王子在晉爲俘，共王求之不得，其不殺知罃，即留爲易俘之用。然夏姬告將迎屍于鄭，王問巫臣，而巫臣閑閑攙入王子，以聳王心，使之必遣，此以輕重動之也。詞令之便捷，外公而內私，真諺所謂狗口出象牙矣。且用心甚細，爲時又甚久，使道而訂聘，是一時。求鄭而聘夏姬，又是一時。謀深而脈緩，至聘齊過鄭，而謀始成熟。然一路陰謀，若隱若現，左氏防讀者忽略，用申叔跪一言，爲之點眼，使讀者恍然。蓋"盡室以行"四字，讀者或不知其用意之所在，用"桑中之喜"將巫臣心緒明白指出，且斥爲竊妻而逃，於是巫臣一路陰謀，至此爲大揭曉矣。其下重幣之錮，共王所以不許者，不是寫共王之明，仍寫巫臣之黠。上文伏線有"歸王子與襄老之屍，以求知罃"語，共王念王子，不能不視夏姬爲易王子之奇貨。一錮巫臣，防巫臣爲梗，王子又不得反，故以寬典容之，意在得王子也。此著尤見巫臣之計慮周密，早早伏下根株，爲安穩娶夏姬之張本。文字之妙，敘淫而能肅，化俗而爲雅，亦千古一人而已。（《菁華》尾）夏姬嫠居已久，其子徵舒能射殺靈公，年當不小，後又入楚嫁連尹襄老，襄老死邲，在魯宣公十二年，至是爲魯成公二年，計此時夏姬已老，而巫臣猶涎其色，真尤物也。共王此語，深合不以人廢言之道。

晉師歸，范文子後入。（《淵鑒》眉）此篇僅百餘言，所以處父子、君臣、僚友之道皆見。臣鴻緒曰："謙則受益，和則致祥，人臣協恭之道，莫不宜然，況軍政乎！晉三帥可謂善居功矣。"武子曰："**無爲吾望爾也乎？**"（《評林》眉）《經世鈔》："無爲，猶言何獨後。"（闈生夾）寫士會父子分外出色，叔世之鳳麟也。文情亦栩栩欲活，又與章首一段遙遙相對。**對曰："師有功，國人喜以逆之，先入，必屬耳目焉，是代帥受名也，故不敢。"**（韓范夾）古人之不欲見功如此。**武子曰："吾知免矣。"**（闈生夾）"知免"與前"已亂"意相映。

郤伯見，公曰："子之力也夫！"對曰："君之訓也，二三子之力也，臣何力之有焉！"范叔見，勞之如郤伯，對曰："庚所命也，克之制也，燮何力之有焉！"欒伯見，公亦如之，對曰："燮之詔也，士用命也，書何力之有焉！"（《補義》眉）居功之道，傳屢言之，蓋深惜兔死狗烹之禍也。三子答語，各如其位，而不欲受名則一也。與上段一氣。（文熙眉）穆文熙曰："晉之君臣相勞，各不居功，想見人心之睦。其伐齊致勝，宜矣。"（《左傳雋》眉）茅鹿門曰："幾語許多變幻。"（孫鑛眉）章法平穩，內唯勞上下軍二師，變句小有致。伯玉賞爲敘事神品，尚未得其解。(《快評》尾) 晉師歸，更有此一篇文字，見晉之勝而不驕，所以能繼其霸業也。《公羊傳》曰：" 鞌之戰，齊師大敗。齊師歸，齊侯吊死、視疾，七年不飲酒、不食肉。晉侯聞之曰：'嘻！奈何使人之君七年不飲酒、不食肉？請皆返其所取侵地。'"然則齊之得力於此敗也，多矣。晉師歸而諸卿能讓，是晉之能保其勝也。勝敗不足論，顧人之處勝敗何如耳。(魏禧尾) 丘維屏曰："以前極力摹寫齊敗晉勝，至後以齊處敗而賓媚人能執禮以自奮、晉處勝而諸大夫能推功以交讓二事收之。寫局面轉易處，意境便自暗換，古人序事文字之妙如此。"《國語》：范文子莫退于朝，武子曰："何莫也？"對曰："有秦客廋辭于朝，大夫莫之能對也，吾知三焉。"武子怒曰："大夫非不能也，讓父兄也，爾童子何知而三掩人於朝？吾不在晉國，亡無日矣。" 擊之以杖，折委笄。彭士望曰："比讀《春秋傳》，至成、襄之際，范武子之杖擊，范文子之戈逐，孟獻囚子之事，子國爲戮之語，而歎古人家訓之嚴，國俗之厚，不可及也。才慧子弟，不患其英銳不足，而患其發露無餘，怙才以滋罪。賈誼之氣不平、王勃之名太著，尚致夭折，他可知也。爲父兄者，困之於獨，以斂其才；辱之於衆，以柔其氣，則器有善藏，而鋒以時用。彼匄之知禮、僑之追盜、燮之居後而不伐、佗之改行而爲儉，其所以大有造於子弟，則父兄之爲也。而吾尤感于季文子之待佗矣。示之以德容華國之言，廣之以衣食粗惡之念，優之以度而不怒，措之於醉而甚和，而猶必以告獻子焉。及聞其改過，則用以爲上大夫，不私其同官之子，而卒磨礪之，俾國家更收一人才之用，大臣用心，當如是矣。夫佗之才，非有及於僑、燮也。文子告于其父，囚之七日，而共儉以終其身，曾不憾文子而深仇之，而更師其行。古人之中才，猶足以爲今人之上哲，淳風悠邈，可勝慨哉！"彭家屏曰："嘗讀內傳鞌之戰，而知韓厥之忠且智也。齊師既敗，齊帥逢丑父見事勢危急，與齊侯同車而易位。韓厥及之，執縶馬前，再拜稽首，是已明知其爲齊侯矣。丑父貌爲齊侯，詐使齊侯下車，往華泉取水而飲，齊侯因以得免。説者以此譏韓厥用智之疏，豈知厥之用心者哉？夫兩軍之前，死生存亡，判在呼吸，何暇取飲？其取之，必詐也，不待智者而後知也。且即不知取飲者爲齊侯，而既與侯同車，必齊之上佐也，豈有聽其下車逕去之理？其聽之去也，蓋明知其爲齊侯，而若爲不知也。觀丑父就執之後，齊侯三入晉軍，以求丑父。狄、衛之師，皆陰衛之，而不敢加害，是兩國之卒皆識其爲齊侯矣，以厥之智，烏有不知，反出狄、衛徒卒之下哉？其若爲不知而聽其逸去者，何也？齊，東諸侯之大者也，執大國之君，辱莫大焉。齊人必另立賢君，而致死力于晉，非晉之利也。且晉之所以屢軍中原者，特以求諸侯而爲霸主耳，非有強秦兼併之志也。既不能滅其國，有其土，徒執其君何爲？若執之而歸，將焉處之？其殺之也，亡國之君，等於匹夫，殺之是殺匹夫也。以匹夫之故而召兵，智者不爲也。其返之也？返之必報也，不返亦必報也，將無施而可。晉向者嘗執衛君矣，今又執齊侯，是動衆諸侯之怒也。堅大國之仇，結天下之怒，何以立國？此厥之所以聽其逸去，而不重爲晉國憂也。其不知其爲齊侯者，何也？既已知之，非厥所可釋，故丑父而齊侯之，則齊侯之執而獻之可也。甚矣，厥之忠於謀國，而智於處事也。厥後鄢陵之戰，厥將及鄭伯，而止而不前，曰不可再辱國君，其此物此志也夫！"（《分國》尾）齊以登臺一笑，召鞌戰之師，固自取也。魯人四卿並將，曹、衛二國連衡，以一怒之微，至於殘民毒衆，血流五百里，是亦不可以已乎？逢丑父易位救君，爲紀信、韓成之祖。賓媚人正言折晉，開魯公、富弼之風。覺郤戰之怒爲不武，而丑父、媚人一段壯氣足千古也。將帥交讓，餘波渺渺，傳者殆爲一怒解嘲。（《左繡》眉）鞌戰以忿兵而勝，不可爲訓。故前篇敘事，處處作反刺之筆。然請賦、分謗，殿車集事，到底師克在和，此意亦不容盡沒，故又特詳此段，以別見之。然不從郤伯敘起，而反將文子後人作領，是亦所以寓予奪於筆墨之表而已。此前散後整格，前寫父子問答，藹然有仁；後寫君臣問答，秩然有禮，真筆歌墨舞之文。起數語，都爲後半伏脈。前一"功"字、"名"字，後五"力"字，乃通篇眼目。文子語，與孟之反對看。敗人不可後，勝人又不可先，善處功名之際者，可以知所免矣。三段一樣口氣，而反復不厭，用意各別也。首段二三子暗照下兩段，下段克之訓、燮之詔便相承，明抱上段。首段君之訓，是對面說。次段庚所命，是補筆。末段士用命，又是推廣說。字字斟酌，斷非率爾可到者。筆意與秦伯用孟明篇相似，而風調各出，沾丐後人不少。（崑崖尾）鄧葦夫曰："以靈雋勁峭之筆，參錯敘述，覺當時晉廷之上，一班謙退大夫，形容如繪。"實敘"讓"字，在後三段，恐其局板，倒抽范叔，單敘一段在前，疏密整斜，參差相間，則局勢活矣。而"讓"字意思，得此一襯墊，遂如溪頭雲起，雪裏梅開，分外添出精神。（《左傳翼》尾）鞌戰只敘郤克，二子止一見，後不敘入，緣此戰是郤子忿兵，與二子無涉，故不詳贅也。此篇補敘，又見三軍用命，將帥一體，有功無分彼此，而文家詳略隱見之妙，於此可悟。代帥受名，是此篇眼目，亦前後結裹，千古居功人正不可不留心此語。武子請老，原讓郤克逞志，代帥受名，萬萬不可，所以有"吾知免矣"之歎。不急功近名，尤文子一生大學問，較乃父更高一籌，師歸從"文子後"說入，左氏最爲有見。（盛謨總評）左氏爲文子作傳，偏將郤伯、欒伯夾住並寫，讀者只見他寫諸將相讓，卻不知他專寫文子一人，小小洞天中，蟠屈空幻，幽奧險怪，最令遊人迷惑。卧魯云："前面故意露出一段，後面忽將三人平平列住，讀《左傳》只想到此處，便妙。"（高塏尾）俞桐川曰："諸將讓功，一樣意思，三樣筆法，先提范文子在前，又分低昂，是左氏用意處。"俱屬讓功之意，前在家，後在朝，前奇後偶，整散相配，局法活變。（《評林》眉）《經世鈔》："三帥讓功，語意各各不同，各有情態。"魏禧："鞌之役，諸卿皆讓，見晉之復振。鉄之役，諸臣皆誇，見晉終衰。"（王系尾）此篇敘晉三帥之讓也，讓則和，鞌之所以勝也，亦是隔篇補法。士燮獨詳者，三族之強，范氏後亡，其所以保之者，固必有道矣。（《學餘》尾）傳言師克在和也。辭令皆安雅可風，文子服膺庭訓，意愈遠矣。（闓生夾）以晉服齊亦常事耳，而君臣矜誇如勝大敵，所以刺之也。

　　宣公使求好于楚。（《補義》眉）宣公纂國，求好於楚，遂貽患子孫。汪云："先敘興師之由，次敘用師之衆，而魯、衛受盟矣，於是罪諸國之匱盟及蔡、許之失位，皆以明晉之不競也。"莊王卒，宣公薨，不克作好。公即位，受盟于晉，會晉伐齊。衛人不行使于楚，而亦受盟于晉，從于伐齊。故楚令尹子重爲陽橋之役以救齊。將起師，子重曰："君弱，群臣不如先大夫，師衆而後可。（《評林》眉）孫鑛："即郤獻子伐齊變文。"陳傳良："傳見令尹子重書人。"（闓生夾）楚國形勢，於子重口中見之。"衆"字直貫下文。《詩》曰：'濟濟多士，文王以寧。'夫文王猶用衆，況吾儕乎？且先君莊王屬之曰：'無德以及遠方，莫如惠恤其民，而善用之。'"（韓范夾）齊桓之伯，先言用民，今外傳所載內政諸篇是也。晉文之伯，先言用民，今內傳所載大蒐諸事是也。子重言用民、謀國，得本計矣。乃大戶，已責，逮鰥，救乏，赦罪，悉師，王卒盡行。彭名御戎，蔡景公爲左，許靈公爲右。二君弱，皆强冠之。（《左繡》眉）凡文有兩案兩斷法，案既有賓輕主重之分，則斷亦有正筆旁筆之異。如此篇以匱盟爲主，蔡、許失位爲賓。前半都詳寫畏晉竊盟之意，而君強冠，只帶敘一筆。故末兩"不書"，先斷匱盟，次斷失位，以失位另係抽出，非平對也。匱盟語略，卻是重筆。失位語詳，卻是輕筆。知略之爲重而詳之反輕者，可以運用賓主變化而不離乎宗矣。從受盟于晉敘入，爲畏晉匱盟伏根也。詳子重用衆惠民，以見所以畏晉而竊盟之故。首三行，領起通篇，正追敘前事。而"爲陽橋之役"句，忽倒挈後事作提筆，不過伐某以拉某之變文，而奇突可喜，文總以生動脫化爲佳。（《評林》眉）吳徵："楚用子重之謀，以救齊爲名，加兵於魯、衛，魯納賂請平，又約諸侯會盟，公先往會嬰齊，不沒嬰齊之氏名者，欲見其挾衆威魯，而以臣抗君也。"陳傅良："諸言御戎，皆御君之戎車，此云彭名御戎，知王戎車亦行也。若君親在軍，則君當車中，御者在左，勇力之士在右，故御戎、戎右常連言之。此王車雖行，王身不在，故不立戎右，使御者在中，令蔡、許二君居王車上，當左右之位，若夾衛王然。"

冬，楚師侵衛，遂侵我，師於蜀。使臧孫往，辭曰："楚遠而久，固將退矣。無功而受名，臣不敢。"楚侵及陽橋，孟孫請往賂之以執斲、執鍼、織紝，皆百人，公衡爲質，以請盟。楚人許平。（《評林》眉）俞寧世："推諉是畏楚。"

十一月，公及楚公子嬰齊、蔡侯、許男、秦右大夫說、宋華元、陳公孫寧、衛孫良夫、鄭公子去疾及齊國之大夫盟于蜀。（《測義》夾）李廉氏曰："楚專主中國之盟，莫盛於此。以楚成之強，所得者陳、蔡、鄭、宋四國而已，而厥貉之次止書蔡。雖以莊王之盛，而辰陵之盟亦不過陳、蔡二國從之。今蜀之盟，諸侯從之者十一國，晉不敢爭。其後四十三年，然後晉、楚之從交相見。又八年，楚靈求諸侯于晉，皆蜀之役啓之也。《春秋》安得不重貶之哉！"卿不書，匱盟也。於是乎畏晉而竊與楚盟，故曰匱盟。蔡侯、許男不書，乘楚車也，謂之失位。（方宗誠眉）釋書法，是文字中夾敘夾議之法。君子曰："位其不可不慎也乎！蔡、許之君，一失其位，不得列于諸侯，況其下乎？《詩》曰：'不解於位，民之攸墍。'其是之謂矣。"（《補義》眉）魯、衛何以匱盟，蔡、許何以失位，束上便是呼起末段意。（《評林》眉）啖助："穀梁曰：'楚無大夫，其曰公子何也？嬰齊亢也。'傳以處父不書族爲亢，今以書族爲亢，何自矛盾也？"陳明卿：
"蜀之盟，諸侯從楚者十一國，楚專主中國之盟，莫盛於此。其後四十三
年，然後晉、楚之從交相見。又八年，楚靈求諸侯於晉，皆蜀之役啓之
也。"《傳說彙纂》："楚、秦列諸侯之上，蓋以強大相先也。舊史從赴告
之文，聖人亦因而書之耳。蔡、許不書，則左氏得之。"

　　楚師及宋，公衡逃歸。臧宣叔曰："衡父不忍數年之不宴，
以棄魯國，國將若之何？誰居？後之人必有任是夫！國棄矣。"
(《評林》眉)《附見》："公衡爲質于楚，則數年不宴也。然今逃歸，是有
棄魯之理。"《評苑》："衡父一身之計得矣，如國家何？"

　　是行也，晉辟楚，畏其衆也。君子曰："衆之不可以已也。
大夫爲政，猶以衆克，況明君而善用其衆乎？(《補義》眉) 末段
言偷安即以棄國，雖父子不能強其同心；恤衆然後能用衆，雖臣民可以
使之同德。一法一戒，責晉之義深矣。(閻生夾) 諧語趣極，面面俱到。
宗堯按："此刺晉之人民非不衆，而不能用衆也。"《大誓》所謂'商
兆民離，周十人同'者，衆也。"(《測義》夾) 愚按：嬰齊不務德而
徒以力逞，亦倖而成功耳。而傳以其衆多之夫，既曰"衆不可已"矣，
而又曰"商兆民離，周十人同"，然則安所貴于用衆哉？仲尼曰："仁不
可爲衆也。"君子之論如此。〖編者按：奧田元繼作呂祖廉語。〗(《分國》
尾) 子重開口一句，曰"師衆而後可"，語似誕謾。及說先君屬之，不過
曰"惠懷其民而善用之""乃大戶"云云，然後知大夫其非衆之謂，而周
十人同心者，衆之謂也。有臣如此，差強人意。魯臧孫辭往，孟孫行賂，
公衡爲質，既而逃歸，何無一善狀也？(《左繡》眉) 中兩段，一以將起
師、悉師爲起訖，一以師於蜀、盟於蜀爲起訖，片段明整。若將通篇作
兩對看，則上半原敘畏晉竊盟，而帶敘蔡、許強冠之事；下半正敘畏晉
匿盟，而亦帶敘蔡、許失位之事。裁教令整，亦頗見局法也。要之，即
不作兩對，其上下文勢相配，固當於散中寓整耳。細看此文，當連下節
讀，本爲盟蜀作傳，首尾卻以子重用衆爲主。前引《詩》而曰"文王猶
用衆"云云，後引《書》而曰"大夫猶以衆克"云云，緊相呼應。中間
正論諸侯匿盟以還經，而於彼一邊帶論許、蔡乘車之失位，於此一邊帶
論公衡逃歸之棄國，皆所以襯出楚用衆之強，而諸侯之竊盟爲可恥也。
看起從兩盟晉敘入，而末以晉避楚結之，意可知已。俞寧世曰："晉及

魯、衛，不勝小忿，深踐齊地，索略要盟，楚人窺其罷老，大舉入寇。當此之時，晉人當戰勝之餘，豈肯再添蛇足？而魯、衛值師還之後，何能復假虎威？於是魯、衛勉爲求好，而晉則佯作不知。此中國之大辱，而《春秋》所深惡也。文中先敘興師之由，次敘用師之衆，見魯、衛理勢俱屈，於是罪諸國之怯懦，罪蔡、許之屈辱，書法闡明。末段言晉不能與諸國同心拒楚，爲不善用衆，語隱而嚴，真善發聖人之旨者矣。"宣叔語不多，而字字傳太息之神，末引《太誓》，於"衆"字看得深，又看得活。蓋暗將忠民意併入此內作收應也，密甚！（美中尾）晉助魯、衛以逞憤於齊，楚假救齊以侵衛，遂侵魯，三家懼其見執也，故身避而迫公出迎。楚由是西徵秦，東召齊，約宋、陳十一國之君大夫，要結會盟，而嬰齊爲之主。季明德曰："新城，文從晉大夫盟。是會，成從楚大夫盟，變愈下矣。"（《左傳翼》尾）楚之侵魯、衛也，以其從晉伐齊，則伐魯、衛正以討晉也。子重恐晉師來救，故悉師用衆，魯、衛不即請平，猶冀晉之來救也。迫晉師不出，而乃不得不與楚盟矣。雖與楚盟，而猶畏晉，故謂之匱盟。使晉能用伐齊之威以與楚抗，蔡、許能從楚，魯、衛獨不能從晉乎？奈何辟楚而畏其衆，致東諸侯一折而盡服于楚？晉之不競亦甚矣。引《書》言"商兆民離，周十人同"，可知晉之衆非不如楚也，彼善爲用而此乃不能善用之也。蠻夷猾夏，每伺中國有釁而後動。戰輦後而有陽橋之師，入平陰而有純門之役，皆因晉威力既殫，故得肆其猖獗之謀。然子重、子庚猶慎重以出之，設齊、晉一心，併力攘楚，彼豈敢妄興一旅以與中國抗乎？小忿不懲，自壞藩籬，郤克可謂無謀矣。篇中多少惋惜，妙在隱躍不露。（王系尾）此篇敘事嚴整，而多嬉笑之意。蜀之盟，從楚者十三國，楚自謂得志於中夏矣。然而竊盟也，夫盟何事哉？明神以要之也。諸侯可以竊盟，楚可以竊主，神可以竊聽哉？魯人本謀從楚，卒受楚師。至於臧孫辭役，是君不能使其臣也。鍼、紝爲賂，是君不能有其民也。公衡逃歸，是父不能使其子也。而晉方且拱立遠視，瞠目而佯爲不知焉，寧有異於傀儡之戲乎哉？（方宗誠眉）收應前段"師衆而後可"，神氣乃固。

晉侯使鞏朔獻齊捷于周，王弗見。（《正論》眉）鞏朔之獻捷，非法也。天子無征討之命，齊侯無侵敗之辜。王也，毅然奮天威問晉之罪，周其復振哉？奈何猶以告慶之禮禮之？（韓范夾）此時周天子猶有生氣。（《淵鑒》眉）義指嚴正，辭氣溫醇，深得王朝誥誡之體。臣得宜曰：

"晉之伐齊，以私怨相攻，非奉王命，而獻捷于周，非禮也。定王據周禮以折强藩，再言'王命伐之'，而晉之失已見。"（《補義》眉）劉云："晉僥倖于鞌之一捷，思效輦于城濮之獻俘，遣一大夫草草入周，豈知先王之典，天朝猶世守之，不可干乎！"使單襄公辭焉，曰："蠻夷戎狄，不式王命，淫湎毀常，王命伐之，則有獻捷，王親受而勞之，所以懲不敬、勸有功也。兄弟甥舅，侵敗王略，王命伐之，告事而已，不獻其功，所以敬親昵、禁淫慝也。今叔父克遂，有功於齊，而不使命卿鎮撫王室，所使來撫余一人，而鞏伯實來，未有職司於王室，又奸先王之禮，（《補義》眉）汪云："'今叔父'以下，不直落獻捷之非，再轉出使鞏之失。"（閩生夾）抗楚猶可曰攘夷也，以陪臣之忿而伐與國，晉於是爲失刑矣，故以王命深責之。余雖欲于鞏伯，其敢廢舊典以忝叔父？夫齊，甥舅之國也，而大師之後也，寧不亦淫從其欲以怒叔父，抑豈不可諫誨？"（《左傳雋》眉）羅大經曰："晉鞏朔既非命卿，而伐齊獻捷又非典禮，王命肅肅，尚有西都之氣。"〖編者按：奧田元繼作鍾惺語。〗（韓范夾）晉雖勝齊，既不能有辭于國佐，又不能措詞于天子，得無愧悔？（《補義》眉）並亦不必伐齊，抉進一層作結。（《評林》眉）《評苑》："言不獻捷者，一則以敬兄弟甥舅之親暱，一則以禁方伯之過於淫慝虜掠囚俘也。"士莊伯不能對。王使委於三吏，禮之如侯伯克敵使大夫告慶之禮，降於卿禮一等。（《左傳雋》眉）丘瓊山曰："委於三吏以下，酌擬停妥。"唐荊川曰："敘得曲盡。"王以鞏伯宴，而私賄之。使相告之曰："非禮也，勿籍。"（文熙眉）穆文熙曰："鞏伯既非命卿，而伐齊獻捷，又非典禮，王命肅肅，尚有西周之氣。"孫氏曰："委三吏以下，酌擬停妥。"（《快評》尾）周自東遷，王綱不振，一切典禮，徒存空名。弁髦視之，亦已久矣。而齊桓、晉文假王命以合諸侯，間一行之，以聳動天下。如城濮之捷，晉文獻楚俘于王，猶有可觀。後世子孫，習聞其事，而不能詳考王章，僥倖於鞌之一捷，自以爲不世之功，而思效輦於城濮，卻遣一大夫草草入周獻捷，周雖不能行令於天下，而先王之典禮猶世守之，不可奸也。王不見而使辭焉，單襄公舉舊典以示鞏伯，如重雲蔽天、湖海黯然之時，而一線電光爍於空際，文、武、成、康之盛，於此一端猶彷彿見之。（王源尾）此辭命之極品也，堪與《誓》《誥》並垂，進乎經矣。可見東周衰，而周禮猶足以維持天下，讋服強侯。但持之不力，稍稍振作，仍歸萎靡，所以終於不競也。觀此而春秋之王室，其勢其政，概可知矣。字字緊鍊，無毫髮之隙，而層疊處峰巒兀兀，婉折處姿態翩翩，蘊藉處風神穆穆。屢提王命，或曰王章，或曰王室，辭嚴義正。則晉伐齊、獻捷、奸禮之罪，亦有何辭？然直聲其罪，晉將何以受？而周又何以處耶？故但虛明其義，而實責處，只以不遣命卿，伐齊之非，亦含糊帶過。故晉可服罪，而周亦不至失體，此辭命所以妙也。固當日時勢宜爾。然於人已俱留餘地，而不做盡，亦君子處世之道也。（《統箋》尾）愚按：定王之時，周室之陵夷衰微亦已極矣。然鞏朔獻捷，王之執辭侃侃，不少假借，猶足以折強藩之氣，而不失共主之尊。王之所恃者，禮而已。甚矣，周禮之可以治天下。（《分國》尾）齊非有大無道可伐之罪，不過一笑啓釁耳。爰婁之盟，何捷之有？王之不受，是也。嗚呼！崔杼弒君，受賂而還。鞏戰獻捷，適形其醜。晉之霸業，其替矣哉！（《晨書》總評）宋南金曰：「讀前幅知王室之尊，玩末句見東遷之弱。兩提王命，儼然咫尺天威，以下層層譏諷，言婉而旨嚴，使狃焉啓封疆者無容置喙，鎬、洛王靈遠矣。」（《知新》尾）征伐，天子大權，非諸侯所敢擅而專也。晉以大夫私忿，幾亡齊國，無王甚矣。兩番提出命伐，便已壓倒。而委曲申曉不受之由，私加宴好，可謂婉而多風。（《左繡》眉）左氏大都提筆即立一篇之局，如此處起手一句，便伏通篇兩意也。前從獻捷轉入使朔，又從使朔轉到獻捷。其從獻捷轉入使朔也，在反面說。其從使朔轉到獻捷也，在正面說。而前偶後奇，中間由反而正，轉接無痕。使朔、獻捷兩意，究重獻捷邊，故首後都詳論獻捷，中間只將使朔意作轉揆，不平寫也。結處私賄、勿籍，周旋使朔一層，而獻捷之非禮愈明。行文輕重分明，又無一筆偏枯，密細極矣。中段曲折奧衍，文筆最古。得兩「也」字調，文氣乃宕。以兩疑問作煞，一似語尚未竟者，最能令人玩味無窮也。二語一緊一松，猶言他固然不好，你難道不該寬恕他一分耶？乃是暗應前兩王命，見不惟不當獻捷，亦並不當伐齊，於詰責又進一層矣。末段亦用一緊一松又一緊之法。與通篇文筆相配，真絕妙片段，非世人所留意也。（昆崖尾）不正責獻捷之罪，而起處泛論，已將晉罪從言外反面影托出來。至正責處，又另起峰巒，於此可悟文中明暗虛實，錯綜佈置之法。（《左傳翼》尾）合下原不當伐齊，奸禮獻捷次之，不使命卿而使鞏朔又次之，文妙於輕處說起，一層層遞說到重處，有剝蕉捲籜之妙。前路屢提王命、王略、王室，見大權不可妄干。同一命伐中，尚有當獻捷不當獻捷之異，何等嚴正。入後但云不宜使朔與不宜獻捷，而不奉王命卻未之及。然末言齊不當伐，隱然見與侵敗王略者不同，何得擅自興師，大有日光返照，入江翻壁之意。辭命一擒一縱，一吞一吐，春溫秋肅俱備。前不見使辭，後委吏降禮，宴而私賄，略略周旋，猶告以非禮勿籍，大義凜然，周禮足以服強侯，信哉！（《日知》尾）明爲晉不應以私憾勝齊耳，然不直說，兩"王命"字立竿見影，到正面卻以鞏伯藉口，而奸禮、廢典兩句，一用帶筆，一用反筆，正意如帷燈匣劍，在即離掩映之間。末用進一步法，且不當捷，更何敢獻？已屬圖窮匕見，然訕然中止，令其自思，不說自明也。此固用筆隱現出沒之妙，然亦寓王畏晉之意，故末借"使相告之"一語，爲全文點睛，以襯出詞命責而不責、不責而責之妙。文筆古鬱奧衍，左氏詞令中亦不多得。（高嵣尾）俞桐川曰："儀制詳核，詞氣嚴正，讀之令人肅然難犯。東遷而後，載祀四百，其禮固足以維之也。"《評林》曰："不正責獻捷之罪，而起處泛論，已將晉罪從言外反面影托出來。至正責處，又另起峰巒，於此可悟文中明暗虛實、錯綜佈置之法。（《評林》眉）李笠翁："王既知獻捷之非矣，又禮之如侯伯，又私賄而令弗籍，畏晉之強亦甚矣。噫！王既以自爲弁髦，而晉安得無弁髦之也乎？"（王系尾）此篇敘定王一事兩截，非喜其猶能以禮責晉也，惜其不能以禮自強也。王有短垣而自踰之，雖強者不可以服人，況在積弱之時哉！《左傳》凡敘周事處，皆是爲部中提挈綱領，或疏或數，各有意趣。（方宗誠眉）"禮"字一篇之主。（《學餘》尾）周之衰也，以武則弱，以文則強，典則猶存也。此傳嚴而至，婉而多風。大哉，王言！可以繼《周書》而爲訓矣。（《菁華》尾）定王雖屏弱之主，卻能謹守法度，觀此及前篇享之會事可見，魯秉周禮，仲孫湫決其未可動，周之存，未必不以此。（闇生夾）寫王之畏晉，所以哀之也。宗堯按："天子不能行其政也，久矣。"

◇成公三年

【經】三年春王正月，公會晉侯、宋公、衛侯、曹伯伐鄭。

（《評林》眉）家鉉翁："魯、宋、衛、曹去強盛之楚而從衰弱之晉，以伐有罪之國，是《春秋》之所嘉也，四國書爵，序晉爲首，存晉伯也。"

辛亥，葬衛穆公。二月，公至自伐鄭。甲子，新宮災。三日哭。（《評林》眉）高閌："君子於是乎知有天道也，宣公弒君篡立，生不能誅，死方立廟，遽遇火災，《春秋》志此，示有天道。"乙亥，葬宋文公。夏，公如晉。鄭公子去疾帥師伐許。（《評林》眉）張洽："晉方怒鄭之不服，其爲國憂未有底止也，乃怒許之不事己，而使大夫動大衆以伐之，見其興兵之不度德量力也。"公至自晉。秋，叔孫僑如帥師圍棘。（《評林》眉）趙匡："圍棘，凡內自圍者，皆叛邑。"大雩。晉郤克、衛孫良夫伐廧咎如。冬十有一月，晉侯使荀庚來聘。衛侯使孫良夫來聘。丙午，及荀庚盟。丁未，及孫良夫盟。（《評林》眉）高閌："庚，晉之下卿，良夫，衛之上卿，而魯人盟之，先晉後衛，豈非畏晉之強乎！"鄭伐許。（《評林》眉）家鉉翁："鄭莊滅許，自知不義，置之而去。今襄公以兵加許，歲至於再，莊有悔過之心，而裔孫濟惡，自是許卒爲鄭所并。"

【傳】三年春，諸侯伐鄭，次於伯牛，討邲之役也，遂東侵鄭。鄭公子偃帥師禦之，使東鄙覆諸鄤，敗諸丘輿。（《測義》夾）愚按：諸侯方從楚已，即從晉。方盟鄭已，即伐鄭。何其反覆無常，一至是哉？則以霸主不振，不克自固故也。夫鄭以服晉受伐，晉救之而自敗于楚，則鄭之服楚，勢非得已也，晉奚以討焉？使晉誠有志于抗楚而服鄭，曷若移鞍之役以拒楚？楚必卻，楚既卻，則鄭可不戰而自服。迺今兵力既盡於齊，而區區摟諸侯於從楚之餘以伐鄭，宜其不得志於鄭也，而霸業於是乎益衰矣。（《評林》眉）張天如："是時諸侯方從楚已，即從晉。晉方盟鄭已，即伐鄭。而其反覆無常至是，則以伯主兵力盡於鞌之戰，而區區摟諸侯於從楚之餘，遂不克自振且固也。"

皇戌如楚獻捷。（《測義》夾）王樵氏曰："晉獻齊捷於周天子，猶以爲奸先王之禮，況敗盟主兄弟甥舅而以爲功，乃獻之於夷狄寇讎以取媚乎？鄭之罪不可勝誅矣！"（《左繡》眉）討邲役，而又敗于伯牛，此諺所謂出氣不如忍氣也。皇戌如楚獻捷，一似爲齊報怨者，晉霸之衰，亦已甚矣。（《左傳翼》尾）邲之敗，至是已十年矣，尚不能討以舒其憤乎？伯牛之役，從者僅三國，諸夏盡服荊楚，晉何弱也？鄭以偏師敗晉，如楚獻捷，背華即夷，罪莫逭焉。魯與宋、衛，方盟楚於蜀，而其君猶知從晉，雖屬反覆無常，尚有尊中國、存晉霸之心，《春秋》書爵，蓋褒之云。(《評林》眉)汪克寬："鄭皇戌如楚獻捷,則曰覆曰敗,皆指鄭而言,非諸侯之敗鄭也。經書伐而不書敗,所以尊諸侯也。"(王系尾)邲之役,至是垂十年矣。始發憤而討之,旋以侵蔡而致敗,晉之衰可見矣。家鉉翁謂："魯、宋、衛、曹去強盛之楚,而從衰弱之晉,是《春秋》之所嘉。"然而騎兩頭馬,踏兩腳船,亦不能自強者之故技也。

夏,公如晉,拜汶陽之田。

許恃楚而不事鄭,鄭子良伐許。(《評林》眉)高閌："疲命於晉、楚而伐之,君子是以惡鄭也。"

晉人歸楚公子穀臣與連尹襄老之尸于楚,以求知罃。(孫鑛眉)意精語鍊,卓為神品。(韓范夾)"不以人子,吾子其可得乎?"知季之言,於此驗矣。於是荀首佐中軍矣,故楚人許之。王送知罃,曰："子其怨我乎?"對曰："二國治戎,臣不才,不勝其任,以為俘馘。執事不以釁鼓,使歸即戮,君之惠也。臣實不才,又誰敢怨?"(方宗誠眉)此層易於措詞。王曰："然則德我乎?"(《正論》眉)人臣無外交,楚子之問非也。恩欲歸己,怨將誰歸?對曰："二國圖其社稷,而求紓其民,(閻生夾)二國之爭,無關大局,徒以苦民而已,左氏時見此意。各懲其忿,以相宥也,兩釋纍囚,以成其好。二國有好,臣不與及,其誰敢德?"(《補義》眉)以怨陪出德。(方宗誠眉)此層難於措詞,而正大委婉,立意絕善。王曰："子歸,何以報我?"(《補義》眉)撩撥不動,楚子直示本懷。(方宗誠眉)"子歸,何以報我"之下,原可接"對曰以君之靈"一段,然猶嫌直促,中間"臣不任受怨"數句,何等頓挫停束?對曰："臣不任受怨,君亦不任受德,無怨無德,不知所報。"(《左傳雋》眉)李九我曰："四語合上怨、德,束得詞甚明爽。"(《評林》眉)王元美："後三駕之功,皆罃成之,王蓋料其必為楚憂也。"(《學餘》眉)知罃之言,無餘意矣。楚王乃強之使言,蓋畏其國,因畏其臣,欲有以觀其志也。知罃此對,進退以禮,無懈可擊,故曰"晉未可與爭也"。王曰："雖然,必告不穀。"對曰："以君之靈,纍臣得歸骨于晉,寡君之以為戮,死且不朽。若從君之惠而免之,以賜君之外臣首;首其請於寡君,而以戮于宗,亦死且不朽。若不獲命,而使嗣宗職,次及於事，而帥偏師，以修封疆，雖遇執事，其弗敢違。其竭力致死，無有二心，以盡臣禮，所以報也。"（《才子》夾）四問，便有四段妙論，一段妙是一段，讀之增添意氣。逐段細看其起伏轉折，直是四篇文字，四篇又是四樣。（《淵鑒》眉）當時敦尚節概，故罃之對楚王，其詞彊直如此。臣乾學曰："寫得知罃之言嚴勁不少屈，方見霸主度量過人處。"（《左傳雋》眉）此一段凡三轉折，詞氣從容，不激不阿，可玩可愛。（孫鑛眉）說無怨易，說無德難，此說據理正大，而說得宛妙，善辭則更腴勝。臣怨、君德分帖得好。（韓范夾）天下惟忠義可以動人，持此以自居，雖有忌者，不吾害也。關壯繆奔先主于袁軍，而操不之追，亦以此也。（《補義》眉）無怨無德，已回覆道無可轉身，又欲求報，便可直訴本懷，卻以兩"死且不朽"拓開，應其報德，然後與他明目張膽，說破正意，而彼乃爽然於晉未可與爭也，極操縱之妙。（《評林》眉）《經世鈔》："兩死且不朽，只言歸而正法，死猶不死耳，舊注作感恩不朽，非。"陳廣野："罃言雖正，殊欠委婉，終不若文公避三舍之爲利。"（方宗誠眉）此層更難措詞，而不亢不卑，立言得體。王曰："晉未可與爭。"重爲之禮而歸之。（《正集》尾）共王四問，而荀罃四答。不亢不隨，能重國本，而不失鄰好，詞旨渾涵。茅鹿門。此問最難措詞，況窘之以四乎？君子謂其"竭人之忠"，信然。葛端調。（《文歸》尾）前三對有學識，有豐裁，極難措詞事說得斬斬。第四對凡三轉，一轉一意。首示國體，次示家典，次示忠節，以無私者爲私，以報國爲報楚，語近滑稽，實則大理學語也。絳都惟此君舉動事事可人，不但是文足壓左氏一書耳。爻一。（《快評》尾）四問四答，成一篇極奇文字，語語皆至言至理，末段尤爲俊偉。（《快筆》尾）知罃之對，理直氣壯，不激不隨，既能重本國，而又不失鄰好，真善於詞命者也。不意共王四問，便有如此四段妙論，一段妙是一段，讀之增添意氣。曰誰敢怨，曰誰敢德，曰不知所報，曰所以報，一篇血脈自相連屬，渾然天成。逐段細看其起伏轉折，直是四篇文字，四篇又是四樣。此是千古第一等議論，第一等文章。（《覺斯》尾）過商侯曰："德、怨兩忘，是聖賢學問語。竭力致死，是英雄血性語。一令人心折，一令人氣餒。以禮而歸，楚王其有戒心哉！"（《析義》尾）此篇問答，當與楚成王饗重耳一段參看。但楚成之送重耳，爲重耳起見。楚共之送知罃，爲其父荀首起見，其立意已不侔矣。重耳歸晉則爲君，其治兵進退可以自主，故許以退三舍爲報。知罃歸晉不過爲臣，若以軍旅之事報私惠，是懷二心以事其君者，故不敢言報，其所處之地又不侔也。怨我、德我兩問，被荀罃數語推得乾乾净净。追詰之不已，始以就戮于國、就戮于宗兩意跌起，蓋既就戮，則國家於我已矣，而歸骨之惠，終不可忘。若使嗣職任事，則君命爲重，私惠爲輕，遇楚將而引避，是懷二心以事君矣，顧楚亦何愛此二心之臣而加惠之乎？以不報爲報，正是所以報也。厥後罃相悼公，三駕伐鄭，而楚不能爭，即在此日言下決之。文之婉曲中有正大光明之氣，絕不易得。（《觀止》尾）玩篇首"於是荀首佐中軍矣，故楚人許之"二語，便見楚有不得不許之意。德我、報我，全是捉官路當私情也。楚王句句逼人，知罃句句撇開，末一段所對非所問，尤匪夷所思。（《集解》尾）從繫于楚，一旦釋歸，怨我德我之間，大難登對。乃既不放倒自家架子，辱及本國，又不過亢，激怒楚君，雖由詞令之妙，亦因其父佐中軍，氣壯故耳。逐段轉換，可悟變筆之法。（《彙編》尾）楚畏勢許歸，四問不過假討好耳。罃得其主意，便發出絕大議論，故難。蓋自任不才答怨我，猶是平常，至答德我，竟說釋囚本爲社稷與民，與己無干，便無人說得出矣。三段隨就無德、怨中，寫出不知所報，何等乾淨。第四段直從戮于國、戮于宗兩意跌入，見身即就戮，而歸骨之惠，終不可忘，又何等深遠！至說到嗣職任事後，必以君命爲重、私惠爲輕，遇楚將決勿違避，是報楚直在忠晉中勘出，又何等光明正大！此種意思，自是不可磨滅。此即四段文字格，逐段有起伏轉折，但畫然四開中，聯絡貫串，一段接一段，卻移一段不得，卻少一段不得，真正絕妙文字。（《左繡》眉）此是辭令中極有機鋒文字，凡四番問答。前三番答得極冷極淡，極渾淪含蓄。後一番答得極熱極濃，極慷慨激昂，讀之增長氣概，懦夫爲之變色，壯夫爲之起舞，真絕世奇文。看來雖是四層，其實只歸重在著末一層。妙在前路層層起，層層結，到不知所報，已是回覆盡絕，更無轉身處矣。而楚子必故問之，於是放開胡嚨，索性說個暢快。而又妙在先作兩開以搖曳之，蓋一路層層蓄勢，直至逼出以報怨爲報德，而後乃爽然于晉之未可爭也。沉鬱頓挫，擲地金聲。通篇局法極整又極變，併讀之則前兩段分，後一段合，中一段以束上爲起下。截讀之，則前三節兩分一合，後一節亦兩分一合，格調相配適均也。荀罃分明怨楚，但不肯直說耳。看起手著一"荀首佐中軍"句，見非此猶不歸也，便暗爲末段伏筆。四段問答一遍難似一遍，卻答得一遍妙似一遍。怨曰"誰敢"，平平耳。德亦曰"誰敢"，則奇矣。"何以報我"，竟不別尋話頭，只須上兩項扯來分派，便自說得輕圓活脫，毫不費辭，然都是舌尖掉弄，無一字著相。末段則字字著相，不顧人吃驚，不怕人著惱。因而回讀前文，凡向之所謂渾淪含蓄、輕圓活脫者，按之皆字字生稜出角，鱗甲滿腹也。似此鋒芒，那得不推倒一世豪傑！兩不朽，下得極圓活，又不說怨，又不說德。其實說德亦可，說怨亦可也。末段即從文公對楚成語，又另換一重精彩，只是善於翻進法。否則，偷句為笨伯矣。孫執升曰："應變藩身，固非材智不辨，然動人處，全在一種樸誠。觀知罃四答，其英敏為何如者？要其竦動楚子，正以樸誠得之。"此論全與鄙見各別，然自可長一層學問也。"晉未可與爭"，雖是回應佐中軍句，卻正是楚子被荀罃一番高談壓倒，托晉以為之名耳。如此看，才見文章有神。（昆崖尾）吳蓀右曰："楚王句句逼人，知罃句句撇開，末段所對非所問，尤匪夷所思，直令問者索然意盡。"程念伊曰："雖由詞令之妙，亦因其父佐中軍，氣壯故耳。逐段轉換，可悟變筆之法。"逐節拆看，節節生動。總通局看，一層遞出一層，絲貫繩聯，結構最妙。又一段翻深一段，雲垂浪湧，局陣最奇。左文多如此，此篇尤工。（《約編》尾）三駕服楚本領，已見於此矣。（《嘐鳳》尾）楚子有見於罃之不凡，又見其父之柄政，將以次而及罃，故恐其以拘囚而怨，竊冀其因許歸而德。為罃含糊未明復爾，究詰不已。罃之四對，俞氏謂其始則和平，次則深曲，次直捷而簡透，末特雄壯。通篇精神氣力，一氣貫注，真乃一步緊一步。楚子之歎晉未可與爭，預知其將有大為于晉矣。厥後悼公復霸，蕭魚三駕，楚莫與抗，非以罃之為政故耶？此與晉文對楚子意同，然彼是君，得以自主，退避三舍，所以為報。此是臣，不得自由，雖遇弗違，亦以為報。忠晉即所以報楚，非是一時權詞，乃是亙古正理。學三參評。（《左傳翼》尾）知罃一纍囚，羈楚十年不得歸，若非伊父佐中軍，以穀臣、襄老相易，楚亦未必許之也。至與鄭賈人謀，欲寘褚中以出，鬱鬱處此可知矣。"怨乎"一問，楚王蓋懼之也。晉自邲戰以後，君臣憂懼，日夜謀楚，共王欲息爭紓民，故因荀首之求而兩釋纍囚，以成其好。特恐知罃歸國，追念舊怨，好不能成耳。"竭力致死"，是共王意中極害怕語，屢屢逼問，總是怕死一句。而不知竭力致死，祇是人臣供職本等，算不得報德，哪裡又是報怨？前此含蓄不露，原非深險。後此坦白直說，亦非唐突。樸樸實實，磊落光明，是英雄語，卻是道學語。文如九曲之珠，一線穿成。婆娑愛玩，不忍釋手。如遇佳山水，峰迴路轉，柳暗花明，遊覽不盡也。一問一答，與成王、文公相似而實不同。文公在楚，楚子極力周旋，"何以報不穀"，冀其德我也。知罃在楚，困頓蕭索，不使即歸，兩釋纍囚，始歸復國。"必告不穀"，恐其怨我也。天下英雄無過晉文，楚子一眼覷定，知歸國圖霸，必以攘楚爲先，冀其德我，稍留一毫情面，並驅中原，不致爲其所敗。文公險阻備嘗，謀略已定，不歸國則已，歸國則斷然圖霸；不圖霸則已，圖霸則斷然攘楚。一著半著也是饒他不得，只爲避君三舍一語，後面費卻許多騰那，若此時一語稍鬆，後來城濮一戰，定是不敢出頭。齊桓做不來事業，又誰敢做？春秋二百四十二年大事去矣。故實落對楚子說破，令其早早畏避，毋致執鞭屬櫜鞬時大家礙手。楚子亦心領意會，知其不可敵，欲去穀、去宋以避之也。知罃歸晉，老成持重，晉之元帥未有過之者。共王亦看在眼裏，要他留一點餘地，不必致死力于楚。彼卻生棱出角，一字不肯軟弱，所言者都是天下人臣平時大道理，令楚子心折神驚，嗔怪他不得。然文公卒踐其言，知罃之言後來掉放一邊，想亦無機會可乘耳。鄢陵一戰，罃又居守，不知是天是人，是有心是無意。倘若在軍亦如郤至三遇楚子之卒，將何以處之耶？固不如居守所全實多，正不以言之不醻爲武子一生口實也。（《日知》尾）字字鋒立，第三答尤奇。駕楚服鄭，非此人不爲功，左氏先寫出嶄然頭角矣。（盛謨總評）中立四段，大開大合，如陰陽兩嶂，風雨自爲離合，莫測其妙。然有淺深虛實，四段各自開合，而四段又只成一開合，何也？前三段開，後一段合也。吳臥魯晚遊郊外，見兩溪夾流，疑無歸注。徐行不半里，而兩水合聚一川，忽悟及"臣不任受怨"四句，文字從兩邊夾出，隨處觸發，盡是左文。真可謂善讀左文者。（高嵣尾）俞桐川曰："四段應對，由平入奇，由淺入深，節節聯，步步緊。"楚王句句逼入，知罃句句撇開，一層遞進一層，絲貫繩聯。一段翻深一段，雲垂浪湧。前三段德、怨兩忘，是聖賢平情學問。後一段竭力致死，是英雄血性本色。前令人心折，後令人氣餒。（《評林》眉）《經世鈔》："以盡臣禮，四字妙。"彭家屛："知罃之言強直，而楚共禮而歸之，益以見楚共之賢也。明主可以理奪，難以情求，不信然歟！"（王系尾）此篇與晉文公對楚成語，似同而寔異。彼全是勁直，此全是嫵媚。是時穀臣與襄老之屍已歸，必無中變之理。看他節節推遜，不露圭角，直到無可推遜處，方和盤托出，故云嫵媚也。（《學餘》尾）人以直道爲不可行久矣，知罃辭直，楚王重而禮之,斯道也,自春秋以至於今,未之有改也。人患不直耳,何患道之不行哉?(林紓尾)紓曰:此事類貿易,猶以粟易械器也。無所謂怨,無所謂德,亦無所謂報。怨、德與報,三者均虛晃之筆,一路寫來,留一個知罃揚眉吐氣地位。讀者當知知罃一段之直道正辭,不是有意與楚抵抗,亦不是不怕死之言。蓋知外交之關竅,樂得做一篇轟烈文字也。楚子重公子穀臣,荀首重其子,晉侯以荀首面子,亦不能不重知罃。觀上文"於是荀首佐中軍矣",語氣中已含勢利之見。即楚子歸之,亦勢利也。所云求報,實隱攀荀首之交情,冀就中轉圜,與楚和睦。知罃乖覺,一一知之。自知處於萬全之地,即作硬語,亦決無橫禍。故磊磊落落,作一場頭角森露說話,一以見在囚之不辱,一以示強晉之無畏。古來使命之佳者,往往如是。吾故謂之知外交之關竅。然詞鋒之妙,和婉中卻含剛果,皆非列史中所及,此所以爲左氏之文也。(《菁華》尾)怨、德並論,怨一層是賓,德一層是主。荀罃當晉悼之世,佐霸有功,故其氣宇亦與庸庸者不同。其對楚子之言,凜凜有生氣,與公子重耳告楚成王相似。

秋,叔孫僑如圍棘,取汶陽之田。棘不服,故圍之。

晉郤克、衛孫良夫伐廧咎如,討赤狄之餘焉。廧咎如潰,上失民也。(《評林》眉)程端學:"晉不修德以綏諸侯、攘強楚,而斃斃焉惟狄之務,摟歐國以伐之,其爲國可知矣。"

冬十一月,晉侯使荀庚來聘,且尋盟。衛侯使孫良夫來聘,且尋盟。(《補義》眉)春秋時,衛于晉爲小國,衛之上卿僅敵晉之下卿,則二子班同也,自當先霸主之使矣,使良夫聞之,不以爲褻矣。公問諸臧宣叔曰:"中行伯之于晉也,其位在三。孫子之于衛也,位爲上卿,將誰先?"對曰:"次國之上卿當大國之中,中當其下,下當其上大夫。小國之上卿當大國之下卿,中當其上大夫,下當其下大夫。上下如是,古之制也。衛在晉,不得爲次國。晉爲盟主,其將先之。"丙午,盟晉,丁未,盟衛,禮也。(文熙眉)穆文熙曰:"春秋以強弱爲大小,故衛雖侯爵,猶爲小國,此乃伯國之風,而非禮義之習,何得誣爲古制哉?"(《分國》尾)當時晉平戎于王,新與戎盟,劉康公伐之,周內史叔服曰:"背盟而欺大國。"是王室亦稱晉爲大國矣,衛安得不大國之乎?嗚呼!(《左繡》眉)以禮制事,本有成規。到事勢板煞不得時，又須有一活變之法。今晉、衛同聘，本意只要先晉，卻礙于在晉反位三，衛偏位上，若依次國上當其中之例，豈不開罪大國？於是想出衛不得爲次國以解之。然小國上當其下，仍不便遽先晉盟也，於是又想出晉爲盟主以解之。而於是本當先衛者，竟安然先晉而無以難之矣。文中先論經，後論權，曲折安頓，極妥帖之事，極斟酌之文。爲尋盟而來，一眼覷定晉爲盟主，前路紆徐不過先與分剖明白耳。凡處事見解要我捷，議論要從容。某嘗三復此文不去手也。（《評林》眉）王元美："衛之視晉，雖強弱迥異，而班爵本同，孰謂不得爲次國耶？庚與良夫其位則有辨矣，若之何使晉先衛也？尊盟主而棄周制，魯是以爲禮乎？"（《左傳翼》尾）晉、衛皆侯爵，只因春秋時衛日削弱，不得爲次國，晉又盟主，則衛不得先晉明矣。協諸義而協，則禮雖先王未之有，可以義起。此正以義起者也。義有經權，推移變化，使得乎中，乃義之妙用。禮義不相離，合義乃正合禮，於此煞有權衡。二子來聘，皆爲君使，則聘皆君命也。聘而遂盟，先儒皆以要盟責魯，而不知來聘即以求盟，則盟仍晉、衛二君命也。既以禮聘，宜相親信，乃反疑忌至於歃血盟誓，此家氏謂《春秋》于公從楚、適晉，備書而無所諱貶也。（王系尾）此篇別有清踈之味，大官得此，恍如餐流霞、飲沆瀣矣。

十二月甲戌，晉作六軍。韓厥、趙括、鞏朔、韓穿、荀騅、趙旃皆爲卿，賞鞌之功也。（《左繡》眉）六卿皆新軍將佐，今六軍提頭，以下不用分說，故意團圖，令後人留心讀耳。（《評林》眉）陳傅良："傳言鞌之功，晉兆六卿之禍。"（王系尾）此篇是倒裝法，以鞌之功，故使六人爲卿。使六人爲卿，故作六軍以處之也。據戰鞌傳，韓厥有功，五人無所見。解張爲最，而賞不及之。賤而遺棄，貴而濫邀，晉之政可知也，又是互映法。

齊侯朝于晉，將授玉。（孫鑛眉）敍二將意態妙，郤峻韓婉。郤克趨進曰："此行也，君爲婦人之笑辱也，寡君未之敢任。"（《評林》眉）薛千仞："克忿猶未釋，故復宣前事以恥之。"（方宗誠眉）輕薄之言，宜其子孫以侈受禍。晉侯享齊侯，齊侯視韓厥。（《補義》眉）周云："苟非易位，我幾見禽。苟非中御，卿亦不免，痛定思痛，在一視中。"（韓范夾）兩大相對，干戈玉帛。韓厥曰："君知厥也乎？"

齊侯曰："服改矣。"韓厥登，舉爵曰："臣之不敢愛死，爲兩君之在此堂也。"（《分國》尾）郤克尚有餘怒，韓厥尚有餘韻。寥寥數字，風致千古。（《左繡》眉）此作者以閒心妙腕爲鞌戰作收局文字也。寫郤、韓兩人，稍帶前事處，一個説得今日之朝，全爲親屈。一個説得今日之宴，與有榮施，都是絕蘊藉文字。而一則刻薄，一則渾施，栩栩欲活，筆有化工。兩兩對寫，于克則齊侯不置一辭；於厥則留心酬答。詳略中傳喜怒之神，亦即寓褒貶之法矣，妙甚。（《左傳翼》尾）鞌之戰橫戈躍馬，此則樽俎揖讓矣。郤克趨進，一笑之辱尚形齒頰。齊侯不問，獨視韓厥者，以其不愛死也。苟非易位，我幾見禽。苟非中御，卿亦不免。今在此堂，痛定思痛，不猶有餘憾乎？知厥服改，問答間各有機鋒，如天之禍、兩君相見，皆此不愛死致之，滿天冰雪，一語盡變陽和。韓厥之雍容，所以異於郤克之粗厲也。眼前有景寫不出，是何筆墨？寥寥數語，竟使千載上相對馨欬，至今猶活，得不令人愛殺？（《評林》眉）王百穀："韓厥之意，亦譏頃公，若非爲我所敗，安肯來朝於此？"（王系尾）此篇是兩扇敘法。分觀之，可以知郤氏之子孫所以爲皂隸，韓氏之子孫所以有晉國。合觀之，可以知所擇矣。（武億尾）此爲鄢戰作收局，寫兩人捎帶前事處，一刻薄，一渾厚，栩栩欲活，筆有化工。（方宗誠眉）韓厥之言，何等蘊藉，宜其子孫之大也。（林紓尾）昔人稱左氏如冶女良倡，每心怪其言。今乃知盲左文章，固有媚人伎倆也。郤克人品之不侔于韓厥，夫人知之。左氏且不爲之軒輊，但于齊侯之朝，淡寫輕描，立分二人優劣。鞌之勝，齊侯幾落韓厥之手，郤克一笑之仇復矣。授玉何事？而相臣心懷舊忿，斥同盟國君之母爲婦人，斤斤見於詞色，度量全虧，筆底活畫一淺人氣概，且吐屬亦未雅馴。文中一涉韓厥，寫矢口何嘗非輕薄之辭，然此語根于齊侯一視而來。齊侯不視，厥亦不言。爲左氏計，到此直無言爲齊侯解脱，乃齊侯從容答曰"服改矣"，閒閒將前事推過一邊，用筆之蕭疏，令人不測。及韓厥舉爵，堂堂作壯語，曰"臣之不敢愛死，爲兩君之在此堂也"，明明是説不有此戰，不足服齊，然但就講信修睦説亦可，風韻悠揚瀟灑，令人挹之不盡。（闈生夾）將前戰事重提一番，章法極佳，文情亦不枯寂。

荀罃之在楚也，鄭賈人有將寘諸褚中以出。既謀之，未行，而楚人歸之。賈人如晉，荀罃善視之，如實出己，賈人曰："吾無其功，敢有其實乎？吾小人，不可以厚誣君子。"遂適齊。

（文熙眉）穆文熙曰："感恩者，當取人之意，不必論成否。施恩者，即成亦不可望報。知罃、鄭賈可謂兩得之矣。"（《測義》夾）愚按：荀罃不忘德，鄭賈不居功，庶幾兩得之。（韓范夾）春秋時，每多賢賈人。（孫琮總評）知罃之歸，料楚子必有幾番詰問，看他前三段，閒閒置對，殊若不經意。至詰問不已，則煞後一段，雖欲自諱，固有不能諱者矣，不如直言以明其大義。蓋事勢有必然，正須以膽氣爲勝耳。（魏禧尾）魏禧曰："此與重耳答楚，辭意略同。然知罃之言是，文公之言非。文公，出亡公子也，自宜遵晦韜鋒，以保身濟事。知罃，俘執囚臣也，自宜著節明義，以重國懾仇。"禧按：罃並不作辟三舍語，爲晉臣者，理合如此。彭家屏曰："知罃之言強直，而楚共禮而歸之，益以見楚共之賢也。明主可以理奪，難以情求，不信然歟？"（《分國》尾）寡君之以爲戮，以晉君爲不庇臣，所以尊君，見不失刑也。首其請於寡君，以僇于宗，以其父爲不庇子，所以尊父，見有義方也。至曰竭力致死，無有二心，以盡臣禮，罃之自待，又何如哉？覺關羽之報效曹公，未免世法。賈人尤奇，弦高辭賞，此賈逃齊，何鄭多賢賈也？（《賞音》尾）晉公子反國，君也，故得以辟君三舍爲報。知罃臣也，軍國事重，非己所得行其私，故直以竭力致死爲辭，然其立言之妙，則一也。（《左繡》眉）杜注："傳言知罃之賢。"可見此節以"如實出己"句爲主。起從荀罃之在楚敘入。而末以賈人之適齊作結。以賈人之賢，益見罃之賢耳。賈人不敢以虛爲實，而罃則直以實待虛。兩"實"字正相應，當時小人不敢厚誣君子，今則君子往往厚誣小人也，可勝慨哉！（儲欣尾）兩賢，賈人佚其姓氏，不得與弦高並傳，惜哉！（《左傳翼》尾）賈人既謀出荀罃，雖未行而其意實不可負，罃善視之，乃其宜矣。賈人不以功自居，其高風正不可及，只此一節，足覘古風之醇，而後世無能追逐也。（《補義》眉）在楚似吝于報恩，歸晉又勤于報德，賈人無功不敢有其實，勝于楚子無功轉欲望其報。（《評林》眉）《經世鈔》："春秋時賈人多奇，鄭則數見焉。"穆文熙："鄭賈人欲出荀罃未果，而荀罃以實出己報之，賈人不受而奔齊，報施之道皆當如此。"《經世鈔》："呂不韋祖此，獨不能學其適齊一著，遂至滅族，蓋緣初心之公私本異耳。"李笠翁："荀罃不忘德，鄭賈不居功，蓋兩得之。"（王系尾）此篇敘知罃之厚，非敘賈人也，然賈人不朽矣。君子之不没人善，所以誘人於善也。文字之力，豈不微哉！（《學餘》尾）不欺楚王，直也。不欺賈人，愈直也。不欺楚王，楚王禮之。不欺賈人，賈人感而去之。斯民也，三代之所以直道而行也。信夫！(閩生夾)宗堯按："世之不自核其名實，而冒然居其位、受其祿者，曾賈人之不如也。此篇以能盡職任爲主。"

◇成公四年

【經】四年春，宋公使華元來聘。(《評林》眉)王葆："宋入春秋，未嘗聘魯，文十一年公子遂雖往，而宋不報也。華元之來，其爲共公謀昏張本乎！"三月壬申，鄭伯堅卒。杞伯來朝。夏四月甲寅，臧孫許卒。公如晉。葬鄭襄公。秋，公至自晉。(《評林》眉)高閌："公連歲如晉者，以嘗即楚故也。"冬，城鄆。(《評林》眉)《傳說彙纂》："經書城鄆，左氏無傳，杜預以爲備晉者，因公之不禮於晉也。戴溪謂魯得汶陽，故城鄆以自固，於情事亦近。"鄭伯伐許。(《測義》夾)郭登氏曰："去年經書'鄭伐許'，諸儒謂'稱國以伐，狄之也'。今年經書'鄭伯伐許'，諸儒又謂'喪未踰年，以吉禮從金革之事，稱爵以著其惡也'。然魯成二年，楚師、鄭師侵衛；三年，鄭公子去疾帥師伐許。經于此時不狄鄭，而後始狄之，其意何居？悼公居喪，以吉禮從戎，真夷狄之行也，經反書爵，而不狄之，其意何居？竊意鄭伐許，或'鄭'下脫一'伯'字、'人'字、'師'字，或以人微師少而略之。其後鄭伯伐許，恐是鄭伯自將，據舊史而實書之耳。《春秋》雖以一字爲褒貶，立義各有不同，不應于數年之中，事同罪一，或恕之于前，或誅之于後，反使經意破碎，言無統理，聖人恐不如此也。"

【傳】四年春，宋華元來聘，通嗣君也。

杞伯來朝，歸叔姬故也。

夏，公如晉，晉侯見公，不敬。季文子曰："晉侯必不免。《詩》曰：'敬之敬之！天惟顯思，命不易哉！'夫晉侯之命在諸侯矣，可不敬乎？"(《左繡》眉)命在諸侯，寫盡伯國伎倆，與寄生水母相似，語意新警，爲千載坐大者頂門一針。(《補義》眉)蜀之盟，公懼晉之討也，故如晉。晉侯惡公之與盟于蜀也，故不敬。然晉誤矣，晉猶畏衆，何可責魯？

秋，公至自晉，欲求成于楚而叛晉，季文子曰："不可。晉雖無道，未可叛也。國大臣睦，而邇于我，諸侯聽焉，未可以貳。史佚之《志》有之曰：'非我族類，其心必異。'楚雖大，非吾族也，其肯字我乎？"公乃止。(《分國》尾) 禮人不答，反其敬。成公不思自反，輒思叛晉，此匹夫之事耳，正所謂相與醻也，誤矣。(《左繡》眉) 成楚、畔晉兩意，先以"不可"總領，下兩層一順一倒分頂，亦左氏之定法。晉未可畔有三意，然以"邇我"爲主，故論楚只反復以非我族類爲言，"雖大"二字包得睦、聽二意。前以睦、聽二意包"邇我"在中，後以"非族"包睦、聽二意在中，囫圇讀去，總不見得耳。(《左傳翼》尾) 命在諸侯，猶之天子以四海爲家，見盟主當敬諸侯，不可戲豫，非寄生木母，靠人爲生活計也。在彼無道雖不能免，而在我卻未可以叛。晉未可貳，以邇我爲主，而群臣輯睦，諸侯聽從，更不可忽。說到非我族類，其心必異，則背華即夷，斷斷乎其不可矣。行父既明此義，何以宣公在時尚欲求成于楚，以致公衡之質，貽後無窮口實乎？晉爲魯伐齊，而有鞌之勝，楚人來侵，即叛晉與楚，此番如晉，蓋懼討耳。晉侯惡其反覆，是以不敬，一不爲禮，又將從楚，非得文子一言，且將屈膝稽首於蠻夷之廷矣。非講信修睦之道，失在晉、衛，不專在魯。惟劉氏《意林》責荀庚、良夫不務引君當道，而生事專命，爲非禮不信，以干先王之典，非人臣之操。庶爲得之。但其失實由君始，呂樸鄉謂人臣不當自盟，似亦祇說得半邊耳。(高嶹尾) 道理正，情勢徹，落落數語，卻自明捷之至。(《評林》眉) 陳傅良："而叛晉，傳積晉失諸侯之故。"鍾伯敬："魯初事齊已，又即晉，又將叛而之楚，豈直反覆，且入幽谷矣！"《經世鈔》："先識其不免，次言其不可，最是。凡結交附托，俱須識得此意，如金日磾、契苾何力者，古今幾人哉！"(王系尾) 文子說命談天，審時度勢，語語老成，字字精切矣。雖然，成公之不免於辱也，不能自強之故也。文子何無一言以勸公之自強於政治哉？君能自強，非權臣之利也。古人之文，深厚如此。不細細咀嚼，便短許多滋味。

冬十一月，鄭公孫申帥師疆許田，許人敗諸展陂。鄭伯伐許，取鉏任、泠敦之田。(《補義》眉) 便見曲在鄭。

晉欒書將中軍，荀首佐之，士燮佐上軍，以救許伐鄭，取氾、祭。楚子反救鄭，鄭伯與許男訟焉。皇戌攝鄭伯之辭，子反不能決也，曰："君若辱在寡君，寡君與其二三臣共聽兩君之所欲，成其可知也。不然，側不足以知二國之成。"（《分國》尾）此許、鄭交訟之始，直至許靈死于楚，而訟始結。交構歷四十年，蓋自莊公入許，其禍已胎。（《左繡》眉）前數行已寫作許直鄭曲供狀，無奈帥師救鄭，自應爲鄭左袒，而一時轉變不來，只得把寡君做個推頭，于兩君全不分個曲直。卻不知左袒即在其中矣，是極善作人情者。"成其可知""不足知成"，一正一反，卻用先倒後順筆法，此句法之所以盡變也。（《左傳翼》尾）許恃楚而不事鄭，鄭人伐之，歲至於再，楚不直之久矣。至是又伐許，彊前所侵之田，復又取田。因晉救許伐鄭，不得已轉而救鄭，下一"反"字，見楚本欲伐鄭，而今反救之也。救鄭既非本意，豈復直鄭曲許？子反婉轉其詞，總欲俟對質王前，大爲剖判耳。一時變臉不下，而皮裏陽秋，自在言下，微意正自可會。（《補義》眉）明知鄭曲許直，但以救鄭至，故卸却一層。（《評林》眉）《補注》："救許伐鄭，傳見救雖卿將不書。"（王系尾）此篇分三段，其事連環鉤鎖，而其文截然，如天外三峰。

晉趙嬰通于趙莊姬。（孫鑛眉）宜入下年。（《評林》眉）李笠翁："以趙氏之大功，而乃遭莊姬一亂，宗祀幾不血食。然韓厥之言、程嬰之義，又天之所以厚其報而延之。"

◇成公五年

【經】五年春王正月，杞叔姬來歸。（《評林》眉）吳徵："疑是叔姬無子，杞桓別有妾子爲太子，叔姬心不自安，而願歸魯，故叔姬既卒，而杞桓復來逆其喪以歸也。"仲孫蔑如宋。夏，叔孫僑如會晉荀首于穀。（《評林》眉）高閌："荀首逆女而僑如往饋之，此之謂非禮之禮，故以大夫會大夫書之。"梁山崩。秋，大水。冬十有一月己酉，天王崩。十有二月己丑，公會晉侯、齊侯、宋公、衛侯、鄭伯、曹伯、邾子、杞伯同盟于蟲牢。（《評林》眉）李廉："鄭自邲戰後皆從楚，至此始從晉，而晉人不能明尊王之義以示之，汲汲於要之以盟誓，此所以竟不能服鄭，雖再救而卒無功也。"

【傳】五年春，原、屏放諸齊。嬰曰："我在，故欒氏不作。我亡，吾二昆其憂哉！（閭生夾）時諸卿已有吞併之勢，著此語明之。

且人各有能有不能，舍我何害？"弗聽。嬰夢天使謂己："祭余，余福女。"使問諸士貞伯，貞伯曰："不識也。"既而告其人曰："神福仁而禍淫，淫而無罰，福也。祭，其得亡乎？"祭之，之明日而亡。（《補義》眉）傳言淫人必禍，得亡爲幸，而貞伯謂祭其得亡，此溺于淫祀之言也。（文熙眉）汪氏曰："序事具品。"解事甚當，得老吏用律之法。（韓范夾）家國於興亡之間，皆有神見。然興時所遇，反不言福。其求索於人，而侈福以惑下者，皆將亡之祟所憑也，實非神也。（《左繡》眉）連上節來，敍趙嬰事，以淫起，以亡結。上半正敍爲案，下半倒敍爲斷。趙嬰不報君姬氏，罪不止放。二昆猶以親親從薄，士貞伯所謂得亡爲幸者也。欒、郤爲徵，趙氏之不幸，于原、屏何尤？文敍嬰語於前，而倒述貞伯語于後，正見人之能，不足逃天之罰。祭而得亡，猶爲倖免，而嬰罪定矣。此即以議爲斷法。注爲明年殺同、括傳，非也。如其説，當在弗聽住耳。人雖有能有不能，卒無如神之福仁而禍淫何也。二語詞不相蒙，而意實相對，此片段之所以整齊也。信筆寫去，古文若是易爲耶！（《左傳翼》尾）嬰爲禽獸行，罪本當死，二昆放之，猶從輕典，敍貞伯語于後，非天因其祭而免之死也，正見淫人必禍，得亡爲幸耳。原、屏不以莊姬之能護趙氏而貸嬰罪，正其持正守理處，總是嬰罪無可逃，神不祐之。下半是上半斷案。《左繡》謂以議爲斷，是也。章法隱妙，非復尋常阡陌。（《評林》眉）按：或云告人者，貞伯私告趙嬰使人也。陳廣野："解夢甚得老吏用律之法。"（王系尾）此篇杜注謂爲八年晉殺趙同、趙括傳，是也。雖然，同、括之禍，自由驕滿。荀首固曰："原屏，咎之徒也。"莊姬之譖，特其禍之所由發，豈其所以禍哉？趙嬰而在，禍將他發，其禍必大，不能免也。末敍貞伯之言，斷趙嬰，並斷同、括，是文章斤兩處。

孟獻子如宋，報華元也。

夏，晉荀首如齊逆女，故宣伯餫諸穀。

梁山崩，晉侯以傳召伯宗。（《補義》眉）晉多君子而必召伯宗，伯宗博雅而必發自重人，可見典籍散亡，人鮮知學。（《評林》眉）劉敞："《穀梁》曰：'不日何也？高者有崩道也。有崩道則何以書也？'尋《穀梁》此文，似云山有崩道，崩不當書，今以晉侯問伯宗，故獨書也。是豈《春秋》意哉？"**伯宗辟重，曰："辟傳！"重人曰："待我，不**

如捷之速也。"問其所,曰:"絳人也。"問絳事焉,曰:"梁山崩,將召伯宗謀之。"問:"將若之何?"曰:"山有朽壤而崩,可若何?國主山川,故山崩川竭,君爲之不舉,降服,乘縵,徹樂,出次,祝幣,史辭以禮焉。其如此而已,雖伯宗,若之何?"(《補義》眉)豈士會脩晉國之典,尚未及此耶!(《評林》眉)唐錫周:"一邊不知晉侯爲何事而召,一邊不知乘傳而來者是伯宗,便生出無限妙景。"王錫爵:"但紀絳人語,而不及伯宗一言,亦敘事一格。"陳傅良:"告而從之,傳見晉無脩省之實。"伯宗請見之,不可。遂以告,而從之。(文熙眉)穀梁子曰:"梁山崩,壅遏河,三日不流。晉侯以傳召伯宗而問焉。伯宗來,遇輦者。輦者不避,使車右下而鞭之。輦者曰:'所以鞭我者,其取道遠矣。'伯宗下車而問焉,曰:'子有聞乎?'對曰:'梁山崩,壅遏河,三日不流。'伯宗曰:'君爲此召我也,爲之奈何?'輦者曰:'天有山,天崩之。天有河,天壅之。雖伯宗如之何?'伯宗由忠問焉,輦者曰:'君親素縞,帥群臣而哭之。既而祠焉,斯流矣。'伯宗至,君問之,曰:'梁山崩,壅遏河,三日不流,爲之奈何?'伯宗曰:'君親素縞,帥群臣而哭之。既而祠焉,斯流矣。'孔子聞之,曰:'伯宗其無續乎!攘善也。'"(韓范夾)應變以禮,非邀福釀禍之說可以矯誣行之也,此即五行傳之正。(王源尾)君爲之云云,山崩之禮應如是。伯宗之告晉君,晉君所以禳山崩之災者,即如是,非正傳乎?所謂以主爲賓者,必有以賓爲主之賓在耳。此則無所謂賓,而主又不以爲主,散散淡淡,第以閑文出之,若竟無所謂主。而精神只在"可若何""若之何"數語者,其筆法又在一切賓主奇正之外。一結簡勁,所以明作傳之由,亦以易通篇之勢。與《穀梁傳》各有妙處。《穀梁》之妙在復、在趣,而賓主判然。此傳之妙,在無賓無主,而情境灑然。事雖略同,章法迥別。(《分國》尾)山崩大災,召伯宗大事,重人說得尋常簡易,天下無難處之事矣。伯宗欲見之晉君,□□□攘善也。此如常武所奏"臣客馬周爲之"一例。孔子聞之曰:"伯宗其無續乎?其攘善也。"此《穀梁》之言也。(《左繡》眉)此見學問在己者,全不可恃;在人者,全不可料。消災脩省,本問伯宗,卻得之重人。傳特詳此,爲清問下民、詢於芻蕘,留一好證據也。描寫生動處,使人謙受之思油然而生,滿假之念赧然而沮,妙筆!重人語,簡雋而渾厚,是有學問人語。《穀梁》不免口角輕薄，問一個若何，答兩個若何。前"可若何"，只指梁山説。後"若之何"，並説伯宗。起處傳召、辟重，寫得吃驚打怪，卻被重人掃得冰冷雪淡。蓋"待我"一語，早一眼覷破，明識其冒冒失失，不須著忙也，已伏後文之根。作文全在領句得神，於此益信。唐錫周曰："一邊不知晉侯爲何事而召，一邊不知乘傳而來者是伯宗，便生出問絆事焉。作不知之問可，作知而故問亦可。"此評全與鄙見相反，幸當世爲我正之。（《左傳翼》尾）梁山，晉梁山也。不書晉梁山崩，而書梁山崩，家氏謂爲天下記異，是也。晉爲天下盟主，尊王攘楚，周賴以存。此歲以來，君庸臣貪，坐隳霸業，以致山崩之異。憂在天下，不以一國也。重人所言降服乘縵等事，胡氏以爲特禮之文，而未及恐懼修省之實，何足以弭變？譏之誠是。但晉多君子，伯宗又稱博雅，並此禮文亦不之知，而待重人發之，則舉朝皆削色矣。伯宗請見不可，而遂攘善以告，其不令終也宜哉！辟重亦不是裝扮貴倨模樣，因傳召急迫，不知何事，心中焦躁，故如此。不知"捷之速"一語，極無意，極有理，伯宗早已被他說動。下面一步一步問出情事來，晉侯待伯宗折衷者，先已得之重人。先民有言，詢於芻蕘，不我欺也。重人既知召伯宗謀之，則此乘傳而來者，舍伯宗其誰？其答伯宗本屬明知，佯爲不知，一時神情，俱以閑淡傳出，直是寫生。（高塘尾）遇災修省之道，本問伯宗，卻得之重人。傳特詳此，爲清問下民、詢於芻蕘留一好證據也。描寫生動。（王系尾）此篇敘事，一邊冷，一邊熱。重人，冷人也。請見不可，已不復作熱中想矣，卻無端被熱人纏住，急切脱身不得，説了一番熱話，處了一件熱事，而其心愈冷。伯宗，熱人也。乘傳疾驅，已不復在清涼境矣。卻無端被冷人攔住，一時有味其言，半日立于冷地，半日問他冷話，而其心愈熱。昔有畫北風圖者，對之則盛夏披裘。畫雲漢圖者，對之則嚴冬揮汗。今一幅之中，冷熱並到，化工且難之，畫工云乎哉？（《菁華》尾）春秋時，世卿在位，才俊之士，匿而不得見者多矣。其爲名大夫所物色，偶爾有一二軼事傳於後世者，蓋不過千百中之一二耳，如重人者是也。

　　許靈公愬鄭伯于楚。六月，鄭悼公如楚訟，不勝。楚人執皇戌及子國。故鄭伯歸，使公子偃請成于晉。秋八月，鄭伯及晉趙同盟於垂棘。（《左繡》眉）楚共王殊有古人之直，但處之太過耳。鄭人之畔，非直之失也。"訴"字在句中，"訟"字在句尾，只兩筆，而必以倒换爲法。（《補義》眉）正道粗伸，而鄭已棄之，去以勢合也。

(《評林》眉)《補注》："皇戌、子國者，皆非卿，不書。"陳傅良："盟於垂棘，外君臣特相盟，亦皆不書，他倣此。"

宋公子圍龜爲質于楚而還，華元享之。請鼓噪以出，鼓噪以復入，曰："習功華氏。"宋公殺之。(《分國》尾)鼓噪習攻，以報私怨，淺之乎丈夫也。宋公殺之，不獨安華，亦以靖國。(《左繡》眉)只一兩筆，便寫出一絶頂粗莽人。(《評林》眉)《附見》"以出復入，言圍龜出入華元之家。"譚友夏："所謂有報人心，而使人知之始也，其圍龜矣！"陳傅良："殺公子不書，罪在圍龜。"

冬，同盟於蟲牢，鄭服也。(《測義》夾)李廉氏曰："鄭自邲之役後，皆從楚，至此始從晉，而晉人不能明尊王之義以示之，汲汲於要之以盟，此所以終不能定鄭，雖再救之而卒無功也。"諸侯謀復會，宋公使向爲人辭以子靈之難。(《左傳翼》尾)鄭人反覆，朝南夕北，晉人爲其顛倒，急合諸侯，以鄭服爲幸，一會再會。宋以國難辭，遂起兵端，皆謀之不臧者也。《春秋》書此于天王崩之後，告命已行於天下，而諸侯不慼不奔，相與爲此盟，無王不臣，豈待貶絶而後見哉？

十一月己酉，定王崩。(《評林》眉)《補注》："定王不書葬，傳欲見王謚，非衍文。"(王系尾)此篇直敘經文，不溢一字，若無所發明者。第與蟲牢連類讀之，慨歎之聲，至今如聞矣。蟲牢之會在十二月，而王以十一月崩，莫或奔其喪，又相率而爲嘉禮焉。諸侯之爲諸侯，其可慨何如？周之爲周，其可慨又當何如哉！

◇成公六年

【經】六年春王正月，公至自會。二月辛巳，立武宮。(《評林》眉)孫復："武宮者，武公之宮也，其毀已久。宗廟有常，故不言立，此言三月辛巳立武宮，非禮可知也。"取鄟。(《評林》眉)李廉："鄟爲微國，左氏、穀梁同，公羊以爲邾邑，不繫之邾，諱亟也者，非。《春秋》內滅國書取者三：此年取鄟、昭四年取鄫，皆諱辭也。"衛孫良夫帥師侵宋。夏六月，邾子來朝。公孫嬰齊如晉。壬申，鄭伯費卒。秋，仲孫蔑、叔孫僑如帥師侵宋。(《評林》眉)高閌："使魯伐宋者，雖晉之命，而魯不以大義論之，遽爲興師，則罪專在魯矣。

故書曰侵，責與衛良夫同。"楚公子嬰齊帥師伐鄭。（《評林》眉）高閌："楚伐鄭喪，而悼公不葬，晉救雖至，已苦兵矣。然而不肯背蟲牢之盟，是以善其救也。"冬，季孫行父如晉。晉欒書帥師救鄭。

【傳】六年春，鄭伯如晉拜成，子游相，授玉於東楹之東。士貞伯曰："鄭伯其死乎？自棄也已！視流而行速，不安其位，宜不能久。"（《分國》尾）氣數所盡，神先告焉。此亦有不期然而然者，六月悼公卒，果如士貞伯言。（《左繡》眉）"不安其位"，應"自棄"。"宜不能久"，應"死"字。一順一倒，中間只以五字解"授玉於東楹之東"，簡而有章也。

二月，季文子以鞌之功立武宮，非禮也。聽於人以救其難，不可以立武。立武由己，非由人也。（《分國》尾）文子立武宮，武子作林鐘，皆因人以旌己，何貽謀繩武，竟出一轍，是父是子也？（《左繡》眉）《閟宮》作頌，僖公以伐楚自誇，亦由人也，但非聽於人以救其難耳。又彼是托之虛文，此是見諸實事，其美刺固有間矣。一反一正，只以順逆見筆法。（《評林》眉）王陽明："三思而後行者，恐不宜有是立。"陸淳："啖子云：傳意以為武軍之宮，如楚子所立者。非也。"《五經類編》："《明堂位》以武宮之廟比周之武世室，然考《公》《穀》二傳，周公稱太廟，魯公稱世室，群公稱宮，則武公不得為世室明矣。既不得為世室，歷十一世而猶立其廟，故曰非禮。"（王系尾）魯之積弱也久矣，文子矯情飾詐，以噢咻其民，民皆惑之，所少者武功耳。因鞌之勝而立武宮，欲自昭其武也。彼豈不知天下之不可盡欺哉？有識者少，無識者多，算其多者，忍恥而為之，是老奸之用心也夫！（閹生夾）以誚魯作收，層層結束。

取鄟，言易也。

三月，晉伯宗、夏陽說、衛孫良夫、甯相、鄭人、伊洛之戎、陸渾、蠻氏侵宋，以其辭會也。師于鍼，衛人不保。說欲襲衛，曰："雖不可入，多俘而歸，有罪不及死。"伯宗曰："不可。衛唯信晉，故師在其郊而不設備。若襲之，是棄信也。雖多衛俘，而晉無信，何以求諸侯？"乃止，師還，衛人登陴。（韓范夾）一言之誤，便足開與國之疑，況求諸侯而以貪詐行之乎？（《測義》夾）愚按：據傳，晉與衛合兵侵宋已，因其不保，遽欲襲之，則雖當時諸侯不顧信義，恐不至此。況晉兵業已至衛，良夫亦且統兵而出，何謂不保？誠有之，經何以不書晉二卿主兵，而獨書良夫帥師耶？當以經文爲正。〖編者按：奧田元繼作王元美語。〗（《分國》尾）衛不設備，以孫良夫、甯伯皆在師也。說正以其皆在師而襲之，伯宗正言，有王道氣象。（《左繡》眉）此傳極寫信不可棄之意，不但伯宗語說得透切，其關目全在首尾。師鍼而衛人不保，師還而衛人登陴。寫盡一時相信、不相信神理。所謂海翁忘機，鷗鳥不飛，翁易慮，鷗鳥不下者也。伯宗語一正一反，亦恰承上啓下，章法見成。起一行詳寫師衆之盛，正見不保爲相信之深，不獨恃良夫身在行間也。此等最是伏筆精細處，莫作閑文讀。方以辭會責宋，尤不當以無信失衛。下"何以求諸侯"正照此句說，非泛論也。夏陽說因衛人不保上生心，伯宗卻正就他不保上見得不當襲。真是不費一辭，有迎刃而解之妙。結句不作多筆，只添三毫，便爾栩栩欲活。（《評林》眉）汪元臣："夏陽說非人矣，乃欲因會而襲人，不有伯宗之喻，衛其將奈之何？故此會不可亡備。"《補注》："晉伯宗非卿，合書人，併鄭人不書者，同受伯主之令，以衛將尊師衆，舉重，故書某帥師，又曰某人，亦於文不便。襄十九年欒魴同。杜、陳之說皆非。"按：衛人聞夏陽說之謀，登陴窺晉强弱。（《左傳翼》尾）忽而不保，忽而登陴，非衛人有異志，乃晉人信不足以孚之也。人恃我信，便欲乘其信而襲之，凡人不可，而況盟主？齊桓不欺曹沫，諸侯歸心。晉文不欺原人，民無攜志。信不可棄，自古爲然。末句不多着筆墨，而衛人驚疑神情宛然若睹，真善於寫照也。

　　晉人謀去故絳。諸大夫皆曰："必居郇瑕氏之地，沃饒而近盬，國利君樂，不可失也。"韓獻子將新中軍，且爲僕大夫。公揖而入。獻子從。公立於寢庭，謂獻子曰："何如？"對曰："不可。郇瑕氏土薄水淺，其惡易覯。易覯則民愁，民愁則墊隘，於是乎有沉溺重膇之疾。不如新田，土厚水深，居之不疾，有汾、澮以流其惡，且民從教，十世之利也。夫山、澤、林、盬，國之寶也。國饒，則民驕佚。近寶，公室乃貧，不可謂樂。"公說，從之。（孫鑛眉）文不甚華，然亦不寥寂。（《淵鑒》眉）土厚水深，地利也；民從教，人和也；立國之道，兩言盡之。晉侯不從諸大夫，而惟獻子是從，可謂能擇善矣。臣廷敬曰："近寶公室乃貧，論甚新創，然中有至理，確然不易。"（《補義》眉）《東》《西京》兩賦應以此爲藍本。（《評林》眉）《經世鈔》："大事必能人獨斷，然須慎其人，否則偏聽生奸，獨任成亂矣。歐陽脩《爲君難論》不可不讀。"楊升菴："公甫文伯母云：'沃土之民不材，淫也。'即此意。此即大夫所言以辨郇瑕之不善。"《經世鈔》："'國饒'以下十二字，此語奇，然並是至理，從來建國之利，未有言及此者，真有學問、有識見之言。"陳傅良："凡自遷其國都不書。"（闈生夾）此等議論愷切通遠，有關治教，百世而下所不能廢也。**夏四月丁丑，晉遷于新田。**（《評林》眉）汪克寬："經不書晉遷者，凡書遷，皆小國逼於強暴，不得已而遷也。晉人擇地利而徙都也，非不得已，故不書遷耳。"（韓范夾）民過勞則病在民，病民則亡；民過逸則病在國，國亦亡。（《統箋》尾）愚按：管子曰："水爲道樞紐，故建都立國，必擇水深之地。"韓厥之言，即周公卜瀍澗之遺謀也。夫至於國饒民逸，近寶乃貧，與沃土民淫、瘠土好義之言，後先符契。有國家者，不可不深求其故也。（魏禧尾）魏禧曰："余最惡堪輿家風水之說流毒萬世，具論改葬共世子中。然余不信陰地，而信陽基，其說何也？陽基以生人受生氣，故盛衰相因。陰地以死骨受生氣，豈能及子孫乎？是以燥土人剛，濕土人柔。土沃而木蕃，土瘠而草衰，此以生氣受生氣之可驗者也。人或死于水，或死於火，暴露郊野，骨肉葬人獸之腹，而子孫富貴蕃衍者，此死氣與生人不相屬之可驗者也。今有木於此，生於瘠土，枝葉憔悴，移之沃土，則枝葉茂盛，以木之生氣受地之生氣，此無疑矣。有木生於東崗，分其蘖木，種之北阜。及東木既枯，乃謂瘞東崗之枯木而可蔭北阜之蘖木使蕃盛，有是理乎？嘗讀《詩》《書》，如周公之澗東瀍西，公劉之度陰陽，相流泉斯榦之竹苞松茂，定之景山與京，從古聖賢皆擇陽基而並不言陰地。使陰地之說有之，則古聖人天縱聰明，仰觀俯察，無所不知，而顧不知此耶？"諸子世傑問曰："堯都平陽，舜都蒲阪，禹都安邑，文王遷豐，武王遷鎬，此非有殷河水之患，又非如洛邑道里之中，而舜、禹不因堯都，文、武數徙，其故何也？"曰："是不得而考矣。其不便於國與民而後出於此與？然地力有衰旺，如樹穀木必休之，而土氣始厚。天子所都，公侯卿相之所萃，百貨萬寶之所湊，萬國舟車人馬所奔走，故地力不能以常旺，譬如樹當春夏開花結實，璀璨的灼，發皇殆盡，非有秋冬之收藏，則不可以更發，此趙過代田之義也。然而遷都乘旺氣之說，可行于古而不可行於今。古者天子宮室卑朴，嬪御有數，師徒不煩，供億有度，雖數遷而不勞民，不傷財。後世若踵而行之，則地氣未乘而民力以殫，福未至而禍先發矣。故遷都之不可行於後世，與巡狩之不可行於後世一也。國家非大不得已，惟以衰旺聽地力而已矣。"（《分國》尾）必居郇瑕者，正謂其地沃饒耳。民驕侈，公室貧，誰能見及？嗚呼！毋總於貨寶，生生自庸，盤庚遷都，所以三致意云。（《左繡》眉）遷國本謀樂利，只此二字，諸大夫甚得肯綮。但識力不濟，所謂利者不利，而樂者不樂也。韓厥大旨，只是極言郇瑕之不樂不利，勸遷新田。若論兩兩相較，須作四扇對局。文于前段言不利，後段言不樂，卻以新田夾寫在中間。而國利則用借應，君樂則用反應，章法不板。又，土薄上原既以並說連對，于前易覯、國饒，又以復說遙對。土厚且民從教，上照民愁，下照驕侈。言利而樂在其中，直以新田貫首尾。文入化境，承轉分合，神而明之，不可以一言盡耳。諸大夫即以利爲樂，獻子另就水土上分別出利不利，而沃饒近鹽，人以利爲樂者，彼獨以利爲不樂，是一篇串講文字。《咀華》云："沃饒近鹽，不過是貨利。土厚水深，方是地利。民從教，直以義爲利矣。"論最明透也。郇瑕起，新田止，篇中開手郇瑕承上，轉落新田起下，無一筆畸重畸輕，如經稱等。（《學餘》尾）韓獻子知新田之利，而不敢言者，不敢先諸大夫也，可謂知分。然其不隨聲附和，亦可見矣，是以晉侯揖而入之也。晉侯能盡其言，卒從其言，信取賢之法哉！（《菁華》尾）觀《詩》"相其陰陽，度其流泉"及"景山與京"數語，古人未嘗不以相土居民爲要，特不如後世堪輿家隨意附會誕妄無稽者耳，此一段何其深奧中理！（《左傳翼》尾）諸大夫所謂利且樂者，在沃饒而近鹽，而不知郇瑕氏之地不利不樂正在此。蓋近鹽則地勢卑濕，居之有疾，不如高燥者之無疾病可虞。沃饒則民俗奢淫，爭逐於末，不如從教者之不近寶可恃。文先破郇瑕氏近鹽之不樂利，陪出新田土厚水深之樂利，隨將新田民從教之樂利，引出郇瑕氏沃饒之不樂利。一意析作二層，玲瓏變化，令人目眩神迷。識議高超，俱堪俯視一切。郇瑕氏所以沃饒者，以其近鹽也。合之止一片，分之則有兩層。前半單言近鹽者土薄水淺之害，後半又合沃饒言之，以言其利中之害。反覆辯論，祇是説郇瑕氏不如新田而已。説郇瑕氏一段，説新田一段，又將郇瑕氏申説一段，以諸大夫皆欲遷郇瑕氏之地，故詳主而略客也。行文章法自是天生如此，非左氏故將郇瑕氏裝在兩頭，而以新田橫亘中間，自詡局陣之新奇也。

六月，鄭悼公卒。（《左傳翼》尾）視流行速，想見其輕佻躁率之狀，無德不必言，而死即於是乎決，禍福將至，見於動作威儀之間，以卜休咎，百不失一，左氏議論，正爲管輅諸人所不及。

子叔聲伯如晉，命伐宋。

秋，孟獻子、叔孫宣伯侵宋，晉命也。（《左繡》眉）只"晉命"二字，前分後併，不嫌其淡。

楚子重伐鄭，鄭從晉故也。（《評林》眉）按：注前年鄭從晉盟，杜注或誤作楚、晉盟，予校數本多同，疑襲謬未改也。

冬，季文子如晉，賀遷也。

晉欒書救鄭，與楚師遇於繞角。楚師還，晉師遂侵蔡。楚公子申、公子成以申、息之師救蔡，禦諸桑隧。趙同、趙括欲戰，請于武子，武子將許之。知莊子、范文子、韓獻子諫曰："不可。吾來救鄭，楚師去我，吾遂至於此，是遷戮也。戮而不已，又怒楚師，戰必不克。雖克，不令。成師以出，而敗楚之二縣，何榮之有焉？若不能敗，爲辱已甚，不如還也。"乃遂還。（孫鑛眉）亦婉委有致，但稍覺碎而不勁。（《左繡》眉）此篇前敘後議，前即案，後即斷也。起兩行爲三諫伏案，同、括欲戰，爲"衆"字伏案，三人同諫，爲"善鈞"伏案。後半一一應轉，從"衆"字生出"善"字，仍從"善"字合到"衆"字，于左氏議論文字，獨爲翻案出新之作。（《補義》眉）侵蔡直爲蛇足，雖曰從善，然已避楚，則彼此相當也。一句反揭起下段。（方宗誠眉）論事之文，要義理正大，利害明晰，簡要切當，方足動人之聽。（《左繡》眉）他處必分作三樣說話，此特三人同辭，如此伏筆，無聲色臭味可尋也。"何榮"順承"雖克"，"辱甚"倒應"不克"，是非利害，語語精到，出色寫一"善"字。（《評林》眉）彭士望："晉戰每壞于諸趙，肉食紈綺，何知國事？"《經世鈔》："雖克不令，令，善也。註作號令，非。"《評苑》："幸而勝楚，亦負不善之名。"穆文熙："此言勝之不武，敗之則辱，酌量甚當。"（《學餘》眉）老成謀國之言，雖一人亦當從之，豈與悻悻好勝之徒較多寡乎？

於是，軍帥之欲戰者衆，（《左繡》眉）前文只點同、括欲戰，故特補此筆，開出下半篇文字，接落最緊健有力也。上敘下議，中間作一關棙，以轉筆爲提筆，如戶之有樞，妙絕！或謂欒武子曰："聖人與衆同欲，是以濟事。子盍從衆？（韓范夾）老成謀國，每不合于少年喜事知進不知退之人，正不知持重者省多少禍患，武子若從或人之請，幾爲邲之已事邪？子爲大政，將酌於民者也。子之佐十一人，其不欲戰者，三人而已。欲戰者可謂衆矣。《商書》曰：'三人占，從二人。'衆故也。"武子曰："善鈞，從衆。夫善，衆之主也。三卿爲主，可謂衆矣。（《補義》眉）衆不在人而在善，治國名言。從之，不亦可乎？"（文熙眉）穆文熙曰："三帥不貪小利，不怒強敵，深得兵家持重之道。況楚師不戰而退，能保無詐？我若伐其二縣，楚師反而薄之，則邲之敗不有故轍哉？""善均從衆"，一言足破群語，所以和於上下，功垂三世。（《測義》夾）愚按：晉師救鄭，既遇楚師，則非不及事也。而楚師旋即退去，是晉無亡矢遺鏃之費，而救鄭之義亦申矣，奈之何復遷戮而侵蔡，而將佐者之欲逞于一戰也？則師出無名，徒益楚怒，使非三卿者力阻之，其不陷于邲之覆轍者幾希，欒子曰"善者，衆之主也"，斯言也，其可爲聽謀用衆之法矣。〖編者按：奧田元繼作李笠翁語。〗（鍾惺眉）看"衆"字高識，可定千古國是，孔子謂五臣盛於十亂，亦是此意。（《統箋》尾）愚按：好戰者必亡其國，桑隧之役，晉之六軍皆奮，乃必勝之兵也。欒書必從三卿之善言，全師而退，恤民保國，不亦優乎！（魏禧尾）魏禧曰："欒書之從衆，屈建之不諫芋，子囊之諡王以共，仲幾之葬元公如先君，公子閭之讓王，秦巴西之放麑，皆反經而合乎義者。"（《左繡》眉）以衆爲衆，則三人不敵十一人。以善爲衆，則三卿爲主，餘子碌碌，不足數矣。論事能斷，說理甚奇。（《左傳翼》尾）衆主於善而不以人，固是千古名言，然亦武子胸中自有成見，非漫無主張依違從人也。只看起數行敘次，而晉師之當還不當戰，其故已明。（高嵣尾）俞桐川曰："本以救災，反以召釁，義不當戰。三大夫言，只是理勢洞悉。決於善，不決于衆，武子能定國是矣。左氏多名言，此類是也。"（《評林》眉）《經世鈔》："善鈞從衆，千古定論，或云從善等於從衆。"彭士望："如此看'衆'字，與蘇子瞻《思治論》'衆'字更相發明。敬，德之聚；善，衆之主。是春秋時人理學。"（王系尾）此篇敘事明畫，先書楚師還，晉欲戰，則三子之諫之善自明矣。欒書能用三子之善，則欒書之善自明矣。通篇直敘，不置一斷語，正使自作自注者不能及其明盡也。（方宗誠眉）正意已畢，又生一波，文字如此，方能層出不窮。(《學餘》尾) 從衆不如從善，此言可以爲經，況息二國之民乎？武子之德在人，此足以觀矣。(《菁華》尾) 釋從衆意，妙有至理。不解近世所用投票之法，何以專以多數、少數爲言。(閻生夾) 畏楚也。是時楚亦不競，故無戰事。

◇成公七年

【經】七年春王正月，鼷鼠食郊牛角，改卜牛。鼷鼠又食其角，乃免牛。(《評林》眉) 劉向："鼠，小蟲，性盜竊，鼷又其小者也。牛，大畜，祭天尊物也。角，兵象，在上君威也。小小鼷鼠食至尊之牛角，象季氏乃竊盜之人，將執國命，以傷君威，而害周公之祀也。改卜，又食，天重譴之也。" 吳伐郯。夏五月，曹伯來朝。不郊，猶三望。秋，楚公子嬰齊帥師伐鄭。公會晉侯、齊侯、宋公、衛侯、曹伯、莒子、邾子、杞伯救鄭。(《評林》眉) 家鉉翁："晉前此救鄭，皆以大夫帥偏師，至是合九國之師，自將以行，《春秋》爵諸侯而書救鄭，褒之也。" 八月戊辰，同盟于馬陵。公至自會。吳入州來。(《評林》眉) 劉敞："左氏以爲州來楚邑，非也。州來小國，世服於楚，未嘗特與諸侯盟會，謂州來真楚邑，則背於經矣。" 冬，大雩。衛孫林父出奔晉。

【傳】七年春，吳伐郯，郯成。季文子曰："中國不振旅，蠻夷入伐，而莫之或恤，無弔者也夫！《詩》曰：'不弔昊天，亂靡有定。'其此之謂乎！有上不弔，其誰不受亂？吾亡無日矣！" 君子曰："知懼如是，斯不亡矣。" (王源尾) 深情惋鬱，聲帶餘恫，與臧文仲歎滅六、蓼相類。但當日特歎彼耳，此則憂及中國，世變可知。總之，文各因其人、其時、其事，即一類，千篇可無一字雷同也。"知懼" 二語，崛起千仞，就此篇論，固變化之法，合六、蓼篇論，亦變化之法。(《左繡》眉) 敘、議、斷三者，史家之準繩，或分用，或兼用。若議其所敘，而即斷其所議，則此篇殊屬創調也。引《詩》"不弔"，卻將無弔先透一筆。結句"不亡"，即緊承"吾亡"說落。議、斷兩用，而章法渾成。要之，先敘後斷，只以中段議論爲主而已。(美中尾）通吳本欲以俾楚，而中國先被其害矣。伐郯者，黃池之漸。（《左傳翼》尾）吳始伐郯，季孫即有"吾亡無日"之憂，況教之射御乘車，通于上國乎？伐楚、伐徐、伐巢，楚疲奔命，而爭長黃池之兆成矣。誰爲盟主而令之至此？"無弔者也夫"，蓋歎晉也。此皆晉通吳以後事也。許氏曰："吳自壽夢得申公巫臣而爲楚患，夷狄相攻，不忘也。伐郯之役，兵連上國，於是始見於《春秋》。然則荊楚未創，而勾吳又張，是驅虎而進狼也。晉屢會吳，而吳人不至，卒不得其犄角之用，徒令中國世有吳禍，伐郯乃其先聲耳。"（《補義》眉）楚之興，蔡、鄭盟于鄧，傳曰："始懼楚也。"吳之興，伐郯，季文子曰："吾亡無日矣。"夷狄張則中國危。（《日知》尾）林注經曰："吳始入伐中國。"讀林注，乃見文子語洞切時勢，爲周之末造同聲一哭，此東周南北分界處。苟非悼公復振，則吳楚橫行，豈待昭公之世哉！（王系尾）此篇重"知懼"二字，郯之服于吳，不能自強也。文子不咎郯之不能自強，而憂吾亡之無日，則其怨天尤人，寔有懼心，非徒責人而忘自責者矣。看他平平鋪敘，而文瀾洶湧，如夜潮之湧落。

鄭子良相成公以如晉，見，且拜師。（《左繡》眉）小國如大國，以得見爲幸，只著一字"竟"，寫來詳至，親熱異常，豈不奇絕？

夏，曹宣公來朝。

秋，楚子重伐鄭，師於氾。諸侯救鄭。鄭共仲、侯羽軍楚師，囚鄖公鍾儀，獻諸晉。（《補義》眉）鄭二子軍楚師是眼目，可知諸侯未嘗軍楚師也。

八月，同盟于馬陵，尋蟲牢之盟，且莒服故也。

晉人以鍾儀歸，囚諸軍府。（《左繡》眉）鄭得楚囚而獻晉，正晉、鄭出格親熱處，故中間特點尋蟲牢之盟，否則直接"以鍾儀歸"，其事便畢。文家最要插敘有情，此之謂也。（《左傳翼》尾）楚屢伐鄭，晉亦屢救之，此獨爵諸侯而書救鄭，見中國之勢張也。鄭以偏師獲楚大夫，楚人避晉而不敢戰，故動色以褒之。晉、鄭日親，鄭有背夷即華之善，晉有安內攘外之功，程子、胡氏皆以爲諸侯同心病楚，而惜乎口血未乾，不旋踵而背之也。晉不能庇鄭，而欲禁鄭之貳于楚，將焉能乎？

楚圍宋之役，師還，子重請取于申、呂以爲賞田，王許之。（孫鑛眉）敘事鍊而有力。（《左繡》眉）此敘巫臣報楚通吳事，凡作三截讀。分室以上，敍結怨。使吳以下，敍脩怨。中間自晉遺書，乃承上啓下，一篇之關楗。通篇都用一氣接連，筆法最生動有神致。本爲吳入州來作傳，宜以吳爲主。然通吳、始大，全係巫臣調度。故除前半原敍外，後半起訖，着筆通吳，還題正位。中間將本題一點，以清眉目。而通體貫穿，總以巫臣爲線索。左氏錯經合異、賓主互用之法，至此文而脫化盡矣。(《補義》眉) 汪云：「此傳吳入州來，而原敍到巫臣之通吳于晉，因巫臣之通吳于晉而原敍到子重、子反之構怨，傳以巫臣爲線索，見楚之弱于吳，子重、子反爲之。」申公巫臣曰：「不可。此申、呂所以邑也，是以爲賦，以禦北方。若取之，是無申、呂也。晉、鄭必至於漢。」(韓范夾) 其言深中事勢，爲君謀也則忠。王乃止。子重是以怨巫臣。子反欲取夏姬，巫臣止之，遂取以行，子反亦怨之。及共王即位，子重、子反殺巫臣之族子閻、子蕩及清尹弗忌及襄老之子黑要，而分其室。子重取子閻之室，使沈尹與王子罷分子蕩之室，子反取黑要與清尹之室。(《測義》夾) 孫應鰲氏曰：「二人之怨巫臣，皆非其正，即使怨之，何至殺族？巫臣脩報，非過也。」〔編者按：奧田元繼作張半菴語。〕(《評林》眉)《經世鈔》：「二怨皆在前，而今始報者，莊王在則不敢，共王幼，故橫行也。此爲妄及，然烝夏姬之罪可償也。」巫臣自晉遺二子書，曰：「爾以讒慝貪惏事君，而多殺不辜。余必使爾罷於奔命以死。」(《左繡》眉) 子重事前未見，故詳。子反事前已見，故略。非有輕重也。然接處連寫子重兩奔命，而後總結子重、子反七奔命，亦暗有輕重在，于伏應自密細也。殺族、分室，似可不必復寫兩遍，而特詳之，所以見巫臣啣怨之深，而又與後半許多情事及數奔命筆意相配也。蓋一點一畫，必有其故，初非任意略之而詳之者。自晉遺書，只三四語，而怨毒憤盈，直寫出切齒腐心神理來。一路都帶劍戟甲兵之氣，文章有神，奇矣哉！(《評林》眉)《經世鈔》：「古今第一妙尺牘，只二十三字，而意盡語狠勢長。」

　　巫臣請使于吳，晉侯許之。吳子壽夢說之，乃通吳于晉。(韓范夾) 此時晉強吳弱，而惟吳可以弊楚，申公乃實有所見，故舍巳伯之晉，而教未離混沌之吳也。申公謀之于前，伍公繼之於後，皆以報其積怨，而楚幾亡，皆楚人爲之，亦楚之君臣自造之也。(《評林》眉)《經世鈔》：「奇著、狠著，巫臣獨能見到此。」彭士望：「楚臣脩怨之始，楚士多怨而慓悍，巫臣其魁首也。"沈雲將："是時吳、楚接壤，且非資吳力不能疲楚，故請通吳。"**以兩之一卒適吳，舍偏兩之一焉。與其射御，教吳乘車，教之戰陳，教之叛楚。**（《補義》眉）連下三"教"字，是巫臣積怨出力，與遺二子書暗照。**寘其子狐庸焉，使爲行人于吳。吳始伐楚、伐巢、伐徐。子重奔命。馬陵之會，吳入州來，子重自鄭奔命。子重、子反於是乎一歲七奔命。蠻夷屬於楚者，吳盡取之，是以始大，通吳于上國。**（文熙眉）孫應鰲曰："二人之怨巫臣，皆非其正。即使怨之，何至殺族分室之慘？巫臣脩報，非過也。"穆文熙曰："巫臣一去楚，即能通吳上國，使子重、子反奔命。然則能臣去留，所係豈淺淺哉？"（《測義》夾）愚按：楚以夷而病中國，而晉嗾吳以罷之，誠得計矣，然吳獨非夷耶？而吳之始大，又豈特罷楚已耶？楚罷，晉自是不復霸矣，則亦晉自有以啓之也。〖編者按：奧田元繼作王元美語。〗（魏禧尾）魏禧曰："巫臣報怨，出此奇局，後世中行説等祖此矣。怨毒於人，甚矣哉！讀此凜然。伍員之適吳，有自來矣。"彭家屏曰："吳處東南，初不知戰陣之法。地僻民安，國之福也。自巫臣教之戰陣，教之叛楚，不特使楚困于吳，吳亦自是佳兵黷武，無虛日矣。一夫發難，兩國交害，其毒亦甚矣哉！"（王源尾）楚之弱，吳爲之也。吳弱楚，晉爲之也。晉通吳，巫臣爲之也。巫臣通吳于晉，子重、子反爲之也。二子非楚罪之魁乎？篇中書子重者七，子反者五，或分或合，有實有虛，罪案昭然。故雖爲入州來作傳，而實爲吳楚興衰張本，所關甚大，不特區區一州來而已。前半詳鍊，後半精雄。序楚所由衰，不可不詳，然不鍊或失之冗；序吳所由興，不可不雄，然不精或失之肆，此文可謂兼美。巫臣的是奇才，左氏能一一傳出，當日雖報二子私怨，而入郢之役，實基於此。以社稷之存亡，供小人之恩怨，棄謀臣，資敵國，禍可勝道哉？左氏載之詳，亦爲後世戒之切爾。（《統箋》尾）愚按：春秋之時，南方裔土之國，抗衡中夏者，惟楚。自巫臣出奔，句吳始通于晉。其後吳、越之君遂争盟上國，相繼稱霸，皆起于巫臣一人之身，而實夏姬桑中之約有以釀成之。一失行婦人，能肇蠻夷啓疆之釁，中國之政令從此一大變易焉，真可異也。（《分國》尾）巫臣不慊于友，教吳車戰，使二人罷於奔命。獨不思罷二人，適以罷楚，適以罷中國？甚矣，君子貴懲忿窒欲也。《左繡》眉）連寫三"教"字，三"伐"字。

三教吳在末，三伐楚在首。又分寫兩奔命，總寫七奔命，極寫巫臣怨毒，無所不至，皆傳神之筆。七奔命結過"罷於奔命"本旨，下文趁勢結通吳一筆，亦所以完下半篇之主腦也，而楚之奔命無已時矣。寫得筆有餘酣，妙甚。俞寧世曰："末數語，下半部《春秋》提挈，小結構，大規模。"（《左傳翼》尾）吳入州來，不敘吳專敘巫臣者，敘其所以然也。入州來只一筆帶説，而於入州來之先，入州來之外，牽連不置者，以巫臣通吳于晉，爲楚患害者，州來特其一端也。荆楚薦食上國，齊桓、晉文且無如之何，一巫臣足以病之有餘者，用是知怨毒之於人烈也。小小仇隙而荼毒若此，人安得不致死以報我？遺二子書，至今讀之猶有餘憤。前敘結怨，後敘報怨，慘到極處，亦快到極處。教之兵法，則制楚有術。並其屬國而取之，則楚於是乎弱，吳於是乎強矣。巫臣蓄怨既深，而尤有才以濟之，所以能爲楚患，爲子胥輩導其先路也。從來國之廢興，多以一人，要非無故而然者。當國諸君子，其亦鑒於此哉！（《日知》尾）吳強而春秋之勢一變，溯其由來，徒以沮賞田、奪夏姬耳，涓涓且爲江河，燄燄或致燎原，聖人所以謹始而慎微也。文筆峭直孤勁，有鐵馬金戈之氣，左氏筆墨，有因物賦形之妙，此其一斑也。（高塘尾）俞桐川曰："始敘嫌隙之結，次敘殺戮之慘，終敘報復之快，極傷心之事，極滿志之文。末數語，下半部《春秋》提挈。小結撰，大規模。"（王系尾）巫臣在楚，位則縣公，言則聽納，淫慝而奔，復貰其罪，楚莊、共之恩厚矣。子重、子反之報怨，誠爲太過，然非其民之罪也。苟欲快其私忿，使楚無寧歲，幾至亡國，吳是以強，亦以是滅。小人之不祥甚矣哉！左氏詳其顛末，非直以巫臣爲檮杌，重、反爲速寇，亦欲使爲楚共者知所以處之焉。（《學餘》尾）子重、子反，貪而多殺，巫臣父子，倒行逆施，其不臣均哉！亦楚之多滅弱小，有以招之也。通吳于上國，春秋之局，又一變矣。（《菁華》尾）怨毒之於人甚矣哉！一夫作難，而楚受其患者數世，子重、子反二人，惟利是圖，而以憂遺君父，其肉寧足食乎？自巫臣此舉，楚國遂成隱憂，然吳亦自此多事矣，不如其初安於僻陋之鄉而坐享安靜之福爲得計也。共王不肯錮巫臣，深得君人之量，而子重、子反擅戮無罪之人，乃坐視而不能救，卒致吳禍之及，惜哉！（闇生夾）吳通上國，有關世局甚大，故特以重筆提掇之，氣勢極盛。宗堯云："吳之始大，乃春秋一大變局，而啓之者實由巫臣。巫臣之啓之也，實由夏姬，故敘夏姬事特詳。"

衛定公惡孫林父。冬，孫林父出奔晉。衛侯如晉，晉反戚焉。(《評林》眉)高閌："衛定公惡孫林父，故逐之。林父亡七年，而恃晉反衛，復專衛政。又十九年遂逐其君，卒以邑叛，則定公可謂知所惡矣。"

◇成公八年

【經】八年春，晉侯使韓穿來言汶陽之田，歸之于齊。(《評林》眉)《附見》："汶陽田，使魯再與之齊。"陸淳："趙氏云：穀梁子曰：'天子在上，諸侯不得以地相與。'己之地猶不可，況命人乎？此言譏晉令魯與齊地也。"晉欒書帥師侵蔡。公孫嬰齊如莒。宋公使華元來聘。夏，宋公使公孫壽來納幣。(《評林》眉)楊士勛："納幣不書，其經之所書者三：莊公以非禮書，一也；公子遂以喪娶，二也；此爲賢伯姬，三也。"晉殺其大夫趙同、趙括。秋七月，天子使召伯來賜公命。(《評林》眉)《傳說彙纂》："天王、天子，乃王者之通稱。賜與錫，皆上予下之辭也。或者謂以字義言，則天王尊而天子親也。以恩數加之曰賜，以分義臨之曰錫。"冬十月癸卯，杞叔姬卒。晉侯使士燮來聘。叔孫僑如會晉士燮、齊人、邾人伐郯。(《評林》眉)按：叔孫僑如會晉士燮，襄元年註曰：魯與謀於虛朾，而書會者，稟命霸主，非匹敵也。衛人來媵。(《測義》夾)程子曰："媵，小事，不書。伯姬之嫁，諸侯皆來媵之，故書，以見一女子之賢，尚聞於諸侯，況君子乎！"(《評林》眉)孫復："衛人來媵，媵伯姬也。媵書者，古諸侯嫁女，二國媵之。二國，禮也。三國，非禮也，此年衛人來媵、九年晉人來媵、十年齊人來媵是也。唯王后三國媵。"

【傳】八年春，晉侯使韓穿來言汶陽之田，歸之于齊。(《正論》眉)列國治兵相攻，類起於二三心，朝歃血而夕背盟焉，非特一韓穿已也。文子凜凜正議，魯國是賴，何有汶陽之田？(《左繡》眉)此篇三層作兩截讀，前段正論其事，以"二命"句爲主。後段兩引《詩》，一是跟"今有二命"作申說，一是跟"長有諸侯"作掉尾，相承一片。極正之理，極婉之詞，章法呼應又極完密，至文也。(《測義》夾)季本氏曰："齊自會溫、盟翟泉之後，不復與晉會盟，至蟲牢始服，而猶未協也,故馬陵之後,晉使魯反汶陽之田以媚之,霸者所爲若此,何以令諸侯哉?"〖編者按:奧田元繼作徐九一語。〗季文子餞之,私焉,曰:"大國制義,以爲盟主,是以諸侯懷德畏討,無有貳心。謂汶陽之田,敝邑之舊也,而用師于齊,使歸諸敝邑。(《補義》眉)提出"敝邑之舊",見本爲魯田,齊以不義得之,今以義歸魯,何可二命?今有二命曰:'歸諸齊。'信以行義,義以成命,小國所望而懷也。信不可知,義無所立,四方諸侯,其誰不解體?《詩》曰:'女也不爽,士貳其行。士也罔極,二三其德。'七年之中,一與一奪,二三孰甚焉!士之二三,猶喪妃耦,而況霸主?霸主將德是以,而二三之,其何以長有諸侯乎?《詩》曰:'猶之未遠,是用大簡。'行父懼晉之不遠猶而失諸侯也,是以敢私言之。"(《左繡》眉)上截已極言二命之失,然終未甚痛切。忽拈《詩》"二三其德"句,反反復復,批駁盡情。此是一層翻作兩層法,唯前半善留,故轉合後文出色耳。末引《詩》本與上平對,然亦重"遠猶"字作顛簸,與上節相配。上節筆意亦得此伴說更濃,兜裹前半又極圓足,熟此知免於枯筆渴墨之苦。(文熙眉)公羊子曰:"鞌之戰,齊師大敗。齊侯歸,吊死視疾,七年不飲酒,不食肉。晉侯聞之曰:'嘻,奈何使人之君七年不飲酒,不食肉?'使皆反其所侵地。"穆文熙曰:"齊侯因敗而自苦,晉侯聞而欲反其地,未爲不可。但齊地可反,而汶陽之田,分自周公,既以歸正,曷又反之?王制不明,信義不立,晉於是乎不得稱盟主矣。但行父不能慷慨明言,而乃私言之于韓穿,沾沾耳語,胡足以見大義也?此其爲三思後行者乎?"(《測義》夾)高閌氏曰:"魯國之分地,晉不當爲齊請於魯,齊不當求之於晉,韓穿爲正卿,不當爲齊言於魯,魯不當以晉令遂以與齊。"〖編者按:奧田元繼作陳廣野語。〗(《左傳雋》尾)汪氏曰:"夫商人一環,而子產不從于強令,況先君所受于王之介地乎?使是時季文子復于韓穿曰:'昔武王克商,成王定之,周公相成王以君天下,有大勳勞于王室,成王封我先君魯公於少皞之虛,錫之山川土田附庸,以昭周公之明德。顧敝邑褊小,密邇仇讎,唯是先王之封畛疆域,莫克有之。大國爲侯伯而長諸侯,矜哀敝邑,以不腆之田而剪于仇讎,是用痛心疾首,悉師輿賦,以爲鞌之役。天誘其衷,齊人悔罪,請盟爰要,以汶陽之田歸諸敝邑,則大國之命也。義無二信,信無二命。

今大夫命敝邑曰：復歸諸齊。棄信失義，蔑先王之制，或者難以霸乎？大國制義，以服諸侯，若徹惠于周公、魯公，施榮賜于汶陽，使敝邑世世守之，以勿失墜，則寡君之願也，諸侯之望也，其何有貳志？背袁婁之盟，而失諸侯，必不爲也。敢盡布于執事，唯執事實圖利之。'如是，則韓穿將恐懼悔謝之不暇，復諸晉侯，不復有歸齊之命矣。韓宣子不能行之于鄭，豈以韓穿獨能行之于魯乎？惜也，季文子爲魯之賢大夫，而愧於子產多矣。"（韓范夾）理直者詞烈，故雖爲慰辭而不之懼，魯國詞令，其侃侃不撓者，自展氏犒師而後，又見之此，惜乎其私言之也。（王源尾）詞命之要，一曰折以理，一曰動以情，一曰懼以勢。理有是非，確指其是非而彼自屈；情有逆順，顯言其逆順而彼又屈；勢有利害，深明其利害而彼又屈。三者互相爲用，而究其歸，未有不屈之以勢者。晉之二命，是非、順逆，不待智者後辨。彼豈不知理與情之屈？而竟行之魯者，壓以勢耳。吾折以信義之理，動以二三之情，彼縱不顧，而懼失諸侯，彼之勢有不屈乎？此文子立言之旨所在，即文章筋節所在。故先提出諸侯，下分三層應轉。層層俱從理、情說到勢，一層緊一層，句句筋節，字字筋節，直令韓穿俛首捲舌，無言可答，真辭令妙品。但使當日不應晉命，竟以此言折之，彼亦何辭？惜其柔懦依違，不能自立，而徒私爲此言也。假令子產當魯，豈肯若是？噫！子產有辭，鄭國賴之。觀一"私"字，左氏之微詞見矣。大義、成案、罪案，不過數語揭明，無絲毫罅漏輾轉，然後就他罪案層層翻剔，剝骨見髓，所謂老吏斷獄。凡論斷或敷陳文字，定須規摹此等。（《分國》尾）汶陽本魯田，爲齊所侵，自會師戰鞌，晉使齊人歸魯。才七年，又欲歸齊，晉不信矣，不知魯實自取也。當公即位，受盟于晉，乃歸田之惠未拜，而陽橋之役竊與楚盟，不思自反，遽欲叛晉。雖不果叛，適啓晉疑。汶陽之來索，有以也。季子前以叛晉爲不可，今以歸齊而不直夫晉，庶幾當國之臣與？（《集解》尾）晉爲春秋時盟主，不過恃強耳，非真能制義也。故一汶陽之田，隨其喜怒，或與或奪，豈是制義舉動？通篇明是責晉不可爲盟主，而反以二三其德、恐失諸侯爲辭，若愛晉惜晉而與晉婉商者，立言固是千古絕調。（《左繡》眉）提出前言，使其反而自愧，亦方合二命有根也。此即後人代字訣之所本。只"二三其德"凡作三層簸弄，句法一倒一順又一倒，鬆快無比。既以兩"二三"相接，又以兩"霸主"相接，生恣作態，絕世句情。首尾兩"私"字，見不爲魯謀，全爲晉謀也。文特娓娓動聽。孫執升曰："茅鹿門謂沾沾耳語，不足以明大義。愚謂汶陽固魯田，可明目張膽言之，反出於私，其言易入，此進言之的也。雖私猶公，未可少之。"(《左傳翼》尾)七年之中，一予一奪，是不信。究從勢利起見，不在道理上講究。不信，實不義也。信不可知，義無所立，説得信義水乳交融，此立言得大體處，最妙是"汶陽之田，敝邑之舊也"二語，土地原我固有，齊人取之爲不義，則晉人與我即爲義，所以二三其德，不信即不義也。若泛泛講予奪，安知不爲徙義，而可責其不信乎？責之以信義，若不以諸侯二心動之，彼亦未必悚然知懼。此理喻而兼勢禁也。一篇之中，"諸侯"凡四見，結語尤爲直截，通篇皆是私言。蓋是時晉政乖舛，直言恐觸其怒，故托之私語以動之，其實義正詞嚴，何妨侃侃而爭？只看子産壞垣爭承，以大義責盟主，是何等氣概，晉卒無如之何。行父此言，雖婉曲動人，其亦柔懦不能自立哉！(《評林》眉)按："霸主將"，將，資良切，欲然也。或據《詩》註曰："奉行也。"拘矣。(王系尾)汪德輔曰："曰'來言'，則見晉命之緩，蓋自知其言之不順，而未能必魯之從否也。曰'歸之於'，則見取魯田之易。晉卿之一言，重於三軍，而不敢固拒也。制命非正，而惟命是聽，詎不爲晉之鄙縣乎？齊既從晉，俾魯歸田，所以堅齊也。曾不思一齊聽命，而四方解體，悔而尋盟，烏足以邀人心之强同乎？傷晉伯之益偷也。(方宗誠眉)曲折頓挫，無一平鈍之筆。不爲魯乞汶陽之田，而但懼晉失信義以失諸侯，立言極善。

晉欒書侵蔡，遂侵楚，獲申驪。

楚師之還也，晉侵沈，獲沈子揖初，從知、范、韓也。
(《測義》夾)愚按：繞角之役，知、范、韓以侵陳爲遷戮，而欒子去之，謂之從善可也。乃今蔪爾之沈，無罪而俘獲其君，此獨非遷戮乎？而左氏以爲從善，吾不識也。〖編者按：奥田元繼作王元美語。〗君子曰："從善如流，宜哉！《詩》曰：'愷悌君子，遐不作人。'求善也夫！作人，斯有功績矣。"是行也，鄭伯將會晉師，門于許東門，大獲焉。(《分國》尾)三人不欲戰，能止八人之欲戰。邲之役，三帥不欲勸民，竟不能折一彘子。武子從衆，從三人，不從八人，斷之以理，而三人爲衆，八人爲寡。豈特八人，理所不在，千萬人不敵三人也。宜乎初從知、范、韓，而遂敗楚哉！(《左繡》眉)此是兩頭敘，中間斷法。起兩"獲"字，一新一舊。末一"獲"字，前主後賓，合之則前偶後奇。平平敘事，無可結構，忽將"初從知、范、韓"句插入中間作隔斷，索性將君子引《詩》作斷，一併隔斷插入，分明以中間斷貫兩頭敘，于章法自別出一奇矣。末段只是帶說，不可蠻併入"從知范韓"內，故作此隔斷之筆耳。行文奇變，莫非因乎自然，又何嘗一毫穿鑿來？（昆崖尾）以敘事起，以敘事結，橫插論斷於中，較他篇之先敘後斷者，營寨一新。後來夾敘夾議之法，由此胚胎。但得之短短篇幅，尤覺奇橫耳。從侵蔡正傳敘起，忽拖敘到侵楚一案，又追敘到侵沈一案，然後總結一句，引起議論來。看古人敘次文字，一兩行中，便出沒不測，不肯板煞如此。尺水寸山，漩洑回盤，有萬壑千岩之勢，勝游平原千里矣。侵蔡，正傳也，卻只一句。侵楚、侵沈，陪敘也，稍加詳焉。數語間賓主詳略，亦覺錯綜。以侵蔡開局，仍接應作收，密矣。乃不結晉而結出局外之鄭，何等奇變！乃結鄭之獲許，又暗映晉之獲楚、獲沈，則奇變者復玲瓏也。規模迥殊，氣勢拱照，所謂蓬萊宮闕對南山也，妙絕妙絕！（《左傳翼》尾）本傳只是侵蔡，侵蔡有獲，而追敘六年從知、范、韓之謀不與楚戰，侵沈之有獲，特加歎賞，以終"三卿爲主，可爲衆矣"之意。贊意似專指舊事，而不知新事亦在其中。若不從三子，則前日無侵沈之功，今此亦無楚蔡之績矣。用筆隱躍，令人不測，神致悠揚，味之無極。（《評林》眉）陳傅良："大獲焉，爲九年鄭圍許傳。"（王系尾）趙企明曰："蔡迫于楚，自翟泉與盟之後，未嘗從諸侯會盟。文十年，比楚人爲厥貉之次。十五年，晉郤缺伐之，卒不能反也。今欒書以師侵之，縱未遂得蔡，然亦可謂不畏楚矣。"按：自邲戰以來，晉畏楚如虎。今而稍奮焉。書殆差強人意者與？此是部中大結構處。

聲伯如莒，逆也。（《評林》眉）吳徵："大夫托聘之名而自逆婦者多矣，非禮也。"

宋華元來聘，聘共姬也。（《評林》眉）高閌："凡諸侯相聘，必有事焉，非專行聘禮也。華元之來，蓋國婚爾。"

夏，宋公使公孫壽來納幣，禮也。（王系尾）一篇二事，作兩扇敘。而一事空敘，一事明其爲禮，則彼事之失禮見矣。文整而意錯綜，極生動之勢。

晉趙莊姬爲趙嬰之亡故，譖之于晉侯，曰："原、屏將爲亂。"欒、郤爲徵。六月，晉討趙同、趙括。武從姬氏畜于公

宮。以其田與祁奚。韓厥言于晉侯曰："成季之勳，宣孟之忠，而無後，爲善者其懼矣。三代之令王，皆數百年保天之祿。夫豈無辟王，賴前哲以免也。《周書》曰：'不敢侮鰥寡。'所以明德也。"（《補義》眉）殺同、括以欒、郤爲主，郤又從欒指也。無一字觸欒、郤所忌，故言易從。然以理論之，成季之勳自當有後，宣孟之忠，其忠安在？（《評林》眉）王崇簡："《左傳》以晉趙莊姬爲成公之女，《史記》以莊姬爲成公之姊。"蘇轍："趙嬰通於趙莊姬，趙同、趙括放之於齊，莊姬譖之：'同、括將爲亂。'晉侯殺之，稱國以殺，殺無罪也。"張我績："二說不同，而左氏爲近。想史氏之間或戰國奇俠之士附會之耳。"《匯參》："賴前哲以免也，上猶泛說，此則明指畜公宮之人矣。"乃立武，而反其田焉。（《測義》夾）愚按：《史記》云：屠岸賈者，治靈公之賊，以致趙盾，殺趙朔、趙同、趙括、趙嬰齊，皆滅其族。趙朔妻成公姊，有遺腹，走公宮，匿生男，賈索於宮中，公孫杵臼、程嬰謀取他人嬰兒匿山中，程嬰謬告趙氏孤處，遂殺杵臼、孤兒。然趙氏真孤乃反在程嬰，卒與俱匿山中。居十五年，於是景公乃與韓厥謀立趙孤兒，攻屠岸賈，滅其族，復與趙武田號如故。據左氏，則趙氏之禍由莊姬；據《史記》，則趙氏之禍由屠岸賈。其說牴牾，不可強合。或曰："屠岸賈殺趙朔自一事也，趙莊姬譖殺同、括，又一事也。"但《史記》謂同、括、嬰同見殺於下宮之難，則傳聞之誤耳。（《析義》尾）按：此傳與《史記》，二說迥別，世多疑焉。若就《史記》之說揆之，屠岸賈爲司寇，則刑官也，兵權非其所屬，安能脅令韓厥諸將，俾悉從己？一也。人臣有無將之戒，擅興甲兵，滅卿大夫之族，而君不與聞，豈有天討不加之理？二也。公室爲至尊嚴密之地，莊姬匿公所，乃指爲逋逃藪而索其遺腹孤兒，若鼠器之忌何？三也。程嬰欲存趙孤，不與出奔他國，僅匿之山中，韓厥既知之矣，歷十五載竟無一人聞之，何善於淹覆如是？四也。且云居十五年，景公因疾見於龜卜，聽韓厥之言而立武。按《春秋》：同、括之死，在魯成公八年，即晉景公之十七年也。景公在位僅十九年耳，越二年夢大厲患疾而卒，子州蒲立。安有十五年後卜疾之事乎？此尤其彰明較著者也。若左氏則稱晉侯用莊姬之譖，而討同、括。姬，趙朔妻也。朔早死而趙嬰通焉，同、括放嬰于齊，姬銜之，誣其爲亂，武從姬養于公宮。是說也，雖未可執爲定案，但經文止書殺同、括，而不及朔、嬰，則朔早死而嬰奔齊無疑。稱國以殺，而不去其官，譏晉侯之殺無罪，似與左合。若左不可信，而經亦不可信乎？龍門之說，或出於傳聞之誤。以是論之，即謂程嬰、公孫杵臼爲烏有先生，亦無不可也。(《分國》尾)趙嬰通莊姬，以叔報姪婦，原、屏放之，似也，但難爲莊姬地耳。莊姬作難，趙氏宗危，武之得存，一線耳。韓厥仗義存趙，仁人哉！嗚呼！趙氏滅，還存一武。欒、郤亡，靡有子遺。傳曰："欒、郤爲徵。"原、屏之殺，欒、郤殺之也。欒、郤自滅，特一間耳。(《左繡》眉) 看提筆，便見同、括之死是冤獄，不當併累成、宣。卻又著"欒、郤爲徵"一筆，知此時措辭亦大費周折。看此文極輕圓有法也。《咀華》曰："不爲原、屏訴冤，但爲成、宣請後，其說所以得行。不然，便犯欒、郤之忌。"得其解矣。此文若正說，便當極言同、括不以累成、宣，然未免辭費。看他借賓形主，輕輕將"豈無辟王"一跌，便令原、屏一邊，躍然意表。真如嚼哀家梨，鬆快無比，而運筆亦頓宕多恣。無祿、無後，兩意相承。看他互見法，不板不偏也。(美中尾) 毛寅谷曰："語語爲趙武地，無一字觸欒、郤所忌，故言易從。然以理論之，成季之勳，自當有後。宣孟之忠，其忠安在？"(《左傳翼》尾) 莊姬一淫婦也，以作亂誣原、屏而討之，晉侯不之察，則欒、郤之爲祟深矣。韓子不言二子之冤，而以恤勳忠爲言，語語爲趙武地，欒、郤不得有異論，可謂善於立言。(高塘尾) 俞桐川曰："兩行文字，凡六七轉。悲涼剴切，令人惻然動心。"不爲原、屏訴冤，但爲成季立後，其說所以得行。文雖短簡，有議論，有波瀾。(王系尾) 此篇敘晉趙氏之所由興也。趙盾弒君，當時猶以爲忠，與成季並稱，孔子所以有諸夏之亡之歎，其子孫安得不分晉哉？(《學餘》尾) 韓氏其有後乎！欒、郤何心？宜其降在皂隸也。(閩生夾) 宗堯按："此謂趙氏亦勳舊之一，其不當滅，與狐氏等同也。"

秋，召桓公來賜公命。(《評林》眉) 孫復："秋，召桓公來，成雖即位八年，非有勤王之績，天子使召伯來賜公命，濫賞也。"

晉侯使申公巫臣如吳，假道於莒。與渠丘公立於池上，曰："城已惡！"莒子曰："辟陋在夷，其孰以我爲虞？"對曰："夫狡焉思啓封疆以利社稷者，何國蔑有？唯然，故多大國矣，(《補義》眉) 分明指楚。汪云："抉進一層，破其'辟陋在夷'語。"(閩生夾) 此亦痛世之微旨也。宗堯按："唾罵大國快甚。此文之旁枝，亦精神旁溢。" **唯或思或縱也。**(閩生夾) 思者戒慎，縱者放逸，杜注誤。**勇**

夫重閉，況國乎？"（《才子》夾）只是一意，層疊説出四句，一句緊似一句，寫盡機警人目動股栗，而彼笨伯方惛然不知。明年十一月，渠丘與莒二城俱潰，莒子不足又道，看渠丘公一樣不以爲意，妙絶！（孫鑛眉）語簡而勁有力。思、縱二字亦略覺生。（韓范夾）讀此乃知鑿池築城，非末務也。（《彙編》尾）莒不修城，是無備。明年十一月，渠丘與莒二城俱潰，《春秋》特書者，蓋警小國當備，示保邦之本也。潰者，民逃其上也。使莒有令政，民將效死不去矣，平日固本安民之政曷可少哉！（《左繡》眉）左氏最多論備之文，此尤字字危悚。立一池上，明是當面擺著，加一"惡"字，明是頽敗不堪，而主人方訑訑自若也。於是替他發急，接連幾轉，指點利害，機警非常。此無他，莒城近楚，唯恐其爲仇得耳。若吳可有如虞虢，則唯恐其備之不撤矣，胡爲咨嗟而丁寧之乎？"唯然"二字轉得捷，正指不備而言。卻且虛説，留於下句中説或思或縱，一邊狡獪，一邊縱弛，此啓疆之所以日多也，杜注欠明。接連四五轉，句句斷，句句頂，詰責不遺餘力。（《左傳翼》尾）一見莒城，即有狡焉啓疆之懼，固是有心人。觸目機警，亦因其近楚，恐其恃陋不虞，爲所吞併耳。爲莒之計，無非憾楚之心，而老大不然，如夢未醒，安危利災，如斯人者，真以國爲戲者也。（高塙眉）一意衍四層，步步著緊。（《日知》尾）稜稜幾筆，數尺而有千尋之勢。（《評林》眉）穆文熙："'夫狡焉'，巫臣之言，深遠有味，治國理家，均不可不知。"張天如："'狡焉思啓'，止數句，而轉折變化，如層岡疊嶂，《國策》《史》《漢》俱不能及。"（《學餘》尾）申公之言也，春秋之時勢也。夫立國在脩德而已，倍敵在親仁善鄰而已。方城爲城，漢水爲池，三戰遂入郢矣，況莒之渠丘？

　　冬，杞叔姬卒。來歸自杞，故書。（《評林》眉）《補注》："來歸自杞，魯以杞夫人禮成喪，故雖來歸，書卒，且繫之杞，與罪出異。傳非是。"

　　晉士燮來聘，言伐郯也，以其事吳故。（《補義》眉）晉與吳通而不許郯之事吳，鄭與楚比而不許許之事楚，當日用兵，殊不可曉。（《評林》眉）王元美："晉之君臣不能治楚而徒欲服鄭，不能制吳而徒欲伐郯，其無能甚矣。"公賂之，請緩師，文子不可，曰："君命無貳，失信不立。禮無加貨，事無二成。君後諸侯，是寡君不得事君也。欒將復之。"季孫懼，使宣伯帥師會伐郯。(《分國》尾)成六年，吳壽夢始入《春秋》，壽夢二年伐郯，郯小國也，就吳成，不得已也。魯、晉不吳是問，而伐郯是會，何哉？尤可嗤者，季孫也。夫郯之畏吳，猶魯之畏晉。不思自反，即命帥師，無弔之言，幾於自食，君子以知懼稱之，亦徒知懼焉而已。(《左繡》眉)請緩師不礙，病在賂之，被文子口實耳。看其極論賂己之非，而以"後諸侯"輕輕一掉，筆意前板後鬆，政自操縱有法。前以無弔望晉，今中國振旅，而反欲緩師，是坐受亂也。"懼"字正應"知懼"，季孫亦陡然提動前言矣。(《左傳翼》尾)晉人通吳以謀楚也，伐郯則憑陵中國矣，季孫所以懼也。伐郯不救，服則伐之，郯何罪乎？魯請緩師，爲郯請命耳，此正前日歎息無弔意也。因士燮欲與魯絕，不得已而出師，意亦良苦矣。或反以坐受亂爲魯罪，是不知前日懼與今日懼之情也。第不當賂之，以貽文子口實耳。(王系尾)晉之伐郯，非義也。魯請緩師，亦知其非義也。不以義爭之，而以賂請之，故不足以服不義，而反爲不義屈，卒不免於身爲不義也，足爲不能自強者之戒矣。

衛人來媵共姬，禮也。凡諸侯嫁女，同姓媵之，異姓則否。(《測義》夾)劉敞氏曰："天子之妃百二十，又可一姓乎？左氏之説非也。"(《左繡》眉)後來卻偏偏有一異姓，故此文不但爲衛媵作傳，併爲齊人作傳矣，亦互見法也。(《評林》眉)《傳説彙纂》："諸侯嫁女，左氏謂異姓不媵，劉敞以爲諸侯三歸，歸各一族。二説不同，姑並存之，以俟考。"按：《周禮·媒氏》："凡男女之陰訟，聽之於勝國之社。"注："陰訟，淫奔之訟也。"

◇成公九年

【經】九年春王正月，杞伯來逆叔姬之喪以歸。(《評林》眉)陸淳："出婦未反而逆其喪，非禮也。女嫁未三月而死，猶歸葬於女氏之黨，今叔姬生未反於杞，死而反葬，故曰非禮也。"公會晉侯、齊侯、宋公、衛侯、鄭伯、曹伯、莒子、杞伯，同盟於蒲。公至自會。二月伯姬歸於宋。夏，季孫行父如宋致女。(《評林》眉)家鉉翁："如宋致女，齊仲年之來，傳言致夫人。他國以聘書，魯則言致女。宋始以命卿將事，故亦以命卿致女。胡氏謂使卿非禮，愚觀書法，似無譏。"晉人來媵。秋七月丙子，齊侯無野卒。晉人執鄭伯。晉欒書帥師伐鄭。（《評林》眉）家鉉翁："晉人執，據傳，鄭伯如晉，是未告絕於晉也。執其君、伐其國，晉政舛矣。書人、書執、書伐，誅晉也。"王樵："稱人以執與執其君而伐其國，皆直書而義自見矣。殺伯蠲不書，既執其君，舉重也。楚侵陳以救鄭，不書，不與其救也。"冬十有一月，葬齊頃公。楚公子嬰齊帥師伐莒。庚申，莒潰。楚人入鄆。秦人、白狄伐晉。鄭人圍許。城中城。

【傳】九年春，杞桓公來逆叔姬之喪，請之也。杞叔姬卒，爲杞故也。逆叔姬，爲我也。（《測義》夾）愚按：魯既妻叔姬於杞，則夫婦之禮成矣，胡得以無罪而輒出？杞既歸叔姬於魯，則夫婦之義絕矣，胡得以已死而逆喪？竊謂杞伯逆之，成公與之，皆非禮也。〖編者按：奧田元繼作王荊石語。〗（《左繡》眉）前傳于叔姬之卒，解經未足，此處卻扯來伴說，便令爲杞爲我，對面洗發，兩邊都醒。文貴兩兩對勘，左氏無法不告我後人也。（《評林》眉）《傳說彙纂》："左氏謂魯請於杞，公羊謂杞爲魯脅，二說似異而實同也。叔姬之出，或非其罪，故魯以逆喪爲請，杞人恐得罪於魯，雖非所願，亦屈意而從之，則以爲脅而歸之也，亦宜。"（王系尾）此篇連環鉤鎖，凡作三層，而實無別意。特以出婦之喪，禮無歸葬。杞人之逆，亦非本意，魯人強請之耳。意刻核而辭渾融，別見精彩。

爲歸汶陽之田故，諸侯貳于晉。晉人懼，會于蒲，以尋馬陵之盟。（《測義》夾）季本氏曰："晉不足服諸侯，豈特以汶陽田失信之故哉？受孫林父之奔，則非所以善鄰。使欒書侵蔡，則非所以威遠。以故諸侯皆貳。"〖編者按：奧田元繼作張天如語。〗季文子謂范文子曰："德則不競，尋盟何爲？"范文子曰："勤以撫之，寬以待之，堅強以御之，明神以要之，柔服而伐貳，德之次也。"（《左繡》眉）本傳會蒲事，卻前承歸田，後帶會吳，直作一首過枝接葉文字。中截范文子語，"柔服"照下會吳，"伐貳"應上貳晉，亦以中權貫首尾。謀篇固以擊中爲第一，故屢用而不厭耳。凡文皆先敘後斷，此獨以斷語突起，而別以不了語敘事作結，倒用司農印，自古何有印板文字耶？（《補義》眉）范文子非不受善言者，自前此賂緩師後，薄其爲人。（闈生夾）范文數語，強自支屬之詞，是時晉已不振矣。

　　是行也，將始會吳，吳人不至。（《測義》夾）金履祥氏曰："蒲之盟，內則爲諸侯之貳，外則召吳而吳不至，則《春秋》何以書同盟？晉將以是同諸侯爾，是同也，與清丘之同一也。"（《分國》尾）《公羊傳》載鞌之戰，齊師大敗，齊侯歸，七年不飲酒，不食肉。晉侯聞之，曰："嘻，奈何使人之君七年不飲酒、食肉？請皆反其所侵地。"似乎義也。然以歸魯者復歸齊，則貳其行矣。"德則不競，尋盟何爲？"行父兩言，卓絕千古。（美中尾）李行簡曰："晉自蟲牢、馬陵、于蒲三盟，中國之勢稍振。然受林父之奔、反汶陽之田，魯、衛皆有叛意矣。治人不治反其智，屢盟豈所以一諸侯哉？"（《左傳翼》尾）程子謂此盟患楚之強，而罪鄭人之反覆，而左氏直以晉人無信，致諸侯之有貳心，故會蒲以尋馬陵之盟，左氏得其情，而程子則就其號召諸侯之名而言也。柔服伐貳，士燮以爲德之次，其亦有不能惇信明義，以補前愆之慚也夫！（《評林》眉）陳傅良："吳人不至，傳於是年記吳人不至，爲屬公會鍾離傳。於襄三年再記不至，爲悼公會戚傳。皆所以見吳初不敢自列於諸侯，而晉求之急。"

　　二月，伯姬歸於宋。

　　楚人以重賂求鄭，鄭伯會楚公子成於鄧。（韓范夾）求諸侯而以賂，楚於是乎衰矣。事大國而以求賂，鄭於是乎衰矣。（《左繡》眉）行賂下矣，必趨於重，世風自古已然。

　　夏，季文子如宋致女，復命，公享之。賦《韓奕》之五章，穆姜出於房，再拜，曰："大夫勤辱，不忘先君，以及嗣君，施及未亡人。先君猶有望也！敢拜大夫之重勤。"又賦《綠衣》之卒章而入。（《快評》尾）筆甜墨净，善學之，不爲小品所窘。（《分國》尾）穆姜非良媛也，然解《隨》爻則通于《易》，賦《綠衣》則嫻於《詩》，使內行無玷，雖班氏何讓焉？此舉也，如宋致女，《公羊》以伯姬不得其所，故謂之"致"。雖列侯交相勝，而逆者既微，使卿非禮，內稱不與，以伯姬之賢而失所，反賦《韓奕》，何也？其後卒死於火，哀哉！（《左繡》眉）只一筆，寫婦人愛女入神。"勤"字、"先君"字，起訖說兩遍，只用一順一倒筆法。兩賦詩，以五章、卒章相對，而一出一入，照應井井，小文亦密細乃爾。（《補義》眉）寫出婦人愛女情長，有一段至性在内。(《評林》眉) 程頤："夏，季文子如宋致女，女既嫁，父母使人安之，謂之致女。古者三月而廟見，始成婦也。伯姬賢，魯國重之，故使卿致也。"《附見》："《韓奕》詩者，尹吉甫所作，以美宣王也。五章云：'韓侯取妻，汾王之甥，蹶父之子。'"(閻生夾) 詞令絕佳，所以刺有文而無行者。(《左傳翼》尾) 嫁女得所，喜不自勝，父母常情，在婦人尤甚。出房再拜，賦詩而入，口口勤勞，摹寫愛女神情，栩栩欲活。

　　晉人來媵，禮也。

　　秋，鄭伯如晉。晉人討其貳于楚也，執諸銅鞮。(《評林》眉)《經世鈔》："秋，鄭伯如晉，既會楚矣，復如晉何爲？"

　　欒書伐鄭，鄭人使伯蠲行成，晉人殺之，非禮也。兵交，使在其間可也。(《測義》夾) 高閌氏曰："鄭伯雖與楚會，而躬朝于晉，是已。乃因其來朝而執之，豈有以禮來朝而反蒙執辱者哉？又況鄭使伯蠲行成而殺之耶？"〖編者按：奧田元繼作王陽明語。〗(《左繡》眉) 如晉則執之，行成則殺之，全非柔服面目。文於第一層不是處，卻將"討貳于楚"替他解釋。於第二層不是處，只將"兵交，使在"薄責其非，總是放重筆，用輕筆之法，所以寬晉人者至矣。(《評林》眉)《補注》："殺行人，非卿例不書，此爲兵交發義。"

　　楚子重侵陳以救鄭。(《左傳翼》尾) 受賂即楚，鄭固有罪矣。但晉德不能庇鄭，而討其貳于楚，執其君而殺其使，謂之伯討可乎？淡淡涉筆，而晉人之罪自見。(《學餘》尾)"兵交，使在其間可也"，辭令之善，兵可弭也，使亡則禮亡矣，兵豈有已時乎？

　　晉侯觀於軍府，見鍾儀。(《正論》眉) 仁信忠敏，立身之基也。有基無壞，儀安得以楚囚終乎？殆進於道矣。(孫鑛眉) 語文而態宛然。(《左繡》眉) 歸田、盟貳以來，晉有自危之心，欲與楚成，苦無機會，因想到鍾儀，可通線索，故軍府有意而觀，南冠有意而問，遽脫而弔之，何其親也！急欲問君王何如，卻不好突然，便遠遠問其族，又問其能，且使之琴，迫其自謝不知，而必固問之，意可想也。范文子尤是心領神會，便極口稱讚，極力慫恿，竟使合晉楚之成，則和盤托出矣。文於前半，逐步細寫。後半一氣頂接。前則文情極濃，後則文氣極厚。合之如重巒疊嶂，非復一覽可盡，是爲奇文大文。(《補義》眉) 晉德不競，諸侯多貳，自謂不能與楚爭鄭也，于是思與楚成，而無徑可通，忽得鍾儀，欲以爲引線，軍府之觀，有意無意，逐節推問，而范文子默喻其故，仁信忠敏，極力擡高，而此囚遂十分出色。上篇季孫"德之不競"一語，正是此篇主腦。問之曰："南冠而縶者，誰也？"有司對曰："鄭人所獻楚囚也。"（闈生夾）徐徐引起，極饒蕭閒麗則之致。使稅之，召而弔之。（鍾惺眉）"使稅之，召而吊之"，晉侯此時已知鍾儀矣。再拜稽首。問其族，對曰："泠人也。"公曰："能樂乎？"對曰："先父之職官也，敢有二事？"使與之琴，操南音。公曰："君王何如？"（方宗誠眉）"君王何如"之下，原可直接"對曰其爲太子"一段，然少波折，無騰挪，無停頓，於此可悟文字最忌直促。對曰："非小人之所得知也。"固問之。對曰："其爲大子也，師保奉之，以朝於嬰齊而夕於側也。不知其他。"公語范文子，文子曰："楚囚，君子也。言稱先職，不背本也。樂操土風，不忘舊也。稱大子，抑無私也。名其二卿，尊君也。不背本，仁也。不忘舊，信也。無私，忠也。尊君，敏也。仁以接事，信以守之，忠以成之，敏以行之。事雖大，必濟。君盍歸之，使合晉、楚之成。"公從之，重爲之禮，使歸求成。（文熙眉）孫應鰲曰："鍾儀言度閒雅整頓，是宜文子之亟稱。"穆文熙曰："衛有賢者，不得志而仕於伶官，其鍾儀之謂乎？若使楚人能大用之，何至爲鄭人所俘獲也？"又曰："文如貫珠，聯絡可愛。"汪道昆曰："敘事議論能品。'楚囚，君子也'以下，章法。"（韓范夾）楚之有知罃、晉之有鍾儀，二人皆君子，故于其國有光，不然，言不得體，辱其身以及其國，不幾爲後世笑乎？（《快評》尾）讀此想見古人心地，想見古人意思，想見古人學問，想見古人威儀，歎今人之苟且粗率也。不必范文子細爲推詳，一往聽之，已令人意消心醉。楚囚何其文也！千古善頌君德者，此爲第一。范文子以君子許楚囚，便與曾子告孟敬子者是一副道理。求成于楚，是范文子胸中第一事。（孫琮總評）黃士京曰："鍾儀鼓琴應對，具有深心，然不得士爕一番表揚，不幾埋沒千古？吾於是有遇不遇之感。"南冠楚囚，加以君子之稱，寄以行成之任，可見古之觀人，只於動容出話，相出其大本領、大作用來。後人眼力不濟，全是心粗氣浮，所以雖有英哲，不免當面錯過，於此歎古今人不相及。（《彙鈔》眉）其音泠泠，如泉咽危石。（《左繡》眉）此篇亦前敘後斷格，蓋一意翻作兩層寫也。看其前半筆筆變換，後半筆筆整齊，非如村裏鮑老，只有一幅面目也。妙哉！上半凡五層，下半併一層，刪一層。而於一層中卻分兩層，三番復說，便化作十二層。愈整愈變，不見其板，但見其活。自有筆墨以來，未有此前歌後舞之樂也。（《左傳翼》尾）晉自來言汶陽之田後，諸侯皆貳，秦人、白狄因而伐之，豈能復與楚抗？晉景父子獨于此時求成于秦，又求成于楚，蓋危之也。觀軍府而禮鍾儀，細細緻問，煞有深心。但此意遽脫於口，而大臣不從，殊覺無趣。知范文子素以安民息爭爲心者，故語之以觀其意向如何，文子窺見本趣，所以極口稱讚，而使歸以合晉楚之成也。不然，南冠而縶，豈不知其爲楚囚，而殷勤致問，始則稅之而吊，繼則重爲之禮，一聞文子之言，即使歸求成乎？識得當日情事，則景公逐一細問，文子逐一讚歎，都有無限遠神，不徒作閒筆浪墨矣。（高嶼尾）俞桐川曰："前半蕭疎，後半流逸。蕭疎者如雨後煙村，夕陽樵笛，其味更饒。大抵左氏之文，以敘事爲第一。辭命議論，尚可以力量到得，敘事處真所謂淡妝濃抹，無往不宜。古來才人，莫從攀躋，難爲不知者道。"（《評林》眉）李笠翁："固問之，以彼其才，乃使沈於伶人哉？楚何不知用人甚也？"《經世鈔》："共王年少，只尊禮大臣便已爲賢，不必其他。人嘗論昭烈臨終誡子'善小惡小'等語，爲匹夫之訓，非帝王之訓。不知'事丞相從事如父'一語已盡之，蓋禪本庸人，不足與言天下大事，但能尊信師傅而已足也。'仁以接事'，貫用數疊文法，看多生厭，不如《國策》疊法更佳。"王季重："以俘囚而嫻於辭令，已又能合晉楚之成，人固不可以目皮相也。"《經世鈔》："文子便見到此，賢者志在恤民，耳目所及，必以休兵睦鄰爲務。"鍾惺："非獨妙於觀人，亦巧於用人。"（王系尾）晉侯偶觀軍府，偶見鍾儀，而是時方以楚鄭爲憂，一聞楚囚之對，遂詳問以觀其人。知其能濟，遂禮歸求成。其初本不相蒙，後忽打成一片，所以與上二段合敘成篇也。左氏因事成文，如兵家之因敵制勝，每每奇絕。其極奇絕處，都在極平常處，所以奇絕也。此篇三段，首段明晉之所以不能服鄭也，次段止一句，已足見晉無如鄭何也。三段詳敘歸鍾儀，晉固無如楚何也。雖得楚、鄭之成，不旋踵而背之，奚益哉？范曄彈琵琶，有弦外之意、虛響之音，於此見之。（《學餘》尾）鍾儀之見禮，晉之善也，將以合晉楚之交也，然則何爲殺鄭使也？淩其弱者，而欲交其强者，交其能成乎？欒、郤方肆，范文子其若之何？（林紓尾）南冠而縶者，誰也？一開口神韻天然，歐公《新五代史》中，無此筆也。

且不説成君臣陰謀，釋儀爲和楚計，先托言來觀軍府。以晉侯之尊貴，何以一着眼便及楚囚？此等謀略，不待明眼人一瞭即覺，而篇中佈置，偏不露針綫之跡，留其全副精神，待文子數言發洩。妙在鍾儀所言所爲，一無奇特，亦並在無意之間。經文子細爲詮釋，又似有意。左氏結習，每論一事，必包括五常之理，不一而足，此篇亦然。稱先父職官，此犯人述其籍貫，謂爲不背本亦可。琴操南音，此伶人奏其常伎，謂之不忘舊亦可。君王身在潛邸，不稱太子，又作何稱？謂爲無私，已屬牽強。名其二卿，則嬰齊及側外人所習知其名，稱子反、子重，轉費解釋，不必即屬尊君。尋常酬答之語，忽裝點出仁信忠敏四字，如山水中傅以大青大綠。語次即及"使合晉楚之成"，寫文子有似奸點，不知自首至尾，純是直致語，老實語。雖大加鋪敍，然已脱口露出求成，終是忠厚人談吐。行文之分量，即在於此。呂相之絶秦，滿口純是響言，將無作有，飾罪爲功，左氏亦還他千佻百狡之言。此著定策，不知出自何人，然以范文子侍君，終竟留下文子身分，寫生之筆，須肖本人，不可不知。（《菁華》尾）范文子意在與楚和，故乘間入告，非真以鍾儀爲君子而勸公歸之也。

　　冬十一月，楚子重自陳伐莒，圍渠丘。渠丘城惡，衆潰，奔莒。戊申，楚入渠丘。莒人囚楚公子平，楚人曰："勿殺！吾歸而俘。"莒人殺之。楚師圍莒。莒城亦惡，庚申，莒潰。楚遂入鄆，莒無備故也。（《補義》眉）汪云："兩城俱惡，總收到無備，下文從無備罪莒，又推開一步，用'備'字反掉，手法最變。"（《評林》眉）陳傅良："'莒無備故也'，傳見伐莒書嬰齊，入鄆書人，經不書遂，杜説非。"今案：伐書將，入書人，一事再見，略書之。

　　君子曰："恃陋而不備，罪之大者也；備豫不虞，善之大者也。莒恃其陋，而不修城郭，浹辰之間，而楚克其三都，無備也夫！《詩》曰：'雖有絲麻，無棄菅蒯；雖有姬姜，無棄蕉萃。凡百君子，莫不代匱。'言備之不可以已也。"（文熙眉）穆文熙曰："楚強莒弱，雖加備豫，猶恐不支，況恃陋而不修其城郭乎？逸《詩》之言，其有味哉！"（魏禧尾）胡安國曰："莒破三都，信無備矣。然兵至民逃其上，不能使民效死弗去，則昧于爲國之本也。雖隆莒之城，何益乎？"禧按：胡氏之説固爾，然亦有民本未叛，以無備禦而逃散者。

(《分國》尾）城郭不完，非國之災也。隆莒之城，不如固莒之本，胡傳豈欺我哉？（《左繡》眉）此篇亦前案後斷，而斷又分兩層。先以無備正結，重又引《詩》極言備之不可已，以反結之。恰好分應不備、豫備，兩"何其"呼應，段落有天然之妙。看來上截分寫兩城惡，而以"無備故也"一句總結。下截分寫無備、備不可已，而以罪大、善大四句總提。聯之便成兩頭分、中間合章法。重規疊矩，匠巧無窮。詩甚雋永有味，未審何以逸之。妙在只就淺近處說，以人情物理，雖陋者所不廢也。與前篇勇夫重閉，同一筆意。若講大道理，則固非陋者所知矣。注："渠丘，莒邑。"則前渠丘公與莒子似是兩人。金氏於前傳所以有"莒子不足又道，看渠丘公一樣不以爲意"之評也。《咀華》據注駁之，恐亦太泥。意者莒子居渠丘，即以爲號，如所謂鄂侯者耳。當向淹雅者而問之。（《日知》尾）跌宕雋永，一往情深，不專爲莒著筆也。（高塘尾）俞桐川曰："克三城，敘得緊。城惡、城亦惡，點得爽。無備句，斷得老。以下慨歎涵泳，自覺意味深長。"（《評林》眉）顧九疇："此特概論耳，若以楚之強臨莒，即豫備必不能支，要必有出於城郭之上者在。"《品字箋》："稱美女曰姬姜，黃帝姓姬，炎帝姓姜，二姓子孫繁盛，美女尤多，遂以姬姜爲美稱，俗作姬，非。"《經世鈔》："'代匱'二字妙，范蠡曰：'冬則資葛，夏則資裘，水則資車，陸則資舟。'四語尤有至理。"（王系尾）讀此篇者，皆知罪莒，其眼光止及八年也。家則堂曰："楚之伐莒，以救鄭也。莒同盟馬陵及蒲，晉坐視其危亡而莫之恤。鄭會楚，則執其君以伐之。莒敗於兵，則置不問。盟主之道固如是乎？通前後讀之，則得傳意矣。"（《學餘》尾）莒之潰也，不脩德而求競也。以楚之強，而莒殺其公子，城不惡何益？是故君子之備敵也，脩德爲上，脩和次之，脩城爲下。

秦人、白狄伐晉，諸侯貳故也。

鄭人圍許，示晉不急君也。是則公孫申謀之，曰："我出師以圍許，爲（或作僞）**將改立君者，而紓晉使，晉必歸君。"**（韓范夾）此即社稷爲重之意，後之人祖此者存，違此者亡。（《左繡》眉）"示晉不急君也"，突點此句，幾不可解。讀至下文，始知圍許單爲示晉，示晉單爲不急君，而其實不急君，正單爲急君也。曲曲折折，妙手空空。以"是則"二字穿下，分明有不滿於申之意，此即以敘爲議筆法。"吾賴社稷之有靈，吾國已有君矣"，此法前後用之輒效，叔申亦不幸而爲小人所乘耳。(《左傳翼》尾)此以緩爲急之法，子金之于秦，子魚之于楚，皆用此法而有效。趙養説燕，御趙王而歸，即此法也。"是則"二字，見鄭伯之歸，實賴申之謀。不賞其忠，反討而殺之，君子所以深惜之也。(《評林》眉)高閌："鄭人圍許，鄭以晉人執其君，故追咎於許而圍之。"汪克寬："環其國而攻之，非將卑師少所能，鄭稱人，貶也。"

城中城，書，時也。

十二月，楚子使公子辰如晉，報鍾儀之使，請脩好、結成。(《分國》尾)鍾儀固伶官之賢者，稱道其君之賢，偏舉其爲太子時朝于嬰齊而夕于側，尤奇。

◇成公十年

【經】十年春，衛侯之弟黑背帥師侵鄭。(《評林》眉)高閌："受大國之命而輕用其師者，皆書侵。與六年侵宋同。"夏四月，五卜郊，不從，乃不郊。(《評林》眉)李廉："卜郊不從四條，惟此年五卜。"五月，公會晉侯、齊侯、宋公、衛侯、曹伯伐鄭。齊人來媵。(《評林》眉)《傳說彙纂》："諸侯一娶九女，伯姬爲宋公夫人，齊人繼晉、衛而來媵，則爲十二女矣，聖人於伯姬之事錄其始末特詳，而亦因以見其失禮也。"丙午，晉侯獳卒。秋七月，公如晉。(《評林》眉)高閌："公昔不奔天王之喪，今乃奔晉侯之喪，又爲晉人所執，使之送葬，故聖人於景公之葬没而不書。"冬十月。(《評林》眉)李廉："公羊經無'冬十月'三字，何氏以爲去冬者，惡成公前既怨懟不免牲，今又如晉過郊乃反，無事天之意，當絕之，其説迂謬不可取。"

【傳】十年春，晉侯使糴茷如楚，報大宰子商之使也。(《左繡》眉)楚以子商報鍾儀，而晉以糴茷報子商，以儀本楚人，藉以結成，不得竟當晉使以也。然往來數數，吾懼其甘以壞矣。

衛子叔黑背侵鄭，晉命也。(《左繡》眉)鄭不急則晉急矣。

鄭公子班聞叔申之謀。三月，子如立公子繻。夏四月，鄭人殺繻，立髡頑。子如奔許。

欒武子曰："鄭人立君，我執一人焉，何益？不如伐鄭而歸其君，以求成焉。"晉侯有疾。五月，晉立大子州蒲以爲君，而會諸侯伐鄭。鄭子罕賂以襄鐘，子然盟于脩澤，子駟爲質。辛巳，鄭伯歸。(《左繡》眉) 上截敘鄭不急君，而髡頑立。下截敘晉會伐鄭，而鄭伯歸。上結銅鞮之執，下起立君之討也。欒書語，前三句束上，後三句領下。亦以兩頭歸併中間作關鍵，章法與巫臣遺書正同。鄭伯執而國立髡頑，晉侯疾而命立州蒲，亦特特相映成趣處。自立太子爲君，以伐人而歸其君，其示以父命之可爲君，而國立之不可爲君也歟？(《評林》眉) 李笠翁："果墮公孫申之計，蓋所云挾空質而抱不義之名於天下，非策也。若宋之徽、欽，則迎請愈勤，彼愈留以爲奇貨矣。"啖助："晉侯有疾。五月，晉立太子州蒲以爲君，而會諸侯伐鄭。若然，失禮之甚，經當有貶。既無貶文，蓋傳妄也。"家鉉翁："君在而立君者，鄭也，非晉。《左傳》所記，傳聞之誤爾。"(王系尾) 鄭成在晉，鄭人立君，非得已也。晉景未歿，州蒲生代，此何理哉？鄭方以二君抗晉，晉旋以二君伐鄭，時事如此，真堪絕倒。因事成文，又足令讀者絕倒矣。先儒多疑此事，然後世內禪之端，實開於此。

晉侯夢大厲，(《評林》眉) 李笠翁："秦醫能知病而不能爲，晉侯見麥而不及食，巫有奇術而見殺，小臣以言夢而取禍，四人者，豈皆數定，人力固不可挽耶？"**被髮及地，搏膺而踊，曰："殺余孫，不義。余得請於帝矣！"壞大門及寢門而入。公懼，入於室，又壞戶，公覺，召桑田巫。**(孫鑛眉) 事近迂怪，然卻敘得嚴核可玩，以細曲妙。(《彙鈔》眉) 左氏最喜說夢，此獨連述，色色生奇，可稱幻絕。(《補義》眉) 或云左氏此等文皆有乖倫理，不知景公妄殺，抱愧於心，結而成夢，非謂實有是事也。觀下二豎之夢，豈亦趙祖所爲乎？蓋傳爲天下好殺者示戒耳。若《國語》所言杜伯射亡，此誠有乖倫理，故內傳不錄。周云："以好殺致夢，以多夢行殺，心已死矣，欲不死得乎？"**巫言如夢。公曰："何如？"曰："不食新矣。"公疾病，求醫於秦。秦伯使醫緩爲之。未至，公夢疾爲二豎子，曰："彼，良醫也。懼傷我，焉逃之？"其一曰："居肓之上，膏之下，若我何？"**(鍾惺眉) 奇事奇語怕人。**醫至，曰："疾不可爲也。在肓之上，膏之下，攻之不可，達之不及，藥不至焉，不可爲也。"公曰：**

"良醫也。"厚爲之禮而歸之。

　　六月丙午，晉侯欲麥，使甸人獻麥，饋人爲之。召桑田巫，示而殺之。將食，張，如廁，陷而卒。（韓范夾）此巫醫之祖，後世崇尚之不衰，皆有見於此也。小臣有晨夢負公以登天，及日中，負晉侯出諸廁，遂以爲殉。（文熙眉）汪氏曰："序事能品。"穆文熙曰："秦醫知病而不能爲，晉侯見新而不克食，巫以術而見殺，小臣以夢而自禍，均爲有數。"（王源尾）晉侯以夢得疾，疾而死，因序其一夢再夢，奇矣。襯以巫醫，又奇。拖序小臣，亦以夢死，更奇。窅冥荒誕，陰風颯起，讀者毛髮俱豎。畫鬼魅不能令人畏，畫姝姬不能令人憐，必非妙手。而人之所以畏且憐者，如生耳。或曰："夢，幻境也，安得如生？"曰："吾逼真寫出一幻境，固如生矣。況參以人事之真境乎？"然此種文字，其奇在外，不難知，亦不難爲，難在刻畫工、安頓妙耳。（《彙鈔》眉）晉侯、桑田巫、小臣之死，若有數定於其間。（《分國》尾）厲鬼雖虐，病鬼雖狡，卒之公不死于諸鬼，死于嘗麥。醫不能治膏肓之上下，漫得厚賞，真僥倖也。巫能料人，不能料己。小臣夢登天，出公於廁。俗云夢相反，疑有之。（《左繡》眉）此亦類敘格也。左氏好奇，因夢奇，遂以夢成章。然剪裁貫穿，段段有法。始也，因夢而病。繼復病變爲夢，末更附以因夢而死者。妙以巫醫穿插生色。巫則食新、獻麥，呼應在兩頭。醫則復筆呼應在中間，而二豎與大厲相映。小臣負公登天，又與壞門請帝相映，事幻而文更奇。一篇凡三寫夢兆，看來以中段爲主，夢不可知，而醫實有理。前一夢是引筆，末一夢是帶筆，構局最輕重有法。大厲之夢，以懼心感之。桑田之夢，以邪心感之。登天之夢，以貪心感之。二豎之夢，則真吾之精神爲之，故曰疾爲二豎子也。以人而論，則巫賤而醫貴。以理而論，則巫短而醫長。故巫言如夢，醫言亦如夢，而詳略迥別。以醫當理，而巫可殺也。小臣則因其夢而用之，亦如其人而用之斯已矣。傳虛幻事，亦煞有針線，豈比癡人前說夢耶？相其體制，分明以巫兜裹醫事在中，而以登天、請帝首尾相映成章法，如花之有菡萏也。類敘賓主，唯此最整而圓矣。中一段，句句前後相應，自成片段，不欲落稗官家數也。于醫則厚禮而歸之，信醫不加於信夢。于巫則示麥而殺之，又信巫不如其信醫。既護疾，又怕死，相映處使人絕倒。（昆崖尾）嘗觀大匠作室，木石磚瓦，勘惡丹漆，所須物料，件件取其相稱。及佈置經營出來，卻奇麗宏詭，極巧窮工，無一處相同者，斯匠心獨運之妙也。行文亦然，義必欲其相配，局必欲其相雜。配則血脈不亂，雜則波浪方奇。如此傳說夢、說鬼、說巫、說醫、說病、說死，都是一路風景，並無別色物件闖將入來，可謂稱矣。乃零星敘去，段段離奇，層層幻變，極□跳淋漓之致。如入幽岩邃壑，覺一灣一曲，俱出人意想之外，又何其雜也？嗚呼，不如是，何以稱才子，而不與俗隸同乎？（《左傳翼》尾）是篇以夢作貫串，人謂晉侯以夢死矣，不知晉侯死於病，非死於夢也。大厲一夢，病之先聲。豎子一夢，病之實證。將食如廁，氣張而陷，則病大作，而疾乃真不可爲矣。病與夢攪作一團，而究之夢自夢，病自病，文固以中段爲主也。大厲與豎子相應，巫醫與小臣相應，大門、寢門、室戶與廁及膏肓又相應，奇幻之中，針線仍自細密，咨嗟歎絕。巫與小臣以有夢而死，醫緩以無夢而生，然則晉侯雖死於病，不可謂非死於夢也。大厲之夢似近於靈，豎子之夢又近於懼與思，朕兆之形，豈渺茫而無憑者歟？嗚呼！晉侯以好殺致夢，又以多夢行殺，心已死矣，欲不死得乎？大鬼在屋內，小鬼在腹內。屋內者不可避，而腹內者更難除也。至如廁張而陷，則腹內屋內一齊發作矣！爲之絕倒。此雖說夢，卻似實有許多鬼祟公行作懸。左氏描寫無非爲天下好殺者儆，若但志怪傳奇，以供好事者談笑之一助，夫何取？（高塘眉）此篇以夢爲主，巫言如夢，醫言亦如夢也。因夢而疾，因疾而卒也。小臣之狗，亦因夢故也。奇絕幻絕。（《評林》眉）《評苑》：“膏下肓上，即今醫經所灸膏肓一穴，秦緩察病精而治法疏，故不能求其穴。”陳明卿：“心在上，鬲在下，心上有微脂爲膏，鬲上有薄膜爲肓，二豎居膏肓之上下，則于臟腑略無所係，爲至虛之處，非經絡穴道所關，故曰藥不至也。”按：張與脹同也，小臣早晨夢，則晉公陷廁之晨也。小臣自以此夢告人，故及其日中，使小臣入廁負公而出也。（王系尾）此篇三夢，皆理之所必無、事之所或有者也。義雖無所繫，而發皇繡虎雕龍之筆，拓開炙輠談天之膽，沾丐後生，豈淺尠哉？（林紓尾）紓按：《周官》三夢，一曰致夢。藏經中亦列四夢，一曰善惡種子。致者，有所致也。種者，因也。晉侯殺趙同、趙括，戮功臣之後，心懷鬼胎久矣。此即所謂致也、因也。通篇全說夢話，南北史中往往襲之，故朱子斥爲小說家言，而不斥左氏爲小說者，由其用筆簡古也。此篇無他妙巧，得一應字之訣。晉侯述夢，巫應之。晉侯再述夢，醫又應之。小臣亦述夢，晉人即以爲殉，亦應之也。論事績則似爲妖祥，論文字則自圓其說而已。然其起處八字，“被髮及地，搏膺而踊"，雖以《酉陽雜俎》之筆，不能到也。實則通篇用意，全譏晉侯及晉人之愚妄。巫言不食新，決其死也。醫言不可爲，亦決其死也，乃殺巫而禮醫，以巫爲己民，醫則外客也。小臣之言，安知非其臆造？即以爲殉，妄乃尤甚。看似離奇，實則一場夢話。構思之奇，尤爲左氏遊戲三昧之作。（《菁華》尾）晉景公入孟姬之讒，無罪而殺趙同、趙括，事後而悔，必有懼心，故鬼物得乘其衰氣而侮弄之。其夢境支離，皆其心爲之召也。左氏好言怪，然其意皆主懲勸之義，非導人迷惑鬼神，而誘以不可知之事也。兩層夾寫，一是未病而夢，一是既病而夢，文境甚見濃至。（闈生夾）此皆遊戲之筆，玩弄一切以示鄙夷之意。宗堯云："趙氏之難與《史記》不同，而《史記》敘鬼怪寱夢諸事，與此文神趣略似。"

鄭伯討立君者，戊申，殺叔申、叔禽。君子曰："忠爲令德，非其人猶不可，況不令乎？"（魏禧尾）魏禧曰："戰敗君執，力屈勢阻，如宋子魚之於襄公，晉子金之于惠公，衛元咺于成公，鄭公孫申于成公，皆陽棄其君而反之，真濟變之略。似奇著，實穩著也。其後廝養卒得此意，以歸趙王。漢高祖得此意，以歸太公。于忠肅行此法，以復英宗。然執其權者，有幸不幸焉。子金、廝養卒，幸也。子魚見疑，賴襄公復國而察之，其免于叔武之禍者，亦幸也。元咺以殺其子，公孫申、于忠肅以殺其身，不大哀哉！要而論之，爲此事者，必使吾君知吾所以更立君之意，故功成而無後禍，國家晏然，若無事者。廝養卒未實有其事，子金乃惠公腹心之臣，其無怨明矣。鄭、衛之使不絕于晉，而毫不使君知吾所以謀國之權，則亦安得而不憾哉？呂好問委蛇僞命，非有蠟書之報，則無以自白。而王維以凝碧池頭一詩，卒從寬典。此可以知處變亂之權也。君子謀國有爲其事不顧其身、不恤其名者，有爲其事而必安其身、必全其名者。于忠肅之取死，則先徵君論備矣。叔申'爲將'二字，原非真改立君，特以示其意耳。卻被聞者當真實做，遂以貽累。蓋繻爲成公庶兄，與晉之卜貳圄不同。若使初立太子髡頑，則亦無憾于成公矣。特不知立繻時叔申何在，而聽子如之所爲也。古今盡有其人之謀本善，被後人做壞者。當事者及論古者，不可不知。"諸子世儀曰："叔申非執國鈞之人，子如亦然。然又何以得聞之？叔申不密也。且叔申所以爲此謀者，欲君之速返耳。若使敵國聞之，君固不可得返，奸人得以起釁而興亂。《易》曰：'臣不密則失身，機事不密則害成。'其叔申之謂矣。"（《分國》尾）立君紓使，策之上者。即有各狥其私者以亂之，公子班之立繻是也。若髠頑之立，叔申何罪，鄭伯歸而殺之？宋光宗曰："人心已屬太子矣。"是鄭伯之心也。于少保之冤，叔申已先受之。（《左繡》眉）不殺子如，而殺叔申，亦不知好惡矣。此事在後世，並髠頑亦在所不免矣。（《左傳翼》尾）鄭伯得歸，叔申之謀也。不賞而討，用刑顛倒爲已極矣。人臣以忠君爲德，豈以非其人而易之？左氏之言，蓋深歎叔申之枉，而惡鄭伯之不令也。（王系尾）此篇痛叔申而罪鄭伯也，節短韻長，至今如聞歎息之音焉。

　　秋，公如晉。晉人止公，使送葬。於是糶茷未反。（《左繡》眉）糶茷未反，諸侯又莫在，寫極心焦極氣悶事，只一兩筆寫盡，妙甚。

　　冬，葬晉景公。公送葬，諸侯莫在。魯人辱之，故不書，諱之也。（《評林》眉）趙鵬飛："宣十年，齊侯元卒，公如齊。公至自齊，更以公孫歸父如齊，故書葬齊惠公。今公如晉，久留於晉，及葬景公而後反，實公之辱也，故不書葬晉景公，爲內諱也。"（《左傳翼》尾）晉既通楚結成矣，何爲又疑魯貳止公？蓋諸侯之貳皆以歸汶陽之田故，而秦人、白狄來伐亦因此，晉人所以懼而求成于楚也。爲此忌魯，故雖會蒲尋盟，猶不免疑。魯公親弔，借留送葬以止之，必俟糶茷歸以驗其虛實。德則不競，而專責與國，其誰不解體乎？公以親弔受辱，亦蔑不近禮耳。寥寥短篇，而晉人之橫，魯人之懦，曲曲傳出。而"糶茷未反"與"諸侯莫在"二語點睛，則通篇精神之所注也。

◇成公十一年

【經】十有一年春王三月，公至自晉。晉侯使郤犨來聘，己丑，及郤犨盟。（《評林》眉）高閌："公留於晉者九月，晉侯不與公盟，乃反公於國，而使大夫盟之，見晉侯之無禮於公甚矣。"夏，季孫行父如晉。秋，叔孫僑如如齊。（《評林》眉）張洽："僑如之聘，蓋謝戰犖之師，捐歸汶陽之忿，而行之迫於晉之辱，不得已也。"冬十月。

【傳】十一年春，王三月，公至自晉。晉人以公爲貳于楚，故止公。公請受盟，而後使歸。（《左繡》眉）前傳未甚分曉，須得此互相發明。

郤犨來聘，且莅盟。（孫鑛眉）瑣事敍得有致，淡而腴。（《評林》眉）《補注》："且莅盟也，今案：經書外臣來盟者四，魯臣如外莅盟者亦四，皆無交莅者，此未知何據。上言公請受盟而後使歸，恐盟主於與國無交莅之事，當是傳誤。"聲伯之母不聘，穆姜曰："吾不以妾爲姒。"（鍾惺眉）雖是正論，卻是婦人作嫡妻自尊大語。（《評林》眉）《匯參》："見非叔肸不庇伉儷。"生聲伯而出之，嫁于齊管于奚。生二子而寡，以歸聲伯。聲伯以其外弟爲大夫，而嫁其外妹于施孝叔。（《評林》眉）《匯參》："聲伯'以其外弟爲大夫而嫁其外妹'二句，重下句。文則對上，事則連下也。"郤犨來聘，求婦于聲伯。聲伯奪施氏婦以與之。婦人曰："鳥獸猶不失儷，子將若何？"曰："吾不能死亡。"（《補義》眉）汪云："是能字人之孤。"周云："含羞忍辱，無非爲保全施氏，一問一答，皆別時腸斷語。"（《評林》眉）李笠翁："郤犨求婦於聲伯，聲伯奪婦於施氏，施氏甘心與郤氏，而後復受其婦，三人皆不屬爲人。婦人之言雖正，而大節已虧矣，惡足觀乎？"婦人遂行，生二子於郤氏。郤氏亡，晉人歸之施氏，施氏逆諸河，沈其二子。婦人怒曰："己不能庇其伉儷而亡之，又不能字人之孤而殺之，將何以終？"（《補義》眉）貪其美色，破鏡重圓，視爲深讎，覆巢盡滅，在郤氏實爲淫報，在施氏已無人心。（《評林》眉）按：魯公親與郤犨盟則重，故郤犨來聘、盟備書之。於季文子報聘則輕，故書如晉，且不書盟。遂誓施氏。（韓范夾）施氏畏強而虐弱，天下之庸人也。其始也，何以遣之？既遣之矣，則其後何以復逆之？受失節之婦，而又殺其子，是自處於非禮，而待人以不仁也。（《測義》夾）愚按：聲伯之母雖出，然有母子之情焉。聲伯歸之，猶可言也。施氏之婦爲強有力者所奪，則夫婦之義絕矣，而施氏復逆之，不可言也。噫！是所謂守禮之國者耶？〖編者按：奧田元繼作王季重語。〗（王源尾）陡然起，不知其何來；瞥然過，不知其何往；杳然去，不知其何終。皆文家勝境。此傳只序得"郤犨來聘且莅盟"一句，即陡起曰"聲伯之母不聘"，石破天驚，不知其何自來也。蓋序聲伯之母，所以序施氏之婦。序施氏之婦，所以序郤犨之淫。注謂《傳》言郤犨淫縱，所以亡，此作者意耳，而離奇莫測，提筆之妙如此。以聲伯之母引出施氏之婦，既妙。尤妙在母女生平，若合符節，事事相映。惟管氏二子得所，而郤氏二子見沉。聲伯之母復歸聲伯，施氏之婦遂誓施氏，爲相反耳。然相反亦以相映，總是天然文字。傳意固在郤氏所以亡，然"郤氏亡"三字，卻是點逗，非精神眼目所在。蓋犨非專以此一事亡，特倒挈後事，了施氏案而已。(《分國》尾) 聲伯之母，出嫁于管，偪于穆姜也。聲伯仕外弟，嫁外妹，義也。外妹于施，從一而終矣。迫于郤犨，聲伯奪嫁，是誠何心？外妹于此時，一死自誓，一施無恙，惜乎！誓施氏，不能誓郤氏也。(《左繡》眉) 是一首合傳文字。合傳有相似者，有相反者，有相因者，此則兼而有之。一生二子而寡，一生二子而亡。一歸聲伯，一歸施氏，此相似者也。一爲不以爲姒而出，一爲不能死亡而行。一則婚宦其弟妹，一則逆沈其二子，此相反者也。始也嫁施氏，繼也奪施氏，終也誓施氏，其事皆起于聲伯，此相因者也。以相因而相似，以相似而相反。左氏見有比事之事，遂構爲屬辭之辭。蓋以閒心運此妙腕也，亦太自喜矣。看來只是因郤犨來聘求婦一節，因要其始終而言之。上半是追原前事，下半是倒挈後事，亦以中間作兩頭肯綮也。處處不離此法。(《左傳翼》尾) 此爲郤犨縱淫作也，郤犨何以縱淫？奉君命來聘，且泣盟，即向人求婦，且欲奪人之婦，而使其人懼其死亡而與之婦，其婦亦懼死亡其夫遂行而爲之婦，薰天炙地，氣焰何其熾也？洎乎身死族滅，瓦解冰消，婦還施氏，子亦沉河，天道好還，宣淫之爲禍烈矣！雖郤氏不專以此事亡，然此傳以郤犨爲主，施氏婦正以敍郤氏也。"郤氏亡"三字，正是精神眼目所在，至施氏婦與其母生平，或相類，或相反，點綴渲染，無非推波助瀾，慎勿貪看鴛鴦，失卻金針也。至魯求婦，何以獨于聲伯？聲伯所以奪施氏婦以與之，此必郤犨聞施氏婦美，知爲聲伯外妹，欲聲伯奪以予之。聲伯畏勢，不得已而爲此舉也。然聲伯雖奪而不能必施氏之與，以婦爲施氏之伉儷，能庇與否，固在施氏也。子將若何？施氏能庇固善，不能庇而能死，則婦人亦竟不行矣。迫其畏死而婦人始行，含羞忍恥，無非欲保全施氏。一問一答，總是分別時淚落腸斷語。舊注謂"子將若何"所以懼聲伯，與後"己不能庇其伉儷"不相應，得毋以其文之離迷惝恍，爲其所眩惑而不知耶？(林紓尾) 文字頭緒之複雜，事體之猥瑣，情理之妄謬，至此篇極矣。穆姜逐姒是一層，棄婦再醮是一層，出母來歸是一層，官弟嫁妹是一層，畏恃奪婦是一層，郤氏滅亡，外妹還覓故夫是一層，施氏殺故婦之子是一層，婦人誓絕施氏是一層，論頭緒未有更複雜於此者，論事體未有更猥瑣於此者，論情理未有更妄謬於此者。

一支支節節敘之，便近小説，所以不同小説者，文簡而語重也。使奪妹歸郤時，其外妹作留戀悽其之言，一涉情話，便失莊重。妹曰"鳥獸猶不失儷，子將若何"，聲伯曰"吾不能死亡"，外妹以蒙恩之故，不敢責聲伯以非義，但自倫與鳥獸，悲慘已極。聲伯言不能死亡者，以不嫁妹且有家禍，故婦人遂行，爲救兄也。後此覆水復收，則二子必無全地，亦理之常。使於此稍涉呪罵之語，亦近鄙俚。婦人但曰"己不能庇其伉儷而亡之，又不能字人之孤而殺之，將何以終"，言中包括新舊兩家，咸有情致，則寫生之妙也。此文若落俗手，必逐層着意，一着意，便不是。須知此等穢瀆之事，只能以簡筆行之，使讀者不覺其複雜、猥瑣、妄謬，便是能事。然不有大氣包舉，則文不嚴重，亦未有不墜於以上三弊之中。（闔生夾）此皆作者嫉惡之衷，激而旁溢者。宗堯按："此敍晉滅三郤耳，卻於郤氏既滅之後，施氏婦攜子沉河敘起，至爲奇矯。"

夏，季文子如晉報聘，且涖盟也。（王系尾）此篇敍魯人之辱，而郤氏之所以亡，亦隨筆附見，是夾寫法。宣公專意事齊，晚不能于齊，又繳事楚。成公之初，楚莊適卒，又轉而事晉，而皆不能固也。是以楚辱以陽橋，晉辱以送葬，而其臣猶晏然也。至郤犨求婦，而聲伯不能庇其妹，孝叔不能有其室矣。以送葬爲根本，以涖盟作章法，總是鋪敘辱字。

周公楚惡惠、襄之偪也，且與伯輿爭政，不勝，怒而出。及陽樊，王使劉子復之，盟於鄄而入。三日，復出奔晉。（《左繡》眉）此節作兩層寫，總爲自出伏案，而一淺一深，筆法自明。盟於鄄而入，事本起，下文則對上，亦轉梲法。（《補義》眉）在王所者皆此等人，周室安得不卑。（《評林》眉）陳傅良："周公楚，傳見楚不書名。"

秋，宣伯聘于齊，以脩前好。（《測義》夾）季本氏曰："自蟲牢以來，晉復與齊相厚，故魯亦親齊，而十四年如齊逆女之議，始於此矣。"

晉郤至與周爭鄇田，（《補義》眉）敘事一語，郤至罪不容誅。（《評林》眉）《匯參》："不曰其人，而但曰周，妙！"孫應鰲："天子與諸侯之陪臣爭田，可憐哉！然諸侯無將，郤氏隨以滅亡，豈足異者！"王命劉康公、單襄公訟諸晉。（孫鑛眉）敘事勁而净，遂覺態濃。郤至曰："溫，吾故也，故不敢失。"劉子、單子曰："昔周克商，使諸侯撫封，蘇忿生以溫爲司寇，與檀伯達封于河。蘇氏即狄，又不能于狄而奔衛。襄王勞文公而賜之溫，狐氏、陽氏先處之，而後及子。若治其故，則王官之邑也，子安得之？"晉侯使郤至勿敢爭。(《測義》夾) 愚按：郤至，晉一陪臣爾，乃敢與周抗衡哉？而天子弗能制，又令聽其曲直於晉侯，尤可閔也。人臣無將，固宜郤氏不旋踵而亡。〖編者按：奧田元繼作陳廣野語。〗(《分國》尾) 郤爲溫之別邑，爭郤田，竟欲有其溫，貪矣。況曰"溫吾故也"，層累而上，誰非故者？傳以甚郤氏之貪，亡不旋踵云。(《左繡》眉) 起手一句，便是書法。晉郤至也，而敢與周爭，且以爲吾故，不知先有郤而後有周耶？抑先有周而後有郤也？文開口提出"周"字、"諸侯"字，次排敘司寇、文公，下及狐、陽、郤氏，故乎，否乎？篇中"昔"字、"先"字、"後"字，字字與"故"字對針。以"王官"對"吾"字，以"盟"字對"失"字，而煞以晉侯使郤至"勿敢"字，想晉在周亦不敢爭，況爾郤氏也？是一篇極有機鋒文字。彼以爲故，吾即連舉其故以破之，持矛刺盾，爽快煞人。(美中尾) 郤是溫之別邑，襄王賜晉以溫，不賜以郤，郤本屬周，不屬晉也。妙在兩邊俱不說起郤田，只溫明而郤田自見，筆筆寫賓，卻是筆筆顧主。齊次風曰："郤至以列國之大夫，敢與王室爭田。王不能斷，使卿訟諸晉，畏晉也。晉侯知郤至之非，不能罪之，但使勿復爭，又畏其臣也。自是王室愈卑，晉之公室亦替，而政在大夫矣。"(《左傳翼》尾) 周者何？天王也。不言與周何人爭，而云與周爭，是欲爭天王之田也。以陪臣而與天王爭，貪暴已極，故王命劉、單訟諸晉也。周不封晉，晉何緣有田？周不賜晉，晉何得有溫？溫不屬晉，郤氏何緣有溫？溫即屬晉，郤氏亦非先有溫，因他一"故"字，故言在周之故與在晉之故以破之。其實郤田與溫田各有限段，郤田屬周不屬晉，郤氏不當與爭也。周既以溫賜晉矣，豈以郤氏得田在狐、陽後，而欲復奪以爲王官之守乎？詞鋒淩厲，犀利莫當，與詹桓伯篇異曲同工。(《補義》眉) 溯周初封。妙在兩造俱不說起郤田，只溫明而郤田自見，筆筆寫賓，卻是筆筆顧主。(《日知》尾) 一"故"字，特藉文其貪耳，即從此攻入，語不迫而意獨至。(方宗誠眉) 就"故"字辯駁，所謂以子之矛，攻子之盾。

宋華元善於令尹子重，又善於欒武子。聞楚人既許晉糴茷成，而使歸復命矣。冬，華元如楚，遂如晉，合晉、楚之成。

（韓范夾）此事當年咸誦華元之功，而後人深罪之。則知中國之于狄寇，凡主款主撫者，皆爲來世口實也。（《左繡》眉）"又"字、"既"字、"遂"字，平中有側，以"既許"句爲主。識時務者，固相其輕重難易而後圖之者也。一"矣"字拖下，以文貫事，即以敘爲議之法也，貫穿得此神理乃活耳。起二句省卻晉、楚二字，下文卻寫三遍，極疏密之致。（《評林》眉）《匯參》："長句不累，華元因利乘便，此時全用鍾儀不着，可見前此極贊，不過借作線索耳。"

秦、晉爲成，將會於令狐。晉侯先至焉，秦伯不肯涉河，次於王城，使史顆盟晉侯於河東。晉郤犨盟秦伯于河西。范文子曰："是盟也何益？齊盟，所以質信也。會所，（闓生夾）先大夫評曰："會所'二字爲句，日本翻宋本斷句如此。"信之始也。始之不從，其可質乎？"秦伯歸而背晉成。（《分國》尾）秦晉構兵，非一盟所能釋也。況一河東，一河西，謂之齊盟，會所先分。（《左繡》眉）凡文先案後斷，斷得妙，全在伏案得力。此文前數行真字字伏得精細也。斷語著眼在會所，自不作約信通套話頭。結只輕輕一點，卻藏一果然不出所料意思在，是爲入神之筆。上節寫合成，何等鄭重。此處無蹤無影，便容易寫個秦晉爲成，已伏輕諾寡信之根。將會令狐，先點明會所一筆。次於王城，不是會所，亦還他一個地頭。下河東、河西，正與令狐、王城，兩兩相對，爲下"始之不從"伏案。曰先至、曰不肯，而秦之無信，固不待既歸而知其背耳。（美中尾）秦每援楚以困晉，平秦則足以禦楚，且舊好也，故君子無譏焉。（《左傳翼》尾）突然下個秦晉爲成，談何容易，以伯車一來而晉即許之也。成以秦爲主，則令狐之約，亦秦人主之也。期於令狐而不肯涉河，則當下即已無信，何待既歸而始背成乎？秦背成，楚食言，款者總屬范文子，彼固不以巫戰爲能者也。（《補義》眉）以爲成始，以背成終，處處寫爲成，即處處伏背成，而結語乃踴躍而出。（《評林》眉）王百穀："秦、晉約會令狐，晉侯已至，而秦伯不肯涉河，兩主誠僞自見，所以晉終伐秦也。"

◇成公十二年

【經】十有二年春，周公出奔晉。夏，公會晉侯、衛侯於瑣澤。（《評林》眉）高閌："攷傳事實，與經不合，夫晉屬之會，實始於此，略諸國而致魯、衛，則以見厲公之德不能謹始，諸侯多解體矣。"秋，晉人敗狄於交剛。冬十月。

【傳】十二年春，王使以周公之難來告。書曰："周公出奔晉。"凡自周無出，周公自出故也。（《左繡》眉）"自周無出"下，省一復筆，正以合上經文。連寫數"周"字、"出"字見妙也。（《評林》眉）《補注》："王人内京師，故自周言出，傳例非。"陸淳："公羊曰：'王者無外，此其言出何？自其私土而出也。'案：周是畿内之國，不當以私土爲義。"

宋華元克合晉、楚之成。（《補義》眉）提句加一"克"字，儼然華元之功。夏五月，晉士燮會楚公子罷、許偃。癸亥，盟于宋西門之外，曰："凡晉、楚無相加戎，好惡同之，同恤菑危，備救凶患。若有害楚，則晉伐之。在晉，楚亦如之。交贄往來，道路無壅，謀其不協，而討不庭，有渝此盟，明神殛之，俾隊其師，無克胙國。"（韓范夾）前何其仇，此何其親，自不可久。（《補義》眉）竟不說起周室，如尊王何？但明說又恐礙楚，故用"討不庭"三字輕遞，華元劇費苦心。"交贄"二字，已伏宋盟交相見，"明神"三語，已伏鄢陵敗傷。鄭伯如晉聽成，會於瑣澤，成故也。（《測義》夾）愚按：經書會于瑣澤者，晉、魯、衛也。傳載盟於宋西門之外者，晉、宋、楚也。而如晉聽成，會於瑣澤者，又鄭伯也，非魯與衛也，何以故傳與經不合至是？竊謂晉、楚爲成，有非細故，豈有不告諸侯之理？經亦安得略而不書？趙氏謂舊說有晉令鍾儀歸求成事，竟不集，左氏遂誤而附會爲此傳，未可知也，要當以經爲正。（《分國》尾）晉、楚之成僅矣，華元能合之。華元不獨有靖國之才，又有交鄰之略。乃南宋呂本中猶斥之，以爲合成不如尊王。（《左繡》眉）傳會瑣澤事，卻插敘西門之盟，所謂錯經合異也。克合晉、楚之成，不但結華元，並結鍾儀成故也。不但結晉、楚，並結鄭。以上一切葛藤都斬，天下可幸無事。不意一轉而爲暴隧之侵，再轉而爲武城之畔，三轉而竟爲鄢陵之師，而此篇則固天運人事之小息肩處也。一起一結，作者亦殊鄭重乎其間矣。盟辭寫得出格親熱，所謂甘以壞者即此。而在其鄭重處，當是爲無禮食言作逆跌之筆。（美中尾）家則堂曰："晉爲霸主，以其攘夷也。乃苟偷逸豫，歸俘囚而求成。其後向戌飾彌兵之名，盟宋長楚，遂使中原列侯北面於南服。至申之會，而冠履倒置矣。禍端實基於此。"（《左傳翼》尾）晉、楚構難，諸侯俱不得安。自范文子倡議禮鍾儀歸使求成，子商、糴茷往來通命，華元因之，克合晉、楚之成，南北諸侯自是可以息肩無事矣。楚以求成在晉，無禮食言，暴隧武城，卒釀鄢陵之敗，俾墜其師，無克祚國，明神其可欺乎？盟宋西門不書，存中國、懲無信也。鄭伯聽成，會於瑣澤，而亦不書，以其叛服不常，故削之云。（《評林》眉）張天如："時稱華元之大功二：一則平楚，一則合晉、楚之成，是也。然殺申舟以啓釁，則易子析骸，元致之也。瑣澤通夷，則攘斥大防，元決之也。噫！元固有大罪於當時也哉！"《匯參》："華元克合晉、楚，爲向戌作嚆矢。"陳傅良："盟于宋西門之外，傳見晉、楚嘗同盟，不書，至襄二十七年特書之。上四句是同惡，下二句是同好。"（王系尾）所貴於霸者，爲其抑僭竊以尊王也。楚人何號，而晉與之爲成哉？蜀之盟，竊盟也，諸夏猶知從楚之爲恥也。華元合晉、楚之成，而夷夏混雜，中原無霸矣。然諸侯猶未畢至也。厥後向戌弭兵，晉、楚之從交相見，而諸夏魚貫事楚，恬不知怪矣。夫楚僭王而夷夏從之，則周爲贅疣，晉尚靦然自號爲盟主哉？此春秋之大升降、部中之大結構也。讀者著眼。

狄人間宋之盟以侵晉，而不設備。秋，晉人敗狄於交剛。（《左繡》眉）狄侵晉，晉敗狄，兩事相連，即以一順一倒爲章法。中著"而不設備"四字，作上下關棙，文有長短，法無大小也。搏兔亦全力矣。（《評林》眉）高閌："此狄蓋白狄也，九年秦人、白狄伐晉，此先敗狄而後伐秦，是知報九年之役也。"

晉郤至如楚聘，且蒞盟。（孫鑛眉）亦腴暢，而未精妙。**楚子享之，子反相，爲地室而縣焉。**（《評林》眉）《匯參》："上下文責子反，而楚子即在其中，此處反提有眼。"《補注》："外蒞盟不告，例在隱七年。"**郤至將登，金奏作於下，驚而走出。**（韓范夾）作樂法奇，此即蠻夷之習。**子反曰："日云莫矣，寡君須矣，吾子其入也！" 賓曰："君不忘先君之好，施及下臣，貺之以大禮，重之以備樂。如天之福，兩君相見，何以代此？下臣不敢。"**（《左傳雋》眉）李行可曰："此是郤至釋其驚走之意，姑飾詞以爲不敢當此大禮。"（《評林》眉）《匯參》："'金奏作'云云，分明一團殺氣。郤至稱賓，子反不稱主者，不合賓主道也。'如天之福'云云，針鋒相對，機警絕人。"子反曰："如天之福，兩君相見，無亦唯是一矢以相加遺，焉用樂？寡君須矣，吾子其入也！"（《彙鈔》眉）子玉貪而無禮，子反抑又甚焉。鄢陵之戰，宜其敗死。（《補義》眉）子反胸中一片殺機隨口突出，便是叛盟之證，一矢加遺，其後君中厥目，臣殺其身，可爲窮兵之戒。郤至單承"一矢"句，斬關而入。賓曰："若讓之以一矢，禍之大者，其何福之爲？世之治也，諸侯間于天子之事，則相朝也，於是乎有享宴之禮。享以訓共儉，宴以示慈惠。共儉以行禮，而慈惠以布政。政以禮成，民是以息。百官承事，朝而不夕，（闈生夾）朝而不夕，民息而事簡也，舊說誤。此公侯之所以扞城其民也。故《詩》曰：'赳赳武夫，公侯干城。'及其亂也，諸侯貪冒，侵欲不忌，爭尋常以盡其民，略其武夫，以爲己腹心股肱爪牙。故《詩》曰：'赳赳武夫，公侯腹心。'（《補義》眉）《兔罝》隨手拈來，鼎之說《詩》，恐未有此。（闈生夾）觀此，則《兔罝》之詩乃刺詩也。天下有道，則公侯能爲民干城，而制其腹心。亂則反之。今吾子之言，亂之道也，不可以爲法。然吾子，主也，至敢不從？"（《左傳雋》眉）楊素庵曰："此段言世治則武夫不爲己之私用，而扞城其民，明無一矢相加。"（《左繡》眉）掃個盡情，只用一語周旋，文情恣肆極矣。（《補義》眉）又總一段，結出亂字。（《評林》眉）《匯參》："略，摘也。一矢相遺作合，便是明指子反一流人。配上兩'子反曰'、兩'賓曰'作章法。俞寧世云：'無禮收本段食言。'"遂入，卒事。歸，以語范文子。文子曰："無禮必食言，吾死無日矣夫！"（文熙眉）穆文熙曰："地室而縣，此何饗禮？一矢相遺加，何其言之不遜也？傳謂子玉剛而無禮，子反抑又甚焉，鄢陵之戰，宜其不終。"〖編者按：《左傳雋》作閔如霖語。〗（《快評》尾）是時晉楚之好久絕，晉欲求成于楚，其念已久。華元克合之者，難之辭也。難在楚，不在晉也。未幾而楚背盟，北侵鄭、衛，致有鄢陵之役。其幾已見於子反之言，蓋斯盟非出於楚之本心故也。左氏有時用簡，他人有百千言不能了者，以一字二字了之；有時用繁，於他人不經意處，極力描寫，卒不肯了。然皆各有其故，不可不察也。如此文爲地室而縣之，下只消

"郤子辭焉"四字，其事已罄無不盡矣。而必詳寫其將登而金奏作于下，聞之而驚，驚而走出，請入而後辭者，見郤子此辭，出於至誠，非他故爲辭讓之比，而子反之言誠爲無禮也。而筆墨之妙，能攝讀者之神于數千年之上，宛若親見其辭讓進退，非猶夫人之能事也！一矢加遺，便爲鄢陵之戰呂錡射月作讖，奇極！（《知新》尾）楚固無信，是安知禮？一矢相遺，預爲鄢陵作讖。郤至數言，猶存朝聘規制，使人無敢隕越。（《左繡》眉）此文前案後斷，中以辭令兼議論，通篇總寫楚之無禮。地縣、金奏，是無禮之事。一矢加遺，是無禮之言。而言又從事上生出。故前一番往復，只論事。後一番往復，便輕帶事，重論言。"亂之道也"順收言，"吾子主也"倒收事。末以無禮僿侗説，而事於言皆在其中。凡文有頭緒歧出者，不可不熟講於側注雙承、單提渾結之法也。郤至之驚走，本爲金奏而出，故雖以禮、樂並言，而意重在樂。然樂之失即禮之失，而禮之失又益以言之失。看其一路從禮、樂單遞到樂，從樂單轉到禮，從禮單遞到言，又從言仍歸到禮。脱卸回環之妙，真其連如珠，其好如璧者矣。大抵辭令敏鈍，只爭先手。郤至驚走，未免失之張惶，便被主人兩番催促，卻虧胸有智珠，急以兩君相見解之於前，隨以一矢加遺責之於後。忽然失著，一挪轉間，把滿盤先著盡占到手。《國策》能益人無窮神智，顧安得有此辨而有文也？一篇文字，前半承禮、樂並説，後半則語語爲"無禮必食言，吾死無日矣"起本。乍讀訝其不復顧上，豈悟其早已伏下耶？唐錫周曰："兩引《詩》，全重'武夫'二字，持贈子反，言汝不過一武夫耳，而好以一矢加遺，則並非治世之武夫，乃亂世之武夫也。《檀弓》《公》《穀》《國策》《史記》都用復語見悠致，而不知實原本於此。文至左氏，可謂規矩方圓之至。（《補義》眉）照應起手，敘事作結。（《日知》尾）文情一線相生，如蟻穿九曲之珠，宛轉周折，無所不到，鋒鋩發越，在針鋒緊對處，尤在針鋒暗指處。（闈生夾）宗堯云："春秋變亂之由，盛世治平之故，蓄之懷抱，時時所欲言者，盡在此百餘字中，卻借晉楚之平，於郤子宴享之時發之，兼以逆攝鄢陵之戰，文勢奇縱，最爲巨觀。"闈生按：文氣雍容典蔚，漢之匡、劉，唐之柳宗元、宋之曾鞏，皆從此出。

冬，楚公子罷如晉聘，且蒞盟。十二月，晉侯及楚公子罷盟于赤棘。（《分國》尾）干城腹心，雖因其有一矢加遺之言而折之，其實金作於下，慮其有伏也。故曰"略其武夫，以爲己腹心股肱爪牙"，嗚呼！明王有道，守在四夷。屋間阿堵，謝太傅且斥之，窟室懸金，何足道哉！（《左傳翼》尾）郤至素非知禮者，而金奏出走，以禮責子反，宛然寧子不答《湛露》《彤弓》、穆叔不拜《文王》《肆夏》氣象。情文溫雅，蔚然斐然，説到治亂關係，尤能令楚君臣竦聽。而或以驚走爲倉皇失措，虧得以辭禮遮飾，被人奚落者，更能奚落人。如此煌煌大文，豈胸無原本者一時所能杜撰得出？爲涖盟而來，而乃以一矢加遺爲詞，當下早已背盟。然無禮必食言，雖決之於其言，實于地縣金奏無禮之事決之也。篇中起段，尤關緊要。享宴二字，乃天王所以詔士會者，至此郤至皆能娓娓言之，以折強鄰之無禮，可知禮不可一人不知，而武子講求典禮之功大也。（高塘尾）俞川川曰：“前盟曰無相加戎，此日一矢加遺，言下已自背盟，何待鄢陵之戰？然子反非是不知，亦非無意，直故作此不情之事，不情之語，以試郤至耳。然不恭意象，便非忠信交鄰之道，故文子決其無禮食言。郤至辭命，卻自斐然可觀。”前案後斷，中以辭令兼議論。通篇總寫楚之無禮，地縣金奏是無禮之事，一矢相遺是無禮之言。爲楚之背盟及鄢陵之戰作引也。（王系尾）此篇爲十六年鄢陵之戰作案也。晉自靈、成不競，欒書歷輔景、厲，稍自振奮，而無如楚何。楚襲莊王餘烈，威行諸夏，而君臣日驕，至以地室誇晉，鄙誕已甚，而睊然自以爲得。郤至以驕汰聞，子反又甚焉，能無敗乎？連類以觀，鑒戒存焉矣。（《菁華》尾）此次之盟，全出晉人之意，楚人未表同情。兼以秦桓方從中爲梗，其不久而敗，自在意中。子反之言，已明示開戰之意。郤克證據經文，嚴正之中，自饒風趣。其以禍字折轉福字，尤屬機鋒靈敏，真詞令盡善也。

◇成公十三年

【經】十有三年春，晉侯使郤錡來乞師。（《評林》眉）劉絢：“雖晉之大，命魯興師，亦書曰乞，所以正王法。”三月，公如京師。（《評林》眉）吳徵：“魯號秉禮之國，歷十二世二百四十二年之久，僅有成公一如京師，因會晉伐秦，道自王都，因而朝焉，本意不在朝王，故書曰如，而不曰朝。”夏五月，公自京師，遂會晉侯、齊侯、宋公、衛侯、鄭伯、曹伯、邾人、滕人伐秦。曹伯盧卒于師。

（《評林》眉）高閌："曹伯非戰死也，死於行爾，故不書地。"秋七月，公至自伐秦。冬，葬曹宣公。

【傳】十三年春，晉侯使郤錡來乞師，將事不敬。孟獻子曰："郤氏其亡乎！禮，身之幹也。敬，身之基也。郤子無基。且先君之嗣卿也，受命以求師，將社稷是衛，而惰，棄君命也。不亡何爲？"（韓范夾）郤氏之亡，周、魯皆知之矣。故勢盛於內，而危見於外，君子不可不察也。夫三郤亦英人也，驕從不悟，以至於亡，惜矣。（《分國》尾）喪亡之兆，古人往往于不敬處見其必然，今日富貴人，勳名未能如郤氏，驕惰過之，吾知其及矣。（《左繡》眉）"將事不敬"一筆總領，以下先說不敬一層，再說將事一層，乃是一意分作兩層說。而"亡"字起結，則仍併兩意爲一層矣。平淡文字，用法自精。（《左傳翼》尾）苦成叔之亡，寧子決之，僅憂其家。溫季之亡，單子斷之，僅憂其身。獨獻子于駒伯慮及郤氏一族者，以其爲先君之嗣卿，而受命求師，將社稷是衛也，無基則不能兄身，焉能兄宗？棄君命，則兇于而國，必害於而家，其禍較兩人更烈。不然，傲與伐皆不敬也，皆足以亡，若非駒伯，郤氏之鬼豈遂餒而乎？（《補義》眉）敬爲身基，嗣卿世祿，尤當由禮，而況乞師而來？一意寫作三層。（《評林》眉）王荊石："晉每徵兵鄰國，此獨言乞師者，蓋晉失諸侯，人心懈怠，魯爲人望，苟有難意，恐諸侯且有辭，故特使貴卿卑辭求之，蓋威令不及往日矣。"劉懷恕："郤錡將事不敬，獻子知其將亡，觀人之法，百不一爽，而不必如叔服相人術矣。"

三月，公如京師。宣伯欲賜，請先使，王以行人之禮禮焉。孟獻子從。王以爲介，而重賄之。（《補義》眉）觀宣伯舉動，知公之朝王，全無誠意，便與成子受脤而惰，兩相映照。（《評林》眉）穆文熙："宣伯欲賜不得，獻子不求賜而得賜，孰謂東周無賞罰哉！"《補注》："重賄之，凡大夫從公行，史不書，宣伯請先，明非專使，他倣此。劉康公、成肅公二公不書，議不在王室，例在文三年。"

公及諸侯朝王，遂從劉康公、成肅公會晉侯伐秦。（《便覽》眉）提晉侯起。成子受脤於社，不敬。劉子曰："吾聞之：民受天地之中以生，所謂命也。（《淵鑒》眉）"民受天地之中以生"，語極純粹，故朱子稱之大段亦醇正無疵，非復春秋氣矜之習。晦庵朱熹曰：

"劉康公論人受中以生,與子產論伯有爲屬事,其窮理甚精。"是以有動作禮義威儀之則,以定命也。(德秀夾)程正公曰:"民受天地之中以生,天命之謂性也。"朱文公曰:"中是恰好底道理。"愚按:民受天地之中以生,故凡動作禮義威儀,皆有自然之準則。過之非中也,不及非中也,所以然者,以其有定命也。命出於天,一定而不可易,雖欲違之,得乎?動作以身言,禮義以理言,威儀以著於外者言。能者養以之福,不能者敗以取禍。是故君子勤禮,小人盡力。勤禮莫如致敬,盡力莫如敦篤。敬在養神,篤在守業。國之大事,在祀與戎,祀有執膰,戎有受脤,神之大節也。今成子惰,棄其命矣,其不反乎?"(《左繡》眉)一篇都用添賓陪主,兩兩相對,前半賓,後半主,不必言。而後半以小人陪君子,以敦篤陪致敬,以祀陪戎,以敬陪惰,以定命陪棄命,以福陪禍,以能陪不能。定命者、能者,養以之福者也。棄命者、不能者,敗以取禍者也。賓在首,主在尾,而以能、不能夾在中間,作一篇之關棙,章法爲至佳也。以上六句爲虛領、"君子"以下爲實說,亦可。但不見其結構之妙耳。(德秀尾)愚按:"敬"之一言,乃堯、舜、禹、湯、文、武以來傳心之要法。春秋之世,去聖人未遠,明卿賢大夫猶有聞焉。故凡言不敬者,皆附此。呂成公曰:"劉子之言,乃三代老師宿儒傳道之淵。"信矣夫!(文熙眉)朱子曰:"左氏是個識利害的人,如天地之中一段極粹,卻便説向禍福去了。"穆文熙曰:"此與孟獻子論邲錡之意同,皆斷之以理者也。"(《統箋》尾)愚按:劉康公受中定命之論,旨趣淵深,措辭粹美。二帝三王禔躬御世之大學,未爲絶遠。周德雖衰,而文、武之道,依然未墜,見於畿內諸侯文辭諷喻之間,此其可考者也。《左傳》一書,雖記載猥雜,好譚淫褻詭怪之事,而持論必歸雅正,頗有合於聖人之旨,説者以爲曾受業于仲尼之門,或有之乎?(《左繡》眉)起一節,後文竟無照應,卻不知能者、不能者二句,不但爲成肅一人而言,固已暗爲此兩人下評斷矣。合傳有初不相涉,而其實嘿嘿關照者,其法早具諸此也。注於"介"字,著"輔相威儀者"五字,固已照會通章落筆矣,杜公真細心也。(《左傳翼》尾)從受脤不敬,看出成子之棄命,推本受中以生、威儀定命一段大道理出來,真至精至粹者也。晦翁謂:"左氏是個識利害人,如'民受天地之中以生'一段極精,卻便説向禍福去了。"究之以義理判利害,則説利害仍是説義理，國之大事，在祀與戎，即夫子我戰則克、祭則受福之理，要言不煩，正與宋儒性命之旨參看。(《補義》眉)東萊云："在《中庸》爲天命之性，在《大易》是各正性命。"汪云："左氏言禍福，都從禮與敬上斷，但語有詳略耳。"俞云："開首數言，從原頭上勘透，尤精！"(《日知》尾)精切不刊，源流畢具，説到禍福，兼説到君子、小人云云，見人事無不本于天理者，後儒講學，無能出其範圍。(高塘尾)與《詩》云"有物有則"，同一精語，《庸》、《孟》、程、朱説理之宗。(《評林》眉)李笠翁："春秋名卿士大夫，其言多有可爲訓，垂世不朽者，如'民受天地之中'一段，學者不可頃刻不玩。"王陽明："郤氏以不敬兆亡，成子以惰命不反，然則敬者，命之本也。"(《學餘》尾)宣伯多欲，故亡，過也。成子不敬，故不反，不及也。論成子，而宣伯之非見矣。

夏四月戊午，晉侯使呂相絶秦，(文熙眉)汪道昆曰："辭令神品。'文公即世''穆爲不弔'章法字法。'是用宣之，以懲不一'句法。"穆文熙曰："桓公既與晉厲公爲令狐之盟，而又召楚與狄以伐晉，是以諸侯睦于晉，而晉作書以絶之。然晉辭亦多誣，不足以服秦也。"晉自以鄭貳于楚，與秦伐之，鄭未嘗侵秦，諸侯亦未嘗以秦之退而致命者，但秦納燭之武之説，而私與之盟，不終伐鄭之役，則誠罪也。孫應鰲曰："權詐相傾，本無專直，但此文旁引曲證，錯落縱橫。如萬馬馳驅而不失啣勒，三軍決驟而各中紀律。一闔一闢，乍放乍收，亦文之最奇者矣。"(《左傳雋》眉)李九我曰："以下皆呂相述晉侯之意，辭氣峻整，音律響亮。"(孫鑛眉)通篇俱是造作出，語言最爲工鍊，敘事婉曲有條理，其字法細，其句法古，其章法整，其篇法密。誦之數十過不厭，在辭命中又別是一種格調。於古今罕有兩，真可謂神品。(《才子》夾)飾詞駕罪何足道，止道其文字，章法句法字法，真如千巖競秀，萬壑争流，而又其中細條細理，異樣密緻，讀萬遍不厭也。(《彙鈔》眉)秦晉權詐相傾，本無專直，但此文旁引曲證，飾詞諉諈，錯綜橫佚。如八駿騰驤萬里而不失啣勒，三軍決驟河山而各按紀律。是千古檄文謾書之祖。(《左繡》眉)秦晉麻隧之師，亦一大戰也。凡敘戰，皆兩邊夾寫，此只寫晉一邊。又議論敘事大都相配，此獨前半敘文極詳，後半敘事極略，皆作者故意作變格文字，非率筆而爲之也。呂相絶秦，非不自成結構，但刪去後文，便不見左氏立格之變，制局之精。如季札觀樂、宣子玉環等篇，或割或判，皆失作者神理。不能遍論，讀者隅反，自得之耳。(《便覽》眉)又提晉侯，起一篇大文。其大旨是稱己之是而文其過，責人之非而沒其善。稱己則用重筆，而文過則用輕筆。沒善則用輕筆，而責非則用重筆。段落甚多，大段有三：起至"大造於西"，是稱己之功，以陪起責人之過。"文公即世"至康公絕好，是責人向來之過，以陪起現在之失。"及君之嗣"至末，是極數其二心不一，爲今日絕秦正文。（高嶹眉）首段從秦晉相好處敘起，秦有德于晉，一層。晉更有德于秦，二層。（方宗誠眉）脩辭立其誠，此篇不能立誠，而文詞則佳。曰：

昔逮我獻公及穆公相好，戮力同心，申之以盟誓，重之以昏姻。天禍晉國，文公如齊，惠公如秦。（方宗誠眉）獻公事不可明言，而曰"天禍晉國"，立言得體。無祿，獻公即世，穆公不忘舊德，俾我惠公用能奉祀于晉。又不能成大勳，而爲韓之師。亦悔於厥心，用集我文公，是穆之成也。（韓范夾）秦之加德于晉，一語輕輕點過，而於責備處，則不覺重言以申明之，是詞令之絕勝者。（《約編》眉）"又"字、"亦"字聯絡三層事作一串。（《評林》眉）《經世鈔》："而爲韓之師，此事本晉惠自取，語太重則反背理矣。"（方宗誠眉）此文用筆用意，于秦待晉好處説得輕，不好處説得重；于晉待秦好處説得重，不好處説得輕。文公躬擐甲冑，跋履山川，踰越險阻，征東之諸侯，虞、夏、商、周之胤而朝諸秦，則亦既報舊德矣。（《評林》眉）林之奇："文公既立，未嘗至秦，諸侯亦無有朝秦者，朱氏謂是楚子送諸秦時。"《經世鈔》："當是晉作此書，而遣呂相爲使耳。按事折其誣妄，則晉之曲無以自解矣，此辭令之最不善者。後人但知賞其文章，而不知其誤國事之大也。"《附見》："征東之諸侯，征猶召也。"《經世鈔》："既報舊德矣，事無根據，説報舊德不得。"鄭人怒君之疆場，我文公帥諸侯及秦圍鄭。秦大夫不詢于我寡君，擅及鄭盟。諸侯疾之，將致命于秦。文公恐懼，綏靜諸侯，秦師克還無害，則是我有大造於西也。無祿，文公即世。（《補義》眉）汪云："重提文公，聲焰十倍。"（高嶹眉）二段責秦前君之罪。穆公兩層，一殽師，一謀楚。康公兩層，一令狐，一河曲。共四層。前段是説兩家好，而述晉之好更甚。此段是説兩家不好，而皆秦之不好使然。"絕我好"句，與上"好"

字反應。"大造於西""東道不通",東、西二字遙應。(《評林》眉)王元美:"晉自以鄭貳於楚,與秦伐之。鄭未嘗侵秦,諸侯亦未嘗以秦之退而致命。但秦納燭之武之說,而私與之盟,不終伐鄭之役,誠罪也。"《經世鈔》:"許多數剝秦君處,此獨不敢斥言,何耶?有大造于西也,此事秦極無理,晉極厚道,當是一篇骨子,卻如此平平敘去,全無精神緊透刺入處。"按:秦圍鄭之時,無諸侯在,此蓋疾秦,以文書致其意也。汪道昆:"辭令神品。'文公即世''穆爲不弔',章法字法。'是用宣之''以懲不一',句法。"穆爲不弔,蔑死我君,寡我襄公,迭我殽地,奸絕我好,伐我保城,殄滅我費滑,散離我兄弟,撓亂我同盟,傾覆我國家。(《文歸》眉)戴文光曰:數語一步深一步。(方宗誠眉)連用數十"我"字,句法凝練。我襄公未忘君之舊勳,而懼社稷之隕,是以有殽之師。猶願赦罪于穆公,穆公弗聽,而即楚謀我。天誘其衷,成王殞命,穆公是以不克逞志於我。穆、襄即世,康、靈即位。康公,我之自出,又欲闕翦我公室,傾覆我社稷,帥我蟊賊,以來蕩搖我邊疆。我是以有令狐之役。(《左傳雋》眉)丘瓊山曰:"公子雍之來,晉實招之,趙盾負約,而以兵攻之。以此罪秦,其誣甚矣。"(《彙鈔》眉)秦之失,在背晉盟鄭一事,其餘大率秦直晉曲,至公子雍本晉迎之,而駕罪于秦,亦文致之辭。(《約編》眉)令狐之役,其曲在晉,此亦劃作秦之罪案,總是飾詞。(《補義》眉)穆納文公,實爲大功,而反似補過。助戰城濮,無役不至,實大造于東,而反云大造于西。令狐實晉召雍,而反云率我蟊賊,皆昧心之談。康猶不悛,入我河曲,伐我涑川,俘我王官,翦我羈馬,我是以有河曲之戰。東道之不通,則是康公絕我好也。(《約編》眉)"東道不通"二句一束,文氣極足。(方宗誠眉)"康公我之自出",所以正康公忘本之罪。連用數"是以"句法,見得皆是不得已而爲之。上連用數"是以"句,特用"東道之不通"二句總束之,乃有頓挫。以上敘秦君祖、父之事,故當作一總束,交代清楚,以下再敘秦君之事,乃有章法。

及君之嗣也,(高塘眉)三段責秦今君之罪。輔氏之聚,舉舊事作引,一層。令狐之會,入今事作提,二層。狄、楚兩來告我,極數秦之背晉,爲主腦,三層。諸侯備聞此言,說到晉之絕秦作收結,四層。已詆秦也,卻在楚、狄口中敘。已疾秦也,卻在諸侯心中敘。從側面用筆,以賓代主,化實爲虛,此文章活法。秦告狄、楚,狄、楚述來告晉,晉又述來罪秦,意曲而筆亮。我君景公引領西望曰:"庶撫我乎!"君亦不惠稱盟,利吾有狄難,入我河縣,焚我箕、郜,芟夷我農功,虔劉我邊陲。我是以有輔氏之聚。君亦悔禍之延,而欲徼福於先君獻、穆,使伯車來命我景公曰:"吾與女同好棄惡,復脩舊德,以追念前勳。"言誓未就,景公即世,我寡君是以有令狐之會。(《左傳雋》眉)《正義》曰:以上有崤之師、令狐之役、河曲之戰、輔氏之聚,不用重文,古人爲文亦有法。(韓范夾)晉屢有事于秦,以遏其志,而其詞皆若出不得已者,行文之善故也。使不深明秦晉之事,讀其文,安知其曲直也?(《便覽》眉)一路作勢,單跌此句,下二句又領出現在事作二扇。君又不祥,背棄盟誓。白狄及君同州,君之仇讎,而我(之)昏姻也。君來賜命曰:"吾與女伐狄。"寡君不敢顧昏姻,畏君之威,而受命於吏。(《左傳雋》眉)李行可曰:"按白狄與晉爲婚姻,於傳無所考。杜注以文公納季隗之事實之。然季隗乃赤狄之女,恐未必然。且此章多誣辭,蓋欲親狄以曲秦,故以狄爲婚姻耳,不必深辯。"(《補義》眉)此現在事實,故盡情發揭。(《評林》眉)《評苑》:"白狄居北狄之西偏,與秦皆屬雍州。"《經世鈔》:"賜命,此段理直而敘致亦好。"君有二心于狄,曰:"晉將伐女。"狄應且憎,是用告我。(《便覽》眉)上扇只說告,而沒其言。下換筆一提,即從"告"字搭下,明述其言。則平分二扇中,又具順逆、脫卸之法。(闈生夾)"應且憎"三字,古人常語。《晉語》"懼子之應且憎也",《周語》"其叔父實應且憎,以非余一人","應"如"私欲養求,不給則應"之應,蓋應、憎義近,故詩以應與懲對文,解者望文說之,非也。楚人惡君之二三其德也,亦來告我曰:"秦背令狐之盟,而來求盟於我,昭告昊天上帝、秦三公、楚三王曰:'余雖與晉出入,余唯利是視。'不穀惡其無成德,是用宣之，以懲不壹。"（《彙鈔》眉）兩引俱是實證，使秦不得置辨，而敘述中復加意裝點，旁若無人，妙舌妙文。（《約編》眉）兩"告我"一順結，一突提，撮在一處，妙。狄事用實敘，楚事在楚人口中說，是虛實相間法。（《評林》眉）《經世鈔》："唯利是視，此不知果否？"陳卧子："'不壹'以上，皆楚告晉之詞，此言秦背盟而召楚伐晉。"李九我："辭不迫切而意獨至。"諸侯備聞此言，斯是用痛心疾首，曠就寡人。寡人帥以聽命，唯好是求。（《便覽》眉）又回顧"好"字一頓，仍用對收，因上勢重也。實則方責其背盟，晉不願盟也。君若惠顧諸侯，矜哀寡人，而賜之盟，則寡人之願也。其承寧諸侯以退，豈敢徼亂！君若不施大惠，寡人不佞，其不能以諸侯退矣。敢盡布之執事，俾執事實圖利之！（《正集》尾）飾詞駕罪之言，卻整密遒秀乃爾，愈讀愈妙，後來如司馬長卿諸檄、難，爲人主掩過飾非，大略祖此。葛端調。（《文歸》尾）述己之功，過爲崇護；數秦之罪，曲加詆誣，是左氏第一義。鹿門。（孫琮總評）令狐之會，秦伯不肯涉河，及歸，即背晉成，故通篇皆駕罪之辭。始言秦晉相好，一路都伏秦罪案，若晉之百役則事事皆爲義舉，絕非無名之師。恐罪秦者固然，而爲晉出脫，未免多飾詞耳。至入秦背盟，放下晉國，只將狄、楚兩路說來，以定秦罪，而後以危言悚動之，秦人安得不爲氣懾？通篇鍊氣遒而布格整，章法、句法、字法無不盡妙。弘文大篇，古今不可多得。（《覺斯》尾）過商侯曰："述己之功，過爲崇護。數秦之罪，曲加詆誣。特其旁引曲證，錯落縱橫，如萬馬賓士而不失銜勒，三軍決驟而各中紀律。一合一辟，乍放乍收，是左氏文之絕奇而正者。"（《古文析》尾）只爲一事犯了敗闕，便將歷來多少事，都作罪名搬出來，世情往往如此。但敘事既多，文易繁重，不知通章正意，只在末後背棄盟誓數行，一路俱是陪襯。蓋起手說自己好處，正所以襯起他人不好處。而說自己許多好處，他人許多不好處，又所以襯起今此一事之破敗，至此真有不得不絕之勢也。逐段看他頓筆起筆，勢如黃河九曲，萬里奔騰。（《彙鈔》眉）托故諸侯，仍歸到求好上，收盡前文仇怨意。所謂不絕之絕，命意自超。（魏禧尾）魏禧曰："秦晉曲直，各有所在，而此一片強辭責秦，何以服人乎？凡人欲爭勝負、明是非於人，而以爲事事己是、事事人非者，必不能勝人，何者？人非聖人，誰能無過？決無事事合理之事，欲言事事合理，則中間牽強附會，破綻必多故也。惟平情以論，而摘其是非之重大者，則庶幾矣。呂相絕秦，舊注以爲口宣已命。玩其文字，當是晉作此書，而遣呂相爲使耳。此書情事娓娓，文字斐然，背理飾詞，十居七八。如殽之役，以仇報德，而以爲散離兄弟，傾覆國家。刳首之役，以爲帥我蟊賊，尤爲滅天理、喪本心之言。使秦暴其書于諸侯，按事折其誣妄，則晉之曲無以自解矣。此辭令之最不善者，後人但知賞其文章，而不知其誤國事之大也。"門人請曰："晉之多曲，是則然矣。若必欲作書，以宣于秦，明吾所以出師之故，必如之何而後可？"曰："晉有直而不能自直也。表吾之直，發秦之曲，不背理，不失情，而權以輕重之術，如是而已矣。書曰：'昔先君獻、穆相好，重之以昏姻。天禍晉國，文公如狄，惠公如梁，穆公用集我惠公，不克終德。既俾我文公用奉祀于晉，是穆之成也。文公帥諸侯以事秦，無有貳心，及圍鄭之役，穆公背晉，竊及鄭盟。夫鄭，我之仇讎，而秦我昏姻也。穆棄昏姻，以盟吾讎，且又戍之。晉軍帥憤怒疾怨，欲致命于秦，文公恐懼，輯師振旅，秦師克還無害，則亦既報舊德矣。惟穆之故，文公不敢復脩怨于鄭，穆亦不悔於厥心，包蓄禍機以貪鄭。文公即世，秦出師於東門，是秦爲反覆，死我文公，蔑我襄公，而大隙晉也。我是以有殽之師。穆又不悛，侵迭我河曲，取我王官，於是二國交兵，金鼓丁寧之聲，間歲不絕，大小十有三戰，則皆秦貪而敗盟之故。惟是刳首之役，晉大夫以君夫人命，不克執信于秦。然且取我武城，取我北徵，晉不敢報。秦又伐我，取我羈馬，我從秦師于河曲，秦師夜遁，上軍大夫臾駢請薄諸河，中軍大夫盾不敢夜起，秦師克還。則又侵晉，入我瑕，是晉數退而秦數進也。秦不自量，又欲誘降我邊吏，師于河曲，以割我魏邑。晉願脩好棄惡，不敢徹聲以求成于秦，而假手於崇。秦不之顧，伐晉圍焦，兵連而不解，禍結而不息，則秦之絕我好也。寡人思念秦之舊德，又欲邀盟於君，寡人先至，爲君除地於令狐，君不肯渡河，次於王城，而史顆實來。史顆盟寡人於河東，寡人亦使郤犨奉盤匜以從君于河曲。君歸而遽召楚與狄，以謀伐我，諸侯惡君之二三其德，秣馬蓐食，以從寡人于軍，楚人、狄人亦用告我，寡人不敢忘令狐之盟，帥諸侯以聽命，惟君圖之。'"（《析義》尾）秦桓公既與晉爲令狐之盟，又召狄與楚，欲道以伐晉，則絕之有辭矣。使當日呂相止將後段背棄盟誓，二心于狄、求盟于楚二意，以大義責之，秦豈有不愧服受盟乎？乃溯自獻、穆以來，多端開列。若平情而論，止有穆公擅及鄭盟與襲鄭滅滑二事，是其本罪，餘皆互相報復，曲直相當。至於晉迎公子雍，又敗秦於令狐，則晉曲甚矣。顧盡搜拾張惶以爲秦非，所謂能勝人之口，不能服人之心。雖欲不爲麻隧之戰，其可得乎？夫以力勝人，何如以理服人？此馳辭之巧而實拙者也。舊注逐段考其事以實之，支離附會，不知作者本屬蛟室蜃樓，讀者何妨鏡花水月？余故止就本文略釋大義，以存其鍊鑄結構之工而已。（《晨書》總評）宋南金曰："秦晉交兵，互分曲直。秦之失計，在開釁于襲鄭，敗盟於令狐。若公子雍，晉士會如秦所逆，徒以患繆嬴之故，乃背所迎，而反發兵以距，敗之令狐，曲在晉矣。河曲之役，由取秦少梁，秦亦取晉北徵。互爲報復，不必論矣。至趙穿侵崇以召其戎寇，晉人平狄以間其婚姻，秦不甘心，次於輔氏，曲又在晉矣。呂相旁引曲證，飾詞詆誣，秦肯服乎？然其詞致精密，起伏頓宕，蜿蜒盤結，是千古檄文之祖。（《觀止》尾）秦、晉權詐相傾，本無專直，但此文飾詞駕罪，不肯一句放鬆，不使一字置辨，深文曲筆，變化縱橫，讀千遍不厭也。（《彙編》尾）崇護己功，詆誣秦罪，始終以要好者歸之己，以必絕者歸之人，詞峻聲亮，縱橫闔闢之道，畢具此矣。絕者，前本有好而今絕之也，故從相好舊德說起，講到不得不絕，一篇線索在此。凡作十段，逐段有起結，有轉折，有頓挫。每起峰即承結尾作勢，每結尾即爲起峰伏勢，隨結隨轉，隨頓隨宕，長短錯綜，緩急相間。忽虛忽實，乍開乍合，無法不備。（《左繡》眉）絕秦自作一首妙文讀，絕秦以末段爲主。但單責秦桓，殊苦寂寥，遠遠從穆、康說來，便有波瀾。若只說他不是，亦難醒豁。着着將自己好處相形，便有襯托。通篇段落頓挫，風調低回，只是工於抑揚，遂爾文情絕世。前段大旨只是稱己之是而飾其過，責人之非而沒其善。稱己則用重筆，而文過則用輕筆。沒善則用輕筆，而責過則用重筆。段落甚多，只作三大截讀：起至有"大造於西"，稱己之功，爲一截。"文公即世"至康公絕好，責人之過，爲一截。"及君之嗣"至末，極責其二心不壹，爲絕秦正文。總而論之，首段稱己之功，乃所以陪起次段責人之過，而前兩段又皆所以陪起末段絕秦正文也，看他有多少筆法在。細看首段，乃是說大家好，而晉之好更甚。次段乃是說大家不好，而皆秦之不好使然。總一誇己而蔑人，不覺鋪排至此。若作兩截看，前半從好說到不好，下半亦從好說到不好，正相准也。第一截又分四節，起從同好說來，作一開；是穆之成，又一開；既報舊德，略作一合；大造於西，著實一合。是重稱己之功，而輕輕没人之善作陪筆也。第二截亦分四節，穆公兩節作開，康公兩節作合，是重責人之過而輕輕文己之非作陪筆也。第三截亦分四節，以第一節跌起第二節，以第二節引入第三節，而第三節又以二心于狄陪二三于楚。第四節又以惠顧陪不惠，結出絕秦本旨。句句責己則輕，責人則重，爲極利之口，極曲之筆，極奇極妙之章法也。此文處處要看其住法、煞法，尤要看其接法、起法。於不變見其片段之整，於極變見其起伏之奇。又按：古文看參差不難，最要識得整齊處。如論參差，則首段穆之成一層，報德、大造卻兩層。次段穆不克逞，著一"是以有"；康絕我好，卻著兩"是以有"。其餘伸縮順逆，盡態極妍，可望而知也。論整齊，則末段兩君，亦兩"是以"相對。兩"告我"，兩"君若"，又相對。首段"穆之成"與"我有大造"對，穆不克逞與康絕我好對。合兩段，又兩"則是"對，與衆段獨別。而尤妙者，"大造於西""東道不通"，直以東、西二字爲眼目。蓋深恐我後人紛紜歷落中目迷五色，特標此以爲段落指南，其加惠至此，俎豆不祧，有以也。連寫五"是以"，獨令狐之會著"寡君"字，于平敘中露出賓主。或于變中藏整，或于整中藏變，不細心領取，孤負千古矣。伯車節，正爲背盟起本，故詳寫其來命之醉，以爲下節對照之地。又特特回顧起手獻穆同好，爲一篇首尾之照應也。背盟兩層對敘，尤妙上層"二心"句在中，只一見；下層"二三其德"及"不壹"在兩頭，再見。上層"告我"作倒煞，下層"告我"即投來作順領。上于狄只一語，下于楚師卻寫多語。略賓詳主，筆筆有法也。末用雙調對煞，非此不足以收束一篇層波疊浪之文。（《析觀》尾）章禹功曰："魯成公十三年，晉使呂相絕秦，但秦桓公既與晉有令狐之盟，何必擅及鄭盟與襲鄭滅滑之舉？乃秦之專罪，晉固絶之有辭。若使晉止將背棄盟誓、二心于狄、求盟于楚，以大義責之，則秦罪無所逃遁，自然輸服。至於晉迎公子雍，反敗秦於令狐，則晉之非義，固難以自解。況秦晉之時，累歲侵伐，不過恃其權謀詭詐，互相報復，殊不知勝人之口，不能服人之心，欲其不爲麻隧之戰，其可得乎？篇中分作十二段看，妙在每段中有起有結。矜功駕罪，秩然有序。中間轉折頓挫，步步深密。又每段起句，即緊承結句作勢，詞語峻整。每結句處，即爲起句伏勢，緊鎖不斷。其開承闔闢之法，變化錯綜之妙，猶如層崖瀑布，點滴飛花。馳辭之巧，推此第一。"（《約編》尾）秦曲處，加意鋪排；晉曲處，百方回護。雖屬狡獪，卻是至文。（《自怡軒》尾）晉之曲處，用輕筆掃過，秦之曲處，用重筆寫出。不過筆有輕重，而曲全在秦矣。筆舌之妙，至此已極。杜草亭。（閩生夾）呂相之書，文詞頗善，爲後世檄文之祖，左氏愛其文采而錄之。宗堯云："秦晉之兵幾無寧歲，爲春秋戰爭之最劇者，文乃盡彙其源委于呂相之口，而出以矯誣誇詐之詞，猶以爲未足以盡也，於是首以六日而蘇、老人結草諸種鬼怪之詞以誚之，末復以臣強君弱結之，以爲其最後之結果也。"（王源尾）文共八層，層層辯折其應絶之故，而"絶"字終篇不再見，高極！波瀾騰踔，如海如潮，四十三"我"字，幻化萬狀，其氣之沉鬱，骨之聳秀，章法之渾成，句法之頓挫瀏灕，有目共見。非有奧賾難窺而自覺深奇逼人，如龍虎不可狎視。童而習之，而能造其域者，誰乎？雖是妙文，卻非詞命上品，以其言多誣，未可服秦。而圍鄭一案，秦之大罪，反說得不甚警切，故較他命爲遜。魏叔子先生亦曾發之，不可不辨。（儲欣尾）字法、句法、調法、章法，匠心獨造，前此未有也。曲在秦，則恣意鋪張。曲在晉，則有方廻護。固是至文，實亦利口。（《啫鳳》尾）說秦則好中見惡，自敘雖惡亦好，開合頓挫，筆筆匠心。（《快評》尾）厲公初立，欲合諸侯，秦晉爲成。將會于令狐，晉侯先至焉，秦伯不肯涉河，次於王城。使史顆盟晉侯於河東，郤犨盟秦伯于河西。范文子曰："是盟也何益？齊盟所以質信也。會所，信之始也。始之不從，其可質乎？"秦伯歸而背晉成，與翟謀伐晉。秦自穆公以來，累施厚德于晉，晉之負秦，非一世一事矣。今因秦桓公背令狐之盟而即狄、楚，以爲秦罪，將以諸侯之師伐之，而先致此辭，以絶秦好也。章如織錦，句似攢花，無一語不從鍛鍊中來，無一字不自經營中出。珠玉錦繡之文，又苦其不能奇肆；金戈鐵馬之作，又苦於不能豐腴。此文如百寶裝刀，滿目陸離，而虎氣騰上。因桓公背令狐之盟，而敘及前事。秦人無一事不可惡，晉人無一事不有理。拗曲作直，變白爲黑，朱碧隨心，笙簧觸手，令人聞之不覺爲之按劍。文人之文，大抵皆然矣。凡以數"我"字句，生一"我是以"句，見秦之無禮於我者已極，我萬不得已，方有以報之也。又以殽之師、令狐之役、河曲之戰、輔氏之聚，引出令狐之會。然五"是以有"雖作通篇章法，而前四是已往，後一是而今，故前四是賓，而後一是主。又前四惡是真惡，後一好是假好，則前四是正，後一是反矣。通篇四十三"我"字，見晉無一時一事不受秦之荼毒，五"是以有"見晉之報秦皆出於萬不得已。至令狐之會，以爲復脩舊好，追念前勳，於是乎在矣。不意秦又背盟誓，而即狄、楚以圖我也。一段寫秦之反覆于狄，一段寫秦之反覆于楚，無惡不具，無醜不備矣。述楚之言，又述楚人述秦人之言以告晉人，而晉人即以之告秦人，文與陽羨書生爭奇矣。千古聲罪致討之文，此其鼻祖也。然無一字非飾詞駕罪，而其文之妙卻又全在於此。若秦果爾，斯文亦只平平矣。其故難言，非天下透頂慧心文人不知也。（《賞音》尾）一氣揮灑，能使曲者皆直，文可謂奇矣。然辭多虛誣，舍其目前之無信，而文致其從前之過，何以使秦心服？辯給而誇，不若質言近理之爲上也。（崑崖尾）不夾雜，不倒亂，層層直敘，段落分明，而起伏轉巖間氣脈自相聯貫。此左氏正鋒文字，規模博大，氣象沉雄，望之真有山不厭高、水不厭深之勢。每作曲跌之筆，文瀾愈活，文氣愈貫。又如疊嶂層波中虎跳龍騰，分外光芒閃爍也，不然，渾灝而不流轉，長篇何爲？數秦罪共九層，而以後三層爲本面，題中"絶"字，尤以後二層爲主腦，其餘皆賓也，層層襯敘耳。疊用"我"字成句，凡四段，奇橫可愛。第一段虛實錯出，二段純用虛煞，三段純用實指，四段上實下虛，層層變換。狄告楚亦告，又夾入諸侯一襯，連片寫去。三層中以三"是用"緊接，疊併數秦之罪，筆勢拉雜崩摧如山倒海傾，令人撐持不住。已詆秦也，卻在楚、狄口中敘。已疾秦也，卻在諸侯心中敘。從側面用筆，以賓代主，化實爲虛，此文章活法也。秦告狄、楚，狄、楚述來告晉，晉又述來罪秦，意曲而筆亮。

秦桓公既與晉厲公爲令狐之盟，而又召狄與楚，欲道以伐晉，諸侯是以睦于晉。（德秀尾）晉辭多誣秦，故傳據此三事以正秦罪。（《左繡》眉）上述其文，下敘其事，此數語乃兩截過接處也。數語爲前文下注腳，見絕秦專以背令狐之盟爲口實，而麻隧之師所由來也。杜注謂晉辭多誣，傳據此以正秦罪，總欠融洽。數語不於起手提明，而於中間作轉筆，亦作意變化，且便於接入戰事耳。（《補義》眉）以上敘辭命，以下敘事實，就背令狐之盟說起，是用師之故。（《便覽》眉）伐秦之故，不於起手敘明，留于敘文、敘事中作轉關，是以逆敘爲順結。（《評林》眉）按：秦桓以下三十二字，言晉呂相辭雖多誣，然秦亦固有罪也。《增補合注》："晉辭多誣，惟既盟令狐而召狄與楚伐晉三事爲實，故傳寧言以實秦罪。"（闈生夾）呂相多誣詞，獨此一事爲秦罪，故左氏申言之。

晉欒書將中軍，荀庚佐之。（高塘眉）末段正敘戰事，了伐秦之案。"秦桓公"數語，最敘得高。晉人絕秦，多駕罪之詞，獨背盟而召狄、楚，是秦人實罪。著此敘筆，則晉人辭令之工，與情理之有曲有直，瑕瑜不妨並見。若專載相言，刪去後段，則一段粉飾浮詞，反減卻左氏風骨矣。**士燮將上軍，郤錡佐之。韓厥將下軍，荀罃佐之。趙旃將新軍，郤至佐之。郤毅御戎，欒鍼爲右。孟獻子曰："晉帥乘和，師必有大功。"**

五月丁亥，晉師以諸侯之師及秦師戰于麻隧。秦師敗績，獲秦成差及不更女父。（《補義》眉）結寫晉侯得意，與呂相絕秦一段興會映照。（《評林》眉）鍾伯敬："自古將帥和調者，功無不成。若史騈有趙穿、荀偃有欒魘，安得無僨事？"穆文熙："獻子以和卜晉師有功，可謂有見。若肘履相接，則知伯之所以覆師矣。"季本："厲公初立，銳意報秦，欲集人心則善魯以厚其禮，欲資兵力則乞師以卑其辭。經營二三年間，亦惟伐秦一事而已。然而內無用賢原本之政，外失反己息爭之方，而徒欲以威制強國，卒亦何以服楚哉？"馬端臨："杜注發明甚多，然其敝則棄經信傳。麻隧之戰，傳載秦敗績，而經不書，以爲晉直秦曲。則韓役書戰，時公在師，復不須告，克獲有功，亦無所諱。於《左傳》例不合，不曰傳之謬，而稱經文闕漏，其繆尤甚者至如此。"**曹宣公卒于師。師遂濟涇，及侯麗而還。迓晉侯于新楚。**（《分國》尾）絕秦多誣詞，只背成召狄是實録耳。嗚呼！鄢陵之敗，楚自敗也。晉楚爲成，背盟在楚。子反一矢之言，其禍已兆。麻隧之敗，秦自敗也。秦晉爲成，背盟在秦。史顆河東之會，其禍已基。屢盟長亂，此盟誓不及三王哉！（《左繡》眉）記獻子語，見非徒以絶秦曲説口舌得功也，是作者綿裏針處。結句與起句緊照，寫晉侯此行得意之極，爲絶秦一篇妙文生色。蓋一紙書賢于十萬師矣，世人不知，以爲後半全與前文無涉，惜哉！（《便覽》眉）直卷會晉侯作收，而照應劉子之言。（《便覽》尾）凡敘戰，兩邊用夾敘法。議論、敘事，用雙下法。此只寫晉一邊，而以成子點綴首尾，前敘文極詳，而後敘事極略。此是作者因經立傳，又開一格也。故絶秦篇本自來結構而點綴之，連前後文，方見左氏手筆。絶秦若單説秦桓，苦無波瀾，故從穆、康説來。單説他不是，亦難醒豁，故將自己好處相形，至於通篇頓挫交換處，只是工於抑揚，後來檄文，莫能出其圍範。芳輯評。（《日知》尾）獻、穆以來，秦晉曲直之數相當，乃恣爲誣説者，揔因會令狐而復召狄、楚，本桓公暗昧不可對人處，一爲晉知，則理短辭窮，難復置喙耳。晉即挾此，將前案一概翻過，直在秦者輕筆安放，直在晉者重筆揄揚。秦曲則據實指數，且必舉晉之厚道相配。晉曲則就秦推原，揔見爲秦之無禮所招。"我有大造于西""康公自絶東道"兩語，束明前半，皆爲召狄、楚作前茅也。然敘召狄、楚，必先敘盟，却先敘晉景望盟，秦桓不盟，作鶴盤遠勢筆法，則求盟者第爲悔禍，與盟者真爲親鄰。突然一折，點出召狄與楚，秦自百口莫解矣。敘狄、楚之告，使之報顔。敘諸侯之聞，使之氣餒。不待臨陣，先已折衝。既予秦必不可盟之勢，却仍要求盟，與前之事事有禮一照。既自據可以一戰之勢，却憑秦作主，與前之事事無良一照。儗見獻、穆以來，晉無不直、秦無不曲者，實則所恣臆放口者，秦召狄、楚，諸侯不服一端耳。觀左氏自注四語，及引仲孫語可見矣。然此時霸業就衰，南風大競，勾吳萌櫱，同盟離心，苟能以責秦之曲説，改而諭秦，秦必愧而歸心；以敵秦之羣力，移而敵楚，楚必畏而斂跡。不悟楚之挑釁，但求秦之可乘，西北既失大援，東南益張勍敵，此晉景之大失也。起云使吕相絶秦，結云迓于新楚，畫出得心應手、意足神揚一個活晉侯來。而不自知爲見小忘大，得小失大也。作者微旨，其在斯歟！多用寬轉，多用排句，多用疊調，文氣遂寬博有餘。（盛謨總評）原評云："每段有起結，有轉摺，有頓挫。每起峰即承結筆作勢，每結筆即爲起峰伏勢，隨跌隨轉，隨頓隨宕，長短錯綜，急緩相間，忽虛忽實，乍開乍合，無法不備。"文有十陣，其間整散斷續，起伏穿接，變化不一。然陣陣首尾相顧，左右交應。到後四面歸聚，又自合爲一大陣，雖南陽公登臺指麾，不過爾爾。左氏篇首提出"相好"二字，以下段文字跟"相好"來，故中以"康公絕我好也"一句鎖住"好"字。及轉入"同好棄惡"句，忽覺前數段文字，簸弄跌宕，無非注意"同好"二字。此下又作波瀾，一筆點出"惟好是求"，忽覺"同好"以前、以後許多文字，又爲"惟好是求"句作波瀾也。篇中"好"字四見，乃左氏金針暗渡，細密至此，蓋所謂天衣無縫也！若非細心搜求，未易窺見。通篇注眼"以諸侯之師"五字，前面十段，故意張惶，讀者只曉他絕秦，卻不曉他以諸侯之師絕秦。蓋左氏作伐秦傳，胸中先有此五字，方縱筆寫他絕秦，到後段連用"諸侯曰""承寧諸侯以退""不能以諸侯退"，忽接晉軍，點出"以諸侯之師"五字，何等精采！後人不曾夢見，又妄自刪削，大是可笑。（高嶙尾）述己之功，過爲崇護。數秦之罪，曲加詆誣。佞人之口，文人之雄。秦歷三公，晉歷五公，可作數十年交兵總目。丘瓊山曰："序事詳盡，用意縱橫，如萬馬賓士而不失御勒。一闔一開，乍放乍收，文之最奇者。"俞桐川曰："鍊格、鍊詞，冠絕千古。"（《一隅》尾）此因秦桓背令狐之盟，而敘及前事，處處爲晉出脫，爲秦周內。説得晉無一事不有理，秦無一事不可惡。拗曲作直，變白爲黑，令人讀之不覺髮指，而語意仍極委婉，無迫切之病，辭令之妙，千古第一。行文之妙，全在用筆輕重伸縮之間，如此文于秦直晉曲處，則用輕筆、縮筆，于晉直秦曲處，則用重筆、伸筆是也。而以直爲曲，以曲爲直，尤在善用轉筆、折筆、頓筆、跌筆、激筆、提筆。至於章法、句法、字法，有整齊處，錯綜處。如此文用"是"字爲章法，而"是以"字六。四戰是賓，一會是主，中間又插入一"是以"爲賓中賓。此於整齊中見錯綜也。"是用"字三，在結句者二，在第二句者一，此於錯綜中見整齊也。"我"字爲句法、字法，而或在句頭，或在句末，或在句中。或奇或偶，或三疊、四疊、九疊，多至五十二字，而不覺其復遝，何等整齊，何等錯綜！前路入秦罪，半屬虛誣之辭，惟告狄、告楚，是秦實在罪案，卻從秦人口中説出，又從狄、楚口中説出，又從狄、楚轉入諸侯，見得是諸侯公憤，而歸到自己，卻仍説求好。落句"不能退"三字，直説到無可如何，此行文家以虛爲實、以實爲虛之法。（林紓尾）紓曰：此一篇外交至妙之文也。不知者以爲稱己善，掩己惡，沒人善，揚人惡。若如此説，直是嫚罵之言，非詞林妙品也。貴在處處皆用輕鬆之筆，不惟不肯沒人之功，而亦不甚揚人之惡。説其無理處，無怒容。説己反顔處，又若出於不得已。其中連用"我是以"五處，言"是以"者，均有所爲而然，即亦不得已而然也，柔中寓剛。指目秦過，處處類於不近人情，已卻和婉出之，不爲劍拔弩張之態。入手敘獻、穆及驪妃之亂，但云文如齊、惠如秦，藏了無數家醜。納惠是穆之大功，納文，穆又有力，此著最不易指他短處。爲韓之師，是惠公自取，秦有何失？只澹澹將一句"不能成大勳"掩過，舉重若輕，似又秦之不是矣。文不仇秦，然亦未嘗報德。言率諸侯朝秦，雖經傳無考，或有其事，不然亦不敢作此妄語。以虛人情了事，稱曰報德，又將秦惠輕輕掩過。其下擅及鄭盟一節，則秦穆果貪小便宜，授晉人以口實。於是始大聲呼曰"有大造於西"，此文字之得閒處。宜肆者肆，亦定法也。過了此關，則兩次大恩均已安頓妥帖，以下無甚阻礙，可以暢所欲言。乘喪取鄭而滅滑，謂爲與晉無干可也，謂爲絕好撓盟，亦無不可。到底秦師此出，終有痕累可尋。"未忘舊勳"，是補救筆。"社稷是隕"，是自占地位語。"是以有殽之師"，不説勝敗，是措辭善處。以下"是以"四處，均照此法。得意中都含不得已意，似曲均在秦也。"猶願赦罪"一語，就上文決絕處，打挺著一活筆，趁勢將穆、襄歸結，卸下康、靈。令狐之役，無理在晉，卻虛虛一晃而過。至王官、羈馬，則彼此大翻臉，將河曲之戰，作一秦晉絕好之小結束。述秦兵出關過境之行跡，彰彰可考者，爲大把柄，則栽入之罪案似無平反之地，妙絕！質言之，以上所言，均强詞奪理。然晉人敢明目張膽，發之不怍者，讀者之目當注重於秦桓公之召狄與楚。吕相亦留下此著，爲聲罪致討之愛書，則以上均陪筆也。"及君之嗣"句，"及"字須重看。欲跌之碎，必舉之高。"引領西望"，全是假話。偏生秦人有河縣之入，晉人尤有柄握。以下背約通狄，面欺通楚，則罪案歷歷可指。偏不直捷指斥，即用狄人、楚人口中之言，當秦之罪。是時諸侯附晉惡秦，亦是實事。於是吕相不稱寡君，即口宣晉侯之言，如傳旨申飭者，以釁端既開，宣戰之事，須出君命。故不稱寡君，直傳晉侯之命曰寡人，較有威毅之概。左氏以吕相上半之言，均屬捕風捉影，恐讀者不信，故將秦桓召狄與楚，老實書出，以見吕相絕秦之非無爲。以下寫麻隧之捷，正爲此佳文生色。綜言之，此文前虛後實，前多惝恍之言，然步步都用輕筆，以委婉出之。後有著實之罪狀，故必揭出證據，似一實百實。則前此指斥穆、康，亦非虛語矣。坊本將此文四分五裂，劃爲段落。謂第一截分幾節，第二截分幾節，第三截又分幾節。文固三節，一穆、一康、一桓，然穆、康皆無大過，即秦桓之通狄、楚，亦不過如秦穆之通鄭。文公與秦有恩，不敢逞。此時晉力稍強，與秦桓又無瓜葛，故明顯聲其罪狀。若拘其段落，則八股先生之評語矣。坊本自作聰明，往往如此。（《菁華》尾）呂相之言，顛倒是非，于事理全悖。而其詞令之工，實爲罕見。傳於一篇之終，敘出令狐之盟及召狄與楚事，所以證明其曲在秦，其直在晉，其勝敗之端，實由於此。此爲左公最著意處，非泛泛作餘波也。蓋秦桓導楚爲虐，爲左公所深惡，故特立此一段罪案。（《統箋》尾）愚按：呂相絕秦，矯辭激説，以甚敵國之罪，布諸聽聞，此後世移檄之文所自始也。（《分國》尾）有禮則可以相君，獻子是也。不敬則難以事神，成子且然。宣伯貪夫，宜爲簡王窺破耳。（《左傳翼》尾）背棄盟誓，是秦人實欵，有憑有證，聲罪致討，磊磊落落，更無一點礙口。乃絕桓公，必併其先世絕之者，以見秦之于晉，荼毒已非一世，今此方得盟好，冀稍息肩，而不虞又從而背棄之也。殽師以來，屢次皆是秦人吃虧，説來都是自取，不好處固其罪案，好處亦不算有功，而自己有不好處，皆秦人勒逼使然。一路層巒疊嶂，目不給賞，總于路轉峰廻見其奇。文章之難，恒難於用多，此則愈多愈妙，惟其輕重虛實佈置得宜，曲折宕折，玲瓏可愛耳。讀者日誦百遍，則筆頭糾纏自冰消霧釋矣。不絕而伐之，則是背棄盟誓，而曲在我，故將伐秦，必先使呂相絕秦，此即討秦檄文也。古者兵交，使在其間。召陵、韓原、城濮、邲戰，皆有信使詞命往來，不過數言而畢，唯有鞌戰與麻隧，以詞命見奇，數百餘言，娓娓不絕，而一綴在後，一安在首，以彼係既戰後求成，此則未戰前討罪也。文章變幻，宜詳宜略，宜後宜先，都有一定間架，不是無理取鬧，深于古者，當自知之。（王系尾）晉自文公刱霸，城濮之戰，秦師在焉。自先軫失計而爲殽之師，遂以累世之好，成累世之讎。備多力分，晉是以三世不競于楚。厲將發奮爲雄，乃楚之成而秦之伐，何其謬哉？雖有麻隧之功，而無益於盛衰之數，經之所以不書也。厲公孟浪人，遂有鄢錡孟浪人乞師，遂有成子孟浪人會伐。在左氏因事成篇，而讀者有情文並至之歎矣。

　　成肅公卒於瑕。
　　六月丁卯夜，鄭公子班自訾求入于大宮，不能，殺子印、子羽。反軍於市。己巳，子駟帥國人盟于大宮，遂從而盡焚之，殺子如、子駹、孫叔、孫知。(《左繡》眉)一求入于大宮，一帥盟于大宮，本對說，而前則殺某某而反軍於市，後則從而焚之而殺某某。分明以殺人分在兩頭，而以軍市、焚市併在中間也，只一倒順法。(《評林》眉)陳傅良："子印、子羽，兩下相殺不書。"(王系尾)鄭伯之歸四年矣，而禍亂未已，晉何以服鄭哉？

曹人使公子負芻守，使公子欣時逆曹伯之喪。秋，負芻殺其大子而自立也。諸侯乃請討之，晉人以其役之勞，請俟他年。(《測義》夾)愚按：討逆，霸者事，矧諸侯既請之乎？而乃曰"請俟他年"，有如負芻君國踰年，而人心已戴之為君也，豈非晉之遂成其惡也耶？他日俟其來會而盟，而後執之，非霸討矣。〖編者按：奧田元繼引作《增補合註》。〗(韓范夾)秦以私怨而伐之，負芻以公惡而置之，晉其失伯矣乎！(《補義》眉)讀"曹人使"三字，必有賊臣主其事者。討之甚易，而晉故緩之，諸卿為取賂地耶？(《評林》眉)陳傅良："自立也，太子未嗣位，遇害不書，例在桓五年。"《經世鈔》："晉人以伐秦從役之勞苦，請諸侯俟他年，林云請於晉君，非。"冬，葬曹宣公。既葬，子臧將亡，國人皆將從之。成公乃懼，告罪，且請焉，乃反，而致其邑。(《左繡》眉)左氏於一串遞下之事，亦必裁教整齊。如此節一守一逆，將兩"使公子"雙提，下以秋、冬對起，負芻自立、子臧將亡分敘。一則諸侯請討，晉人請俟。一則國人將從，成公請反。兩兩敘來，恰好以負芻弒立起，子臧致邑住。裁對整齊中，讀去又毫無裁對之跡。平淡文字，使人咀味不窮。一篇都用虛字作穿，以文貫事，敘法輕逸。(《左傳翼》尾)負芻殺太子自立，篡也。諸侯請討，曹人又不義之，勢如泰山壓卵，何晉人以其役之勞，而請俟他年耶？來年執歸京師，終有其國，究不成討，晉亦不競甚矣！(《評林》眉)穆文熙："子臧致邑自全，茲其才智不在季子下矣。"《附見》："負芻自告罪於子臧，且留子臧。"(王系尾)葬必有主，負芻豺狼，而可使之疏斬以當大事哉？是晉人緩討賊之罪也，使豺狼得以逞其變詐，可慨也夫！

◇成公十四年

【經】十有四年春王正月，莒子朱卒。(《評林》眉)楊士勛：

"莒子朱者，莒渠丘公，今不書葬者，葬須稱諡，莒無諡，故不書葬也。"夏，衛孫林父自晉歸於衛。（《評林》眉）高閌："晉受衛國遣逃罪戾之臣，又彊歸之，故書自晉歸。"秋，叔孫僑如如齊逆女。鄭公子喜帥師伐許。（《評林》眉）許翰："鄭逼許，楚困鄭，以國大小兵力彊弱更相吞噬矣。"九月，僑如以夫人婦姜氏至自齊。（《評林》眉）李廉："夫人有姑而稱婦者三：文四年逆婦姜，宣元年婦姜至，皆不書氏，惟此齊姜書氏，無貶辭也。"冬十月庚寅，衛侯臧卒。秦伯卒。（《評林》眉）高閌："秦桓公立二十八年卒，史失其名。"

【傳】十四年春，衛侯如晉，晉侯強見孫林父焉，定公不可。（《補義》眉）晉侯強見，隱然郤犫爲之主。夏，衛侯既歸，晉侯使郤犫送孫林父而見之。衛侯欲辭，定姜曰："不可。是先君宗卿之嗣也，大國又以爲請，不許，將亡。雖惡之，不猶愈於亡乎？君其忍之！安民而宥宗卿，不亦可乎？"衛侯見而復之。（韓范夾）衛侯能忍，所以不亡；魯昭不能忍，所以終不反國。故凡任一時之忿，而不度時勢者，自棄者也。（《左繡》眉）此篇是搭敘格，雖上截寫林父，下截寫成叔，而當以郤犫爲主。故兩截以郤犫送林父、衛侯饗苦成叔兩句爲線索，安頓林父，接敘郤犫，由賓入主也。若兩平分讀，則失之矣。（《評林》眉）許翰："人臣不惟義之爲安，而介恃大國，使之反己，此能爲逐君之惡者也。惟辨之不早，是以衛獻至于出奔，禍兆此矣。歸，易辭也，自晉奉之故也。"《補注》："《世本》：孫氏出於衛武公，至林父八世。"李于鱗："閨閤笄黛之言，乃有當理如是，倘執而不見，則激之成變矣。"陳傅良："復之，復宜不書，傳言非衛侯之志，所以言歸。"（《補義》眉）公然自送林父至衛，目中何嘗有衛君，爲傲字伏根。

衛侯饗苦成叔，寧惠子相。苦成叔傲。寧子曰："苦成（叔）家其亡乎！古之爲享食也，以觀威儀、省禍福也。故《詩》曰：'兕觥其觩，旨酒思柔。彼交匪傲，萬福來求。'今夫子傲，取禍之道也。"（《分國》尾）衛定不肯見林父，與魯昭不肯見平子，庸君面目，何其相似！（《左繡》眉）合傳于不相蒙者，必有聯絡映帶處。此兩"亡"字正相映也，一亡于宗，一亡其家。由前而觀，知家之有裨于國；由後而觀，知元宗之必本乎身。"宗"字、"家"字，亦兩兩有意，莫笑此說爲穿鑿也。（《左傳翼》尾）宗卿國之股肱，處置得宜，乃可安民，孟子所謂"不得罪於巨室"是也。定姜之言，自有至理。獨惜晉侯世卿專權，魁柄下移，猶不省悟，以跋扈不臣之林父，必強衛侯而納之，何耶？郤氏驕橫，錡犨至伐，犫也又傲，兵刃在其頸而不知，左氏屢致戒焉，讀者其亦加之意歟！三郤驕橫，列國卿大夫欲去則去，欲納則納，觀宣伯之請而欲去季、孟，則知今日晉侯之強納林父，即郤犫輩爲之也。不許則必致毒于衛，許之而志得意滿，驕橫自恣，究之不能亡人之國，適足自亡其家而已，此左氏微旨也，通篇自以郤犫爲主。（《補義》眉）定姜懼亡，故忍之以救亡，豈知能亡人國者，先自處於亡，兩相呼應，垂戒良深。

秋，宣伯如齊逆女。稱族，尊君命也。（《左繡》眉）此條合下"至自齊"節讀，與宣元年公子遂事同，只添"稱族""舍族"四字，而傳之釋經者，益詳而明。（《評林》眉）《補注》："尊君命，説見宣元年。"

八月，鄭子罕伐許，敗焉。戊戌，鄭伯復伐許。庚子，入其郛。許人平以叔申之封。（《評林》眉）陳傅良："連兵，雖君將不書，義同宣三年晉侯。"（王系尾）高息齋曰："此著許之所以遷，亦見晉屬之不霸也。夫許、鄭之怨久矣，三年再伐，四年伐，九年圍之，今又伐焉，使厲公而霸，則鄭人怒鄰兼弱敢如是乎？明年遷于葉，避鄭以從楚，明晉不足恃也。"

九月，僑如以夫人婦姜氏至自齊。舍族，尊夫人也。（《測義》夾）愚按：前書叔孫僑如，后書僑如，自是書法省文，劉氏所謂一事而兩見，卒名之，是已。故君子曰："《春秋》之稱，微而顯，志而晦，婉而成章，盡而不汙，懲惡而勸善。非聖人，誰能脩之？"（孫鑛眉）說經文細者入無倫，此稱"舍"，蓋志而晦。（王源尾）借"舍族"一端，發出《春秋》用筆之妙，史法盡此矣。予嘗謂今人爲文，盡與相反。顯而無所發，繁而不能詳，直而無文，誕而不信，善無所勸，而惡無所懲。然則不明乎《春秋》之義，而欲以文字爲毀譽，不過奴婢之逢迎，市井之詆詈，曾何關於輕重之數？讀此應自愧其多事爾矣。（《左繡》眉）《春秋》一部書法，大意卻於此處闡發。蓋只一人一事一時，而稱族、舍族，各有義例如此。《春秋》比事屬辭，大略可睹矣。數語反反復復，一似形容不盡者。大都與《魯論》記夫子德容"溫而厲，威而不猛"意同。上兩句，回環説。下兩句，平對説。末一句，總説。杜序平分五項，亦無不可。（《左傳翼》尾）舍族何以爲尊夫人？對夫人不敢稱姓也。于一事中發明《春秋》全義，聖人筆削，游夏不能贊者，和盤托出，彼斥爲斷爛朝報者，直無忌憚之甚者耳！（《評林》眉）王元美："'微而顯'五句，足盡聖人作經之旨，若如胡氏所釋，則《春秋》當作申、韓刑名法律之書矣。"《補注》："此或君子之言，但《傳》爲稱族、去族發，則亦陋爾。"《評苑》："若非聖人如孔子，誰能脩《春秋》使成上五例也？此章訓釋已詳序文。"（《日知》尾）闡發《春秋》之旨，爲後世窮經者指示崖岸，真不可磨滅文字。（方宗誠眉）總論《春秋》全經"書名"之凡例。（《學餘》尾）尊君命，尊夫人，上下辨而民志定矣。傳之解經，如此其至，而王氏目爲斷爛朝報。甚矣！其心粗而膽大也。

　　衛侯有疾，使孔成子、寧惠子立敬姒之子衎以爲大子。冬十月，衛定公卒。夫人姜氏既哭而息，見大子之不哀也，不内酌飲，歎曰："是夫也，將不唯衛國之敗，其必始於未亡人！烏呼！天禍衛國也夫！吾不獲鱄也使主社稷。"（閻生夾）神氣直貫全篇。大夫聞之，無不聳懼。孫文子自是不敢舍其重器于衛，盡寘諸戚，而甚善晉大夫。（韓范夾）定祚之始，舉動一不當，而朝野危懼矣，可不慎哉！與魯昭之事同。（魏禧尾）丁煒曰："父死不哀，此孔成子所謂蹶其本者，人未有本亡而可爲善者也。婦人如此相子，是見大之識。獻公不哀，而定姜知其禍衛國。石惡不哀，而成子以爲不有其宗。故曰：'孝者，百行之原，惟送死可以當大事。'"（《分國》尾）定姜數語，情辭悽楚。以後一盤殘局，都已見到。林父遷帑于戚，其如寧子之攻，而不免于夜哭何？（《左繡》眉）衛衎初立，並不見言語若何，舉動若何，只"不哀"二字，而夫人歎矣，大夫懼矣，孫文子二心奕奕矣。而其幾已伏於起手一筆中，真傳神之筆。起十七字作一句，只一"之"字，一"以"字，絕無他故，而其人已可想見。只起手一句，絕無聲臭，而一篇之線已伏，妙極。夫人語不多而哀怨入骨，接連三四轉，字字傳撫膺扼腕之神。文子三事亦作一句讀，與起長句相配，亦字字寫盡一時涉冰履虎之神。（《左傳翼》尾）叫一聲"是夫"一恨，呼一聲天一慟，搥胸頓足，竟使舉國寒心，滿朝惕息，是何緣故？蓋孝弟爲仁義之本，父死不哀，則人心亡矣。不有于父，何有於母？不有于母，何有於臣民？定姜之所恨慟，國人之所同恨慟也。人自不難知，只於根本上一推勘，好醜善惡直如辨黑白耳。此不哀不是尋常不哀，乃斷氣易簀時不哀，以姜氏既哭而息知之也。肝腸寸裂之時，而漠然無情若此，夫人即素悉其人，亦不料竟爾兇頑，所以仰天搥心，悲不自勝也。立太子大事，謀及卿士，有賢子不立，而立此人，公真憒憒者矣。"吾不獲鱄也使主社稷"，想夫人苦口而爭，無如不聽何耳。最妙是夫人既哭而息數語，活畫出求生不得、欲死不能情形於紙上，如此妙筆，如何學步？（《補義》眉）結句是林父一生得力，直爲四十餘年事跡提綱。（王系尾）此篇是衛侯臧卒傳。因敘定姜之言，爲後獻公之出奔反國及林父之入戚以叛作案也。左氏之高出千古者，只是隨事敘事，毫不作意，而針線之細密，血脈之流通，聲勢之倚伏，無不盡致。後之史家，或得其一二，或得其近似，而左氏深遠矣。（闇生夾）誅其隱也，左氏於大奸慝往往不明斥之，而微文刺譏甚至。

◇成公十五年

【經】十有五年春王二月，葬衛定公。三月乙巳，仲嬰齊卒。（《評林》眉）劉敞："嬰齊孰後？後歸父也。歸父出奔齊，魯人徐傷其無後也，於是使嬰齊後之，非正也。古者一昭一穆。"又曰："《穀梁》謂子由父疏，不得稱公孫，則歸父何故稱公孫乎？"癸丑，公會晉侯、衛侯、鄭伯、曹伯、宋世子成、齊國佐、邾人同盟于戚。晉侯執曹伯歸於京師。（《評林》眉）陸淳："二百四十二年，諸侯相執多矣，此獨稱晉侯者，以其執既當罪，又歸京師，得侯伯討罪之義，故明書晉侯之爵，以表其善也。"公至自會。夏六月，宋公固卒。楚子伐鄭。秋八月庚辰，葬宋共公。（《評林》眉）《日知錄》："經文所書葬列國之君，無非柔日者。惟此八月庚辰葬宋共公是剛日，其亦雨不克葬，遲而至明日者歟？"元繼按：《曲禮》云："內事以柔日，乙、丁、巳、辛、癸五偶爲柔。"宋華元出奔晉。宋華元自晉歸於宋。（《測義》夾）李廉氏云："書奔晉者，著其亡已出竟，書自晉歸而後殺山者，善其反能討賊。"（《評林》眉）劉敞："杜云華元欲挾晉以自重，故以外納告，非也。如左氏說，則魚石止華元耳。大凡奔者在外，而內無形援，則有挾大國之勢以重其身，求入而已。今華元內有魚石之援，則不待挾晉以爲勢而自入也，尚何求而挾晉哉？"宋殺其大夫山。宋魚石出奔楚。冬十有一月，叔孫僑如會晉士燮、齊高無咎、宋華元、衛孫林父、鄭公子鰌、邾人會吳于鍾離。（《評林》眉）高閌："外會書卿，蓋始于此。"孫復："諸侯大夫不敢致吳子也，吳子在鍾離，故相與會吳於鍾離爾。"許遷于葉。（《評林》眉）趙鵬飛："許畏鄭遷葉，葉近楚，倚楚以抗鄭也。"

【傳】十五年春，會于戚，討曹成公也。執而歸諸京師。書曰："晉侯執曹伯。"不及其民也。凡君不道於其民，諸侯討而執之，則曰某人執某侯。不然則否。（《測義》夾）愚按：負芻以庶子守國，乃殺太子而篡之，以致國人不義，舉欲隨子臧而亡，民情大可見矣，而猶謂惡不及民乎？胡《傳》以晉侯執得其罪，故獨書爵，足破左氏之謬。林堯叟氏曰："稱晉侯執曹伯，此爲討罪特筆，不可以例爲据。"（《補義》眉）未能聲其罪而致其戮，則負芻猶曹伯也，子臧安得有國，故曰"爲君非吾節"。

諸侯將見子臧於王而立之，子臧辭曰："《前志》有之曰：'聖達節，次守節，下失節。'爲君非吾節也。雖不能聖，敢失守乎？"遂逃，奔宋。（文熙眉）穆文熙曰："爭奪乃春秋習尚，而有讓國若子臧者，殊可佳，當與吳季子同高風矣。"（《分國》尾）既爲國人所與，又爲諸侯所推，重之以王命，子臧可以立矣。卒辭，蓋不欲乘負芻不義，因以爲利也。且子臧之意，借己之固讓，堅成公之復國，具有苦心，不但鳴一己之節耳。（《左繡》眉）凡傳有先解經後敘事者，所敘之事，不出所解之經。今此篇前半自解晉侯之執，後半自敘子臧之節，若不相涉，不知其正相發也。以"不及其民"釋"不稱人"，便將曹成自立一案，輕輕抹過，亦便爲子臧讓國留得地步。若如林注爲討罪特書晉侯，則子臧不敢失守，真昧討賊之大義，而執硜硜之小節者矣。何以見貴於《春秋》也哉？大抵古人文字，須看通體局段，不當泥一知半解，失作者苦心也。末二句，以一"節"字，應三"節"字。于下兩句，應"守"字、"失"字。于首句，卻應"聖"字。應法又均勻，又變化，其妙尤在不敢失節，偏牽入"守"字，以帶抱中句，神化之筆。（美中尾）何義門曰："負芻弒君之賊也，晉率諸侯以討之，何患罪人弗得？乃同盟于戚，使得列於會而誘執之，晉屬於是乎失政刑矣。"（《左傳翼》尾）討賊國之大義，豈以惡不及民而謂篡竊可恕乎？左氏之意，蓋因數譏之不欲爲君，而以《春秋》書法爲變例也。達節三言，竟成名論，自古及今，莫能外之矣。（《評林》眉）《評苑》："節猶分也，言聖人達於天命，無可不可。"王元美："子臧既爲社稷鎮公子，當負芻守國時，豈不能見微知著，銷其逆乎？乃變詐而以守節爲高，其自牧則可，若曰有益於國則未也。"（武億尾）達節三語，當與三不朽語並峙。（《學餘》尾）子臧之言，上繼夷、齊，下開吳季子，見之於篡弒相仍之世，真鸞鳳之音也。嗚呼！可以爲師矣。（閩生夾）詳載旁枝，所以表子臧之節也。

夏六月，宋共公卒。

楚將北師。（《補義》眉）汪云："前說子反，後說楚子，皆爲鄢陵之敗君傷而子反死作引。**子囊曰："新與晉盟而背之，無乃不可乎？"子反曰："敵利則進，何盟之有？"申叔時老矣，在申，聞之，曰："子反必不免。信以守禮，禮以庇身，信、禮之亡，欲免，得乎？"**（韓范夾）背盟圖利，未有成者。其幸成，惟朱三耳，而身屠子滅，同於羊斟，故申叔之言，著蔡也。**楚子侵鄭，及暴隧，遂侵衛，及首止。鄭子罕侵楚，取新石。欒武子欲報楚，韓獻子曰："無庸，使重其罪，民將叛之。無民，孰戰？"**（《分國》尾）人不杖信，未有不亡。子反鄢陵之難，所以不旋踵也。申叔時卜之于身，韓獻子決之於民。（《左繡》眉）此節作兩截讀，前爲申叔所訴，後爲韓獻所料，總爲鄢陵之戰楚敗、子反死作張本也。前是譏子反，故特詳子反之言，而斷以"欲免，得乎"。後是料楚子，故特點楚子侵鄭，而斷以"無民，孰戰"，參差中截對自整，故佳。（《左傳翼》尾）本是無信，而兼禮言之，二者原相表裏，宋儒言誠言禮，即此理也。民所恃者，禮與信，無則民將叛之矣。子囊、申叔與韓子議論不一，大旨皆同，子反之死，早在諸人意料中矣。《左繡》謂前是譏子反，故特詳子反之言；後是料楚子，故特點楚子侵鄭、衛。其實楚子所爲，皆子反爲之主也。祇開首楚將北師一語，並楚子、子反皆在其中，唯子反爲主，子反所以死也。唯王聽子反，楚子所以傷也。中段"欲免，得乎"，單斷子反。前云不可，後云無民，則兼楚君臣而斷之矣。（《評林》眉）《評苑》："今用兵於鄭、衛，是伐晉之黨，故曰'背盟'也。"穆文熙："申叔時策子反不免，老成之言，其有味哉！"（王系尾）通篇敘而不斷，而中間夾敘申叔時語，實暗代斷語也。風味又別。

秋八月，葬宋共公。於是華元爲右師，魚石爲左師，蕩澤爲司馬，華喜爲司徒，公孫師爲司城，向爲人爲大司寇，鱗朱爲少司寇，向帶爲大宰，魚府爲少宰。（孫鑛眉）凡記宋事，必徧述六卿名，他國則否，想出宋史舊文。蕩澤弱公室，殺公子肥。華元曰："我爲右師，君臣之訓，師所司也。今公室卑而不能正，吾罪大矣。不能治官，敢賴寵乎？"乃出奔晉。（《測義》夾）孫應鰲氏曰："蕩澤殺肥，而華元欲討之，可謂能守官者。"（《補義》眉）華元義形於色，與殺楚無畏俱正論侃侃，不畏强禦。（《評林》眉）彭士望："華元以奔晉要桓族，固有此本領在。"又曰："大臣處內變，生死進退，明決於義，當以華元爲法。"穆文熙："華元不能制公族而自出奔，可謂無策之甚。"

二華，戴族也；司城，莊族也；六官者，皆桓族也。（孫鑛眉）插得有情。魚石將止華元，魚府曰："右師反，必討，是無桓氏也。"魚石曰："右師苟獲反，雖許之討，必不敢。且多大功，國人與之，不反，懼桓氏之無祀于宋也。（韓范夾）賢人去國，則姦臣以得討爲幸。凡受制于權雄者，威望不足也。右師討，猶有戌在，桓氏雖亡，必偏。"（孫鑛眉）有此輾轉，但敘得明淨，雖無奇，態亦自濃。魚石自止華元於河上。請討，許之，乃反。使華喜、公孫師帥國人攻蕩氏，殺子山。書曰："宋殺其大夫山。"言背其族也。（《補義》眉）史官去族以告諸侯，魯史遂書於策。（《評林》眉）《附見》："右師反討桓族，能知向戌之賢，故不逐之，是乃桓氏雖亡，必不盡滅也。"彭士望："族以賢重，亦足見華元生平好尚。"

魚石、向爲人、鱗朱、向帶、魚府出舍于睢上。華元使止之，不可。冬十月，華元自止之，不可。乃反。魚府曰："今不從，不得入矣。右師視速而言疾，有異志焉。若不我納，今將馳矣。"（孫鑛眉）又得此奇助色。登丘而望之，則馳。騁而從之，則決睢澨，閉門登陴矣。（孫鑛眉）光景妙。左師、二司寇、二宰遂出奔楚。華元使向戌爲左師，老佐爲司馬，樂裔爲司寇，以靖國人。(《測義》夾) 姜寶氏曰："魚石之自止元於河上也，畏其挾晉援以討，而桓氏皆無祀於宋也。其既許元討山，而終不免於去也，爲與山有親，而嘗同惡，恐見及也。但所奔在楚，而宋爲中國要樞，正楚所欲爭，卒致助魚石入彭城，釀成他日之大禍，則魚石之罪大矣。"〖編者按：奧田元繼作王元美語。〗(王源尾) 定宋難者，華元也，故華元爲主。亂宋者蕩澤，反華元者魚石也，故二人爲主中賓。料華元而不欲反之者，魚府也，故魚府爲賓中主。其餘皆無所關，故俱爲賓。獨向戌以局外爲局中，老佐、樂裔則純乎局外，皆不在賓主之列。篇中華元七見，魚石五見，魚府四見，蕩澤三見，其餘俱再見，輕重固自顯然。而先將九人名氏職官總列一段，後即序蕩澤之亂，華元之奔，卻又將九人族系一束。有此一束，骨節俱靈，壁壘一變。然後再序二魚之謀，華元之反，蕩澤之誅，略一結案。而諸桓之出，又將五人名氏總提一番，曲折既詳，更將五人官爵，總收一句，末始歸到華元靖國而總結之。縝密而參差，渾成而跳脫。天章雲錦，豈齊紈蜀綺所能仿佛？至於華元之忠，二魚之智，筆筆傳真寫照。而蕩澤之惡，不過一匹夫。向戌之賢，可以存桓氏。華喜、公孫師、老佐、樂裔，皆華元所用，賢亦可知。向爲人、鱗朱、向帶，從二魚而亡，罪並可見。——用物賦形，不差毫髮。假令後人序此，不知如何冗長，如何脫漏。乃欲垂善惡而示褒譏，不亦難乎？經曰："秋八月庚辰，葬宋共公。宋華元出奔晉。宋華元自晉歸於宋。宋殺其大夫山。宋魚石出奔楚。"宋各以事告，經分書，而傳合序。但以"宋殺其大夫山"爲題者，以傳中明疏此句也。(魏禧尾) 孔尚典曰："事有險著，必勢不得已而後行，又貴見機。華元出奔，乃義之所在，故于魚石之止而請討，既許而反國，更無遲緩。若魚石等，則可以不出舍者也，當日先斬蕩澤而止華元，上也。或華元殺蕩澤後，自拘于司敗，次也。何爲出舍睢上，及華元再止，又逡巡不返，以自貽出奔之感，冒亂臣之誅哉？"(《分國》尾) 文公即位，殺母弟須及戴桓之族，諸族岌岌，不能保朝夕。蕩澤謀弱公室，有自來也。蕩澤誅，五卿奔，華元反，國人定。獨惜二魚料事洞徹，何不因華元而獨止耶？(《左繡》眉) 此篇作兩截讀，上半敘子山見殺，下半敘魚石出奔，事本一串，而上下處分都以右師爲主，讀者當于對敘中得其提束穿插之妙。看來起手一段，爲一篇許多人作總提之筆。下分兩對，蕩澤弱公室，爲上段提句，而以"言背其族"結之。魚石五人出舍睢上，又爲下段提句，而以"遂出奔楚"結之。末又另結，以與首段相配，章法最整齊完密。以魚石五人，對蕩澤一人，章法甚奇。上截寫華元出奔，而魚石五人止之。下截寫五人出奔，而華元止之。恰好有此相對之筆，以成此串插之文。依經文，事凡四節。今於上截併敘三節，而下截單敘一節，極裁剪伸縮之妙。後人以少對多，事多反用少筆，事少反用多筆，其奇變蓋本諸此也。又看篇中人名，凡點四遍。恰好一分一總，相間而寫，番番各別，而起結段落生乎其間。先敘華元出奔，則寫一遍，而特提右師，以立一篇之主。次敘華元復歸，則寫兩遍，而另提六官，以伏背族之案。次敘五人出奔則寫三遍，而削其官於始寫四遍。而削其名於終至子山之殺，則插敘中段，而獨點經文，不嫌於略，明以華元之出、歸分敘於首，而以五人之出奔單敘於尾。殺山事爲上下樞紐，兩頭一腳，又兼蜂腰局法也，與兩對看，皆可以窺作者匠巧。文道化工，則方珪圓望，唯所取材耳。俞寧世曰："此是同族相攻，故前歷敘諸族，而用'背其族'句煞，以族姓作主腦，以官職作纓帶，文境便爾迷離。"（美中尾）王梅溪曰："子魚之勳，蕩意諸之忠，而無後乎？且桓氏可亡也，而魚石不可罪也，大義滅親，石與有庸焉。"（《左傳翼》尾）此華元定變之略也，共公初死，蕩澤即弱公室以殺公子肥，諸桓恃其強盛，共爲依毗，誰敢致討？元以微弱之族，出入其間，莫可誰何，不得已而出奔。其奔也，蓋逆知諸桓之必止，以爲請討地也。乃料其不敢討而竟討，諸桓懼罪出奔，竟聽其出，磊磊落落，強族悍臣卒無如之何，不畏強禦，真疾風中一勁草也。華元他事無可稱，惟此差強人意。評者但就職官姓名贊其縝密參差，渾成跳脫，謂爲天章雲錦，抑思此篇所言果何事耶？最妙是"二華，戴族也"數語，結上奔晉之故，起下討亂之根，而華元大作用、大經濟，乃分外醒目，但就分合處講筆法，失卻度人金針矣。（《日知》尾）兩面情事，一片機謀，活現紙上，得力在插筆提明三族，遂使情事機謀俱有歸着，此化工肖物之妙也。（《評林》眉）彭士望："此際用人一差，元必反禍。帥國人，足見民心向元。"《經世鈔》："凡人當變難，須看風轉帆，若太執太矯，欲以市重，遷延失機，不可及矣。魚石諸人之奔，可以爲鑒。'騁而從之'以下，元過負魚石矣。然華元自止而不可，後乃騁而從，真兒戲也。"《增補合注》："老佐，戴公五世孫；魚石首惡，《春秋》舉重書之，餘不足記也。"彭士望："向戌爲左師，大作略不止安桓族。"（王系尾）華元之奔，誠也，而卒不奔。魚石之奔，僞也，而卒奔。魚石爲私謀，其止華元也，卻以誠。華元爲公謀，其止魚石也，卻以僞。兩邊分敘，情僞雜出。中間夾斷一語曰"背其族也"，則討背族者，不爲寡恩矣。雖然，子山既誅，公室可張，諸桓斂手於前，自當革面于後，徐而察之可也。彭城之亂，右師亦有以迫之哉！（林紓尾）魚府料事精，華元舉事捷，此篇專寫兩人之能。魚府凡兩次敗華元之謀，而皆不遂。一爲止魚石，勿納華元。一爲趣魚石，速從華元。此時，非華元趫捷，則五大夫再入宋都，舍魚石外，人人咸足爲蕩澤矣。觀後此五大夫求納，膠糾無有已時。故左氏專寫華元之果斷，兩"則"字，一從登丘之眼中看出，一從騁從之眼中看出。"將馳"是魚府臨時推測，"則馳"是華元臨時計算。登丘而望之則馳，騁而從之則決睢滩、閉門登陴，寫華元手忙腳亂，全是準備魚府。經左氏閒閒點綴，二詐相逢，分外生色。凡文字描摹物狀，須在樞紐處用心。五大夫本無去志，瞬息之間，即可再復六官之位，則華元自止魚石，是通篇一大樞紐，若等閒敘過，不用一點精神，則文章無結穴，讀之亦無神采。左氏用兩"則"字，直能于阿堵中傳神矣。

晉三郤害伯宗，譖而殺之，及欒弗忌。伯州犂奔楚。韓獻子曰："郤氏其不免乎！善人，天地之紀也，而驟絕之，不亡，何待？"（《補義》眉）《困學紀聞》云："伯宗索士庇州犂，得畢陽，及諸大夫害伯宗，畢陽實送伯犂於荊。畢陽之孫豫讓見《戰國策》，祖孫皆以義烈著。"（《評林》眉）《經世鈔》："凡謀害君子者，皆是與天地爲仇敵，縱逃顯報，必有鬼誅。'紀'字妙，所以綱紀天地，不致崩墜者，全靠善人持撐。自三皇五帝以來，若無善人，只是小人、庸人擠塞兩間，只算得鳥獸草木狉狉榛榛爾，成得世界否？余嘗愛古'人者，天地之心''民神之主'、'善人天地之紀''善衆之主'等語，一句包蓄千萬種道理，即聖人之經，何以加此？"

初，伯宗每朝，其妻必戒之曰："盜憎主人，民惡其上。子好直言，必及於難。"（文熙眉）穆文熙曰："婦人之言如伯宗之妻者，即達士之見，何以加諸？"（《統箋》尾）愚按：國無直言，則綱紀弛而政必亂，伯宗妻之言，以爲明哲保身則可，其于憂國奉公之義，去之遠矣。（魏禧尾）魏禧曰："伯妻數語，將默足以容無道、免于刑戮、危行言孫等道理，注腳得明白透痛，直是閱盡人情世事，愈老愈平，乃得有此。而出自閨房之口，可謂明達矣！"彭家屏曰："《書》曰：'俊尊上帝。'是舉賢所以敬天也。傳曰：'善人天地之紀，而驟絕之，不亡何待？'是害賢所以逆天也。不祥之實，蔽賢者當之，況殺之乎？郤氏之覆宗也，有以哉！三郤殺伯宗，韓獻子知郤氏之不免。王允殺蔡邕，馬日磾歎王公之無後。其事略同，其言皆驗，善人之不可罔害如此。"（《分國》尾）主人非得罪於盜，盜必憎之。上非得罪於民，民每毀之。直言非有期於禍難，禍難每隨之，釋語最透。嗚呼！伯宗之妻，每朝必戒，亦賢矣。雖然，伯宗亦何忝此妻哉？（《左繡》眉）注爲十七年晉殺三郤傳，以韓厥斷之足矣，又補敍每朝必戒一事，爲"三郤害"字作注腳，蓋明以盜目之，罵殺千載妒賢嫉能一流人也，爲之快絕。（《左傳翼》尾）三郤何以害伯宗？害其善，實害其直也。邦無道，危行言孫，斯爲保身之道。日與盜處，而以直賈禍，彼固不足責也。伯宗其亦自取之哉？（《學餘》尾）三郤不仁，將自殺也。伯宗不智，所以及於難也。晉之人，惟伯宗之妻而已，韓獻子抑其次乎？（閭生夾）爲郤至不平也。宗堯云："作者每敍婦人之戒詞以見意，文亦悲憤沉痛。"

十一月，會吳於鍾離，始通吳也。（美中尾）藉以疲楚也，然黃池爭長，此會啓之矣。《評林》眉）王百穀："始通吳也，此巫臣在吳教之通上國也。"（王系尾）會吳于鍾離，晉之汲汲于吳者，以距楚也。雖然，吳何號哉？引吳以距楚，是引狼以距豺也。豺未及退，而狼已橫噬矣，豈不謬哉？此是部中大結構處，勿以其小篇而忽之。

許靈公畏偪于鄭，請遷於楚。辛丑，楚公子申遷許於葉。（《左繡》眉）古所謂拒虎而得狼者，其許遷葉之比乎？

◇成公十六年

【經】十有六年春王正月，雨，木冰。（《評林》眉）程頤："雨，木冰。《春秋》所書災異，皆天人響應，但人以淺狹之見，以爲無應，其實皆應之。然漢儒言災異，皆牽合不足信，儒者見此，因盡廢之。"王葆："陰陽和則雨，雨者，融陰陽之和氣，以潤澤於草木者也。今乃封著於木，則陰勝而陽不足甚矣。"夏四月辛未，滕子卒。鄭公子喜帥師侵宋。六月丙寅朔，日有食之。晉侯使欒黶來乞師。甲午晦，晉侯及楚子、鄭伯戰於鄢陵。楚子、鄭師敗績。（《評林》眉）孫覺："韓之戰，實獲晉侯，不言晉師之敗，君獲則師敗矣。鄢陵之戰，楚子傷焉，不曰楚子〖編者按：疑當作師〗敗，君傷則師敗也。"楚殺其大夫公子側。秋，公會晉侯、齊侯、衛侯、宋華元、邾人於沙隨，不見公。（《評林》眉）劉絢："夫子於魯事有可恥者，必爲之諱，君臣之禮也。若我無失道，而横逆所加，則不諱。今晉怙彊而不見公，我何罪？故直書以罪諸侯也。"公至自會。公會尹子、晉侯、齊國佐、邾人伐鄭。曹伯歸自京師。（《評林》眉）陸淳："曹伯之篡，罪莫大焉，晉侯討而執之，其事當矣。王不能定其罪，失政刑也。書曰歸自京師，以深譏王也。"九月，晉人執季孫行父，舍之於苕丘。冬十月乙亥，叔孫僑如出奔齊。（《評林》眉）高閌："季孫得釋，將與公偕歸，故僑如懼罪出奔。"十有二月乙丑，季孫行父及晉郤犨盟於扈。公至自會。乙酉，刺公子偃。（《評林》眉）趙鵬飛："公子買戍衛，不卒戍，刺之，非其罪也，不書其故，無以見其非罪，故先書戍而後書刺。偃之罪，於僑如之奔已知其爲惡黨，故直書刺，而罪自顯，《春秋》之法如此。"

【傳】十六年春，楚子自武城使公子成以汝陰之田求成於鄭。鄭叛晉，子駟從楚子盟於武城。（《左繡》眉）比前略更重，蓋西門之盟蕩然矣。此等皆時事轉關處，説詳十二公年表分斷，兹不復贅。（《評林》眉）《經世鈔》："鄭叛晉，以賂叛可羞。"

夏四月，滕文公卒。（《評林》眉）《補注》："傳欲見滕子諡，下偶連鄭伐宋事，注云因滕有喪，贅甚矣。説在僖十九年。"

鄭子罕伐宋，宋將鉏、樂懼敗諸汋陂。退，舍於夫渠，不儆，鄭人覆之，敗諸汋陵，獲將鉏、樂懼。宋恃勝也。（《左繡》眉）滕君卒而宋見伐，所謂城門失火，殃及池魚者耶。（《補義》眉）鄭叛晉，遂爲楚鷹犬。（《評林》眉）高閌："鄭至是附楚，爲楚加兵於宋，故書侵。"楊升菴："用兵亦有不儆而不敗者，如李廣是也，然終不可論兵法。"（王系尾）高息齋曰："鄭附楚，爲楚加兵于宋，自是諸侯之兵無寧歲矣。"

衛侯伐鄭，至於鳴雁，爲晉故也。（《評林》眉）《補注》："衛侯伐鄭，陳氏曰：'不書，併入鄢陵。'"（王系尾）鄢陵之戰，魯、衛皆後，而晉獨非魯者，雖以僑如之譖，亦衛之事晉素謹也。有意無意，文心如繡。

晉侯將伐鄭，范文子曰："若逞吾願，諸侯皆叛，晉可以逞。若唯鄭叛，晉國之憂，可立俟也。"（文熙眉）《國語》云："若以吾意，諸侯皆叛，則晉可爲也。"比此起句似通。汪道昆曰："敘事能品，申叔時料子反，章法。韓之戰、箕之役、邲之師，章法。'三強服矣'，句法。'驟而左右''好以暇'以下又章法。"申叔料子反之敗，與蹇叔料秦師同，皆國之老成人也。老成之言，不可不聽。穆文熙曰："范文子慮戰勝驕君，恐有內憂，後果如其說，可謂遠見。但晉楚既以合圖，安能終止？止之或可在初發之時也。"（孫鑛眉）突然出論，若顛倒是非，其峰甚陗，而不言其故。（韓范夾）其論驚人，似不深爲晉者，乃所以爲其大也。（方苞夾）"憂"字乃一篇綱領，蓋欒書、郤至所欲禦者外患，而范文子所欲弭者內憂，諸侯外叛庶幾君臣內懼，而憂可弭耳。（《彙鈔》眉）文子突然出論，若顛倒是非，其辭甚峭，而不言其故。意以厲公無道，三郤驕盈，欲使諸侯皆叛，冀其懼而思德，老成典型可仰。（《淵鑒》眉）晉、楚鄢陵之戰，范文子始終持不輕戰之議，可爲老成謀國，不以勝楚而微有矜心也。其論外寧內憂，與孟子"生於憂患"之言，正相發明。環谷汪克寬曰："《春秋》二百四十二年，中國勝楚者惟城濮、鄢陵而已。自宋襄泓之敗，楚衡行諸夏，至城濮而沮其志。自荀林父邲之戰，楚之陵駕尤甚。嬰齊盟蜀，諸侯之大夫從之者十有一國，至鄢陵而挫其鋒。前此未有中國諸侯助楚以戰中國者，惟鄢陵之役，鄭伯佐楚共以敵晉，使無呂錡射目之勝，則楚將倚鄭爲援，長驅中原，其害可勝言耶？所可惜者，厲公不能脩政於內，而徒務求逞於外，迹其所爲，去楚虔無幾耳。"息齋高閌曰："凡楚師之敗，必行兵法於主將而死之。春秋之世，楚實強於天下。其所以能強者，兵強也。兵所以能強者，將帥之力也。將帥之所以力者，賞罰行也。二百四十二年之間，敗績者凡十有六，而楚居三焉。城濮之敗殺得臣，鄢陵之敗殺公子側，柏舉之敗囊瓦逃刑而奔鄭。至於中國之敗績凡十有三，不聞加兵法於一主將者，國勢浸弱，遂成姑息。漢魏而下，率皆踵之，端可爲鑑。"臣熙曰："楚師輕窕，晉師整暇，是一篇眼目。記事詳，而用字用句俱極陡健，秦漢以下不能及也。"臣正治曰："伯州犂，晉人也，而在楚。苗賁皇，楚人也，而在晉。當戰之時，盡輸國情以告敵人，古所謂失賢材以爲敵國之資，於此益信。"臣德宜曰："范文子以克敵爲懼，知晉之患不在楚也。若聖人輯寧四方，居安思危，豈復有牖戶之虞？故曰惟聖人能內外無患。"臣廷敬曰："國有數人，人各數事，繁賾而不厭，間雜而成章，欒鍼所云整暇，左氏殆自以品其文乎！"（《左繡》眉）晉、楚三大戰，一敗兩勝，左氏各有所主。城濮之戰，是結上文字，極寫子玉，只要襯出晉文之譎。邲之戰，是對面文字，極寫先縠，只要托出楚莊之霸。此番鄢陵之戰，是起下文字，極寫文子，只要跌出晉厲之不終。文中前半三"憂"字，中後四"天"字，乃一篇之主。以文子起，文子結。結處"命"字，順應"天"字、"德"字，倒應"憂"字，總見鄢陵之勝，適有天幸，德不配命，則憂方大耳。論戰不出權謀，此獨全講道學，千秋龜鑑，豈惟文字爭雄也哉？通篇凡分四大截："乃興師"至"以爲外懼"，是未戰前事。"甲午晦"至"公從之"，是將戰時事。"有淖於前"至"免使復鼓"，是正寫戰事。"旦而戰"至"宵遁"，是既戰後事。起"將伐鄭"，結"三日穀"，皆詳文子語，合中間欲反、不欲戰、執戈以逐三處提掇，爲通身之關鍵也。每截又各分數節，每節又各有提挈。大約或正或錯，或近或遠，都兩兩相對。到底左氏出新無窮，于韓、濮、邲、鞌四大戰後，又另一番至奇極妙之文格矣。第一節"有勝矣"，與第二節"楚懼不可用也"對，一勝一敗，已定一篇之局。三節晉濟楚至，文子欲反，與四節遇于鄢陵，文子不欲戰對。紓憂外懼，照定首尾落筆。五節范匄趨進，與六節楚子登車對。一于楚陳之壓晉軍也，不用實寫，卻於郤至口中論出。一于晉陳之疏行首也，亦不用實寫，卻于楚子眼中望出。虛實互用，結構尤奇。七節賁皇以萃王卒策楚必敗，與八節筮史以射其元決王必敗對，先作伏筆。九節違淖、掀淖，晉幾陷而幸出，與十節中目、中項，楚已傷而不辱對，則此文之正面矣。以下零敘戰日許多閑文，章法忽變。十一節與十八節對，郤至遇楚子之卒，欒鍼遇子重之旌；一則問弓，一則承飲；一稱君子，一表整暇；一則肅使而退，一則免使而鼓。言詞舉動，色色映帶，是遙對法。十二節韓厥從鄭伯，與十三節郤至從鄭伯對，一從後逐，一從前遮。十四節石首內弢，與十五節唐苟請止對，一欲去旗，一欲免君。十六節養由基再發盡殪，與十七節叔山再中車折軾對，一以射，一以搏，皆連對法。連對在中間，遙對在兩頭，自成一大片段。由是而十九節子反命吏，與二十節賁皇狗師對，一是發狠，一是使乖。二十一節乃宵遁，與二十二節晉三日穀對，一收楚敗，一收晉勝。結語又自與起手首尾遙對，一憂于未戰之先，一戒於既勝之後。通篇一線雙行，而其對寫尤妙者，則中間伯州犂以公卒告王，苗賁皇亦以王卒告，一實一虛，一承上，一起下，整整對仗，而又總寫"皆曰國士在，且厚，不可當也"，以一筆作兩對，分明以此數句為全文中腰轉楗，與邲戰"盟有日矣"同一機軸。合而論之，城濮篇純用開合，邲戰篇純用轉換，此篇則純用聯對。相其才情機法，真瀛州之木，一葉百影；如何之樹，隨刀改味。神化無端，吾何以測之？願書萬本，讀萬遍而已矣。（《約編》眉）"晉國之憂""可以紓憂""外寧必有內憂"，三"憂"字相應，為殺三郤、弒厲公張本。（《評林》眉）按：今晉伐鄭逞其志，則四方諸侯皆叛晉。然則晉能知懼而自脩德，郤勝鄭獨叛而晉志驕。故范文子顛倒是非，而言晉可以逞。魏世傚："苦心之言，反覺詫異，對豪氣喜事人說，自不中聽。"（閭生夾）倒提不測，令人不知所謂。此篇專以范文子憂亂為主，若茹若吐，郁為至文。而此處提筆尤為警矯。宗堯云："晉之勝楚，亦中原之幸。左氏之意，則以晉之內亂實階於此，以為通篇主意，此左氏識見瓊絕常人處。通篇范文子之言凡六見，字字悲鬱沉痛。"欒武子曰："不可以當吾世而失諸侯，必伐鄭。"（孫鑛眉）此一句人情、國勢俱盡，更何須多語？（《古文斫》夾）文子開口奇論驚人，卻不說出所以。武子亦暗會此意，言且做目前事。兩人心跡可知，而晉之危若朝露，炳如矣！下筆有神力。已上見晉國情勢，惟文子憂之，"憂"字是一篇全旨。乃興師。欒書將中軍，士燮佐之。郤錡將上軍，荀偃佐之。韓厥將下軍，郤至佐新軍，荀罃居守。郤犨如衛，遂如齊，皆乞師焉。欒黶來乞師，孟獻子曰："（晉）有勝矣。"（《測義》夾）姜寶氏曰："托魯最重，而欒黶之執禮亦卑，他國視魯以為進退，則魯公之不至，晉怒獨重矣。"〖編者按：奧田元繼作胡彥遠語。〗（《補義》眉）晉之勝孟獻子早見之，與楚之敗姚句耳早見之相對，然勝只一字，敗只數言，與前四大戰別出機杼。（《評林》眉）魏世傚："只從自己功名起見。"（閭生夾）先大夫評曰："有讀曰又。"閭生謹按："又勝矣，承麻隧之戰而言。"戊寅，晉師起。

鄭人聞有晉師，使告於楚，姚句耳與往。楚子救鄭，司馬將中軍，令尹將左，右尹子辛將右。（方苞夾）獨舉子辛，以子重為令尹已見十一年，是役發命者子反，蔽罪者子反，則子反為司馬，不待書矣。過申，子反入見申叔時，曰："師其何如？"對曰："德、刑、詳、義、禮、信，戰之器也。（《左傳雋》眉）許應元曰："德、刑六字，一段大旨。德，澤也；刑，法也；詳，祥也；義，宜也；禮，履也；信，實也。六事備乃可戰，若器用然也。"（《補義》眉）先提六義，以下逐層疏明，與鄢之戰隨會語同，然彼是晉人料楚必勝，此則楚人料楚必敗，而於晉之所以勝處，在巢車一望已足。又以賁皇告楚夾寫，乃與諸篇寫戰絕不相犯。（《評林》眉）鍾伯敬："'德、刑、詳、義、禮、信'二句，爲此段之綱，見楚皆失之，是以其師必敗矣。"德以施惠，刑以正邪，詳以事神，義以建利，禮以順時，信以守物。民生厚而德正，用利而事節，時順而物成。上下和睦，周旋不逆，求無不具，各知其極。故《詩》曰：'立我烝民，莫匪爾極。'是以神降之福，時無災害，民生敦厖，和同以聽，莫不盡力以從上命，致死以補其闕。此戰之所由克也。今楚內棄其民而外絕其好，瀆齊盟而食話言，奸時以動而疲民以逞。民不知信，進退罪也。人恤所厎，其誰致死？子其勉之！吾不復見子矣。"（《左傳雋》眉）許應元曰："應前六字，明言子反所以當慎戰之由。"（孫鑛眉）語常而勢散，全無鍊法。（方苞夾）楚之敗，申叔時早必之，與晉之克，郤至早必之相對。（《彙鈔》眉）決楚之敗，亹亹不休，亦深識國勢人情者。（《評林》眉）《彙參》："自'上下和睦，立我烝民'至此，總論在上德、義、禮三事以教於下，則在下之人皆無邪惡，以信自守，即包上'刑以正邪，信以守物'一句。"（方宗誠眉）晉師先敘兵謀，後敘軍帥，楚師先敘軍帥，後敘兵謀，有參差變化。姚句耳先歸，子駟問焉，對曰："其行速，過險而不整。速則失志，不整喪列。志失列喪，將何以戰？楚懼不可用也。"（韓范夾）兩軍之勝敗，必先有人知之，而卒至勝者勝，敗者敗。敗者明知而明蹈之，不能用賢與察言故也。（《彙鈔》眉）後幅有無數奇變疊嶂，故前半寬作鋪敘，是行文次序之法。（《便覽》眉）"有勝矣"，與"懼不可用也"一對，已定勝負全局。（方宗誠眉）伏楚敗之根。晉范文子知必勝鄭國，孟獻子亦知必勝楚，申叔時知必敗鄭國，鄭子駟亦知必敗，敘次整齊。（閩生夾）凡敘大戰，必再三逆提以重其事，且厚集其文勢也。

　　五月，晉師濟河。聞楚師將至，范文子欲反，曰："我僞逃楚，可以紓憂。夫合諸侯，非吾所能也，以遺能者。我若群臣輯睦以事君，多矣。"（《左傳雋》眉）李行可曰："文子蓋知厲公無道，君臣必不相容，故其言如此。"（韓范夾）一言已見本意，文子亦知師之必勝，正恐勝後尚煩思慮耳。（方苞夾）臨敵而逃，則君臣同憂，而不暇内相圖，獨言群臣輯睦者，與臣言忠，故不及君也。（《約編》眉）范文子不欲戰，非慮其不勝也，正慮既勝之後，君心驕恣，内憂將作，此段議論，略露本旨。（《補義》眉）晉師起而鄭始告楚，晉渡河而楚師已至，可謂神速。然姚句耳所云志失列喪，范武子所云輕窕，俱于此見。（《便覽》眉）"欲反""不欲戰"一對，紓憂、外懼，皆照定首尾落筆。（《評林》眉）《經世鈔》："申叔時知楚之必敗，范文子憂晉之必勝，二公皆老成深識之言，而文子見尤高，別有論。"楊升菴："文子度是戰晉必勝楚，勝則厲公無道，君臣必不相容而亂作，故欲逃楚以紓憂。"（闈生夾）前言晉國之憂，不知從何而來，至此始露群臣輯睦之意，然其難言之隱則始終不能吐出也。武子曰："不可。"

六月，晉、楚遇於鄢陵。范文子不欲戰，郤至曰："韓之戰，惠公不振旅；箕之役，先軫不反命；邲之師，荀伯不復從，皆晉之恥也。子亦見先君之事矣。今我辟楚，又益恥也。"文子曰："吾先君之亟戰也，有故。秦、狄、齊、楚皆强，不盡力，子孫將弱。今三强服矣，敵楚而已。唯聖人能内外無患，自非聖人，外寧必有内憂。盍釋楚以爲外懼乎？"（文熙眉）晉人不肯戰吳，乃祖此意。戰陣之道，以將帥和睦爲先，楚惟二卿相惡，便可致敗，何必六間哉！問答如在目前，惜哉，楚有伯州犂而不能用也。（鍾惺眉）深厚久遠之言，覺知勇二字，膚于謀國之甚。（方苞夾）再言晉國之憂，而衆皆不喻，故至此始正告之。（《彙鈔》眉）晉、楚勝敗，文子豈不知，而深思遠慮，正在既勝之後，悉意吐露，當時輕銳喜功者，誰能領此？（《左繡》眉）文子凡三提"憂"字，前一番對伐鄭説，第二番對逃楚説，第三番對服楚説。讀"諸侯皆叛，晉可以逞"，殊自駭人。即"我偽逃楚，可以紓憂"，亦不可解。及讀外寧内憂數語，乃見文子胸中成竹，有絶人議論、絶頂識見在。真作"死於安樂，生於憂患"絶好注脚。二百四十二年間，蓋無第二人説到此者。豈非至文！執戈以逐，忽然换一"天"字，直喝起結句"唯命不于常"也，罵童子，而厲、欒君臣皆在其中矣。獻子斷晉勝，用輕筆。句耳料楚敗，用重筆。重者，爲鄢陵本事生色。輕者，不令與文子本意矛盾也。何等斟酌？他篇斷勝敗，皆在局内。此篇斷勝敗，都在旁觀，亦脫換處。子反于過申一見，子重于望晉一見，都爲後文閑中伏筆。（《評林》眉）《經世鈔》："語有含蓄，有直刺，包括向後多少事體。"魏世倣："至此始暢發，深憂遠慮，千古名言。"王荆石："文子之意，隱然不露，惜郤至不能悟也。玩此一語，則文子已預定必勝矣，前語似怯不能料敵，豈知所怯正在勝敵哉！"（闓生夾）至此始説到内憂，其言以次而切。

　　甲午晦，楚晨壓晉軍而陳。（孫鑛眉）晉尚未陳，楚陳直逼臨晉軍，若使晉無所措手，故曰"壓"，是以范宣子進陳于軍之計，欒伯欲固壘而待。（《補義》眉）"甲午晦"已下一大段分八節，第一節點出戰期，寫晉臣策楚可敗，只數語已盡。軍吏患之。范匄趨進，曰："塞井夷竈，陳於軍中，而疏行首。晉、楚唯天所授，何患焉？"文子執戈逐之，曰："國之存亡，天也。童子何知焉？"（方苞夾）文子所憂，不惟羣臣不知，其子亦不知也。故怒而逐之，因以警羣臣。（《評林》眉）《經世鈔》："文子受父之杖，今即教子以戈，然正是借子訓戒諸大夫也。"（闓生夾）至此始説到亡國，而執戈怒逐其子，倍有精神。欒書曰："楚師輕窕，固壘而待之，三日必退。退而擊之，必獲勝焉。"（韓范夾）書之所言，與匄之所陳，絶不相同。匄乃少年英武之謀，欒乃老成持重之策，皆兵法也。要皆非文子之心。郤至曰："楚有六間，不可失也：其二卿相惡，王卒以舊，鄭陳而不整，蠻軍而不陳，陳不違晦，在陳而囂。合而加囂，各顧其後，莫有鬭心。舊不必良，以犯天忌。我必克之。"（孫鑛眉）六間，上六句已盡，此下又是總上意申説。（《彙鈔》眉）"輕佻"二字，楚師之綱。欒書既見輕佻之隙，郤至又細陳輕佻之故。（《約編》眉）又從郤至口中，敘楚之六間，以決楚之必敗。

　　楚子登巢車以望晉軍，子重使大宰伯州犂侍于王後。（鍾惺眉）極委曲，極明白。千載而下，君立於前，臣侍於後，手、口、目歷歷紙上。（《彙鈔》眉）從楚王、州犂口中寫晉師之整，反形楚師之不整，又從賁皇口中寫楚師之虚實，筆筆用旁敘法。（《約編》眉）晉之結陳，從對面看出，不用實寫。（《便覽》眉）此遥接"壓晉軍"，而從楚子眼中細寫晉事，已爲兩兩對敘中另開奇趣。尤妙有賁皇與州犂作對，故一承上，一起下，而以"皆曰"二字一筆作兩對，真奇態無雙。王曰："騁而左右，何也？"曰："召軍吏也。""皆聚於軍中矣！"曰："合謀也。""張幕矣。"曰："虔卜於先君也。""徹幕矣！"曰："將發命也。""甚囂，且塵上矣！"曰："將塞井夷竈而爲行也。""皆乘矣，左右執兵而下矣！"曰："聽誓也。""戰乎？"（闈生夾）此節繪聲繪影，神采畢現。"戰乎"二字一揚，聲情俱美。曰："未可知也。""乘而左右皆下矣！"曰："戰禱也。"（《左傳雋》眉）湯霍林曰："此叙問答，並其遙望，顧盼影響之狀，儼然目前，神品神品！"（方苞夾）鄢之戰，不實叙致師，而以致師者之口出之，以虛爲實也。此則以實爲虛，晉人軍中事，皆現于楚子、伯州犁之目，是謂出奇無窮。（《補義》眉）二節巢車一望，寫晉師紀律。（闈生夾）晉軍部勒形勢，一一從楚子望中寫出，俶麗瑰奇，千古無兩。王與伯州犁一問一答，以曲盡其情態，文境尤爲奇詭。宗堯按："只叙事耳，便能繪爲陣圖。"**伯州犁以公卒告王。苗賁皇在晉侯之側，亦以王卒告。**（孫鑛眉）千古奇事，亦千古奇叙，真是神品。（韓范夾）伯州犁告王一段，光景歷歷如見，此以一言盡之，何其奇妙！後之爲文者，必用整對，亦獨何與？（闈生夾）再虛寫晉軍一句，筆意尤極空靈。**皆曰："國士在，且厚，不可當也。"**（鍾惺眉）"皆曰"二字妙。（《古文衎》夾）"皆曰"二字，雙縮上文，蓋州犁言晉強，賁皇言楚強，故曰"皆"也。叙晉強用實寫，叙楚強用虛寫，見得此勝原不可保，是通篇精力結聚處。（《左繡》眉）此段花團錦簇，最一篇精神凝聚處。合上段彼此虛實互見，爲兩兩對叙，另開一境。串寫奇變，千秋獨步。後人無窮狡獪，總不能出其範圍耳。徐揚貢曰："摹寫鬚眉畢露，'王曰'下九'也'字，七'矣'字，一'乎'字，歷歷可指。尤妙'何也'字只一見，無問答痕跡。"伯、苗告卒兩語，束上渡下，轉折圓捷之至，妙用對句雙縮，令文氣聚而復舒。否則散散寫去，未免懈緩，不見結構之妙矣。恰好一對，妙格天成。"皆曰"二字，緊頂上兩"以告"字，此三句乃是爲兩"以告"作雙縮之筆。注以"皆曰"指晉侯左右而言，似無著落，且不成章法。州犁侍巢車，自當俯視賁皇。賁皇在陳中，亦自然仰睹州犁，固應兩相指點。若單點晉一邊，妙景全失。（《評林》眉）毛晉："'皆曰'二字妙。"（方宗誠眉）上叙伯州犁之言，下叙苗賁皇之言，中以此數語作樞紐，文律乃不散慢。**苗賁皇言於晉侯曰："楚之良，在其中軍王族而已。請分良以擊**

其左右，而三軍萃於王卒，必大敗之。"（韓范夾）行軍貴知敵國之情。（《彙鈔》眉）料敵制勝，不在多言。（《補義》眉）三節苗賁皇言於晉侯，從上節賁皇之告連類敘出，並及筮占，以爲下數節之綱。（《約編》眉）晉之行兵，從苗賁皇獻計説出，以後不用實寫。（《評林》眉）李笠翁："鄭伯之所以敗王於繻葛，亦用三軍萃於王卒之法，蓋王在軍，將帥之肘掣甚多，所以易敗。"公筮之，史曰："吉。其卦遇《復》，曰：'南國蹙，射其元王，中厥目。'國蹙王傷，不敗何待？"公從之。

有淖於前，乃皆左右相違於淖。步毅御晉厲公，欒鍼爲右。彭名御楚共王，潘黨爲右。石首御鄭成公，唐苟爲右。（《補義》眉）四節有淖於前，是寫晉師知義，而楚、鄭二國即從晉君連類點明。（閭生夾）於逼仄處忽帶敘楚、鄭之君，故能寬展不迫。欒、范以其族夾公行，陷於淖。欒書將載晉侯，鍼曰："書退！國有大任，焉得專之？且侵官，冒也；失官，慢也；離局，姦也。有三罪焉，不可犯也。"（鍾惺眉）數語法家之言，一部申韓盡此。乃掀公以出於淖。（《彙鈔》眉）造次時大義井井，令人益惡慶鄭之無禮。（《左繡》眉）掀淖事爲中目作陪，亦見此勝幾不可保，暗與結語關會，非閒筆也。晉師詳敘於前，公行另敘於此，因帶入楚子御右，並鄭一齊作類敘，爲下半篇提綱。而韓、郤兩御右，又分點於後。一篇軍乘，凡作三番點次，亦章法小小變化處。《咀華》評亦云。（《評林》眉）《匯參》："跟塞井夷竈來，左右相違成矣。族者，屬也，屬謂中軍，以中軍夾公也。行音杭。"鍾伯敬："數語法家之言，與韓非罪典衣、典冠同一學問，春秋時治國治兵用法如此，一部申、韓盡此。"（閭生夾）欒書，弒君之賊，故借其子口中以斥之，嫉惡微旨。宗堯云："此寫欒鍼臨變不亂處。"

癸巳，（孫鑛眉）追敘乃用干支紀，亦僅見此。（方苞夾）記事書日，常法也。已敘戰事，復追敘未戰時事，措筆甚難。直舉日子，便顯然可知爲甲午前一日事，而承接無跡，是謂化腐臭爲神奇。（《左繡》眉）癸巳，乃甲午前一日也，又一倒敘法。違淖下，本緊接公行陷淖事，然不點出御右，則此陷無根。掀淖下，亦緊接中目事，然不點出占夢，則此射無根。因各用插敘之筆，而又各以賓筆陪之，敘法自清，而又變動可喜也。（《約編》眉）追敘前事，故倒書甲子。（《便覽》眉）中目以射甲起，以伏跂結，而伏根於射月之夢。此對是正敘戰事，下是零敘戰日間事。敘癸巳於甲午後，是追敘法。**潘尪之黨與養由基蹲甲而射之，徹七劄焉。**（《左傳雋》眉）唐荊川曰："此一段敘事甚奇。"**以示王，曰："君有二臣如此，何憂于戰？"王怒曰："大辱國。詰朝，爾射，死藝。"**（鍾惺眉）高識之言，"死藝"二字，可以為戒。（閩生夾）因共王中射，故倒插呂錡之夢。又因呂錡為由基所中，又倒插由基與潘黨之射于前，全是用逆筆之法，奇矯無對。**呂錡夢射月，中之，退入於泥。占之，曰："姬姓，日也。異姓，月也，必楚王也。射而中之，退入於泥，亦必死矣。"**（閩生夾）一路借徑而來，奇幻不測。**及戰，射共王，中目。**（方苞夾）因養由基之射，連類而及呂錡夢中之射，遂就呂錡夢占所射必楚王，而以"及戰"二字直入"射王中目"，與前臨陣之事相續，此等神巧，惟左氏有之。（《約編》眉）呂錡之夢，用類敘法。占詞與前筮詞相映。**王召養由基，與之兩矢，使射呂錡，中項，伏弢。以一矢復命。**（文熙眉）穆文熙曰："養由神射，古今所鮮。讀其一矢復命，猶可想見安閒之態。"（《古文析》夾）前"公從之"一語，敘戰已畢。此補敘掀淖、占夢二事，掀淖見晉君亦幾瀕於危，占夢見呂錡特倖中王目，此戰原無必勝之局也。天敗楚以速晉之憂，一發顯然矣。以下是楚敗後事。（《彙鈔》眉）辱國死藝，言之透決，則小技之不足恃可知。（《補義》眉）五節，癸巳用追敘法，急搶君傷，以明敗績獨書楚子。（《評林》眉）顧九疇："以由基之藝而斥其辱國，及中目而始與之兩矢，此共王之不知人也。"周亮工："成十六年潘尪之黨，襄二十三年申鮮虞之傳摯，並以父名子者，意必當時有同名者，故特舉其父以別之。"

　　郤至三遇楚子之卒，見楚子，必下，免冑而趨風。（文熙眉）郤至見楚子屢下，而又受其遺弓，此豈待敵國之禮？所以欒書之譖得行，而終至殺身也。（韓范夾）古來軍旅之中，每多雍容揖遜之事，敵可滅而不乘人于危，怨可報而不薄人於險。兩軍相對之時，必有君臣之分，若今則不能為，亦不可為也。（《補義》眉）六節，郤至三遇楚師，前敘楚王中目，則為中軍可知。故一敘郤至敵楚，一敘韓厥追鄭，皆有禮于其君。（《便覽》眉）郤子遇卒、欒鍼見旌，一問弓，一攝飲。一稱君子，一表整暇。一肅使而退，一免使而鼓。色色精絕，遙對法也。**楚子使**

工尹襄問之以弓，曰："方事之殷也，有韎韋之跗注，君子也。識見不穀而趨，無乃傷乎？"（閨生夾）此等處雍容閒雅，極文章之勝境，使左公率軍，亦必將材也。郤至見客，免冑承命，曰："君之外臣至，從寡君之戎事，以君之靈，間蒙甲冑，不敢拜命。敢告不寧，君命之辱，爲事之故，敢肅使者。"三肅使者而退。（《測義》夾）愚按：此與宣十二年晉、楚戰于邲，楚樂伯射麋麗龜獻諸鮑癸，晉魏錡取一麋獻潘黨，其事略同。（《左傳雋》眉）李九我曰："敘問答三詞，在戰事中有優柔溫肅之度，所以爲妙。"（《彙鈔》眉）郤至致敬楚子，軍禮肅然，與楚師輕佻致敗，兩兩相形。（《左繡》眉）此段與後欒鍼段相映，於干戈搶攘中，忽然雍容文物，令讀者修換一番眼色。文情極濃，文致極豔。飛書馳檄，兼以高文典冊，首尾溫麗，無一累句。合枚、馬爲一人，無此風調。縱倚馬露布，不免儈父面目耳。左氏敘戰大篇，當以此爲壓卷矣。（閨生夾）宗堯按："此篇爲厲公作難伏根，三郤之獄伏於此。作者于此代白其獄之誣。下文韓厥之免鄭伯、欒鍼之好整與暇，均繫於戰事中，寓有從容不迫之節，以見溫季之心無他也。"

晉韓厥從鄭伯，（孫鑛眉）鄭事作三層波。其御杜溷羅曰："速從之！其御屢顧，不在馬，可及也。"韓厥曰："不可以再辱國君。"乃止。（韓范夾）中目已辱楚王，故不敢復及鄭伯，且呂錡傷楚王而死，厥亦有畏故耳。郤至從鄭伯，其右茀翰胡曰："諜輅之，余從之乘，而俘以下。"郤至曰："傷國君有刑。"亦止。石首曰："衛懿公唯不去其旗，是以敗於熒。"乃內旌於弢中。（閨生夾）兩從鄭伯，正以不去其旌之故，此倒補之筆。唐苟謂石首曰："子在君側，敗者壹大。（方苞夾）此篇雜敘戰事，並未明著勝敗之跡，故于唐苟請止，見鄭之敗；于楚子及子重之謂子反，見楚師之敗；於子反引罪，見奔由中軍。一變從前諸戰壁壘，是謂文成而法立。我不如子，子以君免，我請止。"乃死。（文熙眉）鄭成公此時幾被所獲，晉可謂極勝。"再辱國君"，或射楚王及獲成公也。（《補義》眉）帶敘唐苟死節。（《評林》眉）彭士望："見此際精神一毫旁用不得，凡危急之時，尤須打迸精神一路，戰則死戰，奔則力奔。若遲廻兩顧，鮮有不悞事者。"

楚師薄于險，叔山冉謂養由基曰："雖君有命，爲國故，子必射!"乃射。再發,盡殪。叔山冉搏人以投,中車,折軾。晉師乃止。因楚公子茷。(《彙鈔》眉)晉、楚、鄭三國將帥,俱有意見,一時合戰,事不勝敘。偏用閒筆敘出無數閒事,而戰事已畢敘出,筆力高妙,最須領會。(《左繡》眉)此數節自成一小片段,凡對寫皆參差暗對,此處兩從鄭伯,明用整對。"乃止"、"亦止","晉師乃止",合之則又成前偶後奇章法。中間夾一"乃死"。跟鄭伯,則連上二節;對楚師,則又連下一節。文到化工,陳思鏡、蘇蕙錦,顛倒回環,無不精妙耳。一從一辂,内旌、壹大,鄭伯幾不免。楚則或射或搏,餘勇可賈。乃寫還經文"楚子、鄭師敗績"兩句,非閒文也,薄險與陷淖應,射、搏與蹲甲映,乃文字唯恐落寞,著意設色處。(《補義》眉)七節,楚師薄于險,是正敘楚師之敗。師止、茷囚束上文,已開下見子重之旌一大段文字,"囚"字又與下"縱楚囚"緊對。(《評林》眉)汪道昆:"二子技藝過人,遂能全楚。"

　　欒鍼見子重之旌,(孫鑛眉)奇不盡,又復出此。(《補義》眉)八節,欒鍼見子重之旌,見晉師少退,故子重接戰。(方宗誠眉)前敘楚子問郤至以弓,此敘晉欒鍼使行人執榼承飲造於子重,兩相對照,于爭戰之時而忽從容禮讓,文境何等變化不測,何等寬展自如?請曰:"楚人謂夫旌,子重之麾也。彼其子重也。日臣之使于楚也,子重問晉國之勇。臣對曰:'好以衆整。'曰:'又何如?'臣對曰:'好以暇。'(韓范夾)治兵得此二字,無復敗者。(闈生夾)極雍容之致,文章之妙,亦可謂好整以暇者矣。今兩國治戎,行人不使,不可謂整。臨事而食言,不可謂暇。請攝飲焉。"(孫鑛眉)攝蓋是遣人代往,杜注:攝,持也。(鍾惺眉)整、暇二字,治兵之道,無復易此。因思春秋每有交戰,戎馬間從容詞令,有禮有言,無非示整示暇,正是威敵之意。公許之。使行人執榼承飲,造於子重,曰:"寡君乏使,使鍼御持矛,是以不得犒從者,使某攝飲。"子重曰:"夫子嘗與吾言于楚,必是故也,不亦識乎!"受而飲之。免使者而復鼓。(《左傳雋》眉)李九我曰:"敘戰陣中,著此一節關目,亦文之整而暇者,妙品。"(鍾惺眉)子重於此,亦便有示整、示暇意。(方苞夾)欒鍼見子重之旌,與郤至遇楚子之卒相映。行人執榼以飲子重,與工尹持弓以問郤至相映。子重受飲,免使者而復鼓,與郤至受弓,肅使者而免胄相映。至二卿之從鄭伯，杜溷羅謂可及，韓厥止之；茀翰胡謂可俘，郤至止之。晉侯中目之筮，呂錡射月之占，又其顯見者也。（《彙鈔》眉）欒鍼自矜整暇之勇，所以實前言。整、暇二字，晉師之綱，前俱一一見之，至此發明，亦千古治兵之要。楚子問弓於郤至，欒鍼攝飲於嬰齊，兩事相對。（《左繡》眉）文字相對，最要工力悉敵，尤要層轉層勝。如此段比問弓段，一樣風華掩映，卻更加曲折厚實，以中有精警語也。入武庫者，使人有應接不暇之歎，此文真不啻觸目琳琅矣。長文疏密相間，必有幾處著精神。首、尾、中三者，正聚精會神極肯綮處也。此篇首以談理勝，中以敘事勝，尾以辭令勝。首是出色寫一個人，中是出色寫兩個人，尾是出色寫四個人。三處寫得十分出色，而通體精神皆爲煥發矣。文苟有一處不凡，已足名世，況三者兼而有之，而又居其絕，那得不橫絕百代也！整暇二字，正對輕窕，前輩論事極得主腦，但緣此說，竟以整暇歸之范文子，則又主張太過。文子語，全照匠麗篇伏筆，何嘗以整暇爲此番戰勝張本耶？（《便覽》眉）於干戈紛擾中，見一對雍容人物，已耳目改觀。而此比郤至段更曲折深厚。整是形，暇是神，相依而行也。（《評林》眉）《經世鈔》：「便與郤至不同，敘得亦整暇可觀。此處忽接見旌攝飲一段，左氏文每喜忙中偷閒如此，然於此追奔殺逐之時，敘遣使執榼之事，方愈見整暇之妙。」魏世傚：「用衆最難得整齊閒暇，而論勇尤佳。整、暇二字須有本領，若非識真力定，而於倥傯呼吸之際，效此迂闊不切之跡，適自取覆敗耳。」按：使行人執榼，《字書》「榼之爲言盍，本作盇，覆也。」（方宗誠眉）欒鍼之承飲造子重，欲懈楚軍心耳。楚免使者而復鼓，何等整暇。（閭生夾）楚王中射，則戰事勝負已決，無可再記，乃加入往還酬對等辭令，以極蕭閒儒雅之風度，使讀者心志耳目灑然一變，頓開異境。千古以來，史家無能及其萬一者，古今絕無僅有之大文也。

　　旦而戰，見星未已。（《左傳雋》眉）李于鱗曰：「左氏片語片字亦奇，曰射月，曰趨風，曰見星，天然妙局，與杜詩同。」（方苞夾）此戰實無大勝負，但楚君既集矢於目，而復宵遁，子反之卒又奔，故以敗績書，得此二語，情事了然。蓋日既終而戰未已，楚師實未大奔也。以「旦」字遙接「晨壓晉軍」，簡明而曲暢若此。（《左繡》眉）文中往往作牽上搭下之筆，起處鄭聞晉師告楚，中間公卒告王，末段旦而戰，見星未已，皆是轉楗筆法，亦即作前後章法矣，妙甚。（《補義》眉）「旦而戰"遙接"晨壓晉軍"。(闈生夾)總結一句,筆力千鈞。又見共王雖傷,而戰事固未遽敗也。子反命軍吏察夷傷,補卒乘,繕甲兵,展車馬,雞鳴而食,唯命是聽。晉人患之。苗賁皇徇曰:"蒐乘、補卒,秣馬、利兵,脩陳、固列,蓐食、申禱,明日復戰。"(孫鑛眉)上三字句,此四字句,是略變,文蓋亦避太方。乃逸楚囚。王聞之,召子反謀。穀陽豎獻飲於子反,子反醉而不能見。王曰:"天敗楚也夫!余不可以待。"乃宵遁。(《評林》眉)穆文熙:"逸楚囚,謂倉皇奔突以亂楚伍,人喜得生,無復鬥志,故晉因而乘之。"(方宗誠眉)觀兩國之戰,皆可謂以整以暇,惟此一事致敗耳。(《補義》眉)結處方現子反,蓋中軍既敗,又以嗜飲誤國,此武夫之不足用者。他篇寫戰,勝負決于俄頃,此獨竟一日之長,可以從容禮問。

　　晉入楚軍,三日穀。范文子立於戎馬之前,曰:"君幼,諸臣不佞,何以及此?(方苞夾)未戰則切戒群臣,既勝則正告其君。戒臣則欲其輯睦以事君,戒君則欲其脩德以凝命。厲公之恃勝而驕,郤至之矜功而恣,欒書之失謀而讒,國亂君弒之情形,一一在文子心目中矣。故反國而使祝宗祈死,杜預以為因禱自裁也。君其戒之!《周書》曰:'唯命不于常。'有德之謂。"(《測義》夾)愚按:鄢陵之勝,可與城濮同功,然而厲公之霸業遂替者,何也?一勝之後,無以居之。如聽僑如之譖,而拒魯公、執行父;聽公子茷之譖,而殺三郤,反不為晉國之福也。范文子蓋知之矣。〖編者按:奧田元繼作李笠翁語。〗(《左傳雋》眉)李九我曰:"敘此節闡出文子忠悃之忱,與首起呼應。"(韓范夾)文子之心獨苦,至此乃益復無聊。諸公所見在目前,文子獨立高崗之上也。(《彙鈔》眉)晉帥各出智勇以敵楚,獨文子不效一謀,至戰勝後,忽進規箴,忠君愛國之心爭光日月。韓之戰、城濮之戰、邲之戰、鞌之戰、鄢陵之戰,俱長篇大文,其敘次並無一筆相同,卓絕。(昆崖尾)徐揚貢曰:"文須識賓主,此傳左氏深心全主范文子,起結及中間,數數提挈處森然、悚然。奇在楚有伯州犁,晉便有苗賁皇,才人之文,湊泊靈巧。史家敘事,皆一往寫,唯左氏能分合寫。一邊寫晉,一邊寫楚,筆筆不同,卻逐筆對照,此法惟司馬子長敘劉項戰事,仿佛如此。"(《約編》眉)以范文子語結,與前作照應。(《便覽》眉)"宵遁"收楚敗,"三日穀"收晉勝,作一對,結尾直卷起手,蓋憂于未戰之前,故戒于已戰之後。（《便覽》尾）此篇純用聯對，一線雙行，而虛實詳簡，交錯離合，各盡其妙。若他處敘戰，極寫權謀。而此以道學爲起訖，左氏亦深有感於無義戰乎？文子人物本高，而此篇定識精言，直是"生於憂患，死于安樂"注脚，尤不可及。迨至歸家而祈死，又以不保身者見保宗之哲。嗚呼，惜哉！芳輯評。（《日知》尾）整暇固晉所以勝，輕窕固楚所以敗，然正惟當局知之，旁觀亦知之，後果應焉如響，而文子始終不主勝楚，爲能知幾而慮遠也。傳以釋經，本敘晉勝楚、鄭事，文却以全事作文子襯墊，並以文子作全事包裹，豈非運磐石如轉彈丸手段！而離合錯落，無一筆平復，又備極出没隱見之奇。（《評林》眉）謝文洊："文子至此已辦一死，然當衆得意極矜之際，眼看不得，胸中按納不下，雖知無益，聊自鳴苦衷而已。"（閭生夾）歸入正意凜然，憂國之衷，躍然紙上。（《自怡軒》尾）晉臣議論，無不曲當事機，究不若文子之防患慮遠，所見者大。故起結備詳其語，以爲專事立功者戒。許穆堂。

楚師還，及瑕，王使謂子反曰："先大夫之覆師徒者，君不在。子無以爲過，不穀之罪也。"子反再拜稽首曰："君賜臣死，死且不朽。臣之卒實奔，臣之罪也。"子重復（或作使）謂子反曰："初隕師徒者，而亦聞之矣！盍圖之？"對曰："雖微先大夫有之，大夫命側，側敢不義？側亡君師，敢忘其死。"（《評林》眉）《評苑》："言往日子玉初喪師徒，而成王賜之死，汝亦聞其事也。欲使子反亦自殺也。"（閭生夾）補敘子重之忮害子反，並不另起波瀾，已自瞭然，是才力大處。王使止之，弗及而卒。（《測義》夾）愚按：楚共身在行間，目且受矢，迺歸咎於側而殺之，亦異於秦繆之不替孟明者矣。雖然，終春秋之世，楚兵實强於天下，其亦以賞罰行哉！【編者按：奧田元繼作王元美語。】（王系尾）此篇敘晉楚之戰，雌雄未決，而楚共自遁，非若城濮與邲，其勝負皆可前見也。欒饜之乞師也，獻子雖言有勝，而不言其所以勝。子反之過申也，申叔雖言其所以敗，而德刑詳義禮信，豈晉之所有哉？楚固有敗道，晉實無勝道，范文子之所以不欲戰也。雖然，晉人雖從范文之言而逃楚，厲公、欒、郤，豈能克己反躬、脩德脩政者？亦不過包羞忍垢，偷樂苟安，日趨於弱，反無以致悼公之復霸矣。烏乎！廢興之際，天心人事，確有可信，而倚伏難尋，蓋難言哉！此是部中大結構處，來脈長，去路遠，包蘊宏富，讀者其盡心焉。

（《菁華》尾）范文子病厲公之驕，知後來必有君臣相殘之禍，故于勝楚之役，甚非意之所願。然文子之言，謂之忠於厲公則可，若以中外大勢而論，晉自邲敗之後，國威大挫，敵勢益張。楚人猾夏之謀，日甚一日。齊、秦皆往附焉，即至親附如宋、魯，亦皆有外向之意。鄢陵之戰，于事萬不可已，此固未可以後人之亂蔽罪欒書也。子反之死，已在叔時意中。欒書之謀，自是老成持重之道，使用其言，亦未必不勝，不可以郤至六閒之說，疑其策之有失也。鞌之戰有高固，鄢陵之戰有潘黨、養由基，皆以勇力聞，而皆無救于敗，聖人所以輕暴虎馮河之技也。古人處戰陣之中，猶復彬彬有禮如是，此是後人萬不敢學處。鄢陵之戰，國王受傷，而三軍尚未大挫，使其明日再戰，勝負正未可知，而偏生一穀陽豎以敗之。王謂"天敗楚也夫"，誠哉，是言也！子反處危遽之中，而以嗜飲悞事，其死宜矣。敘子反、子重語作餘波，以證成郤至二卿相惡之言。（王源尾）人事與化工遠矣。人巧縱至，必有所窮，力限之也。星、日、雲、雷、水、石、人，物無小無大，莫不各賦以氣，而使之盡其用。乃萬物不但區分類別，即一類中，亦隨物賦形，初非若型模之範物，非化工，孰能然哉？是故文唯人巧有所能，有所不能。文至化工，則無所不能。有所能，有所不能者，有所專也。如設色攻皮之不能相兼。無所不能者，如大匠之兼總百工，而無一不善。不能兼，則不得不雷同。無不善，則莫測其方。體文至無方無體，即三千大千世界，烏足以窮其變化所至乎？左氏所敘大戰，獨鞌戰有闕文，難見手法。至韓原、城濮、邲、鄢陵，用意用筆，判然各闢乾坤，無一字雷同仿佛。韓原之戰，意在晉侯見獲，而以正爲奇，以奇爲正，如千靈百怪，倏來忽逝。城濮意在一戰，而筆筆用奇，如萬疊洪濤，驚風逆折，天地爲之簸蕩，山谷爲之崩摧。邲之戰，意在先縠，而筆筆用正，略閒以奇，如帝庭天闕，瓊樓玉宇，恢宏巧詭，非復人閒。三戰已盡文家幻態，似難更見神奇。乃此篇又與三戰大異。蓋三戰用意，在本傳之中。此篇意在本傳之外，只爲晉亂張本，不爲晉勝序功。如天在水，月在鏡，影在此而形在彼。三戰用筆，以瑣細爲閒情。此篇以瑣細爲正面。蓋意不在於序晉功，故但零寫一人一事，而勝敗帶序其中。如十洲三島，橫斜參錯，景態萬千。嗚呼！三戰之外，又復有此，非化工孰能然乎？故文不知以化工爲師，斷不能百出而不窮也。通篇"戰"字十一，與城濮略同，而用意迥別。城濮精神在戰，戰字即精神迸露處。此篇精神不在戰，戰字乃題面點逗處，不得混而同之。晉自鄢陵勝後，君臣益驕，未幾而三郤誅，厲公弑，晉國大亂，皆此戰誤之也。作者於是全爲後事作張本，故以范文子之言爲主。始曰"晉國之憂可立俟"，繼曰"逃楚可以紓憂"，又曰"外寧必有內憂"，終曰"唯命不于常"，序戰勝文字，而如此起結，如此關鍵，何其奇警！然確是當年情形時勢如此，所謂因物賦形，非由造作，可知百出不窮者，皆自然也。時中二字，亦文家要訣。文能時中，則無偏倚之弊、過不及之疵，而恰止其所。此篇雖爲晉亂張本，然如此大戰，一勝一負，所關非小。勝也，豈無因？敗也，豈無故？若略而不見，便有偏倚，而或過或不及矣。故序孟獻子"有勝"之言，見晉之所以勝。又序申叔時、姚句耳與郤至之言，見楚之所以敗。是以精神雖不在序晉功，而勝敗之故，未嘗略也。時中之妙，烏可不知？一段序晉起師，二段序楚救鄭，三段、四段序戰，別立機局，合數小段爲一段，與邲戰不同。五段結晉，六段結楚，而三段、四段中無窮景態，妙處全在突，全在瑣。突則峰巒碀屼，瑣則情致芊眠。突難矣，瑣更難也。壓晉而陳，巢車望晉，兩事俱突兀爭奇。壓陳如畫虎，草木有聲。望晉如畫龍，風雲無際。壓晉，實在楚，虛在晉，借楚以寫晉。望晉，實在晉，虛在楚，亦借楚以寫晉。總見晉之強。而接序筮詞，以伏後案。掀淖以見晉之有人，無非此意。巢車之望，從來序戰功所無。將晉千軍萬馬，悉列眼前。而繪神全在數"矣"字、"也"字，此妙難傳。甲午之辰，楚壓晉軍而陳，即於是日戰。自掀淖以前，皆未戰事也。逮乎序戰，卻追敘癸巳射剨事，而入最跳脫。從潘黨、養由基轉出呂錡，從呂錡之夢轉出楚子之傷。自此以後，皆序戰矣。共七事：前二事序楚，中三事序鄭，後二事又序楚。零零瑣瑣，散散閑閑，最耐觀者。而戰罷振起一番，更覺精彩百倍。末段結楚，謂之餘波者，因正傳只在范文子前後數語耳。但晉之勝，不知以爲功。楚之敗，不得謂無過。雖是餘波，乃所以詳楚而略晉也，輕重之間，錙銖不爽。（方苞總評）此篇大指在爲三郤之亡、厲公之弑張本，故以范文子之言貫穿通篇，而中間"國之存亡，天也"二語，尤前後之樞紐。蓋鄭之叛服，關晉、楚之興衰，欒書知之；晉之勝，孟獻子知之；楚之敗，申叔時知之，姚句耳知之。楚有間可乘，郤至知之，苗賁皇知之。而晉之逃楚可以紓憂，幸勝轉爲亂本，則衆人皆不知。蓋衆人所知者，人事之得失；而文子所憂者，天命之去留。失政之經，棄民之信，則必敗。致己之謀，得敵之間，則可勝，人事也。君無德，而以幸勝致亂亡；臣不睦，而以争功生猜貳，天命也。衆人夢夢，再告以國憂而不喻，故推極於天命之存亡以警之。而既勝之後，又正言"天命無常，惟德是與"以警其君也。《左傳》以後，敍次戰功，莫如《史記》項羽救趙之師，然其辭意精采，頗顯而易見，不若左氏五戰，千岩萬壑，風雲變現，不可端倪，使觀者目眩而神怡也。豈惟後人，即作者于五戰外，不過齊、秦之師，小有丘壑，過此晉、楚二戰，皆略而不敍矣。蓋能事已極，無爲屋下架屋，如五嶽崇巍，雖造化之靈氣，不能多結也。五戰惟鞏有闕文，其脈絡之灌輸，精神之流注，遂莫可探尋，可知古人爲文之不苟。（孫琮總評）戴岡得曰："輕窕、整暇，正是的對，而錯綜出之，或以議論，或以敍事，或以辭令，兩兩相形，重重變化，與城濮之戰，神巧悉敵。"鄢陵之戰，晉勝而楚敗，寫晉人純是雍雅。雍雅者，整暇之本也。寫楚人，純是勇氣。勇氣者，輕窕之發也。楚之輕窕，叔時數言已盡，而姚句耳所見，亦甚左券。晉之整暇，士燮深慮素定，而欒鍼之攝飲，乃其實事。晉有欒書、郤至、韓厥、范匄、呂錡，楚有潘黨、養由基、叔山冉，鄭有石首、唐苟，而苗賁皇、伯州犂尤以料敵畫謀見重。篇中穿插映帶，埋伏照應，亦自無處不整，無處不暇，絶無輕窕之態。自非習熟精鍊，豈易得此筆力高古？叔時格言，子反不知悟。文子遠見，能持之不移。故敍晉事，以文子爲起訖；敍楚事，以子反爲起訖，結構極其精密。（《賞音》尾）勝敵，大榮也，然孰與君臣儆懼，以消外憂之爲大？厥後厲公侈，殺三郤而劫束欒書、中行偃於朝，二子雖不死，卒與於篡弑之罪，視文子之力諫不聽而使祝宗祈死者，其識不亦遠哉？（《左繡》眉）以下兩段當另讀，此段乃經"楚殺其大夫公子側"傳，下段乃經"會于沙隨，不見公"傳，蓋編書者誤連之耳。沙隨之會，本與鄢陵之戰不屬。殺子反，亦宜另畫者，以前篇宜以文子爲起訖，綴此便不成章法也。觀城濮篇，將"能以德攻"煞住，而殺子玉事不附前尾，可知矣。此節亦用對寫，覆師徒、隕師徒、死且不朽、敢忘其死，兩兩相准。而"使謂"則前渾厚，後尖刻；對語則前甘心，後含忿。皆傳神之筆。（儲欣尾）春秋諸大戰中，此篇記序尤圖變。（美中尾）汪環谷曰："晉自邲敗後，楚陵駕益甚，蜀之盟，諸侯從者十有一國焉。今厲公不假外助，一戰而挫其鋒，功幾與城濮等矣。否則，倚鄭以長驅中原，其害可勝言耶？所惜者，厲力能捍外患而不知弭於蕭牆之内耳。"馬宛斯云："忽敍事，忽議論，忽辭令，錯綜變幻，出奇無窮。"（楊繩武總評）此篇亦是晉勝，亦以晉爲主。然與城濮不同，又與邲不同。蓋城濮以晉勝爲主，邲以楚勝爲主，而此篇主意，不重晉之能勝楚，重晉之以勝楚召內亂。故城濮、邲兩篇須看前面來龍，此篇須看後面去路。自鄢陵戰勝，晉君臣相猜，厲公被弒，三郤見殺，欒氏出奔，皆張本於此番之一勝，此題外之意，而實一篇之主也。惟范文子早見及此，文子不欲戰者也，欒武子、郤至主戰而勝者也，題面似以欒、郤爲主，題意卻以范文子爲主。文固有題面在是而主意又在題面外者，此類是也。通篇以"憂"字爲主，開口說"晉國之憂可立俟也"，中間云"我偽逃楚，可以紓憂"，又曰"惟聖人能內外無患，自非聖人，外寧必有內憂"，總不脫"憂"字。末段立於戎馬之前曰："君幼，諸臣不佞，何以及此？君其戒之。"戒所以弭憂也。首尾兩段，兩相呼應，所謂擊首而尾應、擊尾而首應者也。中一段又與首尾兩段相應，所謂擊中而首尾俱應者也。此是一篇精神血脈貫注處，有此三段作中權、首尾、關鍵，其餘題面雖極力鋪張，總絲絲入扣矣。整、暇兩字亦是一篇眼目。整暇與輕窕針對，德、刑、詳、禮、信、義，得之則爲整暇之本，失之則爲輕窕之本。"楚有六間"一段，是實指其輕窕；"騁而左右"一段，乃細陳其整暇也。其餘敘晉事總不脫整暇意，敘楚事總不脫輕窕意，極錯綜映射之妙。欒書、郤至以整暇勝者也，范文子以整暇持勝者也。整暇是題面，憂字是題意。題面以整暇爲主，題意以憂字爲主。《左傳》文字，慣於題前作勢。如邲之戰，隨武子、欒武子兩番議論，便見楚之必勝。知莊子、伍參兩番議論，便見晉之必敗。鄢陵之戰，孟獻子一言便見晉之必勝，申叔時、姚句耳兩段是從旁人見楚之必敗，欒書、郤至兩段是從晉人見楚之必敗。當未戰之先，兩國勝負情形已分寫得瞭如指掌，直至交兵勝負，只如點睛一點，更不多著筆墨。《史》《漢》以下，便多正面直敘，不能如此曲折頓挫矣。"騁而左右"一段，本晉人行軍佈陣之事，所謂整暇者也。若但從晉人一面敘去，文便板實，妙著"楚子登巢車以望晉軍"一句領起，使晉人事都從楚人目中看出、口中說出，便覺字字靈活，筆筆生動，此亦是虛者實之、實者虛之之法，而用筆之妙，更寫得花團錦簇、移步換形，真是奇外無奇更出奇也。楚人望晉軍，晉軍亦望楚軍，若作兩番敘述，文便累贅，若只一番點次，又似漏脫。妙只以兩句補足之，曰"苗賁皇在晉侯之側，亦以王卒告"，一字不漏，亦一字不複，此是補法、省法、並疊法，後人文字凡敘一樣事者，多祖此法。"晉侯將伐鄭"一句提起，下緊接范文子語，先將題外主意喝破，爲後傳十七年晉亂張本。然後接入欒武子語，再將題面撥轉，爲全篇晉勝領局也。孟獻子、申叔時、姚句耳三段，從旁人看出晉、楚之勝敗。"范文子欲反"至"童子何知焉"，再申明主意，爲首尾血脈，亦更爲後傳張本也。欒書、郤至兩段，雖論楚事，亦伏後傳欒書、郤至案。"登巢車"至"一矢復命"正敘戰照題面，蓋如此一篇大戰文字，主意固不可脫，而題意亦不可略也。"郤至三遇楚子之卒"一段搭上，亦伏後傳郤至見殺案。"韓厥從鄭伯"以下結鄭案，"楚師薄於險"一段正結楚敗案，"欒鍼見子重之旌"一段結出整暇二字，以下至"三日穀"重爲楚起波，以完楚案。"范文子立於戎馬之前"一段，繳轉起手，結清主意，正起十七年晉亂張本也，末段完"二卿相惡"並"吾不復見子"句。（《約編》尾）鄢陵之戰，晉以倖勝，故前後敘范文子語爲起結，敘事曲折變化，尤得虛實互換之妙。（《左傳翼》尾）從來大臣憂國，全在根本綢繆，而不爲好大喜功之計。蓋君令臣共，上下和睦，乃長治久安之道。攘外必先安內，理自不易。是時晉政乖亂，大難將作，欒、郤諸人猶汲汲以勝楚爲務，貪近功而忘遠禍，范文子所以未戰而憂，既勝而懼，一篇血戰文字，而以文子名論經緯其間，識見學問俱係聖賢一路，《春秋》諸賢無有與之頡頏者，不僅欒書輩不能望其項背已也。晉之勝，止一筆輕敘。楚師敗徵，詳書不一，知楚所以敗，即知晉所以勝，輕窕、整暇，固二國勝敗之大略。然楚師輕窕出自欒書之口，唯姚句耳所云志失列喪爲近，若郤至"六間"二字，已不足以該之。而申叔時云云，則根本上更多欠缺，即不輕窕恐亦不能勝晉，標此四字作通篇主腦，似覺未當。楚師之敗，申叔時言之，姚句耳決之，郤至斷之，而其所以敗，尤在苗賁皇"楚之良"數語，虛實既得，攻瑕攻堅，無不扼吭。拊背分良，以擊左右，而三軍萃于王卒，楚之君臣，已在晉掌握中矣。兩軍相當，各有抵敵，今也郤至以新軍之佐，三遇楚子，又從鄭伯。韓厥將下軍，又從鄭伯。呂錡不知何屬，射王中目。欒鍼爲公右，在晉中軍，而忽遇子重，當楚左軍。紛綸錯綜，奇奇怪怪，總不出擊左右、萃王卒二語錦囊中。蓋諸將皆追殺獸兔者，發蹤指示則賁皇一人而已。末後狗列逸囚，令楚子宵遁，尤爲無上功勳。他日聲子告子木，所以專美賁皇。一面壓晉軍而陳，一面登巢車而望，雄情勝概，目中早已無晉。而楚卒爲晉敗者，以楚人尚勇，晉人恃謀也。巢車一段，奇幻不測，人共知之。佳在前後正寫晉人，忽插此段於中，而楚子與伯州犁所望，或前伏，或後補，或虛或實，或詳或略，便爾波譎雲詭，若呆寫一處，而以此段綴入，爲頑反鈍。神龍出没空中，全賴煙雲布護，左氏此文，其猶龍乎？呂錡二段，敘楚子之敗；韓厥二段，敘鄭伯之敗。敘鄭敗即是敘楚敗，故以楚師薄險總承説下。楚良唯養由基數人，敗衂中賴以生色，然已無救於敗。而郤至、韓厥縱楚子、縱鄭伯，皆是擒縱由我，極得意氣象。欒鍼子、子重曲意庇護，不肯動手，借平日整暇之對，瞞過厲公，較郤至免胄趨風，更爲盡情，此等左氏極力描寫晉師之勝處。楚王在軍，而專罪子反，責在主將也。前提子反入見申叔時，後提子反命軍吏，而終以醉不能見，於自己口中招認臣之卒實奔，則罪無可逃矣。二卿相惡，只於末路一見，筆端隱躍有神。天下事無獨必有對，孟獻子説晉勝，申叔諸人即説楚敗。晉有范文子，楚即有申叔時，皆深識明理人也。此以公卒告，彼以王卒告，而一勝一敗，用不用殊耳。呂錡射王，由基射錡，一矢加遺，工力悉敵。而叔山冉、潘尪之黨，又可與欒鍼争雄。楚中軍僅有王卒，晉以欒、范之族夾公行，韓厥從鄭伯，郤至亦從鄭伯。郤至遇楚子，免胄趨風，欒鍼見子重，亦執榼承飲，以至公之筮，史之占，杜溷羅、茀翰胡、唐苟、石首諸人，無不色色相配。戰後子反申命，賈皇狥列，欒書、郤至議論參差在前，子反、子重情事傾軋在後，逐一點綴，無不入妙。《左繡》謂城濮篇純用開合，邲戰篇純用轉换，此篇純用聯對，相其才情機法，真如瀛洲之木，一葉百影，如何之樹，隨刀改味。知言哉！城濮、邲戰，晉、楚互有勝負，而兩君皆不在軍，其撓敗者不過師徒耳。至若還濘被獲，如泉取飲，則禍專在君矣。今則呂錡一矢，儼若檇李之傷；郤至三遇，又同速杞之逸，較之韓原、鞌戰不啻焉。經書敗績，特言楚子，蓋以君爲重也。又况韓厥、郤至皆從鄭伯，向令從兩御之言，一齊下手，則奏凱而還，左世充、右建德，秦王豈得獨美千古哉？是役也，子反死，子重亦幾不獲免焉。晉之大勝未有若此者，惜乎厲公以侈致亂，不能爲世民之興，而竟蹈存勗之亡，此范文子所以憂懼歎息也。（德宜尾）史家敘事，皆一往寫，惟左氏能分合寫。一邊寫晉，一邊寫楚，筆筆不同，卻筆筆對照。中間寫晉，從楚人遥望中摹擬，手口鬚眉畢露。"王曰"下九"也"字，七"矣"字，八"曰"字，一"乎"字，歷歷可指，喃喃可聽。尤妙"何也"字，只一見，無問答痕跡。徐揚貢。（高嶀尾）汪環谿曰："《春秋》二百四十二年，晉勝楚者，惟城濮、鄢陵而已。自宋襄泓之敗，楚衡行列國，至城濮而沮其志。自邲林父邲之敗，楚之凌駕尤甚。嬰齊盟蜀，諸侯之大夫從者十有一國，至鄢陵而挫其鋒。前此未有諸侯助楚以戰者，惟鄢陵之役，鄭伯佐楚共以敵晉。使無呂錡射月之勝，則楚將倚鄭爲援，長驅中原，其害可勝言耶？所可惜者，厲公不能脩政於內，而徒務求逞於外，是以三假王命以伐鄭，而鄭終不服。聽讒諂之言，而刀鋸日弊，卒及於難。無取勝之道，所以不遂霸也。"高息齋曰："凡楚師之敗，必行軍法于主將而死之。春秋之世，楚實強於天下，其所以能強者，將帥之力也。將帥之所以力者，賞罰行也。二百四十二年之間，敗績者凡十有六，而楚居三焉。城濮之敗殺得臣，鄢陵之敗殺公子側。柏舉之敗，囊瓦逃刑而奔鄭。至於列國之敗績，凡十有三，不聞加兵法于一主將者。國勢浸弱，遂成姑息。漢魏而下，率皆踵之，端可爲鑑。"汪環谿曰："楚審躬臨戰陣，以罷卒致敗，而集矢於其目。乃歸咎于司馬側而殺之，亦異于秦穆之不替孟明者矣。傳稱'王使止之，不及而死'，亦猶頹之止得臣，曰'無死'，蓋亦僞耳。嬰齊身爲令尹，以將左軍，與側相惡，使敵國謀臣知其莫有鬭心，而委罪于側，何耶？《春秋》稱國以殺，不去其官，著楚君、大臣之失也，書法與殺得臣同。"按：此二條各有所見，故均錄之。時厲公昏，郤氏驕，此戰特以倖勝耳。逾年厲公被弒，三郤見誅，晉室大亂。范文子老成識遠，特爲國勢持論，文即以其言爲通篇筦鍵，最得主腦。其敘事處處用對偶之法，有兩段平配，有兩段遙配，有本段自相配者。兩兩關映，如陳思鏡、蘇蕙錦，顛倒迴環，無不精妙。可云人巧極而天工錯。（高嵋眉）俞云："整暇是晉所以勝，輕窕是楚所以敗。先說破輕窕，以後逐節摹寫。先歷敘整暇，至末忽然點明。兩國大勢了然，而文又錯綜變化。賁皇由楚奔晉，故能得楚之情。潘黨、養由基、叔山冉皆楚良，在中軍也。呂錡射王、郤至遇王，所謂三軍萃于王卒也。觀此可得勝負之故矣。范文子五段議論，有明有暗，有婉有直，有詳有簡，段段精神。巢車一段，將晉事先敘一半，後敘一半，而楚君臣語間於其中。斷續離合，絕世奇妙。"（《評林》眉）《經世鈔》："王使止之，可知王初命是實。"（林紓尾）紓按：此章文字之美，美不勝收。然以大勢論之，實得一偶字法。何云偶？每舉一事，必有對也。當子反入面退老之申叔時，此老洋洋吐辭，料敵乃同蹇叔。是楚師之敗，已決于申叔時一言，而爲之對者，姚句耳也。申叔時之言敗，言其動作之非時；姚句耳之言敗，言其節制之無術，此一偶也。范文子之不欲戰，在事前言之；欒武子之悔此一戰，在事後及之，又一偶也。郤至好事，料敵如神；范匄少年，論事有膽，又一偶也。伯州犂自晉降楚，苗賁皇自楚降晉，已屬天然之偶。乃巢車望敵，文字俱在空際傳神。每用一"矣"字，必應一"也"字，又是一偶。顧伯州犂述其本國軍中規制，以告楚子矣，脫文中寫苗賁皇，亦如伯州犂寫法，則沈重板滯，左氏斷不爲此。故寫伯州犂用繁筆，寫苗賁皇用簡筆，繁簡又是一偶。晉侯臨戰而卜，呂錡因夢而占，又是一偶。郤至免胄，楚子謂其有禮；欒鍼執榼，子重謂其踐言。又是一偶。至潘黨、養叔之蹲甲皆中，已自爲偶矣。乃呂錡射王，而養叔報仇，又是一偶。尤妙者，韓厥後鄭伯，苟用杜溷羅之言，必獲鄭伯，乃韓厥不可而止。郤至亦從鄭伯，又有茀翰胡爲杜溷羅之對，亦幾獲鄭伯矣，而郤至不可而止。此偶殊屬天然。至於子反收軍，察夷傷，補卒乘，繕甲兵，展車馬，雞鳴而食；而苗賁皇亦徇于師，蒐乘補卒，秣馬厲兵，修陳固列，蓐食申禱，所言一如子反，則明明示讀者以偶筆矣。故善爲文者，因事設權，往往使人不覺。韓昌黎《送齊皥下第序》，直以偶句到底，讀之但知其散，不知其偶，則抽換挪移之力，能使讀者眼光紛亂，此文字之點也。（文熙眉）子玉、子反喪師，俱令自殺，楚有典刑，所以稱伯。後子重亦以爲吳所敗，憤恚心疾而死。（《快評》尾）

鄢陵爲五大戰之一，猶五嶽之有西華也。見之惟有驚怪太息而已，何能更措一詞哉？晉楚相間對寫是此篇章法。鄢陵之戰無人不知晉勝楚敗，乃范文子始終不欲戰，正憂其勝，不憂其敗也。絕頂見識，絕頂議論，何容讚歎！吾更喜如此大篇，而以范文子爲之波瀾頓挫，益覺光芒萬丈。譬之璿璣，而范文子則其極樞；譬之江海，而范文子則其砥柱也。始于乞師齊、衛、魯，終於齊、衛、魯出師，以爲章法。他篇只就一邊寫，而以彼邊爲之絢染，獨此篇兩邊對起，夾敘到底。開手寫晉出師畢，接手即寫楚出師。晉出師而孟獻子知其勝，楚出師而申叔時知其敗，而繁簡、詳略各盡其妙。楚一失信，而申叔時決其必敗，如操左券。若是乎，信之不可棄也！乃晉人爲無信之尤，而文公以譎致數世之霸，則又何也？然而文公伐原示信，未嘗不以信教其民焉。晉侯將伐鄭、晉師起、晉師濟河，凡作三層寫，而後至於鄢陵，已與楚相遇，而東諸侯之師猶未至也，楚師可謂神速之至矣。然姚句耳謂其失志喪列，欒書謂其輕窕，郤至言有六間，皆從此看出兵貴神速之言，特一往語耳。段段晉、楚夾寫，而以范文子爲波瀾頓挫。晉人若范氏父子，皆聖賢中人，其學大有本源。

無敵國外患者,國恒亡,已先孟子言之矣。晉人議論猶未有定,楚軍已如雷霆風雨壓晉軍而成陣矣。晦日為兵家所忌,楚偏用此日,以出晉人之不意。此番楚師別是一種氣色,左氏亦別用一副筆墨。楚師壓晉軍而陳,楚子即登巢車而望晉軍,欒、范、郤、苗之言,即所謂聚於中軍而合謀也。敘晉謀未竟,忽夾楚子登巢車一段在中,而置苗賁皇之謀於後,遂與太宰伯州犁互為照耀。不知文者,竟謂苗賁皇之言別是一番說話矣。一段寫晉,一段寫楚。楚人聲勢在晉人文中敘出,晉人軍容在楚人眼中看出。文字有寶鏡交光之妙,不可以言語筆墨多為贊歎也。楚子登巢車以望晉師一段,前無古人,後無作者,能攝後人之魂于楚巢車之上,親見其事者然。鄢陵一會,千古不散,斯文與造化爭能矣。聚于中軍而合謀,即欒、范、郤、苗之謀也。張幕而虔卜於先君,即國蹴、王傷之卜也。塞井夷竈而為行,即從范匄之說也。或前或後,或隱或現,或應或不應,夾楚事于晉人文中,而反照出晉一軍之事,纖毫皆備。昔人謂《左傳》為萬世文字之祖,今知其果不虛也。晉楚之師皆成列而出,法當詳敘其三軍,乃今更不知誰分擊其左右,誰萃于中軍王卒。呂錡射中王目而後,郤至以新軍之佐儦當楚王。韓厥以下軍之將從鄭伯,而郤至又從鄭伯。欒鍼為厲公戎車之右,欒、范以其族夾公行,則在晉中軍矣。儦而當楚之左軍,遂令讀者目眩心搖。及細察之,卻不曾有一筆正寫。甲午,"楚晨壓晉軍而陳",已上皆甲午之朝片時中事也。晉謀定,成列而出,將戰矣,卻忽從癸巳別敘楚事,又夾敘晉事。射共王中目一事中有此兩番絢染,便覺無限波瀾。自有文字以來,寫戰陣之事,無有奇于《左傳》者。《左傳》以五大戰為最,而五大戰中,更無有奇于鄢陵之戰者。晉、楚相遇,先各寫一段,勢如兩龍對攫。而後晉、楚相間再寫四段,一段奇於一段,走旍幟於行間,轟金鼓於筆底矣。欒書以此一事為殺郤至之案,此處不得不細寫。然郤至以下軍之佐三遇楚子,儦而又從鄭伯,只郤至一人,八門五花之妙具矣。鄭伯幾為晉人所獲者再,以石首之謀,唐苟之死,僅獲免。晉、楚之勝負,亦略相當,而鄭則大創矣。韓厥、郤至不致死于鄭伯,此時固無暇于鄭也。郤至適當楚之中軍,忽而又從鄭伯,則晉軍之變化極矣。迥非他陣蹊徑,文字亦然。只"楚師薄於險"一段是正寫楚師,且完上文養由基公案。文勢至"囚楚公子茷"句,幾於結矣。不意下文更有一段文字,令讀者心魄不能應給。子重為令尹,將楚左軍,欒、范以其族夾公行,則厲公在晉中軍。步毅御厲公,欒鍼爲右。晉之中軍忽又與楚左軍相遇，晉軍變化，其猶龍也？子重問晉國之勇，欒鍼以"好以衆整"對之，已迥出常情之表矣。子重更問何如，則以"整"之一字猶未足以盡晉之勇也。不惟欒鍼之言洩盡兵家之密，而子重之會心又何可及也？余謂此二字更是行文妙訣，左氏通身本事不過暇、整二字，便能成此一部《左傳》也。前云晉師乃止、囚楚公子茷，以爲鄢陵之戰止此矣，乃更有欒鍼一篇極奇文字在後。至此猶曰"免使者而復鼓"，曰"見星未已"，曰"惟命是聽"，曰"明日復戰"，讀者至此，心神亦苦其震盪，耳目亦疲於眩搖。無怪乎晉人患之，而楚王宵遁也。嗚呼！以三寸之管而動搖千萬世之心思耳目，不知左氏之用心何如而有此筆墨也。以范文子作結，與篇首成章。范文子不憂晉敗，而憂楚敗，今晉勝矣，是楚幸而晉之不幸也。三郤尸而厲公見弒，欒氏亦幾于亡，何樂乎此一勝哉？子反之不終，夫人知之，然此番王在軍中，更非城濮之比，子重以此快心於子反，楚那得不敗？晉既乞師于東諸侯，未嘗不欲得三國之師而後戰也。因楚師之至如雷霆、如風雨，郤子主之卜而告吉，不得不戰，非三國之遲，實晉、楚之速也。

戰之日，（《補義》眉）從鄢陵戰敍起，伏不見公之由。提綱。（閭生夾）宗堯云："戰之日，戰于鄢陵之日也。後人將此文移附于鄢陵戰事之後，故將鄢陵字削去以順適文意，疑本有'鄢陵'字也。"**齊國佐、高無咎至於師。衛侯出於衛，公出於壞隤。**（《左繡》眉）此篇爲沙隨之會晉侯不見公作傳，其不見公，以鄢陵之戰，魯獨後至之故，其後至，則以待於壞隤之故。其待壞隤，則以宣伯之故。此是逐層推到前。於是因待於壞隤，宣伯即以待勝誣魯侯，貨郤犨。郤犨亦即以待勝誣壞隤，訴晉侯，此是逐層遞到後。末以一筆結之，曰"晉侯不見公"。與楚子圍宋篇同一筆法，而彼以直肖，此以曲肖，各極其致也。

宣伯通于穆姜，欲去季、孟而取其室。將行，穆姜送公，而使逐二子。公以晉難告，曰："請反而聽命。"姜怒，公子偃、公子鉏趨過，指之曰："女不可，是皆君也。"公待於壞隤，申宮儆備，設守而後行，是以後。使孟獻子守於公宮。（孫鑛眉）敍事簡練，以委曲情多，遂覺語精。（《評林》眉）《補注》："傳言鄢陵之役，齊、魯、衛皆後師期，不書。"李笠翁："宣伯通穆姜，脅成公以去季、孟，當時季、孟甚強，何不遂用之以去此孽乎？郤犨行訴，晉侯不見，惡之潛滋，何時而已也？"《補注》："傳言趣過，見偃、鉏不知謀。"

秋，會于沙隨，謀伐鄭也。宣伯使告郤犨，（《正論》眉）郤犨于欒、范，此正兩立必不容者，故欲去季文子，而假欒、范以中其心，欲其必去之也。（《補義》眉）三郤中犨猶極惡，種種殃及魯、衛。曰："魯侯待於壞隤，以待勝者。"郤犨將新軍，且爲公族大夫，以主東諸侯。取貨于宣伯，而訴公于晉侯，晉侯不見公。（《左繡》眉）凡三寫壞隤，以首句"出於壞隤"爲主，下兩"待於壞隤"句，前是寫所以後之故，後是寫所以不見公之故，以遞爲對，亦一頭兩腳格。（《左傳翼》尾）鄢陵之戰，魯侯後至，正以宣伯作慝，申宮儆備而後行也，其待壞隤，蓋亦不得已耳。乃郤犨取貨宣伯，即以待勝誣魯君，獨不思齊、衛皆後至，何以略不之問耶？晉政不綱，郤氏之橫暴已極，讀此爲之髮指。（《評林》眉）陳岳："公不及鄢陵之戰，且誣於宣伯，晉侯不察其實，而信其誣，是罪不在公，故書以彰晉侯之信誣，明我公之無罪。"

曹人請于晉曰："自我先君宣公即位，國人曰：'若之何，憂猶未弭？'而又討我寡君，以亡曹國社稷之鎮公子，是大泯曹也。先君無乃有罪乎？若有罪，則君列諸會矣。君唯不遺德刑，以伯諸侯。豈獨遺諸敝邑？敢私布之。"（孫鑛眉）君卒而太子又見殺，故云"憂未弭"。有罪即頂上先君來，總是辭命借語法。（韓范夾）已經與會，則大惡皆可不討，此豈先王設盟意乎？此盟會之所以日敝也。（《左繡》眉）凡作四層辭令，亦自婉轉有致。但理終有虧，不得暢所欲言，讀去一似斷斷續續者，然神理之妙正在於此。憂猶未弭，當指喪君之憂。注以國人從子臧爲憂，下文又何必以亡公子爲辭耶？"先君無乃有罪"下，暗藏一今君可幸無罪在內，卻不敢明言，故下文只用反語暗轉。一難一解，只用兩"有罪"作反正開合，詞令最輕而捷也。（《左傳翼》尾）曹人之請，重在子臧。晉侯之許，亦重在子臧。子臧反而曹伯歸。曹伯歸而子臧不出，其節亦何堅也？請辭亦茹亦吐。（《補義》眉）汪云："不敢明言今君無罪，故用反語暗轉。"（《評林》眉）姜寶："憂猶未弭，當指喪君，注'國人從子臧'，非是。下文又何必以亡公子爲辭耶？"（王系尾）人雖衆辭，實負芻之黨扇惑而驅迫之者也。若國人之公議，則必請子臧于宋矣。即令子臧終不可反，亦將擇君而立之，何必汲汲於篡弒之負芻哉？至其辭令之妙，藏弑奪於隱顯之間，而動之以先君，劫之以與會，俾晉人念曹之勞，思己之闕，自不得不苟且卒事矣。嗟乎！負芻卒有曹國，《春秋》之所以作也。

七月，公會尹武公及諸侯伐鄭。將行，姜又命公如初。公又申守而行。(《補義》眉)兩又字承壞隤篇來。(《評林》眉)魏世傚："申守而行，此時不殺宣伯與季孟，俱少斷。"諸侯之師次於鄭西，我師次於督揚，不敢過鄭。子叔聲伯使叔孫豹請逆于晉師，為食于鄭郊，師逆以至，聲伯四日不食以待之，食使者而後食。(《評林》眉)《經世鈔》："師逆以至，聲伯戒叔孫以必須所逆晉師至乃食，又不食以待之。申胥七日哭，聲伯四日餓，皆是至性所秉，不能強學。"《附見》："豹於是奔齊，故食其介。"

諸侯遷于制田。知武子佐下軍，以諸侯之師侵陳，至於鳴鹿，遂侵蔡。未反，諸侯遷于潁上。戊午，鄭子罕宵軍之，宋、齊、衛皆失軍。(《左繡》眉)諸事若各為段落，則此文在"皆失軍"截，乃詳敘伐鄭無功，以見魯君臣蹈險而行，為下執季孫、請季孫起本。曹人請復，另作一節，與魯事不相附麗也。若通長觀之，則當從戰之日，直至僑如奔齊為一篇乃合，情事貫穿，章法亦首尾相應耳。此皆後人誤分誤合，非左氏本意。此段分三節，第一節為主，緊跟壞隤篇來。命公、申守，前因此不見公，今又當因此執季孫矣，特為下篇伏筆。第二節極寫聲伯之忠，亦為下篇請季孫伏筆。第三節詳寫諸侯怯敵，晉師失援，以見不敢過鄭之不足為魯罪，而宣伯之讒之不可信也。總是寫魯，不是寫諸侯。(《左傳翼》尾)晉既勝楚，志得意滿，此番伐鄭，乃強弩之末耳。晉既不競，諸侯因亦有懈志，不敢過鄭，必待魯逆而後至。既至，遷制田，遷潁上，由侵陳、蔡未反，遂使諸侯失軍，伐鄭無功，咎專在晉，與諸侯無涉。何況于魯篇中，極寫聲伯事晉之忠勤，見宣伯不根之讒不足信，而公之申守後行萬不得已，季孫之執實出無辜也。合前後觀之，血脈自爾通貫。(《補義》眉)見不敢過鄭之不足為魯罪。(《評林》眉)《匯參》："前只渾言諸侯，此處方點出某某，亦變文。"(王系尾)家則堂曰："桓文大征伐，必以王命行之。屬公用師四方，必請王朝公卿與俱，而兩年之間三伐鄭，尹、單奔走，轍不及息，謂之挾天子以令諸侯可也，謂之尊天子而正諸夏，則未也。

曹人復請于晉，晉侯謂子臧："反，吾歸而君。"子臧反，曹伯歸。子臧盡致其邑與卿而不出。（魏禧尾）賴章曰："子臧、季札，曹、吳之賢者也，國人奉之，諸侯重之，當與國家同其休慼，而乃矯一己守節之空名，忘社稷安危之大計，亦何貴乎？當僚、光爭國，光曰：'從先君之命，則在季子。不從，則宜在我。'使季札有如宋穆公之所爲，受位而傳諸光，得仁而利國，弒奪之禍無由而興。顧乃托聘自出，玩國禍而不恤乎？故辭于諸樊之時可也，辭於夷昧之後不可也。負芻之復，視子臧之反而後歸，子臧於此，使能聲大義以正弒逆之罪，則國法大明，人心大順。已縱不欲立，昭、共、文、宣之後，豈可無〖編者按：疑二字誤倒。〗嗣者？奔宋、反邑，但圖潔身，何依違苟容，一至此乎？吾故嘗曰：'子臧、季札，賢而未聞大義者也。'"彭家屏曰："負芻弒君自立，人人得而誅之，子臧不能借諸侯之師，正弒逆之罪，已失之於前矣。及晉執負芻，謂子臧反，吾歸而君。子臧遂反，曹伯亦歸，是負芻之歸，子臧之力也。弒君之賊，而反右之，抑何爲哉？然而晉亦失刑也夫？"（《分國》尾）晉執曹伯，歸之京師，權在天子矣。明正其罪，更置其君，子臧雖辭，曹宗可謀也。乃歸之京師者，仍歸自京師，而反使曰："君列諸會矣。"亂賊列會，遂不復討，肆然爲君。當時天王不振，盟主何怪其然！（《左繡》眉）此節只完請曹伯及子臧讓國事，本不涉魯。然負芻有罪而尚歸，季孫何罪而猶執？社稷公子、社稷之臣，遙遙相映。合數篇串寫，章脈自爾洗通也。（美中尾）劉後村曰："負芻旋歸，子臧讓也，而君子謂其義昧討賊。闔廬克嗣，季札讓也，而君子謂其節比匹夫。"（高崿尾）負芻弒太子而自立，子臧不義而舍之去。吳子光仞僚而致國于季子，季子舍，至延陵。前人謂子臧失賊不討，不正逆惡之罪。季札守匹夫介節，以啟弒奪之禍。然子臧、季札，皆賢而未聞大道者也。一則致其邑而不出，一則棄其室而耕。清風亮節，固已超越千古矣。（《評林》眉）《補注》："傳言曹伯與僖三十年衛侯事同，而書法異。"（王系尾）此篇是曹伯歸自京師傳，歸雖自京師，而制其歸與不歸者，晉人也，京師之爲京師可知也。子臧之志，與夷齊爭光，而道復逶迤，賢矣哉！

宣伯使告郤犨曰："魯之有季、孟，猶晉之有欒、范也，政令於是乎成。（韓范夾）一言便動郤子之憤，小人之情詞，固是可畏。今其謀曰：'晉政多門，不可從也。寧事齊、楚，有亡而已，蔑從晉矣。'若欲得志于魯，請止行父而殺之，我斃蔑也而事晉，蔑有貳矣。魯不貳，小國必睦。不然，歸必叛矣。"（《左繡》眉）此篇分三節讀：第一節宣伯告晉執季孫，第二節聲伯使晉請季孫，第三節范文謂欒武赦季孫，各有一首絕妙詞令。宣伯之言曲而險，聲伯之言婉而摯，文子之言直而切。妙在兩人本爲季孫，卻都以孟孫伴說。文子亦單爲季孫，卻即以聲伯伴說，章法最勻。首段執季孫，先文後事。中段請季孫，先事後文。末段赦季孫，又先文後事。便令前兩節合看，事與事接連。後兩節合看，文與文接連。後人段落安頓，點次順逆，總不出此。章法又極變，平寫文字，其結構精緻乃爾。宣伯語凡兩層，先言季孫之謀，後勸晉人之殺，卻有許多曲折。既以欒、范動其所忌，又以多門刺其所諱。既以不從、多門中以欲殺之實，又以寧事齊楚予以可殺之名。殺則不貳，不殺則必叛，語語刺骨，蓋以浸潤而兼膚受者，那得不入其彀中？（《評林》眉）楊升菴："宣伯去季、孟之計不遂於成公，而欲行於郤犨。"王元美："宣伯比季、孟於欒、范者，緣郤氏與欒、范正不兩立，故以此動之。小人之術亦狡哉！"《經世鈔》："'有欒范'三字，便打入郤氏左腹，又'政多門'語，尤切於時政。小人之言，井井有條、娓娓可聽如此。"

　　九月，晉人執季文子於苕丘。公還，待於鄆。使子叔聲伯請季孫於晉，郤犨曰："苟去仲孫蔑而止季孫行父，吾與子國，親於公室。"對曰："僑如之情，子必聞之矣。（韓范夾）國惡不可詳播，故略言以示意而已。（《菁華》尾）穆姜之醜，難於宣告外人。"僑如之情"二語，極得含蓄之妙。欒、郤之隙，於僑如口中，又伏一重公案。（《評林》眉）《補注》："季孫行父、公孫嬰齊皆從公行，史不書。"若去蔑與行父，是大棄魯國而罪寡君也。若猶不棄，而惠徼周公之福，使寡君得事晉君。則夫二人者，魯國社稷之臣也。若朝亡之，魯必夕亡。以魯之密邇仇讎，亡而爲仇，治之何及？"（《補義》眉）固大爲魯害，亦非晉利，一意折作兩層。郤犨曰："吾爲子請邑。"對曰："嬰齊，魯之常隸也，敢介大國以求厚焉？承寡君之命以請，若得所請，吾子之賜多矣。又何求？"范文子謂欒武子曰："季孫于魯，相二君矣。妾不衣帛，馬不食粟，可不謂忠乎？信讒慝而棄忠良，若諸侯何？子叔嬰齊奉君命無私，謀國家不貳，圖其身不忘其君。若虛其請，是棄善人也。子其圖之！"乃許魯平，赦季孫。（《左傳雋》眉）楊素庵曰："郤氏之欲止行父，蓋有中于欒、范之言。而欒、范之出行父，則此言是又有力焉。小人中人，君子受中，禍之成與不成，厥有命哉！"（孫琮總評）聲伯兩番登答，情真理至，既無誇詞，又無匿旨，宜范文子歸之，而更代爲洗發也。要其洗發處，亦復情理真至，卒乃魯國平，季孫釋，孰謂大國不可以情理紬哉？（《左繡》眉）三節又重中節，中節又分兩段。前段著兩"魯國"，兩"寡君"，句句爲季孫，卻是句句爲魯。後段著兩"請"字，句句説自己，仍是句句爲季孫。兩層仍一線也。前親於公室，猶文之以公義。後爲子請邑，直餌之以私恩。蓋被聲伯將僑如之情一口喝破故也，小人肺肝如見。三"若"字，一反一正，又一反，凡四層轉折。後又著一"若"字，連首尾共用六"若"字，相准爲章法。（《補義》眉）一季文子，而聲伯以獻子夾寫，兩爲社稷臣，范文子即以聲伯作陪，稱爲忠良，無非爲季出色，讀至刺偃，覺兩人之言，不免愧色。（《評林》眉）《經世鈔》："妙在説得二人有關係，事有意在此而辭在彼者，如'管、召仇也，請得甘心'之類是也。有意在此而辭即在此者，如'朝亡之，魯必夕亡'之類也。使大國當危難，不介然自立，無所苟且，必不能濟。范文子生平無一語不合道。"（《左繡》眉）末節以季孫、嬰齊並説，贊嬰齊，亦仍是爲季孫也。兩"棄"字相對，並不傷觸郤氏，卻已隱隱刺晉矣，妙筆。（《左傳翼》尾）任他花言巧語，萋菲肆行，只要"僑如之情，子必聞之矣"一語，便已關其口，而奪之氣。試看郤犫是何氣焰，説到"爲子請邑"，早已一句説不出，做此狐鼠伎倆也。從來邪不勝正，僞不敵誠，以此一事觀之，猶信！

　　冬十月，出叔孫僑如而盟之，僑如奔齊。（文熙眉）穆文熙曰："叔孫僑如通于穆姜，欲去季、孟而取其室，乃借力於郤氏，而比之于欒、范，緣郤氏與欒、范正不兩立，故以此中之，小人之計亦狡矣哉！"又云："聲伯持論既正，又不受請邑，是以欒、范心服，終歸季氏而出僑如也。"

　　十二月，季孫及郤犫盟于扈。歸，刺公子偃，召叔孫豹於齊而立之。（《測義》夾）趙汸氏曰："穆姜指偃與鉏曰：'是皆君也。'蓋欲激公，使逐二家，非真有廢立之意。季孫歸而殺偃，遷怒也。不及鉏，鉏幼，公不忌也。杜説非。"〔編者按：奧田元繼作胡彦遠語。〕（《分國》尾）僑如私穆姜，罪惡滔天。又欲去季孫，殺獻子，行譖於郤犨。僑如淫人，郤犨貪夫，氣類自合。沙隨之會，魯君見拒。苕丘之役，季孫見執。晉之郤犨，亦僑如也。胥童之戈，將及其頸矣。聲伯晉師未至，四日不食；季孫之執，力請得歸，真國士哉！若僑如者，奔齊復通聲孟，位間高、國；奔衛復間於卿，天富淫人，天適厚其毒耳。（《日知》尾）深目出爪，作鱗之面，文章至此，筆墨皆欲破壁而飛。（《評林》眉）《經世鈔》："兩家皆是慣賊，故合之易如此。"

齊聲孟子通僑如，使立于高、國之間。僑如曰："不可以再罪。"奔衛，亦間於卿。（魏禧尾）孔之逵曰："文子、獻子于公申宮守備時，即當遣使告晉以僑如爲亂緩期之故，且僑如上淫國母，謀去大臣，若能以會晉之師，密速誅之，則其禍息矣。又僑如、公子偃輩，非有羽父之强，故獻子居守即無如何，文子反國，僑如即奔，公子偃即正國法。可見僑如輩不過恃穆姜欲爲難耳。或謂誅僑如誠是矣，如國母何？是不然。穆姜逼公去季、孟，又指偃、鉏曰：'是皆君也。'慶父、哀姜之禍，明明見於目前，豈得顧私情而陷母於大惡哉？夫以'慶父材'一語，季友即誅叔牙，以靖魯也。況形跡較著，莫甚於此乎？不此之圖，一則申宮儆備而後行，再則申宮儆備而後行，幾使僑如得快其志于晉，公與季、孟爲無謀矣。"（《左繡》眉）兩"間"字，以相映作章法，以倒換爲筆法。（《評林》眉）《經世鈔》："諸侯之國豈不聞其所以出奔，何爲而貴之？豈衛亦有内淫？"（王系尾）此篇四段，首段、末段寫僑如，二段三段寫行父。二段就聲伯、范文口中寫行父，見其夙夕之有聲。三段隨事寫文子，見其當機而能斷，最是清整文字。僑如之謀逐季、孟也，貪其富也，非若歸父之欲張公室也。君弗之信，人弗之與，不死而奔，亦云幸矣。然而三桓之根自此益固矣。向使僑如之譖行，亦必自斃，而魯無三家之禍，豈非不幸中之大幸哉？天未靖魯，方將使行父之子孫世執國柄，雖善者無如何，而奚有於僑如？（閭生夾）此左氏傷時之旨，言正人無所容，奸邪所如得意也。

晉侯使郤至獻楚捷於周，與單襄公語，驟稱其伐。（韓范夾）文子後人，唯恐見功，猶懼不免，恐貪人之功以爲己力乎？**單子語諸大夫曰："溫季其亡乎！**（閭生夾）三郤之亂，晉之大事也，故數數提掇，亦所以深惜郤至之冤也。**位於七人之下，而求掩其上。怨之所**

聚，亂之本也。多怨而階亂，何以在位？《夏書》曰：'怨豈在明？不見是圖。'將慎其細也。今而明之，其可乎？"（《統箋》尾）魯齋朱氏曰："三郤之亡也，雖曰有以取之，然亦可謂之不幸矣。而左氏必吹毛求疵，歷詆三郤之罪，不少假借，則是殺之者無罪，而世無不幸而死者。嘻！其甚矣，左氏以成敗論人是非，類皆如此。特摘其甚者而論述焉。"（《左繡》眉）斷語兩層，用順承；釋《書》兩意，用倒承，無不變者。"今而明之"以死字作活字用，最佳。（《左傳翼》尾）不矜不伐，大禹所以聖也。無伐無施，顏子所以賢也。溫季即未足語此，位於人下而求掩其上，可乎？天下非我莫能為，祇此一語，而靈均死矣。大樹將軍，謙謙自抑，其亦有戒心歟？（高塘尾）士燮後入，郤至掩上，皆禍福之基也。《書》曰"謙受益，滿招損"，於此益信。（《評林》眉）穆文熙："剛愎膚淺之人多犯此病，往往取敗而不自知。"（闈生夾）宗堯按：郤氏驕橫，自取滅亡，前文盡揭其短，此後赤族之獄則欒氏陷之也。

◇成公十七年

【經】十有七年春，衛北宮括帥師侵鄭。夏，公會尹子、單子、晉侯、齊侯、宋公、衛侯、曹伯、邾人伐鄭。（《評林》眉）陳傅良："王人未有書二卿者，書二卿，皆與伐也。"六月乙酉，同盟于柯陵。（《評林》眉）蘇轍："書同盟，鄭叛也。齊、晉之盛，天子之大夫會而不盟，尊周也。柯陵之會，尹子、單子始與諸侯之盟，自是習以為常，非禮也。"秋，公至自會。齊高無咎出奔莒。九月辛丑，用郊。（《評林》眉）李廉："《春秋》書用，有用幣、用牲、用田賦、用鄫子、用致夫人，皆不宜用之文。"晉侯使荀罃來乞師。冬，公會單子、晉侯、宋公、衛侯、曹伯、齊人、邾人伐鄭。（《評林》眉）孫復："鄭與楚比周，晉屬三假王命，合諸侯以伐之，而不能服，伯國不振，可知也。"十有一月，公至自伐鄭。壬申，公孫嬰（齊）卒於貍脤。十有二月丁巳朔，日有食之。邾子貜且卒。晉殺其大夫郤錡、郤犨、郤至。（《評林》眉）孫復："君之卿佐，是謂股肱，厲公不道，一日而殺三卿，此自禍之道也，誰與處矣？故列數之以著其惡。"楚人滅舒庸。

【傳】十七年春，王正月，鄭子駟侵晉虛、滑。衛北宮括救晉，侵鄭，至於高氏。（《補義》眉）楚師敗後，其橫猶然，鄭之侵晉，受命于楚也。（《評林》眉）《補注》："傳見救晉不書，至襄二十三年始書之。"今案：凡書救，皆謂直救其國都，或伐敵，則書伐以救。救而侵焉，但書侵，侵不足言救。陳氏於此發義，過矣。杜云從告，亦非，後倣此。

夏五月，鄭大子髡頑、侯獳爲質於楚，楚公子成、公子寅戍鄭。公會尹武公、單襄公及諸侯伐鄭，自戲童至於曲洧。（王系尾）鄭之侵晉，楚命與？衛之侵鄭，晉命與？晉伐鄭愈急，而鄭附楚益固。鄢陵之勝，王室之靈，不足恃也，無伯略也夫！（閩生夾）鄢陵之戰亦倖勝耳，記此，見勝後仍不能服鄭，與他時異矣。

晉范文子反自鄢陵，使其祝宗祈死，曰："君驕侈而克敵，是天益其疾也。難將作矣！愛我者惟祝我，使我速死，無及于難，范氏之福也。"六月戊辰，士燮卒。（文熙眉）孫應鼇曰："范文子，智者也。伐鄭之舉，三不欲而屬公皆違之，先難以死，志可悲矣。"（《測義》夾）愚按：何休氏云："未聞死可祈也。"劉炫氏亦云："士燮之卒，適與此會，非自殺也。"二説甚正。（韓范夾）祈而得死，至誠足以格天也。列國固多君子，若文子所爲，賢人君子每多不能，文子可謂晉之聖人。（《古文研》尾）通篇總力寫范文子一人，余嘗論文子爲《春秋》人物第一。左氏此文，亦《春秋》敘戰第一。自古未有兩國交兵，而以勝戰爲憂者。然上有驕君，下有强家，戰勝而歸，內難必起。文子此時明言不可，不言不可，無限苦心，只得呼天自訴。開口數言，字字血淚。欒、郤諸人，目無幼主，無非爲專爲梟雄而擅晉國者，通篇紛紛敘謀敘戰，寫勝寫敗，無數熱鬧，而不知文子心頭眼底，另有一段大憂在。非天假之以一敗，未易舒也。觀其微露衷情，一則曰"群臣輯睦以事君，多矣"，再則曰"盍釋楚以爲外懼乎"，三則曰"君幼，諸臣不佞，何以及此"，雖明知是君是臣之必不能悟，而愈不忍不言。不特此也，文子不言，禍與諸臣相等；文子言之，戰勝之後，必側目於骨鯁之老臣，而先去文子。然文子必痛哭流涕以道之，而文子之心始盡。則與其死於難作之時而身與族俱亡，孰若死於難未作之前而身與族俱不受其禍乎？祈死得死，忠誠之感不虛矣。（魏禧尾）魏禧曰："鄢陵之捷，郤氏益驕，驕而至於掩上。范氏益退，退而至於祈死。兩人器量見識，所差萬里。郤氏亡而范氏興，有以哉！《國語》郤至見召桓公，與之語。召公以告單襄公，襄公曰：'人有言曰：兵在其頸。其郤至之謂乎？君子不自稱也，非以讓也，惡其蓋人也。夫人性淩上者也，不可蓋也。求蓋人，其抑下滋甚。故聖人貴讓。'數語尤深切警人。君縱無道，不過死耳，未必至於滅宗，而文子汲汲祈死，何哉？觀其言曰'難將作矣'，非懼君之殺己也，蓋君驕而臣强，上下無常，政出多門，國必有弒逆之禍。於此而黨臣以戕君，君雖無道，不能辭亂賊之名。於此而輔君以誅臣，則君實無道，不可得而輔。於此而中立，則依違苟免，非忠臣義士所以自處。是不如速死而身不與見其事之爲得也。其後欒、荀弒厲公，召勾不往，是深有得于文子之意者。若文子身佐中軍，實爲欒氏之貳，豈能置此事於不與已哉？或曰文子不可出亡乎？曰亡則絕屬於晉，世爵滅，祖廟不祀，子孫不保矣。故曰范氏之福，所謂殺身以存家者與？范文子方是真黃老，後之學黃老而失者，非毒則弱也。"魏世僳曰："甚矣，酒之誤人家國也。子反使軍吏察夷傷、補卒乘、繕甲兵、雞鳴而食，唯命是聽，可謂詳審周密，醉而未嘗廢職。然王召而不能見，致使前功盡棄，縱敵身死，爲天下笑。觀'晉人患之，乃逸楚囚'益可見。楚王傷目，楚師已敗，子反身爲令尹，宜兢惕淬礪，乃沈醉於酒，死不足塞責矣。"彭家屏曰："主闇臣奸，國難將作，即不勝楚，爲憂方大，況重之以鄢陵之功，愈滋其驕稈之氣哉？文子深慮遠識，未戰則欲休兵，既勝則使祈死，良臣心苦，最是感人。後世如晉武平吳，山濤竊歎，其亦有見於兹事也夫！人臣義無外交，況當軍旅之際哉？郤至受楚子之遺弓，而三肅其使，是自取戾也，不得專咎欒氏矣。若子重飲欒鍼之酒，與陸抗餌羊祜之藥，其事略同，義有別裁，未可與是同日語也。"（《分國》尾）謀國者，誰不願其國之勝？至於以勝爲憂，如范文子者，意念深矣。厲公侈暴，寵任群小，將有剪滅巨室之舉。欒、郤不知禍之及己，悻悻然欲甘心於此役。范文子始欲反，繼不欲戰，子欲戰，則執戈逐之，晉師捷，則曰"何以至此"。至反自鄢陵，衆人方奏凱，文子獨使祝宗祈死，何其憂之至、危之至？深知此舉一快，厲公之侈暴必甚，而天特厚之毒也。昔者，虢公敗狄于桑田，卜偃曰："虢必亡。亡下陽不懼，而又有功。"《國語》載厲公無德而功烈多，不一轍與？嗚呼！賢者不憂敵之縱，而憂其主之驕。

晉咸寧間，司馬炎決計伐吴，山濤曰："自非聖人，外寧必有内憂，釋吴以爲外懼，豈非算乎？"甚矣，文子之言爲百世師也。孟子曰："入則無法家拂士，出則無敵國外患者，國恒亡。"有國家者，三復斯言夫！（《左繡》眉）鄭侵晉，衛救晉，楚戍鄭，諸侯伐鄭，紛紛擾擾，無端接却范文子祝宗祈死一段文字，分明外未寧而内憂已將作也。將"反自鄢陵"四字，留于後"厲公反自鄢陵"對看，則此文之意得矣。讀此節而前篇之旨愈明。尚寐無吪，詩人所以詠《兔爰》也。克敵爲疾，速死爲福，前後相對成章，中以"難將作矣"承上啓下，轉榫尤佳。以畔爲晉可逞，以死爲范之福，奇談而有至理。（儲欣尾）文子不欲見晉亂，故有祝宗之祈。若但欲自全，韓獻子優爲矣，文子顧遜韓耶？（美中尾）毛寅谷曰："以文子之端謹，三郤之禍，自然不及。書、偃之謀，斷然不爲。不死不可也。然君弑而賊不能討，與之同朝可乎？文子蓋懼爲韓厥所爲耳。"（《左傳翼》尾）三郤之禍，自然不及。書、偃之謀，斷然不爲，不死可也。君弑而賊不能討，與之同朝可乎？文子祈死，蓋懼爲韓厥所爲耳。人固有生不如死者，此其是矣。（盛謨總評）花晨月夜，與卧魯開窗讀此，拍案狂呼曰："奇文，奇文！"讀罷，取酒痛飲，鼓掌大笑，不復知有人間。有問于埜曰："如何，如何？"曰："如是，如是！"不可解也。（高嶀尾）此當與士會請老、士燮後入二節參看，是父是子，深遠矣。鄢陵戰前，以畔爲晉可逞。鄢陵勝後，以死爲范之福。奇談而有至理。（《評林》眉）汪道昆："晉侯使人懼禍至此，不亡何待？"魏世傚："國勢方張，無故祈死，非平日功名權勢之念淡然無與而忠君愛國之心篤摯不釋，安得有此？"沈澤民："人之死有命，安可速哉？然則燮之卒，適與祈會，非自殺也。"按：《字典》云："自裁，自殺也。"（方宗誠眉）記范文子之忠，應前外寧必有内憂，又伏後晉侯被弑之根。（闈生夾）敘至此，沈鬱悲憤無以復加矣。眼光專注三郤之亂，而文中始終並不露出一字，此文章之茹鬱處。愈鬱則其神愈茂也。

乙酉，同盟于柯陵，尋戚之盟也。

楚子重救鄭，師於首止。諸侯還。（《左繡》眉）此二節連上讀，所以終諸侯伐鄭之事也。（王系尾）陸伯沖曰："不重言諸侯，譏尹、單與盟。"蘇子由曰："齊晉之盛，天子之大夫會而不盟，尊周也。柯陵之會，尹子、單子始與諸侯之盟，自是習以爲常，非禮也。"按：此是部中大關鍵處。

齊慶克通於聲孟子，與婦人蒙衣乘輦而入於閎。（孫鑛眉）亦有簡法。不知所以，只見其有韻，此是筆妙。然其要亦只在鍊净。鮑牽見之，以告國武子，武子召慶克而謂之。（《左繡》眉）好盡言于亂國，國武子所以見殺于齊也。其實鮑牽始作之孽，故銜恨最毒，受刑最早。夫子責其智不如葵，有以夫！（《評林》眉）王荊石："國母穢行，臣子所諱言，即鮑牽之告，必當密其語也。乃即召慶克而謫之，二人者得無自禍也！"穆文熙："慶克淫亂，所以其子慶封弑君，惡之來也有自矣。"（《補義》眉）此等人豈一言能洗其心？國子可謂不知人。（《評林》眉）《經世鈔》："此豈可召而謂耶？然申屠嘉實召鄧通而窘之矣，蓋處賢君與亂朝異也。魯桓公責齊姜，國武子謫慶克，皆以取殺。凡此等事，決無中立之勢，必須胸有定局，然後可發，否則姑隱忿以待之耳。"慶克久不出，而告夫人曰："國子謫我！"夫人怒。國子相靈公以會，高、鮑處守。及還，將至，閉門而索客。孟子訴之曰："高、鮑將不納君，而立公子角。國子知之。"（《補義》眉）索客意在逐慶克，而克即以其閉門爲譖。秋七月壬寅，刖鮑牽而逐高無咎。無咎奔莒，高弱以盧叛。齊人來召鮑國而立之。（《左繡》眉）最恨此人眼明口快，刖之，則一物無所見，一步不可行矣。（《評林》眉）《經世鈔》："觀此，則知武子於狄仁傑、宋璟猶賢矣。"魏世倣："國子乃無一言，何耶？齊靈公又出魯成下矣。"《補注》："凡賤者叛，史皆不書，後倣此。"穆文熙："鮑文子思施氏，而齊召之以爲鮑氏後，善良之不可掩如此。"

初，鮑國去鮑氏而來爲施孝叔臣。施氏卜宰，匡句須吉。施氏之宰，有百室之邑。與匡句須邑，使爲宰。以讓鮑國，而致邑焉。施孝叔曰："子實吉。"對曰："能與忠良，吉孰大焉！"鮑國相施氏忠，故齊人取以爲鮑氏後。（《補義》眉）鮑國交句須而受宰，牽交國武而被刑，國得以承其宗，牽不能衛其足。兩兩相形，不是贊國，正是明牽之不知。仲尼曰："鮑莊子之知不如葵，葵猶能衛其足。"（孫鑛眉）簡而轉折多，愈覺濃，然亦以事佳。（《測義》夾）愚按：蒙衣乘輦，恥孰甚焉？鮑子世卿而不言，則奚以正國矣？雖亡足不爲病，而仲尼顧短之歟？竊疑凡稱仲尼者，恐是左氏斷以己意，而托爲之言，大都與稱君子同例。〖編者按：奧田元繼作張天如語。〗（韓范夾）此滑稽之言，後世滑稽列傳之所自始也。（《左繡》眉）此段乃插敘法，不重句須之讓，而重鮑國之賢；亦不重鮑國之賢，而重鮑牽之不知，以致殘其身，而並移其後于弟也。結以夫子語，遙接前刖鮑牽句而斷之，法與刖強鉏篇正同。同一衛其足，于強鉏曰不能，是正責；于此曰猶能，是反跌。又前直說人，此又比之物，可得化舊爲新法。（《評林》眉）魏禧：「此決非孔子之言，但攻人之陰事最難自與，豈國子即以鮑牽之言告慶克耶？凡以人陰事告人者，必須度其人之慎密乃可。是故項伯封而曹無傷戮，非忠佞不同，所與之人異耳。出言而忘反，授人以彙，皆是一種粗疏君子。漢唐後黨人坐此正多，若有體有用者君子不如此。」（方宗誠眉）「仲尼曰」以下，應直接「齊人來召鮑國而立之」之後，中間夾敘「初鮑國去鮑氏」一段，文境乃不平板。（闈生夾）宗堯云：「此激辭也，與論陳洩冶同。此篇誅崔、慶之奸也，而以女子之事爲線索。無聲孟子之事，則崔、慶不立；無棠姜，則莊公不見弒；杼之死亦由姜也。慶氏易內，以女妻癸結禍，亦有關於女子。」

冬，諸侯伐鄭。十月庚午，圍鄭。楚公子申救鄭，師於汝上。十一月，諸侯還。（《測義》夾）汪克寬氏曰：「王官下臨，諸侯景從，以卻已敗之楚，服懷貳之鄭，宜若振槁。然夏伐鄭，楚師至而諸侯還。冬伐鄭，楚師至而諸侯還。望風卻走，何哉？蓋厲公既勝鄢陵，驕佚放恣，是以諸侯無同心戮力之誠，鄭不畏而楚益肆爾。有嗣伯之責，而以無道行之，惜哉！」

初，聲伯夢涉洹，或與己瓊瑰，食之，泣而爲瓊瑰，盈其懷。（孫鑛眉）以怪見韻。（《補義》眉）恍惚迷離，寫夢濃至。從而歌之曰：「濟洹之水，贈我以瓊瑰。歸乎！歸乎！瓊瑰盈吾懷乎！」懼不敢占也。還自鄭，壬申，至於貍脤而占之，曰：「余恐死，故不敢占也。今衆繁而從余三年矣，無傷也。」言之，之莫而卒。（《分國》尾）時魯公會諸侯以伐鄭，聲伯四日不食，以待晉師，誠至矣。瓊瑰之夢，誠極而通，何怪之有？《左繡》眉）杜注：「傳戒數占夢。」按：夢書云：「夢飲食者，且哭泣。夢哭泣者，且飲食。夢喜則憂，夢悲則樂。」今食而泣，泣而歌，此所以三年生而莫卒也。然說終無稽。唯是懼不敢占，理有當生。占爲無傷，理有當死。則天道人事，謙益滿損，自然之理，豈曰戒數占夢而已哉？前半連寫四「瓊瑰」字，後半連寫三"占"字，皆於冷淡中取熱鬧法。莫卒之日，卻預注於前。初夢之年，則帶注於後。此等筆法，作史者不可不知也。（《左傳翼》尾）不占不死，一占即死，想亦數盡於三年耳。然不敢占以其恐死，恐死竟不死。今謂無傷則不畏死矣，不畏死乃竟得死。禍盈福謙，鬼神鑿鑿不爽，毛髮爲悚。唐錫周云："極平常事，經其筆端，便覺奇奇怪怪，宜乎千秋膾炙也。"（王系尾）此篇是公孫嬰齊卒於貍脤傳。夢涉誕幻，義無所繫，而詳敘之，讀者如食異味，《左傳》所以爲太官與？（閭生夾）左氏好奇，故多記此等異聞。宗堯云："聲伯良臣，載此者，惜其死也。魯君之禍，構自穆姜，而解于聲伯，故述占夢以傷聲伯之死，又借著以詆穆姜也。"

齊侯使崔杼爲大夫，使慶克佐之，帥師圍盧。（《評林》眉）《補注》："諸侯自圍其邑，史不書。"國佐從諸侯圍鄭，以難請而歸。遂如盧師，殺慶克，以穀叛。齊侯與之盟于徐關而復之。十二月，盧降。使國勝告難於晉，待命於清。（《左繡》眉）國佐亦能，或謂不以穀畔，自不至殺，不知慶克辟陽之寵，齊侯且使之帥師，今既謫之於前，復殺之於後，不特無以爲聲孟地，亦何以爲齊侯地乎？待命於清，猶以爲緩云爾。（《左傳翼》尾）謫慶克者，國武子也。而見而告之者鮑牽，故深恨而刖之，高無咎其波及耳。引夫子之言，責其知不如葵，所以見居亂國之不可無道也。國佐殺慶克，雖以穀叛，一盟即復，其志可諒。獨惜齊、魯二國，皆有淫婦人作祟，君不能止，靈則靈矣，成又豈成哉？（《評林》眉）《補注》："傳見所以不告叛。"孔尚典："齊侯圖國佐，先使其子出使于晉。寧喜攻孫氏，亦乘其父兄不在。呂、郤欲誅里克，而先使丕鄭緩賂于秦。古今欲誅渠首者必離其黨，往往如此。"

晉厲公侈，多外嬖。反自鄢陵，欲盡去群大夫，而立其左右。（《補義》眉）統提全篇，云反自鄢陵，爲欒書怨郤至之由。云欲去群大夫，爲書、偃弒君之由。三嬖怨郤氏，欒書亦怨郤氏。（《評林》眉）王荊石："勝則驕，驕則淫侈而生亂，范文子所謂外寧而內憂也。"《補注》："傳見殺大夫乃厲公之意，故皆書國殺。"（閭生夾）提筆爽健，揭公之私，足見非郤氏之過矣。胥童以胥克之廢也，怨郤氏，而嬖于厲公。郤錡奪夷陽五田，五亦嬖于厲公。郤犨與長魚矯爭田，執而梏之，與其父母妻子同一轅。既，矯亦嬖于厲公。欒書怨郤至，以其不從己而敗楚師也，欲廢之。使楚公子茷告公曰：

"此戰也，郤至實召寡君。以東師之未至也，與軍帥之不具也，曰：'此必敗！吾因奉孫周以事君。'"公告欒書，書曰："其有焉！（鍾惺眉）"其有焉"三字，陰狠極。不然，豈其死之不恤，而受敵使乎？君盍嘗使諸周而察之？"郤至聘于周，欒書使孫周見之。公使覘之，信。遂怨郤至。（文熙眉）汪道昆曰："序事能品。"穆文熙曰："欒書之譖郤至，其機甚深，豈惟厲公，即中主亦必惑之。然方戰而受其遺弓，亦郤至自以招之耳。"（孫鑛眉）情事宛曲濃至。（《左繡》眉）一起用總提之筆，開手敘三郤，應多襞一層。去三郤，免書、偃，應去群大夫一層。使胥童為卿，應立左右一層。劫公一層，乃倒應"侈"字作結局。應法詳略順逆，井井有條，而參差無跡，又一章法也。此篇敘晉厲以侈自斃，從反自鄢陵敘入，所以終士燮之言也。作三大段讀：首段至"季子欺余"畫，敘厲公聽欒書而怨郤至，以起手一行作提，伏一篇之脈；次段至"皆尸諸朝"畫，敘殺三郤事，以厲公將作難句作提，為一篇之主；末段以甲劫欒書，轉到欒書劫公，結一篇之局。通篇賓主分明，穿插變化，細針密線之文。此文賓主最多，就外襞論，夷長賓而胥童主；就群大夫論，書、偃賓而三郤主；就三郤論，又錡、犨賓而郤至主。就怨郤論，又胥童輩賓，而公與書主。就劫公論，偃賓而書主。而總之前以怨郤逢君，後即因殺郤忍君，皆以欒書為主。而實則天益其疾，自作難以致難作者，全以厲公為主也。綜而計之，殺郤是賓，執公是主。前半由主入賓，後半由賓入主，恰好賓在中間，主在兩頭。人多而不雜，事多而不亂。不精熟此文，而漫講史法，其不為天吳紫鳳、顛倒裋褐者，幾希矣。（《補義》眉）詳寫欒書陷郤氏。（《評林》眉）艾千子："瓜田李下，君子遠之，鄢陵之戰，郤至見楚子必下，而又受其遺弓，本非待敵國之禮，此欒書得藉口而行譖也。"《經世鈔》："即以己意讒人，讒人之雄，此費無極諸人舉動也，不宜出之于書。余嘗謂呂夷簡君子中小人也，其心術作略瑕瑜之間，與欒書相似。"

厲公田，與婦人先殺而飲酒，後使大夫殺。郤至奉豕，寺人孟張奪之，郤至射而殺之。公曰："季子欺余。"（《測義》夾）愚按：或謂郤氏矜功伐己，取怨于眾，理或有之，觀其射殺孟張一事，則可見也。〖編者按：奧田元繼作陳廣野語。〗（《評林》眉）《經世鈔》："寺人敢奪卿奉公之豕，郤至之侈猶未甚可知，至殺之，已甚矣。"（閭生夾）載此等瑣節，以見其無大過。

厲公將作難，胥童曰："必先三郤，族大多怨。去大族不逼，敵多怨有庸。"（《補義》眉）此欒書與群嬖合一。群嬖謀誅三郤，皆受意欒書。公曰："然。"郤氏聞之，郤錡欲攻公，曰："雖死，君必危。"郤至曰："人所以立：信、知、勇也。信不叛君，知不害民，勇不作亂。失茲三者，其誰與我？（闇生夾）左氏於忠正被禍之人，必極力表揚之，以明其冤。申生、宗昭皆如此。死而多怨，將安用之？君實有臣而殺之，其謂君何？我之有罪，吾死後矣！若殺不辜，將失其民，欲安，得乎？待命而已！受君之祿，是以聚黨。有黨而爭命，罪孰大焉！"（文熙眉）郤至驕亢，誠有取殺之道。然其信、智、勇三言，亦自可佳。穆文熙曰："長魚矯立殺三郤，可謂勇士。然請誅欒書、中行偃以絕君患，其言又鑿鑿中理，此又非徒勇者，惜厲公之不足以語此也。"（韓范夾）國之強臣，皆存此意，安有逼君之患如意如之于魯昭、六卿之分晉國者乎？（《補義》眉）寫郤至大義侃侃，反射欒書。（《評林》眉）《增補合注》："多怨，即叛君害民作亂之謂，言俱不免于死，無用多其怨耷也。安得言不得安于君位也？"王元美："郤至驕言，同致讒人之間而見殺，然其臨死信、智、勇三言，亦自激烈悲壯。"

壬午，胥童、夷羊五帥甲八百，將攻郤氏。長魚矯請無用眾，公使清沸魋助之，抽戈結衽，（《評林》眉）按：衽，通作袵，要縫半下。《說苑》云："人道惡滿而好謙，是以衣成則缺衽，宮成則缺隅，示不成者，天道也。"而僞訟者。三郤將謀於榭。矯以戈殺駒伯、苦成叔於其位。（孫鑛眉）直寫得如此委細，然郤皆一一有關係。所以味長。溫季曰："逃威也！"（孫鑛眉）"逃威"，杜注謂郤至本欲稟君命而死。今矯等不以君命而來，故欲逃。兇賊爲害，故曰威，言可畏也，二字終解未快。遂趨。矯及諸其車，以戈殺之，皆尸諸朝。

胥童以甲劫欒書、中行偃於朝。矯曰："不殺二子，憂必及君。"公曰："一朝而尸三卿，余不忍益也。"（韓范夾）無道之君，未嘗無不忍之心，然所以殺身者，實繇乎此，若以孟德處之，幾幾乎盡矣。（《補義》眉）一路同謀，忽群嬖併剪書、偃，使人失驚。對曰：

"人將忍君。臣聞亂在外爲姦，在內爲軌。御姦以德，御軌以刑。不施而殺，不可謂德。臣逼而不討，不可謂刑。（閭生夾）全文抑遏，至此一放，直揭欒氏之奸，即伏下弒公。先大夫評曰："左氏蓋以三郤爲冤，而深惜厲公之不殺書、偃。"德刑不立，姦軌並至。（閭生夾）此處詞未畢而遽咽止，用意尤勝。蓋憤嫉而不能終其詞，而爲此茹咽嚌斷之聲也。臣請行。"遂出奔狄。（孫鑛眉）此段語卻迂而不精。（《評林》眉）王荊石："胥童恐爲二卿所害，故請行。"《經世鈔》："諸卿唯郤氏侈，亦無大罪，未嘗陵逼。厲公姦宄之言，何謂也？而又欲誅書、偃，盡其所忌，亦毒甚矣。五王不誅三思，則又惜其不知此耳。矯殺諸大夫，以報私怨而固私寵耳，其力甚強，其謀甚毒，乃侃侃然爲義理正直之言，而又先機以奔狄，姦人之最雄傑者。"公使辭于二子，曰："寡人有討於郤氏，（郤氏）既伏其辜矣。大夫無辱，其復職位。"（孫鑛眉）無辱是辭命套語，即若今所謂不勞之意。杜注："胥童劫而執之，故云辱。"恐非。皆再拜稽首曰："君討有罪，而免臣於死，君之惠也。二臣雖死，敢忘君德。"乃皆歸。公使胥童爲卿。（《左繡》眉）公語顧上，對語即透下，此段從殺郤遞到劫公，乃轉楔處。此段不重寫長魚矯見幾，正反映厲公始終以侈自斃，莫作閑文讀。公使胥童爲卿，結過賓一邊，以下另提主作結也，最是段落分明處。此句不結于"尸諸朝"後，而插入于此，蓋牽上搭下也。（《評林》眉）李長衡："郤氏雖多怨，然君之股肱也。厲公不能正其有罪無罪，而用嬖倖之計，一朝殺三卿，又劫欒書、中行偃，能無及乎？"孫應鰲："范文子智士也，伐鄭之舉，三不欲，而厲公皆違之，先難以死，志可悲。"（方宗誠眉）篇首"欲盡去群大夫"，篇中"必先三郤"，篇末"不殺二子，憂必及君"，精神一氣貫注，伏後二子弒君之根。

　　公游於匠麗氏，欒書、中行偃遂執公焉。（《測義》夾）張洽氏曰："郤氏雖多怨，然君之股肱也，厲公不能正其有罪無罪，而用嬖倖之計，一朝殺三卿，又劫欒書、中行偃，能無及乎？《春秋》所以深罪之。"（《補義》眉）忽然執君，令人不測。二子閉門坐視，方見欲去諸大夫時，已合爲一黨。**召士匄，士匄辭。召韓厥，韓厥辭，曰："昔吾畜于趙氏，孟姬之讒，吾能違兵。古人有言曰：'殺老牛莫之敢尸。'而況君乎？二三子不能事君，焉用厥也！"**（王源尾）雖爲殺三郤傳，而厲公見弒之故，亦序其中。但以弒在明年，未及序耳。故首以"厲公侈，多外嬖"二語立案，公爲綱也。繼以"欲去群大夫而立其左右"一語起案，誅三郤、執厲公兩事爲目也。經雖只殺三郤，而傳卻不以三郤爲主，亦非倒三郤爲賓，但以三郤爲綱中之目，又一章法。前後以欒書穿插，最奇。三郤之誅，始於書。厲公之執，成於書。故通篇以書爲線索。但書既怨郤氏，是亦群嬖之黨，而群嬖又欲殺書。書既構郤氏於公，是亦公之徒，而公又爲書所執。人非始終無貳之人，事非彼此如一之事，乃以爲通篇線索，殊難著筆。乃不見其矛盾者，全在厲公爲綱耳。公既爲綱，則三郤之誅，以公侈而多嬖，欲去群大夫而立其左右也；公之見執，亦以其侈而多嬖，欲去群大夫而立其左右也。書雖前後殊致，一統於公，而未嘗以爲主。且序書陰譎已甚，心術、人品畢見，又何矛盾之有？然則有矛盾之跡，而無矛盾之嫌，非天下至奇，孰能與於此哉？群嬖亦前後通貫，殺三郤者，群嬖也。劫書、偃以致書、偃之執公者，亦群嬖也，故摹寫群嬖最精彩。然著意只在胥童、長魚矯二人，無論外此案者不之及，即案中如夷羊五等在所略，就其中亦分賓主也。童之猛悍，矯之黠猾，一一如生。而前雜一清沸魋，後拖一匠麗氏，分外點綴有情。三郤獨詳郤至，亦就其中分賓主。而郤至守忠待命，故以爲主。詳載其言，光瑩四徹。蓋上下相戕，所謂君不君、臣不臣者，得至一番議論，如隆陰沍寒，陽光吐燄，文字方有氣骨。結帶韓厥之言，亦是此意。厲公不忍殺書、偃，書、偃不敢忘君德，俱是反襯。不忍殺書、偃，襯誅三郤。不敢忘君德，襯執厲公。與郤至之言一例。但公不忍殺書、偃，誠也。書、偃不敢忘君德，僞也。有書、偃之僞，而公之被執，遂出意表。可見人情變詐，事機轉移，物態遷徙，皆天地自然奇文。人不能從此處體認，直寫其真，卻以之乎者也爲文章，勞而罔功，博而寡要，豈不愚乎？欒書、中行偃，同一執君；士匄、韓厥，同一見召，俱一略一詳，亦就其中分賓主也。（《左繡》眉）胥童總怨三郤，又事已見前，故用渾敘。其餘則分敘。又三郤錡、犫輕，而溫季重，故分敘處，前略後詳。而胥童之怨倒點，欒書之怨先提，無一筆無結構。三句"嬖于厲公"，自成一小片段，亦所以歸重到厲公也。前從侈欲作領，後以"遂怨郤至"作煞。"季子欺余"單說郤至，"公曰然"兼說三郤。許多頭緒，歸併爲一，賓主紛紛，自線索在手也。郤至雖驟稱其伐，較錡、犫則又有蓬麻之分，兩番特與另敘，最文家予奪有權處。前半先伏欒書，令後半有根。凡寫兩番機詐，便是羅織一輩人小照，筆端真有鑄鼎象物之能。俞寧世曰："閉門中立與疾視君死而不討之失，固不容有所輕重於其間也。左氏于殺大夫微發其義，而于弒君書法，詳敘之以待人自悟。後來史筆，從無見及此者。"三人中，獨寫長魚矯能，爲下"人將忍君"數語作引，亦所以自成片段也。前點清沸魋、匠麗氏，爲外嬖左右作補。此點士匄、韓厥，又爲群大夫作補，無一浪筆。此厥之坐視厲公而不救也，正應起手數句。引古語，直以牛比之，好侈者，雖百世可知已。末二句正指欒書譖郤至之失，使書不以私怨逢君惡，則三郤不誅，己亦不受甲劫之辱，而君臣善始善終矣。一語結通篇，莫只指執公說，乃見其章法之完密耳。（美中尾）惠半農曰："三郤不死，則厲公不弒。欒書怨郤至，且忌其才，故先殺三郤。夫欲爲難而立孫周者，書之志，顧以此誣至。至死，而其志得行矣。"黃若晦曰："晉自靈、成、景，三世積衰，厲公嗣霸，數年間北挫狄，西敗秦，南破楚，威名震赫，遠過前人，而卒以驕侈致殺身之禍，是可悲也夫！亦可鑒也夫！"（《日知》尾）全文只寫二人：厲公、欒書也。起手一行，通篇之線，以下任外嬖、去羣大夫、立左右，回應提筆，若網在綱。然厲雖倡亂，書實逢君，書既因欲去羣大夫而乘間報怨，童即因既去羣大夫而乘間刦卿，書、偃即恐其終去羣大夫而乘間刦君。書、偃執君，則汩汩者之爲江河也。左氏府獄厲公，實府獄于欒書，故以韓厥語爲全事斷制，末二語直指譖郤氏一節，因不能事，遂至敢尸，南山可移，此判不可改。而事之起結，文之始末，皆瞭然矣。（王系尾）"侈"字是一篇之骨，厲公本侈，反自鄢陵益侈，既殺三郤益侈，即使從長魚矯之言而殺書、偃，又將益侈，禍將益大。三郤之速斃，亦俱坐此一字，是文章斤兩處。（方宗誠眉）以上敘欒、范弒君之由。（林紓尾）紓曰：坊本將此篇分出無數賓主，實則欒書爲主，公及諸嬖與郤、士匄、韓厥，皆客也。反自鄢陵時，范燮祈死得死，欒書必悟及軍中外寧內憂之言，深以燮言爲是，所以怨郤至之多事。戰勝而侈公之心，不能諫公，但圖害至，已輸趙盾一著。於是三郤之命，均懸諸欒書之一言，則欒書主而三郤客也。胥童、夷羊五、長魚矯皆怨三郤，豈無讒言？必待欒書一言而動，是諸嬖無力，而欒書有力，又欒書主而諸嬖客也。方諸嬖犯上專殺，朝局大亂，書身爲正卿，聽其所爲，似隱有主張。把三郤之死，諸嬖之亂，都裝在葫蘆之內，不惟爲三郤之主，且兼爲諸嬖之主矣。及書爲胥童所執，長魚矯力言以爲可殺，似又矯主而書客。然諫終不聽，矯出而書存，又反客爲主矣。至於匠麗氏執公時，召士匄、召韓厥，均不至。此主客位置分明，可不待言。綜之，一篇之中，光怪陸離，似不能定其主客，實則主人翁明明一欒書耳。文之妙處，復在詞令之工。郤至滿口忠愛，其行爲則躁妄無倫。長魚矯滿腹精神，其收局則怕死而已。一爲淺人，一爲小人，而出話堂堂，似有道德，似有幹略。左氏所以高人處，在莊而不佻。若落公安之手，則不知其如何裝點耳。（《菁華》尾）郤犨、郤錡俱庸鄙小人，惟郤至尚稍聞道，而功成之後，不能謙讓自全，卒取夷滅之禍，惜哉！至欒書以勝楚之功不出於己，深忌郤至，必殺之而後已，豈是大臣休休有容之量？傳于此段，深惡欒書。而於郤至臨危之言，寫得奕奕有生氣，蓋深予之也。聘周之役，欒書之謀，險毒之至。雖有明主，或爲所欺，何論厲公哉？群嬖之害三郤，欒書實爲預謀，忽然欲併書去之，此舉極爲不測。而厲公平日惟胥童等之謀是聽，此獨不用其言，亦是將死而昏，非人之所能爲也。國君被弑，士匄、韓厥袖手坐觀，全不動心。乃以名義所在，聞召不赴，以掩其同謀之罪，吾誰欺，欺天乎？郤氏有二駒伯，一爲郤克，一爲郤錡，可怪！（閭生夾）韓厥之比于欒氏爲有間矣，而其言亦無人理如此，記此見其時人心之喪亡。與鄭子家之言同。宗堯按：誅責書、偃之言，盡于韓厥語中。

舒庸人以楚師之敗也，道吳人圍巢，伐駕，圍釐、虺，遂恃吳而不設備。楚公子橐師襲舒庸，滅之。（《左繡》眉）如許事，不用鋪排，只以一筆卷過，分明寫其無知狙獪也。字字爲恃吳見伐寫生。

閏月乙卯晦，欒書、中行偃殺胥童。民不與郤氏，胥童道君爲亂，故皆書曰："晉殺其大夫。"（魏禧尾）魏禧曰："可戒可法。"孔之逵曰："按：胥童謀于厲公，欲去大族，而先三郤。使郤氏聞此謀時，告于欒氏、中行氏，與爲結約，則二氏必不助胥童以自害，然後共清君側，執胥童、魚矯輩殺之，亦何不可？乃從容謀樹，使魚矯得行其計。嗚呼！彼徒自恃其族之大，而不知一人滅之有餘。然三郤嘗害伯宗及欒弗忌，此蓋天道，不足怪也。"禧按：三郤多怨，恐與二氏不和，難相密約，然此論可存。（《分國》尾）童、五、矯三人，雖嬖於公，欲殺三郤，豈易爲力？郤氏席寵三世，三卿三窟，即其家屬，可敵國之半。觀克之欲伐齊也，曰請以家屬。設使謀之不臧，三郤並力，操戈入室，不獨童、五、矯爲李訓、鄭注之流，勢成騎虎，厲必見劫，此時塗炭，尚忍言哉？乃郤氏竟授首於三人，易如礫鼠，一欒書爲之耳。自欒書譖行，三人知厲公怨郤已深，勢不容一日留郤。公又以欒書譖郤，知欒氏必不助郤，即三人亦知欒、郤有隙，可以惟我所爲。況中行又與欒氏深相結，郤氏謀益孤乎？是三郤之殺，一欒書爲之嚆矢也。再世族滅，晚矣。長魚矯奸究數語，不但爲郤氏洗冤，直褫欒書之魄，請行、奔狄，不與胥童之難，亦奇矣哉！（《左繡》眉）此兩案合斷法。四人見殺不同，而書法則一。傳於同處推其異，即於異處見其同，總在對勘得力。一民一君，只兩句而必以順逆爲法。引經作斷，前文插不入，則留於此處對結，此伸縮聘搭之妙也。（《左傳翼》尾）三郤信有罪矣，厲公以多嬖，欲殺之以代其位，是殺之不以其罪也。詳敘欒書陷至之謀，又表郤至臨死不敢叛君，所以著用刑之枉也。欒書身爲大臣，君侈而不能匡，忌功害能，而滅人之族，又身犯不韙而執君，晉之權臣，孰有惡於此者乎？易世之後，猶云武子之德在人，如周人之思召公焉，吾不解所云何爲也。只欲去群大夫而立其左右，便見討三郤全爲嬖人起見，非爲國討也。郤氏固爲怨府，而此篇所載怨者只胥童數人與欒書耳。殺三郤，欒書似與嬖人爲黨。郤氏殺，欒書又與嬖人爲仇。總之，借嬖人以殺三郤，即因殺三郤以除嬖人，並以弑厲公者，皆書陰謀秘技爲之也。通篇厲公是主，後半欒書又是賓中之主，外寧必有內憂，范文子之言今始驗矣，真知幾其神乎！（《評林》眉）李于鱗："楚既摧敗，而其餘烈猶足以滅國，使其得志於鄢陵，則毒被華夏，豈勝道哉！故晉厲之一勝而驕，雖晉之不幸，實中國之大幸也。"《補注》："傳見殺三郤，公之意。殺胥童者，書、偃也。而經無異文，故皆以有罪發例。然胥童不以兩下相殺書者，實以欒書、中行偃當國，以國討告耳。"（方宗誠眉）總束通篇。（闈生夾）此解全未得經旨，亦經師之曲說也。

◇成公十八年

【經】十有八年春王正月，晉殺其大夫胥童。（《評林》眉）蘇轍："胥童，厲公之嬖臣也，與厲公謀殺三郤，又執欒書、中行偃，將殺之，公不許。公使胥童爲卿，書、偃既執厲公，乃先殺童，童雖導君爲亂，然書、偃自是以弑君，故稱國以殺。"庚申，晉弑其君州蒲。

（《測義》夾）湛若水氏曰："按《左傳》，則弑厲公者欒書、中行偃也，而《春秋》誅之乃以不名，而以國分其罪者，何也？《穀梁》謂君惡甚矣，厲公盡去其群大夫而用其嬖，無道之甚，弑之者雖書、偃之爲，乃國人之所同志也，故書晉人。使人考跡而觀，知欲之者晉民，而爲之者書、偃也。"愚按：《春秋》誅心之大法，豈有臣弑其君，而曲爲隱諱，分其惡於國人者耶？孟子論貴戚之卿，君有過則諫，反覆之而不聽，則易位。厲公不道，書、偃將易置君位，故執之于匠麗，必有所以處厲公之地矣。於是程滑因國人之怒而遽弑之，蓋廢公者書、偃之意，而弑公非書、偃意也。傳言使程滑弑公，恐是使字誤爾。不然，何仲尼誅趙、許之嚴，而於書、偃闊略如此？學者當以經爲正。**齊殺其大夫國佐。公如晉。夏，楚子、鄭伯伐宋。宋魚石復入于彭城。**（《評林》眉）余光："楚與鄭伐宋，取彭城，置宋亡臣，而以三百乘戍之，塞吳、晉交通之路。"**公至自晉。晉侯使士匄來聘。秋，杞伯來朝。八月，邾子來朝，築鹿囿。**（《評林》眉）高閌："前此未有書築囿者，是後昭九年築郎囿，定十三年築蛇淵囿，人君之示子孫也可不謹哉！"**己丑，公薨于路寢。冬，楚人、鄭人侵宋。晉侯使士魴來乞師。十有二月，仲孫蔑會晉侯、宋公、衛侯、邾子、齊崔杼同盟於虛朾。**（《評林》眉）汪克寬："諸侯同心懼楚，而謀救宋，故書同盟。"**丁未，葬我君成公。**

【傳】十八年春，王正月庚申，晉欒書、中行偃使程滑弑厲公，葬之於翼東門之外，以車一乘。（《評林》眉）《補注》："弑君者當國，赴不言賊主名，故書國以弑。"陳氏曰："傳言君弑所以不得葬。"（《補義》眉）弑舊君，立新君，兩兩相形，不但誅書、偃，並以責悼公。使荀罃、士魴逆周子于京師而立之，生十四年矣。大夫逆于清原，周子曰："孤始願不及此。雖及此，豈非天乎！抑人之求君，使出命也，立而不從，將安用君？二三子用我今日，否亦今日。共而從君，神之所福也。"（高塘眉）前半敘悼公初立，言詞婉峻，儼是英主氣象。提出"天"字，杜人邀功覬望。提出"君"字，示人名分森嚴。不從安用君，反詰之，其詞嚴。從則神所福，正訓之，其詞溫。"用我今日，否亦今日"，語帶冰霜。"逐不臣者七人"，法如雷霆。（鍾惺眉）廢立之際，巨室爲政，嗣君處此，一毫軟媚不得，一毫躁率不得，數語竦然，不臣者喪氣，不待逐之矣。然已是逐不臣者張本，可爲禦强定難之法。（韓范夾）庸君處此，方憂大位未定，何能侃侃言之？然侃侃言之，豈有即不爾立者乎？讀此數言，凡後之人君，從外而得立者，可奉爲法。（《評林》眉）湯若士：「悼公以幼弱之年，初見諸大夫，而其言凜不可犯。諸臣之跋扈者，安得不畏服也！其復霸固宜。」《經世鈔》：「晉惠公謂里克曰『微子則不及此』，語便卑鄙，所以不終。衛獻公告甯喜曰『政由甯氏，祭則寡人』，急於得國，舉動錯謬，所以終致亂。然如齊悼公之對陳乞，曰『器二不匱，君二多難』，無故而示疑貳，致僖子之泣，其不死於僖子，亦幸耳。」（《學餘》眉）周子之言，字字圓轉，筆筆斬截，精光四射，具足權術，卻自磊磊落落，開誠佈公，其精神器識實足以戢方肆之威，振已衰之局，得之十四齡童子，豈非天授？左氏始記其年，未用襯托，尤爲出神入化之筆也。（閭生夾）寫其立于强臣之手，不能自振。悼公劫于欒氏之威，不能明正其罪，大權益旁落，而六晉之禍愈亟矣。傳於悼公往往有虛譽之詞，不足信也。宗堯按：「生十四年矣」至此，寫其能馭强臣處。**對曰：「羣臣之願也，敢不唯命是聽。」庚午，盟而入，館于伯子同氏。辛巳，朝于武宮，逐不臣者七人。**（《測義》夾）朱子曰：「悼公逐不臣者七人，而不誅書、偪，非里克、甯喜之比故也。」（《彙鈔》眉）晉族大而偪，且當弑逆之後，跋扈尤甚，悼公英略過人，三四語便已懾制欒、郤，令屏息聽命，自古戡亂之君，無不如此。**周子有兄而無慧，不能辨菽麥，故不可立。**（文熙眉）穆文熙曰：「周子途中數語，安人心，消讒慝，便見駕馭之才。未幾而即逐不臣者七人，亦何果也君哉！」（《分國》尾）新主初立，懾服權臣，貴有驚人數語。夷吾語里克曰：「微子，則不及此。」陽生語陳乞亦曰：「微子，則不及此。」何其無人君之度？甚者，如曹丕之語辛毗曰：「君知我喜否？」不待其作爲何似，一出口斷其爲庸主矣。悼公曰：「及此，豈非天乎？」歸之於天，使賈充、褚淵輩，無所措辭矣。求君、出令數語，辭嚴誼正，寧止漢文代來時乎？（《左繡》眉）此後出色寫悼公，一起手便爾神彩奕奕。中間詞令不必言，看其首尾敘事，有多少生動在。「生十四年矣」上無承，下無接，憑空著此一筆，卻令下文字字生色。古稱繪畫後素功，若此句，直未素之繪也，妙絕。開口便推心置腹，提出「天」字，所以杜人邀功觖望。提出君命，所以示人名分儼然。「不從，則安用君」，反詰之也，其詞厲。從則神所福，正訓之也，其詞溫。"用我今日，否亦今日"，兩問以決之，既不得遊移，亦並非勉強，皆推心置腹之談。逐句讀之，字字唆嚼。通身讀之，句句精神。而固出自十四歲黃小之口也，亦奇矣哉！用否二句，上承"不從"，下起"從君"，亦中間轉棙語。但於順逆法略變耳。結將其兄相形，應轉首句，爲"十四歲"三字添毫也，作者亦傾倒此君矣。(《左傳翼》尾)弑舊君，立新君，人人有定策邀功之想，說到始願不及，而歸之於天，則絕大功勞，都成雪淡矣。"抑人之求君"以下，便有大權獨攬、不肯下移之意，又嚴勁，又和婉，强臣悍族對之，無不斂手削色，十四歲人而能如此，真復霸令主也。後惟漢文帝始入長安，有此規模耳。最是"用我今日，否亦今日"兩語，英氣逼人，未立即逐不臣者七人，眼明手辣，定變雄略，千古第一。數行文字，勃勃如生。(《評林》眉)《五經類編》："晉悼公朝于武宮，武公至悼公已十世。昭十七年晉中行穆子獻俘于文宮，文公至頃公亦十世，而其宮猶存，則當時諸侯之廟，親盡不毀者多矣。"(王系尾)漢文帝自代入長安，事勢與此相類。其舉動措置，亦仿佛此意。文帝夜拜宋昌爲衛將軍，先固根本。悼公來自羈旅，子然孤立，但逐不臣者而已。其勢不同，所以制其勢者同也。漢初《左傳》未出，是其資質之美，暗相符合處。(《學餘》尾)春秋無義戰，晉楚其甚也。鄢陵之戰，甚之甚也。楚王夷師熸，晉君弑、大夫殺，構兵之禍孰甚焉？范文子早見及此，而欒、郤不從。嗚呼！能無及乎？周子清原數語，操縱有神，晉室喪亡之氣，爲之一振。假使泥嫡長之說，晉之三分，不待後日矣。噫，嫡長之說行，不至不能辨菽麥不止也。

齊爲慶氏之難故，甲申晦，齊侯使士華免以戈殺國佐于內宮之朝。師逃于夫人之宮。書曰："齊殺其大夫國佐。"棄命，專殺，以穀叛故也。(《測義》夾)季本氏曰："國佐書大夫，則左氏所謂棄命、專殺、以穀叛者，乃當時文致之辭也。若夫沽權賣直，而爲人所忌，則誠有之耳。"使清人殺國勝。國弱來奔，王湫奔萊。慶封爲大夫，慶佐爲司寇。既，齊侯反國弱，使嗣國氏，禮也。(文熙眉)穆文熙曰："慶克淫亂，鮑子惡之，國子殺之，皆足快人。然鮑子輕泄其機，身被刖刑。國子據穀以叛，自干顯戮，皆其處變之無術者矣。"(《測義》夾)愚按：慶克以淫亂被殺，非過也，乃秩其二子。國子以忠忿殺人，可議也，且并殺其子。刑賞如是，宜乎慶封稔禍，而政歸陳氏也。〖編者按：奧田元繼作王元美語。〗(魏禧尾)魏世儼曰："鮑牽見慶克之爲，告國武子是矣。武子不以告君，誅淫亂之人，是謂不忠。召慶克而謂之，是謂不知。如廬、殺慶克，不自拘司敗，更以穀叛，是謂不臣。死猶有後，幸矣！"（《分國》尾）當時鮑牽已刖，無咎已逐，國佐勢不能超然事外。冒違命之罪，歸殺慶克，豈非義舉？獨罪其以穀叛。爲國佐者，殺克之後，即陳於公，若曰："慶克淫亂，不利於君。臣得其情，爲君除亂。擅殺之罪，敢以死請。"則己可免內宮之難，子勿罹清人之刃，若之何叛也？鍾皓曰："國武子好招人過，以致怨惡。"正"國子謫我"之謂與？（《左繡》眉）殺國佐，明是夫人指使。而經特以國討書，作傳須有並行不悖之法。今開手從"齊爲"落筆，篇中凡兩寫齊侯，兩寫"使"字，明以三罪解經，卻隱隱以內宮之朝、夫人之宮及二慶之用、國氏之嗣，舉其實而傳之，而讀者自得之筆墨之表，此前人手法最輕最活處。否則未免露斧鑿痕矣。（《左傳翼》尾）國佐欲爲君正家法，激於義憤，遂爾專殺，據穀以叛，誠不能無罪。然原其本心，卻自無他。靈公不能防閑其母，以淫亂著聞，既通慶克，又狎僑如，義渠、嫪毐交接宮闈，曾舒徵之不若也。又受母譖而戮高、鮑，致國佐無所發憤，起而殺之。反爲報仇，殺其父子，而于慶克則二子並封，何愛於淫人而軫恤眷戀之若此？國佐可憫，齊靈不深可恥乎？（《補義》眉）何云："齊有慶克，猶魯有僑如也。而魯卒出之，齊則國佐被殺，無咎、鮑牽刖且逐，慶克雖死，慶封反因以得政，其右淫人若是，豈非魯猶重禮教，而齊風俗大壞耶！"（王系尾）國佐疾慶克之淫，而忿戾妄行，自即於罪，死奚怪焉？齊靈既不能以禮防閑其母，又寵進淫嬖之餘孽以悅其意，遂使齊國之亂，蔓延數世，慶封逐而政歸陳氏矣。豈不哀哉！李廉曰："此爲齊崔、慶專國之始事也。"

　　二月乙酉朔，晉悼公即位於朝。始命百官，施舍、已責，逮鰥寡，振廢滯，匡乏困，救災患，禁淫慝，薄賦斂，宥罪戾，節器用，時用民，欲無犯時。（《補義》眉）周云："悼公所以復霸者，能立政也。能立政由於能用人。前十三項是眼前急務，後則隨事整頓，因材器使。"使魏相、士魴、魏頡、趙武爲卿。荀家、荀會、欒黶、韓無忌爲公族大夫，使訓卿之子弟共儉孝弟。使士渥濁爲大傅，使修范武子之法。右行辛爲司空，使修士蔿之法。弁糾御戎，校正屬焉，使訓諸御知義。荀賓爲右，司士屬焉，使訓勇力之士時使。卿無共御，立軍尉以攝之。（孫鑛眉）插此二語，便覺不甚板。祁奚爲中軍尉，羊舌職佐之。魏絳爲司馬，張老爲候奄。鐸遏寇爲上軍尉，籍偃爲之司馬，使訓卒乘，親以聽命。程鄭爲乘馬御，六騶屬焉，使訓群騶知禮。凡六官之長，皆民譽也。（韓范夾）魏伯起敘創國置官一段，全本於此。舉不失職，官不易方，爵不踰德，師不陵正，旅不偪師，民無謗言，所以復霸也。（孫鑛眉）《國語》視此更詳，敘法略別，亦可互觀。（韓范夾）伯主規模，於是乎定矣。（《淵鑒》眉）晉悼公初政，發令用人，一時井然鳌舉，壁壘頓新，文亦簡嚴有法。水心葉適曰：「敘晉悼公復霸，及叔向與晏子語國之興衰，全在人主及一二賢智合德之臣，其餘只是隨大勢起倒。」臣鴻緒曰：「悼公繼厲即位，能抑書、偃之權，選建賢良，脩明法紀，視文公初政更覺規模廣遠，三駕之烈，基於斯矣。」（《補義》眉）汪云：「此敘晉悼新政，興利除弊，燦然具舉。」（高塘眉）後半敘悼公初政，施爲次第，儼是霸主規模。「即位於朝，始命百官」二句總提，「施捨」下是行政惠民，「使魏相」下，是用人任賢。末用總束，歷落變換，古穆倉嚴。左氏于晉文曰「一戰而霸」，寫來是開創氣象，于晉悼曰「所以復霸」，是中興規模。細讀此篇，晉悼初立時對群臣之言，最得大體。及其施爲，先去小人，次惠百姓，次任賢人，雖一時並行，卻仍有先後之序。（《評林》眉）《匯參》：「按：施所當舍、已所當責，四字分領下八句，註作三項，未確。」按：此篇傳悼公復霸事，以命官用民爲主，而用民又本于命官，故首段先敘用民，只以簡筆揭過，而另以詳筆排敘命官，結處收命官，輕帶用民，運掉圓密。（方宗誠眉）以上敘晉悼公之立，正大光明，能制服諸強臣，所以復霸。（文熙眉）汪道昆曰：「序事有章法，『皆民譽』字法。」穆文熙曰：「悼公既逐不臣七人，而又用六官之長，皆得其當。施爲若此，安得不伯。」（《測義》夾）林堯叟氏曰：「通言悼公之政，未必皆在即位之年。」（《左傳雋》眉）余漢城曰：「數段用幾個『使』字作精采，波瀾洶湧，繡彩燦爛，讀者覺其精神，不覺其重疊，此文法尖巧處。」唐荊川曰：「收掉更精神，一篇文字鋪敘悼公用各當其才處，詞調爛然。」（鍾惺眉）逐不臣者七人後，不可無此一番舉動。（王源尾）悼公復霸，能用人也。傳者於即位之始，即揭此意以概其水準，可謂立言有要者矣。但用人不難序，難在脫耳。如曰悼公即位，用某爲某官，某居某職，各當其才，庶政畢舉，所以復霸。則亦何情何趣更何難乎？恒蹊陋徑，能者不出。拂素慘澹，別有經營，未易爲不知者道也。左氏於此，幻出一重樓複閣法。先提"命百官"三字爲綱，統下十三事。轟甅錯落，用人之事已畢，然後更序所用十有九人，處處點出"使"字，崩騰排挫，眼到魂翻。而一結磅礴交橫，洋洋盈耳。然讀者不知其以十三事爲主，而十九人帶序者邪？抑以十九人爲主，而十三事虛序者邪？萬戶千門，東西莫辨，大丈夫當如此矣。芒碭真龍，才有此歟。役夫方苦胼胝、怨勞儃不暇，何暇賞其規模之盛，結構之奇邪？（魏禧尾）魏禧曰："愚謂五霸之位，當黜宋襄公而進晉悼公。悼公三王之亞也，春秋以來，一人而已。即位以後，任賢使能，功德不可勝紀。觀其始立，曰'及此，豈非天乎'，臨之以天，不與弑君者以立君之權，無所歸德也；曰'立而不從，將安用君'，正之以大義，懼其以廢立爲嘗試，且恃立君之德而執利權以亂國，故逆折之也；曰'用我今日，否亦今日'，明非乘亂苟利，汲汲然必欲得國而後已，其後諸臣違約者，吾得執前言以臨之也；又曰'共而從君，神之所福'，歆之以福，使有所慕，則是不共從君者，神所禍，使有所畏。故曰天曰神，懼之也。語止四五十字，而經權互用、剛柔並濟如此。乃得之十四歲之童子，不亦偉哉！漢文帝初立，其所以應對諸侯者，得爲君之體，亦悼公之流亞與？"賴韋問曰："書弑君，悼公不能正其罪，何有於賢？其逐不臣者七人，不臣孰大於弑君？而與於弑君者，無與焉，可乎？"曰："書之弑，雖自利，以利國也。故《春秋》書晉、書名。夫周子之賢聞於四國，書迎而立之，爲國明矣。奸臣之自爲計者，必廢明而立昏。故桓溫欲廢簡文，而馬允贊誤立光王。書之爲國明矣。且書執國政而得民心，其勢有所不可動，反經而用之可也。按：不臣七人，當是教導厲公爲惡者，如霍光誅昌邑不諫之臣也。凡人君之興，國家之治，莫不由於用賢。悼公三駕，功過桓文，左氏于其初入，先爲提出官人一段，而結之曰'所以復霸'，將此要緊處，十分提明與後世人主看，真是苦心。其敘晉文復國，則於其出亡時，急書曰'從者狐偃、趙衰、顛頡、魏武子、司空季子'。《外傳》于齊桓之霸，極張其烈，則結之曰'唯能用管夷吾、寧戚、隰朋、賓須無、鮑叔牙之屬，而霸功立'，皆是古人吃緊爲人處，不可輕易讀過。"吳正名問曰："古今人君，未有無明知忠斷腹心之臣爲之謀主，而能大有爲者。故桓公之得國，以鮑叔。文公之得國，以五臣。獨晉悼公異於是，其在周也，未聞有人爲之先容；其入晉也，未聞有人爲之左右。而強臣大臣，拱手受裁，發憤修政，四鄰畏服者，何哉？"曰："吾於此而知德義之大也。夫悼公在周，以幼稚之年，口無過言，身無過行，其德義服人者素。及其入國，經不近迕，權不傷詐，則舉朝之君子，皆其腹心，豈必植私黨、樹舊人以自固，如後世人主專倚藩邸之臣者哉？是故內無所援，外無所輔，以獨身而履危疑，定大業，古今以來，惟悼公一人而已。"又問曰："悼公功德幾于王者，而名烈不及桓、文，何也？桓公之業，在於尊周攘夷。悼公之三駕，不過爭鄭。考其行事，於尊攘之義闕焉弗講，是以遜于桓、文耶？"曰："然。漢高帝爲義帝發喪，雖無關取天下大計，卻人心於此踴動，是一機括所在。故知成大業者，最要揀擇名義。名義既正，以才智輔之，便自省力多許。後世奸雄，欲圖大事收人心，而先背禮犯義，以攖天下之怒，失豪傑之望者，抑何愚哉？"魏世儼曰："子輿氏謂舜視棄天下如敝屣，子瞻謂伊尹不以天下動其心，悼公師其遺意，若視得晉國重大，則必制于強臣矣。"彭家屛曰："晉人迎立悼公，悼公曰'用我今日，否亦今日'。漢人迎立文帝，帝西向讓者三，南向讓者再。英主闊達氣象，大約相同。然晉悼逐不臣者七人，而不正書、偃弒君之罪，未免以得國爲利。厲之賊臣，悼之功臣也。以悼之賢，而不能討賊，若宋莊、齊景，又何責焉！"（《分國》尾）國家之敗，由官邪也。不獨邪，如置器然，乖方失所，亦不得其用。如悼公使某人爲某官，使某官爲某事，便爲得宜。《國語》載此一段，曰"君知士貞子之帥志博聞，而宣惠於教也，使爲太傅"云云，每使一人，必先曰"知"，更透。（《左繡》眉）此篇傳悼公復霸事，以命官、用民爲主，而用民又本於命官。故首段先敘用民，只以簡筆揭過，而另以詳筆排敘命官，結處重收命官，輕帶用民，運掉圓密。通篇凡作三段讀，首段總提，末段總結，中段實寫，都用鋪排法。而各各不同，制局極典重有體裁，雅與事稱也。命官先提後敘，用民先敘後束，用筆已別。而提命官後，又不接筆敘去，反先插敘用民事，順逆之變極矣。中段又分兩半，卿大夫、大傅、司空都貼在朝說，戎右至末都貼在軍說，結處"舉不失職"三句，頂在朝；"師不陵正"二句，頂在軍，此整齊處也。然爲卿作頭，乘馬御作尾，御右以上，官皆屬君。兩軍尉、兩司馬、一候奄，官皆屬卿。中以"卿無共御"作界畫段落，又牽上搭下，整中有變。實寫文字，處處藏得凌空結構在也。"官"字、"民"字凡結兩遍，層層排寫，固非一遍之所能結耳。"民無謗言"兜裹首段，法密而筆輕逸，妙甚。一戰而霸，寫來是開創氣象。所以復霸，寫來是中興規模。非此出色文章，須寫不出此等出色人物也，奇絕。（儲欣尾）晉自戰邲後，奄奄不振，至此始覺氣色一新，而左氏此篇，亦鋪張盡致。（《左傳翼》尾）悼公所以復伯者，能立政也。能立政由於能用人，前十三項是眼前急務，不論何人皆可驟使，故以命百官概言。後則隨事整頓，因才器使，以爲經國久遠之法，故用某某爲某官，治某事，皆以人立政。但前總而後分，前略而後詳耳。舊說謂前是立政，後是用人。又有云通篇總是用人，以"始命百官"句爲綱，皆不識文中之條理也。前段總說，故只提"始命"二字，後段分說，故命官用兩"使"字以該其餘。立政則用七"使"字，臚列煩而不殺，人十有九，事則前後亦十有九。參差變幻，如三垣列宿，光氣騰爍，令人無從窺尋。史公敘戰功時，有此等筆法。古人才兼文武，居則爲卿，出則爲將，六官之長，即三軍將佐也。悼公能用人，祇"舉不失職"五句盡之，以"使爲卿"領起，以"六官之長皆民譽"作應，以大包小，以文統武，而終之以"舉不失職"作結，歸到"民無謗言"上。蓋人君用人立政，皆以爲民，民心悅而百官得宜，萬事得序，乃可知也。左氏立言，於此獨見把握。《左繡》謂：卿大夫、太傅、司空是在朝者，戎右以下是在軍者，"舉不"三句頂在朝，"師不"二句頂在軍。分承固是明白，但晉官職原不止此數項，特官非其人，因有廢事，故另爲選授耳，其餘因仍舊職者固多也。爲歷數不盡故，既以六官皆爲民譽足之，又連下此五句作結，以極贊其用人之得宜，雖終身所行皆不外此，而本文實承一"始命"、九"使"字說來，原係即位初政。朱子云"才歸晉做得便別"，即指此。舊注謂未必皆在即位之年，亦非也。（高塘眉）朱子曰："晉悼公甚次第，才甚高。只十四歲，說話便有操有縱。才歸晉，做得便別。當時晉室大段費力，及悼公歸來，不知如何便做得恁地好？如久雨積陰忽遇天晴，光景爲之一新。"問盡勝桓、文否。曰："盡勝。但桓、文是白地做起來，悼公是現成基址。某嘗謂晉悼公、宇文周武帝、周世宗，三人之才，一般都做得事，都是一做便成。"（《評林》眉）陳眉公："逐不臣者七人，而又用六官之長皆民譽，安得不霸！"《經世鈔》："又結'民無謗言'四字，妙！爲國以得民爲本。"（王系尾）五霸齊桓爲盛，晉世主夏盟，文、悼爲盛。楚僭王猾夏，《春秋》不以霸予之，而莊王實盛。左氏皆詳其所以致霸之由，皆是部中大結構處。此晉悼新政也，尤不勝其津津焉。蓋自是以後，而中原無霸矣。（方宗誠眉）此篇以"慧"字爲主，悼公之號令嚴明，初至即迥不猶人，用人行政各得其當，皆慧也。而文中不言悼公之慧，但以其兄不慧形容之，以作文中樞紐，令人不覺，何等神妙。"周子有兄而無慧"三句，看是閒文，實則全神俱動。以上悼公用人行政之當，所以復霸。（《菁華》尾）悼公即位，逐不臣者七人，而不敢一問書、偃之罪，不如叔孫昭子遠矣。即所用皆得其人，已屬第二義。左氏予之，亦以爲惟此一節，差強人意而已。（閩生夾）左氏於悼公多諛詞而無損挹，其因中國無霸已久，故張之歟？然全書本由集錄而成，非出一手，此等亦皆有所本，固非丘明自撰之文也。

公如晉，朝嗣君也。

夏六月，鄭伯侵宋，及曹門外。遂會楚子伐宋，取朝郟。楚子辛、鄭皇辰侵城郜，取幽丘，同伐彭城，納宋魚石、向爲人、鱗朱、向帶、魚府焉，以三百乘戍之而還。書曰"復入"，凡去其國，國逆而立之，曰"入"；復其位，曰"復歸"；諸侯納之，曰"歸"；以惡曰"復入"。（《補義》眉）"以惡"二字，一篇之主。楚莊納二兇，意在久有陳國。楚共封魚石，意在流毒諸侯，共之惡甚於其父。"戍之"以下可直接"宋人患之"，復以史例隔斷，意在點"以惡"二字，開出鉏吾一段議論。（《評林》眉）呂東萊："楚置五子於彭城，所以毒宋，乃未幾而晉人討之，挈之如五鼠以去，是反所以棄之也。且五子亦何取？孤懸楚、宋之間而爲叛人乎？愚矣！"《補註》："劉氏曰：'事與例合者少，與例違者多，不託之從赴，則託之從某例。惟注者推言之，不復可信也。'陳氏曰：'傳言楚人伐宋以納魚石，故書入。衛人弒其君以逆衛侯衎，故書歸。見入者難辭，歸者易辭也。而作例者曰：凡去其國，國逆而立之曰入，諸侯納之曰歸，殊失傳意。'今案：歸、入言復，說見《屬辭》。"（閩生夾）先大夫嘗謂："凡空釋經文無事實者，皆後之經師所爲，非左氏之文，如所謂五十凡者皆是也。"此文"宋人患之"自與上文相連，而誤增"書曰"云云於其中。宋人患之。西鉏吾曰："何也？若楚人與吾同惡，以德於我，吾固事之也，不敢貳矣。大國無厭，鄙我猶憾。不然，而收吾憎，使贊其政，以間吾釁，亦吾患也。今將崇諸侯之姦而披其地，（韓范夾）慮患甚深，大凡國憎之人，敵之所資也，樊張之屬皆然。以塞夷庚。逞姦而攜服，毒諸侯而懼吳、晉。吾庸多矣，非吾憂也。且事晉何爲？晉必恤之。"（孫鑛眉）意絕新奇，然卻是實理，文勢亦陡發。（儲欣尾）深知利害，而詞亦凌厲。（《左繡》眉）此篇前敘伐宋之事，後述宋患之辭。"成之而還"下，本接"宋人患之"一連說去，卻將解經隔斷作蜂腰體格，蓋將"以惡"二字作承上起下之筆。西鉏吾語，句句是"惡"字注腳也。與克段篇，局同而用意固以別矣。"書曰復入"下不著斷語，一似歇後者，竟將泛論凡例，移作本注，又一解經變調也。入歸、復入、復歸，不從類敘，而參錯言之，仍自整齊，故妙。以兩樣猶可患，跌出非吾患，曲折明快。末更以"晉必恤之"作掉尾，詳略變化，意透而詞特工。介面用兩虛字起，亦變調。恰爲"若"字、"不然"字、"且"字數虛字作引，大奇大奇。此等處，閎博之士必以吾言爲纖爲鑿。然初學肯於此留意，則鹵莽之失，吾知免耳。（美中尾）通篇純用跌宕之筆，以兩"吾患"陪出"非吾憂"，曲折曉暢，姿態橫生。末以"晉必恤之"作掉尾，"不足憂"又一層意。（《左傳翼》尾）天下之惡一也，楚人不明君臣大義，伐彭城以納魚石，欲以害宋，並欲絕吳、晉之交，究何能爲？前路書法，言其以惡，後言以惡之不足患，純用跌宕之筆，議論周密，情事曉暢，有姿有態，百讀不厭。末路一轉，不足患又一層。（《補義》眉）鄙我猶憾，直是不奪不厭，作三層轉，下寫楚人窮兇極惡，中原岌岌，"以惡"二字十分醒透。（《評林》眉）《補注》："陳氏曰：'傳言楚納魚石，而晉悼復伯。'"彭士望："此語使楚聞之可，使吳、晉及諸侯聞之亦可。"（王系尾）楚自鄢陵之敗，得鄭愈固。南滅舒庸，而北與晉爭宋。微悼公，楚禍其未可量哉。

　　公至自晉。晉范宣子來聘，且拜朝也。君子謂晉於是乎有禮。（《測義》夾）張洽氏曰："公朝始至，而聘使繼至，晉悼之下諸侯肅矣，此列國之所以睦而叛國之所以服也。"〔編者按：奧田元繼作李于鱗語。〕（《左繡》眉）一路寫晉悼新政，饒有生色。

　　秋，杞桓公來朝，勞公，且問晉故。公以晉君語之。杞伯於是驟朝于晉而請爲昏。（《左繡》眉）連敘五事，都用簡括法，氣緊而筆健。上二項在公一邊，下二項在晉一邊，中間公以晉語之，承上起下，處處不離此法也。（《補義》眉）聲靈一振而小國蟻附。（闈生夾）此見晉悼當日本有一時之譽，故傳亦多因之耳。

七月，宋老佐、華喜圍彭城，老佐卒焉。（《補義》眉）知宋平非無志。

八月，邾宣公來朝，即位而來見也。

築鹿囿，書，不時也。（《測義》夾）愚按：自是昭公築郎囿，定公築蛇淵，蓋作俑於此。〘編者按：奧田元繼作王荊石語。〙

己丑，公薨于路寢，言道也。（《測義》夾）李廉氏曰："成公在位十有八年，自鞌以後，汶陽未歸之前，魯事晉甚謹。自汶陽歸齊之後，魯之于晉，嫌隙已生。然方其事晉也，東讐于齊，南屈于楚，丘甲作而兵政變，四卿將而公室弱，魯已無一事之可取矣。及其得罪于晉也，會葬而見止，未聘而及盟，沙隨困，苕丘執，而辱于外；僑如讒，夫人失德而亂于內。魯自隱公以來，未有如是者也。及其末年，幸悼公之興，國家無事，而又一時諸臣如季文子、孟獻子、子叔聲伯、臧宣叔、臧武仲，皆賢智之資，故能維持協贊，以綏內難，不然魯蓋不可爲矣。"（《補義》眉）鹿囿未成，宮車宴駕，可爲永戒。

冬十一月，楚子重救彭城，伐宋。宋華元如晉告急。（《補義》眉）與先軫城濮之策相符。（《評林》眉）《補注》："陳氏曰：'傳見嬰齊書人，經有鄭人，傳闕文。'"韓獻子爲政，曰："欲求得人，必先勤之，成霸安彊，自宋始矣。"晉侯師于台谷以救宋，遇楚師于靡角之谷，楚師還。（魏禧尾）悼公一立而楚師還矣，屬公在，雖有鄢陵之捷，而不能服楚也。魏禧曰："緊峭似《國策》。"（《左繡》眉）晉悼新政可觀，連韓厥語亦自寫得躍躍生動。（《評林》眉）《補注》："陳氏曰：'傳言救雖君將不書。'"

晉士魴來乞師。季文子問師數于臧武仲，對曰："伐鄭之役，知伯實來，下軍之佐也。今魴季亦佐下軍，如伐鄭可也。事大國，無失班爵而加敬焉，禮也。"從之。（《分國》尾）以來卿上下，爲師數多寡，豈定論乎？聊以塞一時之請云爾。（《左繡》眉）兩兩相對，必以倒字、倒句爲章法。左氏一定之法，亦千古一定之法也。（《評林》眉）李笠翁："僑如讒，夫人失德而亂於內，國幾不可爲矣。幸其一時諸侯如季文子、孟獻子、子叔聲伯、臧宣叔、臧文仲皆賢智之士，故能維持協贊，以緩內難耳。"按："實來"，猶言時來，《字書》注："實，是也。"

十二月，孟獻子會于虛朾，謀救宋也。宋人辭諸侯而請師以圍彭城。孟獻子請于諸侯，而先歸會葬。（《左繡》眉）事不一類，而必裁之使對，是整齊法。

　　丁未，葬我君成公，書，順也。（《彙鈔》眉）晉敗齊于鞌時，則晉帥和睦，且晉非齊敵，故敗。既敗，國佐出辭命以卻晉人，以保宗社，庶有幸焉。晉敗楚于鄢陵時，則厲公無道，三郤驕盈，即幸而勝。既勝，文子獨慮後禍，憂深計遠。兩事不相遠耶？其文勢滔滔如江河紆回百折，脈絡分明，皆左氏最得意之筆。晉絕秦一篇，瑣敘前後事，勁而有體，嚴而不激，亦集中之最著眼者。（《左繡》眉）與前言"道也"自相對。（王系尾）自宣公時，禄去公室，于成奚責焉？觀其不從穆姜之命，似有所執，而實天之欲弱魯以張三桓也。噫！

襄公（元年至三十一年）

◇襄公元年

【經】元年春王正月，公即位。仲孫蔑會晉欒黶、宋華元、衛甯殖、曹人、莒人、邾人、滕人、薛人圍宋彭城。（《評林》眉）張洽："案：楚已取彭城封魚石，今彭城非復宋地，尚繫之宋，傳曰：'諸侯為宋討魚石，故稱宋，且不登叛人也。'"夏，晉韓厥帥師伐鄭，仲孫蔑會齊崔杼、曹人、邾人、杞人次於鄫。（《評林》眉）羅喻義："次，止也。料前軍能獨當鄭，諸侯之師且止，晉悼舉止安閑，同符齊桓，伯亦有真也。"秋，楚公子壬夫帥師侵宋。九月辛酉，天王崩。邾子來朝。冬，衛侯使公孫剽來聘。晉侯使荀罃來聘。（《評林》眉）《傳說彙纂》："三國朝聘，左氏皆以為禮，杜預釋之曰'王訃未至也'，公、穀俱不發傳，而范甯、徐彥、楊士勛咸主杜氏。蓋按日而稽之，非臆度也。胡《傳》必以為訃告已及者，恐無所據。今從左氏。"

【傳】元年春己亥，圍宋彭城。非宋地，追書也。於是為宋討魚石，故稱宋，且不登叛人也，謂之宋志。彭城降晉，晉人以宋五大夫在彭城者歸，置諸瓠丘。（《分國》尾）楚取彭城，封五人，是登叛人也。西鉏吾以為是役也，楚人之失，非宋之憂。定亂卓識，誰出其右？晉人討魚石，禽五大夫之在彭城者還，是義舉。（《左繡》眉）解一"宋"字，連寫四"宋"字，妙筆。五大夫亦以宋目之，傳所以倚經辨理也，文固以類為章矣。"不登叛人"是主以理言，"為宋討"是指其事，曰"宋志"是推其情。三意寫成一串，恰以主句安在中間，筆筆有法。（美中尾）毛寅谷曰："楚納宋叛臣於彭城何？塞吳、晉交通之路，使吳患不作而晉勢孤，已得專事北方也。故莊納二兇，意在挾制陳國。共封魚石，意在流毒諸侯。悼公降彭城而執五大夫，通吳敝楚，功豈尋常哉！"李行簡曰："齊桓霸業始於平宋亂，晉文霸業始於釋宋圍，悼公霸業又始於救宋彭城，故曰成霸安疆，自宋始矣。"周息圍曰："楚邱之城，不書齊侯。吳廬之歸，不書自楚。圍彭城而追書宋，戍虎牢而還繫鄭，皆欲收封建之權歸之天子也。"（《補義》眉）以發明經一"宋"字，作三層寫出。悼公不誅之，以其服罪而降也。後世殺降爲快，大是忿心。（《評林》眉）《補注》："據二年'遂城虎牢'，不繫鄭者，伯主之令，以內辭書也。哀三年'圍戚'，不繫衛者，以有衛石曼姑也。此圍彭城，亦伯主之令，且宋華元在焉，而經特書'宋彭城'，其爲追書明矣。但傳以非宋城發義，則失之。"《補注》："晉降彭城而歸諸宋，見後二十六年傳。邑不言降，與郮、鄆小國異，杜説非。"

齊人不會彭城，晉人以爲討。二月，齊大子光爲質于晉。
（《左傳翼》尾）彭城宋地，楚烏得而取？魚石叛人，楚烏得而封？追書宋地，所以正疆域。不登叛人，所以正君臣。此《春秋》書法之意也。看去似是兩意，而究以不登叛人爲主。唯楚不得以彭城封魚石，故彭城屬宋不屬楚也。獨惜晉悼公既合諸侯大夫爲宋討賊，得賊不殺，而置諸瓠丘，豈得謂之義討乎？（王系尾）救宋，德也。討齊，威也。操縱淺深，具見霸略。

夏五月，晉韓厥、荀偃帥諸侯之師伐鄭，入其郛，敗其徒兵於洧上。於是東諸侯之師次於鄫，以待晉師。晉師自鄭以鄫之師侵楚焦、夷，及陳，晉侯、衛侯次於戚，以爲之援。（《測義》夾）愚按：悼公之興，首會諸侯大夫爲宋圍彭城，討魚石，得討賊之義矣。及伐鄭之師，但使韓厥當其前，而東諸侯次于鄫以待之，其意蓋謂楚兵不出，則一韓厥自足以當鄭；楚兵既出，則東諸侯之師實足以撓楚，此又合於節制而不敢重勤諸侯之意也，霸主事哉！〖編者按：奧田元繼作陳廣野語。〗（《左繡》眉）從諸侯之師，別而爲東諸侯之師，又以次鄫目爲鄫之師，一路呷卸而下，更以兩"晉師"夾寫其間，皆於無可生色處，見小姿致也，總一用筆不苟之法。（王系尾）鄭猶不服，故進而侵楚，攻其所恃也。乃以次鄫之師爲前軍，而身與衛侯爲後鎮。晉悼用兵甚有次第，甚有操縱。

秋，楚子辛救鄭，侵宋呂、留。鄭子然侵宋，取犬丘。

（《左傳翼》尾）既解彭城之圍，移兵伐鄭，祇一韓厥敗其師有餘，東諸侯次鄫，備楚以爲晉援，則諸侯惡鄭可知矣。楚子辛侵宋本以救鄭，而經不書者，以鄭背華即夷，罪有可伐，不予楚以能救之也。圍宋彭城，原有宋、衛、滕、薛、莒人在，不止齊、魯五國，此則分而爲二，一從伐鄭，一則次鄫，故言東諸侯之師以別之也。鄫之師，即東諸侯之師，一路變換，筆法清爽。（《評林》眉）《補注》："陳氏曰：'不書救鄭，書侵宋，譏不在救。楚自此再出師不書矣。'今按：不書救，説見成十七年。"

九月，邾子來朝，禮也。

冬，衛子叔、晉知武子來聘，禮也。凡諸侯即位，小國朝之，大國聘焉，以繼好結信，謀事補闕，禮之大者也。（韓范夾）相聘相朝，此周制所以和睦友邦，甚爲盛典也。厥後諸侯小者日就凌夷，大者不可控御，亦繇乎此。故知舉政之初，前之美意，即爲後日起弊之端，守其法，不生其害，雖周至今存可也。（《左繡》眉）分承朝聘，總結"禮"字，小小處，無一筆無法者。（《左傳翼》尾）朝聘本以繼好結信，而謀事補闕，即在其中，可知諸侯邦交，有許多義例在，恤小事大，所以能保天下、保其國也。（《評林》眉）《補注》："諸侯不服天子之喪，自東遷則然，傳初無一語及之，於是以朝聘爲禮，蓋無足辨。杜云未赴，胡云已赴，皆其末耳。"葉氏曰："此乃強弱相傾，何謀事補闕之云？《周官》：'春朝以圖天下之事，夏宗以陳天下之謨，天子之禮也。'"

◇襄公二年

【經】二年春王正月，葬簡王。鄭師伐宋。夏五月庚寅，夫人姜氏薨。六月庚辰，鄭伯睔卒。（《評林》眉）高閌："鄭伯不書葬者，以成公附楚，故諸侯不會葬也。"晉師、宋師、衛甯殖侵鄭。（《評林》眉）孫覺："晉、宋稱師，將卑師衆也。甯殖書名，將尊師少也。"家鉉翁："乘鄭喪而侵之，失盟主之道矣。"秋七月，仲孫蔑會晉荀罃、宋華元、衛孫林父、曹人、邾人于戚。己丑，葬我小君齊姜。（《評林》眉）陳岳："穆姜有美檟頌琴，文子取之以葬，《公羊》不知婦先姑薨，故疑之。"叔孫豹如宋。冬，仲孫蔑會晉荀罃、齊崔杼、宋華元、衛孫林父、曹人、邾人、滕人、薛人、小邾人于戚，遂城虎牢。（《測義》夾）張洽氏曰："彭城非宋有也，霸主為宋討則繫之宋。虎牢，鄭地也，以中國討鄭，則不繫之鄭。皆《春秋》明王制以示予奪之正也。"（《評林》眉）鄭玉："'遂'者，繼事之辭，會畢而城之也。前會於戚，孟獻子已有此謀，知武子未敢專，於是歸告晉侯，言之於齊，帥諸國而舉是役，非大夫之專事也。"楚殺其大夫公子申。

【傳】二年春，鄭師侵宋，楚令也。（《測義》夾）黃震氏曰："晉屢三敗楚師，猶以力服也。今楚納宋之叛臣，晉悼伐其叛臣而取之，義聲震夷夏，逆順曉然矣，何為尚為楚而伐宋耶？"〖編者按：奧田元繼作鍾伯敬語。〗（《左繡》眉）前子然侵宋，亦楚令也。連上"楚侵宋"，便不復注，互見法，惜墨如金。

齊侯伐萊，萊人使正輿子賂夙沙衛以索馬牛，皆百匹，齊師乃還。君子是以知齊靈公之為"靈"也。（《左繡》眉）即以靈斷靈，重一字，句法便濃，又不費辭，真輕雋之筆。斷有贊有刺，贊莫妙于"君子謂狼瞫於是乎君子"，刺莫妙於"是以知齊靈公之為靈"，不著點墨，色更鮮新。（《左傳翼》尾）師何為而出，竟以賂衛而還？一"乃"字，見夙沙衛之線索通神，靈公在其掌握。"皆百匹"等字亦妙，如許馬牛，有目共睹，而公全然不知，直土木偶人矣。不謂之昏，而謂之靈，冷雋可味，耐人十日思。（《補義》眉）汪云："賂以馬牛，眾目共見，彼昏不知，烏乎靈？"（高塘尾）不著筆墨，恰自鮮妍。（《評林》眉）《補注》："陳氏曰：為六年滅萊起。"

夏，齊姜薨。初，穆姜使擇美檟，以自為櫬與頌琴。季文子取以葬。（《評林》眉）按：黃維童《詩經考》云："古又有雅琴、雅瑟、頌琴、頌瑟之名，豈以其聲之合《雅》《頌》邪！"君子曰："非禮也。禮無所逆，婦，養姑者也，虧姑以成婦，逆莫大焉。（韓范夾）前人之物，以予後人，不過生死之間一轉移之術耳，而文子以此取譏，後人可以為鑒。（《評林》眉）王元美："文子三思後行者，而虧姑成婦，何哉？"《詩》曰：'其惟哲人，告之話言，順德之行。'季孫於是為不哲矣。且姜氏，君之妣也。《詩》曰：'為酒為醴，烝畀祖妣，以洽百禮，降福孔偕。'"（魏禧尾）魏禧曰："子孫之事祖與父，視此矣。人有不葬祖而先葬父者，俗儒且以爲情所當然，甚哉！"（《左繡》眉）此篇先案後斷，斷語卻有兩層。前據禮直責其逆，後又引《詩》，曲譏其不哲。而引《詩》又有兩層，前"順"字，猶只就齊姜立論；後又轉出"君"字、"祖"字，非但使姜以婦而逆姑，且使君順妣而逆祖，說進一步，愈見季孫之不哲也。末不更著論斷，蓋意已具於中二語矣。前詩順頂"逆"字，後詩倒頂"姑"字。前詩之評在後，後詩之評在前，分明將兩詩分在兩頭，而以評語安在中間作轉梲也，與賦《嘉樂》篇同法。"擇"字見費苦心，"美"字見非易得，"自爲"見婦不養姑、君不烝畀，絕妙筆法，字字伏一篇之案。（《左傳翼》尾）穆姜棄位而姣，美檟之擇，都屬浪舉。季孫惡之矣，取而用之，既使齊姜逆姑，又使襄公忘祖，總皆其不哲所爲。末後引《詩》竟住，不更著論，妙有無限遠神。穆姜私僑如，欲去季、孟，文子啎之，無所發洩，取其美檟以葬齊姜，蓋不欲以國母相待耳，全是一片私心。通篇以季孫不哲爲主，不哲云者，言行不順德，皆見理不明爲之也。（《補義》眉）以不哲爲主，文子見理不明，故以私怨掩大義。（闉生夾）宗堯按："此段與'定姒薨'一段均借事以刺行父，其意正不止於用檟也。"

齊侯使諸姜宗婦來送葬。召萊子，萊子不會，故晏弱城東陽以偪之。（《補義》眉）來送葬，至魯送葬也，亦靈公之爲靈也。（王系尾）《檀弓》有云："君即位而爲椑。"君夫人之喪，何至略無備豫哉？既已無備，又復倉卒而葬，不及五月之期。季孫之事君，可謂薄所厚矣。婦人越疆送葬，非禮也。又欲使小國之君，會婦人以葬婦人，齊靈之于魯，何其薄者厚哉？隨事敘事，未嘗鬧色，而異樣精光，自相激射，行文之樂境也。

鄭成公疾，子駟請息肩于晉。公曰："楚君以鄭故，親集矢於其目，非異人任，寡人也。若背之，是棄力與言，其誰昵我？免寡人，唯二三子！"（鍾惺眉）力與言並說，妙。（韓范夾）從楚背晉，胡氏責成公以小德而忘大義，固是正論。然讀其言，亦庶乎不忘本矣。（《左繡》眉）此文爲後子駟從楚、同盟於戲數篇提綱，直貫至三駕以後，蓋又一轉關處也。前謂"息肩"，後云"官命"，從晉、從楚都有一番議議，子駟固一時狡黠之雄矣。"息肩""集矢"，下字甚新。讀鄭伯語，使人感思，報德之思，藹然而興。結抱中間，又顧起句，語簡而意足。（《補義》眉）不明大義，猶識私恩，比齊孝、晉惠高出一層。（《評林》眉）穆文熙："成公不忍忘楚，可謂行恩。親集矢於目，語精切動人。"《經世鈔》："甚是，而後儒多以背華即夷非之者。"毛晉："力與言並説，妙！力，一本作功。"《經世鈔》："謂免我身不叛楚，我死則唯二三子所爲，舊注未是。"

秋七月庚辰，鄭伯睔卒。（《測義》夾）湛若水氏曰："鄭伯不念祖父之德，華夏之裔，棄中國之盟以從夷狄，力行其惡而不悛，至死猶無悔悟之心，悲夫！"〖編者按：奧田元繼作王元美語。〗於是子罕當國，子駟爲政，子國爲司馬。晉師侵鄭，諸大夫欲從晉。子駟曰："官命未改。"（《測義》夾）蘇轍氏曰："鄭雖有叛中國之罪，而伐喪非其禮也，與士匄侵齊，聞喪即還相反。"〖編者按：奧田元繼作吕東萊語。〗（《分國》尾）成念舊恩，駟遵治命，君臣皆能達理。過此以往，堅意從楚，則鄭之悞也。（《左傳翼》尾）觀子駟息肩之請，本意未嘗不欲從晉，特無如成公命何耳。將死叮嚀之言，戀私恩而忘大義，卒至晉楚交兵，鄭幾不國，非晉勤三駕，幾不能服楚，子駟從君亂命，不忍背楚，未能無罪。諸大夫守正不固，見奪於"官命未改"一言，抑何見理不明也？而敍此簡峭，字裏行間，嗚咽有聲，讀之令人興感。（《評林》眉）《經世鈔》："官命未改，亦是。"（方宗誠眉）鄭伯與子駟所守甚有信義。

會于戚，謀鄭故也。孟獻子曰："請城虎牢以偪鄭。"知武子曰："善。鄫之會，吾子聞崔子之言，今不來矣。滕、薛、小邾之不至，皆齊故也。寡君之憂不唯鄭。罃將復於寡君，而請于齊。得請而告，吾子之功也。若不得請，事將在齊。吾子之請，諸侯之福也，豈唯寡君賴之。"（孫鑛眉）此段文勢，讀之覺欠陗勁，細玩只因兩"之"句重，此是鍊未盡處。（韓范夾）君子相對，其策甚善，而其言亦藹藹動人。獻子進計，而荀子從之如流，晉之所以興也。（《左繡》眉）請城虎牢，不唯偪鄭，兼可謀齊，文從憂鄭説到憂齊，從憂齊説到請齊，從請齊分出得請、不得請，兩意往復，卻一筆仍收到"請城虎牢"上來，總見得請、不得請，而城虎牢之策，善之善者也。通篇極贊獻子，筆意圓活，如珠走盤。説到不得請，便敗興矣。看他疾轉今請城虎牢，應起"善"字一贊，爲極鬆之筆。未城則不唯鄭之可憂，若城則豈惟寡君之賴，詞意亦前後相應，不獨五"請"字顧盼有情也。

以一"吾子"領下兩"吾子",一"寡君"結上兩"寡君",用筆無一毫偏枯,最行文審細處。(《補義》眉)虎牢之城,自孟獻子發之。謀齊之事,亦自獻子發之。故既善其城虎牢之策,又善其憂齊之言也。(閻生夾)是時諸侯已叛,悼公能復屬之,其所謂復霸者在此而已。

穆叔聘于宋,通嗣君也。

冬,復會于戚,齊崔武子及滕、薛、小邾之大夫皆會,知武子之言故也。遂城虎牢,鄭人乃成。(《測義》夾)愚按:虎牢巖險之邑,即虢之制,而於漢為成皋,其地在鄭之西,而楚在其南,鄭之挾楚以抗中國者賴是。故晉人特設此謀,先為城守以偪之,鄭見虎牢城而諸侯之師畢集,則必不敢棄晉南向,而楚亦不得越鄭而東蹂躪中華之境矣。故雞澤之盟,鄭不伐而自至,而天下無兵革者六年,則虎牢之城,誠有功于天下。〖編者按:奧田元繼作李笠翁語。〗趙鵬飛氏謂:"晉悼圍宋彭城,安一國之功小;遂城虎牢,安天下之功大。信然哉!"(魏禧尾)胡安國曰:"虎牢,鄭地,故稱制邑,漢為成皋,今為汜水縣,岩險聞於天下,猶虞之下陽,趙之上黨,魏之安邑,燕之榆關,吳之西陵,蜀之漢樂,地有所必據,城有所必守,而不可棄焉者也。有是險而不能守,故不係于鄭。然則據地設險,亦所貴乎天險不可升也。地險,山川丘陵也。王公設險以守其國,《大易》之訓也。地郭溝池以為固,亦君子之所謹也。鑿斯池,築斯城,與民同守,孟子之所以語滕君也。夫狄焉思啟封疆而爭地以戰,殺人盈野,爭人以戰,殺人盈城者,固非《春秋》之所貴。守天子之土,繼先君之世,不能設險守國,將至於遷潰滅亡,亦非聖人之所與。故城虎牢而不係于鄭,程氏以為責鄭之不能有也。其聖人以待衰世之意、小康之事耶?"魏禧曰:"不戰而屈人之兵者,莫過據險而以勢偪之。春秋多用此法。"(《分國》尾)本謀鄭也,兼謀齊,即借虎牢一役,卜齊之順逆,真善於謀國者。虎牢城而鄭服,鄭服而楚失其所以爭強于上國,而諸侯息肩,故城虎牢為天下之大計。王氏之言洵哉。(《左繡》眉)此節句句結應前篇,孟獻之謀誠善,知武之言亦實佳。看他朗朗數言,有許多擒縱在內,宜其謀定而事無不成也。(美中尾)蔡、鄭,天下之中也。楚得蔡,則長驅宋、陳、鄭、許之郊。得鄭,則界絕齊、魯、秦、晉之路。故齊與楚爭蔡,晉與楚爭鄭。城虎牢,非但偪鄭,亦以扼楚,而還以自藩。王伯厚曰:"下陽舉而虢亡,虎牢城而鄭懼,西河失而魏蹙,大峴度而燕危。故《易》曰:'王公設險以守其國。'"(《左傳翼》尾）本是謀鄭，因以懾齊，能用良謀，又能自抒偉論，操縱有法，所以諸侯咸服，一言之功，賢於甲兵十萬，武子洵不可及。城虎牢自是制鄭要著，然齊不服晉，小國皆貳，虎牢安得而城？謀齊宜早，自不待言。而其謀皆自孟獻子發之，故美其功以爲諸侯之福，不獨城虎牢可以偪鄭也。從謀鄭說到憂齊，齊來而鄭亦受成，知武子之言故也。一語點睛，通體俱靈。（《補義》眉）孟獻子一言，勝於三周華不注之師。（《評林》眉）張洽：「彭城非宋有也，霸主爲宋討則繫之宋。虎牢，鄭地也，以霸主當討鄭，則不繫之鄭，皆《春秋》明王制以示予奪之正也。」

楚公子申爲右司馬，多受小國之賂，以偪子重、子辛，楚人殺之。故書曰：「楚殺其大夫公子申。」（《左繡》眉）書法下不加斷語，以注解在上文也。與殺胥童傳同。（《評林》眉）陳傅良：「傳見楚自公子申、公子嬰齊、公子壬夫爲政，故不競於晉。嬰齊卒在明年，壬夫殺在五年。」

◇襄公三年

【經】三年春，楚公子嬰齊帥師伐吳。（《評林》眉）高閌：「楚始志伐吳，吳與鍾離之會故也。楚自鄢陵之敗，其勢稍屈，畏諸侯并力謀之而吳乘其間，故先伐吳以張其勢。」公如晉。夏四月壬戌，公及晉侯盟於長樗。（《評林》眉）家鉉翁：「不於國都，而盟於外，謙也。魯君童稚之年，晉悼勤於用禮，書以美之。」公至自晉。六月，公會單子、晉侯、宋公、衛侯、鄭伯、莒子、邾子、齊世子光。己未，同盟於雞澤。陳侯使袁僑如會。戊寅，叔孫豹及諸侯之大夫及陳袁僑盟。（《評林》眉）啖助：「《穀梁》曰：『諸侯已盟，又大夫相與私盟，是大夫強也。』諸侯盟已畢，而袁僑至，故大夫與之盟，再無他義。」秋，公至自會。冬，晉荀罃帥師伐許。

【傳】三年春，楚子重伐吳，爲簡之師，克鳩茲，至於衡山。使鄧廖帥組甲三百、被練三千以侵吳。吳人要而擊之，獲鄧廖。其能免者，組甲八十、被練三百而已。子重歸，既飲至三日，吳人伐楚，取駕。駕，良邑也。鄧廖，亦楚之良也。君子謂：「子重於是役也，所獲不如所亡。」（方宗誠眉）所獲謂楚克鳩茲，所亡謂吳獲鄧廖、取駕，二句總束總論。楚人以是咎子重。子重病之，遂遇心病而卒。（《測義》夾）趙鵬飛氏曰：「夷狄相攻，中國之福，稽其故則自鍾離一會，吳無仇晉之心，楚有患吳之意，故楚之伐吳，以吳不與己而與中國也。楚之兵力既分於吳，而不能專向中國，此諸侯之患得以少紓。吳既受楚兵，則亦不能無求於中國，故五年戚之會，吳不召而自至。自是天下之勢遂成鼎足，晉、吳、楚是也。吳既附中國，則楚日孤，終春秋之世，楚無一日安枕者，吳掎其東也。」〖編者按：奧田元繼作李笠翁語。〗（韓范夾）巫臣之言，於斯益信。（《分國》尾）駕爲良邑，廖爲良將，二良交喪，子重之顔汗矣，能不心疾？是亦罷於奔命所致也。（《左繡》眉）此篇寫子重奔命結局。蓋欲報仇雪恥，而反增其恨也。前案後斷，以「所獲不如所亡」句爲主，下即將「以是咎子重」轉落，帶議帶敘，是亦以中間貫兩頭法。獲廖、取駕，兩事可以連敘。偏以「子重飲至」夾寫在中間，不惟敘事變化，亦令「所獲不如所亡」分外懊悶也。心疾之根，正伏於此。左氏傳神之訣，亦正在此。分敘獲廖、取駕後，又總宕兩句，低回惋惜，使人不堪。無此，則「所獲不如所亡」句無力，寫心疾亦不見神理矣。先寫克至，次寫飲至，一實一虛，伏所獲案。先寫獲廖，次寫取駕，一詳一略，伏所亡案。後以一筆總斷，章法極參差，極整齊。（美中尾）趙木訥曰：「終春秋之世，楚無一日安枕者，以吳掎其東也。吳楚相攻，中國之福也。」晉事於秦而霸以衰，楚事於吳而勢遂挫。（《左傳翼》尾）多年積憤，特地報復，志在創吳，而不知所獲不如所亡，適以自斃。巫臣之言，於是驗矣。心疾雖發於此日，而積之已久，以是知憤且貪者，未有不敗也。兵精將良，適以資敵，又重之以良邑，不待國人咎之，而悒鬱成疾，必不能免。末路帶斷帶敘，有多少惋歎神情！（《補義》眉）加「楚人以咎」一句，更逼得緊。（《評林》眉）《補注》：「陳氏曰：吳伐楚自此，至二十五年始書之。」（王系尾）吳事楚而叛，遂通上國，此楚人肘腋之患也。子重簡師往伐，組練之盛，前此未有，而所得不償所失，蓋至是而楚莊之遺烈浸微矣。

公如晉，始朝也。（《補義》眉）何云：「仲孫不能守周公之典以尊其君，而稽首于大國；又不能以禮拒大國之求，而求屬鄫以供命。其不逮鄭子產遠矣。」夏，盟於長樗。孟獻子相，公稽首。知武子曰："天子在，而君辱稽首，寡君懼矣。"孟獻子曰："以敝邑介在東表，密邇仇讎，寡君將君是望，敢不稽首？"(《分國》尾) 稽首，非禮也。蒙之盟，責不稽首，致數年不覺之誚，有自來也。(《左繡》眉) 凡三寫"稽首"，筆意與葵丘五寫"下拜"同。兩"在"字相映有情，見東表與仇讎近，而與天子遠，故望君如望天子也。此立言之意，可謂卑而不諂矣。(《左傳翼》尾) 晉雖盟主，卻不可以事天子者事之，武子之言自是正論。獻子不知君臣之大義，卑而近諂，與悼公脩禮于諸侯意大相刺謬。張氏以爲"不知先立乎其大者"是也，或以爲能事盟主，何耶？(《日知》尾) 讀此知霸主之尊王以名如此，並知羣侯之倚賴霸主如此。故圖霸在一人，而名分時勢胥受其維持，聖人所以取霸功也。寥寥數語，春秋全勢具見矣。(《評林》眉) 張九一："禮不可過，不可不及。知武子謂天子在，辭魯君稽首，孟獻子以小國固請稽首，則辭者是，而稽首者非也。"《補注》："孔氏曰：'《周禮》九拜，一曰稽首，諸侯事天子禮也。'陳氏曰：'傳言諸侯事伯主如天。'"(王系尾) 魯不朝王而朝霸主，蔑周畏晉，習爲宜然，而不知其非也。聞知罃之言，猶不知愧，而更爲巧媚以自結，孟獻子有賢大夫之名而若此，則當時之所賢可知矣。

晉爲鄭服故，且欲脩吳好，將合諸侯。使士匄告于齊曰："寡君使匄，以歲之不易，不虞之不戒，寡君願與一二兄弟相見，以謀不協，請君臨之，使匄乞盟。"(《測義》夾) 愚按：晉以楚強難制，而與吳脩好，使之數反於其內，以分楚勢，嗣後漢高帝令彭越數反梁地，爲項王害，其謀蓋本此。齊侯欲勿許，而難爲不協，乃盟於耏外。(《左繡》眉)"鄭服""吳好"，所不盡協者，齊耳。然一經説破，便不留餘地，文妙於籠絡也。"以謀不協""難爲不協"，針鋒相對，使千載下猶歎其辭令之工。以"不易""不戒"陪"不協"，未可謂文筆專在此，亦未可謂文筆不在此也。(王系尾) 此晉將爲雞澤之盟而徵會也，徵會常事，而辭特謙抑，齊嘗有不服之言故也。以齊靈憒憒，崔、慶輔之，而難爲不協，晉悼之霸略可觀矣。

祁奚請老，晉侯問嗣焉。(《正論》眉) 外不避讎，内不避親，薦賢爲國盛心也。謝家寶樹一出，而草木皆兵，淝水百萬殲焉。此意浸衰，乃其言李絳者，曰："私其同年許季同。"(《淵鑒》眉) 善善惡惡之間，因有私心而後有嫌疑，故避嫌非君子之道也。祁奚之心忘乎讐與子，而唯才是舉,心如皎日,何復嫌疑?可爲後世人臣舉賢之法。水心葉適曰:"祁奚能舉善,善于世之通義也,善之所在,安有偏黨?偏黨,末世之論也,末世以偏黨錮善。"(《補義》眉)只一舉善,而一意疊作三層,末直以"善"字坐實舉善者,極詠歎之致。(《學餘》眉)"也"字注"矣"字,起義隨手之變,妙造自然。稱解狐,其讎也,將立之而卒。又問焉,對曰:"午也可。"於是羊舌職死矣,晉侯曰:"孰可以代之?"對曰:"赤也可。"於是使祁午爲中軍尉,羊舌赤佐之。君子謂:"祁奚於是能舉善矣。稱其讎,不爲諂。立其子,不爲比。舉其偏,不爲黨。(孫鑛眉)語原平,看熟愈覺常。(韓范夾)此事遂爲後世佳話,繼此者,謝傅之舉玄、曹武惠之舉瑋、呂相之舉夷簡乎?《商書》曰:'無偏無黨,王道蕩蕩。'其祁奚之謂矣!解狐得舉,祁午得位,伯華得官,建一官而三物成,能舉善也。夫唯善,故能舉其類。《詩》云:'惟其有之,是以似之。'祁奚有焉。"(《左傳雋》眉)湯霍林曰:"二段層疊揄揚,有不啻若口之味。"(孫琮總評)茅鹿門曰:"以澹漠之筆,寫奇舉之事,固自雋永可思。子瞻云:'極奇極豔,乃歸平澹。'殆謂此等。子瞻生平極力祖之。"三事本皆美談,後世欲中傷人者,則托之舉仇,如盧杞之于顏魯公;欲營己私者,則托之舉親,如秦檜之於子熺。遂令人有善不可爲之慨,然卒不能貽譏於首善之人。但看舉仇在先,舉子在後,先後之間,非僅次第得宜,抑且深心特至,此所爲有以信於其君,而爲後世所共諒也。祁奚見地,固自高人數等,要非一切權奸所得托。(魏禧尾)魏世傚曰:"小人以舉讎爲難,君子以舉子爲尤難。讎而才,不但存大公之心者能之,稍能克己者即能之。子則有自譽之嫌,而攖上下之疑嫉,來讒慝之口。使非奚之忠而無我悼公之賢而不猜,安能如此?"彭家屏曰:"人臣之道,莫大於以人事君。祁大夫內舉不失親,外舉不棄仇,其風尚矣。非公忠體國,心無私累,能如是乎?後世如蕭何之舉曹參,謝安之舉謝玄,曹彬之舉曹瑋,皆由是道歟!美開於先,風動於後,故可行其意而不疑也。"(《分國》尾)舉讎,疑於不直。舉子,疑於不公。舉偏,疑於不廣。故傳者先敘之,而即斷之曰"不爲諂""不爲比""不爲黨",總歸之於舉善。同時者,舅犯于虞子羔,王生於柳朔,後則鄭侯、謝傅皆祖此以成佳話也。(《左繡》眉)此篇前案後斷,作兩截讀。"君子謂祁奚能舉善"一句提起，下分兩層，一虛一實。先引《書》，結以"祁奚之謂"。次引《詩》，結以"祁奚有焉"。兩應提句。而"能舉善"獨於第二層一順一倒，連點兩遍以應之，既變化，又均勻也。敘是三項，下兩層亦都三排說去，合之便通體成三疊文法，相題立格，自古已然。"稱解狐"獨注一句，以午、赤不待注也。"又問"乃重上段一"問"字，"代之"乃對上段一"嗣"字，只此三句，針線細密極矣。兩"也可"與"稱解狐"，亦用一順一倒之筆。忽將"善"字合到祁奚身上，更進一層。讚美不盡，極有精彩文字。不諂、不比、不偏，就心上說。得舉、得位、得官，就事上說。唯其有之於心，故其事似之於外，下一層即申說上一層耳。劉開侯曰："後世若蕭何之舉曹參，謝安之薦謝玄，曹彬之薦曹瑋，皆儒行所謂內舉不辟親，外舉不辟怨者也。"（《左傳翼》尾）此祇一爲國公心耳，後世史冊亦間有之，然惟心無偏黨者，乃能見信於人主，固知千古佳話不可多得也。孫執升謂先舉仇而後舉子，祁奚蓋有苦心，反將古人盛德事，看做機權作用，失之遠矣。從舉善歸到唯善能舉上，斯爲探本之論。古之休休有容者，未有本身不善者也。不然，薰蕕不同氣，其能舉者有幾？（《日知》尾）分明重在有善，却從舉善張皇，末路一拍即醒，而文勢亦繚繞不窮。（盛謨總評）爲祁奚作傳，寫祁奚舉善，此史家所同也。寫解狐、羊舌，出沒奇怪，別有異境，此左氏所獨也。讀《左傳》者，試細讀史書，便見他變化處。予最愛《介之推傳》"是求顯也"句，接得高脫渾遠，正如夏雲參差，若接若不接，神化之妙不可言。如此傳"夫惟善能舉類"句，人試拈筆至此處，果能如是接否？（高嵣尾）俞桐川曰："千古盛事，千古傳文。"（《評林》眉）穆文熙："人臣不難舉善，所難者，人君之用善耳。此尤足以徵悼公之賢也。"（王系尾）此篇於經文無所繫屬，而言之娓娓，重舉善也。"唯善故能舉其類"，有味乎其言哉！司馬子長作晏嬰傳，特詳越石父與其御之事，是此一副眼淚。（《學餘》眉）兩"矣"字，一"也夫"，一"焉"字，其音和，其氣平，具有莘莘薿嗟意象，所謂文從字順，識職者耶！（《學餘》尾）人心本直也，吾知國是而已，則知舉賢而已，夫何其讎、其子、其偏之有？左氏贊不容口，妙在鼓舞盡神，卻顛撲不破。其引《書》、引《詩》，可與《詩》《書》互相發明，亦三代之所以直道而行也。（《菁華》尾）薦人之道，不肖者專徇私暱，賢者亦避嫌疑，均非公忠體國之道。祁奚此舉，遂爲千古佳話。左氏贊語，亦津津有味。

六月，公會單頃公及諸侯。己未，同盟於雞澤。

晉侯使荀會逆吳子於淮上，吳子不至。（《分國》尾）悼公復霸，將合諸侯，其辭婉巽若此，知其霸業必隆也。若楚虔求諸侯，鷔謾不恭，豈有終哉！（《左繡》眉）前會蒲不至，越六年而後會鍾離。今雞澤不至，越二年而後會于戚。一是見厲公討曹而來，一是見悼公和戎而至也。想壽夢於此，亦大掛酌在。（《左傳翼》尾）鄭已服矣，吳又好矣，誰爲不協？不協者，齊也。既合諸侯以謀不協，本是謀齊，而不直言齊爲不協，且請齊君臨之以謀不協，則齊雖實不協，自難爲不協也。一面恐喝，一面籠絡，詞令極妙。雞澤同盟，非以王臣預盟而書"同"，實以諸侯同欲而書"同"。故程子謂："楚強，諸侯皆畏之而脩盟，故書'同'。"朱子亦云："襄公之世，晉悼公出來整頓一番，楚始退去。"皆未嘗譏其儕王官于諸侯也。杜注無譏之說，不爲無見。惟張氏以爲："與齊桓首止、葵丘異，胡氏深譏之。"則亦未免稍苛矣。會吳而吳子不至，非徒晉有求于吳，吳無賴于晉，實是道遠多難，艱於一會。然晉侯亦不期於必會，不過資其犄角之勢，己則和戎可無後顧之憂，楚則患吳而有旁掣之肘。三駕而楚不敢與爭，未必非通吳之力也。《左繡》云："前會蒲不至，越六年而後會鍾離。今雞澤不至，越二年而後會于戚。一見厲公討曹而來，一見悼公和戎而至也。想壽夢於此亦大掛酌。"在情事雖未必爾爾，而看書別具慧心。（《評林》眉）《補注》："吳子不至，陳說在成九年。"

楚子辛爲令尹，侵欲於小國。陳成公使袁僑如會求成，晉侯使和組父告於諸侯。秋，叔孫豹及諸侯之大夫及陳袁僑盟，陳請服也。（《左繡》眉）小國以大國之畏爲榮，大國亦以小國之服爲榮也。看使和組父告于諸侯，有多少光彩在！（美中尾）趙木訥曰："陳、鄭即楚已久，興虎牢之役，而鄭來歸，陳請服，一會而得二叛國，其亦偉矣。"

晉侯之弟揚干亂行于曲梁，魏絳戮其僕。（《正論》眉）揚干之戮，法之正也。自爲請死，臣之宜也。絳中禮矣。不賞父之郗虞侯，而惜乳母之子，郭子儀之所嗟歎也。絳之執法，悼之任過，君臣兩得矣。（韓范夾）絳之所爲，有大臣風矣。晉何多賢哉！悼公不列于五伯，以其繼伯故也。而其盟會戰伐之事，乃實盛于五伯，職是故也。（《彙鈔》眉）

魏絳于晉多所裨益，此事尤見執法不阿，無愧官守。（《淵鑒》眉）魏絳之行法，晉侯之謝過，親親賢賢，兼得其義。臣乾學曰："國容不及軍，軍容不入國，絳之能立武也。晉侯始怒而旋用之，可謂能任將矣。齊穰苴斬莊賈，漢胡建誅監軍御史，唐李光弼殺崔衆，皆本諸此。"（《補義》眉）絳之斬僕，具有深心，以示軍禮，以教誨揚干，以裁抑悼公之溺愛。**晉侯怒，謂羊舌赤曰："合諸侯以爲榮也，揚干爲戮，何辱如之？必殺魏絳，無失也！"**（方宗誠眉）"必殺魏絳，無失也"，反跌一。**對曰："絳無貳志，事君不辟難，有罪不逃刑，其將來辭，何辱命焉？"**（《學餘》眉）此對字字順，字字逆，可謂善諫者矣。接更緊，覺精神騰湧而出。**言終，魏絳至，**（《補義》眉）傳神在"言終絳至"數語。**授僕人書，將伏劍。**（方宗誠眉）"授僕人書，將伏劍"，反跌二。**士魴、張老止之。**（《補義》眉）周云："羊舌赤之對，信絳之必至也。張老之止，知公之必赦也。"（《評林》眉）魏禧："按：不救絳，而專稱絳之賢，以明其不逃，亦可謂最善立言。"《補注》："'伏劍'，謂仰劍刃，身伏其上而取死也。"《經世鈔》："脫無此二人一止，可惜誤殺一賢臣，成賢君一莫大之過。嘗念仁宗于李時勉，羅汝敬、楊夏諸大臣進不強諫，退不補牘，令聖主成此大過，真可恨惜。"**公讀其書，**（高嶙眉）書從公讀，淩駕法也。想讀書時，絳色坦夷，公心懊悔，羊舌、士魴、張老諸人定睛注視，直待公跣出任過，諸人一齊爽然意解。**曰："日君乏使，使臣斯司馬。臣聞師衆以順爲武，軍事有死無犯爲敬。君合諸侯，臣敢不敬？君師不武，執事不敬，罪莫大焉。臣懼其死，以及揚干，無所逃罪，不能致訓，至於用鉞。臣之罪重，敢有不從以怒君心，請歸死于司寇。"**（孫鑛眉）只以辭命文語，妙！細玩妙處，只在"以及""至於"四字上。（方宗誠眉）"請歸死于司寇"，反跌三。**公跣而出，**（方宗誠眉）"公跣而出"以下，忽然一轉，有波平浪靜之氣象。**曰："寡人之言，親愛也。吾子之討，軍禮也。寡人有弟，弗能教訓，使干大命，寡人之過也。子無重寡人之過，敢以爲請。"**（《左傳雋》眉）唐荊川曰："'臣聞師衆'二句，上段綱領；'寡人之言，親愛'二句，下段綱領。"（鍾惺眉）"公跣而出"，何其遽也！"親愛也""軍禮也"二語並說，又寬重有體。

(《彙鈔》眉）先虛後實，先寬後緊，文極有紀律。（《評林》眉）王元美：「悼公乍聞楊干之戮，不覺動色。及讀魏絳之書，即翻然解慍，先儒以爲有君子之資，信矣！」（方宗誠眉）妙在不說楊干之罪，但說己不能教訓，無所逃罪，妙妙！但言君師不武，即指楊干亂行事也，則楊干之罪自著。又言軍事有死無犯爲敬，以解說自己，立言真妙。（文熙眉）汪道昆曰：「辭令妙品。」穆文熙曰：「悼公乍聞楊干之戮，方在動念。及讀魏絳之書，即能回嗔。無我若此，足稱賢君哉！」（韓范夾）悼公即位之初年，至幼也，逐不孝、進賢人，豈其爲諸侯盟主數年於此矣，一聞魏絳行法，便欲殺之耶？前之欲殺絳者，非真也，先爲憤怒以敦兄弟之情，終於引咎以揚司馬之善，此實英明仁武之用，即微赤言，絳其死乎？

晉侯以魏絳爲能以刑佐民矣，反役，與之禮食，使佐新軍。（《約編》尾）傳言悼公之明，故能復霸。（《評林》眉）王元美：「不加戮而又使佐新軍，得賞功之典，又得跣法於弟之道。」《補注》：「陳氏曰：『傳累悼公之善。』」**張老爲中軍司馬，士富爲候奄。**（《文歸》尾）先虛後實，先寬後緊，一步緊一步，文之極有律者。明卿。（《快評》尾）公曰：「必殺魏絳，勿失也。」是唯恐魏子之亡。羊舌赤信其必來，決不逃死。言絳，絳至。以書授僕人，將就死。此一段光景，即庸愚之主，亦當有動於心，況悼公之賢明，能不爽然自失乎？公以合諸侯戮楊干爲辱，魏子以不戮楊干爲辱，正是針鋒相對處，晉侯能不愧服？「不能致訓，至於用鉞」，夫君之貴弟，絳安得而訓之？公認爲己罪，機捷極矣。合諸侯以爲榮，乃有此一事，其榮爲何如耶！（孫琮總評）魏絳之言嚴正，晉侯之言急切。要知此文之妙，全在描寫兩下神情，無不迸露，遂使英主直臣，一時自爾生色。夫魏絳忠直，晉侯聞言始知，羊舌赤則能信之於未言之先，于此尤見識力過人處。（《統箋》尾）愚按：晉之名卿，前有隨武，後有魏莊，我思其才，殆管敬仲之流亞與！（魏禧尾）魏禧曰：「謝罪之言，柔而勁。悔過之言，切而婉。如此君臣，可歌可泣！」魏世傚曰：「趙奢殺平原君用事者九人，如絳之爲，而行之過峻，未免策士之習。若平原始欲殺奢，終以爲賢薦用之，不愧悼公矣！」伊侃曰：「人主殺強項之臣，大抵申救者激成之。蓋盛怒之下，力爭其無罪，殺之有惡名，是猶以水濟水也。欲其霽顏認過，豈可得哉？赤不辨絳之無罪，且下『有罪』二字，又曰『不避難』『不逃刑』，然絳之賢，即可見。雖暴主聞之，氣漸平矣，況悼公乎？」（《分國》尾）魏絳不庇君之弟，悼公亦不自庇其弟，是君是臣也。楚莊不庇其子，聽廷理戮其御，斬其靷，亦庶幾焉。（《知新》尾）戮其弟而怒，亦人情之常。讀其書而請，真賢君之度。春秋中，明良相得，未有若此者也。讀已，不禁爲之起舞。（《賞音》尾）以晉悼之明，猶以戮亂行之揚干爲辱，乃知人主一日二日萬機，其能無纖毫失耶？然一言既悟，不惟赦其罪，且識其才，遂用爲復伯之佐，如此舉動，豈嫌屈萬乘以從匹夫？適足顯其知人之明耳。（《左繡》眉）此篇于敘事中步步著描寫之筆，又開後人無數法門。其敘魏絳執法從軍，本只數語可了。只因晉侯一怒，便生出許多波折。故此文敘魏絳事，却全注意晉侯。開手從晉侯之弟敘起，便伏通篇之脈。晉侯之怒魏絳在此，而禮魏絳者亦在此。篇中如"讀其書"、"跣而出"，都著意描寫，而終以晉侯許"魏絳能以刑佐民"作結。蓋論事則以魏絳爲重，論文則以晉侯爲主。作者筆端經緯，如妙手畫松，雙管齊下也。羊舌赤不解之解，不贊之贊，絕妙詞令。若一語鈍置，則通篇少神理矣。授書、讀書，另一排揚，妙在插入絳"將伏劍，士張止之"二語，便是一面授書，一面伏劍。一面止之，一面讀書。緊接下文一面讀畢，一面跣出，倉皇急遽，寫得一時之事奕奕紙上，真寫生手。若移在讀書後，則不惟文章失勢，晉國君臣英氣勃勃處，俱描寫不出。《咀華》評亦云。魏絳語語以揚干伴說，而語語歸罪于己，極善立言，所以動明君之聽也。公語亦先以揚干、魏絳對說，而歸罪自己，語語對針，無一字落空。即以晉侯讚語作結，帶斷帶敘，照應首尾，章法渾成一片。若讚了魏絳，又語晉來，便與通篇串敘格律不合。（儲欣尾）親愛、軍禮，剖晰精明，讀書至此，君臣相遇，如景星卿雲之麗於天也，可數數覯耶？（昆崖尾）徐揚貢曰："奇爽迅捷，寫晉君臣，俱勃勃英雄。"（《左傳翼》尾）孫執升曰："唐文皇稱魏徵嫵媚，想悼公之於絳亦當爾耶。妙在'寡人之言，親愛也'一語，亦樸誠，亦大度，才是英主規模。"親愛自是仁人待弟之道，然太過未有不失之驕縱者。未聞絳言，公胸中只有此二字，今日方知有軍禮耳。揚干之僕才戮，公便怒。公才怒，絳便至，所授之書，得非凰構耶？既欲歸死司寇，何以又將伏劍？公既震怒，不如此不足以感悟之也。讀書未竟，即跣而出，從諫如流，刻印銷印，不是過矣。彼折檻補牘而不悟者，能有此英爽耶？大合諸侯，而揚干亂行，總由晉侯平日親愛太過、不能教訓使然。魏絳戮僕，正教之以軍禮也。公怒方畢，而絳已至。絳書甫讀，而公已出。一臣一君，感應如呼吸，間不容髮。

羊舌赤之對，信絳之必至也。士張之止，料公之必赦也。（德宜尾）絳詞婉勁，公辭樸直，描寫如生。一路敘事，尤見奇爽。（《日知》尾）羊舌數語，晉侯已大悟矣，特用言終絳至，以至讀其書云云，連併序去，故跌出一筆，直寫出讀書時踧踖不安之神。絳書喝破"司馬"字，可謂以無厚入有間也。（高崦尾）俞桐川曰："'將伏劍'，辭得爽。'跌而出'，悟得快。言終絳至，此處間不容髮。書辭從公口中讀出，方不費筆墨。拙手逐節為之，迂緩而神氣亡矣。絳詞婉勁，公辭坦直，語語相對。""言終"以下，至"公跌而出"，一面說，一面至。一面授書，一面伏劍。一面止之，一面讀書。緊接下文，一面讀畢，一面跌出。倉皇急遽，寫得一時情事，奕奕紙上，真寫生妙手。（《自怡軒》尾）絳以不戮揚干之罪重於戮及揚干，故寧受擅戮之罪，說得委屈詳明，聞者悅服。後詳悼公引咎處，正為魏絳生色。許穆堂。（王系尾）此篇四段，前三段是正敘，後四段共為一段，是附敘。以晉悼公親親賢賢，各盡其意，故敘之也。而魏氏自此盛矣。（《學餘》尾）魏絳之執法，羊舌赤、士魴、張老之匡救，晉悼公之改過進賢，皆中興之氣象也。悼公繼厲公之後者也，厲則或死或殺，晉幾無人。悼則推薦登庸，盈廷濟濟。士大夫之氣，信有其作之者夫！（林紓尾）紓曰：此文寫出羊舌赤一道眼光，魏絳一種詞鋒，悼公一股英氣，真如生龍活虎，不可方物。申之無畏戮宋公之僕，恃勢作危，前堅後呴之小人也。魏絳執法侃侃，凜然無懼，真男子也。戮揚干之僕，當時已置生死於度外，準備載頭而來。悼公以愛弟情切，不堪受辱，絳已處必死之勢。讀至此，幾疑絳之命如屬絲矣。悼公怒時，絳無全理。偏生羊舌赤有一道眼光，料事如神，知絳必來，公無辱命，將公英氣一挫。已而魏絳果來，公一場大怒，忽悟出絳非貪生怕死之人，英氣又為一挫。再讀其書，語語為公，語語引咎，妙在"不能致訓"四字，說到身為司馬，不能訓飭卒徒，一道詞鋒，已刺到悼公心坎。公主一國，不能教訓其弟，使僕亂行，此"訓"字觸到自己家庭，心肺不能不僵，則英氣又為之大挫。"跌"字寫得極逼肖，凡英主無不聰明，於此見得事事都對不住。識見不及羊舌，執法不及魏絳，家庭無教育，對不住諸侯，只有引過自責一路，方能自掩其醜。乃不知此一股英氣，千載以下，肖者只有唐太宗。以春秋鼎盛之英雄，能屈己從人，真不易到也。"寡人有弟，弗能教訓"一語，即針對不能致訓而言。"無重寡人之過"六字，從肺腑流出，亦表出人君之大度。至於魏絳將伏劍，不必是真。

士匄、張老是文中應有之補筆，讀者須知行文須步步有節奏。魏絳果死，安見悼公之賢？故文之佳處，似有天造地設一種佈置，真耐人尋味不盡。（《菁華》尾）魏絳爲司馬，執法如山，施及君之介弟，可謂不畏強禦矣。晉侯之怒，亦在常情之中，而從諫如轉圜，不難貶抑私情，而大伸公義，此實人所不見。蓋晉悼此時，方有勵精圖治之意，故其舉動如此。

楚司馬公子何忌侵陳，陳叛故也。

許靈公事楚，不會於雞澤。冬，晉知武子帥師伐許。（《左傳翼》尾）陳遠于晉而舊從楚，自辰陵服楚受盟，至今二十有八年。今因鄭受盟雞澤，使袁僑如會求成，揆於所由，實楚令尹侵欲之故，而非晉威德之能及遠，可知也。連年伐鄭，虎牢城而鄭乃服。今乃不煩一旅而陳來請服，其欣幸何如？故告于諸侯，大有喜動顔色。意袁僑既來，不當拒之以阻其向化之心，悼公又不當率諸侯以與之盟。以大夫盟之，則情協而體尊，招徠反側，誠得其道。而啖氏、家氏皆以爲諸侯在會，而大夫同盟，殊有溴梁之失。王氏以爲袁僑苟有誠服之心，不必汲汲盟誓以結之，皆議論之不中情理者也。至若許爲鄭虐，遷葉以避之，逼近于楚，不能背楚以從晉，此亦事勢之無可如何者。晉以陳、鄭偕服，並欲得許，不來則移兵伐之，得隴望蜀，貪心抑何甚也？只看晉使和組父告諸侯，而伐許之失自見。而前敘陳人所以叛楚，後敘許人所以事楚，淡淡着筆，而當日大勢瞭如指掌。

◇襄公四年

【經】四年春王三月己酉，陳侯午卒。夏，叔孫豹如晉。秋七月戊子，夫人姒氏薨。（《評林》眉）家鉉翁："定姒，成公妾也。前年書夫人姜氏，有兩夫人，不加貶而義自見矣。"葬陳成公。八月辛亥，葬我小君定姒。（《評林》眉）王葆："此葬定姒，襄公之母也。自襄至哀，涉世未久，不應皆謚曰定，其必有誤。"冬，公如晉。陳人圍頓。

【傳】四年春，楚師爲陳叛故，猶在繁陽。韓獻子患之，言於朝曰："文王帥殷之叛國以事紂，唯知時也。今我易之，難哉！"（《測義》夾）愚按：文王率叛以事紂，臣道也。楚非晉君也，謂爭陳爲易之，何居？韓厥於是失言矣。異日，楚虔求諸侯於晉，司馬侯請許之，亦稱文王與紂云，蓋晉人之言不倫類如此。〖編者按：奧田元繼作李笠翁語。〗（《補義》眉）晉不知時，陳不知禮，兩相映合，便見當日人心以棄陳爲知時，服楚爲知禮，絕少明大義者。〖編者按：鄒美中作毛寅谷語。〗（《評林》眉）《補注》："傳記韓獻子之言與五年范宣子之言，見晉所以終棄陳於楚。"

三月，陳成公卒。楚人將伐陳，聞喪乃止。陳人不聽命。臧武仲聞之，曰："陳不服于楚，必亡。大國行禮焉而不服，在大猶有咎，而況小乎？"夏，楚彭名侵陳，陳無禮故也。（《分國》尾）獻子殷楚，以西伯自待，何其尊楚而卑晉也？文仲慍慍焉事之不暇，當時大國名卿崇楚如此，可慨也！（《左繡》眉）此段以陳爲主，獻子語所以陪起下文，見晉猶知時，可以陳而無禮乎？"在大猶有咎"卻又暗應晉作回環之筆。蓋賓既引主，主不可不顧賓，此法無古今一也。（《評林》眉）劉懷恕："楚聞陳喪而不伐，所以行禮也。陳猶負固不服，不亡何待？武仲之論審矣。"《補注》："不責諸侯不能救，而譏陳無禮，蓋緣臧武仲語而識之。"（《左傳翼》尾）陳爲楚門户，馮陵中國，恃此以爲出入往來之路。陳既來歸，晉欲遏楚，當合諸侯出全力以救之。而韓厥、臧紇皆不欲晉庇陳，亦知其威德之不足耳。齊桓服江、黃以斷楚人左右臂，而齊師既還，江、黃諸國卒爲楚滅。晉之不能庇陳，猶是也。故前聞陳服而喜，今又患之，蓋度德量力，固自如此。楚不伐喪，欲以禮服陳，以釋令尹侵欲之憾。陳不能然，臧孫所以深爲之懼也。晉當知時，陳豈可不知禮？各自開說，而上下自爾關照。《左繡》分賓主看，似鑿。（王系尾）楚，夷也。僭王猾夏，周之賊也。晉，王室懿親，而又霸主也。陳叛楚即晉，晉安得不受哉？文王之事，比擬非倫矣。大國行禮於小國，誠不可以不服。然陳方求成于晉，晉既率諸侯而與之盟矣，不旋踵而背之，匹夫所羞，而況于國君乎？此皆事之大難處者。

穆叔如晉，報知武子之聘也，晉侯享之。（孫鑛眉）與甯武子對魯意同，而語不若彼之濃，彼"肆業及之"一語絕妙。（《才子》夾）此爲無風起波之文，只是穆叔如晉，晉侯享之，何處却有如此一篇文字？某讀之，因悟人今日用平常語言動靜之中，無處無時不有妙文，特是人不會寫出來也。（《補義》眉）周云："此與甯武歌《詩》不同，應答自別。穆叔不以武子爲粉本而別弄乖巧，左氏亦非于舊文自換一番變調也。"金奏《肆夏》之三，不拜。工歌《文王》之三，又不拜。歌《鹿鳴》之三，三拜。（韓范夾）此等處正是雅詩失所，魯爲禮宗，所以明析若此。夫子必居魯而後正樂，亦是憑藉易成也。（《便覽》眉）兩"不拜"，幾與甯子同，忽然"三拜"，衍出妙文。韓獻子使行人子員問之，曰："子以君命辱於敝邑。先君之禮，藉之以樂，以辱吾子。吾子舍其大，而重拜其細，敢問何禮也？"（《左繡》眉）"舍其大而重拜其細"，中間一語，恰作上下關楗，妙甚。（《便覽》眉）問意拜、不拜平，答則詳於拜而略於不拜，所以掩晉惡而揚其善，使臣之體也。對曰："三《夏》，天子所以享元侯也，使臣弗敢與聞。《文王》，兩君相見之樂也，使臣不敢及。《鹿鳴》，君所以嘉寡君也，敢不拜嘉？《四牡》，君所以勞使臣也，敢不重拜？（《左繡》眉）得此一變，上四段都不覺其平淡矣，妙法。總提一句，總束一句，小段中又自成片段也。逐字分疏，可謂細甚。《皇皇者華》，君教使臣曰：'必咨于周。'臣聞之：'訪問於善爲咨，咨親爲詢，咨禮爲度，咨事爲諏，咨難爲謀。'臣獲五善，敢不重拜？"（文熙眉）孫應鰲曰："叔孫豹自處與所以教人，一一合禮，可謂使矣。"（《左傳雋》眉）應上三段，語悉而淨。（孫琮總評）通身風雅，可弦可歌。穆叔之拜《鹿鳴》，宜與甯武子不答《湛露》《彤弓》合看。晉之僭，魯臣知之；魯之僭，衛臣知之，而卒莫之改。意相習成風，雖有賢者，不能爲救歟？（《快評》尾）此篇與甯武子來聘同一機杼，而花色則大有不同。甯武子妙在不辭，穆叔妙在拜細。甯武子之不辭，所謂其愚不可及也。若穆叔則鋒芒逼人矣。《肆夏》之三，《文王》之三，本是極整章法，穆叔逐件說來。至《鹿鳴》又逐章細說，至第三章又開出五善來，文陣中整中有變，變處又整。（王源尾）藏鋒而不露，明者見之，暗者忽焉。少陵所謂"裁縫滅盡針線跡"，即此法也。此傳序晉人失禮，穆叔知禮，禮固通篇主矣。乃藏而不露，晉人曰"先君之禮"，泛而言之，非辨禮也。曰"敢問何禮"，雖屬辨禮，顧以禮爲非禮，禮之反也。至穆叔口中，絕不及禮。特於釋《詩》中逗出"咨禮"二字，有意無意，色相俱空。又豈廬山面目之真乎？三"禮"字一字不着，而晉之失禮顯然，豹之知禮昭然，藏鋒之妙如此。曰"不拜"，曰"又不拜"，曰"三拜"，案也。乃應兩不拜，曰"弗敢與聞"、曰"臣不敢及"，用暗應法。應三拜，曰

"敢不拜嘉"，曰"敢不重拜"，曰"敢不重拜"，用明應法。應有明有暗，而錯綜見矣。釋《鹿鳴》《四牡》從略，釋《皇皇者華》從詳。釋有詳略，而錯綜又見矣。晉既失禮，己則弗狥，是矣。然晉之失，難深責也。故不拜之故，答之略。而三拜答之詳，所以掩其惡而揚其美也。其於五善，詳之又詳。將失禮之愆，洗發淨盡，所以頌其德而釋其憝也。辭命之妙，固宜如此。然非妙手，孰能傳之？（《快筆》尾）晉侯奏三《夏》，無君甚矣。穆叔不拜，寔以大義動晉侯，不獨詞命之妙也。而作文純以層見疊出擅奇，又是一樣筆法。旨哉！孫若士之評曰："問答之文貴簡、貴勁，然簡而無韻，勁而無姿，則無爲貴簡勁矣！又忌贅、忌複。然贅而不贅，複而不複，又何傷其爲贅複也！"試看此文，敘三歌，只三語。敘五善，只五語。可謂簡矣。而歷落淹貫，韻致嫣然，落韻多不用助，可謂勁矣。而婉折秀宕，姿態橫絶，"不拜""又不拜""三拜""敢不嘉拜""敢不重拜"，亦云贅矣，而風流俊逸，正妙此贅。《四〖編者按：疑當爲肆字〗夏》三、《文王》三、《鹿鳴》三，不變一字。解三歌，釋五善，不駕一語，亦云複矣。而鄭重端凝，正妙此複。（魏禧尾）魏禧曰："古人不苟如此，所以自處，亦所以啓大國之敬。按：甯武子來聘，爲賦《湛露》及《彤弓》，武子不答，私問焉，曰'臣以爲肄業及之也'一語尤佳。"魏世儼曰："凡使敵國，唯用典禮，則人心自服。小國猶可取重於大國，況勢均力敵者乎？韓愈氏所謂士不通經，果不足用也。然子産毀晉客館之垣，以納車馬，亦足取重，非執政之賢，當不免矣。"（《析義》尾）樂章相沿，只是習而不察，一經提破，絲毫不容僭用。至敘重拜處，分別寡君、使臣，又從使臣身上，分別慰勞、敬益，皆是無中生有。較之不答《彤弓》《湛露》，尤覺精神。（《分國》尾）當時《詩》學之失，不獨篇章。用之於事，失所如此。魯號秉禮，奏于甯俞且失。晉有士會，講求典禮尚失奏焉。此夫子正樂，必自衛反魯之後，考訂精詳，始得其所也。（《晨書》總評）宋南金曰："禮樂寢衰，詩歌沿習，有一讀書好古之儒，群起而訝之，不獨春秋時也。甯俞、穆叔，發矇振落，可謂空谷足音。"（《集解》尾）宴享奏樂不論當否，一時僭用，愚妄特甚。穆叔以不拜、三拜，故啓其問，發出如許妙論，足以破愚斥妄，行文簡勁而婉秀，姿態奕奕。句法有不變處，有屢變處，不變不嫌其復，屢變但覺其新，逼真黃絹幼婦。（《彙編》尾）樂不可僭，天子、諸侯、使臣有等，晉悼不知妄歌，與歌《雍》何異？穆叔不拜者，實以大義動晉侯而警其僭也。問答之文，貴乎簡勁，又貴乎姿韻，而忌重複。此篇可謂簡矣，而歷落淹貫，韻致嫣然。落韻多不用助，可謂勁矣，而婉折秀宕，姿態橫絕。連用數"拜"字，可謂贅矣，而風流俊逸，正在此贅。《肆夏》三、《文王》三、《鹿鳴》三，不變一字，後解三歌、釋五善，不駕一語，亦云複矣，而鄭重端凝，正妙在此複。此左氏善於用句用字法也。（《知新》尾）樂無細大，但以切己利用，便當拜受。如《四牡》《文王》，何嘗不大？然有一些干涉否？獨取《鹿鳴》三章，以為嘉勞教善三益。（《賞音》尾）不拜，又不拜，三拜，看去似故意示奇，而實是守禮而行。妙在條析中語語謙退，不亢不隨，方是使臣之體。（《左繡》眉）此篇與甯武子相似，然彼處裝呆到底，此又舍大重細，倒置懸絕，一似使乖弄巧之尤者，遂令一樣意思，變作兩般局面。前半整整三段，後忽化作五段，而第五段中，又自化出五句，串作章法。前整整兩"不拜"、一"三拜"。後卻從"三拜"中亦整整分出三個"敢不拜"以配之。尤妙在《鹿鳴》《四牡》本與下《皇皇者華》為類，調法卻與上三《夏》、《文王》一般排說，牽上搭下，極整之中，有極變之妙。左氏章法，真出奇無窮也。兩番不拜，幾疑又是甯武舊套。不意忽然三拜，又出意料之外。故兩不拜不問，至三拜而後問也。問意拜、不拜平，而略重拜細，故答者亦於大略，而於細之細者特詳。（《喈鳳》尾）據云"先君之禮"，則晉之以此樂享使臣，已成故事。使臣之每詩拜謝，已為常禮，習於僭妄而不知，《雅》《頌》之失所多矣。自穆叔一一道破，得失判然。乃于晉之失處則略言之，得處務詳言之，且歷陳其教益之美，並將其失禮之過，都為遮蓋不覺。穆叔能言，其得於《詩》教者深乎！甯子不答賦，到底樸誠。穆叔重拜詩，別有解脫。相似處有大懸絕處在。前案後斷，中間一問，承上起下，板板整局。乃略述其不拜，為失禮者諱。詳述其所以拜，見非舍大而拜細，分應最清。然於前敘兩不拜、一拜，一樣筆法。後兩述不拜之故，卻不點出"拜"字。一拜之故，反以不拜點出。又分出三拜，與前兩不拜、一拜，筆法配合。而教使臣處，復添解五善，與解三《夏》《文王》《鹿鳴》《四牡》《皇華》五詩，筆法配合。整而又散，散而還整。板處實活，活處仍板。奇偶相生，陰陽互變，令人莫測其妙。慕岩參評。（《左傳翼》尾）本是晉人失禮，卻訝穆叔不知禮，"何禮"一問，語甚嚴切。穆叔卻將"禮"字藏過，只將己所以不拜與重拜之故，逐一闡明，而晉之失禮，自得於意言之外。問意拜、不拜本平重，答于不拜從略，於拜加詳者，王或庵所謂"掩其惡而揚其美"是也。《鹿鳴》三章，尤詳于《皇華》，固文章伸縮化板爲活之妙，亦因此詩有教誨之益，故殷勤致謝，立言尤爲得體。若無故杜撰，隨意增減，豈復成文乎？古人作文如化工肖物，其曲折變化，總由自然。如此文與甯武子不拜《湛露》及《彤弓》相似而實不同者，蓋武子所不拜，即篇内《肆夏》之三一類，而此則更多《文王》之三與《鹿鳴》之三也。義類不同，應答自別。若謂同一機杼，必用兩般花色，則是穆叔胸中全以武子故事爲粉本，而特使乖弄巧以出之，左氏亦于舊文中自換一番變調新腔，以悅人耳目，成何説話？古人神奇，埋沒不出，皆此種議論爲之也。知作者之妙，全在據事直書，絕不矜心作意，方可道古。春秋時禮崩樂壞，雅頌失所，晉爲盟主，又多博雅之儒，如此典禮昏昏亂用，全不理會，其他則又何説？穆叔既知此爲非，而舞佾歌雍，甘蹈僭越，其亦承誤踵訛而不自覺耶？（《便覽》尾）本是直起直收，兩截格。不意前面三段，後忽化作五段，而第五段中，又自化出五句。前兩"不拜"，一"三拜"。後三拜中，亦分出三段，而前兩拜，卻與三《夏》、《文王》作對排説，局整而變，筆秀而深。芳輯評。（《日知》尾）從甯武子篇翻譜爲新，但彼處糾謬繩愆，故風味嚴苦；此則隱惡揚善，故氣象春容。正如夷峻惠和，並屹千古。（盛謨總評）花性嬌妍，一鼓即開，有何情味？至五鼓而乃怒開，何其紆曲逶迤動人！然人但喜其怒開可愛，豈知夫含情作態者，正在未開漸開時乎？予嘗種有水仙數本，花胎森出，日思其放，卻故作留濡，藏嬌拭媚，若含羞者然，使人憐也無盡。讀此文，可悟此妙境。予甚怪世論之派合古人也，曰莊蘇，曰左馬。夫莊子之文，奇變靈矯，如游龍之不可羈，豈蘇文所能及？若左氏之文，洩盡造化奇秘，司馬亦或具體而微，奈何以左、馬並云也？俗學相沿，學士大夫不察其精，談文連及，每施於梨棗，自謂咀莊、蘇、左、馬之液矣，豈知古人中有不甘受此派者，抑有不敢受此派者。古人已拒我矣，而猶謂善讀古人書，吾不之信。雖然，獨無識者哉？（高嵣尾）大意與甯武子不拜《彤弓》同，彼婉而嚴，此樸而核。（《評林》眉）石星："春秋凡燕會歌《詩》者，所以觀賓主之俯仰也。穆叔不拜三《夏》、《文王》，而三拜《鹿鳴》之三，釋義明切，卑高不爽，足以起敬晉人。"《補注》："《周禮·大宗伯》云'八命作牧，九命作伯'，鄭司農云：'牧，一州之長。伯，長諸侯爲方伯也。'孔氏曰：'元，長也。'牧是州長，伯是二〖編者按：疑當爲方〗

伯，雖命數不同，俱是諸侯之長也。"顧九疇："穆叔可謂識樂之精者，然不能擇善人，而有豎牛之昵，卒以自禍，何哉？"按：《字典》："皇皇，猶煌煌。"《爾雅·釋言》："皇，華也。草木之華一名皇。"（王系尾）穆叔可謂嫺于禮樂矣，而晉人之僭濫自見，此暗敘法也。悼公之賢，不免僭濫。當日之禮崩樂壞，可知矣。（方宗誠眉）此篇先虛後實。"金奏《肆夏》之三"，即對曰："三《夏》，天子所以享元侯也，使臣弗敢與聞。"亦自明爽，然直促少味，必如此文境方從容不迫。詞命體。（《學餘》眉）彬彬儒雅，讀此而知《詩》教之大且至也。魯大夫猶且如此，況於洙泗之間！（《學餘》尾）典雅真切，古人之義疏如是。（《菁華》尾）所以不拜之故，並不一言，直待主人之問，然後詳舉以對，極聰明人，偏得十分蘊藉，此可爲處世之法。

秋，定姒薨。不殯於廟，無櫬，不虞。匠慶謂季文子曰："子爲正卿，而小君之喪不成，不終君也。君長，誰受其咎？"（《補義》眉）三項平重，蓋不以小君禮葬。（《評林》眉）王荊石："定姒非嫡夫人，故文子不欲成其爲小君之喪。"（方宗誠眉）"誰受其咎"之下可直接"匠慶用蒲圃之槚"，但嫌直促，且槚之來歷不明。

初，季孫爲己樹六槚于蒲圃東門之外。匠慶請木，（《補義》眉）請木，知文子已許之櫬，並殯廟、反哭皆許之矣。**季孫曰："略。"匠慶用蒲圃之槚，季孫不御。君子曰：《志》所謂：'多行無禮，必自及也。'其是之謂乎！"**（《測義》夾）愚按：蓋定姒非適夫人，故文子不欲成其爲小君，始請木而微應曰略，猶欲簡其禮也。既用其槚而不御，恐嫌於自爲也，而君子曰行無禮必自及，何不諒其心歟！（魏禧尾）禧按：季孫曰"略"，即是無禮，所謂商鞅作法自斃。魏世儼曰："匠慶可謂忠於季氏矣，諫文子則'君長，誰受其咎'，繼略所樹之槚。林氏謂：'文子無禮于姜，而匠慶亦無禮季孫。'豈其然哉！"（《分國》尾）穆姜私於僑如，行父奪其美槚，豈以淫亂不宜木若以美乎？卒之己槚亦不自保。不以禮處人，人亦不以禮待己，匠慶即以行父之道處行父，是亦出乎爾反乎爾也。（《左繡》眉）此寫季孫目無君母，前爲匠慶正論所責，後爲匠慶權術所制，末引《志》作斷，恰好上句結前一層，下句結後一層，文意簡而足也。三項以"無櫬"爲主，杜注甚明。"略"，言隨意取些，原是不成喪之意。匠慶承其隨意之言，將錯就錯，取六槚而用之，亦原是終君之意，直作不以道取，語太實否？（《左傳翼》尾）前書"夫人姜氏薨"矣，此乃襄公生母，非正嫡也。禮無二嫡，季孫之議，似不爲過。然魯自仲子以來，君母俱以小君禮喪矣，定姒寧獨異乎？莫謂夷簡今日不言，匠慶其有此懼歟？掠賣子女謂之略，略與掠通，杜氏謂"取不以其道"是也。《疑參》謂："妾母，宜簡其禮。"則略只是苟且簡略意，乃不從其請也。匠慶何得專用六櫝？《左繡》謂："略，隨意取些，原是不成喪之意。匠慶承其言將錯就錯，取六櫝用之。"如其說，則是匠慶請木即請六櫝，文子原教之用，但不盡取耳，何得謂之多行無禮必自及？固知杜注不可易也。文子身爲大臣，于國母之櫬教人略取，何以爲訓？前此之議，猶云守禮，此則大越於禮矣。故雖弗御，必加譏貶，所以誅其心也。匠慶，魯大匠也，作櫬是其本職。季孫因襄公幼弱，目無君母，舉朝嘿嘿，慶獨諤諤，其執藝事以諫者歟？匠慶此舉雖是尊君，卻全爲季周旋，無至有不終君之咎，貽悔後日，季孫不悟。繼以請木，又不見從，六櫝之用乃非唐突。若不如此，則虎頭蛇尾，而直道不行，正氣不伸矣。即此一節，便見古人舉動，絕非鹵莽。（《補義》眉）張悔莽曰："'略'之一字，豈當國大臣所爲？匠慶妙得處無禮之法。""自及"雖若指用櫝，而所該甚廣。（《評林》眉）張天如："文子於慶始請木而微應曰'略'，猶欲簡其禮也。既用其櫝，而文子不御，恐嫌於自爲也。而君子曰'多行無禮必自及'，亦昧其心而責人已甚矣。"（王系尾）季孫弱其君而欲薄其君之母，是無禮於君親也。至使匠慶略木，是無禮於國人有司也。然而季孫固嘗略穆姜之櫝以葬齊姜矣，是其多行無禮也，舊矣哉！蒲櫝之及，薄乎云爾。

　　冬，公如晉聽政，晉侯享公。公請屬鄫，晉侯不許。孟獻子曰："以寡君之密邇于仇讎，而願固事君，無失官命。鄫無賦于司馬，爲執事朝夕之命敝邑，敝邑褊小，闕而爲罪，寡君是以願借助焉！"晉侯許之。（《左繡》眉）前從寡君說到官命，後從執事之命說到寡君，一往一復，恰好相對。中間卻將"鄫無賦于司馬"夾入，作承上轉下之筆，後人有所謂中紐格者，大都不出前人範圍也。中間一筆，前不承，後不接，然去此即又上下都不屬，奇甚！兩"願"字，亦兩路對說。人好以散論古文，我獨好以整論古文，二者未知孰優。然欲初學細心法古，始從其整者。（《左傳翼》尾）願固事晉，則官命不可失，而晉之貢賦無藝，不借助未免于闕而爲罪，以無賦于司馬之鄫，使之相助，原屬不費之惠，乾人情落得做的，何苦不爲？入理入情，言之自無不見聽。兩"願"字上下相應，止一片說去，若必裁作兩對，謂整而不散，穿鑿甚矣！（《評林》眉）穆文熙："晉初不許魯鄫者，恐其割晉之賦也。獻子既明其無與，而又欲借鄫以供晉命，蓋以利動之矣，故晉侯許之。"（方宗誠眉）非霸主不得有屬，故以願固事晉，請借助於鄫，立言極善。

楚人使頓間陳而侵伐之，故陳人圍頓。

無終子嘉父使孟樂如晉，因魏莊子納虎豹之皮，以請和諸戎。（孫鑛眉）説意散文卻亦煅成，"而"字句讀之殊澀鈍不勁暢。（《左繡》眉）此篇以敘議夾寫之格，運添賓陪主之法。前半極言伐戎之害，後半極言和戎之利，一反一正，恰作首尾。中幅忽將"好田"間斷作波，以賓插主，以主包賓，合之便是後人兩頭遙對法門，左氏蓋無格不有也。單論和戎，只末段足矣，然殊苦寂寥，添入中間一段諷諫，遠引許多故事，便增許多排場，最是憑空設色，極絢爛可觀文字。孫執升曰："一篇離離合合，正正奇奇，有意無意，無情有情，敘事議論，妙絕今古。起數語須着眼，彼納幣於我而請和，則有五利。後世乃我納幣於彼以請和，利不五而害且十矣。"**晉侯曰："戎狄無親而貪，不如伐之。"魏絳曰："諸侯新服，陳新來和，將觀於我，我德則睦，否則攜貳。勞師于戎，而楚伐陳，必弗能救，是棄陳也，諸華必叛。戎，禽獸也，獲戎失華，無乃不可乎？《夏訓》有之曰：'有窮后羿……'"**（韓范夾）爲不盡之詞，以動君問，進言之善也。（《左繡》眉）伐戎先有五不可，卻用暗説、散説，與後明説、整説相對而不犯複也。"有窮后羿"，突説四字，卻又縮住，使人乍聞而疑，細聆而悟。《國策》"海大魚"，便是此種筆意，洵爲譎諫開山。（《補義》眉）此言勞師伐戎，必至畏楚，畏楚必棄陳。言伐陳之害，已扼定陳不可棄。突出后羿以待公問，似本文結筆，卻是中段提筆也。（《評林》眉）俞寧世："數語得重內輕外之義。"《經世鈔》："大義深算，盡此數語，後世喜邊功者，全不知此。"又："'有窮后羿'，突説四字，《國策》'海大魚'同此，語聳而不盡，亦進言一法。"毛晉："一段文章與和戎何關？深厚宛致，有體有序，告雄主之法宜如此，又不是皮厚之説。"（方宗誠眉）正意已盡，此數語下又開一境界，變化不測。**公曰："后羿何如？"**（孫鑛眉）此種插問法，人多謂是《漢書·博陸傳》所祖，然其實不同。博陸是葵丘"且有後命"法，若此則是因問乃詳，不問恐只可簡徑數語。何者？后羿事於此亦不甚切耳。（闔生夾）語未終，插入問詞，爲文字之奇例。《霍光傳》"太后曰止"，文法本此。宗堯按："開《戰國策》之蹊徑。"對曰："昔有夏之方衰也，后羿自鉏遷于窮石，因夏民以代夏政。恃其射也，不脩民事而淫于原獸。（《左繡》眉）"不脩民事"是一篇立説之主，"德"字亦一篇綫索，看他處處提掇。棄武羅、伯困、熊髡、尨圉而用寒浞。寒浞，伯明氏之讒子弟也。伯明后寒棄之，夷羿收之，信而使之，以爲己相。浞行媚於內而施賂於外，愚弄其民，而虞羿于田，樹之詐慝，以取其國家，（韓范夾）少康一段，太史公缺之，左公詳志始末，於子胥又再見焉，而子長不采，何也？外內咸服。羿猶不悛，將歸自田，家衆殺而烹之，以食其子。其子不忍食諸，死於窮門。靡奔有鬲氏。浞因羿室，生澆及豷，恃其讒慝詐偽而不德於民。使澆用師，滅斟灌及斟尋氏。處澆於過，處豷于戈。靡自有鬲氏，收二國之燼，以滅浞而立少康。少康滅澆於過，后杼滅豷于戈。有窮由是遂亡，失人故也。（孫鑛眉）以議論爲敘事法。此明是一后羿傳，敘事詳核而鍊整。（《左繡》眉）引來以羿爲主，故將浞亦歸併有窮，此賓主不雜法。下引《虞箴》，亦所以證后羿也，非另起一頭。"有窮由是遂亡"結"有窮后羿"句，"《虞箴》如是"結"《虞人之箴》"句，每段各自呼應，各成片段之法。（《補義》眉）信讒故棄賢，棄賢故虐民、淫獵而亡其身。（《評林》眉）彭士望："時晉悼必有嬖臣引之田獵者，故絳言危盡如此。"《補注》："伯明君此寒國之時，棄不收采，此傳再言夷羿，故以夷爲氏。"《經世鈔》："古今竊國秘計，不出此行媚八字。"李于鱗："太史公作夏少康本紀蓋本此。"（方宗誠眉）以羿之好田，比晉侯之欲伐戎；以羿之失人，比晉之失華。文字須有離合斷續。"《夏書》有之曰'有窮后羿'"是離是斷，"失人故也"一句是合是續。一波未平，一波又起。昔周辛甲之爲大史也，命百官，官箴王闕。于《虞人之箴》曰：'芒芒禹跡，畫爲九州，經啓九道。民有寢廟，獸有茂草，各有攸處，德用不擾。在帝夷羿，冒于原獸，忘其國恤，而思其麀牡。武不可重，用不恢于夏家。獸臣司原，敢告僕夫。'（孫鑛眉）箴絕工，古而腴，簡而饒態善規，而晉侯只此一箴已足。楊子雲極力模擬，僅得其似，且太局於此格。若周史自箴，必當多變，惜乎不傳。（閩生夾）此千古箴銘之祖，楊子云《十二州箴》皆仿此體。《虞箴》如是，可不懲乎？"（鍾惺眉）此一段文章，與和戎何關？深厚宛致，有體有序，告雄主之法宜如此，又不是皮厚之說。（《補義》眉）引《虞箴》以證己言非妄。（《評林》眉）按："有窮由是遂亡"結"有窮后羿"句，"《虞箴》如是"結"《虞人之箴》"句，每段各自呼應，各成片段之法。羿恃射失人心，浞恃詐失人心，故同亡。《補注》："孔氏曰：'三代稱王，實與帝同。'《史記》於夏殷諸王皆稱爲帝，此羿篡立爲王，故以帝稱焉。"《經世鈔》："一段俱暗諫好田，'武不可重'四字略着在伐狄上說。"（方宗誠眉）引后羿之事以諫伐戎是正意，因晉侯好田而引以爲戒是餘意。"可不懲乎"之下，直接"公曰：'然則莫如和戎乎？'"極順，然不免平直。中間忽插"於是晉侯好田"二句，文境乃變化不測，文筆乃有曲折。"獲戎失華，無乃不可乎"之下，即接以"公曰：'然則莫如和戎乎？'"亦順，然文境不開闊，文筆不恣肆，平直無奇少變化。**於是晉侯好田，故魏絳及之。**（韓范夾）從來雄主每好田獵之事，切諫則必不見納，故魏絳引古責今，委婉寬徐，而悼自知改，真可謂格君心者。（《左繡》眉）前面突說，至此方自注明，文勢跳脫。又中間說了許多閒話，只一筆束住，疾轉本題。寬便極寬，緊便極緊，筆法如印沙畫泥也。（《補義》眉）前面突出，至此注明，是用倒敘法。（閩生夾）此亦從旁插入之句，又以明魏絳之微旨。

公曰："然則莫如和戎乎？"（鍾惺眉）晉侯想到和戎，大悟頸人，然則字字是深思光景。太王之事狄人，漢之處匈奴，止用此四字。（《評林》眉）毛晉："'然則'字，'乎'字，是深思光景。"對曰："和戎有五利焉：戎狄薦居，貴貨易土，土可賈焉，一也。邊鄙不聳，民狎其野，穡人成功，二也。戎狄事晉，四鄰振動，諸侯威懷，三也。（《補義》眉）急轉和戎正意。此方實寫。云"諸侯威懷"，暗指不棄陳。（《評林》眉）《匯參》："《釋言》云：'薦，再也。'孫炎云：'薦，草生之再也。'服云：'薦，草也。言狄人逐水草而居，涉無定處。'"按：《國語》云："與之貨而易其土林。"註非是。魏禧："按：

謂可以財物貿易者，舊注非。"以德綏戎，師徒不勤，甲兵不頓，四也。鑒於后羿，而用德度，遠至邇安，五也。君其圖之！"（孫鑛眉）語盡古鍊，第每條多四言三句，便覺板拙不流動。（《評林》眉）《補注》："陳氏曰：'傳言景公以滅狄而失諸侯，悼公以和戎而復伯。'"公說，使魏絳盟諸戎，修民事，田以時。（文熙眉）汪道昆曰："議論具品。"穆文熙曰："和戎雖有利，然必中國強盛，乃可爲之。譬之養虎，苟有以圈之，則以人玩虎。一有疏虞，則反有被其搏噬矣。"（鍾惺眉）"脩民事，田以時"，用和爲戰守也，少此一段不得。（《快評》尾）晉北邊戎，則戎固晉之患也。今忽請和，蓋畏其威也。晉侯因其請和，反欲伐之，正與好田同是一種好動喜事性情中流出，故魏子論和戎，忽及於有窮后羿也。忽引夏訓，而及后羿，已自不倫，卻又說半句即歇口，必晉侯之問而後終其說，而無一言及於戎，以待晉侯之自悟。說聰明人不可不知此法。而"和戎"二字，反出之于晉侯之口矣。此一番說話，本非爲諫獵，乃和戎之後，脩民事，田以時，何嘗非此言之力哉？人臣之說君，何可無術也？（《分國》尾）戎請和，公欲伐，絳未說到和戎也，忽入后羿好田一事，公遂曰"然則莫如和戎"，吾知其故矣。公好田也，伐戎，黷武也，而好田爲之漸。漢武好獵，窮兵沙漠。絳慮其然，故極陳后羿淫獸亡國之禍。公默會其意，曰"然則莫如和戎乎"，此與趙烈侯欲賜歌者搶、石二人田，公仲連不許，而以牛畜荀欣、徐越進，烈侯曰"歌者之田且止"，同一機括。（《晨書》總評）徐袞侯曰："晉悼中興，城虎牢而鄭成，盟雞澤而陳服，宋、衛、齊、魯之君，無不稽首請命，可謂雄矣！楚共王方狼貪虎噬，忿于鄢陵之敗，用師陳、鄭，若伐戎而楚乘其敝，是晉得獸而失人也。悼公和戎而復霸，司馬錯伐蜀而秦強，各相時勢，共成大業。漢婁敬師絳之意而誤用之，厚賄賂，屈體貌，以公主下嫁匈奴，非德綏之道也。魏絳主意本在和戎，突言毫不干涉之后羿，下緊接'后羿何如'，文勢忽然一大斷。至'晉侯好田'二句，乃知夏訓、《虞箴》，結穴在此。下緊接'莫如和戎乎'，文勢忽然一大閤，至'脩民事，田以時'爲一大結穴。章法離奇夭矯，後人罕及。"（《左繡》眉）首二利收應"民事"，中二利收應起處"新服""勞師"，末一利收應"好田"，並結獲戎失華總旨，字字詳密，無一閒剩。結三語，收盡通篇。末句結中段，中句補筆，應前"不脩民事"句，並結許多"民"字。首句結兩頭，先結主，次結賓，章法完密，筆力簡老，絕佳！（美中尾）何義門曰："晉方有事中原，而無終遠在東北，若用師焉，楚爭陳、鄭，鞭長不及也。故姑事羈縻，蓋一時之權計，而後王巽懦者，乃用爲口實。何哉？況戎先納賂以請和，亦與屈中國以事外夷者異矣。"魏昭士曰："'有窮后羿'而下，絕不再及和戎，只將虞箴博衍出一大段文字，以'好田'二字點正，再接和戎收束，絕好格法。"浦二田曰："所對所述，絕不相蒙，須於兩開説之中認取一合相，庶有妙會。"（《左傳翼》尾）本論和戎，忽又諫獵，方才諫獵，忽悟和戎，于不相聯合之中而有緊相注射之妙。蓋窮兵黷武之人未有不馳騁射獵者。趙武靈胡服騎射，正此意也。況晉鄾山戎，日以備邊爲事，悼公之好田，非獨少年喜事，亦其勢不得不然耳。既不伐戎，則無所事此矣。《虞箴》所以言武不可重，而公遂悟和戎之利也。末幅收拾，點滴不漏，章法之妙，渾如天成。和戎諫獵，是一是二，要緊祇在脩民事，民事既脩則柔遠能邇，内安外寧，一以貫之矣。引后羿説淫于原獸，必先言不脩民事而歸於失人，蓋獲戎失華，病正坐此。結處"盟諸戎"收"和戎"，"田以時"收"諫獵"，而以"脩民事"貫乎其中，固知公之英明駿爽，善於納諫，而動輒中度也。"德"字一篇之主，前云"我德則睦"，後云"以德綏戎"，而用德、度德者何？即脩民事之謂也。知綘言歸着何在，則許多閒話都成筋節，此正晉悼復伯三駕服楚一大根本。悼公初政，革故鼎新，欲脩文、襄舊業，若邊鄙不寧，日與諸戎尋兵，則無暇及遠。得魏絳一言，而諸戎效順，乃能遠至邇安，開口"獲戎失華，毋乃不可"便得大意。諸葛欲定中原，先安孟獲，其亦聞魏絳之風而起者歟？聖賢仁民愛物，只是一"安"字。獸之有茂草，猶民之有寢廟也。説到"各有攸處，德用不擾"，則蕩蕩平平，皞皞熙熙，恩同覆載矣。獸且不擾，而況於民？四夷於中國以獸畜之，仍以民綏之，羈縻勿絕，無非不擾其攸處而已。兩階干羽，深得御戎之道，若後世不是送幣納女，即是掃穴犂庭，皆非策之善者也。（《日知》尾）筆墨疎古，然結構正極縝密。（高嵎尾）俞桐川曰："伐戎之害，前三行已盡。和戎之利，後三行已盡。中間忽插后羿一小傳，又插一《虞人之箴》，離合莫測。蓋爲悼公天資明敏，語不俟完而心已解。聞説后羿，即舍卻和戎，竟問后羿。聞説《虞箴》，即舍卻《虞箴》，悟道和戎。此等情景，覿面者尚不能寫，隔世後心摹手追，結撰生奇，豈非神品？'晉侯好田'句注得明，絳言方有着落。'脩民事'二句收拾好，見公於羿事、《虞箴》，暗自懲戒。不然，則'和戎'一問，似乎顧左右而言他矣。"（王系尾）此篇和戎是主，諫獵是賓。玩其賓主交錯處，可得筆勢之酣縱；玩其賓主分明處，可得筆陣之整齊，最是沾丐後學文字。（《學餘》尾）晉之和戎，以大事小也。以小事大者存，以大事小者，愛人則王，計利則霸。彼以魏絳爲懦者，其能強乎哉？其述古有典有則，婉而多風，可以補《夏書》之闕矣。（林紓尾）此篇君臣論和戎利害，而魏絳口中忽而突出"有窮后羿"四字，不倫不類。左氏聲明其事，曰："晉侯好田，故魏絳及之。""及之"云者，論正事而波及餘事，方謂之及。然魏絳之言，自始至終，皆極論遊獵之害，與和戎毫不相涉。似諫獵爲主，和戎爲客，何云及也？不知此篇語語皆有本源，魏絳特借題發揮，語語說遊獵，卻語語注重和戎。但觀無終子之使孟樂，首以虎豹之皮來，魏絳已望而有動於中。試問不獵胡得虎豹？因借獵獸，以喻伐戎之害。且不明言，先論勞師棄陳。一及諸戎，即曰"戎，禽獸也"，既斥戎爲禽獸，則伐戎之師，皆取禽獸之師也。因虎豹之皮，生諫獵之思想，即借諫獵之言論，斥伐戎之非計，故脫口引出"有窮后羿"四字，使讀者茫無頭緒，不知所指，似與上半文字接讀不上。實則並不好奇，不留心讀之，則見爲奇。留心讀之，語皆有根，未嘗突也。故公曰："然則和戎乎。""然"之一字，是領會魏絳言中之意，知借諫獵以諫伐戎，彼此神會。不然，中間一段，豈非無著？至於文字之岸異古宕處，左氏蓋無所不能，不足爲異也。（《菁華》尾）以晉之力，伐一小夷，自有必勝之道。惟既勝之後，兵力已疲，而楚人方耽耽日伺其敝，此危道也。魏絳之言，可謂深中窾要。論事已畢，忽出"有窮后羿"一句，開出一篇議論，此是神妙之筆。惟羿之亡，於伐戎兩不相涉，幾疑突出無理，結到"好田"二語，然後語語都有歸宿，於極變化中，卻見文法之密。

　　冬十月，邾人、莒人伐鄫。臧紇救鄫，侵邾，敗於狐駘。國人逆喪者皆髽。魯於是乎始髽，國人誦之曰："臧之狐裘，敗我於狐駘。我君小子，朱儒是使。朱儒！朱儒！使我敗於邾。"（孫鑛眉）是口角語，風韻卻長。（《分國》尾）魯既屬鄫，救鄫是也。侵邾何爲，至使狐駘喪師？"小子"之呼，以辱其君。"朱儒"之呼，以辱其己。時鄫以莒公子爲後，自取其禍，六年鄫滅。（《左繡》眉）嘲謔文字，不墮惡道，詞蘊藉而法工致也。讀者于此知雅俗之辨，則得之矣。著其姓而諱其名，卻寫其服，並寫其貌，使人聞之，宛然失笑不止也。

與"於思"之謳，恰作一對，而用意更巧，用字更精。因敗狐駘，遂描一狐裘以點染之。因敗于邾，遂連呼朱儒以點染之。同字相嘲，同音相謔，精巧絕人。而一起一結，中又以小子相陪，連我君亦嘲謔在內。章法一絲不苟，笑罵文章，不謂奇雋至此。雖嘲謔而其音殊哀，其節殊促，其辭殊怨毒，細味之，與"於思"情事，固各別矣。唐錫周曰："單呼一'臧'字，與詩'惟暴之云'單呼一'暴'字，筆意正同。"（《左傳翼》尾）狐裘以臨戎，儼有綸巾羽扇、緩帶輕裘之意，無其能而亟寇，適足以敗國殄民，是狐駘之敗，臧之狐裘爲之也。一人狐裘，而舉國皆髢矣。如此人而使之將兵，是自棄其民也。襄公幼小，誰秉國成而不良圖乎？前言"敗我"，後言"使我敗"，言邾非能敗我，臧敗我耳。我豈爲邾敗？臧使我敗耳。怨臧紇，竝及於君，字字嗚咽，讀之令人酸楚。侏儒與優倡並稱，乃輕佻嫚戲之謂，非僅譏其形之矮小也。惟其輕佻嫚戲，故臨事不懼，服狐裘以致敗，此國人之所深恨也。口口侏儒，情事可見。若謂因敗狐駘遂及狐裘，因臧侏儒遂及君小子，此是從字法上弄乖，毋非國人深恫不忍言本旨也？不云詛而云誦，其殆有莫甚於怨罵乎？《咀華》云："《小雅》'狐裘黃黃'，《檜風》'狐裘以朝'，一是讚歎，一是譏刺，不意'狐裘'二字可作華袞用，又可作斧鉞用。此文國人誦臧孫，只'臧之狐裘'四字，開口便妙。"（《補義》眉）得"於思"一謳，"侏儒"一誦，而華元、武仲兩人面目如見，左氏之惡逃將也如此。（《評林》眉）《補注》："伐鄫不書，後書滅鄫，舉重。"《品字箋》："怨謗曰誦。《左傳》：'敗于狐駘，國人誦之。'又：'子產從政一年，輿人誦之。'"李笠翁："逆喪者皆髢，則敗績甚矣，以武仲之智，而不免此朱儒之謠，惜哉！"

◇襄公五年

【經】五年春，公至自晉。夏，鄭伯使公子發來聘。叔孫豹、鄫世子巫如晉。（《評林》眉）孫覺："明年莒人滅鄫，則是晉失霸主之道，而魯大夫之往爲無益矣。"仲孫蔑、衛孫林父會吳于善道。秋，大雩。楚殺其大夫公子壬夫。公會晉侯、宋公、陳侯、衛侯、鄭伯、曹伯、莒子、邾子、滕子、薛伯、齊世子光、吳人、鄫人于戚。（《評林》眉）劉敞："吳曷爲序鄫之上？抑鄫也。曷爲抑鄫？鄫不能國，非諸侯之列也。"公至自會。冬，戍陳。楚公子貞帥師伐陳。公會晉侯、宋公、衛侯、鄭伯、曹伯、（莒子、邾子、滕子、薛伯）齊世子光救陳。（《評林》眉）家鉉翁："戍者，戍之於無事之時。救者，救之於被兵之日。悼公既以諸侯之師戍之，及楚師之來，以戍爲未足，又動大兵往救焉。書戍書救，以善晉也。"十有二月，公至自救陳。（《評林》眉）范寧："善之，故以救陳致。"辛未，季孫行父卒。

【傳】五年春，公至自晉。

王使王叔陳生愬戎于晉，晉人執之。士魴如京師，言王叔之貳于戎也。（《左繡》眉）留注解在後，便令上"愬戎于晉"處省得一筆。（《補義》眉）何義門以爲："晉新和諸戎，將與楚爭陳、鄭，又無以謝王之愬，明以二戎誣使人，使王愬而自止。"理或然也。但陳生卻非善類，觀後爭政可見。（《評林》眉）《補注》："'晉人執之'，傳釋經不書晉執，且爲十年王叔出奔起。"（王系尾）天王之尊，戎敢陵之。諸侯所當竭蹶而赴者也。縱不能然，發令徵師，誰不宜敵王所愾者？愬戎于晉，王已自卑如小侯矣。王叔雖有貳心，亦宜言之于王，使王自討之。先執之而後言之，晉亦卑周如小侯，而以盟主自雄也。《左傳》于周室衰微處，雖與經無涉，每每敘述之，哀之也。哀之所以尊之也，以爲部中提綱挈領處。

夏，鄭子國來聘，通嗣君也。（《測義》夾）李廉氏曰："魯、鄭自輸平後，未嘗通聘，終春秋僅見於此，則以悼公之盛，諸侯之睦也。"〔編者按：奧田元繼作董元宰語。〕

穆叔覿鄫大子于晉，以成屬鄫。（《測義》夾）愚按：是時莒人強橫，志壯逼鄫，而鄫所依者魯，故叔孫豹覿鄫世子於晉，以托鄫於晉也。而鄫卒爲莒滅，豈鞭長不及馬腹歟！〔編者按：奧田元繼作陳廣野語。〕書曰："叔孫豹、鄫大子巫如晉。"言比諸魯大夫也。（《左繡》眉）所謂社稷之臣。（《評林》眉）陳傅良："'比諸魯大夫也'，傳釋經不書'及'。今案：鄫屬魯，故偕如不言'及'，下書仲孫蔑、孫林父同。"

吳子使壽越如晉，辭不會於雞澤之故，且請聽諸侯之好。

晉人將爲之合諸侯，使魯、衛先會吳，且告會期。（《補義》眉）周云：「晉恐吳又不至，難對諸侯，故使魯、衛先會，丁寧如再失信，則二國尸之，非我之咎。」故孟獻子、孫文子會吳於善道。（《測義》夾）許翰氏曰：「晉、楚爭衡，權之在吳，故晉急于會吳如此。」（魏禧尾）趙鵬飛曰：「夷狄相攻，中國之福。稽其故，則自鍾離一會，吳無讎晉之心，楚有患吳之意。故楚之伐吳，以吳不與己而與中國也。楚之兵力既分于吳，而不能專向中國，此諸侯之患得以少紓。吳既受楚兵，則亦不能無求於中國，故戚之會，吳不召而自至。自是天下之勢，足成鼎立，晉、吳、楚是也。吳既附中國，則楚實孤。終春秋之世，楚無一日安枕者，吳掎其東也。」（《左繡》眉）不過平晉敘去，而兩「使」字對說，兩「諸侯」字中間承接，兩「故」字、兩「且」字，一順一倒，仍自有線索在，一絲不亂也。（王系尾）晉之通吳，非愛吳也，將以困楚也。與齊桓之盟江、黃，若是班乎？曰非也。江、黃可會，而吳不可會也。《春秋》之所以惡楚者，以其僭王猾夏也。吳未猾夏，亦既僭王，汲汲然引而近之，安知其終不猾夏也？卒之齊書喪元，魯致百牢，黃池爭長，晉人瞠視，而楚之爲楚自若也，則奚益之有哉？晉能自強，楚將自服。蕭魚三駕，楚弗能爭，豈其借力于吳哉？是可以悟矣！

秋，大雩，旱也。

楚人討陳叛故，曰：「由令尹子辛實侵欲焉。」乃殺之。書曰：「楚殺其大夫公子壬夫。」貪也。君子謂：「楚共王於是不刑。（韓范夾）楚之諸卿，失事君之誼，討之非枉。然屢殺大臣，亦傷國體，故左氏譏之。《詩》曰：『周道挺挺，我心扃扃，講事不令，集人來定。』己則無信，而殺人以逞，不亦難乎？《夏書》曰：『成允成功。』」（《測義》夾）愚按：楚共王伐宋背盟，處己則無信矣，其三殺大夫，皆以其罪，何謂不刑？傳蓋以成敗論爾。（《分國》尾）傳言壬夫侵欲於小國，非專謂陳也。楚無可奈何于陳，殺一壬夫以塞責，以侵欲諉其辜云爾。（《左繡》眉）此一事兩斷法。稱國以殺，罪在壬夫，文卻注意在共王，故敘事解經，先以「貪也」一筆抹過，即便轉落，謂共王「於是不刑」，出賓入主，緊捷可愛。起手一行，敘得輕脫，隱隱有「無信」二字在筆墨之表，妙矣！以「不刑」句爲主，責其殺人以逞也。病根卻在無信，故兩引《詩》《書》以證之，而評斷安在中間作轉楗，此亦左氏慣用之法。(《左傳翼》尾)陳叛由子辛侵欲，罪所自取，而傳責共王。壬夫之貪，皆共王無信之所致也。上無信，下何以貪？由其言語不信，內多欲而外施仁義，故人從其好，不從其令。不然，公子申以多受賂被殺矣，壬夫何又以侵欲受刑？孔子曰："苟子之不欲，雖賞之不竊。"無信其貪之原乎！惟其無信，而殺人以逞，故爲不刑。先斷後解，筆力嶄然。(《補義》眉)汪云："先斷後解。"(《評林》眉)《補注》："劉氏曰：'傳言壬夫貪，殺之當也。共王殺之，何謂不刑乎？解經若此，取舍安從哉？'陳氏曰：'傳見楚以不競殺二大夫。'"王元美："楚共王伐宋以封魚石，背盟而喪師鄢陵，責其無信，是矣。至三殺大夫，皆以其罪，何謂不刑？傳蓋以成敗論耳。"

　　九月丙午，盟于戚，會吳，且命戍陳也。(《測義》夾)季本氏曰："壽夢吳方強，懼與楚合，故悼公遠與吳通，使爲楚憂，亦制強夷、紓近患之微權。然不能俗德息兵，柔遠能邇，而又結一強夷，苟紓目前，忽遠慮，忘後患，此策之下者也。"〖編者按：奧田元繼作韓求仲語。〗(《評林》眉)《補注》："'盟于戚'，傳言晉與吳盟皆不書，後見哀十三年。"(《左傳翼》尾)吳、晉通好，而期會不至，恐生嫌隙，故遣使辭以不會之故，且請後會。晉恐吳又不至，難以對諸侯，故使魯、衛先會，叮嚀無使失信，設再失信，魯、衛尸之，非我咎也。"請聽"者，隨便也，尚屬游移遷就之詞。"告期"者，定約也，乃屬一定不移之論。總是爲他合諸侯，原是極煩難事，屢約屢爽，徒使之僕僕道途，不虞其退有後言耶！讀此知後世借援外藩之無益有損矣。

　　穆叔以屬鄫爲不利，使鄫大夫聽命于會。(《左繡》眉)可見字小之難。前云"比諸魯大夫"，今則仍還其爲鄫大夫耳。(王系尾)此吳會中國之始也，晉實汲汲焉，是部中大結構處。魯終不能屬鄫，而卒不免亡鄫之討，何哉？

　　楚子囊爲令尹。范宣子曰："我喪陳矣！楚人討貳而立子囊，必改行，而疾討陳。陳近于楚，民朝夕急，能無往乎？有陳，非吾事也，無之而後可。"(韓范夾)范宣言論，自有文子之風。治內不治外，其范氏之家法乎？(《補義》眉)韓厥、范匄皆與書、偃一氣者，安有遠謀？(《評林》眉)《補注》："'無之而後可'，傳見楚用公子貞而晉人懼。"(《測義》夾)愚按：宣子憂晉之不能保陳，與管仲憂齊之不能保江、黃同意，然既知其不可有，而猶戍猶救，至其自敗乃已，霸主事哉！（《分國》尾）時晉悼初立，承屬政之餘，方圖內寧也。無之後可，亦釋吳以爲外懼意，唯賢者謀國能如此。（《左繡》眉）開口一語，活寫出茫然自失光景。下以楚討陳、陳近楚兩意申説，末卻轉一語曰"無之而後可"，分明無計挽回，聊以解嘲耳。以自怨起，以自慰煞，極得不可奈何神致也。（《左傳翼》尾）此即"雖鞭之長，不及馬腹"意，審時度勢之言。然晉伯其亦稍衰矣，但"有陳非吾事"云云，非棄陳也，棄陳乃專力于鄭耳。三駕而楚不能爭，乃能償斯恥乎！子辛以侵欲病陳，故陳服晉。子囊改行，則疾討陳，而晉不能爭。喪陳一欵，茫然自失。無之後可，是千恐萬想無能轉移。國之興替，全在執政一人。子囊一爲令尹，范匄便憂。所謂猛虎在深山，樵採者不敢入也。擇相詎不重歟！

冬，諸侯戍陳。子囊伐陳。十一月甲午，會于城棣以救之。（《評林》眉）《補注》："凡會伐、會侵、會救皆不書其地，杜説非。"

季文子卒。大夫入斂，公在位。宰庀家器爲葬備，無衣帛之妾，無食粟之馬，無藏金玉，無重器備。君子是以知季文子之忠於公室也。相三君矣，而無私積，可不謂忠乎？（《測義》夾）愚按：行父奸深忌刻人也，迹其黨仲遂，傾歸父，結晉讎齊，以專魯國之政，安在其忠於公室哉？雖妾無衣帛，馬不食粟，不過小廉曲謹而已，何足數也！（魏禧尾）《國語》："季文子相宣、成，無衣帛之妾，無食粟之馬。仲孫它諫曰：'子爲魯上卿，相二君矣，妾不衣帛，馬不食粟，人其以子爲愛，且不華國乎？'文子曰：'吾亦願之。然吾觀國人，其父兄之食粗衣惡，而我美妾與馬，無乃非相人者乎？且吾聞以德榮爲國華，不聞以妾與馬。'文子以告獻子，獻子囚之七日。自是子服之妾，衣不過七升之布，馬餼不過稂莠。文子聞之曰：'過而能改者，民之上也。'使爲上大夫。"魏禧曰："文子儉樸而推恩於人，且曰：'聞以德榮爲國華，不聞以妾與馬。'唐李聽盛服玩，或曰：'家聲在人，若示衰薄，何以見公忠之效，吾故欲誇而勸之。'此二説者，各有其意。當文子時，宜爲文子，當聽時，宜爲聽。然後世士大夫爲聽者多，爲文子者少。即有爲文子者，馬不粟、妾不帛，而念國人父兄者少，其藏金玉重器備則又甚多也。予嘗謂士大夫身服粗糲，而家富資產，雖儉，德無足取矣。文子相三君而無私積，及平、桓則富於周公，又不逮前人多矣。"魏世儼曰："陳無宇厚施於民而竊齊國，季孫行父恭儉而得魯政。齊、魯之君一失其柄，則無非田、季之黨矣。惟公孫歸父不黨行父，行父宣言于朝而使逐之，謂行父之忠於公室則未也。觀臧宣叔聞林父之言，怒且謂曰：'子欲去之，許請去之。'然則仲遂黨行父逐東門氏顯然可見。"彭家屏曰："《易》曰'君子用過乎儉'，《書》曰'克儉於家'，儉，美德也。而自上風之，斯從風者眾矣。季文子相魯，而子服之妾衣大布，馬食莠稂。楊綰相唐，制下之日，郭公減聲樂，京兆省騶從，中丞毀第舍，若景之從表，鼓之應桴，轉移之機，其速如此。有世道之責者，審能敦行節儉，為天下先，安在既流之俗，不可去華而就樸哉？夫世之所以日逐於奢者，心有所豔，爭以是為容也。而律之以聖賢之道，則可羞吝矣。苟知為可恥，何故竭力以事之？是在有以動之耳。"（《分國》尾）大臣臨歿，當為社稷計，家貲之有無抑末也。當時魯日不振，君幼國弱，狐駘一敗，鄫事可商。善道尋盟，吳氛初熾。況邾怨未釋，楚氛正張。又密邇讎仇，勢同于鄭。文子善後之策，概不聞焉。傳者但舉其家無私積，以為忠於公室，亦薄乎云爾！數其美，而止是也。雖然，較之籯金窖粟遺所不知誰何之人，不既賢乎哉！（《左繡》眉）六櫬而在，當何以處之？我疑大抵曲筆居多，所謂必有一篇絕好文字送歸泉下者。四句以"無重器備"為主，應上庀器為備也。後"無私積"，只以一"無"字，渾結四"無"字為呼應而已。（《左傳翼》尾）"無衣帛之妾"四語平重，因庀家器為葬備而知之。若側重"無重器備"句，與上作呼應，亦小巧法門耳。文子行徑較貪污者固有間，然亦小廉曲謹耳。以此謂忠於公室，吾未之敢信也。試看文子輔相三君，那一件是公而忘私否？（《評林》眉）穆文熙："文子為大夫而儉素若此，是為人臣之範，何後人不知，而動以季氏薄之也？"（《補義》眉）忠於公室只就相三君、無私積言之，季武子舍三軍，傳曰"卑公室"，正與此相應。（高嵣尾）忠公室、無私積，上下相應，文子亦賢大夫也。當與《國語》參閱。（王系尾）文子節儉，信有可美。而遽謂忠於公室，則為奸雄所惑矣。夫忠於公室者，必強公而弱私。宣公之末，三桓已張，漸逼公室。至成、襄而公室日卑，私家日盛。文子相三君，而使國勢如此，可謂忠乎？然則文子之儉，安知非飾美名，內自封殖，以陰用其強私弱公之計者？亦異于晏平仲之狐裘澣濯者矣。（闈生夾）文子究為賢者，此後求如行父者不可得矣，故慨歎之如是。宗堯按："文子之過多矣，而其忠終不可掩，述此以反射武子之奸。"

◇襄公六年

【經】六年春王三月，壬午，杞伯姑容卒。夏，宋華弱來奔。（《評林》眉）高閌："不言逐而以自奔爲文者，朝廷尚敬，而弱瀆慢如此，所以罪弱也。"秋，杞葬桓公。（《評林》眉）俞臯："杞小而去魯遠，舊雖來赴，而魯不往會葬者，蓋以婚姻之故也。叔姬嫁於杞，定姒乃杞女也。"滕子來朝。莒人滅鄫。冬，叔孫豹如邾，季孫宿如晉。十有二月，齊侯滅萊。（《評林》眉）高閌："齊圖萊久矣，自宣七年伐萊，自是而遂滅之。"

【傳】六年春，杞桓公卒，始赴以名，同盟故也。（《評林》眉）按：杞國入春秋來，已歷武、靖、共、德、成五公，未有一人書名者，故曰始。

宋華弱與樂轡少相狎，長相優，又相謗也。（《補義》眉）汪云："便見不能如初。"子蕩怒，以弓梏華弱於朝。平公見之，曰："司武而梏於朝，難以勝矣！"遂逐之。夏，宋華弱來奔。司城子罕曰："同罪異罰，非刑也。專戮於朝，罪孰大焉！"亦逐子蕩。（《補義》眉）亦逐子蕩，請于君而逐之。豈有責人專戮，而己擅逐之耶！子蕩射子罕之門，曰："幾日而不我從！"子罕善之如初。（文熙眉）穆文熙曰："子蕩以弓梏華弱於朝，則華弱直而子蕩屈也。平公獨逐華弱，而不逐子蕩，固爲非刑。即華弱、子蕩並逐，亦爲未得其當也。"〖編者按：奧田元繼作張太嶽語。〗（韓范夾）大臣之度當爾，處小國而忍强悖，處盛朝而忍嫚夷，同也。（《分國》尾）華弱受梏於子蕩，罪在子蕩，反逐華弱，謬矣！子罕亦逐子蕩，法乃得平。善之如初，尤見休休。（《左繡》眉）此篇是合傳體，兩兩相形，一是私仇，一是公惡。一則有初鮮終，一則慎終如始。特特以相反者相並，作者蓋有世教之憂也。華、樂兩人，又以子蕩爲重。看其平起側入處有手法在。三"相"字，雖是華弱自侮，到底樂轡占强。起二句以敘爲議，簡括輕活。末俗損友面交，凶終隙末，一筆寫盡，而神致如生，妙甚！末句正與首三句相對，首句所謂小人如醴甘以壞也，末句所謂恭而有禮皆兄弟也。曰"如初"，可見不增不減，何至始相愛而終相讎乎？以子罕相形，華弱乃一傳之主。（《左傳翼》尾）宋政不綱，致其臣專戮於朝，無君甚矣。君不能討，反助強鋤弱，其失刑不亦甚乎？子罕不請於君而自逐之，其去專戮者幾何？善之如初，周旋善後，皆是一片權術，非懲奸去邪之正道也。（高嶂尾）此一事連敘，亦兩事並敘，乃合傳體也。一是私怨，一是公惡。一則有初鮮終，一則善終如始。敘來生姿翩翩。（《評林》眉）按：《字書》：「勝，負之對也。」杜、林並從之。又平聲，任也，堪也。《匯參》：「傅氏曰：『子蕩已出，子罕不復逐其射門之怨，若趙盾之於賈季也。』據此，則孔疏以亦逐子蕩，恐即被逐，故射子罕之門。宋不逐子蕩，故子罕善之如初者，未確。」（王系尾）華弱戲，樂轡戲，宋公亦戲，宋真傀儡場。讀者無不大噱矣。然而弱、轡皆逐，子罕獨留，讀者又不覺爲之肅然。化戲謔爲嚴正，疑其腕中有鬼。（《菁華》尾）逐華弱而舍樂轡，失刑甚矣。子罕所爲，深得大臣守法之道。或疑"善之如初"云者，子罕殆懼禍之及己，而強爲周旋者。不知前之逐之者，公義也。後之善之者，私情也。二者原不相悖。

秋，滕成公來朝，始朝公也。

莒人滅鄫，鄫恃賂也。（《測義》夾）愚按：莒人滅鄫，說者以晉不救鄫故，因主《穀梁》之說，謂："鄫立莒公子爲後，神不歆異姓之祀爲滅，非莒以兵滅也。"若然，則是年冬經書："十二月齊侯滅萊。"與滅鄫同一書法，又何解焉？蓋晉悼主盟中國，坐視小國之滅而不之恤，聖人傷之，故特書曰"滅"，正以著霸主之失道也。《左傳》本末甚明，無容多贅。

冬，穆叔如邾，聘，且修平。

晉人以鄫故來討，曰："何故亡鄫？"（《測義》夾）愚按：魯雖請晉屬鄫，已而自顧力不足，業爲辭之矣。滅鄫者莒也，以悼公之賢且強，不莒之問，乃問魯哉？【編者按：奧田元繼作王荊石語。】**季武子如晉見，且聽命。**（《測義》夾）趙伯循氏曰："據事情，叔孫初嗣位，而往見霸主爾。"（《左繡》眉）兩句一敘事，一述言，亦一順一逆也。（《評林》眉）《補注》："魯以往年夏屬鄫，秋使聽命於會，安得遽有貢賦於魯？蓋魯人受其財賄，杜說非。"

十一月，齊侯滅萊，萊恃謀也。（孫鑛眉）大概俱鍊淨有致。**於鄭子國之來聘也，四月，晏弱城東陽，而遂圍萊。甲寅，堙**

之環城，傅於堞。及杞桓公卒之月，（閩生夾）古人紀載年月之法與後世不同，"杞桓公卒之月""鑄刑書之歲二月"，乃古人紀年之法也，此等猶可想見古史之舊。乙未，王湫帥師及正輿子、棠人軍齊師，齊師大敗之。（孫鑛眉）借此二事，亦覺無當，然調法卻新。丁未，入萊。萊共公浮柔奔棠。正輿子、王湫奔莒，莒人殺之。四月，陳無宇獻萊宗器于襄宮。晏弱圍棠，十一月丙辰而滅之。遷萊於郳。高厚、崔杼定其田。（《測義》夾）黃震氏曰："傳言滅，又言遷，則所遷者其族屬人民，非必其君也，與經言遷紀、邢、鄶同。"〖編者按：奧田元繼作湯睡菴語。〗（魏禧尾）魏禧曰："莒人滅鄶，《公》《穀》皆以為立其出。而胡《傳》復以黃歇、呂不韋釋舍鄶罪莒之意。夫黃、呂陰為不義，小人之尤者。鄶人欲立莒甥，而莒人能拒，則非大賢不能矣。舍鄶罪莒，義所未安，當以左氏之說為正。"魏世儼曰："唐恃吳以入郢，楚未復國而唐先滅，江、黃恃齊亦滅。蓋恃則必驕，驕則無備，無備則未有不敗者。莫敖敗于羅，僖公敗於小邾，自恃且不可，況恃人乎？"（《分國》尾）萊雖夷，齊同姓也。無大故，必殲滅之。輿子力盡，浮柔勢窮，身死國亡，哀哉！（《左繡》眉）追敘變格，幻出許多筆法。第一層用"於"字，第二層用"及"字，第三層用一"而"字於日月之下，由後遡前，從頭至尾，更多少年，做多少事，卻只用三虛字串成一片。否則零星不可收拾矣，用筆真有編珠織玉之巧也。三筆前一筆是追敘，故用"於"字。第二筆是正敘，故用"及"字。第三層是帶敘，故用"而"字。而前兩筆作提，後一筆作煞，前偶後奇，章法於參差中極整齊。丁未入萊，萊已滅矣。因萊君奔棠，故必滅棠遷郳而後書滅萊，蓋國亡君死曰滅也。一路圍萊、入萊、獻萊、遷萊，極葛藤事，寫得極清晰。"滅萊"於起手點出，敘事便只寫一"滅之"，不復再用重筆，此皆虛實伸縮變化之所在。（《左傳翼》尾）質言之，不過云"五年四月圍萊，本年十一月滅萊"耳。妙在不言五年，而言鄫子國之來聘。不言本年，而言杞桓公之卒。來聘是二月，桓公卒是三月，隱其年而竝藏其月，奇奇怪怪，令人目眩神迷。三月敗棠師入萊，即可言滅，而必云十一月者，以齊師雖入矣，焉知不去？萊君雖奔矣，焉知不返？宗器雖遷，鐘簴如故，棠邑猶存，則雖滅而猶未滅也。故必遷郳定田而後言滅，所以見死灰不復然也。齊人侵小伐叛多矣，而獨致毒於萊者，非貪萊也，以其恃謀耳，謀之不足恃固如此。開首即注"萊恃謀"，而不言所恃者何謀。春秋列國用兵，圍其國都不一而足，遠或數月，近或旬日，非潰即降。獨萊被圍已匝一年，曠日持久，非有謀何以不潰？不恃謀何以不降？故不必詳彼何以攻，此何以守，而應變防禦之策，負固桀驁之狀，正可想像而得之也。於某年某月某日圍起，及某年某月某日始入，某月某日而後滅，一"於"字、"及"字、"而"字，正見萊不易滅，齊人所以必欲滅之，而萊人恃謀，已隱隱傳出，此點睛傳神之妙也。杜氏謂萊人恃謀，恃賂夙沙衛之謀。衛方用事，賂衛有用，則齊且不圍，萊何至於滅？圍已經年，而衛不能一言解免，此謀尚可恃乎？築堙環城，已築長圍，必欲得此而甘心，萊人何以能支？但說一面而兩面俱到，他篇敘攻圍多於熱鬧處裝點，此獨于冷雋處傳神，而圍萊、入萊、遷萊、滅萊，歷歷如貫珠。高峭古淡，人多不識。（《評林》眉）孫氏《攻城篇》："三月而後成距堙。"注謂："踊土高而前以傅其城也。"《匯參》："當是二人帥棠邑兵來解圍也，看下奔棠不別言可見。"（王系尾）高息齋曰："齊國圖萊久矣，自宣七年伐萊，至是而遂滅之。"

◇襄公七年

【經】七年春，郯子來朝。（《評林》眉）季本："成七年吳伐郯，郯既從吳，至是吳與晉通好，而遂不禁郯之親魯，故復來朝以脩舊好。"夏四月，三卜郊，不從，乃免牲。（《評林》眉）汪克寬："三卜雖得禮，而卜郊止於三月，今書四月而三卜不從，則過時不敬，以致龜違，故書以譏非時，而非譏其瀆卜也。"小邾子來朝。城費。秋，季孫宿如衛。（《評林》眉）家鉉翁："季孫行父身死子繼，首城賜邑，將以抗君而專國，故《春秋》書以著犯上作亂之漸。"八月，螽。冬十月，衛侯使孫林父來聘。壬戌，及孫林父盟。楚公子貞帥師圍陳。（《評林》眉）趙鵬飛："楚伐陳而未得志，今復罄兵而圍之，宜陳有所不堪，故鄢之會，陳侯逃歸。"李廉："圍國書大夫，自公子貞始。"十有二月，公會晉侯、宋公、陳侯、衛侯、曹伯、莒子、邾子於鄢。鄭伯髡頑如會，未見諸侯，丙戌，卒於鄵。陳侯逃歸。

【傳】七年春，郯子來朝，始朝公也。

夏四月，三卜郊，不從，乃免牲。孟獻子曰："吾乃今而後知有卜筮。夫郊，祀后稷以祈農事也。是故啓蟄而郊，郊而後耕。今既耕而卜郊，宜其不從也。"（《測義》夾）黃震氏曰："孟獻子歸咎於既耕而卜，蓋不知天之不歆其僭也。"〖編者按：奧田元繼作王陽明語。〗（韓范夾）禮久則失其本，雖魯亦不能免矣。此漢世鄭、馬之屬不可謂無功也。（《左繡》眉）分明譏其不能敬天勤民，然直說"吾乃知有鬼神"便沒趣。文妙於隔一層作諷刺也。連寫四"郊"字，亦纍纍如貫珠。第一個"郊"字作提，中二"郊"字接連，末一"郊"字作煞，無筆無結構。（《左傳翼》尾）事神以誠不以僞，既耕而郊，其無敬天勤民之實可知。三卜不從，鬼神其可欺乎？然此亦"既灌而往，吾不欲觀"之意。究之郊祀原已非禮，惜乎獻子之識，不足以及此也。（《補義》眉）既耕卜郊爲非禮，不知猶是第二層，魯之郊禘本非禮也。

南遺爲費宰。叔仲昭伯爲隧正，欲善季氏而求媚于南遺，謂遺："請城費，吾多與而役。"故季氏城費。（《測義》夾）黃震氏曰："季武子城其私邑以自强，定公十二年所墮之而不可得者也。"（《分國》尾）費邑，自僖元年公子友獲莒拏之時所賜也。行父相三君而仍其故，行父卒，昭伯欲善季氏，敢爲此舉，其意隱窺季武子之無君，爲此强私弱公之計，武子不得辭其責也。（《左繡》眉）多與是媚遺，城費即所以善季，用意甚曲而便也。從季入遺，從遺歸季，敘事亦只用一順一倒法。（美中尾）李行簡曰："費，季氏私邑也。自南遺請城，南蒯繼爲費宰，非特季氏世卿，而陪臣亦世其邑。"（王系尾）隧正，公臣，貴也。費宰，家臣，賤也。以公臣而媚家臣，何哉？則以季氏之勢，赫赫炎炎，昭伯慕之，不啻如螻蟻之慕羶，欲附之而無由，將借南遺以通之也。而南遺怙季氏之勢，又非可以驟通，故委曲以求媚焉。鄙哉！左氏亦何取乎著昭伯之鄙？著季氏之勢也。武子爲政未久，而僉壬附之如此，豈非文子之餘烈哉！厥後南蒯以費叛，公山不狃以費叛，季氏據費以抗君，而其臣亦據費以抗季氏，其患實自此始。

小邾穆公來朝，亦始朝公也。（《左繡》眉）杜注甚簡雋有筆。

秋，季武子如衛，報子叔之聘，且辭緩報，非貳也。

冬十月，晉韓獻子告老。公族穆子有廢疾，將立之。辭曰："《詩》曰：'豈不夙夜，謂行多露。'又曰：'弗躬弗親，庶民弗信。'無忌不才，讓，其可乎？請立起也！與田蘇遊，而曰：'好仁。'（韓范夾）以交得進，友道通于事君。（《評林》眉）張苴："獻子引《詩》讓位，雋永可玩。"《匯參》："引言非才，不可妄居官位。"《經世鈔》："人之當交賢人之言足重如此。"王百穀："田蘇與起臭味相合，則起之賢可知。"彭士望："春秋已重鄉評，開月旦、中正之風。"《詩》曰：'靖共爾位，好是正直。神之聽之，介爾景福。'恤民爲德，正直爲正，正曲爲直，參和爲仁。（《補義》眉）合德、正、直三者以晰"仁"字，正不徒煦煦之仁也。無忌之識，高出韓起。如是，則神聽之，介福降之。立之，不亦可乎？"庚戌，使宣子朝，遂老。晉侯謂韓無忌仁，（《補義》眉）即以"仁"字收。使掌公族大夫。（魏禧尾）魏禧曰："穆子以廢疾讓弟，不爲身計，亦不爲子孫計乎？孟子曰：'爲天下得人者，謂之仁。'仁者無所私利，晉侯謂無忌仁，知言哉！"魏世儼曰："城濮之役，使趙衰爲卿，讓于欒枝、先軫。枝、軫居之不疑。無忌讓起，而起亦然。古人于朋友兄弟讓則不辭，受則不讓，君父亦遂聽之，所以異於末世也。"（《分國》尾）無忌讓起，實之以田蘇之言。信、友所以獲上，聖言足徵也。無忌仁起，悼公轉仁無忌，人固貴讓哉！若伯石之三辭，則君子又惡之矣。（《左繡》眉）無忌讓位、立弟，兩截都引《詩》見意，而以"讓其可乎""立之不亦可乎"作煞，似是對説。然"請立起也"，即從"讓其可乎"拖起作一句讀，故後以"立之不亦可乎"一句應之，而以"立"字、"可"字作倒換之筆，兩層仍一串也。起之可立，不用實説，只虛提一筆，隨以田蘇作證。即"好仁"之目，亦不用實説，只虛點一筆，隨以引《詩》、釋《詩》作斷，筆筆嵌空玲瓏，真運實於虛妙法。"正直"二字，解得明晰有意味。孫執升曰："交遊之道，通於事君，猶可想見三代君臣之際，非特遜讓爲美也。"（《左傳翼》尾）先言己當讓，次言起當立，妙不實説，俱引《詩》以見意。一安頓在前，一位置在後，極變化嵌空之奇。起之可立，祇"與田蘇遊，而曰好仁"一語，想見當時賢人猶重，而一經品題，聲價增長幾許也。起好仁而無忌讓之，無忌讓而君亦許之爲仁，韓氏兄弟其長有後於晉國乎！（王系尾）無忌稱韓起之仁，而晉侯謂無忌仁，惟仁好仁也。讓爲美德，無忌讓弟，雖近於私，而起才自堪，故君子無議。然此遂爲韓氏分晉之根。（方宗誠眉）先讓位，後舉賢，皆引

《詩》爲證，兩兩相配，總束以"仁"字。（《菁華》尾）于韓起之賢，未及提出，祇述"與田蘇遊，而曰好仁"，已足爲韓起增重。蓋觀人觀其所與，亦可以十得八九矣。

衛孫文子來聘，且拜武子之言，而尋孫桓子之盟。公登亦登。叔孫穆子相，趨進曰："諸侯之會，寡君未嘗後衛君。今吾子不後寡君，寡君未知所過。吾子其少安！"孫子無辭，亦無悛容。（韓范夾）當時兩國交爭，臣遇其君，雖鋒鏑之下，必致謙後之意，誠以臣不敢等於君也，而況雍容宴享之時乎？孫子不後魯君，以取譏穆子，又不能因譏謝過，此何心歟？（《評林》眉）《補注》："聘禮：'公迎賓于大門内，及廟門，公揖入，立于中庭，納賓，賓入，三揖，至于階，三讓，公升二等。'鄭玄云：'先賓升二等，亦欲君行一，臣行二。'言公先升二等，然後臣始升。"

穆叔曰："孫子必亡。爲臣而君，過而不悛，亡之本也。《詩》曰：'退食自公，委蛇委蛇。'謂從者也。衡而委蛇，必折。"（《左繡》眉）此篇描寫、辭令、評斷，色色精妙，總以簡雋擅場。"公登亦登""亦無悛容"兩句對看，一伏"衡"字，一伏"委蛇"字，末以一句雙結兩層，章法細密。穆子辭令極其安頓委宛，不說客當後，只說"寡君未嘗後"；不說客太過，只說"寡君未知所過"。說到本人，只輕輕一點便住。蓋惟恐其有慚色也，筆意與滕、薛爭長篇正同。"委蛇"是絕好字面，一經洗刷，便有許多破綻。自"偕老"詩後，不謂又有此評駁也。佳説《詩》而解此頤否？（《分國》尾）林父逐君，何有鄰主？"吾子其少安"，巽辭以諷之。"衡而委蛇，必折"，危言以儆之，已鏡出於戚之叛。（《左傳翼》尾）"公登亦登"，所謂衡也。"無悛容"，委蛇之謂。孫林父在國，儼如二君，橫暴已久，魯廷之衡，乃其故態之流露耳。聞言不悛，則怙惡極矣。他日出君，夫復何憚？威儀所以定命，于一時可以知其平日。"爲臣而君"四字，嚴冷不減秋霜，結語尤蘊藉有味。"無悛容"，而以《詩》所謂委蛇者狀之，想見其安閒自得、絕無畏忌光景，對之真令人髮指也。（《補義》眉）"委蛇"者，退食之容也。入廟行聘，則繼好息民在此，故肅恭倍至。躐階，傲也。無悛，安于傲也。"委蛇"兩字，形容最妙。言其入廟時、登階時、受責時，一如其退食時之自得也。"從，直也，順理之喻。衡，横也，悖傲之喻，一于横行則折也。穆叔明于論禮，亦精于說《詩》。（高塘尾）前敘事，後評斷，雋味無窮。（《評林》眉）《匯參》："按：'過'字對'悛'字，說'公登亦登'，欲先拾一級而不可得也，似較明。"（王系尾）林父傲君，叔孫面折之，何異撻之於市朝？而無辭無悛，豈非蠢然無知者哉？觀其聞定姜之言而不敢舍重器于衛，而甚善晉大夫，又是何等狡猾靈警？蓋世間別自有此一種怪物，到勢利處，便分外伶俐；到禮法處，便分外懵懂。後來逐君叛國，而卒保首領以沒，全是此一副本領。不謂古時已有其人也，奚怪後世哉？

楚子囊圍陳，會於鄬以救之。

鄭僖公之為大子也，于成之十六年，與子罕適晉，不禮焉。又與子豐適楚，亦不禮焉。及其元年，朝于晉。子豐欲愬諸晉而廢之，子罕止之。及將會於鄬，子駟相，又不禮焉。侍者諫，不聽。又諫，殺之。（闈生夾）凡被弒之君，必疏其無道之由，左氏常法，然其意固不注在是也。**及鄬，子駟使賊夜弒僖公，而以瘧疾赴于諸侯。**（《測義》夾）愚按：鄭僖公之卒，《春秋》不以弒書，《公羊》以為為中國諱，《穀梁》以為不使夷狄之民加乎中國之君，而左氏則謂以瘧疾赴。據傳紀，弒君無赴於他國者，不但魯之隱、閔，於楚子曰麇，於齊侯曰陽生，皆不以被弒赴諸侯，而經皆以卒書之，則左氏之說不為無據。**簡公生五年，奉而立之。**（韓范夾）弒君之事，乃在盟會之時，何無忌也？（《左繡》眉）此篇敘子駟弒僖公，卻重敘僖公所以見弒之由，以三"不禮焉"作章法，又寫三"及"字以配之，皆唯恐文氣平散之故。尤妙在前是追敘，後是正敘，中間將罕、豐一廢一止作一停頓，令文勢斂而復舒。若將三"不禮"一直寫去，成何結構耶？來病君子，所以為瘧。今三不禮於其臣，虐亦甚矣。固當如其疾以名其死耳。（《左傳翼》尾）以不禮大臣而見弒，然同一不禮，子罕恬不為怪，子豐欲廢之，以子罕而止，是猶有顧忌也。子駟竟爾弒逆，謀討者或殺或奔，而子國不敢誰何，毋亦有黨惡之心耶？中間以罕、豐作陪，而子駟之罪難逭矣。（《評林》眉）王荊石："僖公三不禮於大臣，其見弒宜也。胡氏乃謂聖人致其從晉之志，而書如會，鑿矣。"（王系尾）此篇歷敘鄭僖無禮，至於殺諫，明其所以禍也。"不禮焉""亦不禮焉""又不禮焉"，如聞高手對弈，棋子落枰之聲，不必詳其佈置，而已鏘然有清遠之韻矣。

夫以春秋大夫之强，鄭爲尤甚。既不能化之以德，制之以威，又不能彌之以禮，咎在僖公。而子駟之賊，子豐之將，子罕之忠，隨筆自見，敘法尤高。

陳人患楚。慶虎、慶寅謂楚人曰："吾使公子黃往，而執之。"楚人從之。二慶使告陳侯於會，曰："楚人執公子黃矣！君若不來，群臣不忍社稷宗廟，懼有二圖。"陳侯逃歸。(《測義》夾) 愚按：陳所以從晉，恃其能救己爾。楚以十月圍陳，民朝夕急，而悼公十二月始會諸侯于鄬，陳其能無往乎？"無之而後可"，此范宣子本謀，然晉自是無以宗諸侯矣！(《分國》尾) 陳侯逃歸，雖匹夫之行，亦懼二慶奸謀不利於社稷。胡《傳》少之，亦未深察二慶之奸謀哉！(《左繡》眉) "謂楚人"不言其故，留于下告陳侯語中見之，亦詳一略二之法。"往""來"二字相映，亦小小顧盼處。(美中尾) 姜白巖曰："陳、蔡爲偪鄭要路，楚所必争。晉文溫及翟泉，陳、蔡皆與。襄、靈而還，蔡多從楚，陳則依晉。至辰陵盟，而陳役楚者垂二十八年。是失蔡又失陳矣。悼繼霸，哀公會戚會鄬，正服陳招蔡之機也。蔡既不至，陳又逃歸，自是陳、蔡皆爲楚用，此霸功之歷世遞降者也。"(《左傳翼》尾) 晉侯爲陳再合諸侯，志亦勤矣。陳侯爲邪謀所迫，遽爾逃歸，乃效匹夫之事，可恥孰甚焉！張悔菴謂："鄭僖欲從晉，而見弒於子駟。陳哀侯欲從晉，而二慶脅之逃歸。許靈請遷于晉，而大夫不可。一時人心棄同即異，致臣忍於其君，而君不能令其臣。嗚呼！世變一至此耶？余謂三國近楚，一一與争，晉力固有所不能。故勤三駕以抗楚者，獨專在鄭，至於陳則以爲非吾事，必無之而後可。二慶之脅君從楚，其亦逆知晉之不庇陳也夫！

◇襄公八年

【經】八年春王正月，公如晉。夏，葬鄭僖公。(《評林》眉)《傳說彙纂》："鄭伯被弒，經既從赴而書'卒'，則自當書葬。"鄭人侵蔡，獲蔡公子燮。(《評林》眉) 王沿："鄭欲從楚，故侵蔡以致楚，然後告絕於晉，而與楚平。《春秋》惡之，故稱人以示貶。"季孫宿會晉侯、鄭伯、齊人、宋人、衛人、邾人于邢丘。公至自晉。莒人伐我東鄙。(《評林》眉) 張洽："莒人滅鄫，而魯不敢爭，伯主不討，所以興兵伐魯，疆鄫田也。" 秋九月，大雩。冬，楚公子貞帥師伐鄭。晉侯使士匄來聘。

【傳】八年春，公如晉，朝，且聽朝聘之數。

鄭群公子以僖公之死也，謀子駟。子駟先之。夏四月庚辰，辟殺子狐、子熙、子侯、子丁。孫擊、孫惡出奔衛。(《分國》尾) 當時鄭僖公不欲與楚，諸大夫皆欲從楚。一不禮於子罕，再不禮于子豐，又不禮於子駟，有以也。於鄎之會，雖未見諸侯，而志則可嘉。其如子駟何？子駟能逃群公子之謀，卒不免于尉止，天道固不爽也！(《左繡》眉) 兩"子駟"接連，便將彼謀此先，分在兩頭作順領倒煞之筆。下一殺一奔，亦準此落筆，而句法短長不倫，讀去使人不覺。極淡文字，都藏得匠巧在。(《補義》眉) 弒跡初聞，義旗欲舉，鄭未嘗無人，子展坐視，殊不可曉。(《評林》眉)《補注》："陳氏曰：'辟殺，謂寘於理也。'今案：凡辟殺諸子不告。二孫微，奔不告。"

庚寅，鄭子國、子耳侵蔡，獲蔡司馬公子燮。鄭人皆喜，唯子產不順，曰："小國無文德而有武功，禍莫大焉。楚人來討，能勿從乎？從之，晉師必至。晉、楚伐鄭，自今鄭國不四五年，弗得寧矣。"子國怒之曰："爾何知？國有大命，而有正卿。童子言焉，將爲戮矣！"(文熙眉) 子產童子所見，即加人一等，可不謂賢乎？(韓范夾) 小國好武功，未有不亡，人但知鄭之疲於奔命，以兩大爭之故也；而不知鄭之所以不亡，亦以兩大爭之故也。(《左繡》眉) 晉、楚爭鄭，其來已久，自此事變尤多，以子駟、子孔等各出意見。築室聚謀，晉悼、楚共又皆兩不相下。而此篇特寫一童子有料事之明，爲下數篇作提綱也。子產一生事業，全在安頓兩大國得法，此處早見頭角。敵情國勢，只數語斷定，子國有此子，直當撞破煙樓矣。前寫國人皆喜，後寫子國怒之，都是反襯法，愈見子產之不凡也。首句提起，中四句，晉、楚分，兩"從"字接連。後四句，晉、楚合，兩"鄭"字接連，用法圓密。唐錫周曰："後半部《左傳》，全賴此人生色，至此方見於書，歎叔度來何暮也！"(《左傳翼》尾) 料事明如燭照龜卜，判決老辣。他年安頓兩大經濟，於此略見一斑。"無文德而有武功"二語，尤爲卓識名言，自非當國諸老成所能及。(《補義》眉) 洞若觀火，後此周旋晉、楚，無纖介之禍，具見於此。(《日知》尾) 左氏於一事一語之長，必描寫之以傳其人。其尤加意者，諸侯則晉悼一人，大夫則管仲、子產二人也。然寫管仲則以少為貴，寫子產則以多為富。一蕭括而閎深，一縱橫而排奡，兩幅小照活現筆端。此為子產開場第一事，畢生事業括於數語中，而末以"童子言焉"一語，從旁面點出年紀，隱然鸂雛五色之歎，與周子"生十四年矣"一筆，同一傾倒。(高嵣尾) 俞桐川曰："語不待煩，却自精當，周到透徹，才氣老成，子產之謂夫！"落落數言，後日情形盡攝，為楚討起本，為鄭僑引端。自此以後，晉、楚交爭，直至十一年會于蕭魚方結案，須連看後傳乃得。(《評林》眉)《經世鈔》："後數十年事，明如指掌，而乃出童子之口，何哉？"王元美："子產當童子時，遂先見如此，使未獲戾時早用其言，必無擇強庇民、犧牲待境之禍。"伊侃："王半山與程明道論新法，王雱攜婦人冠出，曰：'第須殺韓琦、富弼耳。'子國數語，正是半山對症之藥。"《經世鈔》："范文子責士匄語自不同，迂儒氣、紗帽氣往往不中用如此，然此語卻別有可用處。"(王系尾) 寫愎諫人如活。欲辯駁他言語不得，遂以多言為罪，古今一轍，何可勝歎！

五月甲辰，會于邢丘，以命朝聘之數，使諸侯之大夫聽命。季孫宿、齊高厚、宋向戌、衛甯殖、邾大夫會之。鄭伯獻捷于會，故親聽命。(韓范夾) 悅晉太過，城下之言，反為晉所不喜，不亦豽乎？**大夫不書，尊晉侯也。**(《測義》夾) 愚按：文二年，晉、宋、陳、鄭四國之卿伐秦皆稱人，而左氏曰尊秦，謂之崇德，其意與此同。(《左繡》眉) 首句提起，中敘兩層。"聽命"字、"會"字，寫兩遍。一順一倒，總不出此法。兩層當以不書大夫為主，因獨書鄭伯，故提出另敘，而輕重詳略，章法即於是乎在。(《評林》眉) 李廉："所謂尊晉侯者，不過不以大夫敵諸侯耳。"(王系尾) 此會本為命朝聘之數，而不詳其數。文、襄傳中亦不載其事，而於昭三年鄭子大叔口中見之，是史家互見法。

莒人伐我東鄙，以疆鄫田。(《測義》夾) 愚按：莒既滅鄫，又復伐魯，而霸討不及，晉方有事秦、楚故也。據此，則莒人以兵滅鄫明矣，孰謂以其子繼鄫為滅鄫耶？〖編者按：奧田元繼作楊升菴語。〗

秋九月，大雩，旱也。

冬，楚子囊伐鄭，討其侵蔡也。（《補義》眉）敘出師所由。

子駟、子國、子耳欲從楚，子孔、子蟜、子展欲待晉。（《左繡》眉）此篇寫鄭從楚，爲下晉伐鄭張本。起手一行，立一篇之局。"討其侵蔡"，先伏後半伯駢、子員兩篇文字。"欲從楚"，領前半子駟一篇文字。"欲待晉"，領子展一篇文字。而二者以從楚爲主，故前兩段都以"不亦可乎"對煞，以平應兩提句。中間單就從楚側結，即帶起下半篇，以收拾從楚不待晉之局。蓋前平後側，以中紐格運兩截對講之法者。前平後側，妙在一使王子伯駢告晉，句句解說從楚；一使行人子員對之，却句句詰責不待晉。針鋒緊對，仍與上截兩兩相配。章法勻稱，參差中自有整齊，非率爾所能夢見也。上截是議論，下截是詞令，都是絕妙文字。上兩對在煞句，下兩對在起句，總一倒順法。唐錫周曰："此篇敘鄭人從楚。第一段謀從楚也，看他用'姑從楚'三字。第二段不欲從楚也，看他用'完守以老楚'五字。第三段決計從楚也，看他用'請從楚'三字。第四段鄭告晉從楚也，看他用'受盟于楚'四字。第五段責鄭從楚也，看他用'即安于楚'四字，前後貫穿，極草蛇灰線之妙。"通篇作一線單行讀，此評脈縷最清。（《評林》眉）《經世鈔》："子國何顏以對童子？"（方宗誠眉）子產之言至是果驗，雙提而以子駟爲主。子駟曰："《周詩》有之曰：'俟河之清，人壽幾何？兆云詢多，職競作羅。'謀之多族，民之多違，事滋無成。民急矣，姑從楚以紓吾民。晉師至，吾又從之。敬共幣帛，以待來者，小國之道也。犧牲玉帛，待於二竟，以待彊者而庇民焉。寇不爲害，民不罷病，不亦可乎？"（韓范夾）事大若轉圜，其得不亡，時也，勢也！若在戰國之時，晉、楚必分而有之矣。（《評林》眉）《乾坤鑿度》："天降嘉應，黃河先清三日，清變白，白變赤，赤變玄黃，各三日。千年一清，清則聖人出。"顧九疇："如子駟之言，不惟靡國用，抑且示人反覆，晉、楚之兵何時而已也？"子展曰："小所以事大，信也。小國無信，兵亂日至，亡無日矣。五會之信，（闈生夾）馬驌云："五會者，三年雞澤，五年戚，又城棣，七年鄬，八年邢丘。"今將背之，雖楚救我，將安用之？親我無成，鄙我是欲，不可從也。不如待晉。晉君方明，四軍無闕，八卿和睦，必不棄鄭。楚師遼遠，糧食將盡，必將速歸，何患焉？（韓范夾）謀國之言，子展爲正，然子駟雖一時權宜苟且，亦深見得罪于楚，便多不測，得罪于晉，必不見滅耳。（《彙鈔》眉）"親我"二句，言晉親我反不與成，楚欲以鄭爲鄙邑，反欲與成，甚爲不可。（《補義》眉）"晉君方明"十六字，直挟出悼公復霸之本。舍之聞之：'杖莫如信。'完守以老楚，杖信以待晉，不亦可乎？"（《約編》眉）料敵詳審，謀國自當以子展之論爲正。（《評林》眉）王荊石："子展有定見，而詞理並勝。"汪道昆："時悼即位，方脩伯業，故子展欲待之。"子駟曰："《詩》云：'謀夫孔多，（《補義》眉）前三"多"字，此一"多"字，深斥衆謀之非，意在獨斷，更不許他人參末議。是用不集。發言盈庭，誰敢執其咎？如匪行邁謀，是用不得於道。'請從楚，騑也受其咎。"（《左傳雋》眉）梅之煥曰："子展謂'完守老楚，仗信待晉'二語，于理于勢，俱爲精當。子駟之言，暫救楚禍，不思晉難，卒之晉、楚皆失，其謀左矣。"（孫鑛眉）此亦多四字句，然却不厭，則以意多而語净鍊故。有兩五字句收，氣亦覺稍舒。（《彙鈔》眉）子駟從權以救目前，子展守常以杜後釁，兩人各執一理。（《左繡》眉）子駟引《詩》，開口便掃"待"字，至後半卻又連用"待"字，蓋以不待爲待也，立説亦巧矣。子展語，又自分兩層對説。上層先説楚不可從，卻以晉伴説。下層轉出晉之當待，卻以楚伴説，文意甚密。中間再引《詩》，即前周《詩》之意復説一遍，以便專斷從楚也。前三"多"字，此一"多"字，極言用謀之非，乃所以伏"不使一介行李"之根，爲下文晉人口實也。似此用筆，真鬼神于文者矣。（《評林》眉）《補注》："傳言鄭以六卿異心，是以不競。"鍾伯敬："子駟、子展二人之擘畫，正否瞭然，而駟亦亦得售其説，則以鄭人偷目前之細娛，而忽遠大之至計也。"（方宗誠眉）子駟苟且救一時之謀，子展乃久遠之策。此篇以子駟爲主，子展之言乃文中翻筆，文中波瀾。以上敍鄭諸大夫之謀，以下敍鄭、晉往來之辭命。乃及楚平。

使王子伯駢告于晉，曰："君命敝邑：'修而車賦，儆而師徒，以討亂略。'蔡人不從，敝邑之人，不敢寧處，悉索敝賦，以討于蔡，獲司馬燮，獻于邢丘。今楚來討曰：'女何故稱兵于蔡？'焚我郊保，馮陵我城郭。敝邑之衆，夫婦男女，不遑啟處，以相救也。翦焉傾覆，無所控告。民死亡者，非其父兄，即其子弟，夫人愁痛，不知所庇。民知窮困，而受盟于楚，孤也與其二三臣不能禁止。不敢不告。"(《左傳雋》眉)王遵岩曰:"懇至之辭、愁苦之情具見。"湯霍林曰:"余讀《李陵傳》,至'死傷積野,扶病不起,矢盡兵窮,人無寸鐵'等語,可哀殆亦仿此。"(孫鑛眉)說意婉妙,最善文過。王文恪謂"遁而飾",良然。然意味卻正於飾處深處,使後人爲之,"相救也"接"民死亡","即其子弟"接"民知窮困",意亦自足。此插入"蔫焉""夫人"四句,若另起頭,而意實相承且力,說意更透。文勢於緩中乃更勁,左氏每擅此長,最耐咀嚼。(韓范夾)鄭國無信,然其告晉之詞,何其婉而深也?(《彙鈔》眉)顛倒詞說以文過,且責備晉不相救,意味深雋。收段串插周致,緩而勁,曲而峭。(《左繡》眉)告晉語,句句稱功,卻句句卸過;句句苦惱,卻句句埋怨。極利之口,極曲之筆。(《補義》眉)提出侵蔡,見啓心於楚者,全因爲晉,照顧起手一筆。知武子使行人子員對之曰:"君有楚命,亦不使一介(或作个)行李告於寡君,而即安于楚。君之所欲也,(《補義》眉)收"欲"字,即結起處兩"欲"字。誰敢違君?寡君將帥諸侯以見於城下,(孫鑛眉)"城下"蓋示城下之盟意。唯君圖之!"(文熙眉)汪氏曰:"議論能品。'完守以老楚'句法章法。"穆文熙曰:"子展謂完守老楚、杖信待晉二語,於理勢俱爲精當。子駟之言,暫救楚禍,不思晉難,卒之晉、楚皆失,可恨!"(孫琮總評)春秋之鄭,介在晉、楚,兩大交責,真有欲免咎而不能者。從子駟之言,雖可以紓目前之急,然反覆多變,殊非事大之義。不知子展杖信以待晉,其計慮爲不可易。至伯駢告晉之辭,用意極曲,發言極直,情似哀痛,理復勁正,乃卒無辭於討,自非國氏嗣職,恐幾難以善其後。(《彙鈔》眉)三四語駁倒鄭人無數巧言。(《分國》尾)子駟之告晉也,伐蔡則委之晉人,曰"君命敝邑"云云;從楚則委之鄭人,曰"民之困窮"云云,竟欲自立於無過之地。言則巧矣,殊不知騎牆之見,無一而可。兩受其敝,子駟過矣。(《左繡》眉)一片苦衷,可爲情辭兼到者矣,不防一大敗關被晉拿住,便將許多巧語一概不理,只將敗關處劈頭駁詰,百喙莫辭。無此快筆,亦對不過上面一篇妙文耳。解鈴原是繫鈴人,作者胸有智珠,乃出奇無窮至此。(昆崖尾)茅鹿門曰:"子産年雖幼,而其論國事,更過於老成人,子國可謂有子矣!"(《約編》眉)極力張惶,晉以數語折之而已足,理直故也。(《約編》尾)此爲明年晉伐鄭張本。(《左傳翼》尾)子駟亦知晉之當待,但以民困已急,不得已爲此權宜之計,終不若子展之論爲正也。從楚則不待晉，待晉則不從楚，兩番議論，各有主張。後半伯駢告晉，即是子駟紓民意。行人之對，乃暗與子展無信相激射也。上下一意關通，打成兩橛便不是。杖信自是正論，然必三駕後乃可固與晉，此時尚未能也。子駟待強庇民，是數年應敵着數，侵蔡時，子產早已料定。戲之盟，展、駟大家明目張膽言之，即知武子亦不能難也。須合前後讀之爲妙。（《日知》尾）格則花對葉當，勢實單行直走，"從"字、"待"字，互相生殺，一綫到底。（王系尾）鄭居晉、楚必爭之地，保國艾民，誠爲不易。且晉之與楚，比德比力，雖時有優絀，而無以大相徑庭，亦無怪鄭人之紛紛也。雖然，楚，夷也。晉，華也。楚又僭王，晉爲霸主，縱使從楚不病，從晉而病，猶當從晉以存大義，況等病哉？況未必病哉？是可以決矣！（方宗誠眉）敍晉辭命。鄭委過於"民"，晉歸咎於"君"。（林紓尾）唐錫周於此篇劈分五段：第一段，姑從楚，謀未定也。第二段，以老楚，廷臣不和，謀異也。第三段，請從楚，謀定矣。第四段，告晉以受盟于楚，定謀之後，述其不得已之苦心也。第五段，晉人斥以即安于楚，罪其從楚之謀，晉將加討，爲下文伐鄭張本也。分析極清。鄙意子囊此來，鄭不甚病，所云"夫人仇痛，不知所庇"，此應有之詞也。以理言之，子展之言爲正。以勢言之，子駟之言爲黠。晉政不綱，楚欲無厭。子駟胆敢如是者，雖從楚而背楚亦易，不從晉而和晉不難。犧牲玉帛，待於二竟。其視兩大，如養獅飼虎，飽則不害。紓近禍而昧遠圖，此時解卻楚圍，而晉圍轉瞬即至，子駟不計也。鄭之君臣，亦求抒目前之憂，所以子駟之言易從，而子展之謀不用。俞寧世曰："駟偏而展正，兩段議論，各有精采。鄭曲而晉直，兩段辭令，各有風致。"鄙意告晉之詞易工，而報鄭之言難括。告者不虞其傾覆，不述其死亡，不言其愁痛，不寫其窮困，何以動人？而子員答辭，用一"欲"字，打倒伯駢一路粉飾之詞。藏一"欲"字，用爲問罪之柄握。先說他不使一介行李來言，即安于楚。言即安者，存心如是也。惟其即安，所以勘出"欲"字。有了"欲"字，即是定爲背晉從楚之爰書。伯駢詞繁，子員詞簡。繁者，哀請之詞。簡者，恃強之詞。一路寫來，子展之言，遠而有徵；子駟之言，鄙而近利。伯駢之言，哀而弗誠；子員之言，倨而中要。前半寫其議論之妙，後半寫其辭令之妙，奕奕皆有神韻。（《菁華》尾）子駟反覆小人，子展卻能持正，若用其言，何至兵禍牽連，至數年而後決哉？子駟服楚之議，全是一種私意。觀下文子產所云"我先大夫子駟從寡君以朝于執事，執事不禮于寡君"云云，是子駟于晉積怨甚深，欲使之降心以從，故如是其不易也。不思無禮之事，在景公之世，是時晉已易君，雖有舊憾，亦可蠲除。子展"晉君方明"一語，正足痛貶子駟之失。將服楚之事，盡諉諸民心使然，而鄭之君臣不任其咎，亦是巧於卸過。

晉范宣子來聘，且拜公之辱，告將用師于鄭。公享之，宣子賦《摽有梅》。季武子曰："誰敢哉！今譬於草木，寡君在君，君之臭味也。歡以承命，何時之有？"武子賦《角弓》。賓將出，武子賦《彤弓》。宣子曰："城濮之役，我先君文公獻功於衡雍，受彤弓于襄王，以爲子孫藏。匄也，先君守官之嗣也，敢不承命？"君子以爲知禮。（《分國》尾）是年楚伐鄭，鄭子駟將從楚。宣子聘魯，將謀救鄭也。《摽梅》之賦，急難相期。《彤弓》之詩，纘武是望。他日於戲之役，卒許鄭成。蕭魚之美，有自來也。此傳情文，千載想見。（《左繡》眉）兩"承命"，各就所賦洗發。武子妙於寬説、暗説。宣子妙於切説、明説。一則妙於比方，一則妙於引證，而都於所賦之詩有情有文，此種風流，誰與繼起？"敢不承命"一句，應上段起結兩句，此筆法之周到也。（美中尾）毛寅谷曰："因摽梅生出草木臭味，因角弓生出彤弓，因賦《詩》以爲知禮，一串相生，情文斐亹。"（《左傳翼》尾）此欲彼及時相助，彼欲此繼先立功，樽俎雍容，各就所賦之《詩》生情應答，情致斐亹，異樣風流。兩"承命"一篇眼目。（《補義》眉）汪云："以'享賓''賓出'裁作兩對，'歡以承命''敢不承命'，而'知禮'之贊，恰好與'賦《角弓》'相對。"（《評林》眉）按：此篇竟是整對格。自公享賓出以及賦《詩》贈答，無不相準而立。上半多賦《角弓》句，下半恰好以知禮之贊對之，妙甚！"敢不承命"一句，應上段起結兩句，此筆法之周到也。（王系尾）文四年甯俞來聘，魯歌《彤弓》，甯子譏之。今又賦《彤弓》，而宣子輕輕移到先君身上，已不妄受，亦不妄辭，遂覺魯亦非妄賦，實乃妙妙！

◇襄公九年

【經】九年春，宋災。（《評林》眉）高閌："宋自昭、文以來，亂敗相屬，三書宋災，見人事之不脩也。"夏，季孫宿如晉。五月辛酉，夫人姜氏薨。（《評林》眉）家鉉翁："穆姜爲行父所幽以死，魯國之大，無有如潁考叔之悟其君者，畏季氏也。行父取穆姜喪具以葬齊姜，其心可誅矣。"秋八月癸未，葬我小君穆姜。冬，公會晉侯、宋公、衛侯、曹伯、莒子、邾子、滕子、薛伯、杞伯、小邾子、齊世子光伐鄭。十有二月己亥，同盟於戲。（《評林》眉）呂大圭："案：左氏同盟於戲，鄭與焉。然柯陵之盟，亦書於伐鄭之後，則鄭服未可知。今以經考之，盟柯陵之後，諸侯再伐鄭，則其未得志於鄭可知。盟戲之後，楚子伐鄭，則爲鄭服可知。十一年同盟亳城北，此亦鄭受盟也。會于蕭魚，亦鄭與會也。皆書於伐鄭之後，比事而觀，可見矣。"楚子伐鄭。

【傳】九年春，宋災。樂喜爲司城以爲政。（《補義》眉）"宋災"一住，"樂喜爲政"領起全篇。（方宗誠眉）記救災。"以爲政"三字總提，下皆火政中之事。使伯氏司里，火所未至，（方宗誠眉）"火所未至"，一篇之要。既至而救之，無及矣。徹小屋，塗大屋；陳畚挶，具綆缶，備水器；量輕重，蓄水潦，積土塗；巡丈城，繕守備，表火道。使華臣具正徒，令隧正納郊保，奔火所。（《補義》眉）"使伯氏"至"奔火所"一段，是專爲救火。（《評林》眉）孫鑛："綆缶、水器，略犯。"使華閱討右官，官庀其司。向戌討左，亦如之。使樂遄庀刑器，亦如之。使皇鄖命校正出馬，工正出車，備甲兵，庀武守。使西鉏吾庀府守，令司宮、巷伯儆宮。（《補義》眉）"使華閱"至"儆宮"一段，是儆備不慎。二師令四鄉正敬享，祝宗用馬於四墉，祀盤庚於西門之外。（鍾惺眉）妙在極細、極閑、極迂。（韓范夾）天道不可測，子罕火政無不備至，設或不驗，不幾爲天下所笑耶？故知宋之子罕能禦火於既發，不如鄭之子產實消火於未至也。（《左繡》眉）此篇前敘後議，前寫人事，後論天道。然二師"敬享"之令，便從人事引到天道。士弱"在道"之對，仍從天道歸到人事。敘議回環，章法一線。提一句起，以下分四段。第一段從"火所未至"說起，末以"表火道"應之，次以"奔火所"相對作章法。第二段討左、討右對說，又帶一"亦如之"與上相對作章法。此三項承遞作兩對，對法整而變，乃牽上搭下慣用家數也。第三段以"庀武守"、"庀府守"承接作對，"儆宮"亦附"府"類敘，與上段章法相配。末段"享""祀"類敘作章法。總而言之，第一段單爲救火設備，第二段、三段則另備非常。第四段又單爲救火而設，起處先盡政事，後乃求之鬼神也。恰與問天道相承接，章法一絲不亂。（《補義》眉）"二師"至"祀盤庚"一段，是用以禳火。上三段是敘事，下一大段是議論，亦前敘後議。（《評林》眉）王元美："宋備火之政周悉如此，則雖災不爲害。"

晉侯問於士弱曰："吾聞之，宋災，於是乎知有天道。何故？"（《補義》眉）何云："晉侯所聞，乃相傳之舊言。"對曰："古之火正，或食於心，或食於咮，以出內火。是故咮爲鶉火，心爲大火。陶唐氏之火正閼伯居商丘，祀大火，而火紀時焉。相土因之，故商主大火。商人閱其禍敗之釁，必始於火，是以曰知其有天道也。"公曰："可必乎？"對曰："在道。國亂無象，不可知也。"（《測義》夾）陸粲氏曰："聞商人之禍敗始于獨夫，不聞以火。當春秋時，列國之災，燄炎妄起者甚衆，非盡商之子孫也，然則辛伯之論踈矣，獨所謂'國亂無象'者得之。"〘編者按：奧田元繼作陳廣野語。〙（王源尾）序樂喜之禦災，在先事有備，而善於任使，不在專司火正，而逆知未來。故前半是正傳，後半是餘文。前半古致紛披，後半文情卓鍊。與序子產禦災，又一手筆。昭公十八年，序子產禦災，亦用八"使"字，與此略同。其不同者，彼以奇筆引入，從天道序到人事；此則直起，不用奇，又從人事論到天道。於是兩篇文字，雖俱重在先事有備，善於任使，而局陣如風馬牛矣。今人動執套子爲文，非聞鐘捫籥之見乎？（魏禧尾）孔穎達曰："此備火災所使群官，急者在前，緩者在後。故先司里，次具正徒，次納郊保，然後二師總庀群臣。以刑器、車馬、甲兵典法，國之所重，故特命三官庀具其物。先外官備具救火，然後及內，故次司宮、巷伯。人事既畢，乃祭享鬼神，故次敬享、祀盤庚之事。"魏禧曰："于火政知古大臣之遇災不苟，於公問知古人君之遇事好學，於士弱之對火災知近臣掩過之足惡，于對'國亂無象'知亂世災祥之無憑。"（《分國》尾）知有天道，豫爲之備，是救災大指也。子產詳備，子罕簡要，皆大臣作用。（《左繡》眉）此等見左氏精博，概以浮誇少之，何哉？通篇零星敘述，先就事行事，就事言事，末句結出道理。

知救災、備災當盡人事，不當求之天道也。從可知説到不可知作結，乃翻進一步法。以一句之虛，翻盡一篇之實也。得其筆意，有轉無竭矣。（《左傳翼》尾）救火諸政在前二段，多是預先防備，以先知有天道故也。不言火作後何如，預先準備，雖災不害，故書焚室而寬征輿材等事可以不用。因知有天道，故盡人事以補救之，後半是前半所以然。然天道可知與否，仍決之於人事。議論雖似翻空，理路卻是踏實，與子產"天道遠，人道邇"二語，同一精卓。因救火設備，而竝另備非常，事事精密，乃無疏漏。祀享用禳，又其餘也。救火必從"火所未至"起，而後及"表火道""奔火所"，條理次第，一毫不苟。敘次詳略變化，無法不備，細玩自見。（《評林》眉）俞寧世："左氏敘火政三，獨此最為詳核，蓋因預為之防故也。末結所以得預之故，理極精微。"《匯參》："'曰'，猶言曰者，謂近日也。顧炎武曰：'相土代閼伯主火星，宋其後也，世司其占，故先知火災。'"《句解》："'曰'字恐是'自'字之誤。"呂東萊："'國亂無象'，後世有曰'太平無象'，二言皆至言。"（王系尾）此篇前散後整，散碎處極整齊，整齊處又極錯綜，所以妙也。（方宗誠眉）收忽翻開，有變化不測之妙，亦極精卓之言。（闔生夾）每記占驗，必以不可信終之，此左氏閎識。

　　夏，季武子如晉，報宣子之聘也。

　　穆姜薨於東宮。（孫鑛眉）今占法：五爻變者，視之卦。不變爻，隨六二，繫小子、繫丈夫，正符穆姜事，史蓋諱而獻諛。（方宗誠眉）解經正文，止此一語，以下追敘、補敘法。始往而筮之，（《補義》眉）"薨于東宮"下接"始往"二字，便見黯然一別，竟爾長辭。遇《艮》之八。史曰："是謂《艮》之《隨》。《隨》其出也。君必速出。"姜曰："亡。是于《周易》曰：'《隨》，元亨利貞，無咎。'元，體之長也；亨，嘉之會也；利，義之和也；貞，事之幹也。體仁足以長人，嘉德足以合禮，利物足以和義，貞固足以幹事。然，故不可誣也，是以雖《隨》無咎。（《補義》眉）就《隨·象辭》先分疏一段，末二句折轉頓住。（《評林》眉）按：《艮》之《隨》而謂之八，何也？凡得卦占其變，而五爻變者乃占之，卦不變爻，故謂之八，是占不變之稱也。杜氏以為《連山》《歸藏》之占。今我婦人而與於亂，固在下位而有不仁，不可謂元。不靖國家，不可謂亨。

作而害身，不可謂利。棄位而姣，不可謂貞。（《補義》眉）就己德說，節節與《象》相反。直云"棄位而嬌"，想見怨艾之深，求出之切。有四德者，《隨》而無咎。我皆無之，豈《隨》也哉？我則取惡，能無咎乎？必死於此，弗得出矣。"（韓范夾）《易》道隨乎人事，其吉凶不以辭定也。淑人而得凶辭，可以善禳也；匪人而得吉辭，不可以不善幸也。穆姜于此，蓋亦知悔矣，悔故生明。（《測義》夾）朱申氏曰："'元，體之長也'一段，與《文言》略同，疑古書本有此語，孔子作《文言》乃采而用之。"〖編者按：奧田元繼作沈雲將語。〗（魏禧尾）彭士望曰："聰明人溺於情欲，先事能明，後事能悔，但當事把捉不住耳。穆姜、巫臣，滔滔皆是。"魏世儼曰："漢之呂雉，唐之武曌，極其才智，幾于易姓受命。穆姜脅公去季、孟之言，殊無著數，豈得以論占爲聰明哉？"彭家屏曰："嘗考穆姜移宮之占，益知《易》之體無定而用無方也。凶人得吉卦，無德以勝之，雖吉，得凶也。吉人得吉卦，宜可受福矣，尤必戒謹恐懼，至誠不二，守正不回，以俟休命之自至。故象爻之凡言吉者，必先言貞、言孚、言惕、言厲也。不然，雖吉亦凶也，聖人垂戒之義深哉！"（《分國》尾）穆姜廢居東宮，筮《隨》爻，自謂己無四德，必不能出。理精詞辯，宿學無以過之。婦人具智慧若此，必無德也。武曌亦然。然後世博達敏贍，如曹大家、班氏，何嘗無德？（《左繡》眉）注云："傳謂穆姜辯而不德。"今德不足論，其辯固可備玩占之一説也。有德則合，無德則否。一反一正，平實中。前以"然，故不可誣也"一句爲頓折，後以"有四德者，隨而無咎"一句爲頓折，自是理明詞達之文。起處一句正敘，一句原敘，卻用一串文法，較以"初"字作另提筆者小別。凡占《易》，老變而少不變，故陽爻用九不用七，陰爻用六不用八，就其變者而占之。然五爻皆變，反占不變之爻，故《艮》獨六二不變，則用八也。其不變之爻，不先說明，留于下史斷點出，乃左氏不肯重注，故虛實互見耳。林氏將二爻不變預注"之八"之下，試問《艮》初、四、五另變一爻，獨非八耶？何必《隨》也？《艮》初爻用八，爲澤水困。四爻用八，爲水澤節。五爻用八，爲雷澤歸妹。《艮》之《隨》，當古《艮》六二爻，其辭云："艮其腓，不拯其隨，我心不快。"史故諱之，而改古《隨》之六二，其辭則又曰："係小子，失丈夫。"偏合着僑如情事，因更諱而以《隨·象》爲說。姜亦知之，而暗以爻解象也，說本《補正》。（《左傳翼》尾）據《艮》六二，當死於此之占也。

《隨》之六二，則有"無四德"之謂矣。史遂諱言，而以《隨·象》爲說。穆姜仍據《艮》《隨》本爻作斷，不可謂不明于《易》理者。明知其理而行乃悖之，究亦何益？涼德之人，占《易》占吉，可信乎？讀此當爲悚然。往東宮而筮，以判其出與否耳。《艮》六二，則不出已定。變而之《隨》，乃其所以不出之故也。以其所以然決其當然，《易》象明於皦日。起止一句，正敘後皆追敘，見薨於東宮，皆其自取也，徑住章法絶佳。(《日知》尾)《艮》二、《隨》二，皆非吉兆，史故統論《隨》義，姜專論《隨·象》，實以爻義爲成見也。然其解《象》，則靈妙之至，可見《易》無滯語。(《評林》眉) 穆文熙："婦人一失其身，萬事瓦裂。穆姜淫亂，死而能知其過，則亦何益？"《經世鈔》："數語是千古論占之法，與'三卿爲主，可謂衆矣'理同妙，凡凶人及行惡事而得吉占者，皆不可不知此。"按：注言穆姜能有如是辯言，而實無德義，淫叔孫僑如。《補注》："葉氏曰：'穆姜不應自暴其過如此，蓋卜筮家託穆姜之言爲書，傳不能辨而妄信之。'今案：傳所載占筮事凡十八處，皆此類。"(王系尾) 穆姜何辯慧哉！又能知其罪，遷而不怒，則何爲自放於淫亂？是則宣公不能制之于前，成公不能閑之於後也。左氏非有取于穆姜，而詳敘其言，以爲鑑而已矣。(《菁華》尾) 穆姜淹通《易》理，女流中不可多得，而以失節自累，文、行之不相假如此。鄭武姜之在城潁，莊公爲之，然母子之情自在，故潁考叔得以言動之。穆姜之幽，則成公旋終，襄公方幼，國事惟季孫是聽，而姜則季之仇也，豈有復出之理？姜乃有見及此，其以《易》爲解者，亦託辭也。(閭生夾) 此與南蒯之占同，見吉凶由人，不在卦象，左氏之特識也。

　　秦景公使士雃乞師于楚，將以伐晉，楚子許之。子囊曰："不可。當今吾不能與晉爭。晉君類能而使之，舉不失選，(韓范夾) 國有賢君大夫，則敵知畏，不在兵强馬壯也。(《補義》眉) 此是晉悼公實錄，妙從楚臣説出。"晉君類能而使"爲一篇之綱。官不易方。其卿讓於善，其大夫不失守，其士競於教，其庶人力于農穡。商工皂隸，不知遷業。韓厥老矣，知罃稟焉以爲政。范匄少於中行偃而上之，使佐中軍。韓起少於欒黶，而欒黶、士魴上之，使佐上軍。魏絳多功，以趙武爲賢而爲之佐。(孫鑛眉) 上不重出中行，此重出欒，則以士魴故。魏、趙順敘，是欲不排。(《補義》眉）"韓厥"以下，從"卿讓于善"句抽出詳言之。君明臣忠，上讓下競。當是時也，晉不可敵，事之而後可。君其圖之！"（《左繡》眉）子囊極言晉不可敵，前虛提，後實結，中分兩層，上層説君明臣忠，下層説上讓下競。下層即從上層"讓善"抽出另講，其意原包於"擇能而使"中，兩截仍一串也。看其前用整齊，後用參差，變換處寫得精神勃勃，令讀者爲之鼓舞不倦，妙極！（《評林》眉）王荆石："子囊所稱晉政最盡而不可敵處，則在將帥之相讓一節，爲出人之見。然楚有子囊，此楚、晉所以相雄長也，豈惟楚不可加兵於晉哉？"（孫鑛眉）論得實雅，亦有章法。然轉折波瀾少，便覺肉不勝骨。王曰："吾既許之矣。雖不及晉，必將出師。"

秋，楚子師于武城以爲秦援。秦人侵晉，晉饑，弗能報也。（文熙眉）穆文熙曰："子囊論晉不可伐，深爲有據，而又歸重於將帥之讓德，尤爲出人之見。然楚有子囊，此楚晉所以相雄長也，豈惟楚不可加兵于晉哉？"汪道昆曰："議論能品。自'韓厥老矣'以下章法。"（魏禧尾）魏世儼曰："孫子所謂少則能逃之，不若則能避之，非自懈也，正所以爲必勝也。子囊善於謀國守勝矣，歷數晉政之美，且曰'事之而後可'，亦欲激楚子，令諸臣各得其使，然後再與爭衡。惜楚子不悟，所以終悼公之世，而楚不能與爭也。"（《分國》尾）晉緒中衰，悼公初政，能使強楚畏服如此。賢者在位，能者在職，雖大國必畏之矣。子輿之言，信而有徵。（《左繡》眉）上層雖君臣排説，然以君爲主，故獨用重筆。下層以"老"起，以"功"結，中以兩"少"對，小小自成章法，可以得其鍊格之法矣。唐錫周曰："寫晉八卿和睦，妙在'韓厥老矣'四字，蓋無此便只是七個人讓也。""吾不能爭""晉弗能報"，前議後敘，恰作首尾照應章法，隨手便是化之至也。通篇極稱晉不可敵，乃秦伐而不能報，一何矛盾？輕輕下一"晉饑"二字，而楚之不能與爭者自在矣。此種應法，妙在筆墨之外。（《左傳翼》尾）此晉悼一朝實錄也，妙于楚子囊口中説出。是時楚君臣厲精圖治，力能猾夏，而屈于晉悼，此復伯之功所以不可没也。可知三駕而楚不能爭，非晉人兵力之強，亦其根本固耳。外攘必本內脩，諒哉！晉不可敵，君民朝野，無一不善，極力鋪揚，所以使楚兵聞之而懼，亦興起而有效法之心也。然臣忠必由君明，下競必由上讓，敘次中參差歷落，隱寓側重之意，緊要只是"類能而使"一句，不可不知。（王系尾）晉悼霸業之盛，卻於子囊口中傳出。晉悼固美，子囊抑一有心人也。寫一邊而兩邊都見，敘法最妙。子囊數晉之美，實欲激勵楚兵，其意以爲欲與晉爭，則必自強於治。不能自強，方當事之，何有於爭？夫楚豈甘事晉者哉？重激之也。寫一層而數層卻到，敘法尤妙。

冬十月，諸侯伐鄭。（《左繡》眉）此篇上敘伐鄭，下敘盟鄭，兩截遞說，而章法實相準而立。上截先敘諸侯從晉許多人，下截亦敘六卿從鄭伯許多人作對。次寫令于諸侯許多計謀，與載書趨進兩邊辭令作對。末寫獻子、武子論許盟、要盟得失，前分後合作對。蓋上下皆以知縈爲主也。然只是過接文字，直至三駕莫爭，方有歸結，故兩截皆作不了語氣。讀後數篇，可以得情事之聯絡矣。通篇作兩半讀，上半提筆曰"諸侯伐鄭"，便以諸侯爲主。"令于諸侯""諸侯之鋭"，處處提掇，末以諸侯不欲戰作收煞。下半提筆曰"鄭服也"，便以鄭爲主。開手鄭六卿從鄭伯，直至末連寫"終必獲鄭""豈惟鄭""何恃于鄭"作收煞，各有主腦，此片段之所以成也。上半"乃許鄭成"，下半"乃盟而還"，相承對結，裁配明整。分之爲二，合之爲一，蓋左法之大略耳。上著意諸侯，下著意鄭，合之便都以晉爲主也。妙法！（《補義》眉）以伐鄭爲主，分兩段看。首段是圍鄭，寫諸侯之師，分作四層，一氣趕到"師于氾"，點出圍鄭十分兵勢。忽以"諸侯皆不欲戰"一句折轉，方見知武三分四軍之策握勝算。庚午，季武子、齊崔杼、宋皇鄖從荀罃、士匄門於鄟門。衛北宮括、曹人、邾人從荀偃、韓起門于師之梁。滕人、薛人從欒黶、士魴門於北門。杞人、郳人從趙武、魏絳斬行栗。（《左傳雋》眉）丘瓊山曰："敘事整飭，而字法又復奇鍊。"甲戌，師於氾，令于諸侯曰："修器備，盛餱糧，歸老幼，居疾於虎牢，肆眚，圍鄭。"鄭人恐，乃行成。（《測義》夾）愚按：秦來侵晉，晉既以饑故弗報矣。鄭方服楚，晉即合諸侯以伐之者何？蓋報秦不過逞志於西戎，而得鄭則可以稱雄於中國，將急於其所必爭，不得不忽于其所可緩，此悼公圖霸之大略也。卒之既服鄭而歸，即謀所以息民，而輸積聚以貸，亦以饑故爾。【編者按：奧田元繼作呂東萊語。】中行獻子曰："遂圍之，以待楚人之救也，而與之戰。不然，無成。"知武子曰："許之盟而還師，以敝楚人。吾三分四軍，與諸侯之鋭，以逆來者，於我未病，楚不能矣，猶愈于戰。（韓范夾）子胥用此法而楚於是乎始病，此制人于不戰者也。兵家以此爲上。暴骨以逞，不可以爭。大勞未艾。君子勞心，小人勞力，先王之制也。"諸侯皆不欲戰，乃許鄭成。十一月己亥，同盟于戲，鄭服也。（《評林》眉）孫應鰲："灼見事體，三分四軍，殊盡駕馭之道。"

將盟，鄭六卿公子騑、公子發、公子嘉、公孫輒、公孫蠆、公孫舍之及其大夫、門子皆從鄭伯。晉士莊子爲載書，曰："自今日既盟之後，鄭國而不唯晉命是聽，而或有異志者，有如此盟。"公子騑趨進曰："天禍鄭國，使介居二大國之間。大國不加德音，而亂以要之，使其鬼神不獲歆其禋祀，其民人不獲享其土利，夫婦辛苦墊隘，無所厎告。自今日既盟之後，鄭國而不唯有禮與彊可以庇民者是從，而敢有異志者，亦如之。"（孫鑛眉）壯有氣，以直以實，其態自溢。左氏辭令類多婉錯，此獨直而排，然卻可想見當時急忙中出語情態。（韓范夾）鄭之盟辭，已有從楚之意矣。此時晉悼公誠信尚未深于鄭故也。（《補義》眉）次段是盟鄭，云"鄭服也"，釋經同盟之義，似敵國輸誠，長爲不侵不叛，而載書兩兩相歧，反說出一番怨憤沈痛之言，鄭何嘗服？只得盟鄭而還，草草結局。方知知武脩德息師之謀，實中事機。通篇以知武爲主，全神直注蕭魚。（《評林》眉）《補注》："《周禮》：'小宗伯掌三族之别以辨親疏，其正室皆謂之門子。'鄭玄云：'正室，嫡子也。'"陳南園："前'不唯'字扎縛得妙，後'不唯'字活動得妙，兩下對勘，只換中間數字，兩頭一字不換，遂成絕世妙文。"《經世鈔》："與晉定盟，如愚所云者，在此時。"《評苑》："'辛苦'，難嘗之味也。'墊隘'，委頓之狀也。"按：襄四年傳"甲兵不頓"，注："頓，壞也。"疏："頓謂挫傷折壞，今俗語委頓是也。"《經世鈔》："'鄭國而'以下二十五字長句，數語亦能應變。"（閩生夾）宗堯按："列國之不幸，未有甚於鄭者，以其介於晉、楚。晉、楚爭強之術多矣，而必以爭鄭爲事，殊無意義。故篇中以晉之用人、行政、和戎爲定霸主腦，其屢勤諸侯以爭鄭，並無關於威權之消長，而徒以殘無罪之鄭耳。即借子駟之言讁其非。"荀偃曰："改載書。"公孫舍之曰："昭大神，要言焉。若可改也，大國亦可叛也。"知武子謂獻子曰："我實不德，而要人以盟，豈禮也哉！非禮，何以主盟？姑盟而退，脩德息師而來，終必獲鄭，何必今日？我之不德，民將棄我，豈唯鄭？若能休和，遠人將至，何恃于鄭？"乃盟而還。（文熙眉）汪氏曰："敘事議論能品，'于諸侯'以下章法。"胡氏曰："善爲國者不師，善師者不陣，善陣者不戰。知武子明於善陣之法，而不與楚戰，楚師遂屈，得制勝之道矣。"穆文熙曰："鄭背晉從楚，其屈在鄭，故有戲之盟。而公子騑輩乃欲惟禮與彊是從，夫晉方有禮，從之則是。晉、楚皆彊，並從則難。鄭人於是爲無信矣。"（《左傳雋》眉）陸深曰："獻子之言，深得懷遠服邇之道，晉之伯，有以夫！"（韓范夾）武子不急急於獲鄭，故鄭之從晉，久而益堅，服人以心不以力也。（王源尾）晉悼自用知武子之謀，以不戰敝楚，楚遂不能與晉爭鄭。鄭服于晉，而晉得休息者數十年。善哉！謀乎！此傳全爲序武子之謀，而前序伐鄭之聲勢，中夾中行之欲戰，後載鄭騑之盟言與武子之正論，皆非正傳，總是波瀾。第一段伐鄭之聲勢，見鄭之所以請盟。第二段序武子之謀，見晉所以許鄭之盟。既以盟戲立案，又追序鄭之別立盟言，與武子兩用載書一段，見盟所以終於不信。俱就事直寫，未嘗有意爲文，而波瀾萬狀，至文存焉，亦可悟爲文之本矣。（魏禧尾）魏禧曰："鄭介晉、楚，二國交伐，至於犧牲玉帛待於二境，可謂憊矣。守信受兵，背盟亦受兵，然則如何而可？曰當鄭之與晉盟也，曰：'小國不幸，介於兩大，從君則楚必加師，從楚則君必加師，鄭惟有亡而已。今鄭既以義從君，請與君盟，曰：君退而楚師至，必告急於大國，凡幾日而達。晉幾日出師，幾日至鄭之城下，共以幾日爲期，鄭敢嚴兵守國以待君。不及期，君師未至而背晉從楚者，鄭受其罪。過期君師不至，是鄭力殫而從楚也，大國不得加兵矣。'從楚之盟亦如之。或曰：'鄭宜從其正者，晉爲中夏，且周親，守晉絶楚可也。'夫從晉雖正，而楚甚彊，晉蓋有畏楚而不敢救者矣。然則先從晉焉其可。"吳正名問曰："鄭與晉盟矣，楚來伐，未及期，晉師不至，而楚急攻，國且危，奈何？"曰："使告于楚師曰：'晉與吾盟，曰大國之至，必遣使以爲鄭講，有期日矣。踰期而晉不至，則鄭成於大國無罪也。願大國哀鄭之民人，徼福于先祖，無急攻鄭。晉師至，大國爲鄭請命焉，大國必勝，鄭之從楚，蔑有二矣。晉畏大國之彊而不敢出，踰期而不至，則鄭請服，晉不得兵，是鄭長爲楚外臣也。不然，大國去而晉師來，守死則怒晉，服之則怒楚，鄭惟有亡而已。'如此，則楚將不急攻。楚不聽而鄭破，雖從楚，不及期亦可以有辭于晉矣。"（《左繡》眉）唐錫周曰："只爲'同盟'二字，羅列晉、鄭諸侯若干人，紙上嘈嘈雜雜，何等熱鬧！蓋寫得熱鬧，方令'同盟'二字不落空也。其實作者主意是出色寫鄭子駟、子展兩人一唱一和，便令晉人十二分氣餒，十二分狙詐，弄得冰消瓦解，占一毫便宜不得。荀偃、知罃雖用盡心機，只得草草完局。結云'乃盟而還'，大有色喪神沮光景。後篇'不得志'三字，已躍躍欲動。"又曰："晉八卿，鄭六卿，兩兩相對。諸侯大夫，與鄭大夫、門子又兩兩相對。妙在晉人一邊，但抽出一個元帥，一個上軍帥，其餘聲色不動，而讀者心頭眼底，偏若無數人摩拳擦掌，活見紙上。鄭人一邊，但抽出一個當國者，一個下卿，其餘聲色不動，而讀者心頭眼底，偏若無數人剚牙怒目，活見紙上，洵傳神絕技。"左氏敘將佐師，番番變接，大概先敘主兵，次敘某師從之。此獨倒轉，整整寫四"從"字。蓋起句目以"諸侯伐鄭"，而章法因之，固相題行文，移步換形，一定之法也。一"從"字，對四"從"字，六個對四個，大夫、門子對"六人"字，鄭伯一個對晉八卿，敘法極變極勻，妙絕！陳南園曰："前'不唯'字，縶縛得妙。後'不惟'字，活動得妙。兩下對勘，只換中間數字，兩頭一字不換，遂成絕世妙文。末段照定三駕落筆，于不得志中作一極得志之想，收掉有精神。"（美中尾）汪環谷曰："齊桓服楚，晉文勝楚，至悼則絕不與楚戰，而以疲於奔命者敝楚，其法自知武子啓之，後子胥又善承之。"（《左傳翼》尾）從前敘戰，兵威未有如此嚴整者，而不能服鄭，以其恃強而無德也。"德"字與"亂"字，對在子駟口中，原重武子認真自責"德"字根本在內不在外，說到"民將棄我"，全是內脩定事。後歸息民諸善政，已早定于"脩德""息師"二語中矣。分軍銳以敝楚，固是善算，要緊尤在不忍暴骨，此即脩德、息師本衷也。《咀華》謂："作者主意全是出色寫駟、展二人，令晉人十分氣焰，十分狙詐，弄得冰消瓦解。"而不知兵威不恃，知過能改，正極力描寫知伯服鄭迥異荊楚處，爲三駕楚不能爭藏針也。前後俱以荀偃作陪，偃欲戰而罃不戰，偃欲改而罃不改，都見武子識見謀略高出諸人之上。夫取果於未熟與既落，所爭不過旦晚之間，而順逆不同。"乃許鄭成"，武子原有主張，非因諸侯皆不欲戰也。"乃盟而還"，武子自有見地，亦非因駟、展二人能強爭也。前面驚天動地而來，如此轉局，分明以禮易亂，以德易強。俞甯世謂其圖伯得要領，可謂知言。既說德，又說禮；既說強，又說亂。德與禮本是兩個，知伯看做爲一，故謂要人以盟，非禮即是不德。強與亂本是一個，子駟看作爲二，故既以亂要責晉，而又云"唯禮與強是從"也,此等處俱宜仔細着眼。亟肆以罷,多方以誤,伍員之所以敝楚人也。招攜以禮,懷遠以德,管子之所以服諸侯也。武子兼用之,故三駕而楚不能争。而"分銳以逆",原是不忍暴骨意,德、禮意即在其中,要緊尤在前段。《咀華》評語,一味尖刻,殊失當日神理。(《日知》尾)"要盟"二字,全文之骨,祇以三"乃"字寫出,奇絶!文氣緊峭,恰與事稱,尤爲入神。經書鄭盟,而實如未盟。先書"同盟,鄭服也"以還經,後敘盟時情形以紀實,結構巧絶。(高塘尾)俞桐川曰:"'德'字是主,'強'字是賓,'禮'字是輔,'亂'字是敵。晉恃諸侯之師攻鄭,鄭人外服而中實不從。知武子知之,故不肯急戰,而分軍銳以敝楚,脩德、禮以懷鄭,乃其得圖霸要領處。前段敘晉之強盛,後段敘鄭之反覆,正欲形出晉悼三駕之美,明此役尚非得意之舉也。"此是一篇過接文字,鄭是假合,晉未得志。皆爲三駕作蓄勢也。(《評林》眉)王荆石:"鄭背晉從楚,其屈在鄭,故有戲之盟。而公子騑輩乃欲惟禮與強是從,夫晉爲有禮,從之則是。晉、楚皆強,並從則難。子騑於是爲無信矣。"(林紓尾)紓曰:鄭之背晉而從楚,反覆無定,均子駟一人之逞其狡獪。八年和楚,九年盟晉,十月受盟,十二月晉師復至,晉師既去,復與楚平,子駟之心,始終不服晉也。然子駟雖極智巧,且善詞令,終不如知武子之老謀壯事,眼光極遠。蓋子駟之奸黠,武子一一知之,尤知鄭心屬楚,楚必衛鄭,中行獻子所謂遂圍者,終圍之而不解也。武子察諸侯之心,頗皆憚戰,諸侯果不用命,亦無成功,三分四軍,已準備以逸待勞之計,亦適以破子駟之狡謀。言下即大書曰"諸侯皆不欲戰",此一筆,即所足成知武子定策之善也。晉之載書曰"鄭國而不惟晉命是聽",此"不惟"二字,專斷之詞也。鄭之載書曰"鄭國而不惟有禮與強,可以庇民者是從",此"不惟"二字,倔強之詞也。子駟早悉諸侯之無戰心,尤知楚師之足爲後援,故敢爲此言。讀者以爲有膽力,則誤矣。荀偃曰"改載書",改鄭之載書也。其意氣之張,與士弱之爲載書同塞。而知武子早有成算,斷之曰"終必獲鄭",卒令受盟。十二月陰阪之師,洩忿也。是月鄭人卒與楚平,自是以來,晉、楚爭鄭無寧歲,直至十一年十二月,蕭魚之會,鄭事始定,受盟者終爲子展。以子展在八年時,已守信以和晉,此時子駟已爲尉止所殺,鄭之作梗者無人矣。此篇不寫子駟之狡,寫知武子之鎮定,讀者須知其用意之所在。(《菁華》尾)荀偃之言,近於孤注,終無必勝之理,一敗則大勢去矣。知武子之謀,即子胥巫肆以疲之說也，亦即兵法以逸待勞、以主待客意。楚雖強，無能爲矣。子展所云"晉能驟來，楚必不能"，亦已窺破此秘。

晉人不得志于鄭，以諸侯復伐之。十二月癸亥，門其三門。閏月戊寅，濟于陰阪，侵鄭。次於陰口而還。（《測義》夾）啖助氏曰："左氏云'冬十月諸侯伐鄭'，下又云'諸侯復伐之，十二月癸亥，門其三門'，蓋誤重說也。右史或用周正，或用夏正，作傳者承兩國之舊史，月數不同，遂兩載之。"**子孔曰："晉師可擊也，師老而勞，且有歸志，必大克之。"子展曰："不可。"**（《測義》夾）黃震氏曰："趙氏謂晉欲得鄭，當先制楚，欲制楚，當先結吳以掎楚，楚忌吳之斷其後，必不敢長驅鄭郊。愚謂鄭處晉、楚之間亦難矣，晉不幸而遇楚之強，謀所以安中國，亦難矣。"（《分國》尾）犧牲玉帛，待於竟上，亡國之道也。就鄭時勢言之，居於大國之間，惟強是從，亦必堅事一晉。子展杖信之言，爲不易也。子駟背晉從楚，以致晉師。既與晉盟，而曰："自今以後，惟有禮與強者是從。"楚無禮，晉有禮而強，宜堅事晉矣。駟之意不然，晉來則曰無禮可擊，楚來則曰惟強是從，始終欲背晉從楚也。自知武子偩德息民，晉悼卒興三駕之師以服楚，而子展杖信待晉之言始驗。謀國者，可無定見哉？（《左繡》眉）此節亦過接文字，起得禿，似有上文；住得禿，似有下文。小小涉筆，皆有作意，率爾讀之則失矣。前篇欲戰不得，改盟又不得，許多不慊意，此處一筆提出。兩句七字，凡三寫"門"字，亦奇。只以兩虛字煞腳者，此爲僅見。（《左傳翼》尾）既盟而還，又以諸侯伐之，皆不得志後無聊極事，"師老而勞"，正在於此。（《評林》眉）《補注》："'復伐之'，一役，非再舉，史不書。"（王系尾）汪德輔曰："齊桓之時，在於服楚。晉文之時，在於勝楚。晉悼之時，在於敝楚。蓋召陵以前，楚人加兵于鄭。及至陘之伐，屈完來盟，而鄭無楚患矣。城濮之前，楚滅黃而霸主不能恤，敗徐而諸大夫不能救，執盟主而在會者不能與之爭，既又戍穀、偪齊，合兵圍宋，威動天下。及得臣敗績，而楚頗慴服。迨夫晉師敗邲之後，楚復陵駕北方，既縣陳、入鄭，又滅蕭圍宋，於蜀之會，奄然以大夫主盟諸侯，而聽命者十有一國，卒之保鄭以爲己有。厲公敗之于鄢陵，三假王命以伐鄭，而終不服。悼公復霸，鄭與於五會之信，而猶叛焉。悼公欲直搗方城、漢水之境，繼齊桓帖荊之績。則楚浸強盛，未肯服義。而昔者處父之伐，不足以屈其力也。欲與之決勝，復文公館穀之捷，則暴骨以逞，克不可命，而先君鄢陵之勝，不足以服其心也。於是數伐鄭而不與楚戰，使楚人疲於奔命，而莫能爭鄭。既有以挫其暴狠之鋒，又有以摧其憑陵之志。桓文以降，于斯爲盛。"按：悼公三駕，是部中大結構處。此篇爲三駕之根，是結構斗筍處。

公送晉侯。晉侯以公宴於河上，問公年，季武子對曰："會于沙隨之歲，寡君以生。"晉侯曰："十二年矣！是謂一終，一星終也。國君十五而生子。冠而生子，禮也，君可以冠矣！大夫盍爲冠具？"武子對曰："君冠，必以祼享之禮行之，以金石之樂節之，以先君之祧處之。今寡君在行，未可具也。請及兄弟之國而假備焉。"晉侯曰："諾。"公還，及衛，冠于成公之廟，假鐘磬焉，禮也。（《測義》夾）愚按：聞之君子，禮變於不得已，悼公宴公於河上，年焉而命之冠，居然蔑諸之意矣。武子既知君冠有禮，則盍對之曰'歸而行于祖廟，未爲後時'而拂其請也？而顧寄於衛廟，假鐘磬焉，鐘鼓可假，先君其可假乎？禮苟變而可，則何適而不可也？〖編者按：奧田元繼作王元美語。〗（《快評》尾）偶爾一語，寫來典雅蘊藉如此，文章之事，充塞兩間，特筆墨不能取之耳。晉侯以公未冠，命武子爲冠具，其言出於率爾，蓋未思及襄公在行，冠具卒未可具也。武子既不容草草爲君行冠禮，又不欲明晉侯之失言，及衛而冠，全爲晉侯之言周旋，古人之精細如此。（《分國》尾）考之冠義，古者重冠，行之於廟，未聞道而冠也。魯、衛雖兄弟之國，先君之廟在望矣，諸侯以始祖之廟爲祧。成公，衛獻公之祖，何居乎冠於其廟？且夫冠、昏、喪、祭，爲四大禮。冠而於道，浸假昏、喪、祭皆可於道行之乎？"假鐘磬焉，禮也"，微辭也。而林氏以爲得冠禮之正耶？（《左繡》眉）從問年，說到冠具，事極平平，有何生趣？妙在各加渲染，便爾文情濃至，光彩照人。《咀華》評云："文章之妙，全在襯托。看他前不過爲十二年，後不過爲一'冠'字，卻用如許襯托。如天半朱霞，霏紅映碧。何物盲老公，撰出種種奇妙，令我妒殺，亦知言也。"生於沙隨之歲、冠于成公之廟，亦前後映照成章處。十二年，去冠遠矣。即曰十五生子，猶待三年也。而晉侯有命，連返國亦等不迭，純以君國典禮爲周旋世故之具，作者隱隱有微辭焉。（《左傳翼》尾）古禮二十而冠，公年十二，去冠時尚八年，何以遽云"君可以冠"？且冠則冠矣，何以遽及生子？蓋公年雖幼，而人已長大，不但可以冠，並可以昏，故晉侯連及之也。冠而生子，爲禮設。生子而後冠，則違禮甚矣。只問公年，晉侯便有無限神情在內。"大夫曷爲冠具"，不待期而教之早冠，即不待期而教之早昏也。本非古禮，而以禮許之，妙在筆墨之外。事有當拘古禮者，有不必拘古禮者。國君十五而生子，已不拘三十而娶之禮矣，何必又拘二十而冠之禮乎？口中說冠，意中全是說生子，不速行冠禮，恐其先生子而後冠也。不然，歸魯後冠有何不可？晉侯豈不知在行未能具禮，而爲此草率之言？武子豈不能少緩時日，而以國君典禮作周旋世故之具乎？讀古不得當日微情，說長說短，總無是處。（《評林》眉）《匯參》："'以公'，一'以'字寫出幼小光景。"《補注》："公有適母之喪，晉侯不當與宴，季武子不能以公固辭，皆非也。晉平湨梁之會，亦與諸侯宴于溫，諸侯在喪廢禮，其來遠矣。孔氏謂：'傳皆無譏，則卒哭之後得宴樂。'何其謬也！"按：處，處分之處。襄四年傳："民有寢廟，獸有茂草，各有攸處。"（王系尾）冠，嘉禮之大者。以國君之尊，而苟奉強令，草草如此，當時禮崩樂壞可知。左氏詳敘此篇，蓋傷之也。（《彙鈔》眉）以悼公欲速，寄衛廟而行冠禮，雖禮之權，而實失禮之正。（閻生夾）先大夫評曰："晉、楚謀鄭中忽入此節，此文字閒淡處也。昧者畫分爲數章，失左氏妙趣矣。"閻生謹按：古人文字往往包羅巨富，所以體勢雄遠。後人爲文僅及一事，唯恐枝蔓，義儉而局亦促矣。

　　楚子伐鄭，子駟將及楚平。子孔、子蟜曰："與大國盟，口血未乾而背之，可乎？"子駟、子展曰："吾盟固云：'唯強是從。'今楚師至，晉不我救，則楚強矣。盟誓之言，豈敢背之？且要盟無質，神弗臨也。所臨唯信，信者，言之瑞也，善之主也，是故臨之。明神不蠲要盟，背之可也。"乃及楚平。公子罷戎入盟，同盟於中分。（《補義》眉）周云："明是背盟，卻說'豈敢背之'。既云不背，卻說'背之可也'。上重'唯強是從'，下重'要盟無質'。"（《評林》眉）《評苑》："今晉要我爲盟而無誠信，神必不潔其盟。"

　　楚莊夫人卒，王未能定鄭而歸。（《分國》尾）以要盟爲非信，而神不臨，所言自確。子展杖信，所異者，子駟同辭耳，雖非謀國之正，而晉歸息民，未必不得力於此。（《左繡》眉）子孔、子蟜著眼在晉盟，只有晉命是聽一路。子駟、子展著眼在吾盟，便有唯強、可庇兩路。看他既曰"豈敢背之",又曰"背之可也",總是以背爲主。可以背爲不背,亦可以不背而背。從前言之,若説我背,卻原未嘗背。從後言之,若説我背,便背也不妨。兩層都用翻案法,開後人一反一復機調。兩説窮舌端,爲極利之口,極圓之筆也。前盟本有"強""禮"兩意,今前一層只説得"強",後一層便暗指"禮"字説。見要盟便是無禮,皆立言巧處。結句又作一不了之局,總爲三駕蓄勢也。同盟而又曰未定,固知惟強是從之故智猶在耳。(《左傳翼》尾)孔、蟜恐其背盟,故不欲從楚,所重在與大國盟也。駟、展以吾盟之言爲主,見從楚非背,突亦可背,句句與孔、蟜反對,議論根據前文。上段重"強"字,下段重"信"字。此不是責鄭之反覆,總見難以力服,爲下息民張本,通數篇爲一,神脈自貫。(王系尾)子展雅意從晉,今乃同子駟從楚者,以戲之役,晉既盟而復伐之,爲先自敗盟也。不言晉人失信,但言要盟可背,則以子孔、子蟜以口血未乾爲疑而釋之也。晉之失信,子孔嘗欲擊之矣,豈待復言哉?鄭固反覆,而于此則晉亦有闕焉。

　　晉侯歸,謀所以息民。(《補義》眉)此悼公立伯之本。只是"節用足民"四字。(《學餘》眉)晉侯之謀,千古善謀也。魏子之請,千古善請也。嗚呼!不畜聚斂之臣,天下豈有貧國哉?**魏絳請施捨,輸積聚以貸。自公以下,苟有積者,盡出之。國無滯積,亦無困人。公無禁利,亦無貪民。祈以幣更,賓以特性,器用不作,車服從給。行之期年,國乃有節。三駕而楚不能與爭。**(《左傳雋》眉)楊素庵曰:"語甚簡潔,而句法何等嚴整古蒼!"(鍾惺眉)魏絳真是經國實際人,看他和戎,亦不是偷安,言言有主張,事事有本末。(孫琮總評)知武子所言,即子胥之爲三師以肄楚也,皆是以逸待勞之法。至急而從楚,子駟執其咎,今觀其進趨要盟之言,亦自中有定見定力,到底無專一事晉之意。乃知束牲不歃,齊桓所以服諸侯。而屢盟長亂,詩人所譏,夫豈或誣?敘事簡老,敘詞婉暢,可云事詞兼到。(魏禧尾)彭士望曰:"晉饑,非節儉則就弱矣,報秦服楚,全在此處。興主未有不儉,衛文布衣帛冠,終至富盛。凡富強生於勤儉,但不宜太刻覈耳。知此則可定管、商優劣也。"魏世傚曰:"悼公服鄭勝楚,全在城虎牢以偪鄭、三分四軍以敝楚,故三駕而楚不能與爭。漢高祖使彭越、黥布反楚地,楚備多力分,卒以滅楚。隋高熲取陳,謂:'聲言掩襲,彼既聚兵,我便解甲。不出數年,陳人財力俱盡。'隋主用其策而陳始困。即吳之謀楚，亦用三師以肄之，故吳卒得入郢也。按：晉、秦爲仇讎，楚結秦以害晉。吳、楚爲仇讎，晉結吳以害楚。然楚受吳害，而晉不受秦害者，楚好加兵于吳，晉則止守其邊疆，至秦師數侵，亦不遽圖報復。蓋勢敵則力均，守易而攻難，此主客之勢也。楚再伐吳而再敗，吳一伐楚而吳即敗。秦之于晉，亦嘗約楚爲援，然侵晉不能大得其志于晉，即櫟之戰，晉敗績者，晉士魴少秦師勿備，爲庶長鮑、武所乘，要亦敗其偏師，非有覆軍失將，如子重、子囊之于吳也。其後楚不敢出，晉乃以諸侯之大夫伐秦，以報櫟之役，秦人毒涇上流，師人多死，卒以無功。觀此，則强大之敵，非有釁可乘，斷不可輕舉，輕舉必取敗矣。吳人以庸浦之役來告敗于晉，范宣子數吳之不德也，以退吳人。蓋以楚之强大，勝不可保，一或取敗，則前功盡喪，此宣子不言之隱也。先是晉、楚爭鄭時，秦景公乞楚師伐晉，子囊以晉卿輯睦，勸王勿許。其識不在宣子下，惜乎狃於庸濮之役，而驕功輕敵，卒以取兵耳。”魏世儼曰：“楚莊王臨終戒諸臣曰：‘無德而强爭諸侯，不如惠恤其民而善用之。’若使楚之君臣能守其訓，息民之舉先晉而行，悼公雖賢，卿帥輯睦，又何以加于楚哉？此足爲古今不守先訓者之戒。”彭家屏曰：“外攘必本內安，晉欲抗楚，而謀所以息民，得本計矣。然國有經費，務施捨則用不給，用不給則國病矣。故晉悼之崇儉，又惠民之本也。史載息民之主，無如漢文。然惜百金之臺，衣皂綈之服，後宮無文繡，霸陵用瓦器，躬行節儉，以求國有儲偫，卒得除民田租，十年不賦。可知欲行愛人之政者，其必以節用爲先資乎！”（《分國》尾）時晉人不得志于鄭，退而自脩，居然王道可興也。惜佐之者，特魏絳、知武子諸人，而悼祚又不永，百年必世，仲尼之言有以夫！（《左繡》眉）承上起下文字，都無甚出色，此獨極寫晉悼勵精圖治一種奮發氣象。與晉文一戰而霸，同一精神也。四語文筆警鍊，與起結相配。前點“民”字，後點“國”字，中將“國”字、“民”字互説，章法勻整之至。末句爲本文作結，即爲後文作提，妙甚！（《左傳翼》尾）晉、楚爭鄭，不唯鄭之人民不獲享其土利，辛苦墊隘，無所底告；即諸國疲於奔命，轉輸騷動，饑不得食，勞不得息，其困可知。此歸謀息民，所以爲勝楚服鄭要着也。施捨而民困始蘇，節儉而國用始足。兵之爲禍烈矣，悼公此舉，亦救敗之策，毋因三駕楚不能爭，謂其能奮發有爲也。脩德息師，本謀出自知伯，而施捨以下諸惠政，則魏絳發之。無滯積，無禁利，不專利以病民，是息民大頭腦。然薄取厚施，則國用不足，將如之何？所以緊要尤在節儉，後四語切勿輕看。張悔菴曰："外分四軍以禦楚，內輸積聚以息民，全是以逸待勞，固本而後動。楚莊謂：'武有七德：禁暴、戢兵、保大、定功、安民、和衆、豐財。'晉悼君臣之制楚，其庶幾近之乎！後世能吏祇以積聚爲逢長之計，不知害民實以蠹國，此篇寥寥數語，實該平準、食貨之精，然王政正有本原在，不專靠此。"（《日知》尾）服楚在三駕，實在息民，此固左氏特筆也。"國無滯積"四句，寫得驩虞氣象出。（高嶀尾）俞桐川曰："一邊敘鄭之反覆，一邊敘晉之休養。晉未歸而即叛，其反覆之罪尤甚。鄭已叛而自歸，其休養之德更深。俗本刪去上段，以'晉侯歸'接盟戲，失其旨矣。此承上啓下文字也，自後晉足服鄭，鄭亦從晉，乃傳中大關目也。後半敘晉悼勵精圖治，一種奮發氣象，與晉文一戰而霸，同一精神。"（《評林》眉）彭士望："晉臣私積，齊臣私施，一舉而出積，是第一難事，宗戚何以不怨？"湯睡菴："悼復霸全在息民一事，息者，脩養生息之謂，此即管仲相齊，參其國、伍其鄙之意。"《補注》："'不能與爭'，陳氏曰：'傳言悼公復伯。'"（《學餘》尾）楚不足爭也，民則不可不息也。民息而楚不能爭矣。謀國者欲弭外患，尚其鑒諸！（王系尾）此即知罃所謂脩德息師者，晉侯謀之，魏絳贊之，始終成就者，知罃也。三駕在後，先於此處提清，深美三分四軍之得算也。口角津津，至今猶有餘響。（《菁華》尾）服鄭之謀，已決於此，然其著意祇在"息民"二字，彼世之草菅人命而求遂其窮兵黷武之計者，未有不即於敗者也。

◇襄公十年

【經】十年春，公會晉侯、宋公、衛侯、曹伯、莒子、邾子、滕子、薛伯、杞伯、小邾子、齊世子光會吳於柤。夏，五月甲午，遂滅偪陽。（《評林》眉）高閌："偪陽，楚與國也。"孫覺："晉因諸侯而爲利，名恤災救患，而實自封殖也。"王葆："此致前事者，二事偶舉其可道者也。會吳猶可，會吳滅人之國，其惡甚矣。故以會致焉。"公至自會。楚公子貞、鄭公孫輒帥師伐宋。晉師伐秦。秋，莒人伐我東鄙。公會晉侯、宋公、衛侯、曹伯、莒子、邾子、齊世子光、滕子、薛伯、杞伯、小邾子伐鄭。（《評林》眉）

呂大圭：："齊世子光序諸侯之上，主會者爲之也，《春秋》不改，所以示識，言以強弱事勢爲先後也。"冬，盜殺鄭公子騑、公子發、公孫輒。(《評林》眉)《傳說彙纂》："鄭三卿之死，經書盜殺，胡《傳》本程子説，以爲失卿職者，非也。身爲國卿，而騑首受戮於盜，則不能其職明矣。杜注、孔疏謂以盜爲文，故不得言其大夫，於義爲長。"戍鄭虎牢。(《評林》眉)季本："鄭雖未服，而諸侯已戍虎牢，則伐鄭之功也，故以此飲至。"楚公子貞帥師救鄭。公至自伐鄭。

【傳】十年春，會於柤，會吳子壽夢也。(美中尾)陳大士曰："悼公於吳，善道、戚、柤，申好不一而足，即齊桓遠結江、黃之遺智也。而吳究未嘗絶一弦、折一矢，即江、黃按兵不動，遙相掎角之遺智也。"張西銘曰："靈之世，秦與楚合。晉之衰，秦爲之也。悼之世，吳與晉合。楚之衰，吳爲之也。"三月癸丑，齊高厚相大子光以先會諸侯于鍾離，不敬。士莊子曰："高子相大子以會諸侯，將社稷是衛，而皆不敬，棄社稷也，其將不免乎！"

夏四月戊午，會於柤。(《測義》夾)黃震氏曰："晉方患楚，欲通吳，而吳道多阻，今會于彭城之柤，所以通吳之來路。"〖編者按：奧田元繼作張太嶽語。〗(《分國》尾)前以鄭事吳，故而魯、晉爭伐之。不及五年，晉逆吳子矣。魯、衛二卿先會吳矣。齊太子光來會矣，吳勢日昌，列侯不振，於此可見。(《左繡》眉)以解經起，以敘事結，凡兩點會於柤，首尾復出，乃變調也。起結兩點會柤，中間卻又別敘一會鍾離事，與本題不涉，變格。"戊午，會於柤"，論事本連下請伐偪陽，論文則必分爲二，方各成篇法也。(王系尾)鍾離之會，列國之大夫會吳也。善道之會，魯、衛會吳也。戚爲吳會中國之始，此爲其再，然猶殊之。殊之者，外之也。卓去病曰："合十二國以會壽夢，而于楚界，示楚以得吳也。晉得吳則楚右臂斷，不敢議鄭。議鄭則恐吳之據其後也。其後蕭魚之會，卒得鄭，不叛者二十年。吳掎楚，楚不敢伐鄭也。雖然，晉悼虎牢之城，先識地勢，扼鄭咽喉。自戲盟之後，三分四軍，以待來者。是故楚疲晉逸，三駕而不可爭。鄭子展曰：'晉君方明，必不棄鄭。'楚之柄臣如子囊者，亦曰：'晉不可敵，事之而後可。'豈獨以柤會吳之故哉？"按：趙企明、張天如、陳大士咸以晉之服鄭，爲專得力于會吳者。獨不思召陵之師，城濮之戰，何嘗待吳哉？近舍婚姻之秦，遠結僭號之吴，此晉人之失着，而悼公未之能改也。卓氏之説，甚得事理，故録之。

晉荀罃、士匄請伐偪陽，而封宋向戌焉。（孫鑛眉）錯而鍊，色絶濃，味絶腴。大凡文字整者，雖見法，然其境易窮。錯則多變，其態不可窮，所以今世文體尚錯。然必盡鍊法，然後錯之妙出，愈鍊愈有變，不則草率散漫，又不若整者猶有矩。（《左繡》眉）此篇爲滅偪陽傳，以偪陽爲主。起句伐偪陽、封向戌並提，而重在偪陽。文於前半重寫伐偪陽，中間輕敘封向戌，後半單收滅偪陽，明傳主也。結處餘波，亦令首段照應有情，可謂曲終奏雅。文字貴臨了又轉一境，意味無窮，此一斑矣。篇中凡三寫荀罃，五寫偃、匄。其寫荀罃也，首寫其料事之明，末寫其持正之識，中寫其御下之嚴，決幾之果，爲一篇主腦。其寫偃、匄也，先寫其高興，繼寫其敗興，後寫其惹事，終寫其着急，而中則寫其發劇吃苦，特爲知伯襯托。兩兩對寫，三人才識之不侔，一則使人可愛，一則使人可笑，真寫生手也。文處處將荀偃、士匄並説，無一筆變換，意在斯乎！（《補義》眉）向戌無功，忽議封邑，見爾晉大夫之横。（《便覽》眉）二事雙提，一輕一重。（高嵣眉）首段作提挈，因會而伐國，且以封鄰國之臣，皆見其非禮。荀罃語，見其料事之明，以伏後文之脈。**荀罃曰：“城小而固，勝之不武，弗勝爲笑。”**（《補義》眉）罃言是一篇主腦，上半篇是不克爲笑，下半篇是克之不武。（《評林》眉）《經世鈔》：“滅國以封人，師出無名，而士匄亦爲此謀，范武子之德衰矣。攻人者不可不知，然罃止知此説耳。若能以無名之師折二子，而示德、義於諸侯，則善矣。管仲相桓公，決無此舉動，孔子所以賢之也。”（方宗誠眉）二句總提，兵謀。**固請。丙寅，圍之，弗克。**（高嵣眉）二段就攻圍事，歷敘勇士，非徒藉作波瀾，乃正寫“弗克”，且爲“固”字下注脚也。連寫技勇，皆魯人也，殊失秉禮之風矣，宜留眼。**孟氏之臣秦堇父輦重如役。偪陽人啓門，諸侯之士門焉。縣門發，郰人紇抉之，以出門者。狄虒彌建大車之輪而蒙之以甲以爲櫓，左執之，右拔戟，以成一隊。孟獻子曰：“《詩》所謂‘有力如虎’者也。”主人縣布，堇父登之，及堞而絶之。隊，則又縣之，蘇而復上者三。主人辭焉，乃退，帶其斷以徇於軍三日。**（《彙鈔》眉）三人並一時絶力，而偪陽不即破，正見其城小而固也。（《左繡》眉）圍偪陽一段，寫得如火如錦，極其生動，後世稗官家都向此中作賊，而不甞金糞之別。既無筆，又無法，更從何處效顰耶？董父登堞帶斷，事本詳於後，卻起手先插一筆，蓋爲結處伏脈，理應小異。頓斷而後另起頭，則分外有生色，此最敘事實中見主妙法。董父爲孟氏臣，後將爲獻子右，則引《詩》作贊，當在董父甲裏，卻偏以之稱虒彌，蓋贊他人以激董父而鼓舞之也。嘻，妙哉！秦董父首尾寫兩遍，耶人紇倒點，狄虒彌便順點，董父則以主人起，主人止，只三人而無筆不變也。第一段以出門者，第二段以成一隊，第三段以狗於軍三日，一樣住法，此又參差中整齊，令文字成片段也。妙極！前後詳寫武勇，震耳駭目，中間夾以獻子一贊，丰采倍增，不獨承上起下爲章法之妙也。陳南園曰："董父辇重而來，忽見叔梁、虒彌各逞本事，便覺技癢之極，適有懸布，遂直前賈勇，此是忙忙雜雜，一時閒事。將董父寫在兩頭，中間鑲入抉門、建輪二事，確是從董父眼中看出者，有情有景，視與呆敘三人者何甞天淵！"（《補義》眉）三人一聖一賢之父在焉，末點出董父生丕玆，事仲尼，則二父已有歸宿，唯虒彌無着落，故敘孟獻子一贊，然一贊而三人皆見。（《便覽》眉）此段寫得如火如荼，本爲"固"字襯托，妙將董父寫在兩頭，嵌入紇用倒點，狄用順點，分明董父辇重而來，見抉門、建輪之事，雄心勃發，適有縣布，直前賈勇。遂覺忙雜時一種閒情，奕奕紙上。（《評林》眉）《補注》："孔氏曰：'縣門者，編板廣長如門，施關機以縣門上，有寇則發機而下之。'"張九一："叔梁抉門出人，可謂絕力。然吾夫子亦有力，而不以力名，乃所以爲聖。"《補注》："《考工記》：'車人爲車，柯長三尺，輪崇三柯，是輪高九尺。殳長尋有四尺，車戟常崇於殳四尺，八尺曰尋，則戟長一丈六尺也。'"汪元臣："狄虒彌建車輪爲櫓，雄奇可想。然秦董父絶布三登，有同兒戲，其不爲城下之骨幸矣！"孫鑛："有力如虎，插此句亦是波瀾增色。"（方宗誠眉）敘三人之勇力，不能破城，足見其城小而固也，又以見三人之勇。何不可勝？由荀偃、士匄不親受矢石，故不能克耳。上下神氣貫注。（閩生夾）文易枯寂，借此等以爲生色。

諸侯之師久于偪陽。（《補義》眉）三勇士寫得氣燄幾謂無堅不摧，而忽以"諸侯之師久于偪陽"突起，知聚天下勇士束手無用，乃見城小而固。（《便覽》眉）寫一魯之勇士已生動如此，陡入"諸侯之師久于偪陽"，以重提爲遙接，倍見筆力眉目。（高塘眉）三段折到滅之正幅，精神卻在荀罃一怒上，見其御下之嚴，決幾之果，鬚髮戟張之狀，勃勃欲活。(《評林》眉)《匯參》："遙接作重提之筆，此段一篇中樞也。"荀偃、士匄請于荀罃曰："水潦將降，懼不能歸，請班師。"知伯怒，(韓范夾)昔日請伐之時，知伯已逆計其必有是事矣，故必固請而後許之。偃、匄皆賢大夫，獨不聞軍令有進無退乎？若非老將一怒，不幾爲偪陽笑乎？投之以机，出於其間，曰："女成二事而後告余。余恐亂命，以不女違。(孫鑛眉)若直説則當云："余既從汝言，絶不改命。"今乃作倒言文語，然味之絶有婉致。此自是辭命一派語調。女既勤君而興諸侯，牽帥老夫以至於此，既無武守，而又欲易余罪，曰：'是實班師，不然克矣。'余贏老也，可重任乎？七日不克，必爾乎取之！"(《補義》眉)語語有怒聲傳出。(《便覽》眉)真描出一時怒容，而御下之嚴，決幾之果，真不負元戎。(方宗誠眉)前言"勝之不武，不勝爲笑"，而不勝之辱更甚，故荀罃先不欲伐，既伐則不願退師以取辱也。五月庚寅，荀偃、士匄帥卒攻偪陽，親受矢石。甲午，滅之。書曰"遂滅偪陽"，言自會也。(《補義》眉)以諸侯之師及晉之將帥抵死環攻，猶遲至五日，屹然金城矣。(《便覽》眉)封向戌意輕，用略筆。連"滅之"來，插入釋經，是化筆。又恐太略，與上不配，故拖出"宋公享"一段爲點綴。(《評林》眉)穆文熙："知伯以几投二帥，竟克偪陽，可謂雄略。其不禱桑林，尤有卓然之見。"《匯參》："'女既勤君'數説得妙。"以與向戌，(高嶀眉)四段敘向戌不受偪陽，以了封向戌之案，且以見所辭之正。向戌辭曰："君若猶辱鎮撫宋國，而以偪陽光啓寡君，群臣安矣，其何貺如之？若專賜臣，是臣興諸侯以自封也，其何罪大焉？敢以死請。"乃予宋公。(《彙鈔》眉)滅偪陽本欲封向戌，而戌竟讓之公。戌於義利之介亦明矣。(《評林》眉)李于鱗："應前封向戌。"《經世鈔》："向戌此辭甚通，何不能推之東門之役，而顧請賞邪？"《匯參》："'以與向戌'，此句本接上'滅之'，恰似連解經轉落者，敍議夾寫，鎔化無迹。"

宋公享晉侯于楚丘，請以《桑林》。(《補義》眉)寫知武處處識力，寫偃、匄事事卑暗，相形妙絶。著此一段，固是與前半映照，一以見知武不能力止偃、匄之請，一以見悼公居然享大樂之隆，皆昧于大義，僭天子而不自知也。故知武尊周之意微，而偃、匄逢君之罪大，便伏服鄭之後侈然驕益。(高塘眉)第五段事後僖享作餘波,桑林、旌夏,着意設色,與前半攻圍相映成景。荀罃之論,持正有識。宋、魯觀禮,借標兩國,前後眼目。**荀罃辭。荀偃、士匄曰:"諸侯宋、魯,於是觀禮。魯有禘樂,賓祭用之。宋以《桑林》享君,不亦可乎?"**(《評林》眉)魏禧:"按:反以此爲觀禮哉?世之以僭偪鳴得意者,率是見也。"按:《禮·明堂位》:"拊搏玉磬揩擊,大琴大瑟,中琴小瑟,四代之樂器也。"注:"四代,虞、夏、商、周也。"**舞,師題以旌夏,晉侯懼而退入于房。去旌,卒享而還。**(《測義》夾)愚按:《桑林》,殷天子之樂,宋人以祀其先公者也,而可奏之晉侯乎?魯有禘樂,用之於賓,竊禮之不中者也,而偃可援以爲比乎?昔工歌《湛露》,甯子不答。金奏《肆夏》,叔孫辭焉。惜乎晉侯之無若臣也。**及著雍,疾。卜,桑林見。荀偃、士匄欲奔請禱焉。荀罃不可,曰:"我辭禮矣,彼則以之。猶有鬼神,於彼加之。"**(韓范夾)妖惑之來,以大義斷之,多不能爲患。子產之不禱火,亦然也。**晉侯有間,以偪陽子歸,獻于武宮,謂之夷俘。**(《統箋》夾)愚按:悼公滅中華之國,而擄其君。本非夷也,而指之曰夷,忍用俘禮,不仁甚矣。晉之瓜分殄祀,宜哉!(《評林》眉)《補注》:"謂之夷俘,會滅不言以君歸,文不便也。陳氏曰:'國微見俘,不責死社稷。'非也。昭四年賴子同。"**偪陽,妘姓也。使周内史選其族嗣,納諸霍人,禮也。**(《測義》夾)劉敞氏曰:"以是爲禮,諸侯其誰不樂滅國乎?"(《補義》眉)諱言中國,而曰夷俘,不敢遽滅而納諸霍人,皆所謂勝之不武也。(《便覽》眉)一路頻寫偪陽,不知是何物色,末段單找伐偪陽作收,卻重下注腳。(《評林》眉)《經世鈔》:"無故滅人之國,而以爲禮乎?小國卻當此一'禮'字不起。獻公脩虞祀,歸職貢於王,此奉妘祀,使周内史選族嗣,皆是一樣舉動。春秋時每多此一班假道學,而左氏每用如此糊塗贊嘆。"《補注》:"傳每以非禮爲禮,諸家辨駁已備,皆不復論。"

師歸,孟獻子以秦堇父爲右。生秦丕玆,事仲尼。(文熙眉)穆文熙曰:"晉以向戍賢,故欲伐偪陽封之,然封之而不受,則益見向戍之賢。"(《便覽》眉)此數語另提作結,風致如江上峰青。(王源尾)寫三力士,紙上軒昂躍起,字字如生。然是閒筆點染,非正傳也。正傳只在荀罃,偃、匄皆罃襯帖,不可爲奇兵所誤。寫知罃深識定力,始不輕舉，終不輕輟。視偃、匄之淺率浮躁，直如嬰兒。故序偪陽之功，歸之罃也。及桑林一案，其識力愈見，功亦愈見矣。桑林之享，文有數妙。滅偪陽，武功也。三力士，武臣也。而以文事易之，一矣。罃辭禮，偃、匄欲觀；偃、匄請禱，罃又不可，與正傳一一相映，二矣。魯之力士，宋之桑林，皆點染也，忽將宋、魯一合，三矣。前之懸門、建櫓、登布，十分精采，此則以旌夏映之，亦十分精彩，四矣。玲瓏四徹，情態萬千。末段注謂：「二父以力相尚。子事仲尼，以德相高。」可謂心知其意者。蓋應前作結，不足奇。妙在前以力，後以德；前以勇士，後以聖人。變換無定觀，回環有姿態，斯以奇耳。（魏禧尾）魏禧曰：「昔士會不知殽烝，悔而歸學禮，士匄乃以《桑林》爲可乎？鄢陵之戰，士燮不欲勝而加憂，而匄乃無故請伐偪陽，匄殊愧父祖矣。此篇敘次錯落可喜，最可法。」魏世儼曰：「悼公生十四年而得晉國，政令皆由己出，雖欒書、中行偃之專偪，未敢肆行一事。及偪陽之役，荀偃、士匄無故滅國以封人。宋以天子之樂享公，荀罃辭，乃聽二子而卒受享。豈三駕之功，志驕意滿，其不如後唐莊宗者，幾希矣。逸豫之戒，所以警賢明之君，可不慎哉！」（《分國》尾）晉伐偪陽，封向戌，晉無地乎，必偪陽也？且偪陽何罪？始而請伐，過在匄、偃。繼而不允班師，過在荀罃。以諸帥喜怒爲偪陽存滅，況因會襲之乎？選族居霍，善不滅姓，何如不伐不滅之爲德也？書曰「遂滅偪陽」，「遂」之時義大矣哉！（《左繡》眉）知伯一段，寫得句句怒容可掬，兩句提，四句結，中七句細細數落，都以「女」字、「余」字一順一倒爲章法，活畫出盛怒時隨口拉雜神理。向戌辭封，兩意往復。前語上長下短，後語上短下長，是參差處。兩煞句，字字工對，是整齊處，大概不出此二法。桑林、旌夏，著意設色，特與前半篇相映成景。若在戲劇，又一熱鬧排場也。或謂左氏未必有意，則此事有何關係而必沾沾一爲描畫乎？末段找足伐偪陽事，找此一筆，意方足，色方濃也。一結另以閒情作掉尾，如此照應收拾，所謂文有首尾者。（美中尾）偪陽爲晉、吳往來之衝，意滅之以通吳乎？然非義矣。且向戌何功受封也？知伯始不能力止偃、匄之請，繼復以一怒煽欲熄之燄，其罪視二子亦未可末減哉！（《左傳翼》尾）伐偪陽，封向戌，一篇只此二事，前半敘伐偪陽，後半敘封向戌，因封向戌不受，乃予宋公，其變局也。楚丘之享，因予宋公而及之，究亦封向戌之餘波耳。一篇祇提筆一語括盡，而究以滅偪陽爲主，觀經書法自明。刑賞禮樂，天子之大柄，擅伐專封，僭刑賞也。在宋以《桑林》享，則禮樂又僭矣。知伯深識定力，始不輕舉，終不輕輟，雖不若偪、匄之淺率輕躁，於此等大處，究未窺及，蓋春秋時不知有王久矣。弗克之後，久于偪陽之前，忽然描寫三勇士，見得有力如虎，一魯國中偏有許多奇士，則諸侯技勇其多可知，而皆無如之何，正是極寫弗克情狀。啓門懸布，總是示整示暇，目無諸侯意。所謂城小而固，弗勝爲笑也。識得此意，則後請班師，方有來歷。必親受矢石，乃能克之，知伯一番發作，斷不可少。敘二子只是輕率，敘知伯只是老成。但知伯身爲元帥，于請攻偪陽則恐其亂命而不違，請享《桑林》，則聽其觀禮，亦有依違俯仰未能行令意。幸班師則怒，請禱不可，善於收場，而不至太阿失手，所以偪、匄猶不敢爲先縠、欒黶之專行無忌也。罪偪、匄，罪荀罃，猶是就臣下說小疵。若論大義，強吳入爲中國害，因會滅國，滋爲暴虐，故《春秋》書"遂"以著其罪。陳氏曰："夫子刪《詩》，存《邶》《鄘》于《國風》之首，而繫《檜》《曹》於末，錄小國也。《春秋》尤錄小國也，是故滅君有奔而不言奔，以歸而不言歸者，以是爲非其罪也。然則偪陽之滅，悼公豈待貶絕而後見哉？"（《日知》尾）以偪陽爲主，因偪陽予宋公，遂連及桑林一事，故後幅仍結偪陽，以成首尾。然作者微意，則謂偪陽何罪？向戌何功？徒取諸彼以與此，仁者不爲，況復殺人以求之耶！滅先王之封守，與僭天子之禮樂，同爲習而不察之事，故連類及之，非無端附贅也。兩事皆以偪、匄襯托知罃，以成片段。實則二子固多庸人之擾，荀罃亦非守正不移，霸國人材，至此等名分理道事體，無一可者，作者所爲浩歎也。末贊之爲禮，亦謂較降爲皂隸、覆宗絕祀者，彼善於此耳。乃冷語，非莊語也。故左文多取伯功，此則直舉其病痛處矣。提挽脫卸，儼爲時藝搭截題目開示法門。（《便覽》尾）通首三寫荀罃，五寫偪、匄。一則令人可愛，一則令人可笑。至其鍊味之腴，添色之豔，真令人百讀不厭。芳輯評。（高嵣尾）俞桐川曰："城小而固，已伏難攻。以下敘攻城者，歷寫奇勇，然且不克，則師之久淹可知。三士皆魯人也，一魯如此，則諸侯之師久淹可知。接下'諸侯之師，久于偪陽'，有眉目，有骨力。知伯責二子之言，極透徹，極婉折，又極嚴挺。林父知此，則救鄭不至敗北。荀偃知此，則伐秦不至遷延。所謂文人之吉，不使弟子得衆主也。然非左氏之筆，亦不能曲達使神致如生乃爾。"（《評林》眉）魏禧："按：此等收結，《史記》、韓文多祖之。"魏世儼："亦與前鄒人紇事相應。"《家語·七十二弟子解》："秦尚，魯人，字丕茲，少孔子四歲，其父菫父與孔子父叔梁紇俱以力聞。"（王系尾）此篇是遂滅偪陽傳。自"宋公享晉侯"至"晉侯有間"一大段只是帶敘，總以見荀罃之老成持正云爾。（林紓尾）紓曰：人果能留心讀此文，便知步步照應之法，尤知文字中寫生之妙。伐偪陽、封向戌，是荀偃、士匄少年喜事處。荀罃知其不可，而向戌亦未嘗面辭，一留下文二子請班師之伏脈，一留下文向戌不肯之伏脈。蓋荀罃明言，而向戌暗中已有成算，故不言也。圍之弗克，荀罃言驗。而向戌幸亦未領此空頭人情，暫時勒住，以待下文之熱鬧。秦菫父、狄虒彌、耶人紇三勇士，均魯人從軍者。偏歷落寫來，秦菫父爲孟氏家臣，輦重如役，未之奇也。然紇能抉縣門以出門者，彌能蒙甲於輪以爲櫓，經孟獻子一痛贊，而秦菫父之神勇立出。縣布三登而三斷，終始不疲，似經孟氏一激而成，不知非也。三子中，菫父最先見，且其勇與二子不分軒輊。當輦重如役時，安然無南宮萬之勇，何必用激而始成其勇？書曰"孟氏之臣"，已留下文爲右之伏脈。生子而事仲尼，仲尼，紇之子也，無意中又照應到耶人矣。三子者，文中之客，而知罃則文中之主。于客位尚爾留意到底，則主體自尤極留意。唯文字寫三子過多，客位侵佔過巨，轉入正文，如何着手？此際須看其轉楗之法。文閑閑著下"諸侯之師，久于偪陽"八字，無意中應上城小而固。唯城固，所以諸侯久攻不下，荀偃、士匄始生出懈心，徑請班師，竟不出荀罃所料。照應上文，並復歸本位，絲毫不費氣力。真神品之文字。此處荀罃大放厥詞，凜凜然寫出老臣卓見，大將神威。投几出彼之間，特故意斥辱之。其言曰"汝成二事，而後告余"，二事者，圍偪陽、封向戌也。又將入手處一提，作一照應。"恐亂命"，防敗事也。"易余罪"，歸罪於己也。説他一天高興，無幾微之勁力，喜功諉過，全是輕舉妄動，牽帥老成。堂堂大國元帥，萬不能事同兒戲。"必爾乎取之"，命令之且責成之。措語不多，而二子心緒乖巧，舉動輕浮處，和盤托出。激起其功，中間尤閑閑帶出《春秋》書法，真好整以暇矣。言下疾入向戌，向戌之辭，意中也。向之不言，防事之無成，空辭何益？至是以婉言出之，用兩"何"字，語輕而意決，自是向戌本色。至是將向戌歸結，並結清二事，四面照應都到矣。桑林之享，餘波也。然猶補足荀偃、士匄之冒失，荀罃老成之持重，尤極周密。至納妘姓之俘于霍，結清偪陽一役，是文字應有之收束。妙在以秦菫父爲殿後之筆，尤見其思力之暇豫。（《菁華》尾）秦菫父一人分作兩節寫，中間插入聃叔紇、狄虒彌二事，極見敘次錯落之妙。請伐偪陽之時，何等高興？此卻作此畏首畏尾語，偃、匄二人，真是一錢不值。非大帥之軍令森嚴，幾爲偪陽人笑死。以偃、匄二人親受矢石，兼以勇力之士之多，猶五日而後克之，可爲城小而固之證。向戌有何大功，何至勤諸侯之師而爲之謀一賜邑？晉侯此舉，殊爲失策。荀罃事事見識都在偃、匄二人之上，子產之不禱火，楚昭之不祀河，與此相似。

　　六月，楚子囊、鄭子耳伐宋，師于訾毋。庚午，圍宋，門於桐門。（《左繡》眉）徐揚貢曰：「伐宋，以宋公受偪陽故。」

　　晉荀罃伐秦，報其侵也。（《測義》夾）愚按：偪陽，楚與國，晉滅之而以與宋，則楚連鄭師以伐宋，勢也。乃晉不宋是救，而顧伐秦以報私怨，豈所以霸哉？〖編者按：奧田元繼作湯睡菴語。〗（《補義》眉）吳師方退，楚便伐宋，以其受偪陽也。可知不救偪陽，全懼吳師。

　　衛侯救宋，師于襄牛。鄭子展曰：「必伐衛，不然，是不與楚也。得罪于晉，又得罪于楚，國將若之何？」子駟曰：「國病矣！」子展曰：「得罪於二大國，必亡。病不猶愈於亡乎？」諸大夫皆以爲然。故鄭皇耳帥師侵衛，楚令也。孫文子卜追之，獻兆于定姜。姜氏問繇。曰：「兆如山陵，有夫出征，而喪其雄。」姜氏曰：「征者喪雄，禦寇之利也。大夫圖之！」衛人追之，孫蒯獲鄭皇耳於犬丘。（韓范夾）往亡不利，曰我在彼亡，遂克之。此固反其辭以決進戰者之心也，姜氏亦然，可謂有雄略矣。（《分國》尾）喪雄，非利也，姜曰「禦寇之利」。猶之「往亡，非吉也」，李愬以爲可擊，皆權詞以果軍心也。（《左繡》眉）此條作兩半讀，上半鄭以子展之言侵衛，而皇耳帥師。下半衛以定姜之言追鄭，而皇耳見獲，皆以大夫決之。事圓而文相對者也。兆如丘陵，卜人所謂兆廣者也，故主寇喪雄。若兆墨，則禦寇者喪雄矣。從墨坼大曰兆廣吉，歧出坼細曰兆墨凶。墨音問。（《評林》眉）征者喪雄，指鄭而言，即衛之利也。

　　秋七月，楚子囊、鄭子耳伐（或作侵）我西鄙。還，圍蕭，八月丙寅，克之。九月，子耳侵宋北鄙。孟獻子曰：「鄭其有災乎！師競已甚。周猶不堪競，況鄭乎？有災，其執政之三士乎！」（《左繡》眉）兩句提，四句應，先將「鄭」字、「競」字順逆回環，抽出「有災」另講，三「乎」字又恰作章法，語少而法自精。（《評林》眉)《補注》:"伐我無不書之法,陳氏概謂不悉書,非也。楚、鄭志在圍蕭,以退爲進,非實伐魯,故史不書。"

莒人間諸侯之有事也,故伐我東鄙。(《左繡》眉)諸侯有伐鄭之事,尚在下文,此亦倒插法。

諸侯伐鄭。齊崔杼使大子光先至於師,故長於滕。己酉,師于牛首。(《左繡》眉)著一"使"字,履霜堅冰,積威約之漸也。(《左傳翼》尾)鄭不與晉,而從于楚,始伐宋,繼伐衛,既侵我西鄙,又侵宋北鄙,背中華,殘與國,真所謂師竟已甚也。晉人大度包容,至是始興師以伐,猶是脩德息師之意。師于牛首,不遽懲創,何等從容,即此而楚不能與爭矣。此篇結語妙在虛住,神味無窮。(《評林》眉)鍾伯敬:"太子宜賓以上卿,晉以齊先至之故,令在滕侯上,此何禮也?"《補注》:"'長於滕',傳言序諸侯不同,皆出伯主之意。"(王系尾)此三駕之一,是部中大關鍵處。

初,子駟與尉止有爭,將禦諸侯之師而黜其車。尉止獲,又與之爭。子駟抑尉止曰:"爾車,非禮也。"遂弗使獻。初,子駟爲田洫,司氏、堵氏、侯氏、子師氏皆喪田焉,(孫鑛眉)敘事詳核,略覺煩。(閩生夾)子駟,弒君之賊,自宜討爾。詳記此等以爲諸人罪案,筆意深曲,所以隱遏不使露也。故五族聚群不逞之人,因公子之徒以作亂。於是子駟當國,子國爲司馬,子耳爲司空,子孔爲司徒。冬十月戊辰,尉止、司臣、侯晉、堵女父、子師僕帥賊以入,晨攻執政於西宫之朝,殺子駟、子國、子耳,劫鄭伯以如北宫。子孔知之,故不死。書曰"盗",言無大夫焉。(《評林》眉)汪道昆:"子駟、子國、子耳俱穆公子,同執政。"李卓吾:"子孔知難不告,雖得暫免,然其後以爲政之專,至使國人併以西宫之難討之,而戮其身、分其室,則其禍愈慘矣,奚取其一時之利哉?"陳傅良:"無大夫,傳釋書盗例。"(閩生夾)因無大夫而書"盗",則非爲不義,此經師之釋文也。

子西聞盗,不儆而出,尸而追盗,盗入于北宫,乃歸授甲。臣妾多逃,器用多喪。子產聞盗,爲門者,庀群司,閉府庫,慎閉藏,完守備,成列而後出,兵車十七乘,尸而攻盗于北宫。子蟜帥國人助之,殺尉止、子師僕,盗衆盡死。侯晉奔晉。堵女父、司臣、尉翩、司齊奔宋。（魏禧尾）魏禧曰："子產能人，子西亦至性人，二子得失，人擇所自處耳。然成列後出，將以得盜也。厖群司、閉府庫，情不已泰乎？"魏世傚曰："伍奢之被讒也，平王召其子尚、員。尚歸死，員逃而思報。世多尚之死孝，而不謂員爲不義。子產之勢，在必得盜，伍員之義也。然其情似爲已泰，不知子產聞盜之時，固已有攻而盡殺之略矣，夫不如是則不足以得盜。崔成、崔彊殺東郭偃、棠無咎于崔氏之朝，崔杼怒，使圉人駕，寺人御而出，及其反也，則無歸矣。且盜殺三卿而劫君，子產不成列，必不可以得盜。不能少忍須臾，以敗報仇之大計，子產不爲也。子西之即尸而追盜，情同夫伍尚矣，亦孝子之至性也。然於報仇追盜之大計，不已疏乎？使非子產之帥甲攻盜而盡殺之，則子西之仇不得復，其家之不至如崔杼者，亦幾希矣。聖人于人子之喪，爲之制哭泣之節，哀毀滅性者，不得爲孝子，義以裁情也。子產之爲，亦聖人之所不棄與？"伊侃曰："以典禮繩人，則人無怨。尉止車過制，而黜損之可也，獲弗使獻，是橫逆之施矣。子駟之死，其亦宜也。尉止居下不遜，以身殉匹夫之忿，亦無足取。"彭家屏曰："《書》曰：'一人三失，怨豈在明？不見是圖。'子駟爲國正卿，不能以正帥下，而抑人之功，奪人之田，宜其及禍也。然怨發子駟，殃及二卿，其禍烈矣。小人之怒不可犯也，如是夫？"

　　子孔當國，爲載書，以位序，聽政辟。大夫、諸司、門子弗順，將誅之。（《評林》眉）汪道昆："門子，卿之適子，將代父當門者。"子產止之，請爲之焚書。子孔不可，曰："爲書以定國，衆怒而焚之，是衆爲政也，國不亦難乎？"子產曰："衆怒難犯，專欲難成，合二難以安國，危之道也。不如焚書以安衆，子得所欲，衆亦得安，不亦可乎？專欲無成，犯衆興禍，子必從之。"乃焚書於倉門之外，衆而後定。（《左傳雋》眉）陳止齋曰："書以治衆也，而焚之，則政替矣。然鄭賴焉，何也？寬之則庶幾于自新，急之則竟其自絶之志。"（文熙眉）穆文熙曰："黜車、止獲、侵田，鄭之執政橫甚，不至殺身不已，未必皆殺之者之罪也。子孔知難而不告，雖得暫免，後以爲政之專，鄭人患之，乃討西宮之難殺之而分其室，則其禍愈慘矣。小人倖免，何益哉？"又曰："子產倉卒聞盜，即有區畫，所以能安國定難，終知政也。"汪道昆曰："'子西聞盜'以下章法。"子產請焚書，所以能安鄭人，不然，亂猶未已也。（韓范夾）爲政莫善於因人情，違人情以立威，是赫連屈丐之儔也。故子孔之言，似乎有風力，而實非也。子產之言，似乎委太阿，而實是也。（魏禧尾）魏禧曰："處變定亂之道，不可豫執。然熟玩焚書倉門及范宣子禦欒盈二事作用不同處，皆是大有力量人，知此思過半矣。"魏世傚曰："或以子孔爲載書，子產曰衆怒難犯，而力請焚之。子產作邱賦，則不恤國人之謗，是何故也？夫伯有之死，子產出奔。有事伯石，賂與之邑。是豈子產之得已哉？政教未孚，不得不舍經以從權也。子孔當盜殺三卿之後，而又誅大夫諸司門子之弗順者，禍且立至矣，不焚載書，國其危乎？若以是爲子產之過，則必如商鞅之言，令不便者盡誅之、遷之而後可。"魏世儼曰："商鞅盡行誅遷之法，是威信大行以後。子孔新執國政，禍亂方除，人心未服，即欲爲鞅所爲，又烏可哉？"彭家屏曰："子產焚書之事，論者皆以爲盜殺三卿之後，國亂方除，人心未服，不焚載書，禍且立至，處變定亂之道，不得不爾，似也，然皆不得其要領者也。夫令出惟行，弗惟反。載書是也，雖下有間言，其可焚乎？如其非也，雖天子成命，猶將收之，何有于國卿之載書乎？今觀所爲載書者，乃子孔當國，使群工各守厥職，以聽執政之命，而不得干與朝政。以是爲書，雖欲不焚不可也。夫國家之事，當與國家之人共之。《洪範》曰：'汝有大疑，謀及卿士，謀及庶人。'《周官》曰：'推賢讓能，庶官乃和，不和政厖。'《秦誓》曰：'若有一個臣，斷斷兮無他技。人之有技，若己有之。'有國之大，庶事之繁，斷無廢群策群力，騁一人之精神才智，可以優優幹當之理。如其專之，取亂之道也。子產知其非是，而借大夫諸司門子之弗順，請而焚之，爲謀不已遠哉！在昔呂文穆爲相，嘗問諸子曰：我爲相，外議何如？諸子云：'人言無能爲事，權多爲同列所爭耳。'文穆曰：'我誠無能，但有一能，能用人耳。'此真宰相之言，當軸者不可不知也。"（《分國》尾）子駟倖免于群公子，難逃尉氏之禍。子孔漏網于尉止，難免西官純門之討，天道不遠也。子產戒備討賊，焚書安衆，將相之器，卓然不群。（《左繡》眉）此篇是子駟、子孔合傳，作三段讀。首段子駟當國，末段子孔當國，前後遙對。中間子產攻盜，承上聚亂，引下定衆，作轉榫之筆。尤妙在後半子孔事，先伏于首段之中。末段子產語，不惟爲子孔說法，亦所以暗綰首段總斷作結也。文只隨事平平敘述，而首尾伏應，一一自然。此文論經則子駟爲主，後半乃後經以終義。論傳則子孔爲主，通體乃錯經以合異。前半一"族"字、一"群"字、五"盜"字，後半七"眾"字，兩兩相映。中間又連著"盜""眾"二字上下作關紐，分明寫作對局。而前云"子孔知之"，後云"子得所欲"，是子駟之見殺於盜者，皆子孔爲之。篇中從子駟敘起，歸結到子孔，體方而意圓，事截而文質，亦合傳之變而正者也。《咀華》評最透，今備錄之。唐錫周曰："十九年，傳大書鄭人討西宮之難，子孔當罪。則左氏意中，明明認定子孔是戎首矣。此處偏不肯明白寫出，但用幾筆旁敲側擊，寫得若隱若現，而其陰謀乃愈明，罪狀乃愈白。起處敘五族作亂根由，連下三'子駟'字者，見得五族所怨，子駟一人耳，苟非有人欲代之執政，何故波及子國、子耳也？鄭有六卿，撇下子展、子蟜二人，獨將子駟、子國、子耳、子孔階級次序，歷歷注明者，所以明在子孔下者，不足復忌。而子孔位三人下，三人爲魚肉，子孔爲刀俎，非一日也。三人死後，書'子孔知之'者，所以明子孔知而不言，實爲厲階也。書盜無大夫者，所以明諸賊皆無能爲，若非司徒調遣，斷不能一朝而尸三卿也。書子西、子產聞盜者，所以明舉國忙亂，司徒獨閉門高坐也。書子蟜助戰者，所以明子孔袖手旁觀，並不以鄭伯爲念也。書子孔當國者，所以明子孔快心滿意也。書當國後即爲載書，以位序聽政者，所以明子孔胸中經畫已有成算，令子西、子展輩不得與之爭也。書子產勸焚載書，連下幾個'欲'字者，所以明子孔爲鬼爲蜮，遇子產眼如箕，舌如刀，便肺肝畢露，無地自容也。子孔於是茫然喪其所懷來，只得將載書勉強付之祝融，而純門之師所以復起也。"正妙批！只"司徒調遣"句過於周內，蓋傳有"故不死"三字也。（美中尾）群盜所讎，子駟一人耳，苟非有欲代之執政者，何以波及子耳、子國？觀子孔當國，即爲載書，可見經畫早已素定，所謂司馬昭之心，路人皆知也。設非子產，則國討不俟純門之師矣。説參唐氏。（《左傳翼》尾）五族所仇怨者，止子駟一人，而西宮之難，並及國、耳。以二子位在子孔上，恐其以次執政，而己不得所欲也。故敘六卿並列四人，而不及蟜、展，大意可見。眼目祇"子孔知之，故不死"二句，所以見群盜作慝，皆子孔爲之也。三卿既死，居然當國，載書之舉，鄭國之命未有是也。司馬昭之心，豈不路人皆知乎？子產侃侃正論，足以褫魂奪魄，猶不覺悟，而復有純門之師，必至族滅而後已，下民之孽，匪降自天，吾于子孔益信。此篇寫群盜，實寫子孔，以群盜皆聽子孔指揮者也。寫子孔，實寫子產，以子產一生經濟，於此已見一斑也。倉卒聞亂，即佈置完密，卒令群盜授首。子孔鬼蜮，舉國不能與爭，折以大義，令之俯首聽命，非有出衆才識，能如是乎？看定賓主，則作者意旨了然矣。論傳本文，但云"子孔知之，故不死"。唐錫周謂："'書盜，無大夫'者，所以明諸賊皆無能爲，若非司徒調遣，斷不能一朝而尸三卿也。""調遣"二字，似乎過於周内。究之五族止怨子駟，何以波及國、耳？若泛攻執政，則子孔且不能免，何以蟜、展且得瓦全？蓋爲子孔冀圖當國，與盜合謀，在己上者不可留，在己下者不足忌也。且己既不死，而蟜、展不存，則顯然有跡，故併免二子以泯其蹤，此皆子孔鬼蜮姦情，群盜雖怨子駟，而殺國、耳，而免蟜、展，其爲子孔調遣無疑也。"知之"二字中，有無限隱情在。（《日知》尾）敘盜殺三卿後，復綴載書一節，由後揆前，字字具磥磥用獄。（高嶿尾）此傳子駟、子孔也，而子產作用，已見一班矣。（《評林》眉）《經世鈔》："'衆怒'八字，是經國大體。"汪道昆："子產請焚書，所以能安鄭人。不然，亂猶未已也。"王元美："光武之燒文書以安反側，亦得此意。"《經世鈔》："不獨焚之而已。"（王系尾）張元德曰："鄭之從楚以勞列國，皆公子騑之罪也。鄭成公卒之初，諸大夫欲從晉矣，公子騑以'官命未改'止之。及鄢之役，僖公如會以從盟主，而騑弒之。及楚子囊伐鄭，子展欲堅守以待晉，而騑請從楚以任其咎。故公子騑者，弒君之賊也。而公子發、公孫輒惟騑是從，惡積而不可掩，鄭不能討，而盜得殺之，所謂上慢下暴而致寇至，孔子以爲盜之招也。"（《菁華》尾）子駟弒君之賊，幸生已久，天特假群盜之手以斃之，人心亦爲之一快。惟子耳、子國二人，較爲無罪耳。傳於三卿見殺之下，直言"子孔知之"，則子孔實爲主謀，不言自見。蓋子駟雖死，非並二人去之，則仍不得居當國之位，此子孔之意也。不然，此二人者，與群盜無怨，何爲並子駟而殺之乎？子孔當國之後，知得位不正，恐大夫圖己，故爲刑書以劫之，使之自救不暇，此純是爲私起見。子產勸之焚書，子孔迫於公論不得不從，而其心終不快。故未久復有純門之師。

諸侯之師城虎牢而戍之。（《補義》眉）騑既誅，鄭人已心服晉矣，而特難于退楚也。故其決于盟楚，不過強作周旋。而不敢從晉，卻已披其肝膽，惟知氏見得明。**晉師城梧及制，士魴、魏絳戍之。**（《評林》眉）嚴啓隆："梧與制皆虎牢之旁邑，城之所以翼虎牢，其事細，故史不書。"書曰"戍鄭虎牢"，非鄭地也，言將歸焉。（《測義》夾）王樵氏曰："城虎牢不繫之鄭者，時鄭方從楚，中國取其虎牢而城之，爲中國守險以制鄭，非爲鄭而城之也。城虎牢而繫之鄭者，時鄭將從晉，中國恐楚伐鄭，故置兵守衛以拒楚，是爲鄭而戍之也。"鄭及晉平。楚子囊救鄭。十一月，諸侯之師還鄭而南，至於陽陵，楚師不退。（方宗誠眉）此篇以"退"字爲主。知武子欲退，曰："今我逃楚，楚必驕，驕則可與戰矣。"（韓范夾）文子欲逃楚，意在内憂。武子欲逃楚，意在不戰。彼欲借外敵以安内，此欲仗信義以服人，皆晉之老成臣也。（《評林》眉）《匯參》："還，亦作環，户關反。陽陵，今在河南開封府許州西北。"（《補義》眉）知武立意敝楚，此三言非其本心。欒黶曰："逃楚，晉之恥也。合諸侯以益恥，不如死！我將獨進。"師遂進。己亥，與楚師夾潁而軍。（《補義》眉）何云："黶違帥先進而晉君不問，棫林之役棄命先歸，以爲恒矣。"

子蟜曰："諸侯既有成行，必不戰矣。從之將退，不從亦退。退，楚必圍我。猶將退也。不如從楚，亦以退之。"宵涉潁，與楚人盟。（《評林》眉）《匯參》："'從之將退'，一句照上，一句照下，見晉已不足。"《經世鈔》："亦似是而非之言。"《匯參》："言同一將退也，此句帶起下句。林注：'楚見晉退，必來圍鄭，晉雖見楚圍鄭，猶將退師而去。語氣連上文，便欠明。'"（《補義》眉）宵涉潁，與楚盟，非楚師之能至其城下也，見其欲救鄭而不能。欒黶欲伐鄭師，荀罃不可，曰："我實不能禦楚，又不能庇鄭，鄭何罪？不如致怨焉而還。今伐其師，楚必救之，戰而不克，爲諸侯笑。克不可命，不如還也！"丁未，諸侯之師還，侵鄭北鄙而歸。楚人亦還。（魏禧尾）魏禧曰："知武子之言，似是而非也。鄭以服我致楚師，吾在晉國猶將合諸侯以救之，況現在鄭乎？見楚而逃，鄭服而伐之，何以爲盟主？逃楚固非，但不當從勝負起見耳。盍曰：'吾伐鄭，鄭恃我背楚，而與我盟。今楚師在境，而吾逃之，鄭必受其災，吾何以取信於天下？我能則戰，不能則釋鄭而與楚講可也。'"魏世儼曰："楚伐晉，在九年夏，子囊方歷述晉君臣之德，以爲未可與争。十年冬，晉會諸侯伐鄭，子囊更起師，略無所忌。豈一二年中，晉政有闕，而楚遽强于晉耶？且兩國君臣皆未改，荀罃亦見楚師即逃，其故何哉？"（《分國》尾）此一役也，《春秋》深許楚之救鄭，而罪諸侯之戍虎牢，是也。但有晉不能事，而恃救于楚；有虎牢不能守，而聽戍于諸侯，鄭其尚可爲國乎？（《左繡》眉）林氏謂此晉悼復霸，楚欲救而不能也。論經以楚爲主，故"救鄭"起，"亦還"結。傳則以鄭爲主，蓋于晉已信其柔服之意，于楚不過爲苟免之策。子蟜語承上起下，以中間貫兩頭，其意不憂退晉，只要退楚而已。前後詳寫知罃，正見鄭之所以服晉者，在此而不在彼也。首尾兜裹，注意中權，章法完密。環鄭而南，夾潁而軍，侵北鄙而歸，乃文字提撥片段處，一連寫五"退"字，圓轉如珠。俞《選》連六月楚、鄭伐宋至此爲一篇，批尾云："須識得晉師節節有禮，鄭伐三國，然後興師。戍鄭虎牢，仍欲與鄭。楚師不退而晉欲還，鄭及楚盟而晉不討。尤妙者，師于牛首，來得從容。諸侯之師城虎牢而戍之，守得持重。中插尉氏之亂，見鄭內盜方起，諸侯臨之，不攻自破。然晉求服其心，非貪其地，可知鄭人反覆詐諼，皆在晉師包容之內。而二卿之背中華、殘與國者，不死于師而死於盜，亦見鬼神之不可誣也。至於三駕之後，鄭事晉者二十餘年，固荀罃善於恤小，亦子產共於事大。故此處先將子產學問敘次一番。凡讀左氏書，當看其同此事實，而詳處、略處、斷處、敘處，顯出剪裁妙用，後世史材不及。蓋緣只會記賬，不會行文耳。"此評聯絡誠佳，與余所論篇法自別。（《評林》眉）《經世鈔》："此語是已，又致怨焉何爲？但當益脩威德，使鄭自服。"謝文洊："荀罃每不欲戰，只是'克不可命'四字，故拿定主意，單用罷之一法。"李于鱗："荀罃之圍偪陽，亦以爲笑是慮，老成持重之見如此。"（《左傳翼》尾）不致毒于鄭，所以服鄭也。不急戰于楚，所以敝楚也。要着只在收場，不必專在目前較勝負，武子握定主意，所以三駕而楚不能與爭，豈欒黶輩所能測識乎？（王系尾）自篇首至"鄭及晉平"，是戍鄭虎牢傳。自"楚子囊救鄭"至篇終，是楚公子貞帥師救鄭傳。文爲兩扇，事則一貫，爲史家合傳之祖。

王叔陳生與伯輿爭政。（孫鑛眉）但平敘而語多精，其妙處亦只是一個净。（《補義》眉）陳生貳心于戎，爲晉所執，乃敢爭政，又欲奔晉耶！**王右伯輿，王叔陳生怒而出奔。及河，王復之，殺史狡以說焉。不入，遂處之。晉侯使士匄平王室，王叔與伯輿訟焉。王叔之宰與伯輿之大夫瑕禽坐獄于王庭，士匄聽之。**（《補義》眉）汪云："若'聽之'下竟接'合要'，了無生趣，得'篳門'語生出一篇妙文。"**王叔之宰曰："篳門閨竇之人而皆陵其上，其難爲上**

矣!"（孫鑛眉）訟必有正題目，乃却止述閑争語，蓋亦辭窮。（《評林》眉）汪道昆："辭令妙品。'右伯輿'字法。'賜之辛旌'句，字法句法。'唯大國圖之'以下，神品。"王元美："卿士争政，天子已不能官人矣，又不能自決，而待諸侯之卿聽之，其將爲弁髦乎!"瑕禽曰："昔平王東遷，吾七姓從王，牲用備具。王賴之，而賜之騂旄之盟，曰：'世世無失職。'若篳門閨竇，其能來東厎乎？且王何賴焉？今自王叔之相也，政以賄成，而刑放於寵。（《評林》眉）重盟必用赤牛角正者。厎訓至，固矣，文理難通。自漢以還，京師里第皆曰邸，厎、邸古字通用，此傳遜説必然。《經世鈔》："放，失也，謂寵人有罪而失刑，舊注非。"《增補合注》："人有左右，右便而左不便，故以所助者爲右，不助者爲左。"《補注》："傳見周衰，至使晉大夫聽王卿士之訟。"（方宗誠眉）辭命嚴正。二句一篇之主。官之師旅，不勝其富，吾能無篳門閨竇乎？唯大國圖之！下而無直，則何謂正矣？"（《補義》眉）先推開篳門閨竇，後直認篳門閨竇，只借其四字，而以子之矛，攻子之盾，殊不可當。（《學餘》眉）有典有則，宛轉周至，不以駁辨之故，失其文與禮也。此謂其争也君子，若王叔氏則無理取鬧而已。宣子右之，亦善爲説辭矣哉！范宣子曰："天子所右，寡君亦右之。所左，亦左之。"使王叔氏與伯輿合要，王叔氏不能舉其契。（《補義》眉）周云："王叔宰與瑕禽兩番詰辨，俱是閒話，認作對簿供狀便誤，合要方是供狀也。王叔奔晉。不書，不告也。單靖公爲卿士，以相王室。（文熙眉）其言直而有理，所以能屈王叔。（孫琮總評）唐荆川曰："訟必有根原，王叔之宰，首作體面語，想亦詞窮耳。瑕禽就其語而破之，便自痛快。朱門閥閱，居然有淩人之氣，何不時一拈此？"事固須有曲直，何得如王叔之宰，只一味恃氣欿以加人？若瑕禽所對，措詞婉曲，用意勁直，此其所以勝也。范宣無所可否，而左右一聽天子，深得霸佐權略。不然，列國之卿而聽斷王朝之訟，其是非先以倒置矣，又何以服天下？（《彙鈔》眉）先言本非篳門閨竇以自鳴其功，繼言不得不篳門閨竇以入人之罪。只接他"篳門閨竇"四字，翻出兩層辯駁，舌鋒犀利。（《分國》尾）權要家以勢陵人，曰"篳門圭竇而陵其上"，瑕禽以兩言折之，"從王東遷""騂旄與盟"，何嘗篳門圭竇也？清白傳家，貨賄不入，宜其篳門圭竇也。不待合要，王叔之氣已挫。以王之左右爲曲直，片言走王叔矣。(《左繡》眉) 此篇以"王右伯輿""王叔氏不能舉其要"之句作主，宣子斷語，安在中間。其事已了，卻因"篳門圭竇"一語，生出一篇妙文，大爲寒士吐氣，此事之得文而傳者也。後世不知，往往備事而略文。文無可觀，事亦安從而傳？篇中九寫王叔，三寫篳門圭竇，正一篇之眼目，而筆之尖穎蘊藉，迥非凡子所得臨摹。篳門圭竇，直欲以勢壓之。不料反授人以話柄也，絕倒！"皆陵其上"，既入其罪，又藉以挑唆問官，此宰亦好一訟師。先說當初並非篳門圭竇，以愧其心。後說如今不免篳門圭竇，以杜其口。只就他說話，持矛刺盾，而已輕輕將自己之長，他人之短，明明道破。讀此等口供，近世刀筆家直當縮口耳。"賄成"二語，供王叔，卻即以斯破問官也。妙妙！不勝其富，竟是當面放水矣，絕倒！下面"無直"又對他"難爲上"兩句，直無一字放空也。宣子語是聽獄正面，卻只以"合要""不能"兩句了局，不但詳略變化，亦見兩邊曲直已透，前文不煩辭費也。最是虛者實之、實者虛之妙法，文章死生，全在爭先手處得力，此其明徵矣。(《左傳翼》尾) 兩人爭政，王右伯輿，非偏袒也，亦知王叔氏不能舉其契耳。不知自反，而亢悍若此，無禮甚矣，不待獄辭具而後知其曲也。王叔之宰與瑕禽兩番詰辯，俱是閒話，認作口供，誤矣。獄辭歸結，只在"不能舉其契"一語，讀者勿錯認床頭主人也。平王室，一和事老耳，而居然聽訟，僭妄何如？于此見王綱不振，而晉君臣之無王已極矣。評者口口問官，豈習焉不察，竟欲以陪隸而駕天子之宰耶？(高塘尾) 俞桐川曰："上下左右，絕精關目。王叔本宗室，故欲淩人。伯輿又勳舊，不肯貶己。總屬世卿之禍。故虢公、鄭伯爭于前，陳生、伯輿訟于後，而周之不君，亦可知矣。"(王系尾) 傷王室之益衰也。王自有臣，直者不能明其直，曲者不能治其罪，而使聽命于霸國之陪臣，此復成何等世界者哉？王室如此等事，蓋不勝敍。隔數年而一舉之，明其日以淩遲，卒不自振而已矣。是部中提挈綱領處。(《學餘》尾) 下陵上，疏間親，失人臣之道矣。無如其自陵之而自間之也。自陵自間，夫何尤於人？觀王叔氏之言，如聞世祿之家鮮克由禮聲口，誠可危而可懼也。(《菁華》尾) 范宣子既知二人曲直，而不敢斷言之，一切歸之天子，措詞極爲得體。

◇襄公十一年

【經】十有一年春王正月，作三軍。(《評林》眉) 孫覺："蓋三桓欲弱公室，彊私家，不量其力之可否，而頓作三軍，《春秋》以爲亂王制、竭民力，書曰'作三軍'也。"夏四月，四卜郊，不從，乃不郊。（《評林》眉）高閌："魯不當郊，郊非禮也。今不郊者，非知其非禮故也，乃卜不從故耳。直書不郊，則不復免牲矣。"鄭公孫舍之帥師侵宋。（《評林》眉）高閌："蓋用公孫舍之謀，以伐宋自信於楚，而數叛晉，使楚道敝，而固與晉，以託國焉。"公會晉侯、宋公、衛侯、曹伯、齊世子光、莒子、邾子、滕子、薛伯、杞伯、小邾子伐鄭。秋七月己未，同盟於亳城北。公至自伐鄭。楚子、鄭伯伐宋。公會晉侯、宋公、衛侯、曹伯、齊世子光、莒子、邾子、滕子、薛伯、杞伯、小邾子伐鄭，會于蕭魚。公至自會。（《評林》眉）程子："兵不加鄭，故書至自會。"高閌："《春秋》以變文爲褒貶，屢書盟而不信，則以不書盟爲誡。屢書伐而無功，則以不致伐爲美。"楚執鄭行人良霄。冬，秦人伐晉。

【傳】十一年春，季武子將作三軍，告叔孫穆子曰："請爲三軍，各征其軍。"穆子曰："政將及子，子必不能。"武子固請之，穆子曰："然則盟諸？"乃盟諸僖閎，詛諸五父之衢。（《左繡》眉）武子作軍，始專國政，叔孫禁之不得，而重盟之，又以使盡爲臣反形之。蓋作軍本武子事，文卻以叔孫爲主，早爲後舍軍四分公室篇伏脈也。分兩半讀，上盟詛虛說，下毀乘實說，末句"不然不舍"，乃盟詞大意，留於此處作結。與宋人及楚人平篇，結法正同。（《補義》眉）提出季武子，惡有所歸。便有訪於孟氏不從一層。（《評林》眉）按：假託於增立中軍，因以上下二軍亦改作，其爲專民人也已。鍾伯敬："不能者，穆氏知季氏將執魯政，必厚自封殖，不能分均爲三。"

正月，作三軍，三分公室而各有其一。三子各毀其乘。季氏使其乘之人，以其役邑入者，無征；不入者，倍征。孟氏使半爲臣，若子若弟。叔孫氏使盡爲臣，不然，不舍。（孫鑛眉）精鍊，錯而整。（《分國》尾）孟氏、叔氏，尚有以子弟父兄歸公者，季則盡歸之私矣。他日三耦不具，哀哉！（《左繡》眉）若，或也。征其子者，臣其父；征其兄者，臣其弟。此《補正》云爾。余謂此四字，乃上下兩句公共，牽上搭下文法。猶言若子、若弟，孟氏使半爲公臣，叔孫使盡爲公臣，見叔孫之忠於公室也。末句單承叔孫氏説，言不盡爲臣，則我不肯舍舊制而作三軍，分明與武子相構。故後四分取二，亦以此恨而詆之。舊注謂此乃三家盟詛之本意，恐非。若如注説，則叔孫所取，較多于孟氏，何以爲穆子耶？（儲欣尾）無故而諸臣分裂其國，豈襄公幼弱使然與？抑積威所致與？傳稱季文子忠於公室，恐非定論。（美中尾）家則堂曰："析二軍爲三，而三家各有其一，爲國君者，僅擁虛器於上，國非其國矣。乾侯之禍，權輿於此。《春秋》書城費於前，作三軍於後，所以垂人臣負固跋扈之戒。"賀養敬曰："孟獻子，賢大夫也。畜馬乘之戒，聖門實採焉。然而公室之分，身親爲之，則社稷臣蓋難言哉！"（《左傳翼》尾）自古權奸竊國，未有不驅民使歸己者，三分公室，民盡入私，猶恐民心戀君，而以不入者倍征，迫之使盡歸於己，此與陳氏厚施意何以異？穆子詛盟之意，但憂季氏之政作，侵奪二氏，而不言三軍之不當作，雖取之稍輕，絶無公忠體國之意。公室之不張，豈獨武子罪哉？魯作三軍，唯孔疏、杜注爲得其實，蓋魯本無中軍，季氏增之，遂三分公室而各有其一，昭五年之所舍，即此年之所作也。胡氏謂三軍皆魯之舊，季氏廢公室之三軍，而三家各有其一，故謂之作，説自稍異，參觀可耳。至"政將及子"，杜氏謂："政者，霸國之政令，魯以次國而爲大國之制，貢賦必重，故憂不能堪。"夫魯自事晉以來，霸主之政令久已及魯矣，何云將及，且不云及魯而云及子？《補正》謂政爲魯政，魯國之政將歸於季孫，是矣。乃云："以一軍之征而供霸國之令，將有所不給，則必改作。其後四分公室，而季氏擇二，蓋亦不得已之計，叔孫固已豫見之。"夫季氏攘君奪民，箅入秋毫，豈肯自尋死路？旁觀喚醒尚爾執迷不悟，況後此舍中軍亦豈爲貢賦不給，不得已而思變計者？叔孫既逆知後此不堪，而效忠悃之言，又何爲因其固請而必盟之詛之，使之不復改作乎？蓋季氏專魯，原欲乘襄公幼弱三分公室，以爲後日擇二之漸，穆子恐其今日攘公，後將奪己，故不欲作三軍以開其端。"政將及子""子必不能"，言子既秉政，將來豈肯以三分終，勢必毁之以爲兼併之計。"不能"云者，不能如此遂已也。固請不已，知其必然改作，故要以明神，惕以禍福，曉告於衆，使之不得變易，此自爲之意居多，非爲國謀，又豈爲季氏計也？當日情事甚明，文意亦顯然可見，諸説何未之深考耶？孔疏云："三家所得，各以父兄子弟分爲四，季氏盡取四分，叔孫氏取子弟，而以父兄歸公，孟氏只取子弟之半，而以三歸公。蓋分國民爲十二，三家得七，公得五也。"愚按：父兄子弟只分老壯，不必析作四等，季則老壯盡取，叔孫專取其壯，孟氏尚留一半與公耳。蓋既作軍，自當取壯不取老，強壯歸私，則君無兵柄矣。王荊石以爲魯民不屬公之始，是也。（《補義》眉）以獻子之賢，穆子之忠，爲季所制，而坐視公室之分，可歎也。篇中並不敍及孟氏，只插使半爲臣一語，取之獨少，其嗚咽於是擧者自在言外。（高塘尾）胡康侯曰："三軍，魯之舊也。古者大國三軍，次國二軍，小國一軍。魯侯封於曲阜，地方數百里，天下莫強焉。及僖公時，能復周公之宇，而史克作頌，其詩曰：'公車千乘。'説者以爲大國之賦也。又曰：'公徒三萬。'説者以爲大國之軍也。故知二（疑當爲三）軍，魯之舊爾。然車而謂之公乘，則臣下無私乘也。徒而謂之公徒，則臣下無私民也。若有侵伐，諸卿更帥以出，事畢則將歸於朝，車復於甸，甲散于邱，卒還於邑。將皆公家臣，兵皆公家之衆，不相係也。文、宣以來，政在私門。襄公幼弱，季氏益張。廢公室之三軍，而三家各有其一。季氏盡征焉，而舊法亡矣，是以謂之作。其明年季孫宿救台，遂入鄆。又其後，享范獻子，而公臣不能具三耦，民不屬公可知矣。《春秋》書其'作''舍'，以見昭公失國，定公無正，而兵權不可去公室，有天下國家者之所宜鑒也。"（《評林》眉）穆文熙："魯舊無三軍，武子乃創作之，三分公室，而各有其一，其無君自此始矣。"（閭生夾）三家兼併公室始此，故詳記之。宗堯按："此直書季孫之奸惡。"

　　鄭人患晉、楚之故，（《補義》眉）俞云："三執政皆死，而晉之德禮已乎。"前篇猶出子展之謀，此則前一段呼起，後二段作應，大夫與執政聯爲一氣，更無絲毫異議。（高塘眉）第一段是鄭謀與晉之計，首起全篇。欲與晉須先怒晉，欲絕楚須先弱楚。"與宋爲惡"，是事之線。"乃固與晉"，是文之主。諸大夫曰："不從晉，國幾亡。楚弱于晉，晉不吾疾也。晉疾，楚將辟之。（閭生夾）是時晉微，楚亦不競，但苦小國耳。敘述處明晰如畫。何爲而使晉師致死于我，楚弗敢敵，而後可固與也？"（孫鑛眉）三句一氣，只"何爲"二字轉下，甚勁有力。子展曰："與宋爲惡，諸侯必至，吾從之盟。楚師至，吾又從之，則晉怒甚矣。晉能驟來，楚將不能，吾乃固與晉。"大夫説之，使疆場之司惡于宋。（韓范夾）小國事大，以免伐爲幸，兹以得伐爲幸，且以屢伐爲幸矣。此固時勢之變，而小邦之求免，其術愈奇也。宋向戌侵鄭，大獲。子展曰："師而伐宋可矣。若我伐宋，諸侯之伐我必疾，吾乃聽命焉，且告于楚。楚師至，吾又與之盟，而重賂晉師，乃免矣。"（孫鑛眉）與上意全同，語亦無大異，但以賂當怒，而"固與"意見。然細玩亦嫌重，"若我"以下數句似可刪。（《補義》眉）徐退山曰："晉、楚卻在子展顛倒之中。"夏，鄭子展侵宋。（《分國》尾）立國貴自強，從楚固晉，皆非也，固晉較愈耳。侵宋致師，盟楚賂晉，而後與晉始固。子展之謀，殊慘澹經營哉！嗚呼！子產以侵蔡爲致晉、楚之師，子展以固晉爲保社稷之計，似矣！若使子駟尚在，晉悼不生，雖有子產、子展，終於阻撓，信乎國須有人，尤貴有時勢哉！（《左繡》眉）此篇遙接前"不從亦退"篇來，鄭欲與晉，則與之已耳，許多曲折，都從"晉不吾疾"一句生出，中段"驟來"暗應，末段"必疾"明應，看他"何爲""而後"一呼，下以三"乃"字應之，意同而語異，似一頭兩腳格。子展兩番話，前段正搭，後段乃申說也。"且告于楚"承"楚師至"句添出，"重賂晉師"承"怒甚""驟來"添出，此所以意同而非複也。又前段"固與"用明應，而"疾"字則以"怒"字暗應。後段"疾"字用明應，而"固"字則以"免"字暗應。應法既變化，又均勻，是左氏無字不精細處。（《左傳翼》尾）喜其來，又喜其能驟來，雖無後來其蘇之望，亦無虐我則仇之恐，蓋仗信以待晉，本屬子展本謀。而惟有禮與強可以庇民者是從，亦犧牲玉帛待於二竟大旨。晉不吾疾，可謂有禮。晉能驟來，可謂之強。不從晉，國幾亡，可謂可以庇民，子展乃可遂其本謀矣。然必伐宋以致晉師，而楚弗能敵，然後乃固與晉，猶不免強弱之見，則仍雜子駟議論，而非背夷即華、仗信待晉之本謀，則亦不善於托國者也。（《日知》尾）三分四軍，楚、鄭在晉人算中矣。豈知宋挑晉，以晉制楚，晉、楚又在鄭人算中耶！千曲百折情節，只以數語敘明，且追敘三次，同而不同，各極其妙，用筆直如分水犀。（《評林》眉）穆文熙："此策深哉，惡宋以從晉，怒晉以辟楚，則晉、楚皆可以無患矣。"楊升菴："此策果可使楚不敢進而爭晉，但反覆權謀，甚非正也，終不若守完仗信之爲當。"《補注》："不書宋侵鄭，書鄭侵宋，譏在鄭。"（王系尾）此篇是二駕、三駕之總冒，下三篇節節與此相應。王明逸曰："案，鄭之謀國有二：犧牲玉帛待於二竟，欲唯強是從者，子駟也。晉君方明，八卿和睦，知必不棄鄭，欲仗信以待晉者，子展也。至是子駟既亡，子展遂堅于從晉。然猶必侵宋以致諸侯之師，使晉師驟來，而後固與晉。蓋前此，從晉則楚師至，從楚則晉師至，今故欲激使晉師致死于鄭，楚弗敢敵，而後可固與也。辛之晉師三駕，而楚弗能與爭，可謂如子展之言矣。然而子展未知本也。子展所見者，晉、楚之力耳。兩強則爭，爭則難於兩與也。一弱則吾與固矣，此子展之見也。然使鄭一于信義以從晉，致死不二，則以北方與國之多，信好之重，保鄭禦楚有餘矣。何至爲是瀆武勞人，以冀小定而僅給耶？故爲國在脩德政以自強，敦信義以睦鄰。而待人之強有禮以爲庇，幸敵之少懦以苟安者，愚而已矣！"按：王說甚精，故錄之。子展能知仗莫如信，而狙詐反覆如此，豈汩汩鄭人中，爲習氣所薰染也與？

  四月，諸侯伐鄭。（《補義》眉）汪云："合十三國諸侯伐鄭，或先至，或暮至，或同至，或還次，分東西南北，寫得兵威極盛，卻注重在觀兵而不戰，欲盟即盟，不特恤鄭，更慮及十三國之道散，所謂慎也。"（高嵣眉）第二段鄭伐宋，諸侯伐鄭，而以同盟於亳束之，見鄭能聽命，爲會蕭魚作引。所謂"與宋爲惡，諸侯必至，吾從之盟"也。**己亥，齊大子光、宋向戌先至於鄭，門於東門。其莫，晉荀罃至於西郊，東侵舊許。衛孫林父侵其北鄙。六月，諸侯會于北林，師于向，右還，次於瑣，圍鄭。觀兵于南門，西濟於濟隧。鄭人懼，乃行成。**（孫鑛眉）敘東西北南，亦以錯落見致。（《左繡》眉）合十三國伐鄭，盟亳，凡歷四月而後得成。前段敘事極其參差，後段盟辭極其嚴整，四寫諸侯，兩點同盟，總見服鄭其難其慎，爲蕭魚作引也。〖編者按：奧田元繼作魏禧語。〗俞寧世曰："圍鄭一段，極壯、極威、極寬、極暇。'不慎，必失諸侯'，所以能合諸侯于始。'苟有藉手，鮮不赦宥'，所以能合諸侯于終。與後段'如樂之和'，俱有關會。"此篇亦中紐格，以"慎"字爲主。盟辭"司慎"明應，所不待言。前半敘諸侯之師，自先至以及西濟，凡其暮、右還、門某、會某、師某、次某、東侵、觀兵等，步步寫得仔細，正暗爲"慎"字寫照也。前暗伏，後明應，中以一字爲關棙，似此局法、筆法，開後人巧妙不少。看其參差寫東西南北法，敘戰又一排場也。俞云："《史》《漢》紀戰功，多用此法，昌黎祖之爲《平淮西碑》，遂絕千古。（《評林》眉）《補注》："舊許見昭十二年傳，孔氏曰：'許南遷而鄭得之。'"

  秋七月，同盟於亳。范宣子曰："不慎，必失諸侯。（《文歸》

眉）陳溴子曰："載書張本，只一'慎'字。"諸侯道敝而無成，能無貳乎？"乃盟，載書曰："凡我同盟，毋蘊年，毋壅利，毋保奸，毋留慝，救災患，恤禍亂，同好惡，獎王室。或間茲命，司慎司盟，名山名川，群神群祀，先王先公，七姓十二國之祖，明神殛之，俾失其民，隊命亡氏，蹯其國家。"（《文歸》尾）生色全在載書奧辭階字，想見古人手筆。仲光。（韓范夾）盟詞至此，可謂切甚矣，而又有逆楚之役，盟足恃乎哉？鄭之服晉二十餘年不變，又豈以此乎哉？《左繡》眉）前諸侯渾說，齊、宋、衛略點，究竟不知多少兵將，忽從此處注出，妙甚！（《左傳翼》尾）鄭已欲固與晉矣，而宣子且有失諸侯之憂，全副精神至此收煞，加一"慎"字，兢兢業業，更自善於持盈。（《評林》眉）王元美："'或間茲命'至'蹯其國家'，誓書至此極矣，未幾子囊師至，即逆之，豈不畏明神之殛哉！噫！春秋之盟，往往若此矣。"（王系尾）此三駕之二，是部中大關鍵處。寫伐鄭情形，或攻其門，或侵其郊，或侵其鄙，忽而北林，忽而向，忽而瑣，忽而成圉，忽而觀兵，如火燎原，聲勢赫奕之甚。然只是虛張聲勢，鄭亦故欲其如此，乍讀之而驚，細玩之而笑矣。（閻生夾）宗堯按："此次盟書善矣，而亦不能有鄭，益見必以爭鄭爲勝負之衡，實非策也。"

楚子囊乞旅于秦，秦右大夫詹帥師從楚子，將以伐鄭。鄭伯逆之。丙子，伐宋。（《評林》眉）《補注》："'從楚子'，陳氏曰：'傳見秦附楚之實。'"（王系尾）此前篇所謂"楚人至，吾又從之盟"者，子展之本謀也。

九月，諸侯悉師以復伐鄭。（《補義》眉）汪云："所謂疾而驟矣，楚曰乞旅，晉曰悉師，強弱瞭然。"（高塘眉）第三段，鄭從楚，諸侯復伐鄭，而以楚執行人收之。見楚弗敢敵，爲固與晉立根。所謂"楚師至，吾又從之，則晉怒甚"，亦所謂"晉能驟來，楚將不能"也。鄭人使良霄、大宰石㚟如楚，告將服于晉，曰："孤以社稷之故，不能懷君。君若能以玉帛綏晉，不然，則武震以攝威之，孤之願也。"楚人執之，書曰"行人"，言使人也。（《測義》夾）高閎氏曰："楚不能得鄭，故執良霄以舒憤懣不平之氣，自是不復出師與晉爭，鄭於是堅從晉矣。"〖編者按：奧田元繼作王元美語。〗（韓范夾）楚既不能有加于晉，而又無辭于鄭，故執一行人以逞其忿，楚亦無聊爾矣。

(《評林》眉)《增補合注》："懷，猶服也。楚不能與晉爭，而怒鄭之從晉，故執使。"諸侯之師觀兵于鄭東門，鄭人使王子伯駢行成。(《補義》眉)汪云："自伐蔡以來，至此方一齊收拾，回視子產之言，能不服其先見？"又云："伐鄭大旨，偏于臧孫口中敘明，且語意踊躍，蓋亦急于息肩矣。"(高嵣眉)第四段晉入盟鄭，鄭出盟晉，而以會于蕭魚終之。乃"固與晉"正文。鄭自伐蔡獲戮以來，作數番起倒，至此方一起安貼，嗣是不叛晉者二十餘年，真可謂固矣。甲戌，晉趙武入盟鄭伯。冬十月丁亥，鄭子展出盟晉侯。十二月戊寅，會于蕭魚。(《測義》夾)愚按：鄭自子駟、子國、子耳決策從楚，連歲罷於兵力，以故子展當國，謀欲從晉，亦既知所向背矣，然不即安于晉，必待伐宋以致諸侯之伐，而後乃藉以絶楚，是何策哉？若晉悼公制楚服鄭之功，可爲春秋盛事，比於召陵有光焉。〖編者按：奧田元繼作湯睡菴語。〗庚辰，赦鄭囚，皆禮而歸之。納斥候，禁侵掠。晉侯使叔肸告于諸侯。(闈生夾)悼公復霸止在争鄭，鄭服則霸業爲已成矣。公使臧孫紇對曰："凡我同盟，小國有罪，大國致討，苟有以藉手，鮮不赦宥。寡君聞命矣。"(《測義》夾)程子曰："鄭不可信，晉悼公推至誠以待人，信之不疑，自此鄭不致背晉者二十四年。"(《左繡》眉)俞寧世曰："楚曰乞旅，晉曰悉師。晉禮鄭囚，楚執鄭使。極寫晉、楚强弱不同，'晉能驟來'二句，方敘得亮。開口便回覆他，卻又出兩難題難楚，宜其執也。然正見固與晉處，文固有時以戇爲佳者矣。自伐蔡獲戮以來，凡作數番起倒，至此方一齊安頓妥帖，行文亦筆筆作收拾了結語氣，所謂文與事相副者。三句都用三字句法，然以赦囚爲主，故特加細寫，另作一頭，爲臧孫之對伏脈也。對語跟前盟毫文來，意直而詞婉。蓋鄭服而魯亦息肩，大家巴不得歇手矣，傳神筆也。(《左傳翼》尾)前此許多做作，鄭人明知楚弱晉强，不能綏以玉帛，又不能震以武威，兩般難題一齊着手，所以不能與晉爭也。逆楚之後，即告將服于晉，知伯所謂終必獲鄭者，於此見之，可知服人以德，不以兵威也，然晉之謀力蓋亦殫矣。亳北之盟，鄭人既同，楚人來，又復逆之而伐宋，先儒責其反覆，而不知子展之意，總欲使楚道敝而固與晉以托國，旋即告楚，楚人亦智盡能索，無如鄭何。行人之執，乃無聊極事耳。鄭爲晉、楚門户，勢所必争。荆楚方强，又得子囊爲政，而屈服于晉若此，蕭魚之會功績固不在城濮之下也。

鄭人賂晉侯以師悝、師觸、師蠲，廣車、軘車淳十五乘，甲兵備，凡兵車百乘，歌鐘二肆，及其鎛磬，女樂二八。（《分國》尾）無故而忽侵宋，宋向戌先至焉，宋入其彀中矣。侵宋而致諸侯之師，遂與諸侯行成，同盟于亳，諸侯入其彀中矣。楚師至鄭，復逆之，隨告絕焉，楚入其彀中矣。諸侯悉師又來，然後子展出盟晉侯，而重賂之，晉亦入其彀中矣。只子展"與宋爲惡"四字，劈空生出，計真詭矣，心亦苦矣。是時晉悼初霸，以德綏諸侯，故赦囚禮歸，納侯禁略，雖三駕之師爲楚非爲鄭，乃蕭魚一會，鄭得固晉，從此不被兵者，垂二十餘年。盡日以善服人，伯者之烈。然厥貉以來，楚氛稍息，鄭得罷兵息民，悼之德施亦偉哉！（《補義》眉）何云："晉、楚爭鄭，三駕乃定，諸侯道敝，悼公不思招攜懷遠之道，苟焉私享其重賂，是勤諸侯以黷貨也。知武不諫，何嘗明大義？"（高塘眉）第五段結鄭固與晉之案，收束全篇，此所謂重賂晉師也。晉、楚爭鄭，三駕乃定，諸侯道敝，晉悼不思招攜懷遠之道，而苟焉私享其重賂，是勤諸侯以黷貨也。至是而悼公之志荒矣。魏絳"安其樂而思其終"一語，乃對症針砭。（《評林》眉）《匯參》："廣車，橫陳之車。軘車，屯守之車。《射禮》數射算，二算爲純，一算爲奇，是淳爲耦也，淳與純通。鐘磬相對承上文，當亦二肆也。"

晉侯以樂之半賜魏絳，曰："子教寡人和諸戎狄，以正諸華。八年之中，九合諸侯，如樂之和，無所不諧。請與子樂之。"（《評林》眉）張鹵："悼公以樂賜魏絳，而魏絳固辭，辭之而復固與之，其於賞功居功之道皆得之矣，君臣之賢可想哉！"（闓生夾）三駕多遷延之役耳，其去桓、文之功遠矣。此亦誇詞也。宗堯按："和戎脩治，皆左氏之所許也，故每敘至此等處，皆津津有味。"辭曰："夫和戎狄，國之福也；八年之中，九合諸侯，諸侯無慝，君之靈也，二三子之勞也，臣何力之有焉？抑臣願君安其樂而思其終也！《詩》曰：'樂只君子，殿天子之邦。樂只君子，福祿攸同。便蕃左右，亦是帥從。'夫樂以安德，義以處之，禮以行之，信以守之，仁以厲之，而後可以殿邦國，同福祿，來遠人，所謂樂也。《書》曰：'居安思危。'思則有備，有備無患，敢以此規。"（孫鑛眉）論甚正，文則左氏套語。《左繡》眉）總領一筆，引《詩》釋安樂，引《書》釋思終，前詳後略，立言有體。(《補義》眉) 將悼公極得意事兩筆撇過，用"抑"字折轉，從"安"字點出"思"字，又從"樂"字帶出四德。悼公尊周之意微，故以爲諷。繳轉"思"字，加一"危"字、"患"字，凜然可畏。公曰："子之教，敢不承命。抑微子，寡人無以待戎，不能濟河。夫賞，國之典也，藏在盟府，不可廢也，子其受之！"魏絳於是乎始有金石之樂，禮也。(《測義》夾) 愚按：悼公用魏絳和戎之策，席以匡服中夏，功成受賞，不可謂過。乃知武子敝楚之功，豈出絳下？而樂不及焉，何歟？(鍾惺眉) 魏絳和戎以正諸華，孔明伐南而後窺中原，先着後着，易地皆然。(魏禧尾) 魏禧曰："靡以夏臣事羿，優遊歷年之久，必有陰圖復國而不能者，其奔有鬲，亦必知鬲之可有爲也。敢終滅浞而立少康，但浞已全有夏土，篡王已四十年，勢大根深，而靡收二國之燼，何以滅浞，惜其因時濟變妙用不傳，此古今事仇第一忠臣，第一能人，後世奈何以管、魏藉口哉？至若狄梁公以口舌反唐祚，呂好問以蠟事通國情，用心略同，而事之難易，功之大小，相去百十矣。"又按："羿逐相八年而浞殺羿，靡遂奔有鬲，又十八年而浞殺相，又四十年而靡滅浞。計靡爲夏臣，則當羿逐相時，年極少不下二十，更歷六十六年始成中興之功，則靡亦將九十矣。期耄之年，猶能成此奇功，始歎古今純忠之臣，蒙面事仇，計圖後舉，事勢未就，中道阻喪，而被不義之名、冒不白之冤於千古者，必有其人，可爲傷心！然州吁不殺，則石碏必不死。浞不滅，則靡必不死。忠誠之至，貫天地，感鬼神，固必有以全其壽命而成其功名也與？此當與《論石碏》任安世問一段參看。"魏世傚曰："有窮后羿而下，絕不再及和戎，只將虞歆博衍出一大段文字，以好田二字點正，再接和戎收束，絕好格法。"孔尚典曰："悼公和戎以服諸侯，及諸侯服而戎愈不敢叛。此即孔明先服南中、後謀中原之謀也。余謂巫臣教吳害楚時，使子反等見巫臣書，即遣使重幣以和吳，宣佈巫臣之罪，則可無一歲七奔命之患，安在不可與晉敵哉？故群雄並立，必擇小弱者與之和好，而後並力以摧強大。強大既服，則小弱自歸。孔明攻魏而和吳，非忘吳也，蓋以魏既滅，取吳如囊中取物耳。明太祖當陳友諒、張士誠並起之際，遣使通好士誠，亦是此意。"(《分國》尾) 賞本國典，絳非辭賞，人臣愛君，須防其漸。賜樂曰"請與子樂之"，樂不可訓也。絳直折其萌曰："願君安其樂，而思其終。"又曰："福祿來遠人，所謂樂也。"讜言篤論，古良臣何以加焉？(《左繡》眉) 三項用三虛字作串，"以"字在首句，"凡"字在末句，"及其"字在句中，變而不失其常法也。"賂"字總提，下分三項，以兩陪一。而末一項，又以兩陪一，無一筆亂。此篇以"樂"字爲主，起處晉侯以樂之半賜魏絳，住處魏絳於是乎有金石之樂，首尾呼應一線。中間一辭一受，前從安樂轉出思危，後從思危繳歸安樂，一往一復，章法如環。從鄭賂想到和戎，從和戎帶定服鄭。蓋和戎是遠脈，服鄭是近脈。和戎是事之主，服鄭是文之主。篇中"九合諸侯""不能涉河"緊顧起手，否則敘事議論，涣不屬矣。亦用"抑"字一折，"承命"應"思終"一層，"待戎""受賞"應"安樂"一層，前略後詳，只一倒換法。國與盟府，對上《詩》《書》，蓋以虛對實也。"受"字對上"辭"字，句法又與"請與子樂之"相應。合兩段爲首尾，而前賜後有，又合全文爲首尾，用法圓密，無以復加。(《左傳翼》尾) 晉之服鄭，全在脩德息師，請施捨，輸積聚，諸惠政皆魏絳爲之也。悼公賞功不言息民而專言和戎之善，蓋無以待戎，不能濟河，此悼公所以刻骨銘心、日夜不忘者也。當此得意之時，而能以安樂思終爲君規諫，安不忘危，饒有古大臣風度，其長有後於晉國也，宜哉！(《日知》尾) 自伐蔡之後，至蕭魚始爲結局，惟楚力窮，而鄭始安心北向，抑惟諸戎和，而晉乃專力南圖也。數節連讀，遂使數十國情事，十二年經營，聚于尺幅中。而思終思危，更進一步，有江上峰青之妙。(高塘尾) 汪德輔曰："齊桓霸業，至葵丘而盛。桓公束牲、載書而不歃血，天下諸侯，咸喻乎桓公之志。晉悼霸業，至蕭魚而盛。悼公信鄭不疑，不復以諸侯同盟，而鄭自此不復叛。故伐楚盟召陵，伐鄭會蕭魚，皆一經之特筆，所以序二伯之績也。"晉悼三駕止此，八年九合亦止此，自襄八年後，晉、楚爭鄭。三年之間，晉四興師伐鄭，楚輒救之。至是楚疲于外，鄭服於內，故寸兵不折，隻牲不歃，而鄭自歸之。嗣是二十餘年，鄭不復叛，而楚不復伐。悼公制楚服鄭之功，以之比績桓文，有過之，無不及也。俞桐川曰："戲之盟，鄭人多欲從楚。是役也，鄭三執政皆死，而晉之德禮已孚，然後思固與晉。故劈空生下計來，以後逐節照應，前是起手，中是全局，後是官着。楚曰乞旅，晉曰悉師。晉禮鄭囚，楚執鄭使。極寫晉楚强弱不同，'晉能驟來'二句，方敍得亮。圍鄭一段，極壯極威，極寬極暇，大有齊桓氣象。'不慎必失諸侯'，所以能合諸侯于始。'苟有藉手，鮮不赦宥'，所以能合諸侯于終。與後'如樂之合'句，俱有關會。九合成而齊桓驕，三駕畢而晉悼息,是後會向則執政信讒,伐秦則帥不用命,至衛人出君,不能討而又輔之,故此會是悼公盛極而衰之幾,亦晉霸盛極而衰之幾。'安其樂而思其終',是此文關紐,亦全部《春秋》關紐。孔明計服孟獲,然後北窺中原;魏絳德合無終,然後南定諸夏。因服鄭而追錄和戎,是悼公一生得力處。明得此種情勢,可以讀古人書矣。"(王系尾)此三駕之三,是部中大關鍵處。趙企明曰:"悼公三年之中,五合兵車,何晉之速于得鄭哉?蓋鄭在楚,則楚患深。鄭不歸,則兵不息。必得鄭以為外禦,則諸侯得以安枕無虞也。其後二十餘年,鄭不復叛,而楚不復伐,則悼公所以制楚服鄭之功,豈不比于桓文耶?"李廉曰:"晉之制楚者三:文公以力勝,厲公以幸勝,悼公以善勝,其亦庶幾乎召陵之不戰乎?"按:召陵之盟,楚則服矣。城濮、蕭魚,僅能制楚,未能服楚也。桓公之所以獨盛也。(方宗誠眉)先醻賞,後進一層,規諫君。絳所言分兩層,公之言亦分兩層,章法寬而整。(《菁華》尾)鄭既首成,悼公漸露驕怠之意。故其一生事業,亦止於此。魏絳引《書》居安思危為言,深中癥結之病,後世如晉武帝之平吳,唐憲宗之平蔡,與此相似。

秦庶長鮑、庶長武帥師伐晉以救鄭。鮑先入晉地,士魴禦之,少秦師而弗設備。壬午,武濟自輔氏,與鮑交伐晉師。己丑,秦、晉戰于櫟,晉師敗績,易秦故也。(韓范夾)師無強弱,不虞者亡。漢之勝楚,實繇于齊、趙之勝,而其所以勝者,則因陳餘、龍且以韓信為不足慮也。(《左繡》眉)此段敘事甚略,而極有兵權。一先入,一旁濟,於是交伐,蓋奇正夾攻也。"少秦師"承上"先"字,"弗設備"照下"濟"字,"易秦故也"總結兩意,短章而結構之密如此。(美中尾)楚小羅,魯卑邾,齊輕晉,晉易秦,所以取敗一也。(《左傳翼》尾)兵以正合,以奇勝,一軍而分為二,故為示弱以驕之,士魴精於用兵者,易而弗備,自取敗衂。前案後斷,着墨不多,而兵法之妙早已活現紙上。(《評林》眉)李于鱗:"于櫟之戰,晉以弗備見敗,及濟河而次,又遷延無功,豈蕭魚以後,晉室君臣因楚退而遂怠哉?"《補注》:"秦庶長鮑、庶長武,外微者稱人,左氏學者合二傳為例。陳氏不然,微者之師不書,凡書人皆貶,故微者有得書人之義。此以伐晉為重,故微者得書,考之經傳,左氏為是,後倣此。陳氏曰:'秦不加兵於晉二十年矣。'"(王系尾)晉強秦弱,晉主秦客,其勢相懸也。一易秦而晉乃敗績矣,此行師之炯戒哉!

◇襄公十二年

【經】十有二年春王二月，莒人伐我東鄙，圍台。（《評林》眉）范寧："伐國重，圍邑輕，舉重可以包輕，不足書而今書，蓋爲下事起。"季孫宿帥師救台，遂入鄆。（《評林》眉）何休："時公微弱，政教不行，故季孫宿遂取鄆而自益其邑。"夏，晉侯使士魴來聘。秋九月，吳子乘卒。（《評林》眉）趙鵬飛："吳、楚不書葬，非魯不會也，聖人削之，避其號耳。"冬，楚公子貞帥師侵宋。公如晉。

【傳】十二年春，莒人伐我東鄙，圍台。季武子救台，遂入鄆，取其鐘以爲公盤。（《補義》眉）何云："莒圍台，武子乘其虛以入鄆，即圍魏救趙之智也。"

夏，晉士魴來聘，且拜師。（《測義》夾）張洽氏曰："晉悼服鄭抑楚而聘魯，善持勝也。"〖編者按：奧田元繼作呂東萊語。〗

秋，吳子壽夢卒。臨于周廟，禮也。凡諸侯之喪，異姓臨於外，同姓於宗廟，同宗於祖廟，同族於禰廟。是故魯爲諸姬臨於周廟，爲邢、凡、蔣、茅、胙、祭臨于周公之廟。（《測義》夾）劉敞氏曰："魯君僭而立周廟，三家僭而設公廟，左氏不知，遂真謂禮，豈不誤哉！"（《分國》尾）前此未嘗臨也，臨自壽夢始。閱此，使人與《葛藟》之感。庇焉，縱尋斧者，獨何心哉？（《左繡》眉）泛説諸侯一遍，切説魯一遍。泛説三賓一主，切説先主後賓，詳略變化，凡寫五"廟"字，亦一小章法也。（《左傳翼》尾）先斷後敘，詳言諸侯臨哭之禮，則魯之合禮自見，賓主分明，簡潔有法。

冬，楚子囊、秦庶長無地伐宋，師于楊梁，以報晉之取鄭也。（《測義》夾）黃震氏曰："鄭不可得，而楚姑洩忿於宋，楚於是無能爲矣。"〖編者按：奧田元繼作陳廣野語。〗

靈王求后於齊。齊侯問對於晏桓子，桓子對曰："先王之禮辭有之，天子求后於諸侯，諸侯對曰：'夫婦所生若而人，姜婦之子若而人。'無女而有姊妹及姑姊妹，則曰：'先守某公之遺女若而人。'"齊侯許昏，王使陰里逆（或作結）之。（《左繡》

眉）三"若人"作章法，前偶後奇。"女"一項，卻有兩項對法。姊妹、姑兩項，卻又只一項對法。整而變也。一問對，便説出三樣對法，及許昏，便只暗寫，詳略入妙。（《左傳翼》尾）女一也，而有正嫡、非嫡之别，故析而爲二。姊妹、姑姊妹三也，而皆爲先公遺女，故總而爲一。筆徑錯綜，隨手入化。（王系尾）是時王室益卑，諸侯之事周不如其事大國矣。然第觀先王之禮辭，質極而文，凛然見天澤之嚴焉。西周之盛，安得不令人夢想哉？

公如晉朝，且拜士魴之辱，禮也。（《測義》夾）趙鵬飛氏曰："大國使聘，即須自往拜之，是無寧歲也。而左氏以爲禮，一何繆乎！"〖編者按：奧田元繼作鍾伯敬語。〗（《評林》眉）按：注言："嫌魯君、晉臣不敵。"

秦嬴歸於楚。楚司馬子庚聘于秦，爲夫人寧，禮也。（王系尾）晉獻、秦穆，世爲婚姻。文公之霸，秦有力焉。自殽之役，遂驅而睦于楚。雖秦自取，晉豈爲得哉？每寫秦、楚之親密，便見晉人謀國之不遠，是部中筋纏血滲處。

◇襄公十三年

【經】十有三年春，公至自晉。（《評林》眉）杜諤："公行踰年而返，不可不致之。"夏，取邿。（《評林》眉）楊士勛："《公羊》以邿爲邿妻之邑，此傳雖無説，蓋從左氏爲國也。"秋九月庚辰，楚子審卒。冬，城防。（《評林》眉）高閌："防，臧氏之邑也。厥後齊高厚伐我北鄙，圍防，則城者，畏齊也。"

【傳】十三年春，公至自晉，孟獻子書勞於廟，禮也。（《測義》夾）愚按：公從晉還，非有軍戎之事，何以書勞？蓋當時諸侯以善事霸主爲勞績，真衰世之意也。〖編者按：奧田元繼作鍾伯敬語。〗（美中尾）趙東山曰："當時諸侯，以善事霸主、内外無虞爲勞績，衰世之意也。"（王系尾）以上三篇，事不盡相蒙，而皆用"禮"字作結束，有意無意，纍纍如貫珠，亦是小佈置處。

夏，邿亂，分爲三。師救邿，遂取之。凡書"取"，言易也。用大師焉曰"滅"。弗地曰"入"。（《左繡》眉）以"滅""入"

陪"取",兩賓一主。主則先點後注,賓則先注後點。只此一法,而屢變之。通體皆用短句,夾入"用大師焉"一宕,便鬆活可喜。(《評林》眉)《補注》:"胡邦衡曰:'隱四年春,莒人伐杞,取牟婁,上言伐,下言取,非易也。五年冬,宋人伐鄭,圍長葛,至六年冬取長葛,取得爲易乎?'"今案:根牟、鄟、郜皆不絕其祀,故書取。趙伯循曰:"凡得國而不言滅者,不絕其祀也。傳蓋不知此義。"陳傅良:"'弗地曰入',案:此與文十五年例自相違,今不取。"葉氏曰:"傳不明經,故多歧以幸中。"

荀罃、士魴卒。(孫鑛眉)敘事亦具法。(《淵鑒》眉)卿大夫,民之表也,堂陛之上有競進之心,無恬讓之雅,何以化民成俗?晉諸卿偕讓於上,民以大和,表正影端,其捷如此。仁山金履祥曰:"魯以三分公室而作三軍,晉亦以三軍無帥而復三軍,非能復古也。然以魏絳之能而不以爲帥,初使佐新軍,至是廢新軍,而復佐下軍,非特晉悼不以爲帥,而諸卿讓善亦不及焉,又不知其何説也。漢馬謖善謀,孔明使爲將而卒敗,晉悼此舉,或者其無孔明之失與?"臣英曰:"虞廷命官,以皋、夔、益、稷之賢,猶交讓其下。唐宋諸臣,時有讓官表,所以砥礪廉隅,獎掖恬素,莫重於此。"**晉侯蒐於綿上以治兵,使士匄將中軍,辭曰:"伯游長。昔臣習于知伯,是以佐之,非能賢也。請從伯游。"**(方宗誠眉)以士匄之讓爲主。(《補義》眉)伏"讓"字。(《評林》眉)按:伯游,荀偃字,於君前臣不可稱字,或是傳寫之誤也。**荀偃將中軍,士匄佐之。使韓起將上軍,辭以趙武。**(《左傳雋》眉)林次崖曰:"人情多以才智自高,孰肯虛心以下人?晉之宣子、韓起於是不可及矣。"**又使欒黶,辭曰:"臣不如韓起。韓起願上趙武,君其聽之!"使趙武將上軍,韓起佐之。欒黶將下軍,魏絳佐之。新軍無帥,晉侯難其人,使其什吏率其卒乘官屬,以從於下軍,禮也。**(《補義》眉)"禮"字一束,引起"讓"字。**晉國之民是以大和,諸侯遂睦。君子曰:"讓,禮之主也。范宣子讓,其下皆讓。欒黶爲汰,弗敢違也。晉國以平,數世賴之。刑善也夫!一人刑善,百姓休和,可不務乎!《書》曰:'一人有慶,兆民賴之,其寧惟永。'其是之謂乎!**(《評林》眉)《經世鈔》:"'弗敢違也',所謂君子之德風也。"(《補義》眉)從"讓"字引出"善",從"弗違"引出"刑善",從"人臣"引出"人君",俱作箴規之詞，詠歎之筆，文情極其斐亹。周之興也，其《詩》曰：'儀刑文王，萬邦作孚。'言刑善也。及其衰也，其《詩》曰：'大夫不均，我從事獨賢。'言不讓也。世之治也，君子尚能而讓其下，小人農力以事其上，是以上下有禮，而讒慝黜遠，由不爭也，謂之懿德。及其亂也，君子稱其功以加小人，小人伐其技以馮君子，是以上下無禮，亂虐並生，由爭善也，謂之昏德。國家之敝，恒必由之。"（《左傳雋》眉）李行可曰："一篇得力處在此段。"（孫鑛眉）昌黎《于襄陽書》仿佛祖此勢。（文熙眉）汪道昆曰："敘事具品，議論能品。'用之興'以下章法。"穆文熙曰："人情多以才智自高，孰肯虛心以下人？晉之宣子、韓起，於是不可及矣。"發明讓德，因以爭字相形，利害曉然，殊有可玩。（韓范夾）後世之人，若非稱功伐技，則人不知之矣，而世亂實由之，二語曲盡末流之弊。（《統箋》尾）愚按：欒黶之汰，傳能言之。而中行伯者，弒其君者也。范宣子之讓，得無畏其偪與？予之以政，使其得逞，宣子或有機權焉。但以禮讓稱之，亦務爲觀聽之美云爾。（魏禧尾）魏禧曰："因宣子讓而及諸大夫，以明大臣表率群僚，風厲如此。此百官賢否，所以專責相臣也。予嘗謂晉劉實論大臣讓能，真千古官人善法，而後世無實實舉行者，惜哉！左氏因讓及爭殺，暢論利弊，詠歎盡致，感人不淺。"魏世儼曰："子產使太史命伯石爲卿，辭。太史退，則請命焉，如是者三，乃受策入拜。遂已開曹丕、司馬炎僞讓之風，又厲所恥爲矣。"彭家屏曰："虞廷之上，命禹作司空，讓于皋陶、稷、契。命垂共工，讓於殳斨、伯與。命益作虞，讓于朱虎、熊羆。休哉！何風之古也！晉悼之賢，而大臣皆讓于善，跡斯意也。不幾幾乎虞廷之一端歟！聖人云：'能以禮讓爲國乎，何有？'悼公之復霸也，不亦宜乎！"（《分國》尾）悼公謀息民，八年中，九合諸侯，如樂之和，無所不諧。又，六卿皆民譽，交讓其能，汰如桓子，亦化於讓。能敬且和，王道可興。使其多歷年所，勝殘去殺，何多讓焉？惜乎！年之不長，此仲尼繫善人爲邦之思歟？（《左繡》眉）此篇是前敘後斷、前散後整格，作兩截讀。而下截又分兩層，先切論，後泛論，以前一層爲主，後乃承此而衍之，是左氏平實文字。本以宣子能讓贊其刑善，既引《書》以結之矣，下復將興衰治亂，大概論列，卻把善與讓平對。而前則"刑"字正說，"讓"字反說，反正順逆，轉換不板。又，他文皆先泛論而後切説，此則先切説而後泛論。泛論之中，又先周後世，都是逐步説開去，開後人推廣法門矣。敘事有四層，以第一層爲主，末層只是帶敘，不重。看他下文即轉合"讓善"，"禮也"二字，灑脱有筆意。贊宣子，卻包舉三層，輕重有法，一汰者亦讓，蓬生麻中也。兩層句句整對，真是後世比偶濫觴。唐荆川曰："章法參差婉雋，昌黎祖之，爲《上于襄陽》等書。"唐錫周曰："他人幾筆便完者，偏寫得汪洋恣肆，渺然無際。前切説用正結，此處泛説定用反結矣。"（美中尾）齊次風曰："傳特侈言讓善之效耳，晉自偃、衰推讓而霸業以興，自處父改蒐而激成疊變。此復有相讓之事，故可稱。不然，明年伐秦，即已將佐不睦，遷延無功，況數世賴之乎？"（《左傳翼》尾）范宣子非能刑善者，其讓伯游不過前此之讓己而上之耳。乃因此一讓，遂能使群帥皆讓，並汰者亦從而化焉，讓之爲功大矣。"晉國之民"云云，束此數語，見得此讓煞有關係，後面展開，發出絕大議論，總是申説此意。蓋禮讓爲國，是千古不易之理。舜傳位大禹，只是不矜不伐。曾子追思顏子，只是若無若虛。夫子哂子路，耴孟之反，皆此意也。左氏傳中屢提此意，垂戒最大。而此篇尤將讓與不讓，關係興衰治亂，反復盡情，總由胸中有此一篇大文字，故借題以抒發之耳。（《補義》眉）作四層對寫，並不迴抱，傳之大旨了然。末二語反結通篇，已爲後半部之提筆。（《日知》尾）偶述晉事，不覺舉頭天外，長言而嗟歎之，悠然神行之筆，諄然垂戒之辭。（高塘尾）張敦復曰："虞廷命官，以臯、夔、益、稷之賢，猶交讓其下。唐宋諸臣，時有讓官表，所以砥礪廉隅，獎掖恬素，莫重於此。"俞桐川曰："首數行敘事簡樸，接'晉國和'三句，得勢得法。後抉'讓'字發論，內分三段，一段説晉，一段説周，一段泛説世之治亂。其中忽排偶，忽參差，文之雅訓而有節制者。"（《評林》眉）王元美："將'讓'字生出治、亂二意，極有生發。"（王系尾）八卿皆世族也，荀罃、士魴卒，諸卿次遷，而師師相讓，美矣！然以晉國之大，豈竟無人，而使新軍闕帥哉？蓋悼公第還觀世族之中，未見可用，是以闕之。目固未之明，聰固未之達也。雖曰慎舉，退想立賢無方之世，能無喟然與？（《學餘》尾）朋黨之禍人家國久矣，好而不知其惡，惡而不知其美，於是有朋黨之名。爲君者，擇善而用之；爲臣者，擇善而從之。何黨之有焉？黨則同者標榜，異者傾軋。小人固終爲小人，君子亦失其爲君子，謂之昏德，不亦宜乎！（《菁華》尾）范宣子本非正人，觀其執政之後，激成欒氏之罪可見，而其辭中軍帥不爲，自是美事。傳於此極爲讚美之詞，亦善善從長之意也。（闇生夾）論平衍而少精神，疑曲儒之附益之也。

楚子疾，告大夫曰："不穀不德，少主社稷，生十年而喪先君，未及習師保之教訓，而應受多福，是以不德，而亡師于鄢，以辱社稷，爲大夫憂，其弘多矣。（孫鑛眉）"弘"字難解，或有誤。若以大夫之靈，獲保首領以殁于地，唯是春秋窀穸之事，所以從先君於禰廟者，請爲'靈'若'厲'，（孫鑛眉）一諡字演爲十六字，可見周之文勝，然語固妙。（《評林》眉）陳臥子："楚王預憂惡諡，故當疾而告大夫。"大夫擇焉！"（《補義》眉）汪云："委婉沈摯，悔恨交積。"莫對，及五命乃許。

秋，楚共王卒。子囊謀諡。大夫曰："君有命矣。"子囊曰："君命以共，（《補義》眉）以有過起，以知過結，楚子句句是過，子囊看來卻都是共。急喝以杜其口。若之何毀之？赫赫楚國，而君臨之，撫有蠻夷，奄征南海，以屬諸夏，而知其過，可不謂共乎？請諡之'共'。"（《補義》眉）汪云："'知其過'三字括上，更畫出一'共'字。"大夫從之。（鍾惺眉）楚共王之得諡爲共也，以自請爲靈與厲也。古今工於請諡者，孰有如共王者乎？（魏禧尾）魏禧曰："楚王知過，子囊達義，並易可法。"魏世儼曰："漢昭十四辨上官桀之詐，後世謂其明過成王。楚共十歲即逆折二卿，不錮巫臣，恨無賢輔，以致功業不彰，爲可惜也！"（《分國》尾）共王，楚之賢辟也。釋巫臣之錮，不窮所往。允秦師之乞，不食其言。鄢陵傷目，而弓問郤至。伐陳聞喪而退師繁陽，不但知過一端宜諡共也。嗚呼！成王啓商臣之弒，諡靈不瞑。共王以靈、厲自貶，卒諡爲共。兩君賢否何如哉？（《左繡》眉）此篇上半寫楚子知過之明，下半寫子囊愛君之忠，都以曲折之筆達婉至之思，妙在處處夾入大夫全無見識以襯托之，使人讀之，不覺失笑，此烘染之妙也。杜注："傳言子囊之善。"是又重在子囊能從不好處看出好處。蓋就楚子説來，句句是靈若厲。就子囊看來，卻句句是共。就子囊説得句句是共，轉讀楚子，已句句説來絕不是靈若厲也。妙絕妙絕！而亡師、而知過、請諡靈厲、請諡之共，兩兩相對，而各用四層跌出。雖長短不齊，筆意未始不相準也。"君命以共"接大夫"君有命"來，乃是突作奇語。言子謂君命爲靈若厲，以我觀之，乃君明以共命我也。下文乃申明之，若如注云"其辭甚恭"，恐失當日妙語。唐錫周曰："質言之，只是不德而敗于鄢，請爲靈若厲耳。看他偏接連寫出八十餘言，即子囊'赫赫楚國'等語細按之，亦只是襯出'知其過'三字。其最妙者，一諡字，衍至二十二字，而絕無累墜重複之病，左氏多奇，開闢未有。"（《左傳翼》尾）"亡師于鄢"是請諡靈若厲之故，"能知其過"是請諡爲共之由。在楚子自說不好處，在子囊視之都是極好處。蓋聖賢重改過，祇一知過，便具無限好處，非子囊巧於掩君之過，亦非左氏好作翻案文字也。（高嶼尾）俞桐川曰："共王語極其貶損，子囊語極其推崇，兩段俱有色澤。"（《評林》眉）穆文熙："人能知過，乃爲大美。楚子自謂爲靈、厲，而羣臣以共諡之，茲可以觀矣。且救鄭而矢集於目，猶有恤鄰之誼，亦安得爲靈、厲也？"楊升菴："臨終片言，豈足贖其生平之過？子囊遂以'共'加之，殆亦過也。"陳傅良："'大夫從之'，傳記大夫自諡其君。"（《學餘》尾）諫君，臣之忠也。訕上，臣之罪也。子囊可謂有臣道矣。左氏傳楚子臨沒之言，無字不共，見子囊之非諂也。（《菁華》尾）楚共王自是賢主，其不錮巫臣，深得人君之體。而傅之者非人，如子重、子反，皆貪鄙無賴，釀成亡邲之禍。即鄢陵之敗，亦二人實尸之。其臨終遺命，以未受師保教訓爲言，此中實有深意。（闇生夾）五霸之盛，左氏皆有貶詞。楚于此役王夷師熸，而傳特深致惋惜之旨，不有過人之識，何足與於斯文哉？又此篇雖寫鄢陵戰事，而眼光專注三郤之難，所以意鬱而神遠。宗堯云："楚共之賢，與晉厲不可同日而語，故作者于晉之勝多危詞，于楚之敗有頌詞，於此可悟文家陰陽予奪之用。"

吳侵楚，養由基奔命，子庚以師繼之。養叔曰："吳乘我喪，謂我不能師也，必易我而不戒。子爲三覆以待我，我請誘之。"子庚從之。戰于庸浦，大敗吳師，獲公子黨。君子以吳爲不弔。《詩》曰："不弔昊天，亂靡有定。"（韓范夾）伐人之喪，已有必勝之意矣，楚當國難之時，得無懼乎？養叔一料，轉禍爲福，故行兵者雖優，毋謂我勝；遇敵者雖迫，毋謂我敗。（《分國》尾）吳伐喪，已不直矣。伐喪不弔，未有不敗者，但恐受伐者爲其所迫耳。不然，高平夾寨，往往摧敵。三覆之設，出人意外，真奇兵哉！（《左繡》眉）"吳乘我喪""君子以吳爲不弔"，首尾政相照應。前連寫五"我"字，後連寫兩"不弔"，亦自成片段處。楚奔命，皆吳人得手，此番卻爲楚所覆，是勝敗不常也。引詩以"靡定"斷之，深爲起"奔命"兩字惜矣。（《左傳翼》尾）吳人之敗在不戒，根本却在乘喪，故以"不弔"斷之。敘事簡淨，揣摩情形亦暸如指掌。（《補義》眉）汪云："謀用明寫，戰用暗寫。"（《評林》眉）陳傅良："雖吳伐楚喪，不書，說見襄三年。"楊升菴："按：養叔先驅誘敵，子庚三覆以待，此猶兵家奇正之常徵哉！易我而不設備，可謂識彼我矣。"陳傅良："傳見吳、楚構兵，交相獲略，不書。"（王系尾）此篇無子囊一字，而子囊當國之能可見矣。再合前篇觀之，知是孫叔敖之亞匹，特所遇殊耳。楚莊遠過晉景，叔敖輔之而威行諸夏。楚共遠不及晉悼，子囊輔之而不能與晉爭。苟易地焉，孰知優絀哉？此等無文字處，已藏得《客難》《解嘲》《賓戲》《達旨》《釋悔》許多文字。

冬，城防，書事，時也。於是將早城，臧武仲請俟畢農事，禮也。（《左繡》眉）林注："防，臧氏邑。"請俟農畢，其以市義爲一窟耶？（《評林》眉）趙鵬飛："魯有二防，一近宋，隱十年伐宋取防是也。今之城，疑近齊之防耳。魯既事晉而外齊，懼有齊師，故城防以備之。明年齊卒有圍成之役，用是知城防以備齊也。"

鄭良霄、大宰石㚟猶在楚。石㚟言於子囊曰："先王卜征五年，而歲習其祥，祥習則行，不習則增脩德而改卜。今楚實不競，行人何罪？止鄭一卿，以除其偪，使睦而疾楚，以固于晉，焉用之？使歸而廢其使，怨其君以疾其大夫，而相牽引也，不猶愈乎？"（《補義》眉）鄭畏良霄而使霄于楚，是實情也。或謂石㚟亦被楚執，故直洩其謀，非也。不過僞爲楚謀，以釋良霄耳。亦春秋辭令常用法。（孫鑛眉）是巧說，然文卻勁鍊。楚人歸之。（魏禧尾）魏禧曰："詞令之意亦好，然語少晦，未動人。"（《分國》尾）鄭一固晉而楚氣喪，楚謀沮，二卿之留，利塞害耳，故一言即遣。不待三駕，楚魄已憎。（《左繡》眉）石㚟亦局中人，措詞極難。妙在不爲己所，亦並不爲良霄謀，只是爲楚謀。責楚不競只輕說，以下一反一正，曲曲寫出執之之失算，而歸之得計自然動聽矣。左氏最是以一筆寫數意，轉折曲邑，而句又勁捷，爲至佳也。《國策》往往好學此種，而流于晦澀，天分限之耳。一反一正，各有四層，句法參差，而對意又極整齊，所以爲佳。（儲欣尾）屈折頓挫，左公擅場，說法亦可玩。（《左傳翼》尾）說行人不當執，楚必不聽，倒將鄭使良霄本謀發洩，激之使歸，令彼國不和而事晉不固，則情事了然，楚人不覺傾耳矣。蓋憤鄭之使已被執，而有是言也。凡古人文字，上下都有照應，未有如此東彼西，首尾衡決者。如本文卜征，乃指征伐、對楚用兵而言，非言巡守也。蓋先王德既足以服遠，猶必卜征習祥而後行，否則脩德改卜，不遽勤兵。孔子所謂脩文德以來之，祭公謀父脩文德意云云，皆是也。楚既無德，力又不能敵晉，不競已甚，徒執行人以洩憤，何益？此上下文意貫注處，若巡守歲有常期，原不待卜，且與楚何涉？舊注殊混。（《評林》眉）陳傅良：“楚人歸之，爲三十年良霄再見，且言歸行人不書。”（王系尾）石奐之言，但欲求歸，豈爲楚謀哉？然而爲楚謀亦無以易此。良霄果得歸，鄭果被其患。傾危狡慧，實爲戰國策士鼻祖，文亦漸開《國策》風味。

◇襄公十四年

【經】十有四年春王正月，季孫宿、叔老會晉士匄、齊人、宋人、衛人、鄭公孫蠆、曹人、莒人、邾人、滕人、薛人、杞人、小邾人會吳于向。（《評林》眉）家鉉翁：“內大夫未有二卿俱會者，志二卿之不當並行也。”汪克寬：“卿使則大夫爲介，大夫使則士爲介，昭二十三年叔孫婼如晉，曰：‘寡君之命介子服回在。’婼卿而回大夫也。今魯以二卿會晉，而列二卿於會，晉、魯俱失禮矣。且自蕭魚而後，凡役皆大夫，悼公之怠而霸業之衰也。”二月乙未朔，日有食之。夏四月，叔孫豹會晉荀偃、齊人、宋人、衛北宮括、鄭公孫蠆、曹人、莒人、邾人、滕人、薛人、杞人、小邾人伐秦。（《測義》夾）汪克寬：“晉、秦七十年之兵爭，釁兆於圍鄭，怨積於敗殽，禍稔于三戰，大舉于九國之伐，而終于此役。”己未，衛侯出奔齊。（《評林》眉）許翰：“逐君之惡，未有若林父者矣。鄭厲、衛惠猶以禮去者也。春秋之季，君弱臣強，衛獻出奔不名，所以抑強臣而存大義也。”莒人侵我東鄙。秋，楚公子貞帥師伐吳。冬，季孫宿會晉士匄、宋華閱、衛孫林父、鄭公孫蠆、莒人、邾人于戚。（《評林》眉）張洽：“前書衛侯之奔，此列孫林父於會，爲霸主抑君而臣是助，具書於策，則晉大夫之黨林父，罪惡具見。”

【傳】十四年春，吳告敗于晉。會于向，爲吳謀楚故也。

（《測義》夾）吳徵氏曰："左氏以此爲吳謀楚，然吳在向，而晉率諸侯之大夫往會之，是晉有求於吳，非吳有求於晉也。故疑左氏所載事迹或非其實。"〖編者按：奧田元繼作鍾伯敬語。〗**范宣子數吳之不德也，以退吳人。**（《測義》夾）愚按：晉之通吳以撓楚，不過欲其自相攻擊而已，非真有爲吳之志也。況兹方釋楚而從事於秦，勢豈能復謀伐楚？以故宣子數吳不德而退之，蓋設辭以拒其謀爾。（韓范夾）吳人來告，而又數之，甚矣！然此時晉師屢動，其不能復興兵伐楚，固其勢也。況吳之伐喪，實有言可執，數其罪而緩其師，伯臣之善略也。（《彙鈔》眉）宣子退吳人，執務婁，處分亦當。至數駒支以言語漏泄，則大失着矣。宜反爲所□也。（《補義》眉）聚十三國大夫以謀楚，一筆竪起。忽退吳，一筆放倒。又以"通楚使"一筆迴環，舉重若輕，筆筆不測。將執駒支是承上類敘，卻是另提追敘，蓋事在會前一日也。（闓生夾）吳自通晉以來，晉不能得其力，故退之。

執莒公子務婁，以其通楚使也。

將執戎子駒支。范宣子親數諸朝，曰："來！姜戎氏！昔秦人迫逐乃祖吾離於瓜州，乃祖吾離被苦蓋，蒙荆棘，以來歸我先君。我先君惠公有不腆之田，與女剖分而食之。今諸侯之事我寡君不如昔者，蓋言語漏洩，則職女之由。詰朝之事，爾無與焉！與，將執女！"（《才子》夾）先讀宣子語，真如拔劍斫案，驟莫可犯。既而讀駒支語，乃如槍棍家門户相當，逐解開破，更無難處，甚至反有餘勇相賈，斯爲筆墨之出奇也。（《學餘》眉）一"數"一"執"，又一"執"一"數"，其氣盛矣。氣盛者多蹶，可不懼乎？（《評林》眉）《補注》："劉氏曰：'此皆不實也，諸侯解體，非戎之過，范宣子何以誣之？去年蒐于綿上，傳曰晉國由是大和，諸侯遂睦。至此一年，何故遽有言語漏泄不如昔者之事？'"**對曰："昔秦人負恃其衆，貪於土地，逐我諸戎。惠公蠲其大德，謂我諸戎是四嶽之裔冑也，毋是翦棄，賜我南鄙之田，狐狸所居，豺狼所嗥。我諸戎除翦其荆棘，驅其狐狸豺狼，以爲先君不侵不叛之臣，至於今不貳。**（《彙鈔》眉）就事實述，雕琢文秀，既覺嚴栗，亦復流動。（《約編》眉）晉雖有德於戎，戎實有功于晉，措詞婉轉流利。（《補義》眉）儲云："不没晉德，仍著己勞，雙管齊下。"**昔文公與秦伐鄭，秦人竊與鄭盟**

而舍戍焉，於是乎有殽之師。晉禦其上，戎亢其下，秦師不復，我諸戎實然。譬如捕鹿，晉人角之，諸戎掎之，與晉踣之，戎何以不免？自是以來，晉之百役，與我諸戎相繼于時，以從執政，猶殽志也。豈敢離遏？（《補義》眉）此則專敘己功，特作鋪張。徐云："'角''掎''踣'三字勁，昌黎造字祖之。"今官之師旅，無乃實有所闕，以攜諸侯，而罪我諸戎！（《補義》眉）原其事晉不如昔之故。我諸戎飲食衣服不與華同，贄幣不通，言語不達，何惡之能爲？不與於會，亦無瞢焉！"（《左傳雋》眉）張侗初曰："詞正大峻烈，辨剝纖悉。"（孫鑛眉）流動而嚴栗，就事實述最易拙，此乃不拙，卻更矯健有勢。中雖有連四字句，然亦不甚礙口，蓋得鍊調法。（方宗誠眉）辭命理正氣壯，慨當以慷。賦《青蠅》而退。（《補義》眉）賦《詩》又暗指所以見讓之由。（《評林》眉）《經世鈔》："'如捕鹿'，實指一事，加意發揮。'相繼於時'，又虛括一句。"宣子辭焉，使即事于會，成愷悌也。（文熙眉）汪道昆曰："辭令妙品。'蠲其大德'字法，'以爲先君''猶殽志也'句法，'瞢焉'字法。"穆文熙氏曰："宣子數姜戎言語漏洩，不情其事，何以能服其心。所以反爲所屈。"戎言與晉同患，見不可絕。末賦《青蠅》，譏晉信讒。（《文歸》眉）陳溪子曰："收局韻甚。"（《文歸》尾）以漏言責戎，理原自屈。至於戎之敷對詳暇，辭氣和平，亦可謂優於詞者矣。爻一。（《古文研》尾）胸中有道理折服人，先要不慌不忙。先看宣子說晉恩，何等矜張？數戎罪，何等浮躁？次看戎子說前迫逐之苦，只爲秦人橫暴，不爲出醜。後剖田之恩，亦是出於公義，不算私恩。至於戎之報晉，不惟無罪，而且數有功。若說到言語露洩，則尤自露敗缺矣。答得氣定神閑，使矜張浮躁者聽之，不覺媿服。戎子口才耶？抑左氏妙文耶？（《析義》尾）按：僖公二十三年，秦、晉遷陸渾之戎于伊川。蓋秦貪其地，晉貪其人，而共誘之，在秦固爲怨矣，在晉亦未爲德也。南鄙穢區，分惠幾何？而戎既屬晉之後，效命征討，二陵之功爛然，亦何負于晉哉？宣子所謂言語漏泄之罪，茫無確據，乃欲絕之於會，定出聽信讒言。駒支逐一分釋，理直辭婉，其行文整練中復有流動宕逸之趣，真辭命正宗矣。（《晨書》總評）徐袞侯曰："戎非赤狄、白狄比也，狄自戰敗於箕以來，蹂躪于齊、宋、魯、衛之郊，爲晉患尤劇。晉伐潞氏、甲氏、留吁、廧咎如，而赤狄遂滅。伐肥、伐鼓，而白狄遂衰。然猶且四伐鮮虞，師出無功焉。若戎子窮困來歸，世守服事，二陵風雨，厥功偉矣。宣子聽信讒言，懸坐罪名，使彼離心，異日戎貳于楚，荀吳借祭雖之名，潛師逐之，晉失綏戎之道，于戎何尤哉？駒支逐一剖悉，舌鋒犀利，宣子何辭之有？篇法與鄭獻陳捷同一杼軸。(《觀止》尾) 宣子責駒支之言，怒氣相陵，驟不可犯。駒支逐句辨駁，辭婉理直。宣子一團興致爲之索然，真辭令能品。(《賞音》尾) 向之會，爲吳謀伐楚也。宣子見諸侯之攜貳，而數吳之不德以退吳人，其名義頗正。乃以疑而欲罪無隙之戎子，則過矣。駒支委婉剖析，末諷之以信讒，使宣子疑團如雪融冰釋，不謂贄幣不通之戎子有此辭命。(《左繡》眉) 此又一首絕妙辭令文字也。宣子親數，只是兩層。先説晉恩，次説戎罪。駒支前後語語對針，中間重寫一段有功無過處，字字精神。似此辭令，何地無才？説到至於今不貳，已大概説完，可以接"官之師旅"。然數兩層，辨兩層，局板而意亦不暢。卻於兩層中間插入一大段文字，真一篇之警策也。於儷侗中抽出一件極有鋪張處來説，又嫌挂一漏萬，便又着百役猶戮一筆，以圓足之。相其用意，輕重詳略，字字有法。本責戎子，起處恰好有兩陪客。妙從吳引出莒，然後從莒陪出戎，兩賓又自有遠近。而以"將執"順承"執"字，卻用輕筆。以"親數"倒頂"數"字，卻用重筆。隨手轉換，無一滯筆也。"數"字、"執"字並提，而"不德"注在上，"通楚"注在下，總一倒換法。"實然"二字用虛筆縮住，下再用譬喻透説，若此處先着一實語，不得頓挫收放之妙矣。前"至於今不貳"，後"戎何以不免"，都是此法。逐層漸吐，真有春山出雲之樂。凡七寫"我諸戎"，辭氣激昂。(儲欣尾) 無曰姜戎陋，觀其辭令，蓋上國名卿之選也。(昆崖尾) 俞寧世曰："寫范宣多少氣焰，廷責駒支，如叱奴隸，被他不慌不忙，一番辯論，直是冰消瓦解。在宣子只是痛掃諸戎，在駒支卻節節自占地步。"(《約編》尾) 居然辭命之選。戎子詳辨當日之事，於今日只用一兩句點過，卻能扼要，撲跌得宣子倒，最得辯難翻駁之法。我持。(德宜尾) 范宣子數駒支之言，何等悍決？駒支只據理答之，抬出四嶽，自占地步盡高。説到"無莒"，看得與會甚澹，既不忘晉之德，亦不沒己之功。其責晉直使之無辭，其自處不嫌於卑鄙，言之有原有委，有起有訖，總以理勝故也。孫執升。(《自怡軒》尾) 晉之加惠於戎者一端，而戎之報德，已若不能悉舉，末復諷之以信讒，晉人那得不服？此可謂折衝於樽俎。許穆堂。(王系尾) 此篇凡五段，首段總敘，末段總結，中三段參差敘事，整齊中極曲折變幻之巧。李廉曰："晉之會吳止此。自此以後，吳不資于晉，晉亦不能致吳，至黃池而兩霸並列矣。"（孫琮總評）霸主之于小國，待之須自有體，若責以曖昧，加以苛細，則彼亦將據以為詞。范宣子數駒支之言，是何等悍決！駒支只據理答之，擡出四嶽，占地步盡高，說到"無薔"，看得與會甚澹，既不忘晉之德，亦不沒已之功。其責晉，直使之無辭；其自處，不嫌於卑鄙。言之有原有委，有起有訖，所恃在理勝，故雖以霸國之威，亦自不能使之屈。（《快評》尾）此文附于向之會傳，其欲執戎子駒支者，亦不詳其故。其所謂"諸侯事我寡君不如昔者，言語漏泄，職汝之由"，則晉政之多闕，蓋可知矣。宣子為政，不能得志于諸侯，以讒言而遷怒于諸戎，宜乎為戎之所譏也。范宣子既不能確數諸戎言語漏泄之故，依稀影響之言，其何以服諸侯之心？乃開口則又追敘其祖吾離之初歸晉，其何當於今日之事耶？攻擊之言不可支，宣子反為戎之所屈，言傷于支也。國有美政，唯恐人之不知。政實有闕，唯恐他人知之。"言語漏泄"四字，是宣子自供其政之多闕也。一言之失，遂使千載之下皆知之。言語漏泄，莫此為甚矣。戎子駒支之對范宣子，詳辯當日之事，於今日只用一兩句點過，卻能扼要，撲跌得宣子倒，最得辯難翻駁之法。先軫禦秦師於殽，而用姜戎氏，直至此方知秦乃戎之讎，而先軫用之得其道也。左氏如此類甚多，學者當熟讀而深思之。"政實有闕"四字，宣子更不能辯矣。（魏禧尾）劉敞曰："諸侯解體，既非戎之過。而去年蒐於緜上，傳云晉國大和，諸侯遂睦，此何忽不如昔？皆不實也。意有人譖戎子者，故宣子假辭以數之，及其言順，則又辭謝之耳。《青蠅》一賦，早被戎子料破矣。"（《分國》尾）吳伐楚喪，數之宜也。莒貳于楚，執之亦可。戎子無罪，黜其與會，宣子過矣，無怪乎反見屈於戎子。

於是，子叔齊子為季武子介以會，自是晉人輕魯幣，而益敬其使。（《左繡》眉）另以魯事收，與起兩賓相應，亦見駒支有辭，諸侯賴之也。懲沸羹，吹冷薤矣。（美中尾）趙東山曰："晉方釋楚而從事於秦，勢豈能為吳謀楚？其通吳以撓楚，不過欲其自相攻而已。宣子數吳不德而退之，蓋設辭以拒其伐楚之謀耳。"浦二田曰："起結似簡而閒，卻是會向主筆。中間范戎質辯一大片，文繁而語健，卻是會向旁筆。蓋以旁文刺主會者，文陣大奇。"（《左傳翼》尾）吳伐楚喪，原是不德，晉當與告敗時數而絕之，何為連合十三國之大夫為之謀楚，既會于向，乃始數其不德以退之，又爲之執莒公子，且欲執戎駒支以逞其志乎？蓋三駕而後，楚不能爭，晉力亦竭，諸侯疲於奔命，未得息肩。今又爲吳謀楚，將來兵連禍結，無所底止，諸侯之有攜志，乃情理之所必至者。宣子無如諸侯何，只得借不德大題目以退吳人。又恐諸侯從此離邊，將來難以調遣，故裝驕作勢，既執莒人，又欲借駒支發洩以恐喝諸國大夫。不道惹出彼一番辯論，理直氣壯，全無一點畏怯，令列國大夫聞之個個發笑。機鋒警快，詞致和亮，百讀不能住口。宣子"不腆之田"云云，不過爲言語漏洩作個話柄，駒支卻認真辯駁，見晉於戎無大德，戎於晉有大功。泛泛説不侵不叛，猶是沒憑據事，引出殽師一段大典故，説來驚天動地，人人傾耳動聽。反敲戎"何以不免"一句，直令無可抵答，又拖出百役相繼，以申至今不貳之意。晉人恩惠説得平常，自己功勞説得誇大。錦心繡口之文，要緊全在"言語漏洩"一語，篇中但將己事晉終始如一處極力鋪張，則諸侯之攜與我無涉，不煩言而已喻，實有所闕，中其要害。宣子自知情虛，妙在《青蠅》一賦，令他得以轉局，一予一奪，溫肅俱備。左氏詞令中雖多妙品，此猶絕世無雙矣！宣子何以責諸戎？不過爲諸侯攜貳耳。説到官之師旅實有所闕，不但自己分疏，並爲諸侯解嘲矣。立言得體，雖氣焰薰炙人，不得不爲心折。（《補義》眉）"成愷悌"通結全篇，敬魯使是餘波。（《日知》尾）不敍功無以屈晉，敍則六七十年以來，指不勝屈矣，指出殽師以類百役，何等包括！中間卻突插一喻，不惟文陣變化，且將戎之助晉聲勢，俱寫出矣。（高嵣尾）俞桐川曰："起敍二行，寫范宣子多少氣燄，人人震恐。廷責駒支，如驅犬羊，如叱奴隸。被駒支不荒不忙，一番辯論，直是冰消瓦解。在宣子只是痛掃諸戎，在駒支卻節節自立崖岸，自占地步。後惟漢文帝與南粵王往還書，可以續響耳。"（《評林》眉）《匯參》："'齊子'，叔老謚也，解作'字'，傳寫之訛。"《經世鈔》："'以會'，連帶敍法，左氏每如此。"（《學餘》尾）讓者無不讓也，讓于國而不讓于鄰，君子以范宣子之讓爲僅矣。然聞駒支之辨，而使與於會，猶可謂能改過者。獨惜其假羽毛于齊而弗歸，齊人始貳，遂與寺人貂始漏師於多魚，同爲霸圖之羞也。（《菁華》尾）以吳敗之故，爲向之會，乃復數其不德而退之，未免進退無據。蓋此時晉之國勢外強中乾，其將帥亦多庸才，自揣未能得志于楚，適足取辱而已。姑藉口于吳之伐喪爲不義，以爲藏拙之計，其術誠工而其氣則餒矣。以戎狄之人而有此絕好辭令，那得不令人心折？

吳子諸樊既除喪，將立季札。季札辭曰："曹宣公之卒也，諸侯與曹人不義曹君，將立子臧。子臧去之，遂弗爲也，以成曹君。君子曰：'能守節。'君，義嗣也。誰敢奸君？有國，非吾節也。札雖不才，願附于子臧，以無失節。"固立之。棄其室而耕。乃舍之。（文熙眉）蘇氏曰："季子掛劍於樹，不以死背其心；引兵避楚，不以名害其德。蓋所以養其心者至矣，雖祿之天下，將有所不受，而況于吳乎？"穆文熙曰："季札以義嗣推君，以守節自君，義正辭和，可想可慕！"（《測義》夾）傅遜氏曰："春秋讓國者三：吳季札、曹子臧、衛子南，子南事微不著，皆足稱賢，而皆不克以靖國。蓋其性自不樂於爲君，非有爲也。然德非至德，而於王季、武王之事亦不逮矣。"〖編者按：奧田元繼作李笠翁語。〗（魏禧尾）胡安國曰："太伯奔吳而不反，季歷嗣位而不辭。彼王僚無季歷之賢，而季子爲太伯之讓，豈至德乎？使爭弒禍興，覆師喪國，其誰階之也？"魏禧曰："季札非吳子適嗣，讓國未爲不當，安得以後禍歸獄耶？"魏世俲曰："季札不當讓而讓，以釀成僚、光之禍。夫札，父兄所欲立者也。子臧，列國諸侯所欲立者也。諸侯之命，豈若父兄之命哉？故子臧之讓，義也。札乃曰'願附于子臧以無失節'，則非矣。"魏世儼曰："子臧固讓弒嫡之賊，尤爲是。若札當三兄鼎峙，豈可自賢而儼然踐位？故札固讓于諸樊之時，是矣。餘祭、夷昧遞傳及札，札復固辭，以啓僚、光之爭，則非。然則嗣位而立光爲太子，其可乎？"彭家屏曰："傳國以子，傳子以嫡，此正道也。兄死弟及，始于商之大庚，後儒非之，以爲是啓亂源，非正道也。吳謁不傳子而傳弟，誤矣。餘祭再誤，夷昧三誤，而季子復受之，是以誤終也。季子之讓國，可謂能賢矣。顧論者乃以闔閭之弒僚、夫差之喪國追咎季子，謂其讓實爲厲階，是特以後事之成敗論之耳。抑知君子處事，惟義是從，烏能逆料後事之成敗而爲之遷就哉？若逆計後事而遷就處之，亦非所謂正其誼不謀其利者矣，豈聖賢之所取乎？即以闔廬、夫差之事論之，闔廬爲吳謁嫡子，於分當立而不得立，故卒有弒奪之事，此即兄終弟及足以召禍之明驗也。假使季子得國，安知其禍不移于季子乎？若夫差失國，事在再傳之後。再傳之後，安保能賢？雖使季子得國，亦必不能保其子也。謂季子而能保其子，則賢於堯舜矣，詎通方之論乎？觀聖人題季子之墓，而許之爲君子，論延陵者，當以聖人之言爲折衷也。"（《分國》尾）吳欲兄弟相傳，以及札，非正也。札辭之，似也。卒之大啓吳祚者，諸樊之子光，天實爲之，烏可強哉？（《左繡》眉）此文以"義"字、"君"字、"節"字相次成文，而歸重在"節"，故三層順應。于倒我子臧處，又煞"節"字一筆，一絲不苟也。凡三寫"節"字，以復爲妙。前子臧語，又以不復爲妙，筆妙固無定也。引子臧事，即用子臧語作論，不煩辭費，極簡極雋。"遂弗爲也""非吾節也"，都於直落處插入一曲，令文字鬆宕有姿致，最是妙筆。（《左傳翼》尾）曹君不義，子臧尚爾弗爲，況君寔義嗣乎？"守節""無失節"是一篇關鍵，而義與不義尤爲吃緊。（《評林》眉）王元美："季札聽樂，而知六國之興衰，獨不知吳之將亡而默無一言乎？彼不欲以其身殉鷗夷也。季札蓋智人也，得老氏之精而用之者也。"（《學餘》尾）人有一時之人，有千古之人。季子，千古人也，與曹公子臧後先相望矣。

夏，諸侯之大夫從晉侯伐秦，以報櫟之役也。（孫鑛眉）敘事盡入細，但稍覺碎。（《左繡》眉）此篇論事以晉師爲主，論文以欒黶爲主，前案後斷，只極寫一欒伯之汰，以末段收拾通篇也。看他一路佈置，有伏筆，有襯筆，有正筆，有反筆。起手一行，特作鄭重之筆，便伏"汰"字之根。以下詳寫具用、先濟，勸濟多死，鄭進多從，直至棫林不成，總所以反襯欒伯之歸之汰也。荀偃"馬首是瞻"正與欒伯"馬首欲東"相對，是"汰"字正位。莊子"從帥"之言，伯游"實過"之悔，亦都是反襯法。至結之曰"遷延之役"，將晉侯待竟、六卿帥師許多鄭重化爲烏有，汰之罪，可勝誅耶？（高塘眉）第一段敘各國之師，爲遷延伏襯。有正筆，有反筆，有側筆，句句添毫。**晉侯待於竟，使六卿帥諸侯之師以進。及涇，不濟。叔向見叔孫穆子，穆子賦《匏有苦葉》。叔向退而具舟，魯人、莒人先濟。**（《補義》眉）報櫟原爲私憤，待竟便是遷延，二語爲一篇之綱。儲云："賦《詩》見志，彼此不言而喻，此種風流，戰國時已絕嚮。"（《評林》眉）《匯參》："《魯語》：叔向退召舟虞與司馬曰：'夫苦葉不材于人，共濟而已。魯叔孫賦《匏有苦葉》，必將涉矣。'"**鄭子蟜見衛北宮懿子曰："與人而不固，取惡莫甚焉！若社稷何？"懿子説。二子見諸侯之師而勸之濟，濟涇而次。秦人毒涇上流，師人多死。鄭司馬子蟜帥鄭師以進，師皆從之，至於棫林，不獲成焉。**（《評林》眉）彭士望："'若社稷何'，鄭初服晉，故獨自效。"陳傅良："'勸之濟'，傳言公孫蠆所以書於伐秦。"《匯參》："棫林，即舊鄭之咸林也，今爲華州，屬陝西西安府。"（高嵣眉）第二段敘晉卿之師，是遷延正面。荀偃、魏莊爲賓，欒黶爲主，其寫遷延處，正寫其汰處。荀偃令曰："雞鳴而駕，塞井夷竈，唯余馬首是瞻！"（韓范夾）荀偃此令，亦欲爲偪陽七日之命耳，何以有實過之悔？欒黶曰："晉國之命，未是有也。余馬首欲東。"乃歸。（《補義》眉）節節寫來俱有一遷延在內。陳錫元曰："偃、黶皆言'余馬首'，則不知有國事矣。人行其意，莫適爲主。"（《評林》眉）魏禧："按：令是，但出語太倨，故侈汰者不服。"彭士望："偃一語不讓，黶即違之。范宣子讓，黶即從之。待凌汰人尤須謙洽。"下軍從之。左史謂魏莊子曰："不待中行伯乎？"莊子曰："夫子命從帥。欒伯，吾帥也，吾將從之。從帥，所以待夫子也。"（《評林》眉）《經世鈔》："此論亦未是，然則中軍之令不能行於偏軍之佐矣。"伊侃："晉雖六卿分將，令出中軍。欒黶不用命，魏絳賢者，正宜調劑其間，乃對左史之言，亦阿於黶，何也？"伯游曰："吾令實過，悔之何及，多遺秦禽。"乃命大還。晉人謂之遷延之役。（《測義》夾）汪克寬氏曰："以十三國之卿大夫，帥重兵以壓境，而師出無律，將各異心，徒以煩民，功績蔑有，晉侯待於境上，視若贅旒，皆悼公之怠於政事致諸臣之專恣也。"〖編者按：奧田元繼作陳明卿語。〗（《評林》眉）陳傅良："'遷延之役'，傳見悼公之怠。"彭士望："'命大還'，偃能悔過，亦鑒於邲，以全軍爲上策。"魏禧："按：此亦未是，此與荀林父邲事同。"（方宗誠眉）以上敘伐秦不獲成而還，"晉人謂之遷延之役"一句總束上文，乃文中一頓。

欒鍼曰："此役也，報櫟之敗也。役又無功，晉之恥也。吾有二位於戎路，敢不恥乎？"與士鞅馳秦師，死焉。士鞅反，欒黶謂士匄曰："余弟不欲住，而子召之。余弟死，而子來，是而子殺余之弟也。弗逐，余亦將殺之。"士鞅奔秦。（《左繡》眉）後半又以欒鍼之死，反襯欒伯之汰，而以逐士鞅正寫其汰，與前"馬首欲東"語相對。此下可以直接"秦伯"一番問答，卻又補寫書法，而以一惰者正陪之，以一攝者反陪之，然後極論其汰之必亡作結，是一篇極有針線結構文字。細玩其前後反正伏襯處，可悟烘雲托月之法。欒鍼事，本與上半相連敘去，但因士鞅奔秦，直歸到秦伯論汰一段斷結文字，故以遷延之役頓斷，而另以報櫟之敗作提，蓋亦牽上搭下敘法也。左氏好以一串之事，作兩對之局。如此文前半譏晉師之還，後半評欒黶之汰，各以報櫟之役作提，而一煞以"晉人謂之遷延之役"，一煞以"秦伯以爲知言"，兩兩對說，片段極其明整。然晉師之所以遷延者，實欒黶之汰爲之，故兩截文雖截對，而意仍串遞也。離而爲二，合而爲一，蓋往往以此見剪裁鎔鑄之奇矣。（高塘眉）第三段承上啓下，爲遷延比照，爲"汰"字伏根。（《評林》眉）《經世鈔》："'馳秦師，死焉'，可謂烈士。然觀士鞅可反，則鍼雖馳秦師，而可以不死也。過矣！"穆文熙："棫林之役，衆皆遷延，苟偃令'唯余馬首是瞻'進之，良是。欒黶嫉偃之功，遂欲東歸。已又憤欒鍼之死，并逐士鞅。皆汰侈不情，取亡之兆矣。"彭士望："此役賴鍼稍有生色，鍼爲兄補過，而黶乃以逐鞅，鍼死不瞑矣。"（方宗誠眉）欒鍼一段，本應接"乃命大還"之下爲順敘，失之平直，故夾一句議論于中，文乃不平不直。

於是，齊崔杼、宋華閱、仲江會伐秦，不書，惰也。向之會亦如之。衛北宮括不書于向，書于伐秦，攝也。（高塘眉）第四段帶插書法，並例他會，機趣橫生。"惰"、"攝"兩字，卻爲遷延反正點眼。（《測義》夾）季本氏曰："齊、宋稱人，皆非大夫，而序於括上者，蓋當時諸侯大夫之位次，或以國之大小，或以勢之强弱，或以至之先後，或以事之勤惰，皆由霸主之意，而爵位之尊卑，俱越其常矣。左氏於齊、宋强著崔杼、華閱之名，而附於惰、攝之義，不亦煩乎？"（《補義》眉）同一遷延，而又分別惰、攝兩種。（《評林》眉）趙匡："左氏云：齊、宋大夫不書，惰也，向之會亦如之。衛北宮括書於伐秦，攝也。案：經意以事之邪正褒貶，不爲其小小幹犖惰怠生文。"陳傅良："'攝也'，傳言一役之間，經有筆削，後見二十六年。"（方宗誠眉）夾敘法。以下專論欒氏，因此役之無功而還，罪在欒黶之違命，後又委罪於士鞅而逐之，故特敘此段以爲通篇之束。秦伯問士鞅一段，本應接"士鞅奔秦"之下，亦嫌平直，故夾敘書法於中，乃不平直。

秦伯問于士鞅，（高塘眉）末段借秦伯之問，揭出欒氏之汰，是遷延病根，是通篇歸宿。此亦史家牽連書之法，爲滅欒氏張本。曰："晉大夫其誰先亡？"對曰："其欒氏乎！"秦伯曰："以其汰乎？"對曰："然。欒黶汰虐已甚，猶可以免。其在盈乎！"（《補義》

眉）黶之汏，秦景聞之，悼若不聞也者。黶僨君之事，安然無患，晉之政刑荒矣。六卿之橫，實由於此，悼之霸業，安得媲美桓、文？秦伯曰："何故？"對曰："武子之德在民，如周人之思召公焉，愛其甘棠，況其子乎？欒黶死，盈之善未能及人，武子所施沒矣，而黶之怨實章，將於是乎在。"秦伯以為知言，為之請于晉而復之。（文熙眉）汪氏曰："敘事具品。"穆文熙曰："欒書雖有小德，亦不得與《甘棠》並論，鞅言過矣。至謂亡在欒盈，則誠知言也。"士鞅為欒黶所逐，奔秦非其罪，故請復之。（《測義》夾）凌約言氏曰："士鞅之言非也，欒書陰害三郤，己又親弒其君，何德在民而埒於召公之思？得免於子，亦已幸矣。"（韓范夾）有大惡而不亡，先世之德及之也。未有大惡而亡，先世之德不足以及之也。論虛而實理確。（孫琮總評）前幅敘濟師與還師，落落點染，都有雅致。欒鍼之死秦師，激於情。欒黶之罪士鞅，近於誣。至士鞅之對秦伯，說得報應之理鑿鑿可據，既自風雅，又復危惕。先德不足恃，而侈汰深可畏，世族單寒，均宜深省。（《分國》尾）櫟之役，但能勝不備之秦耳。棫林之役，毒涇上流，便遷延不進，何其怯也？欒鍼鄢陵之戰，掀公於淖。遷延之役，馳死秦軍，壯哉！欒氏不祚，鍼死黶存。若武子有甘棠之澤，誣甚矣！（《左繡》眉）兩對一結晉師，一結士鞅，而實皆所以注意欒黶也，絕妙皮裏陽秋。又看上半自譏晉師，下半自論欒黶。而下半"汏"字，預伏於上截"馬首欲東"中。上半遷延，補斷於下截"惰也""攝也"中。以遞作截，以截藏串，亦可以觀作者制局之妙也。自欒鍼至末連讀，"惰也""攝也"乃是插斷法。若自起至解經連讀，則"遷延之役"句，又是插斷法。圓變無端，唯陳思鏡背，差堪彷彿。末段寫福善禍淫之理，極圓極透，其引《甘棠》詩，最得點化之妙。又恰與起處"苦葉"相配相映，天成妙文也。因知言而請復，結士鞅，仍是結欒伯也，文貴一線乃爾。（美中尾）一言僨事，黶遽歸而偃命大還，按以軍法，皆可斬也。竟安然無患，晉之刑政荒矣。六卿專恣，實基於此。汪環谷曰："晉秦七十年兵爭，釁兆於圍鄭，怨結於敗殽，禍稔於三戰（彭衙、令狐、河曲），大舉於九國之伐（麻隧），而終於此役。"（《左傳翼》尾）"遷延"二字是此役斷案，所以然者，以欒黶汏虐為之。欒氏一人汏虐，以致軍帥不和，諸侯之大夫觀望，敵國亦負固焉。及涇不濟，濟涇而次，諸侯之遷延也。因馬首是瞻而遂歸，因下軍之歸而大還，晉人之遷延也。雖魯、莒先濟，鄭、衛勸進，而不能起諸國之惰。欒鍼致死，士鞅同往而反，以激欒黶之怒，欒黶之罪浮於先縠，荀偃之失不減林父。一路寫諸侯之師遷延情狀，群帥費盡許多心力，而欒黶敗之，詳寫列國大夫，所以甚欒氏子之東歸也。篇末一結大有深意。綿上之蒐，讓而有禮，晉國大和，諸侯遂睦。曾幾何時，而群帥紛呶若此？戎子所謂官之師旅實有所闕，其殆謂是乎！向之會，諸侯之大夫惰，范宣子猶欲借戎子以恐喝之。此後遷延，荀偃併不能行令，則欒黶之罪大矣。篇中橫插下斷，以向會伴說者，正非無故也。向會之惰，此役遷延，俱以欒黶汰虐不肯用命之故，范宣子諱而不言，而洩怒于駒支。伯游無如之何，則直聽之而已。其實欒黶之汰，實忌二子居其上也。馬首欲東，既背荀伯。欲殺士鞅，又叛宣子。兩篇情事俱於此一篇內結出，前隱後顯，有珠簾掩映之妙，不細心抽尋，如何看得出？爲吳謀楚而有向之會，而數其不德以退之，蓋欲報秦，故不能謀楚耳。宣子因列國之大夫皆有惰志，故欲執駒支以恐喝之，而不謂此役乃更遷延特甚也。悼公英主，而不能制一欒黶，可謂強弩之末。後士匄逐欒盈，亦其積怒畜怨者深也。黶之怨實章，真千古定評。爲櫟役興師，乃報私怨也，非有安中國、攘夷狄之意，諸侯自爾解體。況不自將，待於竟上，諸帥無所稟承，欒黶以汰梗命，宜乎遷延不進。此篇後半雖著欒氏罪案，起處提筆特見大意，閱者忽之，便不見作者精神注向處。（《日知》尾）事勢本相激而成，文第傳之，遂極曲峭。末述秦伯、士鞅問答，固爲逐欒盈起本，然在本文，則見成此遷延者，罪有專歸，文勢固以拓開爲回抱也。（高嶹尾）俞桐川曰：“通篇只寫‘遷延’二字，其所以遷延者，由晉君怠於政事，而軍帥不和，畏死苟免，欒氏其罪魁也。故末借欒氏先亡語結之，軍令廢弛，人情懈散，俱敍得有致。”（《評林》眉）《經世鈔》：“欒黶再罪而無譴，晉於是失刑矣。”穆文熙：“‘其在盈乎’，欒書雖有小惠及民，何得遽比召公？士鞅之論過矣。至謂欒氏再世而亡，何其不爽乎！”（王系尾）欒書弒君之賊，而民思之如召公，夫豈不愛其君而愛其民哉？蓋大奸巨猾，欲奪其君，未有不噢咻其民者也。衰世之民，如在水火，易於見德。小則爲欒書，大則爲魏、趙、韓矣。季氏之專魯，田氏之篡齊，胥是術也夫！高息齋曰：“春夏興師，煩擾列國，將帥不和，威德兩弛，晉國之政衰矣。”（林紓尾）此篇專寫欒黶之汰，真可謂字外出力矣。名曰“遷延之役”，實則不盡遷延，壞在欒黶一人，便全局都潰矣。入手“晉侯待於境上”，不肯蒞師，已種遷延之根。

六卿帥諸侯之師，及涇不濟，已露遷延之狀。似面面皆有遷延形態。然穆子之賦《匏有苦葉》，取深厲淺揭之意，意決渡涇，不遷延也。叔向具舟，不遷延也。子蟜、懿子商定，力勸諸侯濟師，不遷延也。諸侯濟涇，亦不見其遷延。至飲毒涇而死，而子蟜仍帥鄭師以進，尤不遷延。即荀伯之令，欲直搗秦壘，尤昂藏有氣概，安能謂之遷延？一路寫來，皆勝秦之機會，乃經欒黶一種放恣敗事武斷之魄力，而全局瓦解，遂成不遷延之遷延。似天造一種局勢，使讀者扼腕歎其失機。敘事之工，真善於部署。尤妙在魏莊子一段，卻夾入欒黶言下敘出，此所謂帶筆也。凡文字於百忙之中夾入一事，此最難着筆。左氏卻從容帶出，初不用力，又鎔入下文，一無痕跡，妙極矣！文敘遷延之役，至此似為束筆矣，忽軒然大波，突出欒鍼一段。鍼者，黶之弟也。在軍容慨慨欲死中，有此一股生氣。讀者當知此段非寫欒鍼，正補足欒黶之汰，厚其罪而益其毒也。無黶之汰，亦不生鍼之勇。鍼死，黶害之也。乃嚇宣子，逐士鞅，視鄭之子皆尤有過焉。文之結穴，似宜正其罪，加以論斷。乃論斷不出之左氏，卻出之士鞅之口，尤省無數筆墨。讀者當恍然于晉師及諸侯之無功，均黶為之，則"汰"之一字，為通篇之主腦，前半蓄而後半洩，均為"汰"字寫生。安頓起伏穿插，處處皆有法在，味之自見。(《菁華》尾) 晉悼公服鄭之後，惰氣已侵，卒至伐秦無功，為伯業之玷。觀傳"晉侯待於竟"一語，其畏葸無能，情狀畢露。遷延之譏，悼實自取之矣。欒黶"余馬首欲東"句，正與荀偃所言"余馬首是瞻"緊緊針對。其驕橫無忌，口吻畢肖。魏絳此時，以將帥不和，早知大功不就，姑為是語以謝人言，其意中有不盡嗚咽處，小人用事，志士吞聲，可為一慨！欒黶之事，與巂季極相似。然巂季伏誅，而欒黶無恙，其用刑之道，又前人之不若矣。

衛獻公戒孫文子、甯惠子食，皆服而朝。(孫鑛眉) 碎敘亦與前章法同，然色較濃。(《左繡》眉) 此是敘議夾寫文字，作兩半讀。定姜"無告無罪"以上，敘衛侯出奔。厚叔弔衛以下，為復歸張本。上半以定姜三罪語單收，下半以厚叔、臧孫語對收，前散後整格。(《補義》眉) 經書出奔，警萬世之為人君也。傳重林父，警萬世之為人臣也。而總歸注到晉人之不討賊。林父歸衛後，自專國政，而諸侯盟會多在其私邑，因而交結晉臣，其無君久矣。兩段雖為公之挑釁，然必有不堪於林父者，傳只寫一面而兩面自見。**日旰不召，而射鴻於囿。二子從**

之，不釋皮冠而與之言。(孫鑛眉)"不釋皮冠"正應"皆服"。(閩生夾)小節也，以此而怒，見孫、甯之橫。二子怒。孫文子如戚，孫蒯入使，公飲之酒，使大師歌《巧言》之卒章。大師辭，師曹請爲之。(方宗誠眉)敘衛侯取禍之由。"師曹請爲之"下，應接"公使歌之，遂誦之"，然平直，且師曹所以誦之之故弗明，補敘"公有嬖妾"一段於中，則無平直之病。初，公有嬖妾，使師曹誨之琴，師曹鞭之。公怒，鞭師曹三百。故師曹欲歌之，以怒孫子以報公。公使歌之，遂誦之。(閩生夾)宗堯云："衛君臣之過失，皆直書而各不相掩，此段尤沈酣有味。"蒯懼，告文子。文子曰："君忌我矣，弗先。必死。"並帑于戚而入，見蘧伯玉曰："君之暴虐，子所知也。大懼社稷之傾覆，將若之何？"對曰："君制其國，臣敢奸之？雖奸之，庸知愈乎？"遂行，從近關出。(《測義》夾)季本氏曰："觀左氏載伯玉出關之言，則獻公未至可廢。大抵定姜、師曠之言，史臣逢迎孫、甯風旨而爲之辭爾。及考伯玉仕靈公朝，與孔子爲友，不應此時已列諸卿，能與林父相抗。或其言出於他人之賢者，而左氏誤記其名也歟？"〖編者按：奧田元繼作陳廣野語。〗(《評林》眉)王元美："伯玉當獻公、文子之變，既不能止，而亦不能謀，遜辭遠害，從近關出，何其脫然乎！"《附見》："凡執政臣先去其國境，則雖國有亂，而不敢與知，又非其罪，故從國之近關出去，恐當非伯玉本意。"《經世鈔》："君昏，己能匡其失可也，不可則當奉身而退，不退則當死君之難，伯玉從近關出，吾所未取也。"(閩生夾)表蘧伯玉，乃賢哲處亂世之法也。

公使子蟜、子伯、子皮與孫子盟于丘宮，孫子皆殺之。四月己未，子展奔齊。公如鄄，使子行(請)于孫子，孫子又殺之。公出奔齊，孫氏追之，敗公徒於河澤。鄄人執之。(《評林》眉)陳傅良："子展奔齊，傳見奔非其罪，雖母弟不書。"

初，尹公佗學射於庚公差，庚公差學射于公孫丁。二子追公，公孫丁御公。子魚曰："射爲背師，不射爲戮，射爲禮乎。"射兩軥而還。尹公佗曰："子爲師，我則遠矣。"(閩生夾)君之不知，師于何有？每于倫紀蕩亡之世，輒玩弄一切以寄慨，所以寓其孤憤也。乃反之。公孫丁授公轡而射之，貫臂。(《評林》眉)孫鑛：

"二子追公，卻又有此意外之奇。"《經世鈔》："子魚可以追君，而不可以射師，當時人懷私恩而不知大義多如此。"

子鮮從公，及竟，公使祝宗告亡，且告無罪。定姜曰："無神何告？若有，不可誣也。有罪，若何告無？舍大臣而與小臣謀，一罪也。先君有塚卿以爲師保，而蔑之，二罪也。余以巾櫛事先君，而暴妾使余，三罪也。告亡而已，無告無罪。"（《左繡》眉）文中所寫衛獻無道，只是一作戲舉動，未見其暴虐處，得定姜數語，罪狀乃定。然所以終得歸國者，大叔儀與展、鮮之力也。前後以此作論斷，界畫分明。本傳固重衛侯，然孫氏之不臣，豈得竟無譏貶？特敘蘧大夫一段，固已誅姦雄于未死矣。大叔儀、展、鮮三人，後半作兩番搭配，本是平重。因展、鮮前半先伏，而太叔至後方見，故敘太叔對厚孫辭令特詳，而展、鮮與臧孫言，便只點一"道"字，相配適均，一點一畫，都有其故也。看後文以子鮮復國，則展、鮮又自有賓主，細味得之。孫、甯雙起雙結，中段單敘孫氏，又自有首從在。子展奔齊，子鮮從公，後半人物，先於前半倒捕而入，此文與事之所以一串也。妙在無端插入，粗心讀之，鮮不以爲閑文耳。兩"殺"字，一"執之"，一"貫臂"，皆蘧大夫所謂雖姦庸愈者也，而公之倖免，亦在言表矣。（《補義》眉）定姜賢而有才，故爲嚴責，使林父聞之平其怒，苦衷如見。（《評林》眉）孫鑛："定姜語插於此亦奇。"穆文熙："定姜數獻公三罪，乃老吏獄案，不可增減。爲君而至使適母數之若此，何戾哉？"《經世鈔》："'無神、何告'二語，足破千古世俗違道以媚鬼神者之惑。"鍾伯敬："傳於此記定姜之言、臧孫之言及二十六年右宰穀之言，見衛侯不子、不君，宜失位。"（方宗誠眉）首段敘衛侯有取禍之由，至是敘定姜責衛侯之言，神與首段相應，益見衛侯之出奔，自取之也。以上敘衛侯出奔之由，以下敘衛侯後來能復國之由。（閭生夾）宗堯按："此從定姜口中直數衛侯之失，至爲沉痛。"

公使厚成叔弔于衛，曰："寡君使瘠，聞君不撫社稷，而越在他竟，若之何不弔？以同盟之故，使瘠敢私於執事，曰：'有君不弔，有臣不敏，君不赦宥，臣亦不帥職，增淫發洩，其若之何？'"（《補義》眉）雖君臣對説，而意實側注林父，直是討賊檄文，以反照晉無一言。（閭生夾）弔詞極爲懇到痛切。宗堯按："此借魯之弔，直誅衛之臣子也。"衛人使大叔儀對曰："群臣不佞，得罪於寡君。寡君不以即刑，而悼棄之，以爲君憂。君不忘先君之好，辱弔群臣，又重恤之。敢拜君命之辱，重拜大貺。"（孫鑛眉）太文飾，然文其辭不文其實，風致自妙。（《補義》眉）傳敘此對，亦是反照晉人全不憂恤。（《評林》眉）李笠翁："衛君出亡他國，不知改圖，可謂至愚，然猶賴大叔、子鱄以反，則賢人所係蓋不淺也。何以子家羈而竟不能反昭公乎？二君之優劣又可知矣。"《匯參》："'悼棄之'，乃自傷悼棄我諸臣而去。"厚孫歸，復命，語臧武仲曰："衛君其必歸乎！有大叔儀以守，有母弟鱄以出，或撫其内，或營其外，能無歸乎？"（孫鑛眉）有此論以生後武仲二論，後面事卻於此完案，與戰郲法同。（闈生夾）此等處借一二閒事，能使當時情事瞭如指掌。宗堯按："逆攝後文衛侯所以入國之由，此文章鉤勒處也。"

齊人以郲寄衛侯。及其復也，以郲糧歸。右宰穀從而逃歸，衛人將殺之。辭曰："余不說初矣，余狐裘而羔袖。"乃赦之。（《補義》眉）齊侯寄郲，反照晉無一物。（《評林》眉）王季重："寄寓人邑，而以其邑之糧歸，何不思保其一國之富哉！"《經世鈔》："'以郲糧歸'，可笑至此。"《匯參》："言初之從君，余亦悔恨之矣。"

衛人立公孫剽，孫林父、甯殖相之，以聽命於諸侯。（《補義》眉）此一語正全篇結穴處，見討亂全在晉人，以反照戚之會。魯使弔唁，反照晉無一人。

衛侯在郲，臧紇如齊，唁衛侯。（衛侯）與之言，虐。退而告其人曰："衛侯其不得入矣！其言糞土也，亡而不變，何以復國？"子展、子鮮聞之，見臧紇，與之言，道。臧孫說，謂其人曰："衛君必入。夫二子者，或輓之，或推之，欲無入，得乎？"（孫鑛眉）乍抑乍揚，最有態。與前厚叔相應作三節。"虐""道"字作偶語，是小巧，然亦陪。（王源尾）經不書孫、甯逐君，而曰"衛侯出奔"，罪在君也。故傳處處敘衛侯自取，而以定姜之言斷之，依經以立傳也。即後序反國張本，亦歸功於臣，非衛侯之善也，大意如此。而雜序諸人，燦如錯繡。斷續關合，情致芊眠。孫、甯逐衛侯，主也。蘧伯玉不從孫、甯，子展、子鮮、公孫丁從公，賓也。大叔儀爲公守，亦賓也。孫蒯、師曹成二子之亂，定姜明衛侯之罪，亦賓也。子蟜、子伯、子皮、子行爲公死，右宰穀背公逃，皆實也。尹公佗、庾公差所以出公孫丁，厚成叔、臧孫紇所以表大叔、子展、子鮮，皆實中實也。(《彙鈔》眉) 兩番議論，自爲對偶，意態絕佳。(《分國》尾) 皮冠不釋，細故也。歌《巧言》，亦諷詞耳。何至並帑出君，犯大逆不順？甚矣！人君一言一行，無得罪於巨室也。(《左繡》眉) 衛獻出奔，林父目以暴虐。前于定姜語中，以旁筆應"暴"字。後於臧紇語中，以虛筆應"虐"字。不枯不脫，既見其所以出，又不礙其所以歸，用筆真面面玲瓏，無一十成死語也。厚叔意重在臣，猶是君臣並說。太叔全歸罪臣，而以出齊爲悼棄，立言有體，全得公孫碩膚筆法，宜足以服厚孫之心。"舍大臣，蔑師保"，若儀、若展、若鮮，何以得此？可見暴虐之罪，亦下流之歸耳。厚孫、武仲，語本兩兩相對，然寫在一處，不免合尾之嫌。妙於兩節中夾寫衛獻舊病不改，以及右宰既從而逃，孫、甯立剽而相，極力說開，幾無復歸之望。而另以"言虐""言道"反覆推敲，結出"必入"，以遙對"必歸"，極文章離合之妙也。前段詳寫瘠、儀問答，此處言道言虐，只用略敘，又文章避就之法。唐錫周曰："忽言'不得'，又忽言'必入'，此處文情，似白公之亂篇'胡不冑'二小段筆意。"撫營推挽，字簡而句雋，以遙對作收束，構局一新。(儲欣尾) 通首用零序，波路可觀。(《左傳翼》尾)
"食""飲酒"，即此二端，而平日之暴虐可知，定姜所以深有慨乎其言之也。但逐君之惡，林父爲首，甯殖爲從，其餘諸臣無罪實多。甯殖尚有悔心之萌，國人豈無自新之路？一有撫營推輓者，而國仍可復也。既出尚可復入，則在國何以遂出？後半詳寫大叔儀、子展、子鮮，而以公之不道夾敘其間，權衡正自不爽。定變之略，莫妙於使反側子自安。宛濮之盟，國人所以不貳也。大叔之對，句句爲衛人認過，卻句句爲衛人開路，撫內苦心于此畢露。國人聞之，自不驚疑。厚叔斷其必歸，甚有特見。衛君反國，功在其臣，非衛君之善，故敘太叔儀與子展、子鮮好處，仍將衛君不好處帶說。一拖後，一敘在前，兩段中又用右宰穀背君與衛人立君橫插其間，總於整齊見參差。篇內雜敘諸人，頭緒紛紜，尋之自有天然脈絡，此種筆妙，秦漢以下無人問津。衛獻爲臣所逐，而以自出奔爲文，但書衛侯而不名，不許臣逐其君。陳氏以爲"抑強臣，存大義"，是也。林父自定公時挾晉以制其主，獻公不思防禦之道，激之使叛，又無先事之備，使諸公子請盟，駢首賊庭，遂委宗社以去，太阿倒持，不君已甚。逸賊不書，亦所以責君也。季氏逐昭公，尚不敢立君，猶有顧忌。獻公出，孫、甯即立剽，以斷其復入之路，跋扈尤甚。乃昭公客死於外而獻公復入者，彼有一子家羈不能用，此則子展、子鮮或輓或推，而大叔儀爲主于内，且得甯喜之助也。兩君失道相同，而有幸有不幸，亦視乎夾輔之人耳。齊桓、晉文出亡歸國，異于楚比，亦正在此。左右有人，所關豈淺鮮哉！（《日知》尾）爲出奔立傳，則後半似預爲後事伏案，然以撫營推輓之功歸諸三子，正以宜出之罪坐實獻公也。立格因文心而妙，目爲兩截者失之。（高塘尾）俞桐川曰：「既欲敘衛侯之不君，又欲敘孫、甯之不臣，此處殊覺費手。『日旰不召』『不釋皮冠』，其過甚小，二子即怒，一不臣也。《巧言》之歌，近于戲謔，孫子謀先，二不臣也。公使請盟，孫子殺之，三不臣也。公既出奔，孫子追之，四不臣也。怒右宰，立公孫，其跋扈强悍，暴著天壤，故載伯玉數言，二子之罪定矣。若衛侯之不君，即借定姜數出，見其罪在平日，不在一時，詳略有法。至於後之復國，全賴得人。故敘『或挽』『或推』一段，爲後復國張本。敘『亡而不變』一段，爲後殺喜、縠張本。篇首兼敘孫、甯，其後專敘林父，分出首從。又爲甯殖命子甯喜廢君張本。要之，一『虐』字定君之罪，一『怒』字定臣之罪。君不赦宥，臣不帥職，兼定君臣之罪。此文章命意佈局嚴謹周密處也。」（《評林》眉）《匯參》：「『不得入矣』，幾以厚孫之言爲不信。」彭士望：「『糞土也』，言其所言皆惡也，林注非。」《經世鈔》：「見臧紇忠臣，深心快識如此。」《匯參》：「『謂其人』，就衛說曰『歸』，就齊說曰『入』。」（王系尾）諸侯事晉，未有如衛之謹者。然是時君弱臣强，天下之通患。林父當國而甚善晉大夫，晉之大夫固以衛之謹爲林父之謹，而非其君之謹矣。即晉之君，賢如悼公者，亦習以衛之謹爲林父之謹，而非其君之謹矣。自入春秋以來，逐君者非一，而惡毒橫恣，曜然不忌，未有如孫林父之甚者也。晉爲盟主，視若故常，未聞討其賊而弔其君也。三家分晉之禍，孰教猱哉？卒之林父背叛，挾戚以入于晉，而保其首領以死。蓋至此天理滅，人心死，《春秋》之作，不容已矣！（林紓尾）紓曰：此篇主客只有二人，一則衛君，一則孫文子。其中納入無數君子小人，各有寫法。若蘧伯玉、庾公差、大叔儀、子展，君子也。師曹、尹公佗，小人也。子蟜、子伯、子皮、子行，雖不必爲小人，然自定姜語氣中探取所謂「與小臣謀」，想此見殺之四人，必屬公之寵人。不然，右宰縠不見殺，胡爲殺此四人？必助虐者也。一路須觀其穿插銷納之法。難在敘一肇禍之人，即補敘其緣起，如師曹之報復是也。敘一醜行之跡，必帶敘其後來，如公取邾糧是也。隨手寫來，即隨手結束，毫不着力，此一妙也。爽大臣之約而射鴻，忘皮冠之釋而失禮，歌《巧言》之詩以挑釁，一路全是童騃之氣，不必即至遜荒。一經定姜歷述罪狀，則公之受書始定。詞氣斬截，即結束所以出亡之故。二妙也。衛公之歸，尚在異日，而厚成叔料其必歸，臧孫紇亦言其不能不入。把後來之局，縮入本文。以體爲編年，一篇之中，不能貫徹首尾，而神光四射，使讀者能了然于其後來，此左氏之長技，三妙也。蘧伯玉磊磊落落，以正言彈孫子，知萬無可救，潔身而去，寫君子之真也。右宰穀齷齷齪齪，以鄙言求免死，寫小人之鄙也。各肖其神，四妙也。同一言也，以"虐"字盡衛公，以"道"字稱二子，一字之斷，遂定生平，五妙也。總言之，衛國全局，皆壞自孫氏。孫氏，國賊也，然傳文無一字醜詆其人。即《春秋》書法，亦但曰"衛侯出奔齊"，亦並不敘國賊之逐君，蓋罪由自取也。文中滿敘衛侯之過，即鄰國來弔，亦一似衛侯與孫氏均分其過者。不知文愈寫伯玉、子展、子鮮之明敏忠篤，則孫、甯之罪自相形而見。凡深于文者，愈憾其人，愈不攻其惡，但從對面反照，而其惡彌彰。此左氏之妙用，讀者當勿爲所眩。（《菁華》尾）孫林父久專國政，而外結晉臣之援，其有恃而驕，凡無禮於君之處，必有爲人所不堪者。衛侯雖不善處，自取出亡之辱，然其遇亦可哀矣。傳舍林父之罪不言，而專言君之失德，何也？讀至"君不赦宥，臣亦不帥職"二語，如見斧鉞之嚴，千載下猶復凜凜。于五人決晉文之必興，於二人決衛獻之必入，賢者之爲輕重如此。（閭生夾）于臧孫口中寫衛君臣之短長及成敗之故瞭然。

  師歸自伐秦，晉侯舍新軍，禮也。成國不過半天子之軍，周爲六軍，諸侯之大者，三軍可也。於是知朔生盈而死，盈生六年而武子卒，彘裘亦幼，皆未可立也。新軍無帥，故舍之。（《分國》尾）悼公舍新軍，以荀罃、士魴之子皆幼，未可立也。有合於大國三軍之禮，傳者亟表之。夫二帥之子幼，而仍舍新軍。後世乳臭小兒，即佩侯印。甚者，如王毛仲子甫生三日，玄宗官授五品。毛仲曰："豈不堪作三品耶？"視晉悼公何如哉？（《左繡》眉）先提一層，下分兩層，一解"禮"字，一敘舍之之故也。左氏好作突然一句之法，如起手遙接報櫟之役，突着"師歸"字，此師爲誰之師耶？此圂圖說半天子之軍，然後以六軍申說天子，以三軍申說"半"字，下"知朔生盈而死"

句法亦同，但中説處各別。六年申説生盈，武子卒，乃另説其父，不預知朔之死。要之，三者若只用順説，皆平平耳。前作六軍時，不着一筆譏貶；此番舍軍，便極力稱讚，美惡互見，史家周旋法。不可不知。（美中尾）何義門曰：「晉悼之舍新軍，非知其僭而革之也。蓋限於世及之制，而不敢選於大夫之中舉其賢者爲卿。至此，六卿之勢，一定不可變矣。觀其嘉魏莊子之勢，而綿上之蒐，僅從新軍以次佐下軍而已，亦不能如文公之用原軫也。」（《左傳翼》尾）舍軍固善，一面贊他有禮，一面推其所以舍之之故乃以無帥，非厚自貶損以半天子之軍，其不知名分當正如故也。寥寥數語，而褒貶仍自不苟，左氏權衡如此。（《評林》眉）按：「於是」以下，述舍新軍之由，即倒敘法。（王系尾）此段是所以舍新軍之故。晉舍新軍，雖合三軍之禮，然其所以舍，初非爲踰制也，自以世卿之子皆幼耳。夫以晉國之大，豈患無賢，而必世族之是求哉？然則合禮者其跡，而怠於求賢，牽於惡習，是其實也。文情吞吐之妙，於斯爲極。（閻生夾）雖曰「新軍無帥，故舍之」，自是以往，晉之武功益微矣。

師曠侍于晉侯。（《正論》眉）與里革、成公之對，異語同心，而此尤開豁切至。（孫鑛眉）冗而迂，是後董膠西、劉中壘一派文字。（《淵鑒》眉）典重醇茂處似《國語》，在《左傳》中別爲一格。康侯胡安國曰：「《春秋》端本清源之書，故不書所逐之臣，而以自奔爲名，所以徽乎人君，爲後世鑒也。」水心葉適曰：「師曠言立君之義，乃古人遺説，孟子蓋知之。」臣茇曰：「天之立君以爲民也，故君必畏天，畏天則勤民。曠也，君耳也，其言可以司聰。」（《評林》眉）李贄：「師曠者，晉靈公時人也，爲主樂官，好辨音律，撰兵書萬編，時人莫知其原裔，出没難詳也。晉平公時以陰陽之學顯于當世，乃薰目爲瞽，以絶塞衆慮，專心於星筭音律之中，考鐘呂以定四時，無毫釐之異。《春秋》不記，曠知命欲終，乃述寶符百卷，至戰國分争，其書絶滅矣。」王陽明：「此篇因論衛君而泛及君道，其言開豁切至，君國者聽之，當神悚而骨栗矣。」孫應鰲：「此章與里克、成公之對異語同心，而尤親切。」晉侯曰：「衛人出其君，不亦甚乎？」對曰：「或者其君實甚。（方宗誠眉）開口先斷一句，奇峭無比。良君將賞善而刑淫，養民如子，蓋之如天，容之如地。民奉其君，愛之如父母，仰之如日月，敬之如神明，畏之如雷霆，其可出乎？夫君，神之主而民之望也。（《文歸》眉）戴文光曰："一反一正，中間一句宕下，不板不急，此法極佳。"（《評林》眉）《經世鈔》："師曠開口便説妙用，'或者'字又用寬字措語，最妙。"（《補義》眉）汪云："意私而義正。"若困民之主，匱神乏祀，百姓絶望，社稷無主，將安用之？弗去何爲？（《評林》眉）陳明卿："'弗去何爲'一語，恐不可爲訓，且非臣下稱於君前之語。樂師職兼風刺，非卿大夫比，故危言不忌，左氏由此定弒君稱君，爲君無道，非也。又以釋經不書出君之人，皆非也。説又見昭三十二年。"（閭生夾）凡列國君臣之釁，文無不罪其君而恕其臣，固是正本窮源之論，亦以其時列卿專橫，國君失勢，不得不爲此偏宥之詞，所以洩其悲憤也。然千餘年專制之局，此等堂堂正正之論，實足以經緯天地、維繫政教於不衰。天生民而立之君，使司牧之，勿使失性。有君而爲之貳，使師保之，勿使過度。是故天子有公，諸侯有卿，卿置側室，大夫有貳宗，士有朋友，庶人、工、商、皁、隸、牧、圉皆有親暱，以相輔佐也。（《左傳雋》眉）王偉曰："前連下數個'如'字，文法；此連下數個'有'字，文法。"（《評林》眉）彭士望："'勿使過度'，再將君權責任覆説一過，何等鄭重！可見友輔無一人少得，無一日離得。"善則賞之，過則匡之，患則救之，失則革之。自王以下，各有父兄子弟，以補察其政。史爲書，瞽爲詩，工誦箴諫，大夫規誨，士傳言，庶人謗，商旅於市，百工獻藝。故《夏書》曰：'遒人以木鐸徇于路。官師相規，工執藝事以諫。'（《左傳雋》眉）李衷一曰："因《夏書》中有遒人官師之事，故生出史書、瞽詩許多議論，後直以《夏書》來質證他，此最是作文機括處，前輩能破此等關竅，故下筆立就。"（《評林》眉）湯睡菴："此論爲君者恐不聞其過失，而廣置諫職以爲匡救。"《匯參》："詩必播之樂，誦則直誦其言。"《經世鈔》："執藝事以諫，無人非諫，無地非諫，所以有成。"正月孟春，於是乎有之，諫失常也。天之愛民甚矣，豈其使一人肆於民上，以從其淫，而棄天地之性？必不然矣。"（《測義》夾）愚按：師曠此論足以懲懼君心，與孟子紂爲獨夫、君爲寇讎同意，然"弗去何爲"一語，不可爲訓。（《左傳雋》眉）羅文恭曰："按師曠此段議論，足以懲懼君心，與孟子紂爲獨夫、君爲寇讎同意，而此語意尤婉。"（孫鑛眉）

獨短句收，稍覺階，然爲今經生用之已厭。(鍾惺眉) 即孟子"獨夫"之說。(《文歸》尾) 句法蒼而詞意更有生澀可人處，至長短相間，參錯成章，尤令人傳玩不厭。王守溪。〖編者按：《古文正集》作葛鼐語。〗(韓范夾) 通篇絕不言及孫子之事，意在因問進言，以導其君，若專論衛事，則不其然。(魏禧尾) 魏世儼曰："居喪不和，衛獻與魯昭無異，而暴使嫡母、蔑視師保、寄郲而以郲糧歸，則又甚焉。然魯昭終卒乾侯，而衛獻復國，自是子展、子鮮左右之力。甯殖將死而悔，甯喜守父命而不違，亦適逢其會耳。晉文出亡，人謂其從者皆足相國，見子鮮者亦然。豈子家羈雖賢，無復國之謀猷，故世不見推，而君不可復與？"(《分國》尾) 晉人殺厲公，魯成公曰："臣殺其君，誰之過也？"里革對曰："君之過也。"齊人殺其君，魯襄公援戈而起，曰："孰臣而敢殺其君乎？"師懼曰："其身死，自取之也。"竊疑兩人此語，非理之正。及見師曠侍晉侯，晉侯問曰："衛人出其君，不亦甚乎？"對曰："或者其君實甚，天之愛民甚矣，豈其使一人肆於民上，以從其淫？必不然矣。"然後知兩人之言爲不易，麥丘邑人祝齊桓公曰："願君勿得罪于羣臣百姓。"意蓋如此。(《知新》尾) 爲民立君，所以養之。民有性而君有度，肆於民上，是縱敗度，棄天地之性，所謂帥天下以暴，胡可一日爲君？說得凜凜慄慄，真能因問納規。(《左繡》眉) 此是一首奇崛文字，道理本自平正，但當時無人見到耳。看作者故意寫成一種不經人道語也，晉侯以出君爲甚，卻突接"其君實甚"，此種筆意，最奇警動人，只此一句，已振通篇之局矣。劈手提明一筆，下以一反一正申說，其意已了。卻又重從"天生民"說起，展出大議論，大鋪排，熟玩可得另提開局之法。左氏議論文字，大都用先虛領，後實發，使文章盡而復起，展拓不窮也。其另提開局，卻用束上轉下之筆，蓋天生民而立之君，上文已透。有君而爲之貳，乃是暗替衛人出君解說。"父子兄弟補察其政"云云，分明孟子大過易位之意，卻不明言，只緊緊歸結到愛民上去，見天既愛民，則不得不出君。"天"字起，"天"字收，說得民心即是天意，乃所謂其君實甚者也。字字警拔，神氣都從提句一滾而來。其"神之主而民之望"及"善則賞之"四句，亦都是束上轉下筆法，文字方無平衍之病。左氏極精熟於此，後賢所宜寢食以之者。通篇泛論道理，不嫌抑揚太過，若粘定衛事，則將奪獻予孫，豈可爲訓？一筆動不得矣。文章寬說、切說，都有其故，非好爲儱侗鋪排也。前從"立言"說到"爲貳"，後仍從"勿使過度"歸到

"勿使失性"，章法回環，致爲圓密。以上平平鋪敘，臨了一宕，回繳處無限風神。首段"弗去何爲"已將出君用正筆明煞，此處便只須用反筆暗煞，變而不復，亦一定之法。徐揚貢曰："'師保、輔佐'一大段，皆說向天意去，衍出'愛民甚矣'句，大奇。"（昆崖尾）茅鹿門曰："組織而不板，酣重而不復，大手筆也。"（美中尾）魏莊渠曰："春秋時，世卿之禍，蘊積匪伊朝夕，故天下止知有巨室大家，而不知有君父。釀成一段議論，觀師曠論衛侯之出，史墨論季氏之逐君，皆絕不可爲訓者，此孟子所謂邪說。"愚謂惟其有邪說，是以有暴行。（《左傳翼》尾）衛君之出，孫、甯爲之，皆卿貳也，故篇中洗發最詳。"善則賞之"四句，見所以可出之故。說臣先說民，說民先說天，臣民一心，天人一理，得罪巨室，即得罪一國。天之視聽在民，理自不易也。借衛君以說君臣之大防，使凡爲君者惕然知徹，末路一掉，筆勢飄忽振盪，大有神龍曳尾之致。師曠此論，人以爲對晉侯發也，與孟子賊仁賊義大旨相同。然强臣出君，法所不容。晉爲盟主，豈不能討？悼公一問，焉知無討賊之意？不能將順，但爲閒論以塞之。語專責君而不及臣，豈被逐者有罪，而逐君者反無罪乎？議雖正而意則私，不足多也。徐揚貢謂師保一段，皆說向天意上，衍出"愛民甚矣"句，大奇。蓋語脈原從"天生民而立之君"來也。故說天說臣，總是說民。衛獻之出非特孫、甯，實舉國共爲之。晉侯開口便說衛人，正非無見。通篇雖係泛說，句句爲"其君實甚"分疏，不言衛君，總爲衛君責備，庇護賊臣，立言最巧。（德宜尾）起訖分明，折落峭拔，文勢尤極宕往宏肆。（《補義》眉）夫子不書林父出君，而以自奔爲文，原有此一篇意思在裏。傳每篇敘事，無一不切齒於賊臣，而"君之自取"一層，竟未盡發搗，則夫子書自奔之義不著，故錄此文以爲失國者之戒。（《日知》尾）愛民、困民，分明兩柱雙行到底，而文字渾融，不露痕跡。（高嶠尾）俞桐川曰："晉侯之問，只說得君臣大分。曠以'天'字壓倒'君'字，以'民'字托起'臣'字，發明設置君臣之理。權聽於天，命寄於民，以天、民作主，則君與臣俱在統制之內，聖人復起，不能易也。"開口答衛事，只用一句，又妙在放活，以後俱泛論道理，故不嫌抑揚太過。若拈定衛事，則將奪獻予孫，豈可爲訓？文章切說寬說，都有其故，非好爲儱侗鋪排也。（《評林》眉）彭士望："師曠亦甚責衛無諫臣。"俞寧世："'正月孟春'引古倒點，筆法妙。"李于鱗："應前'蓋之如天、容之如地'意。"彭士望："說得天心豁露，使古今民上人凜凜危慄。"穆文熙:"'天之愛民'以下,語極精微,明君聞此,必當惕然。"(王系尾)此篇必合前後數十年讀之,始見左氏如椽之筆。師曠深探立君之本,說天說人,豈不甚正,然而非所以斷衛獄也。林父素志無君,蘊發於乾餱,機迅於決弩。求盟不可,殺群公子如刈草,君出境而又追之,至於戮及從亡,誰實甚乎?蓋自衛獻即位之初,林父已甚善晉大夫,其日在君側,得侍宴閒,如師曠者,雖非大夫,未有不深求其歡心者也。黨援既固於平日,譎詐遂行于顧問。故《傳說彙纂》稱:"晉悼霸業漸衰,執政大夫如荀偃輩,皆與孫、甯爲黨,而師曠承望風旨,有'其君實甚'之言,譏其得罪於名教。"謂左氏以師曠之言爲善而詳敘之,則大失左氏之旨,抑亦爲瞽曠所愚、林父所笑矣。(武億尾)晉侯之問,只說得君臣大分。曠以"天"字壓倒"君"字,以"民"字托起"臣"字,發明設君置臣之理,權聽於天,命寄於民,說得民心即是天意,乃所謂"其君實甚者"也。字字警拔,神氣都從提句一滾而來。(闆生夾)左氏論治至精,極合于共和原理,數千年來,自孟子以外,他人莫能見及、莫敢昌言者也。宗堯云:"春秋弒奪之禍最慘最劇,推原其故,不得謂非握君權者之所自開。載師曠之言,不專論衛,此作者已亂之心之申告當世者。"

秋,楚子爲庸浦之役故,子囊師于棠,以伐吳,吳不出而還。子囊殿,以吳爲不能而弗儆。吳人自皋舟之隘要而擊之,楚人不能相救。吳人敗之,獲楚公子宜穀。(魏禧尾)魏世儼曰:"弗儆弗設備,不虞不戒,恃城恃衆,恃力恃援,皆未有不敗者也。"(《分國》尾)勝兵嘗敗,敗兵嘗勝。勝兵驕,驕則寡謀。敗兵懼,懼則多算。庸浦之役,可以觀矣。(《左傳翼》尾)庸浦吳不戒,此役楚弗儆,兩國皆敗,甚矣,戒儆之不可已也!彼獲公子黨,此獲公子宜穀,一往一復,天道好還,皆其自取,謀國者其知之!(《評林》眉)穆文熙:"吳先不出而後邀擊楚,以退爲進,擊其惰歸,故能敗楚。"《匯參》:"兩'不能'正相映,以人爲不能者,無不自困于不能者也。"陳傅良:"宜穀不書獲,義同十三年。"(王系尾)吳不戒而敗於庸浦,喪公子黨。楚不儆而敗於皋舟,喪公子宜穀。事適相偶,文亦遙對。

王使劉定公賜齊侯命,曰:"昔伯舅大公,右我先王,股肱周室,師保萬民,世胙大師,以表東海。王室之不壞,繄伯舅是賴。今余命女環，茲率舅氏之典，纂乃祖考，無忝乃舊。敬之哉，無廢朕命！"（《分國》尾）冊命，天子之常。此日則如景星慶雲矣。此靈王也，周其信有顯王哉！所謂"王甚神聖，無惡于諸侯"者。（昆崖尾）茅鹿門曰："無語不古，無字不靈，爲後世誥命之祖。"（《左繡》眉）錫命多矣，於此獨詳，不唯其人，惟其文，九錫之所以得與于《文選》也歟？（《左傳翼》尾）文辭古雅，琅琅可誦。（《評林》眉）按：劉夏士而賤，然以其能堪事得使齊，十五年經書名，今傳稱劉定公，其舉終有此諡，比卿位。陳傅良："無廢朕命，傳見周以後故，錫命於齊。"

晉侯問衛故於中行獻子，對曰："不如因而定之。衛有君矣，伐之，未可以得志，而勤諸侯。史佚有言曰：'因重而撫之。'仲虺有言曰：'亡者侮之，亂者取之，推亡固存，國之道也。'君其定衛以待時乎！"（文熙眉）汪道昆曰："敘事具品，'狐裘羔袖'句法。"穆文熙曰："衛君出亡他國，不知改圖，可謂至愚。然猶賴子展、子鮮以返。則賢人所係，豈淺淺哉？何以子家羈而終不能返昭公乎？二君之優劣，又可知矣。"（《補義》眉）不能已矣而定之，甚矣！（《評林》眉）楊升菴："衛固未可伐矣，不曰孫林父之逐君，罪可討乎？"（王系尾）晉不討衛亂而定其賊，天理滅矣。諸侯固已不服，士匄又從而侵貪之，安得無貳？齊自戰鞌以來，從晉者三十餘年，至是而貳。此篇是數十年中關鍵處。李廉曰："衛侯出奔，而林父會于戚。昭公在乾侯，而季孫會適歷。釋君助臣之禍，前後一轍，悼公霸業盡喪矣。荀偃親弑君之人，而以此問之，悼公之聰明，不逮少年矣。齊人之貳，豈待假羽毛哉？"

冬，會于戚，謀定衛也。（《測義》夾）愚按：荀偃本殺君之賊，故爲逆賊謀，而成其逐君之亂，自是剽殺而衎歸，衛有二君者十年，晉實爲之也。賢如悼公，竟爲荀偃所誤，惜哉！蓋公怠矣，尋亦遂薨！〖編者按：奧田元繼作王元美語。〗（韓范夾）當時諸侯必有因亂取國之意，故國無大小，所患不在外寇，而在內憂，古今一轍也。（《分國》尾）齊桓乘魯內亂，欲取魯。晉悼因衛內亂，欲取衛。霸主且然也，他無論矣。仲孫、中行二人，皆能畜君者。（《左繡》眉）偃本弒立之徒，故與孫、甯朋比，晉悼逐不臣七人，而不問弒君之賊，宜霸業之不終也夫！會戚本當討衛，而反定衛，皆由中行先入之言，故詳"問衛故"一段文字於前，偏中三寫"定"字，一提一應一結，章法甚明。（美中尾）荀偃本弑君之賊，故爲林父謀。晉不能伸霸討，反聽邪說，會列國之卿於其私邑，抑君而臣是助，悼德衰矣。齊人之貳，豈待假羽旄哉！

范宣子假羽毛于齊而弗歸，齊人始貳。（《左繡》眉）憑空着此一筆，與漏師多魚同一筆意。徐云："此爲平陰之捷起案。"（《評林》眉）按：不言旄，曰羽毛，異其名，自諱其惡。陳傅良："'齊人始貳'，傳言晉執政之貪，齊於是加兵於魯。"（《左傳翼》尾）晉之有荀偃，猶衛之有孫、甯也。彼既弑君，焉肯討賊？悼公屢問，而無人承顧之爲可惜矣。悼公英主，十四歲而能定亂，書、偃國賊，受其撫戴之恩，不能討之，爲其所制，至此遂不能自主，此亦履霜堅冰之漸也。不討衛而反定衛，戚，林父私邑，合列國大夫而會于賊臣私邑，此會殊爲多事，故宜貶而稱人。而經書名，以林父在會，列國大夫皆其黨也，而荀、范之罪著矣。戚之會，本以定衛亂，反起齊釁，所謂未可以得吾志而勤諸侯者，將如何也？平陰之師，釁起于范，而謀出於荀，謀之不臧，此會兆之。篇末拖此二語，大有關係。張悔菴云："即假羽毛一事推之，駒支所云師旅有闕，以攜諸侯，其言殆隱而中矣。向之會，諸侯事晉已不如昔，則貳又不始于戚矣。"甚爲有見。又云："戚之會，齊不在列，則假羽毛事恐未可信。豈假羽毛不歸在會向伐秦時，因此會齊人不至，而推原禍始，謂其始貳耶？"

楚子囊還自伐吳，卒。將死，遺言謂子庚："必城郢。"君子謂："子囊忠。君薨不忘增其名，將死不忘衛社稷，可不謂忠乎？忠，民之望也。《詩》曰：'行歸於周，萬民所望。'忠也。"（《分國》尾）城郢固忠也，然當時楚患不在於郢。況吳勢日強，奔命靡已，區區城郢何益？子囊遺命，當在國本也。（《左繡》眉）兩"不忘"，所謂中心爲忠也。四點"忠"字，作兩層說。前兩"忠"字，一提一應，已說完矣，下又轉出民望一層，而引《詩》以贊之，恰將"忠"字、"望"字一順一倒，小文無一字苟也如此。（《左傳翼》尾）大臣謀國，志安社稷，至死不忘，古來忠臣無不如是，讀之令人肅然起敬。同一城郢也，囊瓦城郢則譏之，子囊請城則美之。設險守國，王公不廢。初遷無城，自應城之。建立已久，而不能守在四境，以患吳而城，故決其必亡，所爭只在衛社稷與否耳，左氏褒譏正非妄下。（《評林》眉）穆文熙："子囊遺言城郢，而伍員竟入於郢，大臣謀國，區區設險，亦爲策之下者。"

魏世儼："員之入郢，數世後事也，遂謂城郢爲非，然則王公設險守國，其亦非耶？"

◇襄公十五年

【經】十有五年春，宋公使向戌來聘。二月己亥，及向戌盟于劉。（《評林》眉）許翰："不盟于國而盟于劉，崇向戌故，公弱甚矣。"劉夏逆王后于齊。（《評林》眉）孫復："天子不親迎，取后則三公逆之。劉夏，士也；王后，天下母，使微者逆之，可哉？故曰'劉夏逆王后于齊'，以著其非。"按：天子出命逆女，即是王后，不待彼之許與不許，故曰逆王后。夏，齊侯伐我北鄙，圍成。公救成，至遇。季孫宿、叔孫豹帥師城成郛。（《評林》眉）黃仲炎："城成郛者，名曰備齊，其實城孟氏私邑，而叔、季城之，何也？三家合爲一體，以弱公室也。"胡銓："城、築二十有九，大夫帥師而城者三，見文、襄之際大夫張矣，故帥師而城者，皆三家也。"秋八月丁巳，日有食之。邾人伐我南鄙。冬十有一月癸亥，晉侯周卒。（《測義》夾）李廉氏曰："晉悼公其猶有君子之資乎！不獨霸之美也。齊桓歷變履險，以數十年之經營而行事，未免過舉。晉文老於奔走，晚而復國，然血氣之驕悍未除。悼公之齒淺矣，乃能忠厚而不迫，堅忍而持重，有回顧却慮之謀，無輕逞輒快之舉，其亦稍知以道養心歟！八年九合，則勤於安夏也。三分四軍，則勤於用民也。六卿選德，用人有章也。騶御知訓，教士有法也。此其所以能得諸侯、服鄭而駕楚也。奈何蕭魚已後，凡三大會，荀偃、士匄儼然臨之，諸侯雖合，大夫侵分，何謹于諸侯而縱于大夫乎？戌陳之役，以爲有陳非吾事，無之而後可。鄭雖向晉，陳竟歸之，何工于撫鄭而拙于懷陳乎？會向之役，欲數吳不德以退吳人，亦已晚矣。楚患雖弭，吳憂尤甚，何明于治楚而暗于通吳乎？不然，悼公之霸，過桓文矣！"（《評林》眉）許翰："悼公之霸，功亞桓、文，平公受之，遺烈猶在，祝柯、澶淵之盟是矣，自是則晉日替矣。"

【傳】十五年春，宋向戌來聘，且尋盟。見孟獻子，尤其室，曰："子有令聞，而美其室，非所望也！"對曰："我在晉，吾兄爲之，毀之重勞，且不敢間。"（韓范夾）一議其友之過，而不傷於苛；一顯其兄之過，而不損於愛。惟其賢者，乃能之耳。（魏禧尾）彭士望曰：「賢者遇目輒思益人，責善肫摯，無一毫間隔，千世後誦之，猶有餘感。」又曰：「對亦真實，然宜引咎，不當委兄。」魏世儼曰：「爲卿美室，似無大過。向戌聘而見尤，足徵古朋友切劘之嚴，賢者益宜自刻矣。」（《分國》尾）張老尚且善頌，阿奴不覺火攻。向戌面規，獻子友愛，賢哉！二大夫！（《左繡》眉）此在知己面前說實話，不然，過則歸己，獻子胡不聞焉？（儲欣眉）不敢間，克恭厥兄也。合左師處此，未必能如此用心。（《左傳翼》尾）兄弟怡怡，一切將順，方無賊恩之失。爲一室而彼此異議，則友恭之誼不篤，於此見獻子親愛無已之心，非不自引咎而歸過於兄也。至一室之美，即恐有損令聞而必規戒之，于此見古人朋友之誼。小小文字，關係人倫若此，切勿草草讀過。若說成功不毀，則齊景已更晏子之宅，晏何爲毀之？蓋君臣相合，以義可據理以爭。兄弟相合，以恩難直行自遂，說到「不敢間」，真無一刻不體貼。兄弟人人若此，則和樂且耽，而反弓、鬩牆之變，無自生矣。（《評林》眉）王元美：「是時私家侈僭，八佾、《雍歌》且行之，何有於美室哉？」（閭生夾）宗堯云：「此藉以責孟孫不能守正也。三軍之作，季孫實主之，叔孫不能止而與之盟，未聞孟孫之意如何，敘此以貶之也。」

官師從單靖公逆王后于齊。卿不行，非禮也。（《分國》尾）我嘗讀《齊風·俟著》章，病齊俗婚禮之替。及觀晏桓子所對，誰謂齊俗誇詐，不嫺於禮？結以陰里，迎以劉夏，王自不嫺於禮耳。（《左繡》眉）不點劉夏而特稱官師，下「卿不行」，便省一番注腳。（《評林》眉）按：《尚書》「官師相規」，又《禮》「官師一廟，天子諸侯並具之」，其非卿，言爲一官之長也。劉夏獨過魯，公不視單靖公，故曰卿不行。劉敞：「《穀梁》曰：『過我，故志之。』非也。王后尊矣，禮自當志，豈與諸侯一例，以過我而書哉？然則他王后不見者，太子立則妃爲后，自無緣見耳。」

楚公子午爲令尹，公子罷戎爲右尹，蔿子馮爲大司馬，公子橐師爲右司馬，公子成爲左司馬，屈到爲莫敖，公子追舒爲箴尹，屈蕩爲連尹，養由基爲宮廄尹，以靖國人。君子謂：「楚於是乎能官人。官人，國之急也。能官人，則民無覦心。（閭生夾）宗堯云：「中原世官，其勢位皆係預定，國君不能奪之，故霸業卒衰。三家分晉，田氏滅齊，魯、宋、衛之不分，由國小而不足分立也，然亦禍亂相尋矣。此篇正楚與中原對照處。《詩》云：'嗟我懷人，實彼周行。'能官人也。王及公、侯、伯、子、男，甸、采、衛大夫，各居其列，所謂周行也。"（孫鑛眉）此時《卷耳》詩已如此解，必是師傳本説，今朱《傳》改爲"思文王"，或未是。（魏禧尾）傅遜曰："春秋諸國，惟楚英賢最多，而爲令尹、執國政者，皆其公族，少有債事，旋即誅死，所以强大累世而威權略無下移，固其君之强明，亦其傳國用人之制獨善也。"（《分國》尾）朝無倖位，則國無倖民。末世官可賂取，人懷倖心矣。"能官人，則民無覦心"，千古名言。（《左繡》眉）楚官未有詳列者，此處詳敘，單爲"官人"立案也。"官人""能官人"接連寫四遍，真纍纍如貫珠。引《詩》結過"能官人"，文字已畢，重將"周行"注解作一掉尾，意味無窮。連寫王及公、侯、伯、子、男，甸、采、衛大夫，不厭其繁，與起敘事相配也。敘議要首尾照應，可見一班。（《左傳翼》尾）晉勤三駕而楚不能爭，以其君明臣忠，上讓下競也。荀罃、士魴卒而新軍無帥，因而廢之，則晉國人才之衰可知矣。此番甚稱楚之能官人，所以見晉之不能也。能官人則民無覦心，的屬見道之言。後世選舉不公，官不稱職，所以人多覬覦。一結道理尤大，可知天生民而立之君，等差下來，絕非草草，想見天下名不稱寔一派尸素人，無處立腳。（《評林》眉）陳傳良："'能官人'，傳言楚復强。"彭士望："《卷耳》作后妃思得賢臣以佐君子，此解恰好。"陳明卿："楚之多才如此，所以竟春秋之世爲中國患。"（王系尾）此篇重"能官人"三字。是時楚康新立而子囊卒，吳、晉方强，人心危疑之秋也。能官人而楚國定矣，爲治者可弗審所急與？

　　鄭尉氏、司氏之亂，其餘盜在宋。鄭人以子西、伯有、子產之故，納賄于宋，以馬四十乘與師茷、師慧。三月，公孫黑爲質焉。司城子罕以堵女父、尉翩、司齊與之。良司臣而逸之，托諸季武子，武子寘諸卞。鄭人醢之三人也。

　　師慧過宋朝，將私焉。其相曰："朝也。"慧曰："無人焉。"相曰："朝也，何故無人？"慧曰："必無人焉。若猶有人，豈其以千乘之相易淫樂之矇？必無人焉故也。"（魏禧尾）魏世儼曰："正言之未若激怒之，此師慧所以因私而發堂堂之論也。已開鄒忌諷齊王一派文字。"（閭生夾）司臣等所犯，以今國際法言之，則國事犯也，列國應加援助。宋貪賂而不能庇，故假師慧以深誚之。文情之飄逸雋美，真乃千古無對。説者以千乘之相爲子罕，則文字神理全失矣。**子罕聞之，固請而歸之。**（文熙眉）汪道昆曰："敘事妙品。'良司臣'字法。"穆文熙曰："師慧過朝將私，激宋無人，瞽而滑稽，優孟之流也。"（鍾惺眉）師慧，師曠之流亞也。鄭人以爲人玩而充賂遺，宋人受之而不知用，惜哉！觀慧舉止言笑，蓋以滑稽寄其憤者也。（《彙鈔》眉）譏諷深於規戒，與優孟之歌先後如一轍。（《分國》尾）宋有子罕也。使其爲晉之范鞅、吳之宰嚭，師其危矣。吾獨怪無目人，偏能識子罕，作此諷辭。（《知新》尾）以賂請，以賂歸，總是習矣不察。一經師慧滑稽嘲笑，直使子罕無地自容，可謂善補過之君子。（《左繡》眉）此又一首絶妙嘲謔文字，不必造作歌辭，不必別尋議論，只就一便溺細事，將口頭言語小作掉弄，已令嬉笑怒罵一時都到，想天生雋妙，雖遊戲都臻絶頂也。詳司臣事，見良者可逸，則盜固不必以賂而後與也，已伏下段之根。"三人也"束上，即以起下，亂鄭奔宋者，猶謂之人，以相易矇者，反不得爲人。即云有人，亦與此三人等耳，相映處使人不堪。宋朝阿堵中物有目而無目，師慧目空一世，無目而有目。作者笑盡世人，借題發揮耳。凡說三過"無人"，而中以一"有人"作反跌，極庸峭之妙。唐錫周曰："伯敬云：'偏是無目者目中無人。'余謂以千乘之相，易淫樂之矇，故當溺之。"（昆崖尾）徐揚貢曰："觀其舉止言笑，蓋以滑稽寄其不平者也。'無人焉'三字，笑盡叔世君臣，偏是無目人目中無人。"（《左傳翼》尾）天下之惡一也，鄭之群盜其可庇乎？必以賂易，師慧所以胡盧也。極正大之論，而以尖佻出之。極憤懣之情，而以詼諧出之。言之無罪，聞者足戒，滑稽之雄。（《補義》眉）儲云："是則朝也而可私者多矣。"（《日知》尾）《國策》開山。（高塘尾）俞桐川曰："宛然一瞽目景象，不但議論滑稽。"（《評林》眉）謝文洊："'良司臣而逸之'，賊中亦有分別，子罕惜才如此。"彭士望："大道理等閑發出，堂堂宋國，卻被一樂工借小便數落，痛快無比，與范雎無王不同。"陳傅良："'固請而歸之'，終十年盜殺三卿傳。"按：陸《音》云："易，以豉切，輕也。或讀如字。"（方宗誠眉）語言奇峭，歐陽《五代史·伶人傳》所載伶人譎諫，風神與此相類。（《學餘》尾）衛有不沐浴佩玉之石祁子，乃知天下之惡一。宋有不貪爲寶之司城子罕，乃能聞師慧之譏而歸之。夫事當與否，斷以義耳。不以義而以賂，豈非朝無人也哉？

夏，齊侯圍成，貳于晉故也。於是乎城成郛。（《評林》眉）張洽：「『夏，齊侯圍成』，先事無備，致圍而後城，亦奚益乎？」

秋，邾人伐我南鄙。使告于晉，晉將為會以討邾、莒，晉侯有疾，乃止。冬，晉悼公卒，遂不克會。（美中尾）李竹湖曰：「悼公其有君子之資乎！匪獨霸功懋也。然謹於諸侯而縱於大夫，工於撫鄭而拙於懷陳，明於治楚而暗於治吳，不然，過桓文遠矣。」（《評林》眉）倪鴻寶：「『秋，邾人伐我南鄙』，魯自文、襄失政，齊與邾、莒交伐其國，由民分於三桓故也。」〖編者按：凌稚隆作張洽語。〗（王系尾）悼公之霸，不戰而屈楚，可謂軼城濮而媲美召陵者矣。身未沒而諸侯或貳，慎終如始，殆若是其難與？王明逸曰：「不討衛孫林父、甯殖逐君之惡，尤失之大者。魯之三家，晉之六卿，齊之崔、慶、陳氏，視此而縱矣。」

鄭公孫夏如晉奔喪，子蟜送葬。

宋人或得玉，獻諸子罕。子罕弗受。（《淵鑒》眉）古帝王捐金抵璧，不貴異物，惟賢材是重，稼穡是務，知國家之所寶，在此不在彼也。獻玉而子罕不受，可謂智矣。獻玉者曰：「以示玉人，玉人以為寶也，故敢獻之。」子罕曰：「我以不貪為寶，爾以玉為寶，若以與我，皆喪寶也。不若人有其寶。」（《文歸》眉）戴文光曰：「《國策》極祖此語。」（方宗誠眉）名言摯行，句法亦奇峭警拔。稽首而告曰：「小人懷璧，不可以越鄉，納此以請死也。」子罕寘諸其里，使玉人為之攻之，富而後使復其所。（文熙眉）穆文熙曰：「韓獻子，晉之良大夫也，使于鄭，尚欲得其玉環。乃子罕獨以不貪為寶，而固卻玉人之玉，又為處之得所，茲其賢蓋加人一等矣。」（鍾惺眉）末語才是有心作用，可見作好人好事，不只是一個不要錢便了得。（韓范夾）子罕所難，難於富而後使復也。若區區不受，則陳仲子輩皆能之，何益於人？（王源尾）子罕不貪而已，借「寶」字立言，亦正亦謔，婉若鸞翔，曲如雲捲，絕世姿態。「小人懷璧」三語，文之變態也。子罕不受，得所寶矣。宋人弗獻，又將失其所寶。不惟失所寶，且將得禍。則所謂以玉為寶者，豈盡然乎？雖宋人之言，而作者自成結構，豈無意哉？故曰文之變態也。（魏禧尾）魏世儷曰：「衣人本欲其暖，食人本欲其飽，彼猶饑猶寒，吾猶未衣食之也。子罕為獻玉者周詳謀畫，亦不過全其鬻玉之心而已。」彭家屏曰：「匹夫無罪，懷璧其罪，象有齒以焚其身，賄也。人惟不寶金玉，則胸次浩然，無入而不自得。固知不貪爲寶之言，真至論也。"（《分國》尾）子罕"人有其寶"之言，劃然兩開也。他人當此，往往爲其所奪者。始於不能審，至於不能舍，終於不能保，而兩寶俱喪也。子罕識得吾寶透，守得吾寶定，故享得吾寶安，是真愛寶者。（《知新》尾）獻玉本意，以求富也。不貪其寶，而適遂其求，乃出玉人望外。存子罕數言，以風世之寶所不當寶者。（《賞音》尾）不貪爲寶，非身有之，不能言之親切有味若此。（《左繡》眉）連寫四"寶"字，極精之理，極儁之筆，然其妙尤在於簡，若衍作長語，便減豐神。廉者，每患短於才。讀後半，又可謂玉成爲寶矣。玩"稽首""請死"語，此極是安分曉道理人，故以"不貪爲寶"語之。蓋即匹夫無罪，懷璧其罪之意。《注》"恐爲盜所害"，然則富安能復所耶？（昆崖尾）劉開侯曰："'不貪'，廉也。'使攻'，義也。'使富'，仁也。安置獻玉人，得其道矣。"高介石曰："獻玉本意，以求富也。不貪其寶，而適遂其求，乃出玉人望外。"（《約編》尾）傳言子罕不貪，能識治體。（《左傳翼》尾）自了漢多是無能人，固知能而不廉，不可謂能，廉而不能，亦不可謂廉也。人有其寶，似乎自了漢語，得後此一段處分，乃得人有其寶。或人來獻，想亦料子罕必有此番作用耶？（盛謨總評）山水家寫象者死，寫意者生。然寫意之妙，未易名狀。古云"淡若遠山"，愈淡愈遠，此化境也。若此文之微妙，無以形之，幾回把筆欲寫仍住，還令讀者自領如何？卧魯曰："今人讀書，但將數冊腐爛時文消磨歲月，至左氏此種妙文，未曾夢見。天下盡有聰明後生，終日坐經生腐儒館中，憒憒不醒。何不將此妙文，開其靈府？"于埜曰："便令他讀，亦無領會處。"曰："當先洗他心眼，讀來自不同。"曰："然若不曉古人作文別有妙會，焉能讀得？噫！文章關乎運會，豈易云哉！"（《便覽》尾）即此則可愈見子罕之持己高，而待人周至。芳自記。（《日知》尾）漆園開山。（高嵣尾）俞桐川曰："子罕無寶而寶常盈，或人得寶而不知所措，可見廉吏最樂，守錢虜最苦。'攻而使復'，寶既得所，人亦得生，此宰相知人安民之略也。"（《自怡軒》尾）連下四"寶"字，儁極！許穆堂。（《評林》眉）彭士望："宋人或得玉，獻諸子罕，子罕不受，無故重獻於卿相，必有求也。一'弗受'省多少事，子罕頗警於師慧。"（王系尾）此篇義無所繫，而與請歸師慧、師茷連類詳敘者，明子罕之賢也。左氏之於善，雖小不遺如此。（《學餘》尾）名言至理，我爲誦言，念君子溫其如玉之詩。

十二月，鄭人奪堵狗之妻，而歸諸范氏。（《評林》眉）彭士望："歸諸范氏，斬草除萌，此必子產之爲。"

◇襄公十六年

【經】十有六年春王正月，葬晉悼公。三月，公會晉侯、宋公、衛侯、鄭伯、曹伯、莒子、邾子、薛伯、杞伯、小邾子于溴梁。（《評林》眉）高閌："爲討邾、莒也，邾、莒連伐魯，魯使告于晉，悼公將爲會以討之，遇疾乃止，平公即位，遂成父志。"《匯參》："溴，古歷反。《爾雅》：梁莫大於溴梁。溴梁，水隄也。今河南淮慶府濟源縣西北原山有白澗水，即溴梁也。"戊寅，大夫盟。晉人執莒子、邾子以歸。（《評林》眉）高閌："諸侯有罪，執之以歸，而不歸京師，己則不臣，而以討人，非正也，故稱人，而二君不名。"齊侯伐我北鄙。（《評林》眉）高閌："見公出會謀齊，尚未及還，而齊師已見伐矣。"夏，公至自會。五月甲子，地震。叔老會鄭伯、晉荀偃、衛甯殖、宋人伐許。（《評林》眉）張洽："許男有從晉國之志，而大夫沮之，足以見一時之俗矣。"高閌："許欲棄楚，請遷於晉，既而不果，故晉會諸侯大夫同伐之。鄭與許有宿怨，故君親行，卿不先諸侯，先國君也。宋稱人，蓋微者。"秋，齊侯伐我北鄙，圍郕（或作成）。（《評林》眉）家鉉翁："齊叛晉，而屢以師伐魯，欲致晉而與之戰，其志在於争霸也。"大雩。冬，叔孫豹如晉。

【傳】十六年春，葬晉悼公。（孫鑛眉）平敘，然亦有簡法。（《左繡》眉）此敘平公初政，爲平陰之役起本。以溴梁之盟爲主，故以盟詞作結。其插敘執邾、莒，爲盟高厚作陪。而前曰"以我故"，後曰"諸侯有異志"，始于爲人，卒於爲己，中間且曰"通齊、楚之使"，從楚陪出齊。蓋晉悼一生服鄭，平公則大半以齊爲事也。又霸業一轉關處。文作兩半讀，上半敘溴梁之會，下半敘大夫之盟。一則帶入執邾、莒事，一則補出盟高厚事，皆以簡鍊見筆力。而上半"改服修官"，何等鄭重！下半連點"大夫"字，蓋政在大夫，自溴梁始，乃作傳之微旨也。平公即位，羊舌肸爲傅，張君臣爲中軍司馬，祁奚、韓襄、欒盈、士鞅爲公族大夫，虞丘書爲乘馬御。改服修官，烝于曲沃。警守而下，會于湨梁。命歸侵田。以我故，執邾宣公、莒犂比公，且曰："通齊、楚之使。"（《左繡》眉）"爲傳"四句在平日，"警守而下"在臨時，將"修官"二字承上轉下。"以我故"，爲私也；且曰"通使"，爲公也。將執邾、莒夾在中間，作上下樞紐，此左氏慣用之法。（《補義》眉）通齊、楚之使，從楚陪出齊，蓋文公一生在戰楚，悼公一生在服鄭，已不如勝楚矣。而晉平只是謀齊，降而愈下，晉伯衰于此。（《評林》眉）朱熹："五霸既衰，湨梁之會，諸侯出會而大夫自盟，這箇自是差異，不好。"李笠翁："晉悼其有君子之資乎，不獨霸之美也。忠厚而不迫，堅忍而持重，有回顧卻慮之謀，無輕逞輒快之舉，其亦稍知以道養心歟！奈何謹於諸侯而縱於大夫，工於撫鄭而拙於懷陳，明於治楚而暗於通吳，以是終不能過桓、文而霸也？"

晉侯與諸侯宴于溫，使諸大夫舞，曰："歌《詩》必類！"（韓范夾）文者，心之聲也，於此益信。孰謂今日取人之法，文章不足用也？**齊高厚之詩不類。荀偃怒，且曰："諸侯有異志矣！"使諸大夫盟高厚，高厚逃歸。**（《補義》眉）政在大夫，自湨梁始，但兩"使諸大夫"皆平公之命，或云後爲荀偃使，非也。**於是，叔孫豹、晉荀偃、宋向戌、衛甯殖、鄭公孫蠆、小邾之大夫盟曰："同討不庭。"**（《測義》夾）愚按：平公欲成父志，討邾、莒，故爲是會以合諸侯，是也。然踰月而葬，改服而烝，使諸大夫歌《詩》必類，其越于禮也亦甚矣！（《分國》尾）列國之諸侯皆在，而諸大夫歃盟，何也？夫《詩》以言志，歌《詩》必類，亦類其無君之志耳。嗚呼！吾甚有取于高厚之逃歸也。（《左繡》眉）飲酒、賦《詩》都以詳見妙，此又以不詳見妙。"必類""不類"，簡括有味。兩"使諸大夫"對寫，上猶屬之晉侯，下直出自荀偃，緊接"於是大夫盟"，大夫之張，不待言而見矣。"同"字應"異"字，"不庭"應"不類"，盟辭不止一語，獨點此句，作者單爲自己文字章法計耳，餘不恤也。（美中尾）方性夫曰："文公一生在勝楚，悼公一生在服鄭，服鄭已不如勝楚矣，而平公一生只是謀齊，降而愈下，霸之衰也。"張元德曰："魯莊十三年以前，禮樂征伐自諸侯出，而權未一也。自桓、文繼霸，列國之政，齊晉專之，然猶在諸侯也。自湨梁以後，則皆自大夫出矣。"（《左傳翼》尾）湨梁之盟，大夫專政，又是春秋一番局面，實自晉平初政始，晉霸于是乎遂衰矣。悼公事業全是服楚，平公强半伐齊，此會正爲平陰之役張本。邾、莒執而高厚逃，同討不庭，何能已已？此篇精神全在後半篇。急於盟會，越禮渴葬，其會湨梁不過執一邾、莒之君耳。齊臣在會，而不許通齊、楚之使，高厚所以有異志而逃歸也。邾、莒受盟，無罪可執，執之不歸京師，而以自歸，失刑無王，强盟諸侯何益？貶而稱人，罪晉平也。伯主規模，莫先初政。文公一戰而霸，衹是示義示信示禮。悼公新立，便有許多善政，晉國氣象渙然爲之一新，所以復霸。末路猶有强弩之末之譏，衛人出君，竟不能討。今平公渴葬，若有大不獲已之事，乃爲魯而執邾、莒二君，欲以此威齊而懼楚。高厚違命，遂啓齊釁，倉皇急遽而來，蕭瑟落寞而去。舉動不慎，後必悔之，荀偃輩豈能辭其咎乎？高厚異志，雖啓于"通齊楚之使"一語，實因晉侯之違禮而生。踰月而葬，改服而烝，忘親已極，以在喪稱子之日而宴諸侯，使諸大夫歌舞歡樂逾于平時，蔑禮更甚，誰不爲之解體乎？此篇精神雖注後半，根原全在前半。敘次古質肅括，又是一樣筆法。(《評林》眉) 陳傅良："大夫逃例不書，傳爲齊、晉交惡起本。"(王系尾) 此晉平之初政也，將以嗣霸業而固諸侯，非禮何以自治？非禮何以治人？踰月而葬，改服而烝，失禮甚矣。猶曰急於會而行權也，宴享歌舞，是亦可以已乎？高厚之不類，于彼何尤？固不待大夫專盟而後知其非也。

許男請遷于晉。諸侯遂遷許，許大夫不可。晉人歸諸侯。(《左繡》眉) 此篇本敘伐許事，因經不書會荀偃而書會鄭伯，故前後敘事，都筆筆寫出明係荀偃主兵，以見爲夷而書會鄭伯之出於聖心獨斷，杜《序》所謂依經以辨理也。但其用筆最爲錯綜斷續，熟復始見其佳。晉人歸諸侯，此下當有"以諸侯之師伐許"語，文只半句縮住，留於下文旁筆寫足，左氏慣以此種筆法見斷續之妙。

鄭子蟜聞將伐許，遂相鄭伯以從諸侯之師。穆叔從公。齊子帥師會晉荀偃。書曰："會鄭伯。"爲夷故也。(《左繡》眉) 本會荀偃，卻書會鄭伯，爲鄭伯之夷于大夫也。故特敘於主兵之上，所以別君臣之等耳，注似欠明。(《評林》眉) 王樵："按：《春秋》之例，用兵則主兵者爲首，大夫雖主兵不得在諸侯上，此經所書，正其名例。左氏乃別生義，曰：'爲夷故也。'説者謂：'禮，卿不會公侯，而可以會伯、子、男。此處欲示叔老可以會鄭伯，故荀偃在下。'殊爲曲説無禮。"

《補注》："雖伯國亦無以主兵大夫先諸侯之禮，在魯史亦無以主兵大夫序諸侯上之法，卿雖可會伯、子、男，然君臣之禮自著，傳發此義贅矣。"

夏六月，次於棫林。庚寅，伐許，次於函氏。

晉荀偃、欒黶帥師伐楚，以報宋楊梁之役。楚公子格帥師及晉師戰於湛阪，楚師敗績。晉師遂侵方城之外，復伐許而還。（《左繡》眉）"將伐許" "庚寅伐許" "復伐許"，凡三處提掇作章法。（《左傳翼》尾）君臣之分不明，則天下何以為治？湨梁會而大夫主盟，太阿已屬倒持。鄭伯怨許，親行而夷于大夫，則冠屨無別，書會鄭伯于荀偃之上，所以見鄭伯之下替也。此聖心獨斷之妙，故插敘在中，前後位置，亦老潔不文。（《評林》眉）陳傅良："'伐許而還'，傳著經所以但書伐許。"

秋，齊侯圍郕，孟孺子速徼之。齊侯曰："是好勇，去之以為之名。"速遂塞海陘而還。（《測義》夾）高閌氏曰："齊方叛晉，聞公在會，將討邾、莒，故來伐。是時齊益強，屢使大夫聽命、世子執禮，有輕諸侯之心。三年之間，齊師五至魯矣。"〖編者按：奧田元繼作王元美語。〗（《左繡》眉）徼海陘則齊進退維谷，故去也，乃曰"為之名"，其果成人之美耶？（《左傳翼》尾）以圍成之衆，一人獨出以徼之，其勇可知，然亦一夫之勇耳。而遂去之以為之名，則齊侯之無勇又可知。末句寫得赫奕，至今凜然有生氣。（王系尾）是年齊再伐魯矣，宣公之世，魯事齊如霸主。成、襄以來，始專事晉，而與齊為等夷。齊貳晉而數數來伐，蓋與晉爭魯也。

冬，穆叔如晉聘，且言齊故。（《左繡》眉）此節以"急"字為主。齊再伐魯，走望在晉。而齊、晉始貳，令不及齊，故晉人之詞甚緩，而穆叔之意愈切。朝夕引領、比閒無及，語語着急，連寫兩"見"、兩賦《詩》，從容中筆筆傳遑迫之神。晉人曰："以寡君之未禘祀，與民之未息。不然，不敢忘。"穆叔曰："以齊人之朝夕釋憾於敝邑之地，是以大請！敝邑之急，朝不及夕，引領西望曰：'庶幾乎！'比執事之間，恐無及也！"見中行獻子，賦《圻父》。獻子曰："偃知罪矣！敢不從執事以同恤社稷，而使魯及此？"見范宣子，賦《鴻雁》之卒章。宣子曰："匄在此，敢使魯無鳩乎？"

（文熙眉）穆文熙曰："時獻子將中軍，宣子佐之，責任所在，故聞《詩》

感動，然竟以此大敗齊，獻子不返，其知恤鄰之義也哉！"（韓范夾）悼公之末，權在執政，故二子雖云恤鄰，皆有岸然自命之意，不復請於寡君矣。（《分國》尾）晉悼以來，魯、晉之交，往來朝聘，情文稠疊。十六年，晉悼已薨，魯懼晉攜，穆叔早爲之計，有請于晉卿也。穆叔善於籌國哉！（《左繡》眉）穆叔着急，晉人亦便十分放懈不得，只得勉強說個"敢不從執事""敢使魯無鳩"，要是聊作安頓，並非踴躍鼓舞。故明年秋齊又伐魯，晉仍不見鳩恤，更閱一年，而後爲平陰之師也。似急實緩，傳神尤在無字句處。兩賦《詩》暗頂"引領西望"等語，兩"敢"字明頂"不敢忘"，前奇後偶，章法一片也。（《左傳翼》尾）唐錫周曰："妙處只在一急一緩，緩者願以異日，急者不能終日。急者急殺，只得賦《詩》見志。緩者緩極，但用溫語慰藉。必待禘祀，已是三年。若俟民休息，則更無日期矣。以朝不及夕之急，而欲待閒，穆叔所以憂其無及也。賦《圻父》、賦《鴻雁》之卒章，逢着便苦求，急情如睹。二子乃晉執政者，一味軟欸，急者自急，緩者自緩，傳神在阿堵間。戚之會假羽毛而齊人貳，范匄爲之也。會溴梁，荀偃又怒高厚歌《詩》不類，激之逃歸。伐齊自是二子意中事，故穆叔專向此兩人懇求。但齊爲勁敵，不比邾、莒小國可以得志。前此鞌之戰，郤克用全力勝之，猶幾蹈不測，今此豈得冒昧從事？故遲緩不決，正有無窮疑慮在。觀後荀偃禱辭，及士匄詐析文子，便知其情狀。師返而疾，草草可以結局，便自回頭，無非爲此。非徒視魯如秦越，而作此緩不及事模樣，聊以謝譙也。（《補義》眉）汪云："一緩一急，聲口如畫。"（《評林》眉）高閌："魯不能內脩其政，以禦無道之齊，而乞憐於晉，魯之君臣庸甚矣。"《補注》："'魯無鳩乎'，爲十八年同圍齊傳。"（闔生夾）外若褒美，實刺其弱也。

◇襄公十七年

【經】十有七年春王二月庚午，邾子牼卒。（《評林》眉）孫復："前年晉人執莒子、邾子以歸，此書邾子牼卒者，晉人尋赦之也，莒子同此。"宋人伐陳。夏，衛石買帥師伐曹。秋，齊侯伐我北鄙，圍桃。高厚帥師伐我北鄙，圍防。九月，大雩。宋華臣出奔陳。冬，邾人伐我南鄙。（《評林》眉）薛季宣："邾人乘齊之圍，報執之雠也。"

【傳】十七年春，宋莊朝伐陳，獲司徒卬，卑宋也。（王系尾）陳，楚之與國也。高息齋曰："七年，鄬之會，陳侯逃歸，自是不復與諸侯會。而楚、鄭（疑當爲陳）連年侵宋，宋於是請于晉而伐之。"家則堂曰："宋人伐陳以撓楚，《春秋》貴之。"

衛孫蒯田于曹隧，飲馬於重丘，毀其瓶。重丘人閉門而詢之，曰："親逐而君，爾父爲屬。是之不憂，而何以田爲？"（《左繡》眉）數語爲不能幹蠱人發藥，當使通身汗下也。"爾父"字安在首句之上，則語直而不得簡矣。（《補義》眉）天經地義晦冥久矣，忽得重邱人一詢，可以愧死晉君臣，後甯殖之悔，豈聞是詢而怵心歟！〖編者按：鄒美中作毛寅谷語。〗（閩生夾）宗堯云："述此，欲使樂其禄位而制其君者心冷而汗下也。"

夏，衛石買、孫蒯伐曹，取重丘。曹人愬于晉。（《測義》夾）愚按：林父之惡，誰不聞之，蒯遭曹人之詢，盍亦內自省爾？何致挾重臣，興大衆，而遷怒于其君？豈不負罪於天下哉？蓋蒯世其頑冥，稔惡而不悛者也。〖編者按：奧田元繼作王荊石語。〗（《左傳翼》尾）逐君之惡，天人共憤。國人不敢言，伯主不能討，無端惹禍，被一没要緊人痛罵不恕，氣得啞口無言。負之斧鉞以狥於軍，無此爽快也。敘此以爲孫、甯出君結案，痛斥當時君相，意深矣！（王系尾）越境而田，非禮也。野人之詢，何足與較，而興師勞衆以伐同盟之國哉？蓋亂臣賊子，志既得，氣益滿，其護疾益甚。一有所觸，流毒無已，將以蓋之也，若彌章何？

齊人以其未得志於我故，秋，齊侯伐我北鄙，圍桃。高厚圍臧紇於防。師自陽關逆臧孫，至於旅松。鄢叔紇、臧疇、臧賈帥甲三百，宵犯齊師，送之而復。齊師去之。（《左繡》眉）此等皆爲平陰之戰起本也。以首句爲主，下兩段分承，圍者既失，獲者又死，以不得志而來，仍不得志而去也。此等伏應，所謂以神不以形。不遣師助防，而獨逆紇，不重地而重人也，紇何忍復以防要君乎？（《評林》眉）按：三子夜犯齊師，出送臧紇至旅松師，而但三子復還守防。

齊人獲臧堅。齊侯使夙沙衛唁之，且曰："無死！"堅稽首曰："拜命之辱！抑君賜不終，姑又使其刑臣禮於士。"以杙抉其傷而死。(《測義》夾)黃震氏曰:"齊素貳晉以虐魯,平公又一旦執其相與伐我之邿、莒,所以重齊之怒而甚魯之禍,嘗三伐北鄙,再圍郕,今君臣又分攻其二邑,蓋楚方不撓中國,而齊以中國反自撓中國矣。"〖編者按:奧田元繼作王百穀語。〗(《分國》尾)齊侯免臧堅於死,能知臧堅矣。以刑臣之唁爲辱,不如一死。此即知己而無禮,不如死在縲囚中之意,而義風尤烈。(《左繡》眉)當時士氣之正如此,後世且以刑臣之唁爲榮矣。(《左傳翼》尾)欲獲臧紇,其本志也。欲生臧堅,其轉念也。圍者失而獲者死,爲未得志而來,依然徒手而歸。帥甲宵犯,秉禮之國而勇士倍出,望之奪氣者,何止孟孺子一人?至臧堅視死不屈,痛斥刑餘,則士氣尤爲激昂矣。以士有處,冠冕正大,直能爲國重輕者。(王系尾)齊之虐魯也,甚矣。魯之卿大夫曾無憤恥之心、激昂之氣,而逡巡退縮以求苟免,若聖父與疇賈之壯,臧堅之烈,則皆泊没貧賤之中,老死而莫之知也。《左傳》之作,胡可以已?

冬,邾人伐我南鄙,爲齊故也。(《評林》眉)王葆:"魯之四鄙,而莒伐其東,齊伐其北,邾伐其南,魯之微弱不振,亦可知矣。國有政,雖弱而强。國無政,雖大必弱。魯蒐于紅,革車千乘,豈曰無兵?而陵夷至此者,三家分政,民不知有君故也。"

宋華閱卒。(《左繡》眉)敘華臣出奔事,卻寫一陰助而陽惡之左師,心術不測,舉動乖張,煞是可怪。蓋自弭兵盟後,竟成一花面角色,而此處蚤見一班也。華臣不逐于左師,而逐於國人之逐瘠狗,人固功人,狗亦功狗,相映處使讀者亦爲之不堪,是一則嬉笑文字。(《補義》眉)子罕當國,何以任華臣之肆,受向戌之愚?汪云:"爲逐狗作引。"華臣弱皋比之室,使賊殺其宰華吳。賊六人以鈹殺諸盧門合左師之後。左師懼曰:"老夫無罪。"賊曰:"皋比私有討於吳。"遂幽其妻,曰:"畀余而大璧!"宋公聞之,曰:"臣也,不唯其宗室是暴,大亂宋國之政,必逐之!"左師曰:"臣也,亦卿也。大臣不順,國之恥也。不如蓋之。"乃舍之。左師爲己短策,苟過華臣之門,必騁。(《測義》夾)愚按:左師畏華臣之强,勸君蓋其惡而舍之,而諉曰'大臣不順,國之恥也',細人姑息之論耳。異日有瘠狗入而華臣出,顧不恥歟?〖編者按:奧田元繼作李卓吾語。〗(《評林》眉)按:策,籌策之策,否則"已"字不通。古人往往云長策、云短策。《王吉傳》云："立萬世長策。"李白詩："匡君懷長策。"又韓愈詩："我欲進短策，無由至丹墀。"

十一月甲午，國人逐瘈狗，瘈狗入于華臣氏，國人從之。華臣懼，遂奔陳。（文熙眉）穆文熙曰："華臣暴虐亂政，於法當逐。左師既以姑息而蓋之，又不欲其見而聘之。人己之間，何其矛盾也。瘈狗快人，天其假手乎？"策，當作策士之策，自以不逐華臣爲短於策也，故不欲見之。（《測義》夾）高閌氏曰："華臣暴其宗室，而亂宋政，不有國討，失政刑矣。君子違不適讎國，陳乃宋讎，而奔焉，尤可誅也。"（《分國》尾）華臣虐宗，擅殺人，罪在必討。左師庇之，聊爲短策相避。堂堂左師，不如狂犬之能逐姦也。（《左繡》眉）瑣事寫來極生動，只是善於摹神，前三寫賊，後兩寫瘈狗，所謂賊喫狗咬也，絕倒！（《左傳翼》尾）暴宗室，亂國政，宋公之言何等嚴正！左師蓋之，是何心耶？乃蓋之而心不自安，華臣亦不自安，于此見天理在人心，王法未嘗一日而泯也。爲短策而聘，逐瘈狗而奔，天下虛心人情狀，往往如是，爲之絕倒！華臣以豚犼之姿，而爲梟獍之行，固瘈狗類也。國人逐瘈狗，而狗入其室，則物以群分矣。狗逐而華臣亦逐，則國狗之瘈，不使之噬矣。宋公欲爲虎豹之驅，司城不肯爲鷹鸇之逐。華臣狗盜，想戌亦狗黨。宋非狗國，何不並此老狗而逐之？（《日知》尾）傳華臣始末，却是爲向戌刻畫鬚眉。助臣之罪者，賊也。貸臣之罪者，向戌也。逐臣之罪者，狗也。類與不類，相與爲類，文心狡獪極矣。

宋皇國父爲大宰，爲平公築臺，妨于農功（或作收）。（《左繡》眉）子罕不是爲分謗，單從君國起見。其行築也，全示之以大分。其語或也，全告之以大體。不但靖吾民，並以諷吾君惻隱之思，而動其朽索六馬之懼也。而一面安頓皇父，一面正是愧皇父而教之。若僅作分謗讀，失其言旨矣。前平敘，中側敘，後仍就子罕語雙抱作收，尤首尾結構之自然者。子罕請俟農功之畢，公弗許。築者謳曰："澤門之晳，實興我役。邑中之黔，實尉我心。"子罕聞之，親執撲，以行築者，而抶其不勉者，曰："吾儕小人，皆有闔廬以辟燥濕寒暑。今君爲一臺，而不速成，何以爲役？"謳者乃止。（《補義》眉）現身說法。俞云："非特安國，亦以安民。非特全君，亦以全己。"或問其故，子罕曰："宋國區區，而有謳有祝，禍之本也。"（文熙眉）汪道昆曰："敘事能品，'執樸，以行築者'字法。"穆文熙曰："晉魏殺人，韓獻子馳救之，至則已殺，乃令狗之，亦是此意。蓋凡共事之人，莫善於分謗，莫不善於獨爲君子。獻子、子罕，其可爲法哉！"（《左傳雋》眉）李九我曰："歸結本旨。"（孫鑛眉）語工，風致在"晳""黔"二字上。（韓范夾）始止君，恤民也；繼督役，尊君也。一事之間，權時度變，故若出兩轍。後之人臣，執其一說，必我是而君否，激成大難，豈得爲盡忠者乎？（孫琮總評）"有詛有祝，禍之本也"，可謂深識遠慮。李膺、范滂與慶歷諸君子，惜未知此。獨范文正得石守道《聖德詩》，拊股謂韓魏公曰："爲此怪兒輩壞了。"其所見蓋與子罕同。（《古文斫》尾）詛人、祝己，大臣處此極難。觀子罕之行築也，既示之以大分。其語或也，仍告之以大體。蓋一臺之役，尚非大臣必爭之事，然使宋公、皇父聞之，已不勝其內愧矣，莫但認作避禍調停語。（魏禧尾）伊侃曰："余嘗見長令以清節自喜，同官皆惡其相形。清畏人知，最是善身善世之道。"彭家屏曰："《春秋》凡國有興作必書，重民力也。《王制》用民之力，歲不過三日，況可役不以時乎？平公築臺，妨于農收，此國無大臣之效也。然子罕聞築者詈己，而挾之以分謗，其爲慮深矣。視後之掠美市恩者，爲何如哉？"（《分國》尾）樹德於民，非臣之利。田單解裘衣涉者，齊襄惡之，得貫珠者之言乃解。市私恩者鑒諸！（《賞音》尾）前者以不貪爲寶，此更不以得美名爲寶，爲國者而得若人，社稷之福也。遙遙千載，誰其嗣之？（《左繡》眉）"晳"字、"黔"字，並不目其狀而目其色，而其人宛然。與嘲華元，更爲輕雋，愈出愈奇。唐錫周曰："鍾伯敬云諸葛武侯與關公書：'未若髯之逸群絕倫也。'蓋徑以'髯'呼之，此親昵之辭。俗人添一字曰'髯公'，良由不識古人語妙耳。"（《約編》尾）傳言子罕分謗，更識見遠到。（《左傳翼》尾）妨農興役，國父也，實平公也。祝者在己，則詛者不獨在同僚，且及君矣。恩自己出，怨將誰歸？説到"禍之本"，令人悚然而懼。與人家國事，其以子罕爲龜鑑哉！臺可有可無，扯來與闔廬一般樣看，見得亦是要緊物事，"速成"二字，更爲妨農彌縫，立言之妙至矣！郤克分謗，士燮後入，春秋時列國名卿時有此意，後世才人勳名不終，總是一矜字消除不下，每讀此文，不厭百回咀味也。（《便覽》尾）子罕此舉，所全者大，所防者微，真高識之人，全以國體爲重者。芳輯評。（《日知》尾）獨見其大，春秋時大夫傾軋，捝不出樹恩委怨四字，寥寥數筆，寫出一三代上人物來。（高嵣尾）俞桐川曰："非特安國，亦以安民。非特全君，亦以全己。深識遠慮，包括萬千。"（《自怡軒》尾）不沽名，不市恩，專爲國計，子罕饒有大臣之風。〈許穆堂〉（王系尾）此篇兩扇，而分賓主。自篇首至"華臣奔陳"爲一扇，是正敘，爲主。自"皇國父"至篇末爲一扇，因向戍而及子罕也，是附敘，爲賓。夫向戍、子罕，宋國之望也。一則藏奸以蓋國恥，一則匿情以分怨謗，豈不同爲長者哉？雖然，春秋之世，世卿專國，陰相比附，必不肯使權自上操，恩自上流。二子之賢，固未能破此惡習也。噫！（《學餘》尾）子罕可謂知禮矣，與君言仁，與民言敬，務實德而避虛譽，有大臣之風焉。左氏傳其嘉言懿行，亦風雅遺音也。（《菁華》尾）君子處衰亂之世，不以得謗爲憂，而以得譽爲懼，非所以自晦，抑所以自全也。

　　齊晏桓子卒。晏嬰粗縗斬，苴絰、帶、杖，菅屨，食鬻，居倚廬，寢苫，枕草。其老曰："非大夫之禮也。"曰："唯卿爲大夫。"（《測義》夾）邵寶氏曰："父母之喪，無貴賤一也。齋疏之服，飦粥之食，自天子達。今曰：'禮，卿大夫士異。'何居？斯禮也，周其衰矣。衛幕布，魯幕綃，魯、衛之所謂禮也。晏子之老所謂大夫之禮者亦然，故晏子不居，其曰唯卿爲大夫者，所謂巽以出之也。"（孫鑛眉）頗似《檀弓》語調。（《統箋》尾）愚考《家語》曾子問此事，孔子曰："晏平仲可謂能避害也。不以己是而駁人之非，遜辭以咎，義也。"夫喪服之制，是非較然，晏子確乎守其至正。然猶不敢顯言時人之失，使習俗之迷謬可知。而士君子當世末流，其危行言遜，委蛇避禍之方，雖在父母之喪，猶不可徑行直遂，有如是也！然則持身制行，安可以不知時變哉？（《分國》尾）末世士用大夫禮，大夫用卿禮，率以爲榮親也。觀晏子言，仲尼之告懿子，有以夫！（《左繡》眉）一難一解，其應如響。不辨己之是禮，但言己非大夫，晏子長於滑稽，此固其本色。（《左傳翼》尾）是時喪禮久廢，君公之子，唯子野以毀卒聞，餘多不哀不感，且有五月三易衰者矣。卿士大夫惟魯孟惠伯期年猶毀，外此無聞焉。今晏嬰喪服循禮，而其老猶以爲譏，此與滕文定爲三年之喪，父兄百官皆不欲，何以異？晏子孫辭以答，不言當時失禮，而言己非大夫，可謂婉而嚴矣。而概以滑稽目之，何耶？（《評林》眉）《補注》："晏子之老亦譏晏子所爲非大夫之禮，是時之所行士及大夫之喪服各有不同也。晏子實爲大夫而行當時之士禮，晏子反時以從正，其家老不解，謂晏子爲失，故據時所行而譏之也。晏子其父始卒，則晏子未爲大夫，言晏子爲大夫者，《禮・喪服》：'大夫之子得從大夫之法。'"魏禧："按：即答以是禮也亦可。"（方宗誠眉）晏子所行正禮也，不欲以己之行禮顯人之失禮，故托詞以對，合于危行言遜之道。（闓生夾）每於亂世上下昏濁之際，得一二正人君子正之，輒有榜檠矯直、立竿取影之妙。

◇襄公十八年

【經】十有八年春，白狄來。夏，晉人執衛行人石買。（《評林》眉）張洽："石買之執有三失焉，舍大而治小，一也；行人非所執，二也；不歸於京師，三也。三者有一，不得爲伯討，而況兼而有之乎？"秋，齊師伐我北鄙。冬十月，公會晉侯、宋公、衛侯、鄭伯、曹伯、莒子、邾子、滕子、薛伯、杞伯、小邾子同圍齊。（《評林》眉）許翰："冬十月會，環而攻之，焚其四郭，故謂之圍。曰'同圍齊'，言得罪於天下也。"曹伯負芻卒于師。（《評林》眉）劉敞："'卒于師'，《穀梁》曰：'閔之也。'非也。是亦記事而已矣，何閔之有？"楚公子午帥師伐鄭。（《評林》眉）薛季宣："楚公子午之伐，間鄭伯之出也。乘人不備而迄無成功，黷武而已。"

【傳】十八年春，白狄始來。

夏，晉人執衛行人石買于長子，執孫蒯于純留，爲曹故也。（《測義》夾）姜寶氏曰："以伐曹見執，晉知買伐曹之惡矣，而未知孫氏逆君之爲惡也，況行人非所當執乎？"〖編者按：奧田元繼作王元美語。〗（《補義》眉）衛臣有可執之罪，而主人無執客之禮。（王系尾）衛人逐君而不問，伐曹而執其行人。舍大討細，晉可謂不知務矣，霸業能無衰乎？

秋，齊侯伐我北鄙。（《彙鈔》眉）善文者以文使事，不以事使文。此篇歷敘瑣事，多從閒處生情，虛處設色。俗手爲之，只一二行可了矣。（《補義》眉）汪云："此亦戰鞌後齊、晉一大役也，而意旨迥別。彼處寫頃公之強，所以襯晉之用忿。此處寫靈公之懦，所以形晉之無能。皆借賓陪主法。（《評林》眉）《補注》："'齊侯伐我'，傳見齊侯書師。"中行獻子將伐齊，夢與厲公訟，弗勝，公以戈擊之，首隊於前，跪而戴之，奉之以走，見梗陽之巫皋。他日，見諸道，與之言，同。巫曰："今兹主必死，若有事於東方，則可以逞。"獻子許諾。(《左繡》眉) 此文當連十九年"還自沂上"篇讀，"戴頭""出目"，前後相映。以"有事于齊"起，"未卒事于齊"止。一線呼應，章法方見首尾。但既有楚子伐鄭事隔斷，則此處仍自成一篇，當分兩半讀。上半從感夢沈玉，會濟門防，直至齊遁截。下半從從師、俘獲，攻險、觀兵，直至走棠截。都是極寫中行發狠、滅此朝食光景。所以透發本文東方可逞之說，而即爲下篇未卒事作反跌之筆，章法固自完也。末二語特作一不了之局，若回應通篇，則寫其志未衰；若吸動下篇，則爲其氣已竭。以不了語作束上落下法，固左氏之更出一奇者耳。看來前半齊侯以子家之告而遁，後半齊侯以郭榮之言而止，作者固以上半寫本題，下半起下篇，構局最整齊明畫也。上半又分數節，首節獻子許諾，寫因夢而伐齊，其志決。次節沈玉而濟，寫禱河而伐齊，其氣銳。三節寫晉以莒、魯悮齊，而負固不守，爲荀偃得意之極。下半亦分數節，塞道而縛俘，不過敵營自開。攻險觀兵，踴躍亦屬一時遊戲。末節扣馬乃止，寫晉以速略恐齊，而伎倆畢露，爲荀偃失意之極。末贅二語作拖尾，所謂乘興而來，興盡而返也。輕颺一筆渡下，真遊絲之孃晴空矣。又看起至沈玉而濟，乃一篇之首。末二句乃一篇之尾。"會于魯濟，同伐齊"，又作一領，而下文另分兩截三對，禦平陰與入平陰對，皆以夙沙衛爲眼目。一是弗聽守險，而宣子之間得行；一是代殿國師，而州綽之追得及。登山望師與逐歸攻險對，皆詳寫伐齊正面。一是陰謀秘計，卻用虛筆點化。一是素屬客氣，卻用實筆鋪排。齊師夜遁與將走郵棠對，一是齊既遁而晉人咸喜，一是晉將退而齊人先覺，都是結應東方可逞一筆文字。而一正結，一反結，如此讀，片段亦自明整。大抵《左傳》反覆皆有妙境可尋，不比一丘一壑，登涉即遍耳。(《評林》眉)《評苑》："晉厲公爲欒書、荀偃所弑，至是荀偃夢之。"《經世鈔》："書、偃同弑，而獨偃受其殃，何耶？豈書公而偃私耶？"(閻生夾) 書、偃構郤氏之獄，因弑厲公，厲公有靈，必不赦之矣。記此藉以誅奸，與《史記·武安侯田蚡》同意。宗堯按："以誅戮大臣之名歸厲公，因而弑之，厲公狂愚，書、偃狡獪。此段誅偃之弑君也。"

晉侯伐齊，將濟河。獻子以朱絲繫玉二瑴，而禱曰："齊環怙恃其險，負其衆庶，棄好背盟，陵虐神主。曾臣彪將率諸侯以討焉，其官臣偃實先後之。苟捷有功，無作神羞，官臣偃無敢復濟。唯爾有神裁之！"沈玉而濟。（《評林》眉）家鉉翁："或謂鞌之戰晉爲魯、衛而伐齊，《春秋》不與也。今晉平爲魯伐齊，而《春秋》與之，何耶？事有似同而實異者，兩伐齊是也。鞌之戰雖曰爲魯、衛出師，其實大夫逞其私憾，《春秋》不與也。今茲伐齊，靈背盟好，歲以兵加於魯，晉爲之合諸侯以問齊人憑陵與國之罪，從衆欲而出師，非爲其私也，故書同圍齊，此聖人之特筆，非因乎舊史者也。"

　　冬十月，會于魯濟，尋溴梁之言，同伐齊。（《補義》眉）尋溴梁之言，驅諸侯同伐，本非同欲。齊侯禦諸平陰，塹防門而守之，廣里。（《評林》眉）《補注》："'廣里'，此言齊人守平陰之防，於書圍齊何與？後十二月門其三門，焚其四郭，乃圍齊之事，杜說非。"夙沙衛曰："不能戰，莫如守險。"（《補義》眉）衛七字甚合當日事機。弗聽。諸侯之士門焉，齊人多死。范宣子告析文子曰："吾知子，敢匿情乎？魯人、莒人皆請以車千乘自其鄉入，既許之矣。若入，君必失國。子盍圖之？"（《彙鈔》眉）虛話實說，以疑敵人，純是兵機。（《評林》眉）呂東萊："范宣子以析文子相知，必信己言，故佯爲心腹，而實僞也。"《增補合注》："宣子譎言以恐齊也。"子家以告公，公恐。晏嬰聞之曰："君固無勇，而又聞是，弗能久矣。"（《補義》眉）從晏子先透"脫歸"一筆。齊侯登巫山以望晉師。（《補義》眉）登山突接得妙，卻從"公恐"二字來。晉人使司馬斥山澤之險，雖所不至，必旆而疏陳之。使乘車者左實右僞，（韓范夾）兵極衆者必虛，極寡者必實，蓋多則張勢以恐之，少則匿形以誘之，先爲不可料以制人，古人往往如此，故見衆無懼，見少無荒。以旗先，輿曳柴而從之。（《彙鈔》眉）兵家虛虛實實之法，盡此數語。（《補義》眉）晉師之衆，半是虛聲，而靈公看去，都是實境。齊師之遁，原是實事，而晉人三告，只作虛摹。奇幻不可捉摸。（《評林》眉）李九我："此詐爲兵多以恐齊，故齊侯不知而畏，兵法所謂疑兵也。使敵人偵候其情，因而薄之，則兵勢既分，反以致敗。"《經世鈔》："'輿曳柴'，晉人慣用此法。"齊侯見之，畏其衆也，乃脫歸。丙寅晦，齊師夜遁。師曠告晉侯曰："鳥烏之聲樂，齊師其遁。"邢伯告中行伯曰："有班馬之聲，齊師其遁。"叔向告晉侯曰："城上有烏，齊師其遁。"（韓范夾）鳥獸最易傳軍中虛實之情，使人測識，故無目者聞而知之，有目者見而知之。（《彙鈔》眉）三語各異，點染俱工。（《評林》眉）孫鑛："三'齊師其遁'句，固增態。"（閶生夾）文情敏妙之至。宗堯按："迭爲齊遁繪聲繪影，内怯齊而喜其遁也。"（文熙眉）汪道昆曰："敘事妙品，'鳥烏之樂''班馬之聲''城上有烏'三段章法。"穆文熙曰："魯、莒自其鄉入，此宣子詭言以惑齊人，未必爲實，惟晏子能知之，惜齊之不用耳。"又云："兵法所謂疑兵，蓋故示有餘也。然亦因其可疑而疑之耳。使敵人偵侯其情，因而薄之，則兵勢既分，反以致敗。"

十一月丁卯朔，入平陰，遂從齊師。（《補義》眉）"入平陰，遂從齊師"，寫十二國兵勢奕奕有聲，然非夙沙衛挾怨塞道，則二子之縛亦不可得。夙沙衛連大車以塞隧而殿。殖綽、郭最曰："子殿國師，齊之辱也。子姑先乎！"乃代之殿。衛殺馬於隘以塞道。晉州綽及之，射殖綽，中肩，兩矢夾脰，曰："止，將爲三軍獲。不止，將取其衷。"顧曰："爲私誓。"州綽曰："有如日！"乃弛弓而自後縛之。其右具丙亦舍兵而縛郭最，皆衿甲面縛，坐于中軍之鼓下。（孫鑛眉）曲敘有過於繪事，造語亦妙。（《彙鈔》眉）綽、最意在忌功，而其論近正。夙沙衛意在洩憤，而其計甚毒。皆小人也。（《評林》眉）鍾伯敬："十一月丁卯，三子之勇，不致死於敵，而私攻擊，非先國後私讎之義。"《經世鈔》："軍不和必敗，用師之際何擇于刑人？若夙沙衛殿，則綽、最未必獲，而晉豈能如入無人之境乎？"彭士望："奄性陰狠，尤善報怨，每誤國家大事。"汪道昆："州綽之射何下養由？衿甲面縛，武略可想。"

晉人欲逐歸者，魯、衛請攻險。（《補義》眉）以魯、衛請攻險提起，而一路攻略，有克者，有不克者，有伐者，有焚者，有門者，如急風驟雨，倏忽之間，使人目眩，而細按之，皆成兒戲。己卯，荀偃、士匄以中軍克京兹。乙酉，魏絳、欒盈以下軍克邿。趙武、韓起以上軍圍盧，弗克。（孫鑛眉）前每敘戰事，必先敘三軍帥佐，此章卻至此乃出，亦是變法。十二月戊戌，及秦周，伐雍門之萩。范鞅門於雍門，其御追喜以戈殺犬於門中。孟莊子斬其橁以爲公琴。己亥，焚雍門及西郭、南郭。劉難、士弱率諸侯之師焚申池之竹木。壬寅，焚東郭、北郭。范鞅門於揚門。州綽門於東閒，左驂迫，還於門中，以枚數闔。(《彙鈔》眉) 書極閒暇，寫得如戲如畫。(《左繡》眉) 齊侯望師一段，乃上半篇精神團聚處，魯、衛攻險一段，乃下半篇精神團聚處。登山一層，襲用邲戰文法。夜遁一層，襲用鄢陵文法。伐萩數闔一層，襲用偪陽文法。合三篇之妙於一篇之中，焉得不分外出色也？晉師之衆，從齊侯望出。齊師之遁，又從晉人寫出。而斥險、疏陳、右偽、曳柴，以兩"使"字作領，參差中有整齊。前後兩節，"聲"字、"有"字分說在句中。中一節，"有"字、"聲"字併說在兩頭。整齊中有參差，小小片段，極變極勻。攻險整三層，散四層，敘事花簇。然細玩覺與偪陽篇兩般氣色。彼處精彩，此處蕭索。彼處踴躍，此處勉強。總爲"未卒事于齊"作引，于郭榮口中說破，筆墨之神，真與事情意況相副。此之謂化工肖物耳。登山段，先散後整。攻險段，先整後散。兩兩相對，無不變者。熟於順逆之法也。"萩"也，"楢"也，"竹木"也，類敘有情。以戈殺犬，以枚數闔，對敘有致。皆着意點綴處。(《評林》眉)《經世鈔》："先合兵以攻，齊師既遁，乃分兵四掠，又於此分敘出上、中、下軍之將，又是一格。"穆文熙："殺犬、斬楢、數闔，俱見晉師閒暇，齊境不守，又甚於鞌之戰矣。"

　　齊侯駕，將走郵棠。大子與郭榮扣馬，曰："師速而疾，略也。將退矣，(聞生夾) 一路專寫晉師將退輕略之狀，此處點睛。君何懼焉！且社稷之主，不可以輕，輕則失衆。君必待之。"(《補義》眉) 從太子、郭榮口中指出"略"字，覔按通篇，自首至尾，皆可以此一字該之，則晉何嘗服齊？不過圍齊而已。將犯之，大子抽劍斷鞅，乃止。甲辰，東侵及濰，南及沂。(孫鑛眉) 速、疾同義，當是連"疾略"爲句。"犯之"當是突圍而出耳。往云將犯之而行，解未快。何人東侵耶？上着一二語乃明。(《測義》夾) 張洽氏曰："四年之中，六伐鄆而四圍邑，又從邾、莒以助其虐，諸侯之陵暴，未有若是之甚者也。是以動天下之兵，幾亡其國。"【編者按：奧田元繼作李于鱗語。】(孫琮總評) 此文敘戰事，一篇緊湊忙迫之文也。特起手閒從紀夢說入，遂處處都有閒致。如朱絲繫玉，斥澤曳柴，烏烏班馬，射肩私誓，以至伐萩殺犬，斬楢焚木，以枚數闔，百忙中無不暇豫，都是作者着意摹寫傳神入微處。至夙沙衛守險塞隘，謀略有餘，而齊侯無勇，急欲出走，自非太子抽刃斷鞅，幾何不至輕棄社稷？(《彙鈔》眉) 太子盡有主見，故得保其社稷。(《左繡》眉) 俞寧世曰："溴梁之盟，高厚逃歸，繼又伐魯。叔孫告難，荀偃辭之不得，適有巫夢，自知必死，乃以伐齊塞責。是時晉悼已薨，六卿漸惰，固未嘗必欲勝齊、滅齊也。齊侯聞有晉師，即爾氣餒。故晉師恐愒以動齊，齊侯畏懼而逃晉。至於圍城之時，齊侯已將出奔，而晉乃略其旁邑而去，可知晉原不能逐齊，齊人自退耳。故'略'字斷定晉侯，'無勇'斷定齊侯。篇中敘晉師，只寫得'略'字。敘齊侯，只寫得'無勇'字。至於遁者遁，追者追，攻者攻，焚者焚，繪畫軍情，歷歷如見，此又左氏長技，無容讚美也。"(儲欣尾) 此篇閒波瑣事，最豔異。(昆崖尾)"公恐"之下，可直接登巫山一段矣，卻插入晏子一番議論爲"脫歸"引線，斷續埋伏，橫空生動。(美中尾) 汪雨亭曰："此亦戰鞌後齊、晉一大役也，而意旨迥別。彼處處寫頃公之強，所以襯晉之用忿。此處處寫靈公之懦，所以形晉之無能，皆借賓陪主法。"(《左傳翼》尾) 此篇當與鞌戰參看，彼時一憤一剽，故郤克、齊侯兩兩而致死。此則一略一懦，故攻者守者皆無情趣也。荀偃迫于魯、衛之請，又以妖夢自知必死，勉強伐齊，原無滅此朝食之情，故但以虛情恐喝，使之必遁而已。平陰既入，諸勇士就縛，可以長驅直搗，大得志于齊。乃歸者不逐，分兵攻險，遊戲點綴。其事未卒，其志已逞，致使齊侯將奔而止。合前後觀之，總一"略"字斷盡。齊侯若非無勇，何難背城借一，以決雌雄？即不能戰，而聽夙沙衛之言，固守城邑以守其險，晉人何能長驅而入？而乃以塹防而守爲得計，一切城邑概無兵守，但準備一遁一走，若非太子與郭榮抽劍斷鞅，幾何不至失國？君一無勇，而戰守俱弛，一國爲之解體，其禍如此。晉略而齊侯無勇，所以猶能逞志。齊侯無勇而晉略，所以未能卒事也。篇中描寫兩邊情形，無非繪此三字，其佈置之巧密，設色之工緻，段段新奇，語語變幻，較敘戰諸篇，另一模範。齊、晉皆千乘之國，兵力悉敵，夙沙衛開口"不能戰，莫如守險"，便爲齊侯無勇而發。王公設險以守其國，險指城邑，非山川丘林之謂，故塹防塞隧，不足爲險。必將城邑固守，金湯鞏固，寇來不能上，才能安堵無恐。晉人攻險，祇一盧邑圍之弗克，京茲與邿望風瓦解，門雍門、揚門、東郭(疑爲閭字之誤)，焚西郭、南郭、東郭、北郭，伐雍殺犬，斬榆焚竹木，如入無人之地，則齊人之不能守險可知矣。衛雖刑餘，然能建守險之議，且能連車塞隧，視晏嬰輩一籌莫展者，相去何如？而乃不用其言，並不許其殿，以至繫囚累累，駢肩接跡于晉軍，若非魯、衛請攻險，則君幾不免焉，何憒憒也？讀至此，爲之三歎。防門之塹，橫廣一里，可以方軌而進，何必懼之以所聞所見？乃一矢不發，但以虛聲恐喝，情事可知。巫山望師緊從告析文子來，蓋既知其無勇，故必旆而疏陣，使之畏衆而遁也。三云"齊師其遁"，決之于鳥，又決之于馬；決之於聲，又決之於形。"其"字是虛景，卻是實情，宛然晦夜没處打探，全是猜度驚喜相告神理，如此寫生，顧虎頭不是過也。殖綽、郭最，齊之勇士，衵甲面縛，全軍喪氣，晉人險極，得意時無非蕭索勉强光景。既速且疾，將歸神情早爲齊人所窺，末二語以不了語作結，的真强弩之末，幸之乎？抑惜之也？（《評林》眉）《經世鈔》："莊公抽劍斷鞅數語，皆是大有智略膽力人，及其爲君，昏淫如此，真不可解。"陳傅良："'南及沂'，傳狀晉師之暴，於是天子始昏於齊。"（王系尾）此篇寫荀偃、齊靈，每一筆皆有兩層意。偃之伐齊，自誓必死，何其決也！而其始未嘗決也，知其必死而後決，猶之乎不決也。所以師速而略，非遇齊靈之怯，亦將無功而返耳。齊靈六伐魯而四圍防，非與晉爭霸哉？十二國來伐，親率師而禦諸境，猶有輕諸侯之心焉。乃兵未交而遽棄其師，圍未久而欲棄其國，勇怯之殊，判如異物，何其甚哉？通前後讀之，而靈之所以爲靈，宛然如繪矣。（武億尾）此篇分兩半讀，上半齊侯以子家之告而遁，下半齊侯以郭榮之言而止。"無勇"斷定齊君，"略"字斷定晉師。篇中敘齊侯，只寫得一個"無勇"字。敘晉師，只寫得一個"略"字。至於遁者遁，追者追，攻者攻，焚者焚，繪畫軍情，歷歷如見，此又左氏長技，無容讚美也。（《菁華》尾）鬼物爲祟，多出小説家附會之詞，未可以爲徵信。然子産强死爲鬼之言，自有至理，未可概以阮瞻之論拒之。大凡人當將死之時，衰氣所召，鬼得乘間而入。若氣焰方張，鬼固無如何也。惟正人君子，心無愧事，而清明之氣，至老不衰，故絶不聞有遇鬼事。極寫齊靈之畏縮無能，正以形晉之將帥之劣，不能有大功。夙沙衛卻能知兵，與楚之伍參相似，皆寺人中之表表者，特其所事之主，有幸不幸焉耳。

鄭子孔欲去諸大夫，將叛晉而起楚師以去之。（《左繡》眉）此篇爲鄭殺子孔起本，起手一行，罪案已定。篇中前詳伐鄭之謀，後敘伐鄭之事，總見楚師此來，並非料敵制勝，鼓舞從事。而子孔既起楚師於前，又不會楚師於後，首鼠兩端，進退無據，而兵在其頸矣。末段卻將晉人旁論楚師作結，正見楚德不足以固鄭，而子孔畔晉，但知從欲，不知謀國之失策爲已甚也。此等收應，真非尋行數墨所得夢見者矣。"諸侯方睦于晉"，只一筆，顯見叛晉之非。《咀華》云："此是主意，卻不說完，妙！"（《補義》眉）傳楚人伐鄭，從子孔敘起，是子孔罪案，却是楚師來由。（《評林》眉）李笠翁："欲召外兵以戕同列，此鬼神所不赦者，他日其身見殺，其室見分，寧非處心積慮之顯禍哉！"使告子庚，子庚弗許。（方宗誠眉）先敘子庚知伐鄭之必無功。楚子聞之，使楊豚尹宜告子庚曰："國人謂不穀主社稷，而不出師，死不從禮。不穀即位，於今五年，師徒不出，人其以不穀爲自逸，而忘先君之業矣！大夫圖之，其若之何？"（《補義》眉）一派飾辭，便是不德。子庚歎曰："君王其謂午懷安乎！吾以利社稷也。"見使者，稽首而對曰："諸侯方睦於晉，臣請嘗之。若可，君而繼之。不可，收師而退，可以無害，君亦無辱。"（韓范夾）是時楚求諸侯，尚在可否之間，至其後則甚焉矣。此時晉平雖弱，六卿專政，而悼公之餘澤尚在列侯故也。（《左繡》眉）上敘謀，下敘事，此一行乃通篇轉楔處，以中間提掇之筆，作應上呼下之筆也。（《補義》眉）不輕用民力，正所以利社稷也。（《評林》眉）彭士望："忠信苦心，見于一嘆。"《經世鈔》："迫于君命，爲此等處法最得，鼂錯發七國之謀，及事債，乃欲自居守而使天子將，宜其死也。"子庚帥師治兵於汾。於是子蟜、伯有、子張從鄭伯伐齊，子孔、子展、子西守。二子知子孔之謀，完守入保。子孔不敢會楚師。（孫鑛眉）不甚具法，但以詳敘見色，亦覺熱鬧。（《補義》眉）子孔是楚師主人，一路遲疑瞻顧，不敢放手爲之，只緣未見主人也。（《評林》眉）《經世鈔》："按：危亂之時，與小人同執國柄者，不可不知此。"

楚師伐鄭，次于魚陵。右師城上棘，遂涉潁，次於旃然。蒍子馮、公子格率銳師侵費滑、胥靡、獻于、雍梁，右回梅山，侵鄭東北，至於蟲牢而反。子庚門于純門，信于城下而還。涉於魚齒之下，甚雨及之，楚師多凍，役徒幾盡。（《左繡》眉）敘伐鄭事，詳寫其遲回信宿，皆因子孔不會，故遷延而退也。"甚雨""多凍"，照上"懷安"等，收應甚密。兩"次"、兩"侵"，一"反"一"還"，三"至於""信于""涉於"，都用牽上搭下對敘，敘法之整散兼行者。不見主人翁，絕倒！此來只似爲賞雨耳。（《補義》眉）甚雨，大雨也,大雨隨楚師而南,"及之"二字,雨極有靈。(《評林》眉)《經世鈔》:"師涉最防不虞,故其慎如此。"張泰嶽:"'甚雨''多凍',此天祚鄭國,使楚師之不敢入也。不則子庚外攻,子孔內應,鄭其與存者幾何?"

晉人聞有楚師,師曠曰:"不害。吾驟歌北風,又歌南風。南風不競,多死聲,楚必無功。"董叔曰:"天道多在西北,南師不時,必無功。"叔向曰:"在其君之德也。"(《左繡》眉)忽然轉出晉人聞有楚師,絕妙接法,絕妙結法。"不害"二字,正應"畔"字。晉不害,害在子孔矣。唐錫周曰:"楚師無功之故,子庚口中不說明,偏從晉人推算出來,有雲穿月出之妙。"此評最得左氏留虛步法。(《左傳翼》尾)前此窯之役,楚侵及陽橋,蓋幸中國之有事,得肆其憑陵也。純門之師,雖召自子孔,而實楚子貪心所致。子庚明知其不可,而首鼠兩端,以致甚雨多凍,役徒幾盡,辱國喪師,為禍甚烈,此皆不德之明徵也。結末于叔向口中一點,含蓄隱躍,更妙在以天時、地利陪出,持論尤得本原。子孔召師楚,本欲去諸大夫,却畏諸大夫而不敢會。楚師轟轟烈烈而來,竟不見主人翁,甚雨多凍,口中啞苦說不出,一毫情趣沒有。詳寫楚師之盛,專為"役徒幾盡"寫照,楚之君臣自悔無及矣。"完守入保"一段,一篇筋節所在,轉棙提掇,筆挽千鈞。屈完曰:"君若以德綏諸侯,誰敢不服?"故主盟中夏,全在以德服人。諸侯方睦于晉,即子囊"方今吾不能與爭"意,隱見德不如晉,難以服遠,但語意渾含不露耳。經晉人一番推算,而楚師無功之故始明。前虛後實,《咀華》以為有雲穿月出之妙,洵然。師曠、董叔皆直斷楚必無功,叔向一語,活脫虛漾,不敢徑以無德目楚,大有恐懼警惕之意,此皆更上層樓妙境,固不獨以人和壓倒天時地利也。(《補義》眉)此段宜入前篇,而敘此為楚師斷結。以"德"字收,見楚子不德而貪,子孔不德而叛,皆天道所不容也。陳云:"師曠歌南風而知楚師無功,史遷作律書而知兵械尤重,樂、律與兵,二子一之,微乎微乎!"(高塘尾)俞桐川曰:"子孔作亂無術,楚子出師無名,子庚料事不審。雨凍役徒幾盡,雖曰天命,豈非人事哉!結出叔向一語,通篇意思俱醒。"(《評林》眉)王荊石:"師曠一言,可謂得用師大體,能令術數家齰舌矣。"薛季宣:"楚公子午之伐,間鄭伯之出也。乘人不備,而迄無成功,黷武而已矣。"《五經類編》:"師曠、董叔皆以天時決之,叔向則以為當觀其君之德,天時不足憑也。"（王系尾）李廉曰："此蕭魚之後，楚兵又至鄭也。"按：楚師嘗晉而果無功，固晉悼之餘烈未泯，而楚康之政弱亦可見矣。結歸君德，神味雋永。（方宗誠眉）後敘晉大夫知楚伐鄭之必無功，前後相應，精神團結。

◇襄公十九年

【經】十有九年春王正月，諸侯盟于祝柯。（《評林》眉）孫復："諸侯不序，前目後凡也。"晉人執邾子，公至自伐齊。取邾田，自漷水。（《評林》眉）鄭玉："傳稱疆我田，蓋魯人以正疆爲名，而妄取邾田，故没其疆田之説，正其取田之罪。"季孫宿如晉。葬曹成公。夏，衛孫林父帥師伐齊。秋七月辛卯，齊侯環卒。晉士匄帥師侵齊，至穀，聞齊侯卒，乃還。（《評林》眉）陸淳："《穀梁》曰：'匄宜埤帷而歸命於介。'案：不伐喪，常禮也。更待君命，是詐讓小善，非人臣盡忠之道也。"朱熹："《春秋》分明處，只是晉士匄侵齊，至穀，聞卒乃還，這分明是與他。"八月丙辰，仲孫蔑卒。齊殺其大夫高厚。鄭殺其大夫公子嘉。冬，葬齊靈公。（《評林》眉）高閌："齊、魯仍世昏姻之國，前雖有怨，今已易世，故不廢喪紀，示不忘好。"城西郛。叔孫豹會晉士匄于柯。城武城。（《評林》眉）杜諤："襄公之時，政在大夫甚矣。專相爲會，故詳録之。"孫復："城西郛，城武城，懼齊也。"

【傳】十九年春，諸侯還自沂上，盟于督揚，曰："大毋侵小。"（《左繡》眉）此篇乃平陰文尾也。不曰還自伐齊，而曰還自沂上，接緊前文，見不成其爲伐齊也。以齊伐我，故伐齊。今無加于齊，而第執一助齊伐我者，回視沈玉、門防一團鋭氣，竟成虎頭蛇尾。只起手一兩筆，便將全文一一關照。乍讀之，又全不見得，故妙絶也。

執邾悼公，以其伐我故。遂次於泗上，疆我田。（《補義》眉）"沂上""泗上"，兩襯濟河。取邾田，自漷水歸之於我。晉侯先歸。公享晉六卿于蒲圃，賜之三命之服。軍尉、司馬、司空、輿尉、候奄，皆受一命之服。賄荀偃束錦、加璧、乘馬，先吳壽夢之鼎。(《評林》眉）俞寧世：“‘執邾悼公’，此武仲所謂借人之功者也。”《補注》：“‘歸之’，不書‘歸’，在師受之。”

荀偃癉疽，生瘍於頭。濟河，及著雍，病，目出。(《補義》眉）汪云：“頗得意此逆跌法。”又云：“凡怒目視君親，定當目出。”大夫先歸者皆反。士匄請見，弗內。請後，曰：“鄭甥可。”二月甲寅，卒，而視，不可含。宣子盥而撫之，曰：“事吳，敢不如事主？”猶視。欒懷子曰：“其爲未卒事于齊故也乎？”乃復撫之曰：“主苟終，所不嗣事于齊者，有如河！”(《補義》眉）周云：“得欒盈一語，宛然死而有知、公爾忘私氣象，荀偃之幸。”乃瞑，受含。宣子出，曰：“吾淺之爲丈夫也！”(魏禧尾）魏禧曰：“兵家陰謀，唯恐人知。又多外示弱以誘敵，此獨洩其謀、張其兵以示之，何哉？蓋晉不欲戰，知靈公輕而無勇，故爲此以懼其逃耳。詳平陰論。”伊侃曰：“苻堅淝水、曹操赤壁、漢昭烈白帝城，皆以數十萬人而敗，何者？不分兵以爲聲援，不出奇以攻其無備也。”(《分國》尾）荀偃與欒書謀弒厲公，隊首之夢已兆目出之殃矣。“有事於東方，則可以逞”，巫言聊以解嘲耳。嗚呼！身死惡創，族滅趙氏，孰是君而可弒哉？篇中摹寫晉師，伐萩者，殺犬者，斬檞者，焚竹者，數闉者，晉師之閒暇，正見齊師之委頓也。奄人殿師，鼓聲便當不揚。抽劍斷鞅，賴有太子與郭榮耳。(《左繡》眉）兩“撫之”，“猶視”“乃瞑”，兩兩相對，中以欒盈語作轉楔，末以士匄語作收掉，敘議兼行，剪裁勻整。桓譚之言，明於理而昧于文者也。左氏不過借此收拾前文夢訟、禱河兩項，令首尾相照應耳。若謂非有所知，直是與全文章法無涉矣，此亦淺之乎左氏者也。唐錫周曰：“‘濟河’直應前‘濟河’二字，‘無敢復濟’之言驗矣。一個誓河者方卒，一個復以河誓，激射妙絕。方信前下‘濟河’二字有意。”(《評林》眉）按：“乃復”，宣子撫尸也，偃死，遺念不在其子，在伐齊，故宣子嘆云：“偃大丈夫也，吾不知而視之淺矣。”故曰：“吾淺之爲丈夫也。”楊升菴：“‘淺之爲丈夫’句，宣子又白偃之心不專在有事於東方。”(王系尾）士匄信淺矣，然荀偃信夢，始決伐齊。生瘍於頭，信夢益篤，之死而目不瞑，豈非夢中人哉？夫晉厲之弒，欒書首惡，荀偃爲從。厲而能爲厲也，釋書弗擊，而汲汲於偃哉？夢境離迷，巫言附會，雖有可驗，君子必不隨彼而顛倒於夢中也。桓譚謂：“荀偃病而目出，初死，其目未合，及冷乃合，非其有所知也。"斯言近之。(《菁華》尾)以荀偃弑君之賊，其屬纊之頃，豈能尚以國事爲意？特其左右之人所言如此，傳因而記之耳。(《左傳翼》尾)大臣以身殉國，死不言私，荀偃果以未卒事于齊，而目不瞑，則平陰既入，何難大振兵威，滅此朝食？乃圍城之時，齊侯已將出奔，僅略其旁邑而去。師已歸矣，豈復圖再舉乎？時言荀吳猶視，言齊事乃瞑，得欒盈一語，宛然死而有知、公而忘私氣象，故宣子自恨其淺之爲丈夫。左氏即借此收拾前文夢訟禱河，作千古佳話，成千古奇文，正不必以桓譚之論而深奇之也。溴梁之會，高厚以歌《詩》不類，不盟逃歸，皆荀偃激之使然。伐齊入平陰，于齊未創，終不能得志于齊，雖洩怒郟人，而此恨未酬，故爲未卒事無端生瘍，死不瞑目，皆此恨爲之也。前路執郲子，受魯賄，極威風得意時，都是鬱鬱不樂氣象，于欒盈口中結出，神妙無比。

晉欒魴帥師從衛孫文子伐齊。(《評林》眉)《補注》："欒魴帥師，欒魴非卿，合書晉師，不書，義同成二年伯宗。"(王系尾)高息齋曰："林父逐衛侯衎，奔于齊，故獨伐齊。林父逐君，霸主所當討，而與之會伐，則晉平霸業可知矣。"

季武子如晉拜師，晉侯享之。(《左繡》眉)此二節連讀，上節極寫季武拜師，極其推崇，極其感謝，分明借力救死。忽然忘却本來面目，作器銘功，真覺無謂。前云"小國之仰大國"，後云"小國幸於大國"，兩兩對看，季武清夜自思，當亦啞然而笑矣。(《補義》眉)此與下篇對，既拜晉師，復銘魯功，所謂昏暮乞哀，驕人白日。**范宣子爲政，賦《黍苗》。季武子興，再拜稽首曰："小國之仰大國也，如百穀之仰膏雨焉！若常膏之，其天下輯睦，豈唯敝邑？"賦《六月》。**(《左傳翼》尾)既如晉拜師矣，聞《黍苗》之賦，猶願其常膏之，而賦《六月》以致推崇之意，借力救死，早已和盤托出矣。連前後篇看，章法之妙，大有藕斷絲連意。(高塘尾)落落數語，風雅宜人。"賦《黍苗》""賦《六月》"，絕妙關目。(《學餘》尾)典雅可風，得事大之禮，然則仁人之有權力，其所以參贊化育者可知矣。

季武子以所得於齊之兵作林鐘，而銘魯功焉。(孫鑛眉)亦净，然大略是左氏常調。(《補義》眉)陳云："魯之林鐘，其銘鄒嶧、勒燕然之俑乎！"(《評林》眉)魏禧："鄑之役，季文子作武宫。平陰之役，季武子作林鐘。所謂其父報讎，其子行劫者，是以君子貴身教也。"(《學餘》眉) 湯盤、孔鼎，銘之極則也。大伐小而銘之，已非盛德之事矣。況于借人力以救死者乎？臧武仲謂季孫曰："非禮也。夫銘，天子令德，諸侯言時、計功，大夫稱伐。今稱伐則下等也，計功則借人也，(韓范夾) 季氏之心甚盛，"借人"一語，直使置身無地。言時則妨民多矣，何以爲銘？且夫大伐小，取其所得以作彝器，銘其功烈以示子孫，昭明德而懲無禮也。今將借人之力以救其死，若之何銘之？小國幸於大國，而昭所獲焉以怒之，亡之道也。"(文熙眉) 汪道昆曰："議論具品，'天子令德'以下章法。" 穆文熙曰："武子借人免患，即爲好大喜功之圖，可謂過舉。武仲之論，既合典禮，又洞禍機，其知可以觀矣。"(《分國》尾) 邲戰之捷，楚莊尚辭京觀，故《傳》引之，譏行父之立武宮爲非禮也。陋哉武子！竊人之功作林鐘，銘己功乎？此何異宋因蒙古滅金，欲旌己功？洪咨夔曰："豈可侈因人之獲，使邊將論功，朝臣頌德，獨不念端門受師之崇寧乎？" 圍桃、取龍，齊師不遠。武子此舉，亦昧於前車之鑒矣。西郭、武城，宜其亟也。(《左繡》眉) 議論文字，必有虛實兩層。此文各以一反一正洗發，兩"今"字遞說而相對也。前一層論是非，以"禮"字作提。後一層論得失，以"亡"字作煞。而前用三排，後用四疊，章法相配。前整後散，意足而味濃。季武若爲己銘，無關輕重，猶之可也。今曰銘魯功，則得失皆國受之矣。文說三項，先泛論，連天子說。次切論，猶平說諸侯大夫。次申說，並略去稱伐，單論計功，而極言借力救死之可恥，末更轉到"昭所獲以怒之"之必亡，非惟不必銘，亦不敢銘矣。"何以爲銘" "若之何銘之"，本兩兩對說，而前用作煞，後用作轉，乃照應參差入妙處。凡文字前散後整者易好，前整後散者難工。大抵整用輕筆，散用重筆，令散處曲折濃厚，於整處則讀者精神轉增矣，此篇是也。(《左傳翼》尾) 一面拜師，一面銘功，忘却本來面目，真爲可醜。前言借晉之力，後言召齊之怒，一意翻作兩層，致爲詳盡。"何以爲銘" "若之何銘之"，儼然雙峰對峙。非禮以是非言，說到"亡之道"，並利害得失一齊揭出矣。銘功之意，原是自稱其伐，先將此意掃開，儼然見有君在，不許他擅自專權意，此是一篇微指所在，切弗因下文專駁言時計功，遂潦草忽過。(《補義》眉) 汪云："先泛論，從四面說。" 兩段皆以"今"字轉合。

非惟不必銘，且不敢銘。（高嵣尾）茅鹿門曰：「武仲之論，既合典禮，又洞禍福。」（《評林》眉）劭寶：「『天子令德』，令猶令龜之令，言以德布于銘也。」王元美：「伐齊之舉，不過報侵伐之怨，即得捷，豈足爲功而銘之？武仲之論，既合典禮，又洞禍機，其智可以觀矣。」（王系尾）此篇兩段，上段寫季宿乞哀于晉，是何等卑污！下段寫季宿驕人于魯，是何等氣焰！與成六年季文子立武宮對看，則知季宿之作僞，皆行父之貽謀矣。夫借人之力以救死，丈夫之所羞。不以爲羞，反以爲功，且因是以震耀其君民，而張其赫赫炎炎之勢。魯，弱國也，孰不在其驅迫中哉？臧武仲之智，猶未足以窺權奸之城府也夫！（方宗誠眉）前言無功可銘，後言銘之取羞取忌。（《學餘》尾）典切明達，知古知今，如此而不容于魯國，魯之衰耶？抑罔念之作狂耶？（闍生夾）一篇結束。左氏於小國武功多抑之，智慮深遠，此尤有菲薄晉師之意，不專在魯也。馬驌云：「於是齊靈公卒，莊公立。」

齊侯娶于魯，曰顏懿姬，無子。（《左繡》眉）前半原敘，後半正敘，原敘中間夾議，正敘中間夾斷，章法蓋相準也。前從嬖戎屬牙，說到東太子光。後從微逆光，說到殺戎執牙，亦以一順一逆爲章法。齊靈一番廢立，愛戎牙，適以害戎牙，猶可言也。假手於崔杼，以市廢立之恩，而釀淫昏之禍，不可言也。敘事從二姬說入，於戎子用重筆，故此處獨用斷語。其姪鬷聲姬，生光，以爲大子。諸子仲子、戎子，戎子嬖。仲子生牙，屬諸戎子。戎子請以爲大子，許之。仲子曰：「不可。廢常，不祥；間諸侯，難。光之立也，列於諸侯矣。今無故而廢之，是專黜諸侯，而以難犯不祥也。君必悔之。」（孫鑛眉）雙字對單字，不嫌不倫。四字句却欲其倫，彼時文格蓋如此。（《評林》眉）劉懷恕：「讒妾婢子妄以其子爲請，而饒倖奪嫡，致殺何尤？惜哉！仲子始而託子，繼而諫止，終亦得不償失也已。」《經世鈔》：「有理有識，仲子賢矣，乃不免，何哉？」公曰：「在我而已。」遂東大子光。使高厚傅牙，以爲大子，夙沙衛爲少傅。

齊侯疾，崔杼微逆光。（《補義》眉）周云：「微逆光則必私匿于其室，遂爲莊公往來無忌之地。」疾病而立之。光殺戎子，尸諸朝，非禮也。婦人無刑。雖有刑，不在朝市。（《測義》夾）愚按：子光間父之疾而立，殺其所愛，爲惡已甚，何暇議尸諸朝之爲非禮乎？愚因疑環之死，未必非光爲之，他日踰墻之禍，乃其所也。〖編者按：奧田元繼作李笠翁語。〗（《評林》眉）《增補合注》："或云：'微，密也。'"

夏五月壬辰晦，齊靈公卒。莊公即位，執公子牙于句瀆之丘。以夙沙衛易己，衛奔高唐以叛。（文熙眉）穆文熙曰："靈公廢太子光而立牙，高厚不能強諫，而爲之輔，故崔杼殺之而兼其室。書曰'齊殺其大夫'，從君於昏也。"汪道昆曰："辭令能品。"（《左繡》眉）殺戎、執牙，作兩番處分，即以分應前半，此自然之結構也。（王系尾）崔杼，惡人也，而齊靈進之，其睥睨齊國之政，豈一日哉？使得與厚、衛同傅牙，必非能念故太子者。既不能與，權將適彼，於是乘國勢之危疑，因人心之不服，假嫡庶之分，爲反正之舉，厚樹德於光，而齊國歸於掌握矣。此是後世孫、程、曹、石之鼻祖，崔、慶之禍，實始於此。嗟乎！袵席之上，婉孌之言，燕妮之私，可勿戒諸？（方宗誠眉）前敘齊侯不聽仲子之諫，而廢嫡立庶。後敘戎子、公子牙之禍，以應仲子廢常不祥之言。（《菁華》尾）仲子以一婦人，而能稽禍福之原，明順逆之理，不肯以私情廢公義，可謂難得之至，無如其夫之瞶瞶何也！

晉士匄侵齊，及穀，聞喪而還，禮也。（韓范夾）春秋時，因喪而伐者，不一而足，此則聞喪而還，其猶有上古之遺風乎？

於四月丁未，鄭公孫蠆卒，赴於晉大夫。范宣子言於晉侯，以其善於伐秦也。六月，晉侯請於王，王追賜之大路，使以行，禮也。（《左繡》眉）"於四月丁未"，突起得妙。"以其善於伐秦也。六月"云云，拖帶得妙。月日都用虛字作穿，似此敘法，絕去呆板之病，左氏真開後人無限法門。此法前已屢用，此處尤爲一氣呵成。（《左傳翼》尾）因善於伐秦，宣子言於晉侯，晉侯請於王，追賜大路以爲趨功趨事者勸，一直敘下，卻用兩層跌宕，而以善於伐秦橫擔中間。晉爲盟主，諸侯之大夫爭先用命者多矣，宣子獨於子蠆請恤者，以遷延之役，欒黶梗命，宣子深忌，褒在子蠆，則恨愈在欒氏矣。讀者於此，當會之意言之外。特大路之錫，唯勤於王事則可，伐秦何與王事，而追賜以大路耶？"請"與"賜"固交失之。（《補義》眉）何云："錄子蠆伐秦之善，所以彰欒黶先歸之惡也，於是士匄將逐欒盈矣。"（《評林》眉）陳傅良："'以行，禮也'，終十四年書蠆傳。"

秋八月，齊崔杼殺高厚於灑藍，而兼其室。書曰："齊殺其大夫。"從君於昏也。(《測義》夾)趙鵬飛氏曰:"高厚既以罪誅,齊之權在崔而已,故不旋踵而有崔杼之逆。高之殺,崔之辜,齊之禍也。"〚編者按:奧田元繼作陳明卿語。〛(《左繡》眉)以其傅牙也。前戎子猶云光殺,此則竟云杼殺,已怙寵而擅權,撫楹之堅冰見矣。(《補義》眉)高既以罪誅,齊之權崔而已。(《評林》眉)《補注》:"'從君於昏',說見僖十一年,下子孔同。"趙伯徇曰:"是兩下相殺,而經以國討爲文者,蓋殺者皆承君命而殺之,故經以累上之辭書之。傳則雜史之記,意在專歸於殺者,故不錄其君命耳。"

鄭子孔之爲政也專。(《補義》眉)提起遙應專欲難成。國人患之,乃討西宮之難與純門之師。子孔當罪,以其甲及子革、子良氏之甲守。甲辰,子展、子西率國人伐之,殺子孔而分其室。書曰:"鄭殺其大夫。"專也。(《補義》眉)子孔不惟害身,併累其族,專之爲禍烈矣。以下推明見殺之故。(《評林》眉)《經世鈔》:"子孔失衆久矣,攻強者必其情之所欲。"

子然、子孔,宋子之子也;士子孔,圭媯之子也。圭媯之班亞宋子,而相親也;二子孔亦相親也。僖之四年,子然卒,簡之元年,士子孔卒。司徒孔實相子革、子良之室,三室如一,故及於難。子革、子良出奔楚,子革爲右尹。鄭人使子展當國,子西聽政,立子產爲卿。(魏禧尾)魏世傚曰:"伊侃問:'子展、子西知子孔之謀,何不即殺之?強敵壓境,姦臣生心,鄭不幾危矣哉?'曰:'外寇既至,内難復興,且三室如一,其黨亦多。不惟無以禦楚,恐必不能誅子孔,其危亡不愈速乎?觀完守入保,而子孔即不敢會楚師,益見當日情事,而知子展謀國必萬全而後動也。段秀實不爲群小擾亂,靜以鎮之,四更而曙,然後誅反者。故知亂人輕誅不可,不完守又受其害也。'"魏世儼曰:"子孔知國難不以告,利得執政之柄,繼復召楚師,欲求專鄭,其貪殘滑賊,烏可與親?知果不義知伯,則別族而爲輔氏,況三室如一乎?觀子革、子良於國討時,猶以己甲助子孔守。《易》曰:'比之匪人,不亦傷乎?'"(《分國》尾)子孔不得志於載書,欲以楚師去諸大夫。豈知鄭方固晉,楚非昔比。子庚執持,其師遷延不進,正受子庚之指也。晉人聞之,聲色不動,蓋亦洞見子孔之故與?子孔外不見信于楚,内見惡于諸大夫,小人專欲,卒犯衆怒,至於見殺,亦愚矣。

（《左繡》眉）此篇是插敘法，首尾是正傳，中一段乃旁傳也。提一"專"字，應一"專"字，本文已了。下特爲子革、子良之甲作注腳。看他轉轉灣灣，清清楚楚，絕有筆法。于正傳，却寫得簡徑。於旁傳，却寫得詳細。非輕主而重賓也，出色寫陪賓，正是出色寫主人。看"司徒孔實相"云云，便見子孔不惟害其身，併以累其族，而專之爲禍烈矣。此從主插賓，即從賓見主之法。不解此秘，鮮有不流於喧奪者耳。分一遍，合一遍，又分一遍，又合一遍。前合用雙句，後合用單句。前合從賓合主，後合從主合賓。而總之前三層都歸結在後一層也，須看其極詳中仍有極簡之妙在。唐錫周曰："此證專欲難成也。故首句便下一'專'字，結處敘子展當國，見當國一位，如同傳舍，不能久據也。敘子西聽政，子產爲卿，見死灰復燃，十年前事，如同一夢也。子孔費盡心機，畢竟難逃顯戮。能殺其父于生前，不能禁其子從政於身後。死而有知，不亦悔不可追也哉？凡事類然，胡可勝歎。"（《左傳翼》尾）"專"是子孔病根結癥，西宮之難，是其本謀也。純門之師，是其轉變也。此志不遂，乃相子華、子良之室，無非是專。卒之喪其本身，而餘及其旁族，一專之禍，其烈如是。前段敘子孔，即插二族。中間敘二族，緊拖子孔，即賓即主，不分爲二。末段結"子展當國"云云，回應西宮之難，知西宮之難與純門之師，原是一事，皆屬"專"字病根，則作者大意了然矣。古來權臣無不以專赤族亡身，左氏諄諄致戒。然春秋時得君之專莫如管子，而其得世祀以讓不忘其上也。專不在得君行政，而在結黨招權。如伊尹、諸葛，又何嫌忌之有？（《評林》眉）魏禧："按：人之托身托家不可不慎如此，蓋托有德則進退可以無慮，若徒以勢力是庇，則福我者安知非禍我者？至於附勢力而自驕虐，抑又甚已！"沈雲將："鄭國自子孔殺而子產爲卿，此天之所以佑鄭而固其國也。"

齊慶封圍高唐，弗克。冬十一月，齊侯圍之，見衛在城上，號之，乃下。問守備焉，以無備告。揖之，乃登。（《左繡》眉）散中必得整句，敘事方有片段。**聞師將傅，食高唐人。殖綽、工僂會夜縋納師，醢衛於軍。**（魏禧尾）伊侃曰："殖綽恥夙沙衛殿師，是大有志氣人。夜縋納師，是大有作用人。然而衵甲面縛，坐晉鼓下，終以醢衛，李陵其私淑此意乎？"魏世儼曰："因寵愛易太子者，鮮不起弑逆之禍。光雖未顯弑，而父病即殺其愛姬，且尸之於朝，其罪豈減商臣哉？"（《分國》尾）萊人行賂于夙沙衛，是奄人掌兵也。使夙沙衛傅公子牙，是奄人定策也。其端起於桓公，豎刁漏多魚，立武孟也。尸戎子于朝，唐隆基遂至尸韋后於市，市更甚矣。（《左傳翼》尾）既立光爲太子，又立牙爲太子，以愛易嫡，雖仲子且知其不可，而齊侯斷然行之，身未死而禍亂已紛紛矣。敘次夾議論，中用斷語，簡净峭拔，後人莫及。"微逆光"，則必私匿於其室，自此而杼之家遂爲莊公往來無忌之地矣。主臣狎昵，後亂以萌，防之不可不早也。殺戎子、執子牙，猶出自光，而殺高厚則崔杼尸之，而經以國討爲文，蓋既從君於昏，自不得無罪，然亦見杼實因光之所欲，而不得以生殺之權予之也。衛不足恤，高厚身爲大臣，而所爲若此，其能免於法網乎？（《評林》眉）按：傅食之，"傅"或屬下句，亦通。《增補合注》："齊師將附城，故食高唐人。殖綽、工婁會，齊二士，昏夜時登城，而高唐人方會食，故不及禦，二子從城上懸繩納師。"《匯參》："'高唐人'，此句當在'聞師'上，乃倒句也。"彭士望："衛畢竟死綽乎！"（王系尾）此篇五十八字耳，該得許多情事，許多曲折，筆筆謹嚴，無一字虛設。而號之乃下，揮之乃登，其筆勢排宕，如雙鶴摩空谷，極翱翔軒翥之致，信奇觀也。（闇生夾）夙沙衛殉主，亦苟息之亞也。

城西郛，懼齊也。

齊及晉平，盟於大隧。故穆叔會范宣子于柯。穆叔見叔向，賦《載馳》之四章。叔向曰："肹敢不承命。"穆叔曰："齊猶未也，不可以不懼。"乃城武城。（《分國》尾）魯從晉伐齊，齊將遷怒于魯。於柯之會，魯圖自固也。時武子有林鐘之作，而穆叔爲武城之城，兩人謀國，優劣何如？（《左繡》眉）三節爲一篇，首尾兩"城"字正相對也。兩"懼"字，一在城下，一在城上，尤見照應順逆轉換之妙。（《補義》眉）三節連看，首尾兩"城"相對。（《評林》眉）張天如："觀此傳，則柯之會豹專以國托晉大夫，叔向專以政許魯大夫，當時之國政在大夫可見矣。"〖編者按：凌稚隆作湛若水語。〗（王系尾）臧紇之言驗矣。汪德輔曰："内則疲民於亟城之勞，外則繳惠于霸國之援，曾無一毫自立之志。"高息齋曰："使民饑而散，雖城之，孰與守之？"（闇生夾）點睛，見齊之未服也。

衛石共子卒，悼子不哀。孔成子曰："是謂蹶其本，必不有其宗。"（《分國》尾）林父逐君，蒯不思蓋愆，而逞志於重丘，惧矣。

石買不思纘祖之績，與蒯是黨，卒墜乃宗，惜哉！（《左繡》眉）只兩語，而字字對，流水法也。

◇襄公二十年

【經】二十年春王正月辛亥，仲孫速會莒人盟于向。（《評林》眉）高閌："向本莒邑，宣四年取之者也。莒、魯結好，自是十五年不交兵，速代父爲卿，未練而從政，無復三年之喪也。"夏六月庚申，公會晉侯、齊侯、宋公、衛侯、鄭伯、曹伯、莒子、邾子、滕子、薛伯、杞伯、小邾子盟于澶淵。（《評林》眉）高閌："齊以晉不伐其喪而感服，居而出盟，蓋亦越禮叛道矣。"秋，公至自會。仲孫速帥師伐邾。（《評林》眉）許翰："祝柯會既執邾子，又取其田，報亦足矣。而復伐之，譏已甚矣。且澶淵在彼，何以盟爲？"蔡殺其大夫公子燮。蔡公子履出奔楚。陳侯之弟黃出奔楚。（《評林》眉）《傳説彙纂》："陳黃書弟，先儒多主《穀梁》，以爲陳侯不容其弟，《春秋》惡之。程端學謂兄弟無可去之道，則以書奔爲罪黃。二説相兼，其義始備，故並存焉。"叔老如齊。冬十月丙辰朔，日有食之。季孫宿如宋。

【傳】二十年春，及莒平。孟莊子會莒人，盟于向，督揚之盟故也。（《左繡》眉）前年督揚盟，"大毋侵小"，莒數伐魯，而因此盟以平，是魯小於莒矣，甚矣，魯之弱也！

夏，盟于澶淵，齊成故也。（《測義》夾）愚按：齊之無道，十二諸侯環其郭而終不服，以晉士匄不伐喪之故，遂感而受盟，脩德懷遠，信哉！〖編者按：奥田元繼作王元美語。〗

邾人驟至，以諸侯之事，弗能報也。秋，孟莊子伐邾以報之。（《評林》眉）《補注》："劉氏曰：'晉人既執邾子，又取邾田，何謂未報乎？'"黃震："祝柯之會，晉已爲魯執邾子取邾田矣，澶淵之會，魯又方與邾同盟矣，不宜更伐之也。孟獻子父喪方新，而盟莒伐邾，專橫如此，急於擅魯爾。"

蔡公子燮欲以蔡之晉，蔡人殺之。（孫鑛眉）亦有綜括貫穿法。（《左繡》眉）此是兩人合傳體，凡敘兩層，斷一層。第一層正敘其事，用雙起。第二層補敘，一推其志，一述其言，本可連寫，卻將解經作斷，橫插於中，遂成遙對章法。此於整齊中故作參差，否則敘與斷處處板寫到底，成何結構耶？公子履，其母弟也，故出奔楚。

陳慶虎、慶寅畏公子黃之偪，愬諸楚曰："與蔡司馬同謀。"（《補義》眉）此兩人合傳体。一句串合，合傳正格。楚人以爲討。公子黃出奔楚。

初，蔡文侯欲事晉，曰："先君與於踐土之盟，晉不可棄，且兄弟也。"畏楚，不能行而卒。楚人使蔡無常，公子燮求從先君以利蔡，不能而死。書曰："蔡殺其大夫公子燮。"言不與民同欲也；（韓范夾）當時晉、楚所爭，首及鄭，次及陳、蔡。鄭之從晉十之七，陳、蔡之從楚十之九，鄭居晉、楚之中，而陳、蔡尤近于楚故也。文侯之意甚善，惜其志未得遂。若公子燮求從先君而得死，謀國之忠，爲姦所抑，不亦古今有餘痛邪？（《測義》夾）愚按：燮之欲去楚而之晉也，既以追成先志，又懼楚役，求紓其民，皆謀國之合義者。不幸見殺於國人，而左氏遂以違衆罪之，以强合國殺之例，繆矣。先儒云以例而求經，其説鮮不鑿者。〖編者按：奧田元繼作王元美語。〗"陳侯之弟黃出奔楚"，言非其罪也。（《左繡》眉）兩頭敘，中間斷，此法自克段篇後，復不一而足。然只是一事一斷，小作間隔。此篇獨以兩事分對兩頭，而以兩書法安在中間，作承上起下樞紐。尋常佈置，不謂於此更出一奇。公子黃將出奔，呼于國曰："慶氏無道，求專陳國，暴蔑其君，而去其親，五年不滅，是無天也。"（《左傳翼》尾）燮被殺，黃出奔，本是兩事，然陳黃被訴，却以與蔡燮同謀爲詞，故經分爲二，傳合爲一，據其實耳。起處一直連敘，後面鋪敘先詳公子燮求從先君以利蔡，其志雖公，却不能與民同欲，未得無罪，而黃非其倫也。解經作斷，作蜂腰鶴膝之勢，章法最奇。蓋通篇文勢，原側重陳黃一邊，非徒於整齊中寓參差也。（《評林》眉）《補注》："陳侯之弟公子黃以偪爲二慶所逐，不得爲無罪。傳序公子燮事，若能諒其心者，猶以不與民同欲罪之，則以書國討爲必有罪故也。凡傳敘事實而斷義非，往往類此。"（王系尾）此篇是蔡殺其大夫公子燮、蔡公子履出奔楚及陳侯之弟黃出奔傳，合傳也。凡三段，前二段分敘，第三段合敘。且敘且斷，敘以補足前事，斷以發明經旨。或先敘後斷，或先斷後敘。參差變化，篇法自好。

齊子初聘于齊，禮也。（《補義》眉）着一"初"字，爲魯幸也。

冬，季武子如宋，報向戌之聘也。褚師段逆之以受享，賦《常棣》之七章以卒。宋人重賄之。歸，復命，公享之。賦《魚麗》之卒章。公賦《南山有臺》。武子去所，曰："臣不堪也。"（《左繡》眉）此節只寫一武子報聘復命事，而去有享、有賦《詩》，歸亦有享、有賦《詩》，須寫得變換爲妙。然變換大約都在後半，此偏於前半，先用拗曲之筆，蹊徑一新，讀至下文，自然水到渠成矣。（《分國》尾）宋、魯異姓也，而賦《棠棣》，所謂"凡今之人，莫如兄弟"，惟人莫有如兄弟者，而欲兄弟之也。魯公以邦家之光美武子，武子辭之，其亦得人臣讓善之意乎？（《補義》眉）賊臣未嘗不有文采。（《評林》眉）《匯參》："'褚師段逆之'，敘享變調，避下'公享之'句也。既不可云七章、八章，又不可云卒于章，乃曰七章以卒，變調可法。"（王系尾）汪德輔曰："魯自蕭魚以後，連歲與强齊、邾、莒交兵，是以不遑朝聘往來之事。雖向戌來聘，而亦未之報也。今始平于齊，遂交好鄰國以尋舊好耳。"

衛甯惠子疾，召悼子曰："吾得罪於君，悔而無及也。名藏在諸侯之策，曰：'孫林父、甯殖出其君。'君入則掩之。若能掩之，則吾子也。若不能，猶有鬼神，吾有餒而已，不來食矣。"（闓生夾）宗堯云："誅孫子用重丘人之言，誅甯則以出諸甯口者著之。此論定殖之罪耳，與喜之視君如弈，亦不相掩。"悼子許諾，惠子遂卒。（文熙眉）穆文熙曰："甯殖病中之言，固誠善念，但不免奴視其君耳。夫奴欲逐即逐，欲招即招，君父胡可同日語哉？甯喜之死，在此言矣。"（《測義》夾）愚按：殖也生而出其君，及死，又命其子入之，爲舊君逐新君，獲罪兩君，惡滋益焉。豈惟諸侯之策不可掩，抑甯氏之先人實不血食，而殖之餒於何有？甚矣！殖之愚也。爲喜者，曷不以是辭父，迺徒用其亂命，卒以墜族，誰爲惜之？（《分國》尾）予觀甯殖疾革時，命其子"君入則掩之"幾語，然後知自古亂臣賊子，雖身爲其事，未嘗不畏惡名之播于天下萬世也。崔杼弑其君光，齊太史書之，崔杼殺之，其弟嗣書，而死者兩人。桓溫枋頭失利，尚懼孫盛直筆。彼謂不能流芳百世，亦當遺臭萬年者，非其本心也。雖然，若甯殖者，名已在諸侯之策矣，重丘毀瓶之人，且重詬之，而欲其子掩其惡，不更愚哉！

(《左繡》眉）宛轉床褥，字字哀鳴，想到明有人非，幽有鬼責，着着不堪回首，此文便爲千載造惡到盡頭時寫一供狀，使人讀之，又可笑，又可憐也。唐錫周曰："僉壬恣爲非禮，絕無顧忌，及至將死，平昔狡獪，分毫都用不着。心上便有兩種極苦惱處，勝似殺、勝似剮也。一是想起國家有史官，要替他立傳書名，表揚萬世；一是認煞死後有鬼神，要與他通盤打算，不知如何發落。此兩種苦惱，都是無處躲閃者，憂之則無益，悔之則已遲，而真態畢露矣。甯殖此時，如是如是！"妙批，暢快之極！（儲欣尾）逐君之辟，人亦難掩，徒使其子又得罪於君耳。但其悔差勝林父。（美中尾）此亂命也，無補於己之逐君，而又增其子之弑君也。劉原父云："然則喜將奈何？曰效死勿聽。"（《評林》眉）《匯參》："是親口說出，如孽鏡臺前自首。"《補註》："言出君之罪無國不記，然南面之君，禍福自己，故魯《春秋》但書君自出，而臣之罪亦不可掩，陳氏謂孔子筆削之，非也，魯史固非他國可及。"（《左傳翼》尾）孫、甯出君，孫爲首，甯爲從。出君以後，心甚不安，不比林父怙頑不悛。將死命子之言，乃其良心勃發，說"悔而無及"，真字字鞭心刺骨。人雖無良，想到名汙青史，遺臭萬年，豈不汗下五斗？所以望其子爲之蓋愆也。猶有鬼神，非畏冥譴，乃是以不來食要之以必納君之意，伏枕哀鳴，悲楚萬狀，千載下如見其形，如聞其聲！（《補義》眉）汪云："字字哀鳴，從來作惡人到盡頭大率如此。"（《日知》尾）追念遺臭，既成莫追之悔；囑使幹蠱，又成世濟之惡。寫亂賊到頭無一而可光景，何減鑄鼎象物！（王系尾）甯殖之命子，其殆鳴哀言善者與？夫逐君而據其國，權尊利厚，何暇顧惡名？至於將死，一切權利，俱無所用，惟此惡名，詬彌甚耳。乃謀所以掩之，君入而果可掩乎？就令可掩，彼一日不死，一日不求掩也。何以知之？既云君入則掩，又云悔而無及，是謬言也。己不掩而責其子以必掩，終罔利之謀而已矣。

◇襄公二十一年

【經】二十有一年春王正月，公如晉。（《評林》眉）《匯參》："《公羊傳》是年十一月庚子，孔子生。《穀梁傳》冬十月庚子，孔子生。《史記》襄公二十二年孔子生，三家不同，朱子主《史記》。"羅泌《路史》："今著八月二十七日爲先聖人孔子生日。"邾庶其以漆、閭丘來奔。(《評林》眉)薛季宣:"天下之惡一也,納人之叛,疾人之叛,已不可以言理矣。公在晉而叛臣之受,魯之無政甚矣。"夏,公至自晉。秋,晉欒盈出奔楚。(《評林》眉)黃震:"案:欒書弒君而免于討,欒黶汰而以內亂亡其家,盈奔雖非其罪,而積惡有自來矣。"九月庚戌朔,日有食之。冬十月庚辰朔,日有食之。(《評林》眉)高閌:"曆家推步之術,皆一百七十三日始一交會,去交遠則食漸少,無頻食之理。此年及二十四年頻食,古今術者不能考知。故日食雖天數之常,聖人必以為譴異而書之,以警人君之自息也。"曹伯來朝。公會晉侯、齊侯、宋公、衛侯、鄭伯、曹伯、莒子、邾子于商任。

【傳】二十一年春,公如晉,拜師及取邾田也。

邾庶其以漆、閭丘來奔。(《正論》眉)去盜固不可無本,弭盜尤不可無法。法之廢弛,盜何以止?臧孫之論,特激於庶其之妻耳。(《才子》夾)此為刀切斧斫之文,自起筆直至後,只是一樣法。(《淵鑒》眉)古人不納叛臣,蓋所以昭君臣之大義,明古今之大防,不貪其利而容之也。邾庶其竊地來奔,魯國容之,臧武仲謂之賞盜,其旨嚴矣。臣士奇曰:"正朝廷以正百官,正百官以正萬民,能推武仲之言,寧止詰盜?"(《左繡》眉)此絕妙辯駁文字,極痛快,又極風趣,理明辭達,在左氏另一種鬆爽筆墨。季武子以公姑姊妻之,皆有賜於其從者。於是魯多盜。(《測義》夾)趙鵬飛氏曰:"自受庶其,其後,莒牟夷、邾黑肱接踵而至,曲阜之地,遂為賊淵,然皆非君命也。襄公如晉,而庶其以漆、閭丘來。昭公如晉,而牟夷以牟婁、防茲來。昭公在乾侯,而黑肱以濫來。為賊淵者,實季氏也。"孫應鰲氏曰:"姑姊不同分位,豈可同室而處,並事其夫?臧武仲徒知賞盜不足以止盜,而不知滅禮不足以為國,詩曰'問我諸姑,遂及伯姊',姑先于姊,示禮也。"(《文歸》眉)陳溰子曰:"附會得妙。然亦未必不然,非徒伏下案也。"(《補義》眉)徐云:"起三句立案如山。"季孫謂臧武仲曰:"子盍詰盜?"(《評林》眉)孫鑛:"曰'子盍詰盜',故作不通語以發下。"(方宗誠眉)若於"盍詰盜"之下,即接"子召外盜"亦可通,但無波折,故先虛後實。武仲曰:"不可詰也,紇又不能。"(孫鑛眉)故作不通語以發下。(《左繡》眉)介面劈立二柱,以下層層分頂。先虛說一遍,然後再用實說。虛說則兩意雙承,實說則先說"不能",後說"不可",總以一順一倒往復回環爲章法。"又不能"就勢上說,"不可"就理上說,從勢轉到理,則道理更進一層,文亦更緊一步,此立局命意之精也。只一"詰"字,分出"不可""不能"兩樣,却一順一倒,包"詰"字在中,句法圓密至此,突然駭人。下文層層解釋,方知奇談而有至理,真妙筆!(《約編》眉)"不可""不能",如奇峰對峙,筆意更斬絶,如徐夫人匕首。(《補義》眉)劈分二柱,下逐層承應。季孫曰:"我有四封,而詰其盜,何故不可?子爲司寇,將盜是務去,若之何不能?"(《左繡》眉)妙在季孫亦緊接"不可""不能"先作駁難,便令臧孫答語,一反一復,持矛刺盾,愈覺鬆快煞人。(《補義》眉)一段虛說,用雙承。武仲曰:"子召外盜而大禮焉,何以止吾盜?子爲正卿,而來外盜;使紇去之,將何以能?(孫鑛眉)應上語,鍊勁。(《補義》眉)一段實說,用遞承。(閩生夾)武子即魯之大盜也,文借庶其發之,猶有恕詞耳。庶其竊邑於邾以來,子以姬氏妻之,而與之邑,其從者皆有賜焉。若大盜禮焉以君之姑姊與其大邑,其次皁牧輿馬,其小者衣裳劍帶,是賞盜也。賞而去之,其或難焉。紇也聞之,在上位者,灑濯其心,壹以待人,軌度其信,可明徵也,而後可以治人。(《左繡》眉)"若大盜禮焉"以下,復說得如,數說得妙。(《補義》眉)徐云:"大次小,分得奇。"直刺盜心,與《魯論》"苟子不欲"語正相同。(閩生夾)此尤冷水澆背之言,直刺季氏之心矣。孔子所謂"苟子不欲"亦是此意。而此文憤鬱激宕,神氣奮出,尤與《莊子·胠篋》筆勢相近。夫上之所爲,民之歸也。上所不爲而民或爲之,是以加刑罰焉,而莫敢不懲。若上之所爲而民亦爲之,乃其所也,又可禁乎?(德秀尾)按:季孫賞盜而已,非爲盜也。而臧武仲乃曰"上之所爲,民亦爲之",何哉?蓋季氏是時顓有魯國,凡土地、貢賦、名器、威福,君所有者,季氏皆竊以爲己物,非盜而何?故臧武仲因事而規之,其言深有味云。(文熙眉)穆文熙曰:"武仲所言,深得身教之法,又默合孔子答季康子患盜之意,至於奔邾、奔齊,則身自爲盜矣。果誰爲之倡哉?"(《左傳雋》眉)李九我曰:"正本清源之論。"(韓范夾)其言正而自恕,武仲前年譏季之銘功,今此責季之禮盜,皆深入中隱,無不當情切理。(《左繡》眉)"上之所爲"一段,反反復復,明快無比。喉間格格不吐者,熟此自如吹毫而出也。(《補義》

眉）儲云：輓近世欲桴鼓不鳴，固無是理。此見世家遺直，不阿權貴，而季不能容，不二年逐之。(《評林》眉)《經世鈔》："'洒''濯'二字精微。"《夏書》曰：'念茲在茲，釋茲在茲，名言茲在茲，允出茲在茲，惟帝念功。'(《文歸》眉)范德建曰："引案必典則切當，非古人不能。"將謂由己壹也。信由己壹，而後功可念也。"(孫鑛眉)漸近戰國調法。(《文歸》尾)主意只在"子爲正卿，而來外盜"一語，分在兩層。一發端，一詰問，一正破，六段雙排。於"不能"中又分作三層，虛實相生，敘斷互用。"不可"中正反層疊，文章家祖之。月峰。(《快評》尾)庶其來奔，武子妻之以公姑姊，而賞其從者。武仲不言之於其始，迨季孫責其詰盜，而始亟言"不可""不能"，古人矢無虛發，必待針鋒相對，則其言易入矣。極正之論，而出之以奇肆之筆，便不庸腐。以"不可""不能"作奇峰對峙，文如徐夫人匕首，犀利更非他物可比。(《集解》尾)"不可詰也""紇又不能"二語，千古奇談，千古正論。通篇俱用雙筆，無一語不爽，無一語不快，哀梨並剪，當不過是。(《左繡》眉)文亦前整後散格，引《書》辭繁不殺，政以此重疊之筆令通體相配耳。歸重"信""壹"作結，乃夫子"苟子不欲"宗旨。陳南園曰："起處雙峰聳翠，中間逐層環抱，引《書》作結，迤邐而弛，來得突兀，去得安閒。"唐錫周曰："高談雄辯驚四筵。"(《約編》眉)引《書》作結，指出援本塞源之法。(高塶尾)俞桐川曰："即季康患盜一節書旨，而出之以跌宕雋快。士會相晉，接句云'於是晉國之盜，逃歸於秦'。庶其來奔，接句云'於是魯多盜'。皆左氏着意下筆處。"(《約編》尾)與孔子對康子患盜之旨略同，皆正本清源之論。(《評林》眉)《匯參》："洗濯其利慾之私心，專壹以待乎人，其法皆一度於信，前後所行，皆可明驗。"

　　庶其非卿也，以地來，雖賤必書，重地也。(《測義》夾)愚按：以臣叛君，竊其地而奔他國，有國者所共惡，魯既不能絕之以大義，而又妻以姬氏，《春秋》大書于策，罪魯也，而左氏曰"重地"，恐非經旨。〖編者按：奧田元繼作呂東萊語。〗(王源尾)一縱一禽，且禽且縱，禽縱在手，方可言文。瀉水於地，縱而不能禽者也。膠柱鼓瑟，禽而不能縱者也。此傳開手三語立案，下即將庶其撇却，陡入"魯多盜"，所謂縱也。武仲以盜不可詰、不能詰，斜沖橫鶩，頓跌翻駁，然後落到庶其，所謂禽也。正義既畢，又繳轉詰盜，則禽而且縱。後幅拓開，又句句正義，則縱而且禽。禽縱自如，文情飛越。讀者當悟其所以能禽能縱之故，而後方知用禽用縱之法。武仲之言，前半辣而諧，後半和而莊。辣則矯橫堅峭，洞穿百劄，而出之以諧，故鋒有餘而未盡。和則平易明婉，無微不入，而出之以莊，故氣雖舒而實緊。此用意之妙也。辣變爲和，讀者忘其辣。諧變爲莊，讀者忘其諧。用筆之妙也。季孫豈不知庶其爲邾賊？乃厚遇之而不顧，甘爲武仲所讓而不辭，重地耳。然武仲但責以義而未斥其情，故作者又于傳尾補出，却解書法，不着季孫。見首不見尾，手法極高。（孫琮總評）尊居民上，凡有所爲，下視以則傚。外盜之來，而加以大禮，是誨盜也。"不可""不能"，沖口説出，無非聖賢反身端本學問。似此侃侃正論，季孫聞之，能不爲之洗心而滌慮？（魏禧尾）石星曰："臧紇'灑濯其心，一以待人'數語，有合聖賢身教之旨。然不免結于季孫，爲之廢嫡立庶，此亦何異於盜乎？"魏禧曰："武仲多智詐，亦大盜之魁，所謂不以人廢言者如此。"（《分國》尾）先大夫臧孫達諫納郜鼎，以宋督弒君之賊也。先大夫行父黜逐莒僕，以莒僕弒父之賊也。至武子三納叛人，襄公如晉，納庶其；昭公如晉，納牟夷；昭公在乾侯，納黑肱。揆厥所由，則武子爲國大盜也。當其作三軍，使軍乘之人以其役邑入者無征，不入者倍征。至中軍毀，四分公室，武子取二。既取卞矣，假曰討卞，拜莒田也，受其好貨，是武子爲大盜，而其家爲盜藪也。武仲謂其召外盜，盍先去內盜乎？上之所爲數語，咄咄逼人，惜乎立悼一事，失于媚季也。（《知新》尾）非有而取，即謂之盜。以賞召外來而以刑使內詰，是不端本清源而求末流之潔，未有能靖者也。引《書》一段，尤得反已治人之道。（美中尾）黃東發曰："魯受叛臣三，襄如晉而庶其來奔，昭如晉而牟夷來奔，昭在乾侯而黑肱來奔，誰爲逋逃主？季其盜之淵藪乎！"（《啗鳳》尾）季武之妻庶其、賞從者，無非利得二邑而然。傳末結語，政自不苟。坊本刪却，失其旨矣。恰因賞盜而致多盜，臧孫乘季氏一問，始姑以縱爲擒，接下層層發論，詞愈繁而意愈顯，熟之最開筆路。望若奇峰突兀，造之正復夷然坦易，令人豁目悅心，真乃快事。鮑聖觀附評。（《左傳翼》尾）庶其若不竊邑而來，不可謂盜，季氏必不加禮而賞盜，魯人亦不尤而效之而至於多盜。左氏發明書法，特揭"重地"二字者，所以著盜源也。口口説子，而歸結"信由己壹"上，所謂苟子不欲，雖賞之不竊也。"重地"二字，是《春秋》書法，却是季氏隱情。"紇聞之"二段，從心術上推勘，乃正本清源之論，此左氏極醇正文字。庶其，盜也。季孫，賞盜者也。盜所隱匿與盜同罪，多盜之本，不在庶其，而在季孫矣。前半云召外盜、來外盜，猶以盜屬庶其，故口口說盜，口口說子，筆鋒廉銘刀斧俱下。後半說灑濯其心，分明暗歸到季孫身上，見不能此者之爲真盜。故推開說，不着季孫，並將"盜"字含糊不肯放出。末引《夏書》似頌似規，夷猶淡蕩，飄渺無際。前之神驚魄震者，至此心曠神怡。讀此文百過，不惟行文得操縱之法，所亦立言溫肅之體矣。"不可"就季孫說，是主。"不能"自己說，又轉一意。前路提處從不可說到不能，由重入輕。後面申說由不能歸到不可，由輕入重。輕處詳，重處略，一順一逆，寔有妙理，不止文法上講變化。(《便覽》尾) 即季康子患盜一章書旨，而起處雙峰疊翠，中間逐層環抱，引《書》作結，迤邐而歸，自覺風趣肆出。(《日知》尾) 都用高一層跌落，驚人之論，入理動聽。(王系尾) 高息齋曰："時公在晉，而季氏遂納其邑，受其叛臣，是之謂以利主逋逃，惡自見也。"按：莒僕以寶玉來奔，行父出之。庶其以漆、閭丘來，宿則受之。行父猶知假仁假義，而宿則掉然不顧矣。(《學餘》尾) 有典有則，可以繼文仲而立言矣。此後遂無足稱者，作不順，施不恕，所謂智者安在耶？(《菁華》尾) 武仲之對，字字嚴悚，直迫到無可躲閃處。然後來被逐之由，未必不即伏於此。(閨生夾) 於三分公室之後，取卞之前，特著此段議論，痛斥季氏之奸，所謂一字之誅，嚴於斧鉞者也。

　　齊侯使慶佐爲大夫，復討公子牙之黨，執公子買于句瀆之丘。公子鉏來奔。叔孫還奔燕。(《補義》眉) 去群公子，用慶氏，皆崔杼爲之，于是大權獨歸于杼。(《評林》眉) 按：十九年執公子牙於句瀆之丘，故曰復。

　　夏，楚子庚卒，楚子使薳子馮爲令尹。訪于申叔豫，叔豫曰："國多寵而王弱，國不可爲也。"遂以疾辭。方暑，闕地，下冰而床焉。重繭衣裘，鮮食而寢。楚子使醫視之，復曰："瘠則甚矣，而血氣未動。"乃使子南爲令尹。(文熙眉) 穆文熙曰："申叔直言，子馮避寵，古人相成乃如此。"(孫鑛眉) 曲寫佳，得醫而色更濃。(韓范夾) 古有爲青盲以避世難者，亦與是同。有國家而使賢人如此，危於累棋矣。(魏禧尾) 魏禧曰："居亂世，履危朝，辟榮祿如刀鋸，堅忍深苦如此。後世逢萌諸人，得此意而愈忍者也。子馮知難而不爲，子產知難而爲之,須看各人本領處。"魏禮曰:"按:子南爲令尹見殺,叔豫之言驗矣。然子南不寵奸黷貨,則固可自全也。此子馮所以始辭而終就與?"(《分國》尾)多寵則撓,王弱則下移,故不可爲也。蔿子以疾辭,子南以寵敗。賢哉!蔿子!亦叔豫始終之耳。(《左繡》眉)病者粧得極像,醫者看得極真,妙在兩邊都用簡練之筆,若後世稗官家,不知添幾許俳優矣。三句都以"而"字一轉爲章法。(《左傳翼》尾)多寵則多忌,王弱則信讒,當國者所以不免也。申叔之言,其千古炯戒也夫!辭令尹而以疾,何至做作如此?想因楚子不許其辭故然,觀後使醫視之可見。子南被禍,蔿子猶蹈其轍,似亦茫然無識者,特以有一申叔而能聽信之,遂能生死而肉骨。甚矣!直諒之友不可少,而納誨補過之受蓋無窮也!(《評林》眉)穆大公:"蔿子馮始以申叔之言辭令尹,後又以申叔之言退八人,虛心從善,竟免於禍,賢矣哉!"魏世傚:"作要官而能訪于人,便不尋常。"王元美:"申叔豫蓋知時不可爲,又不可直言以諫,故韜迹於疾,爲免禍計。"(王系尾)國至於不可爲,其政可知。莊王之餘烈盡矣。是時晉之霸業亦漸衰,而楚不敢馮陵諸夏者,職是故也。此等處,皆是部中關鍵處。

欒桓子娶于范宣子,生懷子。(《左繡》眉)此傳欒盈出奔楚事。起結兩段是正傳,中兩段是插敘,乃寄傳也。就正傳論,首段追敘欒盈出奔之由,由於宣子內忌,謬聽其女,又不明正其罪,而以計逐之,頗爲冤獄,故末句以王語"尤而效之"作斷結,筆墨極隱顯互用之妙。就寄傳論,先以一殺一囚總提,下以一順一逆分承,而後以一筆總結,繳合正傳。然於祁大夫口中着"子欲善"語,於叔向母口中着"國多大寵"語,一是明諷,一是暗刺,都着眼宣子,此從賓見主一定之法,而用筆尤深細不露。此又一絕妙合傳文字,章法最整而完也。(《補義》眉)盈懷其母之恥,頗出魯莊、衛惠之上,祁乃譖其所出之子,滅其夫宗,爲從來淫毒所未有。祁覰破欒、范夙怨,故以"專政"兩字先投所忌,三言"吾父",若盈止知父,更不顧父之舅;己亦止知有父,更不得顧己之子,而抑知非也?(高嶀眉)第一段原敘欒盈出奔之由,是正傳。范鞅之怒,欒祁之訴,宣子之信,看似羅織以成。而"懷子好施,士多歸之"二句,已揭出致禍緣始。范鞅以其亡也,怨欒氏,故與欒盈爲公族大夫而不相能。桓子卒,欒祁與其老州賓通,幾亡室矣。懷子患之。祁懼其討也,愬諸宣子曰:"盈將爲亂,以范氏爲死桓主而專政矣，曰：'吾父逐鞅也，不怒而以寵報之，又與吾同官而專之，吾父死而益富。死吾父而專于國，有死而已，吾蔑從之矣！'其謀如是，懼害於主，吾不敢不言。"（孫鑛眉）氣勁而辭憤。（鍾惺眉）母訴子，怪甚，此所謂將亡之妖孽也。（《評林》眉）《經世鈔》："譖人者，其事偽，而其情必真，故能入。"范鞅爲之徵。懷子好施，士多歸之。宣子畏其多士也，信之。（韓范夾）凡得士者必昌，此以得士而亡，豈士之無益於人哉，顧用之者何如耳。（《補義》眉）宣子自有心病。懷子爲下卿，宣子使城著而遂逐之。（《左繡》眉）欒祁以母愬子，必以乃弟作證，故先着"以其亡也，怨欒氏"一筆，爲"寵報""同官"作張本，而實以宣子爲主，故欒祁口口范氏專政，而結穴在懼害於主。范鞅爲徵用輕筆，宣子信之用重筆，賓主詳略有多少手法在！以母愬子，何以取信，看他口口"吾父"，便見彼知有父，吾豈無父者耶？用代字訣，併傳不言之神，是何等描寫！"好施""多士"，遠爲觴曲沃伏脈，亦已透起中兩段矣，無一閒筆。（《評林》眉）《經世鈔》："宣子所以信之在多士，懷子得以入絳在多士，然懷子所以殺身滅族者，正在多士也。亂世不結士不可，結士不可。"

秋，欒盈出奔楚。（高嵣眉）第二段旁敘叔向牽累之案，是附傳。叔向社稷臣，晉之望也。祁奚請救，理之正也。欒王鮒之狡，范宣子之悅，皆爲祁奚襯寫。而寫祁奚，正是寫叔向。不拜欒王鮒，而曰"必祁大夫"，亦介介，亦了了矣。祁奚不告而歸，叔向不告而朝，可謂兩賢。（《評林》眉）魏世傚："盈出奔楚，始終不自白其母之淫譖，志亦可哀。豈不知其故，而第以爲宣子忌之耶？"《經世鈔》："司馬懿誅曹爽同此，唯以城著遣，故宣子能殺箕遺諸壯士也。"（方宗誠眉）以上敘欒盈出奔之由，是正位。以下帶敘叔向事，是餘位。宣子殺箕遺、黃淵、嘉父、司空靖、邴豫、董叔、邴師、申書、羊舌虎、叔羆。囚伯華、叔向、籍偃。（《測義》夾）高閌氏曰："盈不能防閑其母，遂爲范匄所逐，既取奔亡，復有作亂之志，故特奔于楚焉，以楚強大，今日可恃以逃難，他日可挾以復歸也。"〖編者按：奧田元繼作王元美語。〗黃震氏曰："欒書殺厲公而免於討，欒黶汰，而以內亂亡其家，盈奔雖非其罪，而積惡之自來矣。"（《彙鈔》眉）前文皆敘欒氏，至此一筆便接入叔向傳中，文情變幻。人謂叔向曰："子離於罪，其爲不知乎？"叔向曰："與其死亡若何？《詩》曰：'優哉游哉，聊以卒歲。'知也。"（《補義》眉）徐云："此段寫叔向襟懷，上下文勢便寬。"（《評林》眉）孫鑛："'人謂'一波，有閒雅趣。樂王鮒二波，'其人'三波，'室老'四波，一一應轉，若今作序記然。"《評苑》："《詩》曰'優哉游哉'，註疏以爲《小雅·采菽》之詩，然《采菽》無'聊以卒歲'之文，恐是逸詩。"（闈生夾）此寫强臣專橫，賢者無立足之地，且表叔向處亂世之節也。樂王鮒見叔向曰："吾爲子請！"叔向弗應。出，不拜。其人皆咎叔向。（《評林》眉）魏禧："按：不應不拜，叔向可謂知人矣。然小人不能爲福，而能爲禍，使鮒啣之，以甚其獄，不幾危乎？非履亂世之道。"叔向曰："必祁大夫。"（方宗誠眉）"必祁大夫"之下，即可直接"祁大夫外舉不棄讎"數句，然嫌直促，故先虛一筆，再以"室老"一段作波折，文境乃曲。室老聞之，曰："樂王鮒言於君無不行，求赦吾子，吾子不許。祁大夫所不能也，而曰'必由之'，何也？"叔向曰："樂王鮒，從君者也，何能行？（《文歸》眉）陳湜子曰："'從君'二字，刻甚。"祁大夫外舉不棄讎，內舉不失親，其獨遺我乎？《詩》曰：'有覺德行，四國順之。'夫子覺者也。"（《彙鈔》眉）樂王鮒見叔向而自請免之，祁奚免叔向而竟不見之。君子、小人相去天壤。不應、不拜，所以絶小人。不告免，所以待君子。（《左繡》眉）殺十人，即所謂士多歸之者也。獨囚三人，宣子亦原有分寸在。十三人只敘兩人，又恰好是嫡親弟兄，蓋與正傳母子甥舅相映成章也。末段並牽引祖孫父子，結構故自縝密。俞寧世曰："多士是樂氏亡族之本。問多士何以亡族？曰咎在好施，好則苟且無行之徒聚，而忠直疏矣。觀後篇州綽、邢蒯等，皆勇力之夫，誘主於邪，以亡其族者，叔虎其一也。若至叔向，不請樂鮒，不謝祁奚，孤特獨立者，其肯入欒氏之黨乎？然則懷子之士，皆烏合之衆，如田文、陳豨類。當時雖無樂祁之譖，欒氏未必不爲亂，特范氏不當聽讒以報怨耳。追祁奚一言，宣子即悅，其胸中涇渭原明。文敘范氏在公私之間，敘樂氏在順逆之介，獨表叔向、祁奚一段，有精神，有氣色。見樂氏親小人而遠君子，范氏因有罪而及無辜，其失皆見。末段樂盈告周，敘其祖父功罪，見存亡各有所自，是又左氏借勢以作結構之妙也。"（《補義》眉）"不棄""不失"，不是說必救叔向，正是說服得宣子。"覺"應前"知"字。（《評林》眉）

《經世鈔》："君子立朝，能使人信之，如祁奚庶幾矣。"彭士望："臨難不苟，且因人以免，最是立身大法。"

晉侯問叔向之罪於樂王鮒，對曰："不棄其親，其有焉。"（《彙鈔》眉）譎語故作猜疑，妙在不説煞。於是祁奚老矣，聞之，乘馹而見宣子，（孫鑛眉）一一應轉，若今作序記然。（韓范夾）君子相爲，其情無不急切，小人遂目之爲黨同矣。人于此舉重祁、向，吾猶難宣子耳。曰："《詩》曰：'惠我無疆，子孫保之。'《書》曰：'聖有謨勳，明徵定保。'夫謀而鮮過，惠訓不倦者，叔向有焉，（閻生夾）此以"惠訓不倦"釋《詩》之"惠我無疆"，惠乃誨之異文，無疆即不倦也，此古時經訓之僅存者。社稷之固也。猶將十世宥之，以勸能者。（閻生夾）宗堯按："言此反射晉之滅祁氏、羊舌氏也。"今壹不免其身，以棄社稷，不亦惑乎？鯀殛而禹興。伊尹放大甲而相之，卒無怨色。管、蔡爲戮，周公右王。若之何其以虎也棄社稷？子爲善，誰敢不勉？多殺何爲？"（《左傳雋》眉）丘瓊山曰："連用三個'社稷'字相呼應，而文字機變，句法錯綜，文之上乘者也。"（孫鑛眉）婉雅有節奏。（《補義》眉）汪云："上兩引《詩》作煞，此兩引《書》作起，既亭匀，又變化。"引證以父子君臣陪出兄弟。（《彙鈔》眉）引三事以不排見勢。宣子説，與之乘，以言諸公而免之。不見叔向而歸。叔向亦不告免焉而朝。（《正論》眉）國之大臣，其用心如祁奚，則名跡之或匿或見，權勢之或遠或近，皆可以兩忘也。〖編者按：《左傳雋》作陳傳良語。〗（《左傳雋》眉）"不見"兩語，描寫中揄揚，絶高絶奇。（《析義》尾）羊舌虎以樂氏死，而叔向囚以待罪，此生死關頭也。有樂王鮒代請而不聽，人咸知其拒小人而俟君子，而不知其所以拒小人之意。蓋小人一飯之施，亦必責報。樂王鮒好貨者也，既知叔向之不當坐，便應言之於公，乃私來見，而許其代請，意欲何爲？謂非昔年向魯叔孫請帶故智乎？不應、不拜之故，不但一時恐無以給其求，縱令鮒不取貨，以此爲樹恩之地，將來亦不免失身阿附。何者？扶危之德，不可背也。蔡邕之哭董卓，正是受恩在先，無可奈何處。左氏言祁奚不見叔向而歸，叔向亦不告免焉而朝，施受之間，彼此相忘如此，而謂樂王鮒其肯乎？讀此篇，知古人之見非後人所能識也。東漢范滂繫獄，尚書霍諝理之得免，滂引此不爲謝。在滂得矣，恐未必能慰霍諝之心。

古人之事，亦非後人所能學也。(《補義》眉)千古高風誰得似，卻與前不拜、不謝相應。(《評林》眉)魏世傚："祁奚已老，而乘駰以免叔向，忠臣憂國之心至死不忘如此。叔向能信于告老之大夫，尤見知人。"彭士望："'社稷之固'四字，説得公普。'以棄社稷'四字，説得鄭重。'不亦惑乎'，三疊互文，卻三變。看'其以虎也'四字，説得要緊。叔向以祁大夫而免，盈以多士而滅亡，乃知士貴擇不貴多也。'不告免'，妙與'待命'無異。"

初，叔向之母妒叔虎之母美而不使，(孫鑛眉)又添此奇。(《評林》眉)《附見》："'妒'字屬下句爲緊要，屬上則嫌性即然。"其子皆諫其母。(韓范夾)母具高識，此婦中之英豪也。且其言既驗，則不得爲妒矣。左氏猶以妒稱者，恐後之婦人無其識而有其妒，而猶以叔向之母藉口也。(《補義》眉)"實生龍蛇"，盈與虎相類者也。肸母全其宗，盈母滅其族，其相反者也，無不與起段相映。徐云："夾敘叔向母一段，大奇！若在首尾便少味。"(高嵣眉)第三段追敘叔虎初生事，緊接附傳，挽結叔向構難緣因。叔向母賢而非妒也。"深山大澤""國大寵多"數語，識深慮遠。羊舌氏、欒氏，一齊統括於中矣。其母曰："深山大澤，實生龍蛇。彼美，余懼其生龍蛇以禍女。女，敝族也。國多大寵，不仁人間之，不亦難乎？余何愛焉！"(閩生夾)爲晉公族鳴哀怨之聲，借婦人之言而發。使往視寢，生叔虎。美而有勇力，欒懷子嬖之，故羊舌氏之族及於難。(文熙眉)汪道昆曰："敘事具品。議論能品。"欒祁以母而譖其子，自古所無，盈即惡，乃遭此，亦不幸哉！〖編者按：奧田元繼作張天如語。〗穆文熙曰："小人輕易許人，臨時背之，且加擠焉，如樂王鮒者甚多。叔向不應、不拜，可謂大智。祁奚免叔向而不見，老臣謀國之意遠矣。君子爲國惜才，不求人知，皆祁奚之類。叔向知人，所以終免於禍。母美而生子必惡，恐未必然。此適足爲妒婦藉口矣。"(《彙鈔》眉)以此喻美人，絶大識見，可知其非一味嫉妒者。(《左繡》眉)叔向一段自作一篇結構，分兩半讀，上半都用輕筆，下半全用重筆。重筆固佳，其輕筆乃尤妙也。叔向兩引《詩》，不用詮釋，只以"知也""覺者也"借作一點，絶不費辭，而神理欲活，最是引《詩》妙境。其餘如"必祁大夫""祁大夫所不能也""其獨遺我乎""不棄其親，其有焉"，都是一色調法，所謂輕筆也。上半兩引

《詩》，都作煞腳語，下半便開口兩引《詩》《書》以配之，上分下合，上尾下首，章法之變不待言。若其既引前言，又徵往行。"十世宥之"既挟進一步，"多殺何爲"又推本一層。層層解釋，不遺餘力，乃所謂重筆也。輕筆自成一片段，重筆自成一片段。前輕後重，又共成一片段。如璋如圭，分合皆至寶矣。上下夾縫中，即以樂王鮒作轉椳，有一葦轉渡之妙。上半以兩"《詩》曰"爲呼應，下半以兩"棄社稷"爲呼應，而"弗應""不拜"，"不見而歸""不告而朝"，又合上下爲呼應，皆所謂如璋如圭者。祁大夫引《詩》《書》，重兩"保"字，與下一"不免"、兩"免"字相照。引古作證，以兩賓陪一主，一句遞說，一句單說，一句對說，筆筆變換有法。叔向之母與樂盈之母，薰蕕天淵，此亦閑中相映處。敘叔向詳，敘叔虎略，人有美惡，而文之變化因之，亦立言之體也。向母語奇談而有至理。後世妒婦，其亦有此等大論頭否？一笑！"妒"字當屬下句，單以龍蛇爲禍，故不使也。若屬上句，則概及生平，看壞了賢母矣。（美中尾）王伯厚曰："范武子之德，本於家事治。宣子不能守家法，乃縱女祁之惡，信子鞅之讒，錮樂盈，幾危晉國，忝厥祖矣。再傳而吉射亡，宜哉！"（《約編》尾）叔向能取必于祁奚，祁奚不市恩于叔向，兩人品概皆見。（《評林》眉）王元美："語云：'天之所命尤物也，不於其身，必於人。'觀叔虎之母，信哉！"陳傅良："母美而生子必惡，恐未必然。叔虎見殺，亦偶然耳。"（《學餘》尾）樂、范相争，禍及羊舌，晉之將爲三家也。叔向可謂智矣，而未及其母，知人而未知天也。其母殆聖人乎？嗚呼！何妒之有！（閏生夾）宗堯按："述婦人之言，意似咎虎，實則憐强臣之世，大夫自全之難也。"

樂盈過於周，周西鄙掠之。（《補義》眉）前段云懷子患之，則防閑之，至禍由母愬，未嘗不知，而不忍爲王告也。單說父罪大，勝蒯聵之及君母。天王用恩，又是反照後日兩錮之毒。（高崿眉）第四段綴敘樂盈過周事，遙接正傳，借揭樂盈出奔罪狀。告周之語，敘其祖、父功罪，說出自己戮餘，見存亡各有所自。此借勢收應通篇，以作結構之妙也。**辭於行人，曰："天子陪臣盈，得罪於王之守臣，將逃罪。罪重於郊甸，無所伏竄，敢布其死。昔陪臣書能輸力於王室，王施惠焉。其子黶，不能保任其父之勞。大君若不棄書之力，亡臣猶有所逃。若棄書之力，而思黶之罪，臣，戮餘也，將歸**

死於尉氏，不敢還矣。敢布四體，唯大君命焉！"（孫鑛眉）爐錘力到，色濃而調邃。（《評林》眉）《匯參》："'不棄書之力'，謂武子之德在人也。"（闈生夾）此記欒盈之不知大體也，與記華耦同意。宗堯按："此即以盈之口代盈訴直也。"王曰："尤而效之，其又甚焉！"使司徒禁掠欒氏者，歸所取焉。使候出諸軹轅。（《文歸》尾）倒敘、旁敘，事不甚相屬，而篇法自整，筆力亦遒。父一。（孫琮總評）欒氏之禍，發于欒祁，淫人譖訴，爲害遂酷。若非祁奚乘駰，宣子與乘，則蔓衍所及，正人蒙殃矣。後記羊舌之母，所以愧欒氏之母也。羊舌之母，寧受妒名，而慮及宗桃；欒氏之母，不能自制，而竟至覆祀，然則擇配固可不慎哉？（王源尾）轉一境，一奇絕，入此境，都忘彼境。尋歸路，忽逢來路，山水之妙也，善爲文者因之。此傳序欒盈見逐之故，雖非一端，而多士乃其禍本。噫！何士哉？匹夫耳。箕遺等十人，其魁也，無足惜。所惜者，以叔虎而累叔向。叔向可不詳評乎？於是轉入叔向，別開丘壑。寫叔向之高，樂王鮒之狡，祁大夫之直，一一如畫。瑩徹縝栗，橫亘於中，較前後文字且倍，而欒盈不知撇卻何許，似絕不爲盈奔傳者。序向既畢，又追述二母，序叔虎而合盈以結之，然後遙接欒盈，結其出奔之案。中序叔向，首尾序盈。盈邪？向邪？入其境者惑邪？來忘其所自，而去反其所由耶！寫叔向、樂、祁諸人，筆筆與欒盈之士相映。雖將欒盈撇卻，而精神未嘗不聯貫。但精神在無字句處，能於無字句處看文，便能於無字句處爲文。欒祁非主也，然禍所由成。後以叔向之母與叔虎母映之，奇趣橫生。末段於盈口中述出欒書、欒黶，妙極！書者，欒氏最盛之人。黶者，始衰之人。盈出奔，幾於滅矣。乃反其最盛，溯其始衰，即所以結欒氏也，用意最深。（《彙鈔》眉）此篇以欒盈之母始，以叔向之母終。一淫一妒，而淫則真淫，妒則非妒。盈之出奔，向之獲免，皆兆於其母。首尾以此爲關鍵。（《左繡》眉）末段遙接出奔楚，欒盈一篇之主，固應詳敘一二，然盈之罪狀，即見於辭行人語中；而宣子之失，亦即見於王語中。蓋借此收拾通篇，不但爲欒盈作補傳矣。左氏常有就文結事之法，以議爲斷，固史家旁見側出之大凡也。《補正》以守臣爲晉侯，引《玉藻》"諸侯之于天子，曰某土之守臣某。"愚謂依杜注，方與前文有情，不必拘也。"尤而效之"則杜注"尤晉"之説欠親切，蓋此篇着眼總在范宣子耳。（《左傳翼》尾）以欒祁之宣淫，肆行無忌，醜聲遠播，懼討訴盈，情事昭然。鞅以夙怨，從旁下石，宣子豈不知之？

特以畏其多士，遂爲"盈將爲亂"一語所動，非特不明，亦由欒、范爭權，積怒蓄怨已久，欲發以快其私耳。欒祁懼而訴，范鞅怨而徵，宣子畏而信，含沙射影，冤獄已成。莫須有三字何以服天下？讀此爲之三歎。城著被逐，過周被掠，倉皇慘澹，禍不知其所由來。口口埋怨乃父，亦謂其得罪外祖耳。孰知釁由父開，禍自母作，膚受之訴，欒盈尚在夢中也。爲淫夫而讒愛子，此種妖婦，千古罕有。深山耶，大澤耶，部妻耶，溝渠耶？吾不得而知之矣。前段敘欒盈出奔之由，末段正詳其事，中因宣子多殺，特詳叔向一段，以見淫刑以逞，濫及善類，欒盈以計被逐之爲冤獄可知也。欒王鮒、祁大夫之賢否，叔向知之，豈不知欒盈之爲人，臨難而不肯苟免，既免而不謝私恩，豈無端而與欒盈比？因一叔虎之孽，遂使舉族及難，要殺便殺，要囚便囚，晉侯掉在一壁，宣子橫暴已極。叔向之母云云，乃是即叔虎之被殺，以明叔向之被誣也。十三人只敘二人，其他可以類推。畏其多士，是一篇之眼，切勿草草忽過。以欒氏而締婚范氏，似屬嘉耦。以欒黶而結褵欒祁，卻是冤對。翁壻爲仇，甥舅構隙，遂致母子相殘，豈天欲滅欒氏，而特生妖狐以荼毒之耶？人知叔虎之死由於其母，而不知欒盈之死亦由其母。無欒祁則欒盈不死，並叔虎亦不及於難矣。積善餘慶，積不善餘殃，世德之家忽生一孽子，祖宗積累煙消灰滅，此越椒之生，子文以爲大感也。前半于欒祁口中，語語我父。後半于欒盈口中，亦語語其父。可知范氏之隙，結于欒黶。欒氏之業，亦衰于欒黶。總因其汰虐已甚耳。不汰虐則能脩身以齊其家，妻不淫，子不縱，姻戚不怨，武子甘棠之思，百世以之矣。欒盈非魋父短，深痛禍有由生，故爲此哀鳴之詞，冀天王憐而恤之也。（《日知》尾）晉逐欒盈，本屬疑獄，敘其緣起，大旨瞭然矣。後忽敘囚叔向、辭行人兩段，正見叔向之賢猶將疑之，而欒盈可知。欒盈可疑，即使當逐，而其先何罪？段段于范宣府獄，而借他人酒杯，澆自己礧塊，却寓于牽連記敘體裁中。故每謂左氏無敘事文字，抑有此鎔鍊，乃可敘事，則惟左氏爲有敘事文字也。盈罪未著，何至覆宗？特畏其多士，故至此極耳。作者欲抒其不平之意，妙即從其士中遞出一叔向來，詳細寫之，而因虎逮胖，何異疑盈滅欒也？末借辭王語點破，則絮絮記述中，無非爲范宣下針也。腦後針贅之奇，文心似之。俞寧世先生云云，或不免拾其鱗甲。（方宗誠眉）此篇以欒盈出奔爲主，中間叔向事乃帶敘、夾敘法，非正位。故收處仍敘欒盈事，與篇首相照應，精神相顧，篇法乃整。（林紓尾）紓曰：此篇敘欒盈，中間忽敘叔向一大段，不止敘叔向，且引入其母及祁大夫，似乎喧賓奪主，不知誰爲主人翁矣。愚按：就欒盈一面看，主客之位似淆。若就宣子身上看去，則一線到底，並叔向之母，亦有着落矣。祁之宣淫，見宣子之無家範也。母惡其子，將陷以殊刑，宣子居然聽之，見宣子無識見也。欒盈本無罪狀，不過以多士之故，爲宣子所忌，見宣子之無局量也。盈果有罪，不妨正以國典，乃設計以逐之，見宣子之無政綱也。叔向忠直而負時名，而宣子囚之，見宣子之無黑白也。左氏因叔虎之見殺，忽敘及其母，此非閒筆，見叔向母之持家有範，目光明遠，益形宣子家範之不明，使其女有背夫殺子之事。此于相形中斥宣子之闇也。不寧惟是，向母所云國多大寵，大寵爲誰？宣子也。欒盈對周稱得罪守臣，守臣爲誰？宣子也。以宣子曾爲王所命，故曰守臣。自始至終，皆著眼宣子，是爲整片文字。乃坊本謂此章爲叔向之寄傳，謬矣。愚按：欒盈原不至有不赦之罪，其殃咎皆種自其父。無因得罪范鞅，遂使甥舅結成不解之讎。實則欒祁尚忍心而殺其子，則范鞅又何有於其甥？宣子一門戾氣，子女及壻，皆傷天害理之人。故范族亦不終於晉。至於欒氏，欒書手弑其君，欒黶躬行侈泰，盈之善又未能及人，胡能不即於禍？此章文字雖極錯綜陸離，然其來源已從范鞅對秦伯時定下張本。左氏往往於遠處埋根，後來爲絢爛之文，皆非不根之論。讀者細心察之自見。文之寫欒祁，全無人理。寫祁奚、叔向，凜若天人。文字寫生，到此極矣。（《菁華》尾）以母惡子，天理滅矣。此是欒書上弑其君，下賊其大夫，稔惡已久，竟逍遙刑網之外，天故生此怪物以敗之。所謂國家將亡，必有妖孽也。於此益信天道。士多歸之，自是美事，而反因此得禍，怪極！祁奚、叔向兩心相印，互爲知己，故能脫去周旋世故形跡。自是妒婦口吻，不幸其言而中，遂使人以高見目之，然謂預知其所生之不賢，恐亦未必然也。

　　冬，曹武公來朝，始見也。

　　會于商任，錮欒氏也。齊侯、衛侯不敬。叔向曰："二君者必不免。會朝，禮之經也；禮，政之輿也；政，身之守也；怠禮失政，失政不立，是以亂也。"（《左繡》眉）逐層生意，亦左氏擅場。（《補義》眉）平不君，匄不臣，無怪二侯之傲。《困學紀聞》云："范武子之德本於家事治，宣子不能守家法，乃縱女祁之惡，信子鞅之譖，錮逐欒盈，幾危晉國，忝厥祖矣，再傳而吉射亡，宜哉！"（《評林》

眉）陳傅良："'錮欒氏'，傳言晉連年會諸侯，皆以細故。"張天如："既逐而復錮，盈之亂必自此始。"（王系尾）許松老曰："欒氏之出，徒以權門私相忌怨。而平公受其激怒，勤動諸侯，以逞范鞅之積憾，必欲盈無所容於世。故盈發憤，卒興禍亂，此皆以私敗公，足以爲古今之至戒。"

知起、中行喜、州綽、邢蒯出奔齊，皆欒氏之黨也。樂王鮒謂范宣子曰："盍反州綽、邢蒯，勇士也。"宣子曰："彼欒氏之勇也，余何獲焉？"王鮒曰："子爲彼欒氏，乃亦子之勇也。"（孫鑛眉）簡而多陗，是小境佳文字。（《左繡》眉）此語遂爲千古忘怨用賢之準，出口輕快，鮒亦可人。往復處亦以順逆爲法。（《補義》眉）用人之準。（《評林》眉）《經世鈔》："宰相語，用人之道如此而已。然亦有招之不來，如《國語》所載欒氏之臣辛俞，又當別論。"（閩生夾）此見宣子不能得人。此下旁及州綽之勇，文情四溢而倍饒風趣。

齊莊公朝，指殖綽、郭最曰："是寡人之雄也。"（《補義》眉）一"雄"字托起先鳴。州綽曰："君以爲雄，誰敢不雄？然臣不敏，平陰之役，先二子鳴。"莊公爲勇爵。殖綽、郭最欲與焉。州綽曰："東閭之役，臣左驂迫，還於門中，識其枚數。其可以與於此乎？"公曰："子爲晉君也。"對曰："臣爲隸新。然二子者，譬於禽獸，臣食其肉而寢處其皮矣。"（孫鑛眉）兩語重前，覺減味態，宜俱別煆句方妙。（王源尾）矯悍中豐神秀宕，又一筆法。州綽爭雄，舌鋒劍利，"雄"字主也。公曰："寡人之雄。"綽曰："君以爲雄，誰敢不雄。"三"雄"字醒快，已見大意。下卻置而不論，但曰"先二子鳴"、曰"食其肉""寢處其皮"，雌雄原借用禽鳥字，故只寓言禽鳥，以應"雄"字，何其警妙！兩段文字其實一貫，後段換筆而已。換筆者何？勇爵是也。勇爵，雄也，故一貫也。（魏禧尾）魏世儼曰："人有德與公子，願公子無忘。故祁奚不見叔向可也，叔向不謝祁奚似未可。然二賢相知之深，正在於此。陸抗服羊叔子之藥而不疑，後世亦嘗有之。周顗見殺于王敦，不過效叔向之行以對王導，導曰伯仁由我而死，可不戒哉！"（（《分國》尾）設勇爵，致勇力士，自謂可以衛身也。登臺拊楹時，勇士安在？雖駢首共死，亦何救於敗亡哉？《左繡》眉）標一"雄"字，以下便都從此點染生情，是一首嬉笑文字。兩段都以"然"字一轉，相對作章法。前"二子"在句末，後"二子"在句首，左氏順逆一定句法也。(《左傳翼》尾) 楚不錮巫臣，而晉錮欒盈，以楚共明斷，子反不敢擅專，晉平昏弱，范匄得以恣肆也。二君不敬，想亦此會非其所欲，有傲岸不屑之意。然敬以守身，一刻不敬，怠禮失政，其何以堪？故叔向譏之。(《補義》眉) 陳云："蜂蠆挾毒以衛身，知禽御蘆以扞網，人君何可一日無爪牙士？然專務此則謬也。"(《日知》尾) 此疆爾界之見盛，而人材亨屯因之。李昌谷云："世上英雄本無主，買絲繡作平原君。"乃左氏先言之矣。可知抑塞磊落，古今同慨也。(《評林》眉) 陳明卿："不尚德而以力爲雄，寧無拊楗之禍？"《經世鈔》："州綽奔亡，語猶不遜如此，盈所嬖皆此類，欲不亡得乎？人君好勇，未有不氣矜者，亂之本也。"按：莊公指殖綽、郭最爲雄，故州綽亦以雞鳴應之。《匯參》："枚，本亦作板。按十八年《注》，枚謂馬樋，此云板數，《正義》云二枚不同。按：以枚數闉，板數即枚數也。"王元美："州綽自矜其勇，而逢君之惡，他日竟死崔氏之難，吾無取也。"(王系尾) 州綽以勇名，而急於自炫，卒死于崔氏，與嬖倖同腐，豈得爲勇哉？其人本無足録，而其事足爲嗜進忘義者之戒，故敘之。(方宗誠眉) 此二篇敘州綽之勇，實敘欒盈養勇士所以取禍之道，禍在此而義在彼。州綽之勇愈形容得甚，則欒盈之罪愈甚，所謂頰上三毫也。古人之文，往往不在正面上敘，而在旁面上敘，讀此可悟。前語猶蘊藉，此則太刻露矣。亦諺所謂因其可獸而獸之者也。俞寧世曰："再合諸侯，錮一大夫，何其多事！則以其黨多勇故也。然欒氏之勇，宣子不能收之于范；而晉君之勇，莊公不能用之于齊。雖曰錮焉，奚益？文雖戲筆，諷刺良深矣。"

◇襄公二十二年

【經】二十有二年春王正月，公至自會。夏四月。秋七月辛酉，叔老卒。冬，公會晉侯、齊侯、宋公、衛侯、鄭伯、曹伯、莒子、邾子、薛伯、杞伯、小邾子于沙隨。公至自會。楚殺其大夫公子追舒。(《評林》眉) 蘇轍："追舒罪不至死，故稱國以殺。"

【傳】二十二年春，臧武仲如晉，雨，過御叔。御叔在其邑，將飲酒，曰："焉用聖人！我將飲酒，而己雨行，何以聖爲？"(韓范夾) 武仲不得爲聖，御叔不知也。御叔不過任情縱意而已，雖使大聖人過焉，猶將毀之，況武仲乎？（《補義》眉）飲酒不須聖人也。後世王夷甫正此種議論。蠹，食衣蟲，爲敗壞風俗之喻。（《評林》眉）《補注》：「如晉不書，非公命。」魏世偁：「御叔言極放誕可笑，亦以見名過實之難居也。」穆文熙：「'雨行，何以聖爲'，調笑亦甚有致，但居邑而傲使人爲非禮，故罰之以倍賦。」（閭生夾）此篇極饒詼詭之趣，故以此事引起詼詭之趣，乃文家最精微之境。左公以外，不能多得。曾文正公所選亦惟此數篇而已。臧武仲有聖人之名而不副實，所以賈禍也。從飲酒借起，意最諧妙，與篇末孔子之論相呼應，以爲章法。此篇爲古今詼詭文字之絕調，後惟班史中時有此意境，而相去已遠矣。**穆叔聞之曰：「不可使也，而傲使人，國之蠹也。」令倍其賦。**（魏禧尾）魏世儼曰：「淫佚每根於富足，倍其賦，所以拔其本根也。且無財以給其用，勝於鞭撲之教多多矣。處淫佚子弟，是第一妙法。」彭家屛曰：「行者有解庇之思，居者有閉門之拒。行者方在雨中，居者已入酒國。莫非王事而膜視若此，其蹇傲無禮甚矣。然《詩》不云乎：'或燕燕居息，或不已於行。或王事鞅掌，或湛樂飲酒。'人事之不齊，從來如此。可慨也夫！」（《分國》尾）雨行何聖，不過善戲謔耳。倍賦罰之，甚矣。蓋從來不肯任事之人，好議論任事之人，甚而持其長短，此鞅掌之臣灰心任事，不如笑傲湖山之爲得也。穆叔曰：「是國之蠹也。」垂戒切矣。（《左繡》眉）上敘事，兩「御叔」接連在句中，兩「飲酒」安在句首尾。下敘語，兩「聖」字安在句首尾，「飲酒」兩接連在句中。「不可使而傲使人」，亦以兩「使」字轉換相配。此等筆法，直以自娛樂云耳，豈望世人讀而歎之？孫執升曰：「從來不經任事之人，偏會哆張說口。在牀偃息則歎行役之爲勞，湖山嘯傲則笑簿書之爲拙。泄泄聲口，古今一轍。不知人人縱飲，公事將以誰屬？穆叔此舉，可爲警惰良箴。」（儲欣尾）武仲以聖稱，此謔似不爲過。（《左傳翼》尾）燕燕居息而耽樂飲酒，反以盡瘁四國、不已于行者爲訕笑，誰非臣子，而傲岸若此乎？以雨行對飲酒，非譏其雨行，寔譏其行也。才不足用，性又乖張，若不懲治，何以御下？穆叔之罰，其容已乎？（《日知》尾）後世坐談客無處生活矣，偶爾議論，關係極大。（高崶尾）御叔語極玩傲，穆叔語極莊重，寫來入妙。（王系尾）御叔之言，似是戲謔。然其意以有用爲無用，以無用爲大用，將率天下而入於無用者，非止爲魯國之蠹也，是莊周一流人物。

夏，晉人徵朝于鄭。（孫鑛眉）敘事調法大抵祖子家告趙宣子，而微加腴，又間用呂相絕秦法，細玩明是仿效爲之，誰謂古人無模擬耶？（《學餘》眉）閑閑敍事，而有眉有目，有肉有骨，有伸縮有轉變，有精氣有鬱勃性情，其趣重末段，猶舞鶴之遊天而群虯之戲海也。東里潤色，此足以觀矣。（闈生夾）以古之遺愛爲主。先大夫嘗曰："《左傳》十二公，襄公最詳，所載晏嬰、子產事尤多，疑出於他人之附益之，非丘明之舊也。"鄭人使少正公孫僑對曰："在晉先君悼公九年，我寡君於是即位。即位八月，而我先大夫子駟從寡君以朝於執事。執事不禮於寡君。寡君懼，因是行也，我二年六月朝於楚，晉是以有戲之役。楚人猶競，而申禮於敝邑。敝邑欲從執事而懼爲大尤，曰晉其謂我不共有禮，是以不敢攜貳於楚。（孫鑛眉）上既謂伐鄭爲申禮，此則不共有禮，明是謂不以兵應楚。我四年三月，先大夫子蟜又從寡君以觀釁於楚，晉於是乎有蕭魚之役。謂我敝邑，邇在晉國，譬諸草木，吾臭味也，而何敢差池？（《補義》眉）點年月日，處處變換。數語見蕭魚心悅誠服，偏從晉說出一番親愛之意，以反形今之不然。（《評林》眉）《評苑》："草木同類，則氣味皆同，猶晉、鄭同姓也，汝鄭何故不專一以從晉也。"穆文熙："僑言鄭雖不朝，而聘且從役，見不敢忘晉也。而政令無常，則過在晉矣，茲其爲有辭乎！"楚亦不競，寡君盡其土實，重之以宗器，以受齊盟。遂帥群臣隨於執事，以會歲終。貳於楚者子侯、石盂，歸而討之。溴梁之明年，子蟜老矣，公孫夏從寡君以朝於君，見於嘗酎，與執燔焉。間二年，聞君將靖東夏，四月又朝，以聽事期。不朝之間，（《補義》眉）"不朝"句找補一筆，意更醒足。無歲不聘，無役不從。以大國政令之無常，國家罷病，不虞薦至，無日不惕，豈敢忘職？大國若安定之，其朝夕在庭，何辱命焉？若不恤其患，而以爲口實，其無乃不堪任命，而翦爲仇讎，（《補義》眉）翦爲仇讎是點睛。敝邑是懼。其敢忘君命？委諸執事，執事實重圖之。"（孫鑛眉）"朝夕在庭"謂能量鄭之心在晉，則雖不朝，日日如在堂下。"以爲口實"謂但據一次不朝，即執爲罪名，則不堪，將他往。（韓范夾）通篇言己之是，責人之非，極似呂相絕秦作，然彼乃加罪於人而不冘，此乃求免其討而不卑也。（王源尾）辭甚厲，乃可以折晉而不至於激晉者，挾楚以示其忌，守信以慰其心也。杜注謂："傳言子產有辭，所以免大國之討。"其辭厲矣，而所以敢於厲之故，與濟其厲之妙，全在示人以可進可退，而非屈以相從。自處以禮以信，而無毫髮過當可以藉口。然非左氏妙手，縱記其言，而頰上三毛，孰能傳之？《左傳》載列國名卿言行多矣，未有詳如子產者也。子產乃終春秋第一人，亦左氏心折之第一人。（孫琮總評）鄭爲晉、楚交争，其事大也，初無固志。此爲對晉之辭，故于晉則責以不禮，于楚則言其申禮。若鄭從楚，反若晉驅之者然。至其情事曲暢，文辭爽直，幾於罄盡底裏，晉亦何從加之喙？（魏禧尾）魏禧曰："此子產辭令最初一篇，不亢不卑，自然不辱矣。"（《分國》尾）鄭之從楚，晉所忌也，偏從從楚説入，以晉不禮於鄭，不得已從楚，楚申禮焉，曲在晉矣。至於固晉，則曰申之重賂，繼之討貳，親之以嘗酎執燔，間有不朝，聘使相望不絶，直在鄭矣。今日徵朝，直欲翦鄭，晉何説之辭？異而不剛，婉而不阿，直而有禮，辭令中第一神品。（《左繡》眉）此篇合絶秦、執訊兩文筆法而成，前半詳寫朝楚緣故，預爲末段"翦爲仇讎"伏線。前三"禮"字，後三"命"字，暗暗呼應，蓋婉轉中有縱擒存焉。卻又不露圭角，可以得潤色之大凡矣。首段從朝晉説到朝楚，以"楚人猶竟"句爲眼。次段從朝楚説到朝晉，以"楚亦不竟"句爲眼。其欲從楚也，則曰"晉其謂我不共有禮"，説得晉如許大方。其欲從晉也，則曰謂我臭味，何敢差池？説得晉如許見愛。似此用筆，無不達之意，無難措之辭。二段單敘朝晉，卻用簡括之筆，與上二段詳略各别，最是變换妙處。若亦用重筆，反嫌運局欠靈矣。末找出"不朝"一層，尤見補筆之妙，蓋得此乃意到而氣足也。謂我不共，是暗代法。謂我臭味，是明代法。"猶竟"句，在暗代句之上。"不竟"句，在明代句之下。兩兩相配，既參差，又整齊，左氏大略如此。"無歲不聘""無役不從"，一路散散而來，此處忽用對句束住，段落絶佳。前半零敘，末段總發。零敘則用參差，總發則用整齊。譬遊名山，轉一境輒臻一妙也。又零敘前偶後奇，總發前奇後偶，相準立格，以變爲整者。兩"若"字，兩"其"字，一反一復，對束有力。"無日不惕""豈敢忘職"，一放一收。"敝邑是懼""敢忘君命"，亦一放一收。起結又相應成章，處處細密也。（儲欣尾）與子家書大意相似，而婉直不同，蓋子家將叛晉，而此則欲終事晉也。（崑崖尾）起敘朝晉，因晉不禮，轉而朝楚。束説不恤其患，翦爲仇讎，隱隱激射。詞鋒舌劍，已足折晉人之氣。

（《左傳翼》尾）三駕以前，鄭兼事晉、楚，亦惟有禮與強可以庇民者是從耳。篇中"禮"字、"競"字，正當日載書本旨也。蕭魚而後，鄭專事晉，八年之中已三朝矣，況又無歲不聘，無役不從乎？乃二年未朝，即來徵召，所謂不惜其患，而以爲口實也。總由范匄爲政，重幣聚賄，即此便是不禮不競處。前敘朝晉轉而朝楚緣故，已隱逗蔐爲仇讎大意。末路明目張膽言之，以示若不見禮，當即朝楚，已將後書內諸侯貳、晉國衰提明，惟留宣子有賄焚身一層自後再說耳。婉妙處令之可受，勁直處令之知懼，詞令妙品。鄭人事晉，職貢不乏，公卿大夫相繼于庭，偶一不至，即來徵朝，懼有貳心於楚耳。不知鄭原貳心，但恐迫以不堪任命，則必蔐爲仇讎，將他心中畏忌處極力掀出，令之悚惕。子產對晉人，屢屢剛直，一語不肯軟弱，責幣爭承，毫無顧忌，無非挾楚以臨之。他篇猶是暗說，此則開口便露，此皆其抗大國本領。不然，何以於楚廷不聞出一硬語耶？敘朝晉說君，必說大夫，又詳敘年月，以見先王之制五年一朝，三年一聘，未有君臣僕僕道途，疲於奔命，而稍以不朝見徵者。不堪任命如此，安得不蔐爲仇讎？"不朝"以下，一步緊一步，直令晉人無語可答。（德宜尾）典質而順，和婉而嚴，與子家告宣子、呂相絕秦等篇同一機杼，而此更藏鋒。（高嵣尾）俞桐川曰："孫月峰評此文敘事調法，祖子家告趙宣子，又間用呂相絕秦法，細玩誠然。然此與子家書又有別，彼專辨'貳楚'二字，此專辨'徵朝'二字。蕭魚以前，兼事晉、楚，晉人來徵，宜也。其後一意事晉，爲朝、爲聘、爲從，無敢不共。一不朝而指爲口實，則小國懼矣。此其針鋒相對處。文腴而鍊，真是雙璧。"（《評林》眉）《評苑》："但有徵責之言，實出於口。"陳傅良："傳言子產以辭令立國，因見周季文勝其實之敝，自子產、叔向皆不能免。此記子產之言，與二十九年女叔侯論魯事，皆以見伯國政令無節，諸侯不勝其勞，晉之不競以此。"（王系尾）子產之言凡五段，分兩層。前四段皆是說未徵時，鄭之事晉甚恭。末一段正破他"徵"字，不徵固未嘗不朝。既徵之後，方將視晉之恤不恤，恤則朝，不恤則不但不朝，是徵不如無徵也。杜征南謂："子產有辭，所以免於大國之討。"戲之盟，子駟未嘗無辭，而晉、楚之交侵無已。然則子產之所以免，以能自強於政治耳，豈徒以辭哉？而其辭實有英氣，雖自謙處，亦露鋒芒，讀之最足生人膽識。（《學餘》尾）徵朝，非禮也，大不恤小也，於是乎鄭有辭矣。（《菁華》尾）子產所言，與子西與趙宣子書極相似，左氏敘次之法亦同。

"子駟"云云，爲邢丘之會作補筆。

秋，欒盈自楚適齊。晏平仲言於齊侯曰："商任之會，受命於晉。今納欒氏，將安用之？小所以事大，信也。失信不立，君其圖之。"弗聽。退告陳文子曰："君人執信，臣人執共，忠信篤敬，上下同之，天之道也。君自棄也，弗能久矣！"（《左繡》眉）極得夫子宗旨，宜其得交于夫子也。（《補義》眉）名言，與晏子辭邶殿所見略同。鍾退谷曰："富不在國，又不在民，而在斂怨之大家，則生亂禍國，尚忍言哉？今人見廉吏以爲迂，悞矣！"（《評林》眉）《經世鈔》："自三代以來，未有養死士之衆者，其風自盈始，以爲開自四公子者，非也。"王元美："以晏子之智，固知居之弗能久，然既不諫，又不去，而及其見弒，乃曰焉得使之亡之，豈非坐觀其變，而己則以欒變自處者哉？"

九月，鄭公孫黑肱有疾，歸邑於公。召室老、宗人立段，而使黜官、薄祭。祭以特羊，殷以少牢。足以共祀，盡歸其餘邑。曰："吾聞之，生於亂世，貴而能貧，民無求焉，可以後亡。敬共事君與二三子。生在敬戒，不在富也。"己巳，伯張卒。君子曰："善戒。《詩》曰：'慎爾侯度，用戒不虞。'鄭子張其有焉。"（文熙眉）公孫黑肱可謂知道君子，其懲於執政之見殺乎？（魏禧尾）魏禧曰："'生於亂世，貴而能貧，民無求焉，可以後亡'，至哉言乎！伯張真千古之知士能人，善保其家，長享其財者也。歷觀《春秋》，諸賢所見，何其同哉！楚子文爲令尹，王出其祿，必逃。人問曰：'人皆求富，子獨逃之，何也？'曰：'我非逃富，乃逃死也。'齊滅慶氏，與晏子邶殿之室六十，弗受。子尾曰：'富，人之所欲也，何獨弗欲？'曰：'慶氏之邑足欲，故亡。吾邑不足欲也，益以邶殿，乃足欲。足欲，亡無日矣。在外不得宰一邑，不受邶殿，非惡富也，恐失富也。'至於衛免餘辭邑受半，齊子雅辭多受少，子尾受而稍致於公，皆此意也。而子張、子文、晏子之言，尤爲明切哀傷，不啻痛哭流涕、大聲疾呼，以警天下後世貪昧庸鄙、醉夢不醒之夫。而卒不悟以至愛齒焚身、破家而滅世者，古今接踵也。哀哉！"門人問曰："賜於君者，吾得而辭矣。敢問席祖父之業，生而富焉者，則將舉以與人，或棄而逃之矣乎？"曰："吾非苟焉而棄之也。亂世聚財難，散財亦不易，必欲貧而後亡，則散之有道矣。吾之三族，其貧者多矣。吾之鄰里，其貧者又多矣。吾之鄉邑，其水旱災疫，無時不有矣。是故置義田，建義倉，立義學，食饑衣寒，藥病葬死，嫁娶恤孤，子女由親以逮其疏，而厚禮厚幣以結其仁人君子，時其緩急，達其志，成其美，而推養四方之賢士。如是，則小民懷之，賢人君子左右之，財日加薄，德日加厚。不奢不僭，則上不忌。少所可欲，則上不貪。夫是以身安而名立，雖有變亂而人不忍害，亦不敢害也。"曰："吾將博施，而上之人以爲是富之亟也，福未至而禍先發，奈何？"曰："吾非遽然而施之也。今取吾財而十之，以其十之或一或二或三，養身貽子孫焉。以其十之二交遊饋遺要人苟免焉。其餘則漸而舉之以濟人，久之產薄財羸（疑當爲赢），而人無不知，則交遊之資亦遞損而無後患。且夫人心懷之，天道祐之，家無足欲，而懼焚身之禍者，自古及今，未嘗有是也。"曰："施德於民則可矣，養四方之士殆於不可。慕財則貪躁之士進，網密則奸法之人多，近世以好士而觸大禍者，比比矣。"曰："葉公見龍而走匿，非好真龍者也。士有真僞，在善識之而已。故欒盈以多士亡，中山君以二士免死。今夫輕躁淺狹、好名走利、動不循理者，雖豪俠義聲，必其負氣債事不能有爲者也。忠信沉斷、見遠知微、慮而後動、驗而後言者，雖奇偉不羈，必其保家全身能大有爲者也。古之先禍而弭，禍至而脫身，安於當時，名垂於後世，未有不出於得士者也。"魏禮曰："予有枝言，一則云處亂世能吃虧，是大便宜；能受苦，是大安樂；能平氣，是大力量；能散財，是善聚守。叔子評云：'隨時皆然，卻說於亂世更覺受用。'"魏世儼曰："賢而多財，則損其志。愚而多財，則益其過。處亂世與遺中材子弟，益信德操之言爲無弊。黑肱歸邑於將死之日，亦先得此意。"彭家屏曰："公叔文子遺富以禍其子，公孫黑肱歸邑以戒不虞，人之度量，其相去一何遠哉？然黑肱歸邑，伯石乃受子產之略邑，父子之間，其志趣之不同，又有如此者。《周書》有之曰：'若考作室，厥子乃弗肯堂。厥父菑，厥子乃弗肯播。'此通患也夫！"（《分國》尾）子駟爲政，子孔當國，兩人皆以專欲而亡。子張有鑒，以是貽戒也。嗚呼！汰如欒氏，曲沃靡遺。富似慶封，朱方卒殲。君子寧爲晏嬰之宅，反諸宅人；不爲伯有之居，蕘生門上。末世宦途，率營金穴，其亦鑒此夫？（《左繡》眉）貴而能貧，生不在富，保身保家，千古藥石之言。富貴二字，大都合說平說，此獨分在首尾，而側重富上，著意在歸邑也。"敬共"二句反輕，故君子單斷其善戒，文貴一線如此。

(《左傳翼》尾）滿而不溢，所以長守富也。猶云守富，此則直以能貧爲善策。有齒焚身，病在於賄。石崇輩知此，則無西市之歎矣。奴輩利吾財，求者民而不止民也。觀"敬共事君與二三子"，便知此是黃老議論，卻不是黃老識見。（高嵣尾）俞桐川曰："卓識名理，與叔向賀貧、晏子辭邑同旨。賢者所見，大概如此。"（《評林》眉）彭士望："黑肱真能愛子孫者。"《經世鈔》："'不虞'字妙，富人之禍，其來無方，不必有故以致之，故曰：'匹夫無罪，懷璧其罪。'惟貧則可以備不虞矣。"（王系尾）生在敬戒，可謂至言。"敬戒"二字，貧則易守，富則易忘。子張不歸邑於生前，而歸之于將死者，知已富而能戒，後之人未必然也。貴而能貧，民無求焉，可謂深見亂世之物情矣。（《學餘》尾）此治命也，謀子孫之善者也。夫世祿之家，鮮克由禮，富之致也。欒、郤、胥、原，降在皂隸，富之致也。伯有、子晳之背誕，尤富之致也。彼貽以富者，何心哉？漢二疏其知之矣。

冬，會于沙隨，復錮欒氏也。

欒盈猶在齊，晏子曰："禍將作矣！齊將伐晉，不可以不懼。"（《測義》夾）愚按：晉以柄臣讒盈之故，期年兩合諸侯以錮之，失霸之義矣，是以齊莊不服，明雖爲會，而陰實保之，明年遂敢于伐晉也。昔楚子不聽子反錮巫臣，其賢于晉平遠矣。〖編者按：奧田元繼作王元美語。〗（《左繡》眉）前錮欒氏，是泛說。此復錮欒氏，便是專指矣。齊其有靦面目也夫！

楚觀起有寵于令尹子南，（孫鑛眉）敘事精細，得情得境，意態自踴躍。（《左繡》眉）此篇兩事相承，相對而相反。三泣不能全父子之恩，三困獨能全朋友之義。父子傷而君臣亦傷，朋友全而君臣亦全。有幸有不幸，處人倫之變，可以觀矣。本是子南、子馮合傳，卻一邊純寫棄疾，一邊詳寫叔豫。寫棄疾似孝而寔愚，寫叔豫以譎行其正。此子南之所以見殺，而子馮之所以得安也。觀叔豫而棄疾不能執諫之罪已明，觀子馮而子南不能納諫之失亦見，此又以下形上格。雖通篇敘而不斷，而斷即存於敘事之中，激射絕妙。不實寫兩人如何怙侈，都只就有寵多馬敘入，亦從賓見主法。讀至結句，見此事極易擺脫，而棄疾之不得爲叔豫也，惜哉！（《補義》眉）此篇先宜定賓主，子南是主，子馮是賓。前半實寫子南，而後半寫子馮，亦是反形子南也，是借賓陪主法。若作兩人合傳，則經但書殺追舒耳，何與子馮事而合於此？（《學餘》眉）此合傳之始也。棄疾良善，其無術以救父，故其言哀而傷。申叔機警，免友而安君，故其言簡而動。嗚呼！天下夢夢者，不可勝數。富貴而夢夢者，尤前後如一轍也。安得申叔夫子以警之？未益祿，而有馬數十乘。楚人患之，王將討焉。子南之子棄疾爲王御士，王每見之，必泣。棄疾曰："君三泣臣矣，敢問誰之罪也？"王曰："令尹之不能，爾所知也。國將討焉，爾其居乎？"對曰："父戮子居，君焉用之？洩命重刑，臣亦不爲。"王遂殺子南於朝，轘觀起於四竟。（《測義》夾）愚按：觀起恃令尹爲富，罪不及死，何致轘諸四竟，而并殺令尹乎？且殺其父而告諸子，子不洩命而甘心其父，此豈人情，愚斯之未敢信。（韓范夾）棄疾善處君臣父子之間，然亦是申生之輩耳。王之每見必泣，豈無欲其子諫悟其父之意？諫而不聽，死未晚也。奈何一言不出，父子就戮，以小忠而忘大孝也？子南之臣謂棄疾，請徙子尸於朝，曰："君臣有禮，唯二三子。"三日，棄疾請尸，王許之。既葬，其徒曰："行乎？"曰："吾與殺吾父，行將焉入？"曰："然則臣王乎？"曰："棄父事讎，吾弗忍也。"遂縊而死。（《測義》夾）愚按：棄疾之爲臣子過矣，夫父果無罪，而君欲殺之，則號泣而請，不得則奉父而逃，孝也，亦不害爲忠。父果有罪，而君已殺之，則敬共其職，以蓋父愆，而中實隱痛焉，忠也，亦不失爲孝。今也不然，始則視父若途人，雖死而莫爲救也。終則指君爲讎人，寧死而莫爲用也。見謂不洩君命爲忠，而實成其不孝。見謂不事父讎爲孝，而實見其不忠。其于君父之間，無一而可者也。去留無據，遂自裁焉。噫！亦晚矣！疇謂棄疾不幸哉？〖編者按：奧田元繼作李笠翁語。〗（《補義》眉）儲云："棄疾君父之際可謂窮矣，不幸處此，將若之何？曰洩命而逃其父，身死司寇可也。"（《評林》眉）穆文熙："棄疾之言甚爲可人，當其時，果遂不能諫子南乎？人生不幸乃至于此，可奈之何哉？"彭士望："權貴之禍，每生於依附之徒。"彭士望："豈子南固不可諫，諫則激叛而讎王耶？"魏禧："棄疾請尸，介君之寵以早請父尸亦可。"《補注》："程氏曰：'使子南無罪，棄疾當告於其父而逃之。如其有罪而君殺之，不可曰棄父事讎也。舜殺鯀而禹臣之，古有是事。'"魏禧："按：在棄疾止有一縊死耳，楚王告之，胡爲也？且使棄疾爲雍姬，更奈何？"

復使薳子馮爲令尹，公子齮爲司馬，屈建爲莫敖。有寵於

遺子者八人，皆無祿而多馬。他日朝，與申叔豫言，弗應而退。從之，入於人中。又從之，遂歸。退朝，見之，曰："子三困我於朝，吾懼，不敢不見。吾過，子姑告我。何疾我也？"對曰："吾不免是懼，何敢告子？"曰："何故？"對曰："昔觀起有寵於子南，子南得罪，觀起車裂。何故不懼？"（孫鑛眉）只徵往，無須更著語。自御而歸，不能當道。（孫鑛眉）自御即麈尾打牛，意不能當道取徑也，皆是欲速。（鍾惺眉）匆遽光景，寫得入細。至，謂八人者曰："吾見申叔，夫子所謂生死而肉骨也。知我者，如夫子則可。不然，請止。"辭八人者，而後王安之。（文熙眉）穆文熙曰："楚殺子南，轘觀起，惡跡章明，所當鑒戒。而子馮復寵八人，將遂蹈之，不有申叔，其殆不免乎？申叔在朝回避之狀，子馮退朝求言之切，俱可想見。"讀申叔數語，令人凜凜。子馮能聽，終免於禍。是故君子貴相成以義也。（韓范夾）子南若有諫者，安知其不爲子馮乎？（王源尾）以子馮襯子南，以八人襯觀起，明也，章法易見。以申叔豫襯棄疾，暗也，不易見。蓋棄疾不能諫其父，申叔乃能正其友。相襯以此，而未嘗明其故，非如觀起與八人俱以寵而多馬相合映也。有明有暗，而後靈活不板煞，今人所謂照應者，印板耳。此傳無甚奇特，惟取其前後有情趣，玲瓏掩映，如水輪觀一面而八面俱見，可愛玩也。（魏禧尾）魏禧曰："申叔豫謂君弱多寵，而子馮即託疾以辭令尹，可謂賢矣。後有寵人，豫不更諫，三就而走避之，絕之已甚，何也？蓋人有陷溺之失，昏不自知，極重難反者，非尋常語言所能動。故豫以平日友善之人，三就而三避之，令子馮如冷水澆背，陡然一驚。又如身墮大海，茫無津涯，必有不能頃刻安者。故其後一聞豫言，遂至於自御不能當道，而立辭八人也。辟之冬極閟塞，春乃能極發生。子馮曰：'子三困我。'可謂善言情者矣。蓋豫逆知子馮之不應而必從，歸而必來見，何者？子馮以一言辭令尹，天資過人，而子南既誅，心服豫者必甚。故豫極爲逆折而不憂其自棄，此進言之奇法，又在於巽語、法語之外也。范雎初見秦王，意亦類此。"熊頤曰："初，叔豫戒子馮辭令尹曰：'國多寵而王弱，不可爲也。'意所謂寵，皆豪家才臣，而子南其尤者。及王殺子南，則寵者伏誅而王不弱，國可爲矣。故再命而子馮不辭，叔豫亦不責其不當就。不然，子馮顧堅辭於無事之時，而就命於殺令尹之日哉？"魏世傚曰："棄疾之處君父之際,可謂仁至義盡矣。或曰:'竊負而逃,舜可爲之。棄疾告子南而並逃之,何爲不可?'曰:'舜天子也,可棄天子而全父。使皋陶之父殺人,則非逃之之義。且棄疾而告子南,必將撓亂楚國,而終爲大戮。故棄疾之處此,爲仁至義盡也。楚康告人子以殺人父,君不密則失臣,其以國事爲戲哉?'"魏世儼曰:"所謂愛之適以害之者,楚康是也。楚康不告棄疾,則殛鯀興禹,固無不可,即逃之他國,亦無不可。既與聞殺父之謀,何以自立於天地之間?婦人之仁,所以悮事悮人也。"(《分國》尾)生殺予奪,唯君所命。康王欲殺人之父,謀及其子,幸而棄疾不爲雍姬也。棄疾承君之命,抑豈不可慟哭爭之,自以身贖,子代父死,如梁吉盼,亦何不可?不然,泣陳於父,俾得自新,竟坐視就僇哉?蔿子聞豫言,立辭八人,乃得無恙,庶弗負闕地冰床之初志耳。嗚呼!武安除官,子孟驂乘。居寵者,盍三覆焉!(《賞音》尾)蔿子既以申叔之言爲蓍龜而辭令尹於前矣,及處大任,至有寵八人而不自覺。當局之迷,謂可乏良言規諍乎?迨叔豫乘機開導,翻然悔過,持滿以謙,蔿子亦智士哉!(《左繡》眉)上段議論多於敘事,下半敘事多於議論。上段用整齊,下段用參差,相準而立,以變而適均也。棄疾兩番説話,只是一個道理。前從不居轉出不洩,所以成父之殺。後從不行轉出不臣,所以成己之縊。前併説,後分説,都以兩意往復成章法者。有以棄疾之死爲當移之諫父者,乃後人所以責李璀者也。然玩洩命重刑語,則此時棄疾亦無從脱身見父矣。其失乃在"令尹不能,爾所知也"句內,平日能以死爭,庶有望耳。噫!若叔豫者,乃幸而得之於子馮也已。叔豫一"弗應"、一"入"、一"遂歸",三番做作,跌出後語,方覺驚心動魄,一字千金。若容易出口,直付之老生常談耳。然非子馮兩從一見,求教甚迫,亦安能生死肉骨,相得益彰也哉?如則可,不然請止,亦以兩意反復,句法與前半正相對。通篇敘事中夾用描寫及斷制筆法,有描寫則致活,有斷制則局鍊,史家要訣,盡在此矣。(昆崖尾)摹神寫景,節節入畫。史公合傳文字,無此生動。(美中尾)浦二田曰:"傳特著大臣庇寵封靡之戒,前後令尹,不知誰主誰賓,以前例後可,以後證前亦可,'東澗水流西澗水,南山雲起北山雲',一帶化境。"(《左傳翼》尾)此傳以子南爲主,蔿子馮其對照也。一觀起之寵尚足以殺令尹,況八人乎?八人之辭,尚可以赦蔿子,況一觀起乎?但子南無子,子馮有友,所以一死一生也。王每見必泣,豈不欲生子南?使棄疾能諫,亦如叔豫之于子馮,辭觀起而自斂抑，王未必不安之也。既不能諫，又不以告，陷父于死，愚則有之，孝則未也。"遂殺子南於朝"，下一"遂"字，分明王不欲殺，棄疾殺之耳。蓮子馮借鑒于子南而得生，勢如轉圜之易，寔申叔片言啓之，觀申叔而棄疾之罪不可勝誅矣。棄疾不以王命告父，意在全忠。父殺而以一死謝父，意在全孝。不知致父死于不義，令君不能保全大臣，忠孝兩失，皆由見理不明而然。所以《大學》八條目，以"格物致知"爲先。經文祗是殺追舒，棄疾受書于申叔豫反映而定，前後掩映，非僅玲瓏有情趣，此乃千古大義所在，與李懷光子李璀事，俱當作題目。人思議或乃偏重下截與作合傳體者，皆非也。楚追舒以有寵而殺，晉欒盈以多士而逐，雖當時君相多忌，而親小人而遠君子，自詒伊慼，不可不知。（《補義》眉）徐云："末句不是單收蓮子，已廻抱子南。"（《日知》尾）兩兩對説，却是以下形上，緣棄疾人忒粘滯，故以申叔作側，爲仁而無術者，一字一太息。（高嵣尾）此本傳楚殺子南事，卻牽連子馮事於後，乃史家合傳體也。兩事相連、相對、相類而相反。令尹子南見殺後，子馮爲令尹。觀起有寵于子南，八人有寵于子馮，皆以多馬見稱。而子南與觀起獲禍，子馮與八人得安，何兩事相懸殊也？蓋棄疾似孝實愚，三泣不能免其父。申叔似譎實正，三因終能匡其友。以前對後，即以後證前。玲瓏掩映，觀一面而兩面俱見。東澗水流西澗水，南山雲起北山雲。（《評林》眉）《經世鈔》："以子馮前後觀之，天資絕人，及一爲令尹，便多寵人，親見子南之事，而昏不知戒，利祿之迷人如此。《書》曰：'位不期驕，祿不期侈。'真至言也。'何故不懼'，妙！只懼自己，不箴子馮。"《匯參》："'觀起有寵'，即將上文比列，所謂殷鑒不遠，此特合傳之旨。"魏世傑："'知我者如夫子則可'，可知八人平日亦自附爲子馮知己也。凡小人取寵，先意乘風，百端諛悅，彼施者受者皆以爲知我，豈不可笑？富貴人於此最要自知分曉。"陳傅良："'王安之'，《傳》言楚亟殺大夫，人多自危。"（王系尾）此篇兩對，子南、子馮對者，一愚一智，易見也。棄疾、叔豫對看，一愚一智，有可言者。人之所以不能成仁取義，利欲牽之也。若棄疾之不愛其死，夫何利欲之能牽？乃不知竊負而逃之義，殺身而不足成仁，舍生而不能取義，豈非不學無術者哉？叔豫之明哲，可以生死而肉骨，於保身何有？有學術也夫！（方宗誠眉）此文分兩段，前記子南之得禍，後記蓮子馮之免禍。申叔能規其友，使得免於禍，則棄疾之不能諫其父，聽父不得其死，其罪自見，不著一字，意在言外，左氏之妙文也。（《學餘》尾）申叔能全其友，而棄疾未聞幾諫其父，君子以子馮爲有友，而子南爲無子矣。嗚呼！寵禄之過，如相屠也，可不儆懼乎？（《菁華》尾）棄疾所處，可謂極人世之至難，其以一死自明心跡，自在雍姬、盧蒲姜之上，然猶怪何不以苦口諫其父，而冀其萬一之一悟也？然或家庭之地，人所不知，此亦不能以苛論繩之。敘申叔豫告蔿子馮之言，因及子南事，首末俱是傳子南，文法縝密。（閩生夾）敘事尤警聳動人。宗堯按："此寫楚待重臣之有法紀也。"

十二月，鄭游販將歸晉，未出竟，遭逆妻者，奪之，以館於邑。丁巳，其夫攻子明，殺之，以其妻行。子展廢良而立大叔，曰："國卿，君之貳也，民之主也，不可以苟。請舍子明之類。"求亡妻者，使復其所。使游氏勿怨，曰："無昭惡也。"
（魏禧尾）魏禧曰："子明有罪，並廢其子，則罰太重，亡妻者不加罪可也。求復其所，則恩已過。然子展之爲此者，蓋有故焉。亡妻之人，力能殺子明而奪其妻，非常人也。懼罪而逃，則西走晉，南走楚，必爲鄭患。夫伯州犂在楚，足以害晉。苗賁皇在晉，足以害楚。況鄭之小國，介於晉、楚，而又當簡公幼弱、國家多事之日，顧乃驅雄俊之士資敵以謀吾國哉？此所以必求復其所也。然立良則親爲父子，勢不能以不報，而亂作於內矣。立大叔則兄弟之誼，可以義裁其情。若徒謂良之不賢，既無成事可據，且伯有殺而立伯石，鄭之已事可見也。"涂斯皇曰："此亦佳論，可以告世之驅才於敵者。若推子展之情，恐未必爾。蓋亡妻人果屬大有才力，則子展且當破格用之，以舒晉、楚之患，豈僅僅復所而已耶？"曰："世固有迫之則力能作亂，用之未必能致治者，觀申公巫臣、中行說之類可見。詳子展論。"孔之逵曰："亡妻之人既復，子展何不殺之，而費許多委曲乎？"曰："此人雖專殺命卿，亦情有所迫，若殺之，則强家大族恃小民之不敢怨而益肆凌虐，民亦知報怨之必死而吞聲矣。且誑人而殺之，何以示後？豈可以爲國哉？故殺之不可，迫之逃亡不可，歸國而二讎相攻又不可，是以費如許委曲也。不然，以子展之賢且能，而顧毀國法，摧貴族，若出於無可如何之計哉？"世傑曰："廢良恐其報讎，固矣。然使良才足以報讎，則足以作亂，廢之獨不虞其走晉、走楚乎？是不可廢也。若良才不足以作亂，則亦不足以報怨，是又不必廢矣。"曰："報怨易，作亂難。立爲卿而報匹夫之怨易，出亡而造鄰國之難難。良或足以報怨而不足以作亂也。"曰："使良足以作亂，如之何？"

曰："是不可廢已，則必爲之平怨而後可。蓋鄭於強家每以救亂爲急，如子皙之於子南，皆屈法相全，況良無罪，法不當廢者乎？"魏禮曰："鄭國多事，救時須人。良不才而大叔才，則因而廢之，以立大叔，國既得人，而又不絕游氏之世，亦謀國之權也，子展之意或出於此。"彭家屏曰："禮義名分，所以立國。子明國卿，塗遇逆妻者而奪之，滅禮犯義，此獸行也。子展不能告之鄭君，以正其罪，過矣！然禮，齒路馬有誅，爲其近君也。子明有罪，君之貳也。亡妻者告之於朝可矣，乃擅攻子明而殺之，是賊民也。殺卿者不誅，而使復其所，是賞奸也。名分將安在乎？之二者，皆失刑矣。上無禮，下無義，賊民興，鄭之不鄰於亡也，幾希耳！"（《分國》尾）子明奪人妻，宜爲亡妻者殺。亡妻者不告於有司，擅殺之，烏得無罪？子展置勿問，召使復所。林曰："抑強扶弱，因時之宜。"似也。子明之子若賢，應立。子展曰："請舍子明之類。"亦有見其非幹蠱者與？（《左繡》眉）一奪一殺，厥罪維均，而處分輕重懸絕，蓋子展志在抑強扶弱，不嫌偏枯也。然前用對敘，後用對斷，一請舍類，一無昭惡，雖着語多寡不侔，而章法固極整矣。（《評林》眉）穆文熙："子明奪人逆妻，有致殺之道。其夫遽已殺之，但宜道治之而已。求之使復其所，又使勿怨，而強過其主，無法矣。"《經世鈔》：" '無昭惡'，若止爲游氏蓋愆，并恐亡妻人彼此相攻以成亂之意而盡泯之矣。子展真憂深慮遠，謀國之善者也。"（王系尾）賢子展也，子展之謀國，嘗曰伏莫如信矣。今斷子明之獄，抑強扶弱，絕其類而不絕其祀，何莫非信？

◇襄公二十三年

【經】二十有三年春王二月癸酉朔，日有食之。三月己巳，杞伯匄卒。夏，邾畀我來奔。（《評林》眉）家鉉翁："魯受庶其二邑，復納其黨，天王不問，方伯無討，《春秋》再書，責魯也，亦責晉也。"葬杞孝公。陳殺其大夫慶虎及慶寅。（《評林》眉）高閌："書'及'，著罪在慶虎，以虎之罪而及寅也。"陳侯之弟黃自楚歸於陳。（《評林》眉）高閌："二慶死則黃之歸易矣，君子小人相爲伏見，故陳討二慶而公子黃反也。"晉欒盈復入于晉，入于曲沃。秋，齊侯伐衛，遂伐晉。（《評林》眉）杜諤："'秋齊侯伐衛'，以兵伐衛猶不可，況遂伐晉乎？言'遂'者，甚其伐二國也。"《傳說彙纂》："上書'欒盈入曲沃'，而繼書'齊侯伐晉'，則盈之爲齊所納可知矣。"八月，叔孫豹帥師救晉，次于雍榆。（《測義》夾）林堯叟氏曰："次而後救，匿其救之之形也。救而先次，宣其救之之聲也。"（《評林》眉）《傳說彙纂》："伯國被伐，魯自當救，而書次，則遲回觀望，非能救者也。《春秋》譏之，左氏以爲禮，《公羊》以爲先通君命，皆誤矣。"己卯，仲孫速卒。冬十月乙亥，臧孫紇出奔邾。晉人殺欒盈。（《評林》眉）孫復："不言其大夫者，欒盈出奔楚，當絕也。稱人以殺，從討賊辭。"齊侯襲莒。

【傳】二十三年春，杞孝公卒，晉悼夫人喪之。平公不徹樂，非禮也。禮，爲鄰國闕。（《測義》夾）愚按：禮，諸侯絕，期。平公不得爲杞孝喪，不曰母有喪，子可徹樂乎？左氏不以母子言，而但曰"禮爲鄰國闕"，何居？母有喪，不樂，禮也。爲鄰國闕，亦禮也。（《左繡》眉）母喪之，而子不徹樂，不但無渭陽之情，直無寒泉之思矣，妙！又不從正義作斷，卻颺開扯一淡語，尤覺言有盡而意無窮。（《左傳翼》尾）母喪之而子不徹樂，不但於心不安，將何以對母乎？只"非禮"二字斷盡。"禮爲鄰國闕"，況母舅乎？語簡義該，深雋有餘味。（《評林》眉）按：《中庸》："期之喪，達乎大夫。"燃犀解曰："期之喪，乃諸父昆弟期年之喪。此'達'字，自庶人上達大夫，皆爲之喪。若天子諸侯，則諸父昆弟皆其臣，親不敵，故不服。"

陳侯如楚。公子黃愬二慶于楚，楚人召之。使慶樂往，殺之。慶氏以陳叛。夏，屈建從陳侯圍陳。陳人城，板隊而殺人。（閩生夾）從板隊入殺二慶，用筆曲折。役人相命，各殺其長。遂殺慶虎、慶寅。楚人納公子黃。君子謂："慶氏不義，不可肆也。故《書》曰：'惟命不於常。'"（《分國》尾）二慶假蔡傾黃，險矣。楚人討之，晚矣。不授首於楚師，而見殺於役人，險惡之人，人人得而誅之也。（《左繡》眉）甫能殺人，遂爲人殺，所謂命不于常也，結斷緊切。殺得出於不意，敘事亦最駿疾，與之相稱，筆有化工。趁便帶入納公子黃，一筆歸結一案，再抽筆斷結一案。凡事有兩案而賓主不同者，都用此法。（《左傳翼》尾）慶氏譖君之弟，遂又叛君，乃以板築爲役人所殺，不待五年，已遭殄滅。天道不爽，於此益信。"惟命不於常"正結前"天"字，敘事簡凈，筆筆遒峭。（《補義》眉）楚子使屈建從陳侯圍陳，似助陳侯討賊，因即納黃，似由陳侯命歸，其譎過于楚莊，而聖人則直見其肺肝。（《評林》眉）《補注》："'以陳叛'，叛楚，非叛國，故不以叛告。衆役人實殺二慶，以國討爲文，史從告。"《匯參》："'不可肆也'，肆即肆赦之肆，林注：'不可放在人上。'非。"（王系尾）陳人爲二慶治城，未嘗不從其驅迫也。乃以板墜殺人，自速其死，有天道焉。君子謂不義不可肆，而歸之於命，明惡人宜誅，縱其君不能，天亦將誅之也。

晉將嫁女于吳，齊侯使析歸父媵之，以藩載欒盈及其士，納諸曲沃。（孫鑛眉）敘事入細，頭緒多而綜括有法，讀之粲然無痕。（《左繡》眉）此篇以納曲沃始，奔曲沃終，前後以"天"字爲眼目，分作三段讀。首段敘欒盈入晉事，藩載而來，帥甲而去。夜而見，晝而入。既有密謀，復得人助，似可有成，而無如其逆天何也。蓋胥午一言，已定一篇之局矣。凡文有先斷後敘者，此類是也。"及其士"伏末段，"因獻子"領中段，通體線索，若網在綱。（《補義》眉）此晉國中死戰，而卻以嫁女起，引出主客俱僞作婦人。欒盈夜見胥午而告之。對曰："不可。天之所廢，誰能興之？（《補義》眉）"天之所廢，誰能興之"是通篇主腦。（《評林》眉）陳傅良："傳言欒盈不書自齊，文同魚石。"子必不免。吾非愛死也，知不集也。"盈曰："雖然，因子而死，吾無悔矣。我實不天，子無咎焉。"許諾。伏之，而觴曲沃人。欒作。午言曰："今也得欒孺子，何如？"對曰："得主而爲之死，猶不死也。"皆歎，有泣者。爵行，又言。皆曰："得主，何貳之有？"（韓范夾）當日世卿之家，其加惠於私邑，使人思戀至此，公室安得不衰乎？盈出，徧拜之。（《彙鈔》眉）懷子好施，士多歸之，於此可見其能得衆心。（《左繡》眉）自藩載至伏觴，筆筆寫得機密之至。自欒作至徧拜，筆筆寫得慇懃之至，蓋居然一勍敵矣。《咀華》云："此等皆從欒盈親眼看見，親耳聽見。愚謂其神理全在'盈出，徧拜之'接得緊而活也。"（《評林》眉）魏禮："午知不集，而竟許諾，亦足見盈之得士心也。"彭厚德："'孺子'二字，照向祖父上來，呼得親切動人。"任安世："盈已爲下卿，爲曲沃主矣，而曰'孺子'，是背地稱呼，若盈之未嘗在此，以探衆志，更得真情。"《經世鈔》："'何如'二字，先爲無定之醉，以探衆志，妙妙！若説得死煞，衆人不從，便無轉手處。"（闓生夾）欒氏雖無道，然懷子實能得人。此處摹寫生動，可泣可歌，眞乃血性文字。太史公所不能及，他更無論矣。宗堯按："此深惜盈之冤也。"

四月，欒盈帥曲沃之甲，因魏獻子，以晝入絳。（《補義》眉）欒盈一路詭秘，至入絳偏是白晝，以致聲張，而鮒得爲謀，匄得爲備，此便是天廢之。初，欒盈佐魏莊子於下軍，獻子私焉，故因之。（《測義》夾）愚按：盈之爲罪，止以姣母讒構而成，非有犯上害公之事。既逐矣，爲之會諸侯于商任以錮之，已又會沙隨以堅其約，必欲窮其所往，使無所容其身，則事窮勢迫，不至爲亂不已也。鋌而走險，急則何擇？盈之復入于晉，非晉有以急之哉！〖編者按：奧田元繼作李笠翁語。〗趙氏以原、屛之難怨欒氏，韓、趙方睦。中行氏以伐秦之役怨欒氏，而固與范氏和親。知悼子少，而聽於中行氏。程鄭嬖於公。唯魏氏及七輿大夫與之。（文熙眉）穆文熙曰："欒氏得人，幾覆范氏，其猶桓子之餘澤乎？"（《彙鈔》眉）攢六氏敘出恩仇親怨，整而不排，大有筆力。（《補義》眉）此見欒氏勢孤，魏氏劫去，則無爲用者。（《評林》眉）穆文熙："欒盈，叛人耳，魏獻子何得復入之？助叛人，犯衆怒，此舉當敗，何終脱然也？"《經世鈔》："凡欲夜襲者，必先審計道理，如期乃至，若中頓須時，則事敗矣。"孫執升："此段見人心皆不與欒氏，惟獻子與之，所以終滅於范氏。"《匯參》："'獻子私焉'，'私'字對後'公'字。"《補注》："七輿大夫，杜説見僖十年，爲主副車之官也。劉炫云：'若是主公車，則當情親於公，不應曲附欒氏。'服虔云：'下軍輿帥七人。'是也。"（闓生夾）此題前佈局之法，明晰如畫。

欒王鮒侍坐於范宣子。（《補義》眉）唐云："若云'或告宣子欒氏至'，則轉入王鮒未免另起頭緒，妙在先嵌入'王鮒侍坐'句。"或告曰："欒氏至矣！"宣子懼。桓子曰："奉君以走固宮，必無害也。（方宗誠眉）以保君爲根本大計，非忠於君，乃挾以自固耳。且欒氏多怨，子爲政。欒氏自外，子在位，其利多矣。既有利權，又執民柄，將何懼焉？欒氏所得，其唯魏氏乎！而可强取也。（闓生夾）强取魏氏，從桓子口中逆提。夫克亂在權，子無懈矣。"（孫鑛眉）積六"氏"，大有筆力，整而不排。（鍾惺眉）王鮒，嬖人，其權略過人如此。(《評林》眉)《經世鈔》:"宣子懼變至,而懼則心志張皇,手足無措,桓子先示無害,以安其懼,而後知謀可行。數語是范氏轉危爲安之本,功在死戰上。"公有姻喪,王鮒使宣子墨縗冒絰,二婦人輦以如公,奉公以如固宫。(文熙眉)欒王鮒亦多謀之士,忠於范氏,未可以不救叔向而少之。(《彙鈔》眉)欒王鮒于倉卒中機謀應變,亦小人之雄。恐欒氏有內應,故詐爲婦人服而入。(《補義》眉)欒、范俱爲巾幗,相映奇絶。然孺子年少已無丈夫之氣,士匄垂暮忽爲晉夫人,知非鬚眉男子矣。(《評林》眉)《經世鈔》:"'使宣子墨縗冒絰','使'字並貫下范鞅,蓋鮒一面使宣子入宫,一面使鞅逆魏氏也。陸元朗云:'冒絰,以絰冒其首也。'一云縗、冒、絰三者皆墨,急遽中細密周到如此。恐欒氏有內應距之,故使二婦人推輦,乃可直入公宫耳。注:'爲婦人服而入。'未是。"按:《國語》:"范宣子以公入于襄公之宫。"蓋襄公有別宫牢固,故曰固宫。

范鞅逆魏舒,則成列既乘,將逆欒氏矣。趨進,曰:"欒氏帥賊以入,鞅之父與二三子在君所矣。(韓范夾)欒氏多怨于晉,故納之也難。欒氏世有功于晉,故去之也亦難。**使鞅逆吾子。鞅請驂乘。"持帶,遂超乘,右撫劍,左援帶,命驅之出。僕請,**(《補義》眉)唐云:"魏獻此時一字說不出,最妙是'僕請'二字點睛。"**鞅曰:"之公。"宣子逆諸階,執其手,賂之以曲沃。**(文熙眉)穆文熙曰:"豪傑相與,乃亦假賂。宣子風度恢豁,足以動人,所以魏氏爲用。"〖編者按:奧田元繼作張半菴語。〗(《彙鈔》眉)突如其來,疾劫以去。逆之階,賂之邑,一一如欒王鮒之言。(《評林》眉)《經世鈔》:"'則成列既乘,將逆欒氏矣','則'字、'既'字、'將'字、'矣'字,寫得范鞅眼中、心中,時勢急迫,情景如畫。"《經世鈔》:"魏舒顯助欒氏,宣子憾之必甚。鞅雖劫至公所,非舒本心。且舒已無能爲矣,小丈夫當此,必有憤忤之色見於眉宇。試看其下逆執手,賂曲沃,只是喜來附,無一毫嫌疑,若未嘗有其事者,此真善用人者也,所謂氣度恢豁者如此。"(方宗誠眉)倉卒應變,如迅雷不及掩耳,得機得勢若稍緩,則事機生矣,文亦敘次如生。(闈生夾)此段字字精湛,無少鬆懈,最爲勁快文字,所謂如捕長蛇,急與之角而不敢暇者也。此等處最見作者任事之才。

初，斐豹隸也，著於丹書。（《補義》眉）私魏氏乃欒之起因，殺督戎乃欒之結局，前後大關鍵，故用兩"初"字。欒氏之力臣曰督戎，國人懼之。斐豹謂宣子曰："苟焚丹書，我殺督戎。"宣子喜，曰："而殺之，所不請於君焚丹書者，有如日！"乃出豹而閉之，督戎從之。踰隱而待之，督戎踰入，豹自後擊而殺之。（《評林》眉）《經世鈔》："鮒言着着皆用皆效，出豹而閉之，所謂寘之死地。從之，謂來攻公宮。"（方宗誠眉）敘逆魏舒、殺督戎兩事，所以剪欒盈之黨，羽翼去則盈孤立，不能以自存矣。范氏之徒在臺後，欒氏乘公門。宣子謂鞅曰："矢及君屋，死之！"鞅用劍以帥卒，欒氏退。（《補義》眉）寫士匄父子極苦惱，抵死向前，正爲前兩"錮"字流弊到十二分也，傳之立意在無文字中。攝車從之，遇欒樂，曰："樂免之，死將訟女於天。"（《補義》眉）借點"天"字作結。樂射之，不中；又注，則乘槐本而覆。或以戟鉤之，斷肘而死。（《評林》眉）呂東萊："欒樂注矣，宣子亦危矣哉！槐本覆車，其天不佑欒氏乎！"彭士望："督戎踰入，力少緩矣。自後擊之，更出不意。"又云："盈全無布置，一味用力使勇，督戎斃，百事解散。"《匯參》："言如今賊矢迫及君屋，女必死之，所以督其力戰也。林謂'已及君屋'，非。"彭士望："'用劍，帥卒'，退者斬之。"《經世鈔》："鞅言樂當免己，注非。"樂魴傷。欒盈奔曲沃，晉人圍之。（文熙眉）欒樂注矣，宣子亦危矣哉！槐本覆車，其天之不佑欒氏乎！（王源尾）序事或以簡，或以詳。簡之妙在蘊藉，詳之妙在精彩。序一也，何以簡，何以詳？其故二：時也，事也。傳聞不詳于聞，聞不詳于見，時矣。變詳於常，急詳於緩，明詳於暗，事矣。要之，蘊藉中無漏義，精彩中無費詞。鎔鍊之妙，又未嘗有二也。欒盈入絳，變起倉卒，宣子以全力圖之。鮒之謀，鞅之勇，俱百倍神智，發攄於外，有一字之略，而當年情實失矣。況襄公之末，相去不過四五十年，聞既詳，序又可勿詳乎？所以曲折描寫，無微不著，情躍躍如見，氣勃勃如生，語娓娓如聞。使當日之景態活畫畢露於紙上，則成敗亦洞透判晰於目中矣。今人以冗長爲精彩，烏可語於此也？寫宣子克亂既詳，故前序盈入曲沃亦詳，後序力戰却盈亦詳，因乎局也。序盈初入曲沃甚密，不爲無謀。曲沃人願爲之死，又能得衆。見其亡命之餘，能入絳者，此也。然不知因魏獻子暗入於絳，挾君以攻范氏，而畫入焉,則一入即覺,范氏得爲之備,其能濟乎?奉君走固宮,強取魏獻子,皆因盈晝入而爲之者。故用一"晝"字,即見盈之不能有成,況多怨寡與,又加以樂王鮒之機謀,范氏父子之果敏,成敗之數,豈待殺督戎、鉤欒樂而後決乎?讀者應知其用筆之意。凡接處用提筆最妙,文欲勁欲靈,平接順遞,固不足言勁。即遙接而無聳拔之致,亦不足言靈。乃遙接中有提後事,而後接前事之法,至勁至靈之筆也。如此傳序樂王鮒、斐豹是矣。悟此法方可言提筆。(孫琮總評) 通篇敘事委曲,頭緒繁多,而錯綜有法。胥午之觴曲沃,群情慷慨。惜也,其助逆也!若王鮒以嬖人而深明權略,其贊宣子數言,老謀壯事,殆能兼之。若范匄之如公宮,妙於用柔。范鞅之逆魏舒,妙於用剛。賂以曲沃,妙在能投所欲。焚其丹書,妙在能去所惡。范宣戒鞅之醉,妙於激。范獻對樂之語,妙於憤。舉動如此,欒氏遊魂,不堪碪俎矣。而其機巧,乃自嬖人發之,言顧可以人廢哉?前段詳敘欒氏之多怨,見納之者,其勢甚難。然欒氏世有功于晉,欲去之也,其勢亦難。故雖宣子不能無懼,觀繽辇以入,超乘執手,諸子之用心良苦。(魏禧尾) 魏禧曰:"范氏父子倉卒遇變,須看其着着出奇,步步拿穩處,真濟變能手。欒盈好施之力如此,可謂能得士矣。然卒無救于死亡,可知得士不貴多也。欒氏結怨於大族,則無陸賈之調和。既亡命于齊,則無魯朱家之見滕公者。安得謂之能得士乎?君子立危亂之國,當脩德以自強,不當植黨以自強。植黨則必恃黨而犯難,犯難,難斯至矣。詳《欒盈論》。此等是左氏最爛熳文字,將當日作用盡情發露,有目共知,如《石碏篇》。一味簡淡,藏鋒斂鍔,較難爲讀者,卻已明明寫在解出,不費一毫牽強,如《子產爲政篇》。妙處在半露半藏之間,作記事文須知有此三種筆法。此文敘事,一段緊,一段緩,如安瀾激湍,間錯成文。峭嶺平崗,斷續成勢,最爲可玩。亦知文字作者,有歇力之法,使讀者有停瞬之處耳。"魏禮曰:"范宣子使非樂王鮒之計,汲汲殆矣。宣子信淫女之譖,而以鞅爲徵,其誣易明。乃遂逐盈而殺其黨,可謂闇且忍者。夫盈非有犯上害公之罪,而材與黨皆足爲國用,匄執國政,不務解怨釋疑,養才以爲國,但徇私行忌,昧昧然逐殺無罪之人,又再會以錮之,極於其所往,以致入絳之亂,皆匄之罪也。雖能定亂,功不償過矣。而又假羽毛以攜諸侯,此晉之所以中衰也!"彭家屏曰:"《記》曰:'君子之接如水,小人之接如醴。君子淡以成,小人甘以壞。'果如君子之交,雖多士歸之,無害也。欒盈之得士,必其指天日誓死生，以肺腑相托，行蹤詭秘，其甘甚矣。爲人臣而要結死黨，將何爲哉？宜其及禍歟？若夫招攜納賄，黨同伐異，俗態百出，無所不至，則又市井斗筲之流耳，更鄙夫之不若者矣。"（《左繡》眉）次段敘魏氏爲欒所因，而王鮒強取之。末段敘督戎爲欒力臣，而斐豹擊殺之。超乘之公，魴傷欒覆，而天之所廢，終不能興矣。兩段各以"初"字提頭，一樣追敘。賂曲沃、奔曲沃，亦相對作段落。合首段蓋一頭兩腳格。看來兩段以中段爲主，故敘議特加精彩。文字各有片段，如中間申說因魏獻子處，雖插敘五家，却以魏氏爲主，故以"私焉"作提，"與之"作煞。又排敘用錯綜法，而以兩"怨欒氏"爲眼目，末以一"與之"賓主相形，成前偶後奇章法，參差中仍自整整有條也。唐錫周曰："若出他人手，當云：'或告宣子曰，欒氏至矣。'接得非不佳。然欲轉到欒王鮒，未免另起頭緒。文妙在先嵌入'王鮒侍坐'，然後陡接欒氏，行文至此，煞有苦心。"此段走固宮是賓，故先安頓，用輕筆。強取魏氏是主，故後詳寫，用重筆。下文超乘命驅等，皆所謂權也。寫得字字警動之極。因克亂在權一番議論，連墨衰婦輦，亦寫作王鮒調撥。皆文字唯恐單薄不成片段處。一"賊"字、一"君"字，倉卒中正名定分，只兩語，而使人去就了然。一面如固宮，一面逆魏舒。一面請驂乘，一面遂超乘。一面僕請，一面之公。一面逆階執手，一面賂以曲沃。寫盡一時情事，寫倉皇便極倉皇，寫機警便極機警，纖悉畢具，筆筆化工。前云藩載及其士，又云帥曲沃之甲，正不知有多少精兵猛將。此處點出三人，寫來與摧枯拉朽相似，暗暗爲胥午語下注腳也。"訟汝於天"借作一點，而首尾呼應了然矣。寫督戎極詳，寫欒魴極略，以欒樂爲中權，只敘三個人，而章法不苟如此。（《左傳翼》尾）欒盈自外而入，多少不順，不唯胥午謂爲"天之所廢"，即己亦云"我實不天"，特以遭讒被逐，一錮再錮，極之於無所容，是以憤不顧身，必欲逞志於范氏父子而後甘心也。復入曲沃，知士皆懷恩，能得其死力，又有魏舒爲之內應，思爲迅雷不掩耳之計。向使不以其晝入絳，則王鮒不及效謀，斐豹不及效力，匄、鞅倉皇失措，不知所爲，范氏無噍類矣。而惜乎機事不密，以致害成也。前幅描寫欒氏曲沃情事，欲歌欲泣。後幅摹繪范氏絳邑景態，如跳如舞，真生龍活虎之筆。王鮒爲宣子計，第一勝算在奉公以走固宮，君安則我亦安。欒氏所恃，唯一魏舒，而可以強取者，以我奉公故也。鞅之父與二三子在君所，欒氏直可以賊斥之矣。此挾天子以令諸侯，袁紹所以卒斃於老瞞,克用不能與全忠争也。篇中敘取魏舒雖詳,卻是後着。奉君以走固宫雖略,卻是先着。若使欒氏先得公,則主客異勢,順逆殊形,魏絳不得而取,范鞅將爲郈昭伯矣,勝負恐未可料也。"入絳"下便可直接"王鮒侍坐",卻先安放諸卿,以見欒氏若不多怨,則人人魏舒,誰得而强取之也?"賂曲沃"下,便可直接范氏之徒,卻先敘殺督戎,以見督戎若不見殺,則鞅雖用劍,師卒恐未必能致欒樂之死也。此皆欒、范勝負大關節所在,特爲敘出。行文忽斷忽續,亦有藕斷絲連之妙。成列既乘,將逆欒氏,魏獻子本是心虚事,一見范鞅,心膽俱落,兼聞鞅父與二三子在君所,一君一賊順逆昭然,直是行止不能自由,如土木偶人相似,一字説不出來。最妙是"僕請"二字,點睛添毫,出神入化。想見倉卒時茫然失措,如醉如癡景象。當日怨家雖多,唯范氏父子最爲冤對,所以范鞅特出死力。後對敘云范氏之徒在臺後,欒氏乘公門,盡力血戰,只此兩家,諸大夫皆從壁上觀可知也。若非撫劍持帶,則魏舒不可取。非用劍帥卒,則欒樂不得死。篇中寫范鞅〖編者按:此後有闕文〗。(《日知》尾)處處用先一步法,故得簡徑。段段描寫,更使數十百人皆從紙上見形聞聲,傳神至此,蔑以加矣。(《評林》眉)《經世鈔》:"是冬克盈於曲沃,盡殺欒氏之族黨,盈之亡滅,雖非其罪,然是欒書譖三郤毒發也,不止弑厲公無討而已。"(王系尾)此篇是欒盈復入于晉、入于曲沃傳,正敘欒盈也,卻不刻畫欒盈,但寫胥午之知天,而盈之不知天明矣;但寫樂王鮒之審勢度力,而盈之不審度見矣;但寫范鞅之英鋭捷給,而盈之遲鈍見矣。事之不集,雖曰天廢,豈非人事哉?讀者但知其借衆人以寫欒盈,不知已隨筆附寫衆人也。史家敘法,於斯爲妙。正敘用虚,附敘用實,文筆之變,於斯爲極矣。(林紓尾)晉無釁而欒盈欲從而肇亂,此必不濟者也。胥午之爲人,則漢之伍被也。知其不可,而又從亂。然此章關鍵,並不在欒盈,亦不在胥午及曲沃人。通篇之主人翁,在一魏獻子。蓋不由魏獻子,欒盈無由入絳,即樂王鮒爲范勾畫策,亦注重魏氏。其先未敘魏氏,則先敘欒氏之無黨。驟讀之,以爲欒氏孤立致敗耳。不知撇開趙氏、韓氏、中行氏、知氏,正所以側注魏氏。姑以此四人爲襯筆,見得諸卿皆不足懼,可懼者,獨一魏舒。故范鞅用力以劫魏舒,寫撫劍援帶,情態匆忙,懼狀一一可見。及一唔宣子,開口即賂曲沃,亦懼極而口不擇言。迨魏舒既受賂,不得已戢其黨叛之謀,其下始縱筆寫欒氏矣。凡善於文者,明明專寫此人,偏不令人覓得痕跡,往往借客定主，反主爲客，使人不可捉捫。而全局則悉寫范氏之懼狀，宣子墨縗冒絰，二婦人輦以如公，則懼内應也。魏舒成列，鞅請驂乘，此時直犯死而前，則懼黨賊也。宣子以元帥之尊，下盟罪隸，則懼欒氏之力臣也。欒氏乘公門，責鞅以死敵，則懼矢及公屋也。范鞅雖能軍，然不意之間，爲欒樂所乘，直曰死將訟汝於天，則震恐無措，直欲聲嘶而哭矣。一一皆屬倖勝。若使魏舒一軍助盈以夾擊，則禍事真有不可問者。愚故曰此章主人翁在魏舒，非范氏之能勝也。文前半蕭閒，後半偪遽。主人翁雖屬魏舒，然但精神屬之，而貫穿之筆，則用一范鞅。寫鞅情狀，無在不見窘逼，自是寫生妙手。（《菁華》尾）得士心，亦人所難，而不必有救於死。齊莊公、欒懷子，其行事正相似。竊謂得士自是美事，惟所交者，須是正人君子，若徒聚集鄉里無賴，則適足以速其亡己耳。胥午知欒盈之無成，而卒許之者，蓋爲欒氏故人，先受其惠而不能辭也，否則可以居爲奇禍矣。王鮒小人，而其智略自不可及。魏舒被劫，竟無一言，一聽范鞅所爲，其爲庸材可知。

　　秋，齊侯伐衛。（《補義》眉）此一段寫齊侯軍威獵獵有聲，戰士人人武怒。先驅，穀榮御王孫揮，召揚爲右。申驅，成秩御莒恒，申鮮虞之傅摯爲右。曹開御戎，晏父戎爲右。貳廣，上之登御邢公，盧蒲癸爲右。啓，牢成御襄罷師，狼蕢疏爲右。胠，商子車御侯朝，桓跳爲右。大殿，商子游御夏之御寇，崔如爲右，燭庸之越駟乘。（韓范夾）左氏之敘戰事，或略或詳，其略也，簡而能該，其詳也，繁而不亂。（《左繡》眉）杜注："傳言齊侯廢舊臣，任勇力，蓋爲見弒張本也。"作三段讀，首段、末段，敘也。中段，議也。平仲論君，文子論臣，而以論君爲主。恃勇力而伐盟主，承上起下，爲一篇之大旨，恰作中權，以攝首尾。至首段詳其人，末段詳其事，各以一字兩字提頭作類敘，章法極其整齊，蓋又出一格矣。左氏敘戰，於將卒番番變換，此番只是極寫"任勇力"三字，便覺軍容十分武怒，絕妙筆情。（《評林》眉）《補注》："孔氏曰：'俗本多云申鮮虞之子。'今案：注云'傅摯，申鮮虞之子。'若'傅'先有'子'字，無煩此注，故今定本皆無。"

　　自衛將遂伐晉。晏平仲曰："君恃勇力以伐盟主，若不濟，國之福也。不德而有功，憂必及君。"（《測義》夾）林堯叟氏曰：

"自袁婁以來，齊世從晉，於是始叛，則晉霸之衰而諸侯貳矣，晉之衰，諸侯之憂也。"〖編者按：奧田元繼作李于鱗語。〗（《補義》眉）點出"將遂伐晉"，平仲云"君恃勇力而伐盟主"，通篇關鍵。崔杼諫曰："不可。臣聞之，小國間大國之敗而毀焉，必受其咎。君其圖之！"弗聽。陳文子見崔武子，曰："將如君何？"武子曰："吾言於君，君弗聽也。以爲盟主，而利其難。群臣若急，君於何有？（閩生夾）此篇以崔、慶亂事爲主，二句回顧章旨。子姑止之。"文子退，告其人曰："崔子將死乎！謂君甚，而又過之，不得其死。過君以義，猶自抑也，況以惡乎？"（《左繡》眉）語語照定後文，凡九點"君"字，崔杼口中，便爾直露殺機，文有事在此，而意已在彼者，此類是也。把君看得直如兒戲，晏、陳聞此，而不蚤爲之所，亦可怪已。《評林》眉）汪道昆："'群臣若急，君於何有'，即此二語，便可弒君，所以文子謂崔子不得其死。"陳傅良："'以惡乎'，爲二十五年廢君起本。"

　　齊侯遂伐晉，（《補義》眉）點出"遂伐晉"。取朝歌，爲二隊，入孟門，登大行，張武軍於熒庭，戍郫邵，封少水，以報平陰之役，乃還。趙勝帥東陽之師以追之，獲晏氂。（《測義》夾）愚按：齊莊本意在伐晉，而先伐衛以嘗之，亦與齊桓侵蔡而伐楚同意。雖然，討從楚者而後討強楚，霸圖也。伐從霸者而果於陵霸主，厲階也。《春秋》之書"遂"，褒貶有二義焉。〖編者按：奧田元繼作李笠翁語。〗（《左繡》眉）由"伐衛"引入"伐晉"，由"將伐晉"轉出"遂伐晉"，段落分明，結處拖敘一筆，蓋隱隱見勇力之不足恃，而盟主之不易伐也。以旁筆反照，收拾通篇大旨，掉尾特奇。（美中尾）陳止齋曰："齊自袁婁以來，恪從霸令。晉悼卒而環始貳，至光竟助叛臣以伐盟主，晉霸衰矣，天下益多故矣。盟於宋而南北之勢成，會於申而淮夷至，戰於雞父而吳之敗者六國。於越入吳，春秋終焉，蓋於是焉始。"（《左傳翼》尾）"遂"者，繼事之詞，此則伐晉其本謀，伐衛乃波及也。與"齊桓侵蔡，蔡潰，遂伐楚""遂"字一例看，故前路極寫軍容之盛，而不詳敘伐衛武功。後則極寫武功赫濯，以見揚揚得意。總之恃勇力以伐盟主，晏、陳私議而不敢直諫；崔杼雖諫而不見聽，而見弒說晉之兆已成。晉人不出，非畏其鋒，乃盈其惡而斃之也。掉尾見偏師尚能取勝，隱見似鼠行徑，直成笑話。筆墨淡宕，令人味之意言之外。因伐衞而伐晉，是以議者議、諫者諫，舉朝張惶，兩頭敘事，中間着論，天然一定脈絡，非藉議論作中權以攝首尾也。左氏離奇變化，不拘一轍，總是隨物賦形，我無與焉耳。（《評林》眉）《補注》："武軍，前見宣十二年，後見昭十三年。"（王系尾）篇中眼目，在"間大國之敗"及"利其難"二句，齊莊之决于伐晉，恃樂盈也。盈雖敗退，猶據曲沃，晉師所以不出，而齊莊以勝還。然晉德雖衰，而齊莊之不德又甚焉，徒結大國之怨，以爲姦臣之資而已矣。（方宗誠眉）首敘兵法，終敘兵事，中間敘諸臣之議論，篇法完整。

八月，叔孫豹帥師救晉，次於雍榆，禮也。（《測義》夾）愚按：魯君以救晉命師，義舉也。而其臣畏齊之强，盤桓雍榆而不及於事，故《春秋》先書救，明君命也，後書次，罪叔孫也。而左氏曰"禮也"，何居？或者曰："左氏以救盟主爲禮，非以次雍榆爲禮也。"（《補義》眉）煞筆見勇力不可恃。

季武子無適子，公彌長，而愛悼子，欲立之。（《彙鈔》眉）舍長立幼，非禮也，而臧紇實成之。季孫始雖愛悼子，終亦愛公鉏。故始雖因悼子之立而愛臧氏，終因孟孫之告而怒臧氏也。紇既成人之惡，而己亦被禍，智出申豐下矣。（《左繡》眉）此篇作兩截讀，前半寫臧孫廢長立幼，後半寫臧孫犯門斬關。前爲季孫所訪，卻因愛而得怒。後爲孟孫所雠，且因惡而得盟。文中"孟孫惡臧孫"二句，是一篇之提綱。"美疢""藥石"一節，是一篇之轉檄。召"掌惡臣""問盟首"一段，是一篇之結束。逐件敘來，串如匹練，而描寫生動，聲情各肖，是一首有哭有笑文字。又看此傳臧紇出奔邾事，以"斬鹿門以出"句爲主，前敘公鉏之廢、孟孫之雠，都是先經以始事。後敘大蔡之詩、孟椒之盟，都是後經以終義。而廢長立幼，着着是智。犯門斬關，着着是智不足。一生敗缺，卻于自己口中評論出來，亦前案後斷格。末以歎孟椒語作結，所謂巧人做事拙人相，一經指破，悔不可追。借作掉尾，字字傳爽然自失之神矣。（《補義》眉）此段申豐持論之正，見季孫廢立之難。**訪於申豐，曰："彌與紇，吾皆愛之，欲擇才焉而立之。"申豐趨退，歸，盡室將行。**（《評林》眉）《經世鈔》："人雖私愛，必假以名。'盡室將行'，此與賈詡不對曹操，曰'思劉景升父子'，各有好處。"《附見》："悼子名紇，臧武仲亦名紇。"（方宗誠眉）先敘申豐之不對，所以譏臧孫之無識也。申豐是賓，臧孫是主。他日，又訪焉，對曰："其然，將具敝車而行。"乃止。訪于臧紇，臧紇曰："飲我酒，吾爲子立之。"（閭生夾）語語皆有詭雋之致。季氏飲大夫酒，臧紇爲客。既獻，臧孫命北面重席，新尊絜之。召悼子，降，逆之。大夫皆起。及旅，而召公鉏，使與之齒，季孫失色。（《測義》夾）家鉉翁氏曰："季孫之納邾盜也，臧紇所與言賞盜之說爲何如，今乃以媚道自結於季孫，亦何異於盜？"〖編者按：奥田元繼作李笠翁語。〗（《左傳雋》眉）幾語描寫臧氏許多處分，其多智，信然！（韓范夾）武仲但欲自逞其智，故於衆人之中，安排作態，而不顧順逆之序也。假令仲於此時，乘季氏之飲客，因大夫之畢集，召公鉏、悼子序少長之禮，毅然而立公鉏，則季氏亦無如何，是後己既可免出奔之事，而萬世亦服此舉也。（《補義》眉）武仲並不置一辭，略用小布置，而悼子之位定。（《評林》眉）王荊石："降階，蓋尊寵之。"《經世鈔》："父猶失色，而武仲乃悍然亂人家事以爲智，愚甚矣。"（閭生夾）以上記臧孫爲季氏立嗣，筆意穎妙無比。此實臧孫罪案也，臧孫何故爲此？馬驌云："臧孫本宣叔庶子，因寵嗣位，故不憚爲之。"可謂一語破的。

季氏以公鉏爲馬正，慍而不出。閔子馬見之，曰："子無然！禍福無門，唯人所召。爲人子者，患不孝，不患無所。敬共父命，何常之有？若能孝敬，富倍季氏可也。奸回不軌，禍倍下民可也。"（《左傳雋》眉）淩稚隆曰："按：里克告申生曰：'爲人子者，懼不孝，不懼不得立。且吾聞之，敬賢於請，孺子免之。'與子馬之意合，亦事理如此，然鉏以敬致富，申生敬而不免，則所遭然耳。"公鉏然之。敬共朝夕，恪居官次。季孫喜，使飲己酒，而以具往，盡舍旃。故公鉏氏富，又出爲公左宰。（《測義》夾）愚按：閔子馬論甚是，然緣此謀富則非。（《評林》眉）《經世鈔》："非閔子馬則季氏有崔杼之禍矣，人有子弟，何可不與賢者居！"魏禧："子馬之言，非教之謀富也。以此解譬公鉏耳。作善降祥，不善降殃，亦皆勸勉中人之說，玩其文意自見。"彭士望："閔子馬正言也，公鉏卻領略以深其智術，用法不同。"（閭生夾）以上記公鉏之不失寵，公鉏不失寵，而臧孫危矣。

孟孫惡臧孫，季孫愛之。（《補義》眉）汪云："横插二語，束上起下。"（闈生夾）二句橫空倒置，靈妙奇偉。孟氏之御騶豐點好羯也，曰："從余言，必爲孟孫。"再三云，羯從之。（闈生夾）逆提之筆，從上二句脫卸而下，蛛絲馬跡，巧不可階。孟莊子疾，豐點謂公鉏："苟立羯，請讎臧氏。"（《補義》眉）陡然接臧氏。公鉏謂季孫曰："孺子秩，固其所也。若羯立，則季氏信有力於臧氏矣。"（《左傳雋》眉）曰"有力臧氏"、曰"惟其才也"，鉏亦辯口，武仲雖善圖公鉏，公鉏亦善圖武仲矣。（《彙鈔》眉）言若廢秩立羯，則季孫之於孟孫，比臧氏之於季孫爲更有力。（《補義》眉）"信有力於臧氏"，公鉏敢直陳於父，已知季孫之深愛己也。（闈生夾）數語，慍己之不立與憤嫉臧孫之意皆在言外，衆妙悉備。弗應。己卯，孟孫卒，公鉏奉羯立於戶側。季孫至，入，哭，而出，曰："秩焉在？"公鉏曰："羯在此矣！"季孫曰："孺子長。"公鉏曰："何長之有？唯其才也。且夫子之命也。"遂立羯。秩奔邾。（《評林》眉）彭士望："紇壞心喪品，只博得一'愛'字，究竟博得一'怒'字。"《經世鈔》："公鉏身遭廢長之禍，乃欲讎臧氏，而爲人廢長，計之失矣。"李笠翁："魯自仲遂殺嫡立庶，而季孫之臧紇廢彌而立紇，孟孫之豐點廢秩而立羯，叔孫之豎牛殺孟丙而立舍，皆托廢立以擅其權，而三桓微矣，蓋由宣公之作俑於前也。季孫自亂己嫡庶，復亂人之嫡庶，又蔽罪臧紇而逐之。紇固有罪，宿之恣睢不度，亦甚矣。"【編者按：凌稚隆作汪克寬語。】（《補義》眉）"秩奔邾"下可直接"孟氏閉門"，忽橫插"入哭"一段，承上段愛惡來，見季孫早蓄逐紇之意，以歸獄季孫。（方宗誠眉）"秩奔邾"之下，即可直接"孟氏閉門"一段，然嫌平直，有"臧孫入哭"一段於中，文境乃有停頓。（闈生夾）以上公鉏欲洩憤臧氏，乃爲孟孫立羯，敘述語語精穎，靈犀四射。

臧孫入，哭甚哀，多涕。出，其御曰："孟孫之惡子也，而哀如是。季孫若死，其若之何？"臧孫曰："季孫之愛我，疾疢也。孟孫之惡我，藥石也。美疢不如惡石。夫石猶生我，疢之美，其毒滋多。孟孫死，吾亡無日矣。"（《測義》夾）孫應鰲氏曰："其言曲盡，然何以不能自鮮免于疢疾也？"（《左傳雋》眉）杜云："愚按此乃臧武仲廢鉏立紇，作不順於先，及公鉏廢秩立羯，則知禍將及己，哭甚哀，多涕，蓋有所感而傷之也。其御不解而問，故據理以答之。此其所以爲多智也。"(《彙鈔》眉)紇知禍將及己，故有感而多泣，且正辭以答其御，而卒不能自免，蓋悔之已晚矣。(《評林》眉)魏世傚："紇至此始知公鉏非恒人，心悔前舉之誤，禍將及亡，哀而多涕，乃爲此言以弭怨，亦何及矣！"(闈生夾)以上倒射臧氏之亡，尤極空靈敏妙。鉏與羯合，而臧孫不可一朝居。其哭孟孫，僞也，乃自傷耳。美疢、惡石之喻，皆是托詞，故妙。然亦見季孫之不足恃也。

　　孟氏閉門，告於季孫曰："臧氏將爲亂，不使我葬。"季孫不信。臧孫聞之，戒。冬十月，孟氏將辟，藉除於臧氏。臧孫使正夫助之，除於東門，甲從己而視之。孟氏又告季孫。季孫怒，命攻臧氏。乙亥，臧紇斬鹿門之關以出，奔邾。(文熙眉)穆文熙曰："武仲以知名，乃爲人任廢適立庶之事，悖逆拂經，患害立致，即愚夫且不爲也。美疢、藥石之喻，痛悔何益？故曰：'明有所不見，聰有所不聞。'武仲之謂乎！"〖編者按：《左傳雋》作許應元語。〗(《補義》眉)汪云："此節是出奔正傳，上皆先經始事，下皆後經補義。"(《評林》眉)彭士望："'閉門'，此皆鉏、點有許多機局逼制臧氏處。"顧炎武："關者，所以拒門之木，後人遂謂門爲關也。"(闈生夾)以上臧孫出亡情節如此，其微文妙旨皆盡前幅，更不煩多敘也。斬關以出，又伏下文。

　　初，臧宣叔娶于鑄，生賈及爲而死。繼室以其姪，穆姜之姨子也。生紇，長於公宮。姜氏愛之，故立之。(《左傳雋》眉)幾語便敘得纖悉曲盡，令今人敘之，不知將費幾多語。(《補義》眉)與廢長立幼相映。臧賈、臧爲出在鑄。臧武仲自邾使告臧賈，且致大蔡焉，曰："紇不佞，失守宗祧，敢告不弔。紇之罪，不及不祀。子以大蔡納請，其可。"賈曰："是家之禍也，非子之過也。賈聞命矣。"再拜受龜。使爲以納請，遂自爲也。臧孫如防，使來告曰："紇非能害也，知不足也。非敢私請！苟守先祀，無廢二勳，敢不辟邑。"乃立臧爲。(《測義》夾)愚按：紇之言曰先祀無廢，敢不辟邑，有如不允立後，將遂不辟乎？故孔子謂其要君。(《彙鈔》眉)紇之得立，亦以幼奪長，故爲季氏成廢立之事。至臧爲奉兄命而請繼嗣，乃背兄而自請。左氏類敘於此，兩相關應。(《補義》眉)臧爲之兄弟，恰好與上面父子映照。抉出以防求後罪案。(《評林》眉)《匯參》：

紇本廢嫡立庶人，故好行廢長立幼事。'是家之禍'，此反言以誚之，亦以消出鑄宿憤也。"《經世鈔》："亂人之家，徒以亡身而自亂其家耳，何益哉？凡人使機巧太過，必終於愚。'知不足'三字，説盡古今弄聰明人底裏。"

　　臧紇致防而奔齊。（《補義》眉）汪云："一路散敘，忽作疊嶂層出，振起通篇。"其人曰："其盟我乎？"（《評林》眉）《匯參》："其人，泛指從行者。林注：'防邑之人。'泥。"（闓生夾）橫接處飄逸而入。臧孫曰："無辭。"（《左傳雋》眉）"無辭"二字，亦自暗應。將盟臧氏，季孫召外史掌惡臣，而問盟首焉，對曰："盟東門氏也，曰：'毋或如東門遂，不聽公命，殺適立庶。'盟叔孫氏也，曰：'毋或如叔孫僑如，欲廢國常，蕩覆公室。'"季孫曰："臧孫之罪，皆不及此。"孟椒曰："盍以其犯門斬關？"（韓范夾）臧孫自知其無可盟之實，而不知已予季以可盟之名矣。何其疏於慮患耶？當日固浪得知名耳。彼自言"知不足"，誠哉是言也！（《彙鈔》眉）補出兩段盟言，主賓秩如。（《評林》眉）《補注》："《周禮》：'外史掌書外令，掌四方之志。'"季孫用之。乃盟臧氏曰："無或如臧孫紇，干國之紀，犯門斬關。"臧孫聞之，曰："國有人焉！（《補義》眉）"國有人焉"，幾謂我去無人矣，此正季孫忌紇之故，言外便與"入哭"一段應合。誰居？其孟椒乎！"（文熙眉）穆文熙曰："武仲除道東門，本非爲亂，而甲從則疑於爲亂。納龜請後，本非要君，而據邑則嫌於要君。想其人蓋持論有餘，而守道不足，動而見尤，乃所自取，知士然乎哉？"〖編者按：《左傳雋》作梅之煥語。〗汪道昆曰："'盟首'字法，'對曰'以下章法。"（《左傳雋》眉）李卓吾曰："敘極奇絕。今人多削去，未知左氏家數。始曰'無辭'，繼曰'國有人焉'，犯門斬關之罪，臧孫亦自甘心承招矣。"（王源尾）臧紇爲季孫廢長立少，自謂結其歡心，可無患也。不知其亡家之禍，即由於此。左氏序之詳，爲佞人戒之深矣。而章法之妙，爛如雲錦。初以申豐之正直，閔子馬之忠良，襯得臧紇鬼蜮情形，如臨秦鏡。繼序公鉏立羯，一一摹倣臧氏。凡紇所以立悼子者，公鉏即以之立羯，而立羯即以之報臧孫。摹神欲飛，繪景如睹。雖臧孫不與其事，而字字印臧孫之影，攝臧孫之魄，妙趣難窮。及接臧孫入哭一段，空靈跳脱，前後俱動。然後入孟氏之譖，以及其亡，總是先一步手法耳。紇亡後，尚有納請、如防、盟臧氏諸事，卻又提筆追序臧賈、臧爲，以及紇之以少奪長，然後序入。而臧紇之立，與臧爲之請，俱與季、孟天然符合，情態萬千。然則紇之敢爲非禮，以成人不義者，抑有由矣。萬笏奇峰，總由一脈。至於盟臧氏，雖屬餘波，而點出"殺嫡立庶"及"廢國常"二語，乃收束通篇，不特閒情點綴。而結歸淡宕，又掃盡前蹤，所謂天馬無蹤自往還者，其妙愈看看不窮，愈批批不盡也。（孫琮總評）敘散碎事，妙在一線穿去，筆力極閒宕，又極緊密。機鋒觸發，詞致婉轉，層巒疊嶂，幾令人應接不暇。（魏禧尾）魏禧曰："庶嫡之爭，動致禍亂，此其常理。獨閔子馬、臧武仲俱是局外人，子馬特見公鉏，武仲發季氏飲酒，一以安人之家，一以亂人之家，賢不肖相去如此。賢者一片熱心，惟恐人家多事，故將閒身於局中。小人亦一片熱心，惟恐人家無事，亦將閒身局中。然武仲以此身亡名惡，而子馬身安於當時，名重於後世，又所謂君子樂得爲君子，小人枉費作小人矣。"（《分國》尾）臧孫以少僭立，遂施諸季孫，天生孟氏，有一豐點，即以臧孫之法斃臧孫，而媚季孫者，讎季孫矣。嗚呼！臧孫一逢迎武子，衆怒皆歸，庶幾武子始終之。乃甲從一端，卒逢武子之怒。其心明知季孫愛我爲疾疢，孟氏怒我爲藥石，而冒昧畫策者，蔽於私也。立悼子，而他日悼子德我也，誰料東門之甲方從，鹿門之關遂出乎？閔子馬曰："奸回不軌，禍倍下民可也。"六世之卿，而血食幾斬，豈其然乎！嗚呼，其爲季孫上客之臧孫，何如爲盡室而行之申豐乎？（《左繡》眉）罪狀在犯門斬關，病根在廢長立幼，而發機在豐點立羯，踏網在閒戒甲從。至如防請後，致防奔齊，詞愈巧，而情愈窮。而干紀之書，何所逃乎？聰明人做犯拙事，作者蓋爲寫生也。起至出爲公宰，正寫臧孫病根。申豐、閔子馬，首尾特與臧孫反照，蓋兩人皆善處人骨肉之間者也。一則與人父言依於慈，一則與人子言依於孝。臧孫知此，何至作不順、施不恕，自陷於犯門斬關之戾乎？唐錫周曰："舍具出宰，結住季氏立悼子。季氏安矣，然而臧氏危矣。""孟孫惡臧孫，季孫愛之"，憑空提此二語，承上起下，絕妙筆法。二語一篇之骨，不提於起手，而留作轉梭，乃又一變調也。"苟立羯，請讎臧氏"，立幼以讎立幼，不必別尋頭緒，絕倒！公鉏兩番機鋒，字字尖穎，有蜻蜓點水之妙。然此是行文賓主映帶一定之法，或責其以子詆父，則失之矣。"立羯"下本可徑接閉門作難，卻嫌少停頓。因敘大哭一番問答，令情事紆曲有致，亦借作束上啓下，其筆法與前二提句正同。細看此段，不但爲此處小小停頓，承轉之妙，實一篇之中權也。蓋武仲若非季孫愛之，前不出力爲廢長立幼，後自不至受盟犯門斬關。故於事則臧孫爲瞻前顧後，懊恨無窮。於文則左氏爲左顧右盼，躊躇滿志。緊緊抱定提處二句，落筆亦自成一片段也。聞戒甲從，事事犯拙，視前飲酒爲客時，何等應手耶？寫來絕倒。聞戒甲從，已自錯服藥石，犯門斬關，則竟發狂疾矣。究竟美疢中了病根，非藥石之罪也。補敍臧孫出身，並詳賈爲立後，全因與立相類，特特借作映襯。史家因此及彼，附敍甚多，況事本連類乎！真天生妙事，成此妙文者。一面告賈，一面來告，卻將"遂自爲也"趁勢帶出，手法最簡而捷。口口說智不足，卻仍舊處處使乖弄巧，不但據防求後，依然腹中鱗甲。即"國有人焉"，亦原是口吻雌黃，蓋罪其跡而未誅其心也。自要君之論定，而紇始心折九京矣。一路散散敍來，臨了變作兩賓一主，整整相對之筆，熱鬧排場，文家最喜掉尾，爲其能激起通身神采也。兩賓恰借應前半篇，一主自收應後半篇，篇法完密之至。唐錫周曰："全篇節奏極其緊簇，至末忽出宕軼之句，頓覺通體煙波縹緲。"（美中尾）何義門曰："武仲以少陵長，爲臧氏後。及欲成季孫之邪心，廢長立少，遂失守宗祧。豈非君以此始，亦必以此終乎！"（《啗鳳》尾）傳爲武仲出奔而作，則"斬鹿門以出"句是主筆，前路乃先經以始事，後路乃後經以終義，《左繡》所評，至詳且切。或謂前後應作兩截讀，然廢長立幼，即是犯門斬關之根本，一串事也。至紇爲季氏立幼，彌即爲孟氏立幼以讎之，直是出爾反爾。且觀篇中敍述臧紇之立由姜氏，而二兄乃出在鑄，可見紇之爲後，已屬不順，爲人立幼，自視如常。及賈使爲請後，爲又背兄自請，無非尤而效之耳。外史所引東門氏事，恰又前後關照，所謂天生妙事，成此妙文也。至若紇之負罪，在於以防要君，孟椒以犯門斬關定爲盟首，而紇以爲國有人焉，其實幸國之無人，得爲己瞞過耳。楊辛全云："臧紇當時有聖人之目，以其多智也。看來弄巧終成拙，則惟逞其私智而不衷於禮，適以滋惑而已矣。爲季氏立後，而反自己無後，以致得罪請後，何天報施之巧也？'殺適立庶''欲廢國常'，兩盟雖不用，而武仲之罪，昭然若揭。"學三參評。（《左傳翼》尾）廢長立愛，季孫本志也。不肯自爲，必思嫁禍於人，以公鉏爲人陰賊險狠，非復尋常諸人比，設使親身行之，家門之禍，寧有窮乎？試看慍而不出，可知父子兄弟間大有不平在，得閔子馬一番正論，方始回心。季孫曲意彌縫，而奉羯廢秩之時，口口搶白乃父，毫無隱諱，臧孫何苦爲人作此悖逆事，自投網罟而莫之知辟乎？總由自恃其知，使乖弄巧，謂人無如我何，且恃季孫之愛，欲立悼子以結後援，而不知吾亡無日，即在其後。爲人作鷹犬者，從無好結局，此可爲千古炯戒。此篇會萃一廢長立少圖，臧紇如此出身，恬不爲怪，遂以此施於季氏。恰好遇着孟氏一個怨對，爲公鉏報讎。出奔請後，又有爲、賈一案爲之結局。盟詞內恰又有東門氏等相映帶，機事湊巧，不一而足。逐項寫來，若天生成以供文人驅使，讀此當浮一大白。"知不足也"，雖就甲從一事説，其實武仲一生受病總在此。蓋天下大知之人，明於義理，那有作不順而施不恕事？武仲胸中橫一"知"字，到處便用，至此乃知其不足，脱然如大夢之醒。後來辭齊侯之田，驀然頓進一番，所謂經一事，長一知也。奔邾後，詳敘請後事，而必推原其出身，見武仲奪嫡，正可行之一時，依舊復歸於亳。他人奪嫡，皆係人代爲，俱得免禍。惟武仲廢公鉏，卒得冤報。天道好還，借孟氏爲公鉏報仇，即借公鉏爲爲、賈出氣，此是一篇大結案。武仲於季氏是施不恕，自己奪嫡是作不順，正宜著眼。（高塘尾）汪德輔曰："魯自仲遂殺嫡立庶，公室於是乎失政。魯卿自季孫宿以私意廢長立幼，於是家臣效尤。孟氏之豐點，廢秩立羯。叔孫氏之豎牛，殺孟丙而立舍。皆托廢立以擅其權，而三桓微矣。作俑之禍，其流弊可勝言哉！"俞桐川曰："武仲之智，聖人所稱。然其所以爲巧者，正其所以爲拙也。援立悼子，貶絀公鉏，自謂迎合季孫，豈知反以此得罪？慍而不出，公鉏之毒深矣。喜而飲酒，季孫之心變矣。適遇豐點結計，公鉏成黨。曰'從余言'，即從讎臧氏之言也。曰'讎臧氏'，即伏閉門告亂之謀也。彼此盤結，窺間而發，而臧孫不悟也。一告而季孫疑，再告而季孫怒，甲從以衛身而反召之攻，斬關以逃死而即示之罪。即其納賂以請，挾防以叛，自謂無罪故爾，而終不解所以得罪之由。即季孫亦不過以犯門斬關入臧孫之罪，而不悟臧孫所以得罪，由於公鉏、孟氏羅織而成也。起云'孟孫惡臧孫，季孫愛之'，蓋孟之情公，故惡其詭而尚惜之；季之情私，故愛其捷而實忌之。臧孫既明言愛不如惡，而不能慎之於先，可謂智乎？夫君子處人家國之事，正者未必即禍，邪者未必即福。李世勣請立武昭儀，而敬業之族，即由昭儀。郭崇韜立劉夫人以媚莊宗，而殺崇韜者，劉夫人也。況季孫父子至情，偶然偏愛，臧孫迎其欲而立其少，能保其終不變乎？矯駕分桃，罪發於同卧起之靈公，愛憎之情變也。殺人三告，母不能信之其子，衆口之惑人也。季孫以既變之情，值衆多之口，爲臧氏者，有亡而已矣。篇首申豐一段，借作臧孫影子，其後公鉏之積怨，孟氏之陰謀，季孫之聽讒，孟椒之文致，敘得精細而隱躍，令人深思自悟，似爲臧氏鳴冤，似爲臧氏定獄，可謂直而婉，怨而嚴者矣。"(《自怡軒》尾) 緊簇處朗若日星，宕軼處煙波飄渺。許穆堂。(《評林》眉) 陳傅良："'孟椒乎'，傳言臧氏衰，三家益專。"(王系尾) 季孫之命攻臧氏也，以孟氏譖其爲亂也。盟臧氏而不用此，則季與諸大夫已明知其誣矣。而猶汲汲然盟之者，則公鉏之力也。此是暗寫法，左氏每每有此。犯門斬關，自是目前事，有何奇特？而臧孫遽訝爲有人，則其平日之予知自矜，以魯國爲無人可知，所以妄行而無忌憚也，欲無亡得乎？季宿專橫，威福自由，稍失其意，雖所甚愛，禍難立至。故臧紇比之於疾疢。孟速之爲人，傳無所見，而夫子嘗稱其孝，其爲正人可知。雖所甚惡，必不肯以非道淩之，故臧紇比之於藥石。臧紇誠知者也。雖然，既知其爲疾疢，何不遠之？即曰勢不可遠，亦當以正自守，何自阿其意而逢其惡哉？蓋以季氏之勢赫赫炎炎，幸逢廢立之會，吾誠用吾力焉，既可以獲愛于季孫，又可以樹德於所立，數世之利也。夫人之神識，依於理則清而明，放於利則惑而亂。以臧紇之知，一逞其私，雖愚夫之所不肯爲者，亦隱忍冒昧而爲之，豈不哀哉？此篇是仲孫速卒及臧孫紇出奔邾傳，而臧孫爲主，餘人皆賓。申豐、閔馬父，賓之反照者也。豐點、孟羯、臧爲，賓之效尤者也。各具精神，歷歷如繪。文章之大觀備矣，古今之大戒昭矣。(《菁華》尾) 臧孫平日稍持正論，深爲季孫所惡，臧孫亦自知之，故於立嗣之時，特逆其所欲，而爲避禍之計，而不知反以速之也。蓋君子於災患之來，只求於心無愧而已，此外皆非所知。若避之愈工，則召之愈速。惜乎！以臧孫之智，而不知此。後世如晉之郭崇韜，唐之李世勣，皆不能脫然於禍福之際，而坐致夷滅之慘，是故君子安命。明言"苟守先祀，無廢二勳，敢不辟邑"，則知不如所請，即不辟邑，要君之計，即在言外。(閭生夾) 此文之妙，尤爲不可思議，筆墨皆化雲煙，無一字落人間蹊徑矣。

晉人克欒盈于曲沃，盡殺欒氏之族黨。欒魴出奔宋。書曰："晉人殺欒盈。"不言大夫，言自外也。(《測義》夾) 愚按：經不書大夫，以盈稱兵犯國，非其大夫，與後鄭良霄例同，而左氏曰："言自外也。"恐非其意。〔編者按：奧田元繼作鍾伯敬語。〕(《分國》尾) 吾嘗怪范士鞅對秦景言欒氏之亡也，曰："武子之德在民，如周人之思召公焉，愛其甘棠，況其子乎？欒黶死，盈之善未能及人，武子所施沒矣，盈之怨實章，將於是乎在。"夫盈之怨果章矣，謂武子所施，至是始沒則誣。自武子害趙宗，欒氏一怨矣。殺三郤，欒氏一怨矣。弒厲公，欒氏罪大惡極，不特怨矣。武子何德之有？欒盈好施得士，觀曲沃之人觸而泣，泣而願爲之死，是盈可以不亡，而卒亡者，武子亡之也。此禍起於帷薄不脩，釁開於母子交構耳。欒桓子爲范氏畫策，入固宮，劫魏舒，制變之才，洵爲雄特。若祁奚之不見叔向而即歸，叔向之不告免焉而朝，此與張安世卻私謝、范滂不謝霍諝，落落千古，幾人而已。（《左繡》眉）不言之言，意在言表。作者以此說經，後人亦須以此讀傳。（美中尾）幾事不密則害成，盈帥曲沃之甲，不知因魏舒中夜迅走公宮，奉君以攻范氏，而晝入焉，致聲張，使鮒得爲謀，匄得爲備，宜其事之不集也，此便是天廢。（《補義》眉）完結天之所廢。（《評林》眉）陳傅良："'自外也'，傳釋去位不得書大夫。"

　　齊侯還自晉，不入。（孫鑛眉）亦是如此敘，而但覺色不甚濃。遂襲莒，門于且于，傷股而退。明日，將復戰，期于壽舒。杞殖、華還載甲，夜入且于之隧，宿於莒郊。明日，先遇莒子於蒲侯氏。莒子重賂之，使無死，曰："請有盟。"華周對曰："貪貨棄命，亦君所惡也。昏而受命，日未中而棄之，何以事君？"莒子親鼓之，從而伐之，獲杞梁。莒人行成。（《評林》眉）汪克寬："齊莊以千乘之君，輕行襲莒，身傷臣獲，此君子所以貴乎正也。"（高塘眉）華周卻賂，不苟得，不苟免，亦烈丈夫也，不獨有勇矣。

　　齊侯歸，遇杞梁之妻於郊，使弔之。辭曰："殖之有罪，何辱命焉？若免於罪，猶有先人之敝廬在，下妾不得與郊弔。"齊侯弔諸其室。（韓范夾）死難之臣，人主親至其室而弔之，齊所以強也，此後世所宜法。（魏禧尾）魏世儼曰："梁寧戰死，妻寧違君，夫婦死生皆能以義自持，齊未爲無人也。"（《分國》尾）前日先驅者某、申驅者某、貳廣者某、啓者某、胠者某、大殿者某，後日取朝歌、入孟門、登太行、張武軍於熒庭、戍郫邵、封少水，吾方疑齊師伐晉，如入無人之境。忽然趙勝帥東陽之師以追之，獲晏氂，當令一軍皆驚。結出華殖辭賂，杞梁戰死，其妻不與郊弔。紛紛拳勇，颯然氣盡。而公之傷股，尤足削諸拳勇之色。（《左繡》眉）孟子載華周、杞梁云云，此處兩人一同載甲夜入，一同先遇郤盟，自應同辭而對，同獲而死。文於華周，獨詳其却賂之詞。於杞梁，獨詳其却弔之妻。要是行文不欲犯復，又不可偏枯，故作此互見文法耳。作史者大都不出此種剪裁，會其意於言外可也。華周之對，杞妻之辭，都以兩意反復相應爲章法。有禮有辭，不但善哭矣。（《嗒鳳》尾）傳云杞殖、華還同載甲夜入，則其同遇莒子而同辭賂，同戰而被獲以死可知。淳于髠並稱華周、杞梁之妻善哭其夫，則其同迎同遇齊侯，而同辭弔，亦可知。篇中却賂之詞，專詳華周；却弔之詞，特詳杞妻。意亦互文耳。讀者即此例彼可也。乃忠清之節，見於武士；禮義之守，出於婦人。至今對之，令人起敬。（《左傳翼》尾）二人載甲夜入，同爲莒子所賂，而郤賂之辭出於華周，郤弔之事，獨爲梁妻。據事直書，故有異同，非有意作此互見文法也。然杞梁被獲，則能郤賂。可知杞梁不得郊弔，則弔華還亦必于其室可知矣。（高嶷眉）杞妻郤弔，既有禮，復有辭，亦賢妻子也，不獨善哭矣。（《評林》眉）李笠翁：" 杞梁之妻能詞命如此，其善哭而變國俗，有以也。"（王系尾）齊莊伐盟主，襲鄰國，無禮甚矣。卻敘一知禮之婦人作結，有意無意，文情兩絕。（闈生夾）杞梁妻以善喪著聞，故附載之，表其賢也。宗堯按："此與後世哀征役之詩爲一例。"

齊侯將爲臧紇田。臧孫聞之，見齊侯，（闈生夾）"齊侯"二字當重，蓋誤脫。與之言伐晉，對曰："多則多矣！抑君似鼠。（《補義》眉）借一"鼠"字，兼釋經"襲莒"一"襲"字之義。（闈生夾）詼諧入妙，與前幅相稱。夫鼠晝伏夜動，不穴於寢廟，畏人故也。今君聞晉之亂而後作焉。寧將事之，非鼠如何？"乃弗與田。（《左繡》眉）齊侯之田，亦美疢也。臧孫懲沸羹，吹冷虀矣。前後各有"抑"字一折，即借此相應作章法。（《補義》眉）三折肱爲良醫，其臧氏乎！（《評林》眉）《匯參》："齊侯之田，亦美疢也。臧孫懲沸羹，吹冷虀矣。'見'字絕句，以齊侯向下爲長。"《評苑》："晉有盈之亂而後起兵伐晉，猶鼠之夜動也。晉寧又將事之，猶鼠之晝伏也。"陳卧子："武仲不受齊田則是，而以鼠比公，則猥陋之甚。知者出言，固如是乎？"

仲尼曰："知之難也。有臧武仲之知，而不容於魯國，抑有由也。作不順而施不恕也。《夏書》曰：'念兹在兹。'順事、恕施也。"（魏禧尾）魏禧曰："武仲受田，則爲齊侯黨人，他日必與於賈牽、州綽之禍，怒其君以自免，又開千古避禍一法。"魏世儼曰："武仲於齊，可謂巧於避禍矣。使居魯若此，何至於亡，故必操心危，慮患深，然後其智爲有用。"(《分國》尾) 仲之喻，誠切矣。但好勇如莊公，臧紇亦幸而免哉！雖曰智，亦徼幸耳！(《左繡》眉) 因近事之得，卻轉而斷其前事之失，悟此文訣，則抑中有揚，揚中有抑，無不如意。史家評斷，於美惡互見處又大都不出此種範圍。唐錫周曰："前篇並不置褒貶，卻於此篇斷定，有山鳴谷應之妙。"(《左傳翼》尾) 神龍在天，變化不測，可得而臨之者，以有欲也。若果不得而食之，則亦不得而臨之矣。齊侯之田，人所冀幸而不能得者，臧孫獨棄之而若浼。蓋自爲季孫廢長立愛，懲創而來，而知望恩倖澤，寔爲喪身亡家之地。前番知不足者，此則知有餘矣。故能卒脫齊侯之難，而不與晉州綽輩駢首受戮。掉尾詠歎，煙波無際，令人作十日思。(《補義》眉) 一斷完結臧孫。(《評林》眉)《匯參》："'不順'貼事說，'不恕'指心說。"《經世鈔》："'不順'、'不恕'，用知人最犯此二病，所以往往敗事。"(闈生夾) 折衷聖論，恰好收束通篇。(王系尾) "作不順"、"施不恕"，是臧紇出奔斷案，亦是此篇斷案。臧紇既知齊莊之將敗矣，身爲羈旅，默而去之可也，何必以醜言激其怒哉？彼蓋欲依齊以威魯，而又不欲附莊以及禍，逞私舞知，總歸於不順不恕而已。

◇襄公二十四年

【經】二十有四年春，叔孫豹如晉。仲孫羯帥師侵齊。夏，楚子伐吳。秋七月甲子朔，日有食之，既。(《評林》眉) 家鉉翁："二十一年九月、十月朔，此年七月、八月連書日食，疏家引曆術，謂無連月日食之事。愚謂天道有時而變常，若執一定之律，恐失《春秋》記災示警之意。" 齊崔杼帥師伐莒。大水。八月癸巳朔，日有食之。公會晉侯、宋公、衛侯、鄭伯、曹伯、莒子、邾子、滕子、薛伯、杞伯、小邾子于夷儀。(《評林》眉) 許翰："夷儀會，以水不克伐齊，則知水之所及廣矣，非特魯之災也。" 冬，楚子、蔡侯、陳侯、許男伐鄭。公至自會。陳鍼宜咎出奔楚。(《評林》眉) 許翰："宜咎之事無聞焉耳，而以慶氏黨逐，則其人亦可知矣。《易》曰：'比之匪人，不亦傷乎！'"叔孫豹如京師。(《評林》眉)汪克寬："襄之聘晉者九，是年春先聘晉，冬乃聘王，書以著魯之慢王也。"大饑。

【傳】二十四年春，穆叔如晉。范宣子逆之，問焉，曰："古人有言曰，'死而不朽'，何謂也？"(方宗誠眉)"何謂也"之下，即接以"穆叔對曰魯有先大夫"一段，亦甚直接，然少騰挪。間以"穆叔未對"及宣子之言，文乃有曲折。穆叔未對。(《補義》眉)插敘"穆叔未對"一語，便覺勃勃欲吐，情景如畫。宣子曰："昔匄之祖，自虞以上，為陶唐氏，在夏為御龍氏，在商為豕韋氏，在周為唐杜氏，晉主夏盟為范氏，其是之謂乎？"(《正論》眉)宣子之問，正欲發其先世。穆叔不對，其意遠矣。而乃遂自揚，何其淺也。豈不愧於三立之言？星海曰："故家遺俗，喬木存焉。"《詩》曰："大宗維翰。"欒、郤降為皂隸，叔向悲之。彼不朽之盛事，豈不昭昭在人耳目耶？故為人後者，昭前之光明，斯保世以滋大。(《學餘》眉)宣子曰侈，武子、文子之遺訓忘矣，其能保守宗祊乎？穆叔可謂善戒者，斯其所以不朽也夫？(《補義》眉)內難既平，太阿獨攬，四方珍幣，皆集其門，富貴極矣。特恐鐘鳴漏盡，人壽無幾，故遡遙遙華胄，欲延休于其子孫耳。穆叔曰："以豹所聞，此之謂世祿，非不朽也。魯有先大夫曰臧文仲，既沒，其言立。其是之謂乎！豹聞之：'大上有立德，其次有立功，其次有立言。'雖久不廢，此之謂不朽。若夫保姓受氏，以守宗祊，世不絕祀，無國無之，祿之大者，不可謂不朽。"(文熙眉)汪氏曰："議論妙品。'宣子曰'以下章法。"穆文熙曰："穆叔論三不朽甚當，至以文仲為言，恐未必然。文仲雖賢，孔子嘗以為不仁者三，不知者三。不仁、不知，能不朽乎？魯遠有周公，近有孔子，何乃置之而不數也？"(《左傳雋》眉)孫應鰲曰："穆叔之論不朽甚當，至以文仲為立言，予恐未必然。夫文仲之在齊，未見其言之可以不朽者也。"(孫鑛眉)三立之說始此，於今則已為常談。(王源尾)孔子曰："物相雜，故曰文。"又曰："玄黃者，天地之雜也。"一色不能成錦，一音不能成樂，取乎雜也。曰參伍，曰錯綜，雜而已。此傳論不朽，而以六"謂"字相間成章。宣子曰"何謂"，不知所謂不朽也。曰"其是之謂"，謂不朽，非不朽也。穆叔曰"此之謂世祿，非不朽"，反駁其所謂不朽。曰"其是之謂"，曰"此之謂不朽"，正告以所謂不朽也。至其終，復駁其所謂不朽者曰"不可謂不朽"。只此六"謂"字，將"不朽""非不朽"錯雜出之，而雲崩濤湧，文中遂不可勝用。雜之義，可不講乎？"何謂也"下即接"昔匄之祖"云云，乃橫插"穆叔未對"一句，世祿非不朽不說盡，留於結尾申說。三不朽亦不一口道出，先插立言，後始並舉。短短篇中，波瀾層疊如此，讀者詳之。（魏禧尾）孫應鰲曰："穆叔已言文仲立言，而又述德與功以先之，見文仲猶非第一義也，況世祿乎？甚有軒輊。"（《分國》尾）宣子蓋有所挾而問也，穆叔窺其胸中有一段世系，待其自述，然後折之，何處更有遙遙華胄也？（《左繡》眉）議論文字，問答亦取相配。宣子問一不朽，穆叔卻對兩層。故於問處，亦特將"未對"頓挫出兩番來。"何謂""是之謂"，一虛一實，與下"以豹所聞""豹聞之"，一駁一解，正相稱也。世祿非不朽，文仲是不朽，先用突說。三立是不朽，祿大非不朽，後用申說。反正各寫兩番，總以一順一逆爲章法。"世祿"二字，尚是周旋語。若從上古說來，誰非黃炎之子孫？其以世家爲獨步耶？特舉一臧文仲，亦似淺之乎不朽矣。不知宣子太涉自誇，不知天高地厚，故只小小說一文仲以對之，所以殺其驕矜之氣也。下再將三不朽重作鋪排，見天地之大，有如許不朽，而區區世祿，不足當劍首一映，斯亦當爽然自失也已。（《左傳翼》尾）纔除一欒氏，便志得意滿，遂謂功名富貴與天壤相終始。"不朽"云云，何妄誕至此？被穆叔一番奚落，當自面赤汗下，小小一臧文仲，勝陶唐諸氏有餘，區區范氏，又不足言矣。末云保姓受民，隱見得若言世祿，我魯三家何渠不若？嚴冷中更帶風趣，快絕快絕！溺於富貴人，但知勢炎薰炙爲不朽盛事，那知更有立德、立功、立言云何。故因其所謂而爲之辨析，或反駁不朽，或正答不朽，頻點"謂"字，波譎雲詭，祿在"此之謂""不可謂"等字，傳神之筆尤在橫插"穆叔未對"一句。（高嵣尾）俞桐川曰："宣子自負家世，滿口誇張，被穆叔將小小一臧文仲抬出，便把宣子壓倒。隨即補出上三層，身分愈高，穆叔可謂能立言矣。"（《評林》眉）《匯參》："堯爲唐侯，國於中山唐縣，後爲天子，國于晉陽，以陶冠唐，故曰陶唐氏。"《評苑》："其立言垂訓，傳於後世，是文仲雖死而言不朽也。"（王系尾）此篇連下篇讀之，可以見范氏之驕矣。（《學餘》尾）臧文仲未足以當之也，三不朽之說，則聖人不能易也。嗚呼！不求不朽，而求長生，則"古而無死，其樂何如"之意而已矣。（林紓尾）陶唐、御龍、豕韋、唐杜，皆遠祖，惟杜伯爲其支祖。士匄在范氏中爲最劣，而又最驕，此問蓋不值一錢。説得極天高興，及穆叔還他"世禄"兩字，如冷冰澆背，極高興中，竟大掃興矣。然穆叔小國之大夫也，彼既以盛氣來，萬不能不以和氣答。輕輕舉出一個臧文仲，雖眼光小，然亦就近破他迷惑。其下即發出大議論，舉三不朽爲言。萬世以下，竟無人能易其説。"此之謂不朽"句是擁護己説，"不可謂不朽"句是斷他誤會。意之堅卓廣大，詞之明暢斬截，得未曾有。（《菁華》尾）搢紳之家，好誇門望之盛，此風至南北朝猶然。所謂上品無寒門，下品無貴族也。至科舉盛行，而此風始改。宣子之言，殆其嚆矢歟？三者分説，千秋之業，無能出乎其外，語簡而賅。（閩生夾）宗堯按："於其滅欒氏後，忽載穆叔問答之詞，藉以貶黜之，文特奇肆。"

范宣子爲政，諸侯之幣重。鄭人病之。二月，鄭伯如晉。子産寓書於子西以告宣子，（《左傳雋》眉）李九我曰："此古人通書之始。"（孫鑛眉）此書語亦已熟，但尚未至腐。（閩生夾）子産事實疑采自他書，與全書筆勢不類，然中有精理名言，不可廢也。曰："子爲晉國，四鄰諸侯，不聞令德，而聞重幣，僑也惑之。（《文歸》眉）戴文光曰："起得聳拔，'聞'字伏'令名'。"（《彙鈔》眉）劈起將令德、令名與重幣對較，持論正大。僑聞君子長國家者，非無賄之患，而無令名之難。夫諸侯之賄聚於公室，則諸侯貳。若吾子賴之，則晉國貳。諸侯貳，則晉國壞。晉國貳，則子之家壞。何没没也！（韓范夾）言賄之害，由其國以及其身，語深婉而痛切。（《補義》眉）小人不可道理喻，而可以利害奪。説他晉國壞，猶不甚介意。説到家壞，已是悚然。後又説到身焚，直是剖腹藏珠，那得不爲切膚之懼？作吏者當録置座隅。〔編者按：鄒美中作毛寅谷語。〕（《評林》眉）《增補合注》："'何没没'，言何沈溺於利而不能自悟也。"將焉用賄？（《彙鈔》眉）極言賄之禍，應"非無賄之難"。夫令名，德之輿也。德，國家之基也。有基無壞，無亦是務乎！有德則樂，樂則能久。《詩》云：'樂只君子，邦家之基。'有令德也夫！'上帝臨女，無貳爾心。'有令名也夫！恕思以明德，則令名載而行之，是以遠至邇安。（《彙鈔》眉）或合或分，逐層剖析，應"無令名之難"。（《補義》眉）中段放寬，泛言道理。"德""名"兩字並説，卻側注"令名"。毋寧使人謂子'子實生我'，而謂'子浚我以生'乎？象有齒以焚其身，賄也。"（《正論》眉）以"德"字、"名"字勝"賄"字，賄則敗德喪名，賄且不保，有人心者，能不惕然？日進月進之徒，蓋惡聞若説已。（《才子》夾）氣最遒，調最婉。婉與遒本相背，今卻又婉又遒，須細尋其婉在何處，遒在何處，又不得云此句遒，此句婉，須知其句句遒，句句婉也。（《淵鑒》眉）潔己澡躬，臣子之義。悖入悖出，古訓所戒。子産象齒焚身之論，最爲深切著明，當官者宜銘諸座右。水心葉適曰："子産攻幣重，直言無德與名而已。若後世之論則當有委曲，而好利之患已成，亦無肯直受攻者。蓋以義易利，在春秋時猶未爲難事也。"（《左繡》眉）此兩事前重後輕格，前重，故有提有應；後輕，故一帶便足。亦格之變者。局法與秦、晉麻隧之戰同。寓書自作一首妙文讀，"賄""名"雙起，以下申説。先極論賄之不可有，次極論名之不可無。尚是分説。"生我""浚我"二語，重將"賄""名"串説，見無賄方有名，有賄即無名。末更單煞"賄"字，以對針重幣，又以無賄爲主也。辭意痛切，而風調和平。法言、巽言兼而有之，辭令之極則。兩"聞"字與後兩"謂"字相照，所謂名也。"令德""令名"不平，重在"名"字。三代之下，唯恐不好名耳。從"賄"説到"貳"，從"貳"説到"壞"，又以"公室"與"吾子"兩路夾説，而注重宣子。凡六點"子"字，使人不得住，亦終日忘疲矣。（《補義》眉）只一范宣子，而列國之幣，敲筋擢髓，輦入其家，一起便知范祚不長。（《評林》眉）《評苑》："晉士匄執國政，諸侯朝貢於晉者，其賂增重。"鍾伯敬："子産論重幣章，利害灑然，貪夫必爲神竦，其'有德則樂，樂則久''象有齒焚身'，皆可充韋弦之佩。"（《左傳雋》眉）唐荊川曰："'生我''浚我'，語帶風霜，人自醒警。"（孫鑛眉）兩鍊語覺勁陗，上句重"子"字，尤有態。"象有齒"句緊接而陡住，於勢恰好，更無容再着語。（《彙鈔》眉）又應不務令德，而更進一層，波瀾宕逸。〖編者按：奧田元繼作胡彦遠語。〗（《評林》眉）魏禧："按：'浚我以生'宜作'削我産'更妥。"**宣子説，乃輕幣。**（文熙眉）汪道昆曰："辭令妙品。'僑聞'以下章法。"（《左傳雋》尾）羅文恭曰："此書凡七轉折，先後照應，一節妙於一節，文到此稱奇崛矣。"（《快評》尾）子産寓書於子西以告宣子，中有無限委曲事不可以言傳者，此類是也。不説重幣之病諸侯，而憂重幣之病宣子，立意落筆便高他人數倍。其言藹如，純爲宣子躊躇，更無片言及諸侯之病重幣。將令德與賄權其利害而較其輕重，令宣子自擇。一片心地，全爲宣子。宣子說而輕幣,辭之不可已也如是。(《正集》尾)緊健遒宕之極,中間不能再著一語。葛端調。(《覺斯》尾)過商侯曰:"只將'賄'字、'德'字說得輕重分明,既以家壞悚之,又以令名歆之,令宣子自去決擇。用意婉而嚴。"(《析義》尾)幣重雖病諸侯,究竟不利於盟主。書中把晉國、卿家兩路雙敲,復以令德、令名動之,末總以利害,引喻作結,俱是君子愛人以德處,不特為鄭國少蘇其力也。(《晨書》總評)徐袞侯曰:"晉自悼公復霸以來,一衰于平、昭,再廢於頃、定。當平公時,宣子既殺欒盈,政令無常,陳、鄭之師,無歲不出。多藏厚亡,未之戒也。子產箴之以令德,歆之以令名,惕之以家壞,忠言藥石,可為千古人臣龜鑑。"(《觀止》尾)劈起將令德、令名與重幣對較,持論正大。其寫德、名處,作讚歎語。寫重幣處,作危激語。回環往復,剴切詳明,宜乎宣子之傾心而受諫也。(《集解》尾)利慾薰心,而好名之人能讓千乘之國,蓋顧名則不得復顧利也,況貪利不能無害乎?篇中以"令名"與"賄"對講,既歆動之,又怵惕之,忠告善道,末引"象"作喻,單以"賄也"二字作結,筆力何等高古,何等冷雋!(《彙編》尾)論幣一書,歸重在德,子產最為扼要。而所以明德,直提出"恕""思"二字,的是聖賢誠意正心工夫。蓋利者,人所同欲。奈利心一動,便不能將己之心譬之他人,便不能將他人之心思之一己,殊不知我奪人之財,人亦思奪我之財,勢必人心離散,身敗名滅,而家國俱不能保矣。"有齒焚身"一語,真可為千古龜鑑。劈頭將"令德"與"重幣"對較,是主意在"德"字。然須看他從"德"字推出"名"字,從"幣"字推出"賄"字,隨意將此二字為一篇結構,中間或分或總,或單以"賄"字作結,其章法固不必言矣。至因"德"字說利害、說工夫、說效驗,身心家國,無所不該,一部《大學》盡在其內。(《知新》尾)晉政多門,利專私室,由范宣子甚之。因人立說,妙於感悟。(《賞音》尾)"晉國壞""子之家壞",足箴宣子之膏肓。人之聚財以自禍者,特未看破究竟耳。宣子說而輕幣,鄭誠受其益,而宣子賴以保家,其受賜於子產更多矣。(《左繡》眉)前後語意極其嚴峻,中間卻作寬緩之筆,疾徐相赴,節奏最佳。暗煞"名"字,用雙調。明煞"賄"字,用單調。以譬喻作掉尾,筆有餘妍,悠然不盡。結出"身"字,單指吾子說。蓋不獨壞國,以及家矣,更進一步,言下凜凜。尤妙在只一語便住,令之自思,語多則反減生趣。"無貳爾心""遠至邇安"等語,當指此事而言。至明年鄭入陳,此行可謂一舉兩得矣。(《約編》尾) 忠告善道,宣子焉得不悅?不說重幣之病諸侯,而憂重幣之病宣子,立意落筆便高人數倍。我持。(《析觀》尾) 章禹功曰:"子產論幣一書,不但爲鄭國少蘇其力,即鄰國諸侯亦甦其困也。篇中總在'非無賂之患,而無令德之難'二句,是通篇之綱。'若家與國貳其心而壞之',即有是通篇之綱,劈頭提出,語似串而意實側注'德'字。隨從'德'字推出'名'字,從'幣'字推出'賄'字,中間或分或合,後幅單收'賄'字作結,章法詳明,詞意愷切,宜宣子之傾心受之也。"(《補義》眉)"浚我以生",謂應其求者,俱是瘡痍之民,民皆溝壑,而子獨康寧,無是理也。一喻作結悚然。(《評林》眉)《經世鈔》:"輕幣輕於受害,勇於改過。"真西山。(高塘尾) 俞桐川曰:"'德'字以勸君子,'名'字以動小人,宣子品地在君子、小人之間,故兩路說來,自然悚聽。其言好賄之害,由國而家,由家而身,一步緊一步,令人不得不懼。辭令議論,俱造其極。"(《自怡軒》尾) 喻以理,動以利害;妙在絕不爲鄭計,若專爲宣子計,故言易入。杜草亭。(《學餘》尾) 東里潤色,莫善此書,所謂比德於玉者耶。《詩》《書》遺澤,溫然藹然,讀之服之,不自知其心之醉也。(閩生夾) 左氏好譏趙武,以其玩愒無遠圖也。至范匄、韓起乃以賄聞,愈益下矣。

　　是行也,鄭伯朝晉,爲重幣故,且請伐陳也。鄭伯稽首,宣子辭。子西相,曰:"以陳國之介恃大國而陵虐於敝邑,寡君是以請罪焉。敢不稽首。"(《文歸》尾) 嚴辭正色,如規好友,古人厚道如是。爻一。(孫琮總評) 真西山曰:"此古文通書之始。看他口氣,全似聖賢。書中凡四五轉折,先後照應,一節妙於一節,中間以'家壞'恐之,又以'令名'歆之,能不使人心悅?"以"德"字折却"賄"字,又以"名"字換却"賄"字,務德則名從之,務賄則禍伏之。論甚剴切,而語更委婉,自能令聽者欣然解頤。(魏禧尾) 魏禧曰:"名言鑿鑿可聽,見古人交情不苟。"魏世傚曰:"子產寓書於宣子,與叔向遺書規子產同。子產爲鄭病,故起於己。叔向爲子產,故起於友,故叔向義優。"彭家屏曰:"《禮》:天子制諸侯,比年小聘,三年大聘,所以使之相交相敬,繼好息民也。然於圭璋則還之,重之而不敢受也。《周禮》:凡諸侯之交,各稱其邦,以爲之幣。《儀禮》所用聘物,不過帛錦加玉,用皮用馬而已,未聞以重幣也。晉爲盟主,求幣於諸侯,至悉索敝賦來會,時事用幣者,至百輛之多,其黷貨無厭,爲患於中原也,非一日矣,豈先王制禮之本意乎？先王交鄰之禮，而資以爲利，其亂典甚矣。齊桓之世，不聞有此，此桓之所以不可及也夫！"（《分國》尾）先是，悼公繼伯，脩睦鄰封。其盟載書也，曰："無雍利。"而於魯幣則輕之。平公嗣位，悼政漸衰，諸侯之幣遂重。鄭雖初息肩於晉，乃徵朝徵聘，無歲不然，又堪重幣乎？國僑寓書，不從鄭國起見，而曰諸侯貳則晉國壞，晉國貳則子之家壞。人誰不自愛其家者？以重幣，至鹵而國、害而家乎？嗚呼！胡椒八百石徑尺琉璃盤，身滅家籍，竟安在也？國僑此書，黷貨者請勒一通。（《啙鳳》尾）書爲輕幣而寓，則"非無賄之患"是主，必兼言"德""名"者，晉主夏盟，而范宣爲政，令名是不可無。要知有賄必不能得名，晉思顧名，幣安得重？德、名之勉，正爲輕幣故也。故篇內雖亦截說、對說，而提處、結處，絲毫不苟。李萬九云："宣子重幣，爲諸侯之病，而鄭尤甚。子產寓書，全不爲鄭起見，祇爲晉起見，寔爲宣子起見。輕帶諸侯一筆，則鄭在內，而總歸到宣子身上，欸欸入情，亹亹動聽。而'毀家''焚身'，極危悚之語，卻自渾然不覺，所以爲妙。"（《左傳翼》尾）劈頭提"范宣子爲政，諸侯之幣重"，分明賄聚私室，不唯諸侯攜貳，晉諸卿亦莫不怨之。虎視眈眈，欲如范氏之傾欒氏者，豈緊無人？故從晉國壞說到子之家壞，用"何沒沒也"作喚醒之詞，宣子聞之，豁然如大夢之醒。本是警以"有齒焚身"，卻從"令德""令名"迤邐說入，蓋德、名與賄原是敵頭，開首喝破，以下慷慨而談，不爲諸侯說法，專爲宣子指迷。語語忠告，故言之無罪，聞之足戒。《快評》謂"命意落筆，高人數倍"，信然！不說聚賄之害，無以褫其魄。不說德、名之善，無以動其心。講聚賄，直就他本身說，十分警切。講德、名，便推開泛說，十分歆動。忽予忽奪，不激不隨，豈非詞令妙品！（《日知》尾）且勉且規，亦法亦異，故雖剖晰分明，祇覺藹然可聽。（盛謨總評）"德"字、"名"字，或串或合，或側或平，筆墨變化極矣。前用"非無賄之患"一結，後用"賄也"二字一應，尤愛其用"象有齒"句，言有盡而意無窮，韻致鏗然，雋永可思。（王系尾）鄭患幣重，不言於晉侯，而言於范宣，是晉侯不知其重也。范宣悅而幣輕，是晉侯不知其輕也。伐陳之請，其是其非，未有成命，晉之霸業，於是乎不脩矣！（《菁華》尾）范宣貪黷小人，一旦得志，凡可以遂其欲者，無所不至。子產之書，說到晉國壞則子之家壞，聞者當爲毛骨竦然。蓋凡小人之情，不可示以理之是非，祇可動以事之利害，故措詞如此。

孟孝伯侵齊，晉故也。(《測義》夾)愚按：當齊伐晉，魯既不能致力以救，既退而復侵之，何益於晉哉？君子是以知其爲文具也。〖編者按：奧田元繼作王季重語。〗

　　夏，楚子爲舟師以伐吳，不爲軍政，無功而還。(《評林》眉)陳廣野："楚怨吳之與晉，雖其不交者已十年，而楚至是凡三伐吳。"〖編者按：凌稚隆作趙鵬飛語。〗(王系尾)高息齋曰："於是見楚弱而吳之張也。襄十一年，楚失鄭。十四年，伐吳，自是舍鄭而不爭。又十年而一再伐吳，急吳而緩他國也。"此篇是部中大結構處。

　　齊侯既伐晉而懼，將欲見楚子。楚子使薳啓彊如齊聘，且請期。齊社，蒐軍實，使客觀之。(韓范夾)利器不可以示人，以兵張客，非所以固國也。(《評林》眉)按：社，祭土而主陰氣也，配之以古之有大功者，即后土也。陳文子曰："齊將有寇。吾聞之，兵不戢，必取其族。"(《測義》夾)愚按：崔杼爲無君之言，文子既與知之；齊將有寇，文子又逆知之，乃不能匡君闕失，陰折奸宄之萌，而徒低佪竊語，坐觀其釁，國家曾何恃于有若人？彼其捐千乘之馬，守百乘之木，特猥瑣自好者流耳。〖編者按：奧田元繼作王鼎爵語。〗

　　秋，齊侯聞將有晉師，使陳無宇從薳啓彊如楚，辭，且乞師。崔杼帥師送之，遂伐莒，侵介根。(《分國》尾)既欲乞師，又自張其師，本欲懾楚，反先懾晉，晉、楚不受懾也，適自焚耳。(《左繡》眉)此二節連讀，既伐晉而懼，聞將有晉師，都步步爲弒公悅晉伏脈。文子語承上起下，不獨指外寇，並內奸亦暗照在內。觀末特敘崔杼送師伐莒，此蹻牆之堅冰也。楚如齊聘且請期，齊如楚辭且乞師，兩邊忙亂，終歸無益，而齊侯兵在其頸矣。文字須通長讀，若只就本文着解，便不見得。(王系尾)胡澹庵曰："自古姦臣篡弒之禍，未有不本於其君假之以權之重而任之久也。趙盾、崔杼，皆假威弄權，盟會侵伐，無所不至。其君信之深，任之篤，一旦變生肘腋，而猶弗悟。故聖人詳錄其漸，凡一侵一伐，必謹而志之，以明兵柄倒持，積而爲篡弒之禍。故趙盾之將弒，則先書其侵崇侵鄭之漸；崔杼之將弒，則先書其伐莒伐魯之漸。《易》曰：'其所由來者，漸矣。'可不鑒哉？"

　　會於夷儀，將以伐齊，水，不克。(《測義》夾)趙鵬飛氏曰："楚未嘗一日忘鄭，特觀中國之釁爾。今晉不能和諸侯以制楚，而乃摟諸侯以伐齊，且勝齊孰愈於勝楚哉？夷儀之會，無損於齊，徒爲鄭招寇也。"（《補義》眉）莊聞虛聲，知已落膽。

冬，楚子伐鄭以救齊，門於東門，次於棘澤。諸侯還救鄭。（《補義》眉）名爲救鄭之師。（《評林》眉）《補注》："楚子伐鄭，不言四國，傳略之。"晉侯使張骼、輔躒致楚師，（《補義》眉）名爲致師。求御於鄭。（《評林》眉）按宣十二年疏："致師，致其必戰之志。"（閻生夾）大篇中包孕小篇，乃古人恒法。後世爲文，務簡潔，少枝蔓，遂無汪洋恣肆之觀矣。鄭人卜宛射犬，吉。子大叔戒之曰："大國之人，不可與也。"（《補義》眉）此篇以"巫"字爲主，太叔若預知其巫而規之。對曰："無有衆寡，其上一也。"大叔曰："不然，部婁無松柏。"（《測義》夾）李廉氏曰："自蕭魚之後，楚兵再至鄭而無功，則以悼公之餘澤也。"二子在幄，坐射犬於外，既食而後食之。（《補義》眉）二子傲，卻逼出射犬之巫。使御廣車而行，己皆乘乘車。將及楚師，而後從之乘，皆踞轉而鼓琴。近，不告而馳之。皆取胄於槖而胄，入壘，皆下，搏人以投，收禽挾囚。弗待而出。皆超乘，抽弓而射。（《補義》眉）射犬巫，卻逼出二子之奇。既免，復踞轉而鼓琴，曰："公孫！同乘，兄弟也。胡再不謀？"對曰："曩者志入而已，今則怯也。"皆笑，曰："公孫之巫也。"（文熙眉）汪氏曰："敘事能品。"穆文熙曰："兵法：'軍幙未辦，將不言倦；軍竈未炊，將不言饑。'張、輔二子，坐射犬於外，既食而後食之。以大國而淩小國之人，宜射犬有以左之也。二子踞琴臨敵，何得有此閒暇？毋亦傳之者或過與？"〖編者按：奥田元繼作王鼎爵語。〗（孫鑛眉）事絕奇，敘亦絕奇，後代無此技，亦無此筆。（韓范夾）三子之意，俱在不言之表，作文者但存其有語無心、外合中違一段光景而已。（王源尾）二子負絕人技勇，激射犬以見己能，事近戲，非勝負所關。然楚所以不敢犯晉者，此舉未必非一助。左氏爲二子寫照傳神，毛髮皆動。而先序大叔之言曰："大國之人不可與。"已伏後案。又曰："部婁無松柏。"孕奇毓幻，五字萬象包羅，如膚寸之雲，瞬息騰龍馭鳳，變化山川樓臺，不可方物，絕世奇觀。（魏禧尾）魏禧曰："二人始既不忙，終亦不怒，其蘊藉之致可想，有儒將風流。但待射犬無禮以致怨，幾喪身，亦自取也。居上者可忽下、大可忽小乎哉？"（《分國》尾）晉師入楚軍，踞轉鼓琴，如入無人之境，蓋由目中無楚師也。既食後食，將及後從，所謂大國之人不可與者如此。鄭人御晉帥，進退行止若兒戲然，蓋由胸中無晉帥也。"弗告而馳""弗待而出"，所謂"無有衆寡，其上一也"如此。雖然，幸而不敗耳。射犬以私恨不告、不待，二帥明知之，而聽之。倘敗乃事，二帥豈得辭其責哉？（《知新》尾）踞轉鼓琴，與衽金革何異？當時尚勇，故作此態。射犬褊急，貽笑大國，則又卑卑不足道矣。（《賞音》尾）三子皆有過人之才，故皆以戰爲戲，而事卒以濟。二子之乘乘車而出，或亦慮射犬之僨事，而留此以爲歸地乎？（《左繡》眉）"楚子伐鄭""諸侯救鄭""晉侯求御於鄭""鄭人卜"，可見此篇以宛射犬爲主。兵凶戰危，此何等事，而以坐外食後之故，頓忘部婁松柏之戒？雖張、輔驕倨可恨，而取冑搏人，猶能自免。否則與入楚師，竟爲華元之續。公孫之亟，其與羊斟非人，曾得末減乎哉？此卜吉時所不料也已。此篇只寫一"亟"字，太叔着意丁寧，固明知其亟而戒之也。二子多般做作，亦明知其亟而戲之也。入不告、出不待，"亟"字正面，作弄得暢快有趣。"曩志入""今則怯"，"亟"字假意，遮飾得輕巧入情。到此才認得公孫之亟。大國不可恃，部婁不可忽，而人果無衆寡，兩人幾爲一人所算也。只得笑而解之，而領教多矣。通體用筆極簡，寫意極工。左氏於極沒緊要事，往往偏寫得神致如生，以自娛娛天下後世，遊戲三昧，即小題亦屬聖手也。"踞轉鼓琴"凡點兩遍，特寫二子從容閒暇，與亟者相映成趣也，亦便以對綰兩頭爲章法矣，妙極！以一筆寫兩面，而面面皆活，所以爲佳。五點"皆"字，不着一筆分寫，其意只要脫出"皆笑曰亟"一句耳，敘述最簡潔有法。前後兩番往復，都兜裹射犬語在中間作主腦，工整無以復過。（《左傳翼》尾）此篇專爲張骼、輔躒寫照，二子負神勇絶技，欲於楚軍一試其奇，故特求御於鄭，而激怒射犬，使之不告而馳，勿待而出，而己之技勇乃得顯出，此皆有意賣弄處。太叔知之，故先戒射犬，令其勿怒。射犬不能，所以卒爲所顛倒而不知也。然使射犬不怒，則二子之技勇亦埋沒不出。射犬惡毒已極，而以一"亟"字爲之解嘲，二子原不以此罪射犬也。前此不交一語，至此乃以兄弟稱之，多少情趣。評者謂二子被創，大有俱悔之意，何異說夢？出入百萬健兒中，左沖右突，自行自止，如入無人之地，不但人不能傷，且能收禽挾囚而出，妙以不告而馳、勿待而出得之，有此神勇絶技，才敢賣弄，不然幾爲宋華元矣。二子得射犬，倍覺生色。左氏描寫，鬚眉欲活，爲之咨嗟歎絶。

最妙是子太叔一戒,兩邊情形早已含蓋在內,通篇文勢亦激宕得精神煥發。但射犬性亟,即素知之。二子做作賣弄,緣何得曉?從來深心卓識人,一有風吹草動,便能窺破行藏。致師生死,全在御者。晉豈無人,而必求御於鄭?即此舉動,便爾蹊蹺,太叔所以一見驚心也。此等處都見古人細密,切勿草草讀過。"轉",《注》云"衣裝"。《疑參》謂:"衣裝當在重車,守裝者主之,不應置於兵車也。且戰車皆立乘,衣裝將何以置之?傅氏疑'轉'爲'軫'字之悞,謂車之軫木踞之以鼓琴。竊按:軫謂車四面木匡合成輿者也。《考工記》云:'軫圍一尺一寸。'則其廣止二寸七分五厘,豈能踞坐其上以鼓琴者乎?然則所謂轉者,轉其琴之軫也。踞,蹲也,曲股坐也。蓋盤踞其足,置琴於上,旋轉其軫,和絃而後鼓之也。"愚按:《周禮·車乘圖》衣裝在後兩列廄養、樵汲、皮家之中,其數有五。據此,則轉爲載衣裝之車,非車上有目名轉,可以載衣裝也。車既以衣裝名轉,則衣裝亦可名之爲轉。今二子由乘車而入廣車,挾琴而往,衣裝必與之俱,觀取胄於橐,橐即盛衣裝之具也。既有衣裝,即可以坐兵車,雖立乘鼓琴,非踞不可,踞即踞此衣裝之上也。踞轉當連看,不宜析讀,至轉軫和琴,此皆鼓字內事,不當作轉字正解,《疑參》似不可從。(《補義》眉) 結出"亟"字,是收射犬,"皆笑"二字已收拾二子。(高嵣尾) 張輔二子奇,公孫亦奇,逐次摹繪,咄咄欲活。(《評林》眉) 彭士望:"五'皆'字精采自出。"《附見》:"公孫即射犬。"陳傅良:"'公孫之亟',傳言晉師之懈。"(林紓尾) 愚按:此篇風神蓋世,太史公、班固幾之,餘人莫逮也。著眼在"公孫"二字,宛射犬唯爲公孫,故目無大國。觀其對子太叔曰:"無有衆寡,其上一也。"脫口出一"上"字,已自表公孫身分。及二子據幄不見,公孫之身分一挫。先自食而後食客,公孫之身分又一挫。客御廣車,主皆乘車,公孫之身分又一挫。此時公孫怒極,不告而馳,弗待而出,兩處均寫公孫負氣不平。唯其如是,乃益見二子之勇。兩次踞轉鼓琴,風流瀟灑極矣。而"收禽""挾囚""超乘""抽弓",全不類踞轉鼓琴者之所爲。此時公孫氣已大懾。迨第二次鼓琴時,則從容和藹言曰:"公孫同乘,兄弟也,胡再不謀。"全是琴人之語氣。公孫勢在不能不屈,脫口示怯,原期自掩褊衷。然二子已預知,皆笑曰:"公孫之亟也。""亟"字是誚客之無量,"笑"字正示客以有能。公孫極其怒,二子極其整暇。兩呼"公孫",不是尊宛射犬,正其輕之之至。故於性命呼吸之間,幾爲所賣,亦不之怒。

愈不怒，愈見其能。文着墨無多，風韻高，音吐妙，百讀不厭。（閶生夾）此節所記，意態蕭閑雋遠，極得名將風度，亦瓊絕古今、不可再得之奇文。

楚子自棘澤還，使薳啓彊帥師送陳無宇。（王系尾）伐齊之師未加，救齊之師已出，楚之汲汲於齊，猶晉之汲汲於吳也。而卒不能得齊者，天猶未厭諸夏也，是部中大結構處。高息齋曰："會而不伐，是有畏也。國勢不競，衆志不一也。曰'水不克'者，特辭不能伐耳。下書崔杼伐我西鄙，蓋知晉之無能爲也。"汪德輔曰："伐而不果，救不及事，晉霸之衰，亦可知矣。"

吳人爲楚舟師之役故，召舒鳩人，舒鳩人叛楚。楚子師於荒浦，使沈尹壽與師祁犁讓之。舒鳩子敬逆二子，而告無之，且請受盟。二子復命，王欲伐之。薳子曰："不可。彼告不叛，且請受盟，而又伐之，伐無罪也。姑歸息民，以待其卒。（韓范夾）服人以德，必使其心毫無叛志，然後乃已，若以執服人，則取其苟有辭而已，非可深求也。此王、伯所由分也。卒而不貳，吾又何求？若猶叛我，無辭有庸。"乃還。（《左繡》眉）無信人只好騙一遭，處若輩，只數語已足，情理兼到之筆。只"待其卒"三字，王者亦有此心，卻滿肚皮是以善養人；伯者亦有此心，卻滿肚皮是以善服人。君子小人，皆以是觀之。（《左傳翼》尾）明知其詐，而猶不加譴責，姑歸息民以待其卒，伺其隙以乘之也。雖非至誠，卻得勝算。舒鳩乃欲以無信僥倖苟免，豈可得乎？（《評林》眉）《經世鈔》："伐叛之道，無過四語，凡處敵以下之人皆然。"

陳人復討慶氏之黨，鍼宜咎出奔楚。（《評林》眉）鍾伯敬："左氏以爲討二慶之黨，則二慶者，楚人所惡，而陳殺之者也。宜咎豈敢復奔楚乎？蓋爲公子黃所傾，而奔愬於楚耳。"〖編者按：凌稚隆作季本語。〗

齊人城郊。穆叔如周聘，且賀城。王嘉其有禮也，賜之大路。（美中尾）高息齋曰："齊莊背晉，故求媚於天子，且示義於諸侯。魯侵齊，而懼晉之不競也，故假王寵而釋齊怨。"（《評林》眉）《補注》："'齊人城郊'，傳自此以後，言齊人城郊者三，由不得其詳，故屢舉之。《外傳·周語》：'靈王二十三年，穀、洛鬭，將毀王宮。'韋昭曰：'穀、洛，二水名，水激有似於鬭。'靈王時穀水盛，出於王城之西而南流入於洛水，毁王城西南，將及王宫，故齊人城郟。"張洽："自宣九年仲孫蔑如京師，其後五十餘年，乃始有叔孫豹之聘，蓋自是不聘王矣。"〖編者按：王系作許崧老語。〗（王系尾）高息齋曰："襄公即位二十有四年，如晉者五，出會諸侯者十有三，未嘗朝天子也。於是叔孫豹始如京師。"按：諸侯之不朝不聘，王不能討。一來聘而遽嘉其有禮，所以招徠之者亦殷矣，而卒莫之至焉。周之爲周何如哉？此皆是部中提挈綱領處。

晉侯嬖程鄭，使佐下軍。鄭行人公孫揮如晉聘。程鄭問焉，曰："敢問降階何由？"子羽不能對。歸以語然明，然明曰："是將死矣。不然將亡。貴而知懼，懼而思降，乃得其階，下人而已，又何問焉？且夫既登而求降階者，知人也，不在程鄭。其有亡釁乎？不然，其有惑疾，將死而憂也。"（《左繡》眉）程鄭之問，不過一患失之念，非慮以下人之謂也。然明斷其將死而憂，大旨全在"下人而已""又何問焉"兩句，見得知者不問，問者不知。既非知懼求降，則純是得失惶惑，不亡即死矣。所謂無感而憂，憂必醻之者也。理直而詞甚曲，只是一意分作兩層説，以順逆虛實爲轉換而已。程鄭亦悼公新政官人之一，何遂如然明所識？看開手著一"嬖"字，顯得是兩截人物，伏一篇議論之根矣。（《左傳翼》尾）位高求降，此謙謙君子卑以自牧之道，子羽何以不能對？然明直以死亡斷之，以其由嬖倖而得卿位，非貴而知懼者，不可謂之知人，豈知下人之道？忽然問此，非有亡釁，定然將死，而憂根苗總在一"嬖"字内，此"彼其之子，不稱其服"，詩人所以刺也。亡而曰釁，恐有人忌而思奪者。將死而憂，由有惑疾來。惑疾者，心中惶恐，踽踽而不寧也。（《補義》眉）周云："釁者，恐有人奪之。惑疾，中心惶恐而不寧也。皆從首一'嬖'字來。"（《評林》眉）《經世鈔》："子羽不能對，何也？説知人妙，謂既登貴位，而知降下之道，必明知之人乃能之，非程鄭小人所能，林注非。"沈雲將："程鄭嬖於晉侯，必其佞巧致之，無迷惑之疾者，猥瑣之夫小得志而氣即溢，溢則必禍，固宜其取死也。"魏禮："'不在程鄭'，謂鄭非知人也。'其有亡釁'，亦是説程鄭。鄭《注》似不順。"（方宗誠眉）伏後程鄭死與子産知然明之根。

◇襄公二十五年

【經】二十有五年春，齊崔杼帥師伐我北鄙。夏五月乙亥，齊崔杼弒其君光。（《評林》眉）高閌："崔杼不能防閑其妻以淫於家，又不絕其妻而行大逆於君，齊莊背諸侯之盟，數行侵伐，崔杼因民之怨，遂以宣淫之故弒之。"公會晉侯、宋公、衛侯、鄭伯、曹伯、莒子、邾子、滕子、薛伯、杞伯、小邾子於夷儀。六月壬子，鄭公孫舍之帥師入陳。（《評林》眉）李廉："子展、子產之入陳，與子國、子耳之侵蔡一也，而二子之心不同，故舍之得稱名，而子國稱人。據左氏所載，則此書人亦近於末減之詞矣。"秋八月己巳，諸侯同盟于重丘。公至自會。衛侯入於夷儀。（《評林》眉）劉敞："衛侯入於陳（當作夷）儀，《公羊》曰：'曷為不言入于衛？諼君以弒也。'非也。衎雖失位，非剽臣也。剽雖得國，非衎君也。《春秋》豈謂衎為諼君乎哉？"楚屈建帥師滅舒鳩。冬，鄭公孫夏帥師伐陳。十有二月，吳子遏伐楚，門於巢，卒。（《評林》眉）蘇轍："吳子伐楚而名，何也？名其卒也。吳子伐楚而門于巢，巢牛臣射而殺之，不言滅，何也？死而非獲，則卒也。"

【傳】二十五年春，齊崔杼帥師伐我北鄙，以報孝伯之師也。公患之，使告于晉。孟公綽曰："崔子將有大志，不在病我，必速歸，何患焉！其來也不寇，使民不嚴，異於他日。"齊師徒歸。（鍾惺眉）觀此語，崔杼弒君不為棠姜明矣，特借姜為釁耳。（韓范夾）從來奸雄舉動，儒生察之而有餘矣，當局者每不知也，如公綽之於崔杼，此類是也。（《分國》尾）奸雄作事，亦必以得民心為先。他日於晏子曰"民之望也"，亦此意耳。但恐民心不與，此州吁欲和民而不得也。（《左繡》眉）此處公綽頗有料敵之智，當自靜中得來。然欲其折衝樽俎，固非所及耳。先推其心，後指其事，必作兩層洗發，此左氏之定例也。（《左傳翼》尾）劉裕滅姚氏，關中未定，率爾遽歸，赫連決其志在圖簒，已而果然。崔杼逆志已久，公綽料之瞭如指掌，"其來也不寇"二語，就事以論。其寔司馬昭之心，路人皆知，固不待決之於事也。

(《補義》眉）公綽、然明聽言審事相頡頏。（《評林》眉）李笠翁："崔子有大志，魯人且知之，而齊顧不寤，人將戕其躬之不恤，而伐魯以爲功，豈非利令智昏哉！"〚編者按：凌稚隆作凌約言語。〛（王系尾）許崧老曰："崔子之志，鄰國知之，而齊莊不寤。人將戕其躬之不恤，而務貪伐國之功，故利令智昏，外競而內傾，自然之符也。"

齊棠公之妻，東郭偃之姊也。（孫鑛眉）此敘事亦平平，未見妙處。（《左繡》眉）此篇傳崔杼弒君事，前後夾敘許多死亡，全以晏子一段議論爲主，亦兩頭敘、中間斷格。凡分四截讀。第一截又分兩層，前一層是原敘，以娶棠姜爲弒君因緣。後一層是正敘，以通棠姜爲弒君把柄。各以"遂取之""遂弒之"對煞爲段落。第二截亦分兩層，前一層是敘晏子不輕死亡，以諸人死亡相陪作起訖；後一層是敘晏子不輕盟歃，以崔、慶立公、盟公作起訖。兩節詳略相承，各以社稷爲眼目。第三截亦分兩層，前一層寫太史之死爲守經，後一層寫鮮虞之奔爲達權，與前諸人相似而不同，與晏子又相反而適類。末一截詳敘崔杼葬不成禮，以了弒君一案正文，蓋本傳自爲首尾也。前後敘事變動，中間議論精奇，夫唯左公，兩居其勝。文必有案有斷，今此文于齊莊之淫，崔杼之逆，諸人之死亡，一概不置褒貶，而隱隱都評定於晏子口中，結構奇絕。（《補義》眉）莊公死於淫，故直從棠姜敘起，見婦禍之烈。**東郭偃臣崔武子。棠公死，偃御武子以弔焉。見棠姜而美之，使偃取之。偃曰："男女辨姓，今君出自丁，臣出自桓，不可。"武子筮之，遇《困》之《大過》。史皆曰："吉。"示陳文子，文子曰："夫從風，風隕妻，不可娶也。且其《繇》曰：'困于石，據于蒺藜，入于其宮，不見其妻，凶。'困于石，往不濟也。據于蒺藜，所恃傷也。入于其宮，不見其妻，凶，無所歸也。"**（《補義》眉）語語説崔子，即筆筆照莊公。（《評林》眉）魏禧："廉靜之人亦有智如此，夫廉則無欲，靜則不擾，無欲而不擾者，見事多明。"《匯參》："'今君出自丁'，謚法：'遠義不克曰丁。''史皆曰'，史，筮人也，史有多人皆言吉以阿崔子。服云：'皆，二卦。'非。'風隕妻'，《兌》爲小女，是爲妻也。'風隕妻'爲句，與對句對。陸氏言夫既從風，風能隕妻也。"**崔子曰："嫠也，何害？先夫當之矣。"遂取之。莊公通焉，驟如崔氏。**（《左繡》眉）"遂取之""莊公通焉"，兩句轉接甚緊，卻不得連片讀，取姜是先斂後束，通姜是先領後斂，一順一逆，段落有法。(《評林》眉)魏禧："按：崔子欲娶而後筮，安得言先夫當乎？今人嘗有用此故智者。人為財色所昏，於明白無理處看得有理，類如此。"按："無所歸也"，注："死期。"杜注多作"死其"。**以崔子之冠賜人，侍者曰："不可。"公曰："不為崔子，其無冠乎？"**(閻生夾)只"嫠也何害"二語，便見崔子之溺情美色，甘死亡而不顧。"不為崔子"二語，便將公之荒淫玩禍情況曲曲繪出，皆古人撰文精絕之處。**崔子因是，**(韓范夾)崔子弒君之志，在棠妻未娶之前，今特因是而易舉耳。所謂惡不積不足以殺身，其莊公之謂乎？(《左繡》眉)"崔子因是"，杜注："因是怒公。"愚謂此是歇後語，本連下欲弒公，卻半句縮住，而以"間伐晉"橫插於中也。左氏敘法無變不備，此亦其一耳。(《評林》眉)穆文熙："齊莊公淫崔子之妻，而復以其冠與人。陳靈公淫夏徵舒之母，而謂徵舒似儀行父。宣淫無度，激成變亂，足為千古之戒。"《經世鈔》："夏姬之服，崔杼之冠，二君皆以淫戲射死。"張半菴："既淫崔子之妻矣，又以其冠賜人，可乎？不弒何待？"(閻生夾)此句頓斷，乃見合數事以為一文綴聯之妙。**又以其間伐晉也，曰："晉必將報。"欲弒公以說于晉，而不獲間。公鞭侍人賈舉而又近之，乃為崔子間公。**(《補義》眉)"為崔子間公"，伏下"閉門"，此人最得力。(《評林》眉)《經世鈔》："置讎怨於側，未有不取禍，齊莊公、懿公尤其著者。"

　　夏五月，莒為且于之役故，莒子朝于齊。甲戌，饗諸北郭。崔子稱疾，不視事。乙亥，公問崔子，遂從姜氏。姜入于室，與崔子自側戶出。公拊楹而歌。(鍾惺眉)崔杼妻棠姜，蓋嚆莊公而行弒逆之謀也。觀此一段入室、出戶、拊楹光景，杼之謀，姜盡知之，且共之矣。東郭偃之諫腐哉！(韓范夾)崔子借妻以弒君，非為奸雄，實為喪恥。(《彙鈔》眉)崔杼明與姜氏同謀，蓋以妻為餌而行弒逆，亂臣之無恥狠毒一至此。(《評林》眉)《附見》："崔子別設策，唯使公來而已，不繫上北郭事。"(閻生夾)"與崔子自側戶出"，見姜與崔子同謀陷公；"拊楹而歌"，見公之愚，臨死不悟也。**侍人賈舉止眾從者而入，閉門，甲興，**(《補義》眉)門以內只公一人耳。"甲興"以下，與上段賜冠、拊楹相映。(《評林》眉)《匯參》："'閉門'照後'門啓'。"**公登臺而請，弗許；請盟，弗許；請自刃於廟，弗許。**(孫鑛眉)《秦本紀》三"弗許"想祖此。(《評林》眉)《匯參》:"連寫三請'弗許',出醜之極。"皆曰:"君之臣杼疾病,不能聽命。近於公宮,陪臣干掫有淫者,不知二命。"公踰牆。又射之,中股,反隊,遂弑之。賈舉、州綽、邴師、公孫敖、封具、鐸父、襄伊、僂堙皆死。祝佗父祭于高唐,至,復命。不說弁而死於崔氏。申蒯,侍漁者,退,謂其宰曰:"爾以帑免,我將死。"其宰曰:"免,是反子之義也。"與之皆死。崔氏殺鬷蔑于平陰。(文熙眉)穆文熙曰:"莊公淫亂取殺,死不足惜。然所養嬖臣十餘人,一時同爲致死,亦是奇事。若使國士而得一人焉,豈遽至是哉?故養士者不可不知。"(《左傳雋》眉)杜云:"莊公所養非國士,故其死難皆嬖寵之人。"(《彙鈔》眉)先敘諸死難者,以形晏子不死之妙。(《左繡》眉)俞寧世曰:"三'門'字作眉目,請盟請刃,內有多少延拒;或死或亡,外有多少擾亂。其實是一時事,特門爲之隔耳。兩處敘寫,而以'閉門''門啟'斗筍,妙絕。"詳此,見公死非爲社稷,爲晏子語起本。敘諸人之死,八人總敘。佗父敘其事,申蒯敘其官,鬷蔑敘其地,詳略倒順,各極其變。此等皆爲晏子反襯,所謂親暱者也。太史、鮮虞,又另敘在後,不惟與此數人身分不同,亦前後分開作首尾,以兜裹晏子在中間作章法,奇絕妙絕!癸何之奔,偏又插敘晏子傳中作一隔,令前後又以一死一亡相間而寫,佈置如繡壤相錯。(《補義》眉)門外人既知公弑,何妨排闥而入?須知杼亦伏甲門外,故諸勇力皆鬬死。(《評林》眉)《匯參》:"'陪臣干掫',干,扞也。掫,徒手取。夜扞寇盜,手有所擊也。"李笠翁:"莊公不道,乃其臣爲死者十餘人,甚奇!傳謂其皆嬖寵不足多,不知小人難養,得其死力爲尤難耳。"

晏子立于崔氏之門外,(《文歸》眉)薛應旂曰:"三段疊下,文法瀟灑,讀此等文字最能豁人胸襟。"(《補義》眉)只此一語,寫晏子倏然從天外來。(《評林》眉)王元美:"衛州吁弑君自立,而碏既老,猶告於陳以誅之。陳恒弑簡公,孔子在魯,三日齊,而請伐齊。嬰也知此義,則何死與亡之足言?"〖編者按:凌稚隆作陸粲語。〗其人曰:"死乎?"曰:"獨吾君也乎哉,吾死也?"曰:"行乎?"曰:"吾罪也乎哉,吾亡也?""歸乎?"曰:"君死,安歸?君民者,豈以陵民?社稷是主。臣君者,豈爲其口實,社稷是養。故君爲社稷死,則死之；爲社稷亡，則亡之。若爲己死而爲己亡，非其私暱，誰敢任之？（闓生夾）精卓不磨之論，可破千古以來專制之朝尊主卑臣之謬説。宗堯按：“且借晏子立竿見影也，故只寫晏子之自處，而莊公被弑、嬖人殉死、崔子弑君，其是非輕重，遂得絲毫不掩，更不煩着一字議論矣。”且人有君而弑之，吾焉得死之，而焉得亡之？將庸何歸？”（《才子》夾）注眼看定“社稷”二字，便於君臣生死之際，處之夷然自如。此本嚴毅之論，而出之以猶夷之調，最是脱俗文字。（《左傳雋》眉）歸震川曰：“章法、句法，俱極奇絶。”（孫鑛眉）意、句、章俱工絶，而意尤超出，可謂神品。（韓范夾）數語遂定萬世君亡生死大局，然君子以此蹈正，小人以此飾詞，故晏子之言，大臣正論也。佗父、申蒯輩，亦不可毀也。（《約編》眉）此數語大義千古，左氏前後敘死者、亡者共十餘人，中間插此一段，以爲斷案。（《評林》眉）劉懷恕：“晏子數語可爲處變從君之所宗，雖創論，實經論。”《匯參》：“平日從君於昏，雖死亦鼠首之駒耳。”《經世鈔》：“爲君私暱者，雖無道亦當死，此義最精。失在爲君私暱，不失於爲之死也。”《匯參》：“‘且人’，明指崔杼，卻得隱躍，妙甚。既不必死，又不必亡，則亦何用歸也？”《補注》：“‘將庸何歸’，申釋上文‘君死安歸’，注誤。”門啓而入，（《補義》眉）賈舉閉門，此時方啓。枕尸股而哭。興，三踊而出。人謂崔子：“必殺之！”崔子曰：“民之望也！舍之，得民。”（文熙眉）汪道昆曰：“議論神品。”晏子數語，可爲處變從君之斷案。孫應鰲曰：“晏子不避君難，忠矣。以崔子之大惡，而猶知舍晏子以從民望。”（《覺斯》尾）楊升庵曰：“首三段，敘得晏子氣岸昂然，不可屈撓。‘君民者’六句，見社稷爲重，君爲輕意。‘爲社稷’六句，不以私暱自處。‘且人有君’四句，又總收得有力。”過商侯曰：“只起手三段，便已斷盡千古君臣大義。下再一伸一束，隱而著，直而曲，是立言有體明哲保身者。故以崔子之大惡，猶知舍晏子以從民望。”（《觀止》尾）起手“死”“亡”“歸”三層疊下，無數煙波，只欲逼出“社稷”兩字也。注眼看著“社稷”兩字，君臣生死之際，乃有定案。（《評林》眉）《經世鈔》：“‘三踊而出’，觀此，則晏子非畏死者，豈知崔子之不殺己哉！特不自殺耳。”彭士望：“喪亂能置死生度外，每得不死。”（《正集》尾）口角漸爾滑稽。葛靖調。（《文歸》尾）“死乎”“行乎”“歸乎”，分應總結，層次錯落，構局工絶，而意尤超出，可謂神品。月峰。不直說出本意，故借問者助成波瀾，似有意作好文字者。仲光。（《彙鈔》眉）四五行中，生出無限煙波，講出絕大道理，案斷如山，不可移易。（《彙編》尾）臣子食君之祿，必該死君之難，而晏子不死者，非偷生也。蓋以莊公爲淫見弒，非爲社稷死也。提出"社稷"二字，而其該死不該死，便有定案。然第言不死不亡而已，則君臣大義又似漠不關情，故忙著一語，曰"君死安歸"，以明雖非私暱，而君臣大義固自在也。況莊公雖失德，而崔子弒君之非，總不能免於禍。我不當死、不當亡，自有當死當亡者在。故末又著"人有君而弒之"句，而討賊守義之意凜然矣。此文最奇古，以行文代敘事，先以數語立一斷案，後以三句收應，讀之最能開豁人胸襟者。盧蒲癸奔晉，王何奔莒。（《左繡》眉）此篇只出色寫一晏子，語語有經有權，不隨不激，前後紛紛死、亡，全不知有"社稷"二字。衆人之死，死輕於鴻毛。晏子之不死，死重於泰山。兩兩相形，真所謂琬琰之藉，無過白茅也。注意中權，餘皆不屑，乃又一變格矣。前後多少人物、事務，無不歸根結穴於此，此真常山寶符，精神全在擊中，變格中第一首作意文字。極似以不死、不亡陪不歸，卻不知全借不歸形不死、不亡。故於不歸，只用輕筆一帶，而以重筆透發不死、不亡，持論極老，著語極圓。死、亡凡說三遍，首是虛說，中是實說，末併暗指崔杼說。"社稷"凡說兩遍，一是泛論其理，一是切論其事，道理雪亮，而以夷猶澹蕩出之，故是此公本色。有極訾晏子怕死，杜撰一番議論掩飾當時耳目者。愚謂若是怕死，則逕歸耳，何敢入哭盡哀？使崔杼聽或人之言，亦與太史等矣。況仰天而歎，陛易盟首，直攖二凶之鋒，尤非怕死者所能道只字也。論古人不設身處地，爲贊爲譏，都無是處。

叔孫宣伯之在齊也，叔孫還納其女於靈公。嬖，生景公。丁丑，崔杼立而相之。（《補義》眉）光乘靈死篡立，今有國者仍是靈之子，豈非天哉！**慶封爲左相。盟國人于大宮，曰："所不與崔、慶者⋯⋯"**（闈生夾）先大夫評曰："此當依《史記》增'死'字，杜注謂'讀書未終，晏子抄答'，未必當於情事也。"**晏子仰天歎曰："嬰所不唯忠於君利社稷者是與，有如上帝。"乃歃。**（《析義》尾）齊莊公以淫見弒，若論食其祿者死其事，未嘗不是。晏子卻揭出"社稷"二字來，非欲自惜，見得以此而死，以此而亡，煞有許多不當理處。故齊襄姑棼之弒而死者乃徒人費、石之紛如是也。陳靈少西之弒，而亡者乃公孫寧、儀行父是也。此等皆平日導君於淫，以階禍亂，所謂其私暱是矣。而謂晏子肯以是自處乎？然第言不死不亡而已，則君臣大義，又似乎漠不關情，故忙著一語，曰"君死安歸"，以明雖非私暱，而君臣大義固自在也。此等見解，千古未經拈破，非仁精義熟者不能如此透徹。末又言"人有君而弒之"，其意謂莊公雖失德，而崔子弒君之罪，總不能免於討。我不當死、不當亡，自有當死、當亡者在，隱隱射著崔子身上，非把前言重述一遍也。至其盟國人處，復提出"忠君利社稷"五字，試問崔、慶果其人乎？是明明自言不與崔、慶矣。不克不隨，善處亂世者，無如晏子。（《晨書》總評）徐袞侯曰："崔杼弒莊立景，大官一盟，不但無弒君之罪，而且有立君之功。既無諸侯之討，而反得大國之助，何也？齊光即位，執公子牙、殺高厚、醢夙沙衛、納欒盈以伐晉，尚勇恃力，失盟主之歡心，不道甚矣。夷儀之會，晉將伐齊，以大水而止，志固未嘗忘報也。崔杼內蓄逆志，外收兵權，其意在弒君以說晉，借棠姜為美人計，啓禍不獨在通姜耳。晏子當危亂之時，上戒人君，下明臣節，豈特遠害全身，如伯玉之從近關出哉？《晏子春秋》曰：'禍始吾不在，禍終吾不知，吾何為死？以亡為行者，不足以存君；以死為義者，不足以立功。嬰豈婢子乎？'蓋公以淫被弒，所暱非人。賈舉、州綽輩，當死者也，嬰可不死。閭丘嬰、申鮮虞，當亡者也，嬰可不亡。既不死不亡，而陡接'君死安歸''將庸何歸'，則大義凜然，討賊自任，著眼在'社稷'二字矣。盟言未終，仰天一歎，崔氏之魄，不已奪耶？嗣後，盧蒲嫳誅崔子，盧蒲癸、王何攻慶封，兩逆盡除，未必非晏子陰相之也。"（《賞音》尾）晏子力不能討賊，依違朝右，為社稷計也。至盟于太官，而明以不與崔、慶者為言，此處更含糊不得，然亢辭激烈，勢必為難，並無用前此之依違矣。看他從中隔斷，說出利社稷者是與，在崔、慶固不得以利社稷為敗盟也。作用妙絕。（《左繡》眉）改載書一段，英氣勃勃，八面皆鋒。既不說不與，亦不說竟與，只是使他認不得，又使他推不得，無此機辯，亦忠君利社稷不成。（《約編》尾）傳言晏子遇變而能以義自全。（《析觀》尾）章禹功曰："齊莊公以淫見弒，原非為社稷而死。若論食祿死事之道，此正為社稷言之。提出'社稷'二字，而其當死不當死便有定案，然第言不死不亡，則君臣大義，又似漠不關情，故忙著一語，曰'君死安歸'，以明雖非私暱，而君臣之義固自在也。況莊公即失德，而崔子弑君之非，終不能免於討。我不當死當亡，自有當死亡者在。至其盟國人處，復提出'忠君利社稷'五字，而討賊守義之正，益覺凜然。則晏子之不死，非偷生者所可藉口。"（《評林》眉）陳傳良："傳言齊不用賢臣爲政，雖有晏子不死其難，然盟詞亦自激壯不阿。"彭士望："截句妙，晏子義憤不顧，及當機應猝，處千載下猶見其形，聞其聲，又妙到底不放'社稷'二字。"（閩生夾）表晏子。宗堯曰："寫晏子之忠於國，有聲有勢，而所欲誅伐者自在言外。"

　　辛巳，公與大夫及莒子盟。

　　大史書曰："崔杼弑其君。"崔子殺之。其弟嗣書而死者，二人。其弟又書，乃舍之。南史氏聞大史盡死，執簡以往。聞既書矣，乃還。（文熙眉）穆文熙曰："晉有董狐，齊有太史，直筆鈇鉞，凜凜千載。"（《左傳雋》尾）太史公曰："方晏子伏莊公尸，哭之成禮，然後去。豈所謂見義不爲無勇者耶？"胡致堂曰："崔杼弑君，晏平仲曰：'人有君，而人弑之。吾焉得死之，而焉得亡之？'君子不以是罪晏子者，齊莊公不爲社稷死，而晏子非私暱之臣也。若仇牧、荀息立乎人之本朝，執國之政，而君見弑不以其私也，雖欲勿死，焉得而勿死？"（韓范夾）當時史氏如此，故是非明。後世執簡者，不獨畏人禍，且畏天禍，於是《春秋》之大義絕矣。（《左繡》眉）"太史書曰"云云，遙接遂弑之，陡將本傳正文一醒，極起伏斷續之奇。他處或以敘作斷，此獨以斷作敘，奇絕！餘人是反襯晏子，此則正襯晏子。司書執簡，未爲非也。但晏子處此，當別有道耳。須知晏子爲太史，亦必書法不隱，但不肯與私暱輩一樣束手就戮，留此身爲社稷主持也。後世如狄梁公，得其旨矣。（《喈鳳》尾）食其食者死其事，縱不能死，恥與惡臣同朝。或避禍而去，亡亦宜爾。自晏子看來，君本爲己而死，則死亡皆私暱之任。身爲社稷臣，正有不容輕於自待者，其見識原是卓絕。或云畏死而托以自解。則晏子何如並不來崔氏之門，來而亦無言勿哭，且受盟與國人同列矣。觀其"君死安歸""將庸何歸"，入而哭踊，盟而自誓，何等辭嚴義正？杼欲引之以收民心，幸不死之耳。篇内"歸"字，諸本直作歸家解，竊謂作"與"字看較深切。安歸、何歸，直至太宮之盟，唯忠君、利社稷者是與，此正以示其所歸如此也。（《補義》眉）寫得史官一枝鐵筆，刀鋸不能奪，直是壁立萬仞。（《評林》眉）《匯參》："必以不死責晏子，然則其弟與南史皆非耶？"《經世鈔》："南史氏亦拼定一死，而特不主於死耳，與晏子同意。"王陽明："太史之直書不難，其三人之相繼而死爲難，骨鯁之氣萃於一家，此天生此三人以彰崔氏之惡，而懲萬世之亂賊也。"（《菁華》尾）莊公爲崔杼所立，德之必甚，卒乃死於其手。蓋與小人共事，非我謀人，即人謀我，未有能相安者也。齊襄之弒，有連稱之妹爲間，齊莊之弒，有賈舉爲間，何兩世之太相似也？莊公之弒，東郭姜實與謀，觀入室後情景可見。如此無道之君，偏有多人甘爲之死，可怪！晏子之所謂私暱也。晏子一段議論，幾爲後世偷安苟活之人藉口。然觀其門啓而入以後一番舉動，則明明非畏死之人，故其生平樹立，不失爲君子之歸。晉、齊兩史氏，可以後先相映。（闔生夾）再記史氏死節，尤凜凜生動。此以死殉職者，異於前列私暱也。

閭丘嬰以帷縛其妻而載之，與申鮮虞乘而出，鮮虞推而下之，曰："君昏不能匡，危不能救，死不能死，而知匿其暱，其誰納之？"（《補義》眉）正論侃侃，與晏子反照。行及弇中，將舍。嬰曰："崔、慶其追我！"鮮虞曰："一與一，誰能懼我？"遂舍，枕轡而寢，食馬而食。駕而行，出弇中，謂嬰曰："速驅之！崔、慶之衆，不可當也。"遂來奔。（文熙眉）汪道昆曰："序事能品，'弇中'守法。"鮮虞可謂知命。（魏禧尾）魏禧曰："箕子于紂，晏子于莊公，千古事昏暴、當變事之極則也。余書簡論箕子云：'箕子之不死，爲傳道也。然則《洪範》既陳，箕子可以死矣。而不死，何也？吾於是知人臣死國之義也。崔子弒齊莊公，晏子不死，曰君爲社稷死則死之，爲社稷亡則亡之。若爲己死，非其私暱，誰敢任之？縱紂暴虐無道，自取滅亡，箕子可不死也。若夫靦顏而立其朝，則忠臣之心必不忍，是以去之朝鮮也。由是言之，故君之無道，苟不若紂，則人臣不可不死。新君之聖，雖如武王，而人臣亦必不可仕。若箕子者，所謂處變之臣極也。'"賴韋曰："或謂晏子不死昏主，便不當仕於其朝。不知列國卿大夫，世有分采，幾比侯國之于王朝。晏子世仕于齊，與擇主委贄者不同，故不必責以不仕之義。而當時之士可仕此國，可仕彼國，朝齊暮楚，原無定義，苟非位尊權重，恩寵隆篤，及當官守職之不可渝者，聖人亦不責以必死也。若四海一家，天下一主，則君真如天之不可逃矣。故後世君臣之義，重於三代以前，苟不明於去就，貪祿固位以須亂亡，即君如桀紂，亦豈得藉箕子、晏子之義爲口實哉？"彭家屏曰："崔杼懷弒君之心，非一日矣。孟公綽能預知之，而晏子不能格君心之非，防患於未然者，非其智之有不及也。莊公多養力士，群嬖盈朝，有所恃以逐其欲，雖晏子之忠賢，亦必有不能得之於君者。不然，枕尸而哭，三踴而出，入賊臣之門，如蹈無人之境。既能攖崔杼之鋒，獨不能批齊莊之鱗哉？誠以其君從欲，有莫可救藥者矣。尚論古人者，必論其世而後可。崔、慶盟國人于大宮，而令國人與之。晏子曰：'嬰所不惟忠於君、利社稷者是與，有如上帝。'其詞若與崔、慶，若以忠君利社稷許之，而實未嘗與之私也。郭汾陽與回紇誓于涇陽曰：'大唐天子萬歲，回紇可汗亦萬歲，兩國將相亦萬歲，有負約者，身隕陣前，家族絶滅。'其詞若甚嚴，誓若甚重，而究未嘗貶己以從回紇之欲也。倉卒涖盟，片言定難，外不失人，內不失己，用智之急，脩辭之工，皆不可及也夫！"（《左繡》眉）特詳鮮虞語，蓋恐不能死者藉晏子爲口實也。傳世之文，道理定圓足無弊，然又妙在"知匪其暱"，仍借便照顧"非其私暱"一筆，否則上三句直是駡晏子矣，豈不自相矛盾耶？作者細密如是。以上了私暱案，末數語了君爲社稷死案，一篇首尾，都歸結晏子文內。不知晏子爲前後注腳，前後爲晏子注腳？嘻，妙至此乎！莫可名言之矣。精神全聚中間，首尾散散敘置，若不經意，另一格也。（《評林》眉）徐士貢："'以帷縛'，與前入官不見相映成趣。鮮虞頗有權術，以比晏子，小巫大巫矣。"彭士望："寫盡古今全軀保妻子逃臣。"魏禧："按：鮮虞奔魯，僕賃于野，以喪莊公。二十七年崔杼死，楚人召之爲右尹。"

崔氏側莊公于北郭。丁亥，葬諸士孫之里，四翣，不蹕，下車七乘，不以兵甲。（王源尾）自棠姜之娶，至太史之書，種種事情，只一滾序下，不分段落，又一章法也。天下至平者無如水，水而波，則不平。平何以波？風也，砥也，高下也，曲折也。風則波，砥則波，高下、曲折則波，寧有心於不平乎？隨其所遭，因其自然之勢而已。文之妙亦如此。但平平寫去，而因其常以爲常，因其變以爲變，因其正以爲正，因其奇以爲奇，因其純以爲純，因其雜以爲雜，只在剪裁得宜，安頓恰妙，運用不測，則天工非人巧矣。然非慘澹經營，天工何由得哉？此文亦是平序無奇，乃序崔杼之娶棠姜，而先詳東郭偃、陳文子不可之言，則波也。序莊公淫棠姜被弒，而及賈舉諸人爭爲之死，則波也。敘晏子之不死，而詳載君死社稷之論，亦波也。序崔、慶立景公，而大書晏子之盟言，與太史之直筆，皆波也。至叔孫之內女，閭丘之載妻，點染映帶，莫非波也。然俱以剪裁得宜，安頓恰妙，運用不測，而後成一篇天工文字。豈若世之以庸平呆板爲自然者乎？吾嘗謂慘澹經營，是經營自然，探得此中消息，而文之道思過半矣。（孫琮總評）棠姜之亂齊，與夏姬之亡陳也事同而情異。陳以君臣宣淫而發憤于徵舒，至賊其君而喪其國。齊則以姜餌公，欲弒之以說于晉。此其弒逆之隱，東郭偃不知，陳文子不知。而入室出戶，姜固知之而謀之矣。晏子不死君難，言"非其私暱，誰敢任之"二語，上結十人之死，下起四人之亡，以見莊公所親非國士，卒至不得以禮葬。杼固秉心維忍，而莊之悅色致禍，亦君國之炯戒哉！讀太史、南史事，歎春秋時史筆乃爾。（《分國》尾）死難，臣節也，亦不可以徒死。晏子曰："君爲社稷死則死之，爲社稷亡則亡之。"蓋死與亡皆有取義耳。當時崔、慶諸惡，布列滿朝，所忌只一晏子，晏子欲留其身以有爲，肯輕徇溝瀆乎？厥後自相殘滅，景公賞晏子邶殿，其鄙六十。其潛移默奪之功，如慶封謀欒、高則不從，癸、何謀慶舍則聽之，此章明較著者也。（美中尾）浦二田曰："魏冰叔稱晏子獨吾君、吾罪之辭，爲社稷、爲己之辯，以爲事昏暴、當變事之極則。嗚呼！何其悖也！倉猝異變，何暇閒評？何心推論？不死可，不行可，不請討不可。自講自釋，尤不可。夫平居之與當境不同情，衡義理之與激忠貞不同勢，塗人猶將刜刃，而以昏暴解於其所事也哉？"（《左傳翼》尾）一棠姜耳，在棠公家，崔杼見之，欲取便取；在崔杼家，莊公見之，欲通便通，絕無難色，何妖淫至此？而莊公以此隕身，崔杼以此遺臭。死者死，亡者亡，紛紛攘攘，橫骴斷胆，獸驚鳥散，不可勝計，皆此婦爲之也。其禍之烈，卒至崔、慶族滅而後止。敘崔杼弒君，特從棠姜敘起者，見淫禍滔天，禍機所伏，不可不早爲之防也。弒君正傳，祇"莊公通焉"至"遂弒之"一段，前則著禍所由生，後則詳禍所終極，敘一事而原委釐然，此史家常例也。而著禍所由生，則必載東郭偃、陳文子兩番議論，以明夫婦之義。詳禍所終極，則必載晏子枕尸而哭，仰天而歎，與太史守義、鮮虞正論，以明君臣之禮。淫穢逆亂中，有一言之合道，一行之中理，必標而出之，以正綱常而垂鑒戒，而不徒以傳奇志怪，類於稗官野史，此左氏所以爲素臣，文垂千古，不可磨滅也。崔杼正卿，莊公宣淫其家，毫無顧忌，恃諸勇力之士，以爲羽翼。欲弒公而不獲間，正爲衆從者擺脫不開。賈舉之計行，而君弒於內，士死於外，如縛孤鼠矣。諸人陷君於惡，雖死猶不足贖。末載死亡諸臣繁而不殺，罪莊公乎？

抑罪諸人也？莊公以淫見弑，非死社稷者比，群臣自無可死亡之義。枕尸而哭，既不坐視不問，又不胡亂死去，總是以社稷爲權衡。而改載書一段，説君兼説社稷，知有君與社稷，説甚麽崔與慶，攔腰截斷，關其口而奪之氣，儼如半空中著一霹靂。晏子前番議論似乎知有社稷而不知有君，後則忠君與利社稷並重。蓋立君原以利社稷矣，後番道理原在前番議論中，無兩歧也。若不知有君，則"君死安歸"，何爲説此一句？"君昏不能匡"三句，雖鮮虞爲自己而設，其實齊之諸臣被此三言罵盡。危不能救，賈舉諸死者也。死不能死，盧蒲癸諸亡者也。昏不能匡，則死、亡者之所同，雖晏子及在廷諸臣，皆不免矣。就晏子口中痛掃死、亡諸人，又就鮮虞口中痛掃不死不亡諸人，議論更上一層樓。後半寫死、亡諸人，作兩番敘次，而以晏子論死、亡横插其中。蓋晏子不死不亡，與賈舉、王何輩不同，故諸人是否，以晏子爲斷案。然親暱而外，又有當死者，不得以晏子之言爲疑。申鮮虞雖爲亡臣，而所論之義，卻可懸天壤而不刊，左氏綴此兩段於篇終，正非無見。（《補義》眉）想見國人嗚咽，後此慶封一呼，無不响應。（《日知》尾）傳崔杼弑君全事，而以晏子爲中權，常山率然，擊中而首尾俱應。（高崦尾）俞桐川曰："以'社稷'二字定其準繩，以'私暱'二字補其罅漏。賈舉等之死，盧蒲癸等之亡，皆其所私暱也。晏子不死、亡，君非爲社稷也，此剖得分明。'驟如姜氏''遂從姜氏'，寫得崔子之家爲公熟遊之地，輕身直入，無煩從者。故賈舉閉門，君弑於内，士鬭於外，兩不相救，一妙。弑公之時，崔子既難手刃，姜氏又難坐視。入室，自側户出，先安頓二人，二妙。以冠賜人，拊楹而歌，何其縱恣？登臺而請，踰牆而墜，何其窮迫？淫主情態如生。三妙。三'門'字作眉目，請盟請刃，内有多少延捱。或死或亡，外有多少擾亂。其實是一時事，特門爲之隔耳。兩處敘寫，而以'閉門''門外''門啓'作照應，四妙。'所不與崔、慶者'，半句尚未説完，晏子急忙接上，故彼此不嫌，五妙。死者十一人，分出三樣，亡者四人，敘在兩處，六妙。"（《評林》眉）王元美："崔氏既敢行弑逆，則其（此處疑脱一不字）成禮以葬，又不必過責。"（王系尾）此篇是齊崔杼弑其君光傳。第一段、第二段、第三段，敘其謀。第四段，敘其事。第八段，敘其立新君。第十一段，敘其葬故君，皆是正敘。第四、第五段，敘十一人之死，第七段敘四人之亡，第六段敘晏子之不死不亡，第九段敘史氏之盡職，皆是附敘，而與正敘經緯成文，即于本文互見其義，則亦不分賓主矣。其篇法如深山大澤，包孕細微處，鬼怪探奇，各極其致。而首尾盤鬱，蒼茫浩瀚，一氣塊然，文章之大觀也。（林紓尾）此篇多雋語，於無理處解釋，自以爲有理。於説理處，脱口若近於無理，不易學也。陳文子辨繇詞，不祥之語，歷歷可驗。崔杼曰："嫠也，何害，先夫當之矣。"推禍於棠公，禍前夫而不禍後夫，是無可解釋之中爲解釋，此一妙也。莊公既通棠姜，以崔子之冠賜人，明目張膽，無理極矣。偏曰："不爲崔子，其無冠乎。"以蠻悍之想，爲欺嫚之詞，又一妙也。莊公見劫登臺，請盟、請死，崔子之臣，宜無可置對，勢偪而詞窮矣。乃曰："君之臣杼，疾病不能聽命，近于公宫，陪臣干掫，有淫者，不知二命。"上首稱君，下語稱淫，似解弗解，俾莊公無可再請，又一妙也。公薨而晏子至，此在讀書者，方以爲必有侃侃正論，誓死無懼。乃其人曰："死乎？"曰："獨吾君也乎哉，吾死也？"言君者，衆所共，人不盡死，我何獨死？曰："行乎？"曰："吾罪也乎哉，吾行也？"言己不黨惡，何必出奔？曰："歸乎？"曰："君死安歸？"言中之意，重在社稷，不重在君。其下即申言君爲社稷死，己當從死；君爲社稷亡，己當從亡。若己死己亡，則死亡均因君身自兆，不爲社稷。惟其私暱，始死於蒙昧，非己責也。其始破空而來，若令人費解。其後仍補以正論。蓋晏子此來，已準備一死，其告從者，特故意爲突兀之詞。詞愈突兀，心愈鎮定。通篇敘亂，而晏子一言，實爲定盤之鍼。後此崔、慶誓衆，晏子仰天歎曰："嬰所不惟忠於君、利社稷者是與，有如上帝。"此蓋知崔、慶之畏人望，必不殺己，故爲是言耳。至閭邱嬰、申鮮虞之問答，舁中危地，乃曰："一與一，誰能懼我。"言不懼者，懼之深也。既出舁中，即曰："速驅之，崔、慶之衆，不可當也。"諸如此類，極細碎煩猥之處，亦必出以妙筆，此足見左氏精神周徹、無微不到之處。通篇皆用雋語，首尾如一。尤妙者，每敘一事，必有本人一言爲之安頓，作爲小小結束。故煩而不紊。凡事體蕪雜者，斷不能無小小結束之筆，讀此篇可以悟矣。

晉侯濟自泮，會於夷儀，伐齊，以報朝歌之役。（《補義》眉）原爲報伐而來，竟以定賊而去。**齊人以莊公説，**（鍾惺眉）以君説，是何世界？**使隰鉏請成。**（韓范夾）殺臣以悦大國，此衰世之事也。弑君以悦，是又世之再一變矣。春秋時，尚忍言哉！**慶封如師，男女以班。賂晉侯以宗器、樂器。自六正、五吏、三十帥、三**

軍之大夫、百官之正長、師旅及處守者，（孫鑛眉）師旅是出者，處守是居者，總承上"六正"以下言。皆有賂。晉侯許之。（韓范夾）晉以私怨而興衆，以公討而還軍，何顛倒也？（《補義》眉）只說莊公已死，國人服罪，而齊獻賂百倍往時，齊、晉兩相照會，都無一語，妙絶！使叔向告于諸侯。公使子服惠伯對曰："君舍有罪，以靖小國，君之惠也。寡君聞命矣！"（韓范夾）有罪，疑指崔氏，是即有隱刺晉國之意。（《分國》尾）弒君之賊，受其賂而舍之，何以聞于諸侯乎？賴有魯人曰："君舍有罪。"崔杼之罪章、晉之得賂亦顯然矣。（《補義》眉）末敘惠伯之對，傳若曰："晉人作主，則諸侯唯唯從命。"（《評林》眉）穆文熙："晉人伐齊以報朝歌，而齊人以弒君説之，此蓋借晉人以便己私者也。晉人即當正其罪以取元惡，乃爲義舉，至於受其男女之賂，其失愈遠矣。"呂東萊："晉之伐齊，本非爲討崔氏，故乘機取賂而還。"《補注》："傳見晉失盟主之義，杜氏謂齊有喪，故經無譏，説者因據以駁卿不書失所之例，皆非也。諸侯之會，經無異文，與侵伐不同。劉氏曰：'假使晉遂討齊，破其城，殺其賊，汙其宮，未可謂之伐喪也。'弒君而謂之伐喪，諸侯其無討賊者矣。"（王系尾）胡傳曰："晉報朝歌之役來討，及會夷儀，既聞崔杼之弒，則宜下令三軍，建而復旆，聲于齊人，問莊公之故，執崔杼以戮之，謀于齊衆，置君以定其國，示天討之義，則方伯連帥之職修矣。"按：崔杼志專齊國，非弒君不足以立威，非立君不足以樹德。弒立之謀夙定，而乃以朝歌之憾説于晉，因以説晉説于齊，齊人見晉將來伐，而弒君可以説之也，咸樂於弭兵，而不復念其君。晉平快莊公之死，又貪崔杼之賂，遂爲重丘之會以定其所立，而因以定崔杼。是崔杼不惟視弒君立君如弈棋，亦且玩弄霸主于掌股之上，不啻轉丸矣。何崔杼之巧，而晉平之愚哉？而晉平又何以使其大夫哉？六卿之禍，誰實爲之？

晉侯使魏舒、宛沒逆衛侯，將使衛與之夷儀。崔子止其帑，以求五鹿。（《左繡》眉）"男女以班"本連"自六正以下"，但晉侯亦須有分，卻又與宗器、樂器串合不得，故提出作頭，而以"賂晉侯"句插敘於中，末以"皆有賂"總結。兩"賂"字一順一倒，對作章法。不板不復，裁剪至佳。凡用賂，未有若此之破費者。不惟以莊公説，實恐以崔杼討也。止帑求地，可謂失之于晉，取償于衛矣。（《左傳翼》尾）

晉侯伐齊，爲報朝歌而來，使聞莊公見弒，聲罪以討崔杼，豈非義討？乃受賂以還，弒君之賊，置之不問，何以爲盟主？歷敘晉所得之賂，見霸業之衰，毋怪止孥求地，崔杼肆行無忌也。（《評林》眉）陳傅良："'以求五鹿'，傳言衛獻公所以得入。"（王系尾）一國兩君，未有不亂者。諸侯之事晉，衛爲尤謹。孫、甯逐君而晉不能討也，又爲之定剽。既定剽矣，又納衛獻於夷儀。是成其亂於始，而又復亂之於後也。霸略若此，其能無衰與？

初，陳侯會楚子伐鄭，當陳隧者，井堙木刊。（孫鑛眉）四字自是詞家語，入敘事，覺非當行。（《補義》眉）此篇不特與陳入鄭種種肆惡反對，並與晉服齊人人受賂反映。鄭人怨之，六月，鄭子展、子產帥車七百乘伐陳，宵突陳城，遂入之。陳侯扶其大子偃師奔墓，遇司馬桓子，曰："載余！"曰："將巡城。"遇賈獲，載其母妻，下之，而授公車。公曰："舍而母！"辭曰："不祥。"與其妻扶其母以奔墓，亦免。（《測義》夾）愚按：甚矣，獲所遭之不幸也。顧其母則遺其君，奉其君則困其母，故獲以車授公，而己與妻扶其母以奔，亦可謂善處君親之間矣。雖然，竊有惑焉。婦人而老，力不可徒。避難而奔，勢不可緩。有如倅遇鄭師，公車可幸而脫矣，其何以脫老母於徒行哉？則不若附載其母於公車之側，而己與妻隨車以奔，庶几其可兩全，而亦不可謂非祥也。（《補義》眉）寫出舉國紛紜奔竄情景，則末段"祝祓社"四句乃見處置周詳。（《評林》眉）《匯參》："兩'奔墓'，顧上'宵'字來。"陳明卿："舍而母將不可兩全乎？全於身而虧於禮，君子不謂全也。臣而狎君、女而瀆男，非禮。然雖顛沛，其敢違之？獲之對，不曰非禮，而曰不祥，何居？禮者，履也，舍履而言祥，急遽而欲人之易信也如是。"〔編者按：凌稚隆作劼寶語。〕子展命師無入公宮，與子產親御諸門。陳侯使司馬桓子賂以宗器。陳侯免，擁社。使其衆，男女別而纍，以待於朝。子展執縶而見，再拜稽首，承飲而進獻。子美入，數俘而出。祝祓社，司徒致民，司馬致節，司空致地，乃還。（孫鑛眉）淋漓有致，然章法尚未鍊妙。（韓范夾）陳、鄭，匹也，鄭大敗陳，且懼晉、楚，故不敢多行無禮，非真仁義之師也。（《分國》尾）陳挾楚以敵鄭，鄭入，楚弗救，大國不可恃也。子展執縶，仍修外臣禮。子產數俘而出，致民勿有，致地勿取，致節勿復擾，庶幾仁義之師。(《左繡》眉) 此傳鄭入陳事，見陳以不義見入，而鄭以義安之。前從井堙木刊敍起，不知當如何脩怨。讀至終篇，種種出人意表，庶幾王者之師。子展、子產凡寫三遍，第一遍總寫，第二遍分而仍串，第三遍則兩兩對寫，末又暗用總結，步步精神，無一率筆。以詐入，以正歸，此等舉動，雖桓文何以加焉？(《左傳翼》尾) 本爲報怨雪恥而來，陳服則安定之，而一無所取，居然兵不血刃，肆不易市氣象。以視井堙木刊，仁暴何啻天壤，如此用兵，春秋正不多覯。(《補義》眉) 子展、子美前後對寫，中間插陳侯數語，乃見錯綜。(《評林》眉) 高閌："左氏所載入人之國，未有若子展、子產之有禮者，故《春秋》無貶辭。"《匯參》："男女別賈，獲之教也。"(王系尾) 陳，楚之與國，晉之所不能有者也。鄭雖滅陳，楚必復之。晉人鞭長不及，則鄭患必深。子展、子產入而不有，以禮安定之而後去，既得以直報怨之道，而審時度勢，無貽後悔，恩威並著，可謂保國之善者矣。(《菁華》尾) 禍亂之際，忠節乃見，所謂疾風知勁草也。入人之國，猶復彬彬有禮如此，春秋風氣近古，後世不可復見。

秋七月己巳，同盟於重丘，齊成故也。

趙文子爲政，令薄諸侯之幣，而重其禮。(《左繡》眉) 此公出手，便自藹然可親。(《補義》眉) 何云："范滅趙興基于此。"又云："弭兵則威削于外，晉所以有黃池之羞。民附于內，趙所以能起晉陽之甲。"**穆叔見之，謂穆叔曰："自今以往，兵其少弭矣！齊崔、慶新得政，將求善於諸侯。武也知楚令尹。若敬行其禮，道之以文辭，以靖諸侯，兵可以弭。"**(《分國》尾) 武所恃者，齊崔、慶新得政耳，楚子木舊相知耳，遂曰"兵可以弭"，晉霸寖衰，一至於此。(《左繡》眉) 弭兵之盟成于向戌，而實發于趙武。"兵其少弭""兵可以弭"，呼應自然。中分兩層，前三句是弭兵之機，事猶在人。後三句是弭兵之理，事全在己。兩意相承，而首尾以順提倒應爲章法，小文無一字苟也。從齊新得政，遞到知楚令尹，又霸業一轉關處。(《左傳翼》尾) 文子初政，意在休息，力反范宣子所爲，薄幣弭兵，以靖諸侯。然一意偷安，盟宋會虢，遂失諸侯，晉伯之衰，實從此始。一張一弛，文武之道，文子其殆弛而不張者乎？晉自平陰以後，日與齊爲難，今已輸服，可以無虞，文子得意，全在知楚令尹。蓋南北爭衡，在楚不在齊，故弭兵全重楚邊。然利害常相倚伏，文子知利而不知害，楚人所以重得志于晉也。(《評林》眉)《補注》:"傳見晉衰,趙武偷,故厭兵、弭兵之說不始於向戌。"按:《漢書·藝文志》曰:"《世本》十五篇。"注:古史官記黃帝以來迄春秋時諸侯大夫。又《日知錄》云:"漢劉向撰《世本》二卷,其書不傳,今《左傳》註疏多本之。然亦未必無誤。"(王系尾)趙文子始得政,而志在弭兵,可不謂長者乎?至二十七年而為宋之盟,而兵卒不弭也。且夫晉之所以霸者,攘夷而尊周也。晉、楚之從交相見,而攘夷者安在?尊周者安在也?抑亦誤矣。(《學餘》尾)趙氏其有後乎!文子之賢,過范宣子遠矣。弭兵之說,向戌以為名也,文子則將以息民而綏諸侯也,敬行數言,可以上希管子矣。(闈生夾)列國交爭之世,兵未有可以弭者。趙孟孱庸,舉中國之全力不能抗楚,而希冀弭兵于一時,諸侯疲于兩大,乃益困敝矣。向戌之倡弭兵,乃本于趙孟之意,故先記趙孟之言,以明責任之所在。宋之盟專以文辭見長,"文辭"二字先逆提於此。宗堯按:"弭兵之舉,趙孟所欲也,故首敘趙孟之言,而末段借劉定公之論譏其無遠志也。"

楚薳子馮卒,屈建為令尹。(《左繡》眉)左氏敘戰,大都略事詳謀,否或略謀詳事。此獨先謀後事,整整詳寫兩遍,章法適稱,是一首平正文字。屈蕩為莫敖。舒鳩人卒叛楚。令尹子木伐之,及離城。吳人救之。子木遽以右師先,子彊、息桓、子捷、子駢、子盂帥左師以退。吳人居其間七日。子彊曰:"久將墊隘,隘乃禽也。不如速戰!請以其私卒誘之,簡師,陳以待我。我克則進,奔則亦視之,乃可以免。不然,必為吳禽。"從之。五人以其私卒先擊吳師。吳師奔,登山以望,見楚師不繼,復逐之,傅諸其軍。簡師會之,吳師大敗。(《補義》眉)楚師兩軍不相及,而吳師居中,自謂可以制勝。子彊以一軍分為兩隊,以私卒與戰,而以簡師接應。妙在吳人登山一望,並不見有簡師,蓋伏于隘處,遂為簡師所敗。(《補義》眉)軍已分出,師則所留非勁旅矣,以先敗吳師,其置之死地而後生歟!遂圍舒鳩,舒鳩潰。八月,楚滅舒鳩。(《左繡》眉)通篇兩頭敘、中間議,中段本與後段相連,而"隘乃禽也""必為吳禽",起訖呼應,卻句句抱定首段,是亦以中間貫兩頭,兵法、章法,煞甚緊嚴也。始也,右先左退,吳以居其間而為難。繼也,私卒簡師,又以傅其軍而成禽。無他,楚能變而吳不能變也。不能變,則印板兵法矣。

文亦猶是。(《左傳翼》尾)兵家勝負，倏忽轉移，右師先而左師退，兩軍不相救，居其間者已操必勝之勢，乃私卒誘而簡師會，五人善為謀，傳其軍者，忽成大敗之形，吳敗而舒鳩遂滅，而楚益強。兵法置之死地而後生，置之亡地而後存，豈不以謀哉？(《評林》眉)按：楚子木之師及吳救之未到，先到舒鳩，子彊等五子將出師，忽遇吳師而退，故吳人在楚左右兩師之間七日也。《匯參》：「居其間，使楚首尾不能相顧。」魏禧：「師為人衝絕，危道也。師居人師之中，亦危道也。此正勝負之關。」王元美：「子彊此計，所謂勝敗兩得也。不則久居兩軍之間，其不坐困者幾何？」

衛獻公入於夷儀。

鄭子產獻捷于晉，戎服將事。(孫鑛眉)此是有名文字，高渾蒼勁，然大約以質勝，於精巧似尚未足。(韓范夾)伐陳之罪，晉所必問，故既獻捷矣，又復戎服，以示不怯。(《才子》夾)要先看晉人問辭，氣色甚惡。然後讀下對辭，大悟其全以質勝。末紀仲尼深歎其文，此真所謂質有其文者也。(《補義》眉)何義門謂：「鄭伯請伐陳時，范宣子為政，今新易趙武，故不知而詰問。」非也。趙武為卿，豈不知其已告？特以不知伯者之心，不奉伯者之命耳。夫子所謂「晉為伯，鄭入陳」也。(《評林》眉)《匯參》：「《周禮·司服》云：『凡兵事，韋弁服。』鄭注以韎韋為弁，又以為衣裳也，與玄冠緇衣素積自別。」晉人問陳之罪，(鍾惺眉)此等處，卻不是左氏文章妙處。(方宗誠眉)晉人問陳之罪，意將責鄭不當擅伐陳也。辭命體。對曰：「昔虞閼父為周陶正，以服事我先王。我先王賴其利器用也，與其神明之後也，庸以元女大姬配胡公，而封諸陳，以備三恪。則我周之自出，至於今是賴。桓公之亂，蔡人欲立其出。我先君莊公奉五父而立之，蔡人殺之。我又與蔡人奉戴厲公，至於莊、宣，皆我之自立。夏氏之亂，成公播蕩，又我之自入，君所知也。(孫鑛眉)敘事處亦未入鍊境，唯三「之自」字具章法。(《評林》眉)魏禧：「按：『至于今是賴』以上一段，引說太遠，不如即在桓公下起，更動人聽。」今陳忘周之大德，(《補義》眉)「君所知也」束上，「今陳」二字入本位。蔑我大惠，棄我姻親，介恃楚眾，以憑陵我敝邑，不可億逞，我是以有往年之告。(《評林》眉)《評苑》：「『大德』謂胡公之後皆周之所自出，'大惠'謂五父以來皆鄭之所自立。"魏禧："忘周大德，罪太久遠，其必言周者，與晉共也。"（方宗誠眉）"我是以有往年之告"句最妙，見鄭非擅自侵伐，乃告晉而晉不爲我用師，屈在晉也。未獲成命，則有我東門之役。當陳隧者，井堙木刊。敝邑大懼不競，而恥大姬。（《補義》眉）"大懼不競，而恥太姬"，將趙武當頭一棒，彼所恃者諸侯之伯，即將伯者抱愧處指破。天誘其衷，啓敝邑之心。陳知其罪，授手於我。用敢獻功！"（孫鑛眉）精神全在此一段，而此處亦只是左氏常語，唯"大懼不競"而下數句有婉致，而"陳知罪""授手"兩語尤工絕。（《約編》眉）"周之大德"一層，"鄭之大惠"二層，凡三折，句法參差，又一氣流注。晉人曰："何故侵小？"對曰："先王之命，唯罪所在，各致其辟。且昔天子之地一圻，列國一同，自是以衰。今大國多數圻矣！若無侵小，何以至焉？"（孫鑛眉）此意頗難言，只得且如此枝語。（《約編》眉）"大國數圻"泛說，已打着晉。（《補義》眉）以子之矛，攻子之盾。晉人曰："何故戎服？"對曰："我先君武、莊爲平、桓卿士，城濮之役，文公佈命，曰：'各復舊職！'命我文公戎服輔王，以授楚捷，不敢廢王命故也。"（孫鑛眉）此問元多故，但舉典故以對，更無容著枝葉語。（《約編》眉）提出王命，莊重有體。（《補義》眉）帶"楚捷"，照"介恃楚衆"。（《評林》眉）王荊石："首敘鄭之有功於陳，而陳背之，見征伐有名。末敘文公城濮之命，見戎服有自。"《匯參》："各致其辟，言有罪當誅，不論大小。"《經世鈔》："子產已陳陳罪，復言往年之告，則鄭非侵小矣。晉人猶以此言難之，故子產之辭益屬。不然，鄭未嘗取陳土地，一圻、一同之語可以不辨，而特以此折辱之耳。"金聖歎："'乃受之'，乃者，難之辭，若鄭無辭，晉且問罪也。"（文熙眉）汪氏曰："辭令妙品。"孫應鰲曰："晉人問陳之罪，則數其恃楚憑陵。問何侵小，則指大國數圻。問何戎服，則指文公佈命。各粲然有章，故趙武謂其辭順。"首序鄭之有功于陳，而陳背之，見征伐之有名。末序文公城濮之命，見戎服有自。士莊伯不能詰，復于趙文子。文子曰："其辭順，犯順不祥。"乃受之。（《測義》夾）王樵氏曰："子產對晉之辭，皆強爲文飾，不類其平日之言，恐傳者傅會之過也。陳侯鮑卒而陳亂，公子佗殺大子免而代之，然則五父篡殺爾，鄭莊公奉而立之，是助篡賊也，其又可以爲功乎？征伐之權出于天子，而以'惟罪所在，各致其辟'爲先王之命，何其無忌憚也？大國之地多數圻矣，信非侵小不至，然則皆欲效之可乎？又鄭文公戎服輔王，以授楚捷，而子產今以將事于晉，是以王事晉也，乃自謂不敢廢王命，不亦重誣乎？左氏謂士莊伯不能詰，非不能詰也。是時晉政偷矣，志於合和南北，以苟無事，非復昔者同外楚之心，故於鄭之伐陳，聽其所爲而已。"〖編者按：奧田元繼作王元美語。〗

　　冬十月，子展相鄭伯如晉，拜陳之功。子西復伐陳，陳及鄭平。(《補義》眉) 復伐陳，見鄭不爲晉屈。仲尼曰："《志》有之：'言以足志，文以足言。'不言，誰知其志？言之無文，行而不遠。晉爲伯，鄭入陳，非文辭不爲功。慎辭也！"(德秀尾) 按春秋辭命，子產爲最。故《論語》稱之曰："爲命，裨諶草創之，世叔討論之，行人子羽修飾之，東里子產潤色之。"然則辭命之所以善者，蓋非一人之功也。(《快評》尾) 此篇文凡三段，第一段妙在詳贍，後二段妙在短勁，皆盡情極致之文也。將數陳之罪，而先溯其上世，以及胡公。必先周而後鄭，不惟立言之體宜爾，而文之色澤自異。自鄭莊立五父而後，鄭世有德于陳，東門之役，堙井刊木，宜鄭之伐陳不遺餘力也。晉人將以伐陳罪鄭，故問陳之罪，而子產之言順而無隙，故又別換一題目，而問侵小，非子產，孰能當此？前言先王之命，尚是不承侵小之罪，下文竟認是侵小，而晉人不得而罪之。晉人之問愈厲，而子產之辭愈壯，可見小國之事大國，絕非一味柔順所能保全者也。晉人三問，蓋欲以伐陳致鄭之罪也。子產于此不爲晉人所屈，反復愈壯，其文辭又足以副其氣，宜乎爲孔子之所歎也。(孫琮總評) 晉人三問，詞氣悍厲，子產籌算已定，從容進對，只提出先王作主，便已得大把握。妙在第一段將鄭之有德于陳，陳之恃楚陵鄭，說得詳悉，則陳之罪狀，固已較著，以下二段只隨問置對，便自勢如破竹，不煩多說。似此明切深透之言，宜霸國爲之心折，而大聖亦深致其讚歎也。(《彙鈔》眉) 晉人三問，子產三答。晉人詞色甚厲，子產隨機應對。不激不阿，大類戎子駒支之對趙宣子，而更自和婉動聽。《春秋》最重辭命，故屢稱之不容口。(《分國》尾) 此傳聳聽者，每段各提天子。一曰"服事我先王"，一曰"先王之命，唯罪所在"，一曰"我先君爲平、桓卿士"，晉人聞之，自然唯唯，聊自解嘲曰"其辭順"。(《左繡》眉) 一首分辨文字，隨難隨解，字字機鋒四出，卻字字入情入理，趙文子所謂順也。通體是一頭兩腳格，三問三答。最是問陳之罪，極難措辭。此處説透，下便迎刃而解。故文于首段詳，下兩段略。細味夫子"晉爲伯，鄭入陳"云云，可以知此題之著眼處，可以知此文之得手處矣。晉爲伯而鄭入陳，既侵其權，又掠其功，今戎服又觸其怒。三番詰責，稍一縮恧，便爲所懾。文妙于段段偏從他爲伯上隱隱挑逗。"未獲成命"，愧之也。"大國數圻"，駁之也。"文公佈命"，尊之也。都是即以其人之道，還治其人之身。天生鈍根人，熟復此種萬遍，會有青蓮湧其竭鏤。首段從昔説到今，前以三"自入""自出""自立"作奇偶文法，後以兩"我有往年之告""有我東門之役"作對舉文法，皆於參差中著整齊。非此，便筋脈懈弛矣。誘衷、啟心，知罪、授手，亦對語。陳罪只"井堙木刊"一語已了，卻從元女、胡公遠遠説入，便添得"不可億逞"一層偌多罪狀，襯出東門之役十倍精神，文以足言，正在乎此。三段各答所問，"陳罪"二字分應，"侵小""戎服"合應，亦略變處。三段以首段爲主，故次段"罪"字即跟上來，末段"捷"字即繳首句，針線一絲不亂。看他各樣住法。"先王""王命"字，尤一篇主腦。"侵小"説得極平常，"戎服"説得極鄭重。三問問得極兜搭，三答答得極分明。東里潤色之才，左氏得之，遂成千古妙文。後世史才難得，亦緣無此等妙語爲之憑藉也。"言之無文，行之不遠"，豈止爲一人一事致歎乎哉？極贊文辭之功，卻不叫人逞辭，蓋惟慎辭，而辭始順也。自是夫子教人脩辭大旨。（昆崖尾）徐揚貢曰："逐段數來，不作一影響語，極曲折，極直遂，不期妙而自妙，高渾蒼勁！"（《喈鳳》尾）晉未嘗許鄭伐陳，而入之，且戎服來獻功，目中尚有盟主耶？乃晉人三番致詰，自子產説來，駁抑處使其不便認真，尊奉處使之益自愧謙，卒令晉人不暇斥其逆而反服其順，辭之爲功誠大矣。（《左傳翼》尾）陳人肆虐于鄭，晉豈不知，特以此番用兵不奉盟主之命，擅自入陳，欲以此爲鄭罪。不知往年告請，既不見允，何得袒陳尤鄭？從陳人忘德蔑惠，層次説來，歸到東門之役，痛心疾首，總以未獲成命所致，非鄭不知盟主，乃盟主不能庇鄭也。歷數陳罪，出脱自己中暗藏譏刺盟主意，自令晉人慚惡無可開口。"侵小""戎服"，不過無聊遁詞耳。讀語"晉爲伯，鄭入陳"云云，可知此文吃緊扼要專在首段。晉與楚仇敵也，陳人介楚，鄭亦恃晉。陳伐鄭，不以罪陳。鄭伐陳，即以尤鄭。告不獲命，不告見責，皆情理之不可解者。破的之言在"介恃楚衆"，尤在"往年之告"數語。（德宜尾）逐段披剝，章法各異，而首段尤爲躊躇滿志，以下只一筆揮灑。

（《日知》尾）結處就聖言喝出"晉爲霸"三字，爲晉人駁詰抉根，即爲子產文辭出色。行文則古宕雅健，兩兼其勝。（高塘尾）俞桐川曰："逐段提出先王，逐段牽扯入晉，使折之不敢，卻之不得，理甚正，氣甚壯，而語又遜婉。降及西漢，有此骨力，少此神味矣。"（《評林》眉）陳傅良："傳申言鄭辭令之美而過其實。今案：鄭辭令之美，孔子嘗稱之，若《論語》所記是也。傳"仲尼曰"云云者，未必皆一時之言，'不言誰知其志'以上，亦未必真聖人所述也。"〖編者按：凌稚隆作趙汸語。〗按：《繫辭》曰："言行，君子之樞機，樞機之發，榮辱之主也。"言行，君子之所以動天地也，可不慎乎！（王系尾）孔子敦實行，不尚文辭。經書歷歷可考。子產相鄭，所以能免於大國者，亦以其能自強于治國，非徒以文辭也。此所引仲尼之言，或亦傳聞之異。家則堂曰："陳叛晉即楚，幾年於茲，晉人置而不問。鄭從晉既久，至是又能一歲再出師伐陳以撓楚，《春秋》書之無貶詞，與之也。"按：此鄭之伐陳既爲聖人所與，而晉反詰之，至於無可詰而後受焉，其於霸略，不亦左乎？（方宗誠眉）敘文子與仲尼之言以作結束，通篇章法完整。（《菁華》尾）陳人助楚伐鄭，鄭之入陳，楚人責之宜矣，若于晉則爲有功。其問陳之罪，但以其未奉晉命耳。"敝邑大懼不競，以舍太姬"，顯然刺晉之一無問罪之師，殊失霸主之道，故文子爲之氣奪。熟於先代掌故，故能應對灑然，初無一句是強詞奪理。否則，辯士口吻，聖人又何取焉？

楚蒍掩爲司馬，子木使庀賦，數甲兵。甲午，蒍掩書土田，度山林，鳩藪澤，辨京陵，表淳鹵，數疆潦，規偃豬，町原防，牧隰皋，井衍沃，量入脩賦。賦車籍馬，賦車兵、徒卒、甲楯之數。既成，以授子木，禮也。（孫鑛眉）字面盡有佳處，但三字排句自是左氏常套，不爲工。（《分國》尾）古人遷官，交相責成者如此，故能報成。後人以官爲傳舍，所急者，陋規耳，閱此能無愧死？《左繡》眉）兩事平提，下作兩層分應，中以"量入脩賦"作承上轉下之筆，而車馬等，即跟"賦"字說落，以事本一串，故分應處，用遞不用對也。典制之文，專作此等筆意，其體裁固有所受之也已。兩句起，一句轉，一句結應，章法極老。（《補義》眉）典則之文，史家之祖。（王系尾）楚康政弱，承楚共之後，而國不甚弊者，子木有力焉。合後篇辭賞觀之，可以知左氏之不沒人善矣。（方宗誠眉）敘次分明，句法凝練，亦極自然。

十二月，吳子諸樊伐楚，以報舟師之役。門于巢。巢牛臣曰："吳王勇而輕，若啓之，將親門。我獲射之，必殪。是君也死，疆其少安！"從之。吳子門焉，牛臣隱於短牆以射之，卒。（魏禧尾）魏禮曰："牛臣之謀，果非孟浪。後世常論荊軻爲匹夫之勇，無益于國。惜其事未成耳，使始皇死，秦疆亦可少安。扶蘇雖仁，非吞併之資。始皇崩而天下土崩矣。則軻之所爲，非匹夫之事。若責其計疏，則無辭。"（《分國》尾）吳人以救舒鳩敗于楚，不懲小忿，輕身臨敵，身隕於巢。孫伯符志業未遂，殊足惜也。（《左繡》眉）連寫六句，"若"字、"將"字、"獲"字、"必"字、"其"字，都用料不定字眼，傳拿得穩，神理奇甚。結一"卒"字，竟墮巢牛計中，爲上數虛字生色也。其妙在字句之表，細味乃得之耳。（《左傳翼》尾）勇不可恃也，而況於輕？以未可必料之事，而決之如燭照數計，一毫不爽。"若"字、"將"字、"獲"字、"必"字、"其"字，俱是料得定、拿得穩神情，兵凶戰危，太宗自負其勇，猶屢蹈危機。劉曜、冉閔一戰被禽，更不足言矣。（《補義》眉）末用一"卒"字，覺前"若"字、"將"字、"必"字，字字如神。（《評林》眉）穆文熙："勇而自輕，最兵家所忌，吳子可用爲戒。"《匯參》："疆其少安，疆，陸氏音居良反。蓋言巢之封疆也。林注：'吳之疆盛。'訛。"李于鱗："語云：'不狎敵。'吳王之見射，誠狎敵也。若牛臣輕殺國君，迺召兵之端，寧可恃此少安哉？"

楚子以滅舒鳩賞子木。辭曰："先大夫蒍子之功也。"以與蒍掩。（《分國》尾）子木先入，扼舒鳩之吭矣。五人以私卒誘吳，敦陳整旅于後，吳師在中，進退兩難。蓋本兵在前，勁旅在後。吳人所見者，誘敵之私卒耳，是以取勝。鄭突衷戎師、師叔誘庸人、魏子敗無終，同一奇兵。（《左繡》眉）兩句連讀，見一則辭之真，一則賞之速，不待詞之畢也。動筆便有一片神理。（《補義》眉）前篇言子木經濟之才，此言讓善之德。（《評林》眉）彭士望："'以與蒍掩'，不掩亡者，最厚。今人且攘生者矣。"

晉程鄭卒。子產始知然明，問爲政焉。對曰："視民如子。見不仁者誅之，如鷹鸇之逐鳥雀也。"（文熙眉）穆文熙曰："然明視民如子之說，人則知之。而見不仁者誅之，則未必知。蓋必不仁去而後可以成其仁。他日子產寬猛之說本此。"（《補義》眉）汪云："兩'如'

字，如見循吏婆心。"又曰："然明貌醜故云。"子產喜，以語子大叔，（《補義》眉）插"語子大叔"四字，方知前論其大略，此則致其精詳。一意折作兩層。（《評林》眉）彭士望："首句是本領，次句正所以成首句處，子產養民惠，使民義，全副本領在此。"且曰："他日吾見蔑之面而已，今吾見其心矣。"子大叔問政于子產。子產曰："政如農功，日夜思之，思其始而成其終。朝夕而行之，行無越思，如農之有畔。其過鮮矣。"（《淵鑒》眉）爲政者保愛善良，如農夫之育嘉穀；剪除奸慝，如農夫之去惡草。故曰政如農功。（孫鑛眉）常語而加鍊，亦自有色。（《快評》尾）黃帝問爲天下于牧馬小童，小童曰："爲天下若牧馬然，去其害馬者而已矣。"夫爲政者視民如子，豈能更有加乎民哉？去其害吾民者，而吾民不安未之有也。所謂不仁者，害吾民者也。然則去之少遲，吾民即不勝其害，故必逐之如鷹鸇之逐鳥雀也。然明之言，聖人復起，莫之能易。子產之歎，非猶夫人之歎也？若夫子產之論爲政，非更有加於然明之言，其所謂日夜思之、朝夕行之、行無越思者，即思然明之言而行之也。子路問政，子曰："先之，勞之。"請益，曰："無倦。"亦猶是也。（魏禧尾）彭家屏曰："子大叔問政于子產，子產曰：'政如農功，日夜思之。'是也。皋陶之'思永'，伊尹之'永圖'，衛文之'塞淵'，衛武之'遠猷'，皆此意也。然必本于聞道人，聞道之後，乃能思慮也。若平日未嘗聞道，臨政雖刊精竭慮，只私意耳。私意則有中有不中矣。故《大學》言平治天下，必原本於致知格物。"（《分國》尾）善哉！然明語子產以政也。異日子產得爲遺愛，得力於然明"視民如子"一句。異日子產褚衣冠、鑄刑書，得力於然明"鷹鸇之逐鳥雀"一句。若子產語大叔，思其始、成其終。異日授子大叔政，教之以猛，而大叔以寬，鄭遂多盜，是不能思其始、成其終也，過安得鮮哉？（《知新》尾）兩番問答，皆是引而不發，使自思而得之。雖所言各殊，而其致自一。他日寬猛之義，即從此發揮，正復耐人尋繹耳。（《左繡》眉）此篇亦合傳體，似時文之有搭題。上截子產問政於然明，下截太叔問政于子產。上兩"如"字、下兩"如"字相對。上"心"字、下"思"字相映。中間兩截交接，以"喜然明""告太叔"作轉楔，通篇以子產爲主，蓋對敘而側重者也。其妙尤在中間轉遞處，圓敏無跡。上兩"如"字，一長一短，兩平說。下兩"如"字，一順一倒，回環說。下半"政"字提起，分出"思""行"兩項。思要成其行，行要無越思。兩者都比之于農，而上則先比方而後正説，下則先正説而後比方，恰好正意接連在中間，比方分繳在兩頭，絕妙章法也。（《左傳翼》尾）政以愛民爲本，誅不仁正所以愛民，千古治要，大端不外此二語。子產論政，雖似別一話頭，而究之政如農功，豐殖嘉禾，即視民如子意；芟夷惡草，即誅不仁意，但要思而行之耳。日夜思之，務在可行。朝夕行之，要務越思。一提喻意於前，一找喻意於後，錯綜入妙。（《便覽》尾）政之次第始終，盡一"思"字，非心乎愛人者不能。然明之言，亦精切不磨。芳輯評。（《日知》尾）兩段皆有言近指遠之趣，是謂有物。（盛謨總評）一邊寫然明，一邊寫子產。前面突出程鄭，中間忽生太叔，令讀者心忙意亂，不解他寫何人。左氏曰："我胸中有妙會，説不出。"于埜曰："我胸中也有妙會，説不出。"呵呵，又何云云？余友卧魯精於古詩，與余登滕王閣，作長歌一章示余，余以其雄渾悲壯，非近今所有，懸之閣上。今秋有人在洪州來，云有見其詩揶揄而笑者。余歎曰："夫豈未見其心，亦未見其面爾！"先民曰："韓子《毛穎傳》，當時大笑以爲怪，此輩人甚衆，不足云矣。"時讀此文，因書以予知者。（高塙尾）俞桐川曰："然明論政，政之要領。子產論政，政之規模。合是二説，可作救時之相矣。"前説即愛民如子、嫉惡如仇之意。後説保愛良善，如育嘉穀；剪除奸惡，如去惡草。故曰"政如農功"，又曰"稂莠不除，則嘉禾不生"。（《評林》眉）陸粲："降階之問，未爲大失，何遽知其死亡？此語亦幸而中，子產顧以是取之，過矣。"孫執升："然明論政之大略，子產則致其精詳。"彭士望："日夜思之，只謹慎正當四字盡之，諸葛公得力全在此處。"（王系尾）一知其賢，即不恥下問。一善其言，即不憚揄揚。滿口津津，中心切切。子產之好賢，可謂篤矣。然然明與子產同朝，至是而始知其賢，知人信不易哉！（《學餘》尾）然明之言，可見爲政者之盡性。子產之言，可見爲政者之盡心。

衞獻公自夷儀使與甯喜言，甯喜許之。大叔文子聞之，曰："烏乎！《詩》所謂'我躬不説，遑恤我後'者，甯子可謂不恤其後矣。將可乎哉？殆必不可。君子之行，思其終也，思其復也。《書》曰：'慎始而敬終，終以不困。'《詩》曰：'夙夜匪解，以事一人。'今甯子視君不如弈棋，其何以免乎？弈者舉棋不定，不勝其耦。而況置君而弗定乎？必不免矣。九世之卿族，一舉而滅之。可哀也哉！"（《左繡》眉）此一首長太息文字，"烏呼"起，"可哀"結，字字傳攢眉頓足之神。通篇作兩截讀，先虛說一遍，再實說一遍，中間"君子之行"云云，另用空筆宕起。兩引《書》《詩》，乃承上轉下，文章停頓處也。開口即引《詩》，卻以議論行之，又一引《詩》變調。實說用比喻，亦作兩番洗發。而"君"字、"棋"字，前順後逆，總不使一直筆。前"可乎""不可"一連說，後"免乎""不免"兩番說，亦遙對處。（《左傳翼》尾）父逐舊君，己又弒新君，未能為蓋愆之圖，適自取滅族之禍，通篇純作歎息悲悼之詞，低徊往復，一讀一愴神也！（《補義》眉）哀惋之言。弒君比殺畜，廢君如弈棋，亂世之言，不忍入耳。汪云："直追想到數十年前之甯武子，太息不盡，語語傳拊膺頓足之神。"（《日知》尾）林唐翁曰："明年衛獻歸國，二十七年果殺甯喜。"為故君謀新君，敗則新君誅之，勝則舊君疑之，此文子所謂不恤其後也。然不一字說破，懸度虛敲，自問自證，直到一舉滅族結穴，究未明言其故，咨嗟太息，耐人尋味。（高嵣尾）迫切語以淡宕出之，愈淡宕，愈迫切。置君不定，不勝則新君怨之，勝則舊君疑之，彼此罪也。思其終，言求為可成。思其後，言求為可繼。有兩意。（《評林》眉）《評苑》："獻公出奔，至是入于夷儀之邑，使人與甯喜言，求復其國。二十年，甯惠子臨死囑悼子納獻公，悼子許諾，故今許之。"按："我躬不說"，"說"《詩》作"閱"，容也。"皇"作"遑"，暇也。呂東萊："傳記太叔之言，及後蘧伯玉去國，見甯氏廢立，衛之賢臣皆不與。"《匯參》："不如弈棋，妙喻解頤。"穆文熙："太叔終始之談，弈棋之喻，可為警語。凡事皆然，豈惟處君乎！《評苑》：'圍棋者，舉子一著或差，不能勝敵。'何況廢置人君，可輕易乎？"（王系尾）復獻，密謀也。大叔儀得聞之，其于甯喜亦親矣。故其言刺刺促促，反復哀切之至。然而甯氏何足哀哉？弒剽而復獻，固無解於亂賊。即使與剽相依而終保其卿位，亂賊之尤者也。敘此特以為衛獻殺喜之張本耳。（閩生夾）憂時閔亂之情橫佚四出，文情哀厲激越，最有驚心動魄之觀。宗堯按："是篇純寫衛君臣之過惡，其過惡各如其分，毫不相掩，而以公子鱄、大叔文子、蘧伯玉為陪客。"

會於夷儀之歲，齊人城郟。其五月，秦、晉為成。晉韓起如秦涖盟，秦伯車如晉涖盟，成而不結。（孫鑛眉）此與下脩成相接，只宜通附入下年。（《評林》眉）《匯參》："按：此正先經始事之例，如惠公元妃篇冠于隱元年不書即位之前是也。"陳傅良："成而不結，傳言齊、楚固相交，秦、晉盟而不合，是以宋之役諸夏始判，遂成南北之勢，故特出之。"（王系尾）此段追敘二十四年事，爲二十六年春秦伯之弟鍼如晉脩成提清頭緒，本是一篇，左氏每每有此。舊説謂"此當繼前年之末，而在此，傳寫失之"者，非也。

◇襄公二十六年

【經】二十有六年春王二月辛卯，衛甯喜弒其君剽。（《評林》眉）季本："喜以'政由甯氏'之故助獻公，私也，安能免弒君之罪哉？"衛孫林父入于戚以叛。（《評林》眉）高閌："叛甚於奔，前此諸大夫有不利於己，則奔而已，未有若林父之叛者，故書叛自林父始。"甲午，衛侯衎復歸於衛。（《評林》眉）《傳説彙纂》："衎不足爲君，且入不以正，故《春秋》書名以罪之。杜預、孔穎達謂'名與不名，傳無義者'，非也。《公羊》以復歸爲罪剽，又以剽不書立爲惡衛侯，則尤誤矣。衎復其位，故曰復歸，豈罪剽乎？剽立於孫、甯之手，與衛人立晉不同，故不書立，豈惡衛侯乎？"夏，晉侯使荀吴來聘。公會晉人、鄭良霄、宋人、曹人於澶淵。秋，宋公殺其世子痤。晉人執衛甯喜。八月壬午，許男甯卒于楚。（《評林》眉）王貫道："君守宗廟，出入必告，不幸而死於道路，猶爲棄社稷也。許男死于楚，是以四嶽伯夷之血祀而委之蠻荊也。"冬，楚子、蔡侯、陳侯伐鄭。葬許靈公。（《評林》眉）家鉉翁："許靈公如楚請伐鄭，卒于楚，楚子爲之伐鄭，師還乃葬許靈公，楚之求諸侯亦勤矣。"

【傳】二十六年春，秦伯之弟鍼如晉修成，叔向命召行人子員。行人子朱曰："朱也當御。"三云，叔向不應。子朱怒，曰："班爵同，何以黜朱於朝？"撫劍從之。叔向曰："秦、晉不和久矣！今日之事，幸而集，晉國賴之。不集，三軍暴骨。子員道二國之言無私，子常易之。姦以事君者，吾所能御也。"（《補義》眉）和秦是晉伯絶大機關，惜襄公、悼公皆未之喻，叔向之識，直過先軫。説到三軍暴骨，一腔悲憫之意，反照平公毫不關痛癢。拂衣從之。

（孫鑛眉）以"撫劍""撫衣"佳。《評林》眉）王錫爵："叔向果以子朱不可御，即宜明言止之，何始則不應，而繼則病其姦，致拂衣於其側哉？此猶客氣未消故也。"《經世鈔》："數語足以深折子朱，若不拂衣從之，則尤善矣。"《評苑》："子朱撫劍將鬪，故叔向披拂其衣以從之。"人救之。平公曰："晉其庶乎！吾臣之所爭者大。"師曠曰："公室懼卑。臣不心競而力爭，不務德而爭善，私欲已侈，能無卑乎？"
（孫鑛眉）得此二論，色乃更濃。（韓范夾）叔向之爲國，晉君之知臣，可謂賢矣。師曠一論，似爲過刻，而晉自此以後卒如師曠之言者，有以見其深也。（魏禧尾）彭家屏曰："凡值凶人干犯之頃，當鎮定從容，折之以理。若人以氣凌之，己以氣應之，彼此尚氣，其相去幾何？總由理不能帥氣，故輒爲所動也。叔向之責子朱，是也。而拂衣從之，則已躁矣。當撫劍之際，豈可從之？時借使無人救之，則亦小丈夫之忿而捐軀者矣。樂正子下堂傷足，猶有憂色，蓋跬步之間，不敢忘親也。叔向爲子朱所激，而舉動若此，一朝之忿，幾忘其身，以及其親。豈非血氣之發，爲賢者累乎？《易》曰'包荒用馮河'，言有馮河之勇，必具包荒之量，叔向其未聞斯義者歟？"（《分國》尾）一撫劍，一撫衣，國體何在？而晉侯猶調停之也？史載唐僖宗時，南詔酋使來請和，鄭畋、盧攜議蠻事不合。攜怒拂衣起，袂冒硯墜地，破之。帝曰："大臣相詬，何以儀刑四方？"以秦鍼之賢，而晉臣如此，不慮爲秦所嗤乎？"子常易之"，戎子謂"官之師旅，實有闕焉"，此類是與？《左繡》眉）此篇前案後斷。案有賓主而兩不相下，描寫極活。斷有抑揚而兩意相承，議論極精。當御、無私是爭大，撫劍、撫衣是力爭。于子朱作兩番寫，于叔向作一番寫，此整中之變也。前半已明寫二臣力爭、爭善矣，直斷便無停頓。故于平公先應上當御、無私，將"所爭者大"特作一揚，然後連寫兩"爭"字以抑之，文得開而曲，意得曲而濃，亦方與上半文勢相配。否則未免頭重腳輕，此變中之整也。章法一絲不苟。上半子朱、叔向兩兩爭執，下半平公、師曠兩兩評解，中間卻著"人救之"三字作轉梭，束上起下，亦恰寫出滿堂哄然，令"爭"字十分出色。於前案愈有神，於後斷愈有力也。若無此筆，將晉朝只此寥寥四人耶？以閒著爲要著，國手乃能爾耳。（《左傳翼》尾）爲公而爭，人臣之常道，范、富、韓、歐，上前議論，各抒己見，毫不阿比，而卒未嘗失色，以其心競而不力爭也。撫劍、拂衣，子朱固屬無禮，叔向亦傷雅道。閧堂喧嘈，目無人主，平公猶加歡賞，殊憒憒也！師曠"公室懼卑"之言，見微知著，叔向聞之，得毋內愧否？心競則務德，力爭則爭善，天理人欲之分，實在於此。此等語關係絕大，知此可以定古今臣品，無此便無斷制。(《評林》眉)魏禧："其言精甚，叔向聞之，必當自悔。"彭士望："'爭善'二字，對賢者直入骨髓，然必務德，方免爭善，《國語》去此一句，大是粗淺。"《補注》："傳見晉室卑，故急於結秦好。"(王系尾)此連二十五年"成而不結"句為篇，其實秦、晉為成在二十四年，此文既不可隔二十五年而遠接二十四年，遂追敘二十四年秦、晉為成之事於二十五年之末，法之至便者也。秦、晉自殽以來，世為仇讎，屢盟屢背，至是而始成，是部中大佈置處。(閩生夾)皆于閑文見正意。

　　衛獻公使子鮮為復，辭。敬姒強命之。(《左繡》眉)此篇傳甯喜弒君事，以甯喜為主，開手卻從"子鮮為復""敬姒強命"敘入，反似罪在此二人矣。下文疾忙補注出子鮮與甯喜言緣故來，寫得子鮮有許多勉強不得已在，便見此罪全在甯喜。又詳伯玉近關之出，以及右宰屢次攔阻，卒伐孫氏而殺子叔，總是貪"政由甯氏"一言，遂爾身犯不韙。篇中凡兩寫"告"，三寫"悼子曰"，總為甯喜罪案伏筆，步步趨到解經一筆結斷也。是極有步驟、極有佈置文字。(《補義》眉)此甯喜弒君、林父入戚、衛侯歸國合傳。詳寫剽弒衎歸，而林父事已見前，故只言致叛之由。(《評林》眉)按："衛獻公使子鮮為復，辭"，杜注本"辭"字下有"辭不能"三字，坊本或訛脫之。(方宗誠眉)記事法。伏後衛侯殺甯喜及鱄出奔之根，是為開首即呼起全神之法。**對曰："君無信，臣懼不免。"**(《補義》眉)子鮮但云君無信，如有信則行之矣，此只顧得一邊，便是其誤處。**敬姒曰："雖然，以吾故也。"許諾。初，獻公使與甯喜言，甯喜曰："必子鮮在，不然必敗。"故公使子鮮。子鮮不獲命於敬姒，以公命與甯喜言，曰："苟反，政由甯氏，祭則寡人。"**(《測義》夾)愚按：甯喜所取信者，子鮮也。子鮮既知君之無信，顧復報以公命許之，異日甯喜以專政被殺，而子鮮亦自以失信故去之，孰非"政由甯氏"一言所取哉！〖編者按：奧田元繼作王元美語。〗(孫鑛眉)兩語險絕，而"祭則寡人"一句尤奇。(韓范夾)無此要言之理，固已不可恃矣，甯氏但欲柄政，迷而不知察也。(《補義》眉)"政由甯氏"二語為甯喜弒君之由。(《評林》眉)《經世鈔》："政、祭二語便是子鮮能幹，然一時之巧利，終必以此敗事。"《補注》："'不獲命於敬姒'，傳見子鮮爲復非己意。"甯喜告蘧伯玉，伯玉曰："瑗不得聞君之出，敢聞其入？"遂行，從近關出。（《測義》夾）林堯叟氏曰："十四年，孫氏欲逐獻公，伯玉從近關出。今年甯喜欲復獻公，伯玉又從近關出，其全身遠害如此。"（《評林》眉）《經世鈔》："'從近關出'，先事苟且，又圖脫罪，是老猾行徑，豈所謂明哲耶？絕非伯玉所爲也。"告右宰穀，右宰穀曰："不可。獲罪於兩君，天下誰畜之？"悼子曰："吾受命于先人，不可以貳。"穀曰："我請使焉而觀之。"（《補義》眉）既告伯玉，又告右宰。伯玉，君子也，不洩其言。右宰，心膂也，共謀其事，故皆告之。（《評林》眉）按："獲罪於兩君"，甯喜父甯殖前出獻公，今又甯喜弒殤公剽，是獲罪於兩君也。魏禧："或有以喜爲貪權者，非也。剽乃其父所立，權豈不在？此等皆不致知之過。"遂見公于夷儀。反曰："君淹恤在外十二年矣，而無憂色，亦無寬言，猶夫人也。若不已，死無日矣。"悼子曰："子鮮在。"右宰穀曰："子鮮在何益？多而能亡，于我何爲？"（《補義》眉）一筆煞住。（《評林》眉）魏禧："'多而能亡'二語可鑒，人之托人以事，當視其才與時之足以濟否，不獨以賢。"《附見》："'多'猶《商君傳》'循禮者不足多'之'多'。"（闔生夾）獻公之惡，無一字實跡，但於諸人口中見之，此文之所以妙也。悼子曰："雖然，不可以已。"孫文子在戚，孫嘉聘于齊，孫襄居守。（文熙眉）汪道昆曰："序事能品。'苟反'句法。"穆文熙曰："蘧瑗君出、入二語，不任患，不貪功，可以免禍，真稱君子哉！右宰穀謂甯殖不可獲罪兩君，子鮮多而能亡，何其允當也！"（孫鑛眉）敬姒、伯玉、右宰俱是作波。

　　二月庚寅，甯喜、右宰穀伐孫氏，不克。伯國傷。甯子出舍於郊。伯國死，孫氏夜哭。國人召甯子，甯子復攻孫氏，克之。（《補義》眉）國人助甯子，却已暗釋經書"復歸"之意。辛卯，殺子叔及大子角。書曰："甯喜弒其君剽。"言罪之在甯氏也。（《左繡》眉）上半是原敘，下半是正敘。原敘分作兩層，前一層詳其弒君之因，重"政由甯氏"句。後一層詳其弒君之意，重三個"悼子曰"。前以敬姒陪子鮮，復從子鮮轉出甯喜。後以伯玉陪右宰，仍從右宰歸重甯喜。兩層遞敘，正相準也。正敘亦三點甯子，一伐、一出、一復攻，與原敘三"悼子曰"又相配，章法妙絕。前云"政由甯氏"，斷云"罪在甯氏"，兩句緊對。蓋貪此甘言，自當被此大惡也。首尾照應完密，章法了然。或有連後數篇讀者，失其旨矣。孫執升曰："甯喜以先人爲言，不知殖雖有命，不可受也。舊君而復，此新君者將何以處之？是父逐一君於前，而子弑一君於後也。且以爲成父命而蓋父愆乎？則弑君以復君，是父欲蓋逐君之愆，而反蹈弑君之罪；子欲蓋父逐君之愆，而反成父弑君之罪也。而逐君之罪，又終不可蓋，故曰殖雖有命，不可受也。"（《左傳翼》尾）爲舊君賊新君，即使君能有信，于理猶且不可，右宰穀罪兩君之言，與伯玉不敢聞入云云，自是正論。而況"猶夫人也"，雖有子鮮，焉可恃乎？甯喜惑于"政由寧氏"一語，違衆弑君，而不知君無信，子鮮早已寒心。甯氏不能蓋父之愆，而自陷於大惡，所謂利令智昏也。結語斷制分明，筆如屈鐵。此篇敘甯喜弑君，已伏甯喜見殺之根，開口便説"君無信，臣懼不免"，子鮮尚恐不免，何況甯喜？蓋獻公復國，全賴子鮮、甯喜之力，既忌甯喜，豈能淡然於子鮮？設甯喜見殺之後，子鮮不去，其結局不知何如也。"死無日矣""多而能亡"，右宰穀之言與子鮮若合符節，而惜乎自知之而自蹈之，卒與甯喜骈首衛廷也。政由甯喜，獻公原欲以之餌甯喜。喜惟不信君，故恃子鮮。子鮮亦不能信，故懼不免也。甯喜以父命而弑君，子鮮以母命而賣友，敬姒以長子而負幼子，獻公賣弟賣臣而並至於賣母，一人無信，致五倫俱喪，達道之行，全在於誠，聖賢豈欺我哉？（《評林》眉）《經世鈔》："'孫氏夜哭'，倉卒一哭，足見孫氏無人。"陳傅良："傳釋弑君書主名例，嫌爲衎弑剽無罪，特出之。"（《菁華》尾）"政由甯氏"一語，已爲甯喜滅族之券。自古豈有人臣代君秉政，而能久於其位者？右宰穀料事甚明，而卒隨之同死，亦利令智昏故耳。

孫林父以戚如晉。書曰："入于戚以叛。"罪孫氏也。臣之祿，君實有之。義則進，否則奉身而退，專祿以周旋，戮也。（《測義》夾）愚按：林父親逐其君，君入又據邑以叛，其罪寧專祿周旋已乎？而左氏謂以是戮也，則將謂逐君之罪輕於據邑也耶？義則進，否則奉身而退，此亦非所以責逆臣。〖編者按：奧田元繼作王元美語。〗（韓范夾）魏博、盧龍之帥，皆以人君之寵靈，養士役衆以抗其上。"專祿周旋"，田、李之屬皆未之講也。（《左繡》眉）此段純是理語，末二句尤蘊藉，傳於經亦寬嚴互用也。（《補義》眉）只就林父點出"專祿"，而甯喜之弒亦由於此，一筆全身俱震。(《評林》眉) 彭士望："專戮周旋，四字畫出後世庸滑一輩心事容止如見，緊著'戮也'二字，毛骨森冷。"(方宗誠眉) 以上敘書法而發揮之。

甲午，衛侯入。(方宗誠眉) 以下敘衛侯復國以後事，與首"君無信"，中間"亦無寬言"相照應。**書曰："復歸。"**(《補義》眉)"甲午，衛侯歸"，是釋經束筆，卻爲下段提綱。**國納之也。大夫逆于竟者，執其手而與之言。道逆者，自車揖之。逆於門者，頷之而已。**(韓范夾) 此不過一淺人耳。而爲傳者列狀其事，驕佚之態，千載如見，讀之猶令汗背。(《補義》眉) 以逆之遠近，爲禮之恭倨，正與欲逐太叔儀一串。(《評林》眉) 陳傅良："'甲午，衛侯入'，傳釋復歸例。按：衛侯歸言國逆，與成十八年例違，見例非是。" 魏禧："如畫。近世士大夫、貴公子遭患難，情態率如此。"《附見》："衛獻歸入之日，以三等之禮待大夫逆者，是乃驕心已生也。"(方宗誠眉) 敘衛侯之驕，又伏後爲晉所執之根。(閩生夾) 極形其變節之速，然亦何至於此？此文字詼詭之趣也。(文熙眉) 穆文熙曰："自竟及門，三態可笑。得反國，幸矣。故未幾而晉人執之，不有齊、鄭之請，其以囚終也哉！" **公至，使讓大叔文子曰："寡人淹恤在外，二三子皆使寡人朝夕聞衛國之言，吾子獨不在寡人。古人有言曰：'非所怨勿怨。'寡人怨矣。"對曰："臣知罪矣！臣不佞，不能負羈絏以從扞牧圉，臣之罪一也。有出者，有居者。臣不能貳，通外内之言以事君，臣之罪二也。有二罪，敢忘其死？"**(《補義》眉) 二罪與定姜數以三罪遙映。(《評林》眉)《彙參》："'吾子獨不在寡人'，'在'如'乃心罔不在王室'之'在'。"張半菴："'臣之罪一也'，李斯自訟七罪意本此，蓋憤中有誇也。" 陳傅良："傳終言衛侯不君。" **乃行，從近關出。公使止之。**(魏禧尾) 賴韋曰："嗚呼！世之畏難偷生之臣，蓋亦自謂明哲矣。夫策名委質于君，聞難而去，難平復反，利則享之，患則違之，何忠臣義士之愚，而明哲之無入而不自得也？衛獻公無道，孫林父將逐之，告蘧伯玉，伯玉從近關出。及甯喜將弒剽而復獻公，又告之，復從近關出。吾意伯玉當林父之告，必正折之曰：'君，天也。逐君者，名不可居，禍不可測。'當甯喜之告，則曰：'父出一君，子弒一君而復之，是世其惡而增父之過也。'如是，則林父、喜之心或可以少遏。且夫獻公無道，而伯玉非執政之臣，故責伯玉以死、以討賊者，此不通之論也。獨林父、喜之訪于伯玉，是以伯玉爲賢也。觀其訪之之詞，則心猶未定，計猶未決，故就賢人而觀其進退焉。夫心所服者言易入，計未成者事易移。伯玉不于此時折其萌而安其君，不過曰'雖奸之，庸知愈乎''瑗未聞其出，敢聞其入'而已，視其君之存亡，如秦人視越人之肥瘠，漠然不一動其心。賢者之仕于人國，固如是乎？此吾所不解也。甯殖臨終屬其子曰：'名藏諸侯之策，君入則掩之。'吾固知伯玉之説之必可行也。晉趙穿弑靈公，宣子未出境而復，董狐曰：'子爲正卿，亡不出竟，反不討賊。'書之曰'弑'。齊崔杼弑莊公，晏子曰：'君爲社稷死，則死之。爲社稷亡，則亡之。'然晏子立崔杼之門外，哭踊不失節。當是時，晏子之不死者，間不容髮。嗚呼，如伯玉者，律之宣子則不可，律之晏子之義，其可矣。"孔之逵曰："人臣遇國家之難，不能死則先事以去，道未有易此者也。昔宋昭公無道，公子鮑厚施于國，識者憂弑奪之禍，於是公孫壽以官近懼及，辭司城而不居，子哀辭卿不受而奔魯，此二人者，皆先時而去，身不及子鮑之難，庶幾所謂見幾而作者。不幸而身值其事，若蕩意諸同死孟諸之難可也，豈得偷生避禍哉？夫蘧伯玉稱衛之君子，當孫、甯出君、廢君時，聞變而出，既定而入，即責以與謀，伯玉何説之辭？或曰趙盾亡不出竟，故不免弑君之名，若伯玉則可以無嫌矣。余謂趙盾弑其君，董狐書之，孔子仍之。盾即越竟逃賊，而弑君之罪，亦不可逃。何則？穿，盾之側室，河曲之戰，盾爲元帥，穿不用命，而盾不討。其後弑靈公，盾復使穿迎黑臀于周。則穿爲盾之私黨，桃園之變，盾爲謀主而假手於穿也，明矣。使盾或亡而越竟，或討穿以説，遂可逃弑君之罪，則是慶父使卜齮賊閔而奔莒，可以無罪；羽父使賊殺隱，而討於蔿氏，足以掩惡。豈不甚便於弑君之賊也哉？然則董狐之爲是言也，何居？曰：'盾之同惡，情隱而可辨。不越竟，不討賊，事顯而難逃，舉以責盾，使盾更無辭以自飾，而其罪亦可居耳。孔子之惜不越竟，正惜董狐不越竟之言隱而未明，無以告天下後世之爲人臣者。觀其不惜討賊，而止惜越竟，可見矣。'然則孔子以君子稱伯玉，曰邦有道則仕，無道則可卷而懷之，又何説乎？吾意當孫、甯廢立時，伯玉必隱而未仕，故可優遊事外，而無觀望中立之嫌。不然，衛之臣如公孫丁輩且死難矣，子展、子鮮且從公羈紲，卒推挽以歸國矣，曾謂伯玉之賢，而顧偷生苟免，置君不問乎？且當獻、殤之時，君臣相忌，政令下移，可謂無道之極。

使伯玉不能奉身而退，以及孫、甯之難，是貪昧無恥之流，烏在其可卷而懷也？然則孫、甯何爲以出君、納君之謀告伯玉？曰伯玉雖不仕，其德行爲衛人所素服，故孫、甯亦從而咨訪之耳。夫子居魯而康子以用田賦問，居衛而文子以攻大叔訪，又何疑于伯玉？柳下惠爲魯士師，三黜不去，用之則行，舍之則藏，終身優遊，不忍去父母之邦以求仕他國。嗚呼！是亦伯玉之行也。"魏禧曰："余嘗論伯玉事，詳《雜問》中。又有詠史詩云：'遠貌不察形，遠音不聞舒。六經多謬誤，闕疑慎其餘。孔子賢伯玉，後世誤遺書。乃至出近關，奉以明哲譽。豫難必先逃，群誚召忽愚。'愚今得逢此論，足解平生之疑，辨千古之惑矣。然伯玉答孫、甯語，雖在不仕時，亦傷模棱，當以韋論爲正也。"（《分國》尾）父欲掩逐君之惡，子復負弒君之罪。蓋怨乎？踵惡乎？或曰："欲復獻公，必先爲剽地。"曰："傳言之矣：'衛人立公孫剽。'一若非出於甯氏之立，若是則公孫剽一叔武耳。而《春秋》書'甯喜弒其君剽'，則成其爲君，非叔武之比。""然則何如？"曰："以殖之言爲亂命，喜不受命可也。"（《左繡》眉）前厚孫云有太叔儀以守，衛君其必歸，可見此番復國，太叔與有大功。而君也朝以入，臣也夕以出，正所謂："其言糞土，猶夫人也。"然一讓一對，先讓後止，平平寫來，殊不見得。妙于前路細描入國光景，將驕惰傲色寫得鬚眉逼現，倒映下文，使人思耐。千古傳神絕技，枯管死手，何處臨摹？三"逆"字，與後四"寡人"、四"臣"字、"罪"字，相配成章法。或撫其內，或營其外，太叔與母弟鱄同功一體之人，今已見一班矣。此段要爲後子鮮起本，當通長讀之，乃見作者神理一片耳。俞選連三節爲一，評云："伯玉全身，只在事外。太叔全身，只在中立。皆與甯喜反照。兩'近關出'正相映。"亦明。（昆崖尾）許玉史曰："弈棋之喻，可謂警策。凡事皆然，豈惟處君乎？滅族之禍，甯氏自取耳。"敘事之文，敘其言詞，敘其相貌，而其人之精神意思即宛然俱出，是第一寫生妙手。（《左傳翼》尾）經歷險阻，德慧術智所由生。久淹於外，一入國門，驕惰傲志形於顏面，所謂"無憂色""無寬言""猶夫人"者，歷歷如睹。太叔儀尚不免于怨，甯喜何恃而不恐？對辭侃侃不阿，足見文子伉直本色。此敘獻公歸國，似是結案，實係殺甯喜起案。（《日知》尾）獻之出也，孫首而甯從。獻之復也，儀守而鱄出，前事詳之矣。茲之復入，子鮮則强而後可，太叔則去而始留，輔我者已殆矣。甯氏則政由之出，孫氏則以咸如晉，雠我者益疾焉。他如伯玉固見幾而作，右宰亦不悅於始，且孫叛則憎我者皆思逞，讓儀則好我者皆離心，任甯則無怨無德者皆束手，衛廷之上，獨一獻公孤立耳，而無信且驕，勢不殺甯喜不止，即子鮮亦從此逝矣。文正落落寫來，而憎獻、危獻意處處流露，故三篇合讀，其義始備。（高崶尾）俞桐川曰："獻公未復國時，何其卑屈，何其悃欵！甫得復國，侈心即動，殺念即萌。其對大夫之容，責文子之詞，略可見矣。'猶夫人也'四字，活畫出獻公行樂。甯喜止因'政由甯氏'一句，決意納之。專政之志多，蓋愆之情少。所恃有子鮮在，而不知'君無信，臣懼不免'，子鮮已先道破矣。利令智昏，喜所以不免於弒君之名也。一蘧伯玉，一大叔文子，皆與甯喜反照。"（王系尾）此篇三節，自第一段至第五段爲一節，是甯喜弒其君剽傳。第六段自爲一節，是孫林父入于戚以叛傳。末段爲一節，是衛侯衎復歸於衛傳。前二節先敘後斷。末一節兩頭敘、中間斷。孫、甯明斷其罪，衛侯不顯，所以存君體。然觀其所敘，而其所以出，與其倖而入，亦可見矣。孫林父之惡，有目者所共睹。甯氏翻覆，世載其僞。其逐君也，似非首惡。其復君也，似乎悔罪。其弒君也，似從父命。然其所以附孫氏者，貪衛國之權也。與孫氏共專之，豈若其獨專之哉？悔罪從命，皆是謬言，惟"政由甯氏"是其隱微深曲之錮病。九世卿族，一朝而滅，禍於是乎在矣。（《菁華》尾）衛獻公之言，何其似鄭厲公責原繁語，文子之對，亦與原繁相肖。然原繁竟死，而文子無恙，蓋所遇之主不同。鄭厲陰鷙自用，衛獻特庸懦無能已耳。

衛人侵戚東鄙，孫氏愬于晉，晉戍茅氏。殖綽伐茅氏，殺晉戍三百人。孫蒯追之，弗敢擊。文子曰："厲之不如！"（闈生夾）記此以與前文"而父爲厲"相映耳。**遂從衛師，敗之圉。雍鉏獲殖綽。復愬于晉。**（《左繡》眉）被衛侵而愬，獲衛俘而復愬，勢不致晉討衛不止，蓋此節爲澶淵之會起本也。（《補義》眉）兩愬方見澶淵之會全爲孫氏。（王系尾）晉納衛之叛臣，非也。戍茅氏，尤非。然衛不能正義直辭爭之于晉，而遽殺其戍，強弱之際，能無困辱哉？此等處，惟鄭子產爲能善處之。

鄭伯賞入陳之功。三月甲寅朔，享子展，賜之先路、三命之服，先八邑。賜子產次路、再命之服，先六邑。子產辭邑，曰："自上以下，隆殺以兩，禮也。臣之位在四，且子展之功

也。臣不敢及賞禮，請辭邑。"公固予之，乃受三邑。公孫揮曰："子產其將知政矣！讓不失禮。"（魏禧尾）魏禧曰："是師也，有古者征不服之風焉。此春秋所僅見，在五霸之上。惜夫鄭以小國介晉、楚，而不能大有爲也。"（《分國》尾）一賞也，向戌弭兵而請，國僑捷陳而辭，人之度量，相越何如？齊晏嬰庶幾云。（《左繡》眉）"八""六""四""三""兩"，都以數目成文，"三命""再命"陪説，以"隆殺以兩"句爲主。故以"讓不失禮"斷之，是一首清簡文字，與入陳篇相稱也。（《左傳翼》尾）他人辭讓，多是畏禍，此獨以禮爲本，較常情更有純雜之分，故云"將知政"，覺聖門子路猶於此稍遜一籌。（《評林》眉）《補注》："三命之服，晉命士會，傳言'請于王'。此不言請于王，則鄭伯自賜之可知。禮樂自諸侯出久矣，或請或不請，無復定準。杜説非也。"楊升菴："莊子云：'厲之人夜半生子，遽取火而視之，汲汲然惟恐其似己也。'與'厲之不如'句相發。"彭士望："只一引典禮，對大國無抗形，待同官無讓跡，子產最能最高。"

晉人爲孫氏故，召諸侯，將以討衛也。夏，中行穆子來聘，召公也。（《左繡》眉）"召諸侯""召公"對寫，中以"將討衛"作上下關紐，無一筆無法。（《測義》夾）愚按：晉不能討衛弑君之罪，以定宜爲君者，而顧始終實力於孫氏，致偏召諸侯，謀討衛侯，是率天下使盡叛其君也。倒行逆施如此，竟以此失諸侯，宜哉！〖編者按：奧田元繼作湯睡菴語。〗（《補義》眉）兩"召"字從上篇"愬"字來。

楚子、秦人侵吳，及雩婁，聞吳有備而還。（《左繡》眉）此亦合傳體，皇頡、董父同爲楚囚，而一爭于楚而不歸，一獻于秦而得請，則州犂左袒於子圍，而子產不雷同于太叔也。上下各有兩説，上半以上手、下手，一陰一陽，見當面簸弄之巧；下半以不獲、其可，一反一復，見背後揣度之精，皆作者着意結構處。看來通篇皆以曲筆成文，一以曲說斷囚而爭之者得，一以曲説請囚而貨之者非。曲說存乎用，而皇、印之幸不幸因之。刻本往往節取上半，不見兩兩相對之妙矣。遂侵鄭，五月，至于城麇。鄭皇頡戍之，出，與楚師戰，敗。穿封戌囚皇頡，公子圍與之爭之。正於伯州犂，伯州犂曰："請問於囚。"乃立囚。伯州犂曰："所爭，君子也，其何不知？"上其手，曰："夫子爲王子圍，寡君之貴介弟也。"下其手，曰："此子爲穿封戌，方城外之縣尹也。誰獲子？"（韓范夾）賤者得功，貴者居之，古今同弊。至若伯州犁媚權抑功，不必明言而已見於手口之間，何其工也！（闈生夾）寫子圍之氣焰，而奸諂訛法之情如見。宗堯按："開卷欲使人知圍之爲人也。"囚曰："頡遇王子，弱焉。"戌怒，抽戈逐王子圍，弗及。楚人以皇頡歸。（《彙鈔》眉）"所爭，君子"二句，言穿封戌、王子皆非細人，易於別識。上下其手，語意亦見輕重，開後來巧吏法門。（《左繡》眉）"正於伯州犁"，正其理也，而問囚則失其聽訟之理。"太叔爲令正"，正其辭也，而取貨則失其請命之辭。映帶有情，定非率爾。上截寫州犁，活是一花臉問官，手勢腔口，無不活跳。乃其妙尤在"所爭，君子也"一句，先安放封戌，以見我並無偏曲。而不虞其着着左袒，且隱隱以石卵不敵脅制原告也。（《補義》眉）儲云："絶妙儽儡，犁已若此，嚭乎何誅？"州犁有盛名，而從圍意旨，以避其鋒，豈知卒爲所殺，故君子知命。（《評林》眉）《經世鈔》："'請問於囚'，欲得情實，莫過於問囚，又莫過於三面同問，又莫過於卒然問之，初無囑托。而州犁當面賣好，顛倒真僞如此，故知聽訟之難也。"《評苑》："州犁必上下其手而抑揚其辭者，蓋州犁畏王子，欲皇頡曲言王子獲己也。"魏禧："按：此是伯嚭真種子，伯宗好直，而子孫皆奸佞，何哉？"《匯參》："已分得逼清，卻仍囹圄叫他自說，惡絶。林云：'此囚亦大解人意。'"

　　印菫父與皇頡戌城麇，楚人囚之，以獻于秦。鄭人取貨于印氏以請之，子大叔爲令正，以爲請。子產曰："不獲。受楚之功而取貨于鄭，不可謂國，秦不其然。若曰：'拜君之勤鄭國，微君之惠，楚師其猶在敝邑之城下。'其可。"弗從，遂行。秦人不予。更幣，從子產，而後獲之。（《分國》尾）小人媚權要，一上下手間，枉善申勢，曲證陷人，何所不至？究之子圍立，伯州犁見殺，穿封戌得封。上手之諂，何如抽戈之直？子產謂貨賂不可得囚，必更辭而後可，蓋處人者當處以禮也。（《左繡》眉）下截子產語，只一反一正，論取貨之失，則先斷不獲，而後指其故；論更幣之得，則先酌其詞，而後斷其可。結以兩層分應，亦恰與上半敘事收局相配。此合傳之準繩也。（《左傳翼》尾）兩人皆戌城麇被獲者也，而一楚一秦，局面遂分。上下二段，俱以辭令見長。伯州犁勢利極熟人，做作指點，情景如畫，故皇頡可以默喻。子產義理極透人，揣摩辨析，是非立剖，故菫父可以必得。

君子、小人都善操縱，而正不正判若天壤，合而觀之，可以得知人知言之學矣。"其何不知""不獲"，開口喝破，胸中各有成竹，向後始知其妙。讀此文者，先須掩卷作個題目入思議，若一順口滑讀，便自了無趣味。（《補義》眉）前極寫州犂，後極寫子産，一譎一正，兩相映照。（《日知》尾）州犂未問，已有成算。子産未請，已有定議。貴介、縣尹，其所從易決。受功、取貨，其不從可券。媚者竟不得免，則媚爲徒勞。貨者竟不得請，則貨爲虛設。且同一頓悟而邪正異，同一曲説而得失異，同一被囚而禍福又異。有意無意，相接相形。小游戲，大蕅栽。（王系尾）伯州犂之諛，益之以詐，卻反似直。子産之智，濟之以權，卻反似偽。兩邊激映，自成色澤。

六月，公會晉趙武、宋向戌、鄭良霄、曹人于澶淵以討衛，疆戚田。取衛西鄙懿氏六十以與孫氏。（《測義》夾）愚按：林父，衛叛臣也，晉反爲封殖如此，由其諸臣各爲私計，羽翼諸侯之大夫，使之交起爲亂，以爲異日剖分宗國之地，而其君不悟，良可慨也！〖編者按：奥田元繼作李于鱗語。〗（《補義》眉）點出"以與孫氏"，下段一執一囚皆爲孫氏也，已伏爲臣執君罪案。趙武不書，尊公也。向戌不書，後也。鄭先宋，不失所也。於是衛侯會之。晉人執甯喜、北宫遺，使女齊以先歸。（《測義》夾）傅遜氏曰："傳以不書趙武爲尊公，斷不然也。必以爲臣討君而貶武明矣。"（《左繡》眉）此篇傳會澶淵及執甯喜，卻詳執衛侯、請衛侯事。分兩截讀，前是依經以辨理，後是錯經以合異也。然一片寫去，上截疆戚田，又取西鄙與孫氏，且囚衛侯於士弱氏。分明爲臣執君，已伏下截之案。下截齊侯、鄭伯，特特爲此如晉，卻兼享賦《詩》，兩家絕不提起。直待私於叔向，叔向言衛君之罪於二君，然後重賦《詩》以諷切之，則固假借之，使有可藉手斯已矣。前論書法，以趙武不書爲尊公，而不言以爲臣討君貶，正與後晉侯言衛侯之罪相照，明爲晉侯出脱，非左氏淺於義例也。林注以此駁之，未詳其筆意之所在耳。（《評林》眉）劉敞："'趙武'以下，至'所也'，此皆不足信，於經無以見之。"《補注》："傳見經不書大夫，必有爲，遂妄釋之。胡氏：'趙武稱人爲助孫氏，良霄不貶，以鄭伯如晉，獨不釋君助臣，得經旨。伯主會而執大夫，內不言以歸，陳袁濤塗、季孫意如是其例也。'"

衛侯如晉，晉人執而囚之於士弱氏。（《評林》眉）《補注》：「不書執衛侯，爲臣執君，不可以爲訓。」王元美：「衛侯可執，坐林父之訴而執則悖。」〖編者按：凌稚隆作家鉉翁語。〗

秋七月，齊侯、鄭伯爲衛侯故，如晉，晉侯兼享之。（《補義》眉）二君爲衛侯如晉，而二大夫賦《詩》，却不提起衛事，想見欲言又止，無限囁嚅。讀至下段，方知未曾告趙文子，雖言無益。（方宗誠眉）「齊侯、鄭伯爲衛侯故，如晉」下當接「國子使晏平仲」一段，然嫌直促，有此一段，文乃從容不迫。晉侯賦《嘉樂》。國景子相齊侯，賦《蓼蕭》。子展相鄭伯，賦《緇衣》。叔向命晉侯拜二君曰：「寡君敢拜齊君之安我先君之宗祧也，敢拜鄭君之不貳也。」（《補義》眉）安我宗祧，恐齊人叛己也。鄭君不貳，以良霄先至也。國子使晏平仲私于叔向，曰：「晉君宣其明德於諸侯，恤其患而補其闕，正其違而治其煩，所以爲盟主也。今爲臣執君，若之何？」叔向告趙文子，文子以告晉侯。晉侯言衛侯之罪，使叔向告二君。（《補義》眉）晉侯自覺報顏，亟向二君表白。可知定剽者，苟偃也，非晉悼。執君者，趙武也，非晉平。（《評林》眉）《補注》：「『以告晉侯』，上言取衛田益孫氏，下記取衛姬，見趙武、叔向皆從君於昏。家氏曰：『是時晉趙武爲政，叔向爲之謀主，二子者崇虛譽而無實益。』」《附見》：「齊殖綽來在衛，爲衛殺晉戍三百人。」國子賦《轡之柔矣》，子展賦《將仲子兮》，（韓范夾）不爲抗激之言，而但賦《詩》以見意，可謂深於諷諫者也。（《補義》眉）業已稟命趙武，兩大夫賦《詩》乃敢微及衛事。晉侯乃許歸衛侯。（《正論》眉）樓迂齋曰：「《詩》之爲教大矣，衛君存亡，繫《轡柔》《將仲》之一賦。《詩》可易言哉？不適於用，而沾沾口耳，三百何爲？國子、子展先之所賦以歆其心，後之所賦以明其義，故晉侯拜於先，而歸衛侯於後也。」叔向曰：「鄭七穆，罕氏其後亡者也。子展儉而壹。」（《測義》夾）愚按：世祚修短，非細故矣，獨繫於一諷詠間耶？如曰以觀其志則可。（《分國》尾）晉討衛也，疆戚田，取衛鄆以與孫氏，分明爲孫氏執衛侯，托言他罪，不直甚矣。「爲臣執君」，國子真善於立言哉！（《左繡》眉）特爲衛侯，卻且說閒話，妙正在此。若一見便說，世無此急驟說客，世亦無此急驟文法也。賦《詩》用分，拜《詩》用合，於諸侯賦詩、拜詩，又另一排場，風調致佳。同請衛侯，獨敘國子使私；同一賦《詩》，獨稱罕氏後亡，乃文家互見法。若必兩兩對說到底，則亦印板章法矣。（《左傳翼》尾）爲臣執君，始于晉文初伯，已開君弱臣強之漸。六卿擅權，三家分晉，寔萌於此。林父自獻公立時，即送孥于戚，甚善晉大夫，交結盤固。逐君後，晉悼欲討，被師曠、荀偃沮止，大義未伸。今甯喜弑剽納獻，雖云有罪，要止復舊君耳。晉不問其出，又何必問其入？乃孫氏以戚入晉，晉遣戍被殺，尚不自咎，受孫氏之訴，而爲此會以討衛，遂爲臣而執君，何以爲盟主？二君來請，妙不唐突。托之平仲私語，正義出以婉詞。二子賦《詩》，委蛇善入，令之意消。熟復此種，則心氣和平，立言有體，即有膠轕難解之事，強暴難化之人，亦無不可轉移。而賦《詩》、拜《詩》，別具一種風調，讀之津津有餘味。《左繡》謂："同請衛侯，獨敘國子使私；同一賦《詩》，獨稱罕氏後亡，乃文家互見法。"余謂兩兩對說，固成印板章法，而當時情事，實是爾爾，又不得憑空增出，此亦據事直書、文成而法立者，與且于載甲事，同一機局。（《補義》眉）贊子罕相鄭伯之儉壹，反形趙武輔平公以驕恣。（王系尾）以上敘事已畢，此段復敘叔向之言者，欲著子展之賢也。以本篇論之，似多費此一筆。以通部論之，不知省却多少筆墨矣。若徒賞其餘韻冷然，猶未爲知文者也。家則堂曰："霸者無他，主張名分而已。晉自悼公獎大夫以伉其君，而下（當爲上）陵下替之禍，幾遍於列國，晉亦坐受其弊矣。林父作亂逐君，悼公爲之定篡君之位。今剽死獻入，晉平受賊臣之譖，而止獻公，囚甯喜，取衛田以益林父。平固甚愚，亦何利而爲此？由晉之諸臣，各爲私計，羽翼諸侯之大夫，使交起爲亂，以爲彼剖分宗國之地。而其君不悟，良可喟也。韓、魏、趙三分晉國，悼、平實有以啓之耳。"按：此是春秋大升降處，即是傳中大佈置處。

初，宋芮司徒生女子，（孫鑛眉）敘事亦鍊密，然尚未濃。（《左繡》眉）此傳宋殺世子事，經罪宋公，傳則罪左師。蓋痤本爲寺人伊戾所陷，然非嬖寵媒孽於內，平公未必遽信。即信矣，而有大臣力争於外，其罪亦可立白。無如尤者嬖，畏者惡，女子小人，表裏有心，而盟楚之獄成矣。文作三段讀，首段將棄、佐、痤、師四人，一一提明立案，中段正敘伊戾誣痤事，末段另詳左師媚夫人事。伊戾似主而實賓，夫人亦主中賓，左師則主也。讀此文須看其賓主分明，串遞有法處。**赤而毛，棄諸堤下，共姬之妾取以入，名之曰棄。**（《補義》眉）來路不正。

長而美。平公入夕，共姬與之食。公見棄也，而視之，尤。姬納諸御，嬖，生佐。惡而婉。大子痤美而很，合左師畏而惡之。（《評林》眉）魏禧："連用此等句法，卻灑脫。"寺人惠牆伊戾爲大子內師而無寵。（《彙鈔》眉）"赤而毛""長而美""惡而婉""美而很"，文法相映綴。（《左繡》眉）首段平敘棄、佐、痤三人，忽憑空先着合左師"畏而惡之"一筆，以伏一篇之根，絕妙手法。（《補義》眉）傳用一"嬖"字，佐、痤略顛倒，而棄欲殺痤，隱然可見。然左師素有賢名，保護太子，棄安敢殺之？乃畏而惡之，則相與一氣，而太子危。故經罪宋公，傳罪左師。（《評林》眉）彭士望："以寺人爲內師，禍本。"呂東萊曰："婉者巧於自結，很者疏於內交，佐日以親，痤日以疏，至於死。故居近君之地者，自處爲難。"〖編者按：凌稚隆作家鉉翁語。〗

秋，楚客聘于晉，過宋。大子知之，請野享之。公使往，伊戾請從之。公曰："夫不惡女乎？"（《補義》眉）唐云："公曰'夫不惡女乎'，便見公亦不滿其子，必有人令平公日聞太子之過，故信讒不疑。"（《評林》眉）彭士望："太子不宜外交。"（闈生夾）知其爲太子所惡，而猶信其讒，記此，見公之愚。對曰："小人之事君子也，惡之不敢遠，好之不敢近。敬以待命，敢有貳心乎？縱有共其外，莫共其內，臣請往也。"遣之。至，則欿，用牲，加書，徵之，而騁告公曰："大子將爲亂，既與楚客盟矣。"（鍾惺眉）狠極小人，不如此何以禍人國家？戒之戒之。公曰："爲我子，又何求？"對曰："欲速。"（韓范夾）父子之間，始則甚明，而小人之計既成，則不待多言而已中其害矣，甚矣，讒言之可畏而見遠之難也！公使視之，則信有焉。問諸夫人與左師，則皆曰："固聞之。"公囚大子。大子曰："唯佐也能免我。"召而使請，曰："日中不來，吾知死矣。"左師聞之，聒而與之語。過期，乃縊而死。佐爲大子。公徐聞其無罪也，乃亨伊戾。（《測義》夾）愚按：宋平既明知太子素惡伊戾矣，而卒遣之從，因遽信其讒而殺太子，及徐聞太子無罪，又僅亨一伊戾，而芮棄之寵愛、向戌之權任不爲之衰，此《春秋》所以直稱君殺，與晉獻殺申生同例。〖編者按：奧田元繼作楊升菴語。〗（《彙鈔》眉）小人說理愈透，其心愈不可知。君子慎防之。此與申生被譖同一語意，女子、小人設心陰毒如此。(《左繡》眉) 中段詳寫伊戾詐害太子，罪在伊戾也。忽插入"皆曰固聞之"一筆，則罪歸夫人、左師矣。又着一筆左師"聒而與之語"，則罪又獨歸左師，此史家許多頭緒歸併一路之法。其妙尤在步步脫卸安插無跡耳。(《評林》眉)《經世鈔》："伊戾深毒如此，然此事必先與左師、夫人謀之矣。左師後言誰爲君夫人，亦以其廢痤立佐有力而不見報耳。"騁告公"，爲太子所惡，固請以往，而有此讒，奸謀易見，卒以得行者，宋公之昏也。殺一太子，只消'欲速'二字，後世害太子之計盡祖此。"固聞之"，成謀只三字，害人不在多，聽讒者亦不在多。左師罪不容於死。"

　　左師見夫人之步馬者，(《補義》眉) 忽寫一閒事，還應前文。問之，對曰："君夫人氏也。"左師曰："誰爲君夫人？余胡弗知？"圉人歸，以告夫人。夫人使饋之錦與馬，先之以玉，曰："君之妾棄使某獻。"左師改命曰："君夫人。"而後再拜稽首受之。(文熙眉) 汪道昆曰："敘事能品，'公見棄也'句法，'視之尤'字法。"穆文熙曰："宋公既知太子惡伊戾，乃使戾從太子。比其造讒，乃從而殺太子。人君之庸闇不仁，無以加矣。向戌故致太子過期以死，又脅君夫人而受之饋，亦何以稱賢於列國哉？"(《測義》夾) 愚按：向戌當時所稱賢臣，迺其於太子、夫人之間傾危貪肆若此，豈得爲賢？〖編者按：奧田元繼作郭扶九語。〗(韓范夾) 一言之間，而正嫡之名分已定，賄之神也，口之利也。(《分國》尾) 禍害之生，未有無隙小人得乘之爲亂者。宋有太子痤矣，公見芮司徒女，視之尤，因納諸御，嬖而生佐，太子此座危矣。爲左師所畏惡，伊戾無寵，太子此座又危矣。既而楚客過宋，請野享之，伊戾請從。此時太子自開釁端，伊戾直斬關而入。盟書有徵，左師爲證，縱使佐至，亦何救哉？太子此座危，並其身亦不保矣。夫芮女之嬖，婕妤之寵也。子佐之生，弗陵之愛也。左師、伊戾之疾太子，江充、蘇文之不合于太子據也。野享之請，博望賓客之通也。欲書之徵，木人之掘也。過期之縊，鳩裏之投繯也。徐聞其無罪，歸來望思之悲也。伊戾之烹，江充之族滅、蘇文橫橋之焚也。獨可思者，子罕無一言耳。當時子罕爲舉朝之望，左師賞書尚可削奪，太子盟書，何惜片言立辨其誣？縱有伊戾，不過閹冗奄宦，何能爲之有？而顧默默然，不爲壺關上書之三老也？嗚呼！《春秋》大義，責備賢者。余竊謂子罕不得辭其責。(《左繡》眉) 末段忽敘一沒要緊事，而回映前文，則左師所以成太子之死者，其罪狀乃愈明，史家往往以閑文襯出正文，最濃密有意味。伊戾語語忠順，此眞奸人之尤者。左氏特寫與萬世之爲伊戾、用伊戾者，留一好樣子也。"欲速"二字，與驪姬之譖申生無二，衣鉢留傳，奈何不畏？"唯佐也能免我"，居然孝弟之言。"日中不來，吾知死矣"，居然知幾之識。然則所謂美而狠者，亦左師輩譖潤之辭耳。"無罪"二字，便以此爲注腳矣。寫左師忽而佯爲不知，極其冷落；忽而佯爲抱歉，極其承奉，活畫出一副花臉角色來，化工之筆。起處只着一"嬖"，中間突稱"夫人"，幾不可解。讀至終篇，忽將"君夫人"三字顚簸出如許妙文，使人絕倒也。詳左師之陷，而棄之嬖已見，寫一面而兩面皆活，絕妙手法。唐錫周曰："伊戾小人耳，若非夫人與左師授意，何所恃而肆無忌憚至此？但左師之惡太子，已于篇首注明，而夫人之從旁下石，並無明文，却于平公口中露一'夫'字，便見公亦不滿其子。此必有人焉，從酒邊燈下，搖脣弄舌，令平公日聞太子過惡者，而後'爲亂''欲速'之言一入於耳，更無半點疑惑也。作者唯恐後世讀者滑口讀過，又從太子口中寫出'唯佐也能免我'一句，猶曰'棄也，與戌也實殺我耳'，豈非誅意之筆？"唐評甚佳，但"夫"，注音扶，本輕賤之詞，猶渠也，改作本音，不必。（美中尾）胡康侯曰："譖言之得行也，必有嬖妾配嫡以惑其心，又有小人欲結內援者以爲之助，然後愛惡一移，父子夫婦間不能相保者衆矣，尸此者其誰乎？"（《左傳翼》尾）太子之死，死于伊戾之陷害，成于左師之合謀，主之者實夫人耳。夫人欲佐爲太子，內外交結，朋比構陷，宋公不問。伊戾請從而憂其惡，騁而告亂，不問他人，而問左師與夫人，得"固聞"一語，囚太子如縛雞豚，聽其縊死，遂爾立佐，夫人之謀，實平公之心也。《春秋》大書曰："宋公殺其世子痤。"所以著君父不明之罪，而孤臣孽子受屈無窮也。通篇點睛，在公"囚太子""佐爲太子"二語，讀者宜致思焉。母以子貴，君夫人者，以佐爲太子而得名也。費盡許多機關，無非爲此三字，此是誰家功勞？佯爲不知，索謝耳，討賞耳，重饋至而名妾者即改命爲君夫人矣。豈三字虧他幫襯，亦必待他封贈耶？君在而兩人交結贈遺，毫無畏忌，可知向來熟慣左師之畏而惡，非爲己謀，太子之死，不待伊戾而決矣。綴此一段，所以定合謀陷痤之罪，非閑文也。唯佐也能免我，而不知唯佐也能殺我。蓋佐于太子，平日既無一事調停，臨死又無一語分剖，死後又無一言歎息。耻而與之語，安知非佐與交通，而故過期以速之死耶？陰謀奪嫡，既有夫人、左師出相，自己却不露一毫圭角，而陰賊險狠十倍尋常。怒者常情，笑者不可測，其所謂婉直柔奸耳。此與驪姬陷申生參看，彼處敘得詳細，詳細得妙；此處寫得隱躍，隱躍得妙。自古權臣專國，必內通宮闈；嬖妾易嗣，必外結權貴（疑當爲貴）。此篇於生佐後，即隨手帶出太子，緊接合左師畏而惡之，以見太子之死，半由左師也。後曰"固聞""聒而與語"，根苗俱在於此。末段將夫人與左師交結賄通情狀，盡情描畫，筆筆寫生，真神品也。（《日知》尾）分明夫人授意，左師貢諛，指點伊戾，共成冤獄耳。然質言或苦無據，且嫌傷直也。中幅用"則皆曰固聞之"句一點，全意豁然。末幅與本事無關，乃正爲全文點睛，如畫家寫雨龍，東雲見鱗，西雲見爪，正於不寫盡處，見出沒隱見之奇。坊本或刪此二處，只成事略矣。（《評林》眉）魏禧："按：連玩數事，左師洵是老奸巨猾，宋呂夷簡其流亞也。"魏世傚："平公烹伊戾而夫人、左師無罪，理當廢佐而更立，李鄴侯之論唐事允矣。"（林紓尾）世子痤事類戾園，而伊戾則江充也。人既同矣，而用牲加書，則同於掘蠱之得桐木人。痤死而公烹伊戾，與帝悟而族江充，則又同。顧《漢書》敘戾園文繁，然專傳也。左氏敘世子痤文簡，則編年之體，且夾敘他事，故與專傳之體少別。此篇前後不過四百言，而宮闈之幽事，嫡庶之相阸，大臣之陰謀，小人之構陷，骨肉之摧殘，庶孽之奪嫡，夫人之行賂，元老之無恥，貫串而下，純用挺接之筆。《漢書》辨戾園之冤，用壺關三老茂上書，詞語紆遠，而左氏但曰"公徐聞其無罪也"一語，而伊戾已烹。讀者神注伊戾，以爲世子之禍，均伊戾肇之，乃不知閒閒插入一左師，人皆弗覺。太子之很，左師固惡之。問以盟楚之事，則曰"固聞之"。及佐急兄難，則又左師聒語以過其期。佐立，又索賂于夫人。種種寫左師奸醜，罪甚于伊戾。凡能文者，注重其事其人，轉以輕筆出之，則在於通篇之關鍵處着眼，即可反輕而爲重。盟楚之事，出諸傳聞。太子生死，均在重臣一證。一曰"固聞之"，則太子之獄已定，此於關鍵處着力也。蓋夫人本有奪嫡之心，言"固聞"可也。左師國之重臣，亦曰"固聞"，則爰書立成。及太子冤白而伊戾死，左師獨無罪，則佐已成嗣君，誅左師，不能不兼誅夫人。夫人不可誅也，故左師亦免於禍。中間寫太子哀鳴，須佐救己，而左師強聒與話，刻毒已無人理。迨佐承統嗣，左師老而冒利，怏怏於不得酬庸，故調弄圉人，藉而得賄。文但輕描淡寫，左師婪狀，躍然形諸紙上。余故曰此篇寫生專寫左師，不盡寫伊戾也。（《菁華》尾）

"視之尤"三字，傳神絕肖，比"目逆而送之"句尤工。無故請從，顯然形跡可疑，乃竟墜其術中。庸愚之君，任人簸弄，竟至於此。焚蘇文於橫橋，無救戾園之死。宋之烹伊戾，何以異此？（閩生夾）向戌、子產並爲時望，左氏于向戌獨抉其邪佞之隱，亦史家之特識也。且其惡皆無著跡可指，可謂觀人於微。

鄭伯歸自晉，使子西如晉聘，辭曰："寡君來煩執事，懼不免於戾，使夏謝不敏。"君子曰："善事大國。"（《測義》夾）傅遜氏曰："鄭之事晉也，過於恭，國將不勝矣，而又何善之有？"

初，楚伍參與蔡太師子朝友，其子伍舉與聲子相善也。（《左繡》眉）此篇聲子爲友復國，文章雄邁，開戰國說士之風。而談理典則，徵事詳贍，渾浩流轉，猶是元氣未漓人語，《國策》遠不逮也。通篇只作兩半讀，"所謂不能也"以上，是泛論其理，以下方切論其事。而切論又純用借賓形主法，極辯之口，極動之文。起手一段，領起通篇大旨，用"楚材實多"，已直走後四段，妙在虛虛縮住，且作泛論，展出一大段文字，此鋪排渟滀法。泛論又分正反兩層，上虛下實。第一層言無善人，則國從而亡，而兩引《詩》《書》以證之。第二層言有禮則國無敗，而先引《商頌》以證之。前引《詩》《書》在後，後引《商頌》在前，恰將三引證攢在中間，最是引古妙境。時文上段先講後點，下段便先點後講，令點題攢在中間，皆此法也，人自習焉不察耳。凡古文段落，皆此一法而屢變之。泛論只重在"刑不濫"數語，看了卻將"賞不僭"陪說，又引《詩》《書》以證之，又引古以證之，重重疊疊，不厭其繁，不嫌其板。蓋因後半篇四大段波瀾壯闊，若起勢寂寥，便有頭輕腳重之誚，須此大鋪排，方得相稱耳。此通篇之間架也。（《學餘》眉）閑閑從世交敘入，以見叔季之世，世交猶親，而世臣多隙也。伍舉娶于王子牟，王子牟爲申公而亡，楚人曰："伍舉實送之。"伍舉奔鄭，將遂奔晉。聲子將如晉，遇之于鄭郊，班荊相與食，而言復故。（《評林》眉）《評苑》："伍舉被譖而出奔鄭，其事見後。"魏禧："按：'班荊相與食'，是極閑事，可省語，然只此五字，寫出通家故誼，親厚之情悠然如見。"聲子曰："子行也！吾必復子。"（鍾惺眉）聲子不復伍舉，楚無鞭尸之禍矣。（《補義》眉）兩世交情，藹然古道。鍾伯敬乃云不復伍舉，楚無鞭尸之禍，則以後日論當時，非也。（方宗誠眉）先虛領起通篇之神。及宋向戌將平晉、楚，聲子通使于晉。還如楚，令尹子木與之語，問晉故焉，且曰："晉大夫與楚孰賢？"對曰："晉卿不如楚，其大夫則賢，皆卿材也。（《約編》眉）"晉卿不如楚"句是賓，襯起下句。如杞梓、皮革，自楚往也。雖楚有材，晉實用之。"（《評林》眉）《評苑》："蔡本楚黨，晉、楚將合，故蔡遣聲子使于晉。"《經世鈔》："必久而待此時言，必有其漸、有其機也。'不如楚'，先一語悅子木之心，是進言法。"彭士望："'皆卿材'，一語奉承子木，一語注射亡臣，鋒鋩銳甚。"（方宗誠眉）聲子主意在請復伍舉，而辭命之間，一毫不露，何等雄渾！子木楚卿，故聲子言晉卿不如楚以譽之，使其悅而聽其言也。又言其大夫皆卿材以恐懼之，使其懼而復伍舉也。開局數言何其勢闊神遠！子木曰："夫獨無族姻乎？"對曰："雖有，而用楚材實多。歸生聞之：'善為國者，賞不僭而刑不濫。'（《左傳雋》眉）吳澄曰："'善為國者'以下，歷為指陳，以見楚多淫刑，而失賢之端，原由於此。"（《補義》眉）汪云："姻族之間，語意閒緩，妙在並不知其意。'楚材實多'，急接一語，以下便展開。"（《評林》眉）《經世鈔》："'楚材實多'，此下不獨不遽說伍舉，並不遽說析公諸人，先將不可淫刑之故著實透發。蓋因王子牟而疑伍舉，自是執政之失，故先說此段，已陰折子木之心，而復歷舉利害，則愈易入矣。"賞僭，則懼及淫人；刑濫，則懼及善人。若不幸而過，寧僭無濫。與其失善，寧其利淫。無善人，則國從之。《詩》曰：'人之云亡，邦國殄瘁。'無善人之謂也。故《夏書》曰：'與其殺不辜，寧失不經。'懼失善也。《商頌》有之曰：'不僭不濫，不敢怠皇。命于下國，封建厥福。'此湯所以獲天福也。（《左繡》眉）引《商頌》只作承上起下，而前後自以"善為國者""古之治民者"相對提挈為章法，用筆最變而整。（《評林》眉）彭士望："均平調劑中稍有偏重，其心苦矣。"《匯參》："此引《詩》為下半提頭，故另變句。"古之治民者，勸賞而畏刑，恤民不倦。賞以春夏，刑以秋冬。是以將賞，為之加膳，加膳則飫賜，此以知其勸賞也。將刑，為之不舉，不舉則徹樂，此以知其畏刑也。夙興夜寐，朝夕臨政，此以知其恤民也。三者，禮之大節也。有禮無敗。（《約編》眉）

襄公二十六年　1359

此段只欲引出"楚多淫刑，其大夫逃死四方"句，並欲掩其復椒舉之跡耳。如認爲楚之君臣淫刑作鑒戒，便與此文無涉。今楚多淫刑，其大夫逃死于四方，而爲之謀主，以害楚國，不可救療，所謂不能也。（鍾惺眉）以下立談閒，齒頰中一部掌故，聽者自當竦然。（《文歸》眉）陳溟子曰："方出本意，下即實之以事。"（韓范夾）棄賢以資敵國，此圖王者之大忌，故貪詐有可取之人，而小告無可逐之士也。（《約編》眉）總領一句，開下四段。四段敘四子之爲害，只爲後伍舉一段作弄引耳。極力描寫，乃烘雲托月之法。讀此當目注伍舉，則句句飛舞而下矣。（《補義》眉）汪云："接論時事，即趁勢作一總綱，振起四目。"（《評林》眉）王元美："上'歸生聞之'二段，正爲此'楚多淫刑'一句，而四子逃死於四方之由。"魏禮："'有禮無敗'以上語意，幾於逼子木矣，妙在引《詩》、引《書》、引古，故作寬衍旁博之體，聽者便自不迫。其主意在畏刑，卻將賞善陪說許多，又添說恤民，竟似泛論不（疑有闕文），入楚事處，只說已往，一似論楚舊日執政之失，子木早已心動。待其瓜熟蒂落，子木一問，彼即乘便點明，子木自當躍然聳然聽之矣。"彭士望："'以害楚國'，後四段俱從此句生出，段段點明，以下一部掌故。"（方宗誠眉）以上一段是此文正意，謂楚材而爲晉用，由楚刑賞之濫。然只橫空說來，不粘伍舉，不礙子木，辭命極爲得體。"所謂不能也"之下，即直接"椒舉娶于申公"一段，亦甚明爽，然不免直促。今先引四人爲謀主作證，文境乃開拓異常。賓位極力摹寫，主位只一點便醒。子儀之亂，析公奔晉。（《左傳雋》眉）淩稚隆曰："子儀、雍子、子靈、苗賁皇凡四大段，正見楚多淫刑，大夫逃死于四方而爲謀主，此藉寇兵而資寇糧也。豈非楚國有材，晉實用之乎？"（《評林》眉）《經世鈔》："此等敘述，不厭纖悉鋪張，極言其害，纔足聳動聽者。"《匯參》："段段煞，段段醒，此事無考，互見法。"（閻生夾）自此以下，氣極酣恣馳驟，詞亦俊偉可喜，《春秋》之奇文也，疑有藍本，左氏愛而錄之。晉人寘諸戎車之殿，以爲謀主。繞角之役，晉將遁矣，析公曰："楚師輕窕，易震蕩也。若多鼓鈞聲，以夜軍之，楚師必遁。"晉人從之，楚師宵潰。晉遂侵蔡，襲沈，獲其君；敗申、息之師于桑隧，獲申麗而還。鄭於是不敢南面。楚失華夏，則析公之爲也。（《補義》眉）"之爲也"下便有爲淫刑所驅意，與"歸生聞之"一大段隱隱關照。雍子之父兄譖雍子，君與大夫不善是也。（《左傳雋》眉）杜云：「雍子之事無所考證，想是雍子諸父諸兄共譖雍子。」（《評林》眉）《經世鈔》：「'譖雍子'，說一事處，又不單說一事之害，此最善立言。」《彙參》：「'不善是也'，猶言不喜此人。」雍子奔晉。晉人與之鄐，以為謀主。彭城之役，晉、楚遇於靡角之谷。晉將遁矣。雍子發命於軍曰：'歸老幼，反孤疾，二人役，歸一人，簡兵蒐乘，秣馬蓐食，師陳焚次，明日將戰。'行歸者而逸楚囚，楚師宵潰。（《評林》眉）按：歸晉老幼之不勝役者，是示必死。故逸楚囚還國，使楚人知此意，故云"行歸者"。晉降彭城而歸諸宋，以魚石歸。楚失東夷，子辛死之，則雍子之為也。子反與子靈爭夏姬，而雍害其事，子靈奔晉。（《評林》眉）魏禮：「雍害其事，誣子反矣。」晉人與之邢，以為謀主。扞禦北狄，通吳于晉，教吳叛楚，教之乘車、射御、驅侵，使其子狐庸為吳行人焉。吳於是伐巢、取駕、克棘、入州來，楚罷於奔命，至今為患，則子靈之為也。若敖之亂，伯賁之子賁皇奔晉。晉人與之苗，以為謀主。鄢陵之役，楚晨壓晉軍而陳，晉將遁矣。苗賁皇曰：'楚師之良，在其中軍王族而已。若塞井夷竈，成陳以當之，欒、范易行以誘之，中行、二郤必克二穆。吾乃四萃於其王族，必大敗之。'晉人從之，楚師大敗，王夷師熸，子反死之。（《補義》眉）聲子所述，有前傳未及者，亦補敘法。周云：「淫刑以逞，皆當國為之，說子辛、子反死之，直刺子木之隱。」浦云：「四事先後不次，是隨口說出。」鄭叛吳興，楚失諸侯，則苗賁皇之為也。」（《測義》夾）唐順之氏曰：「四子者，其去樂毅之不肯伐燕何遠乎！」〖編者按：《左傳雋》作李事道語。〗（《左傳雋》眉）余漢城曰：「四段敘事整齊，讀之宛若目擊時事，此左氏之奇宕也。」（孫鑛眉）四大股整然，然鍊法尚未盡。（《文歸》眉）戴文光曰：「四段格整而勢橫，奔宕可喜。」（《約編》眉）頓一筆，接出正文，如高山墜石。（《補義》眉）四段頓折收煞，筆調一律，於同欲害楚上倍見精神。讀者方悚然，急欲盡言，而咄然而止，使其"是皆然"句衝口而出，而"今又有甚"陡接，方極緊極快，若於上四段一直順說，毫無魄力矣。（《評林》眉）王元美：「賁皇因若敖之亂而去楚。"按：伯賁前傳作伯棼。(方宗誠眉) 說完四人，應直接椒舉之事，然賓主不分，文境猶嫌直促，乃止而不說，作一大停頓，靈妙異常。"將軍欲以巧勝人，盤馬彎弓誓不發"，有此境象。**子木曰："是皆然矣。"聲子曰："今又有甚於此（者）。**(韓范夾) 以上四段，高談已事，子木不覺竦然，故一及椒舉，並不費辭。(《評林》眉) 劉懷恕："'今又有甚於此'，乃危言以動之，大抵有才不用，且欲罪之，賢才豈肯俛首？豈非以利劍授人，而已反當其鋒者耶？可爲鑒戒。"李于鱗："前既敘四子，各述其害楚之事，既歷歷明驗可懼，故子木曰'是皆然矣'，而又曰'今又有甚於此'，安得不凜然神竦而魄悸哉？後世縱橫狎門之術蓋如此。"(閭生夾) 上文如潮奔海溢，忽以一語斗然勒轉，筆力千鈞，文勢奇絶。**椒舉娶于申公子牟，子牟得戾而亡，君大夫謂椒舉：'女實遣之！'懼而奔鄭，引領南望曰：'庶幾赦余！'亦弗圖也。今在晉矣。晉人將與之縣，以比叔向。彼若謀害楚國，豈不爲患？"**(《左傳雋》眉) 李卓吾曰："馮諼復孟嘗君亦用此局。"(《約編》眉) 篇終妙在更不着一語勸子木復椒舉。(方宗誠眉) 本爲伍舉解說，而一句不爲伍舉解說，止說懼害楚，妙妙！(《評林》眉) 陸粲："令其祿秩比叔向也。"《附見》："'彼若'，彼謂椒舉，林注非是。"《經世鈔》："又入一段伍舉望歸之情乃妙，若不善辭者，只知以利害懼楚而已。更看其用字用意圓活處，真善爲椒舉復後之地。"陳傅良："隨會在秦而六卿謀，椒舉在晉而子木懼，此晉、楚所以代興也。於傳聲子之辭，知戰國說士之漸。"**子木懼，言諸王，益其祿爵而復之。聲子使椒鳴逆之。**(文熙眉) 汪道昆曰："議論妙品。'卿材'以下句法。"穆文熙曰："歷觀諸臣奔晉，往往爲效死力，殘敗楚師，何無宗國之念也？蓋原其致奔之由既非其罪，而楚又窮治之不已，故人無還返之期，自不得不爲效死之謀耳。不然，何莊舄仕楚，尚有越聲？士會客秦，終爲晉之良佐哉？"又云："楚臣豈惟晉用之，伍員奔吳，遂建入郢之策，班王宮，鞭平王之尸，茲又其尤甚者矣。"又云："後馮驩復孟嘗君，亦用此術。"(《左傳雋》尾) 杜云："傳言聲子有辭，伍舉所以得反，子孫復仕于楚。"朱魯齋曰："爲國者，每使策士奇才爲敵國用，可恨也。然楚臣豈惟晉國用之？其後伍員奔吳、伐楚，班王宮，鞭平王之尸，茲其尤甚焉者矣。"(《正集》尾) 馮諼復孟嘗君，亦用此術。然復之則可，益祿爵則不可。

穆少春。(《文歸》眉)發端甚遠,陳事甚切,大章洋洋,楚巨材也。爻一。(韓范夾)聲子但知楚國之利在復伍舉,而不料楚之大禍亦在復伍舉也。故君王用賢則小人亦能效力,信讒則君子變爲仇讎。(《快評》尾)讀此文而悟天下無不可言之事,無不可作之文,無不可投之機,無不可動之人,只患無其才耳。才矣,而無學以副之,猶無才也。試觀聲子許復椒舉,斯時胸中已有定見。迨使晉而還,令尹與之語而問晉大夫與楚孰賢,此與復椒舉風馬牛不相及也,聲子以楚材晉用爲發端,出刑賞一番正論,舉析公、雍子、子靈、苗賁皇,楚之奔晉者,累爲楚患。洋洋灑灑數千百言,聞之而不悚然以懼者,無是理也。其言若止爲楚多淫刑之戒者,而不知不待其言之畢,椒舉已復歸於楚矣。然非其典故爛熟於胸中,辭華翻瀾於輔頰,安能聳人聽聞,一至於此?故人只患無才,而尤患無學也。讀古人之文,最要賓主分明,賓主分明而後知古人用筆行文之訣。若主賓莫辨,鮮有不爲古人筆墨之所簸弄者也。如刑賞一番議論,豈非聖賢格言至理?然在聲子胸中,只爲要引出楚淫刑、其大夫逃死于四方作發端語耳。若認殺此爲楚之君臣淫刑作鑒戒語,便與此文了無干涉,亦何當於當日情事耶?論刑賞處,作如許筆墨,費如許唇舌,正以掩其復椒舉之跡耳。行文論事,皆不可無此竅竅,最宜着眼。歷數楚大夫之奔晉者無不爲楚之大患,妙在説得委曲詳盡,令聽者悚然,則椒舉之復,已操之掌握矣。析公、雍子、子靈、苗賁皇四人四段,説得淋漓盡致,令人心目震動。況子木爲楚令尹,能無棄賢才、資敵國之懼乎?雖然,伍舉復,而他日伍員覆楚之機已伏於此,禍患之來,寧有方所耶?前四段只爲後伍舉一段作弄引耳,讀此當目注伍舉,則句飛舞而下。前鄢陵之戰,塞井夷竈之謀,出於范匄。苗賁皇曰:"楚之良,在其中軍王卒而已。請分良以擊其左右,而三軍萃于王卒,必大敗之。"與此文對看,各有其妙。讀此,前文益覺豁然。有前一篇大文,今説道伍舉,只消一點,更不須多費辭説,譬如群山萬壑奔赴荊門,其結穴處不過盈尺地。會得此法可以徧讀一切古人文字,終篇妙在更不着語勸子木以復椒舉。(王源尾)意之所在,不可鬆,不可緊。筆筆皆與關注,却千回百折而後出,斯爲善也。楚材晉用,楚之大害。聲子爲椒舉作説客,意只此。開口即將楚材晉用説破,緊也。下不言楚害,泛泛焉推論刑賞,鬆也。既而一句打轉,直指楚害,震竦透辣,使聽者神悸,緊也。下卻不入椒舉,別舉四人,爲舉作引,鬆也。四段後,夾敍子木一語,瀏灘輕轉，下方出椒舉，而直截了當，更不粘帶，緊也。驚風激電，忽爾皓月疏云。峭壁危巒，接以平崗幽徑。要之，精神無鬆不緊，情致有緊必鬆。相劑以成章，相反而得用也。班荊一段情景，使人神往欲涕，不過九字而動人若此，真而已。"我必復子"一語，成算已定。又以多時之經營醞釀，故與子木沖口而道，縱橫捭闔，曲折淋漓，無不達之詞，無不暢之意，故供得左氏一番痛快揮灑也。"謀主"二字最要，段段點出，所謂材也。棄材資敵，而使之謀己，能無懼乎？況已往之害彰彰，而將來可無慮乎？立言極痛切處。（孫琮總評）列辟相持，視得賢爲輕重。若國有賢人而棄之以資敵，未有不爲禍患者。聲子欲復椒舉，只先就子析、雍子、子靈、賁皇四人閑閑説來，若未嘗及椒舉，而已隱然有椒舉在其中。所以説到椒舉，不必費詞，自爾悚然動聽。尤妙在起手論晉故一段，見得晉所用者，皆楚之材，此處暗藏針鋒，故語不待終而子木已懼，禄爵已益，椒鳴已逆。蓋自班荊相語時，早已籌畫到此，其心特苦，其言特工。古人論事，往往寬以養局，若此寬而實緊，尤見警策之極。中間劃然四大段，格極嚴整，氣極昌大，詞極緊鍊，蓋構思既久，而暇豫出之者。要其爲國謀慮，則與晉人之復隨會同。（魏禧尾）魏禧曰："指陳已往，利害鑿鑿可信，雖子木明知爲伍舉作説客，亦不得不從。蓋理勢到極的確，自不怕人識破本謀，但進言次第操縱之妙必不可少耳。"（《分國》尾）賈季在狄，士會在秦，晉以爲憂。諸人在晉，楚置不問，此楚霸不競，終讓晉耳。雖然，楚能復伍舉于晉，不能復其孫伍員于吳，柏舉之敗，天實爲之，此非聲子所能逆料也。嗚呼！伍舉不復，伍員不奔。聲子而在，不悔此一復哉？（《晨書》總評）宋南金曰："伍員入郢，在定之四年，論者謂伍舉不復，則無鞭尸一事，此迂談也。舉父參，雖楚之嬖人，舉實有能。當得罪出奔，聲子以鳳敦世好，班荊慰勞，欵洽盡致。此時爲國情輕，爲友情重矣。當令尹問晉故之時，若將晉復隨會、知罃等作證以求其復，則言之諄諄，聽之藐藐，又何益焉？聲子大旨，全在危言以啓其懼，使有不得不復之勢。歷敘四人，皆爲楚之淫刑所迫，效死力于晉者。則伍舉得罪小而不蒙赦，其爲禍又當何如也？借賓形主，實開戰國策士之風，是以馮諼復孟嘗，全用此術。彼聲子爲伍舉鑒窟，豈淺鮮哉？（《左繡》眉）泛論已畢，方入時事，又趁勢作一總提，爲下半篇之綱，處處筋節，只是一闔一闢之法。天文、人文，固無二理，於此益信。平平四段，於不變處見其整齊，於各變處見其錯綜，鋪排得此，思過半矣。四賓陪一主，於賓位寫得精神透徹，便反映得此主十倍精神透徹。故前四段多少頓跌波瀾，説到正位，卻只簡簡徑徑，訕然而止。使聞者隱隱躍躍，將賓位許多光景都借過來，絕妙作法。後賢刻意臨摹，風神終覺不逮，天事固不可強也。唐錫周曰：「鏡花水月之妙，全在若離若合之間。以此文言之，椒舉，花與月也。析公、雍子、子靈、苗賁皇，鏡中花、水中月也。文從晉用楚材説起，疾忙用『夫獨無族姻乎』句宕開，如花照鏡中，月浸水底。俄焉，波紋如縠，月亦在水中蕩漾；庭砌風廻，花亦在鏡中搖曳也。接手便平列四段，寫出四個逃死大夫害楚樣式，如四面皆水，水水有月；四圍皆鏡，鏡鏡有花。宛然月徘徊于斗牛，花綽約於欄檻矣。然後用『今又甚於此』句，接到椒舉身上。如半日鏡中看花，忽然回首，綠影參差之地，奇葩競吐，愈覺婀娜可愛；夜闌水邊玩月，忽然仰視，疎星幾點之旁，冰魄高懸，愈覺光芒奪目。卻又拍合到『今在晉矣』『晉將與之縣，以比叔向』，與前文句句回環映帶，令讀者依稀認得來時舊路。仍如曩者花照鏡中、月浸水底光景也。豈非宇宙間千萬劫不朽妙文？」妙批！孫執升曰：「『夫獨無族姻乎』，語尚緩。『是皆然矣』，言下便有危悚處。」（昆崖尾）徐揚貢曰：「前路參差反覆，閒靜有味。後四段格整而勢橫，有百鍊之鋒，有四溢之趣，建安諸君祖之。」（《約編》尾）歷敘往事，見棄賢予敵，爲禍不小。落到正文，數言已盡。此左氏極整鍊文字。（《左傳翼》尾）本意原爲椒舉請復作説客耳，若開口直説，便觸其忌而言不能入。妙在語語爲椒舉，卻不一溜説出，只將楚材晉用講得驚天動地，令子木神飄魄散。妙從「問晉故」閒閒説起，絕不露一毫圭角，直待子木悚然惕息，然後乘機而入，不煩言而解。善進説者所以投之所向，無不如意也。春秋時爲楚害者莫如晉，爲晉害楚者皆楚材。數人在楚，不見出色，一到晉廷，便做出若大乾坤，令楚不能支持。蓋淫刑以逞，逃死者必致毒於我，況屬有材之輩？可知天下未嘗無材，不用便碌碌終身，用則功垂天壤，名著旂常。自古及今，不知埋没英雄多少，而藉寇兵、齎盜糧者之更爲失策也。讀聲子此論，令我唾壺欲碎。僭賞濫刑，是國家第一缺失，關係非輕，將此等大道理極力鋪張，而楚人淫刑之弊自見。此議論得大頭顱處，若輕輕敘過，亦振下四段不起，子木聞之，絕不驚心動魄矣。左氏文猶有三代誓誥遺風，正在此等處見。孫月峰謂：「不僭不濫等語，在今已成熟爛。」則《尚書》「罰弗及嗣」云云，直可土苴視之矣。楚失華夏，楚失東夷，疲於奔命，至今爲患。鄭叛吳興，此豈小小敗衂？然患猶在外。説到王夷師熸，子反死之，子辛死之，則君相胥受其害，真不可救療矣。淫刑以逞之禍至於如此，此等事多當國者爲之，而天道好還，報施不爽，故"子辛死之"等句，特刺子木之隱，所以聞之悚然，不待詞之畢而代爲請復也。文有借賓形主法，亦有即賓爲主法。析公四人，賓也。椒舉，主也。然四人即已往之椒舉，椒舉即今日之四人。則主即是賓，而賓即爲主。故《咀華》以花月作喻，觀鏡中花則枝上花可知，觀水底月則天上月可知矣。篇中詳於言賓，賓意透則主意自醒，識此可得文家三昧。逃死四方，在外國者不言，獨詳言晉者，爲楚材晉用分疏。無能害楚者，不必掛齒也。伯敬謂伍舉不歸楚，楚無鞭尸事。余謂子胥鞭尸，亦楚淫刑所致，故聲子不復椒舉，則楚之禍更有不可知者，不待昭王即位無歲不有吳師也。（《日知》尾）格如登塔，一層高一層。勢如弈棋，一着緊一着，文筆雄駿渾灝，則左氏文中變調也。（高嵣尾）俞桐川曰："成、襄二公五十年來，晉、楚交兵事實，敘事詳盡。此與呂相絶秦篇，皆左氏聚精會神，借一段議論爲全部《春秋》前後作關鎖，非苟作者。起從晉卿大夫泛論，即楚材晉用，尚不露圭角。因族姻一問，方接説用楚材之故。然且將刑賞寬論一會，突接淫刑而大夫逃死，方始動人。其敘四人謀楚，人甚一人。説道王夷師熸，子反死之，子木已自改容屏息。即忙接入伍舉謀害楚國，更有甚焉。子木焉得不懼？昔人贊歐公文，如累九層之臺，一層高一層，觀此層次之精，又覺瞠乎後矣。"（王系尾）此篇妙處，全在緩急之間。聲子之欲復伍舉，非一日矣。一旦子木問及晉卿，與伍舉何涉？鑿空駕虛，欲伸己意，頗似牽强。言之者愈急，則聽之者愈緩，其勢不得不緩緩然從寬轉處説起。夫急迫之情，傳以急迫之言，猶懼不入，而托之於寬緩，則其所謂寬緩者，自非異樣玲瓏，異樣機警，又安能令聽者聳然哉？到得湊急處，便一把捉住，更不放寬。縱擒之妙，於斯極矣。（《學餘》尾）日暮途遠，倒行逆施，非人臣之言也。然春秋以來，進退以禮之風日渺，苟非明哲保身之士，不爲俎醢者，必爲寇讎，聲子之言，歷歷可鑒也。嗚呼！聲子能得之于伍舉，而申包胥不能得之于伍員，則其所以相讎者，益加甚矣。（《菁華》尾）"晉卿"二語，引端甚妙，一篇文字，俱從此生出。下文以"淫刑"二字抉出病根，使知棄賢資敵，其弊皆由自取。敘析公、雍子、子靈、苗賁皇，不以年次爲先後，蓋隨口吐出，以類相從而已。"是皆然矣"，子木之意已轉，故於椒舉事，正好乘間說出。

　　許靈公如楚，請伐鄭，曰："師不興，孤不歸矣！"八月，卒于楚。楚子曰："不伐鄭，何以求諸侯？"冬十月，楚子伐鄭。鄭人將禦之，子產曰："晉、楚將平，諸侯將和，楚王是故昧於一來。不如使逞而歸，乃易成也。夫小人之性，釁於勇，嗇於禍，以足其性而求名焉者，非國家之利也。若何從之？"（《補義》眉）此識時務之言，不得為巽軟者謝口。子展說，不禦寇。十二月乙酉，入南里，墮其城。涉于樂氏，門於師之梁。縣門發，獲九人焉。涉入氾而歸，而後葬許靈公。（魏禧尾）魏禧曰："明於國勢敵情，數語說盡好事喜功之心，真名言也。然以論禦楚者，無乃過情？"魏世傚曰："楚奮其師武以伐鄭，如猛虎卒然逼人，雖操尺棰而猶思奮，子產乃不禦楚，何也？蓋許靈公以含氏之敗如楚，遂卒于楚，楚子憫焉而為之出師，子產知其必不為害。無害而禦之，則徒以罷民而啓大國之憤，所謂不能搏虎而徒捋其須者也。鄭之多事，必自此始。若宋華元之殺申舟，楚莊王憤怒疾威，有滅此朝食之勢。故宋雖爨骸食子，不得不悉力以禦，而此又非其情。然則魯伐邾，師及范門而猶聞鐘聲，非不禦寇與？子產之不禦，不禦於外而必戒嚴武備於內，故楚終不敢入鄭。不然，楚人剽悍，乘其無備而攻之，幾何而不為益之見執也哉？是故鄭之不禦，守而不戰者也。邾之不禦，不戰且不守也。書曰'有備無患'，當寇者其可輕言不禦乎哉？"（《分國》尾）此許、鄭交構之結案也。以死乞師，楚人從之。鄭置寇不禦，明知楚非與鄭為難，聊塞許君之請云爾。（《左繡》眉）三四層作一筆寫，句法曲而盡。一語斷盡後世邀功啓釁人罪案病根，眼如鏡，舌如刀也。林注："獲楚門者九人。"愚意當是鄭為楚獲，故逞而歸耳。當更詳之。（《左傳翼》尾）楚為許男卒而來，兵非得已，又因晉、楚將平，故貪於一來，以求逞其志，吾不禦寇，則得逞而歸，易於求成，不可聽邀功啓釁之人，以忘遠利。善識時務，國不受創，當國者正宜具此深識。（《補義》眉）許男起，許男收。（《評林》眉）《增補合注》："'諸侯將和'，言楚以諸侯將和之故，貪冒於一來。"孫鑛："'一來'，意新語工。"王元美："子產此論，即不順侵蔡獲燮之意，老成石畫之士蓋如此。"《匯參》："'嗇於禍'，嗇是吝惜之名，故為貪。"王荊石："是時晉平昏庸，大夫專恣，伯業息矣。楚是以知晉之不在諸侯，而復爲凌駕之舉也。鄭雖未服於是，明年晉、楚爲成，而諸侯皆朝楚矣。"〖編者按：凌稚隆作汪克寬語。〗（王系尾）汪德輔曰："蕭魚而後，楚三伐鄭，十八年公子午不得志于鄭，二十四年諸侯救之。此年不救，楚得以逞。蓋是時晉平昏庸，大夫專恣，霸業怠矣，楚是以知晉之不在諸侯，而復爲凌駕之舉也。"

　　衛人歸衛姬于晉，乃釋衛侯。君子是以知平公之失政也。（《左繡》眉）子展若見，又當爲君賦《蟋蟀》之卒章。（美中尾）悼成衛亂，已乖大義。平更爲臣執君，悖滋甚矣。家氏謂："由六卿羽翼諸侯之大夫，使交起爲亂，然後己爲亂而莫之討。"是也。可知定剽者，苟偃也，非晉悼。執衎者，趙武也，非晉平。（王系尾）此是晉國大升降處，即是傳中筋節處。晉自是不復振矣，篇短而音節長，如聞歎息之聲。

　　晉韓宣子聘于周，王使請事。對曰："晉士起將歸時事於宰旅，無他事矣。"王聞之曰："韓氏其昌阜於晉乎！辭不失舊。"（《分國》尾）當時能脩供職者亦少矣，此王有何事之訝。然曰"辭不失舊"，是朝貢舊典，載在王府，王蓋微言之，以諷失舊者。（《左繡》眉）此等猶可想見文武之道未墜於地處。（《補義》眉）董云："三晉：趙爲造父後，魏與晉同姓，而非唐潢。惟韓氏本是桓叔之支。武子與獻公同祖，是叔虞之祀，猶存於六國。"（《日知》尾）語在一人，勢關天下，讀之三嘆。

　　齊人城郟之歲，其夏，齊烏餘以廩丘奔晉，襲衛羊角，取之；遂襲我高魚。有大雨，自其竇入，介于其庫，以登其城，克而取之。又取邑于宋。於是范宣子卒，諸侯弗能治也。及趙文子爲政，乃卒治之。（《補義》眉）汪云："以議論爲束上起下關鍵。"文子言於晉侯曰："晉爲盟主。諸侯或相侵也，則討而使歸其地。今烏餘之邑，皆討類也，而貪之，是無以爲盟主也。請歸之！"公曰："諾。孰可使也？"對曰："胥梁帶能無用師。"晉侯使往。（《左繡》眉）前半敘舊事，後半敘新謀，中間卻以"弗能治""乃卒治"束上起下作轉梭，章法一片，是左氏慣家。"廩丘"句是主，下三句另敘。衛與宋對，兩"取"字一倒一順。"高魚"段起承上"襲"字，收遞下"取"字，恰好兩"襲"字對説，兩"取"字連説。而兩頭略，中間詳，小小敘置，無不有法。讀末二句，使人亟欲看下文作何舉動,最是妙筆。他文都是結上,此獨遞下。後世稗官家,每一回終,故作不了之局,動搖心目間,其法蓋向此中竊去也。(《左傳翼》尾)烏餘以廩丘來,是亦邴庶其、莒黑肱之流亞也。於例爲盜,在所當討,而況襲取鄰邑,不一而足,猖獗若此乎?文子討之,宜諸侯之皆睦也。不以正而以詐,雖屬權術,而使人能用其才,亦見具眼。結句結上起下,住而不住,極惝恍迷離之妙。討烏餘,何難徧告諸侯,使各以兵車來會?然方欲弭兵,討一叛臣猶興列國之師,會宋何以爲名?故能無用師,是文子千擘萬酌,極得意着數。(《評林》眉)《補注》:"'克而取之',不書,非晉命,以盜略。"鍾伯敬:"晉無范宣、趙文,則烏餘之罪弗能治,抑且封秩之,而諸侯攜矣。賢臣係國重輕,豈其微哉!"《匯參》:"'皆討類',顧上襲取。'而貪之',顧上奔晉。"(武億尾)前後敘事,中間敘謀,由事入謀,用范宣子爲轉楗;由謀入事,用胥梁帶爲轉楗。章法一片,左氏慣家。

◇襄公二十七年

【經】二十有七春,齊侯使慶封來聘。(《評林》眉)家鉉翁:"齊靈、莊相繼,魯受兵無寧日,景公立始通好,《春秋》書以美之。"夏,叔孫豹會晉趙武、楚屈建、蔡公孫歸生、衛石惡、陳孔奐、鄭良霄、許人、曹人于宋。(《評林》眉)汪克寬:"荆楚之同主夏盟,皆宋爲之也。宋襄圖伯,始進楚人于鹿上之盟,既而盂之會楚書爵而與宋公並序於諸侯之上,二伯之端兆於此矣,故遂有盂之執、泓之敗,而宋不能霸。今也,晉、楚之從交相見,而兩霸之勢遂成矣。是知荆楚之爭雄於北方,皆宋爲之也。"衛殺其大夫甯喜。(《評林》眉)孫復:"甯喜不以討賊辭書者,獻公殺之不以其罪也。"衛侯之弟鱄出奔晉。(《評林》眉)趙鵬飛:"鱄不曰公子,書衛侯之弟,非鱄不弟,衛侯不能弟也。"秋七月辛巳,豹及諸侯之大夫盟于宋。(《評林》眉)陳傅良:"自宋以來,晉不專主盟矣。虢之盟,讀舊書加於牲上而已。至鄢陵,則齊主諸侯;至臯鼬,則魯及諸侯。晉之不足以主夏盟自宋始,宋之盟,趙武之偷也。"李廉:"《春秋》兩書宋爲地主,以首禍罪宋也。"冬十有二月乙卯(或作亥)朔,日有食之。

【傳】二十七年春，胥梁帶使諸喪邑者具車徒以受地，必周。（孫鑛眉）"必周"二字覺晦而未快。杜注："周，密也。必密來，勿以受地爲名。"（《補義》眉）"必周"二字是深機。**使烏餘具車徒以受封，烏餘以衆出。使諸侯僞效烏餘之封者，而遂執之，盡獲之。**（《補義》眉）一"遂"字駴甚。**皆取其邑而歸諸侯，諸侯是以睦於晉。**（韓范夾）談笑而執叛人，雖數萬師不能及也，故曰智賢於勇。（王源尾）前序烏餘之狡橫，使人恨。後序胥梁帶之權謀，使人快。不恨不快，恨極快極。總見趙文子之賢極也。故一語結之曰"諸侯是以睦於晉"。而杜氏謂："傳言文子之賢，故平公雖失政，而諸侯猶睦，此作者之意也。"或謂："文子徧告失地諸侯，各以兵來會，聲烏餘之罪而誅之，而盡反其地，義聲不尤著，諸侯不尤睦？何必取之以詐，而自安於偷乎？"曰："是則然矣。較諸貪其地、庇其私，不顧諸侯之貳，而致晉國之衰者，其賢、不肖更何如乎？作者善之是也。譏之，刻也，不必也。寫胥梁帶之權謀，筆筆簡練，而妙用無一不傳。故不知簡而詳之法，烏可與言史？"（魏禧尾）魏禧曰："歸烏餘之侵地，善矣。孫林父以戚入于晉，是亦烏餘之類也，乃反爲之伐衛、戍茅、執其君，何哉？蓋文子之意，專在無以爲盟主耳。林父止於叛衛，而烏餘則侵三國之邑，恃晉爲藏主以多構難於諸侯，不討則恐諸侯之貳也。故其後曰：'取其邑而歸諸侯，諸侯是以睦於晉。'穆文熙謂：'以僞封致烏餘，何以服其心。'是已。晉國民罷于兵，用兵未必可以得志，當時或有不得不出於詐者。然使更有烏餘其人，則不可再試矣。吾謂以朝會之禮致烏餘而執之，其可。詳《雜問》。"或謂："以朝會執之，與效封執之，同一詐耳。"曰："不然，朝會一定之禮，效封則特設此局以陷阱之矣，況春秋時以會盟執人而數其罪者多也？"或又謂："烏餘歸晉有年，今乃無故發其舊罪，似爲無緒。"曰："范宣子受之，趙文子治之，庸何傷？宣子卒而文子新爲政，此正明禮動刑變革之會也。嘗謂誘叛殺降，當事者最不可輕爲。蓋不特傷吾德義，而其法只可一用，疑阻後人向化之心，爲害方大。王文成誘洌頭賊而斬之，余終疑此舉於信義事勢，皆有妨礙。乃有其勢不得不出於誘降，而其罪又必不可赦者，則處之有道焉。因其他罪而斃之，一也，易人而行，一也。然險悍足爲後患者，以他罪誅之可也。若本罪不可赦，而誅以他罪，則本罪不著，無以懲戒天下之惡，故尤莫善於易人。前之人可以再舉，後之人可以踵行，故曰范宣子受之，趙文子治之，庸何傷？"魏禮曰："文子既欲宣盟主之義，則莫若用師矣。晉多爭戰，而何獨憚此乎？密告四國失地之君，會晉師以討烏餘，易易耳。烏餘恃晉，故四國不敢問，聲義以討之，皆其讎也。烏餘雖能逃，將何之？以威烈執烏餘，歸諸侯地，義聲既振，天下悅服，曉然歸晉之德，畏晉之義，是此一用兵而息兵多矣。惜乎其出於偏執，損其威望，文子之所以終偷而晉終不兢也。"（《分國》尾）烏餘，一大夫耳，襲取四國之地，窟穴于晉，晉爲逋逃藪矣。胥梁帶假封爲名，不煩一甲，烏餘受縛，四國得地，真智勇哉！趙文子曰："胥梁帶能無用師。"其識胥梁帶，尤奇。（《左繡》眉）此承上篇出色寫"無用師"三字，使諸侯具車徒以效封，不必別尋做作。使烏餘亦具車徒以受封，不必別尋題目。極費手事，不煩半點氣力，輕輕了當，文亦只用幾轉，絕不費辭，快甚！本文雖是出色寫胥梁帶，大旨却注在趙文子。看上節以"乃卒治之"作提，下節以諸侯睦晉作結，可見帶之能，皆武之能也。多筆反是賓，少筆反是主，讀此知史家輕重之有權。僞效烏餘之封，所謂周也。本一連説，卻將"使烏餘受封"插敘於中，最是敘事錯綜變化處，而兩具車徒對説於前，受封、效封對説於後，以錯綜爲整齊，唯左氏最精於此法。唐錫周曰："只兩具車徒，烏餘之衆，一網打盡矣。此人胸中，真有五花八門之奇。"（《評林》眉）唐錫周："'梁帶使諸喪邑者'，疊下三'使'字，寫出妙用，寫出妙人。"彭士望："'受地'，此即梁帶之兵。"魏禧："按：令具車徒，然後可以盡獲，不使其黨逃散復得爲亂，所謂一舉而兩得者也。"《經世鈔》："烏餘偃然出受封，當以恃晉而諸侯畏之故。"穆文熙："此即梁帶能無用師者也，而以僞封致烏餘，何以服其心乎？盟主似不宜如此。"魏禮："觀烏餘狡桀之人也，己爲叛臣，侵三國之地，失地者無已，效地而封之，理可疑明矣。烏餘偃然來受，其所謂禍來神昧者乎！"（《左傳翼》尾）使受封，則必有效封者，密受地，僞效封，以三國車徒，收烏餘車徒，自成擒矣。梁帶善謀，晉亦能用。能無用師，妙用全在"必周"二字，皆具車徒，受地受封，同床各夢，奇奇怪怪，疑鬼疑神。受地者人人領會，受封者乃如醉如癡矣。機事之成，總在於密，可不慎與！執烏餘是主筆，然無諸受地者，則烏餘不可執。起處自應先伏，然後接入烏餘。獲其衆而取其邑，章法始清。不云受地，而云效封，所謂周也。前隱後顯，用筆最化。（王系尾）此篇於經文無所繫屬，而傳敘之詳，賢文子也。雖然，文子果賢乎哉？烏餘之邑，信討類也。林父之戚，獨非討類乎哉？若以其既往而不治也，則烏餘之奔，亦在文子執政之前也，胡爲乎有治有不治也？蓋其得政之始，欲有美名，以內誇百姓而外結諸侯，非欲顯揚君德而脩霸業，是以有及有不及，而不能充其類也。經卒於哀公十四年，而傳終於三家之分晉、田氏之篡齊，凡此等處，固有深意存焉矣。（闞生夾）先以烏餘事爲弭兵作一小影。

齊慶封來聘，其車美。孟孫謂叔孫曰：「慶季之車，不亦美乎？」叔孫曰：「豹聞之：『服美不稱，必以惡終。』美車何爲？」叔孫與慶封食，不敬。爲賦《相鼠》，亦不知也。（文熙眉）穆文熙曰：「『服美不稱，必以惡終』兩言，盡可玩味。人之不稱，豈惟一服乎？三服此語，自當令人知足。（《左繡》眉）直是一人事不知人，豈止不稱而已？落筆輕倩，使人絕倒。以服美抉進一層作陪，賦《相鼠》者，當不止一慶季也。（美中尾）家則堂曰：「靈、莊相繼，齊爲魯難殆三十年。景始立而通好，賢於日尋干戈者矣。」（高嶼尾）寫來是一不知事人，豈祇不稱而已？落筆亦輕倩。（《評林》眉）《匯參》：「『其車美』，只贊他車美，亦看書者只贊好墨之意。」（《學餘》尾）車服，禮之器也。失禮而美其車服，車其誰與載，服其誰與衣乎？大禮始於鼠拱，火滅脩容，所以慎戒必恭也。恭則壽，無禮則遄死，善人懼之，淫人昧之矣。

衛甯喜專，公患之。（《正論》眉）納所宜賞，專所宜罰，要在處置得宜，服其心而已。若概云失信，則何乎？稱定策元老者，輒閽生天子也。（《左繡》眉）此傳衛殺甯喜及弟鱄出奔事，以殺喜爲主，子鮮亦因殺喜而出也。通篇以免餘爲線索，然殺喜雖作難於免餘，而實授意於公。開手將「公患之」提明，已立一篇之主。而於免餘口中，則曰「公勿與知」，是明知而故縱之也。於子鮮口中，則曰「納我者死」，是明言甯喜之死，唯公實主之也。末段兩寫「與邑」「使卿」，是明明寫出免餘能殺甯喜，爲衛侯極得意之人；而衛侯之殺甯喜，不過假手免餘，而惡名終不可掩也。是一首綿裏針文字。（《補義》眉）子鮮所爲君無信也。（《評林》眉）《經世鈔》：「『衛甯喜專』，專未有不見殺者。祭仲專而鄭屬誅，甯喜專而衛獻戮，霍子孟惟不知此，遂至滅族，此亦不學無術之過也。哀哉！」公孫免餘請殺之。（方宗誠眉）此文以免餘爲主。免餘忠勇有謀，能見其大。公曰：「微甯子不及此，吾與之言矣。事未可知，祇成惡名，止也。"對曰："臣殺之，君勿與知。"乃與公孫無地、公孫臣謀，使攻甯氏。弗克，皆死。公曰："臣也無罪，父子死余矣！"夏，免餘復攻甯氏，殺甯喜及右宰穀，尸諸朝。（方宗誠眉）"尸諸朝"之下，應直接"公與免餘邑"一段，然平直無奇。夾敘石惡、子鮮二段于中，文境乃寬展不局促。石惡將會宋之盟，受命而出。衣其尸，枕之股而哭之。欲斂以亡，懼不免，且曰："受命矣。"乃行。（《測義》夾）愚按：喜弒剽，可討也。而獻因之以入，不可殺也。雖然，喜能用衆以弒剽矣，子鮮賢且善喜也，獻寧不自危乎？此其所以殺喜也。昔里克殺奚齊而立夷吾，夷吾殺之，曰"難爲子君"，其意亦猶獻云。〖編者按：奧田元繼作陳明卿語。〗（《左繡》眉）起手只三四語，而許多轉折。滿心要做，句句怕做。句句怕做口角，卻句句要做神理。看他只是婉商，並不力沮，寫來真有頰上三毫之妙。"臣殺之，君勿與知"，是真能謀事任事人。然于衛衎則先得我心，不啻如見其肺肝然矣。（《補義》眉）知公授意，恐觸其怒。（《評林》眉）陳傅良："傳言殺甯喜不書討賊之意，義同僖十年晉里克。"李笠翁："免餘之敢殺甯喜，由於'事未可知'之一言，當斷不斷，反受其亂者，此也。"《經世鈔》："君欲守信，而臣欲除惡，此理最得。但並此語不對君言，尤善。"《匯參》："'臣也無罪'，落得做別人不着，所謂假惺惺也，莫作痛語讀。"魏禮："衛侯亦能知此耶？此亦稽侍中血。"

　　子鮮曰："逐我者出，納我者死，賞罰無章，何以沮勸？君失其信，而國無刑，不亦難乎！且鱄實使之。"（《補義》眉）俞云："一片怒氣，鬱浮紙上。"遂出奔晉。公使止之，不可。及河，又使止之。止使者而盟於河，託於木門，不鄉衛國而坐。木門大夫勸之仕，不可，曰："仕而廢其事，罪也。從之，昭吾所以出也。將誰愬乎？吾不可以立於人之朝矣。"（《補義》眉）報甯乎？是爲黨賊。怨公乎？是爲懟君。鱄如念武子之勳，爲立甯氏後可矣。終身不仕。公喪之如稅服終身。（《左繡》眉）"逐我者出，納我者死"，只八字，而使人讀之多少不平！"將誰愬乎"，實有一種說不出苦衷。蓋既受賣友之名，而又不敢彰君之過也，字字傳懊悔之神。通篇都用逐句頓、逐句轉筆法，蓋又一種筆意也。（《評林》眉）《匯參》："《穀梁傳》曰：'織絇邯鄲，則木門當在邯鄲之境。不鄉衛國，亦以報喜也。'"

范寧："獻公背盟而殺忠於己者，是（獻公惡）而難親也，鱄懼禍將及，見幾作，不俟終日。鱄之去衛，其心合於《春秋》。"《經世鈔》："'終身不仕'，子鮮奔而不仕，纔怨怒得深切。"《匯參》："'終身不仕'，此敘事辭，非鱄自言。《禮》：'日月已過，聞喪而追服，謂之稅。'稅讀鱄，音歲。"傅氏曰："諸侯絶期，獻公痛子鮮之甚，故特爲此服。"

公與免餘邑六十，辭曰："唯卿備百邑，臣六十矣。下有上禄，亂也，臣弗敢聞。且甯子唯多邑，故死。臣懼死之速及也。"公固與之，受其半。以爲少師。公使爲卿，辭曰："大叔儀不貳，能贊大事。君其命之！"（《補義》眉）喜正死於貳，不僅死於專。乃使文子爲卿。（文熙眉）穆文熙曰："獻公初無殺喜之意，但爲免餘所強耳。觀免餘既殺喜而不受卿爵之賞，其人賢者，殺喜必當矣。"穆文熙曰："寧喜之專，本足致殺。然子鮮'逐我'二言，可泣鬼神。至於木門之托，終身不向衛國，何其怨也？"（魏禧尾）魏世倣曰："要賂而納君，專政而自制，固未有不反被其禍者。丕鄭貪津梁之邑與黃金白玉之小利，以納晉惠，身卒見殺。衛莊公入國，渾良夫有大功焉，一事加以三罪，即數而殺之。喜信獻公求入之言，欲終其身而執國柄，其亦愚矣。"魏世儼曰："喜守父遺命，弒剽復衎，較之要賂納君者，自有分别，專則取死之道矣。"（《分國》尾）免餘攻甯氏，殺甯喜，雖似危著，喜能成事。至辭邑讓卿，卓絶千古矣。魯有叔肸，不義宣公而不食其禄。衛有子鮮，不義獻公而坐不向衛。魯、衛有此兩人耶！（《左繡》眉）寧喜之專，前不實寫，只於此處略補一筆，又即藉以刺衛衎之隱衷，字無虛設也。免餘亦可以無目睫之譏矣，使文子爲卿，徒以免餘故也，"乃"字寫出他勉強神理來。（美中尾）家則堂曰："剽，篡君者也。他人可殺，而甯喜嘗事之，不得殺之也。喜弒君者也，他人可殺，而衛獻因之以入，不得殺之也。"王方麓曰："鱄初不能以大義動喜，而從獻公政由甯氏之約，謀之不臧，殺喜者，此一言也。乃病其失信，而薄兄弟之恩，棄君臣之義，可乎？勸公立甯氏後，則亦無負於喜矣。"（《左傳翼》尾）周公攝政，二叔流言，不專者且然。古大臣不以寵利居成功，所以善始善終也。鐵券朝來，霜刀夕至，無信者比比如是，何況一"猶夫人"之衛衎乎？俞寧世謂："前篇罪衛君之虐，此篇罪甯喜之專。"不知開手便提"公患之"，假手免餘，佯爲不知，仍然以君無信爲主。篇中詳敘子鮮忿怒與終身不仕之故，則曰君失其信，大旨了然。末段免餘辭邑辭卿，分明借鑒甯子，而知公之不足恃也。"政由甯氏"，獻公之命，寔出子鮮之口。甯氏深信不疑，以有子鮮在也。"鱄實使之"，真有訴不出來的光景。出奔不仕，雖以報喜，究以自全。"臣懼不免"，此語爲何？蓋君既無信，不有于喜，何有於鱄？一怒而去，是亦少伯扁舟五湖之意也。此篇是甯喜結案，卻是子鮮結案，讀者詳之。當日與甯喜言者子鮮，故時時使子鮮。今日與謀甯喜者免餘，故日日用免餘。免餘用而甯喜殺矣，而子鮮奔矣，而免餘亦懼矣。與邑與卿，特加榮寵，即以深怨之文子，免餘一言，即使爲卿，則言聽計從可知，免餘何懼？無信人豈可一朝居？死之速及，千古且爲寒心也。（《日知》尾）自食其言，猶不信之淺者。獻公則利其實，並不居其名耳，起手兩行已襯其心。石惡、子鮮兩段略其名，正斥其實也。與邑、爲卿兩節，寫出滿心得意、名實兼收情態來，而不知司馬昭之心，路人皆知之矣。通篇皆於"公患之"三字作群山拱向之勢，描寫公之愚而詐，正歎惜公之詐而愚也。（高嵣尾）罪甯喜，罪獻公，鱄固賢者，然因殺甯喜之故，而決於自絕，止使者而盟於河，終身不向衛國而坐，不已甚乎？敘此極古峭。出奔一段，猶覺怨氣浮浮紙上。（《評林》眉）按：公與免餘邑六十，一邑方十里，出革車一乘，是古制也。然千室稱邑，十室稱邑，大小無定數也。下文與向戌邑六十，亦同。非九夫爲井，四井爲邑之邑。（王系尾）此篇是衛殺其大夫甯喜及衛侯之弟鱄出奔晉傳。寫免餘之忠，子鮮之信，可謂各極其致矣。免餘之事君也，討賊而不畏强禦，功成而不貪祿爵。醉多受少，推賢讓能，盛矣哉！若子鮮之爲信，則不能無過焉者。夫國不堪貳，何有於專？專而不已，必階禍亂。子鮮而欲自全其信也，將使其君坐擁虛器，貽社稷於危亡而莫之恤乎？善夫王明逸之言曰："信近乎義，言可復也。甯喜不願盟而願子鮮之一言，重其義也。欲堅其義，豈無君臣之大義可指陳以感動，而乃從獻公'政由甯氏，祭則寡人'之言乎？此信之不義，言之必不可復者也，而子鮮爲之。殺甯喜者，固'政由甯氏'之一言也。夫言必信，行必果，而不惟義之所在，未有不至於賊者也。重於失信，而不知兄弟之恩之尤重也。不忍負甯氏，而不知君之尤不忍離也。爲子鮮者，初決於出，以感悟獻公可也。再三止之，則可止矣。夫亦念國之無人、公之無恒也，而與太叔儀竭力以輔之，勸公以立甯氏之後，則亦無負於喜矣。乃決于自絕，止使者而盟於河，終身不向衛國而坐，不已甚乎？"（方宗誠眉）三段之中三"且"字作局調，文法一線。以上敘免餘之功成而辭賞。（林紓尾）甯喜之行爲，即有明奪門諸臣也。恃功而驕，萬無能全之理。劈頭着一"患"字，已伏甯氏之死期。中間公孫免餘諸人，皆趨勢討好之小人，石惡則慕義畏死之懦夫，寫照都極容易。其最難寫者爲子鮮，觀衛侯使子鮮爲復，子鮮不可，已患公之無信。顧以母命不可得辭，而公又有"政由甯氏，祭則寡人"之誓，求入時口不擇言，子鮮固虞其中變矣。然公之誓言，由子鮮出，即子鮮之誓言。至此殺甯之擧，是明明爲子鮮之賣友，胡足對人？義既不能爲甯喜辨冤，勢又不可與獻公共事，但有出奔之一法。然以子鮮之賢，何君不可事？乃自明心跡，言"廢事"者，防人議其心戀故君，無心官事也。"昭吾所以出者"，又防君疑其富貴心濃，謬爲忠讜，舍己以向外也。只不仕終身，一不居賣友之名，一不居背君之罪。兩用"終身"者，子鮮先公卒，此爲子鮮之終身。稅，即穗服也。無數月，獻公於子鮮死後，亦尋薨，故亦可以言爲終身也。子鮮滿腔苦恨，若不善剖抉而出，轉絮遝而不明白。看他寥寥數語，而心緒揭於紙上，此真分風擘流之筆矣。（《菁華》尾）既云"政由甯氏"，復患其專，此正無信之證。誘人爲不義，而陷之於死，僅僅出奔，遂足以謝之乎？固請於君，復立甯氏之後，尚可以少自解于萬一，而竟不聞有是，何也？

宋向戌善於趙文子，又善於令尹子木，欲弭諸侯之兵以爲名。（《正論》眉）林次崖云："春秋時直道未漓，諸大夫猶稱信義，戰國始純用詐謀耳。"（孫鑛眉）是大文字，綜括收拾處好。獨諸論説語多未精陗，想史舊本然。（韓范夾）晉、楚之成，華元謀之于前，向戌繼之於後，然前猶未甚也，茲則甚矣。以息兵爲名，而實紊中外之防；以交好爲名，而實繁小邦之賦。晉之失霸以此，楚之争雄以此，向戌真千古之罪人也。（方苞夾）欲以爲名，是明知兵之不可弭，信之不可保也，故曰"以誣道蔽諸侯"。（《左繡》眉）此篇傳宋之盟，事是大事，文亦大文，凡作六大段讀。弭兵之盟，合十四國之大夫而先楚，然晉有信而書先晉，則固當重晉。故通篇以趙武爲主，敘事特詳。既以趙武爲主，而發端者向戌，襄事者叔向，故前半頻寫向戌，後半頻寫叔向。看其於首段從向戌敘入，次段將叔向帶出，筆筆有法也。（《補義》眉）"欲以爲名"直貫通篇，便是誣道。（《評林》眉）《補注》："傳譏向戌惟欲竊虚名，見弭兵非遠略。"陳明卿："向戌弭兵，所謂功之首，而實爲罪之魁也，是時難之者獨齊人。"《經世鈔》："左氏先書'以爲名'三字，後記

'請賞'二字，則戌之舉爲利名耳，人品可見。若使子產、叔向爲此事，更有大可觀處。"彭士望："此合縱之祖，既結內寵，又資外援，奸人魁傑。"（方宗誠眉）此篇以四國爲經，諸國爲緯，而四國之中，又以晉、楚二國爲綱。(《學餘》眉）向戌此舉，春秋一變，左氏一語見其心矣。（閩生夾）宗堯云：揭明欲以爲名，此以見弭兵非果能靖諸侯也，徒爲名而已。如晉，告趙孟。趙孟謀於諸大夫，韓宣子曰："兵，民之殘也，財用之蠹，小國之大災也。將或弭之，雖曰不可，必將許之。(方苞夾）"曰不可"，知其誣也。"姑許之"，以名應也。（《評林》眉）《附見》："《孫子》云：'興兵十萬，日費千金。'是蠹也。"《匯參》："'雖曰不可'，'不可'猶云不能久弭。"（閩生夾）宗堯按："'雖曰不可，必將許之'，所謂以誣道蔽諸侯也。明知其不可而爲之，寫晉執政之屑庸可笑，外唯內否，文能曲肖其情。"弗許，楚將許之，以召諸侯，則我失爲盟主矣。"晉人許之。如楚，楚亦許之。如齊，齊人難之。陳文子曰："晉、楚許之，我焉得已。（方苞夾）知其誣，姑以名應。且人曰弭兵，而我弗許，則固攜吾民矣！將焉用之？"齊人許之。告於秦，秦亦許之。皆告於小國，爲會于宋。(《左繡》眉）第一段寫各國許盟，盟凡十四國，以四大國爲主。四大國又以晉、楚爲主，楚又以晉爲主。先主後賓，詳略相間。只此一段，已是絕妙章法。下文齊從晉，故晉詳而齊亦詳。秦從楚，故楚略而秦亦略，下筆都有分寸，不徒爾也。相其筆法，蓋以一謀一難，兩"亦許之"相對，而另以小國帶點作尾成片段者。（《評林》眉）《經世鈔》："此與富公論日食免朝意略同。"

五月甲辰，晉趙武至於宋。丙午，鄭良霄至。六月丁未朔，宋人享趙文子，叔向爲介。（方宗誠眉）此文前以向戌爲謀主，後以叔向爲謀主，故篇首提向戌，此段提叔向，以清眉目。司馬置折俎，禮也。仲尼使舉是禮也，以爲多文辭。（方苞夾）此言宋享文子之禮與辭足觀也。而晉、楚在會之辭，與文子答鄭六卿之賦，其綱維皆引於此。觀此可知舊所載禮辭甚多，左氏恐累篇法而薙芟也，與《齊語》姜氏告重耳凡數百言，而《傳》約以兩言同義。（《左繡》眉）第二段寫各國陸續而至，仍重晉、楚，而以晉爲主。寫趙武第一個先至，便見他有信處。又獨書至於宋，爲許多"至"字之綱，而子木則特書"至自陳"

以別之，異乎諸人，而亦不得同於趙武也。妙甚！特詳"仲尼使舉是禮也"一節，見此篇以趙武爲主，爲後"書先晉，晉有信也"作襯托。"多文辭"遙映前"導之以文辭"，又映後賦《詩》一大段，文字無一閒筆。叔向爲介，趁便插一陪客，後來先楚、侍言、評論人物，處處用着。而通篇以宋享趙文始，鄭享趙武終，首尾照應極有情也。(《補義》眉)"多文辭"三字，一篇眼目。(《學餘》眉)用筆極閒，卻極有深意。蓋非有禮與多文，孰能弭兵者乎？(《評林》眉)《經世鈔》："'至於宋'，晉卿最先至。"陳明卿："'以爲多文辭'，夷夏之防，聖人重之，則此禮必其所甚惡不忍道者，傳乃謂'使舉是禮也，以爲多文辭'，何誣聖甚哉！"《匯參》："服虔云：'以其多文辭，故特舉而用之。後世謂之孔氏聘辭，以孔氏有其辭，故傳不復載也。'"(闓生夾)"多文辭"三字作眼，足見他無可取，惟文辭可觀而已。

　　戊申，叔孫豹、齊慶封、陳須無、衛石惡至。甲寅，晉荀盈從趙武至。丙辰，邾悼公至。壬戌，楚公子黑肱先至，成言于晉。丁卯，宋戌如陳，從子木成言於楚。戊辰，滕成公至。子木謂向戌："請晉、楚之從交相見也。"(韓范夾)此時子木已有深意矣。諸侯服于晉者多，從于楚者寡，故欲交見，得交見之請，便欲先晉，所謂夷狄貪而無厭也。(《補義》眉)趙武、向戌欲成弭兵之名，未盟之前三大段，從諸侯議論不一，勉強從命，追到楚人懷惡衷甲，步步逼出末段"誣道敝諸侯"，直是千里來龍，到頭一結，何等魄力！(《評林》眉)《匯參》："'向戌如陳'，此句以對上爲啓下，妙筆。"家鉉翁："向戌欲弭兵，當請命京師，馳告晉、楚，各率與國朝王，而受盟於王庭，兵庶可弭矣。今俾晉、楚之從交相見，而列國乃有二伯，趙武、向戌豈非罪人乎！"庚午，向戌復於趙孟。趙孟曰："晉、楚、齊、秦，匹也。(方宗誠眉)此文首敘晉、楚、齊、秦之謀定而後及諸國，中間忽插"晉、楚、齊、秦，匹也"一句，通篇無不縮住。晉之不能於齊，猶楚之不能於秦也。楚君若能使秦君辱於敝邑，寡君敢不固請於齊？"壬申，左師復言於子木。(闓生夾)曾文正公云："'復言'，'言'字疑衍。"先大夫評曰："曾說非也。上文'復於趙孟'，復訓爲白。此'復言'與上'成言'、下'齊言'爲章法，非有衍字。且文宜與'復於趙孟'參差也。"子木使馹謁諸王，王曰："釋齊、秦，他國請相見也。"秋七月戊寅，左師至。是夜也，趙孟及子晳盟，以齊言。（方苞夾）又"齊言"以申固之。（《左繡》眉）未盟前，兩邊私下成言，以兩"成言"對提，盟以"齊言"單結，亦以晉爲主。看子木特出難題，被趙孟一駁，而楚王俯以從之矣，筆法可想。又成言於楚，即是成言於晉，故"盟，以齊言"只用虛筆作結，詳略互見好。庚辰，子木至自陳。陳孔奐、蔡公孫歸生至。曹、許之大夫皆至。（孫鑛眉）歷書"至"字，是法槐野《順天錄序》效之。然有"于宋"、有"從"、有"先"、有"自陳"、有"皆"，又是小具態。以藩爲軍，晉、楚各處其偏。伯夙謂趙孟曰："楚氛甚惡，懼難。"趙孟曰："吾左還，入於宋，若我何？"（文熙眉）汪道昆曰："議論能品，'五月甲辰'以下章法。"（韓范夾）此亦預定之謀，故不大害。（《評林》眉）《經世鈔》："'若我何'，此是矣，若盟時衷甲，則此語爲非。"

辛巳，將盟于宋西門之外，楚人衷甲。（方苞夾）在會而懷惡，乃欲以弭兵爲名乎？（《評林》眉）《匯參》："《咀華》謂衷甲乃虛張聲勢，以恐赫趙孟，使晉人不敢與己爭耳，非真欲因會擊晉也。"《補注》："'楚人衷甲'，傳見楚終有夷狄之心，是盟晉幸而免。"伯州犁曰："合諸侯之師，以爲不信，無乃不可乎？夫諸侯望信於楚，是以來服。若不信，是棄其所以服諸侯也。"（方宗誠眉）"信"字一篇之主。固請釋甲。子木曰："晉、楚無信久矣，事利而已。苟得志焉，焉用有信？"（方苞夾）楚之無信，子木不自諱，而可望信於楚以弭兵乎？（《補義》眉）子木明說無信，州犁顯然相規，與趙武自謂有信，叔向飾說，不特誣人，抑且自誣，兩兩反照。（《評林》眉）《經世鈔》："州犁之言，最義易透，此真忠於楚者，其亦有故國之情乎！以子木之賢而爲此言，所謂人至死則反常也。"（闓生夾）記楚之強，且明弭兵之無益也。宗堯云："楚國之計，規利於中原耳，晉無以制之，徒欲弭兵，非姑息而何？"大宰退，告人曰："令尹將死矣，不及三年。求逞志而棄信，志將逞乎？志以發言，言以出信，信以立志，參以定之。信亡，何以及三？"（孫鑛眉）諸論詞多不甚工。趙孟患楚衷甲，以告叔向。叔向曰："何害也？匹夫一爲不信，猶不可，單斃其死。(《評林》眉) 魏禧："按：'猶不可單斃其死'，宜作七字句，言匹夫一爲不信，猶不可以盡斃其所死之人，見楚不能害晉意，舊解似未順。"《匯參》："'單斃其死'，猶云皆不得其死，孔疏：'前覆曰踣，謂倒地死也。'"(闈生夾) 七字作一句讀，猶言不能自保其死，《國語》"民罷力以完之，又斃死以守之"是其證。倭庫本"不可"下有"也"字，非是。若合諸侯之卿，以爲不信，必不捷矣。食言者不病，(孫鑛眉) 當云"食言者病"方順，乃只以"不病"字盡之，味固長。(《評林》眉)《匯參》："按：孔疏謂：'不唯病害而已，必至于死也。'又説云：'言弭兵而自劫盟，是食其言也。楚人食言，尚不自以爲病。'亦通。"非子之患也。(韓范夾) 此時晉亦無如楚何，故仗區區之信以自解免，非真有大足恃也。叔向、趙孟雖賢，恐亦深悔從戌之請矣。孔子作經而先晉，亦以大張中國之氣云爾，豈真樂晉之長楚人乎？夫以信召人，而以僭濟之。必莫之與也，安能害我？且吾因宋以守病，(孫鑛眉) "守病"字太生，以屬下句猶稍順。則夫能致死，與宋致死，雖倍楚可也。(韓范夾) 宋主其事，宋亦幸而免爾，若晉必不先楚，則晉楚用兵，宋必禍始。子何懼焉？又不及是。曰弭兵以召諸侯，而稱兵以害我，吾庸多矣，非所患也。"(孫鑛眉) 唯此論稍佳，然亦未甚緊净。(《左繡》眉) 第三段寫將盟、患楚衷甲一番議論，見楚無信而晉有信，爲先晉伏案，乃一篇把握處也。寫楚衷甲，卻將"以藩爲軍"先作一鬆，又將"楚氛甚惡"先作一襯，至衷甲之非，先就他自家人口中痛作評駁，然後以叔向"不足患"斷之，極頓跌之妙。楚氛之惡尚是虛景，故强爲落落，衷甲則實有其跡矣，能無動乎？《咀華》謂："衷甲乃虛張聲勢以恐嚇趙孟，使晉不敢與已爭耳，非真欲因會擊晉也。昭元年祁午言于趙孟曰'子木詐晉而驁焉'，蓋事後思之，始恍然悟也。子木此時，妙在連自己心腹都瞞過，晉人安得不墮其術中？"此評甚合，但直以趙孟爲睡裏夢裏，則彼豈不能變虛聲爲實事乎？且跌落"書有信也"亦無力矣，當更詳之。叔向語凡作四層，第一層暗承上"令尹將死"一段議論，第二層暗承上"望信""來服"一段議論，第三層明承上"左還入宋"一段議論，第四層明點醒弭兵本題，結出一篇大旨。此借叔向口中將前文一貫串，爲下文煞出"晉有信也"張本，文字警策之至也。全篇歸重"晉有信"句，卻不用正説，一路只極寫楚之無信，而正面自透，最是借賓形主妙法。(《補義》眉)有備無患，聖人之卻萊兵是也。幸楚人只虛聲耳，否則將爲孟之執矣。(《評林》眉)《經世鈔》："'且吾因宋以守病'，不切事勢，與'左還入宋'語不同。"《增補合注》："晉獨爲諸侯所信，故云庸多。一云：'庸，用也。諸侯皆爲我用也。'"(方宗誠眉)"非所患也"之下，應直接"晉楚爭先"一段，中間忽夾敘叔孫一段，文章變化不測，乃不板不直之法。

季武子使謂叔孫以公命，曰："視邾、滕。"既而齊人請邾，宋人請滕，皆不與盟。叔孫曰："邾、滕，人之私也；我，列國也，何故視之？宋、衛，吾匹也。"乃盟。故不書其族，言違命也。(《測義》夾)愚按：人臣出疆，利存社稷，即非君命，亦得行權，矧季孫以公之命乎？而左氏謂其違命，故經不書族，則矯命以令者，顧無罪歟？或曰："惡與楚盟，而槩與諸國之大夫不序以示貶。"理或有之。〖編者按：奧田元繼作呂東萊語。〗(方苞夾)弭兵之利未見，而兼事晉、楚，盡財用，爲小國之災，已先見矣。傳主釋經，故所載之事有枝贅者，而必曲爲縮合，可徵古文結撰之難。儲云："堂堂周公之後，而爲人私乎？勿論季孫矯命，即出自公，臣在境外，權之可也。"帶敘此事，以見諸侯倍賦之苦，與本旨激射。(《評林》眉)《補注》："'宋、衛吾匹也，乃盟'，賈逵曰：'叔孫不爲人私，其於尊國之義得之。''言違命也'，一事再見，卒名，《公羊傳》之例。劉氏曰：'蔡、沈失位，左氏貶之。今魯欲自同人之私，失位甚矣。大夫出境，有可以重社稷者，猶曰專之，今命出季氏，而謂不可違，非也。'"《經世鈔》："言違命也，據此義，可謂義以行權，有利國家，專之可也。叔孫宜受聖人之與，而去其族，此所未解。即公真有命，且無害，況季氏之所托乎？"(方宗誠眉)叔孫實知大體，非違命也。左氏辨誤。

晉、楚爭先。晉人曰："晉固爲諸侯盟主，未有先晉者也。"楚人曰："子言晉、楚匹也，若晉常先，是楚弱也。且晉、楚狎主諸侯之盟也久矣！豈專在晉？"叔向謂趙孟曰："諸侯歸晉之德只，非歸其尸盟也。子務德，無爭先！且諸侯盟，小國固必有尸盟者。楚爲晉細，不亦可乎？"(孫鑛眉)明是畏楚，卻乃飾說，然務德甚爲細曲。(《補義》眉)趙武主意已定，只借叔向之文辭，以曲行其詭道耳。乃先楚人。書先晉，晉有信也。(文熙眉)穆文熙曰："子木在楚，猶稱賢者，乃衷甲以爲不信。微伯州之言，楚其失諸侯矣。叔向佐文子周旋其間，不阻不懾，以信自固，其尊俎之折衝哉！"又云："凡遇事思此二言，令人氣平。"（《測義》夾）愚按：先夏而後夷，《春秋》書法固然，奚論夫歃之先後哉？左氏謂"書先晉，晉有信也"，則趙孟偷而懼楚，甘爲之下，夫子豈以言與之？（方苞夾）晉非能務德守信也，知楚之不可與爭耳，傳者曲爲紐結，故以信與晉。（《左繡》眉）第四段正寫盟事，以書法斷結，爲一篇大旨歸宿。常思春秋紛紛，無日不以戰爭爲事，忽然想出弭兵一個題目，乃當日天地間極變換之事，遂成《左傳》中極精彩之文。盟以齊言，已兩邊説妥，及至臨時，又出一番爭先議論。事以變而若驚，文亦以變而入妙矣。於爭先前插敍不書族一條，正見書法之嚴。而下文特先書晉，爲千古之信史也，所以重趙武者至矣。大凡文字枝枝葉葉，總要處處回抱本根，作者讀者，精神眼光都一毫旁雜不得。"違命"正對"無信"，豹不書卒，楚豈得先乎？前段論衷甲，此段論爭先，都是極寫叔向。以上顧"爲介"，下照"賦《詩》"，其實寫叔向處，正是寫趙武處。向戌自"齊言"以後，絕不見影，蓋請到客人，吾事已了，爭長説短，聽客所爲，不能復與之矣。想如此主人，亦大難做在。（《評林》眉）《附見》："成二年公子嬰齊爲蜀之盟，諸夏諸大夫咸在，至今四十四年也。"《匯參》："'楚爲晉細'，雖是掩耳盜鈴，卻假借得妙。"王元美："説者稱宋弭兵，蓋是時晉、楚皆怠於出師，是以偶有六七年之安靖。然楚人衷甲，苟非伯州犂之言，則趙孟爲宋襄之執矣。況魯帥師而取鄆，晉帥師而敗狄，兵亦未嘗戢也。楚圍既讀舊書，未幾篡國，大合諸侯伐吳滅賴，安在其能弭兵也哉？"〖編者按：凌稚隆作汪克寬語。〗（方宗誠眉）以上敍晉、楚爭先，以"德"字爲主，德即信也，故收處仍以信爲主。

壬午，宋公兼享晉、楚之大夫，趙孟爲客。子木與之言，弗能對。使叔向侍言焉，子木亦不能對也。（方苞夾）仲尼所稱，趙武享于宋之文辭也。此所稱，子木、叔向之能言也，傳皆略焉。而後此所述，多趙武之言，何也？武之善言若此，則子木、叔向可知矣。蓋備舉前二享之文辭，則拳曲臃腫不中繩墨，而文體爲之雜冗，故獨詳於終事，且自伯有而外，皆鄭卿自托於晉之辭，與楚無信而晉有信相應。又以見趙武能用叔向之言，務德以懷諸侯也。觀此可知舊所載子木、叔向之言甚多，傳盡薙芟而約言以包舉之。（《補義》眉）既盟之後，前敍晉、楚公宴，趙孟爲客；後敘鄭伯私宴，專享趙孟。寫得稱心滿意，若德信已孚於楚，兵竟可彌，名竟可攘，故陡接向戌請邑，而忽敘子罕之言抉轉，大聲直斥，令武、戌兩人無地可容，而通篇骨節皆響。(《評林》眉) 魏禧："按：宋何以敢客晉大夫，而子木亦不怒耶？晉既讓楚先歃，故宋又以享位尊晉以平其情，而子木得一，不復求二也，臧紇爲客齒明矣。"(閻生夾) 此會以文辭爲主，然其辭不能盡載，故以虛寫之筆括之，而此下略敘子木、趙孟之言以見意。

乙酉，宋公及諸侯之大夫盟于蒙門之外。子木問於趙孟曰："范武子之德何如？"對曰："夫子之家事治，言於晉國無隱情，其祝史陳信於鬼神無愧辭。"(孫鑛眉) 即無不可對人言、無不可與天知意。(《評林》眉) 陳傅良："傳言宋公不書，見以國地者，其君必與。因見桓二年會鄧、僖十九年盟齊、二十年盟邢。" **子木歸，以語王。王曰："尚矣哉！能歆神人，宜其光輔五君以爲盟主也。"子木又語王曰："宜晉之伯也！有叔向以佐其卿，楚無以當之，不可與爭。"晉荀寅遂如楚涖盟。**(《評林》眉)《匯參》："文公爲戎右，襄、靈爲大夫，成公爲卿，景公爲太傅也。" 穆文熙："楚之帶甲百萬，乃不畏強晉，而獨畏叔向，知謀之士折衝千里，信矣。"《經世鈔》："至此子木亦大醒悟，衷甲之舉，不亦多乎！" 魏禮："子木亦以與叔向言不能對而憎之，故發是論乎！"(閻生夾) 先大夫評曰："此文字淡遠處。" 又評曰："二事不同類而裁之使整，鉤連成文，文事之一秘也。" 閻生謹按：襃揚士會、叔向皆菲薄趙孟之微旨。宗堯按："此篇與士會之行事無與，敘此亦微示及之者少也。又趙孟文弱，既無以競勝於楚，即弭兵一事，亦多賴叔向左右之使不敗耳。"(文熙眉) 穆文熙曰："稱人不在多語，觀文子述范獻子二事，而楚之君臣亟服者，惟其當也。晉有叔向佐文子，楚國不能當。然服善如子木，晉亦何能以當是哉？"(《左繡》眉) 第五段敘盟後事，以旁筆出色寫叔向，照應前叔向爲介不落空，又添入楚王贊范武子一節作陪，令文字不寂寞也。看此文中四段都用插寫法，敘諸國之至，卻插入"多文辭"一節；敘楚"衷甲"，卻插入"楚氛"一節；敘"先晉人"，卻插入"不書族"一節；今敘叔向佐卿，又插入范武子一節。賓主相間，章法至變而整也。趙武不能對，乃是特放叔向出一頭地，正《列子》千乘之僕之意。看後七子賦《詩》許多對答評論，可以得之不言之表矣。（方宗誠眉）此篇本宋向戌之主謀，故以宋始，以宋終，文法乃整。收贊叔向，以叔向爲晉謀主也。篇法神完氣固。（《學餘》尾）"兵，民之殘也"，宣子之言善矣。兵久必弭，天人交惡之故也。弭兵必以信，《春秋》書法所以先晉也。子木曰"楚無以當之"，有國者果講信脩睦，夫何當之與有？（《菁華》尾）向戌憸巧小人，倡爲弭兵之事，使桓、文之業，至此掃地盡矣。傳發端一語，即提出"以爲名"三字，可謂誅心之論。人皆以爲不可，而冒昧從事，蓋衰敗之世，人懷苟且之心，其氣象正復如此。"多文辭"三字，亦是貶之之語。言於尊王之義，一無可取，祗是飾爲安民息事之言，以欺人耳目而已。如此重事，毫無準備，而使楚人得爲先發制人之計，趙孟真庸才也。幸而楚人意在爭先而已，否則尚結贊之事，已見之當日矣。叔向平日稍爲有才，到此亦只作無可如何語，可歎！

　　鄭伯享趙孟於垂隴，子展、伯有、子西、子產、子大叔、二子石從。（方宗誠眉）總提七子，下文分敘。趙孟曰："七子從君，以寵武也。請皆賦以卒君貺，武亦以觀七子之志。"（孫鑛眉）此敘諸語卻俱精。（閩生夾）以下極寫趙孟之詞令，趙孟如是，則子木、叔向可知矣，此加一倍寫法。又見趙孟無武節而專好事文詞也。子展賦《草蟲》，趙孟曰："善哉！民之主也。抑武也，不足以當之。"伯有賦《鶉之賁賁》，趙孟曰："床笫之言不踰閾，況在野乎？非使人之所得聞也。"（《補義》眉）按：何云："伯有憤鄭伯請衛侯不獲命，必待納衛姬而後釋，故賦鶉奔，謂誰執晉政而不辨姓也。趙武恥之，故若不知其刺，而謂自誣其上。"理或然也。但恐伯有淫凶，未必能見及此。（《評林》眉）《附見》："牀笫之言，猶言蕭墻之言，楊子《方言》：'牀，陳、楚之間謂之笫。'"《增補合注》："伯有將爲戮矣，鄭伯未有無良，而伯有誣之，顯然歌之於衆，爲榮寵於賓，叔向因策其必速亡。或云公指鄭伯，非也。"（《學餘》眉）趙孟善爲説辭如此，而曰弗能對子木，不欲以口給勝也，趙孟賢乎哉！子西賦《黍苗》之四章，趙孟曰："寡君在，武何能焉？"子產賦《隰桑》，趙孟曰："武請受其卒章。"子大叔賦《野有蔓草》，趙孟曰："吾子之惠也。"印段賦《蟋蟀》，趙孟曰："善哉！保家之主也，吾有望矣！"公孫段賦《桑扈》，趙孟曰："'匪交匪敖'，福將焉往？若保是言也，欲辭福祿，得乎？"（孫鑛眉）七語變七樣，於態自濃。（闓生夾）此會以文辭見長，傳不備載，舉此一端，以概其餘也。卒享。文子告叔向曰："伯有將爲戮矣！《詩》以言志，志誣其上，而公怨之，以爲賓榮，其能久乎？幸而後亡。"叔向曰："然。已侈！所謂不及五稔者，夫子之謂矣。"文子曰："其餘皆數世之主也。子展其後亡者也，在上不忘降。印氏其次也，樂而不荒。樂以安民，不淫以使之，後亡，不亦可乎？"（文熙眉）汪氏曰："辭令議論能品，子展賦詩以下章法。"（《左繡》眉）第六段既盟而歸，亦文字餘波。以正筆出色寫趙孟學識深博，暗爲不能對子木作注解，實遙應起處多文辭，作一篇之結束，以見此盟只一趙孟可人，斯深表趙孟之至者已。先以旁筆結叔向，復以正筆結趙孟，用筆輕重，賓主分明。凡合傳體，皆是此法。蓋論列多人，固必以某甲爲一篇之正主也。每賦一《詩》，必換一樣謝答法，與季札觀樂篇異璞同工。首二節一美一刺，以"不足當""非所聞"對。次二節，一歸美於君，一受規於己，以"何能""請受"對。次二節，一喜於相遇，一善其無荒，以"子之惠""吾有望"對。末一節獨拈本詩，以"福將焉往""欲辭得乎"說兩遍，自爲對仗，參差中無筆不藏整齊，奈何以亂頭粗服之見讀古文乎？前既分答，此又總斷，七子之中，單拈一極不好的來批駁，又渾說四人，明贊兩人，錯綜入妙。（《日知》尾）盟先楚而經先晉，是此文大關目處，非予晉也，特彼善於此耳。蓋弭兵之舉，向戌第以爲名，而晉則勉從，楚則面從，所謂彼此相蒙，以成此舉，皆非有信者。但楚人着着恃强，故不惜犯信以來逞。晉人處處媮安，故止得借信以自文。二者交譏。而既以弭兵爲名，則衷甲与撤備必有聞矣。是趙武之偷、叔向之懦，其受楚愚者，即其所以得先楚者欤？《左傳》欲達此意以釋經，故前則插仲尼文辭之譽，後則連綴鄭伯垂隴之享，若力形其獻酬贈答之長者，實反形其折衝禦侮之短，有不借信爲口實而不得者耳。則是經著其然，傳著其所以然也。試觀趙孟、叔向兩人，處處以文辭顯，而於詐而駕者，實毫無如之何，可以識其文心所在矣。不然，是禮之舉、七子之答，何與弭兵事，而夾于中，贅于末哉？（《評林》眉）《匯參》："'不及五稔'與'何以及一'相映。'後亡'，始以弭兵爲名，既即因以爲利，從來此兩字連說，有以也。"鍾伯敬："詩者心聲，故可以占人。然云伯有不及五稔，似失之鑿。"（方宗誠眉）應"以觀七子之志"，"志"字首尾精神完固。（《學餘》尾）賦《詩》言志，春秋士大夫之風雅也。文王、周公之遺澤長矣。《鄭風》繼《王》，有以也夫？亦可見文子之知人矣。

　　宋左師請賞，（《正論》眉）穆文熙曰："昇平之世弄兵，亡之階也。離亂之日去兵，滅無日矣。子罕能直攻，向戌能改過，皆宋之良也。"（《左繡》眉）始以弭兵爲名，既即因以爲利。從來此兩字連説，有以也。以討死事爲免死，世人昏蔽，大率如此。曰："請免死之邑。"公與之邑六十。（《評林》眉）《經世鈔》："'曰請免死之邑'，奇語。向戌固張説、呂夷簡之流耳，安得與子產、叔向同稱？"以示子罕，子罕曰："凡諸侯小國，晉、楚所以兵威之。畏而後上下慈和，慈和而後能安靖其國家，以事大國，所以存也。無威則驕，驕則亂生，亂生必滅，所以亡也。天生五材，民並用之，廢一不可，誰能去兵？兵之設久矣，所以威不軌而昭文德也。聖人以興，亂人以廢，廢興存亡昏明之術，皆兵之由也。而子求去之，不亦誣乎？（方苞夾）揭出隱情，通篇筋脈俱振。以誣道蔽諸侯，（閹生夾）蔽，《釋文》：服虔作"弊"。《正義》云："董遇、王肅作'蔽'，當讀'諸侯道敝而無成'之敝。此後兼事兩大，益困敝也。"罪莫大焉。縱無大討，而又求賞，無厭之甚也！"（《左傳雋》眉）詞極嚴正，宜左師之置邑也。（孫鑛眉）論甚高，然摘詞尚未入妙。削而投之。（韓范夾）讀此一段則當時平楚之惡，固不待申之會而知之也。（《評林》眉）《匯參》："'畏而後上下慈和'，至言，便可作敵國外患等注腳。'廢興存亡昏明之術'，'昏明'二字又摠承上四字。"《評苑》："德、刑、禮、義是爲興、爲存、爲明之術，驕淫暴虐是爲廢、爲亡、爲昏之術。"魏禧："按：弭兵之後，晉、楚終世未嘗構兵，而中國相侵伐者至定、哀間始有之，蓋亦幾五十年矣。然則向戌之功，安可誣與？"陳傅良："'削而投之'，傳言宋之盟識者不與。"左師辭邑。（閹生夾）弭兵一役，乃極無聊之舉，徒斤斤於文詞，欲以折服蠻夷，疏矣。傳不明言其非，而一發之於此，神氣憤鬱，蔚爲至文。與宋子魚論戰一段，皆足表見左公英雄之慨。宗堯云："此段借子罕以痛折其誣，爲通篇之關鍵。前寫晉卿之弱，後寫弭兵後諸侯益棄封守、犯霜露以事蠻夷也。"向氏欲攻司城，左師曰："我將亡，夫子存我，德莫大焉，（方苞夾）以誣罪之向戌亦憮然心服，蓋本欲以爲名也。又可攻乎？"君子曰："'彼己之子，邦之司直。'樂喜之謂乎？'何以恤我，我其收之。'向戌之謂乎？"（文熙眉）穆文熙曰："宋在晉、楚間，至稱卑弱，以兵爲衛，猶懼不支。向戌乃請弭之，而又欲因是請賞，何其舛而貪也？然子罕止之，而戌能不怨，則亦庶幾乎知過之君子矣。"（王源尾）向戌弭兵，亦功亦罪，功在使中原遺子得免數十年爭戰之殃；罪在使晉無外懼而日即於媮，中外無復防閑，而諸侯相率以朝於楚。故始書其爲名，終書其請賞，而結之以子罕之論，所以紀其功罪之實，而大著其人品心術，與天下後世共見之也。至序次周詳迤邐，波瀾層疊斐亹，妙非一端。約盟詳略互見，數"許"字窮妍盡態。接入諸大夫至宋，天葩爛熳，眼到魂翻。至將盟一段，陡起危巒，勢險而氣逸。跳脫中筆筆沉著。以事在未盟之先，而頻點"信"字，故一篇之警策在此。下序定盟，又從叔孫違命序入，蹊徑更別。而繳轉"信"字，結構精嚴。第五段盟後餘波，扶晉抑楚，暗變前局。垂隴一宴，七子從君，風流儒雅，視衷甲爭先之惡，不啻羽化登仙。而七子賦《詩》，與前諸大夫至宋，復遙遙映帶，非文情幻化自然之妙乎？末段收束通篇，以子罕作結，踢倒當場傀儡，劈開立地乾坤，將偌大一篇經綸文字，掃得水消霧卷，而杳然去，灑然止，接入太虛，讀者不知思議何從矣。文章有設色處，有見態處，有出奇處，有扼要處，有取巧處，有翻案處。不設色則枯，不見態則板，不出奇則平，不扼要則散，不取巧則呆，不翻案則死。然孰宜設色、孰宜見態、孰宜出奇、孰宜扼要、孰宜取巧、孰宜翻案種種，固大有分辨在。惟斟酌不失其宜，安頓不失其所，而出之無跡，練之無形，然後可與言文也。何謂設色？如此傳序諸大夫至宋，與垂隴宴趙孟是也。何謂見態？如此傳之數"許"字，數"至"字，與趙孟之贊七子及結尾數語是也。何謂出奇？如此傳之敍將盟一段是也。何謂扼要？如此傳始書向戌以爲名，終書其請賞，並數"信"字是也。何謂取巧？如此傳由叔孫違命序入定盟是也。何謂翻案？如此傳序子罕之論是也。引而伸之，觸類而長之，文章之能事畢矣。（方苞總評）兵本無可弭之理，雖欲暫弭，必諸侯相信而後可。晉、楚無信，諸侯懷疑，兵何自弭？知其不可弭，而欲弭之以爲名，是誣也。告於晉，晉知其不可。告於齊，齊知其不可，而姑許之。彼以名求，亦以名應也。豈惟諸侯，即向戌豈不知其不可？特欲以誣道蔽諸侯耳。故始、中、終皆用此義聯貫。猶恐間架闊遠，章法散漫，又以"多文辭"收攝在會之語，及會畢過鄭賦《詩》贈答之事。而"多文辭"又以見晉之德不足以服諸侯，而屈于蠻荊，徒喋喋于文辭，無益也。《左傳》僖、文以前，義法謹嚴，辭亦簡練。宣、成以後，義法之精深如前，而辭或澶矣。故於篇中可薙芟者，勾畫以示其略。（孫琮總評）茅鹿門曰："是大文字，總括收拾都好。"弭兵以息民，列國之利也。若楚人衷甲，則名爲弭兵，而適以構兵矣。伯夙躊躇，叔向詳說，趙孟其有悔心乎？至子罕責言，左師知過，不惟趙孟悔之，即向戌亦悔之矣。夫兵固兇器，無故而興之，與無故而弭之，其失正等。況處交爭之世，而欲恃盟誓以相結，豈其可久？宜其爲會未幾，而稱戈且紛起也。（魏禧尾）魏禧曰："叔向守信固是，然衷甲則卒然劫我於壇坫之上，雖欲左還入宋，宋雖欲死助我，亦無及矣。向微州犁之諫，趙孟、叔向必危。損威辱國，與單使守節致死者不同。吾謂爲趙孟者，當召戌而語之，轉使其責楚。楚知吾知其謀，又失義于諸侯，計必沮。而向戌以首事之人，持之必力，護晉必周也。觀弦高犒秦事，亦可見。"任安世問曰："子木言事利而已，焉用有信？楚人詐悍久矣，使楚以向戌之告，謂晉知其謀，必以我不敢圖之而不設備，盟而劫之，奈何？若晉恃向戌，向戌恃與子木善，利之所在，保無有商鞅之虜公子卬者乎？且子木本謀原是不顧向戌，而可恃耶？然則雖使戌以趙武之言告楚，及盟時仍當爲備，以武士供執事使令，若鴻門之宴，沛公得樊噲以脫難而後可乎？"曰："子之慮周矣，然古人知彼知己，有智足以料、氣足以奪而不必多爲之備者。此意又須進一格，否則郭令公單騎見虜，光武輕騎按行銅馬營陣，又豈敢耶？戌老於世事，往反晉、楚以成言，可謂數矣。而不先定主盟之人，何其疏也？晉之能讓，幸矣。晉、楚交爭奈何？戌爲置二器於庭，使二國率其從諸侯各於其方歃之，既而交相歃。若曰先齊其內，而後和其外也。亦所謂禮以義起與？"吳正名問曰："然則宋從何歃？"曰："宋爲主，合諸侯之好，不與歃可也。或使二大夫焉，各從晉楚之屬。"曰："二人從，其一必正卿矣，則正卿重，奈何？"曰："有嫌焉，避正卿，皆亞卿從可也。""子罕削而投之，極是有見解力量人。然其說甚偏，當時苦兵久矣，暫得休息，亦是大幸。如子罕說，則武王之櫜弓矢，放牛馬，亦非矣。且彼只言不相侵伐，未嘗言銷兵毀甲也。若戌以此難子罕，則子罕無辭以對，而削之爲無名矣。子罕但當言兵未必可弭，勞民費財而已專其利，則善耳。且兵弭而賞，則兵動而誅，誰任其咎？傳曰：'與於青之賞者，必與於青之罰也。'此篇敘事情，言語迤邐，點綴閒雅如畫，結處有輕煙抹樹之致。"魏世儼曰："子罕直斥請賞之非，並沒其弭兵之功而罪之，君與之邑而遽削之，豈人所克堪？乃戌之言曰'我將亡矣，夫子存我'，尤人所難能矣。"（《分國》尾）此役也，向戌實助楚氛。從此諸侯南向朝楚，疲於奔命，向戌真萬世罪人也。始而爲名，既而要賞，微子罕，幾受其欺矣。（《左繡》眉）子罕語分兩截讀。上截又分兩層，一層論兵，一層論去兵，且只泛論。下截亦有兩層，將廢興存亡，合來歸結在兵不可去，方是切論向戌。而終以求賞之失，理明辭果，極有識力之文。此篇本接弭兵之盟，"爲名""請賞"正相爲首尾。而必別作一篇者，蓋弭兵亦係一件有名目事，若以此文連作一篇，則當下便無光彩，使讀者意興爲之索然矣。史家褒貶往往見其意於彼而沒其文于此，成美揚善之旨，固其一班耳。唐錫周曰："第一段無數'許之'字，第二段無數'至'字，第三段無數'信'字，貫穿極工。入後只是收束子木、趙孟、向戌三人耳。"《咀華》合兩篇爲一，亦通。但不及賓主，只以向戌爲首尾，包趙武在中，乃得。（《左傳翼》尾）弭兵之舉，意在息民，而不知楚即欲使晉楚之從交相見，則三駕所不能爭者，依然屈服。而山東諸侯未通聘問往來者，亦執贄稽首于楚之廷矣。申之會，以齊桓召陵之禮待十有一國之諸侯，由此會階之厲也。壞中外之大防，增小國之貢賦，患莫甚焉。楚之君臣日夜謀于章臺之上者，唯此爲務，所以必以要晉侯盟有成言，而後子木始至也。韓宣子有見於此，特恐不許諸侯從楚，晉失爲盟主。而齊人難之，秦人許而不至，其餘列國或請私邾、滕，或欲視邾、滕，邾、滕亦甘爲人私而不恤，無非696此。左氏敘韓宣子、陳文子之論於前，中於叔孫斥其違命，後詳敘子罕之言以定向戌罪案，弭兵之得失從可知矣。是會也，楚人請交相見則從，爭先則讓，一味退縮，而猶以"歸德只"自居，殊失之倫。左氏猶嘉其有信者，以趙武初政，即有"自今以往，兵其少弭"之語，蓋睦鄰息兵是其本懷。楚以力競，晉以德服。楚以詐來，晉以信往。所以一聞向戌之言，即欣然樂從。先期而至，雖楚求逞志，而卒莫之與較也。信義既孚於人，不唯諸侯待之加禮，即子木詐晉而駕，亦心悅誠服。歸與康王言，反覆歎息之不置也。宋人始享，司馬折俎；宋公兼享，趙孟爲客；鄭享垂隴，七子賦《詩》，大有樽俎雍容之致。左氏於讚美中，微寓不足之意。是非原有定準，美惡不妨互見，權衡自不爽也。一篇大文字，只以文子、子木爲主腦，而造謀奔走，向戌爲之也。故篇中寫三人特詳。文子志在息民，一味樸誠。子木志在駕晉，一味矯詐。向戌始而爲名，繼而請賞，一味營私，致使樸誠之人，玩弄於矯詐者之手。先晉、增賦，天下胥被其毒，不唯晉人悔之，諸侯病之，即宋人亦深惡而痛絕之矣。得子罕當頭一霹靂，神魄始喪，全篇始有收煞，此左氏特意著精彩處。宋之盟，結末單寫趙孟，猶虢之會結末專寫子圍也。蓋弭兵之舉，趙孟實尸其事，故詞繁而不殺，歸而過鄭，飲酒賦《詩》，揚揚得意。良霄在會，親見其爲楚所駕，不覺唐突，口雖倔強，心豈無慚？左氏極力鋪張，而飾非文過之失自見。揚中寓抑，此當得之意言之外。人謂子罕之論與韓宣、陳文相反，究之原止一般。蓋二子原知弭兵有多少不好處，特以成言已出，設或不許，恐攜諸侯百姓之心。但二子只就本國籌算，子罕則通論道理耳。謀之不臧，豈得辭咎？向戌起，向戌結，以見此人流毒無窮，其罪不可勝誅也。有信，自是全文眼目。既曰弭兵，豈宜慮及衷甲？然孔子夾谷之會，必具左右司馬以從，乃能却萊兵而沮犂鉏。孔子豈不知有信者？今文子一味恃信，全不提防，幸而楚人衷甲，不過詐晉而駕，尚不受創。設果出此，將恃左旋入宋，遂可無恐乎？叔向毫無謀略，一味退讓，徒以口舌爭強於樽俎間，吾所不取。增賦一段，文雖簡而義却重。蓋兼事晉、楚，小國力不能支，弭兵之害可知。晉、楚之從交相見，向戌夢夢何曾算計到此？至宋人請滕，舉國惡之，豈獨一子罕？左氏於穆子多予辭，此獨斥其違命，意深遠矣。請邾、請滕，兩事串四國，打併"公命視邾、滕"內，最得文家消納法。(《日知》尾) 指證時勢，攷據古今，開目如電，吐聲作鐘，爲十四國君卿大夫發聾覺瘶，看作罵向戌一個，猶非左氏之旨。(《評林》眉) 王元美："左師以怨子罕之非己，而稱其德，其長厚有過人者。"(武億尾) 此篇事是大事，文亦大文。凡分七大段讀。本合十四國之大夫而先楚，乃以晉有信而書先晉，則固當重晉。故通篇以趙武爲主，敍事特詳。而襄事者叔向，始終其事者向戌，故中路頻寫叔向，前後以向戌爲起結，筆筆有法。(高嵣尾) 林唐翁曰："晉、楚始同主夏盟也。以諸侯分爲晉、楚之從而交相見，於是乎始，則是南北二伯也，天下之大變也。于溴梁而無君臣之分，于宋而無夷夏之辨。昭、定、哀之春秋，將以終於吳越焉爾矣。"〖編者按：奧田元繼作王元美語。〗孫明復曰："隱、桓之際，天子失道，諸侯擅權。宣成之間，諸侯僭命，大夫專國。至宋之會，則又甚矣。何哉？自宋之會，諸侯日微，天下之政，皆大夫專持之也。故二十九年城杞，三十年會澶淵，昭元年會虢，諸侯莫有見者。此天下之政，皆大夫專持之，可知也。」俞桐川曰：「'弭兵'作骨，'信'字作眼，一篇大結構。晉、楚合成，亂夷夏之大防也。借曰'弭兵'，兵何可弭？小國事大，一之已敝，況又倍乎？抑中國、困諸侯，爲虛名、受實禍，莫此爲甚。故'以爲名'三字，是向戌隱衷。子罕一段議論，是向戌定案。當日諸侯服晉者十之七，服楚者十之三。晉、楚交相見，楚之利，晉之不利也。故篇首敘齊、晉詳，敘秦、楚略，想見列國之情。'書先晉，晉有信'一句，全篇主腦。篇中所敘，在楚純是兵威，在晉純是文德；在楚純是詐譎，在晉純是道義。反復抑揚，只是此意。有一段熱鬧，便有一段寂寞。有一段脺練，便有一段朴率，文章佈置之妙。」（王系尾）通篇歎息痛恨處，在"晉、楚之從交相見"一句。晉之所以霸者，以其能攘夷狄、寧諸夏而尊周室也。楚，夷也，名號弗順，靦然與之同盟，而甘處其後，欲置周於何地哉？蜀之盟，猶曰匱盟也。華元合晉、楚之成，猶曰二國之成也。至於晉、楚之從交相見，而神州赤縣之君，文穆武昭之裔，斂衽交臂，相率事楚而不恥矣。此春秋之大升降，部中之大結構也。（方宗誠眉）總贊二人，齊整完固。（《學餘》尾）弭兵，可也，以爲名，非也。請賞，非之非也。子罕譏之，不亦宜乎？然納善辭邑，知夫子之存我，子罕君子也，向戌亦不失爲君子之徒矣。

齊崔杼生成及彊而寡。娶東郭姜，生明。（《左繡》眉）此篇是崔杼弒君結局，不爲國法所誅，而即爲羽黨所滅。歎彼蒼假手之巧，而文摹畫特工。（《評林》眉）《日知錄》：「'而寡'，婦人以夫亡爲寡，夫亦以婦亡爲寡，《小爾雅》曰：'凡無妻無夫，通謂之寡。'」**東郭姜以孤入，曰棠無咎，與東郭偃相崔氏。**（《補義》眉）偃與無咎皆從棠姜來，淫心起而万禍伏，可畏哉！**崔成有疾而廢之，而立明。成請老于崔，崔子許之。偃與無咎弗予，曰："崔，宗邑也，必在宗主。"成與彊怒，將殺之。告慶封曰："夫子之身，亦子所知也，唯無咎與偃是從，父兄莫得進矣。大恐害夫子，敢以告。"慶封曰："子姑退，吾圖之。"**（《補義》眉）慶封覬位，欲滅崔而無機可乘，助二子殺偃、無咎，即殺崔氏之機也。**告盧蒲嫳。盧蒲嫳曰："彼，君之讎也。天或者將棄彼矣。彼實家亂，子何病焉！崔之**

薄，慶之厚也。"他日又告。慶封曰："苟利夫子，必去之！難，吾助女。"（《評林》眉）俞寧世："'君之雠也'，人口中說出果報，崔氏有福自心中現出，果報亦佳。"孫鑛："燭之武說秦語法。"

九月庚辰，崔成、崔彊殺東郭偃、棠無咎於崔氏之朝。崔子怒而出，其衆皆逃，求人使駕，不得。使圉人駕，寺人御而出。且曰："崔氏有福，止余猶可。"遂見慶封。慶封曰："崔、慶一也。是何敢然？請爲子討之。"使盧蒲嫳帥甲以攻崔氏。崔氏堞其宮而守之，弗克。使國人助之，遂滅崔氏，殺成與彊，而盡俘其家。其妻縊。（《補義》眉）敘國人助之，報莊公之雠也，故皆聽命。助其殺二子，即殺杼之機也。（《評林》眉）《附見》："崔子怒而出，出而往外告亂也。"《經世鈔》："強大之家，一遭內亂，便有此光景。"《匯參》："'使圉人駕'，閉門之甲何存？"呂東萊："'遂滅崔氏'，崔子乃假手於慶封，真可大快。"嫳復命於崔子，且御而歸之。至，則無歸矣，乃縊。崔明夜辟諸大墓。辛巳，崔明來奔。慶封當國。（文熙眉）穆文熙曰："小人之交，平居刎頸，急則相圖，往往有之，豈惟崔、慶爲然。崔薄慶厚兩言，甚不可爲訓。"〖編者按：奥田元繼作陳卧子語。〗崔子末乃至此，令人大快。（魏禧尾）魏禧曰："此天假手以報崔氏，不然，何滅之易也？觀季武子廢長立庶，賴閔子馬正言導之，公鉏安富，悼子安位，父子兄弟皆全。今成、彊不能忍，致殺身滅宗，此可爲父母而有偏愛者之戒，又可爲處異兄弟而爭競者之戒。人亦何爲偏私爭競，徒自害而快仇讎之心耶？季氏以閔子馬而全，崔氏以慶封而滅，賢人之利、小人之害如此，人可不慎所與哉？然慶封奔而家滅，亂人者終自亂，處人骨肉之間，其爲閔子馬，勿爲慶封可矣。詳《崔成論》。"魏世儼曰："慶封謂崔、慶一也，因人家難，遂覆其宗。此昌黎所謂指天日，誓生死，真若可信，一旦臨利害，反顔若不相識，擠之又下石焉者。嗚呼！小人之黨，故如此哉！"彭家屏曰："齊崔杼之弒君也，及其身而覆宗。晉欒書之弒君也，至欒盈而滅族。近則於其身，遠則於其子孫，從來亂臣賊子，鮮有克免者。"（《左繡》眉）前半偃、咎之專，所以致成、彊之怒，而慶封以"助女"一言殺其相。後半成、彊之難，所以致崔杼之出，而慶封以"爲女之討"滅其家。一串敘來，卻兩兩相對。兩"怒"字，兩"助"字，"告慶封""見慶封"，皆是剪裁整齊處，此左氏敘事之大凡，亦千古作文之大凡也。盧蒲嫳語，崔杼之爰書也。在慶氏不過假公濟私，而實天網恢恢，疏而不漏。此亦足以寒奸雄之膽，而作前車之鑒矣。崔之見滅，宜也。慶之處崔，不太甚乎？後人收得休歡喜，還有收人在後頭。聚而殲旃，依然果報。前輩謂："'崔、慶一也'，遂爲二氏之讖。"亦足慨矣。寫來字字使人稱快，全於頓跌處見筆力。（美中尾）崔杼權奸，圖之不易。慶封即以崔圖崔，以助崔者滅崔，如屠羊豕然。豈有他哉，無非爲當國一着耳。崔既冰消，慶旋霧散，崔、慶一也，竟成二氏之讖。（《左傳翼》尾）崔氏父子，仇敵也，皆以慶封爲腹心，慶封因而構之。子欲殺父，則誘其子以劫父。父欲殺子，則欺其父以殺子。使其家自相攻擊，不費一矢，而崔氏已無噍類矣。誰無父子，而崔氏若此，禍皆起於棠姜。向使從陳文子之言，而畏而不取，則弒君之孽不作，滅族之禍不萌，崔氏直與齊國終始矣。淫心一熾，萬禍俱起，吁！可不畏哉！崔杼專政，慶封欲得而甘心久矣。適有家禍，因而斃之，崔薄慶厚，特決于盧蒲嫳一言而成。以崔攻崔，如屠羊豕，無非欲當國耳。崔既冰消，慶旋霧散。崔、慶一也，竟成讖語。鬒種種者，亦不免焉。逞盡機關，只作一場春夢，爲之鼓掌稱快。匹子配嫡，亂之本也。國然而家豈不然？崔氏若無廢成立明一事，慶封縱涎鼎其旁，得百盧蒲嫳爲之謀主，其如之何？家必自毀而後人毀之，良然！慶封陰賊險狠，崔氏父子俱爲其所賣，至死不悟。讒諂面諛之人，豈可共事？王荊公所以歎息痛恨於福建子也。崔氏之滅，慶封爲之，故一云"告慶封"，再云"見慶封"，慶封之毒，盧蒲嫳成之，故云"告盧蒲嫳"，再云"使盧蒲嫳"，此是通篇眼目。（高嶙尾）俞桐川曰："崔杼弒君專國，灼地薰天，子禍一作，奔走無歸，又爲慶封所愚，如嬰兒然。且禍由於姜氏，天之報施，誠不爽也。以此篇與弒君篇對看，見左氏垂戒深切處。莊公之弒，慶封無與。但慶之滅崔，全爲損人利己，非關討賊。先記崔薄慶厚一語，結以'崔明來奔，慶封當國'，又埋伏慶封滅族一重公案。"（《評林》眉）《經世鈔》："'崔明夜辟'，辟即避，不必作'闢'解。陳太子及司馬妻俱逃墓免。"彭士望："傳似作不了語，令人想味。"（王系尾）此篇敘崔氏之所以滅，慶之所以專也。杼以二十五年專齊，及是而敗。封以是年專齊，明年而敗。亂流固鮮終，抑亦遄矣哉。（林紓尾）崔子之辣手及其權術，過於慶封萬萬，然何以入其牢籠？一則色荒，諸事都不明白；一則老耄驕蹇，爲暮氣之小人。而盧蒲嫳則陰毒左計，爲發硎新試之小人。且崔氏家禍斗生，心慌意亂，竟然仗賊爲援，此亦勢所必至。果棠姜不死，崔明猶在，崔子尚可自全。妙在盡俘其家，財空矣。棠姜既縊，美人喪矣。此時方知爲慶封所賣，勢在不能不死。通篇似言果報，實則非也。出乎機者入乎機，千古小人得禍，往往烈於君子萬倍。蓋以刻毒待人，人亦將以刻毒報之。酬答之理如是，人無可歸，故歸之于天道耳。入手嫡庶爭權，此亦平常之文章，妙在一交盧蒲嫳之手，便成一個大機會。崔厚慶薄一語，已打到慶封心坎。夫鄰厚君薄，秦穆公明白透頂，尚爲燭之武所動，況在慶封？此四字實爲崔杼滅家之關鍵，寫崔杼糊塗處，言"崔氏有福，止余猶可"，言己身不足恤，留姜與明也。而慶封言"崔、慶一也"，奸猾至於十分，明托知心，暗行兼併。崔杼此時方寸都亂，不能不信其言。而盧蒲嫳既滅其家，且爲之御。至則無歸，把崔杼一向信慶封之心緒，一落千丈，寫生之筆，直足驚心動魄。一篇着墨無多，繪畫小人奸謀，小人受害之處，匪不曲盡，真令人百讀不厭。（《菁華》尾）孫、甯同謀逐君，而攻孫者甯。崔、慶同謀弑君，而滅崔者慶。從來稔惡小人，未有不同類相殘者也。蓋利在前則合，利失則離，其心跡固自如此。得勢之時，威可行于一國。失勢之後，令不行於一人。觀小人末路，爲之一快。（闈生夾）左氏每遇凶奸之人，其誅伐之情恒溢於言外，前敘太史、南史等，痛誅崔氏也。此段以凶人而得惡果，敘來險絕快絕。

　　楚薳罷如晉涖盟，晉侯享之。將出，賦《既醉》。叔向曰："薳氏之有後於楚國也，宜哉！承君命，不忘敏。子蕩將知政矣。敏以事君，必能養民。政其焉往？"（韓范夾）《春秋》多言敬，若敏則未之言也。然敏實國家所賴，房、杜、姚、張，所長皆在敏耳。（《分國》尾）敏，汲汲也，不懈之謂也。若華耦之揚先惡，魯人以爲敏，君子不以爲敏也。（《左繡》眉）先泛說一句，又憑空先下讚語，然後點出"子蕩將知政"，而申言以結之，分明以"子蕩"句爲中間關捩也。若移此句於"承君命"二句之上，則上兩虛句接連，下兩實句又接連，便都不成調法。（美中尾）楚先歃，紊中外之防也。交相見，繁諸侯之賦也。晉始攘楚，今尊楚矣。楚始猾夏，今主夏矣。閱四年，會虢仍先楚。又閱三年，楚且合十二國而獨會申，執徐子、伐吳、滅賴，甚至滅陳、滅蔡，兵何嘗弭哉？亦名而已矣。（《補義》眉）因子蕩而追其先世，聲口宛然。（王系尾）此篇直接盟於宋篇，與"晉荀盈遂如楚涖盟"句緊對。不于彼連敘者，固以他事間隔，亦以見晉之汲汲於楚，而楚之訑訑於晉也。（方宗誠眉）前記子木贊晉叔向，此記晉叔向贊楚子蕩，兩相對照。

崔氏之亂，申鮮虞來奔，僕賃於野，以喪莊公。冬，楚人召之，遂如楚爲右尹。（《測義》夾）傅遜氏曰："春秋諸國，惟楚英賢最多，而爲令尹執國政者，皆其公族，少有債事，旋即誅死，所以強大累世，而威權略無下移，固其君之強明，亦其傳國用人之制獨善也。"〘編者按：奧田元繼作王百穀語。〙（《分國》尾）成、彊之殺偃、無咎，似也，但不宜與慶封謀耳。慶之滅崔，亦吐莊公之氣，但慶非其人也。申鮮虞僕賃服喪，義動千古。楚人召之，楚能用賢哉！（《左繡》眉）此人固當不同。

十一月乙亥朔，日有食之。辰在申，司曆過也，再失閏矣。（《左繡》眉）語簡净。若出天官家言，不知費幾許支離矣。（《左傳翼》尾）上古不知歲差之法，置閏每在歲終，所謂歸餘於終也。即三年一閏，五年再閏，節侯尚不能無訛，況再失閏乎？日月所會爲辰，十一月在戌，而今在申，司曆安得辭過？斷只二語，明白了當，勝讀曆象全書。（《評林》眉）啖助："經言十二月，傳言十一月，依經當云三閏月，不可得而考。"

◇襄公二十八年

【經】二十有八年春，無冰。（《評林》眉）湛若水："書'春無冰'，志災異也，周之子、丑、寅月也，子、丑之月氣方寒，正鑿冰之時，而乃無冰，則爲災異也。"夏，衛石惡出奔晉。邾子來朝。秋八月，大雩。仲孫羯如晉。冬，齊慶封來奔。（《評林》眉）王貫通："崔杼弒君，慶封與之爲比，乃乘其家亂而滅之以當國，欲不亡得乎？魯敢受亂，是召亂也。"十有一月，公如楚。（《測義》夾）林堯叟氏曰："書公朝王，所以見王業之衰；書公如楚，所以見霸業之衰。"十有二月甲寅，天王崩。乙未，楚子昭卒。（《評林》眉）呂本中："'乙未，楚子昭卒'，此明閏月之驗，然不書閏者，承前月而受其餘日，故書閏月之日，繫前月之下，史策常體，又有定例，故不必每月發傳，此范甯之説也。杜預以十二月無乙未，日誤，孔穎達以爲甲寅、乙未不得同月，是皆不知閏月之日繫前月之下耳。"

【傳】二十八年春，無冰。梓慎曰："今兹宋、鄭其饑乎？歲在星紀，而淫於玄枵，以有時災，陰不堪陽。蛇乘龍。龍，宋、鄭之星也，宋、鄭必饑。玄枵，虛中也。枵，耗名也。土虛而民耗，不饑何爲？"（《分國》尾）雖解躔次，實有至理，故能鑿鑿，非漢儒附會之言誣誑人主也。（《左繡》眉）首句提起，下分兩層。前一層泛説天象，後一層方合到宋、鄭饑上。文中凡三點"饑"字，起乃虛喝，結乃反煞，中是正講。而上承"龍"字，下起"玄枵"，以一筆貫兩頭，左氏好用此種手法。壽、火、析、木星紀起，玄枵、娵訾、降婁繼。大梁、實沈、鶉首排，鶉火、鶉尾十二次。鄭、宋、燕、吴、齊、衛、魯、趙、晉、秦、周更及楚；兖、豫、幽、揚、青與并、徐、冀、益、雍三河荆。傳云："日月之會謂之辰。"一歲日月十二會，會必于東方蒼龍角亢之星，角亢始於辰，故歌序皆從辰起。辰者，星躔之首，歲紀之始也。娵訾之次，一名豕韋。分野，晉一作魏。（《左傳翼》尾）何以無冰？以歲星失次也。而宋、鄭之饑，即於此決。前路泛言天象，後斷宋、鄭所以必饑，數語括盡天官家言。古奥簡峭，班、范不及。周正建子，故春始於十一月，重陰冱寒，燠而無冰，所以爲災異。若從夏正，則建寅爲月，東風解凍，無冰原不爲異。故"隱公元年春，王正月"，左氏謂之"周正月"，最爲的當。以"夏時冠周月"，考亭所以疑其不可從也。（《補義》眉）侃侃而談，無閔恻之意，術士伎倆止此。（《評林》眉）《補注》："葉氏曰：'左氏所記梓慎、裨竈之徒以星次言吉凶，若合符契，皆星家假托之辭。'"

夏。齊侯、陳侯、蔡侯、北燕伯、杞伯、胡子、沈子、白狄朝于晉，宋之盟故也。（韓范夾）齊、陳、蔡、杞，楚、晉皆共之。晉所得者，燕、狄等國一二耳，豈足以當魯、衛、宋、曹之屬乎？晉之失中夏而驅之朝夷，亦"自詒伊慼"耳。（《評林》眉）陳傅良："'宋盟故也'，傳具見楚之屬。"齊侯將行，慶封曰："我不與盟，何爲於晉？"陳文子曰："先事後賄，禮也。小事大，未獲事焉，從之如志，禮也。雖不與盟，敢叛晉乎？重丘之盟，未可忘也。子其勸行！"（《分國》尾）此弭兵之後，初尋盟也。慶封崛彊，阻齊侯之行,未爲不是。但一種驕橫之氣,朱方之殲,已在目前。(《左繡》眉)以不與盟爲辭,便從不與盟處講個不可不朝道理。後又轉出一層,於晉未嘗無盟,語意最曲而到也。(《左傳翼》尾)陳、蔡、胡、沈四國,皆楚屬,先來朝晉,非尊中國而奉命唯謹也。彼所從者既來,則諸夏從晉者不得不往矣,於此見楚人之狡也。着着爭先,晉受其愚弄而不知,趙武其無謀哉!(《評林》眉)王元美:"陳文子之見恭而中節,可以免矣。"

　　衛人討甯氏之黨,故石惡出奔晉。衛人立其從子圃以守石氏之祀,禮也。(《補義》眉)甯武子亦礛也,何以不立後?

　　邾悼公來朝,時事也。(《評林》眉)《補注》:"春秋大國事天子,惟聘而不朝,故韓起聘周,稱歸時事于冢宰,知言聘之非也。小國事大國,乃朝而不聘,故子產相鄭伯朝晉,言會時事,無異於事天子矣。左氏不能辨,因以時事釋邾子來朝,過在不見《周禮》。"

　　秋八月,大雩,旱也。(《評林》眉)高閌:"'旱也',春無冰,秋旱,此皆人事所召,而僭用大禮以祈之,不亦悖乎!"

　　蔡侯歸自晉,入于鄭。鄭伯享之,不敬。子產曰:"蔡侯其不免乎?日其過此也,君使子展迋勞於東門之外,而傲。吾曰:'猶將更之。'今還,受享而惰,乃其心也。君小國,事大國,而惰傲以爲己心,將得死乎?若不免,必由其子。其爲君也,淫而不父。僑聞之,如是者,恒有子禍。"(韓范夾)子禍甚奇,天道報反,固有繇也。朱全忠非其人哉?(魏禧尾)魏世儷曰:"淫亂之人,如陳靈、齊莊,則見弒於其臣,蔡侯弒於其子,即不傲惰亦不免,天理滅絕之誅矣。"彭家屏曰:"敬,德之輿也。能敬則心常收,收則事無過舉。不敬則心常放,放則無所不爲,淫亦放之一節也。蔡侯之不終,其精神意氣之間,先有以傳之矣。"(《分國》尾)新臺召狄,壽邱興戎,未有亂倫至此不滅亡者,五代朱溫亦然。子般之弒,焉得逃乎?(《左繡》眉)不敬是本題,卻於前補出一層作陪,於後又抉進一層作結。中間"將得死乎?若不免,必由其子"承上起下作轉楔,語不多而意極圓、筆極曲也。過傲還惰,若分作兩處說,則都平淡。今併在一處,文情便濃,又是一陪襯法,只於對寫見頓挫之致耳。極無道理事,卻寫得恁輕恁潔,可悟化俗爲雅之法。(《左傳翼》尾)傲爲剛惡,惰爲柔惡,皆不敬之條件也。敬,德之聚也。過傲還惰,德於何有?推其本原,尤在淫而不父,人心已亡，人道已絕，不死何待？於人臣則傲，於鄰君則惰，於其子則淫，三言而蔡侯之死已決矣。於惰補出傲，用跌筆。又從傲、惰溯出淫，用推筆。三層打併合一，有纍纍貫珠之妙。（《補義》眉）汪云："不敬者，惰也。追溯一層，見其傲。又追進一層，明其淫。兼此三者，人心亡，人道絕。"（《評林》眉）李笠翁："唐安禄山、史思明亦以淫而不父有子禍，子產之言誠是。"《經世鈔》："安禄山、朱溫偏是接踵於世，唐明皇所謂幸而免者。"（闈生夾）此細事耳，亦用逆提之筆。（《補義》眉）十字爲一句，如聞太息之聲。

孟孝伯如晉，告將爲宋之盟故如楚也。（《左繡》眉）此篇本爲經"仲孫羯如晉"作傳，卻只一筆點過，下竟將游吉如楚往返詳敘一遍，又以神寵語作楚子將死之證，不辨其爲孝伯附太叔，爲太叔附孝伯。可謂借他人之酒杯，澆自己之壘塊者矣。

蔡侯之如晉也，鄭伯使游吉如楚。（《補義》眉）上言孝伯告如楚，下言游吉如楚，忽插蔡侯如晉一語，楚以陳、蔡餌晉顯然。此爲羯如晉傳，一筆已足，下面專寫鄭事，亦借賓形主之法。**及漢，楚人還之，曰："宋之盟，君實親辱。今吾子來，寡君謂吾子姑還，吾將使馹奔問諸晉而以告。"**（闈生夾）記弭兵後諸侯之不堪命，此下至篇末總是此意。**子大叔曰："宋之盟，君命將利小國，而亦使安定其社稷，鎮撫其民人，以禮承天之休，此君之憲令，而小國之望也。寡君是故使吉奉其皮幣，以歲之不易，聘于下執事。今執事有命曰：'女何與政令之有？必使而君棄而封守，跋涉山川，蒙犯霜露，以逞君心。'小國將君是望，敢不唯命是聽。無乃非盟載之言，以闕君德，而執事有不利焉，小國是懼。不然，其何勞之敢憚？"**（孫鑛眉）文勢太寬緩，語亦稍易稍冗。（《補義》眉）卻聘、征朝，儼然天子自居，太叔婉折中一段憤激之意，自露言表。（《評林》眉）孫執升："楚還鄭聘，大叔卜其凶終，蓋可恃者大國之威，而不可廢者恤小之禮也。戰國以後，此風蕩如，世道升降，能無江河日下之慨！"《匯參》："言汝小官，何關國之政令，林注：'小國大夫，何得與楚之政令。'非。"呂東萊："既舉晉之憲令，而又云非盟載之言，極有喚應，更覺理直而氣悤。"《經世鈔》："'何勞之敢憚'，若晉人則聽其辭而謝之。"（方宗誠眉）委婉之中自具剛直之氣。**子大叔歸，復命，告**

子展曰："楚子將死矣！不脩其政德，而貪昧於諸侯，以逞其願，欲久，得乎？（《補義》眉）徵諸人事。《周易》有之，在《復》之《頤》，曰：'迷復，凶。'其楚子之謂乎？欲復其願，而棄其本，復歸無所，是謂迷復。能無凶乎？君其往也！送葬而歸，以快楚心。楚不幾十年，未能恤諸侯也。吾乃休吾民矣。"（《補義》眉）語宕逸卻特嗚咽。徵諸天道，宋之盟，傳特惡之甚。子木將死、楚子將死、趙武又將死，各見於諸人議論中，豈惡之欲其死，亦同情乎！（《評林》眉）《評苑》："未能念及諸侯，而召之盟會，《復》卦上六有'十年不克征'之辭，故云如此。"裨竈曰："今茲周王及楚子皆將死。歲棄其次，而旅于明年之次，以害鳥帑。周、楚惡之。"（韓范夾）人事天道，長短錯敘，此蘭臺書之火燉墻也。（《左繡》眉）爲宋盟故如楚，是當日一件極沒奈何事，然卻據有成言，躲閃不得。詳敘太叔往返，以見辭令雖工，終究強他不過，不如老實告晉如楚之爲省氣也。開手直點"爲宋之盟"云云，意在斯乎！意在斯乎！看後特寫游吉如晉，告將朝于楚以從宋之盟，明明對孝伯落筆，則知前語之不謬矣。文有以多筆爲賓筆，少筆爲主筆者，此類是也。狄人歸季隗篇，作意正同。太叔答語，句句對針，委婉曲折，不亢不卑，極情文之致，自非死人，無不動聽者矣。末段亦頓宕有風調，雅與前稱，筆墨固以不雜爲工。附此爲楚子將死之證，亦所以勸成鄭伯之行也。（《左傳翼》尾）鄭反覆多變之國也，向服于楚，自三駕後，一心歸晉，楚不能與爭。十八年鄭（字疑有誤），鄭伯屢次朝晉，未嘗一至楚庭。宋盟後，請晉、楚之從交相見，猶不親往，而使游吉，則鄭之于楚可知矣。以逼近荊蠻之鄭，且不肯南面，何況其他？若非趙武之偷，楚何由而狎主齊盟？衣裳諸國又何至跋涉山林，駢肩累跡篳路藍縷之庭乎？太叔鼓舌力爭而不能得，而斷楚子將死，子產舍不爲壇，告子孫無昭禍，其痛心疾首何如也？讀書至此，爲之浩歎。敘孝伯如晉，只一筆揭過。詳載楚人與游吉往返之語，以見鄭人雖弱，猶自倔強，不似魯人一味軟弱也。宋盟後即載此篇，弭兵之害，諸侯苦之，歷歷可見。子木將死、楚子又將死、趙孟又將死，各見於諸人論中，毫不見爽，左氏屢書不一書，深有慨乎言之也。（《日知》尾）矯曲雄宕，而風味仍爾渾雅，襄公以後，此種屢見，當位置於《國語》《國策》之間。（《評林》眉）王荊石："子太叔知楚子之死以理，神竈知楚子之死以數。要之，有是理有是數，蓋天非人不因，人非天不成也。"《補注》："周，有天下之號也，豈可以星次概言周、楚？隱三年傳周、鄭並稱，蓋有自來矣。"

九月，鄭游吉如晉，告將朝于楚，以從宋之盟。子產相鄭伯以如楚，舍不爲壇。外僕言曰："昔先大夫相先君適四國，未嘗不爲壇。自是至今，亦皆循之。今子草舍，無乃不可乎？"子產曰："大適小，則爲壇。小適大，苟舍而已，焉用壇？僑聞之，大適小有五美：宥其罪戾，赦其過失，救其災患，賞其德刑，教其不及。小國不困，懷服如歸。是故作壇以昭其功，（《補義》眉）聘禮爲壇壇在未入竟時，以之習禮耳。此云昭功，亦非古制。宣告後人，無怠於德。小適大有五惡：說其罪戾，請其不足，行其政事，共其職貢，從其時命。不然，則重其幣帛，以賀其福而弔其凶，皆小國之禍也。焉用作壇以昭其禍？所以告子孫，無昭禍焉可也。"（文熙眉）穆文熙曰："大爲壇，小不爲壇，未有故事，特用權辭以安外僕之心，不欲以犯強楚耳。且既以卑弱事人，安用責以苛禮？子產其善相小國哉！"（魏禧尾）魏禧曰："世人盡有好大誇能，昭不美以示人者，如禮至銘鼎之類。子產不爲壇，便不甘役服大國，隱然有臥薪嚐膽之意。"（《分國》尾）宋戌弭兵，爲會于宋。楚人衷甲，當時楚氛正熾也。熾將滅，何待歲星棄次乎？子產於晉則亢，於楚則巽，所以能安鄭也。（《左繡》眉）一面告晉，一面如楚，兩句連讀，寫出子產一肚皮不合時宜，已爲"無昭禍"弔動全神，妙筆！總提分應，竟是八股濫觴，誰謂古今有二文法也。太叔既如楚，又如晉，百日之內，往返數四，子產方目擊心傷，尚肯除地爲壇耶？如此看古人文字，更覺洄伏有情。《咀華》合前篇爲一，故其評云爾，極能抉摘作者微意，但兩篇筆法散整不類，分讀可也。即以對句作掉尾之筆，不板爲佳。（美中尾）此蓋疾首痛心於弭兵之爲諸侯害，舉鄭以例其餘也。太叔力爭，子產草舍，隱有不甘役服大國多少崛強意思在。（《左傳翼》尾）鄭伯前嘗適楚矣，又嘗適晉矣，幾番作壇，未嘗云昭禍，獨此行說有五惡，蓋深不滿於弭兵也。（《補義》眉）兩起兩應，隨應隨收。（《評林》眉）王元美："'先大夫相先君未有草舍者'，而自子產始之，使非五美五惡灼有定見，當不免聞外僕言股栗而色戰矣。"《附見》："五'其'字皆指小國。"

《補注》："'無昭禍焉可也'，傳見諸侯朝楚非得已，故子產自損其禮，且以爲禍。"（方宗誠眉）申明上意，一賓一主。

齊慶封好田而耆酒，與慶舍政。（孫鑛眉）敘事入細，節節有情，最精而腴。（《左繡》眉）此傳慶封出奔事，以慶封爲主，舍乃虎而翼也。作兩半讀，在文子慎守截。前虎（此字有誤）敘慶封淫昏伏釁，後是敘癸、何乘釁討賊，末段正敘出奔事，以穆子語斷結。通篇步步寫，步步伏，步步卸，步步結，是一首極花草文字，又是一首極仔細文字。（《補義》眉）此節已伏結處淫富之根，爲衆怒所歸。插"與慶舍政"一語，便見逐封易、誅舍難，故下只詳慶舍。**則以其內實遷于盧蒲嫳氏，易內而飲酒。**（韓范夾）封、嫳所爲，固無人理，但不知兩內何以相從？**數日，國遷朝焉。使諸亡人得賊者，以告而反之，故反盧蒲癸。癸臣子之，有寵，妻之。慶舍之士謂盧蒲癸曰："男女辨姓。子不辟宗，何也？"曰："宗不余辟，余獨焉辟之？賦《詩》斷章，余取所求焉，惡識宗？"**（《彙鈔》眉）言己有求于慶氏，不能復顧禮，如賦《詩》者，取其一章而已。（《補義》眉）汪云："妄語亦解人頤。"又云："敘王何之嬖，執寢戈，欲自衛，適以自殺，伏下'戈擊'。"（《評林》眉）郭眉菴："內作色荒，外作禽荒，與甘酒嗜音，古亦有之，至易內飲，則異甚。"穆文熙："慶封有此禽獸之行，何得不亡？亡人，莊公黨，崔氏名之爲賊者也。"魏禧："'妻之'，語云：'不入虎穴，安得虎子。'此入虎穴最深處。"《經世鈔》："'易內而飲'，是大奇事。'宗不余辟'，是絶奇語，然癸猶可恕。'取所求'三字，模棱得妙，可作兩解。"（閩生夾）寫亂世凶人無微不至，禹鼎鑄奸之筆也。**癸言王何而反之，二人皆嬖，使執寢戈，而先後之。**（《評林》眉）王錫爵："嬰之智若此，所以終免於禍。"張半菴："二人執寢戈，即高漸離以擊筑近秦皇之意。"

公膳，日雙雞。（閩生夾）逆接。宗堯按："奇妙處，文與事相稱。"**饔人竊更之以鶩。御者知之，則去其肉而以其洎饋。子雅、子尾怒。**（《彙鈔》眉）癸、何皆莊公舊臣，欲爲報讎。故減諸大夫之膳，使怨慶氏。御者知二人之心，故又去肉饋汁。（《補義》眉）風波突起。敘雅、尾之怒，伏下擊扉。（閩生夾）此見二惠之雛慶，激于薄物細故，非真能謀國者。**慶封告盧蒲嫳。盧蒲嫳曰："譬之如禽**

獸，吾寢處之矣。"使析歸父告晏平仲。（闈生夾）自此以下敘子雅、子尾謀慶封也。平仲曰："嬰之衆不足用也，知無能謀也。言弗敢出，有盟可也。"子家曰："子之言云，又焉用盟？"告北郭子車。子車曰："人各有以事君，非佐之所能也。"陳文子謂桓子曰："禍將作矣！吾其何得？"對曰："得慶氏之木百車於莊。"文子曰："可愼守也已！"（《左繡》眉）上截又分四節，首節封、舍總提，後文作兩番了結。遷實、易內，直伏結"富"字、"淫"字之根。"國遷朝焉"，亦爲諸大夫不平伏脈，乃一篇之冒也。次節敘癸、何之孌，爲擊刺伏線。三節敘尾、雅之怒，爲抽桷伏線。四節敘慶氏欲先作難，而晏、郭詭詞不從，陳氏幸災樂禍。前半總爲後文起本，一一部署已定，後半便可隨意變動錯綜也。誅慶全虧癸、何，卻亦賴諸大夫協力。然陳、鮑、晏、郭中，卻以欒、高爲主。即癸、何二人，亦以癸爲主。看其敘法詳略，煞甚細心。析歸父一節，杜注屬慶封邊，《辨體》《咀華》皆作雅、尾謀攻慶氏。細玩平仲、子車語氣，自是不滿慶氏，而託辭遠害，與陳須無父子語爲一類，從杜爲長。前後情事攢簇此段，且將閒文作鬆，乃行文疏密相間法。（《補義》眉）見從慶氏者寡，且其謀已洩，故癸、何、雅、尾得以先發。汪云："前後情事攢簇此節，將閒文作鬆，乃疏密相間法。"（《評林》眉）彭士望："平仲必漏言。"《經世鈔》："人必誠信，然後可以服小人，處亂世。"《補注》："'焉用盟'，傳見諸侯失政，姦庸擅命，賢哲失所，如伯玉在衛、平仲在齊，臨事變而獲免，皆其德行素孚於人。"《經世鈔》："禍作而問何得，吾所不解。"（闈生夾）插入陳氏父子，尤票姚恣肆，已有代齊之氣矣。

盧蒲癸、王何卜攻慶氏，（《補義》眉）此特提癸、何。**示子之兆，曰："或卜攻讎，敢獻其兆。"子之曰："克，見血。"**（孫鑛眉）太切中則近諛。（《評林》眉）《經世鈔》："'示子之'，非徒示之也，蓋所以使其不疑。"（闈生夾）此等處奇絕險絕，想見左公胸中嫉奸特甚，非如此敘述不足快其誅伐也。宗堯按："奇妙。昔人云嬉笑甚於怒罵，此則以嬉笑爲誅伐也。"**冬十月，慶封田于萊，陳無宇從。丙辰，文子使召之。請曰："無宇之母疾病，請歸。"慶季卜之，示之兆，曰："死。"奉龜而泣。乃使歸。**（闈生夾）極寫慶封之愚及陳氏之詐。**慶嗣聞之，曰："禍將作矣！"謂子家："速歸！禍作必於**

嘗，歸猶可及也。"（闇生夾）宗堯按："逆攝奇縱。"子家弗聽，亦無悛志。子息曰："亡矣！幸而獲在吳、越。"（《測義》夾）陸粲氏曰："當是時，慶氏之惡已熟，無愚智能識其亡矣，若夫獲在吳、越，則子息者非瞽史，惡從知之？"〖編者按：奧田元繼作陳明卿語。〗陳無宇濟水，而戕舟發梁。盧蒲姜謂癸曰："有事而不告我，必不捷矣。"癸告之。姜曰："夫子愎，莫之止，將不出，我請止之。"（《補義》眉）史雪汀曰："姜云有事不告我，緊接獻兆來，蓋姜見其父斷兆而疑之也，自可直接。而必以田萊、請歸二事隔于中間者，封遠出乃可全力圖舍，無宇歸乃可合兵攻舍，故先敘此。而癸告、姜止亦以類敘去，此史家插敘之法，不然，更無處頓放矣，文亦曲折迷離。"（孫鑛眉）又有此奇助色。（韓范夾）以女而謀其父，是天生之以報惡人也。其女奇矣，是其計更奇。（《彙鈔》眉）盧蒲姜與祭仲女同以夫謀告父，而一則救父殺夫，一則助夫殺父，心事絕不相同。癸曰："諾。"（《測義》夾）愚按：盧蒲姜為其夫謀則善矣，而忘其父；雍姬為其父謀則善矣，而忘其夫。不若嬴氏之於晉懷，不敢言，亦不敢從，父道也，夫道也，庶幾其無愧矣！〖編者按：奧田元繼作李笠翁語。〗（闇生夾）宗堯云："崔子以家事托慶封，封之滅之也，奇險矣。慶氏之滅，其奇險又過崔氏，文勢亦出奇無窮。"十一月乙亥，嘗於大公之廟，慶舍涖事。盧蒲姜告之，且止之。弗聽，曰："誰敢者！"遂如公。（孫鑛眉）敘情狀曲盡，絕工妙。（《評林》眉）《名號歸一圖》："慶封字季，子家亦字也。"《經世鈔》："'子家弗聽'，所謂天奪其魄。"吳正名："癸之殺舍，姜本不與知，乃特身厠入，以與殺父之事，視其父若路人之有深怨積仇，惟恐人殺之不力，而操戈以助之者，何哉？吾故曰：'雍姬殺夫而不能死，棄疾之罪人也。盧蒲姜，雍姬之罪人也。夫無父子之恩者，安有夫婦之義？'"《經世鈔》："'盧蒲姜告之'，此告與示兆同。"麻嬰為尸，慶奊為上獻。盧蒲癸、王何執寢戈。（《補義》眉）再醒一語。慶氏以其甲環公宮。陳氏、鮑氏之圉人為優。慶氏之馬善驚，士皆釋甲束馬而飲酒，且觀優，至於魚里。（《補義》眉）史云："慶氏之馬，其猶趙襄子之馬耶！在廟止有慶氏耳，癸、何誅之，甚易為力。"欒、高、陳、鮑之徒介慶氏之甲。子尾抽桷擊扉三，（闇生夾）子尾等與癸、何合謀，前文不見，至此自明。盧蒲癸自後刺子之，王何以戈擊之，解其左肩。猶援廟桷，動於甍，以俎壺投，殺人而後死。（《補義》眉）寫得死時餘勇可賈，其桀驁自用，皆恃此也，二語全身皆震。**遂殺慶繩、麻嬰。**（《測義》夾）愚按：癸、何嬖人爾，區區懷其君煦育之恩，謀除慶氏，而其朝之賢卿大夫，顧不聞有剚手以衝亂臣之胸者。如申鮮虞所譏"君昏不能匡，危不能救，死不能死"，獨閭丘嬰乎哉？君子曰："千乘之齊，有二嬖人而已。"亦足悲夫！〖編者按：奧田元繼作王荊石語。〗**公懼，鮑國曰："群臣爲君故也。"陳須無以公歸，稅服而如内宫。**（《評林》眉）《經世鈔》："如此散蕩無備，吾不知慶氏以甲環公宮何爲？"

　　慶封歸，遇告亂者，丁亥，伐西門，弗克。還伐北門，克之。入，伐内宫，弗克。反，陳于嶽，請戰，弗許，遂來奔。獻車于季武子，美澤可以鑒。展莊叔見之，曰："車甚澤，人必瘁，宜其亡也。"（《補義》眉）此節寫慶封奔。唐云："精語可作箴讀。"（闓生夾）回映起處，補筆。**叔孫穆子食慶封，慶封氾祭。穆子不説，使工爲之誦《茅鴟》，亦不知。**（《測義》夾）愚按：襄二十七年傳載慶封車美一節，與此無異，左氏何以故重復言之？且二三大夫所譏笑，僅僅車服飲食之細，而於弑逆大故，曾不齒也？何其言之無當，一至於此？石祈子一言而猛獲醢，曰"天下之惡一也"，豈魯獨無石祈其人乎！〖編者按：奧田元繼作鍾伯敬語。〗（《補義》眉）與賦《詩》斷章相映。**既而齊人來讓，奔吳。吳句餘予之朱方，聚其族焉而居之，富於其舊。子服惠伯謂叔孫曰："天殆富淫人，慶封又富矣。"穆子曰："善人富謂之賞，淫人富謂之殃。天其殃之也，其將聚而殲旃？"**（文熙眉）慶封有此禽獸之行，可得不亡？穆文熙曰："雍糾之妻，爲父殺夫。盧蒲癸之妻，爲夫殺父。兩事不同，於理於情，均爲大乖。夫但可勿告，婦但可勿知而已。"叔孫謂善人、淫人數語，可謂至理，晏子辭邑，正有見此。（《分國》尾）莊公之弑，崔、慶同謀，故大官之盟，曰"所不與崔、慶者"，崔氏滅，慶安得獨留？當慶封之嬖盧蒲嫳也，自謂公黨亡，崔氏滅，此外無足爲吾難者。豈知莊公之黨一日尚在，慶封之家一日難保。天奪其魄，使亡人得賊以告，而反之。於是盧蒲癸反矣，王何因癸亦反矣。癸爲舍嬭，得慶氏之内情。何與癸密，得朝夕於慶氏卧榻之側，各執寢戈，肘腋之間，命懸其手。兩人皆莊公黨，兩人謀合而慶氏之滅在股掌矣。因而以減膳激欒、高之怒，因而以密謀通陳、鮑之情。魚里觀優，慶徒卸甲。嘗祭未徹，鼓噪而起。此時慶氏如在醉夢中，而刺者刺，擊者擊，殺者殺。嗟嗟癸、何，小人差強人意哉！雖朱方之殲，封誅少稽。天厚其毒，正使其無噍類云爾。若盧蒲姜者，不為雍糾之妻，反與癸共謀其父，豈非天討難逃，骨肉皆讎哉？(《左繡》眉）下截亦分四節，首節癸、何總提，與起手筆法相準而立。卜攻、獻兆，當面作弄。請歸、示兆，假意裝腔。而彼昏不知，為下半之冒。此節子息以禍作速其歸，盧蒲姜以止出成其愎。而兩皆弗聽，與上節相對。三節詳敘殺慶舍事，四節正敘慶封來奔事，而以穆子語斷之，首尾照應完密。段落雖如此界畫，然其用筆別有精妙處。看"示兆"本對上"獻兆"作類敘，而子息勸歸弗聽，又與下止出弗聽為對。"弗聽"雖對上，而"如公"又連下，此牽搭法也。慶封田萊，歸遇告亂，分作兩開，中段卻寫殺慶舍事。看似敘舍事詳，卻不知正以兩頭包中間，以主包賓，此串敘法也。先將"寢戈"一醒，以下且去寫"甲環公宮"，又寫"為優""馬驚"，束馬觀優，而一面釋甲，一面介甲，忽然突出擊扉裏應，然後緊接戈擊外合，此以錯綜為整齊法也。綺綰繡錯，耽玩無窮。唐錫周曰："二慶難敵，既顧封，又顧舍，未免手忙腳亂。作者先將慶封田萊安放一邊，卻用全力去寫慶舍，然後繳到慶封，心靈手敏，作史聖手。封以臣弒君，姜即以女算父，天道可畏。此癸之所以告姜，而姜以止之者出之也。不則姜為雍糾妻矣，將奈何？擊舍一段，寫得如火如錦，逐個逐節細細描寫，如觀傀儡登場，色色如活。"徐揚貢曰："崔亡于嫠，慶亡於癸，皆盧蒲氏也。奇甚！觀其機械日新，大約相踵。'恐害夫子'之醉飾，而'請止'之毒種矣。崔薄慶厚之計庸，而賦《詩》斷章，更鷔去肉之謀啓矣。'苟利夫子'之答詭，而寢處禽獸之詐伏矣。'復命于崔子'之紿奇，而獻兆捧龜之變幻精矣。雖然，慶封之強，數倍崔杼，慶舍之勇，億倍成、彊。欒、高、陳、鮑，一齊束手。賢如平仲不足用，自非天道，孰滅其醜？自盧蒲癸反于晉，而討亂始有其主。王何反於莒，而討亂始有其輔。深怒公族，而討亂始有其機。密結卿佐，而討亂始有其黨。慶封田，慶舍祭，慶氏之士釋甲束馬，而討亂始有其會。層層委曲，纖悉畢陳。字字有情，意態如見。精而且腴，史中之王。"評甚佳，但以嫠為助癸，晏、郭為尾，雅使告，於情事未合。應起作結，"淫"字應"內"字，"富"字應"實"字，封既奔吳矣，仍以魯語作結，所以結來奔本題也。（美中尾）姜白巖曰："慶之圖崔也，即以助崔者滅崔氏，而崔不悟也。今之滅慶也，即以慶女出慶氏，即以慶甲攻慶氏，即以慶戈刺慶氏，而慶亦不知也。提出群臣爲君故，凜然討賊之義。"家則堂曰："癸、何，倖臣耳，莊被弒，齊廷卿大夫無能爲君討賊復讎者，而二人乃能之，亦卿大夫之恥也。"（《左傳翼》尾）崔杼之惡，一慶封去之而有餘。欒、高、陳、鮑，可不動手。崔杼死，慶封之勢愈橫，不合諸家以攻之，勢不能敵。然無人以爲之間，則討亂無主，而事不得成。盧蒲癸反而提線有人矣，激烈公族，連接卿貳，解散兵甲，勾串骨肉，而元兇於是授首。癸真深心大力人也。篇中盧蒲癸時隱時見，而無處不有癸在內。獨憐慶舍於癸寵之妻之，信任已至，而癸必手刃以報莊公之仇，則莊公之於諸勇士，恩寵何如也？設移所以待癸者待賢人君子，其得國士之報當何若哉？慶封，虎也，田萊則虎失穴矣。既殺其子，則虎即易制，此蓋天奪之鑒也。設封不出，癸、何即欲傳刃慶舍，欒、高、陳、鮑之徒，其能介慶氏之甲乎？從來小人得志，未有不驕，驕則禍患因而中之。妻癸使執寢戈，是舍第一錯着。至攻讎示兆，並不防備，則兵在其頸而不知矣。嫠，慶氏謀主也。舍告以二惠之怒，未嘗不欲先發制人。而"寢處"之言一出，所以慶氏略不措意。舍曰"誰敢"，封則弗悛，總是妄自尊大，謂人無如我何，而不知恃有戈而即斃于戈，恃有甲而即死於甲。盧蒲癸兩番行險，直以嬰兒視之。終日淫昏，如癡如夢，豈不可哀也乎？欒、高、晏、郭，皆謀慶氏者也。獨陳氏父子思得慶氏之木百車于莊，便有代之執政意。崔、慶滅，陳氏興，皆無宇一人爲之。禍福倚伏，每出人意外。篇中特寫陳氏，全爲後文伏脈。人多議論晏子中立，觀析歸父之告，似乎晏子亦黨慶氏。不知晏子雖與慶氏善，而乃心仍在公室。猶之不逆陳氏，而日以陳氏厚施篡國爲憂也。言弗敢出，無非安慶氏而使之不忌，秘計密謀，以傾慶氏，固大有神力在。若果乘間討賊，而晏子不與謀，後何以與於邶殿之賞乎？（《日知》尾）謀慶者事事湊泊，慶氏又事事與謀者湊泊，結處"天"字乃點睛飛去。起敘父子據政，國朝遷於家，親信衛於側，卿佐可以寢處，諸臣皆爲斂跡，覺盤根錯節，已成不拔之勢，爲下文一誅一奔作重跌之勢。既而田者受愚於外，祭者撩禍於內，以至弗克弗許，無所逞其兇；魯譏齊讓，並無以棲其身。覺聲銷跡敗，頓成既燼之灰。與上文一起一落，作迴合之勢。乃朱方聚旅，富于其舊，陡然一折，幾令人不測。而淫富爲殃，將聚而殲，悠然不盡，可以令人達觀。合而讀之，如海水乘風，一湧一伏，兩者互爲起落，布勢最工。癸、何之成功，全賴大夫協謀。然諸大夫都用暗敘法，言中句外，皆有蛛絲馬蹄之跡。讀者或不得其義，遂謂齊廷之大，止二嬖人識討賊大義耳，恐非作者之旨。（高嵣尾）俞桐川曰："崔杼奸毒，慶封昏妄，二人情狀不同。杼之引封共政，取其易制，非取其多才也。封計既滅崔氏而專其國，志得意滿，舍田獵飲酒之外，更無他事。加以舍之驕愎，嫈之讒諂，終日如醉如癡。天奪其魄，引納癸、何二人，既激怒同朝，而封又屢泄其謀，禍作不容緩矣。最可笑者，卜攻而反獻其兆，求去而代爲之占。勸其歸而不從，止其出而不聽。乃父乃子，性情如一。至於入廟之時，甲即慶氏之甲，戈即慶氏之戈，不崇朝而群凶授首，何其易也？觀其奔魯之後，獻車而侈汰不改，誦《詩》而覺悟無聞，乃知封特無知無識之人，與豚豷不異，固不足以汙諸大夫之刀也。一篇文字，總極摹其昏處、妄處，而總斷以淫。惟淫則昏，惟昏則妄。理固宜然。獨姜氏爲人女子，忍于謀父，其情難解。曰：'舍既寵癸而酬以女，姜即愛癸而誅其父，淫心一熾，豈復有父子哉？'"（《評林》眉）《經世鈔》："'王何以戈擊之'，君死四年，而癸、何義不共戴天，崔氏已滅，猶委曲以殺其黨，可謂忠烈之士。惜乎！其出於莊公之嬖倖哉！"馬象乾："慶封弑君之賊，法所必討，因其來奔，執而誅之，夫誰曰不可？今不正其罪，而顧譏其車，何舛之甚乎！昔石祁子有曰：'天下之惡一也。'一言猛獲醢矣，惜乎魯臣之不能也。"陳傅良："'奔吳'，再奔，略不書。"《經世鈔》："淫人富謂之殃，至言。然人當富貴，只信天意私厚，決不想到此，將防患慮禍心腸一毫不打點，故其殃愈速而不可救。齊慶封來聘，其車美，孟孫謂叔孫曰：'慶季之車不亦美乎？'叔孫曰：'豹聞之，服美不稱，必以惡終，美車何爲？'叔孫與慶封食，不敬，爲賦《相鼠》，不知。"（《學餘》尾）可以爲戒矣！穆子之言，所謂有上下千古之識者。（《菁華》尾）易内之事，未敢信爲果然。或者人惡慶封之惡，故甚其辭，聖人下流之戒，正謂此也。養虎自衛，必死之道。"寢戈"一語，與下文相應。將欲攻人，而反以兆示之。蓋知其無能，而從而愚弄之也。然終非慎密之道。盧蒲姜之事，與鄭之雍姬相反，而實相同。然雍姬尚是庸材，盧蒲姜之智略有足多者焉。慶舍多力，盧蒲癸一人在力恐不能制，必得王何相助，乃克有濟。其言而反之，早已有見及此。陳無宇之黠甚矣，然不知何從有此一副急淚。如此蠢人，使工爲之誦《茅鴟》，亦屬多事。（闈生夾）直伏後文。宗堯按："寫凶人之結果，此左氏痛快淋漓處。"

癸巳，天王崩。未來赴，亦未書，禮也。（《評林》眉）《補注》："亦不書，禮也，傳記此類甚多，示策書外猶有所考。"按：周未赴喪，故魯亦未書，是得不告不書禮也，"亦未"二字重。

崔氏之亂，喪群公子。故鉏在魯，叔孫還在燕，賈在句瀆之丘。及慶氏亡，皆召之，具其器用而反其邑焉。與晏子邶殿其鄙六十，弗受。子尾曰："富，人之所欲也，何獨弗欲？"（闈生夾）先大夫評曰："此著欒、高攻慶，徒欲分其富耳，非能爲國。"對曰："慶氏之邑足欲，故亡。吾邑不足欲也，益之以邶殿，乃足欲。足欲，亡無日矣。在外，不得宰吾一邑。不受邶殿，非惡富也，恐失富也。且夫富，如布帛之有幅焉，爲之制度，使無遷也。夫民生厚而用利，於是乎正德以幅之，使無黜嫚，謂之幅利。利過則爲敗。吾不敢貪多，所謂幅也。"（《補義》眉）汪云："放開說道理，筆勢寬展。"誅慶，癸、何之力也，諸卿受賞，而二子無聞，見齊君臣無討賊之志。（《評林》眉）彭士望："無故有邶殿之賞，則晏子平日隱忍宣力可知，其立崔氏門外數語，不惟釋崔黨之疑，正自藏身，有無窮妙用在。"汪道昆："'足欲'二字甚可玩。"《經世鈔》："子文、晏子所見皆如此，一時賢人如伯張、免餘之徒盡然，蓋處亂世之至計。'恐失富也'，至理卻說得曲折而透暢，與楚子文逃死語各有曲直煩簡之妙。'非惡富'，妙解喚醒世人。"（《學餘》眉）直白如話，而典、墳、丘、索之精義，囊括其中，晏子其知道乎！（闈生夾）崔、慶之亡，於此論結穴。（文熙眉）汪道昆曰："議論妙品，章法句法。""足欲"字甚可玩。（高嵣尾）俞桐川曰："借'富'字、'欲'字逐層遞下，節節相生。意則半義半利，辭則半正半諧。善摹語氣，一望而知爲晏平仲也。"與北郭佐邑六十，受之。與子雅邑，辭多受少。與子尾邑，受而稍致之。公以爲忠，（闈生夾）"公"字當重，古書重文但作二畫，故易脫也。故有寵。

釋盧蒲嫳於北竟。（《評林》眉）穆文熙："慶封之惡皆盧蒲嫳助成之，慶逐而盧何以得放？齊爲無刑矣。"求崔杼之尸，將戮之，不得。叔孫穆子曰："必得之。武王有亂臣十人，崔杼其有乎？不十人，不足以葬。"既，崔氏之臣曰："與我其拱璧，吾獻其柩。"於是得之。十二月乙亥朔，齊人遷莊公，殯於大寢。以其棺尸崔杼於市，國人猶知之，（《補義》眉）言外見慶封猶漏網。皆曰："崔子也。"（《測義》夾）陸粲氏曰："儗人必於其倫，武王、崔杼若是班乎，其比而同之也？此非叔孫子所宜言，齊東野人之語爾。君子曰：'崔杼而有臣也，亦將輔之以誼，使生爲純臣，没得良死，若是一而足矣，奚待十人而後葬也！'"〖編者按：奥田元繼作陳廣野語。〗（韓范夾）"皆曰崔子"，不必言其惡，而快人心之狀已見。（魏禧尾）魏世儼曰："崔滅于慶，慶亡于盧蒲癸、王何，非莫逆之友，即寵倖之臣，然天道不慆，小人之性未有不反噬，亦未有不禍反其身者。吁！可鑒也。"（《分國》尾）晏子曰："慶氏之邑足欲，故亡。"是慶氏之欲，尚有足日。吾觀今日之欲，何日足哉？良由未知"幅利"二字耳。（《左繡》眉）此篇結慶氏，並結崔氏，蓋崔、慶同罪，慶既以國法見討，而崔僅以家禍見滅，猶爲漏網。故特敘尸棺一事，令讀者稱快也。兩事一結，亦合傳體之正宗。通篇以晏子語爲主，晏子本旨在幅利，卻以慶氏足欲爲前車之鑒，亦所以風動雅、尾輩也。然得毋以慶氏爲崔氏現前果報乎？故以崔氏亂起，仍以戮崔氏棺結，見崔、慶貪淫，一例結局，而晏子所云，真萬世之藥石也，作者之垂戒深矣。凡文皆先泛論而後切說，此則先切說而後泛論，全要看其起處接得緊，中間展得寬，結處收得宕，反復曲折，一轉一意。緊接"欲"字，凡四寫"足欲"，中以三"富"字作轉榫，又添出"幅"字，凡四寫"幅"字以配之，筆極曲而意極警也。泛說三層，切說亦三層，參差中有整齊，左氏一定之法。孫執升曰："欲明晏子知足，又復記子雅、子尾，人孰無欲？有晏子'足欲故亡'之言，而二子若聞風而起，此非寫二子，正是寫晏子，乃文家主客映帶之妙。五經中皆未始教人足欲，曰'恐失富也'，便是老氏學問。老子謂後其身而身存，正是此旨。"特詳與璧、獻柩，爲足欲之證，而崔、慶死亡同一病根，兩兩相映，使人凜然，絕非閒筆。（《左傳翼》尾）慶氏既滅，崔氏自應當討，結段全篇所重，而召群公子、賞諸大夫及放盧蒲嫳，皆次第當舉者，故一一列之於前，而歸結戮崔杼尸於後，以著國討而復君仇。特詳晏子醳邶殿一段議論，反似賞邑爲主。迷離恍惚，令人莫測。左氏敘次每于諸事中特詳一事，諸人中特詳一人，而又略主詳賓，此類是也。何以知此篇重討崔氏？蓋群公子皆避崔杼之難者，諸大夫殺慶封，盧蒲嬖媚慶封，而崔子避死於慶封之手，使不戮崔杼之尸，反似以崔杼而討慶封，爲之報讎。若論國賊，崔爲首而慶爲從，故篇中從崔氏之亂起，以戮崔氏之棺終，見報施不爽，遲速有日，天網恢恢，疏而不漏也。慶氏之邑足欲故亡，殷鑒不遠，惟晏子惕然知懼。其餘無不受者，辭多受少，與受而少致之，貪廉不同，要皆見利忘害，此欒、高之禍所以繼崔、慶而作，利慾薰心，覆轍相尋，迷而不悟者，抑何多耶！結崔、慶，起欒、高，極草蛇灰線之妙。（《評林》眉）《補注》："孔氏曰：'此璧兩手拱抱之，故爲大璧。''尸崔杼'，傳見莊公不書葬。"（武億尾）通篇以晏子語爲主，崔氏亂起，崔氏尸結，中路議論，逐層遞下，節節相生。意則半義半利，辭則半正半諧，處處與起結關照有情。此所謂常山之蛇，擊中而首尾俱應者也。（《學餘》尾）士大夫之愚也，以爲爲人謀或有不忠，其自爲謀則無不忠者，不知惟知者能爲人謀，亦惟知者能自爲謀也。晏子之自爲謀信善矣，不爲晏子，其將爲崔氏乎？（林紓尾）讀此篇，足悟實字虛用之法。富如布帛之有幅，"幅"字，制衣已成之謂。所以無遷，猶襟之不能遷而爲袖也，譬喻已奇。乃即用"幅"字爲活字，"正德以幅之"，"幅"字即爲保富之法。"謂之幅利"，"幅"字即定正德之名。"所謂幅也"，"幅"字即爲立言之證。把漢不相類之字，用得靈活而又自然，讀此足知用字之妙矣。至"亂臣十人"之語，較"幅"字乃尤奇。覓尸而戮之，兇穢事也，與亂臣十人何涉？然崔子絶無亂臣，以利動之，則必宣洩。用不十人，不足以葬，可見人多口衆，必不能閟。至奇離之喻，以一語醒之，使人恍然大悟。用意奇，用字省，而行文豁，漢唐文字所不能有也。此篇妙筆如環，美不勝言，但舉其可以爲法者點醒之。

爲宋之盟故，公及宋公、陳侯、鄭伯、許男如楚。（《測義》夾）趙鵬飛氏曰："率天下朝楚，明告于晉，晉不得而辭也，尚得以宋之盟爲晉、楚之功乎？"〔編者按：奧田元繼作吕東萊語。〕**公過鄭，鄭伯不在。伯有迓勞于黃崖，不敬。穆叔曰："伯有無戾于鄭，鄭必有大咎。敬，民之主也，而棄之，何以承守？鄭人不討，必受其辜，濟澤之阿，行潦之蘋、藻，寘諸宗室，季蘭尸之，敬也。敬可棄乎？"**（《評林》眉）孫鑛："'濟澤之阿'，是'信不由中'章縮法。"《補注》："叔孫穆子不書，例在成十三年。"

及漢，楚康王卒。公欲反，叔仲昭伯曰："我楚國之爲，豈

爲一人？行也！"（韓范夾）魯雖弱，距楚遠甚，且宗邦也，楚烏得而有之？楚得而有之，向戌之罪大矣。子服惠伯曰："君子有遠慮，小人從邇。饑寒之不恤，誰遑其後？不如姑歸也。"叔孫穆子曰："叔仲子專之矣，子服子始學者也。"榮成伯曰："遠圖者，忠也。"公遂行。宋向戌曰："我一人之爲，非爲楚也。饑寒之不恤，誰能恤楚？姑歸而息民，待其立君而爲之備。"宋公遂反。（《補義》眉）此傳深惡宋盟交相見之失策，其正意俱在言外，惠伯之言與向戌合，而魯偏從叔仲，傳不下斷語者，見五國交馳，議論紛起，去固受辱，歸亦懷憂，綿裏藏針，刺在趙武也。（韓范夾）向戌但爲一國之謀，非真爲天下也，觀此益見。奈何晉不之察，而自誤以誤列邦耶？（王源尾）"公欲反"三字起案，"公遂行"三字結案。中序四人之論，昭伯欲行者也，惠伯欲反者也，穆子是昭伯而非惠伯者也，榮成伯斷從昭伯而置惠伯於不論者也。四折，筆法如組如舞，已令觀者愛玩難舍。乃又拖宋一段作襯，以宋公之反襯公之行，以向戌之論襯四子之論。風致嫣然，波瀾萬狀。如鈷鉧、石鐘，雖小小景況，而奇妙自與丘岳齊觀，未可以優劣論也。（《左繡》眉）此篇以公如楚爲主，前論伯有，是旁筆。後敘宋公，是陪筆。妙在旁筆"敬"字暗暗藏在"我楚國之爲"及"遠圖者忠也"句內，而陪筆即將正筆翻轉說，兩兩相對，頗似一頭兩腳格。起手一行，凡有五侯，文於陳、許全略；於宋、鄭，則以"鄭伯不在"起，"宋公遂反"收，首尾相陪；於公，則"過鄭""及漢""欲返""遂行"，凡四作提掇，賓主詳略，安頓勻密，妙不可言。"我楚國之爲""我一人之爲"，凡四"爲"字，雙應起"爲宋之盟"句，妙甚！穆子語，雙承上文，一揚一抑，因去取未決，故又着成伯重贊昭伯作斷。然單揚昭伯，卻借惠伯語暗作抑筆，單承而用雙綰，用筆方無偏枯之病，最當法之。讀者不信，看向戌語，將叔仲、子服兩人相反之詞連成一片，不漏一字，何等勻密也！向戌首創此盟而首畔之，所謂名士如畫餅者耶！（美中尾）陳止齋曰："此魯如楚之始，亦諸侯旅見於楚之始。《春秋》書公朝於王所，見王之衰；書公如楚，見霸之衰。"（《左傳翼》尾）宋之盟，大非伯有意，享垂隴時，賦《鶉奔》以刺趙武，茲之不敬，蓋不滿公之如楚也。鄭伯不欲親往，故遣游吉，不得已而始朝。宋公中道而反，獨魯公徑行。左氏前以鄭作陪，今復以宋作襯，其微意亦可知矣。欲行欲反,紛紛不一,無非苦宋之盟。兩提"饑寒之不恤",最宜着眼。向戌首爲此盟者也,而苦之若此,何況其他?穆子前不肯視邾、滕,今公欲反,又不將順,違命之罪,豈能逭乎?弭兵以息民也,今乃欲歸而恤民耶?則其爲民病也可知。待其立君而爲之備,使楚加兵便思應答,不欲弭兵之意已露言下。向戌之議遠勝穆子,所以公在楚親襚送葬,不免勞辱,而宋公無之也。晉、楚之從交相見,朝晉者未聞嘖有煩言,獨於楚而怨嗟不已,人情可知。惠伯之論,與向戌一般,而彼反此行,全是穆子主張。榮成伯其亦不免阿比之失乎?(《評林》眉)王元美:"昭伯欲令公行,故以國大勸公,言大國可畏。向戌欲令公還,故以君身規公,言君死宜反,意異故言異耳。"〖編者按:凌稚隆作孔穎達語。〗陳傅良:"'宋公遂反',傳具載宋、鄭朝楚事,見宋盟非諸侯之志。"吕東萊:"昭伯以遠慮辱魯君,安得爲忠?趙孟以同盟厚楚臣,安得爲禮?"(方宗誠眉)調同而意換,極敏妙。(《菁華》尾)子服惠伯人才遠在叔仲昭伯之上,其所言亦甚有見。以叔孫穆子之賢,而毀譽之詞,顛倒如是,殊不可解。弭兵之謀,向戌專爲私利起見,於諸侯之大勢全不置懷。觀此數言,小人之肺肝如見。(闓生夾)宗堯按:"此寫弭兵後諸侯朝楚之困敝。"

　　楚屈建卒。趙文子喪之如同盟,禮也。(闓生夾)先大夫評曰:"大夫喪同盟,以諸侯自處也,左氏蓋深譏之。"

　　王人來告喪,問崩日,以甲寅告,故書之,以徵過也。

◇襄公二十九年

【經】二十有九年春王正月,公在楚。(《評林》眉)陳岳:"如晉而不朝正者,常也,故不書。如楚不朝正者,非常也,故書。"夏五月,公至自楚。庚午,衛侯衎卒。閽弑吳子餘祭。(《評林》眉)程迥:"謂之弑,蓋其君也。不曰其君,賤閽也。盜殺蔡侯申,書殺,何也?以閽食庶人在官之禄也。"按:士殺人則例稱盜,閽人下賤非士,而殺人,不可與士同稱盜,故直稱閽。仲孫羯會晉荀盈、齊高止、宋華定、衛世叔儀、鄭公孫段、曹人、莒人、滕人、薛人、小邾人城杞。(《測義》夾)汪克寬氏曰:"齊桓恤杞而城緣陵,事雖專而心則公,故《春秋》書曰'諸侯城緣陵',不曰城杞,而曰城緣陵,所以隱其專也。晉平治杞而城之以大夫，心既私而事亦悖，故《春秋》列序十有一國之大夫，而曰'城杞'，所以著其失也。"（《評林》眉）李廉："僖公爲成風伐邾，而《春秋》不予以救患之義；平公爲悼夫人城杞，而《春秋》不予以保小之仁，則於公私之際審矣。"**晉侯使士鞅來聘。杞子來盟。**（《評林》眉）高閌："晉使魯歸前所侵杞田，故書杞子來盟於士鞅來聘之下。"家鉉翁："杞入《春秋》，爵屢升降，姑闕疑。"李廉："此非前定之盟，亦非因朝而盟，蓋晉之治杞田，非出於公義，魯之歸杞田，未必出於誠心，故杞子親來以要結之耳。"**吳子使札來聘。**（《測義》夾）愚按：經書"吳子使札來聘"，《公羊》云："吳始有君有大夫，賢季子讓國也。"《穀梁》云："吳稱子，善使延陵季子，故進之也。"然書法無異于聞越椒、西乞術，則非賢之之辭。劉質夫云："札辭國而生亂，故去公子以示貶。"而胡康侯因之，謂仲尼於季子望之深，責之備也。噫！若札者，迹其潔身獨善，豈不爲清脩之士哉！特以貴戚舊臣，人望所歸，國亂而不能定，君弒而不能討，徒知守節，竟廢大倫，蓋所謂輕千乘之國，而蹈道則未者，此《春秋》所以不與也。若其不稱公子，以未爲卿故，而稱名則大夫恒辭爾。矧札之辭國在聘魯二十九年之後，仲尼安得預去公子而貶之？程端學氏云："《春秋》即此事而論此事之義，未嘗因此事而論他事之善惡。"斯言得之矣。（《評林》眉）《傳說彙纂》："吳能以禮來聘，《春秋》書'子'以進之。札以名書，當以杜注、孔疏爲正，非褒貶之所係也。《公羊》以札能讓國而賢之，《穀梁》以吳能使賢而善之，皆非經旨。胡《傳》謂札以讓國階禍，聖人書名以示貶，則鑿之甚矣。"**秋九月，葬衛獻公。齊高止出奔北燕。冬，仲孫羯如晉。**

【傳】二十九年春，王正月，公在楚，釋不朝正於廟也。（《測義》夾）愚按：前後正月，公不在，例不書，何獨於此釋不朝正乎？齊履謙氏謂："季氏無君，故正月必存君以示義。"是也。**楚人使公親襚，公患之。**（閻生夾）宗堯云："此寫弭兵後諸侯之不堪也。晉主夏盟，竟使一辱至此。"**穆叔曰："被殯而襚，則布幣也。"乃使巫以桃、茢先祓殯。楚人弗禁，既而悔之。**（《測義》夾）愚按：先是公行及漢，聞楚喪欲還，則康王卒在公未至前，公至當已殯矣。隧所以衣尸，既殯，豈容又使公親襚乎？要是止公送葬則有之。【編者按：奧田元繼作楊升菴語。』（《分國》尾）弭兵一盟，向戌所以毒諸侯也。牽率泗上列侯如楚，以魯人風馬牛而間關至此，向戌真千古罪人也。當時楚氛之惡，晉亦避之。讀傳至此，彌思晉悼公不已。祓殯一舉，具見夷昧于禮，魯爲秉禮之國也。（美中尾）齊次風曰：「事勢有漸，書襄公在楚，即昭公在乾侯之漸也。」（《左傳翼》尾）朝正，大禮也。爲在楚而不朝正于廟，何爲作此鹿鹿？使公親襚，待以臣禮。桃茢祓殯，乃以君禮臨之。侮人人侮，楚人有焉。然雖討便宜，不免親襚。楚悔之，魯未必不悔之矣。（《補義》眉）侮人自侮，可爲世鑒。（《評林》眉）按：每朔朝廟，但於歲首謂之朝正，說詳文公六年經「閏月不告月」孔疏。

二月癸卯，齊人葬莊公於北郭。

夏四月，葬楚康王。公及陳侯、鄭伯、許男送葬，至於西門之外。諸侯之大夫皆至於墓。楚郟敖即位。王子圍爲令尹。鄭行人子羽曰：「是謂不宜，必代之昌。松柏之下，其草不殖。」（《補義》眉）松柏從無如此用者，恐難爲松柏矣。

公還，及方城。（《左繡》眉）此爲公至自楚作傳，凡至皆危辭，今至自楚，不危於楚，而危於見疏之臣，自非動心於《式微》，襄且先昭而不入矣。文以中段爲主，前段從子羽之論令尹引入，而末以公冶之深疾季氏終之，蓋明以季氏爲魯之松柏，而公冶所以滿肚皮不合時宜也，此作者連敘之微旨。坊本或截其上，或截其下，胥失之矣。公送葬至墓，而季武安坐取卞，上蔑其君，下又欺其臣，分明作出松柏模樣。公冶生不入其家，死不受其葬，既不忍以草處公，亦不甘以草自處也。通篇以公冶爲線索亦得，但不如以傳合經之尤有主腦耳。**季武子取卞，使公冶問，璽書追而與之，**（鍾惺眉）大夫亦稱璽書。（《補義》眉）知其正直，故不使知。（《評林》眉）《附見》：「璽，《說文》從土，王者印也。籀文從王。」《經世鈔》：「『璽書』，謂書上加印。」王元美：「當使公冶時未與璽書，必待追而與之者，蓋知公冶之爲人不肯欺君，或既知取卞事，必不肯往故耳。」《補注》：「『取卞』，季孫權使公冶，恐其不受辭。」**曰：「聞守卞者將叛，臣帥徒以討之，既得之矣，敢告。」公冶致使而退，及舍而後聞取卞。公曰：「欲之而言叛，祇見疏也。」**（《補義》眉）不敢直斥其罪，故曰「疏」，然只一「疏」字，公已不敢入，季孫之氣餡如此。**公謂公冶曰：「吾可以入乎？」對曰：「君實**

有國，誰敢違君！"公與公冶冕服。固辭。強之而後受。公欲無入，榮成伯賦《式微》，乃歸。（韓范夾）此時即同昭公之難矣，而猶得入者，襄猶能聽言，而季氏之惡未甚故也。（《評林》眉）《補注》："'乃歸'，傳見襄公幾出，季氏無君，意如乃濟惡。"五月，公至自楚。公冶致其邑於季氏，而終不入焉。曰："欺其君，何必使余？"季孫見之，則言季氏如他日。不見，則終不言季氏。及疾，聚其臣，曰："我死，必無以冕服斂，非德賞也。且無使季氏葬我。"（魏禧尾）魏世儼曰："晉昭侯封桓叔，師服知其必替。康王立郟敖，而使圍爲令尹，子羽知其不昌。爲人君者，不可不審也。"伊侃曰："發其貪詐，而不能正其罪，傷國體矣。"（《分國》尾）黎侯失國，諸臣賦《式微》而勸歸。武子雖取卞，國勢尚無恙，而公欲無入，何也？榮伯賦此，一若禰父乾侯之形早見於此。公冶致邑後，生不入季氏家，死不受季氏葬，古之義士，何以加茲？（《左繡》眉）《式微》詩與松柏語意相映有情。罵殺松柏矣。敘得簡括，卻又寫得精神。直以草視之耳。（美中尾）邵二泉曰："季氏之勢甚矣，襄欲無入，畏武子也，況昭之於平子乎！"（《左傳翼》尾）魯之有季氏，猶楚之有子圍也。強臣悍卒，彼此一致，所云"松柏之下，其草不殖"者，有同慨矣。各各敘去，自有聯絡，不必以中段爲主，用令尹作季氏引子也。（《補義》眉）只寫公冶一面，而季之罪、公之懦皆見。（《評林》眉）穆文熙："公冶致邑於季氏，相見則言，不見則不言，待之可謂不惡而嚴。"魏禧："公冶守信，類衛子鮮。"李笠翁："公冶之不入邑、不言季氏、不以冕服斂、不受季氏葬，蓋悔恨受欺君之罪，而痛自貶責也。當茲跋扈風成之日而有若人，亦中流之砥柱哉！"（《菁華》尾）取卞之舉，季之跋扈已極，昭公之出亡，其機已伏於此。公冶雖仕私家，卻有心公室，亦是鐵中錚錚。（閩生夾）宗堯云："季孫之無君，開後世篡竊之端，爲之君者惟有唏噓悲咽耳。此等深惡痛絶之文，讀之令人髮指。"

葬靈王，鄭上卿有事，子展使印段往。伯有曰："弱，不可。"子展曰："與其莫往，弱不猶愈乎？《詩》云：'王事靡盬，不遑啓處。'東西南北，誰敢寧處？堅事晉、楚，以蕃王室也。王事無曠，何常之有？"遂使印段如周。（韓范夾）輕天子而重諸侯，一言已見，當時且然，威王所以見重也。（《左繡》眉）弱猶愈于莫往，明明視周不如楚，下引《詩》卻轉一語，云尊楚正所以衛周，詞令之妙，經左筆而其舌愈圓。(《左傳翼》尾) 以朝楚之故，致王事幾曠，視周不如楚，宋盟之害可知。然與其莫往，弱則猶愈。鄭猶知有王室，較之諸國不相聞問者何如？此太叔以周宗不恤爲晉人病也。(《評林》眉)《附見》："'鄭上卿有事'，鄭有子石二人：公孫段，即子豐之子子石也，亦曰伯石；印段，黑肱之子子石也。所謂二子石也。"陳傅良："'印段如周'，傳見魯不往會不書葬例。今案：此史法也。"(閻生夾) 忽於送葬之後，插入鄭之勤王，最有意味。宗堯云："諸侯爲楚送葬，而葬天子則僅聞印段如周，讀'東西南北，誰敢寧處'之言，不覺其音之淒慘也。"

吳人伐越，獲俘焉，以爲閽，使守舟。吳子餘祭觀舟，閽以刀弑之。(《測義》夾) 愚按：《曲禮》："刑人不在君側。"《祭統》："古者不使刑人守門。"矧獲越俘而令守舟乎？吳之諸君，如謁、如餘祭、如僚，往往輕以蹈禍，《春秋》所以書示戒也。〖編者按：奧田元繼作王元美語。〗(魏禧尾) 魏世儼曰："置戎首於臥榻之旁，未有不速禍者。推赤心以待人，如光武之按行銅馬營，郭子儀之單騎退虜，豈易易者？故來歙、費禕禍皆不旋踵也。則俘人以守舟，驕忽尤足戒。"(《分國》尾) 敵俘也，何可使爲閽、使守舟，況觀之乎？輕生如此者，諸樊與餘祭、夷昧欲致國於季子，故皆輕死爲勇，飲食必祝曰："天苟有吳國，尚速有悔于余身。"此諸樊、餘祭不惜巢隕閽戕也。豈料札終不立，適啓光祚，中間王僚又以行刺死哉？(《左繡》眉) 甚矣，越之爲吳世讎也。爲閽守舟，觀舟閽弑，語亦只以一順一倒爲法。(《評林》眉) 按：刀，短刀，非鎗戟之類，明近刑人。

鄭子展卒，子皮即位。(孫鑛眉) 錯而鍊。亦是完潔小文字。於是鄭饑而未及麥，民病。子皮以子展之命，餼國人粟，户一鍾，是以得鄭國之民。故罕氏常掌國政，以爲上卿。宋司城子罕聞之，曰："鄰於善，民之望也。"宋亦饑，請於平公，出公粟以貸。(《補義》眉) 本兩對格，用"宋亦饑"三字轉下，則子皮倡之，子罕效之，比子皮更可稱美，然總是一副救民之心，而不自有其名，與陳氏厚施，天地懸隔。使大夫皆貸。司城氏貸而不書，爲大夫之無者貸。宋無饑人。叔向聞之，曰："鄭之罕，宋之樂，其後亡者也！二者其皆得國乎！民之歸也。施而不德，樂氏加焉，其以宋升降乎！"（文熙眉）汪氏曰："議論能品，'樂氏加焉'句法。"（魏禧尾）魏禧曰："觀子皮、子罕之賑貸，家亦富矣，何以賢也？古者大夫有采邑之入，賜賚之渥，非後世宦資狼藉者所得口實。"世倣問曰："罕、樂貸粟，與陳氏厚施將無同乎？"曰："陳氏無故爲之，立意爲之，志在專國政也。罕、樂有故爲之，偶一爲之，志在體國恤民而已。此公私之異也。"（《分國》尾）子皮以子展之命，遵父命，不以爲己恩。子罕請於平公，奉君命，不以爲臣之德，與陳氏厚施異矣。施而不德，且黔敖嗟來而饑者寧死不食也。彼沾沾者胡爲？（《左繡》眉）子皮以父命，子罕請君命，一是歸美於親，一是歸美於君，前對寫，後雙收，自是常格。妙于對寫中用紐遞筆，雙承中用側重筆，便覺活變。文無定格，直以意造耳。"其皆得國乎""其以宋升降乎"，一雙結，又一單結，本作對仗。中以"民之歸也"作上下轉梭，與前以"子罕，民之望也"句束上轉下正同。連寫四"貸"字生色，前後三"貸"字都在句尾，中一"貸"字在句中，一變而三者皆活，此筆妙也。"得國""民歸"總斷兩人，"以宋升降"似偏重樂氏，卻不知與"常掌國政"正相配適均也。左文蓋無字不經稱等者。（美中尾）子皮饋粟命於父，讓善於親也。子罕貸粟請於公，歸美於君也。與陳氏厚施異矣。（《左傳翼》尾）張悔菴曰："梓慎占宋、鄭之饑，天道也。子罕、子皮貸粟出饋，而國不病，人事也。前此晉饑，魏絳亦請輸積，可見賑貸是救饑第一急着，不必秦輸晉粟、魯告齊糴。後世歲凶民病，豈非郡縣涖茲土者及桑梓士大夫之責歟？"又曰："鄭之罕後亡，凡三見：子展儉而壹，子罕在上不忘降，子皮以子展命饋國人粟，户一鍾。而決其後亡。"春秋時卿大夫降爲皂隸者多矣，於罕氏後亡，喋喋言之，難之也，亦勉之也。家施不及國，陳氏厚施，意在竊國，故晏子欲以禮已之。二子因民饑而貸粟，與陳氏意天懸地絕，而施而不德，樂氏舉動更覺光明正大，要亦子皮導其先路，作事難於創始，踵事增美，後人之功，皆前人之德也。叔向於並美中側重子罕，左氏先於"子皮老"下斷語，尤有卓見。子罕是善避嫌人，平公築臺，不肯以一詛一祝啓禍，此番貸粟，猶是志也。恩自己出，怨將誰歸？子皮善則歸親，子罕則更歸君與人，氣象更爲廣闊。施而不德，充之便是不以寵利居成功局度，當國者不可不知。（《日知》尾）"花花自相對，葉葉自相當；春風東北起，花葉自低昂。"妙語寫生，於此文之立格用筆且對且遞、若承若注處，益悟前語形容之工。（《學餘》尾）子皮可爲承先者法，子罕可爲見賢思齊者法，孰云救饑無良法耶？

　　晉平公，杞出也，故治杞。（《補義》眉）直起，簡峭。六月，知悼子合諸侯之大夫以城杞，孟孝伯會之。鄭子大叔與伯石往。子大叔見大叔文子，與之語。文子曰："甚乎！其城杞也。"子大叔曰："若之何哉？晉國不恤周宗之闕，而夏肄是屏。其棄諸姬，亦可知也已。（閻生夾）晉失諸侯，實以杞故，此文中眼目。諸姬是棄，其誰歸之？吉也聞之，棄同即異，是謂離德。《詩》曰：'協比其鄰，昏姻孔云。'晉不鄰矣，其誰云之？"（《分國》尾）平王戌申，僖公封須句，《春秋》病之，謂其但知有母也。晉棄諸姬，城所自出，悠悠天下，皆私其姻如此。嗚呼！周之宗盟，同姓爲重。親親之殺，先王所爲拳拳本支也。（《左繡》眉）兩人相語，只極歎城杞之非。開手直提出所以城杞之故，便説得極其無謂，將通篇神理一齊喝起，豈止以振筆突兀爲奇？此篇以子大叔爲主，故重提。太叔儀相語，故另敘。孝伯、伯石陪客，一點便足。只三四人，而賓主輕重分合，字字有意，妙甚！重在宗周諸姬，故起處只點魯、鄭、衛三國大夫，末引《詩》着一"鄰"字，又爲經齊、宋等暗作補筆也，圓甚細甚。"甚乎""若之何哉"，如聞太息之聲。就《詩》作掉，極有風致。又與上"諸姬是棄，其誰歸之"相應，作文如作畫，總以顧盼有情爲工。"晉不鄰矣，其誰云之"，説《詩》純用虛字，正與上"甚乎""若之何哉"虛調相配，初非苟焉而已。孫執升曰："晉平治杞，以杞出故，正庾亮所云'悠悠六合，皆私其姻者'也。然平公篤厚母族，似與婚媾之親有異，然已不免當時之議矣。人顧可以私訓哉？"（《左傳翼》尾）合諸侯之大夫，重役也。城杞，細事也。平王戌申，周人怨思，《王風》譏之。天子且然，而況諸侯乎？前杞孝公卒，違母而不撤懸。今又以母命重煩諸侯而城杞，或薄或厚，皆爲非禮，蓋兩失之云。"周宗"，天王也。周宗之闕，指王室衰微而言，即後所云"嫠婦不恤其緯，而憂宗周之隕爲將及"是也。天王且不之恤，則諸姬之棄可知。是時周靈王崩，惟鄭使印段往，他國無聞。晉曠王事，而亟亟城杞，故有此論。提出大頭腦，語有斤兩，舊注謂周宗指諸姬，上下重複，且於"亦可"語脈不洽。（《補義》眉）聲情嗟怨。"若之何哉"應"甚乎"一語，卻已喝起全神，以下反覆明周宗不可棄。"其誰歸之"泛言列國不附，"其誰云之"言並婚姻亦不附也。

痛言倒行逆施之害而嗟歎不盡，與起句一氣迴旋。凡子產之言，正而未嘗不婉。子太叔之言，婉而未嘗不正。（《日知》尾）純以虛字抑揚宛轉，寫盡言者神情，即寫盡晉霸局勢。（高塘尾）俞桐川曰："親同姓而疏異姓，理之常也。首兄弟而次甥舅，情之序也。晉反常而亂序，失諸侯之道也，故子大叔譏之。淡宕中却確極精實，後世薄宗室、厚外戚者，俱當以此爲鑒。"李氏廉曰："僖公爲成風伐邾，而《春秋》不予以救患之義；平公爲悼夫人城杞，而《春秋》不予以保小之仁，則於公私之際審矣。"（《評林》眉）《補注》："杞是夏後，滅而復存，猶木之枿生小栽也。"陳傅良："'其誰云之'，傳言城杞之役，晉以十國之衆經理母家，諸侯益貳。"

齊高子容與宋司徒見知伯，女齊相禮。賓出，司馬侯言於知伯曰："二子皆將不免。子容專，司徒侈，皆亡家之主也。"知伯曰："何如？"對曰："專則速及，侈將以其力斃，專則人實斃之，將及矣。"（文熙眉）穆文熙曰："專、侈皆足致禍，而專則其勢賊人，故人實斃之，茲其禍又甚於侈也，可不戒哉！"（《分國》尾）女齊語意，專尤甚於侈也。專則必侈，侈容有不專者。侈只自斃，專則妨人實多。故自斃必待力盡，若人斃之，不旋踵也。齊放高止在是年七月，華定出奔在昭公二十二年。（《左傳翼》尾）專、侈皆非保家之道，而專之爲禍尤速，鄭子孔、衛甯喜，其前鑒也。彼自多其智，自恃其才，而欲多上人者，其亦鑒於此而知所懲乎？（《評林》眉）汪道昆："司馬侯知子容、司徒之亡。"

范獻子來聘，拜城杞也。公享之，展莊叔執幣。射者三耦，公臣不足，取於家臣。家臣：展瑕、展玉（或作王）父爲一耦。公臣：公巫召伯、仲顏莊叔爲一耦，鄫鼓父、黨叔爲一耦。（韓範夾）此時魯侯猶周天子矣，但存空名，而其衆盡歸三氏，此時勢之愈變也。（《分國》尾）當時公室四分，魯君虛器，魯國空國，晨星落落，三耦不備。雖然，尚有二耦，至民食於他，尚可問乎？（《左傳翼》尾）射者三耦，僅六人耳，而公臣不足，則公室卑微，莫此爲甚，直書而義自見。（《補義》眉）此數語說盡衰颯氣象。（《日知》尾）杜注云："言公室卑微。"回思小大從公，令人有今昔之感。（《評林》眉）按：公臣不足，故取公之巫以充于耦也，"仲顏"間絕句爲長。（武億尾）一總一分，

襄公二十九年　1419

只一順提倒承法。（方宗誠眉）公臣不足，取於家臣，足見公室之弱，三家之強。

　　晉侯使司馬女叔侯來治杞田，弗盡歸也。（《評林》眉）《補注》："治杞田不書者，史無其本，不錄其末也。杞田蓋魯伐杞時所取略田，魯人墮舅甥之義，諱不登于策，故復歸于杞亦不書，事與汶陽田異，又見昭七年。"晉悼夫人慍曰："齊也取貨。先君若有知也，不尚取之！"（孫鑛眉）此"取之"似謂罪叔侯意。杜注云："不尚叔侯之取貨。"公告叔侯，叔侯曰："虞、虢、焦、滑、霍、楊、韓、魏，皆姬姓也，晉是以大。若非侵小，將何所取？武、獻以下，兼國多矣，誰得治之？（《補義》眉）首言魯併杞田不足爲魯罪。杞，夏餘也，而即東夷。魯，周公之後也，而睦於晉。以杞封魯猶可，而何有焉？（《補義》眉）中以魯、杞比較，"以杞封魯"是追進一層。魯之於晉也，職貢不乏，玩好時至，公卿大夫相繼於朝，史不絕書，府無虛月。如是可矣，何必瘠魯以肥杞？且先君而有知也，毋寧夫人，而焉用老臣？"（文熙眉）汪道昆曰："議論能品。"穆文熙曰："司馬侯論不歸杞田則是，至謂'先君有知，毋寧夫人'，恐非對母后之言。"（孫鑛眉）兩語顏延年《曲水序》用之，即分作對聯，不用怪責字，只以"毋寧""焉用"見意，最階有致。（《文歸》尾）"杞，夏餘也，而即東夷"一語，殊有本領，文亦嚴勁有鋒稜。仲光。（《左傳翼》尾）杞田原不當治，何問乎盡歸不盡歸？先從晉之侵小兼併說來，人不治我，我又何必治人？次將杞、魯比較，見疏戚不同，治得無謂。又將魯事晉盡禮，說得十分隆重，更不必治。一層披剝緊似一層，末將夫人搶白一番，夫人聞之，亦當語塞。（《補義》眉）言晉取貨于魯，不知凡幾，言外便見公不當從母命而違先君也。（《日知》尾）此開示晉，晉平非唐突，悼夫人子也。前城杞，今治田，皆係之晉侯，蓋迫於母命之不得已者。玩"先君"字，雖慍叔侯，實於晉平怒而外之矣。故"公告叔侯"一語，寫出晉平内外個張光景。叔侯恐因此又爲無已之加，故語語攔截，特借夫人語爲端耳。文亦遒而宕、腴而健。（《評林》眉）《經世鈔》："魯侵杞田，使盡歸之，亦不爲過，然平公特爲母故，非伯討也，故叔侯正言以折之。"《補注》："'焉用老臣'，傳見晉取於諸侯無節，故號令不行。"（武億尾）夫人三語，女齊逐層倒應。"將何所取",先破"不尚取之"。見晉取得,魯亦取得也。武、獻兼國,暗破他"先君有知"。結處回應,明駁夫人,卻暗帶取貨。見夫人本不當治杞,老臣之取貨與否,總不必問也。中間重發議論,臨了只用輕掉之筆,玉潤珠圓,虛實兼到。(閨生夾) 詞雖近理,而殊倨慢不遜,記晉政之不綱也。(魏禧尾) 魏世儼曰:"不治杞田,則無以洩悼夫人之忿。盡歸杞田,又恐失魯。失魯則恐諸侯解體,女叔齊所以爲得宜也。舉晉先君所滅國,而不及近事,不觸忌諱,足徵立言之妙。"(《分國》尾) 女叔嘵嘵,幾惹老婦唾面矣。而悼夫人竟息其慍,亦賢矣哉!(高塘尾) 俞桐川曰:"夫人私於外戚,所求無厭。叔侯之對,只就兩國情理上痛説。末三句説夫人外夫家,內父母家,先君必當罪之,卻着'無寧''焉用'四字,直而不激,最有韻致。"

杞文公來盟。書曰"子",賤之也。(《測義》夾) 季本氏曰:"是時晉平合諸侯城杞,而杞人因欲降從子爵,仍附魯貢,故來請盟,左氏以爲晉使司馬女叔侯來治杞田,非也。"〖編者按:奧田元繼作王陽明語。〗(魏禧尾)

吳公子札來聘,(《正論》眉) 季子歷觀齊、魯、衛、鄭,勸戒諸賢良,誠淵微矣。獨宗國之禍乃憒然未燭。豈處骨肉之間,固有所不忍料乎?誠以周公之過觀之,吾不能不爲季子三歎。(《彙鈔》眉) 通篇歷敘季札出聘諸國,如魯、齊、鄭、衛、晉,共五段文字,而長短不同。觀樂乃聘魯時一事,中間又分十八段文字,而亦長短不同。通篇又以觀樂、論人爲大眼目,鋪敘極零碎,復極渾全。章法之鍊,可爲盡善。(《淵鑒》眉) 季札以樂論列國之風,上及三代之盛,粲如指掌,即孟子所謂聞其樂而知其德也。"三百篇"即當時樂章,其審聽入微處,尤當與六義參看。水心葉適曰:"季子之觀樂,以音聲論義理。"臣叔元曰:"論《詩》至《頌》而曰'盛德之所同',論樂至《韶》而曰'德至矣哉',以德爲主,則其他貞淫得失,莫之能違矣。此季札之微旨也。"臣杜訥曰:"季子慧心卓識,自當獨絕千古。篇中逐句轉折,逐段變化,極其縱橫跌宕,尤是第一奇文。"臣岳頌曰:"吳季札僻處南方,未通中國,於觀樂之際,能知十五國盛衰與四代升降,司馬遷稱其閎覽博物君子,不虛也。"(《左繡》眉) 此篇與秦晉麻隧之戰,同一創格。彼於敘戰前先着絕秦一大篇文字,此於敘聘前亦先着觀樂一大篇文字。而兩文格調,又極相似。然彼處絕秦直起作一引,而後只單敘一戰便畢。此于觀樂前先作一引，而後歷敘諸聘，首尾包絡，章法尤完。觀樂、歷聘，蓋合絕秦、出亡兩文章法爲一，自然異樣雄奇。五國交遊，議論大抵相類，獨魯夾入一篇大文。蓋于經書"來聘"，以魯爲主也。然於章法得毋有頭重之患？文妙於歷聘處亦整整作提筆以配之，遂令敘文敘事裁作一色章法。此鍊石補天手段，於本傳猶爲僅見之作，況餘子焉能望其項背耶？觀樂、歷聘兩截，都用直收，不加結束，章法最奇。（《補義》眉）韓云："大臣以知人爲本，知君子而不知小人，必爲小人困。"（《便覽》眉）此一篇，提筆妙在捺起"通嗣君"句，早留下半地步。（高嵣尾）首段敘聘魯，先從論人説起，爲論樂前驅。説穆叔有贈言，與後齊、鄭、衛、晉作一例，前後遙相配映。（方宗誠眉）首句是總提通篇。**見叔孫穆子，説之。謂穆子曰："子其不得死乎？好善而不能擇人。**（韓范夾）張魏公作相，蘇雲卿曰："是人也，知君子而不知小人，恐其無成也。"故徒好善，猶無益也。大臣以知人爲本，此《擬對士策》所以作也。**吾聞君子務在擇人。吾子爲魯宗卿，而任其大政，不慎舉，何以堪之？禍必及子！"**（《補義》眉）苦于論樂太詳，故聘魯以"説穆子"引起，則首一段已爲歷聘諸國之冒，以下乃節節相因，融成一片矣。即以觀樂找足聘魯，更不必另起爐灶。（《評林》眉）彭士塱："'曰子其不得死乎'，初交便説不得死，古人略無忌諱如此。不能擇人如此，亦不得死，可懼。"《經世鈔》："爲魯宗卿，與士庶不同。"

請觀於周樂。（《正論》眉）季子觀《韶》，亦海之難爲水，聖門之難爲言也。且季也讓國不立，猶有虞庭揖讓風乎？而憂深思遠，謂爲陶唐氏之遺民，季之心有餘悲矣。（《左傳雋》眉）李九我曰："追論古昔，若身履其事而爲之者。"張侗初曰："一篇重重鋪敘，如貫珠連環，又如雲蒸霞蔚，只見炫心奪目，不見有些疊架之病。此左氏之最奇最巧處，今人學不得。"王荆石曰："局高調古，一唱三歎而有遺音。"（孫鑛眉）妙處只在文法變化，有音、有色、有味、有態。此文字在古今亦無有兩。（鍾惺眉）歌《周南》《召南》以下，字字皆反覆想像光景。舞《象箾》以下，語便着實，聞虛而見實也。（《文歸》眉）陳湁子曰："用虛字法，長短句法，變化不窮。"（《才子》夾）每一歌，公子皆出神細聽，故能深知其爲何國何風。今讀者於公子每一評論，亦當逐段逐字，出神細思，便亦能粗粗想見其爲是國是風也。不然，雜雜讀之，乃復何益？（《彙鈔》

眉）歌《詩》作十三段文字，八用"美哉"，而文法段段變，句句變。（《約編》眉）讀者當想公子默會聲容之表，別有領悟，不可將幾句詩章去解說。評諸樂章，有明有暗，可見當時工爲歌時，原未說明，皆是公子出神聽出。（《補義》眉）篇中一片游移宕往之神，已爲歷聘作引起之勢，而下面歷聘之國，先在評論中。（《便覽》眉）此一段提筆，下"爲之歌"，從樂工説來。"見舞者"，從季札看去。論歌、論樂，往復自成章法。已下逐節變換腔口，或一句一折，或放單句，或放對句，或正接，或反接，頓折指點，極得聞聲想像之神。（高嶹尾）二段論樂，因魯爲邦宗，得備六代官懸。公子於來聘時請觀，遂夾敘一段大文章，乃一篇精神結聚處。公子絕頂識見，絕高議論，而句調文法，逐段變換，奇文至文。先列詩章，首《國風》、次二《雅》、次三《頌》，統以"歌"字貫。後列樂舞，首《象箾》、次《大武》《韶濩》《大夏》，次《韶箾》，統以"見"字貫。歌有風、雅、頌之別，而審音則極意在頌。舞有四代之別，而觀象則傾心在《韶》。於頌則"至矣哉"起，"盛德所同"煞。於《韶》亦以"至矣哉"起，"盛德蔑加"煞，是何等見地！（方宗誠眉）"請觀周樂"一句，總提此下一段。使工爲之歌《周南》《召南》，曰："美哉！始基之矣，猶未也。然勤而不怨矣。"（閻生夾）此文聲調悠揚之美，令人諷之飄飄然有凌雲之意，文章之妙蓋與樂通矣。爲之歌《邶》《鄘》《衛》，曰："美哉，淵乎！憂而不困者也。吾聞衛康叔、武公之德如是，是其《衛風》乎？"（《測義》夾）朱申氏曰："三國之詩，皆衛詩也，而必別而三之者，豈非以疆土不同，故音調亦從而異歟？然不可考。"爲之歌《王》，曰："美哉！思而不懼，其周之東乎？"爲之歌《鄭》，曰："美哉！其細已甚，民弗堪也，是其先亡乎！"爲之歌《齊》，曰："美哉！泱泱乎！大風也哉！表東海者，其大公乎！國未可量也。"爲之歌《豳》，曰："美哉！蕩乎！樂而不淫，其周公之東乎？"爲之歌《秦》，曰："此之謂夏聲。夫能夏則大，大之至也，（孫鑛眉）"之至"字覺無來歷。其周之舊乎？"（韓范夾）夫子刪《書》，以《秦誓》終篇，秦之代周，聖賢皆知之矣。六國之君，自迷不悟耳。（《補義》眉）秦之繼周，在數百年後，季子豈非神識，故有謂前知爲左氏附會者，當以是折之。（《便覽》眉）此變調作界，言外已見秦能代周，千古隻耳。（方宗誠眉）一路順敘，至是忽以《豳》與《秦》二風插入《齊》《魏》之間，文法變化。爲之歌《魏》，曰："美哉！渢渢乎！大而婉，險而易行，以德輔此，則明主也。"（闇生夾）姬傳譏此文爲阿魏之辭，不知是時魏方屬晉，盟主謂晉，非謂三家之魏也。爲之歌《唐》，曰："思深哉！其有陶唐氏之遺民乎？不然，何（其）憂之遠也？非令德之後，誰能若是？"爲之歌《陳》，曰："國無主，其能久乎？"自《鄶》以下無譏焉。（孫鑛眉）全得插此句，中間乃圓，不然亦嫌太方。（《彙鈔》眉）插入"自《檜》以下"句，波瀾自老。（《約編》眉）極板文字，着此一句，通篇皆活。（《便覽》眉）又變調作界。蓋得此句一圓，文乃不太方，是謂不敘之敘。（《評林》眉）李九我："追論古昔，若身履其事而爲之者。"鍾伯敬："《風》十五國：二南、邶、鄘、衛、鄭、齊、豳、秦、魏、唐、陳、鄶，蓋周太師樂歌之序如此，與今《詩》小異焉。殿《豳》於《曹》，而退《秦》於《魏》，將無意乎？秦將大矣，秦西夷之國，猶未離其類焉，秦苟大，則中國之患也，聖人於是有憂焉，故退之。若夫《豳》之殿，則王通氏已論之矣。"〖編者按：凌稚隆作邵寶語。〗（《補義》眉）汪云："'自《鄶》'句極變，恰作界限。"（方宗誠眉）《檜》《曹》二風若仍如上文，則平順無奇，忽變一句調，則文筆活脫，且可以總束《國風》，作一小停頓。爲之歌《小雅》，曰："美哉！思而不貳，怨而不言，其周德之衰乎？猶有先王之遺民焉。"爲之歌《大雅》，曰："廣哉！熙熙乎！曲而有直體，其文王之德乎？"（《補義》眉）俞云："上言'周德之衰'，此云'文王之德'，引起'盛德'。"爲之歌《頌》，曰："至矣哉！直而不倨，曲而不屈，邇而不偪，遠而不攜，遷而不淫，復而不厭，哀而不愁，樂而不荒，用而不匱，廣而不宣，施而不費，取而不貪，處而不底，行而不流，五聲和，八風平，節有度，守有序，盛德之所同也。"（孫鑛眉）太排可厭。（《彙鈔》眉）一氣連用十四句，何等筆力！上俱以"爲之"二字引起，下俱以"見"字引起。上段皆反覆想像，此段語多着實，蓋聞虛而見實也。又三用"美哉"作讚歎，而文法尤警健。（《便覽》眉）又變調，直排十四句，又找四句，蓋借此以收上半之歌也。（《評林》眉）《天中記》："《爾雅》什樂，郭璞注：'五音別名，其義未詳。'"王元美："魯備六代之樂，而止用其四，故曰'有他樂'。"（《補義》眉）束一句，以上是歌，以下是舞。（方宗誠眉）此段雖贊《頌》，實是總束《風》《雅》《頌》，作一大停頓。觀樂分兩事，以上敘歌，以下敘舞。

見舞《象箾》《南籥》者，曰："美哉！猶有憾。"見舞《大武》者，曰："美哉！周之盛也，其若此乎！"見舞《韶濩》者，曰："聖人之弘也，而猶有慚德，聖人之難也。"見舞《大夏》者，曰："美哉！勤而不德，非禹其誰能修之？"（《便覽》眉）文、武用虛説，禹、湯用實説，此虛實相參也。見舞《韶箾》者，曰："德至矣哉！大矣！如天之無不幬也，如地之無不載也，雖甚盛德，其蔑以加於此矣。觀止矣！若有他樂，吾不敢請已！"（文熙眉）穆文熙曰："叔孫好善而不能擇人，所以豎牛得幸，竟致殺身。札言早能及之，可謂明知。冠此語於前者，見札不惟知人，且知樂，知樂故以知人也。"穆文熙曰："觀歷代之樂，入於耳，辨於心，興亡治亂，不爽毫末，可謂明智之甚，所以能脱屣千乘之吳，甘以延陵終身，足繼太伯之芳也已。"（《左傳雋》眉）孫應鰲曰："論《詩》歸重於《頌》，論樂歸重於《韶》，如百川爭流，總會溟渤。非季札固不能洞達古今，非左氏又豈能鋪敘至此？"〖編者按：程潤德作袁中郎語。〗（《左傳雋》尾）杜氏云："季子賢明才博，在吳雖已涉見此樂歌之文，然未聞中國雅聲，故請作周樂，欲聽其聲，然後依聲以參時政，知其興衰也。"聞《秦》詩謂之夏聲，聞《頌》曰"五聲和、八風平"，皆論聲以參政也。舞畢知其樂，終是素知其篇數者。唐順之曰："吳子使札來聘，《公》《穀》以爲賢，劉、胡、張三子則以爲貶。蓋謂書法無異於鬬越椒、西乞術，故深求其過耳。季札讓國之事誠未易論，但觀此論樂與諸國大夫，賢乎？不賢乎？豈其熟於考古、昧於從時，明於責人，暗於治己乎？昔人看《春秋》，有且將胡文定説爲正者，蘇子由教之唯讀《左傳》，亦未分曉，此之謂也。"（《文歸》眉）戴文光曰："真得贊不容言之狀。"（《文歸》尾）音聲在耳，如物色在目，摹讚語尤奇絕。仲衍。（《快筆》尾）人謂此篇乃周樂之定評，余謂此篇實葩經之定評也。看他一面審查歌聲，一面體貼詩意。不但善於知意，亦且善於知詩。非熟讀葩經，不見此文妙處。尤妙在論歌而歸重於《頌》，論舞而歸重於《韶》，如百川爭流，忽匯渤海。前半幅連用十三個"爲之"作起句，後半幅連用五個"見"字作起句，中間俱用"哉"字、"乎"字、"而"字、"也"字、"矣"字連鎖成文。而句法變化，韻調鏗鏘，令人讀之但驚其層見疊出之奇，絕不嫌其重複，真出神入化之筆也。"炤"字起，"止"字住，爲一篇之大局致。"請"字、"觀"字起，"觀"字、"請"字繳，爲一篇之大炤應。此又章法之最精者也。魯爲公子作樂，爲之歌聲曲耳，不告以所歌之樂名也。故公子每聞一歌，多用揣測摹擬之辭。此皆公子出神細聽，乃能知其爲何國何風。今日讀者於公子每一評論，亦當逐段逐字出神細思，便亦能粗粗想見其爲是國是風也。不然，雜雜讀之，乃復何益？（《古文斫》尾）聞樂知德，是通篇骨子。但歌時不言其風，故下多疑詞。舞時已見其象，故下多斷詞。歌從樂工一邊說來，故說"爲之歌"。舞從季札一邊說去，故說"見舞者"。總之，古人神會處，不可以兔園冊子語附會之。（《覺斯》尾）過商侯曰："季札觀樂，不是泛然觀樂也。入于耳，會於心，將歷代興亡治亂辨之，不爽毫末，可謂明智之甚。看其通篇，凡十七八變，重巒疊嶂，絕不嫌其重複，是一篇出神入化文字。學者毋徒信口讀過也。"（《析義》尾）按：孔氏謂札此時遍觀周樂，《詩》三百篇不可盡歌，或每詩只歌一二篇示意耳。又云樂人采詩辭爲樂章，述其詩之本旨，爲樂之定聲。其聲既定，其法可傳，雖多歷年世而其音不改。札所美者，皆其聲也。二說似不可易。但札觀樂在襄公二十九年，時夫子才九歲，則所歌之詩，未必皆在所刪三百篇之内。即工當歌時，亦未與札先言係何國之詩，故札讚語多用"乎"字，乃從聲中想像而得也。夫樂所以象德，不可以爲僞，神而明之，存乎其人。故鍾期知流水，蔡邕驚捕蟬，聞樂知德，理本如此。札爲賢公子，讚歎歌詩之語，當得諸章句之外，斷不是三家村中老學究，死死板板，取一部《詩經》，每篇粗記幾句注脚，向人前賣弄也。細玩贊三《頌》云"五聲和，八風平，節有度，守有序"四句，則知他歌中有不和、不平、無度、無序者。以《樂記》所云"宮亂君驕，商亂臣壞，角亂民怨，徵亂事勤，羽亂財匱"等語推之，無不可想像而得矣。若四代之舞，各從其德，即屈伸俯仰，綴兆舒疾，皆如天造地設，不可相假。故夫子在齊，見童子步履而知《韶樂》將作者，此也。札從器數中推出帝王心地，所以歸重於《韶》之德，此理未解，切勿浪讀是篇奇文。（《晨書》總評）徐袞侯曰："觀樂一篇，人但知歌屬聞，舞屬見，聞虛而見實，季札依聲想像而得，而不知當時止歌一二篇，即以數語拓盡原委，實見公子之賢明也。今得悉數之：二《南》

爲王化之基，無論矣。衛自康叔始封，七世至頃侯，始有詩。頃廢社稷，賂王請命，公子頑通君母，桑中、淇上，衛之宮室淫亂極矣。繼以宣姜鶉鵲之不若，床第之醜，尚忍言哉？鄭良霄賦此詩以享趙武，武告叔向曰：'伯有將爲戮矣。'後果爲公孫黑所殺。夫伯有但賦此詩，其禍猶如此之烈，況躬自蹈之，而能免於亡乎？所賴莊姜之賢，共姜之節，文公之中興，武公之德化，其民猶秉義不至於困。故曰：'憂而不困焉。'讀《詩》當識大意，季子之賢，當不如後人泥《楚宮》一篇，謂雖亡國而不窮困也。東遷之後，始降爲《風》，平王勞民遠戍，大夫行役，《揚水》《葛藟》所由賦也。桓王繻葛射肩，《兔爰》之什，心傷之矣。《君子陽陽》《黍離》《中谷》，皆閔周之什，豈獨致怨幽王哉？蓋先王之澤未泯，其臣民本於忠厚，思而不懼，猶有遺風焉。鄭自宣王封桓公爲子，歷幽、平，至武公，始有詩，《緇衣》是也。迨文公更歷四王，國人賦《清人》之什以刺之，而鄭亡詩矣。穆、靈、襄三公皆無詩，至於《有女同車》《山有扶蘇》《蘀兮》《狡童》四篇，皆以爲刺忽之詩。考公子忽之不昏于齊，曰'齊大非耦'，曰'是以師昏'，左氏取之。而《詩序》則以爲刺忽之不昏於齊，見逐於祭仲。惡其小信破義，曲廉害道，同於息侯之滅、宋襄之敗。豈以成敗論人者耶？厥後鄭施豐使子旗賦此詩，以餞韓宣子。宣子曰：'鄭其庶乎？'庶幾得之。雖然，《蘀兮》諸什，志君弱臣強，有倡而無和也。忽之被逐也，曾風蘀之不若，則《鄭風》不其細乎？以此推其大概，先亡之歎，非季子孰能知之？齊自哀公始有詩。《雞鳴》，思賢妃也。《還》，刺荒也。《著》，刺時也。《東方之日》，刺衰也。《東方未明》，刺無節也。歷胡、獻、武、厲、文、成、莊、僖，皆無詩，至襄公通魯文姜，《南山》《甫田》諸什刺焉。太公表東海之風泯矣。桓公稱伯，盛脩善政，國未可量，此季子聞聲而悟乎？若誤認爲孔子已刪定之《詩》，則《雞鳴》以下，無一篇關之者，泱泱大風，何自稱哉？《七月》之詩，周公遭讒遇變，故陳后稷先公風化之由，而念民事勤苦，不可信讒以壞之也。《鴟鴞》，周公捄亂也。《東山》，周公避居東都既歸所作。君子之於人，序其情而閔其勞者，惟《東山》乎？《破斧》《伐柯》《九罭》《狼跋》，皆美周公之什也。季子美其蕩蕩者，言周公雖遭流言，而居東以遜碩膚也。樂而不淫者，采荼、薪樗，終歲勤勞，不以爲怨而以爲樂，有衣衣公，有豜食公，有役以趣公，有朋酒羔羊以壽公，而志不淫也。秦自非子周孝王時初封，四世至秦仲，始有詩，《車鄰》是也。秦仲大有車馬，故國人美之，然已僭矣。《駟鐵》，美襄公也。幽王被害於犬戎，襄公以兵救周，又佐平王東遷，有功封侯，受岐豐之地，故云周舊。《小戎》美其備甲兵，以討西戎。襄公以父秦仲見殺於西戎，興師復讎，婦人亦知勇於赴敵，且懷良人之德音，故謂之夏聲，美其能大，如孔子刪《書》終《秦誓》之意也。魏至平、桓而有詩，《葛屨》《汾沮洳》《有桃》《陟岵》《十畝之間》為一君，《伐檀》《碩鼠》為一君。由其刺褊刺儉，刺貪刺重斂，則知其俗儉，民貧無明主矣。至孝子行役，思念父母，猶有聖賢之遺風，故美之曰'渢渢'也。晉本唐國，唐叔初封，至僖侯始有詩，《蟋蟀》是也。《山樞》《揚水》《椒聊》，刺晉昭也。《無衣》《杕杜》，一美一刺，皆晉武詩。《葛生》《采苓》，則刺晉獻之什。季子聽樂，不曰晉而曰'有陶唐氏之遺風'者，歸美令德也。憂深思遠，讀《蟋蟀》之什，可以想見之歟？陳自胡公初封，五世至幽公始有詩，《宛丘》《東門之枌》《東門之池》《東門之楊》，或刺時，或疾亂，皆為幽、僖作也。《墓門》，刺陳佗也。《防有鵲巢》《月出》之什，刺宣公也。《株林》《澤陂》，感時傷世者，謂陳靈君臣淫於其國，無所畏忌，不禁涕泗滂沱，故曰'國無主也'。檜，妘姓國，至夷、厲之世有詩，《羔裘》等篇是也。然檜無世家，《詩序》但記夷、厲之時，檜公國小而迫，不務政事，而好潔衣服，大夫去之，居於變風之始。至曹則尤居變風之末，季子觀樂，在周景王元年，魯襄公二十九年。按簡王以下無詩，《蜉蝣》之什，刺曹昭也。昭公在周惠王時，其詩亦在當歌之列，季子自《檜》以下無譏者，豈非傷《匪風》《下泉》，皆居變風之終乎？《小雅》文王九篇，武王四篇，成王九篇，康、昭、穆、共、懿、孝、夷皆無詩，宣王十四篇，幽王四十四篇。或謂《十月》《雨無正》《小旻》《小宛》四篇當屬厲王，則幽王止四十篇矣。考《鹿鳴》《魚麗》《南有嘉魚》等篇，旨趣思而不二者也。《十月之交》第三章曰：'凡百君子，各敬爾身。'可謂怨而不言矣。《節彼南山》以下，無一篇不刺幽王，非周德之衰乎？舊注竊疑非是。《大雅》八篇，皆詠文王，然諸篇稱謚稱王，絕非當時所作。武王二篇，成王八篇，康、昭、穆、共、懿、孝、夷，亦皆無詩。厲王五篇，宣王六篇，幽王二篇，詩旨不同，而季子獨歎文王之德者，當時未及盡歌也。'廣哉！熙熙乎'，讀《思齊》《靈臺》之什，可謂善於形容矣。《周頌》三十一篇，《清廟》《柴望》《祈穀》《薦魚》《獻鮪》《藉田》《類禡》，皆成王告廟之什。《魯頌》四篇，臣下頌僖公之什。《商頌》五篇，《那》，祀成湯也；《烈祖》，祀中宗也；《玄鳥》《殷武》，祀高宗也；《長發》，大禘也。舊説微子至戴公，其間禮樂廢壞，正考甫得《商頌》十二篇于周之太師，以《那》爲首，今《詩序》則删定之作也。《周頌》《商頌》，皆郊廟之歌，視魯僖之自頌其美則有間矣。故魯人之所頌，《春秋》之所貶也。'盛德所同'一語，恐當時季子未嘗聽歌《魯頌》，未可知耳，書此以備考古者之折衷云。"（《觀止》尾）季札賢公子，其神智器識乃是春秋第一流人物，故聞歌見舞便能盡察其所以然。讀之者細玩其逐層摹寫，逐節推敲，必有得于聲容之外者。如此奇文，非左氏其孰能傳之？（《集解》尾）審音而能辨列國之風，見舞而如睹聖人之德，非默與道契者，何克臻此？至於通篇文法逐段變換，絕無一筆重複，鋪序繁重題，亟當以此爲法。（《彙編》尾）聞樂知德，理固如此。但札觀樂在襄公九年（當爲二十九年），時夫子才九歲，則所歌之詩，未必皆在所删三百篇之内。即工當歌時，亦未與札先言係何國之詩，而能出神細聽，深知其爲何國何風，且能溯先王德教，辨列國興衰，若身親其事而爲之者，誠千古知音也。今讀者亦當逐段逐字出神細思，便亦能粗粗想見其爲是國是風也。不然，隨口讀去，乃復何益？前後呼應，中逐段寫之，此又《左傳》别體。然須看其一篇中，文法凡十七八變，絕不重疊，連用"哉"字、"也"字、"乎"字、"而"字，參差有法，所以爲奇。（《賞音》尾）端木子云："聞樂知德。"觀吳公子之論而益信。（《左繡》眉）觀樂篇自成一番結構，作兩半讀。上半論歌，下半論舞。歌有《風》《雅》《頌》之别，而歸重在《頌》。舞有四代之别，而歸重在《韶》。於《頌》以"至矣哉"起，"盛德所同"煞。於《韶》亦以"德至矣哉"起，"盛德蔑加"煞。兩兩相對，而長短整散，各各不同。謀篇至此，亦觀止矣。上半《風》與《雅》《頌》，又於中小小界畫，"自《鄶》無譏"與"盛德所同"相對，合下半截爲前偶後奇章法，亦無不可也。樂兼歌舞，前用十三個"歌"字，後用五個"舞"字，以少對多，一筆不换。他文以變見奇，此獨以整見妙。二十八宿羅心胸，唯左氏足以當之耳。"爲之歌"從樂工一邊説來，"見舞者"從季札一邊説去，凡對偶總以兩路往復爲工。評語段段變，敘語段段不變。變則索性變，不變則索性不變。以極變見錯綜之法，以極不變見片段之法。此有意創格，登峰造極，出神入化者。逐節變换腔口，一頓一折，詠歎低回，極得想像咀味之神。請觀周樂，看他處處點入"周"字處，可悟顧母之法。通篇以"德"字爲總案，尤立論大處。無此線索，則文意渙而不屬矣。其點"周"字，亦非信手亂下。首三節於《王風》點入，次三節於《豳風》點入，恰以"周之東乎""周公之東乎"相對。末五節於《秦風》點入，"其周之舊乎"點在起處，與上點在各段之末者又別。一是周之東，一是周之盛，一是周之繼，恰好前偶後奇，兩逆一順爲章法。後於《雅》《頌》節點一"周"字，於五舞節亦點一"周"字，點法極整極勻，細密之至也。其點"德"字，亦勻密有法。於《風》凡三點，前奇後偶。於《雅》《頌》亦三點，前偶後奇。於舞凡四點，前單後復，處處有意。此等皆當細尋，人且以爲瑣鑿而忽之矣。五舞十三歌，都節節有配搭，旁批詳之，總要初學細心，非敢以此束縛閎博之士。俞評："歌時不言其風，故下多疑詞。舞時已見其象，故下多斷詞。"甚佳。（《約編》尾）志和音雅，與之知樂，傳之推服季子者至矣。逐節敘去，自具結構，尤屬創調。（《啥鳳》尾）"審音而能辨列國之風，見舞而如睹聖人之德，非季子默與道契，何克臻此？至於通篇文法逐段變換，絕無一筆重複，鋪序繁重題，亟當以此爲式。"觀立雪軒評，可知先正作鄉黨全章文，皆從此脫胎得來。篇中頻點"德"字，端木氏謂聞樂知政，於此益信。（德宜尾）逐節變換腔口，一頓一折，詠歎低回，極得想像咀味之神。通篇以"德"字爲線索，尤立論大處。沈襄武。（《析觀》尾）章禹功曰："樂以象天地，靜觀大和之始，天地爲無聲之樂，樂爲有聲之天地。樂與天地，亦一氣之自渾耳。即其渾然者相洽流行摩蕩之際，萬物散殊合同而化見以爲樂。故《禮》云'德者，性之端也；樂者，德之華也。金石絲竹，樂之器也。詩言其志也，歌詠其聲也，舞動其容也。三者本於心，出乎性情之正，然後發之以聲音，而文之以琴瑟，動以干戚，飾以羽旄，從以簫管。奮至德之光，動四氣之和，以著萬物之理。是故清明象天，廣大象地，始終象四時，周還象風雨。五色成文而不亂，八風從而不奸，百度得數而有常。小大相成，始終相生，倡和清濁，迭相爲經。故樂行而倫清，耳目聰明，血氣和平，移風易俗而天下寧，皆聖人極至之德，而發于樂者也。'季札請觀周樂，審察歌聲，體味詩意，不但善於知音，亦且善於知《詩》。入耳辨心，不爽毫末。若非熟讀葩經，不能體貼音樂之妙處。尤妙在論歌而歸重於三《頌》，論舞而歸重于《韶樂》。非季札善音樂者，吾誰與歸？篇中論音樂十四節，論舞象五節，先以'請觀'二字起，後分激'觀'字、'請'字。以"始基之矣""始"字起，末以"止"字歇，又反結出一"請"字來，足見照應之妙。觀樂，'爲之歌'三字爲通篇過脈。舞象，以'見'字作起句，中間俱用'哉'字、'乎'字、'而'字、'矣'字，節節變句，段段換調。奇文創局，聲韻鏗鏘，連鎖成文。非季札揣測摹擬，出神細聽，何以知某國某風興衰存亡之理？非左氏，豈能鋪敘曲至，層見疊出？真出神入化之筆，古今無二者也。"（方宗誠眉）"雖甚盛德"二句，總束上文所舞諸樂。"觀止矣"二句，又總束觀樂一大段，文法周密齊整。聘魯觀樂之後，原可直接"聘于齊"，但嫌平順，增"其出聘也"二句，作遙接之筆，作串插之法，乃無平鋪直敘之弊。（閨生夾）宗堯云："樂舞不可見矣，今之三百篇猶在也，其神契古人處，足步孔子聞《韶》之武。惜乎！後世言《詩》不得其神悟者多也。"

其出聘也，通嗣君也。（鍾惺眉）吳季札是古今第一有交情人。季札歷聘所至，必識其賢者，無一處一時不留心人物，不肯草草，真天下有心人也。（《彙鈔》眉）吳子餘祭嗣立，故曰"通嗣君"。此句本應敘於起處，今卻插敘於此。且他人定將叔孫穆子一段敘于觀樂之後，與平仲諸人一例說。今偏用夾敘法，極其縱橫錯落。（《補義》眉）俞云："二句備三法，'其出聘也'離却'觀樂'，遙接'來聘'，是接法。'通嗣君'意上未說明，是補法。下適齊、鄭等俱從此生出，是提法。"（《便覽》眉）此句脫上"觀樂"，遙接"來聘"，是接法。下領適齊、適鄭等事，是提法。"通嗣君"意上既捺起，今方表明，是補法。（高崶眉）三段敘歷聘列國，仍以論人收局，爲論樂後殿。於齊說平仲，於鄭說子產，於衛說蘧、史諸人，於晉說趙、韓、叔向等，各有贈言，與首段一例，遙相配映。而節節變化，又與論樂一大段多寡詳略，參差錯綜，同一妙境。首尾論人，中夾論樂，相間相錯，而章法成焉，機軸一新。若將首一段敘在論樂之後，便是印板文字，平而且俗矣。**故遂聘於齊，說晏平仲，謂之曰："子速納邑與政！無邑無政，乃免於難。齊國之政，將有所歸，未獲所歸，難未歇也。"故晏子因陳桓子以納政與邑，是以免於欒、高之難。**（《評林》眉）彭士望："'納邑與政'，與人一面，輒效忠告，然非君子不可施也。"李笠翁："以嬰之智，必待季札而始免欒、高之難，札之爲人，豈易及哉！其讓國而不居，蓋亦逆睹有慶、光之難歟！"

聘於鄭，見子產，如舊相識，與之縞帶，子產獻紵衣焉。

謂子產曰："鄭之執政侈，難將至矣！政必及子。子爲政，慎之以禮。不然，鄭國將敗。"（文熙眉）子產爲政，裁抑公族，褚其衣冠，正其田疇，義乃本此。(《評林》眉)彭士望："爽氣素心，遂爲古今佳話。"《附見》："凡物貴以其少故也，吳地縞少，鄭地紵少，故貴之。然所受之國，其物多矣。故杜云：'損己身所貴，而不爲彼身貨利也。'"

適衛，說蘧瑗、史狗、史鰌，公子荊、公叔發、公子朝，曰："衛多君子，未有患也。"（闈生夾）公子朝乃通襄夫人而作亂者，何乃與諸人並稱？

自衛如晉，將宿於戚。聞鐘聲焉，曰："異哉！吾聞之也：'辯而不德，必加於戮。'夫子獲罪於君以在此，懼猶不足，而又何樂？夫子之在此也，猶燕之巢於幕上。君又在殯，而可以樂乎？"遂去之。文子聞之，終身不聽琴瑟。（文熙眉）文子聞季札之言，乃終身不聽琴瑟，得免於難，則人豈可不聞過哉？（《測義》夾）邵寶氏曰："季札當餘祭之喪，未踰年而請觀周樂，乃以在殯不樂責孫文子乎？札于是有考古之心焉，非以爲樂也。札不義其國，托使而亡，其于禮也變矣，是故《春秋》貴之。樂之觀無與責焉可也。"〖編者按：奧田元繼作沈雲將語。〗(《補義》眉)徐揚貢曰："'將宿於戚'一段，迴應聽樂，真有檻前空翠、水天一色之奇。"斥文子足使晉臣愧死，便是扶植綱常。(《便覽》眉)妙事真屬天生，妙文原由人造。(《評林》眉)彭士望："'可以樂乎'，不必謀面，竟以危辭規之，只是胸中欲與人爲善，眼中看不得非禮故耳。"孫鑛："獨晏嬰、孫文子有結。"

適晉，說趙文子、韓宣子、魏獻子，(《補義》眉)鍾云："季子是千古第一有交情人，歷聘所至，無一時一處不留心。"曰："晉國其萃於三族乎！"說叔向，將行，謂叔向曰："吾子勉之！君侈而多良，大夫皆富，政將在家。吾子好直，必思自免於難。"(《正集》尾)觀歷代之樂，入於耳，辨於心，興亡治亂，不爽毫髮。惟其明智，所以脫屣千乘之國，以延陵終，足繼太伯之後也。唐荊川。（韓范夾）吳處南方，其初不通中國，故盟會之事罕見，其國之賢人君子，亦未之聞也。然實周之嫡胤，聖人之後。其始封也，因太伯也。而其既也，天又生一季子，實以大開江南風氣之先，豈苟然而已乎？又曰："無不先識之豪傑，札固以識著，而風流文采，照耀古今，吾意中極愛此等人物。"（《快評》尾）吳公子季札，春秋時第一奇人。其胸襟眼界、人品行徑、學問識力，件件出常情之外。太史公贊其"仁心爲質、慕義無窮"，不知當日太史公如何下得此八字，反復公子之傳，只覺非此不足以贊公子，非公子不足以當此也。余每讀公子傳，便不禁淚下，詢之他人，皆殊不爾。求之傳中，又絕無可悲處，不知悲從何來，雖余自亦莫解其故。豈語言文字之外，更有所感耶？微妙通玄之士，必有知其故者也。公子觀樂一篇，讀者須知公子是吳人，從不曾見周之樂、周之禮。樂在魯，故公子至魯而請觀焉。公子一從耳中聽出、眼中看出，所謂見微而知清濁也。子貢曰："見其禮而知其政，聞其樂而知其德，由百世之後，等百世之王，莫之能違也。"斯季子之謂矣。三代而後，如樂之類，其中學問更無有人談及，即有起而講者，率不能好學深思，心知其事，亦糟粕焉耳。度數之末，尚多舛錯，何論妙悟神明之表？即如圍徑之旨，數千年來，尚無確見，其他可知矣。安得起公子於九京，而與之論樂哉？觀樂章，前半是聞樂，後半是見舞。聞樂以三《頌》作結，見舞以《韶箾》作結。結到《韶箾》，如眾星拱辰，百川歸海，神農虞夏，忽焉沒兮，我安適歸矣？三千年來，讀此文者，孰知季子之悲？前半幅觀樂，後半幅觀人。其觀樂也，有觀樂意思。其觀人也，別有觀人胸襟。惜乎其生少前，未得見吾孔子也。（王源尾）虞、夏、商、周之所以興，聖人之德之妙，列國之治亂，以聞音而辨之。當代卿大夫之賢才，及其終身得失，以一見而知之。心慧識高，學博辭敏，春秋有二人乎？左氏爲之傳，真曲揭其胸中，摹繪其神吻，使其人如在目，聲如盈耳。而文字首尾論人，直而婉，朴而文。中論樂，悠揚頓宕，希微杳渺，態如雲霞之恍惚無定，調如絲竹之皦繹成章。嗟乎！季子之賢尚矣！苟非妙手，誰與傳之？三家村中學究亦知讀季札論樂文字，但截其首尾，不知其以論人爲先驅，又爲後殿，遂使章法之妙不顯。蓋不知文者，不能純。知而不精者，不能雜。未有一色到底可以言章法者。噫！純易耳，雜難也。"物相雜故曰文"，聖人之言，非要而不繁者乎？論人中又有多少參差，又與論樂映帶。映帶者固映帶，參差者亦映帶也。此種情文，解人領會。然則截去首尾，單讀論樂一段者，蒙在不識字之下，而罪在不讀書之上矣。可勝道哉？（孫琮總評）徐揚貢曰："觀樂十九節，每節變調，鏗鏘鼓舞。尤奇者，第十一節，以不敘爲敘；第十九節，以不結爲結。蓋觀十九節本宜作結，今卻倒《韶箾》作最後節，即《韶箾》詠歎形容語結收，連上來十八節，皆杳然無盡。後六節，惟晏子一段獨豫作結，因其驗爲左氏所及見，特筆豫記。餘各段，若知其必驗而懸以待者然。'吾子好直'二句，截然竟止，不更作結，奇文創調，古今無兩。"出聘蓋奉命所有事也，故前後都敘出聘。觀樂則來聘所從事也，故中間特敘觀樂。聲音之道，深入微渺，季子於所聞，則就想像中仿佛其情事；於所見，則就目擊時實發其神理。舉凡治亂興亡，性及德功，無不於言下立辨，具此深心慧眼，其於當世人物，自不啻如燭照數計而一覽無餘矣。自首至末，筆筆靈動，筆筆秀異，固當獨絶今古。(《彙鈔》眉) 叔孫好善，叔向好直，首尾遙對作章法。(魏禧尾) 魏禧曰："季札所至，則必知其國之治亂，必交其國之君子，與人言必中其得失而慎其利害，豈徒以知樂爲賢哉？此千古遊客之師，漢郭有道其流亞與？" 彭士望曰："弔古評今，儼然月旦，爲物望所歸，是開三吳風流第一人。"(《分國》尾) 札於列國名卿，皆能知其難之將之而預戒之，何獨於吳亂置之也？豈料人智，料己昏？故越人之射，涕泣而道，其兄闗兄，付之談笑乎？【編者按：此數語當出《孟子·告子下》，但意思頗亂，疑刊刻有誤。】豈兄弟相傳，亂端已釀，光、僚爭立，勢所必然，札亦將如之何？(《左繡》眉) 起手"吳公子札來聘"一句提綱，本當將歷國接連敘去，卻因觀樂一篇橫空隔斷，故此處換頭，特起遙接，有間架也。出聘之故，不注於起處，而留於後半作另提之筆，絕妙剪裁。唐錫周曰："篇法與重耳歷諸國仿佛相似。添入觀樂一段，自覺加倍精彩。若出俗筆，必將'説叔孫穆子'一段敘在'觀周樂'後，便是印板文章矣。"聘齊、聘鄭相對，而一則納政，一則爲政，不同。一則先語而後事，一則先事而後語，又不同。適齊(當爲衛)、適晉相對，而一則多君子，一則萃三卒，恰好相準而立。而前附以"將宿"一番議論，後亦附以"將行"一番議論，遙遙映射，片段一毫不苟。總於錯綜中見整齊，自無信筆直書，一往不返之病矣。齊、鄭一對，衛、晉一對，中間忽插一段自衛如晉作變換，亦如前以"自《鄶》無譏"作變換也。章法奇絶人。前後凡五寫"説"字，於穆叔則倒點，於平仲則順點，於子產則暗點，於衛則六人總點，於晉則四人分點，各各不同，小小處都是法也。前後四段，都以"政"作線索，猶觀樂之以"德"作線索也。文未有無線索而成片段者，俞云："樂以觀德，故每以'德'字貫。聘以觀政，故每以'政'字貫。"甚明。(儲欣尾) 延陵季子，知音知人，於其所知之人，各有規切，而其人即終身守之。南紀所產,一人而已。(《左傳翼》尾)歷聘諸國,無非與諸名卿相酬答,中間忽然幻出觀樂一段奇文,遂有海市蜃樓氣象。而究之左氏他文前伏後應,每于章法見奇,此則直起直收,"爲之歌"平頭十三,"見舞者"平頭五,"說"諸國大夫平頭六,下文詳略雖有參差變換,而起筆一毫不變。越平越板,越見飛騰。用筆之妙,真有指與物化,不以心稽之樂。通嗣君是出聘緣由,開首提明,便無生趣,此偏用作過渡,如蜂之腰,如鶴之膝,赤岸水與銀河通,中有雲氣隨蛟龍。此等筆法,奇幻不可思議。吳通上國,雖已有年,而季子此來,實爲創始,周禮在魯,豈得漠然無心?而中國人才堪素心者,正不乏人。故觀樂論人,皆具特眼。不易知者,樂也。一見聞而能晰其優劣,並能道其源流。不易知者,人也。一接見而能辨其賢否,並能定其禍福。而世代之升降,國運之興替,皆若燭照數計,是何等心思,何等眼界!季札請觀者,周樂耳。而歌者並及列國之《風》,與商、魯之《頌》,舞者必兼《韶》《濩》《大夏》,蓋魯備六代之樂,其隸在太常者,皆周樂也。故歌舞必備,若但以點逗"周"字者爲周樂,豈不在周者皆肆業及之?季子何以一一皆置評論耶?經文原書"來聘",則說叔孫、觀周樂乃正傳也。後文乃連類及之,用作餘波可耳。然細玩全文,皆是與諸大夫應酬,又似觀樂一段平地特現奇峰。若以觀樂爲主人翁,又似首段爲先驅,後半爲後勁。橫看成嶺側成峰,隨人領取。主主賓賓,迷離變化,極八門五花之奇。論樂以德爲主,而兼及政。論人以政爲主,而兼及邑,議論周到。品題諸樂,似乍聞又似熟悉。酬酢諸人,見新識如見舊交。逐一描寫,添毫欲活。至歷聘諸國,豈少見聞?而略而不書,惟於在戚聞鐘略爲點綴,回應觀樂,如水涵月魄,有影無形。筆徑飄逸,亦如雲在絳霄,因風聚散也。(《便覽》尾)聲音之道,朋友之道,與性命通。故求真友者,每於山靜水流、琴飛鐘淡之際。此篇兩事同撰,而峰勢遙連,若斷若續。至宿于戚一段,抱轉聽樂,真若檻前空翠,一色水天,偶遇風來,觸着便成曲外仙音矣。芳輯評。〖編者按:高塘《左傳鈔》作徐揚貢語。〗(《日知》尾)前無冒,後無結,段段不變,卻段段變,立格已奇矣。而觀樂觀人,皆以約語洞徹深微,寫吳公子兩耳兩目,觸着磕着,無不靈通,真有上下千年、含茹百代之概,當是左氏極力描寫文字。止是敘吳子歷聘五國,隨所見聞,皆有議論,皆能精當耳。魯較他國特多論樂一事,非專傳其論樂也。然論樂是大節目,故詳敘也。見論樂自成一段名論,而以"其出聘也，通嗣君也"八字撥轉論樂，仍歸出聘，轉盤如弄彈丸矣。"宿戚"一段，於本段作參差，於上文作回盼，《易》奇而法，斯文亦有焉。章法誠如曩論云云，坊本撰立題目，乃云《季札觀周樂》，遂使此文頓如槁木死灰。（盛謨總評）怪岫奇峰，倏起倏止，忽斷忽續，若接若離，海内異觀。零零碎碎，讀者只見一篇星散文字不可收拾，卻不知左氏只在"其出聘也"三句，運動全身精神，前後骨節，都見靈通，若能從此領會便識。《史記》極力學《左傳》，正不在敘事處也。通篇只是論樂論人兩截，妙在先插穆子一段，忽接觀樂。到後面論人，又有鐘聲琴瑟回映之妙。左氏運筆神變，即此可悟。左氏爲公子札作傳，前面寫公子觀列國樂，後面寫公子觀列國人，都只爲通嗣君而出，到中間忽然露出"通嗣君也"四字，便令文字處處活動。經曰"來聘"者，聘於魯也。故傳於魯特詳，又有觀樂一大段，預藏列國，閑閑寫照，最見神妙。（高嶹尾）俞桐川曰："於十五國之風俗，六代之功德，列國之國勢與人才，無不表微知著，原始要終，《左傳》中第一篇大文字。於樂美《頌》曰'盛德'，美《韶》曰'盛德'。於人說叔孫穆子、說晏平仲、說子產、說蘧瑗、趙文子等，見得季札上下古今，獨具隻眼處。樂以觀德，故每以'德'字貫。聘以觀政，故每以'政'字貫。歌時不言其風，故下多疑詞。舞時已見其象，故下多斷詞。'其出聘也'，離卻'觀樂'，遙接'來聘'，是謂接法。'通嗣君'意，上未說明，是謂補法。下適齊、適鄭、適衛、適晉，俱從此生出，是謂提法。文章平平鋪敍，換法宜板。十三風後，插'自《檜》以下無譏焉'一句，聘鄭、適衛後，插'聞鐘聲'一段，忽然而減，忽然而增，便覺筆陣變化不測。至其逐段逐句，跌宕曲折，精潔巧妙，非讚歎所能盡也。篇內五寫'說'字，於穆叔倒點，於平仲順點，於子產暗點，於衛六人總點，於晉四人分點，極小處亦自變化。"（方宗誠眉）此篇以知人爲主，前後是知時人，中間是知古人，若以前後知人作一段，便平板。以觀樂事夾在中間，文境變化。此篇以前後出聘上國、能知人爲大章法，中間觀樂爲小章法，合之則如大營包小營，大山官小山。（《學餘》尾）知今而不知古，野也。知古而不知今，史也。季子可謂彬彬君子矣。其論古也，質而文。其贈人以言也，信而有徵。季子可謂彬彬君子矣。（《菁華》尾）初次相見，即能爲肺腑之言，此亦古道之不可及者。齊後易姓，而秦竟代周，季子之論，何以明於言秦，而暗於言齊也？"自鄶"一語，結上論《風》，以下再詳《雅》《頌》，此文章收束之密。以下歌舞之説，眉目亦極瞭然。邂逅之中，能一一識其賢者，其品量可以想見。彼以意氣相投，妄矜交遊之盛者，能無愧死？

秋九月，齊公孫蠆、公孫竈放其大夫高止於北燕。乙未，出。書曰：「出奔。」罪高止也。高止好以事自爲功，且專，故難及之。（《評林》眉）陳卧子：「'秋九月'，自高止奔燕，而燕以亂，燕伯奔齊，齊侯伐燕，皆基於高止。」〖編者按：凌稚隆作趙鵬飛語。〗《補注》：「高止實放，而以奔告，傳既妄釋，説者併疑其事。」《經世鈔》：「'自爲功'，病尤在此三字，有爲之人宜自知。」

冬，孟孝伯如晉，報范叔也。

爲高氏之難故，高豎以盧叛。十月庚寅，閭丘嬰帥師圍盧。高豎曰：「苟使高氏有後，請致邑。」齊人立敬仲之曾孫酀，良敬仲也。十一月乙卯，高豎致盧而出奔晉，晉人城綿而置旃。（《分國》尾）致盧於齊，得綿於晉，豎無愧爲高傒之後，賢於父矣。（《左繡》眉）高敬仲有後，而管敬仲無後，勳臣之不得爲世臣也。惜哉！（《左傳翼》尾）一專已足以速禍，而況加之以好事？然天下好以事自爲功者，未有不專，兩病只是一路上事，司馬侯所以單病其專也。高止不能庇其身與子，而高傒乃能蔭其裔孫。人之度量相越，豈不遠哉？前云"罪高止"，後云"良敬仲"，宛然雙峰插天。奔者若迫逃死，不必禮出。放者受罪黜免，宥之以遠。同一去國，而優劣不同。高止雖以專逮禍，實爲欒、高所放。經不書放，而以出奔爲文，不以放之權予欒、高也，此皆聖人筆削不苟處。

鄭伯有使公孫黑如楚，（《補義》眉）就事論，罪在公孫黑，誰歸獄伯有者，措置失宜以長亂也。三年後紓，已暗藏子産，下段乃明言之。〖編者按：鄒美中作毛寅谷語。〗董云：「裨諶謀野而獲，不但知人，亦且知天。」辭曰：「楚、鄭方惡，而使余往，是殺余也。」伯有曰：「世行也。」子晳曰：「可則往，難則已，何世之有？」伯有將強使之。子晳怒，將伐伯有氏，大夫和之。十二月己巳，鄭大夫盟於伯有氏。裨諶曰：「是盟也，其與幾何？《詩》曰：'君子屢盟，亂是用長。'今是長亂之道也。禍未歇也，必三年而後能紓。」然明曰：「政將焉往？」裨諶曰：「善之代不善，天命也，其焉辟子産？舉不踰等，則位班也。擇善而舉，則世隆也。天又除之，奪伯有魄，子西即世，將焉辟之？天禍鄭久矣，其必使子產息之，乃猶可以戾。不然，將亡矣。"（文熙眉）穆文熙曰："伯有、子晳之怨始此，然世爲行人而避難，咎在子晳。伯有之惡，別自有在，不必以此並論也。"孫應鰲曰："季札謂子產：'鄭之執政侈，難將至矣，政必及子。'至此果驗。"（《分國》尾）鄭公族有四凶，一子駟，一子孔，一伯有，一子晳。四人驕橫略相當，皆不得其死。七穆中凶人，駟氏居其兩。其善者，唯罕氏、國氏。乃罕氏後亡，國氏先亡，用猛之故耳。裨諶曰："必使子產息之。"誠非猛不濟也。（《左繡》眉）此篇以裨諶之言爲主，以兩"禍"字爲眼目，以兩"必"字爲關紐。前半論伯有長亂，三年而後能彌。後半論子產得政，息之而猶可戾。兩開對說，而下截即從上截說落。善代不善，先用暗轉。奪伯有魄，又用明抱。蓋相承遞說，爲後伯有死而子產庸張本。於合傳爲平敘側重格也。兩截中，間以然明"政將焉往"四字作轉棙，筆意輕活，無斧鑿痕。"三年而後能紓"，語意虛歇，已留下文地步。"猶可以戾"，正相呼應。末復以"不然將亡"反煞。蓋不但爲下截掉尾，並回顧"長亂"，傳太息之聲也。如此看，兩截神理一片矣。（《左傳翼》尾）因伯有長亂，而決子產得政，以善之代不善爲通篇主腦，前"三年而後能紓"，即含此意，特隱而未發耳。（《評林》眉）湯睡菴："裨諶以人事天意而知子產之將得政，其知識亦自俊偉超卓，子產遇事必載之適野而謀，有以也。"《補注》："'將亡矣'，傳爲駟、良之亂張本，且起子產爲政事。"

◇襄公三十年

【經】三十年春王正月，楚子使薳罷來聘。（《評林》眉）高閌："公踰年在楚，楚郟敖新即位，故使薳罷來聘以報之。自文公九年至此，歷七十餘年未嘗交聘，今薳罷之來，蓋爲恭也，自是吳、楚皆不復來聘矣。"夏四月，蔡世子般弒其君固。（《評林》眉）孫復："'蔡世子般'，稱世子以弒，甚般之惡也。不言其父而言其君者，君之於世子有君之尊也，有父之親也，以般之於尊、親盡矣。不日者，脫之。"五月甲午，宋災。宋伯姬卒。天王殺其弟佞夫。王子瑕奔晉。秋七月，叔弓如宋，葬宋共姬。（《評林》眉）陳宗之："'葬宋共姬'，薛氏曰：'古者夫人無諡，從夫之諡。東遷之後，其制墜矣。共姬執禮而死，宋人不敢加非禮之諡。'"鄭良霄出奔許，自許入于鄭，鄭人殺良霄。（《評林》眉）《傳說彙纂》："鄭良霄出奔，而君大夫國人共盟之，猶魯盟東門氏、叔孫氏、臧氏也，其位之絕可知矣。胡《傳》主劉敞說，以爲位未絕者，誤也。"冬十月，葬蔡景公。晉人、齊人、宋人、衛人、鄭人、曹人、莒人、邾人、滕子、薛人、杞人、小邾人會于澶淵，宋災故。（《評林》眉）朱熹："'宋災'，程子所謂《春秋》大義數十，如'成宋亂''宋災故'之類，乃是聖人直著之貶。"

【傳】三十年春，王正月，楚子使薳罷來聘，通嗣君也。穆叔問王子（圍）之爲政何如？對曰："吾儕小人，食而聽事，猶懼不給命而不免於戾，焉與知政？"（《補義》眉）即從"焉與"二字見其將與。固問焉，不告。穆叔告大夫曰："楚令尹將有大事，子蕩將與焉，助之匿其情矣。"（韓范夾）《揚水》之卒章，曰："我聞有命，不敢以告人。"事與此同。權臣之黨既成，可畏也已。（《分國》尾）設服離衛，令尹似君，路人皆知司馬心矣。子蕩爲之諱乎？臣之情在《揚水》之卒章矣，"吾聞有命，不敢以告人"也。（《左繡》眉）"焉與""將與"正相對，越推說不知情，越顯出知情弊病來。"助之匿其情矣"，只用一語道破，文亦字字傳肺肝如見之神。（《左傳翼》尾）圍將爲亂，如司馬昭之心，路人皆知，穆叔特以探薳罷耳。固問不答，黨惡之情早已和盤托出。寥寥數語，筆底已具一面照妖鏡。（《補義》眉）汪云："一語參透。"（《評林》眉）王元美："'春王正月'，是時諸侯必有知王子圍之志者，故穆叔問之，而因以窺薳罷之匿情。"按：杜注本"子蕩將與焉"下，有"子蕩薳罷"四字，坊本或訛脫。（閭生夾）楚靈爲春秋有數人物，故事前處處用倒攝逆提之筆以厚集其勢。宗堯按："此與子羽之言皆逆攝圍之將篡也。"

子產相鄭伯以如晉，叔向問鄭國之政焉。對曰："吾得見與否，在此歲也。駟、良方爭，未知所成。若有所成，吾得見，乃可知也。"叔向曰："不既和矣乎？"對曰："伯有侈而愎，子皙好在人上，莫能相下也。雖其和也，猶相積惡也，（《補義》眉）汪云："兩'也'字宕出末句。"惡至無日矣。"（《分國》尾）駟、良方爭，正裨諶所云"長亂之道，吾得見焉，三年而後弭"，裨諶之言可券也。(《左繡》眉)前半問政,平平説來,不過駟、良方爭,尚未可知而已。卻毫無指實,憑空説個"吾得見與否,在此歲也"八字,便將蒿目時艱,翹足可待神理,一筆勾出。後半問"和",亦不過莫能相下,雖和猶惡而已。卻將兩"也"字蕩漾出"惡至無日"光景,而一片搖頭咋舌,莫可名狀神理又一筆勾出,清新俊逸,歎左公著紙欲飛也。(《左傳翼》尾)起從"得見與否"説起,後以"惡至無日"作收,切身之痛,傷心慘目。紙上如聞歎息之聲。"駟、良方爭",虛説在前,實證在後。一意打作兩層説,古人章法,往往如是。(《評林》眉)《經世鈔》:"駟、良方爭,大臣不和,爲國之憂如此。'莫能相下',大臣之爭,只在上三句。"

　　三(或作二)月癸未,晉悼夫人食輿人之城杞者。(《補義》眉)"癸未"二字點睛。可知城杞全是夫人作主。絳縣人或年長矣,無子而往,與於食。有與疑年,使之年。曰:"臣小人也,不知紀年。臣生之歲,正月甲子朔,四百有四十五甲子矣,其季於今三之一也。"(孫鑛眉)此老想脩道家術,故謹於記甲子而疏於年。(《文歸》眉)陳淏子曰:"能紀甲子數,而不能年,拙甚,妙妙!"(《補義》眉)極隱躍,卻極分明。"三之一"者,言末甲子少四十日也。吏走問諸朝,師曠曰:"魯叔仲惠伯會郤成子于承匡之歲也。是歲也,狄伐魯。叔孫莊叔於是乎敗狄于鹹,獲長狄僑如及虺也、豹也,而皆以名其子。七十三年矣。"(《文歸》眉)陳淏子曰:"亦妙,不直説出某年,播出許多議論。"(《補義》眉)明白點出,得體。史趙曰:"亥有二首六身,下二如身,是其日數也。"(《補義》眉)師曠説年,史趙説日。士文伯曰:"然則二萬六千六百有六旬也。"(孫鑛眉)造語俱工,然亦覺無緊要。(鍾惺眉)暗中一部掌故,言之竦然。(《補義》眉)史趙借説,文伯明説,然于老人"三之一"俱未清晰,蓋師曠既云七十三,則但舉成數可矣。(《評林》眉)陳卧子:"唐詩'有年長每勞'推甲子蓋本此。"按毛晉鍾評本(寶曆間翻刻)"與於食"下有杜注十三字,曰:"以無子息故,自受役,亦自徃受享。""使之年"下有杜注十五字,曰:"將有所與,見其年老,疑其年,使言其年。"元繼較數本,他不經見有此注,宜除去,恐後人附説也。《經世鈔》:"'使之年',食必序齒爲坐次,有與其年老相似者,故使之自言其年，舊注未是。"《補注》："臣生之年，說見僖五年。"王元美："此等瑣屑本不足紀，特因有趙孟以絳人爲絳縣師之事，故詳其端於此。"按：據經數之，七十四年矣，然彼文公十一年三月，乃夏正正月，而此年二月，即夏正十二月，於夏正恰七十三年矣。歲全日三百六十五日四分日一，乘七十三年，得二萬六千六百六十三日四分日之二，此取整數，除去三日四分日之二。

趙孟問其縣大夫，則其屬也。召之，而謝過焉，曰："武不才，任君之大事，以晉國之多虞，不能由吾子，使吾子辱在泥塗久矣，武之罪也，敢謝不才。"遂仕之，使助爲政。辭以老。（《補義》眉）役及孤老，輿尉當罪，而朝廷失政，是誰之咎？辭以老者，不欲爲趙武用也。與之田，使爲君復陶，以爲絳縣師，而廢其輿尉。於是，魯使者在晉，歸以語諸大夫。季武子曰："晉未可婾也。（《文歸》眉）胡揆曰："本美武子，卻映帶出許多姓氏，固妙。"有趙孟以爲大夫，有伯瑕以爲佐，有史趙、師曠而咨度焉，有叔向、女齊以師保其君。其朝多君子，其庸可婾乎？勉事之而後可。"（《文歸》尾）辱一老人，驚動朝士。優一老人，感動鄰國。古人之在高位者，各有本領如是。仲光。（王源尾）不過七十三歲，幻出如此奇文。老人，奇也。師曠、史趙、士文伯皆奇也。然亦平耳。及序趙孟之用老人，季武子之論晉國，而此事雖小，可以見大矣。杜注云："《傳》言晉所以強，不失諸侯，且以明曆。"明曆尚屬餘義，所關豈小哉？龍之潛也，尺寸間耳。及呼吸風雨，騰踔山谷，天地爲之簸蕩，日月爲之晦冥，仍不過此尺寸之物之所爲也。嗟乎！變化之神如是矣哉！苟非神物，變化何從焉？（魏禧尾）魏禧曰："古之士大夫未有不博學通古今者，金哀宗曰：'今之進士，問以《唐書》，尚不能對。'噫！近世士大夫豈獨不知《唐書》哉？嘗有貴等三事，而歷代國號世次不能舉似者，吾以爲其害皆自八股而益甚也。"魏世儼曰："趙孟謝過，且使鄰國加敬，文過者自以爲智，真大愚大惑之人矣。"（《分國》尾）泥塗之中，老者多矣，大都皆受輿尉屈辱耳。悠悠舉世皆輿尉也，安得有趙孟者拔之泥塗乎？（《左繡》眉）此是左氏故意弄巧文字，於諸傳又別出一奇，若老實說個七十三歲，有何光景？且只四個字便了，有何希罕生發？妙將年月日、整數零頭，拆得粉碎，便說上許多數目，竟不知有多大年紀在裏許。是

襄公三十年　1441

於極平淡題目,做極新變絢爛文字。會得此法,賦海直得萬言矣。因此人說隱語,便大家各說啞謎。師曠算歲數,史趙算日數。師曠先暗說而後明點七十三年。史趙亦只暗說,而士文伯明點二萬六千六百六旬,分明以下二段對上一段,以與上老人"四百四十五甲子三之一"語相配成趣。奇奇妙妙,算博士何足算也！末段敘魯使歸語季武一番評讚,令前文加倍十分絢爛,與前吏走問諸朝,寫出一時鬨動,多人吃驚打怪神理,同一筆意,此最是出色烘染妙法。無前面一蹴,須起不得後一篇生情作態文字。無後面一掉,亦結不住前一篇生情作態文字。文家貴以旁筆襯托,正令通身神氣一片融洽,於此益信。"或年長矣",提筆便生情作態,一篇波致已伏於此。左氏最是提筆便與通篇神氣相肖,其筆法乃在無字句處,尤不易學也。"或"字,並不知名,自是一隱者。師曠兩"歲"字,一倒一順,有筆有法,若兩事並作一塊說,了無生趣矣。寫趙武極口謝過,都是出色寫老人,蓋亦傾倒此君矣。後半句句收應前文,又一絕妙章法。唯晉悼夫人,後無應筆,乃亦添叔向、女齊兩人以配之,左氏總無一字落空也。唐錫周曰:"如無起處'癸未'兩字,老人所云'其季於今,三之一也'二句,即杜元凱亦應闕疑。後人如何注解得出？外間讀左,但曉濃圈密贊,而要緊處少所發明,令我憶'當從中央周四角'之句也。"此評實獲我心,但當連二月說,見一明眼人,亦刪去四字,殊可怪耳。又曰:"合之為七十三年,分之為二萬六千六百六十日,偏幻出四百四十五甲子,偏幻出魯文公十一年,偏幻出一個'亥'字,奇奇怪怪,令人如觀蝌蚪文字,瞠目吐舌,不能措一辭也。此種妙文,不可無一,不容有二。"妙批。(《左傳翼》尾)役及老孤,輿尉罪也。老人年高有德,辱在泥塗,致令受役,罪在執政,不在輿尉矣。有與疑年,必其丰采有呈露處。不知紀年,偏記甲子,老人胸中奇奇怪怪,當與師曠、史趙不相上下。奇語驚人,令滿朝博學多聞人一齊哄動,無怪趙孟引而自咎也。朱師晦以怪誕斥之,竊所未喻。單說七十三歲,有何意味？卻拉拉雜雜徵引出許多典故來,可見師曠一肚皮內不知藏貯幾許舊事,偶一觸着,便倒囷傾廩而出。一人算年,兩人算日。算年者開口揭出,算日者偏說隱語。自己不言,令人會之意言之外,變化夭矯,直如龍卷天際,不可捉摸。一篇奇怪文字,要緊卻在趙孟謝過。薦賢,執政之責,任大事而不能用賢,已負竊位之罪,況值國家多虞時乎？老人晉之賢者,君相不知,而辱在泥塗,故因問年小小發洩,以見其奇。趙孟極口謝過,使助爲政而不就，更有一番處置，此眞善補過者也。晉未可媮，此是大頭腦。將此段忽看過去，徒于師曠、史趙諸論着眼，便是取尖新小致，此文亦不甚擔勘兩矣。國有人焉，未可與爭，猛虎在深山，樵採者所以不入也。合觀重人與老人，則晉之簡賢棄能可知，總由世卿專權，故遺賢多也。魯使歸語，分明見晉之可媮。但晉野雖有遺賢，而在朝諸君子尚爾羅列，猶不至於舉國無人，所以尚當勉事。武子此語，亦知人才爲重，但只作一場新聞説過，而不知因此以蒐羅賢才，言内亦有自護其失意，細體自見。(《補義》眉) 結得絢爛，方與全篇相稱。(《日知》尾) 澹中設色，閒處寫神。(高嶠尾) 俞桐川曰："如此小事，見執政之虛懷，諸大夫之淵博詳核，鄰國覦之，能不咋舌！於是'魯使者在晉'句，極接得有力，文章前奇古，後謹嚴，更不必言。"左氏最精字義，如"反正爲乏""止戈爲武""皿蟲爲蠱""二首六身爲亥"，淵博詳核，眞無所不有也。(《評林》眉)《附見》："'謝過'，趙孟自謝己屬大夫有此賢老未能用。"彭士望："'七十三年'，於世事其與有幾？世俗較量，鮮不心慢，而文子謝過殷勤，淋漓愛重，一片虛心至誠，使千載抱負人讀之，心死涕出。按：《潛確類書》云："復陶，裘也。"《評苑》："以爲絳之縣師也，《周禮》：'縣師，上士二人。'"《經世鈔》："晉不可媮也，善於覷國。"李于鱗："此因趙孟而及伯瑕、史趙、師曠、叔向、女齊諸人，見晉之多君子。"(方宗誠眉) 絳縣老人不言年而言甲子日，奇博之士也。故師曠、史趙亦以奇博應之，趙孟亦知其爲有學而厚待之也。(《學餘》尾) 此算學之始也，然古人之恤民、養老、敬賢、謝過有如此，則一數也。亦可謂原原本本，殫見洽聞，大雅宏達，於茲爲群矣。(《菁華》尾) 師曠既言其年，史趙復言其日，俱屬一時通品。三代盛時，於敬老一事，最爲留意。晉國雖衰，其風猶在。所云晉未可媮，宜在於此。季武子之言，猶淺之乎論晉也。(闇生夾) 左氏書中，凡此等頌美當時之文，或采摭他書而未及刪者，或後人取他書之文而附益之，非作者意旨之所在也。

夏四月己亥，鄭伯及其大夫盟。君子是以知鄭難之不已也。 (韓范夾) 鄭莊之時，盟其天子，是上陵也。今與大夫盟，是下替也。國之強，諸侯敢於挾天子而不忌，而厥後子若孫，受制於臣下而莫之恤，天之報施也，不已極乎？所謂人不能討而天自討之，吾於此益信。

蔡景侯爲大子般娶於楚，通焉。太子弑景侯。 (《測義》夾) 愚按：城杞之會，以悼夫人故。澶淵之會，以宋災故。二者謂非恤小救患之舉則不可。然蔡般弒君，其禍寧不大於此者？而晉之不問，何居？蓋蔡即楚久，晉以爲討，則懼有爭蔡之嫌，再啓兵端，以故存弭兵之小信，而忘撥亂之大義，蓋《詩》所謂"君子屢盟，亂是用長"者也。〖編者按：奧田元繼作陳明卿語。〗

初，王儋季卒，其子括將見王，而歎。單公子愆期爲靈王御士，過諸廷，聞其歎而言曰："烏乎！必有此夫！"入以告王，且曰："必殺之！不慼而願大，視躁而足高，心在他矣。不殺，必害。"（《補義》眉）上是聞其聲，此是狀其形，作兩層寫。王曰："童子何知？"及靈王崩，儋括欲立王子佞夫，佞夫弗知。戊子，儋括圍蔿，逐成愆。成愆奔平畦。五月癸巳，尹言多、劉毅、單蔑、甘過、鞏成殺佞夫。括、瑕、廖奔晉。書曰："天王殺其弟佞夫。"罪在王也。（《測義》夾）愚按：天子得專殺，故《春秋》無天王殺大夫文。佞夫實不知謀，而景王殺之，失親親之道，故書"王殺"以罪之，特筆也。（《分國》尾）括欲立佞夫，佞夫不知也。尹、劉五人，不能正括之罪，而於佞夫是問者，景王使之也，故書法云然。雖然，靈王不能無責焉。當愆期入告時，誠納其言，察括之罪狀，置諸法，他日佞夫之禍亦可免。漫應曰"童子何知"，於是括無忌憚，以爲廢立大事，惟我所爲，不軌之謀遂決，豈非靈王縱之以至此？嗚呼！人臣無將，將則必誅，已形之嘆詞而置勿問，是可忍也，孰不可忍也？（《左繡》眉）歎語不從括邊敘來，卻在愆期耳中聽出，便活寫出少不更事，高視闊步，罔識屬垣之戒光景來，爲敘事入神之筆也。靈王雖沒，儋括之謀，愆期之告，後王宜其聞之矣。乃造謀者，既以童子何知之言爲信而寬之；弗知者，反縱五大夫取諸懷中而殺之，斷之曰"罪在王也"，蓋前路早有伏筆矣。(美中尾）吳草廬曰："儋括謀亂而奔，佞夫弗知而死，非親親之道也。象殺舜，舜封之，仁人之於弟蓋如此。"（《補義》眉）非儋括能代。（《評林》眉）《補注》："'罪在王'，天王以討亂告。陳氏曰：'傳釋五大夫實殺佞夫，而書王，且明天子諸侯目君同例。'"

或叫于宋大廟，（《補義》眉）突起，怪甚，亳社一襯，更覺駭人，而文氣亦厚。曰："譆譆！出出！"鳥鳴於亳社，如曰："譆譆。"甲午，宋大災。宋伯姬卒，待姆也。君子謂："宋共姬，女而不婦。女待人，婦義事也。"（《測義》夾）愚按：《易》云："恒其德，貞，婦人吉。"貞也者，婦、女一也。伯姬貞德，守死不違，《公羊》謂其婦道盡矣，而左氏譏其不婦，婦豈異於女乎？過矣。〖編者按：奧田元繼作楊升菴語。〗（魏禧尾）魏禧曰："伯姬可謂難之又難，史更精義。伯姬賢者之過，似宋代道學。左氏'女而不婦'四字，簡而括，正而通。然則爲女之義，雖當災，不姆而死可矣。"（《分國》尾）伯姬雖昧於婦道，猶不失爲守禮。君子哀其志可也，何議焉？考姬自成九年嫁于宋，經載如宋致女，列侯爭來媵是也。《公》《穀》已皆賢之。至襄三十年，姬年約六十餘矣，而守禮如是者。宋共公卒于成十五年，姬寡將三十三年也，真賢矣哉！（《左繡》眉）第一筆突起，如有怪聲出其筆端。第二筆突接，便吃驚寫出一天大駭人事。所謂筆墨有神，如是如是！斷語簡净，一篇都用簡净之法。（《左傳翼》尾）張悔庵曰："伯姬之死正矣，然'烏呼'告異，宋不之戒，至禍逮君母，惜矣！前此宋災，樂喜使司成儆官。後此鄭災，子産出舊官人，寘諸火所不及。然則伯姬之死，獨非宋臣子之憾乎？寫災異突然而來，儼有許多奇鬼擁現毫端，妙在簡净。愈簡愈峭，斂斷風神駘宕，另是一種筆墨。（《日知》尾）兩寫"譆譆"，加以"出出"，爲宋災作先作兆，即爲待姆作反跌，閒處正妙，結意未到已呑矣。小小涉筆，其緊密容與亦如此。（《評林》眉）《經世鈔》："甲午，宋大災，《穀梁傳》云：'伯姬之舍失火，左右曰："夫人少辟火乎？"伯姬曰："婦人之義，傅姆不在，宵不下堂。"遂逮乎火而死。'"《補注》："'待姆'，此宋人設辭，以掩其不能捄君母之罪故，左氏與二傳同，而皆不察其妄。伯姬歸宋，至是四十一年，蓋六十餘歲，使有姆存，又且加老，非唯不可待，實亦不必待也。"

六月，鄭子産如陳涖盟。歸，復命。告大夫曰："陳，亡國也，不可與也。（韓范夾）國之存亡，鄰國之人能知之，然則楚非能滅陳也，陳自滅耳。聚禾粟，繕城郭，恃此二者，而不撫其民。其君弱植，公子侈，大子卑，大夫敖，政多門，以介於大國，能無亡乎？不過十年矣。"（《分國》尾）"聚禾粟，繕城郭"，春秋時以爲能國也，子産決其必亡。"不撫其民"，邦本已失也。即不弱、不侈、不卑、不傲、不多門，亦難免焉。子輿氏："城郭不完，非國之災，田野不辟，非國之害。"此物此志也。（《左繡》眉）使以"聚禾粟"四句，接於"政多門"數句之下，"介於大國"之上，文意未嘗不順，然筆法便連片寫去，不見結構之妙。如拆二句安放起處，中以長句一隔，恰將"其民""其君"一倒一順相接遞下，章法變動，極平常文字，都要相其用筆意思所在乃得。

秋七月，叔弓如宋，葬共姬也。（闡生夾）宗堯云："此篇以外戚之禍爲主，而旁及共姬，以其子守禮之過，形其母之蕩越也。"

鄭伯有耆酒，爲窟室，而夜飲酒擊鐘焉，朝至未已。（《左繡》眉）此篇傳殺伯有事，以伯有爲主。作難者子晳，助强者駟帶，周旋者子産，而處分者子皮。故通篇又以子皮爲線索，分三段讀。首段敘伯有見伐而出奔，在"師之梁"截。次段敘伯有復入而見殺，在"己巳復歸"截。兩段後以一筆點題，末段追敘前此旁觀議論，以見伯有宜死已久，爲深惡而痛絕之辭也。篇中極寫伯有壹醉昏聵，而比之於萇，自是兄弟中一棄物。而子産兩番安頓，子皮因之兩番調護，蓋善處骨肉之間。作者于此有勸有懲，其憂世之心乎？（《補義》眉）寫伯有沉緬，插敘"又將使子晳如楚"句，則駟氏之甲，全是私心，固先伯有作亂矣。（《評林》眉）陳廣野："窟室擊鐘與醒而後知，即古之爲酒池者未聞有是，豈天以酒奪伯有之魄而亡之耶！"朝者曰："公焉在？"其人曰："吾公在壑谷。"皆自朝布路而罷。既而朝，則又將使子晳如楚，歸而飲酒。庚子，子晳以駟氏之甲伐而焚之。伯有奔雍梁，醒而後知之，遂奔許。大夫聚謀，子皮曰："《仲虺之志》云：'亂者取之，亡者侮之。推亡固存，國之利也。'罕、駟、豐同生。伯有汰侈，故不免。"（孫鑛眉）平平敘去，事亦詳核，而不甚濃腴。（《左繡》眉）起手一行寫沉酒如活，"罕、駟、豐同生"三句，承上起下，乃另作提筆。明正其罪，見不獨以嗜酒也。《咀華》云："是作者特地注明諸大夫所以偏向，伯有所以見殺之故。他本認作子皮口中語，説不去矣。"（《評林》眉）魏禧："按：子皮語止此，其意亦惡伯有，而未明言，與子産意略同。"（《補義》眉）特地注明三族同生，而伯有孤特可見。

人謂子産："就直助彊！"（《補義》眉）"人謂子産"拓開，而以子産之言爲斷，以子皮爲收束，完出奔事。子産曰："豈爲我徒？國之禍難，誰知所儆（或作敝）？或主彊直，難乃不生。姑成吾所。"辛丑，子産斂伯有氏之死者而殯之，不及謀而遂行。印段從之。子皮止之，衆曰："人不我順，何止焉？"子皮曰："夫人禮於死者，況生者乎？"遂自止之。壬寅，子產入。癸卯，子石入。皆受盟于子皙氏。乙巳，鄭伯及其大夫盟于大宮。盟國人于師之梁之外。（《評林》眉）《增補合注》："'誰知所歛'，歛，盡也。"王百穀："'姑成吾所'，伏後'從天所與'及'葬伯有'案。"彭士塱："'姑成吾所'，此乃公正，莫作兩端觀望看。"《經世鈔》："'不及謀'，即上'大夫聚謀'之謀。"魏世傚："'印段從之'，段毅然從子產之行，開東漢諸君子之風。"《經世鈔》："'壬寅，子產入'，古之出奔以同地爲罪，故二子之入亦異日。"陳明卿："子產既歛伯有之臣在市側者，又葬諸斗城，其有禮亦至矣。已而又立伯有之後，以撫其魂，使不爲厲，其稱'姑成吾所'者，於此備見。"

伯有聞鄭人之盟己也，怒。聞子皮之甲不與攻己也，喜。（《左繡》眉）數語又作承上起下之筆，蓋兩段體對而意實遞也。用對語作轉，筆意圓健可喜。唐錫周曰："一喜一怒，活寫終日醉夢光景。"喜得可笑，不聞推亡固存語耶？此正寫其憒憒處，如此映帶嗜酒，真以神不以形矣。曰："子皮與我矣。"癸丑，晨，自墓門之瀆入，因馬師頡介於襄庫，以伐舊北門。駟帶率國人以伐之。皆召子產。子產曰："兄弟而及此，吾從天所與。"（《補義》眉）提出兄弟，喚醒三族。伯有死於羊肆，子產襚之，枕之股而哭之，歛而殯諸伯有之臣在市側者。既而葬諸斗城。子駟氏欲攻子產，子皮怒之曰："禮，國之幹也，殺有禮，禍莫大焉。"乃止。（文熙眉）穆文熙曰："伯有耽嗜於酒，怠廢朝政，醉而見逐，醒而後知，此不足數爲人也，羊肆之憂，其宜有哉！"言欲推伯有之亡，固子皙之存。不爲黨，不與謀，處群惡之中，而超然自免，子產之知，可謂絕人。然不有子皮，恐亦未必能止子駟哉！（《評林》眉）《經世鈔》："兄弟恩等，要當助順。伯有固傲，然以世行使子皙，未爲大過，以此致死，但當論恩耳，故子產不失兄弟之禮。"（《補義》眉）殺伯有仍以子產爲斷，子皮爲收束，完殺良霄事，已注到下段授政。

於是游吉如晉還，聞難不入，復命于介。八月甲子，奔晉。駟帶追之，及酸棗。與子上盟，用兩珪質于河。使公孫黑入盟大夫。己巳，復歸。書曰："鄭人殺良霄。"不稱大夫，言自外入也。（《左繡》眉）前段見伐而奔，子產爲之殯殮其家。此段入伐而死，子產爲之殯殮其身。而子皮前則止行，後則止攻。前則附以印段之從，後則附以游吉之奔，卻都以盟作收煞。兩段截對，最爲整齊。每段夾敘許多閑文，幾令賓主莫辨，此處將本題一點，使讀者耳目一清。（《評林》眉）王元美："良霄之出，公孫黑蓋有罪焉，《春秋》舍黑專攻之罪，而罪良霄，何也？伯有之所爲有喪亡之道，雖微公孫黑者，能免於死乎？既亡而又不自省，又入伐君而大亂其國，此《春秋》所以正名以討罪之詞也。"〖編者按：凌稚隆作張洽語。〗（《菁華》尾）以耆酒之故，卒致身死家滅，乃知衛武公《賓筵》之詩，非爲妄作。伯有既已奔許，自知於國不容，擇善地而圖全可也。而必入而取死，可謂愚極。於晉之樂盈，亦何以異焉？

於子蟜之卒也，將葬，公孫揮與裨竈晨會事焉。過伯有氏，其門上生莠。子羽曰："其莠猶在乎？"於是歲在降婁，降婁中而旦。裨竈指之曰："猶可以終歲，歲不及此次也已。"及其亡也，歲在娵訾之口。其明年，乃及降婁。（《補義》眉）揮非七穆，裨爲庶姓，故其言公，而恰與首段應。（武億尾）首醉況寫得佳，末斷語注得確，中間一奔一死，依經平敘，妙用對語，即以"入"字作轉棙，筆意圓健可喜。

僕展從伯有，與之皆死。羽頡出奔晉，爲任大夫。雞澤之會，鄭樂成奔楚，遂適晉。羽頡因之，與之比而事趙文子，言伐鄭之說焉。以宋之盟故，不可。子皮以公孫鉏爲馬師。（魏禧尾）魏世儼曰："晏嬰俟崔氏啓門，入哭，三踊而出；子產斂伯有氏之死者殯之，其不避禍之心略同，而卒免於難。世人於親厚，至患難而去之，自以爲明哲保身，而身不保，名亦不附者，真枉作小人也。"彭家屏曰："古者賓主百拜而酒三行，故終日飲酒而不得醉，爲其有節也。後世過焉，沉湎而不知返，而酒禍作矣。子反鄢陵之役，伯有鑿谷之飲，皆其明驗也。大禹踈儀狄，武王作《酒誥》，良有以哉！"（《分國》尾）駟、良之爭，曲在駟也。子產不肯助之而中立，托之曰"兄弟而及此，吾從天所與"，亦深見駟之曲難與顯言，姑置其目前，待天討耳。伯有家于翼壘，莠生門上。羊肆之禍，不待駟氏操戈，而糟丘久爲死所。至於周氏之衢，駟尸加木，特反掌間。凶人爲不善，唯日不足。讀駟、良傳，可猛省矣。（《左繡》眉）倒敘前事作結，不重在裨竈料人之審，總見伯有之死，久已爲人所料，而僕展、羽頡之從之者，自詒伊慼也。敘議兼行，筆法極簡極曲。合前兩段觀之，亦前偶後奇格。唐錫周曰："穆氏七族，俱同父也。罕虎、駟帶、公孫段同儕，良氏亦何所見不廣？子產口中說出'兄弟'二字，見惟駟與良，本皆同氣，宜相好，毋相尤，奈何分厚薄愛憎於其間乎？微言婉諷，用意良苦。"末段亦借一"盟"字作結，與上兩段相應，章法絕奇。子皮始終其事，着此筆見不株求也，其受教子產者多矣。（《左傳翼》尾）伯有汏而愎，加以耆酒，終日昏昏，宜死已久。篇末載公孫揮、裨竈之言，見其自詒伊慼，特伐之者子晳，討罪者非其人耳。一父之子，何分厚薄？左袒駟氏，子皮亦所不免，幸賴子產挺然特立，印氏、遊氏不致從風而靡，而子皮亦爲之回心焉。篇中敘事甚煩，而總以子產爲主。前於伯有殯殮其家，後於伯有殯殮其身，心無偏倚，惟禮是主，此便是安輯強宗之本。子皮一則曰"有禮"，再則曰"有禮"，其心折也甚矣。伯有何以死？以其汏侈。三族同母，合謀以助子晳也。故"罕、駟、豐同生，伯有汏侈，故不免"三句實一篇眼目。敘伯有，無非寫其汏侈。敘駟氏，無非寫其強悍。故不止子產、欲攻子產與追太叔，皆駟氏之強悍也。子產爲政，處置伯石、豐卷尚在初年，獨于子晳遲之又久，待其貫盈而後誅之，其用心不良苦乎？（《補義》眉）汪云："子皮兩言有禮，固爲子產知心。罪不株連，亦承子產意旨。"結出子皮，見伯有既死，子皮爲政。（《日知》尾）伯有無可死之道，子皮不倡取亂侮亡之謀，則子產周旋伯有，子皮調護子產，猶夫人所能也。先敘伯有之罪，子皮之謀，則念國禍、念兄弟者，識見身分，壁立千仞，而幡然舍己從人者，益不可及已。故寫伯有卻是寫子產，寫子產正是寫子皮，而寫二人，正爲伐者、謀者、盟者、召者、攻者作砭作訂，且寫衆人，即爲念國禍與兄弟者作襯墊，萬竅俱通，豈止雙管齊下！

　　楚公子圍殺大司馬蒍掩而取其室。申無宇曰："王子必不免。善人，國之主也。王子相楚國，將善是封殖，而虐之，是禍國也。且司馬，令尹之偏，而王之四體也。絕民之主，去身之偏，艾王之體，以禍其國，無不祥大焉！何以得免？"（文熙眉）穆文熙曰："司馬亞于令尹，乃一朝取而殺之，若棄腐鼠。專橫若此，何得不弒君乎？"（《分國》尾）絕民主，民不歸。去身偏，身亦危。艾王體，不弒君不已。殺一司馬，國覆身危君亡皆見焉，無宇直奪虔魄矣。（《左繡》眉）起手提"殺大司馬蒍掩"一筆，下作兩層分應，一層蔦掩，一層司馬。而上一層只民主一意，下一層有身偏、王體兩意。妙將三個意思併在一處說，兩層一串，章法緊，而色味亦濃。三意歸併禍國，又以善人爲重。（《左傳翼》尾）既是善人，必不與之爲黨，圉將有異志，故先除之以霸王之羽翼。無宇之言，不便明說，然謂之禍國，固已情見乎辭矣！（《評林》眉）呂東萊："殺而取其室，無論善人，即有罪者，止宜殺而不可取室也，況王子圍所爲，其類此者非一端，能無禍乎？"

　　爲宋災故，諸侯之大夫會，以謀歸宋財。冬十月，叔孫豹會晉趙武、齊公孫蠆、宋向戌、衛北宮佗、鄭罕虎及小邾之大夫，會于澶淵。既而無歸於宋，故不書其人。（《測義》夾）劉敞氏曰："左氏云'既而無歸，故不書其人'，非也。失信者如清丘之盟，直貶其人而已矣，今獨舉其事，又貶其人，非特患失信而已也。"〖編者按：奧田元繼作陳廣野語。〗（《補義》眉）周云："趙武以信自命，至此以不信終，然則所謂信者，托之以自解免耳。"

　　君子曰："信其不可不慎乎！澶淵之會，卿不書，不信也夫！諸侯之上卿，會而不信，寵名皆棄，不信之不可也如是！《詩》曰：'文王陟降，在帝左右。'信之謂也。又曰：'淑慎爾止，無載爾僞。'不信之謂也。"書曰"某人某人會於澶淵，宋災故"，尤之也。不書魯大夫，諱之也。（《測義》夾）愚按：前此晉於鄰國之災不之恤，而獨謀宋災者，以宋起弭兵之議，而中國賴焉故也。則遣一使往恤焉足矣，何至大合十二國之大夫以謀之，又卒無歸於宋，豈不過乎！蓋伯業自此寖衰矣。〖編者按：奧田元繼作湯睡菴語。〗（《分國》尾）火而助財，憫恤之意也。曾讀史，宋丞相陳自強一夕大火，所貯盡燼。韓侂冑助之萬緡，執政列郡聞之，皆有所助，倍於所失之數。《春秋》諸大夫而反食言乎？宜其譏也。（《左繡》眉）此亦起手直提一筆，下作兩層分應。"無歸於宋"應"謀歸宋財"，"宋災故"應"爲宋災故"，恰好一順一倒成章法。末句又於"書曰"外，補出一層作掉尾，卻正於"不書"內抽出一層作旁注也。解釋精而用筆愈變化不拘矣。看來以"不書其人"爲主，故用君子重斷之。下一"書曰"，一"不書"，都就上一條分出。一就其人內抽出宋向戌，一就其人外補出魯叔孫豹，而以"尤之""諱之"相對斷結。蓋一頭兩腳格也。文到化工，橫豎說來都成妙法耳。首段爲主，故"不書其人"用倒煞，而後兩節"書""不書"都用順提也。筆法一絲不亂。(《左傳翼》尾) 趙武以信自命，至此竟以不信終，然則向所謂信者，特無如楚何，任其凌虐，姑托之信以自解免耳。"君子曰"以下，正發明不書其人之故，非上責列國諸侯，下責向戍。若責宋向戍不當以求財合諸侯，則傳宜實疏其事，胡爲但以不信責諸大夫，而於向戍概未之及？引經而斷之曰"尤之也"，即尤"謀歸宋財、既而無歸"之謂也。故以譏魯綴其後。舊注迂曲欠明，不可從。(《評林》眉)《經世鈔》："古人每有此引《詩》《書》不通處，然文甚可誦。"《補注》："'尤之也'，陳氏曰：'傳明經特書故。''譏之也'，陳氏曰：'傳釋魯不書，他國之大夫書人，譏不在魯。'今案：經無譏義，陳說非傳所及。"按：君親有隱譏，乃尊尊之義也。

鄭子皮授子產政。(韓范夾) 鄭之存亡在此一舉，鄭之可弱而不可亡，天去其疾故也。(《左繡》眉) 此篇以子產爲政爲主，首段授政作引，末段從政作結。中分兩截，上截敘處伯石事，下截敘處豐卷事。"都鄙"四語，爲政實事。"忠儉"二句，爲政主腦，乃一篇之中權，頗似蜂腰格。起處一段，便伏一篇之案。後文字字照應伯石、豐卷，應大族。賂邑反田，應善相事大。孰殺之歌，應不可爲。誰嗣之歌，應國乃寬。似此伏應，幾於天造地設，鬼斧神工矣。"國小""族大"二句，以"族大"爲主。"帥聽"二句，順頂"族大"。"善相"二句，倒頂國小。"小能事大"，雙頂兩意，不但指大國照小安大，卻重善事大族也。子產便純是此種作法。"善相"二字，承上起下，可見安頓大族，原在善相中。善相之道，子皮授意子產。賂邑之疑，詳寫子大叔，正見子皮所不疑也。觀後止子產奔，而遂逐豐卷，意可知矣。(《補義》眉) 周云："天生子皮，以護子產，桓、武之福也。鮑叔薦管仲不過一言，子皮卻維持費力。"(《評林》眉)《經世鈔》："國之上卿未死，而授人政者，楚子文、晉范武子、鄭子皮而已。"**辭曰："國小而偪，族大寵多，不可爲也。"**(閩生夾) 子產治政，分內政、外交兩事，"國小而逼"，外交之難也；"族大寵多"，內政之難也。已盡括此八字中。**子皮曰："虎帥以聽，誰敢犯子？子善相之。國無小，小能事大，國乃寬。"**(《便覽》眉) 起手便伏一篇之案。伯石、子張，大族也。賂邑、反田，亦善相中事。孰殺有歌，不可爲也。誰嗣有歌，國乃寬也。(方宗誠眉) 先敘子皮授政一段，是子產所以能爲政之由。

子產爲政，有事伯石，賂與之邑。子大叔曰：「國，皆其國也。奚獨賂焉？」子產曰：「無欲實難。皆得其欲，以從其事，而要其成，非我有成，其在人乎？何愛於邑？邑將焉往？」（孫鑛眉）論盡善，唯章法未工，則以三「其」字覺常。而八句皆四字，少板。子大叔曰：「若四國何？」子產曰：「非相違也，而相從也，四國何尤焉？《鄭書》有之曰：『安定國家，必大焉先。』姑先安大，以待其所歸。」（《測義》夾）愚按：爲國以禮，其奚不服？如以賂，則鄭國褊小，而族大寵多，藉令不逞之輩攔然有要其上之心，而相則以求賂焉，將焉取以給之？其何安定之有？然則子產不知爲政歟？是又不然。鄭國大臣不和久矣，子產以子皮之讓，一旦秉國之柄，設非相從以悅其心，其誰帖然而順令者？洎乎政成，而大人之忠儉者與之，泰侈者斃之，子產豈直賂之云乎哉？故必有子產之志則可。〖編者按：奥田元繼作王元美語。〗（《左傳雋》眉）朱魯齋曰：「孟子論爲政，先巨室，子產此舉非過也。」（闐生夾）此族大寵多之難也。其事晉、楚，則國小而逼之難也。既，伯石懼而歸邑，卒與之。伯有既死，使大史命伯石爲卿，辭。大史退，則請命焉。復命之，又辭。如是三，乃受策入拜。子產是以惡其爲人也，使次己位。（文熙眉）孫應鼇曰：「孟子論爲政，先巨室，子產此舉非過也。又子皮『虎帥以聽』之言，可以爲人臣忘己用人之法。」穆文熙曰：「伯石讓不由衷，其終爲變，所以子產惡之。」（韓范夾）此即後世人臣進位時辭讓之術也，當時猶惡之，後遂習以爲例也。（《補義》眉）王云：「七穆伯有死而良氏亡矣，國氏子產本族，既無豪强，而罕、游、印三族已歸心，所不服者，豐氏、駟氏。伯石、豐卷皆豐氏也，處置宜而豐氏服矣。於是難制者駟氏而已。」（《評林》眉）《經世鈔》：「要其成爲相者，不可不知此，人但知子產持正守義，豈知其含弘忍垢如此哉！然在王茂弘爲之，又得一失一矣。」孔之達：「『授子產政』，人有才知識力高於我者，但置之左右，使爲輔佐，尚有濟事。今子皮曰『虎帥以聽』，反將己身做一帮輔之人，此等處不特見大臣休容之德，其識力自是不可及。」又云：「如適晉用幣，在子皮當日不免，益見授政不可已處。」《經世鈔》：「『惡其爲人，使次己位』，妙妙！既示尊寵以安其心，又勢近地迫，其舉動皆得知而牽制之，然此等須度我力能制彼乃可，否則引盜入室，抱虎而寢，我未制彼而先爲彼所制矣，又不若推而遠之，使不得以間我也。"（闓生夾）此表子皮、子產之得政，由子皮之讓賢也。

子產使都鄙有章，上下有服，田有封洫，廬井有伍。大人之忠儉者，從而與之。泰侈者，因而斃之。（《評林》眉）彭士望："'田有封洫'，春秋列卿善政，每從田廬做起，是踏實地學問。"《經世鈔》："'從'字妙，以我從彼，先施而納交，則善者固。'因'字尤妙，因彼之釁，乘機而不勞，則惡者摧。"（方宗誠眉）中敘子產爲政法度，于文律爲前後關鍵。

豐卷將祭，請田焉。弗許，曰："唯君用鮮，衆給而已。"子張怒，退而徵役。子產奔晉，子皮止之而逐豐卷。豐卷奔晉。子產請其田里，三年而復之，反其田里及其入焉。（《補義》眉）周云："收拾伯石，使不入子晳之黨。"汪云："厚處豐卷，所以結豐、駟之心。"（《評林》眉）《經世鈔》："請田里，不獨親親之義，亦所以安強家之心。宋蕩澤之亂，華元自奔，幾於不反。其魚石五人出舍睢上，不從華元之止，頃刻而決澨閉門矣。合子產事觀之，便知事機作用所在。"

從政一年，輿人誦之，曰："取我衣冠而褚之，取我田疇而伍之。孰殺子產，吾其與之！"（《評林》眉）王元美："以孔子爲政，而有麛裘之謗，況子產乎？蓋民不可與慮始，可與樂成，故曰'非常之原，黎民懼焉，及臻厥成，天下晏如也'。"及三年，又誦之，曰："我有子弟，子產誨之。我有田疇，子產殖之。子產而死，誰其嗣之？"（《補義》眉）即輿人之謗，可知子產處伯石、豐卷之意。至頌聲載道，則未化者僅子晳一人。（《左傳雋》眉）楊素庵曰："此子產救時之政，蓋鄭至此淫僭侈汰，所以不得不矯之以嚴也。"（韓范夾）甚矣！新政之難也，宣尼猶不免矣，讀《西門豹傳》，爲一慨然。（王源尾）賓主有極難分處，如此傳子產論鄭，曰"國小而偪，族大寵多"，二者原無輕重，曷分賓主？且子產當國，內而制服強宗，外而接應大國，二者乃其治鄭大端。烏得以"族大寵多"爲主，"國小而偪"爲賓乎？然文各有局，局不同，則賓主隨異。子產之言雖二者並重，而此傳所序先在安大。即子皮之言，亦以治內爲先，事外爲後。固不得不以"族大寵多"爲主，而不可以二者爲並重矣。有所重必有所輕，無所輕即無所重，輕重之間，銖兩不可以不辨。子產妙用，全在"姑先安大，以待其所歸"一語，無數強宗大族，不能出其掌握矣。然藏而不露，未便先與人道明。作者便以斬截之筆出之，更不多著，所以能傳古人之微。安大不止處伯石二事，作者姑述二事以概其餘。蓋先用權宜籠絡，以慰其心，使不相齟齬，而後可以立吾法。法既立，則不必復事姑息，而威可行。故豐卷請獵，遂執而不許。蓋借卷以立威，而警其餘也。然行法之初，驟用重典，亦恐未便。故奔晉以激子皮而逐之，又請其田里而復之。逐之則威立，復之則大愈安。此其操縱之妙，而法之所以行也。於是以輿人之誦結之，而子產之大要備於此矣。子產爲春秋第一人，左氏摹寫之工，亦爲第一人。此其爲政之始，故序之周詳簡要如此。讀者詳之。七穆皆強宗，伯有死而良氏亡矣，所存者罕氏、國氏、駟氏、豐氏、游氏、印氏。子產本族既無豪強，而罕、游、印三族歸之，所不服者，豐氏、駟氏。伯石、豐卷，皆豐氏也。二人處置得宜，而豐氏服矣。於是難制者，唯駟氏一族。而駟氏一族，難制者惟子晳一人。子晳鋤而鄭之內難平矣。然子晳非豐卷比，鋤之正不易易，子產更有無數機權妙用在也，然規模已定於此矣。（孫琮總評）伯石譎詐，子產能使降心以相從，由於操縱有方也。"姑先安大""以待其歸"，是其爲政立定主意。至於經緯國事，條理秩然，尤難在"大人忠儉者，從而與之。泰侈者，因而斃之。"此即商鞅法行自貴近始之意。但商鞅本之以刻薄，而子產行之以忠恕，故鄭以久存，而秦竟不祀。然子產得行其志，以有子皮爲之主，朝廷寅協，而事無掣肘。子產洵多才，而子皮之雅量，更爲難及哉？（《彙鈔》眉）以孔子爲政，而有麛裘之謗，況子產乎？蓋民不可與慮始，而可與樂成，信也。（魏禧尾）魏禧曰："子產舉動與諸葛武侯如出一轍，余嘗謂二公人品治術亦甚相同。子產爲國作略，孔明得後一半處多，王導純用前一半，便已各成功名矣。古人任一官，處一事，皆先有一定主意，其平日學術講求已詳，及任事時，全副力量做到底，故其志可行，言有效。諸葛出草廬之言，姚崇入相之對，一一如取諸寄，皆是此意。子產'姑先安大'一語，亦是做手主意。今人當事，大之宰相，小之守令，胸中漫無成竹，縱有清忠之心，亦只隨事補救，安能成功哉？欲爲救時之相者，不可不熟讀此篇。"彭家屏曰："子產爲政，使都鄙有章，上下有服，田有封洫，廬井有伍，國人至欲殺之。及爲之三年，國人又從而誦之。明湯紹恩建紹興石閘，始事之際，怨讟繁興。及閘成，民受其利，又從而祠之。愚民難與慮始，可與樂成，大都如是也。然凡易民俗，用民力，必確然知其有利無害，必成無虞，然後斷然持之，以要其成功，雖蒙衆口而有所不避，爲其所利賴者永也。若好動而慮淺，喜事而智疏，務整頓則多事更張，急功名則大興力作，究之事不可行，勢必中沮，始謀不臧，終悔何及？《詩》曰：'宜民宜人，受禄於天。'《記》曰：'齊其政，不易其宜。'凡負有爲之才，懷利民之心者，不可不知此義也。"（《分國》尾）無欲，所以律己，不可以律人。使人皆得其欲，而功名亦集，是大作用，亦通理也。子產曰"無欲實難"，真宰相之言。（《左繡》眉）於伯石懼而歸邑，則與之。於豐卷奔而復歸，則反其所。大都是以柔克剛，以寬濟猛絶大作用，然非養癰者所得藉口也。豐卷本與伯石爲類，偏不接連敘去，卻將"都鄙有章"等隔斷，先爲末段伏筆，然後以忠儉泰侈云云遙接前段，作承上起下之筆。段落錯綜變化，使人不知端倪。只是剪裁伸縮，不使一直筆耳。若出俗筆，起手便從"都鄙有章"云云說入，下以伯石、豐卷對敘，未嘗不整齊。其如末段對收之接連易板何矣？從此悟入，可以得剪裁伸縮之大凡。末借輿人之誦作斷結，對束有精神。起處兩意，一賓一主。中兩意，亦一賓一主。收處兩對，亦一賓一主。章法未有不相配者。（美中尾）馬宛斯曰："鄭亂非子產不定，然無子皮之授，則不能越次而舉。無子皮之輔，亦不能爲所欲爲也。管仲治齊，天下不多管子而歸功鮑叔，吾於子皮亦云。"（《約編》眉）要其後言之，與"晉侯始入而教民"一段，同一筆法。（《約編》尾）子產固能爲國以禮，子皮尤能以人事君。傳敘述本末，見鄭之久存，皆賴賢相臣之力。（《左傳翼》尾）事大國，服強宗，是子產一生大經濟，而此篇卻以服強宗爲主，蓋必安内而後可以事外，亦其規模次第如此也。故起處並提，下即入治鄭事，處伯石用賂，似乎全無主張，不知折服強宗，難驟用威，以縱爲操，是國手制勝先着。其待豐卷，先操後縱，妙用不測，與待伯石不同，而恩威並濟則一。即此兩事，可該其餘矣。伯有唯不安大，故駟、良爭。然安大而姑先，曰"待其所歸"，原有許多正大法制在後，不是一味姑息。蓋族大寵多，總因無法制使然。法制立然後忠儉可與，泰侈可斃，強宗一齊斂手。故"都鄙有章"諸法制，是子產安定國家本領作用。孔子以爲合於君子之道，治臣治民都由於此。敘伯石後，即將子產治鄭規模總敘出來，然後再入處豐卷事，以見或操或縱，都有深心妙用，非威權不立，太阿倒持也。輿人之誦，根苗已具，斷續離合，更有嶺斷雲橫之妙。豐卷本與伯石爲類，而一敘在前，一敘在後，中用"都鄙"等句間之，非爲對敘易板，故爲錯綜變化，使人不知端倪。蓋賂伯石原在法制未立之先，禁豐卷是後來事，故緊從與忠儉、斃泰侈説下，不得連敘在一處。剪裁伸縮，左氏固自指隨物化也。七穆最橫者唯子晳，次之則伯石也。一子晳已足亂鄭，況一伯石輔之乎？故首將此人收拾，使不入子晳之黨，而後諸穆族可以和輯。單剩一子晳，可化則化之，不可化則除之，亦易易耳。伯石是一個貪詐人，子產即以使貪使詐之法待之，妙在服以至誠，不是狙詐權術，所以伯石帖服，終身不敢泛駕。鄭亂非子產不定，人人知之。然無子皮之授，則不能越次而舉。無子皮之輔，則亦不能爲所欲爲也。開首即提"授子產政"，後云"子皮止之，而逐豐卷"，崇正抑邪，全賴此人。管仲治齊，天下多管子而歸功鮑叔，吾於子皮亦云。（《便覽》尾）授政是爲政作引，從政是爲政作結，中間伯石、子張，自成一對，卻故意將二人截開，插入"都鄙"四句，見爲政實事。"忠儉"二句，見爲政主腦，恰好束上起下。若謂此六句，放"子產爲政"句下，未嘗不通，卻不見佈局之妙。芳輯評。（《日知》尾）法制則從新創建，行法制則因勢轉移，不激不隨，子產所以興鄭也。中幅六語是法制，伯石、豐卷兩段是行法制，起處乃提破必然之故，結處乃贊其能然之效。作意確然可按，評者非不敢喙，則穿鑿自恣，其失均也。（高塘尾）首段是國勢，三段是經濟，末段是效驗。卻將伯石、豐卷事夾敘在兩處，配搭成章法。謂之練則練極，謂之變則變極。（方宗誠眉）收以輿人之誦作總束，足見子產爲政之難，非子皮專任之，何能有爲？以誦作結，有餘韻餘味。（《學餘》尾）鄭之不可爲久矣，得子產爲政，乃奕奕有生氣，以此知國猶有人，雖叔季可以不亡也。（林紓尾）子產相鄭，美政實多，而下手工夫，實在此篇。而民心之得，相位之固，亦在此篇。《左傳》爲編年文字，然每段咸有結束，又咸有遠體遠神，留下後來地步，此《通鑑》所萬萬不能及也。且此短篇中已略見照應矣，伯石、豐卷，皆豐氏也，應大族之難御。賂邑、反田，應善相國。孰殺之歌，應不可爲。誰嗣之歌，應國乃寬。此似天然之照應，實則眼光遠矚處。在泰侈者，因其有罪而斃踣之，伏下後來殺子晳張本。子晳死，駟氏弱矣。孔明未出，先定三分。子產甫出，即防豐、駟。故安頓伯石，則予之以利。安頓豐卷，則結之以恩。直弄之於股掌之上。至章服、田廬一行，新法初若不便，後乃安之。子產全副精神，下手着棋，已得主腦，故以下迎刃而解。此篇實爲子產相業發軔之始，然寫其權謀作用，處處皆含忠厚，此所以異於商君也。(《菁華》尾) 子產相鄭，始終得子皮之力，可謂千秋知己。非如薦人者，僅以一言入告而已。罕、駟、豐俱强族，子產既爲罕氏所與，則所慮者駟、豐二族。子產先收豐氏之心，以孤駟氏之黨，此爲初政第一要着。故特於此處詳之。伯石種種作僞，可厭已甚。乃後世竟以爲故事，有不如此者，或反譏之，如王坦之之諫其父是也，可爲一笑。積弊已深，欲一一反其所爲，必有不悅人心之處。惟自信之堅者，乃能直己而行道。迫其成效既彰，而衆情自服。如諸葛亮之治蜀，王猛之治秦，大略相似。

◇襄公三十一年

【經】三十有一年春王正月。夏六月辛巳，公薨于楚宫。(《評林》眉) 邵寶：" 魯襄公作楚宮，而穆叔知其必死；衛出公效吳言，而子之知其不免。妖孽見乎四體，固其然哉！"何休：" 公朝楚，好其宮，歸而作之，故名之云爾。"秋九月癸巳，子野卒。己亥，仲孫羯卒。冬十月，滕子來會葬。(《評林》眉) 家鉉翁：" 魯君未嘗會天王之葬，而滕君來會魯葬，滕之來，魯之受，皆貶也。"癸酉，葬我君襄公。十有一月，莒人弑其君密州。(《評林》眉) 程頤：" 莒子虐，國人弑之，而立展輿，展輿非親戚也，故書國人。"又曰：" 《春秋傳》爲案，經爲斷，以傳考經之事蹟，以經別傳之真僞。"

【傳】三十一年春，王正月，穆叔至自會，見孟孝伯，語之曰："趙孟將死矣。其語偷，不似民主。且年未盈五十，而諄諄焉如八九十者，弗能久矣。(《補義》眉) 數語爲趙孟寫照，直將其神氣一筆鈎出。(《評林》眉) 郭眉菴："趙孟，晉之賢大夫也，年未盈五十，而諄諄偷惰，況其下乎！甚矣，欲樹立者貴乘時也！"若趙孟死，爲政者其韓子乎！吾子盍與季孫言之，可以樹善，君子也。晉君將失政矣，若不樹焉，使早備魯，既而政在大夫，韓子懦弱，大夫多貪，求欲無厭，齊、楚未足與也，魯其懼哉！"(孫鑛眉) 論好，文未腴鍊。(《評林》眉)《經世鈔》："如此可謂識時務，得先着。"《補注》：" '懼哉'，傳見晉衰而魯懼，以齊、楚不足與故也。"孝伯曰：

"人生幾何？誰能無偷？朝不及夕，將安用樹？"穆叔出而告人曰："孟孫將死矣。吾語諸趙孟之偷也，而又甚焉。"（闔生夾）左公有英雄之量，最惡庸夫偷惰者之敗國而殄民也，故記述此等，皆有忿疾不平之聲。又與季孫語晉故，季孫不從。及趙文子卒，晉公室卑，政在侈家。韓宣子為政，不能圖諸侯。魯不堪晉求，讒慝弘多，是以有平丘之會。（文熙眉）穆文熙曰："語偷占死者何？人之有言，皆本於心。故必心神內固，而後立論久遠。若二子狃於目前，為苟且偷安之語，此其精神耗散，所存者形耳，其可能久乎？穆叔既料文子，又釋孟孝伯，皆如其言，厥有神鑒哉！"（《分國》尾）賢者謀國，知己知彼，直周知數十年後而為之備，故能樹德彌患也。晉主遣張華，問伐吳之計於羊祜。祜曰："若皓不幸而殁，更立令主，雖有百萬之眾，長江未可窺也。"華然其計。穆叔樹善於韓子之說，深謀遠慮，灼見其然。其後卒如所料。孝伯不足責也，武子為政，何憒憒不省？（《左繡》眉）此文單為平丘之會晉執意如張本，以季孫不從為主。季孫不從，季孫之偷也。然在正面譏評，便語同嚼蠟。妙於緊接"而又甚焉"，便是將譏評孟孫者，都移在季孫分中，正面一點自足。然僅以譏孟孫者評季孫，猶嫌味薄。因直從趙孟語偷不似民主提唱而入，則引到孟孫有情，而跌落季孫亦愈有力，此最是烘雲托月、返照入江妙法。自來講借賓形主者，未有脫化超變到此文者也。三層楔出，一層緊似一層。"盍與季孫言之""又與季孫言晉故"，前呼後應，煞出末句"是以有平丘之會"，機法一片。主意在季孫，卻故意將"趙孟將死矣""孟孫將死矣"兩兩對照，似單寫此兩人合傳者，令粗心人讀之而迷，妙筆！孝伯語，將仲孫一團正經，掃得冰冷，其意則偷，而其詞則鍊。一"偷"字，照前後兩"偷"字。一"樹"字，照中間兩"樹"字。左氏最是照應勻稱處細密有法。末段敘事，全伏於首段中。及語季孫正面，反只一點，極詳略之變。（《左傳翼》尾）趙孟將死，政在韓子，樹善備魯，當早自為計，不自語季孫而先告孝伯，必孝伯與季孫情意綢繆，言無不入，且孟孫亦持國柄，大家當共荷其責也。韓子君子，雖可以樹善，而懦弱不能圖諸侯，亦難託國。徵倖苟且，孟子尚不以告滕文，而況魯乎？鄭雖蕞爾，有一子產能自樹立，晉卒無如之何。"若不樹焉，使早備魯"，語意趨重備魯上。"備魯"云者，脩廢補墜，一變而至先王之道也。誤解此句，遂將穆叔一腔熱血，付之流水，並左氏文意亦首尾橫決矣。舊注之不可從，往往如是。(《日知》尾) 人無遠慮，必有近憂，平邱見執，正坐不從穆叔之謀耳。妙在將兩"媮"字安放賓位中，而於"季孫不從"句下，預舉後事以爲之證，令人於季孫分上悟上文三"媮"字，正是借筆點睛也。經營至此，神妙直到秋毫顚矣。(高嵣尾) 俞桐川曰："短文也，極起伏照應之能事。閒閒私語，包括二十年內事。左氏每於不着緊要處，神針暗渡，文境極曠。"此文爲平邱之會晉執意如張本，以季孫不從爲主。季孫不從，季孫之媮也。先從趙武遞到孝伯，又從孝伯落出季孫，借賓形主，層次脫化，節節有神。(《評林》眉) 《補注》："平丘之會，陳氏曰：'傳言晉衰之故，咎在執政。'"(《學餘》尾) 君子不以一日使其躬儳焉如不終日，蓋民生在勤，而人死以媮也。聖人之作也，心在萬世，是故萬世而下，生氣塞乎天地之間。嗚呼！豈別有長生之術哉？

齊子尾害閭丘嬰，欲殺之，使帥師以伐陽州。我問師故。夏五月，子尾殺閭丘嬰以說于我師。(韓范夾) 此與鄭去高克之事同，皆苟且害人之術，非有必得之計也。設魯懦弱，不往問伐我之故，子尾又當何似？《補義》眉) 崔杼之亂，閭邱潔身去之，可謂高於晏子，今爲子尾所殺耶！**工僂灑、渻灶、孔虺、賈寅出奔莒。出群公子。**(《測義》夾) 愚按：欒、高既滅崔、慶，不能以德、禮定其國家，而乃任情多殺，自弱其宗，皆所以啓田氏之强，而授之利柄也。〔編者按：奥田元繼作沈雲將語。〕(《左繡》眉) 起手提明一筆，通體便寫他如何設謀，如何中計，如何一網打盡，而我師之勝負不與焉。中間看他只着"我問師故"四字，可以得賓主詳略之妙矣。出奔者自出，出群公子者，子尾出之。句法亦似一明一暗，一順一逆，爲賓主變換也。

公作楚宮。穆叔曰："《大誓》云：'民之所欲，天必從之。'君欲楚也夫，故作其宮。若不復適楚，必死是宮也。"(《補義》眉) 此非面語襄公，乃深爲公憂耳。**六月辛巳，公薨于楚宮。叔仲帶竊其拱璧，以與御人，納諸其懷，而從取之，由是得罪。**(《左繡》眉) 作楚宮而薨，與效夷言而死者，將毋同？秦滅六國，往往寫做其宮，其後卒爲六國所滅，此物此志也夫。此等事亦與一描畫，所謂作《易》知盜也。苟子不欲，雖賞不竊，當是作者附敘之旨。(《評林》眉) 李九我："公在位三十一年，當其初立，外則晉悼之伯，方務綏睦親鄰，內則季孫行父、仲孫蔑、叔孫豹皆賢大夫，故魯國自事伯外皆無他虞，奈何季文子卒後，武子繼之，專權肆欲，城費、作三軍、入鄆，而諸大夫則而象之，蓋以兵權分於三家故也。至其末年，南面朝楚，雖晉伯之失使然，而魯之人望亦泯矣。"〖編者按：凌稚隆作李廉語。〗（《學餘》尾）被髮而祭則夷，作楚宮而居之則死。孟子曰："勿欲其所不欲。"欲其所不欲，豈非惑之甚者歟？書此以為鑒也。

立胡女敬歸之子子野，次於季氏。秋九月癸巳，卒，毀也。（《測義》夾）愚按：經書莊公薨而子般卒，文公薨而子赤卒，與此襄公薨而子野卒，均未成君也，均不書地也，均不書葬也，子般、子赤，左氏既以為弒，而於子野獨云毀者，何居？於時季氏專政，尤非慶父、公子遂之比，此必季氏因子野賢，忌而圖之，而以毀言之於朝，未可知也。不者，何書法與般、赤無異？（《左繡》眉）以毀而卒，春秋僅見。毀者卒，而嘉容者立，魯之不胙，天也已！

己亥，孟孝伯卒。

立敬歸之娣齊歸之子公子裯，穆叔不欲，曰："大子死，有母弟則立之，無則立長。年鈞擇賢，義鈞則卜，古之道也。非適嗣，何必娣之子？且是人也，居喪而不哀，在慼而有嘉容，是謂不度。不度之人，鮮不為患。若果立之，必為季氏憂。"（《補義》眉）昭公年十九，而穆叔曰無母弟則立長，知諸子中有長於公者，為季所忌，故不得立。**武子不聽，卒立之。比及葬，三易衰，衰袽如故衰。**（《補義》眉）汪云："閒處一筆，寫盡不度，并使童心如畫。"**於是昭公十九年矣，猶有童心，君子是以知其不能終也。**（文熙眉）穆文熙曰："叔孫據禮以論昭公，甚為切當，季孫不聽，自貽逐君之罪，故《書》貴詢謀僉同，《詩》刺自有肺腸，凡事且然，況立君乎？"（韓范夾）未老而老，趙孟之所以死也；已長而不長，昭公之所以不令終也。（魏禧尾）彭家屏曰："《禮·檀弓》：'辟踊有算，毀不危身。'蓋過哀則滅性，危身則無後，滅性無後，則非子矣。先王制禮，使不肖者企而及，賢者亦必俯而就，而不使過節，所以立人道之極，而防其流也。襄公死，子野哀毀而卒，過也。人有至性，而未聞先王之道，其有合乎？若昭公者，當大故而有嘉容，忘親甚矣。與居喪食肉者，相去幾何？吁！是又子野之罪人也。"（《分國》尾）如楚歸，而作楚宮。會吳反，而效夷言。卒死於夷，魯襄、衛輒一也。叔向曰："所樂必終焉。"

信哉！如周景王之死於樂，唐莊宗之焚於樂器，皆是也。嗚呼！以子野之過毀而卒，以稠父之無度而立，魯祚不幸，宜穆叔以爲憂乎！季孫立稠父，喜其童心易恌，豈知自貽伊慼？穆叔曰："必爲季氏憂。"亦既危言之，如弗納乎？（《左繡》眉）此是兩頭斷、中間敘法。昭公失德，穆叔細摘于前，而君子又渾評於後。以議爲斷，前實後虛，敘事卻安在中間，又以敘爲議，皆用法活變處，不可不知。穆叔先言不必立，次言不可立，重在下段，以"且"字遞下，觀末段單結，此意可見。尤妙在"生十九年"，仍照顧立長。"猶有童心"，仍照顧擇賢。善抱不脫，手法最細密也。議有兩層，一賓一主，敘亦有兩層，一實一虛，章法正相配。三易如故衰，於不度中抽出說，下文又於易衰外推廣說，實處一點，而虛處皆透。虛處一點，而實處皆圓。只此二筆，其妙應用不窮矣。"嘉容""童心"相對，寫嬉戲簡雋輕活，議敘皆仙筆也。主人有嘉容，而弔客偏多涕，反常之事，使旁觀亦難爲情矣。（高塘尾）俞桐川曰："決死君能識其微，決生君能慮其遠。"（《評林》眉）《經世鈔》："'嘉容'二字妙，時人以昭公爲知禮，正在此。'爲季氏憂'，立禍之權在季氏，故穆叔以此言動之。其後事適合耳，穆叔豈助季氏者？"《增補合注》："衽爲兩燕尾綴於衣，以掩裳旁際者也。"（《學餘》眉）一"矣"字，一"也"字，清深遠舉，如聞琴瑟之音。（《學餘》尾）赤子之心，不失其天也。猶有童心，不立於禮也。不失其天，則愛親敬長之基也。不立於禮，則縱欲敗度之幾也。居喪而不哀，在慼而有嘉容，其失其赤子之心也久矣。（闇生夾）宗堯云："於公則直謫其短，於季氏則深隱其詞，此左氏全書之通例。蓋春秋，權臣之世也。故誅奸多用微辭，而貶時君反得直謫之也。"

冬十月，滕成公來會葬，惰而多涕。子服惠伯曰："滕君將死矣！怠於其位，而哀已甚，兆於死所矣。能無從乎？"癸酉，葬襄公。

公薨之月，子產相鄭伯以如晉，晉侯以我喪故，未之見也。（《正論》眉）以隸人館諸侯，誠爲有罪。第豈不可告諭省改，而遽然毀之？雖其言之誠文，以語畏天之詩遠矣。（孫鑛眉）是有名文字，氣骨蒼勁，然巧妙尚未極。（《才子》夾）子產醉妙，更不必說，須細尋其處處細針密線，前後不差一黍。又要看前段文伯之悻悻，後段叔向之津津，俱是爲極寫子產而設。（《彙鈔》眉）此篇義正而不阿，詞强而不激，亦復溫雅動聽。而前半文伯之悻悻，末幅叔向之津津，亦自成章法。(《左繡》眉) 一篇詰辯，前難後解，妙在難中句句授人以解，解中卻又句句藏得難在，是極有機鋒文字。文伯語有兩層，前詳後略。子產語亦兩層，便前略後詳。文伯兩層，各以"吾子壞之""其皆壞之"作駁難，子產便併作"若又勿壞"一層作解釋，章法蓋整而變也。(《補義》眉) 唐云："帶定魯喪。"子產使盡壞其館之垣而納車馬焉。(《測義》夾) 愚按：晉侯重於見賓，見謂以魯喪故，推此心以及鄭，則何至舍於隸人而莫之省也耶？恤喪，禮也。睦鄰，獨非禮乎？〖編者按：奧田元繼作鍾伯敬語。〗(《左傳雋》眉) 唐荊川曰："通傳句法蒼而健，峻而奇。"(韓范夾) 子產事大之策，必先與人以議論之端，而後明張言之，非敢輕大國也。鄭惟弱，故強之；晉惟尊，故卑之。所以自全，非以陵人。(《評林》眉)《經世鈔》："如此舉動，奇！"(方宗誠眉) 子產故壞垣以致晉國之讓，而後可以禮折之，于文爲先虛後實。士文伯讓之，(《文歸》眉) 陸深曰："辭凡兩詰，略無過峻以激人之怒，亦善辭者，非子產亦折他不服。"曰："敝邑以政刑之不修，寇盜充斥，無若諸侯之屬辱在寡君者何？是以令吏人完客所館，高其閈閎，厚其牆垣，以無憂客使。今吾子壞之，雖從者能戒，其若異客何？以敝邑之爲盟主，繕完葺牆，以待賓客，若皆毀之，其何以共命？寡君使匄請命。"對曰："以敝邑褊小，介於大國，誅求無時，是以不敢寧居，悉索敝賦，以來會時事。逢執事之不閒，而未得見，又不獲聞命，未知見時，不敢輸幣，亦不敢暴露。(《左傳雋》眉) 唐荊川曰："壞垣之故，兩辭盡之。"其輸之，則君之府實也，非薦陳之，不敢輸也。其暴露之，則恐燥濕之不時而朽蠹，以重敝邑之罪。(《左傳雋》眉) 茅鹿門曰："此數語，自己所以壞垣之故。'僑聞'以下，破其爲盟主之説。"〖編者按：《古文歸》作康海語。〗(孫鑛眉) 只此二意。此雙關，勢亦頓挫有節奏。(《約編》眉) 先言賓不得速去，而客館之小，包含在內。(《補義》眉) 儲云："所以壞垣之故，先對客説明，而後稱文公以責之，立言之序。"(《評林》眉)《天祿識餘》："繕、完、葺，三字皆一義。一牆也，繕未足，而又加完與葺焉，於義爲複，古人脩辭體要，必不如是。審思'完'字，乃'宇'字之誤也。成元年'修賦繕完'亦同。"呂東萊："原所以毀垣之故，甚得尊晉之體。"(方宗誠眉)以上言納車馬之故,筆意摇曳生姿。開局氣勢寬展,有典有則。僑聞文公之爲盟主也,宫室卑庳,無觀臺榭,以崇大諸侯之館。館如公寢,庫廄繕修,司空以時平易道路,圬人以時塓館宫室。(《補義》眉)汪云:"'塓館宫室'以上是言平日,以下是言臨時。"諸侯賓至,甸設庭燎,僕人巡宫,車馬有所,賓從有代,巾車脂轄,隸人牧圉,各瞻其事,百官之屬,各展其物。公不留賓,而亦無廢事。憂樂同之,事則巡之,教其不知,而恤其不足。賓至如歸,無寧菑患。不畏寇盗,而亦不患燥濕。(《約編》眉)敘文公之待諸侯,先言崇大客館,次言賓得速去。所以寇盗、燥濕,兩無所患。今銅鞮之宫數里,而諸侯舍於隸人。門不容車,而不可踰越。盗賊公行,而天厲不戒。賓見無時,命不可知。若又勿壞,是無所藏幣以重罪也。敢請執事,將何所命之?(《文歸》眉)季東陽曰:"義正而不阿,辭强而不激,自有一段温雅處,嫋嫋動聽。"(《評林》眉)彭士望:"'恤其不足'二語,尤柔遠最切要事。"(方宗誠眉)以上言所以壞垣之故。以下乃正意,正意只是欲晉早見鄭伯以速歸耳,故作驚人之舉以動之,前二段不卑,後一段不亢。雖君之有魯喪,亦敝邑之憂也。若獲薦幣,修垣而行,君之惠也,敢憚勤勞?"(《文歸》眉)戴文光曰:"補此意始完。"(《彙鈔》眉)只就"敝邑爲盟主"句,便提出文公之敬客,以反擊今日之慢賓,口角極迅利,是實敘法,而語語自有關照。薦幣、修垣,語甚周委,所以能動晉人之悔,而崇諸侯之館也。(《約編》眉)此段先言客館之小,次言賓不得速去,則燥濕可虞,館垣不得不壞。詰詞重在防寇盗,對語重在虞燥濕。(《補義》眉)提出魯喪,見不必避忌。修垣而行,見無用擔憂。(文熙眉)汪道昆曰:"辭令妙品,'又不獲聞命'以下章法。"文伯復命,趙文子曰:"信!我實不德,而以隸人之垣以贏諸侯,是吾罪也。"使士文伯謝不敏焉。

晉侯見鄭伯,有加禮,厚其宴好而歸之。乃築諸侯之館。(《左傳雋》眉)孫應鰲曰:"君子之謝過也以實,趙文子有焉。其人品較高士匄一等。"(《左繡》眉)盡壞館垣,晉責以寇盗莫戒,鄭只推以燥濕不時,其故只在留賓廢事、未知見時上。故開手特書"公薨之月",而以

"我喪未見"伏一篇議論之根。見有刪去首句者，失其旨矣。士文伯語語頓跌，敲擊入情入理，如遇一勁敵，未易旗鼓相當也。故末極歎子產有辭。子產語兩層，本以前一層爲主。暴露重罪，不得不壞，已在言下。因他自誇盟主，便將他家極好榜樣相形，使他動珠玉在前之愧。前面極力鋪張，後面盡情奚落，末仍以"重罪"歸併到"重敝邑之罪"作收煞，此兩意一結之法。若前不解留則後自不免于複矣。兩"不敢"，極言兩難，以見壞垣出于萬不得已，爲一篇之警策。"君之府實"，暗對寇盜說。蓋寇盜上文所有，故用暗點。燥濕上文所無，故用明點。立此兩意，後文兩番分應。於反應，則寇盜、燥濕都用明說。於正應，則盜賊公行明應寇盜充斥，天癘不戒暗應燥濕不時。恰好每項都兩番明、一番暗也。呼應勻密如此。不知者，乃以予言爲鑿耳。鋪排文公兩遍，"各展其物"以上實說，以下虛說，看兩"以時"，兩"有"字、"各"字等，散中有整，卻又排而能活，詞意最贍而密也。歸到本題一段，句句與文公事相反，正句句與文伯語相對也，機鋒絕人。以"留賓弗見"爲主，前將此意寫在兩難上，後將此意寫在兩難下，轉換不複。一路帶辯帶駁，透快盡致，而語亦太迫切矣。忽用宕筆一鬆，而以薦幣、修垣輕輕掉尾，極縱擒伸縮之妙，而文境亦轉變不窮。凡文字必有歸宿，以薦幣應未見，修垣應壞垣，收拾完密，首尾如一句，此歸宿之要訣也。否則往而不返矣。（《補義》眉）汪云："前寫文伯之致詰，後寫文子之輸服，末寫叔向之歎美，總爲子產有辭作映襯。"（《評林》眉）穆文熙："毀垣一章，議論激昂，晉人服罪，然子產之所以能行其說，亦特有文子、叔向在耳，賢人之相成以善也若此。"《補注》："築諸侯之館，傳記子產之言，見晉方盛時，待諸侯有禮，其衰也反是。"（武億尾）一篇詰辯，前難後解。妙在難中句句授人以解，解中卻又句句藏得難在。細玩全旨，晉責以寇盜莫戒，鄭只推以燥濕不時。其故只在留賓廢事、未知見時上。開手數句，已伏全篇議論之根，是極有機鋒文字。

叔向曰："辭之不可以已也如是夫！子產有辭，諸侯賴之，若之何其釋辭也？《詩》曰：'辭之輯矣，民之協矣。辭之繹矣，民之莫矣。'其知之矣。"（《左傳雋》眉）瞿昆湖曰："左氏每於傳末作一斷案，而假託諸人言以爲重，如君子曰、仲尼曰之類，蓋贊體也。太史傳贊，乃祖此意。"（韓范夾）春秋之時，專以文諭爲功，故詞章爲最盛。戰國策士，則以口舌爲功，下矣！口舌不足，復以詐力佐之，抑又下矣。(《快評》尾) 古人往矣，古人之事與我何與？讀古人之書，所以自鍊其才識也。要當排風御氣，追古人於千百世之上，設身處地而理會之，知其盤根錯節之所在，真有以見其批隙導窾之能，然後古人之才識可為吾有。雖然，讀古自在平時，臨時自行胸臆，而吾之真才識始出。若夫有意於學步效顰，未有不失其故步而為笑於天下也。以區區之鄭，介於晉、楚之間，為積威之所劫，奔命不遑，何以為國？若一味柔順，無辭以折大國之非禮，其何以立于諸侯之列耶？子產於此能行人所不能行，言人所不能言，只為見得此禮分明，便不為威武所屈。人居得為之時，處順流之勢，有以供其才之揮霍。比之順風而呼，聲非加疾，其勢易也。若夫以小事大，動成掣肘，苟非真才識有以濟之，鮮有不成顛蹶者也。文公霸業不及齊桓，而中夏主盟，數世未已，雖其子孫之賢有以守之，然其經營諸侯，必有大過人者。即如子產稱其館諸侯一事，精細詳密一至於此，其他皆可類推矣。不意文公之事，至此又復一現。常言全部《左傳》是一篇文字，於此益信。馬遷、班固猶得此意。無筆不到，無言不盡，子產之辭，得左氏而千古常新，文之不可以已也如是夫！晉人聞子產之言，能降心以聽，即更築諸侯之館，賢者之有益於人為何如耶！以叔向之言作結，其辭甚深，所謂諸侯賴之，連晉亦在其內也。晉因子產之言，改築諸侯之館，以此而繼文、襄之業，晉不失霸，子產之力也。非叔向，不能為此言。(王源尾) 此子產應對諸侯、露圭采之第一事也。天下惟禮足以屈人，而無禮不得不屈於人。但辭不能達則己之禮不伸，而人之無禮不見，又何人之能屈乎？子產有辭，不過認禮真，說禮透，非如戰國辯士，變易是非，顛倒白黑也。毀垣納車馬，似屬孟浪。然吾君奉玉帛，冒霜露，跋涉千里，以朝於晉。晉侯乃不以時見，先處於無禮。而閈閎不足容車馬，又非所以待諸侯。於是執定彼之無禮，而自處於有禮，則竟毀其垣，寧慮無辭以應之乎？蓋子產之辭已定於未毀之先，非辦於既毀之後。故雖以晉國之強，盟主之尊，不得不立為之屈也。乃其措辭之妙，數語大義已盡，卻不說出壞垣，又遠引文公，宕開局勢，極力鋪張，相為反映。一句打轉，而晉罪遂不可勝言。然後略點壞垣，隨為彼開一後路，而委婉以結之。真所謂不卑不亢，有剛有柔，辭令之妙品也。左氏序此，全妙在開手直提"壞垣"一句，橫突驚人。蓋子產之舉甚辣，而左氏之筆亦辣。結尾拖序叔向數言，纏綿盡致。蓋子產之辭入妙，而左氏之文亦妙，非此曷足相發乎？(孫琮總評) 子產行事極有膽氣，其所持論又必有來歷。如館垣之壞，決來責讓。他卻先有文公主盟一段議論在於意中，以照出今時之失，便可任意爲之，無所畏憚。至前之不敢輸幣，不敢暴露，是說所以壞垣之故，後之修垣而行，是答責讓壞垣之意。由前言之，見得自爲亦以爲晉。由後言之，則見晉人所爭，只在一垣，而不顧大體。既自居於弱小，又不肯安於弱小。似此八面雄才，縱橫無敵，不但爲鄭國之良，當亦春秋未見有兩。古雅雄健，典碩之中，饒有宕逸之致。(《古文研》尾) 本爲不堪其未見之傲慢，無所藏幣實是借題發揮。看其一則說憂樂同之，一則說魯喪亦敝邑之憂也。明明發憤在因魯喪未見上，既受未見之傲慢，則無藏幣而毀垣，亦不當見怪也，立言本意如是。(《彙鈔》眉) 津津稱辭令之善，極描子產。(《覺斯》尾) 過商侯曰："盡壞其館垣，子產胸中便已有成算。看其借題發揮，皆是平日所欲吐而未吐者，索性一一吐之。其詞令之妙，可謂適協剛柔之宜。"(魏禧尾) 魏禧曰："詞令典質，與他篇員活擒縱者又不同。"(《析義》尾) 晉爲伯主非一世，諸侯之館雖狹，從來藏幣亦不止鄭伯一人，何至於壞垣？即毀，亦不須盡毀。子產止爲晉侯以魯喪不見客，若不如此一番作用，無以致其詰責而盡其辭，使得薦幣而行耳。文伯之讓全在寇盜上立論，侃侃而談，似難置對。子產止閒閒敘出朝晉，從不敢寧居而來，何等敬慎？晉侯未見，又不知其期，何等傲慢？以其無所藏幣，輸之既恐失己，暴露又恐招尤，何等進退兩難？再將文公待諸侯處細細敘述，而以銅鞮、隸人等語對看，件件天壤，已能令繼霸者無處生活矣。然後說出魯喪之憂，鄭以同姓與晉無異，原不必爲此留賓弗見，待既見薦幣之後，以所館之垣自壞自修，不煩晉力。而隸人之館自若，猶可以羸諸侯。文伯所讓之語，不過爲此。今已如此，他復何說？其詞之委婉處，帶有許多冷刺，宜趙文子之謝罪，晉侯之加禮也。至於築館一節，實出子產意外，故叔向云諸侯賴之，言其馳詞之功，所及者遠，非子產以毀垣欲使晉築館也。此毫釐千里之辨，細讀叔向讚語，當自得之。(《分國》尾) 鄭子產徵朝一對，晉人無辭；幣重一書，宣子心折。伐陳獻捷，戎服將事，晉人謂其辭順。區區弱鄭，忽重九鼎。故今日壞垣納幣，舉從來所未有之事，子產行之，無復顧忌，蓋由識見卓耳。但曰子產有辭，抑末矣。(《晨書》總評) 宋南金曰："晉人藉辭魯喪，留賓弗見。子產卻托燥濕不時，因之獲罪，輒爲毀垣。雖舉動殊肆，然當進退兩難，不如此無以抒其憤也。敬客、慢賓，兩兩對照，晉之不能繩其祖武，已屬汗顏。説破魯喪亦敝邑之憂，則留賓弗見，益覺多事。至言薦幣之後，自己修垣，則晉人悻悻之意，消歸何有矣？議論辯折，證據風刺，種種絶調。"（《觀止》尾）晉爲盟主，而子産以蕞爾鄭朝晉，盡壞館垣，大是奇事。只是胸中早有成算，故説來句句針鋒相對，義正而不阿，詞強而不激。文伯不措一語，文子輸心帖服，叔向歎息不已。子産之有辭，洵非小補也。（《集解》尾）文伯措詞已妙，乃自子産一一登對，不特折倒文伯，抑且令趙文子赧然嘆服，良由晉以盟主自負，而賓見無時，命不可知，則已有愧盟主。文子恐以此故諸侯攜貳，是以謝過加禮，而且改築館舍也。通篇實處豐贍，虛處委婉，詞令逼真卓絶。（《彙編》尾）鄭以蕞爾介在强鄰，四十餘年不被兵，皆子産力也。觀此專對不辱，俱見事上行己之道合於君子。前段文伯之悻悻，後段叔向之津津，俱是極爲子産寫照。然其立言有體，義正不阿，詞強不激，自非群儒舌戰一時者比。（《知新》尾）晉爲盟主，更八傳矣。諸侯奔走，執玉薦帛，未免習爲故常，有慢易之心。提出文公來，見與今時事事不同。修垣小節，留客大常，如何不以自責，輕相責人？使他心折無辭。（《左繡》眉）引《詩》贊不容口，極有神致，非此重重疊疊之《詩》，結不住一篇反反復復之文也。文字結局，最要通體相稱，豈漫然引《詩》了事而已？鍾伯敬曰："左氏每於傳末作一斷案，而假託諸人言以爲重，太史公傳贊祖此意。"（昆崖尾）王守溪曰："婉逸流動，氣骨仍自蒼勁。"楊升庵曰："義正而不阿，辭強而不激，自有一段温雅處動人。"程念伊曰："實處豐贍，虛處委婉，詞令真絶。"無側媚回護之態，亦無躑張淩暴之情，其義指光明而正大，其詞令婉至而和平。其鋪敘也，見筆力之高嚴。其頓折也，見豐神之跌宕。再四諷詠，既令人愧，又令人服，此所謂有道之文也。與吕甥、國佐、燭之武輩一派機鋒尖利者又別。子産是左氏意中第一個人，故敘其詞命，亦另是一番氣象。文有渲染襯托之法，此傳前寫文伯悻悻，後寫叔向津津，總爲子産詞令之妙加渲襯也。有此兩段，通體局勢既活，正面精神愈振。説那邊，政是説這邊。古人文字，多用此訣。（《約編》尾）傳言子産馳詞執禮，故能折服大國。以區區之鄭，介於晉楚之間，爲積威之所劫，奔命不遑，何以爲國？若一味柔順，無辭以折大國之非禮，其何以立于諸侯之列耶？子産於此能行人所不能行，言人所不能言，只爲見得此禮分明，便不爲威武所屈。我持。（《左傳翼》尾）子産有辭，徵朝獻捷，丰采兩露于晉庭，此則初執政時折服盟主之一事也。以隸人之垣贏諸侯，晉人一向如此。去年朝晉，子產未聞稍置一詞，獨於此番毀垣納車，烈烈轟轟，做此詫異舉動，對詞嚴厲，刀斧俱下，一字不肯放鬆，蔑視晉人直如無有，以其藉口魯喪，留賓弗見也。晉、鄭與魯同爲兄弟之國，死者尚知滒恤，生者獨不加禮，君臣宴處一堂，自恃盟主，不恤諸侯。因其無禮而以禮折之，晉人所以斂手屈服也。篇末敘叔向之言，極力讚歎，往復留連，嫋嫋不絕，真有繞梁餘音。以小國抗大國，若無真實才識，豈能作此驚天動地事？子產胸中有此一篇大議論，然後才有此舉動。然亦逆知文子虛懷受善，言無不入，既以此裨益諸侯，又使晉追復文公舊跡，不失爲盟主，而國人亦因之懾服焉。若遇楚子圍剛愎自用，豈肯犯難以攖其鋒乎？（德宜尾）婉逸流動，氣骨仍自蒼勁。王守溪。（盛謨總評）通篇正面只有"銅鞮之宮"十句，前後許多筆墨都歸會此。故"壞"字只用一反點，而已和盤托出。尤妙在忽接"僑聞文公之爲盟主"一句，生出無數異境。蓋前段精神，已注銅鞮之宮數句，卻故爲停頓留住，不使急走。又從文公一段高處呼揚，而正面精神益出。正如芍藥將吐而仍含，忽着一陣春雨，而蕊葩怒開矣。讀者以爲樂否？予最喜文公一段，幻出空中樓閣架虛凌雲，層變不測。孫鑛反謂太實，何也？大抵古人文章，不細心尋繹，不知其妙。往年見鄉人取橄欖，入口便吐棄，問予曰："苦澀不堪，君何喜嚼？"余笑曰："君試細嚼便知。"鄉人搖手。孫君讀《左傳》，毋乃類此？（高塘尾）此子產得政後，交鄰出手第一事也。應前國小而偪之案，緊抱"未見"，詳剖"壞垣"，周顧魯喪，義正而不阿，詞強而不激。以之折服晉國，悚動諸侯，外交作用，已見一班矣。實處豐贍，虛處委婉，不卑不亢，真詞令妙品。"盡壞其館"句，令人駭。"不敢輸幣""不敢暴露"一段，令人原。文公二段，令人愧。內"雖君有魯喪"數句，令人平。"乃築諸侯之館"句，乃見令人服也。辭之不可以已也，不誠然哉？（《自怡軒》尾）子產不恃辭命之優，總是見得理透。故其事大國，下之可也，激之可也，爭之亦可也。謝立夫。（《學餘》尾）子產有辭，諸侯賴之，此趙孟、叔向之羞也。然能改其過，國不猶有人乎？又以知強大之不可不慎也。（林紓尾）此篇機鋒之犀利，主賓詰難，彼來此擋，無一語落空，亦無一語不搔到癢處。客壞主人之牆，無理極矣。士文伯之責言，堂堂正正，幾無可曉辯。然士文伯未吐之言，子產已早有準備，逆料必然如此。靜聽之，把其至有理處翻倒，見其無理，真妙不可言。士文伯開口便説寇盜，繼以完館高閎。子產答詞，亦正以防盜之故，無奈他門不容車也。主人言完館高閎，則此垣理不該毀。客言門不容車，無所藏幣，勢在不能不毀。若但如此答應，主客立見衝突，非詞令之妙也。乃子產開口時，並不即言寇盜，但說他誅求無時。誅求無時，即強盜之行爲。所謂府實者，直是強盜納贓之地窖，機鋒至細至隱，聽者初不之覺。又恐春光洩露，忽然起一大波，提出文公崇大諸侯之館，又說文公種種重客之故，所以不畏盜賊，亦不患燥濕。留下"門不容車"四字，爲當面奚落地位，真舉得高高，令他跌得粉碎也。以銅鞮之宮與隸人之舍比較，不止自陳客之苦趣，一直管到主人閒事矣。然既稱他祖宗之美，率性將他子孫極力教訓一番，令他啞口不能置辯，似自己壞垣是一種正大光明道理。語至此，真使主人到無可轉旋地位。而又替他原諒，稱他爲魯喪之故，所以接見無時，果獲薦幣，便一身無事，修垣而行，亦所誠甘。"修垣"二字，看似恭順，實則鄙他全晉，不值一錢。蓋誅求無時，貪也。門不容車，吝也。既貪且吝，不過愛錢耳。修垣者，賠償也。汝既愛錢，我亦不靳，率性全始全終，打一好交道。強硬中含和婉，和婉中又極強硬，直妙到不可解矣。（《菁華》尾）入手數句，詞尚委婉。自"文公爲盟主"以下，則理直氣壯，字字摸之有棱。說到銅鞮之宮，則規晉之君臣，幾於痛哭流涕，可作一篇奏議讀，而惜乎昏昏者之卒不悟也。彼叔向者，晉臣之巨擘，亦不知子產之苦心，而僅僅以有辭善之，誤矣！（《日知》尾）刀鋒箭簇之筆，而澤以深厚，行以跌宕，是謂大雅，入戰國人手，則操之已戲矣。

　　鄭子皮使印段如楚，以適晉告，禮也。（《左繡》眉）將朝則告，既往則告，甚矣！其不憚煩也。

　　莒犁比公生去疾及展輿，既立展輿，又廢之。犁比公虐，國人患之。十一月，展輿因國人以攻莒子，弒之，乃立。去疾奔齊，齊出也。展輿，吳出也。書曰"莒人弒其君買朱鉏"，言罪之在也。（《測義》夾）愚按：據傳，則弒君者展輿也，《春秋》當與楚商臣、蔡般、許止同一書法，安得置其子之大惡，而加之國人乎？蓋展輿因國人之攻莒子弒之乃立，而左氏誤以"之"字作"以"字，如趙匡氏之說是已，當從經文及胡氏爲正。雖然，使展輿能討賊於既立之後，庶乎其可免矣！〖編者按：奧田元繼作楊升菴語。〗（《左繡》眉）許止非弒，則書弒父。今展輿實弒，反泛書莒人，傳解恐非聖經本旨。重寫兩國人句，爲解經伏筆。"去疾奔齊"本連上段作敘事結局之筆，卻將"齊出也"搭上作注釋，而又趁勢與"展輿吳出"牽下作對，便爲明年奔吳張本。此等筆法，眞如珠走盤，圓轉入妙。（《評林》眉）《補注》："'罪之在也'，失與文十六年、宣四年傳例同，劉氏曰：'如是，則父有罪，子得而弑之也。亂天地之性莫甚焉。此固左氏不受經之蔽。'"

吳子使屈狐庸聘于晉，通路也。（《補義》眉）何云："觀狐庸之言，則夷昧將背前約，而以位私其子矣。僚之立，非衆所戴也，宜其啓光之爭。"趙文子問焉，曰："延州來季子其果立乎？巢隕諸樊，閽戕戴吳，天似啓之，何如？"對曰："不立。是二王之命也，非啓季子也。若天所啓，其在今嗣君乎！甚德而度，德不失民，度不失事，民親而事有序，其天所啓也。有吳國者，必此君之子孫實終之。季子，守節者也。雖有國，不立。"（《分國》尾）吳國若果大啓，必季札立。季札不立，便是吳亡之兆，何大啓之有？此唐獨孤及《季札論》府辠於季札，謂其"潔己而遺國，國之覆亡，君實階禍也"。（《左繡》眉）季子不立，數語可了。既有天啓一問，便應有非啓一答，但非啓季子卻如何落筆？妙於"若天所啓"一轉，從對面寫透，而正面自明，又不犯手也。此中極有匠巧，莫隨口念卻。從不立說到天啓，仍從天啓說到不立。有兩意則遞說、復說，必用順逆往復爲章法矣。（《左傳翼》尾）問意原在季子，故開口即說不立，非天所啓。末以"雖有國，不立"作結。中言嗣君，正以實其守節不立也。狐庸謂"有吳國者，必此君之子孫"，言原不的確。但既通吳、晉之路以成其好，若不言嗣君德度，則爲晉所輕。況二王既死，季子又守節不立，天之所啓，似在嗣君，此亦據實而言，不得以爲應答權詞。（《評林》眉）汪道昆："'巢隕'，謂門于巢而隕也；'閽戕'，謂爲閽人所弒也。"《滙參》："德言仁，度言智，林注作'量廣'，仍在德甲裏說矣。"（閻生夾）宗堯云："春秋之有季子，亦鳳麟也。左氏欲借其人爲衰世樹之風聲，故於其器識、襟抱、性情、志節盡情鋪敍，所謂曠世相感，雖敍事之文，實當與孟子'聖人百世之師'篇並讀，以求其神味也。"

十二月，北宮文子相衛襄公以如楚，宋之盟故也。過鄭，印段迂勞于棐林，如聘禮而以勞辭。文子入聘。子羽爲行人，馮簡子與子大叔逆客。事畢而出，言於衛侯曰："鄭有禮，其數世之福也，其無大國之討乎！《詩》曰：'誰能執熱，逝不以濯。'禮之於政，如熱之有濯也。濯以救熱，何患之有？"（《淵鑒》眉）鄭國多材，亦由子產善於委任，使各用其所長耳。水心葉適曰："北宮文子所謂有禮，見相小國之難也。"臣熙曰："子產生平得力，只一'禮'字，擇能而使，故詞令之美，重於春秋。"（《補義》眉）以"鄭有禮"一贊作提，而下二段縷縷敘出，至結句一筆繳轉，覺波瀾壯闊，而點滴歸原。（《評林》眉）唐錫周："人人効命，真有舉能其官之象。"《滙參》："禮爲政本，幾成習語，此忽翻新，可喜。"《附見》："政以此熱，禮以此濯。"（方宗誠眉）以上敘鄭待衛有禮，以下歸功於子產從政之英，通篇以"禮"字爲主。

　　子產之從政也，擇能而使之。（《正論》眉）"馮簡子"以下見各人之能，"鄭國將有諸侯之事"以下，見子產之擇能而使也。（《補義》眉）唐云："前又藏過子產，此處忽然現出。"此言其平日。馮簡子能斷大事，子大叔美秀而文，公孫揮能知四國之爲，而辨於其大夫之族姓、班位、貴賤、能否，而又善爲辭令。裨諶能謀，謀於野則獲，謀於邑則否。鄭國將有諸侯之事，子產乃問四國之爲於子羽，且使多爲辭令。與裨諶乘以適野，使謀可否。（《補義》眉）董云："與乘適野，畢殫其長，千古用人之法。"此言其臨時。而告馮簡子，使斷之。事成，乃授子大叔使行之，以應對賓客。是以鮮有敗事。北宮文子所謂有禮也。（文熙眉）穆文熙曰："'子產從政'以下，非文子之言，乃其所謂有禮者，史氏演之成文耳。"（《左傳雋》眉）楊素庵曰："篇中連用五個'使'字，文字森然。"（孫鑛眉）文勢太約，以錯落佳。（王源尾）文有入筆，有出筆。入者入吾意，出亦出吾意也。意之所在，不可輕出，先思一入法。又不可漫入，先思一出法。入要曲而別，出要脫而矯。務使讀者觀其入，不知其所以出；觀其出，又不知其所以入。斯爲善耳。此傳本敘子產之擇能而使，卻以北宮文子爲入筆，諸賢略見，絕不及子產。文子言鄭有禮，亦不及子產，所謂曲而別也。乃轉筆忽出子產，所謂脫而矯也。既出子產，主意點明，方將諸賢總序一番，又將子產使能詳序一番，然後繳轉前文而結之。觀其入筆，方知出筆之妙。觀其出筆，愈知入筆之妙也。前敘諸賢，有印段而無裨諶，後則有裨諶而無印段。後序諸賢，各詳其能，前則但詳逆客。總似不甚照應者,皆錯綜之妙也。(孫琭總評)左氏於子產也,言之重,詞致復。如上年子皮授子產政,既詳著其行事矣,此篇因北宮文子之言,復述"子產之從政也"一段,見其兼集衆長,量能授任,有休休有容氣象。而以北宮文子"所謂有禮也"結之,見得鄭之能國,皆子產所爲。讚歎稱美,意在言外,與仲尼聞其卒而出涕,同一情深。(魏禧尾)魏世儼曰:"此篇曲盡用材之妙,諸葛公所謂集忠思、廣忠益者,子產已先行之矣。"(《分國》尾)此傳凡三段,首段北宮文子,次段子產從政,三段諸人用命,以"有禮"二字爲脈絡。(《左繡》眉)此是兩截格,全重有禮,而所謂禮者,又全在辭令。故於起處點一"辭"字,後半極稱其辭令之善,結歸有禮。因一端而詳其全體,寫得極出色有精神。兩截文字,不出前案後斷、前敘後議兩種。今此上截文子有禮之評,卻爲下截總論張本,是以斷爲案也。下截詳寫擇能之使,即是上截諸人實事,是以敘爲議也。其此神變,筆端真有十二龍。寅既以辭令爲主,而行人逆客時,卻不載一語。亦以此處載其辭令,則後半涵概一段鋪排文字,反覺贅設,而文格累墜,運掉不靈矣。此剪裁要着,因思古人爲了自己文字章法,刪削埋沒別人好文字不少。若不能割愛,一總堆入,己文先不佳,安能復令他人之文藉我而傳乎?下段作兩番説,一是平日,一是臨時,都以子產作領。前一層以馮簡、太叔起,後一層以馮簡、太叔止,應轉起處。恰好上半篇陪一印段,下半篇陪一裨諶,配得絶無偏枯。落墨輕重,如經稱等。唐錫周曰:"前文藏過子產,後半忽然出現。妙!寫諸人能,於太叔獨不用能字,偏描出一幅畫像。於裨諶,又補出性情,妙甚!"又曰:"因文子有禮一語,便縱筆寫到子產爲政,偏細細將四子能事敘一段,又細細將子產擇能而使寫一段,幾令讀者忘其所以然。然後一筆繳轉,何等超卓!行文之妙,如乘騏驥,按轡徐行,忽然絶塵而奔,便似不復可控制。少焉輕輕一勒,依然仍回舊路,此種奇格,實爲創見。"(昆崖尾)劉開侯曰:"因文子之言,而及子產爲政之事,亦文章之變局。"(《嘈鳳》尾)事舉於人,"禮"字是事之骨,子產是人之綱。文前截不露子產,句句有子產在。後截不及"禮"字,句句有"禮"字在。中提後結,意皆豁然,此畫龍點睛之神技。(《左傳翼》尾)因文子贊鄭有禮,而推出所以然,由於子產之擇能而使。前隱後顯,前略後詳,筆筆飄逸,句句奇矯。自壞晉館垣後數篇文字,無非詳寫子產初政。叔向稱其有辭,文子稱其有禮,孔子歎其仁,子皮歎其忠,事大恤小,愛民信友，無一不善，固不僅都鄙有章等事足以盡一生經濟也。左氏津津道之，自是推爲春秋第一流人物。或莠謂："前序諸賢，有印段而無裨諶，後則有裨諶而無印段。後序諸賢，各詳其能，前則但詳逆客，於不甚照應中見錯綜之妙。"不知印段迂勞，偶一被使，辭命非其所長，且不在逆客之數，故注文子"所謂有禮"，可以不入。至於裨諶，雖不逆客，實始造謀。無裨諶則數子長無所施，斷不可略。其增其減，原屬天然條理。而前詳逆客中諸賢之能早已畢效，其照應以神不以跡，此唯細心人知之。（《日知》尾）奇格變調，舉重如輕，運掉靈而包裹緊故也。（高嵣尾）因文子有禮之言，敘出子產從政之事，另是一格。前"禮"字，後"使能"字，兩相照應。與晉文圖霸及晉悼復霸篇參看，子產爲政，得力在一"禮"字，其心契於延州來公子一言乎？（《評林》眉）張半菴："世叔、公孫揮、裨諶諸人之才，世恒有之。而子產，即聖人之言曷以加諸！故孔子以爲仁。"（方宗誠眉）收句回應篇首，如神龍掉尾，令人不測。（《學餘》尾）文子其知禮乎！子產其宰相之才乎！子產將以濯鄭也，文子之言，將以濯衛侯也。吾其自濯乎！吾其與有志之士共濯乎！（《菁華》尾）鄭命之美，聖人所言盡之，傳文可作此一章註腳。開手提出"有禮"字，尤爲探原之論。以見聖人所重，不僅文采擅長。

鄭人游于鄉校，以論執政。（《正論》眉）聖人以仁稱，以其能忘己、能用人也。（《淵鑒》眉）古帝王懸鞀設鐸，以察邇言，正所以通幽隱、廣聞見也。子產不毀鄉校，以達輿情，故孔子稱之。伯厚王應麟曰："僑不以防怨爲善而怨自彌，故僑與鄭俱昌。斯以分過爲忠而過益彰，故斯與秦俱亡。"**然明謂子產曰："毀鄉校，何如？"**（韓范夾）爲政而禁鄉邑之言，立見其敗也。然明賢者，豈有爲此下策乎？亦姑言之以試子產耳，觀末數語，其意自見。**子產曰："何爲？夫人朝夕退而游焉，以議執政之善否。其所善者，吾則行之。其所惡者，吾則改之。是吾師也，若之何毀之？我聞忠善以損怨，不聞作威以防怨。豈不遽止，然猶防川，大決所犯，傷人必多，吾不克救也。不如小決使道，不如吾聞而藥之也。"**（孫鑛眉）兩"不如"並承，有致。（《補義》眉）德無常師，能自得師，非心無私者不能，便見是仁處。第一"不如"承上"吾不克救"，第二"不如"廻抱"吾師"意。（《評林》眉）魏禧："按：毀鄉校此語，非然明本意，聊以探子産。且然明賢者，不當作此想，而玩其前後語氣，亦自見。"彭士望："'是吾師也'，虛懷實用。以爲雅量，秪看得一層。"《經世鈔》："'藥之'，真識時務語。"然明曰："蔑也今而後知吾子之信可事也。小人實不才，若果行此，其鄭國實賴之，豈唯二三臣？"（《學餘》眉）數"也"字如徐熙畫落梅，瓣瓣皆有態致。

仲尼聞是語也，曰："以是觀之，人謂子產不仁，吾不信也。"（文熙眉）子產不毀鄉校，以善惡爲師，即聖人之言曷加？故孔子以爲仁。（《左傳雋》眉）羅文恭曰："引夫子之言以贊之，於子產益光。"（《快評》尾）然明之言，是以此試子產，非真欲毀鄉校也。讀子產他文，只見其剛毅勇決，凜乎有難犯之色。觀此而後知其才之絕人，蓋有所自也，夫人未有不受善言、剛愎自用而能有成者。其所善者，吾則行之；其所惡者，吾則改之。大哉，言乎！雖致堯、舜不難矣，豈特鄭國哉！此其才之所以絕人也。（魏禧尾）魏世儼曰："全無物我之見，惟以治道爲心，如春風駘蕩，萬物豐阜，想見子產當日識量。"（《分國》尾）以議於鄉校者爲吾師，此即懸鞀設鐸之意，真宰相也。田文書於門版曰："有能揚文之名，止文之過，文（疑衍）私得寶於外者，疾入諫。"止過則是矣，揚名則非也。（《賞音》尾）政出而人皆議之，豈不傷執政之體？然自明哲人看來，不足損威，適有補於吾治。不然，鄉校毀矣，彼巷議腹誹，其又可禁乎？（《左繡》眉）此篇以夫子斷語爲主，前子產語，句句有一忘私克己、邦家無怨道理在，爲"仁"字伏案也。凡作三層讀，先正說，次從正意說到比喻，次又從比喻說到正意。其實起處"吾師"，結處"吾藥"，與中間防川小決，皆是以喻意爲正說，一串寫來，理醇詞警。"小決使道"本對上"大決傷人"，卻又轉下"聞而藥之"，兩"不如"以遞爲對，章法最圓，然亦變調也。然明語只收應"毀鄉校"句，故讚語只用虛說，爲夫子留地步。否則贊而又贊，非復即歧矣。又，一是正說，一是反說，一是極其效，一是推其心。"信""不信"又相應，必非隨手填綴者。（《左傳翼》尾）國家因革損益，豈能盡善？故王天下有三重，本身而外，猶必徵民。人言不足恤，荊舒所以斷送趙宋乾坤也。"是吾師也"，居然設鐸懸鞀心事，謂之曰"仁"固宜。鄭政積弱，子產糾之以猛，人多不便。從政一年，即有孰殺之謠，想見紛紛啾啾、如醉如狂景象。後來歌誰嗣者，即是此輩。然明毀鄉校一問，或恐奸民亂政，不平於心，或故爲此言以試子產，俱未可知。而"何爲"二字，回得決絕，可知子產胸中全無一點芥蒂。善則行，惡則改，義理既明。小決道，大決傷，利害亦晰。此皆子產學問純粹處。(盛謨總評)左氏作文，信筆所之，屈伸往來，無不如意。方着意看，左氏若不經意；方不着意看，左氏又若用意。讀《左傳》，只會到此，便入佳境。通篇正意，只是"吾師也"數句寫盡，到後宕開，忽用"不如吾聞而藥之"一句掉轉，則"是吾師也"一句何等精采！(高塘尾)俞桐川曰："即《國語》召公論監謗意，彼古穆，此雋朗。"古帝王懸靲設鐸以察邇言，正所以審善否、廣見聞也。子產不毀鄉校，正是此意，故孔子善之。起處"吾師"，收處"吾藥"，中防川"大決""小決"，純以喻意作正論，點化入妙。(《自怡軒》尾)說得毀不毀大有關係，不唯不禁人議，且欲導之使議，古人立論，總深一層。許穆堂。(《學餘》尾)為上者不可以長惡，亦不可以弭謗，虛己擇善，庶幾免於過矣。為下者不敢逞其橫議，更不敢涉於訕上，忠愛諷諫，庶幾免於罪矣。

子皮欲使尹何為邑。(《正論》眉)胡時化曰："此與子路使子羔為宰相似，傳言子產之治，子皮之功。"(孫鑛眉)五"使"字亦在有意無意之間。清勁圓活，其調最鍊，最有節奏。四節四譬喻，隨便插入，絕無痕跡。蓋即口頭語鍊之入妙，於文最易識，然卻不易學。(《才子》夾)欲作纏綿帖肉之文，須千遍爛讀此文。非貴其文辭，貴其心地也，此文只是一片心地。(《彙鈔》眉)四節設四喻，卻俱隨便插入，絕無痕跡。細分之，則第一節破"愛"字，第二、第三節破"使"字，第四節破"學"字，蓋即口頭語鍊之入妙，是化工之筆。(《淵鑒》眉)喻政以美錦，又喻以田獵，所以深著不學而仕之戒。文勢逐段相生，奇峭古雋，如層巒複水，令人尋繹不窮。水心葉適曰："'我小人也，衣服附在吾身，我知而慎之。大官大邑所以庇身也，我遠而慢之。'子皮就自所知分際上言之，自有地位，故雖才智不如子產，而子產為其所用也。用人之弘，乃多於其人之有用，此理當深察也。"臣正治曰："'願，吾愛之'，此用人大患，軟美所為見譏於司馬也。至未能操刀而使割，所害非小，宜子產委曲折之。子皮服善，亦足多焉。"子產曰："少，未知可否？"子皮曰："願，吾愛之，不吾叛也。使夫往而學焉，夫亦愈知治矣。"子產曰："不可。人之愛人，求利之也。(《便覽》眉)先斷一筆，已下都用眼前指點，語語入情入理。今吾子愛人則以政，猶未能操刀而使割也，其傷實多。（《補義》眉）儲云：" 第一喻駁'吾愛之'。" 子之愛人，傷之而已，其誰敢求愛於子？（方宗誠眉）"其誰敢求愛於子" 之下，即可接 "子有美錦" 一段，然嫌平順，有 "子於鄭國" 數句在中間，文乃挺拔。"子於鄭國" 四句，置在 "人之愛人" 之上作提筆亦可，置在 "何暇思獲" 之下作束筆亦可，然章法平板，人人能之，插入前後兩層之中，則章法變化不測。子於鄭國，棟也，棟折榱崩，僑將厭焉，敢不盡言？（《補義》眉）第二喻作引子。（方宗誠眉）此數語提掇之筆，又爲上下橫擔。子有美錦，不使人學製焉。大官、大邑，身之所庇也，而使學者製焉，其爲美錦，不亦多乎？（《補義》眉）第三喻駁使學。（《約編》眉）棟折、美錦二喻，不用 "猶" 字、"譬如" 字，正喻入化。僑聞學而後入政，未聞以政學者也。若果行此，必有所害。譬如田獵，射御貫則能獲禽，若未嘗登車射御，則敗績厭覆是懼，何暇思獲？"（《補義》眉）第四喻兩意雙貫。（《學餘》眉）無句不轉，無轉不達，無達不文，兼雕龍炙輠之美，而又深之以忠愛之實心，故能令人百讀不厭。子皮曰："善哉！虎不敏。吾聞君子務知大者、遠者，小人務知小者、近者。我，小人也。衣服附在吾身，我知而慎之。（《補義》眉）跟美錦來。大官、大邑所以庇身也，我遠而慢之。微子之言，吾不知也。他日我曰：'子爲鄭國，我爲吾家，以庇焉，其可也。'今而後知不足。自今，請雖吾家，聽子而行。"（《補義》眉）徐云："子皮語凡三節，語語入情。" 子產曰："人心之不同，如其面焉。吾豈敢謂子面如吾面乎？抑心所謂危，亦以告也。"（《左傳雋》眉）李九我曰："喻極剴切，文有頓挫。"（《約編》眉）又出一喻，與前四喻以類相從。（《補義》眉）子產對又用一喻，在前四喻之外。（《評林》眉）王元美："衣服附身，知而慎之，應子產不使人學製錦意。" 按："不亦多乎"，"多" 猶勝出。《檀弓評苑》注云："彼官邑之重，豈不多於美錦乎！" 魏禧："操刀而使割，一喻；子有美錦，二喻；譬如田獵，三喻錯出，情意懇切稠疊，不獨法致可喜。" 子皮以爲忠，故委政焉。子產是以能爲鄭國。（文熙眉）穆文熙曰："古今用人之病多重此，所以人多過舉，世鮮良吏，皆其操刀而自傷者也。子產之言，可爲萬世法哉！"

(《左傳雋》眉) 王維楨曰:"此見子產所以得政,全篇又似主腦在此。"(《正集》尾) 清勁圓活,其調最鍊,最有節奏。即口頭語鍊之入妙,此種文最易識,最難學。唐荊川。(《文歸》尾) 此文極佳,全借譬喻以曉事理。操刀,一喻也;棟折,二喻也;制錦,三喻也;田獵,四喻也。子皮説其言,以衣服附身喻之。子產申其説,又以子面、吾面喻之,各擅俊偉。人但知左氏之齊整,而孰知左氏之奇宕?鳳洲。(《快評》尾) 學優後仕之前,不意先有此篇快論。未學之人而使之仕,則爲傷人。然則未學之人而即欲仕,寧爲自愛乎?吾願學者一反觀之。三喻只是一義,而反復各盡其妙。學也者,學爲政也。政也者,行其所學也。二句從"往而學焉"來。大小遠近四字,是自勘其見識學問之規矩,不可一日不用此四字以自省也。子皮能受善言,鄭多君子哉!(王源尾) 子產能言,左氏善序。故寫得婉暢切摯,曲折纏綿,使讀者魂動心死,千載下如親炙其徽而聆其娓娓,何其妙也!有子皮之賢,而後子產能爲鄭國。垂訓深切著明,可爲千古謀國者龜鑑。共用五喻,層疊芊眠,點染生動,最耐看。(孫琮總評) 設喻見意,筆鋒犀鋭,胸中所蓄,言下豁然,自令人諷誦不厭。(《古文斫》尾) 只"學而後入政,未聞以政學者也"二語道盡大旨,卻都作娓娓近情之語,而以譬喻出之。此是對知心朋友盡言之法,子皮心服在此。後又補心、面一喻,見得朋友亦有言不盡處,千古下讀之,猶堪攬涕。(《覺斯》尾) 過商侯:"文莫難於設喻。此篇疊設六喻:操刀使割,一喻也;棟折榱崩,二喻也;製錦,三喻也;田獵射御,四喻也;子皮悅其言,以衣服附身爲喻;子產申其説,又以子面、吾面爲喻。此種文字,最是難學。"(魏禧尾) 魏世儼曰:"子皮使尹何爲邑,如季路之使子羔爲費宰,特婉轉出之。然子產篤朋友之誼,子皮虛心受善,千載令人健羨。"彭家屏曰:"開元初,姚崇與盧懷慎並入相,姚崇謁告十餘日,政事委積,懷慎不能決。崇既出,須臾裁決俱盡,懷慎自以才不及崇,每事推之,論者不多崇之能,而多懷慎之能讓能也,以爲《秦誓》所謂'寔能容之'不過是也。子皮知子產之賢而讓以執政,用其善言而自知不足,真所謂無他技而能有人之技者矣。子產之能爲鄭國,由子皮之能用之也。其度量不有大過人者哉?是可以風後世之爲宰執者矣。"(《析義》尾) 子皮使尹何,猶子路使子羔,欲以民人社稷爲學者也。子產謂之傷,即夫子謂之賊。但以大官大邑關係庇身,使人學治,不但學者受傷,而使之學者自害不小。子產即其所言層層翻駁,妙在四引喻中鍊成一片，絕無痕跡，宜子皮之稱善而自咎也。按：子皮爲鄭上卿，當有私邑，尹何疑係家臣子弟向所狎者，喜其易於指使，因欲用以治之。其所謂政，與國無預。故子產止言棟折，不言屋壞；止言庇身，不言庇國。而子皮亦以治國兼治家爲請者，乃一片説話。恐將來家中復有如尹何之事，無人阻止，非因欲錯用尹何於國邑，然後推而及於家事也，不可不知。（《分國》尾）數行中，有四喻。操刀一喻，謂尹何未習也。棟折一喻，謂子皮任之未當也。製錦一喻，謂當使尹何先學也。田獵一喻，繳合操刀使割之意。子皮因之，亦以衣服爲喻，而子產又以子面、吾面終之，無非喻也。（《觀止》尾）"學而後入政，未聞以政學"二語，是通體結穴，前後總是發明此意。子產傾心吐露，子皮從善如流，相知之深，無過於此。全篇純以譬喻作態，故文勢宕逸不群。（《集解》尾）前後俱用婉切之調，嫵媚動人。子產忠告，子皮虛受，千古僅見。（《彙編》尾）"自傷""害人"，非子產不能委曲詳盡。"不敏""不知"，非子皮不能從善如流。此同寅協恭之美，最爲難得。主意全在"學而後入"二句，通篇凡四段，轉折多變，總發明二句之意。至篇中疊用五喻，隨手撚出，初無定法，尤錯落珠璣。（《知新》尾）議論侃侃不阿，卻借罕譬以明，令聽者心開意爽，不覺迷昧頓消。（《賞音》尾）執政之所愛，孰敢沮之？不知心無忌嫉，而言之婉轉近情，未有不足移其聽者。然言者難，聽者尤難，子皮之量足稱已。（《左繡》眉）此篇只"學而後入政"二句爲大旨，若就正意發揮，亦自有一首絕大文字。卻偏將正語只於中間一見，前後都用譬喻指點，語語入理，又語語入情，不作一味板腐大話頭，最是生新出色處，開後大題小作法門。左氏真無妙不臻，有奇必備者矣。操刀、制錦、射御，三者正貼爲邑作喻，中間"敢不盡言"自是閑文，趁便亦用一比方。後半衣服、心面兩項，亦因前文用比，遂通用比方以配之，此文律之所以純而不雜也。後人效之，或又貪發正意，好議論，便終身理不成錦耳。先破"愛"字，接連兩遍只一個比方。次破"學"字，前後兩遍，用兩個比方。"學"字，主也。"使"字只帶説，不重。或以三喻爲分結"愛""使""學"三層者，非。"不亦多乎"，只用虛筆縮住。若實説完，則上復"其傷實多"，下又不留"敗績""壓覆"地步矣，此頓挫之妙也。"大官、大邑，身之所庇也"與"大官、大邑，所以庇身也"緊相呼應，上對"爲邑"，下照"吾家"，此子產以謀國之餘爲子皮謀，乃所謂忠也。《咀華》云："今人混讀，便令子產一段懇切意思抹倒，子皮以爲忠，從何着落？"可爲知言。"他日"云云，插此一開，筆意乃曲。又將"爲鄭國"先作一透，令結句有根，字無泛設。四喻字字警快，末尤新雋。君房言語妙天下，恐未易至此。因論爲邑之忠，遂委以治國之政，蓋於通篇又轉一境作結也，真言有盡而意無窮矣。（儲欣尾）一篇重疊用喻，而美錦一喻，尤善於開導。（昆崖尾）王鳳洲曰："清勁圓活，其調最鍊，最有節奏。凡四節插入四譬喻，絕無痕跡，最難學。前四喻外，子產又用一喻，子皮又疊一喻，《盤庚》三篇多喻，同此奇致。"竟是子羔宰費章絕妙注腳，至理名言，千古不易，反覆透快，一種篤摯之情，婉折之調，真足動人！若嘖嘖賞其疊設譬喻以爲奇，終是皮相。喻不足奇，奇在有先喻後正者，有先正後喻者，有插喻於正者，有插正於喻者，有正喻互形者，有正喻合串者，錯綜成文，去板砌之跡；合同而化，泯斧鑿之痕。遂覺橫峰側嶺，步步出奇。錯繡團花，絲絲入扣。五色石烹鍊，實出天工；七雲錦組織，豈關人巧！（美中尾）子產盡言，子皮受善，語語推心置腹，讀之惻惻動人。（《約編》尾）段段設喻，自成章法。（《啫鳳》尾）學而後入政，不以政學，是聖賢通論，此子羔質美未學，而子路使爲費宰，夫子謂之賊。子路以治民事神爲學，夫子又謂之佞也。罕氏得國氏忠告，從善如流，且虛心委政，令蕞爾國內安外寧，其識量洵足千古。篇中層層設喻，入理入情，拓開學者心胸不小。熟此，于聖賢道理應倍有發明。在子產爲國而并忠子家，子皮因家而即忠于國。兩賢交濟，鄭之所以興也。子產誠國之良矣，而子皮委政之功尤不可及。吳永植舊識。（《左傳翼》尾）以年少不學之子而使之爲邑，既傷其人，又害其邑，兩失之道也。故前有操刀之譬，後有製錦之比。大官大邑，猶不可輕擲於庸碌之手，況天下乎？雖然，人孰無學？習法令以吏爲師，是亦學也。以是人而在高位，是播其惡於衆。孔子曰："君子學道則愛人，故人不可不學。"尤當問所學何事。才見一事，便曲曲折折披肝瀝膽，具陳其可否，此之謂盡心。才聞一言，便委委婉婉，怡聲下氣，痛改其迷惘，此之謂虛懷。千古友誼若此兩人者，吾未多見也。他日子皮卒，子產出涕曰："吾無爲善矣！惟夫子知我。"必如此而後爲知我，知我豈易言哉？若邑屬國邑，子產秉政，子皮必不旁參其權。唯係自己私邑，視爲不甚緊要，因愛尹何，故使之爲。不知邑以庇身，妄使非人，則人與邑俱傷，而己身亦受其害，此皆子皮不善治家處。子產不待其問，而侃侃諤諤，俾之豁然猛省，乃見其忠。篇中五喻，棟折榱崩，專説子皮。心、面説己與子皮。餘三喻皆是説使尹何，而一就愛上説，一就學上説，一就尹何不學説，各有所指，便不雷同。一片讀去，渾然不覺。後唯《國策》淳於髡一朝而見七士篇，可以相配。（《便覽》尾）純用譬喻成章，卻妙在隨便拈來，絕無痕跡。蓋即口頭語鍛鍊入神，便最易識，最難學。讀者熟其節奏，玩其鍊法，自己作文，亦有生趣矣。芳輯評。（《日知》尾）杜注云："傳言子產之治，乃子皮之力。"鮑叔知我，久爲口實。子皮於子產，恐或後來居上矣。《春秋》最著二人，而非"治於高溪"之薦，仲且湮而不彰；非有"虎帥以聽"之言，子產亦避而自全耳。二百四十二年，僅二人以功名著，豈人才之鮮耶？抑愛惜而護持之者未至，故不得自見耶？"買絲繡作平原君，有酒惟澆趙州土"，千古孤憤，同聲一歎矣。敘兩人語，皆用一襯一正筆法，字字婉摯，文調亦和雅腴鍊。（盛謨總評）只看他轉接起滅，出入往復，變幻不測，便是古今一副絕奇筆墨。昔公孫大娘舞劍，杜甫謂其："燿如羿射九日落，矯如群帝驂龍翔。來如雷霆收震怒，罷如江海凝清光。"庶足形容此文之妙。（高嵣尾）俞桐川："尹何爲邑，私邑也，原與執政無關。但子產與子皮有知己之感，有同舟之義，惟恐邑之不治，害及於家。故不憚懇到詳勉，此子皮所謂忠。"又曰："'雖吾家聽子而行也'，觀兩人之語，樸樸拙拙，反反覆覆，情親意切，志同道合。覺《管晏傳》尚從勢利起見，不若此文之深厚也。爲邑是家事，忽説到身，忽説到心，忽又説到國，正脩齊治，道理一串，極精微正大文字。評者徒取其布格變化，取喻雋快，不亦末乎？"竟是子羔宰費章絕妙注腳，至理名言，千古不刊。通篇共六喻，奇峭古雋，正復點染生動。如層巒復水，如錯繡團花，令人應接不暇。子皮授政子產，在三十年，玩此篇"他日""我曰"及"故委政焉"，乃授政後追敘之也。（《評林》眉）劉懷恕："子皮聞子產論政之言，乃傾心服之，遂以委政，大臣容善之量，古今僅見。"彭士望："'我小人也'，誰人説得此四字出？'聽子而行'，子皮真死心踏地服善人，令千載下讀之感涕。"《經世鈔》："'亦以告也'，絕不用知己感恩語，一語説得古今忠臣諫士苦心。"（方宗誠眉）通篇用五譬喻，簡而明，真奇文也。（《學餘》尾）子產之言信善矣，然子皮之從善如流，豈非古之君子人歟？嗚呼！吾不敢言尚友也，直師之矣。（《菁華》尾）子產於子皮，爲第一受知之人，而於用人之際，是是非非，不肯一語稍涉迴護，具見愛人以德之道。兩喻意相對爲文，具見情趣。子皮聞子產之言，不以爲忤，反以爲忠，此是人情所難。

衛侯在楚，北宮文子見令尹圍之威儀，（《正論》眉）家疑于國，臣疑於君，非一朝夕之故也，所由來遠矣。《易》曰："履霜，堅冰至。"爲人君者，夫亦甚所以自持，毋滋臣僭而侈，知幾者之深憂也哉？（《淵鑒》眉）經緯家國之謂禮，容止進退之謂儀，分別本末處入微。水心葉適曰："令尹圍之不終，如何只無威儀見得？又説到《詩》《書》，甚於後人義疏之學也。"臣德宜曰："傲慢在心，而威儀形之，故執玉高卑，昔人即以占休咎。公子圍蒲宮在會，執戈在前，僭越甚矣，文子所以決其不終也。"臣乾學曰："威儀定命，固不可忽。而持身有本，則又在威儀之先，尤當三省也。魯昭公習儀已亟，漢成帝臨朝淵默，尊嚴若神，與夫穆穆皇皇，如雲如日者，固已不侔矣。"（《補義》眉）論亂臣賊子，而作一篇理學文字，大奇！遙爲虢之會作引。唐云："以下數百言，皆從提二句疊發。"（《評林》眉）李于鱗："此篇以'威儀'二字作主，反復正大，可永爲世訓。"言於衛侯曰："令尹似君矣！將有他志，雖獲其志，不能終也。《詩》云：'靡不有初，鮮克有終。'終之實難，令尹其將不免？"公曰："子何以知之？"對曰："《詩》云：'敬慎威儀，惟民之則。'令尹無威儀，民無則焉。民所不則，以在民上，不可以終。"（《補義》眉）君臣分説，兩引《詩》一束，以見臣不可有君之威儀也。（《評林》眉）《補注》："'似君矣'，服虔云：'以君矣，俗本作似君，若云似君，不須言以。'今定本亦作'似君'，恐非。"魏禧："曰'見令尹圍之威儀'，又曰'令尹無威儀'，驟不可解，讀至臣有臣之威儀，乃知其似君處，正是他無威儀處，小人以奢僭爲體態，多見其妄耳，是一則理學文字。"公曰："善哉！何謂威儀？"對曰："有威而可畏謂之威，有儀而可象謂之儀。（《評林》眉）唐錫周："'有威而可畏'以下數百言，只就此二句層見疊發，如抽蘭殺蕉。"俞寧世云："此下五層，皆是反射令尹。"君有君之威儀，其臣畏而愛之，則而象之，故能有其國家，令聞長世。臣有臣之威儀，其下畏而愛之，（《評林》眉）《滙參》："'畏而愛之'，此下當闕'則而象之'四字，林注：'不言"則而象之"，承上文也。'欠明。'順之'以下三句，亦束上起下。"故能守其官職，保族宜家。順是以下皆如是，是以上下能相固也。《衛詩》曰：'威儀棣棣，不可選也。'

（《評林》眉）《匯參》："此《邶風》刺衛頃公，故曰《衛風》。棣，本又作逮。"言君臣、上下、父子、兄弟、内外、大小皆有威儀也。《周詩》曰：'朋友攸攝，攝以威儀。'言朋友之道，必相教訓以威儀也。《周書》數文王之德，曰：'大國畏其力，小國懷其德。'言畏而愛之也。（《補義》眉）數文王之德，提"畏""愛""則""象"四字，總説分説，節節相生。唐云："尤奇在俱就文王身上説歸到威儀，緊對令尹。"又云："平列十句似板，卻暗將'畏''愛''則''象'滲合在内，更奇！"《詩》云：'不識不知，順帝之則。'言則而象之也。紂囚文王七年，諸侯皆從之囚。紂於是乎懼而歸之，可謂愛之。文王伐崇，再駕而降爲臣，蠻夷帥服，可謂畏之。文王之功，天下誦而歌舞之，可謂則之。文王之行，至今爲法，可謂象之。有威儀也。（《評林》眉）陳廣野："論威儀，而舉文王之'畏而愛''則而象'以實之，文典而偉。"穆文熙："威儀雖並言，然不難可畏，而難可象，又不徒在四體，而在行事，故引文王以發之，見子圍之不能終也。"按：《地志》："崇，國名，堯時崇伯鯀，紂時崇侯虎，在明時爲西安府鄠縣。"（《學餘》眉）不言令尹之威儀，而言文王之威儀者，蓋言有二服事之德，則令尹似君之惡，不言可知，此爲背染法。故君子在位可畏，施捨可愛，進退可度，周旋可則，容止可觀，作事可法，德行可象，聲氣可樂，動作有文，言語有章，以臨其下，謂之有威儀也。"（《左傳雋》眉）王鳳洲曰："左氏每用疊語，只覺疏宕快爽，不見重疊累纏，此所以爲奇也。"（王源尾）威儀，美德也，使人畏而愛之，則而象之也。然威儀有别：君有君之威儀，不可替也。臣有臣之威儀，不可越也。以臣僭君，亡無日矣。謂之有威儀，可乎？文子論令尹圍之意如此。然作者於意之所在，往往滅其跡，隱其形。或錯綜以亂之，或囮圖以涵之。總不欲讀者一目了然，務使仿佛莫定，疑似不能甚解，而後其筆始高。如此傳直提文子見令尹之威儀，而斷其不終，威儀似非美德。及詳論威儀，而威儀乃有國家之先圖，則其意固囮圖莫辨矣。然先曰："民所不則，以居民上，不可以終。"後曰："君有君之威儀，臣有臣之威儀。"又曰："君臣、上下、父子、兄弟、内外、大小，皆有威儀。"則令尹圍之威儀非其威儀矣。只不與人明明指破，而半吞半吐，使其義半現半隱。此用筆所以高，章法所以妙也。論令尹圍，數語斷盡，無餘義矣。自"何謂威儀"以下，論威儀耳。然五層文字，無不與令尹反射，至引文王一段更妙，蓋與"令尹似君"，尤為切照，故述之最詳。而一結汪洋恣縱，極論威儀，見如此而後謂之有威儀，威儀可僭越乎？結構經營，匠心慘澹。共十二個"威儀"字，層峰復嶺，倒側離披，一徑秋毫，緣崖而上。一轉一丘壑，一步一洞天，烏可草草讀過？（《彙鈔》尾）善辭命以應敵，脩政令以安民，二者皆當時立國之要也。然其間有得有失，而國之盛衰以判焉。如晉、楚之強大，會盟征討無虛日，一悖於理，則無以服人。若魯、如宋、若鄭，蕞爾一隅，得自植立，不至淩併于晉、楚，茲非其明驗耶？雖然，綱常淪絕，無世無之。晉欒盈、魯臧孫、齊崔杼、慶封、宋向戌，好亂樂禍，為千古罪人。故經著其旨，傳核其事，垂戒遠矣。吳季子讓國不居，歷聘諸國，觀樂則斷制古今，論人則坐決成敗，其賢明鮮有及者。左氏每紀一人，每敘一事，用句或輕或重，用字或低或昂，皆有筆法，可以神會，而不可以言傳。（《分國》尾）此時令尹威儀不過"設服離衛""執戈二人""蒲宮以居"，儼然似君矣。不知此非威儀，"臣有臣之威儀"，如文王克守臣節乃可，"則象"語中有針。（《左繡》眉）此篇只是一首鋪排文字，首段切論，"公問威儀"以下，純用泛論。於有威儀者說得透，而無威儀者益明。借賓形主、詳反略正之妙，至此文而暢極矣。切論有兩層，前一層只說令尹不終。後一層，乃指出所以不終者，由於無威儀。泛論亦有兩層，前一層分解威儀作提，而下從君臣推言無人不有威儀以結之。後一層單舉文王作提，而下從君子推言無事不有威儀以結之。雖兩截文字，詳略不同，而片段固相配極整也。篇內凡三番引《詩》及《書》，前半篇兩層分點。後半篇於上層則以引證作煞，於下層則以引證作起，章法最整而變。通篇以"令尹圍之威儀"一句領起，以下凡寫十三"威儀"以應之，又是一首拈弄題字妙文也。引《詩》句句恰切威儀，古人恁精巧在。既曰"見令尹之威儀"，又曰"令尹無威儀"，驟不可解。讀至"臣有臣之威儀"，乃知其似君處，正是他無威儀處。小人以奢僭為體態，多見其妄耳，是一則理學文字。文王一段，似涉寬衍。然無此便接不得著末一段緊排文字，故先著寬衍以淳滀其勢，而後乃縱其所如也。行文疏密相間，疾徐相生，正是章法入神處，非淺夫所得而仿佛也已。起手分提，中間零應，著末總掉，點水不漏。結句重煞，應上"有威儀"，又抱轉提句，並與令尹無威儀緊照，收拾完密。唐錫周曰："將'有威而可畏謂之威'一十六字,拆得粉碎,臨了只一掉,便覺一十六字依然分拆不開,大奇大奇!譬如水銀在盤,大珠小珠,零零星星,如棋布,如星羅,少焉合在一處,仍舊一塊生成。天巧耶?人工耶?吾烏得而知之耶?"忽合忽分,忽整忽散,離奇恣肆,不可端倪。蓋文章本無定態,只怕有心人會蒐羅耳,此正是極會蒐羅之文也。(《左傳翼》尾)開首便云"見令尹圍之威儀",分明有威儀了,何以謂之無?以其似君也。似君則上凌一切,皆無可畏、可愛、可度、可則氣象,安得謂之有威儀?先將令尹斷盡,後面泛論威儀,筆筆反映令尹,所謂項莊舞劍,其意常在沛公也。因令尹似君,故言威儀兼説君臣,以見臣而不臣,雖有威儀,直如無有,而君之不可似臣可知,言外亦有微惕衛君意。引文王,不言其爲君威儀如何,而專論其爲臣,正見其小心翼翼,有天王明聖、臣罪當誅之懼,所以卒保其終也。令尹似君,與此大相懸絶,雖獲其志,豈能終乎?末路收繳"有威儀",一連下八"可"字、兩"有"字,如此則有,非此則無,氣雄力厚,筆致更覺悠揚。(《補義》眉)一筆總收。(《日知》尾)"令尹似君"一句全文主腦,即全文樞軸,愈實愈虛,愈平板愈玲瓏,呵爲排板,蓋泥醉忘意者耳。(《評林》眉)唐錫周:"不謂'威儀'二字,寫得如此斟酌飽滿。"(《學餘》尾)威儀定命,文子其知之矣。公子圍之威儀,所謂炙手可熱者,所謂"若火之燎于原,不可向邇,其猶可撲滅者",文子其知之矣。(《菁華》尾)左氏一書,每以舉動容止決人之吉凶禍福,無不奇中。蓋左氏取一時之故實以成書,其中者存之,其不中者去之,故一一吻合如此。君臣分説,便見尊卑上下之分懍然不可侵犯,所以杜覬覦之漸者,其旨微矣。以下特就"威儀"二字推廣言之,文筆極其酣恣。(闇生夾)宗堯按:"此言圍欲爲君而無其實,其旋纂旋滅之故,悉攝於此論中。"

左傳集評

四

The Collection of Comments and Punctuation on *Zuozhuan*

李衛軍　編著

昭公（元年至三十二年）

◇昭公元年

【經】元年春王正月，公即位。叔孫豹會晉趙武、楚公子圍、齊國弱、宋向戌、衛齊惡、陳公子招、蔡公孫歸生、鄭罕虎、許人、曹人于虢。（《評林》眉）高閌："此會乃楚公子圍帥諸侯大夫尋宋之盟也，宋之盟，齊人不預焉，今齊又從楚矣，晉伯之衰可知也。"劉績："楚雖先晉，而先書趙武者，亦如宋盟尊中國抑夷狄之強也。"三月，取鄆。夏，秦伯之弟鍼出奔晉。六月丁巳，邾子華卒。晉荀吳帥師敗狄于大鹵。（《評林》眉）趙鵬飛："僖、文之世，齊、宋、魯、衛皆罹狄害，文十一年，魯敗之于鹹。成十二年，晉敗之于交剛，其害遂息。今諸侯未受其患，而荀吳敗之于大鹵，大鹵即大原，在晉之東北，無乃爲晉邊鄙之患，而晉敗之歟？"秋，莒去疾自齊入于莒。莒展輿出奔吳。（《評林》眉）陳宗之："莒本去疾之國也，故《春秋》正之曰'莒去疾入于莒'，不與密州之舍去疾也，不與國人之君展輿也，胡《傳》以爲因不稟命而削其公子，恐非也。"叔弓帥師疆鄆田。（《評林》眉）汪克寬："《春秋》一經，書假田者一，譏予之之非義也。書疆田者一，譏取之之非義也。"葬邾悼公。冬十有一月己酉，楚子麇卒。公子比出奔晉。（《評林》眉）《傳說匯纂》："圍殺麇之跡甚秘，而以僞赴，故魯史承赴而書之，《春秋》因而不革。胡《傳》謂圍以篡弒而主會盟，故聖人憫列國之衰微，懼人欲之橫流，而略其篡弒焉，失經旨矣。"

【傳】元年春，楚公子圍聘于鄭，且娶於公孫段氏，伍舉爲介。（《左繡》眉）此文爲盟虢立傳，卻從逆婦敘起，先爲行僭作一引子，正位只用"讀舊書"一筆點過，"讀舊書"正楚圍行僭處，因無可摹畫，便輕輕一點，偏將他設服離衛，滿座指指搖搖，一派熱譏冷刺，逐筆細描，而行僭神情面目，活見紙上。行文如入山陰道中，應接不暇。又不肯寂然便住，卻將評論人者，重又評論一番。以閑文作結，猶起處以閒事作引也，首尾相配，又其大凡矣。通篇作三段讀，凡三點楚圍作眼目。首段先點後敘，中段先議後點，末段先點後斷。兩點在首，一點在尾，便是首段與中段分點在兩處，而中段與末段連點在一處也。只一順逆轉換之法，而段落乃愈明。虢之會，乃宋盟後又一大文也。彼以文辭起，故亦以賦《詩》結。此以辭令起，故亦以機鋒結。彼以叔向作陪，此以子羽作陪，乃局法相準處。宋盟合十四國大夫，虢盟合十二國大夫。然彼點在前，此點在後。彼但記其至，而各無一言。此全略其事，而各列其説。乃局法相錯處，兩兩相較，精彩各見也。（《補義》眉）此會虢傳，分三段看，以中段爲主。（高塙眉）前段在未至會以前，先以旁事作引。楚詞責以大義，婉而多風。鄭詞發其隱心，直而不激。"包藏禍心"一句，抉出楚人之狡，與後不信作照應。（方宗誠眉）通篇三段，皆敘公子圍之倨。將入館，鄭人惡之，使行人子羽與之言，（闈生夾）所言不詳載，避下文也。乃館於外。既聘，將以衆逆。子産患之，使子羽辭，曰："以敝邑褊小，不足以容從者，請墠聽命！"（《才子》夾）子産從直叫破，妙絶！乃州犂語，亦甚腴甚蒼，甚委甚勁。（《左傳雋》眉）郭青螺曰："爲墠行昏，鄭固非禮，而以昏謀鄭，心則何忍？圍其不仁之尤者乎？卒之子羽'包藏禍心'之言出，而圍之肝膽著見矣。"（《評林》眉）孫鑛："'使子羽辭'，'辭'，辭命。"（方宗誠眉）先不明言正意，止委曲辭之，此文字先虛後實之法，亦是曲折不平直之法。令尹命大宰伯州犂對曰："君辱貺寡大夫圍，謂圍：'將使豐氏撫有而室。'圍布几筵，告於莊、共之廟而來。若野賜之，是委君貺於草莽也！是寡大夫不得列於諸卿也！不寧唯是，又使圍蒙其先君，將不得爲寡君老，其蔑以復矣。唯大夫圖之！"（孫鑛眉）濃腴蒼勁。"不寧"作拗，意頗有致，第此四字於今則已爲陳。（《約編》眉）伯州犂之言，豐腴華贍，儼然是婚姻之言。（《補義》眉）作三層寫得十分有禮，以大無禮加鄭。（《評林》眉）《滙參》："'令尹命大宰伯州黎'，亦先作一引，此兩人都留於後文照應。"王荆石："三意如疊嶂，更呼應井然。"《經世鈔》："如此辭令，不減諸鄭，但正詐異耳。"子羽曰："小國無罪，恃實其罪。將恃大國之安靖己，而無乃包藏禍心以圖之？小國失恃而懲諸侯，使莫不憾者，距違君命，而有所壅塞不行是懼！（孫鑛眉）長句累贅，卻就中取態，此于鱗所希。不然，敝邑，館人之屬也，其敢愛豐氏之祧？"（《左傳雋》眉）丘瓊山曰："伯州犂之言假以大義，而子羽之對發其隱心，且辭氣溫雅，不激不亢，使圍終不敢肆其猾險，辭令之不可已也如是夫！"（韓范夾）以他辭拒之，彼必不聽也。直言其情，則自止矣。此待強人之法。（《約編》眉）直言其情，使知有備，妙在措辭婉轉。（《補義》眉）"豐氏"只一筆輕掉，最得體。（《評林》眉）金聖嘆："子羽從直呌破，妙絕！"《經世鈔》："事有難處處，直言最妙。"李笠翁："用一'恃'字，縱橫煙波千里。"《評苑》："豈敢愛惜豐氏遠祖之廟，而不以成祀乎？"（方宗誠眉）此方説出正意，辭氣甚峻。楚但責鄭之無理，而不知鄭已看破楚之包藏禍心，被子羽開口道破，亦自無辭以對矣。（闇生夾）宗堯云："楚惟利是視，何知弭兵？子木、公子圍終守規利之策，晉卿終守避楚之策也。"伍舉知其有備也，請垂櫜而入。許之。（文熙眉）汪道昆曰："辭令妙品。"以下二段，上段宜在鄭，而下段宜在晉。《貫玉》乃置楚中，姑仍之。穆文熙曰："子圍逆婦，而乃包藏禍心，殊非人情。不有子產，則拒之無詞，納之不可，鄭其狼狽矣。"（《左傳雋》眉）孫應鰲曰："'伍舉知其有備'一句，關鎖得好，則子羽包藏禍心之言，益爲有據矣。"（《正集》尾）楚圍未免支離其辭，子產則爽爽愷愷，直言無忌，故足以奪人之魄。〈陶石寶〉（《彙鈔》眉）入館是聘時事，衆逆是娶時事，敘二事一略一詳，蓋以上一段引起下一段也。（《析義》尾）公子圍爲楚令尹，既柄楚國，是時方爲盟主，將合列國大夫，其寵大矣，目中寧復有蕞爾鄭？而拳拳求娶其大夫之女，且必守奠雁常儀耶？蓋楚本無信之國也，先是向戌弭兵之歃，屈建已衷甲爭先。此番欲得志於晉，計惟有乘鄭許婚之約，借親迎徒衆，襲取其國，以通諸侯南向之路耳。篇中"將以衆逆"四字，奸謀畢露。若論親迎舊典，鄭似無可措辭，乃子產全不理論是禮非禮，硬使行人以堙爲請，俟其説長道短，造出許多體面話頭，然後單刀直入，抉破行詐隱衷。且以鄭失國、楚失信，俱引作不設備者之罪，令垂涎者無處着手，只得將錯就錯而行，好不掃興。左氏辭命每以句句分釋見奇，此卻以不分釋爲分釋，尤其奇也。（《晨書》

總評）宋南金曰："甚矣，楚之不仁不信也。前此向戌弭兵，子木已衷甲矣。後日韓起、叔向送女，又欲刖其足、加之以官刑矣。今茲藉口逆婦，陰欲圖鄭，心何險也？以赫赫令尹，楚君介弟，求一大夫之女，而使之郊外成昏，殊覺失體，宜彼以正大之辭，來相詰問。然不顯白其包藏禍心，則拂之不從，聽之不可，是鄭以一女失一國也。子羽不辨爲墠之有禮無禮，直抉陰謀，使知有備，則太宰之言，不破而自破矣。待凶人不得不如此。"（《觀止》尾）篇首著"惡之""患之"四字，已伏後一段議論。州犂之對，詞婉而理直，鄭似無可措辭。子產索性喝出他本謀，使無從置辨，若稍婉轉，則楚必不聽。此小國所以待強敵不得不爾。（《彙編》尾）逆女可也，以衆逆則不可。圍柄楚政，方爲盟主，目中焉有鄭在？明明借親迎徒衆襲取鄭國是實，子產看破機關，先使請墠，便是遇事有識。至不說鄭憚楚，倒說諸侯憚楚。不說自爲懼，倒說爲楚命不行懼，且以鄭失國，楚失信，俱引不設備者之罪，不亢不隨，辭令之善又如此。（《知新》尾）楚之不信，其來已久。將以衆逆，意欲何爲？假託親迎，不許則廢禮，許之則害國。直逼他知有備，垂橐而入，方得兩全。他人處此，不知如何措辭矣。（《賞音》尾）楚令尹之逆女于鄭，諒無好懷。所難者，無辭拒之耳。妙以除墠爲請，俟其詰責而後道破實情，使知有備，此亦不得已而禦大國之一策。（《左繡》眉）子羽卻衆逆，自作一首妙文讀。州犂說君、說大夫、說先君，一正一反，字字鄭重。若論情理，所論情理直令人無可解辯，妙在竟將他包藏禍心一口喝破，亦令他無可躲閃，而於是亦說諸侯、說敝邑、說豐氏，一正一反以配之。他文婉得妙，此文又直得妙。乃直而仍出之以曲，則辭令之工，無以復加也。（昆崖尾）丘瓊山曰："楚之言，責以大義。鄭之對，發其隱心。蓋楚以衷甲之詐見疑，故鄭以請墠之辱待楚。是來人之侮，楚自取耳。"（《約編》尾）明目張膽，使楚無可置喙。（德宜尾）通篇總不外"包藏禍心"四字，乃前半故作遮掩，後半竟一口喝破，前半曲得妙，後半又直得妙。（《補義》眉）至此方知前此衷甲乃詐晉而駕焉，何以當時晉卿無不膽落？可謂愚矣。（《自怡軒》尾）通篇總不外"包藏禍心"四字，前半故作遮掩，後半一口喝破，使再無他辭相難。〈許穆堂〉

正月乙未，入，逆而出。遂會于虢，尋宋之盟也。（《正論》眉）張楫曰："不以禍人之心，重易我仁人之心。大哉言也，凜凜有生氣。"（高嵀眉）中段是會虢正文，前截在臨會之時，後截在正會之時，前以"信""不信"作關鍵，暗應上"聘鄭"一段。後以"設服、離衛"爲議論，並伏下退會一段。"請讀舊書"，只輕輕一句，楚便佔先。此雖令尹之狡，實亦趙孟之偷。(《評林》眉)《經世鈔》："'其有備'，伍舉亦作此舉動耶？'入逆而出'，豈野合耶？不然，何以逆女不以歸，而爲會耶？二事牽連，筆法妙。"祁午謂趙文子曰："宋之盟，楚人得志於晉。今令尹之不信，諸侯之所聞也。子弗戒，懼又如宋。子木之信稱於諸侯，猶詐晉而駕焉，況不信之尤者乎？楚重得志於晉，晉之恥也。(《補義》眉)提一"恥"字，振其沈魄。子相晉國以爲盟主，於今七年矣！(孫鑛眉)頓挫全在"爲"字句，振起前後文勢。再合諸侯，三合大夫，(闡生夾)馬驌云："再合諸侯，襄二十五年夷儀，二十六年澶淵；三合大夫，二十七年會宋，三十年澶淵及今虢。"服齊、狄，寧東夏，平秦亂，城淳于，師徒不頓，國家不罷，民無謗讟，諸侯無怨，天無大災，子之力也。有令名矣，而終之以恥，午也是懼。吾子其不可以不戒！"(孫鑛眉)語不甚腴，而婉轉流動，頗與戰國相近。第終是鍊出語，其調不同。戰國透快，此蘊藉。(《評林》眉)王元美："祁午蓋知文子必不敢先楚，故有此諫。"按：襄二十五年，晉趙武初爲政，至今年已歷八年。然今乃建子正月，以夏正數之，七年也，故杜注云"以春言"。"頓"，《韻會》言："勞弊也。"《史記》"楚滅頓"、《漢書》"綱紀廢頓"之類。《論語文林貫旨》："戒，是禁止豫防意。"(闡生夾)晉爲盟主，而偷安下楚，實爲國恥。左氏不肯明言，特於祁午口中見之。文子曰："武受賜矣！然宋之盟，子木有禍人之心，武有仁人之心，是楚所以駕於晉也。今武猶是心也，楚又行僭，非所害也。武將信以爲本，循而行之。譬如農夫，是穮是蔉，雖有饑饉，必有豐年。(闡生夾)宗堯云："其無長治久安之策，於此可見矣。"且吾聞之：'能信不爲人下。'吾未能也。《詩》曰：'不僭不賊，鮮不爲則。'信也。能爲人則者，不爲人下矣。吾不能是難，楚不爲患。"(文熙眉)汪道昆曰："議論能品，'詐晉而駕'字法。"穆文熙曰："祁午所言，乃防患之策。而武子所恃，則長厚之道。然惟晉可爲之。若'小國無罪，恃實其罪'，則又不可執一論矣。"〔編者按：《左傳雋》作何孟春語。〕仁人之言，長厚之心，文子備之，可以佩服。"楚不爲患"，言不患楚也，非楚亦不能爲晉患之謂也。(《測義》夾) 愚按：虢之會，楚請讀舊書而不盟，居然再先於晉矣，晉不得已而許之，可謂無策。趙武所謂以信爲本者，力不能敵，而詭爲之辭，豈真仁人之心哉？蓋自是楚益橫而莫能制，而晉之霸業遂衰矣。(孫鑛眉) 此調與前同而更加鍊妙，句句頓挫，其語俱只作六七，勢似盡非盡，卻盡。音最諧，味最永，後代所希。(《補義》眉) 圍是讀盟宋舊書，武亦襲盟宋舊說，只一"信"字曲折寫來，不出叔向之言，可知前日叔向皆武授意也。(《評林》眉) 《經世鈔》："'必有豐年'，勸世妙語，只一味做好人到底，必有其應。"《左粹類纂》："言我以不能信爲難，不以楚之得志爲患也。"

楚令尹圍請用牲讀舊書加于牲上而已，晉人許之。（韓范夾）圍雖強，鄭苟有辭，勿敢逆也。晉、楚匹耳，武奈何一言不出，讓楚再先，晉國之恥，不已甚乎？自是不復霸矣。(《左繡》眉) 中段乃會虢正文也。晉楚狎主齊盟，宋既先楚，此番理應先晉。而圍輕輕一著，不費半點氣力，便爾長占先手。此雖令尹之儇，實趙孟之偷。然楚先而書仍先晉，則以"信爲本"數語，實獲聖心。故左氏亦特特詳載祁、趙一番議論，爲一篇之主，而並不復釋經，則兩篇各以避就爲章法，讀者得之互見之表可也。因盟讀舊書，文中亦便句句將宋盟伴說。說到趙孟，亦便將他從前相業伴說，此皆相題行文、移步換形要訣，不然何處得有現成親切文字耶？祁午以楚得志於晉爲恥，作兩層說。趙孟以楚駕於晉爲信，亦作兩層說。然祁午前一層說晉恥略，後說子恥詳。趙孟卻前一層說晉不害詳，而後說吾不患略，整中有變，不板不支。要之，兩層雖截，而實一串也。前後都以機警用事，中幅獨奏和平之音，最文家疏密相參、疾徐相赴妙處，此又以相錯爲相配者矣。(《評林》眉) 《補注》："'讀舊書'，於是可見宋之盟晉、楚所爭者，歃血之先後而已，此不歃血，故史不書盟。"(《菁華》尾) 與貪暴人作事，強既不可，弱又不宜，此中自具操縱之妙。至迫到無可如何處，滿口支梧，總屬無益。不如掬情相告，使彼耽耽者被人窺見肺腸，自然氣奪。"不然"以下，反筆一轉，語意更見周到。趙孟之失，正坐弗戒之過，知戒則不爲人所困。祁午之言，可謂洞中竅要，無如趙孟此時祗求息事而已，毫無遠志，姑借道學之言，以文其碌碌無能之恥，可爲一歎！

三月甲辰，盟。楚公子圍設服、離衛。（《左傳雋》眉）唐順之曰："此下敘事錯綜，歷歷如睹，而語語蒼奇。"（《補義》眉）穆子說"服"，子皮說"衛"，子家補出"蒲宮"，皆一意也。（高嵣眉）穆子、子皮、子家，三子語作一類敘。夾入伯州犂與行人揮，兩解兩攻，二子語作一對敘，板中得活。前是論其現在，此是刺其將來。國子、子招、齊子，三子語作一類敘，前祇說公子圍，此拖入伯州犂。左師、樂王鮒二子語作一類敘。前論各有諷刺，此論不知可否。（《評林》眉）鍾伯敬："圍始而圖襲鄭，已而先晉，已而設服離衛，其志盈而且蕩矣，篡弑之惡，豈無自哉！"叔孫穆子曰："楚公子美矣，君哉！"鄭子皮曰："二執戈者前矣！"蔡子家曰："蒲宮有前，不亦可乎？"（韓范夾）三子所言，絕似晉人。楚伯州犂曰："此行也，辭而假之寡君。"（《補義》眉）州犂前是飾辭，後是遁辭。鄭行人揮曰："假不反矣！"伯州犂曰："子姑憂子晢之欲背誕也。"子羽曰："當璧猶在，假而不反，子其無憂乎？"（《補義》眉）諸大夫各執一說，苦於平衍，妙在州犂與子羽兩番解駁，便有波瀾。諸大夫交口刺譏，苦只一意，妙在左師與王鮒不着痛癢，便異蹊徑。齊國子曰："吾代二子愍矣！"陳公子招曰："不憂何成？二子樂矣。"衛齊子曰："苟或知之，雖憂何害？"宋合左師曰："大國令，小國共。吾知共而已。"晉樂王鮒曰："《小旻》之卒章善矣，吾從之。"（《評林》眉）《附見》："子以有憂，故生事，若無憂，何事之爲？然則因憂生事，事成二子樂矣。"鍾伯敬："按：樂王鮒，從君也。今欲從《小旻》之卒章，殆真依附脂韋，蕩無可否者。即子羽乃謂其'字而敬'，過矣！"

　　退會，（高嵣眉）末段在會既退以後，又以閑論作結。上從"設服、離衛"生出諸大夫評論，此又將評論人者評論一番。聲如碎玉，形如串珠，文瀾不窮。俞云："於諸大夫，或用一字評，或用四字評，或隱括其意而評之，無不精當。"子羽謂子皮曰："叔孫絞而婉，宋左師簡而禮，樂王鮒字而敬，子與子家持之，皆保世之主也。（孫鑛眉）兩子語，子羽以"持"字品之，大是妙解。子羽若自許，恐亦傷太直。齊、衛、陳大夫其不免乎？國子代人憂，子招樂憂，齊子雖憂弗害。夫弗及而憂，與可憂而樂，與憂而弗害，皆取憂之道也，憂必及之。《大誓》曰：'民之所欲，天必從之。'三大夫兆憂，（憂）能無至乎？言以知物，其是之謂矣。"（文熙眉）穆文熙曰："楚圍盟會求先，威臨諸夏，而驕奢縱肆，等威擬於人君。當時若有齊桓、晉文之君在焉，必不堪也。伯道至此，其衰矣！"又云："子圍驕僭，州犂縱不自知，亦當因人言以知之。即其所得於人言者而委曲以正之，上也。不能正而委身以去，次也。知不出此，而文其過，反言以譏人，卒受其禍焉，下矣。"子羽以諸大夫論王子圍之語，因而占其禍福，大涉細碎，後又多無驗，不知左氏何以傳之也？（《左傳雋》眉）楊素庵曰："察言而料禍，禍後各不爽，子羽寧獨知四國之爲哉？即其臣在目中矣。"（孫鑛眉）八"憂"字亦似有意聯下，然鍊法尚未盡。（《快評》尾）此傳有三段文字，而春蘭秋菊各有其美。第一段是公子圍聘鄭，娶於公孫段氏。伯州犂聘鄭時對子羽之言，何其豐腴？行人子羽之言，何其直截？不謂一人一篇之中，有此兩種筆墨。子羽對楚，竟不別作他辭，一直叫破，何等直截痛快！子產筆路，每每如此。祁午謂趙文子是第二段。祁午之稱文子，何其烜赫！文子之自處，何等謙抑！正以祁午之言，反襯文子之謙抑也。第三段，楚公子設服離衛。接連寫十人之言，如大珠小珠迸落玉盤，其聲清越可聽。終以子羽之言，如一線串得，累累成貫。（孫琮總評）戴岡得曰："同一'不信'也。午之所患在焉，武之所恃在焉，妙於轉關。'小國失恃而懲諸侯'二十六字爲一句，累贅之極，反於此取態。"楚人狡獪，鄭國知之，祁午言之，子羽則就彼而破其情，文子則反躬而持以禮。一則答得敏捷，一則出以溫雅。楚雖狡獪，覺於此亦竟無所加。令尹之篡，諸人各就所見以致諷，子羽又合衆辭以論斷。參差錯落，有情有致，雋異之色，久而益新。（魏禧尾）魏禧曰："子羽之去代憂也無幾，而以譏國子，可乎？且言'當璧猶在'，豈默足以容之道？"（《分國》尾）設服離衛，諸大夫已笑其不終，州犂猶阿私而比之。自以上手之諂，將可取酬。豈知狼子野心，於郟之刃，不爲諂而可倖免也。評論"憂"字，如觀溺者，或笑或嗟，公子圍乾谿之難，在眼前矣。（《左繡》眉）末段尤是一則花團錦簇文字，一路相接而下，字字針鋒相對，讀之心花怒生。一段又分兩層，前一層又當分四節，以首三節爲主。本是隱諷，卻因州犂代他解説，下便從而直刺之，以州犂、子羽兩解兩駁爲一節。次以國子"代二子"，緊已無可進步，便抽筆説轉，反爲他作鬆筆，末更説到毫無譏刺。文心有轉無竭，文境屢變彌工，非漫然涉筆作游戲生活也。大抵中間州犂、子羽兩鬆兩緊。國子、招、齊，一緊兩鬆。前三人以尖穎起，後二人以渾厚終。此自成片段，不容紛錯者。後一層又當分兩節，先提出子羽評論諸人，是就前文提出中間一人作主。首敘叔孫，次左師、王鮒，次子皮、子家，分明將前段首尾五人作預敘，而另以陳、衛、齊三人作類敘也。敘次錯綜，而片段各不相紊，是何等機杼！州犁、子羽首尾照應，而子羽又各多寫一層。蓋此文以晉與楚對，而首尾皆以鄭爲論斷也，密甚！唐錫周曰：「前段州犁、子羽一段往復，如杖戟相撞，無一毫放鬆。入後如浮雲之在空際，極容與閑雅之致，合來方成天地間至文。選家摘録前段，知其領悟少也。」妙批！一部《左傳》皆作如是觀乃得。（昆崖尾）一手寫出多少人言語，人人聲欬如生。一事幻成多少段文字，段段風光無盡。丘壑千重，雲霞萬變，吾烏測其所際耶？（美中尾）宋之盟，以趙孟作主，首尾極力贊揚。中敘子木之詐，正以襯趙孟。虢之會，以子圍作主，首尾極力譏刺，中述趙孟之信，正以罪子圍。彼此錯舉互見，絕不雷同。至列國大夫在會，盟宋則詳其來至於前，後則略而不書。會虢則詳其評論於後，前則隱而不露。此皆以避就爲變化者也。設服離衛一段，層波疊嶂，與垂隴賦《詩》逐一品題相似。退會總評，亦與卒享復斷相似。又於變中寓不變，文心至此，不可方物矣。（《左傳翼》尾）一面聘，一面娶，便包藏禍心，況盟會時，而弗行僭乎？然以弱小之鄭，楚尚不能得志，何況赫赫晉國？趙孟一偷，仍復先楚，豈非晉之深恥？左氏敘鄭拒楚後，即繼以祁午之言，見晉之不如鄭也。末路十二國大夫紛紛議論，總因楚重得志于晉，腔中大有不平之意，譏刺楚圍，于趙孟不置一詞，不足之意可想見于意言之表。諸人議論，獨子羽雌黃滿口，與州犁往復，一字不肯軟弱，總因卻衆逆心事未忘耳！宋之盟以趙孟作主，首尾極力讚揚趙孟，中敘子木之詐，正以趙孟。虢之會，以子圍作主，首尾極力譏刺于子圍，中述趙孟之信，正以罪子圍。一彼一此，錯舉互見，乃不雷同。至列國諸大夫在會，盟宋則詳記其來至於前，後則略而不書。會虢則詳寫其譏評於後，前則隱而不露。此皆以避就爲變化者也。"設服離衛"一段，層波疊浪，如魚吹細浪，燕蹴飛花，與垂隴賦《詩》逐一品題相似。而退會總評，與卒享復斷，又於至變中寓不變，文心至此，真不可方物矣。盟宋時，雌雄未定，故楚人衷甲恐喝，以先晉人。此番若再歃血，勢必不好再先。惟有讀舊書一策，乃能令晉人俯首屈從，晉人之偷，事事在楚局中。楚人之僭，着着在晉意外，子圍真不信之尤者也！"武猶是心"，趙孟自知無如之何，落得爲此長厚語。叔孫與子家三人，似嘲似諷，口角婉妙。州犂懷慚，特爲解釋，卻被子羽一番搶白，兩家認眞作對，如戈矛劍戟相撞。後面諸人淡淡説開，若粘若脱，七嘴八舌，令州犂聞之，不知何以置喙？當日情景逼眞，非此妙筆不傳。前半聘鄭，後半會虢，兩篇大文字，出色作對者，此子羽一人。以子羽始，以子羽終，正宜着眼。（《補義》眉）俞云："倒捲上，筆情如駛。"借子羽之言，點出兆憂，傳見不獨大夫也，已神注下篇。（《日知》尾）讀舊書、加牲上，一筆寫盡楚圍狡詐，爲全文之主，通篇皆作此筆襯染也。朱子曰："山萬殊而一本，可想此文構局之妙；水一本而萬殊，可想此文布意之妙。"文分三段，首段古勁盤鬱，中段清宕和平，末段冷雋微婉，相間相錯，而合來正復如首如腹如尾也。過遞蟬聯，亦不可界畫。（高嵣尾）此爲會虢立傳，以楚圍爲主。於請讀舊書見其狡，於設服離衛見其僭。其狡處從祁午口中説出，其僭處從諸大夫口中評出，此中段意也。前從聘鄭一段敘入，爲楚圍之狡詐作引。後以退會一段收住，是楚圍之僭越餘波。聘鄭一段，是子羽致詞。退會一段，又是子羽評論。蓋此文中間敘晉、楚，而首尾以鄭爲起訖也，章法整齊。俞云："列國大會，諸卿俱在，借設服離衛一段議論，埋伏諸人脊谷，亦左氏用意結撰處。'退會'二字，最有眉目，見得楚公子盛氣登壇，眼空四國；諸大夫側目旁觀，附耳竊議，光景如昨。正與鄢陵之戰巢車一段，同一妙境。若無此二字，卻似盟後私相評論，意境便不活。"此評最妙。（《評林》眉）按："持之"，子皮與子家並執持。叔孫豹曰"美矣，君哉"，不敢一言毁譽，故《經世鈔》曰"亦絞婉之語"。《經世鈔》："'持之'，亦絞婉之語，語皆附和，卻有至理，獨'代人憂'一語爲無謂。"呂東萊："子羽能以言語知人，其後果一一響應。"（方宗誠眉）"言以知物"本束此一段，而前二段子羽、趙文子之言，亦可包在其中，神氣完密。（闈生夾）因會事而遍及列國大夫之言論，文情洋溢之處。宗堯按："是篇弭兵之利害，寫來莫不盡致，而忽旁及列國異日種種事變，想見'手揮五弦、目送飛鴻'之概。"

  季武子伐莒，取鄆，莒人告於會。（《左繡》眉）此篇本傳取鄆事，卻歸重論楚圍虐。蓋取鄆首敗弭兵之盟，罪在季武，而以戮叔孫，此便是楚圍虐處。首段詳寫叔孫不以賂免，全爲中段議論張本。而趙孟先盛稱魯使之不當戮，後並極論齊盟之不必拘。此不是出脱取鄆之季孫，乃所以殺楚圍在會一團驕亢之氣，而稍除其虐也。故末因賦《詩》自王，併詳敘叔向一番譏評作收煞，而以"求諸侯"回應"瀆齊盟"，以"虐滋甚"回應"請戮使"，首尾一線。論事則末段爲餘波，論文則末段爲結穴，讀者幸勿以鶴脛爲長而截之也。（《補義》眉）此取鄆傳，前段詳寫叔孫之爲國，中段詳寫趙武之庇魯，叔向一段寫楚之強，賦《詩》一段寫武之樂，劉定公一段痛斥武之偷而無以制楚也，仍歸結取鄆，以季武終。（高崿眉）首段即求貨事寫叔孫。前層是不肯行賂，後層併不怨季孫，極正大光明。請帶起、與帶收。（《評林》眉）《補注》："不書季孫伐莒者，莒人告於會，叔孫豹幾被戮，晉趙孟固請於楚而後免，故爲內諱之義，與僖十六年滅項不言師同，杜説非。"《經世鈔》："戮其使未爲過。"楚告於晉曰："尋盟未退，而魯伐莒，瀆齊盟，請戮其使。"樂桓子相趙文子，欲求貨於叔孫而爲之請，使請帶焉，弗與。梁其踁曰："貨以藩身，子何愛焉？"叔孫曰："諸侯之會，衛社稷也。我以貨免，魯必受師。（韓范夾）寧亡其身，而恐禍及其國，忠之至也。非趙孟則叔孫幾不免矣，故曰交好以爲公。是禍之也，何衛之爲？人之有牆，以蔽惡也。牆之隙壞，誰之咎也？衛而惡之，吾又甚焉。雖怨季孫，魯國何罪？（韓范夾）季氏欲快一已之私，而不顧使臣之死生，真可怨矣。怨季而及魯，遷戮也。怨季而不暇顧魯，恒情也。叔孫但知有魯，而並不念季氏之罪，公爾忘私，非此之云乎！叔出季處，有自來矣，吾又誰怨？然鮒也賄，弗與，不已。"（孫鑛眉）全用四字句，既傷板拙，且文法又多是傳中常用者，意雖工，終不爲妙。（《補義》眉）力破"藩身"二字，連用六層，一片忠心，可貫白日。召使者，裂裳帛而與之，曰："帶其褊矣。"（《左傳雋》眉）羅文恭曰："數語正而厲。"又曰："既正言以拒之，復裂裳以與之。不詭不激，此豹之所以免於戮也。"楊素庵曰："豹召使者，裂帛而與，卒不行賄。其後，豹之子婼拘於晉，范鞅求貨，卒亦不與，其世德也夫？"（《補義》眉）嚴以拒王鮒。（《評林》眉）王元美："既正言以拒，而復裂裳帛而與之帶，其能委曲以塞樂王鮒之意，此豹之所以卒免於戮。"按：叔孫下於季孫一等，宜出使，然遇戮亦其所也。"鮒好賄"，諸本作"鮒也賄"爲是，左氏多有此語勢。

趙孟聞之，（《補義》眉）忠以服趙武。（高崿眉）中段敘請免事，寫趙孟。前層論叔孫之不當戮，後層論取鄆之不必責，極委曲周至。"乃請諸楚"起，"乃免叔孫"收。曰："臨患不忘國，忠也。思難不越官，信也。圖國忘死，貞也。謀主三者，義也。有是四者，又可戮乎？"乃請諸楚曰："魯雖有罪，其執事不辟難，畏威而敬命矣。子若免之，以勸左右可也。若子之群吏處不辟汙，出不逃難，其何患之有？患之所生，汙而不治，難而不守，所由來也。能是二者，又何患焉？不靖其能，其誰從之？魯叔孫豹可謂能矣，請免之以靖能者。（《左傳雋》眉）唐荊川曰："'人實有罪'至'子其圖之'，章法整頓，總有二意。此段欲其宥善士，下段欲其去煩，看末段收拾便見。"（《評林》眉）陳廣野："不言叔孫之忠信貞義，而但云'勸左右''靖能者'，其意真委婉動聽。"《經世鈔》："'患之所生'以下，煩複衍緩，似《國語》中可厭文字，吾欲刪之。"張半菴："'請免之以靖能者'，意若盡矣。而以下復生二段議論，如轉窮谷而劃然天開，此絕處逢生之妙。"子會而赦有罪，又賞其賢，諸侯其誰不欣焉望楚而歸之，視遠如邇？疆場之邑，一彼一此，何常之有？王伯之令也，引其封疆，而樹之官。舉之表旗，而著之制令。過則有刑，猶不可壹。於是乎虞有三苗，夏有觀、扈，商有姺、邳，周有徐、奄。自無令王，諸侯逐進，（《評林》眉）按：三苗，國名，縉雲氏後爲諸侯，乃饕餮。三危，西裔。出《書孔傳》。《補注》："按：《費誓》云：'徂夷、徐戎並興。'"《滙參》："淮浦之夷，其國名徐也。成王伐淮夷，遂踐奄，因以封周公，蓋周公已封於武王時，而成王以奄地益之。今《志》言曲阜舊城，即古奄地，或言奄城在縣東二里。"（閩生夾）"逐進"，"逐"乃"遂"字之誤。《史記·樂書》："仲尼不能與齊優遂容于魯。"先大夫訓遂爲並，謂字書失其詁。閩生後讀《韓非》"是以賢良遂進而奸邪並退"，益證明之。此"遂進"與彼文正同，淺人不達而妄改之也。狎主齊盟，其又可壹乎？恤大舍小，足以爲盟主，又焉用之？封疆之削，何國蔑有？主齊盟者，誰能辯焉？吳、濮有釁，楚之執事豈其顧盟？莒之疆事，楚勿與知，諸侯無煩，不亦可乎？莒、魯爭鄆，爲日久矣，苟無大害於其社稷，可無亢也。去煩宥善，莫不競勸。子其圖之！"（文熙眉）穆文熙曰："魯尋盟未退，而即伐邾取鄆，莒人赴愬，法宜戮其使臣。然樂桓子欲以求貨代請，而叔孫故不行貨，慷慨受戮，反致趙孟之輿，大著聲稱，則禍福之倚伏，真不可知也！"汪道昆曰："議論辭令妙品。"（《左傳雋》眉）唐荊川曰："'去煩、宥善'二語，收拾大意完而醒。"（孫鑛眉）亦厭四字句多。然比前章稍錯綜，第爐錘之力未盡，尚覺冗而不净，緩而不勁。（《補義》眉）此段亦作六層，前三層求免叔孫之戮，後三層解釋取鄆之罪，動之以勸能，例之以吳濮，尊之以盟主，歆之以諸侯歸楚，其請叔孫也至矣。然趙武所以如此者，叔孫之忠義有以感之也，故此一段上照叔孫，下起宴樂，而趙孟之庇民只此已盡，亦是揭起劉定一番宏論。（闈生夾）文甚典則，實以發揮趙孟玩愒畏事之心理，爲其不能抗楚寫照。**固請諸楚，楚人許之，乃免叔孫。**（《評林》眉）《經世鈔》："尋盟弭兵，而魯取鄆，大罪也，若赦有罪，則莒何罪？以大侵小，效尤者不可勝數，何以爲盟主？文子固請於楚，雖曰厚道，非義之正也。然則叔孫可執乎？曰不可。以諸侯之師臨魯，使服而還鄆于莒，若曰'以叔孫之故而赦魯罪'，其可也。"（方宗誠眉）"去煩"束"疆場之邑"一段，"宥善"束請赦叔孫穆子一段，二句總結通篇。（《菁華》尾）伐莒之役，魯人不顧盟誓，擅自興兵，無禮甚矣。乃晉人不能持盟主之柄，使楚人得以仗義執言，可恥孰甚焉？此時爲晉計者，正宜合諸侯之師伐魯，取季孫宿斬之，方足爲弱小吐氣。即憐叔孫之忠，赦而歸之可也。乃貿貿然爲之乞憐於楚，觀其措詞之苦，曲意支飾，若唯恐不得其當，亦可憐甚矣。至此方悟弭兵之事，爲向戌一人所愚，悔之晚矣。

令尹享趙孟，賦《大明》之首章。（韓范夾）趙孟可謂賢矣，然讀其詞，免一叔孫而有不敢必得於楚之意，何其懦也？赫赫霸主，向氏敗之，可悲也夫！（高嵣眉）末段借叔向斷叔圍。既論其可王，復決其不終，收束通篇。蓋以餘波作正結也。"自以爲王"起，"弗可久已"收。**趙孟賦《小宛》之二章。事畢，趙孟謂叔向曰："令尹自以爲王矣，何如？"對曰："王弱，令尹彊，其可哉！雖可，不終。"趙孟曰："何故？"對曰："彊以克弱而安之，彊不義也。不義而彊，其斃必速。《詩》曰：'赫赫宗周，褒姒滅之。'彊不義也。令尹爲王，必求諸侯。晉少懦矣，諸侯將往。**（《補義》眉）會虢時七國大夫饒舌，至此趙孟亦忍不住，"晉少懦"三字最着眼，晉懦，楚安得不強？**若獲諸侯，其虐滋甚。民弗堪也，將何以終？夫以彊**

取，不義而克，必以爲道。道以淫虐，弗可久已矣！"（文熙眉）
穆文熙曰："叔向論令尹爲王，其事不難見。若論爲王而必求諸侯，獲諸侯而其虐滋甚，淫虐弗久。則非有過人之識者不能矣。"（《左繡》眉）既爲取鄆作傳，卻不敘季武伐莒一邊事，而敘莒人告會一邊事，連類而及，直敘到令尹自以爲王一番議論。文意蓋承前篇而來，其不合而分者，以此篇另成一種筆意也。文首尾兩段，中分兩段，段段都用短峭句法。而層層洗發，意以復而得曲，詞以簡而得雋，婉約風流，循諷不倦。通篇無筆不轉，轉則不滯，轉則不窮。下筆枯直者，亟奉此爲換骨金丹。起處口口尋盟、瀆盟，知此盟讀舊書而先晉，爲楚圍極得意之筆。後文趙孟所以特特斯破，而其賦《詩》自以爲王，亦即伏于此中也，通體神脈貫注可想。叔孫語一連幾轉，後卻一面説，一面召使；一面裂輿，又一面説。寫來神致如生，的的妙筆。趙孟語分兩段讀。前段只論叔孫不當戮，後段並論取鄆不必問，而末以"去煩"順結後段，"宥善"倒結前段，反復曲暢，近情切理，至文也！兩段各有六轉，妙甚！前段又有兩層，上一層，免之以勸左右，下以"何患"申説；下一層，免之以靖能者，下以"歸之"申説。兩兩對仗。後段亦有兩層，上一層泛論，從取邑説到主盟；下一層切論，從主盟説到取邑。兩兩回環。尤妙在前段解叔孫，卻以子之郡吏比例。後段解取鄆，卻以子之執事比例，都要對面翻轉看法。而一安在上層，一安在下層，恰作首尾。似此筆法，豈鹵莽者得夢見一二也？末段亦有六轉，奇絶。"疆不義也""不義而疆""必以爲道""道以淫虐"，顛倒曲折，較前兩段四轉，法同而筆更典則，真有轉無竭也。首段以"請帶"起，"與帶"結；中段以"乃請諸楚"起，"固請諸楚"結；末段以"自以爲王、雖可不終"起，"必以爲道、弗可久已"結，皆自成片段處。（《左傳翼》尾）弭兵之舉，季宿不欲，故前以公命示叔孫曰"視邾滕"，此會恐晉楚爭先，必有敗盟之舉，故趁此伐莒以取鄆。設盟好如故，不過戮使，魯何至於受師？利歸己而害歸人，此季宿傾陷叔孫之狡謀也。叔孫不肯貨免，卒免於戮，名聞諸侯，己與國均受其無咎。君子落得爲君子，不信然乎！欲免叔孫，趙孟難措詞，妙在即有求貨不與做一絶妙話柄，第不識王鮒相文字（編者按：疑當爲子），而以求貨聞於諸侯，文子不能爲之諱，彼將何以爲顔？既云戮使，必不伐魯。然伐莒取鄆，叔孫在會，原不知情，一言可釋，而魯人瀆盟之罪難逭矣。要免叔孫，又要全魯，兩邊周旋，説魯使不當戮，妙從

"勸左右"作話端；說取郠不必問，妙從"吳濮有釁"作比例，令他當身體貼，自然心安意肯。況瀆盟欲問罪，不過爲諸侯計耳。說到赦罪賞善，誰不欣歸，去煩宥善，莫不競勸，則不伐魯、不戮使，正使諸侯所願望禱祀而求者，楚圍淫威不戢自斂矣，此立言之妙也。既以弭兵尋盟，若云伐魯，則是弭兵反以滋兵革之擾，故大故則恤，小小爭端，原可不問。"恤大舍小"二句，一篇最擔斥兩處，下面議論都從此出。先從疆場之削，盟主不能辯。然後以吳濮有釁，不能顧盟，轉到二國爭郠，非自今始。既無大害，可無亢也。婉轉關生，情文並美。本是欲免叔孫，而詳言不必伐魯者，以叔孫不以貨免，惟恐魯國受師也。一波一折，有遊絲千尺獨裊晴空之妙。一個子圍，許多人譏評，更有許多人怨恨，而總斷之以不終。一個趙孟，許多人奉承，即許多人惋惜，而亦斷之以不年。一僭且虐，一老且偷也。總之，盟宋會虢，楚重得志於晉，人人憤怒，惡子圍，正意寔怨趙孟。《左繡》謂"此篇論事則末段爲餘波，論文則末段爲結穴"，而不知自"會虢"起，至"館洛汭"合之，方稱全局。左氏兩邊形容，此一段，彼亦一段，如出戲相似，直是鬚眉活現。此則子圍一人結案，猶是半邊蓮也。（《日知》尾）都用連環轉法，如入武彝，一步一曲，令人不能駐足。而千巘競秀，萬壑爭流，復令人應接不給，豈非奇觀！請晉戮魯，居然頤指氣使，末幅"強"字已浮空而出，"不義"二字承《大明》之賦，再進一步耳。兩段辭令，各成片段，然因對圍之強，故一則矢死，一則固請，章意一縷相生，尤妙在二人賦《詩》，一爲上文點睛，一爲下文提挈，更極有神無跡之妙。（《評林》眉）李于鱗："褒姒非能滅周，周自滅也，乃引以爲'彊而不義'之證，其牽合傅會，左氏之文豔而富，不泥其辭，類若此。"孫執升："有叔孫穆子之必不行賄，自有趙文子之固請於楚，後人既薄於自待，又薄待天下人，謂非貨難免也，噫！"（闈生夾）宗堯云："直謂楚靈之不終由於晉懦，而楚爭諸侯，故楚靈成貪虐之局，是逆攝楚靈之敗，而歸其故於晉志之弱也，筆力奚啻千鈞！"

夏四月，趙孟、叔孫豹、曹大夫入于鄭，鄭伯兼享之。（孫鑛眉）此比前章稍濃。（《補義》眉）此一段是極寫趙孟不以失霸爲憂，而以和楚苟免爲樂，便是朝不及夕之根。（《學餘》眉）趙孟賢而有文，大夫親之，小國賴之。《春秋》得之，甘雨和風也。左氏傳之，景星慶雲也。美哉！其猶可復見乎？子皮戒趙孟，禮終，趙孟賦《瓠葉》。

子皮遂戒穆叔，且告之。穆叔曰："趙孟欲一獻，子其從之！"子皮曰："敢乎？"穆叔曰："夫人之所欲也，又何不敢？"及享，具五獻之籩豆於幕下。趙孟辭，私於子產曰："武請於冢宰矣。"乃用一獻。（《評林》眉）《滙參》："賦《詩》先作引，寫趙文子溫雅之極。按：雖次國之卿，依大國大夫之制，猶當三獻，而趙武欲一獻者，揭謙之辭耳。"趙孟爲客，禮終乃宴。穆叔賦《鵲巢》。趙孟曰："武不堪也。"又賦《采蘩》，曰："小國爲蘩，大國省穡而用之，其何實非命？"子皮賦《野有死麕》之卒章。趙孟賦《常棣》，且曰："吾兄弟比以安，厖也可使無吠。"（孫鑛眉）賦而述義，亦前所希，然卻增態。（《評林》眉）陳臥子："既一獻而復宴者，始尊趙孟之所欲，繼則申己之誠款也。"《補注》："享禮既終，即因而爲宴，不待異日也。"《補注》："厖以喻楚，時諸侯惡公子圍，故欲趙孟安徐馴狎之，觀答賦之語可見，杜說非矣。"穆叔、子皮及曹大夫興，拜，舉兕爵，曰："小國賴子，知免於戾矣。"（閩生夾）趙孟無武守而專好事文詞，敘此與宋之盟同意。宗堯按："此謂因弭兵而諸侯亦稍得偷安也。是寬一層寫法，欲擒先縱，此縱筆也。"飲酒樂。趙孟出，曰："吾不復此矣。"（孫鑛眉）又添趙孟一解相映發，益有色。（王源尾）以賦《詩》爲章法，如荇藻參差，漣漪蕩漾，泳之遊之，將移我情。一幅鄭宴趙孟圖，人人聲音笑貌俱繪出，寫生妙手。此一宴也，雍容和樂，猶見三代遺風。過此趙孟卒，而晉日衰，諸大夫惟賄是求。自韓宣聘鄭而後，無復有循典禮、修宴好者矣。禮壞樂崩，陵夷至於戰國，三代遺風掃地，而後世遂不可復見。嗚呼！吾不復此，豈特趙武一時之歎哉？千古同慨矣！（《分國》尾）賦《詩》飲酒，情文斐然。一時佳會，映照千古。"吾不復此矣"，即盛筵難再意。乃趙孟於此，竟成讖語云。（《左繡》眉）此篇當與垂隴之享參看，前文七子賦《詩》，趙孟每賦一答，極其整齊。此則穆叔、子反四賦兩答，極其參差。又前文於賦《詩》前先作一領，而於後添出許多評論。此於前文亦作一引，而於後亦添一番閒情，左氏妙文，於相準而相錯處，尤見其變化之妙。首段寫趙孟之謙，末段寫趙孟之樂，中段寫出一堂和氣，滿座春風，字字謙，正字字樂也，令千載下人猶爲神往。中段分三節，前二節穆叔、子皮分賦，而說《詩》則賓主對舉。後一節穆叔、子皮及曹大夫同拜，而舉爵則兩意雙承。似前偶後奇筆法。末段以空筆收結通篇，於諸掉尾中，特爲蘊藉無窮也。舉爵節於賦《詩》外又換一話頭，想見古人觸處風雅。"小國"句承前節，"免戾"句承後節，以一筆綰兩層，句密極矣。（儲欣尾）晉人風流自喜，君子鄙之，此直兒女態耳。如春秋士大夫進退周旋，賦《詩》道古，則真風流也。（《左傳翼》尾）楚圍一味侈汰，趙武一味謙和，對舉互看，自覺不同。敘享宴，參差變化，與垂隴之享，又一機局。樽俎雍容，宛然太和景象。劉馭寬云："此與設服離衛一段相對，後劉定公一段議論，又與叔向、趙孟評論楚圍相對。韓起聘鄭，子產獨著丰采。趙孟兩次過鄭，落落寞寞，視若等閒。前此垂隴之享，猶逐隊賦《詩》，此則寂無一言，即趙孟私請，亦漫無酬答。蓋盟宋會虢，心所不滿，不使雌黃，亦不肯讚頌也。子皮、趙孟，一主一賓，加一穆叔，半賓半主，穆叔在會，矯矯著節，鄭人特爲加禮。又被趙孟庇狗，不受楚戮，故於趙孟曲致綢繆。其推崇趙孟，無非欲其以大庇小，安兄弟以息龍吠。趙孟春風和氣，藹然可親，過爲謙抑，總是一味惛偷神情。左氏傳神寫生，吳道子不是過也。（《日知》尾）宴享賦《詩》，左文中數見矣。此則一獻可以自請，賦《詩》遂用自解，寫出相得忘形，情意綢繆光景來。結處"樂"字恰爲點睛，並"吾不復此"亦是實話，包通篇精神在裏許矣。左氏一事數見者，必無雷同處，此可概也。（《評林》眉）王元美："時諸國皆賢大夫，又皆欣戴趙孟，故樂甚。而曰'吾不復此者'，自知將死也，但不宜顯言之耳。"按：《詩·周南》"我姑酌彼兕觥"，陸佃云："兕善觝觸，故先王以角爲罰爵，示戒也。"即野牛一角，青色，重千斤，皮堅厚，可製鎧。（《學餘》尾）禮樂文章，彬彬入古，百代而下，猶使人思。（閩生夾）補足一句，寫趙孟之衰颯。

天王使劉定公勞趙孟於潁，館於雒汭。（高嵣眉）因洛汭，念禹功。因禹功，勉趙孟。劉子言時，何等興會！聽趙孟一語，真令人索然。（方宗誠眉）因見雒汭，生出議論，有聲有色。**劉子曰："美哉禹功，明德遠矣！微禹，吾其魚乎！**（閩生夾）文情閎肆高逸，如讀《莊子》"君其涉於江而浮於海"一節，飄飄有棄吾故履之意，所以深責趙孟之不堪其任也。**吾與子弁冕端委，以治民臨諸侯，禹之力也。子盍亦遠績禹功，而大庇民乎？"**（《補義》眉）此調不彈久矣，劃然一聲，聞者幾謂青空霹靂，而趙孟反覺多此一嘈雜也。噫！（《評林》眉）陳明卿："'績禹功、大庇民'，劉定公之所以望趙孟者，甚爲過辭。若趙孟之自謙，云'偷食，朝不謀夕'，則亦非正卿之體。"《經世鈔》："'大庇民乎'，弔古傷今，頗饒風概，開六朝俊人。"《評苑》："'端'，玄端服也；'委'，未詳，恐是委貌，則亦冠類也。"按：績或作績，寫誤。對曰："老夫罪戾是懼，焉能恤遠？吾儕偷食，朝不謀夕，何其長也？"劉子歸，以語王曰："諺所謂老將知而耄及之者，其趙孟之謂乎！爲晉正卿，以主諸侯，而儕於隸人，朝不謀夕，棄神人矣。神怒民叛，何以能久？趙孟不復年矣。神怒，不歆其祀；民叛，不即其事。祀、事不從，又何以年？"（文熙眉）汪道昆曰："議論能品。"（《測義》夾）陸粲氏曰："老而志意衰，則語益急偷，斯固中人者之恆態矣，若夫年之短長，詎可以是必之乎？曰神怒民叛，趙武之罪亦不及是。〖編者按：奧田元繼作鍾伯敬語。〗"（《左傳雋》眉）歸震川曰："勸以庇民，而末謂其棄神人，爲不年之徵，是大識議。"茅鹿門曰："'神怒，不歆'四語，重復申發，詞意明醒。"（孫琮總評）"遠績禹功"，劉子勉趙孟以勤勞王事也。"朝不謀夕"，語誠耄荒。裴度歷事四朝，半稿猶憂儲嗣。純仁年踰七十，遺表勸帝靖心，大臣心事如此。趙孟對之，得無增愧？（《分國》尾）一趙孟也，偷食之語，劉子卜其不復年；視蔭而言，秦鍼決其將死矣。辭氣之間，占人休咎。管公明於何晏、鄧颺，但得其粗耳。（《左繡》眉）此傳爲此冬趙孟卒起本，劉子前贊後譏，卻以趙孟語爲主。看其以前二句承上，後二句起下，着筆不多，而通篇轉楔在焉。平平敘述文字，無處無結構也。前段極贊禹功，諷趙孟遠績，正是極善面奉語。看其從禹牽到吾，從吾卸到子，又從子挽到禹，字字圓潤，筆意最細曲而腴。後段論常格，趙孟"不復年"句當作提喝，諺語當作斷結，今偏倒轉用。即不然，以"不復年"句接"其趙孟之謂"後，使"歆祀""即事"分頂"神怒""民叛"，一片說去。今偏橫插於中，便連處忽斷，盡而復起，其於法真神而明之矣。俞選自"正月會虢"至"館於洛汭"爲一篇，云："晉、楚兩卿，迥乎不同。一是輕浮少年，飛揚跋扈。一是休因餘氣，安靜曲謹。故'老知耄及''強不義也'是兩人定評，'不終''不年'是兩人結局。左氏敘令尹一段，即敘趙孟一段，兩兩相形，情狀各露。"評亦佳。（儲欣尾）劉子闊論，趙孟以謙承之，劉乃執爲禨祥，甚矣，其迂也！（美中尾）是會也，楚仍先晉，而趙孟尸居餘氣，不以失霸爲憂，惟以偷安爲樂，劉定公雒汭一嘆，明示以中原渝胥，望其尊攘，武殊泄泄也。噫！弁冕端委，即"微管仲，吾其被髮左衽"語意。(《左傳翼》尾) 張悔菴曰："'弁冕端委'四字不要輕看過，人得冠其冠，衣其衣，安於人理之常，大非易事。此與孔子'微管仲，吾其被髮左衽'之語，同一慨想。'遠續禹功，而大庇民'，言外欲其繼召陵、城濮之勳，以抑楚之橫，不欲其懦而不競，甘爲楚下也。宋之盟，虢之會，蓋其所不取也。睹河洛而思禹功，非以治水望趙孟也。禹功者何？東漸、西被、朔南暨，聲教四訖，苗民逆命，禹徂征之，乃其功也。遠續禹功，正教之振作有爲，以復聲教四訖之盛。而乃弭兵偷安，甘心下楚，居然奴隸自爲。彼自以爲能息民，而不知神人共憤，實在於此。"此篇議論是盟宋後一大斷案，乃於虢之會發之，張評可謂千古隻眼。(《補義》眉) 結以不永年，覺盟宋、會虢，節節俱是尸居餘氣，絕少激昂，將兩篇一齊收拾。(《日知》尾) 俞評頗妙，然每篇筆墨各有聲色臭味，合之殊不相入，終以分篇爲是。(《評林》眉) 按：一諺妙，明人徐乾學文曰"耄及髮種"，本於左氏。《經世鈔》："'民叛''不即其事'，上語是，此語稍過。"(武億尾) 晉楚二卿，兩般性情，兩般作用，判然不同。令尹初欲襲鄭，不克而止，遂合諸侯以榮其事。又恐晉先，請讀舊書。僭擬衛服，自爲表異。請戮魯使，作威作福。凡若此者，一以誇耀姻婭，一以慴服小國，一借外勢以内慴其國人，使成其篡，皆令尹之隱情也。若趙孟則純尚長厚，不與人較。故聽祁午之諫，而甘讓楚先。知叔孫之忠，而卑詞求楚。至於鄭伯享之，則禮尚節儉，詩取和好，撫摩小國，不使之散而已。蓋一是輕浮少年，飛揚跋扈。一是休因餘氣，安靜曲謹。故"老知耋及"，是趙孟之定評。"強不義"是令尹定評。"不終"是令尹結局，"不年"是趙孟結局。左氏每敘令尹一段，即敘趙孟一段。兩兩相形，情狀各露。然令尹雖強，鄭人兩拒其請。趙孟雖弱，三國大夫起拜其賜。信者勝乎？不信者勝乎？此《春秋》所以先趙孟，而左氏能發其意也。(《菁華》尾) 趙孟尸居餘氣，生意已盡，劉子譏之是也。然禹功之言，亦大寬泛不切，非忠告之道。若但勉以城濮、召陵之事，則庶幾乎近之矣。(閩生夾) 晉霸中原，而趙孟方執其柄，乃偷安愒日，優遊文雅，欲以微倖弭兵一時，兵禍未弭而列國之受其害者已鉅矣。左公意中，極以趙氏之屢庸懦弱爲非，而文中絶不輕露，於其卒也，特假劉子之論淋漓頓挫而出之，英偉奇絕之文也。宗堯按："子皮之論爲通篇關鍵，劉子之言揭破弭兵之舉實由晉志之不遠，爲通篇結束，章法最爲完好。"

　　叔孫歸，曾夭御季孫以勞之。（《補義》眉）完結取鄆，是餘波。且及日中不出。曾夭謂曾阜曰："旦及日中，吾知罪矣。魯以相忍爲國也，忍其外不忍其內，焉用之？"阜曰："數月於外，一旦於是，庸何傷？賈而欲贏，而惡囂乎？"阜謂叔孫曰："可以出矣！"叔孫指楹曰："雖惡是，其可去乎？"乃出見之。（韓范夾）雖惡季孫，而舉動中節，遲速有體，非乃心國家者，不能如此。（魏禧尾）魏禧曰："請魯於楚，數語可畢，何用如此絮行？余嘗謂《左傳》文字，僖、文以前，文簡而味深。宣、成以後，事詳而文散。蓋世遠則略，時近則詳。略則意含蓄有餘，必理勝於事。詳則意發舒殆盡，必事勝於理。然而前後優劣見矣。試看僖、文以前，便無此等文字。"彭家屏曰："春秋諸賢，往往覘人於言語之微，能決死生禍福，而不毫髮爽也。蓋言者心之聲，心放則言放，心偷則言偷。心之敬與肆、善與不善之間，禍福之根也，言其末耳。是以君子致謹于末，而先端其本。"（《分國》尾）人臣不辱國，不辱身，不畏強御，只是能輕七尺軀耳。叔孫豹不肯以貨免其身，死輕鴻毛，國重泰山。裂裳而與，簸弄貪人，智勇備矣。吾於叔孫氏得兩人焉，豹不以貨免死衛社稷，婼去眾與兵，挺身而朝。豹於樂鮒，裂裳而與。婼於范鞅，予以冠式。父子志操，若合符節。樂鮒請帶，范鞅請冠，貪亦相等。晉政漸衰，貪人競出。魯不堪晉求，兆已見於此。叔孫拒之，亦以曩者所言"晉大夫貪求無厭"之故，思有以杜其漸與？（《左繡》眉）此段結局取鄆事，一邊寫曾夭許多抱歉，許多解紛，季孫只嘿無一言。一邊寫曾阜許多消遣，許多賣弄，叔孫只借題發洩，皆摹神之筆也。夭語先單後對，阜語便先對後單。欲贏惡囂，本對上相忍爲國，卻又與下指楹不去，相映成趣。似此用筆，安有一字粗率不歸雅鍊者？（儲欣尾）光景逼真，文特堅削，與莊、僖無異。（《左傳翼》尾）旦而來謁，何其恭也？日中不出，何其憤也？一恭一憤，嘿無一語，何以轉局？季孫慚而曾夭語亦婉婉中帶有愠意，叔孫恨而曾阜詞亦戀戀者，因有回心。"吾知罪矣""可以出矣""焉用之""可去乎"，機鋒恰對，文不滿百字，描寫當日神情，栩栩欲活。（《日知》尾）三人各具神采，神來之筆。（高嵣眉）此結局取鄆事，一邊寫曾夭許多抱歉，許多解紛，季孫只嘿無一言。一邊寫曾阜許多消遣，許多賣弄，叔孫只借題發揮，皆摹神之筆。（《評林》眉）《經世鈔》："'以相忍爲國'，一語説盡魯國形勢。"（闖生夾）此旁枝，見季氏之貪婪召禍，而賢者無如之何也。

鄭徐吾犯之妹美，公孫楚聘之矣，公孫黑又使強委禽焉。（《左繡》眉）此篇是先案後斷、先敘後議體。但斷處卻於案，似屬偏枯。末段議論，又係旁及。乃其妙，正於偏處見全神，於旁筆見正旨。此等筆意，不望後人讀而知之，又安有臨摹而得之者也？（《補義》眉）已聘之女，公然又強委禽，自恃有作亂之具，故敢如此。子產姑避其鋒，令犯周旋，亦欲楚會意。犯懼，告子產。子產曰："是國無政，非子之患也。唯所欲與。"（方宗誠眉）子產此言非也，不可為訓。是時應呼子南、子晳至，而以禮告之。犯請於二子，請使女擇焉。皆許之，子晳盛飾入，布幣而出。子南戎服入。左右射，超乘而出。女自房觀之，曰："子晳信美矣，抑子南夫也。夫夫婦婦，所謂順也。"適子南氏。（孫鑛眉）古今奇事。（《補義》眉）敘女之言，不是批駁子產，見其理易明，其獄易決，而子產卻不然，正有深心也。（《評林》眉）按：上"請"，延請；下"請"，乞也。"盛飾入"，乃倒敘。魏禧："按：此女子親擇婚之始。"李笠翁："徐吾犯以兄而聽於妹，何也？豈其時鄭風多淫奔，兄亦不能自主耶？"按：《國語注》："抑，意也。一說夫也，謂子南吾夫也，然於下文不穩當。"子晳怒，既而櫜甲以見子南，欲殺之而取其妻。子南知之，執戈逐之。及衝，擊之以戈。子晳傷而歸，告大夫曰："我好見之，不知其有異志也，故傷。"（《補義》眉）欲殺而娶，黑之隱衷也。戈擊而傷，楚之實跡也。可知戎服超乘時，便有威黑之意。子產以實跡決是獄，未為不允。

大夫皆謀之。子產曰："直鈞，幼賤有罪。罪在楚也。"（孫鑛眉）不云曲鈞，卻云直鈞，自是周末文語。（《測義》夾）愚按：子南先聘，而子晳強之，直在子南也。子晳櫜甲，而子南逐之，直亦不在子晳也。惡得謂之直鈞耶？且子產當國，而惟犯所與，國政安在？犯為之兄，而惟女所擇，家政安在？異日者子晳驕恣，遂謀作亂，斯實啓之。【編者按：奧田元繼作王元美語。】乃執子南而數之，曰："國之大節有五，女皆奸之：畏君之威，聽其政，尊其貴，事其長，養其親。五者所以為國也。今君在國，女用兵焉，不畏威也。奸國之紀，不聽政也。子晳，上大夫，女，嬖大夫，而弗下之，不尊貴也。幼而不忌，不事長也。兵其從兄，不養親也。君曰：
'余不女忍殺，宥女以遠。'勉，速行乎，無重而罪！"（韓范夾）
問罪之詞，皆出於不得已，可見強宗難御。（《補義》眉）提出"君曰"，
纔是國法。（方宗誠眉）子晳欲殺子南之事無證，子南以戈傷子晳事有
據，故當正子南之罪，且名分所在，故先正之。（《評林》眉）彭士望：
"子南在國，則兵端不已，遠行正是曲全，玩一'勉'字可見。"《補注》：
"游楚不書，非卿，他倣此。"

　　五月庚辰，鄭放游楚於吳，將行子南，子產咨於大叔。大
叔曰："吉不能亢身，焉能亢宗？彼，國政也，非私難也。子圖
鄭國，利則行之，又何疑焉？周公殺管叔而蔡蔡叔，夫豈不愛？
王室故也。吉若獲戾，子將行之，何有于諸游？"（文熙眉）孫應
鰲曰："子產此段，殊爲偏頗。蓋子南固奸國紀，然子晳欲奪人所有之
妻，獨非干紀乎？二人厥罪惟均，而獨放子南，其後謀作亂，實此焉基
之，所幸子產猶能終除之耳。"鄭有大叔，所以子產能行其志。（《分國》
尾）爭室，罪在黑。操戈，罪在楚。子產就事論事，則先放楚，而黑之
罪自難逭也。不然，乘其傷而幸勝之，殺黑一孤豚耳，何待作亂時乎？
非子產矣。（《左繡》眉）只起手兩語，兩人曲直了然。子產之唯所欲與，
明知犯之欲與楚也。即請使女擇，亦明知妹之順子南也。至既適子南，
黑亦可以已矣。而橐甲以圖，見傷於戈，乃其所也。子產反以爲直鈞幼
罪，數而放之，殊屬不平。卻不知正是欲擒故縱，先輕後重之法。觀於
太叔之咨，微示權宜之意。太叔亦以國政推服，絕無後言。至尸黑於周
氏之衢，而子南之獄平矣。通篇當以子產爲主，一則曰"國無政"，再則
曰"國之大節"，試問黑其能勝子楚乎？太叔曰"彼國政也"，正與明應。
而一則曰"夫豈不愛"，再則曰"何有諸游"，試問黑其能逃子楚乎？蓋
雖放子南，實爲殺公孫黑伏案，所當會意於言表者耳。前段描寫生動，
卻語語伏線藏針。中段定罪分明，卻語語雙關二意。末段局外閒致，卻
語語旁敲側擊。着筆此處，注意彼處，作者真有手揮目送之樂也。"君
曰"數句，字字輕活，只此見其安頓處劇有妙用深心。"將行子南"，倒
補得妙。若併寫在鄭放游楚之前，不惟賓主夾雜，運掉亦累贅不靈，文
字只一直帳矣。裁作兩層，令讀者悠然不盡，且爲明年殺公孫黑起本也。
此法處處皆然，偶于此文拈出。周公一證妙絕，便已明明道破一個該蔡、

一個該殺矣。結句現身說法，尤極指點之巧。作者亦藉以收拾起處，所謂貌偏而神全者，乃於此文得之。（《左傳翼》尾）此雖子產欲擒故縱，然橐甲欲殺，黑罪未成。擊戈見傷，楚罪已著。未成者而加之刑，已著者而免于戾，不唯駟氏不服，即國人亦未必以爲平允也。故不罪黑而罪楚，亦理法中有此權宜耳。曰"直鈞"，未嘗抹殺彼罪。曰"幼賤有罪"，輕重權衡，一毫不爽。不然，柔茹剛吐，豈能使游氏帖人心服乎？子南所聘之妻，黑強委禽。女既歸楚，又欲殺而取之，分明罪在子晳。逐而見傷，乃其自取。子產豈有不問曲直，專使賤幼受屈之理？特姑寬容，將來明正典型，作迅雷不及掩耳之計。其放子南令之謹避，正所以全子南也。只看"余不忍女殺"，下一"不忍"字，何等婉曲！太叔會意，而引周公作證，一殺一放，早已說破。此等深心作用，豈夢夢者所能窺尋？"夫夫婦婦所謂順也"，女知之，子產豈不知？而以"唯所欲與"了結此案，明示以黑之不當與楚爭也。黑橐甲，楚亦執戈，貽以口實，故有"直鈞，賤幼有罪"之議。今日放子南，明年便殺子晳。乍看似偏枯，其實獄訟正自鈞平，須做題目人思議。強宗難抑，只爲知有私而不知有君國，所以驕蹇不戢。子產開口便說"國無政"，後面便提君國作處分，總是示以公而不私意。太叔承云："彼國政也，非私難也。"知其大公無私，即周公爲王室至意。蓋"兄弟而及此，吾從天所與"，其惓惓愛兄弟之心，早已入人肺腑。而此云"君不忍女殺"，一"不忍"字，尤至情流露，所以謂之"夫豈不愛"，若謂子產一味駕馭，全以智術籠絡人，則失之矣。（《補義》眉）太叔云"國政"，與子產云"國無政"相應，太叔知之，子南昧焉。"夫豈不愛"與"不忍"二字相應。（《日知》尾）同罪異罰，殊不得平，駟氏宗強，只得養其惡以俟貫盈耳。然費筆墨說破，豈非笨伯？吉不亢宗，乃決于放，是於旁面反面照映出來，旁見側出，文心靈妙入神。（高塙尾）俞桐川曰："敘次有致，議論有體。楚之五罪，與明年黑之三罪並看，其輕重自見，無疑子產屈法。"此傳放子南事，實爲明年殺子晳伏案也。此事直在子南，曲在子晳。特子南以戈擊傷子晳，是爲不宜。子產以"幼賤有罪"定之，亦不爲枉。遽爲放之，似屬偏枯，特子晳之悍，子產素所深悉，恐致生亂，故以放之者遠之。迨至尸黑於周氏之衢，而子南之獄平矣，乃文家欲擒先縱法。（《評林》眉）郭眉菴："太叔亦知游楚之罪當放，而不敢斥言，故云'吉若獲戾，子將行之'，其意顯然自見。"（林紓尾）子南、子晳之曲直，子產了了於心也。惟所欲與，使女自擇，此一辦法也。執子南，數以五奸，又一辦法也。子南將行，咨之游吉，又一辦法也。子南已聘之婦，爲之兄者，乃強委禽而奪之，入手已屬難題。子產雖執政，而力不能制此大族，自承己過，俾女自擇，可云得通變之方。及子晳不勝，囊甲謀殺其弟，反爲游楚所傷，來愬時又全無理法，子產一秉公道，子晳立時足以爲亂，勢不能不冤及子南。難在強詞奪理，數以五奸。子南倉卒之間，不能置辯，爰書遂定。子產亦自知非理，故咨之游吉。吉爲子南從子，游氏之宗子，咨之云者，必剖明心跡，言不如此，不足以弭鄭國之難。故游吉答以利則行之，所謂利者，亦嘉其不急遽，以偪成子晳之亂也。文寫子晳、子南入面徐妹時，各衒其美。一涉纖佻之筆，便非傳體，妙在"夫夫婦婦，所謂順也"一語，雅有經意，故將此等無理取鬧之事，亦一一化爲莊重。至子晳之告諸大夫，抗言曰"我好見之，不知其有異志也"，明明是強宗中大紈袴之言。強使委禽，人皆見之。囊甲來見，人皆聞之。覥顏愬冤，國家若有直道，子晳立可付之司寇。觀"諸大夫皆謀"一語，則子晳氣焰，已可想見。若非子產，即欲委過子南，亦斷斷無辭自解。而子產臨時急智，居然列彼五奸，妙在終托君言，不忍殺，郤閒閒流放於外。一以弭子晳之毒，一以平游氏之心。又患心跡不明，故必咨之游吉。權變之方，八面周到。非子產，不能有此權謀。非左氏，亦不能曲傳子產之心緒。（《菁華》尾）二人曲直不待辨自明，子產迫于強宗，而以國事爲重，不得不顛倒出之。想其咨於大叔之時，亦有一番求諒之意。大叔所云"子圖鄭國，利則行之"，可謂兩心相照。（闇生夾）見子產行政之難，兼表子大叔。

秦后子有寵於桓，如二君於景。（《左繡》眉）此篇一頭兩腳格。鍼車千乘，鍼之罪也，乃曰"罪秦伯"。下兩段，一敘其知過之善，一併敘其知人之明，隱隱見得后子無罪，便都爲罪秦伯下注腳矣。此作者之微旨。（《補義》眉）兩句對起，著后子之過。母亦有識。**其母曰："弗去，懼選。"癸卯，鍼適晉，其車千乘。書曰："秦伯之弟鍼出奔晉。"罪秦伯也。**（《補義》眉）罪秦伯失教，一篇之主，敘法簡鍊。（《評林》眉）《傳說彙纂》："秦伯失親親之道，四《傳》皆罪之，而家鉉翁以爲兼貶鍼，蓋懼選而奔，非無罪也。二說相兼，其義乃備。"魏禧："按：選猶揀擇也，惡人者，多揀擇其過而罪之，母爲此言，景之爲君可知矣。"陳傅良："'罪秦伯'，義同陳黃，申釋之者，以襄二十年傳未盡君臣之義。"按：千乘，二百乘先隨，其餘八百乘不徑至。《經世鈔》："'罪秦伯'，罪其不能容弟，舊注以爲罪失教，非。"后子享晉侯，造舟於河，十里舍車，自雍及絳。歸取酬幣，終事八反。（孫鑛眉）不粧點而自有色。司馬侯問焉，曰："子之車，盡於此而已乎？"（閭生夾）以其多也，反若少者，尋常一語，亦不平直。對曰："此之謂多矣！若能少此，吾何以得見？"（《補義》眉）正寫知過，見非不可教之人。女叔齊以告公，且曰："秦公子必歸。臣聞君子能知其過，必有令圖。令圖，天所贊也。"（《評林》眉）湯睡菴："疑此語皆浮誇也，后子尚未爲卿，雖富，安得遽有千乘？且人臣見逐於君，雖未竊貨，懼有追奪，故士會奔秦，荀伯爲之送帑，安有自雍及絳，八反歸取酬幣者哉？"〖編者按：凌稚隆作季本語。〗魏世傚："既已出奔，猶歸秦取幣，而景公不之禁，又車不以自隨，而使還，豈鍼亦以好出，而室家仍在秦耶？"《補注》："舊説秦伯以千乘之富，不能容其母弟。《傳》者不知，則謂鍼以千乘出奔。記者不辨，又增取幣八反。"

　　后子見趙孟。趙孟曰："吾子其曷歸？"對曰："鍼懼選於寡君，是以在此，將待嗣君。"趙孟曰："秦君何如？"對曰："無道。"趙孟曰："亡乎？"對曰："何爲？一世無道，國未艾也。國於天地，有與立焉。不數世淫，弗能獘也。"（閭生夾）案：晉之所以久霸，其理亦如此。趙孟曰："天（或作夭）乎？"對曰："有焉。"趙孟曰："其幾何？"對曰："鍼聞之，國無道而年穀和熟，天贊之也。鮮不五稔。"趙孟視蔭，曰："朝夕不相及，誰能待五？"后子出，而告人曰："趙孟將死矣。主民，翫歲而愒日，其與幾何？"（韓范夾）趙孟，君子也。及其衰也，屢爲不終日之詞，此非一身之以，實晉國之所縣弱乎？（《分國》尾）鍼本公子，富膺千乘，權侔二君，至是未選者，處之亦有道。勿去懼選，毋尤先機。其對司馬侯曰："若能少此，吾何以得見。"正晏子所云"慶封之邑足欲，故亡"之意，真賢公子哉！（《左繡》眉）鍼之奔晉，由於懼選。懼選由於多車，故兩段又以前段爲主。於享晉侯，極寫其奢富，正見其寵如二君處。然以懼選而來，亦將知過而歸。後段"吾子曷歸"，即承前段説落。以懼選而來，亦將待五而歸。末仍以后子論趙孟結，以後之不敢玩歲愒曰，合前之知過令圖，雖多車，亦免於罪矣。文字逐層生出，而其意則前後一線，非粗心所得漫讀也。看來首段正寫多車，次段回應懼選，本事已畢。"秦君何如"以下，只是餘文。然從此引出結處知人之明，以抱轉前文知過之善，通篇蓋以三點后子為眼目。兩點在首，一點在尾，亦前偶後奇章法。前後以"必歸""曷歸"為承接，以兩"天贊"、兩"待"字為映帶，以"知過""翫愒"為對照，以"令圖""將死"為互斷。孫執升云："知彼知己，蓋兩得之。"得此文之要矣。（《評林》眉）穆文熙："人孰無過，有過而能知，必不安於自棄絕矣，故司馬侯以此卜秦后子之歸。"呂東萊："據后子所言，似識盈虛之理數者，至其身乃以車多出奔，豈智有所不及哉？抑知之非難，實行之惟難也！"陳廣野："趙孟之死徵，至此蓋非一矣，人之形衰，而遂不能持其心，若此楚〖編者按：楚字疑衍文。〗皆生平識見未定，而涵養之力淺也。"《增補合注》："'翫、愒'，言偷安歲日，不為社稷生靈長久計，趙孟果死。"（《左傳翼》尾）罪秦伯，舊注云："罪其失教。"蓋以后子能知過，又能知國祚之興替，與人壽之脩短，可謂賢矣。使能教之以禮，而不以奢富自豪，豈不翩翩佳公子乎？所以有車千乘，寵如二君，罪不在鍼，而在秦伯也。然玩本文一則曰"懼選"，再則曰"懼選"，恐秦伯之於后子，虎視眈眈，有得此甘心之意。則其所謂罪者，非失教之謂，而貪欲之謂矣。但后子奔晉，享晉侯而取酬幣，必仍於雍，其田祿里居，猶不收籍，則秦伯之於鍼，較虞公之於虞叔，亦自有不同者，此又不可不知也。自雍及絳，相去千里，終事八反，統始終言之。若享之一日，豈能作八往返乎？固是先期遞送，魚貫而來，屆期作八次交授。而歸取於絳，約有八回，八反以歸取言，不以享時交授言也。千里舍車，即而今擺站之意，車數多寡或八或十，亦難拘以非必每十里用車八，千里用車八百乘，其二百乘用以自隨也。至歸取酬幣，不過第一舍傳至第二舍，非必八百乘盡滿載而來。古禮酬幣，尊卑獻數多少不同，唯於奠酬之節一行而已。今后子享晉侯，九獻皆有幣，雖極奢侈，豈能以八百乘所載者，盡獻晉侯如此之多乎？舊注似未分明。兄弟之誼，當更篤於叔侄，乃后子之歸，必待嗣君，則兄弟二人不相容可知矣。孝弟為仁之本，不友於兄弟，施于有政，刻薄寡恩，自不待言，故直斥之為"無道"。前云"罪秦伯"，當在本文懼選，不當於外補出失教來。后子不但知人之失，而並知己過。其云"若能少此，吾何以得見"，分明賄以焚身，了然言下，而卒不能割捨，以至逃亡，甚矣！利之爲害，流毒無窮，孟子所以首闢之也！后子如二君於景，不過富耳，固非有叔段完聚之謀。其母競競懼選，而遣之使去，亦非有武將啓之計。聞命即行，衛州吁、齊無知之禍，更可不慮，亦何至不能相容若此？故左氏以爲罪秦伯，特鍼以懼選而奔，而享晉侯猶極其侈汰，安得無罪？家氏謂："書秦伯之弟，罪秦伯，亦罪鍼。"論甚平允。(《日知》尾)孫執升曰："知彼知己，蓋兩得之。"用意微渺，措辭簡鍊。

鄭爲游楚亂故，六月丁巳，鄭伯及其大夫盟于公孫段氏，罕虎、公孫僑、公孫段、印段、游吉、駟帶私盟于閨門之外，實薰隧。公孫黑强與於盟，使大史書其名，且曰七子。子產弗討。(《左繡》眉)總爲明年殺公孫黑張本，以"子產弗討"句爲主，只一欲擒先縱法，特作不了語，而後文隱隱動搖矣。妙筆！第一層公盟，只是陪起第二層私盟，故前只渾説大夫，後乃詳敘六卿，爲七子作地，知其一字不亂下也。"實薰隧"，憑空着注，可謂來歲收糧，隔年下種者矣。(《左傳翼》尾)游楚既放矣，君大夫何以盟？六卿又何以私盟？皆爲子晳而設也。而黑强與盟，且書七子，驕橫甚矣。子產弗討，畏其强乎？抑欲盈其惡而誅之也？

晉中行穆子敗無終及群狄于大原，崇卒也。(《補義》眉)汪云："先提後敘。"又云："一段敘諫。"將戰，魏舒曰："彼徒我車，所遇又阨，以什共車，必克。困諸阨，又克。請皆卒，自我始。"乃毀車以爲行，五乘爲三伍。荀吳之嬖人不肯即卒，斬以徇。爲五陳以相離，兩於前，伍於後，專爲左角，參爲左角，偏爲前拒，以誘之。(韓范夾)此步兵之所繇始也，一時苟且之計，後世實因之。翟人笑之。未陳而薄之，大敗之。(王源尾)開手一筆領起，曰"中行穆子敗無終及群狄于大原，崇卒也"，雄闊灝瀚，有崩雲倒霞之勢。而"崇卒"二字，精簡莫比。只此二語，已抵一篇千萬言文字矣。下始追序魏舒崇卒之議，而點綴一嬖人以爲生色。然後取陣法戰法而詳之，"爲五陳"至"誘之"，陳法也。"未陳而薄之"，戰法也。舍車爲徒，蓋以險阨不利於車。乃兩伍、專、參皆卒，而偏仍以車，蓋以偏爲誘，欲致之專、參之間而夾攻之，此陳法也。及翟人望見大笑，於是乘其無備，出其不意，不待其來而先發以制之，此戰法也。詳簡古拙,不過數語,又抵一篇千萬言文字矣。予嘗謂千古以文章兼兵法者,唯左氏一人,但看此種便知。(《分國》尾)春秋時,率用車戰。步卒自敗無終始,蓋用兵有難於泥古者,如何次律?陳濤尚用車戰,不敗何為?(《左繡》眉)此先提後敘格。開手提一"敗"字、"卒"字,下作兩層注腳。先寫"崇卒",倒煞"大敗",乃以逆提順應為章法也,左氏直開後人無數法門。"五乘為三伍""為五陳以相離",本一貫說下,卻將荀吳嬖人不肯即卒事插入,便令情事不直。此橫雲斷嶺法,左氏慣用之筆也。上半敘謀,下半敘事,連寫兩"克"字,兩"於"字,三"為"字,四"之"字作章法,字字寫得變動踴躍,筆下似有五花八門之奇,極為崇卒描畫生色。敘戰短篇,合前衷戎、敗制等讀之,乃見左氏出奇無窮處。(儲欣尾)魯宣稅畝而井田變,魏舒崇卒而戎車變,三代之制,所以蕩然於後世者,豈一日之故哉?房琯用車,陳濤敗績,其效甚明。而後之儒者,猶刺刺井田封建不休,使其得志,又一王安石矣。(美中尾)顧亭林曰:"終春秋二百四十二年,車戰時未有斬首至於累萬者,車戰廢而首功興矣。"(《左傳翼》尾)"崇卒",古無此法,魏舒特為創始,兩伍、專、參,陣法精嚴,離離奇奇,寔具八門五花之變。最妙是以偏為誘,使狄望之大笑,而後乃可出其不意,未陳而薄之也。先敘謀,後敘戰,謀詳戰略,左氏諸篇皆然。而敘次變化,各各不同。(《補義》眉)一段敘事。齊河洲曰:"春秋鄭多用步卒,隱三年輂會諸侯敗鄭徒兵,襄元年晉敗鄭徒兵於洧上,昭二十年子太叔興徒兵攻萑苻之盜,則用卒不始於晉。"(高嵣尾)趙氏恒曰:"大抵因所遇之阨,而創為制勝之略。蓋所遇阨,宜步而不宜車也。故以什共車,言以十士共一車之地。而與敵鬬,勇者勝,故曰必克。困諸阨,言因其阨而困之。用奇設伏,智者勝,故曰又克。然非用卒不可也,故請皆卒,自我始。乃毀車以為行,五乘為三伍。向者每乘三人,五乘為十五人。今五人為伍,三伍亦一十五也,此言用卒之法。為五陣以相離,兩於前,伍於後,專為右角,參為左角,偏為前拒以誘之。相離者,佈陣使相遠也。司馬法,五十乘為兩,百二十乘為伍,八十一乘為專,二十九乘為參,二十五乘為偏,皆準車數多少為名。今雖用卒,猶襲車陣之名也,此言佈陣之法。"俞桐川曰:"陳法、文法,兩極其奇。'兩於前'五句,前茅、後勁、中權,青龍、白虎、朱雀、玄武,寫得如此熱鬧。"晁家令言:"山林積石,涇川丘阜,草木所在,步兵之地也。法實始此。有舒之致果,有荀之受成,可與行三軍矣。"(《評林》眉)《增補合注》:"共,當也。舒以車利平地,步利險阻,故言彼步我車,所遇又險,將何以勝?"《經世鈔》:"什,什五之什,謂以二五之人,足當一車也。舍車而徒,則我可以困彼於阨而克之,舊注非。"穆文熙:"車戰不便於險,故毀車爲行。步戰之法,實始於此。然車法終亦不可廢,近世專恃步伍,車戰弗講,以致壁壘不固者,乃知兵之難言矣。"《滙參》:"道陿難于用衆,制此五陳,不相聯屬,易於進退也。魏舒能,卻是荀吳能。"

莒展輿立,而奪群公子秩。公子召去疾于齊。秋,齊公子鉏納去疾,展輿奔吳。(《評林》眉)陳傅良:"傳見展輿踰年不稱子,義同陳佗、齊無知。"

叔弓帥師疆鄆田,因莒亂也。於是莒務婁、瞀胡及公子滅明以大厖與常儀靡奔齊。君子曰:"莒展之不立,棄人也夫!人可棄乎?《詩》曰:'無競維人。'善矣。"(《測義》夾)愚按:展輿,與弑君者也,其不得立以此,而區區歸咎於棄人,豈棄人之惡浮於弑君也耶?藉令展輿但勿棄人,以終其不義之身,將遂可以爲善乎?〔編者按:奧田元繼作鍾伯敬語。〕(《左繡》眉)經分三項,傳寫成一片,卻以中一項爲主。看其提主敘入,而帶敘去疾,插敘疆田,末單以棄人斷莒展,簡净處字字有法。一斷一宕,引《詩》一證,順逆有法,而用筆特輕。(《左傳翼》尾)去疾入,展輿出,皆展輿棄人致之。兩事原止一事,故奪群公子秩是禍本,敘清原委,書法井井。疆田因亂帶敘一片,不煩另作爐竈。

晉侯有疾,鄭伯使公孫僑如晉聘,且問疾。(《正論》眉)《說苑》曰:"博物不足奇,四時辨姓之說,爲晉侯頂門一針。"(孫鑛眉)理甚正,但太實而欠圓妙,又語多未鍊,亦只以典故傳耳。(《淵鑒》眉)子產之論典而核,醫和之論奧而博,文特雄奇排宕,古色陸離。臣廷敬曰:"閱覽博物,而卒歸之於正,此儒者之言,非祝史之說也。"臣鴻緒曰:"公孫僑博聞多識,其言可以袪陰陽祈禱之誣。和所論有裨於節情治性,當是讀書見道之流也。"臣英曰:"此一段蘇轍引之,作《漢昭帝論》以譏霍光,謂其不明於古大臣保傅之義,誠篤論也。"臣士奇曰:"僑之言不獨博物,可以養身。和之言不獨醫疾,可以活國。"臣杜訥曰:"子產徵事鑒,然則晉人之惑不煩言而自解。養生慎疾之道,亦莫備於此矣。"（《左繡》眉）此篇是兩對格，上半問疾起，博物、重賄結。下半視疾起，良醫、厚禮結。又各後半都有出後一番餘文，遙遙相對，此篇法最明整者。或乃分而二之，辜負作者豈淺鮮哉？鄭僑不但博於神道，尤博於人道。秦和不但良於醫疾，且良於醫國。篇中名理精言，間見層出，兩對工力悉敵，合爲宇宙不磨之文。（《補義》眉）一句領起二事。（高嵣眉）前半答叔向之問，兩神平對。一則以賓陪主，一則有主無賓。前詳後略，整齊中又帶參差。叔向問焉，曰："寡君之疾病，卜人曰：'實沈、臺駘爲祟。'史莫之知，敢問此何神也？"（《補義》眉）有疾而淫祀，便見君臣全昧針砭。子産曰："昔高辛氏有二子，伯曰閼伯，季曰實沈，居于曠林，不相能也。日尋干戈，以相征討。后帝不臧，遷閼伯于商丘，主辰。商人是因，故辰爲商星。遷實沈于大夏，主參。唐人是因，以服事夏、商，其季世曰唐叔虞。當武王邑姜方震大叔，夢帝謂己：'余命而子曰虞，將與之唐，屬諸參，而蕃育其子孫。'及生，有文在其手曰'虞'，遂以命之。及成王滅唐而封大叔焉，故參爲晉星。由是觀之，則實沈，參神也。昔金天氏有裔子曰昧，爲玄冥師，生允格、臺駘。臺駘能業其官，宣汾、洮，障大澤，以處大原。帝用嘉之，封諸汾川。沈、姒、蓐、黄，實守其祀。今晉主汾而滅之矣。由是觀之，則臺駘，汾神也。（孫鑛眉）敍此二神事，稍渾勁。（方宗誠眉）此段推拓開展，駁實沈、臺駘爲祟之說，而歸之於君身，是文中前後關鍵，議論又極正大雄渾。抑此二者，不及君身。（高嵣眉）中段束上起下，前後轉梘，扼要争奇，一篇精神處。山川之神，則水旱癘疫之災，於是乎禜之。日月星辰之神，則雪霜風雨之不時，於是乎禜之。若君身，則亦出入飲食哀樂之事也，山川星辰之神，又何爲焉？（《左傳雋》眉）李九我曰：議論典實，敍事豐贍。又曰："飲食、哀樂之事'一句是追究本原之論，下二段乃深詳其失。"（韓范夾）今世陰陽拘忌，祈禱日繁，觀此可廢巫覡。（《左繡》眉）此段結上轉下，先將"不及君身"虛插一句，而以兩"禜之"撇去上文，及跌落"君身"，卻又帶"山川星辰"一筆，牽上搭下，圓密之極。雖是轉下，其實用雙綰之筆，收束上兩節也，看他對寫得筆筆有精神。敍用參差，結用整齊。方圓之變，其妙無窮。（《補義》眉）子產先析二神顛末，以兩"榮之"拓開，苟非國政民瘼所關，則不當榮。況君身疾病，全不由此，將晉臣以巫祝爲忠者，一齊掃盡。儲云："詳説而即奪之，君子之言，異於後世之號書倉者。"（高嵣眉）後半明晉侯之疾，兩"生疾"平對。一是不節而壹，一是不省而盡。先分後合，平舉中微帶例注。前半兩"觀之"倒煞，後半兩"聞之"順領，處處整中有變。（《評林》眉）沈雲將："此篇但據實沈、臺駘爲辨，而星辰、堪輿，一一如指諸掌。"《滙參》："宋、商、商丘，三名一地。"《文則》："兩神對敘，一則略賓詳主，一則有主無賓，伸縮變換有法，蓋文格如大陣包小陣，大陣既方其外，則小陣不可不圓其内矣。當世必有以整齊病僕者，作此語以解之。"《滙參》："《史記》：'叔虞封唐侯，子燮父改爲晉侯。'"鍾伯敬："參神、汾神二段，先爲考核，詳其原委，方下'二者不及君身'一句，情思可掬。"《補注》："洮水，闕不知所在，當亦是晉地之水，後世渴涸耳。"

僑聞之，君子有四時：朝以聽政，晝以訪問，夕以脩令，夜以安身。於是乎節宣其氣，勿使有所壅閉湫底，以露其體。（《補義》眉）子產胸中已注"四姬無省"上，卻不明言，以"僑聞君子"另作一提，一日四時勤政省躬，此強國安民之本，便是養心已病之方。"勿使"二字貫下四句，仍用虛筆縮住，點"四姬無省"，抉出致疾之由，則知所以已疾矣。（闆生夾）露，疲露也。《國策》"諸侯見齊之疲露"，《史記》作"罷弊"，是露、弊同義。《孟子》"是率天下而路也"，與此同。茲心不爽，而昏亂百度。今無乃壹之？則生疾矣。僑又聞之，内官不及同姓，其生不殖，美先盡矣，則相生疾，君子是以惡之。故《志》曰：'買妾不知其姓，則卜之。'違此二者，古之所慎也。男女辨姓，禮之大司也。今君内實有四姬焉，其無乃是也乎？若由是二者，弗可爲也已。四姬有省猶可，無則必生疾矣。"叔向曰："善哉！肸未之聞也。此皆然矣。"（《左傳雋》眉）茅鹿門曰："子產論實沈、臺駘無與於晉君之疾，而生疾乃在壹四時、娶同姓，此直對症之劑。惜乎！晉侯不能改，而叔向亦不能推明以匡其君。"（《左繡》眉）兩"生疾"對說，一則以不節而壹，一則以不省而盡。然"壹"字用正點，"省"字用反點，亦以圓運方之法也。兩"觀之"倒煞，兩"聞之"順領，處處整中有變，妙甚！下半篇又以一"聞之"應上兩"聞之",皆相錯相配者。(《補義》眉)"朕未之聞"指二神之對,下是指四姬之説,有點頭道是卻口說不出光景。(高崵尾)俞桐川曰:"其言實沈、臺駘,可謂博矣。博而衷之於理,所以不朽。看後段杜淫祀之漸,明保身之方,詳而醇,曲而中,此所謂儒者之博,非世俗集類書、搜野乘之博也。"(《評林》眉)穆文熙:"子產論實沈、臺駘無與晉君之疾,而生疾乃在壹四時、娶同姓焉,警切而不迂,可以破人之惑。故智如叔向,亦以爲未聞,而晉侯嘉之爲博物君子也。"《滙參》:"禜,祈禱之小祭也,日月山川之神,其祭非有常處,故臨時禜其地,立欑表,用幣告之,以祈福祥也。欑,聚也,聚草木爲祭處。"李九我:"'出入飲食,哀樂之事',伏後'内實有四姬'案。"《經世鈔》:"世人有病不信醫,而信鬼神,南方尤甚,讀此可解其惑。"《滙參》:"'兹心',兹字連上文,作斯字解,方明。"張半菴:"同姓爲昏,其生不殖,古有是言矣。乃晉重耳,姬出也,匪直伯於身,且與春秋幾終始,又天之不可必者,然終致晉室三分,得無爲此之故乎?"《經世鈔》:"'古之所慎也',插此二句,似不妥。"(方宗誠眉)"此皆然矣"之下,應直接"晉侯聞子產之言"三句,乃中間夾敘一段,文境乃不平鋪直敘。

　　叔向出,行人揮送之。叔向問鄭故焉,且問子晳。對曰:"其與幾何?無禮而好陵人,怙富而卑其上,弗能久矣。"(《左繡》眉)附此一筆,乍看極似閒文,卻不料乃爲後半良臣一番閒論相配地步,故各以"出"字作眼,左氏總無浪費煙墨者。(《補義》眉)子晳又一死症相映。(《評林》眉)《滙參》:"與,助也,言陵人卑上,助之者多〔編者按:多疑當作少〕。"

　　晉侯聞子產之言,曰:"博物君子也。"重賄之。(德秀尾)按:子產能知實沈、臺駘爲參、汾之神,可謂博物矣。然推晉侯之疾,不歸之鬼神,而歸之飲食哀樂之間,則可謂明理而非但博物者也。晉侯獨以博物目之,豈知子產者邪?(文熙眉)汪道昆曰:"敘事具品,議論能品。"穆文熙曰:"言切而不迂,可以破人之惑。"(鍾惺眉)"博物君子"四字,只説得實沈、臺駘一段,其高識在後一段,學與識自是兩事。甚矣!晉君臣之喜於徵事而忽於論理也。(《補義》眉)晉侯但賞其前段,並不説起後段,便是諱疾忌醫。

　　晉侯求醫於秦。(《正論》眉)陳音曰:"君之失德,臣與有責焉。和誠醫國手矣!"(《左繡》眉)上半篇以"弗可爲也已"煞,下半篇便以

"疾不可爲也"起，此作者明以上下聯絡告我後人分之爲二，合之爲一矣。"不時""不節"雖對説，而"不時"又由於"不節"，故先極論近女不節之疾，而不時之疾因之矣。此亦體對而意遞者，與通體同一章法也。（《學餘》眉）字字從望聞問切得來，卻字字從明天道、察人事得來，何其直也？何其文也？何其至精也？**秦伯使醫和視之，曰："疾不可爲也。是謂近女，室疾如蠱。**（闓生夾）此四言韻語，當讀"女"字絶句，世多以"室"上屬，非也。**非鬼非食，惑以喪志。良臣將死，天命不佑。"**（《補義》眉）疾不可爲，想見診視後摇手太息之狀。"近女室"爲子産後半語左券，"非鬼非食"爲子産前半語左券，良臣又補出子産未盡之意。（《評林》眉）《匯参》："此種病卻非醫書所有。"王元美："醫和所謂近女室，與子産若合契，而以'良臣將死'繫於君身，則矯誣之甚。"**公曰："女不可近乎？"對曰："節之。**（方宗誠眉）"節之"，節女色也。下文應直接"女陽物而晦時"一段，然嫌平直，故以"先王樂之有節"作陪筆，文境乃寬展。**先王之樂，所以節百事也。故有五節，遲速本末以相及，中聲以降，五降之後，不容彈矣。於是有煩手淫聲，慆堙心耳，乃忘平和，君子弗聽也。物亦如之，至於煩，乃舍也已，無以生疾。君子之近琴瑟，以儀節也，非以慆心也。**（《左繡》眉）三句束上生下，與前半中段相配，"儀節"承上，"慆心"起下。上文虛説，而實病則在下文也。近琴瑟由樂説到女，雙關二意，巧甚！**天有六氣，降生五味，發爲五色，徵爲五聲，淫生六疾。**（方宗誠眉）又以天之六氣過則爲災作陪筆，思力更開拓。**六氣曰陰、陽、風、雨、晦、明也。分爲四時，序爲五節，過則爲災。陰淫寒疾，陽淫熱疾，風淫末疾，雨淫腹疾，晦淫惑疾，明淫心疾。女，陽物而晦時，淫則生内熱惑蠱之疾。今君不節、不時，能無及此乎？"**（鍾惺眉）一部《素問》也，春秋時人自有此段學問。（韓范夾）醫氏之言，卻與子産相通。（《左繡》眉）"生疾"上文凡三見，都只空説，至此方指出何等疾來，極虛實步驟之妙。熱應陽，惑應陰，蠱應提筆。"内"字當貼上"心疾"説，心，主也。"煩"與"節"對，"淫"與"時"對，猶上半篇之以"節"對"壹"者，"省"對"盡"也，字字細密。（《左繡》眉）上半又分兩層，前層兩"神"平對，後層兩"生疾"平對，中着一段承上起下作轉楗。下半亦分兩層，前層言不節生疾，後層言不時生疾，中亦用三句束上生下作轉楗。而上半前後各對，下半前後遙對。上半無起無結，下半有起有結，此又整齊中有參差。整齊則局不渙，參差則局不板，謀篇之盡善者也。兩神對敘，一則略賓詳主，一則有主無賓，伸縮變換有法。蓋文格如大陣包小陣，大陣既方其外，小陣則不可不圓其內矣。當世必有以整齊病仆者，作此語以解之。上下雖各分兩對，其實下半篇兩對即承上半篇後一對而來，"不節"順跟"省"字，"不時"倒跟"壹"字，故"君身"一番重論，乃一篇之主，而又以"先王之樂""天有六氣"兩大議論以應之，此文之體分而意串者。（《補義》眉）周云："論女色而及聲味，蓋六氣所生，原自一氣，色荒未有不甘酒、嗜音、恆舞、酣歌者。"或以平死在十年以後為疑，蓋伯業盡棄，疾入膏肓，後此不過尸居餘氣，雖與趙孟遲速不同，然無異今日之死。汪云："上三'生疾'皆虛說，此方實指。"（《評林》眉）楊升菴："此因女之有節，而假樂以明之，所謂納約自牖者。"《補注》："劉鉉曰：'五降而息罷退者，五聲一周，聲下而息，前聲罷退，以待後聲，非作樂息也。'弗聽也'，此說降後不彈之意也。'"彭士望："將聲合色說，伎已入微，更將聲中微妙惑溺，絲毫寫出，是化工手。"李于鱗："此即氣味聲色以原人所致疾之由，醫家未有舍此而得稱為岐黃倉扁者。"出，告趙孟。趙孟曰："誰當良臣？"（《補義》眉）但問良臣，想他全不以君身為急，和曰"主是謂"，應汗流浹背。對曰："主是謂矣！主相晉國，於今八年，晉國無亂，諸侯無闕，可謂良矣。（方宗誠眉）"可謂良矣"之下，應直接"今君至於淫"一段，然嫌平順，有"和聞之"數句，文境乃大。和聞之，國之大臣，榮其寵祿，任其寵（或作大）節，有災禍興，而無改焉，必受其咎。今君至於淫以生疾，將不能圖恤社稷，禍孰大焉！主不能禦，吾是以云也。"（《補義》眉）武不復深求再問，亦諱疾而忌醫也。（《評林》眉）王元美："醫和當趙孟之前，而即以良臣將死目之，世寧有此喪狂者哉？此真左氏之誣也。"彭士望："此醫國手，便可作良相。"（閩生夾）左氏記晉事，往往痛責趙孟，以趙孟執國之柄，晉君之淫溺惑亂，趙孟實尸其咎也。借醫和口中發之，尤覺奇趣橫生。趙孟曰："何謂蠱？"對曰："淫溺惑亂之所生也。於文，皿蟲為蠱。穀之飛亦爲蠱。在《周易》，女惑男，風落山，謂之蠱。皆同物也。"趙孟曰："良醫也。"（《補義》眉）良醫不足以盡和，猶博物不足以盡子產，一片藥石，置若罔聞，皆不起之痾耳。**厚其禮而歸之。**（文熙眉）穆文熙曰："君有死疾，而歸過良臣，與之同死，恐未必然，論理則可耳。"（韓范夾）晉君聞子產之言，曰："君子也。"重賄之而已。趙孟聞醫和之言，曰："良醫也。"厚禮之而已。晉之君臣，但知善善而不能用，不克治身，以及其國，悲哉！（王源尾）晉侯曷疾乎？色耳。色荒致疾，難語人也，人亦難與言也。雖然，不得不言，言之固有道也。實沈、臺駘誕乎？非也。卜人言之，不能知之。叔向、趙孟之賢，舉莫知之，豈其誕耶？然疾自疾，祟自祟，祟由疾生，疾不由祟作。疾曷作？曰色耳，荒於色耳。故前段"內有四姬"、後段"近女室"二語爲一篇之主，餘皆發此二語之義。妙在先從實沈、臺駘序入，若疾由於祟者。而子產答之鑿鑿，參神、汾神，俱屬於晉，若疾實由於祟，無可疑者。嗚呼！幻筆耳。"抑此二者，不及君身"，一筆打轉，覆雨翻雲，夭矯崩騰，飛神決眥。然後轉入君身而正言之，何其變也，何其動也？又妙在先以時節渾言，見其疾由於不時不節，不及色也。次言同姓不殖，見取同姓可以生疾，亦不及色也。二者並論，而側重同姓，然後點出內有四姬，不即不離，而終以四姬生疾爲結。夫色之致疾，豈必同姓？取同姓，乃失禮之大者。同姓且四，異姓可知矣。不時不節以致疾，更可知矣。此立言之妙也。於是以叔向二語結之，然"肸未之聞也"，"是皆然矣"，詞不屬，意不接，讀者不免憒憒。徐而察之，卻是一句答其實沈、臺駘之說，一句答其壹四時、取同姓之言。口氣神情，描寫如見，畫工不能也。此傳兩段文字，前一段子產問疾，既已如此超妙。後一段醫和治疾，更復古奧爭奇。若接聯序去，未爲不可，但稍板樣。故又拖出行人揮答子晢一事，局外閒情，以爲點綴，而"其與幾何""弗能久矣"二語，與晉侯一爲映帶，然後結子產而序醫和，此亦作者小小機局，不可忽者也。至序醫和，旗鼓翻然一變。子產，使臣也。和，醫也。醫只言疾，不可同於使臣也。故子產言四姬，千迴百折而後出。和言近女室，一口道破而無遺。子產言壹四時於取同姓之前，和言先王之樂於惑以喪志之後。子產以祟之二神爲論之端，和以蠱之三義爲論之尾。子產之論疾也，曲而婉。和之論疾也，直而悉。處處不同。而其言時同也，言節同也，言不時不節同也。旨則並無二也。而其練詞佈局，迥然如李、郭之治軍，軍容壁壘，寧有毫末之相同哉？讀者其辨之！或曰子產、醫和似不可分賓主也。然產之言可以兼和，和之言不可以兼產。產前而和後，似又不可不分賓主也。讀者其辨之！（《分國》尾）晉人所疑者，實沈、臺駘爲祟也。子產曰：「此二物者，不及君身。」而歸於四時之專壹，不能節宣其氣，此意與《洪範》五事相爲發明。至娶同姓爲美盡，盡則生疾，尤未經人道。晉侯曰「博物君子」，眞憒憒哉！醫和視疾，歸之六氣，精理鑿鑿，肺腑而能語，不能易此矣。至曰「良臣將死」，直指趙孟，趙孟不自反，但曰「良醫」，又何夢夢也？（《左繡》眉）前提句，原只兩層，近女如蠱是正意，良臣將死是餘意。今正意已畢，應及旁意，卻因上文只重講近女，蠱字未曾講透，故又補寫一遍，合之恰似一頭兩腳格，與前半篇又別。是亦方圓互用之妙已。蠱有三義，以淫惑爲主，卻將兩賓伴說，絕世文情。於此可見不博物，亦不可以爲良醫。若子產明於病源，又不必細及病症矣。良醫、良相，其皆留意於此。直起直收，整整相對，又一大格。而上半篇叔向、子產論疾，晉侯只贊博物，卻不理會君身一番正論。下半篇晉侯、醫和論疾，趙孟只贊良醫，亦不理會良臣一番正論。寫諱疾忌醫、忠言逆耳神理如見，又言外微旨也。（儲欣尾）趙孟，晉柱石也。天奪之年，傳者惜之。所載先兆，頗傅會以成其說，而醫和爲尤。和所視者，君疾也，與臣何涉？而輒波及之。豈和能爲醫，又能爲巫耶？至曰「君淫而主不能禦」，雖甚責人以難者，不至此矣。（《左傳翼》尾）晉侯何疾？色耳。不節不時，寔致疾之本，子產所謂壹與盡，即醫和云云也。但叔向所問，原係山川星辰之神，故應從此對答。隨對隨駁，轉入致疾原由，由夜不能安身，歸到內有四姬上。醫和論疾，不妨開口直說，無煩牽扯客話。且子產同姓宗臣，故專言男女辨姓。醫和以女室宜節爲主，即非四姬亦不可不節不時也。論色而並及聲與味，蓋六氣所生，原自一氣。淫聲、美色，禍原相等，亦相因。未有內作色荒，而不甘酒嗜音、恒舞酣歌者。縱談醫理，淹雅精貫，亦與子產相敵。馮天閑謂：「鄭僑不但博于神道，尤博於人道。秦和不但良於醫疾，且良於醫國。」知言哉！以晉國尊奉、舉世愛敬之趙文子，獨魯穆叔與劉定公以其偷也而斷其必死，穆叔之言猶是泛論，定公則指定宋盟虢會，大肆譏評矣，然猶在國外也。說到榮其寵祿，不能正君，以至於淫而生疾，則無地自容，而天命尚可佑乎？子產責君，秦和兼責臣，合觀之方知此文議論之正大。《左繡》謂：「子產論疾，晉侯只贊博物，卻不理會君身一番正論。秦和論疾，趙孟只贊良醫，卻不理會良臣一番正論。諱疾忌醫、忠言逆耳神理如見。"可謂讀書隻眼。然晉君方以淫生疾，猶於齊聘少姜，請繼室。趙孟不能匡君，有可死之道，而韓宣反爲之使齊納幣，可見舉國昏昏，君荒於上，臣詔於下，兩人之言，直褎如充耳也。諸人不足責，叔向既知是皆然矣，胡依然猶之未聞？余所深不滿於此公者，正在此等處耳。子產不言醫，而所言雖良醫不是過。秦和不矜博，而所言雖博物者無多讓。前後掩映，以子產作秦和引子可，即以秦和作子產證佐亦可，可合爲一，不可分爲二也。（《日知》尾）格雖并峙，意實單行，法密而氣疏，筆宕而味腴。（高塘尾）俞桐川曰："首段作綱，以下逐句分疏。數統乎理，技進乎道，搜抉鬼神，包羅天地，保國保身，無所不有。文至左氏，乃爲真博，乃爲真奇也。"此與子產論疾篇，可分爲二，可合爲一。彼以問疾起，博物、重賄結。此以視疾起，良醫、厚禮結。彼以"弗可爲也已"總煞，此以"疾不可爲也"總領，又是上下聯絡法。（《評林》眉）王元美："和之論通於天人之秘，性命之微，其關於君德治道非細。"〖編者按：凌稚隆作傳遜語。〗（方宗誠眉）以上言疾如蠱，收束通篇。（《學餘》尾）子產論晉侯之疾，博物君子也。醫和之言，明陰陽、察人事，清切明達，殆將過之，然則醫豈小道哉？明其言而擴充之，可以醫國，亦可以醫天下後世矣，是爲醫學。（《菁華》尾）晉平以好色致疾，所謂實沈、臺駘爲祟，自是一時巫祝之言。先將兩層揭過，然後轉出正意，所云"山川星辰之神，又何爲焉"，可醒世俗禱祠之謬。稱其博物君子，祗爲能道出實沈、臺駘故實，然其精論，卻在下一半，聽者轉不之察，何也？醫和之言，正與子產所云"出入飲食哀樂"之語，互相發明，而又加詳焉。其精妙處，直可補《靈樞》《素問》所不及。末又規及趙孟，蓋以趙孟身爲正卿，平日毫無進諫之言，一任其君志氣銷亡，沈溺於荒淫之失。此爲一篇結穴，並非節外生枝。

　　楚公子圍使公子黑肱、伯州犁城犫、櫟、郟，鄭人懼。子產曰："不害。令尹將行大事，而先除二子也。禍不及鄭，何患焉？"（《左繡》眉）此篇傳楚子麇卒，及公子比奔晉事，以楚圍弒君爲主，子干奔晉不過帶敘，不平重也。首尾以子產料事之明作起結，蓋於起則爲本事作引子，於結又爲後事起本，而文之結構因之，總爲楚圍寫生。通篇隨伏隨應，隨應隨伏，佈置極密，線索極靈。起處子產只三四語，而通篇之脈皆伏。"將行大事""先除二子"，其伏"弒王"及"奔晉""殺掔"不必言。"禍不及鄭",不但伏"聘鄭""赴鄭",直併結處"吾往無日""不數年,未能也"一齊挈起。似此手法,彼尋行數墨者,方視之河漢而無極也。(《補義》眉)子産評論起,已伏通篇之脉。

冬,楚公子圍將聘于鄭,伍舉爲介。未出竟,聞王有疾而還。伍舉遂聘。十一月己酉,公子圍至,入問王疾,縊而弑之。遂殺其二子幕及平夏。右尹子干出奔晉。宮廐尹子晳出奔鄭。殺大宰伯州犂于郟。(《補義》眉)應除二子。葬王於郟,謂之郟敖。使赴于鄭,伍舉問應爲後之辭焉。對曰:"寡大夫圍。"伍舉更之曰:"共王之子圍爲長。"(文熙眉)穆文熙曰:"州犂知子圍之惡,而故從之。狎豺狼而向烈火,宜其終見殺也,此可爲通惡人之戒。"(《測義》夾)愚按:楚子麇之死,據《戰國策》載,楚公子圍以冠纓絞王殺之,因自立,是實弑也。然《春秋》則書卒矣。又據《子夏傳》,靈王虔與令尹圍本是兩人,而郟敖之卒實以疾,是非弑也。左氏又何以稱弑?儒者疑之。或曰"以瘧疾赴也",則商臣弑君,未嘗顯告諸侯,而《春秋》書弑,何獨於圍而從其僞赴乎?或曰"以申之會,爲中國諱也",則商臣弑君,使俶聘魯,魯人受之,《春秋》曷不爲我國諱,而顧爲諱列國乎?此蓋信傳之過,因曲爲之説,以求合經,而不知於聖人之旨益晦而不明也。竊謂凡經傳不同,俱當以經爲正。〖編者按:奧田元繼作王元美語。〗(《左繡》眉)鄭子馴弑僖公以瘧赴,今楚圍弑郟敖亦以瘧赴,然彼傳明敘,此只説赴鄭。蓋觀於伍舉更對,從容文飾,而似瘧非瘧,無不隱隱筆端矣。妙絶妙絶!不知者,且以爲辭令之工而已矣。(《補義》眉)凡實弑而經書卒者準此。(《評林》眉)魏禧:"州犂不奔,以其素附圍也,然州犂於圍,可謂忠矣,而不免於殺,真枉作小人,後世媚人以非義,卒不免者,皆此類也。"《經世鈔》:"'共王之子圍爲長',辭則善矣,其與於弑逆之黨何?"(武億尾)一還一聘,明係同謀。更對之辭,從容文飾。惡矣!而才甚捷。

子干奔晉,(《補義》眉)抽出子干。從車五乘。叔向使與秦公子同食,皆百人之餼。趙文子曰:"秦公子富。"叔向曰:"底禄以德,德鈞以年,年同以尊。公子以國,不聞以富。且夫以千乘去其國,强禦已甚。《詩》曰:'不侮矜寡,不畏强禦。'秦、楚,匹也。"使后子與子干齒。辭曰:"鍼懼選,楚公子不獲，是以皆來，亦唯命。且臣與羈齒，無乃不可乎？史佚有言曰：'非羈何忌？'"（《左繡》眉）后子不欲與子干齒，蓋看破此君底裏，亦倒爲先除二子作注腳也。否則城三邑時，何不併此人而一網之耶？（《補義》眉）子干豈不以君弒告晉？而趙孟視若等閒，從容饋客，傳敘一段閒文，正是一篇樞紐也。此以中權貫穿前後之法，亦以餘波烘托正意之法。

楚靈王即位，薳罷爲令尹，薳啓彊爲大宰。鄭游吉如楚，葬郟敖，且聘立君。歸，謂子產曰："具行器矣！楚王汰侈，而自說其事，必合諸侯。吾往無日矣。"子產曰："不數年，未能也。"（《分國》尾）楚虔以僞赴，經書曰"楚子麇卒"。蓋當時諸侯莫能討，書"卒"者，略其篡以扶大義也，《春秋》之旨微矣。（《左繡》眉）插敘子干畢，仍遙接更對爲後，完結楚圍弒君事，末以子產語結，既應本文，又伏後文，通體純作此種筆法，所以成一篇之片段也。（《左傳翼》尾）圍弒君，比因出奔，經分傳合，以事本一串，故始終以圍弒爲主，不唯城邑固欲先除二子，即出聘亦爲還弒地，使王不備耳。州犂、伍舉，皆黨子圍者也。乃舉則引爲腹心，而州犂則出之於外而殺之，豈虢會後因人譏刺而欲自爲離異耶？苟文若事事效謀，而於九錫不欲操受，以致見殺。州犂其殆類此歟？伍舉身爲逆黨，而子若孫卒不免禍，天網恢恢，不其然乎！二子除而王之左右虛無人焉，薳罷、啓彊乃得納欵效順矣。散散敘去，暗中自有照應。至前以聘鄭起，後以鄭聘結，中以赴鄭聯絡首尾，用兩子產之言作閒中映帶，疏散中仍自緊密，一筆不苟。（《補義》眉）以子產評論結。"自說其事"，知討賊無人，而分外侈肆也，與中段應。（《評林》眉）按：靈王即位，易名罷虔，麇多作熊，非是。《滙參》："'往無日'，暗應'懼'字，'不數年'，正應不害、可害。"

十二月，晉既烝，趙孟適南陽，將會孟子餘。甲辰朔，烝于溫。庚戌，卒。鄭伯如晉弔，及雍乃復。（韓范夾）國之強卿，猶能懼諸侯於死後，況其生乎！（《左繡》眉）"晉既烝"不與"十二月"連，因下甲辰云朔，則讀者自知晉烝在十二月之前，左氏慣有此等參錯筆法，耐人思尋，注以爲月誤，非是。（《補義》眉）趙孟之喪，勝於王喪矣！噫！（《評林》眉）《附見》："'晉既烝'及'適南陽'，並不與十二月連，因下甲辰云朔，則讀者自知晉烝用十二月之前，注以爲月誤，非是。"按：趙氏家廟在晉溫縣，往烝之。陳傅良："傳終言趙孟之偷，志不在伯，故宋、虢之盟，楚駕於晉。"

◇昭公二年

【經】二年春，晉侯使韓起來聘。夏，叔弓如晉。秋，鄭殺其大夫公孫黑。(《評林》眉) 劉敞："稱國以殺大夫者，罪累上也。黑有罪，其以累上言之，何也？惡鄭伯不能去有罪，以放乎亂也。"冬，公如晉，至河乃復。(《評林》眉) 按：公如晉，弔少姜也，晉辭之，公動不以禮，自取辱可知矣。然《穀梁》曰："恥如晉，故著有疾也。"《公羊》以爲晉將執公，並非是。疾固無據，又此時魯、晉互聘，晉何執公之有？季孫宿如晉。

【傳】二年春，晉侯使韓宣子來聘，(鍾惺眉) 古人學問淹貫處，拘儒不知。(《左繡》眉) 此前奇後偶、頭重尾輕格。行文只一詳略法，變換不窮。如此文于觀書則用詳，于魯樹則用略；于見旗則用詳，于謂彊則用略。前賦《詩》有贊有謙，後賦《詩》直不綴一語。詳略之變，至此而極。又，凡文皆詳略互用，此文則步步略去。即如三段三提句，首句君臣使聘，一一詳寫。次句便略去"晉侯使"三字，末句併略去"宣子"兩字，左氏蓋有意特創此格，以自娛娛天下後世也。文勢如連山復嶺，起伏爭奇，及其麓也，邐迤而漸弛矣。所謂文無定形，隨手可造者，於此益信。其後皆略，而首段獨詳者，傳爲韓起來聘而設，則固當以主爲重也。(方宗誠眉) 此篇與吳季札來聘篇法相似，但不及彼篇局勢宏大。且告爲政，而來見，禮也。(《評林》眉)《補注》："韓起爲政，當聘魯，不使他人而身來，亦欲親結魯好。或疑謂霸國正卿，無有適諸國告爲政之理，過矣。"楊升菴："韓起代武爲政，欲致諸侯，故親來聘魯，惜乎人心已散，勢不易同，而德又不足以服人，卒不免於示威平丘爾。"〔編者按：凌稚隆作季本語。〕觀書於大史氏，見《易》象與《魯春秋》，(《補義》眉) 儲云："《魯春秋》有典有則，夫子因以成經，筆削必不多，後儒字字爲之説，不亦惑乎？"曰："周禮盡在魯矣。吾乃今知周公之德，與周之所以王也。"公享之。季武子賦《緜》之卒章。韓子賦《角弓》。季武子拜，曰："敢拜子之彌縫敝邑，寡君有望矣。"武子賦《節》之卒章。既享，宴于季氏，有嘉樹焉，宣子譽之。武子曰："宿敢不封殖此樹，以無忘《角弓》。"（韓范夾）武子可謂有辭，勝於王元長反覆之語。（《評林》眉）《滙參》："孔疏：'大史氏，氏猶家也，藏書之處，若今人秘閣也。'"《補注》："'所以王也'，傳見魯之策書乃周公遺制，所謂《魯春秋》，乃國史成書，二傳不知此說，故不得筆削本末。"遂賦《甘棠》。宣子曰："起不堪也，無以及召公。"（《晨書》總評）徐哀侯曰："禮樂在魯蔚然，稱望國焉。周公德澤流長，至漢高狗魯，猶弦歌不輟，其由來遠矣。春秋聘使，每多套語，獨此主賓酬贈，穆如清風，溫其如玉。"（《左繡》眉）首段又分三節，觀書另提，下享宴對寫，亦前奇後偶格。《易》象、《春秋》只兩端，便想見周禮全身，又從周禮想到周公全身，併推原想出周王全身，是何等學識？賦《角弓》，則拜。譽嘉樹，則謝。本是對說，妙于嘉樹挽到《角弓》，又生出《甘棠》，牽前搭後，掩映生姿。凡賦《詩》贈答，此爲變調之極則。前是韓子一賦在中間，而武子兩賦在兩頭。後是武子一賦在中間，而宣子一譽一謙在兩頭，極變又極整也。（《補義》眉）汪云："聘魯是主，齊、衛是賓，前詳後略，是詳主略賓。前奇後偶，是借賓陪主。"（高嵋尾）俞桐川曰："周公、召公，自爲映合。《易》《詩》《禮》《春秋》，自爲關照，經術風雅，遠邁後人。"（《便覽》尾）半幅中自有無限文情，風流絕世，近世之誇多鬭靡者，恐未知此味。芳自記。

宣子遂如齊納幣。見子雅。子雅召子旗，使見宣子。宣子曰："非保家之主也，不臣。"見子尾。子尾見彊，宣子謂之如子旗。大夫多笑之，唯晏子信之，曰："夫子，君子也。君子有信，其有以知之矣。"自齊聘于衛。衛侯享之，北宮文子賦《淇澳》。宣子賦《木瓜》。（文熙眉）汪道昆曰："序事具品。"穆文熙曰："宣子論子旗、子尾不臣，後果如之，可謂有知人之鑒。抑惟晏子能信之，而諸人多笑焉，信乎知人之不易也。"（《分國》尾）宣子初聘，情文有加。武子贈答，亦自斐亹。至卜樂、高二人，何洞中也！周内史之善相，何以加兹？（《左繡》眉）次段兩"見"一"信"，又是前偶後奇。末段一"享"兩"賦"，又是前奇後偶。而一以"知"字配第一節"知"字，一以賦《詩》配第一節賦《詩》，蓋皆以首段爲綱而爲之目也，於法愈變而愈精矣。(《左傳翼》尾)此與季札觀樂篇相似，見《易》象與《魯春秋》，仿佛觀樂。評論旗、彊與說穆子、平仲諸人一般。總之，有識見人觀書論人，目徹千古，自與尋常不同也。但敘法有詳有略，前後又間以宴享賦《詩》，遂覺煙雨迷離，令人不可測識。季札歷聘，不過爲通嗣君，故起處隱過，留作中間過渡以聯絡上下。此則告爲政而來，諸國所同，而如魯賀新君，如齊聘少姜，各自有事，故一一提明。此因事以爲變局，不可以彼概此也。兩篇皆以來聘爲主，首段皆應詳敘，帶敘諸國自當從略，彼此一類。本篇中，至齊論人與在魯觀書相配。至衛受享、賦《詩》，與公享之宴于季氏亦相配。隨手變化，觸筆雲煙，真化不可爲境象。(《日知》尾)用撒手潑墨法，卻段段聯絡，其着語無多處，正寫得宣子識見情態出。(《補義》眉)"知"字收首段前一層"知"字。兩賦《詩》收首段後一層四賦《詩》。(《評林》眉)李笠翁："宣子觀《易》與《春秋》，而知周之德與所以王，與季札觀樂而知興衰同，論子旗及彊，與季札之論子產、遽伯玉同。"《滙參》："君子有信，前是知古，此是知今。"(方宗誠眉)起結皆賦《詩》，章法完整。(《學餘》尾)讀此而知古卿大夫之深于經術，所以聯邦交而綿其家世也，失之則家國俱敗矣。

夏四月，韓須如齊逆女。齊陳無宇送女，致少姜。少姜有寵於晉侯，晉侯謂之少齊。謂陳無宇非卿，執諸中都。(《補義》眉)汪云："一筆寫盡寵字。"**少姜爲之請曰："送從逆班，畏大國也，猶有所易，是以亂作。"**(《左繡》眉)"寵"字只一筆寫透。第一句諷以禮，第二句動以情，第三句直說他不是矣，想見少齊恃寵口角。(《左傳翼》尾)連忙說淫以生疾，不可爲。連忙又如齊逆少姜，少姜死又連忙繼室，此君殆欲速老於溫柔鄉邪？不然，何沉湎於色至此？父納幣，子逆女，後來父又逆女，良臣固如是耶？使遇秦和，當頭又着幾棒矣。陳無宇，齊侯所信任而尊禮者也，使之送女，雖子雅、子尾不啻矣。況韓須可逆，無宇獨不可以送乎？而猶然見執，毋怪乎楚圍效尤，欲辱韓起、羊舌肸也。送從逆班，齊若守禮，晉何敢辱？唯畏大國，而易禮以待，反致亂作。少姜語意，全是懊惱。齊國見辱爲自取，但以亂斥晉，直言不諱，宛然挾寵恃愛人聲口，若作婉轉哀求語看便謬。(《補義》眉)"是以"二字，無限駭異。"亂作"二字，無限譏刺。不爲無宇請釋，而當釋之意自在言外，此婦之舌可畏也。(《評林》眉)陳傅良："'執諸中都',傳言所以不書執。"《滙參》:"劉炫曰:'昏禮:諸侯以下,法當親迎,有故,得使卿也。'凡例云:'凡公女嫁於敵國,姊妹則上卿送之,公子則下卿送之。'是送卑於逆者一等,故云送者從逆者之班次,言當卑於逆者也。"

叔弓聘于晉,報宣子也。晉侯使郊勞。(《補義》眉)此上敘下斷,亦前偶後奇。辭曰:"寡君使弓來繼舊好,固曰:'女無敢爲賓!'徹命於執事,敝邑弘矣。敢辱郊使?請辭。"致館。辭曰:"寡君命下臣來繼舊好,好合使成,臣之禄也。敢辱大館?"叔向曰:"子叔子知禮哉!吾聞之曰:'忠信,禮之器也。卑讓,禮之宗也。'辭不忘國,忠信也。先國後己,卑讓也。《詩》曰:'敬慎威儀,以近有德。'夫子近德矣。"(文熙眉)汪道昆曰:"辭令能品。"穆文熙曰:"非禮之覯,自當力辭,人自不敢以輕易待之,所謂卑而能高,下而能上,季孫其能辨之矣。"(《分國》尾)忠信爲主,卑讓輔之,得力在兩提"君命",能亢大國以此也。(《左繡》眉)兩辭一贊,前分後合。知禮、近德,順提倒煞,章法極爲明整。(《左傳翼》尾)晉爲盟主,使臣交錯於道,其以丰采著聞晉廷者,鄭子產外,唯魯穆叔、叔弓二人。穆叔以不拜三《夏》《文王》見奇,叔弓以辭郊勞、致館著美,皆不辱君命者也。然穆叔博洽,僅能令晉人心折。至叔弓雖叔向亦爲之延譽,則更聲價千倍矣。本係卑讓,卻並忠信許之者,以口口寡君,善則歸君也。揖讓雍容,謙抑有禮。《鄉黨》載執圭一章,聖人爲使之道,惟敬與和,叔弓將毋亦近之耶?(《評林》眉)陳明卿:"辭郊勞猶得爲禮,及致館而辭,則過。"穆文熙:"傲誕之夫,誦此語自當無過,忠信卑讓,又何其簡要而可循乎!"(《學餘》尾)大之事小,小之事大,皆使臣之在其間也。非解事不足以知時,非通經不足以致用。嗚呼!使而不使,國非其國矣。

秋,鄭公孫黑將作亂,欲去游氏而代其位,傷疾作而不果。(《補義》眉)唐云:"首兩行閒閒而起,陡接子產乘遽而至,便覺紙上如風馳電擊,無一字不迅速。"(《評林》眉)按:游楚,鄭穆公孫,即公孫楚,出上文。《滙參》:"全隨子產籌中,犯衆怒矣。"駟氏與諸大夫欲殺之。子產在鄙,聞之,懼弗及,乘遽而至。使吏數之,曰:"伯有之亂,以大國之事,而未爾討也。爾有亂心無厭,國不女堪。專伐伯有，而罪一也。昆弟爭室，而罪二也。薰隧之盟，女矯君位，而罪三也。有死罪三，何以堪之？不速死，大刑將至。"再拜稽首，辭曰："死在朝夕，無助天爲虐。"子產曰："人誰不死？凶人不終，命也。作凶事，爲凶人。不助天，其助凶人乎？"請以印爲褚師。子產曰："印也若才，君將任之。不才，將朝夕從女。女罪之不恤，而又何請焉？不速死，司寇將至。"（《補義》眉）周云："最難得駟氏亦欲殺耳。時未至不容急，時既至不容緩。"汪云："字字傳蓄極而發之神。"（《評林》眉）王元美："子產蓋欲公孫黑之知罪自盡，故使吏數之。"《經世鈔》："子產此舉，幾於打死蛇矣，然諸大夫殺伯有，或止於快怒而不能正國紀，此子產所以乘遽至，而使吏數之也。且子皙罪重子南，子南放而子皙無罪，子產失刑矣，故欲及其未死以補前失。"魏世傚："'乘遽而至'，此子產先之所以三不討也。"穆文熙："薰隧，道名，鄭盟子楚於此，而子皙強入之。"《經世鈔》："'命也'，妙語，非子產，則子皙之死必不如此可觀。"鍾伯敬："'印也若才'，子產此言忠厚而正直，公孫黑亦且長瞑地下矣。"七月壬寅，縊。尸諸周氏之衢，加木焉。（文熙眉）穆文熙曰："子皙之惡，甚於子南。兵兄之罪，起於奪妻。子產乃逐子南，而不逐子皙者，蓋以子皙罪重，不止於逐，又不容於並逐，故欲使其再發，而大爲討除之也。"黑不病，子產不能去，故乘其病而乘遽以至，蓋間不容髮之勢也。除惡自有機哉！除此大憝，不勞餘力，非有絕人之才者，孰能之，何言僑之才不勝德乎？（鍾惺眉）狠甚、快甚，不狠不快！（魏禧尾）彭家屏曰："子南已聘之婦，子皙強委禽焉。及徐女既歸子南，子皙又欲殺子南而奪之。兩人之曲直，不待智者而辨矣。子產之賢智，豈有爲之模稜之理？必其時其勢未可過激，故委曲以俟之，所謂術也。迨後觀釁而動，其斃子皙也，如斃豚豕。賢者之所爲，固不可測也夫？子皙前年殺伯有矣，今則強納采于徐吾犯之門，橐甲直入子南之室，欲殺子南而奪其妻，其兇暴甚矣。待兇人，挫兇燄，不可無術。子產不疾不徐，而子皙授首，真妙用也。可以爲後世處兇人之法。"（《分國》尾）不以其將作亂而誅，歷數其從前三大罪，皆足致死，向特有稽國討耳。褚師勿許，即請舍子明之類意。（《左繡》眉）此結局子皙事，子皙三番無道，子產一味包荒，至此乘機討亂，直作迅雷不及掩耳手段。此非但疾作之機不可失，亦以衆怒欲殺之機不可緩也。前者專伐伯有，駟氏方助之。昆弟爭室，諸大夫猶爲謀之。薰隧之盟，六子且聽其強與，而太史書之。今衆皆不堪，不乘此時聲罪致討，則子晳雖死，亦僅私戮而非國誅。故殺機未動，不敢先。殺機既動，不敢後。看他兩次逼勒，一則曰"不速死，大刑將至"，再則曰"不速死，司寇將至"。片刻不容放鬆。非惟慮傷疾或瘥，困獸猶鬬；亦恐駟氏與諸大夫夜長夢多，緩則生變也。子產是春秋第一有擒縱人，此意千古無人抉破。文字是一頭兩腳格，以首段爲主，下二段不過因其延挨而決絶之，故臨了又以復筆歸併到首段作煞著也。通篇語氣全從"懼弗及，乘遽而至"一筆中追出，字字傳蓄極而發之神。唐錫周曰："文有可以疾讀，亦可以徐讀者。可以一連讀，亦可抑揚讀者。可作豺聲讀，亦可作曼聲讀者。獨至斯篇，徐讀之而不得其妙，疾讀之而其妙乃出。抑揚讀之而不見其妙，一連讀之而其妙乃愈出。曼聲讀之而不覺其妙，豺聲讀之而其妙乃盡出。是何以故？只緣作者意思全在曲曲傳出，半點放鬆，不得神理也。"妙批！（《左傳翼》尾）國有賊臣，必明正典型，肆諸市朝，方爲義討。子產包荒子晳，正欲稔其惡而誅之，至將作亂，欲去游氏而代其位，則更不容逭矣。子產乘遽而至，使吏數之，懼諸大夫以私殺之，而國法不得伸也。若謂慮傷疾或瘥，困獸猶鬬，諸大夫夜長夢多，緩則生變，則是子產毫無擒縱，竟成一殺死虎者矣。"懼弗及"，懼諸人殺之而己不及殺，非懼他人不殺而己不能殺也。肅宗殺李輔國，代宗誅魚朝恩，皆委其權於盜，豈可謂之天討乎？於此見子產之義，正不與後世之姑息者等。子晳既有此三大罪，子產何以不急討，只爲鄭七穆駟氏最強，罕、豐同生，黨羽尤衆，急之不能討亂，反以滋亂，故必俟其罪惡暴著，黨羽離散，乃可明正典刑。最難得者，諸大夫欲殺，駟氏亦欲殺耳。王沂公除丁謂，徐文貞公除嚴嵩，皆寬之歲月，令其自投羅網。而石碏之討州吁，殺子厚，尤智深勇沈，可爲師法者也。攻賊黨，除賊臣，時未至則不可急。時既至則不容緩，處女脫兔，豈得獨爲行軍之要術乎？（《日知》尾）"懼弗及"三字爲全篇之眼，非特待之四年，得諸一旦，慮少縱即逝也，正恐諸大夫殺之，誅亂人反暢亂風，鄭政愈靡所止矣。自此以後，鄭臣無相私攻者，則正罪明刑之力也。筆警墨迅，字字傳子產討前罪、靖後患之神。（《評林》眉）《補注》："加木焉，傳見子晳三罪，子產不能以時討，故經無異文。"（《學餘》尾）栽培傾覆，天之理也。守如處女，縱如脫兔，軍之善政也，鄭子產其知之矣。(《菁華》尾) 子晳之罪，應死久矣。然事機未至，祇得静以待之。及見其事可圖，乃如兔起鶻落，有迫不及待之勢。傳寫子產乘遽而至，何等辣心辣手，及數以三罪，與前數子南五罪，恰好相對。特前是權詞，而此乃鐵案，子產亦是一老獄吏也。

晉少姜卒。公如晉，及河。晉侯使士文伯來辭，曰："非伉儷也。請君無辱！"公還，季孫宿遂致服焉。(《測義》夾) 愚按：晉以少姜非伉儷辭公，公見辭乃復，未為失禮。其失在公不能守正而妄動，所謂恭不近於禮，不能遠恥辱者，公也。至如季孫宿如晉，蓋公既返矣，猶有所未盡于心，故遣宿將命以終其事焉耳，此理易見。而《公羊》曰："至河乃復，不敢進也。"《穀梁》曰："恥如晉，箸有疾也。公不得入，宿得入，惡季孫宿也。"何氏曰："乃者，難辭也。"反使聖人之意晦而不明，恐皆非也。〖編者按：奧田元繼作王荊石語。〗叔向言陳無宇于晉侯曰："彼何罪？君使公族逆之，齊使上大夫送之。猶曰不共，君求以貪。國則不共，而執其使。君刑已頗，何以為盟主？且少姜有辭。"冬十月，陳無宇歸。(《分國》尾) 齊、晉匹也，以女為其側室，而以上大夫送，猶被執焉，何無禮也？景公忍之，涕出女吳，豈待他日？(《左繡》眉) 晉侯寵少姜，不數月而卒，以非伉儷辭諸侯，而其心愈悲矣。叔向請無宇，以求貪刑頗為言，不若"少姜有辭"一語之得力也。辭令妙而篇法之照應亦密已。"以貪""已頗"對說。兩"不共"又相承說，語整而筆圓。(《補義》眉) 完執無宇案。周云："咄然而止，冀動其哀思而釋之。"

十一月，鄭印段如晉弔。(《左傳翼》尾) 以嬖寵之喪，而公親往弔，以執齊陳無宇而懼也。晉既以非伉儷為辭，請君無辱，則無宇之宜釋明矣。不當求而求，謂之貪。不當刑而刑，謂之頗。頗由於貪，串說非對說也。己則不共，而以不共責人，少姜所以斥其亂。叔向侃侃正論，皆發明少姜之意，末綴少姜有辭，冀動其哀思而釋之也。戛然而止，突兀之甚。少姜之喪，鄭印段弔，游吉送葬，梁丙猶云"甚矣哉此來"。公以國君而奔其喪，辭之乃復，恭不近禮，其能免恥辱乎？汪氏克寬謂："公服喪已畢，不朝周而如晉，妄說人而取辱。"譏之允矣。左氏於公如晉後，即書鄭印段如晉弔，比例觀之，而是非自見。

◇昭公三年

【經】三年春王正月丁未，滕子原卒。夏，叔弓如滕。五月，葬滕成公。(《評林》眉)趙鵬飛："天王之葬，魯有所不會，今滕小國，而以卿會葬，何厚私情而薄王禮也？厚薄之間，諸侯之情見矣。"秋，小邾子來朝。(《評林》眉)季本："小邾穆公雖累從晉列於諸侯，而不失事大之禮，本魯附庸故耳。"八月，大雩。冬，大雨雹。北燕伯款出奔齊。

【傳】三年春，王正月，鄭游吉如晉，送少姜之葬。梁丙與張趯見之。(《才子》夾)妙處全在冷峭，峭故愈冷，冷故愈峭。今後欲作冷筆，其務作峭筆哉！(《補義》眉)敘出來由，起一篇議論。梁丙曰："甚矣哉！子之爲此來也。"(韓范夾)嬖寵之喪，卿共葬事，已爲過禮，而魯君親往，亦獨何哉？宜其不終也。(《評林》眉)王元美："梁丙'甚哉'句，其意深沈，令人玩之，自覺躍然。若張趯云'自今無事，求煩不獲'，則不免露鋒穎而訕尊上矣。"子大叔曰："將得已乎？昔文、襄之霸也，其務不煩諸侯。(《補義》眉)駁"甚"字縮住，提出文、襄。令諸侯三歲而聘，五歲而朝，有事而會，不協而盟。君薨，大夫弔，卿共葬事。夫人，士弔，大夫送葬。足以昭禮命事謀闕而已，無加命矣。今嬖寵之喪，不敢擇位，而數於守適，唯懼獲戾，豈敢憚煩？(闈生夾)晉之失諸侯由於此等，故詳哉言之，非泛文也。少姜有寵而死，齊必繼室。今茲吾又將來賀，不唯此行也。"(《補義》眉)再透進一層，意更酣足。(《評林》眉)《補注》："卿共葬事，則襄公而後，魯以卿會葬者三君，傳於昭三十年，又記大叔之言，亦見不能常也。"(闈生夾)宗堯按："此借太叔刺晉無霸主之度。"張趯曰："善哉！吾得聞此數也。然自今，子其無事矣。譬如火焉，火中，寒暑乃退。此其極也，能無退乎？晉將失諸侯，諸侯求煩不獲。"(《補義》眉)儲云："二十一史治亂循環，不出此數語。""此其"二句正喻夾寫。二大夫退。子大叔告人曰："張趯有知，其猶在君子之後乎！"(文熙眉)汪道昆曰："議論能品，'文襄之伯'以下章法。"穆文熙曰："晉以嬖寵之故，重勞諸侯，既乖典禮，又失人心。文、襄之伯，斯其遠矣。"（《快評》尾）晉至此，其盛已極，而衰相已現，不惟他人知之，晉人有識者亦無不知。而積重難返，雖知之，亦莫可如何也。子大叔之言，令人穆然于文、襄之世。合此與子產對士文伯之言，見文公之經理諸侯者，大小纖微無不具有規模，如此而不霸者，未之有也。其後世子孫，日趨於驕縱怠惰，雖有智者，亦不能爲之謀，惟有付之浩歎而已。此與後篇敘叔向對晏子之言，同是此意。千古以來，極盛之後，固不如此。不然，代周而有天下者，不在秦而在晉矣。（《左繡》眉）提筆"送少姜之葬"五個字，便伏子大叔一肚皮不得已苦衷，故于梁丙之諷切則駁之，于張趯之慰藉則稱之，通篇只作兩對讀。開手以"子之爲此來也"一呼，下文一駁一解，都從此句翻跌。如曰"吾又來賀，不惟此行"，乃是就此來說進一步。曰"子其無事，求煩不獲"，乃是就此來說退一步。機趣靈躍，轉換不窮。結句贊張趯，正是不滿梁丙，以丙出口輕薄，全不知人苦辣，不若趯之開心見誠，語語近情切理也。執定譏其不爲晉諱，恐失通篇神理。重寫昔之不煩，則今之不敢憚煩，其非我之好勢也可知。末並説到又將來賀，以見事事看來得已，卻是事事出於不得已，而丙之以此來爲譏，其憒於勢而昧於情也，亦已甚耳！張趯便是極曉事勢人情的人，句句説得子大叔心平氣和，故于出獨贊其知，若曰此人尚得側聞君子之論，若彼人者，直無知之妄人而已。不滿梁丙，意在言表。似此照應，真以神不以形者矣。此文作兩截讀，則"爲此來"與"不惟此行"自相應，"自今無事"與"張趯有知"自相應，作兩對。贊則"甚哉，子之爲此來也"與"善哉，吾得聞此數也"，一樣調法。"將得已乎"以駁爲解，與"猶在君子之後乎"以抑爲揚，一樣調法。作全局讀，則兩頭用輕筆，中幅用重筆。而"將得已乎"單句提，下分反正兩層。"自今無事"亦單句提，下分正喻兩遍，而總以三"煩"字作串，筆法如觀貝，正側皆奇彩也。（《分國》尾）爲國諱惡，君子也。晉衰失政，張趯明言之，故曰"猶在君子後"。嗚呼！國勢至此，使賢者不能爲之諱，豈得已哉？（《知新》尾）游吉與張趯所言，皆有先事之明。吉以畏大國不敢盡，趯以在本國無復忌，而已違君子之義。甚矣，立言之難也！（《左傳翼》尾）張趯是極曉事、熟人情的人，梁丙豈無知妄誕，滿口輕薄者？"甚矣哉"一歎，分明子大叔不得已苦衷，及張趯一番歎息議論，都在言下，但見事雖明而深爲國諱，有古君子遺風。張趯顯露，不及其蘊藉，所以少遜一籌也。若謂梁丙出口輕薄，全不知人苦惱，不若趯之開心見誠，語語切定情理，結句贊張趯，正深不滿梁丙，殊失當日神吻。有謂："張趯曰太叔之言，始悟晉將失諸侯，不如梁丙一歎之早有會心也，故謂其有知在後。"亦通。子產與子太叔皆以禮折晉，而太叔語尤直。"不恤宗周而夏肆是屏"，"不敢擇位而數於守適"，皆言人所不敢言。晉之諸臣，亦皆深然其言。蓋晉伯既衰，人人解體，留心國是者俱深憂之，特君相不悟耳。但叔向與晏子言語垂涕泣，張趯未免有談笑而道之意。太叔一歎，非譏其毫無隱諱，正譏其無叔向惓惓之忠也。(《日知》尾)"極"字爲太叔語點睛，"張趯"云云，特從"極"字轉出一層道理，通篇一意蜿蜒。譏張趯二語極有含蘊，然齊嬰、晉肸反復敘百言而不爲過者，一談笑一垂涕也。(《補義》眉)深慨晉卿不如二子猶知憂國。(高嵣尾)前半一正一反，後半一喻一正，機趣靈活，轉換不窮。傳注與俞評，皆以張趯不諱國惡，末語乃微諷之。《補正》云："末句言庶幾可以爲君子也。蓋人臣雖有諱國之禮，然或憂其亂而私語之于友，不害爲忠。"(《評林》眉)《滙參》："'能無退乎'下二語，正完'子其無事'意，《補正》謂趯言止此，下乃傳自言晉衰，將失諸侯，故二大夫退而大叔稱之。非是。"

丁未，滕子原卒。同盟，故書名。

齊侯使晏嬰請繼室于晉，(《正論》眉)潘可大曰："郤、欒降皂隸，君之薄。房、杜壞門，臣之失。然愛子而賊之，驕臣而滅之，君亦不得辭其責。"(《才子》夾)前幅寫兩家婚媾，作無數珍重之言。後幅寫兩人憂亂，作無數敗壞之言。前幅珍重，是出色珍重；後幅敗壞，是出色敗壞。古人撰文，最重闢色，此真闢出異樣色也。(《彙鈔》眉)篇中凡三段文字，看來仍是一段。前寫兩家合婚，無數珍重之言，正爲下兩人憂亂無數敗壞之語作襯也。後敘晏子歸後毀宅一事，因追敘踊貴屨賤一語之來歷，章法閑而警，整而變。(《淵鑒》眉)晏嬰、叔向論齊、晉之失，切中情事，可謂智矣。但二子皆國之大臣，明知其失，而不能救，體國之忠之謂何？詞語古藻勁峭，左氏之腴也。西山真德秀曰："方田氏之初，不過以小惠市於國人而已，使景公用晏子之言，脩明君臣上下之禮，使惠施出於上，而下不得私利。權歸於上，而下不得擅。則大分明而人心一，雖百田氏，其能竊國乎？景公乃善之而不能用，且厚斂焉，是驅其人而歸之也。"臣乾學曰："國家久安長治之道，不可偏有所重輕，苟能施惠於民,即以導揚德意,如嚴下貫珠者之論田單,則亦奚害?晉之公族榮悴失均,浸假而偏重之,勢集於三家,有識者料之如燭照也。"臣炎曰:"齊、晉之季也,皆因棄其民,而民無所依,而後齊陳氏、晉三族起而收之,故愛人者,君之大柄也。"臣叔元曰:"嬰曰'齊其爲陳氏',肸曰'政在家門',二國如一轍,兩賢憂深慮遠,情見乎詞,讀之使人太息。"臣岳頌曰:"齊、晉此時皆晏然,使二臣各竭其忠,雖季世猶足自立,而徒相對欷歔,惜哉!"(《左繡》眉)此篇敘議兼行,爲傳中第一首錯綜文字,以晏嬰爲主,分三段讀。首段敘請婚一番詞令,乃一篇之緣起。中段詳敘晏子與叔向憂國傷時,低回感歎,爲一篇之正文。末段爲中段作注腳,不但踴貴屨賤是證其言,因陳桓以請,並證其事。一路承轉卸抱,如珠走盤,極紛而緒自整,極忙而神自閑,極渙而局自緊。作史不熟玩此種萬過,不免治絲而棼之耳。(《補義》眉)此分三大段讀,說者皆以晏子爲主,叔向爲賓。其實齊、晉同一敗局,憂國只有二子,不分賓主也。汪云:"請昏使對,是當日正事,卻只作一篇緣起。中段相語憂亂,是當日餘事,卻是此篇正文。末段因'屨賤踴貴'一語,而倒敘前之更宅,順敘後之復宅,是當日旁事,卻借作正文注腳。奇絕!"(高塘眉)前幅敘請昏事,乃一篇之緣起,一請一對,辭令和雅。(《評林》眉)魏禧:"按:'請繼室'三字,齊之不自振亦甚矣。"曰:"寡君使嬰曰:'寡人願事君,朝夕不倦,將奉質幣,以無失時,則國家多難,是以不獲。不腆先君之適,以備內官,焜耀寡人之望,則又無祿,早世殞命,寡人失望。君若不忘先君之好,惠顧齊國,辱收寡人,徼福於大公、丁公,照臨敝邑,鎮撫其社稷,則猶有先君之適及遺姑姊妹若而人。君若不棄敝邑,而辱使董振擇之,以備嬪嬙,寡人之望也。'"(孫鑛眉)雖亦脥淨,然太約,是左氏常調。(《評林》眉)《滙參》:"言得備妃嬪列,昭明己之意望也。"《補注》:"孔氏曰:'遺姑姊妹,謂非夫人所生者也。'"《滙參》:"'寡人之望也',一'望'字相應,言正整選擇,示精審也。"韓宣子使叔向對曰:"寡君之願也。寡君不能獨任其社稷之事,未有伉儷。在縗絰之中,是以未敢請。君有辱命,惠莫大焉。若惠顧敝邑,撫有晉國,賜之內主,豈唯寡君,舉群臣實受其貺。其自唐叔以下,實寵嘉之。"(《左繡》眉)首段一請一對,層層相配。兩"是以",三"若"字,一則連數"先君之適""遺姑姊妹",一則連數"寡君""群臣""唐叔"以下,而前以"寡人之望"住,後即以"寡君之願"起,順逆相接,節取讀之,另成一首妙文。(《評林》眉)《補注》:"'未有伉儷',蓋晉侯當時無正夫人,其繼室者,使韓起上卿逆之,鄭罕虎如晉賀之,則後娶者爲夫人也。"《滙參》:"'自唐叔以下',對'太公、丁公'句,重在中段,故特作提筆。"(《學餘》眉)一"請"、一"對",文禮兼至,猶有成周之遺。至相與語,則刺刺促促,淒淒感感,無非變雅之音,讀之使人悲從中來,不可斷絕。千古老成憂國,同聲一歎矣。(闔生夾)"舉"當作"與",《國語》"豈惟寡君與二三臣實受君賜,其周公、太公及百辟神祇實永饗而利賴之",正與此同。蓋淺人誤斷其句而妄增易之。

　　既成昏,晏子受禮。(高嵣眉)中幅詳晏子叔向語,乃一篇之正文,互問互答,語意深通。晏子語,先詳陳氏要民,次説公家困民。叔向語,先詳公家失政,次及私家擅政。已伏陳氏篡齊、三卿分晉之案。深識遠見,互相對語,各自傷心,一字一淚。**叔向從之宴,相與語。叔向曰:"齊其何如?"晏子曰:"此季世也,吾弗知。齊其爲陳氏矣!**(韓范夾)陳氏代齊,三卿分晉,兩家情勢,正復相當。齊晉之君,俱未之曉,而不知老成墮淚,固已久矣。老成之臣,能知之,能言之,而不能使齊之不爲陳,晉之不爲韓、趙、魏,乃天也,非人也。(《約編》眉)"此季世也"一語已盡,急縮住口。曰"吾弗知",蓋有難於爲他人道者。然更忍不住,畢竟説出。寫有心人如神之筆。(闔生夾)宗堯云:"齊、晉之亡,强臣之篡,其事蹟倘立一傳,當不下數千言,左氏不願爲正面文字,故深没其傳,而旁見其興亡之由於此也。"闔生按:沈鬱頓挫,極至之文。**公棄其民,而歸於陳氏。齊舊四量:豆、區、釜、鍾。四升爲豆,各自其四,以登於釜,釜十則鍾。陳氏三量,皆登一焉,鍾乃大矣。**(《文歸》眉)胡揆曰:"錬句較《考工》殊快。"**以家量貸,而以公量收之。山木如市,弗加於山。魚鹽蜃蛤,弗加於海。**(《左傳雋》眉)唐荊川曰:"無一語不奇錬。"(《文歸》眉)陳溟子曰:"以上言陳氏得民之緊,下言齊棄民之實。"**民參其力,二入於公,而衣食其一。公聚朽蠹,而三老凍餒。國之諸市,屨賤踊貴。民人痛疾,而或燠休之,其愛之如父母,**

而歸之如流水，欲無獲民，將焉辟之？箕伯、直柄、虞遂、伯戲，其相胡公、大姬，已在齊矣。"（孫鑛眉）造語絕工，如謠如誦，不說原因，極舉見在，其骨奇，其力厚，其味深，其色古，又別是一種調法。於古今最少雙，在傳中亦寡二。（《彙鈔》眉）直敘其事，而色古味深，此左氏之絕調也。（《補義》眉）詳舉棄民歸陳之故。（《評林》眉）孫執升："晏子與叔向俱當齊、晉之季，其相對欷歔，有微箕子、比干問答光景。"金聖嘆："'此季世也'，本不欲言，爲不能忍，因又一筆作領，以下申說。"唐順之："議論雖若不諱國惡，然忠誠愿悃之風，尤可想見。"《滙參》："句句《考工》筆意，古人相題行文，未嘗不尚臨摹也。"彭士望："'以公量收之'，齊王法章之忌田單，正有感于其祖耳。"《評苑》："服虔謂三老：'工老、商老、農老也。'"（闓生夾）此段文字句句痛切沈至，此語尤爲神氣迸出。

　　叔向曰："然。雖吾公室，今亦季世也。（闓生夾）宗堯云："敘二子對語，悲歎噓唏。陳氏滅齊，三家分晉，直敘實敘處絕少，故淺視之，幾疑左氏不及知國之變者，而實隱寄其意于閑文中也。"戎馬不駕，卿無軍行，公乘無人，卒列無長。庶民罷敝，而宮室滋侈。道殣相望，而女富溢尤。民聞公命，如逃寇讎。欒、郤、胥、原、狐、續、慶、伯，降在皂隸。政在家門，（《補義》眉）公棄其民，是齊亡之本。政在家門，是晉亡之由。各選主腦。汪云："'然'字徑接，不煩再起爐竈。"宗臣心事如揭。（闓生夾）宗堯云："舊時世族均已殘滅，所謂家門，雖不指定三家，然已可屈指數矣。闓生按：季札已明謂萃於三族。民無所依，君日不悛，以樂慆憂。公室之卑，其何日之有？《讒鼎之銘》曰：'昧旦丕顯，後世猶怠。'況日不悛，其能久乎？"（《左傳雋》眉）楊荊岩曰："二子既知其國爲季世，奚不力挽早救，只於卮酒之間私議私計何？"（《文歸》眉）唐順之曰："議雖若不諱國惡，然忠君愛國之誠，猶可想見。"（《彙鈔》眉）兩人私語慷慨悲涼，又兩相疼熱，與賣國情於敵者自是不同。（《約編》眉）介面一"然"字，是胸中久見及此，不覺聞言如響。不待晏子更問，竟矢口而出，蓋已有心爲晏子言之矣。（《評林》眉）《滙參》："'道殣相望'，奇語，與'踊貴'句相對。《毛詩》作'墐'，路塚也。'女富溢尤'，言嬖妾之家，其富尤甚。'降在皂隸'，五姓皆卿，續簡伯、慶鄭、伯宗，先皆大夫也。"《補注》："服虔曰：'讒鼎，疾讒之鼎。《明堂》所云崇鼎是也。'一云："讒，地名，禹鑄九鼎於甘讒之地，故曰讒鼎。'"《評苑》："叔向，羊舌氏，名肸，其先祖同出一公，有十一族，但未詳出何公，至今十族盡亡，僅留我一族也。"

晏子曰："子將若何？"叔向曰："晉之公族盡矣。肸聞之，公室將卑，其宗族枝葉先落，則公（室）從之。肸之宗十一族，唯羊舌氏在而已。肸又無子。公室無度，幸而得死，豈其獲祀？"（文熙眉）穆文熙曰："二子各言本國之亂，而竟不言其濟亂之術，豈其時勢至此，有不可爲乎？抑二子未操爲政之權，自不得不付之空談也乎？"（《正集》尾）第一流人相對，則無務乎相隱，於二子可觀已。葛靖調。（《文歸》尾）晉獘極矣，似不可復救。若挽齊，先着只散財聚民而已。豈圖池之利，已自不可復奪乎？抑天命也？歎！歎！爻一。（韓范夾）君子事混亂之朝，既不能存其國，復不能保其嗣，可哀也夫！（《彙鈔》眉）古今國勢皆然，人主慎勿自戕其枝葉也。（《賞音》尾）齊之將移于陳氏，必不能瞞叔向。晉之將歸於六卿，亦不能瞞晏子。故各以情告而無隱。不然，晏子固以社稷自許者，豈其見國之亂，不以告君，而顧與張趯同譏？蓋景公務於耽樂，不克自振，即我孔子語以"君君、臣臣、父父、子子"，公知善之而不能用，晏子其如之何？叔向之在晉，同此意耳。（《左繡》眉）中段文筆尤極古峭精麗，而語意亦兩兩相準。如齊說季世，晉亦說季世。齊則民歸陳氏，晉則政在家門。齊則排出許多古人，見陳氏之陰有神助。晉亦排出許多廢族，見家門之全無對頭。然齊則重寫陳氏之盛，而輕寫公國。晉則詳寫公室之衰，而略寫家門。"齊其何如"，叔向突問在前。"子將若何"，晏子補問在後。又於相準之中有相錯之妙，熟復轉見其佳。文固當詳賓略主，然亦不得主太飽，賓太饑。故兩兩對説，後於叔向獨添一鼎銘，又添一私已議論，蓋暗暗與晏子後文相配也。文貴勻稱，其在斯乎！（昆崖尾）俞寧世曰："晉衰於平，齊弱於景，借二老之語，敘兩國之敝，爲田氏篡齊、六卿專晉張本。當日議論，情景宛然。"徐揚貢曰："氣奧、色蒼、力厚、情摯，如謠如頌如賦，淒感嗚咽，絕非左氏本色。周東遷而天下無王，齊、晉衰而天下並無伯，孔子傷之，故左氏敘二子談齊、晉事，倍淒婉。"（《補義》眉）儲云："讀此，雖三峽猿聲未若斯之哀也。"孫執升曰："叔向自處之道已對晏子説明，而晏子自處之道卻未曾説，後毀室一事即是保家之策，是虛實忽見法。"（《自怡軒》尾）國勢將傾，老臣心痛，偶語及之，不禁聲聲嗚咽。杜草亭。（方宗誠眉）以上夾敘晏子、叔向論齊、晉之將亡，伏後陳氏篡齊，韓、趙、魏三分晉地之根。（闔生夾）宗堯云："叔向之言尤爲悲痛酸楚。魏舒縣祁氏、羊舌氏之田在二十年後，左氏逆攝於此，文之出沒，便覺奇縱。"（《快評》尾）齊使晏子請繼室于晉，晉許齊請，備寫往還之語，儼然婚媾。然少姜之死，鄭游吉來送葬，曰："嬖寵之喪，不敢擇位，而數於守嫡。"則少姜也者，非晉侯夫人也，明矣。乃齊之請繼室與晉之許齊，語皆莊典，與嫡無異。豈以少姜有寵，而嫡庶遂可混施耶？昔桓公佈大命於諸侯曰："無以妾爲妻。"今齊、晉之後，嫡庶無別如此，其何以令天下之諸侯哉？寫齊、晉莊麗語後，接連又寫晏子、叔向一番慘澹之語。讀齊、晉莊麗語，使人熙然如登春臺。讀晏子、叔向慘澹語，使人悽然如聞鬼哭。不謂一手所撰，一篇之內，而氣象不同如此。然二子之所謂慘澹者，正在莊麗之中，而愚夫則只見其莊麗耳。時勢所極，雖聖賢亦無如之何。晏子、叔向，皆振古人豪，於當時之故，皆洞若觀火。雖竭其心思、耳目、股肱之力，終無補於齊、晉之危亡。非其才之不及，勢之所至不可返也。雖知之，何益哉？晉世其霸，莫強於天下，使其後世能守文、襄之舊，其於一天下也何有？以大可有爲之資，乃令智者憂死之不暇，甚矣！宴安之爲鴆毒也！天道、人事，言之鑿鑿，而晉之君臣方在夢寐。使叔向此言獨聞於異國之人，以洩其中心之悲也，哀哉！叔向、晏子明知公室之爲季世，而皆無策挽回，人將疑賢智之無益於人國家也。而不知賢者未嘗不以其身爲國家之模範，以冀斡旋於萬一，而一言之利，博及生民也如此。若夫公室之興替，固有天命矣。此左氏附此事於此傳之微意也。

　　初，景公欲更晏子之宅，（《正論》眉）師古曰："世之求富貴者，若登壟斷左右望而網市利，聞晏子之風，亦可以愧矣。"（孫鑛眉）前語嚴重，只因"踊貴屨賤"四字，遂詳述更室首尾，卻更流動活潑。（《約編》眉）因"踊貴屨賤"一語，詳述更宅始末，聯絡無跡。（高嶌眉）末幅綴晏子更宅、毀宅事，乃一篇之餘波，若斷若續，文法奇變。因中幅"踊貴屨賤"語，補敘更宅一事，又因更宅拖序毀宅一事。論事，爲中幅作一注腳。論文，從中幅幻出波瀾也。（《學餘》眉）數行文字，夾敘夾議，開後世史官無限法門。曰："子之宅近市，湫隘囂塵，不可以居，請更諸爽塏者。"辭曰："君之先臣容焉，臣不足以嗣之，於臣侈矣。且小人近市，朝夕得所求，小人之利也。敢煩里旅？"（《補義》眉）汪云："'先臣'三句是正答，'且'字一頓，見諷諫挑逗之妙。"（闓生夾）宗堯云："儉約卑污，以求自全於亂世，君子之苦心也。"公笑曰："子近市，識貴賤乎？"對曰："既利之，敢不識乎？"公曰："何貴何賤？"於是景公繁於刑，有鬻踊者。故對曰："踊貴屨賤。"（《左傳雋》眉）唐荊川曰："後世爲文，欲道此意，不知費多少言語。"李于鱗曰："言更宅意在近市，言近市意在貴踊，言貴踊意在繁刑，言繁刑以結案前語。此是文家氣脈融貫妙處。"（方宗誠眉）"對曰踊貴屨賤"之下，原可直接"景公爲是省於刑"，乃中間夾敘二句以應前段，真神巧天工也。"初景公欲更晏子之宅"一段，本是夾敘之事，追敘之筆，去晏子如晉甚遠，故收處復收到晏子如晉，文乃不散漫。既已告於君，故與叔向語而稱之。（《補義》眉）"告於君"是收本文，與叔向言是繳上文。景公爲是省於刑。君子曰："仁人之言，其利博哉。晏子一言而齊侯省刑。《詩》曰：'君子如祉，亂庶遄已。'其是之謂乎！"（孫鑛眉）此等議論發揮在此傳頗少，此固是《史記》源本。（《約編》眉）"與叔向語"句，收繳前文。"景公省刑"，敘完告君時事。（《評林》眉）鍾伯敬："將發踊屨意，故先以近市啓之。"按："鄭子大叔譏晉張趯不爲其君隱諱，見上。今晏子不然。"王荊石："無此一段，則前所告叔向屨賤踊貴無下落矣，此文之紀律也。"《經世鈔》："加入論贊數語，不遽接入'晏子如晉'句，姿態愈出，而法度愈不可尋。"魏世傚："晏子與張趯之言一耳，烏得爲之掩乎？然嬰、肸二賢相得久矣，其憂危而相欵傷情事，自與趯不同。"（闓生夾）文中兼包他事，最見古人雄厚浩博處，後世所不易及。

　　及晏子如晉，公更其宅，反，則成矣。既拜，乃毀之，而爲里室，皆如其舊。則使宅人反之，曰："諺曰：'非宅是卜，唯鄰是卜。'二三子先卜鄰矣，違卜不祥。君子不犯非禮，小人不犯不祥，古之制也。吾敢違諸乎？"卒復其舊宅。（闓生夾）宗堯云："羊舌守禮，魏舒猶縣其田，以其有田故也。晏子於此惴惴矣。"公弗許，因陳桓子以請，乃許之。（《左繡》眉）唐錫周曰："起手一請一對，正文已畢。卻因兩人相語，生出一大段豐腴之文。又因踊貴屨賤，補出一段奇幻之文。又因'更宅'一句，找出一段秀峭之文。出奇無窮，真如山陰道上，令人應接不暇。"此評方是廬山真面目也。與鄙意有小異處，願天下明眼人更商之。(文熙眉) 孫應鰲曰："晏子辭宅兩對，孝不忘親，諫不忘君。" 穆文熙曰："君更宅，而己毀之，反其里人，於人情似涉太矯。然必如此，乃爲晏子。此亦與辭邑事相表裏。"(《左傳雋》尾) 杜氏曰："傳言齊晉之衰，賢臣懷憂，且言陳氏之興。" 按：傳護晏子，令不與張趯同譏。"鄭游吉如晉送少姜之葬，……張趯有知，其猶在君子之後。" 按：君子爲尊者諱，爲親者諱，譏其不爲晉諱，故曰"猶在君子之後"。(韓范夾) 晏子雖得君，然國勢已危，非大臣娛侈之日也，故自持如此，較李文靖旋馬之說，更有進焉。(王源尾) 左氏往往用倒賓作主之法，此傳亦此法也。葬少姜，請繼室，主也，餘皆賓也。然因葬少姜而張趯有晉失諸侯之說，因請繼室而晏嬰、叔向有私議齊、晉之言。於是晉與齊之陵夷衰微畢見於此，其所關之重，豈特百倍於葬少姜、請繼室已乎？則以諸臣之言爲主，而葬少姜、請繼室反屬閒文，乃不易之理矣。晉、齊似不分賓主，然前傳鄭大叔如晉葬少姜，後傳齊晏嬰如晉請繼室，皆晉爲主也。則後傳雖並論齊、晉，自應以晉爲主。況前傳又單論晉之失諸侯，而未嘗有齊也哉？晉主齊賓，無疑也。或謂："此兩傳，合爲一傳，以之論章法，可乎？" 曰："兩傳一事也，一時也，其情詞意旨又一揆也，非割製强合以就吾之說，何不可之有？" 兩段辭命，正傳也，反是閒文，奇絕。晏子論四量云云，古雅之極。"踴貴屨賤"亦古，而拖下後面一段文字，別開蹊徑，另一洞天。章法之妙，全在追序晏子更宅一段，以局外一事爲之點綴聯絡，多少情趣！生動在此也，變化在此也，融會在此也。至半句文字之奇，雖從來所少，然在字句中耳，文之小義，非大義也。今人便以此種爲至文矣。(孫琮總評) 起手敘婚姻，詞致纏綿。中幅述時事，神情淒惋。夫方說昏姻，宜以強大相誇耀，乃一天喜事，忽變作兩下悲涼。固是二人眼中所見，不能隱默，亦見春秋之時，猶無忌諱之習，故雖公庭晏好，而使人得以盡言如此。因"屨賤踴貴"四字，後復補入"初景公"一段，文字離離奇奇，忽然挽合，忽又推開，忽而記事，忽又記言，變化夭矯，莫可端倪，真是筆如游龍。(《彙鈔》眉) 忽夾敘、忽追敘、忽紀事、忽論贊，筆端夭矯。末"及晏子如晉"與"因陳桓子以請"二句，直應沼前二段作章法，所謂三段仍如一段也。(魏禧尾) 魏禧曰："晏子、叔向論二國所以衰，語語切中，可以爲鑒。而文字以'踴貴屨賤'四字帶出諷諫一段，又從此帶出更宅復宅一段遙接，完如晉事，法意離合最可掬。"或曰："二人私言，而不以諫君爲有過。"自是不可以諫，豈阿容哉？又按："五年，'鄭罕虎如齊'云云。彭士望曰：'云云，則晏子之賢可見矣。'"彭家屛曰："民歸陳氏，政在家門。此即田氏代齊，三卿分晉之所由來也。《易》曰'履霜，堅冰至'，其謂是歟？兩賢相與，各言時事之非，老成憂國，心良苦矣。然二臣國卿，不能救國之將亡，而徒爲魯女之竊歎，抑獨何哉？"（《分國》尾）姜齊將爲陳氏，晏子知之。晉三卿將分公室，叔向知之。賢者憂國家之不祀，此嗟彼歎，情見乎辭如此。嗚呼！爲人君者，不能保守社稷，振厥墜緒，不自悲而其臣悲之。爲人臣者，不能以覆亡之禍陳之於君，而私相痛悼，無復救挽之策，《園桃》之詩，所爲作也。至若漢祚將衰，茅容與徐穉語稼穡之事則答，及國家之事則不答。謂容曰："爲我謝郭林宗，大木將顚，非一繩可維，何爲棲棲不遑寧處。"夫不言之不能，而言之又不可，賢者處亂世，真語默兩難哉！叔向不以無子爲憂，晏子不欲高大其室，無非早知國亡家滅之故也。（《晨書》總評）徐袞侯曰："請昏問答，如春風綺麗，何等陽和！宴時問答，如金颷落葉，何等衰颯！老臣愛國忠君，滿腔憤懣，不得不於良友前互相傾吐。既憂其君，復痛其身，所謂'春蠶到死絲方盡，蠟炬成灰淚始乾'也。其句彫字鍊，光彩陸離，如讀四言古詩，長歌當哭，正與上請昏體面話頭，遙相應對。至因踊貴屨賤，忽追敘更宅、毀宅二事，或夾說，或論斷，或回顧，或從枝生葉、從葉歸根，真有風雨迷離之妙。馬、班奇幻之文，皆祖此。"（《賞音》尾）向戌聘魯，見孟獻子，尤其室，曰："子有令聞，而美其室，非所望也。"對曰："我在晉，吾兄爲之，毀之重勞。"而晏子必爲里室皆如其舊，蓋是時適當陳氏之亂將成，公既不能用其已亂之言，故不欲與於重賞。即吳公子札勸其納邑與政，以免於欒、高之難同意。（《左繡》眉）末段亦有兩層，前一層追述前言，後一層帶敘近事，與前兩段兩兩對寫相準。然述言中又夾敘事，敘事中又夾述言，用筆尤變化也。引辭室事，爲踊貴屨賤語作注。復敘反宅事，爲齊其陳氏作注。而繁刑、省刑語在昏晉之前，更宅、反宅事在昏晉之後。既應中段，又顧首段。但見其步步脫卸，豈悟其步步回抱耶？"於是景公繁於刑"，"既已告於君"，"爲是省於刑"，文氣正要走下文意，又要抱上文意，既要繳前文文氣，又要收本文，此處尤當細玩作者之錦機。"君子曰"忽然插入，真人忙我閒也。"且諺曰"隨敘隨述，特與上段筆法相準,非止運掉簡便而已。(儲欣尾)張趯訟言,則在君子之後。兩賢相語,則爲憂國之忠。言可一例論哉?晉、楚、齊、秦本爲匹敵,至戰國時,秦、楚益強,而晉、齊易姓,人皆謂國有強臣之咎,而不知咎在公棄其民也。民惟邦本,興亡之際,以此斷之,十得八九矣。(美中尾)汪雨亭曰:"請昏使對,是當日正事,卻只作一篇緣起。中段相語憂亂,是當日餘事,卻是此篇正文。末段因屨賤踊貴一語,而倒敘前之更宅,順敘後之復宅,是當日旁事,卻借作正文注腳,章法奇絕!"(《約編》尾)兩人互論時勢,詞致悽惋,末入辭宅事,變化夭矯,牽前搭後,筆筆跳脫。(《左傳翼》尾)請繼、成昏、受禮、從宴,何等鄭重熱鬧。兩人與語,忽說出許多淒涼衰颯話頭,是何緣故?繼室一舉,不唯列國諸卿病之,即齊、晉諸臣,亦老大不以爲然也。立國之道,全在愛民,乃齊棄其民,而歸於陳氏,不思薄斂省刑,而欲以女與人,以圖苟免。晉政在家,民無所依,猶沉湎於色而以樂惽憂。此晏子、叔向所以相對欷歔而不免於歎息也。但齊之失政,晏子屢屢面陳。齊爲陳氏,已見於路寢之對。公聚朽蠹,又於欲誅祝史發之。此番更有踊貴屨賤之諷。既已告君,稱語於叔向前,自不爲過。若叔向立朝數十年,而忠言讜論無聞,銅鞮之宮數里,是宮室滋多,子產言之,而叔向不言也。內有四姬,是女富溢尤,子產言之,而叔向不言也。他如晉國其萃於三族,是政在家門,吳札言之,而叔向亦不言也。又況辭邑反宅,晏子有自全之策。而得死獲祀,叔向無善後之圖。兩人之優劣,更可見矣。合前後數篇觀之,葬少姜、賀夫人,列國疲於奔命,自以晉失諸侯爲主。而此篇晏子起,晏子結,則主人翁乃在齊也。兩人皆老成憂國者,而一使之請繼室,一使之對客成昏,焉得不感喟歎息?"齊其何如",叔向早有一腔感憤,勃勃不能自遏。"子將若何",晏子自有全身妙策,隱隱可默喻也。末敘晏子反宅事,雖爲踊貴屨賤一語補敘,然玩"不犯非禮"、"不犯不祥"等語,即是保身保家之道,且不欲以此使而受賞,爲叔向所竊笑也。讀此文者,正須放開眼孔。此文人每分作三段看,或云首段爲正傳,中末二段乃其餘波。或云叔、晏憂國傷時,爲一篇正文。前其緣起,後其曳尾。不知子產、秦和之論,叔向知之,而女富溢尤,以樂惽憂,尤日夜所痛心疾首者。忽焉繼室之請,來自齊廷,則欷歔欲絕矣。"齊其何如",分明晉季世,齊亦季世。既然晏子之言,不覺一腔熱血傾吐而出也。因前正傳,乃以有此正文,兩段原是一段,但語氣含蓄,不好將請繼室一事明加指斥耳。至末段引辭室事爲踴貴屨賤作證，敘反宅事爲齊其陳氏作證，筆筆回抱上文，以作全篇結束，無此則章法散渙，不成體矣。若其文之古藻奇麗，出沒變幻，不可端倪，月峰稱爲"古今無雙，《左傳》少二"盡之。俞寧世以爲妙有八法，猶未足以罄其奧也。齊民歸陳氏，晉政在家門，皆上失道以致之也。觀"公棄其民"與"道殣相望"云云，可知齊、晉失民若一轍，但齊以聚斂繁刑取怨，晉以宮室女富召殃，又各自有不同者。陳氏篡齊之兆已著，晏子不難明目張膽言之。晉政在家，目前雖已如此，而萃於三族，尚無定形，故叔向但言公室之卑，而不言分晉之爲何人也。（《補義》眉）徐云："更宅一節，爲踴貴屨賤追敘，卻又爲請昏於晉餘波，結出'因陳桓子'，又與'齊其陳氏'句忽然一合，文有餘神。"（《日知》尾）林西仲曰："陳氏篡齊，六卿分晉，早被看破。然齊氏無痛疾，陳氏亦無所施其噢咻；晉悛改其樂，家門亦不能擅其國政。說到陳氏先世許多神靈，似有奪其魄而使敺民以資代興者；說到世臣皆降，公族俱盡，似有翦其翼而使孤立以代消亡者。皆無可奈何之詞，一字一淚。"諸評備矣，然愚謂首段若作緣起，齊、晉若作板對，則當分而三之，無怪首諸選之剛首剛尾也。蓋齊、晉局勢，均如厝火積薪，嬰、肸識力，皆已覘微知著，乃忠憂者方惟燕婉之求，憂時者只得勉申媒妁之命，則娓娓致詞時正有滿肚皮不合時宜在。而齊侯先請，尤爲見近小而忘遠大之志者。故叔向曰"齊其何如"，意中先有以樂慆憂之平公在。見景公不急是務，行徑略同，故微辭以相探耳。迨至齊求，正觸動心病，故叔向亦快然一吐。晏子問"子將若何"，意中已有德利全身之法在。下文辭宅反宅，正其一端。因叔向境地相類，故扣之以互相印證耳。乃叔向止有欷歔自嘆，任運所遭，故晏子遂憮然而止。是叔向之自處者說出，晏子之自處者殊未說出，故左氏以末二段證之，如此看其接筍處，直是神行矣。"初"字拓開，"及"字收轉，左氏常法，然在此則又化腐爲神，蓋下爲更宅反宅張本，上爲屨賤踴貴註腳，且提出繁刑省刑來。繁刑則不但棄民，直爲陳氏淵藪之敺。省刑猶一言可得，不若陳氏移國之屢諷不入。而晏子復舊宅，與景公不能復舊制相映。反宅人，與不能收民心相映。徒見一則曰"欲更其宅"，再則曰"公更其宅"，照照然行小惠於臣，與瑣瑣然望小惠於晉者，恰是一副見近小忘遠大心胸。迨至因陳桓子以請乃許之，則晏子且借力以轉移，景公亦倒持而授柄，豈但民之愛如父母、歸如流水哉！全齊局勢，一語證明，直如千年文蛤，光華四射，此則諸評所未明言之者，姑識其千慮所得，非敢謂一腳踢飜也。（高嵣尾）俞桐川曰："此文有八法：晏嬰請昏，叔向復命，風雅蘊藉。納采報幣，千古妙文，法一。成昏受禮，月老陋套，一句敘過，另換文境，法二。晉衰平公，齊亂景公，借二老成之語，實敘兩國之敝，爲田氏篡齊、六卿專晉張本，法三。叔向發問，主意在晉。晏子曰：'此季世也。'說畢，叔向即接上曰：'然，雖吾公室，今亦季世也。'以後晏子復找問一句，當日議論情景宛然，法四。兩國之敝，有綱有目，'公棄其民'二句，'政將在家'四句，是綱；其餘敘處，是目。瑣而不雜，法五。叔向自處之道，已對晏子説明。晏子自處之道，卻不曾對叔向説明。後毀室一事，即其保家保身妙策，虛實互見，法六。'履賤踴貴'，對叔向一句話，卻幻出後段奇文，法七。更宅一段，有未請昏前事，有既請昏後事，有方請昏時事。或敘事，或議論，或斷制，變化莫測，法八。至其造句工奧，運筆奇古，月峰稱爲'古今少雙，《左傳》寡二'，非虛言也。"東周衰而天下無王，齊晉衰而天下無霸，孔子傷之。故左氏敘齊、晉事，倍覺淒婉，亦《匪風・下泉》之思也。（《自怡軒》尾）晏子齊相，無刻不以國事爲重，故因公之問，即乘機開導之，宅之大小不計也。彼絶不以國事關心，而但求美田宅者，見之能不羞死？許穆堂。（《評林》眉）《經世鈔》："不告而毀君所賜，在他人則爲矯倨，在晏子仍以滑稽本色行之。睦鄰名言，今世士大夫，其占據他人田宅以自豐者，先自鄰始。"陳明卿："嬰素節儉，故不欲更宅，此其本心，至如晉公爲之更後，而復毀之，則矯矣。且卜鄰之二三子不可違，不曰君命尤不可違乎！"彭士塈："忽又接倒陳桓子上作結，真神品也。"（《學餘》尾）齊、晉之强猶昔也，而一二老成私憂之，已如秋聲之盈耳矣。晏子其賢乎！一言省刑，一言復舊。省刑，所以綿齊也。復舊，所以綿晏氏也。晏子其賢乎！（林紓尾）僕譯外國文字，成書百三十三種，審其文法，往往於一事之下，帶敘後來終局，或補敘前文遺漏，行所無事，帶敘處無癰腫之病，補敘處無牽强之跡。竊謂吾國文字，但間有之。如《通鑒》中，敘事後補出本人族氏世閥，往往近强。獨此篇敘晏嬰諫君易宅事，於本文毫不相涉，及到篇末，忽然補出景公從諫及晏子反宅，絲毫不見牽强者，何也？以與叔向談心時，無端插入"履賤踴貴"一語。履賤踴貴，是晏子設言告公者，插入論事中，不明不白，此後文所必須詮釋者也。若待詮釋，不免費詞，故篇末用"初"字起，敘晏子諫公，即用爲履賤踴貴之補義。

一起手即栽入更宅一節，由更宅帶出近市，由近市帶出屨踊之貴賤，從容閒暇，一絲不曾着力。蓋請婚必有反命之時，反命而故宅已更，再寫晏子辭宅許多好處，自非畫蛇添足矣。平日論文，好言埋伏叫應之法。但讀此篇埋伏之不覺，叫應之自然，令人增出無數法門。至於叔向、晏子二老談心，義膽忠肝，雜悲涼而出，叔向之語尤哀。《左傳》敘哀不一而足，然有聲抗而高者，而此篇論事論勢，獨切實有識見。晏子曰："此季世也，吾弗知。齊其爲陳氏矣。"叔向曰："晉之公族盡矣。"用兩"矣"字，斬截悲梗，了無餘望。晏子敘陳氏之奸謀，叔向敘公室之敗度，一呼一應，而晉、齊全局，均在二人口語之中。筆力之偉，言論之精，讀之深有餘味。（《菁華》尾）納女於人爲妾，偏説得十分嚴重，春秋時兩國結姻者多矣，而皆不如此。蓋晉爲盟主，齊人欲藉以爲重，故不嫌其禮之謙也。而左文至昭，亦更覺一番濃摯。是時平公病勢已深，死期將至，而猶爲此納妾之舉，是以四姬爲未足，又從而益之也。子產、醫和之言，蓋久已腦後置之矣。韓、趙、魏之分晉，田氏之代齊，朕兆已見，賢人君子私憂之而無如之何，想其對語之時，不覺聲淚俱下。詞意與張趯相似，而不以爲譏，以其憂國之心可與人以共見也。景公於晏子，亦可謂恩眷隆盛，而不肯用其言，則亦虛禮而已，宜受之者反有不樂也。（閩生夾）此趣語，見其時事無大小，決於陳氏也。

夏四月，鄭伯如晉，公孫段相，甚敬而卑，禮無違者。（文熙眉）穆文熙曰："伯石明辭卿，而暗復請之，僞詐不情，子產之所惡也。茲其爲禮，亦必僞詐以欺晉人耳。"（《左繡》眉）此篇亦移主作賓格也。讀前段，本以伯石受州爲主。讀至中段，猶曰此不過爲州田作注。讀至末段，乃全爲韓起取州地步。妙在前路絕不提起，臨了只用一筆點破。在當日不覺墮其術中，在今日遂如出之意外。左氏真有變必窮，無奇不備者矣。須知甚敬而卑，伯石之汰，特指破他九虛難瞞一實處。引《詩》反言作贊，卻正是罵他平日之汰。總見此人何宜受州？其受用者，別有故也。首段暗爲末段伏脈，絕妙綿裏針法。（《補義》眉）伯石之汰，何以有禮？其事可疑，此處藏過韓宣，妙！**晉侯嘉焉，授之以策，曰："子豐有勞於晉國，余聞而弗忘。賜女州田，以胙乃舊勳。"伯石再拜稽首，受策以出。君子曰："禮，其人之急也乎！伯石之汰也，一爲禮於晉，猶荷其禄，況以禮終始乎？**（閩生夾）先大夫評曰："此譏晉侯不知禮而濫賞也。"《詩》曰：'人而無禮，胡不遄死?' 其是之謂乎！"（《左繡》眉）伯石之法，忽然有禮，分明是假。甚敬而卑，便已描出他一時裝造光景。韓起豈不知之？而力爲之請，所謂以假濟假，各得其所欲也。於無字句處求之，不覺使人失笑耳。（《補義》眉）汪云："此賓主回互，立格甚奇。以前段爲主，則末段乃伯石獲州之由。以後段爲主，則首段又是韓宣取州之計。"（《評林》眉）《滙參》："晉侯嘉焉，此處藏過韓宣子，妙。"《補注》："孔氏曰：'子豐有勞，事無所見。'"《補注》："'受策以出'，傳見晉侯策命外大夫，賜之以田，僭天子之禮。"陳明卿："三臣謀州而不得，伯石以異國之臣，乃一旦有之，此其羣起而爭，而他日率以歸韓氏也。"（方宗誠眉）以上敘公孫段以有禮得賜州田，以下因州田而詳敘其始末。

　　初，州縣，欒豹之邑也。（方宗誠眉）"初，州縣，欒豹之邑"，追敘法。於前後文中，又爲夾敘法。通前後玩之，又可悟文字斷續之法。**及欒氏亡，范宣子、趙文子、韓宣子皆欲之。文子曰："溫，吾縣也。" 二宣子曰："自郤稱以別，三傳矣。晉之別縣不唯州，誰獲治之？"**（《評林》眉）彭士望："精義之言，韓宣子作此語，罪加十倍。"**文子病之，乃舍之。二子曰："吾不可以正議而自與也。"皆舍之。及文子爲政，趙獲曰："可以取州矣。" 文子曰："退！二子之言，義也。違義，禍也。余不能治餘縣，又焉用州？其以徼禍也？君子曰：'弗知實難。' 知而弗從，禍莫大焉。有言州必死。"**（《左繡》眉）中三段極寫礙手，爲末段作反跌，妙甚！（《評林》眉）穆文熙："三子皆欲州縣，而文子爲政，能取不取，所以爲賢，違義徼禍數語，何所見之卓然也！"

　　豐氏故主韓氏，伯石之獲州也，韓宣子爲之請之，爲其復取之之故。（《分國》尾）一州也，趙欲之，韓、范欲之。已賜段，他日仍還之晉。韓病之，究歸於欒大心。趙止貪於前，韓止貪於後，范爲差勝矣。倘亦皆有鑒於郤至之爭溫乎？（《左繡》眉）又看通篇，當是連環筆法。以首段爲主，則末段乃是伯石獲州緣由。以末段爲主，則首段又是韓宣取州圈套。觀結處"爲之請之"，分明以後解前。"爲其取之"，分明以前引後。中幅則解前引後，唯其所適。此種筆意，真所謂如環無端者，爲千古之絕技也。（《左傳翼》尾）以偶一有禮之伯石，無端而與之州田。以人所共欲之州田，無端而與之伯石，全是一派虛假圈套。誠以一州田不敢自取，又不與人，沒處安放，終必起爭。以君命與伯石，不惟趙氏不敢違義徼倖，即范匄亦斂手以退。他日復取，如探囊得物，所謂寄之外府也。與州田時，必授意於伯石，所以伯石死，不致諸晉君，而私致諸宣子也。前半暗藏宣子，至末點出，如傀儡登場，奇怪百出。趙文子爲政，子產屢次至晉，舉動議論爲晉人所敬禮，何不聞以州田與之？以文子志不在州田，故於此全不措意。宣子貪戀州田，夢寐不忘，一執晉柄，輒欲自取。只爲趙文子不取在前，作此輾轉計較，以假濟貪，視文子天懸地絕。詳寫文子處，正見其不取出於中心之誠，然而宣子之矯詐自見，左氏真剝取心肝劊子手。（《日知》尾）末數語爲全文簸覆，則全篇皆如鴻門劍舞，意在沛公矣，此空中展布之妙。（方宗誠眉）"豐氏故主韓氏"數句，原可直接前段之末，但韓氏所以爲豐氏請之之故不能明，故必夾敘及之，事之原委乃著，而文境亦更寬展。

　　五月，叔弓如滕，葬滕成公，子服椒爲介。及郊，遇懿伯之忌，（孫鑛眉）此忌或即是忌日。杜注："忌，怨也。"**敬子不入。惠伯曰："公事有公利，無私忌，椒請先入。"乃先受館。敬子從之。**（《分國》尾）叔弓不入，不失親親之誼，猶之兄弟之讎也。惠伯先入，不失尊君之禮，所謂公爾忘私也。均足取焉。（《左繡》眉）乍讀似重寫惠伯，細讀乃重寫敬子。蓋爲叔弓如滕傳也。杜注："叔弓有禮。"以"不入""從之"兩句爲眼目矣。（《左傳翼》尾）國爾忘家，公爾忘私，在常如此，居變亦如此，惠伯之言變事而以常理處之，正深明於禮者也。敬子從之，可與權矣。故此傳仍以叔弓爲主，不以惠伯爲主，以"不入"與"從之"者，皆叔弓也。（《評林》眉）《補注》："劉炫曰：'叔弓以四月發魯，滕以五月葬君，叔弓書始行之月，滕書實葬之月，故書經異文也。傳述遇讐之事，并就葬月言耳。'"

　　晉韓起如齊逆女。（《補義》眉）周云："娶夫人何等事，而兩君蒙蒙？齊、晉之廷真鬼魅公行也。"**公孫蠆爲少姜之有寵也，以其子更公女，而嫁公子。人謂宣子："子尾欺晉，晉胡受之？"宣子曰："我欲得齊，而遠其寵，寵將來乎？"**（《測義》夾）愚按：晉平公雖寵少姜，陳無宇且以非卿見執矣，蠆也誠慕其寵，能不畏晉之強耶？而輒以己女易公女，即使齊之君大夫甘心焉，韓起承君命而來，毋寧受其欺而不之詰？揆之情理，詎當爾乎？恐失之誣。〖編者按：奧田元繼作鍾伯敬語。〗（韓范夾）子尾之欺也，愚也；宣子之受欺也，詐也。兩君失權，政在私門。一易其女而不顧，一易其妻而不聞。深閨切近之事，猶然如此，況其他乎？（《分國》尾）子尾行欺，宣子受欺，兩君都在夢中，真千古絕倒事也！（《左繡》眉）三"寵"字相映成文，人語以兩"晉"字爲轉接，韓語即以兩"寵"字爲轉接，筆法未有不相準者。此事在今日斷不肯矣，古人卻另有見頭，所謂將計就計也。（《左傳翼》尾）一個欲邀晉寵，換日偷天。一個恐失齊歡，盜鈴掩耳。娶夫人何等事，而兩君直如童騃，聽奸臣玩弄而不問？齊、晉廷上真青天白晝鬼魅公行也。古今詫異事如此絕少，晏子、叔向不知又增幾許欷歔矣。漢唐和番，用官嬪、用大臣之女，間或有之，此固人君所命。景公請繼室而以先君之適爲辭，而薑爲此欺罔，萬耳萬目所共聞見，宣子知之，景公豈不知？而公行無忌，彼固逆知宣子之不便啓齒，公亦只得吃此啞苦，不敢發作也。從來奸臣欺君，多有幾分挾制意在內，子尾足以觀矣。兩國連姻，原不過相爲寵絡，故彼可以假，此亦不認真，將錯就錯，大家模糊了事。但子尾此舉，本爲鍾愛其女，女入晉宮，依然公女，而非己女矣。愛女而適以棄女，奸到極處，愚到極處。（《評林》眉）《附見》："齊子尾以己女易公女而嫁之晉，公子即公女也，更嫁之他人。"（閻生夾）此見晉勢已衰，不欲連齊也。

　　秋七月，鄭罕虎如晉，賀夫人，（《才子》夾）一片純是至誠，則不須又用周防也，而又句句無不周防。句句純是周防，則未免稍傷至誠也，而又一片純是至誠。妙絕妙絕！後閒中又寫張趯一段，見晉、鄭卿大夫如此開心見誠，更妙！（《左繡》眉）此篇亦賓主互用章法。本爲賀夫人而來，卻詳及朝楚一番往復，然只完得"且告曰"一層。卻不料於罕虎如晉內，另有一段文情。前段於人屬主而事則賓，後段於人則賓而事則主也。（《補義》眉）此以賀夫人爲主，便是內作色荒、楚強晉弱之本。叔向明知其故，無限扼腕，而不得不支飾其辭，以全國體。太叔結出畏大國、尊夫人，與起處相應。點出"庶幾無事"，又隱與"求煩不獲"相關照也。（方宗誠眉）一篇之中敘四辭命，皆有曲折頓挫之致。且告曰："楚人日徵敝邑以不朝立王之故。敝邑之往，則畏執事其謂寡君'而固有外心'。其不往，則宋之盟云。（方宗誠眉）"其不往"之下，不說畏楚，但說"宋之盟云"，委婉得妙，宋之盟許楚以晉、楚之從交相見，乃晉之過，非諸侯之過也。進退罪也。寡君使虎布之。"宣子使叔向對曰："君若辱有寡君，在楚何害？修宋盟也。君苟思盟，寡君乃知免於戾矣。君若不有寡君，雖朝夕辱於敝邑，寡君猜焉。君實有心，何辱命焉？君其往也！苟有寡君，在楚猶在晉也。"（孫鑛眉）句句緊切，無一閑字，純是骨清，脥類《公》《穀》，而不以構調見奇，此真是百鍊之金。文須入此境乃神。（韓范夾）斯時晉不能與楚争，故聽鄭之朝楚，而言詞宛曲，可謂善於塗飾者矣。（《評林》眉）《經世鈔》："'在楚何害'，答得妙，實是至理。小人女子争寵忌親，總不明此，卒爲淵驅魚耳。凡作大事人，收拾豪傑，但要識得此意。亦是器量，亦是機權。"金聖嘆："只以'有''不有'意簸弄，而詞旨轉折，極有變幻。"（闇生夾）趙武爲政，事事以讓楚爲主，韓起亦襲其政策也。

　　張趯使謂大叔曰："自子之歸也，小人糞除先人之敝廬，曰子其將來。今子皮實來，小人失望。"大叔曰："吉賤，不獲來，畏大國，尊夫人也。且孟曰：'而將無事。'吉庶幾焉。"（《分國》尾）"在楚猶在晉"，晉人疑忌，姑作寬詞，非其心也。張趯之謂大叔，得毋自悔前之失言乎？大叔以孟言實之，明智人對答如此。（《知新》尾）楚靈方橫，晉平漸微，豈能禁鄭之不往？告詞婉轉，答語敏妙。綴敘大叔、張趯一番往復，則真餘波綺麗，堪與並傳。（《左繡》眉）看來此文重在後半，蓋特特遙應送葬一番議論，爲"賀夫人"三字作諷刺之筆也。前段開口提出"楚日徵朝"，便見楚强而晉弱，鄭勢必往，卻以"進退罪也"，作兩盡世情之説。晉亦自知不競，只得竟聽其往，而以在楚猶晉，强作大度冠冕話頭。皆是掩耳盜鈴作用。其實"求煩不獲"，早被自家人題破。太叔"又將來賀"亦只此一遭，此後當謹如台教也。説得娶夫人與賀夫人者，冰冷雪淡。可見前段單爲末段倒作注脚，而末段又單爲提筆暗作評斷。與伯石獲州篇同一神理，而面貌全别，奇變無方。一告一對，都以兩意往復。往不往、有不有對，兩"則"字、兩"若"字對。"進退罪也"總結，"在楚猶在晉"亦總結。都是極簡雋之筆，其圓整非《國策》所到也。"辱有""不有"，一反一正，卻有四層。每第二層都用進一步語。前云"辱有"，則思盟便是好處。後云"不有"，則來告便是不好處。一縱一擒，字字圓警。結句假脱手，直自供一"求煩不獲"犯由矣，絕倒！"而將無事"，一篇歸宿，不徒以機鋒見長。(《左傳翼》尾) 此篇自以賀夫人爲主，請朝楚其帶說耳，故末段以張趯與太叔往復之言作結。但賀夫人議論已見前篇，此處無可復說，告將朝楚，有無限叵耐意。埋怨宋盟，深爲晉病，叔向之言，亦無聊解嘲耳。主略賓詳，合來總見晉政之衰弱。"弔夫人""賀夫人"，已僕僕於道矣，又以宋盟使楚人徵朝，君臣奔命，竟無寧處，且恐以固有外心爲口實，此告寔有萬不得已苦衷。總之，"晉君少安，不在諸侯，其大夫多求，莫匡其君"，被子產道盡。韓宣子爲政，局面較趙文子更自不同。穆叔告孝伯之言，深識遠慮，更不可及也。"在楚猶在晉"，語語爲宋盟護短，晉既不競，又不恤諸侯，所以失霸。賓主雜遝中妙緒紛如，不可思詳。(《日知》尾) 雙峰對峙中有靈氣往來。下段自另是一事，然上段鄭人敢於藏露芒角，晉人不過勉強撐持，其故自在下段"而將無事"四字中，結構入微。(高嶱尾) 俞桐川曰："鄭人明要適楚，然不犯晉怒。晉不能禁鄭不往，然有以係屬其心。極淺極真，說話如此婉折，如此秀雅，仙筆也！"(《評林》眉) 陳傅良："'吉庶幾焉'，傳備載諸國弔賀事，以見晉失諸侯之故。"(閭生夾) 旁涉趯、吉交誼，文情尤爲郁美。宗堯按："滑稽之詞，敘此以刺晉之煩擾諸侯也。"

　　小邾穆公來朝。季武子欲卑之，穆叔曰："不可。曹、滕、二邾，實不忘我好，敬以逆之，猶懼其貳。又卑一睦，焉逆群好也？其如舊而加敬焉！《志》曰：'能敬無災。'又曰：'敬逆來者，天所福也。'"季孫從之。(《左繡》眉) 常語出新，只在"又卑一睦焉"句見筆。(《左傳翼》尾) 不敬小國，諸侯攜貳，盟主且然，而況於魯？無端欲卑，豈以其與公室睦，而故挑釁，使之離異耶？如舊加敬，片言扼要，理正自不能奪，武子所以從之也。(《補義》眉) 讀此篇，再讀上韓宣來聘一篇，宿能媚人，便能侮人，可知亂臣賊子心肝最俗。(《評林》眉) 按：一説"逆群好"之逆，亦迎也，言卑一睦而逆之，猶如卑群好而逆之。亦通。

　　八月，大雩，旱也。

　　齊侯田于莒，盧蒲嫳見，(《補義》眉) 唐云："小人事窮勢極，往往流出一副急淚，令人主憐而收之。"又云："千古大奸，偏是髮種種時愈毒。"泣且請曰："余髮如此種種，余奚能爲？"公曰："諾，吾告二子。"歸而告之。子尾欲復之，子雅不可，曰："彼其髮短而心甚長，其或寢處我矣。"（閻生夾）應前，且見二子甚能。二惠不亡，齊猶有可爲，傳中時見此意。宗堯按："左氏述此，意謂世之防亂者不可以忽易而階禍也。"九月，子雅放盧蒲嫳于北燕。（魏禧尾）彭士望曰："此輩果寬一步不得。元祐初，君子每主調停，而其後小人之禍益烈。"（《分國》尾）嫳止於放，已屬輕典，尚欲報復於桑榆乎？泣請二子，畫出奸宄面目。（《左繡》眉）別來無恙耶？一句破其近語，二句反其前語，只兩語而字字鋒穎，又簡雋有法也。（《左傳翼》尾）盧蒲嫳奸佞之雄，崔、慶兩家俱碎其手，豈可一日使在君側？呂惠卿一蹶遂不復起，所以流毒未甚，後再柄用，其禍豈減於章、蔡？髮短心長一語，道破越老越奸，當國者遇此種人，當以子雅爲法。古今奸人，其奸多在笑與泣，林甫之笑，元載之笑，以笑藏奸也。叔魚之泣，盧蒲嫳之泣，以泣售奸也。得志則笑，失志則泣。怒者常情，笑者不可測，吾於泣者亦云。（《日知》尾）道鍊。（高塘尾）"髮短"句，破其近語。"寢處"句，反其前語。字字鋒穎，簡雋可玩。（《評林》眉）鍾伯敬："髮短句，有就事點綴之妙，此文中之滑稽歟！"按：《詩世本古義》云："'黍稷重穋'，重本作種，先種而後熟也。《左傳》'如此種種'，猶言此晚禾之短也。"彭士望："'告二子'，猶哀公告三子。"

燕簡公多嬖寵，欲去諸大夫而立其寵人。冬，燕大夫比以殺公之外嬖。公懼，奔齊。書曰："北燕伯款出奔齊。"罪之也。（《左繡》眉）起句"嬖、寵"連用，下於立則點一"寵"字，於殺則點一"嬖"字，小小照應，只要分合順逆處均勻有法耳。（《左傳翼》尾）遠大臣，昵小人，致舉朝皆叛，內不自安而出奔於外，是款之出，款自取也。起句"嬖、寵"連用，下析爲二，非以此見奇，不過取文法之簡淨耳。（《評林》眉）《傳說彙纂》："燕大夫相與比而殺其君之外嬖，威脅其君而出之，厥罪大矣，左氏乃以經書出奔爲罪款，胡《傳》及諸儒皆主其說，是何刻以繩君而緩於誅逆乎！"《補注》："'罪之'，傳見殺大夫有名有不名，既以稱名爲有罪。國君出奔有名有不名，亦以稱名爲罪之也。然衛侯鄭叛中國，從夷狄，其罪大矣，而出奔不名。燕大夫比以殺公之外嬖，不出且見弒，乃於其出奔而罪之，失其類矣！"按：襄十四年經，四月己未，衛侯出奔齊；昭二十一年經，冬，蔡侯朱出奔楚。

十月，鄭伯如楚，子產相。楚子享之，賦《吉日》。既享，子產乃具田備，王以田江南之夢。（《左繡》眉）寫出子產機警有才調，而筆特簡潔。末句不過爲明年復田張本，故只一點，不嫌於略。二句當連讀，"備"字又繫上，又遞下，左氏慣以一句爲兩截關楗，今以一字爲兩句關楗，往往滑口讀過，可惜也。（《左傳翼》尾）此爲後文領案，敘筆簡潔。至聞賦《吉日》而具田備，謂之機警有才調，此固人人優爲，不足爲子產異也。（《補義》眉）子產警敏，楚子侈豪，一一如畫。（《評林》眉）王季重："江南之夢，具相如所爲《子虛賦》中。"

　　齊公孫竈卒。司馬竈見晏子，曰："又喪子雅矣。"晏子曰："惜也！子旗不免，殆哉！姜族弱矣，而嬀將始昌。二惠競爽，猶可。又弱一個焉，姜其危哉！"（王源尾）哀音促響，亦與臧文仲歎六、蓼之滅同，而中以"姜族弱矣，嬀將始昌"二語作骨，前以"惜哉""殆哉"搖曳而起，後以"姜其危哉"頓宕而收，則另一章法也。文情酸楚，讀之黯然。（《左繡》眉）歎子雅，却緊接子旗，可見家有肖子，則雖死猶生。歎子雅，却重傷姜族。可見國有宗臣，則雖弱不亡。子雅且然，況競爽且什伯焉者乎？"惜也"，歎子雅只兩字。下分子殆、姜危兩項，而以憂國爲重，故語特詳。"姜族"六句，凡兩對，却是一句一轉，語不多而意愴然無窮矣。（《評林》眉）《滙參》："按：'競爽'，猶諺云賭賽好也，對'弱一個'，似不當以強明平說。"（《左傳翼》尾）崔、慶驕橫，晏子不憂而獨憂陳氏者，以其厚施於民，時懷竊國之心也。姜弱嬀昌，晏子無時不以此爲憂，豈肯爲陳氏羽翼乎？過爲掊擊者，於此等處未之見耳。曰"惜哉"，惜子雅也。曰"殆哉"，殆子旗也。曰"危哉"，危姜氏也。子雅死，子旗不免，而姜族遂弱，一殆一危，所以子雅之死爲可惜也。文不滿四十字，滿紙皆嗚喧痛楚之音，讀之令人雪涕。（《日知》尾）都不爲子雅、子旗說話，却借作話柄，意在筆先，音流弦外。

◇昭公四年

【經】四年春王正月，大雨雹。（《評林》眉）高閌："自去年冬至今年春正月，連大雨雹，故前以時紀，此以月紀，夫天道如此，人事可知。"夏，楚子、蔡侯、陳侯、鄭伯、許男、徐子、滕子、頓子、胡子、沈子、小邾子、宋世子佐、淮夷會于申。(《測義》夾）林堯叟氏曰："以莊之賢，辰陵之會，從之者陳、鄭焉爾。申之會，合十有二國，楚之得志於中國，未有盛於此時也。"（《評林》眉）高閌："春秋以來，蔡常在陳、衛上，莊十六年後，以服屬於楚，未嘗先陳、衛，今楚大合諸侯，故復居陳上。"楚人執徐子。(《評林》眉）劉敞："稱人以執之者，非伯討也。楚人雠吳，徐子，吳出也，以爲貳焉而執之，非道也。"秋七月，楚子、蔡侯、陳侯、許男、頓子、胡子、沈子、淮夷伐吳，執齊慶封，殺之。(《評林》眉）陸淳："趙氏云：'弒君之臣，天下共棄，殺之是也，故繫之齊焉。'此言慶封時已非齊臣，夫子以其與弒君之賊，所當討，故繫之於齊，明示其當死之義也。"遂滅賴。(《評林》眉）家鉉翁："遂滅賴，著楚之暴也。"九月，取鄫。冬十有二月乙卯，叔孫豹卒。

【傳】四年春，王正月，許男如楚，楚子止之，遂止鄭伯，復田江南，許男與焉。(《正論》眉）應邵曰："多難興邦，殷憂啓盛。君子不利人之難，而唯恐己之失，臨深履薄之思，無日忘之。"（《淵鑒》眉）此篇論險不可恃一段，精嚴雄闊，《左傳》中堂堂正正之文。臣熙曰："議論條達，文勢參錯有志。"臣廷敬曰："是時楚靈方侈，未可與争，許之誠是也。第所云脩德以待其歸，自是老臣讜論，惜晉侯之不克自振耳。"臣乾學曰："平公初接荊使，猶有虛憍疾視之氣，及聞司馬侯之言，而轉圜不吝，亦賢矣哉！光武之待公孫，神堯之答李密，皆是物也。"（《左繡》眉）此篇爲楚靈會申起本，以如晉求諸侯爲本。末段正論求諸侯之得失，首尾本一串也。中間卻詳敍晉人許不許一番商榷，自成一篇妙文，而包於椒舉、叔向一請一許之中。蓋賓詳主略，而實以主包賓，章法最爲完整。此格屢用而屢妙也。一請一許，委婉頓挫，另作一小文讀。使椒舉如晉求諸侯，二君待之。(《補義》眉）前段如晉求諸侯，後段恐所求不遂，以中段晉君臣爲主，不脩德，故畏其侈，而從令唯謹也。椒舉致命曰："寡君使舉曰：'日君有惠，賜盟於宋，曰晉、楚之從交相見也。以歲之不易，寡人願結歡於二三君。'使舉請間。君若苟無四方之虞，則願假寵以請於諸侯。"

晉侯欲勿許。(高嵣眉）前一層就楚一邊發論，見楚之不必不與也。此層空渾説。司馬侯論楚王，兩意雙關，輕重分明，抑揚盡致。司馬侯曰："不可。楚王方侈，天或者欲逞其心，以厚其毒而降之罰，未可知也。其使能終，亦未可知也。晉、楚唯天所相，不可與爭。（韓范夾）申會而楚國亡，黃池會而吳滅，夷狄求勝於中國，雖逞若願，未嘗獲久。中國微而不得，每能延數世之祀，是皆非天也乎？君其許之，而脩德以待其歸。（方宗誠眉）"德"字一篇之主。若歸於德，吾猶將事之，況諸侯乎？若適淫虐，楚將棄之，吾又誰與爭？"（孫鑛眉）摘詞亦是左氏常調。（《彙鈔》眉）此論春秋時猶有及之者，至戰國則徒事爭競矣。（《評林》眉）鍾伯敬："司馬侯在春秋碌碌未有表見，其曰'惟天所相，不可與爭'，固也，廼後者左師、子產並人傑也，而薦聞薦守，俛首聽順之不遑，與司馬侯無異，何哉？蓋一時氣運之厄，非羣賢所能回歟！"（公）曰："晉有三不殆，其何敵之有？國險而多馬，齊、楚多難。有是三者，何鄉而不濟？"對曰："恃險與馬，而虞鄰國之難，是三殆也。四嶽、三塗、陽城、大室、荊山、中南，九州之險也，是不一姓。（孫鑛眉）文勢錯落好。（韓范夾）吳起中河之説，本於此。冀之北土，馬之所生，無興國焉。恃險與馬，不可以爲固也，從古以然。是以先王務修德音以亨神人，不聞其務險與馬也。（《約編》眉）國險、多馬作一類翻駁，鄰國多難另發。鄰國之難，不可虞也。或多難以固其國，啓其疆土；或無難以喪其國，失其守宇。若何虞難？齊有仲孫之難而獲桓公，至今賴之。晉有里、丕之難而獲文公，是以爲盟主。衛、邢無難，敵亦喪之。故人之難，不可虞也。恃此三者，而不修政德，亡於不暇，又何能濟？君其許之！紂作淫虐，文王惠和，殷是以隕，周是以興，夫豈爭諸侯？"（《才子》夾）絕頂見識，絕頂議論，不必又道。今論其通篇段段皆作雙行之文，如前兩"未可知"、兩"若歸"，已自妙絕。至後"三殆"，卻將"馬"與"險"作一對先破了，後另將"多難"變出或多難、或無難，便是到底仍用雙行。此可見古人文字一篇不換手法，前後只用一手法也。（《測義》夾）陸粲氏曰："女齊之言善哉，然其以諸侯授之楚也，非務德而無爭也，畏之而已。惟子產知之，故語楚處曰：'晉君少安，不在諸侯，其大夫多求，莫匡其君。'斯論爲得其情矣。"〖編者按：奧田元繼作王元美語。〗（孫鑛眉）引古收尾，若冷語，然卻有味。（《彙鈔》眉）駁倒"不殆"，其得力全在一"時"字，一"殆"字。明説三殆，卻將"險"與"馬"二者作對，一筆結過，然後另駁"多難"句，章法整而自活。層層關鎖，無懈可擊。（《晨書》總評）宋南金曰："向戌弭兵之役，楚人爭先，目中無晉久矣。今又田於江南，號召中夏，楚氛不日惡哉？晉失盟主之權，託言脩德，吾恐德不脩而諸侯離散，晉且轉而事楚矣。三不殆之説，矜張已甚。司馬侯層層翻駁，確是千古名言，筆致亦嶙峋而胈宕。"（《補義》眉）儲云："晉實無志諸侯，霸業掃地盡矣，然三殆之説卻甚正。"唐云："'德''馬'對敘，忽一束，'虞難'另提，變幻不可端倪，兩'或'字亦作雙調往復，與前段配。"歸到爭諸侯。（高塘眉）後一層從晉一邊立論，見晉之不可不與也。此層徵實説。晉侯直説三不殆，司馬侯直説是三殆，鋒舌可畏。險、馬兩項，作一類翻駁。鄰國之難，側出另寫。反覆詳盡，議論警闢。（《評林》眉）魏世傚："晉之諸臣，往往以德言讓楚，其實力不足也。豈此時之臣遂能尚德，賢於當伯時臣乎？然可謂能自安者。孟明王官之役，晉知其致死，遂不出，亦此類。"《補注》："中嶽嵩高，即大室是也，下別言之，故此言四嶽。或曰：'三塗：伊闕、大谷、轘轅三道也。'傳曰晉將伐陸渾，而先有事於洛與三塗，先祭山川也，謂三道，非也。"穆文熙："馬與險不可恃，而鄰國之難不可幸，司馬侯之言令人豁然，殆亦叔向之儔與！"《滙參》："不一姓、無興國，只虛説，此卻實證，變換得妙。"按："亡於不暇"，即倒句，言"不暇於亡"也。七年"盜所隱器"，言"隱所盜器"。襄二十三年"君於何有"，皆同。魏禧："晉君既偷，則此時合當如是，若不度德量力，而強爭諸侯，則宋襄、齊頃之敗耳，若責以平日不能匡君則是。"乃許楚使。使叔向對曰："寡君有社稷之事，是以不獲春秋時見。諸侯，君實有之，何辱命焉？"椒舉遂請昏，晉侯許之。（《左繡》眉）中段自分兩層，以前一層許晉、勿爭爲主。後一層乃因晉侯"三不殆"之説而極論其不可恃，末仍歸到"許而勿爭"作結。前云"脩德以待其歸"，後云"務脩德音"，又曰"不脩政德"，兩層原一串也。前一層又有兩節，於"楚王方侈"，看出兩"未可知"，一抑一揚，妙在説得活落。於脩德待歸，亦看出兩"將"字，一開一合，妙在説得的真。中間以"不可與爭""君其許之"作轉遞，自成一小片段。一邊正説有三不殆，一邊直説是三殆也。見地既明，舌鋒又快，持矛刺盾，鬆爽煞人。後一層亦作兩節。三殆本三平，分應卻作兩頭一脚，非但取參差好看也。恃險與馬，猶爲近情。至移他人之殆，當作自己之不殆，則可笑極矣。況虞鄰國之難，必幸己之無難。卻不知多難亦有好處，無難亦有不好處。不脩德則無難而有難矣，此意尤爲吃緊，故反復特詳。兩截分應，前以"不聞務險與馬"煞，後即以"不可虞難"起，接緊而段落亦變矣。分應都用復筆，"恃險與馬"復應在一處，"不可虞難"復應在首尾中三處，無不變者。"多難""無難"虛説，用雙行反復，與前段相配。實説用前偶後奇，與本段相配。重規疊矩，妙不可言。"亡於不暇"結三殆，"又何能濟"結"何鄉不濟"，本段已了，再繳起段，一併收煞，合成一大片段也。細密之至！（《約編》尾）是時晉業日衰，無以制楚，故不得不從其請。其論三不殆處，機鋒卻甚警快。司馬侯就三殆作論，更不説到諸侯。末後一點，遙應前文，文無拖筆累墨。我持。（《評林》眉）《補注》："'何辱命'，傳見晉人中實畏難，而文以不争，故以諸侯授楚。"（方宗誠眉）椒舉求諸侯，正面事已畢敘，復補敘子産在楚之議論一段，伏後日楚子汰侈之根，又回應前段"楚王方侈"一句，神氣完固，局勢完整，又極恣肆變化。（《學餘》尾）司馬侯之言，至言也。無小大一也，無古今一也，順天者昌，脩德者久長，有所恃者殆且亡，其應如響，豈煩著蔡哉？

  楚子問於子産，（孫鑛眉）作波，又爲後根。（高塘眉）末從子産口中，將晉國之興，諸侯之來，楚子之求，一一斷説，收束全局。結二語，一反一正，反説應"侈"字，正説應"德"字，章法完密，筆力峭岸。曰："晉其許我諸侯乎？"對曰："許君。晉君少安，不在諸侯。其大夫多求，莫匡其君。在宋之盟，又曰如一，若不許君，將焉用之？"（《左傳鴃》眉）王鳳洲曰："晉君臣具在子産目中。"（《文歸》尾）胡揆曰："晉君臣幾許道學，都被子産一眼觀破。'少安''多求'四字，可謂刺人中肓。"（《補義》眉）俞云："晉許楚有三意。"病根抉醒。（《評林》眉）《補注》："'莫匡其君'，傳見晉君懦臣貪，無能爲者，故楚敢求其所從之諸侯。"穆文熙："楚靈暴態，從古所無，讀之猶可想見。子産應對之詞，的而且婉，其善處惡人乎！"王曰："諸侯其來乎？"對曰："必來。從宋之盟，承君之歡，不畏大國，何故不來？不來者，其魯、衛、曹、邾乎？曹畏宋，邾畏魯，魯、衛偪于齊而親於晉，唯是不來。其餘，君之所及也，誰敢不至？"（閭生夾）宗堯按："北方諸侯情實，盡具子產語中。"王曰："然則吾所求者，無不可乎？"對曰："求逞於人，不可；與人同欲，盡濟。"（文熙眉）汪道昆曰："辭令議論能品。"穆文熙曰："凡人恃己所長，則易於忘備。虞人之難，則怠於脩德。斯二者，皆取敗之道也。司馬侯之言，可謂確論。"（《測義》夾）愚按：楚子問於子產曰："晉其許我乎？"懼晉未必許也。曰："諸侯其來乎？"懼諸侯未必來也。晉而稍知自強，則諸侯有所賴而不從，諸侯不從，則楚亦不能逞其志。而晉方溺於嬖寵，任其專盟而不顧，且曰"諸侯君自有之"，是棄諸侯以畀楚也，諸侯不從楚而誰賴哉？雖然，諸侯有託故不會者矣，有既會而先歸者矣，其所會非小國，則與國也，以是知夷狄必不能主中國也。（《文歸》眉）陳溪子曰："屹然十二字，一反一正，收得典陗。"（《文歸》尾）議論嶙峋，敘事整飭。陽明。（韓范夾）楚君驕侈，子產之言無不如其意之所欲，無此二語以稍抑之，非立言之正也。（《快評》尾）司馬侯之論，句句格言至理，妙在言暢而意盡。子產之論，妙在言簡而意盡。楚不能自致諸侯，從晉求之。晉不能守文、襄之業，一朝失之楚，晉之恥也。司馬之論，雖極有理，然晉實不竟，亦無可如何之言也。晉不能使諸侯畏威懷德，其所恃者，如彼而已。故賢智之士無不憂公室之卑也。晉司馬之論三殆，明快極矣。其用筆之妙，全在便捷。後人喜多作議論者，只為胸中不甚明瞭耳。楚得諸侯以侈其心，身弒而國幾亡。然則諸侯亦未易有，而難之來亦無方也。可畏哉！司馬就三殆作論，更不說到諸侯，末後一點，遙應前文，文無拖筆累墨。楚子三問，胸中底裏盡露，不仁之人，不可得志也如此夫？（孫琮總評）楚靈止二君而求諸侯，侈心已極。晉平以"三不殆"自逞，亦復與同其侈。司馬侯提出脩德來，便是能見其大處，至破"三不殆"之說，名言奔湊，傾筒以出，皆珠璣也。子產料度諸侯，情勢明透，說到求逞於人不可，雖對侈主，不忘規箴，尤可想見勁正之概。（《分國》尾）自晉楚交相見，虔竊威福，號召諸侯，尚有諸夏哉？子產曰："求逞於人，不可。與人同欲，盡濟。"賴此兩言折之耳，司馬侯一番議論，更足千古。（《左繡》眉）遙接起段，歸到本題作結，忽變作三樣問答，與通篇蓋換出三樣段落也。亦大異於劍首一映者矣。應"如晉求諸侯"，卻作兩番點出，先寫"諸侯"，次寫"來"字，中又添出"諸侯其來"一層，便生動熱鬧，妙文只是隨手拾得。前文從"求"字生出"許"字，又生出"爭"字、"濟"字。此處三層前後明應"許""濟"，中來、不來乃暗應"爭"字也，密甚！結句一應"侈"字，一應"德"字，無一字不收拾。寫"許"有三意，寫"來"亦有三意，而前散後整。末寫求無不可，又裁作對句，真無筆不變也。結句一開一合，以簡勁之筆收拾一篇易復辨快之文，筆意不測。合而觀之，蓋起中結凡三用雙調開合作章法者。俞選聯會申戮慶封爲一首，評云："對婉而嚴，前照女叔侯，後照申無宇，中幅關鍵亦佳。"（崑崖尾）徐揚貢曰："通篇散逸，末句嚴整，如百萬軍中，號令一聲，鶯凌頓歇。"（《左傳翼》尾）春秋時荊楚憑陵諸夏，齊桓後，得晉文以挫其鋒，勢不得逞。城濮、郤、鄢，南北交兵，雖互有勝負，而晉勤三駕，楚不能爭，中國之威以振。洎乎宋盟，而夷夏之防決矣。會虢以來，勢焰日張，諸侯疲於奔命，然猶畏晉不敢徑往。椒舉來求，尚有惴恐待命之意。晉侯一許，而楚圍得志，居然以齊桓自命。向戌、子產紛紛獻禮，醖宋佐、執徐子、伐吳、滅賴，大肆淫虐，若非慶封片言折之，中國誰不垂首喪氣乎？晉侯徒恃三不殆，欲以此壓服楚人，固屬浪漫。司馬侯辨折明快，要亦因晉不競，不能與楚爭諸侯，故教之不必爭也。"晉君少安"云云，被子產數言道盡，有議子產不宜以中國情形輸楚者。然情見勢屈，即使隱諱，亦無所用，固不如直說之爲坦白耳。"侈"字是楚圍一生定評，尤此數篇眼目。此篇以"德"字對，後篇以"禮"字對也。侈則淫虐，德則惠和。侈則求逞於人，德則與人同欲。子產之言，與司馬侯議論雖詳略不同，而意旨則一。至於晉君本屬少安，而言三不殆，亦近於侈。故司馬侯亦以德箴之，而歸結到淫虐惠和上。最妙是一段文字如平地突出奇峰，巉峋突兀，聳然奪目。若無此段，則議論不甚卓越正大，詞采亦不見飛騰綺麗矣。（《補義》眉）對婉而嚴，前照女叔侯語，後照申無宇語。（《日知》尾）諸侯之困，始於弭兵。南風之競，成於晉懦。文前序晉君臣議論，後借子產語斷定，可見諸侯苟有所藉，必不難閉關而從楚。楚王苟有所懲，必不能肆逞其所求。"楚王方侈，晉君少安"二語是大關目，隱見侈在楚，而成楚之侈者，晉也。文筆雄駿，而文心玲瓏乃爾。（高塙尾）俞桐川曰："晉君臣辯論明快，道理醇正，然窺其隱衷，只是偷安懦弱，其失從子產說出。楚子求諸侯，只一個侈心，總是逞其心以厚其毒，此論發於女叔侯。皆所謂脫換之法。"（《菁華》尾）宋盟已定，此時更有何詞以拒其請？所云勿許者，不過強作倔強以示其下已耳，亦自知必無是事也。敘險而多難與鄰國多難，可悟詳略相配之法。晉國衰敗情形，盡在子產口中，數語簡而盡。子產之對，幾如僕析父之譏子革云"與王言如響"者，蓋驕侈之君，無可與語，衹得如此。末二語稍存正論。（閭生夾）此語刺中骨髓，亦即論定楚靈處。

大雨雹。（《左傳雋》眉）李九我曰："燮理陰陽之政具見此篇。"李于鱗曰："通篇用幾'出'、幾'藏'字，幾'之'字，組織成文，變幻莫測。"（《淵鑒》眉）古人重藏冰伐冰之禮，以其為燮陰理陽、助流德化之一事也。泗山鄒德溥曰："《七月》卒章雖曰藏冰之道，然必明君察相燮而理之，斯無霜苞之災。夫豈彌文之可弭也！而申豐乃望之季氏乎？"臣德宜曰："陰氣脅陽，雨則凝結成雹，漢《五行志》所云'陰乘陽之徵'是也。申豐以藏冰對季氏，其猶有隱乎爾。"季武子問于申豐曰："雹可禦乎？"（方宗誠眉）提筆莊重。先述古人藏冰用冰可以禦雹之法。對曰："聖人在上，無雹。雖有，不為災。古者，日在北陸而藏冰，西陸朝覿而出之。其藏冰也，深山窮谷，固陰冱寒，於是乎取之。其出之也，朝之祿位，賓食喪祭，於是乎用之。其藏之也，黑牲、秬黍，以享司寒。其出之也，桃弧、棘矢，以除其災。其出入也時。（《補義》眉）詳藏出之候、藏出之地、藏出之禮，"其出入也時"一句束住。（《評林》眉）《滙參》："徑從聖人在上說起。'冱'與'冱'通，《周禮》'鼈人掌冱物'，鄭注：'龜、鼈有甲萌胡。'是冱為閉也。"食肉之祿，冰皆與焉。大夫命婦，喪浴用冰。祭寒而藏之，獻羔而啓之，公始用之，火出而畢賦，自命夫、命婦至於老疾，無不受冰。山人取之，縣人傳之，輿人納之，隸人藏之。夫冰以風壯，而以風出。其藏之也周，其用之也徧。（《左傳雋》眉）楊素庵曰："到此只用兩句收上轉下，如明珠走盤。"則冬無愆陽，夏無伏陰，春無淒風，秋無苦雨，雷不出震，無災霜雹，癘疾不降，民不夭劄。（《補義》眉）俞云："一總收束到應驗，文氣古厚，江都《雨雹對》本此。"今藏川池之冰棄而不用。風不越而殺，雷不發而震。雹之為菑，誰能禦之？《七月》之卒章，藏冰之道也。"（《左傳雋》眉）李于鱗曰："結語警策等閒。"（《左傳雋》尾）胡致堂曰："是時宿襲位世卿，將毀中軍，專執兵權，以弱公室。故數月之間，再有天變。申豐者，季氏之宰也，不肯端言其事，故暴揚於朝，歸咎藏冰之失，則亦誣矣。"（孫鑛眉）典故可存，文則排而率易。（韓范夾）古人燮理陰陽之大，嘗於一事之小寓之，今人不知此義矣。（《文歸》眉）范德建曰："證結妙重民意。"（《文歸》尾）其理似迂而實確。然藏冰、用冰之外，果盡無關政乎？何不爲推本言之乎？仲光。（魏禧尾）胡安國曰："陰陽之氣，和而散則爲霜雪雨露。不和而散則爲戾氣瞳霾。雹，戾氣也，陰脅陽、臣侵君之象。是時季孫宿襲位世卿，將毁中軍，專執兵權，以弱公室，故數月之間，再有大變。申豐者，季氏之孚也。不肯端言其事，故暴揚於朝，歸咎藏冰之失。夫山谷之冰，藏之也周，用之也徧，亦古者本末備舉燮調之一事耳。謂能使四時無愆伏淒苦之變，雷出不震，無災霜雹，則亦誣矣。意者昭公遇災而懼，以禮爲國，行其政令，無失其民，雹之災也，庶可禦也。不然，雖得藏冰之道，合於《豳風·七月》之詩，其將能乎？"魏禧曰："古人一事必兼數利，取冰但以爲供喪祭耳，豈知以節陰陽哉？"彭家屏曰："古者藏冰發冰，皆有制度而使專官掌之，以慎重其事，可見古人用心周密，調燮陰陽之術，亦多端矣。然末節也，非本務也。明《洪範》休徵、咎徵之理，正君身以正百官，正百官以正萬民，自然感召天和，災戾不作，此調燮之本也。然古人尚致謹於末，則務本可知。申豐舍其本而專言其末，則亦小之乎論事者矣。董子曰：'陰氣脅陽氣，陰氣暴上，雨則凝結成雹焉。'《大易》以五爲君位，陽也。四爲臣位，陰也。魯私家日逼，公室日卑，此胡氏所謂陰脅陽、臣侵君之象乎？"（孫琮總評）《洪範·五行傳》云："雹者，陰脅陽也。"漢《五行志》則曰："天雨雹，常寒之罰。"昭之四年，當雪而雹，此陰乘陽之徵。申豐通篇只將"藏"字、"出"字排比遞説，而歸咎於不藏之過。彼蓋遜言以遠害耳。末引《豳風》作結，不失重民事意，猶爲得進規之體。（《分國》尾）藏冰，亦燮理陰陽之一節，出入以時，則雹災可免，申豐亦就事論事耳。但當時政逮大夫，主權旁落，爲陰長陽消之兆。雹，陰物也，非時爲災，正陰壯之應。申豐乘武子之問，微言之，如"皇之不極，厥罰常陰"之類，未爲不可。竟作一篇雹志，何也？"僖公二十九年，大雨雹"，胡傳引《正蒙》云："當是時，僖公即位日久，季氏世卿，公子遂專權，政在大夫，萌於此矣。"西漢蕭望之《雨雹對》云："《春秋》昭公三年，大雨雹，是時季氏專權，卒逐昭公。向使魯公察於天變，宜無此害。"又云："是大臣任政，一姓擅權之所致也。"何申豐之憒憒耶？（《知新》尾）陰陽之氣不和，則爲沴氣而大雨雹。魯國數月之間再見，其應當在季氏專兵擅國，逼逐其君。而申豐不便明言，乃假藏冰以志燮理之宜，可以惕然知警矣。（《賞音》尾）藏冰雖亦燮理之一節，而聖人之所以無災，豈專恃此？申大夫倘因其棄而不用，藉以譏之乎？（《左繡》眉）凡徵實文字，易板易復。此文中間徵實，卻作三層洗發，而又以議論行之。故雖排而不板，雖多而不復，全在運化輕鬆，段落明畫。而起處極超，收處極宕，標舉以爲典制文字之準，亦可以無百衲之譏也已。"古者"二句，"藏""出"雙提，爲一篇之綱。下三層，一層分説用順，一層合説用逆，一層申説用疊，而極言其效。末説到今，亦仍兩意雙承，結句忽單掉藏冰，正與第二層倒煞"藏"字相應，蓋惟能藏而後能出也。周正月乃夏十一月，正日北風壯之時，故諷其及時法古。筆法平中寓側，線索逼清。"藏""出"並説，其意卻重在用冰。看第一層"出之"下，即着一"用"字。第二層重講"用"字，第三層直以"用"對"藏"，而歸重於今之不用。末結"藏"字，亦唯能藏而後能用也。參差中無一字雜。"雹可禦乎"，問得甚奇。"無雹不災"，答得甚平。中段復説處，精神發越。結更典實，變而空靈，其筆無美不備也。賓位極詳，則主位宜略，否則開板重一道矣。引《詩》用虛掉，風調致佳。若連片抄來，便與通體徵實犯復。又，文字偶句居多，得單句一宕，則板處皆活。與交質篇同一筆法。（昆崖尾）徐揚貢曰："此古今大奇文，原本精理，發爲光華，不可徒摭字句。本句宕逸，化通篇之奇麗作淡遠。"（《啎鳳》尾）冰必深藏而後能出，亦惟畢用而後不虛所藏，此聖人調燮陰陽之政，古者慎重其事，而玉燭長調，有以也。篇中徵實甚博，而層折點次，段落分明，不病煩重。華川謂其排而不板，多而不復，運化輕鬆，可爲典制文字之標準。學者解此，庶無餖飣未化之病。提出"聖人在上"，可見燮理陰陽，全憑人事。災異之興，總由人生。誰能禦之？唯聖人能禦之。此是探本之論。藏冰用冰，猶不過故事耳。"古者"二句，分立藏、用兩意。前用平寫對發，中單句承上起下又申言之。藏、用申説，單行側敍，無一筆複。後又用總束，上段應不爲災，下段"今"字與"古者"對應"雹可禦"句。此二段，一開一合，大有氣魄。而引《詩》以逸調結之，恰藏一聖人在內。重規疊矩中卻爾參差入化，固不徒以典贍爲工。慕巖參。（《左傳翼》尾）聖人節宣天地，調燮陰陽，無微不到，藏冰用冰，其一也。時當沍寒，則宜藏。時當陽和，則宜出。藏周用徧，則陰陽和，風雨時，而咎徵不作。此聖人在上，所以無雹，雖有不爲災也。後世君臣全不知調燮節宣之道，即藏冰一節，亦不講究，棄而不用，則癘疾夭札，紛紛迭見。雹之爲災，又何疑焉？篇中"藏""用"並提，而說用更多于藏，蓋藏正所以爲用也，切勿悮看。先儒謂季氏專魯，干犯陰陽，冬春之間，屢致雨雹，申豐黨附季氏，不敢正言，但以藏冰不用爲致災之由，可謂矯誣。然四時改火，季冬大儺，都有至理，不得以其言毫無左驗也。至文筆古博，俞寧世謂取意葩經，取材《周禮》，洵然！（《補義》眉）汪云："再引《詩》另作一結，文情搖宕。"（《日知》尾）"古""今"二字緊相呼應，只是一正一反文字，中插一段議論，末添一筆反掉，遂使波瀾風度，娓娓動人。（《評林》眉）穆文熙："藏冰啓冰，調燮陰陽之氣，使不失中，故雷雹不作，意義玄遠。董子《雨雹對》本此。"沈雲將："《七月》之卒章雖得藏冰之道，然其時有聖君燮理其上，自無霜雹之蓄，申豐以是望之季氏，謬矣！"《滙參》："風不以理舒散，而暴疾殺物，雷不徐緩動發，而震擊爲害。"（高塘尾）俞桐川曰："取意於葩經，取材於《周禮》，枚舉一事，看出調燮參贊之道，章法紆而整，文詞博而潔。至謂陰乘陽，臣脅君，爲天象示戒，此義又當別論。不得持以評此文。"（方宗誠眉）收二句仍回抱首段，如神龍掉尾，變化不測。（《學餘》尾）今人知衛其身，爲其近也。不知衛天地陰陽國家，爲其遠也。不知衛天地陰陽國家，身其能衛乎？惑矣！（閩生夾）冰爲生人必需之品，藏冰亦爲政之一端，記此以見古人行政。

　　夏，諸侯如楚，魯、衛、曹、邾不會。（《補義》眉）先從不會敘起，鴻飛冥冥，弋人何篡？楚靈之盛，至會申而極，以"侈"字爲主，分三段讀。首段至"善相小國"，是未會之前，椒舉戒其慎禮，而問禮、獻禮反逗"侈"字也。中段至"執諸申"，是方會之時，禮全不知，又肆行無禮，辭宋執徐，實寫"侈"字也。末段點出"示侈"，是既會以後，椒舉斷其不濟，子產、左師謂其不出十年，蓋惡遠而棄，必至之理，所以深惡靈之侈也。曹、邾辭以難，公辭以時祭，衛侯辭以疾。（《左傳雋》眉）此先敘魯、衛、曹、邾不會，以終前傳子產所言必來之案，此前後傳之血脈相連處。"禮以爲歸"，椒舉已先規楚子之侈矣。且以左師之薦聞、子產之薦守，而楚子竟不能自克何？（《左繡》眉）此篇爲楚子會申傳，起處卻從許多不會者敘起，中間特敘"卒事不規"，結處

"不過十年，惡遠而棄"，處處詳寫楚虔出醜，以其專盟中國，故深惡而痛絕之也，此左氏以傳翼經大主腦處。文有兩截，以上截爲主，下截乃就上截抽出另說，非兩事也。而體裁則仍兩對立格，上截以楚子會申作領，下截以楚子示侈作領，在"又何以規"截。每截起手皆有閑文作引，中間實講慎禮、示侈之得失，各引古作證，兩兩相配。"未見""不規"反結"慎禮"，"遠惡""後棄"正結"示侈"，片段極現成也。（《評林》眉）《補注》："'衛侯辭以疾'，傳見東諸侯初無從楚之志。"鄭伯先待于申。六月丙午，楚子合諸侯于申。椒舉言于楚子曰："臣聞諸侯無歸，禮以爲歸。今君始得諸侯，其慎禮矣。（方宗誠眉）"禮"字一篇之主。霸之濟否，在此會也。夏啓有鈞臺之享，商湯有景亳之命，周武有孟津之誓，成有岐陽之蒐，康有酆宮之朝，穆有塗山之會，齊桓有召陵之師，晉文有踐土之盟。君其何用？（閻生夾）楚靈實亦一時梟主，此特鋪張其盛。宋向戌、鄭公孫僑在，諸侯之良也，君其選焉。"王曰："吾用齊桓。"（《測義》夾）汪克寬氏曰："楚虔弒君篡國，僭王猾夏，靡所不爲，然大合諸侯，不敢用六王之禮，而用齊桓，非有所畏也，蓋其羞惡之本心，未敢據擬古聖王之事，猶盜賊之不敢比君子也。"王使問禮於左師與子產。左師曰："小國習之，大國用之，敢不薦聞？"獻公合諸侯之禮六。子產曰："小國共職，敢不薦守？"獻伯、子、男會公之禮六。君子謂合左師善守先代，子產善相小國。（《左傳雋》眉）即插入"君子"二句，先結左師、子產案，機杼錯綜。（《補義》眉）孫云："忽插君子斷語，有致。"（孫鑛眉）中插此斷語，甚有致。王使椒舉侍於後以規過。卒事，不規。王問其故，對曰："禮，吾所未見者有六焉，又何以規？"（文熙眉）汪道昆曰："敘事議論能品。'小國習之'以下妙品、章法。"穆文熙曰："子圍之汰，所少者，正禮耳。椒舉匡之，左師、公孫獻之，而子圍卒於不悟，以侈大取敗，豈用禮固自有人，而惡人之性終不可移與？"（韓范夾）楚子新得志於諸侯，其於中國慣用之儀，未能如介葛廬之聞聲而歎也，其貽羞豈不甚哉！（《評林》眉）王元美："椒舉六王二公之論甚正大奇偉，然以進之楚虔，則猥鄙可嗤，是即後世嚴尤之策匈奴於王莽，陳子昂之議明堂於武后，均爲不得其人而言者歟！"《史·殷紀注》："景亳，湯所盟地，因景山爲名。"《經世鈔》：

"楚虔弒君猾夏，無所不至，而大合諸侯，不欲用六王之禮，而用齊桓，可見此時禮法猶在，可以自彊。"李于鱗："子產生平能馳辭當晉、楚矣，而至是聽命於楚虔，豈非畏其強，不敢爭歟！爲子產計，其如四國之辭而不會可也。"陸粲："規正會禮之失。"《滙參》："'人而不仁，如禮何'，以非椒舉自嘲寡學，當是借諷楚子無攻人惡之意耳。"李九我："'聞者'，謙示所未行也。'合'，謂我爲主而合之也。'六'，謂自始將幣至終禮賓，凡六節也。'會'，謂人爲主我往會之也。"（閻生夾）宗堯云："敘此乃黜夷之意。"宋大子佐後至，王田于武城，久而弗見。椒舉請辭焉。（《補義》眉）忽夾敘二事，使人失驚。王使往，曰："屬有宗祧之事于武城，寡君將墮幣焉，敢謝後見。"

徐子，吳出也，以爲貳焉，故執諸申。（《評林》眉）湯睡菴："《史記》：'札使，北過徐，還而掛劍徐公之墓。'可見吳通上國，道必由徐，今執徐子，爲其不能閉吳通上國之道爲貳己也。"〖編者按：凌稚隆作姜寶語。〗

楚子示諸侯侈，椒舉曰："夫六王二公之事，皆所以示諸侯禮也，諸侯所由用命也。夏桀爲仍之會，有緡叛之。（閻生夾）遙接前文，體勢雄闊，且伏敗徵。**商紂爲黎之蒐，東夷叛之。周幽爲大室之盟，戎狄叛之。皆所以示諸侯侈也，諸侯所由棄命也。今君以侈，無乃不濟乎？"王弗聽。**（《左傳雋》眉）前既以禮規之，此復以"禮"與"侈"並舉互陳，成敗禍福，昭然目睹，如王之不聽何？（孫鑛眉）六王、二公事前已舉，故於此補三汰，法自宜然，此亦只是具骨之文。（《補義》眉）孫云："'六王、二公'事前已明舉，故於此補三汰。"汪云："更用賓筆帶應'六王二公'，作雙調收束，文致綿邈。"（方宗誠眉）前段引六王二公之事，此段引三代亡國之君事以配之，文法齊整。以上敘椒舉之以禮諫君，與首段相應。

子產見左師曰："吾不患楚矣，汰而愎諫，不過十年。"左師曰："然。不十年侈，其惡不遠，遠惡而後棄。善亦如之，德遠而後興。"（文熙眉）有一椒舉而不能用，欲不亡，得乎？汪道昆曰："'六王、二公'以下章法。"穆文熙曰："大凡敵國侈大，乃吾國之福。彼此之勢可以互見。子產之論，可令人儆省。"（《左傳雋》眉）上既美二子善守、善相，此又敘二子之言以終傳。又美其善料，以終"諸侯之良"

之案，此皆一傳中血脈暗相接續處。（《左傳雋》尾）胡致堂曰："申之會，楚子爲主，而不殊淮夷，是在會之諸侯皆狄也。楚虔弒麇以立，而求諸侯于晉，晉人許之，中國從之。執徐子、圍朱方、遷賴於鄢城、滅陳、滅蔡，而莫敢校。夫弒君之賊，在春秋時，有臣子討之，則衛人殺州吁是也。有四鄰討之，則蔡人殺陳佗是也。臣子不能討之於内，四鄰不能討之於外，有與之會以定其位，則齊侯及魯宣公會于平州是也。有受其略以免於討，則晉侯及諸國會于扈是也。然至此極矣，則未有不以爲賊而又推爲盟主，相與朝事之以聽順其所爲，而不敢忤者也。故申之會，不殊淮夷者，以在會諸侯皆爲夷狄之行，而皆爲王法之所斥者也。"（孫鑛眉）"不十年"卻作兩種意斷，自是文字波瀾。（《分國》尾）申之會，楚虔以弒君賊號召諸侯，其臣舉六王、二公之事，其君用齊桓召陵之事，侈汰甚矣。猶幸虔用齊桓事耳，使其侈於六王，諸臣其何以處之？（《左繡》眉）前以六王、二公勸其慎禮，後以三代辟王戒其示侈，兩段皆以椒舉爲主，而向戌、子產前則各各獻禮，後則兩兩評論，中間又趁便特作讚語。蓋又以二子爲前後綰結，剪裁騁搭，工致極矣。"君其何用""君其選焉"，本兩意而一順一逆，楚王以"用桓"答"何用"，以"使問"答"選焉"。前詳則後略，前略則後詳。法之所在，行乎其所不自知也。左師、子產獻禮各六，一是大合小，一是小合大。今楚以子用齊桓，則於兩者皆無所處，故卒事不規也。斟酌損益，故須有學，楚不能慎，則唯有汰侈本色而已。獻禮止六，而曰"未見者六"，是皆未之見也，亦絶倒語！示侈本與上會申是一合事，然兩大段文字相接一處，未免有累棋之病。特將宋佐後至及徐子見執事，一先一後，連類夾敘於中，令示侈段斷而復起，文格疏密相間，非復一覽可盡，此佈置之妙。本論示侈棄命，卻扯示禮用命伴說，此聯絡法。然示禮上文已見，只添示侈一半以配之。既不單薄，又不板復，此遙對法。遠惡而後棄，已結完本文，卻又添出善來作對，以此文須得雙調收煞方有力。而六王二公一層，亦帶應得周密，真字字有作意也。住法與求諸侯篇正同。然竟合兩爲一，則章法各別，此不容一毫私意於其間者耳。唐錫周曰："宋之盟，歷敘某公至、某人至，錯歷有致。虢之會，借子圍設服離衛，點出諸大夫姓氏，變化入微。此番用左師、子產起，用左師、子產結，舉其最，而餘人自見，尤妙！"（《左傳翼》尾）既教之慎禮，而以六王、二公之事相期許，即宜自獻典禮。用齊桓即效齊桓，何乃不自決擇，而待左師與子產薦聞？

二子獻禮，而待後規過者，卒事不規，楚之君臣，幾如土木偶矣。禮既不知，又何能慎？示諸侯侈，不覺本色盡露，可謂沐猴而冠也。椒舉不能講求典禮，如倚相輩，胡不聞贊一詞？豈謂墳、典、丘、索者，果有名無實，如然丹所譏評耶？即此一事，已令觀者粲然，固不待慶封之論出，而後一軍皆笑也。示諸侯侈，十二國大夫豈無議論？而獨載左師、子產者，以其各各獻禮，故退有後言也。左氏於宋盟則不載諸大夫一謂，於虢會則詳寫諸人議論，於申會特寫二人，變化錯綜，總不肯一語雷同，讀此可以悟文章之變。侍於後以規過，本欲糾二子之過耳。乃卒事不規，而所規者反是王之過，椒舉其亦不負此使已。前言慎禮，早知其侈。六王、二公皆慎禮者，又添出桀紂二人，以與前反對，一法一戒，鑒證昭然！（《日知》尾）楚虔本以侈斃，此會之後，病愈熾矣，却先後從"禮"字説起，是加筆寫法。（《評林》眉）《經世鈔》："子產見左師曰：'凡人越越自恃，越越被識者窺破。'"（《菁華》尾）"慎禮"二字是一篇眼目。下文屢提"禮"字，足見照應之密。前敘六王、二公事是法，後又引三代之季是戒，二者並言，章法始備。一會之後，而列邦中有識之士皆決其必亡。甚矣！無禮之不可也。"汰"之一字，正無禮注腳。

秋七月，楚子以諸侯伐吳。（《左繡》眉）此文先敘後斷。敘事三段相接而下，而首段最詳，末段最略。乃敘以最詳者爲主，斷又以最略者爲主。此亦賓主互用，文無定格，神而明之，頭頭是道耳。敘以首段爲主者，以無瑕戮人對面，便是楚靈一生定案。斷以末段爲主者，以"禍首在此"一句，直照"從亂如歸"起本也。一點一畫，都有其故，豈漫然顛倒而已耶？（《補義》眉）敘伐吳聲勢。（高塘眉）首段敘伐吳殺慶封事。慶封語，添出"庶子"，臣而兼子。添"兄"字，尊而且親。説"代之"，不但弱其孤矣。"盟諸侯"，不但盟大夫矣。輕輕反唇，其惡更加十倍。《穀梁》"軍人粲然皆笑"六字，已隱躍毫端。**宋大子、鄭伯先歸。宋華費遂、鄭大夫從。**（《測義》夾）愚按：楚所以不敢窺中國者，恐吳之躡其後也。晉人爲是謀，與吳通，而楚遂不敢北圖，是楚之所甚急者吳也。迺今晉、楚同好，而楚無晉規，於是遂自爲主而大會諸侯，將以伐吳。淮夷向無預會，而兹亦至者，以東諸侯由淮以通吳，而徐、頓、胡、沈居淮上流，皆要地也，故并與之會，以斷吳通中國之道，皆所以爲伐吳計也。（《評林》眉）陳傅良："'鄭大夫從'，傳言'從'，見華費遂宋大司馬所以不書。"**使屈申圍朱方，八月甲申，克**

之。執齊慶封而盡滅其族。將戮慶封。椒舉曰："臣聞無瑕者可以戮人。慶封唯逆命，是以在此，其肯從於戮乎？播于諸侯，焉用之？"（孫鑛眉）必有此等語作波，姿態方濃。（《補義》眉）"無瑕"二句是着急語。王弗聽，負之斧鉞，以徇於諸侯，使言曰："無或如齊慶封，弑其君，弱其孤，以盟其大夫。"慶封曰："無或如楚共王之庶子圍，弑其君兄之子麇而代之，以盟諸侯。"王使速殺之。（文熙眉）穀梁子曰："慶封弑其君，而不以弑君之罪罪之者，慶封不為靈王服也，不與楚討也。《春秋》之義，用貴治賤，用賢治不肖，不以亂治亂也。孔子曰：'懷惡而討，雖死不服。'其斯之謂與？"（《彙鈔》眉）楚子舉動一味侈肆，絕不自揣，故反為慶封所辱。（《左繡》眉）"無瑕者可以戮人"，有賓句無主句，下文只説慶封不肯從戮，而王之瑕在言表矣，妙筆！慶封只輕輕反唇，而其惡乃更加十倍，真使聞者絕倒。（昆崖尾）以燕伐燕絕妙注腳。（《補義》眉）只楚子語略增數字，其惡浮於慶封，快甚！（《評林》眉）《滙參》："添庶子，臣而兼子；添兄子，尊而且親。代之，不但弱其孤。諸侯，不但盟大夫。'以盟諸侯'，即指申會而言，較快！"《經世鈔》："慶封生平，有此滅崔杼、罵子圍二事，快人！"（閔生夾）此作者玩弄一切處，特借慶封口中出之，趣語解頤。

遂以諸侯滅賴。（高嶟眉）二段敘滅賴事，綴出遷許、城許，皆見其侈。三段借申無宇語作斷結，楚子求無不得，欲無不遂，皆逞其心而厚其毒，統結前如晉求諸侯並申之會二篇。**賴子面縛銜璧，士袒，輿櫬從之，造於中軍。王問諸椒舉，對曰："成王克許，許僖公如是，王親釋其縛，受其璧，焚其櫬。"王從之。**（韓范夾）賴子之得不死，非椒舉之力也，慶封之力也。（《補義》眉）忽露璧、組之入，以伏禍機。**遷賴於鄢。楚子欲遷許於賴，使鬭韋龜與公子棄疾城之而還。申無宇曰："楚禍之首，將在此矣。召諸侯而來，伐國而克，城竟莫校。王心不違，民其居乎？民之不處，其誰堪之？不堪王命，乃禍亂也。"**（孫鑛眉）意甚佳，然文辭未工。（魏禧尾）魏禧曰："凡事最忌十分稱心，予嘗謂子弟曰：'人作事，事事無礙，便須愁着禍來，處衰亂之世尤甚。'"（《分國》尾）"召諸侯而來，伐國而克，城竟莫校"，三者最快心事，申無宇竟斷為禍首，以王心不違，驕盈已極也。伍員言之矣，夫不違，乃違也。夫不違，乃亡之階也。夫天之所棄，必驟近其小喜，而遠其大憂，此即申無宇之意。有國家者，慎無以"莫校""不違"爲快心遂意哉！(《左繡》眉) 斷語"此"字，指城賴而言。緊頂末段，重又總承三段，歸結"王心"，回應"無瑕"，字字完密。俞寧世曰："求無不得，欲無不遂，總是逞其心以厚其毒。此語發於女叔侯，分見於子產、左師，而結穴於申無宇，一篇最着精神處。晉君臣辯論明快，道理醇正，然窺其隱衷，只是偷安懦弱。其失從子產説出。子產、左師禮制詳明，議論嚴核。然崇奉亂臣，冠履倒置，其失從慶封説出。所謂脱換之法。"(美中尾) 僭王之臣，弑君之賊，免於討幸矣，而專主夏盟，爲春秋第一奇變。蓋由晉平無志，六卿營私，故毆十二國諸侯相與朝事之而不敢忤也。王伯厚云："有宋之盟，而後有申之會，然則趙武、向戌罪可勝誅哉？"(《左傳翼》尾) 伐吳滅賴，俱以諸侯逞其淫威，可見會申之爲禍烈也。戮慶封，極得意事，卻被他痛掃一番，當場出醜，待侈汰人，正不可少此當頭一棒。前篇以左師、子產語作結，此又以申無宇語作斷，總是一"侈"字定案。慶封漏網之奸，齊人不能討，而楚圍戮之。楚圍滔天之惡，舉世不敢問，而慶封詬之。天下快心事，往往得之意外。天欲假楚圍以除慶封，故即借慶封以討楚圍也。椒舉教之慎禮，戒其汰侈，總是怕他出醜。説"播於諸侯"，明明大聲疾呼，終不醒悟，必至舉軍粲然而後已，天下汰侈人毛病無不如此。不能無瑕者，萬勿戮人，當以此永爲鑒戒。(《補義》眉) 汪云："楚子處處爲人斷定，發源於女叔，分見於子產、向戌，而結穴於申無宇。"(《評林》眉) 趙鵬飛："嗚呼！楚一出而伐吳，執殺慶封，滅賴，一至此哉！晉平嗣伯，偷安苟且，坐視而不救，天下何賴？彼蓋以晉、楚交好爲利，吾竊以爲害矣！"按：《史記》"秦孺子嬰面縛"，猶《陳平傳》"反接也"，面，背也，與偭通，見《字貫》。姜寶："賴本近楚之國，必依違吳、楚之間而不能自立者也，故楚乘伐吳而滅之。"《補注》："'王從之'，不言'以歸'，説見襄十年。"(武億尾) 此篇極寫楚王之侈，而以"德"字、"禮"字用作陪襯。求諸侯而諸侯來，請婚而婚許，克朱方而慶封戮，滅賴而賴子降，遷許而許城成，中原盟主遜詞以求歡，列國名卿獻禮以共命。求無不得，欲無不遂，總是逞其心以厚其毒。此語發於女叔侯，分見於子產、左師，而結穴於申無宇，是通體最着精神處。篇有大結構，段有小結構，部伍精整，字句脩潔，無一不絕。

　　九月，取鄫，言易也。莒亂，著丘公立而不撫鄫，鄫叛而來，故曰取。凡克邑，不用師徒曰取。(《左傳翼》尾）莒、魯爭鄆，爲日已久，雖用大師徒，亦不能取，此則叛而自來，不費一矢，不折一弦，所以爲易。此雖是著丘之自棄其民，而魯之乘亂以攘人城邑，罪亦見矣。(《評林》眉）《滙參》："'九月，取鄆'，兩曰'取'，一敘事，一凡例，都爲'易'字作注。"陳傅良："'故曰取'，傳釋取例。案：僖六年，晉襲虞，遂滅之，執虞公。傳曰：'書曰晉人執虞公，罪虞，且言易也。'則言'易'不但施於取。傳凡四發取例，皆以不書伐，故曰易，見襄十三年例。非是。"

鄭子產作丘賦。(《補義》眉）周云："子產最左氏所心服者，獨不滿刑書、丘賦二事，垂戒深矣。"國人謗之，曰："其父死於路，已爲蠆尾。以令於國，國將若之何？"子寬以告。子產曰："何害？苟利社稷，死生以之。且吾聞爲善者不改其度，故能有濟也。民不可逞，度不可改。《詩》曰：'禮義不愆，何恤於人言。'"(孫鑛眉）四語是千載口實，然於今則已陳。吾不遷矣。"(鍾惺眉）商君用法亦是此意。(《評林》眉）彭士望："此子產不及諸葛處，'國人'二字，便是公論，不比輿誦。數語誤殺王介甫。"《經世鈔》："作丘賦自是過舉，想勢必不得已而行之耳，'民不可逞，度不可改'，而焚書倉門之外者，公私順逆異也，故不恤人言，必於禮義無愆而後可。"渾罕曰："國氏其先亡乎！君子作法於涼，其敝猶貪。作法於貪，敝將若之何？姬在列者，蔡及曹、滕其先亡乎！偪而無禮。鄭先衛亡，偪而無法。政不率法，而制於心。民各有心，何上之有？"(文熙眉）穆文熙曰："鄭國微弱，非丘賦不足以強之。群言淆亂，又不可因謗而遽止。子產之見，可謂卓然。若渾罕之論，則經常可久之道矣。"(《測義》夾）杜預氏曰："子產權時救急，渾罕譏之，正也。"(《分國》尾）作丘賦，渾罕譏之。鑄刑書，叔向非之。而子產執持不變。渾罕曰："國氏其先亡乎？"叔向曰："終子之身，鄭其敗乎？"子產曰："僑不才，不能及子孫。吾以救世也。"蓋子產治鄭，孔明治蜀，皆出救時之意，不任德，不任怨，千古兩人而已。(《左繡》眉）此篇作三段讀，亦先敘後議體也。首段一作一謗提起，子產語略言作之有利，而詳言謗之無妨。子寬語極言作之有敝，而輕掉謗之莫解，參差中正自針鋒相對。於分應提句又極整極變，字字有法也。"國將若之何""敝將若之何"，前後相對作章法。"民不可逞""度不可改""偪而無禮""偪而無法"，調法亦兩兩相配，是有意爲文者。此謗又在誰嗣歇後，可見民之好惡無常，不可狃也。子產作用，未免爲拗相公藉口。要在能着眼"苟利社稷"二句，則不以私意爲獨斷矣。"作法"四語，一字一金，於論子產或未合，而論凡作法者，則千秋龜鑑也。末二句，寫出朽索六馬，回應謗語，使人凜凜。（美中尾）姜白巖曰："盟宋以來，兼事兩大，故不得已而權時救急。然'利社稷'三字，聚斂之小人依托之；'何恤人言'四字，愎諫之君相依託之；救在一時，禍在後世，傳故不能爲賢者諱也。"（《左傳翼》尾）"苟利社稷"二語，即後世掊克聚斂之徒所藉口。利在社稷，則不利在民生矣。而究之長國家而務財用，至於災害並至，則社稷究何利哉？子產惠人，豈不知之？直以鄭偪晉、楚，悉索敝賦，日不暇給，不得已而權時救急，而民已重困矣。子寬譏之，自不爲過。何恤人言，即拗相公"人言不足畏"意，此最害事。人臣事君以道，不聞以利。治民以德，不聞以刑。鑄刑書，酷也。作丘賦，貪也。子產最左氏所心服者，獨不滿此二事，詳載子寬、叔向兩番議論，垂戒深矣！（高嵣尾）子產本以權宜救時，渾罕譏之，亦深識遠見之論也。宜分別觀之。（《評林》眉）陳明卿："子產當鄭國之政，真所稱'蕭葦衝流，百折不改者'哉！有孰殺之謠而不懼，鄉校之譏而不毀，薑尾之謗而不遷，固宜其裕國利民，雖積衰之鄭，數世賴之也！"《經世鈔》："'敝將如之何'，不可無此正論。即勢不得已，子產亦應爲法受過，若事關《春秋》，孔子必貶之矣。'何上之有'，若守法則上下一心，若以心爲制，則民亦各有心，豈能獨聽上哉！"

　　冬，吳伐楚，入棘、櫟、麻，以報朱方之役。楚沈尹射奔命於夏汭，葴（或作箴）尹宜咎城鍾離，薳啓彊城巢，然丹城州來。東國水，不可以城。彭生罷賴之師。（《左繡》眉）因奔命，而城三城以通吳。亦因奔命而罷，不可城以息楚，事本兩開，文卻從三城轉到不可城，以成一串，此牽搭之妙也。（《左傳翼》尾）朱方之役，洋洋得意，今此吳人來伐，而奔命不遑，入者入，未入者城，不可以城者暫罷，一時諸臣並出，想見備禦倥傯之狀。因奔命敘到城，因城轉出不可城，筆法簡直，而錯綜之致自在。

　　初，穆子去叔孫氏，（孫鑛眉）敘事入細，描寫意狀絕妙。（《彙鈔》眉）此篇寫叔孫之惑溺，豎牛之奸狡，季孫之昏庸，南遺、叔仲帶之貪鄙，杜洩之持正，昭子之剛決，色色入神。（《左繡》眉）此篇當合下篇爲一首，總敘叔孫家禍本末，以夢始，以亡終，情事本聯，結構尤密。見坊刻有直分爲二者，有合爲一而刪去末段者，皆未審於此文之章法者也。通篇作五大截讀，起至"其子長而後逆之"爲一截，乃敘叔孫家禍緣起。"昭子即位"至"四國順之"爲一截，乃敘叔孫家禍結局。中分兩大截，"田於丘蕕"至"乙卯卒"，寫豎牛禍叔孫於生前。"立昭子"至"以與南遺"，寫豎牛禍叔孫於死後。末一段追敘初生占《易》，以總結通篇，段落最明整有法。（《補義》眉）汪云："當合下篇併讀，蓋附舍中軍傳於豹卒傳內也。"此先敘叔孫家禍本末。（《評林》眉）王元美："穆子無故而有婦人之遇，婦人暫幸而有送行之哭，此天之欲降禍於穆子，故使之有非望之人，而他日亦有非望之災也。"及庚宗，遇婦人，使私爲食而宿焉。問其行，告之故，哭而送之。適齊，娶於國氏，生孟丙、仲壬。夢天壓己，弗勝。顧而見人，黑而上僂，深目而豭喙。（《補義》眉）俞云："望而知爲凶人，妙在夢中。"儲云："與漢文帝夢黃頭郎相似。"號之曰："牛！助余！"乃勝之。（韓范夾）家之將亡，妖夢先見，使無此夢，牛安得入穆子之室哉！旦而皆召其徒，無之。且曰："志之。"及宣伯奔齊，饋之。（鍾惺眉）此一篇文字，奧甚曲甚，秦漢人絕不能厝手。其妙處皆在於口頭囁嚅吞吐，若説不出，而光景一一可思。宣伯曰："魯以先子之故，將存吾宗，必召女。召女，何如？"對曰："願之久矣。"魯人召之，不告而歸。既立，所宿庚宗之婦人，獻以雉。問其姓，對曰："余子長矣，能奉雉而從我矣。"召而見之，則所夢也。未問其名，號之曰："牛！"曰："唯。"（《補義》眉）俞云："急欲驗夢，癡人。"皆召其徒，使視之，遂使爲豎。有寵，長使爲政。（《左繡》眉）第一截又分兩節，"且志之"以上，句句伏。"及宣伯"以下，句句應。"去叔孫氏"與"不告而歸"相伏應，"私爲食"與"獻以雉"相伏應，"娶國氏"與"子明取之"相伏應，"生丙壬"與"長使逆"相伏應，夢牛與寵牛相伏應，兩"號之曰牛"爲眼目。以牛爲家禍之主，故伏應特詳。其應前者，又皆所以伏後也。總之，只是提清線索之筆。（《評林》眉）彭士望："鬼神福善，淫人降之妖夢，以重其罰，畫出惡人形狀。"《經世鈔》："所宿庚宗之婦人，此婦不知結局，未識餓死叔孫時，猶在側耶?"《滙參》:"'召而見之',夢之中又占夢焉。"彭士望:"'曰唯','唯'一字妙,可見先已名牛。按:使爲政,牛必能小心精敏,以得穆子之意。"李于鱗:"札所稱好善而不能擇人,於此一節可見。"(闈生夾)豎牛亂叔孫氏,故敘其始事甚詳。

公孫明知叔孫於齊,歸,未逆國姜,子明取之。(《補義》眉)數語皆應前伏後之筆。(《評林》眉)彭士望:"'子明取之',國姜亦太易嫁,獨不思爲二子地耶?"故怒,其子長而後使逆之。田於丘蕕,遂遇疾焉。豎牛欲亂其室而有之,(闈生夾)提筆爽,乃一篇之綱領。強與孟盟,不可。(鍾惺眉)以下畫出千古險人,妙在語冷態亦冷,欲哭欲笑。叔孫爲孟鐘,曰:"爾未際,饗大夫以落之。"既具,使豎牛請日。入,弗謁。出,命之日。及賓至,聞鐘聲。牛曰:"孟有北婦人之客。"怒,將往,牛止之。賓出,使拘而殺諸外。(《彙鈔》眉)父子不相見,而使小人傳語其間,□肆伎倆,宜乎構此大難也。卒之二子死亡,叔孫亦爲餓鬼,實自貽之禍耳。(《評林》眉)《經世鈔》:"均是子也,而必牛請、牛示何?世家父子,禮嚴勢隔,故小人得操禍於其間,帝王之家,抑又甚矣!"盛訥:"此節言牛以計殺其長子。"牛又強與仲盟,不可。仲與公御萊書觀於公,公與之環。使牛入示之。入,不示。出,命佩之。牛謂叔孫:"見仲而何?"叔孫曰:"何爲?"曰:"不見,既自見矣。公與之環而佩之矣。"(《評林》眉)《經世鈔》:"'不可',仲亦知孟之事矣,強盟不可,所謂不知權者,欲以除牛,正在此中討消息。"彭士望:"殺無辜之兄,不能明告君父,且私遊觀,使牛入示,庸呆已甚,直豚犬也。"《經世鈔》:"只兩'出'字、兩'入'字,輕輕殺逐二兄,可見主內外者最要得人。舜重納言,等於兵刑禮樂,蓋謂此也。"(闈生夾)以上語簡而情事曲盡。又案:左公嫉惡出自天性,故所記載,語語有嚌齗之聲。遂逐之,奔齊。疾急,命召仲,牛許而不召。(《左繡》眉)"逆之"以上,安頓頭緒已畢。"丘蕕"二句爲近事提綱,下牛欲亂室又倒補前事,錯綜入妙。中二段各分三節。前三節,殺孟丙、逐仲壬、餒叔孫,以前偶後奇爲段落。後三節阻路葬、誣舍軍、遷西門,以蜂腰鶴膝爲段落。前截遇疾起、疾急止,後截略使起、取邑止。而一則以"欲亂其室而有之"作摠領,一則以"使惡杜洩而去之"作摠領,章法真有若網在綱之妙也。前三節，兩節以出入爲眼目，一節以進退爲眼目，皆文字自成片段處。兩節對寫，於兩起句、兩出入句都用整對，是參差中著整齊法。殺孟以鐘，逐仲以環，恰作對仗，奇事奇文！（《補義》眉）周云："父子，天理也，聽豎牛而天理滅矣。人與天理爭勝，所以取禍。"徐云："夢非妖，叔孫之宿庚宗乃妖也，妖以召夢，故君子正其心。"國姜一庚宗之婦也。（《評林》眉）彭士望："'遂逐之'，不問其故，不誨其罪，而遽逐之，父子之恩薄矣。人死必反其常，穆子正是反常矣。然既逐之矣，疾急而召，昏亂哉！"

杜洩見，告之饑渴，授之戈。（《左繡》眉）一節單寫"疾急"三句，是牽上搭下法。"杜洩見"，爲後三節作引，是倒插法。（闓生夾）"告之饑渴，授之戈"，止七字，而叔孫之見困豎牛、悔恨無策情事已曲盡，古人敘事措語之妙如此。**對曰："求之而至，又何去焉？"**（孫鑛眉）有豎牛便有杜洩，若只一個便單。"求之而至"正指牛，杜注言求食可得，無爲去豎牛。（《評林》眉）魏禧："'又何去焉'，此語是怨叔孫不當以牛歸而寵之，如慶鄭'君實深之，可若何'意同。"**豎牛曰："夫子疾病，不欲見人。"使寘饋於个而退。牛弗進，則置虛，命徹。十二月癸丑，叔孫不食。乙卯，卒。牛立昭子而相之。**（文熙眉）汪道昆曰："敘事具品。"穆文熙曰："叔孫途遇婦人之事甚奇，及其生子豎牛，與其夢相符，又奇。然牛竟破亂叔孫氏，身死子殺，其於夢天壓己，呼牛乃勝者，又何其大舛也？夢兆之事，此可以觀矣。"又云："豎牛之讒，在春秋中，惟費無極殺郤宛之事，可以似之，餘皆莫如也，異哉！"又云："豎牛之奸，蓋天生之以禍叔孫氏，非人力也。"（《測義》夾）愚按：叔孫告洩饑渴而授之戈，洩寧不喻其指乎？即手刃牛而脱主之難亦不爲過。而不能也，則宜亟告於君與大夫以寘之理，庶幾不負所囑。迨叔孫死矣，區區爭以路葬，而帥士哭之，何益哉？蓋洩也，忠不足以存君，而義不足以救亂，特小道耳。〖編者按：奥田元繼作李于鱗語。〗（《左繡》眉）凡寫豎牛種種變詐，使人咋舌。叔孫忠順一生，乃亂一婦人，遂爲此牛所困。甚矣！淫禍之不可不甚也如是！或以初生筮《易》，讒牛已定。然不宿庚宗，此牛何從而至？君子之所以貴省躬弭變也。號牛勝天，夢不信，卜必信乎？（《補義》眉）董云："叔孫之家，治內則豎牛，典兵則駭戾，從使則梁其踁、曾阜。彼杜洩非親信之臣，乃不畏季氏之暴，使穆叔早識其才，用之治內，無豎牛之禍。用之典兵，且無昭公之出矣。」(《評林》眉)《書隱叢説》：「廂房横列於前，自正室視之，如个字之形，故曰个也。」彭士望：「從來近密行弑，只『不欲見人』四字，所以大子在寢，大臣直宿，乃萬世之法。」(闈生夾)以上亂其室之事，以下去杜洩之法。

公使杜洩葬叔孫。(《左繡》眉)後三節以中節舍中軍爲主，經所書也。首節葬不以路，末節葬自西門，一係叔帶，一係南遺，皆豎牛替身出頭。謀去中軍，則竟是豎牛正身出嘴。前對季孫，後使告殯，獨寫兩邊，賓主瞭然。而都以杜洩爲線索。末更寫一助攻射目事，只帶補逐仲、召仲文尾，於本截不重。牛立昭子而相之，後文事無端先於此倒插一筆，奇妙！「公使杜洩葬叔孫」，一「葬」字包乘路、西門兩項在内，舍軍事乃横插之筆。豎牛賂叔仲昭子與南遺，使惡杜洩于季孫而去之。杜洩將以路葬，且盡卿禮。南遺謂季孫曰：「叔孫未乘路，葬焉用之？且冢卿無路，介卿以葬，不亦左乎？」季孫曰：「然。」使杜洩舍路。不可，曰：「夫子受命於朝，而聘於王，王思舊勳而賜之路。復命而致之君，君不敢逆王命而復賜之，使三官書之。吾子爲司徒，實書名。夫子爲司馬，與工正書服。孟孫爲司空，以書勳。今死而弗以，是棄君命也。書在公府而弗以，是廢三官也。若命服，生弗敢服，死又不以，將焉用之？」(闈生夾)先大夫評曰：「詳杜泄以反形豎牛，且三人之爲，皆豎牛所以去泄之謀，泄去而牛自謂得計矣，凡以爲昭子逐牛作勢也。」**乃使以葬。**(鍾惺眉)不可無此一個正人，不可無此一番正論，然亦可爲棄正暱邪之戒。(《彙鈔》眉)季孫棄正暱邪，杜洩凜然以王命臨之，嚴甚！(《分國》尾)余讀傳至此，竊悲以叔孫穆子之賢，不幸有庚宗婦人之遇，遺孽豎牛，幾于覆宗，以至絶食而死，同於雀鷇之卒。能力争以禮葬其主，稍爲吐氣也。(《評林》眉)彭士望：「洩不去牛，牛自去洩。」穆文熙：「杜洩能抗季孫，竟以路葬叔孫，而何以不能去豎牛？此其不可知者。」王元美：「叔孫之死，猶幸有杜洩之盡禮以葬，蓋其生平忠義，神固陰祐之也歟！」《滙參》：「正駁『焉用』語，葬事尚有一半在後，此只虚歇，另插一不了語作結，又一佳法。」

季孫謀去中軍。豎牛曰：「夫子固欲去之。」(《彙鈔》眉)豎牛亦叔孫之子，乃生既餓之，死又誣之。始焉惑叔孫而亂其家，卒且媚季孫以禍於國，牛之罪，可勝誅哉？（《左繡》眉）此事若分作兩半讀，則前文原爲叔孫豹卒作傳，後文自爲舍中軍作傳。乃其傳豹卒也，舍軍事即帶起於前文之尾。其傳舍軍也，葬豹事又夾敘於後文之中。二子報仇附結於後，昭子之立預伏於前。分而爲二，合而爲一。於前則爲先經始事，於後則爲後經終義。錯綜串插，亦足以觀斷續起伏之奇。"乃使以葬"，已作結筆。忽將後文舍軍倒插一筆作拖尾，斷而復連，以住句爲提句，跨節生枝，文勢如飛樑斗栱，史公越幾百年而有某某之事及"蔡澤聞之，往入秦也"等，都是此種筆法。謂左氏爲洩天地之藏，鑿古今之竅，良不誣也！此等處，自是編書者因年畫事，然作此看法，亦復佳。（美中尾）徐退山曰："叔孫豹，賢大夫也，其末路爲豎牛所惑，顚倒錯亂而身死，助余之夢誤之也。然則夢固爲妖乎？曰夢非妖，庚宗之婦乃妖也。餤以取之而妖夢生焉，故聖人制禮以綴淫，君子寡慾以清心。"姜白巖曰："此及下舍中軍、公如晉三篇，皆爲昭公出奔張本。公何以出奔，以舍中軍而公室卑也。穆子一日不死，則中軍一日不舍，穆子死則中軍舍矣。"（《左傳翼》尾）庚宗之婦無端而來，己之妻即無端而去，的屬詫異。乃私人婦恬不爲怪，其妻改適，怒不可解，抑何明於責人，而暗於自責也？卒至私其母而引子入室，怒其母而於子寡恩。疏者親之，親者疏之，讒慝肆行，父子俱斃，是遵何道哉？炯戒昭然，而覆轍相尋，迷而不悟，深可歎也。是時魯君失政，政在季氏，豎牛禍叔孫氏，君不能討，季氏獨不能討乎？蓋穆子與季孫齟齬一生，而中軍之毀尤爲叔孫沮遏不行，彼實家亂，季孫之所欲也。穆子死，則一國在其掌握，而中軍之毀決矣。豎牛之獄穆子，不但禍豹，實禍魯也。季孫視同秦越，直欲快其私耳，不必帶與南遺之譖行而置之不問也。《春秋》於昭四年十二月叔孫豹卒，五年正月即書"舍中軍"，見中軍之舍不舍，視乎豹之卒不卒也。故此篇敘叔孫豹卒，即帶起舍中軍。後篇敘舍中軍，即抱上叔孫豹卒。蓋兩事本關一體，叔孫在魯，實爲社稷之臣，而以淫召禍，爲讒所殺，家國俱受其害之深爲可惜也。乘路喪朝，季孫種種作慝，肺肝畢露。左公筆底，直有一面照妖鏡。"欲亂其室而有之"是"卒"字緣起，"使惡杜洩于季孫而去之"是"卒"字究竟，兩句是一篇提綱，而究之欲去杜洩祇以成其欲亂而有之私意。蓋殺孟逐仲，以致叔孫餒死，恐杜洩聲罪致討，故略帶與遺以逢迎季孫而欲去之。最惡是叔孫氏薄則季氏厚等語，宛然是盧蒲癸〖編者按：當是嫳。〗唆慶滅崔故智。若非昭子之秉義討賊，則吞舟漏網，而叔孫氏幾不血食矣！彼謂杜洩一去，可保無虞，而不虞昭子之議其後。季氏即欲庇狗，究亦莫可如何。邪不勝正，詎不然歟？天者何？理而已。理不可違，則天不可勝。生孟丙、仲壬，夢天壓己弗勝，見父子至性，正天之所在，不得逆天以害之也。殺不忍殺，逐不忍逐，此正弗勝天處。一聽豎牛，而天理滅矣。夢雖奇幻，未嘗不以正理曉告之也。不能推尋至理，但求得所夢之人，欲與天爭勝，所以致禍。叔孫之死，在殺孟逐仲，而根本尤在妖夢是踐。信任豎牛，忽然爲豎，忽使爲政，父子且被隔絕，何況其他？杜洩忠悃，亦束手無策。惡焰滔天，固如是耶？庚宗一宿，禍至於此，叔孫所謂自詒伊慼也。（林紓尾）此篇極寫豎牛之奸毒至無人理，人人所髮指者，似左氏落筆時，專注於豎牛。愚則謂此非寫豎牛，寫叔孫也。寫豎牛之奸毒，固無人理。而寫叔孫之愚陋，爲豎牛播弄至死，亦千古所無。叔孫一生飄忽，若無魂魄之人。過庚宗時，與婦人宿，至不問其姓氏而去，此一謬也。夢牛時荒忽之事，及見牛而即呼牛，牛唯，叔孫即信其名牛。夫以歸國承祧之大夫，呼一村婦人之子，勿論呼牛而牛唯，即呼狗亦將諾而爲狗矣，竟慨然以爲應夢，又一謬也。孟子"請日"，"弗謁，出，命之日"，叔孫尚可諉爲未知。及聞鐘，謂即爲北婦人之客，將出，又爲牛所止。是叔孫與孟並未晤面，亦並未考鞫，即拘而殺之，又一謬也。仲得公之賜環，"不示，命佩"，亦陷孟之故智，叔孫即命逐之。於是國姜二子，皆以豎牛一面之詞，或殺或逐，又一謬也。至授戈殺牛，似有知覺，而又不殺，則牛與叔孫之勢已不兩立。此時叔孫直托命於仇讎，而自取死矣，又一謬也。凡善於敘奸者，通篇精神，似專注一奸人，若無關於受愚之人，則神奸巨蠹，亦無從措筆。不有唐元宗，安有林甫？不有唐德宗，安有盧杞？不有宋高宗，安有秦檜？不有明世宗，安有嚴嵩？人見此四奸甘人如麋，而勢力所藉，實不出此四奸之手，蓋有攬權而發令者也。文寫聞鐘、命環二事，事至瑣細，又極曲折，至難着筆。而最刻毒處有二：一曰"孟有北婦人之客"，此語直如迅雷，打入病人心坎，烏能不怒？且怒亦有根，上文曰"未迎國姜，子明取之，故怒，其子長而始迎"，則叔孫之恨公孫明，必爲豎牛所夙知。此語一發，孟決無幸。一曰"不見，既自見矣。公與之環，而佩之矣"，語似尋常，不知此尤深中叔孫之忌。大凡人主暮年，最忌人言立儲事。以爲舍己取寵於新君，叔孫熱中之人，防己病不起，家衆歸心於仲。故牛謂叔孫"見仲而何"，叔孫即答曰"何爲"。何爲之意，是謂吾病未死，彼何爲急急思代？迨一聞自見於公，公且賜環，直置己於無地，此亦不能不怒。然非左氏敘事之妙，豎牛之奸黠、叔孫之昏悖，皆不能栩栩活於紙上。其下"寘个""置虛""命徹"等字，皆左氏自製之短句。然非多讀古書，及熟於字學，雖欲烹練爲此短縮句法，斷不易至。（《菁華》尾）自吹垢驅羊以後，以及商之高宗，皆以一夢得賢，傳爲佳話。而此獨爲家禍，夢之不足憑如此。然深目豭喙，望而知爲凶人，以穆子之智，而不之察，何也？好善而不擇人，晏子【編者按：當爲季子。】之言，於是驗矣。以父子之親，而聽信讒人之言，構成大獄，而不一加引問，可謂昏聵之極。然北婦人之言，深中其心之所忌，故一怒而不可遏也。甚矣，小人之可畏哉！"求之而至"二語，蓋謂叔孫之用豎牛，乃求之而至，何以去爲？與慶鄭之對晉惠公，云"愎諫違卜，固敗是求"，兩"求"字意同。蓋慶鄭、杜洩俱爲正人，未免失之戇直。叔仲昭子與南遺皆季孫近臣，皆與豎牛通，是叔孫之死，季且從而利之，宜豎牛之無所顧忌也。

◇昭公五年

【經】五年春王正月，舍中軍。（《評林》眉）杜諤："魯之軍法，或作或舍，皆出於季氏，而淆亂舊制，安可謂復古復正乎？作與舍其實皆譏。"楚殺其大夫屈申。公如晉。夏，莒牟夷以牟婁及防、茲來奔。（《評林》眉）許翰："卿會虢方盟，而伐莒取鄆。公如晉未返，而受莒牟婁及防、茲。惡季氏之專也。"秋七月，公至自晉。戊辰，叔弓帥師敗莒師于蚡泉。（《評林》眉）鄭玉："晉人方以納牟夷之故，欲止公，而叔弓又敗莒師，不顧伯討，以成君禍，比事而觀，罪可知矣。"秦伯卒。冬，楚子、蔡侯、陳侯、許男、頓子、沈子、徐人、越人伐吳。（《測義》夾）林堯叟氏曰："通吳以陵楚者，晉謀之失也；通越以困吳者，楚謀之失也。"（《評林》眉）《傳說彙纂》："伐吳之役，胡《傳》以爲善楚而進越，不知越從楚以伐吳，是甘爲篡賊役也，聖人亦何爲而進之乎？此說之不可通者也。"

【傳】五年春，王正月，舍中軍，卑公室也。（《補義》眉）此連上爲一篇，以舍中軍爲主，見穆子不死，則中軍不舍。季孫欲舍中軍，所以急欲殺穆子也。"卑公室也"四字，無限痛傷！毁中軍于施氏，成諸臧氏。初作中軍，三分公室而各有其一。季氏盡征之，叔孫氏臣其子弟，孟氏取其半焉。及其舍之也，四分公室，季氏擇二，二子各一。皆盡征之，而貢于公。（美中尾）萬充宗曰："向作三軍，歸公雖異，分國維均。今舍中軍，季專一軍，以一軍屬二子，己不居中軍之名，而實則益前之半。二子有分民而無專將矣，是舍中軍者，卑公室，更弱二子也。"江慎修曰："說者謂非井田廢而兵農始分，其實不然。考春秋時，兵農固已分矣。管子參國伍鄙之法，三軍出之士鄉十五，公與國子、高子分帥之，而鄙處之農不與焉。爲農者，治田供稅，不以隸於師旅也。晉之始惟一軍，繼作二軍、三軍、五軍。既而舍二軍，旋作六軍，復三軍。其既增又損也，蓋除其軍籍，使之歸農。如軍盡出於農，則農民固在，安用屢易軍制乎？隨武子曰：'楚國荊尸而舉，商農工賈，不敗其業。'此農不從軍之證也。魯作三軍，季氏取其乘之父兄子弟盡征之。所謂子弟，兵之壯者。父兄，兵之老者。皆素在軍籍，非通國之父兄子弟也。其後舍中軍，三子盡征之而貢於公。謂民之爲兵者，若農民出稅，自仍然歸之君。故哀公曰：'二猶不足。'三家雖專，亦惟食其采邑，豈嘗使通國之農盡屬己哉？魯君無民，非無民也，無爲兵之民耳。"（《評林》眉）《滙參》："按此，則季氏更優於叔孫矣，愚意當是不分父兄子弟，直各取其半，方見叔孫但臣子弟之賢矣。"以書使杜洩告於殯，曰："子固欲毁中軍，既毁之矣，故告。"杜洩曰："夫子唯不欲毁也，故盟諸僖閎，詛諸五父之衢。"受其書而投之，帥士而哭之。（《左繡》眉）舍中軍，於事爲主，於文則爲賓。看其先安頓正事，後交卸正文，作法一絲不亂也。因"舍"溯"作"，寫得清晰。特詳前事，總爲豎牛誣叔孫下注腳耳，不止在注解"卑公室"三字。以書使告於殯，穿落本傳，緊而便，手法絕佳。前"夫子固欲去之"，明係豎牛所使也，絕妙暗接法。（《補義》眉）寫出杜洩大義激烈，不畏權奸。（高塘尾）去中軍，本季氏意也。四年傳曰："季氏謀去中軍。豎牛曰'夫子固欲去之'。"是誣叔孫以媚季氏也。使告於殯，即豎牛之言也。杜洩受書投之，宜哉！因"舍"溯"作"，寫得清晰。錄此以完襄十一年作三軍之案。

　　叔仲子謂季孫曰："帶受命于子叔孫曰：'葬鮮者自西門。'"

（《補義》眉）成二年"僑如帥師"見經，豹爲僑如弟，至此亦將六十矣，不得爲年鮮少。鮮者，不令終之謂也。季孫命杜洩。（《補義》眉）公命洩治喪，故季孫不得不命洩。杜洩曰："卿喪自朝，魯禮也。吾子爲國政，未改禮，而又遷之。群臣懼死，不敢自也。"既葬而行。（《左繡》眉）葬鮮者遙接前"乃使以葬"，"受命于子叔孫"即承前告殯故智而來，小人伎倆，只此而已。三節不是出色寫杜洩，乃是極寫豎牛，於無可簸弄處簸弄也。故本截只以豎牛爲起訖。（《補義》眉）"既葬而行"四字，包括復命於公，并以叔孫之誣告公，而大權已去，公無能爲。（《評林》眉）鍾伯敬："杜洩知己之帥士而哭、不從西門之葬，必取二氏之怒，而禍將及，故既葬而行，其亦見機明決者。"《滙參》："蓋以西門幽辟，故欲從正路而出南門。"《附見》："'不敢自'，猶言不敢自朝也，即上文卿喪自朝是。"

仲至自齊，季孫欲立之。南遺曰："叔孫氏厚則季氏薄。彼實家亂，子勿與知，不亦可乎？"南遺使國人助豎牛以攻諸大庫之庭。司宮射之，中目而死。豎牛取東鄙三十邑，以與南遺。（《左繡》眉）帶、遺皆許賂，而獨取邑與遺，以葬路、葬鮮説皆不行，遺特以助攻而酬之耳，寫奸人操縱在目。（《評林》眉）穆文熙："牛固極惡，又得南遺爲助，反間數語，遂離二氏之交，使非中目先死，則牛未可卒滅也。"

昭子即位，（《正論》眉）昭子於此不惟得御臣之道，於綱常亦有助焉。丁公嘗有功于漢高，而高帝竟以不臣誅之。彼項籍猶高帝之仇，而孟丙、仲壬，則昭子之懿親也。朝其家衆，曰："豎牛禍叔孫氏，使亂大從，殺適立庶，又披其邑，將以赦罪，罪莫大焉。必速殺之。"豎牛懼，奔齊。（鍾惺眉）討，豎牛即出，昭子假手甚妙，藏機甚巧，若他人殺之，便尋常矣。此中理數，昭子蓋亦爲天所用而不知，真可爲千古賊奴之戒也。（《評林》眉）《經世鈔》："'使亂大從'，言其亂大至也，杜、林注皆未是。'殺適立庶'四字妙。昭子不密謀以殺牛，乃朝家衆而聲言曰'必速殺之'，蓋不知牛殺其父，而先聲以逐之耳。豈亦以立我爲德，而殺孟之罪可末減耶？"陳明卿："昭子豈不知牛之餓弒其父哉？但有不忍言者，且其罪至於殺之而止矣，故但以殺嫡立庶爲討。此舉痛快人心，而叔孫在幽陰之間，亦當灑然釋恨。"孟、仲之子殺諸塞關之外，投其首於寧風之棘上。（《補義》眉）豎牛之事亦畢。（閣生夾）宗堯按："左氏每述至誅奸時，意興勃然，皆其忠鯁之天性也。"

仲尼曰："叔孫昭子之不勞，不可能也。周任有言曰：'爲政者不賞私勞，不罰私怨。'《詩》云：'有覺德行，四國順之。'"（《彙鈔》眉）上文舍中軍、爭喪葬無數事，昭子若弗聞也者，豈將欲除奸，故善藏其用耶？（魏禧尾）彭士望曰："叔孫，賢者，一外淫，遂殞身，而二子殺逐，可不戒哉！"（《左繡》眉）第四節寫昭子討亂，而二子得以報仇，了結豎牛、叔孫一案。夫子斷語不論穆子、豎牛，而單論昭子，贊昭子而豎牛之當誅、穆子之自取皆在其中矣。史家有另插一人作結之法，此類是也。連寫豎牛奸惡，使人巨耐，讀至此處，乃撫掌稱快矣！豎牛即爲二子之子所殺，故快。又即見殺於昭子速殺之語，乃尤快也！彼利其擁立而頓忘不共者，對此能無愧死？以昭子作結，如梨園之有團圓，亦可以止矣。然於首尾照應篇法，終未完密。故重又倒敘初生，以收拾全局，固知此兩篇之當爲一首也。（《評林》眉）《補注》："此非孔子之言也，借令昭子未知豎牛餓殺其父，但以殺適立庶爲大罪，孔子亦豈可但據其所言而善之？傳舉細遺大，又託之於聖人。"（武億尾）首數行是入夢，末數行是出夢。敘事入神，可歌可泣。後唯太史公敘趙武靈寵吳娃一段，差足相擬，他史皆不及。

初，穆子之生也，莊叔以《周易》筮之，遇明夷之謙，以示卜楚丘。（《鍾惺》眉）反多此一段附會，似是蛇足。豎牛之禍，卜告之，夢誘之，真佛家所謂冤債。（《補義》眉）周云："筮詞剖斷，無非就卦體、卦象、卦變言之，非有他謬巧也。"徐云："予占《易》以此法，多奇中。夫《易》以卜筮，小用之也。今并小用莫之知，可勝嘆哉！"（楚丘）曰："是將行，而歸爲子祀。以讒人入，其名曰牛，卒以餒死。明夷，日也。日之數十，故有十時，亦當十位。自王已下，其二爲公，其三爲卿。日上其中，食日爲二，旦日爲三。明夷之謙，明而未融，其當旦乎，故曰'爲子祀'。日之謙，當鳥，故曰'明夷於飛'。明而未融，故曰'垂其翼'。象日之動，故曰'君子于行'。當三在旦，故曰'三日不食'。離，火也。艮，山也。離爲火，火焚山，山敗。於人爲言，敗言爲讒，故曰'有攸往，主人有言'，言必讒也。純離爲牛，世亂讒勝，勝將適離，故曰'其名曰牛'。（《補義》眉）追敘與夢相應，傳爲穆子惜，更爲公室悲。謙不足，飛不翔，垂不峻，翼不廣，故曰'其爲子後乎'。吾子，亞卿也，抑少不終。"（《測義》夾）愚按：據傳，豎牛之禍始兆於蓍，繼符於夢，果其數之前定如此不爽哉？蓋君子以守道爲正，機祥夢卜有不必道者矣。（孫鑛眉）此爻辭原與穆叔事符合，固自非偶。（王源尾）穆子好善而不能擇人，致不得其死，季札知之早矣。卒死於豎牛之手，惜哉！此傳全爲豎牛作，初序其入穆子之夢，終述其見楚丘之占，事則荒誕，人則妖孽，文則離奇。而中寫其狀貌情態，筆筆入畫。奸狡陰賊，事事如生。以至叔孫父子三人，俱斃其手。讀者不禁髮指心痛。所幸者，昭子逐之于內，孟、仲之子殺之於外，差快人心。以穆子之賢，而其終如此。苟非昭子，叔孫亡矣。寵小人者，可不鑒哉！禍起於庚宗婦人，以國姜形之。成於豎牛，以杜洩形之。中於叔孫、孟、仲，以昭子及孟、仲之子形之。而中雜以季氏、叔仲帶、南遺，末綴以莊叔、卜楚丘，賓主分合，爛如錦簇。而忠奸賢不肖，人人面目俱見。孟、仲以父子之親，有言不能自白，必借牛以傳之。昭子以英明果毅之才，不能朝夕侍親疾，而聽牛之置虛、命徹以殺之。杜洩以家臣之老之賢，立視穆子之饑餓而死，而不能除牛之害以救之。穆子以宗卿之貴，百乘之家，家臣媵妾，不知其幾，乃一人不能在側，而聽牛之死之，皆事之不可解者。然無不可解也，牛權之專耳。權之專，寵任之過耳。惟平日寵任太過，事事皆由其手，雖父子兄弟不得而間，忠臣義士不得而離，其勢既成，大權在握，一旦穆子不起，牛不許一人至前，誰能至者？呼！信任小人，禍至於此。左氏極力描寫，垂戒之意，深切著明矣。舍中軍，魯之大事，又在逾年，與叔孫之卒無涉，自應另爲之傳。只因豎牛有誣豹之言，杜洩有投書之舉，故序之於此。然亦以見豹存則中軍尚存，豹沒則中軍遂舍，其關於魯者如此，不得以閑文目之也。凡幻境奇情，怪物誕語，皆文之美料，但看其描寫何如，安頓何如耳。叔孫之夢，作於未有牛之先，楚丘之詞，發於初有豹之後，可謂幻奇怪誕者矣。如此美料，運用於文，安有不妙者？然使寫得不工，亦虛耳。看左氏是如何生動，如何精彩，首尾聯貫，奇姿橫溢。人但譏左氏信鬼，豈知天下原有異事，他人寫不出，左氏特寫得出。寫得出，遂謂之不經，而以爲未嘗有是，何所見之不廣哉？（《分國》尾）杜洩一爭路葬，一不肯以毀中軍誣死主，一爭鮮葬，卒由正門，一葬後即見幾遠行。以此人托國托孤，何所不可？有是主，有是臣也。若昭子爲豎牛立，卒殺豎牛，不獨不以私恩廢公道，直坐其罪，曰殺適立庶，何卓卓哉！有是父，有是子也。《明夷》一爻，數本天定，天壓一夢，造化弄人。左氏述此，以明叔孫善人，禍非己作耳。（《左繡》眉）末一截，總提五句，以下逐句分應，都就變爻作解，卻换出三樣應法。應"爲子祀"，點在"於飛""垂翼"兩爻詞之前；應"將行""餒死"，即點在"君子于行""三日不食"兩爻詞之內；應"讒人"，則"言必讒也"，在爻詞下找出；應名牛，則"其名曰牛"在爻詞外添出。末又醒"爲子後"句，以收束"將行""歸祀"，拖"抑少不終"句，以收束"讒人""餒死"，此不但總結本截，乃所以總結通篇也。似此多端之文，須得此重復之結始稱耳。初生而筮，自以後祀爲重，故首尾凡説兩遍。前"爲子祀"虚説，在點爻詞之前。後"爲子後"實説，在解爻詞之後，無不變者。"吾子，亞卿也"連上句不連下句，正解不峻不廣之意。末句"少"，猶言略有些不足，正應"餒死"，杜注欠明。又"三日不食"但應"餒"字，死字尚未出也，故以"不終"找足。"少"字即前"鮮"字意，亦可。（《左傳翼》尾）此篇本敘舍中軍，而復將葬豹事連書不輟者，以豹既死，而季孫乃得肆行無忌也。且乘路喪朝，猶是帶、遺幫閒，唯舍中軍豎牛竟自出面誣叔以媚季，尤爲可惡，故並載昭子之討，及孟、仲之子之殺，以爲豎牛結案。他文相通不過前後略爲照應，此則分之爲二，合之乃爲一，斷續起伏之奇，《史》《漢》中能與頡頏者，吾見亦罕。據筮詞，穆子之禍似屬前定，而不得諉之命數，以蘖由己作也。故韓原之敗，已見於伯姬筮嫁之詞，而韓簡以爲匪降自天者，蓋君相不可言命，挽回消弭，正自有道，而況以淫召禍乎？此等處皆見左氏析理之精，概以浮誇目之，誣矣！筮初生，自重"歸爲子祀"，"是將行"乃帶説緣起耳。證本文"卒"字，自重"卒以餒死"，則"三日不食"與"抑少不終"所宜着眼。然叔孫餒死，死於豎牛，則"以讒人入"二句爲尤重。"離，火也"至"其名曰牛"一段，乃一篇中權。左氏詳敘筮詞，見初生時豎牛之禍已明著易象，乃不信筮，而必妖夢是踐，豈非天奪之鑒耶？庚宗一食，而兆三日不食之禍。庚宗一宿，而兆二子見殺之萌，是尚不可爲寒心乎？但僑如奔而穆叔立，丙、壬殺而昭子嗣，叔孫兩賢嗣立，多得之意外，是又天道之不可知者矣。豎牛獄叔孫，生前死後，罪惡萬端，而總之一"讒"

字可蔽其辜。落鐘不告，讒也。與環不告，讒也。阻路葬、誣舍軍、遷西門，無往非讒人罔極，交亂四國。《青蠅》之詩，所以作也。司馬遷云："爲人君者，不知《春秋》，前有讒而不見，後有賊而不知。"其言豈不深切著明乎？（《日知》尾）以豎牛包亂叔孫等事，以穆子包豎牛，以占辭包穆子，盤盤圓圓，鉤心斗角。亂不能免，何貴人事？亂必能免，豈有天數？蓋有天以聞人，即有人以合天耳。文敘穆子事畢，而以占辭作結，有慨乎其言之矣！（閻生夾）先大夫評曰："左氏每以穿鑿爲奇，此尤汪洋恣肆以爲結束，精神彌旺。"宗堯按："此故爲詭異之觀，以刺叔孫也。"

楚子以屈申爲貳於吴，乃殺之。以屈生爲莫敖，使與令尹子蕩如晉逆女。過鄭，鄭伯勞子蕩于氾（汜），勞屈生于菟氏。晉侯送女于邢丘。子産相鄭伯，會晉侯于邢丘。（《左繡》眉）此節以鄭爲主，兩勞一會，事本不齊，而文法必截教令整。于汜，甚遠也。于菟丘，略近矣。于邢丘，則不過即其送女所到而會之耳，整寫四"于"字，相形不堪，爲下辱晉伏幾矣。（《補義》眉）晉平無恥至此。（《評林》眉）陳傅良："傳言晉卑事楚。今案：傳記齊請繼室于晉，晉亦歸女于楚，其後齊又女于吴，齊、晉皆伯國也，於是皆衰，至薦女以相結，夷狄所以獨彊。"

公如晉，自郊勞至於贈賄，無失禮。（《正論》眉）服虔曰："禮有文，有實。"恭敬而無實，君子不可虛拘。郊勞賄贈之禮，果能以心行之，又何國之不保，難之不恤？（《淵鑒》眉）以法紀政令爲禮之大綱，據國勢以立論，切而不浮。晉侯謂女叔齊曰："魯侯不亦善於禮乎？"對曰："魯侯焉知禮？"（方宗誠眉）"魯侯焉知禮"之下，原可直接"禮，所以守其國"，然嫌平直，不如此之曲折。公曰："何爲？自郊勞至於贈賄，禮無違者，何故不知？"對曰："是儀也，不可謂禮。（《文歸》眉）胡揆曰："一字斷定。"禮所以守其國，行其政令，無失其民者也。今政令在家，不能取也。有子家羈，弗能用也。奸大國之盟，陵虐小國。利人之難，不知其私。公室四分，民食於他，思莫在公，不圖其終。爲國君，難將及身，不恤其所。禮之本末，將於此乎在，而屑屑焉習儀以亟。言善於禮，不亦遠乎？"（《評林》眉）王元美："叔齊數語，可盡昭公一生供案。"孫鑛:"論正,然文不甚佳。"彭士望:"辨儀於禮入微,世間自有此一等外修邊幅人,常博俗人贊歎,明眼人早知其少情實,無成事矣。"《經世鈔》:"'利人之難',世上盡多此種人,人有日在過中,而極口以彈人,或規誨人者,皆此類也。令傍觀人笑之齒冷。"(閩生夾)宗堯云:"此借女叔齊之言,以咎昭公不知持大體以維國難。"閩生按:此正痛惜公室之詞,非斥責之也。**君子謂:"叔侯於是乎知禮。"**(文熙眉)穆文熙曰:"禮在憂國恤民,用賢行政。昭公乃習於威儀容止,舍本崇末,卒至乾侯之變,此其爲無禮之明驗與?曹人'衣裳楚楚'之喻,殆有類此。"又云:"叔侯論禮,可謂精微,豈亦有感於晉之失政,三卿驕侈,魯轍不遠,欲有所諷諫與?"(《正論》眉)議禮發闡通透,不可移易。(《左傳雋》尾)杜氏曰:"時晉侯亦失政,故叔齊托魯以諷諫。"(《文歸》尾)大學問人語難此爽捷雄宕。爻一。(韓范夾)昭公一生,數語盡之矣。魯之有昭,晉之有平,皆非甚愚,如昭之欲去季氏,平之欲辭椒舉,俱有英君舉止,而大權一去,動輒齟齬,莫之能挽,此皆不慎於禮之故也。(王源尾)初曰"無失禮",繼曰"善于禮",後曰"焉知禮",又曰"不可謂禮",轉摺環疊,情致嫣然。然後揭明所以爲禮之故,歷數魯侯之失,而繳轉前文,以明其非。可謂圓透緊辣,無罅隙滲漏者矣。却結歸女侯知禮,章法跳脱,筆尤嶄然。(孫琮總評)以"儀"字換却"禮"字,看得極細、極大。他日,晏子對景公,曰"惟禮可以已之",亦同此義。自是以降,大率概以儀爲禮矣。惟春秋爲近古,故聖賢遺意,諸人猶能稱道弗絶。(《彙鈔》眉)時晉卿專國政,平公不覺,故女叔齊借魯君爲諷。贊叔齊知禮,而昭公不知禮可見。(《分國》尾)禮以定民,禮以立國,禮以衛身,昭公無一焉,乾侯之難,叔齊知之矣。(《左繡》眉)一篇論斷文字,却先虛問虛答一遍,然後實説。妙在實説後,一掉一結,仍收應起處兩虛筆,何等細針密線也!以"知"字換却"善"字,又以"儀"字換却"禮"字,眼明手快,犀利莫當。提"禮"字三項,以政令爲主。政令是本,守國得民是末。不能行其政令,自無以守國而得民矣。下三層分應,一頭兩腳,以"不知""不圖""不恤"爲界畫。前八句點政令,次四句點民,次三句點國,本文甚明。林注前後蒙混,皆緣忽於段落照應之法耳。"民食於他",言四分公室,民皆仰食於三家,故"思莫在公"正解失民。註謂魯君與民無異,句法巧而於分應則訛矣。結叔侯知禮,正是結魯侯不知禮也。而晉侯亦在言表矣,只一點便住，不更下注腳，注腳即在上文也。筆法亦緊與起筆相配，是爲呼應有神。(《左傳翼》尾) 習儀以亟，人以爲禮，而不知非禮。"禮所以守其國"三句，説得大經大法，干係煌煌。是時昭公大權旁落，將有失國之憂，故叔侯及之。總之，三家專魯與六卿擅晉、田氏竊齊同一病症，總由君不知禮所致。叔侯此論，與晏子對景公"唯禮可以已亂"一般，説魯即是説晉，聞者褎如充耳，其亦積重難返歟？(《日知》尾) 筆端有口，紙上有稜。(高崭尾) 俞桐川曰："辨禮儀與子大叔對趙簡子同，彼説得大，此説得切。先儒謂其言魯以諷晉，誠然！筆堅而净。"是年春，舍中軍，四分公室，出辱之兆已成。叔齊因知禮之問發之，目今日後事，都籠罩在内，卻自語語警快。左氏言禮，皆指政刑得失，是舉其大者。(《評林》眉) 陳傅良："'於是乎知禮'，傳言周衰文勝，無益於治。"(武億尾) 筆堅而净。先儒謂言魯以諷晉，誠然！(方宗誠眉) "禮"字一篇之主。(《學餘》尾) 居喪而不哀，在慼而有嘉容，本已失矣，何足以言禮？然則自郊勞至於贈賄無失禮者，何也？魯秉周禮，失其本，猶詳其末也。失其本，而魯不振矣。詳其末，而魯猶存矣。爲其賢於被髮祭野者也。嗚呼！況於本末兼舉者乎？(《菁華》尾) 魯昭公生平亦無失德，其不能收回已失之權，責以無才，諒矣！然此事亦豈易言？至以伐莒取鄆，予以罪名，此是季孫所爲，恐昭亦所不服也。惟叔侯此語，俱是寓譎諫之意，非止論昭公也。

晉韓宣子如楚送女，叔向爲介。(《淵鑒》眉) 韓起、叔向皆晉之賢，是時晉國人材方盛，故楚畏之而不敢辱，古云："山有猛獸，藜藿爲之不採。"於此益信。臣鴻緒曰："薳啓疆首言聖王務行禮，不求恥人，此是正旨。後言晉世族之盛，不可輕舉，利害鑒然。楚子聞之，不覺退聽，可謂善於立言矣。"臣英曰："春秋時各君其國，地近而勢親，故絲粟毫髮之材，皆見知於上，鄰國之人亦能歷歷數之，春秋人才獨盛於後世以此也。"(《左繡》眉) 此是《左傳》第一首警快辯駁文字。除反起反結外，中分三大段讀。因楚王以辱晉爲得志，故提一"恥"字，反撲而入。"聖王行禮"至"君亦圖之"，論禮不可恥。"韓起之下"至"蔑不濟"，論勢不可恥。中間"晉之事君"至"不然，奈何"，論情不可恥。又前段泛論晉，後段切論兩人，中間則從晉轉到兩人，爲一篇之轉楗，似蜂腰格也。又看楚子語前後兩"得志"，一貼晉虛説，一貼兩人實説。啓疆亦照此發論，"不然，奈何"以上泛論晉不可恥，以下切論此兩人不可耻。而上既論晉，卻先透上卿、上大夫一筆以遞下。下段論兩人，仍說到其餘遺守等，以繳上兩截，回環一片，煞甚圓密。通篇大旨只在"有備"，故開手一直提出，就"備"字陪一"禮"字。聖王一段先論禮之重，城濮一段正論備之要，而所謂備者，有其人也。乃楚未有人，晉則大有人在，於是極言韓起、羊舌肸宗族甲兵之富彊，而終以遺守謀事之蔑不濟，末段煞出"無備"，收拾全文。句句透快，字字警醒，一氣讀之，直如風發泉湧。逐節讀之，時而正言，時而反言，既似放慢，又似着急，聲情躍然，洵傳神之筆。（高嵣眉）首段以引作提，大叔、叔向以"汰侈"二字評斷楚子，已定篇案。（《評林》眉）《評苑》："去年椒舉為楚靈王求婚，晉侯許之，至是韓起往送女。"鄭子皮、子大叔勞諸索氏。大叔謂叔向曰："楚王汰侈已甚，子其戒之。"（《評林》眉）王元美："大叔蓋竊知楚王欲以韓起為閽、羊舌肸為司宮之意，故欲叔向戒之。"（方宗誠眉）先提"汰侈"二字，為一篇線索。叔向曰："汰侈已甚，身之災也，焉能及人？若奉吾幣帛，慎吾威儀，守之以信，行之以禮，敬始而思終，終無不復，從而不失儀，敬而不失威，道之以訓辭，奉之以舊法，考之以先王，度之以二國，雖汰侈，若我何？"（《左傳雋》眉）唐荊川曰："詞簡潔而意甚周。"（孫鑛眉）排而冗，又無精意，頗可厭。（《評林》眉）魏禧："'焉能及人'，亦有猛獸將死，而噬人愈甚者。"《評苑》："自始至終，無有不可復行之事，不曲從以失吾可象之儀，不過恭以失吾可畏之威，聖人教訓之辭，用之以通意。"《滙參》："'敬而不失威'二語，是不亢不卑好註腳。"

及楚，楚子朝其大夫，曰："晉，吾仇敵也。苟得志焉，無恤其他。今其來者，上卿、上大夫也。若吾以韓起為閽，以羊舌肸為司宮，足以辱晉，吾亦得志矣。可乎？"（鍾惺眉）楚子亦姑為大言以自快耳，未有必然之應也，故薳啓疆之對，半似詼嘲。（韓范夾）二子之來，重之以婚姻，此等言論，何可出諸口也？然人能弒其君，則何所不至？斯亦不足怪耳。（《補義》眉）楚子之言，非復人理，豺狼其可睧哉？如區區者而余畀，且將以晉侯為閽矣。（高嵣眉）接入楚子語，極寫汰侈無禮。啓疆諫詞，前總領，後總收，中間論理事、情勢，分為三小段，有諧語，有莊語，或反說，或正說，無不警快。如風發泉湧，淋漓盡致。楚子非禮可折也，惟勢耳。非正言可服也，惟滑稽耳。

開語直應曰"可",此滑稽也。即折以"有備",此論勢也。已括進言大旨。但所謂勢者,不可言之太急,而正論又不可不發。接入"聖王"一段,以莊語發端,先論其理,次徵以事,將有備無備之意,透切言之。然皆虛論其理事,而晉之難敵,猶未暢論其勢,使之雄心冰冷。於是又從晉掉轉,再以情動之,使王心一活,文氣一鬆。然後就晉之難敵,暢論其勢,説得如火如荼,令楚王侈妄之念,不戢自消矣。至末繳應"禮"字、"備"字,而以"何不可"一語應前"可"字,仍以滑稽終局。其議論筆鋒,真如萬馬賓士,所向無前。(《評林》眉)湯睡菴:"閹韓而司宮胐,正太叔所謂汰侈已甚,蓋虔於君而殺之,何有於晉大夫乎?"按:官刑即官罰,男子割勢,女子幽閉。(閔生夾)極寫楚王侈心。宗堯按:"楚子設想之奇,狀寫酷肖。"**大夫莫對。薳啓彊曰:"可。**(方宗誠眉)本不可而開口説"可",何等奇峭!**苟有其備,何故不可?**(韓范夾)驕汰之君,直言其非,則志在必爲,斯得進言之法矣。(《約編》眉)承"可"字緊接。"恥"字、"備"字是通篇骨子,無禮以恥人,又無其備,必有後患。**恥匹夫不可以無備,況恥國乎?**(《評林》眉)李九我:"薳啓彊所陳,皆晉國實事,故能感悟其君,可爲人臣言論之法。"彭士望:"'恥國乎',對暴人初宜用滑稽以和其燥,後隨宜施鍼砭,更有能入時。"(《補義》眉)三層通篇大意已舉,急接"聖王務行禮","恥"字正與"禮"反。晉有備而加以禮,楚無禮而又無備,忽作詰問,忽作虛按,處處留下地步。**是以聖王務行禮,不求恥人,朝聘有珪,享覿有璋。小有述職,大有巡功。設機而不倚,爵盈而不飲;宴有好貨,飧有陪鼎,入有郊勞,出有贈賄,禮之至也。國家之敗,失之道也,則禍亂興。城濮之役,晉無楚備,以敗於邲。邲之役,楚無晉備,以敗於鄢。自鄢以來,晉不失備,而加之以禮,重之以睦,是以楚弗能報而求親焉。既獲姻親,又欲恥之,以召寇讎,備之若何?誰其重此?若有其人,恥之可也。若其未有,君亦圖之。晉之事君,臣曰可矣:求諸侯而麇至;求昏而薦女,君親送之,上卿及上大夫致之。猶欲恥之,君其亦有備矣。不然,奈何?**(孫鑛眉)"不然,奈何"四字是急辭截住,下遂用急辭承,雖用四"皆"字,若排法,然總是急勢,正於急處見姿態,此調亦左氏所希。(《左繡》眉)從送女句發論,故姻親、薦女、以親爲怨,凡作三處提掇。"備之若何,誰與重此","重"猶鎮撫之意,"誰"字即喝起"人"字,字字圓活。杜注言"怨重"便呆。"君亦圖之"、"不然,奈何",段段虛歇,留於末段實煞。看他處處作反跌之筆,處處提掇"備"字,有一噴一醒之妙。(《補義》眉)"不然,奈何"是截住上文,呼起下文,直注到"往遺之禽"。(《評林》眉)按:珪,古圭字,《說文》:"剡上爲圭,半圭爲璋。"《禮》六幣:"圭以馬,璋以皮,璧以帛,琮以錦,琥以繡,璜以黼。"《滙參》:"'設機而不倚'上四句泛說,此六句緊貼來襯說。'國家之敗',換頭法,承上轉下。"按:机,几也,或作機,俗字。陳廣野:"'晉無楚備'、'楚無晉備',蓋皆指賢人言。"韓起之下,(《補義》眉)"韓起"以下,鋪張晉之有備,寫得傾國而來,聲勢百倍,逼出"往遺之禽"。又加"以快君心"四字,使之失色。趙成、中行吳、魏舒、范鞅、知盈;羊舌肸之下,祁午、張趯、籍談、女齊、梁丙、張骼、輔躒、苗賁皇,皆諸侯之選也。韓襄爲公族大夫,韓須受命而使矣。箕襄、邢帶、叔禽、叔椒、子羽,皆大家也。韓賦七邑,皆成縣也。羊舌四族,皆彊家也。晉人若喪韓起、楊肸,五卿八大夫輔韓須、楊石,因其十家九縣,長轂九百,其餘四十縣,遺守四千,奮其武怒,以報其大恥。伯華謀之,中行伯、魏舒帥之,其蔑不濟矣。君將以親易怨,實無禮以速寇,而未有其備,使群臣往遺之禽,以逞君心,何不可之有?"(《左傳雋》眉)李卓吾曰:"通篇敘事整飭,逶迤有度,或正言,或反言,或婉言,或危言,直令楚子神移氣奪,宜其引咎不自暇也。"楊素庵曰:"啓疆先述聖王行禮之事,以啓發其心。次言欲求恥人、不可無備以懾其志。議論剴切,讀之惕然。鋪張晉時人才世族之盛,而語極錯變,氣亦發揚,真是妙品!今讀左氏者多削去,可惜也!"(孫鑛眉)用拗調作勁直勢收,於上文甚相應,然却是左氏常調。(《補義》眉)反照"可"字。(《評林》眉)《滙參》:"叔虎雖死,其族猶在,劉鉉據《世本》以爲别有季夙,不知夙即虎也。"張半菴:"文勢如重岡複嶂,令人窅然深入而不知其所之,戰國遊士縱橫之談,亦本諸此。"楊升菴:"應前'備'字,此一篇大旨。"彭士聖:"'何不可之有',仍歸到滑稽。"汪道昆:"啓疆首答言'可',故以此語終之,言其甚不可也。"(方宗誠眉)本說不可,卻故說可,無平板之弊。以上敘薳啓彊能以禮匡其君。王曰："不穀之過也，大夫無辱。"厚爲韓子禮。王欲敖叔向以其所不知，而不能，亦厚其禮。（德秀尾）按：晉於是時，人材之多，世族之盛如此，豈可動哉？其後欒、郤、胥、原降爲皁隸，而晉始弱。然則有國者培植人才，護養世族，正自爲計耳。昧者乃翦棄而摧殘之，是自蹙其本、撤其衛也。薳啓彊所陳，皆晉國實事，故能感悟其君，可爲人臣言論之法。（文熙眉）穆文熙曰："楚子欲刖韓起而刑叔向，喪心可笑。啓彊始而順其言，既而極陳其不可。求諸侯、求昏二事，當令楚子愧死。五卿八大夫以下，又令之墮膽。說意委曲，詞旨浩蕩，余每閱至此，便不釋手。"（《左傳雋》眉）孫應鰲曰："當時欲敖叔向處必有許多說話，左氏但曰：'欲敖之以其所不知，而不能。'只一句替他，何等斬截老蒼。"（《補義》眉）末段爲叔向出色，補點韓起有禮，見起之禮止可塗飾於國，出使強鄰，不得不讓之叔向。（高塘眉）楚子謝過，與前入手一段相應。鄭勞諸圉，與篇首一段相應，章法完密。（《評林》眉）呂東萊："是時使叔向以愚而不能應，必且爲楚所辱矣，使人之不可以無才如此。"彭士望："'而不能'，楚子驕戇，叔向敏鍊，一語寫出。"（方宗誠眉）以"禮"字結束通篇。

韓起反，鄭伯勞諸圉。辭不敢見，禮也。（王源尾）《左傳》自襄公以後，文字簡練奇奧不及前，而浩瀚流轉，波瀾橫溢過之，已開戰國、西漢門戶。蓋所見異詞，所聞異詞，所傳聞異詞，此傳則純乎戰國文字矣。文字隨時升降，不能自作主張者，庸手也。不論人事之遠近，聞與見之異同，只有一幅面具以爲文字者，亦庸手也。然則奈何？曰因物爲文，乃至文耳。"楚王侈汏已甚"一句提起通篇，即序叔向一番正論，先爲晉據地步，而後入楚。蓋楚王之氣兇，啓彊之力猛，一篇兇猛之文，寬展而入，始不促也。啓彊進言之妙，確是戰國策士之雄，故左氏着力傳之。楚王非禮可折也，唯勢耳。非正言可服也，唯滑稽耳。刖韓起、宮叔向，辱晉得志，非人語矣。而直應之曰"可"，此滑稽也。旋譬之以有備，曰"恥匹夫不可無備，況恥國乎"，折之以勢也。進言大旨盡此，楚王已自氣折。但所謂勢者，不可言之太急以繳其怒，而莊語又不可不進。於是接入"聖王行禮"一段，以爲傍襯，以莊語爲傍襯，妙極妙極！然後再痛言有備無備之義而力折之，楚王固無言可答矣。然皆虛論其理，而晉之難敵與楚之無備，猶未暢論其勢，使之雄心冰冷而毫無倔彊。於是又從晉國輕輕宕開，再逼再發，而暢言之。再逼則逼愈緊，再發則發難遏。於是一轉之下，如潮赴壑，如火因風，捲地排山，崩天倒海，所謂氣蒸雲夢、波撼岳陽，不足倣其萬一，暢矣！快矣！無以加矣！然後將"禮"字、"備"字一一繳轉，而結之曰"使群臣往遺之禽，以逞君心，何不可之有"，仍歸滑稽，以終前局。真可謂以龍逢、比干之心，行蘇秦、張儀之術矣。先秦文字以骨勝，此則以氣勝。非特此也，襄公以後之文，多用氣矣。在左氏無所軒輊，而後代遂以爲升降，以致但知有氣，不知有骨。骨勝之文，幾無人識得矣。哀哉！（孫琮總評）敵國相覿，所重在禮。叔向、薳彊固自見得到。若晉以禮來，楚以虐報，其曲已在楚。但楚靈侈汰之主，僅與言典禮，彼未必聽。正須以利害悚動之。故薳彊揭過禮後，即以晉之聲勢爲言，說得晉之聲勢彊盛，則楚之不可無禮，其意已隱然言下，所謂進諫者必視乎其君也。乃聞言而即加禮於二子，楚靈雖侈汰，猶愈於彼昏不知者哉！（《分國》尾）無理之君，唯理可折，又莫若即其說而難之。我觀楚靈王汰侈驕暴，無理甚矣。欲刖韓起爲閽、宮羊舌肸爲司宮以辱晉。薳啓彊曰："無禮以速寇，使群臣往遺之禽，以逞君心，何不可之有？"似乎兵諫劫制之言，而靈王即曰："不穀之罪也，大夫無辱。"求周鼎，求鄭田，無理甚矣。子革引《祈招》之詩："思我王度，式如金，式如玉，形民之力，而無罪飽之心。"靈王聞之，饋不食，寢不寐數日。此何故哉？二子之言中乎理，未嘗攖其逆鱗，而相悅以解，法莫善乎此也。夫以無理如楚靈，知過能自反且如此，況賢主乎？而謂不可引諸堯舜之域者，真有愧於啓彊、子革哉！（《賞音》尾）楚王汰侈已甚，欲行無禮以辱晉，諸大夫弗能救也。薳啓彊一言而止之，可謂善矣。獨其後召魯君返大屈以逢君欲，毋乃恃其能言，而未識大體乎？（《左繡》眉）逐項數說，分兩遍，又總兩遍。鋪張揚厲，寫得紙上炎炎震動，真是神來！一段中連數二十餘人，但見其空靈，不嫌其累贅。讀絳縣老篇，則算博士瞠乎其後。今讀此文，則點鬼簿走且僵矣。先結"恥"字，後結"備"字，應法勻而不板，處處有筆。以反撲起，仍以反撲收，索性反撲痛快盡情，病者爲之起舞，憂者爲之破涕，極奇極妙之文！韓起、叔向本無輕重，但起句特提"宣子如楚送女"，則此事以起爲主。又單敘叔向、太叔問答，則此文又以向爲主。今以"厚禮"雙收，而於叔向獨詳，是回應起處一段文字。末又單以勞圍不見作結，是回應起手一提句也。只此兩筆，賓主互用，輕重適勻，是何等精細！奈何鹵莽讀之？（儲欣尾）薳啓彊之諫善矣，文字貪多好盡，所以弱於莊、僖。(《約編》尾)一往奔放，《左氏傳》中極有機勢文字。(《左傳翼》尾)此盟宋以來一篇大結案也，晉主夏盟，天下莫彊，君臣偷安，屈於荊楚，諸侯縻至，求昏薦女，君親送，上卿上大夫親致恭敬，不寧徒自取辱，旁觀且爲惕息。而當局恬不知恥，若非啓彊一番辯論，韓起、叔肹幾乎游魂不返矣。啓彊極力鋪張晉國聲勢，楚之畏晉，不啻如虎。而無端屈抑，以女事人，幾有小朝廷之羞，是誠何心歟？叔向強辭以對，太叔適足見笑而自黜耳。開口便說辱晉，全是無禮聲口，"是以聖王務行禮，不求恥人"自是一篇主腦。然對侈汰人，專與言義理，彼必不懂，唯將利害反反覆覆，說得熏天炙地，彼將不寒而慄。故將言無禮，先說無備。既言無備，歸結無禮。"禮"字、"備"字，錯綜往復，蓋行禮必不恥人，無備更不可恥人也。"恥"字、"禮"字是個敵頭，篇中八"禮"字、八"備"字、六"恥"字，分合變化，如環無端。忽莊論，忽滑稽，忽婉峭，忽浩瀚。文濤怒發，如崩崖裂石，泉湧風飛，奇奇怪怪，不可方物，極醇正、恣肆之文。吳恭存云："通篇只重'禮'字，以對針他侈心。晉有禮於楚，楚無禮以速寇，異於聖王所行，如何而可？而薳彊說有備何故不可，難道有備當真可行此等事不成？"又云："'聖王務行禮'一句，唱明'禮'字，旋以'禮之至也'應'國家之敗'三句，轉接甚是吃緊。'失之道'便是無禮，'禍亂興'便是速寇，末'實無禮'句，正與此應，收拾全文，議論甚正。但啓彊折服楚虐雄心，使之冰冷，不徒在理與情，實在勢。因其無禮而責其無備，'韓起之下'，一連十數行，真寫得晉人氣焰赫赫奕奕，如火如潮，楚國情形，不待描繪，早已消鑠。'備'之一字，正不可輕。叔向所謂'考之以先王，度之以二國'是也。但如俞、寧、王或庵諸公，專重'備'字，則不可耳。"(《日知》尾)"可"字作縱，"備"字作擒。又以"有備"作縱，"無備"作擒。更以"禮"字作有備，高一層跌落。以晉勢作無備，對面翻掀。而以"恥"字作眼目、作線索，單行直走中，正具五花八門之變。(高塥尾)俞桐川曰："'侈'是楚子病根，侈心所發，口無擇言。啓彊只以'備'字破他'侈'字，純用痛快，純用直戇。亦似詼嘲，亦似諫諍。其筆鋒議論，奔湧馳放，如洪江卷浪，高山出雲，令人驚眩不已。"(《菁華》尾)此一篇分作三段，"聖王務行禮"以下，是喻之以禮。"晉之事君"以下，是動之以情。"韓起之下"以下，是曉之以勢。逐層寫出，無不曲折詳盡。爲暴主言，不可不如是反覆周至。然仍是曉之以勢者最爲得力，蓋楚靈平生好作大言，而其意實怯，故惟此爲足以動其心。其曰"不穀之過也"，則其氣固隱爲之奪矣。明是不可，偏説"何不可之有"，措詞極有機智，宜聽者爲之心折。叔向自是晉臣之錚錚者，觀其對子大叔之言，既然有不畏強禦之言，使其禍生不測，必能以一死報國，以示中華有人。若韓起，則非吾所敢知也。

鄭罕虎如齊，娶於子尾氏。晏子驟見之，陳桓子問其故，對曰："能用善人，民之主也。"（魏禧尾）魏禧曰："事理情勢俱透確條理，可爲奏疏之法。"（《左傳翼》尾）卿相職在薦賢，何國無善人，而能用者有幾？文仲以蔽賢貽譏竊位，文子以薦僕不愧爲文，晏子此語，其亦借子皮以諷桓子乎？既知此矣，而尼谿見沮，何頓忘前言耶？不用大聖人，雖得越石父千百輩何益？（《評林》眉）彭士望："晏子好善如此，豈有沮聖之言？況夫子以'久敬'稱之耶？"魏禧："按：能用善人，與沮聖正相反。"

夏，莒牟夷以牟婁及防、茲來奔。牟夷非卿而書，尊地也。莒人愬于晉。晉侯欲止公，范獻子曰："不可。人朝而執之，誘也。討不以師，而誘以成之，惰也。爲盟主而犯此二者，無乃不可乎？請歸之，間，而以師討焉。"乃歸公。（文熙眉）穆子曰："不誘、不惰，請歸，而以師討之，威福凜凜，真得盟主之體。"（《測義》夾）愚按：牟夷來奔，自得書名，而左氏曰"尊地也"，以叛臣納叛地，《春秋》何事尊之？〔編者按：奧田元繼作李于鱗語。〕（美中尾）家則堂曰："襄二十一年，公如晉，宿納邾叛。今公如晉，宿又納莒叛。蓋將使晉執公，而已得遂竊國之計也。意如逐君，謀實兆於宿矣。"（《補義》眉）絕不提起季孫之罪。

秋七月，公至自晉。

莒人來討，不設備。戊辰，叔弓敗諸蚡泉，莒未陳也。（《左繡》眉）書奔、書至、書敗，三事連敘爲一。然首尾點經有解，而中無解者，即以敘事爲解也。將執而歸之，待間而伐之，其危可知矣。（《左傳翼》尾）虢會方盟，而季宿伐莒取鄆，是欲陷叔孫也。今公在晉，而招納莒叛，受其私邑，使晉人執公，是又將以陷叔孫者陷公也。季宿無君之惡已著，士鞅但言晉不當執公，而不言季氏叛君之罪，公不當執，是猶黨惡而陰護之也。以盜納盜，以奸庇奸，天下尚有君臣乎？

冬十月，楚子以諸侯及東夷伐吳，以報棘、櫟、麻之役。薳射以繁揚之師會于夏汭。越大夫常壽過帥師會楚子于瑣。聞吳師出，薳啓彊帥師從之，遽不設備，吳人敗諸鵲岸。（《左繡》眉）此爲楚子伐吳作傳，中間卻詳蹶由辭命。論文以吳爲主，論事則以楚爲主。故先以"以蹶由歸"結中段，而重以"懼吳""待命"結楚子也。賓主互用，左氏定法。通篇敘議兩屬，意則一線。前以不設備而爲吳敗，後以吳有備而不可入。則備之不可已也，得失瞭然。而蹶由一番妙論，不惟自免釁鼓之不吉，且以詔楚子而作之師矣。末以"禮也"作斷，贊楚子而蹶由在其中矣。起處極寫楚師之盛，而反爲吳敗，此駒之所以盛怒而來也。刻本往往刪去，跌落中段，便無根而少力。（《評林》眉）《補注》："陳氏曰：'越常壽過始見書人。'今案：夷狄舉號，君臣同辭，其臣從中國序列，則稱人以便文，陳氏'得書人'，非。"陳傅良："吳人敗諸鵲岸，楚一不書敗。"

楚子以駒至于羅汭。（《學餘》眉）此傳以有備無患爲主義，而序事議論，相與赴之，筆筆精神，不能增減一字。吳子使其弟蹶由犒師，楚人執之，將以釁鼓。（《才子》夾）此篇不是曲折頓挫，不是回環往復，乃是認得清、咬得定文字。千載忠臣，含笑入地，只是此篇文字爛熟胸中。王使問焉，曰："女卜來吉乎？"對曰："吉。（《補義》眉）汪云："若云不吉，便難措詞。與呂甥對秦伯意異而法同。"寡君聞君將治兵於敝邑，卜之以守龜，曰：'余亟使人犒師，請行以觀王怒之疾徐，而爲之備，尚克知之。'（《補義》眉）"觀王怒"句是主腦。龜兆告吉，曰：'克可知也。'君若歡焉，好逆使臣，滋敝邑休殆，而忘其死，亡無日矣。今君奮焉，震電馮怒，虐執使臣，將以釁鼓，則吳知所備矣。敝邑雖羸，若早脩完，其可以息師。難易有備，可謂吉矣。且吳社稷是卜，豈爲一人？使臣獲釁軍鼓，而敝邑知備，以禦不虞，其爲吉孰大焉？國之守龜，其何事不卜？一臧一否，其誰能常之？城濮之兆，其報在邲。今此行也，其庸有報志？"（《左傳雋》眉）茅鹿門曰："委婉中抗厲，非中無生死芥帶，安得有此從容論列？"（孫鑛眉）氣甚壯，意甚切，細看亦盡精階，但草草看去，翻覺未盡鎔裁，此是鍊調未入妙故。

既言卜吉，而又言臧否無常，城濮之戰，其報在邲，更爲芒刺，自是恐惕楚子之心。乃弗殺。（文熙眉）汪道昆曰："辭令妙品。"穆文熙曰："此篇借凶爲吉，議論軒然動人，殊無楚囚之態。末言城濮之戰，其報在於邲，可謂雄談。"（韓范夾）蹶由之詞，似有意求生者，然其言曰："社稷是卜，豈爲一人？"此實至理，可謂從國家起見，非止以文辭自免者矣。（《彙鈔》眉）應答敏捷，是能不辱君命矣。只就"卜來吉乎"反復辨對，妙旨層出，快極！借證更覺奇幻。（《集解》尾）楚子之問，大難登答，蹶由認定執戮使臣，吳便知備，遂若鼉鼓反應吉兆，言言至理，豈徒以口給禦人者哉？至於行文段段曲折，句句頓挫，首尾具見精彩。（《知新》尾）身雖被執，志實昂藏，轉凶爲吉，實足以奪其魄，而使之不敢憮我。非膽識過人，豈復能措一辭？（《左繡》眉）分明不吉，卻接口説個"吉"字，其所謂吉者，只在"觀怒""爲備"一口噙定，以下操縱自如矣。文作兩半讀，前半又分兩層，一層虛引，一層實講，此是正説。後半亦分兩層，先就自己抶進一步，又就對面推廣一步，乃是翻説。總句句透發一"吉"字也。層轉層快，筆舌互用之文。一面籠絡，一面恐喝，末更將楚得意事翻轉看，恰正搔着他癢處。便是越叫他殺，越不肯殺矣。此等文，實爲《國策》開山，然簡儁終讓前人獨步也。唐錫周曰："古者兵交，使在其間，蹶由處處咬定'使臣'二字，劇有深意。"又，《咀華》以城濮之兆，暗指宛春之執，亦甚明切，可補注疏所不及。（《約編》尾）亦是辭令妙品。（《評林》眉）王元美："發'吉'字止數行，而七八轉折，議論之神品也。"

　　楚師濟於羅汭，沈尹赤會楚子，次于萊山。薳射帥繁揚之師，先入南懷，楚師從之。及汝清，吳不可入。楚子遂觀兵於坻箕之山。是行也，吳早設備，楚無功而還，以蹶由歸。（儲欣尾）辭令妙品，又以説盡得工。楚子懼吳，使沈尹射待命于巢。薳啓彊待命于雩婁，禮也。（《測義》夾）陸粲氏曰："復怨怒鄰，而使其賢臣鄙以待命，非守國之完計也，何謂禮乎？"〖編者按：奧田元繼作張天如語。〗（《快評》尾）讀此文，知天下事本無定局，只在人能相席打合耳。曰："女卜來吉乎？"對曰："未之卜也。"亦有一篇極奇文字在内。"女卜來吉乎？"曰："不吉。"亦有一篇極奇文字在内。文無定行，只要人會作。若執定"吉"字爲是，此人便不可以應機，不可與論文矣。（魏禧尾）魏禧曰："此與陰飴甥會秦伯、燭之武退秦師，俱辭令妙品。展喜犒齊，知罃對楚子，亦是善辭，終不得比此數篇者，稍屬板硬，只説向一邊，諸篇自是生動圓滿，擒縱較活耳。"彭家屏曰："吳、楚之爲仇久矣，既敗楚師，又使使犒之，是激楚也。且不使他人，而使其弟，是置其弟於虎口也。雖蹶由之才辯得免釁鼓，而卒爲楚所羈，吳子之所以處其弟者，亦甚寡恩矣哉！"（《分國》尾）虜問卜，即以卜對。虜問吉，即以吉對。以不殺爲凶，以殺爲吉。不殺則不備，殺則有備。非欲逃死，理固然也。（《左繡》眉）應起作結，可謂經一失，長一智矣。（昆崖尾）程念伊曰："段段曲折，句句頓挫，具見精彩。"（美中尾）浦二田曰："云作硬語，不作頓語，未奇！奇在乘其卜來吉一言，急遽撰出一卜，而歸吉於國，仍在急遽中作數層殺活開擺，高蹈戰國之巔。"王伯厚曰："列國之變，極於吳越，通吳以疲楚者，晉也。通越以撓吳者，楚也。"（《左傳翼》尾）此敘楚子伐吳事，本傳自以楚爲主，不得以蹶由對楚辭令娓娓，遂賓主兩歧也。"備"字一篇主宰，前後極寫楚師之盛，乃此以不設備而敗，彼以早設備而吉。有備無患，兵家之所尚也。篇中説吉不吉，都從"備"字生發，反覆博辨，暢快特甚！何嘗卜來？彼説卜，即與言卜。何嘗吉來？彼言吉，即與言吉。都是隨機應變，見景生情。妙在理確情真，一字不可顛撲。《咀華》云："若別尋話頭，敷衍一番，有何情趣？"而《快評》卻云："'女卜來吉乎？'對曰'未之卜也'，亦有一篇極奇文字。對曰'不吉'，亦有一篇極奇文字。文無定行，只要人會作。若執定'吉'字爲是，便不可以應機變，不可與論文。"妙論翻空，尤爲手眼獨出。學士家正當以此言作十日思也。既敗楚矣，何爲又使人犒師？欲觀王怒之疾徐而爲之備，自是實話。蹶由胸中早有此一番議論，明目張膽言之，料楚決不敢殺，操縱予奪，出没在我，辯士之雄。楚欲辱晉，啓疆極言無備之不可，此乃以不設備而敗，非知之艱，行之維艱也。楚師衆矣，益以諸侯及東夷之師，卒不能得志于吳，以吳有備耳。前云遽不設備，後云吳早設備。失之于遽，雖吉亦凶。防之於早，雖凶亦吉。兵凶戰危，有備無患，左氏善談兵，此尤得其要領，勿徒以敘戰敘陣賞之。（《日知》尾）楚問頗難措答，攛起一層，自有着語處。故置身局外，乃能詳解局中，所謂高處立，闊處生也。前後點綴"備"字，爲中權作紆餘之勢，頗不寂寞。（高崦尾）俞桐川曰："詞辨氣莊，其論卜吉，能走寬步，能放活着。遽不設備，吳早設備，是關鍵。中段以

'備'字貫。乃知左氏文敘事議論，不可割裂。俗本僅錄蹶由對楚一則，刪去前後，便無章法。"（《自怡軒》尾）不作一乞憐語，而歸吉凶於國，圖報復於後，以折楚人，立論正大，故筆愈婉而勁。〈許穆堂〉（《評林》眉）俞寧世："'吳早設備'，收案二句連讀，所謂室怒而市色也。"按："楚子懼"三字絕句，恐未是。（《學餘》尾）蹶由不辱君命，蹶由不死矣。蹶由不死，楚子無死所矣。求辱晉而不能，又求辱吳，楚子之汰侈甚矣，楚子無死所矣。（林紓尾）"汝卜來吉乎"五字，是手握其死命，爲極得意質問之詞。言吉即凶之對面，如疾雷將發、萬木無聲時也。蹶由沖口對一"吉"字，實楚子所不料，亦正爲蹶由得一好題目。蓋楚子一發此問，蹶由已知其必死，第死已難逃，而胸中一口氣不能不吐。故一路科派楚□□是，一面自張其國威，工夫全在"有備"二字。言來時若得歡好，吳□□備。一殺使者，則吳即知備，於楚何益？無益於楚，即是吳之吉矣。把楚子一場高興，掃得乾淨。又作一正大光明語，謂卜吉者，社稷之吉，不卜一人。斥他有殺己之能，決無滅全吳之能。又臧否無定，卜不足恃。今日楚雖得意，則他日吳人亦可得意。城濮楚敗，邲則楚勝。借楚鏡吳，報復亦屬意中之事。通篇柔中寓剛，全從利害着眼。此種文字，醒豁已極，妙在沖口一對，其下始生無數波瀾。（《菁華》尾）蹶由此時，若作一乞憐之語，大命休矣。妙在於倔強之中，仍曲盡周詳之意，使聞者知殺之無益，而且有害，自不覺氣爲之奪。解揚之言，純是喻以理之是非。蹶由之言，又是示以事之得失。用意雖同，而措詞自別。蓋解揚是對英主言，蹶由是對暗主言，義各有當故也。

秦后子復歸於秦，景公卒故也。（文熙眉）汪道昆曰："序事議論能品，'懼選'字法。"穆文熙曰："司馬侯語有風刺，秦后子答詞亦甚有致。吾想其初本不知過，聞言乃遂知之。則鍼亦非庸庸者流也，所以終歸。"（魏禧尾）彭家屏曰："觀后子對趙孟之言，可謂明哲矣。而有車千乘，富貳于君，智者固如是乎？其奔晉也，大享晉侯，造舟置舍，亦非亡人之所宜出也。非知之艱，行之惟艱，后子之謂歟？"

◇昭公六年

【經】六年春王正月，杞伯益姑卒。（《評林》眉）高閌："杞伯,即襄二十九年所書杞子是也,復稱伯者,豈其後復振歟?"葬秦景公。夏,季孫宿如晉。(《評林》眉)卓爾康:"魯受莒牟夷之奔,時公在晉,宿實主之,及莒愬晉,公幾爲晉所止,以范獻子之言得歸,故武子如晉謝歸公,且偵晉也。"葬杞文公。宋華合比出奔衛。秋九月,大雩。楚薳罷帥師伐吳。冬,叔弓如楚。(《評林》眉)王葆:"昭公内見迫於强臣,外見絶於盟主,區區求附於不信之荆蠻,宜其終見逐也。"齊侯伐北燕。

【傳】六年春,王正月,杞文公卒,弔如同盟,禮也。

大夫如秦,葬景公,禮也。(《左繡》眉)兩事類敘,"弔如同盟",注在經下。"大夫如秦",注在經上,只一倒順法。(《評林》眉)陳傅良:"'葬景公',傳言秦所以始書葬,因見卿會葬非禮。"

三月,鄭人鑄刑書。(《正論》眉)天下勢而已矣,鄭勢垂亡,而侈言寬德,民亦何賴?僑之救世,計其德不足以化民耳。若孔子處之,施爲氣象,自當有別。(《左傳雋》眉)李九我曰:"春秋列國大夫書問往來,有相規之義如此。"(孫鑛眉)雖是有名文字,卻不爲上乘。(鍾惺眉)晉、鄭異國,詒書相規,此一段朋友忠告,後世行不去。(《彙鈔》眉)鑄刑書,即作丘賦之意,總以救世也。子產行其權,叔向論其正,各具一解。叔向責備不休,子產只將"救世"二字復之,而心事可概見矣。制於法,則權移於法,故不忌上,只在法上詭避,而徼幸以成其巧僞,此理甚精微。粘"靖"字反接,粘"辟"字正接,俱陡健。(《淵鑒》眉)子產之鑄刑書,用重典以救弊。叔向之論刑書,在脩禮以勝刑。一則權時之宜,一則經久之道也。臣正治曰:"叔向之言,自是正論。然子產云'吾以救世',則以鄭國族大寵多,非令甲不足以束之也。既不承命,而又云'敢忘大惠',古人服善,其虛懷若是。"臣茭曰:"刑書以御爭也,而民思徼幸,賄賂并行,爭之階也。故曰刻覈太至,則必有不肖之心應之。"(《左繡》眉)此一事兩議格,以叔向論刑書爲主,士文伯從鑄上又出一論,只是餘意,然亦帶定爭辟,令頭緒歸一,否則歧出不成章法矣。叔向語,除首二句空喝外,當作兩截讀。每截又各有三層,"昔先王"四句,與"今吾子"七句對,得失相形,只作虛領。"民可任使"一段,與"何辟之有"一段對,都說不爲刑辟之得。"民知有辟"至"皆叔世也",與"民知爭端"至"終子之世"數句對,都說爲刑辟之失,以

"争辟"二字爲主。正論鑿鑿,有典有則之文。叔向使詒子產書,曰:"始吾有虞於子,今則已矣。昔先王議事以制,不爲刑辟,懼民之有爭心也。(《左傳雋》眉)章法森列齊整,語法長短錯變,真妙品也!(《補義》眉)提出先王,緊對季世。汪云:"以'爭'字作骨。"(《評林》眉)魏世傚:"異國寓書以規過,古明友之道。叔向可謂知本之論,人但知刑書可禦奸也,實足以致奸,後世文致之法,其端肇是。"猶不可禁禦,是故閑之以義,糾之以政,行之以禮,守之以信,奉之以仁,制爲禄位以勸其從,嚴斷刑罰以威其淫。(孫鑛眉)此處頗率而冗。懼其未也,故誨之以忠,聳之以行,教之以務,使之以和,臨之以敬,涖之以強,斷之以剛。猶求聖哲之上,明察之官,忠信之長,慈惠之師,民於是乎可任使也,而不生禍亂。(《評林》眉)王荆石:"此自不用刑而教民以身者言,韓昌黎《原道》文格祖此。"(方宗誠眉)以上言先王之制之善,"不生禍亂"之下,即可直接"今吾子"一段,然少頓挫停蓄,有此一段在中間,文境乃佳。民知有辟,(孫鑛眉)此下稍腴鍊。論得精,語亦精。(《補義》眉)一步進一步,如見先王之心。"民知有辟"以下,是言刑辟之失,正與先王相反。(《評林》眉)《經世鈔》:"'知有辟',辟,君之辟也,何得言不忌於上?以徵於書,是却流弊至此。"則不忌於上,並有爭心,以徵於書,而徼幸以成之,弗可爲矣。(《補義》眉)林西仲曰:"民有爭心,徵書不忌,即張乖崖以一錢笞吏,吏云'君能笞我,不能殺我'之説。"夏有亂政而作《禹刑》,商有亂政而作《湯刑》,周有亂政而作《九刑》,三辟之興,皆叔世也。(《左傳雋》眉)"三辟之興,皆叔世也",亦自鑿鑿名言,第治亂國、用重典,子產救世之言,自是不欺。今吾子相鄭國,作封洫,立謗政,制參辟,鑄刑書,將以靖民,不亦難乎?(《文歸》眉)戴文光曰:"粘'靖'字,反接粘'辟'字,正接俱陡健。"(《補義》眉)扣到子產。《詩》曰:'儀式刑文王之德,日靖四方。'又曰:'儀刑文王,萬邦作孚。'如是,何辟之有?(《補義》眉)引《詩》至末,復申前意,一得一失瞭然。民知爭端矣,將棄禮而徵於書。錐刀之末,將盡爭之。(孫鑛眉)前數句已説得精實,此處餘瀾收束。但即前意游泳之,仍不出前語。惟略覺流動，姿態便遒，而其着色處，又只在"端""錐刀"三字上。亂獄滋豐，賄賂並行，終子之世，鄭其敗乎！肸聞之，國將亡，必多制，其此之謂乎！"（《補義》眉）鍾云："異國詒書相規，一段朋友忠告，後世行不去。"（《評林》眉）王陽明："老氏稱'法令滋章，盜多有'，即此意。"《經世鈔》："但當先禮而後刑耳，豈子產教人之義少，而制人之政多耶？'鄭其敗乎'，叔向多精微之論，而非救時之急。"（閭生夾）此亦兼采異議，作者雖爲子產立傳，而不没異己之長，古史之所以可貴也。**復書曰："若吾子之言，僑不才，不能及子孫，吾以救世也。既不承命，敢忘大惠？"**（文熙眉）穆文熙曰："以子產之賢，乃鑄刑書，來叔向之譏，豈其見不及此哉？鄭之公族侈汰，民心習於鬩亂，苟不申之禁令，何以責遵守乎？治亂國，用重典，子產其亦不幸，而當鄭之亂也夫。"（《左傳雋》尾）劉畏所曰："鑄刑書於鼎，以爲常法。後定公九年時，鄭大夫鄧析造爲竹刑，子然殺之，君子以爲不忠，其苦於刑書之苛歟？昭之末，趙、范以鐵鑄晉刑書，則頗甚矣。"李九我曰："按子產嘗謂子大叔曰：'惟有德者能以寬服民，其次莫如猛。'子產卒，仲尼聞之，出涕曰：'古之遺愛也。'由此言之，政寬則糾之以猛，蓋子產救世本意。漢法不競，崔寔作《政論》，意亦如此。然則刑書之鑄，亦未可輕訾也。"（《正集》尾）鑄刑書，鑄之於鼎也。叔向之言，固正矣，然治衰靡之鄭，舍嚴法何繇哉？古人之書答，存於今者鮮矣。讀此知君子之于君子，其相勉勵有如此也。葛端調。（韓范夾）今日得一救世宰相已足矣，何必高談古禮乎！（《晨書》總評）徐衷侯曰："《周官》'刑新邦，用輕典；刑平邦，用中典；刑亂邦，用重典。'有五聽、八議、三刺、三宥、三赦之法，臨時斟酌，依民所犯輕重以定罪。上不枉而民不冤。先王以刑弼教，叔向之言是也。西漢張釋之、于定國爲廷尉，得此意以斷獄，罪疑者予民，猶能致刑措之風。若鄭昌上疏言：'立法明刑者，非以爲治，救衰亂之起也。明主開後嗣，不若删定律令，律令一定，愚民知所避，奸吏無所弄。'此即子產刑書之意也。後世網密而奸不塞，所欲活，則議生；所欲陷，則予死。誠不若鑄刑書爲得當耳。良友相告之言，一探政本，一爲救時。可與班掾《刑法志》參看。"（《左繡》眉）先王重刑之義，凡作三層洗發。"議事以制"，是臨時斟酌。"不可禁"一層，是詳其齊民之方。"懼其未"一層，是端其道民之本。"猶求"一層，又擇其慎刑之人。最寫得詳盡篤至也。"先王"一層，先説事，後説效。"三辟"一層，便先説效，後説事。轉換處變動不居。一"世"字對上兩"也"字，見不能效法先王，但終吾世以叔世之治治之已耳。一筆寫出無限苦衷，卻不許竹刑、鼓鑄一輩人藉口。（美中尾）先王以人用法，故法不預定，刑制雖設，不過舉其大綱。上刑下服，下刑上服，皆因情之輕重，臨時而權衡之。叔向所謂議事以制是也。後世風俗日變，詐僞百出，於是以法用人，科條繁多，比例不一，無非欲求盡乎民情也。爲治雖殊，而用心則一。説參章氏。（《約編》尾）子產自是救時之術，此段議論卻高一層。（高嵣尾）俞桐川曰："刑之所禁者有盡，禮之所防者無窮。子產本以權宜救時，而叔向卻從源頭上立論。一句一意，精醇古雅。評者謂是《酷吏傳》《刑罰志》藍本，誠然。"

　　士文伯曰："火見，鄭其火乎？火未出而作火以鑄刑器，藏爭辟焉。火如象之，不火何爲？"（《快評》尾）嘗謂子產之才在管仲之上，爲管仲者易，爲子產者則難也。生當季世，身相小國，而偷延一日之安，刑書之鑄，豈得已哉？叔向之言，豈非大中至正之道？然今日之鄭，何暇及此？徒談上品神丹，而無當於病，固不若烏喙之利於一時也。讀子產復叔向書，知子產日夜以淚洗面矣。既知三辟之興皆叔世也，則鄭之鑄刑書，乃其時也，復何言哉？叔向舉先王之政以規鄭人，其言不無過當。若夫論鑄刑書，句句皆是至理。子產復書叔向，一字一淚，"不才"二字，真從心地中流出，非故爲謙詞也。若曰："吾子之言，須有聖人之才而後能行之，吾才不足以及此也。吾之才，止於救世而已。"自知之明，分寸不失也。（孫琭總評）孟堅《刑法志》備載此書，蓋議刑辟所肇也。典贍詳明，惻於蒿古。豈知子產苦心，更自不得已於此乎？但義不忘規，要自古道。（《分國》尾）君子之治人國也，度其輕重，相其緩急而爲之制。鄭自尉止盜殺三卿，繼而駟、良爭政，甚而子南、子晳之爭室，國紀何在？刑書之鑄，誠不得已而救時也。夫刑平國用輕典，刑亂國用重典。鄭非亂國乎？不爲刑辟，豈爲通論？漢朱博治齊，以齊俗好紆緩養名，悉去舊曹，曰："觀諸兒欲以此爲俗耶？如太守漢吏，奉三尺律令以從事，無奈何所言聖人之道何也。"博固無足取，以治齊俗，則對症之劑。病有必以瞑眩治者，此類是與？（《左繡》眉）末段雖餘意，然起處提筆不令一字落空，並"三月"字，亦都有關照，周到之極。一行中，連寫六"火"字，與通篇頻寫五"爭辟"字，章法亦相配也。（《日知》尾）空中喝破"爭"字，高一步，實緊一步也。古勁雄峭中，復多澹宕不收之音。(《補義》眉) 汪云："餘論不脫正意。"收束"争"字。(《評林》眉) 張半菴："鄭之火亦適逢其會，乃謂鑄刑器之應，則鑿矣。"穆文熙："嚴刑足以致火，其説出於此。'辟'，即上'民之有辟，並有争心'之意。"(《菁華》尾) 子產之鑄刑書，不過詳列科條，使民知所趨避而已。於用法之中，未嘗不寓愛民之意，非果有商鞅、韓非之暴也。故夫子卒以惠人許之。叔向之書，自是原本之論，若以防奸禁暴而言，仍以子產所為為是。至士文伯之言，更屬術士口吻，其幸而中者，亦偶然耳。

夏，季孫宿如晉，拜莒田也。晉侯享之，有加籩。武子退，使行人告曰："小國之事大國也，苟免於討，不敢求貺。得貺不過三獻。今豆有加，下臣弗堪，無乃戾也！"(《評林》眉)《增補合注》："前言籩，後言豆，籩、豆並加，互言其一。" 孫鑛："加籩似是令之帮卓。" 韓宣子曰："寡君以為歡也。" 對曰："寡君猶未敢，況下臣，君之隸也，敢聞加貺？" 固請徹加而後卒事。晉人以為知禮，重其好貨。(文熙眉) 汪道昆曰："辭令能品。" 穆文熙曰："非禮之貺，自當力辭，人自不敢以輕易待之，所謂卑而能高，下而能上，季孫真能辨之矣。"(《分國》尾) 魯人納叛，晉若討之，於義為正。置納叛不問，反加籩於宿，是獎納叛也。安在其為盟主？(《左繡》眉) 只從一"加"字，寫出數層轉折。兩番都用抉進一層筆法。前云免討不求貺，後云寡君猶未敢，是何等刻摯？免討承拜莒田說落，"猶未敢"即接寡君為歡說落，"有加"起，"徹加"止，兩段各點一"加"字，章法匀密極矣。此等假冠冕、佯小心，與習儀以亟者，可謂是君是臣。(《左傳翼》尾) 張悔菴曰："前此魯受莒田，昭公幾不免執，則季孫之拜莒田，義所不當受也。而享之加籩，晉人之待魯君臣，非惟高下在心，抑且喜怒不類，成何舉動乎？晉人一派虛籠絡，季宿一派假謙恭。季宿、韓起相為固結，加籩重貨，不過瓊瑤之報，彼此相象，徒見其矯飾耳，其於禮也何有？前云'間則以師討焉'，今何以不討，反遂拜田？蓋牟夷以邑來，季宿受之以為己私邑，執則公受其殃，討則禍歸季氏。魯、晉諸臣，交結深固，莒田早已講明，故不討而反拜受也。晉侯欲止公，諸臣皆庇季，加籩重貨，晉侯直如傀儡，聽起、鞅輩玩弄，豈不可哀之甚乎？"(《補義》眉) 不知女叔侯亦以為知禮否？(《評林》眉) 陳明卿："宿，巨奸也，取鄆、取卞，又取牟妻、防茲，以致襄公不敢入晉，叔孫幾死於楚，昭公幾危於晉，皆宿之招也。晉非惟不之問，又享之，又加邊焉，而且謂之知禮，何其刑賞乖錯若此哉？而或者曰：'宿以納牟夷之故，恐晉討及己，故借聘之名以自結於晉，而因欲止公而據其國焉，以故晉於宿反不之問。'噫！晉之伯業益替矣。"（閻生夾）此記季孫之謟事晉，唯其謟晉，所以能專橫于魯也。

宋寺人柳有寵，大子佐惡之。（孫鑛眉）事與伊戾同，敘法亦同，但字句稍省耳。華合比曰："我殺之。"柳聞之，乃坎、用牲、埋書，而告公曰："合比將納亡人之族，既盟于北郭矣。"公使視之，有焉，遂逐華合比，合比奔衛。於是華亥欲代右師，乃與寺人柳比，從爲之徵，曰："聞之久矣。"公使代之，見於左師，左師曰："女夫也必亡！女喪而宗室，於人何有？人亦於女何有？《詩》曰：'宗子維城，毋俾城壞，毋獨斯畏。'女其畏哉！"（《測義》夾）愚按：寺人柳所以譖右師者，即尹戾譖太子痤之故智。平公暗不足道，左師春秋之選，乃其比尹戾，亦與亥之比柳同，尚清言曰"宗子維城"，痤獨非宗子乎哉，何其悖也！（魏禧尾）真德秀曰："坎埋書，伊戾以誣太子痤矣，寺人柳又以之誣華合比，區區小智，輒用輒驗，非爲讒者之工，乃聽者之不聰也。"魏世傚曰："寺人伊戾用此術覆太子痤矣，寺人柳復以此逐華合比。平公已知前事而仍信之，闇一至此乎？蓋闇者必多疑，多疑者，人易使之信，故最易欺。不與戌之比而殺痤等乎？何以責亥也？不指其比奸，而指其亡宗，亦有媿於心耳。"（《分國》尾）華臣弱皋比，華亥傾合比，蕭牆之內，自起戈矛。雖無尋斧之縱，而維城自壞，華氏之亡，宜其速哉！（《左繡》眉）此篇先案後斷，卻用由賓入主法。柳譖合比，而華亥爲徵，本可連敘。卻將合比奔衛結過，而以華亥另提重敘，最是賓主段落分明處。"公使視之""公使代之"，兩段中以對句作縮結。即"盟北郭矣""聞之久矣"，文調亦相準，乃合傳遺範也。寫出爾反爾，只用空筆。引《詩》亦只將"畏"字一點，輕快雋逸無比。（《左傳翼》尾）寺人譖合比，而華亥爲之徵，本是一事，而傳作兩橛寫者，以小人惡直醜正，原屬常情，固不足責。所可惡者，亥欲代右師而與之比耳。詳寫左師責備之詞，可知全文歸結處。合比，華氏宗子也，固不可使壞。太子痤，宋公宗子也，獨可陷乎？華亥與柳比，而陷合比，視左師與伊戾比而陷太子痤，孰爲重輕？左師知責華亥，而不知自責，何耶？（《補義》眉）汪云："出爾反爾，寫得極快。"（《日知》尾）以華亥倒證上事，即起下文，小手法亦復巧捷。（《評林》眉）彭士望："左氏致戒閹寺，不一而足。"按："襄十七年經，宋華臣出奔陳，傳詳載其事。華臣遂奔陳，未言奔衛事，此注杜、林共曰'奔衛'，予校數本皆同，傳誤，未經是正已。"魏禧："按：父子各有寵媚之人，未有不構禍者。"《經世鈔》："'於女何有'三語，可爲殘薄親戚者之鑒。"

六月丙戌，鄭災。（魏禧尾）穆文熙曰："以子產之賢，乃鑄刑書，來叔向之譏，豈其不見及此哉？鄭之公族侈汰，民心習於鬭亂，苟不申禁令，何以責遵守乎？治亂國，用重典，子產其亦不幸而當鄭之亂也乎？"魏世傚曰："叔向可謂知本之論，人但知刑書可禦奸也，實足以致奸，後世文致之法，其端兆是。"（《左傳翼》尾）刑無制，吏得出入爲奸，民無所措手足，何以民知有辟，反不忌於上？以其棄禮而徵於書也。科條太繁，奸民巧爲規避，因緣徼幸，以成其詐僞，不但不能革心，併亦不能革面。試看商鞅立信徙木，立威棄灰，其治效何如？乃知叔向所論，千古不易也。子產惠人，而特出於此，以爲救世計，可知其不能以德禮化民。前提先王，屢數其恤刑之意，句句從本原上推論。後歸到文王之德與信上，以見不必制辟，與夫子道齊章，議論有詳略，無異同也。叔向一生，唯此論最醇正。左氏論刑諸篇，亦唯此得大頭腦。古人作文，每一意翻作兩段說。"不生禍亂"上，詳言先王不爲刑辟之得。"民知有辟"至"不亦難乎"，詳言刑辟之失。後引《詩》至末，復申前意，一得一失，反覆辨析，文境乃不一覽而盡。妙處尤在從得轉失，空中旋折，毫無痕跡，而警切嚴正，一語不影響模糊，可見古人友朋忠告善道處。看刑書之鑄，據叔向則啓民爭，據士文伯則干天和。啓民爭則亂獄滋豐，干天和則災祲迭見。蓋國家政治，息息與天相通，休徵咎徵，各有所因，不虛生也。刑書何以致火災？以其鑄之於鼎，用火相感，故火災相應。末段道理，關係絕大，坊本刪去，殊少理會。至於火見雖在周五月，而文伯所云火未出而作火，正以刑書之鑄，乃在三月也。"三月"二字，亦不得以爲閒文而去之。

楚公子棄疾如晉，報韓子也。（《左繡》眉）杜注："傳言叔向知禮。"是此篇以下截爲主。"弗逆""乃逆"一番議論，情事已領於起手。"報韓子也"，一筆之中，特以插敘棄疾過鄭有禮，故作此斷而復起之格耳。然兩項連寫，亦見棄疾自是可人。而晉之所以待之者，喜無失人之誚也。蓋事別而脈自連矣。(《補義》眉)"報韓子也"，伏後半情事。棄疾是主腦，後半以靈之辟形棄疾之衷，叔向之論，正遙映棄疾衷而可則也，又一變格。過鄭，鄭罕虎、公孫僑、游吉從鄭伯以勞諸相。辭不敢見，固請見之，見，如見王，以其乘馬八匹私面。(韓范夾)爲人臣而過亢，圍之所以得君也；爲人臣而過荼，棄疾之所以得君也。亢與□，皆非國家之福、人主之幸也。見子皮如上卿，以馬六匹。見子產，以馬四匹。見子大叔，以馬二匹。禁芻牧采樵，不入田，不樵樹，不采蓺，不抽屋，不強匄。誓曰："有犯命者，君子廢，小人降。"舍不爲暴，主不慁賓。往來如是。鄭三卿皆知其將爲王也。(《左繡》眉)平敘四"見"，詳略整錯，變化有法。(《補義》眉)鍾云："凡有禮於人者，皆其高於自處者也，彼侮人者自處何地？"(《評林》眉)陳傅良："'其將爲王'，爲十三年去疾得國起。"

韓宣子之適楚也，楚人弗逆。公子棄疾及晉竟，晉侯將亦弗逆。叔向曰："楚辟我衷，若何效辟？《詩》曰：'爾之教矣，民胥效矣。'從我而已，焉用效人之辟？《書》曰：'聖作則。'無寧以善人爲則，而則人之辟乎？匹夫爲善，民猶則之，況國君乎？"(孫鑛眉)宋人則曰："既是不是，不可學他不是。"雖小段，亦四轉："我衷""從我""作則""匹夫"。(鍾惺眉)凡有禮於人，皆其高於自處。(《補義》眉)禮欲相稱，叔向飾辭，亦韓宣之授意也。晉侯說，乃逆之。(文熙眉)穆文熙曰："棄疾爲公子時，周慎有禮，鄰國皆知其爲君。而靈王暴虐，國人解體。此所以終能拊其背而奪之位也。"汪道昆曰："'楚辟我衷'二句，字法句法。"(魏禧尾)魏禧曰："聖人不許以德報怨者，謂矯情曲法以示其厚，非謂不當容忍、必相報復也。彼以怨來，我以德往，最足感化愚悍。若後世陸遜之於淳于式，崔暹之於邢子才，劉仁軌之於袁異式，婁師德之於狄仁傑，王旦之於寇準，劉基之於李善長，夏原吉之於呂振，皆可爲師法者。"(《分國》尾)棄疾有當璧之兆，交於諸侯，如此其恭，可不謂賢？雖然，我虞其矯飾以干譽也。不然，即位之後，奪子婦、殺諫臣、城郭、城屈，罷民無虛日，何其前後若兩人耶？（《左繡》眉）煞住上段，以下另闢一境，最有峰迴路轉之致。"鄭三卿皆知其將爲王也"，本是結上，卻已動下。"無寧以善人爲則"，本是陪下，卻又映上，字字圓澈。不當"效辟"，但當"作則"，兩意本對説。文於上層"從我而已"先透"作則"一筆，下層"則人之辟"倒抱"效辟"一筆，遂令兩對串遞爲一。又，"效辟"提在首，"民則"煞在尾，中引《詩》平對，章法參差中最整齊也。（昆崖尾）識見大，議論高，數層折轉，一意貫串，文短而味長。（《左傳翼》尾）晉侯報復，只將"亦弗逆"而已，無許多無禮速寇之謀也。叔向一味厚道，較啓彊之對，更覺醇正。不"效辟"，便是"作則"，開口説"楚辟我衷"，即則也，故曰"從我而已"，焉用"效人之辟"。若作兩意對説，便成鶻突。敍棄疾共而有禮，句句與楚虔侈汰相對針，一成一敗，宛然在目。左氏每於此等處詳寫，最見卓識。（《日知》尾）起句已提末段，過鄭特帶敍耳。然亦見棄疾有禮，晉幸不至貽笑。兩段互相摇曳，有兩山波動對浮沉之妙。（高嵣尾）兩事相連，卻不相蒙，合作一篇，斷續有致。（《評林》眉）鍾伯敬："叔向蓋知棄疾將爲王，故勸晉侯逆之，但不顯言耳，此其知幾之哲也。"魏禧："'楚辟我衷，若何效辟'八字，可爲求報睚眦者之鑒。"《補注》："'乃逆之'，傳見楚卑晉，晉畏楚。"

秋九月，大雩，旱也。

徐儀楚聘于楚。楚子執之，逃歸。懼其叛也，使薳洩伐徐。吳人救之。令尹子蕩帥師伐吳，師于豫章，而次于乾谿。吳人敗其師于房鍾，獲宮廐尹棄疾。子蕩歸罪於薳洩而殺之。（《左繡》眉）懼叛伐徐，寫得薳洩極其無罪。敗師獲尹，寫得楚人極其有罪。至末一筆點出"歸罪"二字，而其案已伏於師豫章而次於乾谿兩句之中矣。此不待斷而自了然者也。絕妙手法。（《補義》眉）汪云："師豫章而次乾谿，明著子蕩緩師之罪。"（《評林》眉）王元美："敗楚師者，非薳洩也，而洩伏其誅，故經書薳罷伐吳以正之。"〖編者按：凌稚隆作張洽語。〗

冬，叔弓如楚聘，且弔敗也。（《測義》夾）愚按：魯倚晉霸，而又婚吳，以故申之會不與焉。乃今晉益不競，而楚且伐吳，於是不得已而通好於楚，蓋不待薳啓彊之召，已服楚而將朝之矣。而《左傳》以爲弔敗，楚彊，雖敗猶諱之，魯其敢弔乎？〖編者按：奧田元繼作陳明卿語。〗（《左傳翼》尾）聘者執之，懼叛興師，以召吳寇，又自緩師致敗。

敗者蓮罷，而歸罪蓮洩，刑政無章，何以立國？書蓮罷伐吳，明罪之在罷不在洩也。昭公震楚兵威，先使叔弓聘，而明年親往，不能自強，而服役蠻荊，深爲可醜。蓮啓彊曰："臣能得魯侯。"實於此一聘招之也。會申不往，楚人無辭。叔弓一聘，楚遂來召，乘機而進，自招其侮，大書于策，蓋深譏之。（《補義》眉）周云："會申不往，楚人無辭。叔弓一聘，楚人來召。明年朝楚之辱，實今日招之。"（《評林》眉）《補注》："'弔敗也'，魯使卿弔敗，則杜氏'不告'，非事實矣。"

十一月，齊侯如晉，請伐北燕也。士匄相士鞅，逆諸河，禮也。晉侯許之。十二月，齊侯遂伐北燕，將納簡公。晏子曰："不入。燕有君矣，民不貳。吾君賄，左右諂諛，作大事不以信，未嘗可也。"（《左繡》眉）此節連寫齊平傳讀，此處字字伏，下篇句句應，是一篇先斷後案文字，奇！（《左傳翼》尾）尋盟未久，而用兵伐燕，告之盟主，以見師出有名。然仗義而往，納賂而還，又何以對盟主乎？正在興師，而晏子即斷其不入，深知公之受病，必不克納。好賄是本根，加以無信，諂諛交進，豈復能行大事？後此納魯昭公以梁丘據等而敗，弊皆坐此耳。（《補義》眉）堂堂義旗。（《評林》眉）陸德明："古本士匄作王正，士匄是范宣子，即士鞅之父，不應取其父同姓名人以爲介依，王正爲是。"（閩生夾）宗堯按："十餘字寫盡齊君臣情勢，筆力千鈞。"

◇昭公七年

【經】七年春王正月，暨齊平。（《評林》眉）陸淳："《爾雅》云：'暨，及也。'又曰：'暨，不及也。'今據實言之，乃是齊及魯平，非魯欲之，不可言會齊平，又不可言齊及我平，故書曰暨，以明外及內，且非魯志也。"三月，公如楚。（《評林》眉）趙鵬飛："魯交事晉、楚，前年公如晉，則今不得不如楚耳。"叔孫婼如齊涖盟。（《評林》眉）許翰："始暨齊平，故盟以結好。"夏四月甲辰朔，日有食之。秋八月戊辰，衛侯惡卒。九月，公至自楚。（《評林》眉）汪克寬："自如楚，今七越月，危公之意可見矣。"冬十有一月癸未，季孫宿卒。（《評林》眉）家鉉翁："自季友至行父，雖專魯國，猶無悖於臣節。至於宿，乘主幼，盜兵權，伐國取地以自私，襄公幾爲所逐。自後世言，司馬懿其人也，至昭、師遂移宗社。意如逐君，宿所命也，其魯之大盜歟！"十有二月癸亥，葬衛襄公。

【傳】七年春，王正月，暨齊平，齊求之也。癸巳，齊侯次于虢。（《補義》眉）次于虢，或云齊侯待賂，非也。蓋近倖小人阻公逗留，而爲之求賂也。燕人行成，曰："敝邑知罪，敢不聽命？先君之敝器，請以謝罪。"公孫晳曰："受服而退，俟釁而動，可也。"二月戊午，盟于濡上。燕人歸燕姬，賂以瑤罋、玉櫝、斝耳，不克而還。（《左傳翼》尾）胡氏謂："我所欲曰'及'，不得已曰'暨'。""暨齊平"，穀梁氏以爲魯暨齊平，與及鄭平、及齊平句法相似。下文又有叔孫婼如齊涖盟之文，似當以魯與齊平爲説。今左氏承上年齊侯伐北燕，而以"暨"屬之燕，諸儒疑之。家氏遂謂："杜氏誤從許惠卿之説，今當以'齊求之也'正解齊、魯之平，而以'癸巳'以下，終齊、燕之事，則兩得之。"不知左氏本意，原以"暨"字屬之燕，先下齊求之也，是斷筆。"癸巳"以下，乃正解其所以求之之故，亦先斷後敘法。若以"暨齊平"屬魯，雖與叔孫涖盟有關會，而齊伐北燕，竟無收煞矣。至家氏分作兩截，上未説明魯國，則所謂齊求之者，果屬何人？癸巳以下，又似有上文攔截未開。拘文牽義，以爲兩得，卻是兩失。解《春秋》者，或可從《穀梁》。若就行文論，正不如以左解左之爲無弊也。（《補義》眉）左右諂諛不止晳一人，景公以義而起，以利而還，其病根總在用小人。（《評林》眉）張半菴："杜注：'齊求於燕而與之平。'今推之經例，'暨齊平'之文，正與及齊平、及鄭平句法相似，而下文又有叔孫涖盟之事相類，且左氏下文明説'燕人行成'，而上文又以爲'齊求之'，文法自相背，故服虔亦疑之。今若截'齊求之也'四字正解齊、魯之平。而以'癸巳'以下，方終齊、燕事，則兩得之矣。蓋左氏本無誤，而杜注之誤也。"〖編者按：凌稚隆作李廉語。〗陳傅良："'不克而還'，傳釋經書'平'，罪齊無討燕之實，且爲十二年納欵起本。"

楚子之爲令尹也，爲王旌以田。（孫鑛眉）敘事有步驟，有態。（《淵鑒》眉）無宇始而斷楚子之旌，既而執人于王宮，楚子終不加罪，殆亦賢其斷旌而容之與？伯厚王應麟曰："寺人披之斬袪，芊尹無宇之斷旌，其釁一也。披請見而晉文讓之，無宇執人于宮而楚靈赦之。楚靈之量優於晉文矣。"臣士奇曰:"人臣事君,以名義等威爲重,援引古制,侃侃言之。芋尹格心,楚子從諫,兩得之矣。"(《左繡》眉)此亦辯駁文字,作三段讀。首段見人各有臣,遞到"執"字。次段見古人皆執,仍結到"臣"字。末段直以盜目王,一篇正論,卻以諷刺隱語作結,出人意表。尤妙在王亦以隱語、戲語答之,風致絕佳。芋尹無宇斷之,曰:"一國兩君,其誰堪之?"及即位,爲章華之宮,納亡人以實之。無宇之閽人焉。無宇執之,有司弗與,曰:"執人於王宮,其罪大矣。"執而謁諸王。(韓范夾)過於行己意,終非事君之正也。王將飲酒,無宇辭曰:"天子經略,諸侯正封,古之制也。封略之內,何非君土?食土之毛,誰非君臣?故《詩》曰:'普天之下,莫非王土。率土之濱,莫非王臣。'天有十日,人有十等,下所以事上,上所以共神也。故王臣公,公臣大夫,大夫臣士,士臣皁,皁臣輿,輿臣隸,隸臣僚,僚臣僕,僕臣臺。馬有圉,牛有牧,以待百事。(孫鑛眉)疊句連下,至圉、牧則作偶語承,是文勢操縱合如此,甚有節奏。(《補義》眉)吳恭存曰:"爲人臣者,無可逃之義,逃亡則盜矣。前說臣見其不可逃,後說盜見其所當執。"(《評林》眉)李于鱗:"此節解有司執人於王宮,莫非王土,而執人亦所以供王事。"《滙參》:"《環齊要略》云:'自營爲厶,八厶爲公。'言正無私也。大夫者,夫之言扶也,大能扶成人也。士者,事也,言能理庶事也。服虔云:'皁,造也,造成事也。輿,衆也,佐皁舉衆事也。隸,隸屬於吏也。僚,勞也,其勞事也。僕,僕豎主藏者也。臺給,臺下微名也。'按《說文》:'厶,古私字;八,古背字。'"今有司曰:'女胡執人於王宮?'將焉執之?周文王之法曰:'有亡,荒閱。'所以得天下也。吾先君文王,作僕區之法,曰:'盜所隱器,與盜同罪。'所以封汝也。若從有司,是無所執逃臣也。逃而舍之,是無陪臺也。王事無乃闕乎?昔武王數紂之罪,以告諸侯曰:'紂爲天下逋逃主,萃淵藪。'故夫致死焉。君王始求諸侯而則紂,無乃不可乎?若以二文之法取之,盜有所在矣。"(《評林》眉)呂東萊:"無宇謂盜有所在以刺王,則往而戇。王自謂盜有寵,則褻而辱,君與臣之言無一可也。"(《補義》眉)將"亡"字引出"盜"

字，將"盜"字引出"有所在"，不突不竭。王曰："取而臣以往，盜有寵，未可得也。"（《補義》眉）結二語前應"臣"字，後應"盜"字。遂赦之。（文熙眉）穆文熙曰："無宇執人王官，數其納亡之罪，此在賢君且難見容，而況暴虐如靈王者，乃能取其亡而還之，顧不大異哉？此無宇之子所以德之，而殉之以二女與？"（《文歸》眉）蔣尚賓曰："詼諧有致，自是霸者氣略。"（《文歸》尾）一正色於下，一奪氣於上，只末數語，寫出"楚王"云云，蓋漸而出於謔也。爻一。（魏禧尾）魏禧曰："靈王赦申無宇，石虎不罪姚弋仲，皆是古今奇事。"魏世傚曰："比之紂而指以爲盜，橫而無禮矣，楚靈從之。茅焦諫始皇，亦以強辭喝之而聽。楚圍、秦政，至兇暴也，兇暴人往往可以強直之辭氣奪之。"彭家屏曰："韓魏公曰：'善諫者無諷也，無顯也，主於理勝而已。'無宇之言，理勝也，故楚靈赦之。義理之不存，而強辭劘上，謂可以氣奪也，有是理乎？"（《分國》尾）斷王之旌，指王爲盜，無宇之強悍極矣。楚虔無可如何，乃知亂臣賊子，雖甚桀驁，自反不縮，未有不服者。（《賞音》尾）楚子既納亡人於宮，其意豈復顧二文之法者，況無宇有斷旌之舊怨乎？乃竟赦之，而聽其執亡人以往，是亦一節之可取。然無宇謂"盜有所在"，過於戇，王自謂"盜有寵"，過於褻，未可爲訓。（《左繡》眉）前半以"臣"字作骨，後半以"盜"字作骨。論臣則連自亦算做君，論盜則連王亦算做盜，皆絕倒語！妙文未有不首尾相配者。起手一行，只作一引，故後無照應。然"一國兩君"與"誰非君臣""人有十等"二語，未嘗不相映有情。"王將飲酒"，後亦無應筆，卻不知正爲末段戲語伏脈，當於言外得之。數十"臣"，前有領筆，後有補筆，極有間架。"將焉執之""姑問之""無乃闕乎""無乃不可乎"，疊詰之。"盜有所在"，則直刺之。行文由寬而緊，不突又不竭也。將"亡"字引出"盜"字，將"盜"字轉出"盜有所在"，妙意層吐，有春山出雲之樂。本只注意"盜有所在"一句，因不好便說，先透個"與盜同罪"，卻將王事之闕縮住。再透個"逋逃主"，又將"則紂不可"縮住。然後輕輕扯二文之法，將"盜有所在"如畫龍點睛，一點便活。所以能解楚子之頤，而答之戲也。否則，自來無此唐突諫臣，又安得有此唐突文字耶？一句答他"臣"字，一句答他"盜"字，只此二筆，其收應又何密也！"爾臣"，妙！爾之臣也，亦尖冷語。（美中尾）吳恭存曰："爲人臣者無可逃之義，逃亡則盜矣。前說臣，見其不可逃。後說盜，見其所當執。"將"亡"字引出

"盜"字，將"盜"字引出"有所在"，不突不竭。(《左傳翼》尾) 執人王官是主，必原斷王旌敘起者，以其骨鯁有素也。此固上下聯絡意，而其要緊尤在"一國兩君"及"人有十等"上。蓋論尊無二上，則一國不容有兩君。而論人有十等，則又各自爲君臣，而不得以一君蓋煞，使人不得明君臣之分也。此見其議論明通，彼此並行不悖處。有司不許執人王官，不過謂天下統於一君耳。不知王公以下，遞相爲君，各臣其臣，則臣有罪，皆得執之，無容逃匿，此二文之法所以立也。紂爲天下共主，武王猶以逋逃主罪之，何況其他？君臣之義既明，則執人王官，則不得阻，阻之者所以與盜同罪也。前路猶就有司批駁，後則直歸到王身，而以"盜有所在"作結。行文由寬入緊，筆法嚴利，凜若秋霜。無宇敢斷王旌，知有君也。己知有君，豈臣於己者而聽其不臣乎？有司責其執人王官，王官非君土乎？所執之人非臣乎？執人者非君乎？人有十等，一層管一層，有不恪共厥職者，走到天邊，何地不可執？如謂胡執人於王官，豈有亡不必荒閱乎？豈王官爲隱盜之所，獨不與盜同罪乎？臣有逃之之所，而不可執。不執逃臣，便少了這個臣，誰恪共厥職以辨王事乎？王欲求諸侯而效紂爲逋逃主，可乎？不可乎？一路逼桚下來，都與有司語針鋒注射，雖其中有多少涵蓄停頓，而理直氣壯，仍然不改斷旌局面。在無宇本意，無非欲執闇人以正法，難道定要荒閱，得王與盜同罪不成？只爲有司不許執，不得隱約放鬆，故以盜有所在直揭，王亦迫于大義，認真不得，答得隱約鬆裕，此雖是把酒言歡時景況，亦可見暴主尚有容納直言之善，而惜乎楚廷之上犯顏強諫者，無宇而外，不多見也。(《日知》尾) 執人王官，名欲得闇，實借以諷諫耳，故上下原是一意。"得天下"與"封汝"，"求諸侯"而"則紂"，乃立言洞中機竅處。《國策》茅焦諫始皇遷太后，止以天下爲言，故一投而入，亦此意也。(《評林》眉) 陳傅良："'遂赦之'，傳載椒舉、蓮啓彊、芋尹無宇之辭，見楚所以能彊。"(方宗誠眉) 收近戲言，有風趣。(林紓尾) 此篇用極力鞭逼之法，措詞一步緊似一步，末乃以閒閒趣語收之，神妙直到不可測度。此篇不是寫無宇，是寫楚王。王雖無道，亦頗識正人。當無宇斷王旌時，在勢即位後必復讎，而終不復。於是無宇之膽稍大，知此人雖大紈絝，尚可動之以理。入手且不說他收受逃亡，但說己之闇人，即挨次爲王之僕御，照此辦法，不特己無闇人，即王之贊御，後來亦可逃匿。是開陳一篇大道理。然後步步吃緊，先引周文，後引楚文，檢出成案，加以責備。"則紂"二字，已堪不住直説。道到"盜有所任"，直是當面搶白，且成犯上。無宇到此，真暢所欲言。此等文字，應作如何收束？若立時命釋逃人，則君權已失。若殺無宇，而王又無此手段。妙在自承爲盜，命收若臣以去，自恃可以違法，並赦無宇之狂恣，非大度也，蓋紈綺滑稽之舉動耳。讀者息息爲無宇危，及到收束，不期一笑。蓋天生此一段文章，經左氏妙手拾得耳。（《菁華》尾）無宇所爲，據理雖直，終非事上之道。待請而後執焉，斯爲得之。楚靈王弑君之賊，一生亦無善政可言，獨其赦無宇不誅，尚有容人之量。

楚子成章華之臺，願與諸侯落之。（《左繡》眉）此篇爲公如楚作傳，先敘啓彊"臣能得魯君"語，及來召之辭，以見公之如楚，出於不得已也。夢襄公祖道，其勉强可知。以不能相儀者爲介，又可見此行之殊草草矣。敘魯事，卻敘楚子語於前。史家往往甚愛乙文，不欲另傳，即寄於甲傳中也。孟僖事亦附敘之例。然此數語，要當載公至自楚篇之首乃得。前一"能"字，末兩"不能"字，相映處，見楚强魯弱，啓彊之所以哆口召公也。如此看，無一字閒。**大宰蒍啓彊曰："臣能得魯侯。"**（韓范夾）魯雖弱，中邦之望，而與國之首也。故楚喜於得之，倍于鄭、衛。蒍啓彊能諫辱晉，可謂賢矣，而進召魯之説，以逞王心，何哉？（《補義》眉）"能"字與末兩"不能"相照。（《評林》眉）劉懷恕："成章臺而召諸侯，蒍啓彊無一言以諫其非，反曲詞以徵魯公，魯公畏其見凌，亦遂如楚，無一可者，《春秋》書'公至自楚'，蓋譏之矣。"**蒍啓彊來召公，辭曰："昔先君成公，命我先大夫嬰齊曰：'吾不忘先君之好，將使衡父照臨楚國，鎮撫其社稷，以輯寧爾民。'嬰齊受命于蜀，**（《補義》眉）將蜀盟坐在成公身上，舌端無骨。俞云："提十年舊券虛索，不爲無名。"**奉承以來，弗敢失隕，而致諸宗祧。日我先君共王引領北望，**（孫鑛眉）"日"字無謂，恐有誤。**日月以冀，傳序相授，於今四王矣。嘉惠未至，唯襄公之辱臨我喪。孤與其二三臣悼心失圖，社稷之不皇，況能懷思君德！今君若步玉趾，辱見寡君，寵靈楚國，以信蜀之役，致君之嘉惠，是寡君既受貺矣，何蜀之敢望？其先君鬼神，實嘉賴之，豈唯寡君？君若不來，使臣請問行期，寡君將承質幣而見於蜀，以請先君之貺。"**（孫鑛眉）文盡工，但稍傷煩，得刪數語當更妙。（韓范夾）悍悖無禮，盡於一言之中，信乎戎狄豺狼不可近也。（《左繡》眉）啟彊語，委婉曲折，總以蜀盟爲口舌。凡四點"蜀"字，爲一篇之線索。後半頻點祖道、行不行、及兩不能，皆暗暗與之相配成片段也，是一首極清極轉文字。"受命于蜀"句作提，以下分作兩層，而每層各有兩意。前一層，未至者固不能忘，辱臨者又不算數，曲説得妙！後一層，君若來，則不敢望蜀以要盟。若不來，則必將見蜀以請覘，恐喝得妙！參差中極整齊也。（《補義》眉）不提起宋之盟，以魯人不會于申，而蜀之盟則成公親會也。不提起叔弓如楚，以大夫聘問，諸侯之常，而如楚臨喪，則襄公親至也。（《評林》眉）《附見》："按：蜀，魯地，成公三年盟于蜀。"《評苑》："見魯君于往日同盟之地，以請先君成公之賜，蓋言將伐魯也。昭公畏楚，將往朝焉。"

　　公將往，夢襄公祖。（《補義》眉）以襄公爲起，足見詭謀不善，後嗣受累。梓愼曰："君不果行。襄公之適楚也，夢周公祖而行。今襄公實祖，君其不行。"子服惠伯曰："行。先君未嘗適楚，故周公祖以道之。襄公適楚矣，而祖以道君，不行，何之？"（《補義》眉）何云："'周公祖以道之'，雖鬼神亦無如蠻夷之横矣。然苟有能攘之以安中國者，豈非文、武、周公所式憑乎？故夫子未嘗不偉桓、文之績也。"（《評林》眉）《滙參》："師古曰：'黄帝子纍祖好遠遊，卒於道，後人以爲行神。'鄭《周禮·大馭》'犯軷'注：'行山曰軷，犯之者，封土爲山象，以菩芻棘柏爲神主，既祭，以車轢之而去，喻無險難也。'"

　　三月，公如楚，鄭伯勞于師之梁。孟僖子爲介，不能相儀。及楚，不能答郊勞。（《分國》尾）蜀之役，衡父逃歸，宣叔以"不忍數年之不宴，以棄楚國，後之人，必有任是夫"，今來召魯，以此爲辭，宣叔之言驗矣。假夢以往，魯真憒憒。（《左繡》眉）"公如楚"三字爲上下文樞紐，上事必得此句爲結，下事又必得此句爲起，故不能割而誤連之耳。（《左傳翼》尾）峻宇雕牆，五亡之一，晉成虒祁，諸侯朝者皆有二心。楚成章華臺，乃欲與諸侯落之乎？魯遠於楚，只爲蜀盟，遂爲口實，又繼以襄公之行，啓彊所以生心也。襄公往楚以玉帛，蜀盟乃以兵戈，倒將蜀盟屢屢提掇，以示若不朝楚以繼襄公之好，則必復有蜀之師。待蠻夷與禦小人同，一示之以隙，彼必援以爲例，而擺脱不開。是以君子慎始，詞意越婉曲，越倨傲，讀之令人氣憤。俞寧世謂："'臣能得魯侯'，一'能'字中，預有此段絕妙文章。故致一國君，直如探囊取物。"不知此段文章皆從叔弓如楚生來，唯叔弓不召而往，故知魯侯召之必來，能得若操左券也。通篇純用劫法，叔弓如楚，全是懼楚兵威，故口口蜀盟，以兵威愒之。荊舒，周公所膺者，襄公欲往，是假夢周公祖以行。今公又假夢襄公祖，畏楚而行，只作解夢。梓慎謂公不行，以周公不欲其往，蓋托以諷諫也。惠伯既阻襄公，豈願公行？兩人私論，有多少不滿意，此等妙文，尋行數墨人豈能窺尋得出？（《日知》尾）無聊之事，無情之辭，卻說得淋漓婉摯，娓娓入聽。末段頓跌搖曳，不但其文相配，其事亦復相偶，此見因物賦形之妙。（《評林》眉）陳傅良："'公如楚'，傳言魯從楚之不得已也。"鍾伯敬："昭公屢朝于晉而不納，又迫於強令而朝楚，卑辱亦甚矣。"〖編者按：凌稚隆作汪克寬語。〗（《菁華》尾）"君若不來"以下，語極蠻曠，定是夷狄之俗，中國詩禮之邦，斷斷無此辭令。

夏四月甲辰朔，日有食之。晉侯問於士文伯曰："誰將當日食？"對曰："魯、衛惡之，衛大魯小。"公曰："何故？"對曰："去衛地，如魯地。於是有災，魯實受之。其大咎，其衛君乎？魯將上卿。"公曰："《詩》所謂'彼日而食，於何不臧'者，何也？"對曰："不善政之謂也。（《補義》眉）上論數，此論理。國無政，不用善，則自取謫於日月之災，故政不可不慎也。務三而已：一曰擇人，二曰因民，三曰從時。"（《左繡》眉）此條作兩截讀，然前云"魯、衛惡之"，後云"自取謫於日月之災"，恐晉亦未必能免也，意在言外。前云"去衛地，如魯地"，是論數。後云"國無政，不用善"，是論理。一曰"受"，一曰"取"，兩兩相對，而意實相承。中間引《詩》恰作上下轉棙，絕妙章法。引《詩》作閒語，亦一變調也。魯、衛說四遍，"政"字說三遍，分三項，皆相配處，疏密適勻。（《左傳翼》尾）日食，天道也，分辨何國，兼地道言之，歸結於國無政，以人道為主。一言而備天地人之理，總括諸古今五行諸志精蘊，通篇純用逆出筆勢，古勁絕倫。是時晉主夏盟，因日食而問，晉侯正有恐懼脩省之意。前言"魯衛惡之"，據數寔證，取其言之信而有徵也。後云"不用善則自取謫"，理在而數不能外，不必魯、衛，凡在天光照臨之下者，都宜惕息,警晉侯意自在言下。(《評林》眉)《補注》:"以分野論日食受災之國,亦謬。"

晉人來治杞田,季孫將以成與之。謝息爲孟孫守,不可。曰:"人有言曰:'雖有挈缾之知,守不假器,禮也。'夫子從君,而守臣喪邑,雖吾子亦有猜焉。"季孫曰:"君之在楚,於晉罪也。又不聽晉,魯罪重矣。晉師必至,吾無以待之。不如與之,間晉而取諸杞。吾與子桃,成反,誰敢有之?是得二成也。魯無憂而孟孫益邑,子何病焉?"(孫鑛眉)議論文機,全與戰國相似,但鍊縱法稍異耳。(《補義》眉)先破其"夫子從君",又破其"守臣喪邑",將罪悉歸孟孫。辭以無山,與之萊、柞,乃遷于桃。晉人爲杞取成。(文熙眉)汪道昆曰:"議論能品。"穆文熙曰:"晉恨魯之楚,來治杞田,則成在所必取矣。季孫既欲與之,復曰'間晉而取諸杞',背盟違約,招禍曷已?此其爲遷就之説,以欺守臣耳,胡能行哉?"(《左繡》眉)杞田不盡歸,季孫隱占必多。此番來治,獨以成塞,分明做別人不着,此謝息之所以必故靳之,而季氏之所以必故索之也。至以桃易成,又益萊、柞,則桃薄於成,觀公斂陽"無成,是無孟氏"之説而可知已。謝息言簡而意盡,季孫意餒而詞曲。謝語先理而後情,季語先害而後利,《國策》蓋道源於此種矣。季語以"不如與之"句爲關棙,上是魯之害,下是孟之利,末用雙收,筆最圓到。治杞、守成,起結凡作兩層提應,章法明整。(美中尾)姜白巖曰:"公在楚,而晉治杞田,取於季孫,是晉人無公也。宿不請公命,不待孟歸,而擅與以成,是季氏無公,亦無孟孫也。謝息爲孟孫守,亦不待命,竟遷於桃,是又陪臣將執國命之時也。"(《左傳翼》尾)晉治杞田,季孫不肯克己,而欲以孟孫之成與之,所謂慷他人之慨也。謝息以"夫子從君,守臣喪邑"辭之,彼即借此生波,見公之往楚,孟孫爲介,晉人罪魯,儼若孟氏貽之。不以爲功,而以爲罪,以成與杞,聊以贖罪耳。後又以二成誘之,傾危已極。而俞寧世猶以爲:"私商耳,而委曲周匝,猶見魯國之和。"得毋被他瞞過?(《日知》尾)圓若走盤之珠。(高嵣尾)俞桐川曰:"私商耳,而委曲周匝,猶見魯國之和。"(《評林》眉)王元美:"謝息知一己之利害不可與,而不知一國之利害有不得不與者,若季孫所言,則勢所必及。"《評苑》:"缾,汲水器也,言雖有挈缾之小小智識,爲人守此汲器，尚不肯以假人，爲主守器，禮當如此。"陳廣野："季孫始以勢脅，繼以利誘，此真得說人之術。"《補注》："爲杞取成不書，說見襄二十九年，昭、定、哀，《春秋》非公命而書者多矣，杜說非。陳氏曰：'傳言季氏專，不待公命。'"

楚子享公于新臺，使長鬣者相，好以大屈。既而悔之。薳啓彊聞之，見公。公語之，拜賀。公曰："何賀？"對曰："齊與晉、越欲此久矣。寡君無適與也，而傳諸君，君其備禦三鄰，慎守寶矣，敢不賀乎？"公懼，乃反之。（文熙眉）汪道昆曰："辭令妙品，'好以大屈''無適與'，字法句法。"穆文熙曰："一弓既與人，何故復用此小知以反取之？得弓而失禮與信，其所失不愈大哉？"（鍾惺眉）譎得有趣，然楚君臣小人哉！（《分國》尾）楚曾賜鄭伯金而悔之，使無鑄兵。今賜大屈而又悔。甚矣，蠻夷之無信也！（《賞音》尾）機智，玩鄰國於股掌之上，然不免逢君之罪。（《左繡》眉）惜不記其名，所謂一部好鬚者耶？語語稱賀，卻語語恐嚇，此等文亦《國策》之藍本也。《國策》〖編者按：當爲《國語》。〗於賀下添卻一弔，語快而未免痕跡。此則弔即藏於賀中，尤隱秀有餘味。設公不語，啓彊言餂必當費辭，戰國人一見便賀，巧捷故後來居上矣。（儲欣尾）譎趣開戰國人之先。（《左傳翼》尾）三國不能得，而魯得之，誠屬可幸。楚不能守而魯守之，寔爲可危。戰國顏率致鼎，"何塗之從"，從此翻出。一派狡詐，一派機巧，魯之君臣任其玩弄，可歎也夫！（《日知》尾）以予爲奪，意曲而雋。（《補義》眉）小人逢君，其佞如此。（《評林》眉）陳明卿："詞意不顯露，而玩其旨，則鋒鍔凜然，公能無懼而反乎？"

鄭子產聘于晉。（《補義》眉）晉君臣已疾之方不出此。晉侯疾，韓宣子逆客，私焉，曰："寡君寢疾，於今三月矣，並走群望，有加而無瘳。今夢黃熊入于寢門，其何厲鬼也？"對曰："以君之明，子爲大政，其何厲之有？昔堯殛鯀于羽山，其神化爲黃熊，以入于羽淵，實爲夏郊，三代祀之。晉爲盟主，其或者未之祀也乎？"韓子祀夏郊，晉侯有間，賜子產莒之二方鼎。（高塘眉）前段答黃熊，是因問附及。對語有本有原，典禮悉備。真博物君子也。（文熙眉）穆文熙曰："鯀化黃熊，其說既訛，而夏郊又與晉無與，子產失對，韓子乖祀，晉侯疾差，亦偶然耳。"（《測義》夾）愚按：鬼神不敢非類，鯀信能爲崇以求食歟？則夏之祀有杞存焉，是天子之事守也，晉雖盟主，得奸其祀乎？子產而誠有斯言，則初言"出入飲食哀樂所致"者，豈其矛盾至此？吾惑焉。〖編者按：奧田元繼作陳眉公語。〗（《補義》眉）子產語極剛正，而此獨作疑辭，似亦自病狗俗。（閻生夾）晉侯之疾由於女色，子產已論其詳矣。既不悟而又問，故即以詭詞答之。

子產爲豐施歸州田於韓宣子，（孫鑛眉）以下三事俱子產聘晉時所論說，因而帶敘。（《補義》眉）論黃熊則字字游移，歸州田則語語斷決，兩相映照。（高崶眉）後段歸州田，是來聘本意。致詞一操一縱，理勢俱徹，洵謀國遠慮也。曰："日君以夫公孫段爲能任其事，而賜之州田，今無祿早世，不獲久享君德。其子弗敢有，不敢以聞於君，私致諸子。"（韓范夾）子產致邑，不於其君於其臣，事大之術，權宜曲盡，故能撫安鄭國也。（《評林》眉）《經世鈔》："'私致諸子'，子產亦知其情，却回護得好。"宣子辭。（方宗誠眉）前段委婉，此段方明言所以必歸州田之故，仍自曲折。子產曰："古人有言曰：'其父析薪，其子弗克負荷。'施將懼不能任其先人之祿，其況能任大國之賜？縱吾子爲政而可，後之人若屬有疆埸之言，敝邑獲戾，而豐氏受其大討。（《補義》眉）"後之人"一段隱含子今不取，他人得之矣，沁入韓子心坎。吾子取州，是免敝邑於戾，而建置豐氏也。敢以爲請！"（《左傳雋》眉）語婉而切，爲豐氏免討，爲國免戾，可謂宏遠。（《評林》眉）《經世鈔》："'敢以爲請'，宣子雖有私欲，尚是顧名義人。"宣子受之，以告晉侯。晉侯以與宣子。宣子爲初言，病有之，以易原縣於樂大心。（文熙眉）穆文熙曰："大凡非分之獲，決當力辭之。蓋與其人奪，寧自奪也。子產辭田之論，其知義哉！"（魏禧尾）魏禧曰："歸州本是投韓宣子所欲，却委曲說出一段利豐氏、利鄭國道理，使鄭還之有故，宣子受之有名，此最善爲貪人留餘地者。此等處置廉讓人，最不可不知。"（《分國》尾）黃熊之祀，國僑詭對。祀之病差，亦適然耳。不然，祭不越望，況鯀爲夏宗乎？衛侯祀夏相，甯子不可。豈國僑所見出甯子下？州田之歸，不獨安豐氏，且息晉爭，宣子竟置可也。樂大心之易，舍州名，取州實，宣子猶未免於貪乎？（《左繡》眉）爲豐氏歸田，本不重爲豐謀，而重爲國謀。然竟以敝邑爲辭，未免過於畏葸，看他只從其子做個話頭，說到疆埸之言，又只是將敝邑作伴説，委婉曲折，極斟酌盡善之文。州田久爲韓子所貪，但初言礙手，不便啓齒耳。子産明眼覷破，便句句爲他留地步。"私致諸子""吾子取州"，與論厲鬼，同一老世事語也。妙絶！"子爲大政""吾子爲政"兩句，乃上下截關照語，不得略過。（美中尾）崇伯失祀，與晉無與，是爲淫祀。夏郊而晉代之祭，是爲逆祀。晉僭王章多矣，子産即不能正之，而反導之，則何也？（《左傳翼》尾）子産屢建白於晉廷，侃侃諤諤，無一語回護。晉侯淫以生疾，趙文子問則斥言四姬，而謂與實沈、臺駘無涉。今答宣子，反云黄熊當祀，而於病之本原，一言不及，豈言以時異，亦因人殊，而不敢盡言以招人過歟？至此番來聘，專爲歸州田，寄之外府，原是便於取還，若久假不歸，必貽後悔。"私致諸子"，語語道破本衷，婉轉謙和，令之心安意愜，真是詞令妙品！（《日知》尾）子産會意而乘機，韓宣内貪而外介，一片寫出。（《補義》眉）絶妙謀畫，大臣至此，可哀也！（高塘尾）俞桐川曰："兩段詞令，措詞斟酌，有禮有情。"（武億尾）此篇分兩截看。子産此行，似單爲歸田而來，黄熊一論，不過因私間附及。觀前半兩點韓子，便爲後半作引，可以得此文之賓主矣。

　　鄭人相驚以伯有，（孫鑛眉）以下兩章又是因數産答趙、韓，追敘緣由來歷。（《補義》眉）突然而起，情狀踴躍。（《便覽》眉）起得躍躍有勢，夾入夢中鬼話，直紙上有聲。（高塘眉）上半敘事。前段相驚皆走，正是爲厲之狀。後段益懼愈懼，正是驚走之由。起一段，乃"國人愈懼"下文字，若從"或夢"後順敘而下，便覺平直。文章得勢，只争落筆先後間。（《評林》眉）謝文洊："世俗固怕鬼，然往往彼此捏造騰播以取戲，只'相驚以伯有'一語，將此種情弊，寫出如見。"曰"**伯有至矣**"，**則皆走，不知所往。鑄刑書之歲二月，或夢伯有介而行，曰："壬子，余將殺帶也。明年壬寅，余又將殺段也。"**（韓范夾）鬼能前知，故言帶、段之死期以懼國人，非真能殺人也，不然何先後耶？（《評林》眉）魏世傚："'或'字便見指實不得，即是妄傳，或帶、段既死，而人爲是夢以神之耶？"**及壬子，駟帶卒，國人益懼。齊、燕平之月壬寅，公孫段卒。國人愈懼。其明月，子産立公孫洩及良止以撫之，乃止。**（韓范夾）立良止，重鬼事也。不專立良止，重人道也，子産之寓意深而作用大矣。**子大叔問其故，**（高塘眉）

下半議論。前段申明立後之故，後段推説爲厲之故。前段作用妙，後段論理精。子產推救時賢相，博物君子，俱見於此。子產曰："鬼有所歸，乃不爲厲，吾爲之歸也。"大叔曰："公孫洩何爲？"子產曰："説也。爲身無義而圖説，從政有所反之，以取媚也。不媚，不信。不信，民不從也。"（孫鑛眉）兩語甚拙，然卻亦有致。（鍾惺眉）大道理，大機權。（《左繡》眉）此篇先敘後議，敘處極其奇特，議處極其精微，通體似以前奇後偶立格。然公孫洩只是陪客，故敘議皆只輕寫，而首尾全重伯有也。乃其理則互相發矣。唐錫周曰："前半畫鬼工絶，後半談鬼精絶。前半畫鬼，筆筆淩空，妙在極變幻。後半談鬼，筆筆沉着，妙在極平常。"起句乃是"國人愈懼"下文字，然移之於後，而以"或夢"從頭順敘，則同此數語，而一奇一庸，不啻天壤。文章死生，只於落筆爭先後也。作文全要起得得勢，得神，此爲第一。鍾伯敬曰："即此一事，大道理，大機權皆在其内。'不媚''不信'四字，至圓至捷至深。"（《補義》眉）得《詩》媚於庶人之意。（《評林》眉）郭眉菴："子產於伯有之祟則立其後，於神竈瓆斝玉瓚之用則卻，斷然行之不惑，此非真知鬼神之情狀者，不能有此定力也！"石星："子產爲鬼之論，實根至理，《易》之'精氣爲物，神游爲變'，殆此之謂。"《補注》："劉炫曰：段即豐氏，當言駟氏黨，字之誤。'吾爲之歸也'，何休《膏肓》曰：'孔子不語怪力亂神，以鬼神爲政必惑衆，故不言也。今左氏以此令後世廢仁義，而祈福於鬼神，此大亂之道也。'鄭玄箴之曰：'伯有，惡人也，其死爲厲鬼。厲者，陰陽之氣相乘，不和之名。"《增補合注》："此子產權宜制變之計。"彭士望："非子大叔，子產必不説出，亦所以訓之也。"（方宗誠眉）觀傳文是先立公孫洩，後立良止，子產之作用也。若先立良止，則疑子產爲懼伯有之爲厲矣。

及子產適晉，趙景子問焉，曰："伯有猶能爲鬼乎？"子產曰："能。（《補義》眉）汪云："前答子太叔，只論得處置之方。至伯有之所以爲厲，尚未説明，故須此處透發。"人生始化曰魄，既生魄，陽曰魂。用物精多，則魂魄強。是以有精爽，至於神明。匹夫匹婦強死，其魂魄猶能馮依於人，以爲淫厲。況良霄，我先君穆公之胄，子良之孫，子耳之子，敝邑之卿，從政三世矣。鄭雖無腆，抑諺曰'蕞爾國'，（孫鑛眉）以諺插"雖無腆"，固自有態。而三世執其政柄，其用物也弘矣，其取精也多矣。其族又大，所馮厚矣。而强死，能爲鬼，不亦宜乎？"（文熙眉）孫應鰲曰："立良止以安民心也，立公孫洩，使民不疑於良止也，意遠事當。"（《左傳雋》眉）按：朱晦翁謂："劉康公論人受中以生，與子產論伯有爲厲，其義理甚精。"竊謂受中之理，畢竟正而易信。爲厲之理，畢竟幽而難知。（王源尾）共序三事，以辨黃熊爲主。蓋子產聘晉，晉侯主也。不但伯有爲賓，即爲豐氏反州田，寧非賓乎？以伯有襯黃熊，以公孫段聯伯有，鎔鑄爲一。斷崖絶壑，鳥道相通，真奇文也！反州田一事，與厲鬼絶不相蒙，突接於辨黃熊之下，轉筆又忽入伯有，斷亂無端，不知如何蹊徑！讀至終篇，方知其序伯有者，襯黃熊也。序州田者，聯伯有也。合笱縫於虛空，運斧斤以神氣。非靈仙聖手，孰能爲之？三事變爲四段，分伯有一段爲二，前段追序，後段遙接。有追序一段，方突兀生動，而斷續之妙無窮，使平板三段，有何趣乎？（《彙鈔》眉）子產非必高擡伯有，只因"猶能爲鬼"一語，故暢發之。（魏禧尾）魏禧曰："論甚精微，處法尤當。"彭家屏曰："伯有未必爲厲，特擧國訛言，遂若真爲厲耳。子產爲伯有立後，亦因民之所易信者順而導之，而訛言斯息矣。訛言息，則伯有不爲厲矣。然其論鬼物處，語語精確，遂爲記禮者之所取裁。窮理如宋儒，亦不能齮其説也，則存其議論可也。"（《分國》尾）君子作事，將以明民也。必斤斤焉使民皆曉我意，則我意已無餘，不如愚之。鄭人懼伯有爲厲，子產先立子孔之子，後立伯有之子。若此擧不爲伯有，而民之惑於是乎釋。蓋存亡繼絶，國之大義，托之乎此也。此即可使由、不可使知意。仲尼先簿正祭器，同此作用，伐原徙木，陋矣！（《左繡》眉）連寫四"之"字，三"其"字，四"矣"字，筆氣與起手一段相配，此照應之以神不以形者。一篇説鬼文字，前半處置，何等合宜！後半注解，何等明白！不作模糊紐捏見識。子瞻强人，未必過於此樂也。前云鬼有所歸，乃不爲厲。至所以爲鬼者，尚未説破，故須此處透發始足。（美中尾）全謝山曰："子產立後，皆就鬼神而言，而未甚當。伯有乃子良之孫，其先有大功，立後固宜。子孔召純門之師，乃是國賊，何可立後？若但以取精用宏爲説，則崔、慶、孫、甯諸亂臣，孰非取精用宏者，何以不能爲厲也？余嘗謂漢人讖緯巫鬼之説，實皆始於春秋之世，當時雖子產不能免也。"（《左傳翼》尾）伯有若果能殺帶、段，何不一擧而殺之，而必分判月日？且罕、駟、豐同生，當日助子晳者，豈止此二人，何以皆不之殺？明係知此二人者死期將至，故托此妖夢以恐嚇愚民也。七穆與鄭相爲終始，"兄弟而及此，吾從天所與"，子產原有存亡繼絕之意，故因此而立之後。奇奇怪怪事，以平平淡淡處之，眞學問人措置便自不同。突然從"相驚以伯有"起，緊接曰"伯有至矣"，又曰"皆走"，又曰"不知所往"，寫得舉國疑鬼疑神，儼有一伯有活跳而出。不知此皆從兩"懼"字生來，緣兩次妖夢，鑿鑿皆驗，故人心惶惑至此。以逆見奇，乃左氏長技。若先敘懼，後寫驚，則平鈍無味矣。《左繡》云："文章死生，只于落筆爭先後，一奇一庸，不啻天壤。"最得古人三昧。能爲鬼，自是定理。有所歸，乃不爲厲，自是實用。首尾仍自聯貫，議論平實，無一語涉險怪，非通幽明之故，識性命之原者，烏能爲此言？（《便覽》尾）向評謂妙於說鬼，余謂是精於制鬼也。文法本敘事、敘言兩截，而答太叔，是爲立公孫洩作注腳，直連上作一截，故答趙景子獨長。又答太叔順解下來，答景子倒卷上去，一氣貫注。格局本任人理會，奈何人好作印板文字？芳輯評。（《日知》尾）說奇如常，然愈見其奇。（高崶尾）俞桐川曰："一鑒其作用神妙，一悟其理蘊精微，一賞其筆法騰踔，一玩其結撰峭潔。"（《自怡軒》尾）前半寫鬼，若人人目見耳聞，而不必信其有，所謂實者虛之也。鬼已無矣，而子產口中，偏鑿鑿還他有鬼實據，所謂虛者實之也。不過虛實互用，遂成異樣色澤，此古人金針渡人處。杜草亭。（《評林》眉）王元美："觀此言，則知幽陰之鬼神，皆由陽明之界所作用之強弱而成。"（方宗誠眉）此段明伯有所以能爲鬼之故，以應首段，精理名言。（林紓尾）一落筆，突然跳出伯有，以下將一篇信史，幾作鬼董讀矣，實則非是。須知此文滿滿寫鬼，卻是處處寫子產之行政，工夫全在立公孫洩。洩，子孔子也。子孔不爲厲，其子乃與良止同時爲大夫，釋鄭人之疑也。蓋伯有爲厲，則立其子，子孔不爲厲，其子乃不得立，是國家政體，全歸厲鬼把握，史筆焉能舍人而重鬼？讀者不當爲盲左所愚。須看得子產處處仍側重民心，所云不媚不信，特遊戲之談。蓋諸人胸中無把握，幾幾以駟帶、公孫段之死，以後將更殺多人。子產之意則決以爲偶然，就人事上敷衍。鄭人見伯有之子得立，於心略安，怕鬼之心亦釋，此節節以人事勝也。上半極筆寫鬼，下半極筆論鬼，均不是此篇之主人翁。須知良史之能，決不以鬼事勝人事，讀者以《齊諧》志怪目之，謬矣！（《菁華》尾）鬼物焉能殺人？或死期將至，鬼能前知，托言己之所爲，以嚇人耳。譬之人世胥吏之居衙署，亦能打探消息，用以欺詐取賂。人言方盛，爲上者不宜徇群情以證成其有，又不能持正議以力辨其無。祇得從中想出法子，使紛紛者不禁自戢，此道中之權也。腐儒固不足以知之。公孫洩之立，尤爲用意周到，否則，且自蹈於師巫禱祠之俗，而無以自解。爲義圖説之言，此中固大有至理。天下强死之人多矣，即取精用宏之人而强死者，亦多矣，不聞其皆能爲厲，子産之論，亦第就一事言之耳。

子皮之族飲酒無度，故馬師氏與子皮氏有惡。齊師還自燕之月，罕朔殺罕魋，罕朔奔晉。（《補義》眉）罕朔是子皮從父昆弟，不順子皮教訓，至殺子皮之弟，子産所必誅也。韓宣子問其位於子産。子産曰："君之羈臣，苟得容以逃死，何位之敢擇？卿違，從大夫之位，罪人以其罪降，古之制也。朔於敝邑，亞大夫也，其官，馬師也。獲戾而逃，唯執政所寘之。得免其死，爲惠大矣，又敢求位？"（《補義》眉）直陳古制。"免死"二語，真實之言。宣子爲子産之敏也，使從嬖大夫。（《分國》尾）亞大夫，又以罪降，則卑甚矣。仍從嬖大夫，子産故耳。（《左繡》眉）口口不敢擇位，不敢求位，而古制本官，明明説個光景與他，而一聽其所寘，是極善説人情、討分上者。"古之制也""朔於敝邑"，提束順逆，交接有法。"何位敢擇""又敢求位"，句法順逆，起結有法。總於整得變，故佳！（《左傳翼》尾）罕朔以飲酒無度，不率子皮之教，而與之相惡，至殺其弟以出，是亂法壞紀人也。使其在國，子産必討之，不殺則放矣。因宣子問，告以古制，即言其位職本卑，又獲戾而逃，免死爲幸，何位之敢求，自是正論。而《左繡》以爲："口口不敢擇位，卻將古制本官，明明説個光景與他，是善説人情討分上者。"將子産光明磊落心事，看作蹊蹺小人行徑，失之遠矣。（《日知》尾）立言得體，致辭尤巧。（《評林》眉）《附見》："'亞大夫'，亞上大夫也。"王季重："子産之敏，不但能尊已，而且芘及罕朔，士君子立身，固不可腝哉！"

秋八月，衛襄公卒。（《補義》眉）此以晉弔爲主，周弔爲賓，乃因主以敍賓也。王朝嚮背，視霸國矣。晉大夫言於范獻子曰："衛事晉爲睦，晉不禮焉，庇其賊人而取其地，故諸侯貳。《詩》曰：'鶺鴒在原，兄弟急難。'又曰：'死喪之威，兄弟孔懷。'兄弟之不睦，於是乎不弔，況遠人誰敢歸之？今又不禮於衛之嗣，衛必叛我，是絕諸侯也。"獻子以告韓宣子。宣子說，使獻子如衛弔，且反戚田。（《評林》眉）《附見》："鶺鴒，水鳥，共母飛鳴在原野，以比兄弟急難。"（《補義》眉）林父彌縫晉大夫，考終于戚。開手"晉大夫"三字，與成十四年"甚善晉大夫"相應，蓋前一班晉大夫已死，而後一班晉大夫纔有靈氣。

衛齊惡告喪于周，且請命。王使郕（或作臣）簡公如衛弔，且追命襄公曰："叔父陟恪，在我先王之左右，以佐事上帝。余敢忘高圉、亞圉？"（《分國》尾）"余敢忘高圉、亞圉"者，言我先人受殷追命，至今不敢忘。衛嗣君庶不忘今日之所追也，語特蘊藉。（《左繡》眉）此篇是兩事類敘體。晉如衛弔，且反戚田。周如衛弔，且追命襄公。事本一對，而一從晉一邊說入，一從衛一邊說入，則變。前兩事用倒承，後兩事用順承，則又變。一反田之故敘於前，一追命之詞敘於後，則又變。分明以議論包敘事，一順一倒爲章法者。起處單提"衛襄公卒"一筆，便藏下兩大節情事，左氏最是提筆處有作意。反田則口口兄弟，追命則口口先王，是一首親親文字。（《左傳翼》尾）襄公死，靈公立。晉弔，王亦弔。晉反田，王追命。本兩截事，而傳敘爲一者，以見王之舉動不能自主，而必視乎晉也。襄公未嘗得罪天王，在時何以不命，而至此始追命之？可知晉若不反戚田，則並此而無之，即衛人亦不敢告喪與請命矣。是王之弔，亦因晉之弔也，此左氏連敘微意，可於筆墨之外窺之。（《評林》眉）《滙參》："按：此只不忘先王親親之意，注似鑿。"陳傅良："'高圉、亞圉'，傳言周衰，諸侯多不待命而自立。"（閩生夾）紀亂事是非得失，昭然若發諸蒙，無若此文之軒爽者。

九月，公至自楚。（《淵鑒》眉）孔子千古禮義之宗，孟僖子早知之，命其子學禮在春秋時，可謂卓識。推論孔氏先德，遡源成湯，以及正考父之主敬，世德相承，毓爲至聖，淵源遠矣。臣正治曰："孟僖子知孔子之聖，使懿子與敬叔受學，眼高千古。但不急引以庸諸公，此魯之所爲削也。"（《補義》眉）遙接公如楚篇來。**孟僖子病不能相禮，乃講學之，苟能禮者從之。**（《補義》眉）唐云："只起一行寫僖子能補過，以下俱是補敘後事，作能補過證佐。"（高塘眉）弗父何之讓德，正考父之謙德，隱而不彰。歷世栽培，乃誕至聖，不獨成湯、微子之廕也。積善餘慶，匪朝伊夕，士大夫其勉之！（《學餘》眉）能病、能學、能從，至死不忘，孟僖子真吾師也。左氏傳之，字字親切真至，得未曾有。非聖門高弟，烏能及此乎？及其將死也，召其大夫曰："禮，人之幹也。無禮，無以立。吾聞將有達者曰孔丘，（韓范夾）魯之善相禮者多矣，不如不善相禮者，爲能識聖人，已足千古。聖人之後也，而滅于宋。其祖弗父何以有宋而授厲公。及正考父，佐戴、武、宣，三命茲益共。故其鼎銘云：'一命而僂，再命而傴，三命而俯，循牆而走，亦莫余敢侮。饘於是，鬻於是，以餬余口。'（《補義》眉）弗父何，禮之讓也，即其授厲公而讓之全身見。正考父，禮之共也，即一鼎銘而共之全體見。汪云："不能相儀，故於此銘流連三復，津津不已。"（《便覽》眉）古趣盎然，下引紇言，極詠歎之致。（《評林》眉）魏禧："將死猶以爲念，不忘教子，真可謂能補過。"湯睡菴："以達者稱孔子，而必推其祖之共德，以此見聖人之發祥遠矣，僖子能知之，可不謂賢哉！"其共也如是。臧孫紇有言曰：'聖人有明德者，若不當世，其後必有達人。'今其將在孔丘乎？我若獲沒，必屬說與何忌於夫子，使事之，而學禮焉，以定其位。"（《左傳雋》眉）"以定其位"，應"無以立"句。（《補義》眉）俞云："積善餘慶，士大夫勉之。"故孟懿子與南宮敬叔師事仲尼。仲尼曰："能補過者，君子也。《詩》曰：'君子是則是效。'孟僖子可則效已矣。"（文熙眉）汪道昆曰："議論具品。"孫應鰲曰："孟僖子能屬子於既沒，而不能託國於生前，豈欲用孔子而不及，或猶有不能用者在歟？"〖編者按：奥田元繼作張天如語。〗蘇子曰："以僖子之賢，而知夫子之爲聖人也，使其未亡而授之以政，則魯爲東周矣。"（韓范夾）能遣子弟從良師遊，便增己令聞矣。爲人君而建太子，可不妙選官僚哉？（《彙鈔》眉）僖子能囑其子於身後，而不能用孔子於生前。且孔子聖人，而止稱爲達者。孔子當授以政，而止命學禮，猶未深知孔子者也。然其眼光已高時人百倍。（《分國》尾）先大夫獻子，以相君有禮，受賜王室。僖子病不能禮，何也？僖子所相者昭公，昭公習儀以亟，所脩者，郊勞贈賄之文，非禮之本。僖子自維不能匡君以禮，有忝於先大夫，故以爲病。曰："禮，人之幹也，無禮，何以立？"定其位，所以立也。若但謂僖子爲介，不能相儀，以是爲病，屬於仲尼，其視仲尼爲叔孫通乎？（《知新》尾）殷之開也，由司徒。人倫明而教統歸，歷湯祀六百，淵源至于宋。弗父何以讓，正考父以恭，世德相承，鍾毓益厚，篤生孔子，宗師萬世，豈偶然哉？孟僖子特見之於早，爲有識耳。（《左繡》眉）此篇先案後斷，以敘事串議論，其章法直與澤陂菡萏相似。起結不必言，中間以將死召大夫及獲歿屬二子相呼應，"無以立"與"定其位"相呼應，"將有達者"與"必有達人"相呼應，"滅宋""授宋"與"若不當世"相呼應，乃至"三命愈共"與"其共如是"緊相呼應，兜裏鼎銘作中權，四面層伏層應，無一筆漏，無一筆偏。圓潤精緻，爲傳中第一首極整極奇之作。反復稱歎，極寫得心悅誠服意思出。唐錫周曰："起處一行是正文，卻用虛寫。'及其將死'以下，是證佐，偏用實筆。最是虛實互用絕妙法。"愚意起處固是補過正義，中屬二子師事仲尼，不當作證佐看。蓋燕翼詒謀，尤補過之大者。看兩仲尼連寫，自與遙接前文者不同。（昆崖尾）李恕谷曰："累世傳恭，遂產聖人。甚矣，恭之要也！"（《左傳翼》尾）因一時不能相禮，病而講學，能禮者即從，遂識一大聖人，因使其子奉之爲師，蓋追悔豫教之不早，一誤不堪再誤也。敘仲尼知禮，而必及其先世之讓與共，禮以讓、共爲本，不讓不共，雖習儀以亟，不可謂禮，且見其淵源有自，與己之不學無術相去遠甚。前云"禮，人之幹也，無禮無以立"，後云"使事之而學禮焉，以定其位"，能自立則能定位，定位正所以立也。首尾照應，無一筆閒散。不講學如何能識聖人？然不識聖人，雖得百千學禮者何益？不自講學，如何能使其子學禮於聖人？然使不使其師事聖人，已雖刷不能相禮之譽，亦祇及身而止，故首段雖是正文，卻是教子緣起，篇中所重，正在後半。《左繡》所云"燕翼貽謀，尤補過之大者"是也。《咀華》謂："只起一行寫僖子能補過，以下敘後事作補過證佐。"失作者本意矣。《疑參》云："案：下'聖人有明德者，若不當世'云云，則此云聖人蓋謂正考父，若湯則當世而爲天子矣。且宋爲湯後，何云滅於宋乎？"辨析甚明。蓋僖子原因孔子之知禮而推及其先世之能讓能共，祇及弗父何以下，無暇追溯成湯以上也。但宜統弗父何在內，單云正考父猶偏。文有原敘，有帶敘。如伯有篇，因趙景子問而追敘伯有爲厲，則原敘也。此篇因僖子學禮，而併及使子師事仲尼，則帶敘也。先經起義，後經終事，例亦如此，知此可以識文章之變矣。（德宜尾）僖子歷溯世德，使二子師事孔聖，是千古具眼，而卻從不能相禮起意，故孔子贊以能補過之君子。前後緊相照應，而篇中數"禮"字，及數"共"字，線索又復一串。（《便覽》尾）傳于敘夫子之文，便不動聲色，不誇氣勢，只以安章頓句，取清微淡遠之神。芳自記。(《日知》尾)"吾聞將有達者曰孔某"，語意殊拗，蓋合聖人世德及臧孫所云，乃疏此句意耳。故僖子百四五十言，當作一氣讀，其文氣若壅、若累、若重滯，正寫得平日銘心、當時屈指神理出來也。上對補過、病字，下對"補過"，筆筆頂上圓光。(高嵣尾)俞桐川曰："成王顧命之言，曾子易簀之語，孟僖學禮之訓，先主戒禪之書，見古人力學，至死不衰。今人以博科第爲傳經，分田宅爲貽後，何曾曉此等議論也？"(《評林》眉)《經世鈔》："妙文！此只完鼎意，與上文無涉，然隨分自足，不敢求多，正與上文相關。"《經世鈔》："'以定其位'，或謂僖子不能於未亡時授夫子以政，非也，魯之權豈僖子所得操耶？"(《學餘》尾)千古治命，其莫賢於孟僖子矣！臨没不忘其過，教子必以義方，賢也！知足以知聖人，且知孔氏之所以篤生聖人，賢之至也！鼎銘之辭，其千古士大夫之至戒哉！(閻生夾)宗堯云："孔子生平之言行，紀不勝紀，作者力求虛渾，使後世讀之而知其爲聖人足矣。"

　　單獻公棄親用羈。(孫鑛眉)四字是鍊語，卻乃用之敘事中。冬十月辛酉，襄、頃之族殺獻公而立成公。(《左繡》眉)爲何人斯？其必非善處人骨肉之間者。(《評林》眉)陳傅良："'殺獻公'，傳見兩下相殺，雖王卿士不書。"

　　十一月，季武子卒。晉侯謂伯瑕曰："吾所問日食從矣，可常乎？"對曰："不可。六物不同，民心不壹，事序不類，官職不則，同始異終，胡可常也？《詩》曰：'或燕燕居息，或憔悴事國。'其異終也如是。"(《補義》眉)用簡括語，所以發公之問。公曰："何謂六物？"對曰："歲、時、日、月、星、辰，是謂也。"公曰："多語寡人辰而莫同，何謂辰？"(《補義》眉)文伯重在人，平公專問天也。對曰："日月之會，是謂辰，故以配日。"(鍾惺眉)妙於論災異，《春秋》不言事應，意亦如此。(《分國》尾)務三而已，經國之本，豈但弭災？且何災不可弭，豈但日食？"同始異終"四字尤透，所謂天道無常，視人事之得失推移以爲應否，至言哉！(《左繡》眉)同始異終，省災弭變中極精要語，其理即在前"自取謫"句內。公問六物及辰，只論同始，不問異終，則亦終於燕燕居息而已。雖多語，亦奚益之有哉？如此斷章取義，最是說《詩》妙境，不拘拘也。兩"或"

字，即前"自取謫""自"字。（《左傳翼》尾）張悔菴曰："凡占天象者，皆當活看，不可執已往之禍福，爲後日之吉凶。若汎常占而不知變，則人人可以言天，不必京、管之流而後知之矣。'六物'句，天道也。'民心'三句，人事也。言天略，言人詳，尤得以人占天之法。前篇兼天地人言之，此獨丢去地道，專言天與人者，以地道已驗，無庸復贅也。占驗原有定理，而不可以爲常者，以其同始異終耳。氣數在天，轉移由人，宋景一言而熒惑退，舍君相不可言命，正以此也。"（《評林》眉）《附見》："以子丑配甲乙之十干，明非一處也。"

衛襄公夫人姜氏無子，嬖人婤姶生孟縶。（孫鑛眉）敘兩夢語亦古峭，文法略變，便見態。（《補義》眉）此敘孔成子立靈公，卻以縶陪靈，以史朝陪孔。而縶生之日，元尚未生，先有立元、相元之夢，空中着筆，極靈幻！孔成子夢康叔謂己："立元，余使羈之孫圉與史苟相之。"史朝亦夢康叔謂己："余將命而子苟與孔烝鉏之曾孫圉相元。"史朝見成子，告之夢，夢協。晉韓宣子爲政聘於諸侯之歲，婤姶生子，名之曰元。孟縶之足不良，能行。孔成子以《周易》筮之，（孫鑛眉）兩筮語亦略變。曰："元尚享衛國，主其社稷。"遇《屯》。又曰："余尚立縶，尚克嘉之。"遇屯之比。以示史朝。史朝曰："'元亨'，又何疑焉？"（《補義》眉）婤姶生子名元，直可立元，而縶長于元，故又筮縶，見立嗣之鄭重。成子曰："非長之謂乎？"對曰："康叔名之，可謂長矣。孟非人也，將不列于宗，不可謂長。且其繇曰'利建侯'。嗣吉，何建？建非嗣也。二卦皆云，子其建之！康叔命之，二卦告之，筮襲於夢，武王所用也，弗從何爲？弱足者居，（閭生夾）顧炎武云："魏明帝《征管寧》云'盤桓利居'，讀'居'字絕句。"侯主社稷，臨祭祀，奉民人，事鬼神，從會朝，又焉得居？各以所利，不亦可乎？"（《測義》夾）愚按：衛之定嗣君也，國有故典弗稽，廷有元老弗詢，而顧藉口於康叔之夢，比擬於武王之筮，是遵何說哉？且縶無良足，已不可君，而襄公無他子，則非元誰立？又惡用是夢與筮爲也？意者舍長立少，見謂弗順，過計者姑假之以一人心焉，事寧有之！〖編者按：奧田元繼作楊升菴語。〗故孔成子立靈公。（《分國》尾）弱足固不可以主祀，元亦不見其良也。傳者舉此，見從夢未必吉耳。嗚呼！弱足者廢，侯景短足，妄覬非分乎？（《補義》眉）孔成子是主，却游移無定。史朝是賓，卻十分斷決，逼出立靈，極有趣妙。（《評林》眉）劉懷恕："元未生而有夢，既生而遂名之，得毋迎合附會之意乎？然縶之跛足，則不可建侯矣。"孫鑛："《屯》初爻辭：'利居貞，利建侯。'"《滙參》："數句以'主社稷'爲主，應前語也。"（武億尾）此篇先敘後議，從頭說夢說筮，寫出許多奇奇妙妙。然後一筆結出孔成子立靈公，行文真有萬壑爭流之樂。

十二月癸亥，葬衛襄公。（《彙鈔》眉）長幼定序，而曰"可謂長"，曰"不可謂長"，語意特創。史朝本是信夢，而橫斷卜兆，以合於夢，理自明確。（《左繡》眉）此篇先敘後議，先夢後卜，事固極奇，文亦極變也。不過爲立衛靈公作傳，卻從頭說夢說卜，寫出許多奇奇妙妙，然後一筆結出"故孔成子立衛靈公"，行文有萬壑爭流之樂。平敘孔成、史朝同夢，本無賓主。結處孔成子立靈公，則重在孔矣。看其先敘孔夢，着一"立"字，爲後文伏案。於史只着一"相"字，輕重已見。然斷易出自史朝，則以史朝告夢，讓其出一頭地。而仍以筮易屬之孔成，歸到"立靈公"作結。只此幾筆，賓主互用，並行不背，而輕重秩然，多少細心在！史朝解《易》，作兩層讀。前一層解筮元，後一層解筮縶。筮元用重筆，先解"元亨"，而實以"康叔名之"。次解"利建侯"，而實以"二卦皆云"。末又雙承作斷，句句着實。筮縶用輕筆，只從"弱足者居"對面相形，而"各以所利"仍雙縮作結。賓主詳略，字字分明也。前重講筮元，卻輕插"孟非人也"一筆。後輕講筮縶，卻重插"侯主社稷"一筆，密甚！"二卦皆云"輕帶屯之比爻詞。"弱足者居"重講屯之比爻詞，應上兩筮，不板不偏，可法！（《左傳翼》尾）夢康叔謂己立元，二子之夢既協，猶不敢信，必待筮而後決者，以夢屬杳渺，不如龜筮之可憑，必朕夢叶，朕卜乃可定也。解筮詞，確有妙理，不涉附會影響，立儲大事，古人每珍重出之如此。初筮卜元遇屯，再筮卜縶遇屯之比，意主建元，但以縶長爲疑耳。不知元爲善之長，即以長言，亦屬於元。其斷"利建侯"語，尤明快。"孟非人也"，即《比》所云"匪人"。"弱足者居"，即《屯》初九"盤桓利居，貞"。筮元則曰"元亨，利建侯"。筮縶則亦曰"元亨，利建侯"，而繼以"盤桓利居，貞"。《比》之"匪人，不利，君子貞"，則元之宜建侯，而縶之不堪爲君明矣。一夢耳，孔夢史通。一筮耳，孔筮史斷。靈公之立，自以孔成子爲主，至末結出，語有歸重。元未生已有夢，元既生方始筮，筮以夢行，夢因筮決。其錯綜變化處，在以繄陪元。蓋既有繄，何以夢元，且何以筮元也？說出"繄非人也"、"弱足者居"，則筮之故明而夢之故亦明矣。如此尋常事，敘得千岩萬壑，汪洋奇恣，不可思議！（《日知》尾）孔得夢尚疑，史得夢即決，兩幅形神，躍躍紙上。解筮句句附會，然正句句警快，強辭奪理，直若筮辭無第二義者。

◇昭公八年

【經】八年春，陳侯之弟招殺陳世子偃師。夏四月辛丑，陳侯溺卒。（《評林》眉）孫復："陳哀公二子，太子偃師，次子留。公弟招與大夫過皆愛留，欲立之。哀公疾，遂殺太子偃師以立之。留，庶孽也。偃師，家嗣也。招以叔父之親，不顧宗社之重，殞家嗣以立庶孽，致楚滅陳，皆招之由也，故曰'陳侯之弟招殺陳世子偃師'，以甚招之惡也。"叔弓如晉。楚人執陳行人干徵師殺之。（《評林》眉）家鉉翁："陳殺太子，罪在一招，行人何罪，而以爲戮乎？蓋靈因陳亂以爲利，殺人以行其詐也。"陳公子留出奔鄭。（《評林》眉）高閌："偃師曰世子，留曰公子，別嫡庶也。"孫復："公子留已立，復稱公子者，以著公弟招殺世子偃師之罪，且明留之不當立也。"秋，蒐于紅。（《評林》眉）薛季宣："春田而秋行之于紅，非常處。非時之狩，不於其常地，見三家之擅也。舍中軍，變蒐禮，見兵權之移於下，且奪民時也。"陳人殺其大夫公子過。（《評林》眉）鄭玉："過不去大夫公子，所以明招之爲首，使招不得以過說於楚以掩其罪也。"大雩，冬十月壬午，楚師滅陳。（《評林》眉）徐邈："楚莊入陳，先書殺者，彼乃楚子行義，故先書其殺。今楚子託義討賊，書在'滅'後，見其本懷滅心也。"執陳公子招，放之于越。殺陳孔奐。（《評林》眉）鄭玉："孔奐以爲有罪，則傳無其文。以爲無罪，則經去其官。恐只謂招以首惡而得放，奐以黨與而被殺，譏楚用刑之頗耳。然無所考，姑闕之。"葬陳哀公。

【傳】八年春，石言于晉魏榆。（《淵鑒》眉）師曠因怪異而進正言，得諫君之體。臣叔元曰："因石言而知怨讟，緣間流轉，歸於納忠，古人災異之對皆如此。"（《評林》眉）楊升菴："石而能言，此則前申生之夢、秦諜之蘇，並左氏之誣也。"（《補義》眉）唐云："書其地以實之。"晉侯問於師曠曰："石何故言？"對曰："石不能言，或馮焉。不然，民聽濫也。（闉生夾）民聽濫者，謂本未言而誤疑其言也。猶山呼萬歲之類，此皆左公不惑神怪之特識也。抑臣又聞之曰：'作事不時，怨讟動於民，則有非言之物而言。'今宮室崇侈，民力彫盡，怨讟並作，莫保其性。石言，不亦宜乎？"（《補義》眉）作三層折入正意。（《學餘》眉）開口兩義，如泰山之雲觸石而起。"抑臣"一轉，則雷雨作解矣。於是晉侯方築虒祁之宮。（《補義》眉）橫插"築虒祁"一語，石言爲此而起，子野、叔向爲此而規。（《彙鈔》眉）先説言者未必是石，繼説石或未言而民妄聽，後復因事納規，謂石亦有言之□，怪事多斷以常道，妙識！（《評林》眉）《經世鈔》："'抑臣又聞之'，纔折入本旨。"叔向曰："子野之言，君子哉！君子之言，信而有徵，故怨遠於其身。小人之言，僭而無徵，故怨咎及之。《詩》曰：'哀哉不能言，匪舌是出，唯躬是瘁。哿矣能言，巧言如流，俾躬處休。'其是之謂乎？（《學餘》眉）數"言"字與"石言"映射成章，痛晉侯之問石言而不聽人言也。是宮也成，諸侯必叛，君必有咎，夫子知之矣。"（文熙眉）既據理謂石不能言。又述所聞以爲諷諫，果君子之言信而有徵者乎？緣問流轉，終歸於諫，故叔向與之。（王源尾）凡序事，必先案後斷。此則斷在先，案在後，章法一變。蓋晉築虒祁之宮，案也。石言之妖，引起而已，非案也。師曠就事進言，而諫其崇侈公室，乃爲虛擬之詞，未嘗實指其事。曠言既畢，然後提筆立案，序出虒祁，所謂倒裝法也。既又序叔向贊曠一段，歸於虒祁以結之，而更不一字及石言，可知立案所在矣。初論石言者六，後論人言者六，共十二"言"字，如繁英豔實，星瑣珠聯。然前自爲石，後自爲人，無一字錯雜，而若相競然。無一字照應，若不相合。然景生情，情復生景，奇奇正正，不可爲典要。（《左繡》眉）此篇前論石言，後論子野。前議後斷，前暗後明，蓋以下截申説上截也。看中間以方築虒祁之宮作樞紐，於上半爲先講後點，於下半爲先點後解。"石言不亦宜乎""夫子知之矣"，恰好對結，天造地設之文。論"石言"連用三轉，一層正，一層反，一層托出諷諫本旨，乃兩賓一主也。因論石言，故上半寫五"言"字，下半亦寫五"言"字，以相映帶。見石言之可駭，不如人言之可信也，此作者串插微意。(《左傳翼》尾) 先作數層襯貼，然後轉入正論，方不唐突，立言有體。叔向既知虒祁之宫不宜作，何以但贊子野而自己不諫？豈君不納諫，必因問而後進規耶？左氏文或先案而後斷，或先斷而後案，此則案中幅，斷在兩頭。蓋石言之變，原因築虒祁而生，篇中先從師曠答晉侯引起，後以叔向贊師曠作收，中插晉方成虒祁之宫横擔作骨。師曠言其故，叔向言其應，兩下皆是斷語也。然師曠之言，因石言而發。叔向之言，以築宫而證。又似上下兩截，皆先案後斷，變化不測，莫可方物。(《日知》尾) 師曠語鶴盤遠勢，叔向語蟬曳殘聲。(高塘尾) 俞桐川曰："師曠告君，隱約不露，得叔向申明。而虒祁作宫，卻在敘事敘出，佈置有法。師曠言石言之故，叔向言石言之應。"(《評林》眉) 唐錫周："叔向云'是宫也成，君必有咎'，審爾，即謂賀者在堂，弔者已在門可也。"(《學餘》尾) 石言不知其有無也，子野之言，金石哉！《詩》曰："他山之石，可以爲錯。"子野可以爲錯矣。(闈生夾) 左氏記晉失諸侯之由有三：城杞，一也；淫惑，二也；崇侈，三也。

　　陳哀公元妃鄭姬生悼大子偃師，二妃生公子留，下妃生公子勝。二妃嬖，留有寵，屬諸司徒招與公子過。(《補義》眉) 有此一屬，而招乃迎合哀公之意，殺太子而立留矣。哀公有廢疾。三月甲申，公子招、公子過殺悼大子偃師，而立公子留。

　　夏四月辛亥，哀公縊。干徵師赴于楚，且告有立君。公子勝愬之于楚，楚人執而殺之。公子留奔鄭。書曰"陳侯之弟招殺陳世子偃師"，罪在招也；"楚人執陳行人干徵師殺之"，罪不在行人也。(《左繡》眉) 兩事各敘而總斷，全在兩兩相對中見筆法。一"在"一"不在"，蓋比事屬詞，而可以得其大凡矣。(《補義》眉) "愬于楚"，以討賊望之也。然勝愓矣，圍亦賊也。前分敘卻用總寫，此總斷卻用分寫。(《評林》眉) 陳傅良："罪在招也，嫌同衛鱄、陳黃，故別釋之。"(方宗誠眉) 干徵師附和公子招、公子過，爲之出使，亦未得爲無罪。

　　叔弓如晉，賀虒祁也。游吉相鄭伯以如晉，亦賀虒祁也。史趙見子大叔，曰："甚哉，其相蒙也！可弔也，而又賀之？"

子大叔曰："若何弔也？其非唯我賀，將天下實賀。"（韓范夾）當時諸侯，各自爲侈，故楚有章華，晉有虒祁，皆極一時宮室之盛，兩大不相争，而列侯無盟主，以是故也。若史趙、太叔傷懷悼志，憂心如焚，過蕢啓彊遠矣。（《分國》尾）人不敢言，則石言之。可畏哉！當時吴夫差築臺榭，鑿陂池。子西曰："二三子不患吴矣。"蓋憂勤則敵國懼，逸樂則強鄰喜。平公築虒祁，以圖宴樂，在史趙以爲可弔，在太叔以爲可賀。弔則弔其可賀，賀正賀其可弔。史趙之言，師曠之意也，危辭也。太叔之言，子西之意也，幸辭也。有國家者，慎勿縱欲敗度，爲鄰國賀。（《左繡》眉）一嘲一解，筆筆簡峭有致。與前送少姜之葬篇同一機括，須看作者脱换處。結句捎帶叔弓，有意無意，自然入妙。（《左傳翼》尾）一虒祁也，師曠、叔向、史趙皆以爲言，則民之怨讟可知。觀太叔之言，則諸侯之叛又可知。誰謂賀者在門，非即弔者在室耶？（《評林》眉）陳卧子："前年楚成章華臺，欲諸侯落之。至是晉成虒祁臺，諸侯皆往賀之。晉之效尤如此，伯業之不振，宜哉！"〖編者按：凌稚隆作高閌語。〗陳傅良："傳見子産譏銅鞮，師曠諷虒祁，叔向亦云，以見晉之不競。"

秋，大蒐于紅，自根牟至于商、衛，革車千乘。（《左繡》眉）極熱鬧事，卻只用簡淡之筆，當是惜墨如金。（美中尾）陳止齋曰："桓、莊之狩書公，昭、定之蒐不書公，蓋三家耀武也。"假蒐禮以數軍實，實陰擇其材勇之士以強私黨。（《補義》眉）可曝括《上林》《校獵》諸賦。（《評林》眉）李于鱗："此三家既分公室，假蒐禮以數軍實，陰擇其材勇之士，以強私黨耳！"〖編者按：凌稚隆作王樵語。〗

七月甲戌，齊子尾卒，子旗欲治其室。（孫鑛眉）敘事亦入細。丁丑，殺梁嬰。八月庚戌，逐子成、子工、子車，皆來奔，而立子良氏之宰。其臣曰："孺子長矣，而相吾室，欲兼我也。"（《補義》眉）此語安知不出自陳氏？授甲，將攻之。陳桓子善於子尾，亦授甲，將助之。（閭生夾）此篇寫陳氏之奸，用筆最爲儁詭。或告子旗，子旗不信。則數人告。將往，又數人告於道，遂如陳氏。（《補義》眉）"遂如陳氏"，出桓子意外。桓子將出矣，聞之而還，游服而逆之。（鍾惺眉）機變是樂王鮒、魏舒之故智也。請命，對曰："聞彊氏授甲將攻子，子聞諸？"曰："弗聞。""子盍亦授甲？無宇請從。"子旗曰："子胡然？彼孺子也，吾誨之猶懼其不濟，吾又寵秩之。其若先人何？子盍謂之？《周書》曰：'惠不惠，茂不茂。'康叔所以服弘大也。"（《補義》眉）周云："見怪不怪，其怪自敗，待小人法當如是。'子胡然'一語截斷，'子盍謂之'一語收場。"桓子稽顙曰："頃、靈福子，吾猶有望。"遂和之如初。（《測義》夾）愚按：陳氏蓄圖異謀，將籍兩家之間而遂兼之爾，授甲豈助子良哉？異日者，無宇竟以不信之讒，及二子飲酒而逐之以分其室，則授甲之情見矣。〖編者按：奧田元繼作王元美語。〗（《左繡》眉）此篇敘述相錯而行，以兩"遂"字爲段落。上半敘詳於述，寫得極其洶湧。下半述詳於敘，寫得極其和平。其結局在"和之如初"，而其轉關全在"遂如陳氏"。讀去似一氣遞下，卻不知其界畫在此也。特着兩"遂"字作對，作者蓋明告我以篇法矣。文以子旗爲主，卻以桓子和之作結，蓋已暗暗爲醉逐分寶篇起本也。忽而授甲，忽而歎服，忽而請從，忽而稽顙，乍看極好，細看乃活畫一機詐人，筆筆化工。"和之"收桓子，"如初"收子旗。子旗主也，無一字無着落。（《左傳翼》尾）欲治其家，意本不惡，而或殺或逐，專橫太甚，令人難堪，所以讒慝得以藉口。欒、高之彊，陳氏所忌，授甲助攻，不過使之自相殘殺，以爲日後翦除計耳。迨和之如初，回過臉來，一舉而盡滅之，可知善子尾原非好意，姜弱嬀昌，於是乎信矣。（《日知》尾）以子旗爲經，以陳氏爲緯，一伉朗，一機詐，相形如畫。讀此知"二惠競爽猶可"，故爲遠識。（《評林》眉）穆文熙："桓子初欲助子良攻子旗，繼見子旗至，則改服逆之，又欲助子旗以攻子良，茲其爲心，吾不知之矣！"《匯參》："'遂如陳氏'，得手在此，禍福之樞機，亦文章之線索也。"

陳公子招歸罪於公子過而殺之。（《評林》眉）《補注》："歸罪於過者，招也。以討亂告，故稱人，與晉先都、士縠同。"（《左傳翼》尾）招殺偃師，以哀公寵留，屬留於招與過而殺之。何以不目君以殺而歸罪於招？以公無殺偃師之心也。何以知公不欲殺偃師？以公聞偃師死，悠恚自經而知之也。既不欲殺偃師矣，何以屬留於招？不過以其權勢貴盛，可以庇留，故屬之耳。屬留而偃師殺，罪在於招，故云招殺。然公不以留屬招，則招必不殺偃師，故云招殺而必稱陳侯之弟，見招與陳侯皆不能無罪也。尋常殺嫡，僅以亂國，而此則招致楚寇，宗社淪亡，禍出非常，招罪爲尤烈也。徵師赴楚，據實以告，非有黨招之心。子勝訴之，蓋猶以義討望楚也。楚不能討，而但殺無罪之行人，蓋欲據此爲名，以遂其縣陳之計也。哀公既屬留於招，又不欲以留而殺偃師，志在兩全，卒致身死國滅，爲世大戮，與趙主父同愚之愚者也。招委罪於過而殺之，楚滅陳而招亦不免，自古亂賊鮮得令終，揆之天道人事，歷歷不爽也。荀息傅奚齊而申生殺，而荀息卒與奚齊俱死。伊戾陷痤，終亦見烹。爲人所作何事，而敢望生乎？此言實可爲前車之鑒也。

　　九月，楚公子棄疾帥師奉孫吳圍陳，宋戴惡會之。（《補義》眉）此分兩截，上半寫滅陳，下半爲復陳起本。**冬十一月壬午，滅陳。輿嬖袁克殺馬毀玉以葬。**（《補義》眉）經所以不書楚子葬哀。（《評林》眉）《傳說彙纂》：「楚莊討陳之亂，有善有惡，故先書殺夏徵舒，而後及其入國納淫之事，是非不相掩也。圍恃傲彊行暴，利陳之土地而滅之，非有討賊之義，故先書滅陳。」**楚人將殺之，請寘之。既又請私，私於幄，加絰於顙而逃。**（《評林》眉）穆文熙：「袁克欲厚葬其主，加絰於顙逃，兩事未可以嬖臣少之也。」陳傅良：「於葬陳哀公，見有魯不書會葬者。於葬楚康王，見有魯會不書葬者。今案：葬陳哀公，以楚告而書。不書楚葬，避其僭號。二者皆魯史變例。傳言楚實利陳，以討招爲名。」《補注》：「傳見楚子稱師，譏不在棄疾。」**使穿封戌爲陳公，曰：「城麇之役不諂。」侍飲酒於王，王曰：「城麇之役，女知寡人之及此，女其辟寡人乎？」**（韓范夾）唐太宗、宋藝祖往往說龍潛時事，靈王則非其人也，但以明驕喜耳。（《補義》眉）志得意滿之辭。**對曰：「若知君之及此，臣必致死禮以息楚。」**（《評林》眉）鍾伯敬：「穿封戌當棄疾〖編者按：當爲楚靈王。〗之問，其詞旨慷慨若此，度當持之能死禮，亦必有之。」（閩生夾）此皆表章楚靈王處，齊桓、晉文所不及也。

　　晉侯問於史趙曰：「陳其遂亡乎？」（《補義》眉）陳自會鄎逃晉從楚，卒爲楚滅，亦人事耳，非盡由天道。此時術家之說勝人事，所以益不力也。**對曰：「未也。」公曰：「何故？」對曰：「陳，顓頊之族也。歲在鶉火，是以卒滅，陳將如之。今在析木之津，猶將復由。且陳氏得政于齊而後陳卒亡。自幕至于瞽瞍無違命，舜重之以明德，寘德於遂，遂世守之。及胡公不淫，故周賜之姓，使祀虞帝。臣聞盛德必百世祀，虞之世數未也。繼守將在齊，其兆既存矣。」**（孫鑛眉）細看亦不甚冗，第趣味覺短，此是鍊法未盡。

（《分國》尾）毀玉以葬，絰顙而逃。嬖人中有此哉！穿封戌致死息楚言，直覷虔魄。蓋早知如此，豈特抽戈，直斬楚虔有餘辜也。嗚呼！摯以上手而誅，戌以抽戈而封。忠佞兩途，鷙主眼中，原自了了。（《左繡》眉）此篇傳楚滅陳事，上半爲滅陳正文。城麇之戲，自屬閒情。下半論陳不亡，爲後復封陳起本，亦係推論。然正見虔之不當君楚，而楚之不能滅陳也。妙在前半"奉孫吳圍陳"，著此一筆，已爲後半暗暗伏脈，有灰線草蛇之妙。記袁克事，亦陳不受楚滅之意。盜寵之謔與此城麇之戲，熊虔亦殊有風趣。博進老拳，差堪仿佛。封戌以諷爲直，迥非後人所及矣。"猶將復由"一句接上，"且陳氏得政"一句領下，左氏慣家。陳之未亡，由於舜之盛德。從"未亡"轉到"卒亡"，而亡于陳者，又繼于齊，是亡猶不亡也。"虞之世數未也"，乃承前"未也"又説進一步，兩層一線，數行中有多少曲折在。（美中尾）毛寅谷曰："陳自鄢之會逃晉從楚，而卒爲楚滅，亦人事耳，非盡由天道。此時術家之説盛，人事所以益不力也。"（《左傳翼》尾）以天道論之，則陳雖亡而未即亡。以聖德論之，則陳即亡而後必興。仰觀俯察，考古論今，何等識見！何等議論！田氏簒齊，事在春秋後，而兆已先見，內外諸臣，無不言之，如操左券，蓋其理有不可爽者。人言左氏言禍福多涉浮誇，不盡然也。敘袁克，見亡國之有忠臣。敘穿封戌，見暴主亦能容直臣。乍看似不着緊要，其實正有關係。此等處，俱見左氏識議之高。（《日知》尾）袁克、穿封兩段，將滅陳十分坐實。"未也"一轉，乃如彌谷中開，別有天地矣。援天據人，稽往察來，理數兼精，大識大議。（《補義》眉）遙遙與敬仲奔齊篇相應。（高嶱尾）前半敘滅陳正文，後半爲復陳張本。（《評林》眉）穆文熙："盛德固必百世祀，太公之德未必不盛，何陳遂代而有之乎？此皆其理之不可知者也。"王元美："夫顓頊之裔，有民社者，不獨陳矣。若楚與趙盛爲顯諸侯，秦後乃有天下，是三族者非盡以鶉火亡也。史趙之説，其足信乎？其謂舜宜百世祀者，吾滋惑焉。自武王伐殷，所褒封如炎、黃、堯、禹之子孫，及是多淪滅不振，數聖人者之德，舉不足昌其後耶？特陳氏既有國，追爲若言，以著其當代齊云耳。周史之筮，懿妻之卜，皆是類也。"〖編者按：凌稚隆作陸粲語。〗（閫生夾）逆攝陳氏之得齊，此文情旁溢處也。

◇昭公九年

【經】九年春，叔弓會楚子于陳。（《評林》眉）許翰："楚既滅陳，威振諸夏，是以無所號召，而諸侯大夫會之。"許遷于夷。（《評林》眉）程端學："王綱不振，諸侯吞噬，不安厥居，至於再遷，雖許男不能治其國家，然可以觀世變。"夏四月，陳災。（《評林》眉）家鉉翁："陳已爲楚縣，而猶書陳災者，以盛德之後，見翦于楚，特著義以存之耳，不與楚得陳也。"秋，仲孫貜如齊。冬，築郎囿。（《評林》眉）許翰："公內制於強臣，外輕於大國，亂亡危辱兆矣，是之弗慮，而築郎囿，知公之志日以荒也。"

【傳】九年春，叔弓、宋華亥、鄭游吉、衛趙黡會楚子于陳。

二月庚申，楚公子棄疾遷許于夷，實城父，取州來、淮北之田以益之。伍舉授許男田。然丹遷城父人于陳，以夷濮西田益之。遷方城外人于許。（《左繡》眉）兩遷本一順遷去，末卻兜轉方城，敘法便變。兩益田本對說，因後多"遷方城"句，因添授田句以配之，敘法便勻。既變且勻，史法思過半矣。此單論剪裁耳。論經，則此條自以"許遷于夷"爲主，故獨詳授田句，結乃爲許遷後討下落耳。"遷陳"句，如城父、如夷，都一一承許遷說落，自有賓主。賓主既明，而剪裁又別見章法，其妙固非可一言盡也。（《左傳翼》尾）成十五年許遷于葉，因謂之許。今許遷于夷，故以方城外人實其處。傳言靈王使民不安，遷許于夷，夷人須更有處置，故以遷城父人于陳以足之。然許遷又豈可無處置？故以遷方城外人于許以足之。遷城父人，遷方城外人，雖因遷許爲之，其實滅陳後恐陳人不服，故遷城父人于陳以鎮壓之耳。不然，許、夷無患，互遷且可不必，何爲紛紛有此舉動？一益以淮北田，一益以濮西田，割土移民，流離失所，滿目皆是，王心貪矣，民其能安乎？（《補義》眉）寫許遷于夷，而以遷陳夾寫，便覺錯綜有致。

周甘人與晉閻嘉爭閻田。（《正論》眉）禮之爲用大矣：烝肴可以愧強國上卿，王德可以折問鼎之楚子，周禮可以寒省難之大夫，冠冕可以返爭田之潁俘。翼戴天子而加之恭，蓋亦格於禮也。（《才子》夾）

看他初入手，便說周有天下，外薄四海，何争地田？早自占得無數地步。已下只反復祖宗封殖天下，何至反教戎狄相制？卻更不説到争田事，真得立言之大體也。與不許請隧一樣妙文，兩樣妙筆。晉梁丙、張趯率陰戎伐潁。王使詹桓伯辭於晉，（孫鑛眉）辭命帶議論，規模正大而語亦鍊净。曰："我自夏以后稷，魏、駘、芮、岐、畢，吾西土也。及武王克商，蒲姑、商奄，吾東土也；巴、濮、楚、鄧，吾南土也；肅慎、燕、亳，吾北土也。吾何邇封之有？（《補義》眉）此一段見晉不當與周争田。（《評林》眉）《補注》："服虔曰：'蒲姑、商奄，濱東海者也。蒲姑，齊也。商奄，魯也。二十年傳曰'蒲姑氏因之'，定四年傳曰'因商奄之民，命以伯禽'。"《滙參》："《史·秦本紀》：'寧公與亳戰，亳王奔戎。'皇甫謐曰：'西戎之國也。'"（闔生夾）左氏言及周室，輒有無限悲憤，此忠鯁天性，郁爲至文。文、武、成、康之建母弟以蕃屏周，亦其廢隊是爲，豈如弁髦而因以敝之？（《左傳雋》眉）此則晉争閻之罪，"弁髦"句竦然。（孫鑛眉）此語絕工階，然在今時亦以爲陳。（《補義》眉）"弁髦"句是束上語，非起下語也。先王居檮杌于四裔，以禦螭魅，故允姓之姦居于瓜州。伯父惠公歸自秦，而誘以來，使偪我諸姬，入我郊甸，則戎焉取之。戎有中國，誰之咎也？（《補義》眉）"先王"以下見晉不當率戎伐潁。后稷封殖天下，今戎制之，不亦難乎？（《左傳雋》眉）此責其引戎之罪，"今戎制"句竦然。伯父圖之。我在伯父，猶衣服之有冠冕，木水之有本原，民人之有謀主也。伯父若裂冠毀冕，拔本塞原，專棄謀主，雖戎狄，其何有余一人？"（《左傳雋》眉）數語更痛切激揚，令人聽之亦自凛凛。（《正論》眉）責晉辭嚴義正矣。叔向雖知尊周，然言不能無疵謬，使王辭不直，將暴蔑宗周已乎？（韓范夾）天子不與晉侯争名分而較是非，何其卑也？然此時猶能與諸侯争是非耳。（《補義》眉）儲云："先責戎以責晉，後釋戎以尚責晉，嚴于六師之移。"（《評林》眉）李于鱗："此節明晉延戎入中國之非，故下節直責晉而不責戎。"穆文熙："'裂冠毀冕'數語，詞意凛凛，强晉挫氣。"（方宗誠眉）文氣義嚴斧鉞，筆挾風霜。叔向謂宣子曰："文之伯也，豈能改物？翼戴天子而加之以共。自文以來，世有衰德，而暴蔑

（或作滅）宗周，以宣示其侈，諸侯之貳，不亦宜乎？且王辭直，子其圖之。"（《補義》眉）叔向知罪，而晉卿視爲固然。（闡生夾）晉之失霸，屏杞其事，而蔑周其本也，故以城杞起，而於王室責言，特低徊往復而出之。先大夫評曰："與王較曲直，所以寄深痛也。"宣子說。（《左傳雋》眉）"世有"二語，叔向不諱晉過，自是正理。（鍾惺眉）天王與列國止以詞之曲直爲勝負，紀綱不復言矣。謂周之弱不弱於封建，吾不信也。（《測義》夾）愚按：叔向之言，亦謂知大義者，然曷不及其未伐也而止之？且以諸侯而犯天子，雖致田反俘，猶有餘辜焉。而必曰王辭直，圖之也？藉令王無直辭，將任其暴蔑宗周已乎？蓋曲直云者，非所論於君臣之際矣。【編者按：奧田元繼作陳明卿語。】

　　王有姻喪，使趙成如周弔，且致閻田與襚，反潁俘。王亦使賓滑執甘大夫襄以説于晉，晉人禮而歸之。（《左傳雋》尾）朱魯齋曰："率戎伐潁，晉之無王極矣。桓伯此辭，詞嚴義正，宜晉之引罪也。竟執甘襄以説晉，又何卑也？"（《文歸》尾）較辭請隧理直而氣加卑矣，合之可以觀世。仲衍。《分國》尾）不責其無君，但與之較量。曰吾東土、吾西土、吾南土、吾北土，是君爲輕，土爲重也。不責其伐君，但數其率戎，曰"戎有中國，誰之咎也"、"今戎制之，不亦難乎"，苟非率戎，君可伐也？宜晉人喜之，以爲王辭直云。潁俘之致，晉聊解嘲。甘大夫之執，嗚呼！尚忍言哉？（《左繡》眉）此篇是詰責文字，不作詔誥體。起手提出爭田、率戎兩案，末以致閻田、反潁俘分應作結。中幅亦作兩截讀，上半先責晉不當與周爭田，言溥天王土，周不自私，而封建母弟，晉奈何忘本而敝若弁髦？此兩層相承説。下半重責晉不當率戎伐潁，言棄華即夷，惠公既作俑而使戎得有中國於前，今晉豈可效尤，而使戎不有余一人於後？此兩層亦相承説。委婉中字字嚴正，尤妙在只從大義指示，不粘煞甘、閻、丙，趄屑屑較量。左氏於潤色絲綸，尤篇篇用意。知其翼經之功，素臣不媿也。兩層各插一喻，俞云："前喻婉宕，後喻激切。起用排調，結用疊句，文律相配。而落筆處，占地步極高。叔向本爲諸侯起見，復找'且王辭直'一語，爲桓伯妙文生色也。一篇有一篇主腦，脱卸不得。"（儲欣尾）嚴于六師之移。（美中尾）姜白巖曰："晉所以爲霸主者，以其能尊周攘夷也。而爭周田，率戎伐周邑，安在其爲尊攘乎？晉平於是罪不容誅矣。及讀至'宣子説'三字，方知皆韓起之爲也。吾不知《易象》《春秋》所言何物而喟然嘆之，後其行止敗壞，乃至於斯。"（《左傳翼》尾）尊周攘夷，一匡九合，齊桓之所以伯也。晉文繼之，翼戴天子而加之以共，諸侯服從，垂百餘年。今乃與周爭田，又率戎以伐，蔑棄其主，莫此爲甚。周室雖衰，王章猶在，責以大義，晉人聞之，安得不爲之屈服？鋒鍔廉悍，較單襄公辭鞏朔獻捷篇，英氣更增十倍。普天皆吾土，晉何得爭？晉土亦吾土，晉何敢爭？誘戎入中國已自不是，又率之以伐天王，罪何可言？説到裂冠毁冕，大義煌煌，"直"之一字，豈足以名之？轉移之功，雖賴叔向，然其爲説亦卮矣。（《日知》尾）古健雄宕，然皆反頓虛逗之筆，"伯父裂冠毁冕"四句，圖窮匕見，全文乃會歸於此。後幅雖收拾前事，亦見王所云云不誣也。言者裂眦，述者扼腕，春秋將變之勢見矣。（高崓尾）俞桐川曰："以晉爭周，越上下之分矣。以戎伐穎，亂中外之防矣。通篇以兩義責晉，自爲起伏，亢直峻峭。叔向先正名分，次悉事情，猶爲知大體者。"（《評林》眉）陳傅良："傳言周衰甚，因見晉之無政。"（《學餘》尾）周以武則衰，以文則盛，與其競於兵也，不若其善於辭也。文辭之善，可以息争，其脩德之次耶？（《菁華》尾）列國大夫，敢於舉兵侵入畿内，其目無天子甚矣。韓宣子主晉柄，乃毫無所見，自同死人。詹桓伯所説，義正詞嚴，雖强暴亦爲奪氣。其執甘大夫以説于晉，尤見其一番世故周旋，衰周氣象，即此可見。

　　夏四月，陳災。鄭裨竈曰："五年，陳將復封。封五十二年而遂亡。"（《補義》眉）開口斷決，令人不知所謂，奇絶！子産問其故，對曰："陳，水屬也。火，水妃也，而楚所相也。今火出而火陳，逐楚而建陳也。（《補義》眉）逐楚建陳，乃出于天，奇絶！妃以五成，故曰五年。歲五及鶉火，而後陳卒亡，楚克有之，天之道也，故曰五十二年。"（《測義》夾）陸粲氏曰："裨竈所論陳事，其後良驗，此其術亦信神矣。以吾觀之，蔡亦楚虔所滅，而後復封，不聞其有祥異如陳災之類者，天欲逐楚而建之，則二國奚擇焉？是故禨祥小數，雖幸而或中，君子弗貴者，爲其説乃有時而窮也。"〖編者按：奥田元繼作李笠翁語。〗（《左繡》眉）提清三句，下作兩路分疏。陳屬水，楚相火，火爲水妃，妃以五成。五五而盛，成則陳復，盛則楚克。談數如指掌，而文亦脈縷極清。五年、二十五年，兩層分應。妙在都跟火來，貼陳災著解也。(《左傳翼》尾）推論鑿鑿，確有可據，雖子產以天道爲遠，亦不能病其說之無稽。其理精，其數核也。不如此不足與魯梓愼、晉史趙輩旗鼓相當。陳已滅矣，何以知其復封？陳復封矣，何以知其遂亡？五年、五十二年，決斷不爽，且於陳災知之，雖博物者亦不解其何故也。上古讖緯之術未興，而明於天道者纍纍相望。後世推步愈精，而占驗愈舛，亦仰觀俯察未能通幽明之故耳！(《補義》眉）實從五行至理說出占驗，確鑿不移，雖子產亦不必遽斥爲妄言矣。

晉荀盈如齊逆女，(孫鑛眉）昔人謂敘申生事，《左傳》不如《檀弓》，然彼猶可相伯仲，此章則真不如遠甚。(《淵鑒》眉）古者諫無專官，前後左右，贅御之賤，咸可讜言規正，所謂工執藝事以諫也。膳宰之諫晉君，饒有古人風義。臣杜訥曰："酌以自飲，其言愈委婉而善入，悟晉侯以全知氏，其利溥哉！"（高塙眉）飲工、飲嬖、自飲，舉動純是滑稽一流。司聰、司明、司味，談論純是道學一派。論事不佻，入理不腐，無窮出生新。**還，六月，卒于戲陽。殯于絳，未葬。晉侯飲酒，樂。膳宰屠蒯趨入，請佐公使尊，許之。**(韓范夾）三代之盛，工執藝事以諫，人人得獻箴焉，晉時猶有其遺風乎？故屠蒯爲膳宰，而敢於正諫也。(《補義》眉）唐云："有'請佐使尊'句，下文方不突，《檀弓》徑接'酌曰調飲'，斯大君之前，恐無此理。"**而遂酌以飲工，曰："女爲君耳，將司聰也。辰在子卯，謂之疾日，君徹宴樂，學人舍業，爲疾故也。君之卿佐，是謂股肱。股肱或虧，何痛如之？女弗聞而樂，是不聰也。"又飲外嬖嬖叔曰："女爲君目，將司明也。服以旌禮，禮以行事，事有其物，物有其容。今君之容，非其物也，而女不見，是不明也。"**(《補義》眉）此猶是人意中所有。不說公無哀容，卻說公有是容，司明不見，大奇！(閭生夾）此見晉侯無道，左右非人，舉一以概其餘也。**亦自飲也，曰："味以行氣，氣以實志，志以定言，言以出令。臣實司味，二御失官，而君弗命，臣之罪也。"**(《左傳雋》眉）言似滑稽，理屬玄微，一膳宰而有此見解，真奇人也。後來優孟、東方朔之言多祖此。(孫鑛眉）此兩段頂針排語，益可厭。(《補義》眉）末言耳目失官，天君不振，由己司味之罪，此從未經人道過，故使人馘服。(方宗誠眉）蒯本諫君，而一字不及公，妙甚！**公說，徹酒。**(《左繡》眉）道學、滑稽，原有兩種。

此篇舉動純是滑稽，談論卻純是道學，可爲合之雙美者矣。文字是前偶後奇格，首提一筆"晉侯飲酒樂"，便重在君身，爲後二節"失官而君弗命"伏案。飲工、飲嬖是賓，自飲是主。自飲全爲飲君替代，看他處處點醒"君"字處。君耳、君目，語甚奇妙。滑稽得此不佻，道學得此不腐。然尤妙在自飲一段，從食味上發出一篇至理，兜裏二段，奇奧無比。《檀弓》布景，雖別見靈雋，而說理之精，終讓左氏獨步。"而遂"字，"亦自飲也"句，以虛字作穿，敘事成一片矣。只收公一筆，與提句應。（《評林》眉）《滙參》："外嬖二叔，據《檀弓》，即李調也。"鍾伯敬："蒯此自飲一節，則飲工、飲外嬖，俱爲狂戇，而君且不我容矣。"《經世鈔》："'而君'，止帶一個'君'字，妙！"（閩生夾）此說不如《檀弓》"非刀匕是供，又敢與知防"之爲簡捷而近理。初，公欲廢知氏而立其外嬖，爲是悛而止。秋八月，使荀躒佐下軍以說焉。（文熙眉）汪道昆曰："議論妙品。"穆文熙曰："屠蒯之言有似滑稽，故晉侯聽之，不覺其難而入矣。優孟、東方朔之言多類此。"（《左傳雋》眉）一言而說其君，並波及其臣，所謂利溥，非耶？魏禧尾）彭家屏曰："屠蒯玩弄人主，而意主納忠，遂爲滑稽之祖。後世如優孟、優旃、東方朔、敬新磨、穀那律，皆其耳孫歟？"（《分國》尾）屠蒯知公欲廢知氏，爲是詭醻以諷諫，動之以股肱耳目之思也，當爲諷諫之祖。（《知新》尾）股肱腹心，原屬一體，於其喪也，未嘗不哀。而飲酒張樂，是不以卿佐目之矣。屠蒯窺見未形，故借二御罪己，實以警公。晉平雖昏耄，猶知悛改。追想當年工執藝事以諫，真令人神往。（《左繡》眉）又敘此兩筆，與起敘事相配，章法甚完。（儲欣尾）生動不及《檀弓》，卻字字入理。（《左傳翼》尾）飲酒者，公也，樂者亦公，與工、嬖叔何涉？不直說君，偏就司耳、司目痛加譏評，而君之失自見。自飲一段，從味講到令，奇情奧理，得未曾有。帶上二御，歸到君弗命，以見耳目喉舌，無一可者。（《日知》尾）段段偏鋒斡入，仍收入偏鋒中，靈雋之至。而澤以古雅之筆，行以精邃之詞，故不爲纖佻家藉口也。（高塘尾）一耳、一目、一口，乃知人君合朝廷爲一身，可悟體群臣之義。古者諫無專官，前後左右，瞽御之賤，皆得進讜言以規君，所謂工執藝事以諫也。膳宰之諫平公，得毋類是？（《學餘》尾）敘事與《檀弓》相出入，《檀弓》之文，鼓舞盡神矣。此從耳目喉舌立言，可謂知臣道之實者。一結尤覺言中有物，得記事之正體，可與《檀弓》並傳不朽也。（林紓尾）此語大類優孟、優旂諸人，用譎諫勝。大夫未葬，而公飲酒，未必即爲過舉。然屠蒯知公意在嬖叔，率性把嬖叔盡情一說，說國有卿佐之喪，而作樂飲會，已非其物。物，類也。言外似隱隱斥公之昏樂，意均在立汝。公嬖汝，故昏樂無度也。飲工、自飲，均是陪筆，左氏恐人不明屠蒯指趣，故揭出欲廢知氏而立外嬖，把一路疑團，用一筆醒出，方見得屠蒯譎諫之有因，此畫龍點睛筆也。

孟僖子如齊殷聘，禮也。

冬，築郎囿，書，時也。季平子欲其速成也，叔孫昭子曰："《詩》曰：'經始勿亟，庶民子來。'焉用速成，其以勤民也？無囿猶可，無民，其可乎？"（《測義》夾）愚按：築囿不過爲遊觀地，雖時適農隙，《春秋》何以書焉？蓋當時三桓用事，昭公徒擁虛器，而猶興囿役以爲季氏毆民，《春秋》據實而書，鑒戒昭矣！〖編者按：奧田元繼作呂東萊語。〗（《分國》尾）從來權奸，往往以聲色狗馬、宮室臺樹，置其君於娛樂宴安，然後惟我所爲。郎囿之築，意如之奸也。嗚呼！民屬私門，君守空國，嵬然一囿，四顧蕭然。豈有高高下下之娛，將發松耶栢耶之歎？此比蒲之蒐未幾，而鸜鵒之巢踵至也。（《左繡》眉）結過"速成"，復從"勤民"作掉，言有盡而意無窮。（美中尾）張元德曰："此蓋意如蠱君以耳目之娛而竊其權，公安之不悟也。"（《左傳翼》尾）郎囿之築以時得書，欲速成則勤民矣。何以爲時？昭子一言，而平子欲速之念爲之頓改。囿築以時，於此見賢者之愛民，兼亦愛君，而無端勤民者之難奪正論也。公室四分，民不在公，意如猶興築郎囿，以耳目之娛逢君，欲速成罷民，毆使歸己，計亦狡矣。昭子雖不能啓悟君心，而以勤民爲說，可知此囿原不當築，公可無囿，豈可無民？誠有味乎其言之也。（《補義》眉）汪云："一掉味長。"

◇昭公十年

【經】十年春王正月。夏，齊欒施來奔。（《評林》眉）王葆："《公羊》以爲晉臣，蓋見晉有欒氏而誤爾。"秋七月，季孫意如、叔弓、仲孫貜帥師伐莒。（《評林》眉）陳傅良："舍中軍矣，曷書三卿帥師？四分公室，叔弓爲意如貳也。襄十年作三軍，而三分公室，三家各將其一。昭五年舍中軍，而四分公室，季氏擇二，二子各一，於是伐莒，叔弓佐意如，序於仲孫貜之上，而叔孫婼守，自是迄春秋，魯有四卿，而權歸三家也。"戊子，晉侯彪卒。九月，叔孫婼如晉，葬晉平公。十有二月甲子，宋公成卒。（《評林》眉）汪克寬："何休謂：'昭公取吳孟子之年，故貶之也。'非也。桓公四年、七年，削秋、冬而貶之，則皆不書事與月。此年書十二月宋公卒，而脫'冬'一字，則傳受承誤而漏之耳，況經無孟子之文，安得妄說耶？"

【傳】十年春，王正月，有星出于婺女。鄭裨竈言於子產曰："七月戊子，晉君將死。今茲歲在顓頊之虛，姜氏、任氏實守其地。居其維首，而有妖星焉，告邑姜也。邑姜，晉之妣也。天以七紀。戊子，逢公以登，星斯於是乎出。吾是以譏之。"（《分國》尾）客星出婺女，本非爲晉君之故。裨竈預卜晉君死期，在逢公以登七月戊子日，此其占驗奇矣。（《左繡》眉）突提兩句，以下作兩層注解。"歲在顓頊"四句解"婺女"，"而有妖星"句解"星出"，此一層，先虛說。"晉妣"句注"晉君"，"七紀"注"七月"，"逢公"句注"戊子""將死"，此層方實說。"告邑姜"句遞到下層，"星斯"句合到上層，末句總收。天官家言，未可猝會。相其文筆，固字字清而有法也。（《左傳翼》尾）星出婺女，禍應在齊，而齊得歲星，應受多福，故禍不在齊而在晉，以邑姜爲齊已嫁之女，子孫應受其禍也。逢公時，妖星在婺女，亦以戊子日出，而時非歲星所在，故應在齊。即古以推今，而變動不同如此。深明天象，絕非膠柱鼓瑟，宜其言之信而有徵也。合斷陳災觀之，可以知裨竈之博洽矣。（《評林》眉）張天如："晉非一君，其卒也亦非一君矣，何於此獨見妖乎？其說多誣妄矣。"〖編者按：凌稚隆作傅遜語。〗按：《字彙》："譏，伺察也。"《禮·王制》："譏，禁異服，識異言。"

齊惠欒、高氏皆耆酒，（孫鑛眉）亦有境，然未曲盡情態。信內多怨，強於陳、鮑氏而惡之。（《左繡》眉）此篇以陳氏爲主，前敘桓子之以私惡弱姜，後敘桓子之好施圖霸。中間夾入晏子兩番議論。前段不過爲後段作引，後文亦不過爲陳氏作地，皆賓筆也。末段敘事，極整極變，與起處錯綜手法又別。通體凡四換筆意，左氏大抵不變則全不變，若變則段段變，自出機杼，不與人同生活也。首段著筆在耆酒，末段着筆在好施，皆自成片段處。(《補義》眉) 惠公子有子欒、子高，欒施、高彊皆公族。(《評林》眉) 汪道昆："欒施，即子雅之子子旗；高彊，即子尾之子子長。"

夏，有告陳桓子曰："子旗、子良將攻陳、鮑。"亦告鮑氏。(《評林》眉)《經世鈔》："憑空有此奇人，其欲兩虎相鬬，而奪其權者耶？"桓子授甲而如鮑氏，(《補義》眉) 不察其偽而授甲，知此兩告由陳氏使之。遭子良醉而騁。遂見文子，則亦授甲矣。使視二子，則皆將（或作從）飲酒。(《補義》眉) 皆將飲酒，可知欒、高之冤。桓子曰："彼雖不信，聞我授甲，則必逐我。及其飲酒也，先伐諸？"陳、鮑方睦，遂伐欒、高氏。子良曰："先得公，陳、鮑焉往？"遂伐虎門。(韓范夾) 從來權雄相爭，必借君威，挾君則勝，失君則敗，故無用之主，正以供奸臣之大用也。(《評林》眉) 俞寧世："'使視二子'，明欒、高之冤。'聞我授甲'，便見曲在陳、鮑。'陳、鮑方睦'，插補有力。"

晏平仲端委立于虎門之外，四族召之，無所往。(鍾惺眉) 晏子每善此舉動。(《補義》眉) 取勢甚緊，忽用晏子一隔，便寬展。(《評林》眉) 按：《通雅》："端委，委猶綏也。"蓋端言正也，玄端，委貌也。此爲冠冕之通稱，豈但齊服玄端、素端乎？言其垂下之綏。舊解委爲安者，非矣。其徒曰："助陳、鮑乎？"曰："何善焉？""助欒、高乎？"曰："庸愈乎？""然則歸乎？"曰："君伐，焉歸？"公召之而後入。公卜使王黑以靈姑銔率，吉，請斷三尺焉而用之。五月庚辰，戰于稷，欒、高敗，又敗諸莊。國人追之，又敗諸鹿門。(《測義》夾) 愚按：欒、高本齊公族，公乃自弱其枝，俾陳氏得市恩而植黨焉，所謂倒持太阿而授之柄也，欲國祚不移陳得乎？〖編者按：奧田元繼作陳明卿語。〗欒施、高彊來奔。陳、鮑分其室。(《左繡》眉) 傳欒施來奔事，卻爲陳氏始大起本。欒、高之逐，不唯得鮑氏之助，即晏子端委虎門，其不應四族之召，正是暗助陳氏處。不然，齊爲陳氏，知之已稔，乃進以義本滋長之說，豈非教猱塗附也哉？孫執升謂："平仲在齊，只是中立，不肯以身殉國。但情事婉曲，善於自覆人之不覺。"可爲知言。俞寧世曰："始敘欒、高之亡，後敘陳氏之昌，耆酒則疏，多怨則孤。强於陳、鮑而惡之，則取禍。欒、高所以亡也。

陳氏之昌，在滅欒、高而盡反所爲，然關要全在晏子。欒、高公族，陳、鮑異姓，公族無罪，而異姓滅之，晏子不爲一救，又勸陳氏致邑以取名譽。然則陳氏篡齊，非晏子之罪而誰罪乎？結曰'陳氏始大'，罪晏子也。"（《補義》眉）已上完來奔事，已下是逼出陳氏始大。（《評林》眉）《經世鈔》："'無所往'，晏子兩遇變，皆此理此法，陳、鮑雖爲善，而有謀國之心；欒、高雖公族，而行多不義。故晏子兩無所與。"俞寧世："此著晏子中立之罪。"魏世傚："'君伐焉歸'，此言與不死君難同。"

晏子謂桓子："必致諸公。讓，德之主也，（讓之）謂懿德。凡有血氣，皆有争心，故利不可強，思義爲愈。義，利之本也，蘊利生孽。姑使無蘊乎！可以滋長。"桓子盡致諸公，而請老于莒。（《左繡》眉）前云幅利，此云蘊利，一好一歹，字意俱極新穎。（《評林》眉）《滙參》："'晏子謂桓子'與'有告陳桓子'句相映作兩截眼目，非閒文也。"王荊石："晏子之言良是，而不知桓子以讓得名，實起其強也。"魏世傚："晏子知齊將爲陳，復助桓子謀，安善耶？"（《菁華》尾）子旗平日作事，差強人意，至此亦復瞶瞶，何也？蓋天奪之魄矣。先得公則可以號令群下，陳、鮑〖編者按：疑當爲欒、高。〗所見未爲失策，此即曹操所以破滅群雄以有天下。惟不幸先爲陳、鮑所得，反因其兵至，而坐以伐君之罪，此時欒、高大受不義之名，而百喙無以自解。其敗也，不待再計決矣。所謂差之毫釐，謬以千里也。晏子此等舉動，與在莊公遇弒時無異。

桓子召子山，（孫鑛眉）此下碎敍，亦錯落不板。私具幄幕、器用、從者之衣屨，而反棘焉。子商亦如之，而反其邑。子周亦如之，而與之夫于。反子城、子公、公孫捷，而皆益其禄。凡公子、公孫之無禄者，私分之邑。國之貧約孤寡者，私與之粟。曰："《詩》云：'陳錫載周。'能施也，桓公是以霸。"（韓范夾）陳氏居齊，實跡周王陰行善之術，所以代齊而有齊國，故善者可畏之具，陰則尤可畏矣。（《補義》眉）汪云："且做且說，心事畢露。"（《評林》眉）王元美："前晏嬰稱陳氏云：'以公量貸，以家量收之，山木如市，弗加於山，魚鹽蜃蛤，弗加於海。'今又分邑與粟，則齊之國自公族世胄，以至市井鄉邑蔀屋，無不知陳氏之德矣，得無日漸月漬，而陰握其國權也乎？"孫鑛："'其邑''與之'，互變前句。"陳傅良："傳言欒、高之亡，陳氏所以興。"

公與桓子莒之旁邑，辭。穆孟姬爲之請高唐，陳氏始大。
（文熙眉）穆文熙曰："桓子既不自利，又能利人，返諸公子而益其祿，分之邑，何其宏施也！所以竟能有齊。"（魏禧尾）魏禧曰："晏子之告桓子，教其爲善以自固，是與於竊國之謀者也。不知桓子雖有私利之心，而舉動合禮。以邑致公，則君尊且富矣。反公子，則公族強矣。施貧寡，則國人安矣。國勢在陳，無可如何，而猶幸目前之有禮也。使陳氏不致邑，不反群公子，其能免於他日之篡乎？是晏子之言，似爲陳氏，而實所以爲國。陳氏不剪公室，而反群公子，亦可謂之賢人，然終以得國，可知天命在我，亦何必剪除宗姓而後可哉？如劉裕、蕭道成諸人，直枉作惡人，取報子孫，遺臭萬年而已矣。"（《分國》尾）齊之公族，崔、慶、欒、高。慶滅崔，欒、高滅慶，而欒、高又爲陳氏滅。公族盡，姜祚遂爲陳祚矣。獨是晏子明知弱一個焉，姜其危哉，竟坐視其滅，豈所云陳氏祖宗已在齊，冥數既定，無容人力耶？《左繡》眉）因一事而遂及其全，居然以世家目之矣。（美中尾）異姓強臣，稱兵國中，翦滅無罪之公族，其罪大矣。嬰也，始焉中立，繼不聞危言諭公，終又爲無宇畫策，是與竊國之謀者也，賢大夫乎哉？（《左傳翼》尾）崔、慶不滅，欒、高不興。欒、高不亡，陳氏不大。姜弱嬀昌，晏子早於子雅之死深致歎焉。既告叔向，又告景公，明目張膽，痛切言之，豈肯中立而爲之助乎？陳氏以捉影捕風之言，稱兵君側，意在翦滅二族，而利其所有。晏子不欲彼分室，而教之思義，非欲彼以讓取譽，亦謂義不後君，而不奪不厭之禍息，此正裁抑權臣苦心。桓子雖盡致諸公，而猶請老于莒，與以旁邑不受，必得高唐而願始足，分明薀利之心未忘，若任其分室而莫之禁，則陳氏已坐而自大矣。陳氏之大，穆孟姬請高唐爲之，非晏子之罪也。致室後，許多德意公不行而桓子行之，所謂棄民而歸於陳氏也。桓子不能薀利，即竊義以行其私，連下數十"私"字，正非無謂。引《詩》云"陳錫載周"，而繼之以"桓公是以霸"，隱然以桓公自居。一"曰"字推見至隱，今日分室，晏子以義正之。他日好施，晏子又欲以禮已之。向使景公早從其言，而家施不及國，大夫不收公利，不授陳氏以柄，何緣竊國？莫因可以滋長，遂疑桓子私自施惠，皆晏子教猱升木也。陳氏結鮑以伐二族，志在併吞，屈於晏子之言而盡致諸公，非其心矣。轉而好施，又另撰出一番私意，千古權臣竊國，無一不收拾人心，莽、操之奸，皆陳氏故智耳。晏子屢以爲言，而勸君以禮止之，豈肯爲之助？只看引《詩》云云，一面做，一面說，心事和盤托出，此豈晏子教之乎？若謂不許陳氏併吞二族爲暗助陳氏，設陳氏欲致諸公而晏子教之分室，反謂之公忠愛國乎？豎儒不通如是。此是姜弱嬀昌一大樞紐，故敘欒施所以來奔之由，而結以陳氏始大，以見公之不能庇蔭公族，而令大權盡歸陳氏也。晏子前番中立，大抵不爲陳氏意居多，後於分室教之致公，欲張公室意顯然可見，此皆左氏特地表章晏子處。而或者乃以助陳爲晏子罪，一吠百噪，本傳具在，請細參之。（《日知》尾）杜註曰："傳言陳氏所以興。"四族召之，無所往，頗得自處之道。即告桓子語，亦饒名理，然晏子之罪正在此兩處斷定。蓋既識其庸愈、何善，猶勸其讓以獲利也哉？文前半用除賓留主之法，曰"視二子，皆將飲酒"，則出欒、高矣。桓子曰"彼雖"云云，則並出鮑氏矣。是四族爲亂，而戎首則陳氏也。後半用即首逮從之法，謂桓子必致諸公，以後絕不再寫晏子，然述陳氏種種陰賊，皆由"義，利之本"一語導源，是陳氏移國，而教導則晏子也。末結以"陳氏始大"，大於欒、高之出，則念二惠之競爽者，何不於此主持其曲直？大於人心之歸，則憂齊其爲陳氏者，何必於此更指示以結□哉？字裏行間，尋之有意，而執之無跡，《春秋》之法微而顯，文亦庶幾矣。（方宗誠眉）此篇以"陳氏始大"作結，意在此也。蓋陳氏之大，由公族如欒、高之昏，晏子雖守正，而亦不能直節以防其微、杜其漸，但委蛇朝右而已。至勸桓子讓欒、高之室於公，是不啻助之以收人心也。陳氏之大，誰之罪乎？

秋七月，平子伐莒，取郠，獻俘，始用人于亳社。臧武仲在齊，聞之，曰："周公其不饗魯祭乎！周公饗義，魯無義。《詩》曰：'德音孔昭，視民不佻。'佻之謂甚矣，而壹用之，將誰福哉？"（《分國》尾）此夷俗也，魯秉禮之國，而用之乎？曰"始用"，棄禮自平子始，然則成十七年九月用郊，胡氏謂"蓋以人享"，非也。（《左繡》眉）先案後斷，斷說兩遍，"無義"虛說，"壹用"實說。中引《詩》，將"佻"字作襯，刺入一層。"誰福"繳轉"不享"，呼應一片也。（《評林》眉）顧炎武："引書之中又引書，則下一'云'字。云、曰一義，變文以便讀也。如《論語》'牢曰子云'是也。若史家記載之辭，可下兩'曰'字，《尚書·多方》'周公曰、三若曰'是也。"《補注》："'用人于亳社'，不書，史諱國惡。"（《左傳翼》尾）前此納莒叛矣，而晉不討。季宿拜田，而晉侯享之加籩豆重貨，得慣自恣，遂爾伐莒取鄆，冀欲一舉滅之。三卿並出，而傳止書平子，以仲孫其黨，叔弓其貳，主兵者意如也。公室四分，伐莒而叔孫不與，其自爲離異，不肯黨惡可知。伐莒非義，而"用人"尤不義之甚者。武仲但譏"用人"，而不斥伐莒，豈其習見莒、魯相爭，視爲故常，而不以爲非乎？（《補義》眉）以"佻"字視"壹"字，世變已極，并不可謂"佻"。

戊子，晉平公卒。鄭伯如晉，及河，晉人辭之。游吉遂如晉。九月，叔孫婼、齊國弱、宋華定、衛北宮喜、鄭罕虎、許人、曹人、莒人、邾人、（滕人、）薛人、杞人、小邾人如晉，葬平公也。（《左繡》眉）此篇是合傳中一首串敘格。本爲叔孫婼如晉葬平公作傳，卻扯一鄭子產作陪。子皮將用幣百兩，子產極論其不行。諸大夫欲因見新君，昭子直指其非禮，本是開說。然用幣單爲見君，叔向以嘉服、喪服反復詰難，非禮之言驗，而盡用之料亦存乎其中矣。子皮歸語子羽，句句歎子產，便已暗暗歎昭子。都是寫一邊而兩邊皆透之法，於串敘爲極簡極圓也。末段另敘昭子論人有識，與上事不屬。然棄德、曠宗之評，與縱欲不克之責，理自相通。《詩》《書》兩證，又恰相配。領句緊從"至自晉"穿落，來脈不脫，賓主串敘而側重作收，固合傳體之變而不失其正者矣。（《補義》眉）極寫送葬之盛，釋經已完，以下類敘送葬大夫，以昭子之言爲主。（《評林》眉）《補注》："傳記鄭伯往弔，又因叔孫如晉，併記十一國會葬大夫，見晉雖失政，諸侯猶畏其強。蓋取諸史氏別志，陳氏見傳文序列，如釋經然，誤以爲有筆削，非也。外會葬，法不得書。"（方宗誠眉）"葬平公也"之下，應直接"昭子至自晉"，乃夾敘"鄭子皮將以幣行"一段，此是文中帶敘法。

鄭子皮將以幣行。子產曰："喪焉用幣？用幣必百兩，百兩必千人，千人至，將不行。不行，必盡用之。幾千人而國不亡？"（《補義》眉）敘子產料事之明，亦見諸侯竭其國之所有以事晉。子皮固請以行。既葬，諸侯之大夫欲因見新君。叔孫昭子曰："非禮也。"弗聽。（《評林》眉）《滙參》："'子產曰'，叔向語已在子產料中，與昭子詞異而意同也。"魏禧："如此重幣，國安得不困。"王陽明："子產之揣用幣如見，真老成諳練之才。"叔向辭之，曰："大夫之事畢矣，而又命孤，孤斬焉在衰絰之中，其以嘉服見，則喪禮未畢。其以喪服見，是重受弔也。大夫將若之何？"（《補義》眉）此段敘叔向辭命，然亦見晉昭居喪盡禮，不敢釋服以見諸大夫，得叔向輔之，自可有爲。（闇生夾）成王之喪，諸侯固以嘉服見新君矣，但其時在王初崩，而非既葬之後耳。皆無辭以見。子皮盡用其幣，歸，謂子羽曰："非知之實難，將在行之。夫子知之矣，我則不足。《書》曰：'欲敗度，縱敗禮。'我之謂矣。夫子知度與禮矣，我實縱欲而不能自克也。"（文熙眉）穆文熙曰："嘉服、喪服數語，斟酌允當，千古莫宜。非叔向莫能言，非子產莫能知，罕虎自謂不足，可謂服善。"（魏禧尾）此亦謂之縱欲，妙！故知凡執私意、任私見者，皆欲也，豈獨財色哉？"不能自克"，人有意見，聞人言，心知其是，而必用己者，其私意盛而力不能制也。故曰"強恕而行，求仁莫近焉"。（《左繡》眉）昭子爲主，於見新君，卻只"非禮也"三字。蓋叔向一片道理，都藏在此三字中矣。虛實互用，妙絕！唐錫周曰："叔向語語是子產、叔孫兩人意中所有，前竟含蓄不露，卻於叔向口中盡情說出，前輝後映，絕妙文心。"（《評林》眉）唐荊川："子皮之請幣，本非縱欲，乃因既葬即見新君，欲兩得耳。此蓋不勝悔恨之詞。"（方宗誠眉）此段敘子產之有識，叔向之守禮，子皮之不文過。

昭子至自晉，大夫皆見，高彊見而退。（《補義》眉）此一段全篇歸結，傳正見在衰絰中者，不可不慎也。昭子語諸大夫曰："爲人子，不可不慎也哉！昔慶封亡，子尾多受邑而稍致諸君，君以爲忠而甚寵之。將死，疾于公宮，輦而歸，君親推之。其子不能任，是以在此。忠爲令德，其子弗能任，罪猶及之，難不慎也？喪夫人之力，棄德曠宗，以及其身，不亦害乎？《詩》曰：'不自我先，不自我後。'其是之謂乎！"（《分國》尾）以見新君之幣行，亦豫備之意，比之聘而備喪禮者，異矣。但不行而盡用之，何也？昭子之論子尾，使強宗聽之，毛髮悚然。曠宗及身，不但宗廟之犧爲虱虱之勤而已。（《左傳翼》尾）子產、昭子、叔向三人所見略同，敘有詳略。然此篇昭子是主，主偏用略筆，而於賓則用詳筆，此隱見出沒之妙也。使諸大夫聽昭子非禮之言，而不求見新君，必不致來叔向詰難，子皮亦無後悔之言矣。末段綴論高彊於後，總見昭子識解絕人，言言可爲典則，與上事不相類，而理自貫通，正不必拘拘於縱欲棄德相關合，而以《詩》《書》配合作眉目也。不是子產、叔孫意中所有語故意含蓄，留在叔向口中發洩，以作前後輝映，蓋子產、叔孫正恐惹出叔向許多説話也。以祇敘叔孫婼如晉葬平公，則叔孫是主，而子產所見略同，恰有子皮前後兩番議論，而魯則無之，故略主而詳賓，亦因事成文，自然如此。非故作狡獪之筆，藏頭露尾，令人捉摸不住。古人行文亦祇於當日情事位置得好，遂成千古不朽。若有意做作，足反居上，首顧居下，成何體制？以此窺度古人，真屬門外鈍漢。子產、昭子皆左氏推服之人，此篇敘子產不肯用幣，而詳子皮讚歎之言。敘昭子不欲見新君，而附論高彊語於後，都是出色寫兩人處，卻非無中生有，不可不知。一賓一主，錯綜變幻，合傳中最奇變者。（《評林》眉）穆文熙："昭子述子尾辭邑之忠，與其子亡命之故，其詞感慨，或有諷於季氏之強乎？"（閩生夾）"不自我先，不自我後"，非罪之也，傷其逢時之不辰耳。深惜彊氏之亡，與記子雅卒同意。

冬十二月，宋平公卒。初，元公惡寺人柳，欲殺之。及喪，柳熾炭於位，將至，則去之。比葬，又有寵。（文熙眉）汪道昆曰："敘事能品，'於人何有'句法。"穆文熙曰："夫人平居談小人之行，無不惡之，比小人以其行而效之我，則又未嘗不喜之，乃知疇昔之惡，特惡其不附己也。人情多如此，豈獨元公之於寺人柳哉？"（鍾惺眉）甚矣！元公之易與也。（韓范夾）嬖幸之媚人主也，不但使惑者惑，且使明者惑，此瑾褊之所以可畏也。（《分國》尾）人謂偷寒送暖，不過小人伎倆耳。不知使人主蠱惑而昵比之，大抵皆熾炭之類。（《左繡》眉）為千古小人以君為餌者寫生，亦為千古見餌於小人者寫生也。噫，可畏哉！（《左傳翼》尾）一面欲殺，一面有寵，愚駿顛倒，煞甚可笑。小人偏辟側媚，弄君股掌之上，術何神也？（《補義》眉）奄寺以小忠結主，猝然有回天之力，可畏哉！（方宗誠眉）此見小人之善於媚人以取寵。

◇昭公十一年

【經】**十有一年春王二月，叔弓如宋。葬宋平公。**（《評林》眉）高閌："卿共盟主之葬，猶可言也，卿共同列之葬，非禮甚矣。"**夏四月丁巳，楚子虔誘蔡侯般殺之于申。**（《評林》眉）高閌："蔡般弑逆之罪，雖義當討，而楚子亦弑逆之賊也，以賊討賊，何辨曲直？況楚子非真治般，志在滅蔡也，故《春秋》書楚子虔、蔡侯般，同斥其名，以見其罪同。"楚公子棄疾帥師圍蔡。五月甲申，夫人歸氏薨。（《評林》眉）季本："《左傳》以敬歸爲襄夫人，而齊歸乃其娣，自昭元年至哀十四年，再無卒襄夫人者，而齊歸以妾書卒，此何禮乎？"大蒐于比蒲。仲孫貜會邾子，盟于祲祥。秋，季孫意如會晉韓起、齊國弱、宋華亥、衛北宮佗、鄭罕虎、曹人、杞人于厥憖。（《評林》眉）汪克寬："《春秋》書八國大夫會厥憖於楚師圍蔡之後，滅蔡之前，則中國失救患之義，雖微傳，其事著矣。"九月己亥，葬我小君齊歸。冬十有一月丁酉，楚師滅蔡，執蔡世子有以歸，用之。（《評林》眉）李廉："書誘、書殺、書圍、書執、書用，蓋以傷中國之微，而深惡夷狄之暴也。"

【傳】十一年春，王二月，叔弓如宋，葬平公也。

景王問於萇弘曰："今兹諸侯，何實吉？何實凶？"對曰："蔡凶。此蔡侯般弑其君之歲也，歲在豕韋，弗過此矣。楚將有之，然壅也。歲及大梁，蔡復，楚凶，天之道也。"（《左繡》眉）此篇傳楚殺般圍蔡事，以楚爲主。首段論蔡凶，而即並楚凶對說。後段論楚克，而極言克之不終。蓋爲乾谿起本也。通篇以"天"字作骨，凡四點"天"字，首一"天"字總說，中二"天"字，一貼蔡，一貼楚，前合後分，呼應成章。末"天"字，乃單收楚。楚，主也。首以數言，中以聖言，末以物喻人，以數喻理，掉尾獨別。殺般圍蔡，分兩截讀。景王問萇弘，韓宣問叔向，兩句對起。然殺般則先議後敘，圍蔡則先提後敘，合之爲以議包敘格。首尾兩"天"字，皆側在楚一邊。中二"天"字，亦以蔡陪楚，不作平分看爲得。弑父者，弗過豕韋。弑君者，歲及大梁。天數即是天理。（《補義》眉）前段引起，便含下叔向一段議論。（《評林》眉）楊升菴："蔡般、楚虔之惡，皆王法所不容，區區以星度占其凶福者，淺之乎知天道也。《太史遷書》稱'萇弘明鬼神、言方怪，用是見殺'，其所記良與左氏乖謬，然備考萇子所行事與其議論，雖蹇蹇忠篤，罔微信鬼神矣，遷之言亦有自哉！"〖編者按：凌稚隆作陸粲語。〗（方宗誠眉）"天"字一篇之主。（閩生夾）敘入滅蔡，殊不平。

楚子在申，召蔡靈侯。（《補義》眉）以中權爲一篇之主。靈侯將往，蔡大夫曰："王貪而無信，唯蔡於感，今幣重而言甘，誘我也，不如無往。"蔡侯不可。三（或作五）月丙申，楚子伏甲而饗蔡侯于申，醉而執之。夏四月丁巳，殺之，刑其士七十人。公子棄疾帥師圍蔡。（《左傳雋》眉）按：蔡侯般雖弑父而立，然楚子殺麇以立，乃誘而殺之，是以亂治亂也。故《經》書"楚子虔誘蔡侯般，殺之于申"，誘而殺之，已非其正。冬十一月，滅蔡，又殺其隱太子，以祭岡山，抑又亟暴矣。十三年即有乾谿之縊，叔向之言，符若左券。（《評林》眉）李笠翁："楚子之誘般，非信義矣，然鄰境不聞有聲罪致討者，而天以是藉手於虔，亦頗爲人心一快。"穆文熙："楚與蔡夙無仇怨，特以利其土地耳，乃殺而刑其士七十人，何其慘也！所以雖克蔡而終受其咎，如叔向之言矣。"

韓宣子問於叔向曰："楚其克乎？"對曰："克哉！蔡侯獲罪於其君，而不能其民，天將假手於楚以斃之，何故不克？然肸聞之，不信以幸，不可再也。楚王奉孫吳以討于陳，曰：'將定而國。'陳人聽命，而遂縣之。今又誘蔡而殺其君，以圍其國，雖幸而克，必受其咎，弗能久矣。（《補義》眉）知蔡般之夭，便知楚虔之夭。桀克有緡，以喪其國。紂克東夷，而隕其身。楚小位下，而亟暴於二王，能無咎乎？天之假助不善，非祚之也，厚其兇惡而降之罰也。（閩生夾）足使一時凶人聞之猛省汗下。且譬之如天，其有五材而將用之，力盡而斃之，是以無拯，不可没振。"（孫鑛眉）論亦勁暢，然未極精婉之致。（《左繡》眉）"不信以幸"，虛提一筆。以下將近事一陪，再將古人一證，末又借五材一譬，詞意極警而贍也。（《左傳翼》尾）張悔莘曰："楚克蔡而有之，萇弘曰'蘊也'，叔向曰'盈其兇惡而降之罰'，子產曰'天方棄蔡以壅楚，盈而罰之'，三賢之言如出一口，足以見稔惡之殺身，天道之不僭。予謂是說出於子產、萇弘則可，出於叔向則不可，何也？周扆主，鄭弱國，楚氛肆毒，力不能禁，不得已委命於天，以觀其後。若晉據大國之威，挾盟主之重，諸侯有急，望走在晉，楚靈暴虐，天人共憤，建旆而前，取而誅之，如撥虀振槁耳。而低首抑心，蓄縮不救，叔向之言，其得爲正乎？厚惡而降之罰，此旁觀無可如何之辭，救患分災，抑強扶弱者，恐不當爲是語也。萇弘之論，叔向之答，都以天言，議亦相似。然景王問在未事以前，答云蔡凶，自是以蔡爲主，楚凶乃究言之耳。宣子問在圍蔡以後，'何故不克'以上意輕，'不信以幸'以下，乃反覆言楚不能有蔡也。弑父殺君，歲復皆凶。縣陳誘蔡，不信巫暴。厚惡降罰，同一天道，而所主各有不同，參看其義始備。"（《補義》眉）絕無報應，人幾疑天之假助不善，而共趨於凶德，得此二語，方見天心。（《日知》尾）報應待諸天數，滅絕諉諸天道，王霸將何爲者哉？主蔡事立論，而莨宏追敘弑父，叔向兼及縣陳，更見坐視者非一事矣。西晉之壞，由於清談。春秋之季，獎正坐此。作者蓋抱《曹》《檜》卒章之歎也。（《評林》眉）魏禧："僞撫叛降而殺之者，不可不知此，雖陽明之於涮頭，功成而無後患，吾猶疑之。"《滙參》："桀奔南巢，故云喪國。紂懸太白，故云隕身。言天之用楚亦如是也。'拯'，烝，上聲，出溺爲拯。'不可没振'，申無拯之意。"《評苑》："此言天之用楚，猶人之用五材也。"（闇生夾）楚靈方盛，處處見其敗徵，史筆之所以遒勁也。

　　五月，齊歸薨，大蒐于比蒲，非禮也。（《左繡》眉）兩事連敘，便爾可怪。（美中尾）大蒐，罪三家僭天子之制，且以馳騁田獵間君喪也。

　　孟僖子會邾莊公，盟于祲祥，脩好，禮也。（《評林》眉）趙汸："春秋盟會，常也，何獨於有喪之時，而稱得禮？"

　　泉丘人有女夢以其帷幕孟氏之廟，遂奔僖子，其僚從之。（鍾惺眉）此女子甚不凡。（韓范夾）不意魯鄙乃有兩卓文君。（《補義》眉）周云："蓮氏在外，正室不能相容也。僖子爲無後計，故受泉丘女之奔，如夢叶吉，天啓之也。**盟于清丘之社，曰："有子，無相棄也。"僖子使助蓮氏之簋。反自祲祥，宿于蓮氏，生懿子及南宮敬叔于泉丘人。其僚無子，使字敬叔。**（《左繡》眉）因盟祲祥，而敘一瑣事，須看前段一一安頓，後段一一收拾，不漏不支，絕有筆法。（《分國》尾）豹遇庚宗婦，生豎牛。獲得泉丘女，生説與何忌。同一私也，所生之善惡不同如是。非獲德優，天也。（《左傳翼》尾）此與叔孫穆子宿庚宗之婦人何異？乃叔孫以外婦而殺二子，孟孫以外婦而育二子。彼有夢此亦有夢，一妖一祥，報應不同，豈孟氏宜有後，天故以二婦人續其嗣耶？其尤奇者，鄰女相從，即有有子無棄之盟，竟成字南宮敬叔之讖，直呐呐怪事。蓮氏之簋何以別居在外？分明正室不能相容，僖子爲無後計，故受泉丘女之奔，如夢叶吉，天啓之也。因禓祥之會，而帶敘此事，豈謂忠於爾國者，乃克有其家耶？此與大蒐比蒲，皆在五月。齊歸薨以後，國有大喪，而甲兵會盟之不絕，魯之臣子，其於君親可知矣。敘盟會後，特著此一事，豈服喪生子不足爲孟氏責耶？微妙可思。（《評林》眉）汪道昆："'女僚'，字甚奇！二女同奔，又奇！何以遂生二大賢也？"

楚師在蔡，晉荀吳謂韓宣子曰："不能救陳，又不能救蔡，物以無親，晉之不能，亦可知也已！爲盟主而不恤亡國，將焉用之？"（《補義》眉）清夜鐘聲。（《評林》眉）《滙參》："言事事如此，故無人肯親我晉國，物只作人字解。"陳傅良："'將焉用之'，傳見晉大夫自憂其不競。"

秋，會于厥憖，謀救蔡也。鄭子皮將行，子產曰："行不遠。不能救蔡也。蔡小而不順，楚大而不德，天將棄蔡以壅楚，盈而罰之。蔡必亡矣，且喪君而能守者，鮮矣。三年，王其有咎乎！美惡周必復，王惡周矣。"（《左繡》眉）傳厥憖之會，起結以晉不能救蔡爲主。中間卻從晉之不能，轉出蔡之不救，又從蔡之不救，並論楚之有咎，是一首結上生下文字。語語曲透，與萇弘英雄所見略同。蔡小、楚大並提，"天將棄蔡"本頂"不順"，壅楚、盈罰已注重"不德"。"能守者鮮"，一面束上"三年有咎"，一面轉下。圓轉如珠走盤。不順之不守，先注後煞。不德之有咎，先提後注，只一倒換法。（《補義》眉）與萇叔、叔向之言一轍。晉人使狐父請蔡于楚，弗許。（韓范夾）夷狄之亡，多以虐；中國之亡，多以微。故楚再滅蔡，暴虐已甚，晉不能聲其罪而討之，而使一介行人求蔡于楚，哀矣！其後，楚惡已盈而天討不遠，晉亦自此分爲三焉，豈非兩敗之道乎？（《分國》尾）蔡般弒君，天討宜加，楚虐何不聲罪以討？誘而殺之，豈以慶封之悖人爲病乎？本滅蔡也，傳意卻在楚自滅。本蔡侯無道以致滅也，傳意卻以滅蔡爲厚楚之毒，而速於自滅。惡壅必洩，惡周必復。萇弘斷以天道，國僑斷以人事。（《補義》眉）所謀止此。（《日知》尾）爲晉霸結局，兼及爲滅蔡及乾谿起本，文只用一意搏捥，有畫石三面之妙。（《評林》眉）《滙參》："不能救蔡也，指厥憖而言，林注'不能遠到'，欠明。"穆文熙："小而不順，大而不德，可爲蔡、楚斷案。美惡周復，可爲天時人事之準。非子產不能言。"王元美："蔡能嬰城，堅不下楚，此易助也。厭愁合天下之兵，畏不敢救，遣使請命，示之不能，使楚益驕，而有以量中國之力，而卒取之，此韓起之罪也。"〖編者按：凌稚隆作許瀚語。〗《補注》："'晉人使狐父'，傳見晉人能合諸侯，而畏楚憚戰，故不能救蔡。葉氏謂謀救蔡不果，無貶辭，疑傳妄。胡氏乃謂'心欲救蔡而力弗加，則無惡。有愧於荀吳矣'，蓋不知昭公而後，大夫有事，悉從其恆稱。"

單子會韓宣子于戚，視下言徐。（《學餘》眉）此單子之春秋也，天下人之春秋也。聽其言，觀其眸子，人焉廋哉？叔向曰："單子其將死乎！（《補義》眉）蔡太子將犧矣，叔向知之否？朝有著定，會有表，衣有襘，帶有結。會朝之言，必聞於表著之位，所以昭事序也。視不過結、襘之中，所以道容貌也。言以命之，容貌以明之，失則有闕。今單子為王官伯，而命事於會，視不登帶，言不過步，貌不道容，而言不昭矣。不道，不共，不昭，不從，無守氣矣。"（王源尾）典訓之文，純而不雜，正而無奇，玉節金和，醇乎醇者也。然此種正非宋儒所能夢見，何者？其氣斂，而宋人之氣散。其骨彊，而宋人之骨弱。其神潔，而宋人之神靡。其局活，而宋人之局板。其詞新，而宋人之詞腐。（《左繡》眉）敘只四字，極簡。而斷語極詳，一反一正，作兩截洗發。每截又各用三層，層層對寫。起用單句虛冒，末各以單句對煞。篇法參差中極整齊也。"失則有闕"四字作上下轉捩，絕佳！寫低聲、緩步入刻酷。"不道""不昭"應上，"不共""不從"又申一層，末以"無守氣"結出"將死"，兩"矣"字直傳太息之神。（《日知》尾）簡鍊而腴。（高嶼尾）俞桐川曰："同一言貌，人失之躁而亢，此失之下而遲，皆氣為之也。氣盈則內賁，氣歉則外餒。末句參驗入微。"（《評林》眉）《滙參》："'著定'，謂佇立定處有表。禮：'諸侯建旂以為表也。'"（《學餘》尾）意氣不可以不平也，精神不可以不振也。意氣愈下而愈平，精神愈用而愈振。意氣不平則汰矣，精神不振則陷矣。單子其陷矣乎？叔向之言，可謂善於形容矣。

九月，葬齊歸，公不感。晉士之送葬者，歸以語史趙。史趙曰："必為魯郊。"侍者曰："何故？"曰："歸，姓也，（闔生夾）'歸姓也'，猶云'姬出也'之例，姓，讀'問其姓'之姓。不思親，祖不歸也。"（《測義》夾）愚按：昭公之必為魯郊也，奚獨於其歸姓而知之乎？假令母非歸姓，將謂雖臨喪不感也而無咎乎？《春秋》蓋爲昭公孫於乾侯地爾。〖編者按：奧田元繼作李于鱗語。〗（韓范夾）昭公之出亡，此時已見其端，故史趙因夫人之姓以寓其解，以見其奇也。叔向曰：「魯公室其卑乎？君有大喪，國不廢蒐。有三年之喪，而無一日之慼。國不恤喪，不忌君也。君無慼容，不顧親也。國不忌君，君不顧親，能無卑乎？殆其失國。」（《左繡》眉）此篇一案兩斷，史趙斷其不思親，叔向斷其不顧親，兩兩相對。又，「必爲魯郊」有呼無應，留於下段「殆其失國」作收繳，合兩斷爲一也。妙甚！一意作三層說，第一層由賓入主，第二層賓主平對，第三層賓主串遞，歸重本節，語整而變。「能無卑乎」，已結本段。「殆其失國」，又結上段。章法最完。（《分國》尾）史趙曰：「不思親，祖不歸也。」請下一轉語，曰：「祖不歸，君亦不歸矣。」乾侯客死，亦足徵也。（《左傳翼》尾）「不思親」，專就公不慼作斷，即叔向不顧親意。「不忌君」，又並大蒐比蒲而斷之。蓋君之失國，固由己之不道，亦必國有強臣悍族蔑視其君爲之。大喪不恤，何況其他？乾侯之禍，若操左券。前言「必爲魯郊」，後言「君其失國」，一提在首，一結在尾，妙不雷同。母以所生之子爲姓，子亦以生我者爲姓，此云歸姓，是歸所生之子也。從歸姓作斷，奇！以祖之不歸而斷君之不歸，更奇！（《日知》尾）前簡後詳，合之正相發相足，鎔爲一片。（《評林》眉）《補注》：「『祖不歸』，不爲祖考所歸，義何取歸姓？與《外傳》言宣王不藉千畝、戰于千畝、王師敗績之類相似，當時自有一等迂繆之論，左氏擇之不精耳。」（閩生夾）宗堯按：「此借叔向之言以並咎魯君臣之非，且攝下失國。」

　　冬十一月，楚子滅蔡，用隱大子于岡山。申無宇曰：「不祥。五牲不相爲用，況用諸侯乎？王必悔之。」（美中尾）黃若晦曰：「晉屢失討賊之義，使楚竊而行之，故旅以討陳亂爲名而縣陳，虔以討蔡亂爲名而滅蔡。」虔與般皆弑君之賊也，賊本宜討，而討之者亦賊，是以般弑般也。（《左傳翼》尾）「美惡周必復」，即萇弘所謂蔡復楚凶也。「盈而罰之」，又兼叔向所謂厚惡降罰，蓋準之天道，驗之人事，理有一定而不爽者，賢者所見自若合符節也。盈而罰一層妙，以此作蔡亡實據尤爲奇妙。厥憖之會，以晉不能救蔡爲主，中敘子產之論，正不能救實證，妙以行不遠、不能救爲言，中間只言蔡不順，楚不德，而決蔡之必滅與楚不能有，而晉之不能救置而不論。石比、荀吳掀髯而談，抵掌以爭也。末以請蔡弗許冷冷作結，晉人削色，千載下猶令人氣咽。（《評林》眉）陳傅良："'楚子滅蔡'，傳言楚子書師。"《經世鈔》："見他人之凶事尚欲辟之，況身爲之乎？故不曰無道，而曰不祥。"湯睡菴："申無宇稱用諸侯，則世子已有嗣君位矣，特以其父誘死於難，其國被圍於內，狼狽憂虞，未能盡爲君之禮耳。"〖編者按：凌稚隆作王褒語。〗

十二月，單成公卒。（《分國》尾）甚哉！君子貴養氣也。養氣則能守氣，而恭從肅，又無往不宜。單子視下言徐，叔向直斷曰"無守氣"，斷以理也，與動乎四體之說相發明。（《左傳翼》尾）容貌辭氣，乃德之符，不唯人之淑慝於此辨，即死生禍福亦於此判也。左氏斷列國諸卿，屢於此著眼，大約失之亢躁者居多，獨此譏其下徐，蓋氣盈氣歉，均非佳兆。從不道不昭，轉出不共不從來，而結以無守氣，以斷其必死，名言至理，正非魏晉以下所能及。

楚子城陳、蔡、不羹。（孫鑛眉）用事多，肉不勝骨。使棄疾爲蔡公。（《補義》眉）二語立案，已下分疏。王問于申無宇曰："棄疾在蔡，何如？"對曰："擇子莫如父，擇臣莫如君。鄭莊公城櫟而寘子元焉，使昭公不立。齊桓公城穀而置管仲焉，至於今賴之。臣聞五大不在邊，五細不在庭。親不在外，羈不在內，（閩生夾）宗堯按："快論恰於此處逆提。"今棄疾在外，鄭丹在內。君其少戒。"（《左傳雋》眉）楊素庵曰："以四'不在'，呼起兩'在'字，詞語錯落。"（《評林》眉）《左粹類纂》："古人以五行立官，鳥官亦有五，蓋立官之本也。以五官之長在邊，恐據邑以叛；以五官之屬在庭，恐威令不行。"汪道昆："棄疾位尊而親，鄭丹爵細而羈族。"（閩生夾）自篇首至此，處處倒攝逆提，而其言以次而切。王曰："國有大城，何如？"對曰："鄭京、櫟實殺曼伯，宋蕭、亳實殺子游，齊渠丘實殺無知，衛蒲、戚實出獻公，若由是觀之，則害於國。末大必折，尾大不掉，君所知也。"（《左傳雋》眉）李九我曰："援引確當。"吳用□曰："以兩喻語，詞不煩而意自足。"（《左傳雋》尾）朱魯齋曰："天下事惟智者能言，亦惟明者能聽。不羹之不可處棄疾，其利害禍福，無宇道之詳矣。靈王竟不能聽，以召陳、蔡之亂。乾溪之役，其誰能詒之？語云：'當斷不斷，反受其亂。'睹靈王可鑒矣。"（王源尾）

此楚靈王見弒之本也。無宇之言切矣，以靈王猜暴，而終不之悟，非禍來神昧者乎？故將無宇之言寫得愈切，而靈王之昧愈見，此反襯法也。開手大書曰："楚子城陳、蔡、不羹，使棄疾爲蔡公。"以蠻夷之長而建國，其侈已甚。侈甚者，天必殛之，此正寫法也。靈王之不終，早決於此矣。前以鄭莊眞子元、齊桓眞管仲，答棄疾在蔡。後以京、櫟、蕭、亳、渠丘、蒲、戚，答城陳、蔡、不羹。前以"五大不在邊，五細不在庭，親不在外，羈不在內"答"棄疾在蔡"，後以"末大必折，尾大不掉"答"陳、蔡、不羹"，皆自然和應，天然匹配。（魏禧尾）魏禧曰："多名言。只說大概利害，不就棄疾說，最得之。昔西伯戡黎，祖伊告紂，但言國事危殆，一語不及西伯，眞忠臣告暴君、全賢臣之至道。"（《分國》尾）無宇不思棄疾有當璧之兆，猶以親不在外，大都耦國爲慮，愚矣！秦皇分天下爲郡縣，無救於亡。蕭齊盡削宗藩，亡不旋踵。楚虔不道，其速亡，豈在棄疾封蔡哉？（《左繡》眉）此篇竟是兩扇格，提筆便立一篇之案，下兩開分頂，一順一倒，上對下排，整多於散。最是工麗文字。上對句句賓主，下排三賓一主，整中有變也。又看兩事分說，而意則一串。末兩"大"雖應"大城"，實暗對上"五大"大字，見棄疾在蔡，必有末大尾大之患。上截虛歇，留於下截揭破，此左氏擅場之法。前兩"城"字，後兩"大"字，即兩扇用羅紋之法，法無不創自左氏者。"君所知也"正對"君其少戒"，卻是倒對"臣聞"二字。蓋兩截都以實事對實事，成語對成語。兩實事以四對兩，卻以短對長，仍自勻稱。成語前用順領，後用倒煞，則略作變化，否則板板到底矣。麗密之文，須玩其疏宕處乃得。"君所知也"，妙甚！可謂即以其人之道，還告其人之身矣。（《左傳翼》尾）配嫡、耦國、並后、貳政，千古所戒，棄疾在蔡多少不好，不便直說。上雖好歹賓主對說，而結以"君其少戒"，大意已和盤托出。後言大城，專就害國一邊，不言棄疾，而棄疾已在言下。"君所知也"，意味何等深長，而毫不見省，可歎也夫！上問棄疾，下問大城，似覺分說，然問棄疾即問其在蔡何如，未嘗分爲二。故前說子元、管仲，必及櫟、榖。後言京、櫟、蕭、亳，必及殺曼伯、子游。明見親不在外，予以大城，爲虎附翼，必有末大尾大之患。總之，後段意已寓前段，言重詞復，反覆告戒，惜靈王迷而不悟，自多其智，褎如充耳耳。靈王逐子干、子皙，豈忌棄疾？但康王死，已爲令尹即弒郟敖，棄疾無罪，不便加戮，不得引爲腹心，使爲蔡公，蓋推而遠之也。"何如"一問，隱然見處置得所，而國有大城，尤楚子所欲藉以畏諸侯者，兩問皆有自鳴得意意，無宇隨問隨答，語論當頭著棒，可謂忠悃之極。(《日知》尾) 愈排愈宕，蓋意在言先言外，以虛運實故也。(高塘尾) 俞桐川曰："强幹弱枝，端本肇末，議論精卓，而筆意峻潔。"孫執升曰："貞觀之治，天下兵八百餘府，在關中者五百，舉天下之大，僅當關中之半，故內足制外，而勢不至於外重。自停上下魚書，六軍宿衛皆市人，於是外兵強盛，藩鎮遂爲唐室禍。末大之戒，誠千古格言。然王者立國，大小相維，親賢並建，用以固本而寧邦。形勢，所恃也。又曰在德不在險。"(閭生夾) 前盛後衰，此爲文中樞紐。

◇昭公十二年

【經】十有二年春，齊高偃帥師納北燕伯于陽。(《評林》眉) 家鉉翁："燕伯入陽與衛獻入夷儀，皆以亂臣迫逐而出，因大國之力以入於其邑，皆不名，所以正君臣之分。"三月壬申，鄭伯嘉卒。夏，宋公使華定來聘。公如晉，至河乃復。五月，葬鄭簡公。(《評林》眉) 高閌："鄭去中國即楚久矣，至于簡公，乘晉悼之方興，以國反正，遂息諸侯之兵。子產相之，薰然慈仁，民蒙其惠，蔚爲春秋賢諸侯。"楚殺其大夫成熊。秋七月。冬十月，公子憖出奔齊。楚子伐徐。(《評林》眉) 李廉："僖十五年，書楚人伐徐，敗徐之後，徐世從楚，至是再伐，則以吳故也。"晉伐鮮虞。(《評林》眉) 蘇轍："晉獻公〖編者按：蘇轍《春秋集解》此下尚有二十八字。〗今伐鮮虞，稱人若師可也，特書晉，深罪之也。楚滅陳、蔡而晉不救，力誠不能，君子不罪也。能伐鮮虞而不救陳、蔡，力非不足也，棄諸侯也。"齊履謙："文十年秦伐晉，成三年鄭伐許，及此年晉伐鮮虞，三者皆《春秋》闕文。"

【傳】十二年春，齊高偃納北燕伯款于唐，因其衆也。(《分國》尾) 晏子曰："吾君賄。"因受燕賂。晏子曰："左右詔諛。"因從公孫皙言。晏子曰："民不貳。"所以不克。晏子曰："不入。"卒因唐衆而納。知者料事如此。(《評林》眉) 陳傅良："因其衆，傳見北燕伯款不名。"

三月，鄭簡公卒，將爲葬除。(《正論》眉) 黄洪憲曰："陰謀家類拘時日忌諱，至虛地上以實地下，言之愈詳而失之愈遠矣。"及游氏之廟，將毀焉。子大叔使其除徒執用以立，而無庸毀，曰："子產過女，而問何故不毀，乃曰：'不忍廟也！諾，將毀矣！'"（韓范夾）可以情求，不可以威劫，即此之謂也。既如是，子產乃使辟之。（《補義》眉）"既如是"三字不特包括上文數句，并將子產入耳惻然情景亦含蓄。司墓之室有當道者，毀之，則朝而塴；弗毀，則日中而塴。子大叔請毀之，曰："無若諸侯之賓何！"子產曰："諸侯之賓，能來會吾喪，豈憚日中？無損於賓，而民不害，何故不為？"遂弗毀，日中而葬。（《補義》眉）"遂弗毀"與"使避之"一意相照，後世陰陽家葬必擇時，不差刻分，唐呂才援此以為古不擇時之證。君子謂："子產於是乎知禮，禮無毀人以自成也。"（文熙眉）穆文熙曰："大叔教除徒數語，委婉動人。既不廢命，又不毀廟，可謂極善。處事若此，胡有差忒？"（《快評》尾）游吉護己之廟，而請毀他人之室，子產能推不忍毀廟之心，以及司墓，且所爭者不過半日耳。子產於此能權其輕重，而全其不忍之心。人謂子產不仁，吾不信也。每讀子產之言，如快刀利斧，無堅不破，並無有人能及之者。（王源尾）九"毀"字猶夷頓宕為章法，如錯陳齊玫，鮮毓的皪，絕世文情。亦特寫子產之賢，妙在以子大叔形之。於己之廟不肯毀，於人之室請毀之，人情固如是乎？人情所安即禮也，子產概不之毀，所以為知禮。王道近人情而已，子產之近於王，皆此類耳。但子大叔何以至此？事恐未然。兩事在子產雖無輕重，而文字有主賓。以子產皆不之毀，而子大叔一則不肯毀，一則請毀之也。前主而後賓，無疑矣。"禮無毀人以自成"一語，雖是總結，然其中正自有反正賓主在，讀者不可不詳。（《彙鈔》眉）屢點"毀"字，尺幅生波。（《分國》尾）司墓之室，大叔請毀，子產勿毀。則知游氏之廟雖除徒不言，子產原不使毀也。蓋火災時，大叔之廟且勿毀耳。（《左繡》眉）此兩案一斷格。"將為葬除"，總提子產。"知禮"，總結中幅對敘兩事。首段卻從子大叔一邊佈置而來，似為太叔權術所動，不知此正太叔淺之為丈夫處。妙在上段卻不說明，留於下段對照自見，此反映法，於對寫不板不復矣。"不忍廟也"，本子產意中語，寄放除徒分中，只以"既如是"三字，虛寫子產實獲我心光景。又，廟之將毀，不言其故，看司墓段則併前事可知。此等皆反映筆法，寫一邊而兩邊都徹者，其巧妙直非世人所留意也。（美中尾）太叔不忍毁己之廟，而乃請毁司墓之室，何其不仁不恕也？豈以蓋除徒執用之權乎？子產庶幾能充不忍之心者矣。（《左傳翼》尾）"不忍廟也"，豈死者之廟然，而生者之室獨不然？看後"無損於賓"數語，可知子產仁心爲質，非太叔權術所能籠絡也。但太叔不欲己廟之毁，而請毁人室，豈陽爲不知，以蓋除徒執用以立之機權乎？贊子產，而不滿太叔之意已見於言外。結句飄然，味之無極。不忍之心，苟能察識擴充，則火然泉達，可以燎原赴海。否則乍明乍昧，亦石火電光而已。子產得"不忍廟"一語，遂能推此及彼，亦庶幾乎知充者，而惜乎他事不能也。（《日知》尾）兩兩相對，有意無意中自分軒輊，文筆輕婉，如游絲之過長空。（《評林》眉）吕東萊："大叔既以游氏之廟不宜毁，何不直言於子產以止之，而必用此小計以動之耶？"按：子產不毁游氏廟，亦見十八年，文義共相似，須參看。鍾伯敬："'諸將毁矣'，只此四字，語態可想。"顧九疇："'司墓室'，子大叔亦必不欲毁者，姑請毁以觀子產之意。"魏世傚："子大叔於己廟則全之，於司墓室則請毁之，賢者耶？子大叔知全己廟，而不顧司墓之室，何其不仁不恕也？然子產終全司墓之室，而先欲毁游氏之廟，豈未之思耶？"彭士望："雪及牛月，葬不擇日，日中而葬，鄭不及時。"（《菁華》尾）子大叔不忍毁己廟，而請毁他人之室，稍爲不恕。子產之言，愈見前之不毁廟者，確非徇同寅之私。

夏，宋華定來聘，通嗣君也。享之，爲賦《蓼蕭》，弗知，又不答賦。（韓范夾）當時最重聘享之禮，奈何有此等之子交歡列國哉？意者宋實易魯而不擇使，不知適以自輕也。（《補義》眉）與齊慶封可稱雙絶。昭子曰："必亡。宴語之不懷，寵光之不宣，令德之不知，同福之不受，將何以在？"（《分國》尾）宴語不懷，憂將至矣。寵光不宣，辱將及矣。令德不知，敝於惡矣。同福不受，禍是叢矣。不能在位，勢將出奔。（《左繡》眉）將以效甯俞先輩耶？一經批點，便覺目定口呆，可笑殊甚。即將《詩》作評斷，妙在逐章敷說，以見有許多文義，而一件不懂，爲可憐也。而文筆遂極整贍可喜。排四句，極重。掉四字，又極輕。使人作十日思矣。（《左傳翼》尾）魯原不當賦《蓼蕭》，使遇甯武子，不知有幾許名論令魯人閉口。而今則與歌《茅鴟》、賦《相鼠》一類，絕不解所云云爲何也，定其齊慶封流亞乎？（《日知》尾）逐章生論，似涉深文，然不知則皆不知，所謂抱空質游，面墙而立也。於此見學之用大，且見保富貴之難。(《評林》眉) 陳廣野："以華定之愚，而使之聘，以貽鄰之譏，此其君與執政之過。"

齊侯、衛侯、鄭伯如晉，朝嗣君也。(《補義》眉) 此言晉室之衰，拒魯、傲齊，而獨不能侮鄭。公如晉，至河乃復。取鄆之役，莒人訴于晉，晉有平公之喪，未之治也，故辭公。公子憖遂如晉。晉侯享諸侯，子產相鄭伯，辭於享，請免喪而後聽命。(《左傳雋》眉) 此傳寥寥數語，敘極奇變。晉人許之，禮也。(《測義》夾) 愚按：居喪無外事，鄭伯既捐殯而朝晉矣，逮於享而後辭，未見其合於禮也，然則晉人之許之也禮乎？君子曰："於其始入竟也而巫辭之，殆其免喪而後聽其朝焉，是禮焉。"(《補義》眉) 拒魯非禮，傲齊更非禮，以中權"禮"字貫穿兩頭。晉侯以齊侯宴，中行穆子相。投壺，晉侯先。穆子曰："有酒如淮，有肉如坻。寡君中此，爲諸侯師。"中之。齊侯舉矢，曰："有酒如澠，有肉如陵。寡人中此，與君代興。"亦中之。伯瑕謂穆子曰："子失辭。吾固師諸侯矣，壺何爲焉，其以中儁也？齊君弱吾君，歸弗來矣！"穆子曰："吾軍帥彊禦，卒乘競勸，今猶古也，齊將何事？"(《補義》眉) 所恃在此，正無禮之由。公孫傁趨進曰："日旰君勤，可以出矣！"以齊侯出。(《左傳雋》眉) 鄭子產相，而曰"禮也"。晉穆子相，而曰"失辭"。齊公孫傁曰"趨進"、曰"以齊侯出"。三大夫之優劣隱然言外。恃其軍帥、卒乘爲晉德不衰於古，穆子失辭之中又失辭矣。(文熙眉) 汪道昆曰："敘事能品，'其以中儁也'句法字法。"(《彙鈔》眉) 此與秦王擊缶、趙王鼓瑟事相類，而特風韻。(《分國》尾) 投壺之舉，晉人自出下策，幸而儁耳。然齊亦儁也，猶自誇曰"軍帥彊禦，卒乘競勸"乎？平丘示威，早於此爲之兆矣。公孫傁以齊侯出，真得儁哉！(《左繡》眉) 杜註："傳言晉之衰。"晉衰卻在齊弱晉上見得，"以齊侯宴"起，"以齊侯出"結，中以"齊君弱吾君"句承上啓下作中權。寫得雅歌投壺與授玉吹律，同一吉凶先見，事韻而文特奇。起二行暗爲"吾固師諸侯矣"伏筆，分作三節者非。宴享賦《詩》贈答，極風雅事，然亦數見不鮮。此忽從投壺另換一番風趣，世事變而文因之。子語、危語、習字令、爾汝歌，都從此脫去。《左傳》爲百世師，蓋往往而是矣。俞云："合澠池、鴻門兩篇之勝，然彼武怒，此蘊藉，固當不同。後半三人，詞皆儁逸，須識其與上半氣韻融洽處。三人以穆子爲主，未添公孫傁與伯瑕作對，結局最勻。即席賦《詩》，亦復費心勞力耶？"（《左傳翼》尾）辭魯，便有自恃其強、不禮諸侯意，總是胸中橫據一"吾軍帥強禦、卒乘競勸"九個字耳。投壺而欲爲諸侯師，滿口無非盛氣凌人景象。齊侯已自容納不下，不覺慨然欲與代興也。極款洽事，已隱含參商之勢，劍戟相撞，即伏于樽俎從容中，敘次之妙，百讀有味。（《日知》尾）誌晉之衰，卻就宴會時語言進退生芒露角，文境雋異！（高嵣尾）俞桐川曰："秦、趙會澠池，劉、項會鴻門，合兩篇之勝。"宴饗時賦《詩》贈答，極風雅事，然亦數見不鮮。忽從投壺敘起，另換一種風趣，詞雋調逸，韻致翩翩。（《評林》眉）鍾伯敬："魯受莒之叛臣叛邑，皆季氏所爲，明年晉人執意如，亦知罪之所在。而公每至晉，輒爲所卻，豈晉之諸臣曲爲季氏之地，公有辭而不能自伸歟！"〖編者按：凌稚隆作家鉉翁語。〗《補注》："'公子憖遂如晉'，不書，本從公，行事見後，例在成十三年、襄二十八年，杜氏、陳氏俱未考。"穆文熙："晉人投壺，自見其虛。齊人趨進而以其君出，意氣英英偪人矣。敵國之前可不慎舉動哉！"湯睡菴："穆子'爲諸侯師'及'齊將何事'之言，俱客氣未融，所以卒致諸侯之間。"

楚子謂成虎，若敖之餘也，遂殺之。或譖成虎於楚子，成虎知之而不能行。書曰："楚殺其大夫成虎。"懷寵也。（《左繡》眉）君子所以貴見幾而作也。（《補義》眉）追治六十年前事，時成虎方乳臭耳。（《評林》眉）穆文熙："虎知禍而不能去，死不足憐，故左氏謂之懷寵。"

六月，葬鄭簡公。（《評林》眉）《補注》："'葬鄭簡公'，杜氏以此證其卒哭除喪之說，非傳意，後見昭十五年。"

晉荀吳偽會齊師者，假道於鮮虞，遂入昔陽。秋八月壬午，滅肥，以肥子緜皋歸。（《左繡》眉）同一假道，偽會齊師，則比前人更巧矣。（美中尾）觀此日之滅肥，可知異日之圍鼓矣。（《評林》眉）呂東萊："荀吳自敗狄大鹵以來，其用兵大較多詐，即幸而勝，君子弗貴也。"《補注》："'以肥子緜皋歸'，不書，併後伐鮮虞、肥、鼓，皆白狄微種，鮮虞之屬，故十五年滅鼓亦不書。"

周原伯絞虐，其輿臣使曹逃。冬十月壬申朔，原輿人逐絞而立公子跪尋，絞奔郊。

甘簡公無子，立其弟過。過將去成、景之族，成、景之族賂劉獻公。丙申，殺甘悼公，而立成公之孫鰌。丁酉，殺獻太子之傅庚皮之子過，殺瑕辛于市，及宮嬖綽、王孫没、劉州鳩、陰忌、老陽子。（《左繡》眉）此類敘體，一是虐民而爲民所逐，一是去族而爲族所誅，皆備事而已，意不在文。然半幅中寫十餘人，而不覺其累贅，可以知其筆之潔矣。觀杜注自知兩事分節之非。（《評林》眉）陳傅良："殺甘悼公不書，義同七年單獻公，傳載甘、單之禍，皆所以起周亂。"

季平子立，而不禮於南蒯。（孫鑛眉）敘瑣事亦入細，第尚未腴鍊。（《左繡》眉）此篇以南蒯之叛爲主。起手敘三人共謀季氏，慭貪位，小懼罪，各有其故，而皆以南蒯領頭。中幅重敘南蒯之叛，而慭事插敘於前，小事帶敘於後，賓主分明，輕重有法。通體作兩截讀，前半敘謀，後半敘事，中以"叔仲小、南蒯、公子慭謀季氏"一句束上領下，爲一篇轉棙，章法錯綜，而條理秩然也。總點小先慭後，分敘慭起小結，都以南蒯居中作主，細甚密甚！兩賓之中，"謂子仲"詳，"語叔仲"略，而敘昭子事，則略者反詳。又恐太詳不稱，便於子仲如晉奔齊，詳敘於前，而叔仲略帶於後，輕重適均矣。詳敘子仲奔齊，又照經還傳處。（高塙眉）前半將南蒯謀叛之事，揭出緣由，是原敘。後接入"南蒯以費叛""公子慭遂奔齊"，乃是正敘。謀叛以南蒯爲主，公子慭貪位，叔仲小懼罪，皆助之叛也，首從分明。中間借平子襯出昭子，乃乙傳中特表甲事之法。南蒯謂子仲："吾出季氏，而歸其室於公。子更其位。我以費爲公臣。"子仲許之。南蒯語叔仲穆子，且告之故。（《評林》眉）沈澤民："南蒯蓋徒快一時忿怨而不量力者，故卒以取敗。"彭士塑："此等事豈可再告人？開手便差。"

季悼子之卒也，叔孫昭子以再命爲卿。及平子伐莒，克之，更受三命。叔仲子欲構二家，（《補義》眉）另起，詳敘小構二家。謂平子曰："三命踰父兄，非禮也。"平子曰："然。"故使昭子。（《補義》眉）殺適立庶猶爲之，乃察察於三命之末耶？刺心之論。（《評林》眉）按：至"受三命"，敘往事，釋叔仲子構二家。彭士塑："南、仲謀季，全無實着，不過借構鬭起事耳。凡構二家合面，則發難之人立出，無所逃矣，遂不思何以應之乎？"昭子曰："叔孫氏有家禍，殺適立庶，故婼也及此。若因禍以斃之，則聞命矣。若不廢君命，則固有著矣。"昭子朝，而命吏曰："婼將與季氏訟，書辭無頗。"（《補義》眉）言君命使季孫壓倒，言與訟使季孫失驚。（《評林》眉）顧九疇："豎牛之亂，季氏實將助之，故言此以愧其心。"魏禧："此舉以懼季孫，可謂先聲奪人也，與朝家衆殺牛不同。"季孫懼，而歸罪於叔仲子。故叔仲小、南蒯、公子憖謀季氏。憖告公，而遂從公如晉。（《補義》眉）"故"字下總束一筆，急接"憖告公"三字，大義卓然。"從公如晉"以下略去"至河公反"一層，已見前篇也。南蒯懼不克，以費叛如齊。子仲還，及衛，聞亂，逃介而先。及郊，聞費叛，遂奔齊。（《評林》眉）陳傅良："以費叛，凡家臣叛，但書圍，不書叛，後倣此。傳中載豎牛、南蒯之事，見叔、季皆有家禍，魯無強君，二氏遂專。"

　　南蒯之將叛也，（高嵣眉）後半將南蒯將叛前事，借作論斷，是追敘。後接出叔仲小不敢朝，昭子命待政于朝，又是拖敘。敘南蒯事分三層，將枚筮一事，重置在中。鄉人一歎一歌，搭在兩頭。或詳或略，錯綜變化。末又借平子襯出昭子，所謂君子落得爲君子，小人枉了作小人也。叔孫才德俱優，季孫才德俱絀，敘法自見。其鄉人或知之，過之而歎，且言曰："恤恤乎，湫乎，攸乎！深思而淺謀，邇身而遠志，家臣而君圖，有人矣哉。"（韓范夾）舉大事以人情爲先，鄉人皆以爲不可，則其無成可知矣。（《評林》眉）《經世鈔》："謀叛而鄉人皆知之，宜其敗也。然此等人殊有意思，或以言挑蒯，蒯何不以之同謀？"（闈生夾）傷無人之急君，徒有一蒯也。南蒯枚筮之，遇坤之比，曰："黃裳元吉。"以爲大吉也。示子服惠伯，曰："即欲有事，何如？"惠伯曰："吾嘗學此矣，忠信之事則可，不然必敗。"（《補義》眉）汪云："劈頭喝破，下作兩層申說。"（闈生夾）南蒯所倡之義當矣，惜蒯非其人也。此意不便明言，假繇詞隱約言之，猶曰是其人則可，不然則敗耳。外強內溫，忠也。和以率貞，信也。故曰'黃裳元吉'。黃，中之色也。裳，下之飾也。元，善之長也。中不忠，不得其色。下不共，不得其飾。事不善，不得其極。外內倡和爲忠，率事以信爲共，供養三德爲善，非此三者弗當。

且夫《易》，不可以占險，將何事也？且可飾乎？中美能黃，上美爲元，下美則裳，參成可筮。猶有闕也，筮雖吉，未也。"
（德秀尾）按：子服景伯論黃裳之義，後之儒者未有及之者，故朱文公取之。穆姜雖非賢婦，然亦能知元亨利貞之指，故附焉。（《測義》夾）愚按：傳中所引占筮之言，率多牽合附會，獨此篇正而有理，得《易》之旨。〖編者按：奧田元繼作王元美語。〗（孫鑛眉）論《易》排句疊承，自是左氏常套。（《左繡》眉）凡賓位人多事多者，須將輕筆零星安頓，然後抽出重筆整片寫主人，則事有條理，而文亦精神。如此篇前半零敘多人，後半整片寫南蒯是也。但整片後截然便住，又嫌前太促，後太寬，文勢一往不返，特留一事帶敘於末，令首尾映發有情。譬滂沱已過，猶聞空階滴瀝；爛熳之餘，猶見繽紛點綴竹籬也。妙矣哉！整片中，又須有錯綜。若將鄉人一歎一歌併作一處，了無生動之趣。今將枚筮一番議論夾敘於中，便令首尾互，若斷若連，絕妙間架。文有敘述，有論斷。此篇惠伯，論也。鄉人，斷也。蓋即以敘述爲論斷矣。起句無韻，湫、攸連叶。思，去聲，與志叶。謀音謨，與圖叶。身、臣與人叶，叶法最變。"忠信則可，不然必敗"，劈頭喝破，以下作兩層申說。前一層只就爻詞作斷，後一層並論其枚筮之非。使南蒯藏頭露尾伎倆，無絲毫躲閃，快甚！（《評林》眉）張半菴："惠伯亦知其謀，故不敢斥言，而云忠信之事則可，蓋陰折而阻之也。"《經世鈔》："'不然必敗'，以室歸公，豈不忠信？然蒯實憾平子之無禮，是以私怨叛季氏耳，觀其懼而以費如齊，豈有公室之心哉？則直爲小人而已矣。余論諸葛誕，意亦如此。此當與穆姜之筮同看，凡占卜者不可不知。"魏世傚："《易》正大，不可以占險事，則《易》小矣。'易'當讀去聲，言黃裳爻平易安善之卦，不可以占險也。"彭士望："大《易》占法，一言可蔽。"（《學餘》眉）此事無足傳者，是以傳其軼事輕行，浮彈音在琴外，令人有高山流水之思，亦左氏之別情也。

　　將適費，飲鄉人酒。鄉人或歌之曰："我有圃，生之杞乎！從我者子乎，去我者鄙乎，倍其鄰者恥乎！已乎已乎，非吾黨之士乎！"（孫鑛眉）繁而不陼，亦太直，乏風致。（《左繡》眉）一歎一歌，都用隱語相映成趣，而前語猶泛言有人，此則直言非吾黨之士。蓋其事漸露，故其諷益深。家臣身圖，前已道破。故後只以去從決之，暗暗相承說下，非前切而後反寬也。句句叶，與前隔句韻迥別，小小處，無不變者。（美中尾）劉原父曰："慭患季氏強、公室弱，是以與公謀去之，此則季之仇而魯之忠臣矣，惜爲南蒯所誤也。"（《補義》眉）前歎是隱諷，此歌是決絕，自有淺深。（《評林》眉）張天如："此與前恤恤乎之歌同意，但前猶鄙之，此則度其必敗而絶之。"

平子欲使昭子逐叔仲小，小聞之，不敢朝。（《補義》眉）昭子一言而季不敢逐小，可見季本無能，惜討季者非其人耳。**昭子命吏謂小待政於朝，曰："吾不爲怨府。"**（王源尾）經雖未書南蒯以費叛，只書慭出奔齊。然發謀去季氏者，蒯也。故傳以蒯爲主，慭與叔仲小爲賓。初將南蒯特提一筆，即繼之曰"南蒯謂子仲"，又曰"南蒯語叔仲穆子"，賓主已自分明。序慭許蒯於先，奔齊於後。小構二家於始，待政於終。皆不及序蒯叛之詳，賓主不益了然乎？然賓主之分易見，而穿插之妙難窮，不可不詳。序蒯與二子造謀之後，忽入叔孫昭子，單序叔仲一段，而不及慭。即將三人總束一筆，然後序慭告公如晉，聞亂奔齊而結之，而不及小。及追序蒯之將叛，用三段文字，詳之又詳，又不及小與慭。末始以小作餘波爲總結，而更不及蒯。分合詳略，不過三人，變態百出，使人迷迷離離，蹤影莫辨，所謂穿插之妙也。序蒯將叛三段，點染妙絶。第一段婉僑而尖利，第二段嚴正而渾涵，第三段溫醇而秀宕。蒯之成敗，已決於此，卻截然而止，更不再及，妙有餘情。一結不但結叔仲，並昭子結之，並平子亦結之，何其完密！而巉巇削起，有絕壁遮流之勢，筆力孤健。（魏禧尾）魏禧曰："三家真兄弟手段，左袒則太重耳。使昭、仲聲罪合謀討季，何事不濟？乃陰攝之，出此下策，亦當運之衰也。"彭家屏曰："《左傳》卦占之法，亦各不同。有看本卦及之卦之全體者，如畢萬筮仕于晉是也。有看兩卦全體，兼看互卦者，如周史之爲陳占是也。有先看動爻，後看全體者，如晉侯之占納王是也。有全卦不變，即看卦義者，如鄢陵之戰是也。有五爻皆動，仍看之卦全體，而占象辭者，如穆姜之徙居東宫是也。有略看卦變之由，而歸重於動爻者，如陳文子斷崔杼之占娶棠姜是也。有專看動爻者，如邲之役知莊子之占楚師，及南蒯欲去季氏而占遇坤之比，皆是也。其法與朱子啓蒙占法有同有不同者，大抵古人隨事起義，故占各不同。後世歷世愈長，爲法愈密，故有一定之占，而著之爲法。然神而明之，豈不存乎其人哉？"（《分國》尾）舉大事者必以大義，未有逞小忿而能濟者也。南蒯之欲出季氏，祇以不見禮之故，且其胸中茫無成算，既語子仲，又告穆子，機事不密，豈能有成？窮而以費叛，坤、比之筮，又何誣妄？孟椒斷之以理，折其叛謀，允哉忠告！鄉人或歎或歌，南蒯不悟，愚哉，小丈夫乎！（《左繡》眉）三人共謀，憖告公，蒯叛費，小獨無事，事已見於欲構二子句也，伸縮法妙。前後獨出色寫昭子，乃乙傳中特表甲事之法。觀諺所云"君子落得爲君子，而小人之枉做小人"也，益明。南氏父子濟惡，叔孫父子濟美，激射親切，此史家插敘之妙也。（《左傳翼》尾）經只書憖出奔，未及蒯叛。究之子仲之奔，卻因蒯叛所致，而憖只告公一節，無可詳書，故通篇以南蒯爲主。叔仲小欲構二家，要亦南氏所指使，與子仲皆爲客。前敘三人共謀，一則云南蒯謂子仲，一則云南蒯語叔仲穆子，分寫小、憖，無非合寫南蒯，所謂錯經以合異者歟？因將叛，始枚筮。既枚筮，遂適費，情事次第如此。故鄉人一歎一歌，敘在兩頭，中間惠伯論筮以錯綜之，亦天然自有之脈絡也。本爲不禮私憤，而借張公室爲名，主意一定，牢不可破。冷語莊言，諫者屢屢，絕不措意。敘次變化，而局段自整。經主憖，傳主蒯，小其餘波也。而敘小特詳於憖者，以小構二家，俾意如孤立無助，而昭子不激不隨，一生梗概於焉附見，平子顛倒錯亂，則才與德皆無足比數者也。篇末以此作結，結構何等完密！史公合傳文字，賓主詳略，推波助瀾，俱從此隅反而出。文章有幾段儁利秀宕處，必有幾處精醇正大處，相錯以間，而後成文。如此篇鄉人一歎一歌，則儁利而秀宕者也。中間論《易》精醇正大，寧世以爲可配《繫辭》，最一篇要緊擔斤兩處，無此則佻且纖矣。坊本乃病其板腐而芟之，唯庸故妄，不免爲震川所呵也。（《日知》尾）南蒯自是主人翁，然季氏豈無罪者？特分輕重耳，然就季氏着筆便拙。使昭子辭三命、使昭子逐叔仲，是敢於自恣者。故叔孫之賢，且欲與訟，況南蒯耶？妙皆用旁筆帶出，而平日強抑武斷，舉一類百，二仲久已心啣，不獨南蒯之怨不禮矣。末句"不爲怨府"，冷然提破，全意恍然，與中三段點還南蒯，同一冷雋筆墨，而一輕一重，賓主仍自分明。（高嶫尾）俞桐川曰："南蒯直以叛爲兒戲，蓋貪與恣合，又有大都以濟其欲。鄉人兩歌，隱躍入妙。惠伯論《易》，醇正精微，直可配《繫辭》矣。"（《評林》眉）陳傅良："'吾不爲怨府'，傳言魯三家本不同心。"（方宗誠眉）前段敘南蒯以費叛如齊、子仲奔齊，惟叔仲未出，此補敘所以未出之故。此段本應直接"子仲奔齊"之下，因中間夾敘南蒯三事，於此是遙接法。（《學餘》眉）平子之不禮，非也。南蒯之欲張公室，更不足言也。乃其鄉人或知之，其鄉人又或歌之，則知賢人之在下位者爲多也。賢人在下位而無輔，是以動而有悔，嗚呼！豈獨南蒯哉！（《菁華》尾）觀公子憖之從君如晉，昭公於此已有圖季之意，不待居于長府時矣。解《易》全以人事爲言，亦異於後來術數之學。鄉人一歎一歌，俱作韻語，前後恰好相應。（闔生夾）此以昭子之不逐小，見三人之無大過也。

楚子狩于州來，（孫鑛眉）三節將順，末出諷諫，中間更雜有襯帖，構法盡完淨，宛如一篇序記文字。（《才子》夾）不圖有如此前半篇，有如此前半篇了，不圖又有如此後半篇，真千載奇文。（《淵鑒》眉）抑揚頓挫，古儁峭潔，極文勢之奇。《祈招》一詩，見古人諷諫遺意。伯厚王應麟曰："楚之興也，篳路藍縷。其衰也，翠被豹舄。國家之興衰，視其儉侈而已。"臣熙曰："敘事雅而不俗，妙在閒處着色，文采斐然。"臣得宜曰："楚靈驕侈太甚，錮蔽已深，雖感子革之言，而不能自克，以及於難，故宋儒程頤謂：'一日克己，非君子之大壯不能也。'"（《左繡》眉）此篇只兩截文字，前半用縱，後半用擒。起手數行，爲後車轍馬跡寫照。雨雪執鞭云云，爲王度金玉作反映。與鼎，與田三段，都爲肆心醉飽立案。前則步步伏，後則步步應。絶妙章法，全在中間一斷頓挫生姿，若一連寫去，尚嫌直而少致矣。通篇生情佈景，總以"出""入"二字爲眼目。《咀華》云："讀者細看前番出時如何身分，再看末後入時如何光景，便悟作者特地兩番對寫之妙。"可爲知言。中間一入一出，亦上下轉關情景生動處。（《補義》眉）首數語想見精鋭盡出，國中空虛。棄疾一呼，發蒙振落，如入無人。寫一面而兩面皆見。（高塘眉）前半用開勢一縱，將楚靈之侈橫，子革之將順，寫得花團錦簇。反跌後半，先敘次其事，侈橫已見一班，及與子革語，竟是喪心病狂，死期將至矣。子革三答，句句將順，句句匡救，以予爲奪，皆摹神之筆也。（方宗誠眉）此篇用筆先反後正，極力騰挪，得文章頓挫曲折之妙。次于潁尾，使蕩侯、潘子、司馬督、囂尹午、陵尹喜帥師圍徐以懼吳。楚子次于乾谿，以爲之援。雨雪，王皮冠，秦復陶，翠被，豹舄，執鞭以出。（《左傳雋》眉）"王皮冠"十四字，便是描寫其侈心，宛然如睹。（孫鑛眉）此等閒敘，若無緊要，然粧點濃色正在此。（《評林》眉）《滙參》："筆筆都傳出侈汰神理。"（《補義》眉）服飾侈異，顧盼自雄。僕析父從，右尹子革夕。王見之，去冠、被，舍鞭，與之語曰："昔我先王熊繹，與呂伋、王孫牟、燮父、禽父，並事康王，四國皆有分，我獨無有。今吾使人於周，求鼎以爲分，王其與我乎？"（《評林》眉）《滙參》："'僕析父從'，倒插在此。按：劉炫連下文，以爲二人同時見王者。非。"一片雄心，欲向子革發洩，故去冠被、舍鞭，以便長談耳，豈爲敬大臣哉？（《補義》眉）周鼎是楚莊所問者，知楚人世世垂涎，真叛逆之徒。對曰："與君王哉！昔我先王熊繹，辟在荆山，篳路藍縷，以處草莽。跋涉山林，以事天子。唯是桃弧、棘矢，以共禦王事。齊，王舅也。晉及魯、衛，王母弟也。楚是以無分，而彼皆有。今周與四國服事君王，將惟命是從，豈其愛鼎？"（《左傳雋》眉）曰"服事君王，惟命是從"，楚靈無君之心，已隱然言外。（鍾惺眉）數語說得有分寸，隱然見楚不得同於四國也，不是一味順從。（《彙鈔》眉）說楚甚微賤，說四國甚尊貴，以名有分無分之故，言下輕重自見。（《約編》眉）子革語俱含規諷，非一味將順也。（闓生夾）風華朗潤，千古常新，後人莫能追步。王曰："昔我皇祖伯父昆吾，舊許是宅。今鄭人貪賴其田，而不我與。我若求之，其與我乎？"對曰："與君王哉！周不愛鼎，鄭敢愛田？"（《左傳雋》眉）曰"周不愛鼎，鄭敢愛田"，楚靈虐鄰之心，隱然言外。（孫鑛眉）兩語簡陗。（《約編》眉）求鼎、求田，欲令人畏，總見侈心。（《評林》眉）陳廣野："'周不愛鼎'二句，此借賓形主，且有回顧之法。"《補注》："《楚語》再言三城，無四國也，蓋古四字積畫，四當爲三。"《滙參》："前城陳、蔡、不羹，注：'明有二不羹。'劉炫據《國語》作三城，且謂古四積二爲四，四乃三字之訛，《正義》已駁之。《補正》李雲霑引賈誼《新書》：'楚靈問范無宇，我欲夫城陳、蔡、葉、不羹。'正合四國之數。存參。"王曰："昔諸侯遠我而畏晉，今我大城陳、蔡、不羹，賦皆千乘，子與有勞焉。諸侯其畏我乎？"對曰："畏君王哉！是四國者，專足畏也，又加之以楚，敢不畏君王哉！"（《左傳雋》眉）曰"專足畏也"，此又即印無宇"末大必折，尾大不掉"之意，層層隱諷，特楚靈不悟，而析父曰"與王言如響"，亦未喻其意耳。（孫鑛眉）四句頓挫拋擲。（《彙鈔》眉）楚靈一派囈語，子革不與置辯，一味將順，固有深意存焉。至後閒問喚醒，若不相蒙者，妙言妙文！(《左繡》眉) 三問三答，問者滿腔拉雜，答者隨口風雲，摹神之極筆也。首段妙於極詳，次段妙於極簡。句句是予，卻句句是奪。末段又妙於倒説，分明尾大不掉，醉飽者彼昏不知耳。(《補義》眉) 數百年後，忽與周爭分，又欲與鄭爭田，又欲使天下諸侯臣服，是醉飽極矣。

　　工尹路請曰："**君王命剝圭以爲鍼柲**，(孫鑛眉) 入此閒語，更覺增態。(《補義》眉) 唐云："若無此橫風吹斷，則前文如何收煞？"無意中透出極侈汰事，又與上豹舃等物相映。(高嶀眉) 中間轉關，如橫岡斷嶺，卻能束前起後，章法奇變。剝圭鍼柲，恰與翠被豹舃相映。入後出前，忽插析父、子革一番問答，一以聲喻，一以刀喻，絕妙機鋒。(《評林》眉) 王元美："鍼柲事極猥瑣，而剝圭爲之，則侈甚。此祈父之所以不平，而子革之摩厲以須其出也。" **敢請命。**"(闔生夾) 閒文縈帶生色，與前皮冠復陶相掩映。**王入視之。析父謂子革**："**吾子，楚國之望也！今與王言如響，國其若之何？**"**子革曰**："**摩厲以須，王出，吾刃將斬矣。**"(《左傳雋》眉) "摩厲"二語，亦似過奇險。(《文歸》眉) 陳溟子曰："好節奏、好頓挫、好關目，通篇生色在此。"(《左繡》眉) 左氏慣作橫岡斷嶺、蜂腰鶴膝體格。若此處正於花團錦簇時，忽然一閃，變作冰冷雪淡境界，極起伏頓挫之奇。(《約編》眉) 作一頓挫，文勢極有波折。(方宗誠眉) 虛虛一筆，全神俱動。(《學餘》眉) 一篇轉軸，析父語結上，子革語生下，用筆如分水犀。**王出，復語。左史倚相趨過。**(《左傳雋》眉) 又就倚相上轉生此段，諷切更爲奇絕。(高嶀眉) 後半用合勢作擒，寫子革之諷刺，楚靈之危悚，忽覺冰冷雪淡。反映前半，述穆王事，引《祈招》詩，只似泛論古人。而"肆其心""止王心""獲没""民力"等句，卻直刺楚靈痛處，所謂吾刃將斬也。較王言如響時，境界改觀。楚靈不食不寐，覺侈心頓灰，與前翠被豹舃、求鼎求田時一種情態語氣，遙相激射。《咀華》云："看前番出時如何身份，看末後入時如何光景，便悟此文特地兩番對寫之妙。"可爲知言。**王曰**："**是良史也，子善視之。是能讀《三墳》《五典》《八索》《九丘》。**"(鍾惺眉) 可見靈王暴主，猶能敬好學之臣。(《文歸》眉) 陳溟子曰："轉下無痕，又生一段好議論。"(韓范夾) 楚子無道，而其言動自有霸王氣略，天下之大有才人也，故能聞言而悔。(《補義》眉) 卻得左史湊趣。**對曰**："**臣嘗問焉。昔穆王欲肆其心，周行天下，**

將皆必有車轍馬跡焉。祭公謀父作《祈招》之詩，以止王心，王是以獲沒於祇宮。(《左傳雋》眉)復沒王宮與辱於乾谿句暗相照。臣問其詩而不知也。若問遠焉，其焉能知之？"(《補義》眉)即從墳、典上析出精意。此句正是刃鋒所及，見生死關頭，係於此詩。(《評林》眉)按：子革言臣前既問倚相以周穆王事，然不能對，則安能知三墳、五典等之事乎？(《學餘》眉)一語不犯，卻字字屬辭比事，深切著明。"蘭亭初揭緣何貴？寫到剛剛恰好時"，此足以觀也。王曰："子能乎？"對曰："能。其詩曰：'祈招之愔愔，式昭德音。思我王度，式如玉，式如金。形民之力，而無醉飽之心。'"(《左傳雋》眉)語語已屬芒刺，宜楚靈之深自悔悟也。(韓范夾)"無醉飽之心"，言用民當節，譬之飲食，是欲而已，無過度也。林以為二，不若子瞻之一之也。(《約編》眉)誦述詩詞，不溢一語，妙！(《補義》眉)"醉飽"點睛，覺上半篇無非此二字。(闈生夾)"形"，當依《家語》《後漢注》作"刑"，刑與型同，即量度之意。《魏策》"夫鄒，寡人固刑弗有也"是其證。"醉飽之心"，謂無厭足也。宗堯按："子革問對一段，為後世諷諫之文開無限門徑，妙甚！"**王揖而入，饋不食，寢不寐。數日，不能自克，以及於難。**(《測義》夾)愚按：楚子三問，而子革三答，辭雖順焉，而中亦微含諷意，如首述熊繹之事天子，見靈王不能盡臣道也。次言周不愛鼎，鄭敢愛田，見靈王陵天子而虐鄰國也。末言四國足畏而加之楚，見可畏之勢不專在楚也。惜乎靈王不悟，而析父亦未喻其意，故復須王之入，而借《祈招》以諷之。雖然，虐事至此，禍機已發矣，雖自克亦奚救乎？〔編者按：奧田元繼作李笠翁語。〕(《左繡》眉)以前都作寬縱之筆，此處便一手擒定。鬆便極鬆，緊便極緊。鬆以養局，緊以鍊局。而前路之鬆，都為後來緊處蓄勢，極意結構之文。凡論斷文字，易得板重，難得空靈。此文前段議論，筆筆用翻跌。後半議論，又輕輕借證，全不犯手。結處一斷，又純用反掉，通篇竟無一筆正寫實寫。道學滿紙，精神飛舞。只如天花亂墜，觸處繽紛，卻半點拈弄不得，異樣空靈文字也。(《約編》眉)從"克"字翻出此論，與上"獲沒于祇宮"相應。(《評林》眉)魏世傚："《祈招》之詩未見聳畏，而楚圍能饋不食，寢不寐，是古之凶人賢於今之凶人也。"(方宗誠眉)此段起勢甚遠，極難打合王身上，極難入諫論正面，而因風轉舵，不知不覺直刺王心，又全不説正面一字，亦不正諫一句，只就古事敘述，令王自然心動，可謂神化不測，可謂語言妙天下。

仲尼曰：「古也有志：『克己復禮，仁也。』信善哉！（《評林》眉）彭士望：「信善哉，何處着得此語？」**楚靈王若能如是，豈其辱於乾谿？」**（文熙眉）汪道昆曰：「議論妙品。『昔我先王』以下章法。」穆文熙曰：「子革初若順從王口，比得間，乃借穆王事諷之。既不忤聽，又得易入，此其所以爲善諫與？惜哉！靈王能聽而不能自克，所以終及於難也。」（《左傳雋》眉）引「克己復禮」四字，歸結其不能自克，收掉亦健。（《正集》尾）襯帖含蓄，有首有結，宛如今時敘記文字。其閑寫處，若無要緊，而粧點濃色正在此。葛端調。（《文歸》尾）忽使侈然，忽使凜凜然，然絕未有諫語，其妙全在繇諛入諫過接發端處。爻一。（《快評》尾）前半幅出相寫楚靈，如此人而不及於難，未之有也。語語如畫，令讀者如觀戲劇。楚靈王此時氣吞宇宙，若與之正言，其何能入？甚哉！諫之不可無術也。靈王三問，子革三對，語語奇絕。三問不等，而三對妙在即借上文順流而下，毫不費力。一出一入，復一出一入，只就外面寫，結構之奇，橫絕千古。善諫者何必折檻流血？其言只要能入耳。（王源尾）此爲楚靈王亡於乾谿起案，故極寫其驕，又曲寫子革之諫，而結歸克己復禮，以見其自取。今人再不知於閒處用筆，以其忙且忙不過，烏能閒也？不知要言不繁，其意已達，固有無限閒情可以揮灑，安用忙也？但閒非散漫之謂，一句散漫，則筋節解而神氣脱，況多乎？惟極閒之筆，都與正義關射，或以爲色澤，或以爲奇兵，反覺文之最耐觀處在此，斯爲善矣。此傳於提明楚子次于乾谿之下，未與子革問答以前，先點染雨雪一段。既與子革問答之後，又點染剝圭一段。非五彩彰施之色澤，八門起伏之奇兵乎？然使與乾谿之敗渺不相涉，亦無謂耳。惟靈王驕滿之氣，於此二段中亦隱隱襯出，如月窗花影，波鏡雲光，惝恍迷離，半無半有，故覺其妙無窮。此用閒筆法也。然則人之不知用閒筆者，非特不能以簡練爲正筆，並不知散漫之不足爲閒耳。忙不亦宜乎？「摩厲以須」二語，前後關鍵，子革之妙用於此見，作者之手法亦於此見。矯健橫辣，一篇之警策處。子革通敏之才，使不見倚相，另觸一事，自另有一番議論。而就事以論，借墳、典、索、丘，引《祈招》之詩以爲諷諫，何其切也！又絕無色相，何其巧也！其要只在「獲没於祗宮」與「形民之力」二語，而優柔不迫，只似泛論古人者，又何其輕婉而嚴正也！較前之應答如響，迥然別一境界，情文變換如此。拖仲尼之言作結，另尋去徑，不由故道，結法斷當如此。蓋來不知其所起，去不知其所歸，乃起結之善耳！（孫琮總評）此傳之妙，不可言盡。三問三答，有心者語語含蓄，侈汰者一味誇張。兩路寫來，各有神吻，一妙也。答鄭田處，只用"周不愛鼎，鄭敢愛田"二句，詳略互見，借上作勢，二妙也。問答之際，忽用工尹路請命剝圭以爲鍼柲截住，若無意，若有意，三妙也。於王入時，插析父與子革私相問答一段，四妙也。王出復語，不詳其語，插在左史倚相趨過，五妙也。因王之贊左史，而插入周穆王事，謂其不知《祈招》之詩，其事之有無，左史亦不置辯，惟以啓王之問，六妙也。而其尤妙在起處敘事，形容得多少氣焰，多少華采，此豈強諫所可入者？故前路介面依順，絕不經意，後亦冷語安放，初若無心。而危悚之言，已出自倚相之口，已先見於《祈招》之詩，此是古今第一絕妙諫法，覺左師觸龍猶多費詞。（《古文斫》尾）靈王雄主，當志得意滿時，勢如馬逸不可止。諺云"當湯解熱，不如火底抽薪"，子革索性一路作助火語，而後使之回頭一想，説到"王是以獲没于祇宮"一語，不由人不百念冰冷。爲橫漢説法，只此一着。否則，竟是癡人前説夢也。若行文之妙，細批中盡之矣。（《彙鈔》眉）"執鞭以出"至"王入視之"，"王出復語"至"王揖而入"，兩出兩入，情態不同，遙對作章法。（《覺斯》尾）過商侯曰："前半言言已具諷諫，楚子始不自覺。及聞《祈招》一詩，乃悟前數語悉屬含譏帶諷，不覺感愧交矣。立言有旨，真風人之遺。"（魏禧尾）魏禧曰："此全不見刀斬處，楚子何以不食不寐？吾每於子革、淳於髡之諷諫重疑焉。豈亦史氏之附會與？"（《析義》尾）楚靈頻年用兵，總是投龜詬天，侈心未改。前此莊王問鼎，王孫滿折以天命，靈豈不知，乃欲求爲分器耶？時無公子張、范無宇輩，皆無容其致喙矣。子革問答中，妙在句句是將順，句句是匡救。及論左史倚相，遂趁口把《祈招》之詩莊誦一遍。意謂鼎亦可求，田亦可求，諸侯亦可使畏，但恐民力既竭，禍起蕭牆，無人領受耳。靈王既悟，使即時換罪己之言，振旅歸國，脩德恤民，猶可免訾梁之潰。然此副侈心蓄之已久，非大有得力者，必不能一刀兩斷，靈王豈能及此？宜其不免。文之節奏頓挫，無不入神。（《分國》尾）諫鷙主，逆之不如縱之也，疾折之不如徐以有待也。靈王志驕氣盈，周鼎之問，鄭田之求，欲諸侯之畏我，驕盈極矣。子革惟命是從，曰"與君王哉"、"敢不畏君王哉"，所謂縱之使其侈願無以復加，然後徐折其志，降其氣，是子革摩厲以須之功，全在此際。出而復語，斬關直入矣。惜哉！不能自克免難，得毋罪大惡極，天亦不復誘其衷耶？（《晨書》總評）徐袞侯曰："晉委楚權，靈王昏暴，郟敖既弒，動衆勞民，又欲求九鼎于周，求許田于鄭，侈肆極矣。亦知詬天而呼者，有投車而泣之時乎？子革之諫，妙在逐事順從，逐步冷刺，後乃淬其金鋒，斬斷侈心。匡衡上疏，其說詩可以解頤，不如子革之引詩足以刺心也。用筆之妙，如嶺斷山連，水窮雲起，當于閑冷得之。"（《觀止》尾）楚子一番矜張語，子革絶不置辨，一味將順，固有深意。至後閑閑喚醒，若不相蒙者，既不忤聽，又得易入，此其所以爲善諫歟？惜哉！靈王能聽而不能克，以終及於難也。（《彙編》尾）人非聖賢，豈能無過？過而能改，便是聖賢。"克己"二字，正改過着實工夫。左氏引夫子之言作結，蓋爲凡有過者作鞭策耳。（《賞音》尾）楚子處尾大不掉之勢，而罷民以逞，至投龜詬天，不復自慚，萬無善終之理。然其病根，只是不能克其侈心。使能克己，下引罪之令，封陳、蔡，復遷邑，息兵戈，絶遊觀，保境安民，自今日始，則人心之思亂者必緩，觀從不能爲詿，棄疾不能爲變，由是而釋怨行惠，危者可安矣。吾孔子克己復禮之言，其效固比放下屠刀、立地成佛者信而有徵也。乃錮蔽極而悔悟不深，子革雖善於諷諫，亦復如之何哉？（《昆崖》尾）吴孫右曰："記敘文字，於閑冷處忽然逗入一筆，若無要緊，而妝點濃色正在此。史遷亦每以此爭奇。"（《約編》尾）敘楚子侈心如畫，子革雖善於規諷，無救於乾溪之辱也。故以仲尼克己之言爲結束。（《喈鳳》尾）此篇前後看若兩截，然前用縱筆，卻已綿裏藏針。後用擒法，仍是水中映月。正非如雲漢北風，判然各別。其前爲後伏脈，後爲前收科，章法仍是一片。中間一斷，固是文家頓挫妙境。然此正承上起下所著意處，非是閒情。至借左史諷諫，亦適值其趨過，即因以爲端。明人到處生情，隨物寫意，不必爲右尹幸其恰來湊手也。凡諫侈肆之主，正言厲色，勢必拒而弗入，甚或激怒，禍旋及身，徒滋戾耳。前且語語順從，以逗其欲，爲後冷語危言以啓其悟，則心平氣和而言易入。此子革前所謂摩厲以須，後所謂吾刃將斬者也。至其文之虛靈飛動，真有擒縱自如之妙。學三參評。（《左傳翼》尾）雨雪皮冠，一番裝飾，正要出獵，忽見然丹，遽爾停鞭，將一腔心事盡情傾吐。一面圍徐，一面懼吴，一面又想周鼎，一面又想鄭田，一面又想畏諸侯。念茲在茲，真有刻不能忘光景。形民之力，不知醉飽，此正仲尼所謂己之當克者。子革先縱後擒，婉言諷諫，未嘗無回天之力。而卒迷不悟，以及於難，不仁者可與言哉？最妙是工尹路一請，正説得熱鬧時，滿心歡喜，忽然生一插科，將前一番景象煙消霧釋，幻出一段穆穆肅肅氣色。珠簾掩映，有影無形，左氏行文每以兩人兩事相爲映帶。即一人一事，亦每打作兩段，前後變相，奇奇怪怪，不可思議。此尤異樣出色文字，學士家日誦百遍，則靈臺萬頃，濬發不窮矣。楚虔一片雄心壯志，劈頭驟下直諫，勢不能入。子革一味將順，正爲後面冷語微詞地，如江船推滿柁，轉柁方有神也。王出復語，可知其入視時心事，全在上文諸事。"復語"二字中，包括幾許話頭在内，敘法簡峭，真傳神妙筆。"摩厲以須"，見景生情，遇閒人説閒話，一語不觸犯正位，而王心早已領悟。設不遇倚相，不講典、墳、丘、索，觸着他事，必另有機鋒，令王神魂震悸。若沾粘滯於言下，便不濟事。"形民之力"二句，舊注極婉，朱子看《貞觀政要》及《家語》，皆作"刑民"字。刑，傷也，言傷民之力以爲養，而無厭足之心，乃直刺語。子革藉以諷諫，宜直不宜婉，不如此不足以發王深省也。蓋前路滿口應承，此後必不將順，不然"吾刃將斬"何爲？結語提出"克己復禮"來，既淡宕，又正大，蓋子革諷諫苦心，原望其改悔也。使楚子因此感悟，罷兵息民，行仁布德，不唯無訾梁之禍，即得志於中國，亦易易耳。克己復禮，老道學語，正對症妙藥。而或乃以此譏左氏，豈不繆妄之甚乎？（《日知》尾）正面不着一字，遂成楮墨煙雲。（盛謨總評）左氏注意處，如獅子團毬，一眼註定，任他旋轉起伏，翻跌簸蕩，只在此毬。細讀《祈招》一段便知。余嘗與卧魯雪夜坐溪畔見白雲出，青雲又出，黄雲、緑雲復出，或起或伏，或轉或接，或離或合，或變或化，異甚！少頃，溪動雲開，忽然月出，四山如畫，乃悟此文點詩之妙，竟夜不寐。看他奇奇怪怪，幻出許多異境，只用"王見之""王入視之""王出""王揖而入"四句運動氣局，何等筆力！讀書人無論靈鈍，讀此種文，莫不心愜意滿，讚歎他好。至問他如何好，卻又道不出。于埜曰："贊他好者，左氏使之也。不能道他好者，亦左氏使之也。讀《左傳》到左氏不能使他道不出，方妙方妙！"天之奇者，莫奇於雪雲月電；地之奇者，莫奇於山水花鳥；文之奇者，莫奇于左氏。左氏之奇，參天地之奇也。而於此傳尤奇。聞之蒼頡造字而鬼神夜哭，左氏作此文時，將毋有涕泣前來者，曰："爾何洩盡造化之奇也？"（高嵣尾）俞桐川曰："凡物最忌盈滿，秦苻堅、唐莊宗多在滿中失腳。

通篇極寫楚子之滿,'醉飽'二字,正是點清'滿'字。一路說話,如酒中亂語、夢中囈語、病中呓語,子革隨處將順,末後一句叫轉,如炎蒸鬱勃,忽得清飲,愈見爽豁。前段敘其威靈氣燄,結到'不能自克,以及於難',惋惜多少!警戒多少!文之佈置摹擬,頓挫轉換,色色奇妙。"此爲明年被弑傳也。歷觀楚靈一生行事説話,總是投龜詬天,侈心未改。雖感子革之言,而不能自克。故程子云:"一日克己,非君子之大壯不能也。"其行文節奏頓挫,設色敷采,無不入神。(《自怡軒》尾)描寫靈王言動,如見當日侈張之狀。後敘子革進諷,若在有意無意間,皆傳神之筆。杜草亭。(《學餘》眉)收結完密,力出簡外,餘韻三日繞梁。聞孔子之言,可通孟子"命也,有性焉"之旨,一息尚存,賢智不容自寬,愚不肖亦不容自棄也。(《學餘》尾)楚子之汰侈也如彼,子革之納誨也如此,猶以一杯水救一車薪之火也。然學者不能克己復禮,疇能救車薪之火者乎?讀此而能自克,以免於難且辱,斯可謂之仲尼之徒也已矣。(林紓尾)愚按:此章文字,甚類故家之子弟,先疇略盡,一旦忽將其家藏周鼎商彝,一一陳諸廳事,徧召倡優雜技,與之考究古器之由來。語雖堂皇,卻句句不脱紈絝習氣,而門客中滑稽之士,則亦句句側媚,莊中寓諧,純是綿裏之針,而聽者瞢然無覺,直到後來説到鐘鳴漏盡,家産蕩然,流離無歸,始失聲而哭,然亦卒不撤其故家之架子,以訖於亡。詞令之妙,如蛟波龍瀾,軒然萬疊,極力鞭侰,讀者幾疑下此無一歸宿之地。中間忽插入工尹路剥圭爲柲之請,圭者,國君執以朝會者也,乃剥而爲柲,仍大紈絝之作用,令人欲笑。然即用此爲全篇之停頓,蓋不有工尹路一梗,其間氣勢太盡直瀉。不有析父之斥子革,則文章亦無眼目。左氏用此二人,暫蘇其氣。忽閒閒點出左史倚相,或是子革預約其來,亦未可定,不然,斷無如此湊巧文字。綜言之,此篇前後皆借古事以發揮,靈王所引故事,多半是得諸傳聞之僧語。子革所引故事,則深中王心之隱微。王無心而子革有心,寫深人與淺人論事,步步皆有趣味。(《菁華》尾)問鼎是其乃祖故事,此復言及者,知楚人眈眈之欲,未嘗一日忘之。對鄭事,與上文詳略相間。上文"僕析父從"句,已爲此處伏根,否則唐突無謂。子革一幅正論,已在意中。並不因析父一言而發,其聞王稱左史,而忽引《祈招》之詩,皆是胸有成竹。靈王既感子革之言,此時亟下班師之令,講求息事安民之道,猶未爲晚。乃遷延數日,致内亂已成,悔之無及。蓋禍至神惑,亦有不自主者已。

晉伐鮮虞,因肥之役也。

◇昭公十三年

【經】十有三年春,叔弓帥師圍費。(《評林》眉)高閌:"費,季氏邑,叔弓帥師圍之,見家臣之強,季氏之無君也。家臣以邑叛,不以君命,而使大夫討之。如是,則大夫非魯大夫也,季氏大夫也。師非魯師也,季氏師也。如是而欲討蒯,不思之甚也。"夏四月,楚公子比自晉歸于楚,弒其君虔于乾溪。(《評林》眉)陸淳:"不書復入,而言歸者,明非始謀也。以之首惡,罪其從亂,且敢有其位也,所謂原情定罪。"楚公子棄疾殺公子比。(《評林》眉)啖助:"討比不稱人,何也?棄疾以圖位而殺比,其罪鈞也,故不可稱人。"秋,公會劉子、晉侯、宋公、衛侯、鄭伯、曹伯、莒子、邾子、滕子、薛伯、杞伯、小邾子于平丘。(《測義》夾)林堯叟氏曰:"晉合諸侯由是止,鄢陵之後,參盟復作,而晉非盟主矣。"八月甲戌,同盟于平丘。(《評林》眉)陳宗之:"晉自重丘之後,會盟皆大夫至。此而再合諸侯,晉昭初立,有志於收諸侯也。而叔向諸臣,德卑材下,故卒於無成,自是亦不復合諸侯。"公不與盟。(《評林》眉)程頤:"晉罪公,不使與盟,雖欲辱公,然得不與同盟之罪,實為幸也。"晉人執季孫意如以歸。公至自會。(《評林》眉)吳徵:"公雖不與同盟,然已與平丘之會矣,故以會致。"蔡侯廬歸于蔡。陳侯吳歸于陳。(《評林》眉)劉絢:"陳、蔡者,先王之封國,非楚可滅,非楚可復也,故書爵書歸,言二君之嗣位其所固有,國其所宜歸也。二君名者,素非諸侯,至此始立也。"劉敞:"《穀梁》云:'不與楚滅且成諸侯之事。'非也。楚本不當滅蔡,則蔡雖滅,非滅也,不為諸侯而成之也。"冬十月,葬蔡靈公。公如晉,至河乃復。吳滅州來。(《評林》眉)王葆:"州來本近楚小國,楚嘗取以為附庸,及茲楚亂,吳遂出其不意而滅之。不書帥師,不書侵伐,以見其滅之之易也。"

【傳】十三年春,叔弓圍費,弗克,敗焉。平子怒,令見費人執之,以為囚俘。冶區夫曰:"非也。若見費人,寒者衣之,饑者食之，爲之令主，而共其乏困。費來如歸，南氏亡矣。民將叛之，誰與居邑？若憚之以威，懼之以怒，民疾而叛，爲之聚也。若諸侯皆然，費人無歸，不親南氏，將焉入矣？"（孫鑛眉）意好，以鍊句見致，第微傷繁，且亦嫌四字句多。平子從之，費人叛南氏。（魏禧尾）魏禧曰："名言，可爲千古招叛之法。此與貫珠者論田單事可參看。"《分國》尾）尹鐸弗薾絲晉陽，其民不叛簡子。馮諼焚券于薛邑，薛人終戴孟嘗。冶區夫之畫費，即此意也。然則冉求聚斂，正欲民攜心於季以斃季乎？（《左繡》眉）一正一反，而反中又分兩層，先應"畔"字，後應"歸"字，亦以一順一倒，前奇後偶爲章法。三"若"字寫出借箸而陳神理。孫執升曰："從來招攜之策，無如先結民心。民心既散，叛臣自無與守。回紇欲掠西京，廣平王稽首曰：'今始得西京，若遽俘略，則東京之人爲賊固守，而不可復。'區夫教平子懷來費人，所以散南氏之黨，而使之無與同惡也，祁公得起而逐之矣。"（《左傳翼》尾）前不書費叛，而此書圍者，唯叛故圍也。季氏無君，家臣以邑叛，亦固其所。用大師弗克，不知罪己，猶欲罪民，繆矣。區夫之謀，爲季氏善矣，其若公室何？此皆教猱升木，爲虎附翼者。使遇子服景伯，則市朝之肆，豈能免乎？（《日知》尾）理情勢兼至，是謂辭達。（高塘尾）從來招攜之法，先結民心。民心既散，叛臣自無與守。區父之謀，所以散南氏之黨，而使之無與同惡也，祁癸得起而逐之矣。（《評林》眉）湯睡菴："南蒯之叛，雖以不見禮之故，然一則曰'歸其室於公'，一則曰'我以費爲公臣'，所爲不忘乎公室，未始欲以邑附他國也，故後雖以費入齊，而君子不名其叛。"〖編者按：凌稚隆作王樵語。〗《滙參》："冶區夫曰非也'，言非箅也，孔疏泥。"（《學餘》尾）此知者之言也，亦仁人之言也。南蒯驅之，平子執之，費人無死所矣，爲國者念之哉！爲民者念之哉！

楚子之爲令尹也，殺大司馬薳掩而取其室。（孫鑛眉）攢事因以發事端所由起，左氏每擅此長，而此章尤錯落有節奏，且字句俱净，又出之自然不費力，尤爲妙！（《左繡》眉）此篇敘乾谿之亂，依經分傳，只作兩大截、四大段讀。二女殉葬以上，寫公子比弒其君虔事，以下寫棄疾殺公子比事。"靈王卜"至"楚其危哉"，重寫靈之所由弒。"子干歸"至"何以長國"，重寫比之所由殺。而前兩段敘事爲一截，後兩段論斷爲一截，章法極整。兩截又當作三層九節讀。首節"克城而居"與次節"請藩爲軍"對，一寫亂端，一寫亂主，凡兩寫蔓成然爲眼目，而以"先入""師潰"束之，此是經前一層。四節"投車""自縊"與五節"夜駭""自殺"對，一寫虔弑，一寫比殺，各以"子革乃歸""子玉乃行"爲眼目。而以"葬訾""收葬"束之，此是正寫經題。七節靈卜投龜與八節平拜壓紐對，一重論靈亂之由，一追記平立之故，都以"初"字提頭作眼目，而以叔向論子干束之。此是經傳之餘文，猶八股之有大結也。節次極明。通篇只寫三個人。爲乾谿作傳，故從令尹即位無道敍入，而自投車下及子革三番算計不通，都是自寫供狀。讀之極暢快，又極淒慘。而一面寫靈之所由亂，一面便寫平之所由立。自陳、蔡以及許、越，自成然以及觀從，無不效用。而"除官""周走""衣囚""使卜"等，種種權術過人。讀之使人怕，又使人愛。至子干因人成事，一籌莫展，"強盟""召盟"，但憑觀從提調。勸殺棄疾，忽又婦人之仁。而夜駭走告，倉皇並命，卒爲成然所賣也。讀之但可笑，絕無可憐。合來總見靈當弑，平當立，皆敎不得爭。而一則詒感於詗天，一則預兆於當壁，一則定評於叔向，此作者前敍後斷之大旨也。通篇又只寫得一個人。一個人者，棄疾是也。子干固爲所殺，靈王亦皆所算。故起手即於成然事中，先伏蔡公一筆。次節便連寫"以蔡公命""乃奉蔡公""蔡公知之""蔡公使先入"，乃至除官而使從師乾谿者，棄疾。夜駭而使周呼走告者，棄疾。即子干既歸，而五利五難，旁觀無不以棄疾爲宜有國也，則所重可知已。爲寫一個人，又特寫兩個人。兩個人者，成然與觀從是也。成然則首節於六人創亂中既點，次節於三公子入楚又點，國人大驚，獨使之走告子干。平王即位，又使先爲令尹，而推本於韋龜之屬。至於觀從，以首事特提，而強盟狗蔡，從師乾谿，始借棄疾以封陳、蔡，繼即除棄疾以王子干，而終則去暗投明，而爲平王卜尹，亦當日出色人物。故成然而外，於諸人敍事較詳。（《補義》眉）先敍倡亂之由。及即位，奪薳居田；遷許而質許圍。蔡洧有寵於王，王之滅蔡也，其父死焉，王使與於守而行。（《補義》眉）提蔡公，伏後案。申之會，越大夫戮焉。王奪鬭韋龜中犫，又奪成然邑，而使爲郊尹。蔓成然故事蔡公。故薳氏之族及薳居、許圍、蔡洧、蔓成然，皆王所不禮也。因群喪職之族，啓越大夫常壽過作亂，圍固城，克息舟，城而居之。(韓范夾)一君見弑，必非一事之以，故左氏每言之數數也。(《彙鈔》眉)起手歷敘靈王結怨啓釁，與齊襄、晉惠開隙生亂同，而筆法更錯綜。(《左繡》眉)首節敘亂本，無筆不換。首田與室對，次許與蔡對，次單句；次兩邑對。或詳或略，或順或倒，至總敘作亂，重又將"王所不禮"橫中隔斷，皆極變之筆。(《評林》眉)王元美："《春秋》書公子比弑楚靈王，而《史記》直謂棄疾弑之，何其異也？觀從召比於晉，比之志久矣。棄疾取國於比，非取之於圍也，謂棄疾弑，則謂比何？"《補注》："王肅曰：'越大夫常壽過也。'申之會，經書淮夷而不書越者，以常壽過有罪，不得列會，故不書越也。戮者，陳其罪惡以徇諸軍，言將殺之，終亦不殺。過至今在楚，故怨而作亂。"魏禧："'城而居之'，此當是越大夫所爲。"《補注》："孔氏曰：'固城，城之堅固者。'息舟即是其一，以圍時有所毀，故更城而居之。"

觀起之死也，其子從在蔡，事朝吳，(《補義》眉)觀從、朝吳又是一路。曰："今不封蔡，蔡不封矣。我請試之。"以蔡公之命召子干、子皙，及郊，而告之情，強與之盟，入襲蔡。蔡公將食，見之而逃。(《補義》眉)蔡公總無一言，處處心照。(《評林》眉)魏禧："觀從志在對蔡，棄疾志在得楚，兩不相謀，而二謀適合，機會之來，故是天意。"陳明卿："子干、子皙二人，觀從召之來則來，強之盟則盟，何其以身而輕徇人若是？卒爲棄疾所駭而自弑，有以也！"魏禧："觀從提蔡公上於虎背，不得更下。"(閩生夾)入楚全由觀從，棄疾、子干、子皙皆無創業才也，敘述甚分明。觀從使子干食，坎，用牲，加書，而速行。(孫鑛眉)情狀曲盡，妙。已徇于蔡曰："蔡公召二子，將納之，與之盟而遣之矣，將師而從之。"蔡人聚，將執之。辭曰："失賊成軍，而殺余，何益？"乃釋之。朝吳曰："二三子若能死亡，則如違之，以待所濟。若求安定，則如與之，以濟所欲。且違上，何適而可？"(孫鑛眉)意常，但以鍊語妙。(《補義》眉)主意留與朝吳發之。衆曰："與之。"乃奉蔡公，召二子而盟于鄧，依陳、蔡人以國。楚公子比、公子黑肱、公子棄疾、蔓成然、蔡朝吳帥陳、蔡、不羹、許、葉之師，因四族之徒，以入楚。及郊，陳、蔡欲爲名，故請爲武軍。蔡公知之，曰："欲速。且役病矣，請藩而已。"(《補義》眉)蔡公至是始出議論。乃潰爲軍。蔡公使須務牟與史猈先入，因正僕人殺大子祿及公子罷敵。公子比爲王，公子黑肱爲令尹，次于魚陂。公子棄疾爲司馬，先除王宮。使觀從從師于乾谿，而遂告之，且曰："先歸復所，後者劓。"師及訾梁而潰。(《左繡》眉) 次段敘亂主，觀從首事，故須另提，然以蔡公爲主。起云"以蔡公之命"，猶是觀從之謀。次云"乃奉蔡公"，猶是蔡人之意。既則曰"蔡公知之"，便放蔡公出一頭地。後直曰"司馬使觀從"，於是觀從全爲蔡公所用，而賓主瞭然矣。一路敘置，如春山出雲，逐層變化也。"師及訾梁而潰"一句，束住上段，卻又領起下段。與"殺囚""取葬"數句，筆法正同。(《評林》眉) 王元美："朝吳以陳、蔡人有故國之思，故許其復國以招慰之。"彭士望："凡暴主治罪，雖脅從挂誤無免者，故迫人至是，朝吳因而恐之，鮮有不從。"

王聞群公子之死也，自投于車下，曰："人之愛其子也，亦如余乎？"(《補義》眉) 張天如曰："縊郟敖而弒之，亦自縊也。殺郟敖之二子，亦殺其二子。昔訴天而呼，今投車而泣。論者曰：'楚靈之乾谿，隋廣之江都，金亮之瓜步，三者相類焉。'"侍者曰："甚焉。小人老而無子，知擠于溝壑矣。"(《彙鈔》眉) 至此忽攙入閒事，蓋恐文之平也。故爲波以皺之。(方宗誠眉) 形容楚子之暴，冷語刺骨。王曰："余殺人子多矣，能無及此乎？"(閭生夾) 情態溢出，精神旺甚。古人文字所以生氣淋漓者，全恃此等也。右尹子革曰："請待于郊，以聽國人。"王曰："衆怒不可犯也。"曰："若入於大都，而乞師於諸侯？"王曰："皆叛矣。"曰："若亡於諸侯，以聽大國之圖君也。"王曰："大福不再，祇取辱焉。"然丹乃歸于楚。(《彙鈔》眉) 子革三策，楚靈三答，句法變換，而王悔恨之意在言表。(《補義》眉) 子革三問答，與前篇三問答，一苦一樂相形。(《評林》眉) 彭士望："然丹三策，皆不可行，歸楚其本懷也。"王沿夏，將欲入鄢。芋尹無宇之子申亥曰："吾父再奸王命，王弗誅，惠孰大焉？君不可忍，惠不可棄，吾其從王。"乃求王，遇諸棘闈以歸。夏五月癸亥，王縊于芋尹申亥氏。申亥以其二女殉而葬之。(《測義》夾) 愚按：楚靈弒逆不道主也，申亥即德其惠，葬之已爾，何至殺二女殉之？不忍於君，而忍於其女，善推其所爲者，寧有是乎？獨惜二女離茲不幸，而國人莫爲哀之如三良者。季本氏曰：「楚虔之弒，公子比倡亂而弒也。其歸，晉人奉之而歸也。則主此謀者，專在晉矣。考之書法，其義自見。如左氏所云，則弒君由亂衆，而所恃以爲主者棄疾也，比特爲人所脅爾，於法應書楚人弒君，以著衆亂之實，豈得專歸大惡於比？且比之歸本因晉力，而國中應之，傳載叔向之言，曰『去晉而不送』，則與經文書『自晉』之意不合矣。又曰『歸楚而不逆』，則與經文書『歸楚』之意不合矣。故凡左氏之説類多傳聞，君子於此亦信其所可信者而已矣。」〚編者按：奧田元繼作湯睡菴語。〛（《彙鈔》眉）從王可也，殉女何爲？報君當不如是。（《左繡》眉）文字必有正面一番實寫。如"右尹子革"一段，爲靈王之弒寫一正面。下"周走而呼"一段，爲子干之殺寫一正面。都是特地著精神處，聲情畢現，神致如生，兩兩相對，筆歌墨舞之文。（《補義》眉）此見一事之善，即有一善之應。《楚語》云："遇故涓人疇，曰：『我不食三日矣。』涓人曰：『新王之法，有敢饟王、從王者，罪三族。』王枕其股而卧，易以塊逃去。乃匍匐入于棘闈，棘闈不受，入于申亥氏焉。"（《評林》眉）《經世鈔》："申亥之於靈王，伍員之於平王，皆代父爲報。恩怨之故，不可不慎。"

　　觀從謂子干曰："不殺棄疾，雖得國，猶受禍也。"子干曰："余不忍也。"子玉曰："人將忍子，吾不忍俟也。"乃行。國每夜駭曰："王入矣！"（閩生夾）突起警創，此下乘勢而入，如飄風急雨之驟至，奇警獨絶！乙卯夜，棄疾使周走而呼曰："王至矣！"國人大驚。使蔓成然走告子干、子晳，曰："王至矣！國人殺君司馬，將來矣！君若早自圖也，可以無辱。衆怒如水火焉，不可爲謀。"（韓范夾）威權之主，既已死矣，而猶借其聲勢以取厥國，故楚靈之亡以其虐，不以其威也。（《補義》眉）儲云："紙上寫得洶洶有聲。"按：靈死在二十六日，此爲十八日，則靈王未死，五帥之師尚在，比固知之。且比所倚者棄疾，今喧傳靈王大舉討賊，棄疾已誅，那得不魄戰？成然之計毒甚。又有呼而走至者曰："衆至矣！"（閩生夾）句句緊接，毫不少懈，此孫可之所謂如捕龍蛇，急與之角而不敢暇者也。宗堯按："文之奇肆亦與事稱。"二子皆自殺。（《彙鈔》眉）四重恐唬，情狀踴如。以棄疾之機譎，當二子之狂愚，殺之如拉朽耳。丙辰，棄疾即位，名曰熊居。（文熙眉）汪道昆曰：｢敘事具品。'二三子'以下章法句法。｣穆文熙曰：｢子圍弒君，逐二公子，又斂群怨不仁，得國爲倖已極。乾谿之變，遂成土崩，固理勢宜然哉！｣又云：｢子革三策，無一可行，所謂病在膏肓，雖司命亦無如之何者矣。至其棄王而歸，其自爲謀則善也。｣又云：｢王善處止有不誅無宇一節，乃竟賴其子爲收骨焉。不然，吾不知其死所矣。至申亥以二女殉葬，則夷俗也。｣（《評林》眉）《經世鈔》：｢蔡公之舉，非觀從本意，故欲子干殺之，然可謂不能擇主。'王至矣'，棄疾之謀，亦觀從故智也。走靈王、殺子晳，皆以訛言得。｣陳與郊：｢詳觀子干之死，皆自取也。召之來則來，強之盟則盟，惟觀從之言是聽，而中無定見焉，此所以當斷不斷，而見欺於棄疾也。｣彭士望：｢中插'棄疾使呼'，前後兩呼自見。｣李于鱗：｢二子之死，今之所稱威逼也。雖然，二子之狂愚，固有死道哉！｣彭士望：｢'皆自殺'，可以虛聲自殺，足見二子庸劣。｣魏禧：｢觀從不行，必不至此。｣

葬子干于訾，實訾敖。殺囚，衣之王服而流諸漢，乃取而葬之，以靖國人。使子旗爲令尹。（《評林》眉）彭士望：｢以假王生殺二子，以假王死靖國人，俱倉卒定變能手。｣

楚師還自徐，吳人敗諸豫章，獲其五帥。（《評林》眉）陳傅良：｢'獲其五帥'，吳、楚相敗皆不書，至定四年始書之。｣

平王封陳、蔡，復遷邑，致群賂，施捨寬民，宥罪舉職。（《補義》眉）安眾是要著，帶結前篇案。召觀從，王曰：｢唯爾所欲。｣對曰：｢臣之先，佐開卜。｣乃使爲卜尹。（《補義》眉）棄疾新政。觀從之於蔡，其張子房之於韓乎！應召而至，以不負其復蔡之心也。使枝如子躬聘于鄭，且致犫、櫟之田。事畢，弗致。鄭人請曰：｢聞諸道路，將命寡君以犫、櫟，敢請命。｣對曰：｢臣未聞命。｣既復，王問犫、櫟。降服而對，曰：｢臣過失命，未之致也。｣王執其手，曰：｢子毋勤。姑歸，不穀有事，其告子也。｣

他年，芊尹申亥以王柩告，乃改葬之。（孫鑛眉）亦是豫提完案。（《彙鈔》眉）平王初政，亦殊可觀。又夾敘子躬聘鄭一段，善平王之能用人，與召觀從一例。□亦初政內事。（《補義》眉）寫出人謀天幸，事事湊手，與靈反照。（《評林》眉）魏禧：｢平王臨深爲高。鄭雖悅服，致之以昭義聲，來諸侯，不亦可乎！"彭士望："舊君之惡跡，新君之德資也。"陳明卿："按：子躬違命而不致田，王復喜之，此蓋徇一時之私，而不知人臣奉使之體者也。"《經世鈔》："平王有英爽之氣，然亦不識大體。"《附見》："芋尹氏告平王以靈王柩在我家，故平王取而改葬之。"（《菁華》尾）敘致亂之由，每事以一二語了之，可悟用簡之法。觀從之謀，明明是受命於蔡公，而傳中偏無一語露出。靈王暴師在外，太子幼弱，並不為慎擇重臣，以居留守之任，使入其都者，如履無人之境，足見為謀之疏。"余殺人子"二句，足見天道昭昭，報應不爽，妙在即自本人口中說出。子干初立，眾情未附。靈王此時，苟乘舉國驚疑之際，卷甲疾趨，取之易矣。無如人心已去，不肯為用，觀從一言，而士卒離散。孑然一身，祇得徒手受縛而已。靈王原是剛暴之人，故臨難之際，猶自悻負氣，與項羽末路相似。寧我負人，無人負我，非一代梟雄，此事亦做不到，子干非其人也。平王初政可觀，卻是勤民令主。而其後惑於奸壬之言，舉動顛倒，與其始殆若兩人。然詩云"靡不有初，鮮克有終"，其此之謂矣。梁武帝、唐元宗為之續矣。

　　初，靈王卜曰："余尚得天下。"不吉，投龜，詬天而呼曰："是區區者而不余畀，余必自取之。"（閩生夾）宗堯按："情態如畫。"民患王之無厭也，故從亂如歸。（《彙鈔》眉）通篇寫靈王縊，轉自空斷數語，卻以一卜寫其無厭之狀，是神於贊跋者。（《左繡》眉）以上件件結局，以下重又作結。一節收靈王，卻從小處描寫一可笑事。一節收平王，是倒敘一絕奇事。一節收子干，忽從旁觀展出大議論。段段結，段段變。蓋又一章法矣。須知不是寫子干，正是寫棄疾，以大旨只在靈弒平立。前既詳寫靈亂本末，則後自應重寫平立原委，子干不過借作驅除耳。或以此篇關鍵在子干，故追敘甚詳，恐失作者之意。"靈王卜"一節，本是回應起手，收煞前篇。卻又與下二節合成片段，亦束上起下法。有於"從亂如歸"截住者，非。（《補義》眉）追敘靈亡之由。（《評林》眉）《經世鈔》："起處歷敘眾怨致亂之由，留此一假橫妄無知之狀作結，妙！"（方宗誠眉）此段補敘楚靈之貪暴，以應首段，且以見上不順天，下不順人，所以亡國殺身也。於文法是文中停頓法，又是推原法。（閩生夾）倒煞峭甚，此致敗之源也。

　　初，共王無塚適，有寵子五人，無適立焉。（《補義》眉）追敘平立之故。乃大有事于群望，而祈曰："請神擇於五人者，使主社稷。"乃徧以璧見于群望，曰："當璧而拜者，神所立也，誰敢違之？"既，乃與巴姬密埋璧于大室之庭，使五人齊，而長入拜。康王跨之，靈王肘加焉，子干、子晳皆遠之。平王弱，抱而入，再拜，皆厭紐。鬥韋龜屬成然焉，且曰："棄禮違命，楚其危哉！"（《左傳雋》眉）只數語，敘亦圓變。（《彙鈔》眉）此雖聽命於神，而世次紊亂，遂成禍階，爭殺不已，未可爲後世訓也。（魏禧尾）魏禧曰："國家大事，有劈空造奇者，如觀從、駉赤是其人也。然使以費無極殺郤宛之才，施之於正，又何非奇才乎？古今小人不自愛惜，吾爲恨之惜之。劉裕起事，亦略類此，然近世人行之，未有不敗，何也？不能審時度勢而已。無才力本領，徒欲劈空造奇，以圖僥倖故耳。"謝文洊曰："棄疾權重而有謀，觀從欲起事而不奉之，乃思及子干木偶之人爲主，何其闇也？然棄疾起事時，何不明白自圖，必借名子干而後除之乎？凡舉大事，而即身當尊稱，以犯大難之名，此淺人舉動。觀從既召子干，不妨即以子干試之，倘群情無異，入楚不難，則轉圖子干，亦易事耳。而觀從猶夢夢，欲使子干殺棄疾，不從，然後發憤而行，豈不晚哉？〈禧按：觀從之奉子干，當以子干易與，他日封蔡，可唯所欲耳。然觀從實忠智之士，未可以其昧於擇主而少之。〉如范增明知沛公當王，而輔殘暴之項羽，且欲使羽殺之，與觀從無異。然增憤而死，猶自知恥。觀從則儼然受卜尹之職矣。子干始終受棄疾提弄，而《春秋》書其弒君，反受大惡之名。千古庸人，無自知之明，而妄希非分，亦可憫矣。棄疾之智，如一溪活水，隨岸曲折，波瀾瀠洄，悠洋自在。想其如晉過鄭一段謙讓敬謹，是何等精神！其爲人平日操心機警，刻刻不息，已將君國人心看得通透。至臨事時，觸處洞然，一絲不紊。此雖小人之雄，其用智幾於行所無事矣。如此靈活之人，而亦爲費無極所蔽，讒人真險矣哉！然亦由得位之後，驕盈侈汰，故爾神識昏昧。使爲蔡公時，雖百無極，安能逃其鑒耶？"（儲欣尾）此《左傳》中一篇大文字，內亂、外亂，原委簡晰，國人夜駭一段，更入神。末附叔向論，太冗矣，故刪之。（美中尾）張西銘曰："縊郟敖而弒之，亦自縊也。殺郟敖之二子，亦殺其二子也。昔詢天而呼，今投車而泣，匍匐棘闈，藁葬原野。論者曰：'楚虔之乾谿，隨廣之江都，金亮之瓜步，三者相類焉。'"（《評林》眉）郭眉菴："此適然之變，而以邪心成之者也，不可爲典也。繼缺焉，而後可以議及繼正也、反權也。長幼亦然，長正而幼權。"〖編者按：凌稚隆作邵寶語。》彭士塱："'與巴姬'，便不密，保無漏言以濟私乎？"（武億尾）此篇依經分傳，只作兩截讀。二女殉葬以上，敘公子比弒其君虔事，以下敘棄疾殺公子比事。前"初"字一段，找足虔之所由弒。後"初"字一段，找足比之所由殺。前兩段敘事爲一截，後兩段論斷爲一截，章法明整。頭緒紛紛，條理井井，分合逆順斷續，有結構，有波瀾。（方宗誠眉）以上二段，追敘靈王之所以亡，平王之所以興。此下一段，追敘叔向與韓宣子之論子干，見其所以不立之故。（闞生夾）先大夫評曰："平王得國至易，故發此事，爲若神之助之也。"

子干歸。（《左傳雋》眉）子干在晉，觀從欲作亂，矯蔡公命召之使歸。（《補義》眉）又追敘比殺之故。韓宣子問於叔向曰："子干其濟乎？"對曰："難。"宣子曰："同惡相求，如市賈焉，何難？"對曰："無與同好，誰與同惡？取國有五難：有寵而無人，一也；有人而無主，二也；有主而無謀，三也；有謀而無民，四也；有民而無德，五也。子干在晉十三年矣，晉、楚之從，不聞達者，可謂無人。族盡親叛，可謂無主。無釁而動，可謂無謀。爲羈終世，可謂無民。亡無愛徵，可謂無德。王虐而不忌，楚君子干，涉五難以弒舊君，誰能濟之？（《左傳雋》眉）此歷敘子干之難以得國，議論詳確，而布詞且鍊且爽。（《補義》眉）叔向定弒君之案。（《評林》眉）《經世鈔》："'同惡'，謂棄疾、子干同惡靈王，舊注未是。"孫鑛："卑論子干，兼及平王。排而不精，與《國語》相近。"《經世鈔》："在當時晉人觀之，則曰'無釁而動'。以楚事論，可謂釁矣。棄疾亦乘機得國，非異時也。"沈雲將："此云'誰能濟之'，下云'誰能害之'，紀律嚴密。"有楚國者，其棄疾乎！君陳、蔡，城外屬焉。苛慝不作，盜賊伏隱，私欲不違，民無怨心。先神命之，國民信之，芈姓有亂，必季實立，楚之常也。獲神，一也；有民，二也；令德，三也；寵貴，四也；居常，五也。有五利以去五難，誰能害之？子干之官，則右尹也。數其貴寵，則庶子也。以神所命，則又遠之。其貴亡矣，其寵棄矣，民無懷焉，國無與焉，將何以立？"（《左傳雋》眉）此敘棄疾之可以有國，又復舉子干以比數之。文機變幻，有有餘不盡之致，無疊架排板之病，此左之所以奇也。(《補義》眉) 又將棄疾復説一過。(《評林》眉) 王荊石："上不言棄疾有主，此不言子干不居常，其義一也。"宣子曰："齊桓、晉文，不亦是乎？"(《補義》眉) 傅氏曰："舉桓、文，言皆出亡因亂得國，借賓形主也。"對曰："齊桓，衛姬之子也，有寵於僖。有鮑叔牙、賓須無、隰朋以爲輔佐，有莒、衛以爲外主，有國、高以爲内主。從善如流，下善齊肅，不藏賄，不從欲，施捨不倦，求善不厭，是以有國，不亦宜乎！我先君文公，狐季姬之子也，有寵於獻。好學而不貳，生十七年，有士五人。有先大夫子餘、子犯以爲腹心，有魏犨、賈佗以爲股肱，有齊、宋、秦、楚以爲外主，有欒、郤、狐、先以爲内主。亡十九年，守志彌篤。惠、懷棄民，民從而與之。獻無異親，民無異望，天方相晉，將何以代文？(《左傳雋》眉) 李九我曰："敘桓文得國本末殆盡，益見子干難以冀國。敘得源委詳悉，而詞卻不費，用幾有幾，爲字錯綜，組織機軸變幻。"(《評林》眉) 張半菴："論齊桓、晉文，併引文公作證，分爲兩段，各序其有賢臣爲輔，而至子比則以'無'字反應'有'字，情文兼至。"按：文公歸國始伯，庖丁解牛，刃有餘地。陶朱公三致千金，蘇武持節歸漢，翁家鉉使元安置河漢，皆以十九年，何其數之相符乎！出王棠《知新錄》。彭士望："堅志成事，十可八九。"此二君者，異於子干。共有寵子，國有奧主。無施於民，無援於外，去晉而不送，歸楚而不逆，何以冀國？"(文熙眉) 穆文熙曰："五難之中，其'不聞達者'與'無釁而動'尤爲緊要。蓋事機之會，惟達者識之，無達者，是以動非其時，徒爲人掃除耳。棄疾反所爲，宜其符當璧之兆也。"(《左傳雋》眉) 杜氏曰："傳言子干所以蒙弑君之名，棄疾所以得國。"(鍾惺眉) 又覆説子干，古人文章鄭重紆回處。(王源尾) 文如群峰蜿蜒鬱翠，盤回千里，瀹勃煙嵐，縈江帶湖。望其外，巍然蒼然。入其中，茫然窅然，不知其幾千巘、幾萬壑，實一脈之所奔騰起伏，縹紆結聚而已。楚靈之亡，由於多怨。蔡公其所信任者，苟非怨仇之多，蔡公何由亂乎？多怨之中，最有才略者，無如觀從。苟非觀從之謀，蔡公又何自興乎？然觀從事朝吳，特借蔡公作亂，非奉蔡公也。故開手兩段文字，一則追序楚子，一則追序觀從。雖屢提蔡公，特爲其得國張本，非禍所由來也。千絲萬縷，經緯井然。錦爛霞明，龍驤電激。組織之妙，摹寫之工，開卷數行已令人神飛而魄動矣。起事之後，精神方著蔡公。殺太子祿及罷敵者，棄疾也。使靈王師潰而自縊者，亦棄疾也。棄疾之勢既成，乃陡入觀從說子干之語，而接寫夜駭殺二子一案，而子干之位遂歸之棄疾矣。然則寫棄疾，全在入楚以後，而前之屢提蔡公者，固知非寫棄疾正筆也。寫靈王師潰自縊一段，可為炯鑒。投車之語，天道昭然。子革之謀，求生無路。蓋世之雄，一朝至此，何其悲也！非侈汰驕盈，斂怨多而人心離散之所致乎？乃分崩潰散之餘，雖子革之忠，亦舍之而去。而突出一申亥，不棄其惠，不忍其君，寡惠者忽念其惠，不君者忽以為君，可謂絕處逢生，中流砥柱者矣。文之波折，全在此等。觀從特為其父報仇，又欲報朝吳而封蔡。既借子干成事，即忠於子干。故從師乾谿之後，便有殺棄疾之謀，謀不行遂去。乃平王卒召而用之，亦知此亂非觀從不能造，而左氏寫之，與他人固不同也。蔓成然父子歸心蔡公，故前後以為線索，伏應鉤聯甚密，與他人亦不同。夜駭原國人虛驚，棄疾因之遂殺二子，狡譎甚矣。而摹寫繪狀，砰鞫閃儵，拉雜崩摧，極情文之致。平王即位以後，寫得錯錯雜雜不一色，除新政數大端外，大抵皆了結前案，蓋文之收局處也。或曰："後幅尚有如許文字，何得此處收局？"曰："後幅追述耳，皆餘波也，正傳固結於此矣。"後幅追序共四段文字，卻是三段。第一段追序靈王詬天，即引起五子拜璧。第二段追序五子拜璧，又引起子干歸于楚。第三段追序子干歸楚，又拖出齊桓、晉文。而推論桓、文，不過為子干作襯，則四段仍是三段。而拜璧一案，並述五子。歸楚一案，夾敘平王。疊浪層瀾，煙迷雲湧，妙處一言難盡。此傳章法綿密，筆致生動，亦是有數大文字。但奇變處少，不可與宣、成以前文字同觀。（《分國》尾）楚之亂，前不自子圍，後不自子干，則共王自為之耳。共王無適子，有寵子五人，立庶以長，禮也。子昭居長，召而立之，誰曰不宜？乃謀及婦人，埋璧大室，率五子拜之，以當璧為兆，曰："當璧而拜者，神所立也。"此時五子胸中，人人有得大將意。繼而當璧者棄疾，乃所立者仍子昭，則共王已自食其言。不唯食言，且悖神，亂端兆矣。況當璧之兆，舉朝知之，鬭韋龜屬其子矣。列國知之，游吉謂當璧猶存也。子圍以當璧不立，起圖度之心於前，而郟敖弒。子干以當璧不立，起僥倖之心於後，而觀從之謀生。棄疾則以當璧未立，其黃袍加身之想，何日忘之？思速得志而甘心也。事苟有濟，何不可為？一旦子圍外狩，國內空虛，煽動勞怨之民，糾集喪職之族，狂呼布嚇，布散流言。子干無自全之謀，訾梁有告潰之變，而棄疾爲君矣。假使共王當日既大事群望於埋璧率拜時，明示五子以當璧爲君之指，壓紐有屬，主器歸之。棄疾雖幼，臨之以群望，重之以神謀，申之以父命，如鬬韋龜、芋尹、無宇，皆老臣也，以六尺孤屬之。況楚國之寧，恒在少者。義鈞以卜，又古禮乎？計不出此，既廢立長之禮而卜之神，又違當璧之命而立其長，故曰楚之亂，共王自爲之也。然則共王之欲自諡爲靈、厲也，亦未爲謬。（《左繡》眉）"子干歸"，亦可見作一篇讀，是整齊文字，與通體奇縱筆力，頗不相類。然上半五難、五利對寫，而末單收子干。下半齊桓、晉文對寫，而末亦單收子干。與通篇三層九節，每層以前偶後奇作章法者，暗暗相配。其結構豈信手雜湊者耶？俞寧世曰："後段遞作追敘，一波未平一波又起，如行嚴子灘頭，逆泝而上，峰巒林木，刻刻改觀。"四君成敗之由，半因人事，半關天意。末截叔向語，既似閑評，又若總斷。一篇散碎文字，得此方覺力量深厚。（《左傳翼》尾）滔滔千六百餘言，疊嶂層巒，萬絲千縷，組紃經緯，繽繽紛紛，奇詭眩目，而究衹依經以辨理。比弑虔，棄疾殺比，兩案而已。前敘兩亂所由生，是弑虔起案。後敘棄疾即位初政，是殺比結案。中間正寫弑虔、殺比兩段，一寫得岑寂悽惶，令人心寒膽裂。一寫得驚駭迫促，令人魄散神飛。紙上筆下真有萬斛珠璣，參差錯落。末後追敘三大段，一結靈王，一結棄疾，一結子干，又結案後結案也。煌煌大篇，必須如此收束，乃有歸結，而坊本刪去末段，嫌其太冗，但收弑虔，不收殺比，此篇法散渙，不成章段，沒作者苦心矣。無四族之謀，則亂不起。無觀從之謀，則亂不成。觀從固挾蔡公以爲用者也。觀從本爲報仇起見，又欲封蔡以報朝吳，後且欲爲子干殺蔡公，與蔡公原非一德一心。蔡公，靈王親弟，又受重寄，一觀從耳，何敢矯其命以行事？此必素窺蔡公有欲叛之志，而不肯發難以爲戎首，故假託其命，以之召干、皙，以之聚蔡衆。而蔡公見如不見，聞如不聞，觀從樂得蔡公以試其謀。迨乎朝吳一言而衆曰"與之"，於是乎蔡公挺身出面，不復作遮遮掩掩態矣。不然，陳、蔡、不羹、許、葉之師，豈觀從一呼所能響應乎？篇中疊寫蔓成然、觀從二人，成然猶雜於衆人中，無大謀略。觀從特地首事，左提右挈，尤此傳中之最出色人也。兩亂皆烏合之衆，又自外起，而長驅直入，如履無人之境，殺太子如屠孤雛，毫無阻擋，若非寡助之至，親戚叛之，何以至此？子革三策，王皆知其不可行，作孽果報，皆從自己口中道出。使早知有今日，投龜詬天，稍爲斂戢，民豈肯從亂如歸乎？只一申亥外，更無第二人爲之軫恤，傷馬嵬、悼江都同此悽涼也，讀竟爲之泫然。每夜駭，國自駭也，因其駭而使周走而呼，即因之以告二子。説王入、説王至，又説衆至，一步緊一步，紛哄喧亂，令人害怕，欲不自殺得乎？篇中寫棄疾，大有始如處女、終如脱兔之意。一味機警，神妙獨出，經雖以弑虔蔽罪於比，而即繼之以棄疾殺比，以明其志在代比，則殺比即以弑虔也，而其罪不可逃矣。紛紛衆怨，以致失國，僅一申亥以其父奸王命，赦而不殺，遂求王以歸，使女殉葬，可知怨無不讐，德無不報。一壺飱得死士三人，都是如此。楚虔若能以待無宇者待諸臣，必不致衆怒皆叛，即有禍患，效忠圖效者，豈止一申氏子乎？然丹頗爲楚虔所倚，而亦棄王歸楚，豈未受國士之遇，故亦衆人報之耶？觀從既以欲殺棄疾而行，召之不應再來。卜尹是爲，不唯生無面目以對平王，死又何顔以謝子干？其有愧於申氏父子多多矣。（《日知》尾）只寫棄疾一人，疊巒複嶺，無非環拱主峰。文分兩截，意實一串。前半干、晳、棄疾協同舉事，而惡名獨被子干。且靈本自縊，而加干以惡名者，蓋既云公子比爲王，則干爲戎首矣，即勢不至靈死不止，故書法云云也。干本自殺，而歸獄棄疾者，使呼使告，意欲云何？是棄疾假干手以殺干耳，故書法云云也。自起至"葬靈王"，第具其事，而書法自見，此前半意也。然就棄疾言之，初雖由形格而勢迫，後實欲因利而乘便。及事已成，人冒惡名，己享厚實，是既戕靈，又戕干，實爲狡險之尤矣！然憶詬天擇適兩事，棄疾雖戕靈，靈實宜戕者。稽韓宣、叔向之論，棄疾雖戕干，干又宜戕者。則後半正文中轉勢，以暗斷前半。此則書法之外，左氏自處議識，以寓論定於敘述中者也。故"子干歸"一段，後人疑爲贅附，不知論子干不當立，正見棄疾當立耳，體開神合，非駢拇也。（《評林》眉）《經世鈔》："論子干、棄疾得失及桓、文不同處，俱精詳確當，可謂有識之言。"陳卧子："子干所以蒙弑君之名，而棄疾所以得國。"《經世鈔》："上不過言事之成敗耳，子干書弑君所不解，舊注未是。"

晉成虒祁，諸侯朝而歸者皆有貳心。（《測義》夾）季本氏曰："晉平公時與楚竝主夏盟，自宋、虢二會以來，晉多讓楚，繼以熊虔暴虐，遂無忌憚，晉之失諸侯蓋久矣，豈爲成虒祁之故哉！"（孫鑛眉）敘事亦詳核，但不甚精嚴。（《補義》眉）分兩截看。示威以盟齊，示衆以威魯，各以"懼"字束。但叔向是六卿替身，子產尤賓中之賓，仍以六卿爲主也。篇中并未點出六卿，又是變格。不從投壺敍起，而從虒祁，見諸侯久貳，不盡由荀吳也。**爲取郳故，晉將以諸侯來討。叔向曰：「諸侯不可以不示威。」**（《左傳雋》眉）丘瓊山曰：「叔向既知諸侯有貳心，不以信義服之，而徒欲以威力示之，無乃爲失言乎？」**乃並徵會，告于吳。秋，晉侯會吳子于良。水道不可，吳子辭，乃還。**（《左繡》眉）此篇論事以晉會平丘爲主，論文以子產爭承爲主。以晉爲主，故開手從晉成虒祁，諸侯貳心敍入。討貳注意齊、魯、鄭三國，依經分傳，凡作兩大截讀。前半以遂合平丘作領，子產相會略點一筆，而詳寫齊、魯兩邊議論於後。後半以同盟平丘作領，服齊絕魯，略點兩頭。而詳寫子產兩番議論于中，前偶後奇，剪裁極勻。以子產爲主，故前半於「將盟」前，即閒敍一幄幕九張事。下半于「及盟」前，又插敍一速張于除事，相應成章。而齊則懼而聞命，魯則懼而聽命，子產獨藝貢力争，直抉破晉人伎倆，極其生色，不但遠過於齊之遲速惟君，雖魯以惠伯之辭，亦且從意如而西也，故特以夫子三層稱許作結。左氏往往於賓主互用，並行不背處，見穿插之密、熔鑄之精。其筆法必非粗心所能驟領也。（《評林》眉）穆文熙：「叔向賢者，乃欲晉以威示諸侯，無乃爲失言乎！」張洽：「晉平主盟，內惑於寵嬖，以女色蠱其心；外崇建宮室，以侈麗誇諸侯。故楚虔盡召諸侯而肆爲宗主，吞滅親姻，坐視不救。及平公卒，昭公立，而楚虔斃，乃幸楚亂，欲立威以服諸侯，而不知大勢已去，徒治親暱，本末倒置，內外離心，諸侯益貳，此平丘之會所以益隳伯業也。」

　　七月丙寅，治兵于邾南，甲車四千乘，羊舌鮒攝司馬，遂合諸侯于平丘。（《測義》夾）愚按：晉楚爲成，晉人媮墮苟安，無復自強之志，楚虔由是盡召諸侯，主盟中國，而晉人鼠伏不敢出者幾二十年。及楚虔弒而晉昭立，乃乘楚亂，復爲會于平丘，然不能修德以一人之心，而徒恃甲兵之威，是以雖大合諸侯，臨之以天子之老，而卒失霸業者，無其本而專恃其末故也。雖然，楚人自是不入寇，而中國席以少安，則斯盟亦與有力焉。（鍾惺眉）晉此舉蓋內有不足，以虛聲服人，去力服者已遠矣，況桓、文而上者乎？然叔向此時亦自有一段苦心，即彌縫支吾，猶懼不足。而鮒以貪間之，小人不顧國之利害如此，謀國者值此亦苦矣。**子產、子大叔相鄭伯以會。子產以幄幕九張行。子大**

叔以四十，既而悔之，每舍，損焉。及會，亦如之。（《左傳雋》眉）杜氏曰："傳言子產之適宜，太叔之從善。"描寫零事如畫。（孫鑛眉）子產、太叔二人事夾帶敘。（《補義》眉）子產執政之準，叔鮒、晉卿之類，對舉統冒全篇。"四千乘"，猶假王靈威衆。（《評林》眉）王荊石："子產練習國體，故每事斟酌適宜，過於大叔，而大叔亦有從善之度。"《滙參》："幄幕九張，蓋九幄九幕也。"

次于衛地，叔鮒求貨于衛，淫芻蕘者。衛人使屠伯饋叔向羹，與一篋錦，曰："諸侯事晉，未敢攜貳，況衛在君之宇下，而敢有異志？芻蕘者異於他日，敢請之。"叔向受羹反錦，（孫鑛眉）反璧事今日用之已陳，奈何未有用反錦者？（《評林》眉）按：晉重耳受曹僖負羈盤餐反璧，今人卻饋曰反璧。然則叔向受羹反錦，亦何不舉"反錦"二字以爲詞也？此本於王阮亭、孫鑛等說。曰："晉有羊舌鮒者，瀆貨無厭，亦將及矣。爲此役也，子若以君命賜之，其已。"（《左傳雋》眉）發其黷貨，"爲此役"，此與證攘何異？而又令客以君命賜之，是養成其弟之賄也。不知叔向何至此拙醜？客從之，未退，而禁之。（文熙眉）穆文熙曰："羊舌鮒求貨于衛，故淫芻蕘，叔向以兄而不能止，宜其終以貨見殺也。"（《評林》眉）魏禧："'有羊舌鮒者'，按：是他人亦不可以如此語敵國，況其弟乎！"彭士望："不私其弟，特加'晉有'二字。"《滙參》："爲此役也，言叔鮒爲此淫芻蕘之事也。"《經世鈔》："其已不能以義禁之，而教以君命賜之，若國法與家聲何？叔向此舉謬矣。"（闈生夾）冷雋語。與"明日禮不畢將死"同一穎妙，史公往往效之，但風趣又別也。

晉人將尋盟，齊人不可。（方宗誠眉）此篇所記叔向之言，與前不類。叔向議論頗有道理，此篇所言"不可不示威"與"間其二憂，何求而弗克"，皆無甚道理，不似叔向議論。文法亦平直散漫，句法亦平。晉侯使叔向告劉獻公曰："抑齊人不盟，若之何？"對曰："盟以底信。君苟有信，諸侯不貳，何患焉？告之以文辭，董之以武師，雖齊不許，君庸多矣。天子之老，請帥王賦，'元戎十乘，以先啓行'，遲速唯君。"（《左傳雋》眉）唐荊川曰："'盟以底信'三句，獻公直是規叔向之語。"（《補義》眉）先責其無信，後自任啓行，語直而恕。叔向告于齊，曰："諸侯求盟，已在此矣。今君弗利，寡君以爲請。"對曰："諸侯討貳，則有尋盟。若皆用命，何盟之尋？"叔向曰："國家之敗，有事而無業，事則不經。有業而無禮，經則不序。有禮而無威，序則不共。有威而不昭，共則不明。不明棄共，百事不終，所由傾覆也。是故明王之制，使諸侯歲聘以志業，間朝以講禮，再朝而會以示威，再會而盟以顯昭明。志業於好，講禮於等。示威於衆，昭明於神。自古以來，未之或失也。存亡之道，恒由是興。(《左傳雋》眉)二段一反一正，詳明委折，此等機軸最是左氏家數。晉禮主盟，懼有不治。奉承齊犧，而布諸君，求終事也。君曰：'余必廢之，何齊之有？'唯君圖之，寡君聞命矣！"(鍾惺眉)叔向之苦，苦在晉無禮而欲字字以禮責人。(韓范夾)晉昭之微，正與齊孝公時相等，而襄公得繼伯於齊桓之後，景公不得繼伯於晉昭之時者，齊伯一世，一世則易代，晉伯已及數傳，數傳則難變也。(《補義》眉)暗指將伐齊，以劉子説明在前也。(《評林》眉)張天如："叔向蓋挾天子之元老以爲重，而恐齊人以不得不盟。"《滙參》："孔疏：'有交好之事，而無貢賦之業，交好之事不得常矣。有貢賦之常而無上下之禮，事雖有常，不次序矣。有上下之禮而無可畏之威，雖有次序，不共敬矣。有可畏之威，而不昭告神明，雖爲共敬，不明著矣。"《補注》："叔向言朝聘之節，大數與《周禮》不合，蓋東遷典籍散失，士大夫亦無所折衷。"王元美："志、業、講、禮似矣，而以示威、昭明爲存國之道，恐非確論。"齊人懼，對曰："小國言之，大國制之，敢不聽從？既聞命矣，敬共以往，遲速唯君。"叔向曰："諸侯有間矣，不可以不示衆。"(《左傳雋》眉)"不可以不示衆"與前"不可以不示威"相照，見叔向之非策，晉合諸侯由是止，叔向之過也。(閭生夾)是會也，諸侯離貳甚矣，再敘叔向之言，點睛之筆。八月辛未，治兵，建而不旆。壬申，復旆之。諸侯畏之。(文熙眉)汪道昆曰："序事辭令能品，'國家之敗'以下章法。"穆文熙曰："論盟一段，整齊明潔，頗似時文之調。然既已辨折齊人，何用曳旆以恐諸侯？不足而故示有餘，晉於是乎始衰矣。"(《左繡》眉)同盟止于平丘，晉霸已衰，全非守信脩德面目。叔向亦無可如何，只得以示威示衆勉強支撐。看其於齊、於魯，徒理短詞長，於鄭嘿無一言，直許之而已。一面寫叔向，便是一面寫子產，純用對面激射筆法。

譬如兩鏡相照，鏡無定形，而神致則面面生動也。妙絕！合十四國諸侯，而詳者凡四，敘法各各不同。子產不必言，衛止叔鮒求貨，故只用輕筆撇過，齊始不可而後同盟，乃題所重，故用重筆往復。魯既不與盟，又執季孫，尤題所重，故以取鄆始，以平子歸結，而邾、莒之訴，惠伯之對，較齊加詳。此等皆相其輕重而穿插布置，不偏不亂者也。通篇乃並徵會作緣起，以"貳"字爲眼目，以"遂合平丘""同盟平丘"爲綱領，以"示威""示衆"爲大旨，以"將盟""及盟"爲提掇界畫。齊懼則以"齊服也"三字一點即結，魯懼則依經另結，鄭争承則於事後重結，參錯中線索逼清，回顧起處，以作中間提掇。"齊人懼""魯人懼"，兩段本對。然連寫極嫌其板。忽於中間插入"示衆""建旆"一番熱鬧排場，局法變動，通身神彩煥發。讀者耳目爲之一新，真絕妙結構也。俞寧世曰："晉自此十有五年不合諸侯，迄于召陵伐楚不克，遂以失霸。蓋會宋、會虢之後，楚日憑陵，晉日偷逸。叔向不忍坐失諸侯，勉爲此會。示威、示衆，事非得已，故此文以晉爲主，以鄭爲客。晉大國也，而不能服小國之心。鄭小國也，而可以抗大國之命。則晉偷而鄭競也。齊，霸國之餘；魯，宗國之長，齊、魯而貳，則諸侯皆貳，晉之偷可知矣。齊、魯而懼，則諸侯皆懼，鄭之競又可知矣。夫十四諸侯同盟，人各有詞，國各有事，連篇累牘，尚不能罄。洞見情勢，提綱挈要，大局了然。至如敘晉人瀆貨之罪，見其所以失諸侯之本。敘子產料事之明，見其所以抗大國之具。閒處冷處，皆有深意。學者識得此等法度，凡遇朝廷大典禮，大戰功，命題起草，胸有成竹，曲直煩簡，手筆自高，斷無蔓延疏略之失矣。"孫執升曰："按：晉會諸侯由是止，一曰'不可以不示威'，一曰'不可以不示衆'。夫仁義不足，而後假之仁義，固人心世道之憂也。兵力不足，而後假之兵力，其世變爲何如哉？"子產争承，曰："貢獻無極，亡可待也。"後世惟眉山父子能通其意。（《補義》眉）此示衆、復旆，承上示威來，起下辭魯、執季孫。（閩生夾）皆極形其弱也。

邾人、莒人愬于晉曰："魯朝夕伐我，幾亡矣。我之不共，魯故之以。"（《左傳雋》眉）自昭公即位，邾、魯同好，又未嘗朝夕伐莒，無故怨訴，晉人信之，所謂讒慝弘多也。（《評林》眉）陳廣野："邾、莒正窺晉有恐喝諸侯之意，故以魯愬，後世揣摩之術蓋即此。"**晉侯不見公，使叔向來辭曰："諸侯將以甲戌盟，寡君知不得事君矣，請君無勤。"子服惠伯對曰："君信蠻夷之訴，以絕兄弟之**

國，棄周公之後，亦唯君，寡君聞命矣。"叔向曰："寡君有甲車四千乘在，雖以無道行之，必可畏也，況其率道，其何敵之有？牛雖瘠，僨於豚上，其畏不死？南蒯、子仲之憂，其庸可棄乎？若奉晉之衆，用諸侯之師，因邾、莒、杞、鄫之怒，以討魯罪，間其二憂，何求而弗克？"（孫鑛眉）窮辭欠占地步，然卻説得寔。（《補義》眉）以叔向之雍容和雅，而鄙倍之辭至此，蓋六卿早授意也，故通篇無六卿之言。**魯人懼，聽命。**（文熙眉）穆文熙曰："邾、莒無故訴魯，冀免晉貢。蓋狃於前愬之得行耳。晉君不察，遂以絶魯。而叔向知者，亦爲強大劫制之辭，至引南蒯、子仲之事以恐之。夫南蒯據費叛魯，非魯之罪，而晉不之念，反舉其事以爲魯釁而欲乘之，失盟主之義矣！"〖編者按：《左傳雋》作楊素庵語。〗（《評林》眉）胡寧："叔向之言，北宮黝也。魯人之言，曾子之守約者也。魯人能言而不能信，故恐而不敢與盟。聖人信其義以訓後世，故直書其事而不以爲諱也。"戴溪："桓、文之伯，先屈意交魯。今昭公復伯，最先治魯。晉之盟主止於此，亦理勢然也。"

甲戌，同盟于平丘，齊服也。（《測義》夾）季本氏曰："據傳，會以取郠故，而將討魯；盟以投壺故，而將服齊。恐未必然。蓋魯之伐莒，於經本無取郠之書；齊之代興，於傳徒有投壺之戲，安可據以爲平丘會盟之實哉？"**令諸侯日中造于除。癸酉，退朝。子產命外僕速張於除，子大叔止之，使待明日。**（《補義》眉）子產無事不有先見。**及夕，子產聞其未張也，使速往，乃無所張矣。**（《左傳雋》眉）前敍子產以九張行，子大叔以四十，至此復插入此段，又是暗相照應處，描寫極佳。杜氏曰："傳言子產每事敏于太叔。"

及盟，子產爭承，曰："昔天子班貢，輕重以列，列尊貢重，周之制也。卑而貢重者，甸服也。鄭伯，男也，而使從公侯之貢，懼弗給也，敢以爲請！諸侯靖兵，好以爲事。行理之命，無月不至，貢之無藝，小國有闕，所以得罪也。諸侯脩盟，存小國也。貢獻無極，亡可待也。（闓生夾）連用"也"字，狀其急爭之神。**存亡之制，將在今矣。"**（《左傳雋》眉）"諸侯"四語，語極緊切，宜晉之無辭也。"存亡"二句，語樣似重。自日中以爭，至於昏，晉人許之。（孫鑛眉）爭半日，語必多，何爲止記二十餘句？得晉人答語，再添入一層爭論，乃更濃。（韓范夾）貢賦輕重，爭之必在會盟之時，子產亦知平丘之後，不復再見，故爭之甚力耳。既盟，子大叔咎之曰："諸侯若討，其可瀆乎？"子產曰："晉政多門，貳偷之不暇，何暇討？（閭生夾）此會甚振矜，然晉衰實甚，愈振矜，乃愈形其弱也。一路不輕出正意，至此二語乃喝破之。國不競亦陵，何國之爲？"（文熙眉）穆文熙曰："子產所爭，係國大體，不然，貢賦無極，亡可立待。雖不見討，其能爲國乎？大叔、子產之見，於是有優劣矣！"（《左傳雋》眉）策晉、自策，極爲勘破。（《補義》眉）弄晉卿于股掌，而瘠牛之技窮，可見九張幕勝四千乘師。（《評林》眉）《補注》："王肅曰：'鄭，伯爵，而連男言之，猶言公侯，足句辭也。'孔氏曰：'僖二十九年例云：在禮，卿不會公侯，會伯子男可也。'是伯國下同子男也。"《滙參》："'可瀆乎'，言晉若以諸侯之兵討鄭，其可瀆慢而不畏乎？"

公不與盟。晉人執季孫意如，以幕蒙之，使狄人守之。司鐸射懷錦，奉壺飲冰，以蒲伏焉。守者御之，乃與之錦而入。晉人以平子歸，子服湫從。（《左傳雋》眉）王鳳洲曰："司徒射有薄鳩、貨醫遺意。"（《補義》眉）子產令人可畏，意如使人可恥，亦兩相映照。釋經執季孫。（《評林》眉）《滙參》："一云時方盛夏，故飲水以辟暑。奉音捧，蒲伏本作匍匐。"

子產歸，未至，聞子皮卒，哭，且曰："吾已！無爲爲善矣，唯夫子知我。"仲尼謂："子產於是行也，足以爲國基矣。《詩》曰：'樂只君子，邦家之基。'子產，君子之求樂者也。"且曰："合諸侯，藝貢事，禮也。"（《左傳雋》眉）又插入子產結局，傳蓋歸美子產也。（《左傳雋》尾）胡致堂曰："晉方是時，楚人暴橫，陵蔑中華，此乃敵國外患、恐懼省戒之時。其君當倚於法家拂士，以德脩國政；其臣當急於責難陳善，以禮格君心。內納夏盟，外攘夷狄，復悼公之業，若弗暇也！乃施施然安於不競，無憤恥自强之志，惟宮室臺榭是崇是飾。及諸侯皆貳，顧欲示威徵會，而以兵車耀之，不亦末乎？"（王源尾）春秋之盟，未有如平丘之不義者，胡氏論之詳矣。左氏不必論斷，但直序其事，而晉之罪無容逭也。夫不能修悼公之業，獎王室，撫諸侯，徒事奢侈逸欲，致諸侯攜貳，乃欲示威示衆，已失盟主之義。且於衛則瀆貨以擾之，於魯則誇威力、間憂虞以迫之。橫逆無道，恬不知怪，其不失諸侯者，幾何哉？乃爲此謀者，何人也？曰叔向也。宣此言者，何人也？曰叔向也。叔向之罪，可勝誅哉？故此傳以叔向爲主。晉之罪，皆向之罪焉而。顧威示矣、眾示矣，諸侯亦不敢不畏矣。衛畏其威而賂以貨，齊畏其威而與之盟，魯畏其威而聽其命。向之志固已得，氣固已盈矣。其偷貳之情，早爲識者窺破。故子產視若無有，爭承不屈，向遂無如之何焉。所以此傳叔向爲主，而子產爲賓也，此作者之意也。子服惠伯是一可人，但辭不能暢，終爲所屈，是一子產之襯也。序叔向正寫處爲真形，反射處爲幻影。真形則字字鐵案，幻影則筆筆空花。相比而觀，方知文情之妙。至寫羊舌鮒一段，非正寫反射，乃渲染法爾。前後描寫子產處，俱是閒情點綴，最乃觀玩。至末序子皮之卒，似與正傳無涉，蓋賓中之賓，藉以寫子產之生平也。使子產無爭承一段，則不爲叔向之賓。此段便氣脈不貫矣。（《分國》尾）平丘之會，晉人甲車四千乘，洵威武矣，何不用於楚虔未覆時，而用之於此？正如臧紇所言，抑君似鼠，晝伏夜動也。齊人不可，差強人意。魯公見拒，何足爲辱？叔向賢者，何平丘舉動，竟似兩人耶？（《左繡》眉）兩段起處，插敘子產幄幕速張於前，收處又附敘哭子皮事於後，亦以前偶後奇爲章法，兜裹"爭承"正項於中也，文律總以相配適均爲妙。文以子產爲主，故特作收煞。然於事則脫卻主人翁矣，輕輕將"合諸侯"三字關合"遂合諸侯于平丘"，結一邊而兩邊皆到，手法至輕且密也。注雖兼美晉，意實專美子產，美子產而平丘之可譏在言表矣！（《左傳翼》尾）爲成虒祁而諸侯貳，不綏之以德，而以眾脅之，猶欲其入而閉之門也！口口甲車四千乘，有此兵力，胡不以之抗楚，而乃盟宋、會虢，一味軟弱，聽其行僭而駕？以至求諸侯則諾，求婚則從，滅陳、滅蔡不聞興一旅、發一卒以爲之救，乃欲示威示眾于伯叔甥舅之邦，是誠何心哉？總因晉政多門，貳偷已極，叔向恐失諸侯，出此下策，亦無聊之極事耳。試看如此盟會，而將佐林立，寂無一言，獨一叔向呶呶謹謹，語多乖戾，既失盟主招懷之道，又非人臣匡救之理。議者痛加譏貶，誠不爲過。然其用心亦已苦矣，固是欲示威示眾於懷貳之諸侯，其實此會專爲討魯而設，所以開首即揭出"爲取鄆故，晉將以諸侯來討"，標作眼目。乃並徵會，蓋欲合諸侯以討魯，即借討魯以恐喝諸侯也。故衛憂則安之，齊盟則同之，鄭人爭承，且爲曲從，獨醉魯公，執意如，而不稍假貸，總由不聽穆叔之言，不早結宣子以遭此讒慝耳。意如本國賊，不以大義討之，肆諸市朝，但聽蠻夷之訴，以絕兄弟之好，豈爲伯討？然魯遠于楚，時時奔命，以招晉忌，叔出季處，季氏又欲以伐莒遺禍叔孫，卒罹其咎，皆所謂謀之不臧，自詒伊慼者也。穆叔之言，至是始驗，然則老成憂國，未雨綢繆，可忽視乎？子產屢見丰采于晉廷，尋常猶易，此番示威示衆，齊人懼，諸侯畏，魯人亦懼，而子產直視之如無有，慷慨爭承，蓋窺見底裏，知其貳偷不暇，無如我何耳。人謂子產，叔向生平所敬畏者，子產一言，叔向從之，晉人誰敢違之？不知天子班貢，輕重以列，即志業講禮等事，叔向以之服齊，子產豈不能以之服晉？結出一"禮"字，正是得大頭腦處。故此篇大文，論人則以叔向爲主，論事則以討魯爲主，而作者意中所歸重，則又以子產爲主也，看結語唱歎不盡自見。（《日知》尾）六卿共議，賢大夫補闕拾遺，晉人往事皆然。茲則立議經營，奉使陳辭，事事只此一人，可見大家袖手。"貳、偷"二字和盤托出，所謂從無字句描寫也。"貳心"二字，一篇之骨。因貳而示威，因不威而愈貳。齊懼魯懼，貳在面從。子產爭承，貳在面爭，總因晉政貳偷故耳。作意本約而可指，特以伏兵游騎，點綴出沒，遂覺局陣迷人。然子產滅幕、張幕，述料事之明，特爲料晉作影。晉人求貨受錦，述貪瀆之陋，亦爲貳心發凡。末述聖贊，收子產之爭爲國基，正反襯叔向之舉爲徒勞。波瀾四溢，實單徹一線也。齊、魯之懼，反襯爭承，然三節合來，又皆見其貳，此橫嶺側峰之妙。（《評林》眉）穆文熙："人生知己最難，子產'無爲爲善'二語，令人淒然。"李笠翁："齊無管仲則不霸，鄭無子產則不國。然管仲之任也以鮑叔，子產之任也以子皮。二子之才世恒有，而鮑、罕不恒有也，可勝悼哉！"〖編者按：凌稚隆作傅遜語。〗（《菁華》尾）此時晉之君臣終日昏瞶，不以國事爲意，邦中正人，祇一叔向，亦不能有所匡正。諸侯既皆有二心，除是示威示衆，亦無別法。讀至此，亦可知其不得已之苦心矣。觀其對齊人之言，可謂高君知古。對魯人之言，可謂齊君知今。通人胸中，固無所不有。敘子產、子大叔張幕事，又於百忙中參以閒筆，左氏專用此法。晉政不綱，已於子產眼中覷破。"何暇討國"一言，倘使晉人聞之，亦不暇爲一切虛聲恫喝語，惜齊、魯之臣，所見俱不及此。

　　鮮虞人聞晉師之悉起也，而不警邊，且不修備。晉荀吳自著雍以上軍侵鮮虞，及中人，驅衝競，大獲而歸。（《左繡》眉）

不警邊，故侵而不知。不設備，故竸而不敵。(《補義》眉) 可知平丘之盟，六卿具在。以荀吳之材，不用之伐楚，可惜！

楚之滅蔡也，靈王遷許、胡、沈、道、房、申于荊焉。平王即位，既封陳、蔡，而皆復之，禮也。隱大子之子廬歸于蔡，禮也。悼大子之子吳歸于陳，禮也。(《測義》夾) 愚按：棄疾自以當璧之祥，窺伺君位非一日矣，一旦脅公子比，籍陳、蔡以發其難，既殺比而自立，欲以悅國人之心，遂復陳、蔡以暴虐之惡，而歸功於己，此假義之事，何以稱焉？雖然，楚自此不爲患於中國，則棄疾亦過於虔遠矣。〖編者按：奧田元繼作張半菴語。〗(《分國》尾) 傳雖云"封陳、蔡"，而"皆復之"下，即接曰"隱太子之子歸于蔡，悼太子之子歸于陳"，若自歸其國，此善體經文，不以興滅繼絕予楚也。經傳相表裏，此類是與？(《左繡》眉) 復六國，封陳、蔡對說，卻以陳、蔡爲主。故於上層先透一筆，而下以重筆另對，亦前奇後偶章法。"既封陳、蔡，而皆復之"一句爲上下關楗，而逆提順結，用筆尤活。三"禮"字頗可總點，卻整整寫三遍。省則徑省，不省則竟不省，傳例如是。(《評林》眉) 《滙參》："本房子國，楚靈王遷房于楚，吳夫概奔楚，楚封于此，故曰吳房，杜作防，傳寫誤也。"

冬十月，葬蔡靈公，禮也。

公如晉。荀吳謂韓宣子曰："諸侯相朝，講舊好也，執其卿而朝其君，有不好焉，不如辭之。"乃使士景伯辭公于河。(《測義》夾) 愚按：季孫見執，而公復如晉，說者以爲請季孫，而譏其失進退之義，是不然。季氏專魯，公之意亦欲去之，南蒯之謀，公子憖從公如晉，其意亦欲達此。而晉以郠故辭公，則取郠正季孫罪也，憖雖獨往，而意又不達，遂出奔齊。至是，執意如反以公子憖、南蒯之閒脅魯，而公之意卒不能自達也，故不得已公復如晉，托爲請之，陰欲明其事而去之。爲晉者，當如胡氏所云：按郊、莒所訴之狀，究南蒯、公子憖奔叛之由，告於諸侯，以其罪執之，更其卿位，收其私邑，庶乎可稱伯討也。乃不能然，卒使季氏復強，而昭公客死，此無他，由晉之諸卿專權而庇強家故也。(《左繡》眉) 此語自反而不縮矣，乃歸季孫之機也。(《補義》眉) 凌以棟曰："公復如晉，託爲請季孫，而陰欲明其事而去之也。"(《評林》眉) 汪克寬："公之如晉，蓋以請季孫也，既不得與平丘之同盟，而猶欲託躬朝之禮以請其臣，其失進退之義亦甚矣，宜其見辭於晉而不得入也。"

吳滅州來。令尹子期請伐吳，王弗許，曰："吾未撫民人，未事鬼神，未脩守備，未定國家，而用民力，敗不可悔。州來在吳，猶在楚也。子姑待之。"（《左繡》眉）即藏之外府、置之外廄意，而語特大方。平排四"未"字，極板！連掉兩"在"字，極圓！（《左傳翼》尾）安內而後可以攘外，根本未固，而遽欲與鄰爭疆場，非計之得也。疊下四"未"字，正見內脩之不暇，州來姑俟爲後圖，此平初政之可紀者。後則信讒傷道，無一善可取矣。（《補義》眉）四"未"字可謂知難而退，楚平初政，綽有可觀，其言亦可法。

季孫猶在晉，子服惠伯私於中行穆子，（韓范夾）惠伯復季孫，其功大矣。人知季孫之復爲魯幸，而不知季孫之復爲魯不幸也。季不復則魯失卿，季復則魯失君矣。曰："魯事晉，何以不如夷之小國？魯，兄弟也，土地猶大，所命能具。若爲夷棄之，使事齊、楚，其何瘳於晉？親親，與大，賞共、罰否，所以爲盟主也。子其圖之！諺曰：'臣一主二。'吾豈無大國？"穆子告韓宣子，且曰："楚滅陳、蔡，不能救，而爲夷執親，將焉用之？"乃歸季孫。惠伯曰："寡君未知其罪，合諸侯而執其老。若猶有罪，死命可也。若曰無罪而惠免之，諸侯不聞，是逃命也，何免之爲？請從君惠於會。"宣子患之，謂叔向曰："子能歸季孫乎？"對曰："不能。鮒也能。"（韓范夾）處小人須用小人，猶之待君子須以君子也。乃使叔魚。叔魚見季孫曰："昔鮒也得罪於晉君，自歸於魯君。微武子之賜，不至於今。雖獲歸骨於晉，猶子則肉之，敢不盡情？歸子而不歸，鮒也聞諸吏，將爲子除館於西河，其若之何？"（鍾惺眉）感恩得妙，知己得妙。（韓范夾）此等情狀，叔向能爲之否？故鮒自有可用之時。且泣。平子懼，先歸。惠伯待禮。（文熙眉）穆文熙曰："季孫始而免罪，不欲私歸，何其雄也？乃未幾而爲叔魚所恐，遂懼而先歸，又何懦也？夫晉人罪魯既非其罪，又囚其命卿，何以爲名？必不然矣。季孫其爲所賣乎？"（《左繡》眉）此篇敘晉歸季孫事，以惠伯爲主。未歸則説之使歸，既許歸，又欲歸之得體，極有作用。季孫無識，反爲鮒恐，而惠伯之待禮如故也。微惠伯，其不見笑于穆、宣乎？惠伯以利害動穆子，叔魚亦以利害動平子。而一以理動，一以情動，文之不能動人者，必不能大情大理者也。詳叔魚語，正見晉亦有辭。但能恐季孫，而不能恐惠伯，是對面反映法。（《分國》尾）平子見執，非惠伯不能請，非宣子不能免，非叔魚不能歸。當時惠伯欲請免於會，欲暴晉曲於諸侯也。既不能免於會，猶待禮於晉，賢者作事，表表如此。平子卒墮叔魚術中，小人與小人爲緣，信哉！（美中尾）自盟宋而後，楚竊霸權，虎視列國，晉君臣鼠伏不敢出者幾二十年。今乘虖喪亂，號召諸夏，庶幾一起沈痼乎！乃不能修德，而徒耀兵甲；不能辨分，而上盟王臣。鄙孰甚焉？悖孰甚焉？是以人心益離，而晉合諸侯遂止於此矣。顧復初曰："霸之局，非管仲與齊桓不能創之，而非晉則不能維持之。始北杏，終平邱，首尾凡百五十有三年。"毛寅谷曰："子産弄晉卿於股掌，而瘠牛之技窮。可見九張幕，勝四千乘師。"（《左傳翼》尾）義動之，利誘之，害惕之，不患季孫不歸，特患歸時失體，無如意如欲速，遂爲叔魚所賣。惠伯侃侃正論而宣子患，叔魚娓娓私情而平子懼，邪正不同，而言皆能動人，聽言者亦具知人之識而可哉！（《補義》眉）能懼季孫，卻不能恐惠伯。（《日知》尾）惠伯言之輒聽，晉言之惠伯反不聽，理屈故也。不能假仁義而後恃威力，並不能恃威力而後用詐嚇，"且泣"二字，霸風掃地矣。描寫至此，嘆耶恨耶！（《評林》眉）《滙參》："'謂叔向曰'，此之謂人各有能有不能，乃使詐之一法。"鍾伯敬："叔魚詐，季孫怯，故一則無情而泣，一則見泣而懼。"汪道昆："西河謂遠地囚之也，故季孫恐而去之。"《評苑》："叔魚多詐無情實，故爲之泣，所以叔向曰'鮒也能'云。"（武億尾）一惠伯，能難晉諸臣，以正服正也。一叔魚，能愚魯季孫，以邪制邪也。情態不同如此。

◇昭公十四年

【經】十有四年春，意如至自晉。（《評林》眉）程端學："晉執意如不以其罪，今又舍之，亦無所爲，不惟晉之無王命，且見其執其舍皆出於私喜怒，而非有公天下之心。"三月，曹伯滕卒。夏四月。秋，葬曹武公。八月，莒子去疾卒。冬，莒殺其公子意恢。

（《評林》眉）王葆："意恢之死，罪累上也，故以國殺爲文，而不去其族也。"家鉉翁："蒲餘侯與公子鐸比而爲亂，殺意恢，逐郊公，逆庚輿於齊而立之，意恢之死，爲君故耳。繼莒子卒而書意恢死，受託孤之寄，而不能其事者也。故不書死難，而書見殺。"

【傳】十四年春，意如至自晉，尊晉、罪己也。尊晉、罪己，禮也。（《測義》夾）劉敞氏曰："左氏以舍族爲尊晉罪己，非也。一事再見，故書名爾。魯本無罪，何罪己之有？"（《評林》眉）《補注》："大夫不書至，降於君也。必執然後書至，重正卿也。傳例非，陳氏亦曲爲之義。"

南蒯之將叛也，盟費人。（《補義》眉）完南蒯叛費案。**司徒老祁、慮癸僞廢疾，使請於南蒯曰："臣願受盟而疾興，若以君靈不死，請待間而盟。"許之。二子因民之欲叛也，請朝衆而盟。遂劫南蒯曰："羣臣不忘其君，畏子以及今，三年聽命矣。子若弗圖，費人不忍其君，將不能畏子矣。子何所不逞欲？請送子。"**（孫鑛眉）文勢流動，已近戰國，第意致委婉則左氏。（《補義》眉）直以季孫爲君，當時稱謂之謬如此。大夫不能制陪臣，而即以其家臣治之。（《評林》眉）《滙參》："司徒老祁爲一人，慮癸爲一人，司徒姓，老祁字。季氏叛公室，南蒯叛季氏，祁癸又叛南氏，天理快人！"**請期五日。遂奔齊。侍飲酒於景公。公曰："叛夫？"**（聞生夾）夫，音扶。夫者，問詞，言豈欲叛乎？《管子·霸形篇》"公曰樂夫仲父"，與此同。杜注謂斥之爲叛夫，陋矣！**對曰："臣欲張公室也。"子韓晳曰："家臣而欲張公室，罪莫大焉。"**（聞生夾）南蒯欲誅季氏，未大失也。故前稱其"深思而淺謀"，後以"家臣欲張公室"斷之。又案：左氏憤恨季孫久矣，乃於南蒯等則又不稍假借之，乃其知人論世之識也。**司徒老祁、慮癸來歸費，齊侯使鮑文子致之。**（文熙眉）汪道昆曰："敘事議論具品。"蘇氏曰："負販之夫，所望不過一金，使之無故而得十金，則狂惑而喪志。夫以南蒯而遇文王之兆，安得不狂惑而喪志哉？"（《測義》夾）愚按：晳之言，何其閡於大義哉！傳云："食土之毛，孰非君臣？"夫家臣亦魯公之臣也，如曰張公室而罪焉，是使家臣皆私其家以弱其公也，而可免乎？公山不狃據費召仲尼，仲尼欲就之，曰且爲東周焉。南氏子而有君子者，輔之盡忠以匡正其主，使還政與邑於公，而退守臣節焉，魯於是其庶矣。顧區區欲以力勝之，安得不蒙叛夫之名！〖編者按：奧田元繼作王元美語。〗（《分國》尾）當時私門多賢能之人，如公冶、杜洩，義烈可風。區冶、駟赤，智略出衆。司徒老祁、慮癸，作用更敏。惜乎！魯無二耦，桃李盡在私門也。（《左繡》眉）此段完南蒯叛費事，以祁、癸僞盟來歸爲主。詳在齊一番譏評，斷南蒯，所以出脫祁、癸也。否則以叛易叛，兩人爲世詬厲矣。待盟、請盟對敍，未以歸費結之，亦前偶後奇格。（美中尾）姜白巖曰："蒯本無維魯之心，而韓晳以張公室爲家臣罪，則悖也。季叛公室，危及君父，爲家臣者，有能挈大權還公，不以爲功而反以爲罪，是家臣但當剝削公室而後可也，吾於是知齊陳氏之黨衆矣。"（《左傳翼》尾）祁癸背南氏，猶蒯之背季氏也。乃南蒯以費叛，而經不書。二子來歸費，而經又不書，可知南蒯之無罪，故不以叛名。二子之無功，故不許其歸也。費人不忘季氏，即子家覊所謂隱民多取食意，讀者不察，反罪南氏而庸二子，其亦自比於逆亂，設淫詞而助之攻乎？不然墮都出甲，孔子用魯，何以首先此着？豈孔子舉動亦有不是耶？南蒯非能張公室者，特假此爲名耳，然猶幸其猶知其有公室也。乃祁、癸叛之，齊景與子韓晳誚之，直若公室之張爲罪不可逭，此三家之所以坐大，而齊卒歸於陳氏也。子韓晳不足責矣，景公胡爲亦有此言？子服昭伯所云習實爲常，有以哉！

　　夏，楚子使然丹簡上國之兵于宗丘，且撫其民。（《補義》眉）儼然晉悼公初政。分貧，振窮，長孤幼，養老疾，收介特，救災患，宥孤寡，赦罪戾，詰奸慝，舉淹滯，禮新，敘舊，祿勳，合親，任良，物官。使屈罷簡東國之兵於召陵，亦如之。好於邊疆，息民五年，而後用師，禮也。（孫鑛眉）每敍新政，必用排三字句，亦覺太套，且此調法原亦不甚佳。（魏禧尾）魏禧曰："中多得失可鑒，文字雖無敗處，然尚可簡，簡則更佳矣。"（《分國》尾）平王初政，何異晉悼？惜乎無極之譖來，而國本搖，功臣黜，遂一敗不可支也。（《左繡》眉）雙提兩簡兵句，本重用師。然用師必先撫民，中十六句，皆撫民甲裏事。末亦重結息民，而輕帶用師，運掉有筆。"上國""東國"，一詳一略，恰包實事於中間，絕妙章法。以一筆結兩段，息民順結撫民，用師倒結簡兵，老潔之極。（美中尾）毛寅谷曰："四'未'字，可謂知難而退。楚平初政，綽有可觀，其言亦可法。"（《左傳翼》尾）民本宜撫，非爲用兵而後撫。欲用師而始撫民，此伯者舉動，非王道也。然較之形民之力而無醉飽之心者，固有間矣。楚平亦非真能撫民者，特懲靈王之無厭致亂，故暫爲息民計耳，所以卒爲吳敗而有鞭尸之慘也。（《評林》眉）按：宗丘，邑中所宗也，出劉熙《釋名》，已見傳十五年。魏世傚："棄疾可謂逆取順守者，然攻靈王、殺子罕，亦未爲大逆也。子干之死，更是有過。"彭士塱："平王新政，於貧窮無告之民更加意，最爲近古。"

秋八月，莒著丘公卒，郊公不慼。國人弗順，欲立著丘公之弟庚輿。蒲餘侯惡公子意恢而善於庚輿，郊公惡公子鐸而善於意恢。公子鐸因蒲餘侯而與之謀曰："爾殺意恢，我出君而納庚輿。"許之。（《左繡》眉）只五個人，用三層寫出。第一層只兩人，第二層添出三人，都兩開說。第三層將五人串合，讀之極糾紛，卻極清晰，妙筆！凡糾紛處，用整筆方鍊。讀此可悟。（《補義》眉）用整筆、用互筆，極錯落有致。（《評林》眉）王荊石："郊公一不慼，遂致爲亂紛起，所謂代君享國而主其祭，宜慼宜懼，蓋非虛語也。"

楚令尹子旗有德於王，不知度，與養氏比，而求無厭，王患之。九月甲午，楚子殺鬭成然，而滅養氏之族。使鬭辛居鄖，以無忘舊勳。（韓范夾）從來佐立之臣，罕能自全，或於其繼世之君，或即於其所立之君，往往然矣。若過自抑損，亦烏有此乎？（《分國》尾）國家所恃者，法度耳。功臣不終，皆由於不知法度。此唐太宗於尉遲敬德曰："卿居官，數犯法。"始知韓、彭葅醢，非高帝之過也。成然於平王雖有佐命之功，比黨貪求，自取亡滅。毀其身，立其子，兩得之矣。（《左繡》眉）有德無厭是案，平王殺其身而庸其子，無忘舊勳，即以敘爲斷矣。（《左傳翼》尾）臣罔以寵利居成功，人苟知此，則能以功名終，而子孫可無虞矣。古今來功臣鮮有保全者，半皆自恃有德而求無厭致之也。子房辟穀，鄴侯歸山，懼鳥盡弓藏耳。成然被殺，猶庸其子，平王雖不失爲厚，然保全故舊，豈遂無道，而必以殺從事乎？楚之用刑，亦太刻矣！（《補義》眉）韋龜屬其子，適以殺之也。養氏赤族尤無謂。

冬十二月，蒲餘侯茲夫殺莒公子意恢，郊公奔齊。公子鐸逆庚輿于齊。齊隰黨、公子鉏送之，有賂田。（《左繡》眉）前兩人合謀，此便分任其事，伏應甚明。（《左傳翼》尾）父死不慼，不爲國人所順，此郊公出奔之本，而究之此其名耳。下敍蒲餘侯、公子鐸之謀，則莒之逐郊公以私而不以公，又止出於一二人之意，而不盡由於國人也。敘法簡淨，無一筆纏繞，極鍊宕，極整鍊。(《評林》眉) 陳傅良："傳見茲夫實殺意恢而書國，郊公不書奔，説見二十三年。"

晉邢侯與雍子爭鄐田，久而無成。(《正論》眉) 胡二泉曰："象有齒以焚其身，子産之言驗矣。得閻沒、叔寬而用之，叔魚何至以賄殀乎？"(《補義》眉) 汪云："以叔魚爲主，一賂一殺，從叔魚起。"(《評林》眉)《補注》："巫臣奔晉，晉與之邢，雍子奔晉，晉與之鄐，事在襄二十六年傳。孔晁云：'邢與愔爭疆界。'"士景伯如楚，叔魚攝理，韓宣子命斷舊獄，罪在雍子。雍子納其女於叔魚，叔魚蔽罪邢侯。邢侯怒，殺叔魚與雍子於朝。宣子問其罪於叔向。叔向曰："三人同罪，施生戮死可也。(《左傳雋》眉) 李于鱗曰："是一老吏斷獄，半言如山。"雍子自知其罪而賂以買直，鮒也鬻獄，邢侯專殺，其罪一也。己惡而掠美爲昏，貪以敗官爲墨，殺人不忌爲賊。《夏書》曰：'昏、墨、賊，殺。'皋陶之刑也。請從之。"乃施邢侯而尸雍子與叔魚于市。(《補義》眉) 林西仲曰："《夏書》若爲三人而設，妙甚。"(《評林》眉) 楊升菴："叔魚以貪廢法，誠有死道，豈亦韓宣子不能持正論而然？"彭士望："謀弟之罪於其兄，信叔向之無私有素也，以叔向之公直明允，而不使斷獄，宣子不能無罪。"

仲尼曰："叔向，古之遺直也。治國制刑，不隱於親，三數叔魚之惡，不爲末減。(《補義》眉) 汪云："側重叔魚。"曰義也夫，可謂直矣。平丘之會，數其賄也，以寬衛國，晉不爲暴。歸魯季孫，稱其詐也，以寬魯國，晉不爲虐。邢侯之獄，言其貪也，以正刑書，晉不爲頗。三言而除三惡，加三利，殺親益榮，猶義也夫！"(文熙眉) 汪道昆曰："議論妙品。'蔽罪'字法。'雍子自知其罪'下字法句法。"(《左傳雋》尾) 季氏曰："此非孔子之言也。肸可稱述誠多，但平丘之會，脅諸侯以示威者，肸也；鮒受貨，肸獨不受羹乎？歸魯季孫，乃惠伯請從諸侯之會，宣子患之，謀於叔向，因使鮒説之。則鮒之詐，肸實啓之矣。邢侯與雍子爭田，肸既知直在邢侯，不以戒鮒，而任其貪婪。及宣子問罪於肸，乃直言當殺。夫法之所在，肸誠不得自私。肸略無休戚相涉之情焉，況望其養不中不才也哉？若周公之誅管、蔡，事關宗社，不得不然，故曰大義滅親。肸也，而若是班乎？孔子寧肯直之，而又義之乎？故曰非孔子之言也。"（鍾惺眉）以歸魯季孫事數惡之一，奇甚！（王源尾）前幅簡古，後幅奇宕，簡古在引經斷獄，奇宕在不分賓主。叔向不隱於親，直也，直即義也。或恐其過直傷恩，於我未順。不知其直以利國，直也，即義也。故作問答，抑揚反覆，以盡其情。而叔向之賢益見。注反謂其以直傷義，非作者意矣。三數叔魚之惡，並前事而序之，於本傳毫無軒輊。與躋僖公之傳臧文仲，同一奇妙！（魏禧尾）彭家屏曰："叔向之弟子魚貪墨鬻獄，論者以是譏叔向之失教，非也。子產鑄刑書，叔向猶越國遺書戒之。豈在他人則戒之，於同氣轉視之如路人乎？必子魚之剛愎暴狠，拒誨不悛，賢如叔向亦無如其弟何也。觀其對衛使曰'晉有羊舌鮒者，瀆貨無厭，亦將及矣'，則其無可如何之情，已見乎辭矣！不然，何至對人稱弟，必著其國，舉其姓，斥其名，而爲是外之之甚詞乎？蓋有大不得於心者也。平邱之役，子魚爲政，求貨于衛，而暴虐衛人，叔向必屢言之而不能入，故衛人饋錦而不受，令其轉饋子魚，己則潔矣，用汙其弟，豈賢者之用心乎？蓋以不如此，其爲暴終不止也。受錦之罪小，虐衛之罪大，其權衡於輕重之間，而爲是不得已之計也。君子於骨肉之地，遇人不淑，既不能執之於道，不得已而隨事委曲，補救於末路者，此類是也。特門庭之內，教誡之辭，左氏不能備知之，而據以入傳。論者涉其跡而不推其隱，遂以是爲賢者累，豈通方之論乎？"（《分國》尾）此傳仍專爲叔魚而發，仲尼略邢、雍，專及叔魚，以章叔向之大義滅親。三數叔魚，皆不害其爲直也。（《左繡》眉）此篇一案兩斷。叔向斷三人，仲尼又斷叔向，文意相承遞說，由散而排，最是整贍文字。三人同罪，以叔鮒爲主。看末段單以"三數叔鮒"爲直也，妙在前半"久而無成"語，便見一赦一殺，單從叔鮒而起，平敘中已伏側重之案。不解此種筆法，則前平後側，背膺相判，轉落必費手矣。鄐本雍田，而又有靡角勝楚之功，"罪在雍子"，當是叔鮒故意刁難以索賂耳。及受賂而後伸之，則邢侯得以有辭矣。不然，舊獄久而無成，何至叔鮒而遽剖之哉？下文自知其罪雍子亦必有不是處，況欲入人罪，何患無辭？問官未受賂前，是一樣審斷，既受賂後，又一樣定款，雖百世可知也。治國制刑四句，由主入賓。下三言，兩賓一主，亦一順一倒法。曰"義也夫，可謂直矣"，本以"直"字應上，卻倒添一"義"字與結處呼應。妙法只一牽上搭下，筆意圓轉不滯耳。注謂於義未安，直則有之，天下未有不合於義而可爲直者。杜公竟未讀魯論來？整整三段，文筆與中幅相配。殺親益榮，此言恐傷友于之心，疑非夫子語氣。（《左傳翼》尾）合義爲直，不義則非直，直不直以義爲斷，開口説"義也夫，可謂直矣"，結末又云"猶義也夫"，分明左氏以三數其惡而直之也，除三惡，加三利，皆極贊之詞，不得以兩"也夫"作疑詞，而謂其不合義也。叔向之直，前人多有議之者，不知例之以爲親者諱，於義似過；律之以大義滅親，於義爲宜。蓋叔向與叔魚薰不同氣，不能令之改邪從正，又不能使之處隱就閒，豈得與之相助匿非？不唯鬻獄被殺，干犯國憲，難以末減，即前此之數賄稱詐，以寬魯、衛，使晉不爲暴虐，亦皆義所不得不然者，所以不愧古之遺直。左氏引仲尼言，雖多託詞，此猶不悖于聖人。唯"殺親益榮"四字，似覺可議耳。議獄以叔魚爲主，而並及二子。數惡以本事爲主，而兼列前事，不分軒輊，自有賓主。三疊成文，整贍中極饒變化，既斷獄，又斷斷獄者，亦如春空雲冉冉不窮也。鄐、雍子邑，邢侯爭鄐田，何以罪不在邢侯而在雍子？邢與鄐比鄰，雍子越畔，侵佔邢田以爲己邑。邢侯之爭，欲復其舊，而雍子負固，獄久無成，以理論之，自然罪在雍子，非叔魚故作刁難，假此爲名以索賂也。唯明知其罪，而賂以買直，邢侯憤無所洩，不得已而專殺，所以鮒也鬻獄，罪不可逭。《左繡》説太巧，不可從。（《日知》尾）世未有不義而得爲直者，父子相隱，直在其中，彼特家醜，此關國憲。文特作抑揚以暢説，不是微辭致諷。（《評林》眉）陳廣野："此非仲尼之言也，今觀向之三言者，獨議邢侯之獄爲近正，然吾猶有譏焉。蓋大臣之誼，先刑家而後正國，鮒之得此也，無乃教敕之無素歟？如有頑嚚弗率，則亦預言於君，勿使與政已矣，焉用戮死以爲直哉？若平丘之會，則羊舌子實爲之謀主，不能正黷貨者之辟，而重賜以成其貪。歸魯季孫，復不能以禮與辭遣之，而使一夫行詐，二者皆傷國體，爲諸侯笑，何刑之加？自周公誅管、蔡，君子猶以爲聖人之不幸，而曰殺親益榮，仁者固忍爲若言乎？蓋左氏之誣孔子無甚於此矣！"〖編者按：凌稚隆作陸粲語。〗《滙參》："前曰'義也夫'，似疑其非義。後'猶義也夫'，則仍無傷於義。孔氏以兩'夫'字皆疑恠之詞，故但曰遺直，不云遺義。亦非。"（林紓尾）此篇有兩疑竇，叔向不袒叔魚，似傷友于之義，故孔子曰"義也夫"，"也夫"二字，不敢決定之詞。然而結束處，復曰"猶義也夫"，到底是義？非義？須知先説"也夫"，是曲揣時人之意，疑其不近義也。及到收束，曰"猶義也夫"，此"猶"字，是言殺親猶不失義也。"猶"字方有着落，此無可疑之一也。至"益榮"二字，若照字面解之，似叔向殺鮒以取榮名，此解又誤。須觀"晉不爲暴""晉不爲虐""晉不爲頗"，三語尊晉極矣。益榮者，益晉之榮名也。殺親者，叔向一家之不幸也。益榮則一國之幸矣。且鮒之死，死於邢侯，非叔向手刃其弟。不過爲國家榮名計，則不能不出公道之言。遺直是許其行事之當，再申"義"字，是世人所不經見之義，夫子因其直而詮釋之，以息群疑。諸解皆誤，愚特以意定之，或且不悖於理。（《菁華》尾）以經斷獄，漢代猶然，後世少見。《夏書》所列三罪，竟若爲三人而設，妙極！

◇昭公十五年

【經】十有五年春王正月，吳子夷末卒。（《評林》眉）家鉉翁："謁、餘祭、夷昧迭爲君，季子之讓，著於平日，非夷昧死而後讓也。夷昧當明季子之節，以國授闔廬，宋穆之與夷是也。乃俾僚冒以位自處，以致殺身召亂，闔廬固首惡，夷昧有責耳。"二月癸酉，有事于武宮。籥入，叔弓卒。去樂，卒事。（《評林》眉）啖助："《穀梁》言大夫之卒，雖當祭禮，皆告於君。案：宗廟大事，大夫之卒小事，以理言之，應待祭畢。"夏，蔡朝吳出奔鄭。六月丁巳朔，日有食之。秋，晉荀吳帥師伐鮮虞。（《評林》眉）呂大圭："十二年伐鮮虞，今又遣命卿帥師以伐之，晉不能加於楚，則從事於鮮虞而已。"冬，公如晉。（《評林》眉）吳徵："平丘之會，公不與盟，大夫被執，公既往朝而不見納，辱亦甚矣，至此又往朝焉，蓋畏大國，不敢以辱爲恥也。"

【傳】十五年春，將禘于武公，戒百官。梓慎曰："禘之日，其有咎乎！吾見赤黑之祲，非祭祥也，喪氛也。其在涖事乎？"二月癸酉，禘，叔弓涖事，籥入而卒。去樂，卒事，禮也。（《測義》夾）汪克寬氏曰："有事武宮，乃春祠之祭，而不書祭名者，以叔弓之卒，去樂卒事，變禮而書之，非時祭之失，故止曰'有事'，而不曰'祠'也，左氏以禘爲四時之祭，遂誤以爲禘爾。"（《分國》尾）"去籥"，隱恤大臣之心全矣。"卒事"，誠敬祖考之心盡矣。胡氏云："緣先祖之心，見大臣之卒，必聞樂不樂。緣孝子之心，視已徹之饌，必不忍輕徹。"是去籥者，以先祖之心爲心。而卒事者，以孝子之心爲心，兩得之矣。(《左繡》眉)此段前三句自"非祭祥"、而"喪氛"、而"涖事"，後三句自"涖事"、而"卒"、而"去樂、卒事"，乃倒應喪氛、祭祥，作一順一逆筆法。(《左傳翼》尾)望氛而知吉凶，梓慎善於占驗，自屬常事。祭必有樂，樂兼文武。羽籥，文舞也。入廟先文後武，文舞始入，叔弓暴卒，去樂卒事，則諸樂悉去，不獨籥舞，可知矣。祭主于誠愨，叔弓若自没於其家，則當祭不得以聞。今預祭暴卒，非柳莊之比，去樂卒事，變而不失爲正。胡氏以爲："緣先祖之心，見大臣之卒，必聞樂不樂。緣孝子之心，視已設之饌，必不忍輕徹。"是也。特是武宫之立，原屬非禮。祭之日，涖事大臣無端暴卒，變故非小，魯之君臣，其亦惕然知懼歟？(《評林》眉)《滙參》："將祭必齊，祭前豫戒之。按：魯公之廟，文世室也；武公之廟，武世室也。鄭注以武公爲不毁之廟，故禘于其宫，而不于太廟，與《補正》説同。"

　　楚費無極害朝吴之在蔡也，欲去之。(孫鑛眉)兩語重三遍，《檀弓》每多此等法，亦自是一種風調。(《補義》眉)一筆提起全局。(方宗誠眉)此篇文筆極其靈動。乃謂之曰："王唯信子，故處子於蔡。子亦長矣，而在下位，辱。必求之，吾助子請。"又謂其上之人曰："王唯信吴，故處諸蔡，(閩生夾)連用"王唯信吴"句，以見無極之弄權也。二三子莫之如也。而在其上，不亦難乎？弗圖，必及於難。"(《補義》眉)儲云："君臣相信，即以其信害之。"夏，蔡人逐朝吴。朝吴出奔鄭。王怒，曰："余唯信吴，故寘諸蔡。且微吴，吾不及此。女何故去之？"無極對曰："臣豈不欲吴？然而前知其爲人之異也。吴在蔡，蔡必速飛。(《補義》眉)汪云："結應'在蔡'二字，設謀巧，造語新。"去吴，所以翦其翼也。"(鍾惺眉)讀古今讒人之言，未有不使人憤者。豎牛、費無極之言，讀之反令人笑，所以爲讒人之雄也。(王源尾)曰"王唯信子，故處子于蔡"，又曰"王唯信吴，故處諸蔡"，又曰"余唯信吴，故寘諸蔡"，而始則曰"害朝吴之在蔡"，終則曰"吴在蔡，蔡必速飛"，復句見姿，繁華亂蕊，低壓横披，因風摇漾，大類《考工》《公》《穀》筆法。(魏禧尾)王樵曰："朝吴有功兩國，見信兩王，而身兩事焉，此費無極所以來位下之言，在其上者所以生及難之慮，楚王所以信速飛之謗也。費無極固巧於讒，然君子豈可不審所自處乎？張子房韓仇已報，不賴漢寵，翩然物外，得其道矣！"彭士望曰："奸人只是揣摩人情到至處，人不覺入其彀中，楚平之信無極，自此始矣。平不特必以爲忠，且心服其智略。"彭家屏曰："讒言之入，主不明也，而在當時則自以爲明矣。君賢其所私，臣中其所急，而主臣之交且以爲魚水之合也。無極之動平王，與平王之爲無極所動，胥以是歟？"（《彙鈔》眉）朝吳有功兩國，見信兩主，而身兩事焉，此無極之譖所以易入也。必如子房之已報韓仇，不賴漢寵，飄然物外，乃得處身之道。（《分國》尾）平王亦以蔡起家，蔡必速飛，刺入平王之心矣。譖人之舌，利如劍鋩。（《左繡》眉）"王唯信子""王唯信吳""余唯信吳""臣豈不欲吳"，四起句一樣筆調，相映作章法，章法奇絕人。四層作兩半讀，參差整齊兼而有之。唐錫周曰："看他爲朝吳謀，像一片熱腸。爲蔡人謀，像一片熱腸。爲平王謀，像一片熱腸。大奸似忠，信哉！"中平王之所忌，現身設法，譖至巧也。俞寧世曰："轉變似《檀弓》，峭刻近《國策》。"（儲欣尾）章法開《國策》。（《左傳翼》尾）因王信吳，故亟去之。然以王所深信之吳而遽亟去，難以下手，莫若使蔡人逐之，則易爲力。蓋蔡人本深忌王之信吳，而不安於上。又教之以在下爲辱，而求在上位，則蔡益不能安，而去之決矣。至既去之後，輕輕數語，令王回嗔作喜，機巧之極，千古無兩。速飛翦翼，平王心中原有此意，故不待其辭之畢，而王意已移也。（《評林》眉）彭士望："淮陰侯亦爲一辱字起禍。"穆太公："無忌初讒朝吳，特以嘗試平王耳，乃遂惑於速飛之言行其説，所以次及大臣、大子，不之忌，讒之來也，其有漸哉！"《經世鈔》："'女何故去之'，此必王咎蔡，蔡人歸故於無極，固王怒云云。"（方宗誠眉）極肖反復小人之聲容。巧言如簧！（林紓尾）朝吳去，不惟楚無所損，蔡尤可知。左氏記之，誌楚禍之胎也。朝吳可去，則伍奢亦可殺，鞭尸之禍，基於此矣。全篇關係在"蔡必速飛"一語打中平王心坎，明知其讒，然以蔡較吳，則吳輕而蔡重。盧杞之愚德宗，即用此法。閑閑寫來，都是害人妙藴。

　　六月乙丑，王大子壽卒。（《評林》眉）陳傅良："傳見王太子卒不書。"

　　秋八月戊寅，王穆后崩。（《評林》眉）陳傅良："傳見王穆后崩不書，且爲昭二十六年王子朝告諸侯起。"趙伯循曰："王后、世子卒、葬不書，王室不告，諸侯不赴也。"

晉荀吳帥師伐鮮虞，圍鼓。（《正論》眉）從容整暇而又能見大義。（《才子》夾）一篇奇妙文字，卻是一片平實道理，故先賢每教人未提筆作文字，必須先將道理講得爛熟於胸中。蓋道理爲文字之準衡，而平實乃奇妙之祖氣也。（《淵鑒》眉）荀吳不以土地之利而納叛亡，待其食竭力盡然後取之，城克而不戮一人，在春秋時猶可謂仁者之師。臣正治曰："不納叛人是矣，請降不許，待其食盡力竭而後取，似多迂曲，然荀吳所以教其民者深遠矣。樂毅不幸，而以爲養寇。後之論者，何不取圍鼓事觀之？"臣岳頒曰："不許鼓人之叛，而又使之殺叛人，幾於王者之師矣！文氣簡勁峭轉。"**鼓人或請以城叛，穆子弗許。左右曰："師徒不勤，而可以獲城，何故不爲？"穆子曰："吾聞諸叔向曰：'好惡不愆，民知所適，事無不濟。'或以吾城叛，吾所甚惡也。人以城來，吾獨何好焉？賞所甚惡，若所好何？若其弗賞，是失信也，何以庇民？力能則進，否則退，量力而行。吾不可以欲城而邇奸，所喪滋多。"**（《左傳雋》眉）數語更爲義正，比《外傳》只曰"非事君之禮也，夫以城來者，必將求利於我"，較爲嚴切，而語更整頓。（孫鑛眉）文機盡活，句法未新。（《補義》眉）此謂蛇足，翻覺伎倆盡露。**使鼓人殺叛人而繕守備。圍鼓三月，鼓人或請降，使其民見，曰："猶有食色，姑修而城。"軍吏曰："獲城而弗取，勤民而頓兵，何以事君？"穆子曰："吾以事君也。獲一邑而教民怠，將焉用邑？邑以賈怠，不如完舊，賈怠無卒，棄舊不祥。鼓人能事其君，我亦能事吾君。率義不爽，好惡不愆，城可獲而民知義所，有死命而無二心，不亦可乎！"**（《測義》夾）邵寶氏曰："降有二道，有叛而降者，有服而降者。文王之伐崇，因壘而降，所謂服也，鼓人請以城叛則異於是。是故服而降可受，叛而降不可受。"〖編者按：奧田元繼作王陽明語。〗（《左傳雋》眉）數語亦正，但請叛而使殺之，是也。請降而猶爲此語，似屬作意。夫楊素庵謂不在伐原下，愚謂稍差。（孫鑛眉）率而蕪，似有數句可刪，若但去"賈怠"二句，"城可獲"一句，猶爲稍勁。**鼓人告食竭力盡，而後取之。克鼓而反，不戮一人，以鼓子鳶鞮歸。**（文熙眉）穆文熙曰："荀吳不納鼓叛，幾於知道。然必待鼓人食盡力竭，而後取之，此亦但可偶爲之耳，豈伐國之常道乎？宋襄之仁，其不幸而不成功者哉！"（《測義》夾）

季本氏曰："晉於鮮虞，伐之又伐，蓋本以殄滅爲期者也，此皆廣地之計，豈有不納叛、不受降之心者耶？左氏好爲迂談，説蓋不足信也。"（《左傳雋》尾）朱魯齋曰："荀吴不納叛人，論者謂其知道。余意不然，夫吴果無利鼓之心，則退師勿圍，脩德以俟其自服可也。或鼓君果有可正之罪，則聲罪以討，而聽其規義可也。顧乃請叛弗許，請降弗許，坐視其食竭力盡而後取，而曰：'吾能率義不爽，好惡不愆也。'則亦宋襄之假仁等也。特吴幸而襄不幸耳。"（鍾惺眉）數服、數叛、數討，國之敝也。武侯服孟獲正用此法，蓋一勞永逸之計，細人不知。（韓范夾）穆子所難，難於始則戮其叛人，終則不戮一人，爲後來大將之法。至於中間猶有食色，令其修城不取，亦是力有餘於鼓，故排其遲緩，一以示整暇之意，一以絶復叛之謀耳。若兵家戰勝攻取之時，正未可恃此也。（《快評》尾）鼓之先不可考，然既列於子、男，則亦封自先王矣。戴齮何罪，其民亦何罪？吴恃其强大，侵臨小國，以廣其地。然句句皆是格理名言，文亦極其矯健之至。前一番，人或能知之，若後幅，匪夷所思矣。（孫琮總評）荀吴持論甚正，着着爲自家地步。彼僥倖一勝，自以爲功者，皆苟且目前，非有久長之計也。看他思路深透，措辭委折，爲將爲相，皆當奉爲典型。（《知新》尾）貪功納叛，後世以爲能臣。得此一番正論，猶見好惡之公，信義之立，可以爲千古事君常法。（《左繡》眉）此篇直是兩對格，前不許叛，後不遽降。前語先正而後反，後語先反而後正。前叔向語用寬引，後事君語用緊接。前段庇民以信爲骨，後段事君以義爲骨，兩兩相對。至邇奸教急，極言其失。前用之後半，後用之前半，極其參差。"或以吾城叛""我亦能事君"，將對面翻轉看。前用之前半，後用之後半，又各作上下轉梲。尤雋爽可喜。若前以"好惡不愆"起，後仍抱"好惡不愆"結。前云"欲城"，後云"城可獲"，格則截對，而意自串遞。合兩爲一，章法勻密極矣。"庇民""事君"雖分説，其實以"民"爲主，看上下凡六點"民"字。（德宜尾）"請叛""請降"作兩番寫，偏寫得入情入理，事君全在教民，教民全在慎好惡，逐層剝入，真有本之論。曹德培。（《左傳翼》尾）如其言，雖湯武之師何以遠過，穆子用兵，全以詭勝，此則堂堂正正，專尚信義，前不許叛，後不許降，蓋逆知其必克，故爲此正大光明舉動也。伐原示信，晉文初政頗亦似此，而入情入理，議論明透，此尤勝之。至鮮虞無罪，不知伐之非義，而徒以不納叛、不急利爲善，湛甘泉譏之允矣。乍看似前半言庇民，以信爲主。後半言事君，以義爲主。其實庇民乃所以事君，舍義又何足以言信也？"鼓人能事其君"二語，即前"或以吾城叛"意。"城可獲而民知義所"，即前"民知所適"意。蓋後不肯賈怠，猶是前不肯邇奸之心，無二理也。故言事君，口口綰定民說，首尾以"好惡不愆"作起結，章段正自分明。（《日知》尾）刻摯之意，雋永之筆，故議論剝膚見骨，卻只覺淵雅宜人。（《評林》眉）林西仲："用兵爭利，常事也，況大鹵之捷，亦用崇卒薄其未陣，原非純以正勝者。此番不受鼓叛，乃君子不登叛人之意，爲名義起見則可。及圍鼓三月，而鼓請降，必欲待其食盡，似未免涉于迂闊。先輩謂其料定彈丸掌握，落得爲此義精仁熟之言以示人，可謂推見至隱矣。"《經世鈔》："'姑脩而城'，此則過矣。若以詐謀論，則無不可。"穆文熙："荀吳不納鼓人之降，而其後又潛甲襲鼓滅之，僞詐蓋不可方物矣。"陳傅良："'以鼓子鳶鞮歸'，十二年狄晉，自後晉皆書卿帥師。今案：自晉悼公卒，大夫將皆從其恒稱。若其年晉荀偃、衛甯殖，十七年衛石買、齊高厚，十八年衛孫林父、晉士匄，二十四年齊崔杼，二十五年鄭公孫夏之類，無稱人者。"（《菁華》尾）晉之圍鼓，蓋處於必勝之勢，故樂爲宣示恩德，以結鼓人之心。後來如樂毅之於莒、即墨，諸葛亮之於南蠻，皆用此法。樂毅之不成功，乃出於所慮之外，而其用意未嘗不是。二人蓋襲荀吳之故事，而有幸有不幸焉耳。（閭生夾）勢在必克，不如藉以垂教，伐原示信，亦與此同。若遇強敵，又當別論矣。城濮之戰，所以不厭詐僞也。

　　冬，公如晉，平丘之會故也。

　　十二月，晉荀躒如周，葬穆后，籍談爲介。（《評林》眉）陳傅良："'葬穆后'，傳見王后葬不書。今案：魯無使卿大夫弔葬王后之事，傳見他國有之。"既葬，除喪，以文伯宴，樽以魯壺。（《補義》眉）喪不當除，除喪宴客，因有閒談。（《評林》眉）按："王與文伯宴，其宴具中有魯之所獻壺樽，王由之忽思晉亦有貢獻之物，故注云感魯壺。王曰："伯氏，諸侯皆有以鎮撫王室，晉獨無有，何也？"文伯揖籍談，對曰："諸侯之封也，皆受明器於王室，以鎮撫其社稷，故能薦彝器於王。晉居深山，戎狄之與鄰，而遠於王室。王靈不及，拜戎不暇，其何以獻器？"（韓范夾）對辭不善，故天子有言，遂不能答。當時諸侯畏強國而輕周室，故能言之人，與國交好則遣之，如送女於楚，而宣子與叔向並使也。文伯無辭，以登天子之堂，貽恥晉國，故其宜耳。（《補義》眉）談不能服罪，而自等於戎狄，忘其爲母弟，并忘其爲盟主，且亦不知有王靈矣，喪心之言也。王曰："叔氏，而忘諸乎？叔父唐叔，成王之母弟也，其反無分乎？密須之鼓與其大路，文所以大蒐也。闕鞏之甲，武所以克商也。唐叔受之以處參虛，匡有戎狄。其後襄之二路、鏚鉞、秬鬯、彤弓、虎賁，文公受之，以有南陽之田，撫征東夏，非分而何？（方宗誠眉）"非分而何"之下，原可直接"且昔而高祖"一段，然少頓挫之致。讀此有悟，可免平鋪直敘之弊。夫有勳而不廢，有績而載，奉之以土田，撫之以彝器，旌之以車服，明之以文章，子孫不忘，所謂福也。福祚之不登叔父，焉在？且昔而高祖孫伯黶，司晉之典籍，以爲大政，故曰籍氏。及辛有之二子董之晉，於是乎有董史。女，司典之後也，何故忘之？"籍談不能對。賓出，王曰："籍父其無後乎！數典而忘其祖。"（韓范夾）王言娓娓，固自可聽，但不宜於喪禮之時，則有同於魯昭之習儀矣。（《補義》眉）忘祖自當無後，千古格言。（《評林》眉）《附見》："稱荀躒伯氏，故稱其介爲叔氏。"《滙參》："九世祖稱高祖者，言是高遠之祖也。郯子以少皡爲高祖，意同。"周亮工："禮稱曾祖之父爲高祖，昭公十七年郯子來朝，曰我高祖少皡摯之立也，則以始祖爲高祖。"按：或云"晉於是"晉字屬上句讀，言周太史辛有其第二子名董者適晉，乃董狐，其後以名爲氏也。未講是否。

籍談歸，以告叔向。叔向曰："王其不終乎！吾聞之：'所樂必卒焉。'今王樂憂，若卒以憂，不可謂終。王一歲而有三年之喪二焉，於是乎以喪賓宴，又求彝器，樂憂甚矣，且非禮也。彝器之來，嘉功之由，非由喪也。三年之喪，雖貴遂服，禮也。王雖弗遂，宴樂以早，亦非禮也。禮，王之大經也。一動而失二禮，無大經矣。言以考典，典以志經，忘經而多言舉典，將焉用之？"（《快評》尾）晉既忘典，周亦失禮，周與晉又皆自神其先知之智，此等風氣，在春秋時人，已成惡習，而文字卻典麗可誦。大約富貴之人多忙，必不能讀書考典。王以此難籍談，雖近於自詡，然爲荀躒、籍談針砭不少。唐叔、文公所受於王室者，乃晉之大典，籍談於此，奈何忘之？於彝器之外，更加五句者，大聲重呼以責晉也。責籍談一段，不獨詳於王室之典，並籍之世家而詳之，談將何處生活耶？王知籍父之無後，叔向知王之不終，其言皆驗。然寫於一處，讀之不覺失笑。王本自誇其能考典以凌晉人，不知反以此爲晉人所譏，人又胡可誇也？（王源尾）意在譏王之失禮，以爲二十年王室亂張本。王之失禮，主也。籍談之忘典，賓也。乃賓爲正傳，則賓似主。主爲餘波，則主似賓。顛倒主賓，變亂奇正，此宣、成以前手法也。因一魯壺，生出無數彝器，斑爛璀璨，古雅絕倫。而前後點"器"者六，"典"字亦六，總爲諸器生色。叔向只譏王之不遂服，而設宴爲失禮，多言舉典無益耳。求器之失，其餘也。觀此自知立意所在。而前幅既詳，後幅自是餘波，遂使主賓疑似莫辨。（《分國》尾）彝器之求，王誠失也。爲籍談者，何不正言折之曰："王何彝器之徵也？晉有世勳於王室。無事，爲王扞牧圉；有事，爲王執干戈、討不庭。其爲彝器也多矣。國家之寶三：土地、人民、政事，不聞以器。且王喪甫除，不母后、太子是感，而徵及彝器，夫乃以賄聞于諸侯，王室其日卑乎？王何彝器之問也？"乃竟嘿嘿，致數典忘祖之諷。尤可笑者，文伯一揖後，竟結舌也。（《左繡》眉）此篇前後相對，王責籍談，重在彝器，而譏其忘典。叔向責王，重在喪宴，而譏其忘經。語意皆相準而立，章法不偏枯也。王求彝器，卻不重責其無，而單責其忘典。晉論失禮，亦不重譏其求，而單譏其忘經。都是將冠冕處來做個話柄，其實一貪一吝，滿肚皮意思都注在彝器上，當於言外得之。起結以兩"忘"字爲呼應，中又以兩"分"字爲呼應，皆自成片段處。唐叔、文公，相對遞說。前"分"字在提句，後"分"字在煞句。又"叔父其反無分乎"一筆喝起，下以"非分而何"順應"無分"，再以"不登叔父"倒應"叔父"，明畫之極。前後都以"且"字爲一轉，前忘分、忘祖有兩層，後樂憂、非禮亦有兩層，特特相配爲章法。"籍父無後"斷在尾，"王其不終"便斷在首，恰作中間轉接，左氏用熟之法。樂憂、非禮作兩層說，從喪宴輕帶彝器，下從彝器歸重喪宴，末並譏王之多言，詞意周到之極。孫執升曰："王言詞令爾雅，典故秩然，與定王之語士季，同一詳贍。然隨會能脩執秩以爲晉法，叔向則刺王之悖經，而不知訓談以稽典。是憂不可樂，而祖固可忘也？王朝有人，當並於籍氏同其責。"（儲欣尾）忘祖、忘經，上下兩失。（美中尾）籍談不能服罪，而自等於戎狄，忘其爲母弟，忘其爲盟主，并亦不知有王靈矣。叔向刺王之悖經，不知訓談以稽典，是憂不可樂而祖顧可忘也？且晉不貢不庭，是宗周亦可棄也。説參孫氏。（《左傳翼》尾）太子，國家根本，子壽卒，穆后崩，國本搖矣。不以爲憂，而以爲樂，分明有子誰立之意，王室之亂可立而待。斷以不終，宜也！昭二十二年王崩，子朝倡亂，二十六年冬始平，雖保首領以没，而分崩離析，不絕如綫，其與能存者幾何？叔向深窺其微，而斷決如響，亦不善先知之一驗也。數典忘祖，與舉典忘經對舉，賓主雜遝，離離奇奇，絕妙機鋒。求器宴樂，王固失禮。晉爲盟主，日受諸侯之貢獻，平丘之會，猶以之責齊，而目無天王，不修職貢，王憤久矣。此番借魯壺生端，而責以大義。躒、談茫然無辭以對，歸告叔向，亦自知情理之窮也。叔向正當教之亨王王庭，以修文、襄舊職。不聞一言及此，反譏王樂憂，斷其不終，合前平丘示威示衆觀之，不恤同盟，又棄宗周，向之罪不可勝言矣！人謂此篇歸重後半，不知左氏主意正在前半也。不貢不庭，臣之咎也。求車求金，君之失也。結前案，則重晉之不臣。起後案，則重王之不君。寫一面而兩面皆到，左氏每有此筆法。（《補義》眉）孫云：“王言典故秩然，與定王之語士會同一詳贍，然士會能修執秩以爲晉法，叔向刺王之悖經，而不知訓談以稽典，是憂不可樂，而祖顧可忘也？（《日知》尾）剖肌晰理，針鋒緊對，而澤以古雅，行以疏宕，風味轉高。（高崶尾）俞桐川曰：“籍氏咎在忘祖，王失在樂憂。忘祖自當無後，樂憂自當不終，此不易之理，非臆度也。先記既葬除喪，便見王不當樂憂。記揖籍談對，便見談不當忘祖。至於典碩出以疏越，精警運以淡宕，文格允超。”（《評林》眉）鍾伯敬：“妻之喪，子未除，不可以再娶，古之道也，故謂有三年之喪二。”王元美：“忘經而多言舉典，與葬穆后首尾相應。”《補注》：“‘將焉用之’，傳見叔向譏不遂服三年，杜説非。又按：預晉朝議大子之服，謂：‘周公不言高宗服心喪三年，而云諒闇，此服心喪之文也。叔向不譏景王除喪，而議其宴樂已早，既葬應除，而違諒闇之節也。’先儒謂其巧飾經傳以附人情。此言除喪當在卒哭，文又少異。”（《菁華》尾）使原伯魯之徒充四牡、皇華之選，其納侮啓羞也，宜哉！景王此舉，例以求車、求金，初不其異。乃明於責人，而暗於責己，何哉？

◇昭公十六年

【經】十有六年春，齊侯伐徐。楚子誘戎蠻子殺之。(《評林》眉)家鉉翁：＂書誘書殺，蓋罪之深，皆以子稱，見雖有大小強弱之不同，而於周班皆爲子，不得擅相侵陵，況誘而殺之乎？＂夏，公至自晉。(《評林》眉)家鉉翁：＂公如晉，踰歲涉三時之久乃還，意如陷其君也。其後公興兵討之，勢不容已。論者謂爲啓釁，非也。晉之衰始於平，成於昭、頃，以迫於已。＂秋八月己亥，晉侯夷卒。九月，大雩。季孫意如如晉。冬十月，葬晉昭公。

【傳】十六年春，王正月，公在晉，晉人止公。不書，諱之也。(《評林》眉)陳傅良：＂'諱之也'，傳見他年正月，公在晉皆不書。今按：內見止執，史皆不書，公在晉，有筆削，說見襄二十九年傳'初不及此'。＂

齊侯伐徐。(《補義》眉)晉霸息矣，孰敢伐楚與國？齊侯忽起伐徐，在當時得未曾有。

楚子聞蠻氏之亂也，與蠻子之無質也，使然丹誘戎蠻子嘉殺之，遂取蠻氏。(《測義》夾)蔡沈氏曰：＂楚子誘蔡侯殺之，書月書日書名書地，以夷狄害中國，疾之也。誘殺戎蠻子皆不書，夷狄相殘，略之也。＂既而復立其子焉，禮也。(《測義》夾)愚按：楚子稱賢，而以詭道殺人，此其爲夷狄也。雖復立其子，不得爲禮也。(《評林》眉)陳傅良：＂傳見戎蠻子嘉不名。＂《附見》：＂戎是種號，蠻是國名，子，爵也。＂《傳說彙纂》：＂楚聞蠻氏之亂，誘蠻子而殺之，其罪大矣，復立其子，安得爲禮乎？左氏說謬也。＂

二月丙申，齊師至于蒲隧。徐人行成。徐子及郯人、莒人會齊侯，盟于蒲隧，賂以甲父之鼎。叔孫昭子曰：＂諸侯之無伯，害哉！齊君之無道也，興師而伐遠方，會之，有成而還，莫之亢也，無伯也夫！(閩生夾)慨歎神遠。先大夫評曰：＂晉衰於韓起，自是後，無能繼桓、文之業，而周幾乎滅矣，左氏所爲深慨也。＂《詩》曰：'宗周既滅，靡所止戾。正大夫離居，莫知我肄。'其是之謂乎！"（《分國》尾）千里興師，止取一鼎。蒲隧之盟，聊解嘲耳。不獨齊師之替，亦徵晉伯之衰。（《左繡》眉）本敘齊侯伐徐，卻插入楚取蠻立子事，以楚之禮形齊之賂也。昭子卻歎無伯，又以齊之害形晉之衰也。皆意在言表。齊伐徐，楚誘蠻，經本兩事，傳卻串敘，看其用突插法，有橫雲斷嶺之奇。（美中尾）李行簡曰："此為晉霸既衰、齊景爭霸之始事。"周蓼圃曰："楚滅六、蓼，臧文仲曰無援；吳伐郯，季文子曰莫恤；齊伐徐，叔孫昭子曰無伯；皆《匪風》《下泉》微意。"（《左傳翼》尾）齊伐徐，在楚誘戎子前，盟徐在後，據事之先後以書，遂若嶺斷雲橫，此敘法之妙也。晉伯之衰，已非一日，獨於齊侯伐徐發之，寄慨遙深。歎息之聲，今猶在耳。引《詩》而以正大夫離居為言，蓋深悼晉政之多門耳。戎服晉而楚伐之，徐屬楚而齊伐之，晉為盟主，概不之問，蓋自平丘以後，久已志不在諸侯矣。徐雖從齊，而卒為楚滅，齊君無道，豈能及遠？徒以無伯之故，為小國諸侯害耳。余氏光謂戎蠻既稱子，則安于王化，而服從晉伯者也。楚子以蠻子無質，原為從晉，誘而後殺，不易屈可知。插此於齊侯伐徐中，而以叔孫之歎作結，一字不及戎，而滅戎自包言下，神情空曠，筆妙古今無兩。通篇以歎晉伯衰為主，馮天閑謂"前以楚之禮形齊之賂，後以齊之害形晉之衰"，分作兩層，不得左氏微意。（《評林》眉）陳傅良："'以甲父之鼎'，晉自平丘之盟，不能合諸侯，而諸侯始有自為盟會者，不書義見二十六年。'無伯也夫'，傳言昭公以來，伯者不作，而齊人橫納北燕伯，伐徐、莒，今為此會，至鄟陵而專盟矣。"（閔生夾）自城杞以來，歷敘諸侯攜貳，至此而霸業掃地盡矣。此文字結穴處也，慨歎出之，使全篇精神為之一振。

三（或作二）月，晉韓起聘于鄭，鄭伯享之。（《左繡》眉）此篇自是兩截事，下事與上事全不相關，然下文卻全因上文生出。蓋孔張見笑於客，富子以之責子產，子產雖怒其過當，然失位之患，鄙我之慮，終當爭勝於大國。故恰好因其有請環強賈之事，盡情抑勒，使客輸情服罪而去，而曩時之笑我，乃爽然自失矣。前半"大國"及"鄙我"字，後半處處關照。所謂失之東隅，收之桑榆，借他人之酒杯，澆自己之壘塊也。灰線草蛇，至此文而極矣。兩"失位"不同，文即借作聯貫映帶，又一活法。兩"禮"字，固一篇之主腦也。（《補義》眉）此合郊餞為一篇，觀結到辭玉可見，或分作二篇，非也。子產戒曰："苟有位於朝，無有不共恪。"（《評林》眉）毛晉："自'子產戒曰'以下數語，方可著'子產怒曰'以下一截。"（方宗誠眉）首提"共恪"二字，爲一篇之主，後不獻玉於韓起，即共恪之事也。六卿賦《詩》，不出鄭志，亦共恪也。**孔張後至，立於客間。**（鍾惺眉）以下一段，寫盡倉皇在目。**執政禦之，適客後。又禦之，適縣間。客從而笑之。**（《左傳雋》眉）敘得逼真，至今猶博人一笑。（《補義》眉）首段孔張失位，客笑之，與末段六卿賦《詩》、宣子之喜映照。"子產怒"，與"子產拜"映照。"寧他事規我"，與"免我於死"映照。**事畢，富子諫曰："夫大國之人，不可不慎也，幾爲之笑而不陵我？**（鍾惺眉）陵生於笑，有至理，深於謀國之言。**我皆有禮，夫猶鄙我。國而無禮，何以求榮？孔張失位，吾子之恥也。"子產怒曰："發命之不衷，出令之不信，刑之頗類，獄之放紛，會朝之不敬，使命之不聽，取陵於大國，罷民而無功，罪及而弗知，僑之恥也。孔張，君之昆孫子孔之後也，執政之嗣也，爲嗣大夫，承命以使，周於諸侯，國人所尊，諸侯所知。立於朝而祀於家，**（闇生夾）先大夫評曰："倭庫本作'立於廟'，立於廟者，位於廟也。"**有祿於國，有賦於軍，喪祭有職，受脤、歸脤，其祭在廟，已有著位，在位數世，世守其業，而忘其所，僑焉得恥之？辟邪之人而皆及執政，是先王無刑罰也。子寧以他規我。"**（文熙眉）子張冒昧逡巡之狀，殊可想見。穆文熙曰："執政之於群僚，猶大將之於偏裨也。偏裨失位，咎在大將。子產之辭雖辨，而孔張之責，終亦不能盡解也。"（《測義》夾）愚按：孔張每忘其所，爲客之笑，罰固有歸矣。執政者而不預閑以禮，毋寧不與有恥乎？吾不虞賢如子產猶多言以拒諫者！〖編者按：奧田元繼作王元美語。〗（《左繡》眉）提一"怒"字，下文一反一正，先破"恥"字，末三語另責富子作掉尾，句句傳盛怒之神。後半篇子產語語剛執，昔人云怒時不可作私書，於此益信。反煞峭勁，筆有餘怒。然有意無意，卻已暗遞後文矣，絕妙伏筆法。下文雖從上文而來，精神卻全注重後半。故上截一層，下截寫出兩層，合來是前奇後偶格。然一層中"僑之恥也""僑焉得恥之"卻作對說，兩層中"寡君不知""我勿與知"，成貪不爲，失位亦弗爲，卻作一串說。分合處，有相錯相配之巧。（《補義》眉）怒容可掬。（《評林》眉）艾千子："孔張之不知位，可恥矣。而客從而笑之，亦非敬主之禮。"魏禧："按：此怒甚謬，詞亦多強，然子產既戒而孔張後至，則亦無如之何？"《滙參》："會朝，謂出外會朝於大國。"

宣子有環，其一在鄭商。（《正論》眉）甚蘊藉，甚嚴整，豈惟鄭國，雖商人亦利賴之。（《才子》夾）看其通篇純作嚴毅之筆，卻並無一字使氣，爲千載以小事大之定式。吾更愛其先襯以大叔、子羽低商數語，便令毅者加分出色。（《補義》眉）子產之怒，正以"幾爲之笑而不陵我"也，兩番拒玉正論，使其愧悔，正從他一笑字，換他一喜字。宣子謁諸鄭伯，子產弗與，曰："非官府之守器也，寡君不知。"子大叔、子羽謂子產曰："韓子亦無幾求，（韓范夾）此事唯子產能爲，亦唯子產可爲，若乙太叔、子羽處此，己力未及，而宣子亦未必能改過也。（《評林》眉）孫鑛："非官府之守器，大體語。"晉國亦未可以貳。晉國、韓子，不可偷也。若屬有讒人交鬭其間，鬼神而助之，以興其凶怒，悔之何及？吾子何愛於一環，其以取憎於大國也，盍求而與之？"子產曰："吾非偷晉而有二心，將終事之，是以弗與，忠信故也。（《左傳雋》眉）李九我曰："義正而不阿，辭强而不激。"（孫鑛眉）點破主意。（韓范夾）穆子曰："吾以事君也。"子產將終事之，君子之所持，一意而已。僑聞君子非無賄之難，立而無令名之患。僑聞爲國非不能事大字小之難，無禮以定其位之患。（孫鑛眉）兩"僑聞"法新，調甚古陗。夫大國之人，令於小國，而皆獲其求，將何以給之？一共一否，爲罪滋大。大國之求，無禮以斥之，何饜之有？吾且爲鄙邑，則失位矣。（《文歸》眉）戴文光曰："透甚！和議誤國，只此足以闢之。"若韓子奉命以使，而求玉焉，貪淫甚矣，獨非罪乎？出一玉以起二罪，吾又失位，韓子成貪，將焉用之？且吾以玉賈罪，不亦銳乎？"（《左傳雋》眉）劉廬泉曰："'夫大國之人'至'失位矣'一節，覆解無禮以定其位之意。'若韓子'至'罪乎'一節，覆解立而無名之意。"孫應鰲曰："出一玉起二罪，數語凜凜，有秋霜烈日氣概！"（孫鑛眉）六層意若肆口而出，然構法卻緊切嚴密。（鍾惺眉）子產事大國，事事有體。（《彙鈔》眉）先著太叔、子羽一段商榷，便令後來子產嚴辭之語，倍加出色。（《補義》眉）昔也憂貧，是貪而俗；今也求玉，是富而侈。（方宗誠眉）深識遠道，於文應首段所謂"共恪"也。（闇生夾）今之主外交者莫知此義，可歎！

　　韓子買諸賈人，既成賈矣，商人曰："必告君大夫。"（《正論》眉）容齋評不與韓子玉，子產之所能也。使商人必以聞，非子產之所能也。必有以結之者，不然，則已先告商人而爲發言地也。（《評林》眉）王元美："宣子因子產弗與，故徑買諸賈人，賈人又欲必告君大夫，韓子遂復告子產，而子產復不與，遂辭之，韓子蓋亦知畏公□者。"鍾伯敬："'告君大夫'，此一語足見子產治鄭有法度。"金聖歎："賢讀至此，不應便下，須先代子產細箅如何處置，寔是難措語。"韓子請諸子產曰："日起請夫環，執政弗義，弗敢復也。（韓范夾）非子產在上，則商人何所告乎？宣子能無畏而敬之？今買諸商人，商人曰，必以聞，敢以爲請。"子產對曰："昔我先君桓公，與商人皆出自周，庸次比耦，以艾殺此地，斬之蓬蒿藜藋，而共處之。世有盟誓，（孫鑛眉）一直說下，只以盟誓爲據，與展喜對齊侯同法。以相信也，曰：'爾無我叛，我無强賈，毋或匄奪。爾有利市寶賄，我勿與知。'（《補義》眉）此更出宣子意外。恃此質誓，故能相保以至於今。（《左傳雋》眉）一商人耳，直敘到家世源流，俱是隱語。今吾子以好來辱，而謂敝邑强奪商人，是教敝邑背盟誓也，毋乃不可乎！吾子得玉而失諸侯，必不爲也。若大國令，而共無藝，鄭，鄙邑也，亦弗爲也。僑若獻玉，不知所成，敢私布之。"（《左傳雋》眉）是教背盟誓，語直露刺。前云失位成貪，此云失諸侯、共無藝，彼己利害各提衡道之，此子產所以善於辭。（孫鑛眉）比前更難爲辭，至此似更無得說，卻乃愈出嚴辭，使人閉口不敢强索，真是文之珍奇。讀來覺層層有色，句句有味，大抵文意奇則辭易工，即前段意作餘波。（《彙鈔》眉）兩述所聞，一以處人，一以處己。中間縱論，後用總收結。體□而嚴，足以闢和議誤國者。韓子請環而不與，見子產事大之體。商人賣環而必告，見子產治鄭之法。此與展喜對齊侯同旨。前成貪、失位二意，竟直告之宣子，非子產不敢道。（《補義》眉）說得關係如許，使之無可置喙。（《評林》眉）《滙參》："匄，乞也。乞有二義，取則入聲，與則去聲。匄亦有二義，取、與二義，此則取也。既勿與知，則聽其得賈而沾可矣，偏把持到底。'吾子得玉'，上句言你不給賈不是，下句言我給賈又不好。林評皆貼，鄭說欠明。'僑若獻玉'，一摠攬歸自己，林云：'成字應上成賈。'"（方宗誠眉）此段敘子產能守禮以辭韓子，所謂共恪也。**韓子辭玉，曰："起不敏，敢求玉以徼二罪？敢辭之。"**（文熙眉）穆文熙曰："子產初言大國之人使於小國，不可盡獲其求，其見甚卓。及韓子買玉於商人，而乃要之曰'子得玉而失諸侯'，固不與之。夫玉屬於商人，何與於國？買玉於商，諸侯何得而遂叛之？僑之言過矣。韓子聞言即止，其君子哉！"（《測義》夾）傅遜氏曰："以子產之才知而相鄭國，屈服盟主，恒不平於心，故每遇事而發其英風，可想見也。"（《文歸》尾）此即爭承藝貢事意也。以小事大，固非一意卑屈者所能，故子輿氏歸之智，子產誠智士哉！仲光。（《快評》尾）孔張失位作一篇讀，宣子有環下別作一篇讀。將說孔張失位，非己之恥，先從恥說，行文法也。子產弗與宣子玉環，已徹始徹終算定，然子大叔、子羽之言正不可少。吳公子季札教子產曰："鄭之執政侈，難將至矣。政必及子，子為政，慎之以禮，不然，鄭國將敗。"子產奉此言以周旋，不惟終身以禮自處，且能以禮處人。如此，方是真能聽言人。子產已算定韓子必買諸商人，故有後一篇極奇文字。細思當日子產決無臨時撰一篇誓文以欺晉國韓子之理，則此詞必有所本，但不知何故恰合如此耳。（孫琮總評）富子之諫，畢竟是正論。子產雖有戒於先，而不引咎於後，未免偏執，有傷雅量。至拒韓宣之請玉，詞嚴義正，反覆辨折，皆有至理，此鄭所恃以自立，而子產之忠於謀國也，淺人未曾窺見。（《左繡》眉）"寡君不知"，此時落得推不管。下文卻又語語作喬家主，可見此處便是故意作難也。語氣猶帶怒容，入神之筆。兩人語極通人情，卻不知子產別有意思在。雙提總收，中間順承倒應，左氏慣用之法。緊照前失位之恥，故兩意以定位為主。失位一層，凡有四轉。成貪一層，只得一筆。總斷後，又轉一意，賓主輕重愈明。四轉一層緊一層，歸重鄙邑。蓋後半兩"鄙邑"、兩"失位"，乃遙應前"鄙我""失位"眼目也。第一番只推不知，第二番只推舊誓，其正意卻透發於中段私下往復，後兩弗為只一點便足，最是運掉靈活處。若寫作回覆宣子，便語同笨伯。下半篇自成一橫擔格，蓋以中間貫兩頭者。看此客多少宛轉，子產執意不肯，初疑未免太過，細味頻以大國鄙我為言，乃知全為前文一笑發洩。絕不相涉事，寫得如許關照有情，奇絕！"我勿與知"，又為前"寡君不知"句文飾得妙，盟誓不過借作推頭耳。看他仍歸到成貪、失位兩意結煞，有此正論，始足服人，不是單靠口頭轉變生活。又，兩意以"鄙邑"爲主，語氣輕重有法，直說到"大國鄙我"方住，暗合前文，真一篇如一句矣。戴岡得曰："層層有色，句句有味，大抵意奇則詞易工。"(《評林》眉)《匯參》："'起不敏'，與子産語對，兩層爲一。"(武億尾)此篇俞寧世謂當作三段文字平看：第一段孔張失位，第二段宣子請環，第三段六卿賦《詩》。以"位"字、"禮"字、"罪"字、"恥"字、"信"字、"終"字作貫串，鎔成一片。王或庵謂當作中權文字讀。蓋子産相鄭，全在持之以禮。前一段借孔張點出無禮、失位之言。又借拒富子影起拒宣子之請，皆先驅也。後一段序六卿賦《詩》餞宴，隱隱寫一"禮"字，而後點出舍玉作結，皆餘波也。二說不同，各有其妙。蓋左氏文章原自不可方物，讀者神而明之，以爲投之所之無不如意可也。(林紓尾)區區一環，直一沒緊要事，子産竟小題大做，此是子産賣弄聰明處。明知宣子可以情喻理折，故敢斗膽發言。若遇叔向之弟，亦只好以待子晳之禮待之，敷衍了事矣。通篇用意在一個"鄙"字，"吾且爲鄙邑"，防其不成國也。"鄭，鄙邑也，亦弗爲也"，自謙爲鄙，不願鄙也。前半請環，拒之尚爲有理，可以成辭。後半買環，是公平交易，與朝廷半點無干，此着最難措手。而子産博通掌故，竟尋出數百年前故案前來搪塞。仍咬定不爲鄙邑一語，強硬到底。實則杜漸防微之意，已流露於一共一否之語。共宣子而不共續來之使者，則適以自取其咎。眼光遠，語氣達，使人聞之，能於心上點頭。"貪淫"二字，是背議宣子之罪。"強奪"二字，是強加宣子之罪。不說宣子強奪，而說鄙邑強奪，且繩以舊時盟誓之故案，即公平交易亦強奪矣。關鍵全在"我勿與知"四字，前後封閉謹嚴，精神四徹。讀之幾無瑕隙可薄，真詞林妙品也！(《菁華》尾)子産並非文過之人，觀其答叔向書，引咎不暇，而此獨怒不可遏，何也？蓋孔張被笑，子産見之，必大有不樂，故有此一段議論耳。子産深知韓起之爲人易與，而又自信己之才望久爲晉人所欽仰，故不嫌徑行己意。若以平常事大之體而言，以一環之故，而開罪於其貴臣，於事理亦有所不合。吾終以子大叔、子羽之說爲是。此商人之語，當是子産從中授意，然更出韓子意外。

夏四月，鄭六卿餞宣子於郊。(《評林》眉)孫鑛："與享趙孟章同法。"(《補義》眉)儲云："準今日《詩》注，六卿中五賦淫奔矣，以爲賓榮乎！"宣子曰："二三君子請皆賦，起亦以知鄭志。"子齹賦《野有蔓草》。宣子曰："孺子善哉！吾有望矣。"子産賦鄭之《羔裘》。宣子曰："起不堪也。"子大叔賦《褰裳》。宣子曰："起在此，敢勤子至於他人乎？"（《補義》眉）只從"鄭志"生發，又得《褰裳》一折，與中二大段照應，方不是垂隴宴趙孟窠臼。（《評林》眉）楊升菴："《褰裳》之賦，子大叔疑於倨矣，而宣子曰'不有是事，其能終乎'，則深得招攜服二之微旨。"子大叔拜。宣子曰："善哉，子之言是！不有是事，其能終乎？"子游賦《風雨》，子旗賦《有女同車》，子柳賦《蘀兮》。宣子喜曰："鄭其庶乎！二三君子以君命貺起，賦不出鄭志，皆昵燕好也。二三君子數世之主也，可以無懼矣。"（孫鑛眉）三《詩》無答，卻以總答之，詩意收法自圓。（《補義》眉）首段語語雷厲，中二段字字秋霜，末段春風和氣矣。此以前大半篇蹴起末段，又以末段收拾全篇之法。宣子皆獻馬焉，而賦《我將》。子產拜，使五卿皆拜，曰："吾子靖亂，敢不拜德？"宣子私覿於子產以玉與馬，曰："子命起舍夫玉，是賜我玉而免吾死也，敢不藉手以拜？"（韓范夾）韓刑部之攻陽諫議也，曰："惟善人能受盡言。"其宣子之謂乎！光啓三川，其宜也夫。（王源尾）禮所以定位，無禮則失位，子產相鄭，以小事大，全在持之以禮，無鉅無細，不敢一時自越，亦不肯一事假人，所以能自立而不失位也。韓子求玉，事甚微，而子產持之，始終不應，守此道耳。此傳特序此事，以見子產之能。而前一段借孔張點出無禮失位之言，又借拒富子影起拒宣子之請，皆先驅也。後一段，序六卿賦《詩》、餞宴，隱隱寫一"禮"字相爲遙映，而後點出辭玉作結，皆餘波也，分作三事看者，誤。開手提出"子產戒曰"四字，最有情趣。蓋子產所以折宣子者，全在無禮失位，而鄭先有一無禮失位之孔張，以貽宣子笑，子產之戒何在？子產之所持者，又何在乎？然此特文字波瀾，與子產無礙。故序子產拒富子之言，非詳其愎諫過甚，蓋詳其無礙於子產，以爲下文拒宣子地耳。而述其言不厭詳者，正見其嚴厲鋒芒不可犯，非漫然也。凡序事以不見來蹴者爲上，突然起，驀然入，方有凌空峭舉之勢。如此文序"韓子有環"之類皆是。韓子辭玉，而終且獻玉，賢豪舉動固別。乃作者寫出，卻是恰妙情文。總之，理者，天地自然之文。事者，亦天地自然之文。說得理出，序得事出，文章自不可勝用。舍此而求之章句之中，爛頭巾老死牖下，終無夢見之日矣。（魏禧尾）魏禧曰："子產後舉誠爲過當，然知韓子可與盡言，故不妨執禮以張國勢而杜後求。否則，子產直一不識時務之迂儒耳，何以爲國？雖然，宣子再請，而曰'惟商所與，國弗與知'可也。"（《分國》尾）孔張失位，僑不受責，非苟而已，必先自立於無過。觀其發命數語，占地既高，披駁孔張，詞義嚴正，自然壁立千仞。宣子求玉，堅執不許，非愛玉也。晉君失政，大夫多貪，不從宣子先折之，彼叔魚、士鞅輩，貪寶何由塞乎？然非子產不能成宣子之賢，非宣子不能成子產之直。不然，其不爲魯之十一牢也幾希！（《左繡》眉）宣子請皆賦，分明七子寵武舊套，忽從"不出鄭志"上脫換得意思全別，此推陳出新之法也。上三段每一賦《詩》，必一答謝，竟與寵武篇同一機局矣。此處忽然頓斷，一層化作兩層，下又變而總說，三層變作一層，極變動可喜。"起亦以知鄭志"，便似出個題目。"不出鄭志"，便是就題目做文字。文無新舊，以切爲工，此正所謂切者。結併爲前篇作收拾，其不連前篇而另作一首者，文氣各成一格也。坊本於前篇則誤分，於此篇又誤合，總是不講於篇法之故。前番嚴聲厲色，此番和氣春風，合讀見筆意之變，亦復佳也。俞寧世曰："明是三段文字，第一段孔張失位，第二段宣子請環，第三段六卿賦《詩》，以'位'字、'禮'字、'罪'字、'恥'字、'信'字、'終'字作貫穿，遂令三段鎔成一片。"（《左傳翼》尾）子產不從富子之諫，非剛愎自用，正見己實無罪，若因客笑，便自惕息請罪，必爲大國所輕。後此一翻情事，不能挺特自立，何以定其位而折其貪？此正腳跟立得定處。至請環不與，原屬義不當與，非因彼一笑而盡情抑勒，使之輸情服罪，而去作失之東隅、收之桑榆計也。若果如此，設客不笑，竟將環與之乎？設環當與，亦因其一笑而弗與，以取憎於大國乎？上下雖相蒙，各有義理，不得作此纖仄鄙曲之見。一笑即行張惶，一求便要曲從，富子、太叔輩總是看得宣子忒大，子產直視之如無，足以禮折之也。一請再請，始終弗與，宣子旋亦服罪而歡好有加，愛人以德，不以姑息，人自服之。子產抗大國全在以禮，禮既在我，小失不足爲恥，而無藝之求不必狥。前段對二子說，以"鄙邑失位"爲主，韓子貪淫帶說，各因輕重以爲詳略，交互密緻，勁正中婉轉周折。若見理不明，而欲以唐突爲能，其不至獲戾於大國幾希。求只一玉，而曲意以狥，後有來者，何以應之？晉政多門，貪惏無厭者不獨一宣子也。故折其鋒，以止其萌，此便是日前爭承手段。後唯鄭富公出使契丹，爭減歲幣，敵不敢犯，與此媲美。"七子從君，以寵武也"，久傳爲佳話，宣子心豔之非一日矣，此行亦欲邀茲寵貺，不令趙孟專美於前。況求玉弗與，恐生嫌隙，因其餞而請賦，以觀其志，六卿皆昵燕好，則宣子可以暢然滿志矣。《我將》之賦，雖爲諸卿，與太叔《褰裳》一詩，機鋒相觸。玉、馬私覿，宣子能受善言，而子產抗大國本領，更自出人頭地。(《補義》眉) 汪云："消釋得妙，否則未免耿耿然，亦見古人誠於服善。" (《日知》尾) 戴岡得曰："層層出色，句句有味，大抵意奇則詞易工。" 以禮自立，即以禮禦彊，雖於一人一事而見，實則子產生平本領和盤托出。妙在前段將享戒飭，後段因餞贈答，皆爲中幅推波助瀾。而前段既以怨詞答富子，中段遂蒙此設色，宛爲怒者傳神，後段陡然換筆，和詞樂意，與上二段反映。隱見以禮自閑閑人，綽有餘地如此。而一人失禮，洵不足爲執政之辱也。分兩分三，恐無當作家意匠。(《評林》眉) 穆文熙："'私覿子產'，此愈見宣子之賢，而子產當有愧色，不知其玉其馬亦可受之否？" 鍾伯敬："宣子之於玉，始迷而終悟，又以玉、馬謝過，可謂有君子之風矣。"(方宗誠眉) 此段敘鄭六卿賦《詩》不出鄭志，亦所謂共恪也。又與子張之失儀反對，收應中段辭玉之事，共恪之效也。

　　公至自晉。子服昭伯語季平子曰："晉之公室，其將遂卑矣。君幼弱，六卿強而奢傲，將因是以習，習實爲常，能無卑乎？"(《補義》眉) 魯之公室，昭伯長太息久矣。平子曰："爾幼，惡識國？"(《左繡》眉) "習實爲常"，不唯晉，想平子輩亦被他道破。"爾幼，惡識"，正是怪其小時了了也，當微會之。(《日知》尾) 春秋變爲戰國，其源如此。

　　秋八月，晉昭公卒。(《測義》夾) 李廉氏曰："平公五盟六會，服齊、狄，寧東夏，平秦亂，城淳于，晉祁午數當世之功如此。然溴梁之事，諸侯在會而大夫實主載書，是委權以與之也。荀偃一怒而十二國興戎，後五年欒盈之變作，曲沃之民惟主欒氏，不知公室，晉幾分國而並立矣。宋之盟，晉主夏盟，而摰諸侯以畀楚，是棄權以假之也。虢之會，再讀舊書。後八年，楚靈會於申，實用齊桓召陵之典，晉蓋十年無與國之事矣。至於昭公之政，則又微矣。僅一會大夫，一盟諸侯。方楚虐辱於乾溪，諸夏庶幾復霸，爲晉君臣者，改物屬志，憤悱驚懼，以率舊烈，猶恐不逮。今也四方未觀德，而虒祁崇侈以啓貳。列國未聞信，而邾南盛兵以示汰。平丘雖曰同盟，齊敢拒令，鄭敢爭承，衛病莩莞之擾，魯囚蠻夷之訴，坐視諸侯之去而不之顧，況能駕敵國哉？宜乎晉之卑也。"

九月，大雩，旱也。鄭大旱，使屠擊、祝款、豎拊有事於桑山。斬其木，不雨。子產曰："有事於山，藝山林也，而斬其木，其罪大矣。"奪之官邑。（《分國》尾）國之大旱，大都此有官邑者致之也，據理盡應罷斥。"奪之官邑"，子產豈爲斬木之故？如三子類者，盍警乎？（《左繡》眉）"藝山林也"，只四字，而從事山轉出斬木，甚簡而明。（美中尾）全謝山曰："斬木實是古禮，即變置社稷之意。子產以爲非者，必在我非尸位，則在神爲溺職，如湯之易稷是也。知古人於此自有斟酌。"

冬十月，季平子如晉葬昭公。平子曰："子服回之言猶信，子服氏有子哉！"（文熙眉）汪道昆曰："議論具品，'昔者'以下章法。"孫應鰲曰："學無常師，仲尼且然。'天子失官，學在四夷'，感愴深矣。孔子欲居九夷，而言夷狄之有君，不如諸夏之亡，於此印證，更見悼世之心。"（《分國》尾）春秋多奇童，周有王孫滿，決秦師之敗。楚有蔿賈，卜子玉之不能過三百乘。鄭有國僑，斷侵蔡之必致楚師。子服回又一童也，此孺子可教，杞上人屬意於納履之子。（《左繡》眉）"猶信"應前"惡識國"句，"有子"應前"爾幼"句，無一字閒。（《左傳翼》尾）不云"將卑"，而云"將遂卑"，見一卑而不可復振也。分晉之禍早已覷破，總由習實爲常，履霜堅冰，由來有漸。昭伯言此，隱然有猶吾大夫崔子意。意如不信，惡其言之切直耳。後來嘆服，想亦自己眼裏看不過去，而魂魄驚悸，視此人亦如芒刺在背矣。"子服氏有子"，正深懼吾魯之有人也。（《補義》眉）恐畏見此人。

◇昭公十七年

【經】十有七年春，小邾子來朝。（《評林》眉）郝敬："魯既卑矣，小國猶有朝者。晉亦卑矣，諸侯猶有往者。此不畏其君，而畏強臣耳。以力服人，諸侯不可，況大夫乎！"夏六月甲戌朔，日有食之。秋，郯子來朝。八月，晉荀吳帥師滅陸渾之戎。（《評林》眉）王錫爵："晉非爲王室除患，乃因其貳楚，而陰襲陸渾之戎。使非萇弘先見，戎備素警，則爲王室之震驚也大矣。"冬，有星孛于大辰。楚人及吳戰于長岸。(《評林》眉) 季本:"長岸,杜預以爲楚地,蓋吳兵至楚境而禦之。"劉敞:"《穀梁》云:'進楚子,故曰戰。'非也。戰則云戰,敗則云敗,豈擇於吳、楚哉?"

【傳】十七年春,小邾穆公來朝,公與之燕。季平子賦《采叔》,穆公賦《菁菁者莪》。昭子曰:"不有以國,其能久乎?"(《左繡》眉) 反語作贊,亦別!(《補義》眉) 反語作贊,左氏慣用,可知贊宋伯姬、陳洩冶,不得泥其辭。(《評林》眉)《滙參》:"'其能久乎',言若無所以治國者,國豈能久?林註解'以'爲'用',謂用國之才,非。《正義》謂不有學問之人,亦屬添設。"

夏六月甲戌朔,日有食之。祝史請所用幣。(《補義》眉) 祝史不請牲而請幣,遠過莊、文二公之祝史矣。昭子曰:"日有食之,天子不舉,伐鼓於社;諸侯用幣於社,伐鼓於朝。禮也。"(《補義》眉) 昭子先陳正禮。平子禦之,曰:"止也。唯正月朔,慝未作,日有食之,於是乎有伐鼓用幣,禮也。其餘則否。"大史曰:"在此月也。日過分而未至,三辰有災。於是乎百官降物,君不舉,辟移時,樂奏鼓,祝用幣,史用辭。故《夏書》曰:'辰不集于房,瞽奏鼓,嗇夫馳,庶人走。'此月朔之謂也。當夏四月,是謂孟夏。"(《補義》眉) 太史申言之。平子弗從。(《補義》眉) 救日,助陽抑陰也,助君抑臣也,季氏不從,知其不君君。昭子退曰:"夫子將有異志,不君君矣。"(王源尾) 爲明典禮作歟?爲正時月作歟?典禮明也,時月正也,而意不在也。意安在?在昭公。傳内無昭公,胡爲乎意在昭公?曰平子不君君,昭公出奔之本也。平子不君君,豈特一事然哉?因日食以發之,而平子之心曉然矣。故雖典禮明,時月正,而意在昭公也。日食亦常,所辨者,月朔耳。正月朔,君忌之。故傳中反覆辨月,辨君也。不君君,辨之何益?故曰意在昭公也。明典禮,正時月,句句古雅。結穴不君君,來龍紆曲。(《分國》尾) 日,君象也。日食而安之,安君之危,利君之災也。非不君而何?(《左繡》眉) 日食而鼓,用牲於社,其見譏有識屢矣,故此番祝史特請用幣之所,昭子引禮便兼伐鼓說,平子以正月朔爲言,止而不用,當亦兼伐鼓用幣而言。太史並正其失,又引《夏書》,則單證奏鼓,乃特與請幣對看,見此二者缺一不可也。林注於"止也",單指用幣,非。平子誤會六月非四月，太史單辨此月之即正月，故起結特用重筆，與昭子語重伐鼓用幣不同。平子執定"其餘則否"，便是既不信禮，又不遵時。"不君君"，言其目無王制云爾。（《左傳翼》尾）正月爲正陽之月，平子豈不知？而以往歲首之月朔，不欲用幣伐鼓以救日食，冀君有災也。太史力爭而終不之從，無君之心顯然可見。昭子傷之，蓋亦未如之何也已。（《評林》眉）《匯參》："'降物'，謂減其物采，蓋象朝服而用素，爲之如今之單衣也。奏，進也。樂官進鼓則伐之，故云伐鼓。"《補註》："'不君君矣'，葉氏曰：'昭子言天子諸侯之禮是矣，而言用於正月，則大史與平子皆失之。《夏書》辰弗集于房，以事秋言之，則先王之禮不獨在正月，凡食皆舉之矣。經言日食三十六，言鼓用牲於社者三，其二皆在六月，其一在九月，左氏惑於大史之言，故莊二十五年誤援之。'"（閩生夾）逆攝平子異志於前，乃知君之討之非過也。

　　秋，郯子來朝，公與之宴。（《淵鑒》眉）古藻詳核，斑駁離奇，述官制處，所謂賢者識其大者。則堂家鉉翁曰："周、魯俱衰，典章闕壞，而遠方小國之君，乃知前古官名之沿革，蓋錄之也。"臣廷敬曰："唐虞以前，古文散佚，如此典制，非左氏孰能詳之？遠勝《公》《穀》二家者，此亦其一端也。"臣乾學曰："聖人於古帝王遺制，雖在荒遠敻絕，猶且汲汲訪之，聖人所以爲百世法也。若郯子之不忘先典，賢於杞、宋矣。"昭子問焉，曰："少皥氏鳥名官，何故也？"（《補義》眉）唐云："只'鳥名官'三字，何處生發？看他從四面八方寫來，前襯後托，結成異采。"（《評林》眉）《滙參》："少皥氏，身號。金天氏，代號也。下炎帝、大皥等同。"王陽明："周、魯俱衰，典章闕壞，而遠方小國之君，乃知前古官名之沿革，故傳錄之。"郯子曰："吾祖也，我知之。昔者黃帝氏以雲紀，故爲雲師而雲名；炎帝氏以火紀，故爲火師而火名；共工氏以水紀，故爲水師而水名；大皥氏以龍紀，故爲龍師而龍名。我高祖少皥摯之立也，鳳鳥適至，故紀於鳥，爲鳥師而鳥名。（《補義》眉）四賓陪出一主。鳳鳥氏，曆正也。玄鳥氏，司分者也。伯趙氏，司至者也。青鳥氏，司啓者也。丹鳥氏，司閉者也。（《補義》眉）上古最重治曆，故五鳥居先，猶《堯典》之首羲和也、四仲也。（《評林》眉）高士奇："杜預云：'青鳥，鶬鴳。'疏作鶬鷃。《易通卦》驗立春：'楊柳津，鶬鴳鳴。'與之合。

然未知此鳥今名爲何鳥也。"祝鳩氏，司徒也。鴡鳩氏，司馬也。鳲鳩氏，司空也。爽鳩氏，司寇也。鶻鳩氏，司事也。五鳩，鳩民者也。五雉，爲五工正，利器用、正度量，夷民者也。九扈爲九農正，扈民無淫者也。(《補義》眉)五鳩分配五官，是時禮樂未備，刑亦希簡，惟司空、司事最繁，故五雉爲司事之屬，九扈爲司民之屬，其官獨詳。汪云："'五鳩，鳩民'作束，便用作提，詳略順逆，整而能變，連點三'民'字，爲民師作引。"儲云："通神明之德，盡萬物之理，古聖人制作精妙如是。"(《評林》眉)《滙參》："'利器用'二句在'夷民'上，'無淫'在'扈民'下，倒即惡。訓扈爲止，義與户通，朱子《文抄》作正，疑誤。"自顓頊以來，不能紀遠，乃紀於近，爲民師而命以民事，則不能故也。"(《測義》夾)家鉉翁氏曰："周、魯俱衰，典章闕壞，而遠方小國之君乃知前古官名之沿革，故傳録之也。"(《左傳雋》眉)李九我曰："敷對詳明，讀之亦一段博物志。"唐荆川曰："先舉黄帝等以起少皥，次敘五鳥，次敘五鳩，又次敘五雉，又次敘九扈，並井井有條，而中間亦自有變換錯綜處，讀之自覺亹亹不倦。'顓頊'五語是大斷案。"(鍾惺眉)非惟詳核，語氣閒整。每觀古人此一段學問，輒愧文人虛過一生。(韓范夾)顓頊以後，即在所貶，況近今乎？此尚論古人之事，真足快心！(方宗誠眉)前四人是賓，少皥是主。

仲尼聞之，見於郯子而學之。既而告人曰："吾聞之：'天子失官，學在四夷。'猶信！"(《文歸》尾)先敘五官，次敘五鳩、五雉，又次九扈，井井有條，致對詳悉。鹿門。古史之遺，讀之如見異人説海外衣冠名物，驚慕齊至。爻一。(王源尾)問者鳥官，並雲、龍、水、火而答之，又拖民師、民事以形之。序五曆，五鳩分之，五雉、九扈合之。珠宮貝闕，珊瑚碧樹交柯，爛焉星陳，奇觀恢目。以孔子作結，固見聖人無常師，乃云"天子失官，學在四夷"，慨然有人獻淪亡之感。然則秦火之餘，存什一於千百，不尚賴左氏斯文乎？不特賞其瑰奇瑋麗已矣！(儲欣尾)通神明之德，盡萬物之理，古聖人製作精妙如是，而文亦錘鍊絕工。(《分國》尾)德盛能致瑞，故以雲鳥紀官，顓頊以後德薄，不能致瑞，狃於卑近民事而已。閱此，後世搢紳簿，直是同光腳色，宜楊盈用以麒麟指目之也。(《左繡》眉)一篇典故，當分三層讀。首尾是賓，中是主。題本奇古，自應有此博雅嚴密之文。起手提明"我祖"，下文便應接少皞説去。卻先引四賓以陪一主，自是鋪排襯托之法。但四賓之中，依次説來，自當以伏羲爲稱首，卻偏留在著末。既令龍鳳以類相從，而太皞、少皞，賓主相對，尤爲工切。此敘述中剪裁巧妙處，故徵實而極翻空也。大抵錯綜顛倒，必有妙義。否則徒亂人耳目，亦何取焉？實講以鳥名官，凡四項，作三層説。以五鳥爲主，五鳩佐之，五雉九扈，前人謂是五鳩之屬。看其五鳥先總後分，五鳩先分後總，五雉九扈有總無分，又五鳩作煞，雉扈便用作提，詳略順逆，極整極變。連點二"民"字，爲"民師"作引，尤見承接之妙。"我出""不能紀遠"一層，論有歸宿，文亦有首尾，最結構圓足處。通篇排偶，忽用單句作收，文氣靈活。特添遠、近二字作對，以照前結後，文意濃厚，構局最精。夫子語一句收應末段，一句收應前段，真無一字落空也。唐錫周曰："題只'鳥名官'三字，窘者何處生發耶？看他偏從四面八方寫來，題前一襯，題後一托，結成異彩。中間實疏正面，條分縷析，燦若雲霞。左氏此種文，真空前絕後之作。"（崑崖尾）疊用十幾個"也"字成章法，此等局陣，自左氏創之，遂爲後代文人開山。其中有賓有主，有綱有目，有詳有略，有合有分，單偶互行，長短相間。仔細看去，真覺錯綜生動，姿態屢出而不窮也。典核古博，又不必言。（美中尾）郝楚望曰："魯已微矣，而小國猶有來者。晉亦衰矣，而諸侯猶有往者。非畏其君也，畏強臣耳。"黃戀容曰："傳載昭子問官之對，仲尼見而學之。然刪《書》斷自唐虞，至於論官，惟曰揆岳牧伯等職而已。雲火龍鳥之類，不少概見，何哉？蓋中古文明漸啓，世變事繁，故分職正名以民事，孔子欲立萬世宜民之道，是以舍遠取近。乃郯子譏顓頊以來不能紀遠，聖人固有以折衷之矣。"（《左傳翼》尾）問少皞，而必兼黃帝、炎帝、共公、太皞、顓頊言之。問鳥名官，而必兼雲、龍、水、火、民事言之。可知郯子胸中淹博，上下千古，不止舉典不忘其祖。敘法賓略主詳，四賓在前，一賓在後，局既參差。一主中又分敘五鳥、五鳩、五雉、九扈，詳略分總，各自不同。官以治民，民以治事，不唯五鳩鳩民，五雉夷民，九扈扈民，即五官分職，亦無非欽若昊天、敬授人時之意。推而廣之，雲、龍、水、火，皆此意也。勿因顓頊以來不能紀遠，遂謂命以民事者之大可議也。昭子一問，恐以鳥紀官涉之荒唐。郯子詳告以故，見其鑿鑿確有至理，即一命官而仰觀俯察、遠取近取絕大道理無所不備。此以知上古聖人繼天立極，開物成務，冒天下之道，如此其至也。觀季札觀樂篇及此文，益信五經而外，六合之表，大有人在。以鳥名官之故，既詳告之，何爲復云顓頊以來不能紀遠？蓋昭子所見，皆紀於近者。知紀近者之不能，則知紀遠者之可信也，此正問答機鋒相對處。至郯子既兼舉雲、龍、水、火，則其所以名官之故，亦必能娓娓言之。孔子就學，自必兼學。若五鳥、五鳩等項，皆第言其大概，其中細微曲折，豈更無可學者？下一"學"字，見聖人茹納山海，細大不遺分量，而郯子之語不涉荒誕，亦可知矣。然孔子刪《書》，斷自唐虞，其論官卒取近而舍遠，豈非多聞擇從，黃氏正憲所謂立萬世宜民之道歟？（《日知》尾）鋪敘處奇麗極矣，然以"雲、龍、水、火"陪起，而以"不能紀遠"宕結，令人神馳洪荒之世，覺老氏"道德不足，而有仁義"之旨，絕非元虛矣。（高崶尾）俞桐川曰："光怪陸離。一羽族中分屬百官，俱有確意。然則世間枚舉一物，皆足包括古今，牢籠天地，以此格物，以此窮理，觸處會悟，豈僅以博雅勝人？"疊用十幾個"也"字成章法，有提有束，有綱有目，有賓有主，有詳有略，有分有合。整齊矣，又錯綜；排偶矣，又生動。典核古博，所不必言。（《評林》眉）王元美："仲尼見郯子而學官，則前所言鳥師鳥名等語，猶有未究之微旨。"（《學餘》尾）"天子失官，學在四夷"，是説也，吾信之。然必也擇其善者而用之，要之於訓典而則之，合之於五方之風氣而變化之乎？孟子曰："盡信書，則不如無書。"先王之禮，有因時爲損益者矣，何況於四夷？（《菁華》尾）以小夷君長，乃博通典故如是，中國文人學士，愧之多矣。左氏每作敷典之文，必詳實整贍。其用筆矜貴處，最宜留意。（閶生夾）宗堯云："郁郁文哉吾從周，非眞謂後王遜於古而不能及遠也。通篇皆凌空之文，以末二語爲主。著聖人之博學，惜天子之失官也。"

晉侯使屠蒯如周，請有事於雒與三塗。萇弘謂劉子曰："客容猛，非祭也，其伐戎乎？陸渾氏甚睦於楚，必是故也。君其備之！"乃警戒備。九月丁卯，晉荀吳帥師涉自棘津，使祭史先用牲於雒。陸渾人弗知，師從之。庚午，遂滅陸渾，數之以其貳於楚也。陸渾子奔楚，其衆奔甘鹿。周大獲。（《測義》夾）王樵氏曰："晉非爲王室除患，乃因其貳楚而陰襲之，使非萇弘先見，戒備素警，則爲王室之震驚也大矣。"（韓范夾）不問其興師於王都之側，而以獲捷爲喜，不獻其俘獲于天子之庭，而以文官爲事，周何其卑，晉何其倨也！（《評林》眉）《滙參》："'陸渾人不知'，以爲猶將過我而祭三塗也。"《補註》："'奔楚'，奔不書，略夷狄也。陳氏譏不在奔，非滅而奔，不得有二義。"宣子夢文公攜荀吳而授之陸渾，故使穆子帥師，獻俘于文宮。（文熙眉）穆文熙曰："荀吳伐鼓以信，務攻其心。何假祭以襲陸渾，背于伐鼓乎？余以爲皆詭道矣。"（《分國》尾）伐陸渾，而托之祭，懼楚躡其後也。滅陸渾，不獻俘于周，晉不復有周矣。周人尚以大獲爲喜，可哀也夫！（《左繡》眉）傳荀吳滅陸渾事，卻不從宣子夢授陸渾敘入，閑閑寫一屠蒯請祭，萇弘警備於前，而獻俘應夢，輕輕倒作掉尾，極變化有致也。伐戎，人事也。而以鬼事始終之，文即因之成章法矣。（《左傳翼》尾）陸渾氏之伐，原因宣子一夢而起，倒敘在後作結，致爲變化。晉謀甚密，而萇弘窺之，以客容猛與其貳楚知之也。平日既有蘗萌，臨時又露機緘，自然所料輒中。謀人國事，正須具此心眼。晉滅陸渾，以其貳楚。然以此聲罪致討，楚人來救，不唯不能得志，亦且兵連禍結，爲害匪細，故掩其不備而取之，此用師之權也。但晉自弑靈公以來，楚人乘釁遂伐陸渾，陸渾屬服于楚，晉人虎視眈眈已非一日，特畏楚而不敢發。今因宣子一夢，知其必勝，故爾興師。然猶假祭雒與三塗爲名，使不設備，則晉之畏楚亦太甚矣。將伐陸渾氏，而必遣使如周，其與觀兵周疆者，順逆更自不同。未伐請祭，既滅獻俘，所謂人事而以鬼神終始之也。然無萇弘一段議論，則文章落寞不見精采，故即於其如周請祭說破行藏，以見晉人出沒不測之妙。警備大獲，亦可稍削前此觀兵問鼎之辱矣。（《補義》眉）倒找作結，恰與"請有事"相映爲章法。

冬，有星孛于大辰，西及漢。（孫鑛眉）一事兩人說，一略一詳，自是構法，前略是先驅，後略是餘波。申須曰："彗所以除舊布新也。天事恆象，今除於火，火出必布焉。諸侯其有火災乎？"（《補義》眉）俞云："因彗而知災。"因除火而知火災。梓慎曰："往年吾見之，是其徵也，火出而見。今茲火出而章，必火入而伏。其居火也久矣，其與不然乎？（《評林》眉）邵寶："'其與'，語辭，猶曰其諸。"火出，於夏爲三月，於商爲四月，於周爲五月。夏數得天。若火作，其四國當之，在宋、衛、陳、鄭乎？宋，大辰之虛也；陳，大皡之虛也；鄭，祝融之虛也，皆火房也。星孛天（或作及）漢，漢，水祥也。衛，顓頊之虛也，故爲帝丘，其星爲大水，水，火之牡也。其以丙子若壬午作乎？水火所以合也。若火入而伏，必以壬午，不過其見之月。"（《補義》眉）俱作懸空想像之辭。因火昏見而知其月，因自火至漢而決四國，因水火交而知干支。汪云："陰陽書有五行嫁娶之法，火畏水，故以丁爲壬配，是水爲火之雄。"（《評林》眉）彭士望："周之月於此益信。"《匯參》："斗柄所指，一歲十二月，分爲四時，夏以建寅爲正，則斗柄東指爲春，南指爲夏，是爲得天四時之正也。彗在大辰爲多，及漢爲少，是水少而火多也。"

鄭裨竈言於子産曰："宋、衛、陳、鄭將同日火，若我用瓘斝玉瓚，鄭必不火。"子産弗與。（韓范夾）子産能用邑以安大族，豈惜一玉以禳天災？蓋博物君子必有所見也。（王源尾）二人推測可謂精矣。精理蔚爲奇文，奇不在幻而在平，只如泛論人情物態，而天道遂莫能外。非天下之至奇乎？總之，理精而識透，辭鍊而義該，方能有此。較他處所謂奇變者，又不同也。共十五"火"字，或以星，或以災，或以五行，無非言火，而結末一"火"字，忽言不火，異哉！以不火結火，誰能測之？推測既精，三人自非尋常可及。而子産之識，更距三人之上，所謂仰之彌高，愈進愈上。識見然，人品然，文字章法亦然也！（《左繡》眉）一事而三人料之，議論多少不一，其實皆相承說去也。第一節，提明火出必布、諸侯有災兩意，且虛說。第二節，便從此申說，"夏數得天"及"丙子、壬午"云云，乃是實指火出必布一層。"四國當之"至"水，火之牡"，乃是實指諸侯有災一層。末一節"宋、衛、陳、鄭將同日火"，又是總頂中節兩層。通篇兩頭略，中間詳，以互見爲章法，乃又出一格矣。"夏數得天"下，不逕接"不過其見之月"，卻將"四國當之"夾說在中，而後以"丙子、壬午"遙接作結，左氏往往好用此等筆法。"其在宋、衛、陳、鄭乎""其以丙子若壬午作乎"，都用憑空喝起之筆。推步文字，最難得此種靈活姿致也。通篇說了無數天道，末忽結以"子産弗與"一筆，固爲後文作緣起，在本文則真另轉一境也，奇甚峭甚！（《左傳翼》尾）星孛之變，申須三人皆決火災。胡氏則云："心爲明堂天子之象，前星太子，後星庶子。孛星加心，象天子適庶分爭也。"許氏亦云："大辰宋分，故王室亂，宋亦亂。三國，災氣所溢也，衛亂君奔，陳敗卿獲，唯鄭有令政而無後災。"申須諸人，言其近且小者，胡、許言其遠且大者，而如響斯應，蓋讁見於天，災害原非一端，當各隨所占以爲恐懼脩省，聖人屢書不一書，其爲後世戒深遠矣。凡作文字，類皆由虛而實，末後另轉一意，有更上層樓之致。如此篇申須"火出必布""諸侯有災"，虛虛按説，未詳其實。至梓慎言之，乃鑿鑿有徵，申須之言得此乃可憑也。裨竈占驗亦與二子同，而子産弗與，正以見天道之不僭，而脩省補救，賴有人事以維持之，不專以禜禱爲得計也。高見卓識，獨自千古。以天時論之，當在次年五月。以地論之，當作四國。以日論之，當在丙子壬午，皆因字辰及漢推論而得之也。申須"火出必布"，但論時日而不及地。裨竈"宋衛陳鄭將同日火"，但言地而不及時日。然"諸侯"字，與"同日"日字，俱有所指。但隱而不露，言有詳略，所見正同於此，見古人占驗之精。申、梓二人皆旁觀閑論，裨竈之請，亦憂國者所必及，而子産識見更高，故不爲巫祝所惑。（《補義》眉）汪云："另轉一境作結，奇峭！"（《日知》尾）元虛中説出確鑿之理，層層脱卸，曲傳推步之神，文意如造九層之臺，進而益上，一結更渺然無際。（《評林》眉）汪道昆："子産不用瓘斝玉瓚，可謂卓然有見。"魏禧："按：然禳災亦古禮所有。"

　　吳伐楚。（《補義》眉）經以楚爲主，而傳從吳伐楚提起，以吳爲主，謂楚之先勝，不如吳之後勝也。陽匄爲令尹，卜戰，不吉。司馬子魚曰："我得上流，何故不吉。且楚故，司馬令龜，我請改卜。"令曰："魴也以其屬死之，楚師繼之，尚大克之。"吉。戰于長岸，子魚先死，楚師繼之，大敗吳師，獲其乘舟餘皇。（《補義》眉）順應卜吉一語。使隨人與後至者守之，環而塹之，及泉，盈其隧炭，陳以待命。（《補義》眉）汪云："'使隨人'數語，爲獲餘皇設色，極寫難取之勢，即以托起下吳之善謀。"（《評林》眉）陳傅良："乘舟餘皇，傳見楚令尹揚匄書人，吳公子光但書國，義見十三年。"吳公子光請於其衆，曰："喪先王之乘舟，豈唯光之罪，衆亦有焉！請藉取之，以救死。"衆許之。使長鬣者三人，潛伏於舟側，曰："我呼（餘）皇，則對。"師夜從之。三呼，皆迭對。楚人從而殺之，楚師亂，吳人大敗之，（《補義》眉）應不吉一層。取餘皇以歸。（《測義》夾）趙鵬飛氏曰："吳屢受楚兵，襄二十五年吳雖伐楚，門于巢，卒兵亦未及楚也。今王僚始爲長岸之戰，其後楚日削而吳日張矣。"〔編者按：奧田元繼作楊升菴語。〕（孫鑛眉）敍奪船事有境。(《彙鈔》眉) 吳、楚各有一番勝敗，只用數筆敘出，法極簡勁，又與他篇敘戰不同。公子魴誓死而勝吳，公子光敕死而勝楚，俱奇！(《分國》尾) 假吳人爲楚人，雜於楚人中以亂楚人。後人趙幟楚歌，皆是法也。岳少保夜令百人黑衣混金營中擾之，使自相攻擊，亦似祖此意。(《左繡》眉) 此篇上敘楚勝吳，下敘吳勝楚，似無輕重，然兩段皆着筆餘皇，而前爲楚敗而獲，後仍爲吳取以歸，則楚之卜不如吳之謀，觀提筆曰"吳伐楚"，而知傳之以吳爲主也。但經書"楚人及吳戰于長岸"，則又以楚爲主。起處詳敘楚之卜戰不吉，改卜則吉。後以獲餘皇、取餘皇對敘，一應上卜吉，一應上不吉，伏應極明畫。經與傳賓主互用，此又其一班矣。杜經註云："兩敗莫肯告負，故但書戰，不書敗。"可見吳、楚兩無賓主，故文亦賓主互用也，與他處章法自別。長岸之戰，當是水師，起著"上流"二字，便伏下獲舟、取舟案也。(美中尾) 姜白巖曰："此大江水戰之始。"(《左傳翼》尾) 卜戰不吉，改卜則吉，立案在先。大敗吳師，獲其餘皇，此吉也。後爲吳人大敗，取餘皇以歸，此不吉也。經書楚人及吳戰于長岸，則楚爲應兵，兵端開自吳可知矣。故前從吳伐楚敘入，楚自巫臣通吳以後，日有吳患，雖互有勝負，而奔命不遑。吳大敗，楚亦大敗，兩國皆不告敗，故但書戰。敘事則以吳始，以吳終，而賓主究末難定也。楚致死則敗吳，吳致死則敗楚。然是取餘皇猶易，吳欲取餘皇則難，以其環守之嚴也。乃長鬣潛伏，三呼迭對，卒敗楚師，取之以歸，以謀取勝，固不在於徒勇也。向非喪先王之乘舟，則爲楚所敗，亦整旅而退，豈能轉敗爲勝若此乎？勝負何當，唯人自致。夫子行軍所以貴臨事而懼、好謀而成者也。(《評林》眉) 魏世伋："守之如此嚴密，不審何以得伏舟側，當亦假楚信令而蒙之，如華元登子反牀之類。"按：楚人將殺吳長鬣者，故楚陳亂，於是吳人乘亂敗之。(武億尾) 經以楚爲主，傳以吳爲主，看書戰不書敗，可見吳、楚兩無賓主，故文亦賓主互用也，與他處章法自別。(《菁華》尾) 吳光兵略，始見於此。

◇昭公十八年

【經】十有八年春王三月，曹伯須卒。夏五月壬午，宋、衛、陳、鄭災。(《評林》眉) 劉敞："四國同日而俱災，非人力所爲也。"《傳說彙纂》："四國皆來告火，故《春秋》書其事，杜注是也。然同日而四國俱災，其異甚矣，《公》《穀》之説亦可並存。"六月，邾人入鄅。(《評林》眉) 季本："鄅，宋姻也，宋爲大國，近在邾南，事大猶恐獲戾，而無故入鄅，非召兵之道乎？"秋，葬曹平公。冬，許遷于白羽。(《評林》眉) 汪克寬："復封陳、蔡，而許亦遷葉，故今自葉而遷，許至是三遷矣。"

【傳】十八年春，王二月乙卯，周毛得殺毛伯過而代之。萇弘曰："毛得必亡，是昆吾稔之日也，侈故之以。而毛得以濟侈于王都，不亡何待？"(孫鑛眉) 已見前"魯故之以"，其實當云"以魯之故"方是。(《測義》夾) 愚按：得之必亡也，論其理則然，惡在其爲昆吾稔之日哉？脱非乙卯，得遂保有其位乎？則將謂不道而殺人者，遇良日焉而可爲也？〖編者按：奧田元繼作王陽明語。〗(《分國》尾) 善不熟不昌，惡不熟不亡。未熟，善惡皆有轉移之勢。故鹵人爲不善，造物常冀其自新，熟則無望矣。吉人爲善，造物常患其不卒，熟則無慮矣。所以先聖于善必日積善，于惡必日積惡。有味哉！左氏"稔"之一字乎！(《左繡》眉) 萇弘好言天，毛得濟侈，人事也，卻仍從乙卯斷案，語奇而文特簡峭！

三月，曹平公卒。

夏五月，火始昏見。(《補義》眉) 汪云："遙接前篇。"先寫風，妙爲火作烘托，三層寫風，已寓颷燄之勢。丙子，風。梓慎曰："是謂融風，火之始也。七日，其火作乎！"戊寅，風甚。壬午，大甚。宋、衛、陳、鄭皆火。梓慎登大庭氏之庫以望之，曰："宋、衛、陳、鄭也。"數日，皆來告火。裨竈曰："不用吾言，鄭又將火。"(韓范夾) 術士每幸天變之來，以自實其説，而言之不言，正在太神太奇之中，如無復火之説，則真神人矣。子產真一倔強之人而已矣。(《補義》眉) 術士欲自神其言，卻不能自定。鄭人請用之，子產不可。(鍾惺眉) 前此之不與，此處之不可，有一段識力，莫作憒憒倔強人看。鎮俗定紛之道，無踰於此。應觀子產舉動議論，所謂托孤寄命臨大節而不可奪，庶幾近之矣！(《補義》眉) 儲云："前不可，守正者或能之。此不可，直是卓絶。"(《評林》眉) 《經世鈔》："此'不可'尤見識力。"子大叔曰："寶，以保民也。若有火，國幾亡。可以救亡，子何愛焉？"子產曰："天道遠，人道邇，非所及也，何以知之？竈焉知天道？是亦多言矣，豈不或信？"遂不與，亦不復火。（《彙鈔》眉）看透火災，不禳不遷，非是固執，實有卓見。（《評林》眉）汪道昆："'豈不或信'一語，足破方士之術，迷惑之人當爲豁然。"魏禧："'多言或信'四字，高明有見，但'天遠'二語亦强辭奪理耳。於其既火而禳於元冥，則先事而用圭瓚也何害？"（方宗誠眉）"天道""人道"二句前後關鍵。（闓生夾）先大夫評曰："左氏載此不禁鬬龍等故，是子產閎識，亦明全書所記神怪，特故爲詭麗之觀而已也。"

鄭之未災也，里析告子產曰："將有大祥，民震動，國幾亡。吾身泯焉，弗良及也。國遷其可乎？"子產曰："雖可，吾不足以定遷矣。"及火，里析死矣，未葬，子產使輿三十人，遷其柩。（《左傳雋》眉）生，婉答其言；死，急遷其柩。非子產無此周匝，非左氏無此描寫。（《補義》眉）何術士之多也！百忙中不負前言。帶敘遷柩，完里析事，下以"火作"另起。火作，（孫鑛眉）敘火政與襄九年宋子罕同法，而加流動有態。宗廟、府庫、宫内、里巷、城内、城外，以次發令。（《補義》眉）汪云："通篇敘議夾寫，以天道起，以人事收。梓慎輩俱張皇天道者也，子產卻只盡人道，故特提告子大叔一段，爲一篇文字之綱。'火作'以下，治賓客、治宗廟、治官府，城内城外，一時發令，無非人道也。"（《評林》眉）《滙參》："對舉則祥與殃别，單言則《五行傳》青祥、白祥之類，皆以惡徵爲祥也。"李于鱗："神竈既已言驗，而子產斥之。里析以震動告遷，而子產拒之。非卓有定識，何以能自立於危疑震撼如是！"子產辭晉公子、公孫于東門。使司寇出新客，禁舊客勿出於宫。使子寬、子上巡群屏攝，至于大宫。使公孫登徙大龜。使祝史徙主祏于周廟，告於先君。使府人、庫人各儆其事。商成公儆司宫，出舊宫人，置諸火所不及。司馬、司寇列居火道，行火所焮。（韓范夾）此一段卻少不得，然從容整暇，自是大臣作爲，非有倉皇之狀。城下之人，伍列登城。明日，使野司寇各保其徵。（《補義》眉）"明日"以下是補敘。郊人助祝史除於國北，禳火于玄冥、回禄，祈于四鄘。書焚室而寬其征，與之材。三日哭，國不市。使行人告於諸侯。（《左傳雋》眉）王鳳洲曰："鋪敘子産火政，井井如畫，用數'使'字錯綜佈置，句法、字法各極蒼勁，眞妙品也。"（《評林》眉）按：攝與褻同。《楚語》"屛攝之位"，注："屛，屛風也；攝，形如金腰扇，皆所以分别尊卑，爲祭祀之位。"穆文熙："子産備火種種有條，自是人謀所當盡者，然禳於玄冥、回禄，不過聊用以安人心耳。且災異之來，必有所本，舍本求末，已成之災，豈禳之所能除乎？"王季重："子産之備火如此其至，所以裨竈之言不復驗。"宋、衛皆如是。陳不救火，許不弔災。（《補義》眉）收轉四國，又添一許，變化不測。"是以知"正爲"焉知"作應。君子是以知陳、許之先亡也。（《左傳雋》眉）先敘宋、衛、陳、鄭皆火，此復並之以收局，照應周密。（《快評》尾）宋、衛、陳、鄭皆火，而獨詳於鄭者，以子産故也。子産救火一段，可爲千古倉卒應變之法，奚獨火哉？四國皆火，卻先從不火之國寫起。天道幽玄，人靈眇少。縱或窺其一二，亦幸而中耳。術數之家，於其幸中者，輒張惶其説，以神其術。其不中者，亦覥焉缺之焉耳。是亦多言，豈不或信？千古蒙蔽，一語破的。奈何後世之人，猶侈談古驗不已也？裨竈之言，一驗一不驗。若夫其初之驗，里析、梓慎，皆已知之矣。初敘梓慎之言，正當四國皆火之時。繼敘裨竈之言，在鄭既災之後。更追敘里析之言，則在鄭未火之先也。然後趁勢疾入子産之救火，文如龍跳虎卧，夫豈平鋪直敘者所能望其藩籬耶？事莫急於救火，而能應之以暇；事莫亂於救火，而能……。（王源尾）四國之人，有輕重乎？無輕重也。無輕重，胡爲獨詳鄭？曰四國之火雖同，而救災有方，豫變有識，獨子産耳。欲詳子産，不得不詳鄭。鄭既詳，烏得不重鄭而視三國爲輕乎？故始序四國無輕重，繼則單抽子産以序鄭，而末始牽帶宋、衛、陳爲補筆也。凡此皆自然之章法，非作者所能爲。然章法因乎自然，非真作者，又孰能爲乎？自首序星與五行，二"火"字外，皆指災也。而或寫始然，或寫已往，或寫將來，"火"字亦十有五，極錯綜之致，而與星孛大辰之傳，絶不雷同，真化工妙手！子産識高才大，只在"天道遠、人道邇"六字中，一年之前，梓慎、裨竈即知四國之火，其知天道審矣。乃子産若不之信者，非果以天道難知，蓋以既屬天災，豈祈禳能解？吾唯盡人事以聽之，人事盡，自足弭天災，而不至爲大害。觀所序火作後之八"使"字，二十三事，指揮條理，佈置精詳，原自有人定勝天一番大作用、真本領在，豈慎、竈輩所能及乎？此所以左氏傳子産爲二百四十年中一人而已。四國災案既結，突接裨竈，以入子產，真不可測。曰"不復火"，案又結矣。復轉入未災以前，引出禳災公案，更不可測。末補出宋、衛、陳，而以陳、許作結，又復不測。總之，讀一段，不知有第二段。讀二段，不知有第三段。段段出人意表，斯筆筆歸於化境矣。（《彙鈔》眉）裨竈之言，在既火後。里析之告，在未火前。敘法既極錯綜，又乘勢追敘火作一段事，匆忙救火，而指揮號令，緩急有條，非平時有定謀者不能。子產之備火如此其至，所以裨竈之言不復驗。（《左繡》眉）此篇敘議夾寫，以子產天道、人道數語為主。從梓慎陪出裨竈，都是張皇天道。子產卻只盡人道，通篇看其於人道用重筆，於天道則用輕筆，至末以斷陳、許先亡作結，則天道總不出人道之中，而人道之近昭然矣。裨竈一番往復，本在末後，卻倒敘於前，特提此以為一篇文字之綱也。"不與，亦不火"，天道之遠，即於本節結。陳、許先亡，人道之近，直留於篇尾結，錯綜入妙。一篇以天道始，以人道終，恰將子產語作中間樞握，章法奇絕人。未寫火，先寫風，寫得風勢極猛，便令火勢十分奕奕。畫咸陽一炬圖者，應得此筆訣。詳此見子產素有定見，總不以人事易大道也。敘救火多端，只盡人事。禳祈直至次日，了完故事，而仍以"寬征、與材"終焉，筆筆與前段相應。火政凡作三層寫，"火作""明日""三日"，凡寫六"使"字，皆以子產為主。較襄九年子罕為政文，用筆輕省一分者，以精神尤注意首尾論斷故也。本是四國火，文只敘了鄭一邊，末以一筆包括，卻又分作兩層，另添一"許不弔災"以陪"陳不救火"，伸縮變化，下筆有神。前"皆來告火"，憑空一點，一似歇後者，至此忽然回繳，收拾完密。前從四國單轉到鄭，只用"鄭又將火"一筆趁勢提頭，後從鄭收到四國，又只用"宋衛皆如是"一筆趁勢掉尾，撇脫乾淨，手法絕佳。"知"字應"焉知"，"先亡"應"幾亡"，"救亡"一句結盡通篇大旨，何等筆力！（昆崖尾）以"丙子，風"敘入，如浪湧山摧，已令人目眩矣。忽接曰"亦不復火"，橫空突兀，有回天倒海之奇。以"不復火"結住，如野曠林開，已令人神定矣。忽追敘曰"鄭之未災也""及火"，斷續迷離，有雲駃溪崩之勢。通篇"火"字，或屬星象，或屬五行，皆借影也。或係倒敘，或係追敘，皆側面也。或係虛說，又陪襯也。其敘題者只一句，而滿篇珠編星錯，燦爛紛綸，幾令人目迷！（《左傳翼》尾）敘四國火災，獨詳子產火政者，以其能盡人事以弭天災也。末帶敘三國作兩樣筆法，極為變化。"告火"以下，即宜接"火作"，而插裨竈、里析以間之，波重浪疊，既免直頭布袋之失。提出"天道遠"二語以爲一篇之主，上下方有關鍵。兩段先帶敘，次追敘，一顯一隱，總無一筆平漫。一火也，魯申須、梓慎知之，鄭裨竈、里析又知之，知其時、知其地，天道亦似不遠。而子產不之信者，亦以瓘斝玉瓚不足弭災，徒遷亦且無益，吾自有禦災諸政次第當舉行耳。於此見子產之胸有定見，而不以人言熒惑擾亂也。前半寫天道，後半寫人道，而以遠、邇二字爲斷案。不救火，不弔災，即以知其先亡，可見天道不可知，人道有足據。前後互應，筆筆有神針。前路半敘四國，忽從裨竈引出子產，側入到鄭，如飛仙劍俠，蹤跡不可端倪。此番往復，本是後面事，原當作結。因後有陳、許事，故逆插在前，且非此亦襯簟子產諸火政不起也。治賓客、治宗廟、治官府城市，與夫戒飭、祈禳、賑恤數十事，井井有條，方知子產不是一味倔強不聽人言者。宋、衛救火雖未必若是詳盡，大約亦有經營佈置，與陳略不經心不同。或庵欲推尊子產，遂謂宋、衛惟告災與鄭同，他事不盡然，則非也。(《日知》尾) 述梓慎語，爲裨竈先聲，見裨竈自是奇士，所言自是奇驗。然寫得愈奇驗，愈將子產守正不移意激出精神，此文家加一倍筆法也。里析一段，爲天道添波；火政一段，爲人道填髓；結以知陳、許之亡，神寬而意緊。不阿天道者，危而終存；不盡人道者，佚而遂亡。拓筆局外，正爲局中點睛也。(高嵣尾) 俞桐川曰："此真謂之每句必轉，每轉必折，後世若荊公諸小文，多藍本於此。説到'學，殖也，不學將落'，令我四顧茫茫，通身汗下。道學禁而宋亡，儒、丐並而元亂，千古一轍，悲夫！"(方宗誠眉) 人道即是天道，天道即是人道，廢人道即失天道，收筆有味。(《菁華》尾) 術士之言，有時而中，人以其幸中之故，遂信之不疑。其實中者十之二三，不中者十之七八。但堅持本意，彼之術亦自此窮矣。倉卒之際，而不忘亡友平日之言，可謂臨事不亂。子產救火之法，與子罕之遇宋災相似，俱不愧一時能臣。不救火，不弔災，則其平日之膜視民瘼可知矣，故爲亡國之徵。

六月，鄅人藉稻。邾人襲鄅。鄅人將閉門，邾人羊羅攝其首焉，遂入之，盡俘以歸。鄅子曰："余無歸矣。"(《補義》眉) 唐云："苦語慘極。"從帑於邾，邾莊公反鄅夫人，而舍其女。(《左繡》眉) 鄅子何辜？徒以琅琊之稻，資後人口實耳。(《評林》眉) 陳廣野："邾嘗用鄫子，又嘗戕鄫子，至是又襲鄅，使之從帑，何以蕞爾國而敢暴橫如是？宜其宋向寧之請師，而致蟲邑之圍取也。"

秋，葬曹平公。往者見周原伯魯焉，與之語，不説學。歸以語閔子馬。閔子馬曰："周其亂乎？夫必多有是説，而後及其大人。（《補義》眉）儲云："風俗自上而下，亦有自下而上者。"學之有關於國。大人患失而惑，又曰：'可以無學，無學不害。'不害而不學，則苟而可。於是乎下陵上替，能無亂乎？（閻生夾）於王室之亂，悲憤之慨尤深，作者忠耿之懷所發也。夫學，殖也，不學將落，原氏其亡乎？"（王源尾）言不學者三，無學者二，學者一。曲疊斜聯，珊珊獨立，絕世姿態！因一人而斷一國，斷一國而後及一人，識見既高，章法遂別。句一轉，且再轉，十數句，十餘轉。轉愈多，氣愈長。氣愈長，局愈闊。三四行文字，觀之固不盡矣。（魏禧尾）彭家屏曰："秦禁挾書而秦亡，宋禁道學而宋亡，明排首善、錮東林，而明亦旋亡。蓋學者所以明君臣上下之分，講脩、齊、平、治之故，國之元氣所係也。元氣既傾，則國步隨之。閔子馬聞周大夫之不説學，而知周之將亂，可謂思深慮遠矣。"（《分國》尾）雋不疑一引《春秋》，霍光歎曰："公卿大臣，當用經術。"張詠謂寇準曰："《霍光傳》不可不讀。"準遂自病不學無術。王室大臣狃於不學，焉能明理？宜乎伯魯之子黨子朝，而身爲戮也。（《左繡》眉）提句"見周原伯魯"，便伏兩層。閔子先言周亂，而後言原亡，見學之所關甚大。文運國運之説，洵不誣矣。寫周亂，凡四層。先由下及上，復由上及下，層頂層轉，清矯之文。原亡只作一掉，不平對，甚活！周亂，先提後注。原亡，先注後煞。一順一倒，左氏慣家。（《左傳翼》尾）正學昌隆，舉世向慕，雖小人猶知説學，何況大人？此非講學之時，偶與之語，便以不説學聞，想見滿心厭棄，滿口雌黃之狀。此必一國皆然，而後一人始然。孟子云"上無禮，下無學，賊民興，喪無日矣"，皆不學之害也。一人不學，則害在一身。一國不學，則害在一世。不崇學校，不重師儒，所關豈淺鮮哉？（《補義》眉）學之有係於家。《困學紀聞》："周之替也，自原伯魯之不説學。秦之亡也，自子楚之不習誦。"（《日知》尾）原始要終，極闢極確，論學語尤爲名雋。（《評林》眉）《滙參》："往者何人？意亦以不學爲不害者，故削其名耶？何今人原伯魯之多也！"穆文熙："閔子馬謂原魯不學，關係周亂，第不審所學者爲何物，若書生之學，則亦無論矣。"《經世鈔》："患失而惑，惟學可以救之，又不説學，則害愈甚矣。"《滙參》："'及其大人'，言其國內必多有是不説學問之説也，而後流傳及其在位之大人。"陳傅良："'原氏其亡乎'，再爲王室亂起本。"（武億尾）每句必轉，每轉必折，讀至末二句，令我四顧茫茫，通身汗浹。道學禁而宋亡，儒丐並而元亂，千古一轍，悲夫！（《學餘》尾）學必自下始，不學亦必自下始，下之無學也，賊民之所以興也，吾思鄒魯矣。

　　七月，鄭子產爲火故，（孫鑛眉）與十二年葬除事同。兵法欲道闊，此亦只是除道。觀二"道"字，可見庭是寢之庭。庭小，不一日可畢，過三日，以待子產過耳。**大爲社，被禳于四方，振除火災，禮也。**（《測義》夾）愚按：裨竈請禳，子產既拒之曰"天道遠，人道邇"，不可謂非正論。而兹復大爲社，被禳於四方以振除火災，何歟？（《補義》眉）明點"禮"字，下一段暗藏"禮"字。**乃簡兵大蒐，將爲蒐除。子大叔之廟在道南，其寢在道北，其庭小。過期三日，使除徒陳于道南廟北，曰："子產過女而命速除，乃毀於而鄉。"子產朝，過而怒之，除者南毀。子產及衝，使從者止之曰："毀於北方。"**（《補義》眉）此子產之仁心，即是處同官之禮。（《評林》眉）《補注》："劉氏曰：'近上十二年，鄭簡公卒，將爲葬除，及游氏之廟，將毀焉，子大叔使其除徒執用以立，曰不忍廥也，子產乃使辟之。此兩傳實一事也，魯、鄭異國，説者不同，或謂葬時事，或謂蒐時事，而丘明則兩記之，何以明其然耶？曰狃於小數，而不知己非，子大叔事也。前既不忍毀以爲惠矣，俄而又自隳之，亦非子產之事也。'"

　　火之作也，子產授兵登陴。（《正論》眉）潘可大曰："鄭之火也，裨竈知之，里析知之，梓慎知之。鑄刑書之月，晉士文伯已預兆之。乃僑也不言禳而言備，可謂深於天人之際。"（鍾惺眉）子產與大國，事事能不自失，可爲事大國之法。（韓范夾）當時小國之苦，一舉動便動大國之猜，猶今之郡邑，而受制於巡方也。（《補義》眉）此子產之備變，即是事大國之禮。（《評林》眉）按：子產已辭晉公子公孫，今且登陴，故子大叔恐晉之疑以討鄭也。汪道昆："火災授兵，自是正策，然晉人亦不能不問。"**子大叔曰："晉無乃討乎？"子產曰："吾聞之，小國忘守則危，況有災乎？國之不可小，有備故也。"既，晉之邊吏讓鄭曰："鄭國有災，晉君、大夫不敢寧居，卜筮走望，不愛牲玉。鄭之有災，寡君之憂也。今執事撊然授兵登陴，將以誰罪？**

邊人恐懼，不敢不告。"子產對曰："若吾子之言，敝邑之災，君之憂也。敝邑失政，天降之災，又懼讒慝之間謀之，以啓貪人，薦爲敝邑不利，以重君之憂。幸而不亡，猶可説也。不幸而亡，君雖憂之，亦無及也。鄭有他竟，望走在晉。既事晉矣，其敢有二心？"（文熙眉）火災授兵，自是正策。然晉人亦不能不問。（魏禧尾）魏世傚曰："天災而可以弭瓊禳，彼國君豈無玉者？則古今之災變，永可不作矣。夫災變者，不德所致，天所以示警戒，君子禳之，蓋亦有本，豈寶玉之謂？城濮之役，子玉不以瓊弁玉纓與河神，遂至喪師辱國而身死。楚昭王有疾，問周太史，曰'若禳之，可以移於令尹、司馬'，王弗榮，遂卒。人皆以爲不禳之故。然使子玉不與河神，而能敬天恤民，訓飭軍旅，則必不敗。苟剛而無禮，雖以弁纓與河神，亦必無救於軍敗而身死。昭王榮之，疾未必能移，而徒來不知大道之誚而已。且夫用寶玉而可以免者，其必非正神也，世貪墨之吏，不問人之賢否，事之曲直，惟納賄於己者是右，廉吏且羞之，而況神乎？子產惟以定民志、修戒備爲務，靜以待之，而不爲多言所亂，蓋所謂知本也。夫自古聖王未嘗廢禳災，而子產必不之聽，亦足以爲不脩德而徒邀媚於鬼神者之戒。孔子曰'敬鬼神而遠之'，非無鬼神也，而民義是務，智者之事也。"（《分國》尾）機祥禍福，端不可啓。玉雖可以禳火，而使其説驗，則國家輕政事、重祈禳，故拒之。至於既火之後，寬征給材，火作之時，授兵登陴，真是大臣作用。（《左繡》眉）此篇注云"善子產有備"，上截爲火而簡兵大蒐，下截火作而授兵登陴，本是一意。然必用倒敘者，史家固以文爲重輕剪裁也。先輕筆，後重筆，則作者滿志，讀者快心。若毀廟事附見於後，豈復有生色乎？兩截總是極寫子產，於簡兵不毀廟，見其仁。於授兵卻晉讓，見其智。起一行是附敘，不用璵斝玉瓚，而仍被禳振除者，一則取必於天，一則自盡於人也。子產有辭，叔向、士伯都不能詰。此番卻遣邊吏出頭，蓋孫子下駟之意也。子產覷破邊吏便是士伯、叔向輩化身，語語答邊吏，卻語語是告晉卿大夫，而破其疑也。辭令無往不宜，要當尋其針鋒相對處乃得。就其言而辨之，不費辭而解矣。上文不過口頭機辨，足此幾句，方見真意。不負他一片休戚相關也，周到之極！（《左傳翼》尾）振除火災，繼以簡兵大蒐，皆火政之餘也。大蒐原因火災而起，所以備患安民，若以蒐除而毀人之廟，仁者不爲。太叔知之，故緩其役以俟子產之不毀耳。末追敘授兵登陴，謝答晉讓，以竟前篇未終之句，亦與簡兵大蒐彼此互應。事後尚欲簡兵，則前此之授兵，豈得爲過？左氏行文，兩事掩映都有妙緒，不止推波助瀾，令閱者不一覽而盡也。起一事，另敘下兩事，比附配合。一不毁游氏之廟，一卻晉人之謀，仁智兼全，皆是出色寫子産處。瓘珝玉瓚不用，而祈禳一再行之，卒亦不廢，不以天道忘人事，亦不以人事廢天道，與不務民義而諂瀆鬼神者自别。楚勝所謂鄭方有令政，正指此。（《日知》尾）爲社、大蒐，與授兵、登陴，同爲有備。大蒐、除廟，與授兵、讓鄭，同有藉口。乃己有藉口者，止而弗爲。人所藉口者，拒而不受。寫出"柔亦不茹、剛亦不吐"風旨來。文本以上段爲主，而因事牽連出下段來，若有意，若無意，相照相形，尋味不盡。（盛謨總評）前段輕輕逗出"有備"二字，隨以"故也"二字留住。後段忽然寫出，令"有備"二字滿紙雪亮。于埜與卧魯、先民春夜閒遊，月出，喜欲登山。月復没不見，行埜外，至山，及頂，月忽大明，樂甚。歸，與卧魯閲此文，因書以予讀者。（《評林》眉）鍾伯敬："即將邊吏所云'君之憂'一句，翻出數段議論。"（武億尾）一篇以天道始，以人道終，恰將子産語作中間樞紐，章法奇絶人。（《菁華》尾）國有災異，授兵登陴，以防他變，此亦長吏應盡之職。而鄰國遽有煩言，可謂多事。子産之對，祇是開誠與之相見，而其中之疑慮自消。

　　楚左尹王子勝言於楚子曰："許於鄭，仇敵也，而居楚地，以不禮於鄭。晉、鄭方睦，鄭若伐許，而晉助之，楚喪地矣。君盍遷許？許不專於楚。鄭方有令政。（韓范夾）國無小，有人故也。子産曰"吾不患楚矣"，鄭亦易楚也。左尹曰"鄭方有令政"，楚亦畏鄭也，爲國奈何不自强也！許曰：'余舊國也。'鄭曰：'余俘邑也。'（孫鑛眉）兩語有態，下句尤陗。（《補義》眉）一層對説。以下四"不可"全在自己分中籌畫。葉在楚國，方城外之蔽也。土不可易，國不可小，許不可俘，讎不可啓，君其圖之。"楚子説。冬，楚子使王子勝遷許於析，實白羽。（《左繡》眉）傳許遷白羽事，楚之遷許，非爲許謀，實爲己謀。恐鄭得晉助，俘許而喪楚地耳。文作兩層説，前一層正説，後一層申説。前一層許、鄭互説，後一層許、鄭對説。前一層，"居楚地""楚喪地"，寫在兩頭，用明點。後一層，"方城之蔽"夾在中間，用暗轉。短篇而筆意多變如此。一恃楚自大，一恃晉侮人，口角如生。後賢用代，乃本諸此。上四句只説他兩邊勢不相下，許必受虧。下四"不可"，乃全在楚自己分中説，故以"葉在楚國"承上作轉，一層緊一層也。(《左傳翼》尾)遷許，畏晉，抑且畏鄭，不待遷陰城郟而知其僅自完也。讒賊在前而不知，行同禽獸而不知恥，此豈有遠志乎？

◇昭公十九年

【經】十有九年春，宋公伐邾。(《評林》眉)高閌："天下無伯，而宋元於此一正入鄅之亂，是以《春秋》録而進之。"夏五月戊辰，許世子止弑其君買。(《評林》眉)萬孝恭："許止之事，雖若可恕，萬一後世臣子幸君父之疾，進藥以斃之，而自附於不知嘗藥之義，是啓之爲亂原也。"己卯，地震。秋，齊高發帥師伐莒。冬，葬許悼公。

【傳】十九年春，楚工尹赤遷陰于下陰，令尹子瑕城郟。叔孫昭子曰："楚不在諸侯矣！其僅自完也，以持其世而已。"(韓范夾)並爭之世，好遠略則人乘之，僅自守則人量之，楚圍、棄疾兩失之矣。(《左繡》眉)三句三轉，純以虛字爲波折，簡而雋。"自完"是主句，安在中間，作上下承轉。小文而法無不具，搏兔亦全力矣。(《評林》眉)陳傅良："'楚不在諸侯矣'，傳言楚之衰。"(闡生夾)"晉不在諸侯""楚不在諸侯"，皆用特提之筆，以其關於世局之大也。

楚子之在蔡也，鄖陽封人之女奔之，生大子建。(《補義》眉)一句提起，下只暗寫。及即位，使伍奢爲之師。費無極爲少師，無寵焉，欲譖諸王，曰："建可室矣。"王爲之聘於秦，無極與逆，勸王取之。正月，楚夫人嬴氏至自秦。(《左繡》眉)欲譖諸王，明明提出。下文"建可室矣""勸王取之"，全不解其所譖何在，而其機已存乎勸取、室建之先，寫讒人伎倆，陰賊可畏如此。(《評林》眉)《滙參》："孔疏：'賈逵以爲楚子爲蔡公時。'非也。楚子十一年爲楚〔編者按：疑當爲蔡。〕公，十三年而即位，此時生子，至今不過七年，何得謂建可室耶？"《增補合注》："無極既言可妻，又以女美勸王，皆欲譖建而先爲之地也。"《滙參》："'正月，楚夫人'，《新臺》之詩'乃亦有偶'。"陳傅良："'至自秦'，爲二十年太子建奔起。"(《左傳翼》尾)因一無寵，遂爾行譖，所譖何事？此時胸有成竹，慢慢展布，弄王於股掌，真奸人之雄也。以恩義無間之父子，無端投譖，勢必不入。必使王負慚於太子，刻不自安，然後驅而出之於外，乃下毒手。王即明知其狡，亦將計就計。最惡是"建可室"一語，空中結撰，便成海市蜃樓，物必先腐而後蟲生之。平王稍有人心，"勸王取之"，豈能遽出諸口？無極必有窺之於微者，卒以兆入郢之禍，楚平其亦自作之孽哉！

鄅夫人，宋向戌之女也，故向寧請師。二月，宋公伐邾，圍蟲。三月，取之。乃盡歸鄅俘。（《測義》夾）愚按：寧以私戚之故，輒請於君，而君為之興師伐國，橫亦甚矣。則以當時列國之政，大夫專之故也。

夏，許悼公瘧。（《補義》眉）一語立案。五月戊辰，飲大子止之藥，卒。大子奔晉。書曰："弒其君。"（《測義》夾）愚按：三傳皆謂止以不嘗藥，故書弒，與左氏同。而鄭夾漈、陳止齋、歐陽永叔又皆謂實弒，與諸傳夐別，迄無定論。蓋古今有以藥物弒君者，霍顯、王莽、梁冀之徒是也。又有雖無弒逆之意，而以奇藥誤其君者，山人柳泌之徒是也。故朱子謂："律中醫藥不依本方，致殺人者，與故殺同。"悼公之死，必此之類，止所以書弒以此。君子曰："盡心力以事君，舍藥物可也。"（魏禧尾）魏禧曰："許止獨進藥以殺其父，傳注文義甚明，而《公羊》亦云進藥，獨《穀梁》有'嘗藥'二字耳。歐陽脩乃執嘗藥之義以疑《春秋》，而胡氏辨之，又不明進藥與嘗藥之不同，此所以大啟後世之惑也。夫醫不三世，不服其藥。意止不謀眾，不信醫，又或違眾自用，至投反劑，故傳曰'飲太子止之藥卒'，夫庸醫殺人，律有明罪，況強不知為知，執私意，怙偏見，以誤殺其父乎？楚王告棄疾殺子南，而棄疾曰'吾殺吾父'，遂自縊死。然則被止以弒君之名，亦止心所甘受也。若夫嘗藥之義，不過恐奸人致毒，與嘗食之義等耳。人之體性病症，父子不同。藥有可以生其父而殺其子者，豈得以嘗而定此藥之宜病與否哉？許悼公以藥中置毒死，則不嘗之罪重。以藥不效死，則不嘗之過輕。聖人豈以輕過加大罪哉？歐公使深究乎左氏之說，則其辨可無作矣。"熊頤曰："瘧非必死之疾，許止所進，恐當如今人截瘧之藥，其性狠厲，老人一服而輒死耳。"彭家屏曰："許世子弒君之事，諸說不同。左氏謂許悼公瘧，飲太子止之藥而卒，太子奔晉。穀梁氏謂止見悼公卒以位，與其弟哭泣歠粥，嗌不容粒，未踰年亦死。一言奔，一言死，兩傳之不同如此。然按悼公在位二十四年，世子止之弟斯立，是爲元公，則止之讓弟，非虛語矣。止既無得位之心，安得有弑君之事？既無弑君之事，則君雖以飲藥而死，而死於藥與死於疾尚莫辨也，何至奔晉以避討乎？且止爲儲君，當即位矣，又誰爲討止者乎？則知穀梁子之說，固爲優也。至嘗藥、進藥之說，兩傳又相逕庭。然觀世子痛父之切，咎己之深，哭泣讓位，而己亦尋死，不可謂不賢矣。豈有藥不由醫，違衆自用而獨進反劑之理？則知不嘗藥之說，又爲優也。夫不嘗藥而被以弑君之名者，何也？咎其不慎也。謂悼公之死，由世子不慎所致也。故商臣、蔡般之弑君，故殺也。許止之弑君，過失殺也。過失殺父母，律有明條，是雖欲不正其弑君之罪不可得矣。魏氏何獨專信左氏之言，而没他傳之義乎？"（《分國》尾）一還許，而固楚圍，杜鄭釁，還許舊，息晉争，謀國如子勝，無遺策矣。盡心力，正對不嘗藥説，非謂藥物真可舍，正見不嘗藥者之不盡心力云爾。（《左繡》眉）前敘語極嚴，後斷語反極寬，此等皆例所謂錯綜以合異處。（美中尾）張元德曰："飲藥卒，豈非藥之誤以致死乎？誤弑亦弑也，異於楚商臣、蔡般者，過與故耳。春秋一以弑書，以臣子之於君父，不可過也。且遏進毒以弑之萌也。"（《左傳翼》尾）既云飲止之藥而卒，則非僅不嘗藥可知。瘧非危疾，一藥而死，月之日之，以見藥不須再投而遽死其父，其爲止弑無疑。而斷語極寬，儼若止有愛君之心，而用藥不當，以致君死，與進毒弑其君者不同。夫未達不嘗，聖人於己且謹之，而況君父？蓋藥性有純雜，用之而當，則硝砒亦能生人。用之不當，雖參苓皆能殺人，不必謂藥物有毒。如張氏洽云："煆砒治瘧，煆不得法，反至殺人也。"宋吕公誨云："臣本無疾，用藥乖方，遂致不起。"坡公謂："三易醫而成蠱。"庸醫殺人，往往有之。許止得毋自神其醫術，而以君父爲之嘗試乎？藥由止進，君飲藥死，不得因君卒止奔，以國與虺，而遂末減之也。臣子事君，君有疾病，莫重於醫藥。既舍醫藥，心力何由盡？樂正子春之視疾也，加一飯損一飯則脱然愈，加一衣損一衣則脱然愈，其維持而調護之者，無所不用其極。至於醫藥，未嘗不親嘗，而不敢親進，誠恐誤進於君，將陷於大惡而不辭。今止不擇醫，而輕用其藥，藥不先嘗，而誤進於君，按以庸醫殺人之律，且欲加等，況欲赦之以同於愛父無罪者乎？斷語極婉極嚴，深體味之自見。（《補義》眉）一語定獄。（《評林》眉）《補注》："大子奔晉，不書奔，非故弒，異於慶父、宋萬。陳氏曰：'不書奔，以弒君爲義。'"（武億尾）直云太子止之藥，是左公書法。

邾人、郳人、徐人會宋公。乙亥，同盟于蟲。

楚子爲舟師以伐濮。費無極言於楚子曰："晉之伯也，邇於諸夏，而楚辟陋，故弗能與爭。若大城城父而寘大子焉，以通北方，王收南方，是得天下也。"（韓范夾）離間至親，必處之遠地，然後其計得行，其險得售，此千古讒小若出一轍也。王説，從之。故太子建居于城父。（《左繡》眉）無極之謀，不重收南，而重通北。下"從之"卻是兩平，若將伐濮事寫在太子居城父之上，則不見賓主。文抽舟師另敍於前，便令"從之"獨注意通北矣，妙法！（美中尾）勸納秦嬴，使平負慚於其子也。故出之殺之，一啟口而即行矣。何義門曰："二五之出三公子也，動以啟土。無極之出太子也，動以得天下。小人之計，如一轍。"（《評林》眉）穆文熙："無極故爲此雄伯之略以動楚子，爲讒大子之端，所以楚子不覺而納之。"（方宗誠眉）凡小人讒害骨肉，必先設法使其疏，而後可以進讒。此與晉獻二五之謀相似。

令尹子瑕聘于秦，拜夫人也。（《分國》尾）此即二五耦之故智，而蒲、屈太子建也。讒人近，骨肉遠，所由來矣。（《左繡》眉）"拜夫人"帶敍於此，與"城城父"正是無極分中一合事也，妙筆！（《左傳翼》尾）伐濮，收南方也。居建城父，通北方也。主意在居建城父，伐濮乃其餘意耳。既居建城父，即聘秦拜夫人，秘計深謀，使建入殼而不知，讒人罔極，可畏也夫！因伐濮便生出居建城父一策，以爲後讒起本。平王豈不知無極之計，欲去眼前釘，不得不爲聽從耳。（《評林》眉）按：初爲建聘秦女，又改爲平王夫人，故如秦謝之。

秋，齊高發帥師伐莒，莒子奔紀鄣。使孫書伐之。初，莒有婦人，莒子殺其夫，己爲嫠婦。及老，托於紀鄣，紡焉以度而去之。及師至，則投諸外。（韓范夾）此一婦人，直當與伍大夫並傳矣。奇哉，女子！敵不在大人、不在衆也。或獻諸子占，子占使師夜縋而登。登者六十人。縋絶。師鼓譟，城上之人亦譟。莒共公懼，啟西門而出。七月丙子，齊師入紀。（《測義》夾）汪克寬氏曰："齊景爭霸之心，不下於僖、桓，而徒計近功，汲汲焉有事於除莒，以晏子之賢，爲之輔佐，而亦不能有所匡正，則所謂以其君顯者，何足稱哉！"（魏禧尾）鍾惺曰："苦心奇想，千古女俠。後世如龐娥親輩，非不手刃仇者，然所敵一人耳，何如以一老婦與國爲仇，而其事卒濟乎？"魏禧曰："此婦足配伍子胥，然老托紀鄣，而莒子即奔紀鄣，是亦天也。人之報仇，固自有數，亦所謂人定勝天歟？"魏世傚曰："齊師攻紀鄣，莒子必城守，而婦人縋城不覺，何哉？意守城用編戶，而此婦豫布親黨之人於一處，故縋焉而不覺耳。此因見莒婦之智，亦以徵莒備巡警之疏矣。如禮至披殺國子及此等事，城守者不可不鑒。"彭家屏曰："莒寡婦以纑度城，樊若水以絲度江，用智特奇，用心特深，俱千古異事。"（《分國》尾）莒婦紡纑，度城以待攻者，爲夫報仇，可畏哉！此戎州己氏以髡髮殺衛莊、東海呂母甘破產殺長吏也。後世有量江之廣狹，獻策陳渡江計者，其亦紡度之遺意與？（《左繡》眉）敘來曲折變動，此婦人蓋千載有生氣矣！凡文詳者不簡，簡者不詳，兼之者，左氏耳。後人有綸焉以度江者，《左傳》中蓋無所不有。（《左傳翼》尾）齊師入紀，隙由嫠婦，所謂怨不在大，亦不在多也，讀者可爲寒心。設齊不伐莒，莒子不奔紀鄣，此婦即紡度以藏何用？無端設想，竟操成算，此等報復，奇幻之極！不見是圖，古人所以致慎於匹夫匹婦也。莫謂夢想不及者，遂無此奇事。仇之報與不報，視乎志之專與不專。已爲嫠婦，《柏舟》之節著矣。老託紀鄣時，懷枕戈之志，精誠上通於天，卒以紡度報仇，匹夫有志，感風雷而泣鬼神，不信然歟！（《補義》眉）此婦復讎，可與東海呂母相匹。（《評林》眉）穆文熙："紡以度城，自縋而出，以招楚兵，遂報夫仇，何物嫠婦，乃有此奇也？"按：嫠婦紡焉，至小也，然終由之報夫仇，傳言怨之雖小，可懼如此，故注曰怨不在大。

　　是歲也，鄭駟偃卒。子游娶於晉大夫，生絲，弱，其父兄立子瑕。子產憎其爲人也，且以爲不順，弗許，亦弗止。駟氏聳。他日，絲以告其舅。冬，晉人使以幣如鄭，問駟乞之立故。駟氏懼，駟乞欲逃。子產弗遣。請龜以卜，亦弗予。（《補義》眉）晉使一來，人人悚息，子產全不經心，蓋胸中有成竹耳。（《評林》眉）《滙參》："'鄭駟偃卒'，按《世本》：'子游、子瑕並公孫夏之子。'"《附見》："晉大夫女所生駟絲被廢，故駟氏恐晉人來責也。"大夫謀對，子產不待而對客曰："鄭國不天，寡君之二三臣札瘥夭昏，今又喪我先大夫偃。其子幼弱，其一二父兄懼隊宗主，私族於謀，

（孫鑛眉）"族於謀"是倒字句，與後"室怒""市色"同。而立長親。寡君與其二三老曰：'抑天實剝亂是，吾何知焉？'諺曰：'無過亂門。'民有兵亂（或作亂兵），猶憚過之，而況敢知天之所亂？今大夫將問其故，抑寡君實不敢知，其誰實知之？（孫鑛眉）是自認過，卻乃憒其詞。然實乃陰以拒晉，用意覺妙。平丘之會，君尋舊盟曰：'無或失職。'若寡君之二三臣，其即世者，晉大夫而專制其位，是晉之縣鄙也，何國之爲？"辭客幣而報其使。晉人舍之。（《測義》夾）愚按：立嗣，重事也，況叔爲之後爲不順乎？子產秉國之政，乃弗能止，以致大國之問，誰之過歟？對客之辭，則氣誠壯矣，然曷若止之於始，亦惡用是爲哉？〖編者按：奧田元繼作陳明卿語。〗（韓范夾）鄭之可滅而不可縣，子產之力也。若陳、蔡之於楚，猶鄭之於晉也，或滅或殺，或封或遷，其爲縣鄙，不已甚乎？（魏禧尾）魏禧曰："不因晉人之問而改立絲，以遂其惡乞之志。不歸權於晉人，是矣。大夫立嗣，不由執政，而執政聽其所爲，可乎？子產後來作事亦多不滿人意處。"（《分國》尾）立絲順，立瑕亂也。然此家事，晉何與焉？但非子產亢言，不能折服。唐時藩鎮自立留後，天子且不能主。今晉大夫欲以渭陽壓之乎？（《左繡》眉）此篇先敘後議，議論之妙不必言，起手"弗許""亦弗止"，"弗遣""亦弗予"，寫得作怪，竟不知此公是何意思。然後跌出一句"不待而對客"，便將子產滿胸成竹活現紙上，敘事入神。"是歲"與"他日"是兩層，"駟氏聳""駟氏懼"與"大夫謀對"，又是三層，層層布勢，方襯得一首反復快辨文字出。先著"憎其爲人，且以爲不順"一筆，見子產好惡之公，不以己私誤國也。轉出"不待對客"，則字字出人意表矣。大旨只在"晉大夫專制"一語，妙將"寡君不敢知""二三老亦不敢知"以跌落晉大夫，説得冰冷雪淡，詞令能品。若在"故"字著解，便費周折。只推不知，何等省氣？然究竟不見煞着。尋出平丘舊盟做個話頭，便見無論不知，便知你也管我不得，筆舌互用，其快如刀也！前推作弗知，卻引諺作陪。後禁他莫問，卻引盟作證。相準而立，故詞以整而愈圓。（《左傳翼》尾）亢大國，戢強宗，是子產安鄭本領，駟氏廢絲立乞，原無他故，不過以絲之弱耳，可以不問。子產雖憎而不順，而弗許弗止，若爲不知也者，亦得已即已，不事事紛擾，此所以戢強宗也。絲告其舅，是欲以晉大夫專制鄭卿之位，鄭爲不國，斷乎不可，故嚴拒之，令其掩口而退。父兄之所立，舅何敢與聞？寡君二三老之不知，晉大夫何敢問？辭嚴義正，鋒鍔稜厲。末路提出平丘之會，證據尤爲鑿鑿，此與爭貢職、却玉環都見亢大國手段。國家用舍未必盡得其人，嘗有在位失職，亟宜錯舍者，每以外議暫止。蓋朝廷自有體統，若使大權操之在外人，則朝綱爲之不振矣，此大體不可不爭也。子產不遣駟乞，正是此意。不許晉人專制，說來明白顯易，人人可解。妙處全在弗許、弗止、弗遣、弗與，奇巧獨出，令人捉摸不定。蓋子產早知晉人必有此問，故先預爲不知，以不許晉人之知。胸有妙裁，故不謀而對，使聳者平，懼者安，群疑爲之盡釋也。此與答邊吏皆小試權略，亦足令晉廷君相失色。（《補義》眉）朱受谷曰："若講當立不當立，便走死路矣，子產別有高論。（《日知》尾）起遏一層立論，得手亦得體，妙在先以"子產憎之"開局，使下半云云迥出人意想之外。執政不妨有公惡，鄰國必不可以專制，爲公正明決者傳神，吹毫欲活。弗許、弗止而駟氏聳，則偃之立否，猶爲未定之局，反因晉人一問而定，正見寧先失之不順，勿失之專制也，解此則知"寡君不知"一層蒙矓之妙。（《評林》眉）李于鱗："舍子立叔，其對晉之辭誠難，子產若待謀定而對，則示晉以怯矣，故不待而對，而目以亂爲辭。"穆文熙："子產雖不欲立子瑕，亦不因晉人之問而改立絲，委曲其辭，蓋不欲歸權於晉人耳。"《經世鈔》："'何知焉'，國君大臣於卿大夫廢立之故而不知，何以爲國？子產無辭矣。"孫鑛："辭客幣，此自是正論。"（林紓尾）大死曰札，小疫曰瘥，短折曰夭，未名曰昏。此篇關鍵在一個"知"字。入手寫駟氏家族紛亂，子產宜預知之，乃一路矯爲不知。弗許其立，亦弗止其立。欲逃弗遣，請龜弗與，一似駟氏家事，不宜與知者，實隱隱已料駟絲外家前來干與。夫身爲執政，且不敢知其事，外人又何知焉？立得界限分明，則對外已有把握。故一對晉使，即推寡君不知。言"寡君"者，指有權之人不敢知也。言"誰"者，斥外人無權，不宜知也。然仍駁他不倒，則引出平邱故案"無或失職"四字，無或失職，即防他人之越職言事。大國之人，可以越職言鄰國之家事，則本國之執政，寧非失職爲他人所劫持？辭氣極堅強，又極平恕，此所以成爲子產也。（《菁華》尾）絲以弱被廢，自是負屈。但不訴諸君而訴諸晉，是明明欲藉大國之力以劫制其君上，此風亦何可長？子產嚴辭以拒，外以存國體，亦內以正人心，此時固一毫示弱不得。

　　楚人城州來。沈尹戌曰："楚人必敗。昔吳滅州來，子旗請伐之。王曰：'吾未撫吾民。'今亦如之，而城州來以挑吳，能無敗乎？"侍者曰："王施捨不倦，息民五年，可謂撫之矣。"戌曰："吾聞撫民者，節用於內，而樹德於外，民樂其性，而無寇仇。今宮室無量，民人日駭，勞罷死轉，忘寢與食，非撫之也。"（魏禧尾）魏禧曰："由戌之言，則平王之撫民，但不能出師以有事中國耳。"（《分國》尾）隋煬未嘗不施捨，而征役罷民，至於亡國。沈尹戌不以施捨爲撫民，以樹德節用爲撫民，真篤論也。（《左繡》眉）信讒人，納秦女，只五年間，便成兩截人物，戌固未能訟言其失耳。"未撫吾民""可謂撫之""吾聞撫民""非撫之也"，只此反復，遂成清轉文字。（《左傳翼》尾）叔孫於其遷陰滅郲而知其自完，沈尹又於城州來而決其必敗。不撫其民，而喜挑外釁，未有不敗者也。人主一舉一動，其善與敗本國知之，外國亦無不知之，可不爲之惕息乎！（《評林》眉）陳傅良："'非撫之也'，爲定四年楚敗張本。"

鄭大水，龍鬥于時門之外洧淵。國人請爲禜焉，子產弗許，曰："我鬥，龍不我覿也。龍鬥，我獨何覿焉？禳之，則彼其室也。吾無求於龍，龍亦無求於我。"乃止也。（鍾惺眉）微言解紛，滑稽妙境，無一字不是遊戲，妙！（韓范夾）滑稽之言，有使民不解之意。（魏禧尾）穆文熙曰："孟浪之談，足解衆惑。"（《分國》尾）兩不相覿，兩無所求，滑稽之言，卻是至理。西門豹之投巫，亦得此意。（《左繡》眉）極詫異事，説得極平常，只用對面翻轉看法，遂爾鬆快絕人。前後四句，都將龍與我賓主互説，單用主句插在中間作轉棙，小文極有間架。末句亦用一"也"字與上單句相配，此敘與議銘貫成文者，方令字字靈躍也。（《左傳翼》尾）不必覿，無所求，禜之何益？此全是不用瓘斝玉瓚識見，以諧語解嘲，對無知小人自應爾爾。視作虛器、祀爰居者何如？王文正、寇萊公若果知此，則天書妖妄，不足以惑之矣。以博物稱子產，猶是皮相。（《補義》眉）《補正》云："淵固龍之室，豈能禳而去之？"唐云："一'乃'字、'也'字，衆人如夢初覺。"（《日知》尾）杜註云："傳言子產之知。"（《評林》眉）陳明卿："鄭大水，此與不以瓘斝玉瓚禳火意同，可以覘子產胸中絕非禍害所能搖。"

令尹子瑕言蹶由於楚子曰："彼何罪？諺所謂'室於怒，市於色'者，（孫鑛眉）倒字句，陡！合二句，意陡！（《補義》眉）倒句特創。楚之謂矣。舍前之忿可也。"乃歸蹶由。(《分國》尾)蹶由羈楚十五年,至是始歸,是亦補過也,然不足以釋吳之憾。(《賞音》尾)"社稷是卜,豈爲一人",奉使者識得此意,則一身之吉凶,可置之度外矣。(《左繡》眉)怒室色市,天下固多此種可笑人,然順寫便平,一倒則語有生趣矣。(《左傳翼》尾)平王封國釋囚,恩施遍及,豈獨遺一蹶由,妙以雋語出之,筆筆生趣。(《評林》眉)《滙參》:"'舍前'之'前',前人。"陳傅良:"'歸蹶由',傳言楚實不競於吳,乃反所執。"(《學餘》尾)靈王汰,蹶由執。靈王死,蹶由歸。室於怒則室壞耳,於市乎何傷?

◇昭公二十年

【經】二十年春王正月。夏,曹公孫會自鄸出奔宋。(《評林》眉)高閌:"會,子臧之子。鄸,子臧之采邑也。"秋,盜殺衛侯之兄縶。(《評林》眉)《滙參》:"《釋例》曰:'士殺大夫,則書曰盜。'今齊豹爲衛司寇,守嗣之大夫,作而不義,貶之使同於士也。"孫復:"衛侯之母兄,而盜得殺之,衛侯之無刑政也,故曰'盜殺衛侯之兄縶',以著其惡。"冬十月,宋華亥、向寧、華定出奔陳。(《評林》眉)季本:"陳,宋之讎也,三大夫往奔,欲依陳爲亂,而宋其危矣。"十有一月辛卯,蔡侯盧卒。

【傳】二十年春,王二月己丑,日南至。梓慎望氛曰:"今茲宋有亂,國幾亡,三年而後弭。蔡有大喪。"叔孫昭子曰:"然則戴、桓也!汰侈無禮已甚,亂所在也。"(《分國》尾)同氣交構,華族宜亡。弭兵一舉,向氏宜滅,不但侈汰而已。(《左繡》眉)天道仍斷之於人事,亦天道遠,人道近之旨。(《左傳翼》尾)張悔菴曰:"陰陽氛祲,左氏於襄、昭時載之甚詳,春秋之初尚不如是之悉也。大抵世道衰而後機祥巫史之説盛,古今莫不皆然。"梓慎前以星孛而決四國之災,時日不爽,今又望氛而知蔡、宋喪亂,占驗如神,可謂明於天道矣。而昭子獨以人事斷之,言更確。蓋以天占人,固不如以人其占天之尤當也,叔孫與子産將毋同?

費無極言於楚子曰:"建與伍奢將以方城之外叛。自以爲猶宋、鄭也，齊、晉又交輔之，將以害楚。其事集矣。"王信之，問伍奢。伍奢對曰："君一過多矣，何信於讒?"（《補義》眉）儲云："楚平稍有良心，此言未必無回天之力。"王執伍奢。使城父司馬奮揚殺大子，未至，而使遣之。三月，大子建奔宋。王召奮揚，奮揚使城父人執己以至。王曰："言出於余口，入於爾耳，誰告建也？"對曰："臣告之。君王命臣曰：'事建如事余。'臣不佞，不能苟貳，奉初以還。不忍後命，故遣之。既而悔之，亦無及已。"（闔生夾）伍奢雖忠，而言殊戇直，使能委婉如奮揚，大子之禍或可少紓乎？王曰："而敢來，何也？"對曰："使而失命，召而不來，是再奸也。逃無所入。"王曰："歸。從政如他日。"（孫鑛眉）字句猶是左氏，而氣格略覺變，便近《國策》《史記》。左文句多鍊，又常以拗勢出之，是以每饒婉巧之致，此章則多用直法，所以覺不同。（鍾惺眉）處暴主讒臣之間，亦有以持正而全者。（韓范夾）楚子雖信讒，然奮揚得全，亦可謂能宥直臣矣。而伍公父子，獨不能免，意者奢失之過激，而鞭尸之禍，天亦欲有以大造之也。（《彙鈔》眉）處讒臣暴主間，與其詭隨，何如守正？此獨妙於守正中自有詭隨之用。（《左繡》眉）建與伍奢並提，以下先執伍奢，次使殺建。而敘奮揚事，卻先結太子，而後敘伍尚、伍員，以結執奢案。此左氏參錯之大凡也。伍奢起，伍員結，雖以奮揚截對，實側重伍氏一邊，故後半敘述較詳。又看殺太子卻添入奮揚一番問答，殺伍奢卻添入伍尚一番議論，末段拖尾，只爲後事作引，另讀得之。（昆崖尾）俞寧世曰："奢之戇，揚之辨，尚之痛，無極之佞，各寫一人宛然，情態挺拔峭潔，錘削極工。"徐揚貢曰："字句猶是左氏，而氣格略變，已近《國策》《史記》。"（《評林》眉）倪鴻寶："無極一言，而子與臣罹禍。奮揚一言，而太子與身兩全。總見楚子庸人，可與爲善，可與爲惡。"魏禧："'信於讒'，諫主有道，彼已信讒而怒之矣，又譏切其隱事，是惡火而助之薪也。"魏世俲："晉獻公烝夷姜而生申生。衛宣公烝齊姜而生汲子，納汲妻而生壽。楚平納建妻而信讒，使殺建。三國之君，身履禽獸之行，敗倫亂紀，天故不欲其終有賢子，於是使之自相殘賊，以亂亡其家國。嗚呼！人亦何爲而爲三國之君乎！"陳傅良："奔非其罪，雖太子不書，義同莒郊公。"《補注》："服虔云：'城父人，城父大夫也。'"《經世鈔》："'無及已'，此高允對道武模本也，然允語純經，揚語參權，特此權亦聖人所不廢。"（方宗誠眉）此段敘奮揚之正言，理直而辭婉，真善爲說辭者也。（《學餘》眉）無極譖，伍奢亢，楚平昏。楚其亡矣，賴奮揚存之。

　　無極曰："奢之子材，若在吳，必憂楚國，盍以免其父召之。彼仁，必來。不然，將爲患。"王使召之，曰："來，吾免而父。"棠君尚謂其弟員曰："爾適吳，我將歸死。吾知不逮，我能死，爾能報。（孫鑛眉）兩句階甚。下又似子書口氣。（韓范夾）尚、員兩人，一程嬰、杵臼也，兄弟各自爲志，豈相效乎？聞免父之命，不可以莫之奔也；親戚爲戮，不可以莫之報也。奔死免父，孝也；度功而行，仁也；擇任而往，知也；知死不辟，勇也。父不可棄，名不可廢，爾其勉之，相從爲愈。"（《補義》眉）唐云："聲子復椒舉未幾，即戮其子孫，卒致爲敵國用。"俞云："重複丁寧，永訣之狀慘然。"伍尚歸。奢聞員不來，曰："楚君、大夫其旰食乎！"（《補義》眉）知子莫如父。楚人皆殺之。（《左傳雋》眉）朱魯齋曰："費無極以一無寵之故，既勸王納建妻，又勸王殺建，既譖殺伍奢，又欲並其二子殺之。譖人罔極，良可深恨！子常之禍，天意固自有假手耳。"張之象曰："伍尚所以處父子兄弟之間，料前後制服之策，一無遺算。楚人皆殺之，自以爲得，不知正所以堅報仇之志耳。"（鍾惺眉）伍奢、伍員，家庭中一管仲、召忽也，人各有志如此。（《彙鈔》眉）慌迫中算定通局，一字一□，□□□□言，一危一去，比之相從俱死爲愈也。（《集解》尾）奮揚奉初以全太子，伍尚歸死而遣弟奔，非特認理真，抑且料事確，忠孝之忱，令人生慕。無極譖言，反邀主眷，詩曰"巧言如流，俾躬處休"，此之謂耶？（《評林》眉）魏禮："'曰來'，子來免父，殊非情理，與狐突'子來則免'之說，情大不同。無極之奸，豈不料其說之難行？蓋料其子仁，雖知見紿，亦必來耳。然無極能料尚，不能料員。"《經世鈔》："'相從爲愈'，棠君此言，可謂仁至義盡。魏禮曰：'尚言吾知不逮，觀其自度度人，皆得其所，知孰大焉？員之報楚，尚定之矣，知孰大焉！'"陳明卿："《史記》：'奢聞子胥之亡也，曰楚國君臣且苦兵矣。伍胥奔吳，到昭關，昭關欲執之，伍胥遂獨身步走，幾不得脫。追者在後，至江，江上有一漁父乘船，知伍胥之急，乃渡伍胥。既渡，未至吳，而疾，中道乏食。至於吳。'《吳越春秋》所載去楚奔吳事更詳。"

　　員如吳，言伐楚之利於州于。公子光曰："是宗爲戮，而欲反其讎，不可從也。"員曰："彼將有他志，余姑爲之求士，而鄙以待之。"（《補義》眉）張悔菴曰："子胥報仇，不能須臾待，而靜俟若此，可見作大事志要沈、性要忍。"乃見鱄設諸焉，而耕於鄙。（文熙眉）穆文熙曰："無極既勸王納建妻，又勸王殺建。既讒殺伍奢，又欲併其子殺之，此皆多方求以自免也。而不知殺身之禍，乃不在二子，而在子常。則天意固自有假手也。小人徒自多心哉！"（孫琮總評）無極讒人，慮事亦深，伍奢對君無飾詞，料子有明識。奮揚情則勁直，言又委婉。伍尚量能分任，伍胥見幾忍鷙。君臣、父子、兄弟之間，爲邪爲正，爲忠爲佞，爲仁爲智，一篇之中，聲口眉目，無不一一描出。（《彙鈔》眉）員灼見事機，預爲之地而戢翼以待，自覺目光閃閃。（魏禧尾）魏世傚曰："晉將亂而殺申生，楚將覆而殺子建，獻公、平王之罪也。而申生之死，里克殺之。子建之亡，伍奢實速之。何者？里克三旬不出，不力爭以成驪姬之謀。奢雖異是，而不明於諫君之術則一。晉獻昏懦，楚平忍狠。忍狠者固非盛氣力爭所能回，昏懦者又非巽言婉容所可悟。里克不中立而強諫力爭，則申生不廢。若夫楚平取子婦而不恥，殺無罪之太子而不憫，悍然無所顧畏。然奮揚違命以遣太子，猶且婉辭而不罪。故知楚平者，可以巽入，而不可以激怒者也。予嘗謂奢能用里克微言以規楚平，克能如奢猛烈之氣以逆折晉獻，必將兩有所濟，而惜乎其反是。吾故曰里克、伍奢者，申生、建之罪人也。嗟夫！里克之心私而怯，伍奢之心忠而猛。忠猛者固不失爲賢臣，而持之或偏，足以殺身而僨事。奢之所以殺身者，忠猛之過也。其後子員以強諫而見殺於吳，猶是故也。嗚呼！其亦可悲矣夫！"彭家屏曰："平王使奮揚殺太子建，奮揚縱之，將及罪矣，而能以直言免，且令從政如他日。是平王猶能納善，有可牖之機也。奮揚於此，即宜力辯太子之無他，而繼之以泣，政古人納約自牖之義，而乃不言，何也？夫無極之譖太子也，謂其與伍奢將以城父叛也，謂齊、晉交輔之也，謂其事已集也。今伍奢就執，太子出奔，則建、奢無叛心可知矣。城父之人猶執奮揚以至，則城父之人無叛心可知矣。太子不奔齊、晉而奔宋，則齊、晉未嘗輔之可知矣。若已集也，何難稱兵拒命，而聞命即奔？則事之未集可知矣。以此致辯，王必悟而悔之，其全楚多矣。奮揚坐失事機，隱而不言，何其智於前而愚於後也？若伍奢者，乃無極誣以同叛之人，雖言不信，其無責也夫。"（《分國》尾）平王歷艱難得國，人情真僞，宜熟悉之。乃即位以來，寵無極，翦朝吳。伍奢何罪，執之？太子何罪，欲殺之？股肱骨肉，岌岌不保。即其所爲，有甚於虔者，宜柏舉有鞭尸之辱哉！奮揚走太子，已卒免於殺，吾愛其智勇。伍員未報楚，先弒一王僚，吾怖其傾危。（《左繡》眉）一召而自執以來，則歸之。一召而一來一不來，則殺其來者，而不來者則固將待時而動矣，此又敘事兩兩相對之大略云爾。倪鴻寶曰："無極一言，而子與臣懼禍。奮揚一言，而太子與身兩全。見楚子庸人，可與爲惡，可與爲善。奮揚語直，伍尚語曲。一是自拼一死，一是事在兩難。君臣父子之間，難易固有分矣。一句便寫出伍胥生氣勃勃，爲後覆楚興吳許多文事作提，妙筆！"（《左傳翼》尾）此讒最易明白，而彼昏不知者，只因取秦女一事懷慚於中，無面目見建，欲疑心生暗鬼耳。奮揚足智多謀，既全太子，又保其身，平王能容，而獨不赦伍奢父子者，以奮揚非所忌，而奢乃其仇也。聲子復椒舉，原爲楚多淫刑，使大夫逃死四方，以爲謀主，乃甫復椒舉，即戮其子孫，卒致覆楚之禍。不君不父，以淫行逞淫刑，其蹈亂亡也，宜哉！使而失命，忠也。召而即來，亦忠。父不可棄，孝也。名不可廢，亦孝。兩人皆於萬難曲全時而並行不悖，可知楚國多材，一聽無極而耳目不聰明，不大用奮揚猶之可也，枉殺奢父子，而以子胥資敵國，豈不自壞萬里長城乎？（高塘尾）俞桐川曰："奢之戇，奮揚之辨，尚之痛，員之鷙，無極之佞，各寫一人，宛然情態，挺拔峭潔，錘削極工。"（《評林》眉）《經世鈔》："'耕於鄙'，妙用與'石碏乃老'同，且尚事不成，僚必誅滅其黨，故員之愛身特周。"（《學餘》尾）逃，可也。報，不可也，伍尚之言非也。已仇未報也，而又生人之仇，伍員之見鱄諸更非也。世衰道微，君臣相殘殺，有如是夫！（林紓尾）奮揚者，蒯通之師也。蒯通自承教韓信反，奮揚自承放子建逃。蒯通對高祖言，知韓信不知陛下。奮揚對平王言，不能苟貳，奉初而還。皆理直氣壯，因而得赦。實則奮揚之言，面面圖轉，忠於建，又忠於王。雖以平王淫昏，亦不能屈。此篇主人翁，似屬伍家父子，然寫奮揚之忠藎智巧，幾喧賓奪主矣。（《菁華》尾）王聞無極之言，不問之他人，而問之太子之傅，則不欲遽罪太子可知。使伍奢此時委婉其詞，以辨明太子之無罪，未必無回天之力。乃一意戇直，若不勝抱憾君父者然。宜王之怒不可遏，而太子之禍成矣，此寬饒少和之遇也。觀司馬奮揚處事有權，而其詞氣之間，又能曲體人意，其勝伍奢多矣。伍尚、伍員，各行其志，而皆不悖於道，可謂二難。而伍奢知子之明，亦不可及。伍員此時報仇之志，刻不能待，而必遲之以俟其間，知其不可以倉猝試也。必有忍而乃有濟，古未有淺躁之人而能成大事者。（閭生夾）此等乃長篇中頓挫。

宋元公無信多私，而惡華、向。（《補義》眉）提綱。（閭生夾）此章紀載詳而精采殊遜，以其橫空逆接處少也。華定、華亥與向寧謀曰："亡愈於死，先諸？"（《補義》眉）謀先二字，久爲賊臣衣鉢。華亥僞有疾，以誘群公子。公子問之，則執之。夏六月丙申，殺公子寅、公子御戎、公子朱、公子固、公孫援、公孫丁，拘向勝、向行於其廩。公如華氏請焉，弗許，遂劫之。癸卯，取大子欒與母弟辰、公子地以爲質。公亦取華亥之子無慼、向寧之子羅、華定之子啓，與華氏盟，以爲質。（文熙眉）穆文熙曰："春秋君臣之變固多，至於君臣互質其子，則所未有。然元公殺其質子，而華、向出奔，其身不被弑者，亦幸矣。"（《左繡》眉）此等處，皆須通其事之顛末以觀其文之結構者。經書華、向名，罪其與君爭而出也。傳從元公無信說入，似罪在君矣。不知華、向謀先，看其誘執拘殺，劫公而質太子，着着占卻先手，罪狀昭然。文只爲後"歸公子"一篇作提，而"則"字、"遂"字、"亦"字，字字寫謀先之毒。信乎！一文自有一文主腦。必取事而強聯之，烏從得其作筆之所在乎？（《左傳翼》尾）華、向本亂臣，元公御之不以其道，遂爾生亂，無信多私云云，是其致亂之本也。特是君雖無道，臣當守分，何敢與抗？乃華、向謀先，不唯誘執群公子，拘而殺之，並劫公而質太子，何等跋扈！元公儼然一衛衎，而華、向之惡，則孫、甯不啻也。公亦取伊子爲質，屢弱中猶有倔強意，此處較衛衎差勝。（《評林》眉）穆文熙："宋人君臣質子，相爲敵國，想其景象，蓋已蕩然無紀。微子之□，其斬矣乎！"《滙參》："辰、地皆元公子，此云弟，傳寫誤耳。"呂東萊："華氏之不臣，不必言矣。然亦非元公自啓之耶？信爲人君之寶，諒矣！斯言也！"

衛公孟縶狎齊豹，（孫鑛眉）敘事入細。奪之司寇與鄩，有役則反之，無則取之。公孟惡北宮喜、褚師圃，欲去之。公子朝通於襄夫人宣姜，懼，而欲以作亂。故齊豹、北宮喜、褚師圃、公子朝作亂。（《左繡》眉）此篇前敘後斷，不重齊豹，而重宗魯。以宗魯不善處主臣朋友之間，觀結語可見也。衛侯因公孟見殺，而出而入，亦本不重，卻詳敘公孫青一番禮辭，所以爲告寧作地，以便引何忌語爲宗魯作反照之筆也。篇中頭緒雖多，處處留意宗魯一人，則自串成一片矣，凡讀史皆此法。曲曲折折，寫來亦自有一種非義之氣在。首三句，重在名，見背豹不得。次四句，重在利，見背縶又不得。"今聞難"五句，仍頂名說，是不背豹。末句仍頂利說，是不背縶。此數語，便是齊豹之盜而孟縶之賊供狀。讀此，歎名、利兩字之足以死人，故君子慎其所以與人交者。（《評林》眉）按：奪齊豹之官及邑也。或"與"音"予"，非是。陳傅良："'故齊豹'，傳見齊豹既奪司寇，故書盜。"

初，齊豹見宗魯於公孟，爲驂乘焉。（《正論》眉）聖人之言，其溫如春，其肅如秋，豈特斷宗魯，乃萬世常道也。將作亂，而謂之曰："公孟之不善，子所知也。勿與乘，吾將殺之。"對曰："吾由子事公孟，子假吾名焉，故不吾遠也。雖其不善，吾亦知之。抑以利故，不能去，是吾過也。今聞難而逃，是僭子也。子行事乎！吾將死之，以周事子，而歸死於公孟。其可也！"（鍾惺眉）春秋、戰國義俠之士有此一段氣智。（韓范夾）此俠烈之士輕身兩全，春秋時往往有之，而仲尼不取，亦猶死節之臣，仇牧、荀息之外，不多與也。（《評林》眉）鍾伯敬："宗魯既不洩豹謀，又以驂乘故，而欲死衛縶之難，可謂兩無負矣。"穆文熙："宗魯先數語皆良，'子行事乎'一語，何忍言之？且人殺其主，已不能止，又不以告，而徒以一死塞責，匹夫哉！"《經世鈔》："真情語人，不肯道，雖有仲尼之言，吾猶取之。"

丙辰，衛侯在平壽，公孟有事於蓋獲之門外，齊子氏帷於門外而伏甲焉。使祝鼃置戈於車薪以當門，使一乘從公孟以出。使華齊御公孟，宗魯驂乘。及閎中，齊氏用戈擊公孟，宗魯以背蔽之，斷肱，以中公孟之肩，皆殺之。（《左繡》眉）寫來是盜賊舉動。以上三節，一敘齊豹，一敘宗魯，一敘賊公孟事，乃是正傳。以下敘衛侯出奔，子石來聘，乃是旁傳。"齊氏之宰"至"以齊氏之墓予之"，了齊豹案。而内將公出，及北宮喜、析朱鉏，一概都零星收拾，以便末段單結宗魯。而告寧、辭爵一節，本歸結公孫青案，卻正映起宗魯正案，線索逼清。俞寧世曰："齊豹犯上作亂，其罪顯著。獨宗魯不諫齊豹，不救孟縶，使豹蒙惡名，縶受酷禍，似義烈而實奸邪，故孔子貶之。

然如此敘來，絕無生色。且自齊豹作亂以逮於滅，一晝夜事耳，數筆可了。看他寫公孟之死，極慘。寫靈公之奔，極危，一日間絕不寂寞。卻又有公孫青一段往復辭命，一夜間絕不寂寞。一邊召北宮子，北宮之宰反攻齊氏。一邊踰牆者踰牆，由竇者由竇，獻馬者獻馬，行夜者行夜，在內在外，總不寂寞。以北宮宰之滅齊氏全北宮，爲宗魯作一罪案。以苑何忌之不受無端之惠，不竊無實之名，又爲宗魯作一罪案。遂使極無情景事實，幻出極有波瀾文字。可以悟空中佈局、淡中設色之法矣。"（《補義》眉）公孟之死極慘。（《評林》眉）《滙參》："'使華齊'，孔疏：華齊是公孟臣，自爲公孟御，非齊氏所當使，必不得有'使'字，學者妄加也。看來亦頗難得，此琴張所以欲弔之也。"《經世鈔》："是一戈而斷宗魯之肱，并中公孟之肩也，'以'字文法極鍊。"陳廣野："徐幹有云：'宗魯受齊豹之謀，死衛縶之難，欲以爲義也，則不知無義焉。'故凡道蹈之既難，錯之益不易，是以君子愼諸己，以爲往鑒焉。"

　　公聞亂，乘驅自閱門入，慶比御公，公南楚驂乘，使華寅乘貳車。及公宮，鴻騮魋駟乘于公，公載寶以出。褚師子申遇公于馬路之衢，遂從。過齊氏，使華寅肉袒，執蓋以當其闕。齊氏射公，中南楚之背，公遂出。（《補義》眉）靈公之出甚危。**寅閉郭門，踰而從公。公如死鳥。析朱鉏宵從竇出，徒行從公。**（《評林》眉）《補注》："'公如死鳥'，不書，説在僖二十八年。陳氏曰：'傳言衛無政，幾以盜喪國，所以書盜殺衛侯之兄也。'"（閩生夾）逆節者多，忠貞者不可多得，故詳記從公者以矯厲薄俗。齊莊公之死，歷數從死諸人，亦此意也。

　　齊侯使公孫青聘于衛。既出，聞衛亂，使請所聘。公曰："猶在竟内，則衛君也。"乃將事焉，遂從諸死鳥。（閩生夾）宗堯云："此衛國之亂耳，而鋪陳公孫青之聘衛，兼及齊侯之飲酒，是閑文也，而意最深微。"又案："非宗祧不可受聘，齊侯乃曰'猶在竟内，則衛君也'，齊侯有傷同類之意。下文敍青之恭謹，亦深能得景公之意者。"**請將事。辭曰："亡人不佞，失守社稷，越在草莽，吾子無所辱君命。"賓曰："寡君命下臣於朝，曰：'阿下執事。'臣不敢貳。"主人曰："君若惠顧先君之好，照**（或作昭）**臨敝邑，鎮撫其社稷，則有宗祧在。"乃止。衛侯固請見之，不獲命，以其**

良馬見，爲未致使故也。（《補義》眉）插敍一段，分外有情。衛侯以爲乘馬。賓將摳，主人辭曰："亡人之憂，不可以及吾子。草莽之中，不足以辱從者。敢辭。"賓曰："寡君之下臣，君之牧圉也。若不獲扞外役，是不有寡君也。臣懼不免於戾，請以除死。"親執鐸，終夕與於燎。（韓范夾）齊大衛小，而使臣如此，有三代之遺風焉。（《評林》眉）陳明卿："衛人之以宗桃辭靑，誠當造次而得禮者。"《滙參》："'乃止'，竦句，又換一頭，與'齊侯使聘'對，此等皆自成片段。"王陽明："靑之聘衛，於既出之君而執鐸與燎，恐非使臣之禮所宜。"（閭生夾）詳載賓之有禮，所以愧衛諸臣也。又按：此皆所謂精神旁溢之美，文字之極奇肆處。史公以下鮮知之者。

齊氏之宰渠子召北宮子。北宮氏之宰不與聞，謀殺渠子，遂伐齊氏，滅之。丁巳晦，公入，與北宮喜盟于彭水之上。秋七月戊午朔，遂盟國人。八月辛亥，公子朝、褚師圃、子玉霄、子高魴出奔晉。閏月戊辰，殺宣姜。衛侯賜北宮喜謚曰貞子，賜析朱鉏謚曰成子，而以齊氏之墓予之。（《補義》眉）或云只一晝夜事，大非。（《評林》眉）《經世鈔》："北宮氏之宰義而敏，有石碏之才，惜其名不傳。"《補注》："'伐齊氏，滅之'，誅盜不告，義同許止。如杜言，或傳因簡牘之辭，不復具顯其日月。今案：此說得之而未盡，故劉侍讀每疑傳妄說，見二十三年。公子不書奔者，衛人以殺宣姜故，諱不告。朝尋反國，二十二年會救宋。"魏禧："北宮喜有賞，其宰無聞，喜可謂蔽賢而忘本者。"

衛侯告寧于齊，且言子石。齊侯將飲酒，徧賜大夫曰："二三子之教也。"苑何忌辭，曰："與於靑之賞，必及於其罰。（韓范夾）後代惟王晞能知此意，彼尚不肯與天子之賞，況臣下敍功乎？在《康誥》曰：'父子兄弟，罪不相及。'況在羣臣？臣敢貪君賜以干先王？"（《評林》眉）魏禧："何喜〖編者按：疑當爲忌。〗語正與宗魯相對，宗魯貪齊豹之名、公孟之利，遂與其死而不免於盜賊之譏，無此見識也。"王荆石："靑未有罰，而何忌先以爲辭，此不恃〖編者按：疑當爲特。〗不敬其君之賜，且蔑視其僚友甚矣。"（閭生夾）宗堯云："此篇辭旨深微，因强臣出君，隱寓尊君之旨。子石，黨於君者也。苑何忌，不爲黨者也。左氏取子石之忠君，而終以孔子之言爲處亂世之善道，蓋左氏之自托也。"

琴張聞宗魯死，將往弔之。仲尼曰："齊豹之盜，而孟縶之賊，女何弔焉？君子不食姦，不受亂，不爲利疚於回，不以回待人，不蓋不義，不犯非禮。"（文熙眉）汪道昆曰："序事具品。'僭子''周事子'，俱字法。"北宮喜初與齊氏同謀，後復滅齊氏，故公諡之貞子。穆文熙曰："宗魯之死，似亦可與，故琴張欲往弔之。及聞仲尼之論，則差謬殊甚。故論人者，必有所折衷而後可。"（《測義》夾）愚按：宗魯欲周事豹而死於公孟，誠謂食姦、受亂，蓋不義、犯非禮，此萬世公案也。然其心則自謂忠於縶、信於豹，故以死自明其無他，似非手刃殺人者之比。而說者乃因仲尼之言，遂以《春秋》書盜歸之，則聖人用刑，毋寧舍豹首惡不誅，而治茲不幸陷罪者乎？蓋昭三十一年傳云"齊豹作而不義，其名爲盜"，左氏已有成論，第弗深考爾。〖編者按：奧田元繼作顧九疇語。〗（王源尾）甚矣！序事之難也。一事中序有數事，一人中序有數人。人則有主有賓，事亦有賓有主。千頭萬緒，井然不亂。而賓主錯雜，變化生心，隨局而遷，不可爲典要。此豈可爲今人道者乎？今人序事，不知有賓主也。即知賓主，不知有變化也。序之詳則遝冗，簡則缺略也，而可爲今人道也乎？此傳序齊豹殺公孟，則齊豹主也，殺公孟主也。乃其序公孟之狎齊豹，不過一兩筆。序齊豹之殺公孟，不過二三行。且序齊氏之滅以結局也，亦不過四五語。而其前之所詳者，宗魯也。中之所詳者，衛侯之出也，公孫青之聘也。後之所詳者，衛侯之入也，公孫青之聘之餘波也。於主則簡淨直截，一字不多。於賓、於賓中賓，則委備周詳，繁稱不厭，非變化之妙乎？非因事立局，不可爲典要者乎？末以仲尼之言，結束通首，非賓非主，即主即賓，筆陣又一大變。今人見此，其謂之何？聞鐘而捫籥乎？見槖駝謂馬腫背乎？吾不知之矣。序宗魯一段，其情苦，其詞曲，其意可傷，而其事不可訓。故詳之於前，而以仲尼之言斷於後。夫詳賓，妙矣。而賓中之賓尤詳，如六子之從君，寫得紛紛雜雜。公孫青之聘衛，寫得欸欸殷殷。衛侯之入衛，寫得皇皇迫迫。齊侯之賞諸大夫，寫得離離奇奇。主如彼而賓與賓中之賓卻如此。重重花閣，疊疊雲山。望者爲之目迷，遊者爲之神眩。其孰能與於此哉？古之化裁盡變，通乎晝夜之道而知者夫？（魏禧尾）彭家屏曰："按《史記》，周公、太公開嗣王業，建功于牧野，終將葬，乃制諡。《周禮·春官》之屬，小喪賜諡，小史、卿大夫之喪賜諡。讀誄所謂諡者，乃備列生前行跡，作諡以美之。雖君之有加於臣，亦蓋棺論定之義，《郊特牲》所謂死而諡是也。前此無有生而賜諡者矣，生而賜諡，非禮也。況北宮喜與齊豹同爲謀亂之人，衛侯返國，既不能明正其罪，已爲失刑。而又諡曰貞子，是君誣其臣也。吁！瀆典甚矣。"（《分國》尾）齊豹之殺孟縶，仲尼歸獄於宗魯，有以也夫！齊豹見宗魯於孟縶，不過一薦主耳。已事孟縶，縶我主也，況寡君母兄，人有欲弒我所事之主爲寡君兄者，可知而不告乎？雍糾欲殺祭仲，妻猶以謀告父，而寧殺其夫。宗魯懷二心事孟縶，雖斷肱同死，亦何益哉？析朱鉏寶出從公，北宮宰攻殺齊豹，公孫青盡禮於草莽之中，苑何忌辭爵於賞功之會，均足取焉。若孟縶者，原其見殺之由，由於狎齊豹奪之官邑也。然則孟縶不良，非關足故。狎齊豹、奪官邑，不良莫甚焉。雖不跛，亦無人君之體，即謂之自殺亦可。（《左繡》眉）何忌語正與宗魯相對，宗魯貪齊豹之名、公孟之利，遂與共死，而不免於盜賊之譏，無此見識也。此段正敘著精神處，若作表何忌讀，便全無皂白。末段單斷宗魯一人，而全文亦都一齊收拾。因通體鋪敘寬緩，到此便連用層疊排比之筆一收束之，遂覺精神凝結，令讀者有萬壑朝宗之歎，真奇構也！文家有相救法，觀此益信。（美中尾）齊豹以盜書，固已。北宮喜爲上卿執政，使能消禍於未萌，亂可不作。而與盜同謀，則盜之敢於殺縶出君者，喜爲之也。原情定罪，不在豹下。（《左傳翼》尾）盜雖數人，齊豹其渠魁也，無豹則諸人皆無能爲而亂不生。無宗魯則豹之亂不成，當齊豹告宗魯時，一言止之，便可無此作慝事。否則以君爲重，告而除之可也。而依違兩可，不止齊豹，又不救公孟，是促齊豹爲盜者，宗魯也。使孟縶見賊者，又宗魯也。許多禍亂皆起一人，"子行事乎"一語，尤爲害事。故篇中罪齊豹，尤重罪宗魯。豹殺公孟，主筆也。不惟正敘從略，即敘始亂與定亂，俱寥寥數筆，獨詳於衛侯之出入者，以公孟一殺而衛侯幾至於失國，所關甚大，不得以小盜視之也。從難諸臣，以死相從，豈得略而不書？公孫青以外國聘臣，而猶恪恭敬慎如此，皆大節所宜著者。惡惡獎善，左氏時得《春秋》微意，故繁稱而不殺。結以仲尼之言，使非禮之禮，非義之義，辨析明白。後義俠之徒，不得藉口。左氏文有數語可了者，一語不支吾，令人會之筆墨之外，簡便簡得妙。有連篇累牘，牽引連類以書者，詳細曲折，掩映多情，長便長得妙。雖剪裁在心，要亦因事成文，非故簡之、長之也。如此篇盜殺衛侯兄，以致衛侯出奔，因小隙而成大禍，而適有公孫青一段事情，北宮氏之宰一番舉動，皆與禍之始末相關，不得抹殺。非因但敍殺公孟數言可了，嫌其寂寞，分外渲染，使重重花閣，疊疊雲山，望者爲之目迷，遊者爲之神眩也。左史之妙，總是本分情狀，寫來恰好。評者看作有意，遂謂極無情事實，幻出極有波瀾文字，則是節外生枝，幾成駢指贅疣矣。(《補義》眉)汪云："宗魯不諫齊豹，不救公孟，使豹蒙惡名，縶受酷禍，似義烈而奸邪，故孔子責之。""君子"以下所該甚广，不必括住宗魯。(《評林》眉)胡寧："豹之不義，人皆知之也，若宗魯而死於公孟，蓋未有知其罪者，非聖人發之，大惡隱矣。"魏世傚："知其爲亂而不發露之，是蓋藏不義也。"(林紓尾)公孟之冒利而忘禍，齊豹之輕舉而赤族，是一種愚妄作用，不足重輕者也。獨奇宗魯一種似義非義之言，說得侃侃動聽，讀者幾以爲外不負齊豹之諫，內足酬公孟之知。防齊豹因己而得禍，遂不敢言。因公孟待己之有恩，甘與同死。蓋烈丈夫也。乃篇終經夫子一言，言其食奸、受亂，蓋不義也，犯非禮。既爲齊豹之盜，復爲孟縶之賊，兩兩不是，不必逐句駁他，但凜凜定一爰書，而宗魯早已不值一錢矣。此篇精神全在首尾。宗魯一面，似有獨見之談。在聖人一面，則玲瓏到底，立義精，斷獄確，又經左氏一寫，宗魯似山雞，而聖人則鏡也。山雞之羽五采紛披，實足以眩人之目，卻逃不過鏡光之明徹，此爲首尾起結之關鍵。至間插入公孫一段，非閒筆也，爲衛侯渲染出奔後之景物。觀其獻馬、執鐸、與燎，皆奕奕有神。至歸結齊豹伏誅，黨人出走，宣姜授首。北宮喜、析竹鉏生人得諡，並賜生壤，亦並歸到公孫青報命後，齊侯置酒，何忌陳醻。篇中人物，點滴都無遺漏。然後大書聖人之斷語，燦如日月，烈如風雷。文之佈置穿插，瑣瑣碎碎，無在不有精神，亦無處不有束筆。如"終夕與於燎"，是結束子石。"以齊氏之墓與之"，是結二子。何忌引《康誥》，是結束齊侯。此三者，小結束也。至夫子之言，則通篇之大結束，與宗魯之言首尾相應。此亦應有之文法，似奇而實非奇。(《菁華》尾)荀息、宗魯兩人，皆聖人所謂好信不好學也。然臨難而背之，品愈下矣，所貴慎之於始耳。衛君當奔播之餘，而鄰國之臣，猶恭順如此，此真古道之不可及處。定亂俄頃之間，絲毫不費人力，妙極！敍苑何忌語，介子推之後，復見此人。(閨生夾)此等處斷制最難，非聖言無以爲標準。

宋華、向之亂，(《補義》眉)直起，跟前篇來。公子城、公孫忌、樂舍、司馬彊、向宜、向鄭、楚建、郳甲出奔鄭。其徒與華氏戰于鬼閻，敗子城。子城適晉。(《補義》眉) 伏脈。華亥與其妻必盟而食所質公子者而後食。公與夫人每日必適華氏，食公子而後歸。華亥患之，欲歸公子。向寧曰："唯不信，故質其子。若又歸之，死無日矣。"公請於華費遂，將攻華氏。對曰："臣不敢愛死，無乃求去憂而滋長乎！臣是以懼，敢不聽命？"公曰："子死亡有命，余不忍其詢。"冬十月，公殺華、向之質而攻之。(《補義》眉) 既質之，又殺之，豈非不信？戊辰，華、向奔陳，華登奔吳。向寧欲殺大子，華亥曰："干君而出，又殺其子，其誰納我？且歸之有庸。"使少司寇牼以歸，曰："子之齒長矣，不能事人，以三公子爲質，必免。"公子既入，華牼將自門行。公遽見之，執其手曰："余知而無罪也，(《補義》眉) 語有分寸，便見有罪者弗赦。入，復爾所。"(《分國》尾) 華亥於三公子，始則盟食以致其敬，既焉阻向寧之殺，使華牼奉而歸公，不可以叛，故沒其義也。(《左繡》眉) 此篇傳華、向奔陳事，卻閑閑下"子城適晉""華登奔吳"兩筆，爲後文伏線，是一首過峽文字。乃其結構，則全注意公子一案。蓋本以交質子者弭華、向之亂，今且以不忍詢者殺華、向之質。在華、向則歸公子有患，殺公子又無益。在公則全不顧公子死亡，又未始不幸公子復入。皆見極寫元公無信，以見華、向之罪有可原也，亦暗暗爲"固請出之"留一地步矣。亥之食公子而後食也，便伏歸之有庸之根。公之食公子而後歸也，便伏遽見華牼之脈。乃向以死無日爲憂，公以不忍詢發憤，此是特作一開於中間，而首尾呼應爲合也，結撰亦奇。向寧欲殺公子一節，本在華、向奔陳之前，卻抽出補敘於後，特令與華亥欲歸公子一段相對成章也。上層欲歸不歸，則公怒。下層欲殺不殺，則公喜。似此截讀，尤見作者片段明整之妙。華亥欲歸公子，則向寧沮之。向寧欲殺公子，則華亥曉之。華、向雖總提互寫，卻以華氏爲主，故食公子起，歸公子結。(《左傳翼》尾) 偽有疾，誘殺使群公子者，華亥也，是亥爲罪魁矣。此番欲歸公子，止殺太子者，又華亥也。何前後異轍如是？豈殺群公子後，自悔厥心，故示異以自洗刷耶？抑豈以其子在公處，恐公殺之，而作此周旋計耶？向使向寧早從其謀，而歸公子，負鑕請罪，則公有悛心，亦未可定。乃長惡不悛，卒陷大過而不醻，則豈不可哀之甚乎？華亥欲歸公子，而向寧沮之，不過以死爲憂。而不知公不忍詢，則死期日迫。早知殺公子無益，歸公子有庸，何必質公子？質公子適以殺己子，公唯不顧公子殺，亡公子乃得復入，此"宋有君矣"，所以卒全襄公也。前半向寧沮歸公子，便是攻華、向之根。後半華亥止殺太子，便是免華貙之本。曲折敍來，波宕橫生，片段正自分明。子城奔晉，爲免死計耳。因華登奔吳，以吳師來救，城乃求救於晉，其中情事亦可意會。然華登乞吳師、乞楚師，宋幾不國，卻帶插於中，用輕筆略筆。特提公子城於首，用重筆詳筆者，以其能以晉救，有全宋之功也。惡賊逆而獎忠良，大得《春秋》微意。文以華、向奔陳爲主，帶敍此二案作伏筆，埋藏不覺，隱見出没之妙如此。

齊侯疥，遂痁，期而不瘳，諸侯之賓問疾者多在。（《正論》眉）胡時化曰："《詩》云：'侯詛侯呪，靡屆靡究。'齊之大疾，在行虐政而擅陳氏，祝史不與焉。三年之艾，則晏子論禮之言也。舉言詛君，而祝臣〖編者按：疑脱一祝。〗，疾尚可爲哉？"（《淵鑒》眉）此篇言當以誠信事鬼神，而福祐自至，不當歸咎於祝史，可破從來矯誣之惑。文則典正弘麗，博辯多姿。臣鴻緒曰："晏嬰引君脩德行仁，因事進規，婉而易入。景公能即聽納，要是令主。"臣英曰："極言竭論，詞采典蔚，轉折搏捥處，彌見古雋峭拔。"臣士奇曰："神無常享，享於克誠。不信史之祝，而信民之詛，故善祝無詛。"（高嵣眉）前幅據、欵移咎祝史以解慚作引頭，晏子稱道范會以諷公作虛冒。敍據、欵語，是乃輩諧媚口角。敍晏子語，是此公讜諫本色。（方宗誠眉）此篇記晏子之善諫。**梁丘據與裔欵言於公曰："吾事鬼神豐，於先君有加矣。今君疾病，爲諸侯憂，是祝、史之罪也。諸侯不知，其謂我不敬。君盍誅於祝固、史嚚以辭賓？"公説，告晏子。**（《左傳雋》眉）此與魯人欲焚尫巫止旱同爲可笑。（《評林》眉）李笠翁："欲誅祝固、史嚚，酷似以旱而暴巫尫者。"彭士望："'以辭賓'，祝、史必有嫌於據、欵，借事除之。"（方宗誠眉）"告晏子"之下，即接"若有德之君"一段，亦自順，然無波瀾。乃先離開不説正面，方能空靈跳脱，令人不測。**晏子曰："日宋之盟，屈建問范會之德於趙武。**（《補義》眉）透出"德"字，一篇主腦。**趙武曰：'夫子之家事治，言於晉國，竭情無私。其祝史祭祀，陳信不愧。其家事無猜，其祝史不祈。'建以語康王，康王曰：'神人無怨，宜夫子之光輔五君，以爲諸侯主也。'"(《左傳雋》眉）丘瓊山曰："晏子跡屈建與康王之問答，不明言其旨，正欲啓齊侯之發問以卒之也。"（《評林》眉）《經世鈔》："以他事入，亦諷諫，亦證據。"陳明卿："晏子述屈建、康王之言，而不明其旨，蓋欲公之發問以卒之也。"《滙參》："'神人無怨'，兼人說，'無怨'宜照'詛'字。"公曰："據與款謂寡人能事鬼神，故欲誅於祝、史。子稱是語，何故？"（《補義》眉）以所對非所問。（高嵣眉）中幅泛論，是展局。前段正説作開，後段反説作合，歸重在君之德與淫上，見疾病與祝、史無干也。兩段末句只用虛住，留後文實發地。對曰："若有德之君，（方宗誠眉）先離後合法。外内不廢，上下無怨，動無違事，其祝、史薦信，無愧心矣。（《文歸》眉）余有丁曰："敘有德之君，只'外内不廢'十二字便括盡。敘無德之君，自'外内頗邪'以下，凡六十八字，極力形容。'其祝、史薦信，無愧心矣'，只一句便盡。'其祝、史薦信，是言罪也'，又連用六句方悉，可謂詳略有體。"是以鬼神用饗，國受其福，祝、史與焉。其所以蕃祉老壽者，爲信君使也，其言忠信於鬼神。其適遇淫君，外内頗邪，上下怨疾，動作辟違，從欲厭私。（闈生夾）此齊之所以亡也，於陳氏乎何尤？作者於晏子口中述之，運實於虛，筆力天縱。高臺深池，撞鐘舞女，斬刈民力，輸掠其聚，以成其違，不恤後人。暴虐淫從，肆行非度，無所還忌，不思謗讟，不憚鬼神，神怒民痛，無悛於心。其祝、史薦信，是言罪也。其蓋失數美，是矯誣也。（《左傳雋》眉）鄭申甫曰："'言罪''矯誣'二語，句法甚奇。"又曰："以下歷數齊之亂政，末復申以祝不勝詛，言言切直有據，可爲萬世人君祈福之戒。"進退無辭，則虛以求媚。是以鬼神不饗其國以禍之，祝、史與焉。所以夭昏孤疾者，爲暴君使也，其言僭嫚於鬼神。"（《補義》眉）兩對俱泛說，留末段實發地步。（方宗誠眉）不言祝、史之無罪，但言其僭慢之由，立言最婉而切。（闈生夾）文氣浩博，而用意沈著懇到。公曰："然則若之何？"（高嵣眉）後幅切論，是正位，撰出"詛"字，針對"祝"字，兜合誅祝、史，繳應在脩德，警切雋快，一篇歸宿。（《評林》眉）郭扶九："祝、史忠信、僭嫚，俱以君之故，其不當誅之意，隱然自見。"對曰："不可爲也：山林之木，衡鹿守之。澤之萑蒲，舟鮫守之；藪之薪蒸，虞候守之。海之鹽蜃，祈望守之。縣鄙之人，入從其政。偪介之關，暴征其私。承嗣大夫，強易其賄。布常無藝，徵斂無度。宮室日更，淫樂不違。內寵之妾，肆奪於市。外寵之臣，僭令於鄙。私欲養求，不給則應。民人苦病，夫婦皆詛。（閨生夾）痛陳齊之失政，以見其亡國之由。祝有益也，詛亦有損。聊、攝以東，姑、尤以西，其為人也多矣。雖其善祝，豈能勝億兆人之詛？君若欲誅於祝、史，脩德而後可。"（孫鑛眉）大論，然排而實，頗乏風致。其言入"也"字下，亦是倒句法，又即作住法，法亦新。第調勢不流，便風韻不長。純是四字句，雖亦典鍊，然無條理分派，但覺堆垛重滯。（《文歸》眉）蘇濬曰："歷敘齊之弊政，末申以'祝不勝詛'，言切直有據，可為萬世人君祈福之戒。"（《約編》眉）以"詛"字反對"祝"字，乃一篇之警策。"德"字收應。（《補義》眉）俞云："'德'字作主，'信'字作線，'詛'字作波，沈實古藻，體近《國語》。"儲云："直諫、譎諫，二者兼之，故言無不入。"（《評林》眉）陳卧子："時田氏務施，而景公復肆暴於民以驅之，故晏子因事納諫如此。"《滙參》："正法：畀上有關，自竟至國更無關。今齊於竟內更復置關，以隔內外，是為暴也。"孫應鰲："此可以垂戒於後世之不求治於民，而求治於神者。"（方宗誠眉）切直之言，以善謔出之，最有風趣。正意至此方說出，以上一段記晏子之諫誅祝、史。公說，使有司寬政，毀關，去禁，薄斂，已責。（文熙眉）汪道昆曰："議論具品，'有德之君'以下章法。"此與魯人焚巫尪止旱同可笑之甚！孫應鰲曰："晏子述屈建、康王之言，而不明其旨，正欲公之發問以卒之也。"穆文熙曰："歷數齊之弊政，末申以祝不勝詛，言切直有據，可為萬世人君祈福之戒。"孫應鰲曰："此可以垂戒於後世之不求治於民，而求治於神者。"（《文歸》尾）國之福，亦祝、史與焉。國之禍，亦祝、史與焉。總見祝、史無權，特為君使耳。其不當誅之意自見。其曰："君欲誅於祝、史，脩德而後可。"又令人不肖之心自消。鹿門。（孫琮總評）張賓王曰："開弘典切，以排實，故去晏嬰請繼室篇稍遠。戰國白起諫伐趙等文祖此，東漢文亦多學之。"立言甚有步驟，景公言鬼神，晏子只論人事，又以"詛"字來形"祝"字，歸到"脩德"上。因事納言，典雅詳贍，為後世章疏之祖。中間劈作兩對，竦然而起，截然而住，制格極奇。(《分國》尾) 齊景以痁疾欲誅祝、史，何其視祝、史重，脩德輕也？晏子姑爲詭對曰：「有德之君，其言忠於鬼神，則鬼神享。適遇淫君，其言僭謥於鬼神，則鬼神不享。」至曰：「祝有益也，詛亦有損。雖其善祝，豈能勝詛。」語似詼諧，卻是諷諫。對昏庸之君，泛言脩德，不足聳聽。將禍福説透，然後一言斷定，曰「脩德而後可」，轉石之功，不勞於力，真善畜君哉！(《左繡》眉) 此篇是兩頭奇，中間偶格。首段作冒，後三段皆前用排句鍛鍊作骨，後用單句蕩漾作收，文字之極有片段者。齊侯只著意鬼神，晏子只歸重脩德，合季梁、宫之奇兩文讀，便覺此文脱换都盡，别出新妙矣。先著諸侯之賓多在，爲諸侯謂我不敬、欲誅祝、史起本，尚有畏人之多言意思在。故末段即借「祝」字翻出「詛」字，以點醒之。東、西兩句，亦暗與諸侯多在相應，此等伏脈真在有意無意之間。若概以穿鑿而置之，辜負文情不少矣。遠遠説來，已自使人隱躍可思，最是行文生姿作態處，若徑從有德無德説起，豈不直突無教耶？此即魏絳有窮后羿説法，彼用略逗，此竟全述者，彼留作正講，此只借作引頭也，意同而法迥别。兩對一賓一主，前略後詳，又整齊中之參差。曰「若有」、曰「其適遇」，都用泛説。於事則不嫌唐突，於文又不犯末段正位實處，文家避就留餘之法，盡在此耳。上兩段只言疾病與祝、史無干，此段乃正言己不脩德，不宜誅於祝、史。起句與結句，「可」「不可」呼應，自成一片段也。又，前兩段只用虛歇之筆，至此乃痛快言之，所謂留餘地也。若前文説煞，此更無轉身處矣。對面翻轉看，妙甚！持矛刺盾，鬆爽可人。曩時評云：「語必透宗，不但杜陵佳句堪已瘧也。」通篇着筆祝、史，此處連片數説，幾於忘卻，忽將一「詛」字，繳合「祝」上，極峰迴路轉之奇。一路正論侃侃，臨了忽作反掉之筆，悠然不盡，亦此公讜諫本色，與起閒文引入相映成趣。傳載平仲數段議論，皆本《晏子春秋》，經其採録，即成左公文字。(昆崖尾) 文貴有局，虛實遠近，佈局既妙，錯綜變化，用筆自奇。前段憑空突引，其於題也，着而不着，有意無跡，最爲閒冷。次段條陳上意，變空映爲實説，一反一正，大放厥辭，透快詳明，令人心折。後段直指齊事，變實説爲戇諫，如刀斷斧截，鋒利難當。雨驟風馳，淋漓盡致。佈局用筆，奇妙至矣！(《約編》尾) 典質詳贍，已開漢京風格矣。入後收繳雄健，仍是左氏本色也。(《左傳翼》尾) 不自脩德，而欲誅祝、史，豈以其不善祝乎？抑知祝不勝詛也？有德則信，無德則僭，不將祝、史説開，反將祝史捘入，見僭嫚鬼神，皆君之不德，與祝、史何涉？此正以捘入爲脱開，人謂晏子善於直諫，不知其正善於譎諫也。不即説景公不當誅祝、史，倒先贊范會不媿祀史，立言之妙，令他無從捉摸。至説有德無德，又於空中着筆，不用正擊，已令景公驚心動魄。"然則"一問，大有悚惕之意。"不可爲也"下，痛切指陳，深中膏肓，惟能法與巽兼，故能令聽者悦且從也。景公亦屢次納諫，卒不能大有振刷，以致敗亡，不改不繹，未如之何，詎不然歟？公説鬼神，晏子論人事。公責祝、史，晏子講君德。所謂務民義者，必不諂瀆鬼神，責於己者重，責於人者自輕也。妙在講人事君德，未嘗一語脱卻鬼神與祝、史，與問語機鋒相觸，前路逶迤而入，隱隱躍躍，妙不直突。後路慷慨以談，侃侃諤諤，妙不含糊。日誦萬過，可以識進言緩急之宜，亦可以悟行文虛實之法矣。（《日知》尾）波趣橫溢，穎快天成，齊侯聞此，不待誦杜老花卿歌，自當已瘧矣。不説祝、史無罪，卻説祝、史不得不有罪，曲入一層，借端諷諫，意高則文自妙。風趣而以古厚出之，文品斯貴，與蘧啓彊論有備篇同法。（《菁華》尾）破空説出一事，俟其疑問，然後再申己意，戰國策士口吻往往如此。純以大氣包舉，故絶無堆垛痕跡。然不善學之，必以重疊取厭。論祝詛卻有妙語，全篇文字於此數句敘活。（闈生夾）本意惜齊之將亡，而收束歸入寬政，所以掩抑遏密之，使本意不輕露也。

　　十二月，齊侯田于沛，招虞人以弓，不進。（《淵鑒》眉）晏子辯和同，議論極正大條暢，可裨廟謨。臣正治曰："晏子和同之對，後世論朋黨者皆本諸此。爽鳩氏一段，以諧語爲箴規，含蘊無盡。"臣菼曰："弓招而虞人不至，由斯義也，必不與君同可否，即所謂和也。爽鳩數言殊快。"**公使執之，辭曰："昔我先君之田也，旃以招大夫，弓以招士，皮冠以招虞人。臣不見皮冠，故不敢進。"乃舍之。仲尼曰："守道不如守官，君子韙之。"**（《分國》尾）提出"先君之田"四字，便可壓服。先君何人？舉勇爵而好田者。（《左繡》眉）一本以此節連下篇，先爲"不同"作引，亦得。但下篇皆晏子問答，此節自以仲尼贊虞人，章法不屬，聽其各選可也。精簡語，見左氏脱換之妙。道者，人之所同。官者，己之所獨。（《左傳翼》尾）道者，公理，官則其所專守也。在官言官，在府言府，不在其位，則不謀其政，彼此不相侵越尋常。然而於招獨不然乎？孔子當仕有官職，而以其官召之，官曰"其官非其官"，召之而不往，可知矣。孟子説道兼説義，此正以義爲權衡者也。齊侯欲誅祝、史，十月以後事，得晏子諫而脩德，期而不瘳者，遂霍然而起。傳記此於"使有司寬政"後，亦見善政之能起疾，而良臣諫之之有益於君非淺鮮也。(《評林》眉)《經世鈔》："期年之疾，便能田沛，當是脩政得力。"張氏："虞人守官，義不敢往，義有重於死故也，乃行一不義而得天下不爲之心也，是以夫子取之。"按：王肅曰："道謂恭敬之道，見君召便往，守官非召不往也。"出《家語正論解》。注謂守道與守官本自別也。王元美："官與道豈二乎？柳子以爲非夫子之言，必矣！"〖編者按：凌稚隆作傳遜語。〗(方宗誠眉)此段是夾敘法，是賓位，晏子善諫是主位。

齊侯至自田，(《正論》眉)胡時化曰："和者，其中自有可否，若同則混然無別矣。和同之辨，公私之分也。晏子亦有見哉！"編者按：《文歸》以此語屬之茅坤，此與《左傳雋》所謂唐荊川之語亦無大差別，未知究爲何人之論。(《左傳雋》眉)唐荊川曰："和者，同中自有可否。若同，則混然無別矣。和同之辯，公私之分也。晏子之論，崇正不阿，析理詳明，春秋之良者矣。"(孫鑛眉)主意好而詞未工。(《才子》夾)至理至論不論，論其筆端，一何清峭疏越！(《左繡》眉)此篇兩番妙論，於平局得變格。如上截論和同，下截論無死，本可對寫，偏用前重後輕。和、同尤是一對，偏前詳後略。即以聲、味喻君臣，分明以兩與一，偏不用平對，而用遞對。可、否正意，一夾於兩喻之中，一安於兩喻之上。聲、味兩比，於和則用遙對，於同則用緊對，皆是於極易整齊處，化作參差局陳。悟得此法，整齊不病於板，參差不患其渙，而文不可勝用矣。若其理之精，調之圓，意之雋，詞之贍，無美不備，有目其知者耳。**晏子侍于遄台，子猶馳而造焉。**(《補義》眉)周云："'馳而造'，見狎昵之狀。"(方宗誠眉)通篇以梁丘據作倍。前段先離後合，不開口說出正意。此段先將正意揭出，文法變化。**公曰："唯據與我和夫！"晏子對曰："據亦同也，焉得爲和？"公曰："和與同異乎？"對曰："異。和如羹焉，水火醯醢鹽梅以烹魚肉，燀之以薪。宰夫和之，齊之以味，濟其不及，以洩其過。君子食之，以平其心。君臣亦然，君所謂可而有否焉，臣獻其否以成其可。君所謂否而有可焉，臣獻其可以去其否。**(孫鑛眉)獨此四句佳。**是以政平而不干，民無爭心。故《詩》曰：'亦有和羹，既戒既平。鬷嘏**

無言，時靡有爭。'先王之濟五味，和五聲也，以平其心，成其政也。(《左繡》眉）總領筆，不用之起處，而用之中間作牽上搭下關棙，結構絕奇。後人遙對中紐格似本於此。羹和、樂和，皆和字現成鐵板註腳。《析義》謂"舉宴中之味、宴中之樂，見其指點"，亦得。(《補義》眉）儲云："味、聲二喻，皆從《詩》出，春秋士大夫早已鼓吹風雅。"(《便覽》眉）聲、味總領，本是起筆，卻在中間一明一暗處作轉棙，前後過脈便分外靈動。(方宗誠眉）前以味喻，後以聲喻，中間總二句作橫擔，文法亦奇亦整。若將"先王之濟五味、和五聲也，以平其心，成其政也"，置在"對曰異"之下，作一總提，亦無不可，然不如此之奇變，所謂化板爲活。聲亦如味，(《約編》眉）牽上搭下法。一氣，二體，三類，四物，五聲，六律，七音，八風，九歌，以相成也。清濁、小大、短長、疾徐、哀樂、剛柔、遲速、高下、出入、周疏，以相濟也。(《補義》眉）韓、柳長句之祖。(《評林》眉）《滙參》："孔疏、周疏：'以上凡幾十事，皆兩字相對，其義相反，乃言樂聲如此相反以成音曲，猶羹之水火相反，人之和而不同也。'"君子聽之，以平其心。心平，德和。故《詩》曰：'德音不瑕。'今據不然。君所謂可，據亦曰可；君所謂否，據亦曰否。若以水濟水，誰能食之？若琴瑟之專壹，誰能聽之？同之不可也如是。"(《左傳雋》眉）張洪陽曰："齊景以順命爲和，晏子以義制命爲和，議論極是純正。是文錯綜比竝，亦如和羹之味，雅樂之音，可咀可聽。"李九我曰："'今據'以上，言和之異於同，以下言同之異於和。"(《文歸》尾）晏子和同之辨，在從理從欲關頭。"和如羹焉"以下，以五味之相濟喻之。"聲亦如味"以下，以五聲之相濟喻之。"今據不然"以下，又照應上意，結束一篇。二百餘言，而精神百倍矣。周季侯。剖析精絕，證佐亦深至雅確，想見古人學問本領。爻一。(《快筆》尾）和同之辨，純是至理至論，讒佞聞之，自覺通身汗下，有用之文也。若論其筆端，一何清峭疏越！通篇或二字成句，或四字成句，或五六字成句，俱用短音促節，左氏集中，又是一樣筆法。今人設喻，只一喻一正便了，否則兩喻都放在前。此則一層設喻，夾一層正解。再一層設喻，再夾一層正解。已有草蛇灰線之奇。而前層引《詩》，找足在正解以後。後層引《詩》，橫插在正解以前。章法變化，奇妙絕倫。最妙是"先王之濟五味"四句，方作過接,劈空再起,如波濤洶湧,忽往忽來,莫可名狀。允爲揣摩家之金科玉律。(《彙編》尾)和同之辨,純是至理至論,讒佞聞之,自當通身汗下。在今人手,即一喻一正便畢,否則兩喻都在前。今看其過接轉渡,變化莫測,而法脈又一絲不亂,此左氏之奇而正也。(《左繡》眉)前以參差敘,後以整齊束,煞筆勁足。"和"字凡四點,"同"字只一點,皆故意變化。(《精言》尾)晏子平日答"先王觀"之問,而流連荒亡之戒。此番景公既獵舉宴,恐禽荒酒荒之規所不能無,故謂梁丘據爲和,取其合心共樂也。晏子即以"同"字換卻"和"字,引他發問。隨取宴中之味、宴中之樂,現前指點,總在不同處爲和。且點出"心"字、"政"字、"德"字來,大見關係。且"和羹"二字,尚有成語。樂主於和,又是正詮。絕無杜撰一字,所以爲佳。和同之辨,純是至理至論,讒佞聞之,自當通身汗下。(《補義》眉)《困學紀聞》:"樂王鮒毀叔向,以平公不好賢也。梁丘據不毀晏子,以景公好賢也。二臣皆從君者,易地則皆然。"(《評林》眉)艾千子:"晏子和同之辨,匪特關於治理,且以廣夫子《論語》之旨。"彭士望:"本說味喻,卻又入君臣正義一段。本說君臣,卻又引《詩》'和羹',歸到五味,忽又及五聲,用'聲亦如味'一句渡脈,令人不見聲味兩喻平敘之跡,最爲高渾。"楊升菴:"上下以味與聲作譬,又各以《詩》結,此亦作文機軸,劉向之疏多用此法。"王季重:"《晏子春秋》曰:'景公游于牛山,北臨其國城而流涕,曰若何漫漫去此而死乎?艾孔、梁丘據皆從而泣,晏子獨笑於旁,公卲涕而顧晏子曰:"寡人今有遊悲,孔與據皆從寡人而泣,子獨笑,何也?"對曰:"使賢者常守之,則太公、桓公將常守之矣。使勇者常守之,則莊公、靈公將常守之矣。數君者常守之,則君安得此位而立焉?以其迭處之、迭去之,至於君也,而獨爲之流涕,是不仁也。不仁之君見一,諂媚之臣見二,此臣之所以獨笑也。"'與此文大異。"彭士望:"'同之不可也如是',前面俱說'和'字,此卻出'同'字正面,又夾入聲、味二喻,以一句結之,文字工巧精嚴,妙乃至此!"

飲酒樂。(《便覽》眉)渡下節奏自然,史公多祖之。蓋得此一點,上文皆飲時語也。公曰:"古而無死,其樂若何?"晏子對曰:"古而無死,則古之樂也,君何得焉?昔爽鳩氏始居此地,季荝因之,有逢伯陵因之,蒲姑氏因之,而後大公因之。(閻生夾)此亦喻富貴無常,齊祚將爲陳氏所有也。古者(或作若)無死,爽鳩氏之樂，非君所願也。"（文熙眉）穆文熙曰："景公以相徇爲和，晏子以相濟爲和，五味五聲，取譬可謂精切。"穆文熙曰："晏子論死生相代曉然，足破千古之惑。秦皇、漢武，當時何不聞此語也。"（《測義》夾）愚按：晏子和同之辯，匪特關於治理，且以廣夫子《論語》之旨。（《正集》尾）晏子論死生，足破千古之惑，秦皇、漢武，當時何不引此語也？穆少春。（韓范夾）無晏子一言，則以衰替之國，而求仙采藥之士進矣。民力其堪乎？故大臣貴正君心於方盟也。（王源尾）正義而以寓言出之，言之善，文之善者也。和同之異雖難辨，不過獻否獻可、可可否否數言畢耳。然言之無文，聽之難入，故設喻以形之。義則曲暢，詞則光華，娓娓而可以忘疲，侃侃而翻能悅耳。言之善，文之善者也。一義而分爲兩説或數説者，言之善，文之善者也。和羹之喻，善矣。乃引《詩》繳結之後，復提"先王濟五味、和五聲"一句，挽上生下，又轉出一段和聲之喻來，所謂一義而分爲兩説者也。夫兩説皆和耳，前正論可否數語，亦和耳。而和聲喻後，打轉子猶，始發明所謂同者而結之，此兩義還以兩説，而有詳有略，亦言之善而文之善者也。兩喻古儁磅礴，極色澤點染之工。然藻繢多易於散，此則前曰"君子食之以平其心"，後曰"君子聽之以平其心"，中曰"濟五味、和五聲以平其心，成其政"，關合極爲周緻，前後自是蟬聯。末從"飲酒樂"拖出一段餘波，與前若不相關，最有情致。然非特餘波而已，注謂"齊侯甘于所樂，忘于不死，晏子稱古以節其情願。"則此段正見晏子之不肯同處，與前文字字相關，不得以閒情視之也。（《彙鈔》眉）如五味五聲之和，自是切喻。更妙在歷數五味、五聲之不同處，以見其和，此中大有至理可思。而其筆法段落，或引喻時參入正論，更極變幻錯綜，卻又作整對，思徑何等超乎！（《分國》尾）晏子但爲"和"字説法，破其"同"耳，非君臣必欲相反也。爽鳩一對，惜不令秦皇、漢武，唐玄、憲兩宗聞之。（《知新》尾）和同之辨，關係君子、小人。人主欲適己自便，往往以同爲和，得此一番議論，直使長君、逢君一輩無所藉口，而喚醒荒君癡夢，尤爲警策。《烈祖》詩注，朱子與鄭、杜諸家不同，今從十三經本而暢達之，覺引言乃更親切。（《賞音》尾）晏子隨事納規，或隱或諷，或譎或直，皆能使其君油然以順。和同之論，則其析理之精者也。此篇之前，有諫誅祝、史一首，以文繁而姑置之。（《左繡》眉）一篇典贍文字，卻用清利之筆作掉尾，亦所謂相濟而和者也。結句從"何得"，又翻出一層，無論不得，即得亦不願分明說。人誰不死？只是樂不可極耳，諷刺絕佳。（昆崖尾）徐揚貢曰："若將兩喻平敘過，而後入正意，便是時手。妙在前後皆喻，中間正說，引《詩》卻帶前喻，入後喻，錯綜變化，結尾掉轉兩喻而無痕。前段過脈用'君臣亦然'四字，後段過脈用'聲亦如味'四字。'先王'句承詩詞一振，前後過脈俱聳起。靈忽變幻，不可端倪。末段奇情妙理，卻又用'飲酒樂'三字作過脈，若斷若連，縹緲無際。司馬史筆意多祖之。"吳蓀右曰："前分喻，後總收，文格極整，而行以參差頓挫之筆，遂不覺其整鍊，但覺其情深。"（《約編》尾）剖析和同，不刊之論，俯仰今古，達人之言。（《左傳翼》尾）馳而造，見狎昵之狀，景公恐晏子生嗔，故以"據與我和"掩蓋之，見其不必致怪也。晏子即就"和"字辯駁，以著其阿附之罪，而馳造之愆，不言已該，此皆持論力爭大處。至前借五味起論，後借五聲著解，《咀華》以爲"公在遄臺，飲酒宴樂，就景生情"，是也。晏子屢次正言極諫，田事發之，亦納約自牖之意。史公謂"君語及之即危言，不及之即危行"，其亦深知晏子也夫！五味必相濟而後可食，五聲必相合而後可聽，此公所知者。君臣之間，可否豈可一味唯諾，絕無獻替乎？千古諧媚之臣，則爲容悅，總以君可亦可、君否亦否爲衣缽，此頭觸屏風，陳咸不受父敎，尚有氣骨也。可否阿附，固失之諛，可否乖異，亦失之矯，必獻否成可，獻可去否，乃能平政化爭。晏子之言，頗爲盡善無弊。春秋人才，襄、昭時唯子產、晏子爲最。子產好處在抗大國、抑強宗，而晏子特以諫顯。聖門雖羞稱管、晏，孟子於雪宮章卻不沒其畜君之功，有以哉！（德宜尾）從和羹轉到五味，從五味帶起五聲，逐節轉落，極山斷雲連之妙。末後餘波，更如江上青峰，令人綿邈。（《便覽》尾）論和同、論無死，可對寫，偏前重後輕。和、同是的對，偏前詳後略。聲、味兩喻，偏放前後，若敘過聲味，過到君臣，便成俗手平調矣。芳輯評。（《日知》尾）精理名論，而出以雋快，獻可替否，開迪良多，不止論據也。虞人先爲不同作引，後段亦爲獻替作波，文情翔舞不盡。（盛謨總評）唐錫周曰："齊侯當時明明飲酒聽樂，文上和羹、和聲都是現前指點。左氏猶恐後人不曉，故後幅特地注明'飲酒樂'三字，欲人知前半幅紙上並無一字泛寫也。不謂千百年來，名賢輩出，竟無人理會到此。"左氏逗"同"字後，仍將"和"字寫，並不粘"同"字一筆，到後寫"同"字，只用前面文字翻轉一點變足，此左氏故意誤賓爲主也。讀時稍不細心，便被他瞞過，何曾辨得？

羹、聲二意皎皎，如兩鏡引光，掩映對射。到後數筆點出正意，以上文字皆成鏡中花矣。"飲酒樂"一段，嗚然欲顧，悠然而逝，令人摸索於字句之外。喻夢庵先生夜坐語愚曰："予嘗游南鄉，至無人之境，水流花落，四圍山盡，疑無路矣。徐徐一小徑，引入山路，行不半里，而煙火人家，又一村矣。"山中文字之妙，類多如此。讀此文，到中間引《詩》一結，疑無文矣，又忽生出五聲，開後面大段文字，其即師意也夫？（高塘尾）俞桐川曰："和、同二字，從無剖晰明辨至此。文設兩喻，中作一束一渡，牽上搭下。其正意卻在味下説出，聲下更不另解。末作平收，精密之中，特見奇變。虞人一段，似爲不同作照，無此段則'至自田'句無着。'守道不如守官'語亦精甚，俗本奈何刪之？"中間和同之辨，理蘊精確，可作《論語》義疏讀。篇首可以脫俗，篇尾可以破惑，若斷若連，當於意言外會之。（方宗誠眉）收有風趣。（《學餘》尾）晏子之言直矣，而能免於衰世，信於齊侯，豈非以其文乎？文而不直，是將以經術爲容悅之臣也。直而不文，是將從龍逢、比干於地下也。晏子信可法矣！

　　鄭子產有疾，（《正論》眉）古之治弊於猛，今之治弊於寬。故崔寔欲嚴鞭勒，蘇子欲乘弱用强，朱子欲以嚴爲本，蓋皆子產遺意。（《左繡》眉）此篇前案後斷，以子產爲主，太叔事正與子產反照。"善哉"一層，極稱其言。"遺愛"一層，並贊其人。一案兩斷，首尾呼應成章法。（《補義》眉）子產自襄公十九年爲卿，乃鄭簡公之十二年也。至是年卒，乃鄭定之八年也。是子產自爲卿，歷相簡、定二公，合計三十三年。《史記》乃謂歷相簡、定、獻、聲四公，以爲卒於聲公五年，則魯定公之十四年也，去子產之卒已二十六年矣。真西山猶仍《史記》之誤，亦失考矣。謂子大叔曰："我死，子必爲政。唯有德者能以寬服民，其次莫如猛。夫火烈，民望而畏之，故鮮死焉。水懦弱，民狎而翫之，則多死焉。（孫鑛眉）喻最切當。故寬難。"（《彙鈔》眉）立法嚴則民不犯，故用猛正保民之惠處，此自大經濟人語，彼婦人之仁與酷吏之虐，均不可以知之。（《約編》眉）此即"威克厥愛"之旨也，刑名家不得以此藉口。（《便覽》眉）看得"寬"字深，"猛"字便不淺，水火一喻奇而切。疾數月而卒。大叔爲政，不忍猛而寬。鄭國多盜，取人於萑苻之澤。大叔悔之，曰："吾早從夫子，不及此。"

興徒兵以攻萑苻之盜，盡殺之，盜少止。（方宗誠眉）以上敘事，以下論贊。

仲尼曰：「善哉！政寬則民慢，慢則糾之以猛。猛則民殘，殘則施之以寬。寬以濟猛，猛以濟寬，政是以和。（《便覽》眉）此左氏推原子產所以語此，夫子所以稱爲"遺愛"之故。六句字字頂針，亦層層脫卸。評爲四"則"字是一時並到者，固未妥。分爲因時、居心者，亦未確。《詩》曰：'民亦勞止，汔可小康。惠此中國，以綏四方。'施之以寬也。'毋從詭隨，以謹無良。式遏寇虐，慘不畏明。'糾之以猛也。'柔遠能邇，以定我王。'平之以和也。又曰：'不競不絿，不剛不柔。布政優優，百祿是遒。'和之至也。」（《左傳雋》眉）趙永江曰：「仲尼稱子產語，先儒多論其不當。讀者不以辭害意，亦爲政之體也。」（《左傳雋》尾）胡致堂曰：「政寬民慢之言，非孔子之言也，乃左氏贊辭耳。豈有仁人爲政，先致殘慢之弊，乃從而濟之乎？」（《彙鈔》眉）一味用猛，雖非殘酷，畢竟不是中道，不若聖人寬猛相濟之說爲至當。蓋惟其相濟，則但見其和，而寬猛之跡俱化矣。（《便覽》眉）又足一層，方是寬猛一時皆到工夫，文法亦化板爲活。（方宗誠眉）仲尼此段，本應在"故寬難"之下。收處"及子產卒，仲尼聞之"三句，本應在"太叔爲政"之上。今將前二段敘事，後二段論贊，文乃不平鋪直敘矣。

及子產卒，仲尼聞之，出涕曰："古之遺愛也。"（德秀尾）愚按：聖經無"猛"字，此說未必實，姑存之。（文熙眉）穆文熙曰："爲政之道，不必於猛，亦不必於寬。引繩而木自正，控勒而馬自閑，班倕、王良何嘗一容心哉？子產矯寬以猛，大叔矯猛以寬，切之未協於道，不有仲尼，孰爲用中之論哉？"（《測義》夾）黃震氏曰："鄭小國，介於晉、楚，服晉則楚伐，乃服楚則晉伐。乃子產執政，兩事晉、楚，安靜者數十年，此鄭人悲之如己親戚，而孔子亦泣爲古之遺愛也。"（鍾惺眉）春秋諸大夫有子產，有古大臣之風，其識力議論皆高人一層。（《文歸》尾）子產之猛，意在使民鮮死，豈非古之遺愛哉？水弱易玩多死，然則寬者，民之死地也。且末世樂寬之易，而子產曰："寬難。"其旨深矣。寬而能使民無死地，惟有德者能之，此寬之所以難也。伯敬。此與宣帝王伯雜用之論，皆審己度世，妙口實心，無容輕議。仲衍。再引證，再自解，唱歎俛仰、不能自已之情，曲曲寫出。爻一。(韓范夾) 春秋諸大夫，管仲、魏絳而後，則一子產矣。子產雖事小國，而更多大臣之度，若以處之晉、齊大邦，其施爲正未可量也。(王源尾) 凡讀古人文字，未有不知其意之所在而能知其文之妙者也。試問讀此文者，謂序子產之寬乎？抑序其猛乎？苟有目者，未有不以爲序子產之猛也。噫！子產果以猛爲政，是商、韓之流矣。何以爲惠人乎？何以爲古之遺愛乎？夫子產之語子大叔，明教之以猛矣，大叔明以不猛而寬以致盜矣，何得謂子產之不以猛？曰天下之道，唯其平而已，不平則矯之。矯之者，欲其平，不欲其偏而已。平則中，中則和，中和而天地位、萬物育，何有於一國之政哉？然則子產之猛，所以矯鄭人之媮也，矯其媮以就於平也。政雖猛而實和，言雖猛而亦和也，此作者之意也。然問其政，政猛矣。序其言，言猛矣。何以見其和？何以見其和而不猛耶？曰聖人之言，有足徵也。於是序子產既畢，突入仲尼，寬猛並論，無所軒輊，而歸重於和。見子產之爲政，歸於和者也。不得謂之寬，不得謂之猛，而直謂之和也。和也者，仁而已。仁也者，愛而已。古之遺愛，舍子產其誰哉？而謂之猛也乎哉？古人之文，有文如此而意即如此者，有文如此而意卻不如此者，有意如此而文或如此或不如此、參錯互見者，總不可以一格論也。蓋作者隨局以爲文，讀者亦當隨局以觀意。意得而局得，意得而文得，意得而古人不傳之秘無不得矣。然則心知其意，非讀書之首務哉？而沾沾於字句之中以爲得者，猶探驪者之不得其珠，但得其片鱗殘介，以爲得者。(《快筆》尾) 養民惠，子產之寬也。鑄刑書，子產之猛也。先寬而後猛，即孔子所云寬猛相濟也。獨至遺囑太叔，而尚主猛言，誠見鄭國當日非寬政所能治，而又抑知大叔用寬之弊，故特爲痛下一針耳，非謂政必尚猛也。玩"其次"二字，便見立言本旨。大叔雖失之寬，然能悔而改，則亦寬而濟之以猛者也。孔子不過推廣其說而發明之，但添出一"和"字，便是萬世不易之常經。後人不察，泥其先殘暴而後相濟，以爲非聖人語，殊覺頭巾氣。"善哉"一贊，在子產既卒之後。"遺愛"一涕，在子產方卒之時。或疑其敍次無倫，不知此非序事也。左氏之意，慮後誤認子產之論偏重猛邊，故錯綜援引以爲證。其重引孔子語作結者，注意在一"愛"字也。隱然見子產勸大叔用猛，正在愛民處，讀者不可不知。(《古文研》尾) 鄭俗頹靡，子產用猛，原是救時之法。"有德"云云，謙詞也。大叔不悟其意而用寬，後復繼之以殺，彼此失據矣。夫論爲政者之手段，糾慢以猛，蘇殘以寬，原應相時而施。若論爲政者之居心，寬以濟猛，猛以濟寬，實未嘗偏重一邊也。不然，火烈之政，仲尼何以有遺愛之歎乎？舊解誤認寬猛數語，或疑不應任其既失而後補救，或以糾慢蘇殘皆一時並到，俱失之矣。（《覺斯》尾）過商侯曰："寬是子產本心，寬而濟之以猛，灼見鄭國當日非寬政所能治，而又遠慮太叔之寬，必至廢紀綱、滅禮義，故特爲痛下一針。夫子稱之曰遺愛，到底只贊得他寬處。"（魏禧尾）彭家屛曰："皋陶之美舜曰'御衆以寬'，舜之命契曰'敬敷五教在寬'，寬則人民和樂，政事順成，此爲政之本，先王之要道也。然寬之所不可，則裁之以義，故又曰'明於五刑，以弼五教'，即猛之意也。然其本末之間，則有辨矣。聖人云：'居上不寬，吾何以觀之哉？'爲政者不可不察也。猛以佐寬之所不可及，故曰'濟'。如堯舜之世，不虐無告，罰弗及嗣，寬也。誅放四凶，分背三苗，猛也。眚災肆赦，寬也。怙終賊刑，猛也。戒之用休，寬也。董之用威，猛也。《周禮》'刑新國用輕典'，寬也。'刑亂國用重典'，猛也。蓋因時因人因事因地，酌量以取中，非謂行寬政之後，必有流弊而以猛救之也。寬本無弊，寬而至於民慢，用寬者之過，而不可以是誣先王之道爲有弊也。俗吏誤認此篇之旨，謂寬將有弊，激而操切自用，以蚩蚩之氓，嘗其火氣，求治於敲撲之下，報最於督責之間，豈父母斯民之道乎？其弊也，民怨事閣，卒亦不理。吁！是亦不善學者之過也。寬、猛皆一時事，只因物付物，寬嚴得中耳，非一時用寬，一時又用猛也。譬如煮物，須水調濟，非一時用水，一時又用火也。若時水時火，則失物性矣。傳中'政寬則民慢，慢則糾之以猛。猛則民殘，殘則施之以寬'，讀者須善會之。蓋一向寬，猶可言也。一向猛，則此一時也，民已不勝其殘矣。殘民豈爲上者所忍言乎？是不可不辨也。傳言聖人云'寬以濟猛，猛以濟寬'，'濟'字極有斟酌。子產云'惟有德者能以寬服民，其次莫如猛'，'莫如'二字，便有畸重猛一邊意。又曰'水懦則民狎而翫之，火烈民望而畏之'，更是英分霸氣，遂爲後世酷吏之所藉口。大抵鄭俗弊民翫，子產爲政用猛處居多，生其國，行其政，而性情學問遂移於此。故將死之頃，僅以是爲子大叔告也。吁！其于先王之道有未盡乎！"（《析義》尾）子產告太叔寬猛數語，即其平日爲政全副學問。如鑄刑書，自謂"吾以救世"，其出於不得已之意可見。未嘗謂寬非善政，必當從猛也。曰"其次"、曰"難"，立言甚有斟酌。乃太叔不從其言，以致鄭國多盜，而興兵盡殺，不幾於始慢而終殘乎？左氏引夫子贊子產之詞，即所謂"養民惠，使民義"二語之義，正好與太叔得失相形。及子產卒，復稱爲古之遺愛，即答或問以惠人之意，乃推見其苦心在於殺以止殺、刑期無刑，此理尤非太叔所能知也。篇中結構完密，兩人軒輊自見。一唱三歎，饒有餘味。俗眼多以"善哉"二字，誤認作贊太叔之詞。獨不思太叔爲政，在子產既卒之後，何傳末又有"聞子產卒"一語？且既贊太叔矣，乃用"及"字轉入子產而稱之，詞意尤不相貫。此最明白易曉者，亦憒憒焉，余誠不解其何故也！（《分國》尾）"唯有德者能以寬撫民"，僑且不自居於有德，太叔悞矣。嗚呼！曹參守蕭何之法而治，任尚違班超之法而亂，賢者立法垂訓，何可忽乎？吳漢臨終，語光武曰："願陛下慎無赦。"寬猛之濟，可知矣。（《觀止》尾）子產不是一味任猛。蓋立法嚴則民不犯，正所以全其生，此中大有作用。太叔始寬而繼猛，殊失子產授政之意。觀孔子歎美子產，而以寬猛相濟立論，則政和諒非用猛所能致。末以遺愛結之，便有分曉。（《集解》尾）寬爲居上之本，若大叔之不忍，直是姑息耳，非寬也。故子產曰"惟有德者，乃能以寬服民"，子產看透此旨，用猛正是用寬，觀火烈鮮死之言便見。惟其立心寬厚，孔子故以"遺愛"稱之。（《彙編》尾）子產寬猛之言，所謂刑亂民用重典者也，自是救時良策。孔子相濟之論，即《洪範》"沉潛剛克，高明柔克"，義用三德，自是常經。胡氏泥其先殘慢而後相濟，以爲非聖人語，真宋儒頭巾氣。前後論寬猛，中間乙太叔作腰折，乃上下兩截文字。後段連引四《詩》，末只單結遺愛，尤爲變幻。（《知新》尾）寬猛之用，非得已也。因時相濟，乃爲得中。子產本惠人之心，行救弊之政，故用猛而不酷，子大叔之才不逮遠矣，而意自不失爲忠厚。引夫子一段，乃見居常讚歎子產，與子大叔自無涉。（《賞音》尾）政有一定之綱紀，行政則有寬有猛耳。子產意主於猛，猶是任智之一術，未及寬猛相濟之妙理也。故傳引仲尼之論政，見必極於和之至，而後爲善耳。然其猛也，正以善用其愛，故復引仲尼出涕之言，深致惋惜之意，見當時之識得此意者，蓋亦罕矣。（《左繡》眉）子產語，全重在猛，夫子卻看出他濟寬，至末直稱之爲遺愛，便是目以惠人本旨。而太叔之不和，意在言表矣。子產只說寬猛，夫子卻添一"和"字，便說得融洽無滲漏，亦預爲"愛"字作地步也。又足"和之至也"一層，化板爲活。四"不"字，見相濟之妙。並寬猛之名皆化也。《析義》謂此兩端都容不得在內，乃過火語。（儲欣尾）子產之說，易爲刑名家所藉口，得夫子相濟之論而始平，此萬世治天下之體要也。（美中尾）子產自襄十九年爲卿，乃鄭簡公之十二年也。至是年卒，乃鄭定公之八年也。《史記》謂歷相簡、定、獻、聲四公，誤矣。（《約編》眉）仲尼此論，乃平日歎美子產之政，故此處復接"及子產卒"句。子產意欲用猛，而仲尼稱其"遺愛"，見其以猛濟寬也。（《約編》尾）此結子產爲政之案。（《嗒鳳》尾）國氏之論，不主於寬，蓋即本其平日之爲政以相授受也。夫子善之，而又歎爲遺愛，總原其心在於生人，故略跡而言。國氏分説寬猛，子云以濟而和，持論更爲融輸。（《左傳翼》尾）春溫秋肅備而歲功成，仁育義正全而王道盡，寬猛相濟，乃仁育義正之謂也。一"和"字正調劑得中之妙，子產養民惠，使民義，意主於寬，而濟之以猛。雖"平之以和"尚有未至，卻與申、韓之徒不同，子故以惠人稱之。此番教太叔，原欲以猛濟寬，不致民翫多死。太叔不知其言妙用，一味用寬，卒致後悔。子產與太叔最相知，太叔每事輒遜一籌，才識學力洵不可強。人之氣習不能無偏，故其見之政治者，非猛則寬，最難得和。知其偏而隨以相濟，不唯能和，亦可底於和之至。故政寬民慢數語，見二者不可偏重意，而隨時補救之道即在其中。若謂寬猛原一時並到，不應任其既失而後輔救，豈詩所云"不競不絿，不剛不柔"，盡自然而然不由調劑而得乎？《書》言："沉潛剛克，高明柔克。"孔子論文質不可相勝，豈不損有餘補不足，而能至於彬彬乎！秉國成者，設遇崔符之盜，何以處之？漢承秦弊，亦將苛法不除，而能與民更始乎？爲是說者，老大不以子產之說爲然，故以"糾之以猛"爲非聖人語，而不知"寬猛相濟"，即繼"平之以和"，且云"和之至"，則非專尚猛烈可知。即子產亦云"唯有德者能以寬服民"，而未嘗專主於猛也，掊擊何爲？（《補義》眉）"遺愛"二字，子產定評。（《便覽》尾）此是"惠人也"宗旨，前半之案，以子產爲主，卻有太叔反照一層。後半之斷，以夫子爲主，卻入自己議論一段。局法自參差整齊並到。芳輯評。（《日知》尾）子產本領品目，至此特爲點睛，知左氏傾倒至矣。子產只是以猛成其寬耳，然告太叔似側重猛，自夫子言之，則寬猛相濟，皆文家作勢養局，不令人一望而盡處。觀結處斷語，又是爲前兩段議論點睛也。（盛謨總評）通篇只注"寬以濟猛"三句，前面子產口中，揚起"寬"字，跌入"猛"字，又側重"猛"字，倒注"寬"字，生出"多盜"一段文字，其變化離幻，如神電出没，總爲孔子一段作勢也。然子產曰"畏之""翫之"，言下已有相濟之意矣。作者卻故意側重猛，以起"多盜"一段，偏於孔子口中，活活點出"相濟"，讀者若迷若離，失所瞻顧，真千古絕筆也！外間只向前後、寬猛駁辨，大是說夢。（高嵣尾）俞桐川曰："子產尚猛，仲尼稱為遺愛。蓋古人心寓於法之中，欲使民服其治，不必己市其恩。後世舍心而恃法，或廢法而任心，所以終不治也。子產救敝之言，仲尼持平之論。"此結子產為政案也。子產用猛，夫子稱其"養民惠"，又曰"惠人"，曰"遺愛"，知非武健吏可藉口也。後猛寬相濟，義理精確不磨。（《自怡軒》尾）子產尚猛，正是善用其愛，故聖人有遺愛之稱。許穆堂。（《評林》眉）林西仲："知寬猛各有其弊，隨以相濟，玩四個'則'字，是一時並到語氣，非俟其既失而後補救也。胡氏以為非聖人之語，因太泥字句，且錯認'糾之以猛'句作贊大叔話頭耳！"魏禧："此言其流弊所至，非謂先自居於弊，而後救之也。"《補注》："政是以和，此非聖人之言，善為政者，寬不至慢，猛不至殘，可也。待其慢然後濟之以猛，見其殘然後濟之以寬，則上下交相病久矣。故剛柔無兩用之道，寬猛非相濟之具，左氏不得與七十子之徒接，所引聖人語每多傅會。"《滙參》："'上善哉'，乃善子產之言，此及'子產卒'，乃遙接前文，而贊子產平日之政，《正義》以'善哉'為善子大叔，非。"鍾伯敬："按《史記》，孔子嘗兄事子產八年，此其既死而泣也。"魏禧："遺愛，謂有古者愛人之遺風，舊注非。為火烈之論，而謂之遺愛，聖賢之論愛者如是。"（方宗誠眉）子產教子大叔猛，而仲尼乃稱為遺愛，極有神理，耐人思索不盡。（《菁華》尾）子產之說善矣，然尚狃於一偏。蓋專就鄭事而言，而非大中至正之道。引聖人之言，方見四達無弊。

◇昭公二十一年

【經】二十有一年春王三月，葬蔡平公。夏，晉侯使士鞅來聘。（《評林》眉）許翰："禮好不結，而財求無度，則聘義亡矣，蓋自是聘不復志。"宋華亥、向寧、華定自陳入于宋南里以叛。（《評林》眉）家鉉翁："書叛，誅姦之極典。莘、向首禍，於國討而奔，奔而復，乃挾吳、楚，將覆宗國，叛狀既著，始書叛。"秋七月壬午朔，日有食之。八月乙亥，叔輒卒。（《評林》眉）趙鵬飛："叔輒無事業見於經,而獨書'卒',志世爵也。"冬,蔡侯朱出奔楚。(《評林》眉)嚴啓隆:"朱出奔楚,而不書其卒,是卒於楚也,不成其爲君,故無諡,東國於是爲悼公。"公如晉,至河乃復。(《評林》眉)家鉉翁:"叔孫爲政,季氏惡諸晉,士鞅怒卑己,故公爲所卻,蓋季氏外交强國大夫,脅制其上。"

【傳】二十一年春,天王將鑄無射。泠州鳩曰:"王其以心疾死乎?(韓范夾)繇此觀之,聲音之所感深矣,聖王是以重作樂也。夫樂,天子之職也。夫音,樂之輿也。而鐘,音之器也。天子省風以作樂,器以鐘之,輿以行之。小者不窕,大者不摦,則和於物,物和則嘉成。故和聲入於耳而藏於心,心億則樂。窕則不咸,摦則不容,心是以感,感實生疾。今鐘摦矣,王心弗堪,其能久乎?"(王源尾)樂通乎氣,邪正辨也。樂通乎政,治忽審也。樂通乎心,死生判也。至於死生可卜,而樂之理微矣!神矣!微而顯之,神而明之,而文之能事尚有加乎?此傳古奧淵宏,堪比典謨,正以其具不同耳。心者,立言之旨,一篇之綱。一句挈起,後用三折筆,折到鐘,又以三句總之,然後別具美惡,而點明正意以爲結。何嘗無折也?先言不窕不摦之足以養心,次言窕與摦之足以害心,然後言王鐘之摦,而結明其將有心疾之意,又何嘗無賓主也?短篇之法皆然。字法古峭,句法因之,章法亦因之。《考工記》文字,全是此種。(《分國》尾)景王樂憂,心疾已久。無射之應,心實召之。非心感於鐘,鐘實感於心也,鳩之言,但見一節耳。宋仁宗詔胡瑗較定鐘律,時黄鐘律短,所奏音高,又其鐘弇而直,聲鬱不發。劉義叟曰:"此謂害金,帝將感心腹之疾。"與此一例。(《左繡》眉)起結呼應,中間作三層讀。首六句總領,下以一反一正分説,極精之理,極細之文。只以一字論樂論心,微甚!(《左傳翼》尾)德,性之端也。樂,德之華也。金石絲竹,樂之器也。和順積中,而英華外發,必根於心而樂器從之。然先王因心以作樂,亦因樂以感心,故鐘器雖末,與心正有相感之道,必不窕不摦,和聲相應,聽之以平其心,心億則安,是以無疾。今以鐘之摦,而知王心之弗堪,奧理得未曾有。景王失人君之道,叔向早於以喪宴賓而知其不終,既乖於禮,又恣於樂,欲久得乎?(《補義》眉)突提心疾死,是諫不從而傷感之辭。(高塘尾)爲明年天王崩傳也,從樂説入心,論理精微。(《評林》眉)《附見》："《孝經》曰：'移風易俗，莫善於樂。'"

三月，葬蔡平公。蔡大子朱失位，位在卑。大夫送葬者歸，見昭子。昭子問蔡故，以告。昭子歎曰："蔡其亡乎！若不亡，是君也必不終。《詩》曰：'不解于位，民之攸墍。'今蔡侯始即位，而適卑，身將從之。"（《左繡》眉）此等皆所謂動乎四體者也，依理斷去，固不難知耳。（《補義》眉）禮貴得中，過猶不及。

夏，晉士鞅來聘，叔孫爲政。季孫欲惡諸晉，使有司以齊鮑國歸費之禮爲士鞅。（韓范夾）爲私憤而忘國禮，"他志"又見於此矣。士鞅怒，曰："鮑國之位下，其國小，而使鞅從其牢禮，是卑敝邑也。將復諸寡君。"魯人恐，加四牢焉，爲十一牢。（《測義》夾）愚按：《周禮》："使卿，主國待之饔餼五牢。"嫭以七牢禮鞅，亦過矣，猶少之耶？宣子請環於鄭伯，子產卒弗與，宣子爲謝不敏。以嫭之賢，豈其爲鞅一怒，遂棄《周禮》以從之乎？必季孫主之者，而力弗能禁矣。〖編者按：奧田元繼作陳眉公語。〗（《分國》尾）季孫以私忿，欲使叔孫得罪於晉而見黜焉，故薄晉牢。後以邾故，叔孫如晉，遂爲晉人所執。奸人當國，不顧國體如是。（《左繡》眉）勢利起於家庭，猜忌深於骨肉，讀此文起句，使人逃形逆影之思頓生。歸費之禮，不言其數，至末方用兩層點清，左氏慣用前暗後明筆法。此句若正說，只當云以其禮禮鞅，語便平和。一倒轉，便覺得老大不堪，又與"卑鄙邑"句法，有一順一逆之妙矣。昭子有辭，此處當有一首妙文讀。（《左傳翼》尾）穆子一生爲季宿所忌，屢次傾陷，卒以正免。今意如又忌昭子，事事作愿，欲惡之於晉，二十三年之執，焉知非此聘爲之？所以不忌孟孫者，以其位下，且孝伯爲季所立，世世膠漆相投，聽其驅策而不敢自立崖岸也。"恭近於禮，遠恥辱也"，一有所失，則恥辱之來，過與不及等。魯秉周禮，爲天下仰望，只爲一鮑國歸費，喜之不勝，加牢失禮，遂爲今此士鞅口實。而日後吳人百牢之徵，亦從此起，禮之不可失也如是！方信子產於晉事事折之以禮，確有定見。（《補義》眉）亦是季孫使之。（《評林》眉）陳傅良："爲十一牢，傳積魯不守禮之失。"

宋華費遂生華貙、華多僚、華登。（孫鑛眉）敘事嚴核且入細，第略嫌肉少，議論語不甚濃，稍覺碎，宜合後二段爲一篇。貙爲少司馬，多僚爲御士，與貙相惡，乃譖諸公曰："貙將納亡人。"

(《補義》眉）本是謔言，至後竟成實話。亟言之。公曰："司馬以吾故，亡其良子。死亡有命，吾不可以再亡之。"（《補義》眉）不審其事之有無，而自認死亡，公已中讒人之毒。對曰："君若愛司馬，則如亡。死如可逃，何遠之有？"公懼，使侍人召司馬之侍人宜僚，飲之酒而使告司馬。司馬歎曰："必多僚也。吾有讒子而弗能殺，吾又不死，抑君有命，可若何？"（《補義》眉）知子莫如父，然恨除之不早，且使爲公御士。乃與公謀逐華貙，將使田孟諸而遣之。公飲之酒，厚酬之，賜及從者。（《評林》眉）李卓吾："既飲宜僚以酒，又飲華貙以酒，蓋動以酒爲餌也。"《經世鈔》："何不以白於公，而殺多僚乎？"司馬亦如之。張匄尤之，曰："必有故。"使子皮承宜僚以劍而訊之。（《補義》眉）是陪臣執命之時，大夫亦不得自主。宜僚盡以告。張匄欲殺多僚，子皮曰："司馬老矣，登之謂甚，吾又重之，不如亡也。"五月丙申，子皮將見司馬而行，則遇多僚御司馬而朝。張匄不勝其怒，遂與子皮、臼任、鄭翩殺多僚，劫司馬以叛，而召亡人。（《評林》眉）《經世鈔》："殺之而歸罪可也，張匄有性氣，不學無術。"壬寅，華、向入。樂大心、豐愆、華牼禦諸橫。（《補義》眉）禦橫之師最得力，否則即欲守舊廊亦不可得也。華氏居盧門，以南里叛。六月庚午，宋城舊廊及桑林之門而守之。（文熙眉）穆文熙曰："司馬自知多僚爲讒，不能殺，反與宋公謀逐華貙，激成仇殺之變，則司馬不能逃其罪矣。"（《分國》尾）華多僚之譖貙，張匄殺之，似也。但不得劫司馬以叛、召亡人耳。匄爲貙臣，舉動之妄如此，則多僚之譖於公曰"貙將納亡人"，固爲屬實，而匄與貙之叛，罪甚於多僚也。知子莫若父，司馬既知爲多僚故，何難召二子訊質之？乃曰君命可若何，況假孟諸之田爲遣逐之計，既不能殺讒子，又以計逐無辜，司馬老矣，作事何憒憒也！橫亭之禦，牼知有國，不知有家，宜乎諸華亡，牼獨以少司寇終哉！（《左繡》眉）此篇敘華、向亂之又生，全由多僚一人。凡分四節讀：起至"何遠之有"，寫多僚讒譖。中二節寫一邊謀逐，一邊願行，相遞對敘，以飲宜僚酒、承宜僚劍爲眼目，以將使田孟諸而行之、將見司馬而行爲機括。末段正寫激叛事，始以納亡人誣其兄者，終果以召亡人陷其父。雖立時授首，而南里之入，舊廊之守，其禍家以及國者，罪不勝誅也。通篇事本一線，而文更段落明整。"公飲之酒"四節，乃是兩對中間承上起下關棙語，前以"將死""將見"兩"將"字跌出一"則"字，寫得此變出於意外，筆筆有跳擲之勢也。華、向之亂，唯費遂無失德，而又爲讒子所敗，蓋華元之德没矣。文中凡九點"司馬"，亦殊惜之。本文與華登無涉，起手並點一筆，後以"亡其良子""登之謂甚"，特特照顧。蓋前跟奔吴，後爲直接"以吴師至"伏脈也。最敍事草蛇灰線入妙處！（林紓尾）宋元公無信、多私，逐華氏而敗，以公子質華氏，華、向亦以子質公，可笑也。已而公殺華、向質子，逐華向、華登，獨華豻保全公子不殺，公復之。則華氏之忠，獨一華豻。至華費遂，則木偶人耳。戾氣所鍾，乃生多僚，至兄弟不相容，華氏之族垂赤矣。通篇樞紐全在張匄一人，子皮弱，尚知愛其父，並及其兄登。元公懦，尚憐司馬之謹願，而不爲已甚。至中多僚之譖，謂死亡且及其身，勢在不能不發。一路寫來，賜酒厚酬，並及從者。即司馬亦欲善遣華貙，華貙亦但欲一面司馬即行，似甚太平無事。偏生張匄一段憤怒之氣，積不能甘。冤對之來，又適與多僚相遇。張匄既動，則子皮亦不能不從。此皆華氏一門之戾氣壅積，不至於崩剥不止。故讀史有悟者，往往歸之於天也。（《菁華》尾）一門之中，骨肉至親，皆如仇敵，天性滅矣。雖欲不亡，得乎？明知多僚之惡而不能去，宋之再亂，華費遂不得辭其咎矣。

　　秋七月壬午朔，日有食之。公問於梓慎曰："是何物也，禍福何爲？"對曰："二至、二分，日有食之，不爲災。日月之行也，分，同道也；至，相過也。其他月則爲災，陽不克也，故常爲水。"（《左繡》眉）曆數語，寫得恁流逆。（《補義》眉）"不爲災"與"非所苦"映照。（《評林》眉）王元美："梓慎不能因公之問，告以遇災而懼之意，乃曰'不爲災'，使公怠於修政，遂致失國。蓋黨季氏，而姑爲諂諛以悅君也。"〖編者按：凌稚隆作汪克寬語。〗汪道昆："日食在夏至、冬至不爲災，説爲有理。"

　　於是叔輒哭日食。昭子曰："子叔將死，非所哭也。"八月，叔輒卒。（《分國》尾）二至二分日食，不爲災，其餘皆災。言簡理透，天官家恐未必曉。（《左繡》眉）"日食""輒卒"，風馬牛耳。中以"於是哭"句作承轉，而兩經分點首尾，上是先點後講，下是先斷後點，章法致佳，憂天者固自有人。

冬十月，華登以吳師救華氏。（韓范夾）宋蕞爾國，而多疆臣之害。蓋世祿之家，鮮克由禮，華氏之與魯季孫、晉三卿，一也。抑當時諸侯不臣天子，故迄春秋之末，君弱大夫強，大小國皆然，不有天子之討，而有家臣之患，亦天也。（《左繡》眉）此篇華登起，華登結，中分兩截。上截以廚人濮爲主，下截以公子城爲主。一以敗新里煞，一以圍南里煞，片段極分明也。"華登以吳師救華氏"本與末段"如楚乞師"相呼應，又與"公子城以晉師至"相對作提，左氏一脈兩用處最多。（《補義》眉）春秋無以國都爲戰場者，集五國之師戰宋都，民生塗炭極矣。分兩截看，上截以廚人濮爲主，下截以公子城爲主。（《評林》眉）彭士望："外援至，有分之使不得合者，有使之合聚而殲之者，總看自己兵何如，然分之較是穩着。"齊烏枝鳴戍宋。（方宗誠眉）先伏齊烏枝鳴，爲後地步。廚人濮曰："《軍志》有之：'先人有奪人之心，後人有待其衰。'盍及其勞且未定也伐諸？若入而固，則華氏衆矣，悔無及也。"從之。丙寅，齊師、宋師敗吳師于鴻口，獲其二帥公子苦雂、偃州員。華登帥其餘以敗宋師。公欲出，廚人濮曰："吾小人，可藉死而不能送亡，君請待之。"乃徇曰："揚徽者，公徒也。"衆從之。（《補義》眉）李雪坪曰："惟小人可以藉死，若大人皆叛矣。如公一出，則魯昭耳。得力全在揚徽徇衆。"（《評林》眉）《經世鈔》："廚人濮忠、智、勇三德俱全。"《補注》："'而不能送亡'，'送亡'句絕，孔疏非。"公自揚門見之，下而巡之，曰："國亡君死，二三子之恥也，豈專孤之罪也？"齊烏枝鳴曰："用少莫如齊致死，齊致死莫如去備。彼多兵矣，請皆用劍。"（孫鑛眉）今邊軍唯用短刀，即此意。（《補義》眉）唐云："有死之心，無生之氣，李光弼置刀靴中似之。"又云："急智，朱序陣後之呼似之。"從之。華氏北，復即之。廚人濮以裳裹首而荷以走，曰："得華登矣！"（韓范夾）烏枝之去備、廚人之裹首，開後來兵家多少法門。（《評林》眉）穆文熙："兵法破甑焚舟，背城一戰，皆致死之謂，而以裳裹首，號招以挫敵人之氣，異哉！廚人乃知兵如此乎！"彭士望："非齊致死必不能轉敗，'去備'二字，韓信之背水，王鎮惡之斬纜，項羽之破釜沉舟，皆從此出。"李笠翁："廚人濮以裳裹首，即晉朱序所呼'秦兵敗矣'之意，蓋彼此倉卒，非詭謀不足寒其膽也。"《經世鈔》："後之用此法以破敵者多矣。"遂敗華氏于新里。翟僂新居于新里，既戰，說甲於公而歸。華妵居于公里，亦如之。（文熙眉）穆文熙曰："烏枝鳴去長兵，用短兵，得以少擊衆之法。廚人濮詐言得華登首，以恐華氏，則兵家之所謂奪氣也。二子其俱深於兵者乎？"又云："翟僂助公戰，而歸居華氏之里，不自居功，可以爲賢。華妵助華氏戰，而居于公里，則賊也。傳言不訾小忿，過矣。"（《左繡》眉）上截又分三節，以三"從之"爲節次，前兩"從之"從廚人濮之謀，後一"從之"從烏枝鳴策，以濮爲主，故仍以裹首荷走歸結新里之敗。下截則純寫公子城，以四"射之"爲節次，與前相配作章法。一寫濮善謀，一寫城善戰，各自寫得有精神。孫執升曰："華氏之亂，發難於張匄。宋師之勝，定謀於烏枝鳴，成功於廚人濮。其間多僚、華貙，自內構亂者也。華向、華登，自外與亂者也。豹與亥、妵，華族也。曰任鄭翩，華黨也。干犨，以御死華者也。宜僚，洩謀者也。翟僂，新公臣之在內者也。公子城，公臣之外至者也。吳師救華，諸侯之師救宋。敘次錯錯落落，有兵機，有陣法，有戰勢，筆筆整，筆筆暇。自起自住，自伏自應，不雜不漏，六轡在手，馨控自如，固應獨絕千古。"（《補義》眉）忽插二事，見華氏與公中分其氏。（閭生夾）此與張匄、干犨之死，皆記時人昧大義而矜小節也。（《評林》眉）《附見》："翟僂新、華妵互居敵地，注所謂不訾小忿也。"

　　十一月癸未，公子城以晉師至。曹翰胡會晉荀吳、齊苑何忌、衛公子朝救宋。（《補義》眉）李云："齊景既遣烏枝鳴戍宋，又遣苑何忌從師，亦見齊景救患之切。"（《評林》眉）《補注》："'救宋'，不書救宋，以出本爲義，說見《屬辭》。陳氏曰：'傳言晉以諸侯之師救宋，圍南里，不書，與圍彭城書法異。'"丙戌，與華氏戰于赭丘。鄭翩願爲鸛，其御願爲鵝。（《左繡》眉）爲鸛爲鵝與揚徽用劍，相映成景。（《補義》眉）陳云："傳之鵝、鸛，莊之鶴列，意即龍虎鳥蛇類也，李衛公謂後人詭設物象耳。"子禄御公子城，莊堇爲右。干犨御呂封人華豹，張匄爲右。相遇，城還。華豹曰："城也！"城怒而反之，將注，豹則關矣。曰："平公之靈，尚輔相余。"豹射，出其間。將注，則又關矣。曰："不狎，鄙！"摀矢。城射之，殪。（《評林》眉）穆文熙："'不狎，鄙'，言彼此不更相射，則鄙人也，故豹止不射，而子城得以射之。"張匄抽殳而下，射之，折股。扶伏而擊之，折軫。又射之，死。（孫鑛眉）描寫盡入妙，但略碎略板，乏錯綜頓挫之致。干犨請一矢，城曰："余言汝於君。"對曰："不死伍乘，軍之大刑也。干刑而從子，君焉用之？子速諸。"乃射之，殪。（《補義》眉）李又云："公子城不在六卿之列，而以身衛國，矢無虛發，可與廚濮齊名。"又云："干犨知死伍爲義，而不知助叛爲不義也！"（《評林》眉）彭士望："'乃射之'，此矢終不應發，宜説而歸於公。"大敗華氏，圍諸南里。華亥搏膺而呼，見華貙，曰："吾爲欒氏矣。"貙曰："子無我迂。不幸而後亡。"使華登如楚乞師。華貙以車十五乘，徒七十人，犯師而出，食于睢上，哭而送之，乃復入。楚薳越帥師將逆華氏。大宰犯諫曰："諸侯唯宋事其君，今又争國，釋君而臣是助，無乃不可乎？"（《補義》眉）結述太宰之言，痛掃助逆者以結全篇，過遞下篇。（《評林》眉）張半菴："時衛有齊豹之亂，魯三家專政，故犯云然。"王曰："而告我也後，既許之矣。"（《左繡》眉）華亥是先亡者，華貙是後叛者，華登是中間奔吴來救者，三項人作一提挈，以清線索，此法凡頭緒多者，不可不知。本文當在"乃復入"住，結語不載下篇之首，而帶入於此，作一不了之局，令過接處有藕斷絲連之妙。（《左傳翼》尾）讒乃兄而並及其父，卒至延頸受戮，讒人罔極，何利之有？貙本無納亡人之意，激之而成，此舉皆宋公與司馬有以貽之也。機事不密則害成，使田孟諸遣之可矣，何必飲酒厚酬，令之生疑乎？華貙不欲殺多僚，而一見便遏抑不住，卒從張匄之計。想見其胸中勃勃不能奈何光景。宋室之亂，君臣乖離，父子兄弟又復矛戈如是，此時尚有天日乎？讀此爲之三歎。華登以吴師來，勢如飄風急雨之至，而卒爲宋敗者，以廚人濮與烏枝鳴善謀且善戰也。迨公子城以晉師至，則華氏愈覺失勢，又況城之善射，矢無虛發乎？敗新里以上，廚、烏之功。圍南里以上，子城之力。一片寫去，真有萬馬齊奔，六轡如琴之樂。吴勁敵，華、向又死寇，及其未定而敗之，猶能以其餘敗宋師，若非廚人濮揚徽之謀，宋公一出，勢不可支矣。而烏枝鳴致死、去備云云，尤足以喪亂賊之膽。以裳裹首，廚人濮更機警出人意外，所以卒能成功。華氏已經喪魄，晉師至則計愈窮，華豹延頸受死，諸人皆不戰而卻，勢如摧枯振槁矣。蓋華豹與城勢不兩立者也，只敘一華豹，而華氏之敗自見，此與鞌之戰專寫齊頃與郤克二人一般。吳救不勝，轉而望楚，真狡兔三窟也。釋君助臣，總是大夫爲政，人人各懷無上之心，故同惡相濟耳。(林紓尾) 讀此篇訖，當知左氏喜爲鉤心斗角之文。寫戰事，必寫其極瑣屑者，千頭萬緒，一一皆出以綿細之筆，令讀者眉宇軒然，足悟古人行文之巧處。何以言之？華族雖衆，於宋國中特一小部分耳，公子城以晉師至，益以曹、衛與齊，但書大敗華氏足矣。乃左氏舍卻諸侯之師不敘，卻敘華豹。猶之華登以吳師至時，不寫齊、宋合兵之敗吳，卻專寫華登。蓋以衆擊少，狀其勝敗，行文多用簡筆。而左氏偏於簡處用繁，遂覺行陣生死交關處，寫華氏之勇，人人皆有精采。廚人濮之以裳裹首，而荷戈走，大呼曰"得華登矣"。華登，華氏之望也。能以吳軍敗北之餘衆，再勝公徒，其勇可知。一爲廚人濮大聲傳呼，全軍失帥，烏得不敗？此非寫廚人濮，正極力渲染華登也。公子城之遇華豹，豹兩闕弓，皆在公子城之先。城始而哀鳴呼，祝其先靈平公，次則責豹不待更迭而射爲鄙夫。二者皆出無聊，而豹凜然，果抽矢不射，坐待其殪。至於張匄折軫，干犨請死，三子之勇，皆出公子城之上。及華衆全敗，華貙尤能以十五乘之車，七十人之徒，直貫諸侯之師而出，出而更入。似華氏之人，無非一猛士者。文字之五光十色，可爲亂臣賊子作無盡波瀾矣。不知宋元公之無道，太子爲華氏所劫，公亦劫取華氏之子無慼等爲質。君臣互質，大義全乖。繼復殺華氏質子，華亥之子見殺，竟令華豼歸太子于宋。在叛臣中，似華亥尚有天良。已而多僚構釁，司馬華費遂見囚，華氏乃再叛。此中頭緒繁多，不能定其曲直。故左氏無一詞論斷，但細紀戰狀，而曲直自見其中，此又左氏一種寫法也。(《菁華》尾) 春秋強臣，皆能各結大國之援，以劫制其君父，不獨宋事爲然。魯之季孫，衛之孫林父，皆是也。乃知古人所云"古之大夫，束脩之問不出竟"，所以完臣節、窒亂源，其旨微矣。華登能兵，爲華氏一族之冠，軍中素所畏服，一聞其死，諸人爲之奪氣，廚人濮此計，甚有譎智。既知其不可，則從諫如轉環，一轉移間耳。楚王此語，真是怙過口吻。

蔡侯朱出奔楚。費無極取貨於東國，而謂蔡人曰："朱不用命於楚，君王將立東國。若不先從王欲，楚必圍蔡。"蔡人懼，出朱而立東國。朱愬于楚，楚子將討蔡。無極曰："平侯與楚有盟，故封。其子有二心，故廢之。靈王殺隱大子，其子與君同惡，德君必甚。又使立之，不亦可乎？且廢置在君，蔡無他矣。」（《分國》尾）以同謀殺靈王、報父仇爲德君，今立其子，德君更甚。獨不思朱亦隱太子之孫，而平侯之子乎？佞人顛倒是非，其言如此。（《左繡》眉）以楚恐蔡，即以蔡動楚，無極真讒人之雄。《國策》反復，便純是此種風味。不善讀之，最壞人心術。鑿鑿説出一片必當廢朱立東國道理來，末三語尤妙，句句忠謀碩畫也。（《左傳翼》尾）爲東國説法，全是爲蔡計安全。爲蔡人免討，全是爲楚效忠悃。大奸似忠，大佞似直，古來人主不知被若輩蒙蔽多少。楚平一遇無極，穢德彰聞，豈徒不獲諸侯已哉！（《補義》眉）前則純以利害恐蔡，此則説出朱宜廢、東國宜立一番道理來，奸譎可畏！（闈生夾）去朝吳、出蔡侯朱、喪子建、殺伍奢，四者皆無極之奸，楚之所以亂也。（《評林》眉）穆文熙：「無極取貨行讒，令國人出其君而立東國，所在傾人，又何止郤、伍二氏而已哉！」陳明卿：「無極之好貨而肆讒如此，楚欲無危，不可得已！」

公如晉，及河，鼓叛晉。晉將伐鮮虞，故辭公。（《左繡》眉）曩所謂知義無二者，今竟何如？常見諸家於前文極贊荀躒有王者之師舉動，豈未睹後事耶？抑真爲所瞞也？（《補義》眉）汪云：「何不如南人不復反耶？乃知穆子之示義，僞爾！」（《評林》眉）陳傅良：「故辭公，傳言晉失諸侯。」

◇昭公二十二年

【經】二十有二年春，齊侯伐莒。（《評林》眉）趙鵬飛：「前年齊高發伐莒，今齊侯伐莒，皆責其殺意恢之故也，殺意恢者何與齊哉？齊特假是以虐莒爾，明年而莒子來奔，齊迫之也。」**宋華亥、向寧、華定自宋南里出奔楚。大蒐于昌間。**（《評林》眉）劉敞：「何以書大蒐？譏公不與，非禮也，蓋不得與爾。」**夏四月乙丑，天王崩。六月，叔鞅如京師，葬景王，王室亂。**（《評林》眉）高閌：「天子崩，七月而葬者，使遠近得會其葬也。今天王崩，諸侯無一奔喪者，昭公但使叔鞅往會之，又以三月而葬，是天子而用大夫之禮也。」劉敞：「《公羊》云：『言不及外也。』非也。謂王室亂者，嫡庶並爭，亂在宗室者也，本不得言京師亂、成周亂，王室亂耳。」**劉子、單子以王猛居于皇。**

（《評林》眉）嚴啓隆："不曰王猛居于皇，而曰劉、單以之者，猛不能自立，其出與入皆劉、單之功，史家吿實，非聖人之貶文可知。儒者泥於'以之'一言，而曰'人'，而曰'以能廢立之'，謬也。"秋，劉子、單子以王猛入于王城。（《評林》眉）高閌："王城，天子都，而子朝之黨在焉，故言入。"冬十月，王子猛卒。（《評林》眉）孫復："言王，所以明當嗣之人也。言子，所以見未踰年之君也。言猛，所以別羣公子也。不崩、不葬，降成君也。"十有二月癸酉朔，日有食之。

【傳】二十二年春，王二月甲子，齊北郭啓帥師伐莒。莒子將戰，苑羊牧之諫曰："齊帥賤，其求不多，不如下之。大國不可怒也。"弗聽，敗齊師于壽餘。齊侯伐莒，莒子行成。司馬竈如莒涖盟，莒子如齊涖盟，盟于稷門之外。莒於是乎大惡其君。（《左繡》眉）連寫兩事，都是極下氣事，跌落末句，紙上如有怨聲載道也。（《左傳翼》尾）此之謂小不忍則亂大謀，此之謂前倨而後恭，行成涖盟者，皆親自爲之，一何屈抑至此？第云"盟于稷門之外"，不言其所以盟者如何，想見齊人淩辱之狀，不堪言述，莒人所以大惡之也。（《補義》眉）只說行成、涖盟，而此中情狀難堪。（《評林》眉）《補注》："敗齊師于壽餘，傳見帥賤不書，併齊侯。"陳明卿："莒以小國而愎諫犯大，其得國人之惡，宜也。"

楚薳越使告于宋曰："寡君聞君有不令之臣爲君憂，無寧以爲宗羞？寡君請受而戮之。"（韓范夾）君臣名分至殊也，而偏有唯臣是助者，故勢之所加，理亦無如何也，古今同有此患。（《補義》眉）不義之請，大有愧色。對曰："孤不佞，不能媚於父兄，以爲君憂，拜命之辱！抑君臣日戰，君曰'余必臣是助'，亦唯命！人有言曰：'唯亂門之無過。'君若惠保敝邑，無亢不衷，以獎亂人，孤之望也。唯君圖之！"（《補義》眉）以義拒楚，婉而嚴。（《評林》眉）《經世鈔》："亢，蔽也，謂無蔽護不中正者，舊注非。"（方宗誠眉）辭命委婉而意甚峻。楚人患之。諸侯之戍謀曰："若華氏知困而致死，楚恥無功而疾戰，非吾利也。不如出之，以爲楚功，其亦能無爲也已。救宋而除其害，又何求？"（韓范夾）此謀甚非得已，然有見於其大矣，宋之得靖以此。乃固請出之。宋人從之。

（文熙眉）穆文熙曰：「華氏在內，藉楚以爲外援，其勢必不能盡除，諸侯之謀，乃爲中策。」（《評林》眉）呂東萊：「諸侯想亦與華氏爲黨者，故其固請如此。」

　　己巳，宋華亥、向寧、華定、華貙、華登、皇奄傷、省臧、士平出奔楚。（《補義》眉）不幸後亡，不出華貙所料。宋公使公孫忌爲大司馬，邊卬爲大司徒，樂祁爲司馬，仲幾爲左師，樂大心爲右師，樂輓爲大司寇，以靖國人。（《分國》尾）此時內有華貙南里之叛，外有華登吳師之逼，又諸亡人竄突其間，雖有齊戍，危疑莫必。廚人濮先人奪人之言一出，軍心遂定。未幾揚徽一呼，公徒皆左袒。裂裳一戰，敵人已披靡。一軍信爲得華登，揚門之戰氣日增，南里之叛人自散。廚人濮真國士哉！烏枝鳴曰：「用少莫如齊致死。齊致死莫如去備。」淮陰之致諸死地，岳軍之用麻劄刀，何以加茲？干犨、華豹、張匄，皆華黨也，公子城一人殪三寇。楚人理屈，諸侯圍解，宋真幸而不亡哉！（《左繡》眉）此篇傳華、向出奔楚事，爲前四篇文字結局。看其一一收繳，最爲完密。作三節讀，首節楚使告宋，而宋以獎亂卻楚。次節諸侯合謀，而固以除害請宋。末節出華、向，置六卿，其事方畢。通篇蓋以「楚人患之」「宋人從之」作一開一合，而「以靖國人」作掉尾，亦前偶後奇格也。傳於宋事，必詳敘六卿，但他篇敘於首，此篇獨敘於尾，事變而文因之矣。（《左傳翼》尾）楚患宋，諸侯亦患楚。夫楚亢不衷，以獎亂人，自處不義，懼宋斥之，宜也。若諸侯救宋，除害爲急，華氏屢敗，何難同心協力執賊臣而戮之于境上以彰義討？而乃以華氏知困致死、楚恥無功疾戰爲憂，縱賊使出，其謂之何？蓋自孫、甯逐君，晉悼不能討，而賊臣之黨熾矣。今之來救者，皆與華、向聲勢相倚者也。「不幸後亡」，貙固知諸侯無如我何耳。楚不足責，晉爲盟主，其亦不競甚矣哉！汰侈無禮已甚，亂所由生。華、向之罪，不堪逭矣。而宋元以無信多私，惡華、向致亂，從來亂賊之禍，皆由君父失道、處置不善而生。周、鄭交惡，左氏不責鄭而專責周者，所謂是亦羿有罪焉者也。華、向不赦之罪，皆宋公所致，又不能討而逸之使出，不君甚矣。「以靖國人」，幸之乎？危之也！元公於此，其亦自悔謀之不臧也夫！（《補義》眉）別建六卿。總結國人。（方宗誠眉）此篇先敘廚人濮之忠智，有應變之才。後敘宋諸臣之辭命及諸侯之戍者，有卻敵之智。中間文大可省去。

　　王子朝、賓起有寵於景王，（孫鑛眉）王室亂一事，須總首尾串爲一篇，事情方完備，方見構法。(《補義》眉)爲王室亂提綱。王與賓孟説之，欲立之。劉獻公之庶子伯蚠事單穆公，惡賓孟之爲人也，願殺之。又惡王子朝之言，以爲亂，願去之。(閨生夾)王説子朝，而劉蚠乃欲去之，曲直已判於此矣。賓孟適郊，見雄雞自斷其尾。(孫鑛眉)事奇。問之，侍者曰："自憚其犧也。"(《彙鈔》眉)文章足以殺身，斷尾畏犧，雄雞之智勝於人矣。遽歸告王，且曰："雞其憚爲人用乎？人異於是。犧者，實用人，人犧實難，已犧何害？"(孫鑛眉)意太奧，費解。細玩大旨，只在人異雞一句上，後二"犧"字只作寵用字看即得，然甘爲用我者，死意實寓於内。(《左繡》眉)《補正》引邵氏曰："人犧則用舍在人，故曰實難，喻劉、單之立王猛。已犧則用舍在已，故曰何害。喻王自立子朝。"愚意劉、單、王猛，上文未見，只作爲人犧實難，爲已犧何害，欲王早自寵異子朝，此恐較直捷。(《補義》眉)俞云："時王已有疾，遲則有變。故孟見雞動念，遽歸告王。"隱僻怪語，便是亂識。(《評林》眉)王荆石："賓孟蓋知伯蚠欲殺已之意，故以雞問侍者，而且歸告王。"王弗應。(韓范夾)鄒相之得封，蓋本此也。(《彙鈔》眉)言使寵人如寵犧，則不當假人以招禍難。若犧在已，則無患也已。王心許之，故不應。(武億尾)語古奧而意深切。(閨生夾)"人犧實難"者，單、劉已有異志，賓孟知之也。

夏四月，王田北山，使公卿皆從，將殺單子、劉子。(《補義》眉)亦是子朝、賓起使之。王有心疾，乙丑，崩于榮錡氏。(《補義》眉)天意。戊辰，劉子摯卒，無子，單子立劉蚠。五月庚辰，見王，遂攻賓起，殺之，(《補義》眉)先除逆黨。盟群王子于單氏。(《分國》尾)桓王以子儀屬黑肩，而黑肩殺。莊王寵子頽，蔿國諸人因之而族滅。惠王寵子帶，而子帶安在？儋括立佞夫，而佞夫授首。賓孟尚欲犧子朝乎？子朝終不得爲犧，而賓孟已爲孤豚。嗚呼！斷尾之偶見，竟爲斷脰之嚆矢。妄念之萌，適自賊哉！雖然，王疾不作，劉、單遇害，朝之爲犧，尚未可知。(《左繡》眉)王子朝之亂，須通其始末讀之，乃得。然逐節亦自成片段，開手從子朝有寵，王欲立之敘起，爲通篇立案。並及賓孟，又爲本節作提。劉、單乃全篇線索。"願殺之"句，爲本節點眼。"願去之"句，爲全篇點眼。一起爲全文之冒，如振裘而挈其領矣。下"賓孟適郊"及"王弗應"，申説"欲立之"，"王崩"結王,"攻賓起"結賓起,本節已了。獨惡子朝尚未着筆,留於下節另起。而結處盟群王子,既束本節,又起後文,聯絡入妙,文雖斷而脈自連也。(《左傳翼》尾)景王雖有立子朝之意,卒遲回不決不肯廢王猛者,以其爲太子壽母弟也。賓起恐當斷不斷,及受其亂,故借雄雞以諫動王。北山之田,欲殺單、劉,雖已定計,而王忽暴崩,子朝之不立,天也。嬖子奪嫡,徒啓亂源,叔向早於以喪宴賓窺之矣。(《菁華》尾)兩"惡"字,兩"願"字,自成章法。賓孟以隱語示意,而王已心許之。蓋其造膝之際,獻奪嫡之謀,已非一日矣。王欲殺單、劉,將以去子朝之害。乃二人不死,而賓起見誅,即此已知天意所在。(闇生夾)將殺單、劉,未果而崩,則王非令終也。閱四日,劉子又卒,亦奇!

晉之取鼓也,既獻而反鼓子焉,又叛於鮮虞。

六月,荀吴略東陽,使師偽羅者負甲以息於昔陽之門外,遂襲鼓,滅之。以鼓子鳶鞮歸,使涉佗守之。(魏禧尾)鍾惺曰:"數服、數叛、數討,國之敝也。武侯服孟獲正用此法,一勞永逸之計,細人不知也。"彭家屏曰:"荀吴前之伐鼓也,知其必克也,故偽爲仁義以張之。後之伐鼓也,知鼓人叛晉必死守也,故詐爲販羅以襲之。時異事殊,而一人之身前後易態,事之矯揉造作,不本於中心之誠,鮮有不露者矣。"(《分國》尾)釋鼓而還,乃是正理。必使其食竭力盡而取之,義於何有?大段是伐原故智,後卒偽羅襲鼓,前之假義安在哉?是不如武侯於孟獲屢擒屢縱,南人不復反而後已,庶幾王者之師!(《左繡》眉)此篇合前文讀之,使人笑來,直爲假道學寫一敗局,蓋不能復作盛德事矣。(《左傳翼》尾)向時服鼓不啻推赤心置人腹中,南人可不復反矣。而旋踵即叛,豈果鼓人之不可以誠格耶?吾鄉張文端公云:"萬類相感以誠,造物最忌者巧。荀吴前番做作,巧也,非誠也。設使當時城叛則受,城降則從,鼓人反覆未必若斯之速,固知假至誠被人覷破,定沒好下梢。"荀吴前欲以信服鼓人,鼓反叛其信,豈非窺其偽耶?今乃以偽襲鼓人,鼓不料其偽,豈猶恃其信耶?然則前日之信,正乃爲今日之偽得勝算也。失之東隅,收之桑榆,鼓人始終不出荀吴圈套。(《補義》眉)周云:"荀吴前番做作,巧也,非誠故也,被鼓人覷破,而反覆若斯之速。"

丁巳,葬景王。(孫鑛眉)唯敍追奔伐取等事,頭緒多,周折亦多,又不細敍,但略以字遞過,而自覺熱鬧。讀之鏗然有音,其妙處只在文法變化,是《史記》平陽、絳侯世家之祖。(《補義》眉)通體俱以劉、單爲樞紐，蓋釋經"以"字之義。王子朝因舊官、百工之喪職秩者與靈、景之族以作亂。（《左繡》眉）王子朝作亂，重作提筆。"靈、景"句緣上，"百工"句起下，筆筆聯絡。此篇宜連明年"二師圍郊"文作兩截讀：前半，子朝作亂起，叔鞅斷子朝不克一束。後半告急於晉起，王使告閒一束。片段分明。其中彼此勝敗不常，相錯而寫，逐節分讀可也。第一節，子朝亂而劉、單出奔。第二節，五子盟而單、劉復。第三節，子朝奔京而單、劉勝。第四節，附敘簡、甘之敗。（《評林》眉）張天如："觀子朝初發難時，其黨甚衆，其勢焰甚熾，然其終竟以無成者，何也？則是非好惡之公，卒不可泯也。"（闈生夾）舊官、百工、靈景之族皆右子朝，亦見子朝之當立也。帥郊、要、餞之甲，以逐劉子。壬戌，劉子奔揚。單子逆悼王于莊宮以歸。（闈生夾）此篇紀事專用簡括之筆，因以爲全篇章法。先大夫評曰："《史記·曹相國世家》敘戰功以簡勁勝，與此篇同法。"王子還夜取王以如莊宮。癸亥，單子出。（《補義》眉）此子朝作亂而劉、單奔，與王相失，是一敗。王子還與召莊公謀，曰："不殺單旗，不捷。與之重盟，必來。背盟而克者多矣。"從之。（韓范夾）此朱溫、侯景之智也，在春秋爲梟獍語矣。（《評林》眉）《增補合注》："子還謀詐與單子重盟，以致其來而殺之。"樊頃子曰："非言也，必不克。"遂奉王以追單子。（《補義》眉）奉王命召劉、單，譎甚！及領，大盟而復，殺摰荒以說。劉子如劉，單子亡。乙丑，奔于平時，群王子追之。單子殺還、姑、發、弱、鬷、延、定、稠，子朝奔京。丙寅，伐之，京人奔山。劉子入于王城。（《補義》眉）盡殺賊黨而迎王，是一勝。辛未，鞏簡公敗績于京。乙亥，甘平公亦敗焉。（《補義》眉）附敘鞏、甘，又是一敗。

　　叔鞅至自京師，言王室之亂也。（《補義》眉）插敘叔鞅歸，點出天所廢，上照樊齊所云，下爲諸篇言"天"引起。閔馬父曰："子朝必不克，其所與者，天所廢也。"（《左繡》眉）中間忽插入叔鞅斷語作閒斷，亦以中間貫兩頭法，有橫雲斷嶺之奇。（《測義》夾）愚按：欲卜子朝之不克，當於其事之不順焉觀之，如但以喪職秩故爲不足與也，則將謂亂臣賊子有貴强之援而後動於惡者，其蔑弗克乎？此非君子所宜言。〖編者按：奧田元繼作顧九疇語。〗（閩生夾）但言天廢，即是詭詞，猶記晉文公曰"天將啓之"，亦非真譽之也。史公於漢初最得此意。單子欲告急於晉，秋七月戊寅，以王如平時，遂如圃車，次于皇。劉子如劉。單子使王子處守于王城，盟百工于平宮。辛卯，鄩肸伐皇，大敗，獲鄩肸。壬辰，焚諸王城之市。八月辛酉，司徒醜以王師敗績于前城，百工叛。己巳，伐單氏之宮，敗焉。庚午，反伐之。辛未，伐東圉。冬十月丁巳，晉籍談、荀躒帥九州之戎及焦、瑕、溫、原之師，以納王于王城。庚申，單子、劉蚠以王師敗績于郊，前城人敗陸渾于社。（《補義》眉）此段劉、單大勝，而王師復敗，晉人納王，而劉、單復敗。十一月乙酉，王子猛卒，（閩生夾）稱"王子猛"，不與其爲王也。《史記》"子朝攻殺猛"。不成喪也。己丑，敬王即位，館于子旅氏。（《左繡》眉）第五節，單、劉因敗而去王城，以獲鄩肸爲一勝。單、劉並寫，以單子爲重。如逆悼王、殺八子、告晉、次皇、守城、盟王，皆詳寫單子。劉則不過寫其奔揚、入王城、兩如劉而已。第六節附敘前城之敗。第七節晉師納王，單、劉大敗。第八節，王猛卒，敬王立。以上王猛已畢，以下皆寫敬王與子朝事。第九節，晉師、王師共伐子朝。一路都散散敘來，此處須對敘作束，令文字有整頓也。此篇子朝作亂起，敬王即位止，中間以馬父斷語束上，單子告急領下，末以晉師、王師對寫，又爲下段"王使告間"作引，皆聯絡處。俞寧世曰："提三城，言子朝不可居。提王師，見子朝不可抗。皆左氏書法。"尺幅中有四奔、二盟、六伐、七敗，最周折，最擾亂，以簡勁變換之筆敘之。月峰評爲平陽、絳侯世家之祖，信然哉！（《補義》眉）已上俱遞寫。"敬王即位"以下，卻用分寫，而不見勝敗。（《評林》眉）劉宗沐："劉、單二子當艱難之秋，任托孤之寄，擁悼立敬，其功亦不細矣。劉元父、文定公猶責其專，此《易》之《大有》責於'匪其彭'也。"陳傅良："'以納王于王城'，不書晉，義繫於劉、單公。今案：經傳時月不同，由左氏所據史籍訛舛，別無考證，悉仍其舊，以示傳疑之法。杜氏惟據《長歷》，輒云經誤，非也。"

　　十二月庚戌，晉籍談、荀躒、賈辛、司馬督帥師軍于陰，于侯氏，于谿泉，次于社。（《補義》眉）籍談忘祖，安識勤王？宜其觀望不前。王師軍于氾，于解，次于任人。閏月，晉箕遺、樂徵、右行詭濟師取前城，軍其東南。王師軍于京楚。辛丑，伐京，毀其西南。(《測義》夾）汪克寬氏曰："劉、單當艱難之秋，任托孤之寄，擁悼立敬，其功亦不細矣。劉原父及文定公所以責二子者，蓋猶霍光驂乘之戒，罪其太專，無人臣之禮爾。"（《分國》尾）時子朝黨盛，子猛黨孤。子朝因群喪職者，皆天所廢之人，雖多，易散耳。猛僅劉、單兩人，同心協力，爲天所相，自五月至十月，玄黃之戰半年矣。至八人殲、鄩肸焚、百工敗，子朝之黨稍稍單弱，然後晉師出，何遲遲我行耶？而猶帥九州之戎，堂堂大國，不能移檄於兄弟甥舅，而帥戎以來，借兵吐蕃，乞師回鶻，晉爲之俑也。宜乎明年子大叔激之，有黃父之會。（《左傳翼》尾）開口便提子朝作亂，罪案已定，而黨惡者之不容逭，亦可知矣。於此曰"王"，於彼曰"子朝"，一順一逆，展卷犁然。兩處勝負，敘次錯綜，愈煩碎，愈整齊，筆法之妙，《史》《漢》諸書之祖。（《菁華》尾）凡單、劉二人一舉一動，必謹書之，蓋東西王之興敗，以此二人爲關鍵。王子還之謀甚譎而險，何以既盟之後，又被其亡去？想其事機不密，已爲單子所窺破。不然，因盟而執之，一勇士力耳。一君亡，復立一君，何其似張世傑在厓山時也？

◇昭公二十三年

【經】二十有三年春王正月，叔孫婼如晉。癸丑，叔鞅卒。(《評林》眉）汪克寬："叔鞅，叔弓之子，輒之弟也，子詣嗣爲大夫。"晉人執我行人叔孫婼。(《評林》眉）高閌："晉雖以取邾師爲罪而執行人，實則爲士鞅來聘，以魯爲卑己故也。"晉人圍郊。(《評林》眉）趙匡："'圍郊'，《公羊》云：'不與伐天子也。'案：此實非伐天子也，若實伐周，豈爲其掩惡哉？"夏六月，蔡侯東國卒于楚。(《評林》眉）家鉉翁："楚平復蔡，僞善者也。朝吳之奔，朱與東國之死，所謂雖復猶不復也。《春秋》書以著楚人之無狀。"秋七月，莒子庚輿來奔。戊辰，吳敗頓、胡、沈、蔡、陳、許之師于雞父，胡子髡、沈子逞滅，獲陳夏齧。(《評林》眉）高閌："此見吳之強，而楚人益弱。夫頓、胡、沈、蔡、陳、許，皆楚與國也。吳伐州來，楚人帥六國之師以救之，於是吳人禦之，盡敗其師于雞父也。"啖助："凡戰而死者，君曰滅，言與國滅同也。生禽曰獲，大夫生死皆曰獲，諸侯滅則書名，以其死也。"天王居于狄泉。(《評林》眉) 薛季宣："狄泉不書出居，在王畿之內。"孔穎達："此事無傳，其文不言無傳者，傳稱六月庚寅，單子、劉子、樊齊以王如劉，當從劉而居狄泉，故不云無傳。"陳傅良："敬王居狄泉，在王城之東，謂之東王。子朝在王城，謂之西王。書曰'天王居于狄泉'，黜子朝也。"尹氏立王子朝。八月乙未，地震。冬，公如晉，至河，有疾，乃復。(《評林》眉) 汪克寬："是時叔孫婼拘囚于晉，未有赦命，昭公是行，本以請婼，而中懼晉之不見納，故托疾返，《春秋》因其托疾而書之，以免其不得至晉之恥也。"

【傳】二十三年春，王正月壬寅朔，二師圍郊。癸卯，郊、鄩潰。丁未，晉師在平陰，王師在澤邑。王使告間，庚戌，還。(《測義》夾) 呂祖謙氏曰："當是時，王必以爲無暇于晉師，故使告間，而晉因此遂還。然晉師還，而子朝之勢復熾，若因郊潰遂取子朝，不至如後日之難。"(《左繡》眉) 第十節，子朝敗，晉師還，乃全文段落處。前篇勝敗紛紛，讀者亦爲之心煩目炫矣。"王使告間"，且得片時休息。以事之節次，爲文之起伏，亦天造地設也。(《補義》眉) 上用分寫，此忽將晉師、王師合寫一筆，又是大勝。(《評林》眉)《補注》："'庚戌，還'，亂未弭而告間，必二卿不親事，師不肅也。觀明年士景伯涖問周故，晉人乃辭子朝，不納其使，則前此觀望可知。陳氏曰：'傳去年言晉籍談、荀躒見書人。'"(《菁華》尾) 兵機甫順，賊勢猶強，何以遽有告間之舉？觀者爭咎單、劉之失策，或者客軍騷擾，力不能堪，故不得已出此下策歟？(閭生夾) 此句頓挫，如人吐氣。

邾人城翼，還，將自離姑。(孫鑛眉) 詳核，描寫入細。(《左繡》眉) 此篇傳晉執叔孫婼事，首段乃解經正文。從武城取邾敘入，爲見執緣起，寫來乃全與叔孫無涉，明叔孫之無罪，而晉執使人之非也。下出色寫叔孫不爲威惕，處困而亨，凡作兩截讀。前分敘三項，後連敘四項，事事不凡，叔孫豹後，又見此人！前三項，乃見執正事，故用重筆。後四項，乃在晉餘事，故用輕筆。重筆則詳，妙於鋪排。輕筆則簡，妙於攢簇。若一概拖長寫去，局渙而法亦板矣。"請冠"節，乃上下轉楔處，用筆獨別。(《補義》眉) 此晉執叔孫傳，分三段看，首段是見執之由。公孫鉏曰："魯將禦我。"欲自武城還，循山而南。徐鉏、丘弱、茅地曰："道下，遇雨，將不出，是不歸也。"遂自離姑。武城人塞其前，斷其後之木而弗殊。邾師過之，乃推而蹶之。遂取邾師，獲鉏、弱、地。（《評林》眉）《經世鈔》："'將不出，是不歸也'，此亦一説也。用謀者將安從乎？主循山南者，當思爲雨備。主離姑者，當思爲魯禦我地。或權其險而急者，則寧循山南以幸不雨，亦可也。"

邾人訴于晉，晉人來討。叔孫婼如晉，晉人執之。（《正論》眉）宣子之執，失之驟。獻子之求，失之貪。若士伯請免於始，致禮於終，得懷遠之道矣。叔孫之閉豐、不坐誠是，而左顧右盼之約，未免狙詐。（《補義》眉）禍自季孫，與行人無與。書曰："晉人執我行人叔孫婼。"言使人也。晉人使與邾大夫坐。叔孫曰："列國之卿，當小國之君，固周制也。邾又夷也。寡君之命介子服回在，請使當之，不敢廢周制故也。"乃不果坐。（《補義》眉）中段實寫執婼事，"不果坐""而皆執""乃弗與""而如吏"，本兩扇事，卻分爲四節，格局又變。（《評林》眉）彭士望："邑人起釁，禍連朝國，是故君子慎小。"李九我："叔孫本周制來抑晉人，故晉亦不敢堅持並坐之説。"

韓宣子使邾人聚其衆，將以叔孫與之。叔孫聞之，去衆與兵而朝。（韓范夾）至危之地，示之必死，所以光國，亦以全身。（《補義》眉）"去衆與兵"最穩，蓋深有鑒於張匃之於華氏也。士彌牟謂韓宣子曰："子弗良圖，而以叔孫與其讎，叔孫必死之。魯亡叔孫，必亡邾。邾君亡國，將焉歸？子雖悔之，何及？所謂盟主，討違命也。若皆相執，焉用盟主？"乃弗與，使各居一館。士伯聽其辭而愬諸宣子，乃皆執之。士伯御叔孫，從者四人，過邾館以如吏。先歸邾子。士伯曰："以芻蕘之難，從者之病，將館子於都。"叔孫旦而立，期焉。（孫鑛眉）期，如字，亦只是立而待命，恐無過夜之理。杜注："從旦至旦爲期。"乃館諸箕。舍子服昭伯於他邑。（文熙眉）孫應鰲曰："晉聽邾人之愬，而執叔孫，使與邾大夫坐。婼以周禮爭之，竟不坐。又欲以叔孫與邾人，婼去衆、兵以朝，以示必死，乃不果與。又卻范獻子之求貨，拘申豐之行貨，氣節若是，足壯本國，難矣難矣！"朱氏曰："婼，豹之子也，父子所守如此。而昭公不與共圖國事，坐致強臣之手，以至於危亡，悲夫！"（《補義》眉）聽辭，對簿也。如吏，入獄也。館箕，出獄也。自晉人使與邾大夫坐起，至此，叔孫挺節不撓，時助叔孫者有子服何，排難者有士伯，始怒終釋者有韓宣子，然卻處處有范鞅在。（《評林》眉）《經世鈔》："邾人聚衆，叔孫反去衆與兵，最妙！使臣賢能者每如此，遇強暴者，亦當如此。段秀實詣郭曖軍，只一老卒羸馬，皆是此一派作略。然胸中須先辦一死，纔做得整暇慷慨。士伯聽其辭，不知叔孫何辭於取邾師也？"

范獻子求貨於叔孫，使請冠焉。取其冠法，而與之兩冠，曰："盡矣。"（《補義》眉）依然穆子拒王鮒家法。爲叔孫故，申豐以貨如晉。叔孫曰："見我，吾告女所行貨。"見，而不出。（《測義》夾）家鉉翁氏曰："叔孫會于虢，莒人訴取鄆，將戮之，樂王鮒求貨于叔孫豹，召使者裂帛而與之，卒弗與賄。婼，豹之子也，今爲晉所執，范鞅求貨，亦弗與。父子所守如此，亦可嘉矣。"〖編者按：奧田元繼作楊升菴語。〗（《補義》眉）此一段見叔孫困於晉之甚者，由於求貨不與也。不出申豐，使晉人驚服，季孫亦畏見此人。吏人之與叔孫居於箕者，請其吠狗，弗與。及將歸，殺而與之食之。叔孫所館者，（《補義》眉）見叔孫一舉一動，晉人傳爲美談。雖一日，必葺其牆屋，去之如始至。（文熙眉）叔孫不行貨，甚高！一犬不生與人，必殺而與食之，不亦過乎？（鍾惺眉）叔孫識度，可將可相。（韓范夾）薛宣觀其子政，亦在橋樑廨舍間也。（《分國》尾）婼之去衆與兵而朝，偉矣，壯矣！吾於唐得一人焉，當段太尉取郭晞之卒，斷頭注槊，一軍皆甲。太尉去佩刀，選老躄，至晞門，曰："殺一老革，何甲也？吾戴吾頭來矣。"自反而縮，萬人吾往。千古得叔孫、太尉兩人耳。至於不與邾大夫坐，尊國體。取冠與之，塞貪心。不欲貨免，立臣節。吠狗勿與，取與嚴一介。葺屋如始至，去就必以禮。郭太在客必掃舍而去，其亦聞叔孫葺館之風與？（《左繡》眉）前三項，三"使"字領頭，三"乃"字煞腳。然前一項"不敢廢周制"，於叔孫之言詳敘作提。後兩項"去衆與兵而朝""旦而立，期"，於叔孫之事，皆略點作對，蓋寓前奇後偶於三平之中也。章法絶佳！内"乃皆執之"一節，係輕帶之筆，歸重"館箕"作一個頭緒。"先歸邾子""舍昭伯于他邑"，亦都帶敘之筆，不與正文並讀也。後四項：前兩項以請冠、行貨爲對，見其不輕。與後兩項以將歸、始至爲對文，又見其不吝與人。固有經有權，文亦有經有緯，真異樣出色寫法！段段點叔孫，看他段段變處。（《左傳翼》尾）魯取邾師，曲固在魯。然過魯而不假道，邾豈得無過？晉納邾愬，執我行人，不使魯人得輸其情，偏袒甚矣。既違周制而欲使叔孫與邾大夫坐，且失盟主之義，欲以叔孫與邾。幸叔孫伉直不屈，又得士伯侃侃正論，代爲轉移，聽其辭而愬諸宣子，魯屈始伸。迨乎邾人並執，出獄館箕後，乃得禮而歸之也。士伯身爲理官，極知邾、魯曲直，得此一番剖判，而宣子意移，真不忝明允之司矣。最妙是聽辭代愬，大有回天之力。舊注顛倒繆戾，引閱者盡入迷途，特駁正之。邾、魯爲難，晉每右邾而左魯，皆韓宣子爲之也。季宿不聽穆叔之言，不早結韓子，以致動多齟齬。平丘之會，意如已遭荼毒，而意猶未釋，此番乃更狼狽也。昭子屢遭折辱，不爲稍挫，其勁直挺拔之氣，至今猶活。至士鞅求貨不與，而閉申豐使不出，居然乃翁家法。末載細事二條，見其正大光明，無微不到，此所以不爲威惕，而卒見禮於大國也。左氏曲爲摹寫，傾倒至矣。"使"字極意擺佈，何等威風！"乃"字没法處置，何等喪氣！可知剛大之氣在我，任他百番顛倒，始終搖奪我不得。宗國名臣，斷以昭子爲第一。（《日知》尾）不爲威惕，雖真可惕者，亦不畏。不以貨免，雖疑於貨者，亦不屑。寫叔孫伉朗堅決，鬚眉欲動矣。而結以葺其墻屋，去如始至，居然素位本領，回照從前種種臨難不避，皆其處身不苟處，非血氣所得與也。古人每於一毫端現大千世界，其妙如此！後世論者動曰："前三段寫被執時事，後四段寫在晉雜事。"遂使妙構頓成印板文字，亦長城先生所訶爲只解記賬，不會行文者也。設不幸而如漢使十九年之囚，記者將爲罄南山之竹乎哉！（《菁華》尾）去衆與兵而朝，叔孫此時已辦一死矣。然天下不畏死則未必果死，畏死者未必果不死，人能於此中機關看破，何怕不爲立節之士？范鞅之請冠，與樂王鮒之請帶，同一貪人伎倆，而二子處之之法，亦互相伯仲。如此瑣事拈出，亦見人情所難。

夏四月乙酉，單子取訾，（孫鑛眉）簡核，仍與前三章同調。（《補義》眉）此尹氏立子朝傳，故全文歸獄尹氏，而伐尹、戍尹特詳。**劉子取牆人、直人。六月壬午，王子朝入于尹。癸未，尹圉誘劉佗殺之。**（《補義》眉）首二句敘劉、單兵勢頗振，突出尹氏誘殺以立朝，而劉、單又大敗。（《評林》眉）陳傅良："'誘劉佗殺之'，傳見尹圉、召伯奐奔不書名，尹圉書氏，幷劉蚡、單旗亦著不名之實。"**丙戌，**

單子從阪道，劉子從尹道伐尹。單子先至而敗，劉子還。己丑，召伯奐、南宮極以成周人戍尹。庚寅，單子、劉子、樊齊以王如劉。甲午，王子朝入于王城，次于左巷。秋七月戊申，鄩羅納諸莊宮。尹辛敗劉師于唐。（闖生夾）劉師，即敬王之師，稱爲劉師，事尚未定，不與其爲王也。丙辰，又敗諸鄩。甲子，尹辛取西闈。丙寅，攻蒯，蒯潰。（《左繡》眉）此節傳尹氏立王子朝事，故前敘尹圉之誘，後敘尹辛連敗王師，中敘伐尹、戍尹特詳。第十一節單、劉取邑。第十二節單、劉敗還。第十三節單、劉以王如劉，而子朝入王城。第十四節連寫王師爲尹辛所敗，於是子朝勢盛，而王師又不得間矣。俞寧世曰：「晉師納王，王子朝出奔，王已定矣。尹氏世執周政，黨於子朝而欲立之，故王復出，而子朝復入。《春秋》譏世卿，於此驗矣。全文歸獄尹氏，提掇清楚，而簡核與前篇匹敵。」（《評林》眉）王荊石：「子朝久未得立，以人心不服，而前此有劉、單挾猛以相抗也。今猛卒，而劉、單敗，敬王雖立，然勢未張，於是始自郊入尹，依尹氏得立焉。」〔編者按：凌稚隆作姜寶語。〕

　　莒子庚輿虐而好劍，（《補義》眉）庚輿是昭十四年齊景受賂而納者。苟鑄劍，必試諸人。國人患之。又將叛齊。烏存帥國人以逐之。庚輿將出，聞烏存執殳而立於道左，懼將止死。苑羊牧之曰：「君過之！烏存以力聞可矣，何必以弒君成名？」（《補義》眉）二語正籠絡烏存。遂來奔。齊人納郊公。（《分國》尾）莒子盡崛強，鑄劍試人，一妄男子耳，宜烏存亦欲以殳試之乎？「何必以試君成名」，舊作「弒君成名」。《春秋》有弒君以成名之說，彼欲求名而不與之，故齊豹沒其名而書曰「盜」。其實非也，故公孫翩之殺蔡侯申，亦書曰「盜」，蘇轍以爲求名而不得者之書法，胡氏力非之。後知此是試君成名，以莒子好以劍試人，爲此解嘲之言，試君是。惟四《傳》作弒，俟博識參之。（《左繡》眉）此語不是安頓莒子，正是籠絡烏存也，其妙可想。（《左傳翼》尾）日以劍試人，恬不爲怪，而乃畏人之殳耶？烏存意止於逐，不欲以弒成名，自是實話，非徒以是籠絡烏存也。（《評林》眉）高閌：「庚輿不正而立，又不安其國而出奔，與鄭突同。」季本：「庚輿之奔，國人逐之。魯弔去疾之喪，故以魯爲託而奔。」陳傅良：「'齊人納郊公'，傳言郊公出入皆不書，與鄭忽異。」

昭公二十三年　1805

吳人伐州來，楚薳越帥師及諸侯之師奔命救州來。（《左繡》眉）雞父之戰，出色寫一吳光，先料敵，次分師，次合戰，色色精神。左氏敘戰，大抵詳於謀則略於事，詳事則略謀，此獨謀、事俱詳。謀作兩層，前一層知彼，後一層知己。事亦作兩層，前一層虛寫，後一層實寫。末又添出一件，併前謀所未及，而事乃益妙，可謂出奇無窮者矣！（《補義》眉）首提薳越，見六國敗滅，皆由此人。（《評林》眉）余光："案：左氏曰：'吳伐州來，楚及諸侯之師奔命救州來，吳人禦之鍾離，戰於雞父。'則雞父當在鍾離之西，而州來之東矣。吳將伐州來而尚未至，故禦在鍾離，而戰在雞父也。"吳人禦諸鍾離。子瑕卒，楚師熸。吳公子光曰："諸侯從於楚者衆，而皆小國也。畏楚而不獲已，是以來。（韓范夾）楚之強，天下莫敵，至靈、平之時，則稍稍畏吳矣。猶恃者，二三與國耳。吳子光一語道破，自是國破君奔，幾於亡滅，衆之不可恃如是夫？吾聞之曰：'作事威克其愛，雖小，必濟。'胡、沈之君幼而狂，陳大夫齧壯而頑，頓與許、蔡疾楚政。楚令尹死，其師熸。帥賤、多寵、政令不壹，七國同役而不同心，（韓范夾）說盡後世將多軍衆之弊。帥賤而不能整，無大威命，楚可敗也。若分師先以犯胡、沈與陳，必先奔。三國敗，諸侯之師乃搖心矣。諸侯乖亂，楚必大奔。請先者去備薄威，後者敦陳整旅。"（孫鑛眉）撰出生語，略費辭，然亦濃厚。（《左繡》眉）首三國，忽作對語。瘦乃勝肥，狂又勝瘦，語當本此。七國總算一句，令後兩"三國"句有根。孫執升曰："數語耳，兵家彼己離合之勢，瞭若指掌，此先正謂兵書莫奇於左氏也。'七國同役而不同心'，觀夫九節度之師潰於城下，千古同慨。"（《評林》眉）陳傅良："'帥賤'，傳見所以不書楚。杜氏以薳越非正卿，是矣。又言不書楚，楚不自戰，何其戾也？"今案：將雖卑，師不可沒，夷狄交相敗不書，陳氏發例也。亦自違，何也？吳子從之。戊辰晦，戰於雞父。吳子以罪人三千，先犯胡、沈與陳，三國爭之。（《補義》眉）陳云："吳以罪人勝楚，越以罪人勝吳，蓋敵亂則可乘。而非己先示之亂，彼之整者未易動也，孫子謂'亂而取之也'。雖然，亂亦何可易？一亂之後，至不可收拾，苻秦可鑒也。"吳爲三軍以繫於後，中軍從王，光帥右，掩餘帥左。吳之罪人或奔或止，三國亂。吳師擊之，三國敗，獲胡、沈之君及陳大夫。舍胡、沈之囚，使奔許與蔡、頓，曰："吾君死矣！"（《補義》眉）"君死"一呼，爲前謀未及，蓋臨時策之，又在諸敘戰之外。師噪而從之，三國奔，楚師大奔。（鍾惺眉）左氏蓋知兵者，每談兵，千古之下曲折如見。（《補義》眉）交戰並未及楚師，臨末忽云"楚師大奔"，真岳撼山頹，分外有勢。書曰："胡子髠、沈子逞滅，獲陳夏齧。"（孫鑛眉）三軍帥揷戰後，是變敘法。君臣之辭也。不言戰，楚未陳也。（文熙眉）穆文熙曰："光之談兵，可謂知彼知己，而復分兵先走三國，以搖心諸侯，其真多算勝者哉！"吳有孫子，正此之時，豈其法乎？何其算而中也？（王源尾）卒有吳國而入郢者，光也。此傳序光謀略之奇，蓋爲異日得志張本，而吳、楚興亡，早決於此矣。七國情形在光掌握，兩軍勝負唯光指揮，可謂奇才。然敵衆矣，一一料之於始，一一籌之於後，又一一應之於終，作者將不勝其累，而不如此，又不足以見光之奇。序此者，亦甚難矣！乃於其料敵之智，用兵之神，無微不著，而復而不遝，詳而能道，可謂序戰功神品！（《分國》尾）以罪人三千犯其前，或奔、或止以亂之，所謂"去備薄威"也。蓋幼而狂、壯而頑者，須以此嘗之也。以三軍繫於後，乘其亂而要擊之，所謂"敦陳整旅"也。蓋三國敗，諸侯之師乃搖心也，光真智勇哉！（《左繡》眉）七國以楚爲主，看其兩寫"三國敗""三國奔"，結到"楚師大奔"，下筆如天崩地塌，奇絶！以"滅""獲"別君臣，不但字義，經亦於一倒一順見書法也，於傳何疑焉？（美中尾）陳錫元曰："吳以罪人勝楚，越以罪人勝吳，蓋敵亂則可乘，而非己先示之亂，彼之整者未易動。孫子謂亂而取之也。雖然，亂亦何可易，一亂之後，至不可收，苻秦可鑒已。"（《左傳翼》尾）吳光善謀，亦善戰，曲折寫來，件件若操勝着。然亦遭時遘會，適有天幸。設令尹不死，楚師不熸，政令畫一，七國同役未必不同心，恐難勝之。故兵凶戰危，禍福得喪在於呼吸之間，善戰者全在相機而行，知彼知己，乃能謀出完全也。（《日知》尾）敘謀筆筆伏，敘戰筆筆應，團結生動，釋經作結，弦外冷然。（《評林》眉）《經世鈔》："兵法甚奇，然春秋時所熟用。"陳傅良："《釋例》曰：'泓之戰書己巳朔，鄢陵之戰書甲午晦，此書戊辰而不言晦者，經傳之見晦朔，時史隨其日而存之，無義例也。'今案：經傳所書日月不同者多矣，何獨晦朔爲異？杜謂時史無義例，非也。"李笠翁："'吾君死矣'，此即廚人濮以裳裹首而荷以走曰'得華登矣'意同，兵家最妙着也。"（闈生夾）此戰亦爲後文倒影。

八月丁酉，南宮極震。萇弘謂劉文公曰："君其勉之！先君之力可濟也。周之亡也，其三川震。今西王之大臣亦震，天棄之矣！東王必大克。"（《左繡》眉）第十五節，子朝之黨震，承上文，乃盛極而衰也。東王、西王於此點出，令事有眉目，即爲晉問周故作引，乃全篇提掇線索處。萇弘語與叔鞅語對看，前云"子朝必不克"，此云"東王必大克"，尤全篇照應警策處。（《左傳翼》尾）單子曾告急於晉矣，今此圍郊，郊潰，王即使告間者，豈果不藉晉人之助乎？前此晉師之至，但示軍容，玩寇不進，僅圍一小邑以塞責，徒有供億之煩，而無犄角之用，不得已以小捷而遂告間也。天子蒙塵，晉爲盟主，不能竭力討賊，掃清闕廷以翼戴共主，而巽愞觀望，亦不知有嫡庶邪正之辨耳。尹氏爲周世卿，背正即邪，立所不當立，大逆無道，可知萇弘口中東主西王，不分順逆，克不克但決之於禍福，而不斷之於義理，其見固亦猶夫人者也。《春秋》書曰"天王居于狄泉"，又曰"尹氏立王子朝"，則大義炳如日星，晉人之無王，罪豈可得而逃哉？論理則敬王爲政，論勢則子朝方張，人心洶洶，迄無定主。而南宮極震，背正即邪者不爲天所佑，則天心可知矣。但叔鞅云"子朝必不克"，萇弘云"東王必大克"，雖俱決之於天，而不知天所廢、天所棄不在子朝之黨，而在子朝也。單、劉雖無定難之才，而以立正爲心，忠於王室，可不謂之深明天道乎？（《補義》眉）子朝已入王城，而劉、單屢敗。萇叔因南宮震死，提出天命，以堅劉文之心，正與閔子馬言相應。馬宛斯曰："東西二王分峙其國，南北列侯各疑其君，南宮震死，而甘氏又往，勢正未衰。"（《評林》眉）《補注》："'三川震'，《周語》云：'幽王二年，西周山川皆震。'"（方宗誠眉）善於辭命，蓋借地震以勉劉子之忠王室也。（闈生夾）稱爲西王，而以周亡爲喻，不貶子朝也。

楚大子建之母在鄖，召吳人而啓之。（《補義》眉）周云："熊居固宜有此婦。"冬十月甲申，吳大子諸樊入鄖，取楚夫人與其寶器以歸。楚司馬薳越追之，不及。將死，衆曰："請遂伐吳以徼之。"薳越曰："再敗君師，死且有罪。亡君夫人，不可以莫之死也。"乃縊於薳澨。（《分國》尾）鄖夫人奔平王於潛邸，庶幾君王后之于法章也。以取秦女而歸，召吳人啓之，爲吳僚取而去，郤夫人固其所也。平王廢其子，並失其妻，何以立於天地間？（《左繡》眉）楚熊居可謂賠了夫人又折兵矣，絕倒！（《左傳翼》尾）恨楚子取秦女廢其子，遂啓吳人而歸于吳，忘君事仇，憤悉已極。此等妖婦，千古罕有。如此來，如此去，熊居固宜有此淫報也。（《評林》眉）譚元春："吳子諸樊，王僚伯父，何容僚子與同名？此應傳寫誤耳。"

公爲叔孫故如晉，及河，有疾而復。

楚囊瓦爲令尹，城郢。（《正論》眉）顧充曰："王人設險以守國，未專恃也。德之不類，而欲以險固，九州之險，其與一姓乎？"沈尹戌曰："子常必亡郢！苟不能衞，城無益也。（方宗誠眉）開首一提，下文乃申明之。（闈生夾）提筆突兀不平，極可愛。古者，天子守在四夷，天子卑，守在諸侯。諸侯守在四鄰，諸侯卑，守在四竟。（孫鑛眉）此語在今亦已熟。愼其四竟，結其四援，民狎其野，三務成功，民無內憂，而又無外懼，國焉用城？今吳是懼而城於郢，守已小矣。卑之不獲，能無亡乎？昔梁伯溝其公宮而民潰，民棄其上，不亡何待？夫正其疆場，修其土田，險其走集，親其民人，明其伍候，信其鄰國，愼其官守，守其交禮，不僭不貪，不懦不耆，完其守備，以待不虞，又何畏矣？（《補義》眉）即"愼其四竟"一段意而反覆言之，以申明城郢之謬。（方宗誠眉）中段復暢明之。《詩》曰：'無念爾祖，聿修厥德。'無亦監乎若敖、蚡冒至於武、文，土不過同，愼其四竟，猶不城郢。今土數圻，而郢是城，不亦難乎？"（文熙眉）孫應鰲曰："論大體，陳往跡，雋永有味。"穆文熙曰："楚見吳城州來，漸偪於楚，故欲城郢以自固。而不知無極在楚，伍員在吳，雖百郢，其何益乎？尹戌之論，特據常理，獨其後勸殺無極，乃爲得策。惜其説差晚，故終無補於入郢也。"（《測義》夾）愚按：前子囊爲言城郢，君子謂之忠。此囊瓦城郢，而戌以爲必亡者，何居？蓋共王當楚盛時，而囊思城其國都，是防患於預，有謀之深思焉。乃今郢既城矣，而瓦以畏吳之故，增修其城，是忽於遠圖，而自保不遑者也，有不可同日而語者。〖編者按：奧田元繼作呂東萊語。〗（孫鑛眉）高論。（王源尾）苟不能衞，城無益也。故城郢反以亡郢，三言盡之矣。篇中雖屢開闔，不過發明此義。而一開一闔，局則縱横而壯闊，氣則決溔而沈雄。幅雖不長，卻是一篇大文字也。曰懼曰畏，城郢之本也。"卑之不獲"，畏懼之本也。慎其四境，夫何畏矣？無畏無懼，焉用城矣？甚哉！畏敵者非不自强之所致哉？自强奈何？自治而已。自治奈何？"正其疆場"以下數語而已，句句肯綮，字字精要。凡有敵國外患者，可不鑒諸？（孫琮總評）信鄰親民，無形之險也。若必以形勝爲固，則佳哉！漆城蕩蕩，誠寇來不能上矣。似此正言讜論，洵守土之良規。（《分國》尾）善爲國者，不盡民力，歲不過役三十日。平王不謀固本，已城州來，敗於吳矣。今又城郢，此猶寇在門庭，曰築籬自固，有是理乎？況征役罷民，日新不已也？嗚呼！古未有征役疲民不亡其國者。長城築，隴上之歎興。高麗征，浪死之歌作。秦强隋富，其亡忽焉。有國家者，尚稟馭馬之戒哉！（《左繡》眉）此文只極論城郢之失，卻作兩層寫。上層以"卑在四境"一句爲主，"卑之不獲"正與相應。"能無亡乎"應起"亡郢"，已自透快。下又申説一遍，極其詳細。而末以土不數圻抉進一層作收，見得即不能法古諸侯，其可無念爾祖耶？兩"慎其四境"，首尾回環，兩層一線，章法絶佳。看來兩層各以古昔提頭，中間都用排講，末以"今"字一轉，宕漾作收，頗似對局，吾未見古文之不以參差寫整齊爲貴。"梁伯"三句，本是上節拖尾，卻作下截提頭，用筆活變可法。排句大多得此一宕，乃變動有致。（美中尾）浦二田曰："國小者懼陵，莒城惡，所以誡也。國大者規遠，楚城郢，所以譏也。謀國者互參之，其義兩行。"（《左傳翼》尾）國以一人興，亦以一人敗，故置相不可不慎。中國相司馬，遼人戒邊吏不得生事開隙，其德足以服之也。楚以囊瓦爲令尹，而亡郢之禍成矣。蓋政以賄成，不在乎郢之城不城也。司馬憂危念切，自不能嘿然無言，不得已借城郢立論，錫周之言，甚爲有見。但楚國先賢如蔿艾獵諸人，甫爲令尹，即有許多善政，卓卓可紀，莊王以霸，楚用是興。今始視事，毫無建白，即懼吳而城郢，哲夫成城者，固如是乎？豈以乃祖子囊遺言爲忠於國，而欲踵而行之耶？"無念爾祖，聿脩厥德"，可法者豈獨在此？篇末若敖、蚡冒云云，正是奪其所恃也。城郢者，子常也，所以城郢者，非子常，乃楚平耳。故沈尹開口説子常必亡郢，後絶不復贅，蓋借子常以譏平王也。一則曰"諸侯守在四鄰"，再則曰"諸侯卑，守在四竟"，又引梁伯作證。梁伯，諸侯也。又引《詩》云念祖脩德，若敖四君，皆爾祖也。子常失計，爲人君者，可置若罔聞乎？觀叔孫昭子歎其僅自完以待世，則懼吳城郢，實平王本謀也。沈尹戌之於微，特就囊瓦以發之，論事曉暢，文氣深厚渾浩。俞寧世以爲近於《國語》，良然！《日知》尾）灝灝汩汩，實處皆以虛運，故愈叠迭，愈玲瓏。（方宗誠眉）收更峭厲。

◇昭公二十四年

【經】二十有四年春王三月丙戌，仲孫貜卒。婼至自晉。（《評林》眉）按：《欽定春秋》作"叔孫舍至自晉。"《傳説彙纂》曰："按：舍至書氏，《公羊》者以書氏爲賢，劉敞、胡安國皆主其説，左氏以舍族爲尊晉，《穀梁》以書名爲由上致之，義各有取。"夏五月乙未朔，日有食之。秋八月，大雩。丁酉，杞伯郁釐卒。冬，吴滅巢。（《評林》眉）劉敞："杜氏曰：'巢，楚邑。'非也。勝國曰滅，君死其位曰滅，國大而君重也。如取邑可以同滅國之號，是獲臣亦可同滅君之稱乎？書曰'巢伯來朝'，巢爲諸侯審矣，非楚邑也。"王葆："巢，吴、楚間小國，楚取之以爲附庸。"葬杞平公。

【傳】二十四年春，王正月辛丑，召簡公、南宮嚚以甘桓公見王子朝。（《評林》眉）陳傅良："以甘桓公見王子朝，傳見子朝之亂，皆世臣實爲之。"（《補義》眉）寫子朝强盛之極，而下文介衆之詢，方見轉身之妙。劉子謂萇弘曰："甘氏又往矣。"對曰："何害？同德度義。《大誓》曰：'紂有億兆夷人，亦有離德。余有亂臣十人，同心同德。'此周所以興也。君其務德，無患無人。"（闔生夾）以務德爲言，亦見其無曲直是非之可辨也。若以順討逆，又何必以務德爲言乎？戊午，王子朝入于鄔。（《左繡》眉）第十六節，又將子朝一揚，隨作一抑，雖入于鄔，無能爲也，漸引後文。此節與"上天棄之"對看，天之所棄，有人而無人。周所以興，無人而有人也。（《評林》眉）《附見》："王子朝居王城西，敬王居狄泉，在王城東。"（方宗誠眉）萇弘忠臣，故處處勉劉子以盡臣職，曰"何害"，所以安劉子之心，使之不爲所動。

晉士彌牟逆叔孫于箕。（《補義》眉）此亦士伯言于韓、范而後得之，自始至終，多方排解，而婼不之曉，不是寫婼負心，正見君子陰行其德，不比小人唯恐其人不知也。叔孫使梁其踁待于門內，曰：

"余左顧而欸，乃殺之。右顧而笑，乃止。"叔孫見士伯，士伯曰："寡君以爲盟主之故，是以久子。不腆敝邑之禮，將致諸從者。使彌牟逆吾子。"叔孫受禮而歸。（《測義》夾）傅遜氏曰："邾、莒之難一也，叔孫父子守正不屈，不唯國免於兵，而且足以爲國之重，意如逃遁苟免，大致辱國，人材之係于國也諒哉！然豹遇趙孟，則以賢聞而免戮。婼遇韓、范，則危困而幾殆，又可以見晉政之污隆矣。"（《左繡》眉）色色精到，臨了又出一奇。寫昭子之歸，與平子蒙辱迥別，文亦收結得有局面。若將殺狗、葺牆等事附錄於後，則反不見氣勢矣。故知作文類敘先後之間，以剪裁爲第一義也。（美中尾）傅士凱曰："邾莒之難一也，叔孫父子守正不屈，大節凜然，然豹遇趙孟，則以賢聞而免戮。婼遇韓、范，則危困而幾殆，又可以見晉政之污隆矣。"（《評林》眉）穆文熙："叔孫門内之謀甚左，且晉爲盟主，而己爲囚虜，乃欲於顧盼之間而殺其上卿，恐亦未能。"

　　二月，婼至自晉，尊晉也。（《分國》尾）魏公刺客來，曰："斬我頭去。"叔孫於彌牟至，疑其殺己，屬脛以先之，似怯，非也。去衆與兵，亦既不畏死矣，今將歸而報命，又不可以徒死，石子死生固可輕哉？（《左傳翼》尾）家氏曰："意如見執於晉，以莒故也。叔孫見執於晉，以邾故也。意如在晉，譖其君以免其身。叔孫在晉，抗節不撓，晉之諸大夫敬而憚之，旋亦歸之。其執雖同，所以釋則異。是時魯猶有叔孫大節凜然，足爲社稷之衛。使昭公能舉國以聽，必不至有乾侯之禍。士伯暗中維持昭子，昭子此番來逆，疑其將殺己，故欲殺之。蓋昭子被執，只辦得一死，是以蔑視盟主，直如無有，着着出色，卒至受禮而歸，視意如逃歸，高下何如？士伯敬愛昭子，委曲調護，俾之禮歸，令人可感可泣。"

　　三月庚戌，晉侯使士景伯涖問周故，士伯立于乾祭，而問於介衆。晉人乃辭王子朝，不納其使。（《左繡》眉）第十七節，晉問周故，而不納子朝之使，東西之盛衰決矣。此節又後文一大關目、一大提掇也。"介衆"，跟上"無患無人"。連日寫來，敬王不振極矣。得此一醒，氣勢頓轉，文亦有振拔之奇。其振拔，乃在"立于乾祭而問於介衆"句。（《補義》眉）士伯不特叔孫知己，且爲王室功臣。若范鞅來，是非又不可知矣。或以立于南面爲疑，以士伯之賢，豈同魏子之妄？立于城門，何由知其南面乎？（闔生夾）晉助敬王矣，不待介衆而決，此掩目捕雀之舉也。

　　夏五月乙未朔，日有食之。梓慎曰："將水。"昭子曰："旱也。日過分而陽猶不克，克必甚，能無旱乎？陽不克莫，將積聚也。"（《測義》夾）陸粲氏曰："於日食占水旱，亦未之前聞。"（韓范夾）魯有梓慎、鄭有裨竈，皆一時喜言天變自神其術之人，而魯之大旱，慎屈於昭子，鄭之不復火，竈屈於子產，可見術士不勝賢人也。（王源尾）奧極、古極、鍊極！洞徹陰陽，何其奧也！險短勁折，何其古也！精簡渾洪，何其鍊也！奧存於理，理不精，烏能奧？古、鍊存乎筆，筆不高，烏能古？烏能鍊？然理精而無筆，訓詁而已，奧何從焉？筆高而無理，詖誕而已，古、鍊又奚重焉？二者兼之，方稱作手。（《分國》尾）梓慎據數，昭子據理。數不勝理，此李尋、蔡邕不如董仲舒善言天人也。（《左繡》眉）"克必甚"，是解不克而反旱之故。"將積聚"，又是解"不克，克必甚"之故。確有至理，豈是趁口翻弄得來？（《評林》眉）汪道昆："日食占旱，亦方術家所不知。"按：《漢書》注："猥，積也。"謂積敝也。（《左傳翼》尾）此又以日食占年，又一占法。梓慎決其將水，原是常理。昭子反於陽不克，知其必旱，總於日過分決之。過分而陽猶不克，必積聚爲旱，奧理微言，洵天官家所不及。前之日食，猶云應在王室也。明年昭公出孫，則此日食專爲魯矣。乃二子占驗，但言水旱，而無一語及之者，豈諱而不言歟？按：季氏跋扈，公不能制，積憤已久，於是乎有密謀。其陽不克莫，將積聚之，象乎水流而不反者也。昭公一出，遂不復國，殆若水然。二臣知之，不敢質言，而故託水、旱以示意耶？不然，梓慎固明於天道者，當旱反言水，豈此占侯獨遜於昭子，而其言不驗耶？

　　六月壬申，王子朝之師攻瑕及杏，皆潰。（《左繡》眉）第十八節，子朝又強，蓋亦未懇遽亡也，爲下憂王室起本。

　　鄭伯如晉，子大叔相，見范獻子。獻子曰："若王室何？"（《補義》眉）"若王室何"四字，得之士伯歸一番正論。對曰："老夫其國家不能恤，敢及王室。抑人亦有言曰：'螯不恤其緯，而憂宗周之隕，爲將及焉。'今王室實蠢蠢焉，吾小國懼矣。然大國之憂也，吾儕何知焉？吾子其早圖之！《詩》曰：'缾之罄矣，惟嚳之恥。'王室之不寧，晉之恥也。"(《補義》眉)點"憂"字使之知利害，又引《詩》點"恥"字，使之知羞愧。(閬生夾)見諸侯之國亦不能辨其曲直，但以不寧爲憂耳。**獻子懼，而與宣子圖之。乃徵會於諸侯，期以明年。**(文熙眉)小國懼而大國憂，語有斟酌，聽者茫然。(《彙鈔》眉)今之身食君祿，而效處堂之燕雀者，愧此嫠婦實多矣。(《左繡》眉)第十九節，晉、鄭同憂王室，大爲東王伸眉，結處爲後文作引，一路聯絡到底矣。引諺以憂，引《詩》以恥，似對非對，筆法圓活之至。其圓活，全在多用開合，無一筆直。煞句獨有合無開，蓋與《詩》自爲賓主，又緊與"若王室何"自爲呼應也，妙絕！讀此等，猶可想見當時霸國煞有可取處。(《補義》眉)"期以明年"，反應上文"早"字。(《日知》尾)一步一曲，語不迫而意獨至，令人玩索不盡。(《評林》眉)金聖歎："太叔所對，意機婉曲，而勢尤轉折澹宕。"按：《曲禮》曰："大夫七十致事，自稱曰老夫。"《補注》："'晉之恥也'，傳見王室之故，天下責望在晉。"(《學餘》尾)子太叔之言，字字婉曲，卻字字懇切。婉曲如風，懇切如雷，聞之者能無動乎？

　　秋八月，大雩，旱也。(《左繡》眉)梓慎又長一重學識矣。

　　冬十月癸酉，王子朝用成周之寶珪沈于河。甲戌，津人得諸河上。陰不佞以溫人南侵，拘得玉者，取其玉，將賣之，則爲石。王定而獻之，與之東訾。(韓范夾)寶玉亦待真主，士可以輕言仕乎？(《左繡》眉)第二十節，大爲敬王生色，上節是人心，此節是天意。南宮極震死，天厭子朝矣。乾祭介眾不與，人厭子朝矣。寶珪出水而不納，百神無不厭子朝矣。傳歷言之，以見敬王當立，神器有主。獨怪晉人胸無定見，幸而眾曲子朝，設黨而左袒之，將奈何？(《左傳翼》尾)天之所佑者，順也。人之所助者，信也。子朝勢方昌熾，乃甘氏雖往，而介眾不服。寶珪雖用，而河神不受。天佑人助在敬王，不在子朝，明矣。順逆昭然，何晉必待景伯問於介眾，而始不納子朝之使？獻子憂王室，激於太叔一言。而徵會諸侯，猶必期以明年，得毋憂宗周之隕，不及恤緯嫠婦乎？左氏隨筆散書，而次而第之，首尾聯絡，自有纍纍貫珠之妙。余於王室之亂，分年以書，所以備載始末，不使少有遺漏云。(《補義》眉)史雪汀曰："自此秦璽漢符，紛紛史策。"(《評林》眉)孫鑛："此等真怪事。"

楚子爲舟師以略吳疆。沈尹戌曰："此行也，楚必亡邑。不撫民而勞之，吳不動而速之，吳踵楚，而疆場無備，邑能無亡乎？"

越大夫胥犴勞王於豫章之汭。越公子倉歸王乘舟，倉及壽夢帥師從王，王及圉陽而還。（《補義》眉）料其亡邑而反得志，文勢曲折。吳人踵楚，而邊人不備，遂滅巢及鍾離而還。沈尹戌曰："亡郢之始，於此在矣。王一動而亡二姓之帥，幾如是而不及郢？（孫鑛眉）此句法亦好，然此傳亦常用。（閭生夾）雖亡二姓，何遽知其亡郢？唯其無理解乃爲妙文。蓋此等止是長篇文字提振之法，不然則散漫矣。滯而昧者，不足與言文。《詩》曰：'誰生厲階，至今爲梗？'其王之謂乎？"（《分國》尾）楚此時保境足矣，尚欲侵吳乎？不如是，安能速亡郢之師？（《左繡》眉）前後議論都以"而"字爲句法，中間敘事亦用一"而"字以實之，隨手成矩，從心不踰者也。首尾兩"亡"字相對，前只說亡邑，後直云亡郢，蓋前伏本文，後並引後文也，於文字爲抉進一層法，通體是兩對格。（美中尾）顧復初曰："長江之險，吳楚所共，而楚居上游，從水則楚勝，從陸則吳勝。楚以舟師臨吳，吳憚於仰攻，故常出楚之不意，盛兵瞰東北以避順江直下之勢。至入州來、滅鍾離及巢，撤淮之藩籬而據其要害，遂長驅入郢矣。吳舍舟用車，而卒破楚。晉毀乘崇卒，而卒敗翟。因地制宜，兵豈一律論哉！"（《左傳翼》尾）既勞民，又速寇，且不設備，直以國爲戲者也。前斷亡邑，後並斷亡郢，蓋四竟不守，則國都亦危矣。佳哉！漆城，寇來豈不能上？益知前此之欺子常，意中原有平王在也。（《評林》眉）穆文熙："尹戌論勞逸勝敗，的的不爽，可想弘略。"《補注》："巢即五年薳啓彊所城者，本屬楚小國，故得言滅。鍾離邑略，非不告。"劉氏曰："巢，伯爵國，非楚邑，本書序巢伯來朝。"

◇昭公二十五年

【經】二十五年春，叔孫婼如宋。夏，叔詣會晉趙鞅、宋樂大心、衛北宮喜、鄭游吉、曹人、邾人、滕人、薛人、小邾人于黃父。（《評林》眉）家鉉翁："此爲王室會，不書，無勤王之實也。

按《左傳》：『期以明年納王。』卒不聞晉侯躬御戎馬，展義王室，晉不能亦甚矣。"有鸜鵒來巢。(《評林》眉) 張洽："邵子曰：『天下將治，則天地之氣自北而南；天下將亂，則天地之氣自南而北。』禽鳥之類，得氣之先者也。鸜鵒不踰濟，而至魯，豈非自南而北之驗哉！當此之先，楚雖爲列國患，而齊、晉猶足以抑之。自此之後，晉伯不競，吳、楚、越皆迭主夏盟，諸侯斂衽事之，馴至大亂，則知鸜鵒來巢之祥，不特昭公出奔之兆而已。"《附見》："此鳥舊不生魯境，故曰『來』。宜穴居而不穴，故曰『巢』。"秋七月上辛，大雩；季辛，又雩。(《評林》眉) 高閌："季辛不言大，蒙上文也。旱既太甚，因一月再雩，而志其僭且數也。"九月己亥，公孫于齊，次于陽州。(《評林》眉) 家鉉翁："季氏逐君，而以自孫、自次爲文者，譏公有以自取也。"呂祖謙："使叔孫昭子而在，則昭公必不至孫也。"齊侯唁公于野井。(《測義》夾) 家鉉翁氏曰："書齊侯唁者再，非與其能唁也，譏其無救災恤患之失也。"(《評林》眉) 高閌："凡唁，皆造其所居，其曰『于野井』者，齊侯將唁公，公自陽州逆之，蓋爲恭也。"冬十月戊辰，叔孫婼卒。(《評林》眉) 汪克寬："婼子不敢嗣爲大夫，是爲叔孫成子。"十有一月己亥，宋公佐卒于曲棘。十有二月，齊侯取鄆。(《評林》眉)《傳說彙纂》："齊景不伐魯以納公，而取鄆以居公，故《春秋》書以譏之。胡《傳》乃謂公已絕魯，而見逐於季氏，爲不君，非經旨也。"

【傳】二十五年春，叔孫婼聘于宋，桐門右師見之。(《補義》眉) 敘桐門便爲季孫寫照。語，卑宋大夫，而賤司城氏。昭子告其人曰："右師其亡乎！君子貴其身而後能及人，是以有禮。今夫子卑其大夫而賤其宗，是賤其身也，能有禮乎？無禮必亡。"(《評林》眉) 穆文熙："『右師其亡乎』，數語多警戒，殊可玩味。人之侮慢自賢，良由不知此耳，豈樂其所以亡耶？"《經世鈔》："今人每好遠方之人，詆宗族鄉里之賢，以自鳴高者，可以鑑矣。"

宋公享昭子，賦《新宮》。昭子賦《車轄》。明日宴，飲酒，樂。宋公使昭子右坐，語相泣也。(韓范夾) 昭公未出而兩人相對，何爲爾乎？季氏之故，必是言也。(《補義》眉) 移席就語，是有要事相商，恐聞於外人耳，情景如畫。樂祁佐，退而告人曰："今茲君與叔孫，其皆死乎？吾聞之：『哀樂而樂哀，皆喪心也。』心之精爽，是謂魂魄。魂魄去之，何以能久？"（魏禧尾）魏禧曰："語曰培塿無松柏，其大宗與宗既卑賤矣，身安得貴乎？昭子數語，可謂要言不煩。《論衡·自敘》一篇，原本孤寒，至於引譬瞍舜鯀禹，醴泉芝草，甚及犂牛骍角，只顧以辯勝人，遂至抑親揚己，喪心已甚。充乃名人，豈此理尚未知耶？可見人至好名爭勝，私心所蔽，白日而不見邱山。如此爲勝，愈勝而愈曲。如此爲名，愈名而愈辱。人之大愚，莫過於此，可以鑒矣。乃其書猶膾炙千載，古今之以文勝，可歎哉！"（《評林》眉）鍾伯敬："宋公享昭子，當飲酒，而二人皆泣，亦甚不祥，此不待樂祁，而知其將死也。"

　　季公若之姊爲小邾夫人，生宋元夫人，生子，以妻季平子。昭子如宋聘，且逆之。公若從，謂曹氏勿與，魯將逐之。曹氏告公，公告樂祁。（《補義》眉）上節"明日"二字最着眼，此一段商酌在初至之時，而明日方燕飲也。樂祁曰："與之。如是，魯君必出。政在季氏三世矣，魯君喪政四公矣。無民而能逞其志者，未之有也。國君是以鎮撫其民。《詩》曰：'人之云亡，心之憂矣。'魯君失民矣，焉得逞其志？靖以待命猶可，動必憂。"（《分國》尾）隋煬高麗一征，盡向遼東浪死矣，猶曰"此中大有人在"。無民而曰有民，好頭頸定爲人斫矣。樂祁曰："無民而欲逞其志者，未之有也。"千古亂亡之君，痛下棒喝。古之人君，每歲獻民版，拜稽其數，豈無爲哉？（《左繡》眉）此篇是三平遞說格，又遙對橫擔格。首段無禮必亡，次段喪心不久，末段失民動必憂，三事相類，各爲後文起本，是三平也。首段昭子譏右師，中段樂祁譏昭子，末段並譏及魯君，是遞說也。至於"貴其身而後能及人"，"失民矣，焉得逞其志"，前後又遙遙相對。中間"哀樂"是貼本節，"樂哀"便是指首尾兩種人：一以賤其身爲可樂，而好賤其宗。一以逞其志爲可樂，而將逐季氏。必亡、必憂，皆喪心之故也，總不能久耳，此又以中間關合兩頭。總之，理既融洽，法又圓密，橫豎說來，頭頭是道耳。文本傳叔孫婼聘宋事，自以中段爲主。首段閑文作引，末段事固旁及，文亦帶敘，平看則失之矣。賦《新宮》跟上聘宋，賦《車轄》起下逆之。三節一線何疑！（《左傳翼》尾）昭子決右師，樂祁決昭子與宋公，並及魯君，其死其亡，若操左券者，蓋容貌辭氣乃德之符，動乎四體，禍福將至，善不善必先知之，此理之一定者，唯明者乃能見微知著也。左氏決禍福，每於此等處三致意，皆教人正心脩身之道，不得概以浮誇目之。人苦不自知，昭子於右師，判斷明白，一毫不爽，而當身則昧之。宋公與己同病，不知己，安知宋公，所以來樂祁之誚。至於昭公失民數世，動則必憂，此亦昭子意中事，但萌芽未露，不便説出，非昭子於此等事全然不覺也。散散説去，藕斷絲連，正不必牽扯打合，説成小樣家數。世間無事不係在喜怒哀樂上，於此而得則天地可位，萬物可育。於此而失，則身且不保，非死則亡。中間明説哀樂，兩頭則喜怒事也。事異而理同，故連類書之。此條雖起諸案，而以昭公出奔爲主，所以末段敍次特詳。此類敍法也，左氏每於事相類者，比合掩映，以成章法。如此文無禮必亡、喪心不久、失民動必憂，雖係三事，而比而合之，理自相通。故連類以書，使人惕然知省。三事由遠及近，步步用逆，敍次斷續無跡，筆筆化工。(《補義》眉)一"憂"字收"泣""哀"等字。(《評林》眉)陳明卿："昔也，討私邑，使公孫之卿圍之。今也，娶己妻，使公室之卿逆之。名雖爲臣，實行魯君之事，尚何待昭公孫齊，而後專魯哉？"〖編者按：凌稚隆作汪克寬語。〗魏禧："按：爲弱君者，不可不知勢衰權微，當別謀所以自振，豈能強鬪之哉？曹髦刃出於背，有由然矣！"

夏，會于黃父，謀王室也。(《淵鑒》眉)此篇論禮，首舉天經地義，洞見本源，故議論精微閎暢，《禮運》《禮器》諸篇，悉本於此。臣乾學曰："推本制禮之意，足以經緯萬端，三代而下，知者蓋鮮。"臣杜訥曰："禮以承天之道，治人之情，左氏探抉本原，闡揚奧蘊，義精而博，詞簡而該，司馬、荀子之論，舉不能出其範圍。"(《左繡》眉)此篇以主包賓，首尾是會中正文，中間卻是附載。所謂某甲文字，不能割愛，須寄見於某乙傳中者也。其鋪排與行父事君篇同一筆意，但彼以典故勝，此以理致勝，故自別耳。(《補義》眉)謀王室極其紆緩。**趙簡子令諸侯之大夫輸王粟，具戍人，曰："明年將納王。"**(《評林》眉)《補注》："'明年將納王'，晉人徵會，則曰'明年'，納王又曰'明年'，傳見不惟怠，且觀望。"王元美："敬王既立，久而方謀，謀而即散，使敬王三年始入成周，則諸大夫不能急定王都之故也。然十國咸集，皆知有周，而輸粟具戍之令，猶足以係屬國人，視前年晉人圍郊之氣勢不同矣。非敬王得位以正，能服人心，諸侯安能無異議如此？"〖編者按：凌稚隆作季本語。〗(方宗誠眉)以上敍本事，以下另是一事，是帶敍法，亦可另自爲一篇。子大叔見趙簡子，簡子問揖讓周旋之禮焉。(《正論》眉) 洪容齋評曰："禮之爲體一，而所用不同。故游吉以好惡哀樂言，晏子以君令臣共言。"(《補義》眉) 於寢干枕戈之會，問揖讓周旋之禮，便是不知禮。(高塘眉) 子大叔論禮，極精微，極博大，卻於會事無關。然因在會論及，故附載之。所謂某甲文不能割愛，須寄見於某乙傳中者也。文特詳。對曰："是儀也，非禮也。"(韓范夾) 春秋時，便有以儀爲禮者，無怪漢世之以善容爲禮官也。嗟乎！世流下而大義乖，不獨禮矣。(闇生夾) 氾濫爲奇，而神理自合。簡子曰："敢問何謂禮？"對曰："吉也聞諸先大夫子産曰：'夫禮，天之經也，地之義也，民之行也。'(方宗誠眉) 首段論禮已畢，以下發揮之。天地之經，而民實則之。則天之明，因地之性，生其六氣，用其五行。氣爲五味，發爲五色，章爲五聲，淫則昏亂，民失其性。(《左傳巂》眉) "夫禮"至"民失其性"數語，是一章頭腦。以下至"長久"，錯綜分應，九"爲"字，十"以"字，兩"審"字，組織變幻，不可捉摸，妙妙！(《評林》眉) 王納諫："論禮乃從六氣五行發端，其以禮裁成天道者乎！究歸人情，又是性學，此真可與《戴記》諸篇相表裏者。"是故爲禮以奉之：爲六畜、五牲、三犧，以奉五味；爲九文、六采、五章，以奉五色；爲九歌、八風、七音、六律，以奉五聲；爲君臣、上下，以則地義；爲夫婦、外内，以經二物；爲父子、兄弟、姑姊、甥舅、昏媾、姻亞，以象天明；爲政事、庸力、行務，以從四時；爲刑罰、威獄，使民畏忌，以類其震曜殺戮；爲温慈、惠和，以效天之生殖長育。(《補義》眉) 一"爲"字領起九"爲"字，調法。昌黎《原道》本此。民有好、惡、喜、怒、哀、樂，生於六氣。(《補義》眉) 伏好、惡兩層，調法略變。是故審則宜類，以制六志。哀有哭泣，樂有歌舞，喜有施捨，怒有戰鬬。喜生於好，怒生於惡。(《補義》眉) 俞云："喜怒串好惡。"是故審行信令，禍福賞罰，以制死生。生，好物也；死，惡物也。好物，樂也；惡物，哀也。(《補義》眉) 好惡串哀樂。哀樂不失，乃能協於天地之性，是以長久。"(孫鑛眉) 略有排法，然大概平緩，無警策。(《文歸》眉) 唐順之曰："此敍宇宙名物古今事變。"陳谿子曰：

"字字精厚，字字典要。"(《左繡》眉)只好、惡、喜、怒、哀、樂六字，折寫兩遍。第一遍倒從哀、樂、喜、怒，說到好、惡，卻是從喜、怒卸出好、惡。第二遍是順從好、惡卸出哀、樂，卻又略去喜、怒，變化不測。從"生其六氣"，繳到則天因地，而"不失"字、"性"字，並收合"用其五行"，用筆周密。(《評林》眉)孫應鰲："句句不詭於道，而文之精粹完美亦不可及。"魏禧："按林注：華若草華。是華、蠱二物，若《書經》中注合訓雉。"《評苑》："此所以經紀內外之二事，地有剛柔，法爲夫婦之道。"簡子曰："甚哉，禮之大也！"對曰："禮，上下之紀，天地之經緯也，民之所以生也，是以先王尚之。故人之能自曲直以赴禮者，謂之成人。大，不亦宜乎？"(《左傳雋》眉)王鳳洲曰："又足此數語，更令人聳聽，宜簡子之深當乎心也。"(《左繡》眉)"曲直赴禮"四字，理精而筆簡奧，少許勝多許。(方宗誠眉)再應前"天地之經，而民實則之"二句，首尾環抱，神完局整。簡子曰："鞅也請終身守此言也。"(《古文雋》尾)鞅能守此言，故終免於晉陽之難。(文熙眉)穆文熙曰："太叔述子產論禮一章，達於天地人之理，其說有原，其究有效，故簡子欲終身守之。春秋達理之學，仲尼而下，子產其選矣。"(《文歸》眉)茅坤曰："鞅能守此言，故終免於晉陽之難。"(《文歸》尾)實處能細，虛處能括。游吉論禮，與季子觀樂，其識力悉敵。父一。(《快評》尾)趙簡子問揖讓周旋之禮于子大叔，蓋周末文盛已極，士大夫罔不留心於威儀之末，若夫禮之所以爲禮者，已無復有能講之者矣。子大叔曾有聞於子產，於先王之禮，深知其故，而能言之，使賢者之言不墜於地，亦可謂豪傑之士矣。天地變化，以六氣、五行而生五味、五色、五聲之變，不可勝窮也。人生於其間，耳目鼻口交於聲、色、物。交於物，昏亂失性，苟非聖人以禮制之，其流于禽獸也，幾希矣！文凡三段，"以奉五味""以奉五色""以奉五聲"，此一段，即聲色而制禮也。"以則地義""以經二物""以象天明""以從四時""以類其震曜殺戮""以效天之生殖長育"，此一段即人事而制禮也。"好惡""喜怒""哀樂"，此一段，即人情而爲禮也。有物而後有事，有事而後有情，極人情於生死，原人性於天地，而聖人之製作，與天、地並立而爲三。而天、地賴之以位育。非禮，其何以綱維之？甚哉，禮之大也。(魏禧尾)魏禧曰："《戴禮》諸大篇文字，精義皆從此出。"(《左繡》眉)天、地、民三平，卻將天、地歸併民上。"則天之明"四句總領，下分三段，首段應"用其五行"，末段應"生其六氣"，中段應"則天、因地"，既整齊，又變化也。俞寧世曰："'則天地之經'一句總說，以下有天地之體，有天地之用，有天地之別，有天地之交，無所不賅。"（《評林》眉）汪克寬："晉頃承世伯之業，昏庸怠惰，略弗克振。在位四年，僅能兩合大夫，而黃父之謀納王，既不躬帥三軍以造于京師，又待來年遣大夫將兵，俟王室之將定而竊其功。至於扈之役，欲納昭公于魯，而蔽於權臣，反卻宋、衛之請。蓋是時晉之政權，全在六卿，頃若贅旒而已，尚奚責哉！"

宋樂大心曰："我不輸粟。我於周爲客？若之何使客？"晉士伯曰："自踐土以來，宋何役之不會，而何盟之不同？曰'同恤王室'，子焉得辟之？子奉君命，以會大事，而宋背盟，無乃不可乎？"右師不敢對，受牒而退。士伯告簡子曰："宋右師必亡。奉君命以使，而欲背盟以干盟主，無不祥大焉。"（王源尾）此傳章法甚奇，謀王室，正傳也，主也。論禮，傍筆也，賓也。但以大叔論禮甚詳，而一言不可略，謀王室不過數語，而無事之可詳。於是遂用倒賓作主之法，以論禮爲中權。謀王室，禮之大者也，借爲前茅。不恤王室，無禮之大者也，借爲後勁。倒之顛之，而乾坤由我轉，造化自我移矣。襄、昭以後，如此文字甚少。以前後爲禮之襯帖，奇矣！猶奇在暗以禮爲筋脈，而絕不一露禮字，竟似事不類、文不屬者。如斷崖絕壑，奔龍過峽，而脈絡潛通。且首尾兩段緊相接連，乃斫斷劈開，生插一段論禮大文字於內。橫分硬接，都是巨靈、誇娥擘移山嶽手段，似此方謂之才。今之所謂才者，雕蟲耳。烏知才人之力如是乎？論禮頭緒紛如，最難井井，須分其巨集綱細目，觀其照應之參錯，察其前後之異同，一一還他清楚，然後方知其博奧，而賞其瑰雄。否則，方眩其外，茫然不得其門，而遽誇其宗廟之美，百官之富，豈不誣哉？阿房宮千門萬戶，玉砌金鋪夥頤，涉之爲王沈沈者，安知大丈夫當如此矣？（《左繡》眉）末段收應起處，若節去中段，以此徑接明年將納王，亦自一首極緊湊文字。（《分國》尾）子朝擾亂王室，劉、單力不能支，晉師一出，王室稍定，人謂晉力。觀子大叔之語，范獻子黃父之會，其謀王室，實子大叔一激之力。論理雖欠典要，其曰"人之能自曲直以赴禮"，似爲不肯輸粟之樂大心先下針砭。（《評林》眉）《附見》："二王後，杞、宋也。《詩·振鷺》箋：'周封夏、殷之後。'"（《左傳翼》尾）此會爲謀王室，首尾自是正傳，中間論禮，似屬賓意。但此會是趙簡子作主，與太叔論禮，正趙簡子事，不得以無關謀王室而謂之賓也。左氏敘事雖多詳賓略主法，此則賓即爲主，不與他文等。或庵乃謂：「謀王室，禮之大也，借爲前茅。不恤王室，無禮之大者也，借爲後勁。」禮字即可關合本傳，而必用兩「借」字翻主作賓，全以小巧窺度作者，後生熟習此種議論，其不入纖仄者鮮矣。簡子既主此會，即他議論有益人心世道者，亦必詳載，況與太叔論禮乎？在會諸人，言語舉動，有關緊要者，皆可載入，況簡子乎？《左傳》中如此等類甚多，熟玩自見。謀王室，大事也。合諸侯，大役也。何以數言了之，獨詳於論禮？簡子所以令諸侯大夫者，不過輸王粟，具戍人、明年納王而已。樂大心雖有難詞，卒受牒而退，詳之無可詳也，亦詳之不必詳也。唯論禮一段，洋洋數百言，博大精純，發古人所未發，豈得略而不書？此皆左氏極有關係文字，所以謂之素臣，豈徒於首尾連接中橫分硬插，作巨靈、誇娥擘移山嶽手段？周末文盛，士大夫講禮，不過習儀以巫，獨晏子告齊景以「君令臣共」爲言，得禮之大經。而此更以則天之明、因地之性爲說，由五味五色五聲，說到五常，更及政事之慶賞刑威，而歸於喜怒哀樂能協於天地之性上，所以盡性立命、育物配天之道無不包舉。乃知聖人緣人情而制禮，因人性而作儀，實是則天因地，而非化性起僞之端。起原禮所由制，中詳禮之條件，後著禮之效驗，巨集綱細目，次第秩然。鋪敘處踈踈密密，整整斜斜，如燕舞花飛，珠錯璣落，真古奧雄麗之至也。昌黎《原道》中段筆法，全是仿此。（《日知》尾）漢儒謂道之大原出於天，宋儒謂無適而非天理之流行，讀此可互相發明。「謀王室也」句，大書特書，已爲全文主幟。晉、鄭之卿言亂，卻無一言及王室。宋之大夫背盟，更見不心在王室。晉霸之衰、東周之微，俱從無字句處繪出矣。士伯詰宋數語，乃作者借口太息今昔盛衰之變耳，此結構微妙處。若劇賞太叔之言，則前後成贅文矣。（高塘眉）首尾是正文，卻略。中間是附見，卻詳。論禮探其本原，通其條貫，足該《禮運》《禮器》諸篇。俞桐川曰：「宏博精微，可補《戴記》。『則天地之經』一句總說，以下有天地之體、有天地之用、有天地之別、有天地之交，無所不該。」（武億尾）此篇章法甚奇，謀王室，正傳也，主也。論禮，旁筆也，賓也。文用倒賓作主之法，以論禮爲中權。謀王室，禮之大者也，借爲前茅。不恤王室，無禮之大者也，借爲後勁。倒之顛之，乾坤由我轉，造化自我移矣。奇文至文！（方宗誠眉）樂大心一段，與謀王室事相連，論文理當接明年"將納王"之下，然平鋪直敘，無奇肆之境。此文乃將"明年將納王"一斷，中間帶敘子大叔論禮，於本事若不相干，而末忽接敘宋樂大心一段，與篇首遙接，文境乃奇橫開宕而又神氣完固。（《菁華》尾）君父在難，臣子當投袂而起，乃徘徊觀望，遲遲不決，無人心甚矣。而猶殷殷以揖讓周旋爲問，本之不察而末是圖。子大叔以天經地義爲言，便見君臣上下之分，終古不可廢滅，可謂當頭一喝。宋爲上公，受周家恩禮最佟，而敢以不輸粟爲請，不畏人之以大義責己，可謂目無法紀。然亦窺晉人泄泄之習，而姑爲嘗試焉耳。

"有鴝鵒來巢"，書所無也。師己曰："異哉！吾聞文、武之世，童謠有之，曰：'鴝之鵒之，公出辱之。鴝鵒之羽，公在外野，往饋之馬。鴝鵒跦跦，公在乾侯，徵褰與襦。鴝鵒之巢，遠哉遙遙。稠（或作裯）父喪勞，宋父以驕。鴝鵒鴝鵒，往歌來哭。'（孫鑛眉）絕工階，殆似斫鍊成者，不類風謠，或左公有潤色。童謠有是，今鴝鵒來巢，其將及乎？"（文熙眉）穆文熙曰："果如此謠，則乾侯之出，兆在鸜鵒，而昭公可因之以藉口，季氏亦可以無尤矣。此必後人感於乾侯之事，衍而爲謠，如三百篇之遺意耳。"（《彙鈔》眉）昭公之事，其兆早見於文武之時，絕奇！謠詞無語不驗，而文亦有頭腦。（《分國》尾）鸜鵒不踰濟之鳥，今踰汶，是魯君孫于齊之兆。童謠數句，與後事一一相應，何物妖童，造此奇讖？（《左繡》眉）直以點經、解經語起，法又變。只"鸜鵒"二字，凡寫六遍。以分點起，以重點結，中平列三段，以一飛一行陪"巢"字，由近而遠，由暗而明，事奇而文特妙也。凡五易韻。唐錫周曰："純是一片天真爛熳，開口'鸜之鵒之'四字，非後人杜撰得出。"先結童謠，後應起筆，順逆字字有法。（《左傳翼》尾）一鳥耳，何關禍福如此？觀於童謠，亦似數有前定者。夫妖由人興，人無釁焉，妖不自作。避人野鳥來巢國中，豈非以魯政不綱，公室將空，禽鳥得氣之先，有以成之歟？然桑生於庭，雉雊於鼎，皆可轉禍爲福。昭公知此而脩德以弭之，聽信子家，"往歌來哭"曷足爲讖乎？（《補義》眉）唐云："連用六'鸜鵒'字，而不覺堆垛，可見天巧非人工。"又云："純是一片天真爛漫，爲後世史載童謠之祖。"（《日知》尾）歌詞古奧朴拙，師己述來，遂字字且駭且歎，變朴奧而爲警聳矣，此謂筆墨有神！(高崏尾) 俞桐川曰："工峭而悲感，用弔徽、欽，千古尚有餘咽！"(《評林》眉) 顏師古："今之鸜鵒，中國皆有，但不踰濟水耳，故左氏以爲魯所常無，異而書之。"王元美："自文武之世即有此謠，則昭公之遜，豈其數果不可逃耶？"《補注》："'其將及乎'，傳云'書所無也'，釋經之義畢矣。'師已曰'以下，乃小說傅會之辭，或云好事者所增益也。"(《學餘》尾) 人欲出昭公，罪也。出昭公者，昭公也。人欲去三家，愚也。去三家者，三家也。是故鸜鵒之踰濟不足異也，異夫昭公之自踰其君之分，而三家之自踰其臣之分也！(閩生夾) 此段最爲超妙，不可方物。詞亦古質絕倫，後世箴銘家莫能到。宗堯按："忽借鴝鵒以攝起全篇，奇肆極矣！"

秋，書再雩，旱甚也。

初，季公鳥娶妻於齊鮑文子，(孫鑛眉) 瑣敘處見境。(《左繡》眉) 此篇敘昭公出奔不復事，分兩半讀，在"如墓謀，遂行"截。上敘出奔之故，以下敘出而不復之故。起處三怨敘入，爲公逐季氏作引。而作難者公若，助之者郈孫、臧孫，成之者公爲、公果也。被伐者平子，而救之者孟孫及叔孫之司馬也。誤聽公若、公爲之謀於前，不許登臺之請於繼，又不忍諸臣之負罪于終，而公于是乎出。此上截之節次也。喜齊以千社寓公，聽從者以無通內外囚公。昭子將安衆納公，則公徒伏道。左師將乘馬歸公，則公徒執之，而公于是乎不復。此下截之節次也。要之，公出而不復，其失總在不聽子家，故上下敘子家特詳。茅鹿門意同。(《補義》眉) 此爲公孫于齊至叔孫婼卒傳。分兩截讀，以"如墓謀，遂行"截開，已上不聽羈言而奔，已下不聽羈言而不復也。(《評林》眉) 陳與郊："此節言平子得罪於公若。"生甲。公鳥死，季公亥與公思展與公鳥之臣申夜姑相其室。及季姒與饔人檀通，而懼，乃使其妾抶己，以示秦遄之妻，曰："公若欲使余，余不可，而抶余。"又訴於公甫，曰："展與、夜姑將要余。"(韓范夾) 妖淫之女，變禱若此，與驪姬何異？秦姬以告公之，公之與公甫告平子。平子拘展於下，而執夜姑，將殺之。公若泣而哀之，曰："殺是，是殺余也。"將爲之請。平子使豎勿內，日中不得請。有司逆命，公之使速殺之。故公若怨平子。(《評林》眉)《經世鈔》："婦人之淫，每興大獄，處此者不可不慎。聽訴不察而遽殺人乎？"(閩生夾）季孫與公室之隙久矣，不在此等小節，故假支離之詞以亂之也，全書中多如此。

季、郈之雞鬬。季氏介其雞，郈氏爲之金距。平子怒，益宮於郈氏，且讓之。故郈昭伯亦怨平子。

臧昭伯之從弟會，爲讒於臧氏，而逃於季氏，臧氏執旃。平子怒，拘臧氏老。將禘於襄公，萬者二人，其衆萬於季氏。臧孫曰："此之謂不能庸先君之廟。"大夫遂怨平子。（文熙眉）汪道昆曰："敘事具品。"穆文熙曰："平子致公若之怨，特緣不明，猶爲可諒。而鬬雞求勝，拘執臧老，恃氣凌人，人何以堪？至於禘祭乏舞，而舞皆集於季氏，則無君甚矣，能不來昭公之伐乎？"（《測義》夾）林堯叟氏曰："孔子謂季氏八佾舞于廟，恐即此事。"（孫鑛眉）三段明整不碎。敘三怨緣由詳核，此下語未甚凈。（《彙鈔》眉）前歷敘季孫結怨衆人，罪狀已著。後寫昭公之失計，孟孫、叔孫之助惡，與子家懿伯之忠貞而不用，叔孫昭子之憤懣而就死，令讀者拍案而怒，掩卷而歎。魯用八佾舞者，當用六十四人，而今止得二。季氏用之，意如之僭妄無禮可知。（《補義》眉）三段首言季氏之擅殺，次言季氏之肆橫，終言季氏之大逆逐君，罪案已具。至逐君時反寫其再三乞憐、服罪情狀，正見一派詭辭也。如無上三段，反覺昭公太過。虛者實之，實者虛之，直是牛渚燃犀。（《評林》眉）鍾伯敬："'介其雞'，《史記》作'芥雞羽'，服虔曰：'搏芥子，播其雞羽，可以坌郈氏雞目。'《補注》："其衆萬於季氏，《釋例》曰：'禘於大廟，禮之常也。各於其官時之爲也。雖非三年大祭，而書禘用禘，禮也。'孔氏曰："季氏私祭家廟，與禘同日，言將禘，是豫部分也。'"《附見》："'先君'，襄公也。言不禮襄公，卻禮家廟也。"《補注》："大夫遂怨平子，傳積季氏失人心之事。"

公若獻弓於公爲，且與之出射於外，而謀去季氏。公爲告公果、公賁。公果、公賁使侍人僚柤告公。公寢，將以戈擊之，乃走。公曰："執之。"亦無命也。懼而不出，數月不見，公不怒。又使言，公執戈懼之，乃走。又使言，公曰："非小人之所及也。"公果自言，公以告臧孫，臧孫以難。告郈孫，郈孫以可勸。告子家懿伯，懿伯曰："讒人以君徼幸，事若不克，君受其名，不可爲也。舍民數世，以求克事，不可必也。且政在焉，其難圖也。"(《補義》眉）季孫非不當討，而倡始者公若，和之者郈孫、臧孫，成之者公爲、公果，而孟、叔兩家皆不與聞，故以子家羈之言勒轉。（方宗誠眉）"讒人以君僥倖"句爲一篇之主，子家之言真深謀遠慮，惜公之不從也。（閩生夾）此文專以子家子作眼，無限幽憤之意一洩於此，聚精會神而出之，畫龍點睛手也。**公退之。辭曰："臣與聞命矣，言若洩，臣不獲死。"乃館於公（宮）。**（《彙鈔》眉）昭公兩番恐嚇僚柦，宛如兒戲，全無大體。至"非小人所及"一語，亦以解嘲。不然，子家子非小人，奈何不聽其言哉？"館於公"，不獨自明其不洩命，亦欲周旋君側，便於圖謀也。（《評林》眉）《經世鈔》："左氏凡敘人大難之起，必先歷敘其開怨於衆之故，使後人讀之，知難作有由，可自省。故欲避難者，必先平怨。欲造大難者，亦必先平衆怨也。如勾踐報吳，而曰'子女玉帛，日寶服於鄰國者'，是也。"汪道昆："昭公謀去季氏，不勝，次於陽州。"孫應鰲曰："此事三諫，而昭公三違之，及於難，宜也。"孫鑛："告臧孫三人，應前。"李笠翁："晉元帝之世，王敦擁兵上流，有無君之心。劉隗、刁協剛介狷淺，見信於帝，專以法繩公卿，深嫉王氏恣橫。敦遂起兵，以誅君側爲名，兵再犯闕，幸而敦死。元、明既没，成帝幼弱，庾亮輔政任法，以蘇峻擅兵歷陽，多納亡命，專用威刑。亮知峻爲亂，以大司農召之，衆人皆知不可，而亮不聽。遂與祖約連兵内向，塗炭京邑。隗、亮之敗，則昭公之舉也。"

叔孫昭子如闞，公居於長府。（《補義》眉）安頓叔孫，爲下文勦戾伐公出脫，細心之極。**九月戊戌，伐季氏，殺公之于門，遂入之。平子登臺而請曰："君不察臣之罪，使有司討臣以干戈，臣請待於沂上以察罪。"弗許。請囚于費，弗許。請以五乘亡，弗許。**（韓范夾）古來出亡之君，指不勝屈，或以大故而出，或以大難而歸，獨魯昭則可不出而出也，可歸而不歸也。以季氏之奸，而又加以昭公之庸，雖有百子家子，亦何益哉？（《評林》眉）《經世鈔》："遇難者每登臺而請，乃知古人作遊觀之具，皆有深意。"魏禮："余行山東，見家有備禦之臺，去梯則陡絶，莊子所謂'有樓櫓之備者'是也。"**子家子曰："君其許之！政自之出久矣，隱民多取食焉。爲之徒者衆矣，日入慝作，弗可知也。衆怒不可蓄也，蓄而弗治，將蘊。蘊畜，民將生心。生心，同求將合。君必悔之。"**（孫鑛眉）數語稍澀滯。(《彙鈔》眉)變以激成，古今炯鑒。失此機會，禍不可挽矣。可惜子家子一片忠心朗識，被一夥庸人没殺。(《補義》眉)三弗許與三怨映照，仍以子家羇折轉。俞云："隱民取食，田常篡齊，三家分晉，皆為此。""同求將合"暗指孟、叔兩家。(《評林》眉)《附見》："隱民，隱，憂感貌。"《經世鈔》："'日入慝作'，舉大事，四字要緊，凡為變與作逆理亂常之事者，多乘昏黑，蓋勢既易為，亦人之良心不容泯滅故也。"《補注》："'君必悔之，弗聽'，傳見公不能用子家子之言，故失國。"弗聽。郈孫曰："必殺之。"

公使郈孫逆孟懿子。(孫鑛眉)寫情狀宛然。(閩生夾)此與"昭子如闞"句皆一句頓斷，又及他事，長篇中多有此等，最覺奇變不測。叔孫氏之司馬鬷戾言於其衆曰："若之何？"莫對。又曰："我，家臣也，不敢知國。凡有季氏與無，於我孰利？"(閩生夾)記叔孫之助逆，委曲分明，所以開釋昭子。皆曰："無季氏，是無叔孫氏也。"(《補義》眉)二語是三家主腦。鬷戾曰："然則救諸！"帥徒以往，陷西北隅以入。公徒釋甲，執冰而踞，(韓范夾)無民不得逞其志，此之謂也。(《評林》眉)彭士望："使昭子在室，即不授甲攻季，必不帥衆攻公徒明矣。"(閩生夾)"公徒釋甲，執冰而踞"，非獨懈怠，亦重季氏，不敢逼也。遂逐之。孟氏使登西北隅，以望季氏。見叔孫氏之旌，以告。(韓范夾)皆未有定意，而卒助季氏，蓋昭公去一強家，如同兒戲，故衆心莫知其歸也。孟氏執郈昭伯，殺之於南門之西，遂伐公徒。(《補義》眉)二氏即不助逆，季氏之卒亦足逐公，不過欲卸罪於二氏，已避其名耳。明寫二氏，卻暗寫季孫。《評林》眉)《經世鈔》："'於南門之西'，昭伯之請孟氏，與趙鞅之逆魏舒，正可參看。"(閩生夾)孟懿子嘗學於聖門，何竟至此！子家子曰："諸臣偽劫君者，而負罪以出，君止。意如之事君也，不敢不改。"(孫鑛眉)意高語簡妙。(《補義》眉)已到水窮山盡，仍以子家羇折轉，開出一條便路來，至此不從，安得不出？公曰："余不忍也。"(閩生夾)昭公雖伐季氏，禍不至此，皆為小人所牽制耳。篇中敘此，意最切至。與臧孫如墓謀，遂行。(文熙眉)懿伯之言，有三不可焉，而讒人以君僥倖，尤為明鑒。穆文熙曰："子家羇既勸君莫逐季氏，又以聞命避嫌，居中不出。於勸中可以觀忠，於不出可以觀智，所以周旋乾侯，終存大義,而季氏亦莫之忌也。"孫應鰲曰:"'政自之出久矣',見公無政也。'爲之徒者衆矣',見公之無徒也,何不自喻?"穆文熙曰:"季氏登臺請罪,亦甚岌岌,而公徒不戰,二氏又起而助之,事機至此,殊爲可恨!"(《彙鈔》眉)駭戾黨逆叛□,私家之功□,公室之罪□也?□□□□□,而公徒釋甲執冰,意復懈怠,宜其敗事也。(《左繡》眉)上截又分兩層六節:前一層平敘三怨,後一層分頂三人。一節敘公若告,公逐季;二節敘郈孫必殺季氏;三節敘臧孫如墓謀行。而公若則用作提頭,郈、臧則用作煞腳,段落明整,又各變也。三節又以公若節爲綱,於"公果自言"下串入臧孫、郈孫,又即借郈、臧引出子家懿伯,爲一篇提掇要緊線索。用筆錯綜,而法極細密。公若以後不復再見,蓋引出子家,便從此卸去矣,筆妙可想!憑空插"昭子如闞"一筆,前後無着。讀至末段平子一番往復,乃知伏筆之妙。如國手布子,在數十着之先也。又冷着此句,見昭子若在,家必無駭戾之謀矣,此暗伏法。連寫三弗許,與前三使言、三以告相配,亦各成片段處。前論季氏之不可去,此論季氏之必當許,都數出偌多原故來,最詳明痛切。彼昏不知,奈之何哉?郈孫"必殺"語,乃公弗許、弗聽所以然也。用倒敘之筆,恰與逆孟孫事接連,一面束上,一面遞下,結構緊湊有法。"逆孟孫"下,卻又不敘孟孫,偏夾敘叔孫一邊,而以見旌、以告暗渡明接,併作一串。不另起頭緒,尤敘事不紛不渙不偏不枯處也。"遂逐之""遂伐公徒",又一事而分見、互見之法。子家此策,尤善之善者也。前兩節議論是經,此一節轉變是權。(《評林》眉)汪克寬:"昭公君千乘之國,討季氏不克,出奔,何哉?即位雖久,而無德無人,無謀無兵,徒欲奮怒臂以當車轍,其不死於難者,亦幸而免耳。"

己亥,公孫于齊,次于陽州。齊侯將唁公于平陰,公先至于野井。(《補義》眉)此敘經"唁公于野井",齊侯侃侃,若真能討賊,而仍以子家覊折轉,言之太易,已無踐言之志。**齊侯曰:"寡人之罪也。使有司待于平陰,爲近故也。"書曰:"公孫于齊,次于陽州,齊侯唁公于野井。"禮也。將求於人,則先下之,禮之善物也。**(《彙鈔》眉)求人者,禮當過謙。齊侯歸咎有司不止公,而使先至野井也。(《左繡》眉)因上下敘事太密,故插入解經,以疏其氣,長文間架在此。前後如許憤憤,中間忽著兩"禮"字作贊,此女叔齊所謂習儀以亟者也。君以此始，亦必以終矣。(《評林》眉) 呂祖謙："公知齊人不拒，而漸進以至于野井，齊果出迎而唁之，亦可以見景公能不失禮矣。景公自守之君也，何以責其不能定魯哉！而況公初至之時，魯亦未能遽爲謀也。先儒謂譏其無納公之實，蓋要其終而言耳。"〖編者按：凌稚隆作季本語。〗胡安定："齊侯唁公野井，以禮遇相見。孔子曰：'其禮與其詞足矣。'然則何以失國而不返乎？禮有本末，正身治人，禮之本也。威儀文詞，禮之末也。昭公無其本，而徒末焉是亟，豈所以爲禮哉？"齊侯曰："自莒疆以西，請致千社，以待君命。寡人將帥敝賦以從執事，唯命是聽，君之憂，寡人之憂也。"公喜。子家子曰："天祿不再，天若胙君，不過周公，以魯足矣。失魯，而以千社爲臣，誰與之立？(孫鑛眉) 子家子節節有識，此於不聽懿伯處見態。且齊君無信，不如早之晉。"弗從。(《彙鈔》眉) 使公爾時便去齊從晉，一聽子家子之謀，則季孫必不得行賂，而歸期可卜。臧昭伯率從者將盟，載書曰："戮力壹心，好惡同之。信罪之有無，繾綣從公，無通外内。"(《補義》眉) 此又爲八年中處處阻公伏脈。以公命示子家子。子家子曰："如此，吾不可以盟。羇也不佞，不能與二三子同心，而以爲皆有罪。或欲通外內，且欲去君。二三子好亡而惡定，焉可同也？陷君於難，罪孰大焉？通外內而去君，君將速入，弗通何爲？而何守焉？"(孫鑛眉) 意精而語未工，此是鍊法未盡。乃不與盟。(《彙鈔》眉) 從者陷君，處者逐君，故皆有罪。從亡者惟恐君之復入，故曰"好亡惡定"。(《左繡》眉) 上截三節，下截亦分三節，都出色寫一子家。非寫子家，總是寫昭公之闇也。如未伐而沮公難圖，則退之。既入而勸公許亡，則弗聽。事去而僞出君止，則又不忍。既出奔矣，破千社之惑，而舍齊事晉，則終弗從。但信從者無通內外之盟，一任公徒之將殺昭子而執左師也。而於是惡我者異志，好我者祈死，而事終不可爲矣。子家子固依然在其左右也，吾以徐觀其後已。此兩節又是極明透之言，與前兩番議論相配，乃行文照應勻稱處也。(《評林》眉) 孔尚典："夷吾在外，郤芮使重賂秦以求入，當時齊、秦大夫皆貪賂，子家子何不教昭公以邑賂，而使之興師納己耶？"王元美："'通外内'以下，釋'繾綣從公，無通外内'之非。"《經世鈔》："'欲去君'，當是此時舍君而去，別圖迎復之策，注非。"(閭生夾) 宗堯按："此借子家子之言以誅估亂諸人，蓋公亡没於外，始終由此數人也。"闇生按：通篇皆此意，此尤悲憤沈鬱。

昭子自闞歸，見平子。（《正論》眉）磻州評曰："昭子不責平子以義，而懼平子以名，吾固知良心之始萌而終晦也。迫其終也，不能討而祈死焉，則何益矣？"（《補義》眉）來何暮也！儲云："叔孫不出，鬷戾之兵必寢。"（《評林》眉）《經世鈔》："'昭子自闞歸'，最是先出在外，兩無所與人，極好進言做事。"**平子稽顙，曰："子若我何？"昭子曰："人誰不死？子以逐君成名，子孫不忘，不亦傷乎！將若子何？"平子曰："苟使意如得改事君，所謂生死而肉骨也。"昭子從公于齊，與公言。子家子命適公館者執之。公與昭子言於幄內，曰："將安眾而納公。"公徒將殺昭子，伏諸道。左師展告公，公使昭子自鑄歸。**（方宗誠眉）敘臧昭伯之盟與公徒之將殺昭子，皆所謂讒人以君僥倖也。敘昭子之忠。**平子有異志。冬十月辛酉，昭子齊於其寢，使祝宗祈死。戊辰，卒。**（《測義》夾）汪克寬氏曰："春秋賢臣，憂國而祈死者有二：晉范文子以厲公無道，慮國難之將作；魯叔孫婼以昭公失國，因憤意如見欺。皆愛君憂國之至，因禱以自裁也。"〖編者按：奧田元繼作王葆語。〗愚按：當平子登臺三請，危亦甚矣，設非西北隅之陷，亡可立待。昭子何以不取鬷戾正其罪而誅之？竊意昭子自闞歸，平子之勢已成，即欲誅之，力亦有不能者，不得已謀安眾而後納公。而平子已有異志，知其莫可誰何，於是自祈而死，以盡臣子之節，不可謂非忠矣。雖然，與其死而無濟於公也，曷若愬盟主，討叛臣，必求復君而後已，有如不克，然後以死繼之，此正命也。奈之何踵范子之故智，而近於匹夫之為諒哉！（《補義》眉）此段敘經叔孫婼卒。"有異志"，不從叔孫也。無以見公，故一死謝之。自"公孫于齊"至此，敘公不復之由。**左師展將以公乘馬而歸，公徒執之。**（文熙眉）穆文熙曰："公孫婼始謀納昭公，為平子所欺，乃齊居祈死，志雖可憫，然亦無策之甚。身處上卿，權倖季氏，苟從容圖之，何患終無機哉？"季氏曰："婼始不忍自同於季氏而謀納公，正也。不忍見欺於季氏，而反自裁，忠也。然不能徐為之圖，乃付之無可奈何之命，不及甯俞遠矣。"（孫琮總評）茅鹿門曰："公之出，公之不歸，公徒為之也。公之為公徒所轕，不信子家也。全篇以子家為主，節節有識。"昭之仇季，因於諸人之怨。然才本庸下，而決裂以逞。子家忠言，棄置弗用，禍遂莫振。蓋公徒既不能勇戰，又素少成謀，徒以一公爲僥倖爾。通篇描寫情事，真是可痛可恨！（《彙鈔》眉）昭子見季孫，不怒罵之而哀痛之，哀痛甚於怒罵也。昭子以季孫言告公，請先歸安衆而納公，而季孫又有異志，不肯納公。昭子恥爲所欺，故憤而祈死。（魏禧尾）魏禧曰："請囚于費，弗許。請以五乘亡，弗許。是昭公必欲死季氏矣。小人所以畏君者，以懼死耳。惟懼死故得以死懼之，若迫之以必死之勢，則必將不顧其死，我乃不得以死相懼，而彼反能挾其必死之形以圖我，此季平子所以請囚、請亡不得，而出於逐君也。正德初，韓文、劉健等力請誅劉瑾八人。瑾等窘迫，自請安置南京。閣議持必誅之論，上已勉從。夜瑾等哭訴，而明日瑾入司禮，健等皆罷，大事盡去矣。此其禍蓋生於迫小人以必死之地，而強主上以抑情難從之事也。若姑聽其安置南京，使與主上隔絕，眷顧之情稍替。彼在南京，必有犯法之事，怨望之情，然後繩以大法，則上之愛護既不及昔，而彼在外，我在內，除之易易矣。夫上方親暱之時，尚勉從大臣言，況既出南京哉？特除之亦不宜太遲，遲則變生。吾嘗謂君子除奸，有一舉並去其黨者，懼其身在法外，得以因緣救護也。然須慮合力致死，勢不可制。有先去其一，漸及其餘者，緩之則交疏，彼方圖免舊罪，不敢更觸新禍也。然須慮優悠養奸，滋蔓難除。有先去其渠魁，後及其黨與者。斷蛇者斷頭，射馬者射目，得其要領，則餘不能爲亂也，然須慮殺一人而激衆人之變。有先去黨與，後及其渠魁者。未可遽動，旁攻以弱其勢，如鉏樹先疏根旁餘土，馴鳥者鍛其羽翮，助惡無人，則孤而易制也。然須慮投鼠忌器，橫挑大難，我方旁攻而彼已先發矣。有急除之者，出其不意，所謂疾雷不及掩耳也。然須慮發而不中，一敗塗地。有緩除之者，因利乘便，所謂拔齒而兒不傷也。然須慮事久變生，反爲所制。種種作用不同，總在臨事時度理審勢，量情相機耳。然觀古今成敗，大約多以漸除及誅首惡者爲得。若明烈皇帝之除魏璫，不假學問，不資謀議，神武獨斷，可謂振古之烈矣。"（《分國》尾）昭公之逐季氏，不特無其力，並無其意，特迫於郈、臧諸大夫各人之私怨，而構成此舉，以公爲孤注也。或曰："當僚柤、公果告公時，公苟稔知季惡，則當召諸大夫布列罪狀，此時內有公爲、公衍、公果、公賁諸公子，外有公若、郈、臧諸大夫，而秉正不撓者，又有叔孫昭子、子家子羈爲之主持，季雖強，剪之易耳。"曰："不然。國依於民，魯之無民久矣。且察夫人情，即知國勢。當鬷戾言於衆曰：'凡有季孫與無，於我孰利？'皆曰：'無季氏，是無叔孫氏。'因共帥徒以往，公徒見逐。既而齊師臨成，成宰身請受師，林雍、顏鳴之徒，爲季氏力戰。人心固結如此。昭公出亡，諸臣從公者撓制百端。昭子來納公，公徒欲殺昭子。子家謂君以一乘入，諸從者脅公不得歸。況冀大國之納，則齊有梁丘據之受賄，晉有范士鞅之取貨。所以義如昭子，至於祈死。忠如子家子，惟有搥心泣血而已。其曰讒人以君爲徼幸，真洞見本末矣。嗚呼！爲政不難，不得罪於巨室。昭公居喪不感，嬉戲無度，久爲世家大族所輕。有一子家子而言不見聽，有國家者，其亦鑒於乾侯之轍哉！"（《左繡》眉）末節重寫昭子，似昭子爲主矣。中間特着子家子"命適公館者執之"一筆，便令頭緒歸併爲一，最敘事線索要訣。左師亦趁便帶敘，特與昭子作陪，以兩賓包一主，絕妙剪裁。又恰作不了之局，遞入下文。左氏於長篇段落處，都用若斷若連之筆，蓋貌離而神自合耳。平子兩番話頭，諸家皆以爲詐。愚謂此正見平子良心初未盡泯，而公之無端而去之者，自詒伊慼也。否則，昭子、子家皆屬夢夢，於昭公何尤焉？連敘數事，都用急促之筆。不惟前路事長氣慢，結處須緊拍作收局，亦事勢到此，無復從容氣象，所謂文與事稱者。唐錫周曰："季孫是怪物，郈、臧是廢物，昭公是俗物，公徒皆厭物，四物以類相聚，焉得不弄出事來？"（美中尾）謝約齋曰："處置權臣，須有至密之機，至捷之着，發不及覺，覺不及謀，稍縱則事機去而大禍作矣。今乃顯然以兵入其家，又不疾攻，竟日不決而外援至，公若、郈、臧諸人俱兒戲也，豈但昭公有童心哉！"公之出，昭子雖不與謀，然家教不行於司馬，反又不能力誅鬷戾，而徒以一死自明，先儒病焉。蓋緣無季氏是無叔孫一語，淪入三家之髓，欲全君又欲保季，以全宗忘君不義，背族不祥，勢難兼盡，不得不出於匹夫之輕生，悲夫！説參姜氏。（《左傳翼》尾）公徒以私隙構禍，事敗各爲身謀，劫公不使之歸，獨子家羇懇懇款款，屢效忠忱。概不之納者，緣羇素未與聞國事，公不親任。此時既納臧、郈諸人之言，必殺賊臣而後甘心，突然阻之，大拂厥心。命之使退，蓋深疑之。迨乎登臺以請，又勸其許，牴牾愈甚。後此之言，直若罔聞知矣。平子豈不當討者，特無釁而動，所任非人，以至於敗，昭公昏暗無識，不知人，豈能知言？篇中詳載子家謀畫，首書"退之"，後於"弗聽""弗從"，屢書不一書，以見公之左右有人，而以忠見擯，自詒伊慼也。唐錫周以怪物、廢物、厭物分評季姬、臧、郈、公徒，而謂公爲俗物。余謂公又怪又廢又俗又厭，不如此，往歌來哭之兆，如何得應？昭子終年不出，此番忽然如闞，豈知公有伐季之舉，故跳出事外耶？抑或偶值此耶？昭子不出，則無鬷戾之謀，鬷戾不救，則無郈孫之殺。天不祚昭公，恰好使昭子出外，而兩家助季，虎生翼矣，公安得不孫？闞歸謀納公，又以爲季所欺，而祈死即死，內無忠良以主之，雖有百子家，豈能使公復入哉？前記昭子如闞，後書婼卒，見昭子一出一死，皆公禍福所關，非小事也。殺郈孫，伐公徒，雖是孟氏，而所以啓之者，叔孫氏之司馬鬷戾也。昭子欲納君，鬷戾之罪烏得不問？其自闞歸，猶欲曲全意如，豈真以欲改事君，其言尚可信耶？平子既有異志，即當告天王，告盟主，而帥叔孫之甲以討季而納君，事果不濟，以死報君可也。一甯喜尚足以制林父，昭子豈終無如季何，而無故輕生，出此下策耶？劉意林以忠許之，家氏亦謂婼爲公死，余尚不能無遺議云。（《日知》尾）始借公以除怨，繼挾公以自固，昭公直如傀儡登場耳。始則弗從子家，及叔孫、左師兩策，又欲從而不能。前悻悻而後惴惴，摹寫無主見人入骨。文妙在段段將子家語先事喝破，處處皆成澄潭倒景之勢，而籌者了了，聽者憒憒，昭公之無能，公徒之刦制，雙管齊下矣。（高塘尾）俞桐川曰："獻弓之謀，本不必從，勸從者，公徒也。登臺之請，本不必殺，勸殺者，公徒也。如墓之行，本不必奔，勸奔者，公徒也。始則釋甲執冰以悞君，繼則伏兵執展以制君。蓋其討季氏也，以懷怨。其劫昭公也，以懼禍。皆爲身耳，非爲君也。其時在外之忠，獨一子家羈。在內之忠，獨一叔孫昭子。子家羈凡五段議論，明決周到，公既不從。昭子始以如闞，不能救禍於始。繼以祈死，不能解禍於終。昭公又優柔，又躁率，以小不忍而亂大謀。由是季氏拒於內，公徒曳於外，而往歌來哭之勢成矣。提出子家羈作串，又以叔孫昭子作關紐，然後細敘諸人情狀，則當日事勢頭緒了然，所謂法生於識也。"（《評林》眉）季本："婼不忍自同於季氏而謀納公，正也。不忍見欺於季氏，而反自裁，忠也。然不能剪季氏之羽翼，而徐爲之圖，其不及甯俞遠矣。"孔尚典："子家子此時見昭子來，是一片好機會，便當先要臧孫合謀，又設法以回公徒之心，昭公易與，不愁不聽。不先調衆心而徒與公言，何益？"李廉："祈死之說，本不可信，此年春昭子在宋，與元公對語而泣，樂祁已知其魂魄去，何待於祈哉？"孫應鰲："昭子之祈死，徒死矣，然志有可悲焉。毋亦自諒其力之不足以去平子，而遂欲致命耶？"《經世鈔》："昭子未來，平子之意不可知，衆未安，而倉卒竊馬以歸，造次愈甚，君臣皆童心矣！"（《菁華》尾）先敍平子結怨於衆，以爲見伐張本，此是左公敍事常法，而此處獨爲詳贍。如此重事，不爲造膝之陳，乃聽一侍人往來傳語，不慮機事之漏洩，足見公與諸弟謀事之疏。臧孫尚是有閱歷人，郈孫則純是年少浮動之氣。昭子此行不先不後，恰在此時。若有意，若無意，吾不知之矣，竊謂有意近之。此時即聽季孫之請，亦斷不能明正其罪，子家羈請許之，不過見公事之不濟，而欲藉此以爲和解之策，而亦知無以善其後。論者以公之不聽，遽議其自失機會。非也。孟懿子身在聖門，君臣之義，耳所熟聞，而亦與於逐君之舉，豈非利害之見圍於中，而是非之形暗於外？君子於此，不能爲賢者諱也。昭公迫於權臣，不忍憤憤之心，一旦思欲去之。事既不諧，無顏復居人上，寧爲寓公以老，其志尚爲可取。子家子所云"諸臣偽劫君者"，吾未敢以爲然也。齊、晉之君，皆昏瞶無能，斷不能爲討罪之計。公之入齊固失，子家子之勸其早適晉，亦未見爲得也。昭子所遇，與晉之范文子相似，只有一死而已。

壬申，尹文公涉于鞏，焚東訾，弗克。（《左繡》眉）第廿二節，子朝漸無能爲矣。

十一月，宋元公將爲公故如晉。（《補義》眉）周云："前被華、向之亂深痛於心，欲爲魯誅賊臣，以伸大義，固天資果毅，亦經歷使然。"**將行有夢，見死屬前定，梁丘不得藉口。夢大子欒即位於廟，已與平公服而相之。旦，召六卿。公曰："寡人不佞，不能事父兄，以爲二三子憂，寡人之罪也。若以羣子之靈，獲保首領以没，唯是楄柎所以藉幹者，請無及先君。"仲幾對曰："君若以社稷之故，私降昵宴，羣臣弗敢知。若夫宋國之法，死生之度，先君有命矣。羣臣以死守之，弗敢失隊。臣之失職，常刑不赦。臣不忍其死，君命祇辱。"宋公遂行。己亥，卒于曲棘。**（《分國》尾）季平子，元公婿也。元公此行如晉，爲平子，實爲魯昭也。誰料道死，竟爲阻納者口實。（《左繡》眉）起句於上事亦作若斷若連之筆，左氏於此等處，大都分而爲二，實可合而爲一也。注云："爲明年梁丘據語起本。"詳此，見宋公之死，原有定命，而非真以納公之故也，皆倒注法。（《評林》眉）家鉉翁："齊、晉二大國，坐視季氏逐君，恬不加省。

而宋元特爲此行,將以其前日逐華、向者,而討魯之強家,非能視天下之惡猶己之惡,豈能及此?《春秋》書其卒於行,錄之也。"鍾伯敬:"'死生之度',送死事生之法度。'不忍其死',不忍亂法自速其死。祇,適也,言君命必不行,適以自辱也。"彭士望:"見夢而行,尤人所難。"(《左傳翼》尾)昭公爲意如所逐,齊景欸以虛禮,晉爲盟主,毫不之恤,獨元公特爲此行,雖前日身被華、向之亂,深痛於心,欲爲魯誅賊臣以伸大義。要亦天資果毅,方能出此。不然,晉悼欲討孫、甯,尚爲荀偃所制,何況其他?而將行夢死,尚不顧忌,豈非當時人君之僅事乎?(闇生夾)宗堯云:"齊侯於衛靈之出,右君而左臣,其待魯侯,始亦力助之,特庸人畏死而情怯。故宋元之卒亦關係之大者。"

十二月庚辰,齊侯圍鄆。(《評林》眉)陳傅良:"齊侯圍鄆,傳見經書取,不言圍,他倣此。"(《補義》眉)與宋元一真一假映照。

初,臧昭伯如晉,臧會竊其寶龜僂句,以卜爲信與僭,僭吉。(《補義》眉)儲云:"問奇,答奇!"(闇生夾)宗堯云:"會,敗類也,季氏收而與之並立,敘事極嬉笑怒罵之致,刺季孫也。"臧氏老將如晉問,會請往。昭伯問家故,盡對。及內子與母弟叔孫,則不對。再三問,不對。歸,及郊,會逆,問,又如初。至,次於外而察之,皆無之。(鍾惺眉)敘事歷歷如見,妙在含吐,若不說出。執而戮之,逸,奔郈。郈魴假使爲賈正焉。計於季氏。臧氏使五人以戈盾伏諸桐汝之間。會出,逐之,反奔,執諸季氏中門之外。平子怒,曰:"何故以兵入吾門?"拘臧氏老。季、臧有惡。及昭伯從公,平子立臧會。會曰:"僂句不余欺也。"(《分國》尾)單爲季、臧有惡之故敘此一段,"昭伯從公"四字,是傳者脈絡。此非二十五年事,昭伯從公、平子立會則是年事也。(《左繡》眉)此段特爲前逐平子篇爲讒節作注,蓋左氏亦自爲後傳以終事也。寫僭曲盡,此事之自爲首尾呼應者。(《評林》眉)穆文熙:"此爲以不信而得吉者,故曰'不余欺也',亦足笑!"按:臧會初卜,不信得吉,今果然。注言凡卜筮之驗,或善或惡,皆由其人,有應無一定之理。陳傅良:"'僂句不余欺也',季、臧亦交惡。"(《左傳翼》尾)僭則吉,信則凶,豈先王神道設教之旨?僂句不予欺,真理之不可解者。今人作僭,每卜於鬼神以定吉凶,豈皆以僂句可常恃耶?君子於此,亦唯義是務而已。

劈在卜僭與信，便自奇想天開。因卜僭吉，遂設此讒慝以傾人，都是夢想不及。欲逐昭伯而奪之位，做此誕妄事，在小人中亦是無理取鬧。（《日知》尾）情事寫來絕倒，然簡勁正不可及。

　　楚子使薳射城州屈，復茄人焉。城丘皇，遷訾人焉。使熊相禖郭巢，季然郭卷。（孫鑛眉）城某地常用"郭"字，新。子大叔聞之，曰："楚王將死矣。使民不安其土，民必憂，憂將及王，弗能久矣。"（《分國》尾）地非財物也，可以為我扃鐍者？民非弈棋也，可隨我佈置者？何平王之愚也？（《左繡》眉）城曰城，郭曰郭，皆以實字為虛字用也。（閭生夾）此亦止是倒提下文"楚平王卒"四字耳。

◇昭公二十六年

【經】二十有六年春王正月，葬宋元公。（《評林》眉）汪克寬："昭公在外，而魯於宋、晉、鄭、曹、滕、薛每遣使會葬，不廢喪紀，則意如之專魯無疑矣。"三月，公至自齊，居于鄆。（《評林》眉）啖助："王者至尊，雖在外皆曰居。諸侯奔，在境內亦曰居，皆言猶居其地，但不得其所耳。"夏，公圍成。（《評林》眉）劉敞："《穀梁》云：'言圍，大公也。'非也。公失國而圍成，師在封內而書之，此小之甚者，不可謂大。"秋，公會齊侯、莒子、邾子、杞伯，盟于鄟陵。（《評林》眉）高閌："公失國而會諸侯者，求入也。求入不主晉而主齊，故齊侯矯為此盟，以莒、邾、杞，魯之與國也。"公至自會，居于鄆。（《評林》眉）汪克寬："昭公之居鄆，則非宗廟之所在矣。而昭公會鄟陵，如齊，如乾侯，無不書至，若公之在國。《春秋》大義，所以存君而屬臣下也。而不言居鄆，則疑於復國。"九月庚申，楚子居卒。冬十月，天王入于成周。（《評林》眉）季瑾："晉人納王之善，無一言及之，何也？罪晉不臣，而哀周之衰也。晉為同姓大國，爵為侯伯，主盟於時，不能即逐子朝之黨而安定之。二十三年一圍郊而亟還，坐視成敗，踰五年然後興師納王，原情責實，不忠不臣之甚者也。"尹氏、召伯、毛伯以王子朝奔楚。（《評林》眉）王洽："子朝謀亂王室，兵敗而奔，其罪不容誅矣。由三子所黨助，故曰'以王子朝奔楚'，言子朝之罪由三子所致也。"

【傳】二十六年春，王正月庚申，齊侯取鄆。（《評林》眉）陳傅良："'齊侯取鄆'，經併上圍書取，傳紀其實，杜説非。《穀梁傳》曰：'以其爲公取之，故易言之。'其説皆通也。"（闔生夾）宗堯云："'齊侯圍鄆''齊侯將納公，命無受魯貨'，齊侯之初志可見。後之慢魯君，以畏死而轉念也。"闔生按：列國之君皆袒魯侯，氣類相感也。其大臣則皆袒季氏，同惡相濟也。齊侯之不得遂其志由此。

葬宋元公，如先君，禮也。

三月，公至自齊，處于鄆，言魯地也。

夏，齊侯將納公，命無受魯貨。（孫鑛眉）曲敘有情致。（《左繡》眉）此篇傳公圍成事，卻連自齊居鄆說入，已立一篇之案。蓋於齊無親，又於魯不合，則圍成徒爲畫餅，適以堅其幣錦之謀耳。以首段子猶受賂止納爲主，蓋齊既受賂，則成自受師不害，而炊鼻之戰，一叱一罵，足可了事。看開手特提"命無受魯貨"一筆，意可知已。前半議論，語語精神。後半敘事，卻語語疏嬾。分明爲魯君無成寫出一種驤頹廢弛光景來，令讀者亦爲之索然無味，是相題行文入神之筆。通篇凡寫許多人，魯則申豐、女賈、公孫朝、野洩、冉豎、顏鳴，但知有平子，不知有公。齊則高齕、淵捷、囊帶、陳武子，亦但知有子猶，不知有公。公之無成，固早爲平子、子猶兩邊筭定也。子家子亦只好袖手而聽其顛倒已矣，其奈之何？（《補義》眉）齊侯有納公之意，如親至圍魯，季氏不郊迎謝罪，而公然抗拒，足以激怒齊侯，而事難處矣。於是先止公行，使委其事於公子鉏，而後彼此心照，要皆錦幣之有靈也。故行賂一段爲全篇主腦。申豐從女賈，以幣錦二兩，縛一如瑱，適齊師。（韓范夾）今之行貨者，以金以珠，而古必以錦，同一小人之術，而古猶拙於今也。（《評林》眉）魏禧："一如瑱，錦細甚，乃如充耳，不獨易懷。"謂子猶之人高齕："能貨子猶，爲高氏後，粟五千庾。"高齕以錦示子猶，子猶欲之。齕曰："魯人買之，百兩一布，以道之不通，先入幣財。"子猶受之，言於齊侯曰："群臣不盡力於魯君者，非不能事君也。然據有異焉。宋元公爲魯君如晉，卒于曲棘。叔孫昭子求納其君，無疾而死。（韓范夾）齊景庸而畏死，有"無受魯貨"之命，則納昭之意斷斷矣，故非此説不足以止之。不知天之棄魯耶，抑魯君有罪於鬼神，故及此也？（闇生夾）宗堯按："權奸之世，魯出其君，齊亦玩弄其君，齊臣直助季氏，濟其惡也。故下敘齊、魯之戰，盡揭其情態。"君若待于曲棘，使群臣從魯君以卜焉。若可，師有濟也。君而繼之，茲無敵矣。若其無成，君無辱焉。"（孫鑛眉）議論卻入人深。（《補義》眉）此戰之後，公子鉏復命，另有一番話，俱包在"無成"二句內。（《評林》眉）按：《爾雅》云："四區曰釜，二釜有半曰庾。知是自古庾有二法。"丁此吕："齊景有鄢陵之盟，錦入於子猶。晉頃爲扈之會，而貨內於士鞅。二君憒然，索然中立。孰知田常韜禍於齊，六卿伏憂於晉？厝火積薪，真可嘆也。"穆文熙："宋元、叔孫謀納魯君，皆無疾而死者，亦事之偶然耳。人生有命，豈因納非其人而遂死乎？子猶受貨，而據之爲詞，何其誕也！"按："若待于曲棘"，據《疏》說，此曲棘，齊地棘也，似與上曲棘別。《經世鈔》："'茲無敵矣'，語尤穩當可聽，讒人之言近理而可信者，最易入彀，不可不慎。"齊侯從之，使公子鉏帥師從公。（《測義》夾）季本氏曰："梁丘據受季孫貨而說齊侯，使不納公，其事不可謂無。但景公方信用晏子，必不爲據言所動。其所以不納公者，亦由其本無遠志，又見公甚失人心，故但居之于鄆，使不失所，則自以爲盡職矣，於景公又何責焉？若謂'使公子鉏帥師，從公圍成'，晏子必不勸君爲此，而亦不合經'公圍成'之書也。"〖編者按：奧田元繼作李于鱗語。〗成大夫公孫朝謂平子曰："有都以衛國也，請我受師。"許之。請納質，弗許，曰："信女，足矣。"告於齊師曰："孟氏，魯之敝室也。用成已甚，弗能忍也，請息肩于齊。"齊師圍成。成人伐齊師之飲馬于淄者，曰："將以厭衆。"魯成備而後告曰："不勝衆。"（《左繡》眉）齊因會意，故聽之耳。當面侮弄，稠父夢夢，猶以爲信。（闇生夾）先大夫評曰："梁丘據受魯賂，是役也，齊人所以厭衆也，乃於成人口中述之，此爲遏蔽。"闇生按：齊人出兵，徒迫不得已耳，魯人則願爲季氏致死，此平子所以制勝也。

師及齊師戰于炊鼻。（鍾惺眉）敘亂事，往還如見，妙在簡與含蓄，若不說透。（《補義》眉）儲云："只敘數人事，而齊不爲寇，魯不患寇，情事如畫，文之奧峭，後史絕響矣。"（《評林》眉）《補注》："'師及齊師戰于炊鼻'，戰不書，爲魯諱臣拒君也。故齊師圍成，特書公以見義。杜説非。"齊子淵捷從洩聲子，射之，中楯瓦。繇胊汏輈，匕入者三寸。聲子射其馬，斬鞅，殪。改駕，人以爲鬷戾也而助之。子車曰："齊人也。"將擊子車，子車射之，殪。其御曰："又之。"子車曰："衆可懼也，而不可怒也。"子囊帶從野洩，叱之。洩曰："軍無私怒，報乃私也，將亢子。"又叱之，亦叱之。冉豎射陳武子，中手，失弓而罵。以告平子，曰："有君子白晳，鬒鬚眉，甚口。"平子曰："必子彊也，無乃亢諸？"對曰："謂之君子，何敢亢之？"（《補義》眉）周云："相護相惜，似假似真，添毫欲活。"林雍羞爲顏鳴右，下。苑何忌取其耳，顏鳴去之。苑子之御曰："視下。"顧，苑子刜林雍，斷其足。鬈而乘於他車以歸，顏鳴三入齊師，（《補義》眉）不是寫顏鳴，正見齊不加害，魯人無畏耳。呼曰："林雍乘！"（孫鑛眉）盡入細，但節奏尚未極。（《分國》尾）成人爲季氏死戰，本無足取。而爲其臣，則盡其力，使公徒如此，何至釋甲蹈冰耶？（《左繡》眉）或叱、或罵，此來直是斗口耍戲耳。上兩段從齊説入，下兩段從魯説入。齊淵捷不欲怒魯，魯冉豎不敢抗齊。彼此唯恐相傷，皆貨之力也。而魯君乃無成矣。取耳、斷足，皆勉強瞞人耳目。顏鳴三呼，魯昭直林雍之不如也，可哀哉！徐揚貢曰："《史》《漢》紀戰，寫形寫勢，而左氏寫情，故雖短句瑣字，自然生動。"（美中尾）姜白巖曰："景有納昭之意，如親圍魯，季氏不郊迎謝罪，公然抗拒，足以激怒齊侯，而事難處矣。於是先止公行，使委其事於公子鉏，而後彼此心照，要皆幣錦之有靈也。未嘗不射，射但中楯。未嘗不殪，殪止一人。魯人誤助，子車竟以直告。囊帶再叱，陳武亦惟舌戰。林雍受傷而奔，猶能生返。顏鳴三呼而出，如入無人。咄哉苑子，以一耳一足獻俘，遂爾結局。而昭公從壁上觀，猶以爲真來伐季，真欲納我也，是可悲矣。"（《左傳翼》尾）齊侯之來，原以納公，使其在軍，則意如不得不肉袒請罪，囚以待命。以公入魯軍，將稽首郊迎之不暇，而魯侯於是乎復國矣。申豐之貨行，而景公待于曲棘，季氏乃得居然以師相抗也。叔孫死，魯人從風而靡，孟氏爲之效死，炊鼻之戰，成人主之也。如此一大戰，齊但殪一馬，魯但殪二人，外此惟一人中手，一人截耳斷足而已。兵刃既接之時，但以叱罵了事，明是戲局，曲曲傳出，曷勝酸鼻！開口説"無受魯禍"，分明季孫行貨是齊侯意中事，而梁丘據一派胡説，應之如響，齊侯之昏可概見矣。不戰又戰，欲戰不戰，虛做圈套，塗飾耳目，魯之君臣無可奈何，唯有相對欷歔而已！不唯貨力通神，亦見兩國之臣聲勢相倚，君如贅旒，要去則去，猶吾大夫崔子，豈自今始哉？左氏敘戰，每有雷轟電掃、嶽撼山摧之勢。此則落落寞寞，各寫出一段相護相惜、似假似真情狀，尤覺添毫欲活，摹神繪意，較寫形寫勢更難。後半篇最爲緊要，俞選節之，竊所未喩。公孫朝如何肯爲季氏受師，此必孟孫主之，請息肩于齊，而使臣不受毒，則齊得有辭於魯君，而申豐輩所行之貨乃爲有益。至於陳氏與季交結，原非一日，武子此來，聊以塞責，失弓而罵，情見乎詞。平子聞之，恐其抗諸，則相愛如手足可知矣，此皆得内外之助大頭腦處。其餘諸人，個個爲平子，無一知有魯君，此等情形，寫來真堪發笑。（《日知》尾）魯人拒齊，即拒昭公也。至齊不力戰，魯不力拒，則齊先無意納，魯並不煩拒，而乾侯之勢成矣。開手無受貨，及後四段敘戰，真僞懸絶。而"若其無成，君無辱焉"二語，尤爲轉關。蓋後半只在"無成"二字包裹中，則齊君之中止，自可言外會之矣。定、哀之際多微詞，斯文有焉。（《評林》眉）郭眉菴："子車得助，而反自明爲齊人，此不知倉卒應變者。"（闖生夾）宗堯按："齊之臣子與季氏皆兩心相印，名雖爲戰，其意則同也。其戰時直兒戲耳。左氏述之，意極微至。"闖生按：此戰全從虛處攝影，破空而遊，神妙無比。

四月，單子如晉告急。五月戊午，劉人敗王城之師于尸氏。戊辰，王城人、劉人戰于施谷，劉師敗績。（《左繡》眉）第廿三節，子朝、劉子互有勝敗。連寫劉人，乃是出色寫劉子也。（《補義》眉）劉子又一勝一敗，想見盼望晉師之急。（闖生夾）稱子朝爲王城人，稱王爲劉人，皆左氏用意之處。

秋，盟于鄟陵，謀納公也。（《測義》夾）愚按：此盟蓋景公假納公之大義，以爲糾合之謀者也。使其志能及遠，雖北杏之業何難哉？而董董集諸小國，卒不能謀納公也，則爭霸之略止於如此矣。〖編者按：奧田元繼作王荊石語。〗（《評林》眉）陳傅良："'謀納公也'，傳載昭公十六年，齊、徐、郯、莒盟于蒲隧，十九年，宋、邾、郳、徐盟于蟲，則諸侯有不待伯者而自盟會者久矣，於是始書。今案：諸侯自相盟不書，與外特相盟不書同義，此以公會書。"

七月己巳，劉子以王出。庚午，次于渠。王城人焚劉。丙

子，王宿于褚氏。丁丑，王次于萑穀。庚辰，王入于胥靡。辛巳，王次于滑。晉知躒、趙鞅帥師納王，使汝（或作女）寬守闕（或作關）塞。(《左繡》眉）第廿四節，敬王極敗，然後接落晉師納王，蓋否極泰來矣。此兩節以單子、劉子對領，與起遙遙相應，章法首尾一線。(《補義》眉）敬王幾於無地可容，而以晉師一筆斡轉，何等氣燄！

九月，楚平王卒。令尹子常欲立子西，曰："大子壬弱，其母非適也，王子建實聘之。子西長而好善。立長則順，建善則治。王順國治，可不務乎？"子西怒曰："是亂國而惡君王也。國有外援，不可瀆也。王有適嗣，不可亂也。敗親、速讎、亂嗣，不祥，我受其名。賂吾以天下，吾滋不從也。楚國何爲？必殺令尹！"令尹懼，乃立昭王。（文熙眉）孫應鰲曰："子西此怒，可謂義理之勇，其詞凜然。"穆文熙曰："子西辭楚，亦是大節。但納勝致禍，乃成大愚！不然，則嚴陵、子臧之賢，豈足多哉？"（韓范夾）當危疑之時，大利忽至，而持義如此，子西之名於諸侯也，宜哉！（魏禧尾）魏禧曰："賢者當此，婉辭以自潔者有之，而乃出如此語，真賢人所難。周平王於申侯，可愧死矣。此等語若己之勢地不可自固，則恐爲子常所殺，此事不可輕學也。"彭家屏曰："同一讓國也，子臧、季札之詞婉，而子西之辭厲，何也？彼以節自高，故意超而言孫。此恐以己爲市，故情急而語嚴。蓋不如是不足以謝絶其意也。"（《分國》尾）據此一事，子西頗有大節。惜乎！卵翼白公，竟至掩面而死也。（《左繡》眉）提句緊破"王順國治"四字，下用兩層雙頂，"天下"句又挾進一層説，尤妙在令尹、子西前後兩意都用順承，中間"亂國而惡君王"獨用倒接，最警而變也。語語斬截，怒容可掬，如聞其聲。得力在"賂吾天下"句，振拔有神！（《左傳翼》尾）讓國和婉事，何至憤怒而以必殺爲言？蓋令尹廢彼立此，雖以立長建善爲名，而其意實不可測。一"賂"字道破隱衷，以遏止其萌，不止不受惡名而已也。詞鋒稜稜，大有劍拔弩張之意。楮墨間無非怒氣，傳神之筆！（高塙尾）俞桐川曰："同一讓國，臧、札以和婉，子西以嚴厲，蓋令尹欲市德而專政，故言下句句斬截。"（《評林》眉）楊升菴："子西如自立，其後必無白公之亂。"

冬十月丙申，王起師于滑。(《左繡》眉）起句正名，爲一篇之綱。第二筆便寫晉師，又爲結處"遠晉之大"伏案。次又點入"奉周典籍"，爲子朝一番文辭張本，無一字落空。(《補義》眉) 大書"王起師"，正名也。辛丑，在郊，遂次于尸。十一月辛酉，晉師克鞏。召伯盈逐王子朝，王子朝及召氏之族、毛伯得、尹氏固、南宮嚚奉周之典籍以奔楚。(《補義》眉) 楚得周室典籍，不止三墳等書矣，故戰國屈原、莊周之博雅，其來有自。(《評林》眉)《補注》："'奉周之典籍以奔楚'，傳見尹氏、毛伯名。陳氏曰：'召伯，召伯奐也。杜言當稱召氏，非。'"陰忌奔莒以叛。召伯逆王于尸，及劉子、單子盟。遂軍圉澤，次于堤上。癸酉，王入于成周。甲戌，盟于襄宮。晉師使成公般戍成周而還。(《補義》眉) 納王事竣。十二月癸未，王入于莊宮。(《左繡》眉) 第廿五節，子朝奔楚，劉、單同盟，敬王入成周，晉戍周而還，其事已畢。無端於子朝生出一篇強詞奪理之文，滔滔莽莽，幾不可遏。而末以馬父語輕輕斷結，收拾全文。蓋合前二十餘節，共作一掉尾，使讀者有大海回風生紫瀾之歎也。或謂何不就敬王發揮一首典誥文字？則左氏亦就其事之所有而刪潤成章，未嘗憑空添設。且以見文字隨人所造，拈一話頭，無處不有文字，所以教人自爲也，何必擇冠冕題目而後足以行吾筆也哉？子朝使告於諸侯，只是乞憐諸侯替他出頭耳。篇中凡七點"諸侯"字，但諸侯須兼同、異姓，文從竝建母弟說入，中間敘前事，則兩稱兄弟王室、率王命。敘近事，則深望兄弟獎順天法、毋速天罰。甥舅只用一帶，末又單結伯仲叔季，蓋以爲此吾家家事者然，此立言之旨也。但通體詳於求諸侯，重於責單、劉與晉，至於己之當立，卻又寥寥數言，亦見其理之短而詞之窮矣。(《評林》眉) 陳傅良："'王入于莊宮'，傳言敬王之亂四年而後定，故經不與單、劉以復辟之義，而深罪晉。"汪氏曰："傳記王入于莊宮，杜注：'莊宮在王城。'則敬王亦入王城矣。三十二年書城成周，蓋敬王入王城而弗居，遂定都成周也。"

　　王子朝使告於諸侯，(孫鑛眉) 是辭命大篇，平平鋪去，亦有音節，第尚未入妙境。(《補義》眉) 汪南溟曰："此文可配呂相絕秦。"(《評林》眉)《補注》："'王子朝使告於諸侯'，傳見子朝奔在王入前，書在王入後，王入乃告諸侯。"(閻生夾) 此文工絕，在春秋文告當爲第一篇文字。曰："昔武王克殷，成王靖四方，康王息民，並建母弟，以蕃屏周。亦曰：'吾無專享文、武之功，且爲後人之迷敗傾覆而溺入于難，則振救之。'（《補義》眉）"振救"二字，全段之綱。俞云："二句提起。"至于夷王，王愆于厥身，諸侯莫不並走其望，以祈王身。至于厲王，王心戾虐，萬民弗忍，居王于彘。諸侯釋位，以間王政。宣王有志，而後效官。至于幽王，天不弔周，王昏不若，用愆厥位。攜王奸命，諸侯替之，而建王嗣，用遷郟鄏。則是兄弟之能用力於王室也。至于惠王，天不靖周，生頹禍心，施于叔帶，惠、襄辟難，越去王都。則有晉、鄭咸黜不端，以綏定王家。則是兄弟之能率先王之命也。（《評林》眉）《增補合注》："此言晉、鄭能振救王室。"在定王六年，秦人降妖，曰：'周其有頹王，亦克能修其職。（韓范夾）子長《趙世家》敘武靈王本此。諸侯服享，二世共職。王室其有間王位，諸侯不圖，而受其亂災。'（《補義》眉）先敘天意以動諸侯，文勢亦不徑直。至于靈王，生而有頿。王甚神聖，無惡於諸侯。靈王、景王，克終其世。今王室亂，（《補義》眉）四字有力，以下見救振無人。單旗、劉狄剝亂天下，壹行不若。（孫鑛眉）連用七個四字句，覺重拙。謂：'先王何常之有？唯余心所命，其誰敢請（或作討）之？'帥群不弔之人，以行亂于王室。侵欲無厭，規求無度，貫瀆鬼神，慢棄刑法，倍奸齊盟，傲很威儀，矯誣先王。晉爲不道，是攝是贊，思肆其罔極。茲不穀震盪播越，竄在荊蠻，未有攸底。（閭生夾）論斷處即於書詞見意，全文抑遏不申，一洩之於此，天子之至奇也。先大夫評曰："左氏載此詞，蓋不以子朝爲曲，故前以'天啓'爲文，而此又以'遠晉'爲罪狀，其意微矣。"若我一二兄弟甥舅，獎順天法，無助狡猾，以從先王之命，毋速天罰，赦圖不穀，則所願也。（《補義》眉）以振救望之，是正意。敢盡布其腹心，及先王之經，而諸侯實深圖之。昔先王之命曰：'王后無適，則擇立長。（《補義》眉）子朝所恃一"長"字，不知子猛、敬王皆太子母弟也。年鈞以德，德鈞以卜。'王不立愛，公卿無私，古之制也。穆后及大子壽早夭即世，單、劉贊私立少，以間先王，亦唯伯仲叔季圖之！"（《左繡》眉）通篇作兩截讀，上截兩則是"兄弟"與"若一二兄弟"爲呼應，是前偶後奇法。下截"伯仲叔季"應上三個"兄弟"，又是前明後暗法。中間束上落下，又用牽上搭下之筆，章法極整又極變也。敘十二王，用五"至于"作串，中間詳略伸縮，有多少手法在！前半直是世家年表，後則飛書馳檄之祖。文凡有兩"先王之命"，前指藩屏而言，後指立長而言。子朝只一庶長之見橫據胸中耳，卻不知景既立猛，猛没而匄其母弟也，朝烏得而爭之哉？（《評林》眉）湯睡菴："間王位者，本謂子朝也，今子朝反以爲王猛。受亂災者，本謂楚也，今子朝反以爲晉，此述妖言，爲下文受亂災張本。"《增補合注》："此指時事以應妖言，言諸侯不見振救。此述先王立長之經。"

　　閔馬父聞子朝之辭，曰："文辭以行禮也。子朝干景之命，遠晉之大，以專其志，無禮甚矣，文辭何爲？"（文熙眉）子頹作亂，惠王適鄭。叔帶作亂，襄王處氾。所謂辟難也。穆文熙曰："援引周典，歷歷不爽。詞采偪人，聽者失真，子朝其可謂奸人之雄哉！漢人檄文多祖此體。"（《快評》尾）王子朝之辭亦爛然成文，以此知文之爲物本無正行，能言者無所往而不得其宜也。子朝之事，不必更論。然因此文知周之大封同姓以藩屏周室，後世賴之，蓋非一時一事矣。厲、幽之暴，惠、襄之難，何莫非諸侯之力也？周之歷年久遠，誰謂不由封建耶？惠、襄避難，越去王都，問其所之，地則近於鄭、氾。今子朝逃竄荆蠻，則中國弟兄甥舅之國，皆莫容其身矣。文辭亦何爲哉？（孫琮總評）汪南溟曰："辭令妙品，其理不順，其辭甚妙，可匹吕相絶秦。"春秋重辭令，故文辭之功居多。但辭必輔理而行，子朝奸王之位，於理虧矣。獨其文猶知重先王、明祖訓，提掇關鎖，頓挫排蕩，皆有可觀，則亦就其文節取焉爾。（《分國》尾）猛與匄，皆太子壽母弟。子朝既云太子早夭，則立嫡定屬猛、匄，何爭之有以立少爲辭哉？若以景王所寵愛而力爭，而己又自言曰"王不立愛"，且告中連引子頹、子帶之作亂，而神器終歸惠、襄。易地而觀，即作敬王檄子朝文亦可。西漢吴王濞遺諸侯王書，體裁妙絶，陳仁錫評云："藩國之文自有體，無論反書。"子朝之文自可載也。（儲欣尾）文辭工甚，觀閔馬父之言，則知當日亦稱其文辭矣。子朝以寵子閒正，而自謂庶長當立，夫誰欺？（美中尾）王室至是蓋三亂矣，禍皆生於父子兄弟嫡庶不明，惠寵子帶，齊桓會世子而位定。襄復因帶出居鄭，晉文勤王而周寧。今天王播越，諸侯莫救。歷三年，晉因游吉言始徵會。又二年，始納王。藏姦觀釁，亦惡用是盟主爲哉？春秋書王室亂，傷周也，且嘆諸侯之無霸也。（《左傳翼》尾）已爲庶孽，本伯服、子頹、叔帶一流人，而反以比王猛、敬王，語言不倫。筆筆提諸侯，見前之諸侯能率先王之命，今猶望諸侯共圖之，去敬王而助己。彼云王后無適則擇立長，其所恃者長耳。而不知子猛、敬王皆太子壽母弟，穆后之子，朝何得與爭？佈告諸侯，適以自著其無禮，閔馬父所以深譏之也。有此一篇文字，敬王當立，愈皎然明白，不必辭贅矣。敬王若不得晉之助，未必能勝子朝，所以責單、劉外，深罪晉也。不知晉之納王，亦猶"周室東遷，晉、鄭焉依"之意。晉既徵會諸侯，而共納敬王，則兄弟甥舅誰肯舍王而背晉，以自速天罰乎？而文氣古穆，雖閔馬父亦賞其有辭，汪南溟以爲可配呂相絶秦，洵然！（《日知》尾）獵獵有風雲之氣，鏗鏗作金石之聲，左文辭令多以雋婉見長，此獨以昌偉淋漓勝。（《菁華》尾）戰國之世，文人學士多萃于三湘七澤間，自屈原以下，至於宋玉、景差之徒皆是。蓋以周室典籍多入其國，有志之士得以徧窺金匱石室之藏，故所成就如此，宜爲眇見尠聞之徒所不及也。"振救"二字，是一篇之綱，以下敍述前世之事，皆於此着筆。太子猛及敬王，乃太子之母弟當立，子朝欲以庶孽奪之，於理爲不順。故雖極口咻咻，而諸侯卒不信其說。閔馬父雖責以無禮，而仍讚美其文辭之工，則子朝此文，當時爲列國士大夫傳誦可知。（闉生夾）加入閔馬父一段以亂之，文情詭妙殊甚。與趙盾弑君篇中"孔子曰"一段用意正同，此左氏之秘訣也，而此處之意旨尤顯。

　　齊有彗星，齊侯使禳之。（《正論》眉）子順評："彗星者，除舊佈新也。人君鑒之，內消穢政。則今之彗，他日之景星也。"（《淵鑒》眉）晏子首論彗星，謂修德可以勝災。繼論陳氏，謂修禮可以已亂。古人因事納忠之義切矣！齊侯悅其言而不能用，殆所謂悅而不繹者與！臣叔元曰："禳災以德，爲國以禮，則天人胥應之，帝王之道備矣。晏子之言，真根本之論。"臣岳頌曰："修德莫大乎敬天，敬天莫先乎勤民，民心和斯天象順，晏子兩引《詩》，最是禳災要旨。"（《補義》眉）從天說到君，從君說到民，民心所在，即天意所在。（方宗誠眉）奏議體。以"天道"與"德"字爲主。晏子曰："**無益也，祇取誣焉。**（方宗誠眉）提筆斬截了當，進一層再提，下乃引《詩》以申明之。**天道不謟，不貳其命，若之何禳之？且天之有彗也，以除穢也。君無穢德，**

又何禳焉？若德之穢，禳之何損？（《補義》眉）公之失德，一"穢"字盡之。穢于國則在厚斂，穢于家則在寵嬖，下截三問三答，已括其中。《詩》曰：'惟此文王，小心翼翼，昭事上帝，聿懷多福。厥德不回，以受方國。'君無違德，方國將至，何患於彗？《詩》曰：'我無所監，夏后及商。用亂之故，民卒流亡。'若德回亂，民將流亡，祝史之爲，無能補也。"公說，乃止。（《左傳雋》眉）數語自屬名言，今評者亦妄肆貶駁，真吹求俗學也。（文熙眉）汪道昆曰："議論具品。"穆文熙曰："晏子不禳彗星，誠爲千古定論。然高宗脩德而祥桑枯，宋景公三言，熒惑退舍，則脩省之功不可少也。何晏子不以此告景公也？"（《左繡》眉）本只雖禳無益之意，妙於彗上洗發出一種道理，理精而語新，妙處只是切耳。引《詩》分證上二意，卻一筆明結"彗"字，一筆暗結"禳"字，整而變也。（高塘尾）俞桐川曰："天道、君德，講得貫通。閑閑層折，英快莫敵。"論天道則不可禳，論君德則不必禳，兩層對舉。下即分承君德，以有德、無德，又用兩層對舉。短短篇幅，章法極整極變。（《評林》眉）魏禧："觀景公對晏子數言，想見庸主可哀，令人欲笑欲哭。"（武億尾）此篇分四層看，先就天道泛論，次就彗星切論，次將有德無德反覆對說，理精而語新。

　　齊侯與晏子坐于路寢，（《正論》眉）冷齋評："自古君臣皆自一心爲民，風氣既漓，猜嫌互起，陳氏以厚施得國，田單以濟民賈疑，至父子亦然。宋太宗曰：'民遂歸心太子，將置朕何地？'"**公歎曰："美哉室！其誰有此乎？"**（韓范夾）齊之爲陳，始也其卿大夫知之，今則其君亦知之。景公知之而不能救，感慨無聊。隋廣好頸之歎，一而已矣。（《評林》眉）李笠翁："景公牛山之涕，與此路寢之歎，蓋皆不明死生必然之理者。"（闡生夾）自"齊侯疥"以下數節，記晏子諍諫危亂，眼光皆注射陳氏之得國，而正意不可輕露，至是乃淋漓頓挫而出之。**晏子曰："敢問何謂也？"公曰："吾以爲在德。"**（《補義》眉）"吾以爲在德"句是觀天象後放心不過語，又是聞讒言後問心不過語。**對曰："如君之言，其陳氏乎！陳氏雖無大德，而有施於民。豆、區、釜、鐘之數，其取之公也薄，其施之民也厚。公厚斂焉，陳氏厚施焉，民歸之矣。**（闡生夾）陳氏代齊，雖有施於國，然實非有德以取之也。此等處分析最明，所以爲良史也。**《詩》曰：'雖無德與**

女，式歌且舞。'陳氏之施，民歌舞之矣。後世若少惰，陳氏而不亡，則國其國也已。"（韓范夾）直言陳氏，君臣之門，大無隱情，亦無顧忌，而卒無所救止，故晏子雖賢，後人歎其得君而卑其功烈也。（閭生夾）左氏多微詞，無似此文之深切者，以其逆勢已成，故直陳之以著其悲痛也。公曰："善哉！是可若何？"（《補義》眉）周云："此語如夢初覺。"對曰："唯禮可以已之。在禮，家施不及國，民不遷，農不移，工賈不變，士不濫，官不滔，大夫不收公利。"（《左傳雋》眉）楊素庵曰："禮可已亂，千古至言。"（《補義》眉）切實指點，是對症良方。公曰："善哉！我不能矣。（《補義》眉）"我不能"三字，是覺而又夢，疾不可瘳矣。吾今而後知禮之可以爲國也。"對曰："禮之可以爲國也久矣，與天地並。君令臣共，父慈子孝，兄愛弟敬，夫和妻柔，姑慈婦聽，禮也。（閭生夾）專重"君令臣共"四字，其餘特故爲繁重，以成洋溢之觀而已。君令而不違，臣共而不貳，父慈而教，子孝而箴，兄愛而友，弟敬而順，夫和而義，妻柔而正，姑慈而從，婦聽而婉。禮之善物也。"（《左傳雋》眉）劉廬泉曰："君令臣共"至"禮也"，自禮之本體言。"君令而不違"至"禮之善物也"，自人行禮而言。公曰："善哉！寡人今而後聞此禮之上也。"對曰："先王所稟於天地以爲其民也，（《補義》眉）結出"天地"與"民"字。是以先王上之。"（德秀尾）愚按：晏子知陳氏之將移齊國，而爲景公謀者，惟曰"禮可以已之"，不幾於迂闊事情乎？蓋禮所以辨君臣、等上下者也。使君臣上下之分截然以明，則雖有權強之臣，且將退聽，安得有他日篡弑之禍哉？景公問政於孔子，孔子以君君、臣臣、父父、子子對之。異時見用於魯，欲收三家之政，亦必自墮三都始。其曰"家不藏甲、大夫無百雉之城"者，所以正名辨分，而銷君弱臣強之患也。晏子之見，蓋有合於斯，惜景公之不能用也。（文熙眉）孫應鰲曰："晏子之言，景公凡皆善之，而卒不聞其行也，悲夫！"穆文熙曰："陳氏之彊，晏子在當時亦明言之，何景公不悟而竟爲所代乎？禮可已亂，千古至言。自謂不能，晏子其如景公何哉？"（《快評》尾）齊侯一段甚奇，已覺齊非己有矣。"吾以爲在德"，己之不德，亦已知之。晏子知齊國將爲陳氏所有，既私與叔向言之於晉矣，嘗怪其胡不極言於景公，而爲大於細、圖難於易耶？讀此而後知晏子蓋有待而言，即言之而景公終不能用也。時勢已去，知之猶無可如何也已。陳氏至此已不可搖動，唯齊之以禮，而民心不至下移。晏子之言非迂也，惜乎！齊侯徒知善之，而終不能用，使晏子只言其大綱，不及其施爲之次第，庸君烏可與言哉？晏子胸中具有一番作用，"唯禮可以已之"，非虛言也。齊侯已先言"我不能"矣，故晏子亦不得盡言，遂忍而終亡。嗚呼！惜哉！（王源尾）序事之妙，只是如其人、如其事、如其言，未嘗毫末有所加損，而興亡得失，燦然畢陳，如是而已。景公雖不足有爲，而不可不謂之賢主。晏子雖賢，而不得謂之有爲之臣。何也？景公於因循耽樂之中，時有高明之見。晏子於忠君愛國之際，卻少剛毅之風。左氏處處傳之，而此傳猶爲寫照。蓋美室之歎，原非凡庸。在德之言，更爲明睿。晏子迎機而導，而公虛己下問，遂進以救患之方，可謂忠矣。乃公自諉於不能，徒歎夫禮之可以爲國，而嬰遂不復爲圖陳之策，第就禮爲泛論之言。嬰既泛論，公亦泛贊，嬰復泛答，於是絕非前番問答之情矣。前幅沉動奇警，後幅汪洋飄逸，文筆俱妙。但君臣情狀頓殊，而齊國遂終於此。可謂如其人與言與事，而得失燦然，毫弗爽者也。晏子切指陳氏，與孔子君君臣臣泛問泛答者不同，不可齊觀並論。（孫琮總評）妙在論陳氏一段，宕逸有姿致。則後之言禮，自不覺其迂極。惟禮可以已之，所見甚大。惜公徒善之，而卒莫究其用爾。（魏禧尾）真德秀曰："田氏之初，不過以小惠市於國人而已，使景公用晏子之言，脩明君臣上下之禮，使惠施出於上，而下不得私利。權歸於上，而下不得擅。則大分明而人心一，雖百田氏，其能竊國乎？景公乃善之而不用，且厚斂焉，是驅其人而歸之也。"魏禧曰："觀景公對晏子數言，想見庸主可哀，令人欲笑欲哭。"彭家屏曰："天人感召之理，捷於影響，晏子不禳彗而歸重於有德無德，真至論也。然其反覆引《詩》，謂有德則彗不爲災，無德則禳亦無益，其勉齊景恐懼脩省以塞天變之意，自在言外。上言齊有彗星，下文即接晏子論陳氏將有齊國，可見天變不虛生，此左氏之深意也。"（《分國》尾）"天道不謟"句折盡小人指妖爲祥、誣災爲瑞，如野鳥祥鸑、十月梨花之類。"不貳其命"句，尤透幾轉。禍可爲福，逢凶可化吉。小人爲庸主寬脾，全仗此語。於是或禳或榮，或祈或禱，紛紛回惑，明達人八個字便成鐵案。雖然，熒惑不災，善言之主，亦云弗禍。罪己之君，脩德弭災，尤爲不易之論。陳氏將有齊，路人皆知司馬之心矣。或者公不知耳，歎曰："美哉室，其誰有此乎？"晏子曰："其陳氏乎？"亦既知之矣。但曰"是可若何"，又曰"我不能矣"，晏子乃曰"唯禮可以已之"，夫禮禁於未然，所以昭定分而爲之防者。陳氏之勢，自桓以來，盤根九世。徵之人而北戶爲歌，無後之鬼而胡公已在齊。得國者，取果於成熟之時。失國者，落葉於秋颷之後。此時猶曰"唯禮可以已之"，何異塞孟津者捧塊土，救車薪者持勺水乎？晏子言此，亦猶仲尼君君臣臣之對。聖賢只道其經，他非所知也。不然，樹栗之對，甘露之舉，其不釀亂也幾希！（《左繡》眉）此篇前論禳彗在德，後論已陳在禮，本各開說，然"吾以爲在德"即承上截兩"德"字串落。"民"字、"國"字處處雙行到底，蓋兩截一串者。看他上截分四層，先就天道泛論，次就彗星切論，次將有德、無德反復對說。下截亦有四層，先歎此室歸於陳氏，次勸唯禮可以已之，次將爲國爲民逐節遞說，雖詳略不同，其間架未始不相配也。連《詩》來作低回詠歎，輕雋有逸致。以一"美哉"領三"善哉"，而後兩"善哉"又承前一"善哉"分出，以遞爲對，又一頭兩脚也。前兩段語語切至，後兩段語語寬緩，蓋因景公自畫不能、空空稱善、說而不繹顯然矣。亦所謂相題行文者。重提"君"字，亦與前段"君"字相應。（崑崖尾）李恕谷曰："於此可謂如其人，如其言，如其事，而得失燦然弗喪者也。"（《左傳翼》尾）弭天災在德，已臣亂在禮，上下開說。然公因無德一語，亦知變不虛生，釁由己作，惕然有亡國敗家之懼。但棄其民而歸於陳氏，不知脩德以挽回之，一味付之浩歎，委靡不振，一至於此。晏子披肝露膽，直指陳氏好施竊國，毫不隱諱，真藥石之言。前言德，後言禮，禮尤爲德之本。晏子此論，語語探原，異於世之因事納誨者也。齊侯使禳，心中便懷疑懼。晏子止之，便有後半議論在胸。若德回亂，民將流亡，即暗指歸陳氏說。彗以除舊佈新，景公歎室，實因彗起見，不是憑空撰出。細細玩索，神理貫通，自有赤岸銀河，雲氣布濩之妙。若分而爲二，則前半神理未足，後半議論無根，情致索然矣。陳氏厚施，固是竊國之道，然使公不厚斂以棄其民，民何由歸於陳氏？即歌舞其施，亦不過宋之罕、鄭之展，後亡已耳。要之大本之壞，尤在繼嗣不定，啓陳氏篡奪之禍。故前以後世少惰，隱箴繼體無人，以開其端。後詳告以正倫理、篤恩義之實，其論雖寬，其理實切。善乎張子悔莽之言曰："爲國有大法大本，下不得擬上而私不得間公。威福已出，臣無奸令，此大法也。脩內以齊外，正己以裁物，倫紀秩然，官府肅雍，此大本也。本立而法張，法張而權振矣。哀公立子荊之母爲夫人，而三家無君之惡稔。景公以鬻姒之子爲太子，而陳氏代齊之勢成。晏子論禮，而歸之君臣、父子、夫婦、兄弟，即孔子之所以告景公也。惜乎景公庸闒念聞，未能使晏子盡其施爲之次第曲折也。"（《日知》尾）德以禳穢，禮以已亂，從源頭説下，理極精警，而筆亦疏宕儁逸，姿態橫生。（高嵋尾）俞桐川曰："德以行禮，而禮可以維德之衰。'民'字、'國'字、'天地'字，説出關係，精論不磨。"（《評林》眉）李笠翁："'禮可以已之'，此道其常耳。若陳氏之於齊，則其兆已在八世之前，豈人力所可回耶？"王陽明："景公兩曰'善哉'，而卒不能以禮爲國，蓋亦優柔不斷使然。"（方宗誠眉）此篇本二事合爲一篇，兩段皆以"德"字爲線索，文乃貫穿。（《菁華》尾）所論天道，俱就人事説，自與世俗迷信鬼神者不同。不便直指君之過失，故祇作泛論，使君自思而得之。"穢德"二字，所包者廣，韓簡之論晉獻公，亦作此語。陳氏代齊之漸，齊之臣民無不周知，觀景公之對晏子，是其心亦知之。明知之而不能改，徒相與苟安旦夕，以幸吾身之不及見而已，哀哉！（闇生夾）田氏代齊，三家分晉，皆足使人不平。左氏敍此，不勝其悲憤之意，然追本窮源，則皆由於貽謀之不善也。陶詩云："本不植高原，今日復何悔？"此篇以"禮之可以爲國"作結，實爲探源立極之論。宗堯按："此似閒閒問答之詞，然公之歎，實覺齊之不能久也。當時魯之三桓、齊之田氏、晉之六卿，已不可制，故曰'我不能矣'。左氏既寓其意於閒居問答之詞，而推原其故由於失禮，故借晏子論禮一唱三歎，以喚起當時之失勢者。"

◇昭公二十七年

【經】二十有七年春，公如齊。公至自齊，居于鄆。（《測義》夾）高閌氏曰："書'至自齊，居于鄆'者三，'至自會，居于鄆'者一，'至自乾侯，居于鄆'者一，書'至'、書'居'，我君故也。"（《評林》眉）季本："公每如齊求納，而不能也，故復居鄆。"夏四月，吳弒其君僚。楚殺其大夫郤宛。（《評林》眉）趙鵬飛："傳者以爲郤宛之死，費無極譖而殺之，而經以國殺爲文，蓋聽無極而致宛之死者，君也，故以累上之辭書之矣。"秋，晉士鞅、宋樂祁犂、衛北宮喜、曹人、邾人、滕人會于扈。(《評林》眉)季本："扈之會，令成周也，齊、魯不至，鄭亦不來，五年後始城成周，可見晉伯威令不嚴，而諸侯勤王不急也。"冬十月，曹伯午卒。邾快來奔。(《評林》眉)高閌："快亦三叛人之黨，魯爲逋逃淵藪而受之，魯之強臣逐君，而邾快來奔，從其類也。"公如齊。公至自齊，居于鄆。(《評林》眉)高閌："公以齊之卑我也，遂歸。而明年如晉，據范獻子之言，曰'季氏有齊、楚之援'，然則齊固助季氏，安肯納公?"

【傳】二十七年春，公如齊。公至自齊，處于鄆，言在外也。(《左繡》眉)前云魯地，猶繫之魯，此云在外，直外公矣。

吳子欲因楚喪而伐之，使公子掩餘、公子燭庸帥師圍潛。(《補義》眉)喪心便是死徵。(高塙眉)首段作引，乘喪伐楚，此將死而倍之徵。二公子帥師圍潛，被楚師遏窮至潛，師不能退，是爪牙外出，心膂内空，儼已置身危地，光正得以藉手。乃預伏"此時也，弗可失也"七字。使延州來季子聘于上國，遂聘于晉，以觀諸侯。楚薳尹然，工尹麇帥師救潛。左司馬沈尹戌帥都君子與王馬之屬以濟師，與吳師遇于窮。令尹子常以舟師及沙汭而還。左尹郤宛、工尹壽帥師至于潛，吳師不能退。(《補義》眉)束筆起下。(《評林》眉)《傳説彙纂》："光弒其君，《春秋》不書'光'，書'吳'，胡《傳》歸罪大臣，固是一説。湛若水謂'使人考其迹，而罪人斯得'，其説尤勝。杜預以爲罪在僚，孔穎達、劉敞以爲國人皆欲弒之，安可訓耶?文十六年'宋人弒君'下辨之詳矣。"按："帥都君子"，注："復亦除也。"《前漢・高紀》注："復其身及一戶之内皆不徭役也。"

吳公子光曰："此時也，弗可失也。"(《彙鈔》眉)師徒在外，國不堪役，可以篡弒。(《補義》眉)周云："季子在國，猶知顧忌，乃與掩餘輩並出，曰'季子雖至不吾廢'，胸中凜凜，畢竟有季子在。"孫云："寫事踊躍，卻乃字琢句鍊，工絕!"告鱄設諸曰："上國有言曰：'不索何獲?'我，王嗣也，吾欲求之。事若克，季子雖至，不吾廢也。"鱄設諸曰："王可弒也。母老子弱，是無若我何。"(《補義》眉)張云："專諸此舉，爲員非爲光也。"儲云："觀此知荆軻劍術之疏。"(闇生夾)二句倒文，猶言"無若我之母老、子弱何"也，謂己之母子，杜注是，史公蓋誤讀之。彭仲博倒易"我若"二字，妄也。光曰："我，爾身也。"（《彙鈔》眉）欲以老弱托光，二句乃倒文法。（《評林》眉）王元美："《史記》：'公子光者，王諸樊之子也。常以爲吾父兄弟四人，當傳至季子。季子即不受國，光父先立，即不傳季子，光當立。陰納賢士，欲以襲王僚，至是子胥進專諸，弑僚而代，是爲闔廬。'"《附見》："此時吳師徒出圍潛，唯王僚在國。"《補注》："'是無若我何'，言此事無人如我何？"

夏四月，光伏甲於堀室而享王。王使甲坐於道及其門。（韓范夾）人君無腹心之賢，雖勁兵百萬，亦無益也。況區區路旁之兵乎？門階戶席，皆王親也，夾之以鈹。羞者獻體改服於門外，執羞者坐行而入，執鈹者夾承之，及體，以相授也。光偽足疾，入於堀室。鱄設諸寘劍於魚中以進，抽劍刺王，鈹交於胸，遂弑王。闔廬以其子爲卿。（高嵣眉）中段正文，光之謀畫，敘得決絕。僚之備衛，敘得嚴密。鱄之行刺，敘得徑疾。色色精神！"王使"下，極形兵衛之嚴、防護之密，而鱄諸行事迅疾，乃覺分外駭人，是加倍出色法！佈置精妙，摹繪極正。（孫鑛眉）寫事踴躍，卻乃字琢句鍊，無一語不工。絕鍊文，而快敘最不易得。（《彙鈔》眉）詳寫吳王侍衛之盛，防閑之嚴，以顯鱄諸之刺術，此荊軻傳之祖。（《左繡》眉）此篇敘吳光弑王僚事，中幅奇妙乃文之正面。起段爲中段作引，反將末段倒插於前。尾句本爲楚師作結，卻緊與起句反照作對，尤精妙獨出之文。連寫七句，都是極形其嚴密，爲專諸出色也，妙筆！"羞者""執羞者"，凡寫兩遍。其難其險，使讀者亦爲之擔憂，而下文成功，分外駭疾也！妙在預先摹寫詳細，則臨時眞劍，用筆便得徑疾，否則拖沓忙亂矣。此敘事全在伏筆有法，善作地步，則寬然有餘。荊軻傳卻不預伏，偏於臨事細寫，疊連轉出，別有分外駭疾之妙。此是史公雄才，獨見奇妙，然畢竟是費力事，簡便固須讓前輩人。（《評林》眉）《補注》："'於魚中以進'，《吳世家》云：鱄諸置匕首於炙魚之中以進食。"穆文熙："刺客中勁捷不反手，無如鱄諸者，荊軻有遺恨矣。"（方宗誠眉）極力摹寫吳王防備之周密，仍然見弑，然後見光之奸智、專設諸之勇力。文家有對面形容法，此類是也。

季子至，（高嵣眉）末段拖序，"季子至"接前"聘於上國"來，敘季子之言，正應前"雖至不廢"一語也。季子之賢處見，失處亦見。結句與前起句對照，章法嚴整。曰："苟先君無廢祀，民人無廢主，社稷有奉，國家無傾，乃吾君也。吾誰敢怨？哀死事生，以待天命。非我生亂，立者從之，先人之道也。"（《補義》眉）札不討光，或以光爲諸樊之子，宜有國歟！復命哭墓，復位而待。（鍾惺眉）與晏嬰處齊難同一行徑，皆智人舉動。（韓范夾）僚雖有國，不宜爲君。光雖弒君，序則當立。以亂易亂，不知所助。故季子無所舉動也。吳公子掩餘奔徐，公子燭庸奔鍾吾。楚師聞吳亂而還。（文熙眉）汪道昆曰："敘事具品，'我，爾身也'句法。"穆文熙曰："觀王僚兵衛之嚴，亦知光有逆謀矣。既知其逆，而不預爲之處，又就其享，愚而玩寇，宜其見殺也。"（《分國》尾）先人既有相傳之約，夷昧死，國宜及季子。季子以使未歸，僚越光代季子，窟室之刃，自取之與？季子曰："非我生亂，立者從之，先人之道也。"嗚呼！幸而爲吳公子光，不幸而爲德昭、廷美，是以君子貴大居正。（《左繡》眉）傳以闔廬爲主，言外卻注意季札不討吳光，自是季子智有餘而勇不足處。首尾伏應不必言，看中間敘逆謀，特點"雖至不廢"一筆，是亦作者之陽秋也已。兩筆一結吳，一結楚，收拾簡淨。（《左傳翼》尾）楚虔、吳僚皆窮兵罷民以致死亡者。楚虔在外，國內空虛，棄疾因而起事，成功猶易。吳僚在國，防禦甚嚴，鱄諸以劍戕之，應手而斃，卒無有與光抗者，以掩餘輩將兵遠出，心腹爪牙皆去左右，國內空虛，猶之楚虔也。弒僚者光，稱國以弒，罪在於僚。前路提筆，便見光乘隙而動，吳僚之弒，乃其自取。中幅極寫防禦嚴密，而鱄諸行刺機警，更爲出色。末路收拾，尤簡淨有體。吳僚之弒，先儒皆罪季札，謂歸不討賊，雖不與聞乎弒，實有以成其弒。而"立者從之"一語，尤爲悖逆。季子以讓啓爭，責之宜矣。但諸樊讓國原欲畢致之季子，季子不立，則國固光國也。僚篡，季不能止。光立，季又豈能廢乎？季不能討，光逆料之。使其在國，則猶有所顧忌而不敢逞其邪謀。今乃與掩餘輩並出，光所以肆行無忌也。説"季子雖至，不吾廢也"，胸中凜凜，畢竟尚有季子在。不極寫防禦嚴密，不卒見吳光謀逆之難，亦不見鱄諸行刺之勇。如此防禦，吳光逆謀，僚早知之。此享定無好意，何必自蹈虎口？總之，好大喜功，人謂天下無如我何，故冒險犯難，卒蹈危機。前段序次，宛然楚子乾谿情景。中幅描畫，宛然慶舍廟中形狀。(《日知》尾)布局務詳，詳以養勢。敘事務簡，簡以盡神。(高崿尾)俞桐川曰：「弑君，君無道也。吳僚罷民黷戰，乘人之危，外失爪牙，內空心膂，以殺其身。『因喪而伐』『聞亂而還』，吳曲楚直，儼如鐵案，而僚之罪不容逭矣。敘弑王一段，精細有生色，聶政、荆軻傳祖此。」(《評林》眉)穆文熙：「季子從容數語，復命、待命，何其婉而有禮乎！賢人之處變，固自不同也。」李笠翁：「季札蓋智人也，得老氏之精而用之。夫以諸樊之長焉而讓，餘祭、夷昧之爲仲爲叔焉而讓，即中人亦免能之。夷昧沒而猶讓，則非中人所能也。彼見夫吳之俗狼戾而好戰，日尋楚之干戈，而僚以貪愎躁勇之性，光以狡悍忍詢之資左右焉，其人目睨而齒擊，蓋未嘗一日而忘乎王位也。札欲以禮息鬭而不能，以義割恩而不忍，其身之不息，而何有於國？故孰計而舍之，非得已也。彼二人者，感札之予立而不忮，安札之無欲而不疑，以其屬尊而不之逼，而札始得而爲札矣。吾故曰札智人也，得老氏之精而用之者也。」〖編者按：凌稚隆作王世貞語。〗(林紓尾)文中用一「此」字，用一「吾」字，用一「我」字，並不辭費，而成事、料事、用人咸得其要領，非公子光之長，實左氏之善用簡筆也。「此」字一頓，「時也」又一頓。言「此」者，言二子帥師，季子在使，佐僚者無人，而足以使己畏服又無人也，局定矣。「不吾廢」之「吾」字，知季子成事不說也，心又定矣。「我，爾身也」，此「我」字是代刺客承家養子之意，刺客之心服，而己事又定矣。讀者爭著眼於鱄諸行刺事，而不知左氏在不經意中已定全篇之局，末一語補上楚師，是點滴不漏處。(《菁華》尾)暴師於外，國內空虛，而不悟耽耽者之伺其側，王僚得禍之酷，與楚靈王相似。「我，爾身也」句，語簡而意盡，此等句法，後來絕不復見。王僚周身之防亦極嚴密，而卒不免，所謂患常出於備之外也。季子所處，與晏嬰略同，皆於無可如何中，求不大背於名義而已。

郤宛直而和，國人說之。(孫鑛眉)以鍊勝。(《左繡》眉)起手一行，將一篇之線提清，以下一一分應。前半詳寫無極用讒，後半重寫令尹信讒。末段則用讒者行以自斃，而信讒者且還而自病也，是一首極有摹畫文字。譖殺郤宛，自以無極爲主，而將師佐之。其寫令尹信讒處，正爲下文殺無極起本。末以「令尹病之」作結，此不是寫令尹忽然良心發見，正是寫無極惡貫滿盈也，須知！費、鄢雙起雙結，中間前半寫無極，後半寫將師，各以詳略見輕重，令尹則處處串出。《史記》寫田、竇之際，全學此段筆意。飲酒真甲兵，子惡亦殊夢夢，提個"直"字、"和"字，便蚤爲出脫矣，妙！此經書名罪宛正文，故傳特詳之。（闔生夾）此下專記令尹子常之無道，所以敗國覆師也。鄢將師爲右領，與費無極比而惡之。（方宗誠眉）"説"字、"惡"字立一篇之主。令尹子常賄而信讒，無極譖郤宛焉，謂子常曰："子惡欲飲子酒。"又謂子惡："令尹欲飲酒於子氏。"（《補義》眉）平地風波，兩邊播弄。子惡曰："我，賤人也，不足以辱令尹。令尹將必來辱，爲惠已甚。吾無以酬之，若何？"（《彙鈔》眉）陰謀毒計，顛倒挪揄，讒人之交亂一至此。郤宛尚不覺悟，禍害立至。吾深惜其無見幾知人之明。無極曰："令尹好甲兵，子出之，吾擇焉。"取五甲五兵，曰："寘諸門，令尹至，必觀之，而從以酬之。"及饗日，帷諸門左。無極謂令尹曰："吾幾禍子。子惡將爲子不利，甲在門矣，子必無往。且此役也，吳可以得志，子惡取賂焉而還，又誤群帥，使退其師，曰：'乘亂不祥。'吳乘我喪，我乘其亂，不亦可乎？"（《補義》眉）儲云："先以危險中之，然後進讒，惟恐讒之不效，即效而子惡得禍輕也。"《詩》云："投畀豺虎，豺虎不食。"無極足以當之。言"取賂"則瓦怨貨不歸己，言"誤師"則瓦怨大功不成，皆深中其隱。令尹使視郤氏，則有甲焉。不往，召鄢將師而告之。將師退，遂令攻郤氏，且燹之。子惡聞之，遂自殺也。國人弗燹。（《補義》眉）三代之直，猶在人心。令曰："不燹郤氏，與之同罪。"或取一編菅焉，或取一秉稈焉，國人投之，遂弗燹也。（孫鑛眉）此姿態亦新。（《彙鈔》眉）惟悅之，故弗燹。下就"弗燹"點綴二語，神色俱旺。令尹炮之，盡滅郤氏之族黨，殺陽令終與其弟完及佗與晉陳及其子弟。晉陳之族呼於國曰："鄢氏、費氏自以爲王，專禍楚國，弱寡王室，蒙王與令尹以自利也。令尹盡信之矣，國將如何？"令尹病之。（文熙眉）汪道昆曰："序事具品。"孫應鰲曰："歷觀無極，可謂讒慝之魁。然聽其言者皆不能察，而俱墮其計，何也？"穆文熙曰："無極禍郤宛之計，又甚於禍平王者，誠古今未有之奸人也。"真氏曰："無極之陷郤宛也，豈不冤哉？鑿空造端，締怨梯禍，三族無罪而誅，嗚呼！酷矣！"（《彙鈔》眉）無極暗進讒言而郤氏滅，晉陳之族抗聲號冤而費氏亦伏死案，報施不爽。(《分國》尾)"郤宛直而和"，一傳之綱。唯直，故聽無極之言如響，順之而莫疑也。唯和，故國人愛之，菅、犫皆棄，弗忍爇也。雖然，無極之舌信可斬，郤宛之愚亦太甚！(《左繡》眉)三段極寫無極兩面三刀，字字入情，肖甚！此段極寫令尹信讒發怒，而將師之趁便快心、國人之同心護庇無不見焉。筆筆與起句應也。寫國人欲爇不爇光景，意思如活，全在兩"焉"字虛宕得神兩"信"字首尾關目。(《補義》眉)一"病"字結。(《日知》尾)鄢、費首尾並敘，中間遞敘，然處處與令尹穿插，首從情罪，昭晰分明，玩其敘法，知其有以斷斯獄矣。(《評林》眉)沈雲將："恃國人之悅己，而無見幾知人之明，以立於無道之朝，至於見殺，宜矣！"〖編者按：凌稚隆作張洽語。〗(《菁華》尾)無極陰險小人，郤宛與之同官，宜無不知。乃猶與之周旋，且欲藉之以見好於令尹，亦屬多事。所以君子之於小人，必嚴氣正性，懍然不可干以私，非徒自峻豐裁，亦全身遠禍之道也。子常聞無極之言，倘召郤宛問焉，則一切皆無極所爲，其奸自破。乃毫不研訊，一聽鄢將師所爲，俾得荼毒善良，而覆盆之冤無所控訴。如此人而使之居上位，那得不召亡國之禍？瓜蔓之抄延及數家，雖羅鉗吉網不至於此。觀於國人弗爇，亦足爲人心不死之證。

秋，會于扈，令成周，且謀納公也。宋、衛皆利納公，固請之。范獻子取貨于季孫，(韓范夾)歷觀國家之事，未有不以人興、以賄敗者，梁丘好貨而齊將亡，獻子好貨而晉將亡，有一好貨之人，便足亡國，況人人好乎？(《補義》眉)梁丘、士鞅皆受貨，但子猶受貨，猶爲炊鼻之戰，士鞅受貨，直從季孫說起，逐層批駁，爲季誇張，爲季出脫。云"鞅以爲難"，盡情回覆，更無轉身。猶恐關鎖不緊，以"鞅之愿也"作一縱筆，忽以"無成，死之"攔住，使之失驚自止。覺炊鼻一戰，還不是老成作事也。(《評林》眉)李笠翁："齊景爲鄆陵之盟，而梁丘據入季氏之錦。晉頃爲扈之會，而士鞅納季氏之貨。二君懵然無知，以爲魯之休感無關乎己。孰知田常韜禍於齊，六卿伏憂於晉，藏火積薪而不悟。使二君能爲魯討賊，亦足以譻内盜之膽也。"〖編者按：凌稚隆作家鉉翁語。〗(閭生夾)眼目。宗堯按："前則述齊臣之心，此則敘晉臣之志。"**謂司城子梁與北宮貞子曰："季孫未知其罪，而君伐之。請囚，請亡，於是乎不獲，君又弗克，而自出也。夫豈無備而能出君乎？季氏之復，天救之也。休公徒之怒，而啓叔孫氏之**

心。不然，豈其伐人而說甲執冰以游？叔孫氏懼禍之濫，而自同於季氏，天之道也。魯君守齊，三年而無成。季氏甚得其民，淮夷與之，有十年之備，有齊、楚之援，有天之贊，有民之助，有堅守之心，有列國之權，而弗敢宣也，事君如在國。故鞅以爲難。二子皆圖國者也，而欲納魯君，鞅之願也，請從二子以圍魯。無成，死之。"（《評林》眉）《補注》："事君如在國，即後文賈馬、歸從者衣屨之類，此季孫之姦也。杜氏乃以書公行、告公至當之，謬矣！說在《屬辭》。"（方宗誠眉）極言季氏之必勝，圍之必敗，以恐嚇二國也。不說不願，而說鞅之願，相誓必死，而二子自恐懼矣。真巧言也！二子懼，皆辭。乃辭小國，而以難復。（文熙眉）穆文熙曰："范鞅取貨季氏，而謂季氏之逐君、叔孫之救季氏，皆天道也！果爾，則慶封弑君，商臣弑父，皆可藉口，豈不甚誣乎？至謂昭公無成，季氏得民，頗是正論。"（孫琮總評）君子於扈之盟，不特見魯三家之橫，並見晉六卿之彊。蓋春秋之始，天下無王，春秋之季，天下且無霸矣。取貨於臣，而致難於其君，又自持之有故，言之成理，衰世行事，大抵如此。（《統箋》尾）愚按：昭公之事，傳謂范鞅入賂，曲庇季氏。夫晉數世主盟，政由卿貳。迨其季年，秉權驕恣，賄門競開，固其所也。若乃賂□魯事，尚有隱徵。夫晉三卿、齊陳氏，蓋與季孫相比而移人之國，魯事猶晉事也。人必中有大欲而後賄入之，史黯之對"君無常位"，適副鞅之志耳。晉頃不悟，不能援手魯昭以振國紀，豈惟不知恤鄰，抑亦不知自恤。晉之所以終於失國也。《春秋》屢書乾侯，所示戒者，豈惟一人，其義微而顯矣。（《分國》尾）受賄之言，子猶與士鞅如出一口，而士鞅更甚。先曰季無罪，委其故爲昭公之自取，猶曰爲平子逐君諱也。至曰"夫豈無備而能出君"，莽、溫不出此語。以後歷言季之多助，天贊人與，又曰"弗敢宣也"，謂季特守臣節而未動耳。跌一句，曰"請從二子以圍魯，無成，死之"，其舌可斬。（《左繡》眉）子猶受貨後，又寫范獻取貨。看其極言納君之難，凡說兩遍。前一遍就舊事說，後一遍就近事說。前說他天救，後說他民助，已都回復盡情，卻又兜轉說個吾亦願納，以縱爲擒，筆筆警透。兩層都以季氏、魯君對起，而側重季氏作收。前半只就舊事虛歇，後半方煞出"難"字，兩層只一線也。此篇當與子猶篇對看，同一借端舊事，彼拈宋公、昭子之死作話頭，此便直從起手時事作話頭。彼以兩事對説，此以兩事串説。行文各出心裁，自成一片機杼，觀此兩文可悟。前半語語爲季氏出脱，而曰"備"、曰"天"，又語語誇張。後半語語爲季氏鋪張，而曰"弗敢宣"、曰"如在國"，又語語出脱。如其言，直是不當納、不可納，並不必納耳。直説魯無成，較子猶從君以卜，回得斬截。兩兩對看，方見下文各有立意措辭之妙。（儲欣尾）此之謂矯誣上天，然梁丘據已先之矣。據以獲罪鬼神恐喝其君，鞅以有天之贊恐喝二子，小人無忌憚，不謀而同。（《左傳翼》尾）梁丘據受貨，士鞅亦取貨，貨既入，則語語爲季氏，不爲昭公矣。但據引前事作話柄，出語猶虛活。此則爲季氏鋪張讚揚一番，出脱一番，竟似曲全在公，直全在季氏。如其説則昭公可不必納，而季氏可勸進矣。小人而無忌憚，此其極乎？君臣豈論是非之人？況較量勢利，更屬無禮之極。士鞅無君之論，何難立辨？而以"二子皆圖國者也"，隱動以兔死狐悲意，而司城、北宫遂爲所恐喝，而惄然以返，其亦見理不明，而剛大之氣不足歟？（《日知》尾）"將飛尚作回風舞，已落猶成半面粧"，用筆之妙至此，令人覺口給可愛矣。（《評林》眉）《補注》："'乃辭小國'，傳見諸侯皆欲納公，晉卿貪，故弗克。"

　　孟懿子、陽虎伐鄆。（《補義》眉）敘子家哀慘之音，正反照孟懿子之惡。鄆人將戰，子家子曰："天命不慆久矣。使君亡者，必此衆也。天既禍之，而自福也，不亦難乎？猶有鬼神，此必敗也。烏呼！爲無望也夫，其死於此乎！"（閭生夾）魯人伐鄆，公禦之，非失計也。特沈鬱其辭以抒悲憤耳。宗堯按："聲情嗚咽，此後昭公乃窮迴而死，並不得履魯地矣。文情悽慘之極！"公使子家子如晉，公徒敗于且知。（《左繡》眉）子家論事，必轉出數意。此篇只是一意，而凡作四五轉，一轉一痛，不知其是淚是墨矣。（美中尾）梁丘、士鞅皆受貨，但據猶假爲炊鼻之戰，而鞅則直以難復。賊臣知晉卿可恃，遂悍然帥師以伐其君矣。陽虎不足道，何從學聖門者，亦不明大義至此！（《左傳翼》尾）會扈不納，即便伐鄆，魯之賊臣，其有所恃而不恐矣。而猶欲以區區鄆衆與之抗耶？"爲無望也夫，其死于此"，言之痛心，而猶使子家如晉，公徒之愚，從可知也，不敗何待？何忌奉父命學禮于夫子者也，禮莫大于君臣，而乃黨附季氏，殺郈孫、伐公徒，使公出孫。今昭公在鄆，公然與陽虎伐之，吾不知所學者果何禮耶？若何忌者，於父爲賊子，於君爲亂臣，於師爲逆徒，與夏父弗忌同爲無忌憚之甚者也。聖門有此，毋怪後世悖棄師説甘心逆亂者之紛紛矣。(《評林》眉) 愚按：臣子而可弒君乎哉？陽虎逆儔不足責，孟懿子嘗學於仲尼，豈其昧於大義，卒至於此？《春秋》不書，竊有疑焉。〖編者按：奧田元繼作王荊石語。〗

楚郤宛之難，國言未已，進胙者莫不謗令尹。(《正論》眉) 晁補之曰："無極之惡極矣，而周旋平、昭之間，微尹戌之言，且將令終。胡子胥之怒能鞭平王之尸，而不能構致無極，若范雎之斬魏齊頭哉？"(孫鑛眉) 文直而快逸，近戰國。(《補義》眉) 承"令尹病之"來，至此益病矣。沈尹戌言於子常曰："夫左尹與中廄尹莫知其罪，而子殺之，以興謗讟，至於今不已，戌也惑之。仁者殺人以掩謗，猶弗爲也。今吾子殺人以興謗，而弗圖，不亦異乎？夫無極，楚之讒人也，民莫不知。去朝吳、出蔡侯朱、喪太子建、殺連尹奢，屏王之耳目，使不聰明。不然，平王之溫惠共儉有過成、莊，無不及焉，所以不獲諸侯，邇無極也。(閩生夾) 此作者自醒作意處，張濂翁所謂晾法也。今又殺三不辜，以興大謗，幾及子矣。子而不圖，將焉用之？夫鄢將師矯子之命，以滅三族，(三族) 國之良也，而不懲位。吳新有君，疆埸日駭，楚國若有大事，子其危哉！知者除讒以自安也，今子愛讒以自危也，甚矣，其惑也！"(《左傳雋》眉) 唐荊川曰："尹戌仁智之論，其詞婉而嚴。"鄭中甫曰："從古讒夫之害，十居八九，觀尹戌之數無極，真令人忿悁。"又曰："愛讒自危，其醉灰□，其慮遠，宜子常聞之而殺無極也。"(孫鑛眉) 一意分仁知，前後若相應，秀句婉收，益近戰國。(《補義》眉) "幾及子矣"，"子其危哉"，純以利害相恐。(《評林》眉) 汪道昆："出脫平王甚是，所謂危言以動之者。"魏世傚："平王治楚，幾於晉悼。只用一無極，幾於亡國，小人豈在多哉！"子常曰："是瓦之罪，敢不良圖。"九月己未，子常殺費無極與鄢將師，盡滅其族，以説於國。謗言乃止。(文熙眉) 汪道昆曰："議論能品。自'去朝吳'以下章法字法句法。"穆文熙曰："無極讒佞異常，固寵多端，所以平王至死而不悟，令尹斂怨而不察，不有沈尹之危言，其孰能聳動子常、快心國人哉？"子常無他善，獨殺無極一事，頗快人心，所以終免於患。

（魏禧尾）魏禧曰："按：吳自太伯奔荊，吳人立爲吳太伯，傳弟仲雍，又三世至周章，武王封以子爵。自周章十九世至僚，而公子光弒之。春秋列國，父子兄弟弒奪之禍最酷，雖以周公之聖，不四傳而潰弒出公。吳承至德之後，自太伯至夷昧凡二十三世，歷年凡八百，而父子兄弟相安無事。終吳之世，惟公子光弒僚而已，列國有道之長，未有過於吳者。惜乎季札以非義之讓，敗吳八百餘年之義也。札輪敘當立，父兄之至情當立，賢當立，舍其三當立以讓諸不肖之姪，而成弒奪之禍，吾謂札之讓，其在宋穆公之後矣。無極奇讒，郤宛奇冤，古今所罕。'古者國人'之論甚有權，故孟子曰'國人皆曰賢、曰不可、曰可殺'，至於宋而太學生猶得以議國是，誦言君相之過。及前明，則庶人不敢議矣。"魏世傚曰："沈尹戌乘子常患國人之議而進言，又歷敘無極往事以明之，言吳新君、楚後禍以懼之，故其言得入。無極用讒以禍人家國，滅人族黨，自滅其族。天道人事，理固宜然。沈尹因變諷子常，以除國患，義正勢易，一段誠懇，足爲除小人之法。"（《分國》尾）子常以晉族之呼而病之，沈尹戌乘機進言，立殺無極。少遲，子常與戌未有不授首於無極者。（《左繡》眉）此文是兩對格，又一頭兩腳格。以殺人興謗爲不仁、受讒自危爲不智，都用雙調開合，對仗分明。然前半"夫左尹與中廐尹"單提，下半無極、鄢將師雙提，藏奇偶於兩對之中。因方爲珪，遇圓成璧，此文兼之，固是截對。然殺人由於受讒，下半只申上半，乃是一意翻作兩層說。"惑"字起、"惑"字止，首尾回環，合兩爲一筆法，圓密極矣！似對非對，似復非復，波致橫生。有謂《左傳》不當以機調求者，終是亂頭粗服之見也。（儲欣尾）戌不能救子惡，有愧祁大夫多矣。然費、鄢所以卒授首夷族者，戌之力也。"吳新有君"數語，柏舉之役，洞若觀火，戌亦賢矣哉！（《左傳翼》尾）無國人之說，則二讒不比，而惡必無滅族之禍。然前之死於讒者多矣，而謗讟不興。今乃謗言沸騰，沈尹一言，而二讒即爲伏辜，可知三代之直，猶在人心。刑人於市，不可不與衆棄也。前後俱以"國"字作起結，全文關鍵在"國人說之"，自不待言。楚昭雖幼，猶然主也。而囊瓦輩橫行若此，焚殺忠良，如屠羊豕，君不之問，失道極矣。雖欲不亡，豈可得乎？獨是無極之讒，子常之賄而信讒，宛豈不知？而教之飲令尹酒則從，教之酬令尹甲則從。因其賄也，思投其欲，而不知其讒也，已中其謀。此等險事，聽其簸弄，好爲周旋，以致殺身，吾不知其所謂直而和者，果何謂耶？雖讒人罔極，行以自斃,而三不辜之族已赤矣,可不戒哉!(《日知》尾)結構甚密,而處處以疏宕行之,文情搖曳,姿態橫逸。(高嶼尾)俞桐川曰:"'直而和''賕而信讒''比而惡之'三句是兩段之綱。前段敘得明,後段論得透,兩段俱以'國'字作關鍵。分之有小結束,合之有大結束,又一創格。"唐錫周曰:"前人評此文,直而快逸,近戰國,良然!但《國策》皆詼諧談笑之文,此則痛哭流涕之文也,會當有別。"(武億尾)此文是一頭兩腳格兼兩對格。三"夫"字起頭,一頭兩腳也。"仁""知"分柱,兩對也。因方爲珪,遇圓成璧,妙不可言。(方宗誠眉)末歸到除讒自安,是主意。前以仁者墊說,收以知者墊說,文之回環相顧,神氣完固如此。(《菁華》尾)無極殺人多矣,而卒斃于沈尹戌之一言,《易》所謂"惡不積,不足以滅身"也,於此可悟天道。

冬,公如齊,齊侯請饗之。(《補義》眉)齊河洲曰:"《儀禮》有燕禮、公食大夫禮,無饗禮。然聘、覲二篇,並連享、燕、食。而《郊特牲》云:'大饗尚腶脩。'腶,斷也。脩,脯也。先設斷脩於筵前,後設餘饌,故曰尚。此天子享諸侯之大享也。又,'大享,君三重席而酢。'注:'體敵故。'此兩君相見之大享也。《雜記》大享卷三:'牲于俎。'注:'不入牲故。'此凡享賓客之大享也。"**子家子曰:"朝夕立於其朝,又何饗焉?其飲酒也。"乃飲酒,使宰獻,而請安。子仲之子曰重,爲齊侯夫人,曰:"請使重見。"子家子乃以君出。**(《左繡》眉)受人如此輕薄,而恬然安之,真童心人也。"其飲酒也""乃飲酒",趁筆敘落,簡潔!兩"乃"字激射在有意無意之間。前"乃"字,見飲酒在子家料中。後"乃"字,見君出亦在齊侯料中。蓋並宰獻亦不許其終席也,惡極!(《左傳翼》尾)以飲酒爲享,且使宰爲主獻,而自請安,又欲使夫人見,輕薄之極。齊侯受制強臣,亦與魯昭同,特未邁乾侯之禍耳。家氏謂:"厝火積薪而不悟,抑亦愚矣,所以終爲陳氏所篡也。"(《評林》眉)楊升菴:"饗名而燕,非禮也。燕而宰獻,且終之以媟,非禮甚矣!子家其明於上下之分乎?其明於男女之別乎?不然,既謝饗而復以君出,何其果也!"〖編者按:凌稚隆作邵寶語。〗《補注》:"'其飲酒也',禮:'諸侯相爲賓,有享、食、燕三禮。'享者,享太牢以飲賓。子家知齊侯必不爲公設享禮,第以爲辭耳!"

十二月,晉籍秦致諸侯之戍于周,魯人辭以難。

◇昭公二十八年

【經】二十有八年春王三月，葬曹悼公。公如晉，次于乾侯。（《測義》夾）王葆氏曰："昭公之春秋，五書'如晉，至河乃復'，傷其見拒於晉也。兩書'如晉，次于乾侯'，傷其不得入于晉也。書'至'，見猶不失其國也。書'次'，則止于是，無可復之道矣。昭公之跡愈遠愈微，而愈不能自振，亦可見矣。"（《評林》眉）孫復："公前年如齊者再，皆不見禮，故如晉。其言'次于乾侯'者，不得入于晉也。公既不見禮於齊，又不得入于晉，其窮辱若此。"《傳説彙纂》："昭公失國之後，其往來居處，聖人書之特詳，所以繫魯國臣民之望，而深誅季氏之無君也。胡寧以爲全罪昭公者，誤矣！"夏四月丙戌，鄭伯寧卒。六月，葬鄭定公。（《評林》眉）湛若水："書葬鄭定公，志恤鄰之禮也，而鄭葬之速自見矣。"王葆："諸侯之葬，魯往會之則書，昭公在外，季氏使人會諸侯之葬以結外援也。"秋七月癸巳，滕子寧卒。冬，葬滕悼公。

【傳】二十八年春，公如晉，將如乾侯。子家子曰："有求於人，而即其安，人孰矜之？其造於竟。"弗聽。使請逆於晉。晉人曰："天禍魯國，君淹恤在外。君亦不使一個辱在寡人，而即安於甥舅，其亦使逆君？"使公復於竟而後逆之。（《測義》夾）劉敞氏曰："《左傳》記晉人云魯不告於晉，去年謀納公，是魯告晉矣，豈得誣其不告哉？"（《左繡》眉）詳及此等，爲公哭耶？爲子家哭耳。"其亦使逆君"，猶言也：等人來逆君，奈何不等人逆而自先到此也？（《評林》眉）《補注》："'辱在寡人'，誚公先齊而後晉，非謂不告。"按："復於竟"，言晉使魯公復還於晉之竟外而後逆，著乾侯，以辱魯也。（《左傳翼》尾）公之孫也，不先如晉而如齊，連年不禮，乃始向晉，魯昭固失矣。晉爲盟主，兄弟有難，而漫不知恤，猶以不早見告見責，辭公不納，豈以魯之休感於我無涉乎？愧宋元遠矣。

晉祁勝與鄔臧通室，（韓范夾）"通室"二字，與敘慶封事更爲簡至。（高嵋眉）前半敘祁盈事，後點殺祁盈，即帶起殺食我，滅祁氏、羊舌氏又用總筆，已完正傳。祁盈將執之，訪於司馬叔游。叔游曰：

"《鄭書》有之：'惡直醜正，實蕃有徒。'無道立矣，子懼不免。《詩》曰：'民之多辟，無自立辟。'姑已，若何？"（《評林》眉）湯睡菴："太史公云：'無為權首，反受其咎。'即叔游所對祁盈之意。"穆文熙："古亦有此邪行，可恨！然事不與國，祁盈亦惡用執之以激成大變乎？"（《補義》眉）老成鍊達之言，可以銷禍。其不聽者，楊食我輩慫慂之也。盈曰："祁氏私有討，國何有焉？"（《補義》眉）勝罪貫盈。（《評林》眉）《經世鈔》："'國何有焉'，使言於君而討之，當無患矣。祁盈行之太驟，非處亂世之道。"遂執之。祁勝賂荀躒，荀躒為之言於晉侯，晉侯執祁盈。祁盈之臣曰："鈞將皆死，慭使吾君聞勝與臧之死也以為快！"（孫鑛眉）快語，甚勁有力。（《補義》眉）大錯。中有食我在。（《評林》眉）《經世鈔》："'將皆死'，此趙王敕諸臣見解。"《附見》："慭，《詩箋》：'心不欲而自強之辭。'"乃殺之。夏六月，晉殺祁盈及楊食我。食我，祁盈之黨也，而助亂，故殺之。（方宗誠眉）以"晉殺祁盈及楊食我"一句在篇中作樞紐，上段敘祁盈得禍之由，下段敘楊食我得禍之由。（闇生夾）祁盈初未為亂，何得云助亂？此就當日爰書之詞言之。遂滅祁氏、羊舌氏。（《彙鈔》眉）先敘正傳，後追敘前事。始以兩人易妻而起，後亦引婦人作結，趣甚！（《左繡》眉）此篇連敘兩人兩事，一正敘，一原敘，本是常格。妙在前半單敘一人已畢，中間束上落下，忽將兩人一總結斷，後卻另敘一人，臨了更不回抱收應一字，分明兩人分開兩頭，而以中節作一篇樞紐也。此合傳中之變格，又開後人無數巧變法門矣。（《評林》眉）《經世鈔》："'乃殺之'，不殺勝、臧，盈之罪亦未必及死。"

初，叔向欲娶於申公巫臣氏，其母欲娶其黨。（《正論》眉）王逸曰："人性皆善，必曰豺狼之聲而滅族，變化氣質之功可弗事矣，不可以訓。"（高嵣眉）後半敘食我事，不詳其黨祁盈，而原敘其初生，且原敘其所由生，至末只以"非是莫喪羊舌氏"作暗應，而以"遂不視"竟住，並不糾纏正文一筆，極奇極變！傳以通室起案，後隨用許多婦女作關映。以向妻作追敘，以夏姬作根苗，以元妻作明證，以妹喜、妲己、褒姒、驪姬作暗影，又以鄭穆之妃、子容之母作閒情旁襯，而總以叔向之母作提綱發論，竟將"通室"二字渲染得雲飛霞落，絕妙文情！叔向曰："吾母多而庶鮮，吾懲舅氏矣。"其母曰："子靈之妻殺三

昭公二十八年　1863

夫、一君、一子，而亡一國、兩卿矣。可無懲乎？吾聞之：'甚美必有甚惡。'（《評林》眉）《經世鈔》："'吾懲舅氏矣'，婦人不曠，乃不能服其子。"李笠翁："古今之美者，不妖於其身，必妖於其人，故曰'甚美必有甚惡'也。"（闈生夾）叔向之賢，竟不獲嗣，左氏蓋深傷之。詳記此事，歸咎靈妻，所以開脫叔向也。是鄭穆少妃姚子之子，子貉之妹也。子貉早死，無後，而天鍾美於是，將必以是大有敗也。昔有仍氏生女，鬒黑而甚美，光可以鑑，名曰玄妻。樂正后夔取之，生伯封，實有豕心，貪惏無饜，忿纇無期，謂之封豕。有窮后羿滅之，夔是以不祀。（《補義》眉）周云："元妻絕祀，令人毛骨俱悚。"又云："生龍蛇而羊舌氏危，生豺狼而羊舌氏滅，此母刻刻爲羊舌憂宗祀，至言名論。"且三代之亡，共子之廢，皆是物也。女何以爲哉？夫有尤物，（孫鑛眉）"尤物"字於今已陳。足以移人，苟非德義，則必有禍。"叔向懼，不敢取。平公强使取之，生伯石。（韓范夾）母屢有先見，而不能禁叔虎之不生，豈非天哉？（《測義》夾）愚按：向之欲取巫臣氏也，自向而言，則母之命猶君之命，自向之母而言，則君之命重於己之命，此向所以終取之也。雖然，使向而誠不欲娶也，而以母之命爲君誦之，則平公亦不强使之也已。〖編者按：奧田元繼作陳明卿語。〗伯石始生，子容之母走謁諸姑，（孫鑛眉）"走謁"二字似可省，然波瀾姿態正在此等處。曰："長叔姒生男。"姑視之，及堂，聞其聲而還，曰："是豺狼之聲也。狼子野心，非是，莫喪羊舌氏矣。"遂弗視。（文熙眉）汪道昆曰："序事具品。"穆文熙曰："以叔向之賢，乃不聽母命，取夏氏之女，以致覆宗之禍。豈禍之來固自有數，不繫申女乎？何其母言之奇中也？以巫臣、叔向二大賢，俱由此敗，余惑之矣。"孫應鰲曰："浚水觀源，察木驗本。婦者，家之所由盛衰，是以不得不論其世也。平公不足論也，叔向違母之教，以致族滅，何哉？"穆文熙曰："祁盈惡家臣輩通室而殺之，未必干紀。而楊食我黨于祁氏，亦未見大亂。何晉人一旦取而併殺之，而且族？嘻！亦甚矣！子容之母先見甚奇，不知祁氏之禍，亦有人能先見之否也？"（王源尾）因殺祁盈，並及楊食我，於是序盈而拖出食我，盈主矣，食我賓矣。乃拖序之後，復以祁與羊舌二氏並結，又似無主無賓。且後序叔向之娶，以及食我之生，較前文加倍，而並無一字挽合，更似賓盈而主食我，何其賓主溷而無分，一至此乎？曰非無分也。食我之死，由於祁盈，羊舌之亡，由於祁氏。盈之爲主，豈待問哉？盈爲主，食我爲賓，又待問哉？乃賓主既分，而並結之。賓且詳之，詳賓而主更無一字以及之，用奇而已。用奇之道，正欲其無分也。無分而未嘗不有分，斯爲奇也，斯賓主之極致也。祁氏之亡，由小人通室，咄咄怪哉！狎嫟淫汙，大案所由起哉！乃叔向之妻，夏姬種也。食我之母，玄妻類也。非是，莫喪羊舌氏矣！竟與於通室一案而滅其宗，非淫孽相湊而爲文字天然之章法乎？故追序叔向之妻，詳其母訓，而夏姬之禍以彰。連類以及玄妻，而夏姬之女之禍亦著。映帶通室，菲菲亹亹。然後序食我之生，以終滅族之案，卻只述其母之先見數語，而以"遂不視"三字作收，再不糾纏一字。氣橫九州，筆高萬仞，真是奇妙！序祁盈，簡净而曲折，自爲丘壑。轉入叔向，別劃一天。叔向之母，千古絕識。前決虎母，後決向妻，莫不奇中。左氏爲之傳神，聲光震耀。而欒盈傳以欒祁起案，後以向母、虎母映之。此傳以通室起案，後亦以向母並夏姬等映之，章法同也。而局陣迥別，因乎勢耳。(《彙鈔》眉) 叔向亦貪夏女之美，豈妖豔惑人，賢者不免耶？叔向之母懼龍蛇之貽禍，決豺狼之滅族，快論可破色迷，千古下聞之亦應知儆。(魏禧尾) 彭家屏曰："叔虎之母美矣，叔向之母謂其必生龍蛇，而卒及欒氏之難。伯石之母美矣，叔向之母又謂其必有後禍，而卒與祁氏之誅。苟非其智特優，何以所言俱驗歟？大抵物之尤者，皆足爲患，無可怪也。"(《分國》尾) 羊舌氏不覆於叔虎，卒滅於食我。彼猶生龍蛇，此直生豺狼也。嗚呼！覆宗滅祀，天實爲之。叔向亦早自言"肸又無子"，所惜者，以祁奚之賢，而亂起家門。以叔向之明智，而禍由弗類。天道茫茫，何足信哉？(《左繡》眉) 敘食我之殺，卻不詳其黨祁盈事，而詳其初生，且進而詳其所由生。左氏好誕，蚤爲苟告家備一好證佐。此篇名語繹絡，掩映千秋。寫家常事，都活寫出一種神理來，奇妙之筆，何所不有？(儲欣尾) 叔游之諫，練達之言也。然專執之罪，猶未必至死，盈之死，其臣實爲之。食我助亂，罪固大矣。顧以叔向之賢，不蒙再世之宥，殺其子，滅其族，悲大悲夫？傳綴二事于末，所謂無所歸咎，從而爲之辭。(昆崖尾) 祁盈之臣數語，如驚風怒浪，淩空突起，最爲不測，只是妙於反照耳。祁勝宣淫，又略權要以戕主，獨非祁氏臣乎？何不仁至此？才序祁勝陰毒，即大書衆臣義憤，緊接疾翻，倒射對影，山起人面，雲生馬頭，咫尺千重，頃刻萬變。奇絕幻絕！爲通室起案之文，後邊遂用許多婦人女子作點綴，以叔向妻作追敘，以夏姬作根苗，以玄妻作明證，以妹喜、妲己、褒姒、驪姬作暗映，又以鄭穆之妃、子容之母作閒情旁襯，而總以叔向之母作提綱發論，竟將"通室"二字渲染得雲飛霞落，柳暗花明，有多少情態！"大有敗"句，已從夏姬説到其女，讀者定意下文直接叔向之妻矣，卻陡然截住，驀然另起，以有仍氏之女爲巫臣氏之女替身，明斷而暗續，神合而跡離。以梅傅杏，巧奪化工，真從來未有之妙法。"封豕"二字拆講不足奇，奇在與豺狼一結，映綴有情，又渾脱無跡。作者著意，便不能有此化。(《左傳翼》尾）勝、戩通室，法所當討者也。乃一人討罪，兩家族滅，固由荀躒受賄，亦由六卿志在併吞私室，翦除公族，以遂其分國之謀，故殺繼以滅，滅繼以分。晉宗十一族，僅存羊舌。母多庶鮮，深憂無後，而不知絕族之更可憂也。生龍蛇而羊舌氏危，生豺狼而羊舌氏滅。國之大寵宗危如線，一値不類，亡可立待。此母深識灼見，刻刻爲羊舌憂宗祧，非爲妬色計。寧世評語深得當日立言本衷，亦得左氏作傳苦心。至其行文曲折變化，則《練要》盡之矣。殺祁盈而及楊食我。盈，主也。食我，賓也。主略而賓詳，以有"非此莫喪羊舌"，向母一段公案在也。食我之殺，祇以黨盈助亂一筆輕輕敘過，而獨詳其初生，並詳其所由生，以見覆宗絕祀，其來有自，而女戎之禍，千古一轍，良可畏也！不使叔虎之母，又不欲娶子靈之女，美必有惡，尤物移人，至言名論，足爲龜鑑！狼子野心，一聞聲即知族滅，此等卓識，可與令尹子文並傳。(《日知》尾）離奇詭古，左文變格，已爲太史公導源。前幅案而不斷，頗屬冤獄。然讀至姑論伯石語，則羊舌喪宗爲宜，即祁氏類是矣。其章法兩人分開，中幅挽作紐筆，與晏子論和羹、和樂一篇，格法同妙。(高嵋尾）俞桐川曰："深秋靜夜，古墓殘碑，置身其側，但聞鬼哭神嗥，不覺毛骨俱悚。觀前傳叔向告晏嬰語，及季札告叔向語，見羊舌之亡，叔向早知之，即他人亦知之。當日六卿虎視，日戕巨室，以肥其家，以專其國，患未得間耳。適遇二人之釁，遂分二氏之田。叔游兩言，早已慮及。文於'殺之'下，急接'遂滅'句。追敘向母之言，接曰'非此莫喪羊舌氏矣'，'遂弗視'以下，更不置一語，見得羊舌之宗，危如累卵，一値不類，亡可立待。甚美、甚惡，尤物有禍，刻刻爲羊舌宗社計，非爲妬其色也。前此論叔虎曰'女散族也，國多大寵，不仁人間之，不亦難乎'，此時固已知有今日。讀是文者，或美向母知微，或譏向母善妬，或罪叔向違母命以亡其宗，總不深悉當日情勢也。"(《學餘》尾)子文之賢，能全若敖氏。叔向之賢，不能全羊舌氏，仁不足也，亦知不足也。不知其母也，其母殆聖人乎？(林紓尾)此篇表賢母也，而祁盈事特作一引子耳已。家臣通室，狗彘之行爲，主人聽之可也，乃必加以重罰。然小人貪生，苟可得生，何所不爲？荀躒之貪益晉國，又何所不允？納賂殺盈，即了一宗公案矣。然羊舌氏由此赤族，此晉史所不能不紀也。蓋羊舌氏之敗，均出女孽。叔虎之母美，而叔虎伏刑。伯石之母又美，而伯石覆宗。二者均爲叔向之母所預料，其料叔虎之母也，曰："深山大澤，實生龍蛇。"其料伯石之母也，曰："夫有尤物，足以移人，苟非德美，則必有禍。"後皆應其言。且聞聲知爲狼子，識見等於子文，賢母之眼光，直貫徹到底。且寫家庭情事，歷歷如繪。伯華之妻，聞叔向生子，走謁諸姑，言叔姒生男。寫婦人情狀，毫髮皆肖。然不涉張惶，似出無意之筆，所以佳也。余恒言爲婦人作銘志及事略最難着筆，唯善讀《左傳》《史》《漢》，方能曲折道出。綿細中卻含古雅，舍是，則萬萬不足動人矣。(《菁華》尾)引《詩》已見聖人論洩冶事，以二人得禍相類，故復及之。食我如何助亂，傳無明文。當是勝、臧二人之被執，食我實主之，故二人因而陷之也。叔向之母，兩次議論，俱有先見之明，而卒不能救羊舌之禍。信乎事有前定，非人力之所能爲也。(闇生夾)羊舌氏未有滅族之罪，故爲此迂謬之詞以寄憤。

秋，晉韓宣子卒，魏獻子爲政。(《左繡》眉)此篇極寫魏舒能舉，與祁奚篇別見格調。分三層讀，一層總敘，一層抽出另敘，一層總斷，亦常法也。妙在總敘又有兩節，先列其事，整整十句，一筆不換。次原其意，截作三項，便筆筆換。另敘亦有兩節，一參清議，語語正大，伏得"義"字。一借古人，語語真摯，伏得"忠"字。總斷亦有兩節，先以三項參差作對，以結首段。次以兩項整齊作對，以結中段。寓變化於常法之中，神明於規矩者也。(《補義》眉)先敘十縣，次敘十大夫，隱然見二氏之鬼已餒，六卿之臣交慶，末段"長有後於晉"，意正與此關照。(高嵣眉)首一段總挈，先敘所封之地，板列十句，一筆不換。後推所封之由，截作三層，筆筆變調。前平敘十人，後提出六人，詳略錯綜。**分祁氏之田以爲七縣，分羊舌氏之田以爲三縣。司馬彌牟爲鄔大夫，賈辛爲祁大夫，司馬烏爲平陵大夫，魏戊爲梗陽大夫，知徐吾爲塗水大夫，韓固爲馬首大夫，孟丙爲盂大夫，樂霄爲**

銅鞮大夫，趙朝爲平陽大夫，僚安爲楊氏大夫。謂賈辛、司馬烏爲有力於王室，故舉之。（闔生夾）"謂"字、"爲"字著眼，非真能勤王者也。謂知徐吾、趙朝、韓固、魏戊，餘子之不失職、能守業者也。其四人者，皆受縣而後見於魏子，以賢舉也。（《左繡》眉）前平寫十人，此詳六略四，兩"謂"字提頭，兩"舉"字煞腳，皆文字片段整散相制法。（《補義》眉）一段總揭諸人得封之故，氣方團結，否則渙散無紀矣。（方宗誠眉）閑文似可節去。

魏子謂成鱄："吾與戊也縣，人其以我爲黨乎？"（《補義》眉）俞云："前總挈，後總收，中兩段於十人中提出六人，又於六人中提出兩人，變換有法。"（闔生夾）分公族之田以位置私人，其所爲固已甚矣。而其子即在其列，尤爲不義之顯著者。然獻子此問不免有愧心之萌，故以"九德不愆，作事無悔"等語答之，若曰"既已爲之，則正無庸愧爾"，憤之至也。宗堯按："此時晉之強臣將分晉矣，縣祁氏、羊舌氏之田以樹黨也。通篇敘事及敘問答之詞，意極奇妙。"對曰："何也？戊之爲人也，遠不忘君，近不偪同，居利思義，在約思純，有守心而無淫行。雖與之縣，不亦可乎？昔武王克商，光有天下。（方宗誠眉）以武王比獻子，諛辭肆妄極矣。去之似潔。其兄弟之國者十有五人，姬姓之國者四十人，皆舉親也。夫舉無他，唯善所在，親疏一也。（方宗誠眉）此種皆魏子後人篡國之後，史臣粉飾之詞，非當日事實也。《詩》曰：'唯此文王，帝度其心。莫其德音，其德克明。克明克類，克長克君。王此大國，克順克比。比于文王，其德靡悔。既受帝祉，施于孫子。'心能制義曰度，德正應和曰莫，照臨四方曰明，勤施無私曰類，教誨不倦曰長，賞慶刑威曰君，慈和徧服曰順，擇善而從之曰比，經緯天地曰文。（闔生夾）左氏凡遇緊要節目，必有此洋溢氾濫之大文字以厚集其陣，蓋爲其書中之定例。九德不愆，作事無悔，故襲天祿，子孫賴之。主之舉也，近文德矣，（《補義》眉）此時強家勢大，分晉之局，人皆知之，故以爲近文王，而彼亦居之不疑。"近"字尚有分寸。所及其遠哉！"（文熙眉）汪道昆曰："敘事能品，議論具品，'與戊也縣'句法。"（《左傳雋》眉）張之象曰："成鱄知用人之義矣。"（孫鑛眉）何用述如許繁而不切？（《左繡》眉）十六人中，又抽出一首一尾，一以子故，一以貌故，詳略之極變者。看他自十人而六人，而兩人，一路由詳而略，以略爲詳，至末以夫子語兩對收束，此等結局，自是左氏獨步。魏子本只問舉親，成鱄卻兼論舉善，故以"親疏一也"句承上轉下。然本節終以魏戊爲主，引《詩》、釋《詩》只作推論帶說，不平重也。已伏結處對煞之根。（高嵣眉）中兩段分敘，以參差作對局，一以子故，一以貌故。又於六人，提出兩人，特舉以例其餘也。前段文、武兩引，有詳有簡。後段叔向一證，事中引事，錯落而迷離。（《評林》眉）王元美："魏子之舉戊，誠不以黨，至擬之於武克商之業，豈其倫哉？而舒也偃然受之，不以爲僭，蓋不待成周南之洓，而知其志之荒矣。"〖編者按：凌稚隆作凌約言語。〗鄭□勤："施無私曰類。類，善也，無失類者，不善之謂也。"（方宗誠眉）又以文王比獻子，肆妄極矣。（闓生夾）意若曰："苟能更姓改物，雖盡天下以封其私暱，無不可也。"所以縱恣至極之辭，厥後太史公、司馬相如、楊子雲皆祖述此法。"所及遠哉"，謂子孫利賴之也。宗堯按："左氏所引成鱄之言，皆過當之詞，意欲顯魏氏之謀自殖也。此與司馬相如《封禪文》之稱引古聖王者不殊。"

賈辛將適其縣，見於魏子。（《補義》眉）納王逐朝，由荀躒、趙鞅之功，前番賈辛、司馬烏不過隨籍談輩虛應故事耳。今特提出，以著荀、趙兩家子弟應得受縣，以箝塞范、中行之口。俞云："二賈妙有關會。"**魏子曰："辛來！**（闓生夾）先大夫評曰："退之贈序大率祖此。"闓生謹按：此節乃左氏善其詞而載之也。曾文正公亦選之。**昔叔向適鄭，鬷蔑惡，欲觀叔向，從使之收器者而往，立於堂下。一言而善。叔向將飲酒，聞之，曰：'必鬷明也。'下，執其手以上，曰：'昔賈大夫惡，**（孫鑛眉）曲述有致。（韓范夾）此即吐握之心也，但位不同耳。宰相如此，天下安足平？**娶妻而美，三年不言不笑，御以如臯，射雉，獲之。其妻始笑而言。賈大夫曰："才之不可以已，我不能射，女遂不言不笑夫！"今子少不颺，子若無言，吾幾失子矣。言不可以已也如是。'遂如故知。今女有力於王室，吾是以舉女。**（闓生夾）公族之不恤，王室乎何有？此亦詼詭之所寄而已。**行乎！敬之哉！毋墮乃力！"**（《左傳雋》眉）李九我曰："把賓照主，言曲而中。"（《彙鈔》眉）坐飲堂上而察及堂下賤役之言，古人何等心事！本引叔向事以告賈辛，又並述叔向之語，思致超渺。（《左繡》眉）前一段極板重，後一段極風趣，設色姸妙，化工無兩。引古中又引古，格法特開，後人竊用不一而足，顧安得有此雋永之致耶？一云"惡"，一云"少不颺"，想賈辛亦一貌醜人也。對姓賈人恰有一賈大夫故事，天造地設，吾不知其有意無意矣！（《評林》眉）《附見》："叔向適鄭受享，於時籧蒢欲觀叔向之德容，故享畢後，隨收俎豆者在堂下，未必欲見叔向也。"李笠翁："如，往也，非地名。東坡詩：'不向如皋間射雉，歸來何以得卿卿。'陳蕭有《射雉詩》：'今日如皋路，能將巧笑回。'皆誤用之耳！"（方宗誠眉）引叔向知籧蒢事是賓，叔向引賈大夫事又是賓中之賓。

　　仲尼聞魏子之舉也，以爲義，（《補義》眉）分得停當便是義，說起王室便是忠，左氏每於舉賢薦士稱道不置，皆本聖人之心。（高嵣眉）末一段總收。"義"字、"忠"字作平對，卻一是統結十人，一是單結一人，極整極變。祁奚舉善後，此可媲美，而文勢絕異，彼簡練，此開拓。**曰："近不失親，遠不失舉，可謂義矣。"又聞其命賈辛也，以爲忠："《詩》曰：'永言配命，自求多福。'忠也。魏子之舉也義，其命也忠，其長有後於晉國乎！"**（文熙眉）穆文熙曰："籧蒢以一言受知，叔向以一言取人。賈大夫妻三年不言，一射方言。貌之累人，才之難掩，均可見之。"孫應鰲曰："引叔向之證賈大夫，見魏子之不失賈辛也。問無緊要，殊有風味。"（《測義》夾）愚按：是時三家之勢已成，分縣舉善，未必非陰樹黨以爲篡晉計，烏得爲義爲忠而夫子稱之？意者魏斯將爲諸侯，左氏先設言以爲張本爾。〖編者按：奧田元繼作李于鱗語。〗（王源尾）必錯綜而後可以言文，未有印板整齊而謂之文章者。此傳序魏獻子舉賢無親疏，一也。先將十人平列，分三段復述，亦一也。乃復述中，段段變化，又有不舉名字者四人，已見錯綜。而抽序魏戊一段，又抽序賈辛一段，兩段濚洄灝溔，詳之又詳，竟似此傳單爲二人作者，於是極錯綜之致矣。及末引仲尼之言，又將命辛配舉賢雙結，錯綜中更有錯綜，都是文家三昧。抽序魏戊，先論其人，後引文、武，勢雄闊而環渾。抽序賈辛，先引叔向、籧蒢，後論其人，勢嶔崎而磊落。兩段各有其妙。而序賈辛，引證中又引證，洞壑委邃，迥絕恒蹊，尤爲奇絕。末段甚整，與起處襯。而舉賢、命辛，作對雙結，又正中之奇，整中之散。（《分國》尾）每舉一人，必核以實。知之明，舉之當也。

後世執利簿以進者，當各書一通，以爲選舉法。（《左繡》眉）對收中先用側筆，以"義"字兼十人說，"忠"字單指一人說也。後又用平筆，以魏戊、賈辛都抽出另說也。一筆不苟，煞甚精細。（《左傳翼》尾）按《史記·晉世家》云："是時六卿專權，滅公室祁氏、羊舌氏而分其地，各使子弟爲之大夫，公室由此益弱。"韓、趙、魏世家皆詳載之。蓋三家分晉，實由此始也。今於"魏獻子爲政"下，即大書分祁氏、羊舌氏之田，而命某某爲大夫，並舉十人，而意實主於餘子。中間單抽魏戊、賈辛另敘，以斷其義與忠，而於魏戊詳，於賈辛略，隱隱自有賓主。左氏於晉作二軍時，即決畢萬之後必大。今日"魏子其長有後於晉國乎"，魏氏興則姬氏亡矣，此語隱約，可微會也。滅二氏而分其地，原自不義不忠，而就所舉得人論之，則猶不失爲小貞之吉，亦可許之爲義與忠。十人之中，四以賢舉，自無可議，不必分疏。唯餘子以能守業舉，恐人議其私。魏戊得以解免，則三人可不必慮矣。賈辛雖以有力王室舉，而以敬勉之，豈真惓惓爲國乎？引《詩》而以"永言配命，自作多福"作"忠"字注腳，恐亦微辭。世人極口推贊，謂祁奚舉善而後，得此可以媲美，似未會之意言之外也。（《日知》尾）俞寧世曰："文、武兩證，有詳有簡。叔向一段，證中有證。錯落而迷離。"前路註明十人所由舉，已了卻矣。因不能爲魏獻十分出色，故一就成鱄之論，將此舉說得極公極大；一就命辛之辭，見望於受舉者極深極切。各舉一人，而其他之克稱其舉與不負其舉者具見，覺此舉十分出色，不祇如前路云云矣。仲尼之斷，分應中二段，一就舉說，一就舉後說，而結以"有後"，並爲首句"爲政"二字十分出色，目爲整齊者，誤視中二段爲平敘耳。（高塘尾）俞桐川曰："前總挈，後總收，中是兩段文字，於十人中提出六人，又於六人中提出兩人，脫化變換有法。"（《學餘》尾）賈辛將適其縣，其能治其縣可知也。魏子爲地擇人，不爲人擇地，可不謂忠乎？又見其樂道人之善，洋洋乎不啻若自其口出也。（《菁華》尾）十人分作三項寫，文勢錯落有致。於祁奚舉午之後，又見此事。後有謝安舉元，曹彬舉瑋，呂蒙正舉夷簡，俱爲千古佳話。引武王事，頗失之繁冗。如此類，俱不可學。因魏子引出叔向，因叔向又引出賈大夫，敘法甚妙。能官人而卜晉之興，能舉賢而卜魏之有後。左氏每於用人之際，而說來津津有味。（閩生夾）按：自求多福與忠無涉，此等贊詞亦故爲謬悠之詞以譏之也。"長有後於晉國"，措詞最妙。

冬，梗陽人有獄，（孫鑛眉）精銳有妙致。魏戊不能斷，以獄上。其大宗賂以女樂，魏子將受之。（閭生夾）宗堯按："前鋪張揚厲，至謂等於文王之襲天祿，而實則其子一獄不能斷，其父欲納賂也，妙絕！"魏戊謂閻沒、女寬曰："主以不賄聞於諸侯，若受梗陽人，賄莫甚焉。吾子必諫。"皆許諾。退朝，待於庭。饋入，召之。比置，三歎。既食，使坐。（孫鑛眉）扮得妙，大有姿態。魏子曰："吾聞諸伯叔，諺曰：'唯食忘憂。'吾子置食之間三歎，何也？"同辭而對曰："或賜二小人酒，不夕食。饋之始至，恐其不足，是以歎。中置，自咎曰：'豈將軍食之，而有不足？'是以再歎。及饋之畢，願以小人之腹爲君子之心，屬厭而已。"（《左傳雋》眉）言曲有味，辭令能品。（孫鑛眉）蘊藉可諷詠，與《祈招》之詩同調。陡收有韻，更無容多著一語。（閭生夾）此節屬意造詞尤爲敏妙無比，千古所不數見者，讀之令人灑然意遠。"屬厭而已"云者，因其已將公室之田分割至盡，望其從此知足，適可而止，勿再肆其無厭之欲也。用意深鬱之至，並非真爲梗陽獄事而發。獻子辭梗陽人。（文熙眉）汪道昆曰："序事議論能品。"穆文熙曰："'小人之腹''君子之心'二語，乃千古妙論。但能一味之，曷有不足哉？"（《文歸》尾）賢者自愛其名，梗陽之賄未成，而諫者先誦言之，可乎？二子以食諫、賜饋之外，不加一字，若不知有梗陽之事者。婉轉入人，使魏子自止，亦若初無是事焉。滅其所醜而飾其愧，代爲之全其名焉。此魏子賢者也，諫賢者之道也。伯敬。庚辭狎語，妙致橫溢，諷諫中殊品。爻一。（韓范夾）其諫也，不言其事。其辭也，若不因其諫。進言者君子，受言者亦君子也。（魏禧尾）禧按：強愎拒諫之人，亦宜用此法。彭家屏曰："魏子賢者，一念之邪，遂至受賄鬻獄，使非與正人居，而及聞正論，則已過矣。語有之：'蓬生麻中，不扶自直。'君子之不可不擇所與也，如是夫！"（《分國》尾）受賄私事，難以顯言直折。藉端隱諷，不言而喻，二子善諫，魏亦善受。《國語》於結添"獻子曰善"，似贅。（《知新》尾）魏子爲政，舉用賢親，皆合於義，見稱仲尼，必無貪賄鬻獄之事。特大宗爲請，一時屏謝覺難，致懷猶豫，得二人隱諷曲諭，便知剛斷，可謂相得益彰。（《賞音》尾）微辭諷諫，《國策》亦多此蹊徑，然氣味迥不逮此矣。（《左繡》眉）魏子非不知足，當是敝不過大宗面請耳。將者，遲疑之辭，結句便寫出他決絕來。閑閑佈置，總不露一毫風色，留於後文一一注明。又只自説自話，絕不提破本意，而自著著打動本人，諷諫之極則。"或"者，不知誰何之辭，分明子虛、無是公也。隱隱躍躍，蘊藉無雙。"三歎"，兩項用明，一項用暗，變甚活甚！結句寫獻子不言而喻，妙絕！（儲欣尾）詩家比興之義，化爲主文譎諫之道，戰國説士，尤爲入神。（崑崖尾）初云"恐不足"，再云"豈有不足"，終云"原屬厭"，三層連看，語婉而明，意微而顯。（《左傳翼》尾）將者，未然之詞也。獻子雖有朵頤之意，而無染指之形，一動之以"屬厭"，不覺嘿然而喻。孫執升謂："其諫也，若不知其事。其辭也，若不知其諫。"最善名狀。余尤酷愛"以小人之腹"二語，吐納風流，爲晉魏人所不及也。此篇雖以諫魏子爲主，卻語語爲魏戍表暴，見其能以義諫父，不負所舉。而魏子之從諫如流，亦非常人所能及。敘事妙品，議論能品，可謂兼之！（《補義》眉）孫云："其諫也，若不知其事。其辭也，若不因其言。進言、受言，皆君子也。"唐云："絕妙諷諫，體亦絕妙，止貪法。居官者宜書紳。"（《日知》尾）間架絕近《國策》矣，然蘊藉雅馴，無優俳詼詭之氣，則非後人所能學步者。（高嵣尾）以詩家比興之義，爲主文譎諫之方。其諫也，若不知其事。其辭也，若不因其諫。進言、受言，皆君子也。若隱若躍，無限蘊藉。《檀弓》之逸品，《國策》之上駟。初云"恐不足"，再云"豈有不足"，終云"原屬厭"，皆論知足之義也。三層連看，語婉而明，意微而顯。

◇昭公二十九年

【經】二十有九年春，公至自乾侯，居于鄆，齊侯使高張來唁公。（《評林》眉）高閌："唁于野井，齊地也。唁于乾侯，晉地也。今在鄆，乃魯地，故但書來而已。"季本："公如齊，齊侯唁公，又爲公取鄆，故言至自齊。若夫乾侯，晉無一使通焉，公不敢入晉，則不得以自晉言矣，豈非士鞅取貨季孫之故哉！"公如晉，次于乾侯。（《評林》眉）高閌："諸侯出奔，狼狽未有如公之甚者。"夏四月庚子，叔詣卒。（《評林》眉）高閌："叔詣欲納公而卒。"秋七月。冬十月，鄆潰。（《評林》眉）孫復："季孫專，魯民不附公，故鄆潰。"家鉉翁：

"論者多咎公之失民，此季氏凶威所脅，非民之罪，亦不可盡責魯君。"

【傳】二十九年春，公至自乾侯，處于鄆。齊侯使高張來唁公，稱主君。子家子曰："齊卑君矣，君祇辱焉。"公如乾侯。（《分國》尾）"齊侯不信，不如適晉"，初出時，子家子便有此言。至久於齊，見辱於齊，然後適晉，晉肯許我乎？庸主胸中全無涇渭，雖有善者，無如之何。（《補義》眉）此唁梁丘使之也，豈以公舍齊求晉，不得於晉而復至耶？

三月己卯，京師殺召伯盈、尹氏固及原伯魯之子。尹固之復也，有婦人遇之周郊，尤之，曰："處則勸人爲禍，行則數日而反，是夫也，其過三歲乎？"（《左繡》眉）召、原事已見前，故特詳尹固，以爲世戒也。此等人至夥，愧此婦人矣。（《補義》眉）敘婦人尤尹固，知固復萌異志，而倡此難。（《評林》眉）陳傅良："'及原伯魯之子'，天子殺大夫不書，例在桓十八年。"（闈生夾）嫉子朝之黨之不忠也。

夏五月庚寅，王子趙車入于鄆以叛，陰不佞敗之。（《分國》尾）黨子朝，繼逐子朝。勸子朝爲亂，而中道背之者，如伯盈、尹固，似乎反正，不可不殺，蓋其心即丁公之心也。原伯魯之子亦見殺者，其黨子朝，由於不學之故，所謂苟而可，不學將落也。（《左傳翼》尾）翻手作云覆手雨，尋常且不可，況販賣君父乎？不過三歲，天道然也。此婦義憤，凜凜生氣，若輩聞之，其亦面赤知愧否？

平子每歲賈馬，具從者之衣屨，而歸之于乾侯。公執歸馬者，賣之，乃不歸馬。（韓范夾）平子陰懷逐君之實，而外未懇即冒弑君之名，乃昭公庸狀屢見，徒爲奸人所笑。三請之辭，既不能許，一乘之説，又復不聽，淹恤終身。嗚呼，悲矣！（《測義》夾）汪克寬氏曰："竊意意如剛忍兇悖，必無歸馬之事。脫有之，亦鄭莊射中王肩，使祭足勞王，具問左右之類爾。加刃於人，而以手撫之，此小人之欲掩其惡者也。"〖編者按：奥田元繼作王元美語。〗（《補義》眉）具有深心，讀者莫作好意看。衛侯來獻其乘馬曰啓服，塹而死，公將爲之檟。子家子曰："從者病矣，請以食之。"乃以幨裹之。（孫鑛眉）與優孟同旨，然彼譎此正，敘亦有蘊藉。（《測義》夾）愚按：禮："敝帷不棄，爲埋馬也。"昭公欲檟啓服，誠過矣。子家子乃請食之，何居？當是時，從者病矣，此之不恤，而櫝死馬哉？此即夫子傷人不問馬意也。雖然，路馬死，埋以帷，禮也。子家子之食從者，權也。（美中尾）每歲歸馬，亦祝聃射王，祭足勞王之爲耳。加刃於人，而以手撫之，謂是可告無罪於天下後世也。然天下後世已共見其肺肝矣。黠之甚，亦愚之甚！

　　公賜公衍羔裘，使獻龍輔於齊侯，遂入羔裘。齊侯喜，與之陽穀。公衍、公爲之生也，其母偕出。公衍先生，公爲之母曰：「相與偕出，請相與偕告。」三日，公爲生。其母先以告，公爲爲兄。公私喜於陽穀，而思於魯，曰：「務人爲此禍也。且後生而爲兄，其誣也久矣。」乃黜之，而以公衍爲大子。（《分國》尾）平子不肯居逐君名，無奈禰父庸劣，令人難忍，至以陽穀私喜，而思魯，曰「務人爲此禍也」，伐季之役，非其本心，情見乎辭。（《左繡》眉）聽子家而省馬櫝，思於魯而黜公爲，困窮之際，始有一隙之明，而亦殆將死矣，可憐哉！（《評林》眉）按：自「公衍公爲」至「公爲爲兄」，數句插入，明公衍實爲兄之由。穆文熙：「產母相賣，公爲爲兄，事之失真，乃至於此。昭公始迷而終悟，黜公爲而立公衍，獨此一事快人耳！」（《左傳翼》尾）胡氏謂遣使來唁，淺事也，亦書於經者，罪齊侯不能修方伯連率之職也。前此如晉，晉不納。今爲齊侯所卑，又復如晉，復不見受，窘辱甚矣。然猶以得齊陽穀爲喜，抑何鄙也？至此始悔爲務人所誤，而追憾前事，不亦晚乎？昭公又昏惑，又躁率。平子獻馬，何必賣？啓服死，何必櫝？齊卑公矣，何必獻玉？得陽穀，何必喜？「我躬不閱，遑恤我後」，何必以此易太子？此皆在乾侯瑣事，詳細寫來，而昭公昏惑躁率之狀，歷歷在目。經書往來乾侯，責齊、晉不納公，所以爲公惜。傳專責公，見爲齊、晉所輕，所以不納也。參經以合異，其亦依經以辨理歟？（《補義》眉）兄弟大倫，於此而正。然乾侯而來，壞隤而去，所謂太子者安在哉？曰「務人爲此禍」，則於公衍無與，以發明季氏並廢公衍之罪。然清之役務人殉國，亦有可觀。（闈生夾）此等處蹊徑邈絕，後人無嗣音者。

　　秋，龍見于絳郊。魏獻子問於蔡墨曰：「吾聞之，蟲莫知於龍，以其不生得也。謂之知，信乎？」對曰：「人實不知，非龍實知。（《補義》眉）二句是主腦，通篇皆洗發此意。古者畜龍，（闈生夾）宗堯按：「龍可畜，又可醢可食，隱寓非神奇之意。」故國有豢龍氏，有御龍氏。"（《評林》眉）陳廣野："豢龍、御龍之說，此足徵蔡墨之博物，一張華之嘗食龍，而知龍光者歟？"（《補義》眉）點出二氏。獻子曰："是二氏者，吾亦聞之，而（不）知其故，是何謂也？"對曰："昔有飂叔安，有裔子曰董父，實甚好龍，能求其耆欲以飲食之，龍多歸之。乃擾畜龍，以服事帝舜。帝賜之姓曰董，氏曰豢龍。封諸鬷川，鬷夷氏其後也。故帝舜氏世有畜龍。及有夏孔甲，擾于有帝。帝賜之乘龍，河、漢各二，各有雌雄，孔甲不能食，而未獲豢龍氏。有陶唐氏既衰，其後有劉累，學擾龍于豢龍氏，以事孔甲，能飲食之。夏后嘉之，賜氏曰御龍，以更豕韋之後。龍一雌死，潛醢以食夏后。夏后饗之，既而使求之。懼而遷于魯縣，范氏其後也。"（韓范夾）纍纍言舊事，亦如王嘉之記《拾遺》。（《評林》眉）魏禧："按：荒唐可笑，後人作《路史》皆祖此，益誕耳！"穆文熙："豢龍之事，杳茫難信，若謂古有是言，而遂據之爲信，則彼補天射日頭觸出朋者，皆亦可信乎？"呂祖謙："古所謂豢龍者，無乃羞飲食以祀龍之謂，而好怪者遂以豢龍爲畜龍也歟？龍乎可畜，亦非所以爲龍矣！"獻子曰："今何故無之？"對曰："夫物，物有其官，官修其方，朝夕思之。一日失職，則死及之。失官不食。官宿其業，其物乃至。若泯棄之，物乃坻伏，鬱湮不育。（《補義》眉）俞云："言龍所以可畜之故，方知古者工、虞、水、火，世習其事，皆天地之官，故精力所聚，乃成明神。"故有五行之官，是謂五官。實列受氏姓，封爲上公，祀爲貴神。社稷五祀，是尊是奉。木正曰句芒，火正曰祝融，金正曰蓐收，水正曰玄冥，土正曰后土。龍，水物也。水官棄矣，故龍不生得。（《補義》眉）以龍屬水官，點明正意。不然，《周易》有之，在《乾》之《姤》，曰：'潛龍勿用。'其《同人》曰：'見龍在田。'其《大有》曰：'飛龍在天。'其《夬》曰：'亢龍有悔。'其《坤》曰：'見群龍無首，吉。'《坤》之《剝》曰：'龍戰于野。'若不朝夕見，誰能物之？"（《測義》夾）陸粲氏曰："畜龍之說怪甚，世言左氏近誣，謂此類非耶？或云古今不相及，安知無是事？雖然，此漢儒所據以明劉氏爲堯後者也，或非盡本書語矣。"〖編者按：奧田元繼作王元美語。〗(《補義》眉)反掉極現成,卻匪夷所思。(《評林》眉)穆文熙:"龍爲神物,惡可豢之?可豢必非龍也,或物之似龍者也。即或豢之,則亦方上降伏之術耳,今時未必無之也。易爻取象明理,未必實有其事,惡可據也?"(方宗誠眉)引證非龍不可生得,只由人實不知耳。此篇正意已畢,下文乃是又生一波。又以社稷、五祀雙提。(閩生夾)宗堯按:"朝夕見,亦無神奇之可言也。"(魏禧尾)魏禧曰:"能求嗜欲而飲食之,董父所以豢龍。時其饑飽,達其怒心,梁鴦所以馴虎。夫龍神物,虎猛獸,而有嗜欲則可制。於此得養壯士之道焉。又知人苟欲爲高而不受制於人者,無他,但在去嗜欲耳。顏觸之論審矣。"(《分國》尾)能得其嗜欲而飲食之,龍有嗜欲,宜爲人豢。世有無嗜欲者,人豈得而豢之乎?非龍實智,正以其有嗜欲也。至曰"一日失職,則死及之",生於勤,死於逸,事莫不然。史墨殆借擾龍説法,非如唐李紳所記蘇州畫龍,徒搏其像而已。(《左繡》眉)此篇論龍爲主,末段只是帶説,不重。然妙在一路都逐層銜接,故雖餘波而不嫌於贅也。獻子以不生得爲龍之智,蔡墨以龍不生得,由於人之不智,非關龍之有智。二句雙提,前一段,見人智則龍可御、可豢,乃至可醢,此承"非龍實智"説。後一段見官業則物至,官棄則物伏,不惟不生得,且莫能物之。此承"人實不智"説。順提倒應,兩層一線。引《易》處,附會尤佳。豢龍、御龍,平提分敘,卻仍用遞串,章法不枝。只説一半,且作小歇,插入"何故無之"一問,不過頓挑之法。其實與上截一片説去,非另起爐灶也。"故不生得",已結應了畢,忽用反掉附會《易》義,連片寫出許多"龍"字,想見文心之巧。《易》雖取象,斷章取義,何妨認真?必執古訓相繩,千古無奇妙文字矣!"故不生得"明對"莫知於龍",即是暗應"人實不知"。"誰能物之"明對"何故無之",卻是暗應"非龍實知",回環細密之極!自是餘波,而分合順逆,詳略奇偶,一筆不苟,所謂搏兔亦全力者,非耶?孫執升曰:"張華《博物志》,王嘉《拾遺記》,遜此典奧。"獻子曰:"社稷五祀,誰氏之五官也?"(《補義》眉)餘波不厭其詳,乃足相副。對曰:"少皞氏有四叔:曰重、曰該、曰修、曰熙,實能金、木及水。使重爲句芒,該爲蓐收,脩及熙爲玄冥,世不失職,遂濟窮桑,此其三祀也。顓頊氏有子曰犁,爲祝融;共工氏有子曰句龍,爲后土,此其二祀也。后土爲社;

稷，田正也。（《補義》眉）社稷點得錯綜。孫云：〝張華《博物志》、王嘉《拾遺記》遜此典奧。〞有烈山氏之子曰柱爲稷，自夏以上祀之。周棄亦爲稷，自商以來祀之。〞（《左傳翼》尾）上古人與天近，故官宿其業，其物乃至者多，雖變化不測如龍，且得而豢御之。中古以後，人與天遠，泯棄者多，物乃坻伏，故龍不生得，以水官棄也。水官棄則五官失職可知，因一龍見而遠徵遐考，原原本本，發出如許奧理，宏博典碩，西京之祖。中間借《易》取象，死事活用，活事死用，奇怪非常。解此運筆，眼前底事，上下千古，六經子史，皆我注腳矣。龍可得而豢，可得而御，並可得而醢，則〝非龍實知〞可知。水官棄，故龍不生得，則〝人實不知〞可知。開首標此二語，後面無非發明此意。因龍見講出水官，並及五祀，遂及社稷，串遞無跡，纍纍如貫珠。中間〝物有其官〞一段，想見上古神聖，繼天立極，設官分職，隨材器使，絕大道理。所以唐虞五臣終身一官也，必如此方能盡人物之性，贊化育而參天地，載在祀典，以垂不朽。煌煌大文，莫作尋常議論看。龍，水物也，水官是主。故豢龍氏、御龍氏詳敘於前，金木火土，田正社稷，因水官及之，賓也。故勾芒、蓐收、祝融、后土及柱、棄補敘於後，詳一官而必敘其幹濟職業與其先代後世，歷歷鑿鑿。孫執升以爲〝張華《博物志》、王嘉《拾遺記》遜此典奧〞，是也！晉國名臣首推叔向，以墨較之，殆有過無不及乎！（《日知》尾）事固典博，而筆墨高古質奧，亦復高與頡頏。（高嵣尾）俞桐川曰：〝博而核，奇而醇。讀郯子論官，知萬物皆備人之理。讀史墨論龍，見知人能盡萬物之性。上溯共工、少皞、顓頊，下及唐虞夏商周，始信古時良史，皆能讀典、墳、丘、索，不獨倚相也。〞（閔生夾）宗堯按：〝此謂官五行者亦人耳，不足以言神異。〞

冬，晉趙鞅、荀寅帥師城汝濱，（《正論》眉）觀此則孔子之論爲政不以政刑爲先，而以德禮爲本也，有由然矣。（孫鑛眉）亦微有章法，而未鍊妙。（《淵鑒》眉）尚德緩刑，爲治之要。斯篇與鄭鑄刑鼎同意，文復簡潔。臣熙曰：〝鄭鑄刑書，叔向譏之，曾幾何時，晉又賦鐵以鑄。春秋之末，日就鍥急，是以聖人在御，務尚德而緩刑。〞（《補義》眉）此時政出多門，刑書改作，不由政府。**遂賦晉國一鼓鐵，以鑄刑鼎，著范宣子所爲刑書焉。**（《補義》眉）含范鞅共事。**仲尼曰：〝晉其亡乎！失其度矣。夫晉國將守唐叔之所受法度，以經緯其**

民，卿大夫以序守之。民是以能尊其貴，貴是以能守其業。（韓范夾）晉靖公廢爲家人，只是下不尊其貴，上不守其業也。夫子已見其深矣。（《補義》眉）自唐叔以來，世守先王法度。貴賤不愆，所謂度也。文公是以作執秩之官，爲被廬之法，以爲盟主。今棄是度也，而爲刑鼎，民在鼎矣，何以尊貴？貴何業之守？貴賤無序，何以爲國？且夫宣子之刑，夷之蒐也，晉國之亂制也，若之何以爲法？"（《左傳雋》眉）茅鹿門曰："篇中三個'度'字，自相聯屬。"楊素庵曰："此原先王之制，以見晉鑄刑鼎失先王之意，故末以'亂制'結之。"又曰："'民在鼎矣'，句法奇。"（孫鑛眉）與叔向論刑書同意。（《補義》眉）"棄是度"三字已含范宣子刑書，但不說明，留在下文另提，意更醒透，而文勢亦曲折。（《評林》眉）張半菴："春秋末世，大較崇尚嚴酷，故鄭與晉後先有刑書之鑄。"（閩生夾）三家公爲簒逆以分其君國，大義於是乎滅絕。左公於魏舒，既已著之矣。三家趙尤爲大，不可不著，故借聖言而痛斥責之，曰"守唐叔之法度"，曰"貴賤不愆"，曰"無序無以爲國"，皆惜晉國之將亡而痛逆臣之無道也，意並不爲刑鼎而發。但其時三家之勢方盛，左氏記此，以存綱紀於萬一，維人道於不墜，固不得不深隱其文詞耳。宗堯按："此揭晉卿簒國之隱謀也。曰'晉亡'，曰'民在鼎''貴何業之守'，皆謂晉臣設隱謀以易君權也。又曰'亂制''若之何以爲法'，意謂制不足取，而必用以爲法，非欲易主權而何？"蔡史墨曰："范氏、中行氏其亡乎！中行寅爲下卿，而干上令，擅作刑器，以爲國法，是法奸也。（閩生夾）權臣內訌之實，特揭之於此。又加范氏焉，易之，亡也。（閩生夾）易，讀施易之易，言以亡予之也。"易之，戮也"亦與此同。"易之戮"猶云"遺之擒"耳。"既無武守而又欲易余罪"，是其顯證。其及趙氏，趙孟與焉。然不得已，若德，可以免。"（孫鑛眉）"易"猶售，言以亡貨易之也。數語稍階。（《分國》尾）庭堅不祀，國僑先亡，刑之爲禍烈也。況用家法，又亂制乎？中行、范氏之亡以此耳。（《左繡》眉）趙、荀鑄鼎之刑書，卻是范氏所爲，起處提清，後文議論有根。妙在晉國亦預點得一筆，便見夫子自論晉國大體，史墨方論三人本分，各有頭項。此等提法、伏法，真細針密線，豈得以平淡而忽之？"民在鼎矣"四字，較叔向棄禮、徵書，語更簡雋可思。上層論晉國，卻帶起宣子。下層論三人，卻抱上國法。兩層一串，固左氏章法之大凡。論三人處，賓主、輕重、詳略、抑揚，字字有法有筆。(《左傳翼》尾)唐叔之度有所自受，乃文、武、周公之法也。文公修之以爲盟主，如何可棄？棄度而用刑，則君子犯義，小人犯刑，何國之能爲？爲刑鼎已自不是，況尊奉亂制乎？孔子專論大體，史墨更及作鼎之人。害而國，凶而家，屠伯其可爲耶？趙非得已，脩德尚可免禍。中有天道，讀者宜細加參會。(《補義》眉)俞云："見微知著。"(武億尾)仲尼論國，史墨論家，皆見微知著之言。(闔生夾)宗堯按："前直書曰'趙鞅、荀寅賦鐵鑄鼎'，首從之分顯然。寅爲下卿，豈能強鞅？其曰'不得已'，曰'德可以免'，乃故爲脫卸之詞，正所以深罪責之。觀上文，知鞅非不得已。觀下文，知其非有德。誅鞅之旨益無可躲身閃矣。'趙宣子，古之良大夫也；惜也，越竟乃免'，其筆意正與此同。"

◇昭公三十年

【經】三十年春王正月，公在乾侯。(《評林》眉)陸淳："此時鄆潰，公無所容，寄在乾侯，既非其地，不得書居，故每歲首皆書所在。"夏六月庚辰，晉侯去疾卒。(《評林》眉)汪克寬："是時公在晉地，不弔其喪，不送其葬者，晉不受公，公亦淹恤在外，不能備其禮也。"秋八月，葬晉頃公。冬十有二月，吳滅徐，徐子章羽奔楚。(《評林》眉)家鉉翁："闔廬既弒君，怨徐納亡公子而滅之。書滅徐，貶也。章羽以名書，爲其不能死社稷而偷生耳。"按：章羽之羽，永懷堂本經傳並作禹，孰是否？

【傳】三十年春，王正月，公在乾侯。不先書鄆與乾侯，非公，且徵過也。(《測義》夾)愚按：昭公于鄆則每書"居"，于乾侯則每書"在"，夫居猶吾土也，在則非吾土也。此《春秋》存君父、罪臣子、譏諸侯之意也，而左氏於每書必變易其説以釋之，恐失之鑿。〖編者按：奧田元繼作王陽明語。〗(《左繡》眉)不唯書不書有故，並先後之間都有故，如此看經，乃見細心。(《評林》眉)王宗休："《春秋》歲首必書昭公所在，是有君也，即帝在房州之意。而左氏每書必變易其説釋之，鑿亦甚矣。"

夏六月，晉頃公卒。秋八月，葬。鄭游吉弔，且送葬，魏獻子使士景伯詰之，（孫鑛眉）盡微婉有致，然較子產諸辭命尚隔一塵，何者？語淺而力弱，此是乏修飾潤色之功。曰："悼公之喪，子西弔，子蟜送葬。今吾子無貳，何故？"對曰："諸侯所以歸晉君，禮也。禮也者，小事大、大字小之謂。事大在共其時命，字小在恤其所無。（《左傳雋》眉）"禮也者"四語提綱。以敝邑居大國之間，共其職貢，與其備御不虞之患，豈忘共命？（《左傳雋》眉）"先王之制"以上，申言"共其時命"，見鄭之能事大；以下申言"恤其所無"，見晉之常字小。先王之制：諸侯之喪，士弔，大夫送葬；唯嘉好、聘享、三軍之事，於是乎使卿。晉之喪事，敝邑之間，先君有所助執紼矣。若其不閒，雖士、大夫有所不獲數矣。大國之惠，亦慶其加，而不討其乏，明厎其情，取備而已，以爲禮也。靈王之喪，我先君簡公在楚，我先大夫印段實往，敝邑之少卿也。王吏不討，恤所無也。今大夫曰：'女盍從舊？'舊有豐有省，不知所從。從其豐，則寡君幼弱，是以不共。從其省，則吉在此矣。唯大夫圖之。"晉人不能詰。（《左傳雋》眉）歸結員曲斬截，宜晉人之不能詰也。（韓范夾）弔悼有貳，弔頃無貳，明是輕晉，然悼、頃之時，晉國盛衰，何等殊絕？獻子明知而又詰之，詰之有辭，則又不能終詰之，失大國之體，而貽羞小國甚矣。（《分國》尾）王國之喪，鄭止一少卿，周不見討。只此二語，壓倒晉人。其餘詞令，國僑之亞也。（《知新》尾）春秋之時，猶知有禮。一部《左傳》，全本此作骨。看他步步放活，隨即收緊處，總不離"禮"字爲宗，自無復與之相詰難矣。（《左繡》眉）此篇大旨，只拿定"恤其所無"一語，然只說一面，便難醒快。看他將"小事大"陪"大字小"，"豈忘共命"，先自己安放一層。中間以"先君助執紼"陪"士大夫不獲數"，都用抉進一步法。而以"慶其加"陪"不討其乏"，把舊禮做個榜樣。末將王吏陪晉大夫，又是高一層作反激。然後拈一"舊"字，分出兩樣，以"豐"陪"省"，應轉閒、不閒作收煞。通篇兩意相形，反復推敲到底，不卑不亢，珠圓玉潤，真足品目斯文。"以爲禮也"下，可以徑落"汝盍從舊"，插入靈王一層，既引古，又證今，襯托分外有神。前替他添一"禮"字作話頭，此又替他生一"舊"字作話頭，最是持矛刺盾秘訣。兩說窮舌端，

《國策》勝塲，則夫人而知之矣。閒、不閒，豐與省，雙敲最佳。（昆崖尾）陳明卿曰："'大字小''小事大'作骨，詞遒古，意曲暢。"俞寧世曰："理足氣直，流利快捷乾净，詞令上乘。"（《左傳翼》尾）太叔，鄭上卿也，來不免責。晉人雖以子西、子蟜爲口實，意中實欲鄭伯親來。故太叔窺其意而破之，論典禮，己之來已屬過分。論舊事，豐、省亦不一定。妙將前此"不討其乏"，説得晉人恤小有禮。見士大夫不獲數且蒙寬宥，先君執紼不過遇閒加禮，豈可據以爲常？而寡君幼弱，不共正所當恤者，王室一襯尤爲得體。東里詞令多勁直，此更以婉曲動人，可以分道揚鑣。（《日知》尾）"無貳"殊難登答，通篇只登答此二字。劈空提出"亂"字，分開兩項，明自居於事大，而擠晉於不字小，卻不用一直筆正筆。先提出王制作主腦，則無貳似不及制，而卿來已爲過制。且歷稽從前，有不止有貳時，有不止無貳時，而晉不討其無貳，且天子不討其無貳。反面頓滿，正面自一落千丈，卻回抱過制、不及制兩意雙敲，結住事大，而不字小已在言下。（《評林》眉）陳傅良："'晉人不能詰'，傳言諸侯事晉之怠，因見葬禮。"（闓生夾）宗羲按："此篇以霸業衰微、國將分裂爲主。"

　　吳子使徐人執掩餘，使鍾吾人執燭庸，二公子奔楚，楚子大封，而定其徙。（《評林》眉）陳眉公："吳光之執二子，蓋剪其所忌也。"使監馬尹大心逆吳公子，使居養，莠尹然、左司馬沈尹戍城之，取於城父與胡田以與之，將以害吳也。（《補義》眉）將以害吳，與吳光將以伐楚映照。子西諫，（孫鑛眉）不甚鍊净，然亦勁有力。曰："吳光新得國，而親其民，視民如子，辛苦同之，將用之也。若好吳邊疆，使柔服焉，猶懼其至。吾又彊其讎以重怒之，無乃不可乎！吳，周之胄裔也，而棄在海濱，不與姬通。今而始大，比于諸華。光又甚文，將自同於先王。不知天將以爲虐乎，使翦喪吳國而封大異姓乎？其抑亦將卒以祚吳乎？其終不遠矣。我盍姑億吾鬼神，而寧吾族姓，以待其歸。將焉用自播揚焉？"（孫鑛眉）兩波是常調，上三句以二"乎"字爲勢，是小變。（韓范夾）楚求諸侯，晉能待其歸，故雖弱不受其害也。楚不能待吳之歸，故卒被其大戮。凡人得勢而逞，其靜觀成敗者，最不可當也。（《補義》眉）子西之諫與子胥之謀映照，成敗之關在一"不聽"、一"從之"耳（《評林》眉）穆文熙："彊仇重怒，無乃不可？子西之言誠是。然子胥在吳，終亦不能止其來也，何不一言□□□□及之乎？"《經世鈔》："'吳'以下至'自播揚焉'十五句可刪。"。（閭生夾）意態橫溢，眼光四射。王弗聽。吳子怒。（《評林》眉）《附見》："吳子怒楚子大封吳掩餘、燭庸二公子。"冬十二月，吳子執鍾吳子，遂伐徐，防山以水之。己卯，滅徐。徐子章禹斷其髮，攜其夫人，以逆吳子。吳子唁而送之，使其邇臣從之，遂奔楚。楚沈尹戌帥師救徐，弗及，遂城夷，使徐子處之。（《測義》夾）季本氏曰："左氏稱章禹斷其髮，攜其夫人以逆吳子，則是降也。既降，胡爲而又奔哉？蓋奔者，不爲吳人所得，而避難竊走之名也。舉重而言，則但當書降。今書奔楚，則必未降吳也。其書名特以屈服於楚故爾，何必附爲降吳之説哉？"編者按：奧田元繼作顧九疇語。（《分國》尾）楚不防吳之三肆，而寵其二讎，曰吾以害吳也，亦未知光爲何如人也，愚矣！（《左繡》眉）此篇爲吳滅徐、徐奔楚傳。首尾敘事，中間議論，自成章法。末節吳子、伍員問答，自爲後入楚緣起，不相合也。然"將以害吳""楚于是始病"，呼應亦復一線，從俗無不可耳。特提"將以害吳"一筆，文便句句是吳不可害，害吳適以自害，意警而詞特圓。諫語凡兩層，前一層不當彊其讎以重怒之，是正説。後一層，億鬼神、寧族姓以待其歸，乃是安頓楚子。中數語作轉，抑揚吞吐，風調絶佳。一調凡作數轉，一句凡作數層，最是曲折清勁之筆。孫云："三'乎'字，法宕而調逸。"只山、水二字，一作死字用，一作活字用。末段敘事，照應起處，正是照應中間，蓋已結下重怒公案，播揚自此始矣。（美中尾）黃懋容曰："徐在江淮間，實爲吳通中國、適荆楚之路，闔廬欲伐楚，故先滅之。"（《左傳翼》尾）楚昭初立，專在囊瓦，秕政多端，子西不一言救，獨於此娓娓言之者，以將以害吳，彊仇重怒，適以自害也。吳之興敗不可知，而億吾鬼神，寧吾族姓，以待其歸，自立之道，正當如此。議論愷切，毫不見省，卒啓肆楚之謀，以成入郢之禍，自伐人伐，洵不虛也。起結敘事，中以議論貫兩頭，跌宕飈逸，風神絶佳。

吳子問于伍員，（孫鑛眉）此調法則純是戰國。曰："初而言伐楚，余知其可也，而恐其使余往也，又惡人之有余之功也。今余將自有之矣，伐楚何如？"（鍾惺眉）吳子此意，被伍員看破算定久矣。（韓范夾）英雄心事，妙在直説，然早已爲員所識矣。員不言而吳子先言之，故員能有成。（《左繡》眉）一意三轉，由淺而深，活寫出有心識人。（《補義》眉）唐云："無限心事，藏之十年，至此方吐。"**對曰："楚執政衆而乖，莫適任患。若爲三師以肄焉，一師至，彼必皆出。彼出則歸，彼歸則出，楚必道敝。**（韓范夾）此知武子三分敝楚之術，凡師少而少用之者，勇於一決也。師衆而衆用之者，循於所恃也。師衆而少用之者，則立於無敗之地，而能成戰取之功。故知伍之術，足以爲後世法也。**亟肄以罷之，多方以誤之。既罷而後以三軍繼之，必大克之。"**（《補義》眉）儲云："知武子之謀，至楚人道敝而止，此道敝之後，正大有事在。"歐公《西邊事宜狀》云："我以五路之兵，番休出入，使其一國無時暫停。"本此。唐太宗曰："多方以誤，千章萬句，不出此一句。"**闔廬從之，楚於是乎始病。**（《左傳雋》眉）羅大經曰："伍員三師誤楚，調弄強敵，如出掌上。既敝而後以大軍繼之，則破竹之勢也。其深於兵哉！"〖編者按：奧田元繼作凌稚隆語。〗（文熙眉）汪道昆曰："議論能品。'光又甚文'及'初爾言伐楚'章法。'莫適任患'章法。"子西之言誠是，然子胥在吳，終亦不能止其來也。（王源尾）吳子發問數言，欹曲多姿態，神吻宛然。"衆而乖"，楚之敗必矣。"三師以肄"，吳之勝決矣。雖數年之久，終一一如所料以收其功，豈不偉哉？詞簡而意曲，不過十數語，而兵法謀略，無一不該。恐子胥當日之言，亦未必如斯鍊也。舉一國於指掌，覆強敵於數言，非蓋世之才，無此略，非絶世之筆，無此文。韓信登臺之對，諸葛草廬之語，皆有此意。但文之簡鍊莫及耳。（孫琮總評）戴岡得曰："'多方以誤之'一語，挈韜略之總。漢以此撓楚而得天下，宋不知此，遂南遷而亡。"吳子數言，凡幾轉折，都是英雄心事。若吳子不言，而子胥言之，乃成猜忌矣。惟子胥看破已久，而吳子又自言之，英雄既遇，披肝瀝膽，子胥亦遂將用兵勝算數語托出。吳子迫不能已，子胥籌之素熟，即此可想見一時相得之歡。（《彙鈔》眉）只數語説盡兵機妙用，沛公破楚，不過此法。（《分國》尾）巫臣教吳，楚罷奔命。繼之以伍員，二人皆楚良，胥爲敵國用，以自敝。有國家者，慎勿棄賢資敵哉！（《左繡》眉）即巫臣奔命之法，更寫得詳明精彩百倍。前接連三轉，卻用三"也"字。此接連四轉，卻用四"之"字，蓋調法相應成章也。末以一筆煞住，神氣貫注，活虎生龍。（《左傳翼》尾）荊楚憑陵諸夏，以與齊、晉抗，幾二百年矣。其大夫逃死四方爲謀主以害之者，不過小有敗衂，未聞一舉而覆之。而入郢之禍，出自子胥，其怨深，其才大也。亟肄以罷，多方以誤，楚人之敗，如指諸掌矣。然使任患有人，愼其四竟，防其守備，以待不虞，則逸以待勞，又何道敝之有？執政衆而乖，其子胥之所以覆楚乎？此爲入郢起案，然非楚子彊其仇以重怨之，則光謀不深，而員計未必遽入。合上篇讀之，知吳子問非無因，而"楚於是乎始病"與"將以害吳"，正相呼應。左氏文如連岡斷嶺，可分未嘗不可合也。（《日知》尾）吳楚世爲仇讎，又益以吳光喜功而伍員啣怨，不招且來，況彊其讎、重其怒耶？此篇言二國大勢，以爲入郢張本，有自貽伊慼之歎焉。而道宕峭逸，段段相凖，可謂驚才絕艷。（高塘尾）俞桐川曰："精透簡當，與鄭子元敗戎師篇匹敵。惟莫適任患，故可用此計。若遇知武子，兩軍相當，佐以諸侯，吳反敝矣。火牛車戰，豈可執成法哉？"（方宗誠眉）此篇前敘楚不聽子西之謀，後敘吳從伍員之謀，兩相比照，一興一敗，昭然可見。（林紓尾）此篇寫楚之挑敵，吳之料敵，首尾相應，文極緊湊。然楚有子西，把吳國和盤打算，詐吳爲客，喪吳爲主，後皆不出所料。是楚雖挑敵，正有料敵之人在也。吳有子胥，善於料敵。言楚執政衆而乖，莫適任患。楚之覆敗，早在成算之中，是善於料敵者。於是爲三師以肄楚，肄之爲言勞也，則子胥既能料敵，又能挑敵矣。連環鎖紐，制局極緊。尤妙者，子西所言，似把公子光之創發不終，一線料之到底。不惟眼光高，其謀國亦極踏實。乃不見聽于王，可惜也。若吳光、子胥，則君臣一心，專意滅楚。似夢寐之中，不得楚不甘，至三師之肄，吳逸楚勞，留下"楚於是乎始病"六字，作入郢張本。似斷非斷，尤極有神。（《菁華》尾）楚於此時，子常當國，萬事廢弛，方自保之不暇，乃欲挑釁强鄰，是速其禍也。宋文帝之代魏，宋寧宗之伐金，皆不量力而爲之，而敗亡相繼，皆熊居之誤也。十年心事，至此始露，然子胥固早有以知之矣。亟肄以疲之，多方以誤之，包後來多少兵謀在内。如隋之於陳，後周之於吳，皆用此法。

◇昭公三十一年

【經】三十有一年春王正月，公在乾侯。季孫意如會晉荀躒于適歷。(《評林》眉)季本:"晉定公初立,有嗣伯之志,觀成周之城、召陵之會可見矣,故納公之意不可謂無也。使非士鞅私於季孫,則昭公豈至客死哉?晉侯墮其計中,反使荀躒出會,何以爲盟主?"夏四月丁巳,薛伯穀卒。(《評林》眉)季本:"薛自魯桓公以來服屬於宋,魯雖與同盟,猶以宋屬待之,故獻公之先君不赴喪、不書卒。獻公,三家所私厚也,故因公出而告喪,魯之弔葬亦備,其皆三家之私歟!"晉侯使荀躒唁公于乾侯。(《評林》眉)呂本中:"齊侯唁公于野井,晉侯使荀躒唁公于乾侯,言大國、盟主皆不能討亂,無助順向正之意也。"秋,葬薛獻公。冬,黑肱以濫來奔。(《評林》眉)湛若水:"書黑肱以濫來奔,則黑肱叛君之賊、納叛之罪,皆可見矣,故曰直書其事而其得失自見。"十有二月辛亥朔,日有食之。

【傳】三十一年春,王正月,公在乾侯,言不能外內也。(《左繡》眉)上傳云不能外內,此雖公之失,亦外內未有可合之機耳。余則季孫因召而來,且應從君而歸矣。荀躒且以季孫不敢逃死,勸公入矣。外既有助,內又自來,竟聽一言之逐,不計終身之慚。雖欲一乘入於魯師,而終不得也。則子家之所無如何者也。故明年傳增一筆,曰"不能用其人",深惜其失此一好機會矣。通篇作兩半讀。依經分傳,前半是季孫會荀躒事,後半是荀躒唁公事,以兩"寡君使躒"句爲眼目。前責季孫以出,後勸昭公以入,兩邊各各中竅。而一則曰"若得從君而歸,敢有異心",一則曰"所能見夫人者,有如河"。直如冰炭之不相合,使讀者不暇責季孫之僞,而深恨昭公之駿,此下筆之有神也。(《評林》眉)王錫爵:"左氏曰'言不能外內也',蓋不知《春秋》存君之義。"

晉侯將以師納公。(孫鑛眉)大概精核有深味。(《彙鈔》眉)士鞅受賄於季,出死力以助之。三綱陸沉,足爲髮指目裂。(《補義》眉)突然而起,可見大義自在人心。范獻子曰:"若召季孫而不來,則信不臣矣。然後伐之,若何?"晉人召季孫,獻子使私焉,曰:"子必來,我受其無咎。"季孫意如會晉荀躒于適歷。荀躒曰:"寡君使躒謂吾子:'何故出君?有君不事,周有常刑,子其圖之!'"季孫練冠麻衣跣行,伏而對曰:"事君,臣之所不得也,敢逃刑命?君若以臣爲有罪,請囚于費,以待君之察也,亦唯君。若以先臣之故，不絕季氏，而賜之死。若弗殺弗亡，君之惠也，死且不朽。若得從君而歸，則固臣之願也。敢有異心？"（孫鑛眉）辭命勁鍊，妙，妙！（《彙鈔》眉）明知昭公不得歸，故作巧言，狡獪之極。（《補義》眉）文飾甚好。"敢有異心"已上是釋經"季孫會荀躒"，已下是釋經"荀躒唁公"，而公之不歸，在指河一誓，尤在"在一言矣"四字。（方宗誠眉）奸計巧言，聲容畢見。

夏四月，季孫從知伯如乾侯。子家子曰："君與之歸。一慚之不忍，而終身慚乎？"（孫鑛眉）簡而醒透。公曰："諾。"衆曰："在一言矣，君必逐之。"荀躒以晉侯之命唁公，且曰："寡君使躒以君命討於意如，意如不敢逃死，君其入也！"（孫鑛眉）亦簡有力。公曰："君惠顧先君之好，施及亡人，將使歸糞除宗祧以事君，則不能見夫人。己所能見夫人者，有如河！"（韓范夾）淺人之言，使人不忍聽。荀躒掩耳而走，（韓范夾）小人之狀，使人不忍見。（《補義》眉）荀躒特來說和耳，豈能逐季孫哉！昭公猶據常理，全昧事機。（《評林》眉）穆文熙："昭公才聞入國之謀，即誓逐季孫，何其淺而不自諒也？荀躒掩耳而走，想見厭聽之狀。"曰："寡君其罪之恐，敢與知魯國之難？臣請復於寡君。"退而謂季孫："君怒未息，子姑歸祭。"（文熙眉）汪道昆曰："辭令能品，'我受其無咎'句法。"穆文熙曰："昭公不聽子家羈，而聽衆言，必欲借晉以逐季氏，發詞輕易，自絕歸路，荀躒掩耳而走，想惡聽之態。"（孫鑛眉）"歸祭"二字尤簡妙。（《測義》夾）愚按：以臣逐君，意如之罪章章也，苟有人心，疇不憤之？矧晉盟主乎？廼定公惑於士鞅之巧言，而荀躒亦墮其計而不悟，非惟不克納公，反好與之會，又導之叛焉。異日者，晉之六卿分晉國而有之，則晉侯亦昭公而已，無足誅者！〖編者按：奧田元繼作王元美語。〗（《評林》眉）《補注》："'子姑歸祭'，傳見晉卿黨於季氏，昭公所以不得歸國。"子家子曰："君以一乘入于魯師，（《補義》眉）"一乘入"更下下策，不如不歸，長留義憤於天地間。季孫必與君歸。"公欲從之，衆從者脅公，不得歸。（《彙鈔》眉）季孫得荀躒之援，而勢益□，昭公有從者之脅，而勢益孤。雖子家子忠謀屢進，竟何益哉？（《分國》尾）齊、晉二君，皆欲納昭公，究不得納，子猶、士鞅受貨故也。余曰："否。齊、晉二君原未嘗有真納公之心也，使真納公，以兩國之強，有方伯之職，聲罪致討，朝濟師，夕陳魯之境上，討魯之爲大逆而逐君出者，械意如，致諸乾侯，然後掃竟內，納昭公以復國，豈不萬代瞻仰？徒紛紛然伐成之舉，遣使往來，使小人得以乘其間，阻其還轅也！嗚呼！齊、晉伯衰，貪人敗類。未幾田氏篡，三晉分，較之乾侯，禍更烈哉！"（《左繡》眉）未會前，先寫季孫一邊佈置。未唁前，亦先寫昭公一邊情事。兩截都相準而立。而子家起、子家止，下截自爲呼應。"任其無咎""子姑歸祭"，止又合兩截爲呼應，章法完密極矣。與上"伏而對"相映，都是串通作法。俞云："子家明知其僞，而昭公認以爲真，絕可憐也。"確。讀至此等處，使人悶死。（美中尾）齊、晉不難於納公，而難於誅季氏。季誅則亂臣賊子之黨孤矣，此鞅、躒所以曲爲之地也。王伯厚曰："列國大夫之無君，晉爲之地也。會於咸而不討孫林父，會於夷儀而不討崔杼，會於適歷而不討季孫意如，君臣之義不明，而大夫篡奪之禍，晉自及矣。"（《左傳翼》尾）一派假做作，安排佈置極盡巧密。蓋既以貨行，唇齒相依，固其宜矣。而昭公猶爲群小所制，一慚不忍，竟墮意如術中。子家子力爭不得，真是無可奈何。篇中敘兩邊情狀，歷歷如畫，虎頭傳神妙筆也。此番納公而云"以師"，若季孫不來，勢必兵加於魯，而昭公之納成矣。故召之使來，一味恭順，百般卑屈，令無罪可加，而後得施其袒護之計，真奸狡之尤者也。未會時先爲照會，居期如計而行，鞅主之，躒應之，而季欿欿歸矣，而公冷冷退矣，而晉侯暗暗下矣！此等賊臣，內外相結，而魯安得不弱，晉安得不分哉？（《日知》尾）敘昭公事，必敘子家之言，然遞降遞下，至此而極。不是爲昭公太息，正是爲子家痛哭耳。讀此覺鄭屬殺傳瑕、衛獻殺甯喜，猶是絕有作爲者也。真真假假，變幻百出，有"流水渡旁渡，夕陽山外山"之妙。（高塘尾）俞桐川曰："荀躒、范鞅、意如一班小人，先自說明，故作此態。子家子明知其僞，而昭公認以爲真，絕可憐也。寫其聲音笑貌，無一不肖。"（方宗誠眉）子家子之謀，不得已之計也。蓋彼以僞來此，即用其僞而乘其機可也，此機一失，無復國之望矣。（林紓尾）三家敵晉，晉未亡也。三家分晉，晉亡矣。此時晉國不惟韓、趙、魏眼中無君，即范、荀二氏，目中亦豈有君臣之一倫？但觀范氏之召季孫，曰"我受其無咎"五字，得賂助逆彰彰矣。實作一圈套以陷昭公，蓋深知昭公之負氣不服，故意使季孫詐爲恭順之狀，激昭公從者之怒，以便使昭公不歸，可以常常得季孫之賄。而荀躒之貪頑，尤無人理。而昭公又爲左右所劫，一無把握，於是遂終於乾侯。不然，以晉之強，用三百乘之衆即足納君，何用作爾許張惶？惟此時倫紀既戰，固無公道之足言。至易之事，乃爲賂賄所梗，轉成爲至難。公側雖有子家，上既不能使公振作，下尤不能使同伴曲從。在外有范、荀之劫持，在內有季孫之盤踞，寥寥忍恥數言，萬萬不能平衆從者之氣，經左氏逐一寫來，鬼蜮行徑，一一躍然於紙上矣。（《菁華》尾）納公非晉侯本意，特迫於公義，不得已而爲之。故聞荀躒之言，遂訕然中止。然即使伐之，亦不難以賂免，此則可決言者。歸而受制於季孫，而侵迫之辱，無所不至，何如不歸之爲愈乎？子家子之說，吾終不以爲然。（闈生夾）公爲左右所制，敘次極明晰。宗堯按："公初窘於齊，再窘於晉，亦皆大夫爲之也。"

　　薛伯穀卒，同盟，故書。

　　秋，吳人侵楚，伐夷，侵潛、六。楚沈尹戌帥師救潛，吳師還。楚師遷潛於南岡而還。吳師圍弦。左司馬戌、右司馬稽帥師救弦，及豫章。吳師還。始用子胥之謀也。（《分國》尾）此亟肆以罷之也。高熲嘗語隋主曰："江北地寒，田收差晚。江南水田早熟，量待收穫之時，徧徵士馬，聲言掩襲，彼必屯兵守禦。彼既聚兵，我便解甲。再三如此，彼以爲常。後更集兵，彼必不信。"其亦微祖此法與！（《左繡》眉）只淡淡寫來，不著一辭。而多方之誤在目，結語點睛，峭甚！（《左傳翼》尾）忽出忽入，忽東忽西，楚人奔命不遑，幾於風聲鶴唳，草木皆兵。文不過五十餘字，而子胥誤楚之謀，刻畫如畫。末句點睛，殆若騰空飛去。（《補義》眉）只兩"吳師還"，而子胥前一段策見。

　　冬，邾黑肱以濫來奔，賤而書名，重地故也。（孫鑛眉）雖未甚鍊淨，然卻跌宕有勢，此亦是左氏變調。（《淵鑒》眉）邾黑肱以賤而書名，惡之也，不使叛亡者得掩其名，則人皆知所儆畏，此春秋筆削之法，所謂一字之誅，嚴於斧鉞也。水心葉適曰："以濫來奔，求名而爲不義，不求名而爲貪，後世之敝無不然，害教之大者，此道之所以喪也。故曰：'微而顯，婉而辨。'若亂臣賊子，則其法素具矣，不待聖人也。"臣德宜曰："小人身冒不韙，每不暇顧身後之名，而天良未必全昧，此之書名示懲，所謂章其所欲蓋者也。"臣廷敬曰："宜書名而不書名，不必書名而書名，聖人具有深意，得此闡發，始知《春秋》發凡起例大旨，此丘明之所以爲素臣也。"（《左繡》眉）此篇全是論斷，首段單就本題説，以下將書盜作陪，總論《春秋》書法，乃左氏自作一首反復條暢文字，非如他篇僅僅敘述而已也。開手第一筆，以結句爲起句，變調亦奇。即就君子發端，先虛領一遍。（高塙眉）數語先就本事作斷，提出"名"字，爲後文發論之根。（《學餘》眉）此左氏著論之最精者，熟觀沈思，可爲讀經之基柄矣。（方宗誠眉）論説體。起有勢。君子曰："**名之不可不慎也如是**。（《補義》眉）"名"字一篇之骨。**夫有所有名而不如其已**。（《評林》眉）《經世鈔》："'夫'字屬上句。"魏禧按："'所'字當作虛字看。"**以地叛，雖賤，必書地，以名其人**。（閭生夾）書地以名，書地與名也。以，與也。舊讀"以名其人"爲句，非是。**終爲不義，弗可滅已。是故君子動則思禮，行則思義，不爲利回，不爲義疚**。（高塙眉）此下通論《春秋》書法，"名"字爲骨，"求名不得"二句爲綱，"懲不義"三字爲照應，賓主齊行，反正曲折，層疊跌宕，已爲史遷傳贊，歐、柳諸家開山。（方宗誠眉）語意森然可畏。此上一段總冒通篇。**或求名而不得，或欲蓋而名章，懲不義也**。（《左傳雋》眉）鄭申甫曰："'名之不可不慎'句是一章之綱，'或求名而不得'句是一篇之目。篇中連用八九個'名'字，織成一片錦章，燦爛奪目。"李九我曰："推究聖心，發明經旨，如'或求名而不得，或欲蓋而名章'等語，辭若約而義實無遺，萬世史學之宗也。"又曰："既正説，又反説，意益明瑩，詞益豐贍。"（《補義》眉）求名不得、欲蓋名章，就正面説。（《評林》眉）《評苑》："有名之辱，不若止而無名之爲愈也。凡竊邑叛者，雖非命卿，必書某地與某名，而著其竊地之罪。"王元美："攻難之士將奔走之，此其求名而不得也。貪冒之民將實力焉，此其欲蓋而名章也。"（方宗誠眉）二句提起下一段。**齊豹爲衛司寇，守嗣大夫，作而不義，其書爲'盜'**。（方宗誠眉）齊豹是求名弗得，是賓。**邾庶其、莒牟夷、邾黑肱以土地出，求食而已，不求其名，賤而必書**。（方宗誠眉）邾庶其三人是欲蓋彌彰，是主。**此二物者，所以懲肆而去貪也**。（《左繡》眉）次實證一遍，得此陪證，文乃濃厚。（《補義》眉）兩段是從反面説。儲云："聶政姊不惜一身，以成弟名，《國策》《史記》皆表章之，非深於《春秋》者。"（《評林》眉）《附見》："物，事也，謂求名不得與欲蓋名而名章二事也。"（方宗誠眉）停束一筆，下又提起，用反筆申明之。**若艱難其身，以險危大人，而有名**

章徹，攻難之士將奔走之。若竊邑叛君，以徼大利而無名，貪冒之民將寘力焉。（《左繡》眉）又反跌一遍。得此反跌，意乃醒透。（《評林》眉）凌稚隆：「'以險危'，謂養公孟之惡，而致其顛覆也。'有名章徹'，使其章徹於天下，將奔走之，好爲難事者將趨赴之以求名。」是以《春秋》書齊豹曰'盜'，三叛人名，以懲不義，數惡無禮，其善志也。（《左繡》眉）再正結一遍。（方宗誠眉）總束上二段。故曰：'《春秋》之稱微而顯，婉而辨。上之人能使昭明，善人勸焉，淫人懼焉，是以君子貴之。'」（德秀尾）按：左氏所稱「君子曰」者，意必當時賢者之論，或左氏自爲之説也。然周鄭交質是天子下齊諸侯、諸侯上亢天子，名分大壞，射王中肩之變，胎於是矣。不此之責，而曰「信不由中、質無益也」。鄭伯入許，以其地歸於我。夫以諸侯而專征，罪一也；專滅國，罪二也；專以地與人，罪三也。不此之議，而曰「不貪其土，以勞王爵，正之體也」。是非悖謬若是者不一。獨此數條，其論頗正，且反復成章，故取焉。（文熙眉）以下通作斷制，乃傳之變。（《左傳雋》眉）句句有法，復以「故曰」數句結之，收拾未盡之意，妙妙！（韓范夾）文安《春秋論》以此爲經，而已爲之傳。（王源尾）錯綜之法不一，以參差爲錯綜，固矣。亦有以整齊爲錯綜。整齊矣，烏得錯綜？曰不應整齊而整齊，即錯綜也。何謂不應整齊而整齊？如此傳書名、書盜是矣。書名，主也。書盜，賓也。傳黑肱耳，本以書名發義，乃正義既畢，卻與書盜二義，相並互發，一無參差。前則有主無賓，後則主賓莫辨。愈整齊，愈錯綜，非以整齊爲錯綜之法乎？序黑肱，突入齊豹，奇矣！三叛並列，與豹相形，更奇！隨手變化，莫測端倪。至「艱難其身」以下，波瀾橫溢，筆勢淩競，所謂一闔一闢謂之變，往來不窮謂之通也。結歸淡宕，又變通篇之勢，總是化工，非人力！（孫琮總評）於邾黑肱之來奔，而發書名之例，舉《春秋》大義，皆在其中。通篇或用直喝，或用曲寫，或以彰勸，或以示沮，賓主相生，虛實互見，筆意最爲奇警。（魏禧尾）魏禧曰：「通篇以議論斷制，爲傳中變體，《史記》多用此法。」（《分國》尾）名三叛人，重地也，去貪也，是也。盜齊豹，謂齊豹求名，而故削之，似非通論。此左氏讀《春秋》，以己意斷之耳。仲尼之意，恐不盡然。唐悉怛謀以維州來，奇章公歸之，似亦有合名三叛人之意。論者必左李而右牛，何也？（《知新》尾）此借一事以發凡，見《春秋》書盜、書名，各有深意，凜然可畏。(《左繡》眉)又泛論《春秋》書法，收盡全篇。以單論起，以泛論結。中間一賓一主，兩兩對說，章法極變極整。(《左傳翼》尾)敘黑肱而及庶其、牟夷，此相類也。因並及齊豹，不類也。一名一不名，懲肆去貪，書法何等嚴正！賓賓主主，參伍錯綜，雲委坡屬，跌宕雄奇。(《補義》眉)唐云："瀟疏淡遠，史公《貨殖》《遊俠》敘與此神似。(《日知》尾)《春秋》以名治天下後世者也，文可爲全經發凡起例。(高嶼尾)爲《春秋》發凡起例，不沾沾向本題敘事，全以議論行之。旁推交通，舉類邇而見義遠，文筆頓挫跌宕，自是絕調。至引義之得失，前儒嘗論之矣。陸氏淳曰："左氏云或求名而不得，或欲蓋而名彰。若艱難其身，以險危大人，而有名彰徹，攻難之士，將奔走之。"趙子曰："據例，兩下相殺，若非大夫，即書盜。殺者於例既不合書名，而被殺者合書事，須如此耳。左氏若以齊豹是大夫，但爲求名，故書爲'盜'以不與其名者。則諸相殺而書其名者，皆是與其名乎？又據左氏說齊豹，乃是怒縶而殺之，何得妄有求名之義乎？且推之情理，凡殺人者，皆謂懷怨不勝其怒，乃爲亂耳。又云三叛人'欲蓋而名彰'，言其賤必不書其名，夫子矯其心而書爾。若如此，則三人豫知夫子修《春秋》，賤者不書其名乎？爲是將地略魯，而屬夫子令不書乎？何言欲蓋也？皆妄爲曲說，殊可怪也。"(《評林》眉)《經世鈔》："'《春秋》之稱'，稱，舉也。《春秋》所舉之義，注作'權衡之論'，非是。"魏禧："通篇以議論斷制爲傳中變體，《史記》多用此法。"(方宗誠眉)總束通篇。(《學餘》尾)論《春秋》書法，深得聖人微意。此以知太史公《刺客》《遊俠》《貨殖》等列傳，是非之謬於聖人也。(闇生夾)此節蓋漢初經師說經之文，然亦軒俊可喜。

　　十二月辛亥朔，日有食之。是夜也，趙簡子夢童子贏而轉以歌。旦占諸史墨，曰："吾夢如是，今而日食，何也？"對曰："六年及此月也，吳其入郢乎！終亦弗克。入郢，必以庚辰，日月在辰尾。庚午之日，日始有謫。火勝金，故弗克。"(《測義》夾)陸粲氏曰："夢非日食之兆也，食非吳入郢之象也，鞅也妄問，墨也妄對。"〔編者按：奧田元繼作王元美語。〕(《分國》尾)春秋時，列國休咎，往往己國不知，他國得之，此類是也。(《左繡》眉)一筆寫四層，簡妙！此等占驗，斷屬附會，天官家之蔽也。趙鞅欲並以己夢附會日食，乃尤蔽耳。(《左傳翼》尾)日食何事，而簡子以夢而引爲己咎，誕妄甚矣。史墨但言日食之應，絶不及趙孟，明其於彼無涉也。越不膠粘，而意味愈自深長。占驗奇核，可與梓慎諸人匹敵。(《補義》眉) 士匄、趙鞅不知己爲何等人，匄以世卿而謂不朽於世，鞅以夜夢而謂謫見於天，皆可笑也。《史記》載鞅夢登天，聞鈞天之樂，可見此人慣有非非之想。(《評林》眉)《群書備考》："鶉尾，楚也。翼，軫也。荆州自注。"史墨占六年庚辰，吳必入郢，終亦不克盡。先是四十一日，庚午日已有變氣，雖食在辛亥，更以始變爲變也。

◇昭公三十二年

【經】三十有二年春王正月，公在乾侯。(《評林》眉) 趙鵬飛："三年之間，歲首皆書'公在乾侯'，存公，所以錄季氏之義也。而左氏各爲之說，鑿矣。謂左氏專信國史，而不附會，殆不然也。"取闞。(《評林》眉) 李廉："謝氏曰：'公旅寄乾侯久矣，非有兵力可以得邑也。所以取闞者，魯人以闞與公，而公取之也。書取闞者，著其微弱也。'"夏，吳伐越。秋七月。冬，仲孫何忌會晉韓不信、齊高張、宋仲幾、衛世叔申、鄭國參、曹人、莒人、薛人、杞人、小邾人城成周。(《測義》夾) 李廉氏曰："諸侯不勤王事久矣，當王室微弱之時，列國乃能從王命以安王室，善之大者也。書'城成周'，善之也。"(《評林》眉) 孫復："周自天子言之，則曰王城成周。諸侯言之，則曰京師。"高攀龍："敬王既入成周，即於此定都，不復返王城，以劉、單羣族在焉，遠惡黨也。成周既城，後遂謂之京師。"陸淳："公爲旅人，何忌不能從。季氏逐君，何忌不能去，罪大矣。雖受晉命而城成周，亦無補於過也，此實覘文知罪，不待貶絕而惡見者也。"十有二月己未，公薨于乾侯。(《評林》眉) 劉本："昭公八年於外，齊、晉不能討意如而納之者，豈非諸侯之政柄各授於大夫，黨同伐異，皆爲季氏之所爲，其君畏偪而不敢歟！然意如攝祭而不敢篡，亦由周公忠義之澤流入人心，猶未忘耳！"

【傳】三十二年春，王正月，公在乾侯。言不能外内，又不能用其人也。(《左繡》眉) 跟前傳，又添出一層。斷盡昭公出亡始末，不單指一端也，而公因以客死矣。(《評林》眉)《補注》："'又不能用其人也',經書'公在',其義一也,傳作三等釋之,其失與'不書即位'同。"

　　夏,吳伐越,始用師於越也。(《評林》眉)高閌:"前此,越與楚子伐吳,故始用師於越,而國自是亡矣。"(《補義》眉)入郢之事未成,沼吳之兆已著。(閻生夾)此文摹寫夫差,最能得其真際。通篇皆凌空取影之文,無一語輕犯正面,超妙絕倫,所謂絕跡無行地者也。大旨以"棄天""背天"四字爲主。棄天,惜其縱敵;背天,重其周裔也。史墨曰:"不及四十年,越其有吳乎!越得歲而吳伐之,必受其凶。"(《分國》尾)夫差志史墨之言而不忘矣,故後日臨難而思之。倘四十年後,常如殺父之呼於庭而自屬,使其不驗焉,何亡之有?(《左繡》眉)吳方罷楚,而沼吳者已見,其幾倚伏可畏如此夫!(《左傳翼》尾)張悔葊曰:"以前昭公八年丁卯,楚滅陳,歲在析木之津。推之至此十二年一周,辛卯年又宜在析木。夏吳伐越,史墨曰:'越得歲而吳伐之,必受其凶。'杜注曰:'此年歲在星紀。'則是踰析木而在星紀也,不可解。豈如襄二十八年丙辰,歲在星紀而淫于玄枵,今茲歲在析木,而旅于星紀乎?"按:劉歆三統之術,以爲歲星一百四十四年行天一百四十五次,計一千七百二十八年行天一周。歲星年行一次,年有一餘,從上元至襄二十八年,積餘欠若干。從襄二十八年,至昭十五年,以次加次,以餘加餘,是年歲星在鶉火,計昭公十三年歲星在大梁,十五年當在鶉首,而在鶉火者,由其餘分數滿,剩得一次,猶如閏餘滿而成月也。以十五年歲在鶉火,歷數之,則二十七年復在鶉火,故此年在星紀也,《正義》亦本此說。史墨所斷,禍福不爽,悔葊之說,考核頗詳,存之以備參考。(《評林》眉)穆文熙:"史墨先知吳之亡,所以夫差後思其言,問其何以爲君子也。"李笠翁:"符堅欲伐晉,而王猛云天道不順,即越得歲意。"按:《群書備考·分野部》曰:"星紀,吳、越也。"自注:"斗牛、女丑,楊州。史墨謂越得歲而吳伐之是也。"吳越雖同星紀,而所入宿度不同。(閻生夾)逆攝奇詭,直與篇末相呼應。此文以吳、越戰爭及吳、晉會盟二事紐合成文。敘戰事,專紀越之陰謀;敘會盟,兼詳列國詞令。兩意相間,章法略如《史記·河渠書》。"越圍吳"以下,忽插入"楚隆來聘",即從交際詞令中寫出吳王困殆情狀,藉以收束通篇,用意用筆極隱顯伸縮之妙。

　　秋八月,王使富辛與石張如晉,請城成周。(《正論》眉)成之城周，豈待設險哉？夙夜基命宥密，其輯熙甚勤也。有周二三卿，不思以德輔王，而勤諸侯以自固。天之所廢，其能支乎？無怪乎知幾者已預料之也。（《左傳雋》眉）敬王畏王子朝之黨，請城成周。此既城而周之威福日替，浸淫以至於亡。乃知衰世之主，不能自樹，而徒借形勢以自固者，計亦左矣。（孫鑛眉）辭命雅調，第文勢略鬆，又常語亦多，此亦是爐錘未刻。（《左繡》眉）此篇傳城成周，上半篇"請城成周"，下半篇"令城成周""營成周"，當是一頭兩腳格。（《補義》眉）此詔憂深思遠，字字懇摯，且恐徵怨於民，藹然文武遺意。天子曰："天降禍於周，俾我兄弟並有亂心，以爲伯父憂。我一二親昵甥舅，不遑啓處，於今十年，勤戍五年。余一人無日忘之，閔閔焉如農夫之望歲，懼以待時。伯父若肆大惠，復二文之業，弛周室之憂，徼文、武之福，以固盟主，宣昭令名，則余一人有大願矣。昔成王合諸侯，城成周，以爲東都，崇文德焉。今我欲徼福假靈於成王，修成周之城，俾戍人無勤，諸侯用寧，蟊賊遠屏，晉之力也。（閭生夾）先大夫評曰："蟊賊，子朝之黨。城成周，備子朝也。"其委諸伯父，使伯父實重圖之。俾我一人無徵怨於百姓，而伯父有榮施，先王庸之。"（《補義》眉）陳云："藉使成周又有稱亂如子朝者，更遷何地？道在脩德化奸耳。"范獻子謂魏獻子曰："與其戍周，不如城之。天子實云，雖有後事，晉勿與知可也。（韓范夾）晉非真能爲周室也，迫於大命耳，一言已見本意。從王命以紓諸侯，晉國無憂。是之不務，而又焉從事？"魏獻子曰："善！"（《測義》夾）愚按：士鞅所謂戍不如城，計利也。"後事勿與知"，詐忠也。"從王命以紓諸侯"，要功也。要不過藉爲名高以令諸侯爾，豈實心爲王室者？〖編者按：奧田元繼作湯睡菴語。〗使伯音對曰："天子有命，敢不奉承，以奔告於諸侯！遲速衰序，於是焉在。"（德秀尾）按周之望於晉者切矣，而范鞅乃曰"雖有後事，晉勿與知"，豈誠於圖王室者哉？此伯業之所以衰也。（文熙眉）汪道昆曰："辭令能品。"穆文熙曰："敬王畏王子朝之黨，請城成周。比既城而周之威福日下，浸尋以至於亡。乃知衰世之主，上不能自樹，而徒欲借形勢以自固者，不勝其爲計之左矣。"穆文熙曰："按：諸侯城周，三旬而畢，想見當時猶有尊周之意。人或謂萇弘主城周之議致殺，不知弘不幸事劉文公與范吉射，乃爲趙鞅所討，周人殺之，非其罪矣。"（《左傳雋》眉）成周不如城之爲計，利後事晉勿與知，爲詐忠從命；晉國無憂，爲繳功。此豈實心王室者？真氏之論猶恕也。（《快評》尾）"行之以整"，欒鍼以此論勇，吾將以此論文。（《左繡》眉）首從子朝之亂敍入，爲城成周作引。"有大願矣"一層，且只虛領，下方實說本意，卻又將成王陪襯，委重於晉。堂皇文字，寫得如許清婉，漢人詔令，差堪仿彿。諸"從王命""天子有命""以爲成命"，都跟首段落筆。固當以天子爲主也。此左氏文字極有體裁處。"天子曰"，特用重筆，可以知其著意處矣。"重圖"之下，又"我"三句，意濃而氣足，自是圓潤文字。然去峻潔風格，則懸絕矣。此世變爲之，左氏亦不知其所以然。范獻之謂，伯音之對，一面承上王命，一面起下諸侯。蓋即以此作兩截轉榫也，左文未有無中權者。俞寧世曰："須看出周是不得已之請，晉是不得已之應。周分爲兩，晉分爲三，有由然矣。"孫執升曰："敬王告晉使城成周，此東周之又分也。《春秋》書此，蓋志世變云。"

　　冬十一月，晉魏舒、韓不信如京師，合諸侯之大夫于狄泉，尋盟，且令城成周。魏子南面。（《左繡》眉）詳此總見王事之重，精神全聚王命，不在譏評魏舒。（《補義》眉）入告極其恭謹，仿彿周、召遺風。忽插敍魏子干位，已露晉強臣面目，欲假而不能矣。然得此波瀾，文勢曲折。衛彪徯曰："魏子必有大咎。干位以令大事，非其任也。《詩》曰：'敬天之怒，不敢戲豫。敬天之渝，不敢馳驅。'況敢干位以作大事乎？"（《測義》夾）趙汸氏曰："魏舒以國卿干盟主之位，尋諸侯平丘之盟于王都，禮樂征伐自大夫出，其弊至此。"〖編者按：奧田元繼作王元美語。〗（《評林》眉）《補注》："'況敢干位以作大事乎'，傳見狄泉之盟所以不書，魏舒所以不序。"

　　己丑，士彌牟營成周，計丈數，揣高卑，度厚薄，仞溝洫，物土方，議遠邇，量事期，計徒庸，慮材用，書餱糧，以令役於諸侯，屬役賦丈，書以授帥，而效諸劉子。（《補義》眉）字字實際，方收束得一篇大文。（闌生夾）倭庫本作"師"。按：帥，魏舒也。舒不自督事，而以屬韓簡子，故韓簡子臨之，作"師"非是。韓簡子臨之，以爲成命。（孫琮總評）周自子朝之亂，王室常有戒心，請城成周，以防患也。諸侯喜於罷戍，自不憚於城，晉人因主之以令諸侯。通篇敘詞敘事，無不楚楚有致。(《分國》尾)《詩》曰："宗子維城。"又曰："懷德維寧。"敬王患子朝之黨在王城，欲徙都成周。又慮其狹，請更城之。"維城""維寧"之不務，而役役於是，抑末矣。未幾儋翩之亂接踵而起，姑猶之轍即次不遑。本之不務，則雖奉天多築，以備出居。赫連比堅，自明統萬。亦徒致笑於漆城之佳，何救於蒙塵之駕也哉？(《左繡》眉)每遇工役，即作此種筆法。前半是《尚書》文字，後半是《周禮》文字。"令役於諸侯"收本節，"效諸劉子""以爲成命"，並收中間兩"命"字，以重結首段也。無一字閒。(《左傳翼》尾) 戍者有奔役之苦，爲所戍者有共億之煩，改戍爲城，則戍人無勤，諸侯用寧，而王室亦帖然安堵矣，此兩便之道也。王辭婉折，晉對簡直，兩邊不得已心事，可於言外領取。末段敘城成周事，詳細核鍊，古峭不減周禮。俞選以爲無甚精采而刪之，則篇法不完，通體散漫，固知庸且妄不獨受社堂諸俗本也。(《日知》尾) 晉自平公以後，霸業反爲贅疣。辭之則人實屬望，勉之則志有不在。蓋王霸勤王，本圖各濟其私，而天下即受其維持，聖人所以取霸功也。至此則其君無遠志，而悍臣巨室，第思謀利以自肥，視主持世道，真爲膜外事。霸業一衰，而春秋變爲戰國矣。作者其惕然憂之乎！故此文范獻語魏獻數語，是眼目處。前敘王命，是援舊例以望晉。后敘賦工，是循舊例以應王。"雖有後事，晉勿與知"，直以任事爲卸責，故勤王止此，而霸之闞氣，亦未久而蹶于召陵矣。魏子南面，不是記僭，正從冷處將悍臣巨室夜郎自大，無復乃心王室之意點破耳。《匪風》之詩，傷天下之無王。《下泉》之詩，傷天下之無霸。無霸之害與無王等，周室至此，蓋難言之。識得此旨，乃不負作者深心。(《菁華》尾) 獨揭出"天子曰"三字，爲他處所無。懇摯之言，雖頑悍之夫，猶爲動聽。范獻子之言，仍是自圖便利而已，若忠誠體國之人，斷不肯作是語。

十二月，公疾，徧賜大夫，大夫不受。賜子家子雙琥，一環，一璧，輕服，受之。大夫皆受其賜。己未，公薨。子家子反賜於府人，曰："吾不敢逆君命也。"大夫皆反其賜。書曰："公薨于乾侯。"言失其所也。(《測義》夾) 李廉氏曰："昭公在位二十四年，居鄆五年，客乾侯三年，乃魯國哀惸不振之君也。當其初年，居喪無慼容而父子之親喪，娶妻以同姓而夫婦之倫乖。季氏之禍雖積習於成、襄之世，然取鄆而不能正，納牟夷而不能卻，大雩、大雨雹，天戒屢見而不知警，舍中軍、蒐于紅，軍政盡失而不能收。卒之得罪於霸主，則五如晉而不得入，十三國同盟而不得與，昭公果何以保其國哉？當是時，有六卿與三家，蓋聲勢相倚，迭爲輔車，宜昭公之不入也！"〖編者按：奧田元繼作李笠翁語。〗（《左繡》眉）昭公死失其所，由於生失其國。失國由於失政，失政由於不愼名器。左氏引經斷案，而並連史墨之言，前後一線。其詳子家受賜、反賜，不敢逆君，正見小物且然，何況名器？但天生陪貳，不皆子家，而偏多季氏。則陵谷變形，雷乾易位，以世從之失，當世修之勤，其假之者自詒伊慼也，而又何疑於客死而莫之矜乎？是一篇痛哭流涕文字。（《補義》眉）八年結局於此。

　　趙簡子問於史墨曰："季氏出其君，而民服焉，諸侯與之，君死於外，而莫之或罪（何）也。"（《補義》眉）昭公死失其所，由生失其國，失國由於失民，失民由於器與名假人，而假之非一世矣。如墨之言，爲昭公者只可坐待其亡而已，否亦忍辱聽命於季氏而已，豈篤論哉！篇中不責其不能自強，而責其不能順受，豈知聖人用魯三月大治乎！對曰："物生有兩，有三，有五，有陪貳。故天有三辰，地有五行，體有左右，各有妃耦。王有公，諸侯有卿，皆有貳也。天生季氏，以貳魯侯，爲日久矣。民之服焉，不亦宜乎？（闇生夾）此憤嫉之詞也，直以季孫之貳魯侯爲天經地義而不可易者。魯君世從其失，季氏世修其勤，民忘君矣。雖死於外，其誰矜之？社稷無常奉，君臣無常位，自古以然。故《詩》曰：'高岸爲谷，深谷爲陵。'三后之姓，於今爲庶，主所知也。（闇生夾）宗堯云："三家分晉，田氏滅齊，左氏雖不及見，然已逆睹之。季孫之權不減於齊、晉之臣，左氏當時之意蓋以其必滅魯也。"在易卦，雷乘乾曰大壯，天之道也。昔成季友，桓之季也，文姜之愛子也，始震而卜。卜人謁之，曰：'生有嘉聞，其名曰友，爲公室輔。'及生，如卜人之言，有文在其手曰'友'，遂以名之。既而有大功於魯，受費以爲上卿。至於文子、武子，世增其業，不廢舊績。魯文公薨，而東門遂殺適立庶，魯君於是乎失國，政在季氏，於此君也四公矣。民不知君，何以得國？是以爲君愼器與名，不可以假人。"（《左傳雋》眉）李九我曰："此論季氏可與晏子論陳氏參玩。史墨既引卜以明季氏當強,又突轉'慎器與名'二句,收拾關鎖緊切精神。"(文熙眉)汪道昆曰:"議論能品。"穆文熙曰:"史墨既引卜以明季氏當強,又言人君當慎名器。蓋能慎名器則政柄不移,上可回天意,而下可抑強臣。感乎貞勝之理,固如此耳。"(《測義》夾)愚按:晉之六卿,猶魯之意如也,士鞅爲此問,獨無意乎?墨也探其邪志而謟之,若謂昭公宜逐,意如逐之不爲過者。噫!此豈士鞅所得聞?毋乃速其僭稱之勢也耶?獨慎器與名之説,惜無耳之昭公居位日者。〖編者按:奧田元繼作沈云將語。〗(孫鑛眉)層層説去,亦有佈置,法第終是淺易,雖近净而色不遷,曲終奏雅。(《分國》尾)史墨數行,悚人毛骨,可爲千古長國家者龜鑑。他日簡子有雄蛤之歎,而竇犨以"范氏子孫將耕於田,宗廟之犧而爲畎畝之勤"對,其警簡子也,與史墨之言一例。(《彙鈔》眉)公室卑、私門僭,下陵上替,斯何時乎?在齊有晏嬰,在晉有叔向,在魯有子家羈。雖忠君憂國,而不能挽已傾之轍,時使然也。晉失諸侯,楚乃薦熾。靈王侈肆被戕,平復繼之,皆貪暴信讒,賊害忠良,釀成大禍。啓吳人之窺伺,亦勢所必至矣。鄭用子產,政治一新,以至不被兵者四十餘年。傳曰"不有君子,其能國乎",孔子稱之,有以焉爾。余編録得三十餘條,其整錬者,尤見精神後勁。其整錬而復輕逸者,已開《國策》之氣。謂《國策》一書自左氏出也可。(《左繡》眉)史墨語有兩層。上截從物生説到天道,都是泛論。只中間世失、世勤數語切説,其意未透,故復申説一遍。季友之生,順承"世修其勤"。文公之薨,倒承"世從其失"。然兩意不平,只重魯君世失一邊,故另以"爲君不可不慎"作歸結。卻又是推開泛論,不惟斷昭公,並爲萬世之爲昭公者下針砭也。參看師曠論出君篇,可以觀作者筆意之變矣。文中三"失"字,九"君"字,乃一篇之眼目也。引《詩》《易》,俱極鬆快可喜。孫執升曰:"史墨之言近誣,且以獎奸。趙簡子之於晉,猶季之於魯也。不陳天澤之大義,乃曰社稷無常奉,君臣無常位,又何怪三晉共廢其君爲家人而分其地乎?結出本論,行文之妙,如更上一層樓也。"(美中尾)公八年於外,卒以客死。意如罪不容誅矣,亦齊、晉諸臣貪賂黨逆之咎。而晉尤盟主也,六卿固弁髦其君,史墨又縱臾之,三晉瓜分,墨其爲削乎!説參王氏。(《左傳翼》尾)孫、甯逐君,晉悼欲討,卻被師曠一派浮詞爲之遊説,而討賊之意遂息,是言雖公而意則私也。史墨不陳天澤大義,而云陵谷易形,雷乾變位,似啓簡子不臣之心。然大旨主於名器假人以致失政而失國，語語爲魯君惋惜，言外有多少餘情，莫以近誣獎奸，没當日立言苦心也。昭公未出，而載樂祁論於前。昭公既薨，而載史墨論於後。即前女叔齊論公不知禮，無不以失民爲憂。蓋國以民爲本，失民則失國，叔向、晏子相對欷歔，都是此意。固知晉之所以分，齊之所以篡，魯之所以弱，皆失民爲之也。大意既與師曠論衛君同，而實有不同者。彼責君之虐民，此歎君之失政。一袒賊臣，一惜屛主，毫釐千里。即趙鞅此問，亦有扶植綱常之心，未可與士鞅、知躒同類而並譏之也。（《日知》尾）君臣之義，史墨豈不知之，而論理既不能孑身而孤立，考勢則不免太阿之倒持，罪固在季，尤在假季者矣。罪季氏者，論其已然之跡也。罪假季者，溯其致此之由也。結語一落千丈，即全論歸宿，凛然垂戒之言。山曉閣病其獎奸，竊不敢謂也。（高嵉尾）洪容齋曰："春秋時國君失守社稷，其國皆即日立君，無虛位以俟者。惟魯昭爲意如所逐而孫齊，又適晉，凡八年乃没。意如在國，攝位主祭，歲具從者之衣履而歸之於乾侯。公薨之明年，喪還故國，然後弟公子宋始即位，他國無此比也。豈非魯秉周禮，雖不幸逐君，猶存厥位而不敢絶之乎？其後哀公孫越，《左傳》終於是年，不知悼公以何時立也。"俞桐川曰："敘魯陵夷之漸，歷歷有據。反覆曲折，無限感慨，無限鑒戒。要自就魯論魯，必以對簡子語爲獎奸，亦拘儒之見也。"（《評林》眉）《補注》："'不可以假人'，史墨對趙簡子與襄十四年師曠對晉侯，皆釋君助臣，阿附强家，所謂社稷無常奉，君臣無常位，乃黨逆附篡之辭，不可爲訓。"（方宗誠眉）此篇總論昭公出亡之事，不止論薨于乾侯一事也。收句至理名言。（閨生夾）以前多憤詞，此乃追咎其失國之由，以爲論定之筆。

定公（元年至十五年）

◇定公元年

【經】元年春王。（《評林》眉）陳岳："春秋諸公即位之歲，有書即位者，有不書即位者，然皆備五始以謹其始，唯定公即位，第書'元年春王'，而不書正月。"張洽："昭公自去年十二月薨于乾侯，魯國之政聽命強臣，不書正月，見一國之無主，而正朔之無所承也。"三月，晉人執宋仲幾于京師。（《測義》夾）愚按：《公》《穀》欲發定無正之義，乃分"春王"爲一節，"三月，晉人執宋仲幾"爲一節，而胡《傳》因之，致使經義反晦。竊疑昭公雖没，定公尚未即位，此時未見爲定公始年者，《春秋》豈容先借不書正月以預責其罪？蓋是年正月無事，至三月適有晉人執宋仲幾事，遂書之，初無異義也。或曰："然則何以稱元年？"蓋是時昭公已薨，年無所繫，則是年實嗣君之年，不可不追書元年春也。或曰："然則隱元年事在三月，莊元年亦事在三月，何以皆書正月？"蓋隱、莊即位皆在正月，而定即位在六月故也。愚故合而書之。夏六月癸亥，公之喪至自乾侯。戊辰，公即位。（《評林》眉）趙匡："即位皆於朔日，故不書日，定公待昭公喪至，既殯而即位，故書日。"程頤："定公至六月方即位，見季氏之制也。"秋七月癸巳，葬我君昭公。（《評林》眉）日本中："葬必曰我君，所以隆君父之恩，盡忠愛之義。至於此時，詳味書法，然後有以大警動於其臣下者。"九月，大雩。立煬宫。（《評林》眉）家鉉翁："公薨於外，魯之大感，而意如以爲獲神靈之佑，爲煬立宫，其無忌憚之心，何所不爲哉！"冬十月，隕霜殺菽。（《評林》眉）《傳説彙纂》："《公羊》以爲記異，何休謂獨殺菽不殺他物爲異，其説非也。《穀梁》舉重之説得之。"《穀梁》："未可以殺而殺，舉重。可殺而不殺，舉輕。其曰菽，舉重也。"

【傳】元年春，王正月辛巳，晉魏舒合諸侯之大夫于狄泉，將以城成周。魏子涖政。衛彪傒曰："將建天子，而易位以令，非義也。大事奸義，必有大咎。晉不失諸侯，魏子其不免乎！"是行也，魏獻子屬役於韓簡子及原壽過，而田于大陸，焚焉。還，卒于寧。范獻子去其柏椁，以其未復命而田也。（《左繡》眉）凡類敘數事，必以一事爲主，用筆方有輕重，立格方有剪裁。此文傳晉執仲幾事，自應以仲幾爲主。而魏舒作引於前，高張作陪於後，章法遂如天外三山，一峰獨秀。至前後兩"不免"，與中間"必以爲戮"，又復穿成一線，則連山復嶺中，原自靈氣往來也。可以見片段之精，可以見線索之密已。"魏子涖政"，《補正》以爲："此即上年南面之事，蓋周之正月，爲晉之十一月，而庚寅即己丑之明日。士彌牟既已令役，豈有遲至兩月而始栽、宋仲幾乃不受功者乎？且此役不過三旬而畢矣。"此說甚是。但傳往往有一事再見之法，以爲兩收而失刪其一者，未確。（《補義》眉）此篇爲執仲幾傳，"建天子"三字通篇樞紐。蓋尊王大義，而舒不復命，死暴其愆。張不及役，豫料其禍。則仲幾之執，實自取之。亦以首尾陪出中權也。（《評林》眉）李于鱗："'易位以令'，春秋之臣僭逼者衆矣，何以即曰不免乎？蓋左氏因下有卒於甯之事，故即傳會於此耳！"《補注》："'魏子其不免乎'，衛爲封諸侯，當時列國大夫視王室爲何如？豈惟易位以令爲非義哉？"

孟懿子會城成周，庚寅，栽。（《補義》眉）俞云："舒奸位而廢命，仲幾推諉，高張怠玩，薛宰忿爭，女寬妄議，嘈嘈雜雜，周不王、晉不霸景象俱在目前。"（《評林》眉）《補注》："'孟懿子會城成周'，前年冬會而令役，新年乃赴功，無再書之法，杜注非。"宋仲幾不受功，（闔生夾）此皆文氣盛而汎濫者。曰："滕、薛、郳，吾役也。"（韓范夾）宋既不受輸粟之命，又復辭功役之勞，無禮已甚，能無及乎？薛宰曰："宋爲無道，絕我小國於周，以我適楚，故我常從宋。晉文公爲踐土之盟，曰：'凡我同盟，各復舊職。'若從踐土，若從宋，亦唯命。"仲幾曰："踐土固然。"薛宰曰："薛之皇祖奚仲，居薛以爲夏車正。奚仲遷于邳，仲虺居薛，以爲湯左相。若復舊職，將承王官，何故以役諸侯？"仲幾曰："三代各異物，薛焉得有舊？爲宋役，亦其職也。"（《補義》眉）儲云："將舊職二字拆開，想只驕誕。"（《評林》眉）《附見》："言今在周世，則宜求周之舊儀以爲制。"士彌牟曰："晉之從政者新，子姑受功。歸，吾視諸故府。"（《補義》眉）張云："使子產、叔向當此，面折之有餘矣，'歸視諸府'，此當事者不學之過。"仲幾曰："縱子忘之，山川鬼神其忘諸乎？"士伯怒，謂韓簡子曰："薛徵於人，宋徵於鬼，宋罪大矣。且已無辭而抑我以神，誣我也。啓寵納侮，其此之謂矣。必以仲幾爲戮。"乃執仲幾以歸。三月，歸諸京師。（《測義》夾）王樵氏曰："周衰，天子之在者惟號與祭僅存。城成周，諸侯之大夫猶相帥以從王事，得變之正者也。晉人執宋仲幾于京師，猶以王事討有罪，亦變之正者也。其歸諸王吏與自治不可知，然以大義而論，則視諸他之擅命者不同矣。"〖編者按：奧田元繼作王陽明語。〗（《左繡》眉）仲幾語凡四遍。第一遍直是憑空科派，第二遍便是趁口贓誣，第三遍已是勉強支離，第四遍竟是緣天掉謊。寫來字字機鋒，卻字字使人叵耐，皆韓簡所謂無辭者也。欲免於執，能乎？四遍又作兩項讀，前半是與薛宰往復，後半是與士伯往復。看"三代各異物"數句，一面駁薛，一面又謾晉也。徵人、徵鬼，違天、違人，恰好相對。易位奸義，徵鬼違人，正通篇罪案分明處。（《評林》眉）穆文熙："仲幾恃氣凌薛，語不可了，士彌徵人、徵鬼二語，足以判之，然執之以歸則過矣。"《補注》："'歸諸京師'，傳見經不書'以歸'，歸于京師。"

城三旬而畢，乃歸諸侯之戍。

齊高張後，不從諸侯。晉女叔寬曰："周萇弘、齊高張皆將不免。萇叔違天，高子違人。天之所壞，不可支也。衆之所爲，不可奸也。"（《測義》夾）愚按：弘蓋盡力於王室矣，其卒不免於濁世所離之不幸爾。必如寬說，是使人臣坐觀其國之傾而蔑爲之所也，而可乎？且既曰違天，是謂周不可城也。而又曰違人，是謂期不可後也。是非惡乎定哉？君子曰天人一道也，不違人，乃所以不違天矣。〖編者按：奧田元繼作郭眉菴語。〗（《分國》尾）宋有不輸粟之樂大心，又有不受役之仲幾，何宋人之多抗命也？至於薛，前有與滕爭長之君，今又有與宋爭役之宰，君臣之間，何多崛強乎？嗚呼！成周雖城，儋翩之亂復作，直至滅儋翩王室始定，劉、單二人，厥勳偉哉！（《左繡》眉）以雙調作宕，蓋散起整收也。（美中尾）李行簡曰：「城見於經者二十九，齊霸書城者三，獨城邢爲美。晉霸書城者三，獨城成周無譏。」趙震揆曰：「言之害義，未有甚於女寬之論萇弘者。安危治亂，天之天也。危持顛扶，人之天也。以忠臣孝子爲違天，則亂臣賊子爲順天矣，而可哉？」（《左傳翼》尾）黃父之會，宋不輸粟。成周之城，宋不受功。總因晉不恤王室，勉爲此舉以塞責。而魏子妄自尊大，蔑視王人，故效尤傑悍如此。傳以執仲幾爲主，而魏舒前引，高張後補，賓主相爲掩映。而易位奸義，違天違人，與中徵人徵鬼，正自比類相合。詳一事而諸人之禍福無不並見，八門五花，莫罄其妙。諸說皆云此即前年南面之事，傳重出也。啖助遂謂一用夏正，一用周正，以此致誤。不知本傳既云王正月，則今此之正月，爲夏正之十一月，而前年之十一月，爲夏正之九月，可知矣。《補正》又謂：「彌年既已令役，豈有遲之兩月而始栽，仲幾乃不受功？」不知晉令諸侯，雖已屬役賦丈，而庸徒材用餱糧，豈能一時猝辦？必無己丑方令、庚寅即載之理。遲之兩月，經營妥協，乃爾興工，尚屬迅速。蓋列國諸大夫受役後，所需工費幾何，必須取之國中，會時未必挾之以來也。黃父納王，期以明年。則此番城成周，亦必期以明年，但相隔僅兩月爲較速耳。前書魏子南面，中有尋盟一層在。晉君不在會，而以臣僭君。此書涖政，專指城成周一事，不用王人，而自爲之王。一僭再僭，而事各不同，故彪侯所譏亦異。若祇一事，不應參差互錯如此也。至左氏紀年，專用周正，故本年十月有隕霜殺菽之異。若屬夏正，則夏之十月隕霜原不爲異，菽已畢收，又何霜之能殺哉？去冬用夏正，今春又用周正。春既用周正，冬又復用夏正。錯亂顛倒，左氏必不爲此。啖助考之不詳，《補正》云云，亦未可爲典要也。（《補義》眉）違天違人與徵人徵鬼相映，然晉人但知周不可支，而不知晉不可支也。（《日知》尾）城成周而東西周之端兆矣。然霸臣漠視，列國諭安，挾天子以令諸侯之意無復存者。落落敘來，具有秋日淒淒、百卉具腓景象，知作者太息繫之矣。結到萇弘違天，見東周之衰，不止人事不古，寄意極深。以序事成章，以序言寓意。（《評林》眉）《補注》：「『不可奸也』，女寬之言不明君臣之義，非知天者也。晉伯宗亦曰『天方授楚』，皆周末士大夫偷惰之論。至范鞅謂季孫有天之贊，則又託以文其姦，皆邪說也。」（《菁華》尾）宋人至此梗命者再，蓋是時晉政不綱，百端廢弛，故睊然無所忌憚如此，令人益思桓、文。是時王室衰微，卿大夫輩皆奄奄無生氣。其以國事爲意者，獨萇弘一人，其不幸而及禍，則命也，而其志亦可嘉矣。乃復以違天譏之，然則將使容容充位之徒，悉諉諸時數之不可爲，而巧爲固位保身之計。女叔寬之言，眞千古之罪人也。（閩生夾）以保存周室爲違天，作者傷心之言也。而以高張並言，則遏之又遏，尤後世文家莫曉之秘。此役名爲尊周，實則具文而已。然名分所在，當時諸侯固不得顯干。於役終之後，附記女寬數語，曲盡情事之妙。

夏，叔孫成子逆公之喪於乾侯。（孫鑛眉）亦只是净，雅趣婉致，皆從净生。無可下圈點處，然自是佳。初看是佳，再看卻只如此。佳是意達，不耐再看是辭未工。（《補義》眉）非季孫懸首國門，卽昭公旅櫬歸國，勝似一騎而還。仰面賊臣，指河一誓，可謂不負前言。（高嶼眉）前半借季孫、叔孫一止一告兩層，以表子家子之心跡也。"不見""將逃"，意極決絕。兩次答辭，語極侃直。丹心孤忠，始終如一。結從亡以後子家子之案。季孫曰："子家子亟言於我，未嘗不中吾志也。吾欲與之從政，子必止之，且聽命焉。"（《彙鈔》眉）從來權奸往往欲網羅賢士，以自重其黨援，最爲可恨。子家子不見叔孫，易幾而哭。叔孫請見子家子，子家子辭，曰："羈未得見，而從君以出。君不命而薨，羈不敢見。"（韓范夾）昭公未死，懷忠君之實；昭公旣卒，存不共之意。惟一子家子而已。（《補義》眉）不敢爲卿，命出季孫，是僞命也，安得相見？《評林》眉）《補注》："'易幾而哭'，旣昭公不獲反國而薨於外，則季孫逐君之罪終不可掩，而君臣之義絕，故子家子亦與季孫絕，其不見叔孫，卽所以絕季孫也。"（《學餘》眉）不欺君，不欺心，不欺人，字字清而立。其清也如水，其立也如山。水其智也，山其仁也。（閩生夾）子家子之不忘君，一似樂毅之於先王，諸葛之於先帝。叔孫使告之曰："公衍、公爲實使群臣不得事君。若公子宋主社稷，則群臣之願也。（《補義》眉）廢衍立宋，三家之議已定。凡從君出而可以入者，將唯子是聽。子家氏未有後，季孫願與子從政。此皆季孫之願也，使不敢以告。"對曰："若立君，則有卿士大夫與守龜在，羈弗敢知。（《補義》眉）韓云："前不能歸魯君，今安能立出亡之公子，故曰勿敢知。"（《評林》眉）《補注》："羈弗敢見，有卿士大夫與守龜在，則雖季孫亦不得專，季孫怨公衍、公爲，而絕昭公之世，故答以不敢知。"若從君者，則貌而出者，入可也；寇而出者，行可也。若羈也，則君知其出也，而未知其入也，羈將逃也。"（孫鑛眉）雅語有調。（韓范夾）出入之間，無不如季氏之意，誰與逆者？子家子直言其心，所以折賊臣之氣，而己卒不能有所爲於其間，古今餘痛。（《彙鈔》眉）子家真如鶴立雞群，令人增重。（《左繡》眉）此篇敘昭公喪葬事，蓋完出奔案也。中間特詳叔孫一番問答，亦所以完子家案。而後敘溝墓、惡謚並立殤宮而附及焉，又所以完平子逐君案，一結則無不結也。定公即位，卻只一點，蓋一則不能正終，一則不能正始，其事已即備於前後數事中矣。子家一生心跡，卻借他自家口中總結。平子一生罪狀，卻借榮駕鵝兩番總結。以敘爲斷，讀者快意，作者匠心。叔孫使告一節，與前季孫語詳略互見，亦甚有詞令。三項回覆得又決絕，又婉曲，風調最佳。決絕在三"則"字，婉曲在數"也"字。凡文皆順逆承應，此獨問答都用一順筆法，而自有參差變化之妙，作者蓋無不工。上兩項明説，下兩項卻暗説。蓋立後、從政，均不忍掛齒也。寫子家，自始至終，無一懈筆，是春秋時才節具備人，惜不展其用耳。前半用散，中段散中帶整，末段用整，章法佳甚。（《評林》眉）《補注》："'入可也'，貌而出者，非但與季氏無怨，亦非能不屈於不義者。'行可也'，與季孫爲讎者，自不得不行。季孫使叔孫聽命於己，故直辭以拒之。'羈將逃也'，言己則異於二者。'君知其出'，謂君生則從君而出也。'未知其入'，謂君薨而入，是以君死爲無知也。《晉語》欒共子辭曲沃，武公亦曰：'且君知成之從也，未知其待于曲沃也。'語意正相似，皆忠臣死生不貳之辭，蓋其心不義季氏，而其言哀傷慘怛、不惡而嚴如此。"（《學餘》眉）分疏清晰，何患乎人言？倉卒應對，節節中義，良足貴也。（闇生夾）此極力表章子家子處，宗堯按："此借子家子之言以寄痛詆三家之意。"

喪及壞隤，公子宋先入，從公者皆自壞隤反。（文熙眉）汪道昆曰："議論敘事具品，'若立君'以下，章法句法。"穆文熙曰："子家氏周旋乾侯，知無不言，而昭公不罪。比君薨而不見叔孫，不受季孫從政之許，而二氏亦不怨，始終一節，皭然不染。此其人蓋在延陵季子之列，令千載而下，興想慕也。"（《補義》眉）從亡者無一肯還，想見秉禮之國，同讎一氣，皆子家子風之也。（《學餘》尾）子家子不用於昭公，並不用於魯國，昭公之不幸也，魯國之不幸也！在子家子，則可謂能守其分矣。（闇生夾）子家已逃，諸人至壞隤始反，見諸人之愚也。

六月癸亥，公之喪至自乾侯。戊辰，公即位。(《測義》夾)
愚按：公衍、公爲從在乾侯，季氏所忌，子家所謂寇而出者也，故不敢入。公子宋雖從在外，而於季氏無忌，子家所謂貌而出者也，故得先入。〖編者按：奧田元繼作呂祖謙語。〗

季孫使役如闞公氏，將溝焉。(孫鑛眉)亦只是倒字句，若云"將溝公氏"即順矣。(《補義》眉)兩"生不能事"，凜然斧鉞。(高嵣眉)後半借榮駕鵝論葬、論諡兩事，以著季氏之罪狀也。兩"生"字，斥其往事。兩"死"字，責其現在。跋扈鴟張，先後一轍。結公出以來季平子之案。(《評林》眉)穆文熙："君既客死，又欲溝絕其墓，季氏之不容誅矣。"按：葬昭公事，出《家語·相魯篇》，司寇作司空。愚謂《周禮》司空爲冬官，掌邦事，凡營城起邑，復溝洫，修墳防之事，則議其利，建其功。然則從《家語》作司空爲是。榮駕鵝曰："生不能事，死又離之，以自旌也。縱子忍之，後必或恥之。"(闞生夾)借榮駕鵝言以終嫉惡之意。乃止。季孫問於榮駕鵝曰："吾欲爲君諡，使子孫知之。"對曰："生弗能事，死又惡之，以自信也。將焉用之？"乃止。

秋七月癸巳，葬昭公於墓道南。孔子之爲司寇也，溝而合諸墓。(文熙眉)又云："'自旌''自信'二語最精，足折平子不臣之心。然終葬昭公於墓道南，其於旌、信何掩哉？"(王源尾)共三段文字，前兩段妙在復，後一段妙在簡。復者纏綿，簡者精鍊。覺有無限丘壑，化短爲長，神工聖手。"自旌""自信"二語警切，雖以意如之不臣，不得不止。然止矣，可自掩矣，復葬之墓道南，非終於自旌而自信乎？忽以孔子作結，大義凜然，筆有回天之力。(孫琮總評)子家執義甚堅，措詞又極委曲，始終一節，不媿完人。至榮駕鵝兩止季氏之失，侃侃不回，勁節高風，當時遂有並美！(《晨書》總評)宋南金曰："此前公孫于齊，將復國矣，晉范鞅受季氏之賄，散諸國大夫，何權奸之朋比也？昭公出奔他國，八年而死，誠可憫憐。子家羈從亡日久，夙稱忠直，季孫以多少甘言，誘其黨援，而冰姿鐵骨，毫不可動，隱然有不共戴天之義，昭、定間一人而已！篇中敘子家子之正氣、榮駕鵝之嚴辭、孔子之義舉，千載下猶知凜凜。一群狐黨，欲於何處生活？"(《左繡》眉)傳葬我君昭公事，卻添一惡諡作對，又帶敘立官，筆筆有法。聖人作用，行所無事如此。唐錫周曰："昭公生死相依，不過一子家子耳。前段爲子家子結案，語語迸出血淚，令天下後世有心人自爾心酸。昭公怨家讎人，不過一季平子耳。後段爲季平子結案，寫出許多惡跡，令天下後世有心人，自爾髮指。"（《補義》眉）孔子爲司寇於魯是絕大事，卻預於此處帶敘一筆。而夾谷之會，孔某相，不必另起爐灶。變化無端，何從捉摸？

昭公出故，季平子禱於煬公。九月，立煬宮。（《測義》夾）季本氏曰："煬公以弟繼考，猶定公以弟繼昭公也。蓋既欲報己之私，而又欲掩己之失，故立煬宮。"〖編者按：奧田元繼作鍾伯敬語。〗（《分國》尾）當時原無貌而出者，或有托於貌而出者，以求容於平子，被子家一言點破，無措身地矣。壞隤之奔，宜也。嗚呼！王琨已老，徐廣啣悲，競爲勸進之褚淵，誰是狥君之袁粲？讀《春秋》者，其憯咽於戊辰即位之時哉！孫范曰："煬公以弟繼考公，猶定公以弟繼昭公，故立煬公廟。夫季氏欲自解於立定公，殊不知昭公有子也？"（《左傳翼》尾）公死已踰葬期，喪始至國，又廢其子而立定公，遲速予奪，唯賊臣是主。叔孫累世忠直，而不敢任季指揮，黨惡之罪不減何忌。幸有一榮駕鵝以自旌、自信惕之，惡焰稍戢。然猶葬公于墓道南。而煬宮之立，終於自旌自信。舉國唯唯，而定公亦莫之問，於討賊之義何有？叔孫婼尚能討豎牛，定公豈遂無如季何？而既立之後，賊臣復仍猖獗。得毋老臣定策，自以爲功，天子門生，深以爲德乎？前書"宋先入"，後書"公即位"，外此寂無一言，默無一事，公之不能，亦可知也。孔子溝而合諸墓，此即必也正名之意。大聖人舉動磊落光明，舉朝君臣俱當愧死。意如仇視其君，獨惓惓於子家子者，豈感其勸君不□之德乎？程子在當時，暴慢者致其敬，狡偽者獻其誠，子家子亦猶是也。季孫曰："子家子亟言於我，未嘗不中我志，我欲與之從政。"其平日議論，必有以深感之矣。善乎張子悔莽之言曰："子家子慮禍之早，謀事之忠，衛主之勤，奉身之潔，春秋時無兩焉。而魯昭不能用，惜哉！前此女叔齊之論昭公也，曰有子家羈不能用也。夫不能用之以圖存，何並不能用之以救敗？昭公蓋又出衛獻下矣。"（《日知》尾）禍父喪勞，意如良心應有未死者。鉤致子家，欲邀末路之贖耳。迨積愧成怒，故溝墓爲譖，不復顧惜，老奸伎倆，全盤托出矣。結構至此，何殊鑄鼎象物？若節節葉葉求之，恐非作家意匠。（高嶂尾）俞桐川曰："文境異樣悲涼，逆時想見旅櫬蕭條，葬時想見荒塚寂寞。孤忠兩泣，僕隸星分。及亂臣賊子死君逐仇、志足意滿、無所顧忌景狀，俱寫得淋漓盡致。"此結昭公出奔案也。子家一生心跡，即就自家口中説出。平子一生罪狀，卻借榮駕鵝口中評論，以敘爲斷。定公即位，卻只一點。蓋一則不能正終，一則不能正始。其事已備於前後數事中矣。《穀梁》曰："昭無正終，定無正始。"魯之時勢如此，良可慨已！（林紓尾）此篇是忠奸一篇對鏡文字，或謂觀子家應對，添無盡心酸。觀季氏行爲，生無窮髮指。斯言磧哉！此時意如意中實傾服子家不已，以此昭公果聽其言，一則忍慚歸國，一則料已之必與君歸，行事兩全，則己亦不至使逐公客死於外。此是奸臣一種天良不昧之處，故陰感子家，冀得其附己，爲掩覆謀逆之地。叔孫一段甜霥之言，均屬意如所授。子家不動聲色，卻推得乾淨。立君事大，己不敢與。意爾舊君可由爾逐，則新君亦可由爾立，不便斥他專權，但處處歸之卿士大夫與守龜，亦不明言彼之專斷，蓋不以立君之權予賊臣也。貌而出者，以義從公，與季無怨。寇而出者，不滿於季，與季爲仇。此二語應他可以入者，當以義入，己亦不聞其事。至於己身，所謂君知其出，非言知一身之出也，蓋言君終於出，不復入矣。以己喻公，意深而言婉。滿腔忠憤，出以和平，非學養深醇者不能到。至寫季氏之待死君，將溝公墓，且加以惡諡。其不果行者，不問人言，亦屬奸臣天良之偶動。然寸心則得得稱快，觀私立殤宮，似鬼神呵護奸賊，用此以爲酬謝，讀者將不止髮指，又將爲之解頤矣。文中敘子家，能爲驚天動地之言。敘榮成伯，又用熱刺冷嘲之語，皆臻絶妙！（《菁華》尾）子家子一生議論，力主勸昭公返國，並無一語慰及季孫，頗似爲季之私人，至此而心事始坦然明白。若徇叔孫之言歸國，則一文不值矣。榮成伯自賦《式微》後，至此再見。古云淫祀無福，此言有時不足信。

周鞏簡公棄其子弟，而好用遠人。（孫鑛眉）宜入下年。

◇定公二年

【經】二年春王正月。夏五月壬辰，雉門及兩觀災。（《評林》眉）趙匡："此自雉門延及兩觀，義理分明，據實成文耳。《公》《穀》乃曰'自兩觀始'，違經妄説，殊可怪也。"孫復："其言'雉門及兩觀災'者，雉門與兩觀俱災也。雉門、兩觀，天子之制。"**秋，楚人伐吳。**

(《評林》眉）李廉：“經書楚伐吳七，止此。”冬十月，新作雉門及兩觀。（《評林》眉）高閌：“莊二十九年，‘新延廄’，不言作，言作者，改舊制而增大之也。魯僭天子之禮，天示變以警之，遇災而不知以爲戒，乃更作而新之，反加其度焉，是魯之僭終無已也。特書‘新作’，罪在定公也。”

【傳】二年夏四月辛酉，鄩氏之群子弟賊簡公。

桐叛楚。吳子使舒鳩氏誘楚人，曰：“以師臨我，我伐桐，爲我使之無忌。”（《評林》眉）穆文熙：“見舟伐桐，潛師伐楚，此又伍員誘楚之計。”

秋，楚囊瓦伐吳，師于豫章。吳人見舟于豫章，而潛師于巢。冬十月，吳軍楚師于豫章，敗之。遂圍巢，克之，獲楚公子繁。（《分國》尾）此多方以誤之也。周世宗時，王樸獻取□□□，與吾接境二千里，其勢易擾也。擾之，當以□□□□□□始，備東則擾西，備西則擾東，彼則奔走而救之，我可乘虛取之也。亦似祖此意。（《左繡》眉）使之無忌，則信其見舟而又不料其潛師，此所以處處受虧也。得訣只一“誘”字耳。見舟爲潛師計，又即爲軍楚計，一策兩用，寫吳公智計過人。（美中尾）見舟爲潛師計，又即爲軍楚計，一策兩用，所謂多方以誤之也。淮陰侯明修棧道，暗出陳倉，同此兵機。（《左傳翼》尾）楚若忌吳，必不爲吳所敗。乃舒鳩人一誘，而敗者敗，克者克，遂有破竹之勢。得訣總在見舟豫章，而軍楚、潛師兩計乃得並行，所謂多方以誤之也。吳謀狡矣，而忽若畏楚伐其叛國，是誠何心？而深信不疑，豈非天奪之鑒乎？桐、舒，舊楚屬也，何以桐叛而舒鳩亦爲吳誘？楚守在四鄰者，固如是乎？向使二國不叛，則吳人亦無自而誘之矣。唐、蔡叛而桐、舒亦叛，藩籬既撤，守禦豈能堅固？不然，楚地數圻，持戟數十萬，吳人以一旅之師，長驅直入，破其國都，談何容易？沈尹謂子常必亡郢，子胥非能覆楚，囊瓦覆之也。（《補義》眉）陳云：“所謂多方以誤之也。漢淮陰陳船臨晉，而伏兵從夏陽以木罌瓶渡，與吳人見舟豫章一轍。”（《評林》眉）魏禧：“‘見舟于豫章’，吳必有信見其伐桐請服之意。‘潛師’，韓信明脩棧道、暗出陳倉同此。”

邾莊公與夷射姑飲酒，私出，閽乞肉焉，奪之杖以敲之。（孫鑛眉）宜入下年。（韓范夾）小人且不可辱，辱則思報，而今之士大夫甘於受辱，何也？（《左繡》眉）此等處，自是本與下文爲一首耳，不當從先經始事之列。

◇定公三年

【經】三年春王正月，公如晉，至河，乃復。（《評林》眉）程頤："季孫意如上不請於天子，下不告於方伯，而立定公，故晉怒而公往朝焉，晉辭公而復，故明年因會而請盟于皋鼬。"二月辛卯，邾子穿卒。夏四月。秋，葬邾莊公。冬，仲孫何忌及邾子盟于拔。（《評林》眉）胡銓："邾莊公卒未踰年，而邾君出盟，邾故可罪。何忌與之盟，又甚焉。君子不奪人之親，亦不可奪親也。何忌不顧邾子之喪而與之盟，奪人之親。邾子當喪而出盟，奪親也。"

【傳】三年春二月辛卯，邾子在門臺，臨廷。閽以瓶水沃廷。邾子望見之，怒。閽曰："夷射姑旋焉。"命執之，弗得，滋怒。自投於床，廢於爐炭，爛，遂卒。先葬以車五乘，殉五人。莊公卞急而好潔，故及是。（《左繡》眉）又好潔，又卞急，寫來如活。不讀結句，幾駭此公何乃如是。文之先描而後點，必倒吸神理於前，到臨了一筆點出，使人恍然歎絶，方爲妙品。此文是也。（《左傳翼》尾）若將莊公卞急好潔提説在前，而後敘此，反覺平平無奇。惟將無可怒而怒之不已，以致自隕其身，真果令人不可解，忽然結出，不覺失笑。筆法奇變，如是如是！因其卞急，而以不潔怒之，寔以其好潔也。射姑不出，亦知其性情如是，分疏不得。本是合寫，不可分作兩截。描寫活現，咨嗟歎絶。乞肉、奪杖事在前半，故須另敘，非左公好爲先經始事也。（《補義》眉）唐云："未究其故，早已嗔怒。不審確否，便命執之。好潔卞急如畫。"一路夾寫到底，無一字説破，至末一筆點出，何等筆力！以人殉葬，小國猶然。（《評林》眉）穆文熙："閽人以乞肉之恨，求報射姑，然射姑未執，而邾公以非命卒，豈非數與？"鍾伯敬："閽知邾子好潔，故假言射姑旋，以激其怒。"（方宗誠眉）末句補明其故，通篇生動。

秋九月，鮮虞人敗晉師于平中，獲晉觀虎，恃其勇也。（《評林》眉）陳傅良："'鮮虞人敗晉師于平中'，不書敗，義同哀元年。"

今案：鮮虞非晉屬，不當與國伐盟主同義。凡夷狄敗中國不書，惟莊十年特書之。

冬，盟于郯，修郯好也。

蔡昭侯爲兩佩與兩裘，以如楚，獻一佩一裘於昭王。（孫鑛眉）細玩亦有曲致，而意味自覺不甚長，此由語率而力不勁。（《彙鈔》眉）以一裘一馬而辱二君，致開仇釁，貪鄙乃爾。（《補義》眉）蔡侯是主，唐侯是賓，首尾俱敘蔡侯，而中間將唐侯作陪，正極形子常之貪惡，而唐侯無志，不如蔡侯之發憤也。（高塘眉）此段錄三年傳，爲召陵會張本，乃蔡侯如晉請伐楚之故也。兩"欲"字，寫子常之貪。兩"止"字，寫子常之橫。兩"獻"、兩"歸"，寫子常之專。皆所以罪楚也。雖蔡侯、唐侯並敘，而以蔡侯爲主。"如晉，請伐楚"，揭出關目。（《評林》眉）李笠翁："大較人之佩服輿從不可過大者，鄭子臧之鷸冠，子玉之弁纓，蔡昭侯之裘，唐成公之馬，皆身之災也。"昭王服之，以享蔡侯。蔡侯亦服其一。子常欲之，弗與。三年止之。唐成公如楚，有兩肅爽馬，子常欲之，弗與。亦三年止之。唐人或相與謀，請代先從者，許之。（《評林》眉）魏禧："留諸侯三年，而昭王不知，可謂昏矣。"《經世鈔》："獻之子常，必有諫唐侯而不從者，然事當要緊處，只如此行最穩妙。"飲先從者酒，醉之，竊馬而獻之子常。子常歸唐侯。自拘於司敗，曰："君以弄馬之故，隱君身，棄國家，群臣請相夫人以償馬，必如之。"唐侯曰："寡人之過也，二三子無辱。"皆賞之。（《彙鈔》眉）語語自數其罪，卻語語責備唐侯。（《補義》眉）俞云："自數其罪，卻是諷君。"蔡人聞之，固請而獻佩於子常。子常朝，見蔡侯之徒，命有司曰："蔡君之久也，官不共也。明日，禮不畢，將死。"（《彙鈔》眉）賄未入而倨，既入而恭，自是貪夫行徑。（《評林》眉）《經世鈔》："'將死'，寫貪人情景，令人捧腹。"（閩生夾）寫貪夫殉財，筆意谿刻，以時事考之，真乃令人痛哭也。蔡侯歸，及漢，執玉而沈，曰："余所有濟漢而南者，有若大川。"蔡侯如晉，以其子元與其大夫之子爲質焉，而請伐楚。（文熙眉）穆文熙曰："古人謂尤物致禍，如二君者可見。然貪如子常，宜其不能保郢矣。"（《測義》夾）凌約言氏曰："二君以弱小處強暴之下，即兢兢焉守之以樸，猶懼不免誅求也，而乃侈其玩好以誇示貪夫，三年之止，豈非自取哉！傳云匹夫無罪，懷璧其罪，信夫！"（魏禧尾）彭家屏曰："子常以裘馬佩玉之故，羈兩國之君，至三年之久，其貪狠甚矣。然兩君居楚日久，而楚昭視爲固然，曾不推求其故，一何昏也。君昏臣貪，何以能國？宜吳人有入郢之事歟？"（《分國》尾）物之尤者，往往賈禍。田文以一狐裘獻秦王，不免於愛姬之欲得。況囊瓦之貪乎？竊馬而獻，膽智過人。自拘數語，何異優孟？蔡人濟漢沈玉，何如捐佩早旋哉？（《左繡》眉）明年唐、蔡同伐楚，而經獨書"蔡侯以吳子"，是蔡爲主也。故此篇兩事平敘，而單收蔡侯。須玩一路平中寓側，又不露斧鑿痕，所以爲工。凡作兩層對寫，前一層從主入賓，後一層從賓入主，略詳順逆，筆法極其圓轉。兩邊互有詳略，然唐所詳，從者償馬之辭。蔡所詳，則其君沈玉之辭也。旨趣懸絕而間架不殊，乃所謂無斧鑿痕者。（《評林》眉）《附見》："'執玉'，別是一玉，非玉佩。"陳傅良："請伐楚，傳申言楚瓦之貪而失諸侯。"（《左傳翼》尾）以一佩兩馬，而留二國之君三年不歸，黷貨無厭，至此極矣。囊瓦不足責也，獨怪楚王身爲人主，而見此唐、蔡之君朝夕稽顙於其廷，何不一爲動心？誅子南，殺成然，先君之遺烈寧不可仿而行之？君昏於上，臣縱於下，不亡何待？敘二侯留楚，蔡先唐後。敘二君歸國，蔡後唐先。以唐人先獻馬，而後蔡始獻佩也。將唐侯敘在一處，前後以蔡包之，而當日情事，實有不可顛倒者。據事成文，自有天然片段。一篇關鍵，在"蔡人聞之"，則兩事併合爲一矣。此爲明年會召陵起本，自當以蔡侯爲主。專結蔡侯，尤屬緊要。不見可欲，此心不亂，無所以感之也。囊瓦雖老饕，嘉旨不御，食指豈遽動哉？而乃此裘佩，彼肅爽，儼然垂棘、屈產交錯於前，欲淡與泊，相遭不得矣。《易》曰："負且乘，致寇至。"盜之招也，其二君之謂歟？以弱小之國奔走強大，而以奢靡取禍，咎誰諉？"君以弄馬之故，隱君身，棄國家"，苦言乎？至言矣。以此坊民，民猶有不知象齒焚身之戒者。（《補義》眉）結出請伐楚，大義卓然。（《菁華》尾）懷璧其罪，古人所譏。蔡、唐二君，明知子常之黷貨，而故炫其所有以動之，而又吝不肯舍，而自取拘留之辱，其愚甚矣。（闈生夾）入郢之役，蔡侯最爲沈鷙，用晉不可，乃用吳也。文如事紀之，生氣奮出。

◇定公四年

【經】四年春王二月癸巳，陳侯吳卒。三月，公會劉子、晉侯、宋公、蔡侯、衛侯、陳子、鄭伯、許男、曹伯、莒子、邾子、頓子、胡子、滕子、薛伯、杞伯、小邾、齊國夏于召陵，侵楚。（《測義》夾）家鉉翁氏曰："齊桓以八國伐楚，而書伐，大齊桓攘夷狄之功也。晉定以十八國之師伐楚，而書侵，鄙晉定之無能爲也。"（《評林》眉）張洽："書十八國諸侯之衆，所以見其勢之足以有爲也，而終之以侵楚，深以罪其志卑而義不勝，終之以無能爲也，而晉自此微矣。"王沿："楚爲不道，晉率諸侯爲蔡伐楚，正也。正以不得貨而止，故經以無名譏之。"夏四月庚辰，蔡公孫姓帥師滅沈，以沈子嘉歸，殺之。（《評林》眉）汪克寬："沈子嘉微弱近楚，其不會晉，勢使之然，非其罪也，特貶其不能死位耳，故書殺以著蔡昭之罪。"五月，公及諸侯盟于皋鼬。（《評林》眉）程頤："公以不獲見於晉，故因會而求盟焉，則此盟公意也，故書公及。"李廉："王官與會不與盟之説，詳首止下。雖杜氏、范氏皆以爲諸侯總言，劉子亦與。然考之於經，未見此例。'公及'之説，胡氏主程子，蓋亦從《公羊注》意發之。"杞伯成卒于會。（《評林》眉）汪克寬："杞世子乞嗣，是爲隱公。七月，其弟過弑隱公自立，是爲僖公。"六月，葬陳惠公。許遷于容城。（《評林》眉）王葆："許四遷皆受楚令，經悉以自遷爲文，蓋違害就利而願遷也。然不能脩德固圉，而遷徙無常，亦何益乎？聖人詳書以爲後鑑。"秋七月，公至自會。劉卷卒。（《評林》眉）《傳説彙纂》："召陵之盟，劉子與焉，故其卒也，來赴於魯，而魯史書之耳。《公羊》以爲'我主之'，《穀梁》以爲'爲諸侯主'，皆不可從。"汪克寬："諸儒之説，謂劉子定内難，復辟於周，有大功於王室，故特書卒、葬。然單旗不書卒，而尹氏專權，亦書卒，故知其從赴告爾。"葬杞悼公。楚人圍蔡。晉士鞅、衛孔圉帥師伐鮮虞。（《評林》眉）許翰："謀楚而不能討，盟蔡而不能救，唯中山是伐，書卿與師，著威勝不行於強暴而行寡弱也。"葬劉文公。冬十有一月庚午，蔡侯以吳子及楚人戰于柏舉，楚師敗績。（《評林》眉）孫復："'以'者，乞師而用之也。晉合十八國之君，不能救蔡伐楚，吳能救之伐之，此吳、晉之事，強弱之勢，較然可見也。故自是諸侯小大皆宗於吳。"《傳説彙纂》："柏舉之戰，蔡用吳師敗楚，聖人嘉之，故書'蔡侯以吳子'，胡《傳》本《公》《穀》，謂稱子爲進吳，非也。"楚囊瓦出奔鄭。（《測義》夾）李廉氏曰："此條與城濮戰稱人、敗書師、殺其大夫書名，同一書法。蓋子玉、子常之罪同，而楚之輕於用人，以致敗師亡衆，前後一轍矣。"〖編者按：奧田元繼作王元美語。〗庚辰，吳入郢。(《評林》眉)劉敞："《穀梁》曰：'何以不言滅？欲存楚也。'非也。楚實未滅，當言入而已，豈《春秋》固存之哉？"薛季宣："楚不書楚而書郢，見楚之大，其都猶不能守也。"

【傳】四年春三月，劉文公合諸侯于召陵，謀伐楚也。(《淵鑒》眉)此篇歷舉先世典故，文勢洋洋纏綿，如潮如海，理正而詞采復工。仁山金履祥曰："自二伯以來，未有盛於召陵之會、皋鼬之盟者。劉文公定敬王、城成周，會十八國之君，保夏懷遠，攘楚尊王，於是在矣。乃壞於晉荀寅之取貨，不能以義正諸侯，而虛爲此會也。中國於是不復振矣。"臣鴻緒曰："祝鮀援引古制，典核而辨給，遂杜强晉之口，博雅幾與鄭僑倫矣，但其行誼不純，故孔子斥之爲佞。"臣英曰："並建懿親，猶必崇賢尚德，使生而富貴者，皆思束身脩行，以自勵於善，可謂貽之以安矣。"臣乾學曰："尚德不尚年，且不論昭穆，文、武、成、康所以親同姓之國，而秩然不紊者如此。"(《左繡》眉)此篇首段略敘召陵之會，中段卻詳敘皋鼬之盟，事固以文重也。末段仍回顧召陵作結，則首尾相應之定法矣。(《評林》眉)陳傅良："'謀伐楚也'，傳明此會劉文公實爲之，非出伯國之意，經所以書公及諸侯盟。杜氏'會盟異處'，非是。"(《補義》眉)義聲震寰宇。

晉荀寅求貨於蔡侯，弗得。(《補義》眉)寅求貨而荀氏亡於寅。(高塘眉)此段敘召陵之會，晉以求貨弗得，遂止伐楚之謀，殊虛盛舉也。**"乃辭蔡侯"**，晉失諸侯，揭出關目。**言於范獻子曰："國家方危，諸侯方貳，將以襲敵，不亦難乎！水潦方降，疾瘧方起，中山不服，棄盟取怨，無損於楚，而失中山，不如辭蔡侯。吾自方城以來，楚未可以得志，祇取勤焉。"**(韓范夾)蔡以求貨之故而叛晉從楚〖編者按：疑當爲叛楚從晉。〗，孰知晉一楚也，楚有子常，而晉又有荀寅，更多一獻子，何其兩不相下乎？**乃辭蔡侯。**(《測義》夾)愚按：晉自平丘以來，不能會諸侯者二十四年，乃今上請國老，下合十七國君，名義既正，聲勢遂張，庶幾可以復霸矣！而荀寅者竟以一賄失之。夫蔡所以棄楚如晉，既以囊瓦求貨故，而寅之貪，卒無異於瓦。如水益深，如火益熱，此晉霸所以遂衰，而吳因以橫行上國也。〖編者按：奧田元繼作楊升菴語。』（《評林》眉）魏禧："人以求貨叛而歸我，乃又索其貨，寅貪而無恥，最爲可恨。然蔡侯所遇何不幸也！蔡侯終不行貨，可謂强項。"《經世鈔》："'棄盟取怨，無損於楚'，只二語爲近之。然合諸侯之師，請於楚以誅子常，亦無不可。"

晉人假羽旄於鄭，鄭人與之。（《補義》眉）前范匄假羽旄於齊，今鞅又假於鄭，亦請帶求冠故智，鄭人直以羽旄與之，故旆會以辱之。（方宗誠眉）就此篇體制，上二段是正敘，下二段是帶敘。**明日，或旆以會。**（《評林》眉）《經世鈔》："'或旆以會'，按：借觀人物，而飾之以會，亦是難堪，未必是令賤者施之。"**晉於是乎失諸侯。將會，**（高嵣眉）以下敘皋鼬之盟，志蔡、衛爭長事。此段以祝佗從盟引端，於局法爲波綴，於辭令爲前驅。（闇生夾）此下泛及蔡、衛爭長，筆勢氾濫。知古人一文往往涉及數事，所以包羅閎富。自《史記》立爲紀傳，其體已隘。降及後世，文章之格愈卑，而其用益微矣。**衛子行敬子言於靈公曰："會同難，嘖有煩言，莫之治也。其使祝佗從！"公曰："善。"乃使子魚。子魚辭，曰："臣展四體，以率舊職，猶懼不給而煩刑書，若又共二，徼大罪也。且夫祝，社稷之常隸也。社稷不動，祝不出竟，官之制也。君以軍行，祓社釁鼓，祝奉以從，於是乎出竟。若嘉好之事，君行師從，卿行旅從，臣無事焉。"**（《補義》眉）辭蔡其事大，而六卿皆嗜貨之小人，荀寅數語已中其機，故敘之略。長蔡其事小，而劉子、萇叔皆君子，非祝佗便給不足移其志，故敘之詳。刺刺不休，便見其佞。**公曰："行也。"及皋鼬，將長蔡於衛。衛侯使祝佗私於萇弘曰："聞諸道路，不知信否。若聞蔡將先衛，信乎？"萇弘曰："信。蔡叔，康叔之兄也，先衛，不亦可乎？"子魚曰："以先王觀之，則尚德也。**（孫琮總評）黃二馮曰："會同長蔡，以始封之兄弟論也。提一'德'字，便令起敬起慕。屢稱先王文武，又令人生懼生恭。古意繽紛，段落關鎖，文之有色有骨者。"盟會所以尊王，開口提出先王來，便是把柄在手處。說個尚德，自見不必論年。通篇只一意辯折到底，以破蔡叔爲康叔兄之說。周家掌故，胸中爛然，隨口拈來，一往都有斑駁之色。（《左傳雋》眉）唐荊川曰："'尚德''不尚年'五字，是一篇綱領。"（孫鑛眉）首一句點醒。（《補義》眉）儲云："以尚德奪尚年，辭之近乎理者。又稱周公以附於魯，又稱唐叔以附於晉。魯，望國也；晉，盟主也。又掌故博洽，舉典如流。佞人之尤，非秦漢以下能及。"（方宗誠眉）子魚開口提出正義，名正言順，卓爾不群。尚德是主意，下文引證。昔武王克商，成王定之，選建明德，以蕃屏周。故周公相王室，以尹天下，於周爲睦。分魯公以大路，大旂，夏后氏之璜，封父之繁弱，殷民六族：條氏、徐氏、蕭氏、索氏、長勺氏、尾勺氏。使帥其宗氏，輯其分族，將其類醜，以法則周公，用即命於周。是使之職事於魯，以昭周公之明德。分之土田陪敦，祝、宗、卜、史，備物、典策，官司、彝器。因商奄之民，命以《伯禽》，而封于少皞之虛。分康叔以大路、少帛、綪茷、旃旌、大呂，殷民七族：陶氏、施氏、繁氏、錡氏、樊氏、饑氏、終葵氏。封畛土略，自武父以南及圃田之北竟，取於有閻之土，以共王職。取於相土之東都，以會王之東蒐。聃季授土，陶叔授民，命以《康誥》，而封于殷虛。皆啓以商政，疆以周索。（孫鑛眉）前詳於民，此詳於土，是互法。周、戎想是八索之二。（《評林》眉）楊守魯："先言魯之始封，次及衛，此賓主法。"分唐叔以大路、密須之鼓，闕鞏，沽洗，懷姓九宗，職官五正。命以《唐誥》，而封于夏虛，啓以夏政，疆以戎索。（閭生夾）馬驌云："典重矜貴，古奧洽博，文之極奇者。左氏文字，或簡而備，或詳而核，故寥寥數語而不覺其少，長篇累牘而不見其煩，此所以爲古今絶響也。"三者皆叔也，而有令德，故昭之以分物。不然，文、武、成、康之伯猶多，而不獲是分也，唯不尚年也。（《左傳雋》眉）楊素庵曰："歷敘三叔，鑿鑿有據，非騁小才而恣臆説者，想夫子之惡其佞，蓋別有説。"（孫鑛眉）頓挫有勢。（《左繡》眉）單提單束，中分三段，以兩賓夾一主。三分三命是三平，兩啓兩疆又是兩對，整齊中之參差也。束上生下，筆如曲銕。上半從賓出主，下半直從主説起，而賓陪在後，用筆變甚！文凡四層，末層亦賓中主。大抵作者命格，乃上半兩頭賓，中間主。下半兩頭主，中間賓也。配搭整而變，妙不可言。兩頭主以"蔡先衛""猶先蔡"兩句爲眼目也。上半三寫命書，都是略筆。下半一寫命書，卻用詳筆。而又詳寫一載書以配之，前後無不相配者。特詳蔡仲命詞，爲蔡出醜，惡極妙極！五叔無官，見不但不得長衛，與夷叔其弟，同是挾進一步法。"曹，文之昭"，是本會中一現在證佐。"晉，武之穆"，又是即以其人之道，還治其人之身。踐土之盟，則正其以舊事爲談柄者也。層層襯托，此批駁盡情，粲花之舌，生花之筆，合成花團錦簇之文。上半三段佈局甚寬，下半接連四層，一層緊一層，前寬後緊，語勢、文勢，俱有層出不窮之趣矣。"則尚德也""不尚年也"，上段自爲呼應。"不正其得""將若之何"，又合兩段起訖爲呼應，截講格大概不出此法。（《補義》眉）唐荊川曰："使事甚多，而文波流動，故不板拙。"唐云："就'蔡叔，唐叔之兄'六字，分説、合説、反説、正説、横説、豎説，無不入妙。"（高嵣眉）此段重寫尚德，而以不尚年爲拖下之筆，全是擡高自己。以分封隆殺，徵明德差等，魯、衛、晉三層平敘，卻自暗分賓主。（《評林》眉）張半菴："先言周公、伯禽，次言康叔，尤即《尚書·蔡仲之命》見蔡之不德，其詞悉按周典，爛焉可觀，莨弘諸臣不得不屈，此祝佗之所以爲佞也。"《經世鈔》："'周公之明德'，按分國而分大姓，最妙！梓材所謂大家，孟子所謂巨室，正此等也。"孔氏："'備物典策'，典策謂史官書策之典，使依法書時事也。"按：命以《伯禽》，由下文命以《康誥》《唐誥》之例見之，則封伯禽誥命也，先儒説是。《經世鈔》："'不尚年也'，先將他國不尚年處説，然後入蔡。"（方宗誠眉）總上三國一停束，回應篇首"尚德"。"不然"以下三句反托，筆力更足。**管、蔡啓商，惎閒王室。**（《補義》眉）俞云："前極密實，得此反掉，文氣逸宕，先著'啓商'二語，使蔡削色。"（高嵣眉）此段重寫不尚年，而以"德"字作繳上之筆，全要痛貶他人。上段三層平列，佈局甚寬。此段三層逼投，用筆甚緊。**王於是乎殺管叔而蔡蔡叔，以車七乘，徒七十人。其子蔡仲，改行帥德，周公舉之，以爲己卿士。見諸王，而命之以蔡，其命書云：'王曰：胡！無若爾考之違王命也。'若之何其使蔡先衛也？**（方宗誠眉）一句突入正位，轉環靈捷如飛。**武王之母弟八人，周公爲大宰，康叔爲司寇，聃季爲司空，五叔無官，豈尚年哉！曹，文之昭也；晉，武之穆也。曹爲伯甸，非尚年也。今將尚之，是反先王也。**（孫鑛眉）總較諸同姓，仍不離魯、衛，淋漓有態。不云晉爲侯伯，但只云曹爲伯甸，是婉法。（《補義》眉）此段泛論同姓諸國，以曹、晉相比例，則不尚年意更醒。**晉文**

公爲踐土之盟，衛成公不在，夷叔，其母弟也，猶先蔡。(《補義》眉) 又得一現成證據，語語歸到晉上，以媚盟主，以脅萇叔。其載書云：'王若曰：晉重、魯申、衛武、蔡甲午、鄭捷、齊潘、宋王臣、莒期。'藏在周府，可覆視也。吾子欲復文、武之略，而不正其德，將如之何？"(《左傳雋》眉) 踐土、召陵二會，經書蔡在衛上，霸主以國大小之序也。子魚所言，盟歃之次。(孫鑛眉) 魯是扯伴，晉是微諷。不甚濃腴，然稍有構法，餘波流動，故雖使事多，亦不板拙。(《補義》眉) 復文武之略，迎合萇叔心事，而隨筆折轉。萇弘說，告劉子，與范獻子謀之，乃長衛侯於盟。(文熙眉) 穆文熙曰："議論弘闊，俱有根據，足以屈服晉人，竟得長蔡，信乎祝佗之口才也！而夫子以爲佞，何與？"(《測義》夾) 愚按：周制用人以德，固然矣。然長幼之序，亦必有盡義其間者，豈得不論？蓋弘奪於佗之善詞，弗及深考耳。〖編者按：奧田元繼作呂祖謙語。〗(《左繡》眉) 經書蔡常先衛，夫子筆削，豈不知尚德耶？如其言，蔡仲率德改行，則亦以德封矣。有德而加以長兄弟之子，自當先衛。踐土之盟，晉文故欲長叔武以疑衛成兄弟，使之骨肉相猜，非定例也，故經仍先蔡。自是以後，唯昭元年虢之盟，蔡公孫歸生以後至，敘衛齊惡下。然前此宋之盟，蔡亦後至，未嘗後衛也。此番晉將長蔡，乃各復舊職。衛卻藉口踐土，思欲爭勝，自是強辭。但據他托尚德爲冠冕，執蔡叔爲口實，反反復復，亦頗中理解。故春秋辭令最多，獨目鮀以佞，而召陵之會，依然先蔡，則一時之辨，不足亂百世之常也，顧其文則雋妙極矣。前既辭蔡，此又欲長蔡，正寫晉全無主張、遍失諸侯處。俞謂先蔡所以説蔡，可謂誅心之論。乃長衛侯於盟，全賴此人捷給，不贊不得，贊又不得。今於未會前特著敬子一筆，便是預先下了評斷也，巧妙固在常法之外耳。大旨只是尚德不尚年，卻分作兩層洗發。前半重寫尚德，而以不尚年作拖筆，束上生下。後半重寫不尚年，仍繳到"德"字作收煞，尚德爲主也。呼應往復，篇法如神。以衛貼尚德，以蔡貼不尚年，互見處極有分寸。唐錫周曰："就'蔡侯，康叔之兄'六字，分說合說，反說正說，橫說豎說，無不入妙。思異水而泉湧，筆非秋而垂露。熟讀此等文，作窘束題，何至如坐針孔中？"(儲欣尾) 以尚德奪尚年，辭之近乎理者。又稱周公以附於魯，稱唐叔以附於晉。魯，望國也，晉盟主也。又掌故博洽，舉典如流，佞人之尤，非秦漢以下所能及矣。（昆崖尾）茅鹿門曰："議論弘偉，足以屈服晉人，亦其理勝也。"俞寧世曰："'先王'字、'德'字、'年'字，是一篇之骨。有泛論處，有切論處，有淵博，有跌宕，亦整齊，亦錯綜，盡文家之勝。以魯陪衛，借援宗國。以晉陪衛，推崇盟主。以管陪蔡，痛罵他人，抬高自己，所謂佞口。"徐揚貢曰："魯是扯伴，晉是微諷，首尾夾用，體勢甚圓。其使事多而文波流動，故不板。文章佈局設彩，錯綜廻互之妙，盡於茲篇。"（《嗜鳳》尾）擒定主腦，引古證今，橫豎説來，確見蔡之不可先衛，多少層折，絶無一懈筆使人得乘間而入，佞口洵可畏也！江生鳳元云："鮀雖佞，喜有掌故可據，不徒恃其口給。"（《評林》眉）《日知録》："晉侯重耳之名見於經，而載書止曰晉重，二名而稱其一也。昭二年莒展輿出奔吳，傳曰'莒展之不立'云云，亦同法。"

　　反自召陵，鄭子大叔未至而卒。晉趙簡子爲之臨，甚哀，曰："黃父之會，夫子語我九言，曰：'無始亂，無怙富，無恃寵，無違同，無敖禮，無驕能，無復怒，無謀非德，無犯非義。'"（《分國》尾）晉自平丘一會，失諸侯心。今又假王命，挾劉文公以爲召陵之會。名爲討楚，實貪賂也。於是求貨於蔡侯不遂，而假羽旄於鄭，旃會以辱之。辱鄭者，將以要鄭賂也。要鄭不遂，又長蔡於衛。長蔡者，將以悅蔡，而致其賄，而衛之貨又可因是取。是反覆一貪賂之心也。一會而失蔡人、失鄭人、又失衛人。子魚長衛，尚德不尚年，理順義正。其詳列分魯、分衛、分唐，以及命書載書，臧否並列，次序較然，一何記醜而博也？晉本欲長蔡，竟使子魚暴揚其厥祖之愆，而卒長衛於蔡。求榮反辱，安在其爲盟主，嗚呼！盡言衰世尚口，子魚抗言登壇，不獨荀寅、范鞅辟易，使王室國老，唯唯惟命，然則佞如子魚，又曷可少哉？（《左繡》眉）大叔九言，與祝鮀利口捷給相映，作者蓋以應變不免尚口，持躬不在多言也歟？（美中尾）晉自平丘而後，二十餘年，無復會盟。至是乘楚爲吳敝之會，定誠能協同王臣，率十八國諸侯，廓清南服，功軼桓、文矣。無如六卿方爲分晉之謀，且鑒於闔之勝楚而圖三郤也，故以求貨離蔡，假旄辱鄭，務散諸侯，隳其君之功而固其私，晉自此益微矣。（《左傳翼》尾）平丘之會，晉有甲車四千乘，欲示威示衆於齊、魯。今因蔡侯之請，奉王命以伐荊楚，於此不用吾衆，烏乎用吾衆？乃大合十八國諸侯，掀天揭地而來，竟以取貨弗得，掩旗息鼓而退，視勞衆動民，直同兒戲。晉之不競已甚，其失諸侯不待假羽旄或斾以會也。獨惜蔡侯於楚則遇囊瓦，於晉又遇荀寅，皋鼬將長，又遇一祝鮀，處處冤對，一腔憤懣無由得申，爲之悶絕。吳人入楚，長驅而進，如履無人之地。使無荀寅，晉豈不能得志乎？失此一大機會，殊爲可惜。但晉與楚無宿怨深仇，又無伍員輩爲之謀主，即掃地興師，未必如吳之五戰五勝，幾致滅楚也。若吳、晉並擧，則楚不能支矣。據荀寅說來，晉之伐楚，有幾許難處，亦似老成憂國之見。但早知其如此，胡不辭於蔡侯方請時，而乃以求貨弗得始爲此阻撓計乎？楚幾亡，晉失伯，皆政以賄成之罪也。正傳至此已畢，盟皋鼬其餘波耳。即於餘波撰出一篇大文字，令讀者誇目愜心，左氏慣有此機局。會同難，亦因晉政多門，黷貨無厭，恐有他故，難以調停耳。長蔡於衛，乃題目之易者，設有他故，子魚必另有一番機變抵對轉移矣。長幼有序，蔡叔，康叔之兄也，先衛自是一定不易道理。劈將尚德壓倒尚年，擡出先王，說出如許證佐，令人無可置喙。尚德主衛，先將魯公引起，後將唐叔陪墊，擡得身分出，此用排筆。不尚年主蔡，用管叔伴說，說得蔡叔不堪，此用宕筆。周公元德，固當以爲稱首。晉盟主也，將伊先祖說得天花亂落，令他滿心歡喜。妙又祇與康叔一般，晉乃不敢奚落衛國。既將唐叔作陪，又扯文公實證，一味箝制，令他不得左袒蔡人，此爲佞人之雄。因辭蔡侯，恐失其心，故盟會時欲先蔡以悅之。被子魚一派佞詞，無能屈服，不得已仍復長衛，觀告劉子與范獻子謀之，可知有多少躊躇在。簡子惟守太叔九言，所以在會全不作慝，與荀、范輩迥乎不同。如此衰颯不振、紛亂無主事，忽然以老道學語莊莊重重作結，耳目爲之改觀。(《補義》眉) 起處劉文公絕大謀略，而寅之貪、佗之佞皆與相反，如何收煞得住？故借子太叔一番正論，遙映劉子，而貪佞盡斥其中，方結得一篇大文。(《日知》尾) 傳失霸事，爲晉太息，實爲天下太息也。開手數行，正文已畢。"將會""反自召陵"二語是眼目，晉霸爐則世變亟，乃列國不聞匡扶，諸臣罔思補救，辭蔡之後，寂無一言。所言者非爭其私事，即悼其私人。則求貨假旄之後，内外皆離心離德，偶指一事，已見全局。此定、哀微辭，讀者當會之於言外也。祝佗之論，自成妙文，然非全豹。試思十八國同會，王臣下臨其事，其言豈止於此？則知左氏剪裁之妙，由鍊意也。(《評林》眉) 魏禧："典刑嚴重，詞令之美者，與子産獻陳捷相似。"(高嵣眉) "長衛侯"一句結案。末用九言作結，與中幅爭長，及首幅欲裦馬、求貨或齎，皆暗相關照。（高嵣尾）俞桐川曰："蔡侯怨楚歸晉，其志甚堅。求貨弗得而辭，失蔡心矣。先蔡於衛，以求悅也。聽祝佗言，乃復長衛，由是蔡侯棄晉即吳，爭盟中夏，晉遂失霸，此春秋一大樞要也。篇中數關目語，敘得分明。而'晉失諸侯'句，尤宜著眼。'先王'字、'德'字、'年'字，是一篇之骨。有泛論處，有切論處，亦淵博，亦跌宕，亦整齊，亦錯綜，盡文家之勝。以魯陪衛，借援宗國。以晉陪衛，推崇盟主。以管陪蔡，只是痛貶他人，擡高自己，所謂佞人之口。辭蔡而失諸侯，正文先已敘完。再敘會盟爭長，見得糾合諸侯，以申公憤，乃退焉消阻，而同盟是爭。則方伯之不競，而列辟之無統，皆著矣。此敘事前後之體也。"（《菁華》尾）楚有囊瓦，晉有荀寅，貪財嗜利，彼此同之。彼蔡侯欲少伸其志，難哉！鄭自蕭魚之會，服晉者數十年，至是交好遂絶。聖人稱祝鮀治宗廟，其專對之才，實不可及，蓋亦傭中之佼佼者。先提"尚德"二字，將兄先弟後之説駁倒，以下歷述故事，如數家珍，使聞者不覺心折。末引出踐土之盟，如解經者忽得天然證據，直逼到無可狡展處。"德"字起，"德"字收，篇法相應。（闐生夾）愈敘愈遠，若不知有本事者。此所謂氾濫爲奇。

沈人不會於召陵，晉人使蔡伐之。夏，蔡滅沈。（《評林》眉）魏禧："按：當時足以害楚者，惟有吳耳，故仇楚者皆事吳。"

秋，楚爲沈故，圍蔡。（《補義》眉）斗大蔡城，幾用靴尖踢倒，忽轉出數百年未有之勝來，奇絶！（闐生夾）倒戟而入，專提伍員、伯嚭，聲勢振拔異常。

伍員爲吳行人以謀楚。（孫鑛眉）敘戰事濃腴有態。（高嵣眉）第一段歷敘伐楚緣起，先提出伍員來，蒙前傳肆楚之脈，伏末段復楚之案。**楚之殺郤宛也，伯氏之族出。伯州犂之孫嚭爲吳大宰以謀楚。楚自昭王即位，無歲不有吳師。**（闐生夾）提筆即總結前半文字。**蔡侯因之，以其子乾與其大夫之子爲質於吳。**（《彙鈔》眉）以上略敘怨仇，逕入正傳。又與他傳法變。（《左繡》眉）柏舉之役，亦左氏敘戰大篇也。只作兩大截讀，司馬到首以上，敘吳師入郢事。楚子涉睢以下，敘昭王奔隨事。通局以伍員、申胥爲起訖。前半寫伍員覆楚，後半寫申胥興楚，分明以"必覆""必興"兩語爲一篇之關目也。然興楚於本文只作一引，而覆楚亦只於起手一提，文中更不詳寫一二，直至末段回應，重與喚醒，結構尤奇。前半又分兩節，除首段敘覆楚緣起外，逐層挨敘戰敗事。自夾漢、而濟漢、而陳柏舉，子常奔而史皇亦死矣。自清發、而雍澨、而吳入郢，楚子出而司馬亦到矣。凡此皆所以照應行人謀楚，而爲之吐其氣也。看他步步是結上文字。後半亦分兩節，除末段敘興楚緣起外，逐層挨敘王奔事。自涉睢而奔鄖，盜以戈擊而由于受之。臣欲報讎而聞辛免之，何其忠也！自奔隨而盟隨，子期逃王而己爲王，鑪金要言而不爲利，何其義也！凡此皆所以襯托下臣乞師而爲之作其機也。看他步步是起下文字。經書"蔡侯以吳子故"，從"蔡伐沈""楚圍蔡"敘入，然文則以吳爲主，而吳又伍員爲主，看他正敘蔡事，中突插入"行人謀楚"一筆，又趁便帶宰嚭謀楚以陪之，而以無歲不有吳師出色寫伍胥，然後輕輕轉到蔡侯，因之跌出伐楚，爲一篇提綱，只此幾筆，有多少針線在！敗楚者，子常也。有一司馬而不能用，反聽史皇忌克之言，其敗宜矣！前半出色寫司馬毀舟後擊，見其智。恥擒免首，見其勇。而瓦則既不能謀，又不能死，徒以其積賄之官爭吳而賚寇。前後各寫三戰，兩兩相形，足使子常愧殺。（《補義》眉）"蔡侯因之"四字，通篇綱領，正爲經一"以"字下注腳。（閭生夾）大斷大續，讀此，知前文如晉特取遠勢以厚集其陣也。

　　冬，蔡侯、吳子、唐侯伐楚。（韓范夾）入郢之役，辱及先人，污及宮闈，國幾亡、君幾死，此楚莫大之禍也。然積之者久矣，巫臣始之，子胥繼之，蔡與唐又因之。然楚君非有深怨於巫臣、子胥、蔡、唐也，巫臣以子反、子重之故而及其君；子胥以無極之故而及其君；蔡、唐以子常之故而及其君。嗚呼，人主一用貪讒之人，而臣子爲讎，國滅君奔，可不戒哉！（高嵣眉）第二段敘楚敗績事，子常奔而史皇死，皆以不用司馬戌之謀也。坐罪在一子常。敘吳、楚兩邊軍機得失，一以急而敗，一以急而勝，行文佈置，即是兵家紀律。（方宗誠眉）敘三國伐楚之謀，見楚有取禍之道，又見吳能用諸人之謀，所以伏得勝之根。舍舟于淮汭，自豫章與楚夾漢。左司馬戌謂子常曰："子沿漢而與之上下，我悉方城外以毀其舟，還塞大隧、直轅、冥阨，子濟漢而伐之，我自後擊之，必大敗之。"（孫鑛眉）此處煉勁。（《補義》眉）司馬之計行，則吳師將盡殲，子胥何以不慮及此？意者置之死地而後生耶？傳插"昭王即位，無歲不有吳師"二語，則楚人已疲敝不可用矣。蓋舍舟淮上，已是破釜沉舟，未可輕議子胥計疏。（《評林》眉）穆文熙：

"若左司馬戌之策，則楚當敗吳，何敢望郢哉！"鍾伯敬："其時使司馬戌之謀得售，吳必不能克楚。"《附見》："《丹鉛總錄》云：'方城，萬城也，古字萬亦作方，故訛爾。唐勤《奏土論》曰：我是楚也，世伯南土，自越以至業垂，弘境萬里，故曰萬城也。'"既謀而行。武城黑謂子常曰："吳用木也，我用革也，不可久也。不如速戰。"史皇謂子常："楚人惡子而好司馬，若司馬毀吳舟于淮，塞城口而入，是獨克吳也。子必速戰，不然不免。"（鍾惺眉）古今妒功而不恤國之敗，皆若此。（《評林》眉）魏禧："按：古今妒功害能，不恤國難，往往若此。明末宰相督撫科道，皆傳此衣鉢。史皇一言，而喪楚師，奔子常，殺司馬戌，破國亡君，小人之言不可聽如此。若能勸子常從戌策，則吳師可以殲，豈獨全楚而已哉！或謂黑亦勸戰，何以獨罪史皇？曰'黑之慮，公也，知不足耳。皇之言，私而逢子常之惡者也。'"乃濟漢而陳，自小別至於大別。三戰，子常知不可，欲奔。（《補義》眉）前子胥云楚執政衆而乖，莫克任患，則黑之敗謀，史皇忮忌，皆在料中。（方宗誠眉）敍子常不用司馬之謀，所以伏敗之根。史皇曰："安求其事，難而逃之，將何所入？子必死之，初罪必盡説。"（《彙鈔》眉）子常之貪而悍也，武城黑之闇也，史皇之淺也，楚安得不破？左司馬之壯也，由于、鬭辛、子期之義且烈也，申包胥之忠也，楚安得不復？詳寫細敍，毫無滲漏。（《評林》眉）顧九疇："史皇以死勉子常，而後竟能以乘廣死，真忠義之言矣。他日一死一奔，子常能無汗顏乎！"彭士望："世有無識略，好與人爭勝而輕死者，皆史皇之類。"

　　十一月庚午，二師陳于柏舉。（高塘眉）第三段敍吳入郢事，楚子出而司馬到，皆以子常悞之也。司馬戌前毀舟後擊之謀，見其智；此恥擒免首之舉，見其勇。夾敍兩處，特爲表之。闔廬之弟夫概王晨請於闔廬，曰："楚瓦不仁，其臣莫有死志，先伐之，其卒必奔。而後大師繼之，必克。"弗許。夫概王曰："所謂'臣義而行，不待命'者，其此之謂也。今日我死，楚可入也。"（《評林》眉）彭士望："王光久悉戰事，不欲夫槩有威名，故弗許。"《經世鈔》："先擊是兵家攻瑕及先發之法。"（闔生夾）就夫概言，提挈十分得勢，英氣凜凜。又案：直敍戰事，徑率少味，故雜入夫概之爭，司馬之死，伍員、包胥之約，鍾建、由餘種種情事，而後文字璀璨陸離，有五光十色之觀。此記事之文一秘訣也。以其屬五千先擊子常之卒。子常之卒奔，楚師亂，吳師大敗之。（《評林》眉）陳傅良："'子常之卒奔'，傳見囊瓦書人。"子常奔鄭。史皇以其乘廣死。（《彙鈔》眉）史皇率廣卒戰而死，然不可贖亡楚之罪。吳從楚師，及清發，將擊之。（闈生夾）再提，長篇必多提振，始能軒爽。夫概王曰："困獸猶鬭，況人乎？若知不免而致死，必敗我。若使先濟者知免，後者慕之，蔑有鬭心矣。半濟而後可擊也。"從之。又敗之。（《彙鈔》眉）勵我師則置之死地而後生，殲人師則誘之生地而後死，兵家妙用。（《補義》眉）兩戰一是攻瑕法，利在速。一是攻懈法，利在遲。節節有子胥在內。力寫子胥，卻無一字明說，至末點出伍員"必覆楚國"一語，而全身皆見。（《評林》眉）彭士望："'可擊也'，進力用實，省力用聲，或先聲後實，隨時通變，不可執一。"楚人爲食，吳人及之，奔。食而從之，敗諸雍澨，五戰及郢。（《測義》夾）愚按：子常誠用戍謀，則楚可以逞矣。乃史皇以妬功故，反令疾戰以敗也，幾於一言喪邦者。至知其不可，又令死以說罪，死則死爾，罪容可說乎？且於國事乎奚益也？〖編者按：奧田元繼作呂祖謙語。〗（《左繡》眉）子沿漢，我毀舟；子濟漢，我後擊。司馬句句與囊瓦同心。"楚莫有死志"，"我死而楚可入"，"楚蔑有鬭心"，"半渡而後可擊"，夫概着着是伍胥幫手。左氏敘戰，必先敘謀，此文兩邊敘來，絕少強對，異樣精神！（闈生夾）一路奔放，至此始住。若五戰之事更一一言之，則不能復振矣。此佈局虛實措注之妙也。

己卯，楚子取其妹季芈畀我以出，涉雎。鍼尹固與王同舟，王使執燧象以奔吳師。（《補義》眉）五戰及郢，奔竄幾盡，未盡者亦不可用，故用燧象以卻吳師，君舟方得涉雎。

庚辰，吳入郢，以班處宮。（韓范夾）吳雖無禮，近於夷狄，然不過以之發其怒耳，非有有楚之志也，與後世軍無紀律者不同。（《評林》眉）《經世鈔》："'取其妹'，倉卒之際，妃嬪不取而取妹，昭王之賢也。"魏世傑："燧象，此田單火牛之祖。"子山處令尹之宮，夫概王欲攻之，懼而去之，夫概王入之。（闈生夾）才得戰勝，便伏其敗歸之由，更不少待，所謂急與之角而不敢暇也。

左司馬戌及息而還，敗吳師于雍澨，傷。（《補義》眉）司馬既謀而行，聞敗而從容就義，此爲入郢餘文，實爲王孫由于、子期、鱸金、包胥一班忠義先聲。(《彙鈔》眉) 左司馬一段，接"既謀而行"句來，段落清楚。**初，司馬臣闔廬，故恥爲禽焉。謂其臣曰："誰能免吾首？"**(《彙鈔》眉) 死而惜其首，自是英雄氣色。**吳句卑曰："臣賤，可乎？"司馬曰："我實失子，可哉！"三戰皆傷，曰："吾不用也已。"句卑布裳，刭而裹之，藏其身而以其首免。**(《左繡》眉) 文勢在此處作界限，而前寫司馬、句卑一段奇傑，後便連寫由于、鬪辛、子期、鑪金許多奇傑，乃一氣趕出申胥奇傑，以與極奇傑之伍員作首尾對仗也。機杼一片，豈比天吳紫鳳、顛倒裋褐者耶？(《評林》眉)《經世鈔》："獨敗吳師，若乘於險，而合子常之卒以攻之，克吳必矣。"(方宗誠眉) 此以上爲一大段，敘吳之所以勝，楚之所以敗。(闉生夾) 司馬死節，實爲壯偉，足爲文字生色。

楚子涉雎，濟江，入于雲中。(高嵣眉) 第四段敘楚子濟江入郧事。盜以戈擊，而由于受之。弟欲報仇，而其兄免之。諸臣效忠，楚昭得全，漸有轉局，皆爲末段申包胥作引。**王寢，盜攻之，以戈擊王。王孫由于以背受之。中肩。王奔鄖，鍾建負季羋以從。**(《彙鈔》眉) 鍾建負季羋，後歸鍾建，亦千古佳話。(《評林》眉) 湯睡菴："其時雖變出倉卒，然季羋爲鍾建所負，亦不可言貞女矣。後倘不有鍾建之娶，國統不甚褻哉！雖然，楚固夷也，吾何責之有！"《補注》："王奔鄖，未出境，同僖二十八年衛侯。"**由于徐蘇而從。鄖公辛之弟懷將弑王，曰："平王殺吾父，我殺其子，不亦可乎？"辛曰："君討臣，誰敢讎之？君命，天也，若死天命，將誰讎？《詩》曰：'柔亦不茹，剛亦不吐。不侮矜寡，不畏强禦。'唯仁者能之。違彊陵弱，非勇也。乘人之約，非仁也。滅宗廢祀，非孝也。動無令名，非知也。必犯是，余將殺女。"**(《補義》眉) 周云："成然以無厭致死，而復用其子。與伍奢父子以讒死，義不受誅者不同。故子胥可以復仇，而鬪辛必不可以行弑。"(《評林》眉)《經世鈔》："且成然有罪而誅，不可例以子胥之義，但爲子者言上，當如此耳。"**鬪辛與其弟巢以王奔隨。**(《彙鈔》眉) 辛、懷二人，一欲報父仇，一不欲報父仇，總爲伍員形□。(高嵣眉) 第五段敘楚子從鄖入隨事，子期逃王而己爲王，鑪金要言而不爲利。子期之智，隨人之義，亦爲包胥作引。其吳、隨兩番辭令，亦與申包胥乞師之詞，兩兩相映。**吳人從之，謂**

隨人曰："周之子孫在漢川者，楚實盡之。天誘其衷，致罰於楚，而君又竁之。周室何罪？君若顧報周室，施及寡人，以獎天衷，君之惠也。漢陽之田，君實有之。"楚子在公宮之北，吳人在其南。(《補義》眉)俞云："此全是報讎雪恥之師，楚怠而吳怒，故長驅直入。至國破矣，王奔矣，子胥之怒已平，原非有意滅楚，所以不旋踵而復，其中皆伍員調撥。"(《評林》眉)《補注》："'周室何罪'，傳見吳子所以特書爵，爲其事與夷狄相敗不同，雖齊桓召陵之役，其辭令未嘗及此。"王元美："吳此時入郢，淫其官，辱其女，而奔其君，得意亦極矣。使非申胥七日之請也，楚其殄而入於吳矣！"子期似王，逃王，而己爲王，曰："以我與之，王必免。"(《評林》眉)《經世鈔》："'己爲王'，漢紀信事類此，然人有至性，不必其知古有此事也。"隨人卜與之，不吉。乃辭吳曰："以隨之辟小，而密邇於楚，楚實存之，世有盟誓，至於今未改。若難而棄之，何以事君？執事之患，不唯一人。若鳩楚竟，敢不聽命。"吳人乃退。(韓范夾)此時逞吳之力，以兵加隨，隨於何有？乃因一言而退，故非有有楚之志也。(《評林》眉)《經世鈔》："敢不聽命，隨受楚兵數矣，出王與吳，未爲不義。然楚可敗而不可滅也，楚不滅，復立君，而隨之亡不旋踵矣。倉卒遇此大事，最須見遠。吳人乃退。"按：此退吳又甚有禮。《補注》："'吳人乃退'，隨人知吳必不能定楚。"鑪金初官(或作宦)於子期氏，實與隨人要言。(《補義》眉)隨人不以王與吳，全賴鑪金。前既不敢見王，後亦不聞受賞，蓋深惡中原陪臣之横，而以恬退風世者乎！(《評林》眉)按：或云"鑪金初"，鑪，姓。金初，二名。若以"初"字是辭，則當在"鑪"字上，何曰"初官"？愚謂"初"字在章首者，隔年之後，有禍福將終之。在中間者，哀十六年，"子伯季子初爲孔氏臣"之類，就其一時事而言之，其義互異。使見，辭，曰："不敢以約爲利。"王割子期之心，以與隨人盟。(文熙眉)《公羊》曰："君舍于君之室，大夫舍于大夫之室。"《穀梁》曰："壞宗廟，徙重器，撻平王之墓。"朱氏曰："使吳於入郢之後，止兵休略，命蔡昭、子胥之徒分定楚地，撫輯其人民，請命於周，明正楚罪，而以其富分賜有功之諸侯，則伯業可成，雖以繼桓、文可也。而何其不然哉？"穆文熙曰："陳裳到首，可想司馬忠勇。有臣如此而不用，楚不亡，幸矣！"穆文熙曰："子期逃王而欲代之死，事甚岌岌。隨之辭吳，實爲再造楚也。"（《彙鈔》眉）公宮，隨侯之宮。公子結，字子期，昭王兄。忘身就義，堪與齊醜父並傳。吳之不能鳩楚境，隨人早已料定，詞有鋒鋩。（方宗誠眉）此以上一大段，敘楚子之免於難，由得諸忠義之力。

　　初，伍員與申包胥友。（《正論》眉）伍胥貽申胥書，謂："日暮途窮，故倒行而逆施之。"蠡之答王孫子曰："余雖靦然人面哉，而行禽耳。"夫胥不惜倒行以爲親，蠡不惜行禽以爲國，包何惜雀立秦庭以爲君哉？忠臣孝子心事，類如此！（高嵣眉）第六段另引興楚緣起，特提出申包胥來，應篇首伍員謀楚之案，起下年楚子入郢之脈。五戰入郢，奔鄖奔隨，楚勢衰殘已極，忽得此段，死灰中凜凜有生氣，文家掉尾須此乃見精神。伍員、包胥的是對手，首尾相應。復楚結本事，興楚引後事。能復、能興二語，乃通篇大關目。（《評林》眉）張半菴："《史記》載子胥謝申包胥，有云'吾日暮塗遠，故倒行而逆施之'，則胥亦自悔其復楚之非，但忿悁既盛，一時不能止。子胥蓋有英雄之略，而無禮義之養者也。"（方宗誠眉）此篇敘事以伍員、申包胥二人爲主。吳之伐楚、入郢，伍員之謀也，故揭於篇首。楚之復國，申包胥之功也，故揭於篇中。又將二人初相約之言在此一提，作爲前後關鍵，文法奇而整。（《學餘》眉）此段字字精神，通體爲之皆振，如見楚之復興也。文章之神，通乎國運，信夫！其亡也，謂申包胥曰："我必復楚國。"申包胥曰："勉之！子能復之，我必能興之。"（《左傳雋》眉）王鳳洲曰："申包胥之言曰：'子能復之，我必能興之。'嗟嗟申子，與其興之於既復之後，孰若全之於未復之先乎？計不出此，俟其主君奔竄，而始痛哭秦庭，借師外國以圖收復，晚矣！抑不失信於友，必令其既復而後興也？"（《彙鈔》眉）必復、必興，明明說出。不難在兩不相諱，正難在兩不相忤，此惟古人有之。（《評林》眉）孫應鰲："伍員復楚，包胥興楚，兩敵碁也。"（闇生夾）通篇中絕大關鍵，如神龍之夭矯天半。及昭王在隨，申包胥如秦乞師，曰："吳爲封豕、長蛇，以薦食上國，虐始於楚。寡君失守社稷，越在草莽。使下臣告急，曰：'夷德無厭，若鄰於君，疆場之患也。逮吳之未定，君其取分焉。若楚之遂亡，君之土也。若以君靈撫之，世以事君。'"（《評林》眉）孫鑛："'封豕長蛇'，辭命起三語工絕。"彭士望："辭令甚善，卻無一字及員。"（闇生夾）數語字字切到，如親見秦庭之哭，非左公忠肝激烈，血性過人，亦不能曲肖如此。**秦伯使辭焉，曰："寡人聞命矣。子姑就館，將圖而告。"對曰："寡君越在草莽，未獲所伏。下臣何敢即安？"立，依於庭牆而哭，日夜不絕聲，勺飲不入口七日。秦哀公為之賦《無衣》，九頓首而坐，秦師乃出。**（韓范夾）二十四城，何無男子也，處今日之事，吾痛思包胥矣。（孫琮總評）吳、楚之釁，始於屈巫，成於伍胥，通篇敘來，總以見楚子之多聚怨，楚臣之少專謀，頭緒繁冗，大約只為申包胥結一公案。蓋有包胥之節，即楚之亡者可復，則為怨雖多，自不勝其義之正也。此是文家大關目，雖意在垂戒，然要必以勸忠節為主。（《古文斫》尾）伍員復楚，包胥興楚，是全篇大關目。然伍公不遇貪賄之子常，則報仇之孝亦不伸。申胥不遇入郢之伍胥，則報國之忠亦不顯。伍員之孝，天生子常以遂之。申胥之忠，天生伍員以顯之。殆所以為千古之孝子忠臣勸乎？讀書至此，觀古人之大節可也。（《彙鈔》眉）愓之以害，動之以利，可謂善於辭令。（《左繡》眉）一面襯起申胥，一面又對照伍員，掩映天成。然此正作者不肯明寫伍員報楚之微旨也，旌其志而不誇其功，君臣父子之間，有權衡焉。否則，《越絕書》何難先洩汲冢之奇乎？入郢之後，楚昭全虧依隨返國，故奔隨、盟隨，敘事特詳。看吳、隨一番往復，及乞師兩次告哀，知此文前半以計謀勝，後半以辭令勝，合之遂成全璧。較前鄢、邲、濮、鄾等篇，又換一番色澤矣。怨怨回應起手，真奇筆也。五戰及郢，奔鄖奔隨。事勢不振，而文因之。讀此段精彩煥發，死灰中凜凜有生氣，最文家掉尾生動處，能振起通身神致，豈非千古奇傑之事，須得此奇傑之筆耶！虐始於君、疆場之患，即燭之武退秦師語，但彼猶婉轉，此更急直，則事勢不同耳。末以利動之，接連三轉。"及其未定，可以取分"，亡則全為秦土，撫則長以事秦，總是一口咬定，要他作速出師。歸重末句，一面要忠君，一面又要踐約，直是半點放鬆不得。（《左傳翼》尾）俞寧世曰："《左傳》諸大戰，獨此戰不同。他戰或以力勝，或以謀勝，此戰全是報怨雪恥之師。楚怠而吳怒，故長驅直入，莫之莫遏。至于國已破矣，宮已處矣，王已奔矣，吳人之怒已平，原非有意滅楚，所以不旋踵而復。其中隱隱有一伍員調撥，妙不明說出來。而楚國多少忠臣智士，僅得挽回，乃見怨毒之於人甚也。""德""怨"二字，通篇關紐。行文沉鬱頓挫，淋漓痛快，固已兼《越絕》《史記》之長。晉有荀寅，故師興而罷。吳有伍員，故一請而兵興，幾幾滅楚，此其所以不同也。但吳、楚連年交兵，皆以偏師決勝負，此番以蔡請而來，王雖在軍，亦未遽有滅此朝食之意。司馬效謀，計出萬全。向使子常不納武城黑、史皇諸人之議，何致五戰皆敗，吳遂入郢？子胥即能鼓動夫概以效奇謀，豈能暗誘子常以違良策？既黷貨，又忌功，天敗楚也，夫囊瓦一人尸之矣。覆楚興楚，固是大關目所在。然子胥肆楚之計，亟肆以罷，多方以誤，總在平日。在此文不過是蔡侯請伐緣由，故與伯嚭並敘中間。雖節節有伍員，卻不可以他人功伐移爲彼功，故不露出。亦非不許伍員報楚，故爲微詞以隱之也。入郢以上，正楚之所以覆。吳既入則昭王不得不奔，然有王在而盜不能殺，鬭懷不能弑，隨人不肯與，而後申胥秦庭之哭，乃有所用。詳敘王之所以存，正楚之所以興也。一片敘去，自有蛛絲馬跡之妙，明者會之。舍舟淮汭，此項羽破釜沉舟計也，兵法所謂置之死地而後生者，成安君不聽李左車之策，而淮陰乃鼓行出井陘口。設子常從左司馬計，吳人當另有致勝之謀矣。不然，深入重地，腹背受敵，明如子胥，豈不慮及此耶？抑豈逆知囊瓦貪功，必忌司馬而不行耶？《咀華》於沈尹每誦"出師未捷身先死"之句，吾於此有同慨云。成然以無厭致死，所謂受誅者也。平王殺之而復用其子，與伍奢父子以讒死，義不受誅者不同。故子胥可以復仇，鬭辛不可弑王也。敘此一段，暗與伍員相照，亦與伯嚭相映，見覆楚伍員有伯嚭爲之佐，興楚申胥有鬭辛爲之輔也。無鬭辛則昭王必爲鬭懷所弑，無鑪金則昭王必爲吳人所執。他如子期割心以盟，由于受戈以肩，鍼尹執燧象，鍾建負季羋，以死相從，始終不渝者，固多奇男子，興楚者不獨哭七日、首九頓一申包胥也。然此皆額爛頭焦者耳，向使左司馬之計行，而突曲薪徙，則吳不入郢，諸人奇節亦無由著矣。《板蕩》忠臣，誰樂爲之哉？（德宜尾）動之以害，要之以利，接連三轉，急切中又極婉轉。"依牆"數句，更寫得奕奕生動。（《補義》眉）楚之危同於蔡，復於山窮水盡時別開徑路，都是絕處逢生，兩兩映照。儲云："此哭千古，左氏寫照亦入神。"（高塘尾）此一篇報仇雪恥之文也。以伍員、包胥爲起訖，乃前後關鍵。以復楚、興楚爲綱領，乃通篇主腦。前三段敘伐楚、敗楚、入郢事，以伍員爲主，伯嚭、蔡侯、唐侯、夫概王，皆爲伍員旁佐也。後三段敘奔鄖、奔隨、如秦事，以包胥爲主。由于、鬭辛、子期、鑪金，皆爲包胥引局也。至伍員復楚，於起手一提，至末段點明。包胥興楚，只篇末一引，留後文另敘，格法奇變。（方宗誠眉）敘申包胥之忠烈,情辭激壯,聲淚俱下。(《學餘》尾)吳、楚之勝負不足言也,若聞辛之從、申包胥秦廷之哭,其克盡人臣之分乎?伍員有愧色矣。(《菁華》尾)自巫臣始爲禍首,而子胥、伯嚭繼之,楚事不可爲矣。子重、子反導之於前,費無極和之於後,誰生厲階,至今爲梗?聖人所謂小人之使爲國家,災害並至,豈不信哉!武城黑之言,祇是暗於兵機。若史皇則純是私意,專爲子常一人謀,而置國事於不問。入郢之役,史皇一人誤之也,一死何足敝辜?夫概王可謂知兵,然其倔健不馴,其後卒爲戎首,皆於此可見。司馬雖死,其丹心浩氣,實足爲後來復國諸人忠義之倡,楚之不亡,賴有是人。蔓成然死有應得之罪,與伍奢不其同,故子閭懷不得以伍員爲比。以隨一漢東小國,滅之何難?乃因其一言而訕然中止。蓋吳人一勝之後,暮氣已深,不復有大志,其不能定楚而歸,即此可見。昭王在隨,如機上肉,取之易已。然隨人不畏吳之強,而婉詞以卻之者,非愛楚也,亦自全之道宜爾。蓋楚未可滅,而害其王,後來楚再立君,興師而問隨之罪,滅之易矣。幾何不爲唐侯之續也?君子於此歎隨爲有人。伐楚之役,發蹤指示,當一出子胥之謀,乃篇中卻一字不見,忽於篇末醒出,絕好結構。鞭尸之舉,《史記》詳之,此獨削而不書。蓋左氏視子胥爲一完全忠孝之人,故不欲以世俗傳聞不可知之事爲賢者累也。(闔生夾)沈厲英鷙,慷慨激昂,此與韓戰反首拔舍、皇天后土等文皆至性文字,瀝肝灑血而爲之,中無其實者,不能竊效萬一。

◇定公五年

【經】五年春王三月辛亥朔,日有食之。夏,歸粟于蔡。(《評林》眉)石介:"《春秋》貴義不貴惠,小仁施者,大仁賊也。蔡爲楚所辱而不能救,今見楚敗吳勝,乃歸蔡粟,徒畏吳而已,無救災之實也,小惠不足貴矣。"於越入吳。(《評林》眉)耿定向:"闔閭爭入郢之利,而越搗其虛;夫差取盟晉之功,而越乘其敝;前車既所當戒,況子胥懇懇言之,而終不悟,豈天意必亡之與!"李廉:"劉氏曰:'於越者,其自稱者也。越者,中國稱之者也。入吳、敗吳,皆越人來告,故書於越。吳伐越,則吳來告,故止書越。'"汪克寬:"《汲冢周書·王會篇》有東越、於越,或當時之所稱歟!"六月丙申,季孫意如卒。秋七月壬子，叔孫不敢卒。(《評林》眉)季本："季平子、叔孫成子卒，桓子、武叔皆稚弱，國命爲陽虎所執矣。"冬，晉士鞅帥師圍鮮虞。(《評林》眉)趙鵬飛："士鞅前日伐鮮虞，今復圍之，鞅欲立功也，鮮虞何罪哉！"

【傳】五年春，王人殺子朝於楚。(《評林》眉)陳傅良："殺王子朝不書，義同子頹。"

夏，歸粟於蔡，以周亟，矜無資。(《左繡》眉)亟，以其情。無資，以其物。

越入吳，吳在楚也。(《測義》夾)高閌氏曰："闔廬爭入郢之利，而於越入吳；夫差取盟晉之功，而於越又入吳。意有所逐，而憂有所忘矣。"〖編者按：奧田元繼作顧九疇語。〗(《左繡》眉)此策所謂"反視其妻，已有挑之者也"。(《評林》眉)陳傅良："向曰越人，今曰於越，復從其舊號也。吳、楚爭而後越入中國，昭五年常壽過始見於經，而亟稱人，後三十年而入吳，不復稱人。"

六月，季平子行東野，還，未至，丙申，卒于房。(《補義》眉)猝然道卒。陽虎將以璵璠斂，(韓范夾)季氏逐君，使公不得終於路寢，今平子亦復如之。仲梁懷弗與，曰："改步改玉。"陽虎欲逐之，告公山不狃。不狃曰："彼爲君也，子何怨焉？"既葬，桓子行東野，及費。子洩爲費宰，逆勞於郊，桓子敬之。勞仲梁懷，仲梁懷弗敬。子洩怒，謂陽虎："子行之乎？"(《左繡》眉)此段爲陽虎亂季作引，以不狃爲主。前爲公，則止虎之逐。後爲私，則勸虎之行。虎之亂季，不狃開之也。兩"行東野"，兩"弗與""弗敬"遞說，而用對格，敘事總以整爲工。(《補義》眉)仲梁懷可謂傭中佼佼，而不狃前勸留之，公義也；後勸逐之，私意也。(闈生夾)皆非正士也。紀載甚分明。

申包胥以秦師至，(《補義》眉)七字氣欲吞吳。以包胥爲主，而子蒲、子虎、子期、子西皆賓。秦子蒲、子虎帥車五百乘以救楚。子蒲曰："吾未知吳道。"使楚人先與吳人戰，而自稷會之，大敗夫概王于沂。(《評林》眉)《補注》："'以救楚'，傳見秦救楚不書。"《經世鈔》："吳、楚數交兵，秦則未嘗與吳戰，故不知其戰法，必使楚先試以觀其可攻，而自稷會之，又以奇兵間道出其不意也，是以大敗吳之強將。"吳人獲薳射于柏舉,其子帥奔徒以從子西,敗吳師于軍祥。秋七月,子期、子蒲滅唐。(《左繡》眉)此篇正敘申胥興楚之功,分兩截讀。前段敘吳敗,而終之以夫概王歸。後段亦兩敘吳敗,而終之以吳子亦歸。兩段各以秦師作提挈,極參差事寫得極整齊。而兩截中間特將"吳師敗楚雍澨"作一折,尤見此役非秦師不爲功,結構有法。首句振起全局,只七字而有風馳雨驟之勢,是謂神來。(《評林》眉)《經世鈔》:"秦師一出,吳之敗如湯潑雪,蓋吳勝而驕,兵無紀而亂,子胥之憤已洩,而怒氣衰也。唐不顧楚之能加兵,故滅之易,以報怨且少其敵也。"任安世:"觀唐之滅,則隨之保王,益見其善謀矣。"

九月,夫概王歸,自立也。(《補義》眉)帶結夫概。以與王戰而敗,奔楚,爲堂谿氏。(《評林》眉)彭士望:"奔楚,奇!楚不殺,尤奇!春秋時多如此。"按:《廣韻》曰:"吳王弟夫槩王奔楚,爲棠谿氏。"吳師敗楚師于雍澨,秦師又敗吳師。吳師居麇,子期將焚之,子西曰:"父兄親暴骨焉,不能收,又焚之,不可。"子期曰:"國亡矣!死者若有知也,可以歆舊祀,豈憚焚之?"焚之,而又戰,吳師敗。(闔生夾)閑語,皆有光復之氣,文情沈鷙極矣。又戰于公壻之谿,吳師大敗,吳子乃歸。囚闉輿罷,闉輿罷請先,遂逃歸。葉公諸梁之弟后臧從其母于吳,不待而歸。葉公終不正視。(《左繡》眉)以一"至"字,跌出兩"歸"字,奇!末帶寫兩"歸"字,一是新囚,一是舊虜,寫吳此行,竟一無所得,蓋全賴申胥之力也,所以表之者至矣。末二事,正與前帶敘夫概自立、奔楚相配成章法者。(《左傳翼》尾)吳入郢後,若能發政施仁,救民水火之中,豈不能定楚?而以班處宫,所貪者貨財,所耽者聲色,葉公之母,且不免係累,則肆爲殘虐,水深火熱之民,惟故主是懷,加以君臣乖離,上下舛異,秦師一至,所以屢戰屢敗也。夫概歸,吳子亦歸,暴骨如莽博,得楚人一火并焚,而于己乃無絲毫益矣。起句突敘"申包胥以秦師"至,奇駭驚人,大有高峰墮石之意。結句戛然而止,則所謂怒馬收韁者,殆亦近之。此敘申胥興楚,以結前案。復楚、興楚,兩人各下一"必"字,言操左券,千古遂爲佳話。究之必者,不可必也。設楚不用囊瓦,不久留唐、蔡之君,吳豈能無隙而動?舍舟淮汭,楚若用司馬之謀,勝負恐未可定,吳豈能長驅入郢?申胥即以秦師至矣,吳光善謀,夫概善戰，加以伍員爲之調撥，豈子蒲、子虎一兩將、車五百乘所能掃除乎？爲不讓不和，君臣莫有固志，所以不能定楚。故此篇伏案在前"以班處宮"一段，定案在後鬭辛論爭宮一段，而本文眼目在夫槩王歸自立一語。固知楚之覆，楚自覆之，非伍員能覆之也。楚之興，吳使興之，非申胥能興之也。（《補義》眉）葉公之母不免縶累，則吳兵虜略已甚，一結不是表諸梁，正見五敗而還之故。

乙亥，陽虎囚季桓子及公父文伯，而逐仲梁懷。（韓范夾）有昭公之見逐，則有桓子之見囚，魯不臣周而生一平子，季不臣魯而生一陽虎，豈曰非天？（《補義》眉）家臣囚其主。**冬十月丁亥，殺公何藐。己丑，盟桓子于稷門之內。**（《補義》眉）家臣盟其主。**庚寅，大詛，逐公父歜及秦遄，皆奔齊。**（《分國》尾）貨欲以璵璠斂，非尊平子，盜寶玉、大弓，已伏於此。其心以平子可諸侯斂，陪臣亦可執國命，懷之不與，卓有風節。時貨欲作亂，一囚桓子，遂披其族，剪其黨，殺者殺，逐者逐，奔者奔，而季群一空。天生此凶，以族滅意如，信哉！子孫微矣。（《左繡》眉）凡見奔、弒，必詳其故。桓子見囚，獨突如其來，葢其故在兩父，可知已矣。平子逐君，其報乃在其子，其難即在其臣，天理亦當且速哉！（美中尾）馮允南曰："平子施於昭公者，虎葢默識之。囚季亦逐君故事耳，前之爪牙，今之寇讎也。"（《左傳翼》尾）伯梁懷在季諸臣中，尚能匡君以義，不與逆亂比者。而衆濁獨清，已犯人忌。其疾惡又失之嚴，卒致見逐。獨怪不狃既知其爲君，勸虎勿逐，旋以其慢己，唆虎使行，反覆何無常也？陽虎以一陪隸，竟爾囚主，逐者逐，殺者殺，忽盟忽詛，舉國莫之敢攖，何物麼麿，乃敢猖獗如此？許氏所云"天子微，諸侯僭；諸侯微，大夫淩；大夫微，陪臣脅"，其理勢然乎！

楚子入于郢。（方宗誠眉）此以上爲一大段，敘楚子之能復國，由得諸忠臣之力。**初，鬭辛聞吳人之爭宮也，曰："吾聞之：'不讓則不和，不和不可以遠征。'吳爭于楚，必有亂。有亂則必歸，焉能定楚？"**（《左繡》眉）此篇敘楚子歸國事，首句入郢提起，下以王之奔隨、王之在隨，分類相對作片段，是一頭兩腳格。楚子入郢，只敘一賞功事，而參差各變。九人中，略四而詳五。五人鬭辛爲首，卻另敘在前。鬭懷居末，卻接筆先敘。自此而申胥、而鍾建、而由于，一路倒敘。大都敘事由淡而濃，留趣味事在後作收煞，令讀者越讀越有精神，此作意處也。論常法，則以王賞提在首段，中、下文分敘可耳。此處特變，兩頭各寫一人，中間連寫三人，剪裁伸縮，是之謂參差入妙已矣。其實敘賞，只懷、胥兩人是正寫，一以當舍故，一以遂逃故也。前後三人，只是閑文點綴，行文遂有綺鮮花散之奇。（《補義》眉）"聞吳人之爭宮也"領起，後用"王之奔隨也"，"王之在隨也"以爲章法，蓋連類敘之。（《評林》眉）焦弱侯："吳人既入宮而汙衊之，即不爭，必不能定楚。蓋此乃鬼神所忌，且非兵家宜有也。"（方宗誠眉）此補敘法。於事應敘前"夫概入王宮"之下，然而平順矣。敘於此，乃見局法之變化，且見吳之所以勝而復敗，楚之所以亡而復國。

　　王之奔隨也，將涉于成曰，藍尹亹涉其帑，不與王舟。（《彙鈔》眉）藍尹亹顧私忘公，不救君難，罪不容誅。使復其所，即漢封雍齒之義。及寧，王欲殺之。子西曰："子常唯思舊怨以敗，君何效焉？"王曰："善。使復其所，吾以志前惡。"王賞鬭辛、王孫由于、王孫圉、鍾建、鬭巢、申包胥、王孫賈、宋木、鬭懷。（《補義》眉）一筆提起九人，而王孫圉、王孫賈、宋木、鬭懷不敘其事，子西、子期不敘其賞，詳略明暗，極其錯綜。子西曰："請舍懷也。"王曰："大德滅小怨，道也。"（《測義》夾）陸粲氏曰："昭王之賞鬭懷也，其爲楚國未寧，而以是安反側者歟？然非理國之典也，不可以訓。"〔編者按：奧田元繼作呂祖謙語。〕（《評林》眉）彭士望："賞鄖、懷而欲殺亹，畏大仇而快小怨也，非子西，幾令國法倒施，諸臣反側。"《附見》："上使亹復舊職，自識前日欲殺之過惡，以爲後戒。"《經世鈔》："子西何以諫殺亹，而又請舍懷乎？懷後必有定亂之功，故賞，觀'大德'二字亦可見。"魏禮："懷不誅亦權道也，賞之過矣。"申包胥曰："吾爲君也，非爲身也。君既定矣，又何求？且吾尤子旗，其又爲諸？"遂逃賞。（《彙鈔》眉）蔓成然有德於平王，求欲無厭，平王殺之，故申胥不欲效尤，見解極高。（《補義》眉）儲云："賞，國之典也。胥逃賞，誰當賞者？惟辭多受少，庶幾中道。"子西知舊怨可棄，何以請舍懷？由于固辭不能，何以強使？容人之量，知人之明，均未有焉。故昭王之質甚美，而輔之無術，不能大有所爲。（《評林》眉）《經世鈔》："奇人高人，忠臣大臣，申胥一人兼有之。包胥之逃賞高矣，然定國而受賞，義也。古之聖賢豪傑不廢此，無乃矯乎！夫申胥以立哭秦庭七日夜，而秦始爲出師，皆至性所激，出於常情常理之外，事定受賞，則向日之痛哭消於一賞，翻覺無味，故申胥之逃，逃於哭也。」
王將嫁季芈，季芈辭曰：「所以爲女子，遠丈夫也。鍾建負我矣。」以妻鍾建，以爲樂尹。（文熙眉）汪道昆曰：「辭令能品。」孫氏曰：「伍員復楚，包胥興楚，兩敵手棋也。」穆文熙曰：「包胥痛哭秦庭，千載猶有生氣。平王之世，無極柄政，讒慝肆行，郤宛殺而子胥走，何從得此死力之包胥也？」藍尹亹貧，不與王舟，即昭王不殺，不知何以自解。《國語》頗有解辭，終亦難通，與晉之豎頭須不同也。昭王遂以子西之言赦之，賢乎！申胥之節，何異范蠡？季芈一爲鍾建所負，便不更適他人，此亦丈夫之見哉！（《評林》眉）《經世鈔》：「『負我矣』，辭正而婉，情貞而篤，賢女子也，余曾擬《新婚》二章以寫之。」按：季芈言女子宜遠丈夫，重男女之別，然去年鍾建負我而奔鄖，是乃我夫也，何適他乎？（闡生夾）收拾前文種種，拉雜敘之，極錯綜之妙。前路文勢太重，不如是不足承之。

王之在隨也，子西爲王輿服以保路，國于脾洩。（孫鑛眉）保路非是保安路人，蓋王由此入，恐路爲吳所斷。杜注：「立國脾洩，保安道路人。」（《彙鈔》眉）楚失王，恐衆亂，故僞爲王以保安道路，亦一時權變。**聞王所在，而後從王。王使由于城麇，復命，子西問高厚焉，弗知。子西曰：「不能，如辭。城不知高厚，小大何知？」對曰：「固辭不能，子使余也。人各有能有不能。王遇盜於雲中，余受其戈，其所猶在。」袒而示之背，曰：「此余所能也。脾洩之事，余亦弗能也。」**（韓范夾）楚子頻於死者屢矣，而得復國。吳之勢，天下莫當，而卒以敗。蓋楚敗之後，貪人去國，而賢臣實多。吳止一子胥，復父仇而已，不知其他故也。（魏禧尾）朱子曰：「使吳於入郢之後，止兵休略，命蔡昭、子胥之徒，分定楚地，撫輯其人民，請命於周，明正楚罪，而以其地分賜有功之諸侯，則霸業可成，雖以繼桓、文可也。而何其不然哉？」魏禧曰：「如此尚不止於桓、文矣。滅楚之後，凡楚所滅國興而復之，無人者以其地賜有功諸侯可也。」按：伍員報楚班宮，見於《左傳》。鞭平王尸，見於《史記》。而申包胥譏其無天道之極，後之論者，有言平王殺奢，雖非其罪，然以君殺臣，子無復仇之義。或言平王無道,而奢忠,以小過誅其良賤五十餘口,棠君奔死望報,情急固不可以尋常君殺其父論者。二者之說,要如聚訟。吾季子禮論之曰:"員之仇,不可以不報,其所以報則非也。使子胥入楚,能撫綏其民,求無極與平日之蠱王而讒奢者,生者殺之,死者戮之,以臨祭於父兄之墓,載其喪歸諸吳,請諸吳王而崇葬顯祀之,此其於父子兄弟君臣之間,皆可以無愧矣。而乃班官鞭尸以快意肆志,是再不臣於吳也。"此論得之。又按:子胥初言我必覆楚,申包胥曰我必存之,則包胥初未嘗以員爲不當報,而特罪其鞭尸諸事耳。賴章曰:"吾師詠史詩云:'以武而視陵,如人視犬豕。觀其別陵詩,繾綣乃如此。'蘇武不以降胡絶李陵,申包胥不諫子胥之報楚,想見二人當日傷心處,令千古人墮淚。"彭家屏曰:"子胥有言:'吾日暮途窮,故倒行而逆施之。'是入郢鞭尸之事,子胥已自知爲不順矣。後人紛呶之論,曲爲回護,總屬多事。"(《左繡》眉)

"王之奔隨也"下,卻敘藍尹涉帑事。"王之在隨也"下,亦敘子西保路事。兩人都不在賞内,正相對也。章法奇絶!(《左傳翼》尾)與難諸臣,論功行賞,理所宜然。而敘有詳略者,亦因乎其人與事耳。鬭辛論吳人爭官一段,乃是敘楚子入郢之故,不在論功例也。申胥逃賞,高不可扳,詳之宜矣。鍾建負我,權即爲經,亦事之所宜詳者。而傳中所詳,尤在鬭懷、由于二人,一則以大德滅小怨,一則以忠節掩無能,皆存心忠厚,得君人之大體。既覆復興,未必不由乎此也。天下事無獨必有對,故有鬭懷,即有藍尹亹與之相類。而子西、脾洩之事,亦與由于忠悃相同。冒昧則一,將敘兩人,即先敘此兩事以爲掩映。一用"王之奔隨",一用"王之在隨"作開端,儼若兩峰插天,中間申胥、鍾建二事以錯綜之。最妙是藍尹引起鬭懷,卻平點九人在中,將此間斷,若另敘一事,不知其爲賓主照應者。此等機杼,真天工極,人功錯,非尋常所有也!人心之靈,莫不有知。唯理有未窮,知必有蔽。故因此而議彼,惟子貢能之。子西既勸王不當思舊怨以救藍尹,何獨於鬭懷而昧之?脾洩保路,忠愛所至,遂忘尊卑,則於由于亦可取其長而棄其短。而沾沾責備,以致反唇,總皆不學無術,時明時昧,兩事皆以子西語作開端,見彼雖能改紀國政,而知識陋劣,不能大有所爲,以故讒沮聖人,且自蹈於白公之禍也。只一賞功細事耳,而充其極,則知鬭辛之論,可以定亂,可以保邦,可以和上下而輯民人。至於君盡君道,則舊怨宜忘;臣盡臣道,則成功不居。婚姻正始,別嫌微而戒淫佚。而因材器使與人不求備,具如許絶大道理，讀者正須大肆眼孔。(高嵣尾)"申包胥以秦師至"，起得突兀，使楚人壯膽，吳人喪氣，以下勢如破竹矣。"楚子入於郢"突起，又見撥亂反正，計功行賞，另是一番局面，此謂得勢。賞者九人，有略有詳，參差盡變。俞選聯柏舉作一篇，評云："左氏敘數大戰，獨此番不同。他戰或以謀勝，或以力勝，此戰全是報仇雪恥之師。觀前從子胥謀楚提頭，後從賞功結穴，純以德、怨作關紐。行文沉鬱頓挫，淋漓痛快，固已兼《越絕》《史記》之長。"(《評林》眉) 呂祖謙："由于欲自表遇盜受戈之事，故以弗知高厚起問，而暴其長。"《經世鈔》："以前許多零碎事體，至此忽牽引受戈一事作結，有意無意，古人結構往往如此。"(武億尾) 此又左氏敘戰大篇也。前後分兩大截，中間夾一樞紐。上截夾漢、濟漢、陳柏舉、及清發、敗雍澨，凡五節，敘吳勝事。涉睢、入雲中、奔鄖、奔隨、辭吳、吳退，凡五節，敘楚敗事。此即中段伍員所謂復楚也。下截五敗與前五勝對，入郢與前奔隨對，此即中段申包胥所謂興楚也。中權鳳翥鸞翔，前後泉湧風發，文章巨觀，盡於此矣。(《學餘》尾) 記楚之所以滅而復興，吳之所以得而復失也。蓋國之存亡，繫乎人也。申包胥尤出類矣。(《菁華》尾) 夫概王將略為吳軍諸帥之冠，一戰喪敗，諸人皆為破膽，以下便如摧枯拉朽，取之易矣。子西所言，不脫宋襄、陳餘之見，子期尚知大體。患難之際，交情乃見。朋友君臣，其道一也。陳有司馬桓子，楚有藍尹亹，皆於危急之中，變易臣節。復國之後，廢之可也。使復其所，過矣，何以戒不忠者？介之推之後，又見此人。然人交稱介之推，而不及申包胥者，蓋其節以功掩也。昭王復國之後，而賢人君子之儔，俱以才節自見，則可知前此非盡無人才，蓋為子常所屈抑者多矣。(闈生夾) 後幅嫌平淡，乃淬厲精神為此以結束之，見楚臣之能盡其職也。

晉士鞅圍鮮虞，報觀虎之役（或作敗）也。

◇定公六年

【經】六年春王正月癸亥，鄭游速帥師滅許，以許男斯歸。(《評林》眉) 高閌："許恃楚以固其國，至於四遷，鄭游速偏師一出，滅其國而俘其君，楚雖不能保許，而鄭之肆暴亦甚矣。" 二月，公侵鄭。

（《評林》眉）高閌："召陵之盟口血未乾，而鄭保囊瓦、滅許，故晉命公興師而討之。是時季孫斯初嗣卿位，陪臣陽虎執國命，又迫於晉令，進退皆不由公也。公內有強臣不能討，乃爲晉討鄭，內外結怨，危之道也。"**公至自侵鄭。夏，季孫斯、仲孫何忌如晉。秋，晉人執宋行人樂祁犁。**（《評林》眉）張洽："諸侯惟宋事晉，懼討而遣使，善逆以懷之，猶懼不來，而大夫瀆貨賄，爭權利，卒使來者見執，叛者得志，晉之亂政亟行，伯統所由絕也。"**冬，城中城。季孫斯、仲孫忌帥師圍鄆。**（《評林》眉）黃仲炎："何忌不言何，闕文是也。《公羊》以爲譏二名，妄矣。列國君大夫二名者多矣，何獨譏之哉？"

【傳】**六年春，鄭滅許，因楚敗也。**（《測義》夾）李廉氏曰："此鄭叛霸之始也，自隱十一年鄭入許，而齊、鄭之黨合，天下遂無王。自定六年鄭滅許，而齊、鄭之黨又合，天下遂無晉。"〔編者按：奧田元繼作湯睡菴語。〕

二月，公侵鄭，取匡，爲晉討鄭之伐胥靡也。（《評林》眉）《補注》："'爲晉討鄭之伐胥靡也'，杜氏知匡歸晉者，以非鄰國，不能有其地。"**往不假道於衛。及還，陽虎使季、孟自南門入，出自東門，舍于豚澤。**（《左繡》眉）此與下如晉篇當合看。前一節是陽虎惡季、孟于衛，而衛侯果使追之。後一節是陽虎辱季、孟于晉，而晉人果兼享之。虎之計得矣。然衛公叔、晉范鞅都明眼覷破，一則曰"天將斃陽虎"，一則曰"魯人患陽虎"。而虎雖狡，其如肺肝之如見何？文兩兩對寫，各以"陽虎使"三字爲眼目，章法極整而明也。往還出入，皆虎所使，卻不提於首，而插點於四者之中，是參差法。（《補義》眉）周云："季、孟在魯如虎狼，而陽虎驅之如犬豕。"（《評林》眉）魏禧："'陽虎使'，按：季、孟非稺小，何爲其所使？"《經世鈔》："衛何以縱人師之出入而無禁？"**衛侯怒，使彌子瑕追之。公叔文子老矣，輦而如公，**（韓范夾）已告老而能進忠言，此大臣所尤難也。**曰："尤人而效之，非禮也。昭公之難，君將以文之舒鼎，成之昭兆，定之鞶鑑，苟可以納之，擇用一焉。公子與二三臣之子，諸侯苟憂之，將以爲之質。此群臣之所聞也。今將以小忿蒙舊德，無乃不可乎！大姒之子，唯周公、康叔爲相睦也。而效小人以棄之，不亦誣乎！天將多陽虎之罪以斃之，君姑待之，若何？？"乃止。**（《學餘》眉）魯之無禮甚矣，公叔以至善之言止衛侯，如荊榛塞途，芝蘭有臭；豺狼當道，鸞鳳自鳴；金戈鐵馬，終夜有聲。忽聞《關雎》《麟趾》之遺音也。百世而下，猶覺純厚之澤，沁人心脾，美哉！（文熙眉）老成之言，足以動人。（《測義》夾）愚按：文子國之老臣，知國故事，察見陽虎之私以構釁也，故既謝政去，猶輦而如公，使其計不行，而鄰好不失，抑亦可謂賢矣！夫子所以文之。（魏禧尾）彭士望曰："從文子口中補出靈公爲魯昭急難一段至意，事雖未成，義難泯滅。"（《分國》尾）當時魯昭出奔，傳言惟宋、衛欲復昭公。宋以平子故，翁壻之戚也。衛以同姓故，兄弟之國也。公叔老成篤論，款款動人。讀此，何至譚、尚相爭，骨肉不能顧耶？（《左繡》眉）三"將以"作呼應，末又著一"天將以"字，文調不渙不亂，是整齊法。（《左傳翼》尾）季、孟在魯，不啻虎狼，陽虎驅之，直如犬豕。進云則進，止云則止，抑何不振之甚也？虎意欲藉衛以除之，公叔洞見其情，而告君以親親至誼，委委款款，令人可歌可泣。但衛既欲納昭公，季爲國賊，意如雖死，其子猶在。孟氏黨惡，借此討之，未爲不可。而乃歸咎於虎，以止追師，豈虎不可作慝於季，季獨可肆虐於魯耶？公叔此論，毋亦爲季遊説歟？（《補義》眉）衛靈欲納昭公，出於誠意，傳於公叔之言補出。溯水源木，本墾至語，在當時絶不可得。（《評林》眉）穆文熙："老成之言，足以動人，以小忿而蒙舊德，交道之薄，正坐於此。"（武億尾）罪在陽虎，不當遷怒於魯。以親親至情委曲説入，末了指出禍根，得情得禮。（方宗誠眉）此篇得"將順其美，匡救其惡"之法，所以能感動君心。（《學餘》尾）國之不可無老成人也！微文子，季、孟爲陽虎所使，衛侯亦爲陽虎所使矣。

　　夏，季桓子如晉，獻鄭俘也。陽虎強使孟懿子往報夫人之幣。晉人兼享之。（《測義》夾）高閌氏曰："一卿將命，可兼他事，豈可每事一卿乎？故並書之，見二卿爲陽虎所制也。嗚呼！天子微，諸侯僭。諸侯微，大夫陵。大夫微，陪臣脅。理勢然耳！"〘編者按：奧田元繼作顧九疇語。〙**孟孫立于房外，**（《補義》眉）"立于房外"，眉睫之間傳神。**謂范獻子曰："陽虎若不能居魯，而息肩於晉，所不以爲中軍司馬者，有如先君！"**（《左繡》眉）窮作此語，反言似正，字字藏鋒露穎，妙筆！《評林》眉）彭士望："'息肩於晉'，忽説到此，奇！"**獻子曰："寡君有官，將使其人。鞅何知焉？"獻子謂簡子曰：**

"魯人患陽虎矣，孟孫知其釁，以爲必適晉，故强爲之請，以取入焉。"（《分國》尾）虎圖三桓不遺餘力矣，獨季、孟之驍雄，而於衛既墮其術，於晉復聽命焉。垂頭帖耳，如虎之制於熊，豈積惡已甚，不復誘其衷乎？不然，何負嵎之獸，一日在檻也？（《左繡》眉）因上文正對，不見會心，故另找此一筆，以與孟孫機鋒相對，文固以相配爲佳。

四月己丑，吳大子終纍敗楚舟師，獲潘子臣、小惟子及大夫七人。楚國大惕，懼亡。子期又以陵師敗于繁揚。令尹子西喜曰："乃今可爲矣。"（韓范夾）亡於安而存於危，故小人在朝，必大敗之後方可爲國。於是乎遷郢於鄀，而改紀其政，以定楚國。（魏禧尾）魏禧曰："此與范文子憂勝楚同道。"（《分國》尾）楚昭無失德，至奔亡失國，則以平王信讒罷民、子常貪賄有以致之。平王死，禍移於昭也。卒能復國者，亦以無失德而從亡者多賢人也。以司馬之忠勇善謀，子常見忌。濬、渾不和，大事已去。當時戰死，司馬一人而已。乃從亡者，則有背受戈之由于，心取血之子期，負季羋之鍾建，踞辛懷之鄖公。鑢金初則與隨人立盟誓，申包胥則哭秦庭而乞師。況蒍子有軍祥之戰勝，子西保脾洩之人心。昭王復國，天也，諸子之功也，亦由昭王無大失德也。如靈王者，有一然丹，而訾梁方潰，棄王他走。爲人君者，尚務脩德以固人心哉！（《左繡》眉）敘子西定楚，卻從大敗後措手，識見出人意表，文亦句句作跳脫之筆。敗舟師，不敘地。敗陵師，不敘人。一從彼説來，一從此説去。一敗在舟師上，一敗在陵師下，字字變也！楚國惕亡，不總束於後，而插點於中，用筆至變。且見又敗之，更不可爲，以反跌子西，乃愈有力也，妙絕！"乃今可爲矣"，敘事中着議論，卻只點得一筆，奇甚！（《左傳翼》尾）憂勞興國，古之崎嶇思難者，往往日就興隆。楚幾覆滅，總由恃其強盛坐不知懼耳。吳卧薪嚐膽，乃以報越，不旋踵而爲越沼者，懼不懼異也。"乃今可爲"，祇此一懼，其得力全在改紀其政。子常積弊不掃除而更張之，如何可以有爲？四字中有多少經營佈置在。（高塘尾）敘子西定國，卻從大敗後入手，識見便出人意表。遇敗而喜，與晉、楚鄢陵之戰范文子因勝而憂，同一高見。（《評林》眉）穆文熙："子西'乃今可爲'一語，甚有意致，人有禍患，焉知非福乎？"（方宗誠眉）此以上爲一大段，皆敘楚子入郢以後之事。敘子西改政定楚，以爲總束。

周儋翩率王子朝之徒，因鄭人將以作亂于周。鄭於是乎伐馮、滑、胥靡、負黍、狐人、闕外。六月，晉閻沒戍周，且城胥靡。（《左繡》眉）亂周、伐周，只似近事，不作追敘筆法者，以爲晉討鄭之伐胥靡已見於前公伐鄭傳中也。其事不見於前而見於後，彼此互讀而後明，左氏往往於此等處用特筆，耐後人思尋耳。（《評林》眉）《補注》：「狐人、闕外，傳見諸侯侵叛皆不書。」

秋八月，宋樂祁言於景公曰：「諸侯唯我事晉，今使不往，晉其憾矣。」樂祁告其宰陳寅。陳寅曰：「必使子往。」他日，公謂樂祁曰：「唯寡人說子之言，子必往。」陳寅曰：「子立後而行，吾室亦不亡，唯君亦以我爲知難而行也。」（《評林》眉）沈澤民：「樂祁發事晉之議，後卒身罹見執之辱，老子云『毋爲福始，毋爲禍先』，信矣！」（闈生夾）往聘大國，何難之有？其時權臣爭立門戶，所以不免，蓋已先知之矣。見溷而行。趙簡子逆，而飲之酒于綿上，獻楊楯六十於簡子。（闈生夾）宗堯云：「晉卿爭納賂而開釁於諸侯，此篇皆直書之。是時，晉卿逆志已萌，故多自求封殖，不顧霸業。蓋求霸必先檢身，而違逆篡竊之行反不得逞，故不如舍霸業而自殖也。文之直書，正誅其隱微處。」陳寅曰：「昔吾主范氏，今子主趙氏，又有納焉。以楊楯賈禍，弗可爲也已。然子死晉國，子孫必得志於宋。」范獻子言於晉侯曰：「以君命越疆而使，未致使而私飲酒，不敬二君，不可不討也。」乃執樂祁。（文熙眉）穆文熙曰：「樂祁倡言事晉，宋公乃使祁往。楊楯賈禍，卒於不返，故謀議不可不甚。」穆文熙曰：「樂祁初主范氏，後主趙氏，又楊楯獻趙，而不及於范，則士鞅之譖固非，而祁亦有以取之矣。」（《測義》夾）張洽氏曰：「諸侯惟宋事晉，懼討而遣使，善逆以懷之，猶懼不來，而大夫瀆貨賄、事權利，卒使來者見執，叛者得志，晉之亂政亟行，霸統所由絕也。」（韓范夾）諸侯惟宋事晉，而又執其行人，猶鄭伯朝周而桓王不之禮也。天子之衰，侯伯之微，一也。（魏禧尾）彭士望曰：「強國大臣分黨樹私，客最難爲，惟子產處之裕如。」禧按：子產時晉政出於一，而多賢大夫，故能行其志。彭家屏曰：「一使臣耳，昔主范氏，今主趙氏，其行跡之間，誠有所不便矣。然樂祁初意，未必遽主簡子，因簡子逆而飲之酒，投分杯箸之頃，遂有楊楯之獻，而卒主於其家，以是賈禍也。聖人所以致戒於偶爾因依者歟？楊楯，兵器，不應獻之私家，與者、受者均毋過歟？宜其來讒間之口也。"（《左繡》眉）敘樂祁使晉事，作兩半讀。"見溷"以上，重知難。"而行"句以下，重楊楯。"賈禍"句前虛後實，一氣跌到"乃執樂祁"。篇中凡三寫陳寅，亦一知幾之士也。三"陳寅曰"，蓋以前偶後奇為章法。"知難而行"伏下"賈禍"，"子孫得志"顧上"立後"，一順一倒，兩截一串矣。（《左傳翼》尾）不往恐憾，往則其憾愈甚，范、趙相構，而禍歸使臣，諸侯其誰不解體也？樂氏自昔主范，今逆飲縣上，簡子殊為多事。楊楯六十，曷不並獻而專獻趙簡子乎？知難而行者獨不慮此賈禍乎？書"執行人"，所以著晉之罪，樂祁其亦貽之口實哉？（《補義》眉）范、趙之構難釀於此。（《評林》眉）魏禧："陳寅數語，客於人者宜三復。"又曰："寅何以不早諫？豈卒然飲酒而獻之，寅固不及而知耶？"彭士望："題目自正，言外並侵簡子。"又按："祁止三年而後歸，卒于太行，晉人止其尸以求成。"（武億尾）步驟前虛後實，章法前偶後奇。

陽虎又盟公及三桓于周社，盟國人于亳社，詛于五父之衢。（《左傳翼》尾）陽虎素與趙氏比，強使季、孟，令晉賤之，冀趙為之內應也。孟孫恐趙陰厚之，知范、趙不睦，故反言以激獻子。獻子答孟孫，旋即以告簡子，且云知其釁，以為必適晉，已將後日情事道破，真乃字字機鋒也。陽虎之橫暴如此，而孟孫乃云不能居魯，恃有處父足以制之耳。

冬，十二月，天王處于姑蕕，辟儋翩之亂也。

◇定公七年

【經】七年春王正月。夏四月。秋，齊侯、鄭伯盟于鹹。（《測義》夾）林堯叟氏曰："於是諸侯無主盟矣，是故石門志諸侯之合，於鹹志春秋之散。"（《評林》眉）許翰："齊、鄭之盟，叛晉也，伯道墮，諸侯散，離盟始。復志此，蓋自是中國無殷會矣。"陳深："是時齊、晉兩國相為強弱，晉強則同諸侯以附晉，晉弱則合諸侯以自強，若魯、衛、鄭，則視之以為向背也。"齊人執衛行人北宮結以侵衛。（《評林》眉）趙匡："《穀梁》曰：'以重北宮結也。'案例，執行人皆書，何獨重結哉？"吳徵："執其行人，而與其君結盟以叛晉，齊、衛之罪均矣。"
齊侯、衛侯盟于沙。大雩。齊國夏帥師伐我西鄙。（《評林》眉）
許翰："東夏諸侯唯魯事晉，故齊伐之。景公乘晉之衰，不思惟德之務以
懷諸侯，而欲力征經營，以定伯統，是知時之或可而不知己之不可者
也。"九月，大雩。（《評林》眉）汪克寬："左氏以再雩爲旱甚，經書
雩祭二十有一，惟昭二十五年及此年書再雩，災之甚而變之大者也。昭
公不克自省，而有陽州之孫，定公又不知徵，而有寶玉之竊，世卿之逆，
陪臣之橫，其致一也。故比事書之，以爲後鑑。"冬十月。

【傳】七年春二月，周儋翩入于儀栗以叛。（《評林》眉）陳傅
良："'入于儀栗以叛'，不書，例在昭二十六年。"

齊人歸鄆、陽關，陽虎居之以爲政。（《評林》眉）陳傅良：
"'陽虎居之以爲政'，爲昭公取地，非侵地，此杜說非是。"（《補義》眉）
虎居之，三家不敢有。

夏四月，單武公、劉桓公敗尹氏于窮谷。

秋，齊侯、鄭伯盟于鹹，徵會于衛。衛侯欲叛晉，諸大夫
不可。使北宮結如齊，而私於齊侯曰："執結以侵我。"齊侯從
之，乃盟于瑣。（《測義》夾）李廉氏曰："此齊、衛合黨之始。自此
後，次五氏、次垂葭、次藁陳，至哀元年而伐晉矣。夫當晉、楚衰弱之
餘，使齊景公果撫霸國之餘國尊事王室，輯寧中夏，則桓公之功，獨不
可復乎？奈何今日之會，明日之次，無非包藏禍心，以圖晉爲事乎？"
（《左繡》眉）叛晉是定、哀時一大關目，論見《圖說》中。

齊國夏伐我。陽虎御季桓子，公斂處父御孟懿子，將宵軍
齊師。齊師聞之，墮，伏而待之。（《補義》眉）五字括北戎伐鄭設
謀一大段，簡極鍊極！處父曰："虎不圖禍，而必死。"苫夷曰：
"虎陷二子於難，不待有司，余必殺女。"虎懼，乃還，不敗。
（《分國》尾）虎爲此舉，將假手於齊，幸有處父、苫夷在，不然，兩人
不爲齊俘，幾希矣！（《左繡》眉）此節又陽虎欲危季、孟於齊也。前爲
外人所窺，此即爲同類所制，亦見其戾且孤矣。制虎者，處父也，卻與
苫夷平敘。專季者，陽虎也，卻與處父平提，而兩人固不平也，讀後文
而知之，此文須得其不露斧鑿痕處。（《左傳翼》尾）陽虎欲去三桓，既
惡之於衛，又辱之於晉，尚未遂志。今此宵軍，若陷齊伏，則兩人駢肩

授首於齊矣。他日蒲圃之享，可無事也。乃一處父已足以制虎，又翼之以苦夷，季、孟之不死，天也！彼曰"必死"，此曰"必殺"，虎焉得不懼？家臣不敢知國，其來有自，虎雖強，其亦如之何？（闔生夾）季氏專政而畏陽虎，已奇！陽虎專政又畏苦夷，更奇！

冬十一月戊午，單子、劉子逆王于慶氏。晉籍秦送王。己巳，王入于王城，館于公族黨氏，而後朝于莊宮。

◇定公八年

【經】八年春王正月，公侵齊。公至自侵齊。二月，公侵齊。三月，公至自侵齊。（《評林》眉）張洽："魯陽虎用事用兵無法，故以'侵'書之。軍政不立，而公親行，故書'至'以危之。"高閌："公逾月之間，再出侵齊，不得休息，故兩書'侵''至'以見之。"卓爾康："陪臣執國，三桓拱手，虎已無復顧忌，正月無功，勸公再往，枕於席戈，久居敵境，公何不自危哉？故不待踰月，或在本月，皆書至。"曹伯露卒。夏，齊國夏帥師伐我西鄙。（《評林》眉）高閌："以公不與鹹、沙之盟，且報此春之再侵也。昭公之孫也，齊雖不克納，而有意存之。定公即位，未嘗修好於齊，故齊比年伐我，而我亦再侵齊。觀《春秋》書'齊伐''公侵'，則其曲直可見矣。"公會晉師于瓦。（《評林》眉）李廉："會師之說，胡氏於棐林全主《公羊》，而北條又發重師之義，與前說微異，蓋二義互相發明也。要之，《春秋》之旨，不以公會大夫，特因此又以見師之為重耳。"公至自瓦。秋七月戊辰，陳侯柳卒。晉士鞅帥師侵鄭，遂侵衛。（《測義》夾）汪克寬氏曰："齊之始伐盟主，則書'伐衛，遂伐晉'。晉之始伐與國，則書'侵鄭，遂侵衛'。齊書'伐'而晉書'侵'，於此見晉霸之衰之甚也。"（《評林》眉）許翰："招攜以禮，懷遠以德，鹹、沙之盟，諸侯已貳，晉不思德禮之是務，而欲恃力攘服，則失伯何日之有？"葬曹靖公。九月，葬陳懷公。季孫斯、仲孫何忌帥師侵衛。（《評林》眉）高閌："以其為晉興師，故書侵。"冬，衛侯、鄭伯盟于曲濮。（《評林》眉）高閌："去年公侵鄭，今年二卿侵衛，皆為晉故，而士鞅又自帥師侵之，故二君同為此盟，以固其謀。"從祀先公。（《測義》夾）愚按：從祀之說，三傳以爲正閔、僖之位，胡傳引馮氏説，以爲始以昭公從祀，以取媚於國人。今《春秋辯疑》及《事義》又謂從祀即今制五品以上陪祭之謂，蓋陽虎雖陪臣，而久以大夫自處，得從祀於廟，見有先世分器，遂竊取之。諸説紛紛，惟高閌氏謂："不舉所祀之名，不指所祀之所，以其事出於陽虎之矯舉，故聖人實書之在盜竊寶玉大弓之上，所以誅陽虎之亂也。所謂定、哀多微詞者，意在言外也。"庶幾於經義不支離云。〖編者按：奧田元繼作楊升菴語。〗（《評林》眉）蘇轍："'先公'，閔、僖也。逆祀則稱'躋僖公'，順祀則稱'先公'，何也？徧祀先公也。於是陽虎欲去三桓，故順祀而祈焉。虎之謀去三桓，亂也，而其順祀則禮也。《春秋》善惡不以相及，各書其實而已。"**盜竊寶玉、大弓。**（《測義》夾）胡寧氏曰："先王分器不能謹守，而盜得竊諸公宮，此無政之驗也。故失地則諱，失寶玉大弓則書，重其事也。"（《評林》眉）汪克寬："何休謂：'季氏逐昭公，取寶玉藏其家，陽虎拘季孫，奪其寶玉。'然昭公之經不書失寶玉，而此書盜竊，則陽虎竊取於公宮，而非取之於季氏也。"

【傳】八年春，王正月，公侵齊，門于陽州。士皆坐列，曰："顏高之弓六鈞。"皆取而傳觀之。（《補義》眉）韓云："平時傳玩猶可，奈攻門時猶如是耶？令嚴而兵可用，伍肅而人可死，魯人何泄泄也！"**陽州人出，顏高奪人弱弓，籍丘子鉏擊之，與一人俱斃。偃，且射子鉏，中頰，殪。**（《補義》眉）負重傷，持弱弓，能殺強敵，藝真絕倫。**顏息射人中眉，退曰："我無勇，吾志其目也。"師退，冉猛偽傷足而先。其兄會乃呼曰："猛也殿！"**（鍾惺眉）模寫妙在言外，使人可思而不可解。敘事奧而動，自是漢以前手筆。（《分國》尾）傳言魯無軍政也，坐列者，觀弓者，中眉者，偽傷足者，呼殿者，寫得如火如花，陽州一役，至今在目。自宣公季年以後八十年，凡伐不稱公。至定公六年，書公侵鄭；八年陽州之役，書公侵齊；虞丘之役，又書公侵齊者，則以公山不狃、侯犯、陽虎之專，以三桓爲口實，故諸卿不復帥師，而恒以公將，非公室能張也。出姜氏《全考》。（《左繡》眉）此敘事之小品也。平敘三事，兩顏兩冉，似截對。一詳兩略，似前奇後偶。兩射一殿，又似前偶後奇。以上兩事合看，一"中頰"，一"中眉"，是力與巧對。以下兩事合看，一"退曰"，一"呼曰"，又是誇與詐對。鏡背字，機上文，聯絡巧變，令千載下把玩不釋手也。

一"且"字，見其勇。一"乃"字，見其誣。此傳自爲注腳，不煩訓釋者。（儲欣尾）雜敘如畫。（《左傳翼》尾）張悔菴曰："語雋而含，定、哀以下，文少長篇，然單辭短語，斷章碎句，時有絕妙者。兩顏俱勇，兩冉俱怯，中頄中眉，勇有優劣。偽先呼殿，怯無彼此。軍政不肅，驕情詐態，仿佛如見。伯敬以爲'敘事奧而勁，妙在言外'，良然！顏高死能射人，可稱絕伎。然非六鈞傳觀，奪人弱弓，亦不至此。可知吃虧原是一驕，與顏息中眉志目相類，但較二冉猶勝千百。從來無能人偏會掩飾，矯詐百出，寥寥數語，其牛渚燃犀之照乎？"（《補義》眉）陳云："坐列失次，弓強不以射敵，先歸呼曰殿後，視敗若兒戲耳。"（高嶀尾）兩顏兩冉，前後分敘，一詳一略。兩顏一中頄，一中眉，力與巧兼。兩冉一偽先，一呼殿，怯與詐俱。敘次摹繪，小品聖手。（《評林》眉）鍾伯敬："將在，軍莫敢喧嘩亂步武者，況有取弓而傳觀乎？然以顏高之勇，而弓爲人所奪，不免子鉏之擊，則亦不善用其勇者也。"穆文熙："顏高失強弓，取弱弓，乃爲人所斃，何取六鈞爲哉？大器之不可假人如此。"（林紓尾）此記魯國之無軍政，士囂而惰。顏高之勇，乃隸之竄敗軍中，非死莫可也。文寥寥百餘語，將一時敗狀窮形盡相而出之，筆路極類《檀弓》。攻城何如事？乃列坐傳觀一弓，在百忙中，若無事者。一寫陽州人出，則舉軍紛亂，而顏高之勇，轉在垂死中見奇。其下顏息、冉猛，一則矜其藝以爲戲，一則瞱其私而市偽。中眉中目，皆中也，退而語人，是沾沾詡其一得。冉猛之偽傷足，舉軍當無不知，會呼猛爲殿，直是當面説謊。尺幅中寫出死者死，逃者逃，在可勝之勢而轉成爲敗，並不加論斷，而魯國軍政之敗壞，可觸目而了，斯真善寫生者爾。

　　二月己丑，單子伐穀城，劉子伐儀栗。辛卯，單子伐簡城，劉子伐盂，以定王室。（《分國》尾）定子頹、子帶之難，鄭力居多。定子朝、儋翩之亂，晉爲有功。若劉、單二公，始終王室，又非晉、鄭可比，唐之郭子儀庶幾似之。

　　趙鞅言於晉侯曰："諸侯唯宋事晉，好逆其使，猶懼不至。今又執之，是絕諸侯也。"將歸樂祁。士鞅曰："三年止之，無故而歸之，宋必叛晉。"（《補義》眉）二鞅冰炭，晉君贅疣，聘臣生死被虐，無不寫盡。**獻子私謂子梁曰："寡君懼不得事宋君，是以止子。子姑使溷代子。"子梁以告陳寅，陳寅曰："宋將叛晉，**

是棄溷也，不如侍之。"樂祁歸，卒于大行。士鞅曰："宋必叛，不如止其尸以求成焉。"乃止諸州。（《分國》尾）陳寅見事洞徹，真明智人。楊盾賈禍，祁實自取。綿上之酒，早爲子梁止尸設也，亦可哀矣！（《左繡》眉）此只敘一歸樂祁事，將歸而惡其無故，則欲其代子。既歸而卒于大行，又欲止其尸。此非與子梁作難，乃故意與趙氏爲迕也，遙遙爲晉陽起本矣。文以范獻語爲主，作兩截讀。前半趙鞅語與士鞅語相對，一以"今又執之"爲絕諸侯，一以"無故歸之"爲宋必叛。後半陳寅語與士鞅語相對，一以宋叛棄子不如待之，一以宋叛求成不如止尸。中間卻將獻子私謂作兩截轉楔，"是以止子"承上，"姑使代子"起下。而兩截中間，又各以歸樂祁、樂祁歸爲界畫，其剪裁一何工整至此！（《左傳翼》尾）樂祁之止，本是士鞅怒其從趙，故將歸止之，既死又止其尸，百計阻撓，無非與趙爲難。不顧大體，而但挾私憤以作威福，四方諸侯誰不解體？晉君漠無主張，忽彼忽此，顛顛倒倒，自可哂也。（《評林》眉）穆文熙："士鞅無故止樂祁，比將遣歸，乃欲以子代之，既死又止其尸，楊楯招怨，豈應若此？范氏其少恩哉！"李笠翁："陳寅前勸祁立後而行，豈預卜其將死耶。"

公侵齊，攻廩丘之郛。（《補義》眉）連書公侵齊，蓋三家之師令公帥之耳，公爲大夫役矣。亦陽虎使之耳，公且爲陪臣役矣。主人焚衝，或濡馬褐以救之，遂毀之。主人出，師奔。陽虎偽不見冉猛者，曰："猛在此，必敗。"猛逐之，顧而無繼，偽顛。虎曰："盡客氣也。"苫越生子，將待事而名之。陽州之役獲焉，名之曰陽州。（《分國》尾）陽州偽傷足，廩丘偽顛，冉猛何善偽也？苫越獲陽州之俘以名子，自比僑如取法，亦卑矣！（《左繡》眉）此與前陽州篇同一筆意，彼詳於首，此詳於腹。起處完攻齊正文，中段以偽啓偽，總見陽虎以戰爲戲。末段陽州舊事，卻附紀於廩丘之役，作者蓋亦以待事名子爲客氣也。是一則笑林小品文字，以"客氣"句爲主，前特著兩"主人"字，爲"客"字相映成趣，妙絕！（《左傳翼》尾）踰月之間，公再出侵齊，進退無以自主，三家爲之，實陽虎尸之也。此篇點明，是其眼目。前此陽州人出，師猶不奔，尚有二顏善射，稍爲生色。今止以客氣，冉猛以激而逐，無繼偽顛矣。苫越生子，名陽州不名廩丘，以廩丘無獲也。小小點綴，描畫絕工，後世史家何能追步？（《評林》眉）呂祖謙:"前猛僞爲傷足而先歸,至此復僞顛,其善機警以避害如此。"

　　夏,齊國夏、高張伐我西鄙。(《補義》眉)不及救,反多一番酬應。晉士鞅、趙鞅、荀寅救我。公會晉師于瓦。范獻子執羔,趙簡子、中行文子皆執雁。魯於是始尚羔。(《分國》尾)羔尊於雁,魯向無別,今始尚羔,亦似諷辭。況以晉執羔,而魯始尚羔,安在其爲秉禮之國也?(《左繡》眉)魯號秉禮,豈猶昧此?此始尚者,因晉尚而尚之,加意鄭重之辭耳,非素等羔雁而一之也。(《左傳翼》尾)若謂魯號秉禮,不應素等羔雁而一之,何以前則歌《彤弓》、賦《湛露》,後則舞佾歌雍趾相接耶?"周公其衰",不自今日始歎也。(《評林》眉)《附見》:"魯見晉三卿羔雁異贄而始改禮也。"

　　晉師將盟衛侯于鄟澤。(《補義》眉)此分兩截,上言晉使衛侯叛,下言衛謀叛晉。簡子"誰敢盟衛君者"一語已授之意,而佗、何交應如響。然鞅語卻含糊,便伏殺佗之根。趙簡子曰:"群臣誰敢盟衛君者?"涉佗、成何曰:"我能盟之。"衛人請執牛耳。成何曰:"衛,吾溫、原也,焉得視諸侯?"(闈生夾)桓、文糾合諸侯之盛烈,於此掃地矣!將歃,涉佗捘衛侯之手,及捥。(韓范夾)內有不足於中,則過爲驕亢於外。故晉伯之盛,以禮待諸侯。及其衰也,諸侯叛矣,而又辱之,是教之行也,而求其來,豈不難哉?(《評林》眉)《補注》:"'及捥',傳不言見血,杜注甚矣。言及捥者,以大夫辱國君,詳其事矣。"衛侯怒,王孫賈趨進,曰:"盟以信禮也。有如衛君,其敢不唯禮是事,而受此盟也?"(《左繡》眉)此篇敘衛所由叛晉,前半寫晉盟之無禮,下半寫叛晉之有謀,重在下截四段,皆以王孫賈爲線索,卻即從不受盟插入,兩截一串。又,上截以"將盟""將歃"爲呼應,下截以"欲畔""乃畔"爲呼應,通篇首尾則又以"誰敢盟""請改盟"爲呼應,分合皆章法也。寫晉無禮,涉佗、成何,先總後分,字字惡狀使人叵耐,方激得叛晉一番怨毒起。王孫賈趨進數言,便自怒氣拂拂,從十指出也,入神之筆!(《補義》眉)總提一筆。

　　衛侯欲叛晉,而患諸大夫。(闈生夾)宗堯按:"諸侯叛晉,晉並不衰,其後三晉仍皆強國,故春秋之末,其志不急急於諸侯也。"王孫賈使次于郊,大夫問故。公以晉訴語之,且曰:"寡人辱社稷,其改卜嗣,寡人從焉。"(孫鑛眉)悲激意有態。大夫曰:"是衛之禍，豈君之過也？"公曰："又有患焉。謂寡人：'必以而子與大夫之子爲質。'"大夫曰："苟有益也，公子則往。群臣之子，敢不皆負羈絏以從？"將行。王孫賈曰："苟衛國有難，工商未嘗不爲患，使皆行而後可。"公以告大夫，乃皆將行之。行有日，公朝國人，使賈問焉，曰："若衛叛晉，晉五伐我，病何如矣？"皆曰："五伐我，猶可以能戰。"賈曰："然則如叛之！病而後質焉，何遲之有？"乃叛晉。（《補義》眉）三層公告大夫、大夫對公，正與成、何一喉而起反照。"叛"應"誰敢盟"。晉人請改盟，弗許。（文熙眉）穆文熙曰："國君與大夫盟，已爲非禮。而晉之二子又侮衛君，遂致叛盟，則簡子不得辭其責矣。"（魏禧尾）魏禧曰："惠公以卜貳圍激晉，靈公以改卜嗣激國人，阿骨達捽面痛哭，以殺我一族激部衆，卒皆得其死力，激之術大矣。"彭家屏曰："主辱臣死，義也。衛侯鄟澤之辱，王孫賈苟以此義告之諸大夫，共絕晉人，豈不光明正大哉？乃計使衛侯次於郊而不入，而有改卜嗣之請。改卜嗣，豈衛侯之心乎？凡事之不出於本心者，皆詐也。而以語諸大夫，是以詐教也。向使諸大夫不爲所激，皆以大國不可絕爲辭，爲衛侯者，將入國乎？抑果改卜嗣乎？漢初諸呂欲危劉氏，太尉勃入北軍，令曰：'爲呂氏右袒，爲劉氏左袒。'軍中皆左袒。後人非之，以爲有如軍士不應，或皆右袒，或參半焉，則如之何？不如直驅之以義而已。衛侯不驅之以義，而詐其諸大夫與其國人，是豈君子之所取乎？"（《分國》尾）國家危難時，莫如朝國人與之謀。呂甥朝國人，以君命賞。衛侯朝國人，不以五伐辭激發人心在此一舉。不然，如唐玄宗夜半出延秋門，宋二帝北狩。城門閉，言路開。城門開，言路閉。國人亦奈之何？（《左繡》眉）"衛侯欲叛晉而患諸大夫"，陡提此筆，領起下半篇文字，振拔可喜。下分兩層三節，上層兩"大夫曰"對，下層兩"皆"字對，而整散各變。"使次于郊"、"將行"、"行有日"，三番頓挫，又一頭兩脚格也。末以"不如畔之"作斷，首尾曲折，盡態極妍！（儲欣尾）激發次第，賈信能臣也。"群臣誰敢盟衛君者"，趙鞅一語，實生厲階。涉佗、成何，皆所喉而吠耳。

秋，晉士鞅會成桓公侵鄭，圍蟲牢，報伊闕也。遂侵衛。（《左繡》眉）侵鄭有注，侵衛無注，以事之遠近爲詳略也。（《左傳翼》尾）士鞅執宋使，猶云與趙鞅爭權也。趙鞅之辱衛侯，意欲何爲？晉自召陵以後，齊、鄭皆叛，衛侯亦欲叛晉，以諸大夫不可而止。此即爲之加禮，猶懼其貳，而乃一再辱之，使之必叛乎？王孫賈以無禮斥晉，而因此以激怒諸大夫與國人，大有操縱妙用。孔子善其治軍旅，或亦以其能作士氣歟？因己子而及群臣之子，遂及國人之子，皆將行之，使一國人心恇懼，則叛晉易易矣。後世奸雄激怒兵衆使叛，如勝、廣以過期當斬激成徒；伍被詐爲丞相、御史書徙民實朔方；高歡討爾兆，詐言以六鎮配契胡爲部落；唐高起事亦詐發太原、西河、雁門、馬邑民擊遼東。因其恟懼，藉以發難，皆賈此謀爲之開先也。左氏善談兵，不言兵而無非兵法妙用，如此類是也，讀者其致思焉。（《日知》尾）忿不可止，衆不易喻，筆筆寫神，章法因之，遂極頓挫斡旋之妙。（《評林》眉）陳傅良：“成桓公不書，專譏晉，經故特書‘遂’，杜説非。自晉屬以來，王人會伐矣。”

九月，師侵衛，晉故也。（闈生夾）宗堯云：“魯之親晉，非真二國相親也。是時二國之君已失國權，二國之臣相比周，故與宋、衛異耳。讀昭公時諸傳，其跡已著。”

季寤、公鉏極、公山不狃皆不得志於季氏，（孫鑛眉）敘事入細。（《左繡》眉）諸亂必有其故，陽虎則無他故，只要己更孟氏耳。卻不提明在前，而以“欲去三桓”倒敘於“五人因陽虎”之下，較他處敘法各別，左氏手意固多變也。此篇寫陽虎之亂，凡作四節讀。第一節欲去三桓，敘其作亂本意，以及順祀、戒車，皆前一層事。第二節前驅，第三節劫公，敘作亂正項事。第四節脱甲盜玉，敘敗後事。節節皆以陽虎提頭，而“五人因陽虎”起，“陽虎入讙、陽關以叛”結，篇法極明畫。其間成宰期孟孫、桓子咋林楚、築者闉門、子言舍爵，穿插其間。諸人爲緯，陽虎爲經。作者蓋極寫一跋扈之陪臣，以爲此春秋之盜魁而已矣。（《補義》眉）此分三段讀，“戒癸巳”以上是虎作亂，“陽氏敗”以上是處父救亂，以下則敘其敗後事也。虎欲去三桓以張公室，爲名鼓動。不狃等傳但點“己更孟氏”一語，直揭其心。（高塘眉）前幅是未亂前事，“欲去三桓”是通篇緣起，“壬辰”“癸巳”是通篇關目，公斂處父是通篇線索，一一提清，筆筆有法。**叔孫輒無寵於叔孫氏，叔仲志不得志於魯。故五人因陽虎。陽虎欲去三桓，以季寤更季氏，以叔孫輒更叔孫氏，己更孟氏。**（《評林》眉）彭士望：“何不以‘逐昭公，野死'聲罪致討？"冬十月，順祀先公而祈焉。辛卯，禘于僖公。（《評林》眉）《補注》："'禘于僖公'，傳見譏不在禘，不書禘。"壬辰，將享季氏于蒲圃而殺之，戒都車曰："癸巳至。"（《補義》眉）戒都車者，戒不狃以費邑之兵入援也。成宰公斂處父告孟孫，曰："季氏戒都車，何故？"孟孫曰："吾弗聞。"處父曰："然則亂也，必及於子，先備諸？"與孟孫以壬辰為期。（《左繡》眉）陽虎作難，因季及孟，制之者，全虧處父一人，即於首段提出，凡三寫機警，伏一篇之線索。而後以"帥師、請追"兩層應之，其力只在"以壬辰為期"五字中，妙絕！極紛亂事，寫得極清晰；極倉卒事，寫得極次第。只是將陽虎與桓子、處父相間而寫，遂得錯綜，而又有條理也。（《補義》眉）其謀甚閟，只此微露消息。虎之失策，莫如戒都車於癸巳，而壬辰事發，致費宰不狃無從接應。處父得計，莫如與孟孫以壬辰為期，而成人、圍人皆得為援。此成敗之關鍵也。桓子中道躍去，已出虎意外，而處父一軍，更從天而降，寫來色色驚人。（《評林》眉）《經世鈔》："知蒲圃之危矣，何以赴其享？"

　　陽虎前驅，林楚御桓子，虞人以鈹、盾夾之，陽越殿，將如蒲圃。（高塘眉）中幅正敘作亂事，先敘陽虎劫季氏，次敘孟氏救季氏，後敘處父敗陽虎，兩邊夾敘，事極紛亂，文極清晰，時極倉猝，筆極次第！（闈生夾）季氏之蔑君久矣，莫敢誰何者，今忽得一陽虎，玩弄三桓如在股掌，庶幾少償其逆君之罪。故特詳著其凌暴之狀，以舒公室之憤懣也。孔子歎三桓子孫之微，正是此意。桓子咋謂林楚曰："而先皆季氏之良也，爾以是繼之。"對曰："臣聞命後。陽虎為政，魯國服焉。違之，徵死。死無益於主。"桓子曰："何後之有？而能以我適孟氏乎？"對曰："不敢愛死，懼不免主。"桓子曰："往也。"孟氏選圍人之壯者三百人，以為公期築室於門外。林楚怒馬，及衢而騁。陽越射之，不中。築者闔門。有自門間射陽越，殺之。陽虎劫公與武叔，以伐孟氏。公斂處父帥成人自上東門入，與陽氏戰于南門之內，弗勝。又戰于棘下，陽氏敗。陽虎說甲如公宮，取寶玉、大弓以出。（高塘眉）後幅是既敗後事，如公宮取寶玉，舍寢而食，曰："喜於徵死，何暇追余。"陽虎之無魯，久矣。請追，弗許，魯之畏陽虎至矣。是時陪臣執國，三桓漸微，魯之不即亡，幸也夫？**舍于五父之衢，寢而爲食。其徒曰："追其將至。"虎曰："魯人聞余出，喜於徵死，何暇追余？"**（韓范夾）能亂之人，知其國不能有爲，故安意徜徉，而卒不越其所度也。（《評林》眉）鍾伯敬："'魯人聞余出'，自古亂國弱主爲叛人窺破若此，可畏也！"按：陽虎出奔，季氏自脱蒲圃之厄也，陽虎自召死，季氏喜之也已。**從者曰："嘻！速駕！公斂陽在。"公斂陽請追之，孟孫弗許。陽欲殺桓子，孟孫懼而歸之。子言辨舍爵於季氏之廟而出。**（《補義》眉）前爲亂告魯廟，此敗後告季廟，照應有情。以"叛"字歸結陽虎。**陽虎入于讙、陽關以叛。**（文熙眉）穆文熙曰："蒲圃之計，陽虎前驅，陽越爲殿，季孫夾居其中，萬無可脱之理。而車前數語，遂令林楚怒馬。孟氏之衆，卒斃陽越而走陽虎。豈非命與？想其時亦危乎！"又云："虎於倉皇危迫中，尚能策人慮變，其奸人之雄哉！"（《分國》尾）季孫祈免於林楚，聲情可憐。處父力戰於孟氏，義風可感。惜乎！處父之刃將及季孫耳。入宮取寶，寢衢作食，舍爵而出，入關以叛，魯真無人哉！（《左繡》眉）朱受谷曰："摹擬如繪不必言，酷愛中間'與孟孫以壬辰爲期'八個字，有如組如舞之奇。孟孫爲公期筑室於門外，壬辰日也。公斂處父帥成人自上東門入，壬辰日也。然其妙卻從'戒都車，曰癸巳至'句中來。帶敘子言一筆，亦恰與陽虎作起訖，結構天成。"（《左傳翼》尾）三桓，魯之大蠹，君不能討而虎欲去之，非以強公室也，乃欲己更其位耳。禮樂征伐自天子出，躋僖逆祀，不告於王而擅自順祀，是欲專禮樂也。連年侵鄭侵齊，皆虎主兵。今欲殺季劫公，與武叔以伐孟氏，是欲專征伐也。國之大事在祀與戎，而專行自恣，不唯目無魯君，亦且蔑視王章矣，孔子所以謂"陪臣執國命"也。處父與陽虎爲敵頭，使不得逞其兇焰，而三桓竟不能去，人多惜之。不知三桓既去，陽虎其可復制乎？魯之患，更有不可知者。一虎一陽，此篇主腦最宜著眼。季斯如釜中游魂，陽虎要囚便囚，要釋便釋，則要殺便殺可矣，何必享于蒲圃而後殺之，且戒都車之至？蓋虎欲並去三桓，冀不狃以都車來爲之助耳。而不知癸巳一戒，風聲已露，處父即從而先爲備矣。機事不密則害成，陽虎舉動，孟孫弗聞，舉國焉得而知？明者見微知著，一有消息，機警人自然覷破。公期之築，成人之入，皆陽氏意料所不及。朱受穀謂：

"緊要是與孟孫以壬辰爲期,其妙都從戒都車曰'癸巳至'來。"此是事機關目處,亦是文章筋節處。蒲圃之享,季氏既知必死,與其乞憐林楚,何如不往,且先告二家,使往爲之救?而鈹盾交夾,束手就車,前後左右,皆虎黨也。林楚云"違之徵死",虎云"喜於徵死",積威所至,可畏如是。從來敍亂,尤必敍亂黨。助虎者既有五人,唯季寤於末一點,戒都車內暗藏不狃,餘三人絶不之及,以見罪有首從,主謀既得,他何能爲?此又敍事詳略之權衡也。(高嶂尾)俞桐川曰:"一日中有幾處擾攘,有幾番變更,敍來又明净,又錯綜,又緊凑,全在挈領接縫處得力。"(《自怡軒》尾)敍陽貨之梟雄,斂處父之警敏、桓子之窘急、孟氏之解圍,摹擬俱入神化。許穆堂。(林紓尾)陽虎之謀略膽力非小也,即季寤亦亂人中之有智慮者。然此二人之乖覺,均不敵一公斂陽之乖覺。都車者,都邑之兵車也。公斂一見,即覺刺眼,明告孟氏以亂,已有成算。圉人壯者三百人之集,大抵亦公斂所部署。季孫憤憤,及登車時,見鈹盾夾行,始大悟此身如赴法場。其咋謂林楚,則亦一時之急智。咋之爲言暫也,雖倉卒中,發言卻極動聽。林楚既告以實,季孫知林楚非噬己之人,故趣之行。已而陽越死,季孫幸入孟氏之門。公斂再戰,而陽虎立敗。然尚能取寶玉、大弓以出,爲他日行賂投奔之地,則其臨機預算,有大過人者。復料追者之弗來,敢公然寢而爲食,吾所謂膽力非小者,此也。通篇寫來,無一不有生氣,似乎孟孫得人,季孫得天,實則當時情事,亦不過一亂象而已。經左氏寫出,大覺離奇,其中似有神樞鬼藏,不可方物,無他,由筆妙也!(《菁華》尾)季氏之强,亦由二家爲之羽翼,觀昭公之舉事無成可見。陽虎欲去季氏,宜先結好於二家,二家離則季可圖。今乃一日欲去三桓,是驅之使合,而自樹其敵也。甚矣,虎之愚也!陽虎欲殺桓子,而御車之人,不用其心腹,致使林楚生心,此亦部署之疏。吾意林楚平日雖外厚陽虎,而心實不善其所爲,故桓子得以數言動之。否則與人做何等事,豈有須臾之間而忽焉變計者乎?孟孫此時果殺桓子,未必即能亡季氏,而適結一不可解之仇,非計之得者也。孟孫不聽公斂陽之言,尚爲善顧大局。

鄭駟歂嗣子大叔爲政。

◇定公九年

【經】九年春王正月。夏四月戊申,鄭伯蠆卒。得寶玉、大弓。(《評林》眉)杜諤:"魯不能保守國器以致失,今得而復書之,不正其得之於盜也,直書曰'得',以明其失而復得也。"汪克寬:"杜預謂國之分器,得之足以爲榮,故重而書之。案:失之固足以爲辱,然得之於盜,不能討其罪,未足爲榮,適以彰其失之之恥耳。"六月,葬鄭獻公。秋,齊侯、衛侯次于五氏。(《測義》夾)愚按:齊、衛伐晉也,經不書伐而書次,或以爲諱伐盟,則襄二十五年齊遂伐晉,何以不諱?或以爲《春秋》重絕晉,則文元年衛人伐晉,何以不重絕晉?蓋齊、衛雖有玩晉之心,而晉力尚强,未敢訟言伐之,故二國不以伐晉告,而《春秋》亦因其告而書之,以示存晉之意云。(《評林》眉)任公輔:"此伐晉也,不書伐而書次者,晉實大國,未敢輕伐,始盟于沙中,次于五氏,又次于垂葭,又次于蕆蒢,至哀元年而後伐,其欲有所逞也久矣。"季本:"自盟沙衛人叛晉,晉不忘討,而衛與齊合,將欲備之,此所以有五氏次。"李廉:"齊、衛三次而後伐,胡氏無傳,蓋同前次而後伐,罪其包藏禍心義也。謝氏以爲罪其無事而出,故書次,則又與無名妄動之例同矣。要之,二例皆可通,而陳氏説又得聖人之微意。"秦伯卒。冬,葬秦哀公。(《評林》眉)許翰:"秦自晉悼以後,寖不見於《春秋》,則知秦益退保西戎,軍旅禮聘之事,不交於列國。"

【傳】九年春,宋公使樂大心盟于晉,且逆樂祁之尸。(孫鑛眉)句法全同,只易"子梁"二字,未敢謂善。(《評林》眉)按:前年宋樂祁卒于晉,止其尸于州。州,晉地。辭,僞有疾。乃使向巢如晉盟,且逆子梁之尸。子明謂桐門右師出,曰:"吾猶衰絰,而子擊鐘,何也?"右師曰:"喪不在此故也。"既而告人曰:"已衰絰而生子,余何故舍鐘?"子明聞之,怒,言於公曰:"右師將不利戴氏,不肯適晉,將作亂也。不然無疾。"乃逐桐門右師。(《分國》尾)右師僞疾,宜致子明之諷。子明不自反,自來右師之詬,故唯無瑕者能責人也。不然,楚虔、慶封,往往而然。(《左繡》眉)反唇處令人絕倒。擊鐘之非,可以"喪不在此"解之。生子之非,無可解也,則以僞疾訐之。怨不在大小,其於傷心,涓之謂歟?只"桐門右師"四字,亦與一應,何心閒而手敏也?(《左傳翼》尾)己唯無瑕,乃可責人。子明怨右師,所謂不能三年之喪,而緦小功之察也。然兄弟之誼,豈以喪不在此而忘之?反唇以稽,其猶卑宋大夫、賤司城氏之故習歟？言人不善，如後患何？讒慝之口，右師其有以自取之矣。（《評林》眉）陳傅良："'乃逐桐門右師'，傳言樂大心書奔，義同高止。"

鄭駟歂殺鄧析，而用其《竹刑》。（《補義》眉）俞云："論事説《詩》，道理風韻俱妙。"君子謂子然："於是不忠。苟有可以加於國家者，棄其邪可也。《靜女》之三章，取彤管焉。《竿旄》'何以告之'，取其忠也。故用其道，不棄其人。《詩》云：'蔽芾甘棠，勿翦勿伐召伯所茇。'思其人猶愛其樹，況用其道而不恤其人乎？子然無以勸能矣。"（孫鑛眉）頓挫有致。（《測義》夾）陸粲氏曰："今世有《鄧析書》，曰《無厚》《轉辭》者二篇，大抵商鞅、韓非語也，其爲竹刑，將非此類乎？雖子然之殺之，吾以爲後矣，何謂不忠？子然之不忠在用《竹刑》，不在殺鄧析。"〔編者按：奥田元繼作王荊石語。〕（《分國》尾）鄧析之惡，仲尼以例少正卯，子然殺之，宜也。用其《竹刑》，子然已非，傳者並欲存其人耶？（《左繡》眉）一篇論斷敘案，只提一筆"棄其邪"，通身文字都從此一筆洗發也。凡作兩層讀，前半"棄其邪""取其忠"對，是照提筆順説，見不當殺，但當用。後半"用其道""恤其人"對，是照提筆逆説，見既要用，不當殺。一往一復，洗發透徹。尤妙在中間"用其道不棄其人"兩語，承上起下，夾在三引《詩》中作轉捩之筆。而單句提、單句結，文止百字，字字筋節也。三引《詩》兩略一詳，前偶後奇，有筆意，有章法，既參差，又整齊。管也，竿也，樹也，都與"竹"字相映，小小着色，無一不工。（儲欣尾）三引詩，錯落韻折。（昆崖尾）切題斷起，切題斷結，首尾相應，最爲整齊。中間開宕作論，變化之妙也。三引《詩》作兩段，橫插斷句於中，錯綜生動，局法入妙，變化中又有變化。（《左傳翼》尾）"苟有可加"二句，便是用其道不棄其人。引《靜女》、引《竿旄》，即將正意一點，後又以"思其人猶愛其樹"作進步語，以見不恤其人之非。兩喚"用其道"，深爲用《竹刑》歎息。無以勸能，正不忠實罪。三引《詩》，詳略變化，錯綜入妙。管，竹也。竿，亦竹也。《彤管》所書，《竿旄》所告，皆可取則。竹簡所載，亦可取也。甘棠非竹，亦竹類也。舍其下以聽政刑，而令人思愛，則凡能平獄訟者，皆可思愛也。小處點染，皆與大道理關會，故不入織。（《便覽》尾）凡三引《詩》，皆於不類中見其類，而自饒淺深變化之法。此等豐神，左之後，誰其繼乎？芳自記。（《日知》尾）風雅絕世。(高塙尾) 俞桐川曰："論事説《詩》，道理、風韻俱妙。"(《評林》眉) 王元美："或云鄧析數難子産之政，子産戮之。今觀其書，循名責實，察法立威，先申、韓而鳴者也。至謂天於人，父於子，兄於弟俱無厚者，何哉？先王之用刑也，本於愛。析之用刑也，本於無厚。其誅晚矣！《轉辭篇》"與智者言，依於辨"數語，同鬼谷子，豈後人得其旨，苟益其詞也耶？要之，小人之言往往出於機心之發，故不甚相遠耳。《吕氏春秋》記析嘗教獲溺尸者、購溺尸者，交勝而不可窮，固健吏舞文之魁也，孰謂駟顓失刑哉！"

夏，陽虎歸寶玉、大弓。書曰"得"，器用也。凡獲器用曰得，得用焉曰獲。(《左繡》眉) 得寶玉、大弓，不言所得，諱之也，亦恕之也。諱之以其歸自陽虎，恕之則不復目之爲盜。然其焚門出奔、請師伐魯、逃西願東、鍥軸侵逃、種種猾賊舉動，則終不能自新而革面也。斷之曰"趙氏其世有亂乎"，蓋仍以盜目之矣。(《評林》眉)《補注》："'得用焉曰獲'，劉氏曰：'失、得相對言，得所以見失也。'若器必言得，郜大鼎何以言取乎？"

六月，伐陽關。陽虎使焚萊門。(《彙鈔》眉) 陽虎一舉一動，俱極奸巧。若以此才正用之，亦頗有濟，惜其甘爲亂賊也。(《補義》眉) 火起師驚，乘之而出，略用詐謀，便已遠走。師驚，犯之而出。奔齊，請師以伐魯，曰："三加，必取之。"齊侯將許之。鮑文子諫曰："臣嘗爲隸於施氏矣，魯未可取也。上下猶和，衆庶猶睦，能事大國，而無天災，若之何取之？陽虎欲勤齊師也，齊師罷，大臣必多死亡，已於是乎奮其詐謀。(韓范夾) 弊齊弊魯，皆可爲利，虎一舉而兩得，文子一言而虎兩失，國有人焉，則亂人自無所容也。夫陽虎有寵於季氏，而將殺季孫，以不利魯國，而求容焉。親富不親仁，君焉用之？君富於季氏，而大於魯國，兹陽虎所欲傾覆也。魯免其疾，而君又收之，無乃害乎！"(《測義》夾) 孫應鰲氏曰："論齊、魯之勢，明探陽虎之心盡。"(孫鑛眉) 此收數語尤醒快。(《彙鈔》眉) 直窺奸人心計，明明道破，應使膽落。(《左繡》眉) 文子語，輕論取魯，而重論陽虎，凡説兩遍。前一遍，極寫陽虎之惡，又分兩項：欲勤齊師，是本位正意；不利魯國，便將對面相形。後一遍，極論陽虎之不可用，即承上兩項反復串説，曲折醒快之文。"詐謀"二字斷盡陽虎一生，乃此文一篇之眼目也。(《補義》眉)只與魯一對照，則虎之伎倆畢見。(《學餘》眉)文子一開口便親切有味，以下凡五轉，愈轉愈深，愈深愈達，可以爲文矣。鮑叔其有後乎！**齊侯執陽虎，將東之。陽虎願東，乃囚諸西鄙。盡借邑人之車，鍥其軸，麻約而歸之。載蔥靈，寢於其中而逃。追而得之，囚於齊。又以蔥靈逃，奔(宋，遂奔)晉，適趙氏。**(韓范夾)何不殺之？蓋叛人亦有天意未絕之耶？(《補義》眉)小小詐謀，只是一竊賊行徑。**仲尼曰："趙氏其世有亂乎！"**(文熙眉)穆文熙曰："文子談陽虎之惡曲盡，故齊不受其害。季氏寵之，乃爲所噬。小人之不可邇如此。視其願西請東，蔥靈屢奔，蓋可謂神奸矣。"(《彙鈔》眉)因其願東，故反西之，不知正墮其計也。削軸而繩約之，使易折，蓋欲絕追者也。(《分國》尾)晉受陽虎，猶梁受侯景。兩人凶狡略同，二國納之，皆啓亂端。晉簡子何如齊鮑子也？(《左繡》眉)孫執升曰："自古小人構亂人國者，老成練達之人每早見而深言之。世主不察而墮其計，如梁武之於侯景，其尤也已。鮑文子一言，而齊、魯並受其福，此國之所以貴有老成人也。"以夫子斷結，不但結陽虎，並結文子一篇文字，見其言之不謬也。(《左傳翼》尾)陽虎一生伎倆，總是要勤人國，使大臣死亡，己得奮其詐謀。在魯驅役季、孟，使不得休息，無非如此，今又欲用之於齊，眞盜魁也。最惡是寵於季氏，即欲殺季氏。如此陰惡，尚可引爲腹心乎？總之，親富不親仁，最是看人要訣。從古小人傾覆人國家，都坐此弊。孔子斷趙氏其世有亂，即是此意。此文言言藥石，字字著蔡，所宜銘座書紳也。此陽虎一大結案也。陽虎自季平子死後，左氏始見於文，前此未之覿也。乃一出即囚季桓子，逐殺詛盟，屢書不一書，今此竟欲去三桓，揆厥所由，季氏寵之耳。平子出君，八年專制魯國，虎以狡詐百出之身，爲之腹心，故寵而任之，而不知威命一移，遂桀悍而不可復制。林楚曰"陽虎爲政，魯國服焉，違之徵死"，此豈一朝夕之故乎？叔孫寵豎牛，而禍一家。季氏寵陽虎，而亂一國。以季之權更重於叔孫，虎之惡更浮於豎牛也。小人之結主，知以邪媚進者，則嬖之；以才術進者，則寵之。嬖與寵皆足以生亂也。可不戒哉！可不慎哉！(《日知》尾)陽虎禍魯，至歸寶玉大弓而止，文由亂之既息，而鞁始用之者，足開亂源也。通篇用從寶見主法，描寫議論，皆極情盡態，實於正意一噴一醒。(高塘尾)邱瓊山曰：" 論齊、魯之勢明悉，誅陽虎之心曲盡。" 俞桐川曰："道宕緊峭，定哀集中，進一格文字。"（武億尾）歷敘陽虎詭秘之跡，真乃神乎盜者也。衷曲卻被鮑文子說破，道宕緊峭，定、哀集中進一格文字。（《學餘》尾）陽虎歸寶玉、大弓，書曰"得寶玉、大弓"，不與陽虎之歸也。鮑子知之，趙氏昧之，聖人所以臨河而不濟乎？（林紓尾）鮑文子之諫齊，詞直理舉，堂堂正正文字也。此篇當詳審其用字之法，正以窮形陽虎之狙詐。虎之意，本欲西，乃曰"願東"，正以速齊吏之西囚。齊固以爲西囚足以抑虎之奸謀，不知乃適墜其計。鍥軸、麻約，用字簡省切當，而虎之狡黠過人處，皆屬賊智，一一陳諸紙上。第一次以蔥靈逃而見獲，則第二次決無更用蔥靈之理，而仍逃脫。想孔子已一一聞之，聞其適趙，故慨歎曰"趙氏其世有亂乎"，不說陽虎，只說趙氏，文用此等筆作結穴，神韻天然，大不易及！（《菁華》尾）陽虎欲甘心季氏，其罪尚輕，至欲舉其國以與人，真是病風喪心，一死不足以塞責者矣！公山不狃與陽虎同畔，然觀其對叔孫輒之言，悽然故國之思，語語動聽，使陽虎聞之，定當愧死。

　　秋，齊侯伐晉夷儀。（《左繡》眉）此篇敘齊伐晉，着筆在 "先登" 上，以東郭、犂彌爲主。前兩兩讓登，後兩兩辭賞，寫來都有蘊藉雋永之致。而起以敝無存作引，末以敝無存作結，中間另以衛侯當半之勇相形，章法最匀密。看來雖寫書、彌諸人，其實只寫齊侯。蓋齊侯首畔晉而伐盟主，意在與君代興耳。夷儀之戰無大規模，致邑、賞功、恤死，寫他只向小小處捉摸，可以料其終矣。（《補義》眉）此二國次五氏傳，以齊侯爲主。齊景爭伯，故重勇力。敝無存以先登倡衆，書、彌二子繼之，遂克夷儀。後之加禮無存，正以倡衆之功也。中間敘衛侯之勇，與齊臣相映，不特取勢寬展，亦見晉實不德，與國成讎，無怪齊景之欲伐也。後段酬功，筆筆照應上二段，極寫爭伯之急。**敝無存之父將室之，辭，以與其弟，曰："此役也不死，反，必娶於高、國。"先登，求自門出，死于霤下。東郭書讓登，**（孫鑛眉）不云爭登，卻云讓登，用意自妙。**犂彌從之，曰："子讓而左，我讓而右，使登者絕而後下。" 書左，彌先下。書與王猛息。猛曰："我先登。" 書斂甲，曰："曩者之難，今又難焉！" 猛笑曰："吾從子如驂之有靳。"** （《左繡》眉）諸家皆以齊師克在和，但斂甲節，自爲下驕字伏案，不當並作讓解。(《補義》眉)王猛不見受賞，以猛實無功耳。(《評林》眉)李笠翁："無存蓋欲立功以職姻貴室，惜不幸而死，自古好名之士如此齎志者蓋亦多也。"穆文熙："敝無存棄室不娶，東郭書、犁彌相讓先登，人心鼓舞若此，所以克晉。"

晉車千乘在中牟。衛侯將如五氏，卜過之，龜焦。(《評林》眉)王荊石："'如五氏'，齊、衛伐晉也，《春秋》不書伐而書次，何也？蓋齊、衛雖有玩晉之心，而晉力尚強，未敢訟言伐之，故二國不以伐為告，而《春秋》亦因其告而書人，以示存晉之意云。"穆文熙："龜兆不成，衛侯不顧，何其決也！"衛侯曰："可也。衛車當其半，寡人當其半，敵矣！"乃過中牟。中牟人欲伐之，衛褚師圃亡在中牟，曰："衛雖小，其君在焉，未可勝也。齊師克城而驕，其帥又賤，遇，必敗之。不如從齊。"乃伐齊師，敗之。(《左繡》眉)不夾敘此段，則讓登、辭賞兩事接連，局雖緊而氣嫌於促矣，此養局之妙也。(《評林》眉)穆文熙："褚師圃策齊師帥賤而驕，卒以敗齊，又何不爽也！"《附見》："言衛車五百乘，而又衛侯身自當五百乘，合之與晉車千乘相敵矣。"齊侯致禚、媚、杏於衛。齊侯賞犁彌，犁彌辭，曰："有先登者，臣從之，晳幘而衣狸製。"公使視東郭書，曰："乃夫子也，吾貺子。"公賞東郭書，辭，曰："彼，賓旅也。"乃賞犁彌。(孫鑛眉)有此讓然後前讓愈有味。以"視"求，妙！(《左繡》眉)驂斯、賓旅，前後相映，語甚新而雅。(《評林》眉)郭眉菴："東郭書與犁彌先登之讓不難，而得賞之讓為難。"

齊師之在夷儀也，齊侯謂夷儀人曰："得敝無存者，以五家免。"乃得其尸。公三襚之。與之犀軒與直蓋，而先歸之。坐引者，以師哭之，親推之三。(王源尾)齊臣勇而能讓，所以成功。傳為齊而作，衛不過帶序。齊為主，衛為賓。衛橫斷於中為奇，齊前後遙接為正也。敝無存獨序，東郭書、犁彌合序，後應亦然。摹寫各盡其致，簡古而生動。而前序書、彌，夾一王猛為波瀾，分外生情。共三"讓"字，三"辭"字。登讓之讓，主也。左讓右，餘波耳。犁彌、東郭書之辭，主也。敝無存之辭，先驅耳。前後連綿掩映，如芙蕖點點，隨波蕩漾，情態紛披。通篇以"登"字為章法，敝無存先登，東郭書、犁彌讓登。王猛之誇先登，波也。犁彌之推先登，應也。首尾如率然矣。首段結妙，末段結尤妙。芟落繁蕪，獨存筋骨，老氣槎枒！（《分國》尾）君子之居人國也，不忘其故主。吾於魯取公山不狃，當不狃奔吳，吳以邾故伐魯，叔孫輒曰："伐之，必得志。"不狃曰："非禮也。君子不以所惡廢鄉。"及見褚師圃亡在晉中牟，當衛從齊伐晉，過中牟，中牟人欲伐之，圃曰："衛雖小，其君在焉，未可勝也，不如伐齊。"竊以兩人行誼未嘗是齒於大賢，而各爲其故主，可謂賢矣。樂毅奔趙，趙與樂毅謀伐燕，毅泣曰："臣疇昔事昭王，猶今日事大王也。若復得罪在他國，終身不敢謀趙之徒隸。"乃止。廉頗趙將，後仕楚，曰："吾思用趙人。"王猛寢疾，符堅訪以後事，猛曰："臣沒之後，願勿以晉爲圖。"數人者，皆有君子之風。至若巫臣謀傾楚，羽頡謀伐鄭，小人之尤耳，何足道哉？（《左傳翼》尾）此敘齊伐夷儀事，從敝無存敘起，串遞出東郭書、犂彌、王猛來，爲下克城而驕伏脈。人人讓登，所以克也。讓登中全是驕意，所以敗也。末段先結書、彌，後結無存，錯綜不測。中插衛侯，爲晉伐齊作陪，亦以終經文"次于五氏"實跡也。經書"次于五氏"，齊侯、衛侯並書，而傳重敘齊於首尾，中帶衛侯者，以衛實未嘗主兵，齊克晉夷儀，晉又伐齊師敗之也。一夷儀之克，何足當五百乘之獲？乃師敗不以爲憂，城克深以爲喜者，蓋齊之怨晉深入骨髓，不減於衛。衛侯奮不顧身，欲當其半。而齊侯於先登者，生則受賞，死則加恤，以爲苟稍肆害於晉，不覺志滿而意得也。不然，攻城陷陣，先登者何時蔑有，而摧鋒陣亡，如敝無存者，趾相接也，何以沾沾獨賞此數人，而於敝無存不惜破格待以殊禮哉？《左繡》謂此篇："寫書、彌諸人，寔只寫齊侯。夷儀之戰，無大規模，賞功恤死，只向小處捉摸。"知言哉！偪陽之戰，敘諸勇士，以其久而無功也。此敘書、彌先登，志其功也。屹屹崇墉，而數子踴躍爭先，遂有成功。不言城之所以克何如，而但言其登，又言其下，且言其息，則城之古□可知。此敘事隱見之妙也。東郭書是主，犂彌與王猛從之，故皆合敘。一就登時寫，一就息時寫，筆法各別。敝無存乃先驅耳，而前以之始，後以之終，鄭重寫來，又恰似主中之主。只此數人，而錯錯落落，如花片隨風，星光伴月，不可名狀。（《補義》眉）視御輪三推于高、國之門，其榮若何？

◇定公十年

【經】十年春王三月，及齊平。（《測義》夾）李廉氏曰："前此魯數侵齊，齊數伐魯，至孔子爲相，與齊相平，而齊受之。"（《評林》眉）湛若水："書及齊平，善釋怨也。孔子爲政於魯，釋怨以安民也，於是再侵齊之怨平矣。"**夏，公會齊侯于夾谷。**（《評林》眉）余光："葉石林云：'夾谷之事，匹夫之勇，知者不爲，而曾謂仲尼爲之乎？'晦翁亦力辨此事爲附會。"卓爾康："齊欲結魯而伐晉也，或謂魯欲叛晉而從齊，非也。夫子當國，叛晉之説，非所出也。蓋將平齊從晉，以靖列國耳。"**公至自夾谷。晉趙鞅帥師圍衛。**（《測義》夾）家鉉翁氏曰："晉自召陵以後，凡用兵書侵，以義不足以服人也。此役書圍，以力不足以服人也。"（《評林》眉）季本："圍衛，欲其離齊黨也，而卒不能服，晉衰可知也。"**齊人來歸鄆、讙、龜陰田。**（《評林》眉）高閌："孔子夾谷之事，人可能也。而使大國失守悔過效順，所不可能也。此脩誠之至，崇德之素，感於其人之天，譬如干羽格有苗，非任智者所能測也。"**叔孫州仇、仲孫何忌帥師圍邾。秋，叔孫州仇、仲孫何忌帥師圍邾。宋樂大心出奔曹。**（《評林》眉）王葆："宋公信讒，而刑罰無章，固可罪矣。然大心不能任家國之難，而進退無據，且挾詐以避事，豈能自安乎？故經亦直書以志其過。"**宋公子地出奔陳。冬，齊侯、衛侯、鄭游速會于安甫。叔孫州仇如齊。宋公之弟辰暨仲佗、石彄出奔陳。**（《評林》眉）黄仲炎："宋公以私寵向魋之故，使其母弟、國卿群然奔叛，蓋君不君，則臣不臣也。"

【傳】十年春，及齊平。（《左繡》眉）當合下篇讀，蓋直點兩經，爲夾谷傳，首尾亦連經駕敍法。（《補義》眉）馬宛斯曰："齊人變計而修好，非畏魯也，畏魯之能用聖人耳。"（《評林》眉）陳傅良："'及齊平'，魯叛晉。自齊五氏之役，諸侯始伐盟主。及齊平，則魯從之矣。傳并於明年鄭事發之。"

夏，公會齊侯于祝其，實夾谷。（《正論》眉）錢豐寰曰："謀詐之不如德義也，以理勝也。德義之不如謀詐也，以數勝也。孔子能兵萊人于夾谷，而不能禦女樂於齊郊。彼婦之口，可以出走，信夫！"（《淵鑒》眉）聖人於樽俎之間，雍容片言，折強鄰之威，合二國之好，反汶陽之田，良由盛德動人，詞嚴而義正也。則堂家鉉翁曰："犂彌之奸、萊夷之劫，使非吾聖人相禮，動容貌、出辭氣，有以格齊人之強暴，則定公幾不獲免，而魯之危甚矣。"臣士奇曰："從容定變，一無聲色，須於此識得聖人溫、良、恭、儉、讓處。"(《左繡》眉)此篇見大聖人行道之端,有經有權,分作三截讀。上截卻兵,下截辭享,都以德、禮為正己正人作用,此是經處。中間更定載書,不激不隨,人己兩得,此是權處。俞寧世曰:"犂彌料孔子,以為有禮無勇。孔子三制齊人,全在禮中發出勇來。此聖賢與俠烈分別處,寫得最高。"首段不責齊君,而直兵萊人,乃是把好人與齊侯做也,宜其聞而遽辟之矣。單領一筆,整應四句,總斷三句,單收一筆,字字正大和平。左氏敘述夫子語煞小心在。中七句着着緊,末只四字鬆去,秋殺春生,造化在手。**孔丘相。**(《補義》眉)孔某相一篇之綱,下分三截,總以孔子為主。(《便覽》眉)三字一篇之主,故下三段皆著眼在夫子。**犂彌言於齊侯曰:"孔丘知禮而無勇,**(方宗誠眉)伏案。下文皆破此五字。**若使萊人以兵劫魯侯,必得志焉。"齊侯從之。**(《評林》眉)張侗初:"彌與東郭書不爭功,不邀賞,何其雍雍有禮也!至以無勇少孔丘,以兵劫魯侯,則謬甚矣。"魏禧:"按:知禮而無勇,便是武人見識。"**孔丘以公退,曰:"士兵之!兩君合好,而裔夷之俘以兵亂之,非齊君所以命諸侯也。裔不謀夏,夷不亂華,俘不干盟,兵不偪好,於神為不祥,於德為愆義,於人為失禮。君必不然。"**(《文歸》眉)蔣尚寶曰:"大是辣手。"(《便覽》眉)實從禮中寫出勇來。其不非齊而直兵萊人,是以德、禮待人處。(方宗誠眉)辭命正大。"兵不偪好"之下,應有"謀夏亂華,干盟偪好"八字,今無之,乃見文法高古。**齊侯聞之,遽辟之。**(《補義》眉)聖人用魯,四國從風。齊景仰慕,早在未會之先。而誤聽小人,以兵試之。聖人應之裕如,諭之以禮。玩一"遽"字,實是羞對聖人。《史記》景公云:"魯以君子之道輔其君,子以夷狄之道教寡人,使得罪於魯君。"俱在此一"遽"字中。**將盟,**(韓范夾)諸侯之無伯也,故齊、魯有盟。盟非盛事也,而有若光於葵丘、踐土之役者,則以一相重於諸侯也。(《評林》眉)趙匡:"經不書盟,且傳何得云盟?蓋左氏欲以歸汶陽之田歸功於夫子,故謬為此說,殊不知要而得之,非聖人之正也。"**齊人加於載書曰:"齊師出竟,而不以甲車三百乘從我者,有如此盟。"孔丘使茲無還揖對曰:"而不反我汶陽之田,吾以共命者,亦如之。"**(《文歸》眉)茅坤曰:"讀此,千載下猶覺英風凜凜。"(《補義》眉)茲無還揖對,只合如此,子產所謂"國不競亦陵也"。

（《評林》眉）陳傅良："'亦如之'，平不書盟，義同宋、楚，杜説非。"齊侯將享公，孔丘謂梁丘據曰："齊、魯之故，吾子何不聞焉？事既成矣，而又享之，是勤執事也。且犧象不出門，嘉樂不野合。饗而既具，是棄禮也。若其不具，用秕稗也。用秕稗，君辱。棄禮，名惡。子盍圖之？夫享，所以昭德也。不昭，不如其已也。"乃不果享。（文熙眉）汪道昆曰："辭令妙品。'裔不謀夏'以下章法。"（《左傳雋》眉）劉畏所曰："是會也，孔子凡三言，一卻萊兵，一改盟載，一罷享禮。語語嚴緊峻烈，自可折衝萬里，何論一齊耶？"胡氏曰："桓公以義責楚，而楚人來盟；夫子以禮責齊，而齊人歸地。皆書曰'來'，序績也。"（《正集》尾）讀此知樊將軍對項王幾語，大有似乎聖人也。如曹沫劫盟，終是氣奪。葛靖調。（《覺斯》尾）過商侯曰："大聖人作用，只是不惡而嚴，便使小人一片機謀都盡。試思此是何等手段！知禮而無勇，摯彌真不識聖人也。"（《左繡》眉）中段語，與晏子、崔、慶之盟同，自是當時有此一種説法。夫子使無還揖對，亦初不求異人，只是行所無事而已。以此田共此命，於我未病，而可以復我故物。不求加於人，亦使人不能有加於我，而又予人以易從，大聖人何等作用也！末段辭享，開口卻責梁丘據，予奪處使人不測。其實，與兵萊人同一道理，不要傷觸主人，此即賓之以德禮自處，而因以德禮處人者也。起"勤執事"，是淺一層説。束"不昭德"，是深一層説。中以兩意反復，寫得具不具都不是，則享自廢然而止矣。（儲欣尾）夾谷一會，見他書者多矣，要當以左氏爲正。（《便覽》眉）"勤執事"意淺，"不昭德"意深，中間兩意往復，説得具不具皆不是，則應自止。"遽辟之""不果享"，首尾自成一對，中間卻留於末，並結全幅，恰與起處三字對照出過化之妙。（盛謨總評）只看他斷絶處忽然過下，煙雲接□，渾成一片，絶無斷續痕跡，便見史筆之妙。卧魯曰："古人運筆，只一二字便妙。"讀此傳中間兩"將"字可悟。于埜批《左傳》至此，病廢月餘矣。月夜與卧魯倚徙苔徑，談左文妙處，忽忽欲動。呼卧魯取燈研朱，相與披閲，又苦精力衰疲，不能久坐，旋自掩卷歎息。謂卧魯曰："于埜讀《左傳》如是。"卧魯曰："唯余知汝如是。"于埜曰："然。"病癒，卧魯録《左傳》，遂尾諸此。（《評林》眉）彭士望："妙在謂梁丘據，若伊川、考亭，必引孟子右師家法，不肯交一言矣。王文成交張永，頗得此意。"顧九疇："樂之嘉者，不於野外奏合。"（方宗誠眉）敘孔子之知禮而有勇，其勇乃仁者之勇也。

齊人來歸鄆、讙、龜陰之田。（《測義》夾）李廉氏曰："參諸家，皆當以《穀梁》及《史記》謝過之說爲正，左氏所載夫子請齊歸汶陽之語失之。"（王源尾）聖人陰陽合德，體天地之撰，故能柔能剛，有文有武。非若後世道學先生，徒爲大言，而絕無摧凶抑暴之能者比也。夾谷之會，儒者但謂孔子持一理以折強敵，遂使威重於三軍。如果持一理字即足折服強敵，則青城之役，何不持理字以折金人？厓山之亡，何不持理字以折蒙古？嗚呼！儒者之誤久矣，何不觀左氏序夾谷之文乎？首提"孔丘相"三字，見此會所以序孔子之功也。緊入犂彌一段，謂孔子知禮無勇，請以兵劫之。夫以好會而以兵劫，豈不知其非禮乎？齊侯居然從之，豈不亦欺其無勇，而明出於非禮而不顧乎？若果無勇，徒欲責其非理，豈不竟爲所劫，而爲犂彌之欺乎？試看孔子作用，一見萊人有異，即先以公退，保公無虞也。一面急召左右，揮兵而進，以備非常也。挺戈露刃，森列于庭。萊人雖兇，其得逞乎？一面以大義責齊侯，使之氣沮語塞。然後一暢其詞，決江河而下，風霆並擊，鈇鉞交加。三寸之舌，萬夫辟易。齊於是不得不爲折服，豈不以兵，不用武，徒持一理字以相折者哉？既而要盟，使賤者一言，折之如破竹矣。既而將享，慮其有詐，則又欽曲從容，折之以禮，而齊遂從風而靡矣。有勇乎？無勇乎？徒知禮乎？知禮而又有勇乎？齊之君臣，於是且愧且服，絕其陵慢不恭之心，生其敬畏無窮之意。而鄆、讙、龜陰之田，不興師，不動衆，崇朝而復於魯之版圖矣。聖人之用如此，明文可據，何得空言性命而不實究其經綸乎？首提"孔丘相"三字，即巍然有萬里長城之勢，接入犂彌獻計，崩雲突起，駭浪飛翻，不如此，襯不出孔子也。尤妙在說孔子知禮無勇，以伏孔子之勇，而知禮更爲生動。後凡三提孔丘，皆所以極寫孔子，而要以第一段爲主。何也？寫其勇也。寫其勇以輔禮，而能折服強敵也。乃一時之情景如畫，孔子之言狀聲色，如見如聞。金鐵錚鳴，轟轟赫赫，千秋下讀者猶爲震慄色動，況當日乎？此第一段之妙也。至第二段、第三段，俱用換筆。一則寫其餘勇，一則專寫知禮。一則簡，一則詳。一則直，一則曲。變態互出，總是第一段之餘波而已。至末以歸田作結，妙極妙極！不序其詳，不言其故。渾渾淪淪，只一句而止，而暗與"孔丘相"三字相應，以見孔子之功。何其妙也！陡然壁削千尺，不可階而升，寫聖人身分，恰宜如此。（魏禧尾）彭士望曰：

"梁丘據得聖人一交語，多事光耀，已傾身爲之周旋矣，安知歸田不得其力？"禧按：夾谷既會，齊侯謂其臣曰："夫人率其君行古人之道，二三子獨率我入夷狄之俗，使寡人得罪於魯侯，如之何？"晏子曰："小人之謝過也以文，君子之謝過也以質。君已知過，則謝之以質。"景公於是歸魯田。可知此會孔子有平仲爲内主，即用梁丘據，亦當由平仲得力，不得草草看過。謂聖人開口半言，齊人遽服也。若誤理會，便大誤事。（《分國》尾）勇莫大於禮也。萊人之兵，仲尼以禮卻之，自反而縮，萬人我往，吾嘗聞大勇於夫子矣。一曰失禮，齊侯驚。再曰失禮，野享徹。彼柯盟之劫，如曹沫者，安足道也？（《集解》尾）從來邪不勝正，況德勝化神之聖人乎？卻萊兵一段，一則曰非齊君所以命諸侯，再則曰君必不然，已代齊侯卸脱罪過，景公那得不遽鬭萊人？載書所加之語，若以供命對，則大詘國體。以不供命對，則好會不成。卻借反汶陽田來伴講，立言妙甚。至罷享禮一節，拈出君辱、名惡二義，議論何等正大！聖人作用，蔑以加矣。（《知新》尾）齊素輕魯，雖間孔子新用而未見實效，欲假威以懾之。豈知有文事者，早有武備。司馬具官，左右陳列，齊其能動乎？謀之不成，祇增慙惡。歸邑謝過，卒從晏子。兆足以行，於此略見矣。（《賞音》尾）常事用經，變事知權，英雄亦有善全之者。然未免矜才使氣，聖人則雍容處之而有餘，此之謂大勇。有文事必有武備，固賴先具司馬以從。然聖人盛德光輝之接於人者，自能使人敬畏慙服，故能指揮如意若此。（《左繡》眉）單結齊人歸田一筆，與起"孔丘相"三字對看，過化之妙，左氏亦悠然神往於筆墨之表矣。"遽辟之""不果享"，都於本段即結。中段事，卻留於着末作結，並結通篇，結得奇變之極。曾喬雲曰："前斥言兩君，中答還而字，後齊、魯並稱，自占地步處，絶不相讓。"唐錫周曰："請以三言品之，曰'溫而厲，威而不猛，恭而安'。"孫執升曰："夾谷之會，譬諸大造，特陽春之一氣耳。看作驚天動地，反小了聖人。然實有光於葵丘、踐土之役，則一相重於諸侯也。"（昆崖尾）王晉升曰："未行時即請具左右司馬，已知徂詐之齊，是大聖人先覺。犁彌豎子，徒使景公獻醜耳。卻萊兵、改載書、罷享禮，左氏層次寫來，太和元氣中，自覺英風凜凜。"（《約編》尾）孔子以禮拒齊，齊人心服，見聖化感人之速。（《左傳翼》尾）夾谷之會，千古美談。《左》《史》敘事，各擅其勝。《史記》於樽俎雍容中有劍拔弩張之象，此於戈矛森列中具雅歌投壺之意，皆絶筆也。王或庵謂："先以公退，保公無虞。急召左右，揮兵而進，以備非常，然後責以大義，使之氣沮語塞。"是所重在勇也。然徒以"士兵之"而無下面一段正論，齊景豈能心怍？俞寧世謂："孔子三制齊人，皆從禮字發出勇來。"甚妙。尤妙在齊人忙亂，孔子安閒。譬之於奕，彼人苦心極力，躊躇滿志而後下一着，此乃隨手應之，不假思索，着着先，且着着勝矣。從容自然，行所無事，大聖人應變大略，大率如此。此篇專寫孔子，開首提明"孔丘相"，眉目朗然。後面一提再提三提四提，處處都有神采。聖人小小展布，便令齊之君臣深謀遠計，自鳴得意者，毫無所用，此是過化存神處。左氏極意描寫，以見其摧凶抑暴，德化強鄰，非道學先生空談性命，了無寔用者比。然太説得張惶，又與澠池之藺相如、鴻門之樊噲相類，反似小覷了聖人。孫執升以爲譬如大造，特陽春之一氣，最看得妙。合諸評觀之，而聖人之全身見矣。《左繡》云："遽辟之、不果享，都於本段即結。中段事卻留於著末作結，並結通篇，結得奇變之極。"此亦只就文法變化立論耳。若歸田事專爲無還一對，則汶陽既反，齊師出竟，魯不將以三百乘相從乎？按《史記》，景公知義不若，歸而大恐，於是歸田以謝過。家氏曰："聖人道化所至，強暴爲之格心，有莫知其然而然者。"高氏曰："譬如干羽格有苗，非任智者所能測。左氏中幅雖載無還之對，而歸田特紀篇終，寔見此田齊人心服而歸之，非魯請而得之也。豈前此歸濟西田、取汶陽田、取邾田、自潞水歸讙及闡等類乎？書來歸而不言其所以，義繫乎卻兵辭享，而不專繫乎卻兵辭享也。左氏蓋深得《春秋》微意，而不得以陋譏之也。"（《精言》尾）齊、魯敵國也，夾谷之會在既平之後，何故又求得志？玩犁彌知禮無勇之言，全因孔子用魯起見，欲試之以不測，因嗤儒者無益於人國耳。孔子作用，妙在具左右司馬一着。不然，未必不爲宋襄會楚之續也。載書所加之語，大約如澠池之會，請以趙十五城爲秦王壽口角。若藺相如處此，必責齊以三百乘從魯，何等形跡？夫子止令以供命作誓詞，帶説汶陽，不即不離間，使齊君臣伎倆俱盡，無可結局。方思以享禮示歉，又被説破。則三田謝過，自不能已矣。後人力辯其無是事，謂左氏過信，豈定論哉？（德宜尾）聖人折衝樽俎，非專尚詞令，實有一番經濟在內。文寫得有聲有色，覺聖人溫厲威恭，一時俱到。（《便覽》尾）聖人作用，只如此淡淡寫來，自覺圓規方矩，乃武乃神。左氏敘夫子事，煞自小心。（《日知》尾）卻萊兵、對載書，寫聖人之勇。辭享，寫聖人之知禮。有因物賦形之妙。起處以"知禮無勇"

爲全文反跌，末以歸田爲全事結穴，左氏傳寫聖人，故用筆摹篇，嚴謹之至。(高塘尾)俞桐川曰："犂彌料孔子，以爲有禮無勇。孔子三制齊人，全在禮中發出勇來，此聖賢與俠烈分別處，寫得最高。"文品嚴潔。詞命作法，不激不隨，有剛有柔，直是春溫秋肅，造化在身也。遽辟之、不果享、來歸田，俱見聖人存神過化之妙。(《自怡軒》尾)寫聖人應變，極迫遽中，雍容自如，此之謂大勇。許穆堂。(《學餘》尾)聖人言動必以禮，所以師表萬世也。禮之爲物，足使勇者失其武，知者失其謀，巧者失其辯。吾於聖人言動以禮而知天下無不可處之人，無不可處之地，亦無不可處之境焉。(《菁華》尾)明是齊君所爲，卻歸罪於萊夷，痛責其非禮，又以"君必不然"一語，曲爲齊君開脫，使之聞而内慚，其事自解。否則因羞成怒，或至決裂。聖人謀出萬全，固不敢以君爲孤注也。三百乘之要求，而以汶陽之田爲請，國體所關，此時一分示弱不得，《史記》所云"澠池之會，秦卒不能有加於趙"，智謀之士尚爾，況聖人乎？

　　晉趙鞅圍衛，報夷儀也。

　　初，衛侯伐邯鄲午於寒氏，城其西北(隅)而守之，宵熸。(闆生夾)唐定本有"隅"字，是也。"城其西北隅"，即攻其西北隅之謂。攻城爲城，猶攻門爲門耳。後人不解古文虛實互用之意，乃疑於城之西北更築一城，因妄將"隅"字刪去之。**及晉圍衛，午以徒七十人門於衛西門，殺人於門中，曰："請報寒氏之役。"**(《補義》眉)唐云："死期至矣，猶十分賣弄。"**涉佗曰："夫子則勇矣，然我往，必不敢啓門。"**(《補義》眉)涉佗，犬也，鞅嗾之，晉如有君，必以佗之刀加鞅之首。**亦以徒七十人，旦門焉，步左右，皆至而立，如植。日中不啓門，乃退。反役，晉人討衛之叛故，曰："由涉佗、成何。"於是執涉佗以求成於衛。衛人不許，晉人遂殺涉佗。**(韓范夾)前此既留死者以求成於宋，今此復殺生者以求成於衛，何其舛也？(《評林》眉)王元美："涉佗、成何並以勇相矜，徒快心一時，而竟貽殺身之禍，又安用此以賈害也？"**成何奔燕。君子曰："此之謂棄禮，必不鈞。《詩》曰：'人而無禮，胡不遄死。'涉佗亦遄矣哉！"**(《分國》尾)衛叛晉，實非由涉佗、成何也。沙澤盟齊，叛計已決。晉人討衛叛之故，而曰由涉佗、成何，聊以解嘲云爾。不然，改盟勿許，求成勿許，然後殺佗。佗之死亦遲矣，何遄之有？

（《左繡》眉）此篇由賓入主，前敘無斷，分明爲勇而無禮者痛下針砭也。寫涉佗恃勇而驕，下忽著"反役"二字，正見死之速處。"晉人討衛"數語，本在前"報夷役"之下，夾敘於此，爲涉佗寫得出其不意。蓋旦門植立，極其高興時，業已兵在其頸矣。絕倒！只就《詩》點一"譑"字，寄慨無窮。（《左傳翼》尾）即便我往不敢啓門，爭勝於邯鄲午，有何得意處？赳赳武夫，大率皆類此也。既以無禮啓釁以致衛叛，兵連禍結，猶不知悔，自恃其勇，極意賣弄，不死何待？一"譑"字斷得冷妙。既激之使叛矣，旋復請改盟，而衛人不許。既興師以圍之矣，旋又執涉佗以求成，而衛人又不許。洩盟主之威，貽笑於諸侯，不亦甚乎？捘手及腕，涉佗固可殺矣。然誰寔教之？始則教之肆虐，以顯其威。繼則蔽罪其人，以自解免。謀國不臧，鞅實尸之，晉陽之禍，豈降自天哉？

　　初，叔孫成子欲立武叔，（孫鑛眉）亦委曲有情致。（《彙鈔》眉）此篇敘往事能曲，敘瑣事能净，落落穆穆，情致如生。（《左繡》眉）此篇左氏以閒細之心，弄尖曲之筆，寫變詐之人之事，語語活，着着到，是傳中第一首機巧文字。只出色寫一駟赤，首段敘公若事，爲侯犯之叛作引。寫圍人事，又即爲工師之巧作陪，已自妙絕。然未有若後文之愈出愈奇者也，凡作三大段讀。第一段，誘其求事于齊，待其既從，而以宣言遷郈激衆異。第二段，誑其請易於齊，待其既諾，而以周呼師至動衆圍。第三段則以將射效膂力，又以先行獻殷勤。待其既出，然後輕輕借數甲作收科，而屢圍弗克之郈，不煩一兵，唾手復歸於魯矣。文段段以駟赤作提，前以兩"謂侯犯"對敘，後以射甲、數甲連敘，合來是前偶後奇章法。不解其間架，未免目迷五色耳。（《補義》眉）郈之叛，州仇致之，故以州仇敘起。（《便覽》眉）此原敘也，公若是侯犯引子，圍人是工師陪客。**公若藐固諫曰："不可。"成子立之而卒。公南使賊射之，不能殺。公南爲馬正，使公若爲郈宰。武叔既定，使郈馬正侯犯殺公若，不能。其圍人曰："吾以劍過朝，公若必曰：'誰之劍也？'吾稱子以告，必觀之。吾偽固，而授之末，則可殺也。"**（孫鑛眉）曲敘。此胡澹庵封事所自出，此句法於今已陳。（《補義》眉）賤隸殺公族大夫于朝，人不敢問，州仇之威重矣。君子居亂世，是非心明，大義激發，言出而刃及之，可哀也！（《評林》眉）李卓吾："劍戟不祥之器，君子固不宜無故而近，其時雖知有鱄設諸之禍，而迅雷且弗及掩睫矣。"魏禧："按：公若先既固諫，又中賊射，此而不自亡以免死，尚爲郈宰，豈見幾之人？"彭士望："侯犯非不能殺公若，固公若黨也，觀若死而犯叛可見。"使如之，公若曰："爾欲吳王我乎？"遂殺公若。侯犯以郈叛，武叔、懿子圍郈，弗克。（《評林》眉）彭士望："圍人中乃有刺客，固出不意。"《經世鈔》："'遂殺公若'，此間不容髮之時，一語猶多，觀秦王圖窮匕首見，倉皇即起，所以得繞柱走也。"陳傅良："'侯犯以郈叛'，内叛但書圍，義見昭十二年。"

秋，二子及齊師復圍郈，弗克。叔孫謂郈工師駟赤，（孫鑛眉）此下敘節節有情。（《補義》眉）招禍甚易，去禍甚難。（《評林》眉）謝文洊："凡據邑以叛者，其心必怯，若攻之急，彼惟有死守而已。從中惑亂其胸次，俾其激怒民衆，或播虐士卒，則不旋踵而敗矣。"曰："郈非唯叔孫氏之憂，社稷之患也。將若之何？"對曰："臣之業，在《揚水》卒章之四言矣。"叔孫稽首。（閩生夾）此篇空靈警妙，不可方物，其筆勢又與諸篇不同。蓋左氏采輯當時之事，固非一家之言，而春秋戰國之間能文者實多也。此文徒以其事所關非巨，千古以來莫知其奇者。其用意用筆，隱約吞吐，備極其妙，佳處亦可以"不敢告人"四字蔽之。駟赤謂侯犯，（孫鑛眉）多方以誤之，曲盡情態。曰："居齊、魯之際而無事，必不可矣。子盍求事於齊以臨民？不然，將叛。"（《評林》眉）《經世鈔》："着着俱不以他人圖犯，而以犯圖犯，所謂入虎穴以探虎子、得心而出門庭者如此。"謝文洊："'將叛'，先以民叛懼之，使其胸次亂，而後有地步。"（閩生夾）此與上叔孫謂駟赤皆憑空特起，迥絕恒蹊，而其用意處並不明言，所以極妙。侯犯從之。齊使至，駟赤與郈人爲之宣言于郈中曰："侯犯將以郈易於齊，齊人將遷郈民。"衆凶懼。（《評林》眉）穆文熙："駟赤始令侯犯生事於齊，繼乃詭言以惑郈人，繼又以郈易齊，舍甲於門，繼又周走而呼，令郈人攻侯犯走之，然而犯終不悟，何其用間之巧乎！犯誠駃子矣！"陳明卿："公室之中而有叔孫氏之郈，已不可矣，況叔孫氏又爲郈所叛乎？至是而魯之勢如大廈將頹，漸不可支也。"謝文洊："衆兇懼，最是布散訛言足以動衆，守城者當首嚴防此着。"駟赤謂侯犯曰："衆言異矣。子不如易於齊，與其死也，猶是郈也，而得紓焉，何必此？齊人欲以此偪魯，必倍與子地。且盍多舍甲於子之門，以備不虞？"侯犯曰："諾。"乃多舍甲焉。侯犯請易於齊，齊有司觀郈，將至。駟赤使周走呼曰："齊師至矣！"郈人大駭，介侯犯之門甲，以圍侯犯。駟赤將射之。侯犯止之，曰："謀免我。"（《評林》眉）謝文洊："'與子地'，又誘以利。"《經世鈔》："'侯犯止之'，赤料得此一着定。"侯犯請行，許之。駟赤先如宿，侯犯殿。每出一門，郈人閉之。及郭門，止之，曰："子以叔孫氏之甲出，有司若誅之，群臣懼死。"（《補義》眉）人心之機變極矣，春秋安得不流爲戰國？駟赤曰："叔孫氏之甲有物，吾未敢以出。"犯謂駟赤曰："子止而與之數。"駟赤止，而納魯人。（《評林》眉）謝文洊："'群臣懼死'，出而詰甲，亦是駟赤陰約郈民爲此。"彭士望："'與之數'，步步逼入彀中，步步翔出局外，更妙令出犯日中。"（《補義》眉）叔孫世有名卿，而州仇弗類，於此已見一班。**侯犯奔齊，齊人乃致郈。**（《測義》夾）汪克寬氏曰："該詭欺詐，誣僞不誠，下執此以叛其上，上執此以危其下，雖幸勝之，其何以保有國家乎？"（鍾惺眉）文隱而事悉，法奧而情動，深思解頤。漫讀之，茫然幾於不省，左氏敘事之妙。（《彙鈔》眉）駟赤之權語應變，絕不費力，異才也。侯犯之走，駟赤實使之。而駟赤之止，反□侯犯命之，□使犯到底不疑其賣己。甚矣，駟赤之智！甚矣，侯犯之愚！（魏禧尾）魏禧曰："駟赤此舉，有閑着，有急着；有穩着，有險着；有先着，有後着；有進一步着，有退一步着。而尤妙於閑冷處伏緊要，進步處留出路，令侯犯入其局中而終身不知也。赤與觀從一定變，一生變，皆古今鑿空造奇第一能手。"（《分國》尾）侯犯一木強人也，不能殺公若，焉能叛郈？駟赤靈敏，其處犯着着紆，着着緊，着着爲侯犯，着着制侯犯。犯受其顛倒簸弄而不知，僞易於齊，實還之魯，計精矣。侯犯之駭，宛然呂禄。駟赤之巧，何異曲逆耶？（《左繡》眉）本意只要他空身走齊，卻如何肯走？妙在只不叫他走，只叫他以郈事齊，作久長之計。忽然變作遷郈易齊，介甲圍郈，弄他空身走不成，然後好好作人情，放他走去，真惡絕，真妙絕！侯犯之行，卻是侯犯自己請行。駟赤之止，又是侯犯出口叫止，寫來真堪絕倒。（《左傳翼》尾）屢書圍郈，而不書侯犯叛者，不以叛加侯犯也。三家侵侮魯公，家臣效尤，即據其私邑以叛，亦固其所。特侯犯無弱私強公之心，而僅出於畏死，且又不能知人，以反覆詐僞之駟赤，而倚爲腹心，毋怪乎爲其所賣而不知也。叔孫之駟赤，孟氏之公斂陽，皆魯之蟊賊，罪不容於死，歷敘其誘弄侯犯，奸狡百出，無一不出人意表，的屬奸人之雄。因二子及齊師圍郈，想出事齊一策，即於求事於齊說出臨民來，以爲衆凶懼之根。一面教他事齊，一面恫懼郈民，旋以衆言之異教他以郈易齊，又教他多舍甲，使郈人介甲以圍之，直弄嬰兒於股掌，着着爲侯犯圖萬全，卻着着令侯犯入死路。待其束手就斃，然後放他一條生路，令他又著惱，又感恩，真寫生神手也。襄、昭以前此等文亦不多覯。（《便覽》尾）以閑細之心，尖曲之筆，寫變詐之人，語語活，着着到，如此敘事。何可因其機巧而不略登一二？芳自記。（《日知》尾）權譎狡獪，固人心之不古，亦形勢制所致。三代無陰謀，特以物物各安其所，雖有狡計，無所試之耳。圍人之詐，公若猶識之。駟赤之詐，侯犯且倚之。然亦叔孫挾私怨以戕舊人，彼詐者且老死莫試其技也。左氏鑄鼎象物，即尋河探源，通篇文意俱相卸相啣而下，最見命意之深，外間人但劇賞後半幅耳。（《評林》眉）家鉉翁：「侯犯據郈而叛，既而以邑奔齊，齊受侯犯，以郈歸魯，前歸汶陽，今復歸郈，此聖人道化所感，不然，齊何有於叔孫哉！」（《菁華》尾）武叔既立，公若斷無幸全之理，見幾而作，不俟終日可也。乃戀戀於郈宰一官，不能自決，而坐受殺身之禍，真癡人也。侯犯以公若之死，功不由己，因據郈以叛。其謀反之跡，至爲無名。然成子以私憾殺人，自詒伊慼，其罪固不可掩。傳敘其開釁始末，罪叔孫也。侯犯爲駟赤簸弄，一一在其術中，直一癡人而已。詳書其事，以見圍郈不克，武伯之無能甚矣。（閭生夾）此役也，齊人實欲取郈而力不能，故還致於魯。齊侯特以空言市惠叔孫，叔孫亦明知其意，故婉約以拒斥之，而傳中並不着一字痕，此其所以爲微妙也。此種文字高邈微至，古今竟鮮此體，獨《左傳》中往往有之，亦不能多得，深可寶貴也。

宋公子地嬖蘧富獵，（《補義》眉）此爲兩出奔傳，以宋公爲主，而卻以地之嬖獵陪出公之嬖魋。閉門、目腫，極寫嬖狀，而兩出奔皆由此。十一分其室，而以其五與之。公子地有白馬四。公嬖向魋，魋欲之，公取而朱其尾、鬣以與之。地怒，使其徒抶魋而奪之。魋懼，將走。公閉門而泣之，目盡腫。（韓范夾）昵其嬖臣，未有如此之甚者也，宋公其童之心也夫？母弟辰曰：「子分室以與獵也，而獨卑魋,亦有頗焉。子爲君禮,不過出竟,君必止子。"公子地奔陳,公弗止。辰爲之請,弗聽。辰曰:"是我迂吾兄也。吾以國人出,君誰與處?"冬,母弟辰暨仲佗、石彄出奔陳。(儲欣尾)不請爲迂兄,請而弗聽,辰之事畢矣。空國以出,辰亦一地也。(《左繡》眉)此篇傳兩奔陳事,前半敍公子地因嬖寵,而强以"爲君禮"聽其弟。後半敍母弟辰因迂兄,而思以國人出悟君。兩層原一串也。文以母弟辰爲主,起處兩嬖對寫,而公之嬖更甚,便伏下弗止、弗聽之根。後半"我迂吾兄"、"君誰與處",一挽地,一挽公,無一字閑,小文而用筆縝密若是。約言之曰"分其半足矣",卻細寫分數,特特與四馬朱尾相映,所以詳寫嬖幸之惑溺也。左氏好於瑣碎處着色,渾是一段神理在。(《左傳翼》尾)嬖寵之患凶于家,而亦害于國。地嬖富獵,分室幾與其半,惑已甚矣。乃公嬖魋,而取他人之馬,朱其尾鬣以與之,不更狂且妄乎?以一嬖豎而使其母弟、公族俱奔,弗止弗聽,意中止有一魋,以視諸人,尚有餘怒。何物孽豎,而鍾愛述惑如斯?毋怪其驕以生亂,幾有篡弑之禍。(《評林》眉)王荊石:"唐成侯、宋公子地並以馬賈禍,士大夫之車騎服佩,固不可故求侈美也。"穆文熙:"公子地舊無大過,故宋君必止行。"按:母弟辰嘗謂公子地曰:"君必止子。"然公不止,故辰自謂"我迂吾兄"也,因忿怒,以國賢人而出奔陳也。《補注》:"傳重言母弟辰,見地雖辰兄,而非公母弟,故不得稱弟,申明母弟例。後年入蕭,經書首惡,而地序仲、石下,以貴賤序之。"

　　武叔聘於齊,齊侯享之,曰:"子叔孫!若使郈在君之他竟,寡人何知焉?屬與敝邑際,故敢助君憂之。"對曰:"非寡君之望也。所以事君,封疆社稷是以。敢以家隸勤君之執事?夫不令之臣,天下之所惡也。君豈以爲寡君賜?"(文熙眉)穆文熙曰:"余觀駟赤之策既左侯犯,又左郈人,又左齊人,乃策士之尤者,而其義又正,何爲郈氏作工師乎?"(《分國》尾)齊侯之言近私,武叔之言持正,郈亦從此遂墮矣。(《左繡》眉)齊侯句句居功,武叔總不肯一毫假借,妙在一邊以他境襯出敝邑,用一開一合。一邊以社稷襯家隸,以天下襯寡君,卻作兩開兩合。一邊說得極大,一邊說得極小。一邊說得極稀罕,一邊說得極平常。似此詞令,宜其臭味吾端木氏也。(《左傳翼》尾)侯犯以郈事齊,齊使至。後又以郈易齊,有司又至。意在貪郈也。迫侯犯爲郈所逐，齊不能取郈，乃始從而致之。一派虛假人情話，武叔所以直折之，詞嚴義正，亢爽磊落，足令齊侯語塞。武叔此行，其殆受命於端木氏乎？（《日知》尾）齊侯語欲吞欲吐，分明以不染指示誣耳，對語高出一層，明破挾惠，暗斥挾私，針鋒緊對，生氣遠出。

◇定公十一年

【經】十有一年春，宋公之弟辰及仲佗、石彄、公子地自陳入于蕭以叛。（《評林》眉）《傳說彙纂》："自陳入蕭，辰之意在於叛，而仲、石與地則從之者也，故經文書'及'，胡《傳》以不稱'暨'而稱'及'爲無首從之別，失經旨矣。"季本："暨者，以此彊彼之辭。及者，以此及彼之辭。奔陳稱暨，入蕭以叛稱及，可見仲佗、石彄之叛乃其所欲，但以辰主謀，故以爲首惡耳，稱自因其力也。"夏四月。秋，宋樂大心自曹入于蕭。冬，及鄭平。叔還如鄭涖盟。（《評林》眉）郝敬："魯自僖公以來，七世事晉，晉黨季孫，逐昭公，識者知晉之將失魯矣。及韓、范內鬨，同盟解體，齊張于東，鄭、衛先往，故魯有夾谷之會，然猶未顯與晉絕也，至是魯、鄭同盟，四國之好成，晉遂失諸侯，不可復收矣。"

【傳】十一年春，宋公母弟辰暨仲佗、石彄、公子地入于蕭以叛。秋，樂大心從之，大爲宋患，寵向魋故也。（《分國》尾）寵一向魋，使賢者空國而去。甚矣！爲君者當慎所嬖也。（《左傳翼》尾）爲向魋而叛，諸人固不能無罪。然何以令之至是，結二語大聲疾呼，不啻若巨雷之震耳。（《評林》眉）劉敞："《穀梁》云：'辰未失其弟也。'非也。公子不去國，而辰棄親出奔，挾黨爲亂，以謂未失其弟，何妄甚也？"

冬，及鄭平，始叛晉也。（《左繡》眉）始叛晉不但魯，鄭自襄十一年晉悼三駕以來，歷弭兵之盟，亦世服於晉。定六年滅許後，駸駸自大，又怨士鞅之侵，而遂生其心。從此晉有晉陽之難，楚亦有勾吳之入，而鄭遂與齊盟，今又與魯平，至哀元年鐵上敗績，頻見侵伐於宋，訖於春秋，皆叛晉而自詒伊慼也，可哀哉！

◇定公十二年

【經】十有二年春，薛伯定卒。(《評林》眉)季本："卒不計，併月不知，故止書春。"夏，葬薛襄公。(《評林》眉)劉敞："何休曰：'不日月者，子無道，當廢之，而以爲後。未至三年，失衆見弒，故略之。'推此言也而觀之，其妄可勝記乎！且《公羊》曰'立嫡以長不以賢，蓋防亂也'。如休所言，更相違矣。"叔孫州仇帥師墮郈。(《評林》眉)孫覺："是時三桓之邑皆爲城以自固，故其家臣因之以叛，於是墮毀之也。"衛公孟彄帥師伐曹。(《評林》眉)家鉉翁："此及十三年再書衛彄伐曹者，著列國無盟主也。"季孫斯、仲孫何忌帥師墮費。(《評林》眉)劉絢："三家不能制，至屢圍而不克，帥師而後墮。成彊而不服，公圍而不克，有天下而不謹於禮，末流之患，可勝言哉！"秋，大雩。冬十月癸亥，公會齊侯盟于黃。(《評林》眉)張洽："黃，齊地，《公羊》作晉侯，誤也。"季本："黃之盟，齊、魯睦也，蓋因孔子用魯，政化大行，有所感焉。然忌而沮之之意，已間之矣。女樂之歸，其在此盟後歟！"十有一月丙寅朔，日有食之。公至自黃。十有二月，公圍成。公至自圍成。(《評林》眉)胡宏："孔子爲魯司寇，墮三都，反成不墮，三家之慮變矣，故經文不言二家，直書公。"陸佃："聖人之化既行，成雖未墮，於魯何有？遲之期年，公斂陽情見勢屈，墮之易耳。定公何乃狃於速克，躬駕以攻之，輕於一出，無功而返，此一役也，吾其未訪於仲尼，抑季路亦未必在此行也。"

【傳】十二年夏，衛公孟彄伐曹，克郊。還，滑羅殿。未出，不退於列。其御曰："殿而在列，其爲無勇乎？"羅曰："與其素厲，寧爲無勇。"(《左繡》眉)與孟子側，又另一意思。彼以不進爲殿，此以不退爲殿。蓋彼在將入，此在未出也。一則不伐其功，一則不矜其名，可以匹體矣。(《左傳翼》尾)己實不殿，而冒居於殿者，冉猛也。己實能殿，而自謂不能殿者，之反也。己雖當殿，而不欲自居於殿者，滑羅也。冉猛狡詐，之反謙沖，滑羅誠實。羅雖不及之反，其賢於冉猛遠甚乎！師退誰不爭先？御獨以不殿詬滑羅，恥無勇也。然第以無勇爲恥，而不知素厲之可恥更甚於無勇，蓋此所謂素厲即冉猛客氣類也。層樓更上，眼界益寬，人能如此存心，則貪功倖能鮮矣。小小文字，都關至理。(《日知》尾）較孟之反，又一意思。

仲由爲季氏宰，將墮三都，(《補義》眉）首句安頓最好，若云孔子將墮三都，則叔、季之意不著。若云叔、季將墮，則聖人心不明。惟云仲由，則兩面皆到。《群書考索》云："田氏、六卿不復，齊、晉必亡。三家不臣，魯不可治。孔子之政無亟於此者矣。彼晏嬰者能知之，莫能爲之。孔子爲政三月，墮名都，出藏甲，以禮律之，而三家不疑其害己，此必有不言而信，不怒而威者矣，孔子之聖見於行事如此。"**於是叔孫氏墮郈。季氏將墮費，公山不狃、叔孫輒帥費人以襲魯。公與三子入于季氏之宮，登武子之臺。費人攻之，弗克。入及公側。仲尼命申句須、樂頎下，伐之，費人北。**(鍾惺眉）墮成、誅少正卯，不可謂非英雄手辣。**國人追之，敗諸姑蔑。二子奔齊，遂墮費。將墮成，公斂處父謂孟孫："墮成，齊人必至於北門。且成，孟氏之保障也，無成，是無孟氏也。子僞不知，我將不墮。"**(文熙眉）穆文熙曰："人知孔子墮都爲抑三家之故，不知三家制於陪臣，自求免患，故孔子方得因其機而請墮之。卒之郈墮而費人攻魯，成終不受墮，則聖人之舉事，亦甚難也。"(《補義》眉）家不藏甲，都城無百雉，而有謂成不必墮者，謬也。陽虎出奔之時，處父方欲殺季孫，而謂處父以無費是無季孫告季者，亦謬也。墮三都，公室、三家皆安，而謂聖人以術愚三家者，亦謬也。(《評林》眉）《附見》："仲由將墮三都，蓋當時三都邑宰彊盛，若公山不狃、郈犯之屬動叛國故也。"彭士望："聖人一出，用兵數見，後人拱手高談性命，不學軍旅，宜陳同父譏之爲痿痹不知痛癢也。"《經世鈔》："明年孔子由司寇攝相，誅少正卯，政教大行。三月而齊人歸女樂，孔子遂行。若孔子得志期月，成將不圍而自墮矣。"

冬十二月，公圍成，弗克。(《測義》夾）愚按：《公羊傳》："孔子行乎季孫，告季孫而墮二邑。"何休氏述："叔孫、季孫宰吏數叛，患之，以告孔子。孔子曰：'陪臣執國命，采長數叛者，坐邑有城池之固，家有兵甲之藏故也。'季氏說而墮之。"此即左氏墮郈、墮費之說，而《家語》以爲墮三都，胡氏因之，不詳所以，恐非其實也。然則何以不墮成？蓋郈、費之叛，薦爲季氏害，故孔子因其機而墮之。成實不叛，而處父在成，方有功於孟氏，故季氏私與處父比，而成不墮者，職故之以也。然孔子亦豈終不能墮哉？桓子舍己權以聽孔子，而外侮既禦，魯國治矣。其心必有以爲不利者，故受女樂以蠱惑其君，使不復可與有爲，而孔子之道不行矣，於是遂去之。向使孔子而久得志於魯也者，其奚一成之足墮云！〖編者按：奧田元繼作李笠翁語。〗（《正論》尾）胡氏曰："郈、費、成者，三家之邑。政在大夫，三卿越禮，各固其城，公室欲張而不得也。三桓既微，陪臣擅命，憑恃其城，數有叛者，三家亦不能然也。而問於仲尼，遂墮三都，是謂以禮爲國可以爲之兆也。成雖未墮，無與爲比，亦是不能爲患。使聖人得志，行乎魯國以及朞月，則不待兵革而自墮矣。"（《分國》尾）仲尼欲墮三都，先使仲由爲季氏宰，扼其吭矣。聽其自墮，違命方伐之，有命矣。成雖未墮，後致齊，卒歸於魯，究得仲由之力。（《左繡》眉）三都墮總領，以下輕放一邊，重敘兩邊。而一墮一否，各以"將墮"對提，前詳於敘，後詳於議，章法整而復也。夫子此處，亦姑置之以待其自悟，而不虞攝相之不終也。天也，於人乎何尤？（《左傳翼》尾）張悔菴曰："棘下之戰，脫季桓子死者，處父也。不肯墮成者，又處父也。陽虎、侯犯雖爲魯國患，然撓亂三家，鯁其牙距，雖幸而勝之，三家亦憊矣。未若處父之輸力私家，一心保障者也。聖人在上，狙詐作使如犯、虎等，尚可驅而用之，若處父者，王舜、賈充之儔也，必誅無疑矣。安國保家之道，唯均和與安。不患貧寡，自然無傾。三家以大夫而抗君，陪臣遂因之以執國命。下淩上替，皆大都耦國爲之也。家不藏甲，邑無百雉，則陪臣不敢負固以跋扈，大夫不敢恃強以叛君。既均且和，上下皆安，而傾危之患息矣。叔、季受侯犯、不狃之害，情願墮也。唯孟氏家臣未叛，聽信處父，抗不受命，且肆爲譖訴，以搖惑季孫之志，《魯論》所載公伯寮愬子路，即其事也。迨乎女樂歸而孔子行矣，桓子後悔以獲罪孔子，而此城不克，聖人舉事正大光明，原非挾詐用術者比。道之興廢，則固天爲之也。而或乃謂墮都非聖人事，且謂孔子此時已不在魯。不知定公十年，孔子爲司寇，爲會夾谷。十三年墮郈、費，十四年齊人歸女樂，去魯適衛。今載十二年，與《史記》差一年，要皆孔子未去魯時也。強公弱私，何嫌何忌，而必爲孔子諱哉？"（高塘尾）孫莘老曰："是時三桓之邑，皆爲城以自固。故其家臣因之以叛，於是墮毀之也。"趙孟何曰："州仇何爲自墮其邑？除家臣之患也。家臣爲患之日久矣，陽虎作難，囚季孫，居鄆、陽關以叛，三家幾不免焉。侯犯以郈叛，叔孫與仲孫帥師圍郈，不克。再圍之，侯犯以郈奔齊，齊人乃致郈，而侯犯猶在齊也。時邑宰數叛，魯卿患之。孔子方仕於朝，而仲由爲季氏宰，建墮三都之議，以絶陪臣之禍。故叔孫首帥師墮郈，郈易墮也。"胡康侯曰："禮曰：'制：國不過千乘，都城不過百雉，家富不過百乘。'以此坊民，諸侯猶有叛者。故家不藏甲，邑無百雉之城，禮所當謹也。郈、費、成者，三家之邑。政在大夫，三卿越禮，各固其城，公室欲張而不得。三桓既微，陪臣擅命，憑倚其城，數有叛者，三家亦不能制也。而問於仲尼，遂墮三都，是謂以禮爲國可以爲之兆也。推而行諸魯國而準，則地方五百里，凡侵小而得者，必有興滅國、繼絶世之義，諸侯大夫，各謹於禮，不以所惡於上者使其下，亦不以所惡於下者事其上，上下交相順而王政行矣。故曰'苟有用我者，期月而可，三年有成。'"張元德曰："毀其所恃以爲固者，所以制陪臣，抑私家，而復强幹弱枝之勢也。仲由之舉此議，蓋因南蒯、侯犯之叛，而爲三家忠謀，使强臣不敢恃强以叛君，陪臣不能負固以跋扈，而上下皆順。然南蒯、侯犯皆以叛爲季孫、叔孫之害，故費、郈皆墮。獨公斂處父，方恃强以敗陽虎，而孟孫用之，故成獨不服，雖定公圍之而卒弗克也。聖人雖用於魯，而季孫受女樂而違孔子，孟孫惑於偶不知之說，陰與公斂處父比，成既方命，而聖人去魯，豈非天哉？"呂圭叔曰："三家之城其邑者，將以自利也。而家臣據邑以叛，亦豈三家之利哉？南蒯叛、侯犯叛、公山不狃叛，叛者相踵。豈惟魯國惡之，三家亦惡之矣。孔子乘其機而言之，而適有動乎三家之心。故其墮郈、墮費者，二家之自也。成邑不墮而至於圍，則孟氏之不欲墮爾。使聖人得志以行乎魯國，則將有不待兵革而自墮者，如魯之不終用孔子何？"李氏廉曰："《公羊》於齊歸田之下，曰'孔子行乎季孫，三月不違'，於墮都之下又云然。疏曰：'不違有二。案《家語》，定十年，孔子自邑宰爲司空，十一年又從司空爲司寇。然則爲司空時，能别五土之宜，咸得其所，爲季孫所重，是以三月不違。齊人遂懼，來歸四邑矣。及作司寇之時，攝行相事，國無奸民。七日誅少正卯，政化大行。季孫重之，復不違三月。於是有墮郈之事。'"又曰："孟子曰：'孔子於季桓子見行可之仕。'孔子仕於定公，而言桓子，何也？朱子曰：'孔子之相，皆由桓子，及桓子受女樂，孔子便行矣。然孔子亦因其機而爲之。'季氏是時，自不奈陪臣何，故假孔子之力以去之。"又呂氏曰："聖人爲政，所謂立之斯立，綏之斯來，動之斯和。聖人作而萬物覩,同此心者,孰不懷?同此氣者,孰不感?仲由以勇銳兼人之資,感於氣最先者,首爲墮都之議。夫叔、季二人,亦非仲由所能令,蓋聖人在上,自有感動,仲由特發之耳。"(《菁華》尾)聖人相魯,教化大行,叔、季二家,均已拱手聽命,獨孟氏聽其臣公斂處父之言,起而拒命。聖人於此,合二家之力誅之,固亦不難。惟是聖人謀事,自與功名之士不同,以爲退師以待其歸,將必久而自服。古人如大禹之於苗,文王之於崇,皆用此法。不幸而數月之間,便已去位,大業不就,此則魯君臣之罪,聖人所無如何也。後人不察,以爲儒者之效止於如此,豈非一孔之見?

◇定公十三年

【經】十有三年春,齊侯、衛侯次于垂葭。(《評林》眉)家鉉翁:"晉既失伯,諸侯欲舉方伯連帥之事,當請命於周,告於諸侯,孰不我從?乃今日會某,明日盟某,又明日次某,欲以圖伯,豈不難哉!"夏,築蛇淵囿。(《測義》夾)愚按:此與受女樂事相類,蓋孔子去魯,而君臣志荒矣。大蒐于比蒲。(《評林》眉)高閌:"魯國之囿一而已,成筑鹿囿,昭築郎囿,定築蛇淵囿,何囿之多也!"李廉:"此決非夫子爲政時。"高閌:"囿所以養禽獸,待畋獵也,築囿蛇淵,今乃蒐于此蒲,則囿何爲哉?"衛公孟彄帥師伐曹。(《評林》眉)高閌:"衛比伐曹,曹不叛晉故也。"晉趙鞅入于晉陽以叛。(《評林》眉)陸淳:"書曰'叛'者,人臣不當專土也。"王葆:"鞅入晉陽,私邑也。寅、吉射入朝歌,公邑也。三人罪若有等差,俱書曰叛者,臣之邑,君所賜也,據其私邑,則專祿以周旋矣。趙鞅貪憤專戮,其罪宜逐。寅、吉射以午之故,興兵首禍,則又爲無君。故三臣之奔,《春秋》俱以叛書之。"冬,晉荀寅、士吉射入于朝歌以叛。(《評林》眉)《傳說彙纂》:"人臣之罪,莫大於叛,《春秋》所必誅也。趙鞅專地以叛,結韓、魏以脅其君,復入于晉,聖人書之,所以譏晉侯之失刑,而三卿分晉之禍,實始於此也。《公》《穀》不察,謂趙鞅以地正國,陸淳曰'非叛君也',孫復曰'此王法所赦也',劉敞曰'其忠義足恃也',謬妄相承,不可以訓,今並刪之。"晉趙鞅歸于晉。薛弒其君比。(《評林》眉)鄭玉:"薛比之弒，三傳不載其事，不敢妄說。"

【傳】十三年春，齊侯、衛侯次于垂葭，實郹氏。（《補義》眉）通體只一畏晉，意茲之策，即後人所謂大兵若來，吾乘舟入海爲徐福之語耳，是畏晉也。與衛十分親暱，亦畏晉也，故經書"次"。使師伐晉，將濟河。諸大夫皆曰不可。邴意茲曰："可。（韓范夾）晉失其霸，齊興師而伐小，小亦自相伐也，然始則相伐，今則並伐其所爲盟主矣。蓋晉之諸大夫，志在分國，而不在於圖諸侯也。銳師伐河內，傳必數日而後及絳。絳不三月，不能出河，則我既濟水矣。"（《補義》眉）張云："時晉人軍政久弛，故意茲料之。"乃伐河內。齊侯皆斂諸大夫之軒，唯邴意茲乘軒。齊侯欲與衛侯乘，與之宴，而駕乘廣，載甲焉。使告曰："晉師至矣！"齊侯曰："比君之駕也，寡人請攝。"乃介而與之乘，驅之。（韓范夾）如此畏晉，不如不來，所謂牛雖瘠，僨於豚上者也。或告曰："無晉師。"乃止。（孫鑛眉）全類戰國。"駕也"下在今人必更着一句，然不用固有雅致。（《分國》尾）既曰"絳不三月，不能出河"，忽傳晉師至，而皇遽。又聞無晉師，而遂止。何其茫無主張也？按：經書齊侯、衛侯盟于沙，衛爲主也。齊侯、衛侯次于五氏，齊爲主也。齊侯、衛侯次于垂葭，齊、衛交相爲主也。叛晉伐晉事於此畢。二國之兵，固出無名。晉伯之衰，亦可見矣。此後內亂將作，晉遂三分。（《左繡》眉）齊景只是一輕脫人，卻處處要賣弄他作用。凡作兩截描寫，前半意在賞功錄善，失之太偏。後半意在克敵致果，而失之太遽，皆不善用其所長者也。文中如"使師""使"字，"皆斂""皆"字，"唯邴""唯"字，"乃介""乃止"兩"乃"字，字字傳輕脫之神。文以三"乃"字爲片段，似一頭兩腳格。意茲乘軒，不過賞其與己意合耳。"未敢必有功也"下兩"告曰"，分明諸大夫所爲，聊以觀君之應。意茲爲明于料敵也者，如之何其視兩君之倉皇而莫之止也？徒行者竊笑其旁久矣。（《左傳翼》尾）齊侯非真能伐晉者，其聽邴意茲之言，不過以其三月出河，僥倖一舉耳。忽聞晉師至，不覺倉皇失措，請攝介乘，名爲迎敵，寔欲退師。"使告""或告"，一顛一倒，諸大夫人人得意，邴意茲垂首喪氣矣，爲之鼓掌。晉政多門，不三月師不出河，猶以爲速，諸大夫豈不知之？特不欲其輕率以邀功耳。乃人以直諫受罰，意茲獨以逢君受賞，不平者衆矣。意茲明於料敵，視兩君之倉皇而不置一詞者，恐徒行者之群起而攻之也。幸其不出而濟師，聞其師至而驚恐，臧紇之譏靈公也，曰抑君似鼠，景公其有父風乎！（闈生夾）傳言齊侯之輕，所以無成功。晉衰，則諸侯屬望於齊，齊大有可爲之勢，乃但幸憂虞疾疢之未至，而以行樂爲志，惜哉！

晉趙鞅謂邯鄲午曰："歸我衛貢五百家，吾舍諸晉陽。"（《補義》眉）周云："此依經以辨理也。前敘趙鞅之叛，起禍由於殺午。中敘荀、范之叛，以不與圍邯鄲說起。末敘趙鞅之歸，以五子之謀說起，界限分明。"午許諾。歸，告其父兄，父兄皆曰："不可。衛是以爲邯鄲，而實諸晉陽，絕衛之道也。不如侵齊而謀之。"乃如之，而歸之于晉陽。趙孟怒，召午，而囚諸晉陽。使其從者說劍而入，涉賓不可。乃使告邯鄲人曰："吾私有討於午也，二三子唯所欲立。"遂殺午。（《評林》眉）王元美："午既有父兄在，而私許諾，何也？其竟以計不能成而見殺，豈非輕諾之罪哉！故曰君子與其有諾責也，宜有己怨。"魏禧："'歸之于晉陽'，按：初何以不告趙孟？"（武億尾）拗曲，漸近《國策》。趙稷、涉賓以邯鄲叛。夏六月，上軍司馬籍秦圍邯鄲。邯鄲午，荀寅之甥也；荀寅，范吉射之姻也，而相與睦。故不與圍邯鄲，將作亂。董安于聞之，告趙孟，曰："先備諸？"趙孟曰："晉國有命，始禍者死，爲後可也。"（闈生夾）宗堯按："首禍者鞅也，鞅無故強奪衛貢於午，無禮已極，趙氏、范、中行氏之曲直顯然。"安于曰："與其害於民，寧我獨死，請以我說。"（孫鑛眉）豫爲後地。詳敘情由，自是左氏常調。第平述之節奏便覺近絮，所以文字貴鍊。（《左繡》眉）兩邊都著"始禍者死"句，雖賓主對敘，亦已入荀、士而出趙鞅，此平中寓側之秘也，作之師矣。趙孟不可。秋七月，范氏、中行氏伐趙氏之宮，趙鞅奔晉陽。晉人圍之。（《左繡》眉）此篇敘晉陽之難，若作四節讀，則首節敘邯鄲之叛，次節敘晉陽之奔，三節敘奉公之伐，四節敘荀、士奔而趙鞅復入，各以時令月日爲界限。但文當以趙鞅爲主，只作兩大截讀。前半寫趙鞅奔晉陽，後半寫趙鞅入于絳，各以兩煞句爲眼目。然細看須作三段讀，除首節緣起外，下以趙鞅奔晉陽，荀、士奔朝歌對敘。看其兩段起處，一敘荀、士作亂之故，一敘五子謀逐之故。中間各以"始禍者死"爲關照。而一邊添入安于，爲趙氏忠臣，一邊添入高彊，爲兩家智士，筆筆相準。末段另以入絳單結趙鞅，以見一篇之主，而韓、魏之請，只作一點，以其説即具於前兩段中也。前偶後奇，段落明整，而詳略極變。文到化工，剪裁無不入妙耳。（《補義》眉）此一段雖爲荀、范伐鞅之由，然卻是鞅殺午之由也。午與荀、范睦，恐邯鄲之爲荀、范用也。午欲親衛，衛與齊睦，又恐午連齊、衛以附荀、范也。於此提明，是殺午全爲忌荀、范，而二子之伐鞅，鞅廼之也。故通體以趙鞅爲主。

　　范皋夷無寵於范吉射，而欲爲亂於范氏。梁嬰父嬖於知文子，文子欲以爲卿。韓簡子與中行文子相惡，魏襄子亦與范昭子相惡。故五子謀，將逐荀寅而以梁嬰父代之，逐范吉射而以范皋夷代之。（《補義》眉）敘五子同謀，相爲一氣，是伐荀、范之由。（閨生夾）記此，見范、中行無罪。宗堯按："此見趙氏以黨羽多而得勝，非有德也。"荀躒言於晉侯曰："君命大臣，始禍者死，載書在河。今三臣始禍，而獨逐鞅，刑已不鈞矣。請皆逐之。"（《左繡》眉）俞寧世曰："'始禍者死'一句兩提，公義也。曰'相睦'，敘荀、范爲一黨。曰'無寵'、曰'嬖'、曰'相惡'，敘五家爲一黨，私情也。假公義，報私情，是此文關要，敘得嚴明。兩黨各書曰'亂'，得《春秋》之旨。"（《評林》眉）附見："伐者、被伐者同禍首，何獨逐鞅乎？"

　　冬十一月，荀躒、韓不信、魏曼多奉公以伐范氏、中行氏，弗克。二子將伐公，齊高彊曰："三折肱知爲良醫。唯伐君爲不可，民弗與也。我以伐君在此矣。（閨生夾）宗堯按："唯伐君爲不可，此其所以失敗耳。左氏引高彊之言，意謂二家之可指摘止此耳。"三家未睦，可盡克也。克之，君將誰與？若先伐君，是使睦也。"（《補義》眉）荀、范能用高彊之言，則鞅未必不逐。弗聽，遂伐公。國人助公，二子敗，從而伐之。丁未，荀寅、士吉射奔朝歌。

　　韓、魏以趙氏爲請。（閨生夾）趙氏可復，益見范、中行之冤。十二月辛未，趙鞅入于絳，盟于公宫。（文熙眉）事有巧而反拙，求福而得禍者，邯鄲午是也。穆文熙曰："'晉國有命，始禍者死'，趙鞅殺邯鄲午非其罪，激成荀、范之禍，此其始禍者非鞅乎？乃荀、范出奔，而鞅以韓、魏之請得復其位，則晉爲無政刑矣。後雖假罪於安于，尸之于朝，能誰欺哉？"穆文熙曰："三折肱與伐君無干，但言人三折其肱，歷病多者，然後深知治病法。喻己以罪出奔，深知伐君事爲不可，故曰'我以伐君在此矣'，明其言之可信也。"（《評林》眉）按：《楚辭》"九折臂而成醫"，注言人九折臂，更歷方藥，則成良醫。（《左傳翼》尾）此依經以辨理也。前敘趙鞅之叛，中敘荀、范之叛，末敘趙鞅之歸。經分爲三，傳合爲一。殺午是起禍之由，特敘在前。後三段一提荀、范不與圍邯鄲，一提五子之謀，一提韓、魏之請，界段各自分明。而相承說下，原委楚楚，一氣貫注，如一串牟尼珠。敘趙鞅之叛，添入安于一段，見趙氏不肯爲戎首。敘范、中行之叛，添入高彊一段，見兩家敢于犯君。始禍者死，是公義所在。兩家罪惡輕重，正從此辨。趙氏爲范、中行氏所伐而出，彼奔朝歌，自可以歸，而必待韓、魏之請者，非君命不敢入也。然亦見趙有內援，故出而得歸也。邯鄲、晉陽皆趙氏私邑，五百家在邯鄲，而必欲徙諸晉陽，豈以晉陽爲巢穴，而厚集以自固耶？抑豈以午爲荀甥，恐其強盛，不可復制，故削而弱之耶？齊、衛久叛晉，衛爲邯鄲，正鞅所忌。不肯絕衛，且欲侵齊而謀，直欲倚外援以自樹立，此必荀、范之謀，故鞅怒午，因而殺之，而晉亂由之以起。是必徙衛貢，晉陽所以叛也。不徙衛貢，朝歌所以叛也。首段最爲緊要，與泛常敘事不同。舊注順文衍義，絕少理會。據左氏書法，同是叛臣，而罪有輕重。不請於君而殺午者，趙鞅也。不請於君而伐趙者，范、中行也。請於君爲趙氏而伐范、中行者，知、韓、魏也。請於君而得歸者，又趙鞅也。故篇中"私有討""言於晉侯""以趙氏爲請"，及"奉公以伐""將伐公""遂伐公""國人助公""盟于公宮"，皆左范、中行而右趙氏，此亦據事直書，非舞文以爲軒輊。然晉文莫嚴始禍，始禍由於無君，不忌其君而專殺，即是始禍，與范、荀之專伐，無君則一。而況邑爲國邑，非己所得而據，入晉陽與入朝歌等耳。此而非叛，更以何爲叛也？特趙有內助，得請而歸，以爲之主。范、中行恃外援，請兵以助，而終於外，故二氏滅而趙氏興耳。知伯黨三家而族滅，韓、魏祖趙氏而晉分，後來機關全在此，故敘次特見詳悉。（《補義》眉）篇中二氏之叛，處處明寫。鞅之叛，處處暗寫。疑傳者與趙氏同時，難於顯言，然其意未嘗不明晰於前後句中也。（《日知》尾）王綱夷而諸侯放恣，霸圖熄而強家跋扈，一部《左傳》大關目也。然權在諸侯猶借尊王以濟其欲，世道猶賴以主持。權在大夫，則強臣各私其家，陪隸各忠所事，同列各挾所愛而鋤所憎，蕭墻之爭日紛，而世事置之度外。春秋將變，其勢如此。此文從趙鞅敘起，遞出荀、范，又遞出五家，以董安于、高彊點綴其間，歸到趙鞅結穴。營私樹黨，援同黜異，紛紛藉藉，不至流爲戰國不止，作者之浩歎深矣。（《菁華》尾）董安于、孔達是一種人，語氣亦復相似，公爾忘私，後世不可多得。邯鄲午旣聽父兄之言，而心是之，何不白之趙孟？亦斷無不從之理。而嘿無一語，坐使見疑，計未及行，而身已不保，不可謂非爲謀之疏。邯鄲午爲晉之大夫，並非趙氏家臣，趙鞅不請而擅殺之，無君甚矣。使荀寅、士吉射二人先告於君，然後奉君命以討趙鞅之罪，鞅將何辭以使其下之人？乃擅自興兵相攻，是身爲趙鞅之續耳。又不聽高彊之言，而自陷於伐君之罪，使國人咸不直之，而趙鞅反得因此以逭其誅，庸人無識，自納於不測之禍，可爲一歎。

　　初，衛公叔文子朝，而請享靈公。（《補義》眉）文子公族大夫，富所自有，而泊然寡營，故不取之名聞於列國。或謂夫子因其富而疑其義然後取，將謂文子有不義之取乎？退，見史鰌而告之。史鰌曰："子必禍矣。子富而君貪，其及子乎！"（闈生夾）此篇無縱宕飄忽之奇，而通體簡勁峭拔，無一懈句。先大夫評曰："定六年以後文字多簡峭，與前若小異。"文子曰："然。吾不先告子，是吾罪也。君既許我矣，其若之何？"史鰌曰："無害。子臣，可以免。富而能臣，必免於難，上下同之。戌也驕，其亡乎。"（韓范夾）當時私家之富，皆其先世埰地所自積也，而猶以此致危，末世人臣竊君之權以得富者，其危更可立而待矣。富而不驕者鮮，吾唯子之見。驕而不亡者，未之有也。戌必與焉。"及文子卒，衛侯始惡於公叔戌，以其富也。公叔戌又將去夫人之黨，夫人訴之曰："戌將爲亂。"（文熙眉）穆文熙曰："史鰌謂文子富而君貪，禍且及之。又謂能執臣禮，可以免焉。禍福之機，微甚可畏。"胡氏曰："富者，怨之府也。使戌積而能散，以財發身，不爲貪人之所怨，於以保其爵位，尚庶幾乎？"（《測義》夾）愚按：史魚之爲文子謀也，無亦勸之歸邑於公，散積於衆，貴而能貧，以無益驕者之過，即戌也庶幾不亡乎！而僅曰富而能臣已爾，其於君貪奚濟焉？雖文子而得免於難，亦已倖矣。〖編者按：奥田元繼作李于鱗語。〗（《左繡》眉）史魚不過借請宴之端，諷公叔宜戒其子富而不驕耳。故下直接"文子卒"云云，不復敘享時若何光景也。看其將"無害"二字隨手卸去，絕妙筆法。從"無害"說到"戌其亡乎"，下跟此句申説，卻重將"惟子之見"作伴，開合輕圓。

◇定公十四年

【經】十有四年春，衛公叔戍來奔。（《評林》眉）家鉉翁："衛靈不君，南子不婦，比而爲惡，亦既稔矣。公叔戍以宗國之老，起而正之，乃戍之所得爲，而非戍之所能爲也。今戍怙富而驕，素無國中之譽，乃欲以正君自任，事不克而速禍，宜也。《春秋》書三大夫之奔，所以著衛亂之所從始。"衛趙陽出奔宋。（《評林》眉）按：趙陽，《公》《穀》俱作晉趙陽。二月辛巳，楚公子結、陳公孫佗人帥師滅頓，以頓子牂歸。（《評林》眉）啖助："凡書滅，又書以歸及名者，罪重於奔者也，既責其不死位，又責其無興復之志也。"夏，衛北宮結來奔。五月，於越敗吳于檇李。（《評林》眉）許翰："書檇李之敗，用見光玩兵滅身，以爲殘民伐國之戒。"吳子光卒。公會齊侯、衛侯于牽。公至自會。（《評林》眉）張洽："齊景公欲求伯，誅晉之亂臣以正其國可也。當是時，孔子已去魯，故會齊、衛合謀救范中行氏，三國之君同爲會而助不衷，故致公以危之也。"秋，齊侯、宋公會于洮。（《評林》眉）許翰："齊、宋、魯、衛崇獎亂逆，謀動干戈，大義亡矣。"《傳説彙纂》："是時衛有公叔戍之難，宋有公子辰之難，齊景不能爲二國定亂，乃合謀以助晉之叛臣，衛、宋不能自治其叛臣，而惟齊之從，皆非也。"天王使石尚來歸脤。（《測義》夾）胡寧氏曰："諸侯助祭於宗廟，然後受胙實，時魯不助祭而歸脤，非禮也。"（《評林》眉）孫復："天子祭社稷宗廟，有與諸侯共福之禮，此謂助祭諸侯也。魯未嘗助祭，天王使石尚來歸脤，非禮也。"按：舊説脤亦作蜃，大蛤也。古多以蜃飾器祭用，祭肉以蜃器盛之，故曰脤。《七修類稿》云："淞江故家得祭器於土中，皆蠣殼也，其上書饕餮人物之形猶存。蜃器，蓋蠣殼也。"衛世子蒯聵出奔宋。衛公孟彄出奔鄭。宋公之弟辰自蕭來奔。（《評林》眉）高閌："宋公不能容一弟，既使爲奔亡之臣，奔而入叛，叛而復奔，三書'宋公之弟'，皆以罪宋公也。"大蒐于比蒲。邾子來會公。（《評林》眉）張洽："蒐而邾子來會，則公親蒐矣，而不書公，以軍政不屬公而專於三家，則季、叔、孟孫氏之所爲也。"城莒父及霄。（《評林》眉）家鉉翁："何休云：'是年孔子以大司寇攝相事，齊人饋女樂，孔子去。不書冬者，貶也。'此牽合之說，夫聖豈以去位之故，而削冬不紀乎？"

【傳】十四年春，衛侯逐公叔戍與其黨，故趙陽奔宋，戍來奔。（《測義》夾）家鉉翁氏曰："戍也怙富而驕，素無國中之譽，乃欲以正君自任，事不克而速禍，宜也！"（魏禧尾）禧按："文子聞史鰌之言，不思散財以自損，以保子孫，可謂不知。戍也不足責矣。"按："史鰌以直聞，不能勸文子之歸邑如黑肱，何哉？然後知散財是難事，勸人散財是極難開口也。嗚呼！令尹子文、晏子、黑肱爲不可及也已。"彭家屏曰："《洪範》之五福，二曰富。《易·家人》之六四曰'富家，大吉'，聖賢豈教人淫享所有以爲厚福哉？蓋以富者，爲善之資也。如家既饒裕，便興禮義、周貧乏，席其所資，孳孳爲善，此一富也，吉孰大焉。若富而不好禮，積而不能散，正聖人所謂漫藏誨盜，老子所謂多藏厚亡，其凶甚矣，尚何福與吉之有乎？公叔戍不知此義，宜其及也。雖然，戍不足責也。文子賢者，而以禍資貽其子，獨何爲哉？"（《分國》尾）戍之必亡，史鰌言之矣。文子臨卒，何不盡散其家財？嗚呼！生於亂世，貴而能貧，可以後亡。有味哉，黑肱之言！（《左傳翼》尾）公明賈以"義然後取"稱文子，夫子不之信者，即以其富知之也。富爲怨府，使文子積而能散，必不爲貪人所忌，何至貽害於子孫？文子能臣，僅免其身，則戍之以驕而見逐，宜矣！滿而不溢，所以長守富也。富而不驕者鮮，驕則溢矣。罪其及子，史魚雖爲請享言，寔以咎禍源也。宮闈之際，人所難言。靈公溺愛南子，蕪穢濁亂，無所不至。衛之老成無一起而匡救之者，知言不見省，不旋踵而禍至也。戍即能正其身，陳善閉邪，尚須多方以爲之轉移，而乃恃富而驕，欲爲人之所不能爲，欲爲人之所不敢爲乎？"戍將爲亂"，貪人得此，乃有題目也。耽耽逐逐久矣，垂涎此一臠矣。

梁嬰父惡董安于，（《補義》眉）知、趙構禍，梁嬰爲之。謂知文子曰："不殺安于，使終爲政於趙氏，趙氏必得晉國。盍以其先發難也，討於趙氏？"（闓生夾）諸臣構釁，皆欲得晉國耳，此點睛之筆。文子使告於趙孟曰："范、中行氏雖信爲亂，安于則發之，是安于與謀亂也。晉國有命，始禍者死。二子既伏其罪矣，敢以告。"趙孟患之。安于曰："我死而晉國寧，趙氏定，將焉用生？人誰不死，吾死莫矣。"乃縊而死。趙孟尸諸市，而告於知氏曰："主命戮罪人安于，（《補義》眉）文子曰晉國有命，趙孟乃曰主命，機鋒相對。既伏其罪矣，敢以告。"（閏生夾）此見知氏之強，趙氏之弱。知伯從趙孟盟，而後趙氏定，祀安于於廟。（魏禧尾）魏禧曰："董安于性緩，嘗佩弦以自急。然安于在趙，歷官盡其職，而多戰功，又毅然以死衛趙，真剛烈丈夫也。求所謂弛緩於事者，一不可見，於此知古人自識所短，能學問以變化其氣質如是。"（《分國》尾）趙鞅以衛貢五百家，甘心於族人午，不忍甚矣。但爲午者，何不以謀明達之鞅也？涉賓之叛，各爲其主耳。中行、范以親戚私誼故，而與於深相結。悠悠天下，皆私其姻，亦何利乎？韓、魏以趙氏爲請，入于絳，盟于宮，三卿分晉，已分於此。高強"折肱"數語，可謂老馬知道。董安于殺身安趙，於晉爲蟊賊，在趙不失爲忠臣。（《左繡》眉）此文又爲知、趙相惡之端。安于先備，並非始禍，卻即以責范、中行者責趙孟，此趙氏之所不甘者也。看兩邊各以"既伏其罪、敢告"爲辭，一則曰"晉國有命"，一則直曰"主命"，舌鋒暗藏，銛於矢括耳。（《左傳翼》尾）知伯志吞晉國，范、中行既出，獨忌趙氏。去安于，所以翦其翼也。"不殺安于"數語，正知伯心坎上話。趙氏力不能敵，含淚以從。甚知伯豈必待襄子乎？趙氏每多義士，程嬰、杵白外，又有安于。廟而祀之，亶其宜哉！（《評林》眉）按：將作亂，安于告趙孟曰："先備之。"是安于發亂端。李笠翁："安于之氣壯而詞烈，覽之可作後世忠義之士。"（閏生夾）宗堯按："於同列則能借其勢，於臣屬則能結其心，此有陰謀，比之常態，非有德也。其利用安于之死，益見其無人心。"

頓子牂欲事晉，背楚而絕陳好。二月，楚滅頓。

夏，衛北宮結來奔，公叔戍之故也。

吳伐越。（孫鑛眉）此章稍精階。（《學餘》眉）吳、越之禍福相倚伏也，然皆不務德而求勝，則敗禍也，勝亦禍也。春秋之爲戰國，從此始矣。越子句踐禦之，陳于檇李。句踐患吳之整也，使死士再禽焉，不動。使罪人三行，屬劍於頸，而辭曰："二君有治，臣奸旗鼓，不敏於君之行前，不敢逃刑，敢歸死。"遂自刭也。

（孫鑛眉）事奇。（《評林》眉）陳眉公：「罪人屬劍，此兵法所未之聞，必范蠡之筴。」魏禧：「『使死士再禽焉』，按：再禽當是禽吳人如致師者斬馘，舊注未是。」《經世鈔》：「『而辭曰』，何以能使罪人自言自到如是？非以重賞及其子孫，必有重刑及其妻孥以牽劫之。」**師屬之目，越子因而伐之，大敗之。**（《補義》眉）俞云：「攻堅奇計。」儲云：「一屬目而師敗君傷，微哉兵乎！句踐知兵若此，而夫差藐視之，天奪其鑒矣。」周云：「屬目則心動，心動則陣動，不患其整。」（《評林》眉）彭士望：「『屬之目』，一目便敗，兵機可畏如此。」（闔生夾）閑文均有沈鷙之氣，勾踐滅吳，專以陰鷙取勝，此其發端，故詳記之以見一斑。**靈姑浮以戈擊闔廬，闔廬傷將指，取其一屨。還，卒于陘，去檇李七里。夫差使人立于庭，苟出入，必謂己曰：「夫差！而忘越王之殺而父乎？」則對曰：「唯，不敢忘！」**（方宗誠眉）以上敘吳夫差之謀報越，言辭激烈動人。**三年，乃報越。**（鍾惺眉）夫差亦是古今孝義好漢，赦越王亦不失帝王之度。觀吳越、劉項成敗，見古今無慈性王伯。（韓范夾）入郢之役，吳可以得楚；立庭之志，吳可以得越。得楚得越而為中國諸侯長，是周德既衰而吳振文武之業於戰國也。乃大勝之後，亡敗隨之，勝敗無常，未有若吳之速者，一姓不再興，豈果爾乎？《彙鈔》眉）欲報仇而使人呼名勵恥，具此血忱，何仇不報？（魏禧尾）憤急如此，必三年乃報，舉大事者，可以觀矣。（《分國》尾）夫差使人呼名，圖報父仇，此其志氣，天地鬼神相之。詎意夫椒一勝，父仇遂釋。從此高高下下，吳民日罷，而姑蘇麋鹿非復我有。嗚呼！生於憂患，死於安樂，有國家者念之！（《左繡》眉）此篇當在「大敗之」截，上段傳越敗吳事，下段傳吳子卒事，兩段各以「檇李」句相對為眼目。然文勢遞注下段，故「伐越」起，「報越」止，注所謂「為吳入越」起本者，以「靈姑浮」節為承上起下可矣。此即吳撓楚之計也。添入辭令，遂爾愈出愈奇。於越敗吳則詳越詐謀於前，於吳子卒則詳吳誓讎於後，筆筆寫得精神，兩人固是一流人物。（《左傳翼》尾）吳光以罪人三千犯胡、沈，遂敗七國之師。今於越所用即其計也，死士再禽不動，而忽以此大敗。蓋既屬之目，則其心已動。心動則陣動，不患其能整也，此最攻堅妙術。獨怪勾踐沼吳，智深勇沉，如鷙鳥之匿形而後擊。今吳日誦報仇，淺露已極，何勾踐全不知惕，三年遂棲于會稽乎？豈以既殺吳光，遂謂吳不足懼乎？驕則盛可爲衰，懼則亡可圖存。吳、越興敗，如手反覆，總不外此二語中。何獨此也，一部廿一史，此亦足以觀矣。（《日知》尾）筆筆精銳，傳得兩邊精神氣象出。（盛謨總評）閒散處，他人忽略，左氏偏寫得詳細。摺換處，他人忙亂，左氏偏寫得曲盡。只此便見後來史氏筆墨大相懸絶。讀到"使人立於庭"數句，便令我想他前面佈置之妙。卧魯曰："通篇精神，都聚此處。"（高塘尾）俞桐川曰："閭間父子，與勾踐皆屬國手，略鬆一着，便分輸贏，若更許悔，焉得不敗？"（《評林》眉）穆文熙："夫差初志亦甚欲報越，及其獲越王又釋之，反爲所滅，乃知愚夫易驕，驕則易滿，不足以言志也。"（《學餘》尾）夫差之立庭，猶勾踐之嘗膽也。憂患而成之，安樂而敗之，哀哉！（閩生夾）宗堯按："此寫夫差之氣質耳，勇於報越矣，然非沉毅之人，乃誇張之徒耳，與敘越勾踐處對文。"

　　晉人圍朝歌，公會齊侯、衛侯于脾、上梁之間，謀救范、中行氏。析成鮒、小王桃甲率狄師以襲晉，戰于絳中，不克而還。士鮒奔周，小王桃甲入于朝歌。（《測義》夾）季本氏曰："衛方有内難，懼晉討，朝歌或將生變，故合齊、魯以會于牽。左氏謂晉人圍朝歌，公會齊侯救范中行氏。經文未嘗書圍書救，安可遽謂三國爲是而會哉？"〖編者按：奧田元繼作湯睡菴語。〗秋，齊侯、宋公會于洮，范氏故也。（《左繡》眉）會牽、會洮，合傳中夾入一帥狄襲晉事，亦以兩主包一賓法。

　　衛侯爲夫人南子召宋朝，會于洮。（《左繡》眉）此篇敘蒯瞶得罪於父，爲後爭國起本。其詳寫戲陽速語，非稱速料事之明，正表瞶蓄心之險，爲本事定案，併爲一生定案。文有即賓見主，以敘爲斷者，此類是也。（《補義》眉）禮義消亡，至此盡矣。（《評林》眉）李笠翁："蒯瞶處昏淫間，既不獲幾諫幹蠱，善全所天，乘恥發憤，因迹其國殺宣姜故事，以無道行之。事既不遂，復不能死，他日父子爭國，貽禍宗社，流毒生靈，皆舉以基之也。"（閩生夾）云"爲夫人南子召宋朝"，則衛侯昏亂，南子荒淫，不言而情事曲盡。此筆意谿刻處，《史記》亦多此種句法。大子蒯瞶獻盂于齊，過宋野。野人歌之曰："既定爾婁豬，盍歸吾艾豭。"大子羞之，謂戲陽速曰："從我而朝少君，少君見我，我顧，乃殺之。"速曰："諾。"乃朝夫人。夫人見大子，大子三顧，速不進。夫人見其色，啼而走，曰："蒯聵將殺余。"公執其手以登臺。(《測義》夾)愚按：左氏序蒯聵欲殺夫人，張洽氏引劉敞氏、劉絢氏二説，謂聵必無此事，如哀姜亂魯、驪姬亂晉，自古讒婦誣其子者多矣，此猶異産也。若欒祁與老州賓通，至譖其親子而殺之，婦人之兇淫毒害，亦至如此。以《春秋》不去其世子觀之，其言有據，可取。而汪克寬氏則謂三子之説固善，然皆泥於書世子之義，楚商臣、蔡般弑君而書世子，豈亦與之乎？此又不然。商臣、般書世子者，於以見有父之親、有君之尊，故甚其惡而書之。恐與此書法不同。(《評林》眉)穆文熙："婁豬、艾豭，宋人辱衛之甚，蒯聵不堪，猶有丈夫之氣也。靈公執手登臺，何其甘心乎！"唐錫周："太子口中三'我'字，確是事前懸摹語。戲陽口中九'余'字，確是事後歸咎語。"劉敞："左氏敘蒯聵事，曰蒯聵欲殺夫人，夫人啼而走，大子出奔宋。予謂蒯聵雖不善謀，安有此事哉？且殺夫人，蒯聵獨得全乎？彼所羞者，以夫人名惡也，如殺其母，為惡愈大，反不知可羞乎？蓋蒯聵聞野人之歌，其心慼焉，則以謂夫人。夫人惡其斥己淫，則啼而走，言太子殺余以誣之。靈公惑於南子所言，必聽從，故外則召宋朝，內則逐公叔戌、趙陽。彼不恥召宋朝，固亦不難逐蒯聵矣，此其真也，不當如左氏所記。又，蒯聵出乃奔宋，宋，南子家也，蒯聵負殺南子之名，而走又入其家，使真有此事者，敢乎哉？此亦一證也。"(闉生夾)"公執其手"與"為夫人召宋朝"句同，皆於淡處著思致。大子奔宋，盡逐其黨。故公孟彄出奔鄭，自鄭奔齊。(文熙眉)執手登臺，何其相親而保護之急也？有夫如靈公，於南子何尤乎？(《評林》眉)劉絢："蒯聵出奔，《春秋》不去其世子者，衛侯之罪也。南子之惡亦已甚矣，其欲去世子之意亦已明矣，如哀姜亂魯、驪姬亂晉，若此比者不鮮矣。而靈公聽南子之譖，謂蒯聵欲殺其母，不能為辨明，以致其出奔，豈非靈公之罪乎！"張洽："左氏所記，乃南氏之讒言，非當時之實錄也。"《傳説彙纂》："朱子《論語注》固引胡氏説，載蒯聵欲殺母事，然二劉之論似得當時事情，張洽朱門高弟，亦有取焉，今並存以俟再考。"

　　大子告人曰："戲陽速禍余。"戲陽速告人曰："大子則禍余。大子無道，使余殺其母。余不許，將戕於余；若殺夫人，將以余説。余是故許而弗為，以紓余死。(韓范夾)始則許之，終則怯焉，以禍太子，而又飾詞以告人也。不然，既許之後，獨不可亡也？**諺曰：'民保於信。'吾以信義也。"**（《測義》夾）愚按：速也既知太子無道，曷於造謀之始，涕泣極諫，俾其感悟而中止焉？是則可謂以信義云爾。今也不然，始則依違以諾之，不可謂義。終則遲疑以背之，不可謂信。是特反覆小人之流，而顧以信義自許，將誰欺乎？（《彙鈔》眉）靈公昏，南子蕩，蒯聵憒，陽速奸，色色描寫入神。（《分國》尾）此速一時苟免之言，然曰"吾以信義"，千古至言。小人謀脅同伴，須以此法處之。既保身，亦全義也。（《左繡》眉）南子召宋朝，可醜。為夫人南子召宋朝，可醜。衛侯為夫人南子召宋朝，尤可醜。然在太子則但有幾諫號泣之一法，無剚刃灑恥之一法也。殺其母，不義。使速殺其母，不義。以"戲陽速禍余"告於人，尤不義。然在左氏則但有側面旁敲之一法，無正面直斷之一法也。論事論文，固當微會其意爾。（《左傳翼》尾）夫婦人倫之首，閨門萬化之原，於此不正，則三綱九法因以淪斁。宣公納伋妻，而父子相殘，狄遂入衛，宗社於焉丘墟。南氏以一淫婦人，而靈公溺之，縱其內亂，為召宋朝，點籌洗兒作之師矣，豈非千古一大笑柄乎！宋朝留衛不出，野人乃有盍歸之謳。妻豬既定，生長衛宮者，皆非衛種，此詬更復何忍？啼走後遂逐蒯聵，以兆稱兵拒父之禍，大亂幾亡，可不為之寒心歟？聵殺母事，二劉氏皆以為南子知聵聞野人之歌，朝見必斥其淫，故先啼走，誣以將殺，亦如驪姬陷共世子事。速蓋伊戾之徒，太子所以謂其禍余，靈公不察其冤，遂逐蒯聵，與晉獻、宋平無以異。《春秋》書聵出奔，不去其世子者，著衛侯之罪也。張氏因謂左氏所記，乃南子之讒言，非當時之實錄。夫聵果欲弒母，即殺速以說，豈能脫然於禍？況南子宋女，聵負弒母之名，豈反走入其家，此亦情理之可辨者。特聵不明大義，父子尚爾爭國，因一時恥辱，不能遽忍，冒昧出此，亦未可知。《春秋》書世子，未必不責聵。但宋朝一召，公然無復廉恥之色。"不可道也，言之醜也"，孰有甚於此者乎？聵、輒之亂，皆靈寔貽之。弒母真偽，姑闕以俟考耳。"若殺夫人，將以余說"，此事理之暴著而無可疑者，為人所作何事，而敢望生乎？明知其如此，而成濟、張衡之徒，不絕於世，卒至橫尸都市，遺臭萬年，而莫之悔也。悲夫！（《日知》尾）不號泣而思推刃，叵測極矣。而未盡之意，卻從戲陽速口中述出，前半據事直書，後半旁見側出，遂為蒯聵具碟鼠獄。（高塘尾）俞桐川曰："極醜事，寫得雅。極淺事，寫得深。其雅處在於不說明白，其深處在於説得明白。"（《自怡軒》尾）一起先將原因敘明，譬如登高而呼，衆山皆應。末以戲陽速作結，太子蓄心之險，昭然若揭。所謂以敘作斷者，此類是也。許穆堂。（《評林》眉）《增補合注》："諺言：'民有信以保身。'我以義爲可信，故不從非義之言。"（《菁華》尾）戲陽速於太子之謀，不諫之於前，而反之於後，非正人也。然觀其所以自免者，不謂之智計之士不可。若晉之成濟、唐之氏叔琮，惜乎未聞斯言。

　　冬十二月，晉人敗范、中行氏之師于潞，獲籍秦、高彊。又敗鄭師及范氏之師于百泉。（《左繡》眉）籍秦、鄭師，皆賓也。以主包賓，而一敘於敗潞之下，一敘於百泉之上，只順逆法。（《左傳翼》尾）齊之有陳氏，猶晉之有范、中行也，景公知其欲竊國久矣。乃季氏出君，聽讒臣之言而不納。今又合宋、魯、衛以救范氏，崇獎逆亂，尚復有人心乎？不令之臣，三國皆有。舍順助逆，背君助臣，但欲以亂晉，而不知己之亂亡即隨其後。大書于策，君臣蓋交譏云。

◇定公十五年

【經】十有五年春王正月，邾子來朝。（《評林》眉）汪克寬："邾子以去年來會，爲未成禮故，復來朝，未幾奔魯之喪，其卑屈亦甚矣。"鼷鼠食郊牛，牛死，改卜牛。（《評林》眉）黃震："高氏《集注》曰：'魯不當郊，郊牛死傷，廢牛可也，而改卜牛，是違天也。'"戴溪："魯之僭郊自僖公始，其説可信。蓋僖公之前，《春秋》未嘗書郊，此其證也。"二月辛丑，楚子滅胡，以胡子豹歸。（《評林》眉）家鉉翁："召陵之會，頓、胡之君皆在，曰'以侵楚也'。是後楚有吳患，不能報，去年滅胡，以報召陵之怨，蓋吞噬小國以快其宿憾也。"夏五月辛亥，郊。（《評林》眉）高閌："魯郊當在孟春，今以改卜牛，在滌三月，故至五月乃郊。"壬申，公薨于高寢。（《評林》眉）許翰："內卒凡十一公，得正而薨，惟在宣、成。"鄭罕達帥師伐宋。（《評林》眉）許翰："宋大國也，至於景公，而鄭能困之，則桓魋之爲也。無競維人，豈不信哉！"齊侯、衛侯次于渠蒢。邾子來奔喪。（《評林》眉）劉絢："當周之衰，天子崩葬，諸侯皆無奔喪會葬之事，而邾、滕反行於強大之國，非禮明矣。"秋七月壬申，姒氏卒。（《評林》眉）啖助：

"自成風之後，妾母皆僭用夫人之禮，故書薨、書夫人，著其非禮也。哀公母定姒卒，時子未踰年，雖行喪禮，不可加於母，故書卒。子既未成君，故不稱夫人也。"八月庚辰朔，日有食之。九月，滕子來會葬。丁巳，葬我君定公，雨，不克葬。戊午，日下昃，乃克葬。（《評林》眉）趙匡："乃，急辭也。"案：凡稱乃，緩辭也，不得云急。譏臣子緩慢耳！孫復："兩'不克葬'，譏不能葬也，葬不爲雨止。戊午，日下昃，乃克葬，言無備之甚也。"辛巳，葬定姒。（《評林》眉）《禮·曾子問》注："同時有父母或祖父母之喪，葬則先母而後父，奠則先父而後母。葬是奪情之事，故先輕；奠是奉養之事，故先重。虞祭亦奠之類也。"徐彥："定公五月薨，定姒七月卒，非其並有喪禮，是以先葬定公，後葬定姒，若其同月，當定姒先葬矣。"冬，城漆。

【傳】十五年春，邾隱公來朝。子貢觀焉。（《補義》眉）董次公曰："此子貢神明之識，故毫髮不爽。"（闇生夾）附邾事。此篇表章聖門諸賢，附記當時烈士，即孔子弟子列傳也。邾子執玉高，其容仰。公受玉卑，其容俯。子貢曰："以禮觀之，二君者，皆有死亡焉。夫禮，死生存亡之體也。將左右、周旋、進退、俯仰，於是乎取之；朝、祀、喪、戎，於是乎觀之。今正月相朝，而皆不度，心已亡矣。嘉事不體，何以能久？高、仰，驕也。卑、俯，替也。驕近亂，替近疾。君爲主，其先亡乎！"（文熙眉）汪道昆曰："議論具品。"（《左繡》眉）以賓起，以主結，中間都兩對說。高卑、俯仰，敘法整鍊。斷語虛喝一筆，以下泛論一層，又虛論一層，然後實說一層，又側說一層，語語精細。然非有他繆巧也，開口著"日以禮觀之"字，固不同影響之談矣。以"體"解"禮"，貼兩"容"字，下語尤切。"驕也""替也"，說到裏面一步。"近亂""近疾"，說到外面一步。遡流窮源，徹表徹裏，人焉廋哉？人焉廋哉？（《評林》眉）鍾伯敬："春秋中，以言語威儀知死生禍福者衆矣，不特一子貢也。"郭正域："'替也'，'替近疾'一句尤佳。"（武億尾）觀事於忽略，晰幾於毫芒。必如此，乃可稱聰明；必如此，乃不愧言語。（闇生夾）子貢之論禮，參以術數臆測之說，非君子之常道也，故夫子非之。

吳之入楚也，胡子盡俘楚邑之近胡者。楚既定，胡子豹又不事楚，曰："存亡有命，事楚何爲？多取費焉。"二月，楚滅胡。(《左繡》眉)大要是慳耳，卻託之乎命，然則當改朱主曰"命，猶吝也"，一笑。(方宗誠眉)幸災樂禍，乘人之危，足以爲戒。(闈生夾)滅唐、滅頓、圍蔡、俘蠻氏，大敗之後略小弱以自廣也。

　　夏五月壬申，公薨。(《測義》夾)李廉氏曰："定公在位十有五年，當其初立，陪臣執命，國事分崩，固無足言。但陽虎既奔之後，三桓益微，孔子爲政，紀綱麤立，正可以有爲之時，然竟不能使夫子得遂行其道，則魯何賴哉？先儒李氏云：'會于夾谷而致侵田之歸，行乎季孫而有墮都之謀，雖僅能明禮義之教。雉門兩觀之作而僭禮莫之改，寶玉大弓之寶〖編者按：疑當爲竊。〗而分器莫之保，惛於女樂，政歸彊家，此定公有聖人而不能用也。'其言得之矣。"**仲尼曰："賜不幸言而中，是使賜多言者也。"**(《文歸》眉)陳溪子曰："聖人畢竟渾厚。"(魏禧尾)彭家屏曰："《詩》三百篇言威儀處最詳，禮雖漢人所記，多古禮之遺，舉動之間，雖小必敕。春秋之時，世亂極矣。而當時賢人君子，於左右周旋進退俯仰之節，猶致意焉，可見文武周公之遺澤未盡泯也。子貢觀兩君之執玉而知其將亡，北宮文子觀公子圍之威儀而知其不終，益知當時之所講求者深矣。《詩》不云乎：'人而無儀，不死何爲。'豈不信而有徵哉？"(《分國》尾)爲所言者不幸也，聖人曰言而中者爲不幸，故以多言抑之，使賜多言者，賜自使之也。(《知新》尾)至誠固可前知，億則亦能屢中。聖賢先事之明，都非後人所及。而夫子期待之厚，箴規之益，則尤未易窺測矣。(《左繡》眉)中非不幸，多言不幸。然多言卻爲中使，是中即不幸矣。故"賜不幸而言中"兩句，正以連讀有味，或以上三字截者，泥。(《評林》眉)趙鵬飛："定公乘昭公之後，政在季氏，粗能收攬國柄，親盟親會親兵，魯民粗知有君，其賢於昭公遠矣。一用孔子相，夾谷之會，齊人懾屈，來歸侵地。惜乎用之不久，抑亦天未欲平治天下乎？"(《左傳翼》尾)《中庸》論至誠前知，而云"禍福將至，善不善必先知之"。說者謂善不善即禍福，不知善不善，理也。禍福，數也。如此篇二君死亡，是禍福。高卑俯仰，則善不善也。左氏決禍福，言數如神，無一不準之於理。大致總不出劉子"民受天地之中以生"一段大道理。故於俯仰決死亡，並決亂疾與先後，皆是一定不移無可疑者。"禮"字是斷案，"心"字是主宰，禮之是否皆從心出。"驕也""替也"，是心之亡。高仰、卑俯，是禮之失。死生存亡決於禮，實決於心。故亂疾先後，斷驗如神。言中幸矣，何云不幸？以其多言，故不幸也。世之好言禍福者，其亦鑒於此而知戒歟？（《便覽》尾）子貢以微知著，不愧聖門言語之士，而子猶以爲不幸，此所以深有取於南容之三復白圭也。世之喋喋好言者，其勉乎哉！芳自記。（《日知》尾）非端木不解爲此言，非聖人不能爲此言，讀前論知天人合一之精，讀後論見聖賢崇尚之實。（《學餘》尾）聞子貢之言，則知聖人之動容周旋中禮，所以立命也。聞夫子之言，則知聖人之遯世無悶。不見是而無悶，所以存身也。而夫子之牆數仞，從可見矣。

鄭罕達敗宋師于老丘。

齊侯、衛侯次于蘧挐，謀救宋也。

秋七月壬申，姒氏卒。不稱夫人，不赴，且不祔也。（《測義》夾）劉敞氏曰：「左氏『不稱夫人』之說非也，凡夫人卒則史書之，不待赴、祔而書其夫人也。姒氏尚爲妾母，哀未成君，故亦未敢謂其母爲夫人爾。」（《左繡》眉）合觀兩節，豈非里語所云無福之人，夫後亡者歟？

葬定公。雨，不克襄事，禮也。（《測義》夾）愚按：葬不爲雨止，禮也。雨不克葬，無備之甚也。詳經意，譏臣子緩慢爾，何禮之有！

葬定姒。不稱小君，不成喪也。

冬，城漆。書，不時告也。（《評林》眉）汪克寬：「他國有事，或過時而告於魯，豈有魯國城邑過時，告於廟可以揜其罪乎？此非人情也。」（《彙鈔》眉）魯自鸜鵒之謠驗，而往歌來哭之禍，平子作之。至平子被拘，叔孫見殺，家之禍又自陽虎、侯犯諸人作之。國政不在君，而在家，併下移於家之陪臣，魯事可知矣。以孔子之聖而不用，用而不卒，所以不能復振。其事詳《家語》篇中。外如楚囊瓦貪賄召寇，吳伍員定計雪仇。吳既覆楚，越又侵吳，兵爭不已。天下無君，一至於此。春秋以會盟要信聯屬諸侯，至定、哀而寂無聞焉。所以爲春秋之終，爲戰國之始也。蓋至此而世變益急矣。

哀公（元年至二十七年）

◇哀公元年

【經】元年春王正月，公即位。楚子、陳侯、隨侯、許男圍蔡。（《評林》眉）家鉉翁：“入郢者，吳也。撻平王之墓者，亦吳也。楚不能報之強吳，而摟二三小國以釋憾於蔡，謂之復讎，卒不能復也。前年滅頓，去年滅胡，今又以兵加蔡，其志在於蠶食小國以爲利，《春秋》奚取哉？”鼷鼠食郊牛，改卜牛。夏四月辛巳，郊。（《評林》眉）高閌：“魯不當郊，故天示變以警之，而改卜牛，是違天也。雖改卜牛，猶非郊時，況公斬然在衰絰之中，輒行天子之禮以見上帝，可乎？”秋，齊侯，衛侯伐晉。（《測義》夾）林堯叟氏曰：“春秋之初，無王者齊、鄭、宋、魯、衛爲之也。春秋之季，諸侯無霸者，亦齊、鄭、宋、魯、衛爲之也。”（《評林》眉）許翰：“晉爲伯主，而諸侯至於合從以伐之，《春秋》特書，以著列國之無伯也。楚得專封，王道盡矣。晉受衆伐，伯統亡矣。春秋之變，至是而窮矣。”李廉：“自晉文興伯以來，除秦、晉之爭外，與國伐晉者止三：文元年衛人伐晉，襄二十四年齊侯伐衛，遂伐晉。雖一時諸侯之玩伯，然《春秋》於衛書人，於齊書遂，尚未絕晉也。至是而直書二國伐晉，晉無異列國矣。”冬，仲孫何忌帥師伐邾。（《測義》夾）高閌氏曰：“去年邾子來奔喪，今踰年而遽伐之，蓋魯人利其田，不復知有禮義也。”（《評林》眉）黃仲炎：“邾子方朝魯，又奔魯喪，所以奉魯者至矣，無故而伐之，何哉？蓋亂世之人行如禽獸，弱之肉，強之食也。”

【傳】元年春，楚子圍蔡，報柏舉也。（《補義》眉）不報吳而報蔡，子西何嘗知復讎大義。（《評林》眉）李廉：“楚、蔡之交兵止於此。"汪克寬："楚昭圍蔡，未足以爲善，文定以宋高宗不復金國之讎，故拳拳以復讎爲說，此朱子所謂以義理穿鑿也。"**里而栽，廣丈，高倍。夫屯晝夜九日，如子西之素。**（孫鑛眉）元人鎖城法即此。**蔡人男女以辨，使疆于江、汝之間而還。**（孫鑛眉）雖止數語，卻精鍊有致。（鍾惺眉）寥寥數語，簡鍊之極。**蔡於是乎請遷于吳。**（韓范夾）伐楚之謀，蔡實先之，唐侯與焉。而唐先亡矣，蔡猶幸焉爾。（《左繡》眉）報柏舉，則固當請遷于吳矣。敘此等處，總見吳強，遠爲黃池起本。（《左傳翼》尾）蔡嘗與吳共伐楚矣，入其國都，夷其墳墓，不共戴天之仇，所當報也。特書圍蔡，予楚之辭也。（方宗誠眉）句鍊。後世文家碑記文鍊句法本此。

吳王夫差敗越于夫椒，報檇李也。（《正論》眉）員不勸吳脩德格天，乃懼越之報，而欲殄滅之，非天意也。夫差之暴，即幸而滅越，天下其無越哉？（《才子》夾）詳寫少康，便可略寫勾踐，後三段句句字字精神。（《左繡》眉）伍員諫許越成，吳爲主也。劈提二句，一賓一主，卻是暗暗將越伴說到底，左氏亦便自始至終，敗夫椒、報檇李、遂入越、以行成、不告慶、不告敗，句句雙說，以與中幅兩番文字相配。蓋同此提敘斷結，而移步換形，即別自一番色澤，一番結構。自來信口讀滑，辜負匠心也。一大篇文字後，又添入"退而告人"一層，如詞家之有尾聲。然章法得毋頭重腳輕乎？因又添寫書法以佐之。文勢不孤，又得與起手提敘兩層相應。相其章法，真有花萼千重之歎。**遂入越。越子以甲楯五千保于會稽。使大夫種因吳大宰嚭以行成，吳子將許之。**（《測義》夾）何孟春氏曰："方吳之初伐越也，歲在牽牛。史墨占之，以爲越得歲，吳伐之，必受其咎。越人迎擊闔廬，殪焉，是吳之違天也，是以有檇李之辱。夫差畜憤，冀於必報，人謀定矣。越雖得天，未可遌也。勾踐不納范蠡之諫，而先事襲之，迄用大敗，是越之違人也，是以有會稽之辱。"〖編者按：奥田元繼作王元美語。〗（孫鑛眉）是議論中敘事，造語典密，可與魏莊子章參看。一事而敘少異，彼重羋此重少康，各有委，然皆左氏法。（高塘眉）先敘事，許行成是起議之根。（《評林》眉）楊慎："大夫種姓文氏，字禽，楚之鄒人，出《呂覽》高誘注。"**伍員曰："不可。臣聞之'樹德莫如滋，去疾莫如盡'。**（《文歸》眉）康海曰："'樹德''去疾'兩言，是一篇大綱領，亦是好議論。"范德建曰：“妙喻不厭其詳。”（《補義》眉）二語提起，重在去疾。俞云：“國滅而復興者多矣，單舉少康，以其爲句踐之祖也。”（《評林》眉）彭士望：“‘去疾莫如盡’，此語大戕元氣，吳、越純陰符學術。”魏禧：“按：范蠡他日於吳便如此，英雄所見略同。”（方宗誠眉）首二句提通篇，上句賓，下句主。昔有過澆殺斟灌以伐斟鄩，滅夏后相。后緡方娠，逃出自竇，歸於有仍，生少康焉，爲仍牧正。惎澆能戒之。澆使椒求之，逃奔有虞，爲之庖正，以除其害。（《評林》眉）《經世鈔》：“‘除其害’，除虞思之害也，當日必有所指。”虞思於是妻之以二姚，而邑諸綸。有田一成，有衆一旅，能布其德，而兆其謀，以收夏衆，撫其官職。使女艾諜澆，使季杼誘豷，遂滅過、戈，復禹之績。祀夏配天，不失舊物。（《左傳雋》眉）李九我曰：“援引詞簡而事悉。”（《評林》眉）《經世鈔》：“布德是興復本領，能兆謀德，不迂虛也，收夏衆尤妙。”（方宗誠眉）引證作賓。（《學餘》眉）前半引古雅切，是商周法物，“今吳”以下，忠直之心，老成之識，短長高下之韻，懇至流美之辭，油然惻然，從楮墨中鼓舞而出。前之《國語》，後之《國策》《史》《漢》皆讓伊獨步矣。今吳不如過，而越大於少康，或將豐之，不亦難乎？（《補義》眉）一比較而理勢顯然，此以國勢言。（方宗誠眉）入主位。（閩生夾）春秋無義戰，故作者於列國盛衰無所偏袒，獨於王室之不振時致憤慨。洎於定、哀之間，王室益微，而霸主之晉亦衰，獨吳起於蠻夷，爲周室之長，若可望其興復者，而卒蹶不振，左氏蓋尤傷之。此處引少康中興爲喻，皆其微意所寄，非漫然也。句踐能親而務施，施不失人，親不棄勞。與我同壤而世爲仇讎，於是乎克而弗取，將又存之，違天而長寇讎，後雖悔之，不可食已。（《補義》眉）此以君德言。（閩生夾）宗堯按：“吳、越興滅之故，具述於此。”姬之衰也，日可俟也。（《補義》眉）此以天運言。介在蠻夷，而長寇仇，以是求伯，（《補義》眉）結求伯。必不行矣。”弗聽。（《左傳雋》眉）劉廬泉曰：“數語利害較然，詞意激切。無奈夫差狃于一戰之功，驕矜自恣，不聽其言，豈非天欲以越賜吳乎？”〖編者按：疑當爲以吳賜越。〗（《彙鈔》眉）少康不但能復祖業，亦能報父仇，故子胥特津津道之。屢以寇仇警醒夫差，言言痛切。（《左繡》眉）“臣聞之”，先引古訓，立一篇之主。下以“昔”字、“今”字作兩層説，賓主不分承而用總發，較常格更緊一分。少康、過、澆，雖分應"樹德""去疾"，然過、澆滅夏，而少康滅過，兩"滅"字相對，分明去疾不盡，勢必反爲所滅，已爲長寇讎者寫出悔不可追榜樣。最是借賓形主，警醒動人處。若各開看，便寬。"今吳不如過，而越大於少康"，兩兩串遞，警策非常，通身振拔。"勾踐"節順頂"越大"句申説，"姬衰"節倒頂"吳不如"句申説，"今吳"節，乃是承上起下，一篇之轉楗。或作三段平看者，非。即以前一段將過、夏與吳、越對勘，後一段將勾踐與夫差對勘，作兩層看者，亦非。三點"讎"字，反復以見此疾之不可不盡去也。提醒他"出入必謂"時精神多少。（闈生夾）悼歎姬衰，神氣尤爲遠出，乃本旨之所寄也。**退而告人曰："越十年生聚，而十年教訓，二十年之外，吳其爲沼乎！"**（文熙眉）穆文熙曰："'吳不如過'一段，利害較然，詞意警切，即金石可貫。而夫差狃于一戰之功，愎而不從，豈非天欲以吳授越乎？"〖編者按：《周文歸》作茅鹿門語。〗（鍾惺眉）吳赦越，未爲大失，但忘父之仇耳。又其意不出於哀矜而出於驕盈，其致敗在此，不係於赦越也。若赦越之後，而修備治國，桓、文之業也，越其如吳何？（《觀止》尾）寫少康詳，寫勾踐略。而寫少康，正是寫勾踐處，此古文以賓作主法也。後分三段，發明"不可"二字之義，最爲曲折詳盡。曾不覺悟，卒許越成，不得已退而告人，説到"吳其爲沼"，真感憤無聊，聲斷氣絶矣。（《彙編》尾）吳、越世仇，原不兩立。伍公指陳利害，痛切詳明，至今猶覺生氣勃勃。是篇寫少康最詳，勾踐最略。惟其詳也，乃可以略，此古文借客形主之法，後二段句句字字精神。（《知新》尾）古文有以賓爲主法，解此便知寫少康正詳寫勾踐處，絶非略之也。江紹韓。夫差忘殺父之深仇，貽目前之大患。剖析利害如此危悚而猶不動心怵志，無他，中懷小不忍，而又惑於佞臣先入之言，故不復省悟，可哀矣夫？（《左繡》眉）分點兩十年，又總算二十年，數得的確不錯，又看得眨眼便來，痛哭流涕之談。足此數句，令前文愈警透有精神，蓋前是議論，後是斷結也。（昆崖尾）徐揚貢曰："議論與敘事相錯如繡，造語蒼鬱，儼然典冊之遺。"（《精言》尾）吳之伐越，爲報父仇，正謂不共戴天之義，即滅其國、殺其君，不爲過也。奈爲宰嚭所惑，許其行成，以致養虎遺患，當克而存之，自滅其宗廟社稷，不如勿報也。伍員老練謀國，計出萬全，不以大義爲諫，單就在利害上立論，知夫差既惑，不足與言大義也。篇中將"樹德去疾"二句以作綱領，語意雖有主客，並提相形益見。引過、澆一段，爲去疾不盡之戒，可爲明切。澆恃力不德，取以爲比越，俱有深意。復言勾踐有布德兆謀本領，決不相忘。若吳欲圖遠功，必除近患。無非冀其戢雄心，而自顧其國也。乃猶不悟，則吳爲越沼，可以計日而待。一字一淚，讀之愴然。是年勾踐入臣於吳，次年放之歸國，獻西子於吳。吳王不備越而圖霸中原，會諸侯以匡周室，越用范蠡陰謀，乘虛伐吳，屢敗吳師，至元王三年，越遂滅吳。去成行之時二十二年。（《補義》眉）孫云："種、蠡謀略，子胥早已見到。"（高嵣眉）後議論，開口便擒，是提綱法。接筆引古，是拓局法。魏絳述此事，重在羿澆禽荒邊，此則重在少康復國邊，同引一事，而意旨自別。（《評林》眉）沈雲將："《吳越春秋》載子胥謂吳子曰：'樹吾墓檟，檟可材也，吳其亡乎！'其時計亦二十年之意。"《經世鈔》："施不失人，伯者本領。"魏世傚："蠡、種之謀，員已先見矣，真英雄敵手。必二十年者，越大衰，不久不起。吳大盛，不久不敝。如醫病者有一方，必服至數百劑而後愈者也。"（武億尾）國滅而復興者多矣，單提少康，以其爲勾踐之祖也。後半痛就不可許成層層發意，沉著警策。（方宗誠眉）申明句踐不可與成。

三月，越及吳平。（《啽鳳》尾）檇李之役，闔閭爲靈姑俘戈傷而還，卒。夫差與越不共戴天，故常使人立于庭，苟出入必呼曰："夫差，爾忘越王之殺而父乎？"則對曰："不敢忘。"此情何等激切！三年報越而入之，是天有以成其志矣。乃棄不取而許越復國，勾踐歸而苦身焦思，置膽於坐，苟飲食必嘗，曰："汝忘會稽之恥乎？"卒三敗吳而有之，此固君初終之敬肆使然，抑臣賢奸之衆寡致之。吳有一智勇之申胥而沮於好貨色之宰嚭，越則文種、范蠡與舌庸拓稽輩戮力同心，內修外餌，邦之興喪，豈苟然哉？（德宜尾）提掇過渡，照應結束，處處警醒，文尤高拔矜琢。**吳入越，不書，吳不告慶，越不告敗也。**（《正集》尾）長轡遠諭，不厭其詳，古人文字惟取達意，類蓋如此。李崆峒。（韓范夾）吳赦越，一忘不共之仇，一失天與之意，一有驕滿之心，一用貪賄之人，故勝而旋亡。若有越而不取，又安非恤小存亡之道乎？（孫琮總評）吳、越，世仇也。伍子之諫，開口以"樹德""去疾"兩意並提。接下少康，便是樹德一證；而有過、澆，則去疾未盡之影子。古人文字不必拘拘比配，大意只要形出"吳不如過，而越大於少康"二句耳。行文高古矜琢，字字緊鍊，定、哀之冊，此爲進一格文字。（《彙鈔》眉）我不報仇，仇將報我，吳真爲處堂之燕雀矣。(《分國》尾) 員以少康比越，以過、澆例吳，崇越卑吳，失倫已甚，而謂夫差能納哉？行成之允，差誠失策。進諫之言，員亦未善。(《約編》尾) 此爲二十二年越入吳張本。吳、越之事本與少康不甚相類，得"吳不如過，而越大於少康"兩句，便勾挽作一片矣。我持。(《左傳翼》尾)"樹德莫如滋"二語開端，篇中所論皆去疾務盡，未嘗一語勸君樹德也。勾踐能以小事大，夫差豈不能以大恤小？使果脩德行仁，寬洪惻怛，而無計較大小強弱之私，則天下皆在包容之內，何區區一越而必殄滅之乎？況員所忌者，在勾踐之能親務施與生聚教訓。越能之，吳豈不能之？人謂子胥死而吳爲墟，不知子胥即不死，而吳未必不爲墟也。孫執升謂："樹德、去疾兩意並提，接下少康便是樹德一證，而有過、澆則去疾未盡之影子。"不知員以澆滅后相，令后緡逃出，致生少康，以收夏衆，過戈遂滅，是去疾不盡之過也，故繼以"吳不如過"二語，見越不可許成。《左繡》既知兩"滅"字相對，分明去疾不盡爲長寇讎者作榜樣，而猶以少康、過、澆分應樹德、去疾，其亦惑於彼説而莫之考也已。入越爲報檇李，分明勾踐殺爾父，出口入耳，其聲未寂，爲此來報，豈還不知父仇？《咀華》謂伍員語只從利害起見，而不共戴天之仇偏諱不言。不知口口寇讎，所謂寇讎者何事？非即日誦于庭語耶？蓋是時宰嚭受賄，西子入而父仇忘矣。入手提明，使"大夫種因吳太宰嚭以行成"一語，勝讀《國語》及《越絶》《吳越春秋》等書數千言。(《便覽》尾) 爲殺其父而伐之，乃聽嚭言而許其行成，是謂不孝。且其許之意，不出於哀矜，而出於驕盈，真天以吳授越。子胥之論説雖精，亦無如之何矣！又按：比吳於過，而比越於少康，已非告君之體。況夫差常以越王"殺爾父"自警，則其孝義本出於天性。使子胥此時將此事一提，夫差自必投袂而起，何必稱引古事哉？芳輯評。(《日知》尾) 引夏事爲去疾不盡作證，即爲樹德能滋寫生。孟謂："去疾不盡，又遇樹德能滋者，則亡可立待矣。"後半夾寫互寫，皆申此意，而沈酣悲壯之氣，盤轉楮墨間，直如觀胥山八月之濤。結構整密，而行以變化，然轉換回旋中彌有鈎心鬬角之妙，故整密而不板，變化而不詭也。(盛謨總評) 篇首提出"樹德""去疾"二意，或分寫，或合寫，或側寫，或對寫，橫豎敲擊，伸縮變動，只是寫此二意，卻未嘗明點一筆，怪絶！左氏作文曲奧，寫樹德，隱然有個去疾意；寫去疾，隱然有個樹德意。兩面空明，參差入妙。吳不能去疾，則不能樹德。然吳不能去疾，則越將樹德。越既樹德，自必以吳爲疾而盡去之也。文內有此三層意，乃重中間一層，極得輕重詳略之妙。(《評林》眉)《補注》："'越不告敗也'，檇李之敗，吳子光卒焉，既以實來告，則入越爲父報仇，宜無不告者，傳不知筆削之法。説在《屬辭》。"按：不告例已出隱十一年，故曰復發傳。(《學餘》尾) 其言深切，其詞醇美，澤國多文，此其始乎？後世所以有《吳越春秋》也。(《菁華》尾) 此時吳王已入宰嚭之言，想必盛陳功德隆盛，勾踐如何畏威服罪，不覺意中已無越矣，平日求報父仇之心，久已置諸度外，雖有子胥忠言，總是襃如充耳。然平心而論，吳王即不肯赦越，執勾踐誅之，亦斷無久存之理。蓋古之聖人，知天命之不常，恐懼脩省，無日忘之，故能永世長久。今吳王一勝而驕，遂以爲世莫予毒，而奢侈淫佚，無所不至。滿而招損，勢所必然，不僅一勾踐能起而覆之也。嘗論吳王之爲人與其敗也，與後唐莊宗絕相似。莊宗之滅梁與勝燕、克蜀，未嘗留一餘燼，卒之亡之者，乃一李嗣源也。誰謂勾踐一死，遂爲可恃乎哉？子胥終是勾踐一生知己。"去疾莫如盡"一語，已括盡異日范蠡滅吳作用。英雄所見，初不相遠，特其所遇有幸有不幸焉耳！(閭生夾) 五霸，聖門所不道。而傳於桓、文頗張之者，重其尊周室也。秦穆、楚莊雖不勤王，而能用賢，亦皆令主。宋襄雖無成功，而志在攘楚，故亦可嘉。夫差兇暴，而周室之裔，故傳亦矜之。至越勾踐，起於夷狄，而專以陰謀取勝，乃左氏所不屑道，故從無一特敘之筆。范蠡、文種輩，其姓名絕不載入傳中，可見左公用意處也。

夏四月，齊侯、衛侯救邯鄲，圍五鹿。

吳之入楚也，使召陳懷公。(孫鑛眉) 境妙。(高嵣眉) 禍福並説，重禍一邊，以辭吳爲主也。前用虛説，後用實説。前後皆以泛説、切説作兩層，順逆開合，轉遞極圓。懷公朝國人而問焉，曰："欲與楚者右，欲與吳者左。陳人從田，無田從黨。"逢滑當公而進，(《補義》眉) 俞云："各無成見，呼出逢滑。"(《評林》眉)《經世鈔》："'吳之入楚也'，左右袒之，妙！"按：陳人皆從舊來有田之處而立，無田者從其黨之所居。曰："臣聞國之興也以福，其亡也以禍。今吳未有福，楚未有禍。(《左傳雋》眉) 楊素庵曰："'禍''福'兩字，議論便有根著。"楚未可棄，吳未可從。而晉，盟主也，若以晉辭吳，若何？"(韓范夾) 吳已有楚，不謂之福；楚已失國，不謂之禍。

吳楚之事，晉不在其局中，而忽以晉爲主，其高識出人意外。公曰："國勝君亡，非禍而何？"對曰："國之有是多矣，何必不復。小國猶復，況大國乎？臣聞國之興也，視民如傷，是其福也。其亡也，以民爲土芥，是其禍也。（《補義》眉）儲云："千古興亡，以此決之，不爽銖黍。"楚雖無德，亦不艾殺其民。吳日敝於兵，暴骨如莽，而未見德焉。天其或者正訓楚也！禍之適吳，其何日之有？"（《左傳雋》眉）丘瓊山曰："以民之殘、仁，決國之禍、福，此至論也。"（孫鑛眉）勁而活，有勢。（《彙鈔》眉）國不以勝敗爲禍福，而以愛民不愛民爲禍福，論闢而理確。（方宗誠眉）前段渾譁，此段詳細言之，義精語粹。陳侯從之。及夫差克越，乃脩先君之怨。秋八月，吳侵陳，修舊怨也。（文熙眉）逢滑論吳、楚興亡，驗之於民，而本之在德，可謂切當。（《左繡》眉）傳吳侵陳，卻追敘陳辭吳一番議論，蓋克越是吳福，而父讎則釋，舊怨則脩，即此便是禍之所伏。沼吳之驗，久已在逢滑料中，分明以舊語斷新事，又一斷案法矣。先虛說一遍，又實說一遍，每遍皆以泛說、切說作兩層，而順逆開合，轉遞極圓。禍、福並說，重禍一邊，以辭吳爲主也。前用雙提，故後亦用平起，兩"臣聞"正相應。公獨問禍，故末單收"禍"字以應之。平側處，脈縷最審細也。前段禍福分屬吳、楚，猶放活說。後段則直以"福"字予楚，而明以禍予吳，賓主輕重，交互說來，圓警無比。（昆崖尾）徐揚貢曰："格言至論鬱盤乎行間，覺漢人奏疏猶屬繁蕪。"（《左傳翼》尾）吳已入郢，偏云吳無福，楚無禍，奇論得未曾有。一經解說，奇論無非至理，駭人聽聞者，字字沁人心脾矣。禍福無門，以民爲定。經濟語，寔道學語。陳侯從之，亦明於大義者乎？楚無德，吳未見德，正復相等。二國交兵，何以云"吳暴骨如莽，而楚不艾殺其民"？以兵端開自吳，楚不得已而應之也。楚自昭王即位，無歲不有吳師。楚之敗也以此，吳之亡也亦以此。是時吳方入郢，逢滑偏持此論以斷二國之禍福，的屬千古只眼。（《日知》尾）語平而意側，故字字翻案，不如此不足破泥近忘遠陋識也。三層文字，一意引伸。（高嵣尾）俞桐川曰："眼注局中，神注局外，天人理勢，洞若觀火。其舍吳、楚而從晉，不但審機，抑且明大義矣。"（《評林》眉）顧九疇："滑論楚事與子胥同，以是知吳在當時謀臣策士覘其必亡者。"（《學餘》尾）逢滑其知時乎？國之興也，視民如傷。亡也，以民爲土芥。逢滑其知天道乎？聖人復起，不易其言矣。

齊侯、衛侯會于乾侯，救范氏也。（闓生夾）范、中行之難，當世冤之，故屢述救者之多也。**師及齊師、衛孔圉、鮮虞人伐晉，取棘蒲。**（《評林》眉）家鉉翁：「據傳，救范、中行也。齊景公輔范、中行以抗君，奬衛輒以捍父，所謂日暮途窮，倒行逆施者也。」《補注》：「取棘、蒲，魯不書，諱伐盟主。陳氏曰：'自五氏之役，齊、衛凡三伐晉，於是始書，重書之也。'」

吳師在陳，（孫鑛眉）初看覺太實，稍嫌板重。細玩造語典重，盡有致。（《淵鑒》眉）國之強弱，視其君之志氣。志氣振舉，則國勢日強。志氣頹靡，則國勢日削。自古未有不勤恤其民，而可以戰勝攻取者也。觀闔廬、夫差之勝敗，益可見矣。臣杜訥曰：「吳師方張，子西料其必敗，與申胥之言，若合符節。」（《補義》眉）大夫皆懼，即是相睦，一心圖治吳患可已，況吳不必患乎！開手「恤不相睦」語，是一篇之綱。或疑竟不照應，不知我子常易之，已將敗關指明，便是反應首句也，此謂變化無方。**楚大夫皆懼，曰：「闔廬惟能用其民，以敗我于柏舉。今聞其嗣又甚焉，將若之何？」**（韓范夾）立庭之呼，原足驚人，故當時大有聲稱。**子西曰：「二三子恤不相睦，無患吳矣。**（方宗誠眉）策論體。首二句通篇有神。**昔闔廬食不二味，居不重席，室不崇壇，器不彤鏤，宮室不觀，舟車不飾，衣服財用，擇不取費。在國，天有災癘，親巡孤寡而共其乏困。在軍，熟食者分而後敢食。其所嘗者，卒乘與焉。勤恤其民而與之勞逸，是以民不罷勞，死知不曠。**（方宗誠眉）引闔廬事作賓，作開局。**吾先大夫子常易之，所以敗我也。今聞夫差次有臺榭陂池焉，宿有妃嬙嬪御焉。**（方宗誠眉）入夫差，是主。**一日之行，所欲必成，玩好必從，珍異是聚，觀樂是務，視民如讎，而用之日新。夫先自敗也已。安能敗我？」**（《左傳雋》眉）趙永江曰：「闔廬恤民，所以敗楚；夫差勞民，所以自敗。古今興亡，靡不由玆，豈惟兩君哉！」（文熙眉）闔閭恤民，所以敗楚。夫差勞民，所以自敗。古今興亡，無不由此，豈惟兩君哉！（鍾惺眉）此一段便是夫差定案，吾謂夫差之敗，失不在赦越以此。（《快評》尾）短幅患在逼窄，此文讀之只覺其寬然有餘。蓋因其一起一結，皆在題外取致故也。作文家若悟此法，又何短篇之是慮也？於患吳之前，補出"恤不相睦"，則移主作客，通篇皆在反面。敘闔廬勵精處，與晉欒武子之稱莊王同，人君能若此，而不取威定伯者，未之有已！夫差若能善承先業，楚人那得不懼？於"不能敗我"之外，加倍寫出"先自敗"句，便有非常神采。（魏禧尾）彭家屏曰："'民爲邦本'，'本固邦寧'。桀紂之失天下也，失其民也。夫差視民如讎，而用之不已，雖欲不亡，其可得乎？欈李之役，闔廬受傷而卒，夫差使人立于庭，出入必徵曰：'夫差，爾忘越王之殺爾父乎？'是其欲得勾踐而甘心者，非一日矣。今既以兵入越，宜可泄不共戴天之恨，而顧釋而不誅者，何也？亡國之君，意氣用事，歆之以大欲，誘之以甘言，即可倐忽轉移，毫無定執，由其不以義理爲權衡故耳。"（《分國》尾）此時伍員屬鏤未賜也，越之行成，尚且撓之。荒淫無度，虐用其民，不聞出一言以相規乎？嗚呼！吳之亡也，不亡於赦越，亡於縱欲，不亡於甬東自殺，亡於罷民姑蘇高高下下之日也。（《左繡》眉）是一篇議論常格文字，然藏得許多活變在。單句另提，以下分兩扇對說。"所以敗我"，"安能敗我"，收局最整。而前段用板調，收句卻輕。後段用宕調，收句卻勁。用筆轉換，使人不測。又，上段七"不"字總說在前，"在國""在軍"分說在後。下段兩"必"字、兩"是"字總說在後，"次有""宿有"分說在前，奇偶順逆，字字有法。不當患人，但當憂己，此意在他處大抵用之收局，作轉進一步說法，遂成常調。此文忽變在起手，憑空提喝，尤妙於一點後，更不復衍一筆，最是脫換熟境，妙法！曩時粗心，以爲相睦意尚欠透發，真可笑也。相睦不必透發者，因大夫皆懼，只以"無患吳"爲對針也。文各有主，初非好爲脫換耳。（儲欣尾）立庭三年，必不至此，今去立庭時未久也，無乃撼其後而飾言之乎？按：《外傳》亦非子西語。（《左傳翼》尾）夫差父子皆日敝於兵而暴骨如莽者也，自子西論之，又有天淵之別。以勤惜其民與視民如讎，固自不同也。況食居器用等項，一儉一奢，相懸萬萬乎？逢滑論闔廬已中要害，然語猶多大概。至子西論夫差，盡發其癥結，則弊病瞭如指掌矣。兩篇議論相似，虛實不一，當細玩之。伍員、伯嚭，皆自楚奔吳，爲吳謀楚者也。闔廬時，伍員用事，教之黷武窮兵，故暴骨如莽，員罪居多。至越人行成後，夫差專任伯嚭，而伍員日疏，妃嬙嬪御，陂池臺樹，則皆伯嚭爲之也。夫黷武窮兵，荒淫逸樂，有一於此，皆足以亡其國，而況吳實兼之乎？人知夫差之亡，亡於荒淫逸樂。而不知視民如讐而用之日新，仍自伍員肆楚開之也。向使入郢以後，教之罷兵息民，行仁布德，近不與越爲仇，遠不爭衡齊、晉，則桓、文之勳可繼，又何自而有甬東之禍乎？孟子云："今之所謂良臣，古之所謂賊。"吾於伍員亦云。將相不和，鄰國乘虛而入，子胥肆楚之謀，原因"執政衆而乖，莫適任患"而生。今大夫皆懼，即是相睦之根。上下一心，安内攘外，即吳可患，己不必患，而況夫差之不足患乎？故"恤不相睦"只作起勢語，陪襯"無患吳"來，篇中絶不照應此句者，非略也。（高嵣尾）俞桐川曰："二三子與子常對，闔廬與夫差對，兩國分開對看，兩國合併對看，提綴交互，最有法律。先言闔廬，次言子常，次言夫差必敗，結以'二三子恤不相睦，無患吳矣'，未嘗不可，但覺直致無味。先喝'二三子'在前，便有廻環起伏之巧。"闔廬、夫差作對。"所以敗我"、"焉能敗我"作對，忽插入"二三子""先大夫"兩層，意便緊，文便活，所爲不必患人，但當審己可耳。（方宗誠眉）收應首二句，神氣相顧。（闈生夾）借子西口中論定夫差，即以逆攝後文之敗。宗堯云："此篇乃吳、越之爭，忽斷吳、越事而插入楚，波瀾雄闊。闔閭、夫差之短長，吳入楚、越滅吳之故，彙入百數十字中，以成巨觀。"

冬十一月，晉趙鞅伐朝歌。

◇哀公二年

【經】二年春王二月，季孫斯、叔孫州仇、仲孫何忌帥師伐邾，取漷東田及沂西田。（《評林》眉）師協："前此嘗取邾田自漷水矣，今又取其漷東之田，猶以爲未足，故又取沂西之田，則其貪欲無厭，必至於盡取而後已可知也。以區區之邾國，而魯兩納其叛人之邑，二取其田，時無王伯，强陵弱之亂至此。"癸巳，叔孫州仇、仲孫何忌及邾子盟于句繹。（《評林》眉）《傳說彙纂》："邾者，魯之附庸，最近且親，不待講好脩睦，而自有一體之誼，此而疑貳，則天下之邦交，其何禮義忠信之有？故《春秋》書盟始于蔑，而終于句繹也。"夏四月丙子，衛侯元卒。（《評林》眉）季本："衛靈公，無道之君也，主威不立，盜殺其兄。家政不脩，妻逐其子。事無名而興遠役，行無信而召敵兵，不亡幸矣。"滕子來朝。晉趙鞅帥師納衛世子蒯聵于戚。（《評林》眉）王樵：「蒯聵欲殺母，得罪於父，大臣與國人請於天王、方伯，斷以大義，擇其可立則可。輒與國人據國拒父，則胥於亂矣。故書'帥師'、書'納于戚'，見其見敵於衛，亦以著輒與國人之意也。」秋八月甲戌，晉趙鞅帥師及鄭罕達帥師戰于鐵，鄭師敗績。（《評林》眉）王樵：「皆言帥師，其衆敵也。戰而書及，以主及客也。鄭黨叛人，趙鞅以亂禦亂，故《春秋》以趙鞅主乎是戰也。」冬十月，葬衛靈公。（《評林》眉）范甯：「七月而葬，蒯聵之亂故也。」十有一月，蔡遷于州來。蔡殺其大夫公子駟。（《評林》眉）姚舜牧：「蔡初不自量，受命於楚而背楚。既不自安，請遷於吳而詒吳。及其事急，殺執政以爲解，其何以令一國哉？經書蔡遷于州來，不與其能遷也。書殺大夫公子駟，不與其能殺也。」

【傳】二年春，伐邾，將伐絞。邾人愛其土，故賂以漷、沂之田而受盟。（《左繡》眉）經略則傳詳，經詳則傳反略，亦文家脫換之所自來也。

初，衛侯游于郊，子南僕。（《補義》眉）此深罪出公之拒父也，開手便見靈無立輒之命。（高嵣眉）前寫公子讓國之誠，對君則委之於夫人在堂，對夫人則又實之以不聞君命。輒據國拒父之非，早從反面作激射。公曰：「余無子，將立女。」不對。他日，又謂之。對曰：「郢不足以辱社稷，君其改圖。君夫人在堂，三揖在下。君命祗辱。」（韓范夾）子臧之後，屢有其人，然賢公子每生亂國，不以定亂而以潔身，抑與其國治不如名傳耶？（《左繡》眉）此篇傳納世子于戚事，爲蒯聵、輒父子爭國起本也。經書「世子蒯聵」，則輒不當立可知。唯衛侯本不欲立輒，曰「余無子」，安有孫？即夫人亦本不欲立輒，「乃立輒」，勉強之詞，徒以公子郢力辭故。即郢亦原不欲立輒，曰「亡人之子」，提出亡人，欲其以子而讓父。故以子讓父，則蒯聵不得之夫人，而得之於子。夫人不能強郢之必立，亦自不能禁輒之必讓，而靈無子而有子矣。篇中詳寫子南不立，凡作數番轉折。前對君則委之於夫人在堂，後對夫人則又實之於不聞君命，反復推託，只欲以己之讓感悟輒心而歸之蒯也。無奈輒既立後，一概抹殺，以致乃父跟蹡跋涉，宵迷於途，哭告於門，寄身于戚，而公子郢亦付之無可如何矣。此傳直作太子不爲衛君注腳，自來責郢以讓國生亂者，不知郢心，且不知左文者也。前半寫公子讓國之誠，後半寫太子入戚之窘，總是照出輒據國拒父之非。文中一字不曾寫輒如何不是，而意無不躍然，絕妙激射法。"亡人之子"四字，八面俱圓。就夫人言之，此已亡人之子矣，不妨立也。自輒言之，夫固亡人之子也，如之何其立焉而不還之父也？妙絕！（《評林》眉）《補注》："'三揖在下'，《周禮・司士》云：'孤卿特揖，大夫以其等旅揖，士旁三揖。'鄭玄云：'特揖之。旅，衆也，大夫爵同者衆揖。士之三揖者，士有上中下。'鄭衆云：'卿大夫士皆君之所揖，《春秋傳》所謂三揖在下。'"

夏，衛靈公卒。夫人曰："命公子郢爲大子，君命也。"對曰："郢異於他子。且君没於吾手，若有之，郢必聞之。且亡人之子輒在。"（孫鑛眉）兩對語俱佳，鍊净有致。（《補義》眉）敘郢之讓輒，反照輒之拒蒯。乃立輒。（文熙眉）汪道昆曰："序事議論具品。"穆文熙曰："公子郢之賢，其季札、子臧之流乎？辭衛國而不居，竟免於難，何其卓然有見乎！"

六月乙酉，晉趙鞅納衛大子于戚。（高塘眉）後寫太子入戚之窘，宵迷於途，哭告於門，寄身於邑。蒯如此狼狽，而輒宴然享國，且以兵拒父，尚得爲之有人心乎？宵迷，陽虎曰："右河而南，必至焉。"使大子絻，八人衰絰，僞自衛逆者。告於門，哭而入，遂居之。（《測義》夾）愚按：《公》《穀》謂："輒弗受父，以尊王父命也。"而左氏則謂夫人遵遺命立郢，郢辭，乃立輒。夫使輒而誠受靈公命，令不得納父，亦宜委於所可立，使不失社稷，而身從父焉，如程子所論廼可爾。況靈公未嘗命輒，而輒之立不過以國人故，則宜速逆父還而奉以位，如高閌氏所論，此天理人倫之極至。奈之何他人納其父而反拒之？故《春秋》再書蒯曰"世子"，世子，正也。屬詞比事，則輒罪萬世不可掩也。異哉！《公》《穀》之言不可以訓也。〖編者按：奧田元繼作沈雲將語。〗（魏禧尾）魏世傚曰："衛之亂，郢成之也。君與夫人皆命郢矣，蒯聵殺母而見逐，以序則郢當立，亡人之子未嘗爲太子也。郢不立而立輒，然後輒拒父而禰祖，逆亂大倫，禍延數十年。使郢不辭位，他日蒯謀復國，郢調和母子間，辟位遜蒯可也，即稱父母命以拒蒯可也。夫爲子而稱祖命以拒父，於義大逆。爲弟而稱父命以拒兄，不猶愈乎？惜乎郢之賢不見此也。"彭家屏曰："此篇可爲夫子不爲衛君注脚。衛靈公謂公子郢曰：'余無子，將立女。'及卒，夫人曰：'君命公子郢爲太子.'是靈公之意，初未嘗在輒也。夫輒即受靈公之命而君國，當晉人納蒯聵之時，猶當避位以讓父，況無靈公之命乎？傳者未嘗一語及輒據國拒父之非，而輒之罪已見矣。此史氏之微義也。"（《分國》尾）晉納蒯聵，似也。惜乎出於趙鞅之私！何私爾？於明年趙鞅告衛曰"君之在晉也，志父爲主也"知之。況與於納者陽虎，虎，鞅之私人也。況至衛宵迷，使八人衰絰爲僞自衛逆者，是何舉動也？夫以晉爲方伯，伐叛討亂，何嫌何疑如昔年趙盾以諸侯師而納捷菑于邾故事？爲鞅者，掃竟內而興師，直指衛地，數輒罪，殲輒師。輒雖逆，不能與晉抗。乃爲此宵行呼門之舉，以一伯姬迫孔悝作難，輒即奔，聵即立。堂堂大晉，智出伯姬下，何以爲盟主？（儲欣尾）郢非讓國也，避禍也。輒以郢言立，郢固謂立亡人之子，猶立亡人也。豈知後此之紛紛哉？立其子猶奪之，況郢耶？（《嗒鳳》尾）南子淫亂，蒯聵媿忿而啓賊心。懼而出奔，其罪未著，靈未必決欲廢之也。但南子恐其終殺己，故先欲立郢。不受，乃不得已立輒。戚之拒，似猶南子主之。然輒苟有人心，其肯曲從終自絕于父乎？不孝之罪，真通于天矣。（《左傳翼》尾）子南之不欲立，非必欲以讓國成名，或見蒯聵之被讒以出，不欲竊據其國，故宛轉以辭，使立輒以還聵，亦未可知。不然，豈無他人，而必沾沾於亡人之子乎？至輒立後，不唯不逆父，而反以拒父，則固子南意料所不及也。前後兩辭，但見其識見高遠，多少苦心説不出的光景。若謂逆知聵、輒之必争，而特潔身以遠害，恐猶淺之乎測子南矣。立嫡即非，郊外密謀之事，乃於君命則推到夫人，於夫人命則又推到君，再三辭讓，意中總有一亡人在。知君與夫人皆不欲立聵，冀立輒以宛轉歸聵耳。若云亂命無可據，遊郊之言他日又謂，皆非病中語也。私語不足憑，夫人稱述君命，此必與卿大夫士共聞之，豈得謂之私語乎？春秋時讓國不立者八人，子臧、季札外，應推子南，不得因聵、輒之爭，謂禍由郢讓，並於其讓而爲之吹瘢索疵也。（《補義》眉）入戚詭計，由於陽虎，然輒拒父不得入國，已在言外。（《日知》尾）靈雖淫亂，頗能知人，賓客宗廟軍旅之得人，見稱於夫子。以大位屬郢，尤知人任人最大處。郢從命，衛豈有弑奪相尋之禍？讓於安忍無親之輒，而父子之變亟。是衛之亂，郢肇之也。"君命"二字，郢自言之，乃復辭夫人之命，是必以臨没之亂命爲憑，而顯棄擇賢之治命也。守小而害大，皆狷介自了一身，並不思宗社之大，承祧無人。故誌其兩辭，即繼以納戚一事，明著爭國之亂。讓國開之，以寓賢者過之譏，斷制之妙，從結構處見出。或謂以讓悟輒，使歸之蒯，可謂曲説矣。（高嶠尾）俞桐川曰："《春秋》書衛世子，不絶之於衛也。游郊之命，大夫莫聞。命郢之言，郢又不受。與其立蒯，無寧立輒！以王父命辭父命，蓋夫人畏蒯入而殺己，爲此飾説耳。執手登臺，不過一時溺愛。蒯自懼而出奔，公何嘗有廢蒯立郢之意？敘事能發明之，又妙在含蓄不露。"

秋八月，齊人輸范氏粟，（孫鑛眉）此傳自成、宣而後，文氣較鬆，語較率。此章態味濃腴，而氣力遒勁，置之僖、文以前，不復可别。（《左繡》眉）此篇敘鐵上之戰，凡作兩半讀，在"下卿之罰也"截。上截"趙鞅禦之"爲一篇緣起，"卜戰"一段爲下"將戰""既戰"作引，下截方正寫戰事。以"將戰"起，"既戰"收，"將戰"提明無恤、簡子、太子三人，"既戰"仍以三人語回應作結，章法首尾極爲明整。寫鐵戰甚略，卻詳於警師、禱戰等文，亦敘戰之一體。看其最寫得有精神，便知此文著意處。著意在此者，寫趙鞅與蒯聵同舟而濟也。（《補義》眉）輸粟以濟范，禦鄭以困范，趙氏全神在范而不在鄭也。**鄭子姚、子般送之。士吉射逆之。趙鞅禦之，遇于戚。陽虎曰："吾車少，以兵車之斾與罕、駟兵車先陳。**（《評林》眉）《左翼》：陸粲曰：'與罕、駟兵車'五字衍。"**罕、駟自後隨而從之，彼見吾貎，必有懼心。於是乎會之，必大敗之。"**（闇生夾）記此戰，晉極矜奮，然以晉敵鄭，而震懼如此，霸業燼矣。所以深譏之也。**從之。**（《測義》夾）姜寶氏曰："趙鞅此師，即納蒯聵之師也。遇鄭師于鐵，知其助范、中行而來，故邀擊而敗之。"（《補義》眉）"從之"之後，下文更不須照應，此史家常法，傳如此類甚多。儲同人删去，全昧傳意。**卜戰，龜焦。樂丁曰："《詩》曰：'爰始爰謀，爰契我龜。'謀協，以故兆詢可也。"簡子誓曰："范氏、中行氏反易天明，斬艾百姓，欲擅晉國而滅其君。寡君恃鄭而保焉。今鄭爲不道，棄君助臣，二三子順天明，從君命，經德義，除詬恥，在此行也。克敵者，上大夫受縣，下大夫受郡，士田十萬，庶人工商遂，人臣隸圉免。志父無罪，君實圖之。若其有罪，絞縊以戮，桐棺三寸，不設屬辟，素車朴馬，無入於兆，下卿之罰也。"**（孫鑛眉）此與後太子禱文氣是一律，而此略雜一二常語，遂覺味稍減。（《左繡》眉）"下卿"句，非簡子自下注脚，乃左氏隨敘隨斷，筆法與末段結句正同，即以此作上下界限對仗矣。(《補義》眉) 誓師極苦惱，然屢提君命，連自己賞罰亦聽於君，所謂大奸似忠也。或謂其無君命，蓋前命之討賊，則此戰雖曰私仇，不得謂不奉命也。(《評林》眉) 呂東萊："簡子誓，設賞格以待眾，設罰自責，此師之所爲必克也。"(閭生夾) 宗堯按："所數之罪，鞅果無之乎？范、中行果有之乎？下卿之罰，其言無偏飾乎？述其誓言，正欲使讀者自見也。" 甲戌，將戰，郵無恤御簡子，衛太子爲右。登鐵上，望見鄭師眾，大子懼，自投於車下。(《補義》眉) 太子投車、趙羅痁作，與尨奪旗、良善御彼此映照。子良授大子綏而乘之，曰："婦人也。"簡子巡列，曰："畢萬，匹夫也。七戰皆獲，有馬百乘，死於牖下。群子勉之，死不在寇。"(《評林》眉) 汪道昆："是特趙鞅納衛太子，在晉故爲之用。巡軍數語，鼓動人心。"繁羽御趙羅，宋勇爲右。羅無勇，麇之。吏詰之，御對曰："痁作而伏。"(韓范夾) 鐘山之戰，其兵食不知口處，後世居戎行者，何痁作之多也？衛大子禱曰："曾孫蒯聵敢昭告皇祖文王、烈祖康叔、文祖襄公：鄭勝亂從，晉午在難，不能治亂，使鞅討之。(《補義》眉) 太子誓師云"晉君不能，使鞅討之"，則抑君媚臣，全不知有大義。(閭生夾) 時陪臣專橫，猶假國君爲名，如五伯之挾周室。蒯聵不敢自佚，備持矛焉。敢告無絕筋，無折骨，無面傷，以集大事，無作三祖羞。大命不敢請，佩玉不敢愛。"(《左繡》眉) 提清三人，下即鋪敘三節。授綏節是寫無恤，巡列節是寫簡子，禱戰節是寫太子，尚在戰前。下文方正寫戰勝，而救戈、復伐，又是重寫太子；"喜曰可矣""曰國無小"，又是重寫簡子。唯無恤不曾重寫，則於末段總敘後，趁勢補寫一筆，便令三人事實各各滿足，無此飽彼饑之病。而敘法隱見詳略，前後倒順，變動不居。此等結構，豈後人所得臨摹一二者乎？補敘趙羅、公孫尨於兩段中，令情事不寂寞。然痁作而伏，不過爲太子作襯。而取旗幕下，則大爲鐵戰壯觀，乃是出色寫簡子，見范氏之亦爲趙用也。蓋誓師戰禱，頗嫌平對，今多寫巡列一層於前，又添入報德一層於後，便令文勢歸重主一邊，法變而密。(《評林》眉) 呂祖謙："前自投車下，故有絕筋折骨面傷之禱。"(閭生夾) 此左氏愛其文而錄之，曾文正公亦選之。

鄭人擊簡子中肩，斃於車中，獲其蠭旗。(《評林》眉) 穆大公：“簡子亦遭此大創，危乎！太子前怯後勇，活主帥，救溫大夫，亦甚奇事！”彭士望：“人固有先怯而後勇者，正賴子良婦人一激。”大子救之以戈，鄭師北，獲溫大夫趙羅。大子復伐之，鄭師大敗，獲齊粟千車。趙孟喜曰：“可矣。”（《補義》眉）曰“可矣”，非喜勝鄭，喜范、中行饑不能守，滅之必矣。傅傁曰：“雖克鄭，猶有知在，憂未艾也。”（《評林》眉）《經世鈔》：“趙孟喜曰‘可矣’，觀傅傁語，則此‘可矣’只喜戰勝耳。”（閔生夾）透知氏一筆，尤屬神境。

　　初，周人與范氏田，公孫龍稅焉。（《補義》眉）周人與范氏田，大抵由於劉子，便伏殺萇叔之根。趙氏得而獻之，吏請殺之。趙孟曰：“爲其主也，何罪？”止而與之田。（《評林》眉）《附見》：“趙孟留公孫龍，與之其所嘗稅范氏田居之，言龍無罪也。”（閔生夾）宗堯按：“趙氏之德，乃庸愚之所謂德耳，其籠絡一切以濟其欲者益顯。”及鐵之戰，以徒五百人宵攻鄭師，取蠭旗於子姚之幕下，獻曰：“請報主德。”（《評林》眉）汪道昆：“公孫龍奪旗報趙鞅，雄奇可想。”《經世鈔》：“‘報主德’，趙氏世食士報，幸哉！今之世，受恩而知感者鮮矣，況報乎！”

　　追鄭師。姚、般、公孫林殿而射，前列多死。趙孟曰：“國無小。”（孫鑛眉）只三字收，最陡。既戰，簡子曰：“吾伏弢嘔血，鼓音不衰，今日我上也。”大子曰：“吾救主於車，退敵於下。我，右之上也。”（《補義》眉）喜極之言。誓師、力戰、誇功俱是簡子、太子二人，竟不回顧陽虎，有綿裹藏針之妙。汪云：“補寫郵良，恰與兵事先旆映帶，絕妙！”（《評林》眉）鍾伯敬：“以恐懼自投之人，而後乃以右之上自矜，何也？”彭士望：“‘死不在寇’，名言，臨陣尤用得妙。”郵良曰：“我兩靷將絕，吾能止之。我，御之上也。”駕而乘材，兩靷皆絕。（文熙眉）巡軍數語，鼓動人心。公孫龍奪旗報趙鞅，雄奇可想。傳言簡子不讓，其下皆伐功，非之也。（孫鑛眉）此可與邲戰許伯等三人事作配。（韓范夾）文、悼之時，其臣讓善，至有後入以求不見功者，今則自矜其能矣。即一處功之際，而亦以見晉之盛衰也。（《分國》尾）齊之田乞，將欲爲亂，樹黨於逆臣，言於景公而輸之粟，鄭人送之，何也？蒯聵助鞅，亦非義戰。公孫厖奪蠭旗獻簡子，雖曰報德，何不以五百人助故主乎？上下誇功，其諸爲趙簡子之師與？（《左繡》眉）一則曰"憂未艾"，一則曰"國無小"，兩節俱作不甚滿意之筆，以反跌末段三人事事得意之極也。欲合先離，欲縱先擒，不解此秘，則賓筆俱作主筆讀矣。以整筆收拾一篇散文，振起通身神采，是絕妙掉尾法。俞寧世曰："范氏世主夏盟，其亡也，齊、鄭輸粟，於趙氏何與？乘而奪之，非君命也，報私仇也。是時晉君孤弱，六卿俱散。相爲左右獨一陽虎之亂臣，蒯聵之賊子，故以晉遇鄭，如臨大敵。未戰而懼，既戰而喜。回憶三駕服鄭時，氣象盛衰，何啻天壤！極熱鬧事，卻寫得風清月冷，葉落草枯，其神境都在行墨之外矣！"（《左傳翼》尾）鞅本爲納聵而來，遇齊、鄭輸范氏粟，遂爾禦之。衛聵雖怯，焉得不爲之效死？簡子已敗，得太子救之，乃復大勝。齊粟既獲，范氏以困。未戰時何等悾懼，既戰後何等欣喜，想見僥倖成功之難。末段敘三人誇功，奇麗雖與鄢戰許伯三人致師同，而情事正與鞌戰郤克三人效死同也。但彼敘在中，此敘在後；彼於正戰時相勸勉，此於既勝後相詡誇耳。范、趙勢不兩立者也，然使齊輸范粟，道或他出，簡子亦可無意置之。既已過戚，豈以孤軍單弱，畏衆不前？懸重賞以勵衆，設重罰以自責，既誓師，又巡列，遇小敵如當大寇，自能轉敗爲勝。此戰惟鞅、聵相爲死生耳。而陽虎效謀，公孫龍報德，駕馭操縱尤在善御之王良，錯綜寫來，俱各奕奕有神。敘戰甚略，卻於誓禱及間中點綴甚詳，總不肯一筆雷同。合全部敘戰觀之，此又另一體制，不與諸篇同也。鄭之不道，總是棄君助臣。故簡子誓師，太子致禱，皆以此爲言，此是致勝之本。但簡子只忌范、中行氏，而不知仍有知在，爲憂方大。傅傁於極欣幸時說此危悚語，眼光四映，早知分晉之勢已成，而晉陽之禍亦不旋踵而至。明者見微知著，每有此曠識遠慮。簡子巡列，而偏有趙羅之怯；鄭師已克，而猶有傅傁之憂；蠭旗已取，而尚有前列之死，可知兵凶戰危。鞅、聵奮不顧身，乃能有此一勝，安得不揚揚得意，各一詡功耶？篇末兜結，皆於揚中見抑。太子望見鄭師，自投車下，與趙羅之無勇頗亦相類。乃因郵良婦人一激，又聞簡子死不在寇之言，强自振厲，遂建奇功。而趙羅卒以無勇被獲，可知勇怯無常，亦在人之自爲耳。吾何畏彼，詎不然歟？趙鞅則鞌戰之郤克也，蒯聵與韓厥等故誓死爲之盡力。若公孫龍則又戰于韓原，岐山食善馬之三百人也。彼姚般雖爲范氏，豈能如齊頃之自爲？故一則衆不敵少，一則敗可爲勝，此皆兵家勝負要緊處，讀者所宜著眼。（《日知》尾）

"懼""喜""憂"三字爲全文之骨，實則"喜"字一層，正就意外徼幸，反襯從前憂懼耳。一片神行，不可尋行數墨求之。卜戰、將戰、方戰、既戰四層，是關鍵眼目。誓師巡列，寫其倡勇敢，正寫其懷憂懼也。喜勝爭功，寫其意中之快，正寫其意外之得也。命意立格，何等錘鍊！（《評林》眉）穆文熙："簡子以主帥與群下紛紛然論功，何其自卑而□體乎！"《經世鈔》：" '我，上也'，獻子不伐，其下皆讓。鐵之戰，媿羣多矣。"（林紓尾）此篇描畫極工，是一篇可笑之文字。趙簡子所左右之人，一個亂臣之陽虎，一個賊子之蒯聵。然陽虎老奸巨算，所言尚洞兵機。而蒯聵則見敵而畏死，倖勝而矜功。觀其昭告文王、康叔之言，請無絶筋，無折骨，無面傷，而集大事。此即東坡所謂"無災無難到公卿"矣。及以戈救主，非勇也，特倉卒之中，與人迸命，蓋所謂倖勝者。及事定論功，覥然自以爲上，則自投車下時，爲子良授綏戲斥以婦人，此等奇辱，全不省記矣。然而可笑者，尚不止是。趙羅爲將，乃爲人所麇，坐於車上，謬爲痁作，直是載一土偶行軍。至鄭師大北之時，而趙羅尚爲所獲。想縛處稍鬆，翻於車下，爲人拾得，讀之令人捧腹。至簡子誓師之言，亦純是一套欺天欺人之語。所謂天明者，以臣事君，天之明道也。范、中行固不有其君，然而趙氏非分晉滅君之一家耶？何用血口祝祖，甘心絞縊以戮？蓋奸雄之欺人，純用乖巧之語。所謂絞縊以戮者，人刑也。趙氏能以兵勝其同僚，國家安能加以刑戮？彼不敢曰"志父無罪，上帝鑒臨，俾墜其師，覆其家族"者，蓋纂賊心虛，不敢誓天自表。故誓言雖厲，均屬假話。且未戰而喪膽，既戰而爭能，又是一群盜賊打夥行劫，劫後分贓不勻，彼此爭競。經左氏寫來，仍是皇皇喬喬，讀者細觀其情態，良不值一錢耳。（《菁華》尾）簡子誓師之言，分外沈痛。蓋鄭勝則范、中行復興，簡子且無立腳之所。彼韓、魏二家，祇有坐觀成敗而已，非肯與之共憂患也。若知則嫌隙已成，更不待言。簡子此誓，不必爲國，專爲家也。其心之憂危，故見諸詞氣者如此。蒯聵自投車下，其畏死已甚，去趙羅無幾，卒能佐簡子成功，可怪！古今文人得意之筆，集中往往屢見。如敘簡子及蒯聵、郵良語，與鞌之戰絶相似。（闓生夾）極鳴得意之詞，文亦負聲振采，軒鬐異常。

　　吳洩庸如蔡納聘，而稍納師。師畢入，衆知之。蔡侯告大夫，殺公子駟以說，哭而遷墓。冬，蔡遷于州來。（《評林》眉）顧九疇："遷國大事，既請遷矣，復可悔乎？其哭而遷墓，竟可嗟及也。"

◇哀公三年

【經】三年春，齊國夏、衛石曼姑帥師圍戚。（《測義》夾）張洽氏曰："晉以君臣稱兵，而齊爲臣伐君。衛以父子爭國，而齊助子圍父。以是令於諸侯，君子是以知齊之不霸而將自亂也。"（《評林》眉）陳岳："先國夏，後曼姑，是聖人惡其不義，以齊爲兵首。"夏四月甲午，地震。五月辛卯，桓宮、僖宮災。（《評林》眉）孫覺："桓公者，哀公十世祖也。僖公者，七世祖也。諸侯五廟，而十世、七世廟存焉，非禮矣。"黃仲炎："桓者，親盡而廟不毀者，蓋三桓私於其祖也。僖亦親盡，何以不毀？以其存桓，不得不存僖也。故《春秋》因二宮災，以著三家非禮爾。"季孫斯、叔孫州仇帥師城啓陽。宋樂髡帥師伐曹。（《評林》眉）許翰："宋始窺曹，曹不量力而奸強國，不脩德而圖大功，則適足以取亡而已。"秋七月丙子，季孫斯卒。蔡人放其大夫公孫獵于吳。（《評林》眉）高閌："放大夫者，國也，而稱人，衆人逐之也。放之于吳，召亂之道也。厥後蔡亂以公孫氏，豈獵之黨歟！"冬十月癸卯，秦伯卒。叔孫州仇、仲孫何忌帥師圍邾。（《評林》眉）趙鵬飛："前年伐其國，奪其地，盟其君，今又圍邾，邾何憾於魯哉？虐邾甚矣！"

【傳】三年春，齊、衛圍戚，求援于中山。（《補義》眉）只求援中山一語，而輒罪不勝誅。

夏五月辛卯，司鐸火。火踰公宮，桓、僖災。救火者皆曰顧府。南宮敬叔至，命周人出御書，俟於宮，曰："庀女而不在，死。"子服景伯至，命宰人出禮書，以待命："命不共，有常刑。"（《補義》眉）汪云："五段長短各變，而起句不變，是以整治散之法。景伯段獨詳，總貫上下，是中總外分之法。"（《評林》眉）彭士望："'出御書'，他物可再具，惟先代典籍不可再備，蕭何知取圖籍，而不知收六經，以致楚人一炬，僞書並出，無所考信，故後人譏之，此所以成何之功名而已。"校人乘馬，巾車脂轄。百官官備，府庫慎守，官人肅給。濟濡帷幕，鬱攸從之，蒙葺公屋。自大廟始，外内以俊，助所不給。有不用命，則有常刑，無赦。公父文伯至，命校人駕乘車。季桓子至，御公立於象魏之外，命救火者傷人則止，財可爲也。命藏《象魏》，曰："舊章不可亡也。"（《測義》夾）李廉氏曰："左氏載此年救火之事，如敬叔命圉人出御書，景伯命宰人出禮書，桓子命藏《象魏》，此亦見魯爲儒者之國。"〖編者按：奥田元繼作呂祖謙語。〗富父槐至，曰："無備而官辦者，猶拾瀋也。"於是乎去表之槁，道還公宮。（《左傳雋》眉）茅鹿門曰："倉卒之災，救援之能，各中條理，不至惶惑，而敘極錯綜整頓，妙妙！"李于鱗曰："句法、字法，種種俱奇。"孔子在陳，聞火，曰："其桓、僖乎！"（孫鑛眉）敘法比前罕、產又稍不同。彼專爲政，此衆爲政。"至"字是提綱，各人言意不同，就實繪出，是其奇變。（《左繡》眉）此與宋、鄭救火篇，筆力更爲矯變。看連點五"至"字，寫盡倉皇拉雜，其妙只在火踰公宮一"踰"字，將天火之幻之猛之速，一筆勾出，自令變出非常，聲勢洶湧。而百忙中又先著"救火者皆曰顧府"一筆，便於五"至"字前托起一層，此時已自人山人海，亂軍無主。然後連片寫出五個人，各出一語，各行一事，分頭指揮，卻渾是一齊動手神理。此爲寫火之極筆，具此靈奇，誰謂畫咸陽一炬難也？如此一大篇熱鬧排場文字，臨了只須夫子閒閒一筆作掉尾，真一帖清涼散矣！（《補義》眉）周云："此爲桓、僖災傳，人知桓、僖災因司鐸火，不知司鐸火正爲桓、僖生也，識此可以論天道。"又云："舉國紛紛，總無人談及桓、僖，而前知不爽者，偏在未至火所之孔子，'其''乎'二字，無限包括，悠然自會。"（《測義》夾）季本氏曰："桓、僖宜祧久矣，而不祧，三家之意也。三家尊桓而德僖，宜毀而不毀，天譴以災，非譴桓、僖也，譴三家也。"〖編者按：奥田元繼作韓永仲語。〗陸粲氏曰："天災流行，何常之有？雖孔子之聖，惡從知其桓、僖矣？以爲親盡不毀而當得譴者，則前此武宮、煬宮之立，其爲失禮尤甚，而災不及，何歟？蓋當時里巷細人所傳訛，而左氏信之。"（王源尾）救火者五人，而至有先後，命有繁簡。序其至，峰巒簇擁。序其命，椒蘭鬱芬，古雅絕倫，無復人間煙火氣！要知止開手"司鐸火，火踰公宮，桓、僖災"，及末"孔子在陳，聞火，曰'其桓、僖乎'"是正傳。其中所序，皆閒情，皆色澤也。與序子產禦火，不啻秦越。或欲比類觀之，傖父矣。序五人，五樣筆法。不特旌旗甲馬，色別爲群。角鼓鉦鐸，亦各爲號令。司馬仲達按行諸葛營壘，而有天下奇才之歎，作如是觀矣！（《彙鈔》眉）敘魯災與前敘鄭災兩篇文字各妙，各不相同。寫倉忙中救火時，一人各有一人號令，末結以孔子懸斷之語，文致虛實俱妙。（魏禧尾）禧按：桓公大逆，宜矣。僖公之災，豈以《魯頌》故耶？彭家屏曰：“哀公之世，魯衰極矣。而倉卒救火，猶能收書籍，藏舊章，顧府庫，衛公宮，重民命，備不虞，事事皆得大體，猶有先王之遺澤也。”（《分國》尾）敬叔出御者，景伯出禮者，桓子命藏《象魏》，此顧府者知大體矣。拾瀋之言一出，三人所急者，皆末着矣。親盡不毀，宜有火災。天人相感之微，非聖人不知。（《左繡》眉）凡寫五段，長短各變。每段起句，板板寫五個"至"字，以整治散，固文字片段之大凡。景伯段最詳，爲前後四段之主。命宰人出禮書，乃是承上命周人出御書説來。"校人"云云，起下"駕乘車""御公立"兩事。"府庫慎守"，起下"財可爲也"。"濟濡"云云，起下官備、拾瀋。於事則先緩後急，於文則中總而外分。極忙亂事寫得極清楚，結更曲終奏雅，神味無窮！（儲欣尾）以人爲綱，又一序法。（《左傳翼》尾）俞寧世曰：“此與宋、鄭兩火政不同，彼是預知有災，此則人火延及。故彼敘得整暇，此敘得忙迫。彼處救火，皆由相臣，故連絡貫串。此則諸大夫各出意見，故節節生奇。彼乃一國皆災，故救得散漫。此則火在宮廟之間，故先其重者大者。彼因天象而推到列國，故決災在前。此因人事而推及二宮，故決災在後。一一參看，乃識其奧。”桓、僖宜毀者也，宜毀而不毀，故天災及之。火始司鐸，踰公宮而災桓、僖，不言魯災，而著桓、僖者，災獨在桓、僖也。三家出自桓公，而僖爲季立，以是爲悦，故諸廟皆毀，而桓、僖獨留。天道喜順而惡逆，順則福至，逆則災生。二宮不毀，皆三家僭逆爲之，災桓、僖正以儆三桓也。篇中敘救火極其熱鬧，皆是閑文。唯"桓僖災"三字乃是正傳，故以孔子語作結。人知桓、僖災因司鐸火而及，而不知司鐸火正爲桓、僖生也，識此可以論天道矣。最奇是火踰公宮，公宮與司鐸相連，火始司鐸，飛踰公宮而災桓、僖，桓、僖災而火遂止，公宮無恙，舉國亦皆安者，於是乎見有天道。若延蔓及之，則天人回應之理不著，孔子在陳之歎，亦不見關係矣。試看舉國紛紛，指揮號令，無人不爲公宮起見，那有一人談及桓、僖？而推算不謬者，偏係未至火所之孔子，此是何等識見！而陸氏猶疑爲左氏之誣，何其謬歟？救火者皆曰"顧府"，人謂常人識淺，但知愛財，此但呼起下五段。不知府庫國之大事，救火豈不宜顧？故景伯亦云"府庫慎守"，但專顧府而不及其他，則所失甚多矣。桓子所以云"財可爲，舊章不可忘"也。救火者，亦與下五段一例看，包括國人、諸大夫許多嘴舌在內，但人多則無主名耳。人謂此是下五段引子，余謂此與下五段皆是引起孔子也，明眼自能辨之。諸人救火，各言所見。或一事，或數事，唯景伯獨見詳悉。其或異或同，都是倉皇急迫，彼此不暇相謀神理。而敘次位置，或先緩而後急，或中總而外分，亦因所至爲先後，非必立意以此承上、以此起下也。（《日知》尾）開手下"火踰公宮"四字，針線密絕。桓、僖之災爲天道，與公宮之免由救護，兩層並到矣。五段皆不寫火勢，然火勢之進而益烈，即從辦法先後寫出。始命出書，猶防延燒也。乘馬脂車，則將奔避矣。然百官府庫，猶可申儆。濟濡帷幕，猶可防救。助所不給，猶可通融，則火雖大而未烈也。突命棄車，則火將迫矣。自突而御公，則火益近矣。傷人則止，非復可鬱攸從之矣。舊章是藏，是將及象魏，而連公宮矣。一步緊一步，火勢莫可遏止，文勢亦無復留餘。末段乃陡然一折，"無備而官辦"一語，寫倒上四段，而以"去表之蒿，道環公宮"八字，寫盡情形，以爲結束，而終上文之局。鍊格鍊意，兩極其至。然蒙茸公屋，自太廟始矣。乃公宮無恙，而桓、僖災，具有非人事所能爲者。故以孔子語作結，引而不發，隱於記敘中寓論斷之意。與開手一"踰"字互相映發，則筆優以神行也。說者多涉皮毛，故未敢援爲定論。（方宗誠眉）以上言救火之政，人事也。收二句，天道也。桓、僖去五世遠，廟當毀而不毀，故災。

劉氏、范氏世爲婚姻，萇弘事劉文公，故周與范氏。趙鞅以爲討。（韓范夾）諸侯之卿有事於周室，而左氏亦曰"討"，微周甚矣。（《補義》眉）一"討"字，趙氏罪不勝誅，恨血千年土中碧。**六月癸卯，周人殺萇弘。**（《評林》眉）穆文熙："周與范氏，趙鞅爲討，周殺萇弘，實非其罪，而傳以爲城周違天之咎，謬矣！城周何以爲違天乎？"按：晉女叔寬曰"萇叔違天，高子違人"，見定元年，叔即萇弘也。（闓生夾）直誅其大逆處，萇弘結晉，欲以復周室，乃被此禍以死，惜哉！

秋，季孫有疾，命正常曰："無死。南孺子之子，男也，則以告而立之。女也，則肥也可。"（《補義》眉）"無死"二字出之桓子之口，自明其生前恩寵深，望其死後擔承。正常一告，差不負心。季孫卒，康子即位。既葬，康子在朝。南氏生男，正常載以如朝，告曰："夫子有遺言，命其圉臣曰：'南氏生男，則以告於君與大夫而立之。'今生矣，男也，敢告。"遂奔衛。（《補義》眉）汪云："隱躍得妙。"康子請退。公使共劉視之，則或殺之矣，乃討之。召正常，正常不反。（《測義》夾）愚按：所貴乎托孤云者，以能立之焉爾。正常既載孤以告，乃不敢以死力爭，而遂奔衛者，何居？知康子之力能奪嫡，而憂南氏之子不全也。然則何取於姑爲此告以塞責哉？適趣之死矣。（韓范夾）正常，幸臣也。受託孤之命，猶能侃侃言之。徒人費從君於死，亦其儔也。若大臣當國，志在溫飽，不亦愧夫？（魏禧尾）魏禧曰："正常之告，既踐信矣。告而奔衛，懼康子之殺己，而不意其殺孤也。可謂明哲保身矣！然使正常不奔，矢死以衛南氏子，則或不至於殺，不幸而與之俱死，義不猶愈乎！"彭家屏曰："康子已立，南氏子始生，繈褓中兒，安可即位爲卿後？如其立之，亦取亂之道也。爲正常者，受桓子之重托，正當審時度勢，計出萬全。如康子能容南氏子耶？則力護而嫗養之，俟其稍長，以桓子之遺言顯告於朝，以俟君命。如度不能容，則竊負而去，以爲後圖可也。乃當遺子甫生之際，即載以入朝，又不以身衛之，遽舍之而奔衛，是何異取之南氏之懷而棄之中路乎？其恇怯無能，直同兒戲，亦可羞甚矣！雖然，此桓子之罪也。桓子付託非人，遺命不正，宜所愛之子不得其死也夫！"（《分國》尾）正常既載以如朝，告於君大夫，正常之責盡矣。奉身而退，召之不反，知幾哉！雖然，念及付託，尚宜竭力保全，如趙嬰曰"縱不得立，不速之殺"。不然，以死爭之，與其殉季以死也。（《左繡》眉）此敘康子奪嫡事，妙在不言其所以然。通篇寫桓子遺言，極其坦易。寫正常載告，極其危疑。寫康子用計，則極其不費手腳也。而筆法隱躍，使人自思而得之，入微之筆。（《左傳翼》尾）季氏，魯之大盜也。屢世竊國，康子烏得不盜家？況自立紇以後，季孫家政已亂。斯死，而南孺子之子何由得立？正常一語即奔，知肥之必殺也。則或殺之矣，或則誰？康子也。討不討肥，猶召正常，豈正常殺之乎？掩耳盜鈴，其將誰欺？（《日知》尾）不説奪嫡，然敘次中已隱具斧鉞，蓋從四旁襯托處得之。（《評林》眉）魏禧："'則或殺之'，必是康子僞讓而殺之也，然亦有其人不知謀，而其黨爲之者，不可以一例論。"《經世鈔》："'正常不反'，按：所屬之男既死，正常義不當反，且力不能討其仇，而仕之可乎？注以爲畏康子，非也。"（闈生夾）桓子托孤於正常，而恐其先死。乃正常心歸康子，載嬰兒入朝而殺之，此見桓子之不知人。逆臣無後，亦其宜耳。

　　冬十月，晉趙鞅圍朝歌，師于其南。荀寅伐其郛，使其徒自北門入，己犯師而出。癸丑，奔邯鄲。十一月，趙鞅殺士皋夷，惡范氏也。（韓范夾）六卿專晉，而三家實有晉國。故范、中行輩不得見容，雖人事，亦天意也。《左繡》眉）屢圍朝歌，殊顧邯鄲犄角。趙師于南特缺一角，使之走併一處也，豈幸逸哉？（《左傳翼》尾）朝歌、邯鄲相爲犄角，攻此則慮彼，併歸一處，則一舉可殲矣。殺皋夷雖云遷怒，亦恐其爲內應耳，鞅豈濫殺哉？

◇哀公四年

【經】四年春王二月庚戌，盜殺蔡侯申。（《評林》眉）杜諤："蔡侯爲一國君，不能自正，而爲賊者所殺，其貶可知也。"《傳說彙纂》："杜預以稱盜爲賤，孔氏暢言之；石介謂蔡無臣子；家鉉翁謂亂黨衆，不容悉書；皆是也。胡《傳》專責蔡侯，而於弒君者有恕辭，不可以訓，故刪之。"蔡公孫辰出奔吳。（《測義》夾）林堯叟氏曰："書'公薨，夫人姜氏孫于邾，公子慶父出奔莒'，則夫人、慶父與聞乎弒矣。書'盜殺蔡侯申，蔡公孫辰出奔吳'，則辰與聞乎弒矣。"（《評林》眉）季本："蔡昭侯之弒，辰爲正卿，必蹤跡可疑者也，故奔吳。"葬秦惠公。宋人執小邾子。（《評林》眉）趙鵬飛："小邾子固微爾，微國必不敢犯宋，宋執之非罪也。書'人'以執，其貶可知。"夏，蔡殺其大夫公孫姓、公孫霍。晉人執戎蠻子赤歸于楚。（《評林》眉）家鉉翁："戎蠻雖邇於楚，亦嘗服屬諸夏。昭十六年，楚乘其亂，誘其君而殺之。楚實無道，戎之叛之宜也，於是自拔歸晉。晉人倘畏楚之盛，強拒而弗納可也，聽其去而適他國亦可也。乃詐而執之，以歸于楚，晉之罪大矣。故書人以貶之。"城西郛。六月辛丑，亳社災。（《評林》眉）楊士勛："《周禮》：'建國之神位，左宗廟，右社稷。'彼謂天子諸侯之正社稷、受霜露者。《周禮》又云：'決陰事於亳社。'明不與正同處。明一在西，一在東，故左氏曰'間於兩社，爲公室輔'是也。"邵寶："湯作夏社，爲後戒也。周存亳社，其猶湯之志歟！凡都邑皆有之，蓋舊社云爾。"秋八月甲寅，滕子結卒。冬十有二月，葬蔡昭公。葬滕頃公。

【傳】四年春，蔡昭侯將如吳，諸大夫恐其又遷也，承公孫翩逐而射之，入於家人而卒。(《評林》眉)《增補合注》："杜注'承'爲'懲'，謂懲創往年之遷。劉注'承'爲繼，謂恐其又遷相承繼。皆非也。胡氏以爲衍文者得之。"以兩矢門之。衆莫敢進。文之鍇後至，曰："如牆而進，多而殺二人。"鍇執弓而先，翩射之，中肘。鍇遂殺之。故逐公孫辰，而殺公孫姓、公孫盱。(《分國》尾) 蔡亡，平王復之。靳一佩之故，謀伐楚。不念復國之德，遂逞小忿，宜有此禍也。卒之不滅於楚，不滅於吳，而自滅之，哀哉！(《左繡》眉) 此篇極寫文鍇忠勇，因衆莫敢進，故算出如牆而進一策。無奈依舊畏首畏尾，只得隻身向前，此"先"字之義也。作者猶恐意不甚亮，特先著"後至"二字。後者獨先，則先者盡後矣，襯托妙絕！"如牆"與"門之"相映成趣，一以死物當活人用，一以活人當死物用，點染新奇。"承"字貫下句讀，乃突然出其不意之詞。方言一字爲一句，只此一見。《正義》解作"懲"，聲轉而字異，未是。攻門曰門，守門亦曰門，死字作活用，義本相通。後人於此等處，多分條例。卻不知前人於好惡、先後等字，皆互叶也。(《左傳翼》尾) 翩一人耳，何難討之？兩矢夾門，多殺不過二人，乃衆莫敢進，畏死耳。不畏死，方能不死。文之鍇後至先進，盜乃授首。唯忠，故勇也。一人先，則如牆而進者來矣。討賊不止一人，而殺賊之功，獨歸文之鍇，鍇亦偉矣哉！蔡侯之殺，以諸大夫恐其又遷而殺之也。殺之者雖一公孫翩，而黨之者辰、姓、盱，皆公孫也。諸大夫討賊，惟文之鍇執弓而先，衆皆莫之敢進者，畏死乎？實黨翩也。賊有主名矣，之鍇且討而殺之矣，何以書盜？且不書弒而書殺者，以昭侯有自取之罪，不以弒主之名加翩也。昭侯自留楚以後，國幾再亡，人皆得而戕之，書盜書殺，所以深罪昭侯也。(《補義》眉) 汪云："'如牆'與'門之'相映。'執弓而先'，見衆猶不進也。極寫鍇之忠勇。"(《評林》眉) 楊升菴："蔡侯始請遷而中悔，竟致吳師之入，子駟之殺，故恐其又遷。此雖公孫翩一人之射，而實國人之所共殲也已。"《補注》："'鍇遂殺之'，以盜赴，故翩不告。"

　　夏，楚人既克夷虎，乃謀北方。（孫鑛眉）敘事亦嚴核有法，調亦略變，比前而自稍別。（《補義》眉）楚之强，晉實成之，故敝罪趙孟。左司馬眅、申公壽餘、葉公諸梁致蔡於負函，致方城之外於繒關，曰："吳將泝江入郢，將奔命焉。"爲一昔之期，襲梁及霍。單浮餘圍蠻氏，蠻氏潰。蠻子赤奔晉陰地。司馬起豐、析與狄戎，以臨上雒。左師軍于菟和，右師軍于倉野，（閟生夾）是時吳強，不敢復仇，而示威中國，乘晉之瑕也。寫楚軍聲勢極盛。使謂陰地之命大夫士蔑曰："晉、楚有盟，好惡同之。若將不廢，寡君之願也。不然，將通於少習以聽命。"士蔑請諸趙孟。趙孟曰："晉國未寧，安能惡於楚，必速與之。"士蔑乃致九州之戎。將裂田以與蠻子而城之，且將爲之卜。（閟生夾）前文詳記召陵之會，以後晉無可敘之事，嫌收束未密，故記此以明晉之無能爲也。蠻子聽卜，遂執之與其五大夫，以畀楚師于三戶。司馬致邑、立宗焉，以誘其遺民，而盡俘以歸。（《分國》尾）蠻子奔晉，求庇也。楚請，置不問可也，出之竟外可也。乃多方致之，又使之盡俘以歸。嘻，亦甚矣！（《左繡》眉）此傳晉人執蠻歸楚事，當重士蔑，文則以司馬眅爲主。前後四"致"字爲眼目，純是一片機詐。前兩"致"字，是先詐其民以圍蠻。後兩"致"字，是與晉合詐以俘蠻。寫得無所不用其詐，而曩時假信假義之風亦蕩然矣。春秋欲末，世事日非，良可癪歎！致負函，致繒關，本以奔命之故召其民，忽變爲一昔之期襲蠻氏。一面紿民，使之不漏師。一面紿蠻，使之不備豫。此一段寫詐謀，已色色寫絕。而田也，城也，且爲之卜也，而蠻之君臣盡墮其術中。邑也，宗也，凡以誘之也，而蠻之遺民都落其圈套。即左師、右師，遙遙犄角，明以通少習之勢，脅士蔑以不得不與。而蔡與方城、蠻與晉人無一不爲我用，司馬真算無遺策矣哉！後半三行六十字，只作兩句讀，曲而盡，簡而深！（《左傳翼》尾）孫執升曰："寫楚人極其狡猾，寫晉人極其罷軟，蓋是時楚可抗晉，而晉不能駕楚，亦勢使然矣！但諸蠻何罪，誘而致之，執而畀之，中夏盟主而惟楚是狗。此春秋之始，天下苦於無王；春秋之季，天下苦於無霸也。"執者，不宜執也。歸者，不宜歸也。執而歸者，尊辭也。聞執某侯以歸京師矣，不聞執以與蠻夷也。晉主夏盟，全在攘楚。

盟宋會虢，於是乎失伯。然猶與楚相雄長也。戎蠻叛楚，服屬諸夏，今爲楚所圍，潰而奔晉，冀得所依庇耳。晉不能庇，聽其他適可也。而乃被楚恐喝，誘而執之，以歸之於楚，是楚以役小國者役晉，晉以事共主者事楚也。不競至此，豈非中國之大辱？《春秋》安得不深惡乎？晉執蠻子歸楚，非晉欲尊楚也。乃楚人氣焰方張，晉不能與抗耳。開首"既克夷虎，乃謀北方"，敘得烈烈炎炎，便有氣吞中國之意。而神機妙算，詭詐百出，投之所向，無不如志。使人脅晉，左右掎角，大師以臨，挾以不得不從之勢。晉人俯首聽命，與之者士蔑，所以與之者，趙孟也。國有內難，焉能及遠。楚人坐而自大，遭時邁會，雖則人謀，實有天幸。諺云"籬牢犬不入"，是時晉亂，內外交訌，籬不牢矣，豈能禁犬之入哉？經文以晉人歸楚爲主，本傳則詳寫詳〖編者按：詳疑當作楚。〗人之謀，若無楚人謀略，則晉人亦不歸之矣。故"士蔑請"以下，係正傳，前半乃其所以然也。士蔑尚有倔強意思，趙孟一味軟弱，蠻民乃無噍類。一篇眼目全在"趙孟曰"數語，此中國所以衰，而荊楚得以大肆其憑陵也。（《補義》眉）晉伐楚用詐，奇矣！販更拾晉人之餘詐，尤奇！而蠻無噍類，那得不思入郢之子胥！陳云："鄢陵之役，蠻與楚嘗合兵擊晉，是有功於楚者。"（《評林》眉）王元美："是時楚之氣雄南北，目中無晉，此趙孟之所以畏也。"凌稚隆："既畏楚而以蠻子與之，則明言以蠻子可矣，何必爲裂田之誘，聽卜之執乎？甚矣！趙孟之餒也。蠻子以窮歸晉，而晉不能庇，反歸之以取媚，可發一慨。"

　　秋七月，齊陳乞、弦施、衛甯跪救范氏。（《補義》眉）齊、衛節節圍邑、取邑，以救范氏，而總未與鞅戰，鞅避之也。惟步步緊從二子，除二子則兩國之師去也。庚午，圍五鹿。九月，趙鞅圍邯鄲。冬十一月，邯鄲降。荀寅奔鮮虞，趙稷奔臨。十二月，弦施逆之，遂墮臨。國夏伐晉，取邢、任、欒、鄗、逆畤、陰人、盂、壺口。會鮮虞，納荀寅于柏人。（《左繡》眉）一奔鮮虞，一奔臨。下先敘墮臨，後敘會鮮虞，一承上弦施，一另起國夏也。事變而文之順逆因之矣。（《左傳翼》尾）稷奔臨，而弦施逆之，則墮臨，弦施事也。寅奔鮮虞，而國夏伐晉，則會鮮虞、納荀寅，國夏事也。先後順逆，因事以爲位置，無非隨其自然而已。（《評林》眉）《附見》："與鮮虞會者，國夏也，舊注或非。"

◇哀公五年

【經】五年春，城毗。（《評林》眉）師協："魯以千乘之國，不能親仁善鄰，鎮撫民庶，既無威強之可畏，又無德禮之可懷，乃區區屢奪民力以興土功，安能爲國而無弊邪！"夏，齊侯伐宋。（《評林》眉）高閌："齊之伐宋，所以圖伯也。"家鉉翁："齊景之行事無一可稱，彼謂晏子以其君顯，殆不然歟！"晉趙鞅帥師伐衛。秋九月癸酉，齊侯杵臼卒。冬，叔還如齊。閏月，葬齊景公。（《評林》眉）陳岳："三年之喪二十五月，苟以閏數，則二年之內已有二十五月，安得謂三年歟？苟以閏數而書，則諸書崩、薨、卒、葬皆宜書矣，奚獨斯也！"按：喪事數閏與不數之説，《公》《穀》二傳不同。《公羊》曰："閏不書，此何以書？喪以閏數也。喪曷爲以閏數？喪數略也。"《穀梁》曰："不正其閏也。"今並存俟考。

【傳】五年春，晉圍柏人，荀寅、士吉射奔齊。初，范氏之臣王生惡張柳朔，言諸昭子，使爲柏人。昭子曰："夫非而仇乎？"對曰："私仇不及公，好不廢過，惡不去善，義之經也。臣敢違之？"（閻生夾）宗堯云："鞅以私仇及公，託名誅討，篇末引王生之言及柳朔之行，所以痛誅趙氏也。"及范氏出，張柳朔謂其子："爾從主，勉之！我將止死，王生授我矣。吾不可以僭之。"遂死于柏人。（文熙眉）穆文熙曰："王生以仇而薦柳朔，柳朔死范氏以報王生，儀儻之風，千載如見。范氏得人若此，宜其終不敗也。"（《測義》夾）愚按：王生之舉讎，柳朔之死薦，皆不負其心，而兩合於義者。〖編者按：奥田元繼作呂祖謙語。〗（韓范夾）人苟爲朝士所薦，未有不厲志以報所知者，故制科不若薦舉也。（《分國》尾）王生之舉柳朔，難矣！柳朔不負王生之所舉，更難！范氏雖亡，有此兩人，生色千古！（《左繡》眉）王生爲惡而知美，柳朔亦無德不報，古之人！古之人！（《左傳翼》尾）柳朔爲吉射守柏人，吉射奔而柳朔死，不負吉射，實不負王生也。王生不以私仇而廢舉賢之公義，方之祁奚，何多讓焉？（《評林》眉）魏禧："按，'私讎不及公'一語，令古今黨人中稱君子者愧死人地。"（閻生夾）記范氏有忠臣，惜之之意，又以愧當時也。

夏，趙鞅伐衛，范氏之故也，遂圍中牟。（《測義》夾）家鉉翁氏曰："蒯聵以父伐子，晉趙鞅爲之伐衛。若私於蒯聵，必求其入，亦非《春秋》所許也。況實因范氏之故，而以納蒯聵爲名乎？"

齊燕姬生子，不成而死，諸子鬻姒之子荼嬖。諸大夫恐其爲大子也，言於公曰："君之齒長矣，未有大子，若之何？"公曰："二三子間於憂虞，則有疾疢。亦姑謀樂，何憂於無君？"（韓范夾）此豈人君之語，景公既知齊之爲陳，而又不能早定太子以已亂於身後，雖曰顯名諸侯，其實莊公之不若也。公疾，使國惠子、高昭子立荼，寘群公子于萊。秋，齊景公卒。冬十月，公子嘉、公子駒、公子黔奔衛，公子鉏、公子陽生來奔。萊人歌之曰："景公死乎不與埋，三軍之事乎不與謀。師乎師乎，何黨之乎？"（《測義》夾）張洽氏曰："景公在位五十八年，前有晏嬰，後有孔子，而卒不能用。及大臣以未有太子告之，反使之謀樂，卒致死肉未寒，子弒國亂。曾未十年，陳恒弒簡公而移其社稷，真范祖禹所謂治愈久而政愈弊，年彌進而德彌退者。"〖編者按：奧田元繼作王元美語。〗（《分國》尾）景公眼中，見得國非己有，故作此言，非如楊惲"人生行樂"之謂也。但死之日，無得而稱，讀歌詞黯然矣。（《左繡》眉）此篇爲陽生纂立起本，蓋深歎景公違衆立荼之失也。前景公謝諸大夫，句句是不要別人管他閒事口角。後萊人之歌，亦便句句是並沒人來管你閒事口角。兩"謀"字正相應，前語似冷似謔，後語亦怨亦嘲，均屬摹神之筆。中節爲一篇關紐，上半是立荼甲裡文字，下半是寘萊甲裡文字。須知萊人不是痛群子，正是痛景公孤立所變，而諸大夫皆袖手退也。野幕之及，恐亦不能含笑地下矣。歌凡三換韻，理與謀，死與事，乃隔句叶也。（《左傳翼》尾）"美哉室，其誰有此"，是公明知大盜之睨其旁也。後世稍惰，猶恐國爲其國，而乃以一二無能人擁一黃口孺子於上，而謂可安枕無憂乎？諸子盡逐，臨空無人，軍國大事，盡歸權奸，師黨何之，令人淚下五斗矣。而猶勸諸大夫亦姑謀樂耶？諸臣且恐憂以生疾，而公竟樂以忘憂，出言何無賴也！死而有知，聽萊人之歌，當亦低徊歎息矣。諸大夫恐其立荼，蓋謂國有長君，奸臣不得擅權，本意原是防陳乞。不料景公不聽，陳乞從而構之，諸大夫即從風而靡也。總之，齊廷諸臣毫無遠見，其以得君爲樂，不得君爲恥，猶之陳乞也。故始而防陳乞，繼反與陳乞合謀。向使心萊人之心，而同心協力，夾輔孺子，安在齊不可轉危爲安？何至深忌高、國，逐之使出，以成陳氏弑逆之惡乎？（《日知》尾）掩耳盜鈴，實養癰成患耳。借萊歌寓斷制，非惜諸子，正欺景公也。（《評林》眉）汪道昆："景公立荼，寘群公子於萊，曾不虞變，何得稱賢君乎？"孫鑛："謾語亦自工。"陳傅良："'公子陽生來奔'，陽生不書奔，説在文十四年。"（闓生夾）宗堯云："敍萊人之歌，以責景公立荼棄群公子而階亂也。"

鄭駟秦富而侈，嬖大夫也，而常陳卿之車服於其庭。（《補義》眉）貪人也，亦淺人也，殺其身而已。鄭人惡而殺之。子思曰："《詩》曰：'不解於位，民之攸墍。'不守其位而能久者鮮矣。《商頌》曰：'不僭不濫，不敢怠皇，命以多福。'"（《分國》尾）國僑死，竹刑用，駟秦輩出矣，幸有國參在耳。僭奐殺鄰，杜甫《卻褥緞詩》："煌煌珠官物，寢處禍所嬰。"其即此意夫！（《左繡》眉）畫鹵簿耶？又一豐之離矣。《詩》《頌》中間，橫插斷語。卻是一句承上，一句啓下，極淡處都有法。（《左傳翼》尾）晉程鄭以嬖而佐下軍，不安於心，問降階何由，然明猶決其死亡。況不守其位，而覬覦卿之車服乎？只一"嬖"字，便是必死之根，不必問其富且侈者何若也。引大雅、商頌中插斷語，莊重端雅，似銘似箴，最爲有體。（《評林》眉）魏禧："此其一事耳，鄭人惡之，當不止此，然可爲不安分之戒。故《易》曰：'負且乘，致寇至。'小人而乘君子之器，盜斯奪之矣。妻夢身熱得美官，卒以冒進見殺，故曰'我非不欲美官，但思之爛熟耳'。"（闓生夾）覆按：此篇雖繁，以外交、內政二義相間成篇，萼跗相丞，不涉他事，組織極精。其餘外交、內政皆剛柔互用，乃子產生平政策，特於其卒以孔子之言發之。後附二節，駟歂嗣子大叔爲政，所以結束上文。駟秦之死，記子思之言。子思，國參字，乃子產之子，見子產之有後也，皆非泛涉者。後幅記里析之死，無他意，特以起子產之將死。"吾不足以定遷矣"，乃子產自知將死之言也。文情嗚咽異常，從來讀者皆未領會此旨。

◇哀公六年

【經】六年春，城邾瑕。（《評林》眉）高閌："瑕，邾邑。"汪克寬："邾瑕，如魯濟之類，魯有負瑕，故稱邾以別之。魯取不書，恐如杞成之不見於經耳。"晉趙鞅帥師伐鮮虞。（《評林》眉）薛季宣："昭十二年來，晉伐鮮虞四五矣。晉伯業之衰，皆由陪臣封殖、貪伐鮮虞故也。"吳伐陳。夏，齊國夏及高張來奔。（《評林》眉）張洽："高、國為國世臣，從君於昏，受其顧命，力不足以衛上，委君命而逃，書奔以罪其不忠也。"叔還會吳于柤。（《評林》眉）李廉："春秋之末，臣與吳會者二，然後有黃池之兩伯，魯不得不任其責也。"秋七月庚寅，楚子軫卒。（《評林》眉）家鉉翁："楚昭敗而知懼，是以不亡。"齊陽生入齊。齊陳乞弒其君荼。冬，仲孫何忌帥師伐邾。（《評林》眉）高閌："魯人必欲滅邾而後已，自公即位以來，四用兵於邾，積明年入邾之亂。"宋向巢帥師伐曹。（《評林》眉）高閌："樂髡伐之，猶未服，且為入曹起也。"

【傳】六年春，晉伐鮮虞，治范氏之亂也。

吳伐陳，復修舊怨也。楚子曰："吾先君與陳有盟，不可以不救。"乃救陳，師于城父。（《評林》眉）高閌："陳，楚與也。吳之入楚，使召陳侯，陳侯不來，吳人怨之。元年侵陳，今復伐陳修怨也，陳自是與吳成。"

齊陳乞偽事高、國者，每朝必驂乘焉。（孫鑛眉）描寫弄意態曲盡。（《左繡》眉）此篇極寫陳乞之譎，劈頭一筆提破，下分兩段。先以大夫之言激高、國，而勸高、國去大夫。既即以高、國之言恐大夫，而令大夫去高、國。縱橫捭闔，曲行詭秘，描寫入神。兩段句句相對，極參差整齊之妙。"及朝"一層，乃是從高、國轉到諸大夫，兩段中之樞紐也，此法惟左氏最精熟。（《補義》眉）一語提破。周云："彼此原有疑忌之意，而用此構之，語語蹈虛，卻言言著實，以彼激此，即以此恐彼，令兩下都欲住手不得，於小人情狀如溫犀夜燃。"儲云："山魈野狐，不毒於此矣，陳氏以口舌翕張得國，何但厚施！"（《評林》眉）彭士望："王允、溫嶠皆擅此技，卻須警敏輕圓，不見手勢，方不為奸雄所窺。"穆文熙："陳乞往來反間，大似兵法，卒奔高、國，立陽生，功為不淺矣。"所從必言諸大夫，曰："彼皆偃蹇，將棄子之命。皆曰：'高、國得君，必偪我，盍去諸？'固將謀子，子早圖之。圖之，莫如盡滅之。需，事之下也。"（《評林》眉）顧九疇："語云：'斷而必行，鬼神避之。'又云：'猛虎之猶豫，不如蜂蠆之致螫。'此即'需，事之下也'意。"及朝，則曰："彼虎狼也，見我在子之側，殺我無日矣。請就之位。"又謂諸大夫曰："二子者禍矣！恃得君而欲謀二三子，曰：'國之多難，貴寵之由，盡去之而後君定。'既成謀矣，盍及其未作也，先諸？作而後，悔亦無及也。"大夫從之。（方宗誠眉）小人反覆顛倒其口舌，所謂巧言如簧。（闇生夾）陳乞之奸，比桓子尤陰刻卑鄙，史如其人肖之，文極沈鷙。宗堯按："陳氏世用陰謀，陳乞機械變詐。左氏於其逐高、國也用直書，其殺鮑牧也則用微文。"

　　夏六月戊辰，陳乞、鮑牧及諸大夫以甲入于公宮。昭子聞之，與惠子乘如公，戰于莊，敗。國人追之，國夏奔莒，遂及高張、晏圉、弦施來奔。（文熙眉）穆文熙曰："陳乞往來反間，大似兵法。人亦須善用之，不然讒口交鬭，此《青蠅》之詩所由作也。"（《測義》夾）張洽氏曰："陳乞將立陽生，及先逐國、高，國、高奔，而後陳乞弒君之謀得肆矣。"〖編者按：奧田元繼作湯睡菴語。〗（《分國》尾）陳乞之偽事高、國，猶陳豹之偽事闞止。所異者，高、國、闞止見事之疏，墮其局中耳。（儲欣尾）山魈野狐，不毒於此矣。陳氏以口舌禽張得國，何但厚施耶！（《左傳翼》尾）崔、慶滅，欒、高亡，陳氏始大，然猶忌有國、高耳。二族出奔，則一國在其掌握，以嬀易姜，可操券得矣。但二族百年勳舊，一旦無故除之，豈屬易事？唯景公屬荼二子，為諸大夫所忌，從此挑隙，合衆勢以相傾。又不明出作對，而偽事以悅之，兩邊播弄，嫌釁已成，一出而乘其後，勢如迅雷之不及掩耳，而二子尚夢夢而不之知也。嗚呼！林甫、盧杞之徒何時蔑有？與之同朝共事者，可不惕然知懼哉！諸大夫不欲立荼，景公違衆立之，專託高、國。則忌其得君而偃蹇不用命，固諸大夫實情也。自恃得君，而忌諸大夫之偃蹇，亦高、國真心也。但彼此雖有疑忌之意，未遽有傾軋之心。而用此構之，語語蹈虛，卻言言著實，不待其詞之畢，而意為之移，神為之動矣。最惡是己之情與諸大夫一類，偏將諸大夫獻媚，以彼激此，以此恐彼，令兩下都欲住手而不可得，譖訴之巧至此，真無以復加矣！熟悉此種情狀，則千古小人視之不啻如溫犀夜燃也。奸權專國，不利長君，何故必欲廢荼？只為立荼時彼不與顧命，知公有見疑之意，將來幼主成立，事權專屬高、國，仰人鼻息，豈能爲所欲爲？口口得君，是其心中奈何不下處，較諸大夫尤爲夢寐不寧也。故必行廢立，大權始歸我而不他屬。欲廢荼不得不先去二子，欲去二子不得不連合諸大夫，欲連合諸大夫，不得不使之彼此互疑，刻不能容。看他逞乖使巧，如鬼如蜮，真小人之尤者。

　　秋七月，楚子在城父，將救陳。（《左傳雋》眉）楊素庵曰："此篇超邁奇特，驟讀之，若甚費閒。細玩之，則結構天然。余雅好此等文字，嘗以此篇評第一。示諸同志，時沖騰徐伯子在座，獨首肯余言。"（《左繡》眉）此篇作兩截讀，上截是正敘，下截是追敘，末以夫子斷結，卻重在下截。上以"五辭而後許""立之而後還"對說作片段，下以"遂弗縈""遂弗祭"對說作片段。其實通篇以昭王爲主，上截乃以子閭伴說，先主後賓。故下截亦以有疾弗祭爲主，而弗縈伴說，先賓後主。局對而意側，章法又極整而變也。上截兩"卜"、兩"不吉"，與兩"則命"、兩"不可"，筆調相配，此一節自爲章法。兩"不如死"、兩"順也"，"死一""二順"，筆調相配，又兩節合爲章法。下截先論王身，便添出股肱與腹心爲對。次對祭郊，便添出江、漢、睢、漳與河爲對。而"又焉移之"，說在不穀之後；"不是過也"，說在不穀之前。總一整散順逆相配相錯，而名言絡繹，段段精神。"不失國"，或指柏舉敗而後興言。論篇法，則指上子閭立章而言也。"由己率常"，只結下截，而讓國不失之意，自然包舉。又看"由己"收上"無大過"，"雖不德""率常"收上"又焉移之""不是過也"，此暗應法，又總結法。（《補義》眉）此以昭王爲主，作兩截看。"是歲也"上爲正敘，下爲追敘，四事兩兩相配。至"死生不貳"乃見全身本領。卜戰，不吉；卜退，不吉。王曰："然則死也！再敗楚師，不如死。棄盟逃讎，亦不如死。死一也，其死讎乎！"（孫鑛眉）陳涉起事語祖此。（《評林》眉）《彙參》："上句指戰不吉說，此句乃指退不吉說。"命公子申爲王，不可；則命公子結，亦不可；則命公子啓，五辭而後許。將戰，王有疾。庚寅，昭王攻大冥，卒于城父。子閭退，曰："君王舍其子而讓，群臣敢忘君乎？從君之命，順也。立君之子，亦順也。二順不可失也。"與子西、子期謀，潛師閉塗，逆越女之子章，立之而後還。（《測義》夾）李廉氏曰："左氏載楚昭有死讎之志，及其命公子爲王，與不肯移禍於令尹、司馬，足見昭王之賢。又載子西、子期、子間之讓國不立，亦足見三子之賢。故楚不終衰。"〖編者按：奧田元繼作沈雲將語。〗（《補義》眉）帶敘子閭。黃東發曰："子西先讓國於昭王，昭王復讓國於三弟，然啓終不取，與申、結立昭之子，亦盛事也。"（《評林》眉）《匯參》："'閉塗'，即《禮記》所謂'戢塗'者，謂匿其喪也。"彭士望："昭王命群公子有深意，不立子而子之立始堅，諸公子亦大賢。"

是歲也，有雲如眾赤鳥，夾日以飛三日。楚子使問諸周大史。周大史曰："其當王身乎！若禜之，可移於令尹、司馬。"王曰："除腹心之疾，而寘諸股肱，何益？不穀不有大過，天其夭諸？有罪受罰，又焉移之？"遂弗禜。（《左傳雋》眉）腹心、股肱之論，直是名言，楚子有君人之德矣！（《彙鈔》眉）昭王議論，與子產不相上下。（《補義》眉）汪云："切'身'字發論。"

初，昭王有疾。（《補義》眉）齊桓、晉文不無愧色，即子產夏郊之對，亦未爲知道。卜曰："河爲祟。"王弗祭。大夫請祭諸郊，王曰："三代命祀，祭不越望。江、漢、雎、章，楚之望也。禍福之至，不是過也。不穀雖不德，河非所獲罪也。"遂弗祭。（孫鑛眉）以弗禜、弗祭見態。孔子曰："楚昭王知大道矣！其不失國也，宜哉！《夏書》曰：'惟彼陶唐，帥彼天常，有此冀方。今失其行，亂其紀綱，乃滅而亡。'又曰：'允出茲在茲。'由己率常可矣。"（文熙眉）穆文熙曰："昭王欲立三公子，三公子竟不立而立昭王之子，君臣俱賢，去商臣、子圍之世遠絕甚矣，宜其能共保楚也！"不禳妖，不祭河二事，亦見昭王之賢，此孔子以爲知道。〖編者按：奧田元繼作汪道昆語。〗（《測義》夾）李廉氏曰："此足以證諸侯不當三望之事。"〖編者按：奧田元繼作耿定向語。〗（《左傳雋》眉）李行可曰："不禳妖、不祭河，可見楚子於死生禍福上勘得十分透徹。匪惟可以破衆惑，進此，便入死生不二之門矣。"（《文歸》尾）鑒此則禍福可以心轉，不必移於人而爲忍人矣。建白。（韓范夾）楚昭未敗之前，貪讒在列。國破之後，頗多善政。蓋具英武之姿，而特爲小人所移也。我朝正統時事，與略同。（王源尾）知死不避，非知大道其孰能之？楚昭賢矣哉！乃不待其救陳始然也。前此赤烏之氛弗禜，河之祟弗祭，平日之知道者久矣。故城父雖正傳，而兩段追序，不早見其生平乎？前後如九疑連綿，湘煙遙隔，末始將"知大道"點出，引《書》結之。通體縈紆朗瑩，段落俱化。弗禜、弗祭無尾,以首段爲尾,九疑之連綿也。王命三子,三子立章,序於三段之中,湘煙遙隔也。(孫琮總評) 楚之救陳,義也。命三公子,將死敵也。乃舍其子而子竟得立,志死敵而卒死於疾,事固有不可知者。因追敘其不禜赤雲、河神,所言皆明見大義。亡國得復,殆經憂患而深思歟!(《分國》尾) 宋景言善,熒惑退舍。楚昭罪己,赤雲不災。至曰"祭不越望",祭非其鬼者,有媿楚昭矣!(《知新》尾) 人惟不知命,故歸福於己,諉禍於人。明知其無益,而猶妄生願望,營求解免。得楚子數言,庶幾可以正之。至論望祭一段,典禮秩然,尤足醒彼憒憒。(儲欣尾) 弗禜弗祭,大學問,大識見,春秋賢君,當爲楚昭首屈一指。(《左傳翼》尾) 知大道者何?務民義而不諂瀆鬼神也。知難而不避,立後而不私,務民義也。非所禜勿禜,非所祭勿祭,不諂瀆鬼神也。只"由己率常"四字盡之。即救陳一節,而知死不避,已可見其知大道。而必追序二事者,以見平日之知道有素,非偶然一事合宜也。立後則必及令尹、司馬,禳禍則勿移令尹、司馬,卜戰不吉勿避,卜祭雖吉不從,散敘串遞中自有比偶聯絡、首尾掩映之妙。天常當率,而斷以由己,自然盡其在我。以順天理而趨吉避凶,惟義是從,一切禍福之説,不足以惑之。總之,只一知道,而在平日與在今日無二理也。結語淡宕而奧美無窮,當於意言外玩之。(《日知》尾) 因卜死雠,寫楚昭王生氣凜凜,然恐疑於計無復之者,故綴以弗禜、弗祭二段,遙相映證,而以知道結之,識度神采,奕奕紙上矣,此爲傳神之筆。(高塘尾) 俞桐川曰:"恤鄰死仇,義也。廢子立賢,仁也。以臣爲體,禮也。不崇淫祀,智也。'知大道'句,總贊四事,文又以逆筆、散筆見奇!"(《評林》眉) 按:今《夏書·五子之歌》其三載此辭,無"帥彼天常"句,"行"作"道",末句作"乃底滅亡"。《匯參》:"滅亡,謂太康時。"彭士望:"'由己率常'四字,消人多少之妄想。"魏禧:"按:孟子所謂'君子反經,經正,斯無邪慝',正如此。"(武億尾) 此篇分兩截讀,上截正敘,下截追敘,末以夫子斷結。而正敘立章,卻以子閭伴説,追敘弗祭,卻以弗禜伴説。先賓後主,局對意側,章法極整而變也。(《菁華》尾) 楚昭王初立年少,扼於子常,並無一善可見。及復位以後,英明開悟,居然是楚莊以後第一賢主,觀其臨終不亂,及不信卜史之言,俱見通道之篤。聖人予之,蓋不以夷狄之君而外之也。

八月,齊邴意茲來奔。

陳僖子使召公子陽生。（孫鑛眉）敘事曲細。（《左繡》眉）此篇作三段讀，論事則首段傳陽生入齊事，末段傳陳乞弒君事，中段乃補寫兩截中間情事。論文則首段敘陳乞立陽生，下兩段一敘陳乞安頓孺子，一敘陽生遷殺孺子。兩"使"相對，蓋通篇以陳乞、陽生對寫，於章法爲一頭兩腳也。首段陳乞使召、使養，陽生告且于、戒闞止，兩人都用重筆。中段重陳乞，卻插寫悼公稽首一節。末節重陽生，卻插寫僖子不對而泣一節，章法最匀。然此特論片段耳，其實作意只寫一陽生。凡三寫其機智絕人，首寫其謀事之密，中寫其要盟之婉，終寫其絕患之毒。遂令一極長機詐之陳乞，而召之，而養之，而立之，而盟之，而卒至於泣。諺所謂摸着黃刺土步是佛者也，真是寫絕！《公羊》寫陳乞爲護，便筆筆以陳乞爲主。此則筆筆以陽生爲主，題同而局異，此可以得文心之變矣。（《補義》眉）此雖合傳，卻以弒君爲重，故處處寫出弒荼由乞。夫陽生機智絕人，似非乞之能專制。不知乞召之、乞養之、乞入之、乞立之，陽生立則荼必弒，而弒荼之謀則又乞成之。傳筆筆抉出賊臣作用，乃見聖人斧鉞。（高塘眉）前段正敘陽生入齊事，兩"使"字，一"立之"，陳乞爰書已定，中插入見且于一層，似見陽生謀事之密。（閨生夾）賈逵以"使召"爲使邸意茲，《史記》同。陽生駕而見南郭且于，曰："嘗獻馬於季孫，不入於上乘，故又獻此，請與子乘之。"出萊門而告之故。闞止知之，先待諸外。公子曰："事未可知，反，與壬也處。"戒之，遂行。逮夜，至於齊，國人知之。僖子使子士之母養之，與饋者皆入。（《評林》眉）李于鱗："以試馬爲辭而出，戒子勿言而行之，與陽生之計亦密矣，而卒不免國人之知，事之私者，固不可隱也夫！"魏禧："按：事不可知，入國不可盡入，去魯亦不可盡去，最老成之見。"彭士望："'逮夜'，與欒盈晝入異。"

冬十月丁卯，立之。將盟，鮑子醉而往。（《補義》眉）鮑能討賊，即不必有濟而死，猶勝於他日縻而殺之。（高塘眉）中段接敘要盟事，乃陽生已立、孺子未弒中間情事也。以受命誣賴鮑子，以如賴安頓孺子，皆陳乞罪狀。中插入稽首一層，見陽生識議洞達，亦文章增添聲色處。其臣差車鮑點曰："此誰之命也？"陳子曰："受命於鮑子。"遂誣鮑子曰："子之命也。"鮑子曰："女忘君之爲孺子牛而折其齒乎？而背之也！"（《評林》眉）按：鮑牧，鮑圉孫，見上注。

《系譜》作鮑國孫。王元美："以詼諧點綴，最有煙波。"悼公稽首，曰："吾子奉義而行者也。若我可，不必亡一大夫。若我不可，不必亡一公子。義則進，否則退，敢不唯子是從？廢興無以亂，則所願也。"（《左傳雋》眉）唐荊川曰："語不費而極懇惻。"歸震川曰："委婉中又極斬截，陽生亦善爲詞矣！"又曰："慮己、慮人，可謂周匝，宜事之終濟也。"（孫鑛眉）工陗之甚，其妙處乃只在不必及大夫、公子上。鮑子曰："誰非君之子？"乃受盟。（閩生夾）情態如畫。宗堯云："自此悼公與鮑子之釁成矣。陳乞激鮑，使爲反抗陽生之言，公子之切齒鮑子，即以稽首數語傳寫之。先稱之，而後謀殺之也。"使胡姬以安孺子如賴。去鬻姒，殺王甲，拘江說，囚王豹于句竇之丘。

公使朱毛告於陳子，（高嶼眉）後段正敘弑其君荼事，朱毛之弑，陽生使之也。而經書陳乞者，須看前數"使"字，及"召"之"養之""立之""盟之"，而陳乞之罪定矣。中插"入告陳子"一段，見陳乞既蒙弑君之惡名，而幾不免新君之驅除，所謂小人枉作小人耳。不對也，無可對。其泣也，實可泣。然陽生心毒手辣，逐節寫來，亦文章增添曲折波瀾處也。曰："微子則不及此。然君異於器，不可以二。器二不匱，君二多難，敢布諸大夫。"（韓范夾）此宋、梁二武之智也，後世諸王以嫌疑死者尚多，況君乎？然則魏文猶賢者也。（《評林》眉）王元美："公既已知其計，而遂洩之，其禍必所不免矣。君不密，蓋不特失臣已也。"《經世鈔》："'君二多難'，至此無故啓釁，殆哉！"僖子不對而泣，曰："君擧不信群臣乎？以齊國之困，困又有憂。少君不可以訪，是以求長君，庶亦能容群臣乎！不然，夫孺子何罪？"（《評林》眉）《經世鈔》："'不對而泣'，一'泣'字可懼，後諷群公子由此。"（閩生夾）公告陳子，欲陳子除安孺子也。陳子不欲任此惡名，故不對，乃奸人之恒態也。宗堯按："此又就悼公責問以寫其奸。蓋乞之奸謀，悼公亦盡知之。乞知其無術以除己，而用女子小人柔媚之態以解之，所謂奸臣之態也。"毛復命，公悔之。毛曰："君大訪於陳子，而圖其小可也。"（《補義》眉）問則不能無疑矣，正是不疑何卜意，分明勸行，竟以弑君爲小事。使毛遷孺子於駘，不至，殺諸野幕之下，葬諸夊冒淳。（文熙眉）汪道昆曰：「序事能品。『若我可，不必亡大夫』以下章法。」穆文熙曰：「陽生氣平而語和，不至激而爲亂，所以能有齊國。鮑子聞言受盟，亦可謂有倉卒應變之才。奈何他日又諷動羣公子，而致悼公之殺也？」按：《公羊傳》云：「景公謂陳乞曰：『吾欲立荼何如？』陳乞曰：『所樂乎爲君者，欲立則立之，不欲立則不立。君如立之，則臣請立之。』陽生謂陳乞曰：『吾聞子蓋不欲立我也。』乞曰：『夫千乘之主，將廢正而立不正，必殺正者。吾不立子者，所以生子也。走矣！』與之玉飾而走之魯。景公死而荼立，陳乞使人逆陽生於其家，請諸大夫至，使力士舉巨囊至中堂，開之，則闖然公子陽生也。諸大夫不得已，皆逡巡北面，再拜稽首而君之，自是往殺荼。」〖編者按：奧田元繼作汪道昆語。〗（王源尾）陽生入齊，陳乞弒君。經雖分書，實一事耳。傳既合序，則但爲弒君傳可矣。召陽生入者，乞也。養於家、納諸宮者，乞也。立爲君而廢孺子者，亦乞也。始終皆乞，獨至弒孺子，而曰「我不知」，欲使弒君之名倖以免也。欺天乎？欺人乎？左氏一一詳其實，以傳其真，而《春秋》書法無容辯矣。然乞之不對而泣，而曰「孺子何罪者」，奸耳！狡耳！不欲與聞弒君，而推其惡於人耳！似宜誅其心以暴之天下。乃若以爲出之誠然，而序之無貶詞者，何哉？曰正寫其奸，寫其狡也。蓋事之顛末既詳，乞之罪案已定，任其如何假，如何詐，而弒君之罪，自不容逃。則其愚人之貌、欺世之語，何妨如其情以寫之，而更以著其奸與狡之實耶？況「容羣臣」一語，供狀昭然。朱毛圖小之言，亦皆意會，更有無容粉飾者。故寫小人，人第知直抉肺肝爲寫照，不知但寫面貌爲傳真。此間分際，難爲淺者道矣。寫陽生處處狡黠，其去魯也，跡密而思深，用筆淡以潔。其答鮑牧也，機敏而詞贍，用筆精以緊。其弒孺子也，意陰而手辣，用筆嚴以紆。文生於情者如此。以鮑牧爲賓，活畫出一輕躁無識力人。然孺子牛一語，沉痛刺骨，陳乞塞口不能對，諸大夫能無動心？動則變，變則事尚未可知。而陽生稽首數言，情至義盡。婉而毅，果而圓，聽者不得不回心易慮，牧所以翻然而受盟也。一時情景事機，有聲有色，通篇設色最濃豔處。且于、闞止、朱毛，陽生之襯也。鮑牧，陳乞之襯。而鮑點又鮑牧之襯也。胡姬、騅尉，及王甲、江說、王豹，皆孺子荼之襯也。處處襯帖，花葉相扶，最耐觀看。（《分國》尾）景公之立荼也，溺於所嬖，不過以牽繩折齒之故，嘗哀憐之。明知不足君而姑立之，豈知一立竟速之死也？陽生語鮑子、陳子數言，亦似從閱歷中來。（《左繡》眉）一結直寫出他處置乾淨快活來，入神之筆。（《左傳翼》尾）鄭氏曰：「繫陽生於齊，所以明國君與子之法。陽生不稱公子，所以明人子事親之道。使人君而知此，則豈有廢長立少以亂其國如齊景公者乎？使人子而知此，則豈有弒君篡位以陷於逆如陽生者乎？此《春秋》之所以為教也。」孫氏曰：「陽生入齊，而陳乞弒君，則是陽生與聞乎弒君。不以陽生首惡者，陽生之入，陳乞召之。荼之弒，陳乞為之。加陽生以弒君之罪，則陳乞廢立之跡不明。書陽生之入而陳乞弒君，則陳乞之惡著，而陽生與有罪也。」荼已立矣，陽生已奔矣。陽生曷為而入？陳乞召之也。召之而立，則安所置荼？不得不弒也。欲弒矣，而陳乞但置之于賴，而不即加弒者，欲使陽生自為弒之，己得逃弒君之名也。不知陽生不立，則荼不弒。立陽生正以弒荼，逃之無可逃也。《春秋》書乞弒君，非僅推原禍始，實以誅心也。不對而泣，非為荼乞也，乃自為泣也。蓋乞立陽生，冀得君耳。陽生「君異於器」數語，大有見疑之意，恐其不相容，故泣也。此一泣也，乞有悔心矣。十年之弒，未必不由此也。大奸巨猾，無以處之，徒恃口舌以為聾服之具，適以召亂而起禍。人謂此泣為偽，為不忍弒荼，而不知此泣實又將以弒陽生也。前書陽生入齊，偏重寫陳乞，以始而召，繼而立，皆陳乞為之也。後書陳乞弒君，卻重寫陽生，以始使毛告，繼使毛殺，皆陽生為之也。重寫陳乞，而悼公稽首一節，敘得機警而敏贍。重寫陽生，而陳乞不對一段，敘得狡飾而婉曲。悼公答鮑牧，即伏殺鮑牧之根。陳子謝悼公，即藏弒悼公之線。亂世君臣，滿腹殺機。菩提舌無非夜叉心，知言者當不以余言為謬也。《公羊》一片寫去，立陽生、弒荼，俱在一時。左氏分時日寫去，故作兩截敘，其實情事祇一般，寫陽生無非以陳乞為主也。最奇是中間「使胡姬以安孺子如賴」數語，去者去，殺者殺，拘者拘，囚者囚，一孺子何難結裹？而使胡姬以之如賴，且號之以安，以示不死之意。此等舉動，真是疑鬼疑神，此朱毛所以告。非大聖人孰能推見至隱也？古人行文，鋪序有濃有淡，沒要緊處都是緊要，正好仔細玩味。（《日知》尾）陽生、陳乞奸譎的細處，合同而化矣。言語皆寓戈矛，關目皆成鬼蜮，文幾於禹鼎之窮神姦。（高嶸尾）杜元凱曰：「弒荼者，朱毛與陽生也，而書陳乞，所以明乞立陽生而荼見弒，則禍由乞始也。楚比劫立、陳乞流涕、子家憚老，皆疑於免罪，故《春秋》明而書之，以為弒主。」俞桐川曰：「寫陳乞之奸，奸到絕頂。寫鮑子之庸，庸到絕頂。寫悼公之辣，辣到絕頂。蓋三絕並而孺子死矣。"（《評林》眉）鍾伯敬："毛蓋欲秘其謀，故以其事歸之陳乞。齊景公之不能定嗣，以致□之受禍如此。"陳傳良："'葬諸攴冒淳'，傳備載鮑牧、朱毛，見敝罪於陳乞，且言去高、國所以弒荼。"（《菁華》尾）齊悼公既已得國，弟荼年幼，徙之邊境足矣。必取而殺之，忍哉！後世如莽、丕之逆，而其故君猶幸而得全。至於宋、齊、梁、陳以後，而禪位之主未有令終者矣，其端皆自此發之。觀悼公告陳恆之言，亦與晉悼公相似，而成敗相反如此。蓋事勢不同，而人之賢愚，亦相去遠也。

◇哀公七年

【經】七年春，宋皇瑗帥師侵鄭。晉魏曼多帥師侵衛。（《評林》眉）高閌："衛輒拒其父，至今六年，猶未納也。晉不以此致討，而以范、中行氏加兵於衛，故書侵。"夏，公會吳于鄫。（《測義》夾）張洽氏曰："比年書會吳，所以著哀公之失謀於始而遺患於後也。"秋，公伐邾。八月己酉，入邾，以邾子益來。（《評林》眉）趙匡："《穀梁》曰：'其言來，有外魯之辭。'子謂：'來者，至內之辭，何外之有？如杞伯姬來魯，豈是外魯乎？'"陳岳："交陣而獲其君則曰獲，入國滅國而以其君歸則曰以，書於諸侯則曰歸，於魯則曰來。"宋人圍曹。冬，鄭駟弘帥師救曹。（《評林》眉）家鉉翁："列國無盟主，諸侯擅侵伐。書宋圍曹，卑宋也。與鄭之能救，而愧齊、晉之不能救也。"

【傳】七年春，宋師侵鄭，鄭叛晉故也。（《測義》夾）黃震氏曰："齊景既没，宋妄意圖霸，故既伐曹，而又侵鄭，報罕達之師，且求諸侯也。"（《評林》眉）李廉："宋之叛晉久矣，豈復爲晉討鄭乎？左氏非。"

晉師侵衛，衛不服也。

夏，公會吳于鄫。（《彙鈔》眉）此傳爲吳恃勝而驕取敗之案，景伯、子貢兩人俱執一"禮"字，折其無厭之求，如出一口，鍊局嚴謹。末結以"吳無能爲"句，逸韻悠然。（《左繡》眉）此篇傳會鄫事，詳寫吳之無禮，爲黃池起本，以末句"無能爲也"爲主。意不在文，而文乃特工。一句起、一句結，中分兩對，章法最整。徵百牢，便借范鞅來發揮。召康子,便借太伯爲口實,絕妙機鋒!孫執升曰:"觀景伯之詞,'范鞅貪而棄禮,君若以禮命諸侯'云云,然則我之多求於人者,皆自處於不肖。而人之有求輒應者,皆以無禮待我也。三復斯旨,可以物躬,可以涉世。"(《補義》眉)此步步追到"吴無能爲"句,直注吴亡之終。(高嵣眉)前半吴不論禮,魯偏與他論禮,借范鞅來發揮,對吴罵晉,即以晉之前事,影吴之現事,妙妙!吴來徵百牢,子服景伯對曰:"先王未之有也。"吴人曰:"宋百牢我,魯不可以後宋。且魯牢晉大夫過十,吴王百牢,不亦可乎?"景伯曰:"晉范鞅貪而棄禮,(《補義》眉)以"禮"字爲主腦。以大國懼敝邑,故敝邑十一牢之。君若以禮命於諸侯,則有數矣。若亦棄禮,則有淫者矣。(《補義》眉)"亦"字承范鞅來。先用"貪"字痛斥范鞅,説到吴之棄禮,指斥自在言外。周之王也,制禮,上物不過十二,以爲天之大數也。今棄周禮,而曰必百牢,亦唯執事。"(孫鑛眉)姣而婉,亦有章法。吴人弗聽。景伯曰:"吴將亡矣!棄天而背本,不與,必棄疾於我。"(韓范夾)姬姓之國,晉之後,吴爲大,吴僻在海濱,不通中華,不習弓馬,自申公通吴,而强大之名始著。子胥仕吴,而强大之名益著。然每觀吴事,快志之時,輒復狼狽,使吴盡如壽夢以前,安有勝敗之事乎?故強吴者,申公、子胥也;亡吴者,亦申公、子胥也。乃與之。(文熙眉)穆文熙曰:"吴此時争長中原,侈汰已甚。其以百牢徵魯,乃其虐焰方熾,景伯之言宜其難入耳。背禮任情,其策之爲將亡也,有據哉!"汪道昆曰:"辭令具品。'魯牢晉大夫'句法、字法。"(《左繡》眉)中數語,亦結上生下,乃借作兩截轉楔也。"棄疾於我"已伏召康子一脈矣。或以此配結句作對斷,失作者之妙,不可從。(《評林》眉)陳明卿:"是時夫差氣吞上國,故越禮而徵百牢,所謂天將盈其侈而降之罰也。"

大宰嚭召季康子,康子使子貢辭。(高嵣眉)後半吴論禮,魯偏不與他論禮,與前段相反相形,絕妙機鋒。借仲雍爲口實,對吴罵吴,即以其人之道,還治其人之身。妙妙!(《評林》眉)王元美:"太宰嚭召季康子,其意將以索賄,使無子貢之辭,魯其殆哉!"大宰嚭曰:"國君道長,而大夫不出門,此何禮也?"(闔生夾)旁射季氏之無君,文情四溢。對曰:"豈以爲禮?畏大國也。大國不以禮命於諸侯,苟不以禮，豈可量也？寡君既共命焉，其老豈敢棄其國？大伯端委以治周禮，仲雍嗣之，斷髮文身，臝以爲飾，豈禮也哉？有由然也。"（《補義》眉）汪云："'不以禮'即承上文來，上下一串。"反結"禮"字。反自鄫，以吳爲無能爲也。（《左傳雋》眉）張侗初曰："不別援引，只權以吳之先詰之，此子貢之善於辭也。"（《分國》尾）當時晉霸已衰，楚氛亦替，吳出爭盟泗上，無與抗者。倘能繼壽夢之烈，用夏變夷，一姓再興，未可知也。與諸侯會，徒爭牢數多寡，似此貪鄙，何以聞於諸侯？嚭將亡吳矣，宜其爾也。（《左繡》眉）"此何禮也"，嚭亦借前"禮"字作反詰，妙在他無禮，便責之以禮。及至他說禮，偏又不與他講禮，而且坐之以無禮。隨機應變，子服與端木殆所謂一縱一橫，論者莫當者也。前後以"君若不以禮命於諸侯"、"大國不以禮命於諸侯"兩句爲眼目，通篇平寫兩段，末忽憑空下一斷語，既不屬之景伯，亦不屬之子貢。一部《左傳》從無此結法，真愈出愈奇，愈奇愈妙者矣！（《左傳翼》尾）"禮"字是斷案。禮原於天而制於先王，不以禮則違天背本，可以直決其將亡。彼借范鞅作比例，即就范鞅以斥之。"以禮""棄禮"，兩兩對勘，勁直中仍帶婉折。不以禮則必以兵，此亦范鞅以大國懼魯之故智也。"豈可量""豈敢棄"，明言爾以兵襲，我亦以兵自保，侃侃正論，令他無可藉口。仲雍斷髮文身，不過以吳治吳。我今相待，此物此志耳。言外有多少不屑意思，口角十分尖冷。君出臣處，兄華弟夷，機鋒相對。因其無禮，決其無能爲，當面搶白，不一語放鬆，此又詞令之變體矣。"反自鄫"，諸本以爲結上，唯《疑參》謂爲伐邾作起勢，甚妙！蓋既陋吳，所以夏盟秋棄，景伯不信之憂，亦正爲此。但割入下篇爲傳首，泊乎寡味。用作前篇結句，煙波淡漾，飄渺不盡，令人作十日思。《左氏傳》中先經起義者甚多，皆有蹊徑可尋。此種妙處，更在筆痕墨蹟之外，當依原文位置，不可割截，致失神理也。（《日知》尾）前寬博，後警迅，辭令各極其妙。以"禮"字作主腦，相卸相乘，章法一線。後半自承非禮，由吳無禮，既破其詰，又斥其心，復揭其失，豈止雙鵰畢貫！（高塘尾）俞桐川曰："先王壓之，先公解之，口角便利，純是輕薄。吳人不省，其景狀絕可觀。"（《評林》眉）魏禧："按：畏大國實說，妙！"穆文熙："子貢之對，用事本色，足折吳人。"《補注》："'有由然也'，傳見吳不以諸侯相接，故書法與楚異。"（《菁華》尾）吳王驕侈已甚，而左右皆貪黷小人，子服景伯之言雖正，其奈此瞶瞶者何哉？觀其論"大夫不出門",以不知禮之人偏要言禮,怪極!

季康子欲伐邾,乃饗大夫以謀之。(《左繡》眉)此篇傳伐邾事,自以伐小國爲主。然爲吳伐我起本,又以背大國爲重。起處景伯與大夫二意雙提,而側在伐小之危,以起伐邾正文。茅鴻則極言背盟之非,以起伐我後文,逐層卸落。妙在前論伐小,卻兼照背大。後論背大,卻帶定伐小。用筆如青蚨子母回環,手法絕巧!(《補義》眉)伐邾之事未舉,而享諸大夫以謀,非謀也,直欲攝其心爲我用也。子服景伯曰:"小所以事大,信也。大所以保小,仁也。背大國,不信。伐小國,不仁。民保於城,城保於德。失二德者,危,將焉保?"(閩生夾)表子服景伯。景伯亦當時賢者,而心儀夫子者也。孟孫曰:"二三子以爲何如?惡賢而逆之?"(《補義》眉)"背大""不信"照夷鴻請救。"伐小""不仁"預斷入邾。(閩生夾)此役季、孟同心,獨景伯抗議。"惡賢而逆之"者,孟孫責景伯何所賢而逆季孫也。"惡賢",與林不狃之言惡賢正同。觀後文:"懿子問景伯若之何,景伯曰:'召之而至,又何求焉?'"足見孟孫與景伯非一意矣。"對曰"而下,仍景伯之言。從來解者,自杜預以下,皆未通貫,正坐不曉事理,又不細揣文義耳。對曰:"禹合諸侯於塗山,執玉帛者萬國。今其存者,無數十焉。唯大不字小,小不事大也。知必危,何故不言?魯德如邾,而以眾加之,可乎?"不樂而出。(《左傳雋》眉)張之象曰:"'事大''保小'與'魯德如邾'之言,自是正論。諸大夫强附季氏,而以爲不危,豈知縱無危於邾,能無危於吳之見伐耶?"(《彙鈔》眉)仲雍不能如太伯之行禮,便即隨俗,所謂因時制宜,不拘禮也。(《補義》眉)諸大夫阿季孫,便伏下逞毒於邾之故。(《評林》眉)陳傅良:"'季康子欲伐邾',傳言伐邾雖書,實季氏意。"王元美:"舊注以'禹合諸侯'一段,謂諸大夫阿附季孫意,以爲伐邾不危。而以'魯德'三句爲孟孫愬諸大夫阿答之之辭。"按:杜注"言諸侯相伐,古來以然"九字,坊本或脫"古來"二字,予校諸本,皆有"古來"二字。《附見》:"魯德不勝邾,而强以多人加邾則不可也,可以德爲主也。"

秋,伐邾。及范門,猶聞鐘聲。大夫諫,不聽。茅成子請告於吳,不許,曰:"魯擊柝聞於邾,吳二千里,不三月不至,何及於我?且國內豈不足?"成子以茅叛。師遂入邾,處其公宮。衆師晝掠，邾衆保于繹。師宵掠，以邾子益來，獻于亳社，囚諸負瑕。負瑕故有繹。（《左繡》眉）伐邾事本寫魯不保小，正文卻又爲魯不事大作陪，一脈兩用得妙。晝掠、宵掠，極寫不仁。夏盟秋背，分應完密。（《補義》眉）燕子處堂。"處其公宮""晝略""宵略"，只十餘字，正如虎狼入室，無不遭毒。（《評林》眉）《經世鈔》："'不許'，不禦寇，何也？"（闔生夾）"負瑕故有繹"，文氣之盛而旁溢者。此記者旁插之筆，因邾子之囚，故負瑕至今有繹民也。邾茅夷鴻以束帛乘韋，自請救於吳，（《補義》眉）儲云："斯豈聞申包胥之風而起者乎！"曰："魯弱晉而遠吳，馮恃其衆，而背君之盟，辟君之執事，以陵我小國。邾非敢自愛也，懼君威之不立。（《補義》眉）"君威不立"四字，遂使吳人色動。君威之不立，小國之憂也。若夏盟于鄫衍，秋而背之。成求而不違，四方諸侯，其何以事君？且魯賦八百乘，君之貳也。邾賦六百乘，君之私也。以私奉貳，唯君圖之。"（《補義》眉）全爲吳謀，絕妙辭令。吳子從之。（《左傳雋》眉）李宗謙曰："'君威不立''以私奉貳'，激致有術，此八年吳伐魯之師所由來也。"（《左繡》眉）敘事後，虛説一層，申説一層，又抉進一層。"威之不立"，既言其害。"以私奉貳"，又動以利。詞令鬆快！凡寫八"君"字，語語不爲邾謀，全爲吳謀。似此筆舌，其視初年燭武、飴甥諸公，其同不同爲何如也？孫執升曰："三家患寡貧，惟季爲甚。故伐莒伐邾，皆季尸之。莒人愬於楚，而邾人愬於吳，蓋可以觀世變矣。"（崑崖尾）貪利愎諫，背大淩小，誰秉國成而若是？（《左傳翼》尾）舉國皆不欲伐邾，何以康子斷然行之？蓋鄫衍之會，宰嚭召季康子，欲危辱之。康子懷此恨，所以夏盟而秋棄也。開首特揭季康子欲伐邾，知發難在季，不于諸人事也。享大夫以謀之，不過欲其贊成耳。乃景伯侃侃，諸大夫紛紛，孟孫悻悻，季孫不發一語。獨斷違衆，致來吳寇，爲城下之盟，真謀之不臧也！景伯既言吳將亡，而又不肯背吳，可見其虛公體國語無偏執處。傳以伐邾爲主，自重不仁。而伐邾卻從背吳來，便是不信。故景伯兼説在這裏。然説"失二德者，危將焉保"，仍是懼吳意居多。其不欲伐邾，正是不敢背吳也。季氏伐莒、伐邾，由患貧寡，自不待言。此番更有以吳爲無能爲意，故背盟而伐邾。夷鴻即以此言聳之，言自易入。凡看文字，認定主腦，則句句有針線，不至治亂絲而棼之也。（《日知》

尾）中國相殘，而裔夷仗義，患貧寡者，獎固至此耶？左氏蓋有慨乎其言之矣！文亦曲而遒，宕而腴！"背大"伏後半，"伐小"伏前半，二語全文提綱，即全事斷制。（高嶹尾）俞桐川曰："須看出魯人純是貪橫，邾人純是危迫。淩弱暴寡之象，宛在目前。"（《評林》眉）穆文熙："茅夷志既不隨邾服魯，又請吳伐魯，可謂有申包胥之賢。"（方宗誠眉）辭意旁敲側擊，能激發吳人之怒。此段敘邾茅夷鴻忠義，嫻於辭命，以復其國。（《菁華》尾）茅夷鴻自是申包胥一流人物，而其詞令亦佳。

宋人圍曹。鄭桓子思曰："宋人有曹，鄭之患也。不可以不救。"冬，鄭師救曹，侵宋。

初，曹人或夢眾君子立于社宮，而謀亡曹，曹叔振鐸請待公孫彊，許之。（《左繡》眉）厲疾則夢，元立則夢，今陽亡亦夢，何夢之多且驗也？且而求之曹，無之。戒其子曰："我死，爾聞公孫彊為政，必去之。"及曹伯陽即位，好田弋。曹鄙人公孫彊好弋，獲白雁，獻之，且言田弋之說，說之。因訪政事，大說之。有寵，使為司城以聽政。夢者之子乃行。彊言霸說於曹伯，曹伯從之，乃背晉而奸宋。宋人伐之，晉人不救。築五邑於其郊，曰黍丘、揖丘、大城、鍾、邗。（《分國》尾）曹伯好田已足亡國，天生公孫彊以實或者之夢耳。嗚呼！或者之夢能庇其子，振鐸之賢莫救其孫。（《左繡》眉）先結"夢者之子乃行"一筆，然後重敘公孫亡曹，段落明潔。若將"彊言霸說"連"司城聽政"敘去，則應夢無處安放矣。（《左傳翼》尾）君好弋，臣即以弋進。"說之""大說之""從之"，言無不投，如醉如癡，所謂臨亂之君各賢其臣也，豈真有鬼神使之耶？左氏喜言夢，人皆以為誇誕。然而孔子亦夢見周公，武王亦云"朕夢協朕卜"，然則夢果可盡謂之妄耶？（《補義》眉）曹小弱之國，而背晉奸宋，好弋鄙人而忽授之政，失其五邑而不之懼，宋師既還而反詒之，皆恒理中不然之事，而曹君臣唯恐其不亡。俞云："如狂如醉，其中若有鬼神使之，一夢方敘得盡。"（《評林》眉）陳明卿："振鐸，曹之祀也，乃失謀亡曹乎？豈國之亡蓋有定數，鬼神固弗能挽也？"穆文熙："若如公孫彊之事，則小人誤國皆有前定，古今有所藉口矣。"《補注》："'使為司城以聽政'，傳見曹亦有司城，司城非宋官。然則孟子言'孔子主司城貞子，為陳侯周臣'，亦陳之司城耳。當時列國官制沿革，今不可考。"

◇哀公八年

【經】八年春王正月，宋公入曹，以曹伯陽歸。（《評林》眉）劉敞："《公羊》曰：'不言其滅，諱同姓之滅也。'非也。當時魯人自救不暇，豈有不救同姓之滅，《春秋》遂責魯不救而諱曹之滅？縱失宋公之惡，苟責無罪之魯，甚無理也。"吴伐我。（《評林》眉）孫復："'吴伐我'，以邾子益來故也，直曰伐我者，兵加都城也。"夏，齊人取讙及闡。（《評林》眉）家鉉翁："《公》《穀》以齊爲邾故，取讙、闡，左氏則以季姬未歸，故齊人來討。觀齊之兵端，當從二傳，非以女故。蓋齊取二邑，要魯以存邾耳。"歸邾子益于邾。（《評林》眉）胡銓："歸邾子，則是畏吴懼齊而歸之也。"秋七月。冬十有二月癸亥，杞伯過卒。齊人歸讙及闡。（《評林》眉）《傳說彙纂》："宣公賂齊，感齊之德，非齊脅之也，故其歸言我。此則取、歸並不言我，不諱之中猶有諱焉。"汪克寬："不言來者，齊本取讙、闡脅魯歸邾子，今既歸邾子，則齊遂所欲，故歸讙、闡，非感於義而心悦誠服，故不言來歸。"按："歸讙及闡"下，杜注"不言來，命歸之，無官使也"十字，"官使"之"官"，或作"旨"，《經典釋文》作"官"，文十四年疏引此注作指使，予照校數本，互有異同，恐應作"官"爲是。

【傳】八年春，宋公伐曹，將還，褚師子肥殿。曹人詬之，不行，師待之。公聞之，怒，命反之，遂滅曹。執曹伯及司城彊以歸，殺之。（韓范夾）魯强于宋，邾小於曹，邾亡則復，曹亡則不復，豈存亡固前定耶？（《左繡》眉）寫曹亡出其不意，亦極其索性。其神理乃在數"之"字，章法與宋萬篇同。曹亡於詬，其以甚口爲霸王之器耶？（《左傳翼》尾）宋本不欲滅曹，乃以一詬而亡，唯口興戎，亶其然乎！而要之言田弋、言政事、言霸說，口之爲害多端，不止此一詬也。出者防玷，聽者以聰，又何畏乎斯口？（《日知》尾）只俟完曹人之夢一案，乃文家以虛運實之妙，此等處見左氏好奇。（《評林》眉）《傳說彙纂》："虞不書滅者，晉存其祀而不以滅告也，宋之入曹或亦當然。孟子時猶有曹交爲曹君之弟，則戰國之世曹尚未亡，蓋滅而復存，如陳、蔡、許之類。"《補注》："'遂滅曹'，不書滅，鄭方救曹，以'入'告同姓。

'殺之',不書殺之,異沈子嘉,史爲同姓故諱之也。"

吳爲邾故,將伐魯,問於叔孫輒。(孫鑛眉)敘事詳核,節節有情。(《左繡》眉)此文作三段看。吳伐魯而盟還,前虧子洩,後虧景伯。叔輒是反陪子洩,微虎是正陪景伯。中間"鄆人""王犯"承上"險道"興波,"同車使能"信爲"盟還"作地。而景伯與懿子一番議論,實爲一篇之主。回顧起句,埋伏結局,兜裹完密,綫索玲瓏,其妙非可以鹵莽睹也。看來以下半篇景伯爲主,上半"將伐魯"爲"吳伐我"作引。"武城"一節,特寫景伯譏切季孫,爲後負載請釋伏脈。"國未可望",已有欲歸之心。"一夕三遷",又有不久之勢。假令少靳其盟,自免城下之恥。而季斯既畏吳强,又脩何怨,苟非子服姑曹急智,其不爲豹、婼之續者,幾何矣?看他自子洩"未可得志"一語提破,從武城後,步步都爲結處作勢,有千里來龍到頭結穴之妙。(《補義》眉)首點"爲邾故",乃受兵之由,所謂召之而至也。**叔孫輒對曰:"魯有名而無情,伐之,必得志焉。"**(《評林》眉)彭士望:"'有名而無情'一句,說盡魯國情實。"**退而告公山不狃。公山不狃曰:"非禮也。君子違,不適讎國。未臣而有伐之,奔命焉,死之可也。所託也則隱。且夫人之行也,不以所惡廢鄉。今子以小惡而欲覆宗國,不亦難乎?若使子率,子必辭,王將使我。"**(孫鑛眉)頗似《禮經》調法。(鍾惺眉)觀公山不狃數語,非陽虎一流人矣。**子張疾之。王問於子洩,對曰:"魯雖無與立,必有與斃;諸侯將救之,未可以得志焉。晉與齊、楚輔之,是四讎也。夫魯,齊、晉之脣,脣亡齒寒,君所知也。不救何爲?"**(《補義》眉)"必有與斃"四字,一篇之綱。(《評林》眉)王陽明:"公山不狃一叛人,而惓惓於宗國之念,此可以知魯多君子矣,聖人之欲往,宜乎哉!"按:脣亡齒寒,古諺也,已出僖五年。

三月,吳伐我,子洩率,故道險,從武城。(韓范夾)公山有意全魯,豈陽虎者流?前之以費叛者,仇季氏也。故因之可以用魯,用魯可以爲周,仲尼欲往,觀此可以知公山之本末,而大聖之用心矣!(《補義》眉)此與後十一年清之役參看,聖門高弟,具有禦侮之才。冉有、樊遲用於魯,故各建奇功。澹臺、有若不用於魯,而一爲武城守禦,使吳師不入。一爲幕庭三踊,使吳子三遷。使委以專閫,何至爲城下之盟哉！初，武城人或有因於吳竟田焉，拘鄫人之漚菅者，曰："何故使吾水滋？"（闓生夾）接筆遠，又敘瑣事曲折詳盡。及吳師至，拘者道之，以伐武城，克之。（《測義》夾）愚按：不狃在吳，而猶念其故國，抑亦賢矣。然王使之率，而道險以誤之，不二心於吳乎？鄭子蘭從晉侯伐鄭，請無與圍而待命於東，亡臣之自處當如此。〖編者按：奧田元繼作陳廣野語。〗呂祖謙氏曰："不狃有全魯之善，而不免為叛人，是以知小節之不足恃。"王犯嘗為之宰，澹臺子羽之父好焉。國人懼，懿子謂景伯："若之何？"對曰："吳師來，斯與之戰，何患焉？且召之而至，又何求焉？"（闓生夾）本不欲多事，然難至則無可避，此景伯之義也。吳師克東陽而進，舍於五梧。明日，舍於蠶室。公賓庚、公甲叔子與戰于夷，獲叔子與析朱鉏。（《評林》眉）按：戰于夷者三人，被獲者三人，然傳唯言戰者二人，獲者二人，是即互文之法。公賓庚在獲中，析朱鉏亦與戰，交互而言之。《經世鈔》："或只獲叔子、朱鉏二人。"獻於王，王曰："此同車，必使能，國未可望也。"明日，舍於庚宗，遂次于泗上。微虎欲宵攻王舍，（《補義》眉）微虎欲攻，有若教之也。私屬徒七百人，三踊於幕庭，卒三百人，有若與焉，及稷門之內。或謂季孫曰："不足以害吳，而多殺國士，不如已也。"乃止之。（《測義》夾）凌約言氏曰："時至哀公，魯寖微矣，據左氏所記，尚多盡忠死難士也，此所以為禮義之國。第謂孔子之徒與於三踊之列，恐未必然。"〖編者按：奧田元繼作顧九疇語。〗（闓生夾）宗堯云："季氏伐邾以賈禍，吳師來而季氏又畏之如虎，此直誅其辱國也。"吳子聞之，一夕三遷。（韓范夾）魯敗吳，是厚其毒也。先聲懼吳足矣，可謂得善師不陣之術。吳人行成，將盟。景伯曰："楚人圍宋，易子而食，析骸而爨，猶無城下之盟。我未及虧，而有城下之盟，是棄國也。吳輕而遠，不能久，將歸矣，請少待之。"弗從。景伯負載，造於萊門，乃請釋子服何於吳，吳人許之。以王子姑曹當之，而後止。吳人盟而還。（孫鑛眉）細玩此事，似是議定景伯為質，發此論弗見從，嫌於憚行，故負載出。諸大夫慚於景伯，故請釋之。姑曹是請釋注腳，初看若無因，細看乃明。此是簡法，最有致。（《分國》尾）自魚門懸胄，魯與邾歲有役矣。平丘之會，邾人一愬於晉，季孫見執。離姑之役，邾人再愬於晉，昭子見執。魯何利於邾焉？小不事大，邾罪何辭？大不字小，魯亦失策。今以伐邾故，挑釁强吳。當國者但以私忿縱師抄略，瀦其宮，囚其主，稱快意矣。未幾，吳師至，將帥服，大夫質，略相當焉。幸而吳之率兵者爲不狃，有舊君之誼，而我之發憤者，爲微虎，有國士之風。所恨者，漚菅之人，竟爲前道。稷門之師，沮於季孫耳。茅夷鴻見事不濟，束帛乘韋，請救於吳，卒以存邾，是亦邾之申包胥哉！（《左繡》眉）文凡六番起伏，叔輒一起，不狃一伏。鄭人、王犯一起，"斯與之戰"一伏。"克東陽""獲叔子"一起，"國未可望"一伏。"次泗上""殺國士"一起，"一夕三遷"一伏。然後跌落"吳人行成"，竟可收局矣，而少待其歸，又一起，負載、造門又一伏。"請釋子服""吳人許之"又一起，"姑曹當之，而後止"又一伏。然後以"盟而還"收拾一篇層波疊浪之文。此種篇法，自城濮、邲戰而後，亦未數覯也。前叔輒、不狃，有名無情、與立與斃，必得志、未可得志，是遙對格。此二節，兩"明日"對提，"王曰""聞之"對煞，是連對格。散文必得整處，章法乃不渙耳。爲邾伐魯，單爲季斯背盟而來。卻並不寫他如何設處，只輕輕於前段點一"斯與之戰"，此處點一"或謂季孫"，而季孫之一籌莫展，但能召災，莫能禦侮，活現紙上，最是嚴冷之筆。以姑曹當之，乃是景伯當場活變。杜注"既得復求"，未合。俞寧世曰："吳迫於邾之請，不得已而興師，輕而且遠，力實不能取魯。子洩一言，其氣已沮，一路步步驚惶。惜魯人畏懼之甚，急爲城下之盟，乃知以貪始者必以怯終也。敘事全於此處著意。"（《左傳翼》尾）唐荊川曰："景伯尚矣！不狃叛亡，有意全魯，用之有道，魯其瘳乎！宜孔子欲往其召也。魯伐邾，而邾無備。吳伐魯，而魯亦無備。若非子洩故道險於前，微虎欲宵攻王舍於後，其敗衂當亦與囚負瑕等耳。"既召吳寇，而一籌莫展，季孫之不能亦可知也。景伯始不欲背盟，繼不欲行成，碩畫嘉謨，隱然爲國長城。不聽其言，而猶包藏禍心，欲使爲質於吳，何哉？吳師長驅而入，不能禦寇，斯爲有名無情。而同車使能，國士宵攻，斯爲無立與斃。——暗與前應，章法緊密。獲其人，而猶云"同車使能，國未可望"，分明爲子洩"必有與斃"一言所動。況聞微虎舉動，有不一夕三遷者乎？不久將歸，情形已睹，而猶爲城下之盟，自取恥辱，季孫之罪其可逭乎？篇中季孫祇一見，而無處不有季孫在內。（《補義》眉）汪云："請質子服，出自季孫。而當以姑曹，必係景伯當場權度，刼之使其自止也。"（《評林》眉）穆文熙："吳人畏微虎之勇，一夕三遷，則我有勝道。又吳師遠涉，待之可老，擊之可破，以是而欲爲城下之盟，恥矣。景伯之見良是，何不見從乎！"《附見》："景伯欲爲魯避城下之盟，故負載書造萊門也。"魏禧："按：爲國事當如此，不從其言，而又負載以出，若少隘憒，必不行矣。後世君子蹈此弊以誤國事者甚多。"（《菁華》尾）公山不狃雖叛人，要非全無人心者。仲尼聖人，尚欲應其召命，其必有以取之矣。有若在內，則此三百人者，非市井應募者可知，宜吳子之聞而畏之也。子服景伯在春秋之末自是矯矯不群，而其言乃不一用，惜哉！

　　齊悼公之來也，季康子以其妹妻之，即位而逆之。季魴侯通焉，女言其情，弗敢與也。齊侯怒，夏五月，齊鮑牧帥師伐我，取讙及闡。（《評林》眉）李笠翁："魯秉禮國也，而有是，奚以異於狄矣！齊侯絕之若弗暇者，而猶以是爲怒，取讙及闡，何哉？"程頤："'取讙及闡'，經書'以邾子益來，吳伐我，齊人取讙及闡'，又書'歸邾子益于邾，齊人歸讙及闡'，比事昭然。左氏乃以季康子妻妹之事當之，此與齊桓、蔡姬事相類。今案：杜氏見經不言伐，與傳違，用《公羊》賂齊之說，言魯與之邑。若然，何不即歸邾子？既與之邑，又歸邾子，齊人乃以二邑歸之，不近人情。"按："乃歸邾子"，注：二國指齊、吳也。

　　或譖胡姬於齊侯，曰："安孺子之黨也。"六月，齊侯殺胡姬。

　　齊侯使如吳請師，將以伐我，乃歸邾子。邾子又無道，吳子使大宰子餘討之，囚諸樓臺，栫之以棘。使諸大夫奉大子革以爲政。（《評林》眉）《附見》："栫，籬也，又以柴壅水取魚也。執囚之處爲叢棘。《易·坎卦》：'繫用徽纏，寘於叢棘。'"陳傅良："'奉太子革以爲政'，傳釋邾益以自奔爲文，不得與曹羈同。據曹羈，當書吳伐邾。"（《左傳翼》尾）討亂可也，囚益立革則甚矣。張恦莽曰："春秋時釋君而助臣，此一變也。繼且黨子以叛父，此又一變也。齊、晉援季孫，鄭、齊救范氏，國夏圍戚，夫差立革，無父無君之人，諸侯不惟安之，而且勸之；不惟助之，而且倡之。君臣父子之失敘一至此，嗚呼！此何等時耶？"

秋，及齊平。九月，臧賓如如齊涖盟，齊閭丘明來涖盟，且逆季姬以歸，嬖。（《評林》眉）《補注》：" '齊閭丘明來涖盟'，交涖不書，皆非卿。"穆文熙："季姬隱事可以勿言，既言則決不可逆。逆而又嬖，則齊侯非人矣。"

鮑牧又謂群公子曰："使女有馬千乘乎？"（《補義》眉）一"又"字承乞弑荼傳責乞忘君數語來，蓋陽生與乞俟之久矣。（《評林》眉）穆文熙："鮑牧立陽生，原非其意，故復諷群公子，欲改立之，是視其君不如弈棋也，其取殺也宜矣！"公子愬之。公謂鮑子："或譖子，子姑居于潞以察之。若有之，則分室以行。若無之，則反子之所。"（《評林》眉）《經世鈔》：" '反子之所'，處置妙！"出門，使以三分之一行。半道，使以二乘。及潞，麇之以入，遂殺之。（魏禧尾）魏禧曰："無極之譖郤宛，駟赤之誤侯犯，陳乞之去高、國，術皆相似，但邪正有異耳。"（《分國》尾）鮑牧欲安孺子陽生乎？悮矣。遣使居潞，虎已離穴。以三分之一出，中道漸減，蕭然二乘，一死凄涼，傾危何益哉？（《左繡》眉）前寫鮑牧挑釁，只得一筆，欹動欲活。後寫悼公察譖，卻用六轉，作弄盡情。詳略各妙，真化工手。故縱之而後擒之，又不一氣，偏作幾番頓挫，變詐是陽生本色。（《左傳翼》尾）既已受盟，又懷二心，有取死之道。公子訴之，懼禍也。居潞以察，詞甚委婉，出門後臉皮忽變，心毒手辣，令人毛骨俱悚。然以此施諸鮑牧，遊刃有餘，對陳乞則袖手低徊矣。（《補義》眉）汪云："作如許頓挫，忽殺之，心毒手辣，令人毛髮俱悚。"（閩生夾）宗堯云："此冤獄也。鮑子之謀，由群公子自訴之辭以定讞。鮑子待察，半道以二乘往，尚不知奔，豈非無心者耶？且鮑果啓群公子，公子豈果能瀝肝膽而自訴乎？不然，誰使之者？"閩生按：陳乞之推鮑子，自爲戎首而嫁名於鮑，及事成，又亟謀去之以自恣也。

冬十二月，齊人歸讙及闡，季姬嬖故也。（《左傳翼》尾）忽伐忽平，讙、闡之取與歸，祇爲淫婦人，紀綱不肅，政刑無章，據事直書，不待貶絕而齊侯之失自見。（閩生夾）此篇數國之事縱橫貫串，如一筆書。古人文字章法，其線索猶可窺見。馬驌分章多誤，獨此篇不誤，蓋心知其意者矣。

◇哀公九年

【經】九年春王二月，葬杞僖公。（《評林》眉）季本："三月而葬，必有故。"宋皇瑗帥師取鄭師于雍丘。（《評林》眉）黃仲炎："取鄭師者，盡俘以歸，掩爲己有也。不言敗言取，敗可知矣。"夏，楚人伐陳。（《評林》眉）李廉："六年吳伐陳，楚昭救之，卒城父，不克而還。則陳之即吳，唯強是從而已。昭王旅卒，楚惠君臣不念陳之有德於楚也，而亟伐之，此《春秋》所以以"救予吳也"歟！"秋，宋公伐鄭。（《評林》眉）汪克寬："鄭雖不義，宋覆其師而盡取之，亦云憯矣。而又君親帥師以伐其國，明年偏師再伐，十二年向巢又伐，十三年鄭人復取宋師。然則宋、鄭之喪師，皆其自取之也。"冬十月。

【傳】九年春，齊侯使公孟綽辭師于吳。（《補義》眉）吳人無故生釁，以敝其民。吳子曰："昔歲寡人聞命。今又革之，不知所從，將進受命於君。"

鄭武子賸之嬖許瑕求邑，無以與之。（孫鑛眉）凡老營乃作壘塹，日作一壘，繞其師轉，久之則壘合矣，此亦如鎖城法。然多少事情，卻只以"每日遷舍"四字盡之，何其簡妙！請外取，許之。故圍宋雍丘。宋皇瑗圍鄭師，每日遷舍，壘合，鄭師哭。子姚救之，大敗。二月甲戌，宋取鄭師于雍丘，使有能者無死，以郟張與鄭羅歸。（《測義》夾）張洽氏曰："鄭以不義，深入敵竟而圍其邑，此固喪師之道也。"（《左繡》眉）有能者無死，嬖乎知不免矣。（《左傳翼》尾）以色交者，花落而愛渝。韓嫣、鄧通，一狡童耳，而勢傾人主，何其惑也！春秋末年，男寵頻書，宋景爲向魋竊臣之馬，罕達爲許瑕取鄰之邑，公然行之，不復知有人間羞恥事。而魋以寵害公，幾致篡弒。罕達喪師辱國，幸而有能者無死，乃不玉石俱焚。爲一許瑕而失郟張、鄭羅，可惜乎？不可惜乎？（《評林》眉）《增補合注》："遷舍、壘合，謂自遠逼近，而軍壘周四圍不通也。"

夏，楚人伐陳，陳即吳故也。

宋公伐鄭。

秋，吳城邗，溝通江、淮。（《左繡》眉）築城、穿溝，兩事本當平對。今偏將"邗"字夾在中間，死字便作活字用。又，"溝"字既可對上，又須連下。他處以一句作上下轉榫，此直以一字作上下轉榫，而文又只七字，問古今有七字成文而變化有法如此者乎？無有哉！（《補義》眉）汪云："一'邗'字貫上下，奇文！"（方宗誠眉）邗溝，今揚州運河下通江，上通淮，江、淮之相通，自此始。

晉趙鞅卜救鄭，遇水適火，占諸史趙、史墨、史龜。（孫鑛眉）一卜三論，占同而取義異，固自有態。（《評林》眉）服虔："遇水適火兆，南行適火。卜法：'橫者爲土，立者爲木，邪向經者爲金，背經者爲火，因兆而細曲者爲水。'"鍾伯敬："占而用三人，其勢必不協，術氏〖編者按：此處疑有闕文。〗且救恤之禮，纓冠弗暇，何以占爲？"史龜曰："是謂沈陽，可以興兵。利以伐姜，不利子商。伐齊則可，敵宋不吉。"史墨曰："盈，水名也。子，水位也。名位敵，不可干也。炎帝爲火師，姜姓其後也。水勝火，伐姜則可。"（《評林》眉）《附見》："趙鞅祖居瀛水，故賜瀛姓，瀛與盈同。"史趙曰："是謂如川之滿，不可游也。鄭方有罪，不可救也。救鄭則不吉，不知其他。"陽虎以《周易》筮之，遇泰之需，曰："宋方吉，不可與也。微子啓，帝乙之元子也。宋、鄭，甥舅也。祉，祿也。若帝乙之元子歸妹而有吉祿，我安得吉焉？"（《補義》眉）救鄭必須伐宋，四人總言宋不可伐，或以齊陪寫，或專寫，或從對面寫，一意翻作四層，脫換變化無端。乃止。（王源尾）卜三段，筮一段，段段變，句句變，古奧奇崛，三代鼎彝，玩之曷忍釋？卜就水火以論宋，筮就帝乙以論宋，各有至理奇情，幻作天葩爛熳，《史》《漢》尚有之，下此不能矣。只爲救鄭，卻參說伐齊。伐齊，無其事也，無其醞也，突然而及之，突然而序之，疑鬼疑神，橫生奇變。（《左繡》眉）通篇皆以救鄭爲不吉，而着解不同，故用筆全別。龜、墨都以伐齊之吉，伴說伐宋之不吉，而前併後分，前順後逆，總不說破伐鄭。史趙則單指救鄭之不吉，將伐齊、伐宋支離附會一概掃卻，透快無以復加。陽虎忽兼說宋、鄭，而側重在宋。又從對面看出吉，以見在我之不吉，將上三說脫換都盡，蓋文心之變備於此矣。（《左傳翼》尾）卜三段，筮一段，段段變，句句變，古奧奇崛，三代鼎彝，玩之曷忍釋？救鄭則必伐宋，龜、墨皆言伐宋之不吉，而不及救鄭。史趙專言救鄭之不吉，而不及伐宋，彼此互見之文也。妙在於伐宋忽添出伐齊一層，其理原從遇水適火闡義，史趙用"滿不可遊"一語，尤教以持盈之道，救有罪則川滿而溢矣。卜得水火之兆，於鄭無所取義，故龜、墨置之不言。而救鄭卻是主，空歸到有罪不可救，以理準數，乃更醇乎其醇也。筮此從帝乙歸妹索解，而以鄭爲宋甥舅之國，宋伐鄭爲得祿，名理奧旨尤出諸人意表。筮短龜長，卜既不吉，三史一詞，無庸再計矣。而救鄭念切，繼以筮，冀一得當耳。而龜筮共違，乃知靜吉而作凶，於是始止。一"乃"字，有多少遏抑不住光景。筮詞諸說，俱就帝乙起義，而不知"歸妹"二字，尤於鄭有情也。"鄭宋甥舅"一語，最宜玩索。

　　冬，吳子使來儆師伐齊。（《評林》眉）陳明卿："齊之請師以季姬故，當其初請時即宜拒之矣。乃齊、魯既成後，而尤欲逞兵不已，何哉？蓋其時夫差驕奢淫佚，日敝於兵而不知止也。"

◇哀公十年

【經】十年春王二月，邾子益來奔。公會吳伐齊。三月戊戌，齊侯陽生卒。（《評林》眉）王樵："齊，大國也。止師，小嫌也。齊人何至遽弑其君以說乎？以吳伐我，且曰'魯雖無與立，必有與斃，諸侯將救之，未可以得志。'而況【編者按：此下疑有闕文。】，未可信，信經可也。"夏，宋人伐鄭。（《評林》眉）許翰："宋人伐鄭，既取其師，伐而又伐，惡其修怨不已也。"晉趙鞅帥師侵齊。（《評林》眉）高閌："齊帥諸侯以貳晉，可以討矣，然加兵於有喪之國，聖人弗與也，故書侵，異乎士匄矣。"五月，公至自伐齊。（《評林》眉）李廉："哀公編書公會吳者五，獨此役與黃池書至，蓋聖人擇其危甚者而書之。"葬齊悼公。衛公孟彄自齊歸於衛。（《評林》眉）李廉："彄，蒯聵之黨，今歸于衛，必從輒而棄蒯聵，故十五年蒯聵入國，彄復奔齊。"薛伯夷卒。秋，葬薛惠公。冬，楚公子結帥師伐陳。吳救陳。（《評林》眉）《傳說彙纂》："吳不挾陳以叛楚，則楚、陳無釁，何用救哉？陳之禍，吳爲之也，救庸足多乎？此當與楚救鄭同，蓋志在於爭諸侯，非扶危恤患之義也，延陵季子自言之矣。胡《傳》謂吳以號舉爲深著楚罪,殊失經旨,朱子所謂以義理爲穿鑿者也。"

【傳】十年春,邾隱公來奔。齊甥也,故遂奔齊。(《評林》眉)高閌:"先爲魯所俘,而又來奔,其不知恥甚矣。"

公會吳子、邾子、郯子伐齊南鄙,師于鄎。齊人弑悼公,赴于師。吳子三日哭于軍門之外。徐承帥舟師將自海入齊,齊人敗之,吳師乃還。(《左繡》眉)三日哭于軍門之外,乃故以三日之哭誤吳,使不備也。舟師自海,正三日內事。若以"三日"二字安於句尾,便是結住語氣,不見一面哭,一面去之妙矣。(《分國》尾)姬既通於鮐侯,絕之勿逆可也,何必伐魯,且請吳師?既伐而盟,終置勿逆可也。逆矣,何必又嬖?至於吳師,何不辭於未盟前?盟矣,後辭。是借吳以憚魯,爲取姬地。悼公作事,何刺謬也?吳人徼師來伐,固其所耳。但吳子之哭悼公,一副無情淚,何處得來?(《左傳翼》尾)吳師僅伐南鄙,未爲腹心之害,何竟弑君以赴於軍?蓋"君異於器"一語,陳乞忌之深矣。陽生雖以卒聞,而實死於弑,首惡非陳乞而何?既伐齊矣,陽生死,何必哭?既三日哭矣,徐承舟師,何爲入海?一片詐譎,寫來令人發笑。如此舉動,而欲求伯,其將焉能?(《評林》眉)陳傅良:"'師于鄎',傳見吳子稱國,邾、郯不書,義同城濮。杜説非。"王元美:"陽生之卒,左氏不詳弑者名與事,胡氏因之,以爲不忍以夷狄加中國也,故隱弑而書卒,竊恐不然。會盂戰泓,宋師敗績,未嘗爲中國隱也。矧魯會吳伐齊,齊弑其君,何與吳事,而特爲隱耶?□□云:'當時以吳師在齊而公卒,遂以爲弑耳。'斯言得之,學者當以經爲正。"

夏,趙鞅帥師伐齊,大夫請卜之。趙孟曰:"吾卜於此起兵,事不再令,卜不襲吉,行也。"於是乎取犁及轅,毀高唐之郭,侵及賴而還。(《左繡》眉)一取一毀一侵,接連一氣,寫出勢如破竹。妙即從"行也"二字帶下,用筆入神,此以議串敘之法也。(《左傳翼》尾)卜救鄭,得伐姜吉兆,夢寐不忘,思一發以快其欲。"行也"以下,勢如破竹,一取一毀一侵,兵不留行,如入無人之境,摹寫得意處,的屬入神。(《補義》眉)報怨也,伐喪也,乘吳之擾也,晉卿中鞅尤頑劣。

秋,吳子使來復儆師。

冬,楚子期伐陳。吳延州來季子救陳,謂子期曰:"二君不務德，而力爭諸侯，民何罪焉？我請退，以爲子名，務德而安民。"乃還。（《測義》夾）劉敞氏曰："左氏云延州來季氏，推驗其年，季子近百歲矣，似異時事，傳附會其說爾。"（魏禧尾）魏禧曰："仁人之心，大臣之言。季札曰'退以爲名'，宋石告衛君曰'善者相避'，其事同而情異，故公私別則忠佞分。"（《分國》尾）季札年時九十餘矣，夫差淫虐，規諫不聞。即曰務德安民，未見其施諸國也。豈災害將至，雖有善者，無如之何？（《左繡》眉）是厚道語，是前輩語。"我"字、"子"字正與二君對看，見二君如彼，我與子當爲之排解一二也，又絕似通寅協恭語。（《左傳翼》尾）陳爲有虞之裔，楚滅而復存之，今復無故侵暴中國，諸侯不能救，而救之者獨吳，《春秋》所以進而與之也。而季子又不逞其兵威，而斂兵以退，以務德安民教吳楚之君臣，其賢於世之以善戰自雄者多矣。此二百四十二年中所僅見者，但此等語季子豈不以之告吳王？暴骨如莽之人，毫不見省，所爲對子期而發憤爲之一道乎？以年計之，季子自襄十二年讓國，今當九十餘矣，況光弑僚後，去之延陵，終身不入吳國，豈有爲之將兵之理？孫毓以爲當是札之子若孫，如知氏世稱知伯，趙氏世稱趙孟是也。但務德安民，非大賢不聞此言，即屬札之子若孫，其亦世德作求無忝乃祖乃父者歟？（《補義》眉）當此譸詐之世，忽得此義精仁熟之言，真是祥麟威鳳，絕不可得。（《評林》眉）《補注》："救陳，季札不書，君臣同辭。"《翼》："蘇軾曰：'季子觀樂，知列國廢興於百年之前。其救陳也，去吳亡十三年耳，而終無一言及夫差，何也？'"

◇哀公十一年

【經】十有一年春，齊國書帥師伐我。（《評林》眉）家鉉翁："伐我云者，我自有以致寇，垂後王臨難省躬之戒，所以譏哀公也。"夏，陳轅頗出奔鄭。五月，公會吳伐齊。（《評林》眉）劉敞："夫以吳之無道，犯間上國，涉數千里之地以伐人之國，固求棄疾於人，與之俱靡焉爾。國書之用齊也，內不能安其君，外不能交鄰國，而輕與之戰，其不愛百姓也，不亦甚乎！故善戰者服上刑，所謂爲志乎此戰者是也。"甲戌，齊國書帥師及吳戰于艾陵，齊師敗績，獲齊國書。

秋七月辛酉，滕子虞毋卒。冬十有一月，葬滕隱公。衛世叔齊出奔宋。（《評林》眉）高閌：「春秋之末，何其出奔之多也！是時政在大夫，各欲自專，始則相猜相忌，終乃相攻相逐也。」

【傳】十一年春，齊爲鄎故，國書、高無㕻帥師伐我，及清。（孫鑛眉）議論敘事相穿插，波瀾層出，與前戰吳章俱爲妙品。（《左繡》眉）郊之戰，自是出色寫一冉有。要其寫冉有，乃所以形三家。通篇分兩大截讀，上半「伐我及清」提起，至「右師從之」住，是未戰前事。一勇一怯，得失已具。下半「師及齊師」提起，至「洩日驅之」住，是正寫戰事。一勝一敗，功罪分明。中間忽插公叔務人一番議論，作通身關棙。「上不能謀」是照前文，「士不能死」是照後文，直作三家總斷，故末竟與冉有一例評贊。蓋贊冉有以反刺三家，而正斷則托之務人口中。不但聖人慎於立言，亦左氏之精於構局也已。或以務人之言與公爲之事作上下兩截對收，而末另以贊冉有作結，亦得。但於兩「孔子曰」雙結之體未合，前說爲長。雖是雙收法，然原有賓主之別。先結公爲而後結冉有，此左氏先賓後主之定法也。一篇以「能」「不能」爲線索。前兩「不能」，一屬二子，一屬季孫，末以兩「能」字反應之。中段兩「不能」，正一篇眼目。其餘如樊遲非不能，齊人不能師，以及孺子能嚘，「不如」也、「賢」也、「弱」也、「用命」也、「不成丈夫」也，皆與「能」「不能」相映，如點水蜻蜓，穿花蛺蝶也。（高塘眉）第一段激季孫氏也，有謀有勇，悉軍勢彼己之量，解人情攜貳之故，言言透徹，先爲冉子寫生。（《學餘》眉）魯無人也，齊亦無人也。人其盡在孔門乎？三家醉裏夢裏，有子之言，字字分寸，字字精神，人之學不學，其相去豈可以道里計哉？季孫謂其宰冉求曰：「齊師在清，必魯故也。若之何？」求曰：「一子守，二子從公禦諸竟。」（《便覽》眉）先分派三子，次獨激季氏，兼愧二子，皆特表冉子。故左、右師並提，而右師遲出，已定勝負之案。季孫曰：「不能。」求曰：「居封疆之間。」季孫告二子，二子不可。求曰：「若不可，則君無出。一子帥師，背城而戰。不屬者，非魯人也。魯之群室衆於齊之兵車。一室敵車，優矣。子何患焉？二子之不欲戰也宜，政在季氏。當子之身，齊人伐魯而不能戰，子之恥也。大不列於諸侯矣。」（孫鑛眉）左氏辭，戰國調。（《補義》眉）此段以冉有爲主，激季孫，并激叔孫，而三家之卒始出。（《評林》眉）王元美：「'魯群室衆於齊之兵車'，豈魯之福哉？此言冉有之所務，而有識者所深憂也。」季孫使從於朝，俟於黨氏之溝。武叔呼而問戰焉，（高嵋眉）第二段激孟、叔氏也，前於季孫，用正言以作其氣，是明激之法。此於孟叔，用微諷以刺其隱，是暗激之法。對曰：「君子有遠慮，小人何知？」懿子強問之，對曰：「小人慮材而言，量力而共者也。」（《彙鈔》眉）一激再激，半含半吐，姿態橫溢。武叔曰：「是謂我不成丈夫也。」退而蒐乘，孟孺子洩帥右師，顏羽御，邴洩爲右。（高嵋眉）第三段敘出師，一奮一息，勝敗已分，忽插入務人一番議論，「不能謀」是照前文，「不能死」是照後文，藉作關鍵。（《評林》眉）陳廣野：「'慮材'二句，即前此激季氏不列諸侯之意。」《附見》：「'是謂我不成丈夫也'，'是'，指冉求；'我'，武叔自指，兼稱懿子也。二人問戰，冉求自謙稱小人，不明言其理，是乃不對也。」呂祖謙：「以聖門之弟子而仕季氏者二，乃不能成勝齊之功，何也？」冉求帥左師，管周父御，樊遲爲右。（《補義》眉）分左右之師。季孫曰：「須也弱。」有子曰：「就用命焉。」季氏之甲七千，冉有以武城人三百爲己徒卒。（孫鑛眉）此即唐牙兵，今家兵之類。老幼守宮，次于雩門之外。五日，右師從之。（《彙鈔》眉）五日而後從，可見全無戰志，蒐乘之舉，聊自解嘲耳。（《左繡》眉）上截又分四節，季孫謂其宰節，寫冉求分派三子。季孫告二子節，寫冉求獨激季孫。季孫使從於朝節，寫冉求兼愧二子。帥左帥右節，賓主雙提。而須弱用命，同次雩門。右師之從，遲之五日。詳主略賓，已爲下半伏脈。

　　公叔務人見保者而泣，曰：「事充政重，上不能謀，士不能死，何以治民？吾既言之矣，敢不勉乎！」（《補義》眉）插此一段，托起下文。（閩生夾）寫務人，倒插務人之言，生氣奕然，蒿目時政之弊，尤極悲憤！

　　師及齊師戰于郊，齊師自稷曲，師不踰溝。（《左繡》眉）下半亦分四節，卻是兩對串遞。遞説則「師不逾溝」，是寫左師。「右師奔」節，是寫右師。「師獲甲首」，又寫左師。「孟孺子」節，又寫右師。轉換極匀。對説則「三刻踰溝」，是寫樊遲。「獲甲八十」，是寫冉有。左師自爲賓主。「後入爲殿」，寫「孟之側」。不欲能嘿，寫孟孺子。右師亦自爲賓主。而不狃之不走不止,附見於前。羽洩之一銳一驅,附見於後,恰好相配。看似斷續錯綜,其中實整齊條理也。左氏敍戰大篇,此又出一格矣。首段凡五寫冉求之言,前三節侃侃直談。後兩節,微微冷刺。總是義憤所將,不待用茅入軍,蚤已壓倒羣子矣。(《補義》眉) 師不踰溝,非不信求也,求待季令耳。遲曉以大義,三刻踰之,遂入齊軍,是左師之勝。右師不肯踰溝,爲齊師所乘,之反殿,不狃死,是右師之敗。(高嶱眉) 第四段敍合戰,左師入敵而克,右師未戰而奔,妙將勝者作兩截寫,將敗者插敍於中間,嶺斷雲橫,變化莫測。**樊遲曰:"非不能也,不信子也。請三刻而踰之。"如之,衆從之。**(《彙鈔》眉) 以遲之篤實,而臨戰勇銳如此,聖門諸賢,未可輕測。(《評林》眉) 穆文熙:"樊遲三刻踰溝,冉求以左師入齊軍,遂敗齊師。不謂二賢乃亦善兵,聖門其有才哉!" **師入齊軍。右師奔,齊人從之,**(閭生夾) 此戰偏勝偏敗,能各如其分寫之,所謂左手畫圓,右手畫方者也。**陳瓘、陳莊涉泗。**(《學餘》眉) 右師之敗,爲無帥也。右師無帥,而有子愈見矣。"孔子曰義也",是此傳結穴。**孟之側後入以爲殿,抽矢策其馬,曰:"馬不進也。"林不狃之伍曰:"走乎?"不狃曰:"誰不如?"曰:"然則止乎?"不狃曰:"惡賢?"徐步而死。**(孫鑛眉) 與晏子同。左公敍戰事,每於沒要緊一二人處詳之,然姿態正在此。(韓范夾) 慷慨而雍容如此,吳王所謂士之甚、勇之甚也。(閭生夾) 寫不狃。不狃忿敗軍之辱,以身殉之,至爲奮烈矣。**師獲甲首八十,齊人不能師。宵,諜曰:"齊人遁。"冉有請從之三,季孫弗許。**(《補義》眉)"獲甲"至"弗許"承左師之勝。"孟孺語人"至"驅之"承右師之奔。

孟孺子語人曰:"我不如顏羽,而賢於邴洩。子羽銳敏,我不欲戰而能默。洩曰:'驅之。'"(高嶱眉) 第五段在既戰後,收結通篇,分作三層,所以愧孟孫而托冉子也。其前文未見者,一一補敍,文法錯綜,章法整齊。子反不伐,非本篇要義。然不狃死,公爲、汪錡死,人皆知與之。子反乃奔者,又策馬之言云,信非聖人,不能表其微也。**公爲與其嬖僮汪錡乘,皆死,皆殯。**(《彙鈔》眉) 孟孺子解嘲數語,可爲汗顏。既不能勝,又不能死,不獨有愧冉求,並有愧於汪錡矣。**孔子曰:"能執干戈以衛社稷,可無殤也。"**(《測義》夾) 愚按:公爲之死於郊戰也,孰與夫盡節於昭公哉?夫其謀逐季氏,以成乾侯之出，誰則爲之者？則當公之存，宜蒙死効力以圖入，似甯俞之於衛侯。當公之没，宜泣血求援以復讐，如申包胥之於楚國。如是而不濟，乃刎頸絶脰以謝君父可也。不是務而恬然與彼叛逆者同國，已再易世矣，而復隕於原野，非其死所，其冥足云！〖編者按：奧田元繼作李笠翁語。〗（方宗誠眉）以孔子之贊汪錡作收，所以深罪季、孟也。言在此而意在彼，妙妙！**冉有用矛於齊師，故能入其軍。孔子曰："義也。"**（《測義》夾）愚按：孔子果稱冉有之義，必以其爲魯畫勝齊之策，不以能用矛也。〖編者按：奧田元繼作王元美語。〗李廉氏曰："《世家》：季桓子卒，遺言康子，乃召孔子，其臣止之，康子乃召冉有。是年冉有與齊戰，有功。康子乃召孔子，而孔子歸魯，年六十八矣。然魯終不能用孔子，孔子亦不求仕，乃敘《書》、傳《禮記》、刪《詩》、正《樂》、序《易》，弟子蓋三千人焉。"（孫鑛眉）用孔子二語作斷意收，亦助色。（孫琮總評）王鳳洲曰："通篇以冉有爲主，看起繳可見。林不狃一段，插得甚奇，《左傳》每敘戰事，特於一二人没要緊處詳之，然記事增色，全在此等。"敘事之文，難在詳悉，尤難在清楚。此文敘零星事，而綫索一串。所以分敘、合敘、正敘、帶敘，既極詳悉，又極清楚。蓋季孫專魯，政所自出，而蒐乘則武叔，死事則不狃、公爲、汪錡，殿軍則之側，至運籌制勝，冉有之功獨多。三刻踰溝，樊遲實主其約。二子皆游於聖門，口不談兵。今觀其從容謀議，具有名將規畫，彼以氣矜爲勝者，亦何嘗窺見此等作用？（《分國》尾）一盤收局，卻被務人看破，卒能死敵，不愧賢公子哉！求之獲，申須之踰溝，無非末着。最可痛者，林不狃屬於不欲戰之右師，使之奔，曰誰不如，使之止，曰惡賢。滿懷憤懣，誰人識得？至於從容就死也。最可嗤者，季孫之懦怯。尤可恥者，孟孺之厚顔。讀傳至此，使人破涕爲笑也。（《左繡》眉）戰于郊，敘法最變。"師入齊師"下，卻不連獲甲敘去，偏接落右師。"徐步而死"下，又不連孺子敘去，重又夾入冉求。錯綜之妙極矣！之側是右師極出色人，因不滿右師，故先用輕筆點過。若寫在不狃、孟洩之後，便歸重此人作揚筆矣，此賓主先後安頓處。孺子語人自誇，與之側策馬不伐，相反相對，激射妙絶！羽、洩等卻借孺子口中帶出，敘事省甚變甚！然此乃點綴法，非補筆例也。結冉求，又另補一用矛事，見不獨以口舌表丈夫而已，一字作贊，華袞猶榮。（儲欣尾）魯二師，一奔一獲，簡峭變化，序法特高。（昆崖尾）此傳敘冉有之功也，有正寫，有反襯。獻策料敵，何等詳悉！

選將簡卒，何等精明！摧峯敵愾，何等奮勇！此正寫也，寫得百倍精神。兩師並出，一邊大勝，一邊便説出大敗。奔者奔，殿者殿，死者死，紛紛籍籍，狼狽不堪，此反襯也，更襯得十分光采。然後引聖言以"義"字贊之，大旨躍然，全神俱振。讀至"不成丈夫"二語，憤憤然鬚眉欲動。竊意帥師必出叔孫矣。乃横空撇斷，陡接孟孺子洩云云，奇變突兀，出人意外。而武叔竟滅跡掃形，茫無下落，更出人意外。不成丈夫，得此寫照，令我一笑。"右師從之"下，即接"及齊戰于郊"，便直板無味，成記賬簿矣。插入公叔務人一段，既爲後面埋伏，而佈置錯綜，更覺横雲斷嶺，迷離無際。敘事文最是此等處耐看。"師入齊軍"句，矯疾迅利，如弩發機，如鷹展翅，讀者注目以觀。戰勝矣，卻驀然閃出一敗來，狼奔鼠竄，望風而靡。雖賢如孟側、不狃，亦束手莫救，令人氣盡。讀上段，豈料有此段哉？然後再接前"入齊軍"，敘左師之戰功，齊人之敗狀，復令人氣振。讀上段，又莫測此段也。總之，乍起乍伏，則有突泉驚浪之奇。忽斷忽續，則成轉路廻峰之妙。若敘完勝再敘敗，廣漠平原，風景殺盡矣。敘左師之勝，初曰"入"，是虛筆。再曰"獲甲首"，是實筆。後曰"用矛"，又是補筆。看他一事作三層寫，古人文字，是多少次第，豈如今人一口道盡？李恕谷曰："雲燦所評，極得左氏之秘，可謂解者。"首段即出冉求，以爲清戰之主也。首策禦境，次策境內，三策背城而戰，寫出冉子將略。下接季孫使從於朝，則季明以求爲主矣。武叔毀仲尼，小人也，故求語掃之。孟懿子，同門也，故語稍和平。武叔怒退，寫出小人伎倆。胡言耳，到事則縮首。下寫冉子練師，以右師作陪。先寫冉子戰齊，亦以右師作陪。聖門如冉子以退稱，而能用兵如此。若用子路，更何如哉？後世道學觀此，尚不曉悟，亦非丈夫矣。魯自舍中軍後，只有二師。左師屬季氏，右師屬孟、仲，則洩所帥，已有武叔二乘矣。（《喈鳳》尾）三卿委蕤成性，二師勝敗異形，層次敘述，總爲冉子寫照。借襯死士，特饒生氣，錯綜變化，尤具五花八門。（《左傳翼》尾）郊之戰，左師勝，右師敗，以政在季氏，二子皆不欲戰也。二子雖爲冉子所激，退而蒐乘，而五日始從，依然不可之心，公叔務人輩所以浩歎。樊須用命，冉求用矛，聖門諸賢，未嘗以韜略自雄，稍稍展布，便令強敵不支，可覘報負之不凡。使右師與左師一心同力，則齊人不能軍，更可知矣。而乃不相犄角，無端而奔，總由二子不欲戰，以致孺子失律喪師。孔子先贊公爲，惜右師之不用命也。後贊冉有，嘉左師之能克敵也。

一篇斷案，只"上不能謀，士不能死"二語盡之。政在季氏，二子皆不欲戰，是上不能謀也。五日始從，驅馬先奔，是士不能死也。他篇或於前幅立案，或於篇末作結，此乃借務人語橫插於中，顧上生下，百脈玲瓏。敘左師，于冉子外只敘一樊遲，併管周父亦不多贅者，以用矛齊師，功有專歸，不必旁及多人也。敘右師寫務人、孟之側、林不狃與嬰童汪錡，以及銳敏之顏羽，可知右師未嘗無人，祇一孺子不欲戰，遂爾死者死，奔者奔，殿者殿，而猶揚揚得意，曉告於人，豈真不知有人間羞恥事？不如此不足洩季氏專政之憤耳。故孺子之不欲戰，實從二子之不欲戰來。一於冉子口中敘出，一於孺子口中說出，此皆眼目所在，不可忽過。左氏敘戰，勝則全勝，敗則全敗。即一軍之口，亦偶互有勝敗，而勝敗究歸一致，未有勝敗絕不相侔，如此戰之左師、右師者。篇中敘次一段左師，一段右師。敘勝又紀敗，紀敗又敘勝，間見錯出，非徒參伍錯綜，以見文法之奇變。實歎息痛恨於右師之怯懦，不能使齊人大懲創，以成左師之奇勳也。始末出色寫冉有，中間詳寫右師，襯托處尤精神命脈所在。二子既不欲戰矣，而猶必呼冉子而問戰者，豈真欲得其決勝之計，而爲之運籌帷幄乎？抑豈以右師無帥，欲委冉子以獨任乎？故既以"君子遠慮，小人何知"答武叔，旋以"慮材而言，量力而共"對懿子，見己謀之不足采，己力之不足在也。向使二子果能咨訪委任，則冉子公義所激，未必敢自外矣。而乃一問塞責，遽以兵柄委之怯懦之孺子，傳授心法，祇一不欲戰教之走耳。閒文都有意味，左氏正無一字謾下也。此戰諸家皆坐罪右師，獨張悔葊以爲《春秋》責帥之義，宜專責季氏。蓋是時季實當國，始不用帥師之言，繼不許從齊之請，不以敵愾爲心，餘皆莫任患矣。左右帥師有兩翼之名，而無犄角之實，衆人觀望逗撓，皆季一人之咎。較常解更覺透闢。然孟、叔忌季專政，而寇來不禦，以致師徒撓敗，其罪正復不減，左氏此文，蓋交譏之云。(《補義》眉)孔子贊汪錡，而不狃、公爲、孟子側在其中，是結右師。贊冉求，而樊遲在其中，是結左師。(《便覽》尾)此只出色寫一冉有，乍讀之，只見零碎。細分段落，前半是未戰時事，後半是戰時事，而中間忽敘公爲一番議論，是以關鎖上下，爲三家總斷。故末段與冉子一例評贊，蓋贊冉子以刺三家，而正論出於公爲。不但夫子慎於立言，亦左氏精於結構。芳輯評。(《日知》尾)季氏當國，而不敢戰齊，季之罪也。挾私懷忮，而不圖國恤，二氏之罪也。成師以出，而怯戰致敗，孟之罪也。僞師破敵，而不致全衂，冉子之功也。此皆大頭腦，當標出者也。樊遲致果以帥衆，之側策馬以掩功，不狃徐步以致命，公爲、嬖僮併力以死戰，此皆小支流當錄入者也。然從此著筆，只成一篇功罪錄，無復文字矣。文揔以冉子爲主，上半寫冉子明決，正寫三子畏懦；下半寫冉子勝敵，正形孟氏敗績。而三請不許云云，季、孟又別出首從，雙管齊下，幾不足以擬之矣。至於詳寫樊遲之踰溝，原爲右師對照，卻藏過用矛一事，直待結處方爲補髓。不言右師所由敗，但以孟、林點綴，亦藏過孟氏不欲戰一語，直至自言，方爲點睛。參錯極矣。而以務人語橫貫當中，"不能謀""不能死"爲上下兩截作不顧而唾之勢，尤爲奇特。末引孔子兩言，先結務人，後結冉子，固是爲郊戰出色兩人收場。實則三子畏縮，皆不執干戈衞社稷者。孟氏敗績，即爲不知義者。語在二人，云全勢也。立格則五花八門，用意則鏡花水月，而處處以記敘體出之，是何本領！（高嵣尾）此篇特表一冉子也。此役三家皆不欲戰，冉子激季孫，激二氏，獻策料敵，選士簡卒，摧鋒敵愾，皆正寫處。季氏之怯懦，二氏之攜貳，以及右師、孺子洩等之敗奔，皆反襯法。樊遲、務人等，皆旁襯法。夫子許之曰"義也"，通篇結穴。（《自怡軒》尾）敘左師之捷，聖門諸賢，何等義勇！敘右師之敗，雖有多人，落落如散星，真化工之筆！許穆堂。（方宗誠眉）此文通篇以冉有作主，故以孔子之贊作結。贊冉有之義，所以深罪季、孟之不義也，語有包函，妙妙！（《學餘》尾）魯將亡，存於孔氏之門，周公之遺澤長也。然則師儒學校，其可忽乎哉？（《菁華》尾）聖門學者，皆能本其所學，徵諸實用，如子貢、有若、子路、冉有皆是。自宋以後，始專意言心言性，而薄經世之略不談，儒者始爲一世詬病，蓋去聖人立教之旨遠矣。（閩生夾）極贊諸人忠義，所以反形三家也。無限忿嫉之意具在言外。

　　夏，陳轅頗出奔鄭。初，轅頗爲司徒，賦封田以嫁公女。有餘，以爲己大器。國人逐之，故出。道渴，其族轅咺進稻醴、梁糗、腶脯焉。喜曰："何其給也？"對曰："器成而具。"曰："何不吾諫？"對曰："懼先行。"（《測義》夾）張洽氏曰："轅頗之奔，可以爲人臣附上以刻下、托公以營私者之戒也。"〖編者按：奧田元繼作許翰語。〗（《分國》尾）賈誼《新書》曰："昔者虢君驕恣自伐，諫臣逐誅，晉人伐之，虢人不守。虢公出走，至於澤中，曰：'吾渴而欲飲。'其御乃進清酒。曰：'吾饑而欲食。'御進腶脯、梁糗。虢君喜曰：

'何給也？'曰：'儲之久矣。'曰：'何故儲之？'對曰：'爲君出亡而道饑渴也。'君曰：'知寡人亡耶？'對曰：'知之。'曰：'何以不諫？'對曰：'君好諂諛，而惡至言，臣願諫，恐先亡。'"與此一例，不如左氏之簡。（《左繡》眉）只"器成而具，懼先行"七個字，喚醒貪愎人夢夢多少。（《評林》眉）穆文熙："轅咺早見若此，而不敢諫，轅頗之私可矣。世事多如此，足警哉！"家鉉翁："聚斂媚上者，固當有討。然國不能自討，致衆怒而逐之，是衆爲政也，而可哉？"《增補合注》："言大器方成，知有今日，故具此。'懼先行'，恐見怒而先見逐也。"《經世鈔》："父老郭從謹謂明皇曰：'草野之臣知有今日久矣。'古今如此，可嘆！"（《左傳翼》尾）鍾伯敬曰："'懼先行'三字，說得可畏。即子美詩所謂'受諫無今日'也。"千古亡國喪家之人，不得先聞其過者，皆爲此三字。"何不吾諫"，至此恍然如大夢之初醒也。安危利災，忠言讜論，襃如充耳，豈少其人哉？"懼先行"三字，冷言刺骨，麥飯老人正同此口角。（《日知》尾）未事言之，猶可以挽，而嘗不見信。既事言之，不患不信，而已不可挽。古今同慨。此只以七字括盡，簡峭雋婉，讀之移情。（方宗誠眉）語有鋒芒，有風趣。

爲郊戰故，公會吳子伐齊。（《左繡》眉）艾陵之戰，公爲兵主，卻全得吳力。"中軍從王""王卒助之"乃一篇之眼目，而齊人之所以自知必敗者也。後半歸國子之元，直以"天使下國"攬歸自己，雖爲起手結局，而公之貪天適以自誣者，隱然言外。事在此而文在彼，可想作者綿針泥刺之妙。俞選謂此篇極寫吳强，正爲下篇"盈必毀"先下注腳，當與楚子狩州來篇參看，不得徒賞其點染有色。評甚有見，存之。（《補義》眉）釋經"公會吳子伐齊"。五月，克博。壬申，至于嬴。中軍從王，胥門巢將上軍，王子姑曹將下軍，展如將右軍。齊國書將中軍，高無㔻將上軍，宗樓將下軍。（《補義》眉）主客對寫。陳僖子謂其弟書："爾死，我必得志。"宗子陽與閭丘明相厲也。桑掩胥御國子，公孫夏曰："二子必死。"將戰，公孫夏命其徒歌《虞殯》。陳子行命其徒具含玉。公孫揮命其徒曰："人尋約，吳髮短。"東郭書曰："三戰必死，於此三矣。"使問弦多以琴，曰："吾不復見子矣。"陳書曰："此行也，吾聞鼓而已，不聞金矣。"（孫鑛眉）總只是必死意，而或說、或扮、或斷意，敘得種種不同，層見疊出，有色有態，絕工妙！(《測義》夾)愚按：決死以求勝，死可也。死而辱國，奚取焉？而齊國之士皆先志於敗，以期必死也，夫豈人情？或者曰："左氏以齊師敗績之故，因爲文其致敗之自如此。"未可知也。陸粲氏曰："賢哉！陳書也！生逆亂之族，而能捐軀死國，其晉欒鍼之儔乎！夫死非人所樂，其兄則安能死之？且僖子弑君盜政矣，寧復待此而後得志乎哉？左氏爲此言，非所謂成人之美者。"〖編者按：奧田元繼作李笠翁語。〗(《左繡》眉)中段人人皆作敗興語，獨公孫揮差強人意，此非下語不倫，正是暗藏針線處。蓋借此露一"吳"字，以見此勝全得吳力，若無此筆，幾疑齊之並魯而畏之矣。畏吳知敗，分兩番寫。前是兩兩相勉，後是自作咨嗟。然有三樣筆法，起用參差，中用整齊，末忽橫添一實事，以兩作三，用筆尤變。會吳伐齊，卻獨寫吳、齊將佐。魯師叔孫只於後半閒處一點，又寫其拜賜未能，以表一籌莫展，不過因人成事而已。用筆嚴冷之極！(《補義》眉)只人人屬死意，分作兩層，寫得極悽楚，卻極絢染有色。滿城聚哭，得揮一人，雄風爲之一振，可見齊尚有人，諸將之敗，皆乞使之。(《評林》眉)穆文熙："齊將帥俱有無生之氣，乃大敗於吳，喪其中軍，豈吳、魯合從，齊自不敵乎？抑天將驕夫差而斃之乎？"(閭生夾)敘諸人決死歷落有致，亦以反形魯也。

甲戌，戰于艾陵，展如敗高子，國子敗胥門巢。王卒助之，大敗齊師。獲國書、公孫夏、閭丘明、陳書、東郭書，革車八百乘，甲首三千，以獻於公。(《評林》眉)《補注》："東郭書四子不書，例在宣二年。"高閌："先言公會吳伐齊，繼書與吳戰，則公與貶可知矣。書獲國書，與宋華元同。然華元生獲，而國書死獲，故公使大史固歸國子之元也。"將戰，吳子呼叔孫，曰："而事何也？"對曰："從司馬。"王賜之甲、劍、鈹，曰："奉爾君事，敬無廢命。"叔孫未能對，衛賜進，曰："州仇奉甲從君。"而拜。(《補義》眉)《補正》云："'奉甲從君'者，受之言；'拜'者，受之禮。"公使大史固歸國子之元，寘之新篋，褽之以玄纁，加組帶焉。寘書於其上，曰："天若不識不衷，何以使下國？"(孫鑛眉)"使下國"禿不成句，《國語》作"吳辭曰'何以使下國'"，勝此。"國"下或有脫字。(《分國》尾)魯恃吳，非策也。國元之歸，以辱齊，適怒齊也。內治不修，援強壓敵，愚矣。秋，季孫命脩守備曰："小勝大，禍也。齊至無日矣。"似也，嗚呼！曷不取務人泣郊保之言，三復之乎？（《左繡》眉）無端於歸元上妝點出許多色澤。蓋特與前文虞殯、含玉等照耀成景也，文固未有不相配爲工者。（《左傳翼》尾）俞寧世曰："欲敍齊師之敗，何以反敍其誓死力戰？所以著吳之強也。"吳自闔廬以來，入楚棲越，今又爲魯報仇，使之全軍俱沒，兵威極矣。尚不知止，與晉爭伯，使越得乘虛而入，窮黷之害，豈可勝言，故下篇即敍越子之朝及子胥語。"盈必毀"一語，正爲艾陵預決其禍，此當與楚子狩州來篇參看，而世徒賞其點染有色爾乎？春秋數大戰，互有勝負，而敗衂之甚，未有如齊敗艾陵者。元帥被擒，諸將受戮，革車甲首俘獲甚多，齊之元氣爐矣，吳之精銳恐亦不能無傷焉。吳憑陵上國，日疲於兵，不足責也。獨國書爲齊世卿，坐視陳乞之弒逆而不能討，橫挑魯禍，授首於吳，卒至兵敗國危，陳氏因之以行篡竊，《春秋》書獲，其亦責之甚深歟！觀宗閭相屬，及公孫揮命徒，亦有滅此朝食之意，非延頸受戮者。其餘諸人多作敗興語，非盡因吳之強，實見無故挑釁，自取覆沒也。故未戰時人人有死志，其猶上篇公叔務人之見乎？如此大戰，詳寫齊人以死自期，其敍吳勝，只用簡筆。蓋既知齊之所以敗，即知吳之所以勝也。末路敍魯，單敍一叔孫，不言他將帥，亦是簡法。左氏書戰，一篇各具一面目，往往如此。吳既爲魯伐齊，魯豈得袖手旁觀，前書公會吳子伐齊，後補吳子呼叔孫，見齊師大敗，魯亦與有力焉，非壁上觀者比也。故將所獲盡獻於公，末段歸元實書，正有來歷。或乃謂吳人勝敵，而魯人誇口，因人成事，貪天自誣，殊少理會。（《補義》眉）特加絢染，與上段相應，以魯起，以魯結，此師由魯招之。（閭生夾）《國語》以此書爲吳人所爲，是也，魯何敢爾？

　　吳將伐齊，越子率其衆以朝焉，王及列士皆有饋賂。（《正論》眉）張小越曰："錢塘怒潮，子胥餘憤。噫！江漢之濤曷不爲靈均伸氣？"（孫鑛眉）簡淨，亦有節奏。（《左繡》眉）前去疾篇，單論許成之非，此文極論喜賂之失。其毒愈深，故其辭愈迫，真痛哭流涕之文。伐齊意輕，故中間只點一筆。此文於前篇有同處，有異處，有相承處，有翻用處，有抉進一層處。前言"雛不可長"，此云"種不可易"，此同者也。前對行成，只說克而弗取之非。此對喜賂，並照伐齊。故豢吳、盈毀、濟欲、石田，兩兩分剖，此異者也。前比之去疾，卻只說得正意。此便承來說心腹、說醫、說遺類。前云吳其爲沼，此卻翻轉說越不爲沼。

前云二十年，此更抉進説三年。一國之事，一人之論，而種種變化。初學細心比勘，安有剿襲陳因之苦耶？起云豢吳，結云盈必毀，皆以喻意爲正意。中間心腹醫疾，首尾相應。獲田爲沼，又恰相對。遺類易種，屬鏤墓檟，工麗之極。（《評林》眉）陳明卿：“《吳越春秋》云：‘越王念復吳仇非一日矣，苦身勞心，夜以接日，身臥則攻之以蓼，足寒則漬之以水，冬常抱水，夏還握火，愁心苦口，懸膽於戶，出入嘗之，不絶於口。”吳人皆喜，惟子胥懼，曰：“是豢吳也夫！”（《補義》眉）汪云：“‘豢’字新而確，五字字字傳太息之神。”儲云：“吳之失計，在近交而遠攻，攻與國而交仇國。”諫曰：“越在我，心腹之疾也。壤地同，而有欲於我。夫其柔服，求濟其欲也，不如早從事焉。得志於齊，猶獲石田也，無所用之。越不爲沼，吳其泯矣。使醫除疾，而曰‘必遺類焉’者，未之有也。（《左傳雋》眉）湯霍林曰：“石田、遺類兩語，喻極痛切。”《盤庚之誥》曰：‘其有顛越不共，則劓殄無遺育，無俾易種于兹邑。’是商所以興也。今君易之，將以求大，不亦難乎？”弗聽。（《彙鈔》眉）豢，養也。如人養犧牲，非愛之也，將殺之也。連三設喻，慷慨歷落，其情切，其思苦。（《補義》眉）汪云：“正喻拉雜而下，較前諫許越成篇，鞭策更緊。蓋毒愈深，事愈急，故詞愈痛切，氣愈激烈也。”（《評林》眉）穆文熙：“柔服濟欲，除疾遺類，俱爲積語，直諫無以踰此矣。”《附見》：“《書孔傳》云：‘顛、隕、越，墜也。不恭，不奉上命。言不吉之人當割絶之，無遺長其類。’”（方宗誠眉）此段敍伍員之忠諫，吳不聽，以取滅亡。（《學餘》眉）字字痛心，字字透骨，難其悉成，絶妙好辭，其諸屈、宋之宗祖耶？**使於齊，屬其子於鮑氏，爲王孫氏。**（韓范夾）此時子胥可以他適矣，然子胥他適，又烏足爲子胥乎？以復仇之故而殺一僚也，用吳之力而幾亡楚，撻其君之尸，入其君之宫，今吳將亡，而又去之，不得爲吳忠臣，焉得爲楚孝子乎？故惟有一死，可以兩全。（《彙鈔》眉）伍奢將死，則強之召其子。伍員將死，則先自逃其子。各各不同。**反役，王聞之，使賜之屬鏤以死，將死，曰：“樹吾墓檟，檟可材也，吳其亡乎！三年，其始弱矣。盈必毀，天之道也。”**（德秀尾）按：申胥之言，可謂忠矣。夫差既不之聽，又從而戮之，不二十年，吳國遂墟。古稱殺諫臣者必亡其國，豈不信哉！（文熙眉）汪道昆曰：

"議論具品。'豢吳'字法。"穆文熙曰:"子胥屬子於齊,蓋誓以死諫,且不欲絕先人之後也。人或謂屬鏤之劍,乃所自招,不知其心矣。"〖編者按:《左傳雋》作楊荊巖語。〗(《測義》夾)黃省魯氏曰:"胥也,始之盡謀於闔廬者,欲感動其君以爲之報也。終之盡謀於夫差者,思先君報仇之恩,而欲忠於其子,亦以報楚也。自其彎弓之辰,至於伏劍,惟一報楚酬親之心已爾。"〖編者按:奧田元繼作陳明卿語。〗(《文歸》眉)陳渶子曰:"音悽楚而句韻。"(魏禧尾)彭家屏曰:"子胥之寄子,猶是逃楚之故智也。而卒以智殺其身,悲夫!"(《分國》尾)柏舉鞭尸,父仇已雪。屬鏤賜死,臣節已盡。屬子鮑氏,豈未能割兒女之情乎?(《左傳翼》尾)孫執升曰:"吳無艾陵之勝,其兵力不盡,猶可爲國。不殺子胥,則長城猶在,越不能復。艾陵之勝,天益其疾也。屬鏤之賜,自壞其長城也。會見麋鹿游姑蘇,亦足哀已。"本是諫伐齊,略言齊而詳言越者,以吳腹心之疾在越不在齊,欲移兵伐之也。而究之越不爲沼,猶癬疥也。腹心之疾,其逢滑、子西所論乎!視民如讎而用之日新,暴骨如莽而未見德焉,即沼一越,豈能更無越乎?不然,秦滅六國,何以二世而亡?子胥在吳,專圖報復,教以黷武,身滅而國旋以亡,至死不悟,可歎也夫!種不可易,猶是仇不至長也。除疾遺類,猶是去惡不盡也。其論喜賂之失與行成之非等耳。前云二十年吳爲沼,今已十一年矣。墓檟可材,不過八九年,吳亡可決依然二十年也。三年始弱,非三年即亡也。但子胥既知盈必毀爲天之道,胡不教之以持盈,而猶諄諄以沼越爲言?豈伐齊必毀,而沼越猶可常盈乎?意見亦左矣。(《日知》尾)左氏所記諫諍文字,多帶鋒穎,此則沈鬱警透,獨標一格。不惟寫聲氣,兼能寫性情。(高塘尾)俞桐川曰:"諫許越成,沉著厚重。此篇句句短,筆筆折,短音促節,如見老臣臨死時鬱勃感憤之氣,文情變換如此。"(方宗誠眉)此處非怨懟之辭,仍是痛哭流涕之言,而欲吳王之悔悟也。神韻極永。(《學餘》尾)伍員之死,死於報楚也,亦死於志在滅越也。吳之亡,亡於夫差,非亡於勾踐也。吳滅越,吳其能獨存乎?不引君於當道,而求滅人國,惑已!其辭則可哀也已。(《菁華》尾)此與前諫盟越同,皆兼今古事而言,惟亂愈急,心愈危,而詞亦愈苦矣。賢者憂國之必亡,而不忍宗祀之殞,爲此不得已之計,未可以異志議之。想當日如宰嚭輩,必以此文致其罪,故陷於不測之誅。然吾終恨不爲宮之奇,以其族行也。讀吳人皆喜,而子胥獨懼,是明明衆人皆醉我獨醒。屈原、伍胥,何其身世相似如是？（闓生夾）抉眼東門之説不見於此，疑後人甚其詞以附益之。

秋，季孫命修守備，曰："小勝大，禍也。齊至無日矣。"（《補義》眉）季孫醉夢至此方醒。（《評林》眉）陳傅良："'齊至無日矣'，終上文吴將伐齊傳。"（《學餘》尾）小不可以敵大，備豫不虞，古之善政也，勿以季孫之言而忽之。

冬，衛大叔疾出奔宋。（孫鑛眉）此提綱敘法，在左氏亦僅見此。瑣碎事而敘得詳盡，下筆甚净，又有妝點，不苦淡，盡堪玩味。初，疾娶于宋子朝，其娣嬖。子朝出。孔文子使疾出其妻而妻之。疾使侍人誘其初妻之娣，寘於犂，而爲之一宫，如二妻。文子怒，欲攻之。仲尼止之。遂奪其妻。或淫于外州，外州人奪之軒以獻。恥是二者，故出。（《測義》夾）高閌氏曰："《春秋》書大夫之奔何其多也？是時政在大夫，君欲自專，始則相猜相忌，終乃相攻相逐也。"衛人立遺，使室孔姞。疾臣向魋，納美珠焉，與之城鉏。宋公求珠，魋不與，由是得罪。及桓氏出，城鉏人攻大叔疾，衛莊公復之。使處巢，死焉。殯於郲，葬於少禘。（《左繡》眉）此篇爲世叔齊奔宋作傳，卻詳敘孔圉妻疾攻疾事，又因止圉攻疾，並詳敘夫子歸魯事，謂之因事及事例。於事之關係，文之針線，本無涉也。然前半輕伏"仲尼止之"一筆，留於結處復説，作一篇之照應結束。蓋事涣而文自聯，則篇法所必講者矣。疾奔事，凡作三層寫。前一層，是追敘奔前事。第二層，是補敘奔後事。第三層，又推其母以及其甥，則皆孔圉之爲之也。一面寫太叔有可奔之理，一面寫孔圉非奔疾之人。夫子"胡簋之事"，即以諷其失而作之斷也，豈無端牽合云爾哉？

初，晉悼公子憖亡在衛，使其女僕而田。大叔懿子止而飲之酒，遂聘之，生悼子。（孫鑛眉）夏戊既是悼子之甥，須云"生悼子及一女，女適夏氏"，乃明。悼子即位，故夏戊爲大夫。悼子亡，衛人翦夏戊。（《補義》眉）亦孔文子爲之。孔文子之將攻大叔也，訪於仲尼。（孫鑛眉）前已有"欲攻""止之"字，則此處不宜又復出，應是刊削未盡。（《補義》眉）抽出另敘，爲前"仲尼止之"作證。仲尼曰："胡簋之事，則嘗學之矣。甲兵之事，未之聞也。"退，命駕而行，曰："鳥則擇木，木豈能擇鳥？"文子遽止之，曰："圉豈敢度其私，訪衛國之難也。"將止。魯人以幣召之，乃歸。（文熙眉）穆文熙曰："孔文子始而使太叔疾出其妻，而以己女妻之，固非。繼又惡其淫，乃奪己女而妻太叔之弟，愈益非。兩事皆不列爲人者也。孔子以他善而稱其文，其取之恕哉！"（《測義》夾）季本氏曰："文子嘗以敏而好學，不恥下問，爲孔子所稱，不宜黷倫敗禮如此，觀疾適宋臣向魋，則必悖逆之臣，而不可以奪妻逐出之罪誣加文子也。"（《分國》尾）使疾出初妻，妻以己女。又奪己女孔姞嫁疾之弟。孔圉作事，何其悖也？宜己妻伯姬有渾良夫之通，伊子孔悝至於亡家覆宗乎！（《左繡》眉）乍讀"仲尼止之"，幾疑夫子何爲預此等閒事。讀至此處，乃知夫子固以不止止之也。文子卻會意而止，可以爲文乎！此段若竟詳於前止之文內便輕，今另敘作結便重。類敘若不分輕重，則不見歸趣矣。（《左傳翼》尾）太叔之奔也以淫，固不爲無罪矣，而究皆孔圉爲之也。欲以女與人，而使之出其妻。又因不絕前妻之娣，而奪己女以與其弟，使之奔亡以死。且爲遷怒，而剪其甥。顛倒謬戾，蔑紀悖倫，尚可以爲之文乎？將攻太叔，得夫子一言而止，留作結案，議論正大，通局乃有歸着。（《評林》眉）王陽明："閨閫穢行，聖人所惡聞，故托辭未聞甲兵而行。"（闈生夾）宗堯云："通篇寫孔子，如畫龍者之偶露鱗爪，全身固未現也。此段偶舉'擇木'一語，則其他棲皇之事不必盡述也。"

季孫欲以田賦，使冉有訪諸仲尼。（《左傳雋》眉）杜氏曰："以丘賦一乘爲未足，又以田賦之也。田賦之也者，家一人也，管子內政之法也。諸侯之益兵自齊始，晉次之，州兵是也。春秋之季，魯亦行之也。是故作丘甲、用田賦不書初。"（《淵鑒》眉）聖人論國賦處，要言不煩，故《易》曰："吉人之辭寡。"（《補義》眉）權臣主政，全不繫公。周云："季欲以加賦之名出之聖人之口。"**仲尼曰："丘不識也。"三發，卒曰："子爲國老，待子而行，若之何子之不言也？"**（《測義》夾）李廉氏曰："孔子惡冉求聚斂附益之言，蓋在此時。"（闈生夾）寫盡達官陽敬賢哲而實不能用之情態。**仲尼不對。而私於冉有曰："君子之行也，度於禮，施取其厚，事舉其中，斂從其薄。如是則以丘亦足矣。若不度於禮，而貪冒無厭，則雖以田賦，將又不足。且子季孫若欲行而法，則周公之典在。若欲苟而行，又何訪焉？"（孫鑛眉）俱是雙關意，作兩層説。弗聽。（文熙眉）穆文熙曰："爲國者，往往憂財用不足，徵斂無已，此皆不度於禮之故也，豈惟季孫哉？仲尼之言可爲萬世足國之法，惟家亦然，在人人均當知之。"（孫琮總評）夫子所言，固什一中正之規也，且以周公臨之，其爲義甚嚴矣。乃明年之春，即用田賦，左氏先經而傳此，殆亦深惜夫聖言之不見聽歟？（儲欣尾）季孫弗聽，豈冉有争之不力乎？鳴鼓之攻，有自來矣。（《分國》尾）宣公初税畝，傳曰"穀出不過藉"，若田賦，不止於過藉矣。此務人有事充政重之泣，仲尼既私言於冉有，他日聚斂，卒狥季欲。此盍徹之對，有若爲似孔子也。（《左繡》眉）先極論田賦之非，末又言所以不對之意，都用一正一反，剴切詳明，左氏敘述聖論處，煞甚體會來。夫子明知其言之無益，故不對。然又卒不忍竟聽其加賦，故又私於冉有，使其以吾言爲然，不無小補。如不以吾言爲然，則在我固未嘗强聒也。仁之至，義之盡矣。（昆崖尾）俞寧世曰："精醇簡净，傳中之經。"（《補義》眉）俞云："不對者，知其不見聽也。私於冉有者，冀其力諫而或止也。"（《學餘》尾）不訪而用，愚也。訪而仍用，愚不移也。季孫自棄於民矣，故夫三桓之子孫微矣。（闇生夾）夫子之不用於魯，就田賦一事明之。

◇哀公十二年

【經】十有二年春，用田賦。（《評林》眉）孫復："田者，井田也。賦者，財賦也。宣公奢泰，始什二而税。至於哀公，則又甚焉。哀公不道，既什二而税其田，又什二而斂其財，故曰用田賦，言用田以爲財賦之率也。"夏五月甲辰，孟子卒。（《評林》眉）汪克寬："案：傳襄二十三年晉嫁女於吳，則同姓之昏非自昭公始。《春秋》於孟子以隱辭書之，所以深責秉禮之魯歟？"公會吳于橐皋。秋，公會衛侯、宋皇瑗于鄖。宋向巢帥師伐鄭。（《評林》眉）李廉："自皇瑗取鄭師之後，書宋公、宋人伐鄭者再，宋兵亦可以釋怨矣。而向巢之師復起，是必欲殺平、元之族而後已也。全師覆没，亦蹈前日鄭人之覆轍。佳兵不祥，其事好還，信哉！"冬十有二月，螽。（《評林》眉）家鉉翁："十二月螽，氣燠也。'宣十五年冬，蝝生'，與此記同。左氏所録，疑非聖人之言也。"

【傳】十二年春，王正月，用田賦。（《左傳翼》尾）既云"丘不識"，三發不對，則田賦之不當以可知。必曰"子爲國老，待子而行"，豈欲以加賦之舉，出之孔子之口乎？阿附病民，賢者不爲，而況大聖人？"以丘亦足"，即有若"盍徹"之意。夫季氏之貪冒無厭，雖以田賦，將又不足，冉有豈不知之？而乃聽其壞周公之典法，而苟而行，爲之一再請，《魯論》所譏聚斂附益，其不以此歟？"施取其厚"十二字，包括一部《周禮》在內，所謂周公之典是也。聖人一言而本末兼該，純粹無疵，往往如此。既不對矣，而猶私於冉有。馮氏以爲："使其以吾言爲然，不無小補。如不以吾言爲然，則在我固未嘗強聒也。即此爲仁至義盡。"看得固好，不知聖人望人改過之心，與天無極。彼雖未必聽，在我終不忍遽絶。如旅泰山而冉有不能救，猶稱林放以厲之，非即此意也歟？（高嵣尾）吳草廬曰："宣公稅畝，首壞井田什一之法，則賦民之財也非古矣。成公作丘甲，則賦民之力者非古矣。至哀公用田賦，而民財、民力竭矣。"

夏五月，昭夫人孟子卒。昭公娶於吳，故不書姓。死不赴，故不稱夫人。不反哭，故不言葬小君。孔子與弔，適季氏。季氏不絻，放絰而拜。（《測義》夾）愚按：當時季氏專國，昭公旅死，不成其爲君，故孟子卒亦不成其爲夫人，觀季氏不服喪冠，孔子去絰而拜，可知矣。恐非因同姓而不訃、不反哭也。〖編者按：奧田元繼作湯睡菴語。〗（《分國》尾）孔子從大夫後，猶以小君弔焉。季氏不絻去絰，非慢小君，無先君也。（《左繡》眉）因其子而子之，因其不絻而放絰，令陳司敗知之，亦當曰"夫子以黨耶"！（《左傳翼》尾）昭公娶吳，越禮瀆倫，不必言矣。經書孟子卒，而不稱其氏，諱同姓也。時昭公爲季所逐，客死於外，季氏不以君禮葬，無君已甚。孟子雖同姓，而爲昭夫人，則猶然國母也。而死不赴，不反哭，季氏不絻，豈以同姓故，故殺其禮耶？不有於君，何有於君夫人？《春秋》書"孟子卒"，所以著魯君臣之失也。諸說但就孟子索解，而不言所以書"卒"之意，失其旨矣。（高嵣尾）杜元凱曰："魯人諱取同姓，謂之孟子。《春秋》不改，所以順時。"然薛氏季宣云："知其非禮，而異其名，雖欲蓋而彌彰也。"胡康侯曰："禮，娶妻不娶同姓；買妾不知其姓，則卜之，厚男女之別也。同姓從宗合族屬，異姓主名治際會，名著而男女有別矣。四世而緦，服之窮也。五世而祖免，殺同姓也。六世親屬竭矣。其庶姓別於上，戚單於下，昏姻可以通乎？綴之以姓而弗別，合之以食而弗殊，雖百世而昏姻不通，周道然也。昭公不謹於禮，欲結好強吳以去三家之權，忍娶同姓以混男女之別，不命於天子以弱其配，不見於廟、不書於策以廢其常。典禮之大本喪矣，其失國也宜。書'孟子卒'，雖曰爲君隱，而實亦不可掩矣。"（《評林》眉）王葆："是知當時不以小君待之矣。"

公會吳于橐皐。（《正論》眉）君子屢盟，怨是用長。口血未乾，治兵相攻伐者可勝道哉？（高塘眉）第一段是會于橐皐，敘子貢爲魯說吳辭盟事。吳恐寒盟，故欲尋盟，偏說寒盟即在尋盟之中。語語醒快，風調亦佳！（《學餘》眉）子貢言語妙天下，伍員亦然。然子貢獨謂之達者，子貢以此禦敵，伍員以此尋釁也。然則聖賢之過人遠矣。**吳子使大宰嚭請尋盟。公不欲，使子貢對曰："盟所以周信也，故心以制之，玉帛以奉之，言以結之，明神以要之。寡君以爲苟有盟焉，弗可改也已。若猶可改，日盟何益？今吾子曰：'必尋盟。'若可尋也，亦可寒也。"**（《補義》眉）儲云："用'改'字換'尋'字，伏'寒'字。"**乃不尋盟。**（文熙眉）汪道昆曰："辭令能品。"（《測義》夾）王葆氏曰："吳欲尋盟，非衛賜之言不可卻。故曰不有君子，其何能國！"〔編者按：奧田元繼作王元美語。〕（《左傳雋》眉）歸震川曰："可尋亦可寒，理正而語厲。"（《彙鈔》眉）折辨吳人，無多語而自娟動有致。（《分國》尾）"盟可尋，亦可寒也"，罵盡從來屢盟者。雖以夫差驕、伯嚭佞，唯唯而退，真一言重於九鼎。（《左繡》眉）老實說個不必尋盟，只一句便了。然正說殊不醒快，妙在一反一翻，不費辭而意已足也。未可寒盟，故欲尋盟，偏說個寒盟即在尋盟之中，一語勝於百，而風調雋逸，藥人平鈍。（《左傳翼》尾）不說盟不當尋，偏說盟不必尋，試問夏盟秋棄，信周乎？不周乎？言不由心，日盟何益？寒則尋之，尋又寒之。奉玉帛，要明神，徒事虛文，吳子亦知無可如何，故可止則止，此亦無能爲之一證也。（《日知》尾）以寬養勢，以緊赴節，透快寓於雋永處，令人劃然解，亦令人十日思。（盛謨總評）黃山谷詩，只一字可十日想，愈想愈佳。嘗次其韻曰："思窮索一字，味過情無已。"讀左氏此文，只一"寒"字，令我想他夕夕不寐。（《學餘》尾）子貢之達也，雖強大不能強之也。左氏之達也，雖百世猶若聞之也。

吳徵會于衛。（《補義》眉）衛人猶知有君，不比季孫直以君試。（高嶱眉）第二段是會于鄖，敘吳徵衛，衛懼吳事。伏後段議論之根。吳方無道，兩人所見同。或止或往，兩人所論異。初，衛人殺吳行人且姚而懼，謀於行人子羽。子羽曰："吳方無道，無乃辱吾君，不如止也。"子木曰："吳方無道，國無道，必棄疾於人。吳雖無道，猶足以患衛。往也。長木之斃，無不摽也。國狗之瘈，無不噬也。（《補義》眉）兩喻奇創。而況大國乎？"（《評林》眉）楊升菴："或欲或否，果如子貢所料，若如子羽之言，衛之患更有不可測者。"（閻生夾）此皆頰上添毫、背面敷粉之筆。吳之無道，專從列國大夫眼中寫出，不肯使一平筆。

秋，衛侯會吳于鄖。（高嶱眉）第三段敘子貢說吳釋衛事，緊接上段來。吳責其緩，便趁勢就緩字中發出所以不可執之故，全不費力。與前論尋盟，同一機警。公及衛侯、宋皇瑗盟，而卒辭吳盟。（《評林》眉）陳傅良："'宋皇瑗盟'，杜說非。"吳人藩衛侯之舍。子服景伯謂子貢曰："夫諸侯之會，事既畢矣，侯伯致禮，地主歸餼，以相辭也。今吳不行禮於衛，而藩其君舍以難之，子盍見大宰？"乃請束錦以行。語及衛故，大宰嚭曰："寡君願事衛君，衛君之來也緩，寡君懼，故將止之。"（《補義》眉）太宰不說起殺行人事，便不認真。子貢曰："衛君之來，必謀於其眾。其眾或欲或否，是以緩來。（《文歸》眉）陳溪子曰："即從'緩'字打入，勁如鶻起，迅如兔脫。"其欲來者，子之黨也。其不欲來者，子之讎也。若執衛君，是墮黨而崇讎也。夫墮子者得其志矣！且合諸侯而執衛君，誰敢不懼？墮黨崇讎而懼諸侯，或者難以霸乎！"（孫琮總評）進說於人，固要入理，尤貴入情。端木之言，情理兼到。然詳味之，畢竟於人情為近，所以雖佞人亦樂從其說。戰國策士，蓋亦有得其意者，乃在端木則固出之以正也。（魏禧尾）魏禧曰："與蹶由之對楚略同。"彭家屏曰："子貢之對太宰，與陰飴甥之對秦伯，鑿空起義，巧構兩端之言，皆能得其要領，而要以必從，真詞令之善者也。"（《分國》尾）端木、景伯兩人，皆能言之士，實為戰國遊說之祖。"墮黨崇讎"四字，舌鋒尖快，使人悚然。（《左繡》眉）此篇上半寫子羽勸會，下半寫子貢釋藩，都是絕妙文字。前妙於比方，後妙於反復。至上之伏下，下之顧上，自其本色。而出之有意無意，所以爲佳。上下文調都極波宕，而上則先散後整，下則先整後散，又各不同。晉以楚爲龍，衛以吳爲狗，甚矣！南蠻之爲世詬厲也！彼責其緩來，便趁勢就他"緩"字中發出所以不可執之故，全不費力，與前論尋盟同一機致。只一"緩"字分出或欲或否兩種，恰好回應上半一止一往章法。前殺其使，後效其言，起結亦自相映成趣。（《左傳翼》尾）特地爲衛侯而來，妙只以閑語及之，委委欸欸，説詞都是實話，無一語涉虛，説得入情入理，故令人傾耳以聽。（《日知》尾）木摽狗噬之勢，而迎刃立解，端木排難解紛之妙，賴其描寫傳神，尤賴其布置生色！（盛謨總評）讀書人善會正不在多。如此文只尋出中間"藩衛侯舍"一句，便覺兩頭文字躍躍欲動。後生不得門户，終日尋行數墨，何會窺見一字？（《菁華》尾）與小人論事，與之辨是非不如與之計利害。辨是非，彼恒不悟。計利害，則往往有懼而從之者矣。子貢言語之才，至此亦不得不少參以辯士口吻。子貢之說，與苗賁皇説晉侯相似。（《左傳雋》眉）張賓王曰："'墮黨崇讎'，就常情利害言之，自足以入常情之耳而爽其心。"（孫鑛眉）與苗賁皇論晏桓子同意，而調不同。此調疏快，頗近戰國。（《彙鈔》眉）察機設辨，不與論理，對太宰嚭正須爾□，左氏作傳，至此駸駸乎《戰國策》之氣矣。（《補義》眉）張云："哀公篇志子貢辭令極多，此史公附會所由來。然左氏所載，是叔肸、子産一輩人語，史公所記全是蘇、張矣。"（方宗誠眉）辭命體。一字不爲衛君解説，而但言吳"墮黨崇讎而懼諸侯"，難以求霸。輕輕轉動吳人之心，敏妙絶倫。**太宰嚭説，乃舍衛侯。**（《文歸》尾）清辨無左氏白套，尤佳！仲光。（昆崖尾）俞寧世曰："論魯事，妙在認真。論衛事，妙在不著緊要。儒林之雋，辯士之雄。"（《評林》眉）穆文熙："説太宰一段愈見賜之能言，'墮黨崇讎'，切中人情，聽者茫然。"王元美："子貢就緩字發出所以緩之故，無中生有，能令聞者魄奪。"（武億尾）此篇亦中纽格也。首尾出色寫一端木子，中路卻用子羽、子木作陪。見此束錦行遴者，固長木之斃之所不能摽、國狗之瘈之所不能噬也。妙人妙文！

衛侯歸，效夷言。（韓范夾）此與魯襄作楚宮之事一也，凡人辱焉而又效焉，心先亡矣，其能久乎？（《補義》眉）韓云："魯作楚宮，衛效夷言，其心先亡。"（《評林》眉）彭士望："此學蘇州口談之始。"張半菴："衛侯之童心如此，蓋困辱而弗知徵者也。"子之尚幼，曰："君必不免，其死於夷乎！執焉而又說其言，從之固矣。"

冬十二月，螽。季孫問諸仲尼，仲尼曰："丘聞之，火伏而後蟄者畢。今火猶西流，司曆過也。"（《測義》夾）呂大圭氏曰："左氏以爲失閏之故，然明年九月螽，又十二月螽，恐不專爲失閏。"家鉉翁氏曰："'左氏所載，疑非聖人之言也。"（《評林》眉）《傳說彙纂》："左氏載孔子之言，杜預以爲失閏，然二年之間三以螽告，其災甚矣，故先儒多駁之。"王樵："按：明年九月螽，蟲災亟作而不時，直以失政爾，非與閏也。"《補注》："'司曆過也'，說在襄二十七年。"

宋鄭之間有隙地焉，曰彌作、頃丘、玉暢、嵒、戈、錫。（韓范夾）春秋戰國尚有閒田，故兩國相軋，則有爲遷計者，即此可以推矣。子產與宋人爲成，曰："勿有是。"（《補義》眉）仁人用心。及宋平、元之族自蕭奔鄭，鄭人爲之城嵒、戈、錫。九月，宋向巢伐鄭，取錫，殺元公之孫，遂圍嵒。十二月，鄭罕達救嵒。丙申，圍宋師。（《左繡》眉）虞、芮閒田，豈宋、鄭效顰邪！前十二月螽已見，此復出十二月，可見凡本篇於時日有關會者，篇首不得因前文已見，而竟略之也。（《左傳翼》尾）既是隙地，子產與宋人爲成，曰"勿有是"，則亦如虞、芮間田，俱讓而置之可矣。而首違子產之戒者，鄭人也。且以處宋之叛臣，宋焉得默然無言耶？向巢伐鄭，鄭人自取，非宋人之罪也。（《評林》眉）王元美："子產之不欲六邑，孫叔敖之不欲寢丘，並可稱達士之見。"

◇哀公十三年

【經】十有三年春，鄭罕達帥師取宋師于嵒。（《評林》眉）朱睦㭍："宋、鄭怨已十三年，雖造端由罕達，然宋自九年皇瑗取鄭師之後，宋公、宋人兩伐鄭，亦可以釋憾矣。而向巢之師復起，何耶？故是年鄭師亦取宋師于嵒，彼以謔來，我以謔報耳。"夏，許男成卒。公會晉侯及吳子于黃池。（《評林》眉）鄭玉："會于黃池，吳子主之，晉、魯聽命矣。然吳、楚有僭王之罪，聖人終絕之而莫之與也，此所以序晉吳上而書及，以終春秋之會盟也。"楚公子申帥師伐陳。（《評林》

眉）高閌：＂楚畏吳之強，無如之何，故乘吳之出會而伐陳也。＂**於越入吳。**（《評林》眉）薛季宣：＂吳子不戒，爭中國之諸侯，而越卒入吳，所謂無遠慮、有近憂矣。吳子忘不共戴天之恥，而求諸侯於外，此越之所以伯諸侯乎！＂**秋，公至自會。晉魏曼多帥師侵衛。**（《測義》夾）李廉氏曰：＂晉事止於此。先儒李氏云：'讀隱、桓之春秋，而知王澤之竭也。讀昭、定之春秋，而知霸烈之壞也。晉霸復盛於悼公，浸衰於平、昭，而遂廢於頃、定。嘗原晉事之顚末，而察其所由失矣。或曰：'晉之微也，大變在夷狄。自召陵擁十八國之衆，不能振旅。至於戎蠻之執，晉俛焉北面而事楚以京師之禮。自吳滅巢、滅徐、伐陳、伐齊，晉不能誰何。迄乎黃池之會，吳哆然操方伯之令，而下以列國命晉，《春秋》由是絕筆焉。則晉之失霸，實夷狄之張也。'曰：'中國苟合，夷狄豈能閒乎？其端在諸侯之先貳。當時以齊景、衛靈、宋景之君，其國皆強，戮力周旋，何畏於吳、楚？今也，晉執行人，叔孫婼與邾大夫坐，而失魯。執宋仲幾、樂祁犁，而失宋。涉佗、成何詬衛，而失衛。荀寅辭蔡，而失蔡。假羽旄於鄭，而失鄭。是以齊得以盡取諸侯，鄭則與齊盟于鹹，會于安甫矣。衛則與齊盟于沙，次于五氏矣。魯則與齊會于牽，宋則與齊會于洮矣。終而齊侯、衛侯且伐晉矣。則晉之失霸，乃諸侯之離也。'曰：'晉國苟治，諸侯安得背乎？其原在大夫之先叛。使六卿諸臣如先大夫之肅，皆盡忠以輔公，何憂乎齊、衛？今也，自趙鞅取衛貢五百家，動晉陽之甲。自韓不信執宋命卿，不顧踐土之盟。自魏舒南面涖政，敢干位以命大事，而趙籍、魏斯、韓虔爲諸侯之萌已成矣。則晉之失霸，乃大夫之擅也。'曰：'晉之禮義素明，則大夫豈得擅乎？利勝而義微，此上下之所以不奪不饜也。范鞅請冠，而魯使蒙執。趙鞅受楊楯，而宋卿賈禍。邯鄲爭貢，而三卿亂國。或取季孫之賄，而昭公弗納。或求蔡侯之貨，而伐楚之師徒出。或索十牢，而吳人藉爲口實。孟子曰：＂上下交征利而國危矣。＂晉霸之衰，又誰咎歟？＂＇＂（《評林》眉）家鉉翁：＂晉之盛，威行天下。今其衰也，趙鞅、魏曼多數修怨於衛，衛卒不服，豈力不足哉？鞅、曼多志不在求諸侯，志於怙權自私而已。＂**葬許元公。九月，螽。冬十有一月，有星孛于東方。**（《評林》眉）高閌：＂孛不言宿名者，董仲舒、劉向以爲不加宿也。文十四年有星孛于北斗，昭十七年孛于大辰，皆言所次，而此獨不言，則不加宿可知也，蓋著人事所召也。"盜殺陳夏區夫。(《評林》眉) 高閌："區夫，徵舒之後。徵舒弒逆，楚人殺之，而陳人猶使世執國政，《春秋》因其爲盜所殺而書之，與華、孫同意。"十有二月，螽。(《評林》眉) 許翰："《春秋》書魯人事，至用田賦。書魯天災，至於二年三螽。見其重賦害民，傷和致異，民力已窮，天命已去，君子之心於魯已矣。"

【傳】十三年春，宋向魋救其師。鄭子賸使徇曰："得桓魋者有賞。"魋也逃歸，遂取宋師于嵒，獲成讙、郜延。以六邑爲虛。(《分國》尾) 鄧析亂法，駟秦僭制，罕達縱嬖構兵。國僑死後，鄭遂無一善狀，可謂賢人無益於國乎？(《左繡》眉) 曰"救其師"，可見此等傳文，都要連上年作一首讀，結句與首句恰對，分兩處讀，便不見其妙。(《左傳翼》尾) 宋以向魋爲將，子賸懸賞，魋遂逃歸。以兵柄委匪人，至全軍覆没而不反，是自棄其師也。然因其無帥，遂取其師，以多殺爲功，則鄭之不仁可知矣。家氏謂："先書'宋取鄭師于雍丘'，責宋也。今書'鄭取宋師於嵒'，責鄭也。責在取師，則兵端有不論也，而況兵端實開自鄭乎？"依然六邑爲虛，則招納叛臣，以致結禍殃民也何爲？(《補義》眉) 不出子產規畫。

夏，公會單平公、晉定公、吳夫差于黃池。(《左繡》眉) 此三節當作一篇讀，前二節會黃池而越入，後半篇盟黃池而越平。通篇神理都在"王惡其聞也"一筆，以下節節都從此穿落。寫其急，寫其悖，寫其一面心中有事，一面且去外面掩飾，皆入神之筆。(《補義》眉) 俞云："一宗國、一王人、二伯主，極整齊卻極亂，極熱鬧卻極衰。"(《評林》眉) 陳傅良："單平公不書，不忍書也，杜説非。"

六月丙子，越子伐吳，爲二隧。(《補義》眉) 隱見吳人赦越之非。疇無餘、謳陽自南方，先及郊。吳大子友、王子地、王孫彌庸、壽於姚自泓上觀之。彌庸見姑蔑之旗，曰："吾父之旗也。不可以見讎而弗殺也。"大子曰："戰而不克，將亡國。請待之。"(《補義》眉) 俞云："太子慎重，勝於乃父。"又云："寇深矣，與人爭長。國破矣，欲伐人國。子弟虜矣，且執人大夫。乞糧於人矣，且索人八百乘之賦。侈也，愚也！"彌庸不可，屬徒五千，王子地助之。乙酉，戰，彌庸獲疇無餘，地獲謳陽。(閩生夾) 越謀深矣，此戰所以餌之也。姑蔑之旗亦故設以挑戰者，敘述簡練特甚。越子至，王子地守。丙戌，復戰，大敗吳師。獲大子友、王孫彌庸、壽於姚。（闇生夾）此戰關吳越興亡，事又曲折，若鋪張揚厲而陳之，何減鄢、郊、乾溪諸役？此文乃極意凝鍊，使減縮不及百字，而事勢了如。左氏之文，繁簡各極其妙，皆絕後人之追步也。丁亥，入吳。吳人告敗于王，王惡其聞也，自剄七人於幕下。（孫鑛眉）此戰事太略。（《分國》尾）見父旗而赴鬭，壯哉！夫差能以彌庸之心爲心，夫椒之捷，可以再賀。惜乎不能！七人之剄，夫先自敗也已。（《評林》眉）張半菴："吳方敗齊爭晉，而越已乘虛而入其國，子胥爲沼之言，至是驗矣。"陳傅良："獲太子友，吳、越相獲，雖太子不書。"（《菁華》尾）大兵外出，強敵驟至，此時祇有憑城固守以待外援之至，最爲長策。彌庸不忍一人之私仇，以國爲孤注，其罪大矣。太子受命居守，制一國之命，而令不行於下，其爲無能甚矣。

　　秋七月辛丑，盟，吳、晉爭先。（《補義》眉）爭長、虐魯、伐宋，其退步連用四"乃"字，俱從"王惡其聞也"一"惡"字來，外面着着逞威，裏面事事畏怯。宰嚭、夫差兩相心照，故越入吳一段爲全篇主腦。吳人曰："於周室，我爲長。"晉人曰："於姬姓，我爲伯。"趙鞅呼司馬寅曰："日旰矣，大事未成，二臣之罪也。建鼓整列，二臣死之，長幼必可知也。"（孫鑛眉）數語甚勁有力。對曰："請姑視之。"反，曰："肉食者無墨。今吳王有墨，國勝乎？大子死乎？且夷德輕，不忍久，請少待之。"乃先晉人。（《測義》夾）愚按：左氏謂盟先晉人，夫自宋之盟，晉已不能先楚矣，矧凌遲至於今日，豈能復與吳爭？《國語》先吳之説似實，然難遽信。不若《辨疑》云："吳欲因魯以交中國，晉欲交吳以弭兵革之患。"是説得之。〔編者按：奧田元繼作沈雲將語。〕（《彙鈔》眉）國勝子死，尚有此誇張之態。豈料晉臣已燭其情，不得少展其氣焰耶？（《左繡》眉）中間連寫數事，每段都以"乃"字爲段落。首段之爭長，次段之率見，皆失意中強作支撐，爲掩耳盜鈴之計。其意都從上告敗、惡聞而來。而國勝、子死，氣色已爲人窺。伯召侯終，虛名徒爲人餌。雖因此發怒，而既囚而釋，心怵於鬼神。況士皆乞糧，而勝而弗居，疾中乎心腹。出爭晉長，歸及越平，所得不償所失也。可不爲之大哀乎哉？看來第一段"乃先晉人"，是會黃池正項。末一段"乃歸"，是會黃池餘文。中二段是會時旁生支節。而一何利，一何損，明作對局，章法極其整齊。(《評林》眉)穆文熙："吳子爭先黃池，故示雄長，欲掩其敗，愈見其愚。"

　　吳人將以公見晉侯，(《正論》眉)潘星海曰："吳誠夷德，齊、晉畏之。魯國區區，而何之一言重魯九鼎，國有其人，何懼敵哉？"子服景伯對使者曰："王合諸侯，則伯帥侯牧以見於王。伯合諸侯，則侯帥子男以見於伯。自王以下，朝聘玉帛不同。故敝邑之職貢於吳，有豐於晉，無不及焉，以爲伯也。今諸侯會，而君將以寡君見晉君，則晉成爲伯矣，敝邑將改職貢。魯賦於吳八百乘，若爲子男，則將半邾以屬於吳，而如邾以事晉。且執事以伯召諸侯，而以侯終之，何利之有焉？"(孫鑛眉)氣直下，有建瓴水之勢。吳人乃止。既而悔之，將囚景伯，景伯曰："何也立後於魯矣。將以二乘與六人從，遲速唯命。"(韓范夾)若辯論求免，則畏形外見，吳益自謂得計矣。正須以寬辭挫其雄心。遂囚以還。及户牖，謂大宰曰："魯將以十月上辛，有事於上帝先王，季辛而畢。何世有職焉，自襄以來，未之改也。若不會，祝宗將曰：'吳實然。'且謂魯不共，而執其賤者七人，何損焉？"大宰嚭言於王曰："無損於魯，而祇爲名，不如歸之。"乃歸景伯。(文熙眉)穆文熙曰："吳人信鬼，故景伯以上帝恐之。然太宰好賂，景伯亦必先賂太宰，而後其言可行。不然，恐未得即脫然也。"(《測義》夾)愚按：吳人好兼并，故詒之以事晉。吳人信巫鬼，故恐之以宗祝。吳人陵强大，故鄙之以執賤。於是吳人卒不得見公於晉，而景伯亦遂稅囚以歸，辭之不可以已也如此。〖編者按：奧田元繼作王元美語。〗(《彙鈔》眉)妙計，自脫且玩弄吳人於股掌之上，毫無顧忌，大有經緯。(《左繡》眉)既動之以高名，復歆之以厚實，那得不入其彀中？看來以名爲主，前半從名説到利，而"以爲伯也"，仍帶定名。後半從利説到名，而"晉成爲伯"，仍跟名説入。蓋對好大喜功人，唯此字足以籠絡之也。前詒之以名利，此又恐之以鬼神，二段連讀，使人失笑不止。此時心虛膽怯，故易於恐動，其神理總從惡聞而來。(《評林》眉)《附見》："上曰'以二乘與六人從'，除二乘，乃從者六人，加之以景伯，景伯非卿，故曰執其賤者七人也。"(閩生夾)自橐皋之會至此，皆敘吳對列國之狂謬。

吳申叔儀乞糧於公孫有山氏，曰："佩玉繠兮，余無所繫之。旨酒一盛兮，余與褐之父睨之。"（闔生夾）吳雖鴟張，而內實匱乏，此記其內容而幻作乞糧之詞，奇情異采，且見吳王不恤其下也。**對曰："梁則無矣，粗則有之。若登首山以呼曰：'庚癸乎！'則諾。"**（《左繡》眉）與圍蕭隱語可謂異曲同工，上三節皆一串事，此節另提，見吳不恤上。然只是插敘閒文，故歸併伐宋作一個段落。"弗能居"，本國有難當速歸，故此借下應事而起手文法。林註"吳去宋遠，故不能居"，於情事未合。此兩語仍作暗暗心照語，不肯明說，猶是惡聞之見耳。（《補義》眉）忽插乞糧一事，正與越入吳一段關照。大夫困餒，軍士可知。如越問彰，則本國三軍未必不爲訾梁之潰。他國乘之，晉、衛、商、魯皆吾讎，安能全軍反國？輒自收局正爲一"惡"字也。（《評林》眉）李卓吾："古將士有投醪分甘者，而吳子乃不與眾共饑渴，欲無亡得乎？"

王欲伐宋，殺其丈夫而囚其婦人。大宰嚭曰："可勝也，而弗能居也。"乃歸。（《補義》眉）伐宋又作一振，平越乃不寂寞。

冬，吳及越平。（孫琮總評）吳王師已及國，而猶盛氣爭盟，以驕而益見其愚。至景伯之得歸以宰嚭，宋之免於伐亦以宰嚭，則唯佞人是聽，而乞糧一事，尤見其不恤士卒之甚者。歷歷敘來，總爲吳亡定案。首書"越子伐吳"，結以"吳及越平"。傳雖兩段，實以了"於越入吳"一經也。（《分國》尾）自晉楚爲成，晉勢寖失。至黃池之會，吳亦稱雄，以列國命晉。《春秋》"子"吳、書"及"，抑吳也，不使晉屈於吳也。（《左傳翼》尾）俞寧世曰："寇已深矣，且欲與人爭長。國已破矣，且欲伐人之國。子弟已虜矣，且執人之大夫。軍士乞糧于人矣，且索人八百之賦。夾雜寫來，侈也何如哉？愚也何如哉？"晉失諸侯，而吳人主盟爭雄，中國之衰可知也。吳會黃池，而於越乘虛直入，夫差之亡可卜也。寫會祇一筆，即繼以越子伐吳事。"自到七人"以下，詳寫黃池盟會，爭長稱雄是其要著。乃以惡聞告敗，氣餒不振，爲晉人屈，草草了事，急作歸計，情可知矣。以公見晉侯及欲伐宋都，是強自支吾，原非實情。心頭有事人，偏會生支節，往往如此。宋、虢二會，楚重得志於晉，未聞建鼓整列，以必死爲誓。今忽以此加吳，想必越人消息，晉已得聞，不然司馬寅何以有姑視之請，歸而知其爲國勝太子死也？到七人于幕下，此等舉動，豈能箝眾多之口，不使聞於諸侯哉？凡"乃"字皆屬難詞，此則可以藉口，得便轉局。蓋越患已深，急歸求成，勉强支撑，掩耳盜鈴，總屬外强中乾。故可先即先，可止即止，可歸即歸也。四"乃"字如響之應桴，絕無留難，與尋常不得已之辭不同，細玩自見。連寫數段，俱以"乃"字爲界畫，真屬入神妙筆。爭先原欲爲伯，故以虛名動之。此一"伯"字，原從"於姬姓我爲伯"來，不爲伯則職貢自應從減。顯名與厚實正相因，故後面仍歸到"以侯終之"上，帶一"利"字，說甚妙。君執魯使，臣乞魯糧，何不情之甚也。既已無糧，猶欲伐國，何無藉之甚也。可勝，弗能居，即此已見實情。插此段於中間作上下樞紐，末用太宰嚭作結，回應前事，有返照入江翻石壁之妙。吳王才一出竟，越即乘虛而入，子胥三年始弱之言驗矣。是時越生聚教訓，民皆可用，故一發而不可制。子胥即不死，恐亦無如之何。前言越及吳平，是越求成而吳許之也。此言吳及越平，是吳求成而越許之也。未及二十年，而情事反覆若此，雛可長乎？種可易乎？歸國無一事，但求成而已，壯志雄心安在？結句冷極慘極。開首敘吳、晉盟會祗一筆，下詳敘越伐吳、入吳事，中間詳寫吳人盟會許多事，末敘吳及越平祗一筆，虛虛實實，佈置極其勻稱。（高嵣尾）此春秋會盟之終，書此爲兩霸之辭，傷中國不競以志世變也。晉先、吳先，或云用敵體禮，諸說不同。篇中敘事，神節關通。（武億尾）此篇分五段看，初段點題，二段"乃先晉人"是會黃池正項，末段"乃歸"是會黃池餘文。中兩段是會時旁生支節。而一何利、一何損，明作對局。通體神理都在"王惡其聞也"一筆，以下節節都從此穿落。寫得急，寫得悖，寫其一面心中有事，一面且去外面掩飾，皆入神之筆。（林紓尾）此一篇文字，大類故家愚駸之敗子弟，一力妝點門面，其實外强中乾，爲人愚弄到底。尚有攜帶之奴僕，向人乞食，當場出醜，左氏寫得不遺餘力矣。以公見晉侯者，蓋欲以子爵挈提公爵，自張其大國之體統。子服景伯趁勢疾入，首言王，隱隱遂其僭號。次言伯，明明戴以虛銜，抑晉尊吳極矣。立即撤去王儀，但舉伯禮。稱晉爲伯，尚不足動彼之心。說到職貢所關，則此等門面，吳人萬萬不削。輕描淡寫，使他不得不從。及轉念悟時，已來不及。只好翻臉將景伯囚拘。景伯曰"何也立後於魯"，何，景伯名也。既立後，則不畏斬宗，此身一無足惜。既及戶牖，忽思及吳人畏鬼，但言上辛有事，已則有職於壇坫，若不供職，將動上帝之疑，吳人實執其咎。似上天降罰，立刻至於吳會。

然又不即説明，又把已身及六人儕於賤列，以爲無損於魯，神閒氣定。怵之以有害，又告之以無利，太宰愚妄，豈有不聽？言之昏君，又豈有不從？然而景伯逍遥事外矣。歷歷憨狀，爲人顛倒，渾不之知。及收束處，又補記其丟臉之事，堂堂一吳大夫，佩玉無繫，已太甚矣。至思酒與禍，夫同睨而流涎，真儜辱到不堪地步。不寧惟是，至於謀殺宋男，俘囚宋女，直一流寇行爲，左氏鈌心鏤骨之文思，真寫生到十分滿足矣。（《菁華》尾）夷人尚鬼，故可以鬼懼之。狄之入衞，囚史華、龍滑與禮孔，二人亦以此告狄，所見正同。插入乞糧一事，足見吳王不恤軍士，群下困餒，欲以收飽騰之效，去之遠矣。

◇哀公十四年

【經】十有四年春，西狩獲麟。（《測義》夾）愚按：杜元凱謂《春秋》感麟而作，諸家因之。胡文定謂《春秋》成而麟至，則本之何休之説。竊疑聖人作經，絶筆於"獲麟"之句，則非經成而麟至明矣。若必謂其感麟而始作，則孔子之卒近在獲麟後二年，苟非平日習聞其所記之行事，與夫策書簡牘之大凡，業嘗筆之爲書，而至於獲麟、麟死之時，遂成而出之，則二百四十二年之間，多有傳聞不實之事，豈二年所能驟而成者？故謂聖人感麟而始作《春秋》不可，謂聖人感麟而始成《春秋》則無不可也。〖編者按：奧田元繼作張太岳語。〗王世貞氏曰："《春秋》成而獲麟也，瑞應歟？曰弗必也。獲麟而後作《春秋》，以比於河圖、洛書也？曰不然也。《春秋》之作久矣，獲麟，聖人之所託而悲者耶？曰奚悲也？當其時，而《春秋》之事既也，可以止矣。"（《評林》眉）《附見》："《拾遺記》曰：'孔子未生時，有麟遊于闕里，吐玉書，其文曰：水精之子，繼衰周而爲素王。孔母異之，以繡絨繫其角，信宿而去。至魯哀公十四年春，西狩獲麟，孔子曰：孰爲來哉！未必非聖母所見之麟也。"按：《左翼》曰："自今以後，游、夏之徒續之者。獲麟事亦出《家語·辨物篇》。"朱熹："春秋獲麟，某不敢指定是書成感麟，亦不敢指定是感麟作，大概出非其時，被人殺了，是不祥。"季本："周道衰廢，人欲橫流，亂賊接跡，撥亂反正，孔子作《春秋》以明王法，雖無麟固將作矣。孔子之卒在後二年，苟非平日所嘗用心，豈能詳哉？故文成獲麟説，元凱斷其妖妄，兹不復論。若必謂感麟始作，則理亦未盡焉。"《傳說彙纂》："聖經絕筆獲麟，弟子欲記孔子之卒，採魯史以續之，至十六年四月而止。左氏則終於悼公之四年。《大全》於獲麟以後經傳皆刪而不錄。今考韓、趙、魏共滅知伯，《左傳》以是終，《通鑑》以此始，故仍附錄於後。"小邾射以句繹來奔。夏四月，齊陳恒執其君，寘于舒州。庚戌，叔還卒。五月庚申朔，日有食之。陳宗豎出奔楚。宋向魋入于曹以叛。莒子狂卒。六月，宋向魋自曹出奔衛。宋向巢來奔。齊人弒其君壬于舒州。秋，晉趙鞅帥師伐衛。八月辛丑，仲孫何忌卒。冬，陳宗豎自楚復入于陳，陳人殺之。陳轅買出奔楚。有星孛。饑。

【傳】十四年春，西狩於大野，叔孫氏之車子鉏商獲麟，以為不祥，以賜虞人。仲尼觀之，曰："麟也。"然後取之。（孫鑛眉）《左傳》後半部覺稍冗稍率，然亦間有精勁者。大約首數句佳，則到底佳，似是原本工拙不同。定公末年弱甚，此哀公上下卷卻更精勁饒神色，且敘事多備曲折，此係左公目睹事，疑即左公自撰出。（《分國》尾）"以為不祥"，宜也。仲尼曰"麟也"，黯然神傷矣。何必說到涕下沾袍乎？（《左繡》眉）只兩字，有無限感愴在。麟乎得一人知己，雖死，不恨者矣。細味此二字，直傳出絕筆一片神理來也。（《左傳翼》尾）唐錫周曰："麟經絕筆於此，作傳者亦大有如慕如疑、悲哀不已光景。後人取此文與《公羊》獲麟篇參看，細心熟誦數十遍，方不虛作者之意。昌黎獨摘文中"以為不祥"四字，作一篇《獲麟解》，應是細心熟誦數十遍者。"或謂《春秋》作而麟至，比之蕭、韶作而鳳儀，是獲麟為《春秋》之瑞應也。或謂聖人因麟出而見獲，知道之不終行，於是乎作《春秋》，是獲麟為《春秋》之緣起也。或謂夫子作《春秋》，明王道，正人倫，及西狩獲麟，曰吾道窮矣，遂絕筆於此。是獲麟為《春秋》之告終也。詳玩《公羊》"吾道窮矣"及此文"以為不祥"等語，隱然有"鳳鳥不至，河不出圖，吾已矣夫"之歎，於此絕筆，其衰世之志乎？麟，聖人之瑞也。麟出而以為不祥，則聖人出而又孰以為祥乎？喪予喪子，悲同淵、路，有以哉，有以哉！和氏璧三獻而三刖，不知其為寶也。葉公好畫龍矣，何以反不好真龍？彼以為非龍，故不好耳。則皆車子鉏商之見也。夫麟亦豈難知者，以德言之，含仁懷義，音中律呂，行中規矩，此固與凡獸異也。即以皮相論，麇身牛尾，狼額馬蹄，載於傳記者詳矣。而猶不知爲麟乎，必待仲尼觀之以爲麟也？"然後取之"，魯之人其皆鉏商乎？庸耳俗目，誰可與言？"以爲不祥""麟也"，麟吞聲飲泣矣。(《日知》尾) 平常記事，慷歎彌深。(盛謨總評) 左氏只用一"也"字，便藏無限情事在内。《公羊》十分描寫，不如他一"也"字之妙。唐君欲人細心熟誦數十遍者在此。《左傳》者，非左氏之文也，非春秋之文也。以左氏之筆，遇春秋之事，無營而文自生。如老泉所云："二物者非能爲文，而不能不爲文也。物之相使，而文出於其間也。"知此可與讀《左傳》。(《評林》眉)《附見》："無仲尼之言，則麟終廢棄，魯史亦必不書於經，故舊注云爾。"(高嵣尾) 李氏廉曰："感麟而作《春秋》之說，杜氏、何氏、程子、謝氏、呂氏、張氏諸家多同。絶筆獲麟之說，諸家皆不過以爲所感而起，因以爲終。而何氏獨以爲《春秋》之成，文致太平。托言太平而瑞應至，故就以麟終焉。此其異也。文成致麟之說，本於范氏，而胡氏因之。其意直以爲孔子自衛反魯，即修《春秋》，經成道備，嘉瑞應焉，而以天道終之，比於《關雎》之應，而能事畢矣。蓋亦祖於何休之遺意也。"《傳說》曰："吾夫子以道不行，而有乘桴之歎。鳳不至，圖不出，而有已矣之嗟。蓋天下之莫宗，久已知之。其欲從事於屬辭比事以垂世立教者，非一日矣。《春秋》一書，豈必感麟而後作乎？若夫文成致麟，修母致子，應孔子而來之說，尤爲不經。胡傳乃謂簫韶九奏，鳳儀於庭。魯史成經，麟出於野，不亦謬乎？古昔盛時，治化翔洽，休徵畢至，爰有麟鳳以昭太平之祥。今見戕於虞人，似亦不足以爲瑞也。善乎朱子之言曰'某不敢指定是書成感麟，亦不敢指定是感麟作此'，真通儒卓識，可以一洗紛紛穿鑿之論矣。至於絶筆獲麟，杜氏預謂'感麟而作，固所以爲終也'。鄭氏樵謂'終於獲麟，聖人初無意也'。歐陽氏修謂'孔子得魯史記，自隱公至於獲麟，遂刪修之，義在《春秋》，不在起止'。諸家所見不同，皆非篤論也。麟獲於哀公十四年，《春秋》成於是年九月，越二年而孔子卒。夫國史編年之體，案年書事，至於年終乃止。則哀公十四年之事，魯史自當備録，必不僅書獲麟而遽止也。史家記録時事，必闕其近數年，以俟異日之采輯。若謂孔子作《春秋》，亦闕其近數年，則當至十四年冬而止，或至十三年冬而即止，何爲忽止於十四年春乎？是當仍以朱子爲斷矣。朱子曰：'大概出非其時，被人所殺，是不祥。蓋麟爲仁獸，聖王之嘉瑞也。今出非其時，而虞人戕之。聖心能無傷乎？然則感其不祥而遂絶筆焉，聖人亦非無所寓意也。'今故遵朱子爲定論，而凡謂感麟而作，與夫文成致麟者，皆不錄。"（闖生夾）此夫子所以絕筆也，無限隱痛之情自在言外。以獲麟逆攝孔子之卒，文境自爾悲涼。

小邾射以句繹來奔，曰："使季路要我，吾無盟矣。"（《補義》眉）汪云："何等相知！"使子路，子路辭。（鍾惺眉）子路辭，乃其所以取信於小邾之本也。（《評林》眉）穆文熙："子路不以一言狗邾射，而明其爲叛，何其所見之卓也！由非徒爲忠信人已矣。"（方宗誠眉）先未說明不可之故，是文章先虛後實法。季康子使冉有謂之曰："千乘之國，不信其盟，而信子之言，子何辱焉？"（《補義》眉）何等推重。對曰："魯有事於小邾，不敢問故，死其城下可也。彼不臣而濟其言，是義之也。由弗能。"（魏禧尾）魏禧曰："有子路之不可，所以有小邾之請要也。與柳下惠讒鼎事同，二人之守信執義，敵國信之，而魯之君相猶不信焉，此魯之所以爲魯歟？"彭家屏曰："邾庶其、邾黑肱、莒牟夷皆竊邑來奔，而季氏受之。季氏當國，叛臣賊子皆以類至，保奸惠盜，是誨盜也。故陽虎亦竊鄆、讙、龜陰之田以叛歸於齊矣。季氏不臣，而多受叛臣，故其臣亦叛之。輾轉相效，果誰之咎歟？子路不與邾射要盟，不義其以地來，所以匡救季氏者多矣。能死非難，處死爲難。'不敢問故，死其城下'，其死也，義乎，不義乎？此子路之所以不得其死也。然賢者死難，事出於一時，根植於平日。居恒預辦一死，飲食寤寐之間，斷然有此一日，而後當其時而確然不移。觀子路對冉有之言，其死衛也，蓋早有委決於胸次者矣。"（《分國》尾）盟叛人，大辱國也。詎季路烈士而肯乎？康子愧矣，冉氏子啣命而來，尤愧矣。（《左繡》眉）此節寫子路以義爲信，全在極易諾處見其操守。看邾射語，多少委重，多少相知。季孫使冉有謂之，又多少信任，多少婉轉。仲氏只是堅辭，妙又不說不肯，卻說弗能，強項中字字斟酌，魏公真嫵媚也。季孫只說"信"，仲氏卻點個"義"，一字指迷。回視行父視君篇，不免何煩許辭之歎矣。（《左傳翼》尾）信近於義，則言可復，義所以全信也。魯人但欲全信，而不知尚義，則全信適以害義矣。言必準義，不肯輕諾，邾射所以重其要也。提出一"義"字，何等嚴正！千古最難折者獄，聖人謂子路可以片言折之，記者推其故則以爲無宿諾。夫無宿諾何以能片言折獄哉？千乘之國，不信其盟，而信其一言，正以不輕諾耳。故余謂子路無宿非難，而諾爲難。試看於邾射，諾重乎？無宿重乎？大夫死封疆，爲臣之義也。然當死而死，則義在於死。不當死而死，則義不在於死。不敢問故，一概從死，守死而不善道，徒爲匹夫之諒，子路之不得其死在此。子云"無所取裁"，甚矣，義之貴於精也！《日知》尾）筆墨皆挾壁立千仞之氣，是謂傳神。（高塘尾）俞桐川曰："數語耳，有擔當，有斟酌。季文、臧武累數百言，反不及也。"季孫只説信，仲氏卻點個義，一字指迷，視季孫行父逐莒僕篇，不免何煩許酌之歎矣。聖經絶筆獲麟，弟子欲記孔子之卒，故采魯史以續之，至十六年四月而止。左氏傳終哀公，並附悼公之四年事，此後有經者謂之附經，無經者謂之附傳，以別之。（閩生夾）此表子路。子路之死孔悝，正不敢問故之意。作者於此表之，蓋具有深心矣。

齊簡公之在魯也，闞止有寵焉。（孫鑛眉）敘事亦明淨，然一直去，稍近史諛。（《左繡》眉）此篇傳陳恒弑君事，從止寵發端。篇中敘殺闞止甚詳，卻是賓筆。敘弑君事甚略，卻是主筆。看其起從簡公在魯入手，便見闞止既殺，簡公不能獨安。中間執戈猶怒，殺機已動，君臣必無兩全之理。至末一筆結出悔不從鞅之言，而固已無及矣。泛泛讀去，似乎因事生事，卻不知神理全注在此也。首尾中驪珠三探，餘皆鱗爪矣。**及即位，使爲政。陳成子憚之，驟顧諸朝。**（闓生夾）宗堯按："此寫奸人忌克之情如畫。"**諸御鞅言於公曰："陳、闞不可並也，君其擇焉。"弗聽。**（《評林》眉）按：諸御，復姓也。或以《姓譜》有諸，無諸御，嫌此。魏禧："'陳、闞不可並也'，小人不可並用者，諸御鞅之言田、闞是也。君子不可並用者，張浚、趙鼎是也。其語皆有至理。"（《左繡》眉）三陳共謀闞止，以成子爲主，故於首段提綱，次段敘陳逆，三段敘陳豹，四段正敘殺闞止事，五段附敘子方事，卻將陳、闞四人一齊收應，結構絶奇。篇中寫陳氏之橫，氣燄灼人。起云"驟顧諸朝"，寫出虎視眈眈，毫無忌憚。曰"陳氏方睦"，不惟陳逆成雛，即陳豹亦終難畜。至四乘如公，而子行抽劍，一則曰陳宗，再則曰陳宗。可見諸陳佈滿，而子我以孤立桀驁，不惟寵豹反噬，豐丘助強。雖以子方忠於所事，而請免與車，陳氏且將籠而有之也。簡公躬之不閱，烏能以一人之寵，敵諸陳而作之庇乎哉？

子我夕，陳逆殺人，逢之，遂執以入。陳氏方睦，使疾，

而遺之潘沐，備酒肉焉，饗守囚者，醉而殺之，而逃。子我盟諸陳於陳宗。

初，陳豹欲爲子我臣，使公孫言己，己有喪而止。既，而言之，曰：「有陳豹者，長而上僂，望視，事君子必得志，欲爲子臣。吾憚其爲人也，故緩以告。」（孫鑛眉）敘狀豹若無要緊，然想見當時相告語，意態固自有色。（《補義》眉）形容凶人刻酷。子我曰：「何害？是其在我也。」使爲臣。（閩生夾）執陳逆，臣陳豹，寫闞氏聲勢甚盛，在文法爲極意反跌，亦以惜子我之有大權而不能自振也。他日，與之言政，說，遂有寵，謂之曰：「我盡逐陳氏而立女，若何？」彭家屛曰：「陳氏厚施得民，將移齊祚。闞止欲逐之，未爲失計。而乃謀之陳豹，是猶欲圖楚而先與楚人謀也。《易》曰：『臣不密，則失君。幾事不密，則害成。』闞止之輕淺禍君，其罪可勝誅哉！」對曰：「我遠於陳氏矣。且其違者，不過數人，何盡逐焉？」遂告陳氏。子行曰：「彼得君，弗先，必禍子。」（孫鑛眉）敘諸人語，俱以簡勝。子行舍於公宮。（《補義》眉）方知陳逆艾陵之戰先具含玉，乃詭辭愚人，使之共死，而已則逃耳。（《評林》眉）穆文熙：「公孫言陳豹『上僂，望視』者，見其形貌詭險，非端人也。然子我欲盡去陳氏而立豹，事必不行。事不行而豹恐禍將及已，欲其不告得乎？此亦未必爲豹之過也，『上僂、望視』何與哉？」彭士望：「『弗先』，兩持只爭一『先』字，然被一先字毒盡萬生。」

夏五月壬申，成子兄弟四乘如公。子我在幄，出，逆之。遂入，閉門。侍人禦之，子行殺侍人。公與婦人飲酒于檀臺，成子遷諸寢。公執戈，將擊之。大史子餘曰：「非不利也，將除害也。」（《補義》眉）昔之太史大書崔杼，今之太史黨於陳氏，知史局已變。（《評林》眉）彭士望：「太史子餘，前後左右，皆陳氏人，權奸未有不樹衆能竊國者。」成子出舍于庫，聞公猶怒，（韓范夾）魯昭亦以此不反也，凡叛亂之臣，羽翼已成，疾之其患愈速，故人主既當慎其始，又當謹其終。（《左繡》眉）止敘殺子我事，插入此段，所謂擊中而首尾皆至者也。將出，曰：「何所無君？」子行抽劍，曰：「需，事之賊也。誰非陳宗？所不殺子者，有如陳宗！」乃止。（《測義》

夾）愚按：迹成子之兄弟如公而遷公於寢也，豈不昭然叛逆事哉？而猶聞公怒而將出，若有迫於所遭之不幸者，蓋姑以是激私黨之怒，以濟其謀焉爾，非其情也。意如之受伐請以五乘亡，彌牟之距輒欲自北門出。奸雄飾詐，大都如此。〖編者按：奧田元繼作王元美語。〗（《補義》眉）王云："遷公於寢，昭然叛逆，而猶聞公怒而將出亡，若有迫於所遭之不幸者，以激私黨之怒，意如之受伐請以五乘亡，彌牟之拒輒欲自北門出，奸雄大都如此。"（《評林》眉）汪道昆："此時無陳逆抽劍劫止，則恒亦奔矣。"《經世鈔》："子行抽劍，此同謀耳，卻做得妙。田延年按劍責大將軍，事正類此。"王世貞："陳恒擅齊有素，視君不啻弈棋，何至聞公怒而將出奔哉？亦詭辭以激衆怒而遂其奸謀耳。"（閩生夾）寫陳氏之悍，此時勢力已成，非一二人所得左右者矣。子我歸，屬徒，攻闈與大門，皆不勝，乃出。陳氏追之，失道於弇中，適豐丘。豐丘人執之，以告，殺諸郭關。（《評林》眉）彭士望："殺諸郭關，陳氏布置遠密，殺之若狐兔耳。"成子將殺大陸子方，陳逆請而免之。以公命取車於道，及耏，衆知而東之。出雍門，陳豹與之車，弗受，曰："逆爲余請，豹與余車，余有私焉。事子我而有私於其讎，何以見魯、衛之士？"（孫鑛眉）江文通《詣建平王書》"何以見齊魯奇節之人、燕趙悲歌之士乎"本此。（《左繡》眉）凡四寫子我失着，是一混賬人，安能與陳氏持耶？（閩生夾）宗堯云："述子方之言，意最微至，一爲子我吐氣，一詆陳氏之奸也。"東郭賈奔衛。

　　庚辰，陳恒執公于舒州。公曰："吾早從鞅之言，不及此。"（《左繡》眉）結出一篇主腦，較他處首尾呼應又不同。（《左傳翼》尾）陳氏自桓子以來，久專齊國，崔、慶、欒、高，皆斃於其手。今又除高、國及鮑、晏矣，悼公欲立則立，欲弒則弒，視君如弁髦，闞止何人，而與之抗哉？自古奸雄竊國，如莽、操、歡、泰，無不以陳氏爲鼻祖。蓋其固蒂深根，不可動搖，深謀秘計，令人一舉足輒陷其中，雖有智勇，不能以善其後也。陳氏之惡，總是景公釀成。晏子屢進讜言，毫不措意，養成大癰，一潰而不可復救。又以廢長立幼，致啓篡弒之禍，齊至此真不可爲也已。簡公悔不從鞅之言，使其卒然除之，是亦魯昭之續耳。舒州之禍，其能待庚辰以後哉？奸雄得志，全在收買人心。好施於國，是陳氏篡竊本謀。陳逆入宮，則公宮皆其黨羽也。子餘代辨，則太史皆其腹心也。陳氏佈滿中外，簡公以一弱主孤立於上，徒恃子我與之相抗，虎視眈眈，早已視爲釜魚俎肉。止既不密，公又寡謀，君臣自無兩全之理。止殺而公亦因以亡矣。篇中敍殺止事詳，敍執公事略。蓋公所相依爲命者，祇止一人，敍止正是敍公，不得歧而視之也。一陳恒已足以制闞止，況又翼之以陳逆，加之以陳豹，則闞止在其掌握矣。豹欲爲臣，此是陳氏合族之謀，原欲爲之間諜。公孫緩言，知其謀也。一面薦他，連忙説他許多不好處，忠告之言，毫不見省，而好爲托大。言政、有寵，欲逐陳氏而立之。使告陳氏，先謀而弗知備，何等疏略！毋怪其駢首受戮也。不言陳氏所以擺佈，闞止如何，但一舍於公宫，則主客之分判然，而勝算在手矣。出逆閉門，攻闈與大門，而皆不勝，子我所以死也。四乘如公，公宫竟爾盤踞。飲酒遷寢，行止不使自由，執公之漸已露。只爲廢立由己已經手滑，不復知有顧忌。履霜不戒，堅冰自至。辨之不可不早歟！（林紓尾）凡作文字，猶相體而裁衣，欲狀何人，即當有其人之口吻。此篇敍姜、田易姓之大關係，首發難者，爲一陳逆，因而劫君殺相，成篡弒之局。敍事之有層次，雖瑣必備，此易知也。然諸御鞅之明，公孫之直，陳豹之狡，陳逆之橫，東郭賈之正，一一匪不曲肖，當體驗其用筆選言之有輕重。鞅之言曰"陳、闞不可並也"，知子我忠君而寡謀，陳氏蓄憾而多詐，"不可並"三字，已斷定亂源，此其明也。公孫之進陳豹，固知其不足恃，顧劫於陳氏，不得不言。則斷之曰"吾憚其爲人也"，似已逆料陳豹之爲間諜，正言以告，此其直也。陳豹一矢口，便曰"我遠於陳氏矣"，言疏遠終屬陳宗，其下即言違者不過數人，不宜盡逐，左袒陳宗之心已見。然驟聞之，似甚和平，能使子我不疑，此其狡也。至陳逆抽劍，曰"需，事之賊也"，仍是當路殺人之故態，一發吻，便露兇悍。左氏蓋極寫其橫矣。大陸子方從容數語，不偏不倚，悠然而逝，和平中卻帶忼爽，千載下猶見其不從逆之節概。左氏每敍一人，必宛肖此一人之口吻，能深心體會，自能悟出其妙。（《菁華》尾）"驟顧諸朝"四字，傳神入妙。子我於諸陳，不能制其逆節，屢盟何益？春秋時人專以盟語爲可恃，真不可解。薦陳豹之人，已言憚其爲人，而子我偏欲用之。天下惟無能之人往往好作解事，幾若超出人上者，可怪！子我已去，陳氏之視其君，如机上肉耳。所云欲出者，皆是故意作態，非其本心肯舍之而去也。好義之士，無時無之，爲大陸子方者，亦疾風勁草之類也。

宋桓魋之寵害於公，公使夫人驟請享焉，而將討之。(《左繡》眉)此篇敘向魋之亂，而禍及其兄，併牽其弟，卒終之以牛之死，作者深有憫焉。故於末段詳敘潔身去亂，流離失所，以致其太息之思。而於前，先濃寫向巢一段，以形激之。至於叛曹奔衛本事，則用兩對之筆寫還正文，最有結構文字。(《補義》眉)無魋則哭之目腫，有魋則棄師不罪，寵至此安得不叛？(《評林》眉)《增補合注》：" '宋桓魋之寵'，是時齊有陳恒，宋有桓魋，而共君日次亡之不暇，世道之變，至是極矣。" 未及，魋先謀公，請以鞌易薄，(孫鑛眉)薄即是亳，《尚書大傳》夏人歌"盍歸乎薄"。公曰："不可。薄，宗邑也。" 乃益鞌七邑，而請享公焉。以日中為期，家備盡往。公知之，告皇野曰："余長魋也，今將禍余，請即救。" 司馬子仲曰："有臣不順，神之所惡也，而況人乎？敢不承命。不得左師不可，請以君命召之。"(《補義》眉)討賊先去其羽翼，子仲以向攻向，斯為上策。左師每食擊鐘。聞鐘聲，公曰："夫子將食。" 既食，又奏。公曰："可矣。"(《補義》眉)汪云："敘擊鐘，見乃兄共沐寵光，侈豪相類，反照末段令弟清風高節，迥出諸昆之上。"(闉生夾)亦有頓挫，然去鞌、邲諸大戰及吳、楚興亡諸篇，筆勢遠矣。以乘車往，曰："迹人來告曰：'逢澤有介麋焉。' 公曰：'雖魋未來，得左師，吾與之田，若何？' 君憚告子。野曰：'嘗私焉。' 君欲速，故以乘車逆子。"(孫鑛眉)紿語工絕，即是口頭語而鍊得入妙。(《評林》眉)《增補合注》："自'曰迹人'以下至'逆子'，子仲設為之辭。" 與之乘，至，公告之故，拜，不能起。司馬曰："君與之言。" 公曰："所難子者，上有天，下有先君。" 對曰："魋之不共，宋之禍也，敢不唯命是聽。"(《補義》眉)子仲詒辭，曲折動聽，向巢受命，再四躊躇，皆是向巢罪案。(《評林》眉)《增補合注》："'所難子者'，公言難不及子，因指天與先君為誓。" 魏禧："按：安危之介，必真知巢而後可。" 司馬請瑞焉，以命其徒攻桓氏。其父兄故臣曰："不可。" 其新臣曰："從吾君之命。" 遂攻之。(《補義》眉)新舊臣一番商議，已延時刻，故顏可告而魋可走。(《評林》眉)呂祖謙："其父兄故臣老矣，安祿顧寵，惟恐失之，故'不可'。而新進英銳猶可以義激發，曰'從吾君之命'。"子頎騁而告桓司馬。司馬欲入，子車止之，曰："不能事君，而又伐國，民不與也，祇取死焉。"向魋遂入于曹以叛。六月，使左師巢伐之。欲質大夫以入焉，不能。亦入于曹，取質。魋曰："不可。既不能事君，又得罪于民，將若之何？"乃舍之。民遂叛之。向魋奔衛。向巢來奔，宋公使止之，曰："寡人與子有言矣，不可以絕向氏之祀。"辭曰："臣之罪大，盡滅桓氏可也。若以先臣之故，而使有後，君之惠也。若臣，則不可以入矣。"（《補義》眉）巢與車皆魋之類，然一止其伐君，一使之出走，宋國以安，猶爲彼善耳。

　　司馬牛致其邑與珪焉，而適齊。（孫鑛眉）敘至此猶有許多委曲。（《補義》眉）俞云："此必非一時事，總言牛與魋義不同國，跼躅以死，曲折悲涼。"向魋出於衛地，公文氏攻之，求夏后氏之璜焉。與之他玉，而奔齊，陳成子使爲次卿。司馬牛又致其邑焉，而適吳。吳人惡之，而反。趙簡子召之，陳成子亦召之。卒於魯郭門之外，阬氏葬諸丘輿。（文熙眉）穆文熙曰："皇野謂討魋不得左師不可，乘車往逆，可謂有禮。及觀左師伐魋不勝，乃欲質其大夫求入，則左師庸人耳，皇野其失所舉哉！"穆文熙曰："司馬牛避魋之齊，又之吳，遠害全身，未爲不善。而乃不得死所，則賢者之不幸也，亦大可潸矣。"（《分國》尾）魋以朱鬷之寵，啓謀逆之心，祇自速其覆宗耳。巢攻魋不克，仍可入國，何必劫曹人以自固？至曰"臣不可以復入矣"，比之王敦據石頭，王導從容相位，爲差愈焉。向摯流離顛躓，客死葬魯。賢者處家門不幸，可傷哉！（《左繡》眉）從皇野引出召左師，先用"敢不承命"一頓。從左師轉出攻桓氏，亦先用"敢不聽命"一頓。兩節散中有整，以遞爲對。"君命召之"下，直接乘車迎至，其事頗捷，卻插敘擊鐘奏食一段情景。因鋪敘告麋、欲速一番辭令，閑處設色，最有精神。左師既至，請瑞命徒，又可直敘。卻亦寫故臣、新臣一番曲折，遂與上節掩映生姿，情文相配。至下一止攻君，一止取質，又裁教工整。末段致邑適齊，致邑適吳，一惡兩召，卒郭門，葬丘輿。敘致慨慷歷落，低回無限。極昏亂蕭索事，寫得極腴潤，極波瀾。誰謂絕筆以後，不復有江花爛熳文字耶？散文忽對，意調與季孫葬昭公篇同。敘牛事作結，曲終奏雅矣。（《左傳翼》尾）一嬖僮耳，無端寵之，棄其子弟國人而不之恤，以致大亂，今乃養成其惡，以害於公，誰寵之而誰害之耶？國有常刑，執諸司敗，戮諸市朝可也。而乃以請享而討，作此暗昧舉動，致彼效尤先謀，何愛於彼而爲此耶？以寵生驕，逆子且然，何況賊臣？太阿倒持，宜其害也。爲人君者，一嚬一笑，不可以假人，而況恩寵乎？討賊，司馬之事。公告子仲，蓋直以討賊委之也。野不欲發難於向氏，且又知其力不足以勝之，故獻計於公，而使巢伐魋，以向攻向，既孤賊臣之黨，又安諸向之心，而己亦不至斂怨，野之爲計亦周矣。巢雖不能大義滅親，亦不敢助魋爲亂，魋之兇焰不得逞焉。六卿之內，公獨與皇野謀，亦知其忠悃可恃，且有權略，足以定變亂耳。向魋之謀，巢豈不知，不告於君而坐視不救，明屬同謀。皇野勸公召之，乃不敢公然作慝，子仲真善於謀者也。看他往召立言措辭之妙，又教公與之言，使反側子自安，巢已在其彀內。又請瑞命徒，一片赤心，勤勤懇懇，宋公不爲向魋所害，子仲之力居多。每食擊鐘，既食又奏，左師侈汰，居然一君矣。公欲往召，不敢造次，若非子仲逢澤之田誘之使來，其聽命與否尚未可知。受命往伐，又欲質大夫，並取曹質以自固，首鼠兩端，罪與魋埒，固不待民叛之而後知其罪大不可以入也。司馬牛流離瑣尾，不與向魋同處，卒致客死，其情可憫，而其志可矜，春秋之末，亂臣賊黨接跡於世，能如此潔身去亂者，有幾人哉？寧死於阮氏之手，而卒不赴趙鞅、陳恒之召者，以其猶吾大夫崔子也。向氏一門，司馬牛尚矣。魋、巢而外，又有子頎、子車，告者告而止者止，同氣五人，惠、蹠異轍，人心不同，亶其然乎！張悔莽曰："子車之止桓魋，猶知有君也。概謂其與司馬同惡，冤矣！"（《日知》尾）謀君覆宗，連兄累弟，誌魋之惡亦悉矣。然開手"寵害"二字早已蔽罪宋公。履霜堅冰，魋不專任受過也，而文則渾融無跡。（《自怡軒》尾）諸桓人品不同，魋首惡，子頎黨惡，左師終始易轍，獨司馬牛忠義天植，遭家之難，淪落以死，悲夫！許穆堂。（《評林》眉）彭士望："諸兄弟爲魋爪牙，牛爲介介，今事敗，義祇一去。適吳，苦心、苦命。'卒於魯'，俱不往而卒於魯，是賢者死法，阮氏義士也。"王荊石："以桓魋之逆，而司馬牛爲其弟，則賢固不可以類泥人哉！"穆文熙："以牛之賢，遭桓魋之難，至於不得死所，悲哉！"（武億尾）諸桓人品不同，魋首惡也。子頎、子車黨魋而未甚者也。左師從公而不終者也。獨司馬牛忠義天植，踽踽獨行，淪落不偶。讀至篇末，掩卷欲絕矣。（《菁華》尾）向魋一庸猥小人，非有大志。其末路逆節，乃宋公養成之。已成而悔之，殊無及矣。向巢不肯入國，非果能澹然名利，亦自知身爲逆難之弟，恐公卒不見容耳。宋公之止之，亦非本於實心，正與昔者華元之止五大夫相似。敍司馬牛死葬特詳，此爲左氏特筆。（闇生夾）記賢者末路可憫，然列卿爭召，而卒以窮死，有亂邦不居之節矣。

甲午，齊陳恒弒其君壬于舒州。

孔丘三日齊，而請伐齊三。公曰："魯爲齊弱久矣，子之伐之，將若之何？"對曰："陳恒弒其君，民之不與者半。以魯之衆，加齊之半，可克也。"公曰："子告季孫。"孔子辭。（韓范夾）聖人請討，確見其事之可爲，故敢言之，非以其大義所在，聊爲一請以塞責也。如夾谷會而齊服，子實力之所及。況弒君之賊，人所不與，以少勝衆，事固可必，宋儒之疑，何其愚也？退而告人曰："吾以從大夫之後也，故不敢不言。"（《測義》夾）程子曰："此非孔子之言，誠若此言，是以力不以義也。若孔子之志，必將正名其罪，上告天子，下告方伯，而率與國以討之。至於所以勝齊者，孔子之餘事也。豈計魯人之衆寡哉？"〖編者按：奧田元繼作王元美語。〗孫應鰲氏曰："請伐齊，實事；以吾從大夫之後，實言。獨'以魯之衆加齊之半'爲偶爾。此兩言，與冉有告季氏'魯之群室衆於齊之兵車'何異？"（魏禧尾）鍾惺曰："聖人舉動有其理，貴有其事。請討，理也。以魯之衆，加齊之半，所以討之之事也。宋儒乃駁之。夫討則用兵，豈有用兵而惡其衆者乎？且公曰：'魯爲齊弱久矣，子之伐之，將若之何？'不爲此言，何以堅其志、壯其氣而塞其口乎？"（儲欣尾）無有用兵而不計利害者，後儒以此爲非聖人之言，而倡爲先發後聞之說，何其怪也？《分國》尾）陳氏得民心，國是其國也。忽犯大逆，民心不與，聖人固確見其然也。有可乘之隙而失之，惜哉！（《左繡》眉）論勢不論理，人多議左氏所載不實，不知聖人作事未嘗不兼勢。好謀而成，豈是單靠理作主者？看此篇先敍請伐齊者三，則論理大略已備。末因公恇怯，故又總勢而見事之必可行耳。《魯論》三句請討，左氏又只敍其後半，此則後人之不幸也已。只作歇後語，而君之當討與季之當討皆在言表矣。（《左傳翼》尾）論理不論勢，程子之言，自是正大。但因公恇懼，而兼勢以言之，亦情事或然，爲下等人說法，不得不如此委折，本文原有公問一層在。（《日知》尾）三請伐齊，已是據理而行，至問伐之若何，乃兼勢計之，所謂夫子有爲言之也。左氏所記，固不必皆聖人本旨。至謂此段非聖人語，亦惑非左氏所受。況聖人舉事，必計萬全，理有餘而勢不足，則致璧俱碎，何以爲孔子？胡傳請天子、告方伯，惑尤爲不識時局之甚者。所謂以一手掩天下目也。故論伐齊之憑理藉勢，應斷以此文所誌爲無弊。（《評林》眉）穆文熙："齊雖强大，新爲吳、魯所敗，又恒之弒逆，民半不與，故孔子請討之。一討之後，諸侯慕義而集，雖陳恒其何支哉？"《經世鈔》："'不與者半'，此實夫子本謀，余最可笑胡氏之說。"（方宗誠眉）請伐齊三，必是申明大義之言，至公懼齊之强，自當告以必勝之道以鼓舞君心爲是。先儒以此爲非孔子之言，是不知進言之道矣。（閭生夾）借聖言以申疾惡之旨，且見齊、魯同病，用意甚微。宗堯按："此誅權奸之黨惡也。"

　　初，孟孺子洩將圍馬於成。成宰公孫宿不受，曰："孟孫爲成之病，不圍馬焉。"孺子怒，襲成。從者不得入，乃反。成有司使，孺子鞭之。秋八月辛丑，孟懿子卒。成人奔喪，弗內。袒、免，哭于衢，聽共，弗許。懼，不歸。（《左繡》眉）公孫意在保障，孺子意在繭絲。（《左傳翼》尾）孟氏之有成，猶季叔之有費、郈也。費、郈皆叛，而成獨爲孟氏效忠。不爲圍馬，非有異志。公斂陽與公孫宿忠於所事，不識有君。識者比之王舜、賈充之儔，乃孺子必欲迫之使叛，何耶？今而後人人繭絲，不作保障計矣。（《評林》眉）《附見》："《禮》公儀仲子之喪，檀弓免焉。鄭注：'免音問，別作統，取免冠意。袒其衣，免其冠，今之始喪者披髮以布裹頭，即其意也。'"

◇哀公十五年

【經】十有五年春王正月，成叛。夏五月，齊高無丕出奔北燕。鄭伯伐宋。秋八月，大雩。晉趙鞅帥師伐衛。冬，晉侯伐鄭。及齊平。衛公孟彄出奔齊。

【傳】十五年春，成叛于齊。武伯伐成，不克，遂城輸。（《分國》尾）成宰不受圍馬，守宰之職也。奔喪弗納，聽共不許，叛而入齊，宜哉！又城輸以偪之，適堅其事齊耳。（《左繡》眉）此節連上篇讀，通體即以兩字、三字句爲敘次，又一章法。

　　夏，楚子西、子期伐吳，及桐汭。陳侯使公孫貞子弔焉，及良而卒，將以尸人。（鍾惺眉）以尸將命，後世行不去，可見春秋之近。（《正論》眉）顧廽瀾曰：“以尸將命，禮也。弟古者人君將弔，必以桃茢先之，辟除不祥。雖賓不與臣同，留尸國門，而副介以尸名將事於朝，似爲得體。”吳子使大宰嚭勞，且辭曰：“以水潦之不時，無乃廪然隕大夫之尸，以重寡君之憂。寡君敢辭。”上介芋尹蓋對曰：“寡君聞楚爲不道，荐伐吳國，滅厥民人。寡君使蓋備使，弔君之下吏。無禄，使人逢天之慼，大命隕隊，絶世于良，廢日共積，一日遷次。（孫鑛眉）撰得工，調古而色新。今君命逆使人曰：‘無以尸造于門。’是我寡君之命委于草莽也。（孫鑛眉）此句是一篇警策，然卻是辭命常語。且臣聞之曰：‘事死如事生，禮也。’於是乎有朝聘而終，以尸將事之禮。又有朝聘而遭喪之禮。（《補義》眉）此兩引禮，皆是陪筆。若不以尸將命，是遭喪而還也，無乃不可乎！（孫鑛眉）此後勢略縱，然卻無一語率。以禮防民，猶或踰之。今大夫曰：‘死而棄之。’是棄禮也。其何以爲諸侯主？先民有言曰：‘無穢虐士。’備使奉尸將命，苟我寡君之命達于君所，雖隕于深淵，則天命也，非君與涉人之過也。”吳人内之。（《補義》眉）此篇與聘禮無一不合，想見續傳者學問之純。（《評林》眉）鍾伯敬：“吳遭此使人之變，誠不可無辭，而芊尹蓋之對則氣直而詞壯。”劉懷恕：“賓卒而猶使將命，則生者何堪？禮有不可行者，此類是也。”（德秀尾）按：左氏辭命，有其辭甚約而足以服諸侯者。如諸侯之大夫如晉葬平公，既葬，欲因見新君，叔向辭之曰：“大夫之事畢矣，而又命孤。孤斬然在衰服之中，其以嘉服見，則喪禮未畢。其以喪禮見，是重受弔也。大夫將若之何？”皆無辭以見。真可謂善與賓客言者矣。以其僅數語，故不録。他放此。（韓范夾）以尸將事，此禮實上古之遺矣，若在後世，便爲怪事。（《左繡》眉）通篇都從尸上着筆，第一層論以尸造門，是奉命。第二層論尸將事，是行禮。第三層並破其隕尸之憂。首段看其鋪排鄭重，中段看其翻駁痛快，末段看其破解明白。左氏臨了猶有此宛轉圓朗之文也。提筆吳子使太宰嚭，文便一層對吳子說，一層對太宰說，末段總收通篇，是前偶後奇格。俞寧世曰：“平正通達，不務爲短險，辭令絶佳。朝聘‘以尸將事’二語，妙有根據。”（《分國》尾）以尸將事，本屬奇說。援聘禮以爲據，借遭喪以爲駁，何鑿鑿也？

（《左傳翼》尾）據禮，貞子當殯於館，不得以尸將事。芊尹所辨，皆非禮之禮也。特吳至此，勢已將亡，楚人來伐，陳侯不忘舊好，使人弔之，不幸而死，越禮以納，情也，非義也。芊尹善於詞令，而又有"朝聘""以尸將事"二語爲之證據，吳人不得不從，委蛇曲折，情文兼至，可稱妙品。（《評林》眉）孫應鰲："蓋能據禮以對，故吳人納之。"王季重："前有水潦隕尸等語，故有隕於深淵與非涉人之過以應之。"

秋，齊陳瓘如楚。（《左繡》眉）此篇乍看似前重子路，後重子貢，如注所云仲尼之徒皆忠於魯國者。細玩乃知全重子貢平齊以歸成，首段乃爲後半篇作引。於子玉口中著"子使告我弟"一筆，脫卸之妙，真無筆墨痕矣。從告弟語卸落，則中節不過安放公孫，亦不與對成子語並讀，此賓主之辨。（《補義》眉）此及齊平傳，子路是危言以褫賊臣之魄，子貢是微言以移賊臣之心，無非爲歸成計也。過衛，仲由見之，曰："天或者以陳氏爲斧斤，既斫喪公室，而他人有之，不可知也。（孫鑛眉）意巧而辭工。其使終饗之，亦不可知也。若善魯以待時，不亦可乎？何必惡焉？"（韓范夾）昔人仕他國，有不忘本國之思，仲由賢者，公山畔臣，皆有是心。（閩生夾）寫仲由之爲魯謀，而文字光芒四射。子玉曰："然，吾受命矣，子使告我弟。"（《左繡》眉）以兩"不可知"宕起善魯，與後以一與一取兩路夾出寒心，詞令亦足相當，此篇法暗配處。（《評林》眉）《附見》："陳瓘善子路之言，故言今吾受君命使楚，願子以此言使人再告吾弟陳恒。"

冬，及齊平。子服景伯如齊，子贛爲介，見公孫成，曰："人皆臣人，而有背人之心。況齊人雖爲子役，其有不貳乎？子，周公之孫也，多饗大利，猶思不義。利不可得，而喪宗國，將焉用之？"成曰："善哉！吾不早聞命。"（《補義》眉）先令公孫不爲齊用。（《評林》眉）郭眉菴："仲由、子貢，其時有關於魯之安危非細。"

陳成子館客，曰："寡君使恒告曰：'寡君願事君如事衛君。'"（《補義》眉）觀陳恒之言，則子路之說已聞之矣，故平之易而詞亦頗遜。景伯揖子贛而進之。（孫鑛眉）是議論之辭命，以緊净勝。對曰："寡君之願也。昔晉人伐衛，齊爲衛故，伐晉冠氏，喪車五百，因與衛地，自濟以西，禚、媚、杏以南，書社五百。吳人加敝邑以亂，齊因其病，取讙與闡。(《補義》眉) 責其乘難以取二邑，便責其乘難而取成，用烘托法，而意旨已明。病者合兩賢之言，此心過不去也。寡君是以寒心。若得視衛君之事君也，則固所願也。"成子病之，乃歸成。公孫宿以其兵甲入於嬴。(《分國》尾) 時成子將篡齊，欲結好於魯，故端木一言，歸成恐後，而尤得力於季路曰"善魯以待時"。(《左繡》眉) 首尾用順接，中間用逆跌，就其辭而折之，反復比例，自令人心愧而語塞，爲辭令之最也。妙在兩"因"字，一"與"字，一"取"字，相形不堪。(《左傳翼》尾) 子路與子貢皆欲平齊以歸成，一是誘法，一是劫法，誘則彼所樂聞，劫則面從而心病也。成子雖屈於子貢之對，虧有子路善魯待時一語深入肺腑，乃始輸乎？《左繡》歸功於子貢，謂首段爲後半篇作引，辜負子路多多矣。陳氏久有篡齊之心，子路數言字字打入心坎，善魯待時，授他絕妙良策，豈得不從？尤妙在閑中説淡話，絶無一語着跡。是時成子專政，子玉不得自主，故云"子使告我弟"，此"冬及齊平"之所由來也。子貢詞令雖妙，乃館客以後事，不得將子路之功一概抹煞。成，孟氏之保障，孔子欲墮且不可得，今此叛魯，乃武伯徼之使叛耳。必須説動公孫成，令之回心轉意，乃不爲魯害。提出周公之後與宗國，便令成心神悚惕。動以義理，怵以利害，子貢此等語安放最好，不獨善對陳恒。張悔菴謂："近舍成事，而遠言讙、闡，辭不迫切，而聞者足以喻矣。"余謂讙、闡已歸而復齒及，則遠言讙、闡即是近言成事也。善爲説辭，其此之謂乎！(《評林》眉) 穆文熙："說公孫成聳動其心，說陳成子乃屈服之，賜真長於説辭哉！"按：《史記索引》曰："古者以二十五家爲里，里各立社。"則書社者，書其社之人名於籍，蓋以七百里書社之人封孔子也。王元美："核往事典而嚴，成子不能不引爲己病矣。"

衛孔圉取大子蒯聵之姊，生悝。孔氏之豎渾良夫長而美，孔文子卒，通於內。大子在戚，孔姬使之焉。大子與之言曰："苟使我入獲國，服冕乘軒，三死無與。"與之盟，爲請於伯姬。(《彙鈔》眉) 蒯聵既因母之淫亂而出奔，又復因姊之私人而入國，何獨羞其母而不羞其姊也？(《左繡》眉) 此敘輒奔聵立事，作兩半讀，各以住句爲界畫。其實孔悝立莊公，即可連衛輒來奔寫去。左氏因重子路殉難事，故特詳之耳。看劫以登臺及使告季子兩筆，都只於前半略插，留於後半另提重敘，意可知已！(《補義》眉) 父奪子、母劫子，蒙衣杖戈，都是亂常鮮恥之事，文色色相配。(《評林》眉) 李于鱗："良夫三死無與，而他日率以三罪見殺。蓋小人而得志則驕，驕則僭而禍至。"

閏月，良夫與大子入，舍於孔氏之外圃。昏，二人蒙衣而乘，寺人羅御如孔氏。孔氏之老欒寧問之，稱姻妾以告。遂入，適伯姬氏。既食，孔伯姬杖戈而先，大子與五人介，輿豭從之。迫孔悝於廁，強盟之，遂劫以登臺。欒寧將飲酒，炙未熟，聞亂，使告季子。召獲駕乘車，行爵食炙，奉衛侯輒來奔。(孫鑛眉) 召獲不知是何人，當是欒寧一面告仲、召，一面駕車奉衛侯出奔。觀"將飲""未熟"及"行""食"字可見，不則獲是典車者名，寧召之駕車。杜注："召獲，衛大夫。"(《彙鈔》眉) 蒯聵已入，衛輒已出。欒寧、公孫敢輩絕無聞志，而子路獨輕生赴死，惜哉！(《補義》眉) 輒奔下便可敘立莊，以此時子路方爲孔氏宰，子路不死，莊之立未可知也。

季子將入，遇子羔將出，曰："門已閉矣。"季子曰："吾姑至焉。"子羔曰："弗及，不踐其難。"季子曰："食焉，不辟其難。"(《補義》眉) 俞云："兩語兩答，君臣之義、朋友之情俱見。"子羔遂出。子路入，及門，公孫敢門焉，曰："無入爲也。"季子曰："是公孫(也)，求利焉而逃其難。由不然，利其祿，必救其患。"有使者出，乃入。曰："大子焉用孔悝？雖殺之，必或繼之。"且曰："大子無勇，若燔臺，半，必舍孔叔。"(《彙鈔》眉) 生死之際，見得明決。(闈生夾) 子路之來也，專以救孔悝爲志，蒯聵父子之爭國，非所問也。記述最分明。大子聞之，懼，下石乞、盂黶敵子路。以戈擊之，斷纓。子路曰："君子死，冠不免。"結纓而死。孔子聞衛亂，曰："柴也其來，由也死矣。"(《測義》夾) 愚按：蒯聵欲殺南子，激於羞忿，與篡弑者亦稍殊科。且靈公未有廢命，輒乃其子，焉得拒之如兩敵然？夫子嘗曰："必也，正名乎！"設使夫子而爲政，當使輒以國讓父，而身爲大子。蒯即不仁，既已受國於輒，寧有廢之而立疾之理？其事甚易，而子路以爲迂，所以有絕纓之難。〔編者按：奧田元繼作陳明卿語。〕(《彙鈔》眉) 無意中收子羔、子路案，深情俯仰。(《左繡》眉) 從豎引入老，從欒寧引入季子，又以子羔作陪。雙起雙結，中間處處對仗，乃前散後整格。子路之死，於義未精。然在此斷無貶理，卻又全說他是不得。夫子即以子羔相形，不置軒輊而意已在言表。左氏亦極能體貼，神理渾然。不貶季子，便是不與蒯聵。前於據國則不予輒，後於爭國又不與聵，知此義者，可以權矣。俞寧世曰："前半白晝鬼魅，後半暗室神明。'弗及''不踐其難'，以衛之陪臣言。'食焉，不辟其難'，以孔氏之宰言。各有見地。燔臺結纓，死拯孔悝，非黨出公。孔子兩言，亦未嘗謂由非也。紛紛刺貶，何啻說夢？"（高嵣尾）穆文熙云："蒯聵劫孔悝求盟，則悝未必死也，由之死何爲乎？此可爲好勇而不知取裁之證。"（《評林》眉）魏禧："'不辟其難'，按：二說各有理。'結纓而死'。按：子路倉卒聞難，未知其詳，特以爲將殺悝耳，後人讀傳，乃知本末如此。"

孔悝立莊公。（《菁華》尾）通篇專爲季路寫照，妙在於衛侯輒來奔後插入，具見敘法之妙。子路、子羔一死一存，兩人志向不同，各行其是，期於不背於道而已。聖人既無軒輊之詞，後人以此爲嘵嘵者，亦屬多事。**莊公害故政，**（《補義》眉）故政莫如孔悝，逐瞞成即逐悝之根，甫入國而懷毒如此，爲此篇束筆，即爲下數篇伏筆也。**欲盡去之，先謂司徒瞞成曰："寡人離病於外久矣，子請亦嘗之。"歸告褚師比，欲與之伐公，不果。**（文熙眉）汪道昆曰："序事具品。"穆文熙曰："蒯聵劫孔悝，悝未必至死，子路之死何爲也？此斷纓爲千年遺恨乎？"（《左繡》眉）此節乃後文緣起，不與通篇作章法也，當另畫出。（《左傳翼》尾）蒯聵在戚十四年矣，輒以兵拒之，屢次圖入不獲，今竟以一豎之力，從容入國，蹤跡詭異，宛然陳乞納陽生故智，真白晝鬼魅也。伯姬杖戈以先，名爲太子，實全爲良夫地，俾之服冕乘軒作主人翁，併逐悝以圖久遠快樂。太子逐輒，伯姬逐悝，父子、子母之間，悖亂如是，可歎！欒寧奉輒出奔矣，必使告季子者，知己不能敵聵，欲以救孔悝之事委之季路也。季路以正名爲迂，夫子責其野，猶然臣悝，以致不得其死。死拯孔悝，總是不欲出輒立聵耳。"柴也其來，由也死矣"，蓋逆知其見義不精，必有不當死而死者。雖不置貶，而實未嘗許之也。一"矣"字，斷其死，惜其死，兩意都有。死非難，而處死爲難。故可以死，可以無死，死傷勇。聖賢精義之學，正在於此。"食焉不辟其難"，誰不知爲義所宜然？而不知食孔氏之祿，先已不義。聖門諸賢，唯閔、曾不仕權門，其餘多汲汲於仕。忠於所事，而不能拔出，季子於魯則仕季，於衛則仕孔，大約"求利焉"一語貽之害耳。既利其祿，必救其患，雖欲不死，不可得矣。季子自矢必死，自謂不死非義，而究之死終不可爲義也。蕢入輒出，輒奔蕢即可立矣。而必詳敘季子救悝事，以見季子不死，則孔悝之立莊公猶在可知不可知之天也。前敘輒奔用輕筆，後敘蕢立用重筆，寫衛事無非寫子路。至輒、蕢父子據國爭國，天良已沒，看前後文自見，何必爲之貶刺也？宮之奇諫，百里奚不諫，語默去就尚且因時，而況於死？故"弗及，不踐其難"，子羔之言未爲不合於義也。季子執定己見，舍生欲以取義，而徒死適以傷勇。千古但議季子之不當死，未聞議子羔之不當去也。細玩夫子云云，亦可知所權衡矣。莊公之入，迫孔悝而強盟之，知其立原非情願。"害故政"，故政者誰？孔悝也。先謂司徒瞞成，將來漸次及悝，平陽之享，早萌於此。才一入國，即懷此毒心，豈謂一入遂不復出，可長恃以無恐乎？傳敘於此，以見莊公之刻，而後來得禍，有由然也。

◇哀公十六年

【經】十有六年春王正月己卯，衛世子蒯聵自戚入于衛，衛侯輒來奔。二月，衛子還成出奔宋。夏四月己丑，孔丘卒。（《評林》眉）《附見》："非卿則不可書卒，然孔子大聖，故異例書其卒。"

【傳】十六年春，瞞成、褚師比出奔宋。（《分國》尾）伯姬杖戈而先，真呂嫛一流人物。孔悝、蒯聵皆木強人，是舅是甥哉！（《補義》眉）完上段案，另提。

衛侯使鄢武子告于周曰："蒯聵得罪于君父君母，逋竄于晉。晉以王室之故，不棄兄弟，寘諸河上。天誘其衷，獲嗣守封焉。使下臣肸敢告執事。"王使單平公對曰："肸以嘉命來告余一人。往謂叔父，余嘉乃成世，復爾祿次。敬之哉！方天之休，弗敬弗休，悔其可追？"（《分國》尾）晉納蒯聵，聵曰"寘諸河上"，微詞哉！"弗敬弗休，悔其可追"，聵之終局在是矣。（《左繡》眉）此節注云傳終蒯聵之事，非也。此正以"弗敬弗休，悔其可追"爲後文起本耳。於極得意中作敗興語，此君憒憒，猶以爲榮。（《左傳翼》尾）告周請命，欣欣得志。天王以敬惕之，不爲之喜，而爲之懼，從來誥命，無此警戒也。"弗敬弗休，悔其可追"，分明後面許多失道事早已料破。

孝弟爲行仁之本，不孝不慈，那能善承天體？不滿之意深矣。（《補義》眉）周室錫命，無此危厲，蓋不孝不慈，後此敗關早爲料及故也。汪云："反結即借以起後文。"（《日知》尾）傳蒯聵得國事，盟良夫、刦孔悝、逐瞞成、告周王四項，畫出失勢則俛首下心，趁勢則因利乘便，得勢則籍寵固位，窮究盡山鬼伎倆矣。中插序季子一段，固是因事連及，然正藉天清日皎氣象爲漆室鬼魅作陽光一照，是文家大波瀾。且表揚季子，即是排斥蒯聵，又是文家暗斷制也。

夏四月己丑，孔丘卒。（《左傳雋》眉）按孔子作《春秋》，終於獲麟之一句，弟子欲記聖師之卒，故采魯史記以續夫子之經，而終於此。丘明因隨而作傳，終於哀公。從此以下，無復經矣。〖編者按：凌稚隆作孔穎達語。〗（《左繡》眉）夫子卒，當謹而志之，何至日月有誤耶？二説宜從四月乙丑爲正。以每時必書首月，既書夏四月，則必非五月己丑日矣。**公誄之曰："旻天不弔，不憖遺一老。俾屏余一人以在位，煢煢余在疚。嗚呼哀哉！尼父。無自律。"**（韓范夾）哀公誄詞，亦可謂悲而摯矣，但以諸侯而自同天子之稱爲失其實耳。（《測義》夾）愚按：哀公受制季孫，不能尊用孔子，昏亦甚矣。然於孔子之誄則知哀，而於康子之弔則爲之降禮，一念之明，固自不可泯者。**子贛曰："君其不没於魯乎！夫子之言曰：'禮失則昏，名失則愆。'失志爲昏，失所爲愆。生不能用，死而誄之，非禮也。稱一人，非名也。君兩失之。"**（《分國》尾）大夫書卒，尼父嘗從大夫之後也，失志則徵死矣，失所則不殁於魯，賜不幸而言又中。（《左繡》眉）即以夫子之言，斷誄夫子之失。"失志"二句，先解昏、愆二字，尚是泛説。下四句實解"禮失""名失"，倒結"君"字，極簡老之文。"不没於魯"提起，"失志""失所"正不没注腳。妙於暗應在前，後只以"君兩失之"虛收，不更明繳，又一手法。（《左傳翼》尾）不知其爲聖，猶可言也。既知爲聖矣，曷爲不用？公之不没於魯也，以三桓之侈也。使用孔子，必不至是矣，故"禮失則昏"是其大頭腦。"稱一人非名"，則失禮之中又有失焉。子貢之言雖平埒，而意正有低昂也。孔子人中之麟也，獲麟絶筆，哀麟死而吾道終窮矣。至人中之麟喪，雖有明王，又將誰宗哉？續經者終此，猶夫子絶筆於獲麟也。（《補義》眉）"煢煢在疚"是實話，言爲三家所制，孔子卒則勢益孤也。"不没於魯"，言爲昭之續耳，隱隱與公言相對，然亦私論之，非面語公也。（《日知》尾）後十語具五花八門之變，是謂錘鍊。（高崤尾）俞桐川曰："以威儀決定之先亡，以文辭決哀之不沒，得聞夫子之文章，信矣夫！"（《學餘》尾）生不能用，死而誄之，子贛譏之，是也。然不易乎世，不成乎名，聖人之潛德，固如是也。尼父之尊，則自哀公始矣。（闓生夾）宗堯云："是篇以孔子之聖而魯不能用爲主。夾谷之會，田賦之對，令讀者一覽而知爲聖人足矣。記孟僖子之言，譏魯之不能知孔子也。引擇木之言，蕭然神遠矣。蓋列國之不能用係帶焉，而終歸咎於魯君臣，故記季氏之問，謂孔子之道不行，以權在季氏也。記哀公之誄，亦哲人艮木之傷也。哀公於孔子卒一事，已兩失之。其生平之於孔子，所失多矣，意最沈痛！"

六月，衛侯飲孔悝酒於平陽，（《補義》眉）此直注到戎州事，爲莊公得國後作一統冒也。極寫莊之無道，而以不仁之人必爲人勝作結，正爲莊公公身寫照。重酬之，大夫皆有納焉。醉而送之，夜半而遣之。載伯姬於平陽而行，（《補義》眉）伯姬母子作此等事，而欲久享乎？此又爲良夫映照。及西門，使貳車反祏於西圃。子伯季子初爲孔氏臣，新登于公，請追之，遇載祏者，殺而乘其車。許公爲反祏，遇之，曰："與不仁人爭明，無不勝。"（闓生夾）不義莊公，以此語爲激射。必使先射，射三發，皆遠許爲。許爲射之，殪。或以其車從，得祏於橐中。孔悝出奔宋。（魏禧尾）魏禧曰："仲由之死，人或以爲傷勇。然食不避難，義也。安得爲過？但右輒而事悝爲失耳。余嘗論之曰：'子路賢於結纓赴難，而失於孔悝家臣。嵇紹賢於朝服登輦，而失於爲晉惠侍中。'"彭家屏曰："輒稱兵據父，致蒯聵居戚十四年而不得入，其天良漸滅盡矣。子路仕於其朝，而與孔氏之難，勇於就死，闇於晰義，烏足貴乎？然人臣懷利祿，遇難則去之，聞季子之風，亦可以少愧矣。夫子正名之說，子路既以爲迂矣。惟其以夫子爲迂，所以有今日之死。此誠意之所以必先致知也歟？"（《分國》尾）子伯臣於孔，殺其反祏之人，不仁甚矣，宜死公爲之手。（《左繡》眉）此等處，不重在被譖之人，總備記蒯之無道，爲後戎州起本也。中詳許爲事，特借他"不仁"二字作激射，不惟斷子伯，並斷盡此君矣。諸傳中旁敘之人之事，大抵不出此意。"新登"，諺所謂暴發兒也。子伯於蒯，可謂是君是臣。（《左傳翼》尾）"與不仁人爭明，無不勝"，非明於天道不能自信若此。奇在讓他先射，三射不害，己一射殪之，天道可恃其若斯耶？咄咄怪事！有莊公自有子伯季子，所謂上有好者，下必有甚焉者也。公爲之語憒，口中雖詈子伯，意中卻咒莊公，讀之千載下有生氣！既負孔悝，又負伯姬，渾良夫當早爲寒心矣。而不早自計，且言人之所不敢言、不當言與不必言，以爲可以自固，而不知兵已在其頸矣，其死也宜哉！(《評林》眉) 李笠翁："子伯忘舊恩，信有死道矣。然三射而不中與一射而殪，何若有鬼神臨之在上者耶？公爲之言近迂而偶中如此，恐不可盡信也。"

　　楚大子建之遇讒也，自城父奔宋。(《彙鈔》眉) 一篇歷敘一事之始終，有起有結，有伏有應，手法明净，亦復峰迴路轉。(《左繡》眉) 此篇敘白公之亂，作兩截讀。"何患""弗從"以上，敘白公之亂致之者子西。"葉公在蔡"以下，敘白公之亂定之者子高。然致亂是賓，定亂是主。故前段即插入葉公，而末單收"老葉"，中間出色寫葉公，而前後卻有許多奇人奇語奇事，湊成一首奇文。(《補義》眉) 作兩截看。"何患""弗從"以上，敘白公作亂，以下敘葉公定亂。欲召勝而葉公止之，子西不從。一明一闇，已伏致亂、定亂之根。(高塘眉) 第一段起案，從建出勝，且見建之死不枉，而勝之復讎非是。(方宗誠眉) 此篇以葉公爲一篇之主。前一段敘子西不從葉公之言以召白公致亂，後一段敘葉公討白公以定亂。(闈生夾) 以"以險徼倖"四字爲主，紀白公之悍，石乞輩之兇頑，而以葉公之得衆結之，最爲超妙。又辟華氏之亂於鄭，鄭人甚善之。又適晉，與晉人謀襲鄭，乃求復焉。鄭人復之如初。(《左傳雋》眉) 求復者，子建既與晉定謀，乃求還鄭國，鄭人不知而復之，待之如初。晉人使諜於子木，請行而期焉。(孫鑛眉) 當云"請期而行"乃順，卻乃顛倒其字，古人文每如此。子木暴虐於其私邑，邑人訴之。鄭人省之，得晉諜焉。遂殺子木。其子曰勝，在吳。(孫鑛眉) 白公自好奇，其事乃節節有奇。(《評林》眉)《附見》："邑人訴子木襲鄭之謀於鄭也。"(高塘眉) 第二段敘亂所由伏，"詐而亂"三字斷定勝之爲人。而召之者子西，啓後自取殺身之悔。止之者葉公，引後入國定亂之案。子西欲召之，葉公曰："吾聞勝也詐而亂，無乃害乎？"(《彙鈔》眉) 此處先伏葉公語作伏。(闈生夾) 凌空倒起，超雋絕倫。宗堯云："白公之爲人，謂之詐而亂可也，謂之信而勇亦可也，此左氏兩存其説以亂其旨，意最深微。"子西曰："吾聞勝也信而勇，不爲不利，舍諸邊竟，使衛藩焉。"（《評林》眉）彭士望："'使衛藩焉'，後世輕生快怨，借交報仇，俱此一輩人。"葉公曰："周仁之謂信，率義之謂勇。吾聞勝也好復言，而求死士，殆有私乎？復言，非信也。期死，非勇也。子必悔之。"弗從。（《左傳雋》眉）王鳳洲曰："一勝也，一以爲詐而亂，一以篤信爲勇，疑似不分。休咎相遠，知人之難也如此。"（《補義》眉）二語斷盡白勝。（闈生夾）開首數語大端已具。宗堯按："逆攝。"召之使處吳竟，爲白公。請伐鄭，子西曰："楚未節也。不然，吾不忘也。"他日，又請，許之。未起師，晉人伐鄭，楚救之，與之盟。勝怒，曰："鄭人在此，讎不遠矣。"（《彙鈔》眉）子西之盟鄭，失信白公，因以致亂，亦自速其禍耳。（《補義》眉）只"信而勇，不爲不利"七字橫距胸中，方欲大用之以珍滅小國，那知身死其手也！（《評林》眉）魏禧："'復言非信也，期死非勇也'二語，道理絶大絶深。"（闈生夾）口吻逼肖。又案：此篇生氣遠出處，最有俠烈之概。不如是，不足盡白公之爲人也。

勝自厲劍，（高嵣眉）第三段敘亂所由起，伐鄭不遂，而遷怒於子西。欲殺其父而直告於其子，奇事奇文，妙！以"子西不悛"一勒頓住。**子期之子平見之，曰："王孫何自厲也？"曰："勝以直聞，不告女，庸爲直乎？將以殺爾父。"平以告子西。子西曰："勝如卵，余翼而長之。楚國，第我死，令尹、司馬，非勝而誰？"**（《左傳雋》眉）茅鹿門曰："愚也，認賊作親，子西之謂。"（《彙鈔》眉）凡亂人必極殘忍，何子西不悟，尚出此言耶？**勝聞之，曰："令尹之狂也！得死，乃非我。"**（孫鑛眉）此事三奇：直云，奇！子西不信，奇！又揚言，奇！（《補義》眉）林云："欲殺其父，偏告其子，奇聞。人不信，偏誓必殺，更奇！"（《評林》眉）《增補合注》："白公以子西不憂死而憂我之官，故謂其爲狂。而言令尹若得死，其官豈他人敢爲，而非我耶？設令尹得良死，我乃不復爲人，誓必殺之也。"**子西不悛。勝謂石乞曰："王與二卿士，皆五百人當之，則可矣。"乞曰："不可得也。"曰："市南有熊宜僚者，若得之，可以當五百人矣。"乃從白公而見之，與之言，説。告之故，辭。承之以劍，不動。**

勝曰："不爲利諂，不爲威惕，不洩人言以求媚者，去之。"（孫鑛眉）此事亦三奇：當五百，奇！辭、不動，奇！料之不洩，奇！人奇事奇湊得濃。有此奇論，方配得宜僚過。（《彙鈔》眉）忽添熊宜僚作襯，更爲正文設色。（《補義》眉）此奇士不從亂，便不求媚，白公頗能知人，反照子西之闇。（高嵣眉）第四段敘謀亂，入熊宜僚一層作反托，以紆其勢。隨以"去之"二字一撇，以入正局。（《評林》眉）謝文洊："熊宜僚以勇俠聞，不肯輕爲人用，其識度高專、疊輩一等。然石乞胸中乃有宜僚，白公又能信其不洩言，可知真作亂人亦有一段不同處。'請以戰備獻，許之'，子西輩何聵聵！"（闈生夾）附見宜僚之爲人，與《荊軻傳》紀魯句踐、蓋聶同意。宗堯按："此與勝厲劍之言，皆寫勝之俠氣。"

吳人伐慎，白公敗之。（高嵣眉）第五段敘作亂正文，子西、子期見殺，葉公之言驗矣。後拖石乞、白公商謀，以著亂之所及也。請以戰備獻，許之。遂作亂。（《左傳雋》眉）唐荊川曰："此中敘事委悉，條段整頓，俱左之高處。"秋七月，殺子西、子期於朝，而劫惠王。（《正論》眉）觀釁以動，不違其志，擇後以立，不居其功，葉公處此，可爲曲至。子西以袂掩面而死。子期曰："昔者吾以力事君，不可以弗終。"抉豫章以殺人而後死。（《彙鈔》眉）兩人之死不同，心事亦自不同。（《補義》眉）死有餘恨。（方宗誠眉）以上敘白公之亂，由子西不聽葉公之言。石乞曰："焚庫弒王，不然不濟。"白公曰："不可。弒王，不祥；焚庫，無聚，將何以守矣？"乞曰："有楚國而治其民，以敬事神，可以得祥且有聚矣，何患？"弗從。（《左繡》眉）上截又分五節，首節敘子木，爲白勝緣起，不重。次節敘葉公止子西之召，而弗從。三節敘子西聞白公欲殺而不悛。四節敘白公謀亂。五節敘白公作亂，而以弗從石乞之謀作煞。恰與上兩"弗從""弗悛"作段落。（闈生夾）宗堯按："此微爲勝訟直處。太子冤抑，白公嫡嗣宜立者也。侯之門，仁義存，果得楚國，又誰目爲亂人者？此左氏深文也。"

葉公在蔡，（《左繡》眉）下截亦分五節，首節"在蔡"作提，末節"老葉"作結。中段前後插敘子間辭王、圉公負王，箴尹去賊從師；而中節重寫葉公討亂，以"乃胄而進""乃免胄而進""乃烹石乞"爲段落。前半厲劍、承劍兩段，寫白公作亂正面，極有精神。後半乃胄、免胄一段，寫子高討亂正面，亦極有精神。傳二百四十二年事，至此猶精神勃勃，天授非人力，吾於左公亦云！以下奇情潰洶而出，使人應接不暇。俞寧世曰："全篇只寫得信詐勇亂四字，子西辨不明，所以罹禍。葉公識得透，所以成功。一石乞是白公旁觀，一熊宜僚是白公反托。白公之復讎與子胥異。子胥之父無罪，白公之父有罪，首三行最敘得有力。文章有簡勁之妙，有游衍之妙。熊宜僚一段簡勁處也，葉公免胄二段游衍處也。簡勁而生動，游衍而道緊，乃古人神技。葉公在外，故不涉於難而成其功，'方城之外'句，提掇極清極老。"敘法簡潔，文與事稱。陡提而入，得勢得神！（高嶹眉）第六段敘謀靖亂之事，提出葉公之入，爲第八段至北門之根。**方城之外皆曰："可以入矣。"子高曰："吾聞之，以險僥倖者，其求無饜，偏重必離。"聞其殺齊管脩也而後入。**（《測義》夾）愚按：白公殺子西、子期而劫惠王，國之安危，不謀朝夕，乃葉公欲乘間而後入也。有如無殺齊管脩者，將遂不入乎？而彼二卿一君者，豈顧不足重歟？子高之見亦迂矣。世有釋賊弗討，而誣曰吾姑有待焉，斯言啓之。〖編者按：奧田元繼作陳明卿語。〗（《彙鈔》眉）敘法不即不離，若斷若續，使讀者驚奇不定。（《補義》眉）或謂葉公審機則是，而於君父之難，遷延不進，未免不如乃父。周云："彼居內爲主，挾君自重，有投鼠忌器之慮。最妙圉公負王以如昭夫人之宮，君脱賊手，乃可長驅而入。下接'葉公亦至'，不緩須臾，正葉公之謀略也。毋得漫爲訾議。"（《評林》眉）謝文洊："'方城之外皆曰'，此公在方城外，便見楚之棄才。"魏禧："崔杼不殺晏子，曰'民之望也，舍之得民'，合此觀之，可知人望之重。孔子聞殺鳴竇而去晉，葉公聞殺管脩而入楚，此真賢者也。然舉事時虛名之士亦有不可殺者，昭烈不殺劉巴、許靖以收人心，魏道武殺崔逞，而司馬休之等遂中道背去，此皆要識得時務透，不拘常格常理，乃可濟事。"（闈生夾）宗堯云："殺令尹、司馬而不入，殺管脩而後入，亦見白公殺子西時，其名義以太子之子復太子之讎，雖繼太子而爲君，無可訾責，故率衆討之有不易者。"

白公欲以子閭爲王，子閭不可，遂劫以兵。（高嶹眉）第七段又夾敘亂事，見其亂尚未已，爲下段突接起勢。**子閭曰："王孫若安靖楚國，匡正王室，而後庇焉，啓之願也，敢不聽從！若將專利以傾王室，不顧楚國，有死不能。"遂殺之，而以王如高府。**

（鍾惺眉）殺子閭知白公之不終矣。（《便覽》眉）節立王一段，則兩邊夾敘及粀筍、斗筍之法皆不見。而一味順拖，便成平暢文字，故只略節數語。（《評林》眉）《經世鈔》："'遂殺之'，可哀！何不權立而圖之以復王？"石乞尹門，圉公陽穴宮，負王以如昭夫人之宮。

葉公亦至，（高塘眉）第八段接"至"字，寫葉公，卻從民情對面勘出。"胡不冑""胡冑"，兩意反覆，淋漓盡致，而人心鼓舞、國勢沸騰俱見。乃一篇之警策。兩邊說來，皆有至情至理，此即一意翻作兩層法。後人匠巧，皆自前人開山。（閭生夾）"葉公亦至"四字，乃神氣湊拍之處。及北門，或遇之，曰："君胡不冑？國人望君如望慈父母焉。盜賊之矢若傷君，是絕民望也。若之何不冑？"（孫鑛眉）"乃冑""乃免冑"，奇！兩節語奇絕之甚，真神品！論奇，扮狀貌又更奇。乃冑而進。又遇一人曰："君胡冑？國人望君如望歲焉，日日以幾。若見君面，是得艾也。民知不死，其亦夫有奮心，猶將旌君以徇於國，（閭生夾）句法酣恣之至。而又掩面以絕民望，不亦甚乎？"乃免冑而進。（《左傳雋》眉）李行可曰："二段描寫葉公得民心處，純潔精微，文之妙品。"（孫鑛眉）此論比前更深至，更婉曲有態，又更遒勁有筆力，然非得前論相映發，亦何以見其神絕？（《彙鈔》眉）極忙亂中忽作此兩折，繪出輿情變幻，頃刻如飄風□雨。兩說俱從，以狗民望，真戡亂才也。（《約編》眉）就冑、不冑以寫葉公之得民心，極淋漓盡致。（《補義》眉）王云："只就冑與免冑極力形容，而破勝已皭然，何容寫其如何戰勝也？此左氏點綴一二小事以見全局之家法也。然氣體終遜正傳之厚，深於文者自知之。"（《評林》眉）陳廣野："胡不冑與胡冑，其言異，愛葉公之心一也。然冑□則無所別於齊民，不冑者良是，葉公之能得民心如此。"《經世鈔》："'乃免冑而進'，此段讀之，可歌可泣。"謝文洊曰："前一人愛之已極，後一人愛而有深識，葉公身分便從二人口中表出。盛德之人，聲望素重，到國變時便受如此效驗，此大臣平日不可不立望也。"（閭生夾）寫亂中望治之殷，淋漓沈至，千古獨絕。遇箴尹固帥其屬將與白公。（高塘眉）第九段敘靖亂正文，前接箴尹，是葉公旁襯。後拖石乞，是白公餘波。末段結案，一起收拾，層層俱到。子高曰："微二子者，楚不國矣。棄德從賊，其可保乎？"乃從葉公。（閭生夾）追表子西、子期。宗堯按："入郢之禍，子西、子期力而挽之，故國人思二子而忘伍氏之冤矣。此亦微見民愛二子，故白公不得直也。"使與國人以攻白公。白公奔山而縊，其徒微之。生拘石乞而問白公之死焉，對曰："余知其死所，而長者使余勿言。"曰："不言將烹。"乞曰："此事克則爲卿，不克則烹，固其所也，何害？"（孫鑛眉）不諱知而堅不言，甘受烹，奇！須有此石乞一奇，方足完結白公事。（《補義》眉）周云："乞至死不言白公，人多奇之，不知'克則爲卿'二語誤盡多少人，此亂民無足怨者。"（《評林》眉）謝文洊："'使余勿言'，稱白公爲長者，寧死不言其所，想見當日結士之概。"乃烹石乞。（《析義》尾）白公向與伍子胥奔吳，其報父仇之志，亦激於子胥鞭尸之義耳。《史記》附入子胥傳後，意亦爲此。第子胥父死於讒，實非其罪。太子建與晉謀襲鄭，事洩取誅，豈可一例求報？況子西召自吳而官之，有德甚厚，即不爲報仇，安得移鄭人之怨以爲怨？假令子胥在吳，吳無圖楚之心，亦必不敢以怨楚者移之吳也。乃瞋然爲亂於國，殺二卿而劫其君，以致稔惡被討，奔山自縊，究竟不能加兵於鄭以快其報復之私，非所謂畫虎不成反類狗者乎？子西謬以其才可用，胸中拿定加恩兩字，冀結其心。實不知狼子難養如此，負媿葉公，死不足惜。若葉公入國討賊之時，國人望之，至比之父母與歲。雖緣平日愛戴而然，亦因白公不義，望討之切耳。篇中敘事處段段爭奇，條達明暢，另是一種出色文字。（《彙鈔》眉）如石乞者，所謂鐵中錚錚，傭中狡狡。（《晨書》總評）宋南金曰："報父仇，義也。不能報仇，而殺不代我報仇之人，並殺其兄弟，遂劫其王，非義也。獨是子西救鄭，史載其受賂而去矣，既食其言，復蹈焚身之禍，死不足惜，'彼哉'之稱，豈獨在沮用孔子哉？《淮南子》云：'勝得荊國，不能以府庫分人，葉公至，散財發兵，遂攻殺之。'則愚者以貪敗，忍者以賄亡，其致一也。葉公有知人之智，戡亂之才，可謂君子。而宜僚舉動，大異聶政一流。石乞受烹，亦錚錚者。篇中描寫各人口角，筆筆傳神，雲煙奇幻，令人可驚可喜，真有數文字。"（閩生夾）千古奸人之作亂者，固置生死禍福於度外也，舉一足以概其餘矣。宗堯云："白公之死，只其徒義之，與前文民愛葉公而思二子之意相貫注。"王孫燕奔頯黃氏。

（沈）諸梁兼二事，（《補義》眉）以葉公收。國寧，乃使寧爲令尹，使寬爲司馬，而老於葉。（文熙眉）汪道昆曰："敘事能品。

'楚未節'句法。'胡不胄'以下章法，'其徒微之'字法。"穆文熙曰："子西不聽葉公之言，納白公勝。既許伐鄭，又與鄭盟。是猶引豺虎入庭中，示之肉而復奪之，雖欲不被其搏噬，不可得矣。禍之來也，其自取哉！""胡不胄""胡胄"二段，想見當時愛慕葉公之情，無往不宜。而知白公之難不足平矣。葉公剪除惡孽，不勞餘力。又以二事任二氏之子，而退老於葉。高風令節，千載可知。不知當時何以輕於聖門，而仲由不以孔子對也？（《左傳雋》眉）張之象曰："收拾淨盡，而葉公成功不居之德自見，有萬鈞力。"（孫鑛眉）又完葉公事，"兼二事，老於葉"，亦是二奇。（《文歸》尾）子高於白公之未亂也，知其不可近。及其既亂也，舉兵而入，罪人斯得，而楚國已定，可以言智矣。使葉公因惠王之復，而身爲令尹，以行楚國之政，楚豈有間言哉？追念子西、子期之功，以其子爲令尹、司馬，而身老於葉。有存國之勞，而不享有國之利，於是可以言仁矣。然終不能用孔子，使聖人之效不見於當世，豈仁雖能守，而未暇繇禮歟？東坡。〖編者按：奧田元繼作徐九一語。〗"胡不胄""胡胄"，翻案語精絕，文字員妙，至是真無以加。爻一。（王源尾）勝亂楚，定其亂者葉公，以葉公爲主。然使無勝，則葉公無由見，是勝仍爲主爾。然勝雖主，而初料其必亂，中策其無成，終制其死命者，葉公也。是楚亂於勝，而葉公復之。勝之亂，成於子西，而葉公定之，則葉公非前後之關鍵，而極寫白公，所以極寫葉公乎？故初提葉公者二，中、後提葉公者再，末提沈諸梁者一，每提俱有精彩，灼灼動人，良有以也。葉公料勝曰"詐而亂""好復言而求死士"。兩言盡其爲人。故通篇序白公，只描寫此兩言，而其必亂邦也，於未亂前見之，其終於必亡也，亦於未亡前見之。蓋勝粗暴兇狠，有豪氣足以得死力，而無深謀足以成大功，筆筆爲之寫照。不但成敗較著，而聲音笑貌宛然。故凡亂賊遇此種筆，應恨、應懼、應感。毫毛不能掩其惡，應恨即應懼。乃傳之千載如見，又不死矣，故應感也。作史而不能使奸雄恨且懼、懼而感者，是殺雞未能而欲效屠龍之技者耳。白公之屬劍，子期之拔豫章，葉公之胄而免胄，前後點染，映帶俱極生動之趣。序太子建落到"白公不過"一句，序白公之殺二子與葉公之殺白公，亦不過一句，非百分洗刷，不能如此高潔。後人知洗刷者絕少，拖泥帶水，無限穢惡。而應摹繪鋪張處卻一字不會寫，蓋以繁爲詳，以略爲簡，失之遠矣。序葉公破勝，只就胄與免胄極力形容，而勝敗之數瞭然，何用序其如何戰、如何勝也？凡序大事，有不能詳、不必詳者，或前或後，序其一二小事以爲點綴，而大局即已畢見，皆如此類。一結不過數語，而精雄包括，有萬里長城之勢，由其氣厚而力大，故能托得起、蓋得住也。山河大地，撥弄掌中，只等閒耳。通篇斷續極組織之工，一緯一經，一伏一起，有多少奇正變化之法在！讀者須一一領會，不能盡批。（孫琮總評）戴冈得曰："直是一白公傳，首尾以葉公作伴。石乞不諱其知，而不言受烹，須此一奇，方結白公。至葉公兼二事，老於葉，亦奇。無此二奇以結葉公，不堪壓倒白勝。"白公亂楚，召之者子西，靖之者葉公，此文分明是二人合傳。傳白公，只是一強愎人。傳子西，只是一疎妄人。傳葉公，則是一精細縝密之人。白公之亂，葉公能料之於先，又能定之於後。其聞殺管脩而後入，妙在於相機。其遇箴尹而使從己，妙在於用人。其立令尹、司馬而老於葉，妙在有結局。相其識力，居然大臣風概，春秋固自罕其儔。子高爲人望所屬，全在"胡胄""胡不胄"二段傳寫出來。蓋其人之行事不盡傳，往往從他人口中傳之，此法後人亦有祖以行文者。但其珠圓玉潤，字字蒼秀，要是古今獨絶之筆也！（魏禧尾）魏禧曰："葉公忠誠仁讓，定大難，建大功，而聲色不動，威德勳業，與郭汾陽千古無二。"（《分國》尾）吾觀太子建在晉、鄭時，傾危如此，設當日倖免無極之譖，得以嗣位，覆楚必矣。伊子白公，酷肖其父。忽然作亂，以恩爲仇。操戈入宮，劫君叛國。此時人情在鼎沸中，葉公在方城外，不疾不徐，聞殺管脩而後入。忽而胄，忽而免胄，而知國人皆左袒。遂率以攻，而白公奔，奔而縊。拘石乞，石乞烹。此其定亂之才，何其從容整暇哉？圉公陽穴宮出王，箴尹固回戈討賊。獨子西者，誤於卵翼，自取殺身，可悲也夫！（《賞音》尾）白公實激於子胥之報仇而興焉者，然遷怒於卵翼之子西，並及子期，抑何悖也？葉公前能料之，後能定之，國寧之後，不貪大位而老於葉，學識迥不可及。（《左繡》眉）一往一復，至情至理，渾是神氣鼓舞，故千載如新。後人兩意反復，大都本此，顧安得有此精采煥發耶？前後散散敍致，此段特作整鍊，乃一篇之警策也。凡兩意往復者，後意必更妙於前意。"如望父母"已無以復加。忽變出"如望歲焉"，真使人百思不到，百思不易，奇雋極矣！結葉公，又帶結二子，完密！（《約編》尾）敍事變化錯綜，經後復有此一篇大文字，足爲後勁。（《左傳翼》尾）張悔菴曰："葉公之於白勝也，始事能慮之，既事能定之，事定矣又能讓之，其楚之全人乎？楚之衰猶有人焉。柏舉之難，而有包胥。白公之禍，而有葉公。兩人皆以身濟楚，功成不居，又略相似，何其異也？齊、晉無人，遂一壞而不可支矣。」人知白公之亂，定之者子高。不知子西欲召時，早已止之。使用其言而不授以柄，必無此禍。此曲突徙薪，策之上者也。迄不能用，而至於亂，入而定之，則已焦頭爛額矣。左氏敘後半定亂事，必先詳載諫子西之言，以見葉公之識見著著爭先，非徒因亂爲功，而無未雨綢繆之計也。子西於勝，粗略固所不免，要從一片惠君愛國、友愛弟兄血誠出來，"翼而長之"，正非好自托大語也。特胸中不辨黑白，以詐而亂之勝，而謂之信而勇，針鋒一差，毫釐千里。固知知人之明，必有窮理。復言非信，而必周仁之謂信。期死非勇，而必率義之謂勇。此等理學名言，一部《左傳》中正不多覯。勝既殺二子而劫惠王矣，君父之難，急於湯火。方城之外，皆促其入。而子高猶徘徊觀望而不前者，豈誠他有所顧慮乎？蓋賊既在內爲主，君又爲其所劫，不謀萬全而輕率以進，不唯賊不能討，且有投鼠忌器之慮，最怕是殺惠王。管脩死已大失人心，而惠王猶在，則賊之無能爲可知矣。苗傅之亂，張、劉勤王之師逡巡不進者，蓋欲爲高宗計安全耳。最妙是圉公陽穴宮負王以如昭夫人之宮，王脫賊手，則葉公直可長驅而入，無所窒礙，故一攻而賊臣授首。左氏敘亂，於白公不肯弑王後，緊接葉公之入。於公陽穴宮負王後，緊接葉公之至。深得當日定亂大略。或者但賞其波瀾之恣肆，此等處概從忽略，不可謂之知文也。變亂不極，不至情迫水火，則望救之情不殷。無定亂之才，不能救焚拯溺，則呼號之念不迫。當此危急存亡之頃，而葉公適至，安得不舉手加額？"胡冑""胡不冑"，當日實情實景，舉筆貌之，便是絕世奇文。若有意裝點，縱說得如火如花，終是神采不屬，有能若此情來神來者乎？石乞欲弑王者也，葉公雖至，而王不能離脫虎口，則觸手有礙，難以展布。然圉公陽雖已穴宮負王，而石乞時時隄防，稍緩須臾，葉公不至，昭夫人之宮非不可蹤跡而至也。王之危難正在呼吸，得葉公至而勝、乞之徒乃自顧不暇矣。"葉公亦至"，此"亦"字承穴宮負王來，見王方得出，而葉公適來，真有天幸。定亂全以安王爲主，王得所安，則處置他事自可次第展布，此等處皆宜著眼。石乞至死不言白公，人多奇之。不知"克則爲卿"二語，斷送幾許人物在其中。如此亂民，何時蔑有，而欲爲之獎亂乎？（《便覽》尾）召亂者子西，以"弗從""不悛"爲眼目，而入手已插入子高。定亂者子高，以"聞殺管脩""遇箴尹固"爲眼目，而結手仍合到寧、寬。真筆陣四出、章法自成一片者。"召之""許之""微之"，尤是前、中、後要眼。至於子高之料事、定亂、不貪，亦不可及。芳自記（《日知》尾）結構嚴密緊簇，然自具徘徊容與之致。其描寫生動處，則史公刺客傳之祖。借葉公、子西之論作全文提掇，與哀八年吳伐我篇同法。（《自怡軒》尾）白公志在得國，其不獲伐鄭，而遷怒子西者，特借以起釁也。然實淺露易制，子西失之疏耳。觀於葉公國，其亂立定，正以見子西、子期之禍由自取。（《評林》眉）謝文洊："'老於葉'，兼二事見葉公之才，終讓二子見葉公之德。風采如此，真可畏可愛。以此人而問孔子，似可深語，不知子路何故拒之。"（方宗誠眉）此篇記葉公能知人善任。（林紓尾）凡讀古人極喧鬧之文字，萬萬不可爲之震眩失次，先着眼定其主客。此篇之主似屬白公，實非白公，蓋葉公也。白公之入楚由子西，而葉公已一眼看到，曰："復言，非信。期死，非勇。"此二語將白公生平斷定如鐵案。以下聽其喧鬧到不堪地步，似是主位，而不知盡客位也。亂到極處時，但閑閑點出"葉公在蔡"四字，已全神在握。又復舍去，寫石乞之劫王，復閑閑點出"葉公亦至"四字，以下寫"胄而進""免胄而進"，則人心歸向葉公，萬萬無不勝之理。至言"使國人以攻白公"，則上二項即爲得人平亂之波瀾，此易辨也。中間插入箴尹固一段，即《南史·元兇劭傳》中所謂"虎頭來毋晚乎"，爲百忙中之閒筆。《南史》之有此筆，或即摹仿左氏，未可知也。白公既縊，石乞既烹，葉公遂兼二事。兼二事者，應上無令尹、無司馬，將子西、子期作一照應之筆。"國寧"二字，王復位已在其中。既有寧、寬二人，遂歸老於葉。寧，子西子也。寬，子期子也。仍以子西、子期爲結束，章法道緊極矣。尤妙在百忙中，插入熊宜僚之勇而知義、子閭之忠不惜死，爲白公、石乞之反照，實則隨手結束，於正文並不牽涉，由其才力有餘，故部署井井。即寫到子西、子期，一則掩袂而死，悔過也。一則抉豫章殺人而死，示勇也。亦不苟將二人閑閑抹殺，是其精神完到處。至於白公屬劍等事，均脫不出白公期死、復言之一語，通篇無懈可擊，生氣勃勃動人。（《菁華》尾）葉公、子西兩人意見不同，一一對敘，其人之賢愚可見。子西任性自喜，其不以白公之言爲眞，宜矣。乃子期之子平，聞人欲殺其父，既與子西言之，而獨不一告子期，此甚不可解。或子期與子西所見略同，而平亦無如之何乎？葉公不肯遽自引兵入國，自得兵家持重之道，未可以赴義不勇譏之。子閭既辭昭王立己之命，豈肯俯徇亂黨之請？只辦一死而已。石乞既獲，即獻出白公之尸，亦斷斷不免於死。其故作強項語者，乃其智之有餘也。

衛侯占夢，嬖人求酒於大叔僖子，不得，與卜人比，而告公曰："君有大臣在西南隅，弗去，懼害。"乃逐大叔遺。遺奔晉。（《分國》尾）酒肉之累人甚矣，劉毅從庾悅求炙鵝子，不與。出都江州，致悅忿懼而卒，況嬖人乎？（《左傳翼》尾）莊公害故政，欲盡去之。大叔遺，伯姬之壻，亦故政也。伯姬母子俱已被遣，遺豈能獨存？二人之讒，其承公者乎？抑窺公意乎？（《補義》眉）求酒不得，僖子頗有氣節，而遂爲所陷，蓋卜人中其所忌也。汪云："術士行蹤可畏，人君遠佞人，此尤當先。"（《評林》眉）穆文熙："夢卜中人最爲易入，自非至明，鮮有能察之者。"

衛侯謂渾良夫曰："吾繼先君而不得其器，若之何？"良夫代執火者，（孫鑛眉）不説屏左右，有蘊藉。而言曰："疾與亡君，皆君之子也。召之而擇材焉可也，若不材，器可得也。"豎告大子。大子使五人輿豭從己，劫公而強盟之，且請殺良夫。公曰："其盟免三死。"曰："請三之後，有罪殺之。"公曰："諾哉！"（孫鑛眉）"諾哉"是口允而心不允。（《彙鈔》眉）靈公逐子，蒯聵亦逐子。衛輒拒父，太子疾又劫父。不父不子，莫此爲甚！（《左繡》眉）蘇子云："物必先疑也，而後讒入之。"嬖人雖詐，安能誑無疑之主哉？其意在"不材，器可得"，太子錯會意，此良夫所謂無辜也。諾者，應之決。哉者，應之疑。且疑且決，蓋莊公之負心，固適遇其子之促之也已。（《左傳翼》謂）莊公入戚，趙鞅納之，其立國則伯姬母子爲主，皆不難以相負，何愛於渾良夫而必爲之保全？得器一問，蓋欲得彼隙而致之死也。夫聵與輒，父子而仇敵者也。無端欲召之，良夫又不知何意。不然，何故代執火者而言，作此機密事乎？説着亡君，便犯莊公之忌，所以疾劫盟，快然從之也。請三後殺，妙想實出莊公意外。"諾哉"一語，喜之不勝。千載下聲猶未寂，謂"哉"字爲疑詞者，非也！（武億尾）談笑戈矛，使人咋舌。筆力駿疾，與之相肖。

◇哀公十七年

【傳】十七年春，衛侯爲虎幄於藉圃，成，求令名者，而與之始食焉。大子請使良夫。良夫乘衷甸兩牡，紫衣狐裘，至，袒裘，不釋劍而食。大子使牽以退，數之以三罪而殺之。（文熙眉）汪道昆曰："辭令能品。"穆文熙曰："大子以良夫爲令名可咲。蒯聵許殺良夫，可謂有英主之慨。"（韓范夾）良夫舉動如此，雖赦其百罪，亦不免也，況三罪乎？然太子亦可謂捷而狠矣。《分國》尾）屏人密謀，皆奸人所爲也。徐湛謀誅太子，勁秉燭繞壁。徐知諧夜引齊丘，以鐵箸畫灰作字。皆是也。渾良夫代執火者而言，自謂密謀，卒死於密謀。雖然，良夫之罪在通伯姬，於莊公固功臣也。欲加之罪，何患無辭？太子固虐，莊公亦似寡恩。（《左繡》眉）"諾哉"後，即接寫此段，寫得談笑戈矛，使人咋舌。筆力駿疾，與之相肖也。"成"字、"至"字，以一字爲頓挫。短文節奏，固以簡潔爲工。良夫非卿，衷甸、兩牡，亦罪也。當併袒裘、不釋劍爲一，而以首項足之，方令敘事不落空耳。（《左傳翼》尾）孫執升曰："良夫代執火者而言，與徐湛之秉燭繞壁同一機密，而皆不免以謀露而敗。大子數以三罪而殺之，洵是除惡狠手。然則召客固須擇人，即嘉會亦殊難赴也耶？胸中總橫一'三死無與'一語，自謂常恃無恐，而又居然應令名之求，不覺志得意滿，驕縱起來。小人而冒爲君子，自然死不旋踵。不然，三罪畏避，終身不敢一犯，胡爲一舉犯之，且溢而爲四，没心肝人往往蹈此，可不爲之大哀乎！"欲加之罪，何患無辭？妙在莊公全然不問，一聽太子調度，想良夫必自恃其功，令人難堪，公欲除之久矣。伯姬、孔悝出後，良夫寒心，有欲納亡君之意，爲莊公所窺，一問而得真情，所以殺之不稍顧惜也。莊公雖云負心，良夫其亦有以自取之歟？（《補義》眉）悝母子逐則良夫危，即畏法不免，況驕縱乎！（《評林》眉）呂祖謙："良夫雖無令名，而君臣上下之間，見之已如芒刺在背矣。當藉圃之請，即不能辭，姑遠竄他國可也。廼其車騎佩服飲食之際，並驕奢罔憚，無人臣之禮，寧非自速其死哉！"穆文熙："莊公之殺良夫，待其三罪，則亦太晚，能無見嗤於公子朝乎！"

　　三月，越子伐吳。吳子禦之笠澤，夾水而陳。越子爲左右句卒，使夜或左或右，鼓噪而進。吳師分以禦之。越子以三軍潛涉，當吳中軍而鼓之，吳師大亂，遂敗之。（孫鑛眉）兵法可玩，亦有簡法。（王源尾）左氏序戰功之妙，千古無兩，余評之詳矣。此絕筆也，極奇正之變，而該兵法之能，足以包羅從前無限妙諦。蓋兵法無他，奇正而已。奇正無他，變化而已。變化無他，不測而已。出其不意，攻其無備，不測之術也。多方以誤之，出不意，攻無備之術也。千章萬句，能外此乎？淮陰、諸葛之雄，孫武、太公之略，有加於此乎？而此傳一一備之。句卒，奇也。三軍，正也。左右鼓噪，虛而實，以奇爲正也。三軍潛涉，實而虛，以正爲奇也。吳師分禦左右，誤矣。當中軍而鼓，出其不意，攻其無備矣。不過數言，而寫盡兵家能事，謂左氏不知兵，吾不信也！勾踐人傑，范蠡奇才，剪滅強吳，主盟中夏，其行軍用兵之道，豈漫然哉？有此一傳，則所謂十年教訓者，其經綸略可睹矣。而牝牡陣之名、《握機經》之傳、《吳越春秋》之記載，或訛而難解，或贋而失眞，不可束之高閣矣乎？（《左繡》眉）吳以多方誤楚者，今越又以多方誤吳，而戰陣乃愈出愈奇，可以觀世變矣。只"夾水而陳"句總説，餘俱吳與越兩邊對説，小文極變而整也。（《左傳翼》尾）多方以誤之，此吳人肄楚長伎，則出其不意，攻其無備，豈不當以防越？而自艾陵勝齊以來，良將勁兵已盡於上國。子胥既死矣，又失謀主。伯嚭爲越内應，日以流連荒亡蠱惑夫差。勾踐、種、蠡日夜謀略，毫不措意。甬東之禍不待智者而知之也。兵法奇正互用，雖屬變化不測，究亦人人意中所有。李臨淮賊攻此則備彼，賊所不至，巡邏亦所不廢，彼能攻我無備，我亦出彼不意，虛虛實實，安知彼不殲於我手而竟爲彼所敗乎？

　　晉趙鞅使告於衛曰："君之在晉也，志父爲主。請君若大子來，以免志父。不然，寡君其曰志父之爲也。"衛侯辭以難。大子又使椓之。（孫鑛眉）"椓"字新，然覺太生。（韓范夾）攻其父之罪，使見討於大國，何衛之多不仁人也？（《評林》眉）《匯參》："椓，中角反，古與諑通。《韻書》：'諑，訴也，責也。'"

　　夏六月，趙鞅圍衛。齊國觀、陳瓘救衛，得晉人之致師者。子玉使服而見之，曰："國子實執齊柄，而命瓘曰：'無辟晉師。'豈敢廢命？子又何辱？"簡子曰："我卜伐衛，未卜與齊戰。"乃還。（《分國》尾）時蒯聵初劫孔悝而立，輒奔魯，趙鞅召之，曰："請君若太子來。"宜聵辭而輒又椓之，晉師復至也。夫納聵者，鞅也。圍衛者，亦鞅。鞅誠何心？一聞齊師，解圍而去。自反不縮，宜其怯耳。（《左繡》眉）此篇作兩層讀，前寫趙氏乘興而來，後寫趙氏興盡而返。而"太子使椓""未卜戰齊"兩句，閑中又爲聵死、恒強各各伏案。妙筆！（《左傳翼》尾）趙鞅告衛之辭，委蛇入情。付之不理，豈以

"鐵上之戰、救之以戈"爲足以報大德乎？如此薄倖，晉人來討，而齊救之，何也？陳瓘鴟張螳怒，盛氣淩人，鞅不與校，斂兵以退，可謂善藏其用也已。至疾之於父，前則劫之，今又椓之，與輒何異？薄德萃於乃躬，戾氣鍾於一門，是父是子，難兄難弟。人倫至此，康叔、武公之德，猶有存焉者乎？可爲長太息者矣。（闇生夾）子玉知趙鞅內餒，故以虛聲恫喝而退之也。

　　楚白公之亂，陳人恃其聚而侵楚。楚既寧，將取陳麥。楚子問帥於大師子穀與葉公諸梁，子穀曰："右領差車與左史老，皆相令尹、司馬以伐陳，其可使也。"子高曰："率賤，民慢之，懼不用命焉。"（《補義》眉）汪云："子高意在二人無令德而不稱其任，非徒以其賤也，不過以爲辭耳。"子穀曰："觀丁父，鄀俘也，武王以爲軍率，是以克州、蓼，服隨、唐，大啓群蠻。彭仲爽，申俘也，文王以爲令尹，實縣申、息，朝陳、蔡，封畛於汝。唯其任也，何賤之有？"（《補義》眉）駁"賤"字甚當，但不知子高之意。子高曰："天命不謟。令尹有憾於陳，天若亡之，其必令尹之子是與，君盍舍焉？臣懼右領與左史有二俘之賤，而無其令德也。"王卜之，武城尹吉。使帥師取陳麥。陳人禦之，敗。遂圍陳。秋七月己卯，楚公孫朝帥師滅陳。（《評林》眉）魏禧："'有憾於陳'，按：亦未必是此事。"王元美："所云'歲在鶉火，是以卒滅，陳將如之'，至是而驗。"

　　王與葉公枚卜子良以爲令尹。沈尹朱曰："吉，過於其志。"葉公曰："王子而相國，過將何爲？"他日，改卜子國而使爲令尹。（《左繡》眉）命將卜相，皆以葉公爲主，各以一人作陪。前詳後略，平敘而有側勢，亦一變格也。子穀語，亦自説得事理明透，幾疑無以難之。葉公只須有"賤而無德"一語，輕輕解卻，眼明於鏡，筆快如刀，乃有此樂！"與"字倒煞令尹之子，"舍"字順呼右領左史，用筆圓甚，與惡莊愛段手法始終不易也。朱以過爲吉，葉公正以過爲不吉，語語鬆快。前後詳略迥別，其筆意則自相配耳。（《左傳翼》尾）子高有知人之明，前決白公，如燭照數計。今此命將卜相，皆待其一言而決。"過將何爲"，固足以關沈尹之口。其摺子穀，有"賤而無德"語，雖婉而理寔的寔，固不徒好爲口給，喋喋與人争勝負也。（《日知》尾）都作快論，然氣自厚。

衛侯夢于北宮，（孫鑛眉）碎敘盡有生色，而色態尚未濃。（《補義》眉）一起統冒全神，直到入戎州、遇己氏。見人登昆吾之觀，被髮北面而噪曰："登此昆吾之墟，緜緜生之瓜。余爲渾良夫，叫天無辜。"（韓范夾）雖良夫有罪，然殺功臣非所宜也。惜韓、彭之無是舉也。（《左繡》眉）此篇乃終崩瞶之事也。作兩截讀，上半敘其見出於晉伐，後半敘其見殺於戎州。上半於妖夢著精神，而親筮貞卜，種種虛心，作兩層寫出。下半於衆怒著精神，而剪戎髡己，種種貪暴，亦作兩層寫出。一晉立般師，一齊立起，收局相配，亦以遞爲對章法。孫執升曰："昆吾良夫之叫，死者之冤也。戎州己氏之髡，生者之冤也。生死含冤，而又有石圃匠氏以益其毒，簡子即不迫人於危，贖其能有久生之理乎？"（《評林》眉）王元美："良夫之爲厲，事或有之，然春秋中死而冤者未有不夢，即申生之孝亦然，何其響應若是哉？古來史氏多誣，而左氏則尤甚。"公親筮之，胥彌赦占之，曰："不害。"與之邑，寘之而逃，奔宋。衛侯貞卜，其繇曰："如魚竀尾，衡流而方羊。裔焉大國，滅之將亡。闔門塞竇，乃自後逾。"（《補義》眉）一筮一卜，爲昆吾一呼作勢。（《評林》眉）王元美："繇辭若親見其妝裁。"

冬十月，晉復伐衛，入其郛。將入城，簡子曰："止。叔向有言曰：'怙亂滅國者無後。'"衛人出莊公而晉平，晉立襄公之孫般師而還。十一月，衛侯自鄄入，般師出。（《補義》眉）忽作一折，似被髮而叫者亦無甚作爲，而筮、卜皆不甚驗，下面兩段方轉身有勢。

初，公登城以望，見戎州。問之，以告。公曰："我姬姓也，何戎之有焉？"翦之。公使匠久。公欲逐石圃，未及而難作。辛巳，石圃因匠氏攻公，公閘門而請，弗許。踰于北方而隊，折股。戎州人攻之，大子疾、公子青踰從公，戎州人殺之。公入于戎州己氏。初，公自城上見己氏之妻髮美，使髡之，以爲呂姜髢。（孫鑛眉）此節稍有風致。既入焉，而示之璧，曰："活我，吾與女璧。"己氏曰："殺女，璧其焉往？"遂殺之而取其璧。（《彙鈔》眉）夾敘許多閒事，卻爲正文中要緊處。舉動乖錯，正爲殺身亡國之由。衛人復公孫般師而立之。(文熙眉）穆文熙曰："莊公髡己氏妻之髮，爲姜氏髢，雖未至殺人，然不道異常，殊爲可恨。殺而取璧，足以報之矣。"（《補義》眉）突起一波，似與登叫者無涉，而入戎州、入己氏，若有使之者，隱隱關合首段，蓋脱胎於晉景大厲之夢而自成一格。（《評林》眉）穆文熙："莊公翦戎州，髡人髮，諸惡異常，而又不事強晉，輕逐世卿，何得不滅亡乎？"

十二月，齊人伐衛，衛人請平。立公子起，執般師以歸，舍諸潞。（《分國》尾）瞞成逐矣，孔悝行矣，大叔遺奔矣，渾良夫殺矣，晉人來伐矣，衛人於是乎出莊公，而戎州難作，身死己氏。孟子曰："德慧術知，生於疢疾。"莊公可謂疢疾矣，而憒憒如此耶？其後出公作孼，大段似父。（《左傳翼》尾）渾良夫與趙簡子皆有德於蒯聵者也，而皆負之，以致死者含冤，生者抱恨，而況戎州己氏及匠氏、石圃之無端受害者乎？衆怒難犯，未有若此公之甚者。既獲妖夢，而親筮貞卜，咎徵迭見，宜乎禍不可弭。乃趙氏雖興問罪之師，而不肯迫人於危。雖立般師，而不久聽其自入，似乎渾良夫被髮而譟，終無如彼何也。乃無辜叫天，不假手於晉師，而洩憤於衆怒。己氏爲一女子，下手尤辣，而死者之冤，生者之恨，一齊發洩。讀者至此，當浮一大白。北宮之夢，雖是衛侯心虛所致，然雖死爲厲，理實有之。況良夫似冤被戮，能不叫天無辜乎？怨不在大，亦不在多。莒子以一嫠婦而喪其城，衛侯以一髡婦而隕其命。匹夫匹婦，一能勝予，古人豈欺我哉？（《日知》尾）敍蒯聵遇害事，詳石圃、匠氏及己氏妻足矣，因此公生平負心最多，而殺良夫、忘晉其尤顯者，故以良夫爲發端，以晉伐爲緣起，與後兩攻一殺若類及者。而種種自取，令人得之言意之外，故立格渾成，而寓意深婉。

公會齊侯，盟于蒙，孟武伯相。（《補義》眉）魯襄嘗稽首於晉君矣，武伯何不效知武子之謝魯者以謝齊耶？汪云："武伯初欲張其君，繼乃自張矣。"**齊侯稽首，公拜。齊人怒，武伯曰："非天子，寡君無所稽首。"武伯問於高柴曰："諸侯盟，誰執牛耳？"季羔曰："鄫衍之役，吳公子姑曹。發陽之役，衛石魋。"**（《補義》眉）姑曹、石魋前二役皆不敍明，亦史家互見法。得此兩陪，文境乃不枯寂。**武伯曰："然則彘也。"**（《左繡》眉）寫孟伯妄自尊大處，前張其君，後且以自張。高不過亢，古人以爲難，於此益信。郊戰嘿嘿，此番一何饒舌？惜齊人無有以此叩之者。"然則豈也"，陽以小國自謙，實陰以大國自倨，與上"無所稽首"同一神理。諸家皆坐煞小國當執牛耳，失其旨矣。（《評林》眉）鍾伯敬："武伯能執禮抗齊，似不在子產之下。"（《左傳翼》尾）"非天子寡君無所稽首"，隱見己之拜爲合禮，而齊侯之稽首爲非禮也。分明以儒書敖齊侯，令他塞口。"然則豈也"，毫不辭謝，居然以吳公子姑曹自處，趾高氣盈，其能免大國之討乎？

宋皇瑗之子麇，有友曰田丙，而奪其兄鄷般邑以與之。（《補義》眉）友親於兄。鄷般慍而行，告桓司馬之臣子儀克。子儀克適宋，告夫人曰："麇將納桓氏。"（《補義》眉）夫人先於君。公問諸子仲。初，子仲將以杞姒之子非我爲子。麇曰："必立伯也，是良材。"子仲怒，弗從，故對曰："右師則老矣，不識麇也。"（《補義》眉）汪云："覰一筆，尖冷。"公執之。皇瑗奔晉，召之。（《左繡》眉）"雖有兄弟，不如友生"，其麇之謂歟？只用"老矣"一覰，於麇又只須"不識"二字，輕輕敲擊，意已躍然，此譖人之至巧者。（《左傳翼》尾）皇麇以奪兄邑而啓禍，又以欲立人兄而被譖。作不順而施不順，與臧紇同，其得禍宜也。獨怪子仲立後，既不從麇言矣，胡爲以口舌之故，而以納叛實人之罪，作此罔極事耶？鄷般慍弟，遂殺其父，幾致族滅。宋公枉殺，既知其情，而於譖人一無所問。政刑無章，何以立國？末世君臣父子兄弟友朋乖亂若此，尚有天日乎？

◇哀公十八年

【傳】十八年春，宋殺皇瑗。公聞其情，復皇氏之族，使皇緩爲右師。（《分國》尾）"立伯"之言正，而反見執，以致僇父，幾於覆宗，禍僨於奪邑也。戒之哉！（《補義》眉）汪云："鄷般搆弟、殺父、克野，任意行讒，何皆置之不問？知宋景之失刑。"

巴人伐楚，圍鄾。初，右司馬子國之卜也，觀瞻曰："如志。"故命之。（《補義》眉）以五"志"字爲線索。及巴師至，將卜帥。王曰："寧如志，何卜焉？"使帥師而行。請承，王曰："寢尹、工尹，勤先君者也。"三月，楚公孫寧、吳由于、薳固敗巴師于鄾，故封子國於析。君子曰："惠王知志。《夏書》曰：'官占唯能蔽志，昆命于元龜。'其是之謂乎！志曰：'聖人不煩卜筮。'惠王其有焉！"（《分國》尾）任賢不貳，終身不遷。"寧如志，何卜焉"，惠王二語，千古不磨。（《左繡》眉）此篇敘楚惠命子國克巴事，凡寫五"志"字。前兩"志"字在子國分中說，後兩"志"字就土分中說，末"志"字乃引古語。蓋以志合志，所謂如志、知志者，胥是道也。此一字兩用法。左氏于篇終又出一奇。（《左傳翼》尾）古聖人論卜筮，必曰朕志先定，未有不謀及乃心而遽云龜從筮從者。今巴師至，卜帥而以子國右司馬之如志決之，請承則並不必決之於志，此所謂朕志先定者。志曰："聖人不煩卜筮。"惟能不煩卜筮，乃可謂之知志。篇中"志"字凡五見，"如志""知志"皆與"志曰"志字一例看。惟"蔽志"志字就心看，而究之以志合志，分爲二，仍合爲一。因惠王有"寧如志，何卜"一語，故就"志"字幻出一篇妙文。此與鬬廉不疑何卜相似，昭王不以卜而祭河，惠王不以卜而擇帥，皆明於卜筮之道者。彼臧孫辰之居蔡也何爲？

夏，衛石圃逐其君起，起奔齊。衛侯輒自齊復歸，逐石圃，而復石魋與大叔遺。（《左繡》眉）石圃之逐，輒甚明於大體。然視夜半之遺，正復不殊，固乃公之風類也。（《補義》眉）石圃弒君、逐君，無一不爲，一死不足以敝辜，乃竟不死。

◇哀公十九年

【傳】十九年春，越人侵楚，以誤吳也。夏，楚公子慶、公孫寬追越師，至冥，不及，乃還。（《左繡》眉）此處越亦弄巧成拙矣。惜夫差不能乘機報怨耳。

秋，楚沈諸梁伐東夷，三夷男女及楚師盟于敖。（《左傳翼》尾）是時越未滅吳，而暴骨如莽，日事於兵，事事效吳，所以夷吳未久，而卒爲楚滅也。此固其幾之先見者矣。孟子云："由今之道，無變今之俗，雖與之天下，不能一朝居也。"秦、隋暴亡，無不由此。後世人君迷而不悟，亦又何耶？本是三節，寫在一處，便如一片光明錦，左氏文連了又斷，斷了又連，分之各爲一節，合之可成一篇，其中蜂腰鶴膝，草蛇灰線之妙，有非淺學所能窺尋也。讀者且於一篇內妄行芟節，謬矣！

冬，叔青如京師，敬王崩故也。（《左繡》眉）《正義》："《世族譜》：'敬王崩，子元王仁立。'《世本》：'敬王崩，貞王介立。貞王崩，元王赤立。'《周本紀》又云：'敬王崩，子元王立，八年崩，子定王立。'未詳孰是。"

◇哀公二十年

【傳】二十年春，齊人來徵會。夏，會于廩丘。爲鄭故，謀伐晉。鄭人辭諸侯，秋，師還。（《左繡》眉）春秋之終，鄭猶爲不忘盟主者，與叔青之如京師，皆僅事也。

吳公子慶忌驟諫吳子，曰："不改，必亡。"弗聽。出居于艾，遂適楚。聞越將伐吳，冬，請歸平越，遂歸。欲除不忠者以說于越，吳人殺之。（《分國》尾）吳之不忠者，越人之所利也。雖除之，恐亦難止越師。伍員在焉，庶可共濟。（《補義》眉）汪云："伍胥且死，忌何能爲？然忌亦子胥亞也。"（《評林》眉）王元美："按《吳越春秋》，慶忌爲要離所殺，蓋智小而圖大，固宜其取禍也。"穆文熙："事不量力，禍且隨之，慶忌可鑒，其不忠者，必太宰嚭也。"（闈生夾）此表慶忌。宗堯按："此與子胥、龍逢同出一轍，以見吳之必速亡也。"

十一月，越圍吳。趙孟降於喪食。（韓范夾）趙孟此舉勝於齊桓，宜其啓土雄世也。（《補義》眉）此爲趙興起本，豫爲末篇映照。（《評林》眉）湯睡菴："趙孟蓋急黃池之小信，而不知吳之將亡乃天之所廢也，何用降食爲？"（闈生夾）"越圍吳"下，忽接入趙孟居喪，最爲票姚奇肆，所謂口前截斷弟二句也。圍吳三年，此何等大事，文乃掩抑遏絕，了無一字記載，轉從趙孟來使寫出吳王末路，筆墨蹊徑非復人間所有。《國語》《史記》於種、蠡諸人功業，斤斤侈言之，左氏不著一字，識量之高非他人所敢望也。楚隆曰："三年之喪，親昵之極也。主又降之，無乃有故乎！"趙孟曰："黃池之役，先主與吳王有質，曰：'好惡同之。'今越圍吳，嗣子不廢舊業而敵之，非晉之所能及也，吾是以爲降。"（《補義》眉）周云："此時晉已分，而知伯爲仇，安能救吳？云非所及，實有一段悽惻不能爲懷情狀。楚隆曰："若使吳王知之，若何？"趙孟曰："可乎？"隆曰："請嘗之。"乃往。先造于越軍，曰："吳犯間上國多矣，聞君親討焉，諸夏之人莫不欣喜，唯恐君志之不從。請入視之。"（閩生夾）春秋之末，已開戰國之風。許之。告于吳王曰："寡君之老無恤使陪臣隆，敢展謝其不共。黃池之役，君之先臣志父得承齊盟，曰：'好惡同之。'今君在難，無恤不敢憚勞。非晉國之所能及也，使陪臣敢展布之。"（閩生夾）宗堯云："當世強國，吳、越、晉、楚耳，晉人之不救，不可遺漏，故黃池之會於此述之。不曰晉國，而曰趙孟，不曰不救，而曰不能，意最微至。"王拜稽首曰："寡人不佞，不能事越，以爲大夫憂，拜命之辱。"與之一簞珠，使問趙孟，曰："句踐將生憂寡人，寡人死之不得矣。"（孫鑛眉）兩語陪甚。（《補義》眉）吳王絕無請救之言，已諒其力有不能，賓主寫得極落寞，卻極悲愴。（《評林》眉）汪道昆："'生憂'，謂不待其死，而生令憂也。史黯則有四十年吳亡之言，故吳王感其言而問其人也。"王曰："溺人必笑，吾將有問也，史黯何以得爲君子？"（閩生夾）一掉轉出奇筆，發明夫差之氣概。對曰："黯也進不見惡，退無謗言。"王曰："宜哉。"（《左繡》眉）此篇見晉憂吳而不能救，爲越滅吳起本。末段似屬贅附，於通體文意不入，卻不知正緊與起處"降於喪食"對照也。蓋旁人猶以先人之故，欲繼舊業，不遑寧處。而夫差爲越生憂，且閒閒然説閒話、問閒人，縱晉國能及好惡同之，其與幾何？篇中頻點黃池，所以動其雄心。頻點先臣，所以觸其孝思。而卒莫之振也。豈惟溺人必笑，直喪心病狂，亦辜負此一番降食好心矣。此爲綿裏針之極筆。文上下以復筆爲兩對，起訖以"降於喪食""與之簞珠"爲映帶，中間以先造越軍爲承轉，章法極圓極密，末附一段作尾，亦前偶後奇格也。只淡淡兩字，而無限太息之神盡在其中。不唯感觸史黯曩言，其慚愧於趙孟厚意者深矣。（《左傳翼》尾）盟以周信也，吳爲越圍，亡在朝夕，此而不救，將所謂"好惡同之"，其謂之何？但晉至此時，早已分崩離析，襄子一人豈能爲之主？非晉所能及，此非虛詞，胸中實有一段悽悽惻惻不能爲懷情狀。口口黃池，見其同病相憐也。若云藉以動其雄心，以作嘲笑之辭，則是無恤此舉之爲輕薄，豈降於喪食本意乎？"勾踐將生憂寡人""寡人死之不得"二語深痛，不堪卒讀。既知如此，何以慶忌忠悃之言，尚褒如充耳也？豈勢已至此，不能挽回耶？好頭顱，不知當誰人砍去，千古昏王，同此覆轍。史黯之言，聞之久矣。老大不以爲然，所以至此猶不知其何以得爲君子。極苦惱時，突然問此，似乎扯淡，而不知其中有無限神情傳於口吻之外。先著"溺人必笑"二語，慘澹之極，非左氏固無此傳神妙筆。張悔荓謂："何以不思子胥而思史黯？子胥所言，人事也。史黯所言，天道也。夫差問及史黯，意將委之言不驗矣，慙于晉人云爾。不知早能用子胥，則史黯之言不驗矣。"余謂夫差至此，既不念及四十年吳當亡，豈不念二十年之後吳爲沼？但此是對晉人，故問晉人耳。"吾早從嚭之言，不及此"，獨居深念，恐夫差亦同此情也。（《日知》尾）吳王夫差是判然兩截人：三年報越，精銳刻鷙；及其暮年，志與氣衰。要以黃池爲分界處，圍吳至滅吳，事歷三年。而自入吳至今，亦閱八年。苟入吳之後，即悟其反噬，而復振其立庭之志。即令圍吳之時，既知欲生憂，猶可奮其報越之心，恐卧薪嘗膽者未必得志也。抱憂終日，安坐俟死，突振突衰，較若秦越，果因大創而闖冗耶？抑女戎之餤鑠盡英鋒也？作者欲傳此意，卻作相君之背筆法，借趙孟作旁見側出，爲夫差作反襯，倒楔其言黃池、言先人及不廢舊業、不敢憚勞云云，晉人自述其念舊之情，作者則寄其欸吳不念之意，所謂以客形主也。其言將生憂死不得云云，吳王自述其困頓，作者則借寫其尩隤也。一問史黯，一欸宜哉，在吳王本因"四十年吳當亡"一語，而偶繫遐思。在作者則借寫其祇有待死之心，更無求生之氣也。論者概當正面文字讀，遂致末段如疣之贅，抑未思自圍迄滅，事歷三年，兩國情事，語言多矣，乃暇旁及晉人語耶？然則作者從冷處著手，讀者從閒處著眼可也。（《菁華》尾）越軍聞楚隆之言，縱之入城，而不慮其有密謀者，蓋亦料知晉之無能爲也。收語甚有別趣。（闓生夾）先大夫評曰："黃池之會，吳之極盛也，而語語有衰颯之聲。此役也，吳亡矣，而一掉乃閒遠如此，所以發明夫差之英氣也。黃池所以折其盛氣耳。"闓生謹按：夫差自是英主，《國語》《史記》所載狼狽極矣，此文著一二閒筆，英氣凜然，最足發明夫差霸略，且與篇首史墨之言相呼應，章法尤佳。又按："進不見惡，退無謗言"八字，正爲夫差反面取影，藉以論定其爲人。蓋夫差之爲人，進則見惡，退則有謗言也。文字精妙，一至於此。蓋無一字泛設，又無一語落恒常蹊徑。王曰"宜哉"，輕輕一答，而無窮嗟歎悼惜之意自在其中，幽邈瓊絕，不著跡象。千古以來無能仿似萬一者。讀此文一過，覆讀《國語》《史記》所記，覺其蕪蔓多矣。

◇哀公二十一年

【傳】二十一年夏五月，越人始來。

秋八月，公及齊侯、邾子盟于顧。齊人責稽首，因歌之曰："魯人之皋，數年不覺，使我高蹈。唯其儒書，以爲二國憂。"（《補義》眉）此番公稽首，齊侯拜，只一"責"字自明，文之以簡勝也。《困學紀聞》："春秋之季已輕儒矣，至戰國淳于髡有賢者無益之譏，秦昭王有儒無益之問，末流極于李斯。"

是行也，公先至于陽穀。齊閭丘息曰："君辱舉玉趾，以在寡君之軍。群臣將傳遽以告寡君，比其復也，君無乃勤。爲僕人之未次，請除館於舟道。"辭曰："敢勤僕人？"（孫鑛眉）只一語，固有致。（《分國》尾）一不稽首，貽誚數年，至以《易》《象》《春秋》《周禮》在魯之國，而曰"惟其儒書"乎？（《左繡》眉）此見魯之終爲齊弱也。不惟高蹈之歌明受齊侮，即除館之請亦暗受齊譏。一皋一勤，分明笑魯向不稽首，單靠儒書。今竟先至，且煩傳告。一何前倨而後卑也？而孟伯噤口不敢發聲矣。《國策》終篇，以好士爲譏。《春秋》末年，亦以儒書爲詬。風會所趨，不約而同乃爾。他文必以此歌作煞，此獨用之前半，亦脫換熟境處。（《左傳翼》尾）蒙之盟，祇一孟彘剌剌不休。此會何嘿無一言也？齊人責稽首，而公先至陽穀，前倨後恭，不應若是。除館之請，慰我乎？嘲我也。口角尖冷，較歌辭更覺難堪矣。"敢勤僕人"，小心之極，寔羞溢不敢出聲光景。魯秉周禮，今乃以儒書爲世詬病也。孟彘妄自尊大啓之也。彘乎、彘乎，真孟氏之豚犬乎？

◇哀公二十二年

【傳】二十二年夏四月，邾隱公自齊奔越，曰："吳爲無道，執父立子。"越人歸之，大子革奔越。（《左繡》眉）越始强而邾即歸，甚矣！饑易食，渴易飲。霸且然矣。

冬十一月丁卯，越滅吳。請使吳王居甬東，辭曰："孤老矣，焉能事君？"乃縊。越人以歸。(《測義》夾) 愚按：吳之於越，其強弱不敵明甚，然吳以強而卒亡，越以弱而卒興，善乎范蠡有云："持盈者與天，定傾者與人。" 蓋夫差拙於持盈，而勾踐工於定傾，興亡之際，職故之以，強弱又奚論焉？〖編者按：奧田元繼作呂祖謙語。〗(韓范夾) 立庭之呼，不失爲孝；赦越王，不失爲慈；不能事君，不失爲烈。然得而不殺，非帝王之器。勝而易盈，乃匹夫之事也。(魏禧尾) 魏禧曰："少年之士，有至性而無作略，到死可傷。然吳王之塚，湮沒無存，而慶忌之墓巍然至今峙於西湖之上，其亦忠而橫殺之報耶？人呼爲慶忌塔。" 彭家屏曰："越臥薪嚐膽，吳極欲窮奢；越推賢任能，吳戮忠從佞；越視民如子，吳視民如仇；越養銳待時，吳黷武自困；吳之亡徵決矣。然吳棲勾踐於會稽，而吳許越成；越棲夫差於姑胥，而越不許吳成，卒絕人宗祀，覆人社稷。勾踐之殘忍甚矣。宜其共事之臣，不保其終也夫！"(《分國》尾) 吳何德於晉？趙孟爲之降食，諂也。夫差不悔違伍員之諫，而思晉之史黯，何其臨難而能暇乎？嗚呼！姑蘇麋鹿已遊荒臺，吳宮麗人亦從少伯，不識甬東歸魂，何以爲情？(《左繡》眉) 回想三年報越時，不勝風景不殊之歎。(儲欣尾) 夫差大段與楚靈同，而吳以不祀，嘻，又甚矣！(《左傳翼》尾) 人人意中事，至此結案。回想前此雄心壯志，如火烈烈時，直是一場春夢。烏啼月落，水冷風寒，虎丘山畔，應有人聲聲叫奈何也。(《評林》眉) 鍾伯敬："《國語》云：越之入吳，吳王懼，使人行成，句踐曰：'昔天以越與吳，而吳不受。今天以吳與越，孤敢不聽天之命，而聽君之命乎？' 夫差將死，使以告於子胥墓曰：'使死者無知，則亦已矣。若其有知也，將何面目以見員也哉？' 遂自殺。"(闡生夾) 宗堯按："《左傳》遇大戰必詳敘，吳越之戰爲二百餘年戰事之最大者，卻只以'越滅吳'三字了之，以其盡述興滅之故於前也。高絕！"

◇哀公二十三年

【傳】二十三年春，宋景曹卒。季康子使冉有弔，且送葬，曰："敝邑有社稷之事，使肥與有職競焉，是以不得助執紼，使求從輿人。曰：'以肥之得備彌甥也，有不腆先人之產馬，使求薦諸夫人之宰，其可以稱旌繁乎？'"（《分國》尾）繁纓，諸侯之飾。康子曰："可以稱旌繁乎？"雖賻宋也，言下頗不孫矣。《左繡》眉）執紼、薦馬，作兩層說。詞令安詳，此求之藝也。（《左傳翼》尾）口頭語道來甚覺爾雅溫潤，渢渢乎有餘味焉。郊戰以用矛見奇，此又以詞令擅長，不如此，可謂之藝乎？（《補義》眉）爲康子使，可謂大才小用。

夏六月，晉荀瑤伐齊。高無丕帥師禦之。知伯視齊師，馬駭，遂驅之，曰："齊人知余旗，其謂余畏而反也。"及壘而還。將戰，長武子請卜。知伯曰："君告於天子，而卜之以守龜於宗祧，吉矣，吾又何卜焉？且齊人取我英丘，君命瑤，非敢耀武也，治英丘也。以辭伐罪足矣，何必卜？"（《左繡》眉）此節亦前奇後偶格，皆寫知伯愎而好勝處，爲後文起本。兩"何卜"，一從君說，一從齊說，一意分作兩層也。（《補義》眉）汪云："此極寫知伯之勇決，然好勝而愎，已見於此。"

壬辰，戰于犁丘。齊師敗績，知伯親禽顏庚。（《分國》尾）馬駭而反前，不示人以怯。決戰而不再卜，不示人以疑。可謂強毅果敢矣。知果曰："強毅果敢則賢，然而甚不仁。"知宗必滅，職此之故。（《左傳翼》尾）瑤善用兵，晉三家皆畏之。前於視師寫其勇，後於將戰寫其決，隱有一將當關萬衆披靡氣概。其愎而好勝如此，安得不兆晉陽之禍乎？（闈生夾）以上寫知伯之能。蓋凡奸雄能擅制一時者，皆各有本末，不得以其身敗名裂遂盡沒其生平也。

秋八月，叔青如越，始使越也。越諸鞅來聘，報叔青也。（《左繡》眉）一如一報，寫得出格親熱，爲公欲以越伐魯伏筆。（《補義》眉）汪云："兩'也'字傳出兩邊親熱之神。"

◇哀公二十四年

【傳】二十四年夏四月，晉侯將伐齊，使來乞師，曰："昔臧文仲以楚師伐齊，取穀。宣叔以晉師伐齊，取汶陽。寡君欲徼福於周公，願乞靈於臧氏。"臧石帥師會之，取廩丘。軍吏令繕，將進。萊章曰："君卑政暴，往歲克敵，今又勝都。天奉多矣，又焉能進？是躛言也。役將班矣！"（闈生夾）言此，惜晉之將亡也，固不在一役進退。晉師乃還。餽臧石牛，大史謝之，曰：「以寡君之在行，牢禮不度，敢展謝之。」（《分國》尾）萊章料敵如神，曰"天奉多矣，又焉能進"，説盡因人成事、小器易盈一等人。（《左繡》眉）此篇注云終臧氏有後於魯，是臧石爲主。中段萊章之料晉師，似連臧石都譏貶在內，故另以餽牛作結。若倒轉則不辨賓主，而文致亦索然矣。兩段句句作對偶語，大蘇四六酷似之。坐名臧氏，亦乞師之變調，而文致特濃。（《左傳翼》尾）晉爲盟主，時嘗乞師，坐定臧氏，偶爾變態耳。得勝餽牛，行軍常禮，原不爲奇。而遂以爲終臧氏有後於魯，注之牽率亦甚矣。文致豐鬱，不減莊、僖時風調。（《補義》眉）三家至此微矣，而臧氏乃有見功大國之人，正爲武仲吐氣。萊章料晉有深識。（《評林》眉）顧九疇：「萊章取邑而知足，視當世之道其君逞兵無厭者，有徑庭矣。」

邾子又無道，越人執之以歸，而立公子何。何亦無道。（《補義》眉）蕞爾邾，何以國君皆無道？豈其中有用事之臣因宰嚭而誣君者歟？（《評林》眉）穆文熙：「邾小國，數被誅伐，亦與春秋相始終焉，異哉！」

公子荊之母嬖，將以爲夫人，（《補義》眉）桓公弒逆，由寵仲子。哀公不反，由立嬖妾。一始一終，皆以女寵爲亂階。連篇用意俱雋妙，而氣體近時，與正傳自別。使宗人釁夏獻其禮。對曰：「無之。」公怒曰：「女爲宗司，立夫人，國之大禮也，何故無之？」對曰：「周公及武公娶於薛，孝、惠娶於商，自桓以下娶於齊，此禮也則有。若以妾爲夫人，則固無其禮也。」公卒立之，而以荊爲大子。國人始惡之。（《左繡》眉）妙在囫圇回復個"無之"，待其責詰，然後一一破解。此種説法，大爲《國策》開山，亦文章風會之所趨也。"對曰無之"，不但詞令實有經濟，後來如乞畫圖、搜簿籍，故逆而不與者，皆此一段高識妙論。（《分國》尾）昔者魯哀公問：「冕而親迎，不已重乎？」孔子對曰：「合二姓之好，以爲宗廟社稷主，君何謂曰重乎？」按：此公於夫人蔑視久矣，豈知無以妾爲妻，王命也。魯秉禮之國，而犯王命乎？釁夏力爭，不愧禮官，賢於李世勣、許敬宗遠矣。（《左傳翼》尾）共世子之禍，太子痤之冤，皆以妾爲夫人之故。"無其禮也"，侃侃正論，一字不肯含糊。漢廷而有此，則子夫、飛燕不得立。唐室而有此，則武曌、王奴無由進矣。必如此方不愧爲禮官。(《日知》尾)居然《國策》家數，然據謂左文之升降，則非也。左氏述語，有刪潤而無逕造，惟人言近說士，故述之爲文遂相似耳，此可以觀世風之升降，不關左文也。(《評林》眉)《附見》："《禮》注：'獻猶言也，言使宗人演言立夫人之禮。'"

閏月，公如越，得大子適郢，將妻公而多與之地。公孫有山使告于季孫，季孫懼，使因大宰嚭而納賂焉，乃止。(《左繡》眉)都爲適越起本。越滅吳而嚭仍用事若子(編者按：此字疑誤)，是以知勾踐之不遂霸也。(《左傳翼》尾)公無如三子何，其如越蓋欲以國託越，借其力以除强臣也。不然，越大子何以相得，欲妻公而多與之地耶？公孫有山既交吳臣，又以越情告，爲三家耳目，不忠甚矣。宰嚭能沼吳，豈不能覆越？勾踐資以納賄亦如夫差，豈今爲我妻，猶不必罝人耶？越之將亡，即此可卜矣。(《補義》眉)有山氏交于越臣，爲三家耳目。汪云："嚭猶用事，勾踐之志荒矣。"(《評林》眉)呂祖謙："季孫權臣也，宰嚭貪臣也，故太子適郢之情卒不售，然使哀公能審其謀，斷其事，豈至於季孫因嚭而納賄以止哉？吾以是又不爲季孫、宰嚭罪。"穆文熙："太宰嚭此時在越，猶爲季孫納賂，則越爲無刑矣。"(閩生夾)宗堯按："是時魯君有國如無國矣，故苟去三桓，計無所擇。齊、晉雖大，其臣與魯同，故不見助而求之蠻夷也。傳述此，所挾之痛多矣。"

◇哀公二十五年

【傳】二十五年夏五月庚辰，衛侯出奔宋。(孫鑛眉)亦是提綱敘法，然此傳無經，提綱頗似經，敘事細鍊有致。(《評林》眉)孔疏："服虔云：'此下但有適城鉏以釣越，無奔宋之事，其說未聞。'"(閩生夾)先提而後詳其事。衛侯爲靈臺于藉圃，與諸大夫飲酒焉。褚師聲子韤而登席，公怒，辭曰："臣有疾，異於人。若見之，君將殼之，是以不敢。"公愈怒，大夫辭之，不可。(《左繡》眉)一節長，以兩"怒"字自爲片段。褚師出，公戟其手，曰："必斷而足。"(韓范夾)朝廷之禮，不可以不肅，怒之可也，大夫請而赦之可也。出而詈之，何益？聞之，褚師與司寇亥乘，曰："今日幸而後亡。"公之入也，奪南氏邑，而奪司寇亥政。(《左繡》眉)一節短，以兩"奪"字爲片段。而另以一"公使"搭後兩"公使"爲映帶。公使侍人納公文懿子之車于池。(《左繡》眉)此篇爲衛輒出奔傳，作兩半讀。上半連敘七人作亂之由，下半單敘拳彌出君之事。中間總承單落，同一轉梡法，而筆意小別矣。當在"載寶以歸"截，末與"乃納衛侯"緣起連下篇讀，與此章法不屬也。前半詳寫七人七事，長短相間，歸重拳彌。以後詳寫拳彌譎詐，使人失笑，是一首花草遊戲文字。(《補義》眉)敘七事，或正敘，或追敘，或詳敘，或一句敘一事，極錯綜之致。

初，衛人翦夏丁氏，以其帑賜彭封彌子。(孫鑛眉)攢諸事，或詳或略，風致不乏，而筆力驅遣如意，但見其净而腴。彌子飲公酒，納夏戊之女。嬖，以爲夫人。其弟期，大叔疾之從孫甥也，少畜於公，以爲司徒。夫人寵衰，期得罪。(《左繡》眉)又一節長，以"夫人寵衰，期得罪"爲賓主。公使三匠久。公使優狡盟拳彌，而甚近信之。(《評林》眉)李笠翁："湎於酒，淫於色，窮於工役，狎於俳優，其致拳彌之攻，蓋非其臣之過也。"穆文熙："此總見人心皆變，出公所以致奔，父子如出一轍，可恨也。"故褚師比、公孫彌牟、公文要、司寇亥、司徒期因三匠與拳彌以作亂，皆執利兵，無者執斤。使拳彌入于公宫，而自大子疾之宫譟以攻公。(《左繡》眉)又一節短，連敘兩事，以兩"公使"爲片段。(《補義》眉)以下敘拳彌出君之事。汪云："一波三折，乃與前半相配。"鄆子士請禦之。彌援其手，(閭生夾)此下記拳彌之詐謀，與記駟赤法同。曰："子則勇矣，將若君何？不見先君乎？君何所不逞欲？且君嘗在外矣，豈必不反？當今不可，衆怒難犯，休而易間也。"乃出。將適蒲，彌曰："晉無信，不可。"將適鄄，彌曰："齊、晉争我，不可。"將適泠，彌曰："魯不足與，請適城鉏，以鉤越，越有君。"乃適城鉏。彌曰："衛盜不可知也，請速，自我始。"乃載寶以歸。(《左繡》眉)以上零星敘來，此處作一總以束上，而單提拳彌以起下。前就七人寫得參差錯落，後就一人亦寫得整齊變換，章法相配，洵有意爲文者。(《補義》眉)結語忽然驚覺，人寶俱無，何不當日以慰乃父之心！(《日知》尾）前半寫盡氣質乖躁，後半寫盡形骸傀儡，爲出奔作傳，若曰宜有此耳，此案中寓斷之妙。(《評林》眉)《附見》："拳彌詐，如不黨於褚師比等數人者，故其言如此。"楊升菴："輒不知彌之詐，故皆爲其所賣。然以君而使臣弄之如土偶，哀哉！"《經世鈔》："'乃適城鉏'，拳彌之言皆若可信，此間之最圓妙者。"魏禧："'載寶以歸'，按彌意，言君載寶自隨，將致衛盜。'請速行，自我始'，陽爲防盜先行，其實欲離公衆，爲脫身之計，而載寶以歸衛。蓋彌數效忠，寶必彌車載之，舊注未明。"

公爲支離之卒，因祝史揮以侵衛。衛人病之。懿子知之，見子之，請逐揮。文子曰："無罪。"懿子曰："彼好專利而妄。夫見君之入也，將先道焉。若逐之，必出於南門而適君所。夫越新得諸侯，將必請師焉。"(《補義》眉）先透一筆。明知如越而不懼，以越可得而賄也。揮在朝，使吏遣諸其室。揮出，信，弗内。五日，乃館諸外里，遂有寵，使如越請師。(《左繡》眉）末段寫得最熱鬧，凡作三節，以三"乃"字爲界畫。第一節凡三層，用散筆。第二節亦三層，用整筆。第三節只用單筆，而牽上"請適"，與下"請速"作對。章法之妙，莫可名言矣。上兩"乃"字，在公分中。末一"乃"字，在拳彌分中，爲拳彌作結也。(《分國》尾）爲人君者，毋得罪於群臣，此衰世之言也。及觀出公之入而復出，然後知此言爲不易。方其怒褚師欲斷其足，奪彌牟邑與司寇亥政，投公文要之車于池，奪司徒寵，遣優狡與拳彌盟而恥辱之，使三匠無休期，自以爲生殺唯我，予奪唯我，榮辱唯我。未幾蘊怒一發，而怒鞭者、喪邑者、失車者、奪政者、久役者，盟優者執三匠之斤，鼓噪而起。一出門而遂慼慼靡騁。嗚呼！可畏哉！昔者衛人出其君，師曠曰"或者其君實甚"，蓋非一世矣。(《左傳翼》尾）國家祇此世臣、公族、祖孫、父子屢世相承，任用勿疑，故能上下和睦、長治久安而無恐。獨至於衛，事其子則父忌，事其父則子怒。一君入，斥逐一番，誅戮一番，以致人人自危。不知我一人耳，猜嫌愈多，則叛離愈衆，而奸臣之肆害愈幻愈奇，皆君實爲之也。既迫諸臣以必亂，而又認賊作子，顛顛倒倒，如入迷陣，可恨實可憐也。先敘近事，後追已往，末後又敘近事，或長或短，或總或單，描寫當日情狀，鬚眉逼肖。出公之奔，以七人作亂，而七人之中，惟拳彌最毒，蓋諸人雖各有斂怨之由，而拳彌獨使優狡與之盟，則恥辱獨深。諸人皆疏遠不與之近，而拳彌獨甚近信之，故得行其詭詐，使公墮其術中而不知。着着爲君計生全，卻着着令君走死路，於此見怨毒之於人可畏，而小人之包藏禍心，變詐百出，有非人情之所及料也。七人作亂，而入公之宮、止公之禦、速公之出、勸公之宋、賺公之寶，皆拳彌者，以其近且信也。近則作慝而人不覺，信則使詐而公不疑。故前敘七人作亂，後獨詳拳彌之出君，見輒昏惑無狀，任其玩弄而不知。至越新得諸侯，將必請師，宜爲拳彌所惡，而偏勸其適宋以鈎越。公文要逐揮，亦明知其如越請師而樂行之者，知越可以賄動，公至此乃是盡頭，一路而更計無復之也。合下篇讀之，而諸人鬼蜮之情，昭然若發矇矣。

　　六月，公至自越。季康子、孟武伯逆於五梧。郭重僕，見二子，曰："惡言多矣，君請盡之。"公宴於五梧，武伯爲祝，惡郭重，曰："何肥也！"季孫曰："請飲彘也。以魯國之密邇仇讎，臣是以不獲從君，克免於大行，（闓生夾）記此，與"國君道長"二句同意，而於康子口中出之。又謂重也肥。"（《補義》眉）小人挑釁。周云："季孫言雖恭順，都因武伯不遜，爲之揜蓋，故公刺之。"公曰："是食言多矣，能無肥乎？"（孫鑛眉）寫情態宛然。（鍾惺眉）滑稽語，然簡至非三代人不能。（《補義》眉）謂其言虛飾無實，意如既言而自食之。飲酒不樂，公與大夫始有惡。（韓范夾）哀公欲去其臣，而以語言相激，何益於事？宜其亡也。（《彙鈔》眉）君臣之間，動止語默，多成荊棘，欲不亂得乎？（《分國》尾）當時季、孟之勢，如七月之火，微矣。哀公不能有爲，至於燕會之際，言語相猜，哀之爲哀也，宜哉！《吳越春秋》載吳夫差引劍而死，越誅嚭，與夫差同葬卑猶山。此曰"因太宰嚭納賂焉"，豈越不誅嚭，而又相之乎？後人以越爲失刑，何其相反耶？（《左繡》眉）季孫語甚恭順，都是口心非，故公以食言刺之，語最尖雋。受需以訟，唯口興戎，於此益信。末"惡"字應前，不惟臣惡言，君亦有惡矣。（《左傳翼》尾）君臣各盡其道，祗此禮與忠耳。哀公不能以禮禦下，日懷猜忌，徒以口舌相訾謷，何無具也？彘也強悍，肥也狡偽，飲燕之際，戈矛伏焉。總由公在越時，三家因嚭納賄，各懷嫌隙耳。惡不始此，而云"公與大夫始有惡"，蓋前此但有其幾，此則增盈發洩而不可禁止，而哀公孫邾、如越之禍於是乎成矣。孫執升謂："從來君側之人，每爲奸邪所疾視，郭重之惡於季、孟，以其從公也。"余謂此必郭重有以致之，君臣嫌隙已開，重不能彌，而教君請盡，則武伯之惡，豈無其故？小人不知大體，每以小怨成大隙，卒至家國俱敗，悲夫！（《日知》尾）機鋒穎雋，爲後世輕薄者所不及，蘊藉故也。（《評林》眉）王荊石："二子當君側而出惡言，視君不啻土苴矣。哀公宜隱忍，待時而動，廼爲得耳，何遽曰：'是食言多矣，能無肥乎？'卒使二子生心，而上下之交如矛戟然，此不明於居尊馭下之道者也。"穆文熙："武伯似肥惡重，季孫止之。公以食言譏之，君臣之間豈宜有此？固知不終矣。"

◇哀公二十六年

【傳】二十六年夏五月，叔孫舒帥師會越皋如、舌（或作后）庸、宋樂茷，納衛侯。文子欲納之，懿子曰："君愎而虐，少待之，必毒於民，乃睦於子矣。"師侵外州，大獲。出禦之，大敗。掘褚師定子之墓，焚之于平莊之上。文子使王孫齊私於皋如，曰："子將大滅衛乎，抑納君而已乎？"皋如曰："寡君之命無他，納衛君而已。"文子致衆而問焉，曰："君以蠻夷伐國，國幾亡矣。請納之。"衆曰："勿納。"曰："彌牟亡而有益，請自北門出。"衆曰："勿出。"重賂越人，申開、守陴而納公，公不敢入。師還。立悼公，南氏相之，以城鉏與越人。公曰："期則爲此。"令苟有怨於夫人者，報之。司徒期聘於越。公攻而奪之幣。期告王，王命取之。期以衆取之。公怒，殺期之甥之爲大子者。遂卒于越。（文熙眉）穆文熙曰："歷序出公輒失人心之多，見其致叛有由。文聯絡有法，足爲出公罪案。"（《分國》尾）魯哀公請越師而客死於外，衛出公愛夷言而卒死於越。魯、衛兄弟，不獨政然。（《左繡》眉）此篇詳衛輒結局。前晉納魯昭而不克納，以賂故。此越納衛輒而不克納，亦以賂故。然平子猶在背地機謀，彌牟卻是當面擺佈。己欲亡而衆曰勿出，申已開而公自不入，逐君何事？愈出愈奇，蓋亦熟能生巧矣。哀哉！可見衛人以輒嫡孫當立，不過孔悝、瞞成之徒耳。極寫輒之愎虐，應前作結。上不孝，下不慈，至此人而極矣。（《左傳翼》

尾）爲斂衆怨而出，宜悔厥心，痛改前非，庶幾可以復反。將欲入國，而先致毒於民，使之歸心賊黨，兇焰可畏。所恃者越人，越人一賂即轉，可恃以無恐乎？申開守陴，自不敢入。喬裝作勢，至此一無可用。冷冷清清，越人亦不俅保矣。無可發洩，惟於寡妻弱子上出氣，無聊之極，不情之極，沒趣之極！春秋之末，政以賄成，列國君弱臣強，弒君而賊不討，逐君而君不納，皆賂之故。況越屬蠻夷，納輒原非本意。投以重賂，未有不快如轉圜者。只看此番收場，便知衛之諸臣計較已定，出公走入死路而不知也。（《補義》眉）忽納忽出，衆怨活現，城門大開，未見迎駕之人，而一望戈矛滿眼，如將搏戰，不寒而慄矣。（《日知》尾）越方圖霸，必納衛侯，賂越退師，文子一時權譎苟免耳，猶可望再舉也？末兩行文字，乃作意結穴處。（《評林》眉）汪道昆："輒辱夫人，殺太子，愈覺憒亂，所以終至於死。"《經世鈔》："殺期之甥，遷怒妻子，爲虐已甚。"按：終言之。十二年公孫彌牟之言也。

　　宋景公無子，取公孫周之子得與啟，畜諸公宮，未有立焉。（孫鑛眉）氣平，亦詳密，略未勁。（《評林》眉）魏禧："按：宋仁宗、高宗之謀本此。"王元美："取二子於宮，而生前不能早立，死未及老，而諸臣之有齊，有以也。"於是皇緩爲右師，皇非我爲大司馬，皇懷爲司徒，靈不緩爲左師，樂茷爲司城，樂朱鉏爲大司寇。六卿三族降聽政，因大尹以達。（《補義》眉）總提，爲大尹立少之根。周云："六卿聽政，何以必由大尹以達？蓋景公命之。"大尹常不告，而以其欲稱君命以令。國人惡之。司城欲去大尹，左師曰："縱之，使盈其罪。重而無基，能無敝乎？"（《左繡》眉）此篇敘大尹專利，六卿靖國，而國人穿插其間。首段總提，末句單結，中分立啟、立得兩項，蓋以遞爲對局也。兩段中間，忽插敘得夢啟寢、已集一節奇文，以作上下轉楔，格法變動之極。起手一段，將得、啟、三族、大尹、國人一一提清。全篇局法，真有六轡在握，一塵不驚之妙。六卿中，又以樂茷爲主，看總提後，即用單筆另提線索清出。"因大尹以達"數句，乃一篇罪案。後兩點惑蠱其君，照應參差中有整齊也。（《評林》眉）魏禧："六卿而不能自達，乃須因大尹以達，壅蔽之奸宜矣。"彭士望："稱君命，此中常侍矯詔之始。"

　　冬十月，公游于空澤。辛巳，卒于連中。大尹興空澤之士千甲，奉公自空桐入，如沃宫。使召六子，曰：「聞下有師，君請六子畫。」六子至，以甲劫之，曰：「君有疾病，請二三子盟。」乃盟于少寢之庭，曰：「無爲公室不利。」（《評林》眉）魏禧：「'游于空澤'，凡人主游幸而不與大臣同，必有小人之禍。」王元美：「大尹此言雖擅，然於死亡大故，嗣君未定，非此不足集事情，爲司城茷宣言，而卒以無成耳。」大尹立啓，奉喪殯于大宫。三日，而後國人知之。司城茷使宣言于國曰：「大尹惑蠱其君而專其利，令（或作今）君無疾而死，死又匿之，是無他矣，大尹之罪也。」得夢啓北首而寢於盧門之外，己爲鳥（或作烏）而集於其上，咮加於南門，尾加於桐門。曰：「余夢美，必立。」大尹謀曰：「我不在盟，無乃逐我，復盟之乎？」使祝爲載書。六子在唐盂，將盟之。（《評林》眉）楊升菴：「大尹但知以盟固人，而不知未幾而身且不能安其國，何盟之可恃也！」祝襄以載書告皇非我，皇非我因子潞、門尹得、左師謀曰：「民與我，逐之乎？」皆歸授甲，使徇于國曰：「大尹惑蠱其君，以陵虐公室。與我者，救君者也。」衆曰：「與之。」大尹徇曰：「戴氏、皇氏將不利公室，與我者，無憂不富。」衆曰：「無別。」（孫鑛眉）此「無別」似謂各執一見，難分別孰當從耳。杜注：「惡其號令與君無別。」（韓范夾）一言之殊，而人之從違如此，故文辭之順逆不可不慎也。（《評林》眉）魏禧：「'與我者無憂不富'，此辭便不順。」（《補義》眉）詳敘大尹立少，而樂茷一呼，便立討賊之案。忽插此段，承上起下，豫透出得之必立，文勢曲折。戴氏、皇氏欲伐公，樂得曰：「不可。彼以陵公有罪，我伐公，則甚焉。」使國人施于大尹，大尹奉啓以奔楚，乃立得。司城爲上卿，盟曰：「三族共政，無相害也。」（《分國》尾）大尹啣君命不告，而令六卿、三族因之以達。此與唐李輔國何異？有六卿、三族，空澤之游全不隄防，連中之卒，大尹謀弒，思速得志於啓，章章然也。左師始曰：「縱之，使盈其罪。」縱之至於弒君，無乃以君爲孤注乎？至公卒而樂茷曰：「是無他矣，大尹之罪也。」晚矣。當時六卿三族聲罪致討，大尹孤豚，夫何能爲？而徒使奉啓奔楚，吾不能爲六卿解也。（《左繡》眉）中兩段，立啓、立得對敘，前從司城說入，後從大尹說入。前將大尹劫盟、司城宣言兩開分寫，後將六子徇國、大尹亦徇一併對寫。前散後整，相錯相配。而前云"大尹之罪"，後云"施于大尹"，緊相呼應，兩截一片。看左氏一部大小文字不下於千篇，其格無所不變，而於法則一絲到頭也，其精神固有貫千載而俎豆不祧者耳。起處六卿三族作提，收處只結三族，而中間頻點六子，於照應變而又勻，妙甚！（《左傳翼》尾）大尹宛然一趙高，不告于君，稱君命以令，蒙蔽之罪，猶之趙高也。奉公自空桐入如沃宮，不令外人知，猶之趙高也。廢長立幼，脅六卿從己，使不敢有異論，猶之趙高也。立啟後，欲翦除戴氏、皇氏，將不利於公室，猶之趙高也。特六卿能討亂，不至如蒙恬、李斯死於其手。得立而啟廢，扶蘇不亡，胡亥亦免望夷之禍耳。而究之儲不早建，致啟奸權之心。不見群臣，使之達命，蒙蔽由之而起。始皇、宋景前後一轍，而游于空澤，無疾而死，死又匿之。較沙丘之崩，更有令人不可知者。嗚呼！小人惑蠱其君，情所必至。不爲隄防，鮮有不受其害者。宋景其千古之龜鑑哉！古者爵人刑人，必與衆共，示公也。大尹蒙蔽專擅之罪，無一不犯衆怒。因衆怒以除之，易易耳。司城倡謀，左師阻之於前，門尹阻之於後，皆有投鼠忌器之意。必使國人施于大尹，而大尹乃不得自安，奉啟奔楚，諸臣乃無伐公之嫌。子高因國人而攻白公，亦猶是也。篇中國人凡三見，最是眼目。欲除君側之惡者，正不可不知也。（《補義》眉）正傳大篇容有澶漫之處，然氣味自濃厚。續傳大篇守其成規，自爲丘壑，而風雲變幻、倏忽萬端之致已杳矣。王守溪以爲另是一人手筆。知言也！（《菁華》尾）衰世氣象，君臣隔絕，悉因中臣以白事，所以蒙蔽以售其奸者無所不至。漢唐宦豎之禍，其端皆由於此。樂得力止伐君，其見自在齊欒、高，晉范、中行之上。左氏一書，屢敘宋之六卿，而他國不爾。蓋所採用舊文如此，非有義例也。

衛出公自城鉏使以弓問子贛，（孫鑛眉）只徵衛事，易見事，口頭語。（《補義》眉）自城鉏所初奔之日，問子貢，欲爲之謀也，而當下回覆，語婉而嚴。韓云："對使之言含蓄有味，而不爲之意卻在言外。"且曰："吾其入乎？"子贛稽首受弓，對曰："臣不識也。"私於使者曰："昔成公孫於陳，甯武子、孫莊子爲宛濮之盟而君入。獻公孫於（衛、）齊，子鮮、子展爲夷儀之盟而君入。今君再在孫矣，內不聞獻之親，外不聞成之卿，則賜不識所由入也。

《詩》曰：'無競惟人，四方其順之。'若得其人，四方以爲主，而國於何有？"（文熙眉）孫應鰲曰："禦侮先後，必有其人。國無其人，誰爲復之？此子貢之所以讓不知也。"（《彙鈔》眉）出公再孫，其衆叛，其親離，理難復入。援前二事以斷之，而事勢瞭然。非通達國□□□□□。（《分國》尾）有一公孫揮而已，妻子皆爲仇矣。雖入，亦甚無聊哉！（《左繡》眉）端木氏此段詞令，與夔夏獻禮之答相似，真醲豐意美之文。雙調起，單調收，前後都是賓筆，主只中間一點，手法輕鬆極矣。"內""外"，"親""卿"，天生有此兩對。後世八服立柱，未必不出於此，顧安得有此字字典切恰好也？上已結過"不識"，下引《詩》又是推廣一步，抉進一層法。孫月峰曰："衛侯以罪出奔，衛輒以子拒父，此人倫之大變。子貢既知夫子之不爲矣，此所對使者之言，涵蓄有味，而不爲之意，卻在言外。"（《左傳翼》尾）國君出而復入，內外所以有助援者，以其當立也。今衛君以子拒父，多少不順，誰則助之？況又愎而虐，毒民以失衆心，內親外卿安得不異於成、獻兩君乎？月峰謂"對使者之言，涵蓄有味，而不爲之意卻在言外"，甚爲有見。出公至此，真寡助之至，親戚叛之矣，與乃父行徑若合符節。衆心既失，豈能復國？尚不覺悟，而猶待決於子貢耶？得此一番棒喝，數十年忽入忽出，如醉如夢，當亦爲之頓釋。（閭生夾）借子貢之言以爲論定，以結全篇。

◇哀公二十七年

【傳】二十七年春，越子使舌（或作后）庸來聘，且言邾田，封于駘上。

二月，盟于平陽，三子皆從。康子病之，言及子贛，曰："若在此，吾不及此夫！"（《補義》眉）周云："康子於子貢急則念之，緩則忘之。不然，乃父將死，丁寧必召孔子，何爲置之乎？"（閭生夾）責其不能用賢也。從康子口中發之，筆意敏妙。藉以收拾通篇，意緒一線貫穿到底。武伯曰："然。何不召？"（閭生夾）然，即然則也。作二句讀者非。曰："固將召之。"文子曰："他日請念。"（《分國》尾）禄山叛，思九齡。吐蕃寇，思子儀。從古喪敗之君，臨難而思者，盡是"他日請念"也。四字令人尋繹無窮。杜子美曰："受諫無今日，臨危憶古人。"正是此意。(《左繡》眉)不出名氏,先渾點一筆,以下逐個分說,又一手法。後之視今,猶今之視昔。"他日請念"四字,直使千古有心人長太息也。生不能用,死而誄之,夫子尚然,何有於端木?(《左傳翼》尾)"病"之,非徒恥與之盟,蓋爲還邾田惜也。國有賢人而不能用,以至日朘月削,爲蠻夷所侮。既悔之,而猶不能召,真令人憤懣矣。"他日請念",恐他日又蹈此轍,不召又將復念也,一言中具無限感喟神情。"不能由吾子,使辱在塗泥",向坐不知耳,知則謝不才,使助爲政矣。此朝所以多君子,而晉未可偷也。康子於子貢急則念之,緩則忘之,知不爲我用也。不然,乃父將死,叮嚀之言,必召孔子,何竟置若罔聞哉?(武億尾)念及子貢,不特結子貢,乃所以結夫子也。夫子者,作《春秋》者也。

夏四月己亥,季康子卒。公弔焉,降禮。(《評林》眉)陳明卿:"公子遂殺惡及視,其卒而繹也,《春秋》猶以爲非寵遇大臣之禮。季康子惡不及遂,而弔之降禮,不亦薄乎?公蓋知有私憾,而不知恤國體。"

晉荀瑤帥師伐鄭,次于桐丘。鄭駟弘請救于齊。齊師將興,陳成子屬孤子三日朝。設乘車兩馬,繫五色焉。召顏涿聚之子晉,曰:"隰之役,而父死焉。以國之多難,未女恤也。今君命女以是邑也,服車而朝,毋廢前勞。"(《補義》眉)周云:"屬會羣孤,獨厚於顏庚,以伊父是知所親擒也。"儲云:"大鼓士氣而復以身先之,敵所以望而去也。"(闈生夾)先大夫評曰:"此篇最足發明陳成子之英略,明其得國有由也。"乃救鄭。及留舒,違穀七里,穀人不知。及濮,雨,不涉。子思曰:"大國在敝邑之宇下,是以告急。今師不行,恐無及也。"成子衣製,杖戈,立於阪上,馬不出者,助之鞭之。(《測義》夾)愚按:是役也,舉仇以激之,懸賞以歆之,出之以不意,應之以從容,宜知伯之駕言而潛遁也。知伯聞之,乃還,曰:"我卜伐鄭,不卜敵齊。"使謂成子曰:"大夫陳子,陳之自出。陳之不祀,鄭之罪也。故寡君使瑤察陳衷焉。謂大夫其恤陳乎?若利本之顛,瑤何有焉?"成子怒曰:"多陵人者皆不在,知伯其能久乎?"(闈生夾)知伯之言刺中成子隱衷,故其怒之甚也。記此見一時奸雄之相與。宗堯按:"此逆攝知伯之將滅。"中行文子告成子曰："有自晉師告寅者,將爲輕車千乘,以厭齊師之門,則可盡也。"成子曰："寡君命恒曰:'無及寡,無畏衆。'雖過千乘,敢辟之乎?將以子之命告寡君。"文子曰："吾乃今知所以亡。君子之謀也,始、衷、終皆舉之,而後入焉。今我三不知而入之,不亦難乎?"(孫鑛眉)今諺語"三不知"或本此。(文熙眉)穆文熙曰:"荀寅之言,犯怨婦之戒,故成子疑之。然其自悔之言,則庶幾知過之君子也。'吾乃今知所以亡'一語有味哉,其可玩矣!"(《左繡》眉)傳已終矣。此篇乃極寫陳恒假仁假義,爲田齊張本。與結尾特敘三晉,同一微旨。噫!觀於人文,亦可得世變矣。凡作兩平讀,在"助之鞭之"截。上截又分二節,首寫其恤死錄孤,次寫其整軍和衆。下截亦分兩節,首寫其不爲說動,次寫其不爲間疑。上半是仁之能,下半是義之勇,皆極寫陳恒也。又看上半三敍成子之事,下半兩敍成子之言,知伯之謂、中行之告作對,蓋亦以前奇後偶爲章法者。帶敍此筆,乃寫陳恒之知,非寫荀寅之悔也。(《左傳翼》尾)孫執升曰:"齊師奮而晉師息,故以知伯之譎,文子之狡,而皆不足以動成子。蓋是時陳氏之羽翮已成,而知氏方與三家相圖,志不在公也。不然,以瑤之貪而愎,何乃怯齊哉?"師克在和不在衆,亦在精不在多。能整軍合衆,則和且精矣。越有君子六千人,上下一心,卒以沼吳,用此道也。所以然者,能念彼父母昆弟與其廢疾等項耳,今成子將起師而屬孤去死,毋廢前勞,衣製杖戈,鞭馬以出,軍整而衆以和,宜乎敵人望而避之,而浮言莫之能動也。緊要全在首段,敍得奕奕有精采。知瑤本是畏齊,一面退師,一面使人謂成子。猥以救鄭爲不恤陳,爲利本之顚,此真遯辭也。成子不斥其言之誕,而決其亡之速,另具只眼。至荀寅之告,非有他意,不過偶有所聞,未審真僞,遂以相告耳。此乃無識之故,所以自恨其不能三思,而悔言之不可復也。(《補義》眉)亦寫賓見主之法。(《日知》尾)寫陳恒居然仁智勇嚴之將,桓文之佐,或不多得,齊君何如人,而能堪此耶?筆下緟描,意中慨息矣。瑤之陵、寅之告,皆寫恒確然不惑也。"始、衷、終皆舉而後入",正借文子悔詞爲陳恒全事作用下斷,篇意故自一線。(《評林》眉)鍾伯敬:"中行文子輕車千乘之告,頗爲不根,至其謂'始、衷、終皆舉之而後入',則其所言永爲世訓矣。"

公患三桓之侈也,欲以諸侯去之。三桓亦患公之妄也,故君臣多閒。公游于陵阪，遇孟武伯於孟氏之衢，曰："請有問於子，余及死乎？"對曰："臣無由知之。"三問，卒辭不對。公欲以越伐魯，而去三桓。秋八月甲戌，公如公孫有陘氏，因孫於邾，乃遂如越。國人施公孫有山氏。（韓范夾）昭公以去平子之故，卒于乾侯。哀公以去三桓之故，不沒于魯。季氏亡，則魯不昌，其言果有驗耶？（《分國》尾）哀公欲以越伐魯，而去三桓，是借兵於寇也。卒之己亦客死，同於乾侯之轍。季氏亡，則魯不昌，信哉！（《左繡》眉）變調突起，又一手法。左氏臨了，筆意不窮如此。第一筆先透後段，第二筆次引中段，對起遞承，順逆有法，若將"君臣多閒"提在前，"欲以諸侯去之"提在後，便嫌其平板矣。八字敘得簡老，又妙於整，與起相配也。（《左傳翼》尾）突以"及死"問，若死在其手，問得奇突。對以"無由知之"，若竟不許其死然，答得怪誕。三問卒辭不對，何等跋扈！一妄一侈，鬚眉逼肖，至今猶活。君臣猜忌至此，雖欲頃刻相安不得矣。孫邾如越，固公之妄，亦三桓之侈激之使然。曹髦拔劍升輦，謂死何足懼，豈得已乎？只想像一侈字是何形狀，公焉不患？特無所以處之，而欲以諸侯去之，不免於妄。先提後敘，筆法簡捷。此篇詳公孫邾如越事，則"欲以越伐魯而去三桓"自是主句。而公之如越，卻因出遊陵阪，與武伯一番問答而失，故逆溯出"三問不對"，不緊接"公欲以越"云云，則起處提筆雖係平對，實以首二句作主。三家不自覺其侈，而不容公之妄，故爾君臣多閒。起筆提掇，順逆實有次第，不是欲免平板之弊而故爲顛倒。《春秋》，魯史也。孔子取而筆削之，假一國之史書，寓百王之大法。始乎隱，迄乎哀，二百四十年之間，賞罰昭焉，勸懲備焉。《春秋》雖以獲麟絕筆，而左氏則以如越終，以公自是而終也。人君立國，必備書始終，隱無始，攝也，以桓公故也。哀無終，孫也，以三桓故也。爲君數十年，爲強臣所迫，而客死於外，不記其卒於何年，葬於何地，讀史者有餘痛焉。嗚呼！春秋之末，三綱淪，九法斁，父子之亂至衛極矣。君臣則自宋而外，唯齊、晉、魯爲甚。齊篡於陳，晉分於韓、趙、魏，魯亦弱於三家。獲麟以來，大書特書，屢書不一書，至此猶託以終篇，左氏其有深意乎！（《補義》眉）鍾云："此昭公所不得之季氏，而哀公欲用之三家乎！昭公自爲之，哀公欲藉乎人，殆不如矣！三問不對，便爲'侈'字寫照。賊臣至此，公欲去之，非妄也。其所爲妄，三家之意也。"（《日知》尾）鍊格峭勁，寫意玲瓏。

悼之四年，晉荀瑤帥師圍鄭。未至，鄭駟弘曰："知伯愎而好勝，早下之，則可行也。"乃先保南里以待之。知伯入南里，門於桔柣之門。鄭人俘酅魁壘，賂之以知政，閉其口而死。將門，知伯謂趙孟："入之。"（《補義》眉）周云："知氏不滅，則三家猶有牽制而不分晉，此篇爲分晉起本，帶敘死節之士。"《說苑》、《談叢》云："能忍恥者存，用兩'喪之'包括無數文字。"《通鑑》《綱目》皆托始於三晉爲諸侯，其繼左氏乎！（閩生夾）知伯使趙孟入門，欲以死之，趙孟知之，故不入也。對曰："主在此。"知伯曰："惡而無勇，何以爲子？"對曰："以能忍恥，庶無害趙宗乎！"（閩生夾）宗堯按："此表襄子之以堅忍存國。"知伯不悛，趙襄子由是甚知伯，遂喪之。知伯貪而愎，故韓、魏反而喪之。（孫鑛眉）數語簡練。（《彙鈔》眉）□□春秋之末，政由季氏兼之，強大侵陵，國勢岌岌。在聖門者，若冉有、子貢、樊遲諸人，一試於魯，亦不克□□。蓋衰微之餘，即有賢智，不能爲之謀矣。吳之強而速滅，楚之□而復興，得失之故，可考而知。衛君父子争立，於彝倫之理□焉然存，滅亡相繼，有遺羞焉。自是遂流爲戰國，兵連禍結，可勝言哉！傳以傳經，傳之文，皆經之義也。經文簡，傳文詳，故經得傳而義大備也。左氏長於敘事，而敘亦有斷。窮愁著書，其才較《公》《穀》爲雄。後之作者，體會其精思，探索其奧旨，則天人□□之□，於是乎可擴□也夫。（魏禧尾）鍾惺曰："左氏傳《春秋》，末詳吳、越及知伯事，便是《戰國策》過文。"（《分國》尾）知伯美須長大，洵美矣，然不如襄之醜惡而保宗。知伯射禦足力，洵勇矣，然不如襄子之無勇而亢宗。傳者數條，歷寫知伯之矜才恃能，正見其亡之速也。（《左繡》眉）悼四年事，卻附敘於哀公之末，又因趙而併及韓、魏。蓋《春秋》一書，其事則齊桓、晉文，今齊事已於陳恒略見一班，而晉事尚無歸結，故特敘此以爲三家分晉張本。而溫公《通鑑》便接此敘去，《春秋》之所以終，戰國之所以始也，作者之旨深矣。齊桓、晉文成一春秋之局，田齊、三晉成一戰國之局，文運世運相爲表裏如此。夫子敘《書》，以《秦誓》終，而代周者，秦也。左氏傳《春秋》，以三家終，而續春秋者，三晉也。夫子前知，不外乎禮。左氏前知，即寄於文，斯已奇矣。左氏敘哀公末年，只四篇文字。一齊一晉，春秋之眼目也。一魯，春秋之主也。一越與三家，春秋終於越伯，而三家與魯相終始也。念及子貢，不特結子貢，乃所以結夫子也。夫子者，作《春秋》者也。(《評林》眉) 陳廣野："《史記》：晉懿公之四年，魯悼公之十四年，知伯帥韓、魏圍趙襄子於晉陽，韓、魏反與趙氏謀殺知伯於晉陽下，在春秋後二十七年。自是晉益微，至靖公二年韓、趙、魏竟三分其地。" 魏禧："'無害趙宗乎'，語妙，然得無激知伯，豈處危疑之道？" 穆文熙："知伯淩人，襄子含忍，兩言之間，便可想見。"(《左傳翼》尾) 春秋終矣，何以載此篇？爲三家分晉起本也。敘三家分晉，而書知瑤圍鄭，以知、趙之隙從此役始也。知氏不滅，則三家猶有所牽而晉不分。而無圍鄭攻門一事，則隙無自開，襄子亦不甚知伯，而與韓、魏謀殺而三分其地。通篇結穴在末二語，而前敘禍之緣起。嗚呼！鐵戰克鄭，已憂知在矣。此又以貪而愎賈禍，多陵人者不能久，成子言詎不然歟？刪《書》而以《秦誓》終，代國者秦，孔子未嘗不知之，特不明言以惑世耳。天下莫強於秦，而能遏其鋒，使不得逞者，晉也。敗殽以後，繆公增脩厥德，僅霸西戎，終春秋之世，未嘗出兵以窺山東，晉爲之蔽耳。三晉分而勢單力弱，不能制秦，秦乃得遠交近攻，肆其蠶食之謀，以遂其兼併之計，於是乎吞二周，圖九鼎，烹滅三代之諸侯，破壞周公之井田，而書於是乎焚，儒於是乎阬，二帝三王之禮樂法度於是乎盡廢。是三晉之分，雖周、秦興亡之所關，寔古今治亂所由判也。《左傳》終於此，溫公作《通鑑》曠六十一年，而亦始於此，誠以天下之變亂無大於此者，非徒接《左傳》而不敢續《春秋》也。古人文章每篇必有起結方成結構，至於全部，何莫不然！《春秋》始隱，而《左傳》則自惠公之元妃敘起。《春秋》終哀，而《左傳》則自悼公四年知伯圍鄭作結。敘惠公不過爲不書即位作緣起，敘悼公則著古今世道更變之端，所謂篇終接混濛也。具此眼光，方可照徹千古！(《日知》尾) 三晉分而春秋變爲戰國矣，智伯之滅，其嚆矢也。故十二公既畢，突下悼之四年一語，眼大手橫。世道之降，源流瞭然，溫公著書，所以即此托始也。竊敢據此篇斷左氏爲戰國初年人。(高嵣尾) 悼四年事附於哀公之末，又將悼十四年事拖敘於後，因知氏及趙，因趙及韓、魏，爲三家分晉張本。春秋之終，即戰國之始也。溫公《通鑑》即從此敘起，篇幅雖小，關目絕大。

後　　記

　　本書爲國家社科基金後期資助項目結項成果，課題組成員馬媛媛、張松林、崔海妍、韓洪波、張富林等在材料蒐集、録入方面做了大量辛苦的工作，在此特別提出感謝。

　　2005年，我師從華東師範大學劉永翔先生攻讀博士學位，以《左傳》評點爲研究對象，期間蒐集了大量《左傳》評點資料，劉師建議畢業後可從事《左傳》評點的匯集整理工作，並聯繫復旦大學黄霖教授，希望能將此書收入其明清文學評點整理的系列著作中，承蒙黄先生慨允，是爲此書之源起。後因本書工作量大，未能如期完成，甚感愧疚。博士論文寫作與本書選題還得到復旦大學王水照、楊明，華東師範大學嚴佐之、胡曉明，上海師範大學曹旭等先生的悉心指導與肯定，在此謹致謝忱。

　　2012年，我又師從山東大學杜澤遜先生做博士後研究，杜師爲文獻學大家，對於本書的體例編排、版本選擇及校勘等多有教誨，而本書能得到國家社科基金後期資助立項，也與杜師的悉心指導密不可分。在山大期間，無論學習還是生活，都得到師母程遠芬、學兄江曦、師姐焦桂美以及各位老師、同門等的無私幫助，在此并致謝忱。

　　本書在資料蒐集過程中得到許多師友的相助，如華東師範大學圖書館的吴平、周保明、李善强諸先生，上海圖書館的吴建偉先生，台灣的林慶彰先生、簡逸光先生、何淑蘋女士、郭妍伶女士等，不能一一列舉，亦在此一併致謝。

　　這裡還要感謝我的家人。父母已過花甲之年，卻仍不免整日操勞。我因在外地工作，作爲家中長子，卻不能在父母膝前盡孝，家中諸事，全賴妹妹、妹夫、弟弟等幫忙打理，只能在此略表愧疚與感激之情。學術的道路艱辛而又漫長，每當我心生懈怠之時，妻子孫露總能適時給予我鼓勵與鞭策，使我能在學術的道路上毅然前行，在此也對她的理解與付出表示深深的謝意。

　　最後，還要特別感謝北京大學出版社的編審馬辛民先生提供的幫助，感謝武芳、吳遠琴、王應等幾位編輯，本書卷帙繁多，編校不易，是她們嚴謹的態度、辛苦的努力，使本書在保證質量的同時得以順利刊行。